MODERN

SVENSK-ENGELSK ORDBOK

A MODERN SWEDISH-ENGLISH DICTIONARY

BOKFÖRLAGET PRISMA STOCKHOLM

MODERN SVENSK-ENGELSK ORDBOK

BOKFÖRLAGET PRISMA STOCKHOLM

Omslag av Rolf Lagersson

Denna ordbok är utarbetad inom förlagets lexikonredaktion av Eva Gomer och Mona Morris-Nygren under medverkan av Erik Durrant, Michael Knight, Hans Nygren, Michael Phillips, Sture Sundell och Gösta Åberg.
Lexikografisk rådgivare har varit Bertil Molde.
Första upplagan maj 1970
Andra upplagan augusti 1972
Andra tryckningen februari 1975
Tredje tryckningen december 1975

ISBN 91-518-0380-1

VEB Druckhaus Köthen, DDR, 1975
II 3/42/1275/00/20

FÖRORD

Att inom ett begränsat omfång åstadkomma ett innehållsrikt, praktiskt användbart och tillförlitligt lexikon har varit förlagets främsta strävan vid utarbetandet av denna svensk-engelska ordbok. Kravet på korthet har tillgodosetts genom en hård komprimering av de längre artiklarna och en långt driven typografisk och lexikografisk förenkling. Därigenom har ordboken enligt redaktionens mening samtidigt vunnit högst avsevärt i överskådlighet. Antalet uppslagsord uppgår till ungefär 50 000, och Modern svensk-engelsk ordbok torde alltså i fråga om mängden av meddelade uppgifter väl kunna mäta sig med alla andra allmänna svensk-engelska ordböcker, även betydligt omfångsrikare sådana.

Vid urvalet av uppslagsord har framför allt det moderna språket tillgodosetts. Handelstermer, facktermer inom vetenskap och kultur, samhälls- och näringsliv, militärväsen, sport etc. finns i riklig mängd. Det är förlagets förhoppning att ordboken skall bli ett värdefullt hjälpmedel vid skolor, universitet och andra utbildningsanstalter och för hembruk likaväl som inom näringslivet.

Sammansatta ord och idiomatiska fraser har upptagits i mycket stor utsträckning, även sådana som kan förefalla mer eller mindre ”självförklarande”. Ett språklexikon används ju inte bara när man söker ett ord som man inte känner, utan också när man vill ha bekräftelse på att ett ord eller en fras som man själv konstruerat är korrekt.

Stor omsorg har lagts ned på att klargöra de engelska ordens konstruktioner. Härvid har för det svenska utgångsmaterialets vidkommande *Illustrerad svensk ordbok* varit till ovärderlig hjälp, och även *Svensk handordbok* har i stor utsträckning anlitats. I övrigt har ett stort antal svenska och utländska språklexikon, uppslagsböcker, grammatiska verk m.m. anlitats under arbetets gång.

Till tjänst för framför allt utländska läsare har uttals- och accentbeteckningar för de svenska uppslagsorden införts liksom uppgifter om substantivs, verbs och adjektivs böjningsformer enligt de principer som klargörs i anvisningarna.

BOKFÖRLAGET PRISMA

FÖRKORTNINGAR · ABBREVIATIONS

a adjektiv *adjective*
absol. absolut *absolute[ly]*
abstr. abstrakt *abstract*
adj. adjektiv[isk] *adjective, adjectival*
adv adverb *adverb*
akad. akademi *academy*
allm. allmän[t] *general*
Am. amerikansk engelska *American English*
am. amerikansk *American*
anat. anatomi *anatomy*
a p. *a person*
arkeol. arkeologi *archaeology*
arkit. arkitektur *architecture*
art. artikel *article*
astron. astronomi *astronomy*
attr. attribut[ivt] *attribute, attributive*

bank. bankväsen *banking*
befintl. befintlighet *of place*
bergv. bergväsen *mining*
best. bestämd *definite*
bet. betydelse *meaning*
beton. betonad (-t) *stressed*
bibl. bibliskt *biblical*
bildl. bildlig[t] *figurative*
biol. biologi *biology*
bokb. bokbinderi *bookbinding*
bokför. bokföring *book-keeping*
boktr. boktryckeri *printing*
bot. botanik *botany*
boxn. boxning *boxing*
brottn. brottning *wrestling*
byggn. byggnadskonst *building*

dat. dativ *dative*
databeh. databehandling *data processing*
demonstr. demonstrativ[t] *demonstrative*
dep deponens *deponent*
determ. determinativ[t] *determinative*
dial. dialektal[t] *dialectal*
dipl. diplomatterm *diplomacy*

eg. egentlig[en] *literal[ly]*
ekon. ekonomi *economy*
elektr. elektrisk, elektroteknisk *electrical, electrotechnics*
elektron. elektronisk, elektronik *electronic, electronics*
eng. engelsk[a] *English*
Engl. England *England*

f. form *form*
fack. fackspråk *technical term*
fem. femininum *feminine*
film. filmterm *cinema*
filos. filosofi *philosophy*
fisk. fiskeriterm *fishing*
flyg. flygväsen *aviation*
fonet. fonetik *phonetics*
fotb. fotboll *football*
foto. fotografikonst *photography*
fråg. frågande *interrogative*
fys. fysik *physics*
fysiol. fysiologi *physiology*
fäkt. fäktterm *fencing*
förb. förbindelse[r] *connection[s]*
fören. förenad (-t) *adjectival form*
förh. förhållande *relation[ship]*
förk. förkortning *abbreviation*
försäkr. försäkringsväsen *insurance*
försäljn. försäljningsterm *sales term*
förv. förvaltning *administration*

gen. genitiv *genitive*
geogr. geografi *geography*
geol. geologi *geology*
geom. geometri *geometry*
gjut. gjuteriterm *foundry term*
graf. grafisk term *printing*
gram. grammatisk term *grammatical term*
gruv. gruvterm *mining term*
guldsm. guldsmedsterm *goldsmithing*
gymn. gymnastik *gymnastics*

hand. handelsterm *commercial term*
her. heraldik *heraldry*
hist. historisk[t] *historical*
hopskr. hopskrivs, hopskrivet *written as one word*
högt. högtidlig[t] *formal*

ibl. ibland *sometimes*
imperf imperfektum *past tense*
indef. indefinit *indefinite*
inf infinitiv *infinitive*
interj interjektion *interjection*
interr. interrogativ[t] *interrogative*
iron. ironiskt *ironic*
i sht i synnerhet *particularly*

jakt. jaktterm *hunting*
jfr jämför *compare*
jordbr. jordbruk *agriculture*
jur. juridik *law*
järnv. järnvägsväsen *railway term*

kat. katolsk *Catholic*
kem. kemi *chemistry*
kir. kirurgisk term *surgery*
kokk. kokkonst *cookery*
koll. kollektiv *collective[ly]*
komp. komparativ *comparative*
konj konjunktion *conjunction*
konkr. konkret *concrete*
konst. konstterm *art*
konstr. konstruktion *construction*
kortsp. kortspel *card game*
kyrkl. kyrklig term *ecclesiastical*

lantbr. lantbruk *agriculture*
lantm. lantmäteri *land-surveying*
litt. litterär[t], litteratur *literary, literature*

log. logik *logic*
läk. läkarterm *medical term*

mat. matematik *mathematics*
med. medicin *medicine*
meteor. meteorologi *meteorology*
mil. militärterm *military term*
min. mineralogi *mineralogy*
mots. motsats *opposite*
mus. musik *music*
myt. mytologi *mythology*
mål. målarterm *painting*

n neutrum *neuter*
naturv. naturvetenskap *natural science*
neds. nedsättande *derogatory*
neg. negation *negative*
ngn någon *somebody*
ngt något *something*
N.T. Nya testamentet *New Testament*

o. och *and*
obest. obestämd *indefinite*
obeton. obetonad (-t) *unstressed*
obj objekt *object*
opers. opersonlig *impersonal*
opt. optik *optics*
ordspr. ordspråk *proverb*
o.s. *oneself*

parl. parlamentarisk term *Parliament, parliamentary*
part. partikel *particle*
pass. passiv, passivum *passive*
perf part perfekt particip *past participle*
pers. person[lig] *person[al]*
pl pluralis *plural*
poet. poetisk[t] *poetical*
polit. politik *politics*
poss. possessiv[t] *possessive*
post. postterm *postal term*
pred. fylln. predikatsfyllnad *complement*
predik. predikat, predikativ[t] *predicate, predicative*
prep preposition *preposition*
pres presens *present [tense]*
pron pronomen *pronoun*
psykol. psykologi *psychology*

r reale *common gender*
radar. radarteknik *radar*
radio. radioteknik *radio engineering*
rekl. reklam *advertising*
rel. relativ[t] *relative*
relig. religion *religion*
ret. retorisk[t] *rhetoric*
rfl reflexiv[t] *reflexive*
ridk. ridkonst *equestrian term*
rom. romersk *Roman*
rumsbet. rumsbetydelse *spatial sense*
räkn räkneord *numeral*

s substantiv *substantive*
s.b. *somebody*
schack. schackterm *chess*
sg singularis *singular*
självst. självständig[t] *pronoun*
sjö. sjöterm *nautical term*
Sk. skotsk[a] *Scottish*
skeppsb. skeppsbyggeri *shipbuilding*
skol. skolväsen *education*
Skottl. Skottland *Scotland*
skämts. skämtsam[t] *jocular[ly]*
sl. slang *slang*
slaktar. slaktarterm *butchering term*
smeks. smeksamt *affectionate*
sms. sammansättning[ar] *compound[s]*
snick. snickarterm *joinery*
s.o. *someone*
spel. spelterm *game*
sport. sportterm *sporting term*
spr. språk *language*
språkv. språkvetenskap *linguistics*
ss. såsom *as*
stat. statistik *statistics*
s.th. *something*
subj. subjekt *subject*
subst. substantiv[erad, -isk] *substantive, substantivized, substantival*
sup supinum *supine*
superl. superlativ *superlative*
sv. svensk[a] *Swedish*
särskr. särskrivs, särskrivet *written as two words*
sömn. sömnad *sewing*

t. till *to*
tandläk. tandläkarterm *dentistry*
teat. teaterterm *theatre*
tekn. teknologi, teknisk *technology, technical*
tel. telefon *telephone*
telev. television *television*
teol. teologi *theology*
text. textilterm *textiles*
tidsbet. tidsbetydelse *time sense*
trädg. trädgårdsskötsel *gardening*
tullv. tullväsen *customs*
ty. tysk[a] *German*
typ. typografisk term *typography*

ung. ungefär *approximately*
univ. universitetsterm *university*
utl. utlandet, utländsk *foreign countries, foreign*
uttr. uttryck[ande] *expression, expressing*

v verb *verb*
vanl. vanligen *usual[ly]*
vard. vardagligt *colloquial*
versl. verslära *prosody*
vetensk. vetenskaplig *scientific*
veter. veterinärväsen *veterinary term*
väv. vävnadsteknisk term *weaving*

zool. zoologi *zoology*

åld. ålderdomlig[t], föråldrad (-t) *archaic*

äv. även *also*

ANVISNINGAR

Allmänt

De svenska uppslagsorden återges i sträng bokstavsordning, alltså t.ex. **bildäck, bildöverföring, bilfabrik.** Facktermer anges med *tekn.*, *mil.*, *sport.* etc. (se förkortningslistan på s. VI). I översättningarna har amerikanska alternativ markerats med *Am.*

Använda tecken

Om ett uppslagsord har flera betydelser anges olika ordklasser med hjälp av romerska siffror. Klart åtskilda betydelser inom varje ordklass anges med arabiska siffror, mindre betydelseskillnader med semikolon.

| står efter den del av ett uppslagsord som återkommer i ett eller flera följande uppslagsord. Dessutom används det någon gång av tydlighetsskäl för att visa hur ett ord är sammansatt, t. ex. **dyvels|träck.**

- betecknar, när | är utsatt, avskild del av uppslagsord. I sammansättningar och avledningar betecknar det hela det föregående uppslagsordet, t. ex. **berör|a, -ing** (= **beröra, beröring**), **fasad, -klättrare** (= **fasad, fasadklättrare**).

-- anger att den följande orddelen skall avskiljas med bindestreck. Observera alltså skillnaden i artikeln engelsk med sammansättningar mellan **-språkig** (= **engelskspråkig**) och **--svensk** (= **engelsk-svensk**).

~ inuti artiklarna betecknar hela uppslagsordet, t. ex. **arm,** *gå ~ i ~, med ~arna i kors.*

( ) används dels för kompletterande förklaringar, t.ex. **hösäck** (*tom*) hay-sack; (*full*) sack of hay, dels för alternativa ord och fraser, t.ex. *ta ett hinder* (*sport.*) jump (take, clear) a hurdle (fence).

[ ] används dels kring uttalsbeteckningarna, dels för att ange ord eller del av ord som kan utelämnas, t.ex. **fönsterlucka** [window-]shutter.

Stavning

Bortsett från rena undantagsfall har brittisk stavning iakttagits i hela ordboken. De viktigaste skillnaderna mellan brittisk och amerikansk praxis framgår av nedanstående uppställning:

Brittisk engelska	*Amerikanska*	
travelling, waggon	traveling, wagon	Dubbelskriven konsonant motsvaras ibland av enkel.
colour, neighbour	color, neighbor	Ändelsen *-our* motsvaras av *-or.*
metre, theatre	meter, theater	*-re* i ordslut motsvaras oftast av *-er.*
cheque, plough, catalogue, programme	check, plow, catalog, program	Bokstavsföljder som betecknar ett enda ljud förenklas.
defence	defense	*-ce* i ordslut motsvaras ibland av *-se.*

Förkortningar *se s.* VI

Oregelbundna verb

Imperfekt- och supinumformer av oregelbundna svenska verb står upptagna som uppslagsord med hänvisning till infinitivformen.

De svenska ordens uttal

Till tjänst för utländska läsare anges där så behövs de svenska ordens accent och uttal (enligt Illustrerad svensk ordbok). Accenten anges med punkt under den betonade stavelsens vokal. *I ord vilkas uttal följer den grundregel som säger att två- och flerstaviga ord har betoningen på första stavelsen och grav accent ges dock ingen anvisning om accenten.* I övrigt används en förenklad ljudskrift som i huvudsak ansluter sig till det internationella fonetiska alfabetet. Den intresserade hänvisas till de engelskspråkiga anvisningarna (Notes on the use of the dictionary, s. XI).

Svenska läsare bör observera att i enlighet med det internationella fonetiska systemet accenten i uttalsparenteserna står före den betonade stavelsen och inte efter som i flertalet svenska uppslagsverk.

Böjningsformer

Substantivs, adjektivs och verbs böjning anges med hjälp av en kod som återfinns i de engelska anvisningarna (Notes on the use of the dictionary, s. XIV).

NOTES ON THE USE OF THE DICTIONARY

General

The Swedish headwords are arranged in strict alphabetical order, e.g. **bildäck, bildöverföring, bilfabrik.** Field labels appear in italics before the English translation, e.g. *tekn.*, *mil.*, *sport.* (see list of abbreviations, p. VI). American alternatives of the English translations are marked *Am.*

Symbols

If a headword has more than one meaning, each different part of speech is indicated by means of a roman numeral. Entirely different meanings within each part of speech are indicated by arabic numerals, smaller differences in meaning are indicated by a semi-colon.

| stands after the part of a headword that reappears in one or more successive entries. It is also sometimes used for the sake of clarity to show how a word is made up, e.g. **dyvels|träck.**

\- indicates the part of the entry separated by |, or (in compounds and derivatives) the entire preceding entry, e.g. **berör|a, -ing** (= **beröra, beröring**), **fasad, -klättrare** (= **fasad, fasadklättrare**).

-- indicates that the following word element is preceded by a hyphen. Note the difference, in the article on **engelsk** and its compounds, between **-språkig** (= **engelskspråkig**) and **--svensk** (= **engelsk-svensk**).

~ within the article indicates the entire headword, e.g. **arm,** *gå ~ i ~, med ~arna i kors.*

( ) is used for complementary explanations, e.g. **hösäck** (*tom*) hay-sack; (*full*) sack of hay, and for alternative words and phrases, e.g. *ta ett hinder* (*sport.*) jump (take, clear) a hurdle (fence).

[ ] is used round the phonetic transcription and round a word or part of a word that can be omitted, e.g. **fönsterlucka** [window-]shutter.

Spelling

With a very few exceptions British spelling has been used throughout the dictionary. The most important differences in spelling between British and American English are listed below.

British usage	*American usage*	
travelling, waggon	traveling, wagon	A double consonant is sometimes written as a single consonant.
colour, neighbour	color, neighbor	The ending *-our* is written as *-or*

metre, theatre	meter, theater	*-re* at the end of a word is usually written as *-er*.
cheque, plough catalogue, programme	check, plow, catalog, program	Letter combinations denoting a single sound are sometimes simplified.
defence	defense	*-ce* at the end of a word is sometimes written as *-se*.

Abbreviations *see p.* VI

Irregular verbs

The past participle and the supine of irregular Swedish verbs are given as headwords with a reference to the infinitive.

PRONUNCIATION OF THE SWEDISH WORDS

Tone and stress

There are two kinds of tone in Swedish: the acute accent, or single-tone, and the grave accent, or double-tone. The acute accent is a falling tone, as in English beggar, calendar. It occurs in words of one syllable and in a few words of two or more syllables. In this dictionary the acute accent in words of two or more syllables with the stress on the first syllable is always indicated in the phonetic transcription. The grave accent, which is characteristic of the Swedish language, occurs in words of two or more syllables. It is also a falling tone, but the second syllable begins on a higher pitch than the first. The main stress usually lies on the first syllable and there is a strong secondary stress on the second syllable.

Most Swedish words of two or more syllables have the stress on the first syllable and the grave accent.

Words with the following endings have the stress on the last syllable:

-ang, -ant, -at, -ent, -eri, -ess, -ion, -ism,
-ist, -log, -nom, -tet, -tris, -ur, -ör, -ös

Words with the following endings have the stress on the penultimate syllable:

-era, -inna, -issa

In words that are not pronounced in accordance with these rules, the stress is marked. When only the stress is indicated, this is done by means of a dot under the vowel of the stressed syllable in the headword. The stress may also be indicated in the phonetic transcription, where one is given (see below).

Pronunciation

The first column contains the Swedish letters and the second column the phonetic symbols used in this dictionary.

Vowels

a [a:] as in father. E.g. *far* [fa:r].
[a] similar to the first element in the English diphthong in time, the French a in la, the German a in kann. E.g. *hatt* [hatt].

e [e:] has no exact English equivalent, is pronounced as in French les, German mehr. E.g. *leta* [ˣle:ta], *se* [se:].
[e] as in let. E.g. *detta* [ˣdetta].

i [i:] as in three. E.g. *lida* [ˣli:da].
[i] similar to the i in fit. E.g. *sitta* [ˣsitta].

o [ɷ:] similar to the vowel in too. E.g. *ropa* [ˣrɷ:pa].
[ɷ] similar to the vowel in put. E.g. *hon* [hɷnn].

u [u:] has no English equivalent. Tongue position as for [e:] above, but lips rounded. E.g. *luta* [ˣlu:ta], *hus* [hu:s].
[u] similar to English [ə] in letter, but lips rounded. E.g. *kulle* [ˣkulle].

y [y:] similar to the French u in rue, the German ü in früh, but lips more protruded and rounded. E.g. *gryta* [ˣgry:ta], *sy* [sy:].
[y] short [y:], compare French lune, German müssen. E.g. *syster* [ˣsysster], *hylla* [ˣhylla].

å [å:] similar to the vowel in saw. E.g. *båt* [bå:t].
[å] as in long. E.g. *lång* [låŋ].

ä [ä:] before r similar to the first element in the diphthong in bear. E.g. *bära* [ˣbä:ra]. In other cases less open as in French chaise. E.g. *träd* [trä:d], *läsa* [ˣlä:sa], *säl* [sä:l].
[ä] before r as in carry. E.g. *värre* [ˣvärre], *ärta* [ˣärrta]. In other cases similar to e in set. E.g. *mätt* [mätt].

ö [ö:] before r similar to the vowel in bird. E.g. *höra* [ˣhö:ra]. In other cases the sound is similar to the vowel in French deux, German Öl.
[ö] before r similar to the vowel in English cup, but lips rounded. E.g. *dörr* [dörr]. In other cases similar to the final vowel in English better. E.g. *höst* [hösst].

Consonants

b [b] as English b.
c [s] as in sea. E.g. *cykel* ['sykkel].
ch [ʃ] as in shall. E.g. *choklad* [ʃɷk'la:d].
ck [k] as English k.

d [d] as English d, but pronounced with the tongue against the back of the upper teeth.

f [f] as English f.

g [g] as English g i great, good, before a, o, u, å or unstressed -e-. E.g. *god* [gɷ:d], *gul* [gu:l], *fågel* [ˣfå:gel].

[j] as English y in yes, before e, i, y, ä, ö and after l and r. E.g. *ge* [je:], *gynna* [ˣjynna], *göra* [ˣjö:ra], *arg* [arj].

[k] as English k, before t. E.g. *sagt* [sakt].

gj [j] as English y in yes. E.g. *gjort* [jɷ:rt].

gn [ŋn] E.g. *regn* [reŋn].

h [h] as English h.

j [j] as English y in yes. E.g. *ja* [ja:].

k [k] as English k, before a, o, u, å. E.g. *kall* [kall], *kål* [kå:l].

[ç] similar to the initial sound in child, but without the beginning t-sound, compare German ich. Comes before e, i, y, ä, ö. E.g. *kela* [ˣçe:la], *kyla* [ˣçy:la], *kött* [çött].

l [l] as English *l*.

m [m] as English *m*.

n [n] as English n.

ng [ŋ] as in song. E.g. *mangel* ['maŋel]. Note: no g-sound should be heard after the ŋ-sound as it is in English.

q [*k*] as English k.

r [r] similar to English r but rolled.

rd [rd] *rt* [rt] similar to rd, rt in ford, cart in British pronunciation. In the phonetic transcription written rd, rt. E.g. *bord* [bɷ:rd], *sort* [sårrt].

rs [rs] pronounced as sh in shall. In the phonetic transcription written rs. E.g. *brorson* [ˣbrɷ:rså:n].

s [s] as English s in see. English s is very often voiced.

sch *si(on)* *sj* *skj* *stj* [ʃ] similar to sh in she. E.g. *marsch* [marʃ], *dimension* [dimen'ʃɷ:n], *själv* [ʃällv] *skjuta* [ˣʃu:ta], *stjärna* [ˣʃä:rna]. (Most Swedes use a different sound, which is however, difficult for foreigners to produce.)

t [t] as English t, but pronounced with the tongue against the back of the upper teeth.

ti(on) [ʃ] see sch etc. above.

tj [ç] similar to the initial sound in child, but without the initial t-sound, compare German ich. E.g. *tjänst* [çänst], *tjuv* [çu:v].

v, *w* [v] as English v.

x [*ks*] never pronounced gs, as in example.

z [s] pronounced as English s in see (voiceless).

Other phonetic symbols

In addition to the phonetic symbols given after the Swedish letters above, the following symbols are used:

' indicates acute accent. E.g. *allting* ['alltiŋ].

ˣ indicates grave accent. E.g. *arton* [ˣa:rtån].

: indicates long vowel. E.g. *adjö* [a'jö:].

- is used when only part of the word is transcribed. E.g. *alligator* [-ˣa:tår].

A consonant following a short, stressed vowel is written twice. E.g. *banjo* ['bann-].

It has not been considered necessary to give the pronunciation of ch, sch, stj where they are pronounced [ʃ], of -sion, -tion where they are pronounced [-ʃɷ:n], of ng where it is pronounced [ŋ] or of c where it is pronounced [s].

No pronunciation is given for compounds. The reader is referred to the separate words which make up the compound. Within an article containing several headwords the first word normally gives the stress and pronunciation of the following words, but not the accent. For pratical reasons only one pronunciation has often been given for words which have two or more possible pronunciations.

INFLECTION OF NOUNS, ADJECTIVES, AND VERBS

The following codes are used:

Nouns

The forms given are: sg indefinite — sg definite — pl indefinite.

s1 flicka — flick*an* — flick*or*
toffel — toffel*n* — toffl*or*
ros — ros*en* — ros*or*

s2 pojke — pojk*en* — pojk*ar*
dag — dag*en* — dag*ar*
dager — dager*n* — dagr*ar*
dagg — dagg*en* — no pl
sky — sky*n* — sky*ar*
mun — mun*nen* — mun*nar*
lämmel — lämmel*n* — läml*ar*
kam — kamm*en* — kamm*ar*

s3 rad — rad*en* — rad*er*
doktor — doktor*n* — doktor*er* [-'tɷ:-]
filosofi — filosofi*n* — filosofi*er*
djungel — djungel*n* — djungl*er*
kollega — kollega*n* — kolleg*er*
pilgrim — pilgrim*en* — pilgrim*er*
konsul — konsul*n* — konsul*er* [-'su:-]
parallellogram — parallellogramm*en* — parallellogramm*er*

s4 bryggeri — bryggeri*et* — bryggeri*er*
fängelse — fängelse*t* — fängelse*r*
studium — studi*et* — studi*er*
drama — drama*t* — dram*er*

s5 sko — sko*n* — sko*r*
hustru — hustru*n* — hustru*r*

s6 äpple — äpple*t* — äpple*n*
schema — schema*t* — schema*n*

s7 träd — träd*et* — träd
damm — damm*et* — no pl
garage — garage*t* — garage
fönster — fönstr*et* — fönster
kummel — kuml*et* — kummel
kapitel — kapitl*et* — kapitel
gram — gramm*et* — gram

s8 faktum — faktum[et] — fakta or faktum
centrum — centret or centrum[et] — centra or centrum
natrium — natrium[et] or natriet — no pl

s9 studerande — studerande*n* — studerande
hänsyn — hänsyn*en* — hänsyn

The same codes are used for nouns which have no plural form. For nouns with the following common endings no code is given in the entry.

<table>
<tr><td>-ạng</td><td>-en -er</td><td>-ess</td><td>-en -er</td><td>-nom [-'nå:m]</td><td>-en -er</td></tr>
<tr><td>-ạnt</td><td>-en -er</td><td>-het</td><td>-en -er</td><td>-sk|a</td><td>-an -or</td></tr>
<tr><td>-are</td><td>-n =</td><td>-inn|a [-ˣinna]</td><td>-an -or</td><td>-tet</td><td>-en no pl</td></tr>
<tr><td>-ạt</td><td>-en -er</td><td>-iọn</td><td>-en -er</td><td>-tris</td><td>-en -er</td></tr>
<tr><td>-else</td><td>-n -r</td><td>-ịsm</td><td>-en no pl</td><td>-ur</td><td>-en -er</td></tr>
<tr><td>-ẹnt</td><td>-en -er</td><td>-iss|a [-ˣissa]</td><td>-an -or</td><td>-ör</td><td>-en -er</td></tr>
<tr><td>-er</td><td>-n =</td><td>-ist</td><td>-en -er</td><td>-ös</td><td>-en -er</td></tr>
<tr><td>-erị</td><td>-[e]t -er</td><td>-log [-ˣlå:g]</td><td>-en -er</td><td></td><td></td></tr>
<tr><td>-ersk|a</td><td>-an -or</td><td>-[n]ing</td><td>-en -ar</td><td></td><td></td></tr>
</table>

Indeclinable nouns are marked *n* (neuter) or *r* (common gender). For irregular nouns which do not fit the above paradigms the inflected forms are given in full, together with the gender if this is not evident from the forms.

Adjectives

The forms given are: positive — neuter positive — comparative — superlative.

a1 stark — stark*t* — stark*are* — stark*ast*
stilig — stilig*t* — stilig*are* — stilig*ast*
lätt — lätt — lätt*are* — lätt*ast*
röd — rött — röd*are* — röd*ast*
fri — fri*tt* — fri*are* — fri*ast*
vit — vi*tt* — vit*are* — vit*ast*
blond — blont — blond*are* — blond*ast*
tunn — tun*t* — tunn*are* — tunn*ast*
följsam — följsam*t* — följsamm*are* — följsamm*ast*
allmän — allmän*t* — allmänn*are* — allmänn*ast*

a2 ädel — ädel*t* — ädl*are* — ädl*ast*
vacker — vacker*t* — vackr*are* — vackr*ast*

a3 rutten — rutte*t* — ruttn*are* — ruttn*ast*
trogen — troge*t* — trogn*are* — trogn*ast*
försigkommen — försigkomme*t* — försigkomn*are* — försigkomn*ast*

a4 gängse — gängse — *mera* gängse — *mest* gängse
defekt — defekt — *mera* defekt — *mest* defekt

a5 begåvad — begåva*t* — *mera* begåvad — *mest* begåvad
komisk — komisk*t* — *mera* komisk — *mest* komisk
prydd — prytt — *mera* prydd — *mest* prydd
svulten — svulte*t* — *mera* svulten — *mest* svulten

The comparison of adjectives which do not fit these paradigms is indicated in full in the entry.

Verbs

Conjugations (infinitive, present tense, past tense, supine, past participle):

v1 kalla — kallar — kallade — kallat — kallad
dagas — dagas — dagades — dagats

v2 böja — böjer — böjt — böjd
breda — breder — bredde — brett — bredd
skilja — skiljer — skilde — skilt — skild
blygas — blyg(e)s — blygdes — blygts
brännas — bränn(e)s — brändes — bränts
klämma — klämmer — klämde — klämt — klämd
tända — tänder — tände — tänt — tänd

v3 köpa — köper — köpte — köpt — köpt
mista — mister — miste — mist — mist
lyfta — lyfter — lyfte — lyft — lyft
skvätta — skvätter — skvätte — skvätt — skvätt
begynna — begynner — begynte — begynt — begynt
hjälpas — hjälp(e)s — hjälptes — hjälpts

v4 tro — tror — trodde — trott — trodd

As a rule verbs belonging to *v1* are not marked. The paste tense and the supine of *irregular verbs* are written out.

A

1 a [a:] *s6* a; ~ *och o* [the] alpha and omega [of]; *har man sagt* ~ *får man säga b* in for a penny, in for a pound
2 a *prep, se a conto, a dato, a priori*
à 1 of, containing; *5 påsar* ~ *20 gram* 5 bags of 20 grammes [each] **2** *2 biljetter* ~ *7 shilling* 2 tickets at 7s. each **3** or; *3* ~ *4 dagar* 3 or 4 days; *det tar 2* ~ *3 veckor* it takes from 2 to 3 weeks
AB (*förk. för aktiebolag*) Ltd.; *Am.* Inc.
abbé *s3* abbé **abbedissa** abbess
abborr|e [-å-] *s2* perch **-grund** *ung.* perch angling shallow **-nate** pondweed
abbot [-åt] *s2* abbot
abbots|döme *s6* **-värdighet** abbacy
abc [abe'se:] *s6* ABC **-bok** ABC-book, primer
ABC-stridsmedel ABC weapons
abdik|ation abdication **-era** abdicate
aber ['a:-] *n* but, drawback, catch; *vard.* snag
Abessinien *n* Abyssinia, **abessin|ier** *s9* **-[i]sk** *a5* Abyssinian
abiturient matriculation (matric) candidate; *numera ung.* General Certificate Examination [A-level] candidate
abnorm [-'nårrm] *a1* abnormal **-itet** *s3* abnormity, abnormality; malformation, deformity
abonnemang *s7* subscription (*på* to, for)
abonnemangs|avgift subscription, subscription rate (fee, price); *tel.* telephone rental **-biljett** season ticket (*på* for) **-föreställning** performance for season-ticket holders
abonne|nt subscriber; (*konsert-, teater- etc.*) season-ticket (seat, box) holder **-ra** subscribe (*på* to, for), contract (*på* for); *~d buss* hired (private) bus
abort [-'årrt] *s3* abortion; *spontan* ~ miscarriage **-era** abort, miscarry **-ivmedel** abortifacient **-ör** abortionist
abrakadabra [-ˣda:bra] *s7* abracadabra
abrupt *a1* abrupt, sudden
abscess [-'sess] *s3* abscess
absid *s3* apse
absint *s3* absinthe
abskissa [-ˣskissa] *s1* abscissa (*pl* abscissae)
absolut I *a1* absolute; ~ *majoritet* absolute (clear) majority; *en* ~ *omöjlighet* an utter impossibility **II** *adv* absolutely, utterly, certainly, definitely; *han vill* ~ *gå* he insists on going; *den* ~ *bästa* by far the best; ~ *inte* definitely not, by no means, not at all **-ion** absolution **-ism 1** absolutism **2** (*helnykterhet*) teetotalism, total abstinence **-ist 1** absolutist **2** (*helnykterist*) teetotaller, total abstainer
absolvera [-å-] **1** absolve (*från* from) **2** finish, complete; ~ *en examen* pass an examination
absorbera [-å-] absorb
absorption [-årp'ʃɷ:n] absorption
absorptions|förmåga power of absorption **-kylskåp** absorption [-type] refrigerator **-kärl** absorption drum **-medel** absorbent, absorber
abstrahera abstract; ~ *från* disregard
abstrakt I *a1* abstract **II** *adv* abstractly, in the abstract **-ion** [-k'ʃɷ:n] abstraction
abstrus *a1* abstruse
absurd *a1* absurd, preposterous **-itet** *s3* absurdity
acceler|ation [aks-] acceleration **-ationsförmåga** acceleration capacity **-ator** [-ˣa:tår] *s3* accelerator **-era** accelerate, speed up
accent [aks-] accent; (*tonvikt*) stress **-tecken** accent **-uera** accentuate, stress
accept [aks-] *s3* **1** (*växel*) acceptance, accepted bill; *dokument mot* ~ documents against acceptance **2** (*-ering*) acceptance **-abel** *a2* acceptable; passable **-ant** acceptor **-era** accept
accession [akse'ʃɷ:n] acquisition, acquest
accessoarer [aks-] accessories
accesstid [aks-] access time
accidenstryck [aks-] job-printing, job[bing] work
accis [aks-] *s3* excise [tax, duty], inland duty **-fri** exempt from excise [duty] **-pliktig** liable to excise [duty]
acetat *s7, s4* acetate **-silke** acetate rayon
aceton [-'tå:n] *s4* acetone
acetylen *s3, s4* acetylene **-gas** acetylene [gas] **-lampa** acytelene lamp **-svetsning** oxy-acetylene welding
acetylsalicylsyra acetylsalicylic acid
aciditet acidity
ack oh [dear]!; *högt.* alas!; ~, *om han vore här!* oh, if only he were here!
ackja *s1* Lapp sledge
acklamation acclamation, unanimous vote; *väljas med* ~ be voted by (with) acclamation
acklimatisera acclimatize; ~ *sig* become acclimatized, begin to feel at home
ackommodation accommodation
ackompanj|atör [-å-] accompanist **-emang** *s7* accompaniment; *till* ~ *av* to the accompaniment of **-era** accompany
ackord [-'å:rd] *s7* **1** *mus.* chord **2** (*arbete*) piecework contract, piece rate; *arbeta på* ~ work at piece-rates (by contract) **3** *jur.* agreement, composition [with one's creditors] **-era** (*köpslå*) negotiate, bargain
ackords|arbete piecework **-lön** piecerate **-pris** piece-price, piecework price **-sättning** rate fixing
ackreditera 1 *dipl.* accredit (*hos, vid* to), furnish with credentials **2** *hand.* open a credit for [a certain amount] (*hos en bank* at a bank); *bank äv.* authorize **3** *väl ~d hos ngn* in a p.'s good books
ackumul|ation accumulation **-ativ** *a1* accumulative **-ator** [-ˣa:tår] *s3* accumulator, storage battery **-era** accumulate; *~d ränta* accrued (accumulated) interest
ackurat *a1* accurate **-ess** accuracy, exactitude, precision
ackusativ *s3* accusative; *i* ~ in the accusative
ackvisit|ion 1 (*förvärv*) acquisition **2** *försäljn.*

canvassing **-ör 1** *allm.* canvasser **2** *försäkr.* insurance agent

a conto [a 'kånntɷ] on account **--betalning** payment on account

adams|dräkt *i ~* in one's birthday suit **-äpple** Adam's apple

adapt|ation adaptation, adjustment **-era** adapt, adjust **-ion** [-p'ʃɷ:n] *se adaptation*

a dato [a ˣda:tɷ] from date **--växel** time (term) bill, time draft (note)

add|ẹnd *s3* addendum **-era** add up (together), cast; *absol. äv.* do sums

addition addition

additionsmaskin adding machine

adekvạt *a1* adequate, equivalent; apt

adel ['a:-] *s2* **1** (*härkomst*) noble birth **2** (*samhällsklass*) nobility; *Engl. äv.* peerage **3** (*ädelhet*) nobility

adels|brev patent of nobility **-dam** noblewoman, titled lady **-kalender** *allm.* [the] Almanach de Gotha; *Engl.* the Peerage, Debrett's [Peerage, Baronetage *etc.*] **-man** nobleman, titled gentleman **-märke** mark of nobility **-privilegium** privilege of the nobility **-stånd** [the] Nobility **-titel** title

adenoid [-ɷ'i:d] *a5, n sg obest. f. undviks* adenoid; *~a vegetationer* adenoids

adẹpt *s3* adept; (*nybörjare*) beginner, novice

aderton [ˣa:rtån] eighteen **-de** eighteenth **-[de]del** eighteenth [part] **-hundra** eighteen hundred **-hundrafemtio** eighteen [hundred and] fifty **-hundranittiotalet** *på ~* in the [eighteen] nineties **-hundratalet** *på ~* in the nineteenth century **-tiden** *vid ~* about 6 p.m., about six o'clock in the evening **-årig** *a1* eighteen-year-old; *~ vänskap* a friendship of eighteen years' standing; *en ~ pojke* a boy of eighteen **-åring** a boy (girl *etc.*) of eighteen, an eighteen-year-old boy (*etc.*) **-årsåldern** *i ~* about eighteen [years of age]

adhesion [ade-] *s3* adhesion

adhesionskraft adhesive power

adjektiv *s7* adjective

adjungera [-juŋg-] call in; co-opt; *~d ledamot* co-opted member

adjunkt [-'juŋkt] *s3* assistant master [at a secondary school]; *jfr kyrko-, pastors-*

adjutant aide[-de-camp] (*hos* to)

adjö [a'jö:] *interj* good-bye; *högt.* farewell; *äv.* good day (morning *etc.*) **II** *n* farewell, adieu; *säga ~ till ngn* say good-bye to s.b., bid s.b. good-bye

adl|a [ˣa:d-] **1** *Engl.* raise to the peerage; (*om eng. lågadel*) make a baronet (knight), confer a knighthood (*etc.*) on **2** *i sht bildl.* ennoble **-ig** *a1* noble, aristocratic, of noble family; *~ krona* nobleman's coronet; *upphöja i ~t stånd* raise to the nobility

administr|ation administration, management **-ationsapparat** administrative machinery **-ationskostnader** management (administrative, general) costs **-atịv** *a1* administrative; *på ~ väg* by administrative means, departmentally **-atör** administrator **-era** administrate, manage

admonition admonition

ad notam [ad ˣnɷ:tam] *ta ~* pay attention to, obey, heed

adonis [-'dɷ:-] *s2* Adonis

adopt|era [-å-] adopt **-ion** [-p'ʃɷ:n] adoption **-ịvbarn** adopted child **-ịvföräldrar** adoptive parents **-ịvhem** adoptive home, home of adoption

adrenalịn *s4* adrenaline

adrẹss 1 (*bostadsuppgift*) address; *paketet har inte framkommit till sin ~* the parcel has not reached its destination; *utan ~* (*om brev etc.*) unaddressed, undirected; *ändra ~* change one's address; *han sade det med ~ till mig* his remark was meant for me **2** (*lyckönskningsskrivelse o.d.*) [illuminated] address **-at** addressee; (*på postanv. e.d.*) payee; (*på paket e.d.*) consignee **-debatt** debate on the Address **-era** adress, send, direct; (*om varor*) consign **-ẹring 1** (*-erande*) addressing **2** (*adress*) address **-eringsmaskin** addressing machine, addressograph **-förändring** change of address **-kalender** [street] directory **-kort** dispatch note, address-form **-lapp** [address] label (tag) **-ort** [place of] destination **-plåt** address plate **-postanstalt** post-office of destination, receiving post-office

Adriạtiska hạvet the Adriatic [Sea]

adsorption [-årp'ʃɷ:n] adsorption

adstringerande [-ŋ'ge:-] *a4* astringent, styptic (*äv. ~ medel*)

aducer|a anneal **-ingsjärn** whiteheart; *Am.* blackheart **-ingsverk** malleable iron foundry

a-dur A major

advẹnt *s7* Advent; *första söndagen i ~* the first Sunday in Advent **-ist** Adventist

adventstid [the season of] Advent

advẹrb *s7* adverb **-iạl** *s7* adverbial modifier **-iẹll** *a5* adverbial

adversativ [ˣadd-, -'ti:v] *a1* adversative

advocera plead (*för* for; *mot* against); quibble

advokat lawyer, (*jur. ombud*) solicitor, (*sakförare vid domstol*) barrister, (*pläderande*) counsel; *Sk.* advocate; *Am.* attorney[-at-law], counselor-at-law **-arvode** attorney's (solicitor's) fee (charge) **-byrå** law[yer's] office **-firma** [firm of] solicitors, solicitor's firm, law office **-fiskal** *ung.* prosecuting counsel, prosecutor **-knep** legal quibble **-kontor** *se -byrå* **-samfund** bar association; *utesluta ur ~et* disbar **-yr** *s3* quibbling, casuistry **-yrke** legal profession; *avstänga från utövande av ~t* disbench; *slå sig på ~t* enter the legal profession

aero|drom [aerå-, -ɷ'drå:m] *s3* aerodrome **-dynamịk** aerodynamics (*pl*) **-dynạmisk** aerodynamic **-gram** [-'gramm] *s7* aerogram, air letter **-nautik** [-nau'ti:k] *s2, ej pl* aeronautics (*pl*) **-plạn** [aero]plane, aircraft; *Am. äv.* airplane **-sol** [-'såll] *s3* aerosol **-stạt** aerostat **-statịk** aerostatics (*pl*)

afasị *s3, med.* aphasia

affẹkt *s3* [state of] emotion **-betonad** *a5* emotional, agitated **-ẹrad** *a5* affected **-ionsvärde** [-kˣʃɷ:ns-] sentimental value

affisch [a'fiʃ] *s3* poster, bill, placard **-era** post (stick up) bills, post **-ẹring** bill-posting; *~ förbjuden* stick no bills, bill posting prohibited **-klistrare** *se -ör* **-pelare** poster (advertising) pillar **-tavla** hoarding; *Am.* billboard; (*vid landsväg*) highway panel **-ör** billposter, bill-sticker

affär *s3* 1 (*firma*) business, [business] firm, concern, establishment, enterprise 2 (*transaktion*) transaction, deal, operation; *~er* business; *en dålig ~* a bad bargain; *en fin ~* a good stroke of business, a bargain; *hur går ~erna?* how is business?; *göra ~er i* do business in; *göra stora ~er på Sydamerika* do a lot of business with South America; *ha ~er med* do business with; *bortrest i ~er* away on business; *inlåta sig på en ~* enter into a business transaction; *prata ~er* talk business; *slutföra en ~* close a deal 3 (*butik*) shop; *Am.* store; *inneha en ~* keep (own) a shop; *öppna en ~* start a business, open a shop (store) 4 (*angelägenhet*) affair, matter, concern; *göra stor ~ av ngt* make a great fuss about s.th.; *ordna sina ~er* settle one's affairs; *sköt dina egna ~er* mind your own business 5 (*rättsfall*) case 6 (*spekulation*) venture

affärs|angelägenhet business matter; *i ~er* on business **-anställd** shop employee (assistant, worker); *Am. äv.* store clerk **-bana** *gå ~n* go into business **-bank** commercial bank **-begåvning** gift for business **-besök** business call **-biträde** shop assistant; *Am.* salesman (*fem.* saleswoman), clerk **-brev** business letter **-byggnad** shop building **-centrum** shopping centre **-drivande** *a4*, *statens ~ verk* government-owned enterprises and public utilities **-folk** businessmen, business people **-förbindelse** business connection; *stå i ~ med* have business relations with **-föreståndare** shop manager **-företag** business firm (enterprise), company; *Am. äv.* corporation **-gata** shopping street **-handling** business document; *~ar* (*postv.*) printed matter (*sg*), commercial papers **-hemlighet** trade secret **-hus** 1 (*byggnad*) business (commercial) property 2 (*företag*) business firm (company, house) **-idkare** businessman, tradesman; shopkeeper **-innehavare** shopkeeper, proprietor **-inredning** shop fittings **-jurist** solicitor; company lawyer, legal adviser [of a company]; *Am. äv.* attorney **-knep** business trick **-korrespondens** commercial correspondence **-kretsar** business circles **-kutym** commercial (business, trade) practice **-kvarter** shopping (business) area **-kvinna** businesswoman **-ledare** business manager; executive **-liv** business [life], trade; *inom ~et* in business **-lokal** business premises (*pl*) shop **-läge** 1 (*lokalitet*) business site, store location 2 (*konjunktur*) business conditions (*pl*), state of business (the market) **-man** businessman **-meddelande** business communication **-medhjälpare** shop assistant; salesman, -woman **-metoder** business methods **-moral** business ethics (*pl*) **-mässig** *a1* businesslike **-resa** business trip **-rörelse** business **-sed** commercial (business, trade) custom **-sinne** business sense, a nose (flair) for business **-ställning** business position (standing) **-tid** business hours (*pl*) **-transaktion** business deal (transaction) **-uppgörelse** business transaction, closing of a deal **-vana** 1 business experience 2 (*bruk*) business usage (custom) **-verksamhet** business [activity] **-vän** business friend **-världen** the business (commercial) world, business life

afghan [af'ga:n] *s3* Afghan **-[i]sk** *a5* Afghan

Afghanistan *n* Afghanistan

aforism *s3* aphorism

Afrika ['a:-] *n* Africa

afrikaans [-'ka:ns] *r* Afrikaans

afrikan *s3* African **-d** Africander **-sk** [-'ka:nsk] *a5* African

afro-asiatisk *a5* Afro-Asian

afton [-ån] *-en aftnar* evening; *i ~* this evening; *i går ~* yesterday evening; *i fredags ~* last Friday evening; *det lider mot ~en* the day is drawing to a close; *om ~en* in the evening **-andakt** **-bön** evening prayers (*pl*) **-dräkt** evening dress **-gudstjänst** evening service **-klänning** evening gown **-kurs** evening classes (*pl*) **-kvist** *på ~en* in the early evening **-måltid** evening meal, supper **-psalm** evening hymn **-rodnad** sunset glow **-skola** evening (night) school **-sol** evening sun **-stjärna** evening star **-stund** *ung.* twilight hour **-sång** evensong; vespers (*pl*) **-tidning** evening paper **-underhållning** evening entertainment **-vind** evening breeze

1 aga *s5, s1* (*turk. titel*) Aga

2 aga I *s2* flogging, caning II *v1* flog, cane; *den man älskar den ~r man*, (*ung.*) the ones we love, we chasten

aga|fyr (*mindre*) Aga beacon, (*större*) Aga lighthouse **-spis** Aga cooker (stove)

agat agate

agave [a'ga:ve] *s5* agave, American aloe

agenda [a×gennda] *s1* 1 (*föredragningslista*) agenda 2 *parl.* order-paper; *äv.* order of business

agens *s3, kem.* agent

agent agent (*äv. språkv.*), representative; (*handelsresande*) [commercial] traveller, *Am.* traveling salesman; *hemlig ~* secret agent **-provision** agent's commission

agentur agency, representation **-affär** agency [business] **-avtal** agency agreement **-firma** agency [firm] **-provision** agent's commission

agera act; *de ~nde* the performers, the actors, *koll.* the cast (*sg*)

agg *s7* grudge, rancour; *bära* (*hysa*) *~ mot ngn* have a grudge against s.b.

agglomer|at *s7* agglomerate **-era** agglomerate **-ering** agglomeration, sintering

agglutin|ation agglutination **-era** agglutinate; *~nde språk* agglutinative language

aggregat *s7* unit (set) [of machinery], plant, installation **-ionstillstånd** [-ʃ-] state of aggregation

aggressi|on [agre'ʃo:n] aggression **-v** [-'si:v] *a1* aggressive **-vitet** aggressiveness

agio ['a:gio] *s6* agio

agit|ation agitation, campaign **-ationsmöte** propaganda meeting **-ator** [-×a:tår] *s3* agitator, propagandist **-atorisk** [-'to:-] *a5* agitatorial, agitational **-era** agitate (*för* for); (*vid val*) canvass, do canvassing; *~ upp en opinion* stir up [an] opinion

1 agn [aŋn] *s2* 1 (*blomfjäll*) palea 2 (*på säd*) husk; *~ar* husks, chaff (*sg*); *skilja ~arna från vetet* sift the wheat from the chaff; *som ~ar för vinden* as chaff before the wind

2 agn [aŋn] *s7* (*vid fiske*) bait, gudgeon **-a** bait

agnat [ag'na:t] agnate **-isk** *a5* agnatic; *~*

tronföljd agnatic succession
agnosti|cism [agnås-] agnosticism **-ker** [a'gnåss-] *s9* **-sk** [a'gnåss-] *a5* agnostic
agoni *s3* agony
agorafobi *s3* agoraphobia
agraff *s3* agraffe, clasp, buckle
agrar *s3* agrarian **-förbund** agrarian league
agremang [-'maŋ] *s7* agrément, confirmation, approbation **-er** *pl* **1** (*nöjen, behag*) amenities **2** (*bekvämligheter*) material comforts **3** (*prydnader*) ornaments
agrikultur agriculture **-ell** *a1* agricultural
agronom graduate of agricultural college
ah oh **-a** aha, oho
air [ä:r] *s3* air
aiss [ajs] *s7* A sharp
aj [ajj] oh!, ow!; (*starkare*) ouch!
à jour [a'ʃɷ:r] *a4*, *föra* ~ keep up to date; *hålla ngn* ~ *med* keep s.b. informed on (as to), keep s.b. posted on
ajourner|a [aʃɷr-] adjourn; *parl.* prorogue, recess; ~ *på obestämd tid* recess **-ing** adjournment, prorogation
akacia *s1* acacia
akademi *s3* **1** (*konst- etc.*) academy **2** *univ.* university, institution **3** *vetensk.* society, association **-elev** academy student **-ker** [-'de:-] **1** (*med akad. examen*) university graduate **2** (*medl. av akad.*) academician **-ledamot -medlem** member (fellow) of an academy (a society) **-sk** [-'de:-] *a5* academic[al]; ~ *avhandling* doctoral dissertation, thesis; *avlägga* ~ *examen* take a university degree, graduate **-skt** *adv* academically; *~t bildad* with a university education
akantus *s2* acanthus
akilles|häl [a×kill-] Achilles' heel **-sena** Achilles' tendon
akleja [-×lejja] *s1* columbine
akrobat acrobat **-ik** *s3, ej pl* acrobatics (*pl*), acrobatism **-isk** *a5* acrobatic
akromatisk *a5* achromatic
akrostikon [-å-ån] *s7* acrostic
akryl|at *s4* acrylate **-harts** acrylic resin **-syra** acrylic acid
1 akt *s3* **1** (*handling*) act **2** (*ceremoni*) ceremony, act **3** (*avd. av skådespel*) act **4** (*handling, dokument m.m.*) document, deed, record, file **5** *konst.* nude
2 akt *oböjl.s*, *förklara i* ~ proscribe, outlaw
3 akt *oböjl. s* (*uppmärksamhet, avsikt*) attention; *ge* ~ *på* pay attention to; *ta sig i* ~ be on one's guard (*för* against); *i* ~ *och mening* with intent, on purpose (*att* to); *giv ~!* attention!; *stå i giv* ~ stand at attention; *ta tillfället i* ~ seize the opportunity
akta 1 (*vara aktsam om, vårda*) be careful with, take care of; (*skydda*) guard, protect (*för* from); (*vara aktsam med*) be careful with; (*se upp för*) mind, look out for; *~s för stötar* fragile, handle with care; *~s för väta* keep dry, to be kept dry; ~ *huvudet* mind your head **2** *rfl* take care (*för att göra* not to do), be on one's guard (*för* against), look out (*för* for); ~ *er!* look out!, take care!; *han ~de sig noga för att komma i närheten av mig* he gave me a wide berth **3** (*ge akt på, lägga märke t.*) take notice of **4** (*värdera, skatta*) esteem, respect **5** *han ~r inte för rov att stjäla* he thinks nothing of stealing **-d** *a5* respected, esteemed
akter ['akk-] **I** *s2* stern; *från för till* ~ from stem to stern **II** *adv* aft; ~ *ifrån* from the stern; *~om* abaft; ~ *ut* (*över*) astern, aft **-däck** quarter (after) deck **-kant** aft side **-kastell** sterncastle **-lanterna** stern light **-lig** *a1* abaft, afterly **-salong** after-saloon **-segel** after-sail **-seglad** [-e:g-] *a5* left behind **-skepp** stern **-snurra** [boat with] outboard motor **-spegel** stern **-st** ['akk-] *adv* furthest astern **-sta** ['akk-] *superl. a* the sternmost (aftermost) **-städerska** saloon stewardess **-stäv** stern-frame(post)
aktie ['akktsie] *s5* share; *~r koll.* stock (*sg*); *en* ~ *på nominellt 100 kr* a share of a par value of Kr. 100; *bunden* ~ unfree (restricted) share; *inneha ~r i ett bolag* hold shares in a company; *teckna ~r* subscribe to (for) shares **-bolag** limited company, joint stock company; *Am.* [stock] corporation, incorporated company **-bolagslag** *Engl.* [the] Companies Act; *Am.* General Corporation Act **-brev** share (*Am.* stock) certificate **-börs** stock exchange **-emission** share (*Am.* stock) issue **-innehav** holding of shares (*Am.* stock), share (*Am.* stock) holding **-kapital** share capital; *Am.* capital stock **-kupong** [share] coupon **-kurs** price of shares **-majoritet** controlling interest, share majority **-mantel** share (*Am.* stock) certificate **-marknad** share (*Am.* stock) market **-portfölj** shares held; share portfolio **-post** block of shares, shareholding **-stock** share capital **-teckning** subscription for shares; *Am.* capital stock subscription **-ägare** shareholder; *Am.* stockholder
aktinium *s8* actinium
aktion [ak'ʃɷ:n] action
aktions|basis basis of action **-radie** range (radius) of action; cruising range
aktiv ['akk-] *a1* active, brisk, lively, busy; *~t kol* activated carbon **-a** ['akk-] *pl* assets; ~ *och passiva* assets and liabilities **-ator** [-×a:tår] *s3* sensitizer; *Am.* activator **-era** activate, make [more] active **-ering 1** *allm.* stimulation, activation, boost **2** *elektron.* sensitization; *Am.* activation **-isera** *se -era* **-ism** activism **-itet** *s3* activity, activeness **-um** ['akk-] *s4*, *språkv.* active voice
aktning 1 (*respekt*) respect (*för* for) **2** (*uppskattning*) esteem **3** (*hänsyn*) regard (*för* for), deference (*för* to); *hysa* ~ *för* have respect for; *vinna allmän* ~ make o.s. generally respected; *stiga i ngns* ~ rise in a p.'s esteem; *av* ~ *för* out of consideration for, in deference to; *med all* ~ *för* with all deference to
aktnings|bevis token of esteem **-bjudande** *a4* **1** commanding respect, imposing **2** (*ansenlig*) considerable **-full** respectful **-värd** *a1* entitled to (worthy of) respect; *~a försök* creditable attempts
aktr|a -e *a4* after
aktris actress
aktsam *a1* careful (*med, om* with of); prudent
akt|samling file, dossier **-studie** nude **-stycke** [official] document
aktuali|sera 1 (*föra på tal*) bring to the fore; *frågan har ~ts* the question has arisen

2 (*modernisera*) bring up to date **-tet** *s3* topicality, topic of interest, news [value], s.th. of current interest
aktuarie *s5* **1** (*vid ämbetsverk, ung.*) registrar, recording clerk **2** *försäkr.* actuary
aktuell *a1* [of] current [interest], topical, timely, to the fore; ~ *fråga* burning (topical) question; *de ~a varorna* the goods in question; *det är mycket ~t just nu* it's very much in the news these days; *jag har inte siffran ~ just nu* I can't remember the exact figure just now
aktör actor
akustik *s2, ej pl* acoustics (*pl*) **-er** [a'kuss-] acoustician **-platta** sound-insulating board
akustisk *a5* acoustic
akut *a1* acute; urgent ~ *accent* acute accent; ~ *smärta* (*äv.*) sharp pain
akvamarin *s3* aquamarine
akvarell *s3* watercolour **-färg** water-colour
akvari|efisk aquarium fish **-eväxt** aquarium (aquatic) plant **-um** *s4* aquarium
akvatint[gravyr] *s3* aquatint
akvavit *s3* aquavit; snaps (*pl* snaps)
akvedukt *s3* aqueduct
al *s2* alder
alabaster alabaster
à la carte [ala'karrt] à la carte
aladåb *s3* aspic (*på* of)
alarm *s7* alarm; *falskt* ~ false alarm; *slå* ~ sound (beat) the alarm **-anordning** alarm device **-beredskap** state of emergency **-era** alarm, sound the alarm **-klocka** alarm bell **-signal** alarm signal; *flyg.* air-raid warning **-system** alarm system
Alaska [a×lass-] *n* Alaska
alban *s3* **-sk** [-'ba:nsk] *a5* Albanian **Albanien** *n* Albania
albatross [-'tråss, ×all-] *s3* albatross
albigens *s3* Albigensian; *~er* (*äv.*) Albigenses
albin|ism albinism **-o** [-'bi:-] *-n, -os el.* **-er** albino
Albion ['allbiån] *n* Albion
album ['all-] *s7* album
albumin *s4, s3* albumen **-uri** *s3* albuminuria
aldehyd *s3* aldehyde
aldrig **1** never; *man skall ~ säga ~* never say never; *bättre sent än ~* better late than never; ~ *mera* never again, nevermore; ~ *någonsin* never once; *nästan* ~ hardly ever; ~ *i livet!* not for the life of me!, *vard.* not on your life!; *du kan ~ tro hur roligt vi har haft* you'll never guess what fun we had; *du är väl ~ sjuk?* you're not ill, are you? **2** (*i koncessiva förbindelser*), *som ~ det* like anything; ~ *så litet* the least little bit; *du kan göra ~ så många invändningar* no matter how much you object; *om man också är ~ så försiktig* however careful you are
alert [a'lärrt] **I** *a1* alert, watchful; lively **II** *s2, på ~ en* on the alert
Aleuterna [-'levv-] *pl* the Aleutian Islands
alexandrin *s3* Alexandrine [verse]
alf *s3* elf
alfa *s6* alpha **-bet** *s7* alphabet **-betisk** [-'be:-, ×all-] *a5* alphabetical; ~ *ordning* alphabetical order **-partiklar** alpha particles **-strålar** alpha rays **-strålning** alpha radiation
alfresko *adv* **-målning** fresco
al|fågel long-tailed duck; *Am.* old squaw **-förrädare** Steller's eider
alg [-j] *s3* alga (*pl* algae)
algebra ['allje-] *s1* algebra **-isk** [-'bra:-] *a5* algebraic[al]
Alger [-'ʃe:] *n* Algiers **-iet** [-'ri:-] *n* Algeria
algerisk [-'ʃe:-] *a5* Algerian
alias ['a:-] alias
alibi *s6* alibi; *han hade vattentätt* ~ he had a cast-iron alibi; *bevisa sitt* ~ prove an alibi
alika *s1* jackdaw; *full som en* ~ drunk as a lord (fiddler, fish), dead drunk
a-ljud a-sound
alkali *s4* alkali **-beständig** alkali-proof **-blått** alkali blue **-lut** alkaline lye **-metall** alkali metal **-salt** alkaline salt **-sera** alkalize **-sk** [-'ka:-] *a5* alkaline **-skt** [-'ka:-] *adv*; *reagera* ~ have an alkaline reaction
alkaloid [-o'i:d] *s3* alkaloid
alkekung little auk
alkemi [-çe-] *s3* alchemy **-st** alchemist
alkohol [×all-, -'hå:l] *s3* alcohol, spirit **-begär** craving for drink **-fri** non-alcoholic; ~ *dryck* non-intoxicant, temperance beverage, soft drink **-förgiftning** alcoholic poisoning **-halt** alcoholic strength **-haltig** *a1* alcoholic; *~a drycker* alcoholic beverages, *Am.* alcoholic (hard) liquors **-iserad** *a5* alcoholized **-isk** [-'hå:-] *a5* alcoholic **-ism** alcoholism, dipsomania **-ist** alcoholic, dipsomaniac, habitual drunkard **-istanstalt** inebriates' institution **-isthem** home for inebriates **-istvård** treatment of alcoholics **-missbruk** abuse of alcohol **-prov** sobriety test **-påverkad** *a5* under the influence of drink **-sjukdom** alcoholic disease **-skadad** *a5* alcoholic
alkov [-'kå:v] *s3* alcove; recess [in a wall]
alkyd|harts [-×ky:d-] alkyd resin **-lack** alkyd varnish
alkyl [-'ky:l] *s3* alkyl
all **I** *pron* **1** *fören.* all; (*varje*) every; *~a goda ting är tre* all good things are three in number; *~a barn i början* you must learn to creep before you run; ~ *vår början bliver svår* all things are difficult before they are easy; *~e man på däck* all hands on deck; *gå ~ världens väg* go the way of all flesh; *ha ~ anledning till missnöje* have every reason to be dissatisfied; *han har ~ a utsikter att lyckas* he has every chance of succeeding; *av ~a krafter* with all one's energy, with might and main; *av ~t hjärta* with all one's heart; *för ~ del!* not at all!, don't mention it!; *för ~ framtid* permanently; *en gång för ~a* once and for all; *i ~ enkelhet* in all simplicity, quite informally; *i ~ evighet* for ever and ever, *vard.* ad infinitum; *i ~a fall* nevertheless, all the same; *i ~ hast* hurriedly, (*i brev*) in haste; *vad i ~ sin dar säger du?* what on earth are you saying?; *i ~ tysthet* very quietly, in strict secrecy; *vad i ~ världen säger du?* what on earth are you saying?; *med ~ aktning för* with due respect to; *mot ~t förnuft* absurd, absolutely senseless; *på ~a fyra* on all fours; *på ~t sätt* in every way; *till ~ lycka* fortunately enough; *under ~ kritik* beneath [all] criticism; *utan*

~ anledning for no reason at all, without any reason [whatever]; *utom ~ fara* out of danger, completely safe, past the crisis; *utom ~t tvivel* without any (beyond all) doubt **2** *självst.* all. *~a* all, (*varenda en*) everybody, everyone; *en för ~a och ~a för en* jointly and severally, one for all and all for one; *~as krig mot ~a* (*skämts.*) free for all; *~as vår vän* our mutual friend; *det är ej ~om givet* it is not given to everybody; *~t som ~t* all told, all in all; *~t eller intet* all or nothing; *ngns ~t i ~o* a p.'s factotum; *det är inte guld ~t som glimmar* all is not gold that glitters; *när ~t kommer omkring* after all is said and done; *sätta ~t på ett kort* stake everything on one card, put all one's eggs in one basket; *han var ~t annat än glad* he was anything but happy; *av ~t att döma* as far as can be judged; *plikten framför ~t* duty first; *500 kronor i ett för ~t* a lump sum of Kr. 500; *fartyget förliste med man och ~t* the ship went down with all hands; *trots ~t* after all **II** *predik. a* (*slut*) over; *hennes saga var ~* that was the end of her

all|a *se all* **-aredan** [-ˣre:-] already **-bekant** wellknown **-daglig** everyday; commonplace, ordinary

alldeles quite; altogether; absolutely, entirely, completely, all; exactly; *det är ~ i sin ordning* it is quite in order (quite all right); *det gör mig ~ detsamma* it is all the same (all one) to me; *~ för tidigt* much too early, all too soon; *~ häpen* completely taken aback; *kjolen är ~ för lång* the skirt is much too long; *~ nyss* just now; *~ omöjligt* utterly impossible; *~ rätt* perfectly right; *~ säkert* absolutely certain

alldenstund inasmuch as; because, since

allé *s3* avenue; walk

allegat *s7* voucher; posting medium

allegori *s3* allegory **-sk** [-'gɑ:-] *a5* allegoric[al]

allehanda I *oböjl. a* all sorts of, of all sorts, miscellaneous **II** *oböjl. s* all sorts of things, sundries

allena [-ˣle:-] *oböjl. a o. adv* alone **-rådande** *a4* in sole control; universally prevailing **-st** only; *endast och ~* [only and] solely, exclusively

allerg|en *s3* allergen **-i** *s3* allergy **-isk** [-'lärr-] *a5* allergic (*mot* to)

allernådigst [-ˣnå:-] Most Gracious

alle|sammans all of them (*etc.*); *adjö ~!* goodbye everybody! **-städes** everywhere

all|farväg highroad; *vid sidan av ~en* off the beaten track **-god** all-bountiful **-helgonadag[en]** [-ˣhell-] All Saints' Day

allians [-'aŋs] *s3* alliance **-fri** non-aligned, alliance-free; *~ politik* policy of non-alignment **-fördrag** treaty of alliance

alliera *rfl* ally o.s. (*med* to) **-d** *a5* allied (*med* to); (*friare*) connected (*med* with); *de ~e* the allies

alligator [-ˣa:tår-] *s3* alligator

allihop all [of us *etc.*]

allitter|ation alliteration **-era** alliterate

allmakt omnipotence

allmoge *s2* country people (folk) **-dräkt** peasant costume **-stil** rustic style

allmos|a *s1* alms; *-or* alms; *leva av -or* live on charity **-eutdelare** almsgiver; (*kat.präst*) almoner **-eutdelning** almsgiving

allmän *a1* **1** (*vanlig*) common, ordinary **2** (*gemensam el. tillgänglig för alla*) general **3** (*som gäller för alla*) universal **4** (*som står i samband med stat, kommun el. regering*) public **5** (*gängse*) current, prevalent; *det ~a* the community, the [general] public; *det ~a bästa* the public (common, general) good (weal); *tallen är ~ i dessa trakter* the pine is common in these parts; *på ~ bekostnad* at public expense; *~t bifall* universal approval; *~t bruk* (*sedvänja*) prevalent custom, (*användning*) general use; *i ~t bruk* in general use; *i ~a handeln* in general commerce, on the market; *~ idrott* athletics (*pl*); *~ landsväg* public highway; *~a meningen* public opinion; *i ~a ordalag* in general terms, (*fritt*) vaguely; *~ rösträtt* universal suffrage **-befinnande** general condition **-bildad** *ung.* well-informed; well-read **-bildande** *ung.* generally instructive **-bildning** all-round education; general knowledge **-farlig** *~ brottsling* dangerous criminal **-giltig** generally applicable, of universal application **-giltighet** universal applicability **-het 1** *best.* the public; *den stora ~en* the general public, the man in the street; *i ~ens intresse* in the interest[s] of the public; *~en äger tillträde* open to the public **2** *i ~* in general, as a rule; *i största ~* very generally, in very broad terms **-mänsklig** human; universal; broadly humane **-nelig** [ˣall- el. -'männ-] *a1* catholic; universal; *en helig ~ kyrka* the Holy Catholic Church **-ning** common [land] **-ningsskog** *ung.* collectively-owned forest **-nytta** public good (utility) **-nyttig** for the public good (weal), for the commonweal; *för ~t ändamål* for the use of the public, for purposes of public utility **-praktiker** general practitioner **-t** *adv* commonly, generally, universally; *~ bekant* generally known; *det är ~ känt* it is common knowledge; *det talas ~ om henne* she is the talk of the town; *en ~ hållen redogörelse* a general account **-tillstånd** *med.* general condition

all|o -om [-åm] *se all I 2* **-omfattande** all-embracing, comprehensive, general

allonge [a'låŋʃ] *s3* (*på växel*) allonge, rider **-peruk** fullbottomed (full) wig

allopat allopathist **-i** *s3* allopathy

allra of all; very; *av ~ bästa kvalitet* of the very best quality; *de ~ flesta* the great majority; *~ först* (*sist*) first (last) of all; *jag kommer med det ~ första* I shall come at the earliest possible opportunity; *det ~ heligaste* the Holy of Holies, (*friare*) the sanctuary; *~ helst* most of all, above all; *~ högst* at the very most; *han är ~ högst 40 år* he is 40 at the very most; *i ~ högsta grad* in (to) the highest possible degree; *den kostar ~ minst 20 kronor* it costs 20 kronor at the very least; *med ~ största nöje* with the greatest pleasure; *~ överst* topmost **-högst** *den ~e* the Most High **-käraste** [-ˣçä:-] *s9* **-käresta** most beloved, dearest of all

allriskförsäkring comprehensive insurance
all round [å:l raund] *oböjl. a, se allsidig*
alls at all; *inte ~ trött* not at all tired, not a bit tired; *ingenting ~* nothing whatever (at all); *inget besvär ~* no trouble whatever (at all)
all|seende *a4* all-seeing **-sidig** *a1* all round, comprehensive; *skänka en fråga ~ belysning* shed light on all aspects of a question **-sköns** [-ʃ-] *oböjl. a, i ~ ro* completely undisturbed, at peace with the world
allsmäktig [ˣalls- el. -'mäkk-] almighty, omnipotent; *Gud ~* Almighty God
all|strömsapparat *radio.* A.C./D.C. receiver **-strömsmotor** A.C./D.C. motor **-sång** community singing; *vard.* sing-song
allt I *pron, se all* **II** *s7, se världsalltet* **III** *adv, hon blir ~ bättre* she is gradually improving, she is getting better and better; *~ som oftast* fairly often; *~ framgent* from now on, from this time on, henceforth, henceforward; *i ~ större utsträckning* to an ever increasing extent; *du hade ~ rätt ändå* you were right after all **-efter** according to **-eftersom** as **-emellanåt** from time to time, every now and then **-fort** [-o(:)-] still **-för** ['allt-] too, quite (altogether, all, only, far) too; *~ liten* far too small; *~ mycket av det goda* too much of a good thing; *det är ~ vänligt av er* it is too kind of you; *det gör jag blott ~ gärna* I shall be only too happy to do it
alltid always, ever; *för ~* for ever (good); *det blir väl ~ någon råd* something is sure to turn up; *du kan ju ~ fråga honom* you can always ask him, why don't you ask him?
allt|ifrån ever since **-igenom** through and through, throughout; thoroughly; *han är ~ ärlig* he is thoroughly honest; *en ~ lyckad fest* a very successful party **-ihop[a]** all [of it], the whole lot
allting ['alltiŋ] everything **-et** [ˣall-] *isl.* the Althing
allt|jämt ['allt-] still **-mer[a]** increasingly, more and more **-nog** in short, anyhow **-omfattande** all-embracing **-samman[s]** all [of it (them *etc.*)], the whole lot [of it *etc.*] **-sedan** *~ dess* ever since then **-så**, so then; (*följaktligen*) accordingly, consequently, thus **-uppslukande** *bildl.* all-absorbing
allu|dera allude (*på* to) **-sion** allusion
alluvi|al *a1* alluvial **-um** [-'lu:-] *s8* alluvium
allvar *s7* earnest, seriousness; gravity; *på fullt ~* seriously, in real earnest; *på fullaste ~* in all seriousness; *detta är mitt fulla ~* I am really serious; *göra ~ av ett löfte* fulfill a promise; *vintern har kommit på ~* winter has come to stay; *jag menar ~* I am serious, I really mean it, *vard.* I mean business; *stundens ~ kräver* the gravity of the situation demands, in this hour of crisis we must ...; *ta ngn på ~* take s.b. seriously; *är det ditt ~?* are you serious?, do you really mean that? **-lig** *a1* serious, grave; earnest; *~a avsikter* serious intentions; *ta en ~ vändning* take a turn for the worse; *~ fara* grave danger; *se ~ ut* look serious (grave); *~a förmaningar* serious admonitions **-ligt** *adv* seriously; *~t talat* joking apart; *~t sinnad* seriousminded **-sam** *a1* serious, grave; *en ~ min* a serious (grave) expression; *hålla sig ~* keep serious, (*för skratt*) keep a straight face
allvars|diger fraught with gravity **-ord** serious word
all|vetande *a4* all-knowing, omniscient **-vetare** person with a vast fund of general knowledge; *iron.* oracle, know-all **-vis** all-wise **-vädersjakt** all-weather interception **-ätare** omnivore
alm *s2* elm
almanacka *s1* almanac, calendar; (*fick-*) diary
aln [a:ln] *s2* ell (*= 45 eng. tum*)
aloe *s5* aloe **-hampa** aloe fibre
alp *s3* alp **Alperna** ['all-] *pl* the Alps
alpacka [-ˣpakka] *s1* **1** (*får*) alpaca **2** (*tyg*) alpaca **3** *min.* plated German silver
alp|bestigare alpine climber **-bestigning** alpine climbing **-flora** alpine flora **-hydda** [alpine] chalet **-in** *a1* alpine **-inist** alpinist **-jägare** *mil.* alpine rifleman **-landskap** alpine landscape **-ros** rhododendron **-stav** alpenstock **-viol** sowbread
alruna [ˣa:l-] *s1* mandrake
alsikeklöver alsike [clover]
alst|er ['all-] *s7* product, production; *koll. äv.* produce, (*böcker*) works (*pl*) **-ra** produce, manufacture; *elektr.* generate; *bildl.* engender **-ring** production, manufacture; generation, procreation **-ringsdrift** generative instinct **-ringsduglig** *biol.* reproductive **-ringsförmåga -ringskraft** generative power; productivity
alt *s2, mus.* alto (*pl* altos); (*kvinnl.*) contralto
altan *s3* [roof] balcony; leads (*pl*); terrace
altar|bord communion table **-duk** altar cloth **-e** *s6* altar; *~ts sakrament* the Eucharist **-kläde** antependium **-kärl** sacred vessel **-ljus** altar candle **-ring** altar rails (*pl*) **-skrud** vestment **-skåp** triptych, reredos **-tavla** altar-piece **-tjänst** altar service, liturgy **-uppsats** retable
alter ego ['all- 'e:-] alter ego
alter|ation agitation, anxiety **-erad** *a5* flurried, excited
altern|ativ *s7* alternative **-era** alternate
alt|fiol viola **-horn** tenor horn; *Am.* althorn
altitud *s3* altitude
alt|klarinett alto clarinet **-klav** alto clef
altruis|m altruism **-tisk** *a5* altruistic
alt|röst contralto voice **-saxofon** alto saxophone **-stämma** [contr]alto voice; [contr]-alto part **-violin** viola
aluminera aluminize
aluminium *s8* aluminium; *Am.* aluminum **-brons** aluminium bronze **-folie** aluminium foil **-kastrull** aluminium saucepan **-legering** aluminium alloy **-plåt** sheet aluminium
alumn *s3* alumnus (*pl* alumni)
alun *s7* alum **-skiffer** alum shale **-stift** stick of alum; styptic pencil
alv *s2, geol.* subsoil; *Am.* subsurface
amalgam *s7, s4* amalgam **-era** amalgamate **-fyllning** amalgam stopping (filling)
amanuens *s3* assistant university teacher (librarian, archivist *etc.*), assistant, amanuensis; (*vid ämbetsverk*) chief (principal) clerk; (*vid kansli*) third secretary

amason [-'så:n] *s3* Amazon **-drottning** Amazon queen
Amasonfloden the Amazon
amatör amateur (*på* of, at) **-bestämmelser** amateur rules (regulations) **-boxning** amateur boxing **-brottning** amateur wrestling **-fotograf** amateur photographer **-idrott** amateur athletics (sport) **-mässig** *a1* amateurish **-regler** amateur rules **-skap** *s7*, *hans ~* his amateur status **-skådespelare** amateur actor **-spelare** amateur player **-sändare** amateur transmitter **-teater** amateur theatricals (*pl*) **-tävling** (*fri idrott*) amateur meeting
ambassad *s3* embassy **-ris** *s3* ambassadress **-råd** embassy counsellor **-sekreterare** secretary of (to, at) an embassy **-ör** ambassador
ambiti|on ambition **-ös** [-'ʃö:s] *a1* ambitious; (*plikttrogen*) conscientious
ambra *s2* ambergris
ambrosi|a *s2* ambrosia **-sk** *a5* ambrosial
ambulans [-'aŋs, -'anns] *s3* ambulance **-flygplan** ambulance (hospital) plane, air ambulance
ambul|atorisk *a5* ambulatory **-era** *ung.* move (travel) [from place to place] **-erande** *a4* itinerant, travelling
amen [ˣamm- el. 'amm-] amen; *säga ja och ~ till allt* (*ung.*) agree to anything; *så säkert som ~ i kyrkan* as sure as fate
Amerika *n* America; *~s förenta stater* the United States of America **amerika|arv** *ung.* dollar inheritance **-feber** America-fever **-n[are]** [-'ka:n, -ˣka:nare] *s3*, [*s9*] American **-nisera** Americanize **-nisering** Americanization **-nism** *s3* Americanism **-nsk** [-'ka:nsk] *a5* American **-resa** trip (journey) to America **-svensk** Swedish American
ametist amethyst
amfibie *s5* amphibian **-artad** [-a:r-] *a5* amphibious **-båt** amphibious craft **-fordon** tracked landing craft **-plan** amphibian [plane] **-stridsvagn** amphibious tank
amfibisk *a5* amphibious
amfiteat|er amphitheatre **-ralisk** amphitheatrical
amfora ['ammfåra] *s1* amphora
ami *s3* muffler; comforter
amin *s3* amine **-oharts -oplast** aminoplastic [resin] **-osyra** amino acid
amiral *s3* admiral **-itet** *s7* admiralty; *~et* (*Engl.*) the [Board of] Admiralty, *Am.* Navy Department
amirals|flagg admiral's flag **-person** flag-officer, admiral **-skepp** flagship, admiral's ship
amma I *s1* wet-nurse **II** *v1* nurse, suckle; *hon ~r barnet själv* she feeds the baby herself, she breast-feeds the baby
ammoni|ak *s2* ammonia **-um** *s8* ammonium
ammunition *s3* ammunition; munitions; *skarp ~* live ammunition
ammunitions|depå ammunition dump **-fabrik** munitions factory **-fartyg** ammunition ship **-förråd** ammunition supply (stores)
amnesti *s3* amnesty; *få ~* obtain [an] amnesty; *bevilja ngn ~* grant s.b. an amnesty **-kungörelse** Act of Indemnity
amning breast feeding, nursing, suckling
amok ['måkk] *oböjl. s* amuck, amok; *löpa ~* run amuck
a-moll A minor
amorali|sk *a5* amoral **-sm** amoralism
amorf [-å-] *a1* amorphous
amorin *s3* cupid
amorter|a [-å-] amortize, pay off by instalments; *~ ett lån* pay off a loan **-ing** repayment by instalments, amortization, amortizement
amorterings|belopp amortization amount, amortization [payment] **-fri** *~tt lån* straight loan, loan payable in full at maturity **-lån** instalment credit (loan), sinking-fund loan **-plan** amortization schedule **-tid** period of amortization **-villkor** terms of amortization (repayment)
amorös *a1* amorous
1 ampel [ˣamm-] *s2* hanging flower-basket ([night-]lamp)
2 amp|el ['amm-] *a2*, *-la lovord* unstinted praise (*sg*)
amper ['amm-] *a2* pungent, sharp; biting, stinging
ampere [-'pä:r] *s9* ampere, ampère **-meter** *s2* **-mätare** ammeter **-timme** ampere-hour
amplitud *s3* amplitude **-modulering** amplitude modulation
ampull *s3* ampoule, ampul[e]; *Engl. äv.* ampulla
amput|ation amputation **-era** amputate
amsaga [ˣamm-] tall story, old wives' tale
amt *s7* administrative district
amulett *s3* amulet
amylacetat *s7* amyl acetate
amöba [-ˣmö:-] *s1* amoeba
1 an [ann] *hand.* to
2 an [ann] *av och ~* up and down, to and fro; *gå av och ~ i rummet* (*äv.*) pace the room
ana have a feeling (presentiment); *~ sig till ngns tankar* divine a p.'s thoughts; *~ oråd* suspect mischief; *det lät ~* it hinted at (gave an inkling of); *intet ont ~nde* unsuspecting; *du kan inte ~ hur glad jag blev* you have no idea how glad (happy) I was; *det ante mig* I suspected as much; *vem kunde ~ det* who would have suspected that
anabaptis|m anabaptism **-t** anabaptist
ana|cka -gga [aˣnakka, aˣnagga] dash it!, dang it!
anagram [-'gramm] *s7* anagram
anakolut *s3* anacoluthon (*pl* anacolutha)
anakoret *s3* anchorite
anakronis|m *s3* anachronism **-tisk** *a5* anachronistic
anal- [aˣna:l] anal
analfabet *s3* illiterate **-ism** illiteracy
analfena anal fin
analog [-'lå:g] *a1* analogous (*med* to)
analogi *s3* analogy; *i ~ med* on the analogy of **-bevis** analogical evidence **-bildning** analogical formation, analogy **-maskin** analog computer **-sk** [-'lå:-] *a5* analogical **-slut** analogism
analy|s *s3* analysis (*pl* analyses) **-sera** analyse **-tiker** analyst **-tisk** analytic[al]
analöppning anus
anamma 1 receive, accept; *~ nattvarden* partake of the Holy Communion **2** (*till-*

ägna sig) appropriate, seize **3** *fan ~!* damn [it]!, damn and blast!, hell! **-nde** *s6* acceptance

anamnẹs *s3* anamnesis

ananas *s9* pineapple

anapẹst *s3* anapaest

anarkị *s3* anarchy **-sm** anarchism **-st** anarchist **-stisk** *a5* anarchical, anarchist

anatema [-ˣte:-, -'te:-] *s6* anathema

anatom [-'tå:m] *s3* anatomist **-ị** *s3* anatomy **-isal** dissecting-room **-isk** *a5* anatomical

anbefall|a 1 (*ålägga, påbjuda*) enjoin, charge; *~ ngn tystnad* enjoin silence upon a p.; *läkaren -de honom vila* the doctor ordered him to rest **2** (*förorda, rekommendera*) recommend, advocate; *~ på det varmaste* sincerely recommend **3** (*anförtro, överlämna*) entrust command, commend; *~ sin själ i Guds hand* commend one's soul to God

anbelanga *vad mig ~r* as far as I am concerned

an|blick sight; appearance, aspect; *en ståtlig ~* an imposing appearance; *vid ~en av* at the sight of; *vid första ~en* at first sight

anbringa (*sätta, ställa*) place, put; (*sätta på etc.*) mount, affix, fit, apply **-nde** *s6* placing, mounting *etc.*

anbud (*köp-*) bid; (*sälj-*) offer; (*pris*) quotation; *lämna ~ på* send in a tender for; *~ infordras härmed på* tenders are invited for

anbuds|formulär tender form **-givare** tenderer, bidder **-givning** tendering; *Am.* bidding **-kartell** tendering cartel

anciennitet seniority; *efter ~* by seniority

and *-en änder* wild duck; *jfr gräs~*

anda *s2* **1** (*andedräkt, andhämtning*) breath; *allt som liv och ~ har* everything that lives and breathes; *ge upp ~n* give up the ghost, expire; *hålla ~n* hold one's breath; *hämta ~n* get one's breath; *kippa efter ~n* gasp for breath; *med ~n i halsen* out of breath, (*med spänning*) with bated breath; *tappa ~n* lose one's breath *2* (*stämning*) spirit; *i en ~ av samförstånd* in a spirit of understanding; *i samma ~* in the same spirit; *när ~n faller på* when the spirit moves him (*etc.*), *vard.* when he (*etc.*) is in the mood; *samma ~s barn* kindred spirits; *tidens ~* the spirit of the age **3** (*mod, disciplin*) morale

andakt *s3* devotion; *med ~* in a devotional spirit; *förrätta sin ~* perform one's devotions

andakts|bok devotional manual **-full** devotional; devout **-stund** devotional hour **-övningar** devotions, devotional exercises

Andalụsien *n* Andalusia **andalụsi|er** *s9* **-sk** *a5* Andalusian

andanom [-åm] *se ande 1*

andante [-ˣdann-] andante

andas *dep* breathe, respire; *~ in* breathe in, inhale; *~ ut* breathe out, exhale, *bildl.* breathe freely; *~ djupt* take a deep breath, breathe deeply

ande *s2* **1** (*själ*) spirit; (*intelligens*) mind, intellect; *~n är villig, men köttet är svagt* the spirit is willing, but the flesh is weak; *de i ~n fattiga* the poor in spirit; *i andanom* in the spirit, in one's mind's eye; *i ~ns rike* in the spiritual (intellectual) world **2** (*övernaturligt väsen*) spirit, ghost; *Den helige ~* the Holy Ghost (Spirit); *de avlidnas andar* the spirits of the dead; *ngns onda ~* a p.'s evil spirit; *tjänande ~* ministering spirit **3** (*personlighet, natur*) spirit, mind; *en stor ~* a spiritual giant; *besläktade andar* kindred spirits **-besvärjare** raiser of spirits; exorcist **-besvärjelse** raising of spirits; exorcism **-dräkt** breath **-fattig** (*om pers.*) dull[-brained], vacuous, inane; (*om sak*) uninspired

andel share (*i* of); *ha ~ i ett företag* have an interest in a business

andels|bevis scrip [certificate], fractional scrip **-företag** co-operative undertaking

andemening spirit, inward sense

Anderna ['ann-] *pl* the Andes

ande|skådare seer [of visions], visionary **-skådning** [-å:-] preternatural insight, second sight **-tag** breath; *ta ett djupt ~* take a deep breath; *i ett ~* [all] in one breath; *till sista ~et* to one's last breath **-värld** spirit[ual] world **-väsen** spirit[ual being]

and|fådd *a1* out of breath, breathless; *vard.* winded, puffed **-fåddhet** breathlessness, shortness of breath **-hämtning** breathing, respiration **-hämtningspaus** breathing-space

andjakt duck shooting

andlig *a1* (*själslig*) spiritual; (*psykisk, förstånds-*) intellectual, mental; *barnets ~a utveckling* the child's mental development; *~ odling* cultural life; *~a värden* spiritual values; *~t liv* intellectual life **2** (*gudfruktig*) spiritual, sacred, religious; (*kyrklig*) ecclesiastical; (*prästerlig*) clerical; *~ makt* spiritual power; *~a sånger* sacred songs; *~ orden* religious order; *~t ämbete* ecclesiastical appointment; *~t stånd* clerical order; *inträda i det ~a ståndet* take [holy] orders **-en** mentally, intellectually, spiritually

andlös breathless; *~ tystnad* dead silence

andmat *bot.* duckweed

andning breathing, respiration; *konstgjord ~* artificial respiration

andnings|apparat breathing apparatus; respirator; (*för dykare*) shallow-water breathing apparatus **-organ** respiratory organ **-paus** breathing-space(spell)

andnöd difficulty in breathing, respiratory distress; *med.* dyspnoea

andr|a [-a] **-e I** *pron, se annan* **II** *räkn.* second; *~ Mosebok* Exodus; *göra ett ~ försök* make a second attempt, *vard.* have another go; *~ våningen* (*i bet. 1 trappa upp*) first (*Am.* second) floor; *för det ~* in the second place, secondly; *den ~ maj* the second of May, (*i brev*) 2nd May (May 2); *köpa i ~ hand* buy [at] second hand; *ha en uppgift ur ~ hand* have information at second hand; *det får komma i ~ hand* it will have to come second (later); *-e styrman* second mate; *-e opponent se andreopponent*; *ett ~ klassens hotell* (*neds.*) a second-rate hotel

an|dra[ga] [-a:(ga)] state; advance, put forward, mention, set forth; *~ till sitt försvar* plead in one's defence **-dragande** *s6* statement; advancing *etc.*

andra|gradsekvation equation of the second degree **-hands-** second-hand **-handspris** resale price **-handsuppgift** second-hand information **-handsvärde** trade-in value **-kammarval** elections to the Second Chamber [of the (Swedish) Riksdag] **-klassare** second-form boy (girl) **-klassbiljett** second-class ticket **-klasskupé** second-class compartment **-klassvagn** second-class carriage (coach; *Am.* car) **-placering** *han fick en ~* he came second **-plansfigur** insignificant person

andre *se andra*

andreaskors [-ˣre:as-] *konst.* St Andrew's cross, [cross] saltire

andre|maskinist second engineer **-opponent** opponent appointed by canditate for a doctorate **-pilot** co-pilot, second pilot

andrum 1 *eg.* room to breathe **2** *bildl.* breathing-space

and|truten *a3* out of breath, breathless; *vard.* winded **-täppa** *s1* shortness of breath **-täppt** *a4* short of breath; *vard.* short-winded

andäktig *a1* devout; attentive **-het** devoutness; attentiveness **-t** *adv* devoutly; attentively; *hon lyssnade ~t på honom* she hung on his words

anekdot [-'då:t] *s3* [humorous] anecdote, amusing story

anemi *s3* anaemia **-sk** [-'ne:-] *a5* anaemic

anemon [-å:n, -ɷ:n] *s3* anemone

aneroidbarometer [-ɷˣi:d-] aneroid barometer

aneste|si *s3* anaesthesia, anaesthesis **-tisk** [-'te:-] *a5* anaesthetic

anfall attack; *i sht mil.* assault, charge; (*sjukdoms- etc.*) fit; *rikta ett ~ mot* direct an attack against; *gå till ~* attack, charge; *ett hysteriskt ~* a fit of hysteria; *i ett ~ av vrede* in a fit of anger **-a** attack, assail; assault

anfalls|krig aggressive war **-mål** objective **-plan** plan of attack **-robot** offensive missile **-vapen** offensive weapon **-vinkel** angle of attack

anfang [-'faŋ] *s3, typ.* initial [letter], cut-in (drop) letter

an|flyga (*mot fyr*) home **-flygning** homing; (*för anfall*) approach **-fordran** demand; *att betalas vid ~* payable on demand **-frätning** corrosion; pitting **-frätt** *a4* corroded; *~a tänder* decayed teeth; *~ av rost* rusty, rusted **-fäkta** harass; haunt; assail; *~s av tvivel* be haunted by doubts **-fäktelse** tribulation [of spirit], vexation; obsession

anför|a 1 (*leda*) lead, command, be in command of; *~ en orkester* conduct an orchestra **2** (*andraga, framhålla*) state, say; *~ besvär* complain (*över* of); *~ besvär mot ett beslut* appeal against a decision; *~ som bevis* bring (enter) as evidence; *~ som skäl* give as a reason; *~ till sitt försvar* plead in one's defence **3** (*citera*) quote, cite; *på det -da stället* in the passage cited **-ande** *s6* **1** lead[ership], command[ing]; *mus.* conductorship **2** (*yttrande*) statement; speech, address; *hålla ett ~* give an address, make a speech **-are** commander, leader; *mus.* conductor **-ing** *direkt ~* direct speech; *indirekt ~* indirect (reported) speech **-ingssats** inserted clause **-ingstecken** quotation marks, inverted commas **-ingsverb** leading verb

anförtro *~ ngn ngt* entrust s.th. to s.b., entrust s.b. with s.th.; *~ ngn en hemlighet* confide a secret to s.b.; *hon ~dde mig att* she confided to me the fact that; *~ sig åt* entrust o.s. to, (*ge sitt förtroende*) confide in

anförvant relation, relative, [family] connection

an|ge 1 (*upplysa om, uppge*) inform, state, mention; *~ skälet till* state the reason for; *det -givna skälet* the reason given; *~ noga* specify, detail; *det på fakturan -givna priset* the invoice[d] price **2** (*anmäla för myndighet*) report, inform against, denounce; *~ ngn för polisen* inform against s.b., report s.b. [to the police]; *~ sig själv* give o.s. up (in charge) **3** *~ takten* (*mus.*) indicate tempo, *bildl.* set the pace; *~ tonen* set the tone

angelsaxare *se anglosaxare*

angelägen [ˣannje-] *a3* (*om sak*) urgent, pressing, important; (*om pers.*) anxious (*om* for); *~ om att vara till lags* anxious to please; *~ om att göra* anxious to do, desirous of doing (to do); *visa sig mycket ~* (*äv.*) be over-anxious **-het 1** (*sak, ärende*) matter, affair, concern; *inre ~er* internal affairs; *sköta sina egna ~er* mind one's own business **2** (*betydelse, vikt*) urgency **-hetsgrad** degree of priority (urgency)

angenäm [ˣannje-] *a1* pleasant, agreeable; *det var ~t att träffas* it was a pleasure to meet you

angiv|a [ˣannji:-] *se ange* **-are** informer **-else** information, denunciation, accusation; (*tull- etc.*) declaration

angl|er ['aŋ(g)-] *s9* Angles **-icism** *s3* Anglicism **-ikansk** [-'ka:nsk] *a5* Anglican **-isera** Anglicize, *Am. äv.* anglify **-o-amerikansk** Anglo-American **-ofil** *s3* Anglophil[e] **-osaxare -osaxisk** Anglo-Saxon

angora|garn [aŋˣgå:ra-] angora wool **-get** angora goat **-katt** angora cat **-ull** (*från -get*) mohair; (*från -kanin*) angora wool

angostura [aŋgåˣstu:ra] *s2* angostura; (*smakessens vanl.*) angostura bitters (*pl*)

angrepp attack (*mot, på* on)

angrepps|punkt point of attack (application) **-vapen** offensive weapon

angrip|a attack, assault, assail; (*inverka skadligt på*) affect; (*skada*) injure; (*fräta på*) attack, corrode, rust; *~ ett problem* tackle (approach) a problem **-are** assailant, aggressor **-en** *a5, metallen är ~ av rost* the metal has gone rusty; *~ av röta* damaged by rot; *~ av sjukdom* diseased, struck down by illness

an|gränsande *a4* adjacent, adjoining, next **-gå** concern; (*avse, beträffa*) have reference to; *saken ~r dig inte* it is no concern of yours, *vard.* it's none of your business; *vad mig ~r* as far as I am concerned **-gående** regarding, concerning, as regards, as to, as for **-göra 1** *~ hamn* make port; *~ land* make land **2** (*fastgöra*) make ... fast **-göringshamn** [-jö-] port of call **-göringsplats** [-jö-] lay-by

an|halt *s3* halt; *Am.* way station **-hang** *s7*

following; (*patrask*) rabble; (*hejdukar*) tools, hirelings (*pl*); *vard.* crew, gang; *hans* ~ **his** likes (*pl*) **-hopa** heap (pile) up, amass; ~ *sig* accumulate **-hopning** [-o:-] piling up; accumulation; ~ *av trupper* troop concentration

anhydrid *s3* anhydride

an|hålla 1 (*fängsla, arrestera*) apprehend, arrest, take into custody **2** (*begära*) ask (*om* for), apply (*om* for), request, demand; *om svar -hålles* (*o.s.a.*) an answer will oblige (R.S.V.P.); ~ *hos ngn om ngt* apply to s.b. for s.th.; ~ *om en flickas hand* ask for a girl's hand [in marriage]; ~ *om snar betalning* request [an] early settlement **-hållan** *r, pl saknas* request, demand (*om* for); *enträgen* ~ entreaty, solicitation; *ödmjuk* ~ supplication **-hållande** *s6* (*arrestering*) arrest; (*häktning*) apprehension **-hängare** follower, adherent (*av, till* of); (*av idé*) supporter, advocate **-hängiggöra** [-häŋig-jö:ra] ~ *vid domstol* bring into court; ~ *ett mål vid domstol* bring an action before a court of law; ~ *rättegång mot* take legal proceedings against **-hörig** *subst. a* relative; *mina* ~*a* my family; *närmaste* ~[*a*] next--of-kin

anilin *s7* aniline **-färg** aniline dye **-förgiftning** aniline poisoning **-penna** indelible pencil, copying-pencil

animal *a1* **-isk** *a5* animal

animera animate; *stämningen var mycket* ~*d* there was a gay atmosphere

animism animism

animositet animosity

aning *s2* **1** (*förkänsla*) presentiment (*om.* of; *om att* that); foreboding; *Am.* hunch; *ond* ~ misgiving **2** (*föreställning*) notion, idea, feeling; *jag hade ingen* ~ *om* (*äv.*) I never suspected **3** (*smula, något litet*) *en* ~ a little, a trace, *vard.* a touch, a tiny (wee) bit, *kokk.* a dash, a sprinkle

anings|full apprehensive; expectant **-lös** unsuspecting

anis *s2* (*växt*) anise; (*krydda*) aniseed **-ett** *s3* anisette

anka *s1* **1** [tame] duck **2** (*tidnings-*) hoax, canard

1 ankare *s6, s9* (*laggkärl*) anker, firkin

2 ankar|e *s6* **1** *sjö. o. bildl.* anchor; *kasta ankar* cast anchor; *lätta ankar* weigh anchor; *ligga för ankar* ride at anchor **2** *elektr.* armature **3** *byggn.* brace, cramp **4** (*i ur*) lever escapement **-fäste** hold[ing--ground] **-klys** hawsepipe **-kätting** anchor chain **-plats** anchorage **-spel** anchor gear, capstan **-spole** armature coil **-stock** anchor--stock **-tross** mooring (anchor) cable **-ur** lever watch

ank|bonde drake **-damm** duck-pond

ankel *s2* ankle[-bone] **-led** ankle-joint **-lång** ankle-length

anklag|a ~ *ngn för ngt* accuse s.b. of s.th., charge s.b. with s.th.; *den* ~*de* the accused; *med* ~*nde miner* accusingly; *sitta på de* ~*des bänk* stand in the [prisoners'] dock, *bildl.* stand accused, be under fire **-else** accusation, charge (*för* of); *rikta en* ~ *mot ngn* make an accusation against s.b.; *ömsesidiga* ~*r* cross accusations **-elseakt** bill of indictment **-elsepunkt** count **-elseskrift** [written] indictment

anklang approval; *vinna* ~ meet with (win) approval; *väcka* ~ *hos ngn* appeal to s.b.

anknyt|a attach, join, unite (*till* to); connect, join (link) up (*till* with); *bibanan* ~*er till stambanan vid C.* the branch line connects up with the main line at C.; *berättelsen* **-er** *till verkliga händelser* the story is based on real events **-ning** [-y:-] connection, attachment, link; *tel.* extension **-ningsapparat** extension telephone

ankom|ma 1 (*anlända*) arrive (*till* at, in); ~*nde post* incoming (inward) mail; ~*nde tåg* [train] arrivals **2** (*bero*) depend (*på* on); *i vad på mig* **-mer** as far as I am concerned; *det* **-mer** *på henne att se till det* it is up to her to see to that **-men** *a5* **1** (*anländ*) arrived **2** (*ngt skämd*) **-met** *kött* tainted meat; ~ *fisk* (*frukt*) fish (fruit) going bad **3** (*ngt berusad*) tipsy, merry

ankomst [-å-] *s3* arrival; *vid* ~*en till stationen* on my (*etc.*) arrival at the station **-datum** date of arrival **-tid** time of arrival

ankr|a anchor **-ing** anchoring, anchorage **-ingsförbud** anchoring prohibition **-ingsplats** anchorage

anlag *s7* **1** *biol.* rudiment, germ, embryo (*till* of) **2** (*medfött*) talent, gift, aptitude (*för* for); *med.* tendency (*för* to), disposition (*för* towards); *ärftliga* ~ hereditary disposition (*sg*); *musikaliska* ~ a gift for music; ~ *för fetma* tendency to put on weight; *ha goda* ~ have a gift [for], be gifted, have good mental powers

anlagd *a5* **1** *se anlägga* **2** *praktiskt* ~ of a practical turn; ~ *på förtjänst* planned (set up) on a profit basis

anlags|prov aptitude test **-prövning** aptitude--testing

anledning (*skäl*) reason (*till* for, of); (*orsak*) cause, occasion (*till* for, of); *det fanns ingen* ~ *till oro* there was no cause for alarm; *ge* ~ *till* give occasion to, cause; *han hade all* ~ *att resa* he had every reason to leave; *ha* ~ *till missnöje* have cause for dissatisfaction; *av vilken* ~*?* for what reason?, on what account?; *med* (*i*) ~ *av* on account of, owing to, in view of, because of; *med* ~ *härav* in view of this fact, for this reason, such being the case; *på förekommen* ~ *får vi meddela* we find it necessary to point out; *utan all* ~ without any (for no) reason; *vid minsta* ~ on the slightest provocation

anlete *s6* visage, countenance, face; *i sitt* ~*s svett* by the sweat of one's brow

anletsdrag *pl* features

anligg|a ~*mot* bear on **-ningsyta** contact surface

anlita 1 (*vända sig t.*) apply (turn) to (*ngn för* a p. for); ~ *läkare* call in a doctor; ~ *advokat* engage (go to) a lawyer; *vara mycket* ~*d* be in great demand, be successful (popular) **2** (*tillgripa*) have recourse to, resort to; ~ *lexikon* use (make use of) a dictionary; ~ *vapenmakt* resort to arms; ~ *telefonen* use the telephone; *en ofta* ~*d utväg* an expedient often resorted to **-nde** *s6* *med* ~ *av* use being made of, with the aid of

an|lopp 1 (*ansats*) run [up] **2** (*rusning*) rush **3** (*anfall*) assault, attack (*mot* upon) **-lupen** *a3* tarnished, discoloured; ~ *av fukt* tarnished by damp

anlägga 1 (*bygga*) build, construct, erect; (*grunda*) found, set up; ~ *en park* lay out a park **2** (*planera*) plan, design; ~ *mordbrand* commit arson **3** (*börja bära, lägga sig t. med*) take to, begin to wear, put on; ~ *sorg* put on mourning; ~ *skägg* grow a beard, let one's beard grow; ~ *kritiska synpunkter på* adopt a critical attitude towards **4** (*anbringa*) ~ *förband på ett sår* dress a wound, apply a bandage to a wound; *se äv. anlagd* **-re** builder, constructor; founder; designer

anläggning 1 *abstr.* foundation; erection, construction **2** *konkr.* establishment; (*fabrik*) works, plant, factory premises; (*byggnad*) building, structure

anläggnings|arbetare construction worker **-kapital** fixed capital **-kostnad** initial capital expenditure, initial cost **-tillgångar** fixed (capital) assets

an|lända arrive (*till*, at, in); ~ *till* (*äv.*) reach **-löpa 1** *sjö.*, ~ *en hamn* call at (touch) a port, put into a port **2** *tekn.* temper, anneal **-löpning** *tekn.* tempering, annealing **-löpningshamn** port of call

an|mana demand, request, urge (*ngn att* s.b. to); ~ *ngn att betala* demand payment from s.b. **-maning** request; *utan* ~ without reminder; *vid* ~ on demand **-marsch** advance **-moda** request, call upon; (*enträget*) urge; instruct; demand **-modan** *r* request; *på* ~ *av mig* at my request

anmäl|a *v2* **1** (*tillkännage, meddela*) announce; report; ~ *förhinder* send word to say one is prevented from coming; ~ *en besökande* announce a visitor; ~ *ngt för polisen* report s.th. to the police; ~ *sitt utträde ur en förening* withdraw one's membership from a club, resign from a club; ~ *sig som sökande till* put in an application for, apply for; ~ *sig för tjänstgöring* report for duty; ~ *sig till en examen* enter for an examination **2** (*recensera*) review **-an** *r* **1** announcement, notification (*om* of); report **2** (*recension*) review **3** (*tull-*) declaration **-are 1** (*angivare*) informer **2** (*recensent*) reviewer

anmälnings|avgift [-ä:-] registration fee; (*t. tävling etc.*) entry-money **-blankett** registration (application) form **-plikt** obligation to report [regularly] to police *etc.* **-tid** period of notification; (*idrott*) entry time

anmärk|a 1 (*påpeka, yttra*) remark, observe **2** (*klandra, ogilla*) find fault (*på* with); ~ *på* criticize; *han hade ingenting att* ~ *på* he found no fault with **-ning 1** (*yttrande, påpekande*) comment, remark, observation **2** (*förklaring*) remark, comment, observation, annotation; (*i bok*) note, footnote **3** (*klander*) objection, criticism, complaint **4** *skol.* bad [conduct] mark **-ningsbok** conduct book, report card **-ningsvärd** *a1* **1** (*märklig*) remarkable **2** (*beaktansvärd*) notable, noteworthy; (*märkbar*) noticeable

ann *se annan 1*

annaler *pl* annals, records

annalkande I *s6* approach[ing]; *vara i* ~ be approaching **II** *a4* approaching; *ett* ~ *oväder* a gathering storm; ~ *fara* imminent danger

anna|n *-t andra* **1** *allm.* other; (*efter självst. pron.*) else; *en* ~ another, (*självst. äv.*) somebody (someone, anybody, anyone) else; *gång efter* ~ time and again, time after time; *en och* ~ *gång* occasionally, once in a while; *tid efter* ~ from time to time; *av en eller* ~ *anledning* for some reason or other; *en* ~ *gång är en skälm* tomorrow never comes; *jag är av* ~ *mening* I am of another opinion, I don't agree; *alla andra* all the others, (*om pers. ofta*) everybody else; *alla de andra* all the others (the rest); *ingen* ~ nobody else; *ingen* ~ ... *än* no other ... than; *ingen* ~ *än du* no one [else] but you; *någon* ~ somebody (anybody) else; *bland -t, se under bland*; *på ett eller -t sätt* somehow or other; *lova är ett och hålla ett -t* it is one thing to make a promise and another thing to keep it; *säga ett och mena ett -t* speak with one's tongue in one's cheek; *vi talade om ett och -t* we talked about one thing and another, we chatted; *inte -t än jag vet* as far as I know; *hon gör inte -t än gråter* she does nothing but cry; *hon kunde inte -t än skratta* she could not help laughing, she could not but laugh; *hon är allt -t än vacker* she is anything but beautiful; *en ann är så god som en ann* one man is as good as another **2** (*ej lik*) different; *det är en* ~ *historia* that's a different (another) story; *något helt -t än* something quite different from (to)

annan|dag ~ *jul* the day after Christmas Day, *Engl.* Boxing-day; ~ *pingst* Whit-Monday; ~ *påsk* Easter Monday **-stans** elsewhere; *ingen* ~ nowhere else

annars 1 (*i annat fall*) otherwise, or [else], else **2** (*för övrigt*) otherwise, else; *var det* ~ *något?* was there anything else? **3** (*i vanliga fall*) usually; *mera trött än* ~ more tired than usual

annat *se annan*

annekter|a annex **-ing** annexation

annex *s7* annex[e] **-byggnad** annex[e], wing **-ion** [-ekʃo:n] annexation

anno *lat.* in [the year]; *från* ~ *dazumal* (*ung.*) ancient, *skämts.* antediluvian, as old as the hills

annons [-'åŋs, -'åns] *s3* ad[vertisement] (*om* about); (*födelse- etc.*) announcement; *sätta in en* ~ *i en tidning* put an advertisement in a paper, advertise in a paper; *enligt* ~ according to your advertisement, as advertised **-ackvisitör** advertising agent **-bilaga** advertisement supplement (section) **-byrå** advertising agency **-era 1** (*tillkännage, söka etc. genom annons*) advertise (*efter* for; *om ngt* s.th.) **2** (*tillkännage*) announce **-ering** advertising **-kampanj** advertising campaign **-organ** advertising medium **-pelare** advertising pillar; *Am.* billboard **-plats** advertisement space **-priser** advertising charges **-sida** advertisement page **-spalt** advertisement column **-tavla** advertisement board; *Am.* billboard **-taxa** advertisement rate **-text** copy **-ör** advertiser, space buyer

annor|ledes -lunda otherwise, differently; *såvida ej ~ föreskrivs* unless otherwise prescribed; *han har blivit helt -lunda* he has changed completely, he is quite a different man **-städes** elsewhere, somewhere else

annot|ation note **-ationsblock** [scribbling] pad; *Am.* memo pad **-era** note (take) down, make a note of

annu|ell *a1* annual **-itet** *s3* **1** (*på lån*) annual instalment **2** (*livränta*) annuity, life-interest **-itetslån** instalment credit; annuity loan

annull|ation *försäkr.* cancellation **-era** cancel, withdraw, annul; (*kontrakt* (*äv.*) nullify, vitiate **-ering** cancellation, withdrawal, annulment, revocation, nullification **-eringsklausul** cancellation clause

anod *s3* anode; *Am. äv.* plate **-batteri** anode battery **-spänning** anode voltage

anomal *a1* anomalous **-i** *s3* anomaly

anonym *a1* anonymous **-itet** anonymity

anor *pl* ancestry (*sg*), ancestors; lineage (*sg*); *bildl.* progenitors, traditions; *ha gamla ~* be of ancient lineage, *bildl.* have a long history, be a time-honoured tradition (custom); *det har ~ från antiken* it dates back to classical times

anorak [-'rakk] *s3* anorak, windcheater

anordn|a arrange, put in (bring into) order, set up, organize; *~ lekar* get up games **-ing** arrangement, preparation, setup; (*apparat*) apparatus, device; (*utrustning*) outfit; *~ar* (*hjälpmedel o.d.*) facilities

anpart share, portion

anpass|a adapt, suit, adjust (*efter* to), bring in line with **-bar** *a5* adaptable **-ling** turncoat, yes-man; (*medlöpare*) fellow traveller, camp-follower **-ning** adap[ta]tion, adjustment, accomodation **-ningsförmåga** adaptability

anrik|a concentrate, enrich, dress **-ning** concentration, enrichment **-ningsverk** dressing plant; (*för stenkol*) washing plant

anrop call; *mil.* challenge; *sjö.* hail **-a** call [out to]; *mil.* challenge; *sjö.* hail; *~ Gud om hjälp* invoke God's help

anropssignal call signal, call-sign

an|rycka advance **-ryckning** advance **-rätta** prepare, cook, dress **-rättning 1** (*anrättande*) preparation, cooking **2** (*rätt*) dish; (*måltid*) meal; *göra heder åt ~arna* do justice to the meal, *vard.* tuck in, eat with gusto

ans *s2* care, tending; (*av jord*) dressing; (*av häst*) grooming **-a** tend, see to; cultivate

ansaml|a collect, gather; *~ sig* (*om t.ex. damm*) settle **-ing** *allm.* collection; (*av vatten*) pool [of water]; (*av skräp*) heap [of rubbish]

ansats 1 (*sats*) run; *mil.* bound, rush; *höjdhopp utan ~* standing high-jump; *framryckning i ~er* advance by rushes **2** (*början*) start; (*försök*) attempt; (*impuls*) impulse (*till* to); (*tecken*) sign (*till* of); *visa ~er till förbättring* show signs of improvement **3** *mus.* striking of a note **4** *tekn.* shoulder, projection

ansatt *a4* afflicted (*av* with); *hårt ~* hard pressed, in a tight corner

anse 1 (*mena*) think, consider, be of the opinion; *han ~r sig orättvist behandlad* he considers himself unjustly treated; *man ~r allmänt* it is generally considered **2** (*betrakta*) consider, regard, look upon; *det ~s sannolikt* it is considered likely; *han ~s som vår största expert* he is regarded as our leading expert; *jag ~r det som min plikt* I consider it my duty **-dd** *a5* (*aktad*) respected, esteemed, distinguished; (*om firma etc.*) reputable; *väl ~* of good repute **-ende** *s6* **1** (*gott rykte*) reputation, standing, prestige **2** (*aktning*) esteem, respect **3** *utan ~ till person* without respect of persons; *i ~ till* considering **-nlig** *a1* considerable, large

ansikte *s6* face, countenance; *kasta en anklagelse i ~t på ngn* throw an accusation in a p.'s face; *det är ett slag i ~t på alla musikälskare* it is an insult to all music lovers; *han blev lång i ~t* his face fell; *stå ~ mot ~ med* stand face to face with; *säga ngn ngt rakt i ~t* tell s.b. s.th. [straight] to his face; *skratta ngn upp i ~t* laugh in a p.'s face; *tvätta sig i ~* wash one's face

ansikts|behandling facial [treatment] **-drag** *pl* features **-form** shape of a p.'s face **-färg** colouring, complexion **-kräm** face-cream **-lyftning** face-lifting; *bildl.* face-lift **-mask** mask; face pack **-servett** face tissue **-skydd** face protection; (*gasmask*) facepiece **-uttryck** [facial] expression **-vatten** skin tonic (lotion)

ansjovis [-'ʃɷ:-] *s2* anchovy **-burk** tin of anchovies

anskaff|a procure, obtain, buy, acquire; provide **-ning** procurement, acquisition, purchase; provision

anskaffnings|kostnad acquisition cost, initial cost; *sälja till ~* sell at cost price **-pris** initial price, purchase price **-provision** new business commission **-värde** purchase value, initial value

anskri outcry, scream

anskriven *a5*, *väl* (*illa*) *~ hos ngn* in (out of) favour with s.b., in a p.'s good (bad) books

anskrämlig [-ä:-] *a1* hideous, ugly, forbidding

anslag 1 (*kungörelse*) notice, placard, bill; *sätta upp ett ~* stick up a bill **2** (*penningmedel*) provision; grant; subsidy; (*stats-*) appropriation; *bevilja ett ~* make a grant **3** (*komplott*) design, plot **4** *mus.* touch **5** *filmens ~ är glatt* (*ung.*) the film strikes a happy note **6** (*projektils etc.*) impact

anslags|beviljande *a4*, *~ myndighet* [appropriation-]granting authority **-bevillning** voting of supplies **-kraft** force of impact **-tavla** notice-board; *Am.* bulletin board **-äskanden** budget estimates

anslut|a connect (*till* with); *~ sig till ngns åsikt* agree with a p.['s opinion]; *~ sig till ett parti* join a party; *~ sig till ett avtal* accede to (enter into) an agreement; *nära ~ sig till* be on much the same lines as **-en** *a5* connected (*till* with); associated (*till* with), affiliated (*till* to) **-ning 1** (*förbindelse*) connection (*till* with); *tel.* extension **2** (*stöd*) support; (*uppmuntran*) support, patronage; *i ~ till* in connection with; with (in) reference to; *i ~ till vårt brev* further to our letter; *vinna allmän ~* gain general support **-ningstrafik** connecting traffic

anslå 1 (*kungöra*) ~ *en kungörelse* put up a notice; ~ *en tjänst ledig* advertise a post as vacant 2 (*anvisa*) assign, set aside, earmark (*till* for); (*pengar*) grant, allocate, allow 3 (*uppskatta*) estimate, rate, value 4 *mus.* strike; *jfr äv. slå an* **-ende** *a4* pleasing, attractive; *en ~ predikan* an impressive sermon
anspel|a allude (*på* to), hint (*på* at) **-ning** allusion (*på* to)
anspråk claim, demand; pretention; *göra ~ på* lay claim to; *göra ~ på ersättning* claim compensation; *motsvara ngns ~* satisfy (meet) a p.'s demands; *avstå från ~ på* waive a claim; *ta i ~* claim, demand, make use of; *ta ngns tid i ~* take up a p.'s time
anspråks|full pretentious, assuming; (*fordrande*) exacting **-lös** unpretentious, unassuming, modest, quiet, moderate **-löshet** unpretentiousness *etc.*; *i all ~* in all modesty; in a very modest way
anspänn|a 1 (*häst*) harness 2 *bildl.* strain, brace **-ing** *bildl.* exertion, strain, tension
anstalt *s3* 1 (*institution*) institution, establishment, home 2 (*anordning*) arrangement, preparation; step; *vidtaga ~er för* take steps to, make arrangements for
anstalts|behandling institutional treatment **-vård** institutional care
anstift|a cause, provoke; ~ *en sammansvärjning* hatch a plot; ~ *mordbrand* commit arson **-an** *r*, *på ~ av* at the instigation of **-are** instigator (*av* of), inciter (*av* to)
an|stolt [ˣa:n-] proud of one's descent (pedigree)
anstorm|a assault **-ning** assault
anstryk|a (*grundmåla*) prime; paint **-ning** 1 (*målning*) coating, priming 2 (*skiftning*) tinge, shade, colour 3 (*tycke, prägel*) touch trace, suggestion; *utan minsta ~ av förakt* without the slightest trace of contempt
ansträng|a *v2* strain; (*vara påkostande för*) try, tax; ~ *sig* exert o.s., endeavour; ~ *sig till det yttersta* do one's very utmost, make every possible effort; *läsning -er ögonen* reading is a strain on one's eyes; *-d* strained; (*om skratt e.d.*) forced **-ande** *a4* strenuous, trying, taxing; ~ *arbete* hard work **-ning** effort, exertion, strain, endeavour; *med gemensamma ~ar* by united efforts; *utan minsta ~* without the slightest effort **-t** *adv* in a forced manner; *han log ~* he gave a forced smile
anstucken *a5* infected, tainted (*av* with)
anstå 1 (*passa, vara värdig*) become, befit; be becoming (befitting) for; *det ~r inte mig att ...* it is not for me to ... 2 (*uppskjutas*) wait, be deferred (put off, postponed); *låta ngt ~* let s.th. wait, postpone s.th. **-nd** delay, respite, grace; *begära en veckas ~ med betalning* request a week's respite for payment
anställ|a 1 (*i tjänst*) employ, engage, hire, appoint; *fast -d* [permanently] employed; on the [permanent] staff; *vara -d* be employed (*hos ngn* by s.b., *vid* at, in) 2 (*anordna*) bring about, cause; ~ *blodbad* start a massacre; ~ *ett gästabud* give a banquet; ~ *skada* cause damage 3 (*företaga*) make; ~ *förhör* subject [s.b.] to interrogation; ~ *examen* hold an examination; ~ *efterforskningar* institute inquiries; ~ *betraktelser över* contemplate **-d** *s* employee **-ning** employment, situation, job, position, post; (*tillfällig*) [temporary] engagement **-ningsbetyg** testimonial, reference; *mil.* service-record **-ningskontrakt** contract of employment, service contract **-ningstid** period of employment, length of service **-ningsvillkor** terms of employment
anständig *a1* respectable, decent, decorous; (*passande*) proper; (*hygglig*) decent **-het** respectability; propriety; decency **-hetskänsla** sense of propriety **-tvis** in common decency, for decency's sake
anstöt *s2* offence; *ta ~ av* take offence at, be offended at; *väcka ~* give offence, offend **-lig** [-ö:-] *a1* offensive(*för* to); objectionable
ansvar responsibility; (*ansvarsskyldighet*) liability; *bära ~et för* be responsible for; *ikläda sig ~et för* take the responsibility for; *på eget ~* on one's own responsibility, at one's own risk; *ställa ngn till ~ för* hold s.b. responsible for; *yrka ~ på ngn* prefer a charge (accusation) against s.b., demand a p.'s conviction; *vid laga ~* under penalty of law **-a** be responsible (*för* for), answer (*för* for); *jag ~r inte för hur det går* I assume no responsibility for the consequences; ~ *för en förlust* be liable for a loss **-ig** *a1* responsible, answerable, liable; *göras ~* be made (held) responsible; ~ *utgivare* [legally responsible] publisher **-ighet** responsibility, liability; *begränsad ~* limited liability; *bolag med begränsad ~* limited [liability] company **-ighetsförsäkring** [third party] liability insurance
ansvars|befrielse discharge [from liability] **-fri** free of responsibility **-frihet** freedom from responsibility; *bevilja ~* grant discharge; *bevilja styrelse ~* adopt the report [and accounts] **-full** responsible **-förbindelser** contingent liabilities **-kännande** *se -medveten* **-känsla** sense of responsibility **-lös** irresponsible **-löshet** irresponsibility **-medveten** responsible, conscious of one's responsibility **-påföljd** legal penalty **-yrkande** ~ *mot ngn* demand for a p.'s conviction
ansätta press, attack, beset; harass; *jfr ansatt*
ansök|a ~ *om* apply for **-an** *r*, *som pl används pl av -ning* application (*om* for); *avslå en ~* refuse, (reject, deny) an application; *inlämna en ~* make an application **-ning** [-ö:-] application; petition; *inkomna ~ar* lodged applications
ansöknings|blankett application form **-förfarande** application procedure **-handling** application [paper, document] **-skrivelse** letter of application **-tid** period of application; *~en utgår den ...* applications must be sent in by the ...
antabus ['ann-] *r* antabuse **-kur** antabuse treatment
antag|a 1 (*mottaga*) take, accept; ~ *en utmaning* accept a challenge; ~ *en plats* take (accept) a post; ~ *som elev* admit as a pupil 2 (*godkänna*) accept, consent to, approve; ~ *en lag* pass a law 3 (*göra t. sin, övergå t.*)

adopt, assume, embrace; ~ *kristendomen* adopt christianity; ~ *namnet* ... take the name of; *under -et namn* under an assumed name; ~ *fast form* (*bildl.*) take definite shape *fys.* solidify **4** (*anlägga*) put on, assume; ~ *en dyster min* put on a gloomy expression, *vard.* look miserable **5** (*anställa*) engage, appoint **6** (*förmoda*) assume, suppose, presume; *Am. äv.* guess; *antag att* suppose (supposing) that; *jag antar att vi skall vänta här* I take it [that] we are to wait here **-ande** *s6* **1** (*jfr antaga 1—5*) acceptance; adoption, assumption; engagement, appointment **2** (*förmodan*) assumption, supposition, presumption, guess **-bar** [-a:g-] *a1* acceptable; reasonable **-lig** [-a:g-] *a1* **1** (*rimlig*) reasonable, plausible; (*sannolik*) probable, likely **2** (*antagbar*) acceptable; admissible; eligible **-ligen** [-a:g-] probably, very likely, presumably **-ning** [-a:g-] admission

antagonis|m antagonism **-t** antagonist, adversary **-tisk** *a5* antagonistic

antal number, amount, quantity; *sex till ~et* six in number; *i stort ~* in great numbers; *ett stort ~ böcker* a great number of books; *höra till de levandes ~* be numbered among the living; *minsta ~ besökare* the fewest visitors

Antarktis *n* the Antarctic **antarktisk** *a5* Antarctic

antast|a **1** (*ofreda*) molest; ~ *kvinnor på gatan* accost women in the street **2** (*klandra*); ~ *ngns heder* throw doubt on a p.'s honour, discredit s.b. **-lig** *a1* assailable; challengeable

antavla [ˣa:n-] genealogical table; (*friare*) family tree

antecedenti|a -er [-tsi-] antecedents

anticip|ation anticipation, forestalling **-ativ** *a1, jur.* anticipatory **-era** anticipate, forestall

anteckn|a note, make a note of, write down; (*uppteckna*) record; ~ *till protokollet* enter in the minutes, record; ~ *sig* put one's name down (*för* for, *som* as) **-ing** note, annotation, memorandum **-ingsblock** note pad **-ingsbok** notebook, memo-book

ante|datera antedate **-diluviansk** [-a:-] *a5* antediluvian

antenn *s3, radio.* aerial, *Am.* antenna; *radar.* scanner **2** *zool.* antenna (*pl* antennae), feeler

antependium *s4* antependium

anti|biotika [-'å:-] antibiotics **-chambrera** [-ʃam-] *ung.* wait for an audience **-foni** *s3* antiphony **-histamin** *s4* antihistamine

antik **I** *a1* antique, old[-fashioned] **II** *r, ~en* classical antiquity **-behandling** antique finish, antiquing **-handel** se *-vitetshandel* **-isera** classicize; imitate classic style

anti|klimax anticlimax **-konceptionell** *a1* contraceptive **-krist** *s3* antichrist **-kropp** *med.* antibody

antikv|a [-ˣti:k-] *s1, boktr.* Roman [type] **-ariat** *s7* second-hand bookshop **-arie** *s5* antiquarian, antiquary **-arisk** *a5* antiquarian; *~a böcker* second-hand books **-erad** *a5* antiquated, outmoded

antikvitet *s3* antiquity

antikvitets|handel antique shop; curio shop **-handlare** antique dealer **-samlare** collector of antiques **-värde** antique value

Antillerna *pl* the Antilles

antilop *s3* antelope

antimakass *s3* antimacassar

antimilitarism anti-militarism

antimon *s7* antimony

antingen [-ŋ-] **1** (*ettdera*) either; ~ *skall han lämna rummet eller också gör jag det* either he leaves the room or I do **2** (*vare sig*) whether; ~ *du vill eller inte* whether you like it or not

anti|pati *s3* antipathy (*mot* to) **-poder** antipodes

antisemit anti-Semite **-isk** *a5* anti-Semitic **-ism** anti-Semitism

antisept|ik *s3* antisepsis **-isk** [-'sepp-] *a5* antiseptic

anti|tes antithesis (*pl* antitheses) **-toxin** antitoxin

antologi *s3* anthology

antracit *s3* anthracite

antropolog anthropologist **-i** *s3* anthropology

anträda set out (set off, embark) [up]on; begin

anträff|a find, meet with **-bar** *a1* in; at home; available

Antwerpen *n* Antwerp

antyd|a **1** (*flyktigt omnämna*) suggest, hint at **2** (*låta förstå*) intimate (*för* to), imply, give [s.b.] to understand; (*ge en vink om*) hint [to s.b.] **3** (*tyda på*) indicate; *av -d art* of the kind indicated; *som titeln -er* as the title implies **-an** *r, som pl används pl av -ning* **1** (*vink*) intimation (*om* of), hint **2** (*ansats, första början*) suggestion (*till* of) **-ning** (*i förtäckta ordalag*) insinuation; (*vink*) hint; (*spår*) trace **-ningsvis** roughly, in rough outline

antågande *s6* advancing, advance, approach[ing]; *vara i ~* be approaching, be on the way

antänd|a set fire to, set ... on fire, ignite, light **-lig** *a1* inflammable **-ning** ignition

anvis|a **1** (*visa, utpeka*) show, indicate, point out; ~ *ngn en plats* show s.b. to a seat **2** (*tilldela*) allot, assign; *han ~des ett rum på baksidan* [*av huset*] he was given a room at the back **3** (*utanordna*) allot, assign **-ning** **1** (*upplysning, instruktion*) direction, instruction; *få ~ på* be directed (referred) to; *ge ngn ~ på* direct (refer) s.b. to **2** (*utanordning*) assignment, remittance **-ningsprovision** arranger's fee

använd|a **1** (*begagna, bruka*) use (*till* for), make use of; ~ *tid* (*pengar*) *på* spend time (money) on (in); ~ *glasögon* wear glasses; ~ *käpp* carry (use) a stick; ~ *socker* take sugar; ~ *väl* make good use of; *färdig att ~s* ready for use **2** (*ägna, nedlägga*) devote; ~ *mycken energi på att* (*äv.*) put a great deal of effort into; *väl -a pengar* well-spent money **3** (*tillämpa*) apply (*om regel*), adopt (*om metod*) **-bar** *a1* fit for use; (*nyttig*) useful (*till* for) serviceable (*om kläder*), practicable (*om metod*); *föga ~* of little use **-ning** use; (*av regel*) application; (*av pers.*) employment; *jag har ingen ~ för den* it is of no use to me; *komma till ~* be used,

prove useful **-ningsområde** [field of] application **-ningssätt** mode of application; (*tryckt instruktion*) directions for use
aorta [a×årrta] *s1* aorta
apa I *s1* monkey; (*svanslös*) ape; *neds.* cat, cow, bitch **II** *v1*, ~ *efter* ape, mimic
apache [a'paʃ] *s5* apache
apanage [-a:ʃ] *s7* ap[p]anage
apart *a4* excentric, original **-heidpolitik** [-j-] apartheid policy
apati *s3* apathy **-sk** [-'pa:-] *a5* apathetic
apatit *s3* apatite
ap|brödsträd monkey-bread tree, baobab **-ekatt** (*upptågsmakare*) monkey, clown; (*efterhärmare*) mimic, parrot
apel ['a:-] *s2* apple-tree **-kastad** *a5* dapple-grey
apelsin *s3* orange **-marmelad** [orange] marmalade **-saft** (*pressad o.d.*) orange-juice; (*koncentrerad*) orange squash **-träd** orange-tree
Apenninerna *pl* the Apennines
aperitif [-'tiff] *s3* aperitif
ap|hus monkey-house **-människa** ape-man
apo|kalyps *s3* apocalypse **-kalyptisk** *a5* apocalyptic **-kryfisk** *a5* apocryphal; *de ~a böckerna* the Apocrypha
apollofjäril [a×pållo-] apollo
apolog|et *s3* apologist **-i** *s3* apology
apople|ktisk *a5* apoplectic **-xi** *s3* apoplexy
apost|el [-'påss-] *s2* apostle **-lagärningarna** the Acts [of the Apostles] **-lahästar** *använda ~na* use Shanks's pony **-olisk** *a5* apostolic[al]; *den ~a trosbekännelsen* the Apostles' Creed
apostrof [-å:f] *s3* apostrophe **-era** apostrophize
apotek *s7* pharmacy, chemist's [shop]; *Am.* drugstore **-are** [-×te:-] pharmacist, *Engl.* dispensing chemist; *Am.* druggist
apoteksassistent dispenser **-vara** pharmaceutical preparation
apoteos [-'å:s] *s3* apotheosis (*pl* apotheoses)
apparat apparatus; *vard.* gadget, contrivance; (*anordning*) device, appliance; *sätta igång en stor ~* (*bildl.*) make extensive preparations **-ur** equipment; apparatus
apparition appearance
appell *s3* call; *mil.* roll-call, muster; *jur.* appeal **-ationsdomstol** court of appeal
appellativ *s7*, *s4* appellative, common noun
appellera appeal
appendix *s7* appendix
appli|cera apply (*på* to) **-cering** application **-kation** *sömn.* appliqué
applåd *s3* applause; *kraftiga ~er* enthusiastic (loud) applause (*sg*), *Am. o. vard.* a big hand; *hon hälsades med en ~* she was greeted with applause **-era** applaud; cheer, clap **-åska** storm of applause
apport [-å-] *interj* retrieve!; fetch it! **-era** fetch; *jakt.* retrieve
apposition apposition
appre|ciera appreciate, revalue **-ciering** appreciation, revaluation **-tera** finish, dress **-tur** finishing, dressing
approxim|ation [-å-] approximation **-ativ** *a1* approximate **-era** approximate
aprikos *s3* apricot
april *r* April; *narra ngn ~* make an April fool of s.b.; *~, ~ ...!* April fool! **-skämt** April-fool's joke
a priori [-×å:-] a priori
à-pris price per unit, unit price
apropå I *adv* by the by[e] (way); *helt ~* incidentally, casually, quite unexpectedly **II** *prep* apropos [of], talking of **III** *s6*, *s4 som ett ~ till detta* in this connection, as an illustration of this
apter|a adapt (*till* to; *för* for); (*anpassa*) adjust **-ing** adaptation; adjustment
aptit *s3* appetite; *ha god ~* have a hearty appetite; *~en kommer medan man äter* appetite comes with eating; *ha ~ på livet* have an appetite for life **-lig** [-i:t-] *a1* appetizing; savoury (*ej om söta rätter*); (*lockande*) inviting; (*smaklig*) tasty; (*läcker*) delicious; (*för ögat*) dainty **-retande** appetizing, tempting; *vard. äv.* mouth-watering **-retare** aperitif, appetizer
ar *s9* are; *ett ~* (*Engl.*) 119.6 square yards
arab *s3* Arab, Arabian **-esk** *s3* arabesque **-förbundet** the League of Arab States
Arabien *n* Arabia
arab|isk *a5* Arabian, Arab[ic] **-iska** *s1* **1** (*språk*) Arabic **2** Arab[ian] woman **-världen** the Arab world
Aragonien *n* Aragon **aragon|ier** *s9* **-isk** *a5* Aragonese
arameisk *a5* Aramaic, Aramaean
arbeta work, be at work (*med* with); (*tungt*) labour; (*mödosamt*) toil; (*fungera*) operate, work; *det ~s för att få honom fri* forces are at work to release him (get him aquitted); *tiden ~r för oss* time is on our side; *~ bort* get rid of, eliminate; *~ ihjäl sig* work o.s. to death; *~ på att* strive to; *~ på ngt* work at s.th.; *~ upp en affär* work up a business; *~ upp sig* improve [in one's work]; *~ ut sig* wear o.s. out; *~ sig trött* tire o.s. out with work; *~ sig upp* work one' sway up, make one's way [in the world] **-d** *a5* manufactured, worked; (*om yta*) finished; (*om metall*) wrought
arbetar|bostäder workmen's dwellings **-e** worker; (*kropps-*) workman, manual worker; (*fabriks-*) hand, operative; (*jordbruks-*) labourer; (*verkstads-*) mechanic; (*i mots. t. arbetsgivare*) employee **-klass** working class **-kommun** labour union **-parti** Labour Party **-regering** Labour Government **-rörelse** labour movement **-skydd** industrial welfare **-skyddslag** Labour Welfare Act; *Engl.* Factory Acts (*pl*)
arbet|e *s6* work; *abstr. äv.* labour; (*sysselsättning*) employment, job; (*möda*) toil; *ett ansträngande ~* hard work; *~n i äkta silver* real silver handicraft products; *ett fint ~* fine workmanship; *ha ~ hos* be employed by; *mista sitt ~* lose one's job; *nedlägga ~t* stop work, go on strike, strike, down tools; *offentliga ~n* public works; *sätta i ~* put to work; *med sina händers ~* by the labour of one's hands; *vara under ~* be in preparation, be under construction; *vara utan ~* be out of work (unemployed) **-erska** working woman, woman worker **-sam** *a1* industrious, hard-working; (*mödosam*) laborious
arbets|avtal labour contract (agreement)

-beskrivning working instructions; operational directions **-besparande** *a4* labour-saving **-besparing** saving of labour **-bi** worker bee **-bänk** [work]bench **-börda** work load, amount of work to be done **-dag** working day **-fred** industrial peace **-fri** ~ *inkomst* unearned income **-fysiologi** industrial physiology **-fält** sphere (field) of activity **-för** *a5* fit for work, able-bodied; ~ *ålder* working age; *partiellt* ~ physically handicapped **-fördelning** *ekon.* division of labour; *~en* the distribution of the work **-förhållanden** working conditions **-förmedling** employment (labour) exchange **-förmåga** capacity for work **-förtjänst** earnings (*pl*), pay **-givare** employer, master **-givarförening** employers' association **-givarparten** the employers **-glädje** pleasure in one's work **-grupp** [working] team **-hypotes** working hypothesis (theory) **-häst** carthorse **-inkomst** wage earnings (*pl*), income from work **-inrättning** workhouse institution **-insats** work done; work effort, performance **-inställelse** stoppage of work, strike, lockout **-intensitet** rate of working **-kapacitet** working capacity **-karl** work[ing]man **-kläder** working clothes **-konflikt** labour dispute (conflict) **-kraft** labour, manpower; *en bra~* a good worker **-lag** gang [of workmen], team **-ledare** foreman, supervisor **-ledning** [labour] management **-liv** working life **-lust** zeal, zest **-läger** work camp **-lön** wages (*pl*), pay **-lös** unemployed, out of work; *en* ~ an unemployed person; *de ~a* the unemployed **-löshet** unemployment **-löshetsförsäkring** unemployment insurance **-löshetskassa** unemployment fund **-löshetsunderstöd** unemployment benefit (relief); *vard.* dole **-marknad** labour market **-material** working material **-metod** method of work[ing] **-moment** sub-operation **-myra** working-ant; *bildl.* busy bee **-människa** hard worker **-nedläggelse** [work] stoppage, strike **-oduglig** unfit for work **-oförmåga** incapacity for work; disablement **-oförmögen** unable to work, incapacitated; (*varaktigt*) disabled, invalid **-ordning** work[ing] plan; programme **-pass** shift, working period **-plats** place of work; *byggn. äv.* [working] site; (*lokal*) [factory] premises (*pl*), office **-plikt** obligation to work **-prestation** output of work, performance **-program** working programme **-psykologi** industrial psychology **-ritning** workshop drawing **-ro** quiet (peace of mind) essential for work **-rum** workroom, study **-skygg** work-shy **-studier** time and motion study **-studieingenjör** work study engineer **-studieman** time and motion study man **-stycke** workpiece, piece to be machined **-styrka** labour force, number of hands **-tag** *vara i ~en* be hard at work **-tagare** employee; (*arbetare*) wage-earner; (*tjänsteman*) salaried employee **-takt** working pace; (*i motor*) power stroke; *han har en hög* ~ he works quickly **-tempo** *se -takt* **-terapeut** occupational therapist **-terapi** occupational therapy **-tid** working hours, hours of work (*pl*); *efter ~ens slut* after hours **-tidsförkortning** reduction in working hours **-tillfälle** vacant job, job opportunity **-tillstånd** work permit **-uppgift** task, assignment **-utskott** working committee (party) **-vecka** working week

arbitrage [-'a:ʃ] *s7* **1** *hand.* foreign exchange dealings (*pl*) **2** *jur.* arbitration, arbitral award **-affärer** *se arbitrage 1*

ardennerhäst Ardennes carthorse

Ardennerna *pl* the Ardennes

areal *s3* area, space; (*jordegendoms*) acreage

arena [aˣre:na] *s1* arena; *bildl.* scene of action

arg [arrj] *a1* (*vred*) angry (*på ngn* with s.b.; *på ngt* at s.th.); *Am. o. vard.* mad; (*illvillig*) malicious, ill-natured; (*ilsken*) savage; *bli* ~ get angry (*på ngn* with s.b.); *~a konkurrenter* keen competitors, (*starkare*) ruthless rivals; *~fiende* bitter enemy; *~a katter får rivet skinn* quarrelsome dogs get dirty coats (come limping home); *ana ~an list* suspect mischief, *vard.* smell a rat **-bigga** *s1* shrew, vixen

Argentina *n* the Argentine, Argentina **argentin|are** [-ˣti:-] *s9* **-sk** *a5* Argentine

argon [-å:n] *s4* argon

argsint [-j-] *a1* ill-tempered, irascible

argument *s7* argument **-ation** argumentation; arguing **-era** argue **-ering** *se -ation*

argusögon *med* ~ argus-eyed, vigilant

aria ['a:-] *s1* aria

ari|er ['a:-] *s9* **-sk** *a5* Aryan

aristokrat aristocrat **-i** *s3* aristocracy **-isk** *a5* aristocratic

aritmet|ik *s3* arithmetic **-isk** [-'me:-] *a5* arithmetical; *~t medium* arithmetic[al] mean

1 ark *s2* ark; *förbundets* ~ the Ark of the Covenant; *Noas* ~ Noah's Ark

2 ark *s7* sheet [of paper]; (*del av bok*) sheet, section; *falsade* ~ folded sheets

arkad *s3* arcade

Arkadien *n* Arcady, Arcadia **arkadisk** *a5* Arcadian

arkai|serande *a5* archaizing, archaising **-sk** [-'ka:-] *a5* archaic **-sm** [-'issm] *s3* archaism

Arkangelsk [-ŋ-] *n* Archangel

arkebuser|a shoot **-ing** execution by a firing squad

arkeolog [-å-å-] archaeologist **-i** *s3* archaeology **-isk** *a5* archaeologic[al]

arkipelag *s3* archipelago

arkitekt [-ki-, -çi-] *s3* architect **-kontor** architect's office **-onisk** *a5* architectural, architectonic **-ur** architecture

arkiv *s7, ej pl* archives (*pl*); (*dokumentsamling äv.*) records (*pl*); (*bild- o. d.*) library; (*ämbetsverk*) record office **-alier** *pl* records, rolls **-arie** *s5* archivist, keeper of public records **-era** file **-ering** filing **-exemplar** (*lagstadgat*) statutory copy; (*hand.*) voucher copy; (*kontorsterm*) file copy **-forskning** archival research work

Arktis ['arrk-] *n* the Arctic **arktisk** ['arrk-] *a5* Arctic

arla [ˣa:r-] early [in the morning]

1 arm *a1* (*stackars, fattig*) poor; (*utblottad*) destitute; (*usel*) wretched, miserable

2 arm *s2* arm; (*av flod, ljusstake etc.*) branch; *bjuda ngn ~en* offer a p. one's arm; *gå ~ i ~* walk arm-in-arm; *med ~arna i kors* with folded arms; *med öppna ~ar* with open

arms; *på rak ~* (*bildl.*) offhand, straight; *hålla ngn under ~arna* (*bildl.*) back up (support) s.b.; *lagens ~* the arm of the law
armada [-ˣma:-] *s1* armada
armatur 1 *elektr.* [electric] fittings (*pl*); (*ljus-*) lighting fitting **2** *tekn.* (*tillbehör*) accessories (*pl*); (*ankare*) armature
arm|band bracelet **-bandsur** wrist-watch **-bindel** armlet; *läk.* arm sling **-borst** cross-bow **-brott** fractured (broken) arm **-båga** *~ sig fram* elbow o.s. along **-båge** elbow **-bågsled** elbow-joint **-bågsrum** elbow-room **~bågsveck** crook of the arm
armé *s3* army **-chef** commander-in-chief of the army **-förband** army troops (*pl*), army unit **-fördelning** [army] division **-förvaltning** army administration **-gevär** service (army) rifle **-kår** army corps **-ledning** army headquarters (*pl*) **-lotta** member of the Women's Royal Army Corps (W.R.A.C.); *Am.* Women's Army Corps (WAC); *vard.* Wrac, *Am.* Wac
Armenien *n* Armenia **armen|ier** *s9* **-isk** *a5* Armenian
armer|a (*beväpna*) arm; (*förstärka*) reinforce; *~d betong* reinforced concrete **-ing** (*beväpning*) armament; (*förstärkning*) reinforcement **-ingsjärn** reinforcing bar (iron)
arm|gång travelling along the [horizontal] bar **-håla** armpit, axilla **-krok** arm-in-arm; *gå ~* walk arm-in-arm
armod *s7* poverty, destitution
armring bangle, bracelet
armslängd *på ~s avstånd* at arm's length
arm|styrka strength of [one's] arm **-stöd** elbow-rest; (*på stol*) arm [of a chair] **-svett** underarm perspiration
arom [a'rå:m] *s3* aroma, flavour **-atisk** *a5* aromatic **-glas** brandy (balloon) glass
arrak ['arrak] *s2* arrack
arrang|emang [-ŋʃe-] *s7* arrangement; organization **-era** [-ŋ'ʃe:] arrange; organize; (*iscensätta*) stage **-ör** [-ŋ'ʃö:r] arranger, organizer
arrend|ator [-ˣa:tår] *s3* tenant [farmer], leaseholder; lessee **-e** [a'renn-] *s6* (*-förhållande*) lease, tenancy; (*-tid*) lease; (*-avgift*) rent[al]; *betala* (*få*) *1 000 pund i ~* pay (get, receive) a rent of 1,000 pounds **-egård** leasehold [property], tenant holding **-ekontrakt** lease, tenancy agreement **-era** lease, rent, take on lease; *~ ut* let out on lease, lease out
arrest *s3* custody, detention; *mil.* arrest; (*lokal*) gaol, *Am.* jail, *mil.* guard-room; *sitta i ~* be [kept] in custody; *sätta i ~* place under arrest; *mörk ~* confinement in a dark cell; *sträng ~* close arrest **-era** arrest, take ... into custody **-ering** arrest[ing] **-eringsorder** warrant [of arrest]
arriärgarde [-ˣä:r-] rear-guard
arrogan|s [-'gaŋs, -'gans] *s3* arrogance, haughtiness **-t** [-'gaŋt, -'gant] *a1* arrogant, haughty
arsenal *s3* arsenal (*äv. bildl.*), armoury
arsenik *s3* arsenic **-förening** arsenic compound **-förgiftning** arsenic poisoning **-halt** arsenic content, percentage of arsenic **-haltig** *a1* arsenical
art [a:rt] *s3* **1** (*sort*) kind, sort **2** (*natur*) nature, character **3** *biol.* species **-a** *rfl* shape; *~ sig väl* shape well; *vädret tycks ~ sig* the weather is looking up
arteri|ell *a1* arterial **-oskleros** [-'å:s] *s3* arteriosclerosis
artesisk *a5* artesian
artfrämmande foreign to the species; extraneous
artificiell *a1* artificial; sham
artig [ˣa:r-] *a1* polite, courteous (*mot* to); (*svagare*) civil (*mot* to); (*uppmärksam*) attentive (*mot* to) **-het** politeness, courtesy; attention; *av ~* out of politeness; *säga ngn en ~* pay s.b. a compliment, flatter s.b. **-hetsbetygelse** mark of courtesy **-hetsfras** polite phrase **-hetsvisit** courtesy call
artikel [-'tikk-] *s2* article **-serie** series of articles
artikul|ation articulation **-era** articulate
artilleri *s4* artillery, ordnance **-eld** artillery fire, gun-fire **-förband** artillery unit **-kår** artillery corps **-pjäs** gun, piece of ordnance **-regemente** artillery regiment; *Am.* artillery group **-st** artilleryman, gunner
artist (*målare etc.*) artist; (*om skådespelare, musiker e. d.*) artiste **-eri** artistry **-isk** *a5* artistic **-namn** (*skådespelares*) stage-name
artnamn specific name
arton *se aderton*
art|skild specifically distinct **-skillnad** specific difference, differentia
artär *s3* artery
arv *s7* inheritance; (*testamenterad egendom*) legacy; *biol.* inheritance; (*andligt*) heritage; *den är ett ~ efter min mor* my mother left it to me; *rött hår är ett ~ i släkten* red hair runs in the family; *få i ~* inherit; *få ett stort ~* come into a fortune; *gå i ~* be handed down; *lämna ngt i ~ åt ngn* leave s.th. [as a legacy] to s.b.; *skifta ~* divide an inheritance, distribute an estate (the estate of a deceased person) **-edel** share of an inheritance **-egods** hereditary (family) estate; inheritance **-fiende** hereditary foe **-följd** succession **-inge** *s2* heir, *fem.* heiress; *utan -ingar* without issue, heirless **-lös** disinherited; *göra ~* disinherit, cut out of a will
arvode *s6* remuneration; (*t. läkare etc.*) fee
arv|prins hereditary prince **-rike** hereditary kingdom
arvs|anlag gene **-anspråk** claim to an inheritance (the succession) **-berättigad** entitled to an inheritance
arvskifte distribution of an estate; division of an inheritance
arvs|lott share (portion, part) of an inheritance **-massa** germ plasm; heriditary factors (*pl*) **-rätt** *jur.* law of succession (inheritance) **-skatt** death (succession) duty, inheritance tax **-tvist** dispute about an inheritance
arv|synd original sin **-tagare** *se -inge* **-tant** wealthy aunt [who may leave me (*etc.*) money]
1 as *s7* (*djurlik*) carcass, carrion
2 as *s2*, *myt.* As (*pl* Æsir) **-alära** Æsir cult
asbest ['ass-] *s2* asbestos **-platta** asbestos mat (plate)
asch [aʃ] ugh!, pooh!
asepti|k *s3* asepsis **-sk** [a'sepp-] *a5* aseptic
asfalt *s3* asphalt, bitumen **-beläggning**

asphalt surface; (*i mots. t. grusväg ofta*) road-metalling **-era** asphalt, coat with asphalt **-papp** asphalt roofing felt **-tjära** mineral tar
asgam Egyptian vulture
asiat -isk *a5* Asiatic **Asien** ['a:-] *n* Asia; *Främre* ~ the Middle East; *Mindre* ~ Asia Minor
1 ask *s2, bot.* ash[-tree]; *av* ~ (*äv.*) ash[en]
2 ask *s2* box; (*bleck-*) tin [box]; *en* ~ *cigarretter* a packet of cigarettes
ask|a *s2, ej pl* ashes (*pl*); (*av visst slag*) ash **-blond** ash-blond
askẹ|s *s3* asceticism **-t** *s3* ascetic **-tisk** *a5* ascetic **-tism** asceticism
ask|fat ashtray **-grå** ashen, ash-grey **-kopp** *se -fat* **-onsdag** Ash Wednesday **-regn** shower of ashes
Askungen Cinderella
askurna cinerary urn
asociạl *a1* antisocial, asocial **-itet** social maladjustment
1 asp *s2, zool.* rapacious carp
2 asp *s2, bot.* asp[en]; *av* ~ (*äv.*) asp[en]
aspẹkt *s3* aspect
aspir|ant applicant, candidate (*till* for); trainee; *bildl.* aspirant (*på, till* to); *mil.* cadet **-ation** aspiration **-era** **1** *språkv.* aspirate **2** ~ *på* aspire to, aim at
aspirịn *s4* aspirin
asp|löv aspen leaf -**virke** asp[wood]
1 ass *s7, se assurera*
2 ass *s7, mus.* A flat **Ass-dur** A flat major
assegạj *s3* assagai, assegai
assessor [a×sessår] *s3* assessor, deputy judge
assiett [a'ʃett] *s3* (*tallrik*) small plate; (*maträtt*) hors d'œuvre dish
assimil|ation assimilation **-era** assimilate
assist|ạns [-aŋs, -ans] *s3* assistance **-ent** assistant **-era I** *itr* assist; act as assistant **II** *tr* assist, help
associ|ation association **-ationsförmåga** ability to form associations **-era** associate; ~ *sig med* associate with **-ẹring** association
assonạns [-aŋs] *s3* assonance
assuradör insurer; (*sjöförsäkr. äv*) underwriter; (*livförsäkr. äv*) assurer
assurạns [-aŋs] *s3* insurance **-belopp** insured value
assurera insure; *~t brev* insured letter
Assyrien *n* Assyria **assyri|er** *s9* **-sk** *a5* Assyrian
astẹni|ker *s9* **-sk** *a5* asthenic
aster ['ass-] *s2, bot.* aster
asterịsk *s3* asterisk
astigmạti|sk *a5* astigmatic **-sm** astigmatism
astma *s1* asthma **-anfall** attack of asthma **-tiker** [-'ma:-] asthmatic [patient] **-tisk** [-'ma:-] *a5* asthmatic
astrakạn *s3* (*skinn*) astrakhan
astralkropp [a×stra:l-] astral body
astro|fysịk astrophysics (*sg*) **-log** astrologer **-logị** *s3* astrology **-naut** [-'naut] *s3* astronaut **-nautịk** astronautics (*sg*) **-naụtisk** astronautical **-nom** astronomer **-nomị** *s3* astronomy **-nọmisk** [-nå:-] *a5* astronomical
asur *se azur*
asyl asylum, [place of] refuge; (*fristad*) sanctuary **-rätt** right of asylum

asymmetrị *s3* asymmetry **-sk** [-'me:-] *a5* asymmetrical
atavịs|m *s3* atavism **-tisk** *a5* atavistic
ateis|m atheism **-t** atheist **-tisk** *a5* atheistic
ateljé *s3* studio; (*sy- etc.*) work-rooms (*pl*)
Atẹn *n* Athens **aten|are** [-×te:-] *s9* **-sk** [-'te:-] *a5* Athenian
Atlạnten *n* the Atlantic [Ocean] **atlant|deklarationen** the Atlantic Charter **-fartyg** transatlantic liner **-pakten** the North Atlantic Treaty **-paktsorganisationen** the North Atlantic Treaty Organization (NATO) **-ångare** *se -fartyg*
1 atlas ['att-] *s3* (*tyg*) satin
2 atlas ['att-] *s3* (*kartbok*) atlas (*över* of)
Atlasbergen *pl* the Atlas Mountains
atlẹt *s3* athlete; (*stark man*) strong man, Hercules **-isk** *a5* athletic
atmosfạ̈r atmosphere **-isk** atmospheric[al]; *~a störningar* atmospherics **-tryck** atmospheric pressure
atọll [-å-] *s3* atoll
atọm [-å:m] *s3* atom **-beväpning** atomic armament **-bomb** atom[ic] bomb, A-bomb **-bombsanfall** atomic [bomb] attack **-drift** atomic propulsion (operation) **-driven** atomic-(nuclear-)powered **-energi** nuclear (atomic) energy **-forskare** nuclear (atomic) scientist **-forskning** nuclear (atomic) research **-fysik** nuclear (atomic) physics **-klyvning** nuclear (atomic) fission **-kraft** nuclear (atomic) power **-kraftverk** nuclear (atomic) power plant **-krig** atomic (nuclear) war **-krigföring** atomic (nuclear) warfare **-kärna** atomic nucleus **-nummer** atomic number **-reaktor** atomic pile, nuclear reactor **-sprängning** atom-smashing **-teori** atomic theory **-vapen** nuclear (atomic) weapon **-vikt** atomic weight **-värmeverk** nuclear heating plant **-åldern** Atomic Age **-ạ̈r** *a1* atomic, nuclear
atonạl *a1* atonal
atrium ['a:-] *s4* atrium
ATP [ate'pe:] (*förk. för allm. tilläggspensionering*) *se tilläggspensionering*
atrofị *s3* atrophy
atropịn *s3, s7* atropine
att I *infinitivmärke* to; ~ *vara eller inte vara* to be or not to be; *att åka skidor är roligt* skiing is fun; *han lämnade landet för* ~ *aldrig återvända* he left the country never to return; *han är inte* ~ *leka med* he is not [a man] to be trifled with, he is not one to stand any nonsense; *vad hindrar honom från* ~ *resa* what prevents him from going; *envisas med* ~ *göra ngt* persist in doing s.th.; *jag kunde inte låta bli* ~ *skratta* I could not help laughing; *han var rädd* ~ *störa henne* he was afraid of disturbing her; *genom* ~ *arbeta* by working; *av utseendet* ~ *döma* judging (to judge) by appearances; *skicklig i* ~ *sy* good at sewing; *sanningen* ~ *säga* to tell the truth; *vanan* ~ *röka* the habit of smoking; *efter* ~ *ha misslyckats ...* having failed ... **II** *konj* that; *jag är glad* ~ *det är över* I am glad [that] it is over; *jag trodde* ~ *han skulle komma* I thought [that] he would come; *säg till honom* ~ *han gör det* tell him to do it; *vänta på* ~ *ngn skall komma* wait for s.b. to come; *jag litar på*

~ *du gör det* I rely on your doing it, I am relying on you to do it; *förlåt* ~ *jag stör* excuse my (me) disturbing you; ~ *jag inte tänkte på det!* why didn't I think of that!; *så dumt* ~ *jag inte kom ihåg det* how stupid of me not to remember it; ~ *du inte skäms!* you ought to be ashamed of yourself!; *frånsett* ~ *han inte tycker om musik* apart from the fact that he does not like music; *på det* ~, *så* ~ [in order] that, so that; *under det* ~ while; whereas; *utan* ~ *ngn såg honom* without anyone seeing him

attaché [-'ʃe:] *s3* attaché

attack *s3* attack (*mot, på* on); (*sjukdoms-*) attack, fit **-era** attack **-robot** air-to-surface missile

attentat *s7* attempt (*mot ngn* on a p.'s life), attempted assassination; (*friare*) outrage (*mot* on) **-or** [-ˣta:tår] *s3* would-be assassin; perpetrator of an (the) outrage

attest *s3* attestation (*på* to); certificate, testimonial **-era** attest, certify

attiralj *s3* apparatus; paraphernalia (*pl*)

attisk ['att-] *a5* Attic; ~*t salt* Attic salt

attityd *s3* attitude; posture, pose

attr|ahera attract **-aktion** [-k'ʃo:n] attraction **-aktionsförmåga** [power of] attraction **-aktiv** *a1* attractive

attrapp *s3* dummy

attribu|era attribute **-t** [-'bu:t] *s7* attribute **-tiv** *a1* attributive

att-sats that-clause

audiens [au-] *s3* audience; *få* ~ *hos* obtain an audience of (with); *mottaga ngn i* ~ receive s.b. [in audience]; *söka* ~ *hos* seek an audience with

audiovisuell [au-] *a1* audio-visual; ~*a hjälpmedel* audio-visual aids

audit|iv [au-] *a1* auditory **-orium** *s4* (*sal*) auditorium; (*åhörare*) audience **-ör** judicial adviser [to a regiment]; (*vid krigsrätt*) [staff] judge-advocate

augiasstall [ˣau-] Augean stable

augur [au-] augur; soothsayer **-leende** *ung.* secretive smile

augusti [au-] *r* August

augustin[er]|munk [au-] Augustine friar **-orden** the Order of St. Augustine

Augustinus [au-] St. Augustine

auktion [auk'ʃo:n] [sale by] auction, [public] sale (*på* of); *exekutiv* ~ compulsory auction; *köpa på* ~ buy at an auction; *sälja på* ~ sell by auction **-era** ~ *bort* auction off, sell by auction **-ist** *se auktionsutropare*

auktions|bridge auction bridge **-bud** bid at an auction **-förrättare** auctioneer **-kammare** auction-rooms (*pl*) **-utropare** auctioneer's assistant

auktor ['auktår] *s3* author; (*sagesman*) authority, informant **-isation** authorization **-isera** authorize; ~*d revisor* chartered accountant **-isering** *se -isation* **-itativ** *a1* authoritative **-itet** *s3* authority **-itetstro** belief in authority

auktorsrätt copyright, author's rights

aula ['au-] *s1* assembly-hall, lecture-hall; *Am.* auditorium

aureomycin [au-] *s4* aureomycin

aurikel [auˣrikkel] *s3, s2, bot.* auricula

auskult|ant [au-] *skol. ung.* student teacher observing classroom methods; *läk.* auscultator **-ation** *skol.* attending classes as an observer; *läk.* auscultation, stethoscopy **-era** *skol.* attend classes as an observer; *läk.* auscultate

auspicier [au-] *pl* auspices; *under ngns* ~ under the auspices of s.b.

Australien [au-] *n* Australia **austral|iensare -ier** [-'stra:-] *s9* **-isk** [-'stra:-] *a5* Australian **-neger** Australian aborigene

autarki [au-] *s3* autarchy; (*självförsörjning*) autarky

autenti|citet [au-] authenticity, genuineness **-sk** [-'tenn-] *a5* authentic

autodafé [au-] *s3* auto-da-fé

auto|didakt [autå-, auto-] *s3* autodidact, self-taught man **-giro** [-j-] *s5* autogiro **-graf** *s3* autograph **-grafjägare** autograph hunter **-klav** *s3* autoclave, sterilizer **-krati** *s3* autocracy

automat automatic machine; (*varu-*) slot-machine; *Am.* vending machine; (*mat-varu-*) food-slot-machine, *Am.* food vending machine; (*person*) automaton **-gevär** automatic rifle **-ion** automation **-isera** automate; *tel.* automatize **-isering** automation, automatization **-isk** [-'ma:-] *a5* automatic **-kanon** automatic gun **-svarv** automatic lathe **-telefon** dial (automatic) telephone **-vapen** automatic weapon **-växel** *tel.* automatic switchboard; (*i bil*) automatic gear-change

automobil *s3* [motor-]car; *Am.* auto[mobile]

auto|nom [-'nå:m] *a1* autonomous **-pilot** automatic pilot, autopilot

autopsi [au-] *s3* autopsy, post-mortem examination

auto|strada [-ˣstra:da] *s1* motorway, main arterial road, autostrada; *Am.* freeway, motor highway **-typi** *s3* halftone [plate]

av I *prep* **1** *vanl.* of; *ägaren* ~ *huset* the owner of the house; *en del* ~ *tiden* part of the time; *hälften* ~ *boken* half [of] the book; *ingen* ~ *dem* none of them; *i två fall* ~ *tre* in two cases out of three; *en klänning* ~ *siden* a dress of silk, a silk dress; *vad har det blivit* ~ *henne?* what has become of her?; *byggd* ~ *trä* built of wood; *född* ~ *fattiga föräldrar* born of poor parents; ~ *god familj* of good family; *en man* ~ *folket* a man of the people; *en man* ~ *heder* a man of honour; *drottningen* ~ *England* the queen of England; *ett tal* ~ *Churchill* a speech of Churchill's (*ifr 2*); *turkarnas erövring* ~ *Wien* the conquest of Vienna by the Turks; *ett avstånd* ~ *fem kilometer* a distance of five kilometres; *till ett pris* ~ at a (the) price of; *det var snällt* ~ *dig* it was kind of you **2** (*betecknande den handlande, medlet*) by; *författad* ~ *Byron* written by Byron; *hatad* ~ *många* hated by many; *ett tal* ~ *Churchill* a speech made by Churchill (*jfr 1*); ~ *misstag* by mistake; *leva* ~ *sitt arbete* live by one's work; ~ *en händelse* by chance; ~ *naturen* by nature **3** (*betecknande orsak*) *a*) (*t. ofrivillig handling el. tillstånd*) with, *ibl.* for, *b*) (*t. frivillig handling*) out of, *c*) (*i en del stående uttryck*) for, on; *darra* ~ *köld* (*rädsla*) shiver with cold (fear); *skrika* ~ *förtjusning* scream with delight;

utom sig ~ raseri beside o.s. with rage; *~ allt mitt hjärta* with all my heart; *gråta ~ glädje* weep for joy; *~ nyfikenhet* out of curiosity; *~ den anledningen* for that reason; *~ olika orsaker* for various reasons; *~ brist på* for want of; *~ fruktan för* for fear of; *~ princip* on principle; *leva ~ fisk* live on fish **4** *det faller ~ sig själv*[*t*] it is a matter of course; *det går ~ sig själv*[*t*] it runs by (of) itself; *göra ngt ~ sig själv* do s.th. by o.s. (of one's own accord) **5** (*från*) from; (*bort från*) off; *~ egen erfarenhet* from [my own] experience; *~ gammalt* from of old; *~ gammal vana* from force of habit; *en present ~ min mor* a present from my mother; *få* (*köpa, låna, veta*) *ngt ~ ngn* get (buy, borrow, learn) s.th. from s.b.; *det kommer sig ~ att jag har ...* it comes from my having ...; *~ jord är du kommen* from dust art thou come; *vi ser ~ Ert brev* we see from your letter; *svart ~ sot* black from soot; *gnaga köttet ~ benen* gnaw the meat off the bones; *hoppa ~ cykeln* jump off one's bicycle; *stiga ~ tåget* get off the train; *ta ~* [*sig*] *skorna* take one's shoes off **6** (*oöversatt el. annan konstr.*) *~ bara tusan* like hell; *bryta nacken ~ sig* break one's neck; *njuta ~* enjoy; *rädd ~ sig* timid, timorous; *med utelämnande ~* excluding; *vara ~ samma färg* be the same colour **II** *adv* **1** *~ och an* to and fro, up and down; *~ och till* now and then, occasionally **2** (*bort*[*a*], *ner, i väg*) off; *ge sig ~* start off; *ramla ~* fall off (*hästen* the horse); *stiga ~ tåget* get off the train; *ta ~ till höger* turn off to the right; *torka ~ dammet* wipe off the dust **3** *borsta ~ en kappa* brush a coat, give a coat a brush; *diska ~ tallrikarna* wash up the plates; *klä ~ ngn* undress s.b.; *lasta ~* unload; *rita* (*skriva*) *~* copy; *svimma ~* faint away **4** (*itu*) in two; (*bruten*) broken; *benet är ~* the leg is broken; *åran gick ~* the oar snapped in two

aval *s3* bank guarantee for a bill

avance|mang [-aŋse-, -anse-] *s7, s4* promotion **-mangsmöjlighet** promotion prospect[s *pl*], opportunity for promotion **-ra** advance; be promoted, rise; *~d* advanced, progressive, (*djärv*) bold, daring

avans [-aŋs, -ans] *s3* profit, gains

avant|garde [aˣvannt-] van[guard]; *konst.* avant-garde **-scenloge** stage-box

av|art variety; (*oart*) degenerate species **-balka** partition off **-balkning** partitioning off; *konkr.* partition **-basning** [-a:s-] beating; (*upptuktelse*) scolding **-beställa** cancel **-beställning** cancellation **-beställningsavgift** cancellation fee **-beta** graze; crop

avbetal|a pay off, pay by instalments **-ning** hire-purchase payment, instalment [payment]; *köpa på ~* buy on the instalment plan **-ningskontrakt** hire-purchase contract **-ningsköp** (*enstaka*) hire-purchase transaction; *koll.* hire purchase **-ningsvillkor** hire purchase terms

avbetning [-e:-] cropping, grazing

avbild representation; copy; *han är sin fars ~* he is the very image of his father **-a** reproduce; draw, paint **-ning** reproduction

av|bitartång [a pair of] nippers **-blåsa** bring ... to an end; (*strid*) call off; *se äv. blåsa av* **-blåsning** *sport.* stoppage of game **-bländа** shade; *foto.* stop down; *se äv. blända* [*av*] **-bländning** shading *etc.* **-brott 1** (*uppehåll*) interruption, break; (*upphörande*) cessation, stop[page], intermission; (*i radioutsändning*) breakdown [in transmission]; *ett kort ~ i regnandet* a short break in the rain; *ett ~ i fientligheterna* a cessation of hostilities; *ett angenämt ~* a pleasant break; *utan ~* without stopping, continuously, without a break **2** (*motsats*) contrast, change; *utgöra ett ~ mot* make a change in, break the monotony of **-brottsförsäkring** loss of profits insurance **-bryta** break off, interrupt; cut off; *~ förhandlingar* break off negotiations; *~ en resa* break a journey; *~ ett samtal* cut short a conversation; *~ sitt arbete* stop work, leave off working; *~ sig* check o.s., stop speaking; *se äv. bryta av* **-bräck** *s7* (*skada*) damage, injury; (*men*) disadvantage; *lida ~* suffer a set-back **-bränning** *hand.* deduction [from profits], incidental expenses **-bröstning** *mil.* unlimbering **-bytare** replacement, relief, substitute; (*för chaufför*) driver's mate; (*vid motortävling*) co-driver **-böja** decline, refuse; *~ ett erbjudande* decline an offer; *~nde svar* refusal, answer in the negative **-böjning** *radar.* deflection **-bön** apology; *göra ~* apologize **-börda 1** (*samvete*) unburden **2** *rfl* free o.s. of; *~ sig en skuld* discharge a debt

av|dagataga [-ˣda:-] put ... to death **-damning** *ge ngt en ~* give s.th. a dust **-dankad** *a5* discharged, discarded **-dela** (*uppdela*) divide [up] (*i* into); divide off; *mil.* detail, tell off

avdelning (*del*) part; (*avsnitt*) section; (*av skola, domstol*) division; (*av företag*) department, division; (*sjukhus-*) ward; (*fängelse-*) block; (*i skåp*) compartment; *mil.* detachment, unit; (*av flotta, flyg*) division, squadron

avdelnings|chef (*ämbetsman*) head of a department; (*i affär*) departmental manager **-kontor** branch [office] **-sköterska** ward sister, head-nurse

av|dika (*mark*) drain; (*vatten*) drain off **-dikning** draining, drainage **-domna** *se domna av* **-drag 1** deduction; (*beviljat*) allowance; (*rabatt äv.*) reduction; (*på skatt*) abatement, relief; *göra ~ för* deduct; *med ~ för* after a deduction of; *efter ~ av omkostnaderna* expenses deducted; *yrka ~ med 1 000 pund* claim a deduction of 1,000 pounds **2** *boktr.* proof [sheet], pull, impression **-draga 1** (*draga ifrån*) deduct, take off **2** *boktr.* pull off [a proof] **-dragsgill** deductible; *~t belopp* allowable deduction **-drift** *sjö.* drift, leeway; (*projektils*) deviation **-dunsta** evaporate; (*försvinna*) vanish **-dunstning** evaporation **-döda** *~t vaccin* killed-virus vaccine **-döma** decide, judge

avel ['a:-] *s2* breeding, rearing

avels|djur breeder; *koll.* breeding-stock **-hingst** studhorse, stallion **-reaktor** breeder reactor **-sugga** *ung.* prize sow. **-tjur** breeding bull

avenbok [ˣa:-] *s2* hornbeam

aveny *s3* avenue

aversion [-r'ʃɷ:n] aversion (*mot* to)
avfall 1 (*avskräde*) waste, refuse; (*köks-*) garbage, rubbish; (*vid slakt*) offal; *radioaktivt* ~ radioactive waste[s *pl*] **2** *bildl.* falling away, backsliding; (*från parti*) desertion, defection; (*från religion*) apostasy **-a** fall away (*från* from); desert (*från* from), turn deserter (apostate) **-en 1** (*frukt etc.*) fallen **2** (*mager*) thin, worn; *-na kinder* pinched cheeks
avfalls|kvarn [garbage] disposer **-produkt** waste product; *kem.* residual product
av|fasa bevel, slope, cant **-fasning** [-a:-] bevel **-fatta** word, indite; (*avtal*) draw upp; (*lagförslag*) draft **-fattning** version; wording, draft **-fetta** defat, degrease **-flytta** move [away] **-flyttning** removal; *de är uppsagda till* ~ they have been given notice to quit **-flöde** outflow, effluent **-folka** [-å-] depopulate **-folkning** [-å-] depopulation **-fordra** ~ *ngn ngt* demand s.th. from (of) s.b., call upon s.b. for s.th.; ~ *ngn räkenskap* call s.b. to account (*över* for) **-frosta** defrost **-frostning** [-å-] defrosting **-fuktning** dehumidification **-fyra** fire [off], discharge **-fyrning** [-y:-] firing [off], discharge **-fyrningsbas** launching base **-fälling** apostate, renegade, backslider **-färd** departure, going away, start **-färda** [-ä:-] **1** (*skicka*) dispatch, send off **2** (*bli färdig med*) dismiss (finish with) (*ngn* s.b.); finish (*ngt* s.th.); *jag låter inte* ~ *mig så lätt* I am not going to be put off that easily **-färga 1** (*beröva färgen*) decolour, bleach, decolorize **2** *se färga av* **-färgning** bleaching, discolouration **-föda** offspring, progeny, brood; *I huggormars* ~ (*bibl.*) O generation of vipers **-föra 1** (*bortföra*) remove, carry off **2** (*utstryka*) cancel, cross out (*från* from); ~ *från dagordningen* remove from the agenda; ~ *ur ett register* strike off a register **-föring 1** removal, cancelling **2** *med.* evacuation [of the bowels], motion; *konkr.* motions, faeces(*pl*) **-föringsmedel** laxative, purgative
av|gas exhaust [gas] **-gasrör** exhaust pipe **-ge** *se -giva* **-gift** [-j-] *s3* charge; (*medlems- etc.*) fee; (*tull-*) duties; (*hamn-*) dues; (*för färd*) fare; *för halv* ~ at half price (fare, fee); *extra* ~ surcharge, additional charge; *mot* ~ at a fee; *utan* ~ free of charge **-giftsbelagd** *a5* subject to a charge **-giftsfri** free [of charge]
avgiva 1 (*ge ifrån sig, avsöndra*) emit, give off; yield **2** (*lämna, avlägga*) give; ~ *ett omdöme om* give (deliver) an opinion on; ~ *protest* make (lodge) a protest; ~ *vittnesmål* give evidence, testify; ~ *sin röst* vote, cast one's vote
av|gjord *a5* decided; (*påtaglig*) distinct; definite; *en* ~ *sak* a settled thing; *en på förhand* ~ *sak* a foregone conclusion; *-gjort!* done!, it's a bargain!; *en* ~ *förbättring* a marked improvement **-gjuta** take a cast of **-gjutning** casting; *konkr.* cast **-gnaga** gnaw off; ~ *ett ben* pick a bone **-grena** *rfl* branch off **-grening** branch; (*rör*) branch pipe
avgrund *s3* abyss, precipice; (*klyfta*) chasm; (*svalg*) gulf; *bildl.* pit; (*helvete*) hell
avgrunds|ande infernal spirit, fiend **-djup I** *a5* abysmal, unfathomable **II** *s7* [abysmal] depths (*pl*), abyss **-kval** *pl* pains of hell **-lik** abysmal, hellish
avgräns|a demarcate, delimit; *klart* ~*d* clearly defined **-ning** demarcation, delimitation
avgud idol, god **-a** idolize, adore (*äv. bildl.*)
avguda|bild idol; image of a god **-dyrkan** idol-worship **-dyrkare** idol-worshipper, idolater
avguderi idolatry
avgå 1 leave, start, depart; (*om fartyg äv.*) sail (*till* for) **2** (*avsändas*) be sent off (dispatched) (*till* to); ~*ende brev* outgoing letters; ~*ende gods* outward goods; ~*ende tåg* (*i tidtabell o.d.*) outgoing trains, departures [of trains] **3** *bildl.* retire, resign; ~ *med döden* decease; ~ *med seger* come off (emerge, be) victorious **4** (*vid räkning*) be deducted; *6 kr* ~*r för omkostnader* less 6 kronor for expenses **5** (*förflyktigas*) evaporate, vanish **-ng 1** departure, (*fartyg äv.*) sailing (*från* from; *till* to, for) **2** (*persons*) retirement, resignation
avgångs|betyg leaving certificate **-examen** final (leaving) examination **-signal** starting-signal **-station** departure station **-tid** time of departure
av|gäld rent [in kind] **-gänga** thread off **-gängning** threading off **-göra** decide; (*bedöma*) determine (*huruvida* whether); (*slutgiltigt bestämma*) settle, conclude **-görande I** *a1*, ~ *seger* (*steg*) decisive victory (step); ~ *skäl* conclusive argument; ~ *faktor* determining factor; ~ *beslut* final decision; ~ *betydelse* vital importance; ~ *prov* crucial test; ~ *stöt* decisive blow; ~ *ögonblick* critical (crucial) moment **II** *s6* (*jfr avgöra*); deciding, decision; determination; settlement; conclusion; *i* ~*ts stund* in the hour of decision; *träffa ett* ~ make a decision
av|handla (*förhandla om*) discuss; (*behandla*) deal with, treat [of] **-handling** (*skrift*) treatise; *akad.* thesis, dissertation; (*friare*) essay, paper (*över* on) **-hjälpa** (*fel*) remedy; (*missförhållande*) redress; (*nöd*) relieve; (*brist*) supply; (*skada*) repair; *skadan är lätt att* ~ the damage is easily repaired (put right) **-hopp** *polit.* defection **-hoppare** *polit.* person seeking political asylum, defector **-hugga** hew (lop) off; chop (cut) off; (*knut o.d.*) sever **-hysa** evict **-hysning** [-y:-] eviction **-hyvla** plane ... smooth; (*borttaga med hyvel*) plane off (away) **-hyvling** [-y:-] planing down (off, away); *bildl.* [a] dressing down
avhåll|a 1 (*hindra*) keep, restrain, deter, prevent (*från* from) **2** (*möte o.d.*) hold **3** ~ *sig från a*) keep away from, *b*) (*nöjen o.d.*) abstain from, *c*) (*att uttala sin mening*) refrain from, *d*) (*undvika sällskap med*) shun, avoid; ~ *sig från att röka* abstain from smoking **-en** *a5* beloved, dear[ly loved], cherished; (*svagare*) popular **-sam** *a1* temperate, abstemious **-samhet** temperance, abstemiousness; *fullständig* ~ total abstinence
av|hämta fetch, call for, collect **-hämtning** collection; *till* ~ (*om paket*) to be called

for **-hända** deprive [s.b.] of; ~ *sig* part with **-hängig** dependent (*av* on) **-hängighet** dependence **-härda** soften, wet **-härdning** softening, wetting **-härdningsmedel** [water] softener **-höra** listen to; (*obemärkt*) overhear; (*förhöra*) examine

avi *s3* advice, notice; ~ *om försändelse* dispatch note

aviatik *s3* aviation **-er** [-'a:-] aviator

avig *a1* **1** wrong; inside out; (*i stickning*) purl **2** (*om person*) awkward **-a** *s1* **-sida** wrong side, back, reverse; *det har sina -sidor* it has its drawbacks **-vänd** *a5* turned inside (wrong side) out

avis|a [aˣvi:-] *s1* news-sheet **-era** advice, notify, inform **-ering** (*aviserande*) advising; (*avi*) advice

avis|oväxel [aˣvi:-] bill payable at a fixed date after sight **-ta** [aˣviss-] at sight, on demand **-taväxel** sight draft (bill)

av|jonisering de-ionization **-jämna** level, make even; (*kant*) trim; *bildl. se -runda* **-kall** *n, ge* (*göra*) ~ *på* renounce, waive, resign **-kapa** cut off **-kasta 1** throw off; ~ *oket* shake off the yoke **2** *ekon.* yield, bring in; (*om jord äv.*) produce, bear **-kastning** proceeds, returns (*pl*), yield; (*behållning*) takings (*pl*); (*vinst*) profit; (*gröda etc.*) produce; *årlig* ~ annual yield (returns *pl*); *ge god* ~ yield well **-kastningsförmåga** earning capacity **-klara** clear, clarify; *se äv. klara av* **-kläda** undress; divest (strip) of; *se äv. kläda* [*av*] **-klädning** [-ä:-] undressing *etc.* **-klädningshytt** dressing cubicle; (*på stranden*) bathing hut **-kok** decoction (*på* of) **-komling** [-å:-] descendant; child **-komma** *s2* offspring, progeny; *jur.* issue **-koppla** uncouple; disconnect; *se äv. koppla av* **-koppling** *tekn.* uncoupling, disconnection; (*avspänning*) relaxation **-korta** shorten, curtail; (*text*) abridge, abbreviate; (*minska*) reduce, diminish **-kortning** [-å-] shortening; abbreviation; reduction, diminution **-kristna** dechristianize **-kristning** dechristianization **-krok** out-of-the-way spot (corner); *han bor i en* ~ he lives at the back of beyond (*Am. vard.* the sticks) **-kräva** ~ *ngn ngt* demand s.th. from s.b. **-kunna** *v1* pronounce, deliver, pass; (*lysning*) publish; ~ *ett utslag* record a verdict **-kvista** trim [a felled tree] **-kyla** cool, refrigerate; *bildl.* cool down, dampen **-kylning** cooling, refrigeration, chilling **-köna** [-ç-] *en helt ~d varelse* a completely sexless creature

avla [ˣa:v-] beget; (*om djur o. bildl.*) breed, engender; ~ *av sig* multiply

av|lagd *a5, ~a kläder* discarded (cast-off) clothes (clothing); *jfr -lägga* **-lagra** deposit in layers; ~ *sig* be deposited in layers **-lagring** deposit, stratum (*pl* strata), layer **-lasta** (*befria från last*) unload; (*varor*) discharge; unship; *bildl.* relieve **-lastare** shipper, consignor, sender **-lastning** unloading; discharge; *fys.* stress-(load-)relieving

avlat [ˣa:v-] *s3* indulgence

avlats|brev letter of indulgence **-krämare** seller of indulgences

av|leda carry off; (*vatten*) drain, draw off; (*friare*) turn away (off), divert; (*blixt*) conduct; (*värme*) abduct; *gram.* derive; ~ *misstankarna från* turn away suspicion from; ~ *ngns uppmärksamhet* divert a p.'s attention **-ledare** conductor; *bildl.* diversion **-ledning** conduction; diversion; *gram.* derivative **-ledningsändelse** derivative ending (suffix)

avlelse conception; *den obefläckade ~n* the Immaculate Conception

av|leverera deliver [up] **-lida** die, expire, pass away (on) **-liden** *a5* deceased, dead; *den -lidne* the deceased, *Am.* the decedent; *den -lidne president R.* the late President *R.*

avlingsduglig [-iŋs-] procreative, reproductive

av|liva put ... to death, kill; (*sjuka djur*) destroy; *bildl.* confute, *sl.* scotch **-livning** [-i:v-] putting to death, killing *etc.* **-ljud** ablaut vowel gradation **-locka** ~ *ngn en bekännelse* draw a confession from s.b.; ~ *ngn upplysningar* elicit information from s.b.; ~ *ngn en hemlighet* worm (lure) a secret out of s.b.; ~ *ngn ett skratt* make s.b. laugh; ~ *ngn ett löfte* extract a promise from s.b.

avlopp [out]flow, outlet; sewer, drain; (*i badkar o.d.*) drain, plug-hole

avlopps|brunn cesspool; gully **-dike** drainage ditch **-rör** discharge (waste) pipe, drainpipe, sewer; (*för ånga*) exhaust pipe **-trumma** drain, sewer **-vatten** waste water; sewage

av|lossa fire [off], discharge **-lossning** discharge **-lusa** delouse **-lusning** [-u:-] delousing **-lutning** alkali removing **-lyfta** lift off, remove; (*tryck*) relieve **-lyftning** lifting off, removal; relief **-lysa** suspend, cancel, call off **-lysning** suspending *etc.* **-lyssna** listen to; (*ofrivilligt*) overhear; ~ *telefonsamtal* tap the wires **-lyssning** (*av telefon*) wire-tapping **-lång** oblong; oval, elliptical **-låta** (*utfärda*) issue; (*avsända*) dispatch, send off **-lägga 1** (*kläder*) leave off; lay aside (by) (*äv. bildl.*); *se äv. lägga av* **2** ~ *bekännelse* make a confession; ~ *besök hos* pay a visit to, call upon; ~ *en ed* take the (one's) oath; ~ *examen* pass an examination; ~ *rapport om* report on; ~ *räkenskap för* render an account of, account for **-läggare** *bot.* shoot, layer; *bildl.* offshoot, branch

avlägs|en *a3* distant; remote; *-na släktingar* distant relatives; *i en* ~ *framtid* in the remote future; *inte ha den -naste aning om* not have the remotest (faintest) idea about **-et** *adv* remotely, distantly; ~ *liggande* (*äv.*) remote, out-of-the-way, far-off **-na** remove; (*avskeda*) dismiss; (*göra främmande*) estrange, alienate; ~ *sig* [*från*] go away, leave, retire, withdraw, (*för ögat*) recede

avlämn|a (*varor*) deliver; (*t. förvaring*) leave, give up; (*inlämna*) hand in; (*resande*) drop, set down **-ande** *s6* delivering *etc.*; *mot* ~ *av* against [the] delivery of **-ing** delivery

av|länka deflect, deviate **-läsa** read [off]; ~ *ngt i ngns ansikte* read s.th. on a p.'s face **-läsare** meter inspector **-läsning** reading

avlön|a pay, remunerate **-ing** pay, remuneration; (*arbetares*) wages (*pl*); (*tjänstemans*) salary; (*prästs*) stipend **-ingsdag** pay-day **-ingslista** pay-list, payroll

av|löpa (*försiggå*) pass off; (*sluta*) end; (*utfalla*) turn out; ~ *lyckligt* turn out well, end happily **-lösa** (*vakt*) relieve; (*följa efter*) succeed; (*ersätta*) replace, displace **-lösare** relief (*äv. mil.*); successor **-lösning** relieving *etc.*; *mil.* relief; *teol.* absolution **-löva** strip ... of [its] leaves, defoliate; *~d* leafless; *~s* (*äv.*) shed its leaves

av|magnetisera demagnetize; (*fartyg mot minor*) degauss **-magnetisering** demagnetization; (*av fartyg*) degaussing **-magring** [-a:-] growing thin; loss of weight **-magringskur** reducing (slimming) cure **-magringsmedel** slimming (reducing) preparation **-marsch** march[ing] off, departure **-maska** deworm **-maskning** deworming **-masta** dismast **-matta** weaken, enfeeble; (*utmatta*) exhaust **-mattas** grow weak, languish, flag, lose strength **-mattning** flagging, weakening, languor, relaxed vigour **-mattningstendens** weakening trend **-mobilisera** demobilize **-mobilisering** demobilization **-montera** dismantle, dismount **-måla** paint; (*beskriva*) depict; *glädjen ~de sig i hans ansikte* joy was depicted in (on) his face **-mäta** measure; *lantm.* trace out, measure up; (*straff o.d.*) mete out **-mätning** measuring *etc.*; measurement **-mätt** *a4* measured, deliberate; (*reserverad*) reserved, guarded **-mönstra 1** (*avlöna*) pay off, discharge **2** (*avgå från tjänstgöring*) sign off **-mönstring** paying-off *etc.*

av|njuta enjoy **-nämare** buyer, purchaser, consumer, customer **-nöta** wear off **-nötning** wearing off; *geol.* abrasion, detrition

avog *a1*, unkind; *bära ~ sköld mot* turn traitor to **-het** averseness, aversion (*mot* to) **-t** *adv* unkindly; *~t stämd mot ngn* unfavourably disposed towards s.b.

av|passa fit (*efter* to); *bildl. äv.* adapt, adjust (*efter* to); ~ *tiden för* time, choose the right tome for **-passning** fitting, adaption, adjustment **-patrullera** patrol **-patrullering** patrolling **-plocka** (*frukt*) pick, gather; (*buske o. friare*) strip **-plockning** [-å-] picking *etc.* **-politisera** make non-political, unpoliticize **-pollettera** *bildl.* dispose (get rid) of **-pollettering** disposal **-porträttera** portray **-porträttering** portrayal **-pressa** ~ *ngn ngt* extort (extract) s.th. from s.b. **-pricka** tick [off] **-prickning** checking **-pricknings-lista** checklist **-prova** test, try, give a trial; (*avsmaka*) taste, sample **-provning** testing *etc.* **-prägla** stamp; ~ *sig* stamp (imprint) itself (*i, på* on) **-putsa** clean, finish, polish **-putsning** cleaning *etc.*

av|raka shave [off] **-reagera** abreact; ~ *sig* work off one's annoyance, *vard.* let off steam **-reda** thicken **-redning** thickening **-registrera** strike off a register; (*fordon*) deregister **-registrering** deregistration **-resa I** *v3* depart, leave, set out, start (*till* for) **II** *s1* departure, leaving, setting out (*till* for) **-resedag** day of departure **-revidera** *boktr.* revise **-revidering** *boktr.* revising **-rigga** unrig, untackle **-ringning** ring[ing]-off **-rinna** flow (drain) away (off); *låta* ~ drain, stand ... to strain **-rinning** runoff, outflow **-riva** tear off **-rivning** tearing off; *kall* ~ cold rub-down **-rop** suborder **-runda** round [off]; *~d summa* round sum **-rundning** rounding [off] **-rusta** demobilize, disarm; *sjö.* lay up **-rustning** disarmament; *sjö.* laying up **-rustningskonferens** disarmament conference **-råda** ~ *ngn från ngt* advise (warn) s.b. against s.th., dissuade s.b. from; ~ *ngn från att komma* advise s.b. against coming (s.b. not to come), dissuade s.b. from coming **-rådan** *r* dissuasion, discouragement **-räkna** deduct, discount; ~ *mot* apply against; *detta ~t* making allowance for that **-räkning** deduction, discount; *hand.* settlement [of accounts]; *i ~ mot* in settlement of, to be deducted from; *betala i* ~ pay on account **-rätta** execute, put to death (*genom* by); ~ *genom hängning* hang; ~ *med elektricitet* electrocute **-rättning** execution, putting to death; electrocution **-röja** clear away **-röjning** clearing away, removal **-rösa** demarcate, set landmarks **-rösning** [-ö:-] demarcation **-rösningsjord** uncultivated land

av|sadla unsaddle **-sadling** [-a:-] unsaddling **-saknad** *r* want; *vara i ~ av* lack, be without **-salu** *oböjl. s, till* ~ for sale **-sats** *s3* ledge, shelf; (*trapp-*) landing

avse 1 (*hänsyfta på*) concern, bear upon, have reference to, refer to **2** (*ha i sikte*) have ... in view, aim at **3** (*ha för avsikt*) mean, intend; *~dd för* intended (designed, meant) for; **~ende** concerning, bearing upon, referring to **-ende** *s6* (*syftning*) reference; (*beaktande*) consideration; (*hänseende*) respect, regard; *fästa ~ vid* take notice of, pay attention (heed, regard) to; *ha ~ på* have reference to, refer to; *förtjäna ~* deserve consideration; *i varje* (*intet, detta*) ~ in every (no, this) respect; *i alla ~n* in all respects, in every way; *i rättsligt ~* from a judicial point of view; *med* (*i*) *~ på* with regard (reference, respect) to, regarding, concerning; *utan ~ på person* without respect of persons; *lämna utan ~* pay no regard to, take no notice of, disregard

av|segla sail, leave (*till* for) **-segling** sailing, departure **-sela** unharness **-sevärd** *a1* considerable, appreciable; ~ *rabatt* substantial discount **-sides** aside; ~ *belägen* remote, out-of-the-way; *ligga* ~ lie apart **-sidesreplik** aside **-sigkommen** [-å-] *a3* broken-down; *se ~ ut* look shabby (seedy)

avsikt *s3* (*syfte*) intention; purpose; object, end; (*uppsåt*) design, motive; *jur.* intent; *ha för ~ att* have the intention to, intend to; *vad har hon för ~ med det?* what is her purpose in doing that?; *i bästa ~* with the best of intentions; *i ~ att* for the purpose of; *med ~* on purpose; *med ~ att* with the intention of (+ *ing-form*), *jur.* with intent to; *utan ~* unintentionally; *utan ond ~* without [an] evil intent; *utan ~ att såra* without intending to hurt **-lig** *a1* intentional; (*överlagd*) deliberate

av|sjunga sing **-skaffa** abolish, get rid of, do away with; put an end to; (*upphäva*) repeal **-skaffande** *s6* abolishing *etc.*; abolition; repeal

avsked [-ʃ-] *s7* **1** (*entledigande*) dismissal, discharge; (*tillbakaträdande*) retirement, resignation; *begära ~* hand in one's resignation; *få ~* be dismissed; *få ~ med pension* retire on a pension; *få ~ på grått papper* be dismissed forthwith, be turned off, *vard.* be sacked; *ta ~ från* resign, leave **2** (*farväl*) parting, leave-taking, leave; farewell; *ta ~ av* say farewell to, take leave of; *i ~ets stund* at the moment of parting **-a** dismiss, discharge, give notice to; *vard.* fire, sack

avskeds|ansökan resignation; *inlämna sin ~* hand in one's resignation **-besök** farewell visit **-föreställning** farewell performance **-hälsning** parting greeting **-kyss** parting kiss **-ord** parting word **-tal** valedictory (farewell) speech

av|skeppa ship [off] **-skeppning** shipping [off]; *klar till ~* ready for shipment **-skeppningshamn** port of shipment **-skild** retired, secluded; isolated; *leva ~ från* live apart from **-skildhet** retirement, seclusion; isolation **-skilja** separate, detach; (*avhugga*) sever, cut off; (*avdela, t.ex. med skiljevägg*) partition [off] **-skjuta** fire, discharge; (*raket*) launch **-skjutning** firing, discharge, discharging **-skjutningsbas** launching base **-skjutningsramp** launching pad **-skrap** *s7, ej pl* scrapings (*pl*), refuse; *bildl.* dregs **-skrapa** scrape [off] **-skrift** copy, transcript[ion]; *bevittnad ~* attested copy; *~ens riktighet bekräftas* I (we) certify this to be a true copy; *i ~* in copy **-skriva 1** (*kopiera*) copy, transcribe; *rätt -skrivet intygas* true copy certified by **2** *hand.* write off; depreciate **3** *jur.* remove from the cause-list **-skrivning 1** *hand.* writing off; (*summa*) item written off **2** copying **-skräcka** *v3* frighten (*från att* from ...-ing); (*förhindra*) deter; (*svagare*) discourage; *han låter inte ~ sig* he is not to be intimidated **-skräckande** *a4* (*om exempel*) warning; (*om straff*) exemplary; (*om verkan*) deterrent; *verka ~* act as a deterrent **-skräde** *s6* refuse; (*efter slakt o.d.*) offal; (*friare*) rubbish **-skrädeshög** refuse-(rubbish-)heap **-skum** scum; skimmings (*pl*); *bildl. äv.* scum, dregs (*pl*) **-skuren** *a5* cut [off], severed; isolated

avsky [-ʃy-] **I** *v4* detest, abhor, loathe **II** *s2* disgust (*för, över* at); abhorrence (*för* of); loathing (*för* for); *hysa ~ för* feel a loathing for; *vända sig bort i ~* turn away in disgust **-värd** *a1* abominable, detestable; *-värt brott* heinous crime

av|skära 1 *se skära av* **2** *~ återtåget* intercept the retreat **-skärma** screen off; *radio.* shield **-skärmning** [-ʃ-] screening; *radio.* shielding **-skärning** cutting off; (*genomskärning*) section

avslag refusal, declining; (*på förslag*) rejection; *få ~ på* have ... turned down; *yrka ~* move the rejection of the proposal **-en** *a5* rejected *etc.*, *se -slå*; (*om dryck*) flat

avslagsyrkande motion for the rejection [of a proposal (bill)]

av|slamning desliming **-slappna** slacken, relax, abate **-slappning** slackening *etc.* **-slipa** grind, polish [off]; (*om vatten*) wear away (down); (*juvel*) cut; *bildl.* rub off, polish **-slipning** grinding *etc.* **-slockna** die away; go out

avslut *hand.* contract, bargain, deal; (*bokslut*) balancing [of one's books] **-a 1** (*göra färdig*) finish [off], complete; (*ge en -ning*) conclude, bring to an end; (*göra slut på*) end, close; *~s* be finished off; come to an end; *sammanträdet ~des* the meeting was closed **2** (*göra upp köp o.d.*) conclude; (*räkenskaper*) balance **-ning 1** (*-ande*) finishing off, completion; conclusion, concluding **2** (*-ande del*) conclusion, finish; (*slut*) end, termination; *skol.* breaking-up [ceremony], speech-day, *Am.* commencement **-ningsvis** by way of conclusion, in conclusion

av|slå 1 *se slå av* **2** (*vägra*) refuse, decline, reject **3** (*avvärja*) repulse **-slöja** *eg.* unveil; *bildl.* expose, unmask, disclose **-slöjande** [-öjj-] *s6, eg.* unveiling; *bildl.* disclosure, revelation **-smak** dislike, distaste; (*starkare*) aversion (*för* to), disgust (*för* with); *få ~ för* take a dislike to; *känna ~* feel disgusted; *väcka ~* arouse disgust **-smaka** taste; (*prova*) sample **-smakning** [-a:-] tasting **-smalna** narrow [off]; (*långsamt*) taper **-smalnande** [-a:l-] *a4* narrowing; tapering **-sminka** remove make-up **-smälta** (*om snö etc.*) melt away; (*om säkring*) fuse

av|snitt sector; (*av bok*) section, part; (*av följetong etc.*) instalment **-snöra** cut off **-snörning** cutting off **-somna** pass away; *de saligen ~de* the [dear] departed **-spark** *sport.* kick-off **-spegla** reflect, mirror; *~ sig* be reflected **-spegling** reflection **-spisa** put off; *vard.* fob off **-spänd** relaxed **-spänning** relaxation (slackening) [of tension], easing off **-spärra** bar, block; shut (cordon) off (*från* from); *mil.* blockade; (*med rep o.d.*) rope (rail, fence) off; (*avstänga*) close (*för* for) **-spärrning** barring *etc.*; (*område*) roped-off area; (*polis-*) cordon

av|stanna stop, come to a standstill, cease; (*om samtal o.d.*) die down **-stava** divide [into syllables] **-stavning** division into syllables, syllabication **-stavningsregel** syllabication rule **-steg** departure, deviation; *~ från den rätta vägen* lapse from the right path **-stickare** (*utflykt*) detour, deviation; (*från ämnet*) digression **-stigning** alighting **-stjälpa** tip, dump **-stjälpning** tipping, dumping **-stjälpningsplats** tip, dumping-ground **-stycka** parcel out, divide **-styckning** parcelling out, division **-styra** prevent; avert, ward off **-styrka** discountenance, oppose; recommend the rejection of **-styrkande** *s6* disapproval; rejection **-stå** give up, relinquish, cede (*till* to); *~ från* give up, relinquish, (*avsäga sig*) renounce, waive, (*låta bli*) refrain from, (*undvara*) do without, dispense with **-stående** *s6* giving up *etc.* (*från* of)

avstånd *s7* distance; (*till målet*) range; *på ~* at a distance, (*i fjärran*) in the distance; *på vederbörligt ~* at a discreet distance; *på 5 m ~* (*äv.*) five meters away; *hålla ngn på ~* keep s.b. at a distance (at arm's length); *ta ~ från* dissociate o.s. from, (*avvisa*) repudiate, (*ogilla*) deprecate, take exception to; disclaim

avstånds|bedömning determination of distance[s *pl*] **-bestämning** range-finding **-in-**

ställning *foto.* focusing lever **-mätare** range--finder; *tekn.* telemeter **-tagande** *s6* dissociation, repudiation (*från* of); deprecation (*från* of); disclaiming (*från* of)

avstäm|ma *radio.* tune [in] **-ning** tuning **-ningsindikator** tuning indicator, magic eye **-ningskrets** tuning circuit

av|stämpla stamp; ~ *en aktie* have a share stamped **-stämpling** stamping **-stämplingsdag** *järnv. o.d.* day of issue; *post.* date of postmark **-stänga** shut off; (*inhägna*) fence in (off), enclose; close; (*avspärra*) bar, block; (*vatten o.d.*) turn off; (*elektr. ström*) cut off; *bildl. äv.* exclude; *gatan -stängd* no thoroughfare **-stängning** shutting off *etc.*; (*område*) enclosure **-stängningsventil** stop valve **-sutten** *a5* dismounted **-svalna** cool [down, off], grow cool; *bildl.* wane **-svalning** [-a:-] cooling **-svimmad** *a5* in a swoon (faint); *falla ~ till marken* fall fainting to the ground **-svuren** *a5*, *~ fiende* sworn enemy **-svärja** ~ [*sig*] abjure, forswear **-svärjning** abjuration; forswearing **-syna** inspect and certify **-syning** official inspection **-syningsförrättning** inspection **-såga** saw [off]; *~d* (*vard.*) finished, washed up **-säga** *rfl* resign, give up; (*avböja*) decline; (*frisäga sig från*) disclaim; renounce; ~ *sig kronan* abdicate; ~ *sig allt ansvar* renounce all responsibility **-sägelse** resignation; renunciation; abdication

avsänd|a send [off], dispatch; ship; post **-are** sender; (*av gods*) consignor, shipper; (*av postanvisning*) remitter **-ning** dispatch; shipment **-ningsavi** dispatch note; shipping bill

avsätt|a 1 (*ämbetsman*) remove, dismiss; (*regent*) depose, dethrone 2 (*varor*) sell, find a market for, dispose of 3 (*lägga undan*) set (put) aside, reserve 4 (*bottensats*) deposit 5 (*upprita*) set off; ~ *märken* leave marks (traces) **-bar** *a1* dismissable, removable; (*varor*) marketable **-ning** 1 (*ämbetsmans*) dismissal, removal; (*regents*) deposition, dethronement 2 (*varors*) sale, market; *finna god* ~ meet with a ready market, sell well **-ningsmöjligheter** market potential **-ningsområde** market [area] **-ningssvårigheter** marketing problems; ~ *för stål* a poor market for steel

av|söka scan **-sökning** [-ö:-] scanning **-söndra** (*avskilja*) separate [off], sever, detach; (*utsöndra*) secrete; ~ *sig* isolate o.s.; *~s* separate off, be secreted **-söndring** separation, severance; secretion; isolation **-söndringsorgan** secretory organ

av|tacka thank s.b. for his (her) services **-tacklad** *a5* thin and worn, haggard

avtag|a 1 *se taga av* 2 (*försvagas, minska*) decrease, diminish; (*om månen*) wane; (*om storm o.d.*) abate, subside; (*om hälsa, anseende*) decline, fail, fall off **-ande** *s6* decrease, diminution; waning; abatement; decline; *vara i* ~ be on the decrease, grow less, (*om månen*) be on the wane **-bar** *a1* removable, detachable

avtagsväg turn[ing]

avtal *s7* agreement; contract; (*mellan stater*) treaty, agreement, convention; *träffa ~ om* come to (make) an agreement about (concerning, for); *enligt* ~ as agreed upon **-a** I 1 (*träffa avtal*) agree (*med* with; *om* about) 2 (*överenskomma om*) agree upon; (*tid*) fix, appoint; *som ~t var* as arranged; *på ~d plats* at the appointed place; *ett ~t tecken* a pre-arranged sign

avtals|brott breach of [an] agreement ([a] contract) **-brytare** violator of an agreement **-enlig** [-e:-] *a1* as agreed [upon], as stipulated **-förhandlingar** wage negotiations, pay talks **-mässig** *a1* contractual **-rörelse** collective bargaining, wage negotiations **-stridig** contrary to agreement (contract)

av|tappa (*låta rinna ut*) draw [off], tap (*ur* from, out of); (*tömma*) draw **-tappning** drawing *etc.*; (*av valuta*) drain **-teckna** draw, sketch (... *efter* from); ~ *sig* stand out, be outlined (*mot* against) **-tjäna** work off; ~ *fängelsestraff* serve a prison sentence **-tona** *mål.* shade off **-torka** wipe [off], wipe down, clean; (*tårar*) dry, wipe away **-torkning** wiping [off] *etc.* **-trubba** blunt, dull; *tekn.* bevel [down] **-trubbning** blunting

avtryck 1 imprint, impression; (*kopia*) print 2 *typ.* proof [impression], print; (*omtryck*) reprint; *konst.* reproduction **-a** impress, imprint; *typ.* print [off], copy [off]; (*omtrycka*) reprint **-are** (*på gevär*) trigger; *foto.* shutter lever

avträd|a give up, leave, surrender; (*landområde*) cede; (*avgå från*) retire, withdraw **-ande** *s6* giving up *etc.*; cession; retirement, withdrawal **-e** *s6* 1 *jur.* compensation 2 (*hemlighus*) privy

av|tvagning washing [away] **-tvinga** ~ *ngn ngt* extort s.th. from s.b., wring (force) s.th. out of s.b. **-två** wash [off]; *bildl.* wash away; (*beskyllning*) clear o.s. of **-tyna** languish; (*om pers. äv.*) pine away, decline **-tynande** I *s6* [gradual] decline II *a4* languishing **-tåg** *s7* departure, marching off; (*friare*) decampment; *fritt* ~ liberty to march off **-tåga** march off, decamp **-täcka** uncover; (*staty*) unveil **-täckning** uncovering *etc.* **-täckningsceremoni** unveiling ceremony **-tärd** [-ä:-] *a5* worn, emaciated, gaunt

avund *s2* envy; *hysa ~ mot* (*över*) feel envious of; *väcka* ~ arouse envy; *blek av* ~ pale with envy **-as** *dep* envy **-sam** *a1* envious **-sambet** enviousness **-sjuk** envious, jealous (*på, över* of) **-sjuka** enviousness, envy

avunds|man *ung.* antagonist, enemy; *han har många -män* there are many who bear him a grudge **-värd** *a1* enviable

avvakta (*svar, ankomst*) await; (*händelsernas utveckling*) wait and see; (*lura på, invänta*) wait (watch) for; ~ *tiden* bide one's time; ~ *lägligt tillfälle* wait for an opportunity, mark time; *förhålla sig ~nde* play a waiting game; *intaga en ~nde hållning* adopt a wait-and-see policy **-n** *r*, *i ~ på* while waiting for, pending, *hand.* awaiting, looking forward to

av|vand [-ə:-] *a5* (*om dibarn*) weaned **-vara** *end. i inf* spare **-vattna** drain [off], dewater **-vattning** dewatering **-veckla** (*affär o.d.*) wind up; (*friare*) liquidate, settle **-veckling** winding up; liquidation; settlement **-verka** (*hugga*) fell; *Am.* cut, log; (*slutföra*) accomplish, finish **-verkning** (*huggning*) felling *etc.*

avvik|a 1 (*från regel*) diverge; (*från ämne*) digress; (*från kurs, sanning*) deviate, depart **2** (*skilja sig*) differ **3** (*rymma*) abscond **-ande** *a4* divergent; deviating; (*mening*) dissentient **-else 1** divergence; digression; deviation, departure **2** (*rymning*) absconding **3** (*kompassens*) deviation; *tekn.* aberration

av|vinna ~ *jorden sin bärgning* get a living from the soil; ~ *ett ämne nya synpunkter* evolve new aspects of a subject **-visa** send (turn) away; (*ansökan*) dismiss; (*förslag, anbud*) reject; (*beskyllning*) repudiate; (*invändning*) overrule, meet; (*anfall*) repulse, repel; (*leverans*) refuse acceptance of; *bli ~d* be refused [entrance]; meet with a rebuff; ~ *tanken på* reject the idea of **-visande I** *s6* sending away *etc.*; dismissal; rejection; repudiation, repulse **II** *a4* repudiating, deprecatory; *ställa sig ~till* adopt a negative attitude towards, object to **-vita** *oböjl. a* **1** *jur.* insane **2** (*dåraktig*) preposterous, absurd **-vittra** erode **-vittring** erosion **-väg** (*biväg*) bypath, by-road; *komma på ~ar* go astray

avväg|a (*skäl o.d.*) weigh [in one's mind], balance [against each other]; *lantm.* take the level of, level; *väl ~d* well-balanced (-poised) **-ning** weighing *etc.* **-vägningsinstrument** levelling instrument

av|vända (*misstanke*) divert; (*olycka*) avert; ~ *uppmärksamheten från* divert attention from **-vänja** (*dibarn*) wean; *jfr vänja av* **-vänjning** weaning **-vänjningskur** cure (*mot* for) **-väpna** disarm **-väpning** [-ä:-] disarmament **-värja** ward (fend) off; parry: (*olycka*) avert **-värjning** warding off *etc.* **-yttra** dispose of, sell **-yttring** sale, disposal **-äta** *eg.* eat; have; ~ *en finare middag* have a grand dinner

ax *s7* **1** *bot.* spike; (*sädes-*) ear; *gå i ~* form ears, ear **2** (*nyckel-*) bit, web

1 axel ['aks-] *s2* **1** (*geom.*; *jord-*; *polit.*) axis (*pl* axes) **2** (*hjul-*) axle[-tree]; (*maskin-*) shaft, arbor, spindle

2 axel ['aks-] *s2* (*skuldra*) shoulder; *rycka på axlarna* shrug one's shoulders; *se ngn över ~n* look down on s.b., look down one's nose at s.b.; *på ~ gevär* shoulder arms, slope arms

axel|band shoulder-strap **-bred** broad-shouldered **-bredd** width across the shoulders

axelbrott axle fracture

axelklaff shoulder-strap

axelkoppling shaft coupling

axelled shoulder joint

axelmakterna the Axis Powers

axel|rem carrying (satchel-, shoulder-)strap **-remsväska** satchel; *Am.* shoulder bag **-ryckning** shrug [of the shoulders]

axeltryck axle load, shaft pressure

axel|vadd shoulder pad **-väska** *se -remsväska*

axi̦al *a1* axial

axiom [-'å:m] *s7* axiom **-a̦tisk** *a5* axiomatic

axla put on, shoulder; *bildl.* take over

axplock *s7, ej pl* gleanings (*pl*); *några ~ från* a few examples (facts *etc.*) gleaned from

azale̦a [asa×le:a] *s1* azalea

Azorerna [a'så:-] *pl* the Azores

aztek [as'te:k] *s3* **-isk** *a5* Aztec

azur [×a:sur, 'a:sur] *s2* azure **-blå** azure-blue

B

b *s6* b; *mus.* B flat (*ton*), flat sign (*tecken*)
babb|el ['babb-] *s7* **-la** babble
babelstorn Tower of Babel
babian *s3* baboon
babord ['ba:-] *s böjl. end. i gen.* port; *ligga för ~s halsar* be (stand) on the port tack; *land om ~* land to port; *~ med rodret!* helm aport!
babordslanterna port light
baby ['bäbi, 'bebi] *s2, s3, pl äv. babies* [-bis] baby **-kläder** baby clothes
Babylonien *n* Babylonia **babylon|ier** Babylonian **-isk** *a5* Babylonian; *~ förbistring* babel, confusion of tongues
baby|säng cot **-utstyrsel** layette
bacill *s3* bacillus (*pl* bacilli); germ; *Am. vard.* bug **-bärare** [germ-]carrier **-fri** germ-free **-skräck** *ha ~* have horror of contagion
1 back *s2* **1** (*lådfack*) tray; (*öl-*) crate **2** *sjö.* (*kärl*) bowl, [mess-]kid
2 back *s2, sjö.* forecastle
3 back *s2, sport.* back
4 back *adv* back; *gå* (*slå*) *~* back, go astern; *brassa ~* brace aback; *sakta ~!* easy astern!; *slå ~ i maskin* reverse [the engine] **-a** back, reverse; (*om fartyg*) go astern
backan|al *s3* Bacchanal **-alisk** *a5* Bacchanalian **-t** [ba'kannt] *s3* Bacchant **-tinna** Bacchant[e]
back|e *s2* **1** (*sluttning*) hill; slope, hillside; *streta uppför en ~* struggle (trudge) up a hill; *~ upp och ~ ner* up hill and down dale; *sakta i -arna!* easy (steady) does it!; *över berg och -ar* across [the] country, over hill and dale **2** (*mark*) ground; *regnet står som spön i ~n* it is raining cats and dogs; *komma på bar ~* be left penniless
backfisch ['bakk-] *s2* teen-age girl, teen-ager
backhand ['bakk-] *s2* backhand **-slag** [*bakk-] backhander
back|hoppare ski-jumper **-hoppning** ski-jumping **-ig** *a1* hilly; undulating **-krön** brow of a hill
back|lykta reversing light **-ning** backing, reversing
backsippa pasque flower
back|slag *sjö.* reversing gear **-slagstangent** back-space key **-spegel** driving (driver's) mirror
back|sluttning slope [of a hill], hillside **-stuga** hut, cabin **-stugusittare** crofter **-svala** sand martin **-tävling** ski-jumping competition **-växel** reverse gear
1 bad *imperf av bedja*
2 bad *s7* bath; (*utomhus*) bathe; *ligga i ~et* (*äv.*) soak in the bath; *ta sig ett ~* have a bath (bathe) **-a 1** (*ta sig ett bad*) take (have) a bath; (*utomhus*) bathe, take a swim; *~ i svett* be bathed in perspiration **2** (*tvätta*) bath (*ett barn* a child) **-balja** bath-tub **-bassäng** swimming-bath (-pool) **-borste** bath-brush **-byxor** swimming-trunks
badd|a bathe; *~ en svullnad* sponge (dab) a swelling **-are** bouncer, corker; *en ~ till gädda* a whopper of a pike **-ning** bathing; sponging
bad|dräkt bathing suit (costume) **-erska** female bath attendant **-flicka** bathing belle **-gäst** (*vid -ort*) visitor; (*vid -inrättning*) bather **-handduk** bath towel **-hotell** seaside hotel **-hus** public baths (*pl*) **-hytt** bathing-cubicle (-hut) **-inrättning** *se -hus* **-kappa** bath-robe **-kar** bath[-tub] **-kur** course of baths; *genomgå en ~ i* take the baths at **-lakan** large bath towel
badminton ['bädd-] *n* badminton **-boll** shuttlecock **-plan** badminton court **-spelare** badminton player
bad|mästare bath attendant **-mössa** bathing-cap **-ort** seaside resort; (*hälsobrunn*) health-resort, spa **-rock** *se -kappa* **-rum** bathroom **-rumsmatta** bath mat **-rumsvåg** bathroom scales **-salt** bath salts **-sejour** stay at a spa (seaside resort) **-skor** bathing shoes **-strand** [bathing] beach **-ställe** bathing-place **-svamp** [bath-]sponge **-säsong** bathing season **-termometer** bath thermometer **-tvål** bath soap **-vatten** bath-water
bag [bägg] *s2* bag
bagage [-'ga:ʃ] *s7* luggage; *Am. äv.* baggage **-hylla** luggage rack **-hållare** luggage carrier **-inlämning** left-luggage office, cloak-room **-lucka** (*utrymme*) [luggage] boot; *Am.* trunk
bagar|barn *bjuda ~ på bröd* (*ung.*) carry coals to Newcastle **-e** baker **-mössa** baker's cap
bagatell *s3* trifle; *det är en ren ~* it's a mere trifle **-artad** [-a:-] *a5* petty, trivial **-isera** make light of, belittle; (*överskyla*) extenuate, palliate **-isering** making light of *etc.*
bager|i bakery; (*butik*) baker's shop
bagge *s2* ram
bahytt *s3* bonnet
baisse [bä:s] *s3* decline, fall [in prices], slump; *det är ~ på börsen* it is a bear's market; *spekulera i ~* operate for a fall **-spekulation** bear operation
bajadär *s3* bayadère
Bajern ['bajj-] *n* Bavaria **bajersk** ['bajj-] *a5* Bavarian
bajonett *s3* bayonet **-fäktning** bayonet drill **-stöt** bayonet-thrust
bajrare Bavarian
1 bak *s2* (*rygg*) back; (*ända*) behind
2 bak I *adv* behind, at the back; *~ och fram* the wrong way round, back to front; *kjolen knäpps ~* the skirt buttons at the back; *~ i boken* at the end of the book **II** *prep* behind
3 bak *s7* (*bakning*) baking; (*bakat bröd*) batch **-a** bake; *~ ihop sig* cake; *~ ut en deg* knead and shape dough [into buns (*etc.*)]
bak|axel rear axle **-ben** hind leg **-binda** pinion
bakbord pastry board
bak|danta *se -tala* **-del** back, hinder (back) part; (*människas*) buttocks (*pl*); (*kreaturs*) hind quarter[s *pl*] **-dörr** back door; (*bils*) rear door **-efter** behind
bakelit *s3* bakelite

bakelse *s5* pastry, [fancy] cake
bakerst ['ba:-] I *adv* furthest back II *superl. a* hindmost
bakficka hip-pocket; *ha ngt i ~n* have s.th. up one's sleeve
bakform baking-tin, patty-pan
bak|fot hind foot; *få ngt om ~en* get hold of the wrong end of the stick **-fram** back to front, [the] wrong way round (about) **-gata** back street **-grund** background, setting; *teat.* backdrop; *mot ~en av* (*äv.*) in the light of **-gård** backyard **-hal** slippery, tending to slide backwards **-hjul** rear (back) wheel **-huvud** back of the (one's) head **-håll** ambush; *ligga i ~ för ngn* lie in ambush for s.b., waylay s.b. **-i** I *adv* at the back, behind II *prep* behind in, in the back of **-ifrån** from behind **-kappa** counter **-kropp** (*hos insekt*) abdomen **-laddare** breech-loader **-laddningsmekanism** breech mechanism **-land** *geogr.* hinterland **-lykta** rear (tail) light (lamp) **-lås** *dörren har gått i ~* the lock [of the door] has jammed; *hela saken har gått i ~* the whole affair has reached a deadlock **-länges** backwards; *åka ~* ride with one's back to the engine (driver, horses) **-läxa** *få ~* have to do s.th. (homework) [all] over again
bakning [×ba:k-] baking
bakom [-åm] behind; *Am. äv.* [in] back of; *~ knuten* round the corner; *föra ngn ~ ljuset* hoodwink s.b.; *klia sig ~ örat* scratch one's ear; *man förstår vad som ligger ~* one understands what is at the bottom of it [all]; *vara ~ [flötet]* be stupid; *känna sig ~* feel dull (stupid) **-liggande** *a4* lying behind [it *etc.*], underlying
bak|plåt baking-sheet **-pulver** baking-powder
bak|på I *adv* behind, at (on) the back II *prep* at (on) the back **-re** ['ba:kre] back; hind **-rus** *gå i ~* have a hangover **-sida** back; (*på mynt o.d.*) reverse; *på ~n* on the back, overleaf **-slag** *eg.* rebound, rebuff; *biol.* atavism; *tekn.* backfire; *bildl.* reverse, setback, recession; *det blev ett ~* it was a setback **-slug** underhand, sly, crafty **-slughet** slyness **-smälla** hangover **-strävare** reactionary **-sträveri** reaction **-ström** back[ward] current; backwater **-stycke** back **-säte** rear (back) seat **-tala** slander, backbite **-tanke** secret (ulterior) motive; *utan -tankar* (*äv.*) unreservedly, straightforwardly **-tass** hind paw
baktẹrie *s5* bacterium (*pl* bacteria), germ, microbe **-dödande** germicidal, bactericidal **-fri** germ-free **-härd** colony of bacteria **-krigföring** germ warfare **-kultur** culture of bacteria **-stam** strain of bacteria
bakteriolog bacteriologist **-ị** *s3* bacteriology **-isk** *a5* bacteriological
baktill behind, at the back
bakträg kneading-trough
baktung heavy at the back
bakugn [baker's] oven
bak|ụt backwards; behind; *slå (sparka) ~* kick, lash out **-vagn** back of a carriage (*etc.*) **-vatten** backwater; (*bakström*) eddy; *råka i ~* (*bildl.*) get separated from the main stream [of life]
bakverk [piece of] pastry
bak|väg back way; *gå in ~en* go in the back way; *gå ~ar* use clandestine methods **-vänd** *a5* the wrong way round; (*befängd*) absurd, preposterous; (*förvrängd*) perverted; (*tafatt*) awkward **-vänt** *adv* the wrong way; *bära sig ~ åt* be clumsy, act clumsily
bakåt ['ba:k-] backward[s]; (*tillbaka*) back **-böjd** *a5* bent back **-böjning** backward bend **-kammad** *a5* combed back **-lutande** *a4* leaning [sloping] backward[s]; *~ handstil* backhand [writing] **-riktad** *a5* pointing backward[s]
bakända *se -del*
1 **bal** *s2* (*packe*) bale; package
2 **bal** *s3* (*danstillställning*) ball; *gå på ~* go to a ball; *öppna ~en* open the ball; *~ens drottning* belle of the ball
balalạjka [-×lajj-] *s1* balalaika
balạns [-aŋs, -ans] *s3* 1 (*jämvikt*) balance, equilibrium 2 (*saldo*) balance; (*kassabrist*) deficit; *ingående ~* balance brought forward; *utgående ~* balance carried forward **-era** 1 (*hålla i jämvikt*) balance, poise 2 *hand.* [counter]balance **-ẹrad** *a5* [well-] balanced; poised; self-controlled **-ẹring** balancing **-gång** balancing; *gå ~* balance [o.s.], walk a tightrope **-hjul** flywheel **-konto** balance account **-rubbning** disequilibrium **-räkning** balance sheet **-våg** beam scales, balance
baldakịn *s3* canopy
baldersbrå *s5, s6* scentless mayweed
balẹtt *s3* ballet; *dansa ~ a*) (*vara -dansör*) be a ballet dancer, *b*) (ta *-lektioner*) go to ballet classes **-dansör -dansös** ballet dancer **-mästare** ballet-master **-sko** ballet shoe
1 **balja** *s1* (*kärl*) tub; bowl
2 **balj|a** *s1* 1 *bot.* pod 2 (*fodral*) sheath, scabbard **-frukt** podded fruit **-växt** leguminous plant
1 **balk** *s2*, *jur.* code, section
2 **balk** *s2*, *byggn.* beam; (*järn-*) girder
Balkan|halvön the Balkan Peninsula **-länderna** the Balkans, the Balkan States
balklänning ball dress
balkọng [-åŋ] *s3* balcony **-dörr** balcony door **-räck|e|** balcony parapet
ballạd *s3* ballad, lay
ballast *se barlast*
ballistị|k *s3* ballistics **-sk** [-'liss-] *a5* ballistic
ballọng [-åŋ] *s3* balloon **-farare** balloonist **-försäljare** balloon-seller **-spärr** balloon barrage **-uppstigning** balloon ascent
balloter|a [vote by] ballot **-ing** balloting
balsa *s1* balsa
balsal ballroom
balsam [×ball-, *pl* -'sa:-] *s3* balsam; *bildl.* balm **-era** embalm **-ẹring** embalming **-ịn** *s3* balsam **-isk** [-'sa:-] *a5* balsamic **-poppel** balsam poplar
balsaträ balsa wood
balt *s3* Balt; *han är ~* he is an Estonian (a Latvian, a Lithuanian) **Baltikum** ['ball-] *n* the Baltic States **baltisk** ['ball-] *a5* Baltic
balustrạd *s3* balustrade
bambu ['bamm-] *s2* bamboo **-ridån** *polit.* the bamboo curtain **-rör** bamboo[-cane]
bana I *s1* path; *astron.* orbit; (*projektils*) trajectory; (*lopp*) course; (*levnads-*) career;

(*lärt yrke*) profession; (*järnväg*) line; *sport.* track, ground, rink; *välja den prästerliga ~n* enter the Church, take holy orders; *vid slutet av sin ~* at the end of one's career; *i långa banor* quantities (lots, no end) of **II** *vl, ~ väg genom* make (clear) a path (way) through; *~ väg[en] för ngn* (*bildl.*) pave the way for s.b. *~ sig väg* make one's way; *~d väg* beaten track

banal *a1* banal, commonplace; *~a fraser* hackneyed phrases -isera reduce ... to the commonplace **-itet** *s3* banality

banan *s3* banana **-fluga** fruit fly **-kontakt** banana plug **-plantage** banana plantation **-skal** banana-skin -stock banana stem

banbryta|nde *a4* pioneering; *~ arbete* pioneer[ing] work **-re** pioneer (*för* of)

1 band *imperf av binda*

2 band *s7* **1** (*ngt som binder*) band; (*remsa, i sht som prydnad*) ribbon; (*linne-, bomulls-*) tape; (*som hopsnör*) tie, string[s *pl*]; (*bindel*) sling; *anat.* ligament; (*bok-*) binding, cover; (*volym*) volume; *tekn.* belt; (*inspelnings-*) tape; *ha armen i ~* have one's arm in a sling; *halvfranskt ~* half-calf; *hunden går i ~* the dog is on the lead; *löpande ~* assembly line, conveyor belt; *bilen har just lämnat ~et* the car has just left the assembly line; *måla tavlor på löpande ~* produce (turn out) paintings in a steady stream; *spela in på ~* record on tape, make a tape recording **2** (*ngt som sammanbinder*) tie, bond; (*boja*) bond; (*för hund*) leash, lead; (*tvång*) restraint; *kärlekens ~* the ties of love; *enande ~* unifying bond; *träldomens ~* the bonds of slavery; *lossa tungans ~* loosen a p.'s tongue; *lägga ~ på ngn* lay restraint upon s.b.; *lägga ~ på sig* restrain (control) o.s. **3** (*följe, anhang*) band, gang **-a** *radio.* tape[-record], record

bandage [-'da:ʃ] *s7* bandage

banderoll [-å-] *s3* banderol[e], banner, streamer

bandhund watch-dog; *skälla som en ~* (*bildl.*) swear the devil out of hell

bandit *s3* bandit, brigand **-hövding** brigand chief

band|järn hoop (strip, band) iron **-rosett** tuft of ribbons, favour **-spelare** tape recorder **-såg** band saw **-traktor** caterpillar tractor **-upptagning** tape recording

bandy ['banndi] *s2* bandy **-klubba** bandy stick **-match** bandy match **-spelare** bandy player

1 bane *oböjl. s, bringa å ~* bring up, set on foot

2 bane *oböjl. s* death; *skottet blev hans ~* the shot proved fatal [to him] **-man** slayer, assassin

baner *s7* banner, standard **-förare** standard-bearer

banesår mortal wound

bang *s2* (*överljudsknall*) sonic bang

bangård [railway, *Am.* railroad] station

banjo ['bann-] *s3, pl äv. -s* banjo

1 bank *s2* (*undervattensgrund*) bank, bar; (*vall*) embankment; (*moln-*) cloud-bank

2 bank *s3* (*penninginrättning*) bank; banking house; *pengar på ~en* money in (at) the bank; *sätta in på ~en* deposit at the bank; *ta ut på ~en* withdraw from the bank; *spränga ~en* (*spel.*) break the bank

banka *se bulta*

bank|affärer bank[ing] business (transactions) **-bok** pass (bank) book **-bud** bank messenger **-direktör** bank executive; bank manager

bankett *s3* banquet

bank|fack safe-deposit box **-fridag** bank holiday **-förbindelse** bank[ing] connection; (*i brevhuvud*) bank[er] **-giro** bank giro service (account) **-ir** *s3* [private] banker **-irfirma** banking house, bankers **-kamrer** *ung.* chief clerk of a bank department, bank accountant; (*vid filial*) branch manager **-kassör** bank cashier, teller **-konto** bank account **-kontor** bank[ing] (branch) office **-kredit** bank credit **-lån** bank loan **-man** banker, bank official; bank clerk

bankrutt I *s3* bankruptcy, failure; *göra ~* become bankrupt **II** *a4* bankrupt, ruined; *vara* (*bli*) *~* be (go) bankrupt **-mässig** *a1, vara ~* be insolvent, be on the verge of bankruptcy

bank|rån bank robbery **-rånare** bank robber **-räkning** bank account **-ränta** bank rate of interest **-tillgodohavande** bank balance **-väsen** *~[det]* banking

bann *s7* ban; anathema; *jfr -lysning* **-a** scold **-bulla** papal bull of excommunication **-lysa** excommunicate, put under a ban; (*friare*) ban, prohibit **-lysning** excommunication; banishment, ostracism **-or** *pl* scolding (*sg*); *få ~* be scolded, get a scolding **-stråle** anathema; *utslunga en ~ mot* condemn vehemently, fulminate against

banrekord track record

banta slim; *~ ner* reduce (*utgifterna* expenses)

bantamvikt bantam-weight

bantlär *s7* bandolier, shoulder-belt

bantning slimming

bantningskur [course of] slimming

bantuneger Bantu

ban|vagn railway; *fritt å ~* free on rail (*förk.* f.o.r.), *Am.* free on truck (*förk.* f.o.t.) **-vakt** lineman **-vaktsstuga** lineman's cottage **-vall** [railway] embankment, roadbed

bapt|ism Baptist faith **-ist** Baptist **-istisk** *a5* Baptist **-istsamfund** Baptist Church

1 bar *s3* (*utskänkningsställe*) bar, snack-bar

2 bar *s9* (*måttenhet*) bar

3 bar *a1* bare; naked; (*blottad*) exposed; *inpå ~a kroppen* to the skin; *be på sina ~a knän* pray on one's bended knees; *blomma på ~ kvist* blossom on a leafless (bare) twig; *under ~ himmel* under the open sky; *ertappa på ~ gärning* catch red-handed (in the act)

4 bar *imperf av bära*

bara I *adv* only; merely; *i ~ skjortan* in one's shirt; *gör ~ som jag säger* you just do as I tell you; *du skulle ~ våga!* just you dare!, do it, if you dare!; *det fattas ~ det!* that would be the last straw!; *vänta ~!* just you wait!; *hon är ~ barnet* she is a mere (just a) child **II** *konj* if ... only; (*för så vitt*) provided, so (as) long as

barack *s3* barrack[s *pl*]; (*skjul*) shed; (*bostad*) tenement-house

bar|armad *a5* bare-armed **-axlad** *a5* bare-shouldered **-backa** bareback

barbar *s3* barbarian **-i** *s4* barbarism **-isk** *a5* barbaric, barbarous **-iskhet** barbarity, barbarousness
barbent *a4* bare-legged
barberare barber
1 bard [ba:rd] *s3* (*hos val*) whalebone
2 bard [ba:rd] *s3* (*skald*) bard, minstrel
bardisan *s3* partisan
bardisk [ˣba:r-] bar [counter]
bardun *s3, sjö.* backstay
barett *s3* peakless cap; (*kantig*) biretta
bar|fota bare-foot **-huvad** *a5* bare-headed
barium ['ba:-] *s8* barium
1 bark *s3* (*skepp*) barque, bark
2 bark *s2* (*på träd*) bark
1 barka (*träd*) bark; (*hudar*) tan; *~de händer* horny hands
2 barka *~ i väg* fly off; *det ~r åt skogen för honom* he's sunk
barkaroll [-å-] *s3* barcarole
barkass *s3* longboat, launch
bark|borre *s2* bark beetle; scolytid **-bröd** bark bread **-båt** bark boat **-ning** barking, removal of the bark
barlast ballast; *bildl.* deadweight **-tank** ballast tank
barm *s2* bosom, breast; *bildl. äv.* heart; *nära en orm vid sin ~* nourish a viper in one's bosom
barmark bare (snowless) ground
barmhärtig *a1* merciful (*mot* to); (*välgörande*) charitable (*mot* to) **-het** mercy; compassion; charity; *ha ~ med* gave mercy [up]on; *visa ~ mot* show mercy to **-hetsverk** act of mercy (charity)
barn [-a:-] *s7* child (*pl* children); (*späd-*) baby, infant; *vara* (*bli*) *med ~* be (become) pregnant; *samma andas ~* birds of a feather; *hon är ett ~ av sin tid* she is a child of her age; *ett stundens ~* a creature of impulse; *hon är bara ~et* she is a mere child; *han är som ~ i huset* he is like one of the family; *av ~s och spenabarns mun* out of the mouths of babes and sucklings; *bli ~ på nytt* be in one's second childhood; *alla ~ i början* everyone is a fumbler at first; *bränt ~ skyr elden* a burnt child dreads the fire; *kärt ~ har många namn* a pet child has many names; *lika ~ leka bäst* birds of a feather flock together
barna|dödlighet infant mortality **-föderska** woman in confinement
barnalstring procreation (begetting) of children
barna|mord infanticide **-mun** *i ~* in the mouth of a child **-mördare** child-murderer **-rov** kidnapping **-sinne** childlike mind; *ha sitt ~ kvar* be still young at heart; *det rätta ~t* true childlike piety **-tro** childlike faith
barnavdelning (*på sjukhus*) children's ward
barnavård child welfare (care)
barnavårds|central child welfare clinic; *Am.* well baby clinic **-man** child welfare officer **-nämnd** child welfare committee
barn|barn grandchild **-barnsbarn** great grandchild **-begränsning** birth control **-bespisning** meals for [poor] children; *skol.* provision of free meals for school children **-bidrag** [government] child allowance **-bok** child's (children's) book **-bördshus** maternity hospital **-dom** *s2* childhood; (*späd*) infancy **-domshem** home of one's childhood **-domsminne** memory from one's childhood **-domsvän** friend of one's childhood **-dop** christening **-familj** family with children **-flicka** nursemaid **-förbjuden** for adults only; *~ film* adult audience (A) film **-förlamning** infantile paralysis, polio **-hage** play-pen **-hem** children's home **-hus** orphanage **-husbarn** orphanage child **-jungfru** nursemaid, nanny **-kalas** children's party **-kammare** nursery **-kammarrim** nursery rhyme **-kläder** children's (baby) clothes **-koloni** [children's] holiday camp **-krubba** crèche **-kär** fond of children **-lek** children's game; *bildl.* child's play **-läkare** children's specialist; paediatrician **-lös** childless **-mat** baby food **-morska** *s1* midwife **-piga** *se -jungfru* **-psykolog** child psychologist **-psykologi** child psychology **-puder** baby powder **-rik** *~a familjer* large families
barns|ben *från ~* from early childhood **-börd** childbirth, confinement
barn|sjukdom children's disease (illness); *~ar* (*bildl.*) teething troubles **-sjukhus** children's hospital **-skara** family of children **-sko** child's (baby) shoe; *ha trampat ur ~rna* be out of the cradle **-sköterska** [child's, children's] nurse
barnslig *a1* childlike; (*oförståndig*) childish **-het** childishness
barn|säng 1 child's bed, cot **2** *med.* childbed, childbirth, confinement; *ligga i ~* be lying in; *dö i ~* die in childbirth **-sängsfeber** childbed (puerperal) fever **-teater** children's theatre **-tillsyn** child-care (-minding) **-tillåten** for children also; *~ film* universal exhibition (U) film **-trädgård** nursery school, kindergarten **-unge** child, kid; (*neds.*) brat **-uppfostran** education (bringing up) of children **-vagn** perambulator, pram; *Am.* baby carriage **-vakt** baby-sitter **-visa** children's song
barock [-å-] **I** *a1* **1** *konst.* baroque **2** (*orimlig*) odd, absurd **II** *s2* baroque **-ornament** baroque ornament
barometer *s2* barometer; *vard.* glass **-stånd** barometric height (pressure)
baron *s3* baron; (*eng. titel*) Lord; (*icke eng. titel*) Baron **-essa** *s1* baroness; (*eng. titel*) Lady; (*icke eng. titel*) Baroness
1 barr *s3, gymn.* parallel bars (*pl*)
2 barr *s7, bot.* needle **-a** shed its needles
barrikad *s3* **-era** barricade
barriär *s3* barrier
barr|skog coniferous forest **-träd** conifer
barservering *ung.* cafeteria
barsk *a1* gruff, harsh, rough **-het** gruffness *etc.*
barskrapa scrape ... bare **-d** *a5 vard.* stony broke; *han är inte ~* he is not badly off
bar|skåp cocktail cabinet **-stol** bar stool
bart [ba:rt] *blott och ~* merely, only
bartender *s2* bartender
bartolomeinatten St. Bartholomew's Eve; the Massacre of St. Bartholomew
barvinter snowless winter
baryt *s2* baryte
baryton ['barrytån] *s3* baritone
1 bas *s2, mus.* bass; bass voice

2 bas *s2* (*arbetsförman*) foreman; *vard.* boss
3 bas *s3, matem. o. kem.* base; (*grund*) basis
1 basa (*aga*) whip, smack
2 basa (*ångbehandla*) steam
basalt *s3* basalt
basar *s3* bazaar **-stånd** stall
baseball ['beisbå:l] *s2* baseball **-spelare** baseball player
basedowska sjukan ['ba:-å-] Graves' disease
basera base; ~ *sig på* be based upon; base one's statements upon
basfiol double-bass
basilika *s1* basilica
basilisk *s3* basilisk; (*fabeldjur*) cockatrice
basis ['ba:-] *r* basis; *på* ~ *av* on the basis of
basisk ['ba:-] *a5* basic
basist double-bass player
bask *s3* Basque **-er** ['bass-] *s2* beret **-isk** ['bass-] *a5* Basque
bas|klav bass clef **-röst** bass voice
basse *s2, vard.* lubber; *mil. ung.* private, Tommy
bassångare bass [singer]
bassäng *s3* basin; (*bad-*) pool
bast *s7* bast; (*fiber*) bast, bass; (*t. flätn. etc.*) raffia
basta *och därmed* ~*!* and there's an end of it!, and that's that!
bastant *a1* substantial, solid; (*tjock*) stout
bastard [-a:rd] *s3* bastard; *naturv.* hybrid
bastfiber bast-fibre
Bastiljen the Bastille
bastingering [-iŋ'ge:-] *sjö.* top-gallant bulwark
bastion [-'tio:n] *s3* bastion
bast|matta bass-(bast-)mat **-omspunnen** *a5,* ~ *flaska* bast-encased bottle
bastonad *s3* bastinado, thrashing
bastrumma bass drum
bastu *s5* sauna; *bada* ~ take a sauna
bastuba bass tuba
basun *s3* trombone; (*friare*) trumpet; *stöta i* ~ *för sig* blow one's own trumpet **-era** ~ *ut* noise ... abroad **-ist** trombonist **-stöt** trumpet blast
basår base year
batalj *s3* battle; (*tumult*) turmoil, tussle **-målning** painting of battle scene[s]
bataljon *s3* **1** *mil.* battalion **2** (*i kägelspel*) *slå* ~ make a strike, knock down all the pins
batat batata, sweet potato
batik *s3* batik
batist batiste, cambric, lawn
batong [-'tåŋ] *s3* truncheon, baton; *Am.* blackjack
batteri battery **-radio** battery receiver **-st** drummer; timpanist
bautasten [ˣbau-] *ung.* menhir, Old Norse memorial stone
bauxit [bau'ksi:t] *s3* bauxite
baxna be astounded; *han ljuger så man* ~*r* his lies take one's breath away
B-dur B flat major
be *se bedja*
beakt|a pay attention to; notice, observe; (*fästa avseende vid*) pay regard to, heed; (*ta hänsyn t.*) consider, take into consideration; *att* ~ to be noted **-ande** *s6* consideration; *med* ~ *av* in (with) regard to, considering **-ansvärd** *a1* worth (worthy of) attention, noteworthy; (*avsevärd*) considerable
bearbet|a (*gruva o.d.*) work; (*jord*) cultivate; *kem.* treat, process; *tekn.* machine; (*med verktyg*) tool; (*bok*) revise; (*teaterpjäs*) adapt; (*vetenskapligt material, råmaterial*) work up; *mus.* arrange; (*bulta på*) pound; *bildl.* [try to] influence; (*väljare, kunder*) canvass **-ning** working *etc.*
beblând|a *rfl* **1** (*umgås*) associate, mix (*med* with) **2** have sexual intercourse (*med* with) **-else 1** association **2** sexual intercourse
bebo inhabit; (*hus*) occupy, live in **-elig** *a1* [in]habitable, fit to live in
bebygg|a (*område*) build [up]on; (*befolka*) colonize, settle [down] in; *tätt -da områden* densely built-up areas; *glest -da områden* thinly populated (rural) areas **-else 1** *konkr.* buildings, houses (*pl*) **2** building up; colonization, settlement
bebåd|a (*tillkännage*) announce, proclaim; (*förebåda*) herald, betoken; (*ställa i utsikt*) foreshadow **-else** *bibl.* Annunciation **-else-dag** *Marie* ~ Lady (Annunciation) Day
beck *s7* pitch
beckasin *s3* snipe
beck|byxa Jack Tar **-mörker** pitch-darkness **-svart** pitch-black
be|dagad *a5* passé[e *fem.*]; past one's prime **-darra** calm down, lull, abate
bedja [ˣbe:-] *bad bett* **1** (*anhålla*) ask (*ngn om ngt* s.b. for s.th.); (*hövligt*) request (*ngn att göra ngt* s.b. to do s.th.); (*enträget*) beg, implore, entreat, beseech; *jag ber om ursäkt* I beg your pardon; *se ~nde på ngn* look imploringly at s.b.; *nu ber du för din sjuka mor* that's one for her (*etc.*) and two for yourself; *jag ber om min hälsning till* my kind regards to, please remember me to; *jag ber att få beklaga sorgen* may I express my deep sympathy; *får jag be om brödet?* may I trouble you for the bread?; *litet gladare, om jag får be* do cheer up a little; *å jag ber!* don't mention it! **2** (*förrätta bön*) pray **3** (*inbjuda*) ask, invite
be|draga deceive, impose upon; *vard.* dupe, trick; (*på pengar*) swindle, defraud; (*vara otrogen mot*) betray; *skenet -drar* appearances are deceptive; *snålheten -drar visheten* penny wise and pound foolish; *världen vill ~s* the world likes to be cheated; ~ *sig* be mistaken (*på ngn* in s.b.) **-dragare -dragerska** impostor, swindler; fraud **-drift** *s3* exploit, achievement, feat **-driva** carry on, manage; (*studier*) pursue; (*sysselsättning*) prosecute; ~ *hotellrörelse* run a hotel **-drägeri** (*brott*) fraud, imposture, swindle; (*bländverk*) illusion **-dräglig** [-'drä:g-] *a1* (*om pers.*) false, deceitful; (*om sak*) deceptive, delusive, illusory, fraudulent; *~t förfarande* fraudulent proceeding[s *pl*]
bedröv|a distress, grieve; *det ~r mig djupt* it distresses me deeply **-ad** *a5* distressed, grieved (*över* at, about) **-else** distress, grief, sorrow, affliction; *efter sju sorger och åtta ~r* after countless troubles and tribulations **-lig** *a1* deplorable, lamentable; (*svagare*) regrettable; sad; (*usel*) miserable
beduin *s3* bedouin

be|dyra protest (*inför* to; *vid* on); asseverate; ~ *sin oskuld* protest one's innocence; *edligen* ~ swear **-dyrande** *s6* protesting; protestation (*om* of), asseveration **-dåra** infatuate, fascinate; enchant **-dårande** *a4* infatuating *etc*;. charming **-döma** [-'dömma] judge, form an opinion of; (*uppskatta*) estimate; (*betygsätta*) mark; (*en bok*) review, criticize **-dömande** [-'dömm-] *s6* judging, judg[e]ment; estimate; mark-setting; review, criticism; *efter eget* ~ at one's own discretion; *det undandrar sig mitt* ~ that is beyond my judgment **-dömare** [-'dömm-] judge **-dömning** *se -dömande* **-dömningsfråga** matter of judgment **-döva** make (render) unconscious; stun, stupefy; *läk.* anaesthetise, *Am.* anesthetize **-dövande** *a4* stunning, stupefying; *läk.* anaesthetic, narcotic; (*öron-*) deafening **-dövning** [-'dö:v-] (*medvetslöshet*) unconsciousness; (*narkos*) anaesthesia **-dövningsmedel** anaesthetic [agent] **-ediga** swear to, confirm by oath; ~*d* sworn [to]; ~*t intyg* sworn certificate

befall|a *v2* **I** (*kommendera*) order; (*högtidligt*) command; (*tillsäga*) tell; (*föreskriva*) prescribe, direct; (*an-*) commit, commend; *inte låta sig* ~*s av vem som helst* not take orders from just anybody; *som ni -er* as you choose (please); *vad -s?* I beg your pardon? **II** (*föra befälet*) [have, exercise] command; ~ *fram* call for; ~ *fram sina hästar* order one's horses; *ni har blott att* ~ you have only to say the word **-ande** *a4* commanding; imperative; imperious **-ning** order, command; *ge* ~ *om ngt* issue orders about s.th.; *få* ~ *att* receive orders to, be ordered to; *på ngns* ~ by the order of **-ningshavande** *s9*, *konungens* ~ (*ung.*) County Administration

1 befara *v1* (*frukta*) fear

2 befar|a *befor befarit* (*fara på el. över*) travel through, traverse; (*om fartyg*) navigate; ~ *en väg* use (frequent) a road **-en** *a5*, *sjö.* experienced

befatt|a *rfl*, ~ *sig med* concern o.s. with, *vard.* go in for; *sådant* ~*r jag mig inte med* that is no business of mine **-ning 1** (*beröring*) dealing, connection; *ta* ~ *med* take notice of; *vi vill inte ha ngn* ~ *med den saken* we do not want to have anything to do with that **2** (*anställning*) post, appointment, position; office **-ningshavare** employee; (*ämbetsman*) official; *koll.* staff, *Am.* personnel

befinna *rfl* (*vara*) be; (*känna sig*) feel; (*upptäcka sig vara*) find o.s.; *hur befinner ni er i dag?* how are you today? ~**nde** *s6* [state of] health, condition **-s** prove (turn out) [to be]; *han befanns vara oskyldig* he turned out to be innocent; *vägd och befunnen för lätt* weighed in the balance and found wanting

befintlig *a1* (*förefintlig*) existing; (*tillgänglig*) available; *i* ~*t skick* in [its] existing condition **-het** existence; presence

be|fjädrad [-'fjä:d-] *a5* feathered **-flita** *rfl*, ~ *sig om* exert o.s. to maintain, strive after (to attain) **-fläcka** stain, defile **-fogad** *a5* (*om pers.*) authorized, entitled (*att* to); (*om sak*) justifiable, justified, legitimate; *det* ~*e i* the justness (legitimacy) of **-fogenhet** authority, powers (*pl*), right; *sakna* ~ lack competence; *överskrida sin* ~ exceed one's powers

befolk|a [-'fåll-] populate, people; *glest* (*tätt*) ~*d trakt* sparsely (densely) populated region **-ning** population **-ningsexplosion** population explosion (boom) **-ningsförhållanden** *pl* demographic (population) situation **-ningsgrupp** group of the population **-ningslager** stratum (*pl* strata) of the population **-ningsstatistik** vital (population) statistics **-ningstäthet** population density **-ningsöverskott** surplus population

befordr|a 1 (*sända*) convey, transport, forward, send, convey, (*skeppa*) ship, (*med post*) send by mail **2** (*upphöja*) promote; ~ *ngn till kapten* promote s.b. captain **3** (*främja*) promote, further; *arbete* ~*r hälsa och välstånd* he that labours and thrives spins gold; ~ *matsmältningen* aid digestion **-an** *r* **1** conveyance *etc.* **2** promotion, advancement, furtherance **-ande** *a4* promotive (*för* of) **-ingsavgift** forwarding charge[s *pl*], postage, carriage **-ingsgång** system of promotion **-ingsmöjligheter** chances of promotion **-ingssätt** mode of conveyance

befrakt|a charter, freight **-are** charterer, freighter, shipper **-ning** chartering, freighting **-ningsavtal** freight contract; *sjö.* [time] charter

befri|a set ... free, liberate; (*från löfte o.d.*) release; (*frälsa*) deliver (*från* from; *ur* out of); (*från börda o.d.*) relieve; (*från bojor*) unchain; (*från ansvar o.d.*) exonerate; (*frikalla*) exempt; (*från examensprov*) excuse; (*undsätta*) relieve; ~ *träd från ohyra* rid trees of blight; ~ *från rost* derust, clean of rust; ~*d från* free (exempt) from; ~ *sig från* free o.s. from; ~ *sig från ngt obehagligt* shake off s.th. unpleasant **-ande I** *a4* liberating *etc.*; *en* ~ *suck* a sigh of relief **II** *adv*, *verka* ~ have a relieving effect, give relief **-are** liberator; deliverer; rescuer **-else 1** (*frigörelse*) freeing; liberation; release; ~*ns timme* the hour of deliverance **2** (*frikallande*) exemption; ~ *från avgift* exemption from duty **3** (*lättnad*) relief **-elsekrig** war of liberation

befrukt|a fertilize, fecundate; *bildl.* stimulate, inspire **-ning** fertilization, fecundation; *konstgjord* ~ artificial insemination

befrynda *rfl* ally o.s. (*med ngn* to s.b.) **-d** *a5* related (*med* to); allied (*med* to, with) (*äv. bildl.*)

befrämja promote, further, stimulate; encourage **-nde I** *s6* furthering; promotion, furtherance; encouragement **II** *a4* promoting *etc.* **-re** promoter, supporter

befullmäktiga [-ˣfull-] authorize, empower; *en* ~*d* an attorney, a proxy; ~*t ombud* authorized representative, proxy **-nde** *s6* authorization

befäl *s7* **1** command; *föra* ~ *över* be in command of; *inneha högsta* ~*et* be first in command **2** *pers. koll.* [commissioned and non-commissioned] officers (*pl*) **-havande** *s9*, ~ *officer* commanding officer, officer in command **-havare** commander (*över* of); *sjö.* master, captain (*på ett fartyg* of a ship)

befäls|föring the exercise of command **-person** *se befäl 2* **-post** command
befängd [-'fäŋd] *a1* preposterous, absurd, ridiculous; (*om pers.*) out of his senses
befäst|a fortify; *bildl.* consolidate, confirm, strengthen; ~ *sin ställning* consolidate one's position **-ning** fortification **-ningskonst** science of fortification **-ningsverk** fortifications, defensive works
begabb|a scoff [at], mock **-else** scoffing, mockery
begagna use, make use of, employ; ~ *sig av a)* (*använda*) make use of, employ, *b)* (*dra fördel av*) profit by, avail o.s. of; ~ *sig av tillfället* seize the opportunity **-d** *a5* used; (*om vara*) second-hand **-nde** *s6* use, employment
be|gapa gape at
bege *se begiva*
begeistr|ad [-'ge:j-] *a5* enthusiastic **-ing** enthusiasm
begiv|a *rfl* go, proceed; ~ *sig av* depart (*till* to, for), set out (off) (*till* for), start (*till* for); *åld.* repair (*till* to); ~ *sig till sjöss* go (put out) to sea; ~ *sig på flykten* take to flight; *på den tiden det begav sig* in the good old days; *det begav sig inte bättre än att han ...* as ill-luck would have it, he ... **-en** *a3* given (*på* to), fond (*på* of), keen (*på* on) **-enhet** (*böjelse*) fondness (*på* for); (*händelse*) [great] event; (*attraktion*) highlight
begjuta pour ... upon; soak, water
begonia *s1* begonia
begrav|a *v2* bury; *död och -en* dead and buried; *här ligger en hund -en* I smell a rat **-ning** [-a:-] (*jordfästning*) burial; (*ceremoni*) funeral
begravnings|akt funeral ceremony **-byrå** firm of undertakers (*Am.* morticians) **-entreprenör** undertaker; *Am. äv.* mortician **-kassa** funeral expenses fund **-plats** (*äldre*) burial-ground; (*modern*) cemetery **-procession** funeral procession
begrepp *s7* conception, notion, idea; *filos.* concept, idea; *göra sig (ge) ett ~ om* form (give) an idea of; *inte ha det ringaste ~ om* not have the slightest idea (notion) of, know nothing whatever about; *stå i ~ att* be on the point of, be about to
begrepps|analys concept analysis **-förvirring** confusion of ideas **-vidrig** illogical
be|gripa understand, comprehend; grasp; see; ~ *sig på* understand **-griplig** [-'gri:p-] *a1* intelligible, comprehensible (*för* to); *av lätt ~a skäl* for obvious reasons; *göra ngt ~t för ngn* make s.th. clear to s.b. **-grunda** ponder [upon], think over **-grundan** *r* meditation, reflection **-grundansvärd** *a1* worth considering **-gråta** mourn, weep for, deplore, lament; (*högljutt*) bewail **-gränsa** bound, border; *bildl.* define; (*inskränka*) limit, restrict, circumscribe; ~ *sig* limit (restrict, confine) o.s. (*till* to); *bolag med ~d ansvarighet* limited [liability] company; *ha ~de resurser* have limited resources (means) **-gränsning** boundary; *bildl.* limitation, restriction, restraint
begynn|a [-'jynna] *v3* begin **-else** beginning, outset **-elsebokstav** initial [letter]; *stor ~* capital **-elselön** commencing salary **-elseord** initial (opening) word **-elsestadium** initial (first) stage (phase)
be|gå 1 (*göra sig skyldig t.*) commit; ~ *självmord (ett brott)* commit suicide (a crime); ~ *ett fel* make a mistake **2** (*fira*) celebrate **-gående** *s6* **1** committing *etc.* **2** celebration **-gåva** endow **-gåvad** *a5* gifted, clever, talented; *klent ~* untalented; *konstnärligt ~* artistic; *han är konstnärligt ~* (*äv.*) he has artistic gifts **-gåvning** [-'gå:v-] **1** (*anlag*) talent[s *pl*], gift[s *pl*] **2** *pers.* talented (gifted) person; *en av våra största ~ar* one of our best (most brilliant) minds
begär [-'jä:r] *s7* desire (*efter* for); (*starkare*) craving, longing (*efter* for); (*åtrå*) appetite, lust (*efter* for); *fatta ~ till* conceive a desire for; *hysa ~ efter* (*till*) feel a desire for, covet; *tygla sina ~* restrain one's desires (passions) **-a** *v2* ask [for], demand; (*anhålla om*) request; (*ansöka om*) apply for; (*fordra*) require; (*trakta efter*) covet; (*vänta sig*) expect; ~ *avsked* hand in one's resignation; ~ *ordet* ask permission to speak; *är det för mycket -t ...?* is it too much to ask ...? **-an** *r* (*anhållan*) request (*om* for); (*anmodan*) demand (*om* for); (*ansökan*) application (*om* for); *bifalla en ~* grant a request; *på ~* on request; *på egen ~* at his (*etc.*) own request; *skickas på ~* will be sent on request (application) **-else** desire **-lig** *a1* (*eftersökt*) in demand, sought after; (*tilltalande*) attractive; (*lysten*) covetous **-ligt** *adv* covetously; ~ *gripa efter* reach greedily for
behag *s7* **1** (*belåtenhet*) pleasure, delight; (*tillfredsställelse*) satisfaction; (*tycke*) fancy; *finna ~ i ngt* take pleasure in, delight in; *fatta ~ till* take a fancy to **2** (*gottfinnande*) pleasure, will; *efter ~* at pleasure, at one's own discretion **3** (*behaglighet*) charm; amenity; *det har sitt ~* it has a charm of its own; *äga nyhetens ~* have the charm of novelty **4** (*behagfullhet*) grace, charm; *åldras med ~* grow old gracefully **5** (*yttre företräden*) charms, allurements (*pl*); *kvinnliga ~* feminine charms **-a 1** (*tilltala*) please, appeal to; (*verka tilldragande*) attract; *gör som det ~r er!* do as you please! **2** (*önska, finna för gott*) like, choose, wish; *ni ~r skämta* you see fit to make jokes; *~s det te?* do you wish to have tea?; *vad ~s?* what would you like?; *som ni ~r* as you please **-full** graceful; charming **-lig** [-a:-] *a1* pleasant; (*tilltalande*) pleasing, attractive; (*starkare*) delightful; *en ~ röst* a pleasant voice; *~t sätt* engaging manners **-sjuk** coquettish **-sjuka** coquettishness, coquetry
behandl|a (*allm.*) treat; (*handskas med, avhandla, handla om*) deal with; (*dryfta*) discuss, consider; (*hantera*) handle, use, manipulate; (*sår*) dress; *tekn.* process, work; ~ *illa* ill-treat, treat badly; *~s varsamt* handle with care **-ing** treatment; dealing [with]; discussion; handling, usage; process; *parl.* reading, discussion; *jur.* conduct, hearing **-ingsmetod** method of treatment; procedure
behandskad *a5* gloved
behaviorism [bihejviä'rism] behaviourism

be|hjälplig *a1*, *vara ngn ~ med* help s.b. (*att göra ngt* to do s.th., in doing s.th.) **-hjärtad** [-'järr-] *a5* brave, courageous **-hjärtansvärd** [-ˣjärr-] *a1* worth[y of] earnest consideration; *~t ändamål* deserving cause **-hornad** [-'ho:r-] *a5* horned

behov *s7* **1** (*brist; krav*) want, need, lack; (*nödvändighet*) necessity; (*förråd*) requirement[s *pl*]; *fylla ett länge känt ~* supply a long-felt demand; *ha ~ av* need, have need of; *vara i ~ av* be in need of; *allt efter ~* as required; *av ~et påkallad* necessary, essential; *för framtida ~* for future needs; *vid ~* when necessary; *tobak är ett ~ för honom* tobacco is a necessity for him **2** (*naturbehov*) *förrätta sina ~* relieve o.s.

behovsprövning means test

behå *s2* brassière; *vard.* bra

behåll *n*, *i ~* left intact; *undkomma med livet i ~* escape alive; *i gott ~* safe and sound **-a** keep, retain; (*bi-*) preserve; *~ ngt för sig själv* keep s.th. to o.s.; *~ fattningen* keep one's head; *om jag får ~ hälsan* if I am allowed to keep my health; *inte få ~ maten* not be able to keep one's food down **-are** container; (*vatten-*) tank, cistern; (*större*) reservoir **-en** *a5* remaining; (*om vinst*) clear, net **-ning** (*återstod*) remainder, rest, surplus; (*saldo*) balance; (*vinst*) [net] profit (proceeds), yield; (*i dödsbo*) residue; *bildl.* profit (benefit); *ha ~ av ngt* (*bildl.*) profit (benefit) by s.th.

behår|ad *a5* covered with hair **-ing** hair growth

be|häftad *a5*, *~ med* afflicted with; *~ med brister* defective; *~ med fel* marred by errors, defective **-händig** *a1* (*flink*) deft, dexterous; (*fyndig*) clever; (*lätthanterlig*) handy; (*näpen*) natty; *ett ~t litet barn* a sweet (*Am.* cute) little child **-hänga** hang ... all over

behärsk|a **1** (*härska över*) rule over, control; (*vara herre över*) be master of; (*dominera*) command; (*vara förhärskande*) dominate; *~ situationen* be master of the situation; *~ marknaden* control the market; *~ havet* control the sea **2** (*tygla*) control; *~ sina känslor* (*sig*) control one's feelings (o.s.) **3** (*vara hemma i*) *~ franska fullständigt* have a complete mastery of French **-ad** *a5* [self-]controlled, [self-]restrained **-ning** control, [self-]restraint

behörig *a1* **1** (*vederbörlig*) proper, fitting, due; *i ~ ordning* in due course; *på ~t avstånd* at a safe distance **2** (*berättigad*) appropriate, competent, duly qualified; (*om lärare o.d.*) certificated; *icke ~* unauthorized, incompetent; *~ domstol* court of competent jurisdiction **-en** properly, duly **-het** authority, competence; *domstols ~* the jurisdiction of a court; *styrka sin ~* prove one's authority

behöv|a *v2* **1** (*ha behov av*) need, be in need of, want, require; *jag -er det inte längre* I have no more use for it; *han -de bara visa sig på gatan för att* ... he only had to appear in the street to ... **2** (*vara tvungen*) need, have [got] to; *detta -er inte innebära* this does not necessarily imply (mean); *du hade inte -t komma* you need not have come; *jag har aldrig -t ångra det* I have never had occasion to regret it **-ande** *a4* needy **-as** *v2*, *dep* be needed (necessary, wanted); *det behövs inte* there's no need [for (of) it]; *om* (*när*) *så behövs* if (when) necessary; *mer än som behövs* more than enough, enough and to spare; *det behövdes bara att hon sade* ... all it needed was for her to say ... **-lig** [-ö:-] *a1* necessary

beige [bä:ʃ, be:ʃ] *oböjl. s o. a* beige

beivra [-'i:v-] denounce, protest against; *lagligen ~* bring an action against, take legal action (steps) **-n** *r* denunciation

bej *s3* bey

bejaka (*fråga*) answer ... in the affirmative; (*anhållan*) assent to **-nde** **I** *s6* answering; affirmative answer; assent (*av* to) **II** *a4* affirmative, assenting

bekajad [-'kajj-] *a5* affected, afflicted (*med* with)

bekant **I** *a1* (*känd*) known; *som ~* as you know, as is well known; *enligt vad jag har mig ~* as far as I know, to the best of my knowledge; *det är allmänt ~* it is generally known **2** (*allmänt känd*) well-known; (*omtalad*) noted (*för* for); (*ökänd*) notorious; *~ för sin skönhet* famous (celebrated) for its (*etc.*) beauty **3** (*personligen ~*) acquainted; *nära ~* intimate; *hur blev ni ~a?* how did you become acquainted? **4** (*förtrogen*) familiar (*med* with); *han föreföll mig ~* his face seemed familiar [to me] **II** *subst. a* acquaintance, friend **-a** *rfl* get to know (*med ngn* s.b.), make acquaintance (*med* with) **-göra** announce, proclaim, make ... known; (*i tidning*) publish, advertise **-skap** *s3* acquaintance; (*kännedom*) knowledge; *stifta ~ med ngn* make a p.'s acquaintance; *göra ~ med ngt* become acquainted with; *säga upp ~en med* cease to be friends with; *vid närmare ~* on [closer] acquaintance **-skapskrets** [circle of] acquaintances

bekika stare (gaze) at

beklag|a (*tycka synd om*) be sorry for; (*hysa medlidande med*) pity; (*vara ledsen över*) regret; (*känna ledsnad över*) deplore; (*ta avstånd från*) deprecate; *jag ~r att jag inte kan komma* I regret I cannot come; *~ sorgen* extend one's condolences; *jag ber att få ~ sorgen* I am grieved to hear about your bereavement, please accept my deep sympathy; *~ sig* complain (*över* of; *för, hos* to) **-ande** **I** *s6* [expression of] sorrow (regret); *det är med ~ jag måste meddela* I regret to inform you **II** *a4* regretful **-ansvärd** *a1* (*om sak*) regrettable, deplorable, sad; (*om pers.*) poor, pitiable, to be pitied, wretched **-lig** [-a:-] *a1* regrettable, deplorable, unfortunate; *det är ~t* it is to be deplored **-ligtvis** [-a:-] unfortunately, to my (*etc.*) regret, I (*etc.*) regret to say

beklad|a **1** (*påkläda*) clothe **2** (*täcka*) cover, case; (*med bräder*) board [up]; (*med plattor*) tile [over]; (*invändigt*) line; (*utvändigt*) face **3** (*inneha*) fill, hold; *~ ngn med ett ämbete* invest s.b. with an office **-nad** *s3* **1** (*beklädande*) clothing, covering **2** (*överdrag*) *tekn.* (*invändigt*) lining, (*utvändigt*) covering, *byggn.* (*utvändigt*) facing, revetment; (*trä-*) boarding, panelling **-nadsindustri** clothing industry

beklạm|d *a1* oppressed, depressed **-mande** *a4* depressing, distressing; *det är ~ att se* (*äv.*) it is a depressing sight **-ning** *s2* oppression, depression

bekọmm|a 1 (*erhålla*) receive; *valuta -en* value received **2** *~ ngn väl* (*illa*) agree (disagree) with s.b.; do s.b. good (harm); *väl -e!* (*välönskan*) (*ung.*) it's a pleasure!, *Am.* you're welcome [to it]!, *iron.* serve[s] you right! **3** (*göra intryck på*) concern; *det -er henne ingenting* it has no effect upon her; *utan att låta sig ~* without taking any notice

be|kọsta pay for, defray (cover) [the expenses of] **-kọstnad** *r* expense, cost; *på ngns ~* at a p.'s expense; *på ~ av* at the expense of; *på egen ~* at one's own expense; *på allmän ~* at the public expense **-krạnsa** wreathe; (*friare*) festoon **-krịga** wage war [up]on, fight against **-kräfta 1** (*bestyrka*) confirm, corroborate; (*intyga*) certify; (*erkänna*) acknowledge; (*säga ja*) affirm; *~ en uppgift* confirm a statement, *jur.* corroborate evidence; *~ riktigheten av* bear [s.b.] out; *~ med ed* swear [to]; *undantaget som ~r regeln* the exception that proves the rule; *~ mottagandet av* acknowledge receipt of **2** (*stadfästa*) ratify **-kräftelse 1** (*bestyrkande*) confirmation, corroboration; (*intygande*) certification; (*erkännande*) acknowledgement **2** (*stadfästelse*) ratification, sanction

bekvạm *a1* **1** (*angenäm*) comfortable; (*hemtrevlig*) cosy; (*läglig*) convenient, handy; *göra det ~t åt sig* make o.s. comfortable **2** (*maklig*) easy-going, indolent; *vara ~ [av sig]* like to take things easy, be lazy **-a** *~ sig till* be induced (bring o.s.) to [do s.th.] **-lighet** [-ä:-] **1** (*bekvämhet*) convenience; (*trevnad*) comfort; *till de resandes ~* for the convenience of the passengers **2** (*maklighet*) love of ease **3** (*komfort*) convenience; *med alla moderna ~er* with every modern convenience **-lighetsflagg** flag of convenience **-lighetshänsyn** *av ~* for the sake of convenience **-lighetsinrättning** public convenience

bekym|mer [-'çymm-] *s7* (*oro*) anxiety, concern, worry; (*omsorg*) care; (*starkare*) trouble; *ha ~ för* be worried about; *ekonomiska ~* economic worries **-merfri** free from care, carefree; untroubled **-mersam** *a1* anxious, troubled, full of care, distressing; *det ser ~ ut för oss* things look bad for us **-mersamt** *adv*, *ha det ~* be having a worrying time **-merslös** light-hearted; (*slarvig*) careless **-merslöshet** light-heartedness; carelessness **-ra** trouble, worry; *det ~r mig föga* that doesn't worry me much; *vad ~r det henne* what does she care; *~ sig om* trouble (worry) o.s. about, *äv.* care about; *~ sig för framtiden* worry about the future; *~d för* (*över*) distressed (worried, troubled) about

bekyttad [-'çytt-] *a5* in a quandary

bekämp|a fight against, combat; (*i debatt*) oppose **-ande** *s6* combating **-ningsmedel** means of control; *~ för skadeinsekter* insecticide; *~ för ogräs* weedkiller

bekänn|a (*erkänna*) confess; (*öppet ~*) avow, profess; *~ [sig skyldig]* confess, *jur. äv.* plead guilty; *~ sig till kristendomen* confess the Christian faith; *~ färg* follow suit, *bildl.* show one's hand **-are** confessor **-else** confession; (*religionssamfund*) confession, creed, religion; *avlägga ~* confess, make a confession; *Augsburgska ~n* the Confession of Augsburg

be|lạcka slander, backbite **-lạckare** slanderer, backbiter **-lạmra** encumber, clutter up; (*väg*) block up

belạst|a 1 load, charge, burden; *bildl.* saddle **2** *hand.* charge, debit; *ärftligt ~d* with a hereditary taint **-ning** load[ing], charge, stress, pressure; *läk.* affliction; *bildl.* strain, burden; *hand.* charge, debit **-ningsprov** load (tolerance) test

beledsag|a accompany; (*följa efter*) follow; (*uppvakta*) attend **-are** companion **-ning** *mus.* accompaniment

belẹvad *a5* well-bred, polite, mannerly, well-mannered

Belgien ['bell-] *n* Belgium **belgi|er** ['bell-] *s9* **-sk** *a5* Belgian

beljụga tell lies (a lie) about

belladọnna [-å-] *s1*, *bot.* deadly nightshade, belladonna; *läk.* belladonna

bellis ['bellis] *s2* daisy

belọpp [-å-] *s7* amount, sum [total]; *till ett ~ av* amounting to, to the value of; *intill ett ~ av* not exceeding; *överskjutande ~* surplus [amount]

belys|a light [up], illuminate; *bildl.* shed light on, illuminate, illustrate **-ande** *a4* illuminating; illustrative, characteristic; *ett ~ exempel* an illustrative example **-ning** lighting; illumination; (*dager*) light; *bildl.* light, illustration; *elektrisk ~* electric light; *i historisk ~* in the light of history; *i ~ av dessa omständigheter* in the light of these circumstances **~ningsanläggning** lighting plant **-ningsarmatur** *s3*, *ej pl* light fittings (*pl*)

belån|a 1 (*pantsätta*) pledge, pawn; (*upptaga lån på*) raise (borrow) money on; (*om fastighet*) mortgage; *fastigheten är högt ~d* the estate is heavily mortgaged **2** (*ge lån på*) lend [money] on; *~ en växel* discount a bill **-ing 1** (*upptagande av lån*) raising a loan, borrowing [on] **2** (*beviljande av lån*) lending **-ingsvärde** loan (collateral) value

be|låten *a3* (*om pers.*) content[ed]; (*om min o.d.*) satisfied, pleased **-låtenhet** contentment; satisfaction; *till allmän ~* to everybody's satisfaction; *utfalla till ~* prove satisfactory; *vara till ~* give satisfaction **-lägen** *a5* situated, located; *avsides ~* remote, secluded **-lägenhet** situation, position, site, location; *bildl.* situation, state, position; *svår ~* predicament, plight **-lägg** *s7* (*bevis*) proof, evidence (*för* of); (*exempel*) instance, example; (*citat*) quotation **-lägga 1** (*täcka*) cover; (*med färg o.d.*) coat; (*plats*) reserve, secure, occupy **2** (*utfästa straff för*) impose upon; *~ med böter* impose a fine upon, make punishable by a fine; *~ med kvarstad* sequestrate, embargo **3** (*förse med*) put on; *~ med handbojor* handcuff; *~ med stämpel* stamp **4** *~ ett hotell med* *gäster* accommodate guests at a hotel 5 (*med exempel*) support [by examples]; *formen finns inte -lagd före 1500* there is no instance of the form before 1500 6 *stopp och -lägg!* belay there! **-läggning** (*täckning*) cover[ing]; (*färg- o.d.*) coat[ing]; (*av plats*) reservation; (*på sjukhus*) number of occupied beds; (*gatu- o.d.*) paving, pavement; (*på tungan*) fur

belägr|a besiege **-ing** siege; *häva ~en* raise the siege **-ingstillstånd** state of siege; *proklamera ~* proclaim martial law

beläs|enhet wide reading; book-learning **-t** *a4* well-read

beläte *s6* **1** (*avbild*) image, likeness **2** (*avguda-*) idol

belön|a reward; (*vedergälla*) recompense; (*med pengar*) remunerate **-ing** reward; recompense; remuneration; (*pris*) award, prize

be|löpa *~ sig till* amount (come) to **-manna** man; *~ sig* nerve o.s., pull o.s. together; *~ sig med tålamod* summon up patience *~ sig mot* harden o.s. against **-manning** crew **-medlad** [-'me:d-] *a5, en ~ person* a well-to-do person, a person of means; *mindre ~* of small means **-myndiga** authorize, empower **-myndigande** *s6* authorization; (*fullmakt*) authority, power; (*av myndighet*) sanction, warrant **-mäktiga** *rfl* take possession of, seize; *vreden ~de sig henne* wrath took possession of her **-mälde** [-'mä:l-] *oböjl. a, ~ man* the said man; *ovan ~ person* the aforesaid [person] **-mänga** [-'mäŋa-] *v2, -mängd med* mixed [up] (mingled) with, *bildl. äv.* interlarded with

bemärk|a observe, note **-else** sense; *i ordets egentliga ~* in the strict sense of the word **-elsedag** red-letter (important) day **-t** *a4* (*uppmärksammad*) noted, well-known; (*framskjuten*) prominent; *göra sig ~* make one's mark

be|mästra master; get the better of, overcome **-möda** *~ sig* endeavour, strive; *absol.* try [hard], exert o.s.; *~ sig om ett gott uppförande* try hard to behave well **-mödande** *s6* (*ansträngning*) effort, exertion; (*strävan*) endeavour **-möta** **1** (*-svara*) answer; (*tillbakavisa*) refute **2** (*-handla*) treat; (*mottaga*) receive; *bli väl -mött* be treated politely **-mötande** *s6* **1** reply (*av* to); refutation (*av* of) **2** treatment; *vänligt ~* kind treatment, a kind reception

ben *s7* **1** (*i kroppen*) bone; *få ett ~ i halsen* have a bone stick in one's throat; *gå genom märg och ~* pierce to the marrow; *skinna inpå bara ~en* fleece to the very skin; *bara skinn och ~* only skin and bone **2** (*lem*) leg; *bryta ~et* [*av sig*] break one's leg; *dra ~en efter sig* loiter along, dawdle; *sticka svansen mellan ~en* droop away with one's tail between one's legs; *komma på ~en* get on one's feet; *lägga ~en på ryggen* cut and run, make off; *rör på ~en!* stir your stumps!, get moving!; *stå på egna ~* stand on one's own feet; *inte veta på vilket ~ man skall stå* be at one's wit's end; *vara på ~en igen* be up and about again; *hela staden var på ~en* the whole town was astir; *ta till ~en* take to one's heels

1 bena I *v1* (*hår*) part **II** *s1* parting

2 bena *s1* (*fisk*) bone; *~ upp* (*bildl.*) analyze

ben|brott fracture **-byggnad** frame[work], skeleton

benediktin[er]|munk Benedictine monk **-orden** the Order of St. Benedict

Bengalen [-ng-] *n* Bengal **bengal|ier** [-ng-] Bengali **-isk** *a5* Bengalese; *~a eldar* Bengal lights

ben|get *hon är en sån ~* she's as thin as a rake **-hinna** *anat.* periosteum (*pl* periostea) **-hård** [as] hard as bone; *bildl.* rigid, adamant **-ig** *a1* **1** bony; full of bones **2** (*invecklad*) puzzling **-kläder** trousers; *Am.* pants; (*kalsonger*) pants, undershorts, *Am.* underpants; (*dambyxor*) panties **-knota** *s1* bone **-lindor** puttees **-mjöl** bone meal (manure) **-märg** bone marrow **-porslin** bone china **-rangel** [-ŋ-] *s7* skeleton **-röta** caries

bensaldehyd benzaldehyde

bensin *s3, kem.* benzine; (*motorbränsle*) petrol, *Am.* gas[oline]; *fylla på ~* fill up **-bolag** petroleum (*Am.* oil) company **-driven** petrol-powered **-mack** *se -station* **-motor** petrol engine **-pump** petrol pump **-station** filling (petrol) station; *Am. äv.* gas station **-tank** petrol tank

benskydd *sport.* shin-guard, leg-pad

bensoe ['bennsåe] *s5* benzoin **-syra** benzoic acid

bensol [-'å:l] *s3* benzene, benzol[e]

ben|stomme skeleton **-sår** varicose ulcer **-vit** ivory, white

benåd|a pardon; (*dödsdömd*) reprieve **-ning** [-å-] pardon[ing]; (*av dödsdömd*) reprieve

benäg|en *a3* **1** (*böjd*) inclined, willing; given; *~ för att skämta* given (prone) to joking **2** (*välvillig*) kind, [well-]disposed; *med -et tillstånd* by kind permission; *till -et påseende* on approval; *vi emotser Ert -na svar* we await your kind reply **-enhet** inclination (*för* to, for), disposition (*för* to, towards), preference (*för* for), tendency (*för* to, towards), propensity (*för* to, towards, for)

benämn|a call, name; (*beteckna*) designate; *-da tal* denominate numbers **-ing** name, denomination (*på* for); designation, term

be|ordra [-'å:r-] order; direct; (*tillsäga äv.*) instruct **-pansra** armour **-prisa** praise, extol **-pryda** adorn **-prövad** *a5* [well-]tried, tested; (*om botemedel*) approved; *en ~ vän* a staunch friend **-pudra** dust **-rama** plan, arrange

berber ['bärr-] Berber

berberis ['bärr-] *s2* barberry

bered|a **1** (*tillreda, för-*) prepare; (*bearbeta*) dress, process; (*hudar*) curry; (*tillverka*) make; (*skaffa*) furnish; (*förorsaka*) cause, give; *~ ngn tillfälle* give s.b. an opportunity; *~ ngn glädje* (*bekymmer*) cause s.b. joy (trouble); *-d på* prepared (ready) for; *~ plats för ngn* make room for s.b. **2** *rfl* prepare o.s. (*på, till* for), get (make) ready (*för* for); (*skaffa sig*) find, furnish (give, cause, provide) o.s.; *~ sig på avslag* be prepared for a refusal; *~ sig tillträde till* effect (force) an entry to, gain access to **-ning** (*bearbetning*) dressing; currying; (*tillverkning*) manufacture; (*förberedelse*) preparation **-ningsutskott** working committee **-skap**

s3 [military] preparedness; *i* ~ in readiness, ready, prepared; *ha ngt i* ~ have s.th. up one's sleeve; *hålla i* ~ hold in readiness (store) **-skapsarbete** relief work **-skapstjänst** emergency service **-villig** [-ˣre:d-] ready, willing **-villighet** [-ˣre:d-] readiness, willingness

berest [-e:st] *a4* travelled; *vara mycket* ~ have travelled a great deal

berg [bärrj] *s7* mountain (*äv. bildl.*); (*vid egennamn ofta*) mount; (*klippa*) rock (*äv. geol.*); (*mindre*) hill; *det sitter som* ~ it won't budge

bergamott [bärga'mått] *s3* (*päron*) bergamot

berg|art rock **-bana** mountain railway **-bestigare** mountaineer, climber **-bestigning** mountaineering; (*med pl*) [mountain] climb, ascent **-borr** jumper; (*maskin*) rock-drill **-fast** [as] firm (solid) as a rock; ~ *tro* steadfast belief **-grund** bedrock **-häll** rock-face; flat rock **-ig** *a1* mountainous; rocky; hilly **-knalle** rocky knoll, hillock **-kristall** [rock] crystal **-landskap** mountainous country; mountain scenery **-massiv** *s7* mountain massif **--och dalbana** switchback; *Am.* roller coaster **-olja** rock-oil, petroleum

bergs|bo highlander **-bruk** mining **-hantering** mining [industry] **-ingenjör** mining engineer **-kam** mountain crest **-kedja** mountain chain (range) **-knalle** *se bergknalle*

bergskreva crevice

bergslag *s3* mining district

bergsluttning mountain slope (side)

bergs|man occupier of a miner's homestead **-pass** mountain pass **-platå** mountain plateau **-predikan** [the] Sermon on the Mount

bergsprängare rock blaster

bergs|rygg ridge **-topp** mountain peak **-trakt** mountainous district

berg|säker dead certain **-tagen** *a5* spirited away [into the mountain] **-troll** mountain sprite **-uv** eagle owl **-vägg** rock-face

beriberi *s2* beriberi

berid|are horse-breaker; *mil. äv.* riding-master **-en** *a5* mounted

be|rika enrich **-riktiga** correct, rectify; adjust **-riktigande** *s6* correction, rectification; adjustment

berlin|are [bärˣli:-] **1** inhabitant of Berlin **2** (*vagn*) berlin **-erblått** Prussian blue

berlock [bär'låkk] *s3* charm

Bermudasöarna [bär-] the Bermuda Islands, the Bermudas

bero *v4* **1** ~ *på* (*ha sin grund i*) be due (owing) to; (*komma an på*) depend on; *det ~dde på ett missförstånd* it was due to a misunderstanding; *det ~r på* that depends, that's all according; *det ~r på vad man menar med dyrt* it all depends on what you mean by expensive; *det ~r på tycke och smak* it is a question of taste **2** (*stå i beroende*) be dependent (*av* on) **3** *låta det ~ vid* be content with; *låta saken* ~ let the matter rest **-ende I** *s6* dependence (*av* on) **II** *a4* dependent (*av* on); *vara ~ av andra* be dependent on others; ~ *på omständigheterna* depending on circumstances; ~ *på* (*på grund av*) *ett misstag* owing to a mistake

berså [bär'så:] *s3* arbour, bower

berus|a intoxicate, inebriate; ~ *sig* intoxicate o.s., get drunk (*med* on); *~d* intoxicated, drunk, *vard.* tipsy, tight **-ande** *a4* intoxicating **-ning** intoxication, inebriation **-ningsmedel** intoxicant

beryktad *a5* notorious; *illa* ~ of bad repute, disreputable

beryll *s3* beryl **-ium** *s8* beryllium

be|råd *n* **1** (*villrådighet*) hesitation; perplexity **2** *stå i ~ att* intend to **-rått** *oböjl. a, med ~ mod* deliberately, in cold blood

beräkn|a calculate, compute, reckon; (*noggrant*) determine; (*uppskatta*) estimate (*till* at); (*ta med i -ingen*) take ... into account, count (reckon) on; (*debitera*) charge; ~ *ränta* calculate interest; ~ *en planets bana* determine the orbit of a planet; *fartyget ~s kosta 5 milj. kr att bygga* the cost of building the ship is estimated at Kr. 5 million; *~d ankomsttid* scheduled time of arrival; *~d kapacitet* rated capacity **-ande** *a4* calculating, scheming **-ing** calculation, computation, reckoning; estimate, estimation; *ta med i ~en* allow for, take ... into consideration (account); *med* ~ with a shrewd eye [to the effect]

berätt|a tell, relate, narrate; *absol.* tell stories; *det ~s att* it is reported that; *jag har hört ~s* I have been told; ~ *till slut* get to the end of one's story; *~nde stil* narrative style **-are** story-teller **-arkonst** narrative art **-artalang** gift for telling stories, narrative skill; *pers.* born story-teller **-else** tale, short story; narrative; (*redogörelse*) report (*om* about, on), account (*om* of)

berättig|a entitle, justify; (*kvalificera*) qualify; (*bemyndiga*) empower, authorize **-ad** *a5* entitled, authorized, justified; (*rättmätig*) just, legitimate; well-grounded **-ande** *s6* justification; authorization; *sakna allt* ~ be completely unjustified

beröm [-'römm] *s7* praise; (*heder*) credit; *få* ~ be praised; *eget ~ luktar illa* self-praise stinks in the nostrils; *med* [*utmärkt*] ~ *godkänd* passed with [great] distinction; *icke utan ~ godkänd* passed with credit **-d** *a1* famous, well-known **-dhet** celebrity **-lig** *a1* praiseworthy, laudable; (*betyg*) excellent **-ma** *v2* praise, commend; (*starkare*) laud; ~ *sig av* boast of; *i ~nde ordalag* in eulogistic terms **-melse** (*ryktbarhet*) fame, renown; (*anseende*) credit; *det länder honom inte till* ~ it reflects no credit on him; *vinna* ~ gain distinction **-värd** *a1* praiseworthy, commendable

berör|a touch; (*omnämna*) touch upon; (*påverka*) affect; *ytterligheterna berör varandra* extremes meet; *illa* (*angenämt*) *-d* unpleasantly (agreeably) affected; *bagerierna -s inte av strejken* the bakeries are not affected by the strike; *nyss -da förhållanden* circumstances just mentioned **-ing** contact, touch; (*förbindelse*) connection; *komma i ~ med* get into touch with, come into contact with **-ingspunkt** point of contact; *bildl.* interest (point) in common

be|röva ~ *ngn ngt* deprive (rob) s.b. of s.th.; ~ *ngn friheten* deprive s.b. of his liberty; ~ *sig livet* take one's own life **-sanna**

verify; *drömmen ~des* the dream came true **-sats** braiding; ornament **-satt** *a1* (*behärskad*) possessed, obsessed; (*förryckt*) absurd; *~ av en idé* obsessed by an idea; *~ av en demon* possessed by a demon; *skrika som en ~* cry like one possessed **-satthet** possession; absurdity **-se** see, look at (over); *~ Paris* see the sights of (*vard.* do) Paris **-segla** seal; *hans öde var ~t* his fate was sealed **-segra** beat, conquer, vanquish; (*fullständigt*) defeat; (*svårighet o.d.*) overcome, get the better of; *ve de ~de!* woe to the vanquished! **-segrare** conqueror, vanquisher

besiktliga inspect, survey, examine **-ning** inspection, survey, examination **-ningsinstrument** (*för motorfordon*) registration certificate (*Engl.* book) **-ningsman** surveyor; (*för motorfordon*) motor vehicle examiner; (*för körkortsprov*) driving examiner

besinn|a 1 consider, think of, bear in mind **2** *rfl* (*betänka sig*) consider, reflect, stop to think; (*ändra mening*) change one's mind **-ande** *s6* consideration; *vid närmare ~* on second thoughts **-ing 1** *se -ande* **2** (*medvetande*) consciousness; *förlora ~en* lose one's head; *komma till ~* come to one's senses **-ingsfull** calm, deliberate; (*klok*) discreet **-ingslös** rash; (*hejdlös*) reckless

besitt|a possess, have, own **-ning** possession; *franska ~ar* French possessions; *komma i ~ av* come into possession of; *ta i ~* take possession of, (*med våld*) seize **-ningshavare -ningstagare** possessor, occupant, owner

be|sjunga sing [of] **-själa** animate, inspire

besk *a1* bitter; *~ kritik* caustic criticism

beskaff|ad *a5* conditioned; constituted; *annorlunda ~* of a different nature **-enhet** nature, character; (*varas*) quality

beskatt|a tax, impose taxes [up]on; *högt ~d* heavily taxed **-ning** taxation, imposition of taxes; (*skatt*) tax[es *pl*]; *progressiv ~* progressive taxation **-ningsbar** *a1* taxable (*inkomst* income)

besked [-ʃ-] *s7* answer, reply; (*upplysning*) information; (*bud*) message; (*order*) instructions (*pl*), order; *ge ~* give an answer, send word; *ge ngn rent ~* tell s.b. straight out; *veta ~ om* know about; *med ~* with a will, properly; *det regnar med ~* it is raining in earnest; *det är aldrig ngt ~ med honom* he doesn't know his own mind **-lig** [-e:-] *a1* (*flat*) meek and mild, submissive; (*anspråkslös*) modest; (*snäll*) kind, good-[-natured]; *~t våp* milksop **-lighet** submissiveness; modesty; kindness, good-nature

beskhet bitterness

be|skickning [-ʃ-] embassy, legation; diplomatic representation, mission **-skjuta** fire at; shell, bombard **-skjutning** firing; shelling, bombardment **-skriva** describe, depict; *bollen -skrev en vid båge* the ball described a wide curve; *det kan inte ~s* it is indescribable (not to be described) **-skrivande** *a4* descriptive **-skrivning** description, account (*av, på* of); *trotsa all ~* defy description **-skugga** shade

beskydd protection (*mot* from, against); *under kungligt ~* under royal patronage **-a** protect, guard, shield (*för, mot* from, against); patronize **-ande I** *s6* protection **II** *a4* protective; patronizing **-are** protector; patron **-armin** patronizing air

be|skylla accuse (*för* of), charge (*för* with) **-skyllning** [-ʃ-] accusation, charge (*för* of) **-skåda** look at **-skådande** *s6* inspection; *utställd till allmänt ~* placed on [public] view **-skäftig** [-ʃ-] *a1* meddlesome, fussy, [self-]important **-skäftighet** [-'ʃäff-] meddlesomeness, self-importance

beskällare [-'ʃäll-] stud-horse, stallion

beskänkt [-ʃ-] *a4* tipsy, the worse for drink

1 beskära *v2* (*ge*) vouchsafe (*ngn ngt* s.b. s.th.), grant (*ngn ngt* s.th. to s.b.); *få sin -da del* receive one's [allotted, due] share

2 beskära *beskar beskurit*, (*avskära*) *tekn.* trim; (*träd*) prune; (*reducera*) cut [down], reduce

be|skärma *rfl* lament (*över* over), complain (*över* of) **-skärning** *tekn.* trimming; (*av träd*) pruning; (*reducering*) cutting **-slag 1** (*metallskydd, prydnad*) fittings, mountings (*pl*); *koll.* ironwork, furniture; (*på nyckelhål o.d.*) escutcheon **2** (*kvarstad*) seizure, confiscation; *lägga ~ på* requisition, seize, *bildl.* secure; *lägga ~ på hela uppmärksamheten* monopolize everybody's attention **-slagtaga** confiscate, seize, requisition; commandeer

beslut decision; (*avgörande*) determination; (*av möte*) resolution; (*av myndighet o. jur.*) decision, decree, judgment; *fatta ~* make (come to) a decision, make up one's mind, (*av möte*) pass a resolution; *det är mitt fasta ~* it is my firm resolve **-a 1** (*bestämma*) decide (*om, över* upon); (*föresätta sig*) resolve, determine **2** *rfl* (*bestämma sig*) decide (*för* upon), make up one's mind; (*föresätta sig*) resolve, determine (*för att* to) **-anderätt** right of decision; competence to pass a resolution **-en** *a5* resolved, determined; *fast ~* firmly resolved **-för** *se beslutsmässig* **-sam** [-u:-] *a1* resolute **-samhet** resolution

beslutsmässig *a1*, *vara ~* form a quorum; *~t antal* quorum

be|slå 1 (*förse med beslag*) fit ... with metal; mount; (*överdraga*) cover, case; *sjö.* furl **2** (*ertappa*) *~ ngn med lögn* catch s.b. lying **-släktad** *a5* related, akin (*med* to); (*om språk o.d.*) cognate; (*om folkslag, anda*) kindred; *andligen ~ med* spiritually allied to **-slöja** veil: *bildl.* obscure; *~d blick* veiled glance; *~d röst* husky voice

besman *s7* steelyard

be|smitta infect, taint; *bildl. äv.* contaminate **-smittelse** infection, contagion; contamination

bespar|a (*spara*) save; (*förskona*) spare; *det kunde du ha ~t dig* you might have spared yourself the trouble **-ing 1** saving; *göra ~ar* effect economies **2** *sömn.* yoke **-ingsåtgärd** economy measure

be|speja spy upon, watch **-spetsa** *rfl*, *~ sig på* look forward to, set one's heart on **-spisa** feed **-spisning** *abstr.* feeding *konkr.* (*skol-*) dining-hall **-spotta** mock [at], scoff at, deride **-spottelse** mocking *etc.* **-spruta** sprinkle, spray **-sprutning** [-'spru:t-] sprink-

ling, spraying **-sprutningsmedel** spray [disinfectant, insecticide *etc.*]
bessarab Bessarabian **Bessarabien** *n* Bessarabia **bessarabisk** Bessarabian
bessemer|process Bessemer process **-ugn** Bessemer furnace
best *s2* beast, brute; monster **-ialisk** *a5* beastial, beastly **-ialitet** *s3* bestiality
bestick *s7* **1** (*rit- o.d.*) set of instruments; (*mat-*) set of knife, spoon and fork, cutlery **2** *sjö.* [dead] reckoning **-a** bribe; corrupt **-ande** *a4* seductive, insidious; *låta ~* sound attractive enough **-lig** *a1* open to bribes; corruptible **-ning** bribery; corruption **-räkning** dead reckoning
be|stiga (*tron*) ascend; (*berg*) climb; (*häst*; *schavott*; *talarstol*) mount; *bildl.* scale **-stigning** climbing; ascent **-stjäla** rob (*ngn på ngt* s.b. of s.th.) **-storma** attack, assault; *bildl.* assail, overwhelm **-straffa** punish; (*med ord*) rebuke **-straffning** punishment; *jur.* penalty; (*i ord*) rebuke **-strida 1** (*opponera sig mot*) contest, dispute; (*förneka*) deny; (*tillbakavisa*) repudiate; (*förvägra*) contest, dispute, deny; *det kan inte ~s att* it is incontestable that **2** (*sköta*) fill; be responsible for; (*betala*) defray, pay for **-stridande** *s6* **1** contesting *etc.*; denial; repudiation **2** filling; (*betalning*) payment; *till ~ av* in defrayment of **-stryka** smear, daub; (*med färg o.d.*) coat; (*beskjuta*) sweep, cover **-stråla** irradiate (*äv. med.*), shine, illumine **-strålning** [ir]radiation, exposure to ... rays **-strö** strew, sprinkle, dot; (*med pulver*) powder
bestseller ['besst-] *s9*, *s2*, *pl äv.* *-s* best seller **-författare** author of popular books, best seller
be|stycka arm **-styckning** armament **-styr** *s7* **1** (*göromål*) work; (*uppdrag*) duty, task; (*skötsel*) management **2** (*besvär*) cares (*pl*), trouble **-styra** (*göra*) do; (*ordna*) manage, arrange; (*sköta*) see about, attend to; *ha mycket att ~* have a great deal to do (attend to) **-styrelse** [organizing, managing] committee **-styrka** (*bekräfta*) confirm, corroborate; (*intyga*) attest, certify; (*stödja*) bear out; (*bevisa*) prove; *~ riktigheten av en uppgift* authenticate a statement; *-styrkt avskrift* attested (certified) copy
bestå 1 (*vara*) last, continue, remain; (*existera*) exist, subsist **2** (*utgöras*) consist (*av* of; *i* in); *svårigheten bestod i* the difficulty lay in; *däri ~r just svårigheten* that just constitutes the difficulty **3** (*genomgå*) go through, stand, endure; *~ provet* stand the test **4** (*bekosta*) pay for, defray; (*bjuda på*) treat [s.b.] to, stand s.b.; (*skänka*) provide, furnish, procure **-ende** *a4* **1** (*varaktig*) lasting, abiding; *av ~ värde* of lasting value; *den ~ ordningen* the established order of things **2** (*existerande*) existing **-nd 1** (*existens*) existence; persistence; duration; *äga ~* last **2** (*samling*) stock; *bot.* stand, clump; (*antal*) number; *zool.* population; (*av kreatur*) stock **-ndsdel** constituent, component, part; (*om matvaror*) ingredient
beställ|a 1 (*tinga*) order (*av* off, from); (*plats*, *biljett*) book, *Am. äv.* reserve *~ tid hos* make an appointment with; *får jag ~* please take my order; *komma som -d* come just when it (one *etc.*) is wanted; *-da tyger* textiles on order **2** *det är illa -t med henne* she is in a bad way; *ha mycket att ~* have a great deal to do **-are** (*köpare*) buyer, purchaser, orderer; (*kund*) customer, client **-ning 1** (*rekvisition*) order; *på ~* [made] to order **2** (*befattning*) appointment **-ningssedel** order form **-ningsskrädderi** bespoke tailor's; *Am.* custom tailor **-sam** *a1* (*beskäftig*) fussy, officious
bestäm|bar *a1* determinable; definable **-d** *a1* (*besluten*) determined; (*beslutsam*) resolute, determined; (*om tid, ort o.d.*) fixed, appointed, settled; (*viss*) definite; (*tydlig*) clear, distinct; *språkv.* definite; (*avsedd*) meant, intended (*för* for); *närmare -t* more exactly; *på det ~aste* most emphatically **-dhet** definiteness; determination; *veta med ~* know for certain **-ma 1** (*fastställa*) fix, settle, determine; (*tid, plats*) appoint, set; *~ tid* make an appointment, fix a time **2** (*stadga*) decree; provide, lay down **3** (*avgöra*) decide [upon] **4** *~ sig* decide (*för* [up]on), make up one's mind (*för att* to) **5** (*begränsa, fixera*) determine **6** (*ämna, avse*) intend, mean **7** (*fastställa, konstatera*) establish; (*klassificera*) classify, determine, define **8** *gram.* modify, qualify **-mande I** *s6* fixing *etc.*; decision; determination; classification **II** *a4* determining, determinative; (*avgörande*) decisive **-manderätt** right to decide, right of determination; authority **-melse 1** (*stadga*) provision, regulation; (*i kontrakt*) stipulation, condition **2** (*ändamål*) purpose; (*uppgift*) task, mission **-melseort** [place of] destination **-ning 1** (*bestämmande*) determination **2** *gram.* qualifying word, adjunct (*till* of); (*friare*) attribute, qualification **-ningsord** qualifier **-t** *adv* **1** (*med visshet*) definitely; decidedly; resolutely; positively; *veta ~* know for certain **2** (*högst sannolikt*) certainly; *du mår ~ inte bra* you are surely not well; *närmare ~* more exactly; *det blir ~ regn* it's sure to rain
be|ständig *a1* **1** (*stadig*) settled, steady; (*ståndaktig*) constant, steadfast **2** (*oföränderlig*) impervious, resistant **3** (*bestående*) perpetual, continuous **-stänka** [be]sprinkle; (*med smuts, färg o.d.*) splash **-stört** *a4* dismayed, perplexed (*över* at) **-störtning** dismay, consternation; perplexity **-sudla** soil, stain; *bildl. äv.* sully, tarnish **-sutten** *a5* propertied, landed, well-to-do
be|svara 1 (*svara på*) answer, reply to **2** (*återgälda*) return, reciprocate; (*vädjan o.d.*) respond to; *~ en skål* respond to a toast **-svikelse** disappointment (*över* at) **-sviken** *a5* disappointed (*på* in; *över* at)
besvär *s7* **1** (*olägenhet*) trouble, inconvenience; (*möda*) [hard] work, labour, pains (*pl*); *kärt ~* no trouble at all; *vara* [*ngn*] *till ~* be a trouble to [s.b.]; *tack för ~et!* thank you for all the trouble you have taken; *vålla* [*ngn*] *~* cause s.b. trouble; *inte vara rädd för ~* not mind taking trouble; *gör dig inget ~!* don't bother! **2** (*klagan*) appeal; *anföra ~* complain [of]; *anföra ~ hos* appeal to **-a 1** (*störa*) trouble, bother; *värmen*

~r mig I find the heat trying; *förlåt att jag ~r* excuse my troubling you; *får jag ~ er att komma den här vägen* may I trouble you step this way; *får jag ~ om ett kvitto* may I trouble you for a receipt; *hon ~s av allergi* she suffers from an allergy **2** *rfl* (*göra sig omak*) trouble (bother) o.s.; (*klaga*) complain (*över* of), protest (*över* against); *jur.* appeal, lodge a protest **-ad** *a5* troubled, bothered (*av* with; *av ngn* by s.b.); *känna sig ~* feel embarrassed **-ande** *a4* troublesome, annoying; embarrassing

besvärj|a 1 (*frammana*) conjure up **2** (*anropa*) beseech **3** (*gå ed på*) confirm ... by oath **-else** conjuration, invocation; (*trolldom*) sorcery **-elseformel** spell, charm

besvärlig [-'svä:r-] *a1* troublesome, tiresome; (*svår*) hard, difficult; (*ansträngande*) trying; (*mödosam*) laborious; *en ~ väg* a tiresome road **-het** troublesomeness; (*med pl*) trouble, hardship, difficulty

besvärs|instans board (court) of appeal **-skrift** petition [for a new trial], complaint **-tid** term of appeal

besynnerlig *a1* strange, odd, peculiar; (*underlig*) queer; (*märkvärdig*) curious; **-het** strangeness *etc.*; (*med pl*) peculiarity, oddity **-t** *adv* strangely *etc.*; *~ nog* strangely enough

beså *v4* sow

besätt|a 1 (*förse*) set; (*med spik*) stud; (*med spetsar*) trim **2** *mil.* occupy **3** (*upptaga, förse med innehavare*) fill; *väl* (*glest*) *besatt* well (sparsely) filled **-ning 1** *sjö.* crew; *mil.* garrison **2** (*kreatursbestånd*) stock, herd [of cows] **3** (*garnering*) trimming[s *pl*], braiding **-ningsman** one (member) of the crew

besök *s7* visit (*hos, i* to); (*vistelse*) stay (*hos* with; *vid* at); (*kortvarigt*) call (*hos* on); *avlägga ~ hos* pay a visit to, call on; *få ~* have a visitor (caller); *komma på ~* come to see (visit); *tack för ~et* thank you for calling (coming); *under ett ~ hos* while staying with; *väl värd ett ~* well worth a visit; *vänta ~* expect visitors **-a** visit, pay a visit to; (*hälsa på*) call on, go to see; (*bevista*) attend; (*regelbundet*) resort to, frequent; *en mycket -t restaurang* a much-frequented restaurant **-ande** *s9* **-are** visitor, caller (*i, vid* to)

besöks|frekvens (*på möte etc.*) attendance rate **-tid** visiting-hours (*pl*)

besörja ~ [*om*] attend to, deal with, take care of

1 bet *imperf av bita*

2 bet *s2* **1** (*straffinsats vid spel*) forfeit, loo; (*mark*) counter **2** *gå* (*bli*) *~* (*spel.*) have to pay the game, *bildl.* be stumped (nonplussed); *han gick ~ på uppgiften* the task was too much for him

1 beta I *s1* (*munsbit*) bite, morsel; *efter den ~n* after that experience **II** *v1* (*bryta i stycken*) break

2 beta *v1* (*om djur*) graze; *absol. äv.* browse; *~ av* graze, crop

3 beta I *v1* (*metaller*) pickle, bate; (*hudar*) soak; (*textilier*) mordant; *biol.* disinfect **II** *s1, tekn.* steep; (*färg*) mordant

4 beta *v1* (*agna*) bait

5 beta *s1, bot.* beet

6 beta *s6* (*bokstav*) beta

7 beta *se betaga*

be|täcka *rfl, ~ sig* [*för*] decline; *jag ~r mig!* no, thanks, not for me! **-taga 1** (*fråntaga*) *~ ngn ngt* deprive (rob) s.b. of s.th.; *det -tog mig lusten att* it robbed me of all desire to **2** (*överväldiga*) overwhelm, overcome **-tagande** *a4* (*förtjusande*) charming, captivating **-tagen** *a5* overcome (*av* with); *~ i* charmed by, enamoured of

betal|a pay; (*vara, arbete*) pay for; (*skuld äv.*) pay off, settle; *~ kontant* pay [in] cash; *~t kvitteras* received with thanks; *~ ngn med samma mynt* pay s.b. back in his own coin; *~ för sig* pay for one's keep; *få -t* be paid; *få bra -t* get a good price; *ge -t för gammal ost* pay [s.b.] out, *Am.* get back at, fix; *svar -t* reply prepaid; *vaktmästarn, får jag ~!* Waiter! May I have the bill, please?; *~ sig* pay, be worth while; *~ av* pay off; *~ tillbaka* pay back **-are** payer **-bar** [-a:l-] *a5* payable **-ning** [-a:-] payment; (*lön*) pay; (*avgift*) charge; (*ersättning*) compensation, remuneration; *inställa ~arna* stop (suspend) payment[s]; *mot kontant ~* for ready money, against cash; *som ~* [*för*] in payment [for]; *verkställa ~ar* make payments; *vid kontant ~* on payment of cash;

betalnings|anstånd respite [for payment] **-ansvar** payment liability **-balans** balance of payments **-föreläggande** injunction to pay **-förmåga** solvency, ability to pay **-inställelse** suspension of payments **-medel** means of payment; (*ett lands*) currency; *lagligt ~* legal tender, *Am.* lawful money **-skyldig** liable for payment **-svårigheter** *pl* insolvency (*sg*); *ha ~* be insolvent **-termin** day (term) of payment **-villkor** *pl* terms of payment

beta|partikel beta particle **-strålar** beta rays **-strålning** beta radiation

1 bete *s2* (*huggtand*) tusk

2 bete *s6, lantbr.* pasture; pasturage; *gå på ~* be grazing; *saftigt ~* verdant pasture[s *pl*]

3 bete *s6* (*agn*) bait

4 bete *v4, rfl* behave; (*bära sig åt äv.*) act

beteckn|a (*symbolisera*) represent; (*utmärka*) indicate, designate; (*markera*) mark; label; (*betyda*) denote, signify, stand for; imply; (*karakterisera*) characterize, describe; *detta ~r höjdpunkten* this marks the peak (culmination); *x och y ~r obekanta storheter* x and y represent (stand for) unknown quantities **-ande** *a4* characteristic (*för* of); typical, significant (*för* of) **-ing** (*benämning*) designation; term, denomination; (*symbol*) symbol; (*angivelse*) indication **-ningssätt** method of notation

beteende *s6* behaviour **-mönster** pattern of behaviour **-rubbning** behavioural disturbance

betel ['be:-] *s2* **-blad** betel **-nöt** areca (betel-) nut **-tuggning** betel-chewing

betes|mark pasture, grazing land **-vall** pasture[-land]

beting *s7* piece (contract) work; *på ~* by contract **-a 1** (*kosta*) command, fetch; involve **2** (*utgöra förutsättningen för*) pre-

suppose; (*utgöra villkor för*) condition; *~d av* conditioned by, dependent on; *~d reflex* conditioned reflex **3** *~ sig* stipulate (bargain) for **-else** condition; stipulation; (*förutsättning, om pers.*) qualification
betitla *se titulera*; *den ~de adeln* the titled nobility
betjän|a serve; (*passa upp*) attend [on]; (*vid bordet*) wait on; *tekn.* operate, work; *~ sig av* make use of, avail o.s. of; *vara -t av* (*med*) have use for **-ing** service; attendance; waiting on; *tekn.* operation, working; (*tjänare*) attendants, servants (*pl*), staff **-ingsavgift** tip, service [charge] **-t** *s3* man-[-servant], footman; (*nedsättande*) flunkey
betmedel seed disinfectant (dressing)
betning [*be:t-] grazing *etc. se 2, 3 o. 4 beta*; (*av utsäde*) dressing
betodl|are beet-grower **-ing** beet-growing
betona emphasize, accentuate (*att* the fact that); *fonet.* stress; *kulturellt ~de kretsar* cultural circles
betong [-'tåŋ] *s3* concrete **-beläggning** concrete surface **-blandare** concrete mixer **-gjutning** concreting **-konstruktion** concrete structure
betoning emphasis, stress, accent[uation]
betrakt|a 1 (*se på*) look at, watch, observe; (*ägna uppmärksamhet åt*) contemplate, consider **2** (*anse*) *~ ... som* regard (look upon) ... as, consider **-ande** *s6* watching *etc.*; contemplation; *ta i ~* take into consideration; *i ~ av* considering, in consideration of **-are** observer, onlooker **-else** reflection, meditation (*över* upon); (*anförande i relig. ämne*) discourse; (*åskådande*) regarding; *försjunken i ~r* lost in contemplation; *anställa ~r över* meditate upon **-elsesätt** outlook, way of looking at things
be|tro *~ ngn med ngt* entrust s.b. with s.th. **-trodd** *a5* trusted **-tryck** (*trångmål*) embarrassment; (*nöd*) distress **-tryckt** *a4* oppressed; dejected **-tryggad** *a5* secure, safe **-tryggande I** *a4* (*trygg*) reassuring; (*tillfredsställande*) satisfactory, adequate; *på ett fullt ~ sätt* in a way that ensures complete safety **II** *s6*, *till ~ av* for the safeguarding of **-träda** set foot on; *bildl.* tread, enter upon; *förbjudet att ~ gräset* keep off the grass **-träffa** *vad mig ~r* as far as I am concerned; *vad det ~r* as to that, for that matter **-träffande** regarding, concerning, in (with) regard to; (*i brevrubrik*) re **-trängd** *a5* hard pressed, distressed
1 bets [be:-] *imperf av bitas*
2 bets *s3* (*för trä*) stain; (*för hudar*) lye **-a** stain
bets|el ['bett-] *s7* bridle **-la** bridle **-ling** bridling
betsning staining; *konkr.* stain
betsocker beet sugar
1 bett *sup av bedja*
2 bett *s7* **1** (*hugg*) bite **2** (*på betsel*) bit **3** (*tandställning*) dentition, bite
bettl|a beg **-are** beggar **-eri** begging
be|tunga burden; overload; *~s av* be oppressed by **-tungande** *a4* burdensome; oppressive **-tuttad** *a5*, *vara ~ i* be sweet on, be enamoured of **-tvinga** *allm.* subdue; (*underkuva*) subjugate; *bildl.* overpower, overcome, repress, control; *~ sig* control (check) o.s. **-tvingare** subjugator; subduer **-tvivla** doubt, question, call ... in question
betyd|a 1 (*beteckna*) mean, signify, denote; imply, connote; *vad skall detta ~?* what is the meaning of this? **2** (*vara av vikt*) be of importance, matter, mean; *det -er ingenting* that doesn't matter, it makes no difference **-ande** *a4* (*betydelsefull*) important; (*ansenlig*) considerable, substantial, large; (*framstående*) notable, of mark; *en ~ man* a prominent man **-else 1** (*innebörd*) meaning, signification; (*ords äv.*) sense; *i bildlig ~* in a figurative sense **2** (*vikt*) importance, significance; *det har ingen ~* it is of no importance, it doesn't matter; *av föga ~* of little consequence **-elsefull** significant; important, momentous **-elselära** semantics **-elselös** meaningless; insignificant, unimportant **-enhet** importance, consequence **-lig** *a1* considerable, substantial; *en ~ skillnad* (*äv.*) a great [deal of] difference
betyg *s7* certificate, testimonial; (*för tjänare*) character; (*termins-*) report, *Am.* report card; (*vitsord*) mark, *Am.* credit, grade; *univ.* class; *få fina ~* get high marks, do very well; *sätta ~* allot marks **-a 1** (*intyga*) certify; testify **2** (*bedyra*) protest, profess, declare **3** (*uttrycka*) express; *~ ngn sin vördnad* pay one's respect to s.b.
betygs|avskrift copy of testimonial (certificate) **-skala** scale of marks
betygsätt|a grade, mark; *bildl.* pass judgment on **-ning** grading, marking
betäck|a cover; *mil. äv.* shelter **-ning** cover[ing]; *mil. äv.* shelter; (*eskort*) convoy, escort; *ta ~* take cover
betänk|a consider, think of, bear in mind; *när man -er saken* when you come to think of it; *~ sig* think it over, (*tveka*) hesitate **-ande** *s6* **1** (*övervägande*) thought, reflection; (*tvekan*) hesitation, scruple[s *pl*]; *ta ngt i ~* take s.th. into consideration; *utan ~* without [any] hesitation **2** (*utlåtande*) report **-etid** time for consideration **-lig** *a1* (*misstänkt*) questionable, dubious; (*oroande*) precarious; hazardous, dangerous; (*allvarlig*) serious, grave; (*vågad*) doubtful **-lighet** misgiving, doubt, apprehension, scruple; *hysa ~er* have (entertain) misgivings, hesitate; *uttala ~er* express doubts **-sam** *a1* (*eftertänksam*) deliberate; (*försiktig*) cautious; (*tveksam*) hesitant **-t** *a4 vara ~ på att göra* think of doing, contemplate doing
beundr|a admire **-an** *r* admiration **-ansvärd** *a1* admirable; (*friare*) wonderful **-are -arinna** admirer
bevak|a (*vakta*) guard; (*misstänksamt*) watch, spy upon; (*tillvarataga*) look after; *~d järnvägsövergång* controlled level crossing; *~ sina intressen* look after one's interests; *~ ett testamente* prove a will **-ning** [-a:-] guard; custody; *sträng ~* close custody; *stå under ~* be under guard
bevaknings|kedja cordon of patrols **-manskap** guard **-tjänst** guard-duty; *sjö.* patrol-duty
be|vandrad *a5* (*förtrogen*) acquainted, familiar (*i* with); (*skicklig*) versed, skilled (*i* in)

-vara *v1* **1** (*skydda*) protect (*för, mot* from, against); *-vare mig väl!* goodness gracious!; *Gud -vare konungen* God save the King; *Herren välsigne dig och -vare dig* the Lord bless thee and keep thee **2** (*bibehålla*) preserve; maintain; (*hålla fast vid*) retain; (*förvara, gömma*) keep; ~ *fattningen* retain one's self-possession, keep unruffled; ~ *i tacksamt minne* keep in thankful remembrance; ~ *åt eftervärlden* hand down to posterity **-varande** *s6* protection, preserving *etc.*; preservation, maintenance **-vars** good heavens!, goodness[, gracious] me! **-vattna** water; (*med kanaler o.d.*) irrigate **-vattning** watering; irrigation **-vattningsanläggning** irrigation system

bevek|a *v3* (*förmå*) induce; (*röra*) move; *låta sig ~s* [allow o.s. to] be persuaded **-ande** *a4* moving, persuasive; entreating **-elsegrund** motive, inducement

bevilja *v1* grant, accord, allow; *parl.* vote

bevill|ning appropriation, vote of supply, government grant **-ningsutskott** *~et* (*Engl.*) the Committee of Ways and Means

bevingad *a5* winged; *~e ord* familiar quotations

bevis *s7* proof (*på* of); (*skäl*) argument; (*vittnesmål*) evidence (*för* of); (*-föring*) demonstration; (*uttryck för känsla o.d.*) proof, evidence, demonstration (*på* of); (*intyg*) certificate; (*kvitto*) receipt; *bindande* ~ conclusive proof; *framlägga* ~ (*jur.*) introduce evidence, (*friare*) furnish proof of; *leda i* ~ prove, demonstrate; *vilket härmed till ~ meddelas* which is hereby certified; *frikänd i brist på* ~ acquitted in default of proof of guilt; ~ *på högaktning* mark (token) of esteem **-a** (*utgöra bevis på, ge prov på*) prove, demonstrate; (*ådagalägga*) show; ~ *riktigheten av* bear [s.b.] out; *vilket skulle ~s* which was to be proved **-ande** *a4* demonstrative; conclusive **-bar** [-i:-] *a1, se -lig* **-börda** burden of proof **-föring** argument[ation], demonstration; submission of evidence **-kraft** conclusive power **-lig** [-i:s-] *a1* provable, demonstrable **-ligen** [-i:s-] demonstrably **-material** evidence **-medel** [means of] evidence **-ning** argumentation, demonstration; *det brister i ~en* there is a flaw in the argument

bevista attend

bevisvärde value as evidence

be|vittna witness; (*intyga äv.*) attest, certify **-vittning** witnessing **-vuxen** overgrown, covered **-våg** *n, end. i uttr.: på eget* ~ on one's own responsibility **-vågen** *a3, vara ngn* ~ be kindly disposed towards s.b., favour s.b. **-vågenhet** favour, good will **-vänt** *a, n sg det är inte mycket ~ med honom* he is not up to much **-väpna** arm; *bildl.* fortify **-väpning** [-'vä:p-] arming; (*vapen*) armament, arms (*pl*) **-värdiga** [-'vä:r-] ~ *ngn med ett leende* condescend to smile at s.b. **-väring** (*-sman*) conscript, recruit **-väringsmönstring** enrolment of conscripts **-växt** *a4 se -vuxen*

1 bi *adv* **1** *stå* ~ hold out, stand the test **2** *sjö., dreja* ~ heave to; *ligga* (*lägga*) ~ lie (lay) to

2 bi *s6, zool.* bee; *arg som ett* ~ [absolutely] furious, spluttering with rage

biaccent secondary stress

biavel bee-keeping

bi|avsikt subsidiary purpose; (*baktanke*) ulterior motive **-bana** branch-line

bibehåll|a keep; preserve; (*upprätthålla*) maintain, keep up; (*ha i behåll*) retain; ~ *sitt anseende som* keep up one's reputation for; ~ *gamla seder och bruk* keep up (preserve) old customs; ~ *sin värdighet* maintain one's dignity; ~ *sina själsförmögenheter* retain one's faculties; ~ *sig* (*om kläder*) wear, (*om färg*) stand, (*om seder*) last; *väl -en* well preserved; *en väl -en byggnad* a building in good repair **-ande** *s6* keeping *etc.*; preservation; maintenance; retention; *tjänstledighet med ~ av lönen* leave with full pay

bibel ['bi:-] *s2* bible; *~n* the [Holy] Bible **-citat** biblical quotation **-forskning** biblical research **-konkordans** concordance [to the Bible] **-kritik** biblical criticism **-kunskap** knowledge of the Bible **-papper** India (bible) paper **-språk** *se -ställe* **-sprängd** *a5* versed in the Bible **-ställe** Bible passage **-tolkning** exegesis **-översättning** Bible translation

bibetydelse subordinate sense, secondary meaning

biblio|fil *s3* bibliophile **-filupplaga** de luxe edition **-graf** *s3* bibliographer **-grafi** *s3* bibliography **-grafisk** *a4* bibliographical

bibliotek *s7* library **-arie** *s5* librarian

biblioteks|band library binding **-väsen** libraries [and library organization]

biblisk [-'bi:-] *a5* biblical; *~a historien* biblical narratives, Bible stories (*pl*)

bibringa ~ *ngn ngt* impart (convey) s.th. to s.b., imbue s.b. with s.th.; ~ *ngn en åsikt* impress s.b. with an opinion

biceps ['bi:-] *s3* biceps

bida bide; await, wait for; ~ *sin tid* bide one's time **-n** *r* [time of] waiting

bidé *s3* bidet

bidevind close to the wind; *segla* ~ sail close-hauled **-seglare** *zool.* velella

bidrag contribution; share; (*penning-*) allowance, benefit; (*stats-*) subsidy; *lämna* ~ make a contribution **-a** contribute; (*samverka*) combine; ~ *med* contribute; ~ *till* aid, promote, help; ~ *till att förklara* help to explain, be instrumental in explaining **-ande** *a4* contributory, contributing

bidragsgivare contributor; (*med pengar äv.*) subscriber

bidrottning queen bee

biennn *bient, pl -a* biennial

bifall (*samtycke*) assent, consent; (*godkännande*) sanction; (*medhåll*) approval, approbation; (*applåder*) applause, acclamation; *yrka* ~ support; *vinna* ~ meet with approval; *stormande* ~ thunderous applause **-a** approve [of], assent to; (*godkänna*) sanction; (*bevilja*) grant; ~ *en anhållan* grant a request; *begäran biföllls* the request was granted

bifalls|rop shout of approval **-storm** burst (storm) of applause **-yrkande** motion in favour [of the proposal] **-yttring** applause, acclamation

biff *s2* [beef]steak **-kor** beef cattle, dual-purpose cattle **-stek** *se biff*

bi|figur accessary [figure], minor character **-flod** tributary, affluent **-foga** attach; (*närsluta*) enclose; (*tillägga vid slutet*) append, subjoin; *betygen skall ~s ansökan* testimonials (*etc.*) should be attached to the application, (*friare*) apply with full particulars; *~d blankett* accompanying form; *härmed ~s* enclosed please find; *med ~nde av* enclosing, appending

bifurkation bifurcation

biförtjänst extra (additional) income; incidental earnings (*pl*)

bigamị *s3* bigamy **-st** bigamist

bigarrạ *s3* whiteheart cherry

bigata side-street

bigọtt [-å-] *a1* bigoted **-eri** bigotry

bigård apiary

bi|handling episode **-hang** *s7* appendage; (*i bok*) appendix (*pl* append|ixes *el.* -ices) **-hustru** concubine **-håla** *anat.* sinus **-hänsyn** secondary consideration **-inkomst** *se -förtjänst* **-intresse** side-line

bijouterị|er [biʃɷ-] **-varor** *pl* jewellery (*sg*), jewellery goods, trinkets

bikarbonat bicarbonate [of soda]

bikt *s3* confession **-a** ~ [*sig*] confess **-barn** confessant **-fader** [father] confessor **-stol** confessional

bikupa beehive

bil *s2* [motor-]car; *Am.* car, auto[mobile]

1 bila *v1* travel (go) by car, motor; go motoring

2 bila *s1* broad-axe

bilaga *s1* (*i brev*) enclosure; (*i bok, tidning*) appendix, supplement

biland dependency

bilaterạl *a1* bilateral

bil|besiktning *ung.* [annual] motor vehicle inspection **-chassi** [motor-]car chassis

bild *s3* picture; (*illustration*) illustration; (*avbildning, äv. bildl. o. opt.*) image; (*spegel-*) likeness, reflection; (*på mynt*) effigy; *ret.* figure [of speech], metaphor; *ge ngn en ~ av situationen* put s.b. in the picture; *tala i ~er* speak figuratively (metaphorically)

bild|a 1 (*åstadkomma, grunda, utgöra*) form (*äv. gram.*), found, establish **2** (*uppfostra, förädla*) educate; cultivate **3** *rfl* (*uppstå*) form, be formed; (*skaffa sig -ning*) educate (improve) o.s.; *~ sig en uppfattning om* form an idea of **-ad** *a5* cultivated; educated; refined, civilized; *akademiskt ~* with a university education; *bland ~e människor* in cultural (intellectual) circles; *en ~ uppfostran* a liberal education **-ande** *a4* educative, instructive; *~ konster* imitative (plastic) arts

bildband film strip

bildbar *a1* **1** (*formbar*) plastic **2** capable of being educated, educable

bild|erbok picture-book **-huggare** sculptor **-huggarkonst** sculpture **-konst** visual arts

bild|lig *a1* figurative, metaphorical **-material** illustrative material; illustrations (*pl*)

bild|ning 1 formation; (*form*) form, shape **2** (*odling*) culture; (*skol-*) education; (*själs-*) cultivation; (*levnadsvett*) breeding, refinement **-ningsgrad** degree of culture **-ningstörst** thirst for knowledge

bil|drulle road-hog

bild|ruta *film.* frame; *telev.* viewing screen **-rör** *telev.* picture tube; *Am.* kinescope **-serie** [comic] strip; comics (*pl*) **-sida** pictorial page; (*på mynt*) observe, face **-skrift** picture-writing, ideographic writing; hieroglyphics (*pl*) **-skärpa** *telev.* definition **-skön** pretty as a picture, of statuesque beauty, well-favoured **-språk** imagery; metaphorical language **-stod** statue **-stormare** iconoclast **-telegrafi** phototelegraphy; *Am.* telephotography **-text** [picture] caption **-tidning** pictorial, picture magazine **-verk** volume of pictures

bildäck motor-car tyre; *Am.* automobile tire

bildöverföring transmission of visual matter

bil|fabrik motor works, car factory **-firma** car dealer **-färd** car drive (trip) **-färja** car ferry **-förare** driver **-försäkring** motor-car insurance **-försäljare** car salesman **-handlare** car dealer **-hjul** car wheel **-industri** motor (*Am.* automotive) industry **-ism** motorism, motoring **-ist** motorist, driver

biljạrd [-a:-] *s3 ej pl* billiards (*pl*) **-boll** billiard-ball **-bord** billiard-table **-kö** cue **-salong** billiard-room **-spelare** billiard-player

biljẹtt *s3* ticket; (*brev*) note; *lösa ~ till* buy (get) a ticket for **-försäljare** *järnv. o.d.* booking-clerk; *Am.* ticket agent **-försäljning** sale of tickets **-häfte** book of coupons **-kontor** ticket-office; *järnv.* booking-office; *teat.* box-office **-kontrollör** ticket-inspector (-collector) **-lucka** *järnv.* booking-office; *teat.* box-office [window] **-pris** price of admission; (*för resa*) fare

biljọn *s3* billion; *Am.* trillion

biljud intruding sound; *läk.* accessory sound, (*vid andning*) râle

bil|karosseri car body **-karta** road map **-krock** car crash **-kö** line of cars **-körning** [car-]driving; motoring

bill *s2* (*plog-*) share

billig *a1* **1** cheap (*äv. bildl.*); inexpensive; (*om pris äv.*) low, moderate, reasonable **2** (*rättmätig*) fair, reasonable; *det är inte mer än rätt och ~* it's only fair **-het 1** (*rättvisa*) justice, fairness **2** (*lågt pris*) cheapness *etc.* **-hetsupplaga** cheap edition **-t** *adv* cheaply; *köpa* (*sälja*) ~ buy (sell) cheap; *komma för ~ undan* be let off too cheaply; *mycket ~* [at] a bargain [price]

billion [-l'jɷ:n] *s3, se biljon*

bil|lån car theft **-lånare** car thief, joy-rider **-mekaniker** motor mechanic **-märke** make [of a car] **-olycka** motor accident **-park** car fleet **-parkering** car park[ing site] **-reparationsverkstad** motor-car repair shop, garage **-reparatör** motor mechanic **-ring** *se -däck* **-skatt** motor-car tax **-skola** driving school **-sport** motoring; car-racing **-stöld** *se -lån*

biltog *a5* outlawed; *~ man* outlaw

bil|trafik motor traffic **-tur** [motor]drive, ride; (*längre*) motor trip, trip by car **-tävling** car race **-utställning** motor show **-verkstad** *se -reparationsverkstad* **-väg** motor road; *Am.* motor highway

bi|läger [royal, princely] nuptials (*pl*) **-lägga** 1 *se -foga* 2 (*åstadkomma förlikning*) settle, make up, reconcile **-läggande** *s6* settlement, adjustment

bimetall bimetal

binamn by-name

bind|a I *s1* roller [bandage]; *elastisk* ~ elastic bandage **II** *v, band bundit* 1 bind; (*knyta*) tie; (*fästa*) fasten (*vid* [on] to); (*hålla fästad vid*) confine; (*nät, kvastar o.d.*) make; ~ *ngn till händer och fötter* bind s.b. hand and foot (*äv. bildl.*); *bunden vid sängen* bedridden, confined to bed; ~ *ris åt egen rygg* make a rod for one's own back; ~ *fast* tie up (*vid* to); ~ *för ngns ögon* blindfold s.b.; ~ *ihop* tie up, bind together; ~ *in böcker* have books bound, bind books; ~ *om* tie ... up, (*böcker*) rebind; ~ *upp* tie up, *kokk.* truss; ~ *åt* tie 2 (*fästa, sammanhålla*) bind, hold; *limmet -er bra* the glue sticks well 3 *rfl* bind (pledge) o.s.; tie o.s. down (*vid, för* to) **-ande** *a4* binding; (*avgörande*) conclusive; ~ *bevis* conclusive proof; ~ *order* firm order

binde|hinna conjunctiva **-hinneinflammation** conjunctivitis **-l** *s2* bandage **-medel** binder, fixing agent; (*lim o.d.*) adhesive **-ord** conjunction **-streck** hyphen

bind|galen stark [staring] mad **-garn** twine, packthread **-ning** (*av bok*) binding; (*på skida*) ski binding; *språkv.* liaison; *mus.* slur[ring] **-sle** [*binnsle] *s6* fastening; (*på skida*) ski binding **-sula** insole **-väv** connective tissue

bingbång ding dong

binge *s2* bin

binjure suprarenal gland **-bark** cortex of the suprarenal gland

binnikemask tapeworm

binom [-'nå:m] *s7* binomial

binär *a1* binary, twofold *~a talsystemet* the binary system of figures

binäring subsidiary (ancillary) industry (occupation)

bio ['bi:o] *s9, se -graf 2*

biocid pesticide

biodl|are bee-keeper **-ing** bee-keeping

biofysi|k biophysics (*pl*) **-sk** [-'fy:-] biophysical

biograf *s3* 1 (*levnadstecknare*) biographer 2 cinema, motion-picture theatre; *Am.* movies, movie theater; *gå* (*vara*) *på* ~ go to (be at) the cinema (the pictures, *Am.* the movies, *eng. sl.* the flicks) **-biljett** cinema ticket **-föreställning** cinema performance (show) **-i** *s3* biography **-isk** *a5* biographical **-publik** filmgoers (*pl*); *Am.* moviegoers (*pl*) **-vaktmästare** cinema attendant; (*dörrvaktmästare*) ticket collector

bio|kemi biochemistry **-kemisk** biochemical **-kemist** biochemist **-log** biologist **-logi** *s3* biology **-logisk** *a5* biological

bi|omständighet minor incident, incidental circumstance **-orsak** subsidiary reason, incidental cause **-person** *se -figur*

bioteknologi *s3* biotechnology, ergonomics; *Am.* human engineering

bi|plan biplane **-produkt** by-product; (*avfall*) waste product

birfilare [*bi:r-] fiddler

bi|roll subordinate part, minor role **-sak** matter of secondary importance; side issue; *huvudsak och* ~ essentials and non-essentials (*pl*)

bisam ['bi:-] *s3* musquash fur

bisamhälle colony of bees

bisam|oxe musk-ox **-råtta** muskrat

bisarr *a1* bizarre, odd, fantastic

bisats subordinate clause

bisektris bisector

bisexuell bisexual

bisittare [legal] assessor, member of lower court

biskop [*bisskåp] *s2* bishop **-inna** bishop's wife **-lig** *a1* episcopal

biskops|döme *s6* bishopric, episcopate **-mössa** mitre **-stav** bishop's pastoral staff **-stift** diocese **-stol** bishop's throne; *bildl.* see **-säte** [episcopal] see **-ämbete** episcopate, office of a bishop

biskvi *s3* ratafia, macaroon

bisktötsel bee-keeping

bismak [extraneous] flavour; smack; *i sht bildl.* taint

bison ['bi:sån] *r* bison **-oxe** European bison; *amerikansk* ~ American bison

bisp *s2, se biskop*

bispringa assist, succour; ~ *ngn med råd och dåd* support s.b. in word and deed (by word and act)

bisser|a give ... over again, repeat **-ing** encore

bist|er ['biss-] *a2* grim, fierce, forbidding; (*sträng*) stern; (*om köld o.d.*) severe; *-ra tider* hard times

bisting bee-sting

bisträck|a ~ *ngn med pengar* advance s.b. money **-ning** pecuniary assistance, financial help

bi|stå assist, help **-stånd** assistance, help, aid; *med benäget* ~ *av* kindly assisted by **-ståndspakt** pact of mutual assistance

bisvärm swarm of bees

bi|syssla spare-time occupation, side-line **-sätta** remove to the mortuary; ~ *ngn* remove a p.'s remains to the mortuary **-sättning** removal [of a p.'s remains] to the mortuary

bit *s2* piece, bit; (*socker-*) lump [of sugar]; (*fragment*) fragment; (*muns-*) mouthful, morsel; *databeh.* bit; *äta en* ~ [*mat*] have [a little] s.th. to eat; *gå i* ~*ar* go to pieces; *gå i tusen ~ar* be smashed to smithereens; *följa ngn en* ~ *på vägen* accompany s.b. part of the way; *inte en* ~ *bättre* not a bit (scrap) better

bit|a *bet bitit* 1 bite; ~ *sig i tungan* bite one's tongue; ~ *huvudet av skammen* be past all sense of shame; ~ *sig fast i* (*vid*) cling tight on to 2 (*vara skarp*) bite; (*om ankare*) hold; (*om kniv*) cut; (*om köld*) nip, be sharp; ~ *i det sura äpplet* swallow the bitter pill; ~ *i gräset* bite (lick) the dust; *ingenting -er på honom* nothing has any effect on him; ~ *av* bite off; ~ *ifrån sig* hit back, retort; ~ *ihjäl* bite to death; ~ *ihop tänderna* clench one's teeth; ~ *sönder* bite ... to pieces **-ande** *a4* biting; (*om vind äv.*) piercing; (*om köld*) intense; (*om svar äv.*) stinging, cutting, sharp; (*om smak, lukt*) pungent; (*om kritik äv.*) caustic

bitanke underlying thought; ulterior motive
bit|as *bets bitits, dep* bite **-it** *sup av -a*
biton *språkv.* secondary stress; *mus.* secondary tone
bitring teething-ring
biträd|a 1 (*hjälpa*) assist, help; ~ *ngn vid rättegång* appear (plead) for s.b. at a trial **2** (*mening, förslag*) accede to, support, subscribe to; (*parti*) join **-ande** *a4* assistant, auxiliary **-e** *s6* **1** (*medverkan*) assistance, help **2** (*medhjälpare*) assistant, hand; *rättsligt* ~ counsel
bitsk *a1* ill-tempered, savage
bitsocker lump (cube) sugar
bitter ['bitt-] *a2* bitter; (*om smak äv.*) acrid; (*plågsam*) acute, severe, sore; ~ *fiende* (*saknad*) bitter enemy (grief); ~ *nöd* dire want (distress); ~*t öde* harsh fate; *till det bittra slutet* to the bitter end **-het** bitterness; (*om smak*) acridity; (*sinnesstämning*) embitterment, bitter feeling **-ligen** bitterly **-ljuv** bitter-sweet **-mandel** bitter almond **-mandelolja** bitter-almond oil **-salt** Epsom salts (*pl*)
bittersta ['bitt-] *i uttr.*: *inte det* ~ not in the least, not at all
bittert *adv*, *det känns* ~ *att* it feels hard to
bitti[da] early; *i morgon* ~ [early] to-morrow morning
bitum|en *-en el. -inet, pl saknas* bitumen **-inös** *a1* bituminous
bitvarg grumbler, cantankerous person
bitvis bit by bit, peacemeal; here and there
biuppgift additional (subsidiary) task
bivack *s3* bivouac
bivax beeswax
biverkan secondary effect, sideeffect
bivråk honey buzzard
biväg by-way, by-path
bjud|a *bjöd -it* **1** (*befalla*) bid, order, enjoin; ~ *och befalla* order and command; *anständigheten -er* decency dictates **2** (*säga, hälsa*) bid, say; ~ *farväl* bid farewell **3** (*er-*) offer; (*ge bud på auktion*) [make a] bid; ~ *ngn att sitta ner* ask s.b. to sit down; ~ *motstånd* offer resistance; ~ *ngn spetsen* defy s.b. **4** (*undfägna med*) treat to; ~ *ngn på en god middag* treat s.b. to an excellent dinner; *staden har mycket att* ~ *på* the town has many attractions; *han bjöd alla på drinkar* all drinks were on him, he stood everybody drinks **5** (*in-*) invite; ~ *ngn på lunch* invite s.b. to lunch; ~ *ngn på middag på restaurang* invite s.b. out for dinner, dine s.b. at a restaurant; *det -er mig emot att* it is repugnant to me to; ~ *hem ngn* ask (invite) s.b. home; ~ *igen* invite back; ~ *in* ask ... in; ~ *omkring* hand round; ~ *till* try; ~ *under* underbid; ~ *upp* ask ... for a dance; ~ *ut varor* offer goods for sale ~ *över* outbid **-it** *sup av bjuda* **-ning** [-u:-] **1** (*kalas*) party **2** (*inbjudan*) invitation **-ningskort** invitation card
bjäbba (*om hund*) yelp; ~ *emot* answer back
bjäfs *s7* finery; trinkets (*pl*)
bjälk|e *s2* beam; (*stor*) ba[u]lk; (*bärande*) girder; (*stock*) log **-lag** *s7* system of joists
bjäll|erklang jingle of sleigh-bells **-ko** *se skällko* **-ra** *s1* bell, jingle
bjärt I *a1* gaudy, glaring **II** *adv* glaringly; *sticka av* ~ *mot* be in glaring contrast to
bjässe *s2* colossal man; hefty chap; (*baddare äv.*) whopper
bjöd *imperf av bjuda*
björk *s2* birch; *av* ~ (*äv.*) birch; *möbel av* ~ birchwood suite [of furniture] **-ris** birch twigs; (*t. aga*) birch[-rod] **-trast** field fare **-ved** birchwood
björn [-ö:-] *s2* **1** bear; *Stora* (*Lilla*) *B-[en]* the Great (Little) Bear; *väck inte den* ~ *som sover* let sleeping dogs lie; *sälj inte skinnet innan* ~*en är skjuten* don't count your chickens before they are hatched **2** (*fordringsägare*) dun **-bär** blackberry **-hona** she-bear **-jägare** bear-hunter **-loka** *s1* cow parsnip **-mossa** golden maidenhair **-ram** bear's paw **-skinnsmössa** bearskin; *mil. äv.* busby **-tjänst** *göra ngn en* ~ do s.b. a disservice **-tråd** patent strong yarn **-unge** bear cub
bl.a. (*förk. för bland annat* (*andra*)) *se under bland*
1 black *s2* fetter, iron; *vara en* ~ *om foten för* be a drag on
2 black I *a1* (*smutsgul*) tawny, drab (*äv. bildl.*); (*grå*) gray, dingy; (*urblekt*) faded **II** *s2* cream-(dun-)coloured horse
blad *s7* (*löv, bok-*) leaf (*pl* leaves); (*kron-, blom-*) petal; (*ark*) sheet; (*tidning*) paper; (*kniv-, år-, propeller- o.d.*) blade; ~ *et har vänt sig* the tide has turned; *oskrivet* ~ clean sheet, *bildl.* unknown quantity; *spela från* ~*et* play at sight; *ta* ~*et från munnen* speak out (one's mind)
blad|fjäder plate spring **-grönt** leafgreen, chlorophyll **-guld** gold leaf (foil) **-lus** plant-louse, greenfly, aphis (*pl* aphides) **-mage** third stomach **-mossa** leaf-moss **-mögel** leaf rust **-veck** axil
blam|age [-'ma:ʃ] *s5* faux pas **-era** bring discredit on; ~ *sig* bring discredit on o.s., put one's foot in it
blancmangé [blaŋmaŋ'ʃe:, blamma'ʃe:] *s5* blancmange
blanco *se blanko*
bland among[st]; ~ *andra* among others; ~ *annat* among other things, for instance, inter alia; *programmet upptar* ~ *annat* the programme includes; *en* ~ *tio* one in ten; ~ *det bästa jag vet* one of the best things I know; *många* ~ *läsarna* many of the readers; *omtyckt* ~ *damerna* a favourite with the ladies **-a** mix; (~ *tillsammans*) blend; *bildl.* mingle; *kem.* compound; (*metaller*) alloy; (*kort*) shuffle, mix; ~ *vatten i mjölken* mix water with milk; ~ *sig* mix, mingle; ~ *sig med mängden* mingle in (mix with) the crowd; ~ *sig i* meddle in, interfere with; ~ *bort* muddle away; ~ *bort korten för ngn* confuse s.b., put s.b. out; ~ *ihop* mix up; ~ *in* (*tillsätta*) admix; ~ *in ngn i ngt* get s.b. mixed up in s.th.; ~ *till* mix; ~ *upp ngt med ngt* mix s.th. with s.th.; ~ *ut vinet med vatten* dilute the wine with water **-ad** *a5* mixed *etc.*; ~*e känslor* mixed feelings; ~ *kör* mixed choir; *-at sällskap* mixed company **-are** mixing machine, mixer **-folk** mixed race **-ning** mixture; (*av olika kval. el. sorter*) blend; (*legering*) alloy; (*korsning*)

hybrid **-ras** mixed breed **-skog** mixed forest **-språk** composite (hybrid) language **-säd** mixed grain; (*växande*) mixed crops (*pl*)

blank *a1* shiny, bright; *med ~a vapen* honourably, with clean hands; *~ sida* blank page; *~ som en spegel* smooth as a mirror; *mitt på ~a förmiddagen* right in the middle of the morning **-a** polish; (*skor*) clean, black

blankett *s3* form; *Am. äv.* blank; *fylla i en ~* fill in (up) a form

blank|lax Atlantic salmon **-nött** shiny with wear

blanko ['blann-] *in ~* in blank **-endossemang** blank endorsement **-växel** blank bill **-överlåtelse** assignment in blank

blank|polera polish **-skinn** patent leather **-sliten** shiny **-svärta** blacking, [boot-] polish **-t** *adv* shinily *etc.*; *dra ~t* draw one's sword; *rösta ~t* return a blank note; *säga ~t nej* flatly refuse; *strunta ~t i* not give a damn about **-vers** blank verse

blas|é *oböjl. a* **-erad** *a5* blasé

blasfemi *s3* blasphemy **-sk** [-'fe:-] *a5* blasphemous

blask *s7* wash, dishwater; (*snö-*) slush

1 blaska *v1* splash

2 blaska *s1*, *neds.* rag

blaskig *a1* (*om potatis*) watery; (*om färg*) washy, washed out

blast *s2*, *ej pl* tops (*pl*); (*på bönor, potatis o.d.*) ha[u]lm

blazer ['blä:s-] *s2* [sports] jacket; (*skol-, klubb-*) blazer

bleck *s7* thin sheet-metal, sheet[-iron]; *av ~* (*äv.*) tin; *~et* (*mus.*) the brass **-blåsinstrument** brass instrument **-burk -dosa** tin; *Am.* can **-plåt** sheet-iron, tin[plate] **-slagare** tin-smith

blek *a1* pale; (*starkare*) pallid; (*svag*) faint; *~ av fasa* pale with terror; *~ av raseri* pallid with rage; *~t ljus* faint light; *~ om kinden* pale-cheeked; *~ som ett lik* deathly pale; *göra ett ~t intryck* make a lifeless (tame) impression; *inte ha den ~aste aning om* not have the faintest idea of; *~a vanvettet* utter madness; *~a döden* pallid Death **-a** *v3* bleach; (*färger*) fade; *~s* become discoloured **-ansikte** pale-face **-e** *s6* (*stiltje*) calm **-fet** pasty **-het** paleness, pallor **-lagd** *a5* pale-faced; (*sjukligt*) sallow **-medel** bleacher; bleaching powder **-na** [-e:-] turn pale (*av* with); (*om färger, kinder, minnen o.d.*) fade, grow paler **-ning** [-e:-] bleaching **-nos** washed-out little thing **-selleri** [blanched] celery **-siktig** *a1* chlorotic **-sot** chlorosis; green-sickness

blemma *s1* blotch; pimple

bless|era wound **-yr** *s3* wound

blev *imperf av bliva*

bli 1 *se bliva* **2** *låt ~!* don't!; *låt ~ att skrika!* stop shouting!; *jag kunde inte låta ~ att skratta* I could not help laughing; *låt ~ mig!* leave me alone!

blick *s2* **1** look; (*ihärdig*) gaze; (*hastig*) glance; *kasta en ~ på* look (glance) at **2** (*öga*) eye; *sänka* (*lyfta*) *~en* lower (raise) one's eyes; *följa ngn med ~en* gaze after s.b.; *föremål för allas ~ar* focus of attention; *ha ~ för* have an eye for **-a** look: gaze; glance **-fång** eye-catcher **-punkt** focus; *bildl.* limelight

blid *a1* mild; (*om röst o.d.*) soft; (*vänlig*) gentle, kind; *tre grader blitt* three degrees above freezing-point **-het** [-i:-] mildness *etc.* **-ka** appease, conciliate, placate; *låta ~ sig* relent, give in **-väder** mild weather; thaw

bliga glare, stare (*på* at)

blind *a1* blind (*för* to); (*okritisk, obetingad*) implicit; *bli ~* go blind; *~ på ena ögat* blind in one eye; *~a fläcken* the blind spot; *den ~e* the blind man; *en ~ höna hittar också ett korn* a fool's bolt may sometimes hit the mark; *stirra sig ~ på* (*bildl.*) let o.s. be hypnotized by, get stuck at; *~lydnad* implicit (passive) obedience **-bock** blindman's-buff **-flygning** blind-flying, instrument flying **-fönster** blind window **-gångare** dud, unexploded bomb **-het** blindness **-hund** dog guide **-institut** school for the blind **-o** *i uttr.*: *i ~* blindly, at random **-pipa** (*onyttig person*) nonenity **-skola** *se -institut* **-skrift** braille **-skär** sunken rock **-styre** blind buffer **-tarm** appendix, caecum **-tarmsinflammation** appendicitis

blink *s2* **1** (*-ande*) twinkling **2** (*-ning*) wink; *i en ~* in a twinkling, in the twinkling of an eye **-a** (*med ögat*) blink, wink (*mot, åt* at); (*om ljus*) twinkle; *utan att ~* without batting an eyelid, unflinchingly **-er** ['blinn-] *-n -s* blinker, [flashing direction] indicator **-fyr** blinker beacon, flashing light **-hinna** nic[ti]tating membrane **-ljus** flash-light **-ning** blinking *etc.*; wink

blint *adv* blindly *etc.*, *se blind*; *gatan slutar ~* it is a blind alley

bli|va *blev -vit* **I** *passivbildande hjälpv* be; *vard.* get; (*vid utdragen handling*) become **II** *självst. v* **1** be; *~ överraskad* be surprised; *festen blev lyckad* the party was a success; (*innebärande förändring*) become; *~ fattig* (*soldat*) become poor (a soldier); (*vard., med adjektivisk pred.fylln.*) get, (*långsamt*) grow, (*plötsligt*) fall, turn; *~ arg* (*våt, gift*) get angry (wet, married); *~ gammal* grow old; *~ sjuk* (*kär*) fall ill (in love); *~ blek* (*katolik*) turn pale (Catholic); *~ skämd* (*tokig*) go bad (mad) **2** (*för-*) remain; *~ sittande* remain seated; *det måste ~ oss emellan* this must be between ourselves; *skomakare, -v vid din läst!* let the cobbler stick to his last **3** *det -r tio shilling* it makes ten shillings, (*vid betalning*) that'll be ten shillings; *han -r 20 år i morgon* he will be 20 [years old] to-morrow; *det -r svårt* it will be difficult; *när -r det?* when will it be?; *när jag -r stor* when I grow up; **4** (*med beton. part.*) *~ av* take place, come about; *-r det ngt av?* will it come to anything?; *festen -r inte av* the party is off; *vad har det -vit av henne?* what has become of her?; *~ av med* (*bli kvitt*) get rid of, (*förlora*) lose, (*få sälja*) dispose of; *~ borta* stay away, (*omkomma*) be lost (missing); *~ efter* drop (lag) behind; *~ ifrån sig* be beside o.s.; *~ kvar* (*stanna kvar*) remain, stay [behind], (*~ över*) be left (over); *~ till* come into existence; *~ till sig* get excited; *~ utan* get nothing; *~ utan pengar* run out of money; *~ utom sig* be beside o.s. (*av* with); ~ *över* be left (over) **-vande** *a4* (*tillkommande*) future, ... to be; (*tilltänkt*) prospective; ~ *mödrar* expectant mothers **-vit** *sup av bliva*

blixt I *s2* lightning; (*konstgjord o. bildl.*) flash; *en* ~ a flash of lightning; *~en slog ner i huset* the house was struck by lightning; *som en oljad* ~ like a streak of lightning; *som en ~ från klar himmel* like a bolt from the blue; *som träffad av ~en* thunderstruck; *hans ögon sköt ~ar* his eyes flashed **II** *adv*, *bli ~ kär* fall madly in love **-anfall** lightning attack; *flyg.* blitz **-belysning** *i* ~ in a flash **-fotografering** flash photography **-krig** blitz, lightning warfare **-lampa** flash bulb **-ljus** flashlight **-lås** zip fastener, zipper **-nedslag** stroke of lightning **-ra** lighten (*äv.* ~ *till*); (*friare*) flash, sparkle; *~nde ögon* flashing eyes; *~nde huvudvärk* splitting headache; *~nde kvickhet* sparkling wit **-snabb** [as] swift as a lightning **-visit** flying visit

block [-å-] *s7* block; *geol. äv.* boulder; *polit.* bloc; (*skriv-*) pad; (*hissanordning*) block; (*sko-*) shoe-trees (*pl*) **-a** ~ *ut skor* tree shoes

blockad [-å-] *s3* blockade **-brytare** blockade-runner

block|bildning formation of blocs **-choklad** cooking chocolate

blockera [-å-] blockade; (*friare*) block

block|flöjt recorder **-hus** log-house; *mil.* blockhouse

blod *s7* blood; *gråta* ~ (*ung.*) cry one's eyes out; *levrat* ~ clotted blood, gore; *~et steg mig åt huvudet* the blood went to my head; *det ligger i ~et* it runs in the blood; *det har gått dem i ~et* it has got into their blood; ~ *är tjockare än vatten* blood is thicker than water; *prins av ~et* prince of the blood; *väcka ont* ~ breed bad blood **-a** ~ *ner* stain with blood; *få ~d tand* (*bildl.*) acquire the taste **-apelsin** blood orange **-bad** massacre; *anställa* ~ *på* ... butcher ... wholesale **-bana** blood vessel **-befläckad** *a5* blood-stained **-bok** copper beech **-brist** anaemia **-cirkulation** circulation of the blood **-drypande** *a4* bloody; ~ *historia* blood-curdling story **-fattig** anaemic **-fläck** blood-stain **-flöde** flow of blood; haemorrhage **-full** full-blooded **-förgiftning** blood-poisoning **-förlust** loss of blood **-givarcentral** blood bank **-givare** blood donor **-grupp** blood group **-hosta** *ha* ~ cough blood **-hund** bloodhound **-ig** *a1* bloody; blood-stained; (*friare*) deadly; grievous; ~ *biffstek* underdone (*Am.* rare) steak; *det var inte så ~t* (*vard.*) this wasn't too stiff **-igel** leech **-korv** black pudding **-kropp** blood cell (corpuscle) **-kräfta** leukaemia **-kärl** blood vessel **-omlopp** circulation of the blood **-plasma** blood plasma **-plätt** *anat.* blood-plate **-propp** blood-clot, thrombus **-proppsbildning** thrombosis, embolism **-prov** blood test **-pudding** black-pudding **-riska** *bot.* saffron milk cap **-röd** blood-red; *bli ~ i ansiktet* turn crimson

blods|band *pl* ties of blood; *besläktad genom* ~ related by blood **-drama** bloody drama **-droppe** drop of blood **-dåd** bloody deed

blodserum blood serum

blods|förvant kinsman **-hämnd** blood-feud, vendetta

blod|sjukdom blood disease **-skam** incest **-skuld** blood-guilt[iness] **-socker** blood sugar **-sprängd** bloodshot **-spår** track of blood; blood-mark **-sten** hematite **-stillande** *a4* haemostatic, styptic; ~ *medel* styptic **-stockning** congestion, engorgement **-störtning** haemorrhage of the lungs, violent haemoptysis **-sugare** bloodsucker: *bildl. äv.* vampire, extortioner

blodsutgjutelse bloodshed

blod|sänka blood sedimentation [rate] **-transfusion** blood transfusion **-tryck** blood pressure; *för högt* ~ hypertension **-törst** bloodthirstiness **-törstig** bloodthirsty **-utgjutning** extravasation of blood **-vite** *s6* blood-wound **-åder** [blood-]vein **-överföring** *se -transfusion*

blom [blomm] *s2* blossom[s *pl*]; *koll. äv.* bloom; *slå ut i* ~ [come out in] blossom; *stå i* ~ be in bloom (flower) **-blad** petal **-bukett** bouquet, bunch of flowers **-doft** scent of flowers **-kalk** flower-cup **-knopp** [flower] bud **-krona** corolla **-kruka** flower-pot **-kål** cauliflower **-kålshuvud** head of cauliflower **-kålsöra** cauliflower ear **-ma I** *s1* flower; *barn och* ~ wife and children; *i ~n av sin ålder* in one's prime **II** *v1* flower, bloom, blossom; ~ *upp* (*bildl.*) take on a new lease of life; ~ *ut* shed its blossoms **-mig** *a1* flowery, flowered **-ning** flowering, blooming **-ningstid** flowering-season

blomster ['blåmm-] *s7* flower **-affär** *se -handel* **-förmedling** *B~en* Interflora Flower Relay **-försäljare** flower-seller **-försäljerska** flower girl **-handel** florist's [shop] **-hyllning** floral tribute **-korg** flower basket **-krans** wreath of flowers **-kvast** bunch of flowers **-lök** bulb **-odlare** flower-grower **-odling** flower-growing, floriculture **-prakt** floral splendour **-prydd** *a5* flower-decked **-rabatt** flower-bed **-skrud** flower array **-språk** language of flowers; *bildl.* flowery language **-uppsats** flower arrangement **-utställning** flower show **-äng** flower-field; *poet.* flowery mead

blomstr|a [-å-] blossom, bloom; *bildl.* flourish, prosper **-ing** *bildl.* prosperity **-ingstid** *bildl.* era of properity; heyday

blom|ställning inflorescence **-vas** flower-vase

blond [blåŋd, blånnd] *a1* blond, *fem.* blonde; fair **-era** bleach **-in** *s3* blonde

bloss [-å-] *s7* **1** (*fackla*) torch; (*fastsatt*) flare **2** (*på cigarr o.d.*) puff, whiff **-a** blaze, flare; *bildl. äv.* burn, flush [up]; ~ *upp* (*om pers.*) flare up, kindle; *~nde kinder* burning cheeks; *~nde röd* crimson

blot *s7* sacrificial feast **-a** sacrifice

1 blott [-å-] **I** *adv* only, but, merely; ~ *och bart* only; *det vet jag ~ alltför väl* that I known only too well; *icke* ~ ... *utan även* not only ... but also; *det är ett minne* ~ it is but a memory **II** *konj* if ... only

2 blott [-å-] *a, mest i best. f.* mere; bare; *med ~a ögat* with the naked eye; *~a tanken därpå* the mere thought of it; *slippa undan med ~a förskräckelsen* get off with a fright [only] **-a I** *s1* gap; *bildl.* opening, weak spot **II** *v1* **1** lay ... bare, expose;

~ sitt huvud uncover one's head; *med ~t huvud* bare-headed; *med ~t svärd* with the sword drawn **2** (*röja*) disclose, unveil, expose; *~ ngns brister* expose a p.'s shortcomings; *~ sin okunnighet* expose one's ignorance; *~ sig* uncover, *bildl.* expose (betray) o.s.; *~d på* destitute (void) of **-ställa** expose (*för* to); *~ sig* expose o.s. (*för* to); *familjen är alldeles -ställd* the family is absolutely destitute

bluff *s2* bluff **-a** bluff; *~ sig till en plats* bluff one's way to a job; *~ sig fram* make one's way by bluff **-makare** bluffer

blund *s3, inte få en ~ i ögonen* not get a wink of sleep; *ta sig en ~* take a nap; *Jon B~* the sandman **-a** shut one's eyes (*för* to) **-docka** sleeping doll

blunder ['blunn-] *s2* blunder

blus *s2* blouse **-liv** [lady's] blouse

bly *s7* lead; *av ~* (*äv.*) lead[en] **-ackumulator** lead accumulator **-dagg** colt

blyerts [ˣbly:-, 'bly:-] *s21* (*ämne*) black-lead, graphite; (*i pennor*) lead **2** (*penna*) [lead-]pencil; *skriva med ~* write in pencil **-penna** *se blyerts 2* **-stift** lead **-teckning** pencil drawing

blyförgift|ad [-j-] *a5* lead-poisoned **-ning** lead-poisoning

blyg *a1* shy (*för* of), bashful **-as** *v2, dep* be ashamed (*för* of); blush (*över* at)

blygd *s3, ej pl* private parts (*pl*) **-ben** pubic bone **-läppar** labia [pudendi]

blyghet [-y:-] shyness, bashfulness

bly|glans galena **-glas** lead glass **-grå** livid; lead-grey

blyg|sam [-y:-] *a1* modest, unassuming **-samhet** modesty **-sel** ['blygg-] *s2* shame; *känna ~ över* feel ashamed of; *rodna av ~* blush with shame

bly|hagel lead shot **-haltig** *a1* lead-bearing, plumbiferous **-infattad** *a5, ~e rutor* leaded panes **-infattning** lead mounting **-kula** lead bullet **-malm** lead ore **-mönja** red lead; (*färg*) red lead paint **-tung** [as] heavy as lead; leaden **-vitt** white lead, lead paint

blå *a1* blue; *ett ~tt öga* a black eye; *slå ngn gul och ~* beat s.b. black and blue; *i det ~* up in the clouds **-aktig** *a1* bluish **-anlupen** blue-tempered **-bandist** blue-ribbonist **-byxor** blue jeans **-bär** bilberry, whortleberry; *Am.* blueberry **-bärsris** bilberry wire[s] **-bärssylt** bilberry jam **-dåre** madman **-eld** viper's bugloss **-else** blue **-frusen** blue with cold **-grå** bluish grey **-grön** bluish green, seagreen **-gul** blue and yellow **-hake** *zool.* bluethroat **-jacka** (*matros*) bluejacket **-klint** cornflower **-klocka** harebell **-klädd** dressed in blue **-kläder** overalls **-kopia** blueprint **-kopiering** blueprinting **-krage** *se -jacka* **-kråka** roller

Blåkulla *n* the Brocken **-färd** witches' ride

blå|lera blue clay **-lusern** [purple] lucern[e] **-mes** blue tit **-mussla** [common] sea mussel **-märke** bruise **-na** become blue; *~nde berg* (*ung.*) distant blue mountains **-nad** *s3* bruise **-neka** flatly deny

blånor *pl* tow, oakum (*sg*)

blå|penna blue pencil **-räv** blue fox **-röd** purple

1 blåsa *s1, anat.* bladder; (*luft-, i glas o.d.*) bubble; (*hud-; i metall*) blister

2 blås|a *v3* blow; *det -er kallt* there is a cold wind blowing; *det -er nordlig vind* the wind is in the north; *~ [nytt] liv i* infuse fresh life into; *~ av* blow (call) off, *sport.* stop play; *~ bort* blow away; *~ in luft i* inflate ... [with air]; *~ ner* blow down; *~ omkull* blow over; *~ upp en ballong* inflate (blow up) a balloon; *det -er upp* it is blowing up; *~ upp sig* puff o.s. up; *~ ut* blow out **-are** (*musiker*) player of wind-instrument; *-arna* (*koll. ung.*) the wind (*sg*)

blåsbildning blistering, bubble formation

blåsbälg bellows (*pl*); *en ~* a pair of bellows

blåshalskörtel prostate gland

1 blåsig *a1* (*t. 1 blåsa*) blistery

2 blåsig *a1* (*t. 2 blåsa*) windy, breezy

blåsinstrument wind-instrument

blåsippa hepatica

blåskatarr inflammation of the bladder

blås|lampa blow lamp **-ljud** *läk.* vesicular murmur **-ning** [-å:-] blowing **-orkester** (*mässingsorkester*) brass band

blåsprit methylated spirit

blås|rör blow-pipe **-t** [-å:-] *s2* wind

blåstrumpa bluestocking

blåstång bladder wrack

blå|ställ *ung.* [blue] overalls (*pl*) **-svart** blue-black

blåsväder windy weather

blå|syra prussic (hydrocyanic) acid **-tt** *s, best. f. det -a* blue; *jfr blå* **-val** blue whale **-vinge** (*scout*) brownie **-vit** bluish white **-ögd** *a5* blue-eyed; *~ optimism* starry-eyed optimism

bläck *s7* ink; *skriva med ~* write in ink

1 bläcka *v1, ~ ner sig* ink one's fingers; get o.s. inky

2 bläcka *v1* (*märka träd*) blaze

3 bläcka *s1, ta sig en ~* get drunk, have a booze, go on a drinking-bout

bläck|fisk cuttle-fish; squid; (*åttaarmad*) octopus **-fläck** ink-stain **-horn** ink-pot, ink-well **-penna** pen **-plump** blot [of ink] **-svamp** (*fjällig*) shaggy ink cap **-säck** ink-bag

bläddra turn over the leaves (pages) (*i en bok* of a book); *~ igenom* skim [through], glance through; *~ tillbaka* turn back a few pages

bländ|a blind, dazzle; *bildl. äv.* fascinate; *~ av* (*billyktor*) dip the lights, *foto.* screen off, stop down **-ande** *a4* blinding; dazzling, glaring **-are** *foto.* diaphragm **-aröppning** *foto.* aperture

blände *s6* blende

bländ|skydd *foto.* lenshood; (*på bil*) sun visor (shield) **-verk** delusion, illusion **-vit** dazzlingly white

blänga *v2* glare, stare (*på* at)

blänk *s7, s2* flash **-a** *v3* shine, gleam, glitter, glisten; *~ till* flash, flare **-are** (*i tidning*) short notice **-e** *s6, fisk.* spoon, lure **-fyr** long-flashing light

bläs *s2* blaze, white-face

bläst|er ['bläss-] *s2* blast, blower **-ersmide** osmund iron **-erugn** blasting-furnace **-ra** blast **-ring** blasting

blöd|a *v2* bleed **-are** *läk.* haemophiliac, bleeder **-arsjuka** haemophilia **-ig** *a1* soft,

timid, chicken-hearted **-ighet** softness *etc.* **-ning** [-ö:-] bleeding; *läk.* haemorrhage
blöj|a [ˣblöjja] *s1* napkin, diaper **-byxor** [plastic] baby pants **-vadd** *se cellstoff*
blöt I *a1* wet; (*vattnig*) watery, soggy; *bli ~* get soaked **II** *oböjl. s, ligga i ~* be in soak; *lägga i ~* put ... to soak; *lägga sin näsa i ~* poke one's nose into everything; *lägg inte näsan i ~!* mind your own business! **-a** *v3* soak, steep, wet; *~ ner sig* get o.s. all wet; *~ upp* soak, sop **-djur** mollusc **-lägga** *se blöt II* **-läggningsmedel** steeping chemical **-snö** wet snow; (*sörja*) slush
b-moll B-flat minor
-bo (*i sms.*) inhabitant; *moskva-* inhabitant of Moscow, *äv.* Muscovite; *london-* Londoner; *paris-* Parisian; *newyork-* New Yorker
bo I *s6* **1** (*fågel-*) nest; (*däggdjurs*) den, lair **2** (*kvarlåtenskap*) estate; (*bohag*) furniture; *sitta i orubbat ~* retain undivided possession of the estate; *sätta ~* settle, set up house; *hustrun medförde ... i ~et* his wife brought ... into the home **II** *v4* live; (*vanl. förnämt*) reside; (*tillfälligtvis*) stay; (*i högre stil*) dwell; *~ billigt* pay a low rent; *~ inackorderad hos* board and lodge with; *~ kvar* stay on; *~ trångt* have limited living-space, be overcrowded; *~ åt gatan* have rooms facing the street; *du kan få ~ hos mig* (*äv.*) I can put you up; *här ~r jag* this is where I live; *på Grönland ~r eskimåer* there are Eskimos living in Greenland
boa *s1* boa **-orm** boa-constrictor
boaser|a panel, wainscot **-ing** panelling, wainscoting
bobb [-å-] *s2* bobsleigh
1 bobba [-å-] *v1* (*håret*) bob
2 bobba [-å-] *s1* bug; (*kackerlacka*) cockroach; (*liten böld*) pimple
bobin *s3* bobbin
1 bock [-å-] *s2* **1** (*djur*) he-goat, buck; *sätta ~en till trädgårdsmästare* set a thief to catch a thief **2** *gymn.* buck **3** (*stöd*) trestle **4** *hoppa ~* play [at] leap-frog **5** (*fel*) [grammatical] fault (mistake); howler; (*tecken*) cross, tick; *sätta ~ för* mark as wrong
2 bock [-å-] *s2* (*bugning*) bow
bocka [-å-] **1** *tekn.* bend **2** (*buga*) bow; *~ sig för* bow to **3** *~ för* (*markera*) tick
bockfot *där stack ~en fram!* the (your, his *etc.*) cloven hoof is showing!
bockning [-å-] **1** *tekn.* bending **2** (*bugning*) bow
bock|skägg goat's beard **-språng** caper, gambol
bod *s2* **1** (*affär*) shop **2** (*uthus*) shed; storehouse **-betjänt -biträde** shop assistant
bodelning division of joint property of husband and wife [upon separation]
Bodensjön [ˣbå:-] the Lake of Constance
bodknodd counter-jumper
bodräkt fraud on one's next-of-kin
boende *a4* living; resident; who lives
boer ['bo:-] Boer **-kriget** the Boer War
boett *s3* watchcase
bofast resident, domiciled, settled
bofink *s2* chaffinch
bog *s2* (*på djur*) shoulder **2** *sjö.* bow; *slå in på fel ~* (*bildl.*) take a wrong tack **-ankare** bower
boggi ['båggi] *s3* bogie; *Am.* truck **-vagn** bogie-car[riage]
bogser|a tow, take ... in tow, tug **-båt** tug [boat] **-ing** towing, towage **-lina -tross** tow-rope, towing cable
bogspröt bowsprit
bohag *s7* household goods (*pl*) (furniture)
bohem *s3* **-artad** [-a:r-] *a5* Bohemian
1 boj [båjj] *s3* (*tyg*) baize
2 boj [båjj] *s2, sjö.* buoy; *förtöja vid ~* moor; *lägga ut en ~* put down a buoy
boj|a [ˣbåjja] *s1* fetter, shackle; *bildl.* bond; *slå ngn i -or* put s.b. in irons
bojar [-å-] *s3* boyar[d]
bojkott [ˣbåjjkått] *s3* **-a** boycott
1 bok *s2, bot.* beech[tree]; *av ~* beech[en]
2 bok *-en böcker* **1** book; *avsluta böckerna* balance the books; *föra böcker* keep books; *föra ~ över* keep a record of; *hänga näsan över ~en* bury one's nose in one's books; *tala som en ~* talk like a book **2** (*24 el. 25 ark papper*) quire **-a 1** *hand.*, *se -föra* **2** (*beställa biljett o.d.*) book, reserve **-anmälan** book review **-anmälare** book reviewer, critic **-auktion** book auction **-band** (*del av -verk*) (*pärmar etc.*) binding; volume **-bestånd** stock of books **-bindare** bookbinder **-binderi** bookbindery, bookbinder's [workshop] **-cirkel** book circle **-flod** season's new books; (*friare*) flood of fiction **-form** *i ~* in book form, as a book
bokför|a book, enter in the books; *-t värde* book value **-are** accountant, bookkeeper; clerk **-ing** book-keeping, accounts; *dubbel* (*enkel*) *~* book-keeping by double (single) entry **-ingsmaskin** accounting (book-keeping) machine **-ingsplikt** obligation (liability) to keep books
bok|förlag publishing company (house), publishers **-förläggare** publisher **-handel** book-shop, bookseller's; *Am.* bookstore; *i -handeln* (*abstr.*) in the book trade **-handlare** bookseller **-hylla** bookcase; (*enstaka hylla*) book-shelf **-hållare** accountant, bookkeeper; *vanl.* clerk **-klubb** book club **-lig** [ˣbo:k-] *a1* literary, bookish; *~ bildning* literary culture; book-learning **-låda** *se -handel* **-lärd** well-read; scholarly **-mal** bookworm **-märke** bookmark **-ning** [ˣbo:k-] **1** (*-föring*) posting [of items]; (*av enskild post*) [book] entry **2** (*biljettbeställning o.d.*) booking, reservation **-omslag** dust jacket (cover), wrapper **-pärm** book-cover **-rygg** spine, back of a book **-samlare** book collector, bibliophil[e] **-samling** collection of books, library
bokskog beech woods (*pl*)
bok|skåp bookcase **-slut** balancing of the books; *konkr.* final accounts; *göra ~* balance (close) the books, make up a balance sheet
bokstav *-en bokstäver* letter; character; *grekiska bokstäver* Greek characters; *liten ~* small letter; *stor ~* capital [letter]; *efter ~en* literally; to the letter **-era** spell **-lig** [-a:-] *a1* literal **-ligen** [-a:-] *adv* literally; (*rent av*) positively
bokstavs|följd alphabetical order **-gåta** logogriph; anagram **-lås** permutation lock **-ordning** *se -följd* **-trogen** true to the letter

bok|stöd book-end, support **-synt** [-y:-] *a1* well-read **-synthet** [-y:-] book-knowledge **-titel** book title, title of a book **-tryck** book-printing; (*högtryck*) letter-press [printing] **-tryckare** printer **-tryckarkonst** [art of] printing, typography **-tryckeri** printing office (works) **-verk** book **-älskare** book-lover

bolag *s7* company; *Am.* corporation; *enkelt* ~ partnership; *ingå i* ~ *med* enter into partnership with

bolags|beskattning company taxation, corporate taxation **-man** partner **-ordning** articles of association (*pl*), corporate by-laws (*pl*) **-skatt** company (corporate) tax **-stämma** annual meeting of shareholders, annual general meeting

bolero [bå-å] *s2* bolero

bolin *s3, sjö.* bowline; *låta allt gå för lösa ~er* let things go as they please, allow things to slide

boll [-å-] *s2* ball; (*slag i tennis*) stroke; *kasta* ~ play catch; *sparka* ~ play football; *en hård* ~ a hard stroke **-a** play ball; ~ *med ord* play (juggle) with words, split hairs **-kalle** *s2* ball boy **-kastning** ball-throwing **-spel** ball game **-spelare** player of ball games **-sport** ball games **-trä** bat

bolma [-å-] (*om sak*) belch out smoke; (*om pers.*) puff; ~ *på en pipa* puff away at a pipe

bolmört [-å-] henbane

bolsjevi|k [bålʃe-] *s3* Bolshevik **-sm** Bolshevism **-stisk** *a5* Bolshevist[ic]

bolster ['bålls-] *s2, s7* soft mattress; feather-bed **-var** bedtick; (*tyg*) ticking

1 bom [bɷmm] *s2* (*stång*) bar; *järnv.* level-crossing gate; (*väg-*) turnpike; *gymn.* beam; *sjö.* boom; (*last-*) derrick, jib, ram; (*på vävstol*) beam; *inom lås och* ~ under lock and key

2 bom [bɷmm] *s2* **I** (*felskott*) miss **II** *adv, skjuta* ~ miss [the mark] **III** *interj* boom

bomb [båmmb] *s3* bomb; *fälla ~er* drop bombs; *slå ner som en* ~ (*bildl.*) come as a bombshell **-a** bomb **-anfall** bombing attack **-ardemang** *s7* bombardment **-ardera** bomb[ard], batter; (*friare*) pelt

bombas|m [-å-] *s3* bombast **-tisk** *a5* bombastic

bomb|attentat bomb outrage **-flyg** bombers; bomber command **-flygplan** bomber **-fällning** bomb dropping, release of bombs **-nedslag** impact of a bomb **-ning** bombing **-räd** bomb raid **-sikte** bomb-sight **-stopp** bomb[ing] halt **-säker** bomb-proof

1 bomma (*missa*) miss [the mark]; ~ *på* miss

2 bomma ~ *för* (*igen, till*) bar [up], lock up

bomolja [ˣbɷmm-] industrial olive oil

bomsegel boom-sail

bomull [ˣbɷmm-] cotton; (*förbands-*) cotton-wool; *av* ~ (*äv.*) cotton

bomulls|bal bale of cotton **-band** cotton tape **-buske** cotton shrub **-fabrik** cotton mill **-flanell** flannelette **-frö** cotton-seed **-garn** cotton yarn **-klänning** cotton dress **-krut** gun-cotton **-odlare** cotton-grower **-odling** cotton-growing **-plantage** cotton plantation **-spinneri** cotton mill **-trikå** cotton stockinet **-tråd** cotton thread; *en rulle* ~ a reel of cotton **-tuss** piece of cotton-wool **-tyg** cotton fabric (cloth) **-vadd** cotton-wool **-växt** cotton-plant

bomärke [owner's] mark, crisscross

1 bona (*polera*) wax, polish

2 bona ~ *om* wrap up well; *se äv. om-* **-d** *s3* hanging [piece of] tapestry

bonapparat floor polisher

bonbonjär [båŋbån'jä:r] *s3* bonbonnière, sweetmeat box

bond|bröllop peasant wedding **-by** farming village **-böna** broad bean **-dräng** farm-hand; ploughboy

bonde *-n bönder* **1** farmer; (*allmogeman*) peasant, countryman **2** *neds.* yokel, rustic **3** (*schack-*) pawn **-befolkning** farming population; [the] farmers (*pl*) **-här** army of peasants **-kultur** peasant culture **-praktika** *s1, ung.* farmers' almanac **-stånd** peasantry **-uppror** peasants' revolt

bond|flicka peasant girl **-folk** country people **-fångare** con[fidence] man **-fångeri** confidence trick **-förstånd** common sense **-försök** *ung.* unblushing (cheeky) attempt; *sl.* try-on **-grann** gaudy, showy **-gubbe** old countryman **-gumma** old countrywoman **-gård** farm; (*boningshus*) farm-house **-hund** mongrel **-komik** burlesque; low-brow comedy **-komiker** low-brow comedian; (*dålig amatör*) ham actor **-kvinna** countrywoman **-land** *på ~et* (*skämts.*) among the yokels **-neka** stubbornly deny **-permission** French leave **-piga** *allm.* farm maid; (*rustik*) country wench; *neds.* country ninny **-sk** *a1* peasantlike, rustic; boorish **-slug** sly, shrewd **-spelman** village fiddler **-tur** *rena ~en* a real fluke **-tölp** country bumpkin **-ånger** [maudlin] self-reproach

bong [båŋ] *s2* voucher; (*på restaurang*) bill, *Am.* check; (*vid totalisator*) tote ticket **-a** *ung.* register

1 boning (*t. 1 bona*) polishing

2 boning (*bostad*) dwelling[-place], abode

bonings|hus dwelling-house **-rum** living-room

bonjour [båŋ'ʃɷ:r] *s3* frock-coat

bonus ['bɷ:-] *s2* bonus **-klass** bonus class

bonvax floor wax (polish)

bo|plats habitation; site **-pålar** *pl, slå ner sina* ~ settle down

bor [bå:r] *s2* boron **-ax** ['bå:-] *s2* borax

1 bord [-ɷ:-] *s7* table; (*skriv-*) desk; *tekn.* platform; *duka ~et* lay the table; *lägga korten på ~et* put one's cards on the table; *sitta* (*sätta sig*) *till ~s* sit at (sit down to) table; *föra ngn till ~et* take s.b. in to dinner; *dricka ngn under ~et* drink s.b. under the table; *gående* ~ [cold] buffet meal, *vanl.* supper

2 bord [-ɷ:-] *s7, sjö.* board; (*i bordläggning*) plank; *kasta över* ~ jettison; throw overboard; *falla över* ~ fall overboard; *man över ~!* man overboard!; *se äv. om-* **-a** board

bord|beställning table reservation **-dans** table-lifting (-tipping, -turning) **-duk** table cloth

borde [-ɷ:-] *imperf av böra*

bordeaux|vin [bårˣdå:-] (*rött*) claret; Bordeaux wine **-vätska** Bordeaux mixture

bordell [-å-] *s3* brothel

bordlägga 1 shelve; *Am.* table; *allm. äv.* postpone **2** *sjö.* plank; (*järnfartyg*) plate
1 bordläggning shelving; *Am.* tabling; *parl.* first reading
2 bordläggning *sjö.* (*av trä*) [outside] planking; (*av plåt*) shell-plating
bords|bön *läsa* ~ say grace **-dam** [lady] partner at table **-dekoration** table decoration, centre-piece **-granne** neighbour at table **-kavaljer** [gentleman] partner at table **-kniv** table-knife **-lampa** table-lamp **-samtal** table-talk **-servis** dinner service **-silver** table silver **-skick** table manners (*pl*) **-skiva** table-top **-uppsats** centrepiece **-vatten** mineral water, table-water **-visa** drinking song
bordtennis table tennis
bordåvätska [bår×då:-] *se bordeauxvätska*
Bore Boreas
bor|en [-å:-] *a5* born; *han är den -ne ledaren* he is a born leader
borg [bårrj] *s2* castle; stronghold
borga [bårrja] buy (sell) on credit; ~ *för* guarantee, warrant, vouch for
borgar|e [×bårrj-] citizen, townsman; commoner; *hist.* burgher; burgess; *-na* (*äv.*) the bourgeoisie (*sg*) **-pressen** the Liberal and Conservative press **-råd** commissioner, stipendiary alderman **-ståndet** the burghers (*pl*); *Engl.* the commons (*pl*)
borgen ['bårrjen] *r* [personal] guarantee, security, warrant; *gå i ~ för* go surety for, warrant, (*friare*) vouch (go bail) for; *ställa* ~ give surety; *teckna* ~ provide a personal guarantee; *frigiva mot* ~ release on bail; *den som går i ~ går i sorgen* go bail for a borrower and come home a sorrower
borgens|förbindelse personal guarantee, surety bond, security **-lån** loan against a [personal] guarantee **-man** guarantor; surety
borgenär [bårj-] *s3* creditor
borger|lig [×bårrj-] *a1* **1** civil; ~ *vigsel* civil marriage; *~a rättigheter* civil rights; *~t år* civil year **2** (*av medelklass*) middle-class, bourgeois; *~t yrke* ordinary occupation **3** *polit.*, *de ~a partierna* the Liberals and Conservatives **-lighet** [middleclass] respectability **-skap** *s7, ej pl* burghers (*pl*)
borg|fred party truce **-fru** châtelaine **-gård** castle courtyard
borgis ['bårrgis, -jis] *s2, typ.* bourgeois
borg|mästare (*kommunal-*) *Engl.* mayor, chief magistrate, (*i större eng. städer*) lord mayor **-mästarinna** [lord] mayoress **-ruin** ruined castle
boricka *s1* donkey
bornera [-å-] effervesce; (*om vin*) sparkle
bornerad [-å-] *a5* narrow-minded; philistine
bornyr *s3* head, froth; (*i vin*) sparkle
borr [bårr] *s2, s7* borer; (*drill-*) drill; (*navare*) auger; *tandläk.* dentist's drill **-a** (*i trä*) bore; (*i sten, metall*) drill; (*brunn, gruva*) bore; ~ *efter vatten* bore for water; ~ *hål i* (*äv.*) hole; ~ *igenom* (*äv.*) perforate; ~ *i sank* sink; scuttle; ~ [*ner*] *huvudet i kudden* bury one's head in the pillow; ~ *upp* bore (drill) a hole in; ~ *ögonen i ngn* give s.b. a piercing stare **-are** borer, piercer **-hål** drill hole, borehole **-maskin** drilling (boring) machine **-ning** boring, drilling **-sväng** brace **-torn** derrick, drilling tower
borst [-å-] *s7* bristle; *resa* ~ bristle [up]; *försedd med* ~ bristled **-a** brush; (*skor, tänder äv.*) clean **-bindare** brushmaker; *svära som en* ~ swear like a trooper **-binderi** brush-factory **-e** *s2* brush **-ig** *a1* bristly **-maskar** chaetopods **-nejlika** sweet william **-ning** brushing; cleaning
borsyr|a bor[ac]ic acid **-esalva** boracic ointment
1 bort [-ọ:-] *sup av böra*
2 bort [-å-] away; *gå ~ a*) (*på kalas*) go [to a party], go out [to dinner], *b*) (*dö*) pass away; ~ *med er!* away with you!; ~ *med tassarna!* hands off!; *långt* ~ far away; *längst* ~ at the far end **-a** away; (*försvunnen*) gone; (*frånvarande*) absent; (*ej tillfinnandes*) missing, lost; (*ute*) out; *där* ~ over there; ~ *bra men hemma bäst* East or West, home is best; ~ *på kalas* [out] at a party; *känna sig alldeles* ~ feel completely lost (*förvirrad*: muddled); ~ *med vinden* gone with the wind **-ackordera** board out **-anför** *se -om* **-aplan** *sport.* away-ground **-arbeta** eliminate [by hard work] **-arrendera** lease out **-aseger** *sport.* away win **-auktionera** sell at (by) auction, auction off **-bjuden** *a5* invited out (*på middag* to dinner) **-blåst** *a4 ... är som ~ ...* has vanished into thin air **-byting** changeling **-bytt** *a4, få sina galoscher ~a* get s.b. else's galoshes [by mistake]; *mina barn var som ~a* they did not seem like my children at all **-döende** *a4* dying away **-efter** along **-emot** (*i riktning mot*) in the direction of; (*nära*) nearly **-erst** ['bårr-] **I** *adv* farthest off **II** *a, superl.* farthest, farthermost **-fall** falling off; (*försvinnande*) disappearance **-falla** drop (fall) off; (*försvinna*) disappear, be dispensed with, be omitted **-forsla** carry away; (*med t.ex. kärra*) cart away; remove **-frakta 1** remove **2** ~ *ett fartyg* charter a ship, let a ship by charter party **-fraktare** (*rederi*) shipowner, charterer **-fraktning** removal **-färd 1** outward jorney **2** departure **-förklara** explain away **-förklaring** prevarication; trumped-up excuse **-gift** *bli* ~ be given away in marriage **-glömd** *a5* forgotten **-gång** decease; departure (*ur tiden* from this life) **-gången** *a5* gone away; (*död*) deceased; *den -gångne* the deceased **-ifrån I** *prep* from [the direction of] **II** *adv, där* ~ from over there; *långt* ~ from far off (away) **-igenom** away through **-kastad** *a5* thrown away; wasted **-klemad** *a5* coddled [and spoiled] **-kollrad** [-å-] *a5, bli alldeles* ~ have one's head quite turned **-kommen** [-å-] *a5* lost; (*om pers. äv*) absent-minded, confused; *känna sig* ~ feel like a fish out of water **-lovad** [-å-] *a5* promised; (*tingad*) bespoken **-manövrera** eliminate by a [clever] manœuvre **-om I** *prep* beyond; ~ *all ära och redlighet* beyond the pale [of civilization] **II** *adv, där* ~ beyond that **-operera** remove [by surgery] **-ovaro** *s2* absence **-re** ['bårr] *a, komp.* further; *i ~ delen av* at the far end of; ~ *parkett* pit stalls **-resonera** reason away, get over by argument[s *pl*] **-rest** [-e:-] *a4, han är* ~ he is (has gone) away

-ryckt *a4* pulled out; (*av döden*) snatched away by death **-röva** kidnap, run away with; (*kvinna*) abduct **-se** ~ *från* disregard, leave out of account; *~tt från* apart from, irrespective of **-skämd** *a1* spoilt (*med* by) **-slarva** carelessly [go and] lose **-slumpa** sell off **-sprungen** *a5* strayed **-stött** *a4* expelled **-val** optional exclusion **-väg** *på ~en* on the way there **-vänd** *a5* turned away; *med -vänt ansikte* with averted face **-åt** ['bårrt-] **I** *adv* **1** *där ~* somewhere in that direction; *en tid ~* for some time **2** (*nästan*) nearly **II** *prep* towards, in the direction of; *~ gatan* along the street **-över I** *prep* away over **II** *adv, dit ~* away over there

bosatt *a4* residing; resident; *vara ~ i* reside (live) in

bosch [-å-] *s7* bosh

boskap [ˣbo:-] *s2, ej pl* cattle (*pl*), livestock

boskaps|avel cattle-(stock-)breeding **-hjord** herd of cattle **-marknad** cattle market **-skötsel** cattle-breeding(-raising) **-uppfödare** cattle-(stock-)breeder **-vagn** cattle truck

bo|skifte *se -delning* **-skillnad** judicial division of a joint estate

Bosnien ['båss-] *n* Bosnia **bosni|er** ['båss-] *s9* **-sk** *a5* Bosnian

Bosporen [bås'på:-] *n* the Bosporus

1 boss [-å-] *s2, polit.* [party] boss

2 boss [-å-] *s7* (*agnar*) chaff

bostad *-en bostäder* dwelling, habitation, housing [accomodation]; (*våning*) flat, *Am.* apartment; (*hyrda rum*) lodgings (*pl*), *vard.* diggings (*pl*); (*hem*) home, house; *jur.* domicile; *fast ~* permanent address (residence, home); *fri ~* free housing (accommodation); *utan ~* homeless; *olämplig som ~* unfit for habitation

bostads|adress home (private) address; *jur.* domicile **-bidrag** housing allowance **-brist** housing shortage **-byggande** housing construction, house building **-fastighet** block of flats, residential property **-förening** *se -rättsförening* **-förmedling** housing department, local housing authority **-hus** *se -fastighet* **-kvarter** residential quarter **-kö** housing queue **-lägenhet** flat; *Am. äv.* apartment **-marknad** housing market **-rättsförening** tenant-owners' society **-standard** housing standard **-yta** dwelling space, floor space of a flat

boställe [official] residence

bosätt|a *rfl* settle [down], take up residence **-ning** (*handlingen att sätta bo*) setting up house, starting a home; (*anskaffande av husgeråd m.m.*) housefurnishing; (*bebyggande*) settlement; establishment **-ningsaffär** household equipment store **-ningslån** government loan for setting up house

bot *s3* **1** (*botemedel*) remedy; cure; *finna ~ för* find a cure for; *råda ~ för* (*på*) remedy, set right **2** (*gottgörelse*) penance; *göra ~ och bättring* do penance, turn over a new leaf **3** *jur.* penalty **-a 1** (*läka*) cure (*för* of) **2** (*avhjälpa*) remedy, set right

botani|k *s3* botany **-ker** [-'ta:-] botanist **-sera** botanize **-sk** [-'ta:-] *a5* botanical; *~ exkursion* botanical excursion; *~ geografi* botanic geography; *~ trädgård* botanical garden[s *pl*] **-st** botanist

bot|dag day of penance **-emedel** remedy, cure **-färdig** penitent **-färdighet** penitence **-görare** [-j-] penitent **-göring** [-j-] penance **-predikan** penitential sermon

botten ['båtten] *s2* bottom; (*mark*) soil; (*på tapet, tyg*) ground; *dricka i ~* drain (empty) [one's glass]; *~ opp!* bottoms up!, down the hatch!, no heeltaps!; *det finns ingen ~ i honom* there's no limit to his appetite; *gå till ~* go to the bottom, sink, founder; *gå till ~ med ngt* (*bildl.*) get to the bottom of s.th.; *i grund och ~* at heart (bottom), (*helt o. hållet*) thoroughly; *på nedre ~* on the ground (*Am.* first) floor; *på svensk ~* on Swedish soil **-frysa** freeze solid (to the bottom) **-färg** ground[-colour]; (*grundningsfärg*) primer, priming; *sjö.* bottom coat

Bottenhavet [-å-] the southern part of the Gulf of Bothnia

botten|hederlig *se -ärlig* **-inteckning** first mortgage **-kurs** bottom price (quotation) **-känning** *ha ~* (*sjö.*) touch (strike) bottom **-lån** loan secured by a first mortgage **-läge** lowest point **-lös** bottomless; (*friare*) fathomless, immeasurable; *~a vägar* roads deep in (impassable for) mud **-pris** rock-bottom price **-rekord** [the] lowest level ever reached **-reva** *sjö.* close-reef; *~d* close-reeved **-rik** made of (rolling in) money **-sats** sediment; (*i vin o.d.*) dregs (*pl*); *bildl. o. kem.* deposit **-skikt** *allm.* bottom layer; (*geol. o. befolknings-*) lower strata (*pl*); (*drägg*) residuum **-skrap** (*äv. bildl.*) last scraps (*pl*) **-skrapa I** *s1* trawl, dredge **II** *v1* **1** scrape [a ship's bottom] **2** *bildl., ~ sina tillgångar* exhaust one's funds **-skyla** [-ʃ-] *s1* enough to cover the bottom **-våning** ground-floor; *Am.* first floor **-ärlig** downright honest, honest to the core

bottin [-å-] *s3* snow-boot, galosh boot

bottna [-å-] **1** (*nå botten*) reach (touch) the bottom **2** *det ~r i* it originates in, it springs from

Bottniska viken ['bått-] the Gulf of Bothnia

botövning discipline, penance

bouppteck|ning estate inventory; *förrätta ~* [make an estate] inventory **-ningsman** executor, administrator

bouquet [bo'ke:] *s3* (*t.ex. vin-*) bouquet; *allm.* flavour

bourgogne [bor'gånnj] *s5* burgundy

boutred|ning administration of the estate of a deceased **-ningsman** (*förordnand av domstol*) administrator; (*förordnad i testamente*) executor

bov *s2, eg.* crook; *teat.* villain; *åld. el. skämts.* rascal, rogue; *~en i dramat* the villain of the piece **-aktig** *a1* villainous; rascally, roguish **-aktighet** villainy; rascality

bovete buckwheat

bovfysionomi villainous countenance

bowling ['båvv-] skittles, ninepins; *Am.* bowls, tenpins **-bana** skittle (*Am.* bowling) alley **-klot** skittle-ball; bowl **-kägla** skittle; pin

bovstreck [piece of] villainy; dirty trick

box [båks] *s2* box, case; (*kol-*) bunker; (*kätte*) box, stall; (*post-*) [post-office] box
box|a [ˣbɑksa] ~ *till ngn* give s.b. a punch (blow) **-as** *dep* box **-are** boxer, pugilist **-handske** boxing-glove
boxkalv [-å-] boxcalf
boxning boxing, pugilism
boxnings|match boxing-match **-ring** boxing-ring **-sporten** boxing; the noble art of self-defence
bra *bättre bäst* **I** *a* **1** good; (*starkare*) excellent; (*som det skall vara*) all right; ~ *karl reder sig själv* self-help is a primary virtue, an honest man does his own odd jobs; *det var ~ att du kom*[*mer*] it is a good thing you came, I am glad you came; *det var ~!* that's good!; *allt skall nog bli ~ igen* I am sure everything will turn out for the best; *blir det ~ så?* will that do?; *vad skall det vara ~ för?* what is the good (use) of that?; **2** (*frisk*) well; *han är ~ igen* he is all right again; *har du blivit ~ från din förkylning?* have you recovered from your cold? **3** (*ganska lång*) good[ish], long[ish] **II** *adv* **1** well; *lukta* (*smaka*) ~ smell (taste) nice; *tack ~* very well, thank you; *jag mår inte riktigt ~* I am not feeling well, I am feeling a bit under the weather; *ha det ~* be well off, (*trivas*) be happy, like it, feel at home; *se ~ ut* be good-looking; *tycka ~ om* like very much **2** (*mycket, ganska*) very; *vard.* jolly; *få ~ betalt* be well paid, get a good price; *det var ~ synd att* what a pity that; *det dröjde ett ~ tag innan* it took quite a while before; *jag skulle ~ gärna vilja veta* I should very much like to know
brack|a *s1* **-ig** *a1* philistine **-ighet** philistinism
brackvatten brackish water
bragd *s3* exploit, feat; achievement
bragelöfte boastful vow
bragt [brakkt] *sup av bringa* **-e** *imperf av bringa*
brak *s7* crash; (*om kanon*) boom; (*om åska*) peal **-a** crash, crack; ~ *lös* break out, get going; ~ *ner* come crashing down; ~ *samman* collapse **-middag** *en riktig* ~ quite a banquet
brakteat bracteate
brakved *s2*, *bot.* alder buck thorn, black dogwood
bram|an *s3* Brahman **-anism** Brahmanism **-in** *s3* Brahmin
bramsegel [ˣbramm-] topgallant sail
brand *-en bränder* **1** fire; (*större*) conflagration; (*brinnande trästycke*) [fire]brand; *råka i ~* catch fire; *sätta* (*stå*) *i ~* set (be) on fire, (*om känslor*) inflame **2** *med.* gangrene **3** *bot.* blight, mildew **-alarm** fire-alarm **-bil** fire-engine **-bomb** incendiary bomb **-chef** fire [department] chief, head of a fire-brigade **-damm** fire dam, emergency tank **-fackla** incendiary torch; *bildl.* firebrand **-fara** danger of fire **-försäkra** insure against fire **-försäkring** fire insurance **-gata** fire break (ride) **-gavel** fireproof gable **-gul** orange, flame-coloured **-kår** fire-brigade; *Am.* fire department **-lukt** smell of fire (burning) **-man** fireman **-mur** fire proof wall **-post** fireplug, [fire] hydrant **-risk** fire hazard **-rök** smoke from a fire **-segel** jumping sheet **-skada** fire damage **-skadad** damaged by fire **-skadeersättning** fire indemnity **-skatta** extort contributions from; overtax; *bildl.* plunder, fleece **-skattning** [extortion of] contributions; *bildl.* plundering **-skydd** fire protection **-skåp** fire-alarm box **-slang** fire-hose **-släckare** fire extinguisher **-släckning** fire fighting **-soldat** fireman **-spruta** fire-pump **-station** fire station **-stege** fire-ladder, fire-escape **-stodsbolag** fire insurance company **-säker** fire-resistant, fire-proof **-tal** inflammatory speech **-talare** fiery orator **-vakt** fire-watcher; *gå ~* (*bildl.*) be compelled to pace the streets all night **-väsen** fire-fighting services (*pl*) **-övning** fire-drill
brann *imperf av brinna*
bransch *s3* line [of business], branch **-man** expert (specialist) in a line of trade (business) **-organisation** trade association **-vana** experience of a line of business
brant I *s3* precipice; *på ruinens ~* on the verge of ruin **II** *a1* steep, precipitous **III** *adv* steeply *etc.*; *stupa ~ ner* (*äv.*) fall sheer away
brasa *s1* [log-]fire; *lägga in en ~* lay a fire; *sitta vid* (*framför, kring*) *~n* sit at (in front of, round) the fire; *tända en ~* make (light) a fire; *göra en ~ av* make a bonfire of
brasilian|are [-ˣa:-] *s9* **-sk** *a5* Brazilian **Brasilien** *n* Brazil
braska (*bli kallt*) be frosty, freeze
braskande *a4* showy, ostentatious; ~ *annonser* ostentatious (showy, blazing) advertisements
brasklapp [ˣbrassk-] *s2*, *ung.* mental reservation
braskudde hearth-cushion
brass *s2*, *sjö.* brace
1 brassa *sjö.* brace; ~ *fullt* (*back*) brace full (aback)
2 brassa ~ *på* stoke up the fire, fire away
brast *imperf av brista*
braständare fire-lighter, kindler
Braunschweig ['braɑnʃvajg] *n* Brunswick
brav|ad *s3* exploit; bravado **-era** (*utmärka sig*) be brilliant; (*skryta*) boast (*med* of), brag (*med* about) **-o** ['bra:-] bravo!, well done! **-orop** cheer **-ur** dash; valour; *mus.* bravura **-urnummer** star-turn
braxen ['brakksen] *best. f.* ~, *pl braxnar* [carp-]bream **-panka** young bream
bred *a1* broad, wide; *på ~ front* on a broad front; *brett uttal* broad accent; *de ~a lagren* the masses; *göra sig ~* assert o.s.; *på ~ bas* on a broad scale
breda *v2* spread; ~ *en smörgås* make a sandwich, butter a slice of bread; ~ *på* (*om smörgås*) spread, make, (*överdriva*) pile it on thick; ~ *ut* spread out; ~ *ut sig* spread, extend
bred|axlad *a5* broad-shouldered **-bent** [-be:nt] *a4* straddle-legged; *stå ~* stand with one's legs wide apart **-brättig** *a1* wide-brimmed **-böstad** *a5* broad-chested
bredd *s3* **1** breadth, width; *gå i ~* walk side by side; *i ~ med* abreast of, (*i jämförelse med*) compared to; *på ~en* in breadth; *största ~* (*sjö.*) overall width **2** *geogr.* lati-

tude **-a** broaden, make wider **-grad** [degree of] latitude; *på varmare ~er* in warmer climes **-ning** broadening, widening

bred|flikig *a1* broad-lobed **-randig** broad-striped **-sida** broadside; *avfyra en ~* fire a broadside

bredvid [bre(d)'vi:d, ˣbre:(d)vid] **I** *prep* beside, at (by) the side of, by; (*intill*) next to; *~ varandra* side by side; *prata ~ munnen* give the show away, blab; *~ maken verkar hon obetydlig* beside her husband she looks insignificant **II** *adv* close by; (*-liggande, -stående*) adjacent, adjoining; (*extra*) in addition; *där ~* close to it; *här ~* close by here; *rummet* (*huset*) *~* the next (adjacent, adjoining) room (house), *äv.* next door; *hälla ~* miss the cup (glass *etc.*); *han förtjänar en del ~* he has some additional sources of income, he makes some extra cash in his spare time

bretagnare [-'tannja-] Breton **Bretagne** [-'tannj] *n* Brittany **bretagnisk** [-'tannisk] *a5* Breton **breton** *s3* Breton

brett *adv* broadly, widely; *tala vitt och ~* talk at great length

brev *s7* letter; (*bibl. o. friare*) epistle; *vard.* lines (*pl*); *komma som ett ~ på posten* [seem to] drop straight into one's lap **-befordran** transmission of letters **-bärare** postman; *Am.* mailman **-bäring** postal delivery [service] **-censur** postal censorship **-duva** carrier pigeon **-form** *i ~* in the form of a letter **-hemlighet** secrecy of the mails **-huvud** letterhead

breviarium *s4* breviary

brev|kopia carbon copy **-kort** postcard; *~ med betalt svar* reply[-paid] postcard **-ledes** by letter **-låda** letter-box; (*pelare*) pillar-box; *Am.* [mail]box; (*på dörr*) letter box, *Am. äv.* door slot **-papper** note-paper, writing-paper; *Am. äv.* stationery **-porto** [letter] postage **-press** paperweight **-pärm** [letter-]file **-remissa** mail remittance **-skola** correspondence school **-skrivare** letter-writer, correspondent **-skrivning** letter-writing, correspondence **-ställare** guide to letter-writing **-telegram** letter telegram **-våg** letter balance **-växla** correspond **-växling** correspondence

brick|a *s1* tray; (*för visitkort etc.*) salver; (*karottunderlägg*) [table-]mat; (*plåt-*) plate; (*igenkänningstecken*) badge; (*spel-*) counter, piece; man; (*nummer-*) tab, check; *tekn.* washer; *en ~ i spelet* (*bildl.*) a pawn in the game **-duk** tray-cloth

bridge [briddʃ] *s2* bridge **-parti** game of bridge

bridreaktor breeder reactor

brigad *s3* brigade **-general** brigadier; *Am.* brigadier-general

brigg *s2* brig

brikett *s3* briquet[te]

briljant [-aŋt, -ant] **I** *s3* brilliant, diamond **II** *a1* brilliant, first-rate **-in** *s3* brilliantine **-ring** brilliant (diamond) ring **-smycke** set of brilliants

briljera shine, show off; *~ med* show off

brillor *pl* spectacles, specs

1 bringa *s1* breast; *kokk.* brisket

2 bringa *bragte bragt el. v1* bring; (*föra t. annan plats*) convey, conduct, carry; *~ hjälp* render assistance; *~ i säkerhet* convey into safety; *~ ngn lycka* bring s.b. happiness; *~ olycka över* bring disaster to, bring down ruin on; *~ ngn sin hyllning* pay one's respect to s.b.; *~ i oordning* put out of order, make a mess of; *~ ngn om livet* put s.b. to death, do s.b. in; *~ ngn på fall* bring s.b. to ruin, cause a p.'s ruin; *~ ngn till förtvivlan* reduce s.b. to despair; *~ klarhet i* throw light upon, make ... clear; *~ ordning i* put ... in order; *~ på tal* bring up [for discussion], broach [a matter]; *~ ur världen* dispose of; *~ det därhän att man är ...* come (get) to the point of being ...

brink *s2* hill; (*älv-*) bank

brinn|a *brann brunnit* burn; be on fire; *det -er i spisen* there is a fire in the stove; *det -er i knutarna* the place is getting too hot [for me (*etc.*)]; *huset -er* the house is on fire; *~ av iver* be full of enthusiasm; *~ av nyfikenhet* (*otålighet*) be burning with curiosity (impatience); *~ av* go off, explode; *~ inne* be burnt to death; *~ ner* be burnt down, (*om brasa*) burn low; *~ upp* be destroyed by fire; *~ ut* burn itself out, go out **-ande** *a4* burning; *~ bön* fervent prayer; *~ kärlek* (*hängivenhet*) ardent love (affection); *~ ljus* lighted candle; *springa för ~ livet* run for dear life; *mitt under ~ krig* while war is (was) raging (at its height)

brio ['briω] *s2* brio, vivacity; *med ~* with zest (ardour)

bris *s2* breeze; *lätt ~* gentle breeze

bris|ad *s3* burst **-ansgranat** high-explosive shell **-era** burst

brist *s3* **1** (*otillräcklighet*) lack, want, shortage, scarcity; (*saknad*) want; (*fel*) defect, flaw, shortcoming; *biol.* deficiency; (*nackdel*) disadvantage, drawback; *lida ~ på* be short of, be in want of; *i* (*av*) *~ på* for want of, failing, lacking; *i ~ på bättre* for want of s.th. better **2** (*underskott*) deficit, shortage **-a** *brast brustit* **1** (*sprängas*) burst; (*gå av, gå sönder*) break, snap; (*ge vika*) give way; (*rämna*) split; *brusten blindtarm* perforated appendix; *brusten blick* shattered glance; *brustna illusioner* shattered illusions; *det varken bär eller -er* the ice holds but won't carry; *det var som om hjärtat ville ~* my heart was ready to break; *hennes tålamod brast* her patience gave way; *det må bära eller ~* sink or swim, break or bend; *~ i gråt* burst into tears; *~ ut i skratt* burst out laughing **2** (*vara otillräcklig*) fall short, be lacking (wanting) (*i* in); *~ i lydnad* be wanting in obedience **-ande** *a4* (*otillräcklig*) deficient, inadequate, insufficient; (*bristfällig*) defective; *~ betalning* default, non-payment; *~ kunskaper* inadequate knowledge; *~ lydnad* disobedience; *~ uppmärksamhet* inattention **-fällig** *a1* defective, imperfect, faulty **-fällighet** defectiveness, imperfection, faultiness **-ning** burst[ing], break[ing]; *läk.* rupture **-ningsgräns** breaking-point; *fylld till ~en* filled to the limit of its capacity, (*friare*) full to overflowing **-situation** [state of] shortage **-sjukdom** deficiency disease

britanniametall Britannia metal **Britannien** *n* Britain **britannisk** *a5* Britannic
brits *s2* [sleeping-]bunk
britt *s3* Briton; (*i sht Am.*) Britisher; *~erna* the British **-isk** ['britt-] *a5* British; *B~a öarna* the British Isles
brittsommar Indian summer
bro *s2* bridge; *slå en ~ över* bridge, throw a bridge across **-avgift** bridge-toll **-byggare** bridge-builder **-byggnad** bridge construction
broccoli ['bråkk-] *s2* broccoli
brock [-å-] *s7, läk.* rupture, hernia **-band** truss
brockfågel [-å-] golden plover
1 **brodd** [-å-] *s2, bot.* germ, sprout; (*sädes-*) new crop
2 **brodd** [-å-] *s2,* (*järnpigg*) spike; (*i hästsko*) frost-nail **-a** spike, frost-nail
broder *-n bröder* brother; (*bibl. o. poet. pl ibl.* brethren); *Bröderna Grimm* the Brothers Grimm; *Bröderna A.* (*firma*) A. Brothers (*förk.* Bros.); *Bäste Bror* (*i brev*) Dear (My dear) (James *etc.*); *vara* [*du och*] *bror med ngn* (*ung.*) be on familiar terms with s.b.
brodera embroider
broderfolk sister nation
broderi embroidery
broder|lig *a1* brotherly, fraternal **-mord** **-mördare** fratricide **-skap** *s7* brotherhood, fraternity
broderskärlek brotherly love
brod|yr *s3* embroidered edging **-ös** embroideress, embroiderer
bro|fäste bridge abutment **-förbindelse** connecting bridge **-huvud** bridgehead
brokad *s3* brocade
brokig *a1* motley, many-coloured; variegated; (*grann*) gaudy, gay; *bildl. äv.* miscellanous, motley; *~ samling* motley crowd **-het** variegation; diversity
brom [-å-] *s3* bromine **-id** *s3* bromide
1 **broms** [-å-] *s2, zool.* gadfly
2 **broms** [-å-] *s2, tekn.* brake; *bildl.* check **-a** brake; *bildl.* [put a] check [on] **-anordning** brake mechanism **-back** brake-shoe **-band** brake lining **-kloss** *se -back* **-ning** braking **-pedal** brake pedal **-raket** retro-rocket **-vätska** brake fluid
bronk|er ['bråŋker] *pl* bronchi (*sg* bronchus) **-it** *s3* bronchitis
brons [bråŋs, bråns] *s3* bronze **-era** bronze **-medalj** bronze medal **-staty** bronze statue **-åldern** the Bronze Age
bror *se broder*
brors|barn brother's child **-dotter** niece **-lott** lion's share **-skål** *dricka ~* drink to the use of Christian names **-son** nephew
broräcke bridge railing (parapet)
brosch [-å:-] *s3* brooch
broschyr [-å-] *s3* brochure, booklet, pamphlet, folder
brosk [-å-] *s7* cartilage **-artad** [-a:r-] *a5* cartilaginous
bro|slagning bridging **-spann** span of a bridge
brotsch [bråttʃ] *s2* reamer **-a** ream **-ning** reaming
brott [-å-] *s7* 1 (*brytning*) break, fracture; (*på rör äv.*) burst; leak; (*brutet ställe*) breach, break[age]; (*ben-*) fracture; (*sten-*) quarry; (*-yta äv.*) fracture, break; 2 (*förseelse*) breach, infringement, violation 3 (*straffbar gärning*) crime; (*mindre svårt*) offence
brotta|re [-å-] wrestler **-s** *dep* wrestle; grapple
brott|hållfasthet tensile (breaking) strength **-mål** criminal case **-målsdomstol** criminal court
brottning [-å-] wrestling; (*friare äv.*) struggle
brottsbalk criminal code
brottsjö breaker; heavy sea
brotts|lig [-å-] *a1* criminal; (*skyldig t. brott*) guilty **-lighet** crime and vice, criminality; guilt **-ling** criminal; (*gärningsman*) culprit **-plats** scene of [the] crime, venue
brott|stycke fragment **-ställe** fracture **-yta** [area of] fracture
bro|valv bridge-arch **-öppning** (*om klaffbro*) raising of a bridge
brr[r] *interj* brrh!, ugh!
brud *s2* bride; *hemföra ngn som* [*sin*] *~* bring home one's bride; *stå ~* be married **-bröd** *bot.* dropwort **-bukett** bridal bouquet **-följe** bridal train **-gum** *s2* bridegroom **-klänning** wedding-dress **-krona** bridal crown **-näbb** (*flicka*) bridesmaid; (*pojke*) page **-par** bridal couple, bride and bridegroom; *~et A.* (*i telegram*) Mr. and Mrs. A. **-rov** bride abduction **-slöja** bridal veil **-sporre** *bot.* fragrant gymnadenia **-stol** *gå* (*träda*) *i ~* get married **-säng** marriage bed; *träda i ~* enter into marriage **-tärna** bridesmaid
brugd *s3, zool.* basking shark
bruk *s7* 1 (*användning*) use, employment, usage; *för eget ~* for personal (one's own) use; *ha ~ för* find a use for; *komma i ~* come into use; *komma ur ~* fall into disuse, go out of use; *ta i ~* begin using; *till utvärtes ~* for external application (use) only; *vara i ~* be used; *vid sina sinnens fulla ~* in one's right mind 2 (*sed*) custom, usage, practice; *~et att röka tobak* the habit (practice) of smoking tobacco; *seder och ~* usages and customs 3 (*odling*) cultivation 4 (*fabrik*) factory, mill; works (*sg o. pl*) 5 (*mur-*) mortar **-a** 1 (*begagna*) use, make use of, employ; *han ~r sprit* he will take a drink [occasionally]; *~ våld* use force 2 (*odla*) cultivate; (*gård*) farm 3 (*ha för vana*) be in the habit of; (*ofta omskrivning med adv ss.*) generally, usually; *jag ~r äta lunch kl. 12* I usually have lunch at twelve o'clock; (*endast i imperf*) *~de* used to 4 (*kunna, i pres o. imperf*) will, would; *han ~de sitta i timmar utan att göra någonting* he would sit for hours doing nothing **-as** *dep, det ~ inte* it is not customary (the fashion) **-bar** [-u:-] *a1* useful, fit for use; *i ~t skick* in working order, in serviceable condition; *försätta ur ~t skick* make useless, disable **-barhet** [-u:-] usefulness, fitness for use, serviceableness **-lig** [-u:-] *a1* customary, usual **-ning** [-u:-] tillage
bruks|anvisning directions for use (*pl*) **-disponent** managing director, mill (works) manager **-föremål** utility (household) article **-patron** *se -ägare* **-samhälle** industrial

community **-vara** utility product **-ägare** foundry proprietor, mill owner
brulépudding *se brylépudding*
brum|björn [ˣbrumm-] *bildl.* growler, grumbler **-ma** growl; (*om insekt*) hum, buzz, drone **-ning** growl[ing], hum[ming], buzz, buzzing
brun *a1* brown; (*läderfärgad*) tan; *~a bönor* (*maträtt*) brown beans **-aktig** *a1* brownish **-alger** brown algae **-bränd** *a5* singed, scorched; (*av solen*) bronzed **-ett** *s3* brunette **-grön** brownish green **-hyad** *a5* brown-complexioned **-hyllt** *a4* swarthy, tanned **-kol** lignite, brown coal
brunn *s2* well; (*hälso-*) spring[s *pl*], spa
brunn|en *a5* burnt; *~ gödsel* decomposed manure; *jfr brinna* **-it** *sup av brinna*
brunns|borrning well-boring **-kur** water-cure **-ort** health resort, spa **-vatten** well-water
brunst *s3* (*honas*) heat; (*hanes*) rut **-ig** *a1* in heat; ruttish
brun|t [-u:-] *s, best. f. det -a* brown **-te** *s2* dobbin **-ögd** *a5* brown-eyed
brus *s7* roar[ing]; (*vindens*) sough[ing]; (*vattnets äv.*) rush[ing], surge; *mus.* swell[ing]; *tekn.* fuss, noise **-a** roar; sough; swell; *det ~r i mina öron* there's a buzzing in my ears; *det ~nde livet* (*ung.*) the hustle [and excitement] of life; *~ upp* (*bildl.*) flare up, get into a heat; *~ ut* (*bildl.*) fly out **-hane** ruff; (*hona*) reeve **-huvud** hotspur, hothead **-ning** [-u:-] *se brus*
brust|it *sup av brista*
brutal *a1* brutal **-itet** *s3* brutality
brut|en *a5* broken; *en ~ man* a broken man; *-et tak* mansard (curb) roof; *jfr bryta* **-it** *sup av bryta*
brutto *s6* gross; *~ för netto* gross for net **-belopp** gross amount **-inkomst** gross income **-pris** gross price **-registerton** gross register ton[s *pl*] **-ton** gross ton[s *pl*] **-vikt** gross weight **-vinst** gross profit[s *pl*]
bry *v4* **1** *~ sin hjärna* (*sitt huvud*) puzzle one's head (*med* over; *med att* over ...-ing), cudgel (rack) one's brains (*med att* to + *inf*) **2** *~ ngn för ngn* (*ngt*) tease s.b. about s.b. (s.th.) **3** *~ sig om* (*bekymra sig*) mind, (*tycka om*) care; *~ dig inte om det* don't bother about it; *det är ingenting att ~ sig om* that's nothing to worry about; *vad ~r jag mig om det?* what do I care?; *jag ~r mig inte ett dugg om det* I don't care a hang about it; *~ dig inte om vad han säger* take no notice of what he says **-dd** *a1* puzzled (*för* about); confused; abashed
bryd|eri perplexity; embarassement; *vara i ~ hur man skall göra* be puzzled what to do; *försätta ngn i ~* put s.b. in a quandary; *råka i ~* get embarassed; *i ~ för pengar* hard up for money **-sam** [-y:-] *a1* awkward; embarrassing; perplexing
brygd *s3, abstr.* brewing; *konkr.* brew
1 brygga *s1, allm.* bridge; (*landgång*) landing-stage; *tandläk.* bridge[work]
2 brygg|a *v2* brew; (*kaffe*) make, percolate **-are** brewer **-arhäst** dray-horse **-eri** brewery **-hus** brewing-house; (*tvättstuga*) wash-house **-kar** brewer's vat **-ning** brewing
brylépudding caramel custard
brylling third cousin
bryn *s7* edge, verge, fringe
1 bryn|a *v3* (*göra brun*) brown; *kokk.* brown, fry; *-t av solen* tanned
2 bryn|a *v3* (*vässa*) whet, sharpen **-e** *s6* whetstone
1 bryning browning *etc., jfr 1 bryna*
2 bryning whetting *etc., jfr 2 bryna*
brynja *s1* coat of mail
brynsten whetstone
brysk *a1* brusque, curt
Bryssel ['bryssel] *n* Brussels
bryssel|kål Brussels sprouts (*pl*) **-matta** Brussels carpet **-spets** Brussels lace
bryt|a *bröt brutit* **1** (*komma att brista*) break; (*avtal, lag o.d. äv.*) infringe, violate, offend; (*malm o.d.*) mine, extract, dig; (*sten*) quarry; (*färg, smak*) modify, vary; (*ljusstråle*) refract; (*brev*) open; (*servett*) fold; (*förlovning*) break [off]; *~ en blockad* run a blockade **2** (*om vågor*) break; (*begå brott*) offend (*mot* against); *~ med ngn* break with s.b.; *~ med en vana* give up a habit; *~ mot lagen* infringe (violate, break) the law; *~ på tyska* speak with a German accent **3** (*med beton. part.*) *~ av* break; *~ av mot* be in contrast to; *~ fram* break out, (*om tand o.d.*) break through; *~ in* (*om årstid, natt*) set in; *~ in i ett land* invade a country; *~ lös* break loose; *stormen -er lös[t]* the storm breaks; *~ samman* break down, collapse; *~ upp* break up, make a move; *mil.* decamp; *~ upp en dörr* (*ett lås*) break open (force) a door (lock); *~ ut* break out **4** *rfl* break; (*om ljuset*) be refracted; (*om meningar*) diverge **-arspets** contact-breaker point **-böna** French (haricot) bean **-ning** [-y:-] breaking *etc.*; (*av kol etc.*) mining; (*av sten*) quarrying; (*ljusets*) refraction; (*i uttal*) accent; *kokk.* relish; *bildl.* breach, break; (*åsikters*) divergence **-ningstid** period of [rapid] transition **-ningsvinkel** angle of refraction
bråck *se brock*
bråd *a1* hasty, sudden; (*om tid*) busy; *en ~ tid* a busy time; *ond, ~ död* violent and sudden death **-djup I** *s7* precipice **II** *a5* precipitous; *här är det ~t* it gets deep suddenly here **-mogen** *bildl.* precocious **-rasket** *i ~* all at once; *inte i ~* not at the drop of a hat, none too quickly **-ska** [ˣbråsska] **I** *s2* hurry; haste; *det är ingen ~* there is no hurry; *vi har ingen ~* we needn't hurry; *hon gör sig ingen ~* she takes her time, she is in no hurry (*med* about) **II** *v1* (*om pers.*) hurry; (*om sak*) be urgent; *det ~r inte med betalningen* there is no hurry about paying **-skande** [ˣbråss] *a4* urgent, pressing; hasty; *ett ~ arbete* a rush job **-störtad** *a5* precipitate; headlong
1 bråk *s7, mat.* fraction; *allmänt ~* vulgar fraction; *egentligt* (*oegentligt*) *~* proper (improper) fraction
2 bråk *s7* **1** (*buller*) noise, disturbance, clamour; (*gräl*) row; (*oro*) fuss **2** (*besvär*) trouble, bother, difficulty; *ställa till ~* stir up trouble, make a great fuss (*för* about)
1 bråka 1 (*stoja*) be noisy (boisterous); (*ställa till uppträde*) make a disturbance **2** (*krångla*) make difficulties **3** *se bry 1*
2 bråka (*lin*) break, bruise

bråkdel fraction[al part]
bråk|ig *a1* (*bullersam*) noisy; (*stojande*) boisterous; (*oregerlig*) disorderly; (*om barn*) fidgety, restless; (*besvärlig*) troublesome, fussy **-ighet** noisiness *etc.* **-makare** *s9* **-stake** *s2* trouble-maker; noisy person; (*orostiftare*) disturber of the peace
bråkstreck shilling stroke, cross line
trånad *s3* lust
brås *v4, dep,* ~ *på* take after
bråte *s2* **1** (*skräp*) rubbish, lumber **2** (*timmer-*) jam of logs
brått *n av bråd o. adv* **-om** ['bråttåm] *ha* ~ be in a hurry (*med* for; *med att* to + *inf*); *det är mycket* ~ it is very urgent, there is no time to lose; *det är* ~ *med leveransen* the delivery is urgent
1 bräcka I *s1* flaw, crack **II** *v3* **1** break, crack; (*övertrumfa*) crush, stump out; ~ *till* (*äv.*) snub, flatten **2** (*gry*) break
2 bräcka *v3, kokk.* fry
bräck|age [-'a:ʃ] *s7* breakage, failure **-järn** crowbar
bräckkorv smoked sausage for frying
bräck|lig *a1* fragile, brittle; (*om pers.*) frail **-lighet** fragility, brittleness; frailness **-t** *a4,* ~ *vatten* brackish water
bräda I *s1, se bräde* **II** *v1* (*slå ut rival*) cut out
brädd *s2* edge, brim; brink; *fylla ett glas till ~en* fill a glass to the brim; *floden stiger över sina ~ar* the river overflows [its banks]; *stå på gravens* ~ be on the brink of the grave, have one foot in the grave **-ad** *a5* **-full** brimming, brimful
bräd|e *s4, s6* **1** board; *hyvlade ~r* planed boards, floorings; *slå ur ~t* cut out; *sätta allt på ett* ~ put all one's eggs in one basket **2** *se -spel* **-fodra** cover with boards, board, wainscot **-fodring** [-ɷ:-] boarding, wainscoting **-golv** board[ed] floor **-gård** timber (*Am.* lumber) yard **-skjul** wooden shed **-spel** backgammon **-stapel** pile of boards
bräka *v3* bleat, baa; *bildl.* bray **-nde** *a4* bleating *etc.*
bräken ['brä:-] *s2, bot.* bracken
bräm *s4* border, edging, edge; (*päls-*) fur-trimming
bränn|a *v2* **1** burn; (*sveda*) scorch, singe; (*rosta*) calcine; (*tegel*) bake; (*porslin*) fire; (*lik, värdepapper*) cremate; (*i bollspel*) hit out; ~ *sina skepp* burn one's boats; ~ *sitt ljus i båda ändar* burn the candle at both ends; *brända mandlar* burnt almonds; *bränd lera* fired clay, (*glastillv.*) grog; *bränt barn skyr elden* a burnt child dreads the fire; ~ *av ett fyrverkeri* let off fireworks; ~ *vid* burn **2** (*smärta*) burn **3** *rfl* burn (*på vatten*: scald) o.s.; (*på nässlor*) get stung; ~ *sig på tungan* burn one's tongue **-ande** *a4* burning; (*om hetta*) scorching; (*om törst*) parching, consuming; (*frätande*) caustic; *bildl.* burning, ardent, intense; (*fråga*) crucial, urgent, vital, burning **-are** burner **-as** *v2, dep* burn; *det -s!* (*i lek*) you are getting warm!; *nässlor -s* nettles sting **-bar** *a1* inflammable, combustible; *bildl.* risky, controversial, touchy **-blåsa** blister [from a burn] **-boll** *ung.* rounders (*pl*) **-eri** distillery **-glas** burning-glass **-het** *a1* burning hot, scorching
1 bränning burning; (*av lik*) cremation
2 bränning (*i sjön*) breaker[s *pl*], surf
bränn|märka brand; *bildl. äv.* stigmatize **-märke** brand; *bildl. äv.* stigma **-nässla** (*hopskr. brännässla*) stinging nettle **-offer** burnt offering **-olja** fuel oil **-punkt** focus, focal point **-skada** **-sår** burn **-tid** combustion time **-ugn** furnace, firing kiln **-vidd** focal distance; (*hos objektiv etc.*) focal length **-vin** *ung.* Scandinavian vodka; schnapps **-vinsadvokat** pettifogger **-vinsbränneri** distillery **-vinsglas** dram-glass; *Am.* shot-glass
bränsle *s6* fuel; *fasta och flytande ~n* solid and liquid fuels **-behållare** fuel-tank **-besparande** *a4* fuel-saving **-förbrukning** fuel consumption **-tillförsel** (*i motor*) fuel feed **-tillägg** heating surcharge
bräsch [-ä:ʃ] *s3* breach; *gå* (*ställa sig*) *i ~en för* take up the cudgels for; *skjuta en* ~ breach, batter
bräss *s2, anat.* thymus [gland]
brätte *s6* brim
bröa sprinkle with breadcrumbs
bröd *s7* bread; *franskt* ~ French bread; *hårt* ~ crispbread; *rostat* ~ toast; *förtjäna sitt* ~ earn one's living; *den enes* ~, *den andres död* one man's meat is another man's poison; *ta ~et ur munnen på ngn* take the bread out of a p.'s mouth **-butik** baker's [shop], bakery **-frukt** bread-fruit **-föda** bread; *slita för ~n* struggle to make a living **-kaka** round loaf **-kant** crust of bread **-kavel** rolling pin **-lös** *bättre* ~ *än rådlös* better breadless than witless
brödra|folk [-ö:-] sister nations **-skap** *s7* brotherhood, fraternity, fellowship
bröd|rost *s2* toaster **-skiva** slice of bread **-skrin** bread bin (box) **-smula** crumb **-spade** baker's peel **-stil** *typ.* body type, book face **-säd** breadstuffs, cereals (*pl*); (*spannmål*) corn, *Am.* grain
bröllop [-åp] *s7* wedding
bröllops|dag wedding day **-marsch** wedding (bridal) march **-natt** wedding night **-resa** honeymoon **-vittne** marriage witness
bröst *s7* breast; (*-korg*) chest; (*barm*) bosom, bust; *kokk.* breast, (*av fågel*) white meat; *ha klent* ~ have a weak chest; *ha ont i ~et* have a pain in one's chest; *förkylningen sitter i ~et* I (*etc.*) have a cold on my chest; *ge ett barn ~et* give a baby the breast; *kom till mitt ~!* come into my arms!; *slå sig för ~et* beat one's breast **-a** ~ *av* (*mil.*) unlimber; ~ *sig över* glory in, boast of **-arvinge** direct heir, descendant; issue (*sg o. pl*) **-ben** breastbone **-bild** bust; half-length portrait **-böld** breast abscess **-cancer** cancer of the breast **-droppar** *pl* cough mixture (*sg*) **-fena** pectoral fin **-ficka** breast-pocket **-gänges** [-jäŋes] *gå* ~ *till väga* act high-handedly, go at it full tilt **-håla** cavity of the chest **-hållare** brassière **-höjd** breast height **-karamell** cough-drop **-korg** chest, thorax **-körtel** mammary gland **-sim** breaststroke **-sjuk** consumptive **-sjukdom** lung-disease **-socker** sugar-candy **-ton** chest-note; *ta till ~erna* beat the drum, speechify, spout **-vidd** chest measurement **-vårta** nipple, teat **-värn** parapet; breastwork

1 bröt *s2* log jam
2 bröt *imperf av bryta*
bu *interj* **-a** boo
bubb|elkammare bubble chamber **-la** *s1 o. v1* bubble
buckl|a I *s1* **1** (*upphöjning*) boss, knob **2** (*inbuktning*) dent, dint **II** *v1* buckle; *~ till* dent **-ig** *a1* **1** embossed **2** dented
bud *s7* **1** (*befallning*) command, order; *tio Guds ~* the ten commandments; *hederns ~* the dictates of honour **2** (*an-*) offer; (*auktions-*) bid; *kortsp.* call, bid; *ett ~ på 5 pund* an offer of 5 pounds; *vara många om ~et* be many bidders **3** (*underrättelse*) message; *skicka ~ efter* send for; *skicka ~ att* send word to say that; *få ~ om ngt* receive a message about s.th. **4** (*-bärare*) messenger **5** *stå till ~s* be available (at hand); *med alla till ~s stående medel* with all available means **-a** summon, call ... in, send for **-bärare** messenger
buddis|m Buddhism **-t** *s3* **-tisk** *a5* Buddhist
budget ['buddjet] *s3* budget; *balanserad ~* balanced budget; *göra upp en ~* prepare (draw up) a budget **-era** budget for, prepare (draw up) a budget **-förslag** budget [proposals *pl*] **-år** financial (fiscal) year
bud|givning [-j-] *kortsp.* bidding **-kavle** *ung.* gathering-peat; *hist., Sk.* fiery-cross; *~n går!* the fiery-cross is out! **-kavletävling** *sport.* relay race **-ning** [-u:-] **1** summoning *etc., se -a* **2** (*om tömning av latrinkärl*) notice to nightmen
budoar [bɷ-] *s3* boudoir
bud|ord commandment **-skap** *s7* message, announcement; address **-skickning** [-ʃ-] messenger service
buffé *s3, se byffé*
buffel ['buffel] *s2* buffalo; *bildl.* boor, lout **-aktig** *a1, bildl.* boorish, churlish **-hjord** buffalo herd
buffert ['buff-] *s2* buffer, bumper **-stat** buffer state
bug|a *~* [*sig*] bow (*för* to) **-ning** [-u:-] bow
buk *s2* belly; *neds.* paunch; *anat.* abdomen
Bukarest ['bu:-] *n* Bucharest
bukett *s3* bouquet, nosegay
buk|fena ventral fin **-fyllnad** filling food **-hinna** peritoneum **-hinneinflammation** peritonitis **-håla** abdominal cavity **-ig** *a1* bulging, bulged **-landning** *flyg.* belly landing
bukolisk [-å:-] *a5* bucolic
bukspott pancreatic juice **-körtel** pancreas
bukt *s3* **1** (*böjning*) bend, winding, turn **2** (*vik*) bay, gulf; (*liten*) cove, creek **3** (*slinga på tross e.d.*) bight, fake, coil **4** *få ~ med* (*på*) manage, master **-a** *rfl* bend, curve, wind; *~ sig utåt* bulge
buktalare ventriloquist
bukt|ig *a1* bending, curving, winding **-ning** bend, curve, turn, winding
bula *s1* bump, swelling
bulevard [-a:-] *s3* boulevard; *Engl.* avenue **-kafé** boulevard café
bulgar *s3* Bulgarian **Bulgarien** *n* Bulgaria **bulgarisk** *a5* Bulgarian
buljong [-'jåŋ] *s3* bouillon, clear soup, meat broth; (*för sjuka*) beef-tea **-tärning** beef cube, meat extract cube
bulk *s2* bulk **-last** bulk cargo
1 bulla *s1* (*påvlig*) bull
2 bulla *v1, ~ upp* make a spread
bulldogg [-å-] *s2* bulldog
bull|e *s2* bun, roll; *nu skall ni få se på andra -ar* you'll be seeing some changes around here
buller ['bull-] *s7* noise, sound, row; racket; (*dovt*) rumbling; *med ~ och bång* with a great hullabaloo **-mätning** noise measurement **-nivå** noise level
bulletin *s3* bulletin
bullra make a noise; (*mullra*) rumble; (*dåna*) roar, thunder **-nde** *a4* noisy, boisterous
bulna [-u:-] fester; gather **-d** *s3* swelling; (*böld*) boil, abscess
bult *s2* bolt; (*gängad*) screw[-bolt]; (*nit*) rivet; *sjö. äv.* pint
bult|a 1 (*kött*) pound; beat; *med ~nde hjärta* with a pounding (palpitating) heart **2** (*knacka*) knock (*i, på* on, at); (*om puls*) throb; (*dunka*) thump; *det ~de på dörren* there was a knock at the door **-ning** pound, pounding; knock[ing]
bulvan *s3* decoy; *Am.* stooge; *bildl. äv.* dummy; *köp genom ~* acquisition via ostensible buyer
bumerang boomerang
bums right away, instantly, on the spot
bund|en *a3* bound (*äv. om bok*); *bildl.* tied, fettered; (*fästad*) attached (*vid* to); *~ aktie* unfree share; *~ elektricitet* dissimulated electricity; *-et lån* fixed-term loan; *~ stil* poetry; *~ värme* latent heat **-enhet** confinement; (*stelhet*) constraint, stiffness **-it** *sup av binda*
bundsförvant ally, confederate
bunke *s2* (*av trä, lera*) bowl; (*av glas*) dish; (*av metall*) pan
bunk|er ['bunn-] *s2* **1** *sjö.* bunker **2** *mil.* concrete dugout, pillbox **-erkol** bunker coal[s *pl*] **-ra** bunker
bunsenbrännare Bunsen burner
bunt *s2* packet; (*papper, hö, garn*) bundle; *hela ~en* the whole bunch (lot) **-a** *~* [*ihop*] make ... up into packets (bundles)
buntmakare furrier
buntvis in packets (bundles)
bur *s2* cage; (*emballage*) crate; (*höns-*) coop; *känna sig som en fågel i ~* feel cooped up **-a** *~ in* lock ... up
burdus I *adv* abruptly, slapdash **II** *a1* abrupt; *bildl.* blunt, bluff
burfågel cagebird, cageling
burgen [-j-] *a3* well-to-do, affluent; *han är en ~ man* he is very well-off (well-to-do) **-het** affluence
Burgund *n* Burgundy **burgundisk** *a5* Burgundian
burit *sup av bära*
burk *s2* pot; (*sylt-*) jar; (*bleck-*) tin, *Am.* can; (*apoteks-*) gallipot; *på ~* tinned
burlesk *a1 o. s3* burlesque
Burma ['bö:r-] *n* Burma **burmansk** [bör-] *a5* Burmese, Burman
burnus *s2, s3* burnous
1 burr *se brr*
2 burr *s7* (*om hår*) frizz[le] **-a** *~ upp* ruffle up; *fågeln ~de upp sig* the bird ruffled up its feathers **-ig** *a1* frizzy, frizzled
burskap *s7* **1** *hist.* burgership **2** *vinna ~* be

adopted (*i* into), become established, (*friare*) gain ground
burspråk *s7* oriel; (*utbyggt fönster*) bay--window
bus *leva* ~ make a nuisance of o.s., (*skämts.*) make mischief, be noisy **-a** make trouble; be noisy **-aktig** *a1* uncouth, rowdy; mischievous, noisy
buschman Bushman
bus|e *s2* **1** *barnspr.* bogy-man **2** (*ruskig karl*) ruffian, rowdy **-fasoner** *pl* rowdy behaviour (*sg*) **-frö** young ragamuffin **-ig** *a1* rowdy; noisy
busk|ablyg bashful, timid **-age** [-'ka:ʃ] *s7* copse, shrubbery **-e** *s2* bush; (*liten, risig*) scrub; (*större*) shrub **-ig** *a1* bushy **-skvätta** whinchat **-snår** thicket, brambles **-teater** *ung.* farcical open-air play (show)
busliv rowdyism
1 buss 1 *s2* (*karl*) hearty; *~ar* merry men, warriors bold; *se äv. sjö-* **2** *oböjl. s o. a, vara ~ med ngn* be pals with s.b.
2 buss *s2* (*tugg-*) quid [of tobacco]
3 buss *s2* (*omnibus*) bus; (*turist-*) coach
4 buss *interj o. adv, ~ på honom!* at him! **-a** *~ hunden på ngn* set the dog on s.b.
bussarong [-'råŋ] *s3* [sailor's] jumper
buss|chaufför bus driver **-förbindelse** bus connection **-hållplats** bus stop
bussig *a1* (*förträfflig*) capital; (*hygglig*) kind, good; *hon är en ~ flicka* she is a good sort
buss|konduktör bus conductor **-linje** bus service (line)
bussning *tekn.* sleeve, bushing
bus|unge *vard.* little blighter (devil) **-väder** foul (squally) weather
butan *s4* butane
butelj *s3* bottle; *tappa på ~er* draw off into bottles **-era** bottle **-grön** bottle-green
butik *s3* shop; *Am.* store; *slå igen* (*stänga*) *~en* shut the shop, (*upphöra med ~en*) shut up shop; *stå i ~* work (serve) in a shop
butiks|biträde shop assistant **-föreståndare** shop manager **-innehavare** shopkeeper **-inredning** shop fittings (*pl*) **-kedja** multiple (chain) stores **-råtta** shop-lifter
butter ['butt-] *a2* sullen, morose **-het** sullenness
buxbom *s2* box
1 by *s2* (*vindstöt*) squall, gust
2 by *s2* (*samhälle*) village; (*mindre*) hamlet **-alag** *s7* village community **-allmänning** land owned in common by a village
byffé *s3* **1** (*för förfriskningar*) refreshment room, buffet **2** (*skänk*) sideboard
bygata village street
bygd *s3* (*nejd*) district, countryside; (*odlad*) settled country; *ute i ~erna* out in the country; *bryta ~* start cultivation
bygde|gård [rural] community centre **-mål** dialect **-spelman** country fiddler; folk musician
bygel *s2* bow, hoop, clamp; *tekn.* loop, yoke; (*beslag*) mount[ing]; (*på handväska*) frame; (*på hänglås*) shackle; (*på sabel*) guard
bygg|a *v2* build, construct; (*uppföra*) erect; (*grunda*) base, found; *~ och bo* set up house, reside; *ingenting att ~ på* nothing to build upon, not to be relied on; *~ om* rebuild; *~ på* (*om hus*) add [a storey] to, (*öka*) add to, increase, enlarge; *~ till* enlarge; *~ upp* build up, erect **-ande** *s6* building; construction, erection **-e** *s6* building, construction **-element** building unit **-herre** commissioner of building project; future owner **-kloss** brick **-låda** box of bricks **-mästare** building contractor, [master-]builder **-nad** *s3* **1** *se -ande* **2** (*bildning, konstruktion*) construction, structure **3** (*hus*) building, edifice
byggnads|arbetare building worker **-entreprenör** building contractor **-konst** structural engineering, architecture **-kreditiv** building credit (loan) **-lov** building permit **-lån** building loan **-material** building (construction) materials **-nämnd** local housing (building) committee **-reglering** building control **-stadga** building by-laws (*pl*) **-ställning** scaffold[ing] **-tillstånd** building licence (permit) **-verk** structure **-verksamhet** construction (building) [activity]
byggnation construction work
byig *a1* squally, gusty; *flyg.* bumpy
byk *s2* wash[ing]; *han har en trasa med i ~en* he has a finger in that pie **-a** *v3* wash
byke *s6* rabble, pack
bykkar wash-tub
byling cop[per]
bylt|a *~ ihop* make ... into a bundle; *~ på ngn* muffle s.b. up **-e** *s6* bundle, pack
byracka *s1* mongrel, cur
1 byrå *s2* (*möbel*) chest of drawers; *Am.* bureau
2 byrå *s3* (*ämbetsverk etc.*) office, department, bureau; *Am.* division **-chef** head of a division, assistant secretary **-direktör** head of a section, principal [executive officer]
byråkrat bureaucrat; *vard.* red-tapist, big--wig **-i** *s3* bureaucracy; *vard.* red tape **-isk** *a5* bureaucratic; *vard.* red tape
byrålåda drawer
byråsekreterare second [section] secretary
Bysans ['by:-] *n* Byzantium **bysantin** *s3* **-sk** [-i:-] *a5* Byzantine
byst *s3* bust **-hållare** brassière; *vard.* bra
bysätt|a arrest ... for debt **-ningshäkte** debtor's prison
byt|a *v3* change; (*utbyta*) exchange; (*vid -eshandel*) barter; *Am.* trade; (*utväxla*) interchange; *vard.* swap, switch; *~ buss* (*spårvagn etc.*) (*Am.*) transfer; *~ ord med ngn* bandy words with s.b.; *~ plats a*) change places (*med ngn* with s.b.), *b*) (*ändra*) move *c*) (*~ tjänst*) get a new post; *~ av ngn* relieve s.b.; *~ bort* exchange (*mot* for); *~ bort sin rock* take s.b. else's coat; *~ om* change [one's clothes]; *~ till sig* get ... by exchange; *~ ut* exchange (*mot* for) **-e** *s6* **1** exchange; *förlora på ~t* lose by the exchange; *göra ett gott ~* (*vard.*) make a good swap, gain by the exchange **2** (*rov*) booty, spoil[s *pl*]; (*rovdjurs o. bildl.*) prey; (*jakt-*) game, quarry
bytes|affär barter transaction **-balans** balance of current payments **-handel** barter, exchange
byting kid; urchin
bytta *s1* firkin; (*smör-*) tub
byx|a *s1, se -or* **-bak** trouser-seat **-ben**

trouser-leg -dress trouser suit -ficka trouser-pocket -gördel pantie girdle -kjol divided skirt -linning trouser-waistband -or *pl* (*långa*) trousers, *Am.* pants; (*korta*) shorts; (*golf-*) plus-fours; (*knä-*) knicker[bocker]s; (*lediga lång-*) slacks; (*dam-*) panties, knickers, drawers -ångest blue funk

1 båda *v1* (*före-*) betoken, foreshadow; (*ngt ont*) [fore]bode, portend; *det ~r inte gott* it is a bad omen, it bodes no good; *~ upp, se upp-*

2 båda *pron* (*beton.*) both (*äv.*: *~ två*); (*obeton.*) the two; *vi ~* we two (both), both of us; *mina ~ bröder* my two brothers; *i ~ fallen* in both cases, in either case; *för ~s vår skull* for both our sakes; *~s föräldrar* the parents of both of them; *en vän till oss ~* a mutual friend **-dera** both

både both; *~ han och hon* (*äv.*) he as well as she

båg *s7* hoax, confidence trick **-a** bluff, hoax, swindle, hoodwink

båg|e *s2* **1** (*vapen*) bow; *ha flera strängar på sin ~* have several strings to one's bow; *spänna en ~* draw a bow; *spänna ~n för högt* aim too high **2** (*linje*) curve; *mat.* arc **3** *mus.* slur; tie **4** *arkit.* arch **5** (*på glasögon*) frame, rim **6** (*sy-*) frame **-fil** hacksaw **-formig** [-år-] *a1* curved **-fris** arched moulding **-fönster** arched window **-gångar** *anat.* semicircular canals **-lampa** arc lamp **-linje** curve, curvature **-ljus** arc-light **-na** [ˣbågg-, ˣbåŋna] bend; sag, bulge **-skytt** archer **-skytte** archery **-sträng** bowstring

båk *s2* **1** (*sjömärke*) beacon **2** (*fyrtorn*) lighthouse

1 bål *s2, anat.* trunk, body

2 bål *s2* (*skål*) bowl; (*dryck*) punch

3 bål *s7* (*ved- o.d.*) bonfire; (*lik-*) [funeral] pyre; *brännas på ~* be burnt at the stake

båld [-å:-] *a1* dauntless, bold, doughty

bålgeting hornet

bålrullning *gymn.* trunk gyration

bålverk *s7* bulwark; *bildl. äv.* stronghold

bångstyrig *a1* refractory, rebellious, unruly

bår *s2* (*lik-*) bier; (*sjuk-*) stretcher; *ligga på ~* be lying on one's bier **-bärare** stretcher-bearer; coffin-bearer

bård [-å:-] *s3* border; (*broderad äv.*) edging

bår|hus mortuary **-täcke** [funeral] pall

bås *s7* stall, crib; (*friare*) compartment, booth

båt *s2* boat; (*fartyg*) ship; (*rodd- äv.*) skiff; *ge ngt på ~en* give s.th. up as a bad job, fling s.th. to the winds; *ge ngn på ~en* throw s.b. over, *vard.* chuck s.b. up

båta *det ~r föga att* it is no use (+ *ing-form*)

båt|brygga landing-stage **-byggare** boat builder **-förbindelse** boat connection **-hus** boathouse **-last** shipload, cargo **-lägenhet** *med första ~* by [the] first [available] ship **-motor** marine engine (motor) **-mössa** *mil.* forage cap

båtnad [-å:-] *s3* advantage; *till ~ för* to the advantage of

båts|hake boat-hook **-man** boatswain, bosun **-mansstol** boatswain's (bosun's) chair

båtvarv boatyard, boat-building yard

bä *interj* baa!; bah!

bäck *s2* brook, rill, small stream; *Am.* creek; *många ~ar små gör en stor å* many a little makes a mickle; *det är bättre att stämma i ~en än i ån* a stitch in time saves nine

bäcken ['bäkk-] *s7* **1** *anat.* pelvis **2** (*fat*) basin; (*säng-*) bed-pan **3** *geol.* basin **4** *mus.* cymbals (*pl*) **-ben** pelvic girdle

bädd *s2* bed; (*fundament*) foundation **-a** make a (the, one's) bed; *som man ~r får man ligga* as you make your bed, so you must lie on it; *~ ner* put ... to bed; *~ upp* make the (one's) bed **-jacka** bed jacket **-ning** bed-making **-soffa** sofa-bed, bed-settee

bägare cup, mug; *kyrkl.* chalice

bägge *se 2 båda*

bälg [*bällj*] *s2* bellows (*pl*); *en ~* a pair of bellows **-a** *~ i sig* gulp down

Bält *n, Stora* (*Lilla*) *~* Great (Little) Belt

bält|a *s1* armadillo **-djur** *pl* dasypodoids

bält|e *s6* belt; (*gördel*) girdle **-espännare** *ung.* knife-wrestler **-ros** [the] shingles (*pl*)

bända *v2* prize, pry (*loss* loose; *upp* open)

bänds|el *s2, sjö.* lashing, seizing **-la** *sjö.* lash, seize

bängel *s2* (*drasut*) great lout; (*slyngel*) rascal

bänk *s2* seat; (*väggfast, arbets- o. parl.*) bench; (*kyrk-*) pew; (*skol-*) desk; (*lång*) form; *teat.* row **-a** *rfl* seat o.s. **-kamrat** *vi var ~er* we sat next to one another at school **-rad** row

bär *s7* berry; *lika som ~* as like as two peas

bär|a *bar burit* **I 1** (*lyfta o. gå med*) carry; (*friare o. bildl.*) bear; (*kläder*) wear; (*stötta*) support; *~ bud om* bring (take, carry) word (a message) about; *~ huvudet högt* carry one's head high; *~ sina år med heder* carry one's years well; *~ hand på ngn* use violence on s.b.; *~ frukt* (*vittnesbörd*) bear fruit (testimony); *~ ansvar för* be responsible for; *~ skulden för* be responsible for, be to blame for **2** (*leda, föra*) lead **3** (*om is*) bear; *det må ~ eller brista* [it is] sink or swim; *gå och ~ på ngt* have s.th. on one's mind, be suffering under s.th. **4** (*med beton. part.*) *~ av* (*sjö.*) bear off; *när bär det av?* when are you going?; *det bär* [*mig*] *emot* it goes against the grain; *bär hit böckerna* bring me the books; *han såg vart det bar hän* he saw what it would lead to; *~ på sig* carry ... about [with] one; *han bär upp hela föreställningen* he is the backbone of the whole performance; *han kan ~ upp en frack* he can carry off a dress suit, he looks well in tails; *vägen bär uppför* (*utför*) the road goes uphill (downhill); *bär ut det!* take it out! **II** *rfl* **1** *det bar sig inte bättre än att han* as ill luck would have it he **2** (*löna sig*) pay **3** *~ sig åt* behave; *hur bar du dig åt för att* how did you manage to; *hur jag än bär mig åt* whatever I do **-ande** *a4* carrying *etc.*; *den ~ tanken* the fundamental idea; *~ vägg* structural (load-bearing) wall **-are** bearer; (*stadsbud*) porter, *Am. äv.* redcap; (*av idé*) exponent **-bar** [-ä:-] *a1* portable

bär|buske berry-bush **-fis** *s2* berry-louse

bärg|a [-ja] **I 1** (*rädda*) save; *sjö.* salve, salvage **2** (*skörda*) harvest, get in, reap **3** (*segel*) take in, shorten **II** *rfl* **1** (*reda sig*) get along **2** (*avhålla sig*) contain o.s. **-ad** *a5* well-to-do, well-off **-arlön** salvage [money] **-ning**

1 *sjö.* salvage 2 (*av skörd*) harvest 3 (*av segel*) taking in 4 (*utkomst*) livelihood **-ningsbil** breakdown lorry; *Am.* wrecking truck **-ningsfartyg** salvage ship (vessel, boat)
bärig *a1, se bärkraftig* **-het** 1 (*lastdryghet*) carrying capacity 2 (*räntabilitet*) profitability, earning capacity; *tekn.* ultimate bearing resistance
bäring *sjö.* bearing
bärkasse string-bag; paper carrier
bärkorg berry-basket
bärkraft *tekn.* bearing capacity; *ekon.* financial strength; (*fartygs*) buoyancy **-ig** strong; *ekon.* economically sound
bärnsten [-ä:r-] amber
bärplan *flyg.* plane, wing; *sjö.* hydrofoil
bärplansbåt hydrofoil boat
bärplockning bilberry(*etc.*)-picking
bär|raket carrier rocket **-rem** strap **-stol** palanquin
bärsärk [ˣbä:r-] *s2* berserk[er]; *gå fram som en ~* go berserk, run amok
bärvåg *radio.* carrier wave
bäst *superl t. bra, god, väl* I *a* best; *med de ~a avsikter* with the best of intentions; *det var i ~a välmening* I (he, she *etc.*) only meant well; *de allra ~a vänner* the best of friends; *hon är ~ i engelska* she is best at English; *efter ~a förmåga* to the best of one's ability; *i ~a fall* at [the] best; *i ~a mening* in the best sense; *i sina ~a år* in the prime of life; *med ~a vilja i världen* with the best will in the world; *på ~a möjliga sätt* in the best way possible; *hoppas på det ~a* hope for the best; *vid första ~a tillfälle* at the earliest opportunity; *de här skorna har sett sina ~a dagar* these shoes are past praying for; *~e bror!, se broder*; *det är ~ vi går* we had better go II *adv* best; *vad tyckte du ~ om?* what did you like best?; *jag höll som ~ på med* I was in the middle of; *det vet jag ~ själv* I know best; *du får klara dig ~ du kan* you must manage as best you can; *du gör ~ i att* it would be best for you to III *konj*, ~ [*som*] just as; *~ som det var* all at once; *~ som vi pratade* just as we were talking **-a** *s* good, benefit, welfare; *det allmänna ~* the public good; *tänka på sitt eget ~* think of one's own good; *få ngt till ~* have some refreshments; *ta sig för mycket till ~* take a drop too much; *förste -e* the first that comes; *det kan hända den -e* that (it) can happen to the best of us; *göra sitt ~* do one's best
bättr|a improve [on]; *~ på* touch (brush) up; *Am. äv.* revamp; *~ sig* mend, improve **-e** ['bätt-] *komp. t. bra, god, väl* I *a* better; better-class, better-quality; *bli ~* get better; *få* (*ha*) *det ~* be better off; *han har sett ~ dagar* he has seen better days; *~ mans barn* well-born child[ren]; *~ kvalitet* superior quality (*än* to); *komma på ~ tankar* think better of it; *mot ~ vetande* against one's better judgement; *så mycket ~ för mig* so much the better for me; *~ upp* one better II *adv* better; *han förstår inte ~* he doesn't know any better; *det hände sig inte ~ än att han* as ill-luck would have it, he **-ing** improvement; (*om hälsa*) recovery; *relig.* repentance **-ingsvägen** *vara på ~* be on the road to recovery, *vard.* be on the mend
bäva tremble; (*darra*) quiver, shake; (*rysa*) shudder (*för* at) **-n** *r* dread, fear
bäver ['bä:-] *s2* beaver
böckling smoked Baltic herring
bödel ['bö:-] *s2* executioner, hangman; *bildl.* tormentor
bödelsyxa executioner's axe
Böhmen ['bö:men] *n* Bohemia
böj|a [ˣböjja] *v2* I 1 bend, curve; (*huvudet*) bow, incline; (*lemmarna äv.*) flex; *~ knä inför* bend the knee to; *knäna böj!* knees bend!; *det skall ~s i tid som krokigt skall bli* best to bend while it is a twig; *~ undan* turn aside, deflect 2 *språkv.* inflect, conjugate II *rfl* 1 bend (stoop) [down]; *~ sig undan* turn aside; *~ sig över* bend (lean) over 2 (*foga sig*) bow; *~ sig för det oundvikliga* bow to the inevitable 3 (*ge efter*) yield (give in) (*för* to) **-bar** *a1* bendable **-d** *a1* 1 bent, bowed; (*om hållning*) stooping; (*krökt*) curved; (*bågformig*) arched; *~ av ålder* bent with age 2 *språkv.* inflected, conjugated 3 (*benägen*) inclined, disposed **-else** inclination, bent, proneness (*för* for); tendency (*för* to[wards]); (*öm känsla*) fancy, liking (*för* for) **-hållfasthet** bending strength **-lig** *a1* flexible; *bildl.* pliable, supple **-lighet** flexibility; *bildl.* pliability, suppleness **-ning** bending; (*krökning*) flexure, curvature; *språkv.* flexion, inflection
böjnings|form inflected form **-mönster** paradigm **-ändelse** inflectional ending
böka root, grub
böl *s7* bellow **-a** bellow; (*råma*) low, moo
böld *s3* boil; (*svårare*) abscess **-pest** bubonic plague
bölja I *s1* billow, wave; *bildl.* surge II *v1* undulate; (*om sädesfält*) billow **-nde** *a4* (*om hav*) rolling, swelling; (*om sädesfält*) billowing; (*om hår*) wavy, waving; (*om människomassa*) surging
böm|are *s9* **-isk** ['bö:-] *a5* Bohemian
bön *s3* 1 (*anhållan*) petition, request (*om* for); (*enträgen*) entreaty (*om* for) 2 *relig.* prayer; *Herrens ~* the Lord's Prayer; *be en ~* say a prayer; *förrätta ~* offer [up] prayer
1 **böna** *v1, ung.* beseech, implore
2 **böna** *s1* 1 bean 2 (*vard., flicka*) bird; *Am.* chick
bön|bok prayer-book **-dag** *ung.* intercession day
böne|hus chapel; meeting-house **-man** beadsman; wooer's proxy **-matta** prayer mat **-möte** prayer-meeting **-skrift** petition
bönfalla plead (*om* for); implore (beseech, entreat) (*ngn om ngt* s.b. for s.th.)
bönhas *s2* interloper
bön|höra *~ ngn* hear a p.'s prayer; *han blev -hörd* his prayer was heard, (*friare*) his request was granted **-hörelse** hearing (answering) of prayer
böra *borde bort* (*pres o. imperf*) ought to, should; (*inf o. sup översätts genom omskrivning*); *hon bör vara framme nu* she should be there by now; *jag anser mig ~ göra det* I think I ought to do it; *det borde vi ha tänkt på* we ought to have thought

of that; *det är alldeles som sig bör* it is quite fitting; *man bör aldrig glömma* one should never (ought never to) forget
börd [-ö:-] *s3* birth; (*härkomst äv.*) lineage, descent; *till ~en* by birth; *av ringa ~* of lowly birth
börda [-ö:-] *s1* burden; load; *digna under ~n* be borne down by (droop under) the load; *livet blev honom en ~* life became a burden to him; *lägga sten på ~* increase the burden, add insult to injury
1 **bördig** [-ö:-] *a1* (*härstammande*) *hon är ~ från* she was born in, she is a native of
2 **bördig** [-ö:-] *a1* (*fruktbar*) fertile **-het** fertility
börds|adel hereditary nobility **-stolt** proud of one's birth
börja begin; *vard.* start; *Am. äv.* kick off; (*mera högtidligt*) commence; (*~ på med*) set about, enter upon; *det ~r bli mörkt* it is getting dark; *till att ~ med* to begin (start) with; *nu ~s det* here we go, now we are in for it; *~ om* begin again; *~ om från början* start afresh, make a fresh start **-n** *r* beginning; start; (*av brev*) opening; (*ursprung*) origin; *från första ~* from the very beginning; *från ~ till slut* from beginning to end; *i* (*från*) *~* at first; *i ~ av* at the beginning of; *i ~ av åttiotalet* in the early 'eighties; *till en ~* to begin (start) with
börs 1 *s2* (*portmonnä*) purse **2** *s3* (*fond-*) exchange; *spela på ~en* speculate on the stock exchange **-affärer** exchange business (dealings) **-jobbare** stockjobber **-kupp** stock exchange manœvre **-lista** [stock] exchange list; (*för aktier*) share (*Am.* stock) list **-mäklare** stockbroker **-notera** list on the stock exchange **-noteringar** [stock] exchange quotations **-spekulant** speculator on the [stock] exchange; stockjobber **-spekulation** speculation on the [stock] exchange; stock-jobbing **-transaktion** stock exchange transaction
böss|a *s1* **1** (*gevär*) [shot-]gun, rifle **2** (*penningskrin*) money-box **-kolv** butt-end **-mynning** muzzle **-pipa** gun-barrel
böt|a pay a fine; *~ för* suffer (pay) for **-er** *pl* fine (*sg*); *döma ngn till 10 punds ~* fine s.b. 10 pounds; *belagd med ~* liable to (punishable by) a fine **-esstraff** fine, pecuniary penalty **-fälla** fine; *-fälld till* fined
bövel *s2* deuce, devil

C

ca *förk. för cirka*
cabriolet [kabriå'lä:] *s3* convertible [coupe]
café [k-] *se kafé*
calmettevaccinering [kal×mettvaksi-] BCG-vaccination
camouflage [k-] *se kamouflage*
camp|a [k-] camp **-ing** ['kamm-] camping
cancer ['kann-] *s2* cancer
cape [kä:p] *s5* cape
capita ['ka:-] *per ~* per head of the population, per capita
C-dur C major
ceder ['se:-] *s2* cedar
cedera cede
cederträ cedarwood
cedịlj *s3* cedilla
celẹb|er *a2* distinguished, famous **-rera** celebrate **-ritẹt** *s3* celebrity
celẹst *a1* celestial
celibạt *s7* celibacy
cell *s3* cell; *databeh.* location **-delning** cell--division **-fånge** prisoner in solitary confinement
cellist cellist
cell|kärna nucleus (*pl* nuclei) **-lära** *se cellära*
cello ['sello] *-n celli* cello
cellofạn *s4* cellophane
cellskräck claustrophobia
cell|stoff cellulose wadding, cellucotton **-ull** rayon staple
celluloịd *s3* celluloid **-docka** celluloid doll
cellulosa [-×lω:sa] *s1* cellulose **-fabrik** cellulose plant; pulp mill **-lack** cellulose lacker (enamel)
cell|vägg cell-wall **-vävnad** cellular tissue
cellära cytology
Celsius ['sell-] *r, fem grader ~* five degrees centigrade **celsiustermometer** Celsius (centigrade) thermometer
cembalo [çemm-] *s5* harpsichord
cemẹnt *s3, s7* cement **-bruk** cement mortar **-era** cement **-ẹring** cementation **-fabrik** cement works (*sg o. pl*)
cendré [saŋ'dre:] *oböjl. a* ash-coloured; ash--blond[e *fem.*]
censor [-år] *s3* censor; *skol.* [external] examiner
censur (*-erande*) censoring; censorship; *sträng ~* strict censorship; *öppnat av ~en* opened by censor **-era** censor **-ẹring** censoring
census *r* census; *polit.* property qualification
centạur *s3* centaur
center ['senn-] *s2, s7* centre; *Am.* center **-bord** centre-board **-halv** centre-half **-halvback** centre-half-back **-parti** Centre Party
centi|grạm centigram[me] **-lịter** centilitre

-**meter** centimetre; *Am.* centimeter -**metermått** centimetre measure
centner ['sennt-] *s9* hundredweight, centner
central I *a1* central; (*väsentlig*) essential **II** *s3* centre; *Am.* center; central office; *tel.* exchange
Central|afrika *n* Central Africa -**amerika** *n* Central America
central|antenn communal TV aerial -**dirigerad** *a5* centrally controlled -**dirigering** central[ized] control -**figur** central figure -**isera** centralize -**isering** centralization -**lyrik** *ung.* lyrical poetry -**postkontor** General Post Office -**station** central [railway] station -**uppvärmning** -**värme** central heating
centrer|a centre; *Am.* center -**ing** cent[e]ring
centrifug *s3* centrifuge; (*för tvätt*) spin-drier -**al** *a1* centrifugal -**alkraft** centrifugal force -**era** centrifugalize; (*tvätt*) spin-dry
centripetal *a1* centripetal -**kraft** centripetal power
centrum ['senn-] *s8* centre; *Am.* center
cerat *s7*, *s4* cerat[e]
cerebral *a1* cerebral, of the brain; ~ *pares* cerebral palsy
ceremoni *s3* ceremony; *Am. äv.* exercises (*pl*) -**el** *s7* -**ell** *s7 o. a1* ceremonial -**mästare** master of ceremonies; *Am. äv.* emcee (M.C.) -**ös** *a1* ceremonious
cerium ['se:-] *s8* cerium
cerner|a *mil.* invest -**ing** *mil.* investment
certeparti *s4* charterparty
certifikat *s7* certificate
cesium ['se:-] *s8* cesium
cession [se'ʃɷ:n] *s3* **1** *jur.* cession **2** (*konkurs*) bankruptcy
cesur cæsura
champagne [ʃam'pannj] *s5* champagne
champinjon *s3* [common] mushroom
changera [ʃaŋ'ʃe:ra] lose colour, fade; (*om utseende*) deteriorate, run to seed
chans [çaŋs, ʃ-, -ns] *s3* chance, opportunity (*till* of); opening (*till* for) -**artad** [-a:r-] *a5* hazardous -**lös** *han är* ~ he does not stand a chance
chapeau-claque [ʃapå'klakk] *s5* opera-hat
charabang char-à-banc
charad *s3* charade
chargera [ʃar'ʃe:ra] exaggerate
charkuteri *s4* -**affär** pork-butcher's [shop]; *Am.* delicatessen store, butchery -**st** butcher -**varor** cured meats and provisions
charlatan *s3* charlatan, quack -**eri** charlatanism, quackery
charm *s2* charm; attractiveness -**a** charm -**ant** [-aŋt, -ant] *a1* delightful, charming -**era** charm; ~*d av* charmed with -**erande** *a4* charming
charmeuse [-'mö:s] *s5* locknit [charmeuse]
charm|full -**ig** *a1* charming -**lös** without charm, unattractive; dull -**ör** charmer
chart|erflyg charter air-traffic -**ra** ['ça:r-] charter -**ring** chartering, affreightment
chassi [ʃa'si:, 'ʃassi] *s4* chassis (*sg o. pl*)
chateaubriand [ʃa×tå:briaŋ] *s3* château briand [steak]
chaufför [ʃå'fö:r] driver, chauffeur
chaussé [ʃå'se:] *s3* highroad
chauvinis|m [ʃå-] chauvinism, jingoism -**t** chauvinist, jingoist -**tisk** *a5* chauvinistic, jingo
check [çekk] *s2*, *s3* cheque; *Am.* check; *en ~ på 100 pund* a cheque for 100 pounds; *utställa en ~* draw a cheque; ~ *utan täckning* uncovered cheque -**bedrägeri** cheque forgery (fraud) -**blankett** cheque [form] -**häfte** cheque book -**konto** -**räkning** cheque account; *Am.* checking account -**räkningskredit** overdraft [facility]
chef [ʃe:f] *s3* head, principal, manager (*för* of); *vard.* boss, chief; (*för stab o.d.*) chief, director; (*för förband*) commanding officer -**konstruktör** chief designer, chief design engineer -**redaktör** editor-in-chief
chefsegenskaper *pl* executive talent (*sg*)
chefskap *s7* headship
chevaleresk *a1* chivalrous
cheviot ['ʃe:viåt] *s3* cheviot; *blå ~* (*äv.*) blue serge
chevreau [-'rå:] *s3* kid[skin]
chic [ʃikk] *a1* chic, stylish
chiffer ['ʃiffer] *s9*, *s3* code, cipher; (*namn-*) monogram -**skrift** cipher, code -**telegram** code (cipher) telegram
chiffong [-åŋ] *s3* chiffon
chiffonjé [-å-] *s3* secretaire, bureau
chiffrer|a encode, encipher -**ing** encoding, enciphering
chikan *s3* (*förolämpning*) affront, insult; (*vanheder*) ignominy -**era** offend, insult; humiliate
Chile [×çi:le] *n* Chile **chile|n[are]** [ç-] *s3* [*s9*] -**nsk** [-e:-] *a5* Chilean -**salpeter** Chile saltpetre, sodium nitrate
chimär *s3* chimera
chinjong [-å-] *s3* chignon
chintz [çinnts] *s3* chintz
chock [-å-] *s3* **1** (*anfall*) charge **2** (*nervstöt*) shock -**behandling** shock treatment -**era** shock -**erande** *a4* shocking
choklad [ʃɷ-, ʃå-] *s3* chocolate; (*drick-*) cocoa -**ask** chocolate box -**bit** piece of chocolate -**brun** chocolate[-coloured] -**kaka** chocolate bar -**praliner** chocolate creams -**pudding** chocolate pudding
chos|a [-å:-] *rfl* show off -**er** *pl* affectation (*sg*) -**efri** [×ʃå:sfri] unaffected, natural -**ig** *a1* affected
chuck [ʃ-, ç-] *s2*, *tekn.* chuck
ciceron *s3* cicerone, guide
cif [siff] c.i.f. (cost, insurance, freight) -**pris** c.i.f. price
cigarr *s3* cigar -**affär** tobacconist's [shop] -**aska** cigar-ash -**cigarrett** cigarillo, cigarito
cigarrett *s3* cigarette -**etui** cigarette-case -**fimp** cigarette-end -**munstycke** cigarette-holder -**paket** packet of cigarettes -**papper** cigarette paper (*Am.* tissue) -**rökning** cigarette-smoking -**tändare** [cigarette] lighter
cigarr|handlare tobacconist -**låda** cigar-box -**snoppare** cigar-cutter
cikada [-×ka:-] *s1* cicada, cicala
cikoria *s1* chicory
cilie ['si:-] *s5* cilia
cimbrer ['simm-] *s9* Cimbri[ans]
cinnober *s2* cinnabar; (*färg*) vermilion
cirka about, approximately, roughly -**pris** approximate price; standard price
cirkel *s2*, *geom.* circle (*äv. friare*); *rubba ngns*

cirklar (*ung.*) upset a p.'s plans **-bevis** vicious circle; *göra ett* ~ reason in a circle **-båge** arc **-rund** circular **-segment** segment of a circle **-sektor** sector of a circle **-såg** circular saw **-yta** area of a circle
cirkla circle **-d** *a5* (*tillgjord*) affected; formal
cirkul|ation circulation **-ationsorgan** organ of circulation **-ationsrubbning** circulatory disturbance **-era** circulate, go round; *låta* ~ circulate, send round **-är** *s7 o. a1* circular **-ärskrivelse** circular [letter]
cirkumflex *s3* circumflex
cirkus ['sirr-] *s2* circus **-artist** circus performer **-direktör** circus manager **-föreställning** circus performance **-tält** circus marquee
cirrusmoln cirrus
cisalpinsk [-i:-] *a5* cisalpine
cisel|era chase **-ering** chasing **-ör** chaser
ciss C sharp **Ciss-dur** C-sharp major **ciss-moll** C-sharp minor
cisterciens[er]|munk Cistercian monk **-orden** Cistercian order
cistern [-ä:-] *s3* tank, cistern
citadell *s7* citadel
cit|at *s7* quotation **-ationstecken** *pl* quotation marks, inverted commas **-era** quote; (*anföra som exempel*) cite
citrat *s4* citrate
citron *s3* lemon **-fjäril** brimstone butterfly **-fromage** lemon soufflé **-gul** lemon yellow **-press** lemon-squeezer **-saft** lemon juice **-skal** lemon-peel **-syra** citric acid
citrusfrukt citrous (citrus) fruit
cittra *s1* zither
civil *a1* civil[ian]; (*ej i uniform*) in plain clothes; (*mots. t. militär*) civil **-befolkning** civilian population **-departement** ministry for civil service affairs **-ekonom** Bachelor of Economic Science; *Am.* Master of Business Administration **-flyg** civil aviation **-flygare** civil pilot **-försvar** civil defence **-förvaltning** civil service **-ingenjör** graduate (university-trained) engineer **-isation** civilization **-isera** civilize **-klädd** in civilian clothes; *vard.* in mufti; (*om detektiv etc.*) in plain clothes **-lag** civil law **-lista** civil list **-minister** minister for civil service affairs **-mål** civil case **-person** civilian **-rätt** civil law **-rättslig** [in] civil law **-stånd** civil status
clair|obscur *se klärobskyr* **-voyance** *se klärvoajans*
clear|a [ˣkli:ra] clear **-ing** ['kli:-] clearing **-ingavtal** clearing agreement
clou [klɷ:] *s2* show-piece; highlight, star turn
clown [klaun] *s3* clown **-upptåg** *pl* clown's tricks
c-moll C minor
cocktail ['kåkktejl] *s2, pl äv. -s* cocktail **-pinne** stick
collier [kål'je:] *s3* (*smycke*) necklace
commando|räd [kåˣmandå-] commando raid **-trupp** commando unit, task force; *Am.* ranger unit
corps-de-logi [kå:rdelɷ'ʃi:] *s4* manor-house, hall
cortison [kårti'så:n] *s7* cortisone
courtage [kɷr'ta:ʃ] *s7* brokerage
crèpenylon [ˣkräpp-] crepe (stretch) nylon
croquis [krå'ki:] *s3* croquis, sketch
cumulusmoln [ˣku:-] cumulus
curium ['ku:-] *s8* curium
curling ['kö:r-] *s2* curling **-bana** curling-rink
curry ['kurry] *s2* curry-powder
cyan *s3, s4* cyanogen **-id** *s3* cyanide **-kalium** potassium cyanide **-vätesyra** prussic acid
cyberneti|k *s3* cybernetics **-ker** [-'ne:-] cyberneticist **-sk** [-'ne:-] *a5* cybernetic
cykel 1 ['sy:-] *s3, s2* (*serie, följd*) cycle **2** ['sykkel] *s2* (*velociped*) bicycle; *vard.* bike; *åka* ~ ride a bicycle, cycle **-bud** messenger, errand boy **-däck** cycle tyre **-korg** handlebar basket **-lopp** bicycle race **-lykta** bicycle lamp **-sport** cycling **-ställ** cycle stand **-tur** cycling tour; (*kortare*) bicycle ride **-tävling** *se -lopp* **-väska** carrier-bag; (*för verktyg*) tool-bag **-åkare** cyclist **-åkning** cycling
cykla cycle; *vard.* ride a bike
cyklamen *r* cyclamen
cykl|ing *se cykelåkning* **-isk** ['sykk-] *a5* cyclic **-ist** cyclist
cyklon [-å:n] *s3* cyclone
cyklop [-å:p] *s3* Cyclops (*pl* Cyclopes) **-öga** (*för sportdykare*) [skin-diver's] mask
cyklotron [-å:n] *s3* cyclotron
cylinder *s2* cylinder; *jfr -hatt* **-diameter** bore **-formig** [-å-] *a1* cylindrical **-hatt** top-hat, silk hat **-press** rotary press, cylinder **-volym** cylinder capacity
cylindrisk *a5* cylindrical
cymbal *s3* cymbal
cyni|ker ['sy:-] cynic **-sk** ['sy:-] *a5* cynical; (*oanständig*) indecent; (*rå*) coarse **-sm** [-'nissm] *s3* cynicism; indecency; coarseness
Cypern ['sy:-] *n* Cyprus
cypress cypress **-lund** cypress grove
cypri|er ['sy:-] *s9* **-ot** *s3* **-otisk** *a5* Cyprian, Cypriot
cysta *s1* cyst
cytologi *s3* cytology

D

dabba *rfl* make a blunder
dadda *s1* nanny
dadel ['daddel] *s2* date **-palm** date-palm
dag *s2* **1** *allm.* day; *en ~* one day (*förfluten tid*), some day (*framtid*); *en vacker ~ slår du dig* one fine day you will hurt yourself; *en vacker ~ på sommaren* on a fine summer day; *göra sig en glad ~* make a day of it; *~en därpå* (*förut*) the following (preceding) day; *vara ~en efter* feel like the day after the night before; *~en före anfallet* the day before (the eve of) the attack; *~en lång* all day long; *endera ~en* one of these days; *~ens rätt* today's special; *ta ~en som den kommer* take each day as it comes; *~ för ~* day by day; *~ ut och ~ in* day in, day out; *den ~ som i ~ är* this very day; *var fjortonde ~* every fortnight; *de närmaste* (*senaste*) *~arna* the next (last) few days; *våra ~ars Paris* present-day Paris; *de sista ~arnas heliga* the Latter-Day Saints; *sedan ett par ~ar* for some days past; *kommer ~ kommer råd* tomorrow is another day; *den ~en den sorgen* don't meet trouble half-way; *var ~ har nog av sin egen plåga* sufficient unto the day is the evil thereof (*bibl.*); *från och med i ~* as from today; *han har gått för ~en* he has gone for the day; *för ~en har vi inga bananer* we have no bananas today; *en fråga för ~en* a question of the day; *leva för ~en* live from hand to mouth; *för var ~ som går* with every day that passes; *i ~* today; *i ~ åtta ~ar* this day week; *i ~ om ett år* a year today; *i ~ på morgonen* this morning; *i morgon ~* tomorrow; *ännu i denna ~* to this very day; *i forna ~ar* in the old[en] days; *i sin krafts ~ar* in the full vigour of life, in his (*etc.*) prime; *just i ~arna* just recently (*förfluten tid*), during the next few days (*kommande tid*); *i våra ~ar* in our days, nowadays; *i yngre ~ar* in his (*etc.*) earlier days (early life); *kors i all min dar!* well, I never!; *i ~ röd, i morgon död* here today and gone tomorrow; *om* (*på*) *~en* (*~arna*) in the daytime; *två gånger om ~en* twice a day; *om några ~ar* in a few days[' time]; *på gamla ~ar* in one's old age; *senare på ~en* later in the day; *på mången god ~* for many a [long] day; *på ~en ett år sedan* a year ago to the day; *det var långt lidet på ~en* the day was far advanced; *den skulle vara färdig till i ~* it was to be ready [by] today; *under ~ens lopp* during the course of the day **2** (*dagsljus*) daylight; *bringa* (*lägga*) *i ~en* reveal, show; *full ~* broad daylight; *klart som ~en* as clear as daylight; *det ligger i öppen ~* it is obvious to everybody; *likna ngn upp i ~en* be the every image of s.b.; *mitt på ljusa ~en* in broad daylight; *vacker som en ~* a flame of loveliness; *~sens sanning* gospel truth; *se ~ens ljus* see the light [of day] **-a** *i uttr.*: *ta ngn av ~* put s.b. to death **-akarl** day-labourer **-as** *dep* dawn; *det ~* day is dawning **-bok** diary; *hand.* journal, daybook **-boksanteckning** entry in a (one's) diary **-brott** opencast **-brytning** opencast (surface) mining **-bräckning** *i ~en* at dawn (break of day) **-drivare** idler, loafer **-driveri** loafing **-drömmare** day-dreamer **-er** ['da:-] *s2* [day]light; (*ljusning*) ray of light; *full ~* full light; *framställa ngt i fördelaktig ~* put s.th. in a favourable light; *framträda i sin rätta ~* stand out in its right light; *skuggor och dagrar* light and shade
dagerrotypi *s3* daguerrotypy
1 dagg *s2* (*straffredskap*) cat-o'-nine tails
2 dagg *s2* dew **-frisk** fresh as dew **-ig** *a1* dewy **-kåpa** lady's mantle **-mask** earthworm
dag|gryning dawn, daybreak; *i ~en* at dawn **-hem** day nursery, crèche **-jämning** equinox **-lig** [-a:-] *a1* daily; *vetensk.* diurnal; *~t tal* everyday (colloquial) speech (conversation) **-ligdags** every day **-ligen** [-a:-] daily **-lönare** day-labourer **-ning** dawn **-officer** officer on duty (of the day) **-order** order of the day **-ordning** (*föredragningslista*) agenda [paper]; *parl.* order-paper; *övergå till ~en* proceed to the business of the day, get down to business **-s** [dakks] *i vissa uttr.*: *hur ~?* [at] what time?; *så här ~ på natten* at this time of [the] night; *till ~ dato* to the date of [the certificate]
dags|aktuell topical; of current interest **-behov** daily requirement **-böter** *pl* monetary fine (*sg*), fine (*sg*) assessed on the basis of the defendant's daily income **-ens** ['dakksens] *se dag 2* **-förtjänst** daily earnings (pay) **-kassa** daily takings (*pl*) **-kurs** *hand.* rate of the day, current price **-ljus** daylight; *vid ~* by daylight
dagslända mayfly
dags|marsch day's march **-meja** *s1* noon-day thaw **-nyheter** *pl* (*i radion*) today's news (*sg*) **-pressen** the daily press **-pris** current price **-resa** day's run (journey, voyage) **-temperatur** day temperature **-tidning** daily [paper] **-verke** *s6* day's work; *göra ~* work by the day
dag|teckna date **-tinga 1** (*kompromissa*) compromise **2** (*underhandla*) negotiate (*om* about) **3** (*kapitulera*) surrender **-traktamente** daily allowance [for expenses]; *ha 3 pund i ~* be allowed 3 pounds a day for expenses
dahlia ['da:lia] *s1* common dahlia
dajak *s3* Dyak
dakapo *s6* encore
daktyl *s3* dactyl
dal *s2* valley, dale
dala decline, sink, go down
Dalarna *n* Dalarna, Dalecarlia
daler ['da:-] *s9*, *ung.* rix-dollar
dalgång glen, valley
dalj *s7* thrashing, licking
dalkulla Dalecarlian woman (girl)
dallr|a tremble, quiver; (*om ljud*) vibrate **-ing** tremble; vibration

dal|mas Dalecarlian, man from Dalecarlia **-mål** Dalecarlian dialect
dal|ripa willow grouse **-sänka** depression [in the ground]
dalt *s7* coddling; fondling **-a** ~ *med ngn* coddle (pamper) s.b., (*kela*) fondle s.b.
1 dam *s3* **1** lady; (*bords- etc.*) partner; *mina ~er och herrar* ladies and gentlemen; *hon är stora ~en nu* she is quite the young lady now **2** *spelt.* queen
2 dam *s3, ej pl* (*-spel*) draughts (*pl*)
damąsk *s3* gaiter; (*herr-*) spat
damast [ˣdamm-, 'damm-] *s3* damask
dam|avdelning ladies' department **-badhus** ladies' baths **-bekant** lady friend **-besök** *ha ~* have a lady visitor **-binda** sanitary napkin (towel) **-bjudning** ladies' party; *vard.* hen-party **-byxor** knickers, panties, briefs **-cykel** lady's bicycle
damejeanne [dam(e)'ʃann] *s5* demijohn; (*med flätverk*) carboy
dam|frisering ladies' hairdressers **-frisör -frisörska** [ladies'] hairdresser **-gambit** queen's gambit **-klocka** lady's watch **-kläder** *pl* women's wear **-konfektion** ladies' outfitting **-kör** ladies' choir
1 damm *s2* **1** (*vattensamling*) pond **2** (*fördämning*) dam, dike, weir, embankment
2 damm *s7* (*stoft*) dust
1 damma *s2* **1** (*befria från damm*) dust **2** (*avge damm*) raise a dust; *vägarna ~r* (*äv.*) the roads are dusty; ~ *av* dust, take the dust off; ~ *ner* make dusty, cover with dust
2 damma *vard.*, ~ *på* (*till*) *ngn* hit (clout) s.b.
damm|anläggning -byggnad dam, weir plant
damm|handduk *se -trasa* **-ig** *a1* dusty **-korn** grain of dust
dammlucka [sluice] gate
dammoln *särskr. damm-moln* cloud of dust
damm|suga vacuum-clean **-sugare** vacuum cleaner **-sugning** vacuum cleaning **-torka** dust **-trasa** duster **-vippa** feather-duster
damning dusting
damoklessvärd [-ˣmåkk-] sword of Damocles
damp *imperf av dimpa*
dam|rum ladies' room **-sadel** side-saddle
damspel *se 2 dam*
dam|sällskap *i ~* with ladies (a lady) **-tidning** women's magazine **-toalett** ladies' cloak-room; *Am.* powder room **-underkläder** *pl* ladies' underwear, lingerie **-väska** handbag
dana fashion, shape, form (*till* into); (*karaktär*) mould; (*om skola*) educate, turn out; (*utbilda*) train
danaarv escheat
1 dank *s2* (*ljus*) [tallow] candle
2 dank *s, i uttr.: slå ~* idle, loaf about
Danmark ['dann-] *n* Denmark
dans *s3* dance; (*-ande, -konst*) dancing; *börja ~en* open the ball; *en ~ på rosor* a bed of roses; *gå som en ~* go like clockwork; *bli bjuden på ~* be invited to a dance; *middag med ~* dinner and dancing **-a** dance; ~ *bra* be a good dancer; ~ *vals* waltz; *det ~des hela natten* the dance lasted all night; ~ *på lina* dance on the tight-rope; ~ *efter ngns pipa* dance to a p.'s tune; *när katten är borta ~r råttorna på bordet* when the cat's away, the mice will play; ~ *sig varm* dance o.s. warm; ~ *omkull* go tumbling over; ~ *ut a*) (*börja ~*) dance out, *b*) (*sluta ~*) stop dancing; ~ *ut julen* (*ung.*) wind up Christmas with a children's dance (party) **-ande** *a4* dancing; *de ~* the dancers **-ạnt** [-annt, -aŋt] *a1, inte vara ~* be no dancer **-are** dancer **-bana** open air dance-floor; (*med tak*) dance-pavilion **-erska** dancer **-golv** dance floor
dansk I *a1* Danish; ~ *skalle* butt with the head **II** *s2 Dane* **-a 1** (*språk*) Danish **2** (*kvinna*) Danish women **-svensk** Dano-Swedish
dans|lek dance game **-lektion** dancing-lesson **-lokal** dance hall, dancing-rooms (*pl*) **-lysten** keen on dancing **-lärare -lärarinna** dancing instructor **-melodi** dance-tune **-musik** dance-music **-orkester** dance-orchestra **-restaurang** dance restaurant **-sjuka** St. Vitus's dance **-skola** dancing-school **-steg** dance-step **-tillställning** dance **-visa** dancing-song **-ör -ös** dancer
Dardanẹllerna *pl* the Dardanelles
darr *s7* tremble; *med ~ på rösten* with a quiver in the voice **-a** tremble; (*huttra*) shiver (*av köld* with cold); (*skälva*) quiver; (*skaka*) shake; (*om röst, ton*) quaver, tremble; ~ *i hela kroppen* tremble all over; *hon ~r på handen* her hands shake; *hon ~de på målet* her voice quavered (trembled) **-ande** *a4* trembling *etc.*; (*om röst, handstil äv.*) tremulous **-gräs** quaking-grass **-hänt** *a1, hon är så ~* her hands are so shaky **-hänthet** tremor (shaking) of the hands **-ig** *a1* trembling *etc.*; (*om pers. äv.*) doddering **-ning** trembling; tremulation, tremor; quiver[ing], shiver **-rocka** (*hopskr. darrocka*) electric ray **-ål** electric eel
dask 1 *s7* spanking **2** *s2* slap **-a** spank, slap
dass *s7, vard.* lav., loo
data *pl* (*årtal*) dates (*pl*); (*fakta*) data, particulars (*pl*) **-behandling** data processing **-maskin** [data processing] computer, electronic computer
dater|a date; ~ *sig från* date from (back to) **-ing** dating
dativ *s3* dative; *i ~* in the dative **-objekt** indirect object
dato *s6* date; *a ~* from date; *till dags ~* to the date of [the certificate] **-växel** time bill (draft)
datt *se 2 ditt*
datum *s8* date; *poststämpelns ~* date of postmark; *av gammalt ~* of ancient date; *av senare ~* of later date **-gräns** date-line **-stämpel** date stamp; (*poststämpel*) postmark
D-dur D major
de I *best art. pl* the; ~ *flesta människor* most people; *hon är över ~ femtio* she is over fifty; ~ *dansande* the dancers; ~ *närvarande* those present **II** *pron* **1** *pers.* they; ~ *själva* they themselves **2** *demonstr.*, ~ *där* those; ~ *här* these **3** *determ.* those, the ones (*som* who); *fören. äv.* the **4** *obest.* they, people; ~ *säger på stan* they say, I hear, people are saying
debacle [de'bakkel] *s7* débâcle
debarker|a disembark **-ing** disembarkation

debatt *s3* debate, discussion; *livlig* ~ lively debate; *ställa (sätta) ngt under* ~ bring s.th. up for discussion **-era** debate, discuss **-inlägg** contribution to a debate **-ämne** subject of discussion (debate) **-ör** debater
debet ['de:-] *n* debit; ~ *och kredit* debit and credit; *få* ~ *och kredit att gå ihop* make both ends meet; *införa ... under* ~ enter ... on the debit side **-konto** debit account **-saldo** debit balance **-sedel** [income tax] demand note; *Am.* tax bill; ~ *å slutlig skatt* final tax demand note **-sida** debit side
debit|era debit (*ngn för* s.b. with); charge (*för* for); *kostnaderna skall ~s oss* the costs should be charged to our account **-ering** charge, debit; *för hög* ~ overcharge **-or** [ˣde:bitår, 'de:-] *s3* debtor; *~er* (*Am.*) accounts receivable
debut *s3* début **-ant** débutant[e *fem.*] **-bok** first book **-era** make one's début
december *r* December
decennium *s4* decade
decentraliser|a decentralize **-ing** decentralization
decharge [-'ʃarrʃ] *s5*, ~ *beviljades (vägrades)* (*polit., i Engl. ung.*) the vote of censure was defeated (passed) **-debatt** *ung.* vote of censure debate
dechiffrer|a decipher, decode **-ing** deciphering, decoding
deciderad *a5* pronounced, decided
deci|gram decigram[me] **-liter** decilitre
decimal *s3* decimal **-bråk** decimal fraction **-komma** [decimal] point **-system** decimal system **-våg** decimal balance
decimer|a decimate; (*friare*) reduce [in number] **-ing** decimating; ~ *av personalen* depletion of the staff
deci|meter decimetre **-ton** ['de:-] *ung.* two hundredweight
deckare (*roman*) detective story, whodunit; *pers.* sleuth, tec, *jfr detektiv[roman]*
dedi|cera dedicate **-kation** dedication **-kationsexemplar** dedication (inscribed) copy
dedu|cera deduce **-ktion** [-k'ʃɷ:n] deduction **-ktiv** *a1* deductive
defaitis|m [-fä-] defeatism **-t** *s3* **-tisk** *a5* defeatist
defekt I *s3* defect; deficiency **II** *a1* defective
defensiv *s3 o. a1* defensive; *hålla sig på ~en* be on the defensive **-krig** defensive war
deficit ['de:-] *s7* deficit
defiler|a defile; ~ *förbi* march past **-ing** defiling; march past
defini|era define **-erbar** *a1* definable **-tion** definition **-tiv** *a1* definit[iv]e, final; *~t beslut* final decision
deflation deflation
deform|ation *tekn.* deformation, distortion **-era** deform, distort **-itet** *s3* deformity
deg *s2* dough; (*mör-, smör-*) paste
degel *s2* crucible, melting-pot
degener|ation degeneration **-ativ** *a1* degenerative **-era** degenerate; *~d* degenerate **-ering** degeneration
deg|ig *a1* doughy, pasty **-klump** lump of dough
degrader|a degrade **-ing** degradation
degression [-gre'ʃɷ:n] degression
deis|m deism **-t** deist
dejlig *a1* fair, lovely
dekad *s3* decade
dekad|ans [-'daŋs] *s3* decadence, decline **-ansperiod** [period of] decadence **-ent** *a1* decadent
dekan *s3* dean
dekanter|a decant **-ing** decanting
dekanus *se dekan*
dekis ['de:k-] *s, vard. i uttr.*: *vara på* ~ be down on one's luck; *komma på* ~ go to the dogs **-figur** seedy-looking character
deklam|ation recitation **-atorisk** *a5* declamatory **-era** recite; (*tala högtravande*) declaim
deklar|ant person filing an income-tax return **-ation** declaration; (*själv-*) [income-]tax return **-ationsblankett** tax-return form **-ationsskyldighet** obligation to file an income tax return **-ationsuppgift** income-tax statement **-era** declare; (*förkunna*) proclaim; (*inkomst*) file one's tax return; *han ~r för 100 000* he has a taxable income of 100,000
deklasser|a bring down in the world **-ing** decline
deklin|ation *språkv.* declension; *fys.* declination **-era 1** *språkv.* decline **2** (*förfalla*) go off, deteriorate; (*mista sin skönhet*) fade
dekokt [-'kåkkt] *s3* decoction (*på* of)
dekollet|age [-kål(e)'ta:ʃ] *s4* décolletage **-erad** *a5* décolleté[e *fem.*], wearing a low-necked dress; (*om plagg*) low-necked
dekor [-å:r] *s3* décor; scenery **-ation** decoration; ornament **-ativ** *a1* decorative; ornamental **-atör** decorator; (*för skyltfönster*) window-dresser; *teat.* stage designer **-era** decorate (*äv. med orden*); ornament
dekorum [-ˣkå:-] *n* decorum; *iaktta (hålla på)* ~ observe the proprieties
dekret *s7* decree **-era** decree; dictate
del *s2* **1** part, portion; (*band*) volume; (*avsnitt*) section; *en* ~ *av eleverna* some of the pupils; *en* ~ *av sändningen* part of the consignment; *för en* ~ *år sedan* a few years ago; *en hel* ~ *fel* quite a lot (a fair number) of mistakes; *en hel* ~ *besvär* (*s utan pl*) a good deal of trouble; *en hel* ~ *kvinnor* (*s med pl*) a great (good) many women; *i en* ~ *fall* in some cases; *större (största) ~en av* most of; *till stor* ~ largely, to a large extent; *till större (största) ~en* mostly, to a large extent **2** (*andel*) share, portion; (*lott*) lot; *ha (få)* ~ *i* have a share in; *få sin beskärda* ~ receive one's due [share]; ~ *i kök* part-use of the kitchen; *komma ngn till* ~ accrue to s.b., fall to a p.'s lot; *få* ~ *av* be notified of; *ta* ~ *av* acquaint o.s. with, study; *för min (egen)* ~ for my [own] part **3** (*avseende*) respect; (*punkt*) point; *till alla ~ar* in all respects; *... för den ~en ...* as far as that goes **4** *för all ~!* (*avböjande*) don't mention it!; that's all right!; *ja, för all ~!* yes, to be sure!; *nej, för all ~!* certainly not!; *gör er för all* ~ *inget besvär* please don't go to any trouble!; *kom för all* ~ *inte hit!* whatever you do, don't come here! **-a 1** (*i delar*) divide [up], partition; ~ *i lika delar* divide into equal parts **2** (*sinsemellan*) share; (*instämma i*) share, participate in; ~ *ngns*

uppfattning share a p.'s opinion; ~ *rum med ngn* share a room with s.b.; ~ *lika* go shares, share evenly, divide fair[ly]; ~ *av, se av~*; ~ *med sig* share with others; share and share alike; ~ *ut a*) (*distribuera*) distribute, (*post*) deliver, *b*) (*order*) issue *c*) (*nattvard*) administer **3** *rfl* divide [up], split up; (*gå isär*) part **-ad** *a5* divided *etc.*; *~e meningar* divergent opinions; *det rådde ~e meningar om det* opinions were divided about it; ~ *glädje är dubbel glädje* a joy that's shared is a joy made double **-aktig** *a1* participant (*av, i* in); concerned, involved (*av, i* in); *vara ~ i* participate in, (*förbrytelse o.d.*) be a party (an accessory) to **-aktighet** participation, share; (*i förbrytelse*) complicity **-bar** *a1* divisible

delcredere [-'kre:-] del credere, guarantor for; *stå* ~ work on a del credere basis

deleg|at delegate **-ation** delegation, mission **-era** delegate; *en ~d* a delegate

delfin *s3* dolphin

delgiv|a inform (*ngn ngt* s.b. of s.th.), communicate (*ngn ngt* s.th. to s.b.) **-ning** [-ji:v-] communication; *jur.* service

delikat *a1* delicate; (*välsmakande*) delicious **-ess** delicacy; *~er* (*äv.*) delicatessen **-ess-affär** delicatessen shop

delinkvent delinquent, culprit

delirium *s4* delirium

delkredere *se delcredere*

del|leverans partial delivery **-likvid** part payment **-ning** [-e:-] (*uppdelning*) division, partition; (*i underavdelningar*) sub-division; (*sinsemellan*) sharing; *biol.* fission

delo *s, i uttr.*: *komma* (*råka*) *i* ~ *med* fall out with, quarrel with

dels [-e:-] ~ ... ~ ... partly ... partly ...; (*å ena sidan ... å andra sidan*) on [the] one hand ... on the other

1 delta [ˣde:lta:] *se deltaga*

2 delta [ˣdellta] *s6, geogr. o. bokstav* delta

deltaga 1 (*i handling*) take part, participate (*i* in); ~ *i konversationen* join in the conversation; ~ *i en expedition* be a member of an expedition; ~ *i en kurs i franska* attend a course in French; ~ *i lunchen* be present at the luncheon; *han deltog i första världskriget* he served in World War I **2** (*i känsla*) share, participate **-nde I** *a4* participant; *de* ~ those taking part (*etc.*), (*i tävling o.d.*) the competitors **2** (*medkännande*) sympathizing, sympathetic **II** *s6* **1** participation, taking part; (*bevistande*) attendance (*i* at); (*medverkan*) co-operation **2** (*medkänsla*) sympathy; *känna* (*hysa*) ~ *med* (*för*) *ngn* sympathize with, feel sympathy for; *ert vänliga ~ i min sorg* your kind message of sympathy in my bereavement **-re** participant, participator, sharer; (*i expedition*) member; (*i möte*) attender; (*i idrott*) participant, entrant

deltid part-time

deltids|anställd part-time employee **-anställning** part-time employment **-arbete** part--time work

del|vis [-e:-] **I** *adv* partially, partly, in part **II** *a1* partial **-ägare** partner, joint-owner; *passiv* ~ sleeping (*Am.* silent) partner

dem [demm, *vard.* dåmm] *pron* (*objektsform av de*) **1** *personl.* them; ~ *själva* themselves **2** *demonstr., determ.* those (*som* who, which)

demagog [-'gå:g] *s3* demagogue **-i** *s3* demagogy **-isk** *a5* demagogic[al]

demarkationslinje line of demarcation

demarsch *s3* démarche; approach, action

demaskera ~ [*sig*] unmask

dement|era deny, contradict **-i** *s3* denial, contradiction, disavowal

demilitariser|a demilitarize **-ing** demilitarization

demimonde [-'måŋd] *s3* demi-monde

demission resignation **-era** resign

demissionsansökan *inlämna sin* ~ hand in one's resignation, resign

demobiliser|a demobilize **-ing** demobilization

demograf *s3* demographer **-i** *s3* demography

demokrat democrat **-i** *s3* democracy **-isera** democratize **-isering** democratization **-isk** *a5* democratic

demoler|a demolish, tear down **-ing** demolition

demon [-å:n] *s3* demon, fiend **-isk** *a5* demoniacal, fiendish

demonstr|ant [-å-] demonstrator **-ation** demonstration **-ationståg** demonstration; protest march **-ativ** *a1* demonstrative **-era 1** (*förevisa*) demonstrate **2** (*tillkännage sin mening*) demonstrate, make a demonstration

demonter|a dismantle, dismount **-ing** dismantling, dismounting

demoraliser|a demoralize **-ande** *a4* demoralizing **-ing** demoralization

den [denn] **I** *best. art.* the **II** *pron* **1** *pers.* it; (*om djur äv.*) he, she; (*syftande på kollektiv äv.*) they **2** *demonstr.* that; ~ *dåren!* that fool!; *hör på ~ då!* just listen to him (her)!; ~ *där a*) *fören.* that, *b*) *självst.* (*om sak*) that one, (*om pers*) that man (woman *etc.*); ~ *här a*) *fören.* this, *b*) *självst.* (*om sak*) this one, (*om pers.*) this man (woman *etc.*) **3** *determ. a*) *fören.* the, *b*) *självst.*, ~ *som* (*om sak*) the one that, (*om pers.*) the man (woman *etc.*) who, anyone who, whoever; ~ *av er som* the one of you that, whichever of you; *han är inte ~ som ger sig* he is not one (the man) to give in; ~ *som ändå vore rik!* would I were rich!; *till ~ det vederbör* to whom it may concern **4** *obest.*, ~ *eller* ~ this or that person; *herr ~ och ~* Mr. So and So; *på ~ och ~ dagen* on such and such a day **5** *opers. det, se det II*

denaturera denature; *~d sprit* methylated spirits

denn|e -a *pron* **1** *fören.* (*nära den talande*) this; (*längre bort*) that; *-a min uppfattning* this view of mine; *-a min kritik* (*tidigare gjord*) that criticism of mine **2** *självst.* (*om pers.*) he, she, this (that) man (woman *etc.*); (*om sak*) it; this [one]; (*den senare*) the latter; *förklaringen är -a* the explanation is this **-es** (*vid datum*) instant (*förk.* inst.)

densamm|e -a the same; (*den*) it

dent|al *a1 o. s3* dental **-ist** dental technician (*Am.* mechanic)

departement *s7* department (*äv. franskt distrikt*); ministry, office, board

departementschef head of a department; minister, secretary of state
depensera disburse
depesch *s3* dispatch **-byrå** news-office
deplacement *s7* displacement, buoyancy
deponens [-å:-] *n* deponent
deponer|a deposit (*hos ngn* with s.b.; *i en bank* at a bank)
deport|ation [-å-] deportation **-ationsort** penal colony **-era** deport
deposition deposit[ion]; depositing
depositions|bevis (*värdehandling*) depositary receipt; (*pengar*) deposit receipt; (*kvitto*) deposit slip **-räkning** deposit account
depravera deprave
deprecier|a depreciate **-ing** depreciation
depress|ion [-pre'ʃɑ:n] depression; *ekon. äv.* slump, crisis **-iv** *a1* depressed
deprimera depress
deput|ation deputation **-erad** *-en -e* deputy **-eradekammare** Chamber of Deputies
depå *s3* depot **-fartyg** depot ship
derangera [-aŋ'ʃe.-] derange
deras *pron* **1** *poss., fören,* their; *självst.* theirs **2** *determ.*, ~ *åsikt som* the opinion of those who
deriv|at *s7* derivat[iv]e **-ata** [-ˣva:-] *s1, mat.* derivate **-era** derive
dermatolog dermatologist **-i** *s3* dermatology **-isk** *a5* dermatologic[al]
dervisch *s3* dervish
desamma the same; (*de*) they
desarmer|a disarm **-ing** disarming, disarmament
desav[o]uer|a repudiate, disavow **-ing** repudiation, disavowal
desert|era desert **-ering** desertion **-ör** deserter
designera [-siŋn-] designate, name; *~d* designate[d]
desillusion disillusion **-erad** *a5* disillusioned
desin|fektera disinfect **-fektion** [-k'ʃɑ:n] disinfection **-fektionsmedel** disinfectant **-ficera** disinfect
deskriptiv *a1* descriptive
des|organisera disorganize **-orienterad** *a5* disorientated; confused, at a loss
desperat *a1* desperate **-ion** desperation
despot [-å:t] *s3* despot **-i** *s3* despotism **-isk** *a5* despotic **-ism** *se -i* **-välde** tyrannic rule
1 dess *s7, mus.* D flat
2 dess I *pron* its; *om koll. äv.* their **II** *adv, innan* (*sedan, till*) ~ before (since, till) then; *till ~ att* until, till; *ju förr ~ bättre* the sooner the better; *~ bättre* (*värre*) *vaknade jag* fortunately (unfortunately) I woke up
dessa (*de här*) these; (*de där*) those; (*de*) they; (*dem*) them
Dess-dur D-flat major
dessemellan in between; at intervals, every now and then
dessert [-'sä:r] *s3* dessert, sweet; *vid ~en* at dessert **-kniv** dessert-knife **-tallrik** dessert-plate **-vin** dessert-wine
dess|förinnan before then **-förutan** without it
dessinatör pattern-designer
dess|likes likewise, also **-utom** besides, ... as well; (*vidare*) furthermore; (*ytterligare*) moreover, in addition
dessäng *s3* **1** (*avsikt*) plan; scheme **2** (*anvisning*) pointer; hint; wink **3** (*mönster*) design, pattern
destillat *s7* **-ion** distillation, distilling **-ionsapparat** distilling apparatus; still **-or** [-ˣla:tår] *s3* distiller
destiller|a distil **-ing** *se destillation*
destin|ation destination **-ationsort** [place of] destination **-erad** *a5, sjö.* bound (*till* for); *~ till hemorten* homeward bound
desto ['dess-] *icke ~ mindre* none the less, nevertheless; *ju förr ~ hellre* the sooner the better; *~ bättre* all (so much) the better
destrukt|ion [-k'ʃɑ:n] destruction **-iv** *a1* destructive
det I *best. art.* the (*jfr den*) **II** *pers. pron* **1** it; (*om djur, barn äv.*) he, she; *beton.* that; *är ~ där aprikoser? nej, ~ är persikor* are those apricots? no, they are peaches; *känner du den där pojken* (*de där pojkarna*)? *~ är min bror* (*mina bröder*) do you know that boy (those boys)? he is my brother (they are my brothers); *~ vill säga* that is; *är ~ så?* is that so?; *ja, så är ~* yes, that's [how] it [is]; *~ har jag aldrig sagt* I never said that; *~ var ~, ~!* that's that!; *~ var snällt av dig!* that's very kind of you! **2** (*i opers. uttr.*) *a*) (*som eg. subj.*; *som formellt subj. då det eg. subj. är en inf., ett pres. part. el. en hel sats*) it; *b*) (*som formellt subj. då det eg. subj. är ett subst. ord*) there; *c*) (*ibl.*) that, this; *~ skulle dröja många år innan* it was to be many years before; *när ~ gäller att arbeta* when it is a question of working; *~ regnar* (*snöar*) it is raining (snowing); *~ står i tidningen att* it says in the paper that; *vad är ~ för dag i dag?* what day is it today?; *~ är fem grader kallt* it is five degrees below freezing-point; *vem är ~ som kommer?* who is [it (that)] coming?; *~ är långt till* it is a long way to; *~ är lätt att säga* it is easy to say; *~ är synd att* it is a pity that; *är ~ mig du söker?* is it me you want?, are you looking for me?; *vad är ~ du talar om?* what is it you are (what are you) talking about?; *~ är bra många år sedan jag* it is a good many years since I; *~ tjänar ingenting till att försöka* it is no use trying; *~ tjänar ingenting till att försöka göra det* there is no use in trying to do that; *~ går tolv månader på ett år* there are twelve months in a year; *~ är ingen brådska* there is no hurry; *~ blir storm* there will be a storm; *~ var en gång en prins* once upon a time there was a prince; *~ är ingenting kvar* there is nothing left; *~ var frost i natt* there was a frost last night; *~ återstår inget att göra* there remains nothing to be done; *~ är mycket folk här* there are a lot of people here; *så måste ~ ha varit* that must have been it; *~ är ~ jag vill* that is what I want; *~ är här jag bor* this is where I live **3** (*ibl. som pred. fylln. o. obj.*) so; *jag antar* (*tror*) *~* I suppose (think) so; *~ tror jag, ~!* I should just think so!; *och ~ är ja'g med* and so am I; *var ~ inte ~ jag sa!* I told you so! **4** (*oöversatt el. annan konstr.*) *efter middagen dansades ~ litet* after dinner we danced a little; *~ drar här* there is a draught here; *varför frågar du ~?* why do you ask?; *och ~ gör*

inte ja'g heller nor do I; ~ *gör ont i fingret* my finger hurts; *nej,* ~ *har jag inte* no, I haven't; *jag tror inte jag kan* (*vågar*) ~ I don't think I can (dare); ~ *knackar* there's a knock; *jag kände* ~ *som om* I felt as if; ~ *luktar gott här* there is a nice smell here; ~ *lyckades mig att få* I succeeded in getting, I managed to get; ~ *pratades mycket litet* there was very little talk[ing]; *som* ~ *nu ser ut* as matters now stand; ~ *talas mycket om* there is much talk about; ~ *vet jag inte* I don't know; *som* ~ *sedan visade sig* as appeared later; *vore* ~ *inte bättre med ...* wouldn't ... be better; ~ *är mulet* the sky is overcast; *i dag är* ~ *torsdag* today is Thursday; ~ *är inte tillåtet att röka här* smoking is not allowed here; ~ *var roligt att höra* I am glad to hear it; ~ *var mycket varmt i rummet* the room was very hot **5** *subst.* it; *hon har* ~ she has it **III** *demonstr. pron* that; ~ *där* (*här*) that (this); ~ *eller* ~ this or that; *med* ~ *och* ~ *namnet* with such and such a name; *så var* ~ *med* ~ so much for that; ~ *har jag aldrig hört* I never heard that; ~ *har du rätt i* you are right there; ~ *är just likt henne* that's just like her **IV** *determ. pron. a*) *fören.* the, *beton.* that, *b*) *självst.* the person (man *etc.*), the one; ~ *som* that which, what; *allt* ~ *som* all (everything) that; *vi hade* ~ *gemensamt att* we had this in common that, one thing we had in common was that

detache|mẹnt *s7* detachment **-ra** second, detach, detail

detạlj *s3* detail; particular; (*maskindel*) part, component; *i* ~ in detail, minutely; *i* ~ *gående* minute; *in i minsta* ~ in every detail; *gå in på* ~*er* enter (go) into details; *närmare* ~*er* further details; *sälja i* ~ retail, sell [by] retail **-anmärkning** criticism in (on points of) detail **-arbete** detail work **-ẹrad** *a5* detailed, circumstantial **-granskning** detailed examination **-handel** retail trade; (*butik*) retail shop **-handlare -ist** retailer **-pris** retail price **-rik ...** full of details, very detailed, circumstantial **-rikedom** wealth of detail

detektịv *s3* detective, criminal investigator; ~*a polisen* the Criminal Investigation Department **-byrå** detective agency **-författare** author of detective stories, crime writer **-roman** detective story

detektor [-ˣtekktår] *s3* detector

determin|ativ [-'ti:v, -'tärr-] *a1* determinative **-era** determine **-ism** determinism

deton|ation detonation **-ator** [-ˣa:tår] *s3* detonator **-era** detonate

detronisera dethrone

detsạmma the same [thing]; (*det*) it; *det gör* ~ it doesn't matter; *det gör mig alldeles* ~ it is all the same to me; *i* ~ at that very moment; *med* ~ at once, right away; *tack,* ~*!* thanks, and the same to you!

detta this; ~ *mitt beslut* this decision of mine; ~ *är mina systrar* these are my sisters; *livet efter* ~ the life to come; ~ *om* ~ so much for that; *före* ~ (*f.d.*) former, late, ex-

deutẹrium [dev-] *s8* deuterium

devalver|a devalue **-ing** devaluation

deviation deviation

devịs *s3* device; motto

devọt [-å:t] *a1* devout

di *s2, ge* ~ give suck, suckle; *få* ~ be put to the breast **-a** suck

diabạs *s3* diabase

diabẹt|es *r* diabetes **-iker** *s9* **-isk** *a5* diabetic

diabọlisk [-å:-] *a5* diabolic

diadẹm *s7* diadem, tiara

diafragm|a [-ˣfragg-] *-at el. -an, pl -er el. -or* diaphragm

diagnos [-'å:s] *s3* diagnosis (*pl* diagnoses); *ställa en* ~ diagnose, make a diagnosis **-tịk** *s3* diagnostics (*sg*) **-tisera** diagnose

diagonạl I *s3* diagonal; (*tyg*) diagonal [cloth] **II** *a1* diagonal

diagrạm [-amm] *s7* diagram, chart, graph

diakọn [-å:n] *s3* lay worker, district visitor **-issa** deaconess, lay worker, district visitor **-issanstalt** training school for deaconesses

dialẹkt *s3* dialect **-ạl** *a1* dialectal **-ịk** *s3* dialectics (*sg*)

dialog dialogue **-form** *i* ~ in [the form of a] dialogue

diamant diamond **-borr** diamond-drill **-borrning** diamond drilling **-bröllop** diamond wedding **-gruva** diamond mine **-slipning** diamond cutting

diamẹt|er *s2* diameter; *invändig* (*utvändig*) ~ inside (outside) diameter **-rạl** *a1* diametrical **-ralt** *adv,* ~ *motsatt* diametrically opposite

diapositịv *s7* diapositive, transparency

diạri|eföra enter ... in a journal, record **-um** *s4* [official] register; (*dagbok*) diary, rough-book; *hand.* day-book

diarré *s3* diarrhoea

diatermị *s3* diathermy

dibarn unweaned child; suckling

didaktị|k *s3* didactics (*sg*) **-sk** [-'dakk-] *a5* didactic

diesel|lok [ˣdi:s-] **-motor** diesel engine **-olja** diesel oil

diẹt *s3* diet; *hålla* ~ be on a diet **-mat** diet[etic] food

differẹn|s *s3* difference **-tial** [-tsi'a:l] *s3* differential **-tialkalkyl** differential calculus **-tialväxel** differential gear **-tiera** [-tsi'e:ra] differentiate, diversify **-tiẹring** [-tsi-] differentiation, diversification

diffraktion [-k'ʃo:n] diffraction

diffụs *a1* diffuse **-ion** diffusion

difterị *s3* diphtheria

diftọng [-å-] *s3* diphthong **-era** [-ŋ'ge:-] diphthongize

dig [*vard.* dejj] *pron* (*objektsform av du*) you; *bibl. o. poet.* thee; *rfl* yourself; thyself

digel *s2* platen

diger ['di:-] *a2* thick, bulky; (*om bok äv.*) voluminous **-döden** the Black Death

digestion [-ge'ʃo:n] digestion

digitạlis *s2* **1** *bot.* foxglove **2** *läk.* digitalis

digivning [-ji:-] suckling, breast-feeding

digna [ˣdiŋna] sink down, succumb; collapse; ~ *under bördan* be borne down by (droop under) the load; *ett* ~*nde bord* a table loaded with food

dignit|ẹt [diŋni-] *s3, mat.* power **-ạr** *s3* dignitary

digression [-e'ʃo:n] digression

dik|a *v1* -e *s6* ditch, drain, trench; *han körde i ~ t* he drove into the ditch **-eskant** ditch-side, ditch-bank **-esren** *se -eskant* **-ning** [ˣdi:k-] draining, ditching
1 dikt *a4 o. adv, sjö.* close
2 dikt *s3* **1** (*skaldestycke*) poem; *koll.* poetry **2** (*osanning*) fiction, fabrication, invention
1 dikta *sjö.* caulk
2 dikta 1 (*författa*) write [poetry] **2** (*fabulera*) invent, fabricate
dikta|fon [-å:n] *s3* dictaphone, dictating machine **-men** [-'ta:-] *-men -mina, n el. r* dictation
diktan *s end. i uttr.*: ~ *och traktan* aim and endeavour
dikt|analys analysis of poetry **-arbegåvning** poetic[al] talent **-are** poet, writer **-art** type of composition (poetry)
diktat *s7* dictate[s *pl*] **-or** [-ˣa:tår] *s3* dictator **-orisk** [-'tɷ:-] *a5* dictatorial **-ur** dictatorship **-urstat** totalitarian state
diktcykel cycle of poems
dikter|a dictate (*för* to) **-ingsmaskin** *se diktafon*
diktion [-k'ʃɷ:n] *s3* diction
dikt|konst [art of] poetry **-ning** writing; (*poesi*) poetry; *allm.* fiction; *hans* ~ his literary production **-samling** collection of poems **-verk** poem; poetical work
dilemma [-ˣlemma] *s6, s1* dilemma, quandary
dilettant dilettante, amateur **-isk** *a5* **-mässig** *a1* dilettantish, amateurish
diligens [-'ʃaŋs] *s3* stage-coach
dill *s2* dill
dill|a babble **-e** *s6* **1** (*delirium*) D.T. **2** (*mani*) craze (*på* for)
dill|krona head of dill **-kött** boiled mutton (veal) with dill sauce
diluvial *a1* diluvial **-bildningar** diluvial formations
dim|bank bank of mist (fog) **-bildning** smoke screening **-bälte** belt of mist (fog)
dimension dimension, proportion, size **-era** dimension, rate **-ering** dimensioning
dim|figur phantom, vague shape **-höljd** *a5* shrouded in mist (fog)
diminutiv ['dimm-] *a1 o. s4, s7* diminutive **-form** diminutive form
dim|ljus fog-light, fog-lamp **-ma** *s1* mist; (*tjocka*) fog; (*dis*) haze **-mig** *a1* misty, foggy; *bildl.* hazy
dimpa *damp dumpit* fall, tumble (*i golvet* on to the floor), tumble (*i* in, into)
dimridå smoke screen
din [dinn] *pron* **1** *fören.* your; *bibl. o. poet.* thy; ~ *toker!* you fool! **2** *självst.* yours; *bibl. o. poet.* thine; *de ~a* your people; *du och de ~a* you and yours
din|é *s3* dinner **-era** dine
dingla dangle, swing; ~ *med benen* dangle one's legs
dinosaurie *s5* dinosaur
diod [-'å:d] *s3* diode
dionysisk *a5* Dionysian
dioxid [-å-] dioxide
diplom [-'å:m] *s7* diploma, certificate **-at** diplomat[ist] **-ati** *s3* diplomacy **-atisk** *a5* diplomatic; *på ~ väg* through diplomatic channels; *~a kåren* the diplomatic corps **-erad** *a5* diplomaed, holding a diploma

direkt I *a1* direct; (*omedelbar*) immediate; (*rak*) straight; *järnv.* through, non-stop **II** *adv* (*om tid*) directly, immediately, at once; (*om riktning*) direct, straight; (*avgjort*) distinctly; *den ~a orsaken* the immediate cause; ~ *från fabrik* direct from factory; *uppgiften är ~ felaktig* the information (statement) is quite wrong (incorrect); *hon var ~ oförskämd* she was downright rude; *inte ~ utsvulten* not actually starved **-flyg[ning]** non-stop flight **-försäljning** direct sale[s *pl*] (selling)
direkt|ion [-k'ʃɷ:n] direction; (*styrelse*) board [of directors], management **-ionssammanträde** management (managers') meeting **-iv** *s7* direction[s *pl*]; terms of reference, directives (*pl*); guiding principle; *ge ngn ~* (*äv.*) instruct s.b.
direktreferat on-the-spot commentary
direktris woman manager, manageress; (*mode-*) dress designer, stylist
direkt|sändning live broadcast **-trafik** through traffic
direktör director, officer; (*affärschef*) manager; *Am.* vice president; *verkställande ~* managing director, *Am.* president
direktörsassistent assistant manager
dirig|ent [-'gennt, -'ʃennt] conductor **-entpult** conductor's platform, podium **-era** direct; *mus.* conduct **-ering** control; direction; *mus.* conducting
dis *s7* haze
discipel [-'sippel] *s2* pupil
disciplin [-si'pli:n] *s3* **1** (*läroämne*) branch of instruction, discipline **2** (*tukt*) discipline; *hålla ~* maintain discipline, keep order **-brott** breach of discipline, [act of] insubordination **-era** discipline **-straff** disciplinary punishment **-är** *a1* disciplinary
disharmoni *s3* disharmony, discord **-era** disharmonize; discord, clash **-isk** [-'mɷ:-] *a5* disharmonious, discordant
disig *a1* hazy
disjunktiv [-'ti:v, 'diss-] *a1* disjunctive
1 disk *s2* **1** (*butiks-*) counter; (*bar-*) bar, key counter **2** *anat.* disc
2 disk *s2* **1** *abstr.* washing-up **2** *konkr.* dishes (*pl*); *torka ~en* dry the dishes
1 diska (*rengöra*) wash up; *Am.* wash the dishes
2 diska *sport.* disqualify
diskant treble **-klav** treble-clef
disk|balja washing-up bowl; *Am.* dishpan **-borste** dish-washing brush
diskbrock slipped (herniated) disc
disk|bänk [kitchen] sink **-maskin** dish washer **-medel** washing-up liquid (powder, detergent) **-ning** washing-up
diskofil *s3* gramophone-record collector, discophile
diskonter|a discount **-ing** (*transaktion*) discounting of a bill; (*rörelse*) discounting, discount[ing] business
diskontinuerlig *a1* discontinuous, intermittent
diskont|nota discount note **-o** [-'kånntɷ] *s6* official discount [rate]; *höja* (*sänka*) *~t* raise (lower) the official discount rate **-ohöjning** increase in the official discount rate **-ränta** discount rate **-ör** discounter

diskotek *s7* record library; (*danslokal*) discothèque
diskrediter|a discredit; *~nde för* discreditable to
diskrepans [-'ans, -'aŋs] *s3* discrepancy
diskret *a1* discreet, tactful; (*om färg*) quiet **-ion** discretion
diskriminer|a discriminate **-ing** discrimination
disk|ställ plate rack **-trasa** dish-(wash-)cloth
diskurs *s3* discourse
diskus ['diss-] *s2* disc[us] **-kastare** discus-thrower **-kastning** throwing the discus
disku|ssion [-u'ʃɷ:n] discussion, debate **-ssionsinlägg** contribution to a debate **-ssionsämne** subject of (for) discussion **-tabel** *a2* debatable **-tera** discuss; debate; argue; *det skall vi inte ~ om* we won't argue the point; *det kan ju ~s* it is open to discussion
diskvalificer|a disqualify, rule out **-ing** disqualification
diskvatten dish-water
disparat *a1* disparate
dispasch *s3*, *sjö.* average statement **-ör** average adjuster
dispens [-'aŋs] *s3* exemption; *kyrkl.* dispensation; *få ~* be exempted **-era** exempt **-är** [-aŋ-, -en-] *s3* tuberculosis clinic, dispensary
dispersion dispersion
dispon|ent [works (factory)] manager **-era** 1 *~* [*över*] (*förfoga över*) have ... at one's disposal (command) 2 (*ordna*) arrange, organize; (*göra mottaglig*) render liable (susceptible) to; *~ en uppsats* plan (organize) an essay **-erad** *a5* disposed, inclined; *~ för infektioner* susceptible to infection; *hon kände sig inte ~ att sjunga* she did not feel like singing **-ibel** *a2* available, in hand, disposable **-ibilitet** availability; *i ~* unattached, (*mil.*) on the inactive list
disposition disposition; disposal; (*utkast*) outline; (*arrangemang*) arrangement; (*anlag o.d.*) tendency, predisposition; *stå till ngns ~* be at a p.'s disposal (service); *ställa ngt till ngns ~* place s.th. at a p.'s disposal; *ha ngt till sin ~* have s.th. at one's disposal; *vidtaga ~er* make dispositions
dispositions|fond special reserve fund **-rätt** right of disposal
disproportion disproportion
disput|ation disputation; *univ.* oral defence of a [doctor's] thesis **-era** dispute, argue; *univ.* defend a thesis; *han ~de på* his doctor's thesis was about (on)
dispyt *s3* dispute, controversy; altercation; *råka i ~* get involved in a dispute
diss D sharp
dissek|era dissect **-tion** [-k'ʃɷ:n] dissection
dissenter dissenter, nonconformist **-lag** Nonconformist Act
dissertation doctoral dissertation
dissimil|ation dissimilation **-era** dissimilate
diss-moll D-sharp minor
dissoci|ation dissociation **-era** dissociate
dissonans [-'aŋs, -'ans] *s3* dissonance
distans [-'aŋs, -'ans] *s3* distance **-era** out-distance; leave behind, beat **-minut** nautical mile
distin|gerad [-iŋ'ge:-] *a5* distinguished **-kt** [-'innkt] *a1* distinct **-ktion** [-k'ʃɷ:n] distinction
distra|hera *~ ngn* distract a.p.'s attention, disturb s.b.; *~d* distraught; *utan att låta sig ~s* without becoming confused **-ktion** [-k'ʃɷ:n] distraction; absent-mindedness
distribu|era distribute **-ering -tion** distribution; *i -tion* (*om bok*) published (sold) for the author (*hos* by) **-tionsekonomi** marketing [efficiency] **-tionskostnad** distribution (marketing) cost **-tiv** ['diss-, -'i:v] *a1* distributive **-tör** distributor
distrikt *s7* district, region, area
distrikts|läkare district medical officer **-mästare** district champion **-mästerskap** district championship **-sköterska** district nurse **-åklagare** district public prosecutor; *Am.* district attorney
distrå *a1* absent-minded, distrait
disös diseuse
dit *adv* 1 *demonstr.* there; *~ bort* (*fram, in ner, upp, ut, över*) away (up, in, down, up, out, over) there; *hit och ~* to and fro; (*högre stil*) hither and thither; *det var ~ jag ville komma* that's what I was getting at; *~ hör även* to that category also belong[s] 2 *rel.* where; (*varthelst*) wherever **-hän** *se därhän* **-hörande** *a4* belonging to it; (*t. saken*) relevant; *ej ~* irrelevant **-intills** ['di:t-, ˣdi:t-] till (up to) then
dito ['di:-, ˣdi:-] I *oböjl. a* ditto (*förk.* do.) II *adv* likewise
ditresa journey (*etc.*) there
1 **ditt** *se din*; *sköt du ~* mind your own business
2 **ditt** *i uttr.*: *~ och datt* one thing and another, this and that; *tala om ~ och datt* talk about all sorts of things
dit|tills ['di:t-] till then **-tillsvarande** *a4, hans ~ arbete* his work till then, his previous work **-vägen** *på ~* on the way there **-åt** ['di:t-] in that direction, that way; *någonting ~* something like that
diva *s1* diva **-later** *ung.* airs and graces
divan *s3* couch, divan
diverge|ns *s3* divergence **-ra** diverge; *~nde* divergent
diverse [-ˣvärr-] I *a4* sundry, various; *~ utgifter* incidental (sundry) expenses II *pl* sundries, odds and ends; (*rubrik o.d.*) miscellaneous, sundries **-arbetare** labourer, unskilled worker **-handel** general shop (store) **-handlare** general dealer
divide|nd *s3* dividend; *minsta gemensamma ~* lowest common multiple (denominator) **-ra** 1 *mat.* divide (*med* by; *i* into) 2 (*resonera*) argue (*om* about)
divis *s3* hyphen **-ion** [-'ʃɷ:n] division; *flyg.* squadron **-ionschef** divisional commander; *flyg.* squadron leader **-ionstecken** division sign **-or** [-ˣvi:sår] *s3* divisor
djonk [djånnk] *s3* junk
djungel ['juŋel] *s3* jungle **-telegraf** bush-telegraph; *Am.* grapevine telegraph
djup [ju:p] I *s7* depth; *bildl. äv.* profundity; *högt. äv.* depths (*pl*); *på ringa ~* at no great depth; *ge sig ut på ~t vatten* (*bildl.*) get out of one's depth; *kaptenen följde fartyget i ~et* the captain went down with his ship;

gå på ~et med ngt go to the bottom of s.th.; *ur ~et av mitt hjärta* from the depths of my heart **II** *a1* deep; (*högre stil o. bildl.*) profound; (*fullständig*) complete; (*stor, svår*) great; *en ~ skog* a thick forest; *de ~a leden* the rank and file; *den ~aste orsaken till* the fundamental cause of; *~ tystnad* profound silence; *~t ogillande* profound disapproval; *mitt i ~aste skogen* in the very depths of the forest; *i ~a tankar* deep in thought; *i ~aste hemlighet* with utmost secrecy **-blå** deep blue **-borrning** deep-drilling **-dykning** deep-sea diving; (*simning äv.*) pearl diving **-frysa** deep-freeze; *-fryst kött* frozen meat **-frysning** deep-freezing **-gående I** *a4* deep[-going]; *bildl.* profound, deep; *sjö.* deep-drawing **II** *s6, sjö.* draught [of a ship] **-hav** ocean **-havsfiske** deep-sea fishing **-havsforskning** oceanography **-loda** strike deep-sea soundings **-na** [-u:-] get deeper; deepen **-rotad** *a5* deep-seated **-sinne** profundity, depth; profoundness **-sinnig** *a1* deep; profound; (*svårfattlig*) abstruse **-skärpa** *foto.* depth of field **-t** *adv* deeply; profoundly; *sjunka* (*falla, gräva, ligga*) *~* sink (fall, dig, lie) deep; *~ sårad* intensely hurt; *buga sig ~* bow low; *-ast sett* at bottom; *känna sig ~ kränkt* feel deeply injured **-tryck** photogravure (intaglio) printing

djur [ju:r] *s7* animal; (*större; föraktfullt*) beast; (*boskaps-*) cattle (*pl*); *reta inte ~en* do not tease dumb animals; *de oskäliga ~en* the dumb brutes; *vilda ~* (*ej tama*) wild animals, (*farliga för människan*) wild beasts; *slita som ett ~* work like a horse **-art** species of animal **-besättning** animal stock **-fabel** beast-fable **-fett** animal fat **-försök** animal experimentation **-isk** ['ju:-] *a5* animal; (*bestialisk*) bestial; (*rå*) brutal; (*sinnlig*) carnal **-kretsen** the zodiac **-park** zoological gardens **-plågeri** cruelty to animals **-riket** the animal kingdom **-skydd** protection of animals **-skyddsförening** society for the prevention of cruelty to animals **-skötare** *lantbr.* cattle-man; (*-vårdare*) keeper **-tämjare** animal-tamer **-uppfödning** breeding, stock-raising **-vårdare** keeper **-vän** *vara stor ~* be very fond of animals **-vänlig** kind to animals **-värld** animal world

djäkne [ˣjä:k-] *s2, ung.* upper-school scholar

djärv [järrv] *a1* bold; (*oförvägen*) intrepid; (*dristig*) daring; (*vågad*) venturesome; *lyckan står den ~e bi* Fortune favours the brave **-as** *v2, dep* dare, venture **-het** boldness; daring; intrepidity; audacity

djäv|las [ˣjä:v-] *v1, dep* make hell (*med* for); provoke, incite to anger **-lig** *a1* hellish, devilish; obnoxious **-ligt** *adv jag är ~ trött* I am devilish (desperately) tired **-ul** *-ulen -lar* devil; *-lar anamma!* damn [it!]; *jag ska -lar anamma visa honom* I am bloody well going to show him **-ulsdyrkan** devil-worship **-ulsk** ['jä:-] *a5* devilish **-ulskap** *s4* **-ulstyg** *s7* devilry

d-moll D minor

dobb|el ['dåbb-] *-let, pl saknas* gambling **-la** gamble

docent senior lecturer, reader; *Am.* assistant professor, instructor **-ur** senior lectureship, readership *etc.*

docera lecture; hold forth **-nde** *a4* didactic, magisterial; *neds.* lecturing

dock [dåkk] (*likväl*) yet, still; (*emellertid*) however; (*ändå*) for all that

1 docka [-å-] *s1* **1** (*leksak, äv. bildl.*) doll; (*marionett o. bildl.*) puppet **2** (*garn-*) skein

2 dock|a [-å-] *s1 o. v1, sjö.* dock **-ning** docking

dock|skåp doll's house **-teater** puppet-show **-vagn** doll's pram

doft [-å-] *s3* scent, odour; fragrance (*äv. bildl.*) **-a** smell; *det ~r rosor* there is a scent of roses; *vad det ~r härligt!* what a delicious scent!

dog *imperf av dö*

doge [då:ʃ, 'då:dje] *s5* doge

dogg [-å-] *s2* bulldog; (*större*) mastiff

dogm [-å-] *s3* dogma **-atik** *s3* dogmatics (*sg*) **-atiker** dogmatician **-atisk** *a5* dogmatic **-atism** dogmatism

dok *s7* veil

doktor [ˣdåkktår] *s3* doctor; (*läkare äv.*) physician; *medicine ~* doctor of medicine **-and** *s3* candidate for the doctorate **-era** take a doctor's degree **-inna** *~n A.* Mrs. A

doktors|avhandling doctor's thesis (dissertation) **-disputation** oral defence (public examination) of a [doctor's] thesis **-grad** doctor's degree **-hatt** doctor's hat **-promotion** conferring of doctor's degrees **-ring** doctor's ring **-värdighet** doctorate

doktrin [-å-] *s3* doctrine **-är** *a1* doctrinaire

dokument [-å-] *s7* document; *jur. äv.* deed, instrument **-arisk** *a5* documentary **-ation** documentation **-era** document, substantiate, prove; *~ sig som* establish o.s. as **-portfölj** document (brief-)case **-samling** file [of documents] **-skåp** filing cabinet **-ärfilm** documentary [film]

dold [-å:-] *a1* hidden, concealed; *illa ~* ill-concealed, ill-disguised **-e** *imperf av dölja*

dolk [-å-] *s2* dagger, poniard; *sticka ner ngn med ~* stab s.b. **-styng** **-stöt** dagger-thrust

dollar [dåll-] *s9* dollar; *Am. sl.* buck **-kurs** dollar rate [of exchange] **-prinsessa** 'dollar princess' **-sedel** dollar note; *Am.* dollar bill, *vard.* greenback

dolma [-å-] *s1* (*plagg*) dolman

dolomit *s3* dolomite

dolsk [-å:-] *a1* (*lömsk*) insidious; (*bedräglig*) deceitful; (*lurande*) treacherous

dolt [-å-:] *sup av dölja*

1 dom [då:m, *i sms.* domm] *s3* (*kyrka*) cathedral

2 dom [domm] *s2* judg[e]ment; (*utslag*) verdict; (*i sht i brottmål*) sentence; *fälla ~ över* pass sentence upon; *fällande* (*friande*) *~* verdict of guilty (not guilty); *sitta till ~s över* sit in judgment upon; *sätta sig till ~s över* set o.s. up as a judge of; *~ens dag* the Day of Judgment; *yttersta ~en* the last judgment

Domarboken [the Book of] Judges

domar|bord judge's (judges') table **-e** judge; magistrate; (*i högre instans*) justice; (*friare o. bildl.*) arbiter; (*i sporttävling*) umpire; (*i fotboll*) referee **-ed** judicial oath **-kår** judiciary, bench

domdera [dåmm-] bluster
domedag judgment day, doomsday; *till ~[s otta]* till Kingdom come
domedags|basun last trump, trump of doom **-predikan** hell-fire sermon
domestik *s3* (*fodertyg*) cotton lining, denim; (*underklädestyg*) calico
domherre [domm-] bullfinch
domicil *s4* domicile
domin|ans [-'ans, -'aŋs] *s3* domination; dominance **-ant** *s3 o. a1* dominant **-era** dominate; (*vara förhärskande*) be predominant, prevail; (*behärska, ha utsikt över*) dominate, command; (*tyrannisera*) domineer **-erande** *a4* dominating *etc.*, predominant
dominikan *s3* Dominican [friar] **-[er]orden** [the] Dominican Order
domino ['dåmm-, 'då:-] (*dräkt*) *s5*, (*spel*) *s6* domino; *spela ~* play dominoes **-bricka** domino **-spel** [game of] dominoes (*pl*)
domkapitel [cathedral] chapter
domkraft [domm-] *s3* [lifting, lever] jack
domkyrka cathedral; (*i Engl. äv.*) minster
domn|a [dåmm-] go numb (*äv. ~ av, bort*); *foten har ~t* my foot has gone to sleep
domprost dean
dompt|era [-å-] tame [animals] **-ör** [animal] tamer
dom|saga judicial district
domsbasun *se domedagsbasun*
dom|slut judicial decision **-stol** court [of justice (law)]; tribunal (*äv. bildl.*); *Högsta ~en* the Supreme Court; *dra ngt inför ~* go to law about s.th.; *vid ~* in the law courts **-[s]söndagen** the Sunday before Advent **-villa** miscarriage of justice **-värjo** *r* jurisdiction; *lyda under ngns ~* fall under a p.'s jurisdiction
domän *s3* domain **-styrelse** national board of crown forests and lands
don *s7* (*verktyg*) tool, implement; (*anordning*) device; (*grejor*) gear, tackle; *~ efter person* to every man his due **-a** *~ med* (*vard.*) busy o.s. with
donat|ion donation, legacy **-ionsfond** donation-fund **-or** [-ˣna:tår] *s3* donor
Donau ['då:nau] *r* the Danube
donera donate; *den ~de summan* the sum presented
doningar *pl, vard.* tools, gear, tackle
donkeypanna [ˣdåŋki-] *sjö.* donkey boiler
donna [-å-] *s1, vard.* dame
dop *s7* baptism; (*barn-, fartygs-*) christening; *bära ngn till ~et* present s.b. at the font **-attest** certificate of baptism **-funt** baptismal (christening) font **-gåva** baptismal gift **-klänning** christening-robe **-namn** Christian name
dopp [dåpp] *s7* **1** (*-ning*) dip[ping] **2** (*kaffebröd*) buns, cakes (*pl*) **-a** dip; (*hastigt*) plunge; (*helt o. hållet*) immerse; (*ge ngn ett dopp*) duck; *~ i grytan* (*ung.*) soak bread in ham-broth; *~ sig* have a dip (plunge) **-aredagen** Christmas Eve **-ing** *zool.* grebe **-ning** dip, plunge; immersion
doppsko [ˣdåpp-] ferrule
doppvärmare immersion heater
dori|er ['do:-] Dorian **-sk** ['do:-] *a5* Doric
dorn [do:rn] *s2* mandrel, arbor

dos *s3* dose; *för stor ~* overdose; *dödlig ~* lethal dose
dosa *s1* box; (*te-*) canister, (*mindre te-*) caddy
1 dosera *med.* dose
2 dosera (*slutta*) slope; *~ en kurva* superelevate (*Am.* bank) a curve
1 dosering *med.* dosage
2 dosering (*av kurva*) superelevation (*Am.* banking) [of a curve]
dosis ['do:-] *-en -er, se dos*; *en rejäl ~* a good measure (share)
dossering *se 2 dosering*
dossi|é [-å-] *s3* **-er** [-i'e:] *s3* dossier, file
dotter [-å-] *-n döttrar* daughter **-bolag** subsidiary [company], affiliated company; *Am.* affiliate **-dotter** granddaughter **-lig** *a1* daughterly **-son** grandson
dov [då:v] *a1* (*om ljud*) dull, hollow; (*om värk*) aching; (*halvkvävd*) stifled, suppressed
dovhjort fallow-deer; (*hane*) buck
dra (*draga*) *drog dragit* **I 1** *allm.* draw; (*kraftigare*) pull; (*släpa*) drag; *-g!* pull!; *~ fullt hus* draw full houses; *~ ngn i håret* pull s.b. by the hair, pull a p.'s hair; *~ i* (*ur*) *led* set into (put out of) joint; *~ ngn inför rätta* bring s.b. up before a court of law; *~ kniv* draw a knife (*mot* on); *~ ett kort* draw a card; *~ lakan* stretch (pull) sheets; *~ ett tungt lass* pull a heavy load; *~ lott* draw lots; *~ slutsatser om* draw conclusions on, conclude; *~ ett streck över* draw a line across, *bildl.* let bygones be bygones; *~ uppmärksamheten till* draw attention to; *komma ~gandes med* come along with; *~s* (*känna sig ~gen*) *till ngn* feel drawn to (attracted by) s.b. **2** (*driva*) work (*en maskin* a machine); (*vrida*) turn (*veven* the crank) **3** (*subtrahera*) take [away], subtract; (*erfordra*) take; (*förbruka*) use [up] **4** *~ en historia* reel off a story; *~ en lättnadens suck* breathe a sigh of relief **5** (*om te o.d.*) draw **6** (*tåga*) march, go; *~ i fält* take the field; *~ i krig* go to the wars; *~ sina färde* take one's departure; *~ åt skogen* go to blazes; *gå och ~* hang (lounge) about **7** *~ efter andan* gasp for breath; *~ på munnen* smile; *det ~r här* there is a draught here **II** *rfl* **1** (*förflytta sig*) move, pass; (*bege sig*) repair **2** *ligga och ~ sig* (*om morgnarna*) lie late in bed; *~ sig efter* (*om klocka*) be losing, lose; *klockan har ~git sig fem minuter* [*efter*] the clock is five minutes slow; *~ sig fram* get on (along); *~ sig för ngt* (*för att + inf*) be afraid of s.th. (of ...-ing); *inte ~ sig för ngt* (*för att*) (*äv.*) not mind s.th. (...-ing); *~ sig före* (*om klocka*) be gaining, gain; *~ sig tillbaka* draw [o.s.] back, retire, *mil.* retreat; *~ sig undan* move (draw) aside, withdraw; *~ sig ur spelet* quit the game, (*friare*) back out, give up, *vard.* chuck it up **III** (*med beton. part.*) *~ av a*) (*klä av*) pull (take) off, *b*) (*~ ifrån*) deduct; *~ bort a*) draw away, (*trupper e.d.*) withdraw, *b*) (*gå bort*) move off, go away, (*om trupper e.d.*) withdraw; *~ fram a*) (*ta fram*) draw (pull) out, (*väg e.d.*) construct, *bildl.* bring up, produce, *b*) (*gå fram*) advance, march; *~ fram stolen till bordet* draw up the chair

to the table; ~ *fram genom* (*äv.*) traverse; ~ *för* pull (*gardinerna* the curtains); ~ *förbi* go past, pass by; ~ *ifrån a*) draw (pull) back (*gardinerna* the curtains), *b*) (*ta bort*) take away, subtract, *c*) *sport.* draw away (*de andra* from the rest); ~ *igen* (*dörr e.d.*) close, shut; ~ *igenom* (*band e.d.*) pull (draw) ... through; ~ *igång ngt* set s.th. working; ~ *igång med ngt* get s.th. going; ~ *ihop sig* contract, (*sluta sig*) close; *det ~r ihop sig till oväder* a storm is gathering; *det ~r ihop sig till regn* it looks like rain; ~ *in* draw in (*äv. bildl.*), (~ *tillbaka*) withdraw, (*avskaffa*) abolish, do away with, (*konfiskera*) confiscate; ~ *in ett körkort* take away (*på viss tid*: suspend) a driving licence; ~ *in magen* pull in one's stomach; ~ *in vatten* lay on water; ~ *in på* (*inskränka*) cut down; ~ *iväg* move off, march away; ~ *med* drag ... along; ~ *med sig a*) *eg.* take ... about with one, *b*) *bildl.* bring ... with it (them), (*innebära*) involve; ~ *med sig ngn i fallet* drag s.b. down with one; ~ *ner a*) pull down (*rullgardinen* the blind), *b*) (*smutsa ner*) make ... dirty; ~ *omkull* pull down, (*slå omkull*) knock ... down; ~ *på sig* pull (put) on; ~ *till* (*hårdare*) pull ... tighter, tighten; ~ *till bromsen* apply the brake; ~ *till med en svordom* come out with an oath; ~ *till sig a*) *eg.* draw ... towards one, *b*) (*attrahera*) attract (*äv. bildl.*); ~ *tillbaka* draw back, (*trupper äv.*) withdraw; ~ *undan* draw (pull) ... aside, withdraw, remove; ~ *upp* draw (pull) up, (*fisk äv.*) land, (*butelj*) uncork, (*klocka*) wind up; ~ *upp ... med roten* pull ... up by the roots; ~ *upp benen under sig* curl up one's legs; ~ *ur* draw (pull) out; ~ *ut a*) draw (pull) out, (*förlänga*) draw out, prolong, (*tänja ut*) stretch out, *b*) (*tåga ut*) go off (*i krig* to the wars), *c*) (*om rök e.d.*) find its way out; ~ *ut en tand* extract a tooth; *det ~r ut på tiden* (*tar lång tid*) it takes rather a long time, (*blir sent*) it is getting late; *det drog ut på tiden innan* ... it was a long time (a long time elapsed) before; ~ *vidare* move (march) on; ~ *åt* draw (pull) ... tight[er], tighten; ~ *åt sig* (*bildl.*) attract, (*absorbera*) absorb, suck up (*damm* dust); ~ *över på ett konto* overdraw an account; ~ *över tiden* run over [the] time; ~ *över sig* pull ... over one

drabant 1 (*livvakt*) bodyguard; henchman 2 *astron. o. bildl.* satellite **-stat** satellite state

drabb|a 1 (*träffa*) hit, strike; (*hända ngn*) happen to, befall; (*komma på ngns lott*) fall upon; (*beröra*) affect; *~s av en olycka* meet with misfortune; *~s av en svår förlust* suffer a heavy loss; *förlusten ~r honom ensam* he, alone, bears the loss, the loss falls upon him alone; *~s av sjukdom* be stricken with illness 2 ~ *ihop* (*samman*) meet, have an encounter (*om trupper*), come to blows (loggerheads) (*om enskilda*), *bildl.* [come into] conflict, clash

drack *imperf av dricka*

drabbning battle; action; (*friare*) encounter

drag *s7* 1 (*-ande*) pull, tug; (*med penna, stråke etc.*) stroke; *i några snabba ~* with a few bold strokes 2 (*spel. o. friare*) move; *ett skickligt ~* a clever move 3 (*luftström*) draught, *Am.* draft; *sitta i ~* sit in a draught; *det är dåligt ~ i spisen* the stove is drawing badly 4 (*bloss*) puff, whiff; *njuta i fulla ~* enjoy to the full 5 (*drickande*) draught; *tömma glaset i ett ~* empty the glass at a gulp (draught) 6 (*anletsdrag*) feature; (*karaktärsdrag*) trait; (*anstrykning*) touch, strain; *ett utmärkande ~ för* a characteristic [feature] of 7 (*fiskredskap*) spoon-bait, spinner 8 *vard.*, *i det ~et* at that juncture **-a** *se dra* **-are** 1 (*lastdjur*) draught-animal 2 (*stadsbud*) porter **-as** *se dras* **-basun** slide trombone **-djur** *se -are 1*

dragé [-ˈʃeː] *s3* dragée; *läk.* sugar-coated pill

dragen *a5* (*lindrigt berusad*) tipsy

dragg *s2* grapnel **-a** drag, sweep (*efter* for) **-ning** dragging, sweep

drag|harmonika concertina **-hund** draught-dog **-hållfasthet** tensile (rupture) strength **-ig** *a1* draughty **-it** *sup av dra*[*ga*] **-kamp** tug-of-war **-kedja** *se blixtlås* **-kraft** traction (tensile) force; *järnv. etc.* traction power **-kärra** hand-cart **-nagel** dram **-ning** [-aː-] 1 draw (*äv. lott- o. bildl.*); dragging; pull 2 (*böjelse*) tendency, inclination (*till* for); (*-ningskraft*) attraction 3 (*skiftning*) tinge (*åt gult* of yellow) **-ningskraft** attraction; (*tyngdkraft*) force of gravity **-ningslista** lottery prize-list

dragoman *s3* dragoman (*pl* dragomans)

dragon *s3* 1 (*ryttare*) dragoon 2 *bot.* tarragon

drag|plåster *bildl.* attraction, draw **-skåp** *kem.* fume cupboard **-spel** accordion; (*mindre*) concertina **-spänning** tension, tensile stress **-stift** drawing pen

drak|blod dragon's blood (*äv. harts*) **-e** *s2* dragon; (*leksak o. meteor.*) kite; (*skepp*) drake, Viking ship

drakma [ˈdrakk-] *s3* drachma

drakonisk *a5* Draconic, Draconian

drak|skepp *se drake* **-sådd** *en ~* a sowing of dragon's teeth

drama *s4* drama **-tik** *s3* dramatic art **-tiker** [-ˈmaː-] dramatist **-tisera** dramatize **-tisering** dramatization **-tisk** [-ˈmaː-] *a5* dramatic[al] **-turg** *s3* playwright, dramatist

drank *s3* distiller's wash

drapa *s1* [bardic] ode (*över* on)

draper|a drape, hang **-i** curtain, drapery, hangings; *Am. äv.* drapes **-ing** draping, drapery

dras (*dragas*) *drogs dragits, dep*, ~ *med a*) (*sjukdom*) be afflicted with, suffer from, *b*) (*skulder, bekymmer*) be harassed by, *c*) (*utstå*) put up with

drastisk [ˈdrass-] *a5* drastic

drasut *s3* tall ungainly fellow

drav *s2, s4* draff; (*skräp*) rubbishy mess

dravel [ˈdravv-] *s4* drivel, nonsense

dreg|el [ˈdreː-, ˈdregg-] *s7* **-la** drivel, slobber

drej|a [ˣdrejja] 1 *tekn.* turn 2 *sjö.*, ~ *bi* heave to **-skiva** potter's wheel

dress *s3* dress, attire; togs (*pl*)

dresser|a train (*till* for); (*friare*) drill; (*hund äv.*) break **-ing** training *etc.*

dressin *s3* trolley

dress|yr *s3* [animal-]training, dressage; *i sht*

bildl. drill **-yrridning** dressage riding **-ör** trainer [of animals]

1 drev *s7* (*blånor o.d.*) oakum

2 drev *s7* (*hjul*) [driving] pinion; (*växel*) gear [wheel]

3 drev *s7, jakt.* beat, drive **-jakt** battue **-karl** beater

4 drev *imperf av driva*

dribbl|a dribble **-ing** dribbling, dribble

drick|a I *s7* beer **II** *drack druckit* drink; (*intaga*) have, take; ~ *kaffe* have coffee; ~ *brunn* take the waters; ~ *i botten* drain one's glass; ~ *ngns skål* drink a p.'s health; ~ *ngn till* pledge s.b.; *han har börjat* ~ he has taken to drinking; ~ *ur sitt glas* empty one's glass; ~ *ur kaffet* finish one's coffee; ~ *sig full* get drunk (intoxicated); ~ *sig otörstig* quench one's thirst **-bar** *a1* drinkable, fit to drink

dricks *pl* tips; *ge* ~ tip; *ge 25 öre i* ~ give a 25-öre tip **-glas** [drinking-]glass, tumbler; *ett* ~ ... a glassful of ... **-pengar** tips a tip (*sg*); gratuities; service (*sg*) **-vatten** drinking-water

drift *s3* **1** (*drivande*) drifting; *ungdom på* ~ youth (young people) adrift **2** (*skötsel*) management, administration; (*gång*) running, operation; *i* (*ur*) ~ in (out of) operation (service); *övergå till elektrisk* ~ change to electric power; *billig i* ~ economical; *stoppa ~en* stop production **3** (*trafik*) traffic **4** (*instinkt, böjelse*) instinct, urge; impulse; *göra ngt av egen* ~ do s.th. of one's own accord **5** (*gyckel*) joking **-budget** working budget **-ig** *a1* energetic, industrious, pushing **-ighet** energy, industriousness, push **-kapital** working capital **-kucku** *s2* laughing-stock **-liv** the instincts

drifts|ingenjör production engineer **-inskränkning** production cut-back **-inställelse** stoppage, closing down **-kostnad** running costs (*pl*)

drift|stopp *se driftsinställelse* **-störning** breakdown, interruption of the service **-säker** dependable, reliable

1 drill *s2* (*exercis*) drill

2 drill *s2* (*borr*) drill

3 drill *s2, mus.* trill, quaver; (*fåglars*) warble; *slå sina ~ar* warble

1 drilla (*exercera*) drill

2 drilla (*borra*) drill

3 drilla *mus.* trill, quaver; warble

drillborr spiral drill, wimble

drillande *a4, mus.* trilling *etc.*

drillsnäppa common sandpiper

drink *s2* drink **-are** [habitual] drunkard

drist|a ~ *sig* [*till*] *att* be bold enough to, venture to **-ig** *a1* bold, daring **-ighet** boldness, daring

drittel *s2* cask, butter-keg

driv|a I *s1* [snow]drift; *snön låg i djupa -or* the snow lay in huge drifts **II** *drev drivit* **1** drive; (*maskin*) work, operate; (*fram-*) propel; (*fabrik o.d.*) run, conduct **2** *trädg.* force **3** (*täta*) chaulk **4** (*metall*) chase **5** (*be-*) carry on; (*politik*) pursue **6** (*tvinga*) drive, force **7** (*förmå*) impel, urge, prompt **8** ~ *ngn på flykten* put s.b. to flight; ~ *saken för långt* push (carry) things too far; ~ *ngt i höjden* force (screw) s.th. up **9** (*föras undan*) drive; (*sjö. o. om moln, snö e.d.*) drift; ~ *för ankar* drag [the] anchor **10** *gå och* ~ walk aimlessly about, loaf about **11** ~ *med ngn* poke fun at s.b. **12** (*med beton. part.*) ~ *igenom ett lagförslag* force (push) through a bill; ~ *sin vilja igenom* get one's own way; *fartyget drev omkring* the ship was adrift; ~ *på* urge ... on; ~ *samman boskapen* herd the cattle; ~ *tillbaka* drive ... back; repel; ~ *ut* drive (push) ... out, cast out **-ande** *a4* driving *etc.*; *den ~ kraften* the driving force, (*om pers. äv.*) the prime mover; ~ *karl* pushing man; ~ *vrak* floating wreck **-ankare** floating (drag) anchor **-axel** [driving-]shaft **-bänk** hotbed **-en** *a3* (*skicklig*) clever, skilful, practised; ~ *handstil* (*ung.*) flowing hand **-fjäder** mainspring; *bildl. äv.* incentive, motive **-hjul** driving gear **-hus** greenhouse, hothouse **-husplanta** hothouse plant **-is** drift-ice **-it** *sup av driva* **-kraft** motive power; (*om pers. äv.*) prime mover; *tekn. äv.* propelling force **-medel** (*för fordon*) [motor] fuel; (*för projektil*) propulsive agent, propellant **-mina** floating (drifting) mine **-ning** [-i:v-] driving; (*tätning*) caulking **-raket** booster rocket **-rem** driving (transmission) belt **-ved** drift-wood

1 drog [-o:-] *imperf av dra*[*ga*]

2 drog [-å:-] *s3* drug **-handel** drug-store **-handlare** druggist **-växt** medicinal plant

dromedar *s3* dromedary

dropp [-å-] *s7* drip **-a 1** (*falla i -ar*) drip, fall in drops **2** (*hälla -vis*) drop (*i* into) **-e** *s2* drop; (*svett-*) bead; *en* ~ *i havet* a drop in the bucket (the ocean) **-flaska** drop bottle **-fri** non-drop **-sten** (*nedhängande*) stalactite; (*upprättstående*) stalagmite **-torka** drip-dry **-vis** drop by drop

drosk|a [-å-] *s1* cab **-bil** taxi[-cab], cab **-chaufför -förare** taxi-driver **-kusk** cabman **-station** cab-stand, taxi-rank **-ägare** taxi-owner (-proprietor)

drossel ['dråss-] *s2, radio.* choke (choking) coil

drots [-å-] *s2, ung.* chancellor

drott [-å-] *s2* king, ruler

drottning [-å-] queen; (*bi-*) queen[-bee]; *balens* ~ belle of the ball; *göra en bonde till* ~ (*schack.*) queen a pawn

druck|en *a3, predik.* drunk; intoxicated, tipsy **-it** *sup av dricka*

drull|a ~ *omkull* go sprawling, fall over; ~ *i vattnet* tumble into the water **-e** *s2* lout **-eförsäkring** liability insurance **-ig** *a1* clumsy **-ighet** clumsiness

drum|la *se drulla* **-lig** *a1* clumsy, awkward; (*fumlig*) bungling **-mel** [ˣdrumm-, 'drumm-] *s2* lout; oaf

drunkn|a be (get) drowned; *bildl.* be (get) swamped (*i* with); *en ~nde* a drowning man (*etc.*) **-ing** drowning **-ingsolycka** drowning accident

drupit *sup av drypa*

druv|a *s1* grape **-blå** grape-purple **-hagel** grape-shot **-klase** bunch (cluster) of grapes **-saft** grape-juice **-socker** grape-sugar, glucose

dryad *s3* dryad

dryck *s3* drink; beverage; *mat och* ~ meat and drink; *alkoholfri* ~ non-alcoholic beverage; *starka ~er* strong drinks, liquor (*sg*) **-enskap** *s3* drunkenness, inebriation **-esbroder** fellow-toper, pot (boon) companion **-eshorn** drinking-horn **-eskanna** stoop **-eskärl** drinking-vessel **-eslag** drinking-bout, binge, spree **-esvaror** *pl* drinks, beverages **-esvisa** drinking-song **-jom** [-åm] *n, r* **1** drinking, carousing **2** *se -esvaror*

dryfta discuss, talk over

dryg *a1* **1** (*mots. o-*) compact; (*som räcker länge*) lasting; (*som väl fyller måttet*) liberal, ample, large; (*rågad*) heaped; *en ~ mil* a good mile; *~t mått* full measure; *~ portion* large helping; *~ timme* full (good) hour **2** (*mödosam*) hard; (*betungande*) heavy; *~t arbete* hard work; *~a böter* a heavy fine **3** (*högfärdig*) stuck-up, self-important **-a** *~ ut vin med vatten* add water to the wine, eke out wine with water **-het** self-importance **-t** [-y:-] *adv*, *~ hälften* a good half of it (them); *mäta ~* give full measure; *~ mätt* full measure

drypa *dröp drupit* **1** (*hälla droppvis*) drop, pour a few drops of ... (*på* on to, *i* into) **2** (*ge ifrån sig vätska*) drip; (*nedrinna*) trickle; *han dröp av svett* he was dripping with perspiration

dråp *s7* manslaughter, homicide **-are** homicide

dråplig [-å:-] *a1* splendid; very funny, killing

dråpslag deathblow; *bildl. äv.* staggering blow

dråsa come down in masses; *~ ner* come tumbling down

dräg|el -la *se dregel*

drägg *s2, ej pl* dregs (*pl*)

dräglig [-ä:-] *a1* tolerable, endurable; fairly acceptable

dräkt *s3* dress; (*jacka o. kjol*) suit costume; (*friare*) attire, garb

dräktig *a1* pregnant, big with young **-het** **1** pregnancy **2** *sjö.* tonnage, capacity

dräll *s3* drill, diaper

drälla *v2* **1** spill **2** *gå och ~* hang around

drämma *v2*, *~ näven i bordet* bang one's fist on the table; *~ till ngn* strike s.b., give s.b. a clout

drän|age [-'na:ʃ] *s7, med.* drainage **-era** drain **-ering** drainage, draining **-eringsrör** drain-pipe

dräng *s2* farm-hand; *sådan herre sådan ~* like master like man; *själv är bästa ~* if you want a thing well done, do it yourself **-kammare** farm-hands' room **-stuga** farm-hands' quarters (*pl*)

dränk|a *v3* drown; (*översvämma*) flood; *~ in med olja* [impregnate ... with] oil; *~ sig* drown o.s. **-ning** drowning

dräpa *v3* slay, kill; *du skall icke ~* thou shalt not kill; *~nde svar* crushing reply

drätselkammare [borough] finance department

dröj|a [ˣdröjja] *v2* **1** (*låta vänta på sig*) be late (*med att* in + *ing-form*); (*vara sen*) be long (*med ngt* about s.th., *med att* about + *ing-form*); *du har -t länge* it has taken you a long time; *svaret -de* the answer was a long time in coming **2** (*tveka*) hesitate; *~ på stegen* dawdle; *~ med svaret* (*att svara*) hesitate to answer, put off answering **3** (*vänta med*) wait **4** (*stanna kvar*) stop, stay; *poet.* tarry, linger; *var god och dröj* (*tel.*) hold the line, please; *~ kvar till slutet* stay on (remain) till the end; *~ vid* dwell on **5** *opers.*, *det -er länge innan* it will be a long time before; *det -de inte länge förrän* it was not long before; *det -de en evighet innan* it was ages before **-ande** *a4*, *~ steg* dawdling footsteps; *~ svar* hesitating answer; *~ blick* lingering gaze

dröjsmål *s7* delay

dröm [-ömm] *s2* dream; *bildl. äv.* day-dream, reverie; *~men slog in* the dream came true; *försjunken i ~mar* lost in a reverie (day-dreams) **-bild** vision **-bok** book of dreams **-lik** dream-like **-lös** dreamless **-ma** *v2* dream; *bildl. äv.* day-dream, muse; *~ sig tillbaka till* carry o.s. back in imagination to **-mande** *a4* dreamy **-mare** dreamer, visionary **-meri** dreaming; *ett ~* a reverie **-sk** *a5* dreamy **-slott** *mitt ~* the castle of my dreams **-tydning** interpretation of dreams (a dream) **-värld** dream world

dröna drowse, idle **-re** **1** (*bi*) drone [bee] **2** *pers.* sluggard, snail

dröp *imperf av drypa*

dröppel ['dröppel] *s2, se gonorré*

drösa shower (tumble) down

du you; *bibl., poet., dial.* thou; *~ själv* you yourself; *hör ~, kan jag få låna ...?* I say, can you lend me ...?; *hör ~, det här går inte!* look here, this won't do!; *nej, vet ~ [vad]!* I never heard of such a thing!; *det skall ~ säga!* you've no room to talk!; *vi är ~ med varandra* we call each other by our Christian names; *bli ~ med ngn* drop the formalities of address with s b.

dualis|m dualism **-tisk** [-'liss-] *a5* dualistic

dubb *s2* tip, stud, knob

dubba *~ ngn till riddare* dub s.b. a knight

dubbel ['dubbel] *a2* double; *ligga ~ av skratt* be doubled up with laughter; *vika ~* [fold] double; *~ bokföring* book-keeping by double entry; *dubbla beloppet* twice the amount; *dubbla storleken* double the size; *det dubbla* twice as much **-arbetande** *a4* doing two jobs; *~ kvinnor* housewives who go out to work **-arbete** (*samma arbete*) duplication of work; (*två arbeten*) two jobs **-beckasin** great snipe **-beskattning** double taxation **-betydelse** *se -mening* **-bottnad** [-å-] *a5* (*om sko*) double-soled; *bildl.* ambiguous, with double meaning **-bröllop** double wedding **-bössa** double-barrelled [shot]gun **-däckare** double-decker **-dörr** double door **-exponering** *foto.* double exposure **-fönster** double window **-gångare** double **-haka** double chin **-knäppt** *a4* double-breasted **-kommando** dual control **-kontakt** *elektr.* two-way plug **-kors** *mus.* double-sharp [sign] **-liv** double life **-match** (*tennis*) double[s match] **-mening** double sense (meaning) **-moral** *allm.* double standard [of morality] **-mord** double murder **-myntfot** bimetallism, gold and silver standard **-namn** double-barrelled name **-natur** split personality **-pipig** *a1* double-barrelled **-riktad** *a5*, *~ trafik* two-way traffic **-roll** dual role; *bildl.* double game **-rum** double room **-seger** double win **-sidig** *a1* double-sided; *~ lung-*

inflammation double pneumonia **-spel** *bildl.* double-dealing; (*i tennis*) doubles (*pl*) **-spår** double track **-spårig** *a1* double-track[ed] **-stjärna** double star **-säng** double bed **-t** ['dubb-] *adv* doubly; (*två gånger*) twice (*så* as); *bjuda ~ upp* bid as much again; *se ~* see double; *~ så gammal som jag* twice my age **-tydig** *a1 se tvetydig* **-viken** *a5* **-vikt** [-i:-] *a4* doubled; *~ av skratt* doubled up with laughter; *~ krage* turn-down collar **-yxa** two-edged axe **-örn** double eagle

dubbl|a double **-é** *s3* **1** *guldsm.* gold (silver) plated metal **2** *spelt.* cushion[ing] **-era** **1** double **2** *sjö.* round **3** *teat.* play a part as an understudy **-ering** doubling *etc.* **-ett** *s3* **1** (*kopia*) duplicate, copy **2** (*tvårumslägenhet*) two-roomed flat **-ettexemplar** duplicate copy **-ettnyckel** duplicate key

dubbning dubbing, accolade

dubi|er ['du:-] *pl*, *ha sina ~* have one's doubts (*om* about) **-ös** *a1* dubious

duell *s3* duel (*på pistol* with pistols) **-ant** duelist **-era** [fight a] duel

duett *s3* duet

dug|a *v2 el. dög -t* do; be suitable (*till* for); (*komma t. pass*) serve; (*vara god nog*) be good enough (*åt* for); *det -er* that will do; *-er ingenting till* is no use (good); *visa vad man -er till* show what one is worth; *det -er inte att* it won't do to; *han dög inte till lärare* he was no good as a teacher; *det var en karl som hette ~* that is what I call a man **-ande** *a4* efficient; competent; *en ~ kraft* a competent person; *se äv. -lig*

dugg *s7* **1** (*regn*) drizzle **2** *inte ett ~* not a bit (scrap), not the least; *hon gör aldrig ett ~* she never does a thing **-a** drizzle; *det ~r* it is drizzling; *det ~de [med] ansökningar* applications came pouring in **-regn** drizzle **-regna** *se -a*

duglig [-u:-] *a1* able; capable (*till* of; *till att* of ...-ing); competent, qualified, efficient **-het** competence; capability; ability; efficiency

duk *s2* cloth; (*bord-*) tablecloth; *mål. o. sjö.* canvas; (*flagga*) flag, bunting

1 duka *~ [bordet]* lay the table; *bordet var ~t för två* the table was laid for two; *ett ~t bord* a table ready laid; *~ av* clear the table; *~ fram* put ... on the table; *~ upp en historia* cook up a story

2 duka *~ under* succumb (*för* to)

dukat ducat

dukning [-u:-] [the] laying [of] the table

duktig *a1* **1** (*dugande*) able, capable, efficient (*i att* at + *ing-form*); (*skicklig*) clever (*i ngt* at s.th., *i att* at + *ing-form*) **2** (*käck*) brave **3** (*kraftig*) vigorous, powerful; (*frisk*) strong **4** *ett ~t mål mat* a substantial meal; *en ~ portion* a good-sized helping **5** *han fick en ~ skrapa* he got a good rating (telling-off); *det var ~t!* well done! **-t** *adv* (*kraftigt*) powerfully; (*ihärdigt*) sturdily; (*med besked*) soundly, thoroughly; (*strängt*) hard; (*skickligt*) efficiently, cleverly; *han har arbetat ~* he has worked hard; *han tjänar ~ med pengar* he earns plenty of money; *äta ~* eat heartily; *få ~ med stryk* get a sound thrashing

dum [dumm] *a1* stupid; *Am. äv.* dumb; (*obetänksam*) silly, foolish; *han är ingen ~ karl* he is no fool; *det var bra ~t av mig att* I was a fool to; *så ~ jag var!* what a fool I was!; *han är inte så ~ som han ser ut* he is not such a fool as he looks; *det vore inte så ~t att* it would not be a bad idea to **-bom** *s2* fool, ass, blockhead; *din ~!* you silly (stupid) [fool]! **-dristig** foolhardy, rash **-dryg** vain, pompous

dumdumkula dumdum bullet

dum|het stupidity, folly; silliness, foolishness; *göra en ~* do a foolish thing, (*svagare*) make a blunder; *prata ~er* talk nonsense; *~er!* rubbish!, nonsense!; *vad är det här för ~er?* what is all this nonsense? **-huvud** blockhead **-ma** *rfl* make a fool of o.s. **-merjöns** [tom]fool

dump|a dump **-ing** ['dumm-] dumping, price cutting

dumpit *sup av dimpa*

dumpning *se dumping*

dumsnut silly idiot

dun *s7* down **-bolster** feather bed

dund|er ['dunn-] *s7* thunder[ing], rumble; (*kanon-, åsk- äv.*) peal, boom; *väggen föll med ~ och brak* the wall came crashing down **-ra** thunder, rumble, boom; *~ mot* thunder (fulminate) against; *åskan ~de* there was a clap of thunder **-rande** *a4*, *en ~ succé* a roaring success

dunge *s2* grove; (*mindre*) clump of trees

dunig *a1* downy, fluffy

1 dunk *s2* (*behållare*) can

2 dunk **1** *s2* (*slag*) thump **2** *s7* (*-ande*) thud[ding] **-a** thud; (*bulta*) throb, beat; *~ ngn i ryggen* thump s.b. on the back; *~ på piano* thump on the piano

dunkel ['dunn-] **I** *a2* dusky, dark; (*hemlighetsfull*) mysterious; (*svårbegriplig*) obscure, abstruse; (*obestämd*) vague; *~ belysning* (*uppfattning*) dim light (idea); *~t minne* dim (vague) recollection **II** *s7* dusk, shadow; gloom; dimness; *höljd i ~* wrapped in obscurity; *skingra dunklet* clear up a mystery **-blå** dark[ish] blue

dunkning thump[ing]; throbbing

dunkudde down cushion (pillow)

duns *s2* bump, thud **-a** *~ ner* come down with a thud

dunst *s3* fume, vapour, exhalation; *slå blå ~er i ögonen på ngn* pull the wool over a p.'s eyes **-a** *~ av* (*bort, ut*) evaporate

dun|täcke eiderdown **-unge** fledg[e]ling

duo ['du:o] *-n el. -t, pl -n el. -s* duet

duper|a dupe, bluff; *låta sig ~s* [allow o.s. to] be duped

dupl|ett *s3*, *se dubblett* **-icera** duplicate, mimeograph **-iceringsmaskin** duplicator, mimeograph **-ikat** *s7* duplicate **-ikator** [-ˣka:tår] *s3*, *se -iceringsmaskin* **-o** ['du:-] *in ~* in duplicate

dur *r* major

durabel *a2* durable; (*präktig*) splendid

durackord major chord

duraluminium duralumin, hard aluminium

durk *s2*, *sjö.* floor; (*förvaringsrum*) store-room, magazine

durka bolt, run away

durkdriven (*inpiskad*) cunning, crafty; (*skicklig*) practised; (*fullfjädrad*) thorough-paced

durkslag strainer, colander
duroplast thermoset[ting resin]
durra *s1* durra, Guinea corn
dur|skala major scale **-tonart** major key
dus *n*, *leva i sus och* ~ live a wild life, live in a world of pleasures
dusch *s2* shower[-bath] **-a** have a shower **-rum** shower-room
dusk *s7* drizzle **-väder** drizzly weather **-ig** *a1* drizzly
duskål *dricka* ~ (*ung.*) drink a toast to mark the end of a formal relationship
dussin *s7* dozen; *två* ~ *knivar* two dozen knives; *ett halvt* ~ half a dozen; *tretton på* ~*et* thirteen to the dozen **-människa** commonplace person **-roman** pulp novel, penny dreadful **-tal** *s7* dozen **-tals** [-a:-] dozens of **-vara** cheap-line article **-vis** by the dozen
dust *s3* (*strid*) passage of arms; *ha en* ~ *med* have a tussle (bout) with; *det blir en hård* ~ it will be a tough fight; *utstå många* ~*er* have many a tussle, take a lot of knocks
dusör gratuity, fee
duv|a *s1* pigeon; *bildl. o. poet.* dove **-blå** pigeon-blue
duven *a3* (*avslagen*) flat, insipid, vapid; (*dåsig*) drowsy, under the weather
duv|grå dove-grey **-hök** goshawk **-kulla** *s1*, *bot.* chickweed wintergreen
duvning [-u:-] **1** (*avbasning*) upbraiding, dressing down; (*handgriplig*) hiding **2** (*inpluggande*) coaching
duv|slag dovecot[e], pigeon-house **-unge** young pigeon; *hon är ingen* ~ she is no chicken
dval|a *s1* (*halvslummer*) doze, drowse; (*halv medvetslöshet*) trance, coma; *bildl. äv.* torpor, apathy; *ligga i* ~ (*vintertid*) lie dormant, hibernate **-des** [-a:-] *imperf av dväljas* **-liknande** trance-like; lethargic **-ts** [-a:-] *sup av dväljas*
dvs. (*förk. för det vill säga*) i.e.
dväljas *v2 el. dvaldes dvalts, dep* sojourn, abide
dvärg [-j] *s2* dwarf; pygmy; (*i berg*) gnome **-alåt** whining **-björk** dwarf birch **-folk** pygmean people; pygmies (*pl*) **-träd** dwarf tree **-växt 1** (*-form av växt*) dwarf plant **2** (*förkrympt utveckling*) dwarfishness; *vara av* ~ be dwarf-sized, be stunted
d.y. (*förk. för den yngre*) *se under yngre*
dy *s3* mud; *bildl.* mire, slough **-blöt** *se -våt*
dyckert ['dykk-] *s2* brad
dyft *end. i uttr.*: *inte ett* ~ not a jot
dygd *s3* virtue; (*kyskhet äv.*) chastity; *göra en* ~ *av nödvändigheten* make a virtue of necessity; ~*ens väg* the path of virtue **-emönster** paragon of virtue **-ig** *a1* virtuous
dygn [dyŋn] *s7* day [and night], twenty-four hours; ~*et om* throughout the twenty-four hours, twice (all) round the clock; *en gång om* ~*et* once in twenty-four hours
dygns|gammal one-day-old **-lång** *en* ~ *färd* a twenty-four-hour trip
dyig *a1* muddy, miry
dyk|a *v3 el. dök dykt* dive; (*hastigt*) duck [under the surface]; (*om flygplan äv.*) nose-dive; ~ *ner* dive down, plunge (*i* into); ~ *upp* emerge (*ur* out of), *bildl.* crop (turn) up, (*om tanke e.d.*) suggest itself **-and** sea-duck **-ardräkt** diving-suit, exposure suit **-are** diver **-arhjälm** diver's helmet **-arklocka** diving-bell **-arsjuka** decompression sickness **-arutrustning** diving outfit (equipment)
dykdalb *s3* dolphin, mooring-post
dyk|läge (*om ubåt*) in the awash position; (*om flygplan*) ready for diving **-ning** [-y:-] diving; *konkr.* dive; *flyg.* nose-dive; (*ubåts*) submergence, crash dive
dylik *a5* ... of that kind (sort), ... like that, such, similar; *eller* (*och*) ~*t* or (and) the like, etcetera; *ngt* ~*t* something of the sort
dymedelst by that (those) means
dymling dowel [pin]
dymmelonsdag Great Wednesday
dyn 1 *s3* (*sand-*) [sand] dune **2** *r*, *n* (*kraftenhet*) dyne
dyna *s1* cushion, pad
dynami|k *s3* dynamics (*sg*) **-sk** [-'na:-] *a5* dynamic
dynami|t *s3* dynamite **-ard** [-'ta:rd] *s3* dynamiter **-patron** blasting cartridge, stick of dynamite
dynamo [ˋdy:-, 'dy:-] *s5* dynamo **-maskin** dynamo machine **-meter** *s2* dynamometer
dynasti *s3* dynasty
dyng|a *s1* dung, muck **-bagge** dung-beetle **-grep|e|** dung(muck)-fork **-hög** dung-hill
dyning swell; *i sht bildl.* backwash
dynt *s2* bladder-worm
dypöl [mud-]puddle
dyr *a1* **1** dear; (*kostsam*) expensive, costly; *det är* ~*t att leva här* living is expensive here; *det blir* ~*t i längden* it comes expensive in the long run **2** (*älskad*) dear; (*högtidlig*) solemn; *svärja en* ~ *ed* swear a solemn oath **3** *nu var goda råd* ~*a* here was a dilemma **-bar** *a1* **1** (*kostsam*) costly, expensive, dear **2** (*värdefull*) valuable; (*högt värderad*) precious **-barhet 1** *abstr.* costliness *etc.* **2** *konkr.* expensive article; ~*er* valuables **-grip** *s2* treasure
dyrk *s2* picklock, skeleton key
1 dyrka ~ *upp* (*lås*) pick
2 dyrka (*tillbedja*) worship; (*starkt beundra*) adore **-n** *r* worship; adoration **-nsvärd** *a1* adorable
dyrkfri burglar-proof; safety
dyr|köpt [-çö:pt] *a4* dearly-bought; (*om seger o.d.*) hard-earned **-ort** cost-of-living index locality **-ortsgrupp** cost-of-living index region **-ortsgruppering** regional division according to cost of living **-ortstillägg** area (local) allowance **-t** [-y:-] *adv* **1** (*om kostnad*) dearly, expensively; *köpa* (*sälja*) ~ buy (sell) dear; *han fick* ~ *betala sitt misstag* he paid heavily (dear) for his mistake; *stå ngn* ~ cost s.b. dear; *sälja sitt liv* ~ sell one's life dearly; *bo* ~ pay a high rent **2** (*högt*) dearly **3** (*högtidligt*) solemnly **-tid** period of high prices **-tidstillägg** cost-of-living allowance
dyscha *s1* **-tell** *s3* couch
dysenteri *s3* dysentery
dyspepsi *s3* dyspepsia
dyst|er ['dyss-] *a2* gloomy, dreary; (*till sinnes*) melancholy, sad; ~ *färg* sombre colour **-erhet** gloominess, dreariness; melancholy, sadness **-ra** ~ *till* get down in the dumps

dyvels|träck asafoetida
dyvika *s1, sjö.* plug
dyvåt soaking wet, wet through
då I *adv* **1** *demonstr.* then; at that time, in those days; (*senast vid den tiden*) by then; (*i så fall*) then, in that case; ~ *och* ~ now and then; *det var* ~ *det* things were different then; ~ *för tiden* at that time, in those days; *nå,* ~ *så!* well, then!; *vad nu* ~*?* what now?; *än sen* ~*?* what then (next)?, *vard.* so what?; (*har du läst brevet?*) *vilket* ~*?* ... which one?; (*sitt inte uppe för länge*) ~ *blir du för trött* ... or you will be too tired **2** *rel.* (*om tid*) when; (*i vilket fall*) in which case; *den tid kommer* ~ the time will come when; *nu* ~ *vi* now that we **II** *konj* **1** (*temporal*) when; (*med participialkonstr.*) on; ~ *jag fick se honom tänkte jag* on seeing him I thought; *just* ~ just as **2** (*kausal*) as, since; ~ *så är förhållandet* that being the case; ~ *vädret nu är vackert* since the weather is fine now, the weather being fine now
dåd *s7* deed, act; (*bragd*) feat, exploit; *med råd och* ~ by word and act; *bistå ngn med råd och* ~ give s.b. advice and assistance **-kraftig** energetic, active **-lust** eagerness to achieve great things **-lysten** eager to achieve [great things] **-lös** inactive, inert
dåförtiden at that time, in those days
dålig *-t sämre sämst* **1** bad; (*otillräcklig, skral*) poor; (*otillfredsställande*) unsatisfactory; (*sämre*) inferior; (*ond*) evil, wicked; (*usel*) mean, base; *en* ~ *affär* a bad bargain; ~*t hjärta* a weak heart; *på* ~*t humör* in a bad temper; ~ *hörsel* bad hearing; ~ *kvalitet* poor (inferior, bad) quality; ~ *luft* bad air; *han är ingen* ~ *människa* there is no harm in him; ~*t rykte* (*samvete*) a bad reputation (conscience); ~ *sikt* poor visibility; *komma i -t sällskap* get into bad company; ~*a tider* bad (hard) times; ~ *vanor* bad habits; *det var inte* ~*t!* that's not bad! **2** (*sjuk*) ill, not quite well; indisposed; poorly; *Am. äv.* mean; *känna sig* ~ feel out of sorts, feel bad (*Am. äv.* mean) **-het** *vara ute på* ~*er* be out on the spree, paint the town red **-t** *adv* badly; poorly; *affärerna går* ~ business is bad; *höra* ~ hear badly; *ha det* ~ [*ställt*] be badly off; *det gick* ~ *för henne i franska* she did badly in French; *det är* ~ *med respekten* there is a lack of respect; *det blir* ~ *med päron i år* there will not be many pears this year; *se* ~ have poor sight (weak eyes); *äta* ~ have a poor appetite
1 dån *s2, bot.* hemp-nettle
2 dån *s7* noise, roar[ing]; thunder; rumble
1 dåna (*dundra*) roar, boom; thunder; rumble
2 dån|a (*svimma*) faint [away], swoon [away] **-dimpen** *s i uttr.*: *få* ~ have a fainting-fit
dår|a infatuate, bewitch **-aktig** *a1* foolish; (*starkare*) idiotic, insane, mad **-aktighet** foolishness; idiocy, madness; *en* ~ a [piece of] folly **-e** *s2* madman, lunatic; (*friare*) fool **-hus** lunatic asylum **-skap** *s3* [piece of] folly; *rena* ~*en* sheer madness
dås|a doze, be drowsy **-ig** *a1* drowsy, half asleep **-ighet** drowsiness

då|tida *oböjl. a* the ... of that time **-tiden** *enligt* ~*s sed* according to the customs of that time (day) **-varande** *a4* the ... of that time, then; ~ *fröken A.* Miss A., as she was then; *under* ~ *förhållanden* as things were then; *i sakernas* ~ *läge* in the then [existing] state of affairs
d.ä. (*förk. för den äldre*) *se under äldre*
däck *s7* **1** (*fartygs-*) deck; *alle man på* ~*!* all hands on deck!; *under* ~ below deck, under hatches **2** (*bil-*) tyre; *Am.* tire; *slanglösa* ~ tubeless tyres **-ad** *a5* decked
däckel *s2, boktr.* tympan, packing; (*papperstillv.*) deckle, deckel
däcks|befäl ship's officers (*pl*) **-last** deck cargo **-stol** deck-chair
dädan from there, thence
dägg|a suck[le] **-djur** mammal
däld *s3* dell, glen
dämma *v2* dam, bank up, stem, block; ~ *för* (*igen, till, upp*) dam up **-re** *mus.* damper
dämp|a moderate, check; (*starkare*) subdue; (*ljud*) muffle, hush; (*färg äv.*) tone (soften) down; (*eld*) damp down, extinguish; (*instrument*) mute; *bildl. äv.* damp, calm; (*vrede e.d.*) subdue, suppress; *med* ~*d röst* in a hushed (subdued) voice **-ning** moderation *etc.*
dän away; *gå* ~*!* go away!
däng *s7* [a] walloping **-a** *v2* **1** (*slå*) wallop; smack **2** ~ *iväg* rush off; ~ *till ngn* strike s.b.
där 1 *demonstr.* there; *vem* ~*?* who's there?; *det finns ingenting* ~ there is nothing there; ~ *har vi det!* there you are!; ~ *ser du* I told you so; ~ *sa du ett sant ord* you hit the nail on the head there; *så* ~ like that, in that way; ~ *borta* (*framme, inne, nere, uppe, etc.*) over (on *el.* up, in, down, up *etc.*) there; ~ *hemma* at home **2** *rel.* where; *ett hus* ~ *man* a house where (in which) you
där|an *vara illa* ~ be in a bad way; *vara nära* ~ *att* come near + *ing-form* **-av** of (by; from; off, out of; with) it (that, them); *i anledning* (*till följd*) ~ on that account; ~ *blev ingenting* nothing came of it; ~ *följer att* hence (from that) it follows that; ~ *kommer det sig att* that's [the reason] why; *fem barn,* ~ *tre pojkar* five children, three of them boys
där|efter after (for; about; according to, (by) that (it, them); (*om tid äv.*) afterwards; (*därnäst*) then; *ett par dagar* ~ a few days later; *först* ~ *känner man sig* not until after that will you feel; *rätta sig* ~ conform to it (that); *resultatet blev* ~ the result was as might have been expected **-emellan** between them; (*om tid*) in between; (*stundtals*) at times **-emot 1** (*emot det*) against it **2** (*emellertid*) on the other hand; (*tvärtom*) on the contrary; *då* ~ whereas, while **-est** ['dä:r-] if; (*ifall*) in case; ~ *icke* unless
där|för I [-'fö:r-] *adv* for (to; of; before; on; in) it (that, them); *han kunde inte ange ngt skäl* ~ he could give no reason for this; *till stöd* ~ in support of it **II** ['dä:r-] *konj* therefore; (*i början av sats*) so, consequently, accordingly, for that reason, on that account; ~ *att* because; *det var* ~ *som* that is [the reason] why, *det var just* ~ *som*

it was just on that account that **-hän 1** (*så långt*) so far, to that point; to such an extent; *det har gått ~ att* it has gone so far that **2** *lämna det ~* leave it at that **-i** ['dä:ri] in that (it, the matter, the letter *etc.*); (*i detta avseende*) in that respect; (*vari*) in which; *~ ligger skillnaden* that is where the difference is; *~ misslyckades han fullständigt* he failed completely there **-ibland** ['dä:r-] among them (others; other things); including **-ifrån** ['dä:r-] from there (it, the place *etc.*); *borta* (*bort*) *~* away, gone; *~ och dit* from there to there; *jag reser ~ i morgon* I shall be leaving [there] to-morrow; *han bor inte långt ~* he lives not far away [from there]; *långt ~* (*bildl.*) far from it **-igenom** ['dä:r] **1** (*från det*) through it (them, the room *etc.*) **2** (*med hjälp därav, medelst detta*) thereby; by that [means], by this, in this way; *redan ~ är mycket vunnet* even this is a step in the right direction **-jämte** besides, in addition

där|med ['dä:r-] **1** (*med detta*) by (with) that (it, them, that remark *etc.*); *i samband ~* in this connection; *~ är mycket vunnet* that helps a great deal; *~ gick han sin väg* with that (those words) he departed; *i enlighet ~* accordingly; *~ var saken avgjord* that settled the matter; *och ~ basta!* and that's that!; *och ~ jämförliga varor* and other similar goods; *~ är inte sagt att* that is not to say that; *~ är vi inne på* that brings us to **2** (*medelst detta*) by that (those) means **3** (*följaktligen*) so, consequently **-näst** ['dä:r-] next, in the next place; *den ~ följande* the one immediately following **-om** ['dä:r-] **1** *rumsbet.* of it; *norr* (*till höger*) *~* to the north (to the right) of it **2** (*angående den saken*) about (concerning, as to) that (it, the matter *etc.*), on (to, in, of) that; *vittna ~* bear witness to that; *~ är vi eniga* we agree about that; *~ tvista de lärde* on that point the scholars disagree **-på 1** *rumsbet.* [up]on (in; to; at) it (them *etc.*) **2** *tidsbet.* after that; (*sedan äv.*) then, afterwards; (*därnäst*) next; *dagen ~* the following (next) day; *strax ~* immediately afterwards **3** *bildl.* [up]on (of, by, to) it (them *etc.*); *ett bevis ~ är* a proof of it (that) is; *ta miste ~* mistake it **-städes** there **-till** ['dä:r-] **1** to (for; into; of; at; towards) it (that, them *etc.*); *anledningen ~ är okänd* the reason for that is unknown; *~ bidrog också* a contributory factor was; *med hänsyn ~* in consideration of that; *~ behövs pengar* for that money is required; *~ hör också* to that category also belong; *med allt vad ~ hör* with everything that goes with it; *med ~ hörande* with the ... belonging to it (relating thereto); *~ kommer* to that must be added, then there is **2** (*därutöver*) in addition, besides

där|under ['dä:r-] **1** *rumsbet.* under (beneath, below) it (that *etc.*) **2** (*om tid*) during the time; while it (*etc.*) lasts (lasted); meanwhile; *~ fick han* while doing so he received **3** *barn på sex år och ~* children of six and under; *äpplen till ... och ~* apples at ... and less **-uppå** ['dä:r-] *se -på* **-ur** ['dä:r-] out of it **-utöver** ['dä:r-] above [that]; *önskas ngt ~* should you require anything more; *vad ~ är* the rest is; *jfr -över* **-varande** *a4* local; residing (stationed) there **-vid** ['dä:r-] **1** *rumsbet.* at (*el.* in; on; along; by; near; close to; beside; of; to; over) it (that, them *etc.*) **2** (*om tid*) at (during) it (the time *etc.*), on that occasion, then; in doing so, when that happens; (*ett sammanträde hölls,*) *och ~ beslöts* during which it was decided; *~ föll han och* in doing so he fell and; *och sade ~* saying in doing so; *~ bör man helst* when that happens it is best to; *~ upptäckte man* then (on that being done) it was discovered **3** *~ blev det* it was left at that; *fästa avseende ~* pay attention to that **-vidlag** ['dä:r-] in that respect; on that point (subject); *~ måste man vara försiktig* great care must be taken in this respect **-åt** ['dä:r-] at (to; in; [out] of; over) it (that *etc.*); *den kostade fem pund eller någonting ~* it cost five pounds or something like that **-över** ['dä:r-] over (above; across; of; at) it (that, them *etc.*); *~ i USA* over there in the USA; *100 pund och ~* 100 pounds and upwards; *jfr -utöver*

däst [-ä:-] *a1* (*tjock o. fet*) obese; (*övermätt*) full up, gorged

däven *a3* damp, moist

dävert ['dä:-] *s2, sjö.* [boat] davit

dö *dog dött* die; *~ av svält* (*törst, ålderdom*) die of starvation (thirst, old age); *~ i lunginflammation* die of pneumonia; *~ ifrån hustru och barn* die leaving wife and children; *~ en naturlig död* die a natural death; *~ för egen hand* die by one's own hand; *~ för fosterlandet* die for one's country; *~ av skratt* die with laughter; *så nyfiken så jag kan ~* I am dying of curiosity; *vinden mojnade och dog* the wind died down; *~ bort* die away; *~ ut* die out, (*om ätt äv.*) become extinct

döbattanger *pl* folding-doors

död I *s2* death; (*frånfälle*) decease, demise; *~en var ögonblicklig* death was instantaneous; *det blir min ~* it will be the death of me; *~en inträdde efter några timmar* he (she) died after a few hours; *du är ~ens om* you are a dead man (woman *etc.*) if; *gå i ~en för* die for; *in i* (*intill*) *~en* unto death; *pina ngn till ~s* torture s.b. to death; *ligga för ~en* be dying; *strid på liv och ~* life and death struggle; *ta ~ på* exterminate, kill off; *vara ~ens lammunge* be done for; *~en i grytan* (*bibl.*) death in the pot, *vard.* a sure death **II** *a1* dead; *den ~e* (*~a*) the dead man (woman *etc.*), the deceased; *de ~a* the dead; *falla ~ ner* fall down dead; *~ för världen* dead to the world; *~a* deaths (*tidningsrubrik*); *dött kapital* (*språk*) dead capital (language); *Döda havet* the Dead Sea; *~a, sårade och saknade* killed, wounded and missing; *~ punkt* (*tekn.*) dead centre (point), (*-läge*) deadlock, *bildl.* dull moment; *~ vinkel* dead (blind) angle; *dött lopp* dead heat; *bollen är ~* the ball is out of play **-a 1** kill; (*slå ihjäl*) slay **2** (*växel, inteckning, motbok*) cancel; (*konto*) close; (*check äv.*) stop

Dödahavsrullarna [-ˣha:vs-] the Dead Sea Scrolls

död|ande I *s6* killing *etc.* **II** *a4* killing; fatal **III** *adv*, ~ *tråkig* deadly dull **-dagar** *pl*, *till* ~ till death, to one's dying day **-dansare** bore; spoil-sport **-full** dead drunk **-född** *a5* stillborn; (*friare*) abortive; *-fött förslag* abortive project **-förklara** officially declare ... dead **-förklaring** official declaration of death **-grävare** gravedigger, sexton **-gång** *tekn.* backlash, play **-kött** proud flesh **-lig** [-ö:-] *a1* deadly, mortal; fatal, lethal; *sjukdomen fick* ~ *utgång* the illness was fatal; *en vanlig* ~ an ordinary mortal **-lighet** [-ö-] mortality, death rate **-lighetsprocent** mortality rate **-ligt** [-ö:-] *adv* mortally; fatally; *vara* ~ *kär* be madly in love **-läge** deadlock, stalemate

döds|aning premonition of death **-annons** obituary notice **-attest** death certificate **-blek** deathly pale, livid **-bo** estate [of a deceased person] **-bodelägare** party to an estate; (*arvtagare äv.*) heir, inheritor **-boförvaltare** estate administrator (executor), trustee **-bricka** identification (identity) disc **-bringande** *a4* deadly **-bud** news of a p.'s death **-bädd** deathbed; *på ~en* on one's deathbed **-dag** *ngns* ~ day (anniversary) of a p.'s death **-dans** dance of death, Danse Macabre **-dom** death sentence **-dömd** *a5* sentenced to death; *bildl.* doomed; (*-sjuk*) given up [by the doctors]; *hon är* ~ there is no hope for her **-fall** death; (*säljs*) *på grund av* ~ ... owing to decease of owner (*etc.*) **-fara** mortal danger **-fiende** mortal enemy; deadly foe **-fruktan** fear of death **-fälla** death-trap **-förakt** contempt of death **-föraktande** *a4* death-defying, intrepid **-förskräckt** *a4* terrified **-hjälp** *läk.* euthanasia

dödskalle death's-head, skull **-fjäril** death's-head moth

döds|kamp death-struggle **-körning** fatal car accident **-lik** deathlike, deathly **-mask** death-mask **-märkt** *a4*, *vara* ~ be marked by death **-mässa** requiem for the dead **-offer** victim, fatal casualty; *olyckan krävde ett* ~ the accident claimed one victim **-olycka** fatal accident **-orsak** cause of death **-riket** the kingdom of the dead; Hades, hell **-rossling** death-rattle **-runa** obituary [notice] **-ryckningar** *pl* death-throes (*äv. bildl.*) **-siffra** death toll **-sjuk** dying **-skri** dying shriek **-skugga** the shadow of death **-stilla** *a4* deathly still **-straff** capital punishment, death penalty; *förbjudet vid* ~ forbidden on pain of death **-stöt** death-blow **-synd** mortal (deadly) sin **-trött** *a4* dead tired, tired to death **-tyst** *a4* silent as the grave **-tystnad** dead silence **-ur** *zool.* death-watch [beetle] **-ångest** agony of death; *bildl.* mortal (deadly) fear **-år** *ngns* ~ the year of a p.'s death

död|säsong off-season, slack period **-vikt** deadweight **-viktton** deadweight ton

dög *imperf av duga*

dök *imperf av dyka*

dölj|a *dolde dolt* hide; conceal (*för* from); (*överskyla*) disguise; *bakom signaturen ... -er sig ...* is the pen-name of

döm|a [$^{\times}$dömma] *v2* **1** (*be-*) judge (*efter* by); ~ *andra efter sig själv* judge others by o.s.; ~ *ngn för hårt* be too severe in one's judgment of s.b. **2** (*avkunna dom över*) sentence, condemn; ~ *ngn till döden* sentence s.b. to death; ~ *ngn skyldig till stöld* find s.b. guilty of theft; *-d att misslyckas* doomed to failure; ~ *ngn till böter* fine s.b. **3** (*fälla omdöme*) judge (*om, över* of); *av allt att* ~ to all appearances; *av omständigheterna* (*utseendet*) *att* ~ judging from circumstances (by appearances); *döm om min förvåning* judge of (imagine) my surprise **4** (*avkunna dom*) pronounce sentence (*över* on); (*friare*) pronounce judgment (*över* on); (*i fotboll*) referee; (*i fri idrott*) judge; (*i tennis*) umpire

döp|a *v3* baptize; (*barn, fartyg*) christen; *han -tes till John* he was christened (given the name of) John **-are** baptizer, baptist; *Johannes D~n* John the Baptist **-else** baptism

dörj *s2*, *fisk.* hand-line

dörr *s2* door; *inom lyckta ~ar* behind closed doors, in camera, *parl.* in a secret session; *följa ngn till ~en* see s.b. out; *gå från* ~ *till* ~ go from door to door; *stå för ~en* (*bildl.*) be imminent (at hand); *visa ngn på ~en* turn s.b. out, show s.b. the door; *öppna ~ens politik* open-door policy **-handtag** door handle, knob **-klapp** knocker **-klocka** door-bell **-knackare** door-to-door salesman, hawker **-lås** door-lock **-matta** door-mat **-nyckel** latch-(door-)key **-post** door-post **-spegel** door panel **-springa** chink of the door **-stängare** door closer **-vakt** door-keeper **-vred** *se -handtag* **-öppning** doorway

dös *s2* dolmen

dött *sup av dö*

döv *a1* deaf (*för* to); ~ *på ena örat* deaf in one ear; *tala för ~a öron* talk to deaf ears **-a** *eg.* deafen; *läk.* alleviate; anaesthetize; *bildl.* stun, benumb; ~ *sitt samvete* silence one's conscience; ~ *smärtorna* deaden the pains; ~ *hungern* still one's hunger **-het** [-ö:-] deafness **-lärare** teacher of the deaf **-skola** school for the deaf **-stum** deaf and dumb; *en* ~ a deaf-mute **-stumhet** deaf-mutism **-öra** *mest i uttr.: slå ~t till* turn a deaf ear (*för* to)

E

eau-de-cologne [ådökå'lånnj] *s5* eau-de-Cologne
eau-de-vie [ådö'vi:] *s5* brandy
ebb *s2* ebb; ~ *och flod* ebb and flow; *det är* ~ it is low tide; *det är* ~ *i kassan* my (*etc.*) funds are low, I am (*etc.*) short of money **-a** ~ *ut* ebb [away], peter out
ebenholts [-hålts] *s3, s4* ebony **-svart** [as black as] ebony **-trä** ebony-wood
ebonit *s3* ebonite, hard rubber
echaufferad [eʃå-] *a5* hot [and bothered]
ecklesiastik|departement ~*et* the Ministry of Education and Ecclesiastical Affairs, *Engl. ung.* the Ministry of Education **-minister** ~*n* the Minister of Education and Ecclesiastical Affairs, *Engl. ung.* the Minister of Education
Ecuador [ekua'då:r] *n* Ecuador **ecuadoriansk** [-k-å-] *a5* Ecuadorian
e.d. (*förk. för eller dylikt*) *se under dylik*
ed *s3* oath; *avlägga* ~ take the (one's) oath (*på* upon); *gå* ~ *på* take one's oath upon, swear to; *gå* ~ *på att* swear that; *låta ngn gå* ~ *på* take a p.'s oath; *under* ~ on (by, under) oath
edda *s1* Edda **-diktning** Edd[a]ic poetry **-kväde** Edd[a]ic poem (song)
eder ['e:-] *se er*
edikt *s7* edict
edil *s3* ædile
edition edition
ed|lig [ˣe:d-] *a1* sworn, on (by) oath; *under* ~ *förpliktelse* under oath
eds|avläggelse taking of an (the) oath **-förbund** confederation
edsvuren *a5* sworn
E-dur E major
efemär *a1* ephemeral
efeser Ephesian **-brevet** [the Epistle to the] Ephesians
effekt *s3* **1** (*verkan*) effect; *göra god* (*dålig*) ~ produce (make, have) a good (bad) effect **2** *tekn.* [effective] power, efficiency; (*maskins*) output, capacity **3** (*föremål*) ~*er* goods [and chattels], effects; *jfr res*~*er* **-full** striking, effective **-förvaring** left-luggage office **-iv** *a1* effective, efficient, efficacious; (*verklig*) actual; ~ *avkastning* actual yield; ~ *hästkraft* brake horsepower; ~ *ränta* effective (actual) rate [of interest]; ~*t värde* root mean square value **-iv[is]era** make more effective (efficient), increase the capacity of **-ivitet** efficiency, effectiveness, capacity **-sökeri** straining (striving) after effect **-uera** execute, accomplish, fulfil, carry out
effeminerad *a5* effeminate[d]
efor [-å:r] *s3* ephor
efter ['eff-] **I** *prep* **1** *allm.* after; (*bakom äv.*) behind; [*omedelbart*] ~ on, immediately after; ~ *avslutat arbete* when work is over; ~ *att ha sett pjäsen* after seeing (having seen) the play; ~ *mottagandet av* on receipt of; ~ *en timme* (*vanl.*) an hour later; *dag* ~ *annan* day after day; *den ena* ~ *den andra* one after the other; *hon heter Anna* ~ *sin mamma* she is called Anna after her mother; *hon är klen* ~ *sjukdomen* she is frail after her illness; *han lämnade en väska* ~ *sig* he left a bag behind [him]; *näst* ~ next to; *göra rent* ~ *sig* clean up after one; *stå* ~ *ngn i kön* stand behind s.b. in the queue; *stå* ~ *ngn på listan* be after s.b. on the list; *stäng dörren* ~ *dig!* shut the door after (behind) you!; *tid* ~ *annan* from time to time; *vara* ~ *de andra* (*äv. bildl.*) be behind the others; *vara* ~ *sin tid* be behind the times **2** (*utmed*) along; (*nedför*) down; (*uppför*) up; ~ *kanten* along the edge; *fukten rann* ~ *väggarna* the walls were glistening with moisture **3** (*betecknande mål el. syfte*) for; *annonsera* (*ringa, skicka, skriva*) ~ advertise (ring, send, write) for; *böja sig* ~ *ngt* stoop to pick up s.th.; *fråga* ~ *ngn* ask for s.b.; *gräva* ~ dig for; *jaga* ~ *popularitet* run after popularity; *leta* (*längta*) ~ look (long) for; *längta* ~ *att få träffa ngn* long to see s.b.; *se sig om* ~ look about for; *springa* ~ *flickor* run after girls; *springa* ~ *hjälp* run for help; *sökandet* ~ the search for; *polisen var* ~ *honom* the police were after him **4** (*från*) from; (*efterlämnad av*) of; *arvet* ~ *föräldrarna* the inheritance from one's parents; *märken* ~ *fingrarna* marks of the fingers; *spela* ~ *noter* play from music; *utplåna spåren* ~ obliterate the tracks of; *trött* ~ *resan* tired from the journey; *hon är änka* ~ *en kapten* she is the widow of a captain **5** (*enligt*) according to; (*med ledning av äv.*) by, from, on, to; (*efter förebild el. mönster av äv.*) after; ~ *bästa förmåga* to the best of one's ability; ~ *mått* to measure; ~ *gällande priser* at present prices; ~ *min uppfattning* in (according to) my opinion; ~ *vad jag har hört* from what I have heard; ~ *vad jag vet* as far as I know; ~ *vad de säger* according to them; *gå* ~ *kompass* walk by the compass; *inga spår att gå* ~ no clues to go by; *klädd* ~ *senaste modet* dressed after the latest fashion; *ordna* ~ *storlek* arrange according to size; *rätta sig* ~ conform to; *segla* ~ *stjärnorna* sail by the stars; *spela* ~ *gehör* play by ear; *ställa klockan* ~ *radion* set one's watch by the radio; *sälja ngt* ~ *vikt* sell s.th. by weight; *teckna* ~ *modell* draw from a model **6** ([*in*]*om*) in; (*alltsedan*) since; (*räknat från*) of; ~ *den dagen har jag varit ...* since that day I have been ...; ~ *några dagar* in (after) a few days[' time]; *inom ett år* ~ *giftermålet* within a year of the marriage **7** (*i riktning mot*) at; *gripa* ~ catch at; *slå* ~ aim a blow at **8** ~ *hand* (*så småningom*) gradually, little by little, by degrees, (*steg för steg*) step by step; ~ *hand som* [according] as **II** *adv* **1** (*om tid*) after; *dagen* ~ the day after, the following day; *min klocka går* ~ my watch is slow (losing); *kort* ~ shortly after[wards] **2** (*ba-*

kom, kvar) behind; *bli* ~ drop (lag) behind; *tätt* ~ close behind; *vara* ~ *med* be behind (*om betalning:* in arrears) with **III** *konj* **1** *vard.* (*eftersom*) since **2** ~ [*det att*] after
efter|apning [-a:-] imitation, mimicry (*äv. konkr.*); (*förfalskning*) counterfeit **-behandling** after-treatment, finishing; curing **-beställning** reorder, repeat (follow-up) order **-bilda** imitate, copy **-bildning** imitation, copy **-bliven** *a5* (*outvecklad*) backward; retarded; (*föråldrad*) old-fashioned, out of date **-blivenhet** backwardness **-blomstring** after--flowering **-brännkammare** afterburner **-börd** afterbirth **-börs** [dealings] after trading hours (*pl*) **-dyningar** repercussions; aftermath, consequences **-forska** search for, investigate, inquire into (after) **-forskning** search (*efter* for), inquiry (*efter* about, *i* into), investigation (*i* into) **-fråga** inquire (ask) for; *mycket ~d* in great demand **-frågan** *r* **1** (*förfrågan*) inquiry **2** (*eftersökthet*) demand, request (*på* for); *röna stor* ~ be in great demand; *tillgång och* ~ supply and demand; *livlig* (*dålig*) ~ brisk (slack) demand **-följande** *a4* following, succeeding, subsequent **-följansvärd** *a5* worth following, worthy of imitation **-följare** **1** (*anhängare*) follower, adherent **2** (*efterträdare*) successor **-följd** *mana till* ~ be worth imitating **-gift** *s3* **1** (*medgivande*) concession **2** (*efterskänkande*) remission **-given** *a5* indulgent, yielding (*mot* to) **-givenhet** [-j-] indulgence, compliancy (*mot* towards, to) **-gjord** *a5* imitated; (*förfalskad*) counterfeit **-granskning** final examination (scrutiny)
1 efterhand *s*, *sitta i* ~ be the last player; *komma i* ~ take second place
2 efterhand *adv*, *se under hand 1*
efter|hängsen *a3* importunate, persistent; ~ *person* a hanger-on **-härma** imitate, copy **-härmning** imitation, echo[ing] **-kalkyl** cost account[ing] **-klang** lingering note, resonance; *bildl.* reminiscence; echo **-klok** *vara* ~ be wise after the event **-komma** comply with, obey **-kommande I** *a4* succeeding, following **II** *s pl* (*avkomlingar*) [one's] descendants **-kontroll** supervisory control **-krav** cash on delivery (*förk.* C.O.D.); *sända varor mot* ~ send goods C.O.D.; *uttaga genom* ~ collect [cash] on delivery, charge forward **-krigstiden** the postwar period **-kälke** *komma på ~n* get behindhand, be out-distanced, (*med betalning*) be in arrears **-känning** after-effect; *ha ~ar av* suffer from the after-effects of **-leva** (*rätta sig efter*) observe, obey, act up to **-levande I** *a4* surviving **II** *s9* survivor **-leverans** supplementary delivery **-levnad** observance (*av* of), obedience, adherence (*av* to) **-likna** imitate; (*tävla med*) emulate (*i* in) **-lysa 1** (*person*) search for, notify as missing, send out (*i radio* broadcast) a p.'s description; post s.b. as wanted [by the police]; *vara -lyst av polisen* be wanted by the police; *-lysta arvingar* heirs sought for **2** (*sak*) advertise for, advertise as missing, search for **-lysning 1** (*av pers.*) notification of missing person, circulation (*i radio* broadcasting) of a p.'s description **2** (*av sak*) advertisement of the loss of, search for **-låten** *a5* lenient, indulgent (*mot* to, towards) **-lämna** leave [... behind]; (*arv*) leave; *~de skrifter* posthumous works, literary remains; *hans ~de förmögenhet* the fortune he left; *A:s ~de maka, fru A.* Mrs. A., widow of the late Mr. A. **-längtad** *a5* [eagerly] longed for, long-desired, eagerly awaited
efter|middag afternoon; *i* ~ this afternoon; *i går* (*i morgon*) ~ yesterday (tomorrow) afternoon; *på ~en* (*~arna*) in the afternoon (afternoons); *på lördag* ~ on Saturday afternoon **-middagskaffe** afternoon coffee **-mäle** *s6* posthumous reputation; *han har fått ett gott* ~ he has been judged favourably **-namn** surname; *Am. äv.* last name **-natten** the later part of the night **-prövning** supplementary examination **-räkning 1** (*tillläggsräkning*) additional bill **2** (*obehaglig påföljd*) unpleasant consequence, afterclap **-rätt** sweet, dessert **-rättelse** observance, example; *lända till* ~ serve as an example, be complied with **-siktväxel** after-sight bill **-sinna** think [over], mediate [on], consider **-sinnande I** *a4* thoughtful, contemplative, reflecting **II** *s6* consideration, reflection; *vid närmare* ~ on second thoughts **-skicka** send for; *komma som ~d* arrive at the right moment **-skott** [-å-] *s7*, *i* ~ in arrears; *betala i* ~ pay after (on) delivery **-skrift** appendix, supplement; (*t. brev*) postscript **-skänka** (*straff*) remit, pardon; (*skuld*) remit, release **-skänkning** [-ʃ-] remission **-skörd** after-crop; *bildl.* aftermath **-släckning** final extinction [of a fire]; *bildl.* day-after party **-släng** *en* ~ *av* another slight attack of **-släntrare** laggard; *mil.* straggler; (*sölare*) late-comer, lingerer **-släpning** [-ä:-] lag, delay **-smak** after-taste **-som** as, seeing [that], since; (*alldenstund*) inasmuch as; (*allt~*) [according] as **-spana** search for; *~d av polisen* wanted by the police **-spaning** search, inquiry; *anställa ~ar* institute a search (*efter* for), make inquiries **-spel 1** *mus.* postlude **2** epilogue; *bildl.* sequel, consequences (*pl*); *saken kommer att få rättsligt* ~ the matter will have legal consequences **-sträva** aim at, strive to attain; *det ~de målet* the objective, the target aimed at **-strävansvärd** *a1* worth striving for, desirable **-stygn** backstitch **-sägare** repeater; echo **-sända 1** (*skicka efter*) send for **2** (*skicka vidare*) forward, send on; *-sändes* (*på brev*) please forward, to be forwarded (redirected) **-sätta** (*försumma*) neglect, disregard **-sökt** *a4* (*begärlig*) in great demand, popular, sought after; *vara mycket* ~ be in great demand
efter|tanke reflection, consideration; *vid närmare* ~ on second thoughts, on further consideration; *utan* ~ carelessly, thoughtlessly; *~ns kranka blekhet* the pale cast of thought **-trakta** *se -sträva*; *~d* coveted **-trupp** rear-guard **-tryck 1** (*kraft*) energy, vigour; *med* ~ energetically **2** (*betoning*) stress, emphasis; *ge* ~ *åt* lay stress on, emphasize; *med* ~ emphatically, with emphasis **3** (*avtryckt upplaga*) reprint[ing]; (*olovligt*) piracy; ~ *förbjudes* all rights reserved, copyright **-trycklig** *a1* **1** (*om*

handling) energetic, vigorous **2** (*om yttrande*) emphatic **-träda** succeed; (*ersätta*) replace **-trädare** successor; *B:s ~* (*förk. eftr.*) (*hand.*) Successor[s *pl*] (*förk.* Succ.) to B. **-tänksam** *a1* thoughtful; (*förståndig*) prudent, circumspect **-verkan** after-effect **-vård** after-care **-värld[en]** posterity; *gå till ~en* go (be handed) down to posterity **-åt** **1** (*senare*) afterwards, later **2** (*bakom*) behind, after

egal *a1, det är mig ~t* it is all one (all the same) to me

Egeiska havet the Aegean [Sea]

eg|en *a3* **1** (*tillhörande ngn*) own (*föregånget av gen. el. poss. pron*); *skolans -na elever* the school's own pupils; *mina -na barn* my own children; *i* [*sitt*] *-et hem* in one's own home; *ha ~ ingång* have a private entrance; *ha ~ bil* have a car of one's own; *bilda sig en ~ uppfattning om* form an opinion about; *av ~ erfarenhet* from one's own experience; *av ~ fri vilja* of one's own free will; *för ~ del* for my (*etc.*) own part, personally; *för -et bruk* for private (personal) use; *i ~ hög person* in person; *tala i ~ sak* plead one's own cause; *i sitt -et intresse* in one's own interest; *med -na ord* in one's own words; *på ~ begäran* on his (her) request; *på ~ bekostnad* at one's own expense; *på ~ hand* by oneself; *på -et initiativ* on one's own initiative; *stå på -na ben* stand on one's own feet; *öppna -et* (*~ affär*) start a business of one's own; *vara sin ~* be one's own master **2** (*karakteristisk*) peculiar (*för* to), characteristic (*för* of) **3** (*underlig*) odd, strange **-art** distinctive character, individuality **-artad** [-a:r-] *a5* (*säregen*) peculiar, odd **-dom** [-dom] *s2* **1** (*utan pl*) property; *fast* (*lös*) *~* real (personal) estate (property); (*ägodel[ar]*) possession[s] **2** (*med pl, jordagods*) estate **-domlig** *a1* **1** (*besynnerlig*) peculiar, strange, odd, queer, singular **2** (*utmärkande*) characteristic (*för* of), peculiar (*för* to) **-domlighet** **1** (*besynnerlighet*) peculiarity, strangeness, oddity, queerness, singularity **2** (*utmärkande drag*) characteristic [trait], peculiarity

egendoms|agent estate agent **-brott** crime involving property **-folk** *~et* the peculiar people **-gemenskap** (*fleras*) community of property; (*allas*) public (common) ownership **-lös** unpropertied, without property

egen|het peculiarity; *han har sina ~er* he has his own little ways **-händig** in one's own hand[writing], autograph; *~ namnteckning* own (proper) signature **-händigt** *adv* with one's own hands; (*friare*) in person, oneself; *~ bakade kakor* home-made cakes **-kär** conceited; self-complacent **-kärlek** conceit; self-complacency **-mäktig** arbitrary, high-handed; *~t förfarande* unlawful (unauthorized) interference **-namn** proper name **-nytta** selfishness, self-interest **-nyttig** selfish, self-interested **-rättfärdig** self-righteous **-rättfärdighet** self-righteousness **-sinne** wilfulness, obstinacy **-sinnig** *a1* wilful, obstinate, headstrong

egenskap *s3* **1** (*beskaffenhet*) quality; *besitta en ~* possess a quality; *god* (*dålig*) *~* good (bad) quality **2** (*kännetecken*) attribute; (*kännemärke*) characteristic **3** (*särskild ~*) property; *järnets ~er* the properties of iron **4** (*erforderlig ~*) qualification **5** (*persons ställning, roll*) capacity, quality; *i min ~ av lärare* in my capacity of (as a) teacher

egentlig [e'jennt-] *a1* **1** (*huvudsaklig, främst*) real; *det ~a syftet med* the chief (real) purpose of **2** (*verklig, sann*) real, true, intrinsic; *det ~a England* England proper; *~t bråk* (*mat.*) proper fraction; *i ordets ~a* (*mots. t. bildliga*) *betydelse* in the literal (strict, proper) sense of the word **3** *fys.*, *~* (*specifik*) *vikt* specific weight **-en** (*i själva verket*) really, in fact; *~ är hon ganska snäll* she is really quite nice; (*med rätta*) by rights; *~ borde jag gå och lägga mig* I ought to go to bed, really

egenvärde intrinsic value

egg *s2* edge

egg|a *~* [*upp*] egg ... on, incite; (*stimulera*) stimulate inciting, incentive **-else** incitement, incentive; stimulation

egg|vapen edged weapon **-verktyg** sharp-edged tool

egid *s3* ægis

egnahem owner-occupied house

egnahemslån (*pl*) loans to persons building their own houses

ego ['e:go] *n* ego, self **-centricitet** egocentricity **-centriker** egocentric **-centrisk** *a5* egocentric, self-centred **-ism** egoism **-ist** egoist **-istisk** *a5* egoistical, selfish

Egypten [e'jypp-] *n* Egypt **egypt|ier** [e'jypptsier] *s9* **-isk** [e'jypptisk] *a5* Egyptian **-iska** [e'jypptiska] **1** (*språk*) Egyptian **2** (*kvinna*) Egyptian woman **-ologi** *s3* Egyptology

ehuru [e^×^hu:-][al]though, even if

ej [ejj] *se inte*; *~ heller* nor

eja [^×^ejja] *~ vore vi där!* would we were there!

ejder ['ejj-] *s2* eider[-duck] **-dun** eider-down

ejektor [e^×^jekktår] *s3* ejector, jet

ek *s2* oak; (*virke*) oak[-wood]; *av ~* (*äv.*) oak

1 eka *s1* skiff, punt

2 eka *v1* echo

eker ['e:-] *s2* spoke

ekip|age [-'pa:ʃ] *s7* carriage[-and-pair], turn-out; equipage **-era** equip, fit out **-ering** equipment, outfit; *se äv. herr-*

ekivok [-'vå:k] *a1* indelicate, indecent; dubious

eklat|ant [-ant, -aŋt] *a1* striking; brilliant, startling **-era** announce, make ... public

eklekti|ker *s9* **-sk** *a5* eclectic

ekliptika *s1* ecliptic

eklog eclogue

eklut [^×^e:k-] assay; *gå igenom ~en* (*bildl.*) go through the mill

eklärera illuminate, light up

eklöv oak-leaf

eko ['e:ko] *s6* echo; *ge ~* [make an] echo

ekollon acorn

ekolod echo-sounder **-ning** echo-sounding

ekologi *s3* ecology

ekonom economist

ekonomi *s3* economy; (*affärsställning*) financial position, finances (*pl*); (*vetenskap*) economics (*pl*); *han har god ~* his financial position is good **-avdelning** supplies department **-byggnad** (*på lantgård*) farm building, annex **-sk** [-'nå:-] *a5*, *allm.*economic; (*penning-*) financial; (*sparsam*) economical; ~ *fråga* economic question; ~ *förening* incorporated (economic) association; ~ *geografi* economic geography; ~ *ställning* financial status (position); ~ *i drift* economical in operation; *i ~t avseende* economically, financially

ekorre *s2* squirrel

ekoxe stag-beetle

e.Kr. (*förk. för efter Kristus*) A.D.

eksem *s7* eczema **-artad** [-a:r-] *a5* eczematous

ekstock 1 (*stock*) oak-log **2** (*eka*) punt, skiff

ekumenisk *a5* [o]ecumenic[al]

ekvation equation

ekvationslära theory of equations

ekvator [-ˣva:tår] *s3* equator; *~n* the Equator **-ial** *a5* equatorial

ekvilibrist equilibrist **-isk** *a5* equilibristic

ekvivalen|s *s3* equivalence, equivalency **-t** *s3 o. a1* equivalent

el|- *se elektricitets-*, *elektrisk* **-affär** electrical appliance shop (stores)

elak [ˣe:lak] *a1* **1** (*ond, ondskefull*) evil, wicked, bad; (*stygg, bråkig*) naughty, mischievous; (*illvillig, illasinnad*) malicious, spiteful, malevolent, (*starkare*) malignant; (*giftig*) venomous; (*bitande*) cynical, caustic; (*t. karaktären*) ill-disposed (*mot* towards); ill-natured; (*ovänlig*) unkind, mean (*mot* to); (*grym*) cruel (*mot* to) **2** (*obehaglig, motbjudande*) nasty, horrid, bad; ~ *lukt* (*smak*) nasty (bad) smell (taste); (*besvärlig*) troublesome; *en ~ hosta* a troublesome (nasty) cough **-artad** [-a:r-] *a5* (*om sjukdom o.d.*) malignant, virulent, pernicious; (*om olyckstillbud e.d.*) serious **-het** wickedness *etc.*; malice, spitefulness, malevolence; malignancy; venom; evil disposition; unkindness, meanness; cruelty **-t** *adv* spitefully, ill-naturedly, unkindly *etc.*; *det var ~ gjort av honom* it was nasty (spiteful, horrid) of him to do that

elasti|citet elasticity; resilence **-citetsmodul** modulus of elasticity **-sk** [e'lass-] *a5* elastic; resilent; ~ *binda* elastic bandage

el|belysning electric lighting **-chock** electroshock

eld *s2* **1** fire; *fatta* (*ta*) ~ catch (take) fire; *göra upp* ~ make a fire, light a (the) fire; *koka vid sakta* ~ boil over a slow fire; *sätta* (*tända*) ~ *på* set ... on fire, set fire to; *~en är lös!* fire, fire!; *ge* ~ fire, begin firing; *vara i ~en* be under fire; *öppna ~ mot* open fire on; ~ *upphör!* cease fire! **2** (*för cigarr e.d.*) light; *vill du låna mig litet ~?* may I trouble you for a light?; *stryka ~ på en tändsticka* strike a match **3** *bildl.* fire, spirit; (*-ighet*) ardour, fieriness; (*entusiasm*) enthusiasm; *vara ~ och lågor* be all aflame (*för* for); *gjuta olja på ~en* add fuel to the flame; *leka med ~en* play with fire **-a 1** (*göra upp eld*) light a fire; keep a fire burning; *vi måste ~ här* we must light a fire here; ~ *ordentligt* make a good fire; ~ *på* keep up a good fire; ~ *med kol* (*ved*) burn coal (wood), use coal (wood) for heating **2** (*uppvärma*) heat; get ... hot; (*ångpanna e.d.*) fire; (*egga*) rouse, inspire; *pannan ~s med koks* the furnace is fired by coke; ~ *upp a*) (*värma upp*) heat, *b*) (*i maskin e.d.*) get up the fire[s *pl*], *c*) (*förbruka*) burn up, consume; ~ *upp sig* get excited **-are** stoker, fireman **-begängelse** cremation **-dop** baptism of fire; *få sitt ~* (*äv.*) be put to the test for the first time **-fara** danger (risk) of fire, fire-risk; *vid ~* in case of fire **-farlig** inflammable **-fast** fireproof; ~ *form* ovenware; ~ *glas* heat-resistant glass; ~ *lera* fireclay; ~ *tegel* firebrick[s *pl*] **-fluga** firefly **-fängd** *a1* [in]flammable; *bildl. äv.* fiery **-gaffel** poker **-givning** [-ji:v-] firing **-handvapen** firearm **-hastighet** rate of fire **-hav** sea of fire **-härd** seat of the (a) fire **-härjad** *a5* fire-ravaged **-ig** *a1* fiery, ardent, passionate **-kastare** flame-thrower **-kula** fire-ball **-kvast** puff of flame and smoke **-ledning** fire control **-ning** heating; lighting of fires; ~ *med ved* wood-firing, (*på ångbåt*) stoking **-ningsolja** heating oil

eldorado *s6* El Dorado

eld|prov (*gudsdom*) ordeal by fire; *bildl.* ordeal **-röd** red as fire, flaming red **-rör 1** (*på kanon o.d.*) tube, barrel **2** (*på ångpanna*) fire-tube **-själ** dedicated person **-sken** firelight **-skrift** *i ~* in letters of fire

Eldslandet Tierra del Fuego

eldsljus *vid ~* by candlelight (artificial light)

eldslukare fire-eater

eldslåga flame of fire

eldsläck|are fire-extinguisher **-ning** fire-fighting **-ningsapparat** *se -are*

eldsländare Fuegian

eldsmärke birthmark

eld|sprutande *a4* fire-spitting; ~ *berg* volcano **-stad** *-staden -städer* fire-place, hearth; (*kamin, kakelugn*) stove; (*på lok*) fire-box; (*på ångbåt*) furnace; (*ugn*) fire box, combustion chamber **-stod** *bibl.* pillar of fire **-stål** steel

eldsvåda *s1* fire; (*större*) conflagration; *vid ~* in case of fire

eld|understöd *mil.* fire support **-vapen** fire-arm, gun **-vatten** fire-water **-verkan** *mil.* fire-effect

elefant elephant **-bete** elephant's tusk **-iasis** [-ˣti:-, -'ti:-] *r* elephantiasis **-unge** calf elephant

elegan|s [-'gaŋs] *s3* elegance; (*stass*) finery; (*i uppträdande*) refinement, polish; (*smakfullhet*) style; (*prakt*) splendour **-t** [-'gaŋt] *a1* (*om stil*) elegant; (*om kläder*) stylish, tasteful, fashionable, smart; (*om uppträdande*) refined

elegi *s3* elegy (*över* on) **-sk** [e'le:-] *a5* elegiac

elektor [-ˣekktår] *s3* elector

elektri|citet -citetslära electricity **-fiera** electrify **-fiering** electrification **-ker** [e'lekk-] electrician **-sera** electrify **-sk** [e'lekk-] *a5*, *allm.* electric; (*friare o. bildl.*) electrical; ~ *affär* (*anläggning*) electric outfitter's (plant); ~ *belysning* electric light[ing]; ~ *energi* power, electrical energy; *~a ledningar* electric wiring; ~ *motor* (*spis, ström, uppvärmning, värmeelement*) electric motor (range *el.* stove, current, heating, heater); *~a stolen* the electric chair, *Am. äv.* the

chair; ~ *urladdning* electric discharge; ~ *industri* electrical industry
elektrod [-å:d] *s3* electrode
elektro|dynamik [eˣlekk-] electrodynamics (*sg*) **-for** [-å:r] *s3* electrophorus (*pl* electrophori) **-ingenjör** electrical engineer **-kardiogram** *s7* electrocardiogram **-kemi** electrochemistry **-lys** *s3* electrolysis **-lyt** *s3* electrolyte **-magnet** electromagnet **-magnetisk** electromagnetic **-magnetism** electromagnetism; electromagnetics (*pl*) **-mekanik** electromechanics (*pl*)
elektron [-å:n] *s3* electron **-blixt** electronic flash **-hjärna** electronic brain (computer) **-ik** *s3* electronics (*sg*) **-isk** *a5* electronic; ~ *databehandling* electronic data processing **-mikroskop** electron microscope **-rör** electronic valve; *Am.* [electron] tube **-volt** electron volt
elektro|statik [eˣlekk-] *s3, ej pl* electrostatics (*pl*) **-stål** electric steel **-teknik** *s3* electrotechnics (*pl*), electrical engineering **-tekniker** electrician **-teknisk** electrotechnical
element *s7* **1** *allm.* element; *de fyra ~en* the four elements; *~ens raseri* the fury of the elements; *vara i sitt rätta ~* be in one's element; *ljusskygga ~* shady characters **2** (*första grund*) element, rudiment **3** *tekn.* cell; *galvaniskt ~* galvanic cell (element); *byggn.* unit; (*värme-*) radiator
elementar|analys elementary analysis **-bok** primer (*i* of) **-skola** secondary school
elementär *a1* elementary, basic; *~a kunskaper* elementary (fundamental) knowledge; (*enkel, ursprunglig*) simple; rudimentary
elenergi electric power, electrical energy
elev *s3* pupil; (*vid högskola, kurs o.d.*) student; (*praktikant*) learner, trainee; (*lärling*) apprentice; (*kontors-, bank-*) junior [clerk]; *en av mina f.d. ~er* one of my former pupils; *skolans f.d. ~er* the old boys (girls *etc.*), *Am.* the alumni (*sg* alumnus), *fem.* alumnae (*sg* alumna)
eleva|tion elevation **-tionsvinkel** angle of elevation **-tor** [-ˣva:tår] *s3* elevator; (*för tungt gods*) hoist
elev|hem [college] hostel; *Am.* dormitory **-kår** body of pupils (students) **-skola** *teat.* drama[tic] school **-tid** period of training **-tjänstgöring** probationership; apprenticeship
elfenben ivory; *av ~* (*äv.*) ivory
Elfenbenskusten the Ivory Coast
elfenbens|torn ivory tower **-vit** ivory white
elfte eleventh; *Karl XI* Charles XI (the Eleventh); *i ~ timmen* at the eleventh hour **-del** eleventh [part]; *en ~* one-eleventh
Elia[s] [eˣli:-] (*profet*) Elijah; (*i N.T.*) Elias
elidera elide
eliminer|a eliminate **-ing** elimination
elinstallatör electrician; (*firma*) electrical contractor
Elisabet [eˣli:-] Elizabeth; **elisabetansk** [-a:-] *a5* Elizabethan
elision elision
elit *s3* elite, élite, pick, flower, choice; *en ~ av* a picked group of; *~en av* the pick (cream) of **-kår** corps d'élite **-regemente** crack regiment **-trupp** picked troop
elixir *s7* elixir
eljes[t] *se annars*
elkraft electric power
elkraftsförsörjning power supply
eller ['ell-] **1** or; *antingen ... ~* either ... or; *~ dylikt* or something like that; *~ också* or [else]; *om en ~ annan timme* in an hour or two (so); *en ~ annan person* some person or other **2** (*efter varken*) nor; *varken min bror ~ min syster* neither my brother nor my sister
ellips *s3* **1** *geom.* ellipse **2** *språkv.* ellipsis (*pl* ellipses) **-formig** [-å-] elliptic, oval
elliptisk *a5* **1** *geom.* elliptic **2** *språkv.* elliptical
el|lok electric locomotive **-motor** electric motor
elmseld St. Elmo's fire, corposant
el|mätare electricity meter **-nät** electric mains (*pl*), electric supply network
eloge [e'lå:ʃ] *s5* commendation, praise, eulogy; *ge ngn en ~* congratulate s.b. (*för* on), pay a tribute to s.b.
elokvens *s3* eloquence
elreparatör electrician
elritsa *s1* minnow
elräkning electricity bill
Elsass ['ell-] *n* Alsace **elsass|are** [-ˣsass-] *s9* **-isk** [-'sass] *a5* Alsatian
elspis electric cooker
elva eleven (*för sms. jfr fem-*) **-hundratalet** the twelfth century **-tiden** *vid ~* round (about) eleven **-tåget** the eleven o'clock train
el|verk company distributing electric power **-värme** electric heating
elysisk *a5* Elysian
eländ|e [ˣe:-, e'länn-] *s6* misery; (*nöd*) distress; (*missöde, otur*) misfortune, bad luck; (*obehag*) nuisance; *råka i ~* fall on evil days; *störta ngn i ~* reduce s.b. to misery; *vilket ~! a*) what misery!, *b*) what a misfortune!, *c*) what a nuisance!; *ett ~ till bil* a scrap-heap of a car **-ig** [ˣe:-, e'länn-] *a1* miserable, wretched
e.m. (*förk. för eftermiddagen*) p.m.
emalj *s3* enamel **-arbete** [a piece of] enamel-work **-era** enamel; *~de kärl* enamelware (*sg*) **-ering** enamelling **-öga** artificial (glass) eye **-ör** enameller
emanation emanation
emancip|ation emancipation **-era** emancipate
emanera emanate
emball|age [em-, amba'la:ʃ] *s7* packing, wrapping; *exklusive* (*inklusive*) *~* packing excluded (included); *~t återtages* empties (packing) returnable **-era** pack, wrap up **-ering** packing, wrapping
embargo *s6* embargo; *lägga ~ på ett fartyg* lay (put) an embargo on a ship; *lägga ~ på* (*bildl.*) seize; *upphäva ~* raise (take off) an embargo
embarker|a [em-, am-] embark **-ing** embarcation **-ingskort** *flyg.* boarding pass
emblem *s7* emblem, badge
embryo ['emm-] *s6* embryo (*pl* embryos) **-logi** [-å-] *s3* embryology
emedan [eˣme:-] (*därför att*) because; (*eftersom*) as, since, seeing [that]; *~ jag var upptagen kunde jag inte komma* as I was (being) busy, I could not come
emellan [eˣmell-] **I** *prep* (*jfr mellan*); (*om två*)

between; (*om flera*) among; *det stannar oss* ~ it remains strictly between ourselves; *oss* ~ *sagt* between ourselves; *vänner* ~ between friends; *man och man* ~ as one man to another **II** *adv* between; *trädgårdar med staket* ~ gardens with fences between; *ngt mitt* ~ something in between; *inte lägga fingrarna* ~ not spare s.b., handle the matter without mittens; *ge 10 pund* ~ give 10 pounds into the bargain (to square the transaction) **-åt** occasionally, sometimes, at times; *allt* ~ from time to time, every now and then

emellertid however

emeritus I *-us -i, r* emeritus (*pl* emeriti) **II** *oböjl. a* emeritus; *professor* ~ emeritus professor

emfa|s *s3* emphasis **-tisk** *a5* emphatic

emfysem *s7, läk.* emphysema

emigr|ant emigrant **-antfartyg** emigrant ship **-antlag** Emigration Act **-ation** emigration **-era** emigrate

eminen|s *s3, Ers* (*Hans*) ~ Your (His) Eminence **-t** *a1* eminent

emir *s3* emir

emiss|arie *s5* emissary **-ion** [emi'ʃɷ:n] (*av värdepapper*) issue **-ionsbank** investment bank **-ionskurs** price (rate) of issue

emittera issue

emma *s1* **-stol** easy chair

e-moll E minor

emot I *prep, se mot*; *mitt* ~ *ngn* opposite [to] s.b.; *alla var* ~ *honom* everybody was against him **II** *adv*, *mitt* ~ opposite; *för och* ~ for and against; *skäl för och* ~ (*äv.*) pros and cons; *det bär mig* ~ it goes against the grain; *inte mig* ~ I have no objection, it's O.K. by me

emotion emotion **-ell** *a1* emotional

emot|se [ˣe:-] **-taga** *se motse, mottaga*

empir [am-, aŋ-] *s3, se -stil* **-byrå** Empire

empiris|k *a5* empiric[al] **-m** empiricism

empirstil Empire style

emsersalt Ems salt

emulsion emulsion

emulsionsfärg emulsion paint

1 en [e:n] *s2* (*buske*) [common] juniper; (*trä*) juniper[-wood]

2 en [enn] *adv* (*omkring*) about, some; *det var väl* ~ *fem sex personer* there were some five or six persons; *han gick för* ~ *tio minuter sedan* he left about ten minutes ago

3 en [enn] (*jfr ett*) **I** *räkn.* one; ~ *och* ~ one by one; ~ *gång* once; ~ *för alla och alla för* ~ one for all and all for one; ~ *och samma* one and the same; ~ *åt gången* (*i taget*) one at a time; *det är inte* ~*s fel att två träter* it takes two to make a quarrel; ~ *till* another; *ta* ~ *kaka till!* help yourself to another biscuit! **II** *obest. art.* a, an; *ibl.* one; (*framför vissa, i sht abstr. subst.*) a piece of; ~ *dag* one day; ~ *upplysning* (*oförskämdhet*) a piece of information (impudence) **III** *obest. pron* one; (*kasusform av man*) one, you, me; ~ *och annan besökare* occasional visitors; ~ *av de bästa böcker jag läst* one of the best books I have read; *det* ~*a med det andra gör att jag* what with one thing and another I; ~*s egen* one's own; *den* ~*e* ... *den andre* [the] one ... the other; *den* ~*e av pojkarna* one of the boys; *mitt* ~*a öga* one of my eyes; *den* ~*a efter den andra* one after another; *från det* ~*a till det andra* from one thing to another; *vad är du för* ~*?* who are you[, my boy etc.]?; *ingen tycker om* ~ *om man är elak* nobody likes you if you are nasty; *du var just en snygg* ~*!* you are a nice chap, I must say!

ena [ˣe:na] (*förena*) unite; (*foga samman*) unify; (*förlika*) conciliate; ~ *sig* (*bli enig*) come to an agreement (*om* as to), (*komma överens*) agree (*om* [up]on, about, as to), *Am. äv.* get together

en|abanda [ˣe:n-] **I** *a4* (*alldeles liknande*) identical, same **II** *s7* (*enformighet*) monotony, sameness **-aktare** one-act play **-ande I** *s6* unification, uniting **II** *a4* (*förenande*) uniting, unifying; (*förlikande*) conciliating **-armad** *a5* one-armed **-as** *dep* agree (*om* [up]on) **-astående I** *a4* unique, unparalleled, exceptional; (*friare*) matchless, extraordinary **II** *adv* exceptionally, extremely

enbart [ˣe:nba:rt] merely; (*uteslutande*) solely, exclusively

enbent [ˣe:nbe:nt] *a4* one-legged

en|buske [ˣe:n-] juniper bush **-bär** juniper berry **-bärsbrännvin** gin

encellig *a1* unicellular

encyklika *s1* encyclic[al]

encyklopedi [aŋ-, en-] *s3* encyclop[a]edia

encylindrig *a1* single-cylinder

end|a *pron* only, single, sole, one; *den -e* the only man; *det* ~ the only thing; *hon är* ~ *barnet* she is an only child; *en* ~ *gång* just once; *denna* ~ *vän* this one friend; *ingen* ~ not a single one; *inte en* ~ *blomma* not a single flower; *det blev en* ~ *röra* it turned into one big muddle **-ast** *adv* only, but; ~ *för vuxna* adults only **-aste** *pron* one single

endels in part

endemisk *a5* endemic

endera I *pron* one [or the other] of the two; ~ *dagen* one of these days, some day or other; *i ettdera fallet* in either case **II** *konj, se antingen*

endiv[sallad] chicory, endive

endokrin *a1* endocrine

endoss|at [aŋ-, en-] endorsee, transferee **-emang** *s7* endorsement **-ent** endorser **-era** endorse **-ering** endorsement

endräkt [ˣe:n-] *s3* concord, harmony; (*enstämmighet*) unanimity

energi [-'ʃi:] *s3* energy; *elektrisk* ~ power, electrical energy **-förbrukning** energy consumption; (*elförbrukning*) power consumption **-knippe** bundle of energy **-källa** source of energy **-sk** [e'närrgisk] *a5* (*full av energi*) energetic (*i* in, at); (*kraftfull*) vigorous **-tillgång** energy supply; (*eltillgång*) power supply

enervera enervate, unnerve **-nde** *a4* enervating, trying

en face [aŋ'fass] (*om porträtt*) full-face

enfald [ˣe:n-] *s3* silliness, foolishness; (*starkare*) stupidity; *heliga* ~ sancta simplicitas **-ig** *a1* silly, foolish; stupid

en|familjshus [ˣe:n-] [one-family] house **-fasmotor** single-phase motor **-formig** [-å-] *a1* monotonous, tedious, dull **-formighet** [-å-] monotony, dullness **-färgad** one-coloured; plain; (*om ljus, målning*) monochromatic **-född** *relig.*, *den ~e sonen, Hans ~e son* the (His) only begotten Son

engage|mang [aŋgaʃe'maŋ] *s7, s4* **1** (*anställning*) engagement, contract **2** *hand.* (*förpliktelse*) engagement, obligation, commitment; (*penningplacering*) investment **-era** **1** (*anställa*) engage **2** (*förplikta*) engage, commit; *vara starkt ~d i* be deeply committed (engaged) in **3** *rfl*, *~ sig i* engage (be engaged) in, concern o.s. with, (*intressera sig för*) interest o.s. in; *~ sig för* stand up for

engelsk ['eŋ-] *a5* English; British; *E~a kanalen* the [English] Channel; *~a kyrkan* (*ss. institution*) the Church of England; *~ mil* [English] mile; *~a pund* pounds sterling; *~t salt* Epsom salts (*pl*); *~a sjukan* [the] rickets, rachitis; *~a språket* the English language, English **-a 1** (*språk*) English; *på ~* in English; *översätta till ~* translate into English **2** (*kvinna*) Englishwoman, English lady **-fientlig** anti-English, Anglophobe **-född** English-born **-språkig** *a1* English-speaking; (*om litteratur o.d.*) in English **--svensk** Anglo-Swedish; *~ ordbok* English-Swedish dictionary **-talande** *a4* English-speaking **-vänlig** pro-English, Anglophil

engels|man Englishman; *-männen a*) (*hela nationen*) the English, Englishmen, *b*) (*några -män*) the Englishmen

engifte [ˣe:n-] monogamy; *leva i ~* be monogamous

England ['eŋ-] *n* England; (*Storbritannien*) [Great] Britain; (*officiellt*) the United Kingdom [of Great Britain and Northern Ireland]

en gros [aŋ'grå:] wholesale **engrosfirma** wholesale firm

engångs|belopp [ˣe:ngåŋs-] non-recurring (non-recurrent) amount **-företeelse** a non-recurrent phenomenon; an isolated case **-förpackning** expendable packing (package) **-glas** non-returnable bottle **-kostnad** non-recurrent charge, once-for-all cost

enhet [ˣe:n-] (*-lighet*) unity; (*en ~, äv. mil.*) unit **-lig** *a1* (*om begrepp o.d.*) unitary; (*likartad*) uniform, homogeneous; (*om mod, typ o.d.*) standardized **-lighet** unity; uniformity, homogeneity; standardization

enhets|pris standard (uniform) price **-rörelse** *italienska ~n* the movement for Italian unity **-strävan** struggle for unity

en|hjärtbladig [ˣe:n-] *a1* monocotyledonous **-hällig** *a1* unanimous **-hörning** [-ö:-] unicorn

enig *a1* (*enad*) united; unanimous; (*ense*) of one opinion, agreed; *bli ~[a]* come to an agreement (*med* with; *om* as to) **-het** unity; unanimity; agreement; concord; *~ ger styrka* unity is strength

enkammarsystem unicameral (single-chamber) system

enkannerligen [more] particularly

enkel ['enn-] *a2* **1** (*mots. dubbel el. flerfaldig*) single; *~ biljett* single (one-way) ticket; *~t porto* single postage **2** (*mots. sammansatt, tillkrånglad o.d.*) simple; (*flärdlös äv.*) plain; *~ uppgift* easy task (job); *av ~ konstruktion* of simple construction; *ha enkla vanor* have simple habits; *får jag bjuda på en ~ middag?* may I invite you to a simple dinner?; *en vanlig ~ människa* just an ordinary person; *av det enkla skälet att* for the simple reason that, simply because; *ju enklare ju simplare* the simpler the easier; *känna sig ~* feel very small **-beckasin** snipe **-het** (*jfr enkel*) singleness; simplicity **-knäppt** *a4* single-breasted **-rikta** *~d gata* (*trafik*) one-way street (traffic) **-rum** single room **-spårig** *a1* single-track[ed] **-t** *adv* simply; *helt ~* [quite] simply

enklav *s3* enclave; enclosure

enkom [ˣennkåm] purposely, expressly, especially; *~ för att ...* for the sole purpose of (+ *ing-form*), solely to (+*inf.*)

enkrona *en ~* a one-krona [piece]

enkät *s3, se enquete*

enkönad [-ç-] *a5* unisexual

enlever|a [aŋ-] run away with **-ing** abduction

enlig|het [ˣe:n-] *i uttr.: i ~ med* in accordance (conformity) with, according to **-t** according to; *hand. äv.* as per; *~ faktura* as per invoice; *~ kontrakt* (*lag*) by contract (law); *~ min uppfattning* in my opinion

enmans|kanot single[-seater] canoe **-teater** one-man show **-valkrets** single-member constituency

enmotorig *a1* single-engined

enorm [-å-] *a1* enormous, immense

en|plansvilla bungalow **-procentig** *a1* one-percent **-pucklig** *a1* single-humped

enquete [aŋ'kä:t] *s5* inquiry, investigation

enradig *a1* (*om kavaj*) single-breasted; (*om halsband*) single row

enris *s7, ej pl* juniper twigs (*pl*) **-rökt** *a4* smoked over a fire of juniper twigs

enroller|a [aŋrå'le:ra] enrol, enlist **-ing** enrolment, enlistment

en|rum [ˣe:n-] *i ~* in private; *tala med ngn i ~* have a private interview with s.b. **-rummare** *s9* **-rumslägenhet** one-room[ed] flat

1 ens *oböjl. a, sjö.* in line with each other

2 ens *adv, inte ~* not even; *med ~* all at once; *utan att ~ säga* without even saying; *om ~ så mycket* if that much

ensak [ˣe:n-] *det är min ~* it is my [private] affair (my [own] business)

ensam *a1* **1** (*enda*) sole; *~ innehavare* sole proprietor **2** (*allena*) alone; lonely, lonesome; (*-stående*) solitary; *vara* (*bli*) *~* be (be left) alone; *känna sig ~* feel lonely; *en olycka kommer aldrig ~* misfortunes seldom come singly; *~ i sitt slag* unique of its kind; *vi fick en ~ kupé* we had a compartment to (for) ourselves; *vara ~ sökande* be the only applicant **-boende** *a4* living alone (on one's own) **-försäljare** sole (exclusive) agent **-het** (*jfr ensam*) **1** solitariness **2** loneliness; *i ~en* in [one's] solitude; *i min ~* in my loneliness **-hetskänsla** feeling of loneliness **-jungfru** maid-of-all-work, general [servant] **-rätt** sole (exclusive) right[s *pl*] **-stående** *a4* solitary, isolated; (*om person*) single, living alone; (*fri-*) detached

ensartad [ˣe:nsa:r-] *a5* similar, uniform, of the same kind

ense *bli ~ om* agree upon, come to an agreement (understanding) about; *vara ~* be agreed (*om* about), agree (*om att* that); *vi är fullständigt ~ med er* we are one (in complete agreement) with you

ensemble [aŋ'sammbel] *s5* ensemble **-spel** the playing of music by a small group of instrumentalists

ensfyr *sjö.* leading (*Am.* range) light

en|sidig [ˣe:n-] *a1* one-sided (*äv. bildl.*); (*partisk äv.*) partial, prejudiced, bias[s]ed; (*om avtal o.d.*) unilateral **-sidighet** one-sidedness *etc.*; prejudice, bias **-siffrig** *a1* one-figure; *~t tal* digit

ensilage [ānsi'la:ʃ] *s7, lantbr.* ensilage

ensitsig *a1, ~t jaktplan* single-seater fighter

enskil|d [ˣe:nʃild] *a1* **1** (*privat*) private, personal; *-t rum* (*område*) private room (property, grounds); *~ väg* private road **2** (*enstaka*) individual; (*särskild*) specific, particular; *i varje -t fall* in each specific case **-dhet** privacy; *gå in på ~er* enter into particulars (details)

ensl|ig [ˣe:ns-] *a1* solitary, lonely; *~t belägen* solitary, isolated **-ling** *se enstöring*

en|språkig [ˣe:n-] *a1* unilingual **-staka** *oböjl. a* (*enskild*) separate, detached; (*sporadisk*) occasional; (*sällsynt*) exceptional; *i ~ fall* in exceptional cases; *någon ~ gång* once in a while; *på ~ ställen* in certain places; *vid ~ tillfällen* very occasionally **-stavig** *a1* monosyllabic; *~a ord* monosyllables **-stämmig** *a1* unanimous; *mus.* unison **-stämmigt** unanimously; *mus.* in unison **-ständigt** persistently; urgently **-störing** solitary, recluse, hermit **-tal** **1** *mat.* unit **2** *språkv.* singular

entent[e] [aŋ'taŋt] *s3* entente

entita [ˣe:n-] *s1* marsh tit

entlędiga dismiss, discharge **-nde** *s6* dismissal, discharge

entomolog entomologist **-į** *s3* entomology **-isk** *a5* entomological

entonig *a1* monotonous; *mus.* monotonic **-het** monotony; *mus.* monotone

entré [aŋ-] *s3* **1** entrance; (*intåg*) entry; *göra sin ~* make one's appearance **2** *se -avgift*; *fri ~* admission free **-avgift** admission-(entrance-)fee; gate [receipt] **-biljett** ticket [of admission]

entrepren|ạd [aŋ-] *s3* contract [by tender]; *ta på ~* sign a contract for; *utlämna ett arbete på ~* invite tenders for a job **-ör** contractor

entresol [aŋtre'såll] *s3* **-våning** mezzanine floor

enträge|n [ˣe:n-] *a3* urgent, pressing; earnest; (*efterhängsen*) importunate; (*envis*) insistent; *~ begäran* urgent request; *~ bön* earnest prayer **-t** *adv* urgently *etc.*; *be ngn ~ att* implore (entreat) s.b. to

entusiạs|m [aŋ-, än-] *s3* enthusiasm **-mera** inspire ... with enthusiasm, make ... enthusiastic **-t** *s3* enthusiast **-tisk** *a5* enthusiastic (*för* for), keen (*för* on)

en|tydig [ˣe:n-] *a1* (*om ord o.d.*) univocal; (*otvetydig*) unequivocal, unambiguous; (*klar*) clear-cut, distinct **-vạr** everybody; *alla och ~* each and all **-veten** *a3, se -vis* **-vig** *s7* duel, single combat

environger [aŋviˣråŋer] *pl* environs

envis [ˣe:n-] *a1* stubborn, obstinate; (*ihärdig*) dogged; (*om pers. äv.*) pertinacious, headstrong; (*om sak äv.*) persistent; *~ som synden* as obstinate as sin; *~ hosta* persistent cough **-as** *dep* be obstinate *etc.*; *~ [med] att* persist in ...-ing **-het** stubbornness, obstinacy *etc.*

envoyé [aŋvoa'je:] *s3* envoy

en|våldshärskare [ˣe:n-] absolute ruler, dictator **-våningshus** one-storey house **-välde** absolutism; dictatorship, autocracy **-väldig** absolute; autocratic; sovereign **-värd[ig]** *a1* univalent

enzym [-s-] *s4, s7* enzyme

enäggstvillingar [ˣe:n-] identical twins

enạr *se eftersom, emedan*

enögd *a5* one-eyed

e.o. (*förk. för extra ordinarie*) pro tem.

eolsharpa [ˣe:åls-] Aeolian harp

eon [e'å:n] *s3* aeon, eon

epidemį *s3* epidemic [disease] **-ologį** [-å-å-] *s3* epidemiology **-sjukhus** isolation hospital **-sk** [-'de:-] *a5* epidemic[al]

epi|gọn [-å:n] *s3* poor imitator **-grạm** [-amm] *s7* epigram

epįk *s3* epic poetry **-er** ['e:-] epic poet

epikur|é *s3* epicurean; (*goddagspilt*) epicure **-eisk** *a5* epicurean

epilep|sį *s3* epilepsy **-tiker** [-'lepp-] *s9* **-tisk** [-'lepp-] *a5* epileptic

epilog epilogue

episk ['e:-] *a5* epic

episkopạl *a5* episcopal

episọd *s3* episode, incident

epįstel *s2* epistle

epitạf *s7, s4* **-ium** *s4* memorial tablet; (*inskrift*) epitaph

epitẹl *s7* epithelium **-cell** epithelial cell

epitẹt *s7* epithet

epọk [-å:k] *s3* epoch; *bilda ~* make [a new] epoch; be a turning-point **-görande** *a4* epoch-making

epos ['e:pås] *s7* epos, epic

epålẹtt *s3* epaulet[te]

er *pron* **1** *pers.* you; *rfl* yourself, *pl* yourselves **2** *poss. a*) *fören.* your, *b*) *självst.* yours; *Ers Majestät* Your Majesty; *~a dumbommar!* you fools!; *Er tillgivne* (*i brevslut*) Yours sincerely

era *s1* era

erbạrmlig *a1* (*ömkansvärd*) despicable; (*ynklig*) pitiable; (*eländig*) wretched, woeful

erbjud|a [ˣe:r-] **1** (*med personsubj.*) offer; (*mera formellt*) proffer, tender; *jag blev -en att* (*äv.*) I was invited to **2** (*med saksubj.*) (*förete*) present; (*ge, lämna*) afford, provide; *~ en ståtlig anblick* present an imposing sight; *~ skydd mot* provide shelter from **3** *rfl* (*med personsubj.*) offer; volunteer; (*med saksubj.*) offer [itself]; present itself; occur, arise **-an** *r* offer **-ande** *s6* (*anbud*) offer; *Am.* proposition; (*pris-*) quotation, tender

eremįt *s3* hermit **-boning** hermitage **-kräfta** hermit crab

erfar|a [ˣe:r-] **1** (*få veta*) learn (*av* from); learn, get to know **2** (*röna*) experience, feel **-en** *a3* experienced, practised; (*kunnig*) skilled, versed (*i* in) **-enhet** experience; *veta av egen ~* know from [one's own] experience; *vis av ~en* wise by experience; *bli en ~ rikare* gain by experience, be taught by an

experience; *ha dåliga ~er av ngt* have negative experience of s.th., find s.th. unsatisfactory **-enhetsmässig** *a1* acquired by experience
erford|erlig [ˣe:rfo:r-] *a1* requisite, necessary **-ra** require, need, want; demand, call for; *om så ~s* if required (*etc.*), if necessary
erhåll|a (*få*) receive, get; (*bli tillerkänd äv.*) be awarded (granted); (*skaffa sig*) obtain, acquire, procure, secure; *vi har -it Ert brev* we are in receipt of your letter **-ande** *s6* receiving *etc.*, receipt; obtaining; *omedelbart efter ~t av* [immediately] on receipt of
eriksgata a Swedish king's tour of the country
erinr|a 1 (*påminna*) remind (*ngn om ngt* s.b. of s.th.); *~ sig* remember, recollect, recall; *hon ~r om sin mormor* she resembles her grandmother 2 (*invända*) *jag har ingenting att ~ mot* I have no objection to make to **-an** *r* 1 (*påminnelse*) reminder (*om* of) 2 (*varning*) admonition (*om* as to) 3 (*invändning*) objection **-ing** 1 *se -an* 2 (*hågkomst*) recollection, remembrance
erkän|d [ˣe:r-] *a5* acknowledged, recognized, accepted **-na** acknowledge; (*medge äv.*) admit; (*godkänna*) recognize, accept; *~ mottagandet av ett brev* acknowledge receipt of a letter; *~ sig besegrad* acknowledge defeat
erkänn|ande [ˣe:r-] *s6* acknowledgement; admission; recognition **-sam** *a1* appreciative; grateful (*mot* to)
erkänsla [ˣe:r-] gratitude (*mot* to); *mot kontant ~* for a consideration; *som en ~ för* in recognition of
erlägga [ˣe:r-] pay; *~ avgift för* make payment for, pay **-nde** *s6* paying, payment; *mot ~ av* on (against) payment of
ernå [ˣe:r-] attain, achieve **-ende** *s6* attaining, achievement; *för ~ av* in order to attain
ero|dera erode **-sion** erosion
erot|ik *s3* sex; eroticism **-isk** [e'rå:-] *a5* erotic **-omani** *s3* erotomania
ers [e:rs] *se er*
ersätt|a [ˣe:r-] 1 (*gottgöra*) *~ ngn för ngt* compensate s.b. for s.th., make up to s.b. for s.th.; *~ ngn för hans arbete* pay (recompense) s.b. for his work 2 (*träda i stället för, byta ut*) replace, take the place of; supersede **-are** substitute; proxy; (*efterträdare*) successor **-ning** 1 compensation; (*skade-*) indemnity, damages (*pl*); (*betalning*) remuneration 2 (*surrogat*) substitute **-ningsanspråk** claim for compensation (damages, indemnity) **-ningsbelopp** [amount of] compensation (indemnity) **-ningsmedel** substitute **-ningsskyldig** liable to pay damages **-ningsskyldighet** liability
ertappa [ˣe:r-] catch; *~ ngn i färd med att* catch s.b. (+ *ing-form*); *~ sig med att sitta och stirra* catch o.s. staring
erupt|ion [-p'ʃ:ɷn] eruption **-iv** *a1* eruptive
erövr|a [-ö:-] conquer; *bildl. äv.* vanquish; (*intaga*) capture; (*pris, mästerskap o.d.*) win **-are** conqueror **-arfolk** nation of conquerors **-ing** conquest; capture; *göra ~ar* (*äv. bildl.*) make conquests **-ingskrig** war of conquest (aggression) **-ingslust[a]** eagerness (thirst) for conquest **-ingspolitik** policy of aggrandizement
Esaias [-j-] Isaiah; (*i N.T.*) Esaias
eskader *s2, sjö.* squadron; *flyg.* group, *Am.* air division **-chef** *sjö.* squadron commander; *flyg.* groupcaptain, *Am.* colonel
eskap|ad *s3* escapade **-ism** escapism **-ist** escapist
eskatologi [-ɷ-å-] *s3* eschatology
eskimå *s3* Eskimo **-hund** Eskimo dog **-isk** *a5* Eskimo
eskort [-å-] *s3* **-era** *v1* escort **-fartyg** escort vessel
esomoftast [-åmˣåff-] (*då o. då*) every now and then; (*för det mesta*) mostly; (*allt som oftast*) very often
Esopus ['e:så-] Aesop
esoterisk *a5* esoteric
esparto *s9* **-gräs** esparto [grass]
esperanto *r* Esperanto
esplanad *s3* esplanade, avenue
espri *s3* 1 (*kvickhet*) esprit, wit 2 (*fjäderknippe*) osprey plume, aigrette
1 ess *kortsp., se äss*
2 ess *s7, mus.* E flat
essay *se essä*
Ess-dur E flat major
esse *n, vara i sitt ~* be in one's element
essen|s [-'ens, -'aŋs] *s3* essence **-tiell** [-ntsi-] *a1* essential
esskornett cornet in E flat
essä *s3* essay **-ist** essayist **-samling** collection of essays
est *s3* Estonian
ester ['ess-] *s2, kem.* ester
estet *s3* aesthete **-icism** aestheticism **-ik** *s3* aesthetics (*sg*) **-iker** aesthetician **-isk** *a5* aesthetic[al] **-snobb** aesthete
estimera esteem
Estland ['esst-] *n* Est[h]onia **est|ländare** *s9* **-ländsk** *a5* Est[h]onian **-ländska** 1 (*språk*) Est[h]onian 2 (*kvinna*) Est[h]onian woman **-nisk[a]** ['esst-] *se -ländsk[a]*
estrad *s3* platform, dais, stand **-diskussion** panel discussion
e-sträng *mus.* E string
etabl|era establish; *~ sig* set up [in business] for o.s., (*bosätta sig*) settle down; *~ sig som* set up as a **-ering** *s2* **-issemang** [-'maŋ] *s4, s7* establishment
etage [e'ta:ʃ] *s5* stor[e]y; *Am.* floor
etan *s4* ethane **-ol** [-å:l] *s3* ethanol, ethyl alcohol
etapp *s3* 1 (*förråds- el. rastställe*) halting-place; (*vägsträcka*) day's march; (*friare*) stage; *rycka fram i ~er* (*allm.*) advance by stages (*mil. i ansatser* by bounds; *i omgångar* by echelon); *försiggå i ~er* take place in stages 2 (*förråd*) depot **-vis** by (in) stages, gradually
etcetera [-'sättra] et cetera (*förk.* etc., &c)
eten *s3* ethylene
eter ['e:-] *s2* ether **-isk** [e'te:-] *a5* ethereal **-narkos** ether anaesthesia
eternell *s3* immortelle, everlasting[-flower]
eter|rus ether intoxication **-våg** ether-wave
etik *s3* ethics (*sg*) **-er** ['e:-] moral philosopher
etikett *s3* 1 (*lapp*) label (*äv. bildl.*); *sätta ~[er] på* label 2 (*umgängesformer, regler*) etiquette **-era** label
etiketts|brott breach of etiquette **-fråga** question of etiquette
etiologi *s3* aetiology

Etiopien *n* Ethiopia **etiop|ier** *s9* **-sk** *a5* Ethiopian
etisk ['e:-] *a5* ethical, moral
etnisk ['e:t-] *a5* ethnic[al]
etno|graf *s3* ethnographer **-grafi** *s3* ethnography **-grafisk** *a5* ethnographical **-log** ethnologist **-logi** *s3* ethnology **-logisk** *a5* ethnological
Etrurien *n* Etruria **etrusk** *s3* **-er** *s9* **-isk** *a5* Etruscan
ets|a etch; ~ *sig in a*) *eg.* eat its way (*i* into), *b*) *bildl.* make an indelible impression, engrave itself (*i* on) **-are** etcher **-ning** etching **-nål** etching-needle **-plåt** etched plate
ett (*se 3 en*); *~, tu, tre* all of a sudden; hey presto!; *hålla tre mot* ~ lay three to one; *i* ~ continuously; *betalning i* ~ *för allt* composition (lump-sum) payment; *det kommer på* ~ *ut* it is all one; *vara* ~ *med* be at one with; ~ *är nödvändigt* one thing is necessary; *klockan är* ~ it is one o'clock **-a** *s1* one; *komma in som god* ~ come in an easy first; *~n[s växel]* [the] first [gear] **-dera** *se endera*
etter ['etter] **I** *s7* poison, venom; *bildl.* virulency, venom **II** *adv*, ~ *värre* worse and worse **-myra** myrmicine
etthundrafemtio one hundred and fifty
ettiden *vid* ~ about one o'clock
ettrig *a1* poisonous; *bildl. äv.* fiery, hot-tempered, irrascible
ett|struken *a5*, *mus.* one-line **-tusen** (*hopskr. ettusen*) one (a) thousand **-tåget** (*hopskr. ettåget*) the one o'clock train **-årig** *a1* one year's, one-year; (*årsgammal*) one-year old; (*som gäller för ett år*) annual **-åring** one-year old child (*etc.*), child of one (*etc.*); (*djur äv.*) yearling **-öring** one-öre piece
etui *s4* case; etui
etyd *s3* étude, study
etyl *s3* ethyl **-alkohol** ethyl alcohol, ethanol **-en** *s3* ethylene
etymolog etymologist **-i** *s3* etymology **-isk** *a5* etymological
eufemis|m [ev-] *s3* euphemism **-tisk** *a5* euphemistic
eugeni|k [evg-, evj-] *s3* eugenics (*sg*) **-sk** [-'ge:-, -'je:-] *a5* eugenic
eukalyptus [ev-] *s2* eucalyptus
Euklides Euclid
eumenider [ev-] *pl* Eumenides
eunuck [ev-] *s3* eunuch
Eur|asien *n* Eurasia **-opa** *n* Europe **-opamarknaden** the European Economic Community
europamästerskap European championship
Europarådet the Council of Europe
europ|é *s3* **-eisk** *a5* European
eutanasi [ev-] *s3* euthanasia
Eva Eve
evad whatever; ~ *som* whatsoever
evakuer|a evacuate; *de ~de* the evacuees **-ing** evacuation
evalver|a (*värdera*) estimate, evaluate; (*omräkna*) convert **-ing** estimation, evaluation; conversion
evangeli|sk [-nj-] *a5* evangelical **-sk-lutersk** Evangelical[-Lutheran] **-st** evangelist **-um** *s4* gospel
evar where[so]ever
evenemang *s7* [great] event; function
eventu|alitet *s3* eventuality, contingency; *för alla ~er* against (for) an emergency **-ell** *a1* [if] any, possible, prospective; *~a förbättringar* emendations (improvements), if any; *~a kostnader* any expenses that may arise; *~a köpare* prospective buyers **-ellt** *adv* possibly, perhaps; if necessary (required); *jag kommer* ~ I may [possibly] come
evertebrat [evär-] *zool.* invertebrate
eviden|s *s3*, *bevisa ngt till full* ~ prove conclusively **-t** *a1* evident, obvious
evig *a1* eternal, everlasting; (*oavbruten*) perpetual; *den ~e* the Eternal one; *det ~a livet* eternal (everlasting) life; *den ~a staden* the Eternal City; ~ *snö* perpetual snow; *det tog en* ~ *tid* it took ages; *detta ~a regnande* this perpetual (everlasting) rain; *en* ~ *lögn* a confounded lie; *var ~a dag* every single day **-het** eternity; *i* ~ for ever; *för tid och* ~ now and for evermore; *det är ~er sedan vi sågs* it's ages since we met **-hetsblomma** *se eternell* **-hetsgöra** never-ending job **-hetslåga** (*gas-*) pilot flame; *relig. e.d.* eternal flame **-hetslängtan** yearning for things eternal **-hetstro** belief in eternity **-t** *adv* eternally; *för* ~ for ever
evinnerlig *a1* eternal, everlasting, endless **-en** eternally; for ever
evolution evolution **-ist** evolutionist
evolutionsteori theory of evolution
evärdlig [-ä:-] *a1* eternal; *för ~a tider* for ever, for all time
exakt *a1* exact; precise **-het** exactness; precision
exalt|ation exaltation **-erad** *a5* exalted; (*friare*) excited, agitated
exam|en *-en -ina, r* examination; *vard.* exam; *avlägga akademisk* ~ take a university degree, graduate; *ta* ~ pass one's examination; *gå upp i* ~ present o.s. for one's examination
examens|betyg examination certificate **-bok** *ung.* examination record book **-feber** exam nerves **-fordringar** examination requirements **-förrättare** examin[at]or **-läsning** reading [up] for an examination **-nämnd** examining board, board of examiners **-uppgift** examination paper **-ämne** examination subject
examin|and *s3* examinee **-ation** examination **-ator** [-ˣa:tår] *s3* examinator **-era** examine, question; (*växt*) determine
excell|ens [ekse-] *s3* excellency; *Ers* ~ Your Excellency **-ent** *a1* excellent **-era** excel (*i* in, at)
excent|er [ek'senn-] *s2* eccentric, excentric **-erskiva** eccentric disc (sheave) **-ricitet** *s3* eccentricity **-risk** *a5* eccentric
exceptionell [eksepʃɷ-] *a1* exceptional
excerp|era [ekse-] excerpt, make ecxerpts **-ering** excerpting, excerption **-t** [ek'särrpt] *s7, s3* excerpt
excess [ek'sess] *s3* excess; *~er* (*utsvävningar*) orgies, outrages
exdrottning ex-queen
exege|s *s3* exegesis **-t** *s3* exegete **-tik** *s3* exegetics (*sg*)
exe|kution **1** (*avrättning*) execution **2** (*utmätning*) distraint, distress **-kutionsbetjänt** bailiff **-kutionspluton** firing (execution)

squad **-kutiv** *a1 o. s3* executive; ~ *auktion* compulsory auction **-kutor** [-ˣku:tår] *s3* executor; executory officer **-kvera** execute
exempel *s7* example; (*inträffat fall*) instance; *belysande* (*avskräckande*) ~ illustrative (warning) example; *belysa med* ~ illustrate by examples, exemplify; *föregå med gott* ~ set an (a good) example; *statuera ett* ~ make an example; *till* ~ for instance, say, (*vid uppräkning*) e.g. **-lös** unprecedented, unparalleled; exceptional **-samling** collection of examples **-vis** for instance; by way of example
exempl|ar *s7* copy; *naturv.* specimen; *i två* (*tre*) ~ in duplicate (triplicate); *i fem* ~ in five [identical] copies; *renskrivet* ~ fair copy **-arisk** *a5* exemplary; *en* ~ *ung man* a model (an exemplary) young man **-ifiera** exemplify **-ifikation** exemplification
exerc|era drill, train; ~ *beväring* do one's military service; ~ *med* drill, work **-is** *s3* drill; military service **-isfält** drill-ground
exil *s3* exile **-regering** exile government
existens *s3* **1** (*tillvaro*) existence, life; being; (*utkomst*) living, subsistence **2** (*person*) individual **-berättigande** raison d'être, right to exist **-minimum** subsistence level **-möjlighet** means (*pl*) of support, possibility of making a living **-villkor** conditions of existence
exist|entialism [-tsi-] existentialism **-entialist** [-tsi-] *s3* **-entialistisk** [-tsi-] *a5* existentialist **-era** exist; live; subsist; *~r fortfarande* is still in existence, is extant
exklamation exclamation
exklu|dera exclude, reject, expel **-siv** *a1* exclusive **-sive** excluding, exclusive of; ~ *emballage* excluding packing, packing excluded **-sivitet** exclusiveness
exkommuni|cera excommunicate **-kation** excommunication
exkonung ex-king
exkrementer excrements, fæces
exkret *s7* excreta (*pl*) **-ion** excretion
exkurs *s3* excursus **-ion** [-r'ʃɷ:n] excursion; *göra en* ~ go on an excursion
exlibris *s7* ex-libris, book-plate
ex officio [å-å] ex officio, in virtue of my Office
exorcism *s3* exorcism
exosmos [-'må:s] *s3, fys.* exosmosis
exoterisk *a5* exoteric
exotisk [-å:-] *a5* exotic
expan|dera expand **-sion** expansion; *stadd i* ~ expanding **-sionsförmåga** capacity of expansion **-sionskärl** expansion tank **-siv** *a1* expansive
expatrier|a expatriate **-ing** expatriation
expedi|era **1** (*sända*) send, dispatch, forward; (*per post*) post, mail; (*ombesörja*) carry out, dispatch **2** (*betjäna*) attend to **3** (*göra slut på*) settle **-ering** (*av kunder*) attendance, serving; *jfr äv. -tion* **-t** [-'di:t] *s3* shop assistant, salesman; (*kvinnl. äv.*) saleswoman **-tion** **1** (*avsändande*) sending, dispatch, forwarding; (*per post*) posting, mailing; (*ombesörjande*) execution, carrying out **2** (*betjänande*) attendance, serving of customers **3** (*lokal för -ering*) office; department **4** (*forsknings- o. mil.*) expedition **-tionsavgift** service (dispatch) fee **-tionsministär** caretaker government **-tionstid** office (business) hours (*pl*) **-tör** sender, forwarding agent
expenser *pl* petty expenditure (*sg*)
experiment *s7* experiment; (*prov*) trial, test; *jfr äv. försök* **-ator** [-ˣa:tår] *s3* experimenter **-djur** *se försöksdjur* **-ell** *a1* experimental **-era** experiment (*på* on) **-stadium** experimental stage
expert [-ä-] *s3* expert (*på* in); specialist (*på* on) **-is** *s3* experts (*pl*); expert advice **-kommission** commission of experts **-kommitté** committee of experts, advisory committee **-utlåtande** expert opinion, report of experts **-utredning** [findings of a] specialist investigation
explikation (*tolkning*) explication, explanation
exploat|era (*bearbeta*) exploit; (*gruva äv.*) work; (*uppfinning äv.*) develop; (*utsuga*) make money (capital) out of, tap **-ering** exploitation; working **-ör** developer, exploiter
explo|dera explode, blow up; (*detonera*) detonate; (*om bildäck*) burst **-sion** explosion; detonation; bursting **-sionsartad** [-a:r-] *a5* explosive **-sionsfri** explosion-proof **-sionsmotor** [internal] combustion engine **-sionsrisk** danger of explosion **-siv** *a1* explosive; *~a varor* explosives
expone|nt exponent (*för* of); *mat. äv.* index **-ra** (*utställa*) exhibit, show; (*blottställa o. foto.*) expose; ~ *sig* expose o.s. **-ring** *foto.* exposure **-ringsmätare** exposure (light) meter **-ringstid** [time of] exposure
export [-å-] *s3* (*utförsel*) export, export trade; (*varor*) exports (*pl*) **-affär** export business **-artikel** *se -vara* **-avgift** export duty **-era** export **-firma** export[ing] firm **-förbud** ban on export[s] **-förening** export[ers'] association **-hamn** export port **-handel** export trade **-industri** export[ing] industry **-licens** export licence **-marknad** export market **-sprit** export spiritus (liquor); [wines and] spirits for export **-tull** export duty **-underskott** export deficit **-vara** export product; exports, export goods (*pl*) **-öl** export beer **-ör** exporter **-överskott** export surplus
expos|é *s3* exposé; survey **-ition** exhibition
express **I** *s3, se -byrå, -tåg* **II** *adv* express; *sända* ~ send by express (*Am.* special delivery) **-brev** express (*Am.* special delivery) letter **-bud** express (special) message **-byrå** (*åkeri*) transport firm (agency); (*budcentral*) parcel-delivery agency **-försändelse** (*paket*) express (*Am.* special delivery) parcel; *se äv. -brev* **-gods** express goods (*pl*), goods (*pl*) sent [by] express [train]
express|ionism [-eʃɷ-] expressionism **-ionist** [-eʃɷ-] expressionist **-ionistisk** [-eʃɷ-] *a5* expressionistic **-iv** *a1* expressive
expresståg express train
expropri|ation expropriation **-era** expropriate
exspiration [eksp-] expiration
exsudat [eksu-] *s7, med.* exudation
exta|s *s3* ecstasy; *råka i* ~ (*bildl.*) go into ecstasies (raptures) **-tisk** *a5* ecstatic

extemporera extemporize
extensiv *a1* extensive
exteriör exterior
extern [-'tä:rn] **I** *s3* (*elev*) day scholar, extern **II** *a1* (*yttre*) external
exterritorialrätt [-ˣa:l-] *s3* extraterritorial rights (*pl*)
extra *oböjl. a o. adv* extra, additional; (*ovanlig*) extraordinary, special; (*biträdande äv.*) assistant; (*mycket fin*) superior; ~ *avgift* surcharge; ~ *billig* exceptionally cheap; ~ *kontant* prompt cash; ~ *tilldelning* supplementary allowance **-arbete** extra work; additional source of income **-blad** special edition **-förtjänst** extra income; *~er* extras
extrahera extract
extra|inkomst *se -förtjänst* **-knäck** job on the side; *Am.* moon lighting; *jag tjänar några pund i veckan på ~* I'm raking in a few quid every week on extra work
extrakt *s7, s4* extract; essence **-ion** [-k'ʃɷ:n] extraction
extra|lektion extra (private) lesson **-lärare** temporary master **-nummer 1** (*tidning*) special issue **2** (*film, konsert etc.*) extra item; encore **-ordinarie I** *oböjl. a* temporary-staff, pro tempore, pro tem.; ~ *professor* (*ung.*) associate professor **II** *s5* temporary officer (official, clerk); *vara ~* be on the temporary staff **-ordinär** extraordinary **-personal** extras (*pl*), extra staff (personnel) **-polering** *mat.* extrapolation **-tur** special trip; extra service **-tåg** special [train] **-uppdrag** special assignment **-upplaga** special edition **-utgift** additional expense
extravagan|s [-'gaŋs] *s3* extravagance **-t** [-'gaŋt] *a1* extravagant
extrem *a1* extreme **-ist** extremist **-itet** *s3* extremity

F

fabel ['fa:-] *s3* fable **-aktig** *a1* fabulous **-diktning** writing of fables **-djur** fabulous beast
fabla [ˣfa:-] ~ *om* romance about, make up fantastic stories about
fabri|cera manufacture, make, produce; *bildl.* make up, fabricate **-k** [-'i:k] *s3* factory; works (*sg o. pl*); mill, workshop; *Am.* [manufacturing] plant; *fritt ~* ex works, free at mill **-kant** (*fabriksägare*) factory owner, manufacturer; (*tillverkare*) maker, manufacturer **-kat** *s7, s4* (*vara*) manufacture, product; (*i sht textil-*) fabric; (*tillverkning*) make **-ation** manufacture, manufacturing, making, production **-ationsfel** flaw, defect [in manufacture] **-ationshemlighet** trade secret
fabriks|anläggning *se fabrik* **-arbetare** factory hand (worker) **-arbeterska** female factory worker **-byggnad** factory building **-gjord** *a5* factory-made **-idkare** manufacturer, factory owner **-kontor** factory office **-lokaler** factory premises **-märke** trade-mark **-mässig** *a1* factory, large-scale **-mässigt** *adv* on an industrial basis **-ny** brand-new **-skorsten** factory chimney
fabrikör factory owner, manufacturer
fabul|era fabulate; ~ *om* romance (make up stories) about **-ering** fabulation; fable-making **-eringsförmåga** *ha ~* have a fertile imagination **-ös** *a1* fabulous
facil *a1* (*om pris*) moderate, reasonable
facit ['fa:-] **1** *n* answer, result; *bildl.* result **2** *r* (*bok*) key
fack *s7* **1** (*förvaringsrum*) partition, box; (*del av hylla e.d.*) compartment, pigeon-hole **2** (*gren, bransch*) department, line, branch; (*yrke*) profession, trade; *det hör inte till mitt ~* it is not in my line **-arbetare** skilled worker
fackel|bärare torch-bearer **-tåg** torchlight procession
fack|förbund federation [of trade unions] **-förening** trade (*Am.* labor) union **-föreningsmedlem** trade-unionist **-föreningsrörelse** trade-unionism, trade-union movement **-kretsar** professional circles **-kunnig** *a1* experienced, skilled **-kunskap** professional knowledge
fackla *s1* torch, flare
fack|lig *a1* professional, technical **-litteratur** specialist literature, non-fiction **-lärare** teacher specializing in one subject (group of subjects) **-man** professional man; specialist, expert; *han är inte ~ på området* he is not a specialist in the field **-mannahåll** *i uttr.*: *på ~* among experts; *på ~ anser man* experts agree **-mässig** *a1* professional **-press**

specialist (professional, technical) press **-skola** continuation school **-språk** technical language **-studier** vocational studies; *bedriva ~ i* specialize in **-term** technical term **-tidskrift** trade (professional, technical, scientific) journal **-utbildning** professional (specialized) training **-uttryck** *se -term* **-verk** framework **-verksbro** lattice (truss) bridge
fadd *a1* flat, stale; *bildl.* vapid, insipid
fadder ['fadd-] *s2* godfather, godmother; (*friare*) sponsor; *stå ~* be (act as) [a] godfather (*etc.*) to, *bildl.* stand sponsor to **-barn** godchild; sponsored (adopted) child **-gåva** *i ~* as a christening gift
fader *-n fäder* (*jfr far*) father (*till* of); (*alstrare äv.*) procreator; (*-djur*) sire; *Gud F~* God the Father; *F~ vår, som är i himmelen* Our Father, which art in Heaven; *han har samlats till sina fäder* he has been gathered to his fathers **-lig** *a1* fatherly, paternal **-lös** fatherless **-mördare 1** parricide **2** (*slags krage*) high starched collar, choker
fadersarv inheritance from father
fader|skap *s7* fatherhood; *i sht. jur.* paternity **-vår** *n* the Lord's Prayer; *läsa ett ~* say the Lord's Prayer
fadäs *s3* foolishness, blunder; ('*groda*') faux pas
fager ['fa:-] *a2* fair; (*om löften, ord*) fine; *~ under ögonen* good-looking, bonny
faggorna *best. f. pl, vard., vara i ~* be imminent (in the offing); *ha ngt i ~* be in for, (*om sjukdom*) have ... coming on
fagott [-å-] *s3* bassoon
faiblesse *s5, se fäbless*
fajans [-aŋs, -ans] *s3* faience, glazed earthenware
fakir *s3* fakir
faksimil *s7, s4* facsimile **-tryck** facsimile print
faktisk ['fakk-] *a5* real, actual, founded on facts; *det ~a förhållandet* the facts (*pl*), the actual situation **-t** ['fakk-] *adv* really *etc.*; in fact; (*bekräftande*) honestly
faktor [-år] *s3* **1** factor; *den mänskliga ~n* the human element **2** (*tryckeriföreståndare*) foreman, overseer **-i** *s4* **1** (*varunederlag*) factory, trading settlement **2** (*fabrik*) [manu]factory
faktotum [-ˣtɷ:-] *n* factotum, right-hand man
fakt|um *s8* fact; *~ är* the fact is; *konstatera -a* point out facts
faktur|a [-ˣtu:-] *s1* invoice, bill (*på ett belopp* for an amount); *det på ~n angivna beloppet* the invoice[d] amount; *enligt ~* as per invoice **-abelopp** invoice amount **-era** invoice, bill **-ering** invoicing, billing **-eringsmaskin** billing machine
fakultativ [-'i:v, 'fakk-] *a1* optional
fakultet *s3* faculty
fal *a1* (*om sak*) for sale; (*om pers.*) mercenary, venal
falang phalanx, wing, group
falk *s2* (*långvingad*) falcon; (*kortvingad*) hawk **-a** spy out (*efter* for); *~ efter ngt* (*att bli ngt*) have one's eye on s.th. (on becoming s.th.) **-blick** *ha ~* be eagle-eyed **-enerare** [-ˣne:-] falconer **-jakt** hawking; (*som konst*) falconry
Falklandsöarna [ˣfå:k-] *pl* the Falkland Islands
falköga eagle-eye
fall *s7* **1** (*av falla*) *allm.* fall; descent; (*lutning*) slope; (*kläders o.d.*) hang; *bildl.* [down]fall, collapse; (*pris- o.d.*) fall, decline; (*vatten-*) falls (*pl*), waterfall; *bringa ngn på ~* cause a p.'s downfall; *komma på ~* come to ruin; *hejda ngn i ~et* prevent s.b. from falling; *platt ~* (*brottn.*) fall, *bildl.* fiasco, flop **2** (*händelse, tillfälle, exempel o.d.*) case, instance, event; *ett typiskt ~* a typical case; *från ~ till ~* in each specific case; *i alla ~ a*) *eg.* in all cases, *b*) in any case, at all events, anyhow, anyway, at least; *i annat ~* [or] else, otherwise; *i bästa ~* at best; *i de ~ då* where, when; *i förekommande ~* where applicable; *i så ~* in that case; *i varje ~* in any case; *i vilket ~ som helst* in any case, come what may; *i värsta ~* if the worst comes to the worst **3** *sjö.* halyard
fall|a *föll fallit* **1** (*störta* [*ner*]) fall; (*om kläder o.d.*) hang; (*om regering*) fall, be overthrown; *~ av hästen* (*i vattnet*) fall off one's horse (into the water); *låta ~* let fall, (*släppa*) let go; *låta frågan ~* drop the question; *hur föll hans ord?* what were his actual words?; *det -er av sig självt* that is a matter of course; *~ för frestelsen* yield to temptation; *~ för ngn* fall for s.b.; *~ i händerna på ngn* fall into a p.'s hands; *~ ngn i smaken* be to a p.'s taste; *~ i pris* fall in price; *~ ngn om halsen* fling one's arms around a p.'s neck; *~ ngn i ryggen* attack s.b. from behind; *~ ngn i talet* interrupt s.b.; *~ i god jord* fall on good ground; *~ till föga* yield, give in; *~ ur minnet* escape one's memory; *~ ur rollen* act out of character **2** (*med beton. part.*) *~ av* fall off, (*om frukt, löv*) come down, drop off, *bildl.* droop, be in the decline, *sjö.* keep off, fall (bear) away; *~ ifrån* die, pass away; *~ igen* fall (shut) to; *~ igenom* (*i examen*) fail, be ploughed, (*vid val*) be rejected, be defeated; *~ ihop* (*om pers.*) collapse; *~ in* fall in, *mus.* strike in, (*om ljus*) come in; *~ ngn in* occur to s.b., enter a p.'s head; *det föll mig aldrig in* it never occurred to me; *det skulle aldrig ~ mig in att* I should never dream of (+ *ing-form*); *~ in i ledet* (*mil.*) fall in, (*allm.*) get into line; *~ ner* fall down (*död* dead, *för en trappa* a flight of stairs); *~ omkull* fall [over], tumble down; *~ på* come on; *när andan -er på* when one is in the mood; *~ sönder* fall to pieces; *~ tillbaka* fall (drop, slip) back (*på* on), (*om beskyllning*) come home (*på* to), (*om sparkapital e.d.*) fall back (*på* on); *~ undan* fall away, *bildl.* give way (yield) (*för* to); *~ upp* (*om bok*) open [itself], fall open **3** *rfl* (*hända*) chance, happen, fall out; *det föll sig naturligt att* it came natural to; *det föll sig så att* it so happened that
fall|andesjuk epileptic **-andesjuka** epilepsy, falling sickness **-bila** guillotine **-en** *a5* **1** fallen (*äv. bildl.*); *de -na* the fallen (slain); *en ~ storhet* a fallen star; *~ efter* (*om husdjur*) [bred] out of; *stå som ~ från skyarna* be struck all of a heap **2** *~ för studier* have

a gift for studying **-enhet** (*för ngt förmånligt*) gift (talent, aptitude) (*för* for); (*för ngt oförmånligt*) predisposition (*för* to, towards)

fallera *vard.* (*fattas*) lack, be short of; (*slå fel*) go wrong, miscarry

fall|frukt *koll.* windfall[s *pl*] **-färdig** tumble-down, ramshackle, dilapidated **-grop** pitfall **-höjd** [height of] fall, drop

fallissemang *s7, s4* failure, collapse, crash

fallit *sup av falla*

fallos ['fallås] *s2* phallus

fall|rep 1 *sjö.* gangway **2** *vara på ~et* be at the end of one's tether, be on the brink of bankruptcy **-repstrappa** *sjö.* gangway ladder **-skärm** parachute; *hoppa i ~* make a parachute jump; *landsätta med ~* [drop by] parachute

fallskärms|hopp parachute descent (jump) **-hoppare** parachutist; *Am.* parachuter **-jägare** paratroop; *Am.* paratrooper; *koll.* para[chute-]troops **-trupper** parachute (*Am.* airborne) troops, paratroops

fallucka trapdoor

falna [ˣfa:l-] (*om glöd o.d.*) die down; (*vissna*) fade

fals *s2* **1** (*på bleckplåtar o.d.*) lap; (*på gryta o.d.*) rim **2** *bokb.* guard **3** *snick.* (*löpränna*) groove **-a 1** lap **2** fold **3** groove

falsarium *s4* forgery; falsification

falsett *s3, mus.* falsetto; *fonet.* head voice; *sjunga i ~* sing falsetto; *tala i ~* talk in a fluting voice **-röst** falsetto voice

falsifikat *s7* counterfeit, forgery

falsk *a1* false; (*oriktig*) wrong; (*bedräglig*) delusive; (*förfalskad*) forged; (*eftergjord*) fictitious, sham, counterfeit; (*låtsad*) feigned, pretended; *~t alarm* a false alarm; *~ blygsamhet* false modesty; *göra sig ~a föreställningar om ngt* fool o.s. about s.th.; *~t mynt* bad (counterfeit) money; *~t pass* forged passport; *~a påståenden* incorrect (false) statements; *~a pärlor* sham (imitation) pearls; *under ~ flagg* under false colours; *under ~t namn* under a false name **-deklarant** tax evader (dodger) **-deklaration** tax evasion (dodging) **-eligen** falsely *etc., jfr falsk* **-het** falseness; (*hos pers. äv.*) duplicity, deceit; (*oäkthet*) spuriousness, fictitiousness **-myntare** coiner, counterfeiter **-spel** cheating (swindling) at cards (*etc.*) **-spelare** cheat; card-sharper **-t** *adv* falsely; *spela ~* (*mus.*) play false notes (out of tune)

falukorv *ung.* lightly-smoked polony sausage

familj *s3* family; *~en B.* the B. family; *bilda ~* raise a family, marry and have children; *av god ~* of good family; *vara av god ~* come of a good family

familje|angelägenheter family affairs (matters) **-bidrag** family allowance; *mil.* separation allowance **-bolag** family business **-drama** family tragedy **-far** father of a (the) family **-flicka** girl of good family **-företag** *se -bolag* **-förhållanden** family circumstances **-försörjare** breadwinner, supporter of a family **-grav** family grave (vault) **-krets** family circle **-liv** family life **-medlem** member of a (the) family **-namn** family name, surname **-skäl** *av ~* for family reasons

familjär *a1* familiar; *alltför ~* (*äv.*) too free [and easy] (*mot* with)

famla grope (*efter* for); *~ i mörkret* grope about in the dark **-nde I** *s6* groping **II** *a4* groping; *bildl.* tentative

famn *s2* **1** (*ngns* a p.'s) arms (*pl*); (*fång*) armful; *ta ngn i* [*sin*] *~* embrace s.b.; *kom i min ~!* come into my arms! **2** (*längdmått*) fathom; (*rymdmått*) cord (*ved* of firewood) **-a** embrace; (*omsluta*) encompass, encircle **-tag** embrace; (*häftigt*) hug

famös *a1, iron.* [so] famous; (*illa beryktad*) notorious

1 fan *s7* (*på fjäder*) web, vane [of a feather]

2 fan *r* the devil, the deuce; *han är full i* (*av*) *~* he is a cunning [old] devil!; *det ger jag ~ i* I don't care a damn; *~ heller!* hell, no!; *ta mig ~, om ...* I'm damned if ...; *fy ~!* hell!, damn it all!; *det vete ~* the devil only knows; *åh ~!* well, I'll be damned!; *stackars ~!* (*om pers.*) poor devil; *har man tagit ~ i båten får man också ro honom i land* in for a penny, in for a pound

fan|a *s1* banner, standard, flag (*äv. bildl.*); *mil.* colours (*pl*); *den blågula ~n* the Swedish colours; *med flygande -or och klingande spel* with flags flying and drums beating; *hålla konstens ~ högt* keep the banner of Art flying

fanati|ker fanatic **-isk** *a5* fanatic[al] **-ism** fanatism

fan|borg massed standards (*pl*) **-bärare** standard-bearer; *mil. äv.* colour-bearer

fanders ['fann-] *oböjl. s, vard., åt ~ med ...!* ... be hanged!; *dra åt ~!* go to the devil!, go to hell!

fanér *s7* veneer **-a** veneer

fanerogam I *s3* phanerogam **II** *a5* phanerogamous

fanerskiva veneer sheet

fanfar *s3* fanfare; *blåsa en ~* sound a fanfare

fan|flykt desertion [from the colours] **-flykting** deserter [from the colours] **-junkare** (*vid infanteri*) sergeant-major; *Am.* warrant officer, junior grade (*äv. vid flyget*); (*vid flyget*) flight sergeant

fan|ken *r, ta mig ~* I'll be damned

fann *imperf av finna*

fan|skap [ˣfa:n-] *s7* **-styg** [ˣfa:ns] *s7* [piece of] devilry

fantasi *s3* **1** (*inbillningskraft, föreställningsförmåga*) imagination, imaginative power; (*djärvare*) fancy, fantasy; *livlig ~* vivid imagination; *ge ~n fritt spelrum* give free rein to one's imagination, let one's imagination run away with one **2** (*inbillningsprodukt*) fancy; imagination, fantasy; *~ och verklighet* dreams and reality; *fria ~er* pure fantasy (fabrications), wild imaginings; *försjunken i* [*sina*] *~er* absorbed in reveries (day-dreams) **3** *mus.* fantasia **-eggande** *a4* stimulating to the imagination; *det är ~* it stirs the imagination **-foster** figment of the imagination **-full** imaginative **-lös** unimaginative **-pris** fancy price **-rik** highly imaginative **-rikedom** wealth of imagination **-värld** world of the imagination; (*barns*) world of make-believe

fant|ast *s3* fantast, dreamer **-astisk** *a5* fan-

tastic; fanciful **-isera** indulge in day-dreams (reveries), dream; (*mus. o. friare*) improvise; ~ *ihop* concoct, imagine
fantom [-'tå:m] *s7, s3* phantom
fanvakt colour-guard
far *fadern fäder* (*jfr fader*); *smeks.* dad[dy] *bli* ~ become a father; *han är* ~ *till* he is the father of
1 fara *s1* danger; (*stor*) peril; (*vågspel*) hazard; (*risk*) risk; *utsätta för* ~ expose to danger; *det är ingen* ~ *med honom* he's all right (out of danger); *det är* ~ *värt att* there is a risk that; *ingen* ~ [*på taket*]! don't worry!, no harm done!; *sväva i* ~ be in danger; *~n över!* (*signal*) all clear!; *med* ~ *för eget liv* at the risk of one's life; *med* ~ *att* ... at the risk of (+ *ing-form*); *utom all* ~ [quite] out of danger
2 far|a *for farit* **1** go; (*färdas*) travel; (*i vagn*) drive; (*avresa*) leave (*till* for); ~ *sin väg* go away, depart, leave; ~ *med tåg* go by rail (train); ~ *med osanning* tell lies; *det är ett annat namn jag far efter* it is another name I am trying to get hold of; ~ *illa* fare badly, be badly treated; *hatten far illa av att* it is bad for the hat to; ~ *illa med* handle roughly, knock about; ~ *till a)* (*en pers.*) go to see, *b)* (*en plats*) go (travel, drive) to **2** (*med beton. part.*) ~ *bort* drive away, (*friare*) leave [home], go away [from home]; ~ *fram* (*eg.*) drive up (*till* to); ~ *varligt fram med* treat gently, go gently with; ~ *fram som vilddjur* carry (go) on like a wild thing (a madman); ~ *illa fram med* be rough in one's treatment of; ~ *förbi* go (drive) past (by), pass; *vad har -it i honom?* what has taken possession of him (got into him)?; ~ *ifrån* go (drive) away from, depart from, leave; ~ *in till* [*huvud-*]*staden* go (run) up to town; ~ *in från landet* travel in from the country; ~ *iväg* go off; ~ *med a) absol.* go too (with the others), *b)* (*ngn*) go (*ibl.* come) with s.b.; ~ *omkring* travel about (*i* in); ~ *omkring som ett torrt skinn* bustle about; ~ *på* fly (rush) at (*ngn* s.b.); ~ *upp a)* (*om pers.*) spring (jump) to one's feet, *b)* (*öppna sig*) fly up, open; ~ *ut på landet* go into the country; ~ *ut mot ngn* let fly at s.b.; ~ *över ngt med handen* pass one's hand over (across); ~ *över med blicken* glance over
farao *s3* Pharaoh
farbar [ˣfa:r-] *a1* (*om väg*) passable, open to traffic; *sjö.* navigable
far|broderlig [ˣfarr-] *a1* avuncular; (*välvillig*) benevolent **-bror** [ˣfarr-] uncle; *eg.* father's brother; (*friare*) [kindly old] gentleman **-far** [ˣfarrfarr] [paternal] grandfather, grandpa[pa] **-farsfar** [ˣfarr-fa:r] great grandfather **-föräldrar** [ˣfa:r-] [paternal] grandparents
fargalt [ˣfa:r-] boar
farhåg|a [-a:-] *s1* apprehension, fear, misgiving; *mina -or besannades* my fears came true
farin *s4, s3* **-socker** demerara (brown) sugar
faris|é *s3* Pharisee **-eisk** *a5* Pharisaical **-eism** Phariseeism
farit *sup av 2 fara*
far|kost [ˣfa:rkåst] *s3* vessel, boat, craft; *bildl.* bark **-led** channel, [navigable] passage, route
farlig [-a:-] *a1* **1** dangerous (*för* for); (*förenad med stor fara*) perilous; (*äventyrlig*) hazardous, risky; (*kritisk*) critical; ~ *för den allmänna säkerheten* a danger to the public; *det är inte så ~t med honom* there is not much wrong with him; *det är inte så ~t som det låter* it is not so bad as it seems **2** ('*förskräcklig*') awful, dreadful **-het** dangerousness *etc.*
farm *s2, s3* farm
farma|ceut *s3* dispenser **-ceutisk** *a5* pharmaceutical **-ci** *s3* pharmacy; *~e doktor* doctor of pharmacy **-kolog** pharmacologist **-kologi** *s3* pharmacology **-kopé** *s3* pharmacopoeia
farmare farmer
far|mor [ˣfarrmor] [paternal] grandmother, grandma[ma]; *smeks.* granny **-morsmor** [-mo:r] great grandmother
faro|fylld *a5* fraught with danger **-zon** danger zone
fars *s3* farce **-artad** [-a:r-] *a5* farcical
fars|arv [ˣfa:rs-] patrimony **-gubben** my (*etc.*) [old] dad; the old man, the governor; *sl.* the guv
farsot [-a:-] *s3* epidemic; pestilence
farstu *s5, se förstuga*
fart [-a:-] *s3* **1** (*hastighet*) speed; (*i sht vetensk.*) velocity; (*takt, tempo*) pace; (*fartygs- o.d.*) [head]way; *med en* ~ *av* at a speed of; *alltid i ~en* always on the go; *medan man är i ~en* while one is at it; *i* (*med*) *full* ~ at full speed; *komma i ~en* get into stride, get going; *i rasande* ~ at breakneck speed; *minska ~en* slow down; *öka ~en* speed up; *sätta full* ~ go full speed ahead; *det gick av bara ~en* it went automatically, it happened unintentionally **2** (*ansats*) start, run; *ta* ~ get a start **3** *bildl.* (*livlighet, raskhet*) force, energy, activity; push; *det är ingen* ~ *i honom* there is no go (*vard.* dash) about him; *sätta* ~ *på* speed up, get going; *det gick med* ~ *och fläkt* it went with a bang; *komma riktigt i ~en* get into full swing **4** *sjö.* trade; *gå i utrikes* ~ be in foreign trade **-begränsning** speed limit **-dåre** scorcher, speed-merchant **-vidunder** speed monster
fartyg [-a:-] *s7* ship, vessel; (*mindre o. koll.*) craft; (*linje-*) liner; (*ångare*) steamer
fartygsbefäl ship's officers (*pl*) **-havare** captain, master [of a ship]
farvatten waters (*pl*), sea[s *pl*]; (*farled*) fairway, channel, passage; *i egna* ~ in home waters
farväl I *interj* farewell!, goodbye! **II** *s7* farewell; *säga* ~ *åt, ta* ~ *av* bid farewell (say goodbye) to
fas *s3* phase; *bildl. äv.* aspect, appearance; (*avsneddad kant*) bevel, chamfer
1 fasa *v1, tekn.* chamfer, bevel
2 fas|a I *s1* horror; (*stark rädsla*) terror; (*bävan*) dread; *blek* (*stel*) *av* ~ horrified, terrified; *krigets -or* the horrors of war; *väcka* ~ *hos* horrify, terrify; *till min* ~ *fick jag se* to my horror I saw **II** *v1* shudder (*för, över* at); (*rygga tillbaka*) shrink back

(*för* at, from); ~ *för tanken* shudder at the thought
fasad *s3* face, front; *med ~en åt gatan* facing the street **-beklädnad** facing, cladding[s *pl*] **-belysning** flood-lighting **-klättrare** cat burglar **-tegel** facing brick
fasan *s3* pheasant **-höna** hen pheasant **-jakt** pheasant-shooting
fasansfull horrible; terrible; awful; ghastly
fasantupp cock pheasant
fasaväckande *a4* horrifying, appalling
fascinera [-ʃi-] fascinate **-nde** *a4* fascinating
fascis|m [-'ʃism] Fascism **-t** *s3* **-tisk** *a5* Fascist
fasett *s3* facet **-erad** *a5* faceted; (*friare*) many-sided **-ering** faceting **-öga** compound eye
fasförskjutning phase shift (displacement)
fashionabel [-ʃɷ-] *a2* fashionable
faslig [-a:-] *a1* dreadful, frightful, terrible; (*förskräcklig*) awful; (*avskyvärd*) horrid; *ha ett ~t besvär* have no end of trouble; *ett ~t oväsen* a terrible row
fasning [-a:-] (*av kant*) chamfering, bevelling; *elektr.* paralleling, phasing
fason *s3* **1** (*form*) shape, form; *sätta ~ på* get ... into shape **2** (*sätt*) way; (*beteende*) manners (*pl*); *låta var och en bli salig på sin ~* live and let live; *vad är det för ~er?* where are your manners?; *är det skick och ~?* do you call that good form? **-era** shape, figure
1 fast *konj* though, although
2 fast *a1* **1** (*mots. lös*) firm, solid, rigid; (*-gjord, -satt*) fixed, attached; (*mots. flyttbar*) stationary, fixed; (*mots. flytande*) solid; (*tät*) compact, massive, dense; ~ *knut* tight knot; ~ *konduktor* stationary conductor **2** (*säker*) firm; (*jur., mots. t. lös*) real; (*bestämd*) fixed; (*varaktig*) permanent; (*fångad*) caught; ~ *beslut* (*grepp, övertygelse*) firm resolve (hold, conviction); ~ *egendom* real estate (property); ~ *kapital* (*pris*) fixed capital (price); *~a kostnader* fixed costs; ~ *bostad* permanent address; *~a kunder* regular customers; *med ~ hand* with a firm hand; *känna ~ mark under fötterna* be on firm ground (*äv. bildl.*); *ta ~ form* assume [a] definite shape; *få ~ fot* get a firm footing; *köpa* (*sälja*) *ngt i ~ räkning* give (receive) a firm order for s.th. **3** (*i förbindelse m. verb*) *bli ~* be (get) caught; *frysa ~* freeze [in]; *göra ~* make ... fast (firm), fasten; *hålla ~* hold fast, keep [fast (firm) hold of]; *hålla ~ vid* maintain, stick (keep) to; *hänga ~ a*) (*fästa*) fasten (*vid* to), *b*) (*vara upphängd*) remain hanging (*vid* from); *klistra ~* (*på väggen*) paste (stick) up; *köra ~* get stuck, come to a standstill; *sitta ~* (*ha fastnat*) stick, adhere, (*om fordon, pers. o.d.*) be stuck, (*vara inklämd*) be jammed; *slå ~* hammer on (down), *bildl. se -slå*; *spika ~* nail [up, on]; *stå ~ a*) (*om pers.*) stand firm (steadfast), *b*) (*om anbud e.d.*) hold (stand) good; *stå ~ vid sitt löfte* abide by (keep) one's promise; *sätta ~* fix, fasten, attach (*i, vid* to); *sätta ~ ngn* (*bildl.*) drive s.b. into a corner; *sätta sig ~* (*om sak*) stick, (*friare*) establish o.s.; *ta ~* catch, seize; *ta ~ tjuven!* stop thief!
3 fast *adv* firmly; compactly; permanently; *vara ~ anställd* have a permanent appointment; *vara ~ besluten att* be firmly resolved (determined) to
1 fasta *oböjl. s, ta ~ på* bear ... in mind, seize upon
2 fasta I *s1* **1** (*~nde*) fasting **2** (*fastetid*) fast; *~n* Lent **II** *v1* fast; *på ~nde mage* on an empty stomach
faster [ˣfass-, 'fass-] *s2* [paternal] aunt
fastetid fast, time of fasting
fast|frusen frozen fast; ~ *kredit* frozen credit **-grodd** *a5*, *vara ~* have taken root (*i* in) **-het** firmness *etc.*; solidity; stability; strength **-hålla** *se under 2 fast 3* **-hållande** *s6* holding *etc.*; persistence (*vid* in); (*vid krav*) insistence on; *~t vid principer* the adherence to principles
fastighet (*hus*) house [property]; (*jordagods*) landed property; (*fast egendom*) real estate (property)
fastighets|förvaltare property manager **-mäklare** estate (house) agent; *Am. äv.* realtor **-skatt** real-estate tax **-skötare** caretaker; *Am.* janitor **-ägare** house-owner; owner of real estate
fast|kedja chain [... fast, on] (*vid* to) **-kila** wedge [... fast, tight] **-klämd** *a5*, *sitta ~* sit jammed in; *vara ~* be squeezed tight in, be jammed **-knuten** *a5* firmly tied (*vid* to)
fastlagen Lent
fastlags|bulle *se fettisdagsbulle* **-ris** twigs with coloured feathers affixed [used as decoration during Lent] **-söndag** Quinquagesima [Sunday]
fastland *s7* continent; (*i mots. t. öar*) mainland
fastlandsklimat continental climate
fastmer[a] [much] rather
fastna get caught; (*om sak*) catch; (*i ngt klibbigt samt om pers.*) stick, get stuck; (*i kläm*) get jammed; *han ~de med handen i* his hand got caught in; ~ *i minnet* stick (remain) in the (one's) memory; ~ *för* decide on, choose; ~ *på kroken* get hooked
fast|nagla nail [... firmly] (*vid, på* to); *stå som ~d* stand rooted to the spot **-nitad** *a5* firmly riveted (*vid* to) **-rostad** *a5*, ... *är ~* ... has got rusted in **-rotad** *a5* firmly rooted **-satt** *a4* fixed (fastened) [on] (*vid* to) **-sittande** *a4* ... fixed, attached (*vid* to) **-skruvad** *a5* ... screwed tight (firmly) (*i* into; *vid* onto) **-slå** *bildl.* lay down; (*-ställa*) establish; (*bestämma*) settle, fix **-ställa** (*bestämma*) fix, settle; determine, decide; (*stadfästa*) confirm, ratify, sanction; (*konstatera*) establish, ascertain; *-ställd i lag* prescribed (laid down) by law; *på de -ställda villkoren* on the terms approved **-ställelse** fixing; determination; confirmation; establishment **-tagande** *s6* catching *etc.*; *se ta [fast]* **-vuxen** firmly rooted (*vid* to)
fastän [ˣfasst-, -'änn] although, [even] though
fat *s7* **1** (*för matvaror*) dish **2** (*te-*) saucer **3** (*bunke, tvätt- o.d.*) basin; *Am. äv.* bowl **4** (*tunna*) cask, barrel; (*kar*) vat; *öl från ~* draught beer; *vin på ~* wine from the wood **5** *ligga ngn i ~et* stand in a p.'s way

fatabur *se fatbur*
fatal *a1* (*ödesdiger*) fatal, disastrous; (*olycklig*) unfortunate; (*obehaglig*) awkward, annoying; ~ *situation* awkward situation; *det var ~t att låta honom undkomma* it was a bad mistake to let him escape
fatal|ism fatalism **-ist** fatalist **-istisk** *a5* fatalistic **-itet** *s3* stroke of bad luck, misfortune
fatbur [-a:-] *s2* store-room; *ur egen ~* out of one's own head
1 fatt *oböjl. a, hur är det ~?* what's the matter?, what's up?
2 fatt *adv, få (ta) ~ i (på)* get (catch) hold of
fatt|a 1 (*ta tag i*) grasp, seize; take hold of (*äv. ~ tag i*); ~ *pennan* (*glaset*) take up one's pen (glass) **2** ~ *posto* post o.s., take one's stand **3** (*börja hysa*) conceive (*avsky för* a hatred of; *avsmak för* a distaste for), take (*tycke* (*motvilja*) *för* a fancy (dislike) to), form (*agg mot* a grudge against); ~ *ett beslut* make (come to, arrive at) a decision; ~ *humör* flare up, take offence; ~ *kärlek till* fall in love with; ~ *misstankar* get suspicious, be seized with suspicion; ~ *mod* take (pick up) courage; **4** (*begripa*) understand, comprehend, grasp; *ha lätt* (*svårt*) [*för*] *att ~* be quick (slow) in the uptake; *~r du inte vad jag menar?* don't you see (understand) what I mean?; *jag kan inte ~ att* it beats me how; ~ *galoppen* catch the drift **5** ~ *sig kort* be brief, make a long story short **-ad** *a5* (*lugn*) composed **-as** *dep* **1** (*föreligga brist på*) be wanting (short); (*saknas*) be missing; (*brista, m. personobj.*) want, lack, be short of; *det ~ folk* we (they *etc.*) are short of people; *det -ades ingenting av livets nödtorft i det huset* that household was not wanting in the necessities of life; *det ~ ett pund i kassan* there is one pound missing from the funds, *vard.* the kitty is a pound short; *det ~ bara* (*det skulle bara ~*) *att* we are only waiting for **2** (*felas*) *vad ~ dig?* what is the matter [with you]? **-bar** *a1* comprehensible (*för* to); conceivable
fattig *a1* **1** (*mots. rik*) poor; (*medellös*) penniless; (*utarmad*) impoverished, poverty-stricken; (*behövande*) needy, indigent; (*om jordmån o.d.*) meagre; *de ~a* the poor; *~t folk, ~a* poor people; *en ~ stackare* a poor wretch; *de i anden ~a* the poor in spirit; *~a riddare* (*kokk.*) bread fritters **2** (*friare*) poor; (*usel*) miserable; (*obetydlig*) paltry; *efter ~ förmåga* to the best of one's poor ability; *en enda ~ brödkant kvar* one miserable crust left **-begravning** pauper's funeral **-bössa** poor-box **-dom** *s2* poverty (*på* in, of); (*armod*) penury, indigence; (*nödställdhet*) destitution; (*torftighet*) poorness, meagreness (*på* in); (*social företeelse*) pauperism; (*brist*) deficiency (*på* in, of), lack (want) (*på* of) **-domsbevis** *bildl.* confession of failure **-hjon** [-jo:n] *s7* pauper **-hus** workhouse; *Am.* poorhouse **-kvarter** slum **-lapp** *s2* pauper, down-and-out **-man** *~s barn* a poor-man's child (*pl* poor-people's children) **-t** *adv, ha det ~* be badly (poorly) off; ~ *klädd* dressed in poor clothes **-vård** (*förr*) poor relief; welfare work; (*socialvård*) social welfare, national assistance **-vårdsunderstöd** (*förr*) poor-relief; (*socialhjälp*) [national] assistance allowance
fattning 1 (*grepp*) hold, grip (*om* on, round) **2** (*för glödlampa*) socket **3** (*av-*) version **4** (*besinning*) self-possession(-command); (*lugn*) composure; *förlora ~en* lose one's head; *bringa ngn ur ~en* discompose s.b.; *återvinna ~en* recover one's composure
fattningsförmåga ability to comprehend (understand); intelligence, capacity; *ha god ~* (*vard.*) be quick on the uptake
fatöl draught beer
faun *s3* faun **-a** ['fauna] *s1* fauna
favor|isera favour, treat with special favour **-isering** favouring *etc.* **-it** *s3* favourite; pet; *hon är allas ~* she is a favourite with everybody **-it-** (*i sms*) favourite **-itsystem** favouritism
favör favour; (*förmån*) advantage; *till ngns ~* to a p.'s advantage
f.d. (*förk. för före detta*) *se detta*
F-dur F major
fe *s3* fairy
feber ['fe:-] *s2* fever; (*stegrad kroppstemperatur*) temperature; (*spänning*) excitement; (*nervös brådska*) flurry; *hög ~* a high fever; *ha ~* have a temperature, be feverish; *ligga i 40° (Celsius) ~* be in bed with a temperature of 104° (Fahrenheit) **-aktig** *a1* feverish (*äv. bildl.*); febrile **-anfall** attack of fever **-artad** [-a:r-] *a5* fever-like, febrile **-fantasier** *pl* delirium (*sg*) **-fri** free from fever; *vara ~* have no (a normal) temperature **-glänsande** *a4* bright with fever **-het** *a1* very feverish **-kurva** temperature curve (chart) **-nedsättande** *a4, ~ medel* antipyretic **-termometer** clinical thermometer **-yrsel** feverish rambling[s *pl*], delirium
febr|ig [ˣfe:-] *a1* feverish **-il** *a1* feverish, febrile
februari *r* February **-revolutionen** the February Revolution
federal *a1* federal **-ism** federalism **-ist** federalist **-istisk** *a5* federalistic
feder|ation federation **-ativ** *a1* federative; federal **-erad** *a5* [con]federate[d]
fe|drottning fairy queen **-eri** fairy pageant; enchanting scenery
feg *a1* cowardly; (*räddhågad*) timorous, timid; *en ~ stackare* a coward; *visa sig ~* show (prove) o.s. a coward **-het** cowardice, cowardliness *etc.* **-t** [-e:-] *adv* in a cowardly fashion, timorously *etc.*
feja [ˣfejja] clean
fejd *s3* feud; (*friare*) strife; *bildl. äv.* quarrel, controversy; *ligga i ~ med* be at feud with; *litterära ~er* literary controversies
fel I *s7* **1** (*mera stadigvarande*) *allm.* fault; (*kroppsligt*) defect; (*moraliskt*) imperfection; (*brist*) shortcoming, failing; (*avigsida*) demerit, weak point; *det är ngt ~ med mitt hjärta* there is s.th. wrong with my heart; *avhjälpa ett ~* remedy a defect, put a fault right **2** (*mera tillfälligt*) fault; error; (*misstag*) mistake; (*grovt ~*) blunder; (*förbiseende*) slip; (*försummelse*) omission; (*fabrikations- o.d.*) flaw (*hos, i, på* in); *begå ett ~* make a mistake, be at fault; *ha ~* be [in the] wrong; *hela ~et är att* the real trouble is that **3** (*skuld*) fault; *det är hans ~*

he is to blame (*att* for +*ing-form*); *det är inte ens ~ att två träter* it takes two to make a quarrel; *vems är ~et?* whose fault is it? **II** *oböjl. a* wrong; *på ~ sida* on the wrong side **III** *adv*, *gissa ~* guess wrong; *~ underrättad* wrongly informed; *läsa* (*räkna, höra*) ~ misread (miscalculate, mishear); *klockan går ~* the clock (watch) is wrong; *slå ~ a*) *eg.* miss [the mark], *b*) (*misslyckas*) go wrong, fail, prove a failure, (*om plan e.d.*) miscarry; *det slår inte ~ att han* he cannot fail to; *ta ~* make a mistake (*på dag* in the day); *om jag inte tar ~ så* if I am not mistaken **-a** (*begå fel*) err; (*brista*) be wanting; (*göra orätt*) do wrong; *det är mänskligt att ~* to err is human

fel|aktig *a1* (*oriktig*) erroneous, wrong, mistaken; (*behäftad med fel*) incorrect, faulty; (*bristfällig*) defective, faulty; (*osann*) false, misleading **-aktighet** (*utan pl*) faultiness, incorrectness, defect[iveness]; (*med pl*) fault, mistake, error **-ande** *a4* missing; *den ~ länken* the missing link **-as** *dep, se fattas* **-bedöma** misjudge **-bedömning** misjudgement **-debitering** mischarge **-dosering** wrong dosage **-drag** wrong move **-expediering** incorrect dispatch; mistake made by salesman **-fri** faultless, flawless; perfect, impeccable **-grepp** *mus.* false touch; *bildl.* mistake, blunder **-kalkyl** miscalculation **-konstruerad** wrongly constructed **-källa** source of error[s *pl*] **-läsning** (*i text*) misreading; (*vid uppläsning*) slip (fault) in reading **-manöver** mismanœuvre **-marginal** margin of error **-orienterad** misorientated **-parkering** (*förseelse*) parking offence **-placerad** *a5* misplaced **-planerad** *a5* miscalculated, wrongly planned **-procent** percentage of error **-räkning** miscalculation (*på* of) **-skriven** *a5* wrongly written **-skrivning** miswriting; *genom ~* (*äv.*) by an error in writing **-slagen** *~ skörd* a failure of the crops; *-slagna förhoppningar* disappointed hopes **-slut** false (wrong) conclusion **-sorterad** wrongly sorted **-spekulation** wrong (bad) speculation **-stavad** *a5* wrongly spelt, mis-spelt **-stavning** mis-spelling **-steg** false step, slip; *bildl. äv.* lapse **-sägning** [-ä:g-] slip of the tongue **-sökning** [-ö:-] fault localization, fault-detecting **-tolkning** misinterpretation **-tryck** faulty print; (*frimärke*) printing error **-underrättad** misinformed **-översättning** mistranslation

fem [femm] five; *ha* (*kunna*) *ngt på sina ~ fingrar* have s.th. at one's finger-tips; *en ~ sex stycken* five or six **-dagarsvecka** [a] five-day [working] week **-dubbel** five-fold **-etta** bull's-eye **-femma** *ung.* [guilty but] of unsound mind; certified mental case **-hundratalet** *på ~* in the sixth century **-hörning** [-ö:-] pentagon

femin|in ['fe:-, -'ni:n] *a1* feminine **-inum** ['fe:-] *s4* **1** (*-int ord*) feminine [noun] **2** (*honkön*) the feminine gender **-iserad** *a5* feminized **-ism** feminism **-ist** feminist

fem|kamp pentathlon **-kampare** pentathlete **-kronesedel** five-kronor note **-ling** quintuplet **-ma** *s1* (*siffra*) five; (*på tärning*) cinque; *det var en annan ~* that is quite another story; *jfr äv. -kronesedel* **-mastare** five-master **-siffrig** *a1* five-figure **-tal** [the number] five **-te** fifth; *~ Mosebok* Deuteronomy; *den ~ april* [on] the fifth of April, (*i början av brev o.d.*) April 5 (5th); *för det ~* in the fifth place, fifthly; *vart ~ år* every five years **-tedel** fifth [part] **-tekolonn** fifth column **-tekolonnare** fifth columnist

femti|elva umpteen **-lapp** fifty-kronor note **-o** fifty **-onde** [-tiån-] fiftieth **-ondedel** fiftieth [part] **-tal** [the] number] fifty; *ett ~* some (about) fifty; *på ~et* in the fifties **-årig** *a1* fifty-year-old **-åring** man (*etc.*) of fifty **-årsdag** fiftieth anniversary (birthday) **-årsjubileum** fiftieth anniversary, jubilee **-årsålder** *i ~n* [aged] about fifty **-öring** fifty-öre piece

femton [-ån] fifteen **-de** fifteenth **-hundratalet** *på ~* in the sixteenth century **-årig** *a1* fifteen-year-old **-åring** boy (*etc.*) of fifteen; *-ar* fifteen-year-olds

fem|årig *a1* **1** five-year-old **2** (*för fem år*) five-year **-åring** child of five **-årsdag** fifth anniversary (birthday) **-årsplan** five-year plan **-årsålder** *i ~n* [aged] about five **-öring** five-öre piece

fena *s1* fin

fender[t] ['fenn-] *s2*, *sjö.* fender

fenedrin *s4* benzedrine

Fenicien *n* Phoenicia **fenici|er** *s9* **-sk** *a5* Phoenician

Fenix ['fe:-] [*Fågel*] ~ [the] Phoenix

fenol [-å:l] *s3* phenol **-harts** phenolic resin

fenomen *s7* phenomenon **-al** *a1* phenomenal, extraordinary **-ologi** *s3* phenomenology

fenoplast phenoplast

fenyl *s3* phenyl

feodal *a1* feudal **-ism** feudalism **-herre** feudal lord **-väsen** feudal system

ferie|arbete holiday work **-kurs** vacation course **-läsning** holiday studies (*pl*) **-r** ['fe:-] *pl* holidays; vacation (*sg*) **-skola** summer school

fermat [fä-] *s3, s4, s7, mus.* fermata

ferment [fä-] *s7, s4* ferment

ferniss|a *s1 o. v1* varnish **-ning** varnishing

ferri|förening [ˣfä-] ferric compound **-t** [-'i:t] *s3* ferreite

ferroförening [ˣfä-] ferrous compound

fertil [fä-] *a1* fertile **-itet** fertility

fesaga fairy tale

fest *s3* festival; celebration; (*munter ~*) festivity, merry-making; (*bjudning*) party, celebration; *gå på ~* go [out] to a party; *ställa till ~* give (throw) a party; *en ~ för ögat* a feast for the eyes **-a** feast; have a gay time; *~ på färsk potatis* feast on new potatoes; *~ av* throw a farwell party (*ngn* for s.b.) *~ upp* squander ... on a gay life **-ande** *s6* feasting, merry-making **-arrangör** organizer of a festival (party) **-dag** festival day; *allmän ~* public holiday **-dräkt** festive attire; evening dress **-föremål** *~et* the fêted guest, the guest of honour **-föreställning** gala performance **-glädje** festivity **-ivitas** *r* [air of] festivity **-klädd** dressed in evening dress, dressed for a party **-kommitté** [festival] committee **-lig** *a1* **1** festive, festival; (*storartad*) grand **2** *se lustig, komisk* **-lighet** festivity **-måltid** banquet, feast

feston[g] [-'åŋ] *s3* festoon

fest|prisse *s2* gay dog **-skrift** *en ~ tillägnad ...* a publication (volume) dedicated to ... **-spel** dramatic (musical, opera) festival **-stämning** gay atmosphere, festive mood **-talare** *se högtidstalare* **-våning** reception apartments, banqueting rooms (*pl*)
fet *a1* fat; (*-lagd*) stout; corpulent; (*fyllig*) plump; (*abnormt ~*) obese; (*om kött o. fläsk*) fatty; (*om mat utom kött o. fläsk*; *om jordmån*) rich; (*flottig*) oily, greasy; *bli ~* (*äv.*) put on weight; *det blir han inte ~ på* he won't get much out of that
fetisch *s3* fetish **-dyrkan** fetishism
fet|knopp *bot.* stonecrop **-lagd** *a5* inclined to stoutness, [somewhat] stout; (*fyllig*) plump; (*om kvinna äv.*) buxom **-ma** [ˣfett-] **I** *s1* fatness; (*i sht hos pers.*) stoutness, corpulency **II** *v1*, *se* [*bli*] *fet* **-sill** fat herring **-stil** extra bold type
fett *s4* fat; (*för håret o.d.*) oil, grease; (*smörj-*) grease, lubricant; (*stek-*) dripping; (*späck*) lard; *kokk.* shortening **-bildande** *a4* fattening **-bildning** *konkr.* accumulation (layer) of fat; *sjuklig ~* fatty degeneration **-fläck** grease spot **-halt** fat content **-haltig** *a1* fatty, containing fat **-hjärta** fatty heart
fettisdag [ˣfe:-] *~en* Shrove Tuesdag
fettisdagsbulle *ung.* cream-bun eaten during Lent
fett|klump lump of fat **-körtel** sebaceous gland **-lager** layer of fat **-sot** *med.* adiposity **-svulst** wen; *med.* lipoma **-syra** fatty acid **-valk** roll of fat **-vävnad** adipose tissue **-ämne** fatty substance
fetvadd unrefined cotton wool
fez [fets, fäss] *s3* fez, tarboosh
fiasko *s6* fiasco, failure; *göra ~* be a fiasco, (*om tillställning*) fall flat
fiber ['fi:-] *s3* fibre **-platta** fibreboard **-växt** fibre-plant
fibr|ig [ˣfi:-] *a1* fibered **-in** *s7*, *s4* fibrin **-ös** *a1* fibrous
fick *imperf av 2 få*
fick|a *s1* pocket; *tekn. äv.* bin, hopper **-almanack** pocket almanac[k] **-dagbok** pocket diary **-flaska** pocket flask **-format** pocket size; *i ~* pocket-sized **-kniv** pocket-knife **-lampa** torch; *Am.* flashlight **-lock** pocket--flap **-ordbok** pocket dictionary **-pengar** pocket-money (*sg*) **-plunta** *se -flaska* **-spegel** pocket mirror **-stöld** pocket-picking **-tjuv** pickpocket **-ur** pocket-watch
fideikommiss *s7* estate in tail, entailed estate **-arie** *s5* tenant in tail (*till* to, of)
Fidjiöarna *pl* the Fiji Islands
fien|de *s5* enemy (*till* of); *poet.* foe (*till* of); *skaffa sig ~r* make enemies **-dehand** *falla för ~* die at the hand of the enemy; *falla i ~* fall into the hands of the enemy **-deland** hostile country **-dskap** *s3* enmity; hostility (*mot* towards, to) **-tlig** [-'enn-] *a1* hostile, inimical (*mot* to, towards); *attrib.* enemy; *stå på ~ fot med* be on bad terms with, be at enmity with **-tlighet** [-'enn-] hostility; *inställa ~erna* suspend hostilities **-tligt** [-'enn] *adv* hostilely; *vara ~ stämd mot* be hostile (antagonistic) to[wards]
fiffa *~ upp* smarten ... up
fiffel ['fiff-] *s7* crooked dealings, tricks, manipulations (*pl*)
fiffig *a1* smart; (*slug*) shrewd
fiffla cheat, wangle; *~ med böckerna* cook the books
figur *allm.* figure; (*i sht neds.*) individual, character; (*ritad*) diagram, design; *göra en slät ~* cut a poor figure; *vad är det där för en ~?* who on earth (what sort of a specimen) is that? **-ant** figurant **-era** (*förekomma*) figure; (*uppträda*) appear, pose **-framställning** figure-painting **-lig** [-u:-] *a1* figurative; *i ~ betydelse* in a figurative sense **-målning** figure-painting **-sydd** *a5* close--fitting; waisted **-åkning** figure-skating
fika hanker (*efter* after, for)
fikon [-ån] *s7* fig **-löv** fig-leaf **-träd** fig-tree
fik|tion [-k'ʃo:n] fiction **-tiv** *a1* fictitious, imaginary
fikus ['fi:-] *s2* [india-]rubber tree
1 fil *s3* **1** (*rad*) row; *rummen ligger i ~* the rooms are in a suite **2** (*kör-*) lane
2 fil *s2* (*verktyg*) file **-a** file; *bildl. äv.* polish; *~ på en fiol* scrape a fiddle
filantrop [-å:p] *s3* philanthropist **-i** *s3* philanthropy **-isk** *a5* philanthropic[al]
filateli *s3* philately **-st** philatelist **-stisk** *a5* philatelic
filbunke [bowl of] processed sour whole milk; *lugn som en ~* as cool as a cucumber
fil|é *s3* **1** *kokk.* fillet **2** (*spetsvävnad*) netting, filet lace **-ea** *kokk.* fillet
filharmonisk philharmonic
filial *s3* branch [office] **-affär** branch (multiple) shop **-avdelning** branch department **-kontor** branch [office]
filigran *s7*, *s3* filigree **-arbete** [a piece of] filigree-work
filipin *s3* philippine; *spela ~ med ngn* play philippina with s.b.
filipper Philippian **-brevet** the Epistle to the Philippians
filippik *s3* philippic
Filippinerna *pl* the Philippines **filippinsk** *a5* Philippine
filist|é *s3* **-eisk** *a5* Philistine
filist|er *s2* **-rös** *a1* Philistine
film *s3* film; (*spel-*) motion (moving) picture; *Am. äv.* movie; *gå in vid ~en* go on the films; *sätta in ~ i en kamera* load a camera **-a** [take (make) a] film, shoot; (*uppträda i film*) act in a film **-ateljé** film studio **-atisera** adapt for the screen **-atisering** adaption for the screen; (*film*) screen version **-bolag** film company **-branschen** the movie business **-censur** film censorship **-fotograf** cameraman **-föreställning** cinema performance (show) **-hjälte** hero of the screen **-idol** movie idol **-industri** film industry
filmjölk *ung.* processed sour milk
film|kamera film camera, cine(movie-)--camera; *Am.* motion picture camera **-komiker** screen comedian **-konst** [the] art of film; cinematics (*pl*) **-manuskript** [film] script **-premiär** first (opening) night [of a film] **-producent** film manager; *Am.* motion picture producer **-regissör** film producer; *Am.* motion picture director **-roll** [film] rôle **-rulle** roll of film; (*kassett med film*) reel [of film] **-skådespelare** film actor

-skådespelerska film actress **-stjärna** film star **-upptagning** filming, film-shooting
filning [ˣfi:l-] filing; *bildl. äv.* polishing
filolog philologist **-i** *s3* philology **-isk** *a5* philological
filosof [-å:f] *s3* philosopher **-era** philosophize (*över* [up]on, about) **-i** *s3* philosophy; *~e doktor* Doctor of Philosophy; *~e kandidat* (*magister*) Bachelor (Master) of Arts **-isk** *a5* philosophic[al]; *~ fakultet* Faculty of Arts and Sciences
filspån filings, lemels (*pl*)
filt *s2* **1** (*material*) felt **2** (*säng-*) blanket; (*res-*) rug **-a** felt; *~ ihop sig* get matted **-duk** felted cloth, felting
filter ['fill-] *s7*, *s4* filter **-cigarrett** filter-tipped cigarette
filthatt felt hat; *Am.* fedora
filtr|at *s7* filtrate **-era** filter, filtrate **-erapparat** filtering apparatus **-ering** filtration **-erpapper** filter[ing] paper
filt|sula felt (hair) sole **-toffel** felt slipper
filur sly dog
fimbulvinter a bitter winter
fimmelstång shaft
fimp *s2* fag-end, butt
fin *a1* **1** (*mots. grov*) fine; (*tunn, smal*) thin; (*spenslig*) slender, thin; (*späd*) tender; (*skör, ömtålig*) delicate; (*mjuk o. len*) soft; (*slät*) smooth; *~t damm* fine dust; *~ stil* small type (handwriting); *~ tråd* fine-spun thread; **2** (*väl renad*) refined; *~t silver* refined silver **3** (*mots. enklare, sämre*) fine; (*prydlig*) neat, clean, tidy; (*elegant*) elegant; (*vacker*) handsome; (*utsökt*) choice, exquisite, select; (*läcker*) delicious; (*förnäm*) aristocratic, distinguished; (*belevad*) polished, well-bred; (*förfinad*) refined; (*värdig*) dignified; (*försynt*) tactful, considerate; (*omdömesgill*) fine, discriminating; (*känslig*) sensitive; (*skarp*) keen; (*förstklassig*) first-rate(-class), superior, excellent; *iron.* fine, nice; *~ och behaglig* well-bred; charming; *en ~ och hygglig karl* a nice gentlemanly fellow; *en ~ dam* an aristocratic lady; *en ~ flicka* a girl of good family; *en ~ herre* a gentleman; *en ~ affär* a bargain; *extra ~* superfine; *~ hörsel* acute hearing; *i ~t sällskap* in polite society; *en ~ vink* a delicate (gentle) hint; *det anses inte ~t att* it is not good manners to; *klä sig ~* dress up [in one's best]; *göra ~t* (*städa*) tidy up, (*pryda*) make things look nice; *det ~a i* the best part (the point) of **4** *mus.* (*hög, gäll*) high[-pitched]
final *s3*, *mus.* finale; *sport.* final[s *pl*]; *gå till ~en* enter the finals
finans [-aŋs, -ans] *s3* finance; *~en* (*-männen*) high finance; *~er* finances; *ha dåliga ~er* (*äv.*) be in financial difficulties **-departement** ministry of finance; *~et* (*Engl.*) the Treasury, *Am.* Department of the Treasury **-expert** financial expert **-furste** financial magnate **-geni** financial genius **-iell** *a1* financial **-iera** finance **-iering** financing **-iär** *s3* **-man** financier **-minister** minister of finance; *Engl.* Chancellor of the Exchequer; *Am.* Secretary of the Treasury **-tull** revenue duty **-världen** the world of finance **-väsen** finance, public finance[s *pl*]
finbageri fancy bakery
finess finesse; tact; *~er* refinements; niceties; *bilen har många ~* the car is fitted with a lot of gadgets
fin|fin splendid, tiptop; exquisite; *Am. äv.* topnotch **-fördela** grind, pulverize; levigate; (*vätska*) atomize **-fördelning** grinding, pulverization; levigation
fing|er ['fiŋer] **-ret** *el.* **-ern**, *pl* **-rar** finger; *slå ngn på -rarna* (*bildl.*) come down on s.b.; *ha ett ~ med i spelet* have a finger in the pie; *det kliar i -rarna på mig att* my fingers are itching to; *kunna ngt på sina fem -rar* have s.th. at one's fingers ends; *inte lägga -rarna emellan* handle the matter without kid gloves; *peka ~ åt* point one's finger at; *räkna på -rarna* count on one's fingers; *inte röra* (*lyfta*) *ett ~* not stir (lift) a finger; *se genom -rarna med ngt* turn a blind eye to; *sätta -ret på den ömma punkten* put one's finger on the sore spot
fingera [fiŋ'ge:-] feign, simulate **-d** *a5* fictitious, imaginary; mock, sham; *-t namn* assumed (false) name
finger|avtryck fingerprint **-borg** thimble **-borgsblomma** foxglove **-färdig** nimble-fingered; dexterous **-färdighet** dexterity, manual skill; *mus.* execution, technique **-krok** *i uttr.: dra ~ med* (*ung.*) have a locked-fingers tug-of-war with **-skiva** [telephone] dial **-språk** *se handalfabet* **-svamp** clavaria[n] **-sättning** *mus.* fingering **-topp** finger-tip **-tuta** finger-stall **-vante** woollen glove **-visning** hint, pointer **-övning** *mus.* five-finger exercise
fingra *~ på* finger, (*friare*) tamper (fiddle) with
fin|hacka chop ... finely **-het** fineness *etc.*, *jfr fin o. finess* **-inställning** precision (fine) adjustment
finit *a4*, *språkv.* finite
fink *s2* finch
finka *s1* **1** (*polishäkte*) quod **2** (*godsvagn*) guard's van
fin|kalibrig [-i:b-] *a1* small-bore **-kamma** comb with a toothcomb; *bildl.* comb, search thoroughly
finkel ['finn-] *s2* fusel; *vard.* rot-gut **-olja** fusel-oil
fin|klippa cut up ... fine **-klädd** dressed up; well-dressed **-kornig** *a1* fine-grained **-känslig** *a1* delicate; tactful, discreet **-känslighet** delicacy [of feeling]; tactfulness, discretion
Finland ['finn-] *n* Finland **finlandssvensk I** *s2* Finno-Swede **II** *a5* Finno-Swedish
finlemmad *a5* slender-limbed
finländ|are Finn, Finlander **-sk** *a5* Finnish
fin|mala grind ... fine (small) **-malen** *a5* finely ground **-maskig** *a1* fine-meshed **-mekaniker** precision-tool maker **-mekanisk** *~ verkstad* precision-tool workshop
finn|a *fann funnit* **I 1** *allm.* find; (*upptäcka*) discover, find out, perceive; (*träffa på*) come upon (across); (*röna*) meet with **2** (*erfara*) find, see, learn **3** (*anse*) think, consider; *~ för gott att* think it best to; *~ lämpligt* think fit; *~ på* find out, invent; *~ på råd* find a way **II** *rfl* **1** (*~ sig vara*) find o.s.; (*anse sig*) consider (think) o.s. **2** (*känna sig*) feel **3** (*nöja, foga sig*) be

content (*i* with); ~ *sig i* (*äv.*) put up with, submit to, stand **4** (*ge rätta svaret e.d.*) *han -er sig alltid* he is never at a loss; *han fann sig snart* he soon collected his wits **-ande** *i uttr.: vara till ~s* be to be found, exist **-as** *dep* (*vara*) be; (*stå att -a*) to be found, exist; *det -s gott om* there is plenty of; *han -s ej mer* he is no longer; *det -s inte att få* it is not to be had; *-s det äpplen?* have you [got] any apples?; ~ *kvar a*) (*återstå*) be left, (*i behåll*) be extant, *b*) (~ *på samma plats*) be still there; ~ *till* exist, be in existence

finnbygd Finnish settlement

1 finne *s2* Finn

2 finn|e *s2* (*blemma*) pimple **-ig** *a1* pimpled; (*om pers. äv.*) pimply

finnmark (*mynt*) Finnish mark

fin|polera high-polish; *~d* highly polished **-putsa** *byggn.* plaster; (*friare*) put final touches to **-rum** *ung.* drawing-room

finsk *a1* Finnish; *F~a viken* the Gulf of Finland **-a 1** (*språk*) Finnish **2** (*kvinna*) Finnish woman **-språkig** *a1* Finnish-speaking **--ugrisk** [-u:g-] *a5* Finno-Ugric

fin|skuren *a5* **1** *kokk.* finely cut **2** (*om tobak e.d.*) fine cut **3** *bildl.* finely chiselled **-slipa** polish ... smooth; *bildl.* put the finishing touches to; *~d* polished, elegant **-smakare** epicure, gourmet **-smide** whitesmithery **-snickare** cabinet-maker **-stilt** [-i:lt] *a4* in small type **-stämd** *a1* delicate; moving **-stött** *a4* ... pounded fine

1 fint *s3* **1** (*knep*) stratagem, trick **2** *fäktn. o. allm.* feint

2 fint [-i:-] *adv* finely *etc., jfr fin*; ~ *bildad* [well] educated, cultured; ~ *utarbetad* elaborately worked out

finta *fäktn.* feint; (*fotboll ung.*) dribble (*av* past)

fin|trådig *a1* fine-threaded **-tvätt** washing requiring careful handling

finurlig [-'nu:r-] *a1* (*om pers.*) shrewd, knowing; (*om sak*) ingenious, clever

fiọl *s3* violin; *vard.* fiddle; *spela* ~ play the violin; *betala ~erna* pay the piper; *spela första ~*[*en*] (*eg.*) play [the] first violin, *bildl.* play first fiddle **-låda** violin case **-spelare** violinist **-stämma** violin part

1 fira 1 (*högtidlighålla*) celebrate; (*minne äv.*) commemorate; (*hedra*) fête, honour; ~ *gudstjänst* hold divine service; *var tänker du ~ jul?* where are you going to spend Christmas? **2** (*skolka från arbetet*) absent o.s.

2 fira (*släppa efter*) ease [away]; (*skot*) slack, ease off; ~ *ner* lower

firma *s1* [business] firm; *teckna ~n* sign for the firm; ~ *Jones & Co.* Messrs. Jones & Co.

firmamẹnt *s7*, *på ~et* in the firmament

firma|märke trade mark **-namn** name of a firm, trade name **-tecknare** person authorized to sign for the firm

firning [ˣfi:r-] *vard.* (*arbetsfrånvaro*) absenteeism

fischy *s3* fichu

fisk *s2* fish; *fånga några ~ar* catch a few fish; *våra vanligaste ~ar* our commonest fishes; *vara som ~en i vattnet* take like a fish to water, be in one's element; *varken fågel eller* ~ neither fish nor fowl; *i de lugnaste vattnen går de största ~arna* still waters run deep; *få sina ~ar varma* be ticked off; *en ful* ~ (*bildl.*) an ugly customer **-a** fish; *vara ute och* ~ be out fishing; ~ *i grumligt vatten* fish in troubled waters; ~ *efter* (*bildl.*) fish (angle) for **-affär** fishmonger's [shop] **-afänge** *s6* (*utan pl*) fishing; (*med pl*) catch [of fish]; *Petri* ~ (*bibl.*) the miraculous draught of fishes

fiskạl *s3, ung.* public prosecutor

fiskar|befolkning fishing population **-e** fisherman

fisk|ben fish-bone **-bensmönster** herring-bone pattern **-blåsa** fish-sound **-bulle** fish-ball **-damm** fish-pond

fiske *s6* fishing; (*näringsgren*) fisheries (*pl*) **-båt** fishing-boat **-don** fishing-tackle (*sg*) **-fartyg** fishing-craft **-flotta** fishing-fleet **-garn** yarns (*pl*) for fishing-tackle **-kort** fishing-licence (permit) **-lycka** luck at fishing **-läge** fishing-village

fiskeri fishery **-intendent** inspector of fisheries **-näring** fishing industry

fisk|filé fillet of fish **-fjäll** fish-scale **-färs** minced fish **-gjuse** [-ju:se] *s2* osprey **-handlare** fishmonger **-handlerska** fishwife **-kittel** fish-kettle **-konserver** tinned (*Am.* canned) fish (*sg*) **-leverolja** cod-liver oil **-lim** fish glue **-mjöl** fishmeal **-mås** common gull **-nät** fishing-net **-stim** shoal of fish **-stjärt** fish-tail **-yngel** fish-spawn

fiss *s7* F sharp

fission [fi'ʃɷ:n] *kärntekn.* fission

fissur *med.* fissure

fistel *s2, med.* fistula

fitta *s1, vard.* cunt

fix *a5* **1** (*fast*) fixed; ~ *idé* fixed idea, (*friare*) rooted idea, craze; *~t pris* fixed price **2** ~ *och färdig* all ready **-a** *vard.* fix up **-atịv** *s7* fixative **-era 1** (*fastställa*) fix (*till* at) **2** (*se skarpt på*) stare hard at **3** *foto., konst., läk.* fix **-ẹrbad** *foto.* fixing-bath **-ẹring** fixing, fixation; (*med blicken*) stare, staring; *foto.* fixing

fixeringsbild puzzle picture

fix|eringsvätska *foto.* fixer, hypo; (*för teckning o.d.*) fixative **-ẹrsalt** fixing salt **-punkt** fixed point **-stjärna** fixed star **-tur** fixture, fixing plate

fjant *s2* busybody, officious blighter **-a** ~ *omkring* fuss around; ~ *för* fawn on **-ig** *a1* fussy

fjol *i uttr.: i* ~ last year; *i ~ vinter* last winter; *från i* ~ last year's

fjoll|a [-å-] *s1* foolish (silly) woman (girl) **-ig** *a1* foolish, silly **-ighet** foolishness, silliness

fjol|året last year **-årskalv** last year's calf

fjompig [-å-] *a1* dumb, silly

fjor *se fjol*

fjord [-ɷ:-] *s2* (*i Norge*) fiord; (*i Skottl.*) firth

fjorton [ˣfjɷ:rtån] fourteen; ~ *dagar* [a] fortnight; *i dag ~ dagar* today fortnight; *i dag för ~ dagar sedan* a fortnight ago today; *med ~ dagars mellanrum* at fortnightly intervals **-de** fourteenth; *var ~ dag* once a fortnight, every fortnight **-[de]del**

fourteenth [part] **-hundratalet** *på ~* in the fifteenth century **-årig** *etc., se femårig etc.*
fjun *s7* (*dun*) down; (*på växt äv.*) floss; (*på persika*) fur **-ig** *a1* downy; flossy
1 fjäd|er ['fjä:-] *s2* (*på fågel*) feather; *bildl. äv.* plume; *lysa med lånta -rar* strut in borrowed plumes
2 fjäder ['fjä:-] *s2, tekn.* spring
fjäder|beklädd *a5* feather-covered, feathered, plumy **-boll** shuttle-cock **-buske** plume, panache **-dräkt** plumage **-fä** poultry **-fäavel** poultry-breeding **-fäskötsel** poultry-farming(-keeping) **-lätt** [as] light as a feather; *~ papper* featherweight paper **-moln** cirrus **-vikt** feather-weight **-våg** spring balance
fjädr|a [-ä:-] be elastic, spring; *~ sig* show off (*för* to), be cocky (*över* about) **-ande** *a4* elastic; (*om gång*) springy **-ing** spring system; (*-ingsförmåga*) spring, elasticity
1 fjäll *s7* (*berg*) mountain, fell; (*i Skandinavien äv.*) fjeld
2 fjäll *s7* scale **-a 1** (*fisk*) scale [off] **2** (*flagna av*) peel; *~ av* [*sig*] scale (peel) off
fjäll|bestigare mountaineer, alpinist **-bestigning** mountain-climbing, alpine climbing **-boskap** mountain cattle
fjäll|ig *a1* scaly, scaled **-ning** scaling; *med.* peeling
fjäll|ripa ptarmigan **-räv** arctic fox **-sjö** tarn
fjällskivling parasol mushroom
fjäll|topp summit, peak; mountain top **-vidd** *på ~erna* (*ung.*) on the boundless hills
fjällämmel lemming
fjär *a1* stand-offish, distant
fjärd [-ä:-] *s2* bay
fjärde [-ä:-] fourth; *~ Mosebok* Numbers **-del** fourth [part], quarter; *tre ~ar* three fourths (quarters) **-delsnot** crochet
fjärding [-ä:-] (*kärl o. mått*) firkin (*för våta varor*), firlot (*för torra varor*)
fjärdings|man *ung.* country (parish) constable **-väg** *s9, en ~* (*åld.*) a quarter of a [Swedish] mile
fjäril *s2* butterfly; (*natt-*) moth
fjärilshåv butterfly-net
fjärilsim butterfly stroke
fjärilslarv caterpillar
fjärma remove ... [far off]; *bildl.* estrange, alienate; *~ sig* draw away (*från* from), remove o.s. **-re** *komp. t. fjärran* farther (further) [off]
fjärr|an I *adv* afar, far [away, off]; *från när och ~* from far and near; *komma ~ ifrån* come from far off; *det vare mig ~ att* far be it from me to **II** *fjärmare fjärmast* distant, remote, far[-off]: *F~ östern* the Far East **III** *oböjl. n* distance: *i ~* in the distance, afar off; *i ett avlägset ~* in the [remote] distance **-kontroll** remote control **-skrivare** teleprinter **-skådande I** *s6* clairvoyance, second sight **II** *a4* **1** *eg.* far-seeing **2** clairvoyant, second-sighted **-skådare** clairvoyant, seer **-strid** long-range fight[ing] **-styrd** [-y:-] *a5* remote-controlled; *~ raket* guided missile **-trafik** long-distance traffic **-verkan** telekinesis **-värme** distant heating **-värmeverk** district heating plant
fjärsing weever
fjäsa *~ för* make a fuss of; fawn [up]on
fjäsk *s7* **1** (*brådska*) hurry, flurry; bustle **2** (*krus*) fuss (*för* of; *med* about) **-a 1** be in a hurry (*etc.*) **2** make a fuss (*för* of) **-ig** *a1* fussy, bustling; (*krypande*) fawning
fjät *s7* footstep
fjättra fetter, shackle, bind, chain; *~d till händer och fötter* bound hand and foot; *~d vid sängen* (*äv.*) bedridden **-r** *pl* fetters, shackles
fjöl *s2* closet seat
f-klav bass clef
f.Kr. (*förk. för före Kristus*) **B. C.**
flabb 1 *s7* (*skratt*) guffaw; vulgar laugh **2** *s2* (*pratmakare*) driveller **-a** guffaw **-ig** *a1* drivelling
flack *a1* **1** (*jämn o. öppen*) flat, level **2** (*ytlig*) superficial
flacka rove (rome) [about]
flacktång flat pliers
fladd|er ['fladd-] *s7* flutter; *bildl.* levity; (*flärd*) empty show **-ermus** bat **-ra** flutter; (*om fågel*) flit; (*om flagga*) stream, flap; (*om ljus, låga*) flicker **-rig** *a1* **1** (*löst hängande*) flapping **2** *bildl.* (*ostadig*) volatile, fickle
flaga I *s1* flake **II** *v1* shed flakes (*äv. ~ av* [*sig*]); *~ sig* flake, scale off
flagell|ant Flagellant **-at** *biol.* Flagellata
flageolett [flaʃå'lätt] *s3* flageolet **-ton** (*hopskr. flageoletton*) flageolet tone, fluted note
flagg *s2* flag; colours (*pl*); *föra brittisk ~* fly the British flag; *stryka ~* strike one's colours; *segla under falsk* (*främmande*) *~* sail under false colours (a foreign flag) **-a I** *s1* flag; *hissa ~n på halv stång* fly the flag at half-mast **II** *v1* fly flags (the flag, one's flag); *det ~s för ...* the flags are (the flag is) flying for (in honour of) ... **-duk 1** (*tyg*) bunting **2** (*-a*) flag **-lina** flag halyard **-ning** *allmän ~* a general display of flags **-prydd** *a5* decorated with flags **-signalering** signalling with flags **-skepp** flagship **-spel** flag-staff, ensign-staff **-stång** flag-pole, flagstaff
flag|ig *a1* flaky, scaly **-na** [-a:g-] flake [off], scale off, peel
flagrant [-ant, -aŋt] *a1* flagrant
flak *s7* **1** *se is-* **2** (*last-*) platform [body]
flakong [-åŋ] *s3* flacon
flakvagn open-sided waggon
flamingo [-'miŋ(g)o] *-n, pl -s, -er el. -r* flamingo
flamländ|are Fleming **-sk** *a5* Flemish **-ska 1** (*språk*) Flemish **2** (*kvinna*) Flemish woman
flam|ma I *s1* **1** flame (*äv. bildl.*); (*häftig äv.*) blaze, flare **2** (*svärmeri*) flame; *i sht Am.* baby **II** *v1* flame, blaze, flash; *~ för* (*vara entusiastisk*) be enthusiastic for, (*vara förälskad*) be sweet on; *~ upp* blaze up, flare [up] **-mig** *a1* flame-like; (*fläckig*) patchy, blotchy **-ning** blaze, flare **-punkt** flash-point
flams *s7* gabble; giggle; loud chatter
flamugn [-amm-] air (reverberatory) furnace
Flandern ['flann-] *n* Flanders **flandrisk** ['flann-] *a5 se flamländsk*
flanell *s3, s4* flannel **-byxor** flannel trousers, flannels
flanera stroll about

flank *s3* flank **-angrepp** flank attack, attack in the flank **-era** flank
flanör flaneur; stroller, man about town
flarn [-a:-] *s7, driva som ett ~ på vattnet* drift along like a straw in the stream
flask|a *s1* bottle; (*fick-*) flask; (*av metall*) can; *tappa på -or* put into bottles; *ge ett barn ~n* give a baby its bottle **-barn** bottle-fed baby **-borste** bottle-brush **-hals** bottle-neck **-post** message sent in a bottle [thrown into the sea]
flat *a1* **1** *eg.* flat; *~ tallrik* [shallow] plate; *med ~a handen* with the flat of the (one's) hand **2** (*förlägen*) aghast, dumbfounded, taken aback **3** (*släpphänt*) weak, indulgent (*mot* to) **-a** *s1* (*hand-*) flat of the (one's) hand **-bottnad** [-å-] *a5* flat-bottomed **-het** **1** *eg.* flatness **2** (*förlägenhet*) dumbfoundedness, blank amazement **3** (*släpphänthet*) weakness, indulgency **-lus** crablouse **-skratt** guffaw
flau *oböjl. a* dull, lifeless, depressed
flax *s2* [piece of good] luck; *ha ~* be lucky (in luck)
flaxa flutter; *~ med vingarna* flap (flutter) its (*etc.*) wings
flegma ['flegg-] *s1* phlegm; indifference **-tiker** [-'ma:-] phlegmatic person **-tisk** [-'ma:-] *a5* phlegmatic; impassive
flekt|ęrande *a4, ~ språk* (*pl*) inflectional languages **-ion** *se flexion*
flen *s2, bot.* reed-grass
flera ['fle:-] *komp. t. många* **1** (*med jämförelse*) (*mera* [*än*]) more; (*talrikare*) more numerous; *allt ~ och ~* more and more; *många ~* many more; *vi blir inte ~* there won't be any more of us; *mycket ~ människor* many more people **2** (*utan jämförelse*) many; (*talrika*) numerous; (*åtskilliga*) several; *vid ~ tillfällen* on several occasions, on more than one occasion; *med ~* and others; *det blir billigare om vi är ~* the more we are, the cheaper it will be
fler|barnsfamilj large family **-dubbel** multiple, manifold **-dubbla** multiply **-faldig** *a1 jfr mångfaldig* **-faldiga** multiply; (*om skrift o.d.*) reproduce **-falt** many times, [ever so] much **-familjshus** [a] block of flats; *Am.* apartment house **-färgstryck** multicolour process printing; *konkr.* multicolour print **-sidig** *a1* polygonal **-siffrig** *a1* of several figures **-språkig** *a1* multilingual, polyglot **-stavig** *a1* polysyllabic **-stegsraket** multi-stage rocket **-städes** in several places **-stämmig** *a1* polyphonous **-stämmigt** *adv, sjunga ~* sing in parts **-tal** *s7* **1** *gram.* plural **2** (*större delen*) majority; *~et människor* the [great] majority of people, most people; *i ~et fall* in most cases **3** *ett ~* several, a number of **-årig** *a1* of several years[' duration]; *bot.* perennial
flesta *best. superl. t. många, de ~ a*) *fören.* most, *b*) *självst.* (*om förut nämnda*) most of them; *de ~* [*människor*] most people; *de ~ pojkarna* most of the boys; *av vilka de allra ~* by far the greater number of whom (which)
flex|ịbel *a2* flexible **-ion** [-k'ʃω:n] inflection
1 flicka *v1* patch, cobble [shoes]
2 flick|a *s1* girl; *-orna Jones* the Jones girls **-aktig** *a1* girlish **-bekant** girl friend **-bok** book for girls; *-böcker* (*äv.*) girls' books **-ebarn** [baby] girl, girl-child **-jägare** skirt-chaser **-namn** girl's name; (*frus*) maiden-name **-pension** girls' boarding-school **-scout** girl guide (scout) **-skola** girls' school **-snärta** young thing **-tjusare** charmer **-tycke** *ha ~* be a favourite with girls **-vän** girl friend
flik *s2* (*på plagg, kuvert*) flap; (*snibb*) lappet; (*bit*) patch; (*yttersta kant*) edge, end; *naturv.* lobe **-ig** *a1, naturv.* lobate
flim|mer ['flimm-] *s7* flicker **-merhår** flagellum (*pl* flagella), cilium (*pl* cilia) **-ra** quiver, shimmer, flicker; *det ~r för ögonen* my (*etc.*) eyes are dazzled
flin *s7* grin; (*hångrin*) sneer **-a** grin; sneer
flinga *s1* flake
flink *a1* (*kvick* [*av sig*]) quick, nimble (*i* at); (*färm*) prompt; (*driftig*) active; *~ i fingrarna* nimble-fingered, deft
flint *s3, vard.* **1** *mitt i ~en* full in the (one's) face **2** [bald] crown of the head; *början till ~* first signs of baldness
flint|a *s1* flint **-bössa** *se -låsgevär* **-kniv** flint knife **-låsgevär** flint-lock **-porslin** flintware **-redskap** flint implement[s *pl*]
flintskall|e bald head **-ig** *a1* bald[-headed]
flint|vapen flint weapon **-verktyg** *se -redskap* **-yxa** flint axe
flirt [flörrt] *se flört*
flisa I *s1* (*skärva, trä-*) splinter; (*tunn bit*) flake **II** *v1, ~* [*sig*] splinter
flit *s3* **1** diligence; (*arbetsiver*) industry; (*trägenhet*) assiduity **2** *med ~* (*avsiktligt*) on purpose, purposely, deliberately **-ig** *a1* diligent; (*idog*) industrious; (*arbetsam*) hard-working; (*trägen*) assiduous; (*aldrig sysslolös*) busy; (*ofta återkommande, t.ex. om besök*) frequent; *en ~ kyrkobesökare* a habitual church-goer **-pengar** overtime allowance
1 flock [-å-] *s7* (*avfall av ull o.d.*) flock
2 flock [-å-] *s2* **1** (*av fåglar, får o.d.*) flock; (*av renar*) herd; (*av vargar*) pack; (*av fåglar äv.*) flight; (*av människor*) crowd, party; **2** *bot.* umbel **-a** *rfl* flock [together], cluster **-blommig** umbelliferous **-instinkt** herd instinct
flod *s3* **1** *eg.* river; *bildl.* flood, torrent **2** (*högvatten*) flood, tide **-arm** branch (arm) of a (the) river **-bank** river-bank **-bädd** river-bed **-fåra** river-channel **-häst** hippopotamus **-mynning** river mouth; (*stor äv.*) estuary **-spruta** firefloat **-system** river-system **-våg** tidal wave, tidewave **-ångare** river steamer
1 flor *s7* (*tyg*) gauze; (*sorg-*) crape; (*slöja*) veil
2 flor *n, stå* (*vara*) *i* [*sitt fulla*] *~* be in full bloom **-a** *s1* flora
Florens ['flå:-] *n* Florence **florentịn|are** *s9* **-sk** [-i:-] *a5* Florentine
florera flourish, be at its (*etc.*) prime; *neds.* be rife (rampant) **-nde** *a4* widely prevalent
florẹtt *s3* [fencing-]foil **-fäktning** foil fencing
florịn *s3* florin; *holländska ~er* Dutch Guilders (Florins)
flors|huva [-ω:-] booze **-tunn** filmy

flosk|ler ['flåssk-] *pl* empty phrases, balderdash (*sg*) **-ulös** *a1* inflated, bombastic
1 flott [-å-] *oböjl. a, sjö., komma (bli) ~* get afloat
2 flott [-å-] *a1* (*elegant*) stylish, smart; (*frikostig*) generous; (*överdådig*) extravagant; *leva ~* live in great style, lead a gay life
3 flott [-å-] *s4* grease; (*stek-*) dripping; (*ister-*) lard
1 flotta [-å-] *s1* navy; (*fartygssamling*) fleet; *gå in vid ~n* join the Navy
2 flotta [-å-] *v1* float, drive, raft **-re** log-floater, log-driver
flottbas naval base
flotte [-å-] *s2* raft
flott|fläck grease spot **-ig** *a1* greasy
flottilj [-å-] *s3, sjö.* flotilla; *flyg.* wing **-chef** wing commander; *Am.* lieutenant colonel **-enhet** naval unit
flottist [-å-] seaman, sailor
flottled floating channel, floatway
flottmanöver naval manœuvres (*pl*)
flottning [-å-] floating, log-driving
flottningsränna log flume (chute)
flottstyrka naval operating force
flottyr [-å-] *s3* frying-fat **-koka** deep-fry; *-kokt potatis* [potato] chips, *Am.* French fried potatoes **-kokning** deep-frying **-stekt** [-e:-] *a4* deep-fried
flottör float[er]; (*på sjöflygplan*) pontoon
flox [-å-] *s2* phlox
flug|a *s1* **1** fly; *slå två -or i en smäll* kill two birds with one stone **2** (*halsduk*) bow[-tie] **-fiske** fly-fishing (*efter forell* for trout) **-fångare** fly-paper **-ig** *a1* cranky **-it** *sup av flyga* **-nät** fly-net **-smälla** fly-swotter **-snappare** fly-catcher; *grå (svart och vit) ~* spotted (pied) fly-catcher **-svamp** (*röd*) fly agaric; (*lömsk*) death cup **-vikt** flyweight **-viktare** flyweight [boxer *etc.*]
fluidum ['flu:i-] *s4* fluid, liquid
fluktu|ation fluctuation **-era** fluctuate
flundra *s1* flounder
fluor [-'å:r] *s3* fluorine **-escens** [-e'sänns, -ʃ-] *s3* fluorescence **-escera** [-'se:-, -'ʃe:-] fluoresce **-escerande** [-'se:-, -'ʃe:-] *a4* fluorescent
1 fluss *s3, med., se katarr, inflammation*
2 fluss *s3, kem.* flux[ing agent] **-spat** *s3* (*hopskr. flusspat*) fluorspar
fluster ['fluss-] *s7* beehive entrance
flutit *sup av flyta*
flux straight [away], all in a jiffy
1 fly *se gung-*
2 fly *v4* **1** (*ta t. flykten*) fly, flee (*för fienden* before the enemy); (*rymma*) run away; (*undkomma*) escape; (*friare*) vanish, disappear; *bättre ~ än illa fäkta* discretion is the better part of valour; *~dda tider* bygone days; *livet hade ~tt* he (*etc.*) was dead **2** (*undfly*) flee from, escape; (*faran*) shun
3 fly *adv., bli ~ förbannad* fly into a rage, get absolutely furious
flyg *s7* **1** *se -vapen* **2** (*-konst*) aviation **3** (*-plan*) aircraft, airplane; *med ~* by air **-a** *flög flugit* fly; (*högt, uppåt*) soar (*mot höjden* aloft); (*ila, rusa*) dart, dash, rush; *~ i luften* (*explodera*) blow (go) up; *vad har det flugit i henne?* what[ever] can have possessed (got into) her?, what's bitten her?; *~ på ngn* fly at s.b.; *ordet flög ur honom* the word escaped him **-ande** *a4* flying; *i ~ fläng* in a terrific hurry, posthaste **-anfall** air raid (attack) **-are** flyer, aviator, airman; (*förare*) pilot **-bas** air base **-biljett** air ticket **-blad** leaflet **-bolag** airline [company] **-båt** seaplane **-certifikat** pilot's certificate, flying licence
flygel *s2* **1** wing; (*stänkskärm*) wing, *Am.* fender; *mil., polit., sport* flank **2** *mus.* grand piano **-byggnad** wing **-karl** *mil.* pivot-man, file-leader
flyg|eskader group **-fisk** flying-fish **-flottilj** wing **-foto** aerial photograph (view) **-fotografera** photograph from the air **-fotografering** aerial photography **-fä** winged insect; *förbaskade ~n!* blasted flies! **-fält** airfield; (*flygplats*) airport, aerodrome, *Am. äv.* airdrome **-färd** flight **-färdig** (*om flygare*) ready to fly; (*om fågelunge*) [full-] fledged **-förband** flying unit **-förbindelse** air service; plane connection
flygg *a1, se flygfärdig*
flyg|hamn [marine] airport **-haveri** aircraft crash (accident) **-havre** wild oat **-kadett** air force cadet **-kapten** (*vid trafikflyget*) pilot **-kropp** fuselage **-larm** air-raid alarm (warning) **-linje** air route, airline **-lotta** *ung., Engl.* member of the Women's Auxiliary Air Force (W.A.A.F); *Am.* Women in the Air Force, (WAF); *vard.* Waaf, Waf **-maskin** *se -plan* **-mekaniker** aircraft mechanic **-motor** aircraft (aero) engine **-myra** winged ant **-ning** [-y:-] flying; aeronautics (*sg*); (*-tur*) flight **-olycka** *se -haveri* **-plan** aircraft; [aero]plane; *Am.* [air]plane **-plats** airport, aerodrome **-porto** airmail postage [rate] **-post** airmail **-rutt** air route (service) **-räd** air-raid **-sand** shifting sand **-spaning** air reconnaissance **-stridskrafter** air forces **-säkerhet** safety in flight **-trafik** air traffic (service) **-transport** air transport[ation] **-tur** flying trip, flight **-uppvisning** air show **-vapen** air force **-vapnet** *Engl.* the Royal Air Force (R.A.F.); *Am.* the Army Air Force (A.A.F.) **-värdinna** air hostess, stewardess **-ödla** pterodactyl
flyhänt *a1* deft; *bildl.* dextrous, quick **-het** deftness; *bildl.* dexterity, quickness
1 flykt (*s3 t. flyga*) flight; *gripa tillfället i ~en* seize the opportunity; *fälla en fågel i ~en* shoot a bird on the wing
2 flykt (*s3 t. fly*) flight; (*rymning*) escape; *~en till Egypten* (*bibl.*) the flight into Egypt; *~en från landsbygden* the flight from the land; *jaga på (ta till) ~en* put (take) to flight **-försök** attempted escape **-ig** *a1* **1** (*övergående*) fleeting, passing, fugitive; *~ genomläsning* cursory perusal; *en ~ bekantskap* a slight acquaintance; *kasta en ~ blick på ngt* give s.th. a hasty (passing, cursory) glance **2** *kem. o.d.* volatile **3** (*ostadig*) fickle, flighty
flykting refugee; (*flyende*) fugitive **-läger** refugee camp
flyktingshjälp aid to refugees
flyktingström stream of refugees
flyt|a *flöt flutit* **1** (*mots. sjunka*) float (*äv. bildl.*); *... har flutit i land ...* has been washed ashore **2** (*rinna o.d.*) flow (*äv. bildl.*); (*om tårar, svett o.d.*) run; *blod kom-*

mer att ~ blood will be shed; ~ *med strömmen* float down with (be carried along by) the stream (current) 3 (*ha -ande konsistens*) be fluid; (*om bläck o.d.*) run 4 ~ *ihop* (*om floder*) flow into each other, (*om färger*) run into each other; *han vill gärna* ~ *ovanpå* he likes to be superior; ~ *upp* rise to the surface **-ande** *a4* 1 (*på vätska*) floating; (*om fartyg*) afloat; *hålla det hela* ~ keep things going 2 (*rinnande*) flowing, running; *bildl. äv.* fluent (*franska* French); *tala engelska* ~ speak English fluently 3 (*i vätskeform*) fluid, liquid; ~ *bränsle* liquid fuel **-docka** floating dock **-kropp** float **-ning** [-y:-] 1 floating 2 *läk.* discharge flux

flytt|a 1 (*ändra plats för*) move; remove (*äv.* ~ *bort*); (*i spel*) move; *bli* ~*d* (*skol. uppflyttad*) be moved up (*till* [in]to) 2 (*byta bostad*) move (*äv.* ~ *på* [*sig*]); (*lämna anställning*) leave (*från en plats* a place); (*från hotell etc.*) check out; (*om fåglar*) migrate; ~ *fram klockan* put the clock on (forward); ~ *ihop med ngn* go to live with s.b.; ~ *om* shift, rearrange; ~ *upp* (*i grad*) move ... up; ~ *sig* move, change one's place **-bar** *a1* movable, portable **-block** *geol.* erratic block **-fågel** migratory bird **-fågelssträck** flight of migratory birds **-karl** furniture remover **-lass** vanload of furniture **-ning** moving *etc.*, removal, transportation; (*fåglars, nomaders*) migration **-ningsbetyg** (*utfärdat på pastorsexpedition*) certificate of change of address

flytväst life jacket, *Am.* life preserver

flå *v4* flay; (*om fisk*) skin

flås|a puff [and blow]; (*pusta o. flämta*) pant; ~*nde av* breathless with **-ig** *a1* wheezy **-patos** strained pathos

fläck *s2* 1 stain, mark, spot; (*av färg*) smudge; *bildl.* stain, blot, (*fel*) blemish 2 (*på djurhud*) spot 3 (*ställe*) spot; *han rörde sig inte ur* ~*en* he did not move (budge); *jag får den inte ur* ~*en* I cannot move it; *vi kommer inte ur* ~*en* we are not getting anywhere (making any progress); *på* ~*en* (*genast*) on the spot, at once **-a** spot, stain (*äv. bildl.*); (*smutsa*) [be]smear; (*söla ner*) soil; ~ *ner sig* get o.s. (one's clothes) all stained (soiled) **-feber** *se -tyfus* **-fri** stainless, spotless; unsoiled; *bildl. äv.* unspotted, blameless, immaculate **-ig** *a1* 1 spotted; (*nedfläckad*) stained, soiled 2 (*om djur*) spotted **-tyfus** spotted fever **-urtagning** removal of stains **-urtagningsmedel** stain remover **-vis** in spots (places)

fläder ['flä:-] *s2* elder **-buske** elder-tree

flädermus *se fladdermus*

fläder|märg elder-pith **-te** elder-flower tea

fläk|a *v3* slit ... open, split ... up

fläkt *s2* 1 (*vindpust*) breath [of air]; breeze; puff, blow; (*friare o. bildl.*) breath, waft; *en frisk* ~ a breath of fresh air; *inte en* ~ *rörde sig* not a breath was stirring 2 (*apparat*) fan, ventilator, blower **-a** fan; *det* ~*r skönt* there is a nice breeze blowing; ~ *med solfjädern* fan the air **-rem** fan belt

flämt|a 1 pant (puff) 2 (*fladdra*) flicker **-ning** 1 pant 2 flicker

fläng *s7* bustling; hurry; *i flygande* ~ in a [flying] hurry **-a** *v2* 1 (*rusa*) fling (*omkring i* round); ~ *och fara* rush to and fro; ~ *omkring* (*i väg*) dash about (away)

fläns *s2* flange

flänsa 1 *tekn.* flange 2 (*valar*) flense

flärd [-ä:-] *s3* vanity; frivolity **-fri** unaffected, artless, simple; (*blygsam*) modest **-full** vain; frivolous

fläsk *s7* pork; (*sid-*) bacon; *magert* (*randigt*) ~ lean (streaky) bacon; ~ *och bruna bönor* pork and beans; *ärter och* ~ yellow pea-soup and pork **-ben** ham bones **-filé** fillet of pork **-flott** pork-dripping **-hare** *kokk.* boneless loin of pork **-ig** *a1* porky **-karré** loin of pork **-korv** pork sausage **-kotlett** pork chop **-lägg** hand (knuckle) of pork **-pannkaka** pancake with diced pork **-svål** pork (bacon) rind (skin) **-änger** *s2* larder beetle

flät|a I *s1* plait; tress; (*nack-*) pigtail; (*bröd, tobaks-*) twist **II** *v1* plait; braid; (*krans o.d.*) twine, make, wreathe; ~ *in* (*bildl.*) intertwine; ~ *in i* (*bildl.*) weave into; ~ *sig* entwine itself (*omkring* round) **-ning** [-ä:-] plaiting *etc.* **-verk** plaited (basket-)work

flöd|a flow; (*häftigt*) gush, pour, stream; *champagnen* ~*de* the champagne flowed; ~ *av* overflow with; ~ *över* flow (run) over, *bildl.* brim over (*av* with) **-ande** *a4* flowing *etc.*; *bildl.* fluent; abounding, exuberant **-e** *s6* flow; torrent, stream; *elektr.* flux

flög *imperf av flyga*

flöjel [ˣflöjj-] *s2* vane, weathercock

flöjt *s3* flute **-blåsare** flute-player **-ist** flutist **-lik** flute-like, fluty

flört *s3* 1 (*-ande*) flirtation 2 *pers.* flirt **-a** flirt **-ig** *a1* flirtatious, flirty

flöt *imperf av flyta*

flöte *s6* float; *vara bakom* ~*t* be dull (stupid)

flöts *s3, geol.* seam

f.m. (*förk. för förmiddagen*) a.m.

f-moll F minor

FN (*förk. för Förenta nationerna*) U.N.

f.n. (*förk. för för närvarande*) *se under närvarande*

fnas *s7* husk, shuck **-a** husk **-ig** *a1* scaly; chapped

fnask *s7* 1 (*obetydlighet*) trifle 2 (*grand*) jot, scrap 3 (*glädjeflicka*) prostitute, tart **-er** ['fnass-] *s2* (*pojkvasker*) shrimp [of a lad]

fniss|a *v1* **-ning** titter, giggle

fnitt|er ['fnitt-] *s7* **-ra** *se fnissning, fnissa* **-rig** *a1* prone to giggle, giggly

fnoskig [-å-] *a1* dotty; silly, idiotic

fnurra *s1, det har kommit en* ~ *på tråden mellan dem* they have fallen out

fnys|a *v3 el. fnös fnyst* **-ning** [-y:-] snort

fnös *imperf av fnysa*

fnösk|e *s6* tinder, touchwood; *torr som* ~ dry as tinder **-svamp** *s2* **-ticka** *s1* tinder fungus

foajé *s3* foyer

fob [fåbb] f.o.b. (free on board)

fobi *s3* phobia

fob-pris f.o.b.-price

fock [-å-] *s2, sjö.* foresail

focka [-å-] turn ... off, [give ... the] sack

fock|mast foremast **-skot** foresheet **-stag** forestay

1 foder ['fɷ:-] *s7* (*kreatursföda*) [cattle-]food; feeding-stuff, forage; (*kraft-*) fodder, feed

2 foder ['fɷ:-] *s7* (*i kläder o.d.*) lining; (*hylsa o.d.*) casing; (*dörr-, fönster- o.d.*) architraves (*pl*); *bot.* calyx
foderbeta mangel[-wurzel], fodder-beet
foderblad *bot.* sepal
foder|kaka fodder-(oil-)cake **-säd** fodder grain
foderväv lining material
foderväxt fodder-(forage-)plant
1 fodra [ˣfɷ:-] (*t. 1 foder*) [give ... a (its *etc.*)] feed, fodder
2 fodra [ˣfɷ:-] (*t. 2 foder*) line
fodral *s7* case; (*låda äv.*) box; (*hölje*) casing, cover
1 fodring [ˣfɷ:-] (*t. 1 foder*) feeding *etc.*
2 fodring [ˣfɷ:-] (*t. 2 foder*) lining
1 fog *n* (*skäl*) justice, [good] reason, justification, right; *med* [*allt*] ~ with good reason, reasonably; *utan ringaste* ~ without the slightest reason; *ha* ~ *för sig* be reasonable; *ha* [*fullt*] ~ *för* have every reason for
2 fog *s2* (*skarv*) joint; (*söm*) seam; *vetensk.* suture **-a I 1** (*förena*) join (*till, i* to); *bildl.* add [... to], attach [... to], affix **2** (*avpassa*) suit, fit **3** (*bestämma*) ordain; *ödet har ~t det så* fate has so ordained (determined) **II** *rfl* **1** (*ansluta*) join [itself (*etc.*)] on (*till* to) **2** (*falla sig*) *det har ~t sig så att* things have so turned out that **3** (*ge med sig*) give in; ~ *sig efter* accommodate o.s. to; ~ *sig i* resign o.s. to
fogde [ˣfɷ:-] *s2* sheriff, bailiff; *Am.* marshall
fog|lig [ˣfɷ:-] *a1* accommodating, compliant; (*medgörlig*) amenable **-lighet** compliancy; amenability **-ning** joining *etc.*, *jfr -a*
fokus ['fɷ:-] *s2* focus
foli|ant [book in] folio, folio volume **-e** ['fɷ:-] *s3, s4* foil; (*plast- äv.*) film, sheet **-era 1** *tekn.* foliate, foil **2** *hand.* folio **-ering** *tekn. o. hand.* foliation **-o** ['fɷ:-] *r el. n* folio **-oband** folio volume **-oformat** folio size
folk [-å-] *s7* **1** (*-slag, nation*) people **2** (*underlydande*) servants (*pl*); *mil., sjö.* men **3** (*människor*) people (*pl*); *vard.* folks (*pl*); *F~ets hus* community centre, assembly hall; *det var mycket ~ på gatan* there were a lot of people in the street; *som ~ är mest* like the general run of people; *se ut som ~ gör mest* be ordinary looking; *det är skillnad på ~ och fä* there are people and people; *uppföra sig som ~* behave properly; *göra ~ av ngn* teach s.b. manners; *har du inte sett ~ förr?* what are you standing there gaping for? **-bildning** (*bildningsnivå*) general level of education; (*undervisning*) adult education **-bildningsarbete** adult educational activities **-bildningsförbund** adult education organization **-bok** popular book **-bokföring** national registration **-dans** folk-dance **-demokrati** people's democracy **-demokratisk** of (belonging to) a people's democracy **-djup** *ur ~et* from the masses **-domstol** people's court **-dräkt** national costume **-etymologi** popular etymology **-fattig** sparsely populated **-fest** national holiday **-front** popular (people's) front **-församling** national assembly **-försörjning** national food supply **-grupp** *polit.* national group; (*minoritet*) minority **-hem** *ung.* welfare state **-hjälte** national hero **-hop** crowd [of people]; *neds.* mob **-humor** popular (folk) humour **-hushållning** national economy **-hälsa** public health **-högskola** folk high-school **-ilsken** vicious; savage **-kommissarie** (*i Sovjetunionen*) People's Commissar **-kär** beloved by the people **-ledare** popular leader **-lek** national game **-lig** *a1* **1** (*tillhörande -et*) popular; democratic **2** (*i umgänge*) affable **-lighet 1** popularity **2** affability **-liv 1** street life; crowds (*pl*) **2** (*allmogens liv*) life of the people; *svenskt ~* the life and manners of the Swedish people **-livsforskning** ethnography; (*jämförande*) ethnology **-livsskildring** description of the life of the common people **-lor[e]** [-lå:r] *s2* folklore **-lorist** [-år-] folklorist **-låt** folk-song **-massa** *se -hop* **-minnesforskning** folklore research **-mun** *i ~* in popular speech, colloquially **-musik** folk music **-mål** dialect **-mängd** population **-mängdsstatistik** population statistics (returns) (*pl*) **-möte** public (mass-)meeting **-nykterhet** national standard of temperance **-näring** *se -försörjning* **-nöje** popular entertainment **-omröstning** popular vote; referendum; plebiscite **-opinion** popular opinion **-park** amusement park **-pension** national old-age or disablement pension **-pensionering** national old-age pensions scheme **-pensionär** old-age pensioner **-ras** race **-representation** legislature, parliament **-republik** people's republic **-resning** insurrection, popular rising **-rik** populous **-räkning** census [of the population] **-rätt** international law **-rättslig** of (in) international law **-rörelse** popular (national) movement **-saga** folk-tale **-samling** gathering of people, crowd **-sjukdom** endemic disease **-skara** *se -hop*
folkskol|a elementary school; *Am.* grade[d] school **-eseminarium** [elementary-school teacher's] training-college **-estadga** elementary-education statute **-lärare -lärarinna** elementary school teacher
folk|skygg shy, retiring; (*om djur*) shy **-slag** nationality **-spillra** remnant of a nation **-stam** tribe **-storm** mass protest, general uproar **-styre** democracy, representative government **-sång 1** (*-visa*) folk-song **2** (*-hymn*) national anthem **-sägen** popular tradition (legend) **-talare** popular speaker (orator) **-tandvård** national dental service **-tom** (*om gata o.d.*) deserted, empty; (*om land o.d.*) depopulated **-ton** *visa i ~* popular ballad **-tribun** [plebeian] tribune **-tro** popular belief **-trängsel** crowd[s *pl*] [of people] **-tät** densely populated **-täthet** density of population **-upplaga** popular edition **-vald** *a5* popularly elected **-vandring** migration **-vandringstiden** the time of the Great Migration **-vett** [good] manners (*pl*) **-vilja** the will of the people **-vimmel** *i -vimlet* in the throng (crowd, crush) [of people] **-visa** folk-song **-välde** democracy **-vänlig** democratic[ally disposed] **-ökning** increase of population, population growth
follikel [-'likk-] *s2, anat.* follicle
fon [få:n] *s9, fys.* decibel, phon
1 fond [-å-] *s3* (*bakgrund*) background; *teat*

back [of the stage] (*på scenen*), centre (*i salongen*); *första radens* ~ the dress-circle centre

2 fond [-å-] *s3* (*kapital*) fund[s *pl*], capital; (*stiftelse o.d.*) foundation; (*förråd*) stock, store **-börs** stock exchange

fonddekoration back-drop

fond|emission bonus issue; *Am.* stock dividend issue **-era** fund, consolidate **-kommissionär** member of the stock exchange

fondloge *första radens* ~ [the] dress-circle box

fondmäklare stockbroker

fondvägg *teat.* back-scene

fonẹ|m *s7* phoneme **-tịk** *s3* phonetics (*sg*) **-tiker** phonetician **-tisk** *a5* phonetic

fonogrạf *s3* phonograph

fontanẹll [-å-] *s3* fontanel[le]

fontạ̈n [-å-] *s3* fountain; jet [of water]

for *imperf av 2 fara*

fora *s1* (*lass*) [wag[g]on-]load; (*vagn*) cart

forcer|a [fårs-] **1** (*påskynda*) speed up, rush; (*intensifiera*) intensify **2** (*tilltvinga sig tillträde etc.*) [en]force; (*chiffer*) break, cryptoanalyse **-ad** *a5* forced, strained; *i -at tempo* at top speed **-ing** speeding up; forcing; (*kryptoanalys*) cryptoanalysis

fordom [ˣfɷ:r-] formerly; in times past; in bygone days; *från* ~ from former times; *i* ~ *tid* in former times, in olden days **-dags** *se fordom*

fordon [ˣfɷ:r-] *s7* vehicle; (*last-*) van, truck, cart

fordonsskatt motor vehicle tax

fordr|a [-ɷ:-] **1** (*med personsubj.*) demand (*ngt av ngn* s.th. of s.b.; *betalning* payment); (*bestämt yrka på*) insist upon; (*omilt kräva*) exact; (*göra anspråk på*) require (*att ngn skall veta* s.b. to know; *hövlighet av ngn* civilty of (from) s.b.); (*som sin rätt*) claim; *ha 10 pund att* ~ *av ngn* have a claim of 10 pounds on s.b.; ~ *räkenskap av ngn* call s.b. to account; ~ *skadeersättning* demand (claim) damages **2** (*med saksubj.*) *a*) (*er-*) require, want, call for, *b*) ([*på*]*bjuda*) prescribe, *c*) (*ta tid i anspråk*) take; *arbetet* ~*r stor noggrannhet* the work demands great care **-an** *r, i pl används fordringar* **1** demand (*på ngn* on s.b.); requirement (*på ngn* in s.b.) **2** (*penning-*) claim (*på ngn* on s.b.; *på 10 pund* of 10 pounds) **-ande** *a4* exacting **-as** *dep* be required (needed) **-ing** *se -an*; ~*ar a*) *allm.* demands, (*förväntningar*) expectations, (*anspråk*) claims, *b*) (*tillgodohavanden*) claims, [active] debts; *ha stora* ~*ar på livet* expect a lot of life; *ställa stora* ~*ar på* demand a great deal of, be exacting in one's demands on; *uppfylla* ~*arna för godkänd examen* satisfy the examiner[s *pl*]; *osäkra* ~*ar* doubtful claims, (*friare*) bad debts **-ingsägare** creditor

forẹll *s3* river trout

form [-å-] **1** *s3, allm.* form; (*fason o.d.*) shape, cut; (*tillstånd*) state; *i fast* (*flytande*) ~ in solid (fluid) form; *för* ~*ens skull* for form's sake, as a matter of form; *hålla mycket på* ~*en* stand on ceremony, be a stickler for etiquette; *i* ~ *av a*) in [the] form of (*en roman* a novel), *b*) in the shape of (*en cirkel* a circle), *c*) in the state of (*is* ice); *i många* ~*er trivs det sköna* beauty appears in many guises **2** *s3, sport. o. bildl.* form; *inte vara i* ~ be out of form **3** *s2* (*gjut-*) mould; *kokk.* dish, tin **-a** mould (*äv. bildl.*); (*friare*) shape, model; ~ *en mening* frame a sentence

formalịn [-å-] *s3, s4* formalin

formali|sm [-å-] [a piece of] formalism **-st** formalist **-stisk** *a5* formalistic **-tẹt** *s3* formality, matter of form; *utan* ~*er* without ceremony

formạt [-å-] *s7* size, format; *bildl.* importance, weight **-ion** formation

form|bar *a1* formable; mouldable, plastic **-barhet** mouldability, plasticity, workability **-bröd** tin loaf **-el** ['fårr-] *s3* formula **-ẹll** *a1* formal, conventional **-enlig** [-e:-] *a1* correct [in form] **-era 1** *mil.*, ~ [*sig*] form **2** (*vässa*) sharpen **-ẹring** formation; (*vässning*) sharpening **-fel** error in form **-fulländad** *a5* perfect in form **-fulländning** perfection of form **-förändring** modification of form; *konkr. äv.* deformation **-giva** design **-givare** designer **-givning** [-ji:v-] designing, shaping; *konkr.* [creative] design **-lig** *a1* **1** in due form **2** (*verklig*) actual, real; (*riktig*) regular **-ligen** (*bokstavligen*) literally; (*rentav*) positively; (*helt enkelt*) simply **-lära** *gram.* accidence **-lös** formless, shapeless; (*obestämd*) vague **-ning** shaping, forming **-pressa** press, mould **-pressning** compression, moulding **-rik** abundant in forms; (*om språk*) highly inflexional **-sak** matter of form, formality **-skön** beautiful in form, beautifully shaped **-sättning** *byggn.* casing, mould **-ulera** formulate, word; ~ *frågor* frame questions **-ulẹring** formulation; (*ordalydelse*) wording **-ulạ̈r** *s7* form; *Am. äv.* blank

forn [-ɷ:-] *a1* former, earlier; (*-tida*) ancient **-engelsk** Old English **-forskare** archaeologist, antiquarian **-forskning** archaeology, archaeological research **-fynd** archaeological find **-grekisk** Ancient Grecian **-historia** ancient history **-historisk** of ancient history **-högtysk** Old High German **-isländsk** Old Icelandic **-kunskap** archaeology **-lämning** ~*ar* ancient monuments **-minne** ancient monument, relic of antiquity **-minnesvård** preservation of ancient monuments **-nordisk** Old Norse **-sak** archaeological relic **-svensk** Old Swedish **-tid** prehistoric age (period); ~*en* antiquity; *i den grå* ~*en* in the dim and distant past **-tida** *oböjl. a* ancient

fors [-å-] *s2* **1** *allm.* rapid[s *pl*]; cataract **2** (*friare o. bildl.*) stream, cascade, torrent **-a** rush, race; (*friare*) gush; *blodet* ~*de ur såret* the blood gushed from the wound **-farare** rapids-shooter

forsk|a [-å-] search (*efter* for); *absol.* [carry out] research; ~ *i* inquire into, investigate **-ande** *a4* inquiring; (*prövande*) searching **-arbegåvning** gift for research; *pers.* gifted researcher **-arbragd** triumph of research, scientific feat **-are** [research] scientist, researcher; investigator (*i* of) **-arflykt** brain-drain **-argärning** scientific achievement

forsk|armöda painstaking research **-ning** research (*i* upon); (*naturvetenskap*) science; *allm.* investigation (*i* into, on)
forsknings|anslag research grant **-anstalt** research institute (institution) **-arbete** research work **-fält** field of research **-institut** *se -anstalt* **-resa** exploration expedition **-resande** explorer **-resultat** research findings
forsl|a [-å-] transport, convey, carry; ~ *bort* carry away, remove **-ing** carriage, transportation, conveyance
forst|mästare [-å-] [certified] forester, forest officer **-väsen** forestry organization
forsythia [-å-] *s1* forsythia
1 fort [-å-] *s7* (*fästning*) fort
2 fort [-ɷ-] **I** *adv* (*i snabbt tempo*) fast; (*på kort tid, snabbt*) quickly, speedily; (*raskt*) rapidly; (*i* [*all*] *hast*) hastily; *det gick* ~ *för honom* it didn't take him long, he was quick about it, it was over quickly for him; *det går inte så* ~ *för mig att* I must take my time about (+ *ing-form*), I am rather slow at (+ *ing-form*); *han tröttnade* ~ he soon got tired, he tired easily; *gå lika* ~ *som ngn* keep pace with s.b.; *klockan går för* ~ the (my *etc.*) watch (clock) is fast **II** *interj* quick!, sharp! **-a** *rfl* (*om klocka*) gain
fort|bestå continue [to exist] **-bestånd** continued existence **-bilda** train (educate *etc.*) further; ~ *sig* continue one's training (education) **-bildning** further training (education) **-bildningskurs** extension (continuation) course
fortepiano [-å-] pianoforte
fortfara continue, go on (*att sjunga* singing); (*hålla i*) keep on (*med* with); (*fortvara*) last **-nde** still
fortfärdig expeditious; nimble, quick
fortgå go on, proceed; (*-sätta*) continue **-ende I** *s6* continuance **II** *a4* continued
fortifikation [-å-] fortification
fortifikations|förvaltning fortifications administration **-officer** military engineer
fortkörning speeding [offence]
fort|leva live on; survive **-löpande** *a4* continuing, continuous; ~ *kommentar* running commentary **-planta** *v1* **1** (*om människor, djur, växter*) propagate, reproduce **2** (*friare o. bildl.*) transmit **3** *rfl* (*allm., äv. om ljud, ljus*) propagate [o.s., itself]; *eg. äv.* breed; (*om rykte*) spread; (*om sjukdom*) be transmitted, spread **-plantning** propagation, breeding; transmission
fortplantnings|drift reproductive (propagative) instinct **-duglig** reproductive, procreative **-förmåga 1** procreative faculty **2** *fys.* power of transmission **-organ** reproductive organ
fort|satt *a4* continued; (*-löpande*) continuous; (*återupptagen*) resumed; (*ytterligare*) further **-skaffa** transport, convey **-skaffningsmedel** means (*sg o. pl*) of conveyance (transport[ation]) **-skrida** proceed; (*framskrida äv.*) advance
fortsätt|a 1 (*fortfara med*) continue; go on (proceed) with; (*efter uppehåll*) take up, resume; (~ *o. fullfölja*) carry on **2** (*fortgå*) go on (continue) (*att spela* playing); (*efter uppehåll*) proceed; *fortsätt bara!* go ahead (on)! **-ning** continuation; proceeding; ~ *följer* (*forts.*) to be continued **-ningsvis** (*vidare*) further
fortuna|spel [får^×tu:-] bagatelle
fortvara continue [to exist]
forum *s8* forum; quarter; *rätt* ~ *för* [the] proper authority for, the right place for
forwardskedja [^×få:rvards-] forward-line
fosfat [-å-] *s7, s4* phosphate
fosfor [^×fåssfår] *s2* phosphorus **-escens** [-'sänns, -ʃ-] *s3* phosphorescence **-escera** [-e'se:-, -ʃ-] phosphoresce **-escerande** [-e'se:-, -ʃ-] *a4* phosphorescent **-förgiftning** phosphorus poisoning **-syra** phosphoric acid **-tändsticka** phosphorus match
fosgen [fɷs'je:n] *s3* phosgene
fossil [-å-] *s7 o. a1* fossil **-fynd** fossil find
fostbrödralag *s7* sworn brotherhood
foster ['fɷss-] *s7* foetus; *bildl.* offspring, product, creation
fosterbarn foster-child
fosterfördriv|ande *a4* abortive, abortifacient **-are** abortionist **-ning** [criminal] abortion
foster|föräldrar foster-parents **-hem** foster-home **-jord** native soil **-land** [native] country **-landsförrädare** traitor [to one's country] **-landsförräderi** high treason **-landskärlek** patriotism, love of one's country **-landsvän** patriot **-ländsk** *a5* patriotic
foster|utveckling development (growth) of the foetus **-vatten** amniotic fluid
fostra bring up, rear; *bildl.* foster, breed **-n** *r* bringing up *etc.*; (*upp-*) education; *fysisk* ~ physical training **-re** fosterer; (*friare*) trainer of the young
fot 1 *-en fötter* foot (*pl* feet); (*på glas*) stem; (*lamp-*) stand; *bildl.* footing, terms (*pl*), standing; *få fast* ~ get a footing; *han har inte satt sin* ~ *där* he has not set foot there, *neds.* he has not darkened the roof of that home (house *etc.*); *kasta sig för ngns fötter* fall down at a p.'s feet; *försätta på fri* ~ set free; *stå på god* ~ *med ngn* be on a friendly footing with s.b.; *på resande* ~ on the move; *leva på stor* ~ live in grand style, live it up; *på stående* ~ instantly; *komma på fötter igen* get on to one's feet again, (*bli frisk*) be up and about again; *stryka på ~en* give in (*för* to); *inte veta på vilken* ~ *man skall stå* not know which leg to stand on; *gå till ~s* go on foot, walk; *trampa under fötterna* trample underfoot **2** *s9* (*längdmått*) foot **-a** base; ~ *sig på* be based on **-abjälle** *s6, från hjässan till ~t* from top to toe (head to foot) **-arbete** *sport.* footwork **-bad** foot-bath **-behandling** pedicure **-beklädnad** (*skor*) footwear (*koll.*) **-boja** fetter, shackle **-boll** football; *vard.* soccer
fotbolls|domare referee **-lag** football team **-match** football match **-plan** football ground **-spelare** football player, footballer
fot|broms (*i bil*) brake, foot-brake; brake pedal **-folk** infantry **-fäste** foothold; (*insteg*) footing; *få* (*vinna*) ~ get (gain) a foothold (footing); *förlora ~t* lose one's foothold **-gängare** [-j-] pedestrian **-knöl** ankle **-led** ankle-joint **-not** footnote
foto *s6* photo (*pl* photos); *se -grafi*

foto|cell photoelectric cell **-elektricitet** photoelectricity
fotogen [-'ʃe:n] *s3* paraffin[-oil]; *Am.* kerosene **-kök** oil (paraffin, *Am.* kerosene) stove **-lampa** paraffin (*Am.* kerosene) lamp
fotograf *s3* photographer **-era** photograph; *absol. äv.* take photographs; ~ *sig* have one's photo[graph] taken **-ering** photography; (*-erande*) photographing **-i** *s4, s3* photograph; (*som konst*) photography **-ialbum** photograph album **-isk** *a5* photographic
foto|grammetri *s3* photogrammetry **-gravyr** photogravure, photo-engraving **-kemi** photochemistry
foto|kopia print; *se äv. -stat[kopia]* **-kopiering** photocopying
fotometri *s3* photometry
fotomontage photomontage
foton [-å:n] *s3* photon, corpuscle of radiation
foto|stat *s3* **-statkopia** photostat [copy], photocopy **-syntes** photosynthesis **-typi** *s3* line block (etching, plate); *konkr.* phototype; *abstr.* phototypy
fot|pall footstool **-sack** *s2* foot muff
fotsdjup ... one foot deep
fot|sid *a1* ... reaching [down] to the (one's) feet **-soldat** foot-soldier, infantryman **-spår** footprint, footmark; (*i sht bildl.*) footsteps (*pl*) **-steg** [foot]step; (*på bil o.d.*) running-board **-sula** sole [of a (the, one's) foot] **-svett** *ha* ~ have sweaty feet (*pl*) **-valv** arch of the (a) foot **-vandra** ramble, walk; *vard.* hike **-vandring** walking-tour; *vard.* hike **-vård** pedicure **-ända** foot of the bed
fox|terrier [ˣfåkks-] fox-terrier **-trot** ['fåkkstråt] *s3* fox trot
frack *s2* (*kostym*) dress suit; (*-rock*) tails (*pl*) **-skjorta** dress shirt **-skört** dress-coat tail
fradga I *s1* froth, foam; *~n står om munnen på honom* he is frothing (foaming) at the mouth; *tugga* ~ foam with rage **II** *v1*, ~ [*sig*] foam, froth
fragil [-ʃi:l, -gi:l] *a1* fragile
fragment *s7* fragment **-arisk** *a5* fragmentary
frakt *s3* freight; (*till lands*) goods (*pl*); (*skeppslast*) cargo, shipload; *~betald* freight (carriage) paid; *~[en] betalas vid framkomsten* freight (carriage) forward **-a** transport, convey; (*till lands äv.*) carry; (*till sjöss äv.*) freight **-avgift** freight charge **-brev** *se -sedel* **-fart** carrying trade **-fartyg** freighter, cargo ship **-flyg** cargo plane; air cargo service **-fritt** freight prepaid; *järnv.* carriage paid; ~ *London* freight (carriage) paid to London **-gods** goods (*pl*); *Am.* [regular] freight; (*mots. ilgods*) goods forwarded by goods train
fraktion [-k'ʃo:n] **1** faction, group [of a party] **2** *kem.* fraction
frakt|kostnad freight [charge, cost] **-sats** freight rate **-sedel** (*till lands*) consignment note, way-bill; (*till sjöss*) bill of lading; *flyg.* air waybill (consignment note)
fraktur 1 *läk.* fracture **2** *boktr.* German type; black-letter **-stil** *se fraktur 2*
fram [-amm] **1** *rumsbet. a*) (*-åt, vidare*) on, along, forward, *b*) (*genom*) through, *c*) (*i dagen*) out, *d*) (~ *t. ngn, ngt*) up [to], *e*) (*t. målet*) there, *f*) (*framme*) further on, *g*) (*mots. bak*) in front; *gå vägen* ~ walk on along the road; *hinna* ~ *i tid* get there in time; *om sanningen skall* ~ to tell the truth, to be quite honest; ~ *med det!* out with it!; *stig ~!* come out (here)!; *gå ~ och tillbaka* go there and back, (*av o. an*) go to and fro; *gå rakt* ~ go (walk) straight on; *längre* ~ further on; *få sin vilja* ~ get one's own way; *ända* ~ all the way there; *ända ~ till* right up to **2** *tidsbet.* on; *litet längre* ~ a little later on; ~ *på dagen* later in the day; *till långt ~ på natten* until far into the night; *ända ~ till våra dagar* right up to the present day (to our own time); ~ *till 1980* up to 1980
fram|axel front axle **-ben** foreleg, front leg **-besvärja** conjure up **-bringa** bring forth; (*skapa*) create; (*ljud, säd etc.*) produce **-bära** take (*etc.*) [up] (*till* to); (*gåva o.d.*) present, offer; (*vad ngn sagt*) report, pass on; (*hälsning*) deliver, convey; (*lyckönskan, tacksägelse*) tender **-del** forepart, front **-deles** later on; (*i framtiden*) in the future **-driva** propel; *bildl.* urge on, drive **-drivning** [-i:v-] propulsion **-emot** [on] towards **-faren** *a5* past; *i -farna dagar* in days gone by **-fart** (*friare*) rampaging[s *pl*], sweep; (*ödeläggelse*) ravaging[s *pl*]; (*körning*) reckless driving **-flytta** move forward; (*uppskjuta*) postpone, put off **-flyttning** postponement **-fot** forefoot; *visa -fötterna* show one's paces **-fusig** *a1* pushing, bumptious, forward **-fusighet** pushingness *etc.* **-föda** bring forth; give birth to
framför I *prep* **1** (*rumsbet., äv. bildl.*) before, in front of; (*framom*) ahead of; *mitt ~ näsan på ngn* straight in front of s.b., right under a p.'s nose **2** (*om företräde*) *a*) (*i vikt, värde*) above, ahead of, *b*) (*hellre än*) preferably (in preference) to, rather than; ~ *allt* above all (everything); ~ *alla andra* of all others, above all the rest; ~ *allt gäller detta om* this applies particularly to; *föredra te ~ kaffe* prefer tea to coffee **II** *adv* in front; ahead
fram|föra 1 *se föra fram* **2** (*uppföra, uppvisa*) present, produce **3** (*överbringa*) convey, deliver, give; (*anföra*) state, put forward **-förande** *s6* **1** (*av motorfordon*) conveyance **2** (*anförande*) delivery; (*av teaterpjäs o.d.*) performance **-gaffel** (*på cykel*) front fork **-gent** [-je:-] henceforth, for (in) the future; *allt* ~ ever after **-gå** *bildl.* be clear (evident); *härav ~r att* from this we conclude that, (*friare*) it appears from this that; *det -gick tydligt att* it was made very clear that; *av vad han säger ~r* it appears from what he says; *av Ert brev ~r att* we see (understand) from your letter that **-gång** *s2* success; *med* ~ (*äv.*) successfully; *utan* ~ (*äv.*) unsuccessfully **-gångsrik** successful **-hjul** front wheel **-hjulsdrift** front wheel drive **-hjulsinställning** alignment of front wheels **-hålla** (*framhäva*) give prominence (call attention) to; (*betona*) [lay] stress [on], emphasize; (*påpeka*) declare, say **-härda** persist, persevere **-häva** *bildl.* hold up, bring out; ~ *nödvändigheten av* emphasize the necessity of

framhävande *s6* holding up *etc.*; *med ~ av* [in] bringing out **-ifrån** from the front; *ett hus sett ~* the front view of a house **-ilande** *s6* rushing forwards **-kalla 1** (*i minnet, för tanken*) recall **2** (*uppkalla t. försvar o.d.*) call up **3** *foto.* develop **4** *bildl.* (*frambringa*) call forth, provoke, evoke; (*förorsaka*) cause; (*åstadkomma*) bring about, give rise to; (*uppväcka*) arouse, raise **-kallning** *foto.* developing, development **-kallningsvätska** *foto.* developer **-kant** front edge **-kasta** *bildl.* throw out; (*idé*) put forward, suggest; (*tanke*) bring up; (*omnämna*) mention; *~ beskyllningar* bring forward (*starkare:* hurl) accusations; *ett löst ~t påstående* a haphazard statement **-komlig** [-å-] *a1* (*om väg*) passable, trafficable; (*om vatten*) navigable; *allm.* practicable; *bildl.* feasible **-komma 1** *se komma fram* **2** (*friare o. bildl.*) come out, appear; *~ med* bring forward, produce; *det har -kommit önskemål om att* wishes have been expressed that **-komst** [-å-] *s3* **1** (*fortkomst*) advance, progress **2** (*ankomst*) arrival; *att betalas vid ~en* charges forward, cash on delivery **-körning** driving up **-laddare** muzzle-loader **-leva** live; *~ sina dagar* pass one's days **-liden** *a5* (*avliden*) past; *den -lidne ...* the late ... **-locka** bring (draw) forth; (*upplysningar, nyheter*) elicit **-lykta** head light **-lägga** *bildl.* (*-komma med*) put (bring) forward; (*anföra*) adduce; (*förete*) present; (*förslag*) table; *~ bevis* produce evidence; *~ för* produce before, submit to **-länges** forwards; *åka ~* sit facing the engine **-mana** *bildl.* call forth, evoke; (*-besvärja*) conjure up **-marsch** advance; *bildl.* advancement, progress; *stadd på ~* advancing, making headway **-matning** feed

framme 1 in front **2** (*vid målet*) at one's destination, there; *när vi var ~* when we got there; *nu är vi ~* here we are **3** (*-lagd o.d.*) out; on view; (*ej undanlagd*) about; *låta ngt ligga ~* leave s.th. about; (*till hands*) ready, at hand; *har pojkarna varit ~?* is it the boys who have done it (been at work)?; *när olyckan är ~* when things go wrong **4** *hålla sig ~* push o.s. forward, keep o.s. to the fore

fram|mumla mutter (mumble) **-om I** *adv* ahead, in advance **II** *prep* before, ahead of, in advance of **-pressa** *bildl.* extract (*ur* out of); (*tårar*) squeeze out; (*ljud*) utter, ejaculate **-provocera** provoke **-på I** *prep* **1** (*om rum*) in front of, in (on) the front part of **2** (*om tid*) a little later in; *till långt ~ natten* far into the night **II** *adv* in [the] front **-rusande** *a4* (*om vatten*) gushing; (*-åtrusande*) onrushing **-ryckning** advance **-sida** front; (*på check, sedel o.d.*) face; (*på mynt*) obverse **-skjutande** *a4* projecting, protruding; prominent **-skjuten** *a5* advanced; *bildl.* prominent **-skrida** (*om tid, arbete o.d.*) progress, advance **-skriden** *a5* advanced; *tiden är långt ~* it is getting late **-skymta** *se skymta fram*; *låta ~* give an intimation **-släpa** *~ sitt liv* drag on one's existence **-smygande** *a4*, *komma ~* creep along **-springande** *a4*, *se -skjutande*; *komma ~* come running up **-stamma** stammer out (forth) **-steg** progress, advance[ment]; *göra ~* make progress (headway)

framstegs|fientlig reactionary, anti-progressive **-man** progressive **-parti** progressive party **-vänlig** progressive

fram|stormande *a4*, *se -rusande* **-stupa** flat, headlong, prostrate **-stå** stand (come) out (*som* as); appear **-stående** *a4* prominent; (*högt ansedd*) eminent; (*förträfflig*) distinguished

framställ|a I 1 (*återge, visa*) represent; show; (*konstnärligt*) depict, represent, draw; (*på scen*) [im]personate **2** (*skildra*) describe; (*beteckna*) represent **3** (*framföra, komma fram med*) bring (put) forward; *~ krav* make demands; *~ klagomål* lodge complaints; *~ en fråga* put a question; (*uttala, ge uttryck åt*) express, state; *~ önskemål* express a wish, state requirements **4** (*tillverka*) produce, make; (*fabriksmässigt*) manufacture; (*utvinna*) extract; *börja ~* put in hand **II** *rfl* represent o.s.; (*uppstå, yppa sig*) arise **-an** *r*, *se -ning*; *på ~ av* at the instance of **-ning 1** (*i bild*) representation, picture, depiction **2** (*skildring*) description, rendering; (*redogörelse*) account; (*muntlig*) narration **3** (*-ssätt*) *a*) (*författares*) style *b*) (*talares*) delivery, *c*) (*talares, konstnärs*) presentation, presentment, *d*) *teat.* rendering, interpretation **4** (*förslag*) proposal, proposition; (*hemställan*) petition, request **5** (*tillverkning*) production; (*fabriksmässig*) manufacture; (*utvinning*) extraction **-ningsförmåga** descriptive power, power of [re]presentation **-ningskostnad** cost of production **-ningsmetod -ningssätt** method of production, manufacturing process

fram|stöna [utter] groan[ingly] **-stöt** *mil.o. bildl.* drive, thrust; attack, assault **-synt** [-y:-] *a1* **1** (*förutseende*) far-seeing(-sighted) **2** (*klärvoajant*) ... gifted with second sight **-synthet** [-y:-] **1** foresight **2** [the gift of] second sight **-säga 1** (*uttala, yttra*) articulate, pronounce **2** (*deklamera*) recite **-säte** front seat **-tand** front tooth **-tass** fore paw **-tid** future; *det får ~en utvisa* time will show; *för all ~* for all time (ever more); *för ~en måste jag ...* in (for the) future I shall have to ...; *ha ~en för sig* have the future before you; *i en avlägsen ~* in the distant future; *saken får ställas på ~en* it must wait until later, the matter must be postponed; *tänka på sin ~* think of one's [future] career **-tida** *oböjl. a* future

framtids|dröm dream of the future **-man** coming man **-mål** prospective aim, future goal **-plats** position (job) offering good (excellent) prospects **-utsikter** [future] prospects

fram|till in front **-träda 1** *eg.*, *se träda fram* **2** (*uppträda*) appear (*inför offentligheten* before the public; *på scenen* upon the stage) **3** *bildl.* make one's appearance, appear; (*ur det fördolda*) come into sight (view); (*om anlag, egenskap o.d.*) assert (display) itself; (*avteckna sig*) stand out; *låta ... ~* bring ... out (into relief) **-trädande I** *s6* appearance **II** *a4* prominent, outstanding, salient **-tränga** penetrate, force one's (its *etc.*) way **-tung** heavy forward (in front); *flyg.* nose heavy **-tvinga** extort; [en]force; (*kräva*) necessitate **-vagnsupphängning** front suspension **-visa** show [up]

framåt ['framm-] **I** *adv* **1** *rumsbet.* ahead; (*vidare* ~) on[ward], onwards; forward[s]; *se rakt* ~ look straight ahead; *fortsätt* ~*!* keep straight on!; *gå* ~ *a*) (*promenera*) walk along (*emot* towards; *till* to), *b*) (*utvecklas*) go ahead, [make] progress **2** *tidsbet.* ahead, to come, into the future; *gå raskt* ~ make great strides; *komma* ~ *i världen* get on in the world **II** *prep* **1** (*i rummet*) [on] toward[s]; ([*fram*] *längs*) [on] along **2** (*i tiden*) [on] toward[s] **III** *interj* on[ward]!, forward!; *sjö.* ahead! **-anda** go-ahead spirit **-böjd** *a1* **-lutad** *a5* bent forward[s]; *gå* ~ walk with a stoop **-skridande I** *s6* progress, advance **II** *a4* progressive **-strävande** *a4*, *bildl.* pushing, go-ahead

fram|ända front end **-över I** *prep* out (away) across **II** *adv* forwards; onwards, ahead

franc [fraŋ] *s9* franc

franciskạn[er] *s3* Franciscan [monk] **-orden** Franciscan Order

1 frank *a1* frank, open, straightforward

2 frank *s3* Frank, Franconian **Franken** ['frann-] *n* Franconia

franker|a (*frimärka*) stamp **-ing** stamping **-ingsmaskin** franking machine

frankisk ['frann-] *a5* Frankish, Franconian

franko ['frann-] post-free, prepaid; *hand.* franco; free of charge (carriage) **-tecken** postage stamp

Frankrike ['frann-] *n* France

frans *s2* fringe **-ad** *a5* fringed **-ig** *a1* (*trasig*) frayed

fransk *a1* French; ~ *lilja* (*her.*) fleur-de-lis, lily of France **-a 1** (*språk*) French **2** (*bröd*) French roll **-bröd** *se -a 2* **--engelsk** Franco-British; French-English **-klassicism** French classicism **--svensk** Franco-Swedish **-talande** *a4* French-speaking **-vänlig** pro-French, Francophil[e]

frans|man Frenchman; *-männen a*) (*nationen*) the French, *b*) (*några -män*) [the] Frenchmen **-ọs** *s3*, *se -man* **-ysk** *a5* French; ~ *visit* flying visit (call) **-yska 1** (*kvinna*) Frenchwoman **2** *kokk.* rump-steak piece **-ạ̈s** [fraŋ-, fran-] *s3* contredanse

frapp|ạnt [-aŋt, -ant] *a1* striking **-era** strike; surprise **-ẹrande** *a4* striking, surprising

1 fras *s3* (*uttryck*) phrase (*äv. mus.*); *stående* ~ current phrase; *tomma* ~*er* empty phrases, mere twaddle, hollow words

2 fras *s7* (*-ande*) rustle, rustling **-a** rustle

fras|eologị [-ɷ-å-] *s3* phraseology **-era** phrase **-ẹring** phrasing **-fri** without circumlocution; straightforward; natural

frasig *a1* crisp

fras|makare phrase-monger, windbag **-radikal** high-sounding radical

fraterniser|a fraternize **-ing** fraternization

fred *s3* peace; *hålla* (*sluta*) ~ keep the (conclude) peace; *jag får inte vara i* ~ *för honom* he never leaves me in peace; *leva i* ~ *med* live at peace with; *lämna ngn i* ~ leave s.b. alone **-a** protect (*mot*, *för* from, against); ~ *sitt samvete* appease one's conscience; *med* ~*t samvete* with a clear conscience; ~ *sig för misstanken att* banish the suspicion from one's mind that

fredag ['fre:-] Friday; ~*en den 13 april* on Friday, April 13th, (*i början av brev o.d.*) Friday, April 13th; *om* ~*arna* on Fridays

fred|lig [-e:-] *a1* peaceful; (*fridsam*) gentle, inoffensive; *på* ~ *väg* in a peaceful way, by peaceful means **-lighet** peacefulness **-lös** outlawed; *en* ~ an outlaw

freds|anbud peace offer **-appell** call (appeal) for peace **-domare** justice of the peace **-duva** dove of peace **-fot** *ställa krigsmakten på* ~ restore armed forces to peacetime strength **-fördrag** peace treaty **-förhandlingar** peace negotiations **-konferens** peace conference **-kår** peace corps **-mäklare** peace-maker, mediator **-pipa** peace pipe, calumet **-pris** peace prize **-slut** conclusion of peace **-strävan[de]** efforts to achieve peace **-tid** peacetime, time[s] of peace **-traktat** peace treaty **-trevare** peace feeler **-underhandlingar** peace negotiations **-vilja** willingness to make peace **-villkor** *pl* peace terms **-älskande** *a4* peace-loving

fregạtt *s3* frigate

frejd *s3* character, reputation **-ad** *a5* renowned, celebrated

frejdig *a1* spirited; (*oförskräckt*) bold, intrepid, *vard.* plucky

frekvẹns *s3* frequency; (*av besökande etc.*) patronage **-modulering** frequency modulation **-undersökning** activity (work) sampling

frekvẹnt *a1* frequent, common **-era** patronize, frequent

frene|sị *s3* frenzy **-tisk** [-'ne:-] *a5* frantic, frenzied; phrenetic

frenolog phrenologist **-ị** *s3* phrenology

fresk *s3* fresco **-omålning** painting in fresco; *konkr. äv.* fresco

frest|a 1 (*söka förleda*) tempt **2** (*pröva*, *försöka*) try; ~ *lyckan* try one's luck **3** (*utsätta för ansträngning*) try, strain; *tekn.* strain **-ande** *a4* tempting **-are** tempter **-else** temptation; *falla för* ~*n* give way (yield) to temptation **-erska** temptress

fri *a1* **1** free; (*oavhängig*) independent; (*öppen*, *oskymd*) open; (*i -het*) at large; *de* ~*a konsterna* the liberal arts; ~*a fantasier* mere invention (*sg*), wild imaginings; *det står dig* ~*tt att* you are free (at liberty) to; *förklara ordet* ~*tt* declare the meeting open [for discussion]; *försätta på* ~ *fot* set free; *på* ~ *hand* by hand, (*oförberett*) off-hand; ~*tt val* option, free choice; *ha* ~ *tillgång till* have free access to; *svära sig* ~ *från* swear o.s. out of (free from); *gå* ~ *för misstankar* be cleared of suspicion; ~ *höjd* overhead clearance; ~ *idrott* athletics (*pl*); ~ *kost* free board; *lämna ngn* ~*tt spelrum* allow s.b. (let s.b. have) ample scope; *av* ~ *vilja* of one's own accord (will), voluntarily; *göra sig* ~ *från* rid o.s. of; *gå* ~ *a*) (*vara på* ~ *fot*) be at large, *b*) (*bli -känd*) be acquitted, *c*) (*undkomma*) escape, *d*) (*från obehag*) get off, dodge [trouble *etc.*]; *i* ~*a luften* (*det* ~*a*) in the open air **2** (*upptagen*) vacant, unoccupied

1 fria 1 propose (*till* to) **2** ~ *till ngns gunst* court a p.'s favour

2 fria (*frikänna*) acquit; *hellre ~ än fälla* give s.b. the benefit of the doubt; *~ sig från misstankar* clear o.s. of suspicion; *~nde dom* verdict of not-guilty, acquittal

friar|brev written proposal of marriage **-e** suitor (*till* for the hand of); *ibl.* admirer **-stråt** *vara på ~* be courting

fri|biljett *järnv.* pass; *teat. o.d.* free ticket, complimentary ticket **-bord** freeboard **-boren** free-born **-brev** *försäkr.* paid-up policy **-brottning** free style wrestling, catch-as-catch-can **-bytare** freebooter **-bärande** *a4* overhung

frid *s3* peace; (*lugn*) tranquillity, serenity; *allting är ~ och fröjd* everything is fine (all serene); *vad i ~ens namn nu då?* whatever's happening now?, what's up now?

fridag free day, day off; (*tjänstefolks*) day out

frid|full peaceful **-lysa** place under the protection of the law, protect by law **-lysning** protection by law **-sam** *a1* peaceable

fridsfurste *~n* the Prince of Peace

fridstörare disturber of the peace; (*friare*) intruder

frielev non-paying pupil

frieri proposal [of marriage]

fri|exemplar free (complimentary, presentation) copy **-fräsare** *ung.* ardent leftist, zealous radical **-ge** *se -giva*

frigid *a1, n undviks* frigid **-itet** frigidity

fri|giva liberate, [set...] free; release; (*upphäva ransonering*) deration; (*från beslag*) derequisition; (*slav*) emancipate; *-givna varor* free-listed goods **-givning** [-ji:-] liberation, setting free, release; derationing; derequisition; emancipation **-gjord** *a1* emancipated **-gjordhet** [-jo:-] (*i sätt*) free and easy manners (*pl*); emancipation **-gång** *tekn., gå på ~* freewheel **-göra** liberate, set free (*äv. kem.*); free, release; (*göra disponibel*) make available; (*från slaveri*) emancipate; *~ sig* free (*etc.*) o.s., *kem.* [be] disengage[d] **-görelse** [-j-] liberation *etc.*; *kvinnans ~* the emancipation of woman **-hamn** free port **-handel** free trade **-handelsområde** free trade area **-handsteckning** freehand drawing **-herre** baron; (*i Engl. som titel äv.*) lord **-herrinna** [-ä-] baroness; (*i Engl. som titel äv.*) lady **-herrlig** [-ä-] *a1* baronial

frihet 1 freedom; (*mots. tvång, fångenskap*) liberty; (*från skyldighet*) exemption; (*oavhängighet*) independence; (*fritt spelrum*) scope, latitude; *~, jämlikhet, broderskap* liberty, equality, fraternity; *skänka ngn ~en* give s.b. his freedom; *poetisk ~* poetic licence; *återfå ~en* regain one's freedom (liberty) **2** (*privilegium*) privilege; (*självsvåld*) liberty; *ta sig ~er mot ngn* take liberties with s.b.; *ta sig ~en att* take the liberty of (+ *ing-form*)

frihets|hjälte champion of liberty **-kamp** struggle for liberty **-krig** war of independence **-kämpe** fighter for freedom, patriot **-kärlek** love of liberty **-rörelse** liberty movement; (*motståndsrörelse*) resistance movement **-straff** imprisonment, detention, confinement **-strävan** effort to attain independence **-tiden** *hist.* the period of liberty **-älskande** *a4* freedom-(liberty-)loving

fri|hjul free wheel **-hult** *s7, s2* fender **-idrott** athletics (*pl*)

frikadell *s3, kokk.* forcemeat ball, quenelle

frikall|a (*från plikt, ansvar*) exempt (*äv. mil.*); (*från löfte*) release **-else** exemption; release

frikassé *s3* fricassee (*på* of)

frikativa *s1* fricative

fri|koppling de-clutching, disengagement of the clutch; *konkr.* slipping clutch **-kostig** [-å-] *a1* liberal, generous; (*om gåva äv.*) handsome **-kostighet** [-å-] liberality, generosity

friktion [-k'ʃo:n] friction

friktions|koefficient friction coefficient **-motstånd** frictional resistance

frikyrk|a free church; *i Engl. äv.* nonconformist church, free church **-oförsamling** nonconformist church **-opredikant** nonconformist (free-church) preacher **-opräst** nonconformist minister

fri|känna acquit (*från* of); find (pronounce) not guilty **-kännande I** *s6* acquittal; *yrka ~* plead not guilty **II** *a4, ~ dom* verdict of not guilty **-lans** *s2* free-lance **-lista** *s1* free list

frilla *s1* concubine

frilufts|gudstjänst open-air service **-liv** outdoor life **-människa** sportsman, lover of open-air life **-teater** open-air theatre

fri|lägga lay ... bare, uncover **-modig** frank, candid; (*modig*) fearless **-modighet** frankness *etc.*

frimur|are freemason **-arloge** *s3* masonic lodge **-arorden** masonic order **-eri** freemasonry

frimärk|a stamp **-e** [postage-]stamp

frimärks|album stamp album **-automat** stamp[-vending] machine **-häfte** book of stamps **-samlare** stamp-collector **-samling** stamp-collection

fri|passagerare *sjö.* stowaway; (*med -biljett*) dead-head **-plats** (*i skola*) free place; *teat. o.d.* free seat **-religiös** dissenting

1 fris *s3, byggn.* frieze

2 fris *s3* (*folkslag*) Frisian, Frieslander

friser|a *~ ngns hår* dress a p.'s hair **-ing** hairdressing **-salong** hairdresser's, hairdressing saloon

fri|sim free style swimming **-sinnad** *a5* liberal, broad-minded; *polit.* Liberal

frisisk ['fri:-] *a5* Frisian **-a 1** (*språk*) Frisian **2** (*kvinna*) Frisian woman

frisk *a1* **1** (*ny, bibehållen*) fresh **2** (*sund, felfri*) sound; (*ej sjuklig*) healthy; (*ss. pred.-fylln.: ej sjuk*) well **3** (*kall*) cold; (*uppfriskande*) refreshing; (*bitande*) keen **4** *~ och kry* hale and hearty; *~ som en nötkärna* [as] sound as a bell; *~ och stark* strong and well; *~a krafter* renewed strength; *hämta ~ luft* get some [fresh] air; *bevara ngt i ~t minne* have a vivid recollection of s.th.; *med ~t mod* with a will; *vara vid ~t mod* be of good cheer; *~t mod!* cheer up!; *~ smak* a refreshing taste; *~t vatten* cold water; *se ~ ut* look well **-a** *vinden ~r* [*i*] the wind is freshening; *~ upp minnet av* refresh one's memory of

friskara *mil.* free company

frisk|förklara *se -skriva* **-het** freshness *etc.* **-intyg** certificate of health **-luftsventil** fresh air ventilator **-na** ~ *till* recover **-skriva** give ... a clean bill of health **-sportare** [-å-] keep-fit enthusiast **-t** *adv* freshly *etc.*; *vard.* (*duktigt*) ever so [much], like anything; *det blåser* ~ there is a fresh (strong) breeze blowing **-us** ['friss-] *s2*, *han är en riktig* ~ he is always full of beans

fri|spark *sport.* free kick **-språkig** *a1* outspoken **-språkighet** outspokenness

frist *s3* respite, grace; time-limit

fri|stad *r* [place of] refuge, sanctuary, asylum; resort (*för* of) **-stat** free state **-stående** *a4* detached, standing alone; ~ *gymnastik* free-standing exercises (*pl*), Swedish drill **-ställa** release; (*arbetskraft*) lay off; *-ställd arbetskraft* released manpower, redundant labour

fris|yr *s3* hair style, coiffure; *vard.* hair-do **-ör** hairdresser, barber

fri|taga exempt, release; ~ *sig från ansvar* disclaim any responsibility **-tid** spare (leisure) time; *på ~en* in leisure hours **-tidskläder** casual clothes, sportswear **-tidssysselsättning** spare-time occupation, hobby **-tt** *adv* freely; (*öppet*) openly; *tala* ~ speak openly (frankly); (*gratis*) free; ~ *banvagn* (*kaj, ombord*) free on rail (alongside, on board); ~ *fabrik* ex works; ~ *förfoga över* have entirely at one's disposal; *historien är* ~ *uppfunnen* the story is a pure invention; *huset ligger* ~ the house stands on open ground (commands a free view)

frityr *s3*, *se flottyr*

fri|tänkare free-thinker **-vakt** *sjö.* off-duty watch; *ha* ~ be off duty **-vikt** *flyg.*, *järnv.* free luggage allowance **-villig** voluntary, optional; *en* ~ (*mil.*) a volunteer **-villighet** voluntariness; (*fri vilja*) free will **-villigkår** volunteer corps

frivo̩l [-å:l] *a1* (*lättsinnig*) flippant; (*oanständig*) indecent **-ite̩t** *s3* **1** flippancy; indecency **2** *~er* (*slags spets*) tatting (*sg*); *slå ~er* do tatting

frivolt somersault

frod|as *dep* thrive, flourish; *bildl.* be rife, grow rampant **-ig** *a1* (*om växt o. bildl.*) luxuriant; (*om pers. o. djur*) fat, plump **-ighet** luxuriance *etc.*

from [-ɷmm] *a1* **1** (*gudfruktig*) pious; (*andäktig*) devout, religious **2** (*saktmodig*) quiet, gentle; (*om hund*) good-tempered; *~ma önskningar* pious hopes, idle wishes; ~ *som ett lamm* [as] gentle as a lamb

fromage [-'ma:ʃ] *s5* mousse

from|het **1** piety **2** quietness *etc.* **-leri** sanctimoniousness, hypocrisy **-ma** *oböjl. s*, *till* ~ *för* for the benefit of **-sint** *a1* meek, gentle

frond|era [från-, frå̩ŋ-] *polit.* oppose authority [of one's party]; rebel **-e̩ring** faction politics; dissention **-ör** rebel

front [-å-] *s3* front; *göra* ~ *mot* face, *bildl.* stand up against **-a̩l** *a1* frontal **-alkrock** head-on collision **-angrepp** frontal attack **-espi̩s** *s3*, *byggn.* front gable **-förändring** change of front (*bildl.* tactics) **-linje** front [line] **-soldat** combat soldier **-tjänst** active service

1 frossa [-å-] *s1*, *läk.* ague; *ha* ~ have the shivers

2 frossa [-å-] *v1* **1** *eg.* gormandize; gorge (*på* on) **2** *bildl.* revel (*i* in) **-re** glutton (*på* of), gormandizer (*på* on); reveller (*i* in)

frossbrytning fit of shivering (ague)

frosseri [-å-] gluttony; gormandizing *etc.*

frost [-å-] *s3* frost **-bildning** frost formation **-biten** *a5* frostbitten **-fjäril** winter moth **-fri** frostless **-härdig** frost-resistant, frostproof **-ig** *a1* frosty **-knöl** chilblain **-natt** frosty night **-skada** frost injury **-skadad** *a5* damaged by frost

frott|é *s3* terry cloth **-éhandduk** Turkish (terry) towel **-era** rub, chafe; ~ *sig med ngn* hobnob with s.b. **-e̩ring** rubbing, chafing

fru *s2* (*gift kvinna*) married woman; (*hustru*) wife; (*titel*) Mrs.; *Vår* ~ Our Lady; ~ *Fortuna* Dame Fortune; *~n i huset* the lady of the house; *vad önskar ~n?* what would you like, Madam?, can I help you, Madam?

fruga̩l *a1* frugal

frukost ['frukkåst] *s2*, (*morgonmål*) breakfast; (*lunch*) lunch; *äta* [*ägg till*] ~ have [eggs for] breakfast **-bord** breakfast-table **-bricka** breakfast-tray **-era** have breakfast **-rast** time off for lunch; *skol.* lunch hour (recess)

frukt *s3* **1** fruit (*äv. koll.*); (*jordbruksprodukter äv.*) yield **2** *bildl.* fruit[s *pl*] (*resultat*) consequence, result; *njuta ~en av sin möda* enjoy the fruits of one's labour

frukta fear; (*starkare*) dread; (*vara rädd för*) be afraid of; *en ~d motståndare* a dreaded adversary; ~ *för* (*hysa ~n för*) fear, dread, (*dra sig för*) be afraid of, shun; *man ~r för hans liv* they fear for his life

fruktaffär fruit-shop, fruiterer's

fruktan *r* fear (*för* of); (*starkare*) dread (*för* of); (*skrämsel*) fright (*för* of); (*oro*) apprehension[s *pl*], anxiety (*för* about); *hysa* ~ *för* be in fear of, (*hysa respekt*) stand in awe of; *injaga* ~ *hos ngn* inspire s.b. with fear; *av* ~ *för* for fear of

fruktansvärd *a1* terrible, fearful; (*förfärlig*) dreadful; (*svagare*) formidable; (*friare*) terrific

frukt|assiett fruit-plate **-bar** *a1* fertile; *bildl. äv.* fruitful; (*om jordmån*) productive, rich **-barhet** fertility; fruitfulness; productivity **-barhetskult** fertility cult **-bärande** *a4* fruit-bearing; (*friare*) fruitful, advantageous **-kniv** fruit-knife **-konserver** tinned (*Am.* canned) fruit **-lös** fruitless; *bildl. äv.* unavailing, futile **-odlare** fruit-grower **-odling** **1** *abstr.* fruit-growing **2** *konkr.* fruit-farm **-saft** fruit juice **-sallad** fruit salad **-sam** *a1* fruitful (*äv. bildl.*); (*om kvinna*) fertile; (*alstringsrik*) prolific, fecund **-samhet** fruitfulness; fertility; fecundity **-socker** fruit sugar, fructose **-träd** fruit-tree **-trädgård** [fruit] orchard **-ämne** *bot.* ovary

fruntimmer *s7* woman

fruntimmerskarl ladies' man, lady-killer

frus|en *a3* **1** frozen; (*om växt, gröda o.d.*) blighted by frost, frostbitten; *kokk.* chilled; *-et kött* cold-storaged meat **2** (*kall*) cold; (*genom- äv.*) chilled; *vara* ~ *av sig* be sensitive to cold, be a chilly mortal **-it** *sup av frysa*

frust|a snort; ~ *till* give a snort **-ning** snort[ing]
frygi|er [-'fry:-] *s9* **-sk** ['fry:-] *a5* Phrygian
fryntlig *a1* genial; jovial
frys|a *frös frusit* (*i bet.* ~ *matvaror o.* ~ *till is äv. v3*) *allm.* freeze; ~ *till is* freeze [to ice]; (*känna kyla*) be (feel) cold; (*skadas av frost*) get frostbitten; *det har frusit i natt* there was a frost last night; *jag -er om fötterna* my feet are cold (freezing); ~ *öronen av sig* get one's ears frostbitten; ~ *fast i* get frozen fast in; ~ *ihjäl* get frozen to death; ~ *inne* be (get) ice-bound; ~ *ner* (*mat*) freeze; ~ *sönder* be (get) split by the frost, burst by the frost; ~ *till* freeze (get frozen) over **-box** deep-freeze, freezer **-disk** frozen food merchandiser **-eri** freezing plant **-fack** freezing compartment **-hus** cold-storage **-ning** [-y:-] freezing; refrigeration- **punkt** freezing-point
fråg|a I *s1* question; (*förfrågan*) inquiry; (*sak*) question, matter, point; *göra ngn en* ~ ask s.b. a question; *en* ~ *om* a matter of; *~n är fri* anybody may ask a question; there is no harm in asking; *dagens -or* current questions (issues); *det är en annan* ~ that is another question (matter); *det är inte* ~[*n*] *om det* that is not the point; *det blir en senare* ~ that will be a matter for later consideration; *det är nog* ~[*n*] *om* you never can tell, I wouldn't bank on it; *vad är det ~n om?* *a*) (*vad står på*) what is the matter?, *b*) (*vad gäller ~n*) what is it all about?, *c*) (*vad vill ni?*) what do you want?; *sätta i* ~ (*betvivla*) call ... in question; *i* ~ *om* as to, regarding, in the matter of; *saken i* ~ the matter in question (at issue); *det kommer aldrig i* ~ (*på ~n*) it is quite out of the question; *komma i* ~ *som chef* be in the running for manager's post **II** *v1* ask (*ngn om ngt* s.b. about s.th.); inquire (*äv.* ~ *om, efter*); (*förhöra*) question (*ngn om* s.b. about); *absol. äv.* ask questions; ~ *om* (*efter*) *priset på* ask (inquire) the price of; *förlåt att jag ~r, men* excuse my asking, but; ~ *ngn om lov att* ask a p.'s permission to; ~ *efter ngn* ask (inquire) for s.b., (*bry sig om*) ask after s.b.; ~ *sig* ask o.s. [the question] (*om* whether); ~ *sig fram* ask one's way; ~ *sig för* make inquiries (*om* about, as to); ~ *ut ngn* question s.b. (*om* about), interrogate s.b. (*om* as to) **-ande** *a4* inquiring; questioning; *se* ~ *ut* look puzzled (bewildered)
fråge|formulär questionnaire **-sats** interrogative clause **-sport** quiz **-ställning** (*formulering av fråga*) framing of a (the) question; (*problem*) problem, question at issue **-tecken** question-mark, mark of interrogation **-timme** question time
frågvis [-å-] *a1* inquisitive **-het** inquisitiveness
från I *prep* from; (*bort, ner* ~) off; (*ända* ~) [ever] since; *doften* ~ *en blomma* the scent of a flower; *år* ~ *år* from year to year; ~ *och med nu* from now on; ~ *och med 1 april* as from April 1st; *berättelser* ~ *hans barndom* stories of his childhood; *herr A.* ~ *N.* mr. A. of N.; *för att börja* ~ *början* to begin at the beginning; *undantag* ~ *regeln* exceptions to the rule; ~ *vettet* out of one's wits; *jag känner honom* ~ *Paris*[*tiden*] *a*) I got to know him in Paris, *b*) I have known him ever since we were in Paris together **II** *adv*, ~ *och till a*) (*av o. till*) to and fro, *b*) (*då o. då*) off and on; *det gör varken* ~ *eller till* that is neither here nor there; *gå* ~ *och till* (*som hjälp*) come and go **-döma** ~ *ngn ngt* sentence s.b. to forfeit (lose) **-fälle** *s6* death, decease **-gå 1** (*avgå, avräknas*) to be deducted [from] **2** (*ändra, uppge*) relinquish (*ett tidigare beslut* a previous decision); abandon (*sin ståndpunkt* one's point of view) **-hända** *v2*, ~ *ngn ngt* deprive s.b. of s.th.; ~ *sig* part with, dispose of **-känna** ~ *ngn talang* deny a p.'s [possession of] talent; ~ *ngn rätten att* deny s.b. the right to **-lura** ~ *ngn ngt* wheedle s.th. out of s.b. **-rycka** ~ *ngn ngt* snatch s.th. from s.b. (out of a p.'s hands) **-se** disregard, leave ... out of account; *~tt detta* (*att*) apart from that (the fact that) **-sida** back; (*på mynt o.d.*) reverse **-skild** *a5* (*om makar*) divorced **-skilja** detach, separate **-slagen** *a5* switched off **-stötande** *a4* repellent; (*starkare*) repulsive; (*om utseende*) unattractive **-säga** *rfl* (*avvisa*) decline, refuse; (*ansvar*) disclaim; (*nöje*) renounce **-taga** ~ *ngn ngt* deprive s.b. of s.th. **-träda** (*befattning*) retire from, resign; (*egendom*) surrender; (*arrende*) leave **-varande** *a4* absent; *bildl.* absent-minded, preoccupied; *de* ~ those absent, (*vid möte o.d.*) the absentees **-varo** *s9* absence (*av* of; *från* from); (*brist, avsaknad*) lack, want; *lysa med sin* ~ be conspicuous by one's absence;
fräck *a1* impudent, insolent; (*oblyg, om pers.*) audacious; (*ogenerad, vard.*) cheeky, cool; *Am. äv.* fresh; (*djärv*) daring; (*oanständig*) indecent; *skolsl.* beastly, rotten **-het** impudence, audacity, insolence; *vard.* cheek; *ha ~en att* have the impudence to
fräken ['frä:-] *s2, bot.* horsetail
fräkn|e [-ä:-] *s2* freckle **-ig** *a1* freckled
fräls|a *v1 el. v3* save (*från* from); *relig. äv.* redeem; (*befria*) deliver; (*rädda äv.*) rescue; *fräls oss ifrån ondo* deliver us from evil; *han har blivit -t* he has found salvation **-are** saviour; *F~n, Vår F~* the (our) Saviour **-arkrans** lifebuoy
frälse I *s6* **1** (*befrielse från skatt*) exemption from land dues to the Crown **2** (*adel ung.*) privileged classes **II** *oböjl. a*, ~ *och ofrälse* [*män*] noblemen and commoners **-hemman** farmstead exempt from land dues **-stånd** *se frälse I 2*
frälsning saving *etc.*; *relig. äv.* salvation; (*räddning*) deliverance
frälsnings|armén the Salvation Army **-soldat** Salvationist
främja further; (*ngns intresse e.d.*) promote; (*uppmuntra*) encourage; (*understödja*) support **-nde** *s6* furtherance; promotion; encouragement; support; *till* ~ *av* for the furtherance (*etc.*) of, in order to promote **-re** supporter; promoter
främling stranger (*för* to); (*utlänning*) foreigner

främlingshat hatred of foreigners, xenophobia
främlingskap *s7* alien status; *bildl.* estrangement
främlings|legionen the Foreign Legion **-pass** alien's passport
främmande I 1 *s9* (*främling*) stranger; (*gäst*) guest; (*besökande*) visitor, caller **2** *s7*, *koll.* company; guests, visitors (*pl*); *vi skall ha ~ till middag* we are having company (guests) to dinner **II** *oböjl. a* (*utländsk*) foreign, alien; (*okänd*) strange, unknown (*för* to), unfamiliar (*för* with); (*ovidkommande*) extraneous; *en ~ herre* an unknown gentleman, a stranger; *förhållande*[*t*] *till ~ makter* [our] relationship to foreign powers; *~ språk* foreign languages; *en vilt ~ människa* a complete stranger; *de är ~ för varandra* they are strangers to one another; *han är helt ~ för tanken* the idea is quite alien to him
främ|re ['främm-] *a komp.* fore; front; *vetensk.* anterior; *F~ Asien* south-west Asia; *F~ Orienten* the [Near and] Middle East **-st** *adv* (*om rang, rum*) foremost; (*om ordning*) first; (*framför allt o.d.*) principally, especially; *~ i boken* at the beginning of the book; *~ i skaran* in the forefront of the crowd; *ligga ~* (*i tävling*) be ahead (leading); *sitta ~* sit right at the front, sit in the front row; *stå ~ på listan* stand first on the list; *först och ~* first and foremost, first of all **-sta** *a best. superl.* (*om rum, rang*) foremost; (*om ordning*) first; *i ~ rummet* in the first place, first of all; *vår -ste leverantör* our principal supplier; *vår -ste kund* our biggest (most important) customer
frän *a1* rank; (*om smak äv.*) acrid; *bildl.* acrimonious, caustic; (*högdragen*) arrogant; (*cynisk, rå*) coarse
fränd|e *s5* kinsman, relative **-skap** *s3* kinship, relationship; *bildl.* affinity
fränhet [-ä:-] rankness; acrimony; arrogance
1 fräs *s7* **1** hissing; frying; *jfr 1 -a* **2** *för full ~* at top-speed
2 fräs *s2*, *tekn.* milling cutter, miller
1 fräsa *v3* **1** (*väsa*) hiss; (*stänka o. ~*) sputter; (*om katt*) spit; (*i stekpanna*) sizzle; *fräs!* (*snyt ut*) blow [your nose]! **2** (*hastigt steka upp*) *kokk.* fry, frizzle
2 fräsa *v3*, *tekn.* mill **-re** milling-machine operator (worker)
fräsch *a1* fresh[-looking]; (*obegagnad*) [quite] new; (*ny o. frisk*) fresh, clean **-a** *~ upp* freshen up **-ör** freshness; newness
1 fräsning [-ä:-] *se 1 fräs*
2 fräsning [-ä:-] *tekn.* milling
frät|a *v3* **1** (*om syror o.d.*) corrode; eat (*hål på* a hole in); *~ bort* eat (corrode) away; erode; *~ sig igenom* eat its way through **2** *bildl.* fret, gnaw (*äv. ~ på*) **-ning** [-ä:-] corrosion; erosion **-sår** malignant ulcer; *bildl.* canker
frö *s6*, *pl hand. äv. -er* seed; *koll.* seed[s *pl*]; *bildl.* germ, embryo; *gå i ~* go to seed **-a** *~ sig* go to seed; *~* [*av sig*] shed its seed **-hus** seed-vessel, pericarp
fröjd *s3* joy, delight; *bordets ~er* the delights of the table; *i ~ och gamman* merrily **-a** delight, give joy to; *~ sig* rejoice (*åt, över* at), delight (*åt, över* in) **-efull** joyful, joyous
frö|kapsel seed-case **-katalog** seed-catalogue
frök|en ['frö:-] *-en -nar* unmarried woman, young lady; (*som civilstånd*) spinster; (*som titel*) Miss; (*lärarinna*) teacher; (*servitris*) waitress; *F~ Ur* speaking clock (*förk.* TIM); *F~ Väder* telephone weather forecast
frö|kontroll seed-testing **-mjöl** pollen, anther-dust **-odling** *abstr.* seed-cultivation; *konkr.* seed-cultivation station
frös *imperf av frysa*
frö|skal testa; *koll.* seed-husks (*pl*) **-träd** seed-tree **-vita** endosperm, perisperm **-ämne** seed-bud, ovule
fuchsia ['fukksia] *s1* fuchsia
fuffens ['fuff-] *n* trick[s *pl*], dodge[s *pl*]; *koll. äv.* mischief; *ha* [*ngt*] *~ för sig* be up to s.th. (mischief)
fuga *s1* fugue
fukt *s3* damp, moisture **-a 1** (*väta*) moisten, damp[en]; (*med tårar*) wet **2** (*vara fuktig*) be (get) damp **-as** *dep* moisten **-drypande** *a4* ... wet with damp **-fläck** damp-stain **-ig** *a1* damp; (*genom-*) moist; (*om luft*) humid **-ighet** dampness; moisture; humidity **-ighetsmätare** hygrometer
ful *a1* ugly; *Am. äv.* homely; (*föga tilltalande*) unattractive; (*obehaglig för örat*) harsh; (*om väder*) bad; *hon är inte ~* she is not bad-looking; *~ som stryk* [as] ugly as sin; *~a ord* dirty words, bad (foul) language (*sg*); *~ i mun*[*nen*] foul-mouthed; *ett ~t spratt* a nasty (dirty) trick **-ing** fright; (*om barn*) scamp, rascal
full *a1* **1** full (*av, med* of); filled (*av, med* with); *spela för ~a hus* play to crowded houses; *ropa med ~ hals* roar; *för ~a segel* in full sail; *~ av idéer* teeming with ideas; *det är ~t med människor på gatan* the street is crowded with people; *~ i* (*av*) *skratt* brimming over with laughter **2** (*hel, -ständig*) full (*fart* speed; *sysselsättning* employment; *verksamhet* activity); complete, whole; *~a tre månader* fully three months, a full three months; *~ tid* (*sport.*) time; *dussinet ~t* a full dozen; *vara i sin ~a rätt* have every right; *med ~ rätt* quite rightly; *~ sommar* full (the height of) summer; *~ tjänstgöring* whole-time duty; *till ~ belåtenhet* to my (*etc.*) entire satisfaction **3** *till ~o* in full, fully **4** (*drucken*) drunk, tipsy; *vard.* tight
full|belagd *a5*, *sjuksalen är ~* the ward is full up **-blod** *s7* thoroughbred **-blodshäst** thoroughbred [horse] **-bokad** *a5* booked up; fully booked **-borda** [-o:-] complete, accomplish, finish; *~ sin avsikt* fulfil one's intention; *ett ~t faktum* an accomplished fact **-bordan** *r* **1** completion; accomplishment **2** (*uppfyllelse*) fulfilment; *nalkas* (*nå*) *sin ~* be approaching (reach) its (*etc.*) completion; *i tidernas ~* in the fullness of time **-fjädrad** [-ä:-] *a5* **1** *eg.* full-fledged **2** *bildl.* full-blown **-följa 1** (*slutföra*) complete; (*föresatser, planer*) carry out; (*fortsätta* [*med*]) continue, carry on, proceed; (*följa upp*) follow up **2** *jur.* prosecute; carry on **-gjord** *a5*, *efter -gjort uppdrag* on the com-

pletion of a mission (an assignment) **-god** [perfectly] satisfactory, perfect, adequate; (*om mynt*) standard; ~ *säkerhet* full security **-gången** *a5* fully developed **-göra** (*utföra*) carry out; (*plikt*) perform; (*uppfylla*) fulfil; ~ *sin militärtjänst* do one's military service **-het** fullness *etc.*, *jfr full*

fullkom|lig [-å-] *a1* perfect; (*fullständig*) complete, entire; (*absolut*) utter, absolute **-lighet** perfection **-na** [make] perfect; (*fullborda*) accomplish, finish **-ning** perfection

full|makt 1 (*bemyndigande*) power[s *pl*]; (*dokument*) letter (power) of attorney (authority), warrant; (*vid röstning*) proxy; *enligt* ~ as per power of attorney, by proxy **2** (*ämbetsmans*) letters (*pl*) of appointment; (*officers*) commission; (*riksdagsmans*) proxy **-måne** full moon **-o** *se full 3* **-mäktig** *-en -e* authorized representative, proxy **-proppad** [-å-] *a5* stuffed; crammed **-riggare** full-rigged vessel (*etc.*) **-satt** *a4* (*fullt besatt*) studded; (*om lokal o.d.*) full, crowded, filled to capacity; ~ *till sista plats* full up, not a seat left **-skriven** *a5* ... filled with writing **-stoppad** [-å-] *a5* crammed full (*av*, *med* of), crammed (*av*, *med* with)

fullständig *a1* complete, entire; total; (*absolut o.d.*) utter, absolute; ~ *avhållsamhet* total abstinence; *med ~a rättigheter* (*spritservering*) fully licensed **-a** make complete; complete **-ande** *s6* (*utan pl*) completing, completion; (*med pl*) supplement; *till* ~ *av* to supplement, as a supplement to **-het** completeness **-t** *adv* completely; entirely

fullt *adv* fully; (*alldeles*) quite; (*fullständigt*) completely; *tro ngt* ~ *och fast* have absolute faith in s.th., be firmly convinced of s.th.; *ha* ~ *upp med pengar* (*att göra*) have plenty of money (to do); *inte* ~ *en timme* not quite an hour; *njuta* ~ *och helt av ngt* enjoy s.th. to the full

full|talig *a1* numerically complete; full; *är vi ~a?* are we all here? **-teckna** (*lista*) fill ... with signatures; (*belopp*) subscribe ... in full; *lånet ~des snabbt* the loan was fully subscribed quickly **-träff** direct hit; *bildl.* [real] hit **-vuxen** full-grown, fully grown; *en* ~ a grown-up [person], an adult **-värdig** (*om mynt*, *vikt*) standard; *bildl.* sound

fullländ|a complete (*jfr fullborda*); *~d* perfect, complete; *~d smak* consummate taste; ~ *sig* perfect o.s. **-ning** completion; perfection

fullärd *a5* fully trained (qualified); skilled

fullödig *a1* standard; (*gedigen*) sterling; *bildl. äv.* thorough, genuine; *~t uttryck* fully adequate expression

fult [-u:-] *adv* in an unsightly (ugly) way; (*för örat*) harshly; (*obehagligt*) disagreeably; (*starkare*) nastily; *det var* ~ *gjort av dig* it was a nasty thing of you to do

fuml|a fumble (*med* with, at) **-ig** *a1* fumbling

fundamẹnt *s7* foundation; (*för maskin*) bed, footing; (*sockel*) base **-ạl** *a1* fundamental, basic

funder|a (*grubbla*) ponder (*på* upon); muse, meditate (*på* upon, about); think; (*undra*) wonder; ~ *hit och dit* turn the matter over in one's mind; ~ *på att göra ngt* think of (consider) doing s.th.; ~ *på saken* think the matter over; ~ *ut* think (work) out **-are** *ta sig en* ~ have a good think **-ing** *~ar* thoughts, reflections, speculations, (*idéer*) ideas, notions **-sam** *a1* (*tankfull*) thoughtful, contemplative, meditative; (*tveksam*) hesitative **-samhet** thoughtfulness *etc.*; hesitativeness

fungera [-ŋ'ge:-] (*om maskin e.d.*) work, function; (*om pers.*) officiate, serve, act

funkis ['funn-] *oböjl. s* functional[istic] style **-villa** functionalistic (*friare* modern-looking) house

funktion [-k'ʃɷ:n] function[ing]; (*plikt*) function, duty; *i* (*ur*) ~ in (out of) operation, working; *försätta ngt ur* ~ throw s.th. out of gear **-alism** functionalism **-alịstisk** *a5* functionalistic **-ẹll** *a1* functional **-era** function, operate, work

funktions|duglig serviceable; adequate; *i ~t skick* in working order **-duglighet** serviceability; adequacy **-oduglig** inadequate; out of order **-teori** *mat.* theory of functions

funktionạ̈r [-kʃɷ-] *s3* functionary, official

funnit *sup av finna*

funt *s2*, *se dop-*

funtad *a5*, *se beskaffad*

fur *s1* **1** *träd se -a* **2** *trä se -u* **-a** *s1* pine

furag|e [-'a:ʃ] *s7* **-era** *mil.* forage

furie ['fu:-] *s5* fury

furịr *s3* (*vid armén ung.*) sergeant; (*vid marinen ung.*) petty officer 1st class, *Am.* petty officer 2nd class; (*vid flyget ung.*) master pilot, *Am.* staff sergeant

furn|era furnish, supply **-ẹring** furnishing, supply **-issör** purveyor

furọr [-å:r] *r* furore; *göra* ~ create a furore

furste *s2* prince **-hus** *se -ätt* **-ndöme** *s6* principality **-ätt** princely (royal) house

furst|inna princess **-lig** *a1* princely **-ligt** *adv* like a prince; *belöna ngn* ~ give s.b. a princely reward

furu *oböjl. s* pine [wood]; *hand.* redwood, yellowwood **-bräda** deal, fir board **-planka** red (yellow) deal **-ved** pine firewood

fusion fusion (*äv. kärnfys.*), merger, amalgamation

fusk *s7* **1** (*slarv*) scamping; (*illa gjort arbete*) botch **2** (*svek*) cheating; *skol. äv.* cribbing **-a 1** (*med arbete o.d.*) scamp, botch; ~ *med ngt* scamp s.th.; ~ *i fotografyrket* dabble in photography **2** *skol.*, *spel.*, *hand. o.d.* cheat (*i* at); *skol. äv.* crib **-are 1** botcher; dabbler **2** cheat[er], crib[ber] **-bygge** jerry-building **-lapp** crib[-slip] **-verk** *se fusk 1*

futịl *a1* futile **-itẹt** *s3* futility

futtig *a1* paltry; (*småaktig*, *obetydlig*) petty **-het 1** (*utan pl*) paltriness **2** (*med pl*) pettiness

futur|ism futurism **-ist** futurist **-ịstisk** *a5* futurist[ic] **-um** [-ˣtu:-] *-um el. -et el. -umet*, *pl -er* the future [tense]

fux *s2* bay [horse]

fy ugh!, oh!, phew!; ~ *skäms!* shame on you!; ~ *sjutton!* confound it!

fylk|a draw up in battle formation; (*friare*) array; ~ *sig* (*~s*) draw together, (*friare*) flock (*kring* round), *bildl. äv.* rally (*kring* *ngn* round (to) s.b.) **-ing** wedge-shaped battle formation

fyll|a I *s1* booze; *i ~n och villan* [when] in a drunken fit; *ta sig en ~* have a booze; *vara på ~n* (*vard.*) be on a drinking bout **II** *v2* **1** fill; (*fullproppa o. kokk.*) stuff; (*utfylla*) fill upp; (*behov, brist*) supply; *bildl.* fulfil, serve; *~ vin i glasen* pour wine into the glasses; *~ en ballong* inflate a balloon; *~ ett länge känt behov* supply a long-felt want; *~ sin uppgift* (*om sak*) fulfil (serve) its purpose **2** (*med beton. part.*) *~ i a*) (*kärl, blankett e.d.*) fill up, *b*) (*ngt som fattas*) fill in, *c*) (*vätska*) pour in; *~ igen* fill up (in); *~ på a*) (*kärl*) fill [up], replenish, *b*) (*vätska*) pour [out]; *~ upp* fill up; *~ ut* (*t.ex. en rad, kläder*) fill out, (*t.ex. program, brist, äv.*) fill up **3** *han -er 25 år i morgon* he will be 25 tomorrow, tomorrow is his 25th birthday **4** (*berusa*) intoxicate, make tipsy **-bult** *s2* toper, boozer

fylleri drunkenness, intoxication **-förseelse** offence of drunkenness **-st** drunkard, drunk

fyllest *till ~* to the full; *vara till ~* be sufficient (satisfactory)

fyll|hicka drunken hiccup **-hund** *se -bult* **-ig** *a1* **1** (*om pers.*) plump **2** (*om ljud*) full, full-toned, rich, mellow; (*om vin*) full-bodied; (*om cigarr*) full-flavoured; (*detaljerad*) detailed **-ighet 1** plumpness **2** fullness *etc.*; fullness of tone (flavour *etc.*) **-kaja** boozer, tippler **-na** *~ till* get tipsy **-nad** *s3* filling; (*tillägg*) supplement; (*ut- äv.*) complement

fyllnads|material filling[-material] **-prövning** supplementary examination **-sten** *koll.* filling-stone **-val** *polit., i Engl.* by-election

fyll|ning filling[-material]; (*i tand*) filling, stopping; *kokk.* stuffing **-o** ['fyllo] *s6, vard.* drunk **-sjuk** *vara ~* be sick (ill) after drinking **-skiva** boozing party, booze **-tratt** *se -bult*

Fyn *n* Funen

fynd *s7* find; finding; (*upptäckt*) discovery; (*oväntad gåva*) godsend; (*lyckat påhitt*) stroke of genius; *göra ett ~* make a [real] find; find a treasure, (*i affär etc.*) find a [real] bargain; *mannen är ett verkligt ~* the man is a regular find **-gruva** *bildl.* treasure-house, mine **-ig** *a1* **1** (*uppfinningsrik*) inventive; (*påhittig, förslagen*) resourceful, ingenious; (*rådig*) ready-witted **2** *bergv.* metalliferous **-ighet 1** ingenuity **2** *bergv.* deposit, mining find **-ort** site [of a find]; *biol.* habitat

1 fyr *oböjl. s, ha ngt ~ för sig* be up to s.th. (mischief)

2 fyr *s2* lad; *en glad* (*lustig*) *~* a gay spark; a cheerful chap

3 fyr *s2* **1** *mil.*, [*ge*] *~!* fire! **2** (*eldstad*) stove, stove-fire **3** (*eld i spis e.d.*) fire **4** *~ och flamma* all afire (aflame)

4 fyr *s2, sjö.* light[house]; *jfr -torn*

1 fyra *v1*, *~ av se av-*; *~ på a*) (*elda*) keep a fire burning, stoke, *b*) (*skjuta*) fire away

2 fyra I *räkn.* four; (*för sms jfr fem-*) *mellan ~ ögon* in private; *på alla ~* on all fours **II** *s1* four; *han går i ~n* he is in the fourth form (class); *~n[s växel]* [the] fourth [gear]; *~ hundra* four hundred **-hundratalet** the fifth century **-tiden** *vid ~* [at] about four o'clock **-årig** *a1* **1** four-year-old **2** (*räckande ~ år*) four-year **-åring** child of four

fyrbent [-e:-] *a4* (*om djur*) four-footed, quadruped; (*om möbel o.d.*) four-legged

fyrbåk beacon

fyr|cylindrig *a1* four-cylinder **-dimensionell** *a1* four-dimensional **-dubbel** fourfold, quadruple **-dubbla** quadruple, multiply ... by four **-faldig** *a1* fourfold **-färgstryck** four-colour print[ing] **-handsfattning** chair grip **-hjulig** [-j-] *a1* four-wheel[ed] **-händig** *a1* four-handed; *~t pianostycke* duet **-hörning** [-ö:-] quadrangle, tetragon **-kant** square; quadrangle; *fem yards i ~* five yards square **-kantig** *a1* square; quadrangular **-klöver** four-leaf clover; *bildl.* quartette **-ling** [-y:-] quadruplet

fyrlista light list

fyr|motorig *a1* four-engined **-sidig** *a1* four-sided **-siding** quadrilateral **-sitsig** *a1* four-seated; *~ bil* four-seater

fyrskepp lightship

fyr|spann four-in-hand; *köra ~* drive a carriage and four **-språng** *i ~* at a full gallop, (*friare*) at full speed **-taktsmotor** four-stroke engine **-tal** [the number] four

fyrti|o [ˣförrti] forty **-onde** [-å-] fortieth **-on[de]del** fortieth part **-[o]talist** writer (author) of the forties **-[o]årig** *etc. se femtioårig etc.* **-[o]åttatimmarsvecka** forty-eight-hour week

fyr|torn lighthouse **-vaktare** lighthouse keeper **-verkeri** *s4* fireworks (*pl*) **-verkeripjäs** firework

fyr|väppling *se -klöver* **-värd** *a5, kem., vara ~* have a valence (*Am.* valency) of four, be tetravalent (quadrivalent)

fyrväsen lighthouse service

fysik *s3* **1** (*vetenskap*) physics (*pl*) **2** (*kroppsbeskaffenhet*) physique, constitution **-alisk** *a5* physical; *~ behandling* physiotherapeutic treatment **-er** ['fy:-] physicist **-laboratorium** physics laboratory **-lärare** physics teacher

fysio|krati *s3* physiocracy **-log** physiologist **-logi** *s3* physiology **-logisk** *a5* physiological **-nom** physiognomist **-nomi** *s3* physiognomy **-nomisk** [-å:-] *a5* physiognomical

fysisk ['fy:-] *a5* physical; (*kroppslig äv.*) bodily; *en ~ omöjlighet* a sheer (downright) impossibility

1 få *pron* few; (*några ~*) a few; *alltför ~* all too few; *om några ~ dagar* in a few days

2 få *fick fått* **1** (*erhålla, mottaga*) receive, get; (*lyckas få, skaffa sig*) get, obtain; (*förvärva*) get, acquire; (*~ o. behålla*) keep, have; *~ arbete* get a job; *~ barn* have a baby; *~ betalt* be (get) paid; *~ en fråga* be asked a question; *~ en gåva* receive a present; *~ huvudvärk* get a headache; *~ torra kläder på kroppen* get dry clothes on; *~* [*sig*] *en bit mat* get s.th. to eat; *vad ~r vi till middag?* what are we having for dinner?; *~ ett namn* get (*om småbarn* be given) a name; *den ~r inte plats* there is no room for it; *~ ro* find peace; *~ sig ett gott skratt* have a good laugh; *~ ett slut* come to an end; *~ snuva* catch [a] cold; *~ sitt straff* be punished; *~ tid* get (find)

[the] time; ~ *tillträde* be admitted, obtain admission; *har blommorna ~tt vatten?* have the flowers been watered?; *vem har du ~tt den av?* who gave you that?; *då skall du ~ med mig att göra!* then you'll catch it from me!; ~ *ngt att tänka på* get s.th. to think about; *den varan går inte att ~ längre* that article is no longer obtainable; *där fick du!* serves you right!; *där fick han så han teg!* that shut him up!; *det skall du ~ för!* I'll pay you out for that! **2** (*lyckas göra el. bringa el. laga*) get, have; *de har ~tt det bra* [*ekonomiskt*] they are well off: ~ *ngt färdigt* get s.th. finished, finish s.th.; ~ *kläderna förstörda* get one's clothes spoilt; ~ *ett slut på* put an end to; ~ *sin önskan uppfylld* get (have) one's wish **3** (*förmå, bringa*) make, get, bring; ~ *ngn att göra ngt* (*ngn till ngt*) get s.b. to do (make s.b. do) s.th.; ~ *ngt till stånd* bring about s.th. **4** (*ha tillåtelse*) be allowed (permitted) to; **~r** may, can; *fick* (*i indirekt tal*) might, could; *~r* (*i indirekt tal: fick*) *inte* must not; *~r jag komma in? Nej, det ~r du inte* may (can) I come in? No, you may not; *~r jag följa med?* may I come too?; *~r jag störa dig ett ögonblick?* could you spare me a minute?; *om jag ~r ge dig ett råd* if I might give you a piece of advice; *~r ej vidröras!* do not touch!; *du ~r inte bli ond* you must not get angry; *jag ~r inte glömma* I must not forget; *jag ~r inte för min mamma* my mummy won't let me; *huset fick inte byggas* they were not allowed to build the house, permission was not given for the house to be built **5** (*i artighetsuttryck*) *be att ~ tala med* ask to speak to; *~r jag tala med* can (could) I speak to; *~r det vara en cigarrett?* would you like a cigarette?; *vad ~r det lov att vara?* what can I do for you[, Sir (Madam)]?; *~r jag fråga* may (might) I ask; *~r jag be om litet ost?* (*vid bordet*) may I have some cheese?; *vi ~r härmed meddela att* we wish to inform you that; *låt mig ~ försöka* let me try; *jag ~r tacka så mycket* [I should like to] thank you very much; *det ~r jag verkligen hoppas* I should hope so **6** (*vara tvungen att, nödgas*) have to, *vard.* have got to; *det ~r duga* that will have to do; *jag ~r väl försöka då* I shall have to try, then; *jag ~r lov att gå nu* I must go now; *du ~r ursäkta mig* you must excuse me; *då ~r det vara* we'll leave it at that, then; *jag fick vänta* I had to wait, I was kept waiting **7** (*kunna, ha möjlighet att*) be able to; *~r* can; ~ *höra* (*veta etc.*) *se under höra, veta etc.*; *jag fick göra som jag ville* I could do as I liked; *har du ~tt sova i natt?* were you able to sleep last night?; *vi ~r tala om det senare* we'll talk about that later; *vi ~r väl se* we'll see [about that] **8** (*med beton. part.*) ~ *av* get ... off; ~ *bort* remove; ~ *fingrarna emellan* get one's fingers caught; ~ *fram* (*ta fram*) get ... out, (*skaffa*) procure, (*framställa*) produce; *jag fick inte fram ett ord* I could not utter a word; ~ *för sig* (*inbilla sig*) imagine, (~ *ett infall*) get it into one's head; ~ *i ngt i* get s.th. into; ~ *i ngn ngt* get s.b. to take s.th.; ~ *i sig* (*svälja*) swallow, (*tvinga i sig*) get ... down; ~ *igen a*) (*återfå*) get ... back, *b*) (*stänga*) close; *det skall du ~ igen!* I'll pay you back for that, you'll see!; ~ *igenom* get ... through; ~ *ihop a*) (*stänga*) close, *b*) (*samla ihop*) get ... together, (*pengar*) collect; ~ *in* get ... in, *radio.* get; ~ *in ... i* get ... into; ~ *in pengar* (*samla ihop*) collect money, (*tjäna*) make money; ~ *med* [*sig*] bring [... along]; *inte ~ med* (*lämna kvar*) leave ... behind, (*utelämna*) omit; ~ *med sig* (~ *på sin sida*) get ... over to one's side, (~ ... *att följa med*) get ... to come along; ~ *ner* get ... down; ~ *på* [*sig*] get ... on; ~ *tillbaka på 1 pund* get change for 1 pound; ~ *undan* get ... out of the way; ~ *upp* (*dörr e.d.*) get ... open, (*lock e.d.*) get ... off, (*kork e.d.*) get ... out, (*knut*) undo, untie, (*lyfta*) raise, lift, (*fisk*) land, (*kräkas upp*) bring up; ~ *upp farten* pick up speed; ~ *upp ögonen för* have one's eyes opened to, (*inse*) realize; ~ *ur ngn ngt* get s.th. out of s.b.; ~ *ut* get ... out, (*arv*) obtain; ~ *ut lön* get one's pay, get paid; *jag kunde inte ~ ut ngt av honom* I could not get anything out of him; ~ *över* (*kvar*) have ... left (over)

fåfäng *a1* **1** (*inbilsk*) conceited; (*ytlig*) vain **2** (*fruktlös*) vain, useless **3** (*sysslolös*) idel **-a** *s1* vanity; (*inbilskhet*) conceit[edness] **-lig** [ˣfå:-, -ˈfäŋ-] *a1* vain **-lighet** vanity

fågel [ˈfå:-] *s2* bird; (*i sht höns-*) fowl, *koll.* poultry; *koll., jakt. o. kokk.* game birds (*pl*) **-art** bird species **-bo** bird's nest (*pl* birds' nests) **-bur** bird-cage **-bär** wild cherry **-bössa** fowling-piece **-fri** *se fredlös* **-frö** bird-seed **-fängare** bird-catcher; fowler **-holk** nesting-box **-hund** pointer; setter **-jakt** bird-shooting **-kvitter** [the] chirping (twitter) of birds **-kännare** ornithologist **-näbb** beak, bill **-perspektiv** bird's-eye view; *Paris i ~* a bird's-eye view of Paris **-skrämma** *s1* scarecrow **-skytte** game-bird shooting **-sträck** flight of birds **-sång** [the] singing of [the] birds, bird song **-unge** young bird, nestling **-vägen** as the crow flies **-ägg** bird's egg (*pl* birds' eggs)

fåkunnig *a1* ignorant **-het** ignorance

fåle *s2* colt; *poet.* steed

fåll *s2* hem

1 fålla *v1, sömn.* hem; ~ *upp* hem up

2 fålla *s1* pen, fold

fållbänk *ung.* turn-up bedstead

fåll|ning hemming **-söm** hemstitching

få|mannavälde oligarchy **-mäld** [-ä:-] *a1, se -ordig*

fån *s7, se -e* **-a** *rfl* be silly (asinine); (*prata dumheter*) drivel **-e** *s2* fool; (*starkare*) idiot

fång *s7* **1** armful; *ett ~ ved* an armful [of] wood **2** *jur.* acquisition; *laga ~* acquest

1 fånga *i uttr.: ta till ~* take prisoner[s *pl*], capture; *ta sitt förnuft till ~* listen to reason, be sensible

2 fånga *v1* catch; (*ta till ~*) capture; (*med fälla*) trap

fång|dräkt prison (convict's) dress **-e** *s2* prisoner, captive **-en** *a5* imprisoned, captive; *ge sig ~* surrender; *hålla ... ~ a*) keep ... in prison, hold ... [a] captive (prisoner), *b*) (*om uppmärksamhet e.d.*) hold, retain; *sitta ~* be kept in prison, be imprisoned

-enskap *s3* captivity; (*vistelse i fängelse*) imprisonment; *befria ngn ur ~en* release s.b. from captivity **-lina** *sjö.* painter **-läger** (*för krigsfångar*) prisoner-of-war camp
fångrin stupid grin
fångst *s3* **1** (*fångande*) catching *etc.*, capture **2** (*byte*) catch (*äv. bildl.*); (*jakt- o. bildl.*) bag; (*fiskares*) draught, haul **-arm** *zool.* tentacle **-fartyg** fishing-boat; (*val-*) whaling-boat; (*säl-*) sealing-boat **-redskap** *koll.* trapping tackle (gear); *fisk. koll.* fishing tackle (gear)
fång|vaktare prison-warder, gaoler; *Am. äv.* jailer **-vård** correctional treatment [of prisoners], prison welfare **-vårdsanstalt** prison, penal institution
fån|ig *a1* idiotic; (*friare*) silly, stupid **-ighet** silliness, stupidity; *~er* stupidities **-tratt** sap; silly idiot
fåordig [-ɷ:-] *a1* ... of few words; (*ordkarg*) taciturn, laconic, reticent **-het** taciturnity *etc.*
får *s7* sheep (*pl lika*); (*-kött*) mutton
fåra I *s1* furrow; (*rynka*) line; *bildl. äv.* groove **II** *v1* furrow; line
får|aherde shepherd **-akläder** *en ulv i ~* a wolf in sheep's clothing **-aktig** *a1* (*enfaldig*) sheepish, sheeplike **-avel** sheep-breeding **-hjord** flock of sheep **-hund** sheep-dog, collie **-klippning** sheep-shearing **-kött** mutton **-sax** sheep shears (*pl*) **-skalle** *bildl.* numskull **-skinn** fleece **-skinnspäls** sheepskin coat **-skock** flock of sheep **-skötsel** sheep-farming **-stek** leg of mutton **-stuvning** mutton stew **-ticka** *s1* urchin of the woods **-ull** sheep's wool
fåt *s3* mistake, error, blunder
fåtal *s7*, *ett ~ personer* a few people; *i ett ~ fall* in a minority of cases **-ig** *a1* few [in number]; *en ~ församling* a small assembly
fått *sup av 2 få*
fåtölj *s3* armchair, easy chair
fåvitsk ['få:-] *a5* foolish **-o** *s i uttr.: i ~* foolishly witlessly
fåvälde oligarchy
fä *s6* beast; *koll.* cattle; (*bildl. om pers.*) blackguard; dolt, blockhead; *både folk och ~* [both] man and beast **-aktig** *a1* blackguardly; doltish
fäbless weakness, partiality
fäbod *ung.* chalet **-vall** *ung.* summer grazing, mountain pasture
fäderne *s7*, *på ~t* on the (one's) father's (the paternal) side **-arv** patrimony **-bygd** home of one's fathers, native place **-gård** family estate **-jord** *~en* one's native soil
fäderneslaud native country
fäderneärvd *a5* handed down from father to son, hereditary
fä|fluga horsefly **-fot** *ligga för ~* lie uncultivated, *bildl.* lie waste
fägna [ˣfäŋna] *det ~r mig* I am delighted; *~ sig* rejoice (*över* at) **-d** *s3* delight
fägring [-ä:-] beauty
fä|hund *bildl.* blackguard **-hus** cattle-shed
fäkt|a 1 fence (*med florett* with a foil); (*friare*) fight; *bildl.* tilt (*mot* at) **2** *~ med armarna* gesticulate wildly **-are** fencer, swordsman **-mask** fencer's mask **-mästare** fencing-master **-ning** fencing (*med, på* with); (*strid*) fight, encounter
fälb *s3* long pile plush
fälg [-j] *s2* rim
fäll *s2* fell; (*djurskinnstäcke*) skin rug
1 fälla *s1* trap; *bildl.* pitfall; *gå i ~n* fall (walk) into the trap, get caught [in the trap]; *sätta ut en ~ för* set a trap for
2 fäll|a *v2* **1** (*nedhugga*) fell, cut [down]; (*slå omkull*) knock down; (*regering*) overthrow **2** (*döda*) kill, slay; *jakt.* bring down **3** (*sänka*) lower; (*låta falla*) drop; (*tårar*) shed; (*bajonett*) level; (*lans*) couch; *bildl.* lose (*modet* courage) **4** (*förlora*) lose (*håret* one's hair); (*om djur, t.ex. horn*) shed; (*löv, blad*) shed; (*färga av sig*) bleed; *färgen ~er* the colour runs **5** *kem.* deposit, precipitate **6** (*uttala, avge*) drop, let fall; *~ ett omdöme* express an opinion **7** (*döma*) condemn, convict, damn; (*avkunna*) pronounce (*dom* a verdict) **8** (*med beton. part.*) *~ igen* shut [up]; *~ ihop* fold, (*kniv*) shut, clasp; *~ in a*) (*infoga*) let in, inlay, *b*) (*t.ex. landningsställ*) retract; *~ ner* let down, (*lock e.d.*) shut [down], (*krage*) turn down; *~ ut* (*kem.*) precipitate **-ande I** *s6* felling *etc.*; conviction, condemnation; pronouncement **II** *a4*, *~ dom* sentence of guilty; *~ vittnesmål* incriminating evidence
fäll|bar *a1* collapsible, folding **-bord** folding (drop-leaf) table **-bro** bascule bridge **-kniv** clasp-knife **-ning 1** *abstr.* felling *etc.* **2** *konkr., kem.* precipitate; (*bottensats*) sediment; *geol.* deposit **-stol** folding chair; (*vilstol*) deck-chair; (*på teater o.d.*) tip-up seat
fält *s7* field; *bildl. äv.* sphere, scope; (*dörr-*) panel; (*vägg-*) bay, panel; *ha ~et fritt* have a free hand; *ligga i vida ~et* be far from being settled; *över hela ~et* over the whole expanse; *rymma ~et* quit the field; *dra i ~* take the field; *i ~* (*mil.*) in the field **-arbete** field work **-flaska** flask, water bottle **-flygare** *ung.* sergeant pilot; *Am. ung.* second lieutenant **-grå** field-grey **-gudstjänst** field service **-herre** general, military commander **-herrebegåvning** strategic talent **-jägare** *ung.* rifleman **-kikare** field-glasses (*pl*) **-kök** field kitchen **-lasarett** field hospital **-läkare** army surgeon **-marskalk** field marshal **-mässig** *a1* active-service **-mätning** [detail] surveying **-post** army postal service, field post **-präst** army chaplain **-rop** watchword, password **-skjutning** field shooting [practice] **-skär** [-ʃ-] *s3* barber-surgeon **-slag** pitched battle **-spat** *s3* felspar; *Am.* feldspar **-säng** camp-bed **-tecken** (*fana*) banner **-tjänst** field (active) service **-tjänstövning** manœuvre[s *pl*] **-tåg** campaign (*mot* against, on) **-tågsplan** plan of campaign **-väbel** sergeant major; *Am.* master sergeant
fängelse *s4* **1** (*byggnad*) prison, gaol; *Am. äv.* jail, penitentiary; *sitta i ~* be in prison **2** (*straff*) imprisonment; *dömas till två månaders ~* be sentenced to two months' imprisonment, get a two months' sentence; *livstids ~* imprisonment for life, life sentence **-cell** prison cell **-direktör** prison governor; *Am.* warden **-håla** dungeon **-präst** prison chaplain **-straff** imprisonment

fäng|hål touchhole **-krut** priming[-powder]
fängsl|a 1 (*fjättra*) fetter, shackle 2 (*sätta i fängelse*) imprison, arrest 3 *bildl.* fascinate, captivate; (*dra t. sig*) attract **-ande** *a4* fascinating; attractive **-ig** *i uttr.*: *hålla i ~t förvar* keep in custody
fänkål [ˣfäŋ-] fennel
fänrik [ˈfänn-] *s2* (*vid armén*) second lieutenant; (*vid marinen*) sub-lieutenant, *Am.* ensign; (*vid flyget*) pilot officer, *Am.* second lieutenant
färd [-ä:-] *s3* 1 journey; (*t. sjöss*) voyage; (*turist-*) trip, tour; (*bil- etc.*) ride; (*flyg-*) flight; (*forsknings-*) expedition; *ställa ~en till* make for 2 *bildl.*, *vara i ~ med att göra ngt* be busy doing s.th.; *ge sig i ~ med ngt* (*att*) set about s.th. (+ *ing-form*) 3 *fara på ~e* danger ahead; *dra sina ~e* take one's departure; *vad är på ~e?* what is up (the matter)? **-as** *dep* travel **-biljett** ticket **-e** *se färd 3*
färdig [-ä:-] *a1* 1 (*fullbordad*) finished, done; (*avslutad*) complete; (*klar*) ready 2 (*om pers., beredd*) ready (*till* for), prepared; (*slut*) done for; *få ... ~* get ... done; *göra ... ~* get ... ready, finish; *bli ~ med ngt* get through with s.th., get s.th. done; *vara ~* have done; *vara ~ att* be ready to; *vara ~ med* have done [with], have finished (got through); *nu är det ~t!* (*vard.*) now the fat's in the fire! 3 (*nära att*) on the point of 4 (*ej ofärdig*) sound **-gjord** *a5* finished, complete; (*om kläder*) ready-made **-het** (*kunnighet*) skill, proficiency (*i* in, at); (*händighet*) dexterity (*i* in, at); (*talang*) accomplishment; *övning ger ~* practice makes perfect **-klädd** dressed; *jag är inte ~* I have not finished dressing **-kokt** *a4* cooked, boiled; *är äggen ~a?* are the eggs done? **-köpt** [-çö:-] *a4* bought ready-made **-lagad** *a5* (*om mat*) ready-prepared **-ställa** get ... ready, finish, complete **-sydd** *a5* ready-made **-utbildad** *a5* fully trained
färd|knäpp *s2, vard.* one for the road **-kost** *ung.* eatables (provisions) for the journey **-ledare** leader [of an expedition], guide **-riktningsvisare** direction arrow **-skrivare** tachometer **-sätt** method (means) of travel **-väg** route
färg [-j] *s3* 1 colour (*äv. bildl.*); *Am.* color; (*målar-*) paint; (*-ämne*) dye; (*nyans*) shade, tone; (*hy*) complexion, colour; (*klang-*) timbre; *typ.* [printer's] ink; *kortsp.* suit; *röd till ~en* red in colour; *i vilken ~ skall den målas?* what colour is it to be painted?; *gå i ~ med* match in (for) colour **-a** colour (*äv. bildl.*); *Am.* color; (*textil o.d.*) dye; (*glas, trä o.d.*) stain; (*måla*) paint; *~ av sig* lose (give off) its colour **-ad** *a5* colo[u]red; *socialistiskt ~* tinged with socialism **-are** dyer **-bad** dyeing bath **-band** (*för skrivmaskin*) typewriter ribbon **-bild** *se -foto* **-blandning** *konkr.* colour-blend **-blind** colour-blind **-blindhet** colour-blindness **-borttagningsmedel** paint remover **-brytning** colour refraction **-dyna** stamp pad **-eri** dye works **-film** colour film **-foto** colour photo **-fotografering** colour photography **-fotografi** colour photograph **-glad** gay, gaily coloured **-glädje** gaiety of colour **-grann** *neds.* gaudy **-handel** paint (colourman's) shop **-klick** daub (splash) of colour (paint) **-kopp** colour-well **-krita** (*vax-*) crayon **-låda** paint-(colour-)box **-lägga** colour **-läggning** colouring **-lös** colourless **-löshet** colourlessness; lack of colour **-ning** dyeing **-penna** coloured pencil **-plansch** (*i bok*) colour plate; coloured illustration **-prakt** display of colour **-prov** colour sample **-pyts** paint pot **-rik** profusely (richly) coloured; *bildl. äv.* vivid **-rikedom** richness (variety) of colour **-sinne** sense of colour **-skala** range of colours; *konkr.* colour chart (guide) **-skiftning** 1 (*nyans*) hue, tint; tinge; (*om pärlemor*) iridescence 2 (*-förändring*) changing (change) of colour **-stark** highly coloured, colourful **-sätta** decide on colours (a colour scheme) **-sättning** colouration, colouring **-ton** colour shade, hue, tinge **-tryck** colour-printing; *konkr.* colour-print **-tub** paint-tube **-verkan** colour effect **-äkta** colourfast, unfadable **-ämne** colouring agent; *Am.* colorant; (*lösligt*) dye[stuff]
färj|a I *s1* ferry[-boat] II *v1* ferry (*över* across) **-förbindelse** ferry service **-karl** ferryman **-läge** ferry berth
färla [-ä:-] *s1* ferule
färm *a1* prompt, expeditious **-itet** promptness
färre [ˈfärre] fewer; less numerous
färs *s3, kokk.* forcemeat, farce **-era** stuff
färsk *a1* 1 (*nyligen tillagad etc., ej gammal*) new; (*ej skämd, saltad, konserverad*) fresh; (*ej torkad*) green; *~ frukt* fresh fruit; *~ potatis* new potatoes; *~a ägg* new-laid eggs 2 (*som nyligen gjorts, inträffat etc.*) fresh; *av ~t datum* of recent date; *~a spår* fresh tracks; *de ~aste nyheterna* the latest news **-a** *tekn.* refine **-ning** oxidation, refining **-ningsprocess** refining process **-rökt** *a4*, *~ lax* smoked salmon **-varor** perishable goods **-vatten** fresh water
Färöarna *pl* the Faroe Islands, the Faroes **färöisk** *a5* Faroese
fäst|a *v3, v1* 1 (*fastgöra*) fasten, fix (*vid* to, on [to]); attach (*vid* to) 2 (*friare o. bildl.*) *~ blicken på* fix one's eyes upon; *~ uppmärksamheten på* call attention to; *~ vikt vid* attach importance to 3 (*anteckna, överföra*) commit (*på papperet* to paper; *duken* canvass) 4 (*fastna, häfta*) affix, stick; (*om spik e.d.*) hold 5 *rfl*, *~ sig vid ngn* become attached to s.b.; *~ sig vid ngt* notice, pay attention to; *inte ~ sig vid småsaker* not bother about trifles; *det är inget att ~ sig vid* ignore it, don't take any notice of it, it is nothing to worry about **-e** *s6* 1 (*fast stöd el. grund*) hold; *bildl.* stronghold, foundation; (*rot-*) root; *få ~* get a hold (grip), take root 2 (*skaft, handtag*) shaft, attachment; (*hållare*) holder; (*svärd-*) hilt 3 *bot.* receptacle 4 (*himlavalv*) firmament 5 (*befästning*) stronghold **-ekvinna** *hans ~* his betrothed **-folk** engaged couple
fästing *zool.* tick
fäst|man fiancé; *hennes ~* (*äv.*) her young man **-mö** fiancée; *hans ~* (*äv.*) his young lady
fästning *mil.* fort[ress]

fästningsanläggning fortification[s *pl*]
fästpunkt [point of] attachment
fäsör hack
föd|a I *s1* food; (*kost*) diet; (*näring*) nourishment; (*uppehälle*) living; *arbeta för ~n* work for a living (one's bread); *inte göra skäl för ~n* not be worth one's keep **II** *v2* **1** (*bringa t. världen*) give birth to; bear; *absol.* bear children; *~s* be born **2** *bildl.* bring forth; breed **3** (*ge näring åt*) feed (*på* on); nourish; (*underhålla*) maintain, support; *~ sig* live, earn one's (a) living (*av, på* on; *med* by), (*om djur*) feed **-d** *a5* born (*av* of); *han är ~ den 1 maj* he was born on the 1st of May; *han är ~ engelsman* he is an Englishman by birth; *~a* (*rubrik*) births; *fru Jones, ~ Smith* Mrs. Jones, née (formerly) Smith
födelse birth; *alltifrån ~n* from [one's] birth **-annons** birth announcement **-attest** birth certificate **-dag** birthday; *hjärtliga gratulationer på ~en!* many happy returns [of the day]! **-dagsbarn** person celebrating a birthday **-dagspresent** birthday present **-dagstårta** birthday cake **-datum** date of birth **-kontroll** birth control **-märke** birthmark **-nummer** birth registration number **-ort** place of birth **-år** year of birth **-överskott** excess of births over deaths
föd|geni [an] eye to the main chance **-krok** means of livelihood **-oämne** food[stuff]; *~n* (*äv.*) comestibles, eatables, provisions **-oämneslära** dietetics (*pl*)
föd|sel ['född-] *s2* **1** (*förlossning*) childbirth; delivery **2** (*födelse*) birth **-slovånda** travail **-slovärkar** labour pains; throes of childbirth
1 föga I *n* [very] little **II** *oböjl. a* [very (but)] little **III** *adv* [very (but)] little; (*icke just*) not exactly; (*knappast*) scarcely, hardly; *~ angenäm* disagreeable; *~ givande* hardly profitable, rather unprofitable (unfruitful); *~ uppbygglig* unedifying
2 föga *oböjl. s i uttr.: falla till ~* yield, submit (*för* for), give in
fögderi county administrative division; *hist.* bailiwick; *bildl.* domain
föl *s7* foal; (*unghäst*) colt; (*sto-*) filly
följ|a *v2* **1** (*~ efter*) follow **2** (*ledsaga*) accompany (*äv. bildl.*); go (come) with; *~ ngn hem* (*äv.*) see s.b. home **3** (*efterträda*) succeed **4** (*förflytta, sträcka sig längs*) follow **5** (*iakttaga, studera, förstå*) follow; (*~ med blicken*) watch; *~ föreläsningar* attend lectures **6** (*rätta sig efter*) follow (*modet* the fashion; *ngns exempel* a p.'s example); obey; comply with; observe **7** (*inträffa efter ngt annat*) follow; (*om tid äv.*) ensue; *brev -er* letter to follow; *fortsättning -er* to be continued; *härav -er* hence it follows; *brevet lyder som -er* the letter runs as follows **8** (*med beton. part.*) *~ efter* follow [on behind]; *~ med a*) (*gå med*) go (come) with s.b., go (come) too, *b*) (*hålla jämna steg med*) keep pace with, keep abreast of (*sin tid* the times), *c*) (*vara uppmärksam*) follow; *han har svårt att ~ med i engelska* he has difficulty in keeping pace in English; *~ med* [*på utfärden*] join the party; *~ upp* (*driva vidare*) follow up
följ|aktligen accordingly, consequently **-ande** *a4* following, next; successive; (*som konsekvens*) consequent, resulting; *~ dag* [on] the following (the next) day; *på ~ sätt* in the following way, as follows; *ett brev av ~ innehåll* a letter to the following effect; *i det ~* (*nedan*) below, (*senare*) in the sequel; *med därav ~* consequently entailing; *på varandra ~* successive **-as** *v2, dep, ~ åt* go together, *bildl.* run together, occur at the same time
följd *s3* **1** (*verkan, konsekvens*) consequence; result; *ha till ~ att* have the result that; *till ~ av* in consequence of **2** (*räcka, serie*) succession, line; series; *en lång ~ av år* a long succession of years; *i ~* running, in succession; *i löpande ~* consecutively **-företeelse** consequence, sequel **-riktig** logical; (*konsekvent*) consistent **-sats** corollary **-sjukdom** complication; *med.* sequela (*pl* sequelae) **-verkan** resulting effect, after-effect
följe *s6* **1** (*svit, uppvaktning*) suite, retinue; attendants (*pl*); (*väpnat*) escort; (*pack*) gang, crew **2** (*sällskap*) company; *göra* (*slå*) *~ med ngn* accompany s.b. **-brev** covering (accompanying) letter **-sedel** delivery note **-slagare** companion; follower
följetong [-åŋ] *s3* serial [story]
följsam *a1* (*med anpassningsförmåga*) adaptable, accommodating; (*smidig*) flexible, pliant
föll *imperf av falla*
fönst|er ['fönn-] *s7* window; *kasta ut genom -ret* throw out of the window; *stå i -ret a*) (*om pers.*) stand at the window, *b*) (*om sak*) be in the window; *sova för öppet ~* sleep with one's (the) window open
fönster|bleck metal [window-]sill, water bar **-bord** table by the window **-bräde** window-sill **-båge** window-frame; (*för skjutfönster*) sash **-bänk** window-ledge **-glas** window-glass **-hake** window-catch; *jfr -krok* **-halva** window-valve **-karm** window-frame **-krok** window-stay; *jfr -hake* **-kuvert** window-envelope **-lucka** [window-]shutter **-nisch** window-bay(-recess) **-post** mullion **-putsare** window-cleaner **-putsning** window-cleaning **-ruta** window-pane **-smyg** flanning, embrasure **-tittare** peeping Tom
1 för *sjö.* **I** *s2* stem, prow; *från ~ till akter* from stem to stern; *i ~en* at the prow **II** *adv* fore; *~ och akter* fore and aft; *~ om masten* before the mast; *~ ut* (*över*) ahead, (*inombords*) forward
2 för I *prep* **1** (*framför, inför*) before; *hålla handen ~ munnen* hold one's hand to one's mouth; *gardiner ~ fönstren* curtains before the windows; *sova ~ öppet fönster* sleep with one's window open; *~ öppen ridå* with the curtain up, *bildl.* in public; *skjuta sig en kula ~ pannan* blow one's brains out; *stå ~ dörren* (*bildl.*) be at hand, be near **2** (*i tidsuttr.*) *~ alltid* for ever; *~ lång tid framåt* for a long time to come; *~ de närmaste tio åren* for the next ten years; *~ ett år sedan* one (a) year ago; *~ länge sedan* long ago **3** (*i förhållande t., med hänsyn t., i stället för, i utbyte mot, på grund av, t. följd av, t. förmån el. skada för, avsedd*

för) for; *han är stor ~ sin ålder* he is tall for his age; *~ våra förhållanden* by our standards; *en ~ alla och alla ~ en* one for all and all for one; *en gång ~ alla* once [and] for all; *tala ~ ngn* speak for (on behalf of) s.b.; *äta ~ tre* eat for three; *vad tar ni ~ ...?* what do you charge for ...?; *köpa ~ 100 pund* buy for £ 100; *öga ~ öga* an eye for an eye; *det har du ingenting ~* you won't gain anything by that; *jag vill ~ mitt liv inte göra det* I don't want to do it for the life of me; *känd ~* known for; *~ mig får du ...* as far as I am concerned you can ...; *jag får inte ~ mamma* mother won't let me; *det blir inte bättre ~ det* that won't make it any better; *en almanacka ~ 1960* an almanac for 1960; *arbeta ~ ngt* work for s.th.; *det är bra ~ dig* it is good for you; *göra ngt ~ ngn* do s.th. for s.b.; *ha öga ~* have an eye for **4** (*i dativkonstr. o. liknande*) to; *det blev en besvikelse ~ henne* it was a disappointment to her; *blind ~ fördelarna* blind to the advantages; *en fara ~* a danger to; *tiden blev lång ~ henne* time seemed long to her; *det var nytt ~ mig* it was new to me; *svag ~ ngn* partial to s.b. **5** (*i genitiv-konstr.*) of; *chefen ~ armén* the commander-in-chief of the army; *dagen ~ avresan* the day of my (*etc.*) departure; *vara föremål ~* be the object of; *bli ett offer ~* be a victim of; *platsen ~ brottet* the scene of the crime; *priset ~* the price of; *tidningen ~ i dag* to-day's paper **6** (*mot, från, hos*) from; *skydda ngn ~ ngt* protect s.b. from s.th.; *dölja ngt ~ ngn* conceal s.th. from s.b.; *vi har engelska ~ magister A.* we have Mr. A. in English; *ta lektioner ~ ngn* take lessons with (from) s.b.; *gå och dansa ~ ngn* take dancing lessons with (from) s.b. **7** (*i fråga om*) about; *oroa sig ~* be anxious about **8** (*såsom*) as, for; *hålla ngt ~ troligt* regard s.th. as likely; *anse* (*förklara, kalla m.fl.*) *ngn ~ ngt* consider (declare, call) s.b. s.th.; *~ det första* in the first place, firstly **9** (*t. ett pris av*) at; *köpa ngt ~ 2 kronor kilot* buy s.th. at 2 kronor a kilo **10** (*andra prep*) *~ egna pengar* with one's own money; *skriva ~ hand* write by hand; *dag ~ dag* day by day; *steg ~ steg* step by step; *rädd ~* afraid of; *intressera sig ~* take an interest in; *utmärkande ~* characteristic of **11** (*utan prep*) *bli värre ~ varje dag* (*gång*) get worse every day (each time); *vi betalar var och en ~ sig* each of us will pay for himself **12** *bo ~ sig själv* live by oneself; *han går ofta ~ sig själv* he often walks alone (by himself); *le* (*tänka*) *~ sig själv* smile (think) to o.s.; *den kan stå ~ sig själv* it can stand by itself **II** *konj* **1** (*ty*) for **2** *~ att* (*därför att*) because; *jag är glad ~ att det är vackert väder* I am happy because the weather is fine; *inte ~ att jag bryr mig om det* not that I care [about it]; *nog ~ att det finns orsak att* to be sure (it is true) there is reason to **3** *den var för liten ~ att passa* it was too small to fit; *den var för tung ~ att jag skulle kunna bära den* it was too heavy for me to carry **4** *~ att* (*uttr. avsikt*) *a*) (*före bisats*) so (in order) that, *b*) (*före inf*) [in order] to (+ *inf*), with the intention of (+ *ing-form*); *man måste stödja den ~ att den inte skall falla* one must support it so that it does not fall; *vi kom i tid ~ att se flygplanet lyfta* we arrived in time to see the plane take off; *~ att inte tala om* not to mention, let alone; *~ att säga som det är* to tell the truth; *liksom ~ att* as if to; *hon har gått ut ~ att handla* she has gone out shopping; *han reste ~ att aldrig mer återvända* he left, never to return **5** *vara misstänkt ~ att ha* be suspected of having; *jag skäms ~ att säga det* I am ashamed to say it; *han är duktig ~ att vara så liten* he's good for such a little boy **6** *~ så vitt* provided [that]; *~ så vitt inte* unless **III** *adv* **1** (*alltför*) too; *mycket ~ liten* much too small; *hon är ~ näpen!* she's just too sweet! **2** *gardinerna är ~* the curtains are drawn; *regeln är ~* the bolt is to; *stå ~* (*dölja*) stand in front; *stå ~ ngn* (*skymma*) stand in a p.'s way **3** (*mots. emot*) for (*och emot* and against); *vara ~ ett förslag* (*äv.*) be in favour of a proposal

för|a *v2* **1** (*förflytta*) convey; transport, remove; *~ ett glas till läpparna* raise a glass to one's lips; *~ handen över* pass one's hand over **2** (*ta med sig*) *a*) (*hit*) bring, *b*) (*dit*) take; (*bära*) carry (*äv. bildl.*); (*leda*) lead (*äv. bildl.*); (*ledsaga*) conduct; (*bil e.d.*) drive; (*fartyg*) navigate, sail; *~ ngn till bordet* take s.b. in to dinner; *~ ngn bakom ljuset* hoodwink s.b.; *~ ngt på tal* broach a matter **3** (*ha t. salu*) stock, run, keep) (*en vara* a line of goods); *Am. äv.* carry **4** (*hantera, manövrera*) handle **5** *bildl.* (*hän-, räkna*) assign; *~ krig* (*ett samtal*) carry on war (a conversation); *~ oväsen* make a row; *~ ett fritt språk* talk freely, be outspoken **6** (*skriva, uppgöra*) keep (*böcker* books; *räkenskaper* accounts) **7** (*om väg o.d.*) lead; *det skulle ~ alltför långt* it would take us too far **8** (*med beton. part.*) *~ bort* carry (take) away (off), remove; *~ fram* bring up (forward); *~ fram en kandidat* launch a candidate; *~ ihop* bring (put) together; *~ in a*) bring (take; *om pers. el. djur*: lead) in (into a (the) room *etc.*), *b*) (*i räkenskaper o.d.*) enter; *~ med sig a*) carry [along] with one (it *etc.*), *b*) (*ha t. följd*) involve, entail; *~ ut* bring (take; *om pers. el. djur*: lead) out (*på* into; *ur* of); *~ vidare* (*skvaller o.d.*) pass on; *~ över* convey (bring, carry *etc.*) across, (*varor äv*) transport **9** *rfl* carry o.s.; *hon för sig väl* she carries herself well (has poise)

förakt *s7* contempt (*för* for, of); (*överlägset*) disdain (*för* of, for); (*ringaktning*) disregard (*för* of, for); *hysa ~ för* feel contempt for **-a** despise; (*försmå*) disdain, scorn **-full** contemptuous; disdainful, scornful **-lig** *a1* contemptible; (*starkare*) despicable, mean

förandliga spiritualize

föraning premonition

förankr|a anchor, moor; *bildl.* establish firmly; *fast ~d i* deeply rooted in **-ing 1** anchoring; *konkr.* anchorage **2** *byggn.* abutment

föran|leda *v2* give rise to, bring about, lead to, result in; *känna sig -ledd att* feel im-

pelled (led) to **-låta** *-lät -låtit, se -leda; se sig -låten att* feel called upon to, think fit to **-stalta** ~ [*om*] arrange, organize (*ngt* s.th.) **-staltande** *s6* arranging; *på* ~ *av* thanks to, by direction of **-staltning** arrangement; *vidtaga ~ar för ngt* make preparations (arrangements) for s.th.
förarbet|a prepare, work [up] (*till* into) **-e** preparatory (preliminary) work
förare (*vägvisare*) guide; (*av bil etc.*) driver; *flyg.* pilot
förarg|a [-j-] annoy, provoke; (*reta äv.*) vex; *det ~r mig mycket* it makes me so annoyed (*etc.*); *bli ~d, ~ sig* be annoyed (get angry, vexed) (*över* at) **-else** annoyance; (*förtrytelse*) vexation, mortification; (*anstöt*) offence; (*bannor*) scolding **-elseväckande** *a4* offensive, intolerable; (*starkare*) scandalous; ~ *beteende* disorderly conduct [in a public place]; *uppträda* ~ commit nuisance **-lig** *a1* 1 (*förtretlig*) provoking, annoying, vexing; (*brydsam*) awkward; *så ~t!* what a nuisance!, how annoying! 2 (*retsam*) irritating, aggravating
förar|hytt [driver's] cab; *flyg.* cockpit **-säte** driver's seat
förband *s7* 1 *med.* bandage, [surgical] dressing; *första* ~ first-aid bandage; *lägga* ~ apply a bandage (*på* to) 2 *mil.* unit; *flyg.* formation
förbands|artiklar first-aid supplies, dressing material[s] **-gas** surgical gauze **-låda** first-aid kit
förbann|a curse, damn; *-e mig* I'm (I'll be) damned **-ad** *a5* cursed; (*svordom*) damned; (*svagare*) confounded; *är du* [*rent*] *~?* are you quite crazy?; *det var då* [*alldeles*] *-at!* damn it [all]!; *bli ~ på ngn* get furious (mad) with s.b. **-else** curse; *fara ut i ~r mot* curse
förbarma *rfl* take pity (*över* on); *Herre, ~ dig över ...!* Lord, have mercy on ...! **-nde** *s6* compassion, pity; *bibl.* mercy
förbaskad *a5* confounded, blasted
förbehåll *s7* reserve, reservation; (*begränsning*) restriction; (*villkor*) condition; (*klausul*) proviso, [saving] clause; *med* ~ with reservations; *med ~ att* provided that; *med ~ för fel* with reservation for possible errors; *utan* ~ (*äv.*) unconditionally **-a** ~ *ngn ngt* (*ngn att*) reserve s.th. for s.b. (s.b. the right to); ~ *sig a*) (*betinga sig*) reserve for (to) o.s., *b*) (*kräva*) demand **-sam** *a1* reserved, guarded **-samhet** reserve, reticence
förbehållslös unconditional; unreserved
förbena *äv. ~s, ~ sig* ossify
förbered|a 1 prepare (*för, på* for), make preparations for 2 *rfl* prepare [o.s.] (*för, på, till* for); (*göra sig redo*) get [o.s.] ready (*för, till* for); ~ *sig på ett tal* (*för en lektion*) prepare a speech (a lesson) **-ande** *a4* (*om skola*) preparatory; (*om möte, arbete, åtgärder*) preliminary **-else** preparation (*för, på, till* for)
förbi I *prep* past, by II *adv* 1 *eg.* past, by 2 (*t. ända*) over; (*borta*) gone; (*avslutad*) done; *min tid är* ~ my time is up (over) 3 (*uttröttad*) done up, all in
förbida wait upon (for) **-n** *r, i* (*under*) ~ *på* awaiting, while waiting for
förbi|farande *a4* passing **-fart** *i ~en* in (when) passing **-fartsled** bypass **-gå** pass over (*med tystnad* in silence), ignore **-gående** I *s6, i* ~ (*flyktigt*) incidentally, by the way; *i ~ sagt* by the way; *med ~ av* passing over, omitting II *a4* passing; *en* (*de*) ~ a passer-by ([the] passers-by) **-gången** *a5, bli* ~ be passed over; *känna sig* ~ feel left out
förbilliga cheapen
1 **förbinda** [*ˣfö:r-*] *se binda för*
2 **förbind|a** 1 (*sår*) bandage, dress 2 (*förena*) join (*med* to); attach (*med* to); connect, combine (*med* with); (*associera*) associate, connect 3 (*förplikta*) bind ... over, pledge (*till* to) 4 *rfl* bind (pledge) o.s.; *vi -er oss att* ... we undertake to ...
förbindelse 1 *allm.* connection; (*mellan personer*) relations (*pl*), relationship; *stå i ~ med* be in communication (touch, contact) with; *sätta sig i ~ med* get in touch (contact) with, contact 2 (*samfärdsel*) communication (*äv. mil.*); (*trafiklinje*) service, line 3 *~r* (*bekantskaper*) connections 4 (*förpliktelse*) obligation, engagement; (*skuldsedel e.d.*) bond; (*skuld*) liability, debt; *utan* ~ under no obligation, without engagement, (*om pris*) not binding **-gång** tunnel **-led** connecting link **-officer** liaison officer
förbindlig *a1* courteous, obliging; *~t leende* engaging smile **-het** courtesy
förbi|passerande [*ˣfö:r-,-'bi:-*] *a4* passing-by; *en* (*de*) ~ a passer-by ([the] passers-by) **-se** overlook; disregard **-seende** *s6* oversight; *av* [*rent*] ~ through an (a pure) oversigth, [quite] inadvertently
för|bistring confusion **-bittra** 1 (*göra bitter*) embitter 2 (*uppreta*) exasperate **-bittrad** *a5* bitter; (*uppretad*) exasperated (*på ngn* with s.b.; *över* at); (*våldsam*) enraged **-bittring** bitterness; exasperation; (*starkare*) rage
förbjud|a forbid; ban (*atomvapen* atomic weapons); (*om myndighet o.d.*) prohibit **-en** *a5* forbidden (*frukt* fruit); prohibited; ~ *ingång* (*väg*) no admission (thoroughfare); *-et område* prohibited area, no trespassing; *rökning* ~ no smoking, smoking prohibited; *tillträde -et* no admittance
för|blanda mix [... up]; confuse **-blekna** fade **-blinda** blind; *bildl. äv.* infatuate; (*blända*) dazzle; *~d* blind[ed] **-blindelse** infatuation **-bli[va]** remain; (*stanna kvar*) stay; *är och -blir* is and will remain; *den var och -blev borta* it was gone for good [and all] **-bluffa** amaze, astound; *vard.* flabbergast **-blöda** bleed to death
förbomma bar [up], barricade
för|borga [-'bårrja] conceal (*för* from); *~d* hidden (*för* from) **-brinna** burn; *bildl.* burn out, be consumed
förbruk|a consume; use [up]; (*pengar, kraft*) spend **-are** consumer; user **-ning** [-u:-] consumption **-ningsartikel** consumer goods (*pl*), article of consumption, commodity **-ningsmaterial** incidental material[s *pl*], expendable supplies (*pl*) **-ningsändamål** *för* ~ for consumption purposes, for use
förbrylla confuse, bewilder, perplex
förbryt|a *vanl. rfl* offend, trespass (*mot*

against); *vad har han förbrutit?* what wrong has he done? **-arband** gang of criminals **-are** criminal; (*svagare*) offender; (*dömd fånge*) prisoner, convict **-arslang** lingo of the underworld; argot **-else** crime; (*svagare*) offence

förbränn|a burn [up]; *bildl.* blast; (*sveda*) scorch **-ing** burn[ing]; *fys.* combustion; *ofullständig* ~ incomplete combustion **-ingsmotor** internal combustion engine **-ingsprodukt** product of combustion; metabolic waste product; *allm.* slag

förbrödr|a [-'ö:d-] **1** (*förena*) unite ... in brotherhood **2** *rfl* fraternize **-ing** fraternization

förbud *s7* prohibition (*mot* of), ban, embargo (*mot* on); *häva ett* ~ raise a ban, repeal a prohibition; *införa* ~ *för* lay an embargo on

förbuds|anhängare prohibitionist **-fråga** question of prohibition

förbund *s7* **1** (*avtal om samverkan*) compact; *relig.* convenant; (*allians, förbindelse*) alliance, union; *sluta* ~ *med ngn* make an alliance with s.b.; *stå i* ~ *med* enter into an alliance with, be allied with **2** ([*sammanslutning av*] *förening*[*ar*]) federation, association; *polit.* confederation, league; *Nationernas F~* the League of Nations

1 förbund|en [ˣfö:r-] *a5*, *med -na ögon* [with] blindfold[ed eyes]

2 förbund|en [-'bunn-] *a5* **1** (*förenad*) connected (*med* with, to); communicating, in communication (*med* with); (*allierad*) allied (*med* to); *det är -et med stora risker* it involves considerable risks **2** (*förpliktad*) bound (*till* to); *vara ngn mycket* ~ be very much obliged to s.b. **3** *läk.* dressed, bandaged

förbunds|kansler Federal Chancellor **-republik** federal republic

förbygga *rfl* overbuild; build beyond one's means

förbyt|a **1** *se byta bort* **2** (*förvandla*) change, transform (*i, till* into); *han var som -t* he was changed beyond recognition **-as** *dep* change, be turned (*i, till* into)

förbålt [-å:-] deuced, confounded[ly]

förbättr|a improve; ameliorate; (*rätta*) amend; (*moraliskt*) change ... for the better, reform; *det ~r inte saken* that does not mend matters; ~ *sig*, *~s* improve **-ing** improvement; betterment, amelioration; (*av hälsan*) recovery

förbön intercession

fördatera predate, antedate

fördel *s2* advantage (*framför* over; *för* to; *med* of); (*fromma*) benefit; (*nytta*) good; (*vinst*) profit; *dra* ~ *av* benefit by, derive advantage from; *vara till* ~ *för ngn* be to a p.'s advantage; *tala till ngns* ~ speak (be) in a p.'s favour; *det kan med* ~ *göras nu* it may very well be done now; *förändra sig till sin* ~ change for the better; *väga för- och nackdelar* weigh the pros and cons

fördela (*utdela*) distribute (*bland, emellan, på* among[st]); (*genom lottning*) allot; (*uppdela*) divide (*bland, emellan* among[st]; *i* into); (*allmosor*) dispense; (*skingra*) dissipate; ~ *på grupper* distribute on groups; ~ *rollerna* cast (distribute) the parts; ~ *sig* distribute themselves, be distributed

fördelaktig *a1* advantageous (*för* to, for); (*gynnsam*) favourable; (*inbringande*) profitable (*för* to, for); (*tilltalande*) attractive, prepossessing; *ett ~t yttre* a prepossessing appearance

fördelning **1** (*uppdelning*) distribution, division (*bland, emellan, på* among[st]); allotment; ~ *av exporten på varuslag* breakdown of exports by commodity **2** *mil.* division

fördetting back number, has-been

fördevind *adv, sjö.* before the wind; *vända* ~ veer

fördjup|a **1** deepen, make ... deeper **2** *rfl* (*i ett ämne*) enter deeply (*i* into); (*i studier, sysselsättning*) become (get) absorbed (engrossed) (*i* in) **-ad** *a5* (*om pers.*) absorbed; (*om studier*) deeper **-ning** [-u:-] depression; (*grop*) cavity; (*i marken äv.*) hollow; (*i vägg o.d.*) recess, niche

fördold [-'då:ld] *a5* hidden; secret

fördom *s2* prejudice

fördoms|fri unprejudiced, unbias[s]ed; (*skrupelfri*) unscrupulous **-frihet** freedom from prejudice; (*skrupelfrihet*) unscrupulousness **-full** prejudiced **-fullhet** prejudice, bias

fördrag *s7* **1** (*överenskommelse*) treaty, pact; agreement; *sluta* ~ *med* conclude a treaty with **2** (*tålamod*) patience; forbearance **-a** bear, stand; (*tåla*) put up with; (*uthärda*) endure **-sam** *a1* tolerant, forbearing (*mot* to[wards]) **-samhet** tolerance, forbearance

fördrags|brott breach of a treaty **-enlig** [-e:-] *a1* according to (in accordance with) a treaty; *~a förpliktelser* treaty obligations

fördragsgardin [ˣfö:r-] curtain

fördragsstridig *a1* contrary to the terms of a treaty

fördriv|a **1** (*driva bort*) drive away (out); (*driva i landsflykt*) banish **2** ~ *tiden* while away the time, kill time **-ning** [-i:v-] driving away (out); expulsion

för|dröja delay; retard; (*uppehålla*) detain, keep; stall; *-dröjd utlösning* delayed action; ~ *sig* be delayed **-dröjning** delay; retardation; detention **-dubbla** double; *bildl.* redouble; ~ *sig*, *se ~s* **-dubblas** *dep* [re]double **-dumma** make ... stupid; *absol.* blunt the intellect **-dumning** dulling of the intellect **-dunkla** darken; obscure (*äv. bildl.*); (*ställa i skuggan*) overshadow; (*överträffa*) eclipse **-dyra** make dearer (more expensive), raise the price of **-dyring** ~ *av* rise in the price[s *pl*] of **-dystra** make ... gloomy; cast a gloom over; ~ *stämningen* spoil the [happy] atmosphere

fördäck foredeck

fördäm|ma dam [up] **-ning** dam; embankment

fördärv *s7* **1** (*olycka*) ruin; (*undergång*) destruction; *störta ngn i ~et* lead (drive) s.b. to destruction, bring s.b. to ruin **2** (*moraliskt förfall*) corruption, depravation; (*tidens o.d.*) depravity **-a** **1** (*i grund*) ruin; (*tillintetgöra*) destroy; (*skada*) damage; (*skämma*) spoil **2** (*sedligt*) corrupt, deprave; (*försämra*) blight (*ngns utsikter* a p.'s prospects) **-ad** *a5* **1** ruined *etc.*; *skratta sig* ~ die with laughter, burst one's sides with laughing **2** corrupt *etc.* **-as** *dep* be ruined; (*skadas*) get damaged **-bringande** *a4* fatal, ruinous, destructive **-lig** *a1* pernicious; (*skadlig*) injurious, deleterious, destructive

för|dölja *se dölja* **-döma** condemn; (*ogilla*) blame; *relig.* damn **-dömd** *a5*, *relig.* damned; *-dömt!* hang it [all]! **-dömelse** [-'dömm-] *s5*, *relig.* condemnation **-dömlig** *a1* ... to be condemned, reprehensible

1 före *s6* (*på snö etc.*) surface [for skiing *etc.*]

2 före I *prep* before; in front of; (*framom*) ahead (in advance) of (*äv. bildl.*) ~ *detta*, *se under detta* **II** *adv* before; *ärendet skall ~ i morgon* the matter is to come up tomorrow **-bild** prototype (*för, till* of); (*mönster*) pattern, model **-bildlig** *a1* exemplary, ideal, model **-bringa** produce, bring in

förebrå *v4* reproach; (*högtidligt*) upbraid; (*klandra*) blame; ~ *sig* reproach o.s. (*för* with); *han har ingenting att ~ sig* he has nothing to reproach himself with **-else** reproach; *få ~r* be reproached **-ende** *a4* reproaching, reproachful

före|bud 1 *poet.* (*föregångare*) harbinger **2** (*varsel*) presage (*till* of); omen, portent (*till* of) **-bygga** (*förhindra*) prevent; provide against; (*-komma*) forestall **-byggande I** *s6* preventing *etc.*; prevention; *till ~ av* for the prevention of **II** *a4* preventive **-båda** forebode; portend **-bära** plead, allege **-bärande** *s6*, *under ~ av* on the plea of

föredrag *s7* **1** discourse; (*kåserande*) talk; (*föreläsning*) lecture; (*tal*) address; *hålla ~* give (deliver) a discourse (lecture), lecture **2** (*framställningssätt*) delivery, diction; *mus.* execution, interpretation **-a 1** (*framföra*) deliver; (*utantill*) recite; (*musikstycke*) execute **2** (*redogöra för*) [present a] report **3** (*ge företräde åt*) prefer (*framför* to); *det är att ~* it is preferable **-ande I** *s9* person reporting on a case **II** *a4*, *den ~ a*) the reciter (singer *etc.*), *b*) *se I* **-ning** report, submission **-ningslista** agenda

föredragshållare lecturer

före|döme *s6* example; (*mönster*) model, pattern **-dömlig** *a1* (*efterföljansvärd*) worthy of imitation; (*-bildlig*) ideal, model; *~t uppförande* exemplary conduct **-falla 1** (*inträffa*) occur, pass **2** (*tyckas*) seem, appear (*ngn* to s.b.) **-finnas** *dep* exist; *de -finns hos* they are to be found in (at) **-fintlig** *a1* existing; available **-giva** pretend, allege **-givande** *s6*, *under ~ av* under (on) the pretext of, pretending **-gripa** anticipate, forestall **-gå 1** (*inträffa tidigare*) precede **2** ~ *med gott exempel* set an (a good) example **-gående I** *a4* preceding, previous, former **II** *s6* (*tidigare liv*) previous (former) life; antecedents (*pl*) **-gångare** precursor, forerunner; (*-trädare*) predecessor **-gångsland** leading country **-gångsman** pioneer **-ha[va]** have ... in (on) hand, be doing **-havande** *s6*, *ngns ~n* a p.'s doings **-hålla** point out; ~ *ngn ngt* expostulate with s.b. on (for, about) s.th. **-komma 1** (*hinna före*) be in advance of; (*-gripa*) anticipate, forestall; *bättre ~ än ~s* better to forestall than be forestalled **2** (*hindra*) prevent; (*omintetgöra*) frustrate **3** (*anträffas*) be found (met with) **4** (*hända*) occur; *på -kommen anledning får vi påpeka* it has been found necessary to point out **-kommande** *a4* **1** occurring; *ofta* (*sällan*) ~ frequent (rare); *i ~ fall* whenever (whereever) applicable **2** (*tillmötesgående*) obliging; (*artig*) courteous **-komst** [-å-] *s3* occurrence; presence (*i* in); (*fyndighet*) deposit **-ligga** be before us (*etc.*); be to hand; (*finnas*) exist; (*finnas att tillgå*) be available; *inget bevis -ligger ännu* no evidence is as yet forthcoming; *här -ligger ett misstag* this is a mistake; *det -ligger risk för* there is a risk of **-liggande** *a4* in question, before us; *i ~ fall* in the present case **-lägga 1** ~ *ngn ngt* place (put, lay) s.th. before s.b.; (*underställa*) submit (*ngn ngt* s.th. to s.b.) **2** (*-skriva*) prescribe; (*ålägga*) enjoin ... upon; (*pålägga*) impose; (*befalla*) command, order **-läggande** *s6* command, order, injunction

föreläs|a 1 (*uppläsa*) read (*för* to) **2** (*hålla -ningar*) lecture (*i, om, över* on; *vid* at) **-are 1** reader **2** lecturer **-ning 1** reading **2** lecture; *bevista* (*hålla*) *~ar* attend (give) lectures (*över* on) **-ningssal** lecture room **-ningsserie** series of lectures

föremål *s7* **1** (*ting*) object; article, thing **2** (*mål för tanke, känsla e.d.*) object; *vara ~ för ngns medlidande* be an object of pity to s.b. **3** (*ämne*) subject (*för* of); *han blev ~ för stark kritik* he was subjected to severe criticism; *den blev ~ för vårt intresse* it attracted our interest

fören|a 1 unite (*med* to; *till* into); (*förbinda*) join, connect; *i sht bildl.* associate; (*kem. o. friare*) combine; (*sammanföra*) bring ... together; (*förlika*) reconcile; *F-ta nationerna* (*staterna*) the United Nations (States [of America]) **2** *rfl* unite (*med* with); associate o.s. (*med* with); (*kem. o. friare*) combine (*med* with); ~ *sig med* (*äv.*) join (*ett parti* a party); *floderna ~r sig längre ner* the rivers join (meet) further down **-ad** *a5* united *etc.*; (*om arméer o.d.*) allied; (*om bolag*) associated; (*om stater*) federated; *med ~e krafter* with combined strength (united forces); *vara ~ med a*) *eg.* be bound up (associated) with, *b*) (*medföra, innebära*) involve, entail; *F~e Arabrepubliken* the United Arab Republic **-ing 1** (*utan pl*) uniting *etc.* (*till* into); (*av pers., stater*) union, unification; (*friare*) association; *i ~* in combination (*med* with), jointly **2** (*med pl*) (*förbund*) alliance, union, league, federation; (*samfund*) society; (*större*) association; (*mer intim*) club; *kem.* compound **-ingsband** bond [of union]; (*friare*) tie **-ingsliv** organizational activities (*pl*) **-ingsmedlem** member of a (the) society (an organization)

förenkl|a simplify **-ing** simplification

förenlig [-'e:n-] *a1* consistent, compatible; *är inte ~t med* is inconsistent with, does not accord (tally) with **-het** consistency, compatibility

förent [-'e:nt] *a4*, *se förena*

före|sats purpose, intention; (*beslut*) resolution; *goda ~er* good resolutions; *i den [fasta] ~en att* with the [firm] purpose of (+ *ing-form*) **-skrift** direction, instruction; (*läkares*) prescription, directions (*pl*); (*befallning*) order, command; *meddela ~er angående* issue directions (instructions) as to **-skriva** prescribe (*ngn vad han skall göra* what [s.b. is] to do); direct (*ngn att göra ngt* s.b. to do s.th.); *~ ngn villkor* dictate terms to (lay down conditions for) s.b. **-slå** propose, suggest (*ngn ngt* s.th. to s.b.); *absol.* make a suggestion; (*rekommendera*) recommend; *~ ngn som kandidat* nominate s.b. (*till* for) **-spegla** *~ ngn ngt* hold out the prospect (promise) of ... to s.b.; *~ sig* promise o.s. ... in advance **-spegling** promise, prospect (*om* of); *falska ~ar* false (dazzling) promises **-språkare** 1 (*böneman*) intercessor, pleader (*för* for; *hos* with) 2 (*som förordar*) advocate (*för* of); spokesman (*för* for) **-spå** prophesy, predict **-stava** 1 (*säga före*) dictate (*för* to); *~ eden* administer the oath (*för ngn* to s.b.) 2 (*orsaka, föranleda*) prompt; induce

förestå 1 (*handha*) be [at the] head of; (*affär e.d.*) manage, supervise, conduct 2 (*stunda*) be at hand, be near, impend **-ende** *a4* approaching; imminent; *vara [nära] ~* be approaching ([close] at hand, impending) **-ndare** manager; principal, director, head; (*för institution*) superintendent; (*för skola*) headmaster **-ndarinna** manageress; principal; (*för anstalt*) matron; (*för skola*) headmistress

föreställ|a I 1 (*framställa*) represent; (*spela ngns roll*) play the part of; *skall detta ~ konst?* is this supposed to be art? 2 (*presentera*) introduce (*för* to) **II** *rfl* 1 (*tänka sig*) imagine; fancy; envisage, visualize 2 (*presentera sig*) introduce o.s. (*för* to) **-ning** 1 (*framförande*) representation; *teat. o.d.* performance, show 2 (*begrepp*) conception, notion, idea (*om* of); *bilda (göra) sig en ~ om* form a conception (*etc.*) of 3 (*erinring, varning*) remonstrance, protest; *göra ngn ~ar* remonstrate (expostulate) with s.b. **-ningsvärld** [personal] philosophy

före|sväva *det ~r mig att jag har* I seem to have a dim recollection of having; *det har aldrig ~t mig* such an idea never crossed my mind **-sätta** *rfl* set one's mind [up]on; *~ sig en uppgift* set o.s. a task

företag *s7* 1 (*förehavande, verk*) undertaking, enterprise; (*vågsamt*) venture; *mil.* operation; *det är ett helt ~ att* it is quite an undertaking to 2 (*affärs-*) company, [business] firm, business; *Am. äv.* corporation **-a** 1 (*utföra*) undertake; set about; (*om t.ex. resa, undersökning*) make 2 *rfl* undertake (*att* to); (*göra*) do (*med* with) **-are** businessman; entrepreneur; *egen ~* self-employed person **-sam** *a1* enterprising **-samhet** enterprise, initiative; *fri ~* free enterprise

företags|demokrati industrial democracy **-ekonom** business economist **-ekonomi** business (industrial) economics (*pl*) **-ekonomisk** *~ teori* theory of business economics; *från ~ synpunkt* from the point of view of business economics **-ledare** manager; executive **-ledning** [company (business)] management **-nämnd** [joint] industrial council, works committee **-vinst** company (*Am.* corporate) profits

före|tal preface **-te** 1 (*uppvisa*) show [up]; (*framtaga*) produce 2 (*förebringa*) present (*bevis* proof) 3 (*ådagalägga*) exhibit, show; *~ tecken på utmattning* show signs of fatigue **-teelse** phenomenon (*pl* phenomena); (*friare*) fact; (*person*) apparition; *en vanlig ~* a common occurrence **-teende** *s6* showing [up] (*etc.*); production; presentation; *vid ~ av* on the production of

företräd|a 1 (*gå före*) precede; *~ ngn* be a p.'s predecessor 2 (*representera*) represent **-are** (*i ämbete o.d.*) predecessor; (*representant*) representative; (*för idé o.d.*) advocate, leader **-e** *s6* 1 (*audiens*) audience; *få ~ hos* obtain an audience of; *begära ~ hos ngn* request s.b. for an audience 2 (*förmån framför andra*) preference; (*i rang*) precedence; *ge ~ åt* give the preference to; *ha ~ framför* take precedence over 3 (*fördel*) advantage, merit (*framför* over); (*överlägsenhet*) superiority (*framför* to) **-esrätt** [right of] priority (precedence) **-esvis** preferably; especially, particularly

förẹviga perpetuate (*i* in); immortalize

före|visa show; (*för pengar äv.*) exhibit; *vetensk.* demonstrate **-visning** exhibition; demonstration; (*föreställning*) performance **-vändning** pretext; (*ursäkt*) excuse; (*undanflykt*) evasion; *ta ngt till ~* take s.th. as an excuse, use s.th. as a pretext

förfader forefather; *se förfäder*

1 förfạll (*förhinder*) excuse [for non-attendance], hindrance; *laga ~* lawful excuse; *utan laga ~* without due cause

2 förfạll (*förstöring*) decay, ruin; decline, decadence; (*urartning*) degeneration; (*moraliskt*) degradation **-a** 1 (*försämras*) [fall into] decay, deteriorate; (*om byggnad o.d.*) go to ruin, fall into disrepair; (*moraliskt*) go downhill, degenerate; *~ till dryckenskap* take to drink[ing] 2 (*bli t. intet*) come to nothing; (*om patent, fordran*) lapse, expire; (*om förslag*) be dropped; (*bli ogiltig*) become invalid; *~ till betalning* fall (be, become) due [for payment], be payable **-en** *a5* 1 decayed *etc.*; dilapidated (*äv. om pers.*); (*om byggnad*) decayed, in disrepair, tumble-down 2 (*ogiltig*) invalid; (*om skuld*) due, payable; (*om premie*) outstanding; *jur.* forfeited, lapsed **-odag** due date, date of expiry (maturity)

förfạlsk|a (*räkenskaper o.d.*) falsify; (*dokument, namnteckning*) forge, counterfeit; (*pengar*) counterfeit; (*varor*) adulterate **-are** forger, counterfeiter **-ning** falsification; forgery; counterfeiting; adulteration; *konkr.* imitation, forgery, fake

förfạra *-for -farit* proceed; act, set about **-nde** *s6* procedure, proceeding[s *pl*]; *tekn.* process; *bedrägligt ~* fraudulent proceeding[s *pl*], deceit

för|fạras *-fors -farits, dep* be wasted; go bad; *låta ~* (*äv.*) waste

förfar|en *a3* experienced, skilled (*i* in) **-ingssätt** procedure, method of proceeding; *tekn.* process

förfasa *rfl* be horrified (*över* at)
författ|a write; (*avfatta*) indite, pen **-arbegåvning** literary talent; *pers.* gifted (brilliant) author **-are** author (*av, till* of); writer **-arhonorar** author's fee[s *pl*]; (*royalty*) royalty **-arinna** authoress **-arnamn** (*antaget*) pen-name **-arrätt** copyright, author's rights **-arskap** *s7* authorship; (*konkr. produktion*) writings (*pl*)
författning 1 (*stats-*) constitution; (*förordning*) statute, ordinance **2** (*tillstånd*) condition, state **3** *gå i ~ om* proceed (take steps) to (for + *ing-form*)
författnings|enlig [-e:-] *a1* constitutional; statutory **-reform** constitutional reform **-rätt** constitutional law **-samling** statute-book, code **-stridig** *a1* unconstitutional
för|fela miss; *~ sin verkan* fail to produce the desired effect **-felad** *a5* ineffective; *ett -felat liv* a misspent life; *vara ~* prove a failure **-fina** refine; *~de seder* polished manners; *~d smak* cultivated taste **-fining** refinement; polish
förfjol *i ~* [during, in] the year before last
förflack|a superficialize; vulgarize **-ning** superficiality
för|flugen *a3* (*plan, tanke*) wild, random; (*om ord*) idle **-fluten** *a5* past; (*förra*) last; *det -flutna* the past **-flyktiga[s]** volatilize, vaporize; (*friare äv.*) evaporate **-flyta** pass; (*om tid äv.*) go by, elapse **-flytta 1** [re]move, transport, transfer; *bildl.* transplant **2** *rfl* move; *i sht bildl.* transport o.s. **-flyttning** removal, transfer; transplantation
förfoga 1 *~ över* have at one's disposal, have recourse to **2** *rfl* repair (*till* to); *~ sig bort* remove o.s. **-nde** *s6* disposal; *stå* (*ställa ngt*) *till ngns ~* be (place s.th.) at a p.'s disposal **-nderätt** right of disposition
för|friska refresh **-friskning** refreshment **-frusen** *a5* frost-bitten; (*om växt*) blighted with frost **-frysa** get frost-bitten; (*om växt*) get blighted with frost; *~ händerna* get one's hands frost-bitten **-fråga** *rfl* inquire (make inquiries) (*hos ngn om ngt* of s.b. about s.th.) **-frågan** *r, som pl används pl av -frågning* **-frågning** [-'frå:g-] inquiry; *göra -frågningar* make inquiries (*om* about; *efter* for) **-fula** make ugly **-fuska** bungle, make a hash of, spoil **-fång** *n* detriment; (*skada*) damage, injury; *till ~ för* to the prejudice (detriment) of; *vara ngn till ~* be a hindrance to s.b. **-fäa** brutalize; (*förslöa*) stupefy
förfäder *pl* ancestors, forefathers
för|fäkta defend, uphold; (*förespråka*) advocate; (*hävda*) maintain, assert; (*rättighet*) vindicate **-fära** terrify (*med* with), appal **-fä ran** *r* terror, horror **-färas** *dep* be horror-struck; be appalled (shocked) (*över* at, by) **-färdiga** [-'fä:r-] make (*av* [out] of); (*industriellt*) manufacture, produce; (*konstruera*) construct **-färlig** [-'fä:r-] *a1* terrible; frightful, dreadful; (*hemsk*) appalling; (*vard. oerhörd*) terrific, awful
förfölj|a pursue, chase; (*plåga*) persecute; *tanken -er mig* the idea haunts me; *-d av otur* dogged by misfortune **-are** pursuer; persecutor **-else** pursuit; *bildl.* persecution (*mot* of) **-elsemani** persecution mania
förföra seduce; (*locka*) allure; (*t. ngt orätt*) corrupt, pervert **-re** seducer
förfördela wrong, injure
förför|else seduction; (*lockelse*) allurement; (*t. ngt orätt*) corruption **-elsekonst** art of seduction; seductive trick **-erska** seductress; (*friare*) temptress **-isk** *a5* seductive; (*om kvinna*) bewitching, fascinating **-iskhet** seductiveness; allurement; fascination
för|gapa *rfl* go crazy (*i* about) **-gasa** gasify; *~s* become gas **-gasare** carburettor **-gasning** [-'ga:s-] gasification; carburation
förgift|a [-'jiff-] poison; (*förbittra*) infect, taint **-ning** poisoning; *bildl.* infection **-ningssymtom** toxic symptom
för|gjord *a5, det är som -gjort* everything is going wrong **-glömma** forget **-grena** *rfl* **-grenas** *dep* ramify, branch off; *-grenad* ramified; branchy **-grening** ramification; fork **-gripa** *rfl, ~ sig på* (*mot*) outrage, use violence against, violate **-griplig** [-'gri:p-] *a1* (*kränkande*) outrageous; (*brottslig*) criminal; (*förolämpande*) injurious **-grova** coarsen
förgrund *s3* foreground; *träda i ~en* (*bildl.*) come to the fore
förgrundsfigur prominent (outstanding) figure
för|grymmad *a5* incensed (*på* with; *över* at); (*ursinnig*) enraged (*på* with; *över* at) **-grymmas** *dep* become incensed **-gråten** *a3* (*om ögon*) red (swollen) with weeping; *hon var alldeles ~* she had been crying her eyes out **-grämd** [-'grä:md] *a1* grieved; (*om min e.d.*) woeful **-gubbning** ageing; (*befolkningens*) increasing proportion of old people **-guda** (*avguda*) idolize; (*dyrka*) adore **-gudning** [-'gu:d-] idolization; adoration **-gylla** [-'jylla] *v2* gild; *bildl. äv.* embellish; *~ upp* (*bildl.*) touch up, embellish; *-gylld* gilt, gold-plated **-gyllare** [-'jyll-] gilder **-gyllning** [-'jyll-] gilding
förgå pass [away, by]; (*försvinna*) disappear, vanish; *~ sig* forget o.s. (*mot* and insult) **-ngen** *a5* past, bygone
förgår *se förrgår*
förgård forecourt; *helvetets ~* limbo
för|gås *-gicks -gåtts, dep* (*gå förlorad*) be lost; (*försmäkta, dö*) perish, die (*av* with); [*vara nära att*] *~ av nyfikenhet* be dying (consumed) with curiosity
förgäng|else [-'jäŋ-] decay, dissolution; *i sht. bibl.* corruption **-lig** *a1* perishable; corruptible; (*dödlig*) mortal; (*kortvarig*) fugitive, transient **-lighet** perishability; (*dödlighet*) mortality; (*kortvarighet*) transience
förgät|a [-'jä:-] *förgat* (*åld*). *-it* forget **-migej** *s3, s9* forget-me-not
för|gäves [-'jä:-] in vain **-göra** destroy, annihilate; (*bringa om livet*) put ... to death
förhal|a 1 *sjö.* warp, shift **2** (*försena*) delay, retard; *~ förhandlingarna* drag out the proceedings; *~ tiden* spin out the time **-ning** [-'ha:l-] **1** *sjö.* warping, shifting **2** (*försening*) delay, retardation **-ningspolitik** policy of obstruction **-ningstaktik** delaying tactics; *Am. polit.* filibustering
förhand 1 *kortsp.* elder hand; *ha ~* have the lead **2** *på ~* beforehand, in advance
förhandenvarande [-ˣhann-] *a4, under ~ om-*

ständigheter under [the] present circumstances
förhandl|a negotiate (*med* with; *om* about); (*överlägga*) deliberate on, discuss **-are** negotiator **-ing** (*överläggning*) deliberation; (*vid domstol, möte e.d.*) proceeding; (*underhandling*) negotiation; *avbryta* (*inleda*) *~ar* suspend (start) negotiations
förhandlings|basis basis for (of) negotiations **-bord** negotiation table **-delegation** negotiation delegation **-läge** bargaining position **-part** negotiating party **-rätt** right to negotiate **-villig** willing to negotiate
förhands|avisera preadvise **-beställning** advance booking **-diskussion** preliminary discussion **-granskning** preliminary examination **-inställning** attitude taken in advance; prejudiced view; *om du redan har en ~ om* if you have already made up your mind about **-löfte** promise in advance **-meddelande** advance notice **-reklam** advance publicity **-rätt** prior right **-visning** preview, trade show
förhasta *rfl* be rash (too hasty) **-d** *a5* rash; *dra ~e slutsatser* jump to conclusions
för|hatlig [-'ha:t-] *a1* hateful, detestable, odious (*för* to) **-hinder** *få ~* be prevented [from] going (coming); *med ~* with impediments **-hindra** prevent (*ngn från att* s.b. from + *ing-form*); (*stoppa*) stop
förhistori|a previous history **-sk** prehistoric
för|hjälpa *~ ngn till ngt* help (assist) s.b. to obtain s.th. **-hoppning** [-'håpp-] hope; (*förväntning*) expectation; *~ar* (*utsikter*) prospects; *göra sig ~ar* indulge in expectations; *hysa ~ar om* hope for; *inge ngn ~ar* inspire s.b. with hopes, give s.b. hope; *i ~ om* (*att*) hoping for (to) **-hoppningsfull** hopeful; (*lovande*) promising
förhud foreskin; *vetensk.* prepuce
för|hyda *v2, sjö.* sheathe **-hydning** [-'hy:d] *sjö.* sheathing **-hyra 1** (*hus o.d.*) rent **2** (*sjöman*) hire
förhåll|a *rfl* **1** (*om pers.*) *a*) (*uppföra sig*) behave; (*handla*) act, *b*) (*förbli*) keep, (*lugn* quiet), remain (*passiv* passive, *likgiltig* indifferent) **2** (*om sak*) *a*) (*kem. o.d.*) behave, *b*) (*mat. o. friare*) be; *hur -er det sig med ....?* what is the position as regards ...?, how are things with ...?; *så -er sig saken* that is how matters stand; *bredden -er sig till längden som 1 till 3* the breadth is to the length as 1 to 3 **-ande** *s6* **1** (*tillstånd*) state of affairs (things), (*pl äv.*) conditions; (*omständigheter*) circumstances; *rätta ~t* the fact [of the matter] **2** (*inbördes ställning*) relations (*pl*), relationship; (*kärleks-*) intimacy, connection; *spänt ~* strained relations (*pl*) estrangement; *i ~ till* in relation to; *stå i vänskapligt ~ till* be on friendly terms with; *ha ett ~ med ngn* have an affair with s.b. **3** (*proportion*) proportion; *mat.* ratio; *inte stå i ngt rimligt ~ till* be out of all proportion to; *i ~ till hans inkomster* in proportion to his income; *i ~ till sin ålder är han* for his age he is **4** (*uppträdande*) behaviour, conduct **-andevis** proportionately
förhållning [ˣfö:r-, -ˣhåll-] *mus.* suspension, retardation
förhållnings|order [-'håll-] *pl* orders, instructions, directions **-regel** direction, rule of conduct
för|håna scoff at **-hårdnad** [-'hå:rd-] *s3* induration, callus
förhänge *s6* curtain
förhärd|a harden; *~ sig* harden one's heart **-ad** *a5* hardened, obdurate; (*inbiten*) inveterate **-as** *dep* [become] harden[ed] **-else** obduracy
för|härja ravage, devastate, lay ... waste **-härliga** [-'hä:r-] *i sht bibl.* glorify; (*prisa*) extol, laud **-härska** [ˣfö:r-, '-härr-] predominate, prevail **-härskande** [ˣfö:r-, -'härr-] *a4* predominant; prevalent; *vara ~, se -härska* **-häva** *rfl* pride o.s. (*över ngt* on s.th.); (*skryta*) boast (*över ngt* of s.th.) **-hävelse** arrogance; boasting **-häxa** bewitch **-häxning** bewitchment **-höja** raise; (*friare*) increase; *bildl.* heighten, enhance **-höjning** raising; (*mera konkr.*) increase, rise, *Am.* raise **-hör** *s7* examination; (*utfrågning*) interrogation; (*rättsligt*) inquest, hearing; *skol.* test; *Am.* quiz **-höra** examine; (*fråga ut*) interrogate; *skol.* question (*på* on), test; *Am.* quiz; *~ sig, se höra* [*sig för*] **-hörsledare** interrogator
förhöst early autumn
för|inta annihilate, destroy; *~nde blick* withering glance **-intelse** annihilation, destruction **-irra** *rfl* go astray, lose one's way; wander **-ivra** *rfl* get [too] excited; lose one's head (self-control) **-jaga** chase (drive) ... away, expel; *i sht bildl.* dispel **-kalka[s]** *fysiol.* calcify **-kalkning** calcification
förkalkyl preliminary calculation (estimate)
förkast|a **1** (*ogilla, avslå*) reject; (*förslag äv.*) turn down, refuse **2** (*fördöma*) denounce, repudiate; *en ~d människa* a rejected person, an outcast **-else** rejection; repudiation **-elsedom** condemnation; *uttala en ~ över* pass a condemnation upon, denounce **-lig** *a1* (*fördömlig*) ... to be condemned; (*friare*) unjustifiable; (*avskyvärd*) abominable **-ning** *geol.* fault **-ningsspricka** *geol.* fault-fissure
förklar|a **1** explain; (*klargöra*) make ... clear, elucidate; (*tolka*) interpret; (*utlägga*) expound **2** (*tillkännage*) declare; (*uppge*) state; (*kungöra*) proclaim; *~ krig* declare war; *~ ngn för segrare* proclaim s.b. [the] victor; *~ ngn sin kärlek* declare one's love for s.b.; *han ~des skyldig till* he was found guilty of **3** (*förhärliga*) glorify **4** *rfl* explain o.s.; *~ sig om* (*över*) *ngt* declare (state) one's opinion of s.th.; *~ sig för* (*mot*) declare for (against) **-ad** *a5* **1** (*avgjord*) declared; avowed **2** (*överjordisk*) glorified, transfigured **-ing** **1** explanation (*av, på, till, över* of); elucidation; (*tolkning*) interpretation; *till ~* in (by way of) explanation; *utan ett ord till ~* without a word of explanation **2** (*tillkännagivande*) declaration; statement; *avge ~* make a declaration **-lig** [-a:-] *a1* explicable; (*lätt insedd*) comprehensible; *av lätt ~a skäl* for obvious reasons
för|klena disparage, depreciate; *i ~nde ordalag* in disparaging terms **-klinga** die away; *~ ohörd* fall on deaf ears

förklä *s6, se ~de*
förklä̱d|a disguise (*till* as); *-d till bonde* disguised as (in the disguise of) a farmer
förkläde 1 apron; (*för barn*) pinafore **2** *bildl.* chaperon
för|klä̱dnad *s3* disguise **-knịppa** associate **-kọla** *rfl* **-kolas** [-'kå:-] *dep* char **-kọlna** char, carbonize; *bildl.* cool **-kọmma** get lost; (*om försändelse*) miscarry **-kommen** [-'kåm-] *a5* missing; (*förfallen*) lost **-kọnstla** [-å-] artificialize; *~d* artificial, sophisticated **-kọnstling** [-å-] artificiality; sophistication **-kọppra** [-å-] copper[-plate] **-kọrta** shorten; (*ord e.d.*) abbreviate; (*bok e.d.*) abridge; (*tiden*) while away, beguile; *mat.* reduce, simplify **-kortning** [-'kårrt-] shortening; (*av ord e.d.*) abbreviation; (*av bok e.d.*) abridgement; *mat.* reduction **-kọvra** [-å:-] **1** improve; (*öka*) increase **2** *rfl* improve; advance; *~ sig i engelska* improve one's English **-kovran** [-'kå:v-] *r* improvement; (*framsteg*) advance
förkrigstiden *under ~* in the pre-war period, *äv.* before the war
för|kroma [-'krå:-] chrome-plate, chromium-plate **-krọppsliga** [-å-] embody, incarnate **-krọppsligande** [-å-] *s6* embodiment, incarnation **-krọssa** crush; overwhelm **-krọssad** [-å-] *a5* broken-hearted; (*ångerfull*) contrite **-krọssande** [-å-] *a4* crushing; heart-breaking; *~ majoritet* overwhelming majority **-krọsselse** [-å-] contrition; broken-heartedness **-krympt** *a4* stunted, dwarfed; *fysiol.* abortive
förkụnn|a *v1* announce (*för* to); (*utropa*) proclaim; (*predika*) preach; (*förebåda*) foretell, herald **-are** announcer, preacher; herald **-else** announcement, proclamation; preaching
förkunskaper *pl* previous knowledge (*sg*) (*i* of); *ha goda* (*dåliga*) *~* be well (poorly) grounded (*i* in)
förkvä̱va choke, stifle
förkyl|a *rfl* catch [a] cold **-d** [-'çy:ld] *a5, bli ~* catch [a] cold; *vara mycket ~* have a bad (severe) cold **-ning** cold
för|kämpe champion (*för* of) **-känning** **-känsla** presentiment, premonition, fore-warning **-kärlek** predilection (*för* for), partiality (*för* for, to)
förkättrad [-çätt-] *a5* decried, run (cried) down
förköp advance booking; *Am.* reservation[s *pl*]; *köpa i ~* book in advance
förkọ̈pa *rfl* spend too much money
för|köpspris advance-booking price **-körsrätt** [-çö:rs-] right of way **-laddning** wad[ding]
förla̱g *s7* (*bok-*) publishing house (company, firm), publishers (*pl*); *utgiven av A:s ~* published by A; *utgiven på eget ~* published by the author
förlaga *s1* (*original*) original; (*förebild*) model, pattern
förlags|beteckning publisher's imprint **-lån** debenture loan **-man** sleeping partner, advancer of capital **-rätt** publishing right[s *pl*], copyright
förla̱m|a paralyze (*äv. bildl.*) **-ning** [-'la:m-] paralysis
förled *språkv.* first element
för|lẹda entice; seduce (*till* into) **-lẹdande** *a4* enticing, seductive **-lẹgad** *a5* antiquated, out-of-date, old-fashioned; *~ kvickhet* stale joke **-lịda** go by, pass **-lịden** *a5* past, over, spent; (*förra*) last
förlig [ˣfö:r-] *a1, sjö., ~ vind* following (favourable) wind
förlịk|a *v3, v1* reconcile (*med* to); *~ sig* become reconciled (*med* to, with) **-as** *v3, dep* be[come] reconciled; (*sämjas*) agree, get on **-ning** [-i:k-] reconciliation; (*överenskommelse*) agreement, settlement; *avgöras genom ~* be settled out of court; *träffa ~* come to terms, settle out of court
förliknings|kommission conciliation board **-man** [official] conciliator, arbitrator
för|lịsa *v3* be wrecked, sink, founder; (*om pers.*) be shipwrecked **-lisning** [-'li:s-] loss, [ship]wreck **-lịta** *rfl, ~ sig på a*) (*ngn*) trust in s.b., *b*) (*ngt*) trust to (rely on) s.th., *c*) (*att få*) rely on obtaining **-lịtan** *r* confidence (*på* in); *i ~ på* trusting to, relying on **-ljudande** [-'ju:-] *s6* report; rumour; *enligt* (*efter*) *~* according to what one hears **-ljudas** [-'ju:-] *-ljöds -ljudits, dep, det -ljudes att* it is reported that **-ljugen** [-'ju:-] *a3* mendacious, false **-ljugenhet** [-'ju:-] mendacity, inveterate falsity **-ljuva** [-'ju:-] gladden, sweeten **-lọpp** *s7* **1** (*utgång*) lapse; *efter ~et av ett år* after [the lapse of] a year **2** (*utveckling*) course; *~et av händelsen var följande* the course of events was this
förlọr|a lose; *~ besinningen* lose one's head; *~ i vikt* lose weight; *~ på affären* lose on the transaction; *~ på en vara* lose on an article; *~ i styrka* decrease in strength; *~ sig* lose o.s. (be lost) (*i* in), (*om ljud*) die away **-ad** *a5* lost; (*borta*) missing; (*bortkastad, om möda o.d.*) wasted; *den ~e sonen* the Prodigal Son; *~e ägg* poached eggs; *gå ~* be lost (*för* to); *ge ngn ~* (*ngt -at*) give s.b. (s.th.) up for lost **-are** loser
förlọss|a *relig.* redeem **-are** *relig.* redeemer **-ning 1** *relig.* redemption **2** *läk.* delivery; childbirth
förlossnings|anstalt maternity hospital **-konst** obstetrics (*pl*), midwifery **-tång** obstetric forceps (*sg o. pl*)
förlov [-'lå:v, ˣfö:r-] *i uttr.: med ~ sagt* with your permission, if I may say so
förlọv|a [-å:-] betroth (*med* to); *~ sig* become engaged (*med* to) **-ad** *a5* **1** *det ~e landet* the Promised Land; *ett -at land för* a paradise for **2** engaged [to be married] (*med* to); *de ~e* the engaged couple **-ning** [-'lå:v-] engagement **-ningsannons** announcement of an (the) engagement **-ningsring** engagement ring
förlụpen *a5* runaway; *~ kula* stray bullet
förlụst *s3* loss (*av* of; *för* for; *på* on); *en ren ~* a dead loss; *gå* (*sälja*) *med ~* run (sell) at a loss; *göra* (*lida*) *stora ~er* sustain heavy (severe) losses; *~er* (*i fältslag*) casualties; *företaget går med ~* it is a losing concern
förlụsta divert (*sig* o.s.)
förlustbringande *a4* involving a loss, with a heavy loss (*för* to, for); *vara ~* be attended with losses; *ett ~ företag* a company running at a loss
förlụstelse amusement, entertainment

förlustig *a1*, *gå* ~ lose, be deprived of, forfeit **-konto** loss account **-lista** *mil.* casualty list **-sida** debit side; *uppföra på ~n* enter as a debit, *bildl.* write s.th. off as a loss
förlyfta *rfl*, ~ *sig på a*) *eg.* overstrain o.s. by lifting, *b*) *bildl.* fail to accomplish, overreach o.s. in
förlåt *s3* (*förhänge*) veil; *lyfta på ~en* unveil, uncover, disclose, allow s.b. to catch a glimpse
förlåt|a forgive (*ngn ngt* s.b. for s.th.); pardon; (*ursäkta*) excuse; *förlåt!* (*ursäkt*) [I am] sorry!; *förlåt att jag avbryter* excuse my interrupting; *förlåt, jag hörde inte* I beg your pardon, but I didn't catch what you said; *det tror jag inte, det får du ~ mig* I don't believe it, whatever you may say **-else** forgiveness (*för* for); *be* [*ngn*] *om* ~ ask (beg) a p.'s forgiveness; *få* ~ be pardoned (forgiven); *syndernas* ~ remission of [one's] sins **-lig** [-å:-] *a1* pardonable, excusable
förlägen *a3* abashed; embarrassed (*över* at); (*blyg*) shy; (*brydd*) perplexed; (*förvirrad*) confused; *göra ngn* ~ embarrass (disconcert) s.b. **-het** embarrassment, confusion; shyness; (*trångmål*) embarrassment, difficulty, trouble; *råka i ~ för pengar* get into financial difficulties, be hard up for money
förlägg|a 1 (*slarva bort*) mislay **2** (*placera*) locate (*till* in); *mil.* station (*i, vid* in, at); (*inkvartera*) accommodate, billet; (*förflytta*) remove, transfer (*till* to); (*t. annan tid*) assign, alter the time for; *handlingen är förlagd till medeltiden* the action (story) takes place in the Middle Ages **3** (*böcker o.d.*) publish **-are** (*bok-*) publisher **-ning** accommodation, location; *mil.* station, camp **-ningsort** *mil.* garrison [town]
för|läna 1 ~ *ngn ngt* grant s.b. s.th., confer s.th. on s.b., (*begåva*) endow s.b. with **2** *hist.*, ~ *ngn ngt* enfeoff s.b. with s.th. **-länga** *v2* lengthen, extend; (*giltighet, i tid*) extend, prolong; ~ *ett bråk* (*mat.*) extend a fraction **-längning** lengthening, extension; (*av giltighet, i tid*) prolongation, extension **-längningssladd** extension flex (*Am.* cord) **-läning** (*gods*) fief, fee; (*utdelning av gods*) enfeoffment **-läst** [-'lä:st] *a4* overworked, strained by too much study **-löjliga** [turn (hold up) to] ridicule **-löpa** *v3 el. -löpte -lupit* **1** (*-lida*) pass; (*avlöpa*) pass off; (*gå t. ända*) pass away **2** (*rymma från*) run away from; desert, abandon **3** *rfl* lose one's head **-löpning** (*överilning*) indiscretion **-lösa** *läk.* deliver **-lösande** *a4*, *det ~ ordet* the right word at the right time; *ett ~ skratt* a laugh that relieves the tension
förmak *s7* **1** (*sällskapsrum*) drawing-room **2** *fysiol.* auricle
förmal|a grind, mill **-ning** grinding, milling
förman foreman, supervisor; (*överordnad*) superior; *vard.* boss; *kvinnlig* ~ forewoman
förman|a (*råda o. varna*) warn; (*uppmana t.*) exhort; (*tillrättavisa*) admonish **-ing** warning; exhortation; admonition **-ingstal** admonitory address; (*friare*) mild lecture
för|mast foremast **-match** preliminary (opening) match
förmed|elst *se medelst* **-la** mediate, act as [an] intermediary in; (*åvägabringa*) bring about; (*nyheter e.d.*) supply; (*telefonsamtal*) connect, put through; ~ *en affär* act as [an] intermediary in a transaction; ~ *trafiken mellan* ply between **-lande** [-e:-] *a4* intermediary **-lare** intermediary, mediator **-ling** mediation; supplying; (*kontor*) agency, office; *genom ~ av* through the agency of **-lingslänk** intermediary link, connection, connexion **-lingsprovision** agent's commission, brokerage
1 förmena *v1* (*hindra, neka*) deny (*ngn ngt* s.b. s.th.); (*förbjuda*) forbid
2 förmen|a *v1 el. -ade -t* (*anse*) think, believe, be of opinion; ~ *sig ha rätt* consider that one is right **-ande** *s6*, *enligt mitt ~* in my opinion **-t** [-e:-] *a4* supposed
förmer[a] *oböjl. a* better (*än* than), superior (*än* to)
förmera *se föröka*
förmiddag forenoon; *vanl.* morning; *kl. 8 ~en* (*förk. f.m.*) at eight o'clock in the morning (*förk.* at 8 [o'clock] a.m.); *i dag på ~en, i ~s* this morning; *i morgon ~* tomorrow morning; *på* (*om*) *~arna* in the mornings
förmiddags|bröllop morning wedding **-dräkt** morning dress
för|mildrande *a4*, ~ *omständigheter* extenuating circumstances **-minska** diminish, lessen, reduce; *foto.* reduce; *i ~d skala* on a reduced scale **-minskas** *dep* diminish, decrease **-minskning** reduction, diminution; *foto.* reduction **-moda** suppose, imagine; *Am. äv.* guess; (*ta för givet*) assume; (*med stor säkerhet*) presume **-modan** *r* supposition; *efter ~* as supposed; *mot* [*all*] ~ contrary to [all] expectation **-modligen** [-ω:-] presumably
förmultn|a moulder [away]; decay **-ing** mouldering; decay **-ingsprocess** process of decay (mouldering away)
förmynd|are [*ˣfö:r-, äv.* (*i sht i sms.*) -'mynn-] guardian (*för* for, of); *stå under ~* be under guardianship; *ställa under ~* place under a guardian **-arregering** regency **-erskap** *s7* guardianship; *bildl.* authority
förmå *v4* **1** (*kunna, orka*) be able to (+ *inf.*), be capable of (+ *ing-form*); (*i pres*) can; (*i imperf*) could; *allt vad jag ~r* all that I can; *jag ~r inte mer* I can do no more, (*orkar äta*) I can't eat any more, I'm quite satisfied, thank you; *allt vad huset ~r* all I (we) can offer you **2** ~ *ngn* [*till*] *att* induce (prevail upon, get) s.b. to, (*övertala*) persuade s.b. to; *jag kan inte ~ mig* [*till*] *att* I can't induce (bring) myself to **-ga** *s1* **1** (*kraft*) power[s *pl*] (*att* to); (*prestations-*) capacity (*att* for); (*medfödd fallenhet*) faculty (*att* for, of + *ing-form*); (*duglighet*) ability (*att* to); (*begåvning*) gift, talent; *~n att tänka* the power of thought; *det går över min ~* it surpasses (is beyond) my powers (capacity); *efter bästa ~* to the best of one's ability; *uppbjuda all sin ~* tax one's powers to the utmost **2** *pers.* man (woman) of ability (parts); (*talang*) talent, outstanding actor (singer *etc.*)
förmån *s3* advantage; privilege; (*gagn, nytta*) favour, benefit; *ha ~en att* have the privi-

lege of; *till ~ för* in aid of, in favour of; *detta talar till hans ~* this weighs in his favour **-lig** [-å:-] *a1* advantageous (*för* to); (*gynnsam*) favourable; (*vinstgivande*) profitable; (*välgörande*) beneficial
förmåns|erbjudande special offer, bargain **-rätt** priority right; *med ~* preferential, privileged **-ställning** preferential (priority) position **-tagare** *försäkr.* beneficiary
1 förmåla *v2, v3* (*omtala*) state, report, tell
2 förmäl|a *v2* (*bortgifta*) marry; *~ sig med* wed, marry **-ning** [-ä:-] marriage
för|mänskliga give human form to; (*personifiera*) personify **-märka** notice **-mäten** *a3* presumptuous; (*djärv*) audacious, bold; *vara nog ~ att* make so bold as to **-mätenhet** presumption, arrogance
förmög|en *a3* **1** (*i stånd*) capable (*att* of + *ing-form*) **2** (*välbärgad*) wealthy, well-to-do; (*predikativt*) well off; *en ~ man* (*äv.*) a man of means (property); *de -na klasserna* the propertied classes **-enhet 1** *~er* (*andliga o. kroppsliga*) powers **2** (*rikedom*) fortune; (*samlad egendom*) property; (*kapital*) capital
förmögenhets|beskattning taxation of capital (property) **-brott** crime against property **-fördelning** distribution of wealth **-förhållanden** financial (economic) circumstances **-rätt** law of property **-skatt** capital (property) tax
förmörk|a darken; (*himlen o. bildl.*) cloud; (*skymma*) dim; *astron.* eclipse **-as** *dep* [be] darken[ed] **-else** *astron.* eclipse
förnam *imperf av förnimma*
för|namn Christian (first; *Am. äv.* given) name; *vad heter hon i ~?* what is her Christian name? **-natt** *på ~en* before midnight
för|nedra [-e:-] **1** (*vanära*) debase, degrade; *hur kan du ~ dig till sådant?* how can you stoop to that? **2** *bibl.* (*förringa*) abase, humble **-nedring** [-'ne:-] humiliation; debasement, degradation **-nedringstillstånd** state of humiliation (*etc.*) **-neka** (*neka t.*) deny; (*bestrida*) dispute; (*t.ex. sitt barn*) disown; *~ sin natur* abnegate (renounce) one's nature; *han ~r sig aldrig* he is always true to type, *iron.* trust him to do such a thing; *hans goda hjärta ~r sig aldrig* his kindness of heart never fails **-nekelse** denial; repudiation; abnegation **-nickla** nickel-plate **-nickling** nickel-plating, nickelling
förnim|bar *a1* perceptible (*för* to); (*synlig äv.*) perceivable; (*hörbar*) audible **-ma** *förnam förnummit* **1** (*uppfatta*) be sensible of; (*höra*) hear; (*se*) perceive; (*andligt*) apprehend **2** (*märka*) notice; (*få veta*) hear [of] **-melse 1** (*uppfattning*) perception; apprehension **2** (*känsla*) sense, sensation; (*sinnesintryck o. friare*) impression **-melseförmåga** power of perception, perceptivity
förning [ˣfö:r-] guest's contribution to a (the) meal (party)
förnuft *s7* reason (*äv. ~et*); *sunt ~* common sense; *ta sitt ~ till fånga* listen to reason; *tala ~ med* talk sense to **-ig** *a1* reasonable; (*förståndig*) sensible **-ighet** reasonableness; rationality
förnufts|enlig [-e:-] *a1* **-mässig** *a1* rational **-skäl** rational argument **-stridig** *a1* ... contrary to all reason **-vidrig** *a1* irrational; (*friare*) unreasonable
förnummit *sup av förnimma*
förnumstig *a1* would-be-wise, sapient **-het** sapience **-t** *adv* knowingly
förny|a renew; (*upprepa*) repeat; (*återupplivа*) refresh; *~ sig* renew o.s.; *~ sitt lager* replenish one's stock **-are** renewer **-else** renewal; (*upplivande*) revival, regeneration
förnäm *a1* noble, aristocratic, distinguished; (*högättad*) high-born; (*högdragen*) lofty, haughty, high and mighty; (*värdig*) dignified; *~ av sig* stately, proud; *det var värst vad hon är ~ av sig* she certainly puts on airs; *med ~ min* with a stately air; *~t folk* people of rank; *i ~ avskildhet* in splendid isolation **-het** [-ä:-] **1** (*börd*) high breeding **2** (*högdragenhet*) superciliousness **-itet** *s3* **1** *se -het* **2** (*förnäm pers.*) distinguished person, celebrity **-lig** [-ä:-] *a1* distinguished; excellent **-ligast** [-ä:-] *adv* chiefly, principally **-st** [-ä:-] **I** *a superl.* foremost, first; (*om pers.*) greatest, most distinguished **II** *adv, se främst*
förnär *se 2 när I*
för|närma offend; affront; insult; *känna sig ~d av* take offence at **-nödenheter** necessities, requirements; (*livs-*) necessaries **-nöja** *v2* (*roa*) gratify, please; *ombyte -nöjer* variety is the spice of life **-nöjd** *a1* **1** (*tillfredsställd*) content, satisfied **2** (*glad*) pleased, delighted (*över* at) **-nöjelse** [-'nöjj-] (*-lustelse*) amusement, pleasure; *finna sin ~ i* delight in, find pleasure in **-nöjsam** *a1* contented **-nöjsamhet** contentedness **-nöta** *bildl.* use up; *~ tiden* waste one's time (*med att* in + *ing-form*)
för|olyckad *a5* mortally wounded; (*t. sjöss*) wrecked; (*om flygplan*) crashed; *de ~e* the victims [of the accident], the casualties **-olyckas** *dep* meet with an accident; (*t. sjöss*) be wrecked **-olämpa** insult, offend; *känna sig ~d över* (*av*) feel very much offended at (by) **-olämpning** insult, affront (*mot* to)
förord 1 (*företal*) preface, foreword **2** (*rekommendation*) [special] recommendation **-a** recommend (*hos* to; *till* for); *livligt ~* highly recommend
förordn|a 1 (*påbjuda*) ordain, decree; (*testamentariskt*) provide (*om* for) **2** (*ordinera*) prescribe, order **3** (*utse*) appoint, nominate; (*bemyndiga*) authorize, commission **-ande** *s6* **1** (*föreskrift*) ordaining, ordination; (*testamentariskt*) provision **2** (*bemyndigande*) authorization, commission; (*tjänste-*) appointment; *hans ~ utgår* his commission (appointment) expires **-ing** ordinance, decree, order
för|orena contaminate, defile, pollute **-orening** contamination, defilement, pollution; *konkr.* impurity, pollutant **-orsaka** cause, occasion **-ort** suburb
förorts|bo suburban[ite]; commuter **-område** suburban area
förorätta wrong, injure
för|packa pack (wrap) [up] **-packning** *abstr.* packing, wrapping up; *konkr.* package, packet; (*ask*) box; (*låda*) case; (*emballage*) packing, wrapping **-paktare** leaseholder,

tenant **-panta** pledge, pawn **-passa** (*befordra*) dispatch, send [off]; ~ *till evigheten* dispatch into eternity; ~ *ur landet* deport; ~ *sig bort* take o.s. off **-passning** *tullv.* consignment note; *postv.* way-bill; *jur.* removal **-pesta** poison, pollute, infect (*äv. bildl.*) **-pinad** *a5* harrowed; tortured

förplikt|a ~ *ngn att* put (lay) s.b. under an (the) obligation to, bind s.b. to; *rikedom ~r* wealth entails responsibility; *adelskap ~r* (*äv.*) noblesse oblige; ~ *sig* bind (engage) o.s.; *känna sig ~d att* feel [in duty] bound to **-else** (*plikt*) duty, obligation; (*förbindelse*) engagement, commitment, obligation; *ha ~r mot ngn* have obligations towards s.b. **-iga** *se -a*

förpläg|a provide with food and drink, treat (*med* to) **-nad** [-ä-] *s3* **1** fare, food **2** (*proviantering*) provisioning **-nadstjänst** supply service **-ning** [-ä:-] entertainment; (*utspisning äv.*) feeding

för|post outpost (*mot* against) (*äv. bildl.*) **-postfäktning** outpost skirmish **-pricka** check ... off **-prickning** checking off **-prövning** preliminary examination

förpupp|a *rfl* **-as** *dep* change into a chrysalis, pupate

förr 1 (*förut*) before; (*fordom*) formerly (*äv.* ~ *i tiden*); ~ *och nu* then and now; ~ *låg det en lada här* there used to be a barn here; ~ *trodde man* people used to think **2** (*tidigare*) sooner, earlier; *ju* ~ *dess bättre* the sooner the better **3** (*hellre*) rather, sooner **-e** *-a, a komp.* **1** (*förutvarande*) the former; *-e ägaren* the former (late) owner; ([*nyss*] *avgångne*) late; (*mots. senare*) early; *-a hälften av 1800-talet* the first half of the 19th century **2** (*föregående, senaste*) [the] last; *i -a månaden* last month; *mitt -a brev* my last letter; *den -a* the former

förresten *se rest*

förr|fjol *se förfjol* **-går** the day before yesterday

förridare outrider

för|ringa *v1* minimize, lessen; (*nedvärdera*) depreciate; (*ngns förtjänst o.d.*) belittle **-rinna** run (flow) away (*i* into); *i sht bildl.* ebb away

förromanti|ken pre-Romanticism **-sk** *a5* pre--Romantic

förrum ante-room

förruttn|a rot, putrefy, decompose **-else** putrefaction, corruption **-elsebakterie** putrefactive bacteria

för|rycka distort; (*friare*) dislocate **-ryckt** *a4* distracted; mad; *är du* [*alldeles*] *~?* are you [quite] mad? **-ryckthet** madness **-rymd** *a5* runaway; (*om fånge e.d.*) escaped **-ryska** Russianize **-ryskning** Russianization **-råa** coarsen, brutalize; *verka ~nde* have a brutalizing effect (*på* on) **-råd** *s7, s4* store (*äv. bildl.*); (*lager*) stock; (*tillgång*) supply; (*lokal*) stor[ag]e-room; *lägga upp ett* ~ *av* lay up a store of, store up **-råda** betray (*åt* to); (*röja*) reveal (*för* to); ~ *sig* betray o.s., give o.s. away

förråds|arbetare store[house]man **-byggnad** storehouse; warehouse **-fartyg** supply ship, store carrier **-förman** storekeeper

förräd|are traitor (*mot* to); betrayer (*mot* of) **-eri** treachery (*mot* to); (*lands-*) [an act of] treason (*mot* to); (*friare*) betrayal (*mot* of) **-isk** *a5* treacherous

förrän [ˣförr-, 'förr-, -'änn, *vard.* förrn] before; *icke* ~ *a*) (*ej tidigare än*) not before, not earlier than, *b*) (*först*) not until (till); *det dröjde inte länge* ~ it was not long before; *knappt hade de kommit* ~ no sooner had they come than

förränt|a (*placera mot ränta*) place at interest, invest; ~ *sig* [*bra*] yield (bring, in) [a good] interest **-ning** yield; *dålig* ~ low yield (rate of interest)

förrätt *kokk.* first course

förrätt|a (*utföra*) perform; (*uträtta*) accomplish; *kyrkl.* officiate at, conduct; (*auktion o.d.*) hold; *efter väl ~t värv* having accomplished one's task successfully, one's duties done **-ning 1** (*utan pl*) performing, execution, carrying out **2** (*med pl*) function; duty; ceremony; *vara ute på ~ar* be out on official duties **-ningsman** executor, executive official

för|sagd *a1* timid **-sagdhet** timidity **-saka** (*avstå från*) go without, give up; (*avsäga sig*) renounce; (*umbära*) deny o.s., do without **-sakelse** (*umbärande*) privation; (*frivillig*) [an act of] self-denial

församl|a 1 assemble, gather **2** *rfl, se -as* **-as** *dep* assemble; gather together; meet **-ing 1** (*möte*) meeting; (*samling personer*) assembly, convention, body **2** (*kyrka, kyrkosamfund*) church; (*menighet*) congregation; (*socken*) parish

församlings|bo parishioner **-bok** parish register **-hus** parish hall **-liv** parish (congregational) life **-rätt** right of public assembly **-syster** *ung.* deaconess

försats *språkv.* antecedent clause

förse furnish, supply, provide; (*med utrustning*) equip; ~ *sig* furnish (*etc.*) o.s., (*vid bordet*) help o.s. (*med* to); ~ *med strängar* (*underskrift*) string (sign) **-dd** *a5* furnished (*etc.*) (*med* with); ~ *med* (*äv.*) with; *vara* ~ *med* (*äv.*) have; *väl* ~ (*om pers.*) well supplied (*etc.*) **-else** offense, fault; *jur.* misdemeanour

försegel foresail, head sail

för|segla seal [up]; *med ~de order* under sealed orders; *~de läppar* sealed lips **-segling** seal[ing] **-sena** delay; retard; hold up; *vara ~d* be late, be delayed; *10 minuter ~d* 10 minutes late **-sening** delay

försig|gå take place; (*inträffa*) happen, come about; (*avlöpa*) pass (come) off; (*pågå*) proceed, be going on; *handlingen ~r på* (*i*) the scene is laid at (in); *vad ~r här?* what is going on here? **-kommen** [-å] *a3* advanced, forward; (*i studier*) well up; *de mest -komna eleverna* the most advanced pupils **-kommenhet** [-å-] maturity; precocity

försiktig *a1* cautious (*med* with), guarded; (*aktsam*) careful (*med* with, of); *var* ~ *med vad du säger* be careful of what you say, watch your words **-het** caution, guardedness; (*aktsamhet*) care **-hetsmått** **-hetsåtgärd** precaution, precautionary measure; *vidtaga ~er* take precautions **-tvis** so as to be on the safe side

för|silvra silver[-plate] **-silvring** silver-plating, silvering **-sjnka** *se -sena* **-sjtta** ~ *tiden* [be in] default; ~ *tillfället* lose the opportunity; ~ *chansen* miss the chance **-sjunka** sink (*i* into); *bildl. äv.* fall (*i* into); ~ *i tankar* be lost in thought; ~ *i tystnad* fall silent **-skaffa** (*skaffa*) procure, obtain; (*skänka*) afford; *vad ~r mig äran av ert besök?* to what do I owe the honour of your visit? **-skansa** entrench; ~ *sig* entrench o.s., *bildl.* take shelter (*bakom* behind) **-skansning** entrenchment

förskepp forebody; bow

förskingr|a (*försnilla*) embezzle, defalcate; (*bortslösa*) dissipate, squander **-are** embezzler **-ing** embezzlement, defalcation; dispersion

förskinn leather apron

1 förskjut|a [ˣfö:r-] *se skjuta* [*för*]; *regeln är -en* the door is bolted

2 förskjut|a [-'ʃu:-] **1** (*stöta ifrån sig*) reject; cast off; (*barn*) disown **2** (*försträcka*) advance, lay out **3** (*rubba*) displace **4** *rfl, se -as* **-as** *dep* get displaced, shift; (*om last*) shift **-ning** (*rubbning*) displacement, shifting; (*av last*) shifting; *geol.* dislocation; (*friare*) change

förskol|a nursery school, kindergarten **-ebarn** pre-school child **-elärare -elärarinna** nursery-school (kindergarten) teacher

förskon|a ~ *ngn för* (*från*) *ngt* spare s.b. s.th., preserve s.b. from s.th. **-ing** forbearance, mercy

förskott *s7* advance payment, payment in advance; *betala i* ~ pay in advance; ~ *på lön* advance on salary **-era** [pay in] advance

förskotts|belopp advance amount **-likvid** payment in advance, advance payment

förskrift copy; *skriva efter* ~ write (make) copies

förskriv|a I 1 (*rekvirera*) order **2** (*överlåta*) convey, assign (*till, åt* to) **II** *rfl* **1** (*härröra*) come, originate, derive [one's (its) origin] **2** ~ *sig åt satan* sell one's soul to the devil **-ning 1** (*rekvisition*) order, request **2** (*skuldförbindelse*) certificate of debt, bond

förskräck|a *v3* frighten, scare, startle; *bli -t* be (get) frightened (*etc.*) (*för, över* at); *spåren -er* the footprints frighten me (*etc.*) **-as** *v3, dep* be frightened (*etc.*), *jfr -a* **-else** fright, alarm; consternation; *ta en ända med* ~ come to a tragic end **-lig** *a1* dreadful, frightful; (*ohygglig*) horrible; *vard.* awful; *se* ~ *ut* look a fright

för|skrämd *a1* frightened, scared [out of one's wits] **-skyllan** [-ʃ-] *r, utan egen* ~ through no fault of mine (*etc.*); *utan egen* ~ *och värdighet* no thanks to me **-skämd** foul; *bildl. äv.* corrupt

förskärar|e [-ʃ-] **-kniv** carving-knife, carver

förskön|a [-'ʃö:-] embellish, beautify; (*med prydnader o. friare*) adorn **-ing** embellishment; adornment

1 förslag [ˣfö:r-] *mus.* grace[-note]

2 förslag 1 *allm.* proposal; *i sht Am.* proposition; (*anbud*) offer (*om, till* for); (*uppslag*) suggestion, recommendation; *parl.* motion; *antaga* (*förkasta*) *ett* ~ accept (reject) a proposal; *framlägga ett* ~ submit (make) a proposal; *gå in på ett* ~ agree to a proposal; *väcka* ~ *om* move; *på* ~ *av* at the suggestion of **2** (*plan*) project, scheme (*till* for); (*utkast*) draft (*till* of) **3** (*vid besättande av tjänst*) nomination list

förslagen *a3* cunning, artful; (*fyndig*) smart

förslags|rum place on the nomination list **-ställare** proposer [of a motion], mover **-vis** as a suggestion, [let us] say

för|slappa weaken; (*t.ex. seder, disciplin*) relax **-slappas** *dep* be (become) relaxed **-slappning** weakening; (*av moralen*) laxity **-slava** enslave **-slita** wear ... out **-slitning** wear[ing out]; wear and tear **-sluta** *-slöt -slutit* close, lock; seal **-slutning** [-u:-] *konkr.* locking (closing) device **-slå** suffice, be enough; *det ~r inte långt* that won't go far (last long); *dumt så* [*att*] *det ~r* as stupid as can be **-slöa** *bildl.* make ... apathetic, dull **-slöas** *dep* grow (get) apathetic (dull) **-slösa** waste, squander (*på* on); (*friare*) dissipate, use up (*på* in)

försmak foretaste; *få en* ~ *av* have a foretaste of

för|små *v4* disdain; (*förakta*) despise; *~dd friare* rejected lover **-smädlig** *a1* (*hånfull*) sneering, scoffing; (*-tretlig*) annoying **-smädligt** *adv* sneeringly *etc.*; ~ *nog* provokingly enough **-smäkta** (*i fängelse e.d.*) pine [away], languish; grow faint (*av törst* of thirst; *av värme* from heat) **-snilla** embezzle [money] (*för ngn* off s.b.; *ur* from) **-snillning** embezzlement **-sockra** saccharify; (*söta*) sugar **-soffa** [-å-] *v1* dull, make ... apathetic; *~d* dulled, apathetic **-soffning** [-å-] apathy; sloth[fulness]

försommar early summer

förson|a 1 (*blidka*) conciliate, propitiate **2** (*förlika*) reconcile (*med* to) **3** (*sona*) atone for; (*friare*) expiate, make amends for **4** *rfl* reconcile o.s. (*med* to); (*inbördes*) make it up, become reconciled **-as** *dep, se -a 4* **-ing** reconciliation; atonement, expiation (*äv. relig.*); *till* ~ *för sina synder* in expiation (atonement) of one's sins **-ingsdag** *F~en* the Day of Atonement **-ingsdöd** expiatory death **-ingsfest** Feast of Expiation **-ingsoffer** propitiatory sacrifice **-ingspolitik** policy of reconciliation **-lig** [-ɷ:-] *a1* conciliatory, forgiving

för|sorg *r* **1** *dra* ~ *om* provide for; take care of **2** *genom ngns* ~ through (by) s.b. **-sova** *rfl* oversleep [o.s.]

för|spann *s7* leading horses (*pl*) **-spel** prelude (*till* to, of)

förspilla waste; throw away; (*förslösa*) squander; (*förverka*) forfeit

för|språng start, lead; *bildl. äv.* advantage; *ha en timmes* ~ have an hour's start; *få* ~ *före* get a start over **-spänd** *a5* (*om häst*) in the shafts; *vagnen är* ~ the carriage is ready **-spänt** *adv, ha det väl* ~ have a good start in life, be well off (well-to-do)

först I *konj* when ... first **II** *adv* first; (*inte förrän*) not until (till), only; (*i början*) at first; (*för det ~a*) in the first place; (*vid uppräkning*) first[ly]; ~ *och främst* first of all; *komma* ~ be first; *stå* ~ *på listan* [be at the] head [of] the list; *den som kommer* ~ *till kvarnen får* ~ *mala* first come, first served; *komma* ~ *fram* get there first; *den*

~ *anlände* the first arrival, the first; to arrive; *lika väl ~ som sist* just as well now as later; ~ *nu* not until now, only now; *jag hörde det ~ i går* I only heard it yesterday; *det är ~ nyligen som* it is only recently that **-a** *se -e*
förstad suburb
förstadags|kuvert first day cover **-stämpel** first day of issue
förstadium preliminary stage
förstads|bo suburban[ite] **-område** suburban area
förstag *sjö.* forestay
första|gradsekvation equation of the first degree **-gångsförbrytare** first offender **-handsuppgift** first-hand information **-klassare** first-form boy (*etc.*) **-klassbiljett** first--class ticket **-maj-** [-ˣmajj-] (*i sms*) May--Day **-placering** *sport.* first place
förstatliga [-'sta:t-] nationalize; (*socialisera*) socialize **-nde** *s6* nationalization; socialization
förstaupplaga first edition
för|stavelse prefix **-steg** precedence
först|e *-a, a superl.* [the] first; (*i tiden*) earliest; (*i rummet*) foremost; (*i betydenhet, värde e.d.*) principal, chief, head; (*ursprunglig*) original, primary; *-a juni* [on] the first of June, (*i brev*) May 1st; *för det -a, i -a rummet* in the first place; *det -a jag såg* the first thing I saw; *den -e jag mötte* the first person I met; *från -a början* from the very beginning; *-a bästa* the first that comes; *-a raden* (*teat.*) dress circle, *Am.* balcony; *i -a hand* [at] first hand; *-e bibliotekarie* principal librarian; *-a avbetalning* initial payment; *-a öppet vatten* (*hand.*) first open water (*förk.* f.o.w.)
för|stẹlna stiffen, become (get) quite stiff; *bildl.* numb; *vetensk.* fossilize, petrify **-stẹna** petrify (*äv. bildl.*) **-stẹning** petrifaction
först|född *a5* first-born; *vår ~e* our first--born (eldest) [child] **-föderska** primipara **-födslorätt** right of primogeniture; birthright; *sälja sin ~* sell one's birthright **-klassig** *a1* first-class, first-rate **-ling** firstling **-lingsverk** first (maiden) work **-nämnda -nämnde** *a5* the first-mentioned; (*den, det förra*) the former
förstock|ad [-'ståkk-] *a5* hardened, obdurate **-else** hardness of heart; obduracy
förstone *s, end. i uttr.: i ~* at first, to begin with
förstọpp|a constipate **-ning** constipation
förstọr|a enlarge (*äv. foto.*); *opt. o. bildl.* magnify; *starkt ~d* greatly enlarged, highly magnified **-ing** enlargement; magnification **-ingsapparat** enlarger **-ingsglas** magnifying glass
för|strạ̈cka 1 (*sträcka för mycket*) strain; ~ *sig* strain o.s. (a limb) **2** (*låna*) advance **-strạ̈ckning 1** (*skada*) strain (*i* of) **2** (*lån*) advance **-strọ̈** divert; (*roa*) entertain, amuse; ~ *sig* amuse (divert) o.s. **-strọ̈dd** *a5* preoccupied **-strọ̈ddhet** preoccupation **-strọ̈else** diversion; recreation **-strọ̈elselitteratur** light reading **-stụcken** *a5* concealed, hidden; *-stucket hot* veiled threat
förstubro porch step

för|studie pilot study **-studium** preparatory study
förstu|ga [entrance] hall; (*mindre*) passage **-kvist** porch
för|stụlen *a5* furtive, surreptitious **-stụmma** silence **-stụmmas** *dep* become (fall) silent; be struck dumb
förstå 1 understand (*av* from, by; *med, på* by); (*begripa*) comprehend, grasp; *Am. sl.* dig; (*inse*) see; (*få klart för sig*) realize; (*veta*) know; *han ~r inte bättre* he doesn't know any better; *jag förstod på honom att han* he gave me to understand that he, I saw that he; ~ *mig rätt* don't misunderstand me; *låta ngn ~ att* give s.b. to understand that, (*antyda*) intimate (hint) to s.b. that; *åh, jag ~r!* oh, I see!; *~r du inte skämt?* can't you see a joke?; *det ~s!* that is clear! **2** *rfl, ~ sig på a*) understand, *b*) (*affärer*) be clever at (skilled in), *c*) (*konst, mat e.d.*) be a judge of; ~ *sig på att* know (understand) how to; *jag ~r mig inte på den flickan* I can't make that girl out **-elig** *a1* understandable, comprehensible, intelligible (*för* to) **-else** understanding, comprehension (*för* of); *finna ~ för* meet with understanding for **-ende** *a4* sympathetic
förstånd *s7* understanding, comprehension; (*tankeförmåga*) intellect; (*begåvning*) intelligence; (*sunt förnuft*) [common] sense; (*omdöme*) discretion, judgement; *vard.* brains; *förlora ~et* lose one's reason; *tala ~ med* talk sense to; *han talar som han har ~ till* he speaks according to his lights; *mitt ~ står stilla* I am at my wit's end; *det övergår mitt ~* it is beyond me; *efter bästa ~* to the best of one's ability; *ha ~ om att göra ngt* have the sense to do s.th. **-ig** *a1* intelligent; (*klok*) wise; prudent; (*förnuftig*) sensible
förstånds|gåvor intellectual powers **-mässig** *a1* rational
förstås [-'åss] of course
för|ståsigpåare [-ˣpå:-] connoisseur, expert; *iron.* would-be-authority **-stạ̈lla** disguise (*rösten* one's voice); ~ *sig* dissimulate, dissemble **-stạ̈lld** *a5* disguised; (*låtsad*) feigned **-stạ̈llning** dissimulation **-stạ̈md** *a5* **1** *bildl.* out of (in low) spirits, disheartened **2** (*om trumma o.d.*) muffled **-stạ̈mning** gloom; depression **-stạ̈ndiga** ~ *ngn att* [*icke*] enjoin (order) s.b. [not] to
förstärk|a strengthen; *bildl. äv.* fortify; *mil. o. tekn.* reinforce; *radio.* amplify, magnify **-are** *tekn.* amplifier, magnifier **-arrör** *radio.* [pre-]amplifier valve, vacuum tube amplifier **-ning** strengthening; *i sht mil.* reinforcement; *radio.* amplification
förstäv *sjö.* stem, prow
förstör|a *v2* **1** destroy (*äv. bildl.*); (*ödelägga*) lay waste, devastate, *bildl. äv.* wreck, blast; ([*allvarligt*] *skada*) damage, injure; *se -d ut* look a wreck **2** ([*totalt*] *fördärva*) ruin (*äv. bildl.*); (*förslösa*) waste, dissipate, squander **3** (*förta, skämma*) spoil **-as** *v2, dep* be destroyed (*etc.*); decay; (*totalt*) perish **-else** destruction **-elselusta** love of destruction, destructive urge **-elsevapen** weapon of [mass] destruction **-elseverk**

work of destruction **-ing** *se -else*; *Jerusalems* ~ the Fall of Jerusalem

försum|lig *a1* negligent; dilatory; (*vårdslös*) neglectful, careless **-lighet** negligence **-ma** (*underlåta*) neglect; (*utebli från*) miss, let slip; (*vansköta*) neglect, be careless of; ~ *att* fail to; ~ *tillfället* let the opportunity slip; *känna sig* ~*d* feel neglected (slighted); *ta igen det* ~*de* make up for lost ground (time) **-melse** neglect, negligence; (*förbiseende*) oversight; (*underlåtenhet*) failure, omission **-pa** *bildl.* allow ... to stagnate **-pas** *dep* **1** become water-logged **2** *bildl.* get bogged down **-pning 1** waterlogging **2** *bildl.* embogging; stagnation

för|supen *a5* sottish; drunken **-sutten** *a5* forfeited, lost **-svaga** weaken; enfeeble, debilitate; (*skada*) impair; (*mildra*) soften **-svagas** *dep* grow (become, get) weak[er], weaken **-svagning** [-'sva:g-] weakening; enfeeblement, debilitation

försvann *imperf av försvinna*

försvar *s7* defence; (*berättigande*) justification (*av, för* of); (*beskydd*) protection (*för* of); *det svenska* ~*et* the Swedish national defence; *andraga ngt till sitt* ~ say s.th. for (in justification of) o.s.; *ta ngn i* ~ stand up for s.b.; *till* ~ *för* in defence of **-a** defend (*mot* from, against); (*rättfärdiga*) justify; (*i ord äv.*) advocate, stand up for **-are** defender **-lig** [-a:-] *a1* **1** (*-bar*) defensible; justifiable; (*ursäktlig*) excusable; (*hjälplig*) passable **2** (*ansenlig*) considerable; (*betydande*) respectable, *vard.* jolly big

försvars|advokat counsel for the defence **-allians** defensive alliance **-anläggningar -anordningar** defences **-attaché** military attaché **-beredskap** defensive preparedness **-departement** ministry of defence; *Am.* department of defense **-duglig** *sätta i* ~*t skick* make ... capable of defence **-fientlig** opposed to national defence **-förbund** defensive alliance **-fördrag** defence treaty **-gren** fighting service **-krig** defensive war **-lös** defenceless **-löshet** [-ö:-] defencelessness **-makt** defence force, national defence **-medel** means of defence **-minister** minister of defence; *Am.* secretary of defense **-obligation** defence bond **-plan** plan of defence **-politik** defence policy **-skrift** apology **-stab** defence staff **-styrka** defence force (unit) **-ställning** defensive position **-tal** speech for the defence **-talan** *jur.* plea for the defendant **-utgifter** *pl* defence expenditure **-vapen** defensive weapon **-vilja** will to defend o.s. **-vänlig** in favour of national defence **-åtgärd** defensive measure

för|svenska give ... a Swedish character, make Swedish; (*översätta*) turn ... into Swedish; ~*s* become Swedish **-svenskning** [the] changing (rendering) (*av* of ...) into Swedish; the Swedish form **-svinna** *-svann -svunnit* disappear (*från, ur* from; [*in*] *i* into); (*plötsligt*) vanish [away]; (*förflyta*) pass [away]; (*ur sikte*) be lost; (*upphöra att finnas till*) cease to exist; ~ *i fjärran* disappear in (vanish into) the distance; *-svinn!* be off with you!, get lost!, clear out!, *Am.* scram! **-svinnande I** *s6* disappearance **II** *adv* exceedingly; infinitesimal[ly] **-svunnen** *a5* vanished; gone; (*bortkommen*) missing **-svunnit** *sup av försvinna* **-svåra** make (render) ... [more] difficult; (*förvärra*) aggravate; (*lägga hinder i vägen för*) obstruct; (*trassla till*) complicate **-svär[j]a** forswear; ~ *sig* (*med ed binda sig vid*) commit o.s. (*åt, till* to); ~ *sig åt djävulen* sell one's soul to the devil **-syn** *s3* **1** *relig.* providence; ~*en* Providence; *genom* ~*ens skickelse* by an act of providence; *låta det gå på Guds* ~ trust to luck, let matters take their own course **2** (*hänsyn*) consideration **-synda** *rfl* sin (*mot* against) **-syndelse** sin, offence (*mot* against); (*friare*) breach (*mot* of) **-synt** [-y:-] *a1* considerate, tactful; discreet **-synthet** [-'sy:nt-] considerateness; modesty, discretion

försåt *s7* (*bakhåll*) ambush; (*fälla*) trap; (*svek*) treachery; *lägga* ~ *för* lay an ambush (set snares) for; *ligga i* ~ lie in ambush **-lig** [-å:-] *a1* treacherous; ~*t leende* insidious smile; ~*a frågor* tricky questions

försåvi|da -tt *se såvida, såvitt*

försäga [-'säjja] *rfl* (*förråda ngt*) blab out a secret, let the cat out of the bag

försäkr|a I 1 (*betyga*) assure (*ngn om* s.b. of); *jag kan* ~ *dig* [*om*] *att* I can assure you that, you can take my word for it that; *du kan vara* ~*d om att* you may rest assured that **2** (*assurera*) insure; (*om sjö- o. flygförsäkr.*) underwrite; *den* ~*de* the insured, the policy-holder; *lågt* ~*d* insured for (at) a low figure; *för högt* ~*d* over-insured **II** *rfl* **1** (*förvissa sig*) secure (*om ngt* s.th.), make sure (*om ngt* of s.th.) **2** (*ta en -ing*) insure one's life (o.s.) **-an** *r, som pl används pl av -ing* assurance, declaration **-ing 1** *se -an* **2** (*brand-, liv-*) insurance; (*liv- äv.*) assurance, life-insurance; (*sjö-*) underwriting; *teckna en* ~ take out (effect) an insurance

försäkrings|agent insurance agent **-avgift** insurance contribution (fee) **-avtal** insurance contract **-bar** *a1* insurable **-bedrägeri** insurance fraud **-belopp** sum insured **-besked** insurance statement **-bolag** insurance company **-brev** insurance policy **-givare** insurer; (*om eng. livförsäkr.*) assurer **-kassa** *allmän* ~ local (national) social insurance office (service) **-matematik** actuarial mathematics (*pl*) **-polis** *se -brev* **-premie** insurance premium **-summa** *se -belopp* **-tagare** [the] insured, policy-holder **-villkor** insurance terms (conditions) **-värde** (*som kan försäkras*) insurable value; (*som är försäkrat*) insured value

försälj|a sell **-are** salesman, seller, sales representative **-erska** saleswoman **-ning** selling; sale[s *pl*]; *till* ~ for (on) sale; *utbjuda till* ~ offer for sale

försäljnings|bolag trading company **-chef** sales manager **-distrikt** sales territory **-främjande** *a4*, ~ *åtgärder* sales promotion **-kostnader** sales (selling) costs **-omkostnader** selling expenses **-organisation** marketing (sales) organization **-pris** sales (selling) price **-provision** commission on sales **-villkor** *pl* terms of sale

för|sämra deteriorate; (*skada, -värra*) impair, make ... worse **-sämras** *dep* deteriorate; get (grow) worse; (*moraliskt*) degenerate **-sämring** deterioration, impairment (*i* in, of); (*moralisk*) degeneration (*i* in); (*av hälsotillstånd*) change for the worse **-sändelse** (*varu-*) consignment; (*kolli*) parcel; (*post-*) [postal] packet (package); *assurerad* ~ insured articles **-sänka 1** *tekn.* countersink **2** *bildl.* plunge (*i sorg* into grief); put (*i sömn* to sleep); reduce (*i fattigdom* to poverty) **-sänkning 1** *tekn.* countersink **2** *~ar* (*bildl.*) influential friends; *ha goda ~ar* have good connections **-sätta 1** (*bringa*) set (*i rörelse* in motion; *på fri fot* free); put (*i raseri* in a rage); *~ ngn i konkurs* adjudge (declare) s.b. bankrupt **2** *bibl.* remove (*berg* mountains)

försättsblad [front] flyleaf; end leaf (paper)

försök *s7* (*ansats*) attempt (*till* at); (*bemödande*) effort, endeavour (*till* at); (*prov*) trial, test (*med* with, of); (*experiment*) experiment (*med* with; *på* on); *~ till brott* attempted crime; *det är värt ett ~* it is worth trying; *våga ~et* risk it, take one's chance [with it]; *på ~ a*) by way of [an] experiment, just for a trial, on trial, *b*) (*på måfå*) at random, at a venture **-a** try; *absol. äv.* have a try; (*bemöda sig*) endeavour, seek; (*pröva på*) attempt; *försök bara! a*) (*uppmuntrande*) just try!, *b*) (*hotande*) just you try it on!; *försök inte!* don't try that on with me!, *Am.* you're kidding!; *~ duger* there's no harm in trying; *~ sig på* try one's hand at, (*våga sig på*) venture on, have a go, *vard.* take a crack at

försöks|anläggning pilot (experimental) plant **-ballong** pilot-balloon; *släppa upp en ~* (*bildl.*) send up a kite **-djur** laboratory animal **-fel** error in [carrying out] an experiment **-heat** qualifying heat **-kanin** *bildl.* guinea-pig **-ledare** experimenter; (*vid institut*) research officer **-metod** experimental method **-objekt** subject of experiments (an experiment) **-order** trial order **-person** *test subject* **-stadium** experimental stage; *på -stadiet* at the experimental stage **-utskrivning** discharge on trial [from mental hospital] **-verksamhet** experimental work; research **-vis** experimentally, by way of experiment

försörj|a (*underhålla*) support, keep; (*dra försorg om*) provide for; *~ sig* earn a living (support o.s.) (*genom, med* by) **-are** supporter, breadwinner **-ning** providing *etc.*; support, maintenance; provision

försörjnings|balans balance of resources **-börda** maintenance burden **-inrättning** charitable institution **-plikt** maintenance liability (obligation); *~ mot* liability for the maintenance of **-skyldig** bound (obliged) to maintain (support) [s.b.]

för|taga 1 (*hindra*) take away (*verkan* the effect); (*dämpa*) deaden; (*fördunkla*) obscure **2** (*fråntaga*) deprive (*ngn ngt* s.b. of s.th.) **3** *~ sig* overwork o.s.; *han -tar sig inte* he doesn't overwork himself **-tal** slander; (*starkare*) calumny (*mot* against, upon); *elakt ~* foul slander, black calumny **-tala** slander; calumniate **-tappad** *a5* lost; *en ~ varelse* a lost soul

förtecken *mus.* [key] signature

förteckn|a note down; make a list of **-ing** (*lista*) list, catalogue (*över* of)

för|tegen *a3* uncommunicative, reticent **-tegenhet** reticence **-tenna** *v1 el. -tennade -tent* tin **-tenning** tinning

förti *se fyrtio*

förtid *i uttr.: i ~* too early (soon), prematurely; *gammal i ~* old before one's (its) time

förtidig (*skrivs äv. för tidig*) premature

förtidspension early retirement pension; (*invalidpension*) supplementary disability pension **-era** grant early retirement pension, pension off before retirement age

för|tiga keep ... secret; (*förbigå m. tystnad*) say nothing about **-tjockning** [-'çåkk-] thickening; (*utvidgning*) swelling

förtjus|a enchant, charm, fascinate **-ande** *a4* charming; delightful **-ning** [-u:-] (*hänryckning*) enchantment (*över* at); (*entusiasm*) enthusiasm (*över* about, at, over); (*glädje*) delight (*över* at, in); *jag kommer med ~* I shall be delighted to come **-t** [-u:-] *a4* (*intagen*) charmed *etc.* (*i* with); (*betagen, förälskad*) in love (*i* with), enamoured, fond (*i* of); (*mycket glad*) delighted, happy, pleased

förtjän|a 1 (*förvärva*) earn; (*mera allm.*) make; (*vinna*) gain, [make a] profit (*på en affär* by a bargain, on a transaction; *på en vara* on an article); *~ en förmögenhet på* make a fortune out of (by) **2** (*vara värd*[*ig*]) deserve; (*med saksubj. äv.*) be worth (*ett besök* a visit); *han fick vad han ~de* he got what he deserved; *det ~r att nämnas att* it is worth mentioning that **-st** *s3* **1** (*inkomst*) earnings (*pl*); (*vinst*) profit[s *pl*]; *gå med ~* be run at a profit; *ren ~* clear profit **2** (*merit*) merit; *behandla ngn efter ~* treat s.b. according to his deserts; *utan egen ~* without any merit of one's own; *det är min ~ att* it is thanks (due) to me that **-stfull** (*om pers.*) deserving; (*om handling*) meritorious **-sttecken** badge of merit **-t** [-ä:-] *a4* (*värd*) deserved, merited; *göra sig* (*vara*) *~ av* show o.s. (be) deserving of, deserve; *göra sig ~ om fosterlandet* deserve well of one's country

för|tona (*förklinga*) die (fade) away; (*förlora färg o.d.*) tone in (*i* with); *~ sig* stand out (*mot* against) **-torka** dry [up], parch; (*-vissna*) wither away **-torkning** drying, parching; withering **-trampa** trample [upon], tread down; *~d* (*i sht bildl.*) downtrodden

förtret *s3* annoyance, vexation (*över* at); (*trassel*) trouble; (*grämelse*) chagrin; *vålla ngn ~* cause s.b. annoyance, give s.b. trouble; *vara till ~ för* be a nuisance to; *svälja ~en* pocket one's pride; *till sin stora ~* much to his chagrin **-a** annoy, vex; *med ~d min* with a look of annoyance **-lig** [-e:-] *a1* vexatious, annoying **-lighet** [-e:-] (*med pl*) vexation, annoyance

förtro confide (*ngn ngt* s.th. to s.b.); *~ sig till* (*åt*) place confidence in

förtroende *s6* **1** (*tillit*) confidence; faith, trust; reliance; *hysa ~ för* have confidence in; *inge ~* inspire confidence; *med ~* confidently; *mista ~t för* lose confidence (one's faith) in; *åtnjuta allmänt* ~ enjoy public confidence; *i* ~ *sagt* confidentially speaking, between ourselves **2** (*förtroligt meddelande*) confidence; *utbyta* ~*n* exchange confidences **-fråga** *göra ngt till* ~ put s.th. to a vote of confidence **-full** trusting, trustful; confiding **-ingivande** (*om uppträdande*) reassuring; *vara* ~ inspire confidence **-kris** crisis of confidence **-man** fiduciary; (*ombud*) agent, representative; (*inom fackförening*) appointed representative **-post** position of trust **-uppdrag** commission of trust; *få* ~*et att* be entrusted with the task of (+ *ing-form*) **-votum** vote of confidence

förtro|gen I *a3* **1** (*-lig*) confidential; (*intim*) intimate, close **2** (*hemmastadd*) familiar (*med* with) **II** *s* confidant[e *fem.*]; *göra ngn till sin -gne* take s.b. into one's confidence, make s.b. one's confidant[e] **-genhet** familiarity (*med* with), [intimate] knowledge (*med* of) **-lig** *a1* (*intim*) intimate; close; (*familjär*) familiar; (*konfidentiell*) confidential; *stå på* ~ *fot med* be on an intimate footing (on familiar terms) with **-lighet** intimacy; familiarity

förtroll|a enchant; *bildl.* bewitch **-ning** enchantment; bewitchment; spell; *bryta* ~*en* break the spell

förtrupp *mil.* advance guard (party); (*friare*) van[guard]

för|tryck oppression; tyranny; *lida* ~ be oppressed **-trycka** oppress; tyrannize over **-tryckare** oppressor **-tryta** provoke, annoy, vex **-trytelse** displeasure, resentment (*över* at); (*starkare*) exasperation, indignation (*över* at) **-träfflig** *a1* excellent, splendid **-träfflighet** excellence; splendid qualities (*pl*) **-tränga** (*göra trång*) narrow, constrict, contract; *psykol.* suppress **-trängning** narrowing, constriction, contraction; *psykol.* suppression **-trösta** trust (*på Gud* in God; *på försynen* to Providence) **-tröstan** *r* trust; reliance; confidence (*på* in); *i* ~ *på* in reliance on **-tröttas** *dep* tire, [grow] weary **-tulla** (*låta tullbehandla*) clear, declare [in the customs]; (*betala tull för*) pay duty on (for); *har ni något att* ~*?* have you anything to declare? **-tullning** (*tullbehandling*) [customs] clearance (examination) **-tullningsavgift** customs clearance fee **-tullningskostnad** customs duty **-tunna** thin [... down]; (*gas*) rarefy; (*utspäda*) dilute **-tunnas** *dep* get thin[ner] **-tunning 1** thinning; rarefaction; dilution **2** (*-tunningsmedel*) thinner

förtursrätt *ha* ~ have priority rights (*till* to); have priority (*framför* over)

för|tvina wither [away] (*av* with); *bildl. äv.* languish [away] **-tvining** withering [away]; *med.* atrophy **-tvivla** despair (*om ngt* of s.th.; *om ngn* about s.b.) **-tvivlad** [-i:-] *a5* (*om pers.*) in despair (*över* at); (*desperat*) desperate; *vara* ~ be in despair (exceedingly sorry) (*över att ha gjort det* at having done it); *det kan göra en* ~ it is enough to drive one to despair; *ett -tvivlat läge* a desperate situation **-tvivlan** [-i:-] *r* despair (*över* at); (*desperation*) desperation (*över* at); *med* ~*s mod* with the courage of despair **-tvålning** [-å:-] saponification **-ty** therefore *icke* ~ nevertheless, none the less **-tycka** *du får inte* ~ *om* (*att*) *jag* you must not take it amiss if I **-tydliga** [-y:-] make ... clear[er]; *bildl. äv.* elucidate **-tydligande** [-'ty:d-] **I** *s6* elucidation **II** *a4* elucidative **-täckt** *a4* veiled, covert; *i* ~*a ordalag* circuitously, in a roundabout way **-tälja** *v2* tell; relate, narrate **-tänka** *inte* ~ *ngn att* (*om*) *han* not blame (think ill of) s.b. for (+ *ing-form*)

förtänksam *a1* prudent; (*förutseende*) far-sighted **-het** forethought, prudence; foresight

för|tära eat; (*göra slut på*) eat up (*äv. bildl.*); (*friare*) consume; (*starkare*) devour; (*fräta på*) gnaw, wear away; *Farligt att* ~*!* Poison. Not to be taken!; *aldrig* ~ *sprit* never touch (take) spirits; ~*s av svartsjuka* be consumed by jealousy **-täring** consumption; *konkr.* food [and drink], refreshments (*pl*) **-täta** condense (*till* into); (*friare o. bildl.*) concentrate (*till* into); ~*d stämning* tense atmosphere **-tätning 1** condensation **2** *med.* induration of the lung tissue **-töja** moor, make [...] fast (*vid* to) **-töjning** mooring **-töjningslina** mooring rope **-töjningsplats** moorage, lay-by (*Am.* tie-up) wharf **-törna** provoke, anger; ~*d* provoked (angry) (*på* with; *över* at); ~*s* (*bli* ~*d*) *över* take offence at **-underlig** wondrous, marvellous; (*underlig*) strange

förundersök|a subject ... to a preliminary (*jur.* prejudicial) investigation **-ning** preliminary examination (study); *jur.* preliminary (pre-trial) hearing[s *pl*]

för|undra fill ... with wonder; astonish; ~*d* struck with wonder; ~ *sig, se* ~*s* **-undran** *r* wonder (*över* at) **-undras** *dep* wonder, be astonished (*över* at) **-undransvärd** [-ˣunn-] *a1* wondrous, marvellous; astonishing **-unna** *bibl. o.d.* vouchsafe; (*friare*) grant; *det är inte alla* ~*t att* not everyone gets the chance to

förut [ˣfö:r-, -'u:t] before, in advance; (*om tid äv.*) previously; (*förr*) formerly

förutan [-ˣu:-] without

förut|bestämma settle ... beforehand; (*predestinera*) predestin[at]e **-bestämmelse** predestination **-fattad** *a5* preconceived; ~ *mening* (*äv.*) prejudice

förutom [-ˣu:-] besides ([*det*] *att han är* his being)

förut|satt *a i uttr.:* ~ *att* provided [that] **-se** foresee; anticipate; *efter vad man kan* ~ as far as one can see **-sebar** *a1* foreseeable **-seende I** *s6* foresight; (*framsynthet*) forethought **II** *a4* foreseeing; provident **-skicka** premise **-säga** predict, foretell; (*förespå*) prophesy; forecast **-sägelse** prediction; forecast **-sätta** (*antaga*) assume, presume, suppose; (*ta för givet*) take it for granted; *log.* postulate; (*bygga på -sättningen* [*att*]) imply, presuppose **-sättning** (*antagande*) assumption, presumption, supposition; *log.* postulation; (*villkor*) condition, prerequisite; (*erforderlig egenskap*) qualification; *skapa* ~*ar för* create the necessary conditions for, prepare the ground for; *ekonomiska* ~*ar* economic prerequisites; *han har alla* ~*ar att lyckas* he has every chance of succeeding; *under* ~ *att* on condition that **-sättningslös** unprejudiced, impartial, unbiassed **-varande** *a4* (*förra*) former; (*föregående*) previous

förvalt|a administer; manage; (*ämbete*) discharge, exercise; ~ *sitt pund väl* put one's gifts to good use **-are** administrator; (*av lantgods*) steward, farm-bailiff; (*dödsbo-*) trustee; (*konkurs-*) receiver; *mil.* warrant officer, *Am.* chief warrant officer **-arskap** *s7* trusteeship **-ning** administration, management; (*stats-*) public administration, government services

förvaltnings|apparat administrative organization **-berättelse** administration report; (*styrelseberättelse*) annual report **-bolag** holding company **-byggnad** administration building **-kostnader** administration costs **-område** administrative district (*abstr.* sphere) **-utskott** executive committee **-år** financial year

förvandl|a transform, turn, convert (*till, i* into); (*förbyta*) change (*till, i* into); *jur.* commute (*till* into); (*till ngt sämre*) reduce (*till* to); *tekn.* convert; *teol.* transsubstantiate **-as** *dep* be transformed (*etc.*); *äv.* turn, change (*till, i* into) **-ing** transformation; conversion; change; reduction; *teol.* transsubstantiation **-ingskonstnär** quick--change artist

för|vanska corrupt, distort; tamper with; misrepresent **-vanskning** corruption *etc.* **-var** *s7* [safe] keeping, custody; charge; *i säkert* ~ in safe custody; *ta ... i* ~ take charge (custody) of ...; *lämna ... i* ~ *hos ngn* commit ... to a p.'s charge (custody); *se äv. under fängslig* **-vara** *v1* (*ha i -var*) keep; (*deponera*) deposit; *~s kallt* (*oåtkomligt för barn*) keep in a cool place (out of the reach of children) **-varing** keeping; charge, custody; *inlämna till* ~ leave to be called for, *järnv.* put in the cloakroom; *Am. äv.* check; *mottaga till* ~ receive for safe keeping; ~ *på säkerhetsanstalt* preventive detention in prison

förvarings|avgift storing (*bank. etc.* safe--keeping) fee, *järnv.* cloak-room fee **-kärl** receptacle **-plats** repository, storeroom, storage space **-pärm** [letter] file **-skåp** filing cabinet

förvarning [advance] notice, forewarning

för|veckla complicate; entangle **-veckling** complication; entanglement **-vedas** *dep* become lignified, lignify **-vekliga** [-'ve:k-] emasculate **-vekligas** [-'ve:k-] *dep* become emasculate **-verka** forfeit **-verkliga** [-'värrk-] (*t.ex. förhoppningar*) realize; (*t.ex. plan, idé*) carry out **-verkligande** [-'värrk-] *s6* realization **-verkligas** [-'värrk-] *dep* be realized; (*om dröm e.d.*) come true **-vildad** *a5* (*om djur, växt*) undomesticated, wild; (*vanskött*) ... that has run wild; *~e seder* demoralized customs **-vildas** *dep* return to natural state; (*om människor*) become uncivilized; (*om barn*) be turned into young savages; (*om djur, växter*) run wild; (*om odlad mark*) go out of cultivation **-villa** (*föra vilse*) lead ... astray (*äv. bildl.*); (*vilseleda*) mislead; (*-leda*) deceive; (*-virra*) bewilder, confuse; *~nde likhet* deceptive likeness; *~nde lik* confusingly like; ~ *sig* lose one's way, *bildl.* get bewildered **-villelse** error, aberration; (*sedlig*) delinquency

förvinter early winter

för|virra confuse; (*-brylla*) bewilder, perplex; (*svagare*) puzzle, embarrass; (*bringa ur fattningen*) disconcert; (*bringa i oordning*) derange, disorder; *tala ~t* talk incoherently **-virring** confusion; (*persons äv.*) perplexity, embarrassment, bewilderment; (*om sak äv.*) disorder[ed state]; *i första ~en* in the confusion of the moment **-visa** banish, send away (*ur* from, out of) (*äv. bildl.*); (*deportera*) deport; (*relegera*) expel **-visning** banishment, exile; deportation; expulsion **-visningsort** place of banishment (exile) **-vissa** ~ *ngn om ngt* (*om att*) assure s.b. of s.th. (that); *vara ~d* rest assured, (*övertygad*) be convinced; ~ *sig* make sure (*om* of; [*om*] *att* that)

1 förvissning assurance; conviction; *i* ~ *om* in the assurance of

2 förvissning (*förvissnande*) withering [away]

för|visso [-ˣvissɷ] (*utan tvivel*) for certain; (*visserligen*) certainly **-vittra** (*på ytan*) weather; (*upplösas*) disintegrate; (*sönderfalla*) crumble, moulder **-vittring** weathering; erosion, disintegration; crumbling **-vittringsprocess** weathering process **-vittringsprodukt** sedimentary material **-vrida** distort, twist; ~ *huvudet på ngn* turn a p.'s head **-vränga** distort; (*fakta äv.*) misrepresent **-vrängning** distortion; misrepresentation **-vunnen** *a5* (*överbevisad*) convicted (*till* of); (*förklarad skyldig*) found guilty (*till* of) **-vuxen** overgrown; (*missbildad*) deformed **-vållan** *r, se följ.* **-vållande** *s6, genom eget* ~ through one's own negligence; *utan eget* ~ by no fault of one's own

förvån|a 1 surprise, astonish; *det ~r mig* I am surprised (*etc.*); *~d* surprised *etc.* (*över* at) **2** *rfl* be surprised (*etc.*) (*över* at); *det är ingenting att -a sig över* it is not to be wondered at **-ande** *a4* **-ansvärd** *a1* surprising, astonishing **-as** *dep, se -a 2* **-ing** surprise, astonishment

förvår early spring

förväg *i uttr.: i* ~ in advance, ahead, before[hand]

för|vägen *a3* over-bold, rash **-vägra** (*vägra*) refuse; (*neka*) deny; *han ~des rätten att träffa sina barn* he was denied the right to see his children **-välla** parboil **-vällning** parboiling **-vänd** *a1* disguised, distorted; (*dålig, syndig*) perverted **-vända** (*-vränga*) distort; disguise; ~ *synen på folk* throw dust in people's eyes **-vändhet** perversity **-vänta** ~ [*sig*] expect; look forward to **-väntan** *r, som pl används pl av -väntning* expectation (*på* of); *efter* (*mot*) ~ according (contrary) to expectations; *över* ~ *bra* better than expected, unexpectedly good **-väntansfull** expectant **-väntning** expectation; *motsvara ngns ~ar* come up to a p.'s expectations **-värkt** *a4* crippled with rheumatism **-världsliga** [-'vä:rds-] secularize; *~d* (*om pers. äv.*) worldly

förvärma preheat **-re** preheater

för|värra make ... worse, aggravate **-värras** *dep* grow worse, become aggravated **-värv** *s7* **1** (*-ande*) acquisition, attainment **2** (*ngt*

-värvat) acquisition; (*genom arbete*) earnings (*pl*) **-vȩrva** acquire; (*förtjäna*) earn; (*komma över*) procure; (*vinna*) gain; ~ *vänner* make friends; *surt ~de slantar* hard-earned money

förvärvs|arbetande *a4* wage-earning, gainfully employed; ~ *kvinnor* (*äv.*) women out at work **-arbete** gainful employment; *ha* ~ have a job **-avdrag** tax allowance on earnings of a married woman **-begär** acquisitiveness **-källa** source of income **-liv** *träda ut i ~et* start working [for one's living] **-syfte** *i* ~ with a view to making money

för|vȩxla confuse, mix up **-vȩxling** confusion; (*misstag*) mistake **-vȩxt** *a4*, *se -vuxen* **-ȩngra** rejuvenate, make ... [look] younger; (*skog*) regenerate, reforest **-yngras** *dep* grow young again **-yngring** rejuvenation; (*av skog*) regeneration **-yngringskälla** source of rejuvenation (fresh vitality) **-ytliga** [-'y:t-] superficialize **-zịnka** [-s-] coat with zinc, zinc; (*galvanisera*) galvanize **-zinkning** [-'sinnk-] zinc-plating; galvanizing **-ạldrad** *a5* antiquated, out-of-date; *~e ord* obsolete words **-ạldras** *dep* get (grow) old; become antiquated (*etc.*) **-ädla** [-'ä:d-] **1** ennoble **2** *biol.* breed, improve **3** (*bearbeta råvara*) refine, work up; *~d smak* refined taste **-ạdling** **1** ennoblement **2** breeding *etc.* **3** refinement, processing

förädlings|anstalt *lantbr.* breeding-centre **-industri** processing industry **-metod** processing technique

föräktenskaplig premarital; ~ *förbindelse* premarital intimacy

förälder *s2* parent

förạldra|auktoritet parental authority **-hem** [parental] home **-lös** orphan; *hem för ~a barn* orphanage **-r** parents **-skap** *s7* parenthood

förạlsk|a *rfl* fall in love (*i* with) **-ad** *a5* in love (*i* with); ~ *blick* amorous (loving) glance **-else** love (*i* for); (*kortvarig*) infatuation

förạnd|erlig *a1* variable; (*ombytlig*) changeable; *lyckan är* ~ Fortune is fickle **-ra** **1** (*ändra*) alter; (*byta* [*om*]) change (*till* into); *inte* ~ *en min* not move a muscle **2** *rfl*, *se -ras* **-ras** *dep* change, alter; *tiderna* ~ times change; *hon har -rats till oigenkännlighet* she has changed beyond recognition **-ring** change; alteration; *sjuklig* ~ pathological change

för|ạra ~ *ngn ngt* make s.b. a present of s.th. **-ạring** present **-ạta** *rfl* overeat [o.s.] (*på* on), eat too much (*på* of) **-ọdande** *a4* devastating, ravaging **-ọdelse** devastation; *anställa stor* ~ make havoc; *~ns styggelse* (*bibl.*) the abomination of desolation

förödmjuk|a humiliate (*sig* o.s.) **-else** humiliation

förọk|a (*utöka*) increase; (*mångfaldiga, fortplanta*) multiply; ~ *sig* increase, multiply **-ning** **1** increase **2** (*fortplantning*) multiplication, propagation

förọva commit **-re** perpetrator; *~n av brottet* the man guilty of the crime

föröver ['fö:r-] *sjö.* forward

förövning preliminary exercise

förövrigt [-ˣö:v-] *se under övrig*

fösa *v3* drive, (*friare*) shove (*fram* along; *ihop* together)

G

gabardin *s3, s4* gabardine
gadd *s2* sting; *ta ~en ur (av) ngn* take the sting out of s.b.
gadda ~ *ihop sig* gang together (up) (*mot* against); ~ *sig samman, se samman- sig*
gael [gä:l, ga'e:l] *s3* Gael **-isk** *a5* Gaelic **-iska** **1** (*språk*) Gaelic **2** (*kvinna*) Gaelic woman
gaffel ['gaff-, ˣgaff-] *s2* **1** fork; *kniv och ~* a knife and fork; *jag har det på ~n* it's in the bag, it's all wrapped up **2** *sjö.* gaff **-antilop** pronghorn[ed antilope] **-segel** gaff--sail **-truck** fork[-lift] truck
gaffla babble, jabber
gagat jet
gage [ga:ʃ] *s7, s4* (*sångares o.d.*) fee
gagn [gaŋn] *s7* (*nytta*) use; (*fördel*) advantage, benefit; *vara till ~ för* be of advantage to; *mera till namnet än till ~et* more for show than use **-a** be of use (advantage) to, benefit; (*ngns intressen*) serve; *det ~r föga* it is of little use (advantage); *vartill ~r det?* what is the use of that? **-elig** *a1* useful **-lös** useless, of no use; fruitless, unavailing **-växt** utility plant
1 gala *gol galit el. v2* crow; (*om gök*) call
2 gala *s1* gala; *i [full] ~* in gala (full) dress **-föreställning** gala performance **-middag** gala banquet
galant I *a1* (*artig*) gallant **II** *adv, det gick ~* it went off splendidly **-eri** gallantry **-erivaror** fancy goods
galaterbrevet [the Epistle to the] Galatians
gala|uniform full-dress uniform **-vagn** state coach
galeas *s3, ung.* ketch
galej [-ejj] *s7* party, celebration; spree, fling **-a** *s1* galley
gal|en *a3* **1** mad; *vard.* crazy, (*oregerlig*) wild; (*överförtjust*) passionately fond (*i* of), crazy (*i* about); *bli ~* go mad (*etc.*); *skvatt ~* stark staring mad; *det är så man kan bli ~* it is enough to drive one mad **2** (*om sak: orätt*) wrong (*ända* end); (*dåraktig*) mad, wild; (*förryckt*) absurd; *det var inte så -et* [it's] not bad; *hoppa i ~ tunna* make a blunder, get into the wrong box **-enpanna** madcap **-enskap** *s3* **1** (*vansinne*) madness; (*dåraktighet*) folly **2** (*med pl*) act of folly; *hitta på ~er* (*tokerier*) play the giddy goat **-et** *adv* wrong; *bära sig ~ åt a)* (*bakvänt*) be awkward, *b)* (*oriktigt*) go about in the wrong way; *det gick ~ för henne* things went wrong with her
galg|backe [-j-] gallows-hill **-e** *s2* gallows[-tree] (*sg*); (*med en arm*) gibbet; (*klädhängare*) [coat-]hanger; *sluta i ~n* come to the gallows **-enfrist** short respite **-fågel** gallows-bird **-fysionomi** gallows look, sinister face **-humor** grim humour
galilé *s3* Galilean **Galiléen** [-'le:enn] *n* Galilee **galileisk** *a5* Galilean
galit *sup av 1 gala*
galjons|bild -figur figure-head (*äv. bildl.*)
gall|a *s1* gall; bile (*äv. bildl.*); *utgjuta sin ~ över* vent one's spleen upon **-blåsa** gall--bladder
1 galler ['gall-] *s9* (*folkslag*) Gaul
2 galler ['gall-] *s7* (*skydds-*) grating, grill[e]; (*fängelse- e.d.*) bars (*pl*), grating; (*spjälverk*) lattice, trellis; *radio.* grid **-fönster** lattice-window; (*med skyddsgaller*) barred window **-grind** wrought-iron gate
galleri gallery
gallerverk lattice-work
gall|feber *reta ~ på ngn* infuriate s.b. **-gång** bile duct
gallicism *s3* Gallicism **Gallien** ['gall-] *n* Gaul
gallier ['gall-] *se 1 galler*
gallimatias [-ˣti:-] *r* balderdash
gallion- *se galjon-*
gallisk ['gall-] *a5* Gallic
gallium ['gall-] *s8* gallium
gallko barren cow
gallr|a (*plantor*) thin out; (*skog*) thin; ~ *bort* (*ut*) (*ngt onyttigt o.d.*) sort (weed) out **-ing** thinning [out] *etc.*; sorting out
gallskrik -a yell, howl
gallsprängd *a5* with burst gall-bladder; *bildl.* splenetic, choleric
gallstekel gall-fly
gallsten gall-stone
gallstensanfall biliary cholic
gallupundersökning Gallup (public opinion) poll
gallussyra gallic acid
galläpple gall, oak-apple
galn|as [ˣga:l-] *dep* play the fool **-ing** madman; *som en ~* (*äv.*) like mad
1 galon *s4* (*plastväv*) plastic-coated fabric
2 galon *s3* (*uniformsband*) gold (silver) braid; galloon **-erad** *a5* braided gallooned
galopp [-å-] *s3* **1** *ridk.* gallop; *i ~* at a gallop; *kort ~* canter, hand gallop; *i full ~* [at] full gallop (*friare* speed); *falla in i ~* break into a gallop; *fatta ~en* catch the drift **2** (*dans*) galop **-bana** racecourse **-era** gallop; *~nde lungsot* galloping consumption **-sport** horse-racing
galosch [-å-] *s3* galosh; *Am.* rubbers (*pl*); *hand. äv.* golosh **-hylla** rack for galoshes
galt *s2* **1** *zool.* boar **2** (*tackjärn*) pig
galvan|isera galvanize, electroplate **-isering** galvanization, electroplating **-isk** [-'va:-] *a5* galvanic; *~t element* primary cell, galvanic element **-ometer** galvanometer **-oplastik** *s3* galvanoplastics (*pl*)
galär *s3* galley **-slav** galley-slave
gam *s2* vulture
gambit ['gamm-] *s2, s3, schack.* gambit
gamling old man (woman); *~ar* old folks (people)
gamma ['gamma] *s6* gamma **-globulin** *s4* gamma globulin
gam|mal *-malt äldre äldst* old; (*forn[tida]*) ancient; (*antik*) antique; (*som varat länge*) long-established, of long standing; (*åldrig*) aged; (*ej färsk, om bröd o.d.*) stale; (*begag-*

nad äv.) second-hand; *en fem år ~ pojke* a five-year old boy, a boy of (aged) five; *~t nummer* (*av tidn. o.d.*) back issue; *~ nyhet* stale [piece of] news; *vara ~ och van* be an old campaigner (hand); *den -la goda tiden* the good old days; *av ~t* of old; *av ~ vana* from [long-accustomed] habit; *på -la dagar* in one's old age; *känna ngn sedan ~t* know s.b. of old (for many years); *~ som gatan* old as the hills; *den -le* (*-la*) the old man (woman); *~ är äldst* old folks know best; *låta ngt bli vid det -la* let s.th. remain as it is

gammal|dags *oböjl. a* old-fashioned **-modig** *a1, se -dags*; (*omodern äv.*) out of fashion, outmoded; (*uråldrig*) antiquated; *~ hatt* old hat **-stavning** old spelling **-testamentlig** *a1* of the Old Testament **-vals** old-time waltz

gamman *oböjl. s, i* (*med*) *fröjd och ~* merrily

gammastrål|ar gamma rays **-ning** gamma radiation

gamäng *s3* gamin

ganglie ['gaŋ-] *s5* ganglion (*pl äv.* ganglia)

gangster ['gaŋ-] *s2, pl äv. -s* gangster **-band** **-liga** gang **-metoder** ruthless methods **-välde** gang (mob) rule

gans *s3* [fancy] braid

ganska (*mycket*) very; (*oftast i positiv betydelse*) quite (*roligt* fun); (*oftast i negativ betydelse*) rather (*tråkigt* boring); (*inte så litet*) pretty; (*tämligen*) fairly, tolerably; *~ mycket a*) (*som adj.*) a great (good) deal of, [rather] a large (quite a) number of (*folk* people), quite a lot of, *b*) (*som adv*) very much, a great (good) deal, quite a lot; *det var ~ mycket folk på teatern* there was quite a good audience at the theatre

gap *s7* mouth; (*djurs o. tekn.*) jaws (*pl*); *bildl.* gape, jaws; (*öppning*) gap, opening **-a 1** (*om pers. o. djur*) open one's mouth; hold one's mouth open; (*förvånat*) gape (*av* with); (*stirra*) stare; (*skrika*) bawl, yell; *den som ~r över mycket mister ofta hela stycket* grasp all, lose all **2** (*om avgrund o.d.*) yawn; (*stå öppen*) stand open **-ande** *a4* gaping (*folkhop* crowd; *sår* wound); wide-open (*mun* mouth) **-hals** loudmouth; (*pratmakare*) chatter-box **-skratt** roar of laughter, guffaw; *ge till ett ~* burst out laughing **-skratta** roar with laughter, guffaw

garage [-'a:ʃ] *s7* garage

garant guarantor, warrantor **-era** *~* [*för*] guarantee, warrant, (*friare*) vouch for **-i** *s3* guarantee; (*ansvarighet*) responsibility; (*säkerhet*) security; *ställa ~*[*er*] *för ngt* give (furnish) a guarantee for s.th. **-ibelopp** guarantee[d] amount **-isedel** certificate of guarantee

gard *s3* **1** *sport.* guard; *ställa sig i ~* take one's guard **2** *kortsp.* guard; *ha ~* be guarded **-e** ['garr-] *s6* guards (*pl*); [*det*] *gamla ~t* the old guard

gardenia *s1* gardenia

garder|a guard, safeguard, cover; *tips.* cover, allow [up to] (*sig* o.s.) **-ing** guard; *tips., se hel- resp. halv-*

garderob [-å:b] *s3* **1** (*skåp*) wardrobe; (*klädkammare*) clothes closet; (*i offentlig lokal*) cloak-room; *Am.* checkroom **2** (*kläder*) wardrobe, clothes **-ié** *s3* **-iär** *s3* cloak-room attendant

garderobs|avgift cloak-room fee **-sorg** *ha ~* have only one's Sunday best to wear

gardesofficer officer in the Guards

gardin *s3* curtain; (*rull-*) [roller] blind; *dra för* (*ifrån*) *~erna* pull (pull back) the curtains; *dra upp ~en* draw up the blind **-stång** curtain rod (*av trä:* pole) **-uppsättning** curtain arrangement

gardist guardsman

garfågel garefowl

garn [-a:-] *s7, s4* yarn; (*bomulls- äv.*) cotton; (*silkes- äv.*) silk; (*ull- äv.*) wool; (*fångst-*) net; *snärja ngn i sina ~* entangle (catch) s.b. in one's toils **-bod** shop selling yarn

garner|a (*kläder*) trim; (*mat*) garnish **-ing** trimming; garnish

garnison *s3* garrison; *ligga i ~* (*äv.*) be garrisoned

garnisons|ort garrison station **-sjukhus** military hospital

garnityr *s7* garniture; (*sats, uppsättning*) set

garn|nystan ball of yarn (*etc.*) **-ända** end of yarn, thrum

garv *s7, vard.* horse-laugh

garv|a tan (*äv. bildl.*); dress, curry **-are** tanner, leather-dresser **-eri** tannery **-ning** tanning **-syra** tannic acid, tannin **-ämne** tanning agent

1 gas *s3, s4* (*tyg*) gauze

2 gas *s3* gas; *släcka* (*tända*) *~en* turn out (on) the gas; *ge ~* (*t. motor*) open the throttle, accelerate; *minska på ~en* (*t. motor*) throttle back, slow down **-a** gas; *~ på* step on the gas **-betong** porous concrete **-bildning** gas-formation

gasbinda gauze bandage

gascognare [-ˣkånnja-] Gascon **Gascogne** [-'kånnj] *n* Gascony

gas|form *i ~* in the form of gas, in a gaseous state **-formig** [-å-] *a1* gaseous **-förgiftning** gas poisoning

gask *s2, s3* (*fest*) spree, party **-a** *~ upp sig* cheer up, (*rycka upp sig*) pull o.s. together

gas|kamin gas stove **-kammare** gas chamber **-klocka** gasometer **-kran** gas-tap **-krig** gas war[fare] **-kök** gas-ring **-lampa** gas lamp **-ledning** gas pipe; (*huvudledning*) gas-main **-ljus** gaslight **-lykta** *se -lampa* **-låga** gas-jet **-mask** gas-mask **-mätare** gas-meter **-ning** [-a:-] gassing **-ol** [-å:l] *s3* bottled (liquefied petroleum) gas **-pedal** accelerator, throttle **-pollett** gas-meter disc **-reglage** throttle lever

gass *s7* heat, [full] blaze **-a** be blazing [hot]; *~ sig i solen* bask in the sun **-ande** *s6* **-ig** *a1* blazing, broiling

gas|spis gas-cooker(-range, -stove) **-svetsning** gas welding; oxy-acetylene welding

1 gast *s2* (*matros*) hand

2 gast *s2* (*spöke*) ghost **-a** yell, howl

gastera appear as a visiting company (actor)

gastkram|a hug violently; *~d* ghostridden **-ande** *a4* hair-raising **-ning** [-a:m-] iron grip; stranglehold

gastr|it *s3* gastritis **-onom** gastronome, gastronomist **-onomisk** [-ånå:-] *a5* gastronomic

gas|turbin gas turbine **-tändare** gas-lighter **-utveckling** gas generation, gasification **-verk** gas-works (*sg o. pl*); gas company

gat|a *s1* street; (*körbana*) roadway; *~ upp och ~ ner* up and down the streets; *gammal som ~n, se gammal*; *gå och driva på -orna* walk the streets; *rum åt ~n* front room, room facing the street; *på ~n* in the street; *på sin mammas ~* on one's native heath **-flicka** street-walker **-hus** part of house facing the street **-hörn** street corner **-lopp** *springa ~* run the gauntlet **-lykta** street lamp **-pojke** street urchin **-sopare** street-sweeper **-sten** paving-stone (*koll.* -stones *pl*)

gatt *s7, sjö.* **1** (*hål*) hole **2** (*inlopp*) gut, narrow inlet

gatu|adress [street] address **-belysning** street lighting **-beläggning** street-paving(-surface) **-försäljare** street-vendor, hawker **-korsning** intersection; crossing **-nät** street system **-renhållning** street-cleansing **-skylt** street-sign **-strid** street fighting (*äv. ~er*) **-vimmel** *i -vimlet* in the throng of the streets

gav *imperf av giva* (*ge*)

1 gavel ['ga:-] *i uttr.: på vid ~* wide open

2 gavel ['ga:-] *s2* gable; (*på säng o.d.*) end; *ett rum på ~n* a room in the gable **-fönster** gable-window

gavọtt [-å-] *s3* gavotte

G-dur G major

ge *se giva*

gebịt [g-, j-] *s7* domain, province

gecko ['gekkọ] *s5* **-ödla** gecko

gedịge|n [j-] *a3* **1** (*metall*) pure; (*massiv*) solid **2** *bildl.* solid, sterling; genuine; *~ karaktär* sound character; *-t arbete* sterling piece of work, excellent workmanship

gehạ̈ng [j-] *s7* sword-belt; (*axel-*) baldric

gehọ̈r [j-] *s7* **1** *mus. o. språkv.* ear; *spela efter ~* play by ear; *absolut ~* perfect (absolute) pitch **2** hearing; (*aktning*) respect; (*uppmärksamhet*) attention; *vinna ~* meet with sympathy; find a ready listener (audience); *skaffa sig ~* gain a hearing

geist [gej-, gaj-] *s3* liveliness, spark; passion

gejd *s3, tekn.* guide; slide

gejser ['gejj-] *s2* geyser

gel [j-] *s4, kem.* gel

gelatịn [ʃ-] *s4, s3* gelatine **-artad** [-a:r-] *a5* gelatinous

gelé [ʃ-] *s3, s4* jelly **-a** *rfl* jelly, congeal **-artad** [-a:r-] *a5* gelatinous

gelịk|e [j-] *s2* equal; *du och dina -ar* you and your likes; *hennes -ar* (*äv.*) the likes of her

1 gem [jemm, g-] *s3* (*ädelsten*) engraved (inlaid) jewel

2 gem [ge:m] *s7* (*pappersklämma*) paper-clip

gemạk [j-] *s7* [state-]apartment, state-room

gemẹn [j-] *a1* **1** (*nedrig*) low, mean; (*lågsinnad*) base; (*friare: otäck*) horrid; dirty **2** *~e man a) mil.* the rank and file, *b) allm.* the man in the street; *i ~* in general **3** (*folklig*) friendly; sociable **4** *boktr.* lower-case (*bokstäver* letters) **-het** [-e:n-] (*egenskap*) lowness *etc.*; (*handling o.d.*) [act of] meanness; mean (*vard.* dirty) trick; (*starkare*) infamy **-ligen** [-e:n-] commonly, in general **-sam** [-e:n-] *a1* (*i sht för alla*) common (*för* to); (*i sht för två el. flera*) joint (*beslut* resolution); (*ömsesidig*) mutual (*vän* friend); *ett ~t intresse* an interest in common; *två våningar med ~t kök* two flats with shared kitchen; *med ~ma ansträngningar* by united effort; *göra ~ sak med* make common cause with **-samhet** [-e:n-] community (*i* of) **-samhetskänsla** sense of community **-skap** [-e:n-] *s3* community; fellowship; (*samfund*) communion; (*samband*) connection; *känna ~ med* have a fellow-feeling for **-samt** [-e:n-] *adv* in common, jointly

gems *se gäms*

gemỵt [j-, g-] *s7* (*sinnelag*) disposition, temperament; (*godlynthet*) good nature **-lig** [-y:-] *a1* **1** (*om pers.*) good-natured(-humoured), genial **2** (*om sak*) [nice and] cosy; comfortable **-lighet** [-y:-] **1** good nature (humour), geniality **2** cosiness

gemạ̊l [j-] *s3* consort; *skämts.* spouse

1 gen [j-] *s3, biol.* gene, factor

2 gen [j-] *a1* short, near, direct **-a** take a short cut

genạnt [ʃenaŋt, -ant] *a1* embarrassing, discomfiting, awkward

genast [ˣje:-] *adv* at once, immediately, straight away; (*om ett ögonblick*) directly; *~ på morgonen* first thing in the morning

gendạrm [ʃaŋ-] *s3* gendarme **-eri** gendarmery, military police-force

gendriva [ˣje:n-] disprove (*ett påstående* a statement); refute (*kritik* criticism)

genealog [j-] genealogist **-ị** *s3* genealogy **-isk** *a5* genealogical

genera [ʃ-] (*besvära*) bother, trouble, inconvenience; be a nuisance to; (*göra förlägen*) be embarrassing to; *låt inte mig ~!* don't mind me!; *ljuset ~r mig* the light bothers me; *~r det om jag röker?* do you mind if I smoke?; *det skulle inte ~ honom att* he would never hesitate to; *han ~r sig inte* he is not one to stand on ceremony; *~ er inte för att säga mig sanningen* don't hesitate to tell me the truth **-d** *a5* embarrassed; self-conscious; *jag är ~ för honom* I feel embarrassed in his presence

generạl [j-] *s3* general; (*vid flyget*) air chief marshal, *Am.* general **-agent** general agent **-bas** *mus.* throrough-bass, continuo **-direktör** director-general **-församling** general assembly **-guvernör** governor-general **-isera** [ʃ-, j-] generalize, make sweeping statements **-isẹring** [ʃ-, j-] generalization **-konsul** consul-general **-major** major-general; (*vid flyget*) air vice-marshal, *Am.* major general **-order** general order[s *pl*] **-paus** *mus.* general pause (*förk.* G.P.) **-plan** general plan **-repetition** dress rehearsal **-sekreterare** secretary-general

generalsgrad general's rank

general|stab general staff **-stabskarta** ordnance [survey] map **-stabsofficer** general-staff officer **-strejk** general strike

generation [j-] generation

generationsväxling *biol.* alteration of generations, metagenesis

generator [j-ˣa:tår] *s3* generator

generẹll [ʃ-] *a1* general **-t** *adv*, *~ sett* generally speaking, from a general point of view

generera [j-] generate

gener|ositet [ʃ-] generosity **-ọ̈s** *a1* generous (*mot* to)
geneti|k [j-] *s3* genetics (*sg*) **-ker** [-'ne:-] geneticist **-sk** [-'ne:-] *a5* genetic[al]
Genève [ʃö'nä:v] *n* Geneva
genever [ʃö'nä:-] *s2* hollands (*sg*), geneva
Genèvesjön the Lake of Geneva
gengas [ˣje:n-] producer gas **-aggregat** producer-gas unit
gen|gångare [ˣje:n-] ghost, spectre **-gåva** gift in return **-gäld** *i* ~ in return (*för* for) **-gälda** ~ *ngn ngt* pay s.b. back for s.th.; *jag kan aldrig* ~ *hans vänlighet* I shall never be able to repay his kindness
geni [ʃ-] *s4* genius (*pl* geniuses) **-ạl** [j-] *a1* **-ạlisk** [j-] *a5* brilliant; (*fyndig*) ingenious **-alitet** [j-] brilliance; (*ngns äv.*) genius **-e** ['je:-] *s5*, *se -us* **-knöl** bump of genius; *gnugga ~arna* cudgel one's brains
genitạlier [j-] *pl* genitals
genitiv [j-] *s3* genitive; *i* ~ in the genitive
geni|us ['je:-] *-en -er* genius (*pl äv.* genii)
gen|klang [ˣje:n-] echo; *bildl. äv.* sympathy, approbation, response; *vinna* ~ meet with response **-ljud** echo, reverberation; *ge* ~ awake an echo **-ljuda** echo, reverberate (*av* with) **-mäla** *v2, v3* (*svara*) reply; (*starkare*) rejoin; (*invända*) object (*mot, på* to) **-mäle** *s6* reply; (*starkare*) retort; (*i tidn.*) rejoinder
genom ['je:nåm] **1** *rumsbet.* through; *komma in* ~ *dörren* (*fönstret*) come in at the door (window); *kasta ut* ~ *fönstret* throw out of the window; *fara hem* ~ go home by way of (via) **2** *tidsbet.* through; ~ *tiderna* through the ages; ~ *hela* ... all through ..., throughout ... **3** (*angivande mellanhand*) through; (*angivande överbringare*) by; *jag fick veta det* ~ *henne* I got to know it through her; *skicka ett meddelande* ~ *ngn* send a message by s.b. **4** (*angivande medel*) by [means of]; ~ *enträgna böner* by means of persistent prayers **5** (*angivande orsak*) by, owing to, thanks to; ~ *hans hjälp* by (thanks to) his assistance; ~ *olyckshändelse* through (owing to) an accident; ~ *drunkning* by drowning **6** *mat.* *12* ~ *4* 12 divided by 4 **-andad** *a5* penetrated, instinct (*av* with) **-andas** *dep* be penetrated (*etc.*) (*av* with) **-arbeta** deal with ... thoroughly, work through **-bläddra** leaf (skim) through **-bläddring** cursory perusal **-blöt** soaking wet **-blöta** soak, drench **-borra** (*med svärd o. bildl.*) pierce; (*med dolk*) stab; (*med blicken*) transfix **-brott** break[ing] through; *mil.* breach in the enemy's line; *bildl.* breakthrough, triumph **-bruten** broken through; (*nätartad*) latticed, open-work **-bäva** *~s av* be thrilled with, thrill with **-diskutera** thrash out **-driva** force ... through, get ... carried, carry; *Am. vard.* railroad **-dränka** soak (*med* in), saturate (*med* with) **-dålig** thoroughly bad **-fara** *se fara* [*igenom*]; *~s av en rysning* experience a sudden thrill, (*av obehag*) shudder **-fart** way through; passage; *ej* ~ no thoroughfare **-fartsväg** thoroughfare **-forska** explore thoroughly **-frusen** chilled through (to the bone) **-föra** carry ... through (out), realize; (*utföra*) accomplish, effect **-förande** *s6* carrying through, accomplishment, realization **-förbar** *a5* feasible, practicable **-gjuten** [-j-] *a5*, ~ *linoleum* inlaid linoleum **-gripande** *a4* thorough; ~ *förändringar* radical (sweeping) changes **-gräddad** *a5* well-baked **-gå** *se gå* [*igenom*]; *bildl.* go (pass) through; (*-lida*) undergo, suffer; (*erfara*) experience; (*undersöka*) go through, examine **-gående I** *a4* [all-]pervading (*drag i* characteristic of); (*ständigt förekommande*) constant (*fel* error); (*grundlig*) thorough; *järnv.* through; ~ *trafik* transit traffic **II** *adv* all through, throughout **-gång** *s2* going through *etc.*; (*väg o.d.*) passage, thoroughfare; *förbjuden ~!* no passage! **-hederlig** downright (thoroughly) honest **-ila** *se ila igenom*; *bildl.* pass through; *~s av skräck* shudder with fear, be in a blue funk **-kokt** [-ɷ:-] *a4* thoroughly done; *ej* ~ not done **-korsa** cross [and recross] **-kämpa** fight ... through **-leta** search through, ransack **-leva** live through; (*uppleva*) experience **-lida** ~ *mycket* go through a great deal [of suffering]; ~ *en föreställning* (*skämts.*) endure a performance to the bitter end **-lysa** (*med röntgenstrålar*) X-ray, fluoroscope; *-lyst av godhet* radiant with goodness **-lysande** *a4* translucent **-lysning** fluoroscopy **-lysningsskärm** fluorescent screen **-läsa** read through, peruse **-läsning** reading through, perusal **-löpa** *-löpte -löpt*, *bildl. äv.* *-lopp -lupit* **1** (*tillryggalägga*) run through **2** (*-gå, -se*) pass through **3** (*-leva*) live through **-musikalisk** exceedingly musical **-präktig** *en ~ flicka* an exceedingly fine girl **-pyrd** [-y:-] *a5* impregnated (*av, med* with); *bildl.* steeped (*av* in), brimming over (*av* with) **-resa I** *s1* journey through, transit; *vara på* ~ *till* be passing through [the town *etc.*] on one's way to **II** *v3* travel (pass) through, traverse **-resetillstånd** transit permit **-rolig** exceedingly (awfully) funny **-rutten** rotten all through (to the core)
genom|se look through; (*granska*) revise **-skinlig** [-ʃi:-] *a1* transparent; *bildl. äv.* plain **-skinlighet** [-ʃi:-] transparency **-skåda** see through; (*hemlighet*) penetrate, find out; (*avslöja*) unmask **-skärning 1** (*avskärning*) intersection **2** (*tvärsnitt*) [cross] section **-slag 1** *se -slagskopia* **2** (*projektils*) penetration **3** *elektr.* disruptive discharge **-slagskopia** carbon copy **-slagskraft** penetration; *mil.* penetrative power **-släpplig** *a1* pervious permeable **-snitt 1** (*-skärning*) cross section **2** (*medeltal*) average, mean; *i* ~ on [an] average; *under ~et* below average **-snittlig** *a1* average **-snittshastighet** average speed **-stekt** [-e:-] *a4* well done **-stråla** irradiate **-strömma** flow through; *~s av floder* be traversed by rivers **-strömning** flowing (running) through **-ströva** roam through **-svettig** wet through with perspiration **-syn** inspection, perusal **-syra** *bildl.* leaven [all through], permeate **-söka** *se -leta* **-tryckt** *a4* (*tyg*) printed right through **-tråkig** insufferably dull, very boring **-tränga** *se tränga* [*igenom*]; (*-borra*) pierce (*äv. bildl.*); (*tränga in i*) penetrate (*äv. bildl.*); (*sprida sig i*) permeate (*äv. bildl.*) **-trängande** *a4* (*om blåst, blick*) piercing; (*om lukt, röst*)

penetrating **-trängning** penetration **-trött** tired out, dog-tired **-tänka** meditate upon, think ... out; *väl -tänkt* well thought-out; *ett väl -tänkt tal* a carefully prepared speech **-vakad** *a5*, ~ *natt* sleepless night **-våt** wet through; (*om kläder*) soaking wet **-vävd** *a5* interwoven; *-vävt tyg* double-faced cloth
genre ['ʃaŋer, *pl* -rer] *s5* genre **-bild** genre-picture **-målning** genre-painting
genrep [ˣje:n-] *s7* dress rehearsal
gen|saga [ˣje:n-] protest **-skjuta** (*hinna upp*) [take a short cut and] overtake; (*hejda*) intercept **-strävig** *a1* (*motsträvig*) reluctant, refractory (*mot* to) **-störtig** *a1* refractory (*mot* to); restive **-svar** reply; (*-klang, sympati*) response **-sägelse** contradiction; *utan* ~ incontestably, indisputably
gentemọt [j-] *prep* (*emot*) against; (*i jämförelse med*) in comparison to (with); (*i förhållande t.*) in relation to
gentiana [g-, j-, -tsiˣa:-] *s1* gentian
gentịl [ʃaŋ-] *a1* (*fin*) fine, stylish; (*frikostig*) generous, handsome
gentjänst [ˣje:n-] service in return
gentlemannamässig [ˣjenntle-] *a1* gentlemanlike, gentlemanly
Genua ['je:-] *n* Genoa **genuẹs** [j-] *s3* **-isk** *a5* Genoese
genuịn [j-] *a1* genuine; (*utpräglad*) out and out; *en* ~ *snobb* a real snob
genus ['je:-] *n, språkv.* gender
genväg [ˣje:n-] short cut; *~ar är senvägar* a short cut is often the longest way round
geo|cẹntrisk [j-] *a5* geocentric **-desị** *s3* geodesy **-dẹt** *s3* geodesist **-dẹtisk** *a5* geodetic[al] **-fysịk** geophysics **-fỵsiker** geophysicist **-fysisk** geophysical **-grạf** *s3* geographer **-grafị** *s3* geography **-grạfisk** *a5* geographical **-log** geologist **-logị** *s3* geology **-lọgisk** *a5* geological **-metrị** *s3* geometry **-metriker** [-'m:e-] geometer **-mẹtrisk** *a5* geometric[al]
georgette [ʃår'ʃett] *s5* georgette
Georgien [je'årr-] *n* Georgia
geo|statịk [j-] *s3, ej pl* geostatics (*pl*) **-teknịk** geotechnics (*sg*), geotechnique **-tẹknisk** geotechnical
gepạ̈ck [g-, j-] *s7* luggage
geriatrị **-k** *s3, ej pl* geriatrics (*pl*)
gerịlla *s1* guer[r]illa **-krig** guer[r]illa war[-fare]
gering [j-] *s2, fack.* mitre
germạn [j-] *s3* Teuton **-ịsm** *s3* Germanism **-ist** Germanic philologist **-ium** *s8* germanium **-sk** [-a:-] *a5* Germanic, Teutonic
gerontologị [-ån-] *s3* gerontology
gerụndium *s8* gerund
geschạ̈ft [g-, j-] *s7* business
gesịms [j-, g-] *s3* cornice, moulding
gess [j-, g-] *s7* G flat **Gess-dur** G flat major
gest [ʃ-] *s3* gesture
gestạlt [j-] *s3* figure; (*person*) character; (*avbildad* ~) image; (*form*) shape, form; *en av vår tids största ~er* one of the greatest figures (characters) of our time; *i en tiggares* ~ in the guise (shape) of a beggar; *ta* ~ take on (assume) shape **-a 1** shape, form, mould; ~ *en roll* (*äv.*) create a character **2** *rfl* (*utveckla sig*) turn out; (*arta sig*) shape; *hur framtiden än kommer att ~ sig* no matter what the future holds **-ning** formation; (*form*) form; shape, configuration; (*av roll e.d.*) creation **-ningsförmåga** power of portrayal (creating characters) **-psykologi** gestalt psychology
gestikuler|a [ʃ-] gesticulate **-ing** gesticulation
gesạ̈ll [j-] *s3* journeyman **-brev** journeyman's certificate **-prov** apprentice's examination work
get [j-] *-en -ter* goat **-abock** he-(billy-)goat
geting [j-] wasp **-bo** wasp's nest **-midja** wasp waist **-stick** wasp's sting
get|ost goat's-milk chees **-ragg** goat-wool **-skinn** goatskin; (*-fäll*) goat-fell
gett [j-] *sup av giva* (*ge*)
getto ['gettω] *s6* ghetto
getöga goat's eye; *kasta ett ~ på* take a quick look at
gevạ̈r [j-] *s7* (*räfflat*) rifle; (*friare*) gun; *för fot ~!* order arms!; *i ~!* to arms!; *på axel ~!* shoulder arms!; *sträcka* ~ lay down one's arms
gevärs|eld rifle-fire **-exercis** rifle-drill **-faktori** *s4* arms manufacturers (factory) **-kolv** rifle-butt **-kula** rifle-bullet **-mynning** muzzle **-pipa** rifle-barrel **-skott** rifle-shot **-skytt** rifleman
Gibrạltar sund [ʃ-] the Straits of Gibraltar
gick [jikk] *imperf av gå*
gid [gidd] *s3* guide
giffel ['jiff-, g-] *s2* croissant
1 gift [j-] *s4* poison (*äv. bildl.*); (*orm- o.d.*) venom (*äv. bildl.*); *läk.* toxin
2 gift [j-] *a4* married (*med* to) **-a** *gifte gift*, ~ *bort* marry ... off, give away in marriage; ~ *sig* marry (*äv.* ~ *sig med*) (*av kärlek* for love), get married; ~ *sig rikt* marry money; ~ *sig för pengar* marry for money; ~ *om sig* [*med*] remarry **-aslysten** keen on getting married **-astankar** *gå i* ~ be thinking of getting married **-asvuxen** old enough to get married, of marriageable age
gift|blandare **-blanderska** poisoner **-blåsa** poison-bag, venom-sac; *bildl.* venomous person **-bägare** poison-cup
gifte [j-] *s6* marriage; *barn i första ~t* children of the first marriage **-rmål** marriage; match
giftermåls|anbud offer (proposal) of marriage **-annons** marriage advertisement **-balk** marriage act
gift|fri non-poisonous(-toxic) **-gas** poison gas **-ig** *a1* poisonous; venomous; toxic **-ighet** poisonousness; venomousness; toxicity; *~er* (*bildl.*) venomous remarks **-mord** murder by poison[ing] **-mördare** poisoner
giftoman [j-mann] *jur.* guardian
giftorm poisonous snake
giftorätt [j-] *jur.* widow's (widower's) right to property held jointly; (*änkas äv.*) jointure
giftorättsgods property held jointly by husband and wife, matrimonial property
gift|pil pọisoned arrow **-skåp** poison cupboard **-stadga** poisons act **-tand** poison-fang **-tecken** poison sign **-verkan** toxic effect
giga [j-] *s1* fiddle

gigant giant **-isk** *a5* gigantic
gigg [j-] *s2* gig (*äv. sjö.*)
gigolo ['ji-, 'ʃigålå] *s5, pl äv. -s* gigolo
gikt [j-] *s3* gout **-bruten** gouty, gout-ridden
gilja [j-] woo; court **-re** wooer
giljar|färd -stråt *dra på ~* go wooing
giljotin *s3* **-era** guillotine
gill [j-] *a1, gå sin ~a gång* be going on just as usual; *tredje gången ~t!* third time lucky! **-a** approve of; *det ~s inte!* (*vid lek*) [that's] not fair!, that doesn't count! **-ande** *s6* approval, approbation; *vinna ngns ~* meet with a p.'s approval
gille [j-] *s6* **1** (*gästabud*) banquet, feast; party **2** (*skrå*) guild; (*samfund*) guild, society
giller ['jill-] *s7* trap, gin; *bildl. äv.* snares (*pl*)
gillesstuga *ung.* informal [basement] lounge
gillra [j-] set (*en fälla* a trap)
giltig [j-] *a1* valid; current; (*om biljett äv.*) available; *bli ~* become valid (effective), come into force; *inget ~t skäl* no just cause **-het** validity; availability; *äga ~* be in force **-hetstid** period of validity; *förlängning av ~en* extension of the validity; *~ens utgång* expiry
1 gin [ji:n] *se 2 gen*
2 gin [jinn] *s3, s4* gin
ginnungagap [j-] yawning gulf
ginst *s3, bot.* broom
gip[p] [j-] *s2, sjö.* gybe, jibe
1 gipa *s1, se mun-*
2 gip[p]a *v1, sjö.* gybe, jibe
gips [j-] *s3* **1** (*mineral*) gypsum **2** (*-massa*) plaster [of Paris] **-a** (*tak e.d.*) plaster; (*lägga -förband* [*på*]) put ... in plaster [of Paris] **-avgjutning** plaster cast **-figur** plaster figure **-förband** plaster[-of-Paris] bandage (cast) **-katt** plaster cat **-ning** plastering **-platta** plasterboard
gir [j-] *s2* **-a** *sjö.* sheer; (*friare*) turn, swerve
giraff [ʃ-] *s3* giraffe
girer|a [j-] **-ing** transfer
girig [j-] *a1* avaricious, miserly; (*lysten*) covetous, greedy (*efter* of); *den ~e* the miser **-buk** miser **-het** avariciousness *etc.*, avarice, greed; (*lystnad*) cupidity (*efter* for); (*vinstbegär*) avidity
girland [-aŋd, -and, *vard.* -aŋ; *äv.* j-] *s3* garland, festoon
giro ['ji:-] *s6* **1** *se girering* **2** (*jfr äv. post-*) *se -konto* **-konto** giro account
giss [j-] *s7* G sharp
gissa [j-] guess; (*förmoda*) conjecture; (*sluta sig t.*) divine; *rätt ~t!* you've got it!, right!; *~ sig till* guess, divine; *det kan man inte ~ sig till* that's impossible to guess
giss|el ['jiss-] *s7* scourge; *satirens ~* the sting of the satire **-eldjur** *pl* Flagellata **-elslag** lash with a scourge **-la** scourge; *bildl. äv.* lash
isslan [j-] *r* hostage[s pl]; *ta ~* seize hostages (a hostage)
gisslare [j-] scourger
gissning [j-] guess; conjecture, surmise; *bara ~ar* (*äv.*) pure guesswork (*sg*)
gissnings|tävlan guessing competition **-vis** at a guess
gist|en [j-] *a3* (*om båt, laggkärl*) leaky, open at the joints; (*om golv*) gaping **-na** become leaky; open at the joints; begin to gape
gitarr [j-, g-] *s3* guitar; *knäppa på ~* twang the guitar **-ackompanjemang** guitar accompaniment **-ist** guitarist
gitt|a [j-] *v1 el. -e -at* (*idas*) *jag -er inte svara* I can't be bothered to answer; *bäst hon -er* as much as ever she likes, to her heart's content
gitter ['gitt-, j-] *s7* **1** *fys.* grating; *radio.* grid **2** *min.* lattice
giv [j-] *s2* deal; *nya ~en* (*Am.*) the New Deal **-a** (*ge*) *gav -it el. gett* **I 1** (*skänka*) give; (*förära*) present (*ngn ngt* s.b. with s.th.), bestow (*ngn ngt* s.th. on s.b.); (*förläna äv.*) lend (*glans åt* splendour to); (*bevilja äv.*) grant (*tillåtelse* permission; *kredit* credit); (*bispringa med äv.*) render ([*ngn*] *hjälp* help (assistance) [to s.b.]); (*räcka äv.*) hand (*ngn ngt* s.b. s.th.); (*skicka* [*hit, dit*]) pass (*ngn brödet* s.b. the bread); *~ ngn sin hyllning* pay one's homage to s.b.; *jag skall ge dig!* I'll give it you!; *vad ger du mig för det?* what do you say to that?; *Gud ~e att ...!* God grant that ...! **2** (*uppföra*) play, perform, give; *vad ger dom i kväll?* what are they giving (what's on) to-night? **3** (*avkasta*) yield, give; *ge ett gott resultat* yield (give) an excellent result **4** *kortsp.* deal **5** (*med beton. part.*) *~ bort* give away, part with; *~ efter* yield, give way (*för* to); *~ emellan* give ... into the bargain; *ge hit!* give me!; hand over!; *~ ifrån sig a*) *fys.* emit, give off, *b*) (*ljud, tecken*) give, *c*) (*lämna ifrån sig*) give up, deliver; *~ igen* give back, return, *bildl.* retaliate, pay back; *~ med sig a*) (*~ efter*) yield, (*om pers. äv.*) give in, come round, *b*) (*minska i styrka*) abate, subside, (*om sjukdom äv.*) yield to treatment; *inte ~ med sig* (*äv.*) stand firm, hold one's own; *~ till ett skrik* give a cry, set up a yell; *~ tillbaka a*) *se ~* [*igen*], *b*) (*vid växling*) give [s.b.] change (*på* for); *jag kan inte ~ tillbaka* I have no change; *~ upp* give up (*äv. absol.*); *~ ut a*) (*pengar*) spend, *b*) (*publicera*) publish, *c*) (*utfärda*) issue, emit **II** *rfl* **1** give o.s. (take) (*tid* time) **2** (*ägna sig*) devote o.s. (*åt* to) **3** (*erkänna sig besegrad*) yield; *mil.* surrender; (*friare*) give in **4** (*om sak*) yield, give way (*för* to); (*töja sig*) stretch; (*slakna*) slacken **5** (*avtaga i styrka*) abate, subside **6** *det ger sig* [*självt*] it goes without saying; *det ger sig nog med tiden* things will come right in time **7** *~ sig i strid med* join battle with; tackle; *~ sig i samspråk med* enter into conversation with; *~ sig i kast med* grapple with, tackle **8** (*med beton. part.*) *~ sig av a*) set out (start) (*på* on), *b*) (*bege sig i väg*) be off, take one's departure; *~ sig in på* embark upon (*ett företag* an enterprise), enter into (*en diskussion* a discussion); *~ sig in vid teatern* go on the stage; *~ sig på a*) (*börja med*) set about, tackle, *b*) (*angripa*) fly at, attack (*ngn* s.b.); *~ sig till att skjuta* start (set about) shooting; *~ sig ut a*) go out (*och fiska* fishing), set out (start) (*på en resa* on a journey), *b*) (*våga sig ut*) venture out; *~ sig ut för att vara* pretend (profess [o.s.]) to be

giv|akt [j-] *n, se akt*; *bildl., ett* ~ a [word of] warning **-ande** *a4* (*fruktbar*) fertile; *bildl. äv.* fruitful; (*lönande*) profitable, rewarding **-are -arinna** giver, donor **-as** *gavs -its el. getts, dep, det -es* there is (are) **-en** *a3* given; (*avgjord*) clear, evident; *det är -et!* of course!; *det är en* ~ *sak* it is a matter of course; *-na förutsättningar* understood prerequisites; *på ett -et tecken* at an agreed sign (signal); *ta för -et att* take it for granted that; *jag tar för -et att* I assume (take it) that **-etvis** of course, naturally **-it** *sup av giva* (*ge*) **-mild** generous, open-handed **-mildhet** generosity, open-handedness

1 gjord [jɷ:-] *a5* done; made; (*jfr göra*); *historien verkar* ~ the story seems to be made-up

2 gjord [jɷ:-] *s2* girth

gjor|de [ˣjɷ:-] *imperf av göra* **-t** [jɷ:-] *sup av göra*

gjut|a [j-] *göt -it* **1** (*hälla*) pour **2** (*sprida, låta flöda*) shed **3** *tekn.* cast; (*metall o. glas äv.*) found; (*glas äv*). press; (*friare*) mould; *rocken sitter som -en* the coat fits like a glove **-are** founder **-eri** [iron] foundry **-form** mould **-gods** *s7, ej pl* castings (*pl*) **-it** *sup av gjuta* **-järn** cast iron **-ning** [-u:-] casting *etc.* **-stål** cast steel

g-klav treble (G) clef

glacéhandske kid glove

glaci|al *a1* glacial **-alformation** glacial formation **-olog** glaciologist **-är** *s3* glacier

glad *a1* (*gladlynt*) cheerful; (*upprymd*) merry, jolly, gay; (*lycklig*) happy; (*belåten*) delighted, pleased (*över* at); *~a färger* gay colours; *en* ~ *lax* a jolly chap; ~ *och munter* cheerful and gay; *glittrande* ~ radiantly happy; ~ *som en lärka* [as] happy as a lark; *~a nyheter* good news (*sg*); *göra sig ~a dagar* make a day of it; *med glatt hjärta* with a cheerful heart; ~ *påsk!* [A] Happy Easter!

glada *s1, zool.* kite

gladde *imperf av glädja*

gladeligen gladly; (*utan svårighet*) easily

gladiator [-ˣa:tår] *s3* gladiator

gladiatorsspel gladiatorial display

gladiol|us *-usen -us, pl äv. -er* gladiolus (*pl äv.* gladioli)

gladlynt *a1* cheerful; (*glad t. sitt sinne*) good-humoured **-het** cheerfulness; good humour

glam [glamm] *s7* gaiety, merriment **-ma** talk merrily; (*stimma*) be noisy

glans *s3* **1** (*glänsande yta*) lustre; (*tygs o.d. äv.*) gloss; (*guld-*) glitter; (*genom gnidning e.d.*) polish; (*sken*) brilliance, brightness; (*bländande*) glare; (*strål-*) radiance **2** (*härlighet, prakt*) magnificence, splendour; (*ära*) glory; *sprida* ~ *över* shed lustre over; *visa sig i all sin* ~ appear (come out) in all its glory **3** *med* ~ (*med bravur*) brilliantly, with flying colours, (*utan svårighet*) with great ease **-dagar** palmy days; heyday (*sg*) **-full** brilliant **-ig** *a1* glossy; lustrous; (*om papper*) glazed **-[k]is** glassy ice **-lös** lustreless, lack-lustre, dull **-nummer** (*persons*) show-piece; (*aftonens*) star turn **-papper** glazed paper **-period** heyday, golden age **-roll** brilliant (celebrated) role **-tid** *se -period*

glapp I *s7* lash; play **II** *a1* loose; *vara* ~ (*äv.*) gape **-a** be loose, gape; (*om skor o.d.*) fit loosely

glas *s7* **1** glass; (*mängd av en dryck äv.*) glassful; *ett* ~ *mjölk* a glass of milk; *gärna ta sig ett* ~ be fond of a drink; *sätta inom* ~ *och ram* frame [and glaze] **2** *sjö.* bell **-artad** [-a:r-] *a5* glassy, glass-like; ~ *blick* a glassy look **-berget** *sitta på* ~ be left on the shelf **-bit** piece of glass **-blåsare** glass-blower **-bruk** glassworks (*sg o. pl*)

glaser|a glaze; *kokk.* frost, ice **-ing** glazing; frosting, icing

glas|fiber glass fibre **-flaska** glass bottle **-hus** glass house; *man skall inte kasta sten när man sitter i* ~ those who live in glass houses should not throw stones **-klar** ... as clear as glass **-kupa** glass-cover, bell-glass; (*på lampa*) glass shade **-massa** melted glass **-målning** *~ar* (*konkr.*) stained glass (*sg*); *fönster med ~ar* stained-glass window **-mästare** glazier **-ruta** pane [of glass] **-rör** glass tube

glass *s3* ice-cream **-pinne** ise[-cream] **-strut** (*hopskr. glasstrut*) ice-cream cornet (*Am.* cone) **-stånd** (*hopskr. glasstånd*) ice-cream stall

glas|ull glass wool **-veranda** glassed-in veranda, sun parlour

glasyr *s3* glazing; (*på porslin*) glaze; *kokk.* frosting, icing

glasål glass eel

glasögon *pl* spectacles (*äv. bildl.*), glasses; (*stora*) goggles **-bågar** *pl* spectacle frame (*sg*) **-fodral** spectacle case **-orm** cobra

1 glatt *adv* gaily *etc.*; *bli* ~ *överraskad* be pleasantly surprised; *det gick* ~ *till* we (*etc.*) had a very gay time

2 glatt *a1* smooth; (*glänsande*) glossy, sleek; (*hal*) slippery; *springa för ~a livet* run for all one is worth

3 glatt *sup av glädja*

glaubersalt Glauber's salt[s *pl*]

gled *imperf av glida*

gles *a1* (*ej tät, ~t bevuxen o.d.*) thin (*hårväxt* growth of hair; *fläck* spot); (*om vävnad o.d.*) loose; *~t sittande tänder* teeth with spaces in between; ~ *skog* open forest; ~ *befolkning* sparse population **-befolkad** [-å-] *a5* sparsely populated **-bevuxen** *a5* sparsely covered **-bygd** thinly populated area **-na** [-e:-] grow thin (*etc.*); (*om hår äv.*) get thin; become [more] open; *leden ~r* the ranks are thinning

gli *s6* **1** (*fiskyngel*) [small] fry (*pl*) **2** (*barnunge*) brat; *~n* small fry (*pl*)

glid *s7* **1** (*-ning*) glide, slide; *med långa* ~ with long strides **2** (*-förmåga, skidföre*) running **3** *på* ~ on the glide, going astray **-a** *gled -it* glide; (*över ngt hårt*) slide; (*halka*) slip; *flyg.* side-slip; (*friare*) pass; *låta handen* ~ *över* pass one's hand over; ~ *ifrån* glide away from; ~ *isär* drift apart; ~ *undan* slip away; (*slingra sig*) dodge, evade **-ande** *a4* (*rörelse*) gliding; (*skala*) sliding **-bana** [sliding] chute, slide **-flygare** glider pilot **-flygning** gliding, glide **-flygplan** glider **-flykt** glide; gliding flight; *flyg.* volplane, volplaning; *gå ner i* ~ volplane **-form** *byggn.* sliding form **-it** *sup av glida* **-lager** plain

bearing **-ning** [-i:d-] gliding, glide; sliding, slide
glim|lampa [-imm-] glow lamp **-ma** gleam; (*glittra*) glitter, glisten; *det är inte guld allt som ~r* all is not gold that glitters **-mer** ['glimm-] **1** *s7* gleam[ing]; glitter[ing] **2** *s2, min.* mica **-ra** *se -ma*
glimt *s2* gleam (*äv. bildl.*); (*i ögat*) glint, twinkle; (*skymt*) glimpse; *en ~ i ögat* a glint (twinkle) in the eye; *få en ~ av* catch a glimpse of **-a** glance, glimpse, glint **-vis** by glimpses (flashes)
glindra *se glittra, glimma*
gliring gibe, sneer; *vard.* dig; *få en ~* be gibed (sneered) at
glitt|er ['glitt-] *s7* **1** glitter, lustre; (*daggens etc.*) glistening; (*julgrans- e.d.*) tinsel; (*grannlåt*) gewgaws, baubles (*pl*) **2** *bildl.* (*tomt* empty) show **-ra** glitter, sparkle, shimmer; *~nde glad, se glad*
glo *v4* stare (*på* at); glare, goggle (*på* at)
glob *s3* globe; (*friare äv.*) ball **-al** *a1* global; world-wide **-alavtal** global agreement
glop *s2* puppy, whipper-snapper, jackanapes
glopp [-å-] *s7, se snö-*
glori|a ['glɑ:-] *s1* **1** (*strålkrans*) halo; (*helgons äv.*) aureole, glory **2** *bildl.* nimbus **-fiera** glorify **-fiering** glorifying, glorification **-ös** *a1* glorious
glos|a *s1* **1** word; vocable **2** (*glåpord*) gibe, sneer **-bok** vocabulary notebook; (*tryckt*) glossary, vocabulary **-sarium** [-å-] *s4* glossary
glosögd *a5* pop-eyed
glufsa *~ i sig* [*maten*] gobble up (down) [one's food]
glugg *s2* hole, aperture
glukos [-å:s] *s3* glucose
glunkas *dep, det ~s* there is a rumour (*om* about; *om att* that)
glup|a *se glufsa* **-ande** *a4* ravenous (*aptit* appetite); voracious; *~ ulvar* ravening wolves **-sk** *a1* greedy; (*omättlig*) voracious, ravenous, gluttonous **-skhet** greed[iness]; voracity, gluttony
gluten ['glu:-] *best. f. = el. -et* gluten
glutta peep, glance
glycer|in *s3, s4* glycerine **-ol** [-å:l] *s3* glycerol
glykol [-å:l] *s3* glycol **-s** *s3, se glukos*
glytt *s2* lad
glåmig *a1* washed out; *blek och ~* pale and washed out **-het** washed-out appearance; sallowness
glåpord [-ɑ:-] taunt, scoff, jeer
gläd|ja [-ä:-] *gladde glatt* **1** give ... pleasure; make ... happy, please; (*starkare*) delight; *det -er mig* I am so glad [of that (to hear it)]; *om jag kan ~ dig därmed* if it will be any pleasure to you; *~ ngn med ett besök* give s.b. pleasure by visiting him (*etc.*) **2** *rfl* be glad (delighted) (*åt, över* at, about); rejoice (*åt, över* in, at); *kunna ~ sig åt ngt* (*åtnjuta*) enjoy s.th.; *jag -er mig mycket åt att få träffa dig* I am looking forward very much to seeing you **-jande** *a4* joyful, pleasant (*nyheter* news (*sg*)); (*tillfredsställande*) gratifying (*resultat* result); *en ~ tilldragelse i familjen* a happy event in the family; *~ nog* fortunately enough **-jas** *gladdes glatts, dep, se -ja 2*
glädje [-ä:-] *s3* joy (*över* at); (*nöje*) pleasure (*över* in); (*starkare*) delight (*över* at); ([*känsla av*] *lycka*) happiness; (*munterhet*) mirth; (*tillfredsställelse*) satisfaction; *det var en sann ~ att se* it was a real treat to see; *~n stod högt i tak* the rafters rang with mirth; *han har haft mycken ~ av sina barn* his children have been a great joy to him; *finna ~ i, ha ~ av* find (take) pleasure (*etc.*) in (*att göra* doing); *bereda ngn ~* give s.b. happiness (*etc.*); *känna ~ över* feel joy (rejoice) at; *vara utom sig av ~* be beside o.s. with joy; *gråta av ~* weep for joy; *i ~ och sorg* in joy and sorrow; *med ~* (*äv.*) gladly; *till min stora ~* to my great delight; *vara till ~ för* be a joy (*etc.*) to **-bud[skap]** good tidings (*pl*); *ett ~* (*friare*) wonderful (a wonderful piece of) news **-dödare** kill-joy; *vard.* wet blanket **-flicka** prostitute **-hus** brothel **-källa** source of joy **-lös** joyless; cheerless **-rik** full of joy, joyful **-rop** cry (shout) of joy **-rus** transport of joy, rapture **-spridare** bringer of happiness; (*barn*) ray of sunshine **-språng** leap for joy, caper **-strålande** *a4* radiant (beaming) [with joy] **-tjut** shout of joy **-tårar** tears of joy **-yra** whirl of happiness **-yttring** manifestation of joy **-ämne** subject for (of) rejoicing
gläfs *s7* yelp, yap **-a** *v3* yelp, yap[-yap] (*på* at)
glänsa *v3* shine (*av, med* with); glitter; (*om tårar, ögon*) glisten; (*om siden e.d.*) be lustrous **-nde** *a4* shining *etc.*, shiny; (*ögon*) lustrous; (*siden e.d.*) glossy; *bildl.* brilliant, splendid
glänt *s i uttr.*: *stå på ~* stand (be) ajar **-a I** *s1* (*skogs-*) glade **II** *v1, ~ på* open ... slightly
glätta smooth; (*papper*) glaze; (*läder*) sleek; (*polera*) polish
glättig *a1* gay; cheerful, light-hearted **-het** gaiety; cheerfulness *etc.*
glättning smoothing; glazing *etc.*
glöd *s7, s3* **1** (*-ande kol*) live coal; (*koll. ofta*) embers (*pl*) **2** (*-ande sken o. bildl.*) glow; (*hetta*) heat; (*lidelse*) passion; *bildl. äv.* ardour, fervour **-a** *v2* glow (*av* with); *i sht bildl.* be [all] aglow (*av* with); (*om järn o.d.*) be red-hot; (*brinna*) burn **-ande** *a4* glowing; (*järn*) red-hot (*äv. bildl.*); (*häftig*) burning, ardent, fervent; *~ hat* fiery hatred; *samla ~ kol på ngns huvud* heap coals of fire on a p.'s head **-ga** [-ödd-] make ... red-hot; (*stål*) anneal; (*vin*) mull; (*göra -ande*) ignite **-gning** (*av järn o.d.*) [the] bringing of ... to a red heat; (*av stål*) annealing **-het** [-ö:-] red-(white-)hot, glowing **-lampa** [electric] bulb; *fack.* incandescent lamp **-strumpa** incandescent mantle **-tråd** filament **-tändning** ignition by incandescence
glögg *s2, ung.* mulled and spiced wine
glöm|ma *v2* forget; (*försumma*) neglect; (*kvar-*) leave [... behind], forget; *jag har -t vad han heter* I forget his name; *jag hade alldeles -t* [*bort*] *det* (*äv.*) it had entirely escaped (slipped) my memory; *~ bort* forget; *man -mer så lätt* one is apt

to forget; ~ *sig* (*förgå sig*) forget o.s.; ~ *sig själv* be forgetful of o.s.; ~ *sig kvar* stay on **-sk** *a1* forgetful; absent-minded; (*ej aktande på*) unmindful (*av sina plikter* of one's duties); oblivious (*av omgivningen* of one's surroundings); *vara* ~ [*av sig*] have a bad memory, be absent-minded **-ska** *s1* **1** forgetfulness; *av ren* ~ out of sheer forgetfulness **2** (*förgätenhet*) oblivion; *falla i* ~ be forgotten, fall into oblivion

g-moll G minor

gnabb *s7* bickering[s *pl*], wrangling[s *pl*], tiff; *Am.* spat **-as** *dep* bicker, wrangle

gnaga *v2* gnaw (*på* at); (*knapra*) nibble; ~ *sig* gnaw its (*etc.*) way (*igenom* through) **-nde** *a4* nagging (*oro* worry); *bildl. äv.* fretting, worrying **-re** *zool.* rodent

gnat *s7* nagging (*på* at; *över* about); cavilling (*på, över* at) **-a** nag, cavil (*på* at) **-ig** *a1* nagging; ~ *av sig* fretful, peevish

gned *imperf av gnida*

gnejs *s3* gneiss

gnet *-en gnetter* (*lusägg*) nit

gnet|a write in a crabbed hand **-ig** *a1* (*om handstil*) crabbed

gnid|a *gned -it* rub; (*friare*) scrape (*äv.* ~ *på*); (*för att värma*) chafe; (*snåla*) pinch **-are** miser, skinflint **-ig** *a1* stingy, miserly, mean **-it** *sup av gnida* **-ning** [-i:d-] rubbing *etc.*; *fys.* friction

gniss|el ['gniss-] *s7* **1** screech[ing] *etc.*, *se -la* **2** *bildl.* (*slitningar*) jars (*pl*); (*knot*) croak[ing] **-la** screech; (*om gångjärn e.d.*) creak; (*om hjul e.d.*) squeak; (*knorra*) croak; ~ [*med*] *tänder*[*na*] grind (gnash) one's teeth; *det ~r i maskineriet* (*bildl.*) things are not working smoothly

gnist|a *s1* **1** spark (*äv. bildl.*); (*genialitet*) spark of genius; *spruta -or* give off sparks, *bildl.* flash; *den tändande ~n* (*bildl.*) the igniting spark; *ha ~n* have the spark of genius **2** (*uns*) vestige, shade, particle; *en* ~ *sunt förnuft* a vestige of common sense; *en* ~ *hopp* a ray of hope **-bildning** formation of sparks, sparking **-gap** spark gap **-ra** emit sparks; (*blixtra*) sparkle; *i sht bildl.* flash (*av vrede* with rage); *få ett slag så det ~r för ögonen* get a blow that makes one see stars; *~nde kvickhet* sparkling wit **-regn** shower of sparks

gno *v4* **1** (*gnugga*) rub **2** (*arbeta*) toil (work) [away] (*med* at) **3** (*springa*) run (*för brinnande livet* for dear life); ~ *på a*) (*arbeta*) work away, *b*) (*springa*) run hard[er], scurry

gnola hum; ~ *på en melodi* hum a tune

gnom [-å:m] *s3* gnome

gnosti|cism [-å-] gnosticism **-ker** ['gnåss-] *s9* **-sk** ['gnåss-] *a5* gnostic

gnu *s3* gnu

gnugg|a rub (*sig i ögonen* one's eyes); (*plugga med*) cram **-ning** rub[bing]

gnutta *s1* particle, tiny bit

gny I *s7* din; (*vapen-*) clatter; (*brus*) roar; *bildl.* cry-out, disturbance **II** *v4* **1** (*dåna*) roar; (*om vapen*) clatter; (*larma*) clamour **2** (*jämra sig*) whimper

gnägg|a neigh; (*lågt*) whinny **-ning** neigh, neighing

gnäll *s7* **1** (*gnissel*) creak[ing], squeak[ing] **2** (*klagan*) whining, whine, whimper; (*småbarns*) puling; (*knot*) grumbling **-a** *v2* **1** (*om dörrar e.d.*) creak, squeak **2** (*klaga*) whine, whimper; (*om småbarn*) pule; (*yttra sitt missnöje med*) grumble (*över* about, at); (*gnata*) nag **-ig** *a1* **1** (*gnisslande*) creaking *etc.*, creaky **2** (*klagande*) whining; (*om röst äv.*) strident, shrill; (*som yttrar sitt missnöje*) grumpy **-måns** *s2* croaker, whiner; (*barn*) cry-baby

gnöla *vard.* grumble (*över* at)

gobeläng *s3* [Gobelin] tapestry

god *gott bättre bäst* (*jfr gott*) good (*mot* to); (*vänlig*) kind (*mot* to); (*välvillig*) kindly; (*utmärkt*) excellent, first-rate, (*i ledigare stil*) capital; (*tillfredsställande*) satisfactory; (*välsmakande o.d. äv.*) nice; ~ *dag!* good morning (afternoon, evening)!, (*vid första mötet med ngn*) how do you do!; ~ *morgon!* good morning!; ~ *natt!* good night!; *av* ~ *familj* of a good family; ~ *man* (*boutredningsman*) executor, (*konkursförvaltare*) trustee, (*förordnad av domstol*) administrator; *bli* ~ *tvåa* come in a good second; *för den ~a sakens skull* for the good of the cause; *en* ~ *vän* a good (great) friend; *ha* ~ *lust att* have a good mind to; *hålla* (*anse*) *sig för* ~ *för att* consider it beneath one to; *i ~an ro* in peace and quiet; *han är inte* ~ *på dig* he's got it in for you; *inte* ~ *att tas med* not easy to deal with; *här finns* ~ *plats* there is plenty of room here; *lägga ett gott ord för* put in a [good] word for; *på* ~ *svenska* in good Swedish; *på ~a grunder* for good (sound) reasons; *på mången* ~ *dag* for many a long day; *vara* ~ *för 5 000 pund* be good for 5,000 pounds; *vara på* ~ *väg att* be well on the way to; *vara vid gott mod* be of good courage; *var så* ~ *! a*) (*när man ger ngt*) here you are [, Madam (Sir)]!, *b*) (*ta för er*) help yourself, please!, *c*) (*ja, naturligtvis*) by all means!; *var så* ~ *och ..., vill ni vara så* ~ *och ...* please ..., will you [kindly] ...; *denna världens ~a* the good things of this world; *för mycket av det ~a* too much of a good thing; *det har det ~a med sig att man kan* the advantage of this is that ...; *gå i* ~ *för* vouch for

Godahoppsudden the Cape of Good Hope

god|artad [-a:r-] *a5* (*lindrig*) non-malignant, benign **-bit** titbit (*äv. bildl.*), dainty morsel **-dag** *se god* [*dag*] **-dagspilt** [ˣgo:d-] bon vivant, easy going chap **-eman** *se god* [*man*] **-het** [-o:-] goodness *etc.*, *jfr god*; *ha ~en att* be kind enough to **-hetsfullt** kindly **-hjärtad** [-j-] *a5* kind-hearted **-känd** *a5* approved (*som* as); *bli* ~ [*i examen*] pass [one's examination] **-känna** approve (*ngn som* s.b. as); (*förslag e.d.*) approve of, sanction; (*i examen*) pass; (*gå med på äv.*) agree to; accept (*en leverans* a delivery; *som bevis* as evidence; *en växel* a bill of exchange) **-kännande** *s6* approval, approbation; sanction; admission; acceptance **-lynt** *a1* good-humoured(-tempered) **-modig** good-natured **-morgon -natt** *se god* [*morgon, natt*] **-nattkyss** good-night kiss **-o** *i uttr.*: *i* ~ amicably, in a friendly spirit; *uppgörelse i* ~ amicable settlement, *jur.* settlement out of court; *mig till* ~ in my favour; *får jag ha det till* ~ *till en annan gång?* can I leave it standing over for some future occasion?, *Am.* can I take a rain check?; *håll till* ~*!* *a*) (*ta för er*) please help yourself!, *b*) (*svar på tack*) you are welcome [to it]!, *hålla till* ~ *med* [have to] put up with; *komma ngn till* ~ be of use to s.b.; *räkna ngn ngt till* ~ (*äv. bildl.*) put s.th. down to a p.'s credit

gods [gotts, godds] *s7* **1** (*egendom*) property; (*ägodelar*) possessions (*pl*); ~ *och guld* money and possessions **2** (*varor, last*) goods (*pl*); *Am.* freight; *lättare* ~ (*bildl.*) light wares (*pl*) **3** (*material*) material **4** (*jorda-*) estate, manor

godsaker (*sötsaker*) sweets; *vard.* goodies; *Am.* candy (*sg*)

gods|befordran conveyance of goods, goods traffic **-expedition** goods (*Am.* freight) office **-finka** luggage van, goods waggon; *Am.* boxcar, freight car **-inlämning** goods [forwarding] office; *Am.* freight office **-magasin** goods depot, warehouse **-tåg** goods (*Am.* freight) train **-vagn** *se -finka* **-ägare** estate owner, landed proprietor; ~*n* the landlord

god|taga accept, approve [of] **-tagande** *s6* acceptance, approval **-tagbar** [-a:g-] *a1* acceptable **-templare** [ˣgo:d-, -ˣtemm-] Good Templar **-templarloge** [-lå:ʃ] Good-Templar lodge **-templarorden** the [Independent] Order of Good Templars **-trogen** *a3* credulous, unsuspecting **-trogenhet** credulity **-trosförvärv** *jur.* acquisition made in good faith **-tycke 1** (*gottfinnande*) discretion, pleasure, will; *efter eget* ~ at one's own discretion **2** (*egenmäktighet*) arbitrariness; *rena* ~*t* pure arbitrariness **-tycklig** *a1* **1** (*vilken som helst*) just any, fortuitous **2** (*egenmäktig*) arbitrary; (*nyckfull*) capricious; (*utan grund*) gratuituous **-tycklighet 1** fortuitousness **2** arbitrariness *etc.* **-villig** voluntary **-villigt** *adv* voluntarily, of one's own free will

goja [ˣgåjja] *s1* **1** *se papegoja* **2** *vard.* rubbish, bosh

gol *imperf av 1 gala*

1 golf [-å-] *s3* (*havsvik*) gulf

2 golf [-å-] *s3* (*spel*) golf **-bana** golf-course (-links *vanl. sg*) **-byxor** plus-fours **-klubba** golf-club **-spelare** golfer, golf-player

Golfströmmen the Gulf Stream

Golgata ['gållgata] *n* Golgatha; Mount Calvary

golv [-å-] *s7* floor; (*-beläggning*) flooring; *falla i* ~*et* fall to the floor **-a** *sport.* floor **-beläggning** flooring **-bonare** floor polisher **-brunn** draining gutter **-bräder** floor-boards **-drag** draught along (through) the floor **-lampa** standard lamp **-mopp** floor-mop **-växel** (*i bil*) floor[-mounted] gearshift **-yta** floor area (space); surface of a floor

gom [gomm] *s2* palate **-segel** soft palate; velum

gona *rfl* relax to one's heart content; (*smörja kråset*) indulge (*med* in)

gonad *s3, biol.* gonad

gondol [gån'då:l] *s3* **1** gondola **2** (*ballongkorg*) car **-jär** *s3* gondolier

gonggong [ˣgåŋgåŋ] *s3, s2* [dinner-]gong; ~*en har gått* the gong has gone; *räddad av* ~*en* saved by the bell

gono|kock [gånå'kåkk] *s3* gonococcus (*pl* gonococci) **-rré** *s3* gonorrhoea

gordisk ['gå:r-, 'gårr-] *a5,* ~ *knut* Gordian knot

gorilla [-ˣilla] *s1* gorilla [ape]

gorma [-å-] brawl; kick up a row (*för, om* about) **-nde** *s6* brawl, racket, row

goss|aktig [-å-] *a1* boyish **-e** *s2* boy; lad; *mammas* ~ mother's boy; *gamle* ~*!* old boy (chap, fellow)! **-ebarn** boy-child; [baby]boy **-elynne** youthful outlook, optimism **-kör** boys' choir **-läroverk** boys' school

got [go:t, gå:t] *s3* Goth **-ik** *s3* **-isk** ['go:-] *a5* **-iska** Gothic

Gotland ['gått-] *n* **gotländsk** *a5* Got[h]land

gott [-å-] (*jfr god*) **I** *a o. oböjl. s* **1** *varmt och* ~ nice and warm; *det vore lika* ~ *att* it would be just as well to; *det är* ~ *och väl, men* it's all very well, but; ~ *och väl en vecka* at least a week; *det var inte* ~ *att veta* how could I (he *etc.*) know **2** *göra mycket* ~ do a great deal of good; *ha* ~ *av* [derive] benefit from; *önska ngn allt* ~ wish s.b. every happiness **3** ~ *om a*) (*tillräckligt med*) plenty of, *b*) (*mycket*) a great many, a great deal of, *vard.* lots of; *på* ~ *och ont* that cuts both ways **II** *adv* well; (*starkare*) capitally, excellently; (*lätt*) easily, very well; (*medgivande*) very well; *leva* ~ live well (sumptuously); *lukta* (*smaka*) ~ smell (taste) nice; *skratta* ~ laugh heartily; *sova* ~ sleep soundly, (*som vana*) sleep well; *kort och* ~ *a*) (*i korthet*) briefly, *b*) (*helt enkelt*) simply; *det kan* ~ *hända* it may very well happen; *finna för* ~ think fit (proper); *komma* ~ *överens* get on well; *må så* ~*!* take care of yourself!; *göra så* ~ *man kan* do one's best; *så* ~ *som* practically, almost, all but **-a** *rfl* have a good time; ~ *sig åt* thoroughly enjoy **-er** *pl* sweets; *Am.* candy (*sg*) **-finnande** *s6, efter* [*eget*] ~ as one thinks best, according to one's own choice **-göra 1** (*ersätta*) make good (*ngn ngt* to s.b. s.th.), make up (*ngn ngt* to s.b. for s.th.), recompense; (*för skada äv.*) indemnify, compensate **2** (*försona*) make ... good, make up for ...; (*reparera*) redress, repair **3** *rfl* allow o.s. **-görelse** [-j-] (*ersättning*) compensation, indemnification, recompense; (*betalning*) remuneration, payment; (*skadestånd*) indemnity

gottköps|affär bargain store, cut-price shop **-pris** *till* ~ at a bargain price **-varor** cheap-line goods

gottskriv|a credit; ~ *ngn ett belopp* credit s.b. with an amount **-ning** credit[ing]

gourm|and [gor'maŋ(d)] *s3* gourmand **-é** *s3* gourmet

grabb *s2* boy; chap; *Am.* guy

grabb|a ~ *tag i* grab [hold of], lay hands on; ~ *för* (*åt*) *sig* grab ... for o.s., appropriate **-näve** [big] fistful **-[a]tag** grab

grac|e [gra:s] *s5* **1** (*behag*) grace[fulness], charm **2** (*gunst*) favour **-erna** *de tre* ~ the three Graces **-il** *a1* gracile, slender **-iös** *a1* graceful

1 grad *a1, n sg obest. f. saknas, tekn.* (*rak*) straight; (*jämn*) even
2 grad *s3, tekn.* bur[r]
3 grad *s3* **1** degree; (*omfattning*) extent; *i hög ~* to a great extent, highly, exceedingly (*intressant* interesting); *i högsta ~* extremely, exceedingly; *till den ~ oförskämd* so terribly insolent **2** (*vinkelmått, temperaturenhet, mat.*) degree; *i 90 ~ers vinkel* at an angle of 90 degrees; *på 90 ~ers nordlig bredd* at 90 degrees North Latitude; *15 ~er kallt* 15 degrees below zero (freezing-point) **3** (*rang*) rank, grade; (*doktors-*) [doctor's] degree; *stiga i ~erna* rise in the ranks; *tjänsteman av lägre ~* a minor official, a low-salaried worker **-beteckning** badge of rank **-era** *tekn.* graduate; (*friare*) grade (*efter* according to) **-ering** *tekn.* graduation; (*friare*) gradation, grading **-skillnad** difference of (in) degree **-skiva** protractor **-tal** *vid höga ~* at high temperature
gradualavhandling doctor's dissertation
gradvis I *adv* by degrees, gradually **II** *a5* gradual
grafi|k *s3, abstr.* graphic art; *konkr.* prints (*pl*) **-ker** ['gra:-] graphic artist, printmaker **-sk** ['gra:-] *a5* graphic[al]; *~ framställning* graphical representation, (*kurva*) graph, diagram; *~ industri* printing industry
grafit *s3* graphite
grafolog graphologist **-i** *s3* graphology **-isk** *a5* graphologic[al]
grahamsmjöl *ung.* wholemeal flour
gram [-amm] *s7* gram[me] **-kalori** gram-calorie
grammati|k *s3* grammar **-kalisk** *a5* grammatical[ly correct] **-ker** [-'matt-] grammarian **-sk** [-'matt-] *a5* grammatical; **-skt** *adv, det är ~ fel* it is bad grammar
grammofon [-'få:n] *s3* gramophone; *Am.* phonograph **-inspelning** record[ing]; *konkr.* disk, disc **-musik** gramophone music **-skiva** gramophone record, disc **-stift** gramophone needle
grammolekyl gram-molecule
gramse *oböjl. a, vara ~ på ngn* bear s.b. a grudge
1 gran *s7* (*vikt*) grain
2 gran *s2* **1** (*träd*) fir, spruce[-fir] **2** (*virke*) whitewood; *Am. äv.* spruce [lumber]
1 granat *bot.* pomegranate[-tree]
2 granat (*ädelsten*) garnet
3 granat *mil.* shell; (*hand-*) [hand-]grenade **-eld** shell fire **-kastare** [trench-]mortar
granatsmycke set of garnets
granatsplitter shell-splinters
granatäpple pomegranate
granbarr spruce needle
1 grand *s7* **1** *~et och bjälken* the mote and the beam **2** (*aning*) atom, whit; *litet ~* just a little (wee bit); *inte göra ett skapande ~* not do a [single] mortal thing; *vänta litet ~* wait a little (a minute)
2 grand *s3* (*titel*) grandee **-ezza** [-ˣdessa] *s1* grandeur **-ios** [-iå:s] *a1* grandiose
granit *s3* granite **-block** granite block **-klippa** granite rock
gran|kotte spruce-cone **-kvist** spruce-twig
1 grann *se 1 grand 2*
2 grann *a1* **1** (*brokig*) gaudy, gay; (*lysande*) brilliant; (*prålig*) gorgeous, showy **2** (*ståtlig*) fine[-looking]; (*om väder*) magnificen **3** (*högtravande*) high-sounding, fine
grann|e *s2* neighbour **-fru** neighbour['s wife] **-gård** neighbouring house (farm *etc.*); *i ~en* at the next house (*etc.*) [to ours]
grannlag|a *oböjl. a* (*finkänslig*) tactful; considerate; (*ömtålig*) delicate **-enhet** tactfulness *etc.*; discretion, delicacy
grannland neighbouring country; *vårt södra ~* our neighbour-country to the south
grannlåt *s3* show, display; *~[er]* gewgaws, (*floskler*) pretty phrases
grann|skap *s7* neighbourhood, vicinity **-sämja** neighbourliness, [good] neighbourship
granntyckt *a1* fastidious, over-particular (*i, på* in)
gran|ris spruce-twigs (*pl*) **-ruska** spruce-branch
gransk|a examine, scrutinize; (*kontrollera*) check; (*recensera*) review; (*rätta*) correct; *~nde blick* scrutinizing (critical) look **-are** examiner **-ning** examining *etc.*; examination, scrutiny; (*kontroll*) check-up **-nings-arvode** inspection (scrutiny) fee
granskog spruce forest
granul|at *s4* granulate **-era** granulate **-ering** granulation
granvirke spruce timber; (*sågat*) white deal
grapefrukt ['grejjp-, 'gre:p-] grape-fruit
grassera (*om sjukdom*) rage, be prevalent (rife); (*om missbruk o.d.*) run (be) rampant **-nde** *a4* rife, prevalent; rampant
gratifikation gratuity, bonus
gratin [-'tāŋ] *s3, se gratäng* **-era** [-ti'ne:-] bake ... in a gratin-dish
gratis [ˣgra:-, 'gra:-] *adv o. oböjl. a* free [of charge], gratuitous; *~ och franko* delivered free, carriage (postage) paid **-aktie** bonus-share **-emission** bonus issue **-erbjudande** free offer **-föreställning** free performance **-nöje** free entertainment **-prov** free sample
gratul|ant congratulator **-ation** congratulation; *hjärtliga ~er på födelsedagen* Many Happy Returns of the Day **-ationskort** greeting[s *pl*] card **-era** congratulate (*till* on)
gratäng *s3* gratin; *~ på fisk* baked fish
1 grav *s2* **1** grave; (*murad e.d.*) tomb; *på ~ens brädd* (*bildl.*) on the brink of the grave; *tyst som i ~en* [as] silent as the grave **2** (*dike*) trench (*i sht mil.*), ditch **3** (*grop*) pit, hole
2 grav *a1* (*svår*) serious
3 grav *a1, ~ accent* grave accent
grava *kokk.* pickle ... raw
gravallvarlig very solemn
gravation encumbrance, mortgage
gravationsbevis abstract of the register of land charges; *Engl. äv.* certificate of search
1 gravera *jur.* encumber; *~nde omständigheter* (*friare*) aggravating circumstances
2 graver|a (*inrista*) engrave **-ing** engraving **-nål** engraving needle
grav|fynd grave-find **-fält** grave-field **-häll** grave-slab **-hög** grave-mound, barrow, tumulus
gravid *a1, n sg obest. f. undviks* pregnant **-itet** *s3* pregnancy

gravit|ation gravitation **-ationslagen** the law of gravitation **-era** gravitate (*åt* towards) **-ętisk** *a5* grave, solemn; (*friare*) pompous
grav|kammare sepulchral chamber **-kapell** mortuary chapel, burial-chapel **-kor** *s7* crypt **-kulle** grave[-mound]
gravlax *kokk.* raw spiced salmon
grav|lik *a5* sepulchral; ~ *tystnad* deathlike silence **-plats** burial-ground; piece of ground for a grave **-plundring** grave--robbery
gravrost deep-seated rust
grav|skick burial custom **-skrift 1** (*inskrift*) epitaph **2** (*minnesord*) memorial words (*pl*) **-skändning** grave-desecration **-sten** gravestone, tombstone **-sänka** *geogr.* rift-valley **-sättning** interment **-urna** sepulchral urn **-vård** memorial stone, sepulchral monument; *jfr -sten*
gravyr *s3* engraving
gravöl *s7* funeral feast
gravör engraver
gredelịn *a1* heliotrope, mauve, lilac
gregoriạnsk [-a:-] *a5*, *~a kalendern* the Gregorian calendar
grej [-ejj] *s3* thing, article **-a** fix, put right; ~ *med bilen* work on (tinker with) the car **-or** *pl* things, articles, *vard.* paraphernalia, tackle, gear (*sg*)
grek *s3* Greek **-inna** Greek woman
grekisk ['gre:-] *a5* Greek; (*antik äv.*) grecian **-a 1** (*språk*) Greek **2** *se -inna* **--katolsk --ortodox** *~a kyrkan* the Eastern Orthodox (Greek) Church; *en ~ trosbekännare* a member of the Eastern Orthodox Church **--romersk** ~ *brottning* Greco-Roman wrestling
Grekland ['gre:k-] *n* Greece
gren *s2* **1** branch (*äv. bildl.*); limb, bough; (*av flod e.d.*) arm **2** (*förgrening*) fork **-a** *rfl* branch, fork
grenadjạ̈r *s3* grenadier
gren|ig *a1* branched **-klyka** fork of a bough **-ljus** branched candle **-rör** branch pipe
grensle astride (*över* of); *sitta* ~ straddle
grenverk [network of] branches
grep *imperf av gripa*
grep[e] *s2* pitchfork
grepe *s2* (*handtag*) handle
grepp *s7* grasp (*i, om* of); (*vid brottning o. bildl.*) grip (*i, om* of); (*tag äv.*) hold; *mus.* touch; *få ~ på ett ämne* grasp (get the hang of) a subject; *ha ett gott ~* (*bildl.*) have the knack **-bräde** *mus.* fretboard
grev|e *s2* count; *Engl.* earl; *~n* (*vid tilltal*) Your Lordship, My Lord; *i ~ns tid* in the nick of time **-etitel** title of count (earl) **-evärdighet** countship, earldom **-inna** countess; *~n* (*vid tilltal*) Your Ladyship, My Lady **-lig** [-e:-] *a1*, *ett ~t gods* a count's (*etc.*) estate; *upphöjas i ~t stånd* be created (made) an earl **-skap** [-e:-] *s7* **1** (*område*) county **2** *se grevevärdighet*
griffel *s2* slate-pencil **-tavla** slate
grift *s3* tomb, grave **-ero** quiet of the tomb **-etal** funeral oration
griljera grill (roast, fry) after coating with egg and breadcrumbs
grill *s2* grill, gridiron, grid; (*-rum*) grill [-room] **-a** grill **-bar** *s3* rotisserie
griller ['grill-] *pl* fads, fancies, whims
grillrestaurang grill restaurant
grimạs *s3* grimace; *göra en ~* pull (make) a [wry] face **-era** pull (make) faces, grimace
grimma *s1* halter
grin *s7* **1** *se grimas* **2** (*flin*) grin; (*hån-*) leer **3** (*gråt*) whine **-a 1** *se grimasera*; ~ *illa* pull faces (*åt* at), *bildl.* sneer (*åt* at) **2** (*gapa*) gape; *armodet ~de dem i ansiktet* poverty stared them in the face **3** (*flina*) grin; leer **4** (*gråta*) whine, pule
grind *s2* gate **-slant** gate-money **-stolpe** gate--post **-stuga** [gate-keeper's] lodge **-vakt** gate-keeper; (*i kricket*) wicket-keeper
grindval blackfish, pilot whale
grinig *a1* **1** (*som gråter*) whining, puling **2** (*missnöjd*) complaining, fault-finding; (kinkig) peevish **-olle** *s2* cry-baby, whiner
grip *s2* griffin
grip|a *grep -it* **1** (*fatta tag i*) seize (*äv. bildl.*); (*tjuv e.d.*) catch, capture; (*fatta kraftigt tag i*) catch (take) hold of, clasp, clutch; ~ *tag i* get hold of; ~ *tillfället* seize the opportunity; ~ *tyglarna* catch hold of (*bildl.* take) the reins; ~ *ngt ur luften* make s.th. up; *~s av förtvivlan* be seized by despair **2** (*djupt röra*) affect, move **3** ~ *sig an med* set about, (*ett arbete* a job; *att arbeta* working); ~ *efter* catch (grasp) at; ~ *i varandra* (*i mekanism*) interlock, (*om kugghjul*) engage; ~ *in i* interfere with, intervene in; ~ *omkring sig* spread, gain ground **-ande** *a4* touching, moving; pathetic **-arm 1** *zool.* prehensile arm **2** *tekn.* transferring arm **-bar** [-i:-] *a1* (*fattbar*) comprehensible; (*påtaglig*) palpable, tangible; (*konkret*) concrete **-en** *a3* **1** seized (*av* with) **2** (*rörd*) touched, moved **-enhet** emotion **-it** *sup av gripa* **-klo** *zool.* prehensile claw **-tång** clutching-tongs (*pl*)
gris *s2* **1** pig; (*kött*) pork; *helstekt ~* sucking--pig roasted whole; *köpa ~en i säcken* buy a pig in a poke **2** (*om pers.*) pig **-a 1** *eg.* farrow **2** ~ *ner* (*till*) make a mess, muck up; ~ *ner sig* get o.s. in a mess **-fot** pig's foot; *-fötter* (*kokk.*) pig's trotters **-huvud** pig's head **-ig** *a1* piggish; filthy **-kulting** sucking--pig; *vard.* piggy **-mat** pig feed
grissla *s1* guillemot
grisöga pig's eye (*äv. bildl.*)
gro *v4* germinate, sprout; (*växa*) grow; *bildl.* rankle; *medan gräset ~r dör kon* while the grass grows the steed starves; *det* [*ligger och*] *~r i ngn* it rankles in a p.'s breast; ~ *igen a*) (*om jord*) grass over, *b*) (*om dike e.d.*) get filled up [with grass] **-bar** *a1* germinative **-barhet** germinativeness; fertility
grobiạn *s3* boor, churl; (*starkare*) ruffian
groblad *bot.* common plantain
groda *s1* **1** *zool.* frog **2** *bildl.* blunder, howler
grodd *s2* germ, sprout; *koll.* sprouts (*pl*) **-blad** germ layer
grod|djur batrachian **-lår** frog's leg **-man** frogman **-perspektiv** *i ~* (*bildl.*) from a worm's-eye view **-rom** frog spawn **-sim** frog-swimming **-spott** cuckoo-spit **-yngel** tadpole; *koll.* tadpoles (*pl*)
grogg [-å-] *s2* grog; whisky (brandy) and soda; *Am.* highball **-a** [drink] grog **-glas**

(*hopskr. grogglas*) grog-tumbler, whisky glass
grogrund *eg.* fertile soil; *bildl.* hot bed
groll [-å-] *s7* grudge; *gammalt ~* long-standing grudge; *hysa ~ mot ngn* bear s.b. a grudge
groning germination, sprouting
grop *s2* pit; (*större*) hollow, cavity; (*i väg*) hole; (*i hakan, kinden*) dimple; *flyg.* bump, pocket; *den som gräver en ~ åt andra faller själv däri* he who diggeth a pit shall fall therein **-ig** *a1* **1** full of holes; (*om golv o.d.*) worn into holes; (*om väg*) bumpy, uneven **2** (*om hav*) rough; *flyg.* bumpy
1 gross [-å-] *s7* (*tolv dussin*) gross; *i ~* by the gross
2 gross [-å-] *s i uttr.*: *i ~* (*i parti*) wholesale
grossess pregnancy; *i ~* pregnant
gross|handel wholesale trade **-handelsfirma** wholesale business (firm) **-handelspris** wholesale price **-handlare -ist** wholesale dealer, wholesaler
grotesk I *a1* grotesque **II** *s3, boktr.* sans serif, grotesque
grotta [-å-] *s1* cave; cavern; grotto
grottekvarn [-å-] treadmill
grott|forskare cave explorer **-målning** cave painting **-människa** *förhist.* caveman, troglodyte
grov *-t grövre grövst, vard. äv. a1* **1** (*mots. fin*) coarse; (*stor*) large; (*storväxt*) big; (*tjock*) thick; (*om röst*) rough, coarse; (*om yta*) rough; *~t artilleri* heavy artillery; *~t bröd* (*salt*) coarse bread (salt); *~ sjö* rough sea **2** *bildl.* rough; (*nedsättande*) coarse, gross, crude; (*allvarlig*) grave; (*ohyfsad*) rude, rough; *~ förolämpning* (*okunnighet*) gross insult (ignorance); *~t brott* heinous crime; *vara ~ i munnen* use foul language; *i ~a drag* in rough outline (*sg*) **-arbetare** labourer, unskilled worker **-arbete** unskilled labour **-göra** heavy (rough) work; *Am. äv.* chore **-hacka** chop ... coarsely **-het** [-ɑ:-] coarseness *etc.*, *jfr grov*; *~er* foul language (*sg*) **-huggare** *se grobian* **-hyvla** rough-plane **-kalibrig** [-i:b-] *a1* large-bore- (-calibred) **-kornig 1** coarse-grained **2** *bildl.* coarse, gross, rude; *~t skämt* broad joke **-lek** *s2* thickness **-lemmad** *a5* heavy-limbed **-mala** grind ... coarsely **-maskig** *a1* wide- -(coarse-)meshed **-sortera** do the first sorting **-sortering** first sorting **-sysslor** rough jobs **-t** [-ɑ:-] *adv* coarsely *etc.*; *förtjäna ~ på* make a pile of money on; *gissa ~* make a rough guess; *ljuga ~* tell bare-faced lies **-tarm** colon
grubb|el ['grubb-] *s7* (*funderande*) musing[s *pl*]; rumination; *relig. äv.* obsession; (*sjukligt* morbid) brooding **-la** (*ängsligt*) brood; (*fundera*) cogitate, muse, ruminate; puzzle [one's head]; *~ sig fördärvad över* rack one's brains over **-lare** brooder, cogitator; (*friare*) philosopher **-leri** *se -el*
gruff *s7* row, wrangle; *råka i ~ med* get at loggerheads with **-a** make (kick up) a row, squabble (*för, om* about; *med* with)
gruml|a *eg.* make ... muddy, soil; (*friare, äv. bildl.*) cloud, dim; (*göra suddig*) blur; (*bildl. smutsa ner*) soil, tarnish; (*fördunkla*) obscure; *~ själens lugn* disturb the peace of mind **-ig** *a1* muddy, turbid (*äv. bildl.*); (*virrig*) muddled, confused; (*dunkel*) obscure; (*om röst*) thick; *fiska i ~t vatten* fish in troubled waters
grums *s7* grounds, dregs (*pl*); (*i vatten*) sediment
1 grund *s7* (*grunt ställe*); (*sand- o.d.*) bank; (*klipp-*) sunk[en] rock; *gå* (*stöta*) *på ~* run aground; *komma av ~et* get afloat
2 grund *a1* (*föga djup*) shallow; (*om vatten äv.*) shoal
3 grund *s3* **1** (*botten*) ground; (*mark äv.*) soil; *gå från gård och ~* give up one's house [and lands]; *i ~* [*och botten*] completely, entirely; *i ~ och botten, i ~en* in reality (*i själva verket*), at heart, basically (*på det hela taget*), after all, essentially; *gå till ~en med* go to the bottom of **2** (*underlag*) foundation (*för, till* of); *bildl. äv.* basis; (*hus- äv.*) foundations (*pl*); *ligga till ~ för* be the basis (at the bottom) of; *lägga ngt till ~ för* make s.th. the basis of, base ... on s.th.; *lägga ~en till* lay the foundation[s *pl*] (*bildl.* basis) of; *brinna ner till ~en* be burnt to the ground; *kemins ~er* the elements of chemistry **3** (*orsak*) cause; (*skäl*) reason; (*motiv*) motive, ground[s *pl*]; *ha sin ~ i* be due to, originate in; *på goda ~er* for excellent reasons; *på mycket lösa ~er* on very flimsy grounds; *på ~ av* on account of, because of, owing to; *sakna all ~* be groundless (completely unfounded) **-a 1** (*-lägga*) found; establish, set up; start; (*friare*) lay the foundation of **2** (*stödja*) base (*ett påstående på* a statement on); *~ sig på* be based on **3** *mål., konst.* ground, prime **-are** founder
grund|avgift basic charge (fee, rate) **-begrepp** fundamental principle **-betydelse** basic meaning (sense) **-drag 1** (*karakteristiskt drag*) fundamental feature, basic trait **2** (*huvuddrag*) *~en* [*till*] the [main] outlines [of] **-element** essential (basic) element **-falsk** fundamentally wrong **-fel** fundamental fault (error) **-form** primary form; *gram.* common case **-forskning** basic research **-färg 1** *fys.* primary colour **2** (*huvudsaklig färg*) predominating colour **3** (*bottenfärg*) primer, first coat **-förutsättning** primary (fundamental) condition (prerequisite) **-hyra** basic rent **-lag** fundamental law; (*författning*) constitution[al law]
grundlags|enlig [-e:-] *a1* constitutional **-stridig** *a1* unconstitutional **-ändring** constitutional amendment
grundlig *a1* thorough; (*djup*) profound; (*ingående*) close; (*gedigen*) solid, sound; (*fundamental*) fundamental, radical **-het** thoroughness *etc.*
grund|linje base[-line]; *~rna till* (*bildl.*) the outlines of **-lurad** *a5* thoroughly (completely) taken in **-lägga** found, lay the foundation[s *pl*] (*bildl. äv.* basis) of **-läggande** *a4* fundamental, basic **-läggning** foundation **-lön** basic salary (wages *pl*) **-lös** groundless; baseless; unfounded **-murad** *a5, bildl.* solidly established, firmly rooted **-ning** *mål.* priming **-orsak** primary cause **-plåt** nucleus (*till* of); first contribution **-princip** fundamental (basic) principle

grundregel fundamental (basic) rule **-sats** principle **-skola** comprehensive (*Am.* grade) school **-skott** *bildl., ett ~ mot* a death blow to **-sten** foundation-stone **-stomme** groundwork (*till* of); *bildl. äv.* nucleus (*till* of) **-stämning** keynote
grundstöt|a run aground **-ning** [-ö:-] grounding
grund|syn basic view **-tal** cardinal number **-tanke** fundamental (basic, leading) idea **-tema** main theme **-text** original [text] **-ton** 1 *mus.* ground-note 2 (*friare*) keynote **-utbildning** basic education (training) **-val** *s2* foundation; *bildl. äv.* basis, groundwork; *på ~ av* on the basis of **-valla** (*för skidor*) tar primer **-vatten** subsoil water **-villkor** fundamental (basic) condition **-ämne** element
grunkor *pl vard.* gear (*sg*)
grunna cogitate, ponder; *~ på* (*äv.*) turn ... over in one's mind; *sitta och ~* sit musing, sit and think
grupp *s3* group; (*klunga*) cluster; *polit o.d. äv.* section; *mil. äv.* section, squad; *flyg.* flight **-arbete** teamwork **-bild** group-picture **-bildning** group formation; grouping **-biljett** party ticket **-chef** *mil.* squad (*sjö.* section) commander **-era** group **-ering** grouping; *mil.* deployment **-försäkring** group [accident, life] insurance **-resa** conducted tour **-vis** in (by) groups
grus *s7* gravel **-a** 1 gravel 2 *bildl.* dash [... to the ground], spoil; (*gäcka*) frustrate; *~de förhoppningar* dashed hopes **-grop** gravel-pit **-gång** gravel walk **-hög** gravel-heap; *bildl.* heap of ruins **-tag** gravel-pit
1 **gruva** *v1, rfl, ~ sig för* (*över*) dread
2 **gruv|a** *s1* mine; (*kol- äv.*) pit **-arbetare** miner; (*i kolgruva äv.*) collier, pitman **-arbete** mining; colliery **-brytning** *se -drift* **-distrikt** mining district **-drift** mining [operations *pl*] **-fält** mining area, (*kol-*) coal field **-gas** methane, mine (marsh) gas **-gång** heading, gallery **-industri** mining industry **-ingenjör** mining engineer; (*i kolgruva*) colliery engineer **-lampa** miner's (safety) lamp
gruvlig [-u:-] *a1* dreadful, horrible
gruv|olycka pit (mining) accident **-ras** *s7* caving-in of a mine, fall **-samhälle** mining community **-schakt** [mine-]shaft **-stötta** *s1* pit prop **-öppning** mouth of a mine
1 **gry** *s7, det är gott ~ i honom* he has [got] grit
2 **gry** *v4* dawn (*äv. bildl.*); break; *dagen ~r* day is breaking **-ende** *a4* dawning; *~a nlag* (*äv.*) budding talents
grym [-ymm] *a1* cruel (*mot* to); (*bestialisk*) fierce, ferocious; *ett ~t öde* a cruel (harsh) fate **-het** cruelty (*mot* to); (*begången äv.*) atrocity **-t** *adv, bli ~ besviken* be terribly disappointed
grymt *s7* grunt **-a** grunt **-ning** grunt[ing]
gryn *s7, s4* [hulled] grain; (*havre- äv.*) groats (*pl*) **-ig** *a1* grainy; granular
gryning dawn (*äv. bildl.*); daybreak; *i ~en* at dawn
gryningsljus light of early dawn
grynmat farinaceous food
grynna *s1* sunk[en] rock, reef
grynvälling *bildl.* mess of pottage
gryt *s7* 1 (*lya*) earth, burrow 2 (*stenrös*) pile of stones
gryt|a *s1* pot; (*med lock*) casserole; *små -or har också öron* little pitchers have long ears
grythund burrower
gryt|lapp saucepan (kettle) holder **-lock** casserole (pot) lid **-stek** braised beef
grå *a1* grey; *i sht Am.* gray; (*-sprängd äv.*) grizzled; (*om väder*) overcast; (*dyster*) dull, drab, dreary, gloomy; *i den ~ forntiden* in the hoary past; *tillbaks till den ~ vardagen igen* back into harness again, back to the humdrum of every day **-aktig** *a1* greyish **-berg** granite **-blek** ashen grey **-blå** greyish blue **-brödrakloster** Franciscan monastery **-dask** *s7* greyness **-daskig** *a1* dirty grey **-gosse** elderly messenger **-gås** greylag **-hårig** grey-haired; (*-sprängd*) grizzled **-kall** bleak, chill, raw **-lle** *s2* grey horse **-na** turn grey; (*om pers.*) go (get) grey; *~d* (*om hår*) grey, grizzled, (*åldrig*) grey-headed **-papper** (*för växtpressning*) pressing paper **-päron** butter-pear **-sej** [-sejj] *s2* coalfish **-sparv** [house-]sparrow **-sprängd** *a5* grizzled; (*om skägg äv.*) grizzly **-sten** granite **-sugga** wood-louse **-säl** grey seal
gråt *s3* crying, weeping; (*snyftande*) sobbing; *brista i ~* burst into tears; *ha ~en i halsen* be on the verge of tears, have a lump in one's throat; *kämpa med ~en* fight back tears **-a** *grät -it* 1 cry (*av glädje* for joy; *av ilska* with rage); weep (*av* for); *det är ingenting att ~ för* (*över*) it is nothing to cry about; *det är så man kan ~* it is enough to make one cry; *hon har lätt för att ~* she cries easily; *~ ut* have a good cry 2 *~ sina ögon röda* cry one's eyes red 3 *rfl* cry o.s. (*till sömns* to sleep) **-attack** fit of crying **-erska** [professional] mourner, weeper **-färdig** on the verge of tears, ready to cry **-it** *sup av gråta* **-mild** tearful; (*sentimental*) maudlin
grått *s, best. f. det grå*[*a*] grey
grå|verk miniver, squirrel fur **-vädersdag** grey (*bildl.* cheerless) day **-vädersstämning** gloom, gloomy atmosphere (mood)
1 **grädda** *v1* bake; (*uppe på spisen*) fry, make
2 **grädd|a** *s1, ~n av* the cream of (*societeten* society) **-bakelse** cream cake, éclair **-e** *s2* cream **-gul** cream-yellow **-kanna** cream-jug **-kola** cream caramel **-ning** baking; frying **-tårta** cream layer cake
gräl *s7* (*tvist*) quarrel; (*ordväxling äv.*) squabble, wrangle; *råka i ~* fall out, clash (*med ngn* with s.b.); *söka ~* pick a quarrel (*med ngn* with s.b.) **-a** quarrel; squabble, wrangle; *~ på ngn* scold s.b. (*för att han är* for being)
gräll *a1* loud, glaring; garish
gräl|makare quarreller; squabbler, wrangler **-sjuk** quarrelsome; (*som bannar*) scolding
gräm|a *v2* grieve, vex; *~ sig* grieve (*över* at, for), fret (*över* about); *~ sig till döds* fret one's heart out **-else** grief; worry
gränd *s3* alley, [by-]lane; (*ruskig*) slum
gräns *s3* 1 (*-linje*) *geogr.* boundary; *polit.* frontier, *Am.* border; (*friare*) border-line; *dra ~en* (*polit.*) fix the boundary, *bildl.*

draw the line; *stå på ~en till* (*bildl.*) be on the verge of **2** (*yttersta*) limit (*för* of); *bildl. äv.* bounds (*pl*); *det finns ingen ~ för hans fåfänga* his vanity knows no bounds; *inom vissa ~er* within certain limits; *sätta en ~ för a*) (*begränsa*) set bounds (limits) to, *b*) (*stävja*) put an end (a stop) to; *det här går över alla ~er!* [no really,] that's the limit! **3** ([*område utmed*] *-linje*) confines (*pl*), border[s *pl*]; *vid belgiska ~en* on the Belgian border **-a** ~ *till* border [up]on (*äv. bildl.*); (*om land, område*) be bounded (*till* by); (*om ägor*) adjoin, abut on; *det ~r till det otroliga* it borders on the incredible; *med en till visshet ~nde sannolikhet* with a probability almost amounting to certainty **-befolkning** border (frontier) population **-befästning** frontier fortification **-bevakning** frontier patrol[ling] **-bo** borderer **-bygd** border country **-dragning** delimitation **-fall** borderline case **-kostnad** marginal cost **-kränkning** violation of the frontier **-land** border country

gränsle *se grensle*

gräns|linje boundary-line; *bildl.* borderline, dividing-line **-lös** boundless, limitless; *bildl.* unbounded; (*ofantlig*) tremendous, immense **-märke** boundary-mark; landmark **-nytta** marginal utility **-område** border district; *bildl.* borderland, confines (*pl*) **-oroligheter** border fighting (disturbances) **-station** frontier station **-trakt** *se -område* **-värde** limit

gräs *s7* grass; *i ~et a*) (*på ~et*) on the grass, *b*) (*bland ~et*) in the grass; *bita i ~et* lick the dust; *ha pengar som ~* have a mint of money **-and** mallard, wild duck **-bevuxen** *a5* grass-grown, grassed **-brand** greensward fire **-frö** grass-seed[s *pl*] **-grön** grass-green **-hoppa** grasshopper; locust **-klippare** lawn-mower

gräslig [-ä:-] *a1* atrocious, horrid (*mot* to); terrible, shocking; (*friare*) awful, frightful **-het** atrociousness *etc.*; *~er* atrocities

gräs|lök chive **-matta** lawn; grass; green **-slätt** grassy plain; prairie **-strå** blade of grass **-stäpp** *se stäpp o. -slätt* **-torv** turf, greensward **-torva** sod, turf **-tuva** tuft of grass **-växt** gramineous plant **-änka** grass widow **-änkling** grass widower **-ätare** graminivorous animal, grass-eater

grät *imperf av gråta*

grätten *a3* fastidious; squeamish

gräv|a *v2* dig (*efter* for); (*t.ex. kanal*) cut; (*om djur*) grub, burrow; (*friare o. bildl.*) delve (*i en byrålåda* in a drawer); (*rota*) rummage (*i fickorna* in one's pockets); *~ fram* dig up, unearth; *~ igen* fill up; *~ ner* dig down (*i* into), bury (*i* in); *~ ner sig i* dig (burrow) one's way down into, (*begrava sig*) bury o.s. in; *~ ut* dig out, excavate **-ling** [-ä:-] badger **-maskin** excavator, power shovel **-ning** [-ä:-] digging; *vetensk.* excavation **-skopa** bucket, dipper; *jfr -maskin*

gröda *s1* (*växande*) crops (*pl*); (*skörd*) harvest, crop

grön *a1* green (*av* with) (*äv. bildl.*); *komma på ~ kvist* be in clover, do well for o.s.; *i min ~a ungdom* in my callow youth, *vard.* in my salad days; *i det ~a* in the [green] fields (the country); *~ våg* (*trafik.*) synchronized [green] traffic lights (*pl*); *~a ön* (*Irland*) the Emerald Isle **-aktig** *a1* greenish **-alg** green alga (seeweed) **-bete** grass-pasture; *vara på ~* (*bildl.*) be in the country **-fink** greenfinch **-foder** green forage **-gräset** *i ~* on the grass **-göling** [-j-] **1** *zool.* green woodpecker **2** *bildl.* greenhorn **-kål** kale, borecole

Grönköping [-ç-] *n* Little Puddleton **grönköpingsmässig** *a1* Puddletonian

Grönland ['grö:n-] *n* Greenland; *på ~* in Greenland **grön|landsval** Greenland whale **-ländare** Greenlander **-ländsk** *a5* Greenland[ic] **-ländska** **1** (*språk*) Greenlandic **2** (*kvinna*) Greenland woman

grön|saker *pl* vegetables **-saksaffär** greengrocer's shop **-saksland** vegetable patch **-sakssoppa** vegetable soup **-sallad** green salad **-siska** *s1* siskin

grönska **I** *s1* **1** (*vårens*) verdure; *ängarnas ~* the green of the meadows **2** (*trädens etc.*) greenery, green foliage **II** *v1* be (become) green

grön|såpa soft soap **-t** [-ö:-] *s, best. f. det -a* **1** green **2** (*-foder, -saker*) green stuff **3** (*prydnad*) greenery

gröpa *v3*, *~ ur* hollow out

gröpe *s7* groats (*pl*); (*mindre grovt*) grits (*pl*)

gröt *s2, kokk.* porridge; (*risgryns-*) pudding; *tekn.* pulp, pap; (*friare*) mush; *läk.* poultice; *gå som katten kring het ~* beat about the bush; *vara het på ~en* be over-eager **-ig** *a1* porridge-like; pulpy; mushy; (*om röst*) thick **-myndig** pompous, high and mighty **-rim** doggerel [rhyme]

gröv|re ['grö:v-] *komp. t. grov* **-st** [-ö:-] *superl. t. grov*

g-sträng G-string

guano *s2, s7* guano; *bildl.* rubbish, nonsense

gubb|aktig *a1* old-mannish, old man's ...; senile **-e** *s2* **1** old man; *~n A.* old A.; *min ~ lille!* my lad! **2** (*bild*) picture; (*grimas*) face; *~ eller pil* (*på mynt*) head[s] or tail[s] **3** (*tabbe*) blunder **4** *den ~n går inte!* that won't wash!, tell that to the marines!; *för hundra -ar!* by all the saints! **-ig** *a1, se -aktig* **-strutt** *s2* old buffer, dodderer

gubevars **I** *interj* goodness me! **II** *adv* of course, to be sure

guckusko *s5* lady's slipper

gud *s2* god; *G~ Fader* God the Father; *G~ bevare oss!* God preserve us!; *G~ vet* Heaven knows; *om G~ vill* God willing; *ta G~ i hågen* take one's courage in both hands; *för G~s skull* for the love of God, (*utrop*) for goodness' (God's, Heaven's) sake!; *inte G~s bästa barn* no angel; *G~ nåde dig!* God have mercy upon you!; *det vete ~arna!* Heaven only knows!

guda|benådad *a5* divinely gifted; *en ~ konstnär* a real artist **-bild** image of a god, idol **-god** divine **-gåva** godsend, gift of the gods **-lik** godlike **-lära** *se mytologi* **-saga** myth **-skymning** twilight of the gods **-skön** divinely beautiful **-sänd** *a5* god-sent **-väsen** god

gud|barn godchild **-dotter** god-daughter

-**fa[de]r** godfather -**fruktig** *a1* god-fearing, devout; *jfr -lig* -**i** *i uttr.: en ~ behaglig gärning* a pious deed; *~ lov* God be praised; *ha ~ nog av* have enough and to spare of
guding male eider-duck
gud|inna goddess -**lig** [-u:-] *a1* godly, pious; (*gudsnådelig*) goody-goody -**lös** godless; impious; (*hädisk*) blasphemous; *~t leverne* wicked life; *~t tal* profane language, blasphemy -**mor** godmother
gudom *s2* divinity; *~en* the Godhead -**lig** [-'dɷmm-] *a1* divine; (*underbar*) superb, magnificent -**lighet** [-'dɷmm-] **1** (*gudomlig natur*) divineness *etc.* **2** (*gud*) divinity; god
guds|begrepp concept of God -**dyrkan** worship [of God], religion -**fruktan** piety, godliness -**förgäten** *a5* **1** (*om plats*) godforsaken **2** *se gudlös* -**förnekare** atheist -**förnekelse** denial of God; atheism -**förtröstan** trust in God -**gemenskap** communion with God
gudskelov [ˣguʃelå:v, -'lå:v] thank goodness (Heaven)
guds|man religious man, divine -**nåd[e]lig** [ˣgutts-, -ˣnå:-, -'nå:-] *a1* sanctimonious; (*salvelsefull*) unctuous
gudson godson
gudstjänst [divine] service; *bevista ~en* (*äv.*) attend church (chapel); *förrätta ~* officiate [at the service], conduct [the] service; *hålla ~* hold divine service -**förrättare** officiating clergyman -**ordning** order for divine service, liturgy
gudstro faith (belief) in God
gul *a1* yellow; *slå ngn ~ och blå* beat s.b. black and blue -**a** *s1* yolk -**aktig** *a1* yellowish
gulasch *s3* **1** *kokk.* goulash **2** [war-]profiteer; spiv -**baron** *se gulasch 2*
gul|blek sallow -**brun** yellowish brown
guld *s7* gold; *gräva ~* dig for gold; *lova ngn ~ och gröna skogar* promise s.b. the moon; *skära ~ med täljknivar* make a mint of (coin) money; *trogen som ~* [as] true as steel -**armband** gold bracelet -**bagge** *zool.* rose-chafer -**brun** golden brown -**bröllop** golden wedding -**bågad** *a5* (*om glasögon*) gold-rimmed -**dubblé** rolled gold -**feber** gold fever -**fisk** goldfish -**fyndighet** gold deposit -**färgad** *a5* gold-coloured, golden -**förande** *a4* gold-bearing, auriferous -**galon** gold braid -**galonerad** *a5* gold-braided -**glans** gold (*bildl.* golden) lustre -**glänsande** *a4* shining like gold -**gruva** gold-mine; *bildl.* mine -**grävare** gold-digger -**gul** golden yellow -**halt** percentage of gold, gold content -**kalven** the golden calf -**kantad** *a5* gilt-edged; (*om servis e.d.*) gold-rimmed -**klimp** gold nugget -**klocka** gold watch -**korn** grain of gold; *bildl.* pearl -**krog** plush (posh) restaurant -**krona** gold[en] crown
Guldkusten *r* the Gold Coast
guld|lamé *s3* gold lamé -**lockig** ... with golden curls -**makeri** alchemy -**medalj** gold medal -**mynt** gold coin (piece) -**myntfot** gold standard -**plomb** gold-filling -**ring** gold ring -**rush** *s3* gold-rush -**slagare** gold-beater -**smed** goldsmith; (*som butiksägare vanl.*) jeweller -**smedsaffär** jeweller's [shop]; *Am.* jewelry store -**smide** goldsmith's work -**snitt** (*på bok*) gilt edge[s *pl*] -**stämpel** hallmark -**tacka** gold ingot (bar) -**tand** gold tooth -**vaskning** gold-washing, placer mining -**våg** assay balance; *väga sina ord på ~* weigh one's words carefully -**åder** gold (auriferous) vein -**ålder** golden age
gul|filter yellow filter -**ing** **1** (*mongol*) yellowman **2** (*strejkbrytare*) blackleg
gull|gosse [spoilt] darling; blue-eyed boy -**ig** *a1* sweet; *Am.* cute -**regn** *bot.* laburnum -**stol** *bära ngn i ~* chair s.b. -**viva** *s1* cowslip
gul|metall brass, yellow metal -**måra** *s1* lady's bedstraw -**na** [-u:-] [turn (grow)] yellow -**sot** jaundice -**sparv** yellowhammer -**t** [-u:-] *s, best. f. det -a* yellow
gumma *s1* old woman; *min ~* (*maka*) the wife, my old woman; *min ~ lilla!* my pet!
gummer|a gum, rubberize -**ing** gumming
gummi *s6* **1** (*växtämne*) rubber; gum **2** (*kautschuk*) [india-]rubber **3** (*preventivmedel*) French letter; *Am.* rubber, safe -**band** rubber (elastic) band -**boll** rubber ball -**båt** rubber boat -**gutta** [-ˣgutta, -'gutta] *s1* gamboge -**handske** rubber glove -**hjul** rubber-tyred wheel -**lösning** rubber solution -**madrass** rubber mattress -**plantage** rubber plantation -**slang** rubber hose (tube, pipe) -**snodd** rubber band -**stövlar** rubber-boots; *Engl.* wellingtons -**sula** rubber sole -**träd** **1** (*Eucalyptus*) gum-tree **2** (*Ficus elastica*) [india-]rubber tree -**varor** rubber products (articles) -**verkstad** vulcanizing [work-]shop
gump *s2, zool.* uropygium; (*friare*) rump
gumse *s2* ram
gung|a **I** *s1* swing **II** *v1* swing; (*på -bräde o. friare*) see-saw; (*i vagga, -stol; om vågor*) rock; (*ett barn på foten e.d.*) dandle; *~ på stolen* tilt the chair; *~ på vågorna* float up and down (*om pers.* be tossed) on the waves; *marken ~de under deras fötter* the ground quaked (rocked) beneath their feet -**bräde** see-saw -**fly** *s6* quagmire (*äv. bildl.*) -**häst** rocking-horse -**ning** swinging *etc.*; *sätta ngt i ~* (*bildl.*) set s.th. rocking, rock the boat -**stol** rocking-chair; *Am. äv.* rocker
gun[n]rum wardroom, gunroom
gunst *s3* favour; *stå* [*högt*] *i ~ hos ngn* be in high favour with s.b., be in a p.'s good books -**ig** *a1* **1** (*välvillig*) well-disposed, friendly (*mot* towards, to); (*om lyckan*) propitious; (*gynnsam*) favourable **2** *vard. vanl. oböjt: det passade inte ~ herrn* it didn't suit his lordship; *min ~ herre* my fine friend (fellow, Sir) -**ling** favourite -**lingssystem** favouritism
gunås alas; worse luck
gupp *s7* **1** bump; (*grop*) hole, pit; (*i skidbacke*) jump **2** (*knyck*) jolt, jog -**a** jolt, jog; (*om åkdon äv.*) bump; (*om flytande* [*mindre*] *föremål*) bob [up and down] -**ig** *a1* bumpy
gurg|el ['gurr-] *s7, vard.* row, squabble -**elvatten** gargle, gargling fluid -**la** *~ halsen* gargle, gargle one's throat; *~ sig* [*i halsen*] gargle [one's throat]; *ett ~nde ljud* a gurgling sound -**ling** gargling, gargle; (*om ljud*) gurgling
gurk|a *s1* cucumber -**säng** cucumber-bed
gustavian *s3* -**sk** [-a:-] *a5* Gustavian
gut [gutt] *s3, s4, fisk.* gut
gute *s2* inhabitant of Gotland
guterad [gɷ-] *a5* appreciated

guttaperka *s1* gutta-percha
guttural *a1* guttural
gutår *ung.* cheers!
guvern|ant [-aŋt, -ant] governess (*för* to) **-ement** *s7* administrative area, province **-ör** governor
gyck|el ['jykk-] *s7* (*skoj*) play, sport; (*skämt*) fun; (*upptåg*) joking, jesting, larking, joke[s *pl*]; *bli föremål för ~* be made a laughing-stock of **-elmakare** joker, jester, wag **-elspel** (*-bild*) illusion; (*taskspeleri*) jugglery, hocus-pocus **-la** jest, joke (*med, över* at); *~ med ngn* make fun of (poke fun at) s.b. **-lare** joker, jester, wag; *neds.* buffoon, clown
gylf [jyllf] *s2* fly [of the trousers]
gyllen|e [ˣjyll-] *oböjl. a* golden; (*av guld*) gold[en]; *G~ Horden* the Golden Horde; *den ~ medelvägen* the golden mean, the happy medium; *den ~ friheten* glorious liberty; *~ snittet* the golden section **-blond** golden haired **-läder** gilt leather
gymnas|ist [j-] pupil of upper secondary school; *Am.* senior high school student **-ium** [-'na:-] *s4* upper secondary school; *Am.* senior high school
gymnast [j-] *s3* gymnast
gymnastik [j-] *s3, ej pl* gymnastics (*pl*); *skol. äv.* physical training, drilling; *vard.* gym; *... är en bra ~ ...* is [an] excellent [form of] exercise **-direktör** certified physical training instructor **-dräkt** gymnasium (*vard.* gym) suit **-lärare** physical training master (mistress) **-redskap** gymnastics apparatus (*koll.* appliances *pl*) **-sal** gymnasium; *vard.* gym **-sko** gym[nasium] shoe; *Am. vard.* sneaker **-uppvisning** gymnastic display
gymnasti|sera [j-] do gymnastics **-sk** [-'nass-] *a5* gymnastic; *~a övningar* physical exercises
gynekolog [jynekå'lå:g] gynaecologist **-i** *s3* gynaecology **-isk** *a5* gynaecological
gynn|a [j-] favour, (*bistå äv.*) support; (*främja äv.*) further, promote **-are 1** favourer *etc.*; patron **2** *skämts.* fellow, chap, customer **-sam** *a1* favourable, advantageous (*för* to); *i ~maste fall* (*äv.*) at best; *ta en ~ vändning* take a favourable turn (a turn for the better)
gyro ['jy:rå] *s6* gyro **-kompass** gyro compass **-skop** [-å:p] *s7* gyroscope
gytter ['jytt-] *s7* conglomeration
gyttj|a [j-] *s1* mud; slough; (*blöt*) ooze; (*smörja*) mire, slush **-ebad** mud-bath **-ig** *a1* muddy; oozy; miry, slushy
gyttr|a [j-] *~ ihop* [*sig*] cluster together **-ig** *a1* conglomerate[d], ... clustered together
gå *gick -tt* **I** *eg. bet.* **1** (*mots. åka, stå e.d.*) walk; (*om t.ex. hund*) trot; (*om t.ex. anka*) waddle; (*stiga*) step (*åt sidan* to one side); (*med långa steg*) stride; (*gravitetiskt*) stalk; *~ rak* walk upright; *~ ut och ~* go for (take) a walk **2** (*mots. stanna kvar, stå stilla*) go; (*tyst e.d. äv.*) pass; (*röra sig äv.*) move; (*förfoga sig, komma*) get; (*bege sig av*) go away, leave, *absol.* be off; *vart skall du ~?* where are you going?; *~ och sätta sig* (*hämta*) go and sit down (to fetch); *~ ur fläcken* move from the spot; *~ ur vägen för ngn* get out of a p.'s way; *jag måste ~ nu* (*äv.*) I must be off now; *~ hemifrån kl. 8* leave home at 8 o'clock **3** (*om sak*) go, pass; (*om t.ex. båt, flygplan, tåg äv.*) travel; (*regelbundet*) run, ply; (*segla äv.*) sail; *~ med en hastighet av* (*om bil o.d.*) travel at a speed of; *bussar ~r varje timme* buses run every hour **4** (*av-*) start (*till* for), leave (*äv. ~ från*) **5** (*röra sig* [*på visst sätt*], *äv. om sjön, vågorna*) run; *~ på hjul* run on wheels; *lådan ~r lätt* the drawer runs easily; *sjön ~r hög* the sea runs high **6** (*vara i gång*) go; (*om fabrik, maskin*) run, work; *~ med elektricitet* be worked by electricity; *~ varm* run hot; *klockan ~r fel* the clock is wrong **II** (*friare o. bildl.*) **1** go; *~ i kyrkan* go to church; *~* [*omkring*] *i trasor* go about in rags; *~ och gifta sig* go and get married; *får jag komma som jag ~r och står?* may I come as I am?; *se vad ngn ~r för* put s.b. through his paces, see what sort of a fellow s.b. is; *jag har ~tt hos tandläkaren* I have been going to the dentist's; *~ på föreläsningar* attend (go to) lectures; *det ~r inte* it won't work (is out of the question) **2** (*av-*) retire; (*om regering*) resign **3** (*vara*) be (*i första klassen* in the first form); (*rymmas*) go (*i* into); *~ arbetslös* be out of work; *det ~r två liter i flaskan* the bottle holds two litres; *det ~r 20 shilling på ett pund* there are 20 shillings in a pound; *dansen ~r* the dancing is on; *påssjukan ~r* there is an outbreak of mumps **4** (*om tiden*) pass [away], go [by] **5** (*sträcka sig*) go, extend; (*nå*) reach; (*om flod, väg e.d.*) run; (*om väg äv.*) go, lead; (*om dörr, trappa e.d.*) lead **6** (*om varor*) sell, be sold, go **7** (*belöpa sig*) amount (*till* to); *det ~r till stora pengar* it runs into a lot of money **8** (*avlöpa*) turn out, go off; *det gick bra för honom* he got on well; *det får ~ som det vill* let it ride; *hur det än ~r* whatever happens; *så ~r det när* that's what happens when; *hur ~r det med ...?* what about ...?, how is ... going?; *hur ~r det för dig?* how are you getting on?; *hur ~r det för barnen om ...?* what will happen to the children if ...? **III** *rfl*, *~ sig trött* tire o.s. out [with] walking **IV** (*med beton part.*) *~ an* (*passa sig*) do, be all right; *det ~r inte an* it won't do; *det ~r väl an för dig som ...* it is all right for you who ...; *~ av a*) (*stiga av*) get out (off), *b*) (*nötas av*) wear through, break off, (*om färg e.d.*) wear off; (*brista*) break, *c*) (*om skott, vapen*) go off; *~ bort a*) (*~ ut*) go out (*på middag* to dinner), *b*) (*avlägsna sig*) go away, *c*) (*dö*) die, pass away, *d*) (*om fläck o.d.*) disappear, come out; *~ därifrån* leave [there, the place], go away [from there]; *~ efter a*) walk behind, *b*) (*om klocka*) be slow (behind [time]), *c*) (*hämta*) go and fetch, go for; *~ emot a*) (*möta*) go to meet, *b*) (*stöta emot*) go against, walk into, *c*) (*vara motigt*) go against; *allting ~r mig emot* everything goes wrong for me; *~ fram a*) go (walk) forward (on), *b*) *se konfirmeras*; *~ fram med stor försiktighet* proceed with great care; *~ fram till* go up to; *~ framför a*) go (walk) in front [of], *b*) (*ha företräde framför*) rank before; *~ före a*) *se ~ framför*,

b) (*om klocka*) be fast; ~ *för sig, se* ~ *an*; ~ *hem till ngn* go to a p.'s home, call on s.b. at his home; ~ *i a*) go in[to], *b*) *se rymmas*; *det* ~*r inte i mig!* that on't go down with me!; ~ *ifrån* leave; *båten gick ifrån mig* I missed the boat; ~ *igen a*) *dörren* ~*r inte igen* the door doesn't (won't) shut [to], *b*) (*spöka*) haunt, *c*) (*upprepa sig*) reappear, recur; ~ *igenom a*) go (walk) through, b) (*utstå*) pass (go) through; *jfr genom-*, *c*) (*om förslag o.d.*) be passed, (*efter omröstning*) be carried *c*) (*om begäran*) be granted; ~ *igenom i examen* pass one's examination; ~ *ihop* (*mötas*) meet, (*förenas*) join, unite, *bildl.* agree, (*passa ihop*) correspond, match; *få debet och kredit att* ~ *ihop* make both ends meet; *det* ~*r inte ihop med* ... it doesn't tally (fit in) with; ~ *in* go in[side]; ~ *in för* go in for, set one's mind upon; ~ *in i a*) enter, *b*) (*förening e.d.*) join, become a member of; ~ *in på a*) (*ge sig in på*) enter upon, *b*) (*bifalla*) agree to, accept; ~ *in vid teatern* go on the stage; ~ *inåt med tårna* be pigeon-toed, turn one's toes inward; *fönstret* ~*r inåt* the window opens inwards (into the room); ~ *isär* come apart, (*om åsikter e.d.*) diverge; ~ *löst på a*) (*anfalla*) go for, *b*) (*upp- till*) run into (up to); ~ *med a*) *se följa med*; *absol.* go (come) too (as well), *b*) (*vara med*) join in (*i, på* at); ~ *med på ett förslag* agree to a proposal; ~ *ner* go down, (*t. nedre våningen*) go downstairs, (*om flygare, flygplan äv.*) descend, (*om ridå äv.*) fall, drop, (*om himlakropp äv.*) set; ~ *ner sig på isen* go through the ice; ~ *om ngn* overtake s.b. [in walking], (*vid tävling*) pass s.b., get (go) ahead of s.b., (*skolklass*) repeat a year, be kept down; ~ *om varandra* (*om pers.*) pass each other, (*om brev*) cross in the post; ~ *omkring* (*hit o. dit*) walk about, go round; *jfr kring-*; ~ *omkull* (*om företag*) go bankrupt, come to grief; ~ *sönder* be (get) broken (smashed), (*om maskin o.d.*) break down, have a breakdown; ~ *till a*) (*hända*) happen, come about, *b*) (*om sill e.d.*) come in, *c*) (*ordnas*) be arranged (done); ~ *till och från* come in for a few hours; *hur gick det till?* how did it happen?, what happened?; *hur skall det* ~ *till?* how is that to be done?; *det gick livligt till* things were lively; ~ *tillbaka a*) go back, return, *b*) (*i tiden*) date back (*till* to); (*t. ursprunget*) originate (*till* in, from), have its origin (*till* in), *c*) (*avtaga*) recede, subside, abate, *d*) (*försämras*) deteriorate, *e*) (*om avtal*) be cancelled, be broken off; ~ *undan a*) (*ur vägen*) get out of the way, *b*) (~ *fort*) get on (progress) fast (rapidly); ~ *under* (*om fartyg*) go down, be lost, (*om pers. o. friare*) be ruined; ~ *upp a*) *allm.* go up, (*om pris, temperatur äv.*) rise, ascend, *b*) (*stiga upp*) rise, (*om pers. äv.*) get up, (*ur vattnet*) get (come) out, *c*) (*öppnas*) [come] open, (*om is*) break up, (*om knut*) come undone, (*om plagg i sömmarna*) give [way]; *det gick upp för mig att* it dawned upon me that; ~ *upp mot* come up (be equal) to; *ingenting* ~*r upp mot* there is nothing like (to compare with); ~ *upp i sitt arbete* be absorbed in one's work; ~ *upp i* (*om företag*) be (become) incorporated in; ~ *upp och ner* (*om priser*) fluctuate; ~ *ur a*) get out [of], (*klubb e.d.*) leave, (*tävling*) withdraw, *b*) (*om fläck*) come out, disappear, (*om knapp o.d.*) come (fall) out; ~ *ut och* ~ go for (take) a walk; ~ *ut på* (*avse*) be aimed at, have as its aim, amount to; *låta sin vrede* ~ *ut över* vent one's anger upon; *hon* ~*r utanpå allesammans* she is superior to them all; ~ *utför* go downwards (downhill); *det* ~*r utför med dem* they are going downhill; ~ *utåt* (*om fönster e.d.*) open outwards; ~ *vidare* go on; *låta ngt* ~ *vidare* pass s.th. on; ~ *åt a*) (*ta slut*) be consumed (used up), (*behövas*) be needed, (*finna åtgång*) sell, *b*) (*förgås*) perish, be dying (*av* with); *vad* ~*r åt dig?* what is the matter with you?; ~ *illa åt, se fara* [*illa med*]; *det* ~*r åt mycket tyg till den här klänningen* this dress takes a lot of material; ~ *över a*) go (walk) over, cross [over], *b*) (*se igenom*) look through (over), (*maskin äv.*) overhaul, *c*) *se över-*, *d*) (*om smärta*) pass [over], subside

gå|bortskläder [-å-] party clothes **-ende** *a4 o. s6* walking, going *etc.*; *en* ~ a pedestrian (foot-passenger); ~ *bord* buffet, stand-up -**gata** walkway, pedestrian street

1 gång *s3* **1** (*levande varelsers*) walking; (*promenad*) walk; (*sätt att gå*) gait, walk; (*hästs*) action; *känna igen ngn på* ~*en* recognize s.b. by his walk (step); *spänstig* ~ springy step (gait) **2** (*rörelse*) going, moving; (*motors o.d.*) running, working, motion, action; (*lopp*) run; (*fortgång*) progress; (*förlopp*) course; *i full* ~ well under way, (*om arbete äv.*) in full swing; *under samtalets* ~ in the course of the conversation; *rättvisan måste ha sin* ~ justice must take its course; *få ... i* ~ get ... going (started), start; *hålla i* ~ keep going; *komma i* ~ get started, (*om maskin*) begin running (working); *sätta i* ~ start (set) going (running), start; *vara i* ~ be running (working, going), (*om förhandlingar e.d.*) be in progress, be proceeding

2 gång *s2* **1** (*väg*) path[way], walk **2** (*korridor*) passage, corridor; (*i kyrka*) aisle; (*i teater, i buss*) gangway, *Am.* aisle; (*under gata*) subway **3** *anat.* duct, canal

3 gång *s3* **1** (*tillfälle*) time; *förra* ~*en* last time; *nästa* ~ next time; *en åt* ~ *en* one at a time; *en* ~ *a*) once (*om dagen* a day), *b*) (*om framtid*) some time, some (one) day, *c*) (*ens*) even; *inte en* ~ *hans barn* not even his children; *en* ~ *är ingen* ~ once is no custom; *en* ~ *till* once more, [over] again; *en halv* ~ *till så mycket* half as much again; *en* ~ *för alla* once for all, for good; *det var en* ~ ... once upon a time there was ...; *det är nu en* ~ *så att* the fact is that; *en och annan* ~ once in a while, every now and then, occasionally; *för en* ~*s skull* for once [in a way]; *bara för den här* ~*en* just [for] this once; *med en* ~ all at once; *på en* ~ *a*) (*samtidigt*) at the same time, *b*) (*i en omgång*) in one go, *c*) (*plötsligt*) all at once, suddenly; *på en och samma* ~ at one and the same time; ~ *på* ~ time

and again, over and over [again]; *ngn ~* some time, (*ibland äv.*) now and then, from time to time; *ngn enda ~* very rarely, on some rare occasion **2** *två ~er två är fyra* twice two is four; *tre ~er* three times, thrice; *ett par tre ~er* two or three times; *rummet är tre ~er tre meter* the room is three by three metres (three metres square)
gång|are (*häst*) steed; *sport.* walker **-art** (*hästs*) pace **-bana** pavement; *Am.* sidewalk **-bar** *a1* **1** (*om väg*) negotiable **2** (*gällande, gängse*) current **3** (*kurant*) saleable, marketable **-en** *a5* gone; (*förfluten*) gone by; *-na tider* the past, past time; *den -na veckan* the past week; *långt ~* far advanced (*sjukdom* disease) **-grift** chambered tumulus **-järn** hinge **-kläder** wearing-apparel, clothing (*sg*) **-låt** marching-tune **-matta** runner **-sport** [long-distance] walking **-stig** foot-path **-trafik** pedestrian traffic **-trafikant** pedestrian **-tunnel** [pedestrian] subway **-väg** foot-path
gåpåar|aktig [-ˣpå:-] *a1* hustling, go-ahead **-e** pusher, go-getter **-fasoner** go-getting (*sg*)
går *i uttr.: i ~* yesterday; *i ~ morse* yesterday morning; *i ~ kväll* yesterday evening, (*senare*) last night; *i ~ för en vecka sedan* a week [ago] yesterday
gård [gå:rd] *s2* **1** (*kringgärdad plats*) yard; (*bak-*) backyard; (*vid bond-*) farmyard; (*framför herr- o.d.*) courtyard; *rum åt ~en* back room; *två trappor upp åt ~en* on the second floor at the back **2** (*bond-*) farm; (*större*) estate; (*man-*) farmstead, homestead
går|dagen yesterday **-dagstidning[en]** yesterday's paper
gårdfarihand|el [-å:-] house-to-house peddling **-lare** [itinerant] pedlar
gårds|hus house across the yard **-karl** odd-job man; care-taker **-musikant** itinerant musician **-plan** courtyard **-sida** *åt ~n* at the back [of the house]
gårdvar [-å:-] *s2* watchdog
gås *-en gäss* goose (*pl* geese); *ha en ~ oplockad med ngn* have a bone to pick with s.b.; *det är som att hälla vatten på en ~* it's like [pouring] water on a duck's back; *det går vita gäss på havet* there are white horses on the sea **-hud** goose-flesh; *få ~* get goose-pimples **-karl** gander **-lever** goose-liver **-leverpastej** pâté de foie gras; goose liver paste **-marsch** *i ~* in single file **-penna** quill **-ört** *bot.* silver weed
gåt|a *s1* riddle; (*friare*) enigma, puzzle, mystery **-full** mysterious, puzzling, enigmatic[al]
gått *sup av gå*
gåv|a *s1* gift; present (*till* for, to); (*genom testamente*) bequest; *en man med stora -or* (*äv.*) a man of great parts **-obrev** deed of gift **-opaket** gift parcel **-oskatt** gift tax
gäck [jäkk] **1** *s7, driva ~ med, se ~as* [*med*] **2** *s2, slå ~en lös* let o.s. go **-a** (*svika*) baffle; disappoint; frustrate; *bli ~d i sina förhoppningar* have one's hopes dashed **-ande** *a4* roguish, elusive **-as** *dep, ~ med* mock (scoff) [at], deride; (*gyckla med*) make fun of, poke fun at **-eri** mocking, derision (*med* at)
gädd|a [j-] *s1* pike (*pl vanl.* pike) **-drag** (*hopskr. gäddrag*) [trolling-]spoon
gäl [j-] *s2* gill; *djur som andas med ~ar* gill-breathing animals
gälbgjutare [j-] brazier
gäld [j-] *s3* debt[s *pl*] **-a** **1** (*betala*) pay; (*bestrida kostnad*) defray **2** (*försona*) atone for; (*återgälda*) requite **-enär** *s3* debtor **-ränta** debt interest **-stuga** debtor's prison
gäll [j-] *a1* shrill; (*genomträngande*) piercing
gäll|a [j-] *v2* **1** (*vara giltig*) be valid; (*om lag e.d.*) be in force; (*om biljett äv.*) be available; (*om mynt*) be current; (*om påstående*) be true (*om* of; *ännu* still); (*äga tillämpning*) apply, be applicable (*för, på* to) **2** (*vara värd*) be worth **3** (*väga* [*tungt*], *betyda*) have (carry) weight **4** (*anses*) pass (*för* for; *som* as); be looked (regarded) upon (*för, som* as) **5** (*avse*) be intended for; (*åsyfta*) have ... as its object; (*röra*) concern, have reference to; *vad -er saken?* what is it about?; *samma sak -er om* the same thing may be said of **6** *opers., det -er livet* it is a question of life or death; *nu -er det att* now we have got to; *när det verkligen -er* when it really comes to the point (*att* of + *ing-form*); *han sprang som om det -de livet* he ran for dear life **-ande** *a4* **1** (*giltig*) valid (*för* for), ... in force, *Am.* effective; available; (*tillämplig*) applicable; *~ priser* current (ruling) prices **2** *göra ~* (*påstå*) assert, maintain; *göra sina kunskaper ~* bring one's knowledge to bear; *göra sina anspråk ~* establish one's claims; *göra sitt inflytande ~* assert one's influence; *göra sig ~* (*om pers.*) assert o.s., (*om sak*) manifest itself, make itself felt
gällen [j-] *a3* on the turn
gällock [j-] gill-cover(-lid)
gäms *s3, zool.* chamois, Alpine goat
gäng [j-] *s7* ([*arbets*]*lag*) gang; (*klick*) set
gäng|a [j-] **I** *s1* [screw-]thread; *gå i de gamla -orna* be in the old groove; *komma ur -orna* get out of gear; *vara ur -orna* be off colour, be under the weather **II** *v1* thread
gänglig [j-] *a1* lank[y] **-het** lankiness
gängning [j-] [screw-]threading
gängse [j-] *oböjl. a* current; (*rådande*) prevalent
gängtapp [j-] [screw] tap, threaded pin
gärd [jä:rd] *s3* tribute; token (*av tacksamhet* of gratitude)
gärd|a [ˣjä:r-] fence **-e** *s6* (*fält*) field; *~t är upprivet* (*bildl.*) the game is lost
gärds|gård [*vard.* 'järrs-] fence **-gårdsstör** hurdle-pole
gärdsmyg *s2, zool.* wren
gärna [ˣjä:-] *hellre helst, adv* **1** (*med nöje*) gladly; (*villigt*) willingly; (*utan hinder*) easily, readily; *jag erkänner ~ att* I am quite prepared (ready) to admit that; *en ~ sedd gäst* an ever-welcome guest; *jag skulle ~ vilja* I should be glad to; *jag kommer mer än ~* I shall be delighted to come; *han talar ~ om* he likes (is fond of) talking of; *jag skulle ~ vilja veta* I should like to know; *hur ~ jag än vill* though nothing can give me more pleasure; *lika ~* just as well; *du kan ~ läsa högt* you may just as well read aloud; *du får ~ stanna*

här you are quite welcome to stay here; *ja, ~ [för mig]!* by all means!; *han kan inte ~ hinna fram i tid* he will hardly get there in time **2** (*ofta*) often; *följden blir ~ den att* the result is liable to be that

gärning [ˣjä:-] **1** (*handling*) act, deed; *goda ~ar* good deeds, kind actions; *i ord och ~* in word and deed; *gripen på bar ~* caught in the act **2** (*syssla*) work

gärningsman criminal, culprit, perpetrator

gärs [j-] *s2, zool.* ruff, pope

gäsp|a [j-] yawn **-ning** yawning; *en ~* a yawn

gässling [j-] gosling

gäst [j-] *s3* guest; (*besökande*) visitor; (*hotell-*) resident; (*restaurang-*) guest, patron **-a** *~ ngn* be a p.'s guest; *~ ngns hem* be a guest at a p.'s home **-abud** feast; banquet **-abudssal** banqueting-hall **-bok** guest book **-dirigent** visiting conductor **-fri** hospitable **-frihet** hospitality **-föreläsare** visiting lecturer **-givare** [*vard.* ˣjäʃi-] inn--keeper **-givargård** **-giveri** [jäʃive'ri:] inn, hostelry **-rum** spare room; guest-room **-spel** special performance **-spela** give a special performance **-vänlig** *se -fri*

göd|a [j-] *v2* **1** (*djur*) fatten; (*människor äv.*) feed up; *slakta den -da kalven* kill the fatted calf **2** (*jord, växter*) fertilize **3** *rfl* feed (fatten) [o.s.] up **-boskap** beef (fat[tening]) cattle (*pl*) **-kalv** beef (fatted) calf; *kokk.* prime veal **-kyckling** broiler **-ning** [-ö:-] **1** fattening *etc.* **2** fertilizing, fertilization **-ningsmedel** fertilizer, fertilizing substance

göds|el ['jödd-] *s9* manure, dung; (*konst-*) fertilizer[s *pl*] **-elgrep** dung-fork **-elspridare** manure-spreader **-elstack** dunghill **-la** manure, dung, (*konst-*) fertilize **-ling** manuring; fertilizing

gödsvin [j-] fattening (fatted) pig

gök [j-] *s2* **1** *zool.* cuckoo **2** *bildl. o. skämts.* fellow, chap **-otta** *ung.* dawn picnic to hear first birdsong **-tita** *s1* wryneck **-unge** young cuckoo **-ur** cuckoo-clock **-ärt** bitter vetch

göl [j-] *s2* pool; (*mindre sjö. äv.*) mere

gömfröig [ˣjömm-] *a1* angiospermous

göm|ma [j-] **I** *s1* hiding-place; place where one keeps things; *leta i sina -mor* search in one's drawers (cupboards); *gravens tysta ~* the silent harbourage of the grave **II** *v2* **1** (*dölja*) hide [... away], conceal (*för* from); (*begrava*) bury (*ansiktet i händerna* one's face in one's hands) **2** (*förvara*) keep (*till, åt* for); save [up]; (*låta ligga*) keep ... back, put ... by; *~ undan* put ... away; *~ sig* hide, conceal o.s. **-me** *s6* **1** *se -ma I* **2** *bot.* pericarp **-sle** *s6, se -ma I o.* **-ställe** **-ställe** hiding-place, hideout

1 göra [j-] *gjorde gjort* **I 1** (*syssla med, ombesörja*) do (*affärer med* business with; *ett gott arbete* good work; *sin plikt* one's duty; *ngn en tjänst* s.b. a favour); perform (*en uppgift* a task); (*utföra*) carry out, execute **2** (*åstadkomma, avge o.d.*) make (*ngns bekantskap* a p.'s acquaintance; *intryck på* an impression upon; *ett misstag* a mistake; *slut på* an end of; *en uppfinning* an invention; *en överenskommelse* an agreement); (*åvägabringa*) bring about (*en förändring* a change); *~ underverk* work wonders **3** (*obj. är ett neutralt pron. el. adj.*) do; *vad gör du i kväll?* what are you doing (going to do) this evening?; *sitta och ~ ingenting* sit doing nothing; *vad är att ~?* what is to be done?; *det är inget att ~ åt saken* nothing can be done about it (in the matter), it cannot be helped; *~ sitt bästa* do one's best **4** (*bereda*) give, afford, do (*ngn den glädjen att* s.b. the pleasure of +*ing-form*); (*tillfoga*) do, inflict ... upon; *~ ngn skada* do s.b. harm; (*skapa, utgöra*) make; *kläderna gör mannen* clothes make the man; (*företaga resa e.d.*) go; *~ en resa* go on a journey; (*betyda*) be of importance, matter; *det gör ingenting a*) (*har ingen betydelse*) it is of no importance, *b*) (*är alldeles detsamma*) it doesn't matter!, never mind!, *c*) (*avböjande ursäkt*) not at all!, don't mention it!; *det gör mig ont att höra ...* I am sorry to hear ... **5** (*tillverka*) make; (*konstnärligt äv.*) do; (*~ färdig*) do, finish **6** (*bese*) do; *~ Paris* do Paris **7** (*i vissa förbindelser*) make (*ngn lycklig* s.b. happy; *ngn till kung* s.b. [a] king; *det klart för ngn att* it clear to s.b. that; *saken värre* matters worse); *~ det till sin plikt* make it one's duty; *~ det möjligt för ngn* enable s.b. to; *det gjorde att jag bestämde mig för* this made me decide to (+*inf*); do (*ngn gott* (*orätt*) s.b. good (wrong)); *~ ngn tokig* drive s.b. crazy **8** (*handla*) act; do; *inte veta hur man bör ~* not know how to act; *gör som jag säger* do as I tell you **9** (*uppföra sig*) behave **II** (*i stället för tidigare nämnt verb*) do; be; shall, will; *han läser mer än jag gör* he reads more than I do; *han sprang, och det gjorde jag med* he ran, and so did I; *om du inte tar den gör jag det* if you don't take it I shall; *skiner solen? ja, det gör den* is the sun shining? yes, it is **III** (*med beton. part*) *var skall jag ~ av ...?* where am I to put ...?, what am I to do with ...?; *~ av med pengar* spend (run through) money; *inte veta var man skall ~ av sig* not know what to do with o.s.; *~ efter* imitate, copy; *~ ngn emot* cross (thwart) s.b.; *~ fast* make ... fast, fasten; *~ färdig* get ... finished, finish, (*i ordning*) get ... ready; *~ ifrån sig ett arbete* get a piece of work off one's hands; *~ om a*) (*på nytt*) do ... over again, *b*) (*upprepa*) repeat, *c*) (*ändra*) alter; *~ rent efter sig* clean (*Am.* fix) up before leaving; *om det kan ~ ngt till* if that can help matters at all; *~ sitt till för att det skall lyckas* do one's part to make it a success; *det gör varken till eller från* it makes no difference; *~ undan* get ... done (off one's hands); *~ upp a*) (*eld, planer o.d.*) make, *b*) (*förslag, program o.d.*) draw up, *c*) (*räkning*) settle, *d*) (*ha en uppgörelse*) agree, settle, come to terms (*med* with; *om* about); *~ ngt åt saken* do s.th. about it (the matter) **IV** *rfl* **1** make o.s. (*omtyckt* popular; *förtrogen med* acquainted with); (*låtsas vara*) make o.s. out (pretend) to be (*bättre än man är* better than one is) **2** (*ta sig ut*) look (come out) (*bra* well) **3** (*tillverka åt sig*) make o.s. (*en klänning* a dress); (*låta ~*) have ... made; (*för-*

värva) make (*en förmögenhet* a fortune); (*bilda sig*) form (*ett begrepp om* a conception of) **4** ~ *sig av med* get rid of; ~ *sig till* be affected, give o.s. airs, (*förställa sig*) dissimulate, sham; ~ *sig till för* make up to
2 göra [j-] *s6* (*arbete*) task, work; (*göromål*) business; (*besvär*) trouble
görande [j-] *s6*, *ngns ~n och låtanden* a p.'s doings
gördel [ˣjö:-] *s2* girdle
gör|lig [ˣjö:-] *a1* feasible, practicable; (*möjlig*) possible; *i ~aste mån* as far as possible **-ningen** *best. f. i uttr.: ngt är i ~* s.th. is brewing **-omål** *s7* (*arbete*) work, business; (*syssla*) occupation; (*åliggande*) duty
1 gös [j-] *s2* (*fisk*) pike-perch
2 gös [j-] *s2*, *sjö.* jack
1 göt [j-] *s2*, *s3* (*om fornt. svenskar*) Geat
2 göt [j-] *s7*, *tekn.* bloom, casting; ingot
3 göt [j-] *imperf av gjuta*
Göt|aland [j-] *n* Götaland **-eborg** [-'bårrj] *n* Göteborg, Gothenburg
götisk ['jö:-] *a5* Geatish
göt|stål [j-] ingot (cast) steel **-valsverk** cogging (*Am.* blooming) mill

H

h 1 h; *stumt ~* silent h; *utelämna ~* drop one's h's (aitches) **2** *mus.* B [natural]
1 ha *interj* ha[h]!
2 ha (*hava*) *hade haft* **I** *hjälpv* have **II** *huvudv* **1** have; (*mera vard.*) have got; (*äga*) possess; (*få, erhålla*) get; *hur mycket pengar ~r du på dig?* how much money have you got on you?; *allt vad jag äger och ~r* everything I possess; *~ rätt* be right; *~ stort behov av* be in great need of; *~ ledigt* be free; *~ svårt för ngt* find s.th. difficult; *~ det bra* be well off; *~ roligt* have a good time [of it]; *var ~r vi söder?* where is [the] South?; *här ~r ni mig!* here I am!; *nu ~r jag det!* now I've got it!; *här ~r ni!* here you are!; *vad vill ni ~?* *a*) what do you want?, *b*) (*att förtära*) what would you like?, what will you take?, *c*) (*i betalning*) what do you want (is your charge) (*för* for)?; *hur ~r du det nu för tiden?* how are things [with you] nowadays? **2** (*förmå, låta*) get, have, make; *~ ngn att lyda* make (have) s.b. (get s.b. to) obey **3** (*med beton. part.*) *~ bort a*) (*tappa*) lose, (*förlägga*) mislay, *b*) have ... removed, take away; *inte ~ ngt emot* have nothing against; *~ för sig a*) (*~ framför sig*) have before one, *b*) (*vara sysselsatt med*) be doing (up to), *c*) (*föreställa sig*) be under the impression, have an idea; *~ ngn hos sig* (*som gäst*) have s.b. staying with one; *~ i* put in; *~ inne* (*varor*) have ... in stock; *~ åldern inne* have reached the right age; *~ kvar a*) (*~ över*) have ... left; *b*) (*~ i behåll*) have ... still; *~ med sig* have ... with one; *~ på sig* (*kläder o.d.*) have ... on; *~ hela dagen på sig* have the whole day before one; *~ sönder* break, *vard.* smash; *~ ångan uppe* have steam up; *~ över* (*~ kvar*) have ... left
Haag [ha:g] *n* the Hague
habegär urge to possess (have)
habil *a1* (*skicklig*) clever; (*smidig*) adroit; (*duglig*) able; (*förbindlig*) suave
habit *s3* attire
habitu|é *s3* habitué **-ell** *a1* habitual **-s** ['ha:-] *oböjl. s* (*hållning*) bearing
1 hack *i uttr.: följa ngn ~ i häl* follow hard on the heels of s.b.
2 hack *s7* **1** (*skåra*) jag, notch, hack **2** (*lätt hugg*) peck
1 hack|a *s1* **1** *kortsp.* small (low) card **2** (*liten summa*) *en ~* (*Engl.*) a few bob, a little cash **3** *han går inte av för -or* he is not just a nobody, he's a competent chap
2 hack|a I *s1* pick[axe]; (*bred*) mattock; (*för jordluckring*) hoe **II** *v1* **1** hoe **2** *kokk.* chop; (*fin-*) mince; *det är varken ~t eller malet* it is neither one thing nor the other

3 (*om fåglar*) peck (*på* at) 4 *han ~de tänder* his teeth were chattering 5 (*i bord, mark med t.ex. kniv*) hack, pick 6 (*klanka*) find fault (*på* with); (*gnata*) nag (*på* at) 7 (*tala med avbrott*) stammer, stutter **-else** chopped (cut) straw, chaff **-elsemaskin** chaff cutter **-hosta** hacking cough **-ig** *a1* 1 (*full med hack*) jagged 2 (*stammande*) stuttering, jerky **-kyckling** *hon är deras ~* they are always picking on her **-mat** *bildl.* mincemeat **-ning** hoeing *etc., se 2 hacka II* **-spett** *s2* woodpecker

hade *imperf av ha*[*va*]

haffa nab, cop

hafnium ['haff-] *s8* hafnium

hafs *s7* (*slarv*) slovenliness; (*brådska*) scramble **-a** do things in a hurry; *~ ifrån sig* scramble through **-ig** *a1* slapdash, slovenly **-verk** scamped (slovenly) work

haft *sup av ha*[*va*]

hage *s2* 1 (*betesmark*) enclosed pasture--land; (*lund*) grove 2 (*för småbarn*) [baby's] play pen 3 *hoppa ~* play hop-scotch

hagel ['ha:-] *s7* 1 (*iskorn, koll.*) hail (*sg.*); *ett ~* a hailstone 2 (*blykula*) [small] shot (*sg o. pl*) **-by** hailstorm **-bössa** shot-gun, fowling--piece **-korn** hailstone **-patron** shot-cartridge **-skott** shot from a shot-gun **-skur** hail--shower, hailstorm **-svärm** *jakt.* charge [of shot]

hagla [ˣha:-] hail; *bildl. äv.* rain, come thick and fast

hagtorn [ˣhakktɷ:rn] *s2* hawthorn; may

haj [hajj] *s2* shark

haja [ˣhajja] *~ till* give a start; be startled (scared)

hajfena shark's fin

hak *s7* notch; hack, dent

1 haka *v1* hook (*i, vid* to); *~ av* unhook; *~ fast a*) hook on, fasten, *b*) (*fastna*) get caught (*i* by, on), catch (*i* in); *~ i, se ~ fast b*); *~ upp a*) (*fästa upp*) loop up, *b*) (*öppna*) unhook, unfasten; *~ upp sig a*) get caught, *b*) *bildl.* get stuck; *~ upp sig på småsaker* stick at (worry about) trifles; *~ sig* get stuck; *~ sig fast* (*äv. bildl.*) cling (*vid* to)

2 hak|a *s1* chin; *stå i vatten upp till ~n* be in water up to one's chin; *tappa ~n* be taken aback **-band** string; (*brett*) cheek--band

hak|e *s2* 1 hook; (*fönster-*) catch; *hyska och ~* hook and eye 2 *det finns en ~* (*bildl.*) there is a snag in it; [*för*] *tusan -ar!* the deuce! **-ebössa** [h]arquebus **-formig** [-å-] *a1* hooked, hook-like **-kors** swastika

hak|lapp bib, feeder **-rem** chin-strap **-spets** point of the chin

hal *a1* slippery; *bildl. äv.* evasive; (*glatt*) oily, sleek; *~ som en ål* [as] slippery as an eel; *det är ~t på vägarna* the roads are slippery; *~ tunga* smooth tongue; *sätta ngn på det ~a* drive s.b. into a corner; *på ~ is* (*bildl.*) on treacherous ground, on thin ice

hala 1 *sjö.* haul; pull, tug; *hissa och ~* hoist and lower; *~ an* haul (tally) aft; *~ in* haul in; *~ fram* haul (*friare* draw, drag) forwards 2 *bildl., ~ ut på tiden* drag out the time 3 *rfl, ~ sig ner* lower o.s., let o.s. down

halk|a I *s1* slipperiness; *svår ~* very slippery roads (road-surface) **II** *v1* slip [and fall], slide, glide; (*slira*) skid; *ordet ~de över mina läppar* the word escaped me (my lips); *~ förbi* (*bildl.*) skim past, skilfully elude; *~ omkull* slip over (down), slip and fall **-ig** *a1* slippery

hall *s2* hall; (*förrum*) lounge; (*pelar-*) colonnade

halleluja [-'ja:, -ˣlu:-] hallelujah!

hallick ['hall-] *s2* pimp, ponce

hallon [-ån] *s7* raspberry **-buske** raspberry bush; *-buskar* (*äv.*) raspberry-canes **-saft** raspberry juice (syrup) **-sylt** raspberry jam

hallstämpel hallmark

hallucin|ation hallucination **-atọrisk** *a5* hallucinatory **-era** be subject to hallucinations

hallå I *interj* hallo[o], hullo **II** *s6* (*oväsen*) hullabaloo **-kvinna -man** announcer

halm *s3* straw; *av ~* (*äv.*) straw

halma *n* halma; *spela ~* play halma

halm|arbete article made of straw; *abstr. o. koll.* straw-work **-gul** straw-coloured **-hatt** straw hat **-kärve** sheaf **-madrass** straw--mattress(-bed) **-stack** straw-stack, straw--rick **-strå** straw; *gripa efter ett ~* (*bildl.*) catch at a straw **-tak** thatched roof **-täckt** *a4* straw-covered, thatched

halo ['ha:-] *s3, meteor.* halo

halogẹn [-j-] *s3* halogen

hals *s2* 1 neck; (*strupe o. tekn.*) throat; *bryta ~en av sig* break one's neck; *falla ngn om ~en* fall on a p.'s neck; *få nya bekymmer på ~en* be saddled with new adversities; *få ngn på ~en* get saddled with s.b.; *~ över huvud* head over heels; *ha ont i ~en* have a sore throat; *orden fastnade i ~en på mig* the words stuck in my throat; *ge ~ a*) (*om hund*) give tongue, *b*) (*om pers.*) raise a cry; *sitta ända upp till ~en i* be immersed up to the neck in; *skjortan är trång i ~en* the shirt is tight round the neck; *det står mig upp i ~en* it makes me sick, I am fed up with it; *sätta ett ben i ~en* have a bone stick in one's throat; *med* (*av*) *full ~* at the top of one's voice 2 (*på instrument*) neck; (*på nottecken*) stem 3 *sjö.* tack; *ligga för babords ~ar* be (stand) on the port tack **-a** 1 (*dricka*) take a swig 2 *sjö.* wear, tack **-band** necklace; (*hund-*) collar **-bloss** *dra ~* inhale [the smoke] **-brytande** *a4* breakneck **-bränna** *s1* heartburn **-böld** quinsy, acute tonsilitis **-duk** scarf, neckerchief; (*tjock*) neck-wrap; (*fischy*) fichu; (*kravatt*) [neck-]tie; *vit ~* a white tie **-fluss** *s3* tonsilitis **-grop** *ha hjärtat i ~en* have one's heart in one's mouth **-hugga** behead, decapitate **-huggning** beheading, decapitation **-järn** iron collar, jougs (*sg o. pl*) **-kedja** chain [round the neck] **-kota** cervical vertebra **-krås** ruff, frill **-linning** neckband **-pulsåder** carotid artery **-starrig** *a1* stubborn, obstinate **-tablett** throat lozenge

halst|er ['hall-] *s7* gridiron, grill **-ra** grill

1 halt *s3* 1 (*proportion, kvantitet*) content, percentage; (*i guldarbeten o. mynt*) standard 2 (*bildl.*) substance; worth, value

2 halt I *s3* (*uppehåll*) halt **II** *interj* halt!; (*stanna*) stop!

3 halt *a1* lame (*på ena benet* in one leg) **-a** limp (*på ena foten* with one foot); ~ *iväg* limp along; *versen ~r* the [rhythm of the] verse halts; *jämförelsen ~r* the comparison does not hold good

halv *a1* half; *ett ~t dussin* half a dozen; *~a året* half the year; *en och en ~ månad* six weeks; *ett och ett ~t år* eighteen months; *~ biljett* half fare; *~ lön* half-pay; *en ~ gång till så stor* half as big again; *klockan är ~ ett* it is half past twelve; *ett ~t löfte* a half-promise; *hissa flaggan på ~ stång* fly the flag at half-mast; *mötas på ~a vägen* meet halfway; *till ~a priset* at half price **-a** *s1* **1** half; *de tog var sin ~* they took one half each; *en ~ öl* half a (a small) bottle of beer **2** (*andra sup*) second glass **-annan** *n = halvtannat* one and a half **-apa** *zool.* half-(semi-)ape **-automatisk** semi-automatic **-back** *sport.* half-back **-bildad** half educated **-blod** *s7* **1** (*människa*) half-breed **2** (*häst*) half-bred **-bror** half-brother **-butelj** half-bottle **-cirkel** semicircle **-cirkelformig** semicircular **-dager** twilight **-dagsplats** part-time job **-dan[n]** *a1* mediocre, middling **-dunkel I** *s7* dusk, semi-darkness **II** *a2* dusky, dim **-dussin** half-dozen; *ett ~* (*äv.*) half a dozen **-däck** half-deck; (*på örlogsfartyg*) quarter-deck **-död** half dead **-era** halve, divide into halves; *geom.* bisect; *absol. äv.* go halves **-ering** halving *etc.* **-eringstid** *kärntekn.* half-life **-fabrikat** semi-manufacture, semi-manufactured product **-fet** low-fat (*ost* cheese); *typogr.* bold **-figur** *porträtt i ~* half-length portrait **-fransk** *~t band* half-calf [binding] **-full** half full; (*om pers.*) [slightly] tipsy **-färdig** half-finished; *vara ~* be half ready (finished, done) **-gammal** no longer young **-gardering** *tips.* 2-ways [forecast] **-gräs** sedges **-gud** demigod; (*friare*) hero **-het** (*halvmesyr*) half-measure; (*ljumhet*) half-heartedness **-hjärtad** [-j-] *a5* half-hearted **-hög** of medium height; *med ~ röst* in an undertone, in a loud whisper **-klot** hemisphere **-klädd** *a5* half dressed **-kokt** [-o:-] half boiled; underdone; *Am.* rare **-kväden** *i uttr.: förstå ~ visa* be able to take a hint **-kvävd** [-ä:-] *a5* half-choked **-ledare** *elektron.* semiconductor **-lek** *sport.* half **-ligga** recline **-liter** *en ~* half a litre **-ljus I** *s7* half light; (*på bilar*) dipped headlights **II** *a1* semi-transparent **-mesyr** *s3* half-measure **-mil** *en ~* half a mile; *den första ~en* the first half-mile **-måne** half moon; (*månskära*) crescent **-månformig** [-år-] *a1* crescent-shaped **-mörker** semi-darkness, half-light **-naken** half naked **-not** minim, half-note **-officiell** semi-official **-part** half share, half **-profil** *i ~* in semi-profile **-ras** half-breed **-rund** semicircular **-sanning** half-truth **-sekel** half-century **-sekelgammal** half-a-century (fifty-year) old **-sida** half-page **-skugga** half-shade **-slag** half-hitch; *dubbelt ~* clove hitch **-slummer** drowse **-sluten** half closed **-sova** doze, be half asleep **-statlig** partly owned by the state (Government) **-stekt** [-e:-] *a4* half roasted; (*ej tillräckligt stekt*) underdone; *Am.* rare **-stor** medium-sized **-strumpa** sock **-sula** *s1 o. v1* [half-]sole **-sulning** soling **-syskon** half-brothers and half-sisters **-syster** half-sister **-söt** medium sweet **-t** *adv* half; *~ om ~ lova* more or less promise **-tid** *sport.* half-time; *under första ~en* during the first half (period) **-tidsanställd** part-timer, part-time employee **-tidstjänst** part-time work **-timme** half-hour; *en ~* half an hour; *en ~s resa* half an hour's (a half-hour's) journey; *om en ~* in half an hour['s time] **-timmeslång** *en ~ ...* a[n] ... of half an hour, a half-hour ... **-ton** *mus.* semitone **-torr** (*om vin o.d.*) medium dry **-trappa** *en ~* half a flight [of stairs] **-vaken** half awake **-vild** (*om folkstam*) semi-barbarian; (*om tillstånd*) half-wild **-vuxen** (*om pers.*) half-grown-up, adolescent; (*om djur, växt*) half-grown **-vägs** half way **-år** six months, half-year; *ett ~* half a year, six months; *varje ~* semi-annually **-årig** *a1* half-year's, six months' **-årlig** *a1* half-yearly, semi-annual

halvårs|gammal six months old; of six months **-ränta** half-yearly interest **-vis** semi-annually, every six months, half-yearly

halv|ädelsten semi-precious stone **-ö** peninsula **-öppen** half open, (*på glänt*) ajar; *med ~ mun* with lips parted

hambo ['hamm-] *s5* Hambo, *dansa ~* dance the Hambo

hamburgerkött smoked salt horseflesh

hamit *s3* Hamite **-isk** *a5* Hamitic

hammar|e hammer, mallet; *~n och skäran* the hammer and sickle **-skaft** hammer-handle **-slag** hammer-blow(-stroke)

1 hamn *s2* **1** (*skepnad*) guise **2** (*vålnad*) ghost, apparition

2 hamn *s2* harbour; (*-stad, mål för sjöresa*) port; *bildl. o. poet.* haven; *inre ~* inner harbour (port); *yttre ~* outer basin (harbour); *anlöpa en ~* call at a (make) port; *löpa in i en ~* enter a port; *söka ~* seek harbour; *äktenskapets lugna ~* the haven of matrimony **-a** land [up]; *~ i en soffa* come to rest on (be placed on) a sofa; *~ i galgen* end up on the gallows; *~de i vattnet* landed in the water **-anläggning** harbour; docks (*pl*) **-arbetare** dock labourer, docker, stevedore **-arbetarstrejk** dock strike **-avgifter** harbour dues, port charges **-bassäng** dock **-förvaltning** (*myndighet*) port authorities (*pl*) **-inlopp** harbour entrance **-kapten** harbour-master **-kvarter** dock district **-plats** berth, wharf **-stad** port; seaport

1 hampa *v1, det ~de sig så* it so turned out

2 hamp|a *s1* hemp; *ta ngn i ~n* (*vard.*) collar s.b., *bildl.* take s.b. to task **-frö** hempseed **-rep** hemp-rope

hamr|a hammer (*på* at); *tekn. äv.* forge, beat; (*friare o. bildl.*) drum (*på bordet* on the table); strum (*på piano* on the piano); (*om hårt föremål*) pound, beat **-ad** *a5* hammered; beaten **-ing** hammering *etc.*

hamst|er ['hamm-] *s2* hamster **-ra** hoard; pile up **-ring** hoarding

han [hann] he; (*om djur, sak*) it, *äv.* he, she; *~ som står där borta är ...* the man standing over there is ...

hanblomma [ˣha:n-] male flower

hand *-en händer* **1** hand; *byta om ~* change hands; *räcka ngn ~en* hold out one's hand to s.b.; *sitta med händerna i kors* sit with folded hands, sit idle; *skaka ~ med* shake hands with; *sätta händerna i sidan* put one's arms akimbo; *ta ngn i ~* take a p.'s hand, (*hälsa*) shake hands with s.b., shake a p.'s hand; *tvätta händerna* wash one's hands; *upp med händerna!* hands up!, stick'em up!; *anhålla om ngns ~* ask for a p.'s hand; *bära ~ på ngn* lay hands on s.b.; *ge ngn fria händer* give s.b. a free hand; *ha ~ om* be in charge of; *ha* [*god*] *~ med barn* be able to manage (have a way with) children; *~en på hjärtat!* cross your heart!; *hålla sin ~ över* hold a protecting hand over; *ngns högra ~* (*bildl.*) a p.'s right-hand man; *inte lyfta en ~ för att* not lift a hand to; *lägga sista ~en vid* put the finishing touches to; *räcka ngn en hjälpande ~* lend s.b. a [helping] hand; *ta ~ om* take ... in hand, take charge of; *ta sin ~ ifrån* (*bildl.*) withdraw one's support from, drop, abandon; *det var som att vända om en ~* it was a complete right-about face; *hon var som en omvänd ~* she was quite a different person; *två sina händer* wash one's hands of it; *efter ~* gradually, little by little; *efter ~ som* [according] as; *för ~* by hand; *dö för egen ~* die by one's own hand; *ha ngt för händer* have s.th. on (in) hand; *vara för ~en a*) (*finnas*) exist, *b*) (*vara nära*) be close at hand; *i första ~* in the first place, first of all, above all, (*omedelbart*) immediately; *i andra ~* [at] second-hand, in the second place; *hyra ut i andra ~* (*äv.*) sub-let; *köpare i andra ~* second-hand buyer; *i sista ~* in the last resort, in the end, finally; *gå ~ i ~ med* go (walk) hand in hand with; *allt gick honom väl i händer* fortune smiled on him, everything he touched succeeded; *ha ngn helt i sin ~* have s.b. entirely in one's hands (power); *ha ngt helt i sin ~* have complete control over s.th.; *komma i orätta händer* get into the wrong hands; *ta mig i ~ på* [give me] your hand on; *de kan ta varann i ~* it's six of one and half a dozen of the other; *vinka med kalla ~en* turn s.th. down flat, refuse point blank, blankly refuse; *börja med två tomma händer* start empty-handed; *med varm ~* readily, gladly, of one's own free will; *ta emot med uppräckta händer* be only too pleased to receive; *på egen ~ a*) (*självständigt*) for o.s., *b*) (*utan hjälp*) by o.s.; *på fri ~ a*) (*utan hjälpmedel*) by hand, *b*) (*oförberett*) off-hand; *ha ngt på ~* have the option of s.th.; *bära ngn på sina händer* make life a bed of roses for s.b.; *på tu man ~* by ourselves (*etc.*); *under ~* privately; *få ngt ur händerna* get s.th. off one's hands; *gå ur ~ i ~* go from hand to hand; *leva ur ~ i mun* live from hand to mouth; *låta ngt gå sig ur händerna* let s.th. slip through one's fingers; *äta ur ~en på ngn* (*bildl.*) eat out of a p.'s hands; *ge vid ~en* indicate, show, make it clear **2** (*sida*) hand, side; *på höger ~* on the right[-hand] side **3** *till ~a* (*på brev*) to be delivered by hand; *gå ngn till ~a* assist (wait) on s.b.; *komma ngn till ~a* come to hand, reach s.b. **4** *till ~s* at hand; *ligga nära till ~s* be close (near) at hand, be handy; *nära till ~s liggande* (*om förklaring o.d.*) plausible, reasonable

hand|alfabet manual alfabet **-arbete** (*sömnad o.d.*) needlework, embroidery; (*mots. maskinarbete*) handwork, hand-made; *ett ~* a piece of needlework **-arbetslärarinna** needlework mistress **-bagage** hand-luggage; *Am.* hand-baggage **-boja** handcuff, manacle (*båda äv.* = *belägga med -bojor*) **-bok** handbook; (*lärobok äv.*) manual, guide **-boll** handball **-brev** personal (private) letter **-broderad** *a5* hand-embroidered **-broms** handbrake **-duk** towel; (*köks-*) [tea] cloth

handel ['hann-] *s9* **1** trade; (*i stort, i sht internationell*) commerce; (*handlande*) trading, dealing; (*affärstransaktion*) transaction; (*köp*) bargain; (*bytes-*) barter; (*i sht olaglig*) traffic; (*butik*) shop; *driva* (*idka*) *~* carry on trade (business); *driva* (*idka*) *~ med a*) (*land, pers.*) trade with, carry on trade with, *b*) (*vara*) trade (deal) in; *~ och industri* trade (commerce) and industry; *~n med utlandet* foreign trade; *i* [*allmänna*] *~n* on (in) the [open] market **2** *~ och vandel* dealings (*pl*), conduct

handeldvapen firearm; *pl äv.* small arms

handels|agent commercial (trade) agent **-attaché** commercial attaché **-avtal** trade agreement **-balans** (*lands*) balance of trade; (*firmas*) trade balance **-bod** shop; *Am.* store **-bok** ledger, account-book **-bolag** trading company **-bruk** trade (business) custom **-departement** ministry of commerce and industry; *~et* (*Engl.*) the Board of Trade, *Am.* the Department of Commerce **-fartyg** merchant vessel (ship) **-flagga** merchant flag **-flotta** merchant navy, mercantile marine; *i sht Am.* merchant marine **-förbindelser** trade relations; (*firmor*) business connections **-gymnasium** higher commercial (business) school **-hus** business house (firm) **-högskola** school of economics and business administration **-idkare** tradesman **-institut** business institute, institute of commerce **-järn** commercial iron, ordinary steel **-kammare** chamber of commerce **-korrespondens** commercial (business) correspondence **-lära** commercial science; (*lärobok*) textbook in commerce **-lärare** teacher of commerce **-man** shopkeeper **-minister** minister of commerce and industry; *Engl.* President of the Board of Trade; *Am.* Secretary of Commerce **-politik** trade (commercial) policy **-politisk** of trade (commercial) policy **-resande** commercial traveller (*för* representing; *i* in); *Am.* traveling salesman **-räkning** commercial arithmetic **-rätt** commercial law **-rättighet** trader's licence **-skola** business (commercial) school, school of commerce **-stad** commercial (trading) city (town) **-teknik** trading technique **-teknisk** commercial, business, trade **-trädgård** market (*Am.* truck) garden **-utbildning** commercial (business) training **-utbyte** trade, exchange of commodities **-vara** commodity; *pl äv.* merchandise (*sg*), goods **-vinst** trading (business) profit **-väg** trade route

hand|fallen *a3* nonplussed, taken aback **-fast** sturdy, stalwart **-fat** [wash-hand] basin; *Am.* washbowl **-flata** *~n* the palm (flat) of the (one's) hand **-full** *oböjl. s, en ~* a handful of, (*friare*) a few **-gemäng** [-j-] *s7, mil.* hand-to-hand fighting; (*friare*) scuffle, affray; *råka i ~* (*mil.*) come to close quarters, (*friare*) come to blows **-gjord** *a5* hand-made **-granat** hand-grenade **-grepp** manipulation, grip; *mil.* motion; *invanda ~* practised manipulation[s *pl*]

handgriplig [-i:p-] *a1* **1** (*som utförs med händerna*) *ett ~t skämt* a practical joke; *~ tillrättavisning* corporal punishment **2** (*påtaglig*) obvious, palpable, tangible; *~t bevis* tangible proof **-en** *adv, gå ~ till väga* use [physical] force **-heter** *gå* (*komma*) *till ~* take (come) to blows

hand|gången *a5, ngns -gångne man* a p.'s henchman **-ha** (*ha vård om*) have (be in) charge of, be responsible for; (*ämbete*) administer; (*hantera*) handle **-havande** *s6* administration, management, handling

handikapp ['hann-] *s7, s3* **-a** handicap **-ad** *a5* handicapped, disabled **-tävling** handicap competition

hand|kammare store-room, pantry **-kanna** water-jug; (*vattenkanna*) watering-can **-klappning** clapping of hands; *~ar* applause (*sg*) **-klaver** accordion, concertina **-kraft** manual power; *drivas med ~* be worked by hand **-kyss** kiss on the (a p.'s) hand

handla 1 (*göra uppköp*) shop, do shopping, make one's purchases; *gå ut och ~* go shopping; *~ mjölk* buy milk **2** (*göra affärer*) trade, deal, do business (*i, med* in; *med ngn* with s.b.) **3** (*bete sig*) act (*efter sitt samvete* according to one's conscience; *i god tro* in good faith; *mot ngn* towards s.b.); *~ orätt* act wrongly, do wrong **4** (*vara verksam*) act; *tänk först och ~ sen!* think before you act! **5** *~ om a*) (*ha till innehåll*) deal with, be about, treat of, *b*) (*vara fråga om*) be a question of

handlag *s7, ngns ~ med ngt* a p.'s way of doing (handling) things; *ha gott ~ med barn* have a good hand with (be good at managing) children; *det rätta ~et* the right knack

handla|nde 1 *s6* acting *etc.* **2** *s9* (*handelsman*) shopkeeper; (*köpman*) tradesman (*pl äv.* tradespeople), dealer **-re** *se -nde 2*

handled wrist **-a** *v2* (*i studier*) guide, tutor; (*vid uppfostran e.d.*) have oversight over, superintend; (*undervisa*) instruct **-are** instructor, teacher, tutor; guide **-ning** supervision, guidance; (*lärobok*) guide; *ge ngn ~ i* give s.b. guidance in

handling 1 (*gärning*) action; (*bedrift*) act, deed; *en ~ens man* a man of action; *gå från ord till ~* translate words into deeds; *goda ~ar* good deeds **2** (*i roman o.d.*) action, scene; (*intrig*) story, plot **3** (*dokument*) document, deed; *lägga till ~arna* put ... aside

handlings|frihet freedom of action; *ha full ~* (*äv.*) be a free agent **-kraft** energy, drive **-kraftig** energetic, active **-sätt** conduct, line of action; behaviour

hand|lov[e] *s2* wrist **-lån** temporary loan **-lägga** deal with, handle; *jur.* hear **-läggning** dealing (*av* with), handling; *jur.* hearing; trial; *målets ~* the hearing of the case **-löst** headlong, precipitately, violently **-målad** *a5* hand-painted **-penning** down-payment, deposit **-påläggning** *relig.* [the] laying on of hands **-räckning 1** *jur. o. allm.* assistance; *ge ngn en ~* give (lend) s.b. a [helping] hand **2** *mil.* fatigue-duty **-rörelse** motion (movement) of the (one's) hand

handsbredd handbreadth

handsekreterare private secretary

handskaffär [ˣhannsk-] gloveshop, glover's shop

handskakning handshake

handskas [ˣhannskas] *dep, ~ med a*) (*hantera*) handle, *b*) (*behandla*) treat, deal with; *~ varligt med* (*äv.*) be careful about, handle with care

handsk|beklädd [ˣhannsk-] gloved **-e** *s2* glove; (*krag-*) gauntlet; *kasta ~n åt ngn* (*bildl.*) throw down the gauntlet to s.b.; *ta upp* [*den kastade*] *~n* accept the challenge **-fack** (*i bil*) glove compartment (box) **-makare** glover

hand|skrift 1 (*stil*) hand[writing]; (*mots. maskinskrift*) [hand-]script **2** (*manuskript*) manuscript (*förk.* MS., *pl* MSS.) **-skriven** *a5* written by hand, hand-written

handskskinn [ˣhannsk-] glove-leather

hand|slag handshake **-stil** [hand]writing **-svett** excessive sweating of the hands; *ha ~* have clammy hands **-sydd** *a5* hand-sewn (-made) **-sättare** *boktr.* hand-compositor **-sättning** *boktr.* hand-composition **-tag 1** (*fäste*) handle (*på, till* of); (*på kniv etc. äv.*) haft; (*runt*) knob **2** (*tag med handen*) grip, grasp, hold; *ge ngn ett ~* give s.b. a [helping] hand **-tryck** block-(hand-)printing; *konkr.* block-print **-tryckning 1** pressure (squeezing) of the hand **2** (*dusör*) tip; *ge ngn en ~* tip s.b., grease a p.'s palm **-uppräckning** show of hands; *rösta genom ~* vote by show of hands **-vapen** hand weapon; *pl* (*eldvapen*) small arms, firearms **-vändning** *i en ~* in a twinkling (trice), in [next to] no time, *Am. äv.* in short order **-väska** handbag; *Am. äv.* purse, pocket-book **-vävd** *a5* hand-woven

1 hane *s2* (*djur*) male; (*fågel- äv.*) cock

2 hane *s2* **1** (*tupp*) cock; *den röda ~n* the fire fiend **2** (*på handeldvapen*) cock, hammer; *spänna ~n på* cock **-gäll** [-j-] *s7, i ~et* at cockcrow

hangar [-ŋg-] *s3* hangar **-fartyg** aircraft carrier

hanhund [he] dog

hank *s2, inom stadens ~ och stör* within the bounds (confines) of the town

hanka *gå och ~* be ailing (puling), go about looking poorly; *~ sig fram* manage to get along somehow

hankatt tomcat

hankig *a1* ailing, off-colour

han|kön male sex **-lig** [-a:-] *a1* male

hann *imperf av hinna*

hanne *se 1 hane*

hanrej [-a:-] *s2, s3* cuckold

hans his; (*om djur*) its

hans|an *s, best. f.* the Hanseatic League **-estad** Hanseatic city (town)
hantel *s2* dumbbell
hanter|a handle; (*sköta*) manage; (*racket, svärd e.d.*) wield; (*använda*) use, make use of; (*behandla*) treat **-ing 1** (*hanterande*) handling *etc.* **2** (*näring*) trade, business; (*sysselsättning*) occupation **-lig** [-e:-] *a1* handy; manageable
hantlangare helper, assistant; (*murar-*) hodman; *neds.* henchman, tool
hantverk [-ä-] *s7* [handi]craft, trade **-are** craftsman, artisan; (*friare*) workman
hantverks|mässig *a1* manual; handicraft; (*schablonmässig*) mechanical **-produkt** handicraft product
har *r el. n, se hektar*
harakiri *s7, s2* hara-kiri
harang long speech, harangue; *hålla en lång ~ om* produce a long rigmarole about **-era** [-ŋg-] harangue
hare *s2* hare; *bildl.* coward, *vard.* funk; *ingen vet var ~n har sin gång* (*ung.*) there's no knowing what the upshot will be
harem ['ha:-] *s7* harem
haremsdam lady of a (the) harem
harhjärtad [-j-] *a5* chicken-hearted
haricots verts [arrikå'vä:r] *pl* haricot (French) beans
harig *a1* timid; *vard.* funky; (*försagd*) pusillanimous
harkl|a hawk; *~ sig* clear one's throat **-ing** hawk[ing]
harkrank [ˣha:r-] *s2* crane-fly, daddy-long-legs
harlekin [ˣha:r-, 'ha:r-] *s3* harlequin, merry-andrew
harm *s3* indignation (*mot* against, with; *över* at); (*svagare*) resentment; (*förtret*) annoyance, vexation **-a** vex, annoy, fill ... with indignation; *det ~r mig att han* (*äv.*) I am annoyed at his (+ *ing-form*) **-as** *dep* get (be) annoyed (*över* at); feel indignant (*på* with; *över* at) **-lig** *a1* provoking, vexatious, annoying **-lös** (*oförarglig*) inoffensive; innocuous; (*ofarlig*) harmless **-löshet** inoffensiveness; innocence
harmoni *s3* harmony; (*samstämmighet*) concord **-era** harmonize; *~ med* (*äv.*) be in harmony with **-k** *s3, se -lära* **-ka** [-'mo:-] *s1* harmonica **-lära** theory of harmony **-sera** harmonize **-sk** [-'mo:-] *a5* harmonious; *mat. o. mus.* harmonic
harmsen *a3* indignant, angry; vexed, annoyed (*på* with; *över* at)
harmynt [ˣha:r-] *a4* harelipped **-het** harelip
harnesk ['ha:r-] *s7* cuirass; armour (*äv. bildl.*); *bringa ngn i ~ mot* rouse s.b. to hostility against, set s.b. up against; *vara i ~ mot* be up in arms against
1 harpa *s1* **1** *mus.* harp **2** *vard.* (*om kvinna*) old hag, witch
2 harpa *s1, lantbr.* sifting-machine; (*såll*) riddle
harp|ist harpist **-olekare** harp-player, harper
harpun *s3* harpoon **-era** harpoon **-erare** [-ˣne:-] harpooner **-ering** harpooning
harpya [-ˣpya, -'pya] *s1, zool.* harpy eagle; *myt.* harpy
harr *s2, zool.* grayling
harskla *se harkla*
har|skramla beater's rattles (*pl*), harestop **-spår** hare's track, pricks (*pl*); *ett ~* a prick[ing] **-syra** *bot.* sorrel
hart [ha:-] *adv*, *~ när* well nigh, almost, all but; *~ när omöjligt* well nigh impossible
hartass hare's foot; *stryka över med ~en* smooth it over, set things straight again
harts *s4* resin; (*renat, hårt*) rosin **-a** rosin; (*stråke äv.*) resin; (*flaska o.d. äv.*) seal up [with resin]
harv *s2* harrow **-a** harrow **-ning** harrowing
harvärja [ˣha:r-] *i uttr.: ta till ~n* take to one's heels
has *s1, s2* hock; ham, haunch; *dra ~orna efter sig* loiter along; *rör på ~orna!* stir your stumps! **-a** shuffle, shamble; *~ ner* (*om strumpa e.d.*) slip down; *~ sig fram* shuffle (*etc.*) along; *~ sig nedför* slither (slide) down
hasard [-a:rd] *s3* (slump) chance, luck; *se äv. -spel* **-artad** [-a:r-] *a5* accidental, chance **-spel** game of chance; (*~ande*) gambling; (*vågspel*) hazard; *ett ~* a gamble **-spelare** gambler
haschisch ['haʃiʃ] *s2, s7* hashish, hasheesh
hasp *s2* **-a** hasp
hasp|el *s2* reel; (*härvel*) coiler; (*spole*) capstan; *gruv.* hauling windlass **-elrulle** spinning-reel **-elspö** spinning-rod **-la** reel, coil; *~ ur sig* (*bildl.*) reel off
hassel ['hass-] *s2* hazel; *koll.* hazels, hazel-trees (*pl*) **-buske** hazel-bush(-shrub) **-mus** dormouse **-nöt** hazelnut; (*odlad*) filbert
hassena [ˣha:s-] hamstring
hast *r* haste, hurry; *i* [*all*] *~* in a hurry, hastily, (*plötsligt*) all of a sudden; *i största ~* in great haste, in a great hurry **-a** hasten, hurry; *tiden ~r* time is short; *saken ~r* the matter is very urgent; *det ~r inte med betalningen* there is no hurry about the payment **-ig** *a1* (*snabb*) rapid, quick; (*påskyndad*) hurried; (*plötslig*) sudden; (*skyndsam, överilad*) hasty; *i ~t mod* unpremeditately, *jur.* without premeditation **-igast** *som ~* in a great hurry; *titta in som ~* look (pop) in for a moment **-ighet 1** (*fart*) speed; rate; *vetensk.* velocity; *med hög ~* at a high (great) speed; *med en ~ av* at a rate (speed) of; *högsta tillåtna ~* speed limit, maximum speed; *öka ~en* (*äv.*) speed up, accelerate **2** (*snabbhet*) rapidity; quickness **3** (*brådska*) hurry, haste, hastiness; *i ~en glömde jag ...* in my hurry (haste) I forgot ...
hastighets|begränsning speed limit **-minskning** deceleration, slowing down **-mätare** speedometer; *flyg. äv.* air-speed indicator **-rekord** speed record **-åkning** (*på skridskor*) speed-skating **-ökning** acceleration, speeding up
hastigt *adv* (*snabbt*) rapidly, quickly, fast; (*brådskande*) hastily; *~ och lustigt* without [any] more ado, straight away; *~ verkande* of rapid effect; *helt ~* all of a sudden, (*oväntat*) quite unexpectedly
hat *s7* hatred; *poet.* hate; (*agg*) spite; (*avsky*) detestation; *bära ~ mot* (*till*) *ngn* cherish hatred towards s.b., loathe s.b. **-a** hate; (*avsky*) detest, abhor, abominate; *~ som*

pesten hate like poison **-full** full of hatred (*mot* towards), spiteful (*mot* towards); *~a blickar* malignant glances **-isk** ['ha:-] *a5, se -full o. hätsk* **-propaganda** propaganda of hatred

hatt *s2* hat; (*på svamp*) cap, pileus (*pl* pilei); *tekn.* cap, hood, top; *vara karl för sin ~* stand up for o.s., hold one's own; *vara i ~en* (*vard.*) have had a drop too much **-affär** hat-shop, hatter's [shop] **-ask** hatbox; (*kartong*) bandbox **-brätte** hat-brim **-hylla** hat-rack **-kulle** crown of a hat **-makare** hatter, hat-manufacturer **-nummer** size, head-fitting **-nål** hat-pin **-skrolla** [-å-] *s1* wreck of a hat **-stomme** hat-shape, felt hood

haubits ['hau-, -'bitts] *s3, s2* howitzer

hausse [hå:s] *s5* rise, boom; bull-market **-artad** [-a:r-] *a5* bullish, boom-like **-spekulant** bull [operator]

hav *s7* sea (*äv. bildl.*); (*världs-*) ocean; *öppna ~et* the open sea, the high seas (*pl*); *mitt ute på ~et* right out at sea, in the middle of the ocean; *till ~s a*) (*riktning*) to sea, *b*) (*befintlighet*) at sea; *vid ~et a*) (*vistas*) at the seaside, by the sea, *b*) (*vara belägen*) on the sea [coast]; *höjd över ~et* altitude above sea level; *som en droppe i ~et* like a drop in the ocean; *hela ~et stormar* (*lek*) general post

hava *se ha* **-nde** *a4* pregnant **-ndeskap** *s7* pregnancy

havanna [-ˣvanna] *s1* **-cigarr** Havana [cigar]

haverera be wrecked; *bildl. äv.* get (be) shipwrecked; (*om el. med flygplan, bil*) crash, have a breakdown

haveri (*förlisning*) shipwreck, loss of ship; *flyg.* crash, breakdown; (*skada*) damage, loss; *jur.* average; *enskilt ~* particular average; *gemensamt ~* general average **-kommission** commission of inquiry **-st 1** (*fartyg*) disabled (shipwrecked) vessel; *flyg.* wrecked (crashed) aeroplane **2** (*pers.*) shipwrecked man; *flyg.* wrecked airman **-utredning** average statement (adjustment)

havre [ˣha:v-] *s2* oats (*sg o. pl*); *av ~* (*äv.*) oat **-gryn** *koll.* hulled oats, oatgroats (*pl*); *vanl.* rolled oats (*pl*) **-grynsgröt** oatmeal porridge **-mjöl** oatmeal

havs|arm [ˣhaffs-] arm of the sea **-bad 1** [a] sea-bathe **2** (*badort*) seaside resort (watering-place) **-band** *i ~et* on (among) the seaward skerries **-botten** sea-(ocean-)bed; *på -bottnen* at (on) the bottom of the sea **-bris** sea-breeze **-djup** depth of the sea **-fisk** marine fish, sea-fish **-fiske** deep-sea fishing **-forskning** oceanography, marine research **-gud** sea-god **-katt** *zool.* catfish **-kryssare** cruising yacht, ocean racer **-kust** sea coast, seashore **-sköldpadda** sea-turtle **-ström** ocean current **-trut** great black-backed gull **-tulpan** sea-acorn **-vatten** sea water **-yta** surface of the sea; *under* (*över*) *~n* below (above) sea level **-ål** conger-eel **-örn** white--tailed eagle

H-dur B major

hebr|é *s3* Hebrew **-ẹerbrevet** [the Epistle to the] Hebrews **-ẹisk** *a5* Hebrew, Hebraic **-ẹiska** (*språk*) Hebrew; *det är rena -eiskan för mig* it is all Greek to me

Hebrịderna *pl* the Hebrides

hed *s2* moor[land]; (*ljung- äv.*) heath; (*särsk. i s. England*) down

heden *a3* heathen; (*från hednisk tid*) pagan **-dom** *s2* (*hednatid*) heathendom; (*hednisk tro*) heathenism; (*mångguderi o.d.*) paganism **-hös** *oböjl. s, från ~* from time immemorial

heder ['he:-] *s2* honour; (*berömmelse äv.*) credit; (*oförvitlighet*) honesty; *den pojken har du ~ av* that boy is a credit to you; *komma till ~s igen* be restored to its place of honour; *göra ~ åt anrättningarna* do justice to the meal, *vard.* eat with gusto; *lända ngn till ~* do s.b. credit; *på ~ och samvete* [up]on my (*etc.*) honour; *ta ~ och ära av ngn* pick s.b. to pieces, calumniate s. b. **-lig** *a1* **1** honourable; (*ärlig*) honest; (*ärbar*) respectable **2** (*anständig*) decent; (*frikostig*) handsome; *få ~t betalt* be paid handsomely **-lighet** honourableness; honesty; respectability; decency; *han är ~en själv* he is honesty itself **-sam** *a1* honourable; flattering

heders|begrepp concept of honour **-betygelse** mark (token) of honour (respect); *under militära ~r* with full military honours **-bevisning** *se -betygelse* **-doktor** honorary doctor **-gåva** testimonial, token of respect **-gäst** guest of honour **-knyffel** *s2, en riktig ~* a real brick **-kodex** code of honour **-känsla** sense of honour **-ledamot** honorary member **-legionen** the Legion of Honour **-man** *en ~* an honest man, a man of honour **-omnämnande** honourable mention **-ord** word of honour; *frigiven på ~* liberated on parole **-plats** place of honour; (*sitt-*) seat of honour **-prick** *se -knyffel* **-pris** special prize **-sak** point of honour **-skuld** debt of honour **-tecken** sign (mark) of distinction, badge of honour **-titel** honorary title **-uppdrag** honorary task **-vakt** guard of honour

hedervärd *a1* (*aktningsvärd*) estimable, creditable; (*redbar*) honourable, honest

hedlandskap moorland, heath country

hedna|folk [ˣhe:d-] heathen people **-mission** *~en* foreign missions (*pl*)

hedn|ing [ˣhe:d-] heathen; (*från förkristen tid*) pagan; *bibl.* gentile **-isk** ['he:d-] *a5* heathen; pagan

hedra [ˣhe:d-] honour; show honour to; (*göra heder åt*) do honour (credit) to; *~ sig* do o.s. honour (credit), (*utmärka sig*) distinguish o.s. **-nde** *a4, se hedersam*; *~ uppförande* honourable conduct

hegemonị *s3* hegemony

hej [hejj] hallo!; (*adjö*) cheerio!; *~ hopp!* heigh ho!; *man skall inte ropa ~ förrän man är över bäcken* do not halloo until you are out of the wood, don't crow too soon **-a I** ['hejja] *interj* hurrah!, *vard.* 'rah!; *sport.* come on! **II** [ˣhejja] *v1, ~ på* cheer [on], (*hålla på*) support, *Am. äv.* root [for]

1 hejare [ˣhejj-] *tekn.* drop-hammer; (*pålkran*) pile-driver

2 hejare [ˣhejj-] *se baddare*

heja|rklack claque [of supporters] **-rop** cheer

hejarsmide drop forging

hejd *r, det är ingen ~ på* there are no bounds to; *utan ~* inordinately, *vard.* no end **-a**

stop; (*ngt abstr. äv.*) put a stop to, check; ~ *sig* stop (check) o.s., (*om talare e.d.*) break off **-lös** (*ohejdad*) uncontrollable, unrestrainable; (*ohämmad*) violent; (*måttlös*) inordinate, excessive

hejduk [ˣhejj-, 'hejj-] *s2* henchman, tool

hej|dundrande *a4* tremendous **-san** ['hejj-] *interj, se hej*

hekatomb [-å-] *s3* hecatomb

hektar *s7, s3* hectare; *ett* ~ (*ung.*) two and a half acres

hektisk ['hekk-] *a5* hectic

hekto ['hekk-] *s7* hectogram[me]; *ett* ~ (*ung.*) three and a half ounces

hektograf *s3* **-era** hectograph

hekto|gram *se hekto* **-liter** hectolitre; *en* ~ (*ung.*) twenty-two gallons

hel *a1* **1** (*odelad, total*) whole; entire; complete; *~a dagen* all (the whole) day; *en ~ del* a great deal of; *i ~a två veckor* for a whole fortnight; *~a Sverige* (*landet*) the whole of Sweden, (*folket*) all Sweden; *över ~a Sverige* throughout Sweden; *jag var vaken ~a natten* I was awake all night; *~a namnet* (*äv.*) the name in full; *en ~ förmögenhet* quite a fortune; *som en ~ karl* like a man; *~a tal* whole (integral) numbers; *tre ~a och en halv* three wholes and a half; *varje ~ timme* every full hour; *det blir aldrig något ~t med* nothing satisfactory ever comes of; *det är inte så ~t med den saken* things are not all they should be in that respect; *det ~a a*) *eg.* the whole (total), *b*) (*friare*) the whole matter (affair, thing); *i det stora ~a* on the whole; *på det ~a taget* on the whole, in general **2** (*oskadad*) whole, unbroken; (*om glas o.d. äv.*) uncracked; (*om plagg*) not in holes, not worn through (out); *hålla barnen ~a och rena* keep the children neat and clean

1 hela *s1* (*helbutelj*) whole (large) bottle; (*första sup*) first dram; *~n går!* (*ung.*) now for the first!

2 hela *v1* heal

hel|afton *göra sig en* ~ make a night of it **-aftons-** (*i sms.*) whole-evening **-ark** folio **-automatisk** fully automatic **-brägda** [-bräj-, -bräg-] *oböjl. a* whole **-brägdagörelse** [-jö-] faith healing; ~ *genom tron* saved by faith **-butelj** whole (large) bottle **-fet 1** high-fat (*ost* cheese) **2** *typ.* extra bold **-figur** full figure; *porträtt i* ~ full-length portrait **-försäkring** (*för motorfordon*) comprehensive motor-car insurance

helg [hellj] *s3* (*kyrkl. högtid*) festival; (*friare*) holiday[s *pl*]; *i ~ och söcken* [on] high-days and workdays alike **-a** [-lga] sanctify; (*inviga*) consecrate, dedicate; (*hålla helig*) keep ... holy, hallow; *~t varde ditt namn!* hallowed be thy name!; ~ *vilodagen* (*bibl.*) remember the sabbath-day to keep it holy; *ändamålet ~r medlen* the end justifies the means

helgardering *tips.* 3-ways [forecast]

helgd [helljd] *s3* (*okränkbarhet*) sanctity; (*t.ex. löftes, ställes*) sacredness; *hålla i* ~ hold sacred

helg|dag holy-day; (*ledighetsdag*) holiday; *allmän* ~ public (bank) holiday **-dagsafton** [the] day (evening) before a public holiday **-dagskläder** holiday (best) clothes **-edom** [ˣhellge-] *s2* sanctuary; (*byggnad äv.*) sacred edifice, temple; (*relik*) sacred thing **-eflundra** [ˣhellje-] halibut

helgelse [-g-] (*helgande*) sanctification

helg|erån [-g-, -j-] sacrilege **-fri** [-j-] ~ *dag* ordinary business (normal working) day

helgjuten [-j-] *a5, bildl.* [as if] cast in one piece, sterling; (*harmonisk*) harmonious

Helgoland *n* Heligoland

helgon [-ån] *s7* saint **-dyrkan** saint-worship **-förklarad** *a5* canonized **-gloria** halo, aureole **-legend** legend of saints (a saint) **-lik** saintlike, saintly

helhet entirety, whole; completeness, wholeness; totality; *i sin* ~ *a*) in its entirety, as a whole, *b*) (*helt o. hållet*) entirely

helhets|bild general picture **-intryck** general impression **-syn** comprehensive view **-verkan** total effect

helhjärtad [-j-] *a5* whole-hearted

helig *a1* holy; (*-gjord*) sacred; (*högtidlig*) solemn (*försäkran* assurance); *Erik den ~e* Saint Eric; *~a tre konungar* (*bibl.*) the three Magi; *~a alliansen* (*landet*) the Holy Alliance (Land); *den ~a natten* the Night of the Nativity; *den ~a stolen* the Holy (Papal) See; *ett ~t löfte* a sacred (solemn) promise; *det allra ~aste* (*bibl.*) the holy of holies, (*friare*) the inner sanctum; *svärja vid allt vad ~t är* swear by all that one holds sacred **-förklara** canonize **-het** holiness; *Hans H~* (*om påven*) His Holiness **-hålla** keep (hold) ... sacred

helikopter [-å-] *s2* helicopter

helinackordering 1 full board and lodging **2** *pers.* boarder

heliotrop [-å:p] *s3* heliotrope

helium ['he:-] *s8* helium

hell [all] hail!; ~ *dig!* hail to thee!

hellen *s3* Hellene **-istisk** *a5* Hellenistic **-sk** [-e:n-] *a5* Hellenic

heller ['hell-] (*efter neg.*) either; *ej* ~ nor, neither; *... och det hade inte jag ~* ... nor had I, ... and I hadn't either, ... neither had I; *du är väl inte sjuk ~?* you are not ill, are you?

hel|linne pure linen; (*i sms.*) all-linen **-ljus** (*på bil*) headlight; *köra med* ~ drive with headlights full on

hellre ['hell-] *adv, komp. t. gärna* rather; sooner; *jag dricker ~ kaffe än te* I prefer coffee to tea; *jag vill* ~ I would rather; ~ *dö än ge sig* rather die than surrender; *jag önskar ingenting* ~ I wish no better; *ju förr dess* ~ the sooner the better; *så mycket ~ som* [all] the rather as

hel|lång full-length **-not** semibreve, whole note **-nykter** teetotal **-nykterist** total abstainer, teetotaller **-omvändning** about turn; *i sht bildl.* volte-face **-pension 1** *se -inackordering* **2** (*skola*) boarding-school **-sida** full (whole) page **-siden** pure silk; (*i sms.*) all-silk **-sidesannons** full-page advertisement

helsike *s6* hell; *i ~ heller!* hell, no!

hel|skinnad [-ʃ-] *a5, komma ~ ifrån ngt* get off scot-free, escape unhurt, *vard.* save one's bacon **-skägg** full beard **-spänn** *i* *uttr.: på ~ a*) (*om gevär o.d.*) at full cock, *b*) *bildl.* on tenterhooks; *med alla sinnen på ~* with all one's senses at full stretch (on the qui vive)

helst I *adv, superl. t. gärna* preferably, by preference; *allra ~ skulle jag vilja* most (best) of all I should like; *hur som ~ a*) (*sak samma hur*) anyhow, no matter how, *b*) (*i varje fall*) anyhow, in any case, *c*) (*som svar*) [just] as you like (please); *hur länge som ~* any length of time, as long as you like; *därmed må vara hur som ~* be that as it may, however that may be; *jag kan betala hur mycket som ~* I can pay any amount (as much as you like); *hur liten som ~* no matter how small; *ingen som ~ risk* no risk whatever; *i vilket fall som ~* anyhow, in any case; *när som ~* [at] any time, whenever you (*etc.*) like; *vad som ~* anything [whatever]; *vem som ~* anybody, anyone **II** *konj* especially (all the more) (*som* as; *då* when)

hel|stekt [-e:kt] *a4* roasted whole; (*om större djur äv.*) barbecued **-syskon** full brothers and sisters **-t** [-e:-] *adv* entirely, wholly; completely, totally; (*alldeles*) altogether, quite; (*ganska*) quite, rather; *~ igenom* all through; *~ och fullt* to the full; *~ och hållet* altogether, completely; *~ om!* about turn!; *göra ~ om a*) *mil.* face about, *b*) (*friare o. bildl.*) turn right about face; *~ enkelt* simply; *en ~ liten* quite a small; *~ säkert* quite sure, no doubt [about it]; *gå ~ upp i* be completely engrossed (absorbed) in **-tal** whole number, integer **-tidsanställd** full-time employee **-tidstjänst** full-time work **-ton** whole tone **-täckande** *a4*, *~ matta* [close-]fitted (wall-to-wall) carpet **-täckt** *a4*, *~ bil* closed car

helvet|e *s6* hell; (*dödsrike*[*t*]) Hell; *ett riktigt ~* sheer hell; *dra åt ~!* go to hell!; *av bara ~* for very hell, like blazes; *i ~ heller!* hell, no!; *ett ~s oväsen* a hell of a row, an infernal row **-esmaskin** infernal (clock-work) machine **-esstraff** eternal damnation

Helvetien [-tsi] *n* Helvetia

1 helvetisk *a5* (*schweizisk*) Helvetic

2 helvetisk *a5* (*helvetes-*) infernal, hellish

hel|ylle all (pure) wool **-år** whole year **-årsprenumeration** annual subscription **-årsvis** yearly, annually

hem [hemm] **I** *s7* home (*äv. institution*); (*bostad äv.*) house, place; *i ~met* in the (one's) home, at home; *lämna ~met* leave home; *vid ~mets härd* at the domestic hearth **II** *adv* home; *bjuda ~ ngn* invite s.b. to one's home; *hälsa ~!* remember me (kind regards) to your people!; *låna ngt med sig ~* borrow s.th. and take it home [with one]; *gå ~ och lägg dig!* (*vard.*) make yourself scarce!; *ta ~ ett spel* win a game; *gå ~* (*i spel*) get home, (*i bridge*) make the contract **-arbetande** *a4*, *~ kvinna* [a] woman working in the home **-arbete** home-work; housework **-bageri** small-scale bakery **-bakad** *a5* home-made **-biträde** domestic servant, maid **-biträdeslag** Domestic Servants' Act **-bjuda 1** *se hem II* **2** *jur.* offer to those having the right of first refusal **-bränd** *a5* home-distilled; (*olagligt*) illicitly distilled **-bränning** home-distilling, (*olaglig*) illicit distilling **-buren** *a5*, *fritt ~* delivered free; *få ngt -buret* have s.th. delivered at one's home **-bygd** native place, home district **-bygdsgård** old homestead museum **-bygdskunskap** local geography and history **-bära** *bildl.* (*framföra*) present, offer; (*vinna*) carry off (*ett pris* a prize), win (*segern* the day); *~ ngn sitt tack* offer one's thanks to s.b. **-dragande** *a4*, *komma ~ med a*) (*sak*) come home lugging, *b*) *pers.* come home bringing (with) ... [in one's train] **-falla 1** (*åter tillfalla*) devolve (*till* upon), revert (*till* to) **2** (*förfalla*) yield, give way (*åt dryckenskap* to drinking); (*hänge sig*) give o.s. up; (*drabbas*) fall a victim (*åt* to) **-fallen** *a5* addicted (*åt* to) **-fridsbrott** unlawful entering of a person's residence (house) **-färd** homeward journey, journey home **-föra** take (*hit* bring) ... home; (*gifta sig med*) marry **-förlova** *mil.* disband, demobilize; *parl.* prorogue, adjourn; (*skolungdom*) dismiss **-försäkring** householder's comprehensive insurance **-gift** [-j-] *s3* dowry **-gjord** *a5* home-made **-hjälp** domestic (home) help **-ifrån** from home; *gå ~* leave (set out from) home **-inredning** home furnishing, interior decoration **-inredningsarkitekt** interior decorator

hemisfär *s3* hemisphere

hem|kalla summon ... home; *polit.* recall **-kommen** [-å-] *a5*, *nyligen ~* just back [home] **-komst** [-å-] *s3* return home **-konsulent** domestic science adviser **lagad** *a5* home-cooked(-made) **-land** *s7* native country, country of birth **-landstoner** *det är verkligen ~* this is quite like home

hemlig *a1* secret (*för* from); (*dold*) hidden, concealed (*för* from); (*mots. offentlig*) private; (*i smyg*) clandestine; *~ agent* secret agent; *~t förbehåll* mental (tacit) reservation; *strängt ~* strictly confidential, top secret **-het 1** (*med pl*) secret; *offentlig ~* open secret **2** (*utan pl*) secrecy, privacy; *i* [*all*] *~* in secret (private), secretly, strictly on the q.t. **-hetsfull** mysterious; (*förtegen*) secretive, **-hetsmakeri** mystery-making, hush-hush **-hus** privy **-hålla** keep ... secret, conceal (*för* from) **-stämpla** stamp ... as secret, classify as strictly (top) secret; *~d* (*äv.*) classified

hem|lik home-like **-liv** home life; domesticity **-lån** (*om bok*) ... for home reading **-längtan** homesickness, longing for home; *ha ~* feel homesick **-läxa** homework **-lös** homeless **-löshet** homelessness

hemma at home; *~ hos mig* at my place (home); *~ från skolan* away from school; *höra ~ i* (*om sak*) belong to; *han hör ~ i Stockholm* his home is in Stockholm; *känna sig som ~* feel at ease (home); *vara ~ i* (*kunnig*) be at home (well-versed) in **-front** home front **-fru** housewife **-hörande** *a4*, *~ i a*) (*om pers.*) native of, domiciled in, with one's home in, *b*) (*om fartyg*) of, belonging to, hailing from **-lag** home team **-marknad** home (domestic) market

hemman *s7* homestead; [freehold] farm

hemmansägare yeoman[-farmer], freeholder; *vanl.* [small] farmer
hemma|plan home ground **-stadd** *a5* at home; *vara ~ i* be at home in (familiar with, versed in, well up in) **-varande** *a4*, *~ barn* children [living] at home
hemoglobin *s7* h[a]emoglobin
hemorrojder [-åj-] *pl* h[a]emorrhoids
hem|ort legal domicile, place of residence; *sjö.* home port, port of registry **-ortsrätt** 1 *jur.* domiciliary rights 2 *bildl.*, *vinna ~ i* gain recognition in **-permittera** grant ... home leave; *~d* on home leave **-resa** *s1* journey (voyage, return) home, home[ward] journey; *på ~n* while going (*etc.*) home, on the way home
hemsk *a1* 1 ghastly; (*skrämmande*) frightful, shocking; (*kuslig*) uncanny, weird, gruesome; (*hisklig*) grisly; (*dyster*) dismal, gloomy; (*olycksbådande*) sinister 2 *vard.* (*väldig*) awful, frightful, tremendous; *det var ~t!* how awful! **-het** ghastliness *etc.*
hemskillnad judicial separation
hemskt *adv* (*väldigt*) awfully, frightfully; *~ mycket folk* an awful lot of people
hem|slöjd hand[i]craft; domestic (home) crafts (industries) (*pl*) **-stad** home town; (*födelsestad*) native town **-ställa** (*föreslå*) propose, suggest; *~ om* request (ask) for; *~ till ngns prövning* submit to a p.'s consideration **-ställan** *oböjl. s* request, proposal, suggestion **-syster** trained home help, home aide **-sända** send ... home; (*varor äv.*) deliver; (*fångar äv.*) repatriate **-söka** (*om högre makter*) visit (*med krig* with war); (*om rövare, pest*) infest; (*om spöke*) haunt; (*om sjukdom*) attack, inflict **-sökelse** visitation; scourge; infliction **-sömmerska** home dressmaker **-tam** domesticated **-trakt** home district; *i min ~* (*äv.*) near my home **-trevlig** nice and comfortable (cosy), homelike **-trevnad** homelike atmosphere, domestic comfort **-vist** *s7, s9* residence, domicile, address; *naturv.* habitat; *bildl.* abode; *vara ~ för* (*äv.*) be a seat (centre) of **-väg** way home; (*-färd*) homeward journey; *bege sig på ~* start for home; *vara på ~* be on the way home, (*om fartyg*) be homeward bound **-värn** home defence; *konkr.* home guard[s *pl*] **-värnsman** home-guard **-vävd** *a5* hand-woven; *-vävt tyg* (*äv.*) homespun **-åt** homewards, towards home
henne *pron* (*objektsform av hon*) (*om pers., fartyg*) her; (*om djur, sak*) it **-s** 1 *fören.* her; (*om djur, sak*) its, *ibl.* her 2 *självst.* hers
hepatit *s3* 1 *med.* hepatitis 2 *min.* hepatite; liver-stone
heraldi|k *s3* heraldry **-ker** [-'rall-] herald[ist] **-sk** [-'rall-] *a5* heraldic
herbarium [-ä-] *s4* herbarium
herd|abrev [ˣhe:r-] pastoral letter **-e** *s2* shepherd; *bildl. o. poet. äv.* pastor **-ediktning** pastoral poetry **-estund** amorous interlude **-inna** shepherdess
Herkules ['härr-] Hercules **herkul|esarbete** [ˣhärr-] Herculean task **-isk** [-'ku:-] *a5* Herculean
hermafrodit [här-] *s3* hermaphrodite
hermelin [här-] *s3* ermine
hermelinsmantel ermine cloak
hermetisk [här-] *a5* hermetic[al]; **-t** *adv*, *~ tillsluten* hermetically sealed
Herodes Herod
heroin *s4* heroin
hero|isk [-å:-] *a5* heroic[al] **-ism** heroism **-s** ['he:rås] *-sen -er* hero
herostratisk *a5*, *~ ryktbarhet* notoriety
herr [hä-] 1 (*framför namn*) Mr. (*pl* Messrs.) (*förk. av* Mister, *pl* Messieurs); (*på brev o.d., efter namnet, Engl.*) Esq. (*förk. av Esquire*); *~arna J. och R. Mason* Messrs. J. and R. Mason, the Messrs. Mason; *unge ~ Tom* (*vanl.*) Master Tom; *er ~ fader* (*ung.*) your respected father 2 (*framför titel*) *~ professor* (*doktor*) *Jones* Professor (Doctor) Jones 3 (*vid tilltal*) *ja, ~ general* yes, General (Sir); *~ greve* (*baron*)*!* Count!, Baron!, (*Engl.*) Your Lordship!; *~ domare!* Your Honour!; *~ ordförande!* Mr. Chairman!, Sir!
herradöme [-ä-] *s6* dominion
Herran *se herre 5*
herr|avälde [-ä-] 1 (*makt*) domination (*över* over); (*välde*) dominion, supremacy (*över* over, of); (*styrelse*) rule, sway (*över* over, of) 2 (*kontroll, övertag*) control, mastery, command (*över* of); *ha ~t till sjöss* have the mastery of the seas, have supremacy at sea; *förlora ~t över* lose control of; *vinna ~ över sig själv* gain control of o.s., get o.s. under control **-bekant** gentleman friend **-cykel** man's bicycle
herr|e [-ä-] *s2* 1 gentleman 2 (*i tilltal*) *a*) (*framför namn, titel*) *se herr, b*) (*utan titel, namn*) you; *vad önskar -n?* what do you want, sir?, may I help you, sir?; *förlåt -n, kan ni säga mig* excuse me, sir, can you tell me 3 (*förnäm, adlig*) nobleman; *Engl.* lord; *andliga och världsliga -ar* lords spiritual and temporal 4 (*härskare*) lord, ruler; (*friare o. husbonde*) master; *min ~ och man* my lord and master; *spela ~* lord it; *vara ~ på täppan* rule the roost; *vara sin egen ~* be one's own master; *situationens ~* master of the situation; *bli ~ över* gain the mastery of (over), get the better of 5 *H~n* the Lord; *vilket -ans oväder!* what awful weather!; *för många -ans år sedan* years and years ago, ages ago; *~ gud!* Good heavens (God)!; *i -ans namn* (*vard.*) for goodness' sake **-efolk** master race **-ekipering[saffär]** [gentle]men's outfitter's; *Am.* haberdashery **-elös** without a master; (*om egendom*) ownerless, abandoned; (*om hund äv.*) stray **-eman** gentleman; (*godsägare*) country gentleman, squire **-esäte** country seat, manor **-frisör** gentlemen's hairdresser, barber **-gård** manor-(country-)house, mansion, estate, hall **-kläder** [gentle]men's wear (*sg*) (clothes) **-konfektion** men's [ready-made] clothing **-kostym** [man's] suit **-middag** [gentle]men's dinner-party **-mod** *s7, s4* [gentle]men's fashion
herrnhutare [-ä-] *pl* Moravians, Moravian Brethren
herrskap [-ä-] *s7* 1 (*fin familj*) gentleman's family; (*herre o. fru*) master and mistress; *~et är bortrest* the family (Mr. and Mrs. X.)

are (have gone) away; *det höga ~et* the august couple (*om fler än två* personages); *det unga ~et* the young couple; *spela ~* play the gentlefolks **2** (*vid tilltal*) *mitt ~!* ladies and gentlemen!; *skall ~et gå redan?* are you leaving already?; *hos ~et Jones* at the Jones's

herrskaps|aktig *a1* genteel **-folk** gentry; gentlefolks

herr|skräddare [gentle]men's tailor **-sällskap** *i ~* in male company, (*bland herrar*) among gentlemen **-toalett** [gentle]men's lavatory *Am.* men's room **-tycke** sex appeal

hertig [-ä-] *s2* duke **-döme** *s6* duchy **-inna** duchess **-lig** *a1* ducal **-titel** ducal title

hes *a1* hoarse; (*om röst äv.*) husky

het *a1* hot; (*om klimat äv.*) torrid (*zon* zone); *bildl. äv.* ardent, fervent; (*hetsig*) heated, excited; *kvävande ~* suffocatingly (*vard.* stifling) hot; *vara ~ på gröten* be over-eager; *var inte så ~ på gröten* hold your horses; *~a linjen* the hot line

het|a *hette -at* **1** (*kallas*) be called (named); *jag -er Kate* my name is Kate; *vad -er hon i sig själv?* what was her maiden name?; *..., vad han nu heter ...* whatever he's called; *allt vad böcker -er* everything in the way of books; *allt vad karlar -er* anything that goes by the name of man, the whole tribe (race) of men; *det var en yxa som -er duga* that was a fine axe; *vad -er det på tyska?* what is the German for it (is it in German)?; *vad -er det i pluralis?* what is the plural of it? **2** *opers., det -er att* it is said (people say) that; *det -er att han* he is said to; *som det -er på engelska* as it is called (as one says) in English **-at** *sup av heta*

hetero|dox [-'dåkks] *a5* heterodox **-gen** [-'je:n] *a1* heterogeneous

hetlevrad *a5* hot-headed(-tempered); (*kolerisk*) choleric, irascible

hets *s2* **1** (*förföljelse*) baiting, pestering, persecution (*mot* of) **2** (*iver*) bustle **-a 1** (*förfölja*) bait, worry (*t. döds* to death); (*bussa*) hound (*på* on to); (*uppegga*) incite (*till* to), egg ... on; *~ upp sig* get excited **-ande** *a4* inflammatory; (*dryck*) fiery, heady; (*kryddor*) fiery, hot **-ig** *a1* hot, fiery; passionate, vehement; heated (*diskussion* discussion) **-ighet** hotness *etc.*; impetuosity, vehemence **-jakt** hunt[ing], chasing (*på* of); (*efter nöjen o.d.*) chase (*efter* after), eager pursuit (*efter* of) **-propaganda** inflammatory propaganda

hetsporre hotspur

hett *adv* hotly *etc., se het*; *det börjar osa ~* the place is getting too hot to hold me (*etc.*); *det gick ~ till* (*blev slagsmål*) it was a real rough house, (*i diskussion etc.*) feelings ran high; *ha det ~ om öronen* be in hot water; *när striden stod som hetast* in the very thick of the struggle (fight) **-a I** *s1* heat; *bildl. äv.* ardour; passion; (*häftighet*) impetuosity; *i stridens ~* in the heat of the struggle (*bildl.* debate) **II** *v1* emit heat; *det ~r om kinderna* my cheeks are burning; *~ upp* heat, make ... hot

hette *imperf av heta*

hetär *s3* hetaera, hetaira; (*friare*) courtesan

hexameter *s2* hexameter

hibiskus *s2* hibiscus

hick|a I *s1* hiccup[s]; *ha ~* have the hiccups **II** *v1* hiccup **-ning** hiccup; (*-ande*) hiccuping

hickory ['hikk-] *s9* hickory

hierarki *s3* hierarchy

hieroglyf *s3* hieroglyph **-isk** *a5* hieroglyphic[al]

hihi he, he!

hillebard [-a:-] *s3* halberd, halbert

Himalaya *n* the Himalayas (*pl*)

him|la I *v1, rfl* turn (roll) up one's eyes [to heaven] **II** *oböjl. a, vard.* awful **-lakropp** heavenly (celestial) body, orb **-lapäll** *se -lavalv* **-lastormare** *se -melsstormare* **-lavalv** *~et* the vault of heaven, the heavens (*pl*), the sky, *poet.* the welkin **-mel** *-meln, -len el. -melen, pl -lar* **1** sky; firmament; *allt mellan ~ och jord* everything under the sun; *röra upp ~ och jord* move heaven and earth, (*friare*) make a tremendous to-do; *under bar ~* in the open [air] **2** (*Guds boning, paradis*) heaven, Heaven; *uppstiga till -len* ascend into heaven; *o, ~!* good heavens!; *i sjunde -len* in the seventh heaven **-melrike** heaven; *~t* the kingdom of heaven; *ett ~ på jorden* a heaven on earth

himmels|blå sky blue, azure **-ekvator** celestial equator **-färd** *Kristi ~* the Ascension [of Christ] **-färdsdag** *Kristi ~* Ascension Day

himmelsk ['himm-] *a5* heavenly; celestial (*sällhet* bliss); *bildl. äv.* divine; *det ~a riket* (*Kina*) the Celestial Empire; *~t tålamod* angelic patience

himmels|skriande crying, glaring (*orättvisa* injustice); atrocious (*brott* crime) **-stormare** [-å-] heaven-stormer, titan **-säng** canopied bed **-vid** huge, immense, enormous; *en ~ skillnad* all the difference in the world

hin the devil; Old Harry; *~ håle* the Evil One; *han är ett hår av ~* he is a devil of a man

hind *s2* hind

hinder ['hinn-] *s7* obstacle (*för, mot* to); impediment (*för* to); (*ngt som fördröjer o.d.*) hindrance; (*avsiktligt utsatt*) obstruction; *sport.* hurdle, fence; (*dike, grav*) ditch, bunker; (*spärr*) bar, barrier (*äv. bildl.*); *lägga ~ i vägen för ngn* place obstacles in a p.'s way, obstruct s.b.; *vara till ~s för ngn* be in a p.'s way; *övervinna alla ~* surmount every obstacle, overcome all difficulties; *det möter inga ~ från min sida* there is nothing to prevent it as far as I am concerned, I have no objection to it; *ta ett ~* (*sport.*) jump (take, clear) a hurdle (fence) **-bana** steeplechase course **-hoppning** *ridk.* gurdle-jumping **-löpning -ritt** steeplechase **-sam** *a1, vara ~* be a hindrance, (*besvärande*) be cumbersome

hindra (*för-*) prevent (*ngn från att göra ngt* s.b. from doing s.th.); (*avhålla äv.*) deter, restrain, keep, withhold; (*hejda*) stop; (*störa*) hinder; (*lägga hinder i vägen för*) impede, hamper, keep back, stand in the way of; (*trafik, utsikt*) obstruct, block; (*fördröja*) delay; *stå ~nde i vägen* be an obstacle (a hindrance), get in the way; *det*

~r inte att du försöker there's nothing to stop you trying; *han låter inte ~ sig* nothing can stop him
hindu *s3* **-isk** *a5* Hindu **-ism** Hinduism **-stani** *r* Hindustani
hingst *s2* stallion
hink *s2* bucket; (*mjölk-, slask-*) pail
1 hinna *s1, biol.* membrane; (*friare*) coat; (*mycket tunn*) film
2 hinn|a *hann hunnit* **1** (*uppnå*) reach, get as far as; (*upp-*) catch ... up; (*komma*) get, (*mot den talande*) come; *hur långt har du hunnit?* how far have you got? **2** (*komma i tid*) be in time; (*ha el. få tid*) have (find) time; (*få färdig*) get ... done; *jag har inte hunnit hälften* I haven't got half of it done; *allt vad jag -er* as fast as [ever] I can **3** (*med beton. part.*) *~ fatt* catch up with, (*pers. äv.*) catch ... up, overtake; *~ fram* arrive (*till* at, in), *absol. äv.* reach one's (its) destination; *~ fram i tid* arrive (get there) in time; *~ förbi* manage to get past; *~ med a*) (*följa med*) keep up (pace) with, *b*) (*tåget etc.*) [manage to] catch, *c*) (*~ avsluta*) [manage to] finish (get ... done); *inte ~ med tåget* miss (not catch) the train
1 hipp *interj, ~, ~, hurra!* hip, hip, hurrah!
2 hipp *det är ~ som happ* it's neither here nor there, it amounts to the same thing
hippa *s1, vard.* party
hippodrom [-å:m] *s3* hippodrome
hird [hi(:)-] *s3* housecarls **-man** housecarl
hirs *s3, bot.* millet
hisklig *a1* horrid, horrible; (*skräckinjagande*) terrifying; (*avskyvärd*) abominable; (*hemsk*) gruesome
hisna *se hissna*
hiss *s2* lift; *Am.* elevator; (*varu-*) hoist, *Am.* freight-elevator **-a** hoist; (*pers.*) toss; *~ upp* hoist (run) up; *~ segel* (*äv.*) set sail **-konduktör** lift-attendant **-korg** lift-cage (-car)
hissna feel dizzy (giddy); *~nde avgrund* appalling abyss; *~nde höjd* dizzy height[s]; *en ~nde känsla* a feeling of dizziness (giddiness)
hisstrumma lift-shaft(-well)
histolog histologist **-i** *s3* histology
histori|a *-en* (*i bet. 2 o. 3 vard. äv. -an*) *-er* **1** history; (*lärobok*) history-book; *gamla* (*nyare*) *tidens ~* ancient (modern) history; *~ med samhällslära* history and civics; *gå till -en* become (go down in) history **2** (*berättelse*) story **3** (*sak, händelse*) story, thing, business, affair; *en ledsam ~* a sad (unpleasant) business (affair); *en snygg ~* a fine (pretty) business **-eberättare** story-teller **-ebok** history-book **-eskrivning** *vetensk.* historiography
histori|k *s3* history **-ker** [-'tɑ:-] historian **-sk** [-'tɑ:-] *a5* historical; (*~t betydande*) historic
histrion *s3* (*fornrom. skådespelare*) histrio[n]; (*enklare skådespelare*) histrionic performer
hit here; *~ och dit* here and there, hither and thither, to and fro; *fundera ~ och dit* cast about in one's mind; *prata ~ och dit* talk of one thing and another; *ända ~* as far as this; *det hör inte ~* that has nothing to do with this (is not relevant) **-hörande** *a4* in (of) this category, pertinent, relevant **-intills** *se -tills* **-om** [on] this side [of]
hitta 1 (*finna*) find; (*påträffa*) come (light) [up]on; *det var som ~t* it was a real godsend (bargain) **2** (*~ vägen*) find the (one's) way; (*känna vägen*) know the (one's) way **3** *~ på* hit upon, (*upptäcka*) find [out], discover, (*uppfinna*) invent, (*dikta upp*) make up
hitte|barn foundling **-gods** lost property **-godsmagasin** lost property office **-lön** reward
hit|tills up to now, hitherto, till now; (*så här långt*) so far **-tillsvarande** *a4* hitherto (*etc.*) existing (*etc.*); (*nu avgående*) retiring, outgoing **-vägen** *på ~* on the (my *etc.*) way here **-åt** ['hi:t-, -'å:t] in this direction, this way
hiva heave
hjon [jɑ:n] *s7* (*tjänare*) servant; (*på inrättning*) inmate **-elag** *s7* connubial union
hjord [jɑ:rd] *s2* herd; (*får- o. bildl.*) flock **-instinkt** herd instinct
hjort [jɑ:rt] *s2* (*kron-*) red deer (*sg o. pl*), (*hanne äv.*) stag; (*dov-*) fallow-deer (*sg o. pl*), (*hanne äv.*) buck **-horn 1** antler **2** (*ämne*) hartshorn **-hornssalt** ammonium carbonate **-kalv** fawn
hjortron [ˣjɑ:rtrån, ˣjɑrr-] *s7* cloudberry
hjul [ju:l] *s7* wheel; (*utan ekrar*) trundle; (*under möbel o.d.*) castor; (*på -ångare*) paddle-wheel **-a** turn cart-wheels **-axel** axle[-tree] **-bent** [-e:-] *a4* bandy-(bow-)legged **-nav** hub **-spår** wheel-track; (*djupare*) rut **-ångare** paddle-steamer
hjälm [j-] *s2* helmet **-buske** crest
hjälp [j-] *s3* **1** help; (*bistånd*) assistance, aid; (*undsättning*) rescue; (*understöd*) support; *första ~en* first aid; *få ~ av* be helped (assisted) by; *komma ngn till ~* come to a p.'s assistance; *med ~ av* with the help of; *tack för ~en!* thanks for your [kind] help!; *ta ngt till ~* make use of (have recourse to) s.th.; *vara ngn till stor ~* be a great help to s.b. **2** (*biträde*) help, assistant **3** (*botemedel*) remedy (*mot* for) **4** *ridk., ~er* aids **-a** *v3* **1** help; (*bistå*) assist, aid; (*bota*) remedy; (*om läkemedel e.d.*) be effective; relieve, ease; (*rädda*) save, rescue; *Gud -e mig!* Goodness gracious!; *så sant mig Gud -e!* so help me God!; *jag kan inte ~ att* (*äv.*) it is not my fault that; *vad -er det att han* what is the use (good) of his (+ *ing-form*); *det -er inte hur mycket jag än* it makes no difference however much I; *det -te inte* it had no effect (was of no avail); *hos honom -te inga böner* he turned a deaf ear to our (*etc.*) pleas; *~ sig själv* help o.s., (*reda sig*) manage **2** (*med beton. part.*) *~ ngn av med kappan* help s.b. off with his (*etc.*) coat; *~ fram ngn* help s.b. [to get] on (*etc.*); *~ till* help (*med att göra ngt* to do s.th.), *absol. äv.* make o.s. useful; *~ upp a*) (*ngn på fötterna*) help s.b. on to his feet (to get up, to rise), *b*) (*förbättra*) improve **-aktion** relief action **-ande** *a4* helping *etc.*; *träda ~ emellan* come to the rescue **-are**

helper *etc.*; supporter **-as** *v3 dep*, *det kan inte* ~ it can't be helped; ~ *åt* help each other (one another); *om vi -s åt* if we do it together (make a united effort) **-behövande** *a4*, *de* ~ those requiring (in need of) help, the needy **-klass** class for backward children **-lig** *a1* passable, tolerable, moderate **-lös** helpless; (*tafatt äv.*) shiftless **-medel** aid, help, means (*sg o. pl*) [of assistance]; (*utväg*) expedient, shift; (*-källa*) resource, (*litterär*) work of reference **-motor** auxiliary engine (motor) **-präst** assistant priest; *Engl. ung.* curate **-reda** *s1* **1** (*biträde*) helper, assistant **2** (*bok*) guide **-sam** *a1* helpful, ready (willing) to help **-samhet** helpfulness **-sökande I** *s9* applicant [for assistance (relief)] **II** *a4* seeking relief **-trupp** auxiliary force; *~er* auxiliary troops, auxiliaries **-verb** auxiliary [verb]

hjälte [ˣjäll-] *s2* hero **-dikt** heroic poem **-dåd** heroic achievement (deed) **-död** heroic death; *dö ~en* die the death of a hero **-mod** valour, heroism **-modig** heroic

hjältinna [j-] heroine

hjärn|a [ˣjä:r-] *s1* brain; (*förstånd*) brains (*pl*); *lilla ~n* [the] cerebellum; *stora ~n* [the] cerebrum; *bry sin* ~ rack one's brains **-bark** *s2* cerebral cortex **-bihang** pituitary gland **-blödning** cerebral h[a]emorrhage **-feber** brain-fever **-hinna** cerebral membrane **-hinneinflammation** meningitis **-inflammation** inflammation of the brain, encephalitis **-kontor** *skämts.* upper storey **-skada** brain injury **-skakning** concussion [of the brain] **-skål** brain-pan **-spöke** *det är bara ~n* they are idle imaginings **-trust** brain[s] trust **-tumör** brain tumour, encephaloma **-tvätt** brain-washing

hjärt|a [ˣjärr-] *s6* **1** heart; *ett gott* ~ a kind heart; *hon hade inte* ~ [*till*] *att göra det* she hadn't [got] the heart for (to do) it; *ha ~t på rätta stället* have one's heart in the right place; *lätta sitt* ~ unburden o.s.; get s.th. off one's mind; *rannsaka ~n och njurar* search the hearts and reins; *säga sitt ~s mening* speak one's mind; *av allt* (*hela*) *mitt* ~ with all my heart, from [the bottom of] my heart; *en sten föll från mitt* ~ a weight was lifted off my mind; *i ~t av* in the heart (very centre) of (*staden* the town); *med sorg i ~t* with grief in one's heart; *det skär mig i ~t* it cuts me to the quick; *med glatt* (*tungt*) ~ with a light (heavy) heart; *given med gott* ~ given out of the goodness of one's heart, given gladly; *det ligger mig varmt om ~t* it is very close to my heart; *lätt om ~t* light of heart; *jag känner mig varm om ~t* my heart is warmed; *ha ngt på ~t* have s.th. on one's mind; *trycka ngn till sitt* ~ clasp s.b. to one's bosom; *tala fritt ur ~t* speak straight from the heart **2** *~ns gärna a*) with all my (*etc.*) heart, *b*) (*för all del*) by all means; *av ~ns lust* to one's heart's content **3** *kära ~n[d]es!* dear me!, well, I never! **-anskär** sweetheart, true-love **-attack** heart attack **-blad** *bot.* cotyledon, seed-leaf

hjärte|angelägenhet affair of the heart **-god** very kind-hearted **-krossare** [-å-] heart-breaker **-lag** *s7* disposition

hjärter ['järr-] *s9*, *koll.* hearts (*pl*); *ett* ~ a heart; ~ *knekt* the jack of hearts

hjärte|rot *ända in i ~en* to the very marrow **-sak** *det är en* ~ *för honom* he has it very much at heart **-sorg** poignant (deep) grief; *dö av* ~ die of a broken heart **-vän** bosom (best) friend

hjärt|fel [organic] heart disease **-formig** [-å-] *a1* heart-shaped **-förlamning** heart failure **-infarkt** myocardial infarction (*Am.* infarct) **-innerlig** *a1* most fervent **-klaff** cardiac valve **-klappning** palpitation of the heart **-lig** *a1* hearty; (*svagare*) cordial; (*friare*) kind, warm; *~a hälsningar* kind regards; *~a lyckönskningar* sincere congratulations, good wishes; *~t tack* hearty thanks **-lighet** heartiness, cordiality **-lös** heartless; unsympathetic, unfeeling **-löshet** heartlessness **-medicin** heart drug; (*stimulerande*) cardiac stimulating agent; (*lugnande*) cardiac depressant (depressive agent) **-mur** *byggn.* main partition-wall **-muskel** heart muscle **-nupen** *a3* sentimental; (*om pers. äv.*) tender-hearted **-punkt** *bildl.* centre, heart; core **-skärande** *a4* heart-rending **-slag 1** (*pulsslag*) heart-beat (-throb) **2** *se -förlamning* **3** (*innanmäte*) pluck **-slitande** *a4* heart-breaking **-specialist** cardiologist **-säck** pericardium, heart-sac **-trakten** *i* ~ in the region of the heart **-verksamhet** action of the heart **-ängslig** nervous and frightened (*över* at)

hjäss|a [ˣjässa] *s1* crown; *kal* ~ (*äv.*) bald pate **-ben** parietal bone

H.K.H (*förk. för Hans* (*Hennes*) *Kunglig Höghet*) H.R.H.

hm hem!, h'm!

h-moll B minor

1 ho *interr. pron.*, *åld.* who

2 ho *s2* trough

hobby ['håbbi] *s3*, *pl äv. hobbies* hobby **-rum** home workshop **-verksamhet** hobby activity

hockeyklubba [ˣhåkki-] hockey-stick

hojta [ˣhåjj-] shout, yell (*till* to, at)

hokuspokus ['hɷ:-'pɷ:-, *äv.* -'pɷ:-] **I** *n* hocus-pocus **II** *interj* hey presto!

holdingbolag holding company

holk [hå-] *s2* **1** (*fågel-*) nesting-box **2** *bot.* calycle **-fjäll** *bot.* bract

Holland ['håll-] *n* Holland

hollandaise [hå-'dä:s] *s5* **-sås** hollandaise sauce

holländ|are [ˣhåll-] Dutchman; *-arna* (*koll.*) the Dutch **-sk** *a5* Dutch **-ska 1** (*kvinna*) Dutchwoman **2** (*språk*) Dutch

holm|e [ˣhåll-] *s2* islet, holm[e] **-gång** *s2*, *ung.* single combat

homeopat homoeopath[ist] **-i** *s3* homoeopathy **-isk** *a5* homoeopathic

homerisk *a5* Homeric **Homeros** [-ås] Homer

homo|gen [håmɷ'je:n] *a1* homogeneous **-genisera** [-j-] homogenize **-genitet** [-j-] homogeneity **-nym I** *a1* homonymous **II** *s3* homonym **-sexualitet** homosexuality **-sexuell** homosexual; *en* ~ a homosexual

hon [hɷnn] (*om pers.*) she; (*om djur*, *sak*) it, *ibl.* she; ~ *som sitter där borta är* the woman sitting over there is

hon|a *s1* female; *jfr björn- etc.* **-blomma**

female flower **-djur** female animal **-katt** she-cat **-kön** female sex **-lig** [-ɷ:-] *a1* female
honett *a1* honest, fair, straightforward
honnör **1** (*hälsning*) salute (*äv. göra ~* [*för*]); (*hedersbevisning*) honours (*pl*) **2** (*erkännande*) honour **3** *kortsp.* honour
honnörsbord table of honour
honom [ˣhånnåm, ˣhɷ:-] *pron* (*objektsform av han*) (*om pers.*) him; (*om djur*) it, *ibl.* him; (*om sak*) it
honor|ar *s7* fee, remuneration; (*författares äv.*) royalty **-atiores** [-atsiˣå:res] *pl*, *stadens ~* the notabilities of the town **-era** (*betala*) remunerate; (*skuld*) settle, pay off; *~ en växel* take up (honour, pay) a bill **-är** *a1* honorary
honung [ˣhå:-] *s2* honey
honungs|kaka honeycomb **-len** honeyed (*röst* voice **-slungare** honey extractor
1 hop *adv*, *se ihop*
2 hop *s2* **1** (*hög*) heap (*med* of); (*uppstaplad*) pile (*med* of) **2** (*av människor*) crowd, multitude; *höja sig över ~en* rise above the common herd **3** (*mängd*) lot; heap, multitude
hopa heap (pile) up; (*friare o. bildl.*) accumulate; *~ sig a*) (*om levande varelser*) crowd together, *b*) (*om saker*) accumulate, (*om snö*) drift
hop|biten *a3*, *med -bitna läppar* with compressed lips **-diktad** *a5* made-up, concocted **-fantisera** compose out of one's own imagination **-foga** join; (*med fog*) joint; *snick. äv.* splice **-fällbar** folding; collapsible **-fälld** *a5* shut-up **-gyttra** conglomerate, cluster ... together **-klibbad** *a5*, *två ~e ...* two ... stuck together **-klämd** *a5* squeezed together **-knycklad** *a5* crumpled up **-knäppt** *a4* buttoned up; (*om händer*) folded, clasped **-kommen** [-å-] *a5*, *bra ~* (*om bok o.d.*) well put together (composed) **-krupen** *a5* **-kurad** *a5* hunched-up; *sitta ~* sit crouching (crouched up, huddled up) **-lagd** *a5* folded[-up] **-lappad** *a5* pieced together, patched [up]
1 hopp [håpp] *s7* (*förhoppning*) hope (*om* of); *ha* (*hysa*) *~ om* have (entertain) hopes of (*att kunna* being able to); *allt ~ är ute* there is no longer any hope; *det är föga ~ om hans tillfrisknande* there is little hope of his recovery; *ha gott ~* (*absol.*) be of good hope; *låta ~et fara* abandon hope; *sätta sitt ~ till* pin one's faith on; *uppge ~et* give up hope; *i ~ om att snart få höra från dig* hoping to hear from you soon
2 hopp [håpp] *s7* (*språng*) jump (*äv. bildl.*); (*djärvt*) leap; (*elastiskt*) spring; (*skutt*) bound; (*lekfullt*) skip; (*fågels, bolls etc.*) hop; (*sim-*) dive **-a** jump; leap; spring; bound; skip; hop; dive; *se 2 hopp*; *~ och skutta* hop about, caper; *~ med fallskärm* make a parachute jump (descent), bail out; *~ av* jump off (out [of]), *polit.* seek (ask for) political asylum; *~ på a*) (*ta sig upp på*) jump on (on to, in, into), *b*) (*inlåta sig på*) seize upon, grasp at; *~ till* give a start (jump); *~ över* (*eg. bet.*) jump over, *bildl.* skip (*några rader* a few lines)
hoppa|s [-å-] *dep* hope (*på* for); *jag ~ det* I hope so; *det skall vi väl ~* let us hope so; *bättre än man hade -ts* better than expected; *~ på ngn* be hoping in (pin hopes on) s.b.
hopp|backe ski-jump **-etossa** [ˣhåppetåssa] *s1* flibbertigibbet
hopp|full hopeful; confident **-fullhet** hopefulness **-ingivande** [-j-] *a4* hopeful, promising
hoppla ['håpp-] houp la!
hoppjerk|a [-å-] *s1* rolling stone; *-or* (*äv.*) migratory workers
hopplock [ˣhɷ:pplåk] *s7* miscellany
hopplös hopeless; (*om pers. äv.*) devoid of hope; (*desperat*) desperate; *ett ~t företag* (*äv.*) a forlorn hope **-het** hopelessness
hopp|ning [-å-] jump[ing] **-rep** skipping-rope **-san** ['håpp-] upadaisy!, whoops! **-ställning** *sport.* take-off **-torn** *sport.* diving-tower **-tävling** jumping (diving) competition
hop|rafsad *a5* scrambled together **-rullad** *a5* rolled up **-sjunken** *a5* shrunken **-skrynklad** *a5* creased, crumpled **-slagen** *a5* **1** (*om bord e.d.*) folded-up; (*om bok*) shut-up, closed; (*om paraply*) rolled-up **2** (*-spikad*) nailed (fastened) up together **3** (*sammanhälld*) poured together **4** *bildl.* combined, united; (*om bolag e.d.*) amalgamated **-slagning** [-a:-] folding up *etc.*; (*av bolag e.d.*) amalgamation, fusion; (*av skolklasser*) uniting **-slingrad** *a5* intertwined **-snörd** [-ö:-] *a5* **1** laced-up **2** (*friare o. bildl.*) compressed, constricted **-sparad** *a5*, *~e slantar* savings **-sättning** putting together; (*av maskin*) assembly, mounting **-tagning** (*vid stickning*) decreasing, narrowing **-trängd** *a5* crowded (packed, cramped) together; (*om handstil*) cramped **-vikbar** *a1* foldable, collapsible **-vikt** [-i:-] *a4* folded up
hor *s7* adultery; (*otukt*) fornication; *bedriva ~* commit adultery **-a** *s1 o. v1* whore
hord [-å:-] *s3* horde
horisont [-å-å-] *s3* horizon; skyline; *vid ~en* on the horizon; *avteckna sig mot ~en* stand out against the horizon; *det går över min ~* it is beyond me; *från vår ~* (*bildl.*) from our view-point **-al** *a1* horizontal **-alplan** horizontal plane **-ell** *a1 se -al*
horkarl [ˣhɷ:rka:r] adulterer; (*friare*) fornicator
hormon [hår'må:n, -'mɷ:n] *s4* hormone **-avsöndring** hormone secretion **-behandling** hormone treatment
horn [-ɷ:-] *s7* horn (*äv. ämne o. mus.*); (*på kronhjort*) antler; (*jakt-*) bugle; (*bil-*) horn, hooter; *blåsa* (*stöta*) *i ~* sound the bugle; *stånga ~en av sig* (*bildl.*) sow one's wild oats; *ta tjuren vid ~en* (*äv. bildl.*) take the bull by the horns; *ha ett ~ i sidan till ngn* bear s.b. a grudge **-artad** [-a:r-] *a5* horn-like, horny **-blåsare** horn-player (-blower); *mil. äv.* bugler **-blände** *s6*, *min.* hornblende **-boskap** horned cattle **-bågad** *a5* horn-rimmed **-hinna** cornea **-musik** horn (brass) music **-orkester** brass band **-stöt** *mus.* bugle blast **-uggla** long-eared owl **-ämne** horny substance, keratin
horoskop [-å:p] *s7*, *ställa ngns ~* cast a p.'s horoscope
horribel [-å-] *a2* horrible
horsgök [-å-] *zool.* snipe

horst [-å-] *s2, geol.* hors.
hortensia *s1* hydrangea
hort|ikultur [-å-] horticulture **-onom** horticulturist
horunge *typogr.* widow, wrong overturn
hos 1 (*i ngns hus, hem o.d.*) at; with; *bo ~ sin syster* live at one's sister's [place *etc.*] (with one's sister); *hemma ~ oss* in our home; *göra ett besök ~* pay a visit to, call on; *inne ~ mig* in my room; *~ juveleraren* at the jeweller's [shop] **2** (*bredvid, intill*) by, beside, next to; *kom och sätt dig ~ mig* come and sit down by (beside) me **3** *anställd ~* employed by; *adjutant ~ kungen* A.D.C. to the king; *arbeta ~ ngn* work for s.b.; *jag har varit ~ henne med blommorna* I have been to her with the flowers; *han var ~ mig när* he was with me when; *jag har varit ~ tandläkaren* I have been to the dentist; *göra en beställning ~* place an order with, order from **4** (*i uttr. som anger egenskap, utseende, känsla o.d.*) in; about; with; *en ovana ~ ngn* a bad habit with s.b.; *ett vackert drag ~ ngn* a fine trait in s.b.; *det finns ngt ~ dem som* there is s.th. about them that; *felet ligger ~ mig* the fault lies with me, the mistake is mine; *det finns ~ Shakespeare* it is in Shakespeare
hosianna *interj o. s6* hosanna
hospital *s7* [lunatic] asylum
host|a I *s1* cough; *ha ~* have a cough **II** *v1* cough; *~ blod* cough up blood; *~ till* give a cough (hem) **-attack** attack of coughing
hostia ['håss-] *s1* Host
host|ig *a1* troubled with a cough, (*om motor*) spluttering **-medicin** cough-medicine **-ning** cough; (*-ande*) coughing
hot *s7* threat[s *pl*] (*mot* against; *om* of); (*-ande fara*) menace (*mot* to), threatening; [*ett*] *tomt ~* empty threats (*pl*) **-a** threaten; (*i högre stil*) menace; (*vara överhängande äv.*) be impending, impend; *~ ngn till livet* threaten a p.'s life **-ande** *a4* threatening *etc.*; (*överhängande äv.*) impending, imminent
hotell [hå-, hɷ-] *s7* hotel; *H~ Baltic* the Baltic Hotel **-betjäning** hotel staff (attendants *pl*) **-gäst** resident **-rum** hotel room; *beställa ~* make a reservation (book a room) at a[n] hotel **-räkning** hotel bill **-rörelse** hotel business
hot|else threat (*mot* against); menace (*mot* to); *utslunga ~r mot* utter threats against; *sätta sin ~ i verket* carry out a (one's) threat **-elsebrev** threatening letter **-full** menacing
hottentott [ˣhått-, -'tått] *s3* Hottentot
1 hov [hɷ:v] *s2* (*på djur*) hoof; *försedd med ~ar* (*äv.*) hoofed
2 hov [hå:v] *s7* (*regerande furstes*) court; *vid ~et* at court; *vid ~et i* at the court in (of); *hålla ett lysande ~* keep court with great splendour **-dam** lady in waiting (*hos* to)
hovdjur *~en* the hoofed animals
hovdräkt court dress
hovera [hå-] *rfl* swagger, strut about
hov|folk courtiers (*pl*) **-fotograf** photographer to H.M. the King (*etc.*) **-fröken** maid of honour **-funktionär** court functionary (official) **-kapell** *mus.* royal orchestra; *Kungl. ~et* the Royal Opera-House Orchestra **-kapellmästare** *förste ~* master of the king's (*etc.*) music **-lakej** royal footman **-leverantör** purveyor to H.M. the King (*etc.*) **-man** courtier **-marskalk** marshal of the court; *Engl. ung.* Lord Chamberlain [of the Household] **-mästare 1** (*på restaurang*) head waiter **2** (*i privathus*) butler **-narr** court jester **-nigning** reverence, court curtsy **-predikant** court chaplain **-rätt** court of appeal
hovrätts|assessor assistant justice of [the court of] appeal **-notarie** law clerk of a court of appeal **-president** president of a court of appeal; *Engl.* Lord Chief Justice **-råd** [lord] justice of [the court of] appeal
hovsam [-ɷ:-] *a1* moderate; *i ~ma ordalag* in measured terms
hovslagare [-ɷ:-] farrier, blacksmith
hov|sorg court mourning **-stall** *~et* the royal stables (*pl*) **-stallmästare** crown equerry **-stat** *~en* the royal household
hovtång [-ɷ:-] large (heavy) pincers (*pl*); *en ~* a pair of large (*heavy*) pincers
hu ugh!, whew!; *~, så du skrämde mig!* oh, what a shock you gave me!
huckle *s6* kerchief
hud *s2* skin; (*av större djur*) hide; *med.* derm; *~ar och skinn* hides and skins; *ge ngn på ~en* give s.b. a good hiding (rating) **-flänga** *v2, äv. bildl.* scourge, horsewhip **-färg 1** (*hudens färg*) colour of the skin; (*hy*) complexion **2** (*köttfärg*) flesh colour **-färgad** *a5* flesh-coloured **-kräm** face-cream, cold cream **-sjukdom** skin-disease **-specialist** dermatologist **-veck** fold of the skin **-transplantation** skin-grafting; *en ~* a skin-graft
hugad *a5, ~e spekulanter* prospective buyers
hugenott [-å-] *s3* Huguenot
hugfäst|a [-u:-] commemorate; celebrate (*minnet av* the memory of) **-else** *till ~ av* in commemoration of
hugg *s7* **1** (*med vapen el. verktyg*) cut; (*vårdslöst*) slash; (*med spetsen av ngt*) stab (*äv. bildl.*); (*träff*) hit; (*slag*) blow, stroke; (*med tänder e.d.*) bite; *~ och slag* violent blows; *rikta ett ~ mot* aim a blow at; *med kniven i högsta ~* with one's knife ready to strike; *ge ~ på sig* lay o.s. open to attack (criticism) **2** (*märke efter*) cut; (*häftig smärta*) spasm, twinge; (*håll*) stitch **-a** *högg -it* **1** (*med vapen el. verktyg*) cut; (*vårdslöst*) slash; (*med spetsen av ngt*) stab; (*fälla*) cut down, fell; (*skog, sten*) hew; (*ved*) chop; (*om bildhuggare*) carve; *~ i sten* (*bildl.*) go wide of the mark; *det kan vara -et som stucket* it doesn't make much difference **2** (*om djur*) (*med tänder*) bite; (*med klor e.d.*) grab, clutch; (*om orm*) sting **3** *bildl.* (*gripa*) seize, (catch) [hold of] **4** (*med beton. part.*) *~ för sig* help o.s. (*av* to), grab; *~ i* (*gripa sig an*) set to; *hugg i och dra!* pull away! (*med* at); *~ in på a*) *mil.* charge, *b*) (*mat e.d.*) fall to; *~ tag i a*) (*om pers.*) seize (catch) hold of, *b*) (*om sak*) catch [in]; *~ till a*) (*ge hugg*) strike, deal ... a blow, *b*) (*svara på måfå*) hazard, make a guess

c) (*ta betalt*) ask an exorbitant price **-are** **1** *pers., se skogs-, sten- etc.* **2** (*vapen*) cutlass **-it** *sup av hugga* **-järn** chisel **-kubb[e]** chopping-block **-orm** viper (*äv. bildl.*); adder **-sexa** grab-and-scramble meal **-tand** (*hos varg etc.*) tusk; (*hos orm*) fang **-vapen** cutting-weapon **-värja** rapier

hugn|a [ˣhuŋna] favour; gladden **-ad** *s3, till ~ för* to the comfort of **-esam** *a1* comforting

hug|skott [-u:-] passing fancy; (*nyck*) whim, caprice **-stor** (*om pers.*) magnanimous; (*om sak*) sublime **-svala** *v1* comfort; solace, soothe **-svalelse** comfort; solace; consolation

huj [hujj] *oböjl. s.o. interj, i ett ~* in a flash; *~, vad det gick!* whew (oh), that was fast!

huk *oböjl. s, sitta på ~* squat, sit on one's heels **-a** *rfl* crouch [down]

huld *a1* (*ljuv*) fair; (*välvillig*) benignant, kindly; (*bevågen*) propitious (*mot* towards, to); (*nådig*) gracious; *om lyckan är mig ~* if fortune smiles on me

huldra *s1* lady of the woods

hull *s7* flesh; *lägga på ~et* put on weight; *med ~ och hår* completely, bodily, (*svälja ngt* swallow s.th.) whole

huller om buller ['hull-'bull-] pell-mell, higgledy-piggledy

hulling barb; (*på harpun o.d.*) flue, fluke

hum [humm] *oböjl. s, n el. r, ha litet ~ om* have some idea (notion) of

human *a1* (*människovänlig*) humane; (*friare*) kind, fair, considerate; *~a priser* reasonable prices **-iora** [-ˣå:ra] *oböjl. s, pl* [the] humanities, the arts **-isera** humanize **-ism** humanism **-ist** *åld.* humanist; arts student (*etc.*) **-istisk** *a5* humanistic; humane; *~ akultet* faculty of arts **-itet** humanity **-itär** *a1* humanitarian

humbug ['hummbugg] *s2* humbug, fraud (*äv. pers.*)

humla *s1* bumble-bee

humle *s9, s7* hop; (*som handelsvara*) hops (*pl*) **-ranka** hop-bine(-bind) **-stör** hop-pole; *lång som en ~* lanky as a bean-pole

hummer ['humm-] *s2* lobster **-tina** lobster-pot

humor ['hu:mår] *s9* humour **-esk** *s3* humorous story (sketch) **-ist** humorist **-istisk** *a5* humorous **-lös** devoid of humour

humus ['hu:-] *s2* humus **-syra** humic acid

humör *s7, ibl. äv. s4* temperament; (*lynne*) temper; (*sinnesstämning*) humour, mood, spirits; *är du på det ~et?* is that the mood you are in?; *fatta ~* flare up, take offence (*över* at); *hålla ~et uppe* keep up one's spirits; *tappa ~et* lose one's temper; *visa ~* show bad temper; *på gott ~* in a good temper (humour), in good spirits; *på dåligt ~* in a bad humour (temper, mood), out of spirits

hund *s2* dog; (*jakt- äv.*) hound; *frysa som en ~* be chilled to the marrow; *leva som ~ och katt* live a cat-and-dog life; *slita ~* work like a horse, rough it; *här ligger en ~ begraven* I smell a rat here; *lära gamla ~ar sitta* teach an old dog new tricks; *inte döma ~en efter håren* not judge the dog by its coat; *röda ~* German measles, *läk.* roseola **-aktig** *a1* doglike; canine **-ben** dog-bone **-biten** *a5* dog-bitten **-göra** [a piece of] drudgery **-huvud** *bära ~et för* be made the scapegoat for **-kapplöpning** greyhound-racing **-kex** dog-biscuit **-koja** [dog-]kennel **-liv** *leva ett ~* lead a dog's life **-loka** *s1, bot.* wild chervil **-lort** dog's dung

hundra ['hunn-] hundred; *ett ~* a (*beton.* one) hundred; *många ~ ...* many hundreds of ...; *~ tusen* a (one) hundred thousand

hundracka cur, mongrel

hundra|de I *s6* hundred; *i ~n* in hundreds **II** (*ordn.tal*) hundredth **-[de]del** one hundredth part **-faldig** *a1* hundredfold **-kronesedel** hundred-kronor note **-procentig** *a1* one-hundred-per-cent

hundras breed of dog

hundra|tal *tiotal och ~* tens and hundreds; *ett ~* a hundred or so, about a (some) hundred; *i ~* in hundreds; *på ~et e.Kr.* in the second century A.D. **-tals** [-ta:-] hundreds (*böcker* of books) **-tusentals** [-ta:-] hundreds of thousands **-årig** *a1* a (one) hundred years old; one-hundred-year-old **-åring** centenarian **-årsdag** centennial day, centenary; hundredth anniversary **-årsjubileum** **-årsminne** centenary

hundsfottera [-vå'te:ra] *avdelat hunds-fottera* bully

hund|skall barking of dogs (a dog); *jakt.* cry of hounds; *ett ~* a dog-bark **-skatt** dog-licence **-släde** dog sledge **-släktet** the canine race **-spann** dog team **-utställning** dog show **-vakt** *sjö.* middle watch **-valp** pup[py] **-väder** vile (dirty) weather **-år** *pl* years of struggle (of hard life) **-öra** dog's ear (*äv. bildl.*)

hunger ['huŋer] *s2* hunger (*efter* for); (*svält*) starvation; *dö av ~* die of hunger (starvation), starve to death; *vara nära att dö av ~* be [on the point of] starving; *lida ~ns kval* suffer from [the pangs of] hunger; *~n är den bästa kryddan* hunger is the best sauce

hungersnöd famine

hungerstrejk -a hunger-strike

hungr|a *eg.* be hungry (starving); *bildl.* hunger (*efter* for); *~ ihjäl* starve to death **-ig** *a1* hungry; (*svulten*) starving; *~ som en varg* (*äv.*) ravenously hungry

hunner ['hunner] *s9* Hun; *~na* the Huns

hunnit *sup av hinna*

hunsa bully; browbeat

hur 1 (*frågande*) how; what; *~ mår du?* how are you?; *~ menar du?* what do you mean?; *~ ser han ut?* what does he look like?; *~ så?* why?; *~ sa?* what did you say?, I beg your pardon?; *~ blir det med ...?* (*äv.*) what about ...? **2** *eller ~?* (*inte sant*) isn't that so?, don't you think?, am I not right?; *du tycker inte om det, eller ~?* you don't like it, do you?; *du kan simma, eller ~?* you can swim, can't you? **3** *~ ... än* however; *~ trött han än är* however tired (tired as) he may be; *~ hon än gör* whatever she may do; *~ mycket jag än arbetade* however [much] I worked, work as I might; *~ det nu kom sig* whatever happened; *~ det nu var* somehow or other; *~ gärna jag än ville* however much I should

like to 4 ~ *som helst, se helst* **-dan** ['hu:r-, -'da:n, -'dann] *a1,* ~ *är han som lärare?* what kind (sort) of a teacher is he?; *~t vädret än blir* whatever (no matter what) the weather may be
hurra I [-'ra:] *interj* hurrah! **II** [*hurra] *s6, s7 o. v1* hurrah; ~ *för ngn* cheer s.b., give s.b. a cheer; *det är ingenting att ~ för* it is nothing to write home about **-rop** [*hurr-] cheer
hurril *s2* box on the ear
hurt|frisk hearty **-ig** *a1* (*livlig*) brisk, keen; (*käck*) dashing; (*frimodig*) frank; (*rapp*) smart; (*spänstig*) alert **-ighet** briskness *etc.*; dash
hurts *s2* [drawer] pedestal
huru *se hur* **-dan** *se hurdan* **-ledes** how, in what way (manner) **-som** that **-vida** [-*vi:-] whether
hus *s7* house; (*byggnad*) building, block; (*familj*) house, family; *frun i ~et* the lady of the house; *habsburgska ~et* the House of Habsburg; *en vän i ~et* a friend of the family; *spela för fullt ~* play to a full house; *föra stort ~* keep [up] a large establishment; *göra rent ~* make a clean sweep; *var har ni hållit ~?* where have you been?; *gå man ur ~e* turn out to a man **-a** *s1* housemaid; (*som passar upp vid bordet*) parlourmaid **-aga** domestic chastisement **-apotek** family medicine-chest
husar *s3* hussar **-regemente** hussar regiment
hus|behov *till ~* for household use; *kunna ngt till ~* know s.th. just passably, have a rough knowledge of s.th. **-bock** *zool.* long-horned beetle **-bonde** master; *~ns röst* his master's voice **-bondfolk** master and mistress **-bygge** house under construction **-båt** house-boat **-djur** domestic animal; *~en* (*på lantgård*) the live stock (*sg*) **-djursavel** live-stock breeding
husera (*hålla till*) haunt; (*härja*) ravage, make havoc; (*fara fram*) carry on; (*fara vilt fram*) run riot; ~ *fritt* run riot
hus|esyn *förrätta ~ i* carry out the prescribed inspection of; *gå ~ i* make a tour of inspection of **-fader** father (head) of a (the) family **-fluga** [common] house-fly **-frid** domestic peace **-fru** mistress of a (the) household; (*på hotell*) [head] housekeeper, matron **-föreståndarinna** housekeeper **-förhör** parish catechetical meeting **-geråd** [-j-] *s7* household utensils (*pl*)
hushåll *s7* **1** (*arbetet i ett hem*) housekeeping; *ha eget ~* do one's own housekeeping; *sköta ~et åt ngn* do a p.'s housekeeping for him, keep house for s.b. **2** (*familj*) household, family; *ett fyra personers ~* a household of four [persons] **-a** *v1* **1** keep house **2** (*vara sparsam*) economize; ~ *med* be economical (careful) with **-erska** housekeeper **-ning 1** housekeeping **2** (*sparsamhet*) economizing; economy **3** (*förvaltning*) economic administration (management) **-ningssällskap** [county] agricultural society
hushålls|arbete housework **-göromål** *pl* household (domestic) duties, housework; (*skolämne*) household management, domestic science **-kassa -pengar** housekeeping money (allowance) **-skola** domestic science school
hus|katt domestic cat **-knut** corner of a (the) house **-kors** *skämts.* shrew **-kur** household remedy **-lig** [-u:-] *a1* **1** (*familje-*) domestic, household; ~ *ekonomi* household economy; *~t arbete* domestic work, housework **2** (*intresserad av hushåll*) domesticated, house-proud **-lighet** [-u:-] domesticity **-läkare** family doctor **-manskost** homely fare, plain food **-mo[de]r** housewife; (*matmor*) mistress of a (the) household; (*på institutioner*) matron **-modersförening** housewives' association; *Engl.* Women's Institute **-rum** accomodation, lodging; (*tak över huvudet*) shelter
husse *s2* master; *kom till ~!* come to your master!
hussit *s3* Hussite
hus|svala house martin **-tomte** brownie
hustru *s5* wife **-plågare** *han är en ~* he is a torment (devil) to his wife
hus|tyrann family tyrant **-undersökning** domiciliary visit, search [of a house] **-vagn** caravan; *Am.* [house-]trailer **-vill** homeless **-värd** landlord **-ägare** house-owner
hut I *interj,* ~ *människa!* how dare you! **II** *r, lära ngn veta ~* teach s.b. manners; *vet ~!* none of your insolence!; *han har ingen ~ i kroppen* he has no sense of shame (no decency) **-a** ~ *åt ngn* tell s.b. to mind his manners, (*läxa upp*) snub s.b., take s.b. down a peg [or two]
hutch *se hurts*
hutlös shameless (*äv. om pris*), impudent
hutt|el ['hutt-] *s7* shilly-shallying **-la** [*hutt-] (*tveka*) shilly-shally; (*vara undfallande*) yield (*med* to); (*driva gäck*) trifle; *jag låter inte ~ med mig* I am not to be trifled with
huttra shiver (*av* with)
huv *s2* hood; cap; (*skrivmaskins- etc.*) cover; (*motor-*) bonnet, *Am.* hood; (*rök-*) cowl; (*te-*) [tea-]cosy; (*på reservoarpenna*) cap, top **-a** *s1* hood; (*'kråka' äv.*) bonnet
huvud *s7, pl äv.* **-en** head; (*förstånd äv.*) brains (*pl*), intellect; *bli ett ~ kortare* (*bildl.*) get one's head blown off; *ha gott ~* be clever (brainy); *ha ~et fullt av* have one's head full of; *ha ~et på skaft* have a head on one's shoulders, be all there; *hålla ~et kallt* keep cool, keep one's head; *slå ~et på spiken* hit the nail on the head, strike home; *om vi slår våra kloka ~en ihop* if we put our heads together; *sätta sitt ~ i pant på* stake one's life on; *tappa ~et* lose one's head; *vara ~et högre än* (*bildl.*) be head and shoulders above; *efter mitt ~* my own way; *få ngt i sitt ~* get s.th. into one's head; *med ~et före* head first; *ställa allting på ~et* make everything topsyturvy; *stiga ngn åt ~et* go to a p.'s head; *över ~taget* on the whole, (*alls*) at all; *växa ngn över ~et a*) eg. outgrow s.b., *b*) *bildl.* get beyond a p.'s control
huvud|- (*i sms., bildl.*) (*förnämst*) principal, main, head, chief; (*ledande*) leading; (*i första hand*) primary **-ansvar** main responsibility **-bangård** central (main) station, main terminus **-beståndsdel** principal (main) ingredient **-bok** *hand.* [general]

ledger **-bonad** headgear **-bry** *s7, göra sig mycket ~* puzzle a great deal; *vålla ngn ~* be a worry (puzzle) to s.b. **-byggnad** main (central) building **-del** main (greater) part, bulk **-drag** main (principal) feature; *~en av engelska historien* the main outlines of English history **-duk** kerchief, [head] scarf **-form** **1** *anat.* shape of the head **2** (*-art*) principal (main) form **3** *gram.* voice **-förhandling** *jur.* main session, trial, hearing **-förutsättning** first (principal) prerequisite **-gata** main street, thoroughfare **-gärd** bed's head; (*kudde*) pillow **-ingång** main entrance **-innehåll** principal (main) contents (*pl*); *redogöra för ~et i* give a summary of **-intresse** principal (chief, main) interest **-intryck** principal (main) impression **-jägare** headhunter **-kontor** head (main, central) office **-kudde** pillow **-led** (*väg*) major road **-ledning** (*för gas, vatten*) main [pipe]; *elektr.* main circuit **-lös** (*tanklös*) thoughtless; (*dåraktig*) foolish; (*dumdristig*) foolhardy **-man** (*för familj*) head (*för* of); (*uppdragsgivare*) principal, client; (*i sparbank o.d.*) trustee; (*ledare*) leader, head **-motiv** principal motive, main reason **-mål** **1** *se -syfte* **2** (*måltid*) principal meal **-nummer** principal item **-nyckel** master-key **-näring** **1** (*föda*) principal nutriment **2** (*yrkesgren*) principal (main, chief) industry **-ord** **1** (*nyckelord*) key-word **2** *språkv.* head-work **-orsak** principal (main, chief) cause **-person** principal (leading) figure; (*i roman o.d.*) principal (leading) character **-princip** main principle **-punkt** main (principal) point; (*i anklagelse*) principal count **-redaktör** editor-in-chief **-regel** principal (chief) rule **-roll** leading (principal) part **-rubrik** main heading **-räkning** mental arithmetic **-rätt** *kokk.* main course

huvudsak *~en* the main (principal) thing; *i ~* in the main, on the whole **-lig** *a1* principal, main, chief, primary; (*väsentlig*) essential **-ligen** [-a:-] principally *etc.*; (*för det mesta*) mostly, for the most part

huvud|sanning primary (cardinal) truth **-sats** **1** *log.* [the] main proposition **2** *gram.* main clause **-skål** cranium **-stad** capital; (*stor o. bildl.*) metropolis **-stadsbo** inhabitant of the capital **-stupa** head first; (*friare*) headlong; (*brådstörtat*) precipitately **-styrka** *mil.* main body **-svål** scalp **-syfte** main purpose (aim) **-synpunkt** main point of view **-sysselsättning** main (principal) occupation **-tanke** main (principal) idea **-tema** main theme **-tes** principal thesis **-titel** (*i riksstat*) *ung.* section (classification) of government estimates (budget); *första ~n* the Royal Household and Establishment, *Engl.* the Civil List **-ton** **1** *mus.* keynote **2** *språkv.* primary stress **-tonart** principal key **-uppgift** main task (function) **-verb** main verb **-vikt** *lägga ~en vid* lay the main stress upon, attach primary importance to **-villkor** principal (essential) condition **-värk** headache **-värkstablett** headache tablet, aspirin **-ämne** chief (principal) subject; *univ.* major subject **-ändamål** main (chief) purpose

hux flux (*med detsamma*) straight away; (*plötsligt*) all of a sudden

hy *s3* complexion; skin

hyacint *s3, bot. o. min.* hyacinth

hybrid *s3 o. a1* hybrid

hybris ['hy:-] *r* arrogance

hyckl|a (*ställa sig from*) play the hypocrite (*inför* before); (*förställa sig*) dissemble (*inför* to); (*låtsas*) simulate, feign **-ad** *a5* (*låtsad*) mock, sham, pretended, simulated **-ande** *a4* hypocritical **-are** hypocrite **-eri** hypocrisy; (*i tal*) cant[ing]

hydda *s1* hut, cabin

hydra [ˣhy:-] *s1* hydra (*äv. bildl.*)

hydr|at *s7, s4* hydrate **-aulisk** *a5* hydraulic **-era** hydrogenate, hydrogenize **-ering** hydrogenation

hydro|fon [-'få:n] *s3* hydrophone **-for** [-'få:r] *s3* pressure tank, air-loaded water storage **-grafi** *s3* hydrography **-logi** [-lå'gi:] *s3* hydrology **-lys** *s3* hydrolysis **-plan** hydroplane, seaplane **-statik** *s3* hydrostatics (*pl*) **-xid** *s3* hydroxide

hyena [-ˣe:na] *s1* hyena (*äv. bildl.*)

hyende *s6* cushion; *lägga ~ under lasten* (*bildl.*) bolster up vice

hyfs *r, se -ning; sätta ~ på se -a* **-a** **1** (*äv. ~ till*) trim (tidy) up, make ... tidy; *bildl.* teach ... manners **2** *matem.* simplify, reduce; *~t uppträdande* proper behaviour; *en ~d ung man* a well-behaved(-mannered) young man **-ning** trimming up *etc.*; (*belevenhet*) good manners (*pl*)

hygge *s6* cutting (felling) area

hygglig *a1* **1** (*väluppfostrad*) well-behaved; (*vänlig*) kind, good, *vard.* decent; (*tilltalande*) nice; *en ~ karl* a nice (decent) fellow (chap) **2** (*anständig*) respectable **3** (*skälig*) decent; (*moderat*) fair, reasonable, moderate

hygien *s3* hygiene; *personlig ~* personal hygiene **-isk** *a5* hygienic; sanitary

hygro|meter *s2* hygrometer **-skopisk** [-å-] *a5* hygroscopic

1 hylla *s1* shelf (*pl* shelves); (*möbel*) set of shelves; (*bagage-, sko-, tallriks- o.d.*) rack; *lägga ngt på ~n* (*bildl.*) put s.th. on the shelf, shelve s.th.

2 hylla *v1* **1** (*svära tro*) swear allegiance to; (*erkänna*) acknowledge **2** (*uppvakta, hedra*) congratulate; pay (do) homage to; honour **3** (*omfatta*) embrace, favour **4** *rfl, ~ sig till ngn* attach o.s. to s.b.

hylle *s6, bot.* involucre, perianth

hyllning congratulations (*pl*); homage; (*ovation*) ovation; *bringa ngn sin ~* pay homage to s.b.

hyllningsdikt complimentary poem

hyll|papper shelf paper, lining paper **-remsa** shelf-edging(-strip)

hylsa *s1* case, casing; *tekn.* socket, sleeve; *bot.* shell, hull

hymen ['hy:-] *r* **1** *myt.* Hymen; *knyta ~s band* tie the nuptual knot **2** *anat.* hymen

hymn *s3* hymn; (*friare*) anthem **-diktning** hymn-writing, hymnody

hynda *s1* bitch

hyperbel [-'pärr-] *s3* hyperbola **-formig** [-å-] *a1* hyperbolic

hyper|bolisk [-å:-] *a5* hyperbolic[al] **-boré** *s3* Hyperboréan **-elegant** very stylish **-korrekt**

meticulously correct **-modern** ultra-modern **-nervös** hyperneurotic **-trofi** *s3* hypertrophy

hypno|s [-'nå:s] *s3* hypnosis (*pl* hypnoses) **-tisera** hypnotize **-tisk** *a5* hypnotic **-tism** hypnotism **-tisör** hypnotist

hypofys *s3* hypophysis (*pl* hypophyses), pituitary gland (body)

hypokond|er [-'kånn-] *s3* hypochondriac **-ri** *s3* hypochondria **-risk** *a5* hypochondriac

hypotek *s7* mortgage, encumbrance; (*säkerhet*) security

hypoteks|inrättning mortgage institution, building society **-lån** mortgage loan

hypotenusa [-ˣnu:-] *s1* hypotenuse

hypotes *s3* hypothesis (*pl* hypotheses) **-tisk** *a5* hypothetic[al]; (*tvivelaktig*) doubtful

hyr|a I *s1* **1** rent; (*för bil, båt e.d.*) hire, rental; *betala 50 pund i ~* pay a rent of 50 pounds **2** *sjö.* (*tjänst*) berth; (*lön*) [seaman's] wages (*pl*); *ta ~* ship (*på* on board) **II** *v2* rent; (*bil, båt e.d.*) hire, take on hire; *~ av ngn* rent from s.b.; *att ~!* to let!, *Am.* for rent, (*om bil etc.*) for hire; *~ in sig hos ngn* take lodgings in a p.'s house; *~ ut* (*rum*) let, *Am. äv.* rent, (*fastighet äv.*) lease, (*bil etc.*) hire out, let out on hire; *~ ut i andra hand* (*äv.*) sublet **-bil** hired [motor-]car

hyres|bidrag rent allowance **-fri** *bo ~tt* live rent-free **-gäst** tenant; (*för kortare tid*) lodger; *Am. äv.* roomer **-hus** block of flats; *Am.* apartment house **-kasern** tenement [house] **-kontrakt** lease, tenancy agreement; (*för lösöre*) hire contract **-nämnd** rent tribunal **-reglering** rent control **-värd** landlord

hyr|kusk [hackney] coachman **-verk** car-hire service; (*för häst o. vagn*) livery-stable

hysa *v3* **1** (*bereda rum åt*) house (*äv. bildl.*), accommodate; (*pers. äv.*) put ... up, take ... in; (*inrymma*) contain **2** (*nära, bära*) entertain, have; *~ förhoppningar* entertain (cherish) hopes; *~ illvilja mot ngn* bear s.b. ill will, have a grudge against s.b.

hyska *s1* eye; *~ och hake* hook and eye

hyss *s7, ha ngt ~ för sig* be up to [some] mischief

hyssj [hyʃ] hush!, shsh! **-a** cry hush (*på, åt* to); *~ [på]* hush

hysta *ung.* toss

hysteri *s3, s4* hysteria; *läk. äv.* hysterics (*pl*) **-ker** [-'te:-] hysterical person **-sk** [-'te:-] *a5* hysteric; *bli ~* go into hysterics; *få ett ~t anfall* have a fit of hysterics

hytt *s3, sjö.* berth, cabin; (*telefon- etc.*) booth, box

1 hytta *v3, se höta*

2 hytta *s1, tekn.* smelting-house, foundry; (*masugn*) blast furnace

hytt|plats *sjö.* berth **-ventil** porthole

hyvel *s2* plane **-bänk** carpenter's bench **-spån** *koll.* shavings (*pl*)

hyvl|a [ˣhy:v-] plane; (*ost e.d.*) slice; *bildl.* polish up; *~ av* plane ... smooth, smooth off; *~t virke* planed boards (*pl*) **-ing** planing; (*friare*) slicing

hå oh!; *~ ~!* oho!; *~ ~, ja ja!* oh, dearie me!

håg *s3* **1** (*sinne*) mind; thoughts (*pl*); *glad i ~en* gay at heart, carefree; *det leker honom i ~en* his mind is set on it (*att göra* on doing); *slå ngt ur ~en* dismiss s.th. from one's mind, give up all idea of s.th.; *ta Gud i ~en* trust to Providence (one's lucky star) **2** (*lust*) inclination; (*fallenhet*) bent, liking; *hans ~ står till* he has an inclination towards **-ad** *a5* inclined; disposed; *vara ~ att göra ngt* feel like doing s.th. **-komst** [-å-] *s3* remembrance, recollection **-lös** listless; (*oföretagsam*) unenterprising; (*loj*) indolent **-löshet** [-ö:-] listlessness; indolence

hål *s7* hole; (*öppning äv.*) aperture, mouth; (*lucka*) gap; (*läcka*) leak; (*rivet*) tear; *odont.* cavity; *nöta* (*bränna*) *~ på* wear (burn) a hole (holes) in; *hon har ~ på armbågarna* her dress (*etc.*) is out at the elbows; *det har gått ~ på strumpan* there is a hole in the (my *etc.*) stocking; *ta ~ på* make a hole in, (*sticka ~ äv.*) pierce, perforate, *läk.* lance **-a** *s1* cave, cavern; (*djurs o. bildl.*) den; (*rävs, grävlings*) earth; *anat.* cavity; (*landsorts-*) hole **-fot** arch [of the foot] **-fotsinlägg** arch support **-ig** *a1* full of holes; (*ihålig, äv. bildl.*) hollow; (*pipig*) honeycombed **-ighet** hollow, cavity **-kort** punch[ed] card **-kortsmaskin** punched card machine

håll *s7* **1** (*tag*) hold, grip; *få ~ på ngn* get a hold (grip) on s.b. **2** (*avstånd*) distance; *på långt ~* at a long distance, (*skjutning*) at a long range; *släkt på långt ~* distantly related; *på nära ~* close at hand, near by (at hand); *sedd på nära ~* seen at close quarters (range) **3** (*riktning*) direction; (*sida*) quarter, side; *från alla ~ [och kanter]* from all directions (quarters); *de gick åt var sitt ~* they went their separate ways; *på annat ~* in another quarter, elsewhere; *åt andra ~et* the other way; *åt vilket ~?* which way?; *åt mitt ~* my way **4** *jakt.* station; stand; (*skott-*) range, rifle-shot **5** (*häftig smärta*) stitch

håll|a *höll -it* **I 1** (*ha tag i; fast-*) hold (*sin hand över* a protecting hand over; *ngn i handen* a p.'s hand; *andan* one's breath); *~ hårt om* hold ... tight; *~ ngn kär* hold s.b. dear; *~ stånd* hold out, keep one's ground, stand firm **2** (*bibe-; ~ sig med*) keep (*dörren öppen* the door open; *maten varm* the dinner (*etc.*) hot; *ngt för sig själv* s.th. to o.s.; *hemligt* secret); (*upprätt-*) maintain; *~ öppet hus* (*två tjänare*) keep open house (two servants); *~ ett löfte* keep a promise; *~ i minnet* keep (bear) in mind; *~ värmen* (*om kamin e.d.*) retain its heat; *den -er vad den lovar* it fulfils its promise **3** (*förrätta*) hold (*auktion* an auction; *möte* a meeting) **4** (*debitera*) charge (*höga priser* high prices) **5** (*slå vad om*) bet, lay, wager, stake (*tio mot ett på att* ten to one that) **6** (*anse; ~ ... för*) consider, regard, look upon [as]; *~ ngt för troligt* think s.th. likely **8** (*rymma*) hold; (*inne-*) contain; *~ måttet* be full measure, come up to [the] standard **II 1** (*ej gå sönder*) hold, not break; (*om kläder*) wear, last (*i evighet* for ever); (*om bro, is*) bear; *allt vad tygen -er* at [the] top [of one's] speed, (*springa*) for dear life **2** (*styra sina steg*) keep (*t. höger* to the right); (*sikta på*) aim, hold (*för högt* too high) **3** *~ styvt på sin mening* stick to one's opinion; ~ *på sin värdighet* stand on one's dignity; *hon -er på sig* she stands by her virtue; ~ *till godo, se godo* **4** (*stanna*) stop **III** (*med beton. part.*) ~ *av a*) (*tycka om*) be fond of, *b*) (*väja*) turn [aside]; ~ *efter* (*övervaka*) keep a close check (tight hand) on; ~ *emot* (*ta spjärn*) put one's weight against, (*hindra att falla*) hold (bear) ... up, (*motarbeta*) resist, set o.s. against it; ~ *i a*) hold [*vard.* on to], (*stödja*) hold on to, *b*) (*fortfara*) continue, go on, persist; ~ *igen* (*bildl.*) act as a check; ~ *ihop* hold (keep, *vard.* stick) together; ~ *in a*) (~ *indragen*) hold in, *b*) (*häst*) pull up, rein in; ~ *med ngn a*) (*vara av samma mening*) agree with s.b., *b*) (*ställa sig på ngns sida*) support s.b., back s.b. up, side with s.b.; ~ *om ngn* hold one's arms round s.b.; ~ *på a*) (*vara sysselsatt* be busy (at work) (*med ngt* with s.th.), *b*) (*vara nära att*) be on the point of (*kvävas* choking); *vad -er du på med?* what are you doing [now]?; *var -er du till?* where are you [to be found]?, *vard.* where do you hang out?; ~ *till* (*om djur*) be found, have its (their) haunts; ~ *tillbaka* keep back, withhold; ~ *upp a*) (~ *upplyft*) hold up, *b*) (~ *öppen*) hold (keep) open, *c*) *sjö.* (~ *upp i vinden*) go (sail) close to the wind, *d*) (*göra uppehåll*) [make a] pause (*med* in), stop, cease; *när det -er upp*[*e*] when it stops raining; ~ *uppe a*) *eg. bet.* hold upright, *b*) (*ovan vattenytan*) keep ... afloat (above water), *c*) *bildl.* keep up (*modet* one's courage); ~ *ut a*) hold out, *b*) (*ton*) sustain; ~ *ut med* stand, put up with **IV** *rfl* **1** hold o.s. (*beredd* in readiness; *upprätt* upright); keep [o.s.] (*ren* clean; *vaken* awake); keep (*i sängen* in bed; *borta* away; *ur vägen* out of the way); ~ *sig väl med ngn* keep in with s.b.; ~ *sig framme* keep to the fore; ~ *sig hemma* stay at home; ~ *sig kvar* keep (stick) (*i* to); ~ *sig uppe* keep [o.s.] up, keep afloat **2** (*om pjäs*) retain its place (*på repertoaren* in the repertory) **3** (*om mat e.d.*) keep; ~ *sig för skratt* keep o.s. from laughing; *jag kunde inte ~ mig för skratt* I couldn't help laughing; ~ *sig* (*i fråga om naturbehov*) hold o.s. **4** ~ *sig för god att* consider o.s. above; ~ *sig med bil* keep a car; ~ *sig med tidning* take (have) a paper; ~ *sig till a*) keep (*vard.* stick) to (*fakta* facts), *b*) (*ngn*) hold (*vard.* stick) to

håll|are holder; clip, cramp, hook, buckle **-as** *dep* **1** (*vistas*) be, spend one's time **2** *låt dem ~!* leave them alone!, let them have their way! **-bar** *a1* **1** (*som kan -as*) tenable; *mil. äv.* defensible; (*om argument o.d. äv.*) valid **2** (*varaktig*) durable, lasting; (*färg*) fast; (*om tyg o.d.*) that wears well (will wear); (*om födoämnen*) that keeps well (will keep) **-barhet 1** tenability; validity **2** durability, lastingness; wearing (keeping) qualities (*pl*) **-en** *a5* (*skött*) kept; (*avfattad*) written; (*målad*) painted; *strängt ~* strictly brought up; *hel och ~* the whole [of], all over **-fasthet** strength, firmness, tenacity, solidity **-fasthetslära** *s1* mechanics (*pl*) of materials **-hake** check; hold (*på* on) **-it** *sup av hålla* **-ning 1** (*kropps-*) carriage; (*uppträdande*) deportment; *militärisk ~* military bearing; *ha bra ~* (*äv.*) hold o.s. well **2** (*beteende*) attitude (*mot* towards); *intaga en avvaktande ~* take up a wait-and-see attitude; *intaga en fast ~* make a firm stand (*mot* against) **3** (*stadga*) firmness, backbone **-ningslös** vacillating; *vard.* wobbly, flabby; (*utan ryggrad*) spineless; unstable, unprincipled **-ningslöshet** [-ö:-] vacillation; spinelessness; instability **-plats** stop, halt; (*buss-*) bus-stop; (*spårvagns-*) tram-stop **-punkt** basis; grounds (*pl*)

hål|rum cavity **-slag** punch, perforator **-slev** perforated ladle **-stans** punch[ing-machine] **-söm** drawn-thread work; *sy ~* hemstitch **-timme** *skol.* free period **-väg** gorge, ravine **-ögd** *a5* hollow-eyed

hån *s7* scorn; (*spe*) derision, mockery; (*i ord äv.*) scoffing, taunting, sneering, jeering; *ett ~ mot* an insult to, a mockery of **-a** (*förlöjliga*) deride, make fun of; (*föraktfullt*) put ... to scorn; (*i ord äv.*) scoff (sneer, jeer) at, mock, taunt **-flin** *se -grin* **-full** scornful; scoffing *etc.*, derisive

hång|el ['håŋ-] *s7* petting, necking **-la** pet, neck

hån|grin mocking grin **-grina** grin contemptuously **-le** smile scornfully, sneer, jeer (*åt* at) **-leende** scornful smile **-skratt** derisive (scornful, mocking) laugh[ter] **-skratta** laugh derisively (*etc.*), jeer (*åt* at)

hår *s7* hair; *kortklippt ~* short hair; *inte kröka ett ~ på ngns huvud* not touch (injure) a hair on a p.'s head; *det var på ~et att jag* I was within a hair's breadth (an ace) of (+ *ing-form*); *slita sitt ~ i förtvivlan* tear one's hair in despair; *~et reste sig på mitt huvud* my hair stood on end; *skaffa ngn gråa ~* give s.b. grey hairs **-a** ~ *av sig* shed (lose) its hair; ~ *ner* cover ... with hair[s *pl*] **-band** hair-ribbon **-beklädnad** hairy coat; *zool.* pelage **-bevuxen** haired, hairy **-borste** hairbrush **-borttagningsmedel** depilatory **-botten** capillary matrix; (*friare*) scalp

hård [hå:-] *a1* hard; (*fast äv.*) firm, solid; (*sträng, svår äv.*) severe (*mot* towards, to, on); (*bister*) stern; (*högljudd*) loud; (*om ljud*; *barsk*) harsh; (*påfrestande*) tough; *~a tider a*) (*arbetsamma*) tough times, *b*) (*nödtider*) hard times, times of hardship; *hårt klimat* severe climate; ~ *konkurrens* keen (fierce) competition; ~ *i magen* constipated; *ett hårt slag* a hard (severe, serious) blow; *~a villkor* severe conditions, tough terms; *vara ~ mot ngn* be hard on s.b.; *det vore hårt för dem om* it would be hard on them, if; *sätta hårt mot hårt* give as good as you get **-arbetad** *a5* hard to work (shape, mould); *-arbetat material* difficult material **-bränd** *a5* **1** (*svår att bränna*) difficult to burn **2** (*hårt bränd*) hard-burnt(-baked) **-fjällad** *a5*, *bildl.* hard-boiled; *en ~ fisk* a difficult fish to scale; *en ~ brottsling* a hardened criminal **-förtad** *a5* stand-offish **-frusen** frozen hard; hard-frozen (*is* ice) **-för** *a1* hardy, tough **-förhet** hardiness, toughness **-handskarna** *ta i med ~* take drastic action (a hard line) **-het** hardness *etc.*; severity **-hetsgrad** degree of hardness **-hjärtad** [-j-] *a5* hard-hearted; (*känslolös*) callous **-hudad** *a5* tough-skinned; *bildl.* thick-skinned **-hänt** *a1, bildl.* rough, heavy-handed (*mot* with); (*friare*) severe; *gå ~ till väga* be rough (*med* with) **-hänthet** heavy-handedness; severity **-knut** tight knot **-kokt** [-ɷ:-] *a1* hard-boiled **-na** harden; become (get, grow) hard; (*bli okänslig*) get callous (hardened) **-nackad** *a5, bildl.* stubborn (*motstånd* resistance); obstinate (*nekande* denial)

hårdrag|a [-å:-] *bildl.* strain **-en** *a5, bildl.* forced, strained, far-fetched

hård|smält *a1* **1** (*om föda*) difficult (hard) to digest; (*friare*) indigestible **2** (*om metall*) refractory **-valuta** hard currency (exchange)

hår|fin 1 (*om tråd o.d.*) [as] thin (fine) as a hair **2** *bildl.* exceedingly fine, subtle **-frisör** hairdresser **-frisörska** ladies' hairdresser **-färg** colour of the hair; (*färgämne*) hair-dye **-fäste** edge of the scalp; *rodna upp till ~t* blush to the roots of one's hair **-ig** *a1* hairy **-klippning** haircut[ting] **-klyveri** hair-splitting (*äv. ~er*) **-kors** cross wires (*Am.* hairs) **-lock** lock of hair; (*kvinnas äv.*) tress **-nål** hairpin **-nålskurva** hairpin bend **-nät** hair-net **-olja** hair-oil **-piska** pigtail; (*stång-*) queue **-pomada** pomade [for the hair] **-resande** *a4* hair-raising, appalling, blood-curdling, shocking; *en ~ historia* (*äv.*) a story to make one's hair stand on end **-rör** capillary tube **-rörskärl** capillary vessel **-slinga** strand of hair

hårsmån [-å:-] hair's breadth; (*friare*) trifle, shade

hår|spänne hair-slide(-clasp) **-strå** hair **-svall** thick wavy hair **-säck** hair follicle

hårt [hå:-] *adv* hard; (*fast, tätt*) firm[ly], tight[ly]; (*högljutt*) loud; *bildl.* severely, hardly; *arbeta ~* work hard; *en ~ prövad man* a severely tried man; *tala ~ till ngn* speak harshly to s.b.; *fara ~ fram med* be rough with; *gå ~ åt* handle roughly, be hard on; *det känns ~ att* it feels hard to; *det satt ~ åt* it was a job; *ta ngt ~* take s.th. very much to heart

hår|test *s2* wisp of hair **-torkningsapparat** hair-dryer **-tuss** tuft of hair **-uppsättning** *konkr.* coiffure **-vatten** hair tonic (lotion) **-växt** growth of hair; *missprydande ~* superfluous hair

håv *s2* (*fiskares*) landing-net; (*sänk-*) dip-net; (*kollekt-*) collection-bag; *gå med ~en* (*bildl.*) fish [for compliments] **-a ~ in** gather (rake) in; *~ upp* land

håvor *pl* gifts, bounties; *jordens ~* the fruits of the earth

1 häck *s2* **1** hedge; *bilda ~* (*om människor*) form a lane **2** *sport.* hurdle; *110 m ~* 110 metres hurdle

2 häck *s2* **1** (*foder-*) hack, rack **2** (*vagns-*) rack **3** (*låda*) crate

häcka breed

häckl|a I *s1* heckle **II** *v1* **1** (*lin*) hackle, heckle **2** *bildl.* cavil (carp) at, find fault with **3** *polit.* heckle **-ing 1** (*av lin*) hackling, heckling **2** *polit.* heckling

häcklöpning hurdle-racing(-race), hurdling

häckning breeding

häckningstid breeding season

häda blaspheme (*äv. ~ Gud*)

hädan hence; *skiljas ~* depart this life; *vik ~!* get thee hence!, begone! **-efter** henceforth, from now on **-färd** passing, departure [from this life] **-gången** *a5, se avliden* **-kalla** (*om Gud*) call ... unto Himself

häd|are blasphemer **-else** blasphemy; *utslunga ~r* hurl blasphemies, blaspheme **-isk** *a5* blasphemous; (*friare*) profane, impious; (*grovt respektlös*) irreverent

häft|a I *s1, se -plåster* **II** *v1* **1** *bokb.* sew, stitch; *~d bok* sewn (stitched) book, paper-back **2** (*hålla fäst*) fasten, fix (*blicken vid* one's gaze on) **3** (*fastna*) stick, adhere (*vid* to) **4** *misstanken ~r vid honom* suspicion attaches to him **5** *~ i skuld till ngn* be in a p.'s debt **-apparat** stapler, stapling machine **-e** *s6* (*tryckalster*) folder, booklet, brochure; (*del av bok*) part, instalment; (*nummer av tidskrift*) number, issue; (*skrivbok*) exercise-book

häftig *a1* **1** (*våldsam*) violent; (*obehärskad*) vehement; (*impulsiv*) impetuous (*människa* individual); (*hetsig*) heated (*diskussion* discussion); (*om smärta*) sharp, acute; *~ törst* violent thirst; *ett ~t regn* a heavy downpour; *ett ~t uppträde* a scene; **2** (*temperamentsfull*) impulsive, hasty; (*hetlevrad*) hot-headed (-tempered); (*uppbrusande*) irascible, hasty-tempered **-het** violence; vehemence; impetuousity; impulsiveness; hot-headedness *etc.*; irascibility; hot temper **-t** *adv* violently *etc.*; *andas ~* breathe quickly, pant; *gräla ~* quarrel violently; *koka ~* boil fast; *hjärtat slog ~* the (my *etc.*) heart beat excitedly

häft|klammer [paper] staple **-ning 1** *bokb.* sewing, stitching **2** (*-ande*) fastening, fixing; sticking, adherence; attaching **-plåster** adhesive (sticking) plaster **-stift** drawing-pin; *Am.* thumbtack

häger ['hä:-] *s2* heron

hägg *s2* bird-cherry

hägn [häŋn] *s7, vara i ngns ~* be under a p.'s protection; *i ~ av* under the cover of **-a** protect, guard

hägr|a [-ä:-] loom (*äv. bildl.*) **-ing** mirage; *bildl. äv.* illusion

häkt|a I *s1* hook **II** *v1* **1** (*fästa*) hook (*fast* [*vid*] on [to]); *~ av* unhook; *~ upp sig* catch, get caught up **2** (*arrestera*) arrest, take into custody; *den ~de* the man (*etc.*) under arrest, the prisoner **-e** *s6* custody; jail, gaol **-ning** arrest **-ningsorder** [arrest] warrant

häl *s2* heel; *följa ngn tätt i ~arna* follow close upon a p.'s heels

häl|are receiver [of stolen goods], fence **-eri** receiving [of stolen goods]

hälft *s3* half; *~en av månaden* half the month; *~en så mycket* half as much; *~en så stor* half as large (*som* as), half the size (*som* of); *till ~en dold* half hidden; *göra ngt till ~en* do s.th. by halves; *på ~en så kort tid* in half the time; *äkta ~* (*vard.*) better half **-enbruk** metayage

hälgångare *zool.* plantigrade

häll *s2* (*klippa*) flat rock; (*sten*) slab [of stone]; (*i öppen spis*) hearthstone

1 hälla *s1* (*under foten*) strap

2 hälla *v2* pour; ~ *i* pour in (*el. upp* out); ~ *i ett glas vin* pour out a glass of wine; ~ *ur* pour out; *~nde regn* pouring rain
häll|eberg [bed]rock, solid rock **-eflundra** halibut **-kista** *arkeol.* cist
hällre *se hellre*
hällregn pouring rain **-a** pour [with rain]
hällristning rock-carving, petroglyph
1 hälsa *s1* health; *vid god* ~ in good health
2 hälsa *v1* **1** (*välkomna, mottaga*) greet; (*högtidligt*) salute; ~ *ngn välkommen* bid s.b. welcome, welcome s.b.; ~ *ngn som sin kung* salute s.b. as one's king **2** (*säga goddag e.d.*) say good morning (good afternoon, good evening, *vard.* hello) [to s.b.], (*ta i hand*) shake hands [with s.b.], (*buga*) bow [to s.b.], (*lyfta på hatten*) raise one's hat [to s.b.]; *mil.* salute (*på ngn* s.b.); ~ *god morgon på ngn* wish s.b. good morning **3** (*upptaga*) receive (*ett förslag med glädje* a proposition with delight) **4** (*framföra hälsning*) send (*ngn* s.b.) one's regards (compliments, respects, love); ~ *hem!* remember me to your people!; *nu kan vi ~ hem!* (*vard.*) now it's all up with us!; ~ *henne så hjärtligt!* give her my best regards (*etc.*)!; *jag kan ~* [*dig*] *från* I can give you news from; *jag skulle ~ från fru A. att hon* Mrs. A. asked me to tell you that she; *låta* ~ send word; *vem får jag ~ ifrån?* what (may I have your) name, please?, (*i telefon*) who is speaking [, please]?; ~ *på* (*besöka*) go (come) and see
hälsena tendon of Achilles, heel-string
hälsning 1 greeting; (*högtidlig*) salutation **2** (*översänd e.d.*) compliments (*pl*); (*bud*) message, word; *hjärtliga ~ar* kind regards, love (*sg*); *får jag be om min ~ till* please remember me to **3** (*bugning*) bow; (*honnör*) salute
hälsnings|anförande address of welcome, opening speech **-ord** *pl* words of welcome (greeting); *se äv. -anförande*
hälso|bringande *a4* healthy, health-giving **-brunn** spa **-farlig** injurious to one's health, unhealthy **-källa** mineral spring **-lära** (*skolämne*) hygiene **-sam** *a1* wholesome; (*om klimat*) salubrious, healthy; *bildl. äv.* salutary; (*välgörande*) beneficial **-skäl** *av* ~ for reasons of health **-tecken** healthy sign, sign of wellbeing **-tillstånd** state of health; *mitt* ~ [the state of] my health **-vådlig** *a1* (*ohygienisk*) insanitary; (*om klimat*) unhealthy **-vård** (*enskild*) care of one's health; (*allmän*) public health, health service[s *pl*] **-vårdsnämnd** public health committee (board) **-vårdsstadga** public health act[s *pl*]
hälta *s1* [form of] lameness
hämma (*hejda*) check, curb, arrest; (*blodflöde äv.*) sta[u]nch; (*hindra*) obstruct, block (*trafiken* the traffic); (*ngns rörelser*) impede, hamper; (*fördröja*) retard; *psykiskt ~d* inhibited; ~ *ngt i växten* stunt the growth of s.th. **-nde** *a4* checking *etc.*; *verka ~ på* have a checking (*etc.*) effect on, act as a check on, curb, depress
hämna avenge, revenge; *slöseri ~r sig* waste brings woe **-s** *dep* avenge (revenge) o.s., wreak one's vengeance (*på* on), retaliate; ~ *ngn* avenge s.b., take vengeance for s.b. **-re** avenger, revenger
hämnd *s3* revenge; (*högtidligt*) vengeance; retaliation; *~en är ljuv* revenge is sweet **-begär** desire for vengeance **-eaktion** reprisal **-girig** revengeful; vindictive **-girighet** revengefulness; vindictiveness **-lysten** *se -girig* **-lystnad** *se -begär*
hämning 1 checking *etc., se hämma* **2** *psyk.* inhibition
hämningslös uninhibited; unrestrained
hämpling *zool.* linnet
hämsko drag (*äv. bildl.*)
hämt|a fetch; (*av-, komma o.* ~) collect, call for; (*ta, skaffa sig e.d.*) take, gather; (*ngt abstr.*) draw, derive; *låta* ~ send for; ~ *ngn med bil* fetch s.b. by car; ~ *frisk luft* get fresh air; ~ *nya krafter* recover (get up) one's strength; ~ *mod* (*styrka*) *från* draw (derive) courage (strength) from; *uppgiften är ~d ur* I have the information from; ~ *sig* recover (*efter, från* from); *jag har inte ~t mig än* (*äv.*) I haven't got over it yet
hän away; *vart skall du ~?* where are you going?; ~ *mot* towards
händ|a *v2* **1** happen; (*förekomma*) occur, take place; *det kan ~ att jag går ut i kväll* I may go out this evening; *det kan nog ~* that may be [so]; ~ *vad som ~ vill* happen what may; *det må vara hänt* it can't be helped; ~ *sig* happen, chance, come about (to pass); *det -e sig inte bättre än att jag* as ill luck would have it I
händelse 1 occurrence; (*betydelsefull*) event, happening; (*episod*) incident **2** (*tillfällighet*) coincidence; (*slump*) chance; *av en ren ~* quite by chance, by a pure coincidence **3** (*fall*) case; *för den ~ att han skulle komma* in case he comes, in the event of his coming; *i ~ av* in case of; *i alla ~r* at all events **-fattig** uneventful **-förlopp** course of events **-lös** uneventful **-rik** eventful **-utveckling** development of [the] events; trend of affairs **-vis** by chance; accidentally; (*apropå*) casually; *du har ~ inte en penna på dig?* you don't happen to have a pencil on you, do you?; *jag träffade henne ~* I just happened to meet her, I ran across her
händig *a1* handy, dexterous (*med* with) **-het** handiness, dexterity
hänför|a 1 (*föra ... till*) assign, refer, relate (*till* to); (*räkna*) class[ify] (*till* among), range (*till* under) **2** (*tjusa*) carry away, transport; (*gripa äv.*) thrill; *låta sig ~s av* allow o.s. to be carried away by **3** *rfl* have reference (*till* to); (*datera sig*) date back (*från* to) **-ande** *a4* ravishing; enchanting **-bar** *a1* assignable (*till* to); classifiable (*till* as) **-else** rapture; exultation; (*entusiasm*) enthusiasm **-lig** *a1, se -bar*
häng|a *v2* **1** (*uppfästa o.d.*) hang (*äv. avrätta*); (*tvätt*) hang up; (*låta ... ~*) droop; (*t. ex. taklampa*) suspend; ~ *näsan över boken* pore over (bury one's nose in) the book[s *pl*]; ~ *läpp* pout, sulk, be bad-tempered **2** (*vara upphängd*) hang; (~ *fritt*) be suspended; (*om kjol*) hang down (*bak* at the back); (*sväva*) hover; ~ *och dingla* hang loose, dangle; *stå och ~* loiter about;

hela företaget -er i luften the whole enterprise is hanging in the air; *slagsmålet -er i luften* there's a fight in the air; ~ *ngn om halsen* cling round a p.'s neck; ~ *ngn i kjolarna* cling to a p.'s skirts **3** (*bero*) depend (*på* [up]on); (*komma sig*) be due (owing) (*på* to) **4** (*med beton. part.*) ~ *efter ngn* run after (hang around) s.b.; ~ *fram* (*kläder*) put out; ~ *för* hang [...] in front; ~ *i* (*vard.*) keep at it; *jag -er knappt ihop* I can scarcely keep body and soul together; *så -er det ihop* that's how it is; ~ *med a*) keep up with (*i klassen* the rest of the class), *b*) (*förstå* follow, catch on, *c*) (*följa med*) go along with; ~ *upp sig på* (*bildl.*) take exception to **5** ~ *sig* hang o.s.; ~ *sig fast vid* hang on firm to; ~ *sig på ngn* hang on (attach o.s.) to s.b. **-ande** *a4* hanging; (*fritt*) suspended (*i taket* from the ceiling); *bli* ~ *i* get caught (hooked) on **-are** (*krok*) hook; (*pinne*) peg; (*m. flera krokar*) rack; (*i kläder*) hanger, loop **-björk** weeping birch **-bro** suspension bridge **-e** *s6, bot.* catkin **-färdig** *se* ~ *ut* (*vard.*) look down in the mouth **-ig** *a1* limp; out of sorts

hängiv|a *rfl* surrender o.s., give o.s. up (*åt* to); (*ägna sig*) devote (apply) o.s. (*åt* to); (*hemfalla*) abandon o.s. (give way) (*åt* to); (*försjunka*) fall (*åt* into) **-else** [the] surrendering of o.s. **-en** *a3* (*tillgiven*) devoted, affectionate **-enhet** devotion, attachment (*för* to)

häng|lås padlock; *sätta* ~ *för* padlock **-mapp** suspended pocket (file) **-matta** hammock **-ning** hanging

hängs|elstropp brace-end **-le** *s6* brace; *ett par* ~*n* a pair of braces (*Am.* suspenders)

hängsmycke pendant

hängväxt hanging plant

hänryck|a ravish, enrapture **-ning** rapture[s *pl*]; ecstasy **-t** *a4* rapturous; *vara* ~ be in raptures

hän|seende *s6, i vissa* ~*n* in certain respects; *i tekniskt* ~ from a technical point of view; *med* ~ *till* in consideration of, with respect (regard) to **-skjuta** refer, submit **-syfta** allude (*på* to); (*mera förtäckt*) hint (*på* at) **-syftning** allusion (*på* to); hint (*på* at)

hänsyn *s9* consideration; regard, respect; *låta alla* ~ *fara* throw discretion to the winds; *ta* ~ *till* take ... into consideration, pay regard to; *av* ~ *till* out of consideration for; *med* ~ *till* with regard (respect) to, as regards, (*i betraktande av*) in view of, considering; *utan* ~ *till* without [any] consideration (regard) to, regardless of, disregarding

hänsyns|full considerate (*mot* to, towards) **-fullhet** considerateness; consideration **-lös** regardless of other people['s feelings]; inconsiderate; (*skoningslös*) ruthless; ~ *framfart* (*bildl.*) reckless impetuosity; ~ *uppriktighet* brutal frankness **-löshet** inconsiderateness, lack of consideration; ruthlessness

hän|tyda ~ *på a*) (*tyda på*) suggest, indicate, *b*) *se -syfta* **-tydning** allusion (*på* to), hint (*på* at) **-visa** (*visa till*) direct; (*ge anvisning, referera*) refer; (*åberopa*) point; *jur.* assign, allot; *vara* ~*d till* be obliged to resort to, be reduced to (*att* + *ing-form*); *vara* ~*d till sig själv* be thrown upon one's own resources **-visning** reference; direction; (*i ordbok e.d. äv.*) cross-reference **-vända** *rfl* apply (*till* to) **-vändelse** application; (*vädjan*) appeal; *genom* ~ *till* by applying (making application) to

häp|en *a3* amazed (*över* at); (*bestört*) startled (*över* at) **-enhet** amazement; *i* ~*en över* in his (*etc.*) amazement at; *i första* ~*en* in the confusion of the moment **-na** [-ä:-] be amazed (*inför, vid, över* at); *hör och* ~*!* who'd have thought it! **-nad** [-ä:-] *s3, se -enhet*; *slå ngn med* ~ strike s.b. with amazement **-nadsväckande** *a4* amazing, astounding

1 här *s2* army; *bildl. äv.* host

2 här *adv* here; ~ *borta* (*nere, uppe*) over (down, up) here; ~ *och där* here and there; ~ *och var* in places; ~ *bor jag* this is where I live; ~ *i staden* in this town; ~ *har vi det!* here we are!, here it is!; *nu är han* ~ *igen!* here he is again!; *så* ~ *års* at this time of the year

härad *s7, s4, s6, ung.* jurisdictional district

härads|domare *ung.* senior juryman, foreman of a jury **-hövding** *ung.* district (circuit) judge

härav ['hä:r-] from (by, of, out of) this; hence; ~ *följer att* [hence] it follows that; (*friare*) this means that

härbre *s6, ung.* wooden storehouse

härbärg|e [-je] *s6* shelter, accomodation, lodging; (*för husvilla*) [common] lodging-house; (*frälsningsarméns o.d.*) [night-]refuge **-era** lodge; put up

härd [hä:-] *s2* **1** (*eldstad*) hearth (*äv. tekn.*); *hemmets* ~ the domestic hearth **2** *bildl.* seat, centre, focus (*för* of); (*näste*) nest, hot bed

härd|a [-ä:-] **1** *tekn.* anneal, temper; (*plast*) set, cure **2** (*göra motståndskraftigare*) harden (*mot* against); *bildl. äv.* inure (*mot* to) **3** *rfl* harden o.s.; inure o.s.; (*stålsätta sig*) steel o.s. (*mot* against) **-ig** *a1* hardy; inured to hardship[s *pl*]; (*mot frost äv.*) hardened **-ighet** hardiness **-ning** hardening, tempering; (*av plast*) setting, curing

här|efter ['hä:r-] (*efter denna händelse, tidpunkt*) after this; (*från denna tid*) from now (this date), hence; (*hädanefter*) from now on, from this time forth **-emot** against this (it)

härflyta spring, emanate (*ur, från, av* from); (*ha sitt ursprung*) originate (*ur, från, av* from)

härförare army leader, general

här|förleden some time ago; (*nyligen*) recently **-i** ['hä:ri] in this (that); (*i detta avseende*) in this (that) respect **-ibland** ['hä:r-] among these (those) **-ifrån** ['hä:r] from here; *bildl.* from this **-igenom** ['hä:r-] through here; *bildl.* owing to this (that), on this (that) account, (*medelst detta*) by this (that, these, those) means, in this (that) way

härj|a 1 ravage (*i ett land* a country); (*ödelägga*) devastate, lay waste; (*om skadedjur*) wreak havoc; *se* ~*d ut* look worn and haggard; ~ *svårt* make [great] havoc 2 (*om sjukdom*) be rife (prevalent); rage 3 (*väsnas*) make a row, run riot **-ning** ravaging, devastation, havoc; *~ar* ravages **-ningståg** ravaging-expedition

härjämte [-ˣjämm-] in addition [to this]

härkomst [-å-] *s3* extraction, descent; (*ursprung*) origin; *av borgerlig ~* of middle-class extraction (origin)

härleda *v2, allm. o. språkv.* derive; (*sluta sig t.*) deduce; ~ *sig* be derived (*från, ur* from)

1 **härledning** *språkv.* derivation; deduction

2 **härledning** *mil.* [the] army command; *konkr.* army staff

härlig [-ä:-] *a1* glorious; (*präktig*) magnificent, splendid; (*ljuvlig*) lovely; (*vacker*) fine (*äv. iron.*); *så det står ~a till* like anything **-het** glory; magnificence, splendour; *hela ~en* the whole business

härma imitate; (*naturv.*; *förlöjliga*) mimic; (*efterapa*) copy

härmed ['hä:r-] with (by, at, to) this; *hand.* herewith, hereby; ~ *vill vi meddela* (*hand.*) we wish to inform you; *vi sänder ~* (*hand.*) we are sending you enclosed, we enclose herewith; *i enlighet ~* accordingly; *i samband ~* in connection herewith

härm|fågel mocking-bird **-ning** imitation; mimicry **-ningsdrift** mimicry instinct

härnad [-ä:-] *s3, draga i ~ mot* take up arms against

härnadståg war[like] expedition

härnạst next; (*nästa gång*) next time

härold [-å-] *s3* herald

härom ['hä:r-] (*norr* north) from here; (*angående denna sak*) about (concerning, as to this) **-dạgen** the other day **-krịng** all round here, in this neighbourhood **-sịstens** a little while ago; (*nyligen*) recently **-året** a year or so (two) ago

härpå ['hä:r-] *rumsbet.* on this (that); *tidsbet.* after this (that)

härröra ~ *från* (*av*) come (arise) from, originate in (from)

härs ~ *och tvärs* to and fro, in all directions, hither and thither

härska 1 (*styra*) rule; (*regera*) reign 2 (*om sak*) predominate; (*vara förhärskande*) prevail, be prevalent **-nde** *a4* ruling; (*om parti*) dominating; (*gängse*) prevalent, prevailing

härskara host

härskar|e ruler; monarch, sovereign; (*herre*) master (*över* of) **-inna** ruler *etc.*; (*som behärskar ngn*) mistress **-natur** masterful character, domineering nature; *pers.* man (*etc.*) of despotic nature

härsken *a3* rancid

härsklyst|en ... with a thirst for power; domineering, imperious **-nad** thirst for power; masterfulness *etc.*

härskna go (become, turn, get) rancid

härskri war-cry; (*friare*) outcry

härsmakt armed force, army; *med ~* by force of arms

härstam|ma ~ *från* be descended from, (*om pers. o. sak*) derive one's (its) origin from, (*datera sig från*) date from **-ning** descent; (*ursprung*) origin; (*ords*) derivation

här|städes here, in this place **-tappad** *a5* bottled in this country (by the importers) **-tappning** local bottling (*äv. konkr.*) **-till** ['hä:r-] to this (that, it); ~ *kommer att vi måste* besides (in addition to) this we must **-under** ['hä:r-] *rumsbet.* under this; *tidsbet.* during the time this was (is) going on (lasted, lasts) **-ur** ['hä:r-] out of this **-utịnnan** [-ˣinn-] in this (that) respect **-utöver** ['hä:r-] *bildl.* beyond this, in addition to this

härva *s1* skein; (*virrvarr*) tangle

här|varande *a4, en ~* a[n] ... of this place, a local **-vid** ['hä:r-] at (on, to) this **-vidlag** ['hä:r-] in this respect; (*i detta fall*) in this case **-åt** ['hä:r-] 1 *rumsbet., se hitåt* 2 (*åt den här saken e.d.*) at this

hässja [ˣhäʃa] I *s1* hay fence II *v1, ~ hö* pile hay on fences to dry

häst *s2* 1 horse; *sitta till ~* be on horseback; *man skall inte skåda given ~ i munnen!* don't look a gift-horse in the mouth!; *sätta sig på sina höga ~ar* ride the high horse 2 *gymn.* vaulting-horse; *schack.* knight **-ansikte** *bildl.* horse-face **-avel** horse-breeding **-djur** *pl* [the] horses **-droska** horse-drawn cab **-fluga** horse-fly **-gardist** trooper (*officer* officer) in the Horse Guards **-handlare** horse-dealer **-hov** 1 horse's hoof 2 *se följ.* **-hovsört** coltsfoot **-kapplöpning** horse-racing; *en ~* a horse-race **-kastanj[e]** horse-chestnut **-kraft** (*beräknad, effektiv, bromsad* indicated, effective, brake) horse-power **-krake** hack, jade **-kur** *bildl.* drastic cure **-kött** (*äta* eat) horse-flesh **-längd** *sport.* [horse-]length **-minne** *vard.* phenomenal memory **-polo** polo **-ras** breed [of horses] **-rygg** horse's back; *sitta på ~en* be on horseback **-skjuts** horse-drawn conveyance **-sko** horseshoe **-skojare** horse-swindler, [horse-]coper **-skötare** groom **-sport** equestrian sport; *~en* (*kapplöpningssporten*) horse-racing, the turf **-svans** horse's tail; (*frisyr*) pony-tail **-täcke** horse-cloth **-tagel** horsehair

hätsk *a1* rancorous, spiteful (*mot* towards); (*bitter*) bitter, fierce **-het** spitefulness; rancour

hätta *s1* hood; (*munk-*) cowl; (*barn-*) bonnet

häv|a *v2* 1 heave; (*kasta*) toss, chuck; *på tå häv!* on your toes!; ~ *sig* raise o.s., (*om bröst o.d.*) heave 2 (*undanröja*) remove; raise (*en belägring* a siege); (*bota*) cure; *jur.* cancel; (*bilägga*) settle 3 ~ *ur sig* come out with **-arm** lever **-as** *v2, dep* heave

hävd *s3* 1 *jur.* prescription; (*besittningsrätt*) usage; *urminnes ~* immemorial prescription 2 (*tradition*) tradition, custom 3 (*historia*) [chronicled] history; *~er* (*äv.*) annals of the past; *gå till ~erna* go down in history 4 *lantbr.* (*gott tillstånd o.d.*) cultivation **-a** 1 (*försvara*) vindicate, maintain (*sina rättigheter* one's rights); (*vidmakthålla*) maintain (*sin ställning* one's position), uphold (*sina intressen* one's interests) 2 (*påstå*) maintain, assert, state 3 *rfl* hold one's own, vindicate o.s. **-ateckning** *se historieskrivning* **-vunnen** *a5* time-honoured, established; *jur.* prescriptive

hävert ['hä:-] *s2* siphon

häv|ning [-ä:-] heaving *etc.*, *se -a* **-stång** lever
häx|a *s1* witch; (*ondskefull kvinna*) old hag **-brygd** witch-broth **-dans** witches' dance; *bildl.* welter **-eri** witchery; witchcraft, sorcery **-kittel** *bildl.* maelstrom **-mästare** wizard; *eg. bet. äv.* sorcerer **-process** witch-trial
hö *s4* hay **-bärgning** haymaking
1 höft *s, i uttr.: på en ~* (*efter ögonmått*) roughly, approximately, (*på en slump*) at random
2 höft *s3* hip; *~er fäst!* hands to hips! **-ben** hip-bone **-hållare** girdle; foundation garment **-kam** iliac cerst **-led** hip-joint **-skynke** loin-cloth
1 hög *s2* **1** heap (*av, med* of); (*uppstaplad*) pile (*av, med* of); (*trave*) stack (*av, med* of); *kläderna låg i en ~* the clothes were lying [all] in a heap; *samla* (*lägga*) *på ~* pile (heap) up, accumulate; *ta ett exempel ur ~en* take an example at random **2** (*kulle*) hillock; mound (*äv. konstgjord*)
2 hög *-t -re -st* **1** *allm.* high; (*reslig*) tall; (*-t liggande*) elevated; (*tung, svår*) heavy, severe; (*-t uppsatt*) exalted; (*om furstlig pers.*) august; (*-dragen*) haughty; *~[a] och låg[a]* high and low, the exalted and the lowly; *~a böter* a heavy fine; *~ militär* high-ranking officer [in the army], *sl.* brass hat; *~ panna* high (lofty) forehead; *~t gräs* long grass; *det är ~ tid* it is high time; *vid ~ ålder* at an advanced age; *ha ~a tankar om* think highly of; *i egen ~ person* in person; *H~a Porten* the Sublime (Ottoman) Porte; *spela ett ~t spel* (*bildl.*) play a risky game; *diskussionens vågor gick ~a* the debate was heated **2** (*-ljudd*) loud; *mus.* high[-pitched]; *med ~ röst* in a loud voice **3** (*om luft*) clear **4** *skrika i ~an sky* scream to high heaven **-adel** *~n* the higher nobility, *sl.* the upper crust **-adlig** *a1* belonging to the higher nobility
högaffel hay-fork, pitchfork
hög|akta esteem; (*svagare*) respect; think highly of, value **-aktning** esteem; respect; *med utmärkt ~*, *se -aktningsfullt* **-aktningsfull** respectful **-aktningsfullt** *adv* (*i brev*) Yours faithfully, *Am.* Very truly yours **-aktuell** of great current (immediate) interest; topical **-altare** high altar **-barmad** *a5* high-bosomed **-borg** *bildl.* stronghold **-bröstad** *a5* high-chested **-buren** *a5*, *med -buret huvud* with one's head held high **-djur 1** *koll.* big game **2** *bildl.* big shot (wig), V.I.P. (*förk. för* very important person) **-dragen** *a3* haughty, lofty, arrogant **-effektiv** (*om pers.*) very efficient; *en ~...* a high-efficiency (high-production, high-capacity) ...
högeligen exceedingly; highly
höger ['hö:-] **I** *a, best. f. högra* right; right[-hand]; *på min högra sida* on my right[-hand side]; *min högra hand* (*bildl.*) my right-hand man **II** *adv*, *~ om!* right turn!; *göra ~ om* turn by the right **III** *s9* **1** right; *från ~* from the right; *till ~ om* to the right of **2** *polit.*, *~n* the Right, the Conservative Party, the Conservatives (*pl*) **3** *sport. en rak ~* a straight right **-back** *sport.* right [full] back **-extremist** right-wing extremist **-halvback** *sport.* right half[-back] **-hand** right hand **-handske** right-hand glove **-hänt** *a4* right-handed; dextral **-inner** *sport.* inside right **-kurva** curve (bend) to the right **-man** conservative **-parti** *se höger III 2* **-styrd** [-y:-] *a5* (*om bil*) right-hand driven **-sväng** right turn **-trafik** right-hand traffic **-ytter** *sport.* outside right
hög|fjäll high mountain; *~en* the High Alps **-fjällshotell** mountain hotel **-form** *i ~* in great form **-frekvens** high frequency **-frekvent** high-frequency; *bildl.* occurring often, of high frequency
högfärd [ˣhö:g-, ˣhökk-] pride (*över* in); (*fåfänga*) vanity; (*inbilskhet*) [self-]conceit **-ig** proud (*över* of); *sl.* cocky (*över* about); (*fåfäng*) vain; (*inbilsk*) [self-]conceited; (*dryg*) stuck-up
högfärds|blåsa *pers.* stuck-up individual **-galen** bursting with self-importance
hög|förräderi high treason
högg *imperf av hugga*
hög|gradig *a1* (*av hög halt*) high-grade; (*ytterlig*) extreme; (*svår*) severe; (*intensiv*) intensive **-halsad** *a5* high-necked **-het** [-ö:-] **1** (*upphöjdhet*) loftiness; sublimity; ([*världslig*] *storhet*) greatness **2** (*-dragenhet*) haughtiness, high-and-mightiness **3** (*titel*) highness; *Ers H~* Your Highness **-hus** multi-storey building, [high] block of flats **-husbebyggelse** [group of] multi-storey buildings **-intressant** highly interesting **-kant** *på ~* on end **-klackad** *a5* high-heeled **-klassig** *a1* high-class **-konjunktur** [business, trade] boom; *~en inom* the boom [period] in **-kultur** *lantbr.* high farming **-kvarter** head-quarters (*pl*) **-kyrka** **-kyrklig** High Church **-land** upland; *Skotska -länderna* the Highlands **-ljudd** [-j-] *a1* loud; (*-röstad*) loud-voiced, vociferous; (*bullersam*) noisy **-ljuddhet** [-j-] loudness; vociferousness; noisiness **-ländare** Highlander **-länt** *a1* upland ...; *ön är ~* the island is elevated (lies high) **-läsning** reading aloud **-mod** pride; (*överlägsenhet*) haughtiness, loftiness, airs (*pl*); (*övermod*) arrogance; *~ går före fall* pride goes before a fall **-modern** absolutely up-to-date **-modig** proud; haughty, lofty; arrogant **-målsbrott** [high] treason, lese-majesty **-mässa** morning service; *kat.* high mass **-platå** tableland **-prosa** literary prose **-re** ['hö:g-] *komp. t. 2 hög* higher *etc.*, *se 2 hög*; *de ~ klasserna* the upper classes (*skol.* forms); *i allt ~ grad* to an ever-increasing extent; *en ~ makt* a higher power; *den ~ matematiken* higher (advanced) mathematics (*pl*); *en ~ officer* a high-ranking officer; *på ~ ort* in high quarters; *den ~ skolan* the upper (*friare* advanced) school, *ridk.* the higher manège; *i den ~ stilen* in the lofty style (*iron.* sublime manners); *ett ~ väsen* a superior being; *intet ~ önska än att* desire nothing better than to; *tala ~* speak louder **-renässans** *~en* the Mid-Renaissance **-rest** [-e:-] *a4* tall **-röd** vermilion, scarlet, bright red **-röstad** *a5*, *se -ljudd* **-sint** *a1* high-minded; (*storsint*) magnanimous **-sjöflotta** ocean-going fleet **-skola** university, college; (*friare*) academy; *tek-*

nisk ~ institute (college) of technology **-skoleutbildning** university (college) education **-slätt** tableland, plateau **-sommar** *på ~en* at the height of the summer **-spänd** *a5, elektr.* high-tension(-voltage) **-spänn** *i uttr.: på ~ (bildl.)* at high tension, agog **-spänning** high tension (voltage) **-spänningsledning** high-tension(-voltage) [transmission] line **-st I** *superl. t. 2 hög* highest *etc., se 2 hög; ~a tillåtna hastighet* speed limit, maximum speed; *H~a domstolen* the Supreme Court; *i ~a laget* as high (*etc.*) as it ought to be, (*äv.*) a little too high (*etc.*) if anything; *på ~a ort* at top level; *min ~a önskan* my most fervent wish; *när solen står som ~* when the sun is at its height (highest [point]) **II** *adv* highest *etc.*; most highly; (*mest*) most; (*i ~a grad*) in the highest degree; (*ytterst*) exceedingly, extremely; (*mycket*) very (*avsevärd* considerable); (*på sin höjd*) at most, at the [ut]most; *allra ~* at the utmost (very most); **-stadium** advanced (higher, senior) stage; (*i grundskola*) senior level **-stbjudande** *a4, den ~* the highest bidder **-stämd** *a1, bildl.* elevated, high-pitched, lofty **-säsong** height of the season, peak season **-säte** high settle; (*förnämsta plats*) seat of honour **-t** [*hökkt*] *adv* high; highly; (*om ljud*) loud[ly]; (*mots. för sig själv*) aloud; (*högeligen*) highly; *~ belägen* on high ground, [situated] high up; *spela ~ (spelt.)* play for high stakes; *stå ~ över (bildl.)* be far above, be far removed from; *lova ~ och dyrt* promise solemnly; *~ ställda fordringar* great (exacting) demands; *~ uppsatt person* person of high station, high-placed; *~ älskad* dearly beloved **-talare** loud-speaker

högtflygande *a4* high-flying(-soaring); *~ planer* ambitious plans

högtid [×hökk-, ×hö:g-] *s3, i sht bibl.* feast; *i sht kyrkl.* festival **-lig** [×hökk-, -'ti:d-, ×hö:g-] *a1* solemn; (*ceremoniell*) ceremonious, ceremonial; *vid ~a tillfällen* on state (formal, ceremonious) occasions; *se ~ ut* look solemn; *ta det inte så ~t!* don't be so solemn about it! **-lighet 1** solemnity; (*ståt*) state, pomp **2** (*med pl*) ceremony; solemnity **-lighålla** celebrate, commemorate **-lighållande** *s6* celebrating; celebration

högtids|blåsa *vard.* Sunday best **-dag** festival (commemoration) day; red-letter day **-dräkt** festival attire; (*frack*) evening dress **-firande I** *a4* festive **II** *s6* celebration, festival **-klädd** *a5* in festival attire; (*i frack*) in full dress **-sal** ceremonial (state) room (hall) **-stund** time of real enjoyment, precious moment; *en musikalisk ~* a musical treat **-talare** the speaker at a function (ceremony, festival *etc.*)

hög|trafik heavy (peak) traffic **-travande** *a4* bombastic, high-flown; (*om pers.*) grandiloquent, pompous **-tryck** high pressure; *boktr.* letterpress, relief printing

högt|stående *a4, kulturellt ~* on a high level of culture **-svävande** *a4* high-soaring; (*om planer*) ambitious

hög|tyska High German **-vakt 1** (*manskap*) main guard **2** (*vakthållning*) main guard duty **-vatten** high water; (*tidvatten*) high tide **-vilt** big game

högvis in heaps (piles, stacks); *~ med* piles of

hög|välboren *H-välborne Greve A.* The Right Honourable Earl A., *Engl.* The Earl [of] A. **-växande** *a4* tall-growing **-växt** *a4* tall **-vördighet** *hans ~ biskopen* the Right Reverend the Lord Bishop; *Ers ~ torde ...* you will ..., My Lord **-ättad** *a5* of noble lineage **-önsklig** *mest i uttr.: i ~ välmåga* in the best of health, *sl.* in the pink

höj|a [×höjja] *v2* raise; make ... higher, put up; (*för-*) heighten; (*förbättra*) improve; (*öka*) increase; *~ priset på* raise (put up) the price of, mark up; *~ ngn till skyarna* praise (exalt) s.b. [up] to the skies; *~ upp* raise; *~ sig (äv. bildl.)* rise above, raise o.s.; *-d över alla misstankar* above suspicion; *-d över allt tvivel* beyond all doubt **-bar** *a1, höj- och sänkbar* vertically adjustable

höjd *s3* **1** (*kulle o.d.*) height, hill **2** height; (*högsta ~*) top, summit; *vetensk.* altitude; *geogr.* latitude; *mus.* pitch; (*nivå*) level; *vishetens ~er* the pinnacles of wisdom; *stå på ~en av sin bana* be at the height of one's career; *i ~ med* on a level with; *på sin ~* at the [ut]most; *driva i ~en* intensify, force up, boost; *fri ~* free headroom, overhead clearance; *flyga på en ~ av* fly at a height of; *största ~* maximum height; *~en av oförskämdhet* the height of impudence; *det är väl ändå ~en!* that's really the limit! **-hopp** high jump **-led** *i ~* vertically **-läge** *mus.* upper register **-mätare** altimeter **-punkt** highest point; peak; *bildl.* height, maximum; (*kulmen*) climax; *~en i hans diktning* the height of his literary production **-roder** *flyg.* elevator **-skillnad** difference in altitude (height) **-vind** upper wind

höjning (*höjande*) raising; (*av pris*) rise, increase; (*av lön*) rise, *Am.* raise; *~ och sänkning* raising and lowering, (*i pris äv.*) rise and fall, *geol.* elevation and depression

hök *s2* hawk; *~ och duva (lek)* tig

hökare *ung.* grocer

hö|lada hay-barn **-lass** [cart]load of hay

hölj|a *v2* cover; (*insvepa*) wrap [... up], envelop; (*friare*) coat; *-d i dunkel* veiled (wrapped) in obscurity, nebulous; *~ sig med ära* cover o.s. with glory **-e** *s6* envelope; (*fodral*) case, casing

höll *imperf av hålla*

hölster ['höll-] *s7* **1** (*pistol-*) holster **2** *bot.* spathe

höna *s1* **1** hen; *kokk.* chicken **2** (*våp*) goose

höns *s7* **1** *pl* fowls; (*hönor*) hens; *koll. äv* poultry (*sg*); *vara högsta ~et [i korgen]* be cock of the roost, be top dog; *springa omkring som yra ~* rush around like a hen on a hot griddle **2** *kokk.* chicken **-avel** poultry-rearing **-buljong** chicken broth **-bur** hen-coop **-eri** poultry-(chicken-)farm **-foder** chicken-(poultry-)feed **-fåglar** gallinaceous birds **-gård 1** poultry-yard, chicken-run **2** *se -eri* **-hjärna** *bildl.* addle-pate (*äv. pers.*) **-hus** poultry-(hen-)house **-minne** memory like a sieve **-nät** chicken-wire **-skötsel** poultry-keeping(-farming) **-ägg** hen's egg

1 höra *v2* (*räknas*) belong (*till* to); ~ *hemma* belong (*i* to); ~ *ihop* belong together; ~ *ihop med* be connected with, (*bero på*) be dependent on; *det hör till yrket* it is part of the profession (job); *han hör till familjen* (*äv.*) he is one of the family; *det hör inte hit* it has nothing to do with this; *det hör till att* it is the right and proper thing that (to + *inf*)

2 hör|a *v2* **1** (*uppfatta ljud*) hear; *han hör illa* (*äv.*) he is hard of hearing; *det -s bra härifrån* you can hear well from here; *hör nu!* come now!; *hör du, kan du* ... I say (look here), can you ...; *han lät ~ en djup suck* he gave a deep sigh **2** (*erfara, få ~*) hear, learn; be told; (*fråga efter*) hear, inquire, ask, find out; *jag har just fått ~ att* I have just heard that; *jag har -t sägas att* I have heard it said that; *jag vill inte ~ talas om det* I will not hear of it (such a thing); *gå och hör om han har rest* go and find out if he has gone; *har man -t på maken!* did you ever hear the like?; *så snart han fick ~ om* directly he heard (was told) of; *låt ~!* out with it! **3** (*lyssna*) listen; (*å-*) hear (*en predikan* a sermon), attend (*en föreläsning* a lecture); ~ *ngns mening* ask a p.'s opinion; *jag vill ~ din mening om* I would like your opinion on (about); *han ville inte ~ på det örat* he just wouldn't listen **4** (*för-*) hear; (*vittne äv.*) examine **5** *rfl, det låter ~ sig!* that's s.th. like!; ~ *sig för* make inquiries (*om* about); ~ *sig för hos ngn* (*på en plats*) inquire of s.b. (at a place) **6** (*med beton. part.*) ~ *av* hear from; *låta ~ av sig* send word; ~ *efter a*) (*lyssna till*) listen to, *b*) (*fråga efter*) inquire (*hos ngn* of s.b., *om ngt* for (about) s.th.), *c*) (*ta reda på*) hear, inquire, find out; ~ *fel* hear amiss, mishear; *hör in i morgon!* look in and inquire tomorrow!; ~ *på* listen; *hör upp ordentligt!* mind you pay proper attention! **-apparat** hearing-aid **-bar** [-ö:-] *a1* audible **-håll** *i uttr.: inom* (*utom*) ~ within (out of) ear-shot **-lur 1** (*för lomhörda*) ear-trumpet **2** (*t. telefon*) receiver, ear-piece; (*t. radioapparat*) head-phone, earphone

hörn [hö:-] *s7* corner; (*vrå äv.*) nook; (*vinkel*) angle; *i ~et* at (*om inre ~:* in) the corner; *bo om ~et* live round the corner; *vika om ~et* turn the corner; *vara med på ett ~* join in **-a** *s1* **1** *vard., se hörn* **2** *sport.* corner **-hus** corner house **-pelare** corner-pillar; *bildl.* pillar of strength **-skåp** corner-cupboard **-sten** corner-stone (*äv. bildl.*) **-tand** eye-tooth, canine tooth

hör|sal lecture hall, auditorium **-sam** [-ö-:] *a1* obedient **-samma** obey; (*kallelse e.d.*) respond to; (*inbjudan*) accept; (*uppmaning*) pay heed to

hörsel ['hörr-] *s2* hearing **-ben** auditory bone (ossicle) **-gång** auditory canal (meatus) **-minne** auditive memory **-nerv** auditory nerve **-sinne** [sense of] hearing, auditory sense **-skadad** *a5* with impaired hearing

hör|sägen (*enligt* from) hearsay **-telefon** telephone receiver, headphone

hö|räfsa hay-rake **-skrinda** hay-cart **-skulle** hay-loft **-skörd** hay-harvest; *konkr. äv.* hay-crop **-snuva** hay-fever

höst *s2* autumn; *Am.* fall; *i ~ a*) (*nu*) this autumn, *b*) (*nästkommande*) next autumn; *i ~as* last autumn; *om ~en* (*~arna*) in the autumn; *på ~en 1966* in the autumn of 1966

höstack haystack, hayrick

höst|dag autumn day, day in the autumn **-dagjämning** autumnal equinox **-kanten** *i uttr.: på ~* around the beginning of the autumn **-lig** *a1* autumn[al] **-löv** autumn leaf **-mörker** autumn darkness **-storm** autumn[al] gale **-säd** autumn-sown grain **-säsong** autumn season **-termin** autumn term

hösäck (*tom*) hay-sack; (*full*) sack of hay

höta *v3*, ~ *åt ngn* (*med näven*) shake one's fist at s.b., (*med käpp*) brandish one's stick at s.b.

hö|tapp wisp of hay **-tjuga** [-çu:-] *s1* pitch-fork **-torgskonst** *ung.* thrashy art

höva|n *best. f. sg i uttr.: över ~* beyond measure, excessively **-s** *v2, dep* be fitting for

hövding chief[tain]

hövisk ['hö:-] *a5* (*anständig*) decent, seemly; (*ärbar*) modest; (*artig*) courteous; (*belevad*) refined; (*ridderlig*) chivalrous **-het** decency, seemliness; modesty; courteousness, courtesy; refinement; chivalry

hövitsman captain; *bibl. äv.* centurion

hövlig [-ö:-] *a1* civil, polite (*mot* to); (*belevad*) courteous; (*aktningsfull*) respectful (*mot* to); *bli ~t bemött* be treated with courtesy; **-het** civility, politeness, courtesy; respect **-hetsvisit** courtesy (polite) call **-t** *adv* civilly *etc.*; *bli ~ bemött* be treated with civilty; *svara ~* give a polite reply (*på* to)

hövolm [-å-] *s2* haycock

I

1 i *s6, s7* i; *pricken över* ~ the dot over the i, *bildl. äv.* the finishing touch

2 i *prep* **I** *rumsbet. o. bildl.* **1** (*befintl.*) in (*världen* the world; *Sverige* Sweden; *London* London); at (*Cambridge* Cambridge; *skolan* school); (*vid gen.förh. vanl.*) of; (*på ytan av*) on (*soffan* the sofa); *han bor* ~ *Bath* he lives at Bath; *jag bor här* ~ *Bath* I live here in Bath; ~ *en bank* in (at) a bank; ~ *brödbutiken* at the baker's; *pojken står* ~ *fönstret* the boy is standing at the window; *katten sitter* ~ *fönstret* the cat is in the window; ~ *ena änden av* at one end of; *freden* ~ *B.* the peace of B.; *professor* ~ *engelska* professor of English; *det roliga* ~ *historien* the amusing part of the story; *högsta berget* ~ the highest mountain in; ~ *gräset* on the grass, (*bland grässtråna*) in the grass; ~ *trappan* on the staircase; *pojken satt* ~ *trädet* the boy was sitting in the tree; *uttrycket* ~ *hans ansikte* the expression on his face **2** (*friare*) among (*buskarna* the bushes); over (*högtalaren* the loudspeaker); through (*kikaren* the binoculars); in (*litteraturen* literature); at (*arbete* work); *lampan hänger* ~ *taket* the lamp is hanging from the ceiling; *tala* ~ *näsan* talk through one's nose; *6 går* ~ *30 fem gånger* 6 goes into 30 five times; ~ *frihet* at liberty; *tala* ~ *radio* (*TV*) speak on the radio (on TV); *sitta* ~ *en styrelse* be on a board; ~ *stor skala* on a large scale; *för trång* ~ *halsen* too tight round the neck; *göra ett besök* ~ pay a visit to; *blåsa* ~ *trumpet* blow a trumpet **3** (*vid rörelse, förändring*) into; in; *dela ngt* ~ *fyra delar* divide s.th. into four parts; *falla* ~ *vattnet* fall into the water; *få ngt* ~ *sitt huvud* (*bildl.*) get s.th. into one's head; *klättra upp* ~ *ett träd* climb up a tree; *resultera* ~ result in; *placera ngt* ~ place s.th. in; *stoppa ngt* ~ *fickan* put s.th. in[to] one's pocket; *störta landet* ~ *krig* plunge the country into war; *titta* ~ *taket* look up at the ceiling **4** (*gjord av*) of, in; (*medelst*) by (*bil* car); (*om hastighet o.d.*) at (*full fart* full speed); (*i o. för*) on; (*i form av*) in; (*såsom*) as; *en kjol* ~ *bomull* a skirt of cotton, a cotton skirt; *gjuten* ~ *brons* cast in bronze; *dra ngn* ~ *håret* pull s.b. by the hair, pull a p.'s hair; *gripa ngn* ~ *kragen* seize s.b. by the collar; *ta ngn* ~ *armen* take s.b. by the arm; ~ *lag förbjudet* forbidden by law; *bortrest* ~ *affärer* away on business; *dö* ~ *cancer* die of cancer; *ligga* ~ *influensa* be down with the flu; *vad har du* ~ *lön?* what wages (salary) do you get?; ~ *regel* as a rule; *få* ~ *present* get as a present; *inte* ~ *min smak* not to my taste; ~ *stor utsträckning* to a large extent **5** *duktig* (*dålig*) ~ good (bad) at; *förtjust* ~ fond of; delighted with; *tokig* ~ crazy about; *ha ont* ~ *magen* have a stomach ache; *jag är trött* ~ *fötterna* my feet are tired **II** *tidsbet.* **1** (*tidpunkt*) in (*maj* May; *medelåldern* the middle age); at (*jul* Christmas; *början av* the beginning of; *solnedgången* sunset); last (*höstas* autumn); next (*vår* spring); (*före*) to; ~ *natt a*) (*som är el. kommer*) tonight, *b*) (*som var*) last night; *förr* ~ *tiden* in earlier times, formerly; ~ *en ålder av* at the age of; *en kvart* ~ *åtta* a quarter to eight **2** (*tidslängd*) for (*åratal* years); *vi stannade* ~ *två veckor* we stayed [for] two weeks; ~ *trettio år* (*de senaste trettio åren*) [for] the last thirty years, (*om framtid*) [for] the next thirty years **3** (*per*) a[n], per; *två gånger* ~ *månaden* twice a month; *60 miles* ~ *timmen* 60 miles per (an) hour **III** (*i adverbiella, prepositionella o. konjunktionella förb.*) ~ *och för utredning* for the purpose of investigation; ~ *och för sig* in itself; ~ *och med detta* with this; ~ *och med att han gick var han* in going he was; ~ *det att* [just] as; ~ *det att han gick* as he went, in going; *han gjorde rätt* ~ *att komma* he was right in coming

3 i *adv*, *hoppa* ~ jump in; *hälla* ~ *kaffe åt ngn* pour out coffee for s.b.; *hälla* ~ *vatten i en vas* pour water into a vase; *en skål med choklad* ~ a bowl with chocolate in it

iakttag|a **1** (*observera*) observe; (*lägga märke t. äv.*) notice; (*uppmärksamt betrakta äv.*) watch **2** *bildl.* observe (*tystnad* silence); exercise (*största försiktighet* the greatest caution); (*fasthålla vid äv.*) adhere to, keep (*reglerna* the rules) **-ande** *s6* observance, observation; *under* ~ *av* observing **-are** observer **-else** observation **-elseförmåga** powers of observation

iber *s3* **-isk** *a5* Iberian

ibis ['i:bis] *s2* ibis

ibland **I** *prep, se bland*; *mitt* ~ amid[st], in the midst of **II** *adv* (*stundom*) sometimes; (*då o. då*) occasionally; (*vid vissa tillfällen äv.*) at times, now and then

icke not; no; none; *i* ~ *ringa grad* in no small degree; ~ *desto mindre* nevertheless, none the less

icke|- *i sms.* non- **-angreppspakt** non-aggression pact **-våld** non-violence **-våldsmetoder** passive resistance (*sg*)

1 id *s2, zool.* ide

2 id *s2* (*verksamhet*) occupation[s *pl*], pursuit[s *pl*]; (*flit*) industry

idag *se dag*

idas *iddes itts, dep* have enough energy (energy enough) (*göra ngt* to do s.th.); *han iddes inte ens svara* he couldn't even be bothered to answer

ide *s6* hibernating-den; winter-quarters (*pl*), winter lair; *gå i* ~ go into hibernation, *bildl.* shut o.s. away (up in one's den); *ligga i* ~ (*äv.*) hibernate, lie dormant (*äv. bildl.*)

idé *s3* idea (*om* about, as to, of); *få en* ~ get (have) an idea; *det är ingen* ~ *att göra* it is no use (good) doing, there is no point in doing; *hur har du kommit på den* ~*n?*

what put that idea into your head?; *han har sina ~er* he has some odd ideas
ideal *s7 o. a1* ideal (*av, för* of) **-bild** ideal image **-gestalt** ideal figure **-isera** idealize **-isk** *a5* ideal; (*utomordentlig*) perfect **-ism** idealism **-ist** idealist **-istisk** *a5* idealistic **-itet** ideality **-samhälle** ideal society; Utopia **-tillstånd** ideal state; ideal existence
idéassociation association of ideas
ideell *a1* idealistic; *~a föreningar* non-profit-making associations
idéfattig unimaginative
idegran yew[-tree]
idé|historia history of ideas **-historisk** ideo-historical, pertaining to the history of ideas **-innehåll** idea-content (*i* of)
idel ['i:-] *oböjl. a* (*uteslutande*) mere, nothing but; (*ren*) pure, sheer; *~ glädje* pure joy; *han var ~ solsken* he was all sunshine; *vara ~ öra* be all ears
idelig *a1* perpetual, continual; incessant **-en** perpetually *etc.*; over and over again; *han frågar ~* he keeps on asking
idélära (*Platons*) doctrine of ideas
identi|fiera identify **-fiering** **-fikation** identification **-sk** [i'denn-] *a5* identical **-tet** *s3* identity **-tetsbricka** *mil.* identity disc **-tetskort** identity card
ideologi [-lå-] *s3* ideology **-sk** [-'lå:-] *a5* ideological
idé|rik full of ideas **-skiss** draft, rough sketch **-utbyte** exchange of ideas
idiom [-'å:m] *s7* idiom **-atisk** *a5* idiomatic[al]
idiosynkrasi *s3* idiosyncrasy; (*motvilja*) aversion
idiot *s3* idiot; (*svagare*) imbecile **-i** *s3* idiocy; imbecility **-isk** *a5* idiotic **-säker** foolproof
idissla ruminate, chew the cud; *bildl.* repeat, harp on **-nde** *s6* rumination; repetition **-re** ruminant
idka carry on; (*yrke, idrott äv.*) practise; (*yrke äv.*) follow; *~ handel* carry on business; *~ familjeliv* devote o.s. to one's family
idog *a1* industrious; laborious; (*trägen*) assiduous **-het** industriousness *etc.*; industry
idol [-å:l] *s3* idol
idrott [-å-] *s3* sport; [athletic] sports (*pl*); *skol., univ.* games (*pl*); *allmän* (*fri*) *~* athletics (*pl*) **-a** go in for sport; *skol. o.d. äv.* play games
idrotts|förening athletic (sports) club **-gren** branch of athletics (sport) **-klubb** *se -förening* **-lig** *a1* athletic **-lov** *skol.* time off (holiday) for sports **-man** athlete, sportsman **-plats** sports ground (field), athletic ground[s *pl*] **-tävling** sports meeting, athletic competition
ids [i:-, *vard.* iss] *se idas*
idyll *s3* idyll; (*plats*) idyllic spot **-iker** idyllist **-isk** *a5* idyllic
ifall **1** if, in case; (*förutsatt*) supposing (provided) [that] **2** (*huruvida*) if, whether
ifatt *gå* (*köra, simma*) *~ ngn* catch s.b. up
i|fjol *se fjol* **-fred** *se fred*
ifråga|komma [i×frå:-] *se fråga I, ex.*; *~ vid en befordran* be considered (a possible choice) for a promotion; *brukar sådant ~?* do such things usually happen? **-sätta** **1** (*bringa på tal*) propose, suggest **2** (*betvivla*) question, call in question **-varande** *a4* in question, at issue
ifrån **I** *prep, se från I*; *söder ~* from the south; *vara ~ sig* be beside o.s. **II** *adv, komma ~* (*bli fri el. ledig*) get off (away); *man kommer inte ~ att* there is no getting away from the fact that
iföra *rfl, se ikläda*
igel *s2* leech
igelkott [-å-] *s2* hedgehog
igen [i'jenn] **1** (*ånyo*) again; *om ~* over again, (*en gång till*) once more **2** (*tillbaka*) back; *jag kommer snart ~* I shall (will) soon be back; *slå ~* hit back; *ta ~* (*om tid*) make up for **3** (*kvar*) left **4** (*tillsluten*) to; *dörren slog ~* the door slammed to **5** *fylla ~* fill in **-bommad** *a5, huset var -bommat* the house was barred (shut) up; *dörrarna är ~e* the doors have been fastened **-grodd** *a5* choked up (*om stig e.d.* overgrown) (*av ogräs* with weeds) **-känd** *a5* recognized **-kännande** *s6* recognition **-känningstecken** distinctive (distinguishing) mark **-mulen** *a5* overclouded, overcast; ... clouded over
igenom *prep o. adv* through; *rakt ~* right (straight) through; *tvärs ~* right across; *natten ~* all through (throughout) the night, all night long; *hela livet ~* all (throughout) one's life; *han har gått ~ mycket* he has suffered (gone through) a great deal
igen|snöad *a5* (*om väg*) snowed-up; (*om spår*) obliterated by snow **-växt** *a4* (*om gångstig*) overgrown; (*om sjö o.d.*) choked-up
igloo ['i:glo] *s3, pl äv. -s* igloo
ignor|ant [iŋnå-, injårannt, -raŋt] *s3* ignorant person **-era** ignore, take no notice of; disregard
igång *se 1 gång 2* **-sättning** starting, start
ihjäl [i'jä:l] to death; *skjuta ~ ngn* (*äv.*) shoot s.b. dead; *arbeta ~ sig* work o.s. to death; *slå ~* kill; *slå ~ sig* get (be) killed; *slå ~ tiden* kill time; *svälta ~* (*äv.*) die of hunger, starve to death; *skratta ~ sig* die of laughing **-frusen** frozen to death **-skjuten** *a5* shot dead **-skrämd** *a5* frightened (*etc.*) to death **-slagen** killed **-sparkad** *a5* kicked to death **-trampad** *a5* trampled to death
ihop **1** (*tillsammans*) together; *passa ~* go well together, (*om pers.*) suit each other **2** *fälla ~* shut up; *krympa ~* shrink [up]; *sätta ~ en historia* make up a story
ihåg *komma ~* remember, (*erinra sig äv.*) recollect, (*lägga på minnet*) bear (keep) in mind; *jag kommer inte ~* (*äv.*) I forget **-komma** *se* [komma] *ihåg*; *det bör ~s att* it should be borne in mind that
ihålig *a1* hollow (*äv. bildl.*); (*tom*) empty **-het** *konkr.* cavity; hole; hollow; *abstr.* hollowness, emptiness
ihållande *a4* prolonged (*applåder* applause, *kyla* frost); continuous, steady (*regn* rain)
ihärdig *a1* (*om pers.*) persevering; (*trägen*) assiduous, tenacious; (*om sak*) persistent; *~t nekande* persistent denial **-het** perseverance; assiduity, tenacity; persistence
ikapp (*i tävlan*) in competition; *springa ~ med ngn* run a race with s.b. *de rider ~ med varandra* they are racing each other on horseback; *hinna ~ ngn* catch s.b. up

ikläda dress ... in; clothe ... in (*äv. bildl.*); ~ *sig* (*påtaga sig*) take ... upon o.s., assume, make o.s. responsible for
ikon [i'kå:n] *s3* icon
ikraftträdande *a4* coming into force; ~ *av lag* passing into law
ikring *se kring o. omkring*
1 il *s2* (*vind-*) gust of wind; squall
2 il *s7, se -gods, -samtal o.d.*; (*påskrift på telegram o.d.*) urgent
1 ila *det ~r i tänderna på mig* I have a shooting-pain in my teeth
2 ila *skönl.* speed; fly, dart, dash; (*mera vard.*) hurry; *tiden ~r* time flies [apace]
ilast|a load **-ning** loading
il|bud urgent message (*efter* for); *pers.* express messenger **-gods** *koll.* express goods, goods sent by express train; *sända som ~* send by express **-godsförsändelse** express parcel
illa *komp. värre el. sämre, superl. värst el. sämst*; *adv* (*dåligt*) badly; (*låta* sound) bad; (*klent*) poorly; (*på tok*) wrong; (*elakt, skadligt*) ill, evil; (*svårt*) badly, severely; (*mycket*) very (*trött* tired); *behandla ngn ~* treat s.b. badly; *göra ngn ~* hurt s.b.; *den ~ gör han ~ far* who evil does, he evil fares; *det går ~ för mig* things are going badly (*på tok* wrong) for me; *göra sig ~ i foten* hurt one's foot; *den luktar* (*smakar*) ~ it has a nasty smell (taste); *man ligger ~ i den här sängen* this bed is uncomfortable; *må ~* feel poorly (out of sorts), (*vilja kräkas*) feel sick; *hon ser ~* her sight is bad; *hon ser inte ~ ut* she is not bad-looking; *ta ~ upp* take it amiss; *ta ~ vid sig* be very upset (grieved) (*av* about); *tala ~ om ngn* run s.b. down, speak ill of s.b.; *tycka ~ vara* take it amiss, mind; *~ behandlad* ill-treated; *~ berörd* unpleasantly affected; *~ dold avundsjuka* ill-concealed envy; *~ till mods* sick at heart, down-hearted; *det var inte så ~ menat* no offence was intended (meant) *är det så ~?* is it as bad as all that?; *det var ~!* that's a pity!; *det var inte ~!* that is not bad!, that is pretty good! **-luktande** *a4* nasty-(evil-)smelling **-mående** *a4* poorly, out of sorts, unwell; indisposed; *känna sig ~* (*ha kväljningar*) feel sick **-sinnad** *a5* ill-disposed; (*om handling*) malicious **-sittande** *a4* badly fitting **-smakande** *a4* with a nasty (disagreeable) taste; (*om mat äv.*) unsavoury **-varslande** *a4* evil-(ill-)boding; ominous
illdåd wicked (evil) deed; outrage (*mot* on)
illeg|al *a1* illegal **-itim** *a1* illegitimate
iller ['ill-] *s2* polecat
ill|fundig *a1, se -listig* **-fänas** *dep* **1** (*väsnas*) pester **2** (*envisas*) bother (*med* with) **-gärning** malicious (evil, wicked) deed; outrage (*mot* on) **-gärningsman** evil-doer; malefactor **-listig** (*hopskr. illistig*) cunning, wily; insidious (*påhitt* device); (*listig äv.*) crafty **-listighet** (*hopskr. illistighet*) malicious cunning, craftiness
illitterat *a1* illiterate, unlettered
illmarig *a1* sly, knowing; (*slug*) cunning; (*skälmsk*) arch
illojal *a1* disloyal; *~ konkurrens* unfair competition
ill|röd glaring red **-tjut** piercing yell; *ge till ett ~* make a hell of a row **-tjuta** scream
illudera produce an illusion of
illumin|ation illumination **-era** illuminate
illusion illusion; (*falsk föreställning*) delusion; *göra sig ~er om* cherish illusions about; *ta ngn ur hans ~er* disillusion s.b. **-ist** illusionist
illusions|fri -lös free from all illusion[s *pl*]; absolutely disillusioned
illusorisk *a5* illusory; (*bedräglig*) illusive; (*inbillad*) imaginary
illust|er *a2* illustrious **-ration** illustration **-rativ** *a1* illustrative; *boktr. äv.* illustrational **-ratör** illustrator **-rera** illustrate
ill|vilja (*ont uppsåt*) spite, ill will (*mot* towards); (*elakhet*) malevolence; (*djupt rotad*) malignity **-villig** spiteful, malicious, malevolent (*mot* towards) **-vrål** *se -tjut*
ilmarsch forced march
ilning [ˣi:l-] thrill (*av glädje* of joy); (*av smärta*) shooting pain
il|paket express parcel **-samtal** *tel.* express call
ilsk|a *s1* [hot] anger, [boiling] rage, [intense] fury (*över ngt* at s.th.); *göra ngt i ~n* do s.th. in a fit of anger; *i ~n* in his (*etc.*) anger, for very rage **-en** *a3* angry; (*ursinnig*) furious; (*om djur*) savage, ferocious; *bli ~* get angry (*på ngn* with s.b.; *över ngt* at s.th.) **-na** *~ till* fly (*så småningom* work o.s.) into a rage (fury); *~ till mer och mer* get angrier and angrier
iltelegram express telegram (wire, cable)
imaginär [-ʃi-] *a1* imaginary (*äv. mat.*); unreal, fancied
imbecill *a1* imbecile
imit|ation imitation **-atör** imitator; (*varietéartist o.d.*) mimic **-era** imitate; copy; (*människor äv.*) take ... off, mimic; *~t läder* imitation leather
imma I *s1* (*ånga*) mist, vapour; (*beläggning*) steam, moisture; *det är ~ på fönstret* the window is steamed (misted) over **II** *v1* get misted [over]
immanent *a4* immanent
immateriell *a1* immaterial
immatrikulera matriculate
immig *a1* misty, steamy
immigr|ant immigrant **-ation** immigration **-era** immigrate (*till* into)
immun *a1* immune (*mot* against, from, to) **-isera** immunize **-isering** immunization **-itet** immunity
impedans *s3, elektr.* impedance
imperat|iv *s3 o. a1* (*i* in the) imperative **-or** [-ˣa:tår] *s3* imperator **-orisk** *a5* imperial; (*om gest o.d.*) imperious
imperfekt [-pä-] *s7, s4* **-um** *s4* imperfect; *i ~* in the past tense
imperi|alism imperialism **-alist** imperialist **-alistisk** *a5* imperialist[ic] **-um** [-'pe:-] *s4* empire
impertinent [-pä-] *a1* impertinent
imponera make an impression (*på* on); impress; *jag blev mycket ~d* I was very much impressed (*av* by) **-nde** *a4* impressive; imposing; *en ~ gestalt* an imposing figure; *~ siffror* striking figures; *ett ~ antal* a striking[ly large] number of

impopul|aritet unpopularity **-är** *a1* unpopular (*bland, hos* with)
import [-å-] *s3* (*-erande*) import[ation]; (*varor*) imports *pl*) (**-avgift** import duty **-era** import (*till* [in]to); *~de varor* (*äv*) imports **-firma** import[ing] firm; importers (*pl*) **-förbud** import prohibition (ban) **-licens** import licence **-restriktioner** import restrictions **-tull** import duty **-underskott** import deficit **-vara** imported article, import **-ör** importer **-överskott** import surplus
imposant [-ant, -aŋt] *a1, se imponerande*; (*storslagen*) grand
impoten|s *s3* impotency **-t** *a1* impotent
impregner|a [-präŋn-, -pränj-] impregnate; (*mot väta*) waterproof; (*trä*) creosote **-ing** impregnation; (*mot vatten*) waterproofing **-ingsmedel** impregnating agent
impressari|o *-on -er* impresario
impressionis|m [-eʃɷ-] impressionism **-t** impressionist **-tisk** *a5* impressionist[ic]
improduktiv *a1* unproductive; (*oräntabel*) unprofitable
impromptu [-å-] *s6* impromptu
improvis|ation improvisation **-atör** improviser **-era** improvise; (*om talare äv.*) extemporize
impuls *s3* impulse; (*utifrån kommande äv.*) stimulus, incentive, spur, impetus (*till* to); *elektr.* excitation **-givare** *elektr.* exciter **-iv** *a1* impulsive **-ivitet** impulsiveness **-köp** (*-köpande*) impulse buying; *ett ~* a purchase made on the impulse; *göra ett ~* buy on the impulse
in [inn] in; (*~ huset o.d.*) inside; *hit* (*dit*) *~* in here (there); *~ i* into; *till långt ~ på natten* until far [on] into the night; *~ till staden* in (*äv.* up) to town
inackorder|a [ˣinn-] board and lodge (*hos* with); *vara ~d* board and lodge, be a boarder; *~ sig* arrange to board and lodge (*hos* with) **-ing 1** *abstr.* board [and lodging] board-and-lodging accomodation **2** *pers.* boarder; *ha ~ar* take in boarders **-ingsrum** rented room
inadekvat *a1* inadequate
inadvertens *s3* inadvertence
inaktiv *a1* inactive; inert
inaktuell (*förlegad*) out of date; *problemet är ~t* the problem does not arise (is not pertinent)
inalles in all, altogether
in|andas inhale; breathe in **-andning** inhalation **-arbeta 1** work in **2** (*förtjäna tillbaka*) work off (*en förlust* a loss) **3** (*skaffa avsättning för*) push [the sale of], find a market for; *en väl ~d firma* a well-established firm
inaugurera inaugurate
in|avel in-breeding **-baka** embed **-begripa** comprise, comprehend; (*innesluta*) include; (*medräkna*) take ... into account; *... ej -begripen* not including ...; *-begripen i samtal* engaged in conversation **-beräkna** include, take ... into account; *allt ~t* everything included **-berätta** report (*ngt för ngn* s.th. to s.b.) **-bespara** save **-besparing** saving **-betala** pay [in, up]; *~ till en bank* (*på sitt konto*) pay into a bank (one's account); *-betalda avgifter* paid-up fees **-betalning** paying [in, up], payment; *in- och utbetalningar* receipts and disbursements, in- and outgoing payments **-betalningskort** *post.* paying-in form
inbill|a *~ ngn ngt* make s.b. (get s.b. to) believe s.th.; *vem har ~t dig det?* whoever put that into your head?; *det kan du ~ andra!* tell that to the [horse] marines!; *~d* imagined, fancied, imaginary; *~ sig* imagine, fancy; *~ sig vara* imagine that one is; *~ sig vara ngt* think a great deal of o.s. **-ning** imagination; (*falsk föreställning*) fancy; *det är bara ~[ar]!* that is pure imagination (all fancy)! **-ningsfoster** figment of the imagination **-ningssjuk** *vara ~* suffer from an imagined complaint; *en ~* an imaginary invalid, a hypocondriac
inbilsk *a1* conceited
in|binda (*böcker*) bind **-bindning** binding; *lämna ... till ~* leave ... to be bound **-biten** *a5* confirmed (*ungkarl* bachelor); inveterate (*rökare* smoker)
inbjud|a invite; *... har äran ~ ... till middag ...* request the pleasure of the company of ... to dinner; *~ till teckning av aktier* invite subscription[s] to a share issue; *~ till kritik* invite criticism **-an** *r, pl saknas* invitation **-ande** *a4* inviting; (*lockande*) tempting **-ningskort** invitation card
inbland|a *se blanda*; *bli ~d i ngt* become (get) involved (implicated, mixed up) in s.th. **-ning** *bildl.* interference, meddling; (*ingripande*) intervention
in blanko [-ˈblann-] in blank; in blanco
in|blick insight (*i* into); *få en ~ i* (*äv.*) catch a glimpse of **-bringa** yield, bring [in] **-bringande** *a4* profitable; lucrative **-bromsning** braking, application of the brake[s *pl*] **-brott 1** (*början*) setting in; *vid dagens ~* at the break of day, at daybreak (dawn); *vid nattens ~* at nightfall; *vid mörkrets ~* at the coming on (approach) of darkness **2** (*under dagen*) housebreaking; (*under natten*) burglary; *göra ~ hos ngn* break into (commit a burglary at) a p.'s house
inbrotts|försäkring burglary insurance **-tjuv** (*under dagen*) housebreaker; (*under natten*) burglar
in|brytning *mil.* break-in (*i* in) **-buktning** inward bend **-bunden** *a3* **1** (*om bok*) bound **2** *bildl.* uncommunicative, reserved **-bundenhet** uncommunicativeness *etc.*; reserve **-burad** *a5* locked up **-byggare** (*bebyggare*) settler; *se äv. -vånare* **-byggd** *a5* built in; *en ~ veranda* a closed-in verandah **-bytesvärde** trade-in value **-bäddad** *a5* embedded
inbördes [-ö:-] **I** *adv* (*ömsesidigt*) mutually; reciprocally; (*med varandra*) with one another; (*inom sig själva*) among[st] themselves **II** *oböjl. a* mutual; reciprocal; *deras ~ avstånd* their relative distance; *sällskap för ~ beundran* mutual admiration society; *~ testamente* [con]joint will **-krig** civil war
incest *s3* incest
incitament *s7* incentive, incitement
indefinit *a1* indefinite
indel|a divide (*i* into); (*uppdela*) divide up (*i* into; *efter* according to); (*i klasser*) classify, group; (*i underavdelningar*) sub-

divide **-ning** dividing [up]; division; classification, grouping; subdivision **-ningsgrund** principle (basis) of division (*etc.*) **-t** [-e:-] *a4*, *mil. ung.* tenement (*soldat* soldier)
index ['inn-] *s9*, *s7* index (*pl äv.* indices); *mat.* subscript **-reglerad** *a5* index-tied (-bound, -based) **-tal** index [figure] **-tillägg** index increment
indian *s3* [Red] Indian **-bok** Red-Indian story-book **-dräkt** Red-Indian costume **-hövding** [Red-]Indian chief **-sk** [-a:-] *a5* [Red-]Indian **-ska** [-a:-] [Red-]Indian woman **-sommar** Indian summer **-stam** Indian tribe **-tjut** Indian war-whoop
indi|cera *se indikera* **-ciebevis** [-'di:-] circumstantial evidence **-cium** [-'di:-] *s4* indication (*på* of); *jur.* circumstantial evidence; *bildl.* criterion; *starka -cier* weighty evidence; *döma ngn på -cier* convict s.b. on circumstantial evidence
indiefarare person (ship) bound for (sailing from) India; (*fartyg äv.*) Indiaman **Indien** ['inn-] *n* India **indier** ['inn-] Indian
indifferent *a1* indifferent
indign|ation [-diŋn-, -dinj-] indignation **-erad** *a5* indignant (*över* of)
indigo ['inn-] *s9* indigo **-blå** indigo[-blue]
indikation indication
indikativ *s3 o. a1* indicative; *stå i ~* be in the indicative
indik|ator [-ˣa:tår] *s3* indicator **-era** indicate **-ering** indication, indicating
indirekt ['inn-, -'ekkt] *a1* indirect; *~ anföring* oblique narration; *~ belysning* concealed lighting; *~a val* (*ung.*) elections by ad hoc appointed electors
indisk ['inn-] *a5* Indian
indiskret *a1* indiscreet; tactless; (*lösmynt*) talkative **-ion** indiscretion
indispo|nerad *a5* indisposed, ... out of sorts; (*om sångare etc.*) not in good voice (*etc.*) **-sition** indisposition
indium ['inn-] *s8* indium
individ *s3* individual; (*om djur äv.*) specimen; (*neds. om pers. äv.*) specimen, character **-ualism** individualism **-ualist** individualist **-ualistisk** *a5* individualistic **-ualitet** *s3* individuality **-uell** *a1* individual
indoeurop|é *s3* **-eisk** *a5* Indo-European **Indokina** [-ç-] *n* Indo-China
indoktriner|a indoctrinate **-ing** indoctrination
indolen|s *s3* indolence; idleness **-t** *a1* indolent; idle, lazy
indo|logi [-å'gi:] *s3* Indology **-nes** *s3*, *se -nesier* **Indonesien** *n* Indonesia **indonesi|er** *s9* **-sk** *a5* Indonesian
in|draga *se dra* [*in*]; (*friare*) draw in; (*inveckla*) involve, implicate (*i* in); (*återtaga, återfordra*) withdraw; (*underhåll o.d.*) stop, discontinue; (*konfiskera*) confiscate; (*tidning, körkort*) suspend; *järnv.* take off **-dragning** drawing in; involvement, implication; withdrawal; stoppage, discontinuation; confiscation; suspension **-driva** (*inkassera*) collect; (*på rättslig väg*) recover **-drivare** debt-collector **-drivning** [-i:v-] collection recovery
indräktig *a1* lucrative
indränka soak, saturate
indu|cera induce **-ktion** [-k'ʃo:n] induction **-ktionsström** induction (induced) current
indunstning [concentration by] evaporation
industri *s3* industry, mining and manufacturing; *egentlig ~* manufacturing industry **-alisera** industrialize **-alisering** industrialization **-alism** industrialism **-arbetare** industrial worker, factory hand **-ell** *a1* industrial **-företag** industrial enterprise (concern, company) **-gren** branch of industry, industry **-idkare** industrialist, manufacturer **-land** industrialized country **-mässa** industrial fair **-semester** general industrial holiday **-stad** industrial town **-varor** industrial goods (products), manufactured goods
ineffektiv *a1* ineffective; (*om pers. äv.*) inefficient **-itet** ineffectiveness; inefficiency
inemot ['inn-] (*om tid*) towards; (*om antal o.d.*) nearly, close on
inexakt *a1* inexact, inaccurate **-het** inaccuracy; inexactitude
infall *s7* **1** (*angrepp*) invasion (*i* of); incursion (*i* into) **2** (*påhitt*) idea, fancy; (*nyck*) whim; *jag fick ett ~* I had a bright idea (a brain-wave) **3** (*kvickhet*) sally **-a** **1** (*om vattendrag o.d.*) fall (*i* into) **2** *~ i ett land* invade a country **3** (*inskjuta yttrande*) put in **4** (*inträffa*) fall (*på en söndag* on a sunday) **-en** *a5*, *-fallna kinder* sunken (hollow) cheeks
infallsvinkel angle of incidence
infam *a1* infamous, abominable; *vara ~t påpassad* be under close surveillance **-i** *s3* infamy
infanteri infantry **-avdelning** infantry division **-förband** infantry unit **-regemente** infantry regiment **-st** infantryman
infantil *a1* infantile **-ism** infantilism
infarkt *s3*, *med.* infarction, *Am.* infarct
infart [-a:-] *s3* approach (*äv. sjö.*); *~ förbjuden!* No Entry!; *under ~en till* when approaching (entering)
infartsväg drive[way], approach
infatt|a (*kanta*) border; (*juveler e.d.*) set, mount; *~ i ram* frame **-ning** (*kant*) border; edging; (*ram*) frame[work]; (*för juveler e.d.*) setting, mounting; (*t. glasögon e.d.*) rim; (*t. fönster e.d.*) trim
infekt|era infect **-ion** [-k'ʃo:n] infection **-ionssjukdom** infectious disease **-ionsämne** infectious organism; germ
infern|alisk [-fär-] *a5* infernal **-o** [-'färr-, -'fä:r-] *s6* inferno (*pl* infernos)
infiltr|ation infiltration **-era** infiltrate
infinit *a1* infinite **-iv** [ˣinn-] *s3* (*i* in the) infinitive **-ivmärke** sign of the infinitive
infinna *rfl* appear, make one's appearance; put in an appearance; *vard.* turn up; *~ sig hos ngn* present o.s. (appear) before s.b.; *~ sig vid en begravning* (*på sammanträdet*) attend a funeral (the meeting)
inflamm|ation inflammation (*i* in, of) **-era** inflame
inflat|ion inflation **-ionsfara** risk of inflation **-orisk** *a5* inflationary
infli[c]ka put in, interpose
inflyens *s3* influence
influensa [-ˣenn-] *s1* influenza; *vard.* flu **-bacill** influenza germ

in|fluera ~ [*på*] influence **-flygning** approach **-flyta** (*om pengar*) come (be paid) in; (*publiceras*) appear, be inserted **-flytande** *s6* (*inverkan*) influence (*på ngn* with s.b.); (*om sak*) effect, power; *röna* ~ *av* be influenced by; *göra sitt* ~ *gällande* make one's influence felt, use one's influence; *öva* ~ *på* exert influence on **-flytelserik** influential **-flytta** (*invandra*) immigrate (*i* into) **-flyttning** moving in, taking possession; (*immigration*) immigration **-flöde** influx, inflow (*i* into) **-foga** fit in; insert (*äv. bildl.*) **-fordra** (*anmoda*) demand; *i sht hand.* solicit, request; (*återkräva*) demand ... back; (*lån*) call in; ~ *anbud* invite tenders (*på* for)

informat|ion [-år-] information; (*underrättelse*) intelligence; *mil.* briefing **-iv** *a1* informative **-or** [-ˣa:tår] *s3* [private] tutor

informell *a1* informal

informera [-å-] inform (*om* of); *mil.* brief; *hålla ngn* ~*d* keep s.b. posted

infraröd infra-red

in|fria 1 redeem; (*förbindelse äv.*) meet; (*skuld äv.*) discharge **2** (*uppfylla*) redeem, fulfil (*ett löfte* a promise) **-frusen** frozen in; *bildl.* frozen; ~ *i isen* ice-bound; *-frusna tillgodohavanden* frozen assets

infusionsdjur infusorian (*pl* infusoria)

in|fånga catch; (*rymling o.d. äv.*) capture **-fälla** *tekn.* let in; *sömn.* insert; *boktr.* inset **-fällbar** *a1* retractable, retractile **-fällning** letting in; *konkr.* inlay; *sömn.* insertion, inset **-född** *a5* native; *en* ~ *stockholmare* a native of Stockholm **-föding** native **-för** ['inn-] **1** *rumsbet.* before; (*i närvaro av*) in the presence of; ~ *domstol* in court; *finna nåd* ~ *ngn* find favour with s.b.; *ställas* ~ *problem* be brought face to face (confronted) with problems **2** *tidsbet.* (*nära*) on the eve of; (*friare*) at (*underrättelsen om* the news of); ~ *julen* with Christmas at hand, at the prospect of Christmas **-föra** *se föra* [*in*]; (*importera*) import; (*friare o. bildl.*) introduce; (*i protokoll, räkenskaper etc.*) enter; (*annons*) insert; ~ *förbud för* lay embargo on, prohibit **-föring** introduction; (*i protokoll e.d.*) entry, entering; (*av annons*) insertion **-förliva** incorporate (*med* with, in[to]); ~ *en bok med sina samlingar* add a book to one's collection **-förlivande** *s6* incorporation

införsel *s2* **1** (*import*) import[ation] **2** ~ *i lön* attachment of wages (*etc.*) **-avgift** import duty **-förbud** import ban (embargo) **-tillstånd** import permit **-tull** import duty (tariff)

inför|skaffa procure (*upplysningar om* particulars about) **-stådd** *a5*, *vara* ~ *med* agree with, be in agreement with

ingalunda by no means; not at all

inge *se ingiva*

ingefära *s1* ginger

ingefärsdricka ginger-beer(-ale) **-päron** *pl* pear ginger (*sg*)

ing|en 1 *fören.* no (*lätt sak* easy matter); *det var* ~ *dum idé!* that's not a bad idea!; ~ *människa* (*vanl.*) nobody, (*starkare*) not a soul **2** *självst.* nobody, no one, none; ~ (*-a*) *av dem* none of them; *-a* none; ~ *alls* nobody (no one) at all, not a single person; ~ *mindre än* no less [a person] than; *nästan* ~ hardly any (*etc.*) **-dera** neither [of them (the two)]

ingenium [-j-] *s4* understanding; brains (*pl*); (*snille*) genius; wit

ingenjör [-ʃen-] engineer

ingenjörs|firma engineering firm **-kår** *mil.* corps of engineers **-trupper** engineers, sappers; ~*na* (*Engl.*) the Royal Engineers

ingen|mansland no man's land **-stans -städes** nowhere; *Am. vard.* no place **-ting** nothing; *det gör* ~ it does not matter; *det blir* ~ *av med det!* that's off!, *vard.* there's nothing doing!; *det säger jag* ~ *om!* I have nothing to say to that!; *nästan* ~ hardly anything, next to nothing

ingift *a4*, *bli* ~ *i* marry into **-e** intermarriage

ingiv|a 1 (*inlämna*) send (hand) in **2** *bildl.* inspire (*ngn respekt* s.b. with respect) **-else** inspiration; (*impuls*) idea, impulse; *stundens* ~ the spur of the moment

in|gjuta *bildl.* infuse (*nytt mod hos ngn* fresh courage into s.b.) **-gravera** [ˣinn-] engrave

ingrediens *s3* ingredient, component

ingrepp 1 *läk.* [surgical] operation **2** *bildl.* interference; (*intrång*) encroachment, infringement **3** *tekn.* engagement; (*av kuggar*) mesh[ing]

ingress *s3* preamble, introduction

in|gripa *bildl.* intervene; (*hjälpande*) step in, come to the rescue; (*göra intrång*) interfere **-gripande I** *s6* intervening *etc.*; intervention; interference **II** *a4* far-reaching; radical, thorough; ~ *förändringar* radical changes **-grodd** *a5* **1** ingrained (*smuts* dirt) **2** (*inrotad*) inveterate (*ovana* bad habit); deep[ly]-rooted (*misstro* suspicion) **-gå 1** ~ *i den eviga vilan* enter into the everlasting peace **2** (*om tid*) set in, come, begin; *dagen -gick strålande klar* the day dawned radiantly clear **3** (*inkomma*) arrive; (*om underrättelse*) come to hand; (*om pengar*) come in **4** (*inlåta sig*) enter (*på* into); (*utgöra del*) be (become) [an integral] part (*i* of); (*medräknas*) be included; ~ *i allmänna medvetandet* become part of the public consciousness; *det* ~*r i hans skyldigheter* it is part (one) of his duties **5** (*avtal, förbund e.d.*) enter into; ~ *fördrag* conclude (make) a treaty; ~ *förlikning* come to terms, arrive at a compromise; ~ *äktenskap* [*med*] marry; ~ *ett vad* make a bet (wager) **-gående I** *a4* **1** (*ankommande*) arriving; (*brev o.d.*) incoming; ~ *balans* balance brought forward **2** (*grundlig*) thorough, close (*granskning* scrutiny); ~ *kännedom om* intimate knowledge of; ~ *redogörelse för* detailed report of; *diskutera* ~ discuss in detail; ~ *redogöra för* give a full and detailed account of **II** *s6* **1** *fartyget är på* ~ the vessel is inward bound **2** (*av fred o.d.*) conclusion; (*av äktenskap*) contraction **-gång 1** entrance; (*port äv.*) door, gate; *förbjuden* ~*!* No Admittance! **2** (*början*) commencement, beginning; (*gryning*) dawn **-gångspsalm** opening hymn

inhal|ation inhalation **-era** inhale

inhemsk *a1* **1** (*mots. utländsk*) home, domestic; *äv.* English, Swedish (*etc.*) **2** *biol.* indigenous, native

inhiber|a inhibit; cancel, call off **-ing** inhibition; cancellation
inhuman *a1* inhuman
in|hysa house; accomodate; *vara -hyst hos ngn* (*om sak*) be stored at a p.'s house **-hyseshjon** dependent tenant **-hägna** enclose; ~ *med plank* (*staket*) board (fence) in **-hägnad** [-ŋn-] *s3* (*område*) enclosure; (*fålla*) fold, pen; (*staket*) fence **-hämta 1** (*skaffa sig*) gather, pick up; procure, secure; (*lära sig*) learn; ~ *kunskaper* acquire knowledge; ~ *ngns råd* ask a p.'s advice, consult s.b.; ~ *upplysningar* obtain information, make inquiries **2** (*nå fatt*) catch up; ~ *ett försprång* gain on, reduce a lead **-hösta** *bildl.* reap; (*poäng*) score **-höstande** *s6* reaping; scoring
ini [ˣinni] *se inuti, inne i* **-från I** *adv* from within; from [the] inside **II** *prep* from the interior of; from inside (within)
initial [-tsi-] *s3* initial
initiativ [-tsia-] *s7* initiative **-förmåga** power of initiative **-rik** full of initiative, enterprising **-rikedom** abundance of initiative **-tagare** initiator, originator, promoter (*till* of)
initierad [-tsi-] *a5* initiated (*i* into); well-informed (*i* on); *i ~e kretsar* in well-informed circles
injaga ~ *skräck hos ngn* strike terror into (intimidate) s.b.; ~ *respekt hos ngn* command respect in s.b.
in|jektion [-k'ʃɷ:n] injection; shot **-jektionsspruta** hypodermic syringe **-jicera** inject
inka ['inn-] *-n -s* Inca **-folket** the Incas
inkall|a call in; (*möte e.d.*) summon (*äv. jur.*), convoke, convene; *mil.* call up, *Am.* draft (*t. militärtjänst* for military service); *en ~d* (*mil.*) a conscript, *Am.* a draftee **-ande** *s6* calling in; summoning, convocation, convening **-else** summons; *mil.* calling up, *Am.* draft [call] **-elseorder** calling-up papers (order), *Am.* induction papers
inkapabel *a2* incapable
inkapsl|a enclose, encase **-ing** enclosure; encapsulation
inkariket the Inca Empire
inkarn|ation incarnation **-erad** *a5* incarnate
inkass|era [ˣinn-] collect, recover; *bildl.* receive **-erare** collector **-ering** *s2* **-o** [-'kassɷ] *s6* collection [of debts], collecting, recovery **-oavgift** collecting (collection) fee **-obyrå** debt-collecting agency (firm) **-ouppdrag** collection (encashment) order
in|kast 1 *sport.* throw-in **2** (*invändning*) objection, observation **-kilad** [-çi:-] *a5* wedged (*i* into; *mellan* in between) **-klarera** [ˣinn-] (*fartyg*) clear (enter) ... inwards **-klarering** clearance (entry) inwards
inklinera incline; (*om magnetnål*) dip
inklu|dera include **-sive** ... included; including ..., inclusive of ...
inklämd *a5* squeezed (jammed) in; *läk.* strangulated
inkognito [-'kåŋn-] *adv o. s6* incognito
inkok|ning preserving; bottling; canning; *jfr koka* [*in*] **-t** [-ɷ:-] *a4* preserved *etc.*; (*i socker*) candied; ~ *ål* jellied eel[s *pl*], eels (*pl*) in aspic jelly
inkomma ~ *med* (*anbud, redogörelse etc.*) hand in, submit; ~ *med klagomål* lodge complaints **-nde** *a4* incoming
inkommendera [ˣinn-] call ... up
inkommensurab|el [-å-] *a2*, *-la storheter* incommensurable quantities
inkompeten|s incompetence; incapacity, disability **-t** incompetent; (*om platssökande*) unqualified
inkomst [-å-] *s3* income; earnings (*pl*) (*av, på* from); (*stats-*) revenue[s *pl*]; (*avkastning*) yield, proceeds (*pl*); ~ *av arbete* earned income; ~ *av kapital* unearned income; *ha goda ~er* have a good income; *~er och utgifter* income and expenditure; *fast* ~ settled income; *hur stora ~er har han?* what is his income? **-beskattning** income taxation **-bringande** *a4* profitable, remunerative, rewarding **-klass** income bracket **-källa** source of income **-sidan** *på* ~ on the income (credit) side **-skatt** income tax **-tagare** wage-earner
inkongruen|s incongruity **-t** incongruous; *geom. äv.* incongruent
inkonsekven|s inconsistency, **-t** inconsistent
in|koppla 1 couple, connect; *elektr.* switch in (on), turn on **2** inform, advice, get in touch with; *polisen är ~d* the police have been called in **-korporera** [-å-ɷ-, -'e:-, ˣinn-] incorporate (*i, med* in[to]) **-korporering** [-å-ɷ-, -'e:-, ˣinn-] incorporation
inkorrekt *a1* incorrect
in|krupen *a5*, *sitta* ~ *i* sit huddled-up in **-kråm** *s7* **1** (*av bröd*) crumb **2** (*av fågel o.d.*) entrails (*pl*) **-kräkta** [-äkk-] encroach, trespass, intrude (*på* [up]on) **-kräktare** trespasser, intruder; (*i ett land*) invader
inkubationstid incubation period
inkunabel *s3* incunabulum (*pl* incunabula)
inkurant *a1* unsaleable, unmarketable
inkvarter|a [ˣinn-] *mil.* billet, quarter (*hos* on); (*friare*) accomodate **-ing 1** billeting; accomodation **2** (*plats*) quarters (*pl*), billet
inkvisit|ion *~en* the Inquisition **-ionsdomstol** court of inquisition; *~en* the Court of the Inquisition **-or** [-ˣi:tår] *s3* inquisitor **-orisk** *a5* inquisitorial
inköp purchase; *den kostar ... i* ~ the cost, price is ...; *göra* ~ (*i butik*) do shopping, shop **-a** buy, purchase **-are** buyer, purchaser
inköps|anmälan notification of purchase **-chef** chief (head) buyer **-pris** cost price
in|körd [-çö:-] *a5* (*om bil*) run-in; (*om häst*) broken in; *~a fraser* well-drilled phrases **-körning** (*av hö e.d.*) bringing in; (*av motor*) running-in; *bilen är under* ~ the car is being run (driven) in **-körsport** entrance [gate]; *bildl.* gateway **-laga** *s1* **1** (*skrift*) petition, address, memorial **2** (*i cigarr e.d.*) filler **3** (*boks inre*) body, inner part **-lagd** *a5* **1** (*i ättika*) pickled; (*i olja o.d.*) put down; (*i flaska*) bottled; (*i bleckburk*) tinned, canned **2** *-lagt arbete* inlaid work, inlay **-lagring** [-a:-] *geol.* inclusion **-land** interior, inland parts (*pl*); *i in- och utlandet* at home and abroad **-landsis** inland ice **-landsklimat** inland climate **-lasta** *sjö.* ship; *järnv.* load **-lastning** shipping; loading
inled|a *v2* **1** (*förbindelser, förhandlingar, möte, samtal*) open, enter into (upon); (*dis-*

kussion e.d.) introduce, begin, start off; (*undersökning e.d.*) initiate, set ... on foot, institute; usher in, initiate (*en ny epok* a new epoch); ~ *en offensiv* launch an offensive **2** (*locka*) lead (*i frestelse*) into temptation) **-ande** *a4* introductory, opening (*anförande* address); (*förberedande*) preparatory, preliminary **-are** opening (first) speaker **-ning** introduction; (*friare*) opening, beginning **-ningsanförande** introductory address, opening speech **-ningsvis** by way of introduction; to start (begin) with

in|lemma incorporate **-levelse** feeling insight, vivid realization (*i* of) **-leverera** [ˣinn-] deliver, hand in (over) **-lopp 1** (*infartsled*) entrance, [sea-]approach **2** (*inflöde*) inflow, inlet **3** *tekn.* inlet, intake **-lån** borrowing; (*av ord äv.*) adoption **-låning** borrowing; (*i bank*) [bank] deposits (*pl*), receiving ... on deposit; *affärsbankernas* ~ the deposits of the commercial banks **-låningsränta** interest on deposit[s *pl*]; deposit rate **-låta** *rfl*, ~ *sig i* (*på*) enter into; ~ *sig i strid* engage (get involved) in a fight; ~ *sig med ngn* have dealings (take up) with s.b. **-lägg** *s7* **1** (*ngt inlagt*) inlay, inset; (*bilaga*) enclosure, insert; (*i sko*) insertion; *sömn.* tuck **2** (*i diskussion*) contribution (*i* to) **-lägga 1** *se lägga* [*in*] **2** *bildl.* put in (*ett gott ord för* a word for); (*införa*) insert (*i* in); *jur.* enter, lodge; ~ *känsla i* put feeling into **3** *konst. o.d.* inlay **-läggning 1** *abstr.* putting in; insertion; (*av grönsaker e.d.*) bottling, preserving, tinning, *Am.* canning; *konst.* inlaying **2** *konkr.* bottled (tinned) fruit (*etc.*); *konst.* in-lay **-lämna** hand (send) in; (*deponera*) leave, deposit; ~ *ansökan* make (lodge, hand in) an application **-lämning 1** handing (sending) in; (*deponering*) leaving, depositing **2** (*inlämningsställe*) cloak-room, receiving-office **-lämningskvitto** *postv.* certificate of posting; (*för postanvisning*) certificate of issue; *järnv.* cloak-room receipt (ticket, check) **-ländsk** *a5* internal, domestic, home **-länka** insert **-lära** learn; (*lära andra*) teach, instruct **-lärning** [-ä:-] learning; (*utantill*) memorizing; instruction **-lärningsmaskin** teaching machine **-löpa 1** *sjö.* put in; ~ *i hamn* put into (enter) port **2** (*om underrättelse o.d.*) come in (to hand), arrive **-lösa** (*betala*) pay; (*check e.d.*) cash; (*växel*) honour, take up; (*fastighet*) buy [in]; (*pant*) redeem **-lösen** *oböjl. s* **-lösning** payment; cashing; honouring, taking up; (*av lån, pant e.d.*) redemption; (*av sedlar*) withdrawal **-malning** mixing of certain percentage of home-grown with foreign grain in flour-milling **-marsch** march in, entry **-mata** *tekn.* feed **-matning** *tekn.* feeding (*i* into); *databeh.* input **-matningsorgan** *databeh.* input unit **-montera** [ˣinn-] install, set up, put in **-mundiga** consume, eat, partake of **-mura** (*i vägg e.d.*) wall (bond) in; (*inspärra*) immure (*i* in) **-murning** walling in *etc.* **-muta** take out a mining-concession for, [put in a] claim **-mutning** [-u:-] *konkr.* mining-concession(-claim)

innan I *konj o. prep* before **II** *adv* **1** *utan och* ~ inside and out[side]; *känna ngn utan och* ~ know s.b. thoroughly (inside out) **2** *tidsbet.* before; *dagen* ~ the day before **-döme** *s6* inside, interior; *jordens* ~ the bowels (*pl*) of the earth **-fönster** inner window **-för I** *prep* inside, within; (*bakom*) behind **II** *adv, den* ~ *belägna* ... the ... within (on the inside) **-lår** *kokk.* (*av oxe o.d.*) thick flank; (*av kalv*) fillet **-läsning** reading [aloud] **-mäte** *s6* (*av djur*) entrails, guts, bowels (*pl*); (*av frukt e.d.*) pulp **-till** *läsa* ~ read from the book (*etc.*)

in natura in kind

inne 1 (*mots. ute*) inside; (*mots. utomhus*) indoors, in the house; (*hemma*) in **2** (*på lager*) in stock, on hand; (*i kassan*) in hand; *sport.*, *kortsp.* in play; (*hemmastadd*) up, at home (*i* in); *vara* ~ (*insatt*) *i* be familiar with, be well versed in **3** *tiden är* ~ *att* the time has come to **-bana** *se inomhusbana* **-boende 1** *oböjl. s, alla i huset* ~ all the people living (the inmates) in the house; *en* ~ a lodger, *Am. äv.* a roomer; *vara* ~ *hos* lodge (live) with s.b. **2** *a4*, *bildl.* inherent (*anlag* talent); intrinsic (*värde* value) **-bruk** *för* ~ for indoor use **-bränd** *a5*, *bli* ~ be burnt to death in a house (*etc.*) **-bära** imply, mean, denote; (*föra med sig*) involve **-börd** [-ö:-] *s3* signification, meaning; implication; *av följande* ~ of the following purport; *av* [*den*] ~*en att* to the effect that **-fatta** (*inbegripa*) include, comprise; (*omfatta*) embrace; (*bestå av*) consist of **-ha** (*äga*) be in possession of, have in one's possession; (*aktier, ämbete, titel*) hold **-hav** *s7* possession; *konkr.* holding (*av guld* of gold) **-havare** possessor; owner; (*av firma e.d.*) proprietor; (*av värdepapper, ämbete*) holder; (*av prästämbete*) incumbent; ~ *av ett patent* patent owner (holder), patentee **-håll** *s7* contents (*pl*); *geom.*, *filos. o.d.* content; (*ordalydelse äv.*) tenor; (*kontrakts o.d. äv.*) terms **-hålla 1** contain; (*rymma äv.*) hold **2** (*ej utbetala*) withhold, keep back, retain

innehålls|deklaration declaration of contents **-förteckning** table of contents, index **-lös** empty, inane **-rik** containing a great deal; (*omfattande*) comprehensive; *en* ~ *dag* an eventful day; *ett* ~*t liv* a full life, a life rich in experience

inneliggande *a4* (*på lager*) in hand; (*bifogad*) enclosed; ~ *beställningar* orders on hand; ~ *varulager* (*äv.*) stock-in-trade

inner ['inn-] *-n inrar, sport.* inside forward **-bana** inside lane **-dörr** inner door **-ficka** inside (inner) pocket **-kurva** inside curve

innerlig *a1* (*djupt känd*) ardent (*kärlek* love), fervent (*önskningar* desires); intimate (*vänskap* friendship); (*hjärtlig*) heartfelt; (*uppriktig*) sincere; *min* ~*aste önskan* (*äv.*) my dearest wish; *dikten har en* ~ *ton* the poem has a warm sincerity **-en** ardently *etc.*; (*friare*) heartily, utterly (*trött på* tired of)

inner|sida inner side; (*handens äv.*) palm **-skär** *sport.*, *åka* ~ do the inside edge

innerst ['inn-] *adv*, ~ [*inne*] farthest (furthest) in; ~ *inne* (*bildl.*) at heart **-a I** *a, best. f. superl.* innermost; (*friare*) inmost (*tankar* thoughts), deepest **II** *n, i sitt* ~ in one's heart [of hearts]

inner|stad city (town) centre; downtown **-tak** ceiling
innerv|ation [-ä-] innervation **-era** innerve
inner|vägg interior (inside) wall; (*mellanvägg*) partition [wall] **-öra** internal ear, labyrinth
inne|sko indoor shoe **-sluta** enclose; (*omge*) encompass, encircle, shut in; (*-fatta*) include **-stående** *a4* (*outtagen*) still due; (*i bank*) deposited, on deposit; *~ fordringar* claims remaining to be drawn; *~ lön* salary (wages) due **-varande** *a4* present; *~ år* this year; *den 6:e ~ månad* on the 6th inst. (of this month) **-vånare** *se invånare*
innovation innovation
in|nästla *rfl* insinuate (wheedle) o.s. (*hos* into the confidence of) **-nöta** drum in
inofficiell unofficial; informal
inom [×innåm] *prep* **1** *rumsbet.* within; (*inuti*) in; *vara ~ synhåll* keep within sight; *~ sitt område är han* in his speciality (field) he is; *~ sig* inwardly, in one's heart (mind); *styrelsen utser ~ sig* the directors elect from among their number **2** (*om rörelse*) within, into; *komma ~ hörhåll* get within hearing **3** *tidsbet.* within; (*om*) in (*ett ögonblick* a moment); *~ kort* shortly, before long; *~ loppet av* [with]in the course of; *~ den närmaste tiden* in the immediate future; *~ mindre än en timme* in less than an hour **-bords** [-ɑ:-] *sjö.* (*ombord*) on board, aboard; *bildl.* (*invärtes*) inside; *han har mycket ~* he has got a lot in him **-bordsmotor** inboard motor **-europeisk** intra-European
inomhus indoors **-antenn** indoor aerial (*Am.* antenna) **-bana** *sport.* covered court; (*ishockey-*) indoor rink **-sport** indoor sports
inom|skärs [-ʃä:-] in the skerries, inside the belt of skerries (islands) **-statlig** *a1* intrastate **-äktenskaplig** *a1* marital, matrimonial
inopportun inopportune
in|ordna range, arrange, adapt; *~ i ett system* arrange according to a system, systematize; *~ sig under* conform to **-packning** **1** packing [up], wrapping **2** *med.* pack **-pass** *s7* interjection, remark, observation **-passa** **1** fit in[to], adapt **2** (*inflicka*) put in **-piskad** *a5* thorough-paced, out-and-out; *en ~ lögnare* a consummate liar; *en ~ skojare* an out-and-out rogue **-piskare** whip **-piskning** whipping up **-placera** [×inn-] place **-placering** placing **-planera** [×inn-] schedule, plan the organization of **-planta** implant **-plantera** [×inn-] **1** (*i krukor*) transplant **2** (*från annat land e.d.*) naturalize **-plantering** (*av växter*) transplanting; (*av fiskyngel äv.*) introduction, putting out; (*av skog*) afforestation **-pricka** dot, plot **-prägla** engrave (*ngt i sitt minne* s.th. on one's mind); impress (*i* on) **-prägling** engraving *etc.* **-pränta** impress (*hos* on); bring ... home (*hos* to); *få ngt ~t i sig* have s.th. drummed into one **-pyrd** [-y:-] *a5* reeking, stuffy, choked; *bildl.* impregnated, steeped in
inpå **I** [×inn-, 'inn-] *prep* **1** *våt ~ bara kroppen* wet to the [very] skin; *för nära ~ varandra* too close to one another (together) **2** *till långt ~ natten* until far into the night **II** [-'på:] *adv*, *för nära ~* too close (to it, him *etc.*)
in|rama frame **-ramning** [-a:-] framing; *konkr.* frame[work]; (*friare*) setting **-rangera** [×inn-] *se -ordna* **-rapportera** [×inn-] report; (*friare*) give a report of
inre ['inn-] **I** *a*, *komp.* **1** inner; interior; internal; (*inom familj, hus, land äv.*) domestic, home; *~ angelägenheter* domestic (home) affairs; *~ diameter* inside (inner, internal) diameter; *~ mission* home mission; *~ organ* internal organs; *~ oroligheter* civil (internal) disturbances; *~ säkerhet* public safety **2** *bildl.* intrinsic (*värde* value); essential (*sanning* truth); innate (*egenskap* quality); (*andlig*) inner (*liv* life); *~ öga* inward eye **II** *n* (*saks*) interior; inside; (*ngns*) inner man; *i sitt ~* inwardly, deep down; *hela mitt ~ är upprört över* my whole soul (being) is revolted at
in|reda fit up, equip (*till* as); (*med möbler*) furnish **-redning** **1** fitting up *etc.*; equipment **2** *konkr.* fittings, appointments (*pl*); interior decoration **-redningsarkitekt** interior decorator **-registrera** [×inn-] register; enter; *hand.* docket, file; (*friare*) score (*en framgång* a success) **-registrering** registering *etc.*; registration, enrolment **-resa** *s1* journey up (*till staden* [in]to town); (*t. annat land*) entry, arrival
inresekretorisk *a5* internal-secretion
in|resetillstånd entry permit **-resevisum** entry visa **-riden** *a5* broken [in], broken to the saddle **-ridning** breaking [in] of; horse-breaking
inrikes **I** *adv* [with]in the country **II** *oböjl. a* inland (*porto* postage); home (*angelägenheter* affairs); domestic, internal **-departement** ministry of the interior; *Engl. ung.* Home Office; *Am. ung.* Department of the Interior **-flyg** domestic (inland) aviation; domestic airlines **-handel** domestic (home) trade **-minister** minister of the interior; *Engl. ung.* Home Secretary; *Am. ung.* Secretary of the Interior **-nyheter** home news **-politik** domestic policy; *~[en]* home (internal) politics (*pl*) **-politisk** [of] domestic [policy]
in|rikta put ... in position, adjust; (*vapen*) aim (*mot* at); *bildl.* direct (*mot, på* towards, (*fientligt*) against); *~ sig på* direct one's energies towards, concentrate upon, (*sikta på*) aim at **-riktning** putting in position, adjusting; (*av vapen*) aiming; *bildl.* [aim and] direction, concentration **-rim** assonance **-ringa** encircle, surround; *bildl. äv.* close (hedge) in **-ringning** encircling *etc.* **-rista** engrave; carve, cut **-ristning** engraving *etc.* **-rop** (*på auktion*) bid; *konkr.* [auction-]purchase **-ropa** **1** *teat.*, *bli ~d* be called before the curtain **2** (*på auktion*) buy [... at an (the) auction] **-ropning** [-ɑ:-] curtain-call **-rotad** *a5*, *bildl.* deep-rooted (-seated), inveterate, ingrained **-rusning** rushing in; inrush **-ruta** chequer [out], divide up into squares **-rutning** [-u:-] chequering *etc.* **-ryckning** **1** *mil.* reporting for active service **2** *typ.* inden[ta]tion **-rymma** **1** (*rymma*) accommodate; (*innehålla*) contain; (*innefatta*) include **2** (*bevilja*) accord, grant

inrådan *r, på (mot) min* ~ on (contrary to) my advice (recommendation) **-rätta 1** (*anlägga*) establish, set up; (*skola e.d.*) found; (*ämbete*) create; (*inreda*) equip **2** (*ordna*) arrange **3** *rfl* settle down (*bekvämt* comfortably); (*rätta sig*) adapt (accommodate) o.s. (*efter* to) **-rättning 1** (*anstalt*) establishment; (*allmän, social äv.*) institution **2** (*anordning*) device, appliance, apparatus **-salta** salt [down], cure; (*gurkor, sill*) pickle **-samla** collect, gather **-samling** collection; (*av pengar äv.*) subscription; *starta en* ~ start (get up) a subscription (*för* for, in aid of) **-samlingsaktion** fund-raising (collection) drive **-samlingslista** subscription-list **-sats 1** *tekn.* lining, inset **2** (*i spel, företag o.d.*) stake[s *pl*]; (*i affär*) deposit; (*i bolag*) investment **3** (*prestation*) achievement, effort; (*bidrag*) contribution (*i* to; *för* towards); (*andel*) share, part; *göra en* ~ make a contribution (an effort) **-satslägenhet** owner (freehold) flat; *Am.* cooperative apartment **-satt** *a4*, ~ *i* initiated in, well-informed on, familiar with **-se** see, perceive; (*förstå*) realize; (*vara medveten om*) be aware of **-seende** *s6*, *ha* ~ *över* supervise, superintend **-segel** seal **-segling** *under* ~ *till* inward bound for; *under ~en till Stockholm* while sailing into Stockholm

insekt *s3* insect; *Am. äv.* bug

insekt[s]|art species of insect **-bett** insect-bite **-forskare** entomologist **-larv** larva (*pl* larvæ) **-medel** insecticide, insect-repellent **-samling** entomological collection **-ätare** insect-eater, insectivore

insemin|ation insemination **-era** inseminate

insida inside; inner side; (*hands äv.*) palm; (*friare o. bildl.*) interior

insignier [-'siŋn-] *pl* insignia

insikt *s3* **1** (*förståelse*) understanding (*i* of); (*inblick*) insight (*i* into); (*kännedom*) knowledge (*i, om* of); *komma till* ~ *om* realize, see, become aware of **2** (*kunskap*) *~er* knowledge (*sg*); *~er och färdigheter* knowledge and practical attainments

insiktsfull well-informed; (*sakkunnig*) competent

insinu|ant [-ant, -aŋt] *a1* insinuating **-ation** insinuation **-era** insinuate

insistera insist (*på* on)

in|sjukna [-ʃu:-] fall (be taken) ill (*i* with); *hon har ~t i mässlingen* she has caught the measles **-sjungen** *a5* (*på grammofon*) recorded **-sjungning** (*på grammofon*) gramophone recording **-sjunken** *a5* (*om ögon*) sunken; (*om kinder*) hollow **-sjö** lake **-sjöfisk** freshwater fish **-skeppa** (*varor*) import by ship, ship; (*pers., hästar e.d.*) embark; ~ *sig* go on board, embark (*på* on, *till* for) **-skeppning** (*av varor*) importing by ship; (*av pers. etc.*) embarkation **-skeppningshamn** (*för varor*) port of shipment; (*för pers. etc.*) port of embarkation **-skjuta 1** *se -flicka* **2** (*-föra*) insert, interpolate **-skrida** intervene, step in (*mot* to prevent; *t. förmån för* on behalf of) **-skridande** *s6* intervention, stepping in **-skrift** inscription; (*på grav*) epitaph; (*på mynt*) legend, inscription **-skription** [-p'ʃɷ:n] inscription

inskriv|a 1 enter; *geom. o. bildl.* inscribe; (*pers.*) enrol[l] (*äv. mil.*); *mil.* enlist; *jur.* register **2** *rfl*, [*låta*] ~ *sig* enter one's name, enrol[l] o.s.; *univ.* register **-ning** entering *etc.*; entry; inscription; enrolment; enlistment; registration; **-ningsbok** *mil.* enrolment-book **-ningsdomare** *ung.* court registrar **-ningsområde** registration area

inskränk|a *v3* (*begränsa*) restrict, confine; limit; (*minska*) reduce, cut down, curtail; ~ *sig* restrict o.s., economize, cut down one's expenses; ~ *sig till* confine o.s. to, (*om sak*) be confined (restricted) to, (*ej överstiga*) not exceed **-ning** restriction; limitation; reduction; curtailment; (*förbehåll*) qualification

inskränkt *a1* **1** restricted *etc.*; *i* ~ *bemärkelse* in a restricted (limited) sense; ~ *monarki* constitutional (limited) monarchy **2** (*trångsynt*) stupid; narrow-minded **-het** (*trångsynthet*) stupidity; narrowness of outlook

in|skärning *konkr.* incision; cut, notch; (*i kust o.d. samt bot.*) indentation **-skärpa** inculcate (*hos* in); (*klargöra*) bring ... home (*hos* to); (*med eftertryck*) enforce, enjoin, impress (*hos* upon) **-skärpning** inculcating *etc.*; inculcation **-slag 1** (*i väv*) weft, woof **2** *bildl.* element; feature; streak (*av humor* of humour); strain (*av grymhet* of cruelty) **-slagen** *a5* (*om paket*) wrapped-up; (*om fönster*) smashed, broken **-slagsgarn** weft thread (yarn) **-slagning** [-a:-] (*av paket*) wrapping-up; (*av fönster*) smashing, breaking; (*av spik*) knocking (driving) in **-smickra** *rfl* ingratiate o.s. (*hos* with) **-smickrande** *a4* ingratiating **-smord** [-ɷ:-] *a5* smeared **-smyga** *rfl* (*om fel e.d.*) creep (slip) in [unnoticed] **-smörjning** greasing[-up], oiling **-snärja** entangle; ~ *sig* get [o.s.] entangled **-snöad** *a5*, *bli* ~ get (be) snowed up, (*blockeras*) get (be) held up by snow

insolven|s insolvency **-t** insolvent

in|somna go off to sleep, fall asleep; *djupt ~d* fast asleep **-somnande** [-å-] *s6* going off to sleep **-sortera** [ˣinn-] sort, assort **-sortering** sorting, assortment **-spark** *sport.* goal-kick

in spe future, to be

inspekt|era inspect **-ion** [-k'ʃɷ:n] inspection **-ionsresa** tour of inspection **-or** [-ˣspekktår] *s3* **1** inspector (*för, över* of); (*för skola o. univ.*) inspector **2** *jordbr.* steward; bailiff **-ris** inspectress, woman inspector **-ör** inspector; surveyor, superintendent, supervisor

inspel|a record, render; (*film*) produce, shoot; *~t program* recorded programme **-ning** [-e:-] recording, rendering; (*grammofon- äv.*) record; (*film-*) production; *filmen är under* ~ the film is being shot (is in production) **-ningsapparat** recorder

inspicient *teat.* stage manager; *film.* studio manager

inspir|ation inspiration **-ationskälla** source of inspiration **-era** inspire; *~d* inspired; *~nde* inspiring

in|spruta inject (*i* into) **-sprutning** [-u:-] injection **-sprängd** *a5* **1** blasted (*i berget* into the mountain) **2** (*inblandad*) disseminated; interspersed, intermixed **-spärra** shut ...

up; *pers. äv.* lock ... up **-spärrning** shutting up *etc.*; confinement, imprisonment
instabil unstable, instable
install|ation installation; *univ.* inauguration; (*av präst*) induction; (*av biskop*) enthronement **-ationsfirma** electric fitters (*pl*); (*för värme o. sanitet*) sanitary engineers (*pl*) **-ationsföreläsning** inaugural (inauguration) lecture **-atör** electrician, installation engineer **-era 1** install; *univ. äv.* inaugurate; (*präst*) induct; (*biskop*) enthrone **2** *tekn.* install, fit [in], set up, mount **3** *rfl* install (establish, settle) o.s.
instans [-aŋs, -ans] *s3, jur.* instance; (*myndighet*) authority [in charge]; *högsta ~* final (highest) court of appeal; *lägsta ~* court of first instance
insteg *få* (*vinna*) *~* get (obtain, gain) a footing (*i* in; *hos* with); gain ground
instift|a institute (*en orden* an order); *relig. äv.* ordain; (*grunda*) found, establish **-are** founder; institutor **-else** institution; foundation
instinkt [×inn-, -'stiŋkt] *s3* instinct **-iv** *a1* instinctive **-ivt** *adv ~t* instinctively, by instinct **-mässig** *a1* instinctive; intuitive
institut *s7* institute; institution (*äv. jur.*); (*skola*) school, college **-ion** institution, institute **-ionell** *a1* institutional
instormande *a4*, *komma ~ i* come rushing into
instru|era instruct; *mil.* brief **-ktion** [-k'ʃo:n] instruction; (*föreskrift, äv. konkr.*) instructions (*pl*); *mil. äv.* briefing **-ktionsbok** instruction book, manual **-ktiv** *a1* instructive **-ktör** instructor
instrument *s7* instrument **-al** *a1* instrumental **-almusik** instrumental music **-ation** instrumentation, orchestration **-bräda -bräde** instrument panel; (*i bil äv.*) dashboard **-era** instrument **-flygning** instrument flying **-makare** instrument maker **-tavla** instrument board (panel), switchboard
in|strödd *a5, bildl.* interspersed **-strömmande** *a4* inpouring **-studera** [×inn-] study; rehearse **-studering** studying *etc.*; rehearsal **-stundande** *a4* coming, approaching (*måndag* Monday)
inställ|a 1 (*avpassa*) adjust, set; (*kamera, kikare e.d.*) focus; (*radio*) tune [in]; (*rikta*) point, direct **2** (*upphöra med*) cancel, call off; (*arbete*) discontinue, cease, stop; (*betalningar*) suspend, stop; *~ fientligheterna* suspend hostilities, cease fire; *~ förhandlingarna* discontinue (suspend) negotiations **3** *rfl* (*infinna sig*) appear (*inför rätta* in court); *mil.* report [for duty]; (*vid möte*) put in an appearance, turn up; (*om sak*) make its appearance; (*om känsla*) make itself felt (*hos* in); (*uppenbara sig*) present itself; *~ sig på* (*bereda sig på*) prepare o.s. for, (*räkna med*) count on **-ande** *s6* **1** adjustment *etc.* **2** (*inhibering*) cancellation, discontinuance, suspension **-bar** *a1* adjustable **-d** *a5* adjusted *etc.*; *fientligt ~* inimicably disposed; *vara ~ på* be prepared for; *vara ~ på att* intend to **-else** *jur.* appearance (*inför* before) **-elseorder** *mil.* calling-up order **-ning 1** adjustment; setting; (*tids-*) time-setting, timing; *foto. äv.* focusing; *radio.* tuning [in] **2** *bildl.* attitude (*till* to[wards]); outlook (*till* on) **-sam** *a1* ingratiating, cringing **-samhet** ingratiation
1 instämma *jur.* summon ... to appear; call (*som vittne* as a witness)
2 instämma *bildl.* agree (*i* with), concur (*i* in); *~ med ngn* agree with s.b. **-nde** *s6* concurrence, agreement
instängd *a5* shut up; (*inlåst*) locked up; confined; (*unken*) stuffy, close **-het** (*unkenhet*) stuffiness; closeness
insubordinationsbrott case of insubordination, breach of discipline
insufficiens *s3* insufficiency
insug|a suck in; (*inandas*) inhale; (*friare, om sak*) suck up, absorb, imbibe; *bildl.* drink in (*beröm* praise); (*tillägna sig*) acquire, pick up **-ning** sucking in *etc.*; absorption, imbibition; *tekn.* intake, suction **-ningsrör** (*i motor*) inlet pipe
insulin *s7* insulin **-behandling** insulin treatment **-koma** insulin coma
insulär *a1* insular
insupa (*frisk luft e.d.*) drink in, inhale; (*uppsuga*) absorb; *bildl.* imbibe
insurgent insurgent, rebel
in|svepa envelop, enwrap; *~ sig i* wrap o.s. up (envelop o.s.) in **-svängd** *a5* curved inwards; *~ i midjan* shaped at the waist **-svängning** curving inwards; *en ~* an inward curve **-syltad** *a5, bildl.* involved, mixed up **-syn 1** observation; view; *skyddad mot ~* protected from view **2** *bildl.* insight; public control (*i* of) **-sändare 1** *pers.* sender[-in]; (*t. tidning*) correspondent **2** (*brev t. tidning*) letter to the editor **-sändarspalt** letters-to-the-editor column **-sätta** put in; (*-betala*) pay in; (*i bank*) deposit; (*i företag*) invest; (*förordna*) appoint, install; (*ngn i hans rättigheter*) establish; *~ ngn som sin arvinge* make s.b. one's heir **-sättare** (*i bank*) depositor **-sättning** putting in *etc.*; (*av pengar*) deposition, investment; *konkr.* deposit **-sättningskvitto** deposit receipt (ticket) **-söndring** endocrine secretion **-söndringsorgan** endocrine glands **-söva** *bildl. se -vagga*
intag *tekn.* intake; *elektr.* lead-in; (*friare*) inlet **-a 1** take in; (*inmundiga*) take; (*måltid*) eat, have; (*på sjukhus, i skola etc.*) admit; (*i tidning*) insert, publish **2** (*ta i besittning*) take; occupy (*äv. mil.*); (*upptaga*) take up, occupy; *~ sin plats* take one's seat; *~ en avvaktande hållning* take up a wait-and-see attitude; *~ en framskjuten ställning* hold (occupy) a prominent position **3** (*betaga*) captivate **-ande** *a4* attractive, charming **-ning** taking in *etc.*; taking; admission; insertion; *mil. äv.* capture
intakt *a1* intact, whole
intala 1 (*på grammofon o.d.*) speak in, record **2** *~ ngn ngt* put s.th. into a p.'s head; *~ ngn att göra ngt* persuade s.b. to do (into doing) s.th.; *~ ngn mod* inspire s.b. with courage; *~ sig* persuade o.s.; *~ sig mod* give o.s. courage
intarsia *a1* inlaid wood
inte not; no; *~ senare än* not (no) later than; *~ en enda gång* (*äv.*) never once;

det är ~ utan att jag tycker I must say I think; *det var ~ för tidigt* that was none too early; *~ mig emot* I have no objection, *vard.* OK by me; *~ för att jag klagar* not that I'm complaining; *jaså, ~ det?* oh, you don't (aren't *etc.*)?; *~ sant?* don't you think so?, isn't that so?; *~ för ~* not for nothing

inteckn|a mortgage **-ing** mortgage; encumbrance, security; *ha en ~ i* have a mortgage on **-ningslån** mortgage loan

integr|al *s3* integral **-alkalkyl** integral calculus **-altecken** sign denoting an integral **-ation** integration **-era** integrate **-erande** *a4* integral, integrant; *utgöra en ~ del av* form an integral part of **-itet** integrity

intele|fonera dictate over a telephone, send in by telephone **-grafera** send in by telegram (wire, cable)

intellekt *s7* intellect; *ett rörligt ~* a lively intellect **-ualism** intellectualism **-uell** *a1* intellectual

intelligens *s3* intelligence **-aristokrati** intellectual aristocracy **-fri** unintelligent, stupid **-kvot** intelligence quotient (*förk.* I.Q.) **-mätning** intelligence-measurement **-prov** intelligence test **-ålder** mental age

intelligent *a1* intelligent; (*starkare*) clever **-ia** [-tsia] *s1* intelligensia (*vanl. pl*)

intendent (*föreståndare*) manager, superintendent; (*förvaltare*) steward; (*vid museum*) keeper, curator; (*i ämbetsverk*) comptroller, controller; (*polis-*) superintendent; *mil.* commissary, quartermaster, *Am.* quartermaster supply officer **-ur** *mil.* commissariat [service] **-urförband** quartermaster unit **-urkår** *~en* (*Engl.*) the Army Supply Corps

intensi|fiera intensify **-fiering** intensification **-tet** intensity **-v** [-'si:v] *a1* (*mots. extensiv*) intensive; (*stark, kraftig*) intense; (*ivrig*) keen, energetic

intention intention

interdikt *s7* interdict; injunction

inter|ferens *s3* interference **-foliera** interfoliate, interleave; (*friare*) intersperse **-foliering** interfoliation *etc.* **-glacial** *a1* interglacial **-imistisk** *a5* provisional, temporary **-imsbevis** scrip; *Am.* interim certificate **-imsregering** provisional (caretaker) government **-iör** interior **-jektion** [-k'ʃo:n] interjection **-kontinental** intercontinental **-lokutör** interlocutor **-mezzo** [-tso, -sso] *s6* (*mus. o. friare*) intermezzo; (*uppträde*) interlude **-mittent** *a1* intermittent

intern [-'tä:rn, -'tärrn] **I** *s3* internee; (*i fängelse*) inmate **II** *a1* internal; domestic (*angelägenhet* matter) **-at** *s7*, *se -atskola*

internation|al *s3* **1** *polit.* International **2** *I~en* The Internationale **-alisera** internationalize **-alism** internationalism **-ell** international

intern|atskola boarding-school, residential school; *Engl.* public school **-era** shut ... up, confine; (*krigsfånge e.d.*) intern, detain; *de ~de* the internees (inmates) **-ering** shutting up, confinement; internment, detention **-eringsläger** internment (detention) camp

internordisk internordic

interpell|ant questioner, interpellator **-ation** question, interpellation; *Engl. vanl.* question [in debate] **-ationsdebatt** debate on question raised in parliament **-era** interpellate; *Engl. vanl.* ask a question, question

inter|planetarisk *a5* interplanetary **-polera** interpolate **-polering** interpolation **-punktera** punctuate; point **-punktion** [-k'ʃo:n] punctuation **-punktionstecken** punctuation mark **-regnum** [-ˣräŋn-, -'räŋn-] *s7* interregnum **-rogativ** ['inn-, -'ti:v] *a1* interrogative **-urban** *a1* interurban **-urbansamtal** trunk call; *Am.* long-distance call **-vall** *s3, s4, s7* interval **-venera** intervene; (*medla*) mediate **-vention** intervention; mediation

intervju *s3* interview **-a** interview **-are** interviewer **-objekt** interviewee, person interviewed **-undersökning** field survey (investigation) **-uttalande** statement made during an interview

intet I *pron, se ingen*; *~ ont anande* unsuspecting, suspecting no mischief **II** *n* **1** nothing; *därav blev ~* nothing came of it, it came to nothing; *gå om ~* come to naught (nothing), miscarry **2** (*intighet*) (*tomma* empty) nothingness **-dera** *se ingendera* **-sägande** *a4* (*tom*) empty; (*obetydlig*) insignificant; (*uttryckslös*) vacant

intig *a1* (*tom*) empty; (*fåfänglig*) vain **-het** emptiness; vanity

intill I [ˣinn-, 'inn-, -'till] *prep* **1** *rumsbet.* up to, to; next to; (*emot*) against; *nära ~* close (near) to; *strax ~* quite close to **2** *tidsbet.* until, up to **II** [-'till] *adv* adjacent, adjoining; *nära ~* close (near) by **-liggande** [-ˣtill-] *a4* (*hopskr. intilliggande*) adjacent, adjoining

intim *a1* intimate, close **-itet** *s3* intimacy

intjäna earn, make; *~d lön* salary earned in advance

intoleran|s intolerance **-t** intolerant

inton|ation intonation **-era** intone

intramuskulär *a1* intramuscular

intransitiv [ˣinn-, 'inn-] *a1* intransitive

intravenös *a1* intravenous

intress|ant [-aŋt, -ant] *a1* interesting

intresse [-ˣtresse] *s6* interest; *fatta ~ för, finna ~ i* take an interest in; *det ligger inte i hans ~* it is not in his interests; *tappa ~t för* lose interest in; *tillvarataga sina ~n* protect one's interests; *vara av ~* be of interest (*för* to); *av ~ för saken* out of interest in the matter **-gemenskap** community of interests **-grupp** pressure group **-lös** without interest; uninteresting (*äv. om pers.*) **-motsättning** conflict of interests **-nt** interested party; participant; (*delägare*) partner **-område** *se -sfär* **-ra** interest; *det ~r mig mycket* it is of great interest to me, I take [a] great interest in it; *~ ngn för ngt* interest s.b. in s.th.; *~ sig för* take [an] interest in, be interested in; *~d av* (*för*) interested in; *musikaliskt ~d* with musical interests; *~de parter* interested parties, parties concerned **-sfär** sphere of interest **-väckande** *a4* interesting

intrig *s3* intrigue; (*stämpling äv.*) plot (*äv. i drama e.d.*); (*friare*) scheme **-ant** [-ant, -aŋt] *a1* intriguing; plotting; scheming **-era** intrigue, plot; scheme **-makare** intriguer; (*ränksmidare*) plotter, schemer **-spel** plotting, scheming; intrigues (*pl*) **-ör** *se -makare*

intrikat *a1* intricate, complicated
introdu|cera introduce (*hos* to) **-ktion** [-k'ʃɷ:n] introduction **-ktionsbrev** letter of introduction **-ktör** introducer
introspek|tion [-k'ʃɷ:n] introspection **-tiv** *a1* introspective
in|tryck 1 (*märke*) impress, mark (*efter* from, of) **2** *bildl.* impression; *göra ~ av att vara* give the impression of being; *göra ~ på* make an impression on; *ta ~ av* be influenced by; *jag har det ~et att* I have the impression that; *mottaglig för ~* susceptible to impressions, impressionable **-trång** *s7* encroachment, trespass (*i, på* on); *göra ~ på* encroach (trespass) on **-träda 1** *~ [i]* enter **2** *bildl.* (*om pers.*) step in (*i ngns ställe* to a p.'s place); (*om sak*) set in; (*börja*) begin, commence; (*följa*) ensue; (*uppstå*) arise **-träde** *s6* entrance (*i* into); *i sht bildl.* entry (*i* into); admission, admittance; (*början*) commencement, setting in; *göra sitt ~ i* (*vanl.*) enter; *söka ~* apply for admission; *vid mitt ~ i rummet* on my entering the room
inträdes|ansökan application for admission **-avgift** entrance-(admission-)fee **-biljett** admission-(entrance-)ticket (*till* for) **-fordringar** entrance requirements, qualifications for admission **-prov** entrance examination **-sökande** *s9* applicant [for admission]
in|träffa 1 (*hända*) happen; occur, come about **2** (*-falla*) occur, fall (*i slutet av maj* at the end of May) **3** (*anlända*) arrive, turn up (*i* at, in) **-tränga** penetrate; (*med våld*) intrude **-trängande I** *s6* penetration; intrusion **II** *a4* penetrating; penetrative (*förstånd* intelligence) **-trängling** intruder
intui|tion intuition **-tiv** *a1* intuitive
in|tvåla soap; (*haka äv.*) lather **-tyg** *s7* (*i sht av myndighet*) certificate (*om* of); (*i sht av privatpers.*) testimonial (*om, på, över* respecting, as to;) *jur.* affidavit **-tyga** (*skriftligen*) certify; (*bekräfta*) affirm; *härmed ~s att ...* this is to certify that; *rätt avskrivet ~r* true copy certified by **-tåg** entry (*i* into); march[ing] in; *hålla sitt ~* make one's entry (*i* into) **-tåga** march in; *~ i* march into **-täkt** *s3* **1** *~er* income (*sg*), receipts, (*statens, kommuners*) revenue (*sg*), (*avkastning*) yield (*sg*) **2** *ta ngt till ~ för* use s.th. as a justification for **-under** underneath; *i våningen ~* in the flat below **-uti** inside; within **-vadera** invade **-vagga** *~ ngn i säkerhet* lull s.b. into a sense of security, throw s.b. off his guard; *~ sig* lull o.s. (*i* into) **-val** *s7* election (*i* into)
invalid *s3* disabled person (soldier *etc.*); invalid **-isera** disable **-itet** disability; *fullständig ~* total disability (disablement) **-itetsersättning** disablement allowance, indemnity compensation **-pension** disability pension, disablement annuity **-vagn** invalid car
in|vand [-a:-] *a5* habitual; *~a föreställningar* ingrained ideas (notions, opinions) **-vandra** immigrate (*till* into); (*om djur, växter*) find (make) its way in (into the country) **-vandrare** immigrant **-vandring** immigration
invandrings|förbud ban on immigration **-kvot** immigration quota **-tillstånd** immigration certificate (permit)
invasion invasion
invasionsarmé army of invasion, invading army
inveckla involve; *~ sig* get [o.s.] involved (entangled) (*i* in) **-d** *a5* involved (*i* in); (*svårlöst*) complicated, intricate
invektiv *s7* invective
invent|ariebok inventory-(stock-)book **-arieförteckning** inventory **-ariekonto** fittings and fixtures account **-arium** *s4* **1** (*förteckning*) inventory **2** (*fast*) fixture; *-arier* effects, movables, (*i hus, på kontor e.d.*) furniture (fittings) and fixtures, (*i fabrik e.d.*) equipment, *hand. o. lantbr.* stock (*sg*) **3** *pers.* fixture **-era** make an inventory of, inventory; *hand.* take stock of **-ering** inventory; *hand.* stocktaking
inven|tionssoffa sofa-bed **-tiös** [-'ʃö:s] *a1* ingenious; ingeniously planned
inverka have an effect (influence) (*på* on); *~ på* (*äv.*) influence, affect **-n** influence, effect; *röna ~ av* be influenced (affected) by; *utsatt för luftens ~* (*äv.*) exposed to the air; *utöva ~ på* influence, affect
inversion inversion
invertebrat [-är-] invertebrate [animal]
invert|era [-vär-] invert **-socker** [-ˣvärrt-] invert sugar
invester|a invest **-ing** investment
investerings|avgift investment tax (duty) **-bolag** investment company **-objekt** investment object (project) **-volym** volume of investment
investitur investiture
invid I [ˣinn-, 'inn-, -'vi:d] *prep* by; (*utefter*) alongside; *tätt ~ vägen* close to the road **II** [-'vi:d] *adv* close (near) by (*äv. tätt ~*)
invig|a 1 (*t.ex. kyrka, flagga, biskop*) consecrate; (*t.ex. skolhus, bro*) inaugurate, open; (*präst*) ordain; (*använda första gången*) put on (wear, use) ... for the first time **2** (*göra förtrogen med*) initiate (*i* into) **3** (*helga*) consecrate, dedicate **-ning 1** consecration; dedication; inauguration, opening; ordination **2** initiation **-ningsfest** inaugural (opening) ceremony **-ningstal** inaugural (dedicatory) address (speech)
invikning turning (folding) in; *konkr.* inward fold
invit *s3* (*inbjudan*) invitation; (*påstötning*) intimation; (*vink*) hint **-ation** invitation **-era** invite
invokation invocation
invånar|antal number of inhabitants, [total] population **-e** inhabitant; (*i hus äv.*) inmate; (*i stadsdel o.d.*) resident; *per ~* (*äv.*) per head (capita)
in|väga weigh in **-vägning** weighing in **-välja** elect; return **-vända** object, raise (make) objections (*mot* to, against); *jag har ingenting att ~ [mot det]* I have no objection; *har du ngt att ~?* have you any objection to make (anything to say against)?; *nej, -vände hon* no, she protested (demurred) **-vändig** *a1* internal, inside **-vändigt** *adv* internally; (*på insidan*) [on the] inside; (*i det inre*) in the interior **-vändning** objection

(*mot* to); *göra ~ar se -vända* **-vänta** wait for; (*avvakta*) await

invärtes *oböjl. a* (*om sjukdom o.d.*) internal; inward (*suck* sigh); *för ~ bruk* for internal use; *~ medicin* internal medicine

in|vävd *a5* woven in[to] (*äv. bildl.*) **-ympa** inoculate; *i sht bildl.* implant (*hos ngn* in s.b.) **-ympning** inoculation; engraftment

inåt ['inn-] **I** *prep* towards the interior of; into; *~ landet* up country **II** *adv* inwards; *gå längre ~* go (move) further in; *dörren går ~* the door opens inwards **-buktad** *a5* **-böjd** *a5* bent inwards; in[ward]-bent **-gående I** *s6* (*om fartyg*) *på ~* inward bound **II** *a4* (*om dörr e.d.*) *vara ~* open inwards **-riktad** *a5* pointing (that points) inwards; *bildl. se följ.* **-vänd** *a5* turned inwards; (*om blick, tanke e.d. äv.*) introverted, introspective; *psyk.* introvert **-vändhet** introspectiveness

inägor *pl* infields

inälvor *pl* bowels, intestines; (*hos djur*) viscera, entrails; *vard.* guts

inälvsparasit intestinal parasite

inöva practise; (*repetera*) rehearse; train **-nde** *s6* practising; rehearsal; training

iordning|gjord *a5*, *är ~* has been got ready **-ställa** put in order

Irak *n* Iraq **irak|er** *s9* **-isk** *a5* Iraqi

Iran *n* Iran **iran** *s3* **-sk** *a5* [-a:-] Iranian, Irani

irer ['i:-] Irish Celt, Gael

iridium *s8* iridium

iris ['i:-] *s2, anat. o. bot.* iris

irisk ['i:-] *a5* Irish

Irland ['i:r-] *n* Ireland **irländ|are** [ˣi:r-] Irishman; *skämts.* Paddy; *-arna* (*äv.*) the Irish **-sk** *a5* Irish; *I~a fristaten* the Irish Free State **-ska 1** (*språk*) Irish **2** (*kvinna*) Irishwoman

ironi *s3* irony **-ker** [i'rɷ:-] ironic[al] person **-sera** speak ironically (*över* of, about) **-sk** [i'rɷ:-] *a5* ironic[al]

irra *~* [*omkring*] wander (rove) about

irrationell irrational

irrbloss will-o'-the-wisp, jack-o'-lantern

ir|reguljär irregular **-relevant** irrelevant **-religiös** irreligious **-reparabel** *a5* irreparabel **-reversibel** irreversible

irr|färd roving (rambling) expedition; *~er* wanderings [hither and thither] **-gång** maze, labyrinth

irrit|abel *a2* irritable **-ament** *s7* excitant; stimulus **-ation** irritation **-ationsmoment** source of irritation **-era** irritate; *bildl. äv.* annoy, harass

irrlär|a false doctrine, heresy **-ig** *a1* heretical **-ighet** heresy

iråkad *a5*, *hans ~e svårigheter* the difficulties he has got into

is *s2* ice; *frysa till ~* freeze [in]to ice; *~arna är osäkra* the ice on the lakes is not safe; *~en låg till in i april* the lake[s] remained frozen until April; *varning för svag ~* (*på anslag, ung.*) Notice: Ice unsafe here; *gå ner sig på ~en* go through the ice [and get drowned]; *bryta ~en* (*bildl.*) break the ice; *under ~en* (*bildl.*) (*moraliskt*) done for, (*ekonomiskt*) down on one's luck **-a** cover with ice; (*drycker*) ice, put in ice; (*mat*) store on ice **-ande** *a4, bildl.* icy; *~ kyla a*) *eg.* biting (severe) frost, *b*) *bildl.* icy coldness **-as** *dep, blodet -ades i mina ådror* my blood ran cold **-bana** *sport.* ice-track; (*skridskobana*) [skating-]rink **-bark** coating of ice **-belagd** *a5* icy, covered with ice **-beläggning** coat[ing] of ice **-berg** iceberg **-bergssallad** iceberg lettuce **-bildning** *abstr.* formation of ice; *konkr.* ice-formation **-bill** *s2* ice-pick(-chisel) **-bit** piece (lump) of ice **-björn** polar bear **-blomma** (*på fönster*) ice-fern **-blåsa** ice-bag **-brytare** ice-breaker **-brytning** ice -breaking **-bälte** ice-belt

iscensätt|a stage, produce; *bildl.* stage, engineer **-ning** staging (*äv. bildl.*), production

ischias ['iʃ-] *s3* sciatica **-nerv** sciatic nerve

is|dubb ice-prod **-flak** ice-floe **-fri** ice-free; (*om hamn äv.*) open **-gata** ice-coated (-glazed) road **-hav 1** *geogr.*, *Norra* (*Södra*) *~et* the Arctic (Antarctic) Ocean **2** *geol.* glacial sea **-hinder** ice obstacle (obstruction) **-hink** ice-pail **-hockey** ice-hockey **-hockeyklubba** ice-hockey stick **-ig** *a1* icy **-jakt** ice-yacht **-kall** ice-cold, as cold as ice; (*friare*) icy cold; icy (*blick* gaze; *ton* tone of voice) **-kalott** ice-cap **-kyld** [-çy:-] *a5* ice-cold, iced

i|skänka fill the glasses **-slagen** *a5*, *kaffet är -slaget* coffee has been poured out; *en snett ~ spik* a nail driven in askew

islam *r* Islam **-itisk** *a5* Islamite, Islam[it]ic

Island ['i:s-] *n* Iceland **islands|lav** Iceland moss **-sill** Iceland herring[s *pl*] **-tröja** Iceland sweater

is|lossning break-up of the ice, clearing of ice **-läggning** freeze-up

islän|dare Icelander **-dsk** *a5* Icelandic **-dska 1** (*språk*) Icelandic **2** (*kvinna*) Icelandic woman **-ning** *se -dare*

ism *s3* ism

isobar *s3* isobar

isol|ation isolation; *tekn.* insulation **-ationism** isolationism **-ationistisk** *a5* isolationist **-ator** [-ˣa:tår] *s3* insulator; (*ämne*) insulant, insulating material **-era** isolate; *tekn.* insulate; *bo ~t* live in a house isolated from others; *leva ~t* lead an isolated life, isolate o.s. from others **-erband** insulating tape **-ering** isolation; *tekn.* insulation **-eringsförmåga** insulating capacity **-eringsmaterial** insulating (non-conducting) material

iso|mer *a1* isomeric, isomerous **-morf** [-år-] *a1* isomorphous

isop [ˣi:-, 'i:-, -åp] *s2, bot.* hyssop

iso|term [-ä-] *s3* isotherm **-top** [-å:p] *s3* isotope

is|period glacial period **-pigg** *se -tapp* **-pik** ice-stick **-prinsessa** ice princess

Israel [ˣi:s-] *n* Israel **israel** *s3* **-ier** *s9* **-isk** *a5* Israeli **-it** *s3* Israelite **-itisk** *a5* Israelitic, Israelite

is|ranunkel glacier (icy) crowfoot **-rapport** ice report **-ränna** channel through the ice **-situation** ice situation **-skorpa** ice-crust **-skruvning** [-u:-] [rotatory] ice-pressure **-skåp** ice-box **-stack** ice-store **-sörja** (*på land*) ice-slush; (*i vatten*) broken ice

istadig *a1* restive **-het** restiveness

istapp icicle

ister ['iss-] *s7* lard **-buk** pot-belly **-flott** lard
istid glacial period; *~en* (*äv.*) the Great Ice Age
iståndsätt|a put ... in order; restore **-ning** refitting; restoration
istället *se under ställe*
is|vatten icy water; (*kylt med is*) ice[d] water **-vidd** icy expanse
isänder *se sänder*
isär (*åtskils*) apart; (*från varandra*) away from each other **-tagbar** *a1* dismountable
isättika glacial acetic acid
isättning 1 (*-ande*) putting in (*etc.*) **2** *konkr.* insertion
italer *~na* the Itali **Italien** Italy **italien|are** [-ˣe:n-] *s9* **-sk** *a5* [-e:-] Italian **-ska** [-e:-] **1** (*språk*) Italian **2** (*kvinna*) Italian woman
iter|ation iteration **-ativ** iterative **-era** iterate
itu 1 in two; in half (halves); (*i bitar*) in pieces; *gå ~* go to pieces; *falla ~* fall to pieces **2** *ta ~ med ngt* set about, set to work at; *ta ~ med ngn* take s.b. in hand
ity *~ att* inasmuch as, since, as
iv|er ['i:-] *s2* eagerness; keenness; (*nit*) ardour, zeal; (*brinnande*) fervour, enthusiasm; *med ~* (*äv.*) with great zest, with alacrity; *i ~n* (*hettan*) in one's ardour (enthusiasm) **-ra** [ˣi:v-] *~ för ngt* be a zealous (keen) supporter (an ardent advocate) of; *~ för att* be eager (keen) on (*ngt görs* s.th. being done) **-rare** [ˣi:v-] eager supporter, champion (*för* of) **-rig** [ˣi:v-] *a1* eager; (*nitisk*) zealous; (*brinnande av iver*) ardent, fervent; (*angelägen*) anxious; keen (*efter* on)
iögon[en]fallande *a4* striking; conspicuous, noticeable; obvious

J

ja I *interj* **1** yes; (*dröjande, betänksamt e.d.*) well; (*vid upprop*) here!; *~, det är det* yes, it is; *~, gör det!* yes, do!; *~, varför inte?* [yes, (well),] why not!; *just det, ~!* that's just it!; *~ då* oh, yes; *ack ~!* yes, worse luck!; *så ~!* (*lugnande*) there (come) now!, (*uppmuntrande*) so there!; *~ ~, jag kommer!* (*lugnande*) all right (*irriterat*: yes, yes) I'm coming! **2** (*stegrande*) indeed; even, nay; *dagar, ~ veckor* days, even weeks; *~ visst!* [yes,] certainly (to be sure, indeed)! **II** *s7, s6* yes; *få ~ a*) receive a favourable answer, *b* (*vid frieri*) be accepted; *rösta ~* vote in favour [of the proposition]; *frågan är med ~ besvarad* the answer is in the affirmative; *säga ~ till* say yes to, answer in the affirmative, agree to
1 jack *s7* (*hack*) gash, cut
2 jack *s2, tel.* jack
jacka *s1* (*dam-*) jacket; (*herr- äv.*) coat
jacketkrona jacket crown
jackett [ʃ-] *s3* (*mansrock*) morning-coat; (*damkappa*) coat
jade [jä:d, jäjjd] *s5, min.* jade
jag I [*vard.* ja] *pron* I; *~ själv* I myself; *det är ~* it is me **II** *s7, filos.* ego; *allm.* self; *ngns bättre ~* a p.'s better self; *visa sitt rätta ~* show one's true colours
jaga 1 hunt; (*hare, högvilt äv.*) shoot **2** (*förfölja*) chase, pursue; (*driva, fösa*) drive; *~ ngn på dörren* turn s.b. out; *~ livet ur ngn* worry the life out of s.b. **3** (*ila*) drive, chase; (*skynda*) hurry, dash **-re** *sjö. mil.* destroyer
jag|betonad *a5* egocentric **-form** *s3, i ~* in the I-form (the first person singular) **-medvetande** awareness of self, self-knowledge
jaguar *s3* jaguar
ja|ha [-'ha:, ˣja:-] well; (*-så*) oh, I see **-ja** well, well; *~ dig!* you just look out!, mind what you are doing!
jak *s2* yak
jaka say 'yes' (*till* to), answer in the affirmative **-nde** *s6* affirmative; *svara ~* answer in the affirmative; *~ sats* affirmative clause
jakaranda [ʃ-, j-, -ˣann-] *s1* (*trä*) jacaranda [black] rosewood
jakobin *s3* Jacobin **-sk** [-i:-] *a5* Jacobinic[al]
jakobsstege Jacob's ladder
1 jakt *s3, sjö.* yacht
2 jakt *s3* hunting; (*med gevär*) shooting; (*-tillfälle*) day's shooting; (*förföljande*) pursuit, chase; (*letande*) hunt (*efter* for); *gå på ~* go out hunting; *vara på ~ efter* be hunting (on the hunt) for (*äv. bildl.*); *~en efter lyckan* the pursuit of happiness **-bombplan** fighter bomber **-byte** (*jägares*) bag; (*djurs*) prey, game; (*dagens äv.*) kill **-falk** *zool.* gerfalcon **-flyg** fighter aircraft; fight-

ers (*pl*) **-flygare** fighter-pilot **-gevär** sporting-gun **-horn** hunting horn **-hund** sporting-(hunting-)dog; *~arna* (*äv.*) the hounds **-lag** *s2* game act **-licens** hunting licence **-lycka** the luck of the chase; *har ~n varit god?* have you had a good day's sport? **-mark** hunting-(shooting-)ground; (*inhägnad*) preserve; (*ej inhägnad*) chase; *de sälla ~erna* the happy hunting-grounds **-plan** interceptor, fighter [plane] **-robot** *mil.* air-to-air missile; *målsökande ~* homing missile **-rätt** shooting-(hunting-)rights (*pl*) **-slott** huntingseat **-stig** *ge sig ut på ~en* go out hunting **-stuga** shooting-(hunting-)box **-sällskap** *koll.* hunting-(shooting-)party; *~et* (*äv.*) the hunt (field) **-säsong** hunting-(shooting-) season **-vapen** hunting-(sporting-)weapon **-vård** game management **-vårdare** game-keeper; *Am.* game warden **-väska** game-bag

jalu [ʃa'lu:] *oböjl. a* jealous (*på* of) **-si** *s3* **1** (*svartsjuka*) jealousy **2** (*fönsterskärm*) jalousie; Venetian blind **3** (*på skrivbord o.d.*) roll-top; (*på skåp e.d.*) roll-front

jam *s7* mew **-a** mew, miaow; *~ med* (*bildl.*) acquiesce [in everything]

jamb *s3* iamb[us] **-isk** ['jamm-] *a5* iabmic

jamsa drivel

janitsjar [-t'ʃa:r] *s3* janizary, janissary **-musik** Turkish music

januari *r* January

Japan ['ja-] *n* Japan **japan** *s3* Japanese; *vard.* Jap **-lack** [ˣja:-] Japanese lacquer **-sk** [-'pa:nsk] *a5* Japanese **-ska** [-'pa:n-] *s1* **1** (*språk*) Japanese **2** (*kvinna*) Japanese woman

jardiniär [ʃ-] *s3* jardinière; flower stand

jargong [ʃar'gåŋ] *s3* lingo, jargon; slang; (*svada*) jabber; (*rotvälska*) gibberish

jarl [ja:rl] *s2* jarl

ja|rop cry of 'yes' **-röst** vote in favour; aye

jasmin [ʃ-] *s3* jasmin, jessamin[e]

jaspis ['jass-] *s2, min.* jasper

ja|så [ˣjasså, 'jasså] oh!, indeed!, is that so?, really!; *~ inte det!* no?, not? **-sägare** yes-man

Java *n* Java **javanes** *s3* **-isk** *a5* Javan[ese]

javisst *se under ja*

jazz [jass] *s3* jazz **-musik** jazz-music

jeep [ji:p] *s2* jeep

jehu *i uttr.: som ett ~* like a hurricane

Jemen ['je:-] *n* Yemen **jemenit** *s3* **-isk** *a5* Yemenite, Yemeni

jeremiad *s3* jeremiad lamentation

Jeremia|s| Jeremiah

Jesaja Isaiah

jesuit *s3* Jesuit **-isk** *a5* Jesuit; *neds.* Jesuitical **-orden** the Society of Jesus

Jesus [ˣje:-, 'je:-] Jesus **-barnet** the Infant Jesus, the Holy Child

1 jet [jett] *s3, min.* jet

2 jet [jett] *r, tekn.* jet **-aggregat** jet propulsion unit **-drift** jet propulsion **-driven** *a5* jet-propelled **-motor** [turbo] jet engine

jetong [ʃe'tåŋ] *s3* (*spelmark*) counter; (*belöning*) medal

jetplan jet plane (aircraft)

jiddisch ['jidd-] *s2* Yiddish

jigg *s2, tekn.* jig

jippo ['jippɷ] *s6* [publicity] stunt

jiujitsu *s5* jiu-jitsu, ju-jutsu

JK [ˣji:kå:] *förk. för Justitiekanslern* **JO** [ˣji:ɷ:] *förk. för Justitieombudsmannen*

jo yes, oh yes, why yes; (*eftertänksamt*) well, why; *~ då* yes, to be sure; oh yes; *~ visst vill jag det!* oh yes, certainly I will!, to be sure I will!

jobb [jå-] *s7* work, job; (*knog*) job **2** *se -eri* **-a 1** work, be on the job; (*knoga*) go at it; (*syssla*) dabble (*med* in) **2** (*spekulera*) speculate, do jobbing **-are 1** jobber **2** (*som gör tvetydiga affärer*) profiteer **-eri** speculation; profiteering **-ig** *a1* bothersome; laborious; *det är ~t* it's hard work

jobspost [ˣjåbbs-] *en ~* evil tidings (*pl*), [a piece of] bad news

jockey ['jåkki, ʃå'kejj] *s3* jockey

jod [jådd] *s3* iodine

joddl|a [-å-] yodel **-ing** yodelling

jod|haltig *a1* iodic **-sprit** tincture of iodine

Johannes *~ evangelium* the Gospel according to St. John; *~ döparen* John the Baptist

johann|esbröd St. John's Bread, locust-pods (*pl*) **-itorden** the Order of St. John **-itriddare** knight of St. John, [knight] hospitaller

joho [-'hɷ:] *se jo*

jojk [jå-] *s2* Lappish song

1 jojo [ˣjɷjjɷ] *interj* why, yes to be sure!

2 jojo [ˣjɷjjɷ] *s2* yo-yo

joker ['jå:-] *s2* joker

jolle [-å-] *s2* dinghy, skiff; yawl

joll|er ['jåll-] *s7* babble; (*småbarns äv.*) crowing, prattle **-ra** babble; crow, prattle

jolmig [ˣjåll-] *a1* mawkish, vapid, wishy-washy

jolt [jå-] *s7* silly talk, twaddle

jon *s3* ion **-bytare** ion exchange [resin]

jongl|era [ʃåŋ-, j-] juggle (*äv. bildl.*) **-ering** juggling; jugglery **-ör** juggler

jonier ['jɷ:-] Ionian

joniser|a ionize **-ing** ionization

jonisk ['jɷ:-] *a5* Ionic; (*om invånare o.d.*) Ionian

jon|kammare ionization (ion) chamber **-osfär** ionosphere

jord [jɷ:-] *s2* earth; (*värld*) world; *här på ~en* here on earth; *Moder J~* Mother Earth; *på hela ~en* in the whole world **2** (*-yta*) ground; soil; earth; *på svensk ~* on Swedish soil; *förbinda med ~* (*elektr.*) connect to earth, earth; *sjunka genom ~en* (*bildl.*) sink into the ground; *ovan ~* above ground; *gå under ~en* go underground **3** (*ämne, -art o.d.*) earth; (*mat-*) soil; (*stoft*) dust; *falla i god ~* fall into good ground **4** (*-område*) land; *odlad ~* cultivated land **-a 1** (*begrava*) bury **2** *elektr.* earth **-agods** landed estate (property) **-ande** *s2* earth spirit

Jordanien *n* Jordan

jord|art 1 *geol.* earth deposit **2** *lantbr.* soil **3** *kem.* earth **-artsmetall** earth metal **-axel** axis of the earth

jordbruk *s7* **1** *abstr.* farming, agriculture; *bedriva ~* do farming, farm, be a farmer **2** *konkr.* farm **-arbefolkning** agricultural population **-are** farmer, agriculturist

jordbruks|arbetare agricultural (farm) worker **-arbete** farming, agricultural work **-bygd** agricultural district **-departement**

ministry of agriculture; *Engl. ung.* Ministry of Agriculture, Fisheries and Food; *Am. ung.* Department of Agriculture **-fastighet** farm property **-maskin** agricultural machine **-minister** minister (*Am.* secretary) of agriculture **-näring** farming [industry], agriculture **-politik** agricultural policy **-produkt** agricultural product **-redskap** agricultural (farming) implement

jord|bunden *a5, bildl.* earth-bound, earthy **-bävning** [-ä:-] earthquake **-egendom** landed property **-eliv** life upon earth; *~et* (*äv.*) this life **-enruntresa** [-ˣrunnt-] round-the-world trip **-fräs** rotary cultivator **-fästa** inter, read the burial service over **-fästning** burial (funeral) service **-förbättring** soil improvement **-glob** [terrestrial] globe **-gubbe** strawberry **-gubbssylt** strawberry jam **-håla** cave in the earth **-hög** earth-mound, mound of earth **-ig** *a1* (*-aktig*) earthy; (*nersmutsad*) soiled with earth **-isk** ['jɷ:r-] *a5* earthly; terrestrial; (*världslig*) worldly; mundane; (*timlig*) temporal; *~a kvarlevor* mortal remains; *lämna detta ~a* depart this life **-kabel** underground cable **-klot** earth; *~et* (*äv.*) the globe **-koka** *s1* clod [of earth] **-kula** den; (*djurs äv.*) cavern **-lager** earth-layer; stratum [of earth] **-lapp** patch (plot) of ground **-ledning 1** *elektr.* earth-(ground-)-connection; *konkr.* earthing-wire **2** (*underjordisk ledning*) underground conduit **-lott** plot, allotment **-magnetism** terrestrial magnetism **-mån** *s3* soil (*äv. bildl.*) **-ning** *elektr.* earthing, *Am.* grounding **-nöt** peanut, groundnut **-reform** land reform **-register** land register **-ränta** ground (land) rent **-satellit** earth satellite **-skalv** earthquake **-skorpa** earth-crust; *~n* the earth's crust **-skred** earth-slip, landslip; *bildl.* landslide **-slå** soil, earth up **-stöt** earthquake [shock] **-svin** aardvark **-yta** surface of the ground; (*ytområde*) area of ground; *på ~n* on the earth's surface, on the face of the earth **-ärtskocka** [-å-] *s1* Jerusalem artichoke

jota 1 *s6, s7* (*grek. bokstav*) iota **2** *n, inte ett ~* not a jot (an iota)

joule [jɷ:l, jaul] *s9, elektr.* joule

jour [ʃɷ:r] *s3* **1** *ha ~[en]* be on duty **2** *hålla ngn à ~ med* keep s.b. informed on (as to); *hålla sig à ~ med* (*äv.*) keep [o.s.] abreast of (up to date on) **-havande** *a4, ~ läkare* doctor on duty; *~ officer* duty (orderly) officer, officer on duty

journal [ʃɷr-] *s3* **1** *bokför.* journal, diary; (*läkar-*) case book; (*sjukhus-*) case record; (*för enskild patient*) case sheet; *föra ~* keep a journal **2** *film.* newsreel **3** (*tidskrift*) journal, magazine **-film** newsreel **-föring** keeping a journal **-ism** journalism **-ist** journalist; news[paper]man, pressman **-istik** *s3* journalism **-istisk** *a5* journalistic

jovial *a1* **-isk** *a5* jovial **-itet** joviality

jovisst *se under jo*

jox [jɷks] *s7* stuff, rubbish **-a** peddle; *~ ihop* (*mat e.d.*) concoct, (*trassla till*) muddle up

ju I *adv* why; (*som du vet*) you know (see); (*naturligtvis*) of course; (*visserligen*) it is true; (*som bekant*) as we [all] know; (*det förstås*) to be sure; *där är du ~!* why, there you are!; *du vet ~ att* you know of course that; *jag har ~ sagt det flera gånger* I have said (told you) so several times, haven't I?; *du kan ~ göra det a*) (*om du vill*) there's nothing to prevent you doing so, *b*) (*uppmanande*) you may [just] as well do it **II** *konj* the; *~ förr desto bättre* the sooner the better

jubel ['ju:-] *s7* (*hänförelse*) jubilation, rejoicing, exultation; (*glädjerop*) shout[s] of joy, enthusiastic cheering (cheers *pl*) (*över* at); (*bifall*) shouts of applause (*över* at); *allmänt ~* general rejoicing; *jublet brast löst* a storm of rejoicing broke out **-doktor** person who has held a doctorate for fifty years **-idiot** arch idiot **-rop** shout of joy **-år** [year of] jubilee

jubil|ar *s3* person celebrating an anniversary **-era** celebrate **-eum** [-ˣle:-] *s4* jubilee **-eumsfest** anniversary celebration **-eumsutställning** jubilee exhibition

jubla [ˣju:-] shout for joy; (*inom sig*) rejoice, exult **-nde** *a4* shouting for joy; jubilant, exultant

Juda Judah **juda|folket** the Jewish people; the Jews (*pl*) **-konung** *~en* the King of the Jews

Judas Judas **judas**kyss Judas (traitor's) kiss

jude *s2* Jew; Hebrew, Israelite; (*ockrare*) jew, Ikey; *vandrande ~n a*) (*Ahasverus*) the wandering Jew, *b*) *bot.* spiderwort **-fientlig** anti-Jewish(-Semitic) **-förföljelse** persecution of [the] Jews **-hat** hatred of the Jews; anti-Semitism **-hatare** Jewhater; anti-Semite **-kristen** Jewish Christian **-kvarter** Jewish quarter, ghetto **-körs** [-çörs] *s2, bot.* winter-cherry

juden|dom *s2* Judaism **-heten** the Jews, the Jewish people

judiciell *a1* judicial

jud|inna Jewish woman, Jewess **-isk** ['ju:-] *a5* Jewish

judo ['ju:-] *s2* judo

jugendstil [ˣjɷ:gent-] Art Nouveau style

jugoslav *s3* Jugoslav **Jugoslavien** *n* Jugoslavia **jugoslavisk** *a5* Jugoslavian

jul *s2* Christmas (*förk.* Xmas); (*hednisk ~ o. poet.*) Yule[tide]; *fira ~[en]* keep (spend) [one's] Christmas; *god ~!* A Merry Christmas! **-a** *se* [*fira*] *jul* **-afton** Christmas Eve **-bock** Christmas goat **-boksfloden** the Christmas-book inundation **-brådska** *i ~n* in the Christmas rush **-bön** Christmas Eve service (evensong) **-dag** Christmas Day **-evangeliet** the Gospel for Christmas day **-ferier** Christmas holidays (vacation *sg*) **-fest** Christmas party (celebration) **-firande** *s6* [the] keeping (celebration) of Christmas **-glädje** Christmas cheer **-gran** Christmas tree

julgrans|belysning Christmas tree illumination **-fot** Christmas tree stand **-karamell** Christmas-tree decoration filled with sweets **-plundring** party when the Christmas tree is stripped of decorations

jul|gris Christmas pig **-gröt** boiled rice pudding **-gåva** Christmas gift **-helg** *under ~en* during Christmas (*ledighet* the Christmas

holidays), at Christmas **-hälsning** Christmas greeting
juli ['ju:-] *r* July
juliansk [-a:-] *a5* Julian
julirevolutionen the July Revolution
jul|kaktus common winter cactus **-klapp** Christmas present; *önska sig i ~* want for Christmas **-klappsvers** rhymed inscription written on a Christmas present **-kort** [-ɷ-] Christmas card
julle *s2, se jolle*
jul|lik *a5* Christmassy **-lov** Christmas holidays (*pl*) (vacation) **-natt** Christmas night **-otta** early service on Christmas Day
julp *s2, se gylf*
jul|prydnader Christmas decorations **-ros** Christmas rose **-skinka** Christmas ham **-stjärna 1** *hist.*, *~n* the Star of Bethlehem **2** (*i -gran*) Christmas-tree star **3** *bot.* poinsettia **-stämning** Christmas spirit (atmosphere) **-stök** preparations (*pl*) for Christmas **-sång** Christmas carol (song) **-tid** (*äv. ~en*) Christmas-time, *poet. äv.* Yuletide **-tomte** Christmas gnome; *~n* Father Christmas, Santa Claus
Julön *r* Christmas Island
jumbo ['jumm-] *s9, sport., komma ~* come last **-pris** booby prize
jumpa jump from one sheet of floating ice to another
jumper ['jumm-] *s2, pl äv. -s* jumper **-set** twinset
jungfru *s5* **1** (*ungmö*) virgin; maid[en]; *J~ Maria* the Virgin Mary, the Holy Virgin; *J~n av Orléans* the Maid of Orleans **2** *se hembiträde* **3** (*för gatläggning*) paving-beetle, punner; *sjö.* dead-eye **-bur** maiden's (lady's) bower **-dom** [-dɷm] *s2* virginity, maidenhood **-födsel** parthenogenesis **-kammare** servant's [bed]room **-lig** [ˣjuŋ-, -'fru:-] *a1* maidenly, maidenlike, maiden; *bildl.* virgin (*mark* soil) **-lighet** [ˣjuŋ-, -'fru:-] maidenliness; virginity **-resa** maiden voyage **-tal** maiden speech
jungman [ˣjuŋ-, 'juŋ-] ordinary seaman
juni ['ju:-] *r* June
junior ['ju:niår, *sport.* -'å:r] *oböjl. a o. s3* junior; *univ. ung.* undergraduate **-lag** junior team
junker ['junn-] *s2* **1** *hist.* (*titel ung.*) squire; (*ty. godsägare*) Junker **2** *gunstig ~* young gentleman
junonisk *a5* Junoesque; (*friare*) majestic
junta *s1* **1** *polit.* junta **2** (*klubb o.d.*) junto; (*kaffe-*) [coffee-]club; (*sy-*) [sewing-]guild, *Am. äv.* bee
jura *s1* Jura **-perioden** the Jurassic period
juri|dik *s3, allm.* law; (*vetenskap äv.*) jurisprudence; *studera ~* study [the] law **-disk** [-'ri:-] *a5* **1** *allm.* juridical; (*friare*) legal; *den ~a banan* the legal profession; *~ fakultet* faculty of law; *~t ombud* legal representative; *~ person* juridical (juristic) person; *~ rådgivare* legal adviser; *~a uppdrag* legal (lawyer's, law) work **2** (*rättslig*) judicial; *~t förfarande* judicial procedure **3** (*om rättsvetenskap*) jurisprudential
juris ['ju:-] *~ doktor* Doctor of Law[s] (*förk., efter namnet* LL.D.); *~ kandidat* (*licentiat*) (*ung.*) Bachelor (Master) of Laws (*förk., efter namnet* LL.B., LL.M.) **-diktion** jurisdiction **-prudens** *s3* jurisprudence **-t** [-'risst] *s3* lawyer; (*ngns äv.*) legal adviser; (*rättslärd*) jurist **-teri** lawyer's quibbling, juridical formalism
jury ['jurri] *s3* jury; *sitta i en ~* be (serve) on a jury **-man -medlem** juryman, juror
1 just *adv* just; (*precis äv.*) exactly, precisely; (*alldeles*) quite; (*egentligen*) really; *det var ~ det jag trodde* that was (is) just (exactly) what I thought; *~ det* [, *ja*]*!* that's exactly it!; *~ så* [, *ja*]*!* exactly (precisely, quite)!; *~ ingenting* nothing in particular; *jag vet ~ inte det!* I am not so sure!; *ja, ~ han!* yes, the very man!, to be sure, he and no other!; *varför välja ~ mig?* why choose me of all people?; *det var ~ snyggt!* oh, very nice, I must say!
2 just [ʃysst] *a1* (*rättvis*) fair; (*oklanderlig*) correct, right; (*som sig bör*) seemly, meet; (*noggrann*) exact, accurate; *vara ~ mot* (*äv.*) treat s.b. fairly (justly) **-era 1** (*inställa, korrigera*) adjust; (*avhjälpa fel*) correct; (*friare*) put ... right (to rights); (*instrument*) regulate, set ... right, rectify; (*mått o. vikt*) verify, inspect; (*granska o. godkänna*) revise; *~ protokollet* sign the minutes [as correct] **2** *sport.* nobble; injure **-erare** adjuster; (*av mått o. vikt*) inspector [of weights and measures]; (*av instrument*) regulator **-erbar** *a1* adjustable **-ering** adjustment; correction; regulation; inspection; revision **-eringsman** person who checks minutes **-eringsskruv** adjusting (adjustment) screw
justitie|departement [-ˣti:tsie-] *~et* the Ministry of Justice, *Engl.* the Lord Chancellor's Office, *Am.* the Department of Justice **-kansler** *ung.* attorney-general **-minister** minister of justice; *~n* (*Engl.*) the Lord Chancellor, (*Am.*) the Attorney General **-mord** judicial murder; miscarriage of justice **-ombudsman** *~nen* the [Swedish] Parliamentary Commissioner for the Judiciary and Civil Administration **-råd** Justice of the Supreme Court; *Engl. ung.* Lord Justice; *Am.* Associate Justice of the Supreme Court
1 jute *s2* Jute, Jutlander
2 jute *s2, s7* (*spånadsämne*) jute **-väv** jute cloth, gunny
juvel *s3* jewel (*äv. bildl.*); gem; *~er* (*koll.*) jewellery **-armband** jewelled bracelet **-besatt** *a4* jewelled **-eraraffär** jeweller's [shop] **-erararbete** jeweller's work, jewellery **-erare** jeweller **-prydd** *a5* [be]jewelled **-skrin** jewel-case **-smycke** jewelled ornament
juvenil *a1* juvenile
juver ['ju:-] *s7* udder
jycke *s2* dog; *neds.* cur; (*"kurre"*) beggar, johnny
Jylland ['jyll-] *n* **jylländsk** *a1* Jutland
jädrans *oböjl. a* darned, confounded
jägar|e *allm.* hunter, shooter; sportsman; *bildl.* huntsman, hunter; (*anställd*) huntsman; *mil.* commando [soldier], light infantryman, *Am.* ranger **-folk** nation of hunters **-hatt** huntsman's hat; (*mjuk mössa med brätte fram o. bak*) deerstalker **-horn** hunter's horn, hunting-horn

jägmästare [ˣjä:g-] forester, forest officer (supervisor)

jäk|el *s2* devil; *-lar!* damn! **-las** [-ä:-] *dep*, *~ med* be nasty to, provoke **-lig** [-ä:-] *a1* rotten; damn[ed]

jäkt *s7* (*brådska*) hurry, haste; (*hets*) drive hustle **-a 1** (*driva på* [*ngn*]) hurry on, keep ... on the drive (run) **2** (*hasta*) be constantly on the go (move), be in a hurry **-ad** *a5* hurried, worried **-ig** *a1* bustling, hectic **-igt** *adv*, *ha det ~* have a hectic time of it

jäm|bredd *i uttr.: i ~ med* side by side with **-bördig** *a1*, *eg.* equal in birth; *bildl.* equal [in merit] (*med* to), of equal merit (*med* with) **-fota** *hoppa ~* jump with both feet together

jämför|a *v2* compare; *~ med* compare with (*likna vid*) compare to; *jämför* compare (*förk.* cp.), confer (*förk.* cf.); *~nde språkvetenskap* comparative philology **-bar** *a1* comparable; *fullt ~ med* (*hand.*) quite up to the standard of **-else** comparison; *göra ~r* make comparisons (*mellan* between); *det är ingen ~!* there is no comparison! **-elsematerial** comparison material **-elsevis** comparatively; relatively **-lig** [-ö:-] *a1* comparable (to be compared) (*med* with, to); (*likvärdig*) equivalent (*med* to)

jäm|gammal of the same age (*med* as) **-god** *se jämngod*

jämk|a (*flytta*) move, shift; *bildl.* adjust adapt, modify; *~ på* adjust, (*ändra*) modify, (*pruta på*) give way (in), (*pris*) knock off; *~ ihop* (*bildl.*) adjust; *~ ihop sig* move closer together **-ning** [re-]adjustment, modification; (*kompromiss*) compromise; (*av skatt*) tax adjustment

jämlik *a5* equal (*med* to) **-e** equal **-het** equality **-t** [-i:-] *adv* according to, in accordance with

jämmer ['jämm-] *s9* groaning; (*kvidande*) moaning; (*missnöje*) complaint; (*veklagan*) lamentation; (*elände*) misery **-dal** vale of tears **-lig** [ˣjämm-] *a1* miserable, deplorable; wretched; (*jämrande*) mournful, wailing **-rop** plaintive cry, cry of pain (distress)

jämn *a1* **1** (*om yta*) level, even; (*slät*) smooth **2** (*likformig*) uniform (*värme* heat); even; equable (*klimat* climate; *lynne* temperament); (*oavbruten*) continuous, steady; (*regelbunden*) regular; *hålla ~a steg med* keep in step with, *bildl.* keep pace with; *med ~a mellanrum* at regular intervals **3** (*mots. udda*) even; *~a pengar* even money, the exact sum; *~a par* an equal number of men and women; *en ~ summa* (*äv.*) a round sum; *~a hundratal kronor* even hundreds of kronor **-a** level, make ... level (even, smooth), even out; (*klippa jämn*) trim; *bildl.* smooth; *~ med marken* level with the ground; *~ ut* level off; *det ~r ut sig* it evens itself out **-an** *i uttr.: för ~* for always **-god** *vara ~a* be equal to one another, be equals; *~ med* equal to, as good as **-grå** of an even grayness **-het** levelness; evenness, smoothness; equality; uniformity **-hög** of [a] uniform height; *två ~a ...* two equally tall ... **-höjd** *i uttr.: i ~ med* on (at) a level with; *vara i ~ med* be of the same level as **-mod** equanimity, composure **-mulen** entirely overcast **-stor** of [a] uniform size; *vara ~a* be equal in size

jämnt [*vard.* jämmt] **1** level; evenly *etc.*; even; (*lika*) equally; (*regelbundet*) regularly, steadily; *det är ~!* (*kan behållas som dricks*) keep the change!; *väga ~* (*om t.ex. våg*) [just] balance, *bildl.* be even **2** (*exakt*) exactly; *~ så mycket som* exactly (just) so (as) much as; *inte tro ngn mer än ~* only half believe s.b.; *3 går ~ upp i 9* nine is divisible by three

jämn|tjock of [a] uniform thickness, equally thick **-årig** *a1* of the same age (*med* as); (*samtidig*) contemporary; *mina ~a* persons of my [own] age, my contemporaries

jämra *rfl* wail, moan; (*gnälla*) whine; (*klaga*) complain (*över* about); (*högljutt*) lament; (*stöna*) groan

jäms *~ med* at the level of, level with; (*längs*) alongside [of]

jäm|sides side by side (*med* with, abreast (*med* of); alongside [of]; *~ med sina studier* alongside [of] his studies; *fartygen ligger ~* the ships lie alongside each other **-spelt** [-e:-] *a1* evenly matched, even (*med* with) **-ställa** place ... side by side (on a level) (*med* with), juxtapose (*med* to); place ... on an equal footing (*med* with); (*-föra*) draw a parallel between; *-ställd med* on a par (an equality) with **-ställdhet** equality, parity

jämt always; (*gång på gång*) constantly; (*oupphörligt*) incessantly, perpetually; *~ och ständigt* (*samt*) always, for ever, everlastingly **-e** together with, in addition to; (*förutom*) besides; (*och även*) and [also]

jämvikt *s3*, *fys.* equilibrium; *allm.* balance (*äv. bildl.*); *åstadkomma ~ mellan* establish equilibrium between, equipoise; *förlora ~en* lose one's (its *etc.*) balance; *återställa ~en* restore equilibrium (the balance); *i ~* (*bildl.*) [well-]balanced

jämvikts|läge position (state) of equilibrium; balanced position **-organ** organ of balance **-rubbning** disturbance of equilibrium; disequilibrium

jämväl [ˣjämm-, -'vä:l] likewise; (*även*) also

jänta *s1* lass

järn [jä:rn] *s7* iron; *ha många ~ i elden* have many irons in the fire; *smida medan ~et är varmt* strike while the iron is hot **-beslag** iron mounting **-beslagen** *a5* iron-sheathed(-bound) **-bruk** ironworks (*sg o. pl*), foundry **-ek** *bot.* holly **-fil** iron file **-filspån** iron filings (*pl*) **-förande** *a4* iron-bearing, ferriferous **-förening** *kem.* iron compound **-grepp** iron grip **-gruva** iron mine **-halt** iron content **-haltig** *a1* containing iron, ferrous, ferriferous **-hand** *styra med ~* rule with an iron hand **-handel** *konkr.* ironmonger's [shop], ironmongery; *Am.* hardware store **-handlare** ironmonger; *Am.* hardware dealer **-hantering** iron industry (trade) **-hård** [as] hard as iron, iron-hard; *bildl.* iron[-hard]; *~ disciplin* iron discipline **-hälsa** iron constitution **-industri** iron industry **-kamin** iron stove **-korset** (*orden*) the Order of the Iron Cross **-malm** iron ore **-malmsfält** iron-ore field **-manufaktur** hardware **-medicin** iron tonic **-natt** frosty night **-näve** *bildl.* iron fist **-plåt** sheet iron **-ridå** *teat.* safety curtain; *polit.* iron curtain **-skrot** scrap iron **-smide** hammered iron-ware **-spis** iron range **-stång** iron bar **-säng** iron bedstead **-tråd** [iron] wire **-varor** iron goods, ironware; hardware (*sg*) **-verk** ironworks (*sg o. pl*) **-vilja** iron will **-väg** railway; *Am.* railroad; *anställd vid ~en* employed on the railway; *fritt å ~* free on rail (*Am.* truck); *resa med ~* go by rail (train); *underjordisk ~* underground, tube, *Am.* subway

järnvägs|arbetare 1 (*-byggare*) navvy **2** (*vid färdig järnväg*) railway worker **-förbindelse** train service, railway connection **-karta** railway map **-knut** railway junction **-linje** railway line, track **-man** railwayman, railway employee **-nät** railway system (network) **-olycka** railway accident **-resa** railway journey (trip) **-restaurang** railway--station refreshment room, railway restaurant; (*mindre*) buffet **-skena** rail **-spår** railway (*Am.* railroad) track **-station** railway station; (*änd-*) terminus, *Am.* terminal **-tunnel** railway tunnel **-tåg** [railway] train **-vagn** railway carriage; *Am.* railroad car; (*godsvagn*) goods waggon, *Am.* freight car **-övergång** railway crossing; (*plankorsning*) level crossing; *bevakad* (*obevakad*) *~* guarded (ungated) level crossing

järnåldern the Iron Age

järpe *s2* hazel-hen

järtecken [-ä:-] omen, portent, presage

järv *s2* wolverine

jäs|a *v3* ferment; (*om sylt o.d.*) go fermented; *bildl. a*) (*om missnöje o.d.*) ferment, *b*) (*vara uppblåst*) swell up; *låta degen ~* let the dough rise; *~ upp* (*om deg*) ferment, rise; *~ över* ferment and run over; *han -te av vrede* he boiled with fury; *det -te i sinnena* people's minds were in a ferment **-ning** [-ä:-] fermentation; *bildl.* ferment; *bringa i ~* bring to fermentation, *bildl.* work up into a ferment **-ningsprocess** fermentation (fermentative) process **-ningsämne** ferment

jäst *s3* yeast **-pulver** baking-powder **-svamp** yeast-fungus

jätte *s2* giant **-arbete** gigantic (herculean) [piece of] work **-fin** first rate, terrific; *Am.* dandy **-format** gigantic size **-gryta** *geol.* giant's kettle, witches' chaldron **-kvinna** giantess, female giant; (*storväxt kvinna*) enormous woman, (*på cirkus*) fat woman **-lik** *a5* gigantic; giant-like **-steg** giant stride; *gå framåt med ~* (*bildl.*) make tremendous progress, progress by leaps and bounds **-stor** gigantic, enormous, huge **-ödla** great saurian

jättinna *se jättekvinna*

jäv *s7, jur.* challenge (*mot* to), recusation (*mot* of); *anmäla ~ mot* challenge, make (lodge) a challenge to; *laga ~* lawful disqualification **-a 1** *jur.* take exception to; (*testamente e.d.*) challenge the validity of **2** (*bestrida*) belie **-ig** *a1* (*om vittne*) challengeable, exceptionable; (*inkompetent, partisk*) disqualified, non-competent **-ighet** challengeability; non-competence

jökel *s2* glacier **-älv** glacier stream

jöns *s2* johnny; ninny

jösse *s2, ung.* Jack hare

jösses good heavens!; *vad i jösse namn!* what on earth!

K

kabal *s3* cabal
kabaré *s3* cabaret **-artist** cabaret-artiste
kabbalist cabbalist **-isk** *a5* cabbalistic
kabbeleka *s1* marsh marigold
kabel ['ka:-] *s2* cable; *sjö. äv.* hawser **-bro** cable suspension bridge **-brott** cable breakdown
kabeljo [ˣkabb-] *s9* dried [cured] cod
kabel|ledning cable **-längd** cable['s] length
kabin *s3, flyg.* cabin, cockpit
kabinett *s7, s4* cabinet (*äv. polit.*); (*budoar*) boudoir
kabinetts|fråga vote of confidence; *ställa ~* demand a vote of confidence **-kammarherre** lord-in-waiting **-medlem** cabinet member, member of the cabinet **-sekreterare** under-secretary of state for foreign affairs
kabla]ˣka:-] cable
kabriolett *s3* cabriolet, convertible
kabyl *s3* Kabyle
kabyss *s3, sjö.* [cook's] galley, caboose
kackalorum [-ˣlo:-] *s7* to-do, hullabaloo
kackel ['kakk-] *s7, se kacklande*
kackerlacka *s1* cockroach, black-beetle
kackla cackle; (*om höna äv.*) cluck **-nde** *a4 o. s6* cackling; cluck-clucking
kadaver *s7* carcass; (*lik*) corpse **-disciplin** blind discipline
kadens [-ens, -aŋs] *s3, mus.* (*slutfall*) cadence, fall; (*solo-*) cadenza
kader ['ka:-] *s2, s3, mil.* cadre
kadett *s3* cadet; *sjö.* [naval] cadet **-skola** military academy (school)
kadmium ['kadd-] *s8* cadmium
kadrilj *s3* (*dans*) quadrille
kafé *s4* café; coffee house, coffee-room, tea-shop; *Am. äv.* cafeteria **-idkare** café-(*etc.*)-keeper(-proprietor)
kaffe *s7* coffee; *koka ~* make coffee; *~ utan grädde* black coffee **-blandning** blend of coffee **-bryggare** coffee-percolator, coffee-maker(-machine) **-bröd** buns served with coffee **-buske** coffee-shrub(-bush) **-böna** coffee-bean **-grädde** coffee cream **-kanna** coffee-pot **-kask** coffee laced with snaps **-kokning** coffee-making **-kopp** coffee-cup; (*mått*) coffee-cupful **-kvarn** coffee-grinder (-mill) **-panna** coffee-pot **-plantage** coffee-plantation
kaffer ['kaff-] *s3* Kaffir, Caffre
kaffe|rast coffee break **-rep** *s7* coffee party **-rosteri** coffee-roasting factory **-servering** *se kafé* **-servis** coffee set **-sump** coffee-grounds (*pl*) **-surrogat** coffee substitute, ersatz coffee **-tår** drop of coffee
kaftan *s3* (*prästrock*) cassock; (*österländsk*) caftan
kagge *s2* keg, cask
kainsmärke [ˣka:ins-] mark (brand) of Cain
kaj [kajj] *s3* quay; wharf, dock; (*hamngata*) embankment; *fritt vid* (*å*) *~* free at (on) quay
kaja [ˣkajja] *s1* jackdaw
kajak *s3* kayak
kajavgift quayage; wharfage; quay-dues (*pl*)
kajennpeppar [-ˣjenn-] cayenne pepper
kajka row around (mess about) in an old boat
kajman *s3* cayman
kajplats quay-berth
kajuta [-ˣju:-] *s1* cabin; (*liten*) cuddy
kaka *s1* cake, pastry; (*små-*) biscuit, *Am.* cookie; (*av hårt bröd*) round; *~ söker maka* like will to like
kakadu[a] [-'du:, -ˣdu:a] *s3* [*s1*] cockatoo
kakao *s9* cacao; (*dryck, pulver*) cocoa **-böna** cocoa bean **-fett** cocoa butter **-likör** crème de cacao
kakel ['ka:-] *s7* [Dutch, glazed] tile **-klädd** *a5* tiled **-platta** *se kakel* **-ugn** tiled stove
kak|fat cake-dish **-form** baking tin
kaki ['ka:-] *s9* khaki **-färgad** khaki[-coloured]
kakmix [ready-made] cake mix
kakofoni *s3* cacophony
kakskrin cake-tin
kakt|é *s3* cactaceous plant **-us** ['kakk-] *s2* cactus
kaktång pastry-tongs (*pl*)
kal *a1* bare; (*om kust*) naked; (*om gren*) leafless; (*om pers.*) bald
kalabalik *s3* uproar, fracas, tumult
kalamitet *s3* (*missöde*) mishap, (*starkare*) calamity; (*olycka*) misfortune
kalas *s7* party; feast; (*friare o. bildl.*) treat; *ställa till med stort ~ för* throw a big party for; *få betala ~et* have to pay for the whole show **-a** feast **-kula** paunch, pot belly **-mat** delicious food; a real delicacy
kalcedon *s3* chalcedony
kalciner|a calcine, calcinate **-ing** calcining; calcination **-ingsugn** kiln, calcining furnace
kalcium ['kall-] *s8* calcium **-fosfat** calcium phosphate
kaldé *s3* Chaldean **Kaldéen** *n* Chaldea; *Ur i ~* Ur of the Chaldees **kaldeisk** *a5* Chaldean
kalebass *s3* calabash
kaledonisk *a5* Caledonian; *~a bergskedjan* the Caledonian folding
kalejdoskop [-å:p] *s7* kaleidoscope **-isk** *a5* kaleidoscopic
kalend|arium *s4* calendar **-er** [-'lenn-] *s2* calendar; almanac; (*årsbok*) annual, year-book **-erbitare** *han är ~* he is a who's-who specialist **-erår** calendar year
kalesch [-ä(:)ʃ] *s3* barouche; calsh, calèche
kalfaktor [-ˣfakktår] *s3* batman, officer's servant
kalfatra [ˣkall-, -'fa:-] **1** *sjö.* caulk **2** *bildl.* find fault with
kalhugg|a clean-cut, clear-fell **-ning** clean-cutting, clear-felling
kali ['ka:-] *s7* potash
kalib|er *s2, s3* calibre (*äv. bildl.*) **-rera** calibrate **-rering** calibration
kalif *s3* caliph, calif **-at** *s7* caliphate
Kalifornien [-å:-] *n* California

kaligödsel potassic fertilizer
kalikå [ˣkall-, 'kall-, -'kå:] *s3* calico
kalisalpeter potassium nitrate
kalium ['ka:-] *s8* potassium **-hydroxid** caustic potash, potassium hydroxide **-karbonat** potassium carbonate, potash
1 kalk *s2* **1** (*bägare*) chalice; *bildl.* cup; *tömma den bittra ~en* drain the bitter cup **2** *bot.* perianth
2 kalk *s3* lime; (*bergart*) limestone; *osläckt ~* quicklime, unslaked lime; *släckt ~* slaked lime **-a** whitewash, limewash; (*göda*) lime **-avlagring** lime deposit
kalkblad *bot.* perigoneal leaf
kalk|brott limestone quarry **-brist** (*i kost*) calcium deficiency **-bruk 1** (*-bränneri*) lime--works (*sg o. pl*) **2** (*murbruk*) lime mortar
kalker|a trace; *bildl.* copy **-ing** tracing **-papper** tracing-(carbon-)paper
kalk|fattig lime-deficient; (*om kost*) deficient in calcium **-gruva** lime-pit **-halt** lime content **-haltig** *a1* calcareous, calciferous; limy **-målning** fresco (mural) painting
kalkon *s3* turkey
kalk|sten limestone **-stensbrott** limestone quarry **-stryka** limewash **-tablett** calcium tablet
kalkyl *s3* calculation; *hand.* cost estimate; *mat.* calculus **-ator** [-ˣla:tår] *s3* cost accountant, calculator **-era** calculate, estimate, work out **-ering** (*-erande*) calculating, estimating; *se äv. kalkyl* **-eringsmaskin** calculating-machine; (*elektronisk*) electronic computer
1 kall *a1* cold (*äv. bildl.*); (*om t.ex. zon*) frigid; (*kylig*) chilly; (*sval*) cool; *två grader ~t* two degrees below zero; *det ~a kriget* the cold war; *bli ~ om fötterna* get cold feet; *jag blev alldeles ~* (*av förskräckelse*) I went cold all over
2 kall *s7* calling, vocation; (*uppgift*) task, mission
1 kalla *s1, bot.*, cally[-lily]
2 kalla call; name, designate; (*ropa* [*på*], *till-*) summon; (*utnämna*) appoint, nominate; *~ på läkare* send for (call in) the doctor; *det kan man ~ tur!* that is what you may call luck!; *~ sig* call o.s., (*antaga namnet*) take the name of **-d** *a5* called *etc.*; *han blev ~ till president* he was called to be president (to the presidency); *så ~* so--called; *även ~* alias, otherwise called; *känna sig ~ till* feel fitted for (called upon to)
kall|bad cold bath; (*ute-*) bathe **-blodig** cold--blooded; *bildl. äv.* cool **-blodigt** *adv* coolly, in cold blood **-blodighet** cold-bloodedness **-brand** gangrene **-dusch** cold shower (douche) (*äv. bildl.*)
kallelse 1 (*till möte e.d.*) summons, notice; *univ.* call; *kyrkl.* invitation; (*utnämning*) nomination **2** *se 2 kall*
kall|front cold front **-grin** sneer **-grina** sneer superciliously (*åt* at) **-hamra** cold-hammer; *~d* (*bildl.*) hard-boiled
kalligrafi *s3* calligraphy **-sk** [-'gra:-] *a5* calligraphic
kall|jord *på ~* in cold soil, outdoors **-lim** (*hopskr. kallim*) cold-water glue **-na** cool; (*om mat e.d.*) get cold **-prat** small talk **-prata** talk about trivialities **-sinnig** *a1* cold, cool; (*likgiltig*) indifferent **-sinnighet** coldness *etc.*; indifference **-skuret** *n, best. f. det -skurna, litet ~* a few cold-buffet dishes **-skänk** [-ʃänk] *s2* cold buffet **-skänka** [-ʃ-] *s1* cold-buffet manageress **-sup** involuntary gulp of cold water **-svett** cold sweat (perspiration) **-svettas** *dep* be in a cold sweat **-t** *adv* coldly *etc.*; *förvaras ~* keep in a cool place; *~ beräknande* coldly calculating; *ta saken ~* take the matter coolly, keep cool about **-valsning** cold-rolling **-vatten** cold water **-vattenskran** cold-water tap
kalmuck *s3* **1** Kalmuck **2** (*tyg*) kalmuck
kalops [-'låpps] *s3, ung.* spiced beef stew
kalori *s3* calorie **-behov** calorie requirement **-meter** *s2* calorimeter **-värde** calorific (calorie) value
kalott [-å-] *s3* calotte, skull-cap
kalsonger [-å-] *pl* (*korta*) underpants, undershorts; (*långa*) long underpants
kalu|fs *s3* forelock **-v** *s3* **1** *se -fs* **2** *på nykter ~* (*bildl.*) in one's sober senses
kalv *s2* calf (*pl* calves); *kokk.* veal **-a** calve **-bräss** sweetbread[s *pl*] **-dans** *kokk.* curds (*pl*) **-filé** fillet of veal **-frikassé** fricassee of veal
kalvinis|m Calvinism **-t** Calvinist **-tisk** *a5* Calvinistic
kalv|kotlett veal chop (cutlet) **-kätte** calf's crib (pen) **-kött** veal **-lever** calf's liver **-ning** calving **-skinn** *hand.* calfskin, calf-leather **-stek** *slaktar.* joint of veal; *kokk.* roast veal
kam [kamm] *s2* comb; (*berg-, tupp-, våg-*) crest; *skära alla över en ~* judge (treat) all alike
kamarilla *s1* camarilla; clique
kamaxel camshaft
Kambodja [-ˣbådd-] *n* Cambodia
kambrik ['kamm-] *s3* cambric
kambr|ium ['kamm-] *s8* Cambrian **-osilur** *s3* Cambro-Silurian
kamé *s3* cameo
kamel *s3* camel; *enpucklig ~* dromedary **-drivare** camel-driver
kameleont [-å-] *s3* chameleon
kamelhår camel's hair
kamelhårskappa camel-hair coat
kamelia *s1* camellia
kamera ['ka:-] *s1* camera **-jakt** hunt for [sensational] photographs
kameral *a1* fiscal; financial
kameraman cameraman
kamfer ['kamm-] *s9* camphor **-liniment** camphor embrocation **-olja** camphor oil **-sprit** camphorated spirits (*pl*)
kamgarn worsted [yarn]; (*tyg*) worsted [fabric]
kamin *s3* [heating] stove; (*fotogen- e.d.*) heater; *elektrisk ~* electric fire (heater)
kam|kofta dressing-jacket, peignoir **-ma** comb; *~ håret* comb (do) one's hair
kammar|e *-(e)n, kamrar, äv. s9* room; *polit., tekn., biol.* chamber; *Engl. polit.* house; *första ~n* (*i riksdagen*) the First Chamber, *Engl.* the House of Lords; *andra ~n* (*i riksdagen*) the Second Chamber, *Engl.* the House of Commons **-herre** chamberlain (*hos* to) **-jungfru** lady's maid **-lärd** *a5, en ~*

a bookish person **-musik** chamber music **-spel** *teat.* chamber play **-tjänare** valet
kam|mussla pecten, comb-shell **-ning** combing; (*frisyr*) coiffure, hair-style
kamomill *s3* wild camomile **-te** camomile tea
kamoufl|age [-ɷ'fla:ʃ] *s7* camouflage **-agefärg** camouflage colour **-era** camouflage
1 kamp *s2* (*häst*) jade
2 kamp *s3* (*strid*) struggle (*om* for); fight, combat (*om* for) (*äv. bildl.*); (*drabbning*) battle (*äv. bildl.*); (*brottning*) wrestle, wrestling; *~en för tillvaron* the struggle for existence; *en ~ på liv och död* a life-and--death struggle **-anda** fighting spirit
kampanil *s3* campanile
kampanj *s3* campaign; (*reklam- äv.*) drive
kampare *se campare*
kamp|era be (lie) encamped (in camp); *~ ihop* (*tillsammans*) share the same tent (room *etc.*), be fellow-workers **-ing** *se camping*
kamp|lust fighting spirit **-sång** camp song **-vilja** will to fight
kamrat comrade, fellow; (*vän*) friend; (*följeslagare*) companion; (*arbets-*) fellow--worker; (*skol-*) schoolfellow, schoolmate; (*studie-*) fellow-student; (*kollega*) colleague; *vi är ~er från skoltiden* we are old schoolmates; *mina ~er på kontoret* my colleagues at the office; *en god ~* a good chap **-anda** comradeship, fellowship **-förening** society of fellow-students (schoolfellows *etc.*); *mil.* service club **-krets** *i ~en* among [one's] friends (*etc.*) **-lig** [-a:t-] *a1* friendly (*mot* towards) **-lighet** [-a:t-] friendliness **-skap** [-a:t] *s7* companionship, comradeship **-äktenskap** companionate marriage
kamrer *s3* **-are** [-ˣre:-] accountant (*i, på* at, in)
1 kan [ka:n] *s3* Khan
2 kan [kann] *pres av kunna*
kana I *s1* slide; *åka ~* slide, go sliding **II** *v1* slide, go sliding
Kanada ['kann-] *n* Canada **kanadens|are** [-ˣdenn-] *s9* **-isk** [-'denn-] *a5* Canadian
kanal *s3* (*naturlig*) channel (*äv. bildl.*); (*grävd samt anat. o. naturv.*) canal; *tekn.* channel, duct; *Engelska K~en* the [English] Channel **-avgift** canal dues (*pl*) **-isera** canalize, channel (*äv. bildl.*) **-isering** canalization
kanalje *s5* blackguard, villain; *din lille ~* you little rascal
kanalsystem canal system, network of canals
kanapé *s3* **1** (*soffa*) small sofa **2** (*bakelse*) pig's ear [of puff pastry]
kanarie|fågel [-ˣna:-] canary **-gul** canary--yellow **Kanarieöarna** *pl* the Canary Islands, the Canaries
kancer ['kann-] *s9*, *se cancer*
kandelaber *s2* candelabra
kander|a candy; *~d* candied, preserved in sugar **-ing** candying
kandidat 1 (*sökande*) candidate, applicant (*till* for) **2** *univ.* Bachelor; *filosofie ~* Bachelor of Arts (*förk.* B.A.); *medicine ~* graduate in medicine, medical student **-examen** *ta ~* take one's B.A. degree **-lista** list of candidates; *polit. äv.* nomination-list; *Am. äv.* ticket **-nominering** nominations (*pl*) [of candidates] **-ur** *s3* candidature, candidateship
kandidera set [o.s.] up as a candidate; *polit.* stand (*Am.* run) for
kandisocker sugar-candy
kanel *s3* cinnamon **-stång** cinnamon-roll
kanfas ['kann-] *s3* canvas, duck
kanhända [-ˣhänn-] perhaps; *jfr kanske*
kanik *s3* canon
kanin *s3* rabbit **-avel** rabbit-breeding **-bur** rabbit-hutch **-hanne** buck-rabbit **-hona** doe--rabbit **-skinn** *hand.* rabbit-skin **-unge** young rabbit
kanister *s2* canister, can, tin
kanjon ['kannjån] *s3* canyon
kanna *s1* (*kaffe- etc.*) pot; (*grädd-*) jug
kanneler|ad *a5* fluted **-ing** fluting
kannibal *s3* cannibal **-isk** *a5* cannibal[istic] **-ism** cannibalism
kann|ring *tekn.* piston ring **-stöpa** talk politics without having any real knowledge **-stöpare** armchair politician, political windbag **-stöperi** [airing of] uninformed political opinions
1 kanon ['ka:nån] *r, best. f.* =, **-er 1** (*rättesnöre o.d.*) canon **2** *mus.* canon, round
2 kanon *s3* (*artilleripjäs*) gun; (*äldre*) cannon; *som skjuten ur en ~* like a shot **-ad** *s3* cannonade **-båt** gunboat **-dunder** thunder (roaring) of guns **-eld** gunfire **-form** *sport.* great form **-fotograf** street photographer **-gjuteri** cannon foundry
kanonis|ation canonization **-era** canonize **-k** [-'nɷ:-] *a5* canonical; *~ rätt* canon law
kanon|kula cannon-ball(-shot) **-lavett** gun--carriage **-lockar** cannon-curls **-mat** *bildl.* cannon-fodder **-mynning** gun-muzzle **-port** gun-port[hole] **-skott** gun-shot **-torn** gun--turret
kanot *s3* **-a** canoe **-färd** canoe-trip **-ist** canoeist **-sport** canoeing
kanske [ˣkannʃe] perhaps; (*måhända*) maybe; *han kommer ~* he may (might) come; *du skulle ~ vilja hjälpa mig?* would you mind helping me?; *~ vi skulle gå ut?* what about going out?; *~, ~ inte* maybe, maybe not
kansler [ˣkann-, 'kann-, *pl* -'ä:rer] *s3* chancellor
kanslersämbete chancellorship
kansli *s4, s6* (*vid ämbetsverk o.d.*) secretariat[e], [secretary's] office; *Engl. äv.* chancery; *Am. äv.* chancellery; *univ.* registrar's office; *teat.* general manager's office; *Kungl. Maj:ts ~* the Government Offices (*pl*) **-biträde** assistant chancellery clerk **-råd** head of division (section) **-sekreterare** second [chancery] secretary **-skrivare** civil servant of lower grade **-språk** official (civil service) English (*etc.*); official jargon **-st** chance[lle]ry officer (clerk) **-stil** *se -språk*
kant *s3* **1** edge; (*bård o.d.*) border; (*marginal*) margin; (*på kläder e.d.*) edging, selvage; (*på kärl*) rim, brim; (*på huvudbonad*) brim **2** (*bröd-*) crust; (*ost-*) rind **3** *komma på ~ med ngn* get at cross purposes with s.b., fall out with s.b.; *hålla sig på sin ~* keep one's distance, hold aloof **-a** edge; (*omge*) border, line; (*-skära*) trim
kantarell *s3* chanterelle

kantat cantata
kantband edging, trimming
kantele [ˣkann-, 'kann-] *s5* kantele
kantig *a1* angular; (*om anletsdrag o. bildl.*) rugged; (*till sättet äv.*) unpolished, abrupt **-het** angularity; ruggedness *etc.*
kantin *s3* canteen
kanton *s3* canton
kantor [ˣkann-, 'kanntår] *s3* cantor, precentor
kantr|a turn over, capsize, [be] upset; (*om vind o. bildl.*) veer [round] **-ing** capsizal, upset; veering [round]
kant|sten kerb-stone; *Am.* curb-stone **-stött** *a4* chipped [at the edge]; (*om anseende o.d.*) damaged
kantänka [-ˣtänn-] no doubt; of course; (*försmädligt*) if you please
kanyl *s3* cannula (*pl* cannulae)
kaolin *s4, s3* kaolin, china-clay
kao|s ['ka:ås] *s7* chaos **-tisk** [ka'ɷ:-] *a5* chaotic
1 kap *s7* (*udde*) cape
2 kap *s7* (*fångst*) capture; *ett gott ~* a fine haul
1 kapa (*uppbringa*) capture, take; (*flygplan*) hijack, skyjack
2 kapa *sjö.* cut away; (*lina äv.*) cut; (*timmer etc.*) cross-cut; *~ av* cut off
kapa|bel *a2* capable **-citans** *s3, elektr.* capacitance **-citet** *s3* capacity; (*pers. äv.*) able man
kapar|e *s9* **-fartyg -kapten** privateer
1 kapell *s7* (*överdrag*) cover, cap, hood
2 kapell *s7* **1** (*kyrkobyggnad*) chapel **2** *mus.* orchestra, band **-mästare** conductor [of an orchestra]; bandmaster
kaperi privateering; piracy
kapillaritet capillarity
kapillär *s3 o. a1* capillary **-kraft** capillarity **-kärl** capillary **-rör** capillary [tube]
1 kapital *a1* downright; *~t misstag* capital mistake, flagrant error
2 kapital *s7* capital; (*pengar äv.*) funds, money **-behållning** capital [in hand] **-bildning** capital accumulation (formation) **-brist** lack of capital **-budget** capital budget **-flykt** flight of capital **-försäkring** endowment assurance (insurance) **-isera** capitalize **-isering** capitalization **-ism** capitalism **-ist** capitalist **-istisk** *a5* capitalist[ic]; *~t samhälle* capitalist society **-konto** capital account **-marknad** capital market **-placering** [capital] investment **-räkning** [long-term] deposit account **-samlingsräkning** [long-term] deposit account, capital accumulation account **-stark** financially strong
kapitalt [-a:lt] *adv* downright, radically; (*fullständigt*) completely, totally
kapital|varor capital goods **-värde** capital value
kapitel *s7* chapter; *när man kommer in på kapitlet om* (*bildl.*) when you get on to the topic of; *ett helt annat ~* (*bildl.*) quite another story **-indelning** division into chapters **-rubrik** chapter heading
kapitul|ation capitulation **-ationsvillkor** terms of surrender **-era** capitulate, surrender
kapitäl **1** *s4, s3, arkit.* capital **2** *s3, boktr.* small capital
kaplan *s3* chaplain
kapning [-a:-] **1** (*uppbringande*) capture **2** *sjö.* cutting [away] **3** (*av timmer etc.*) cross-cutting
kapock [-å-] *s3* kapok
kapp *se ikapp*
kapp|a *s1* **1** coat; cloak; (*akademisk, domares, prästs*) gown; *vända ~n efter vinden* trim one's sails according to the wind, veer with every wind **2** (*gardin-*) pelmet, valance; (*volang*) flounce **-affär** coat shop
kappas *dep* vie (compete) [with one another]
kappe *s2, ung.* half-peck
kapp|körning racing; *en ~* a driving-race **-löpning** racing (*efter* for); *en ~* a race **-löpningsbana** race-track; (*häst-*) race-course; *Am.* race track **-löpningshäst** race-horse, racer
kapprak bolt upright
kapprodd boat-racing; *en ~* a boat-race **-are** member of boat-race crew; single sculler
Kapprovinsen [ˣka:p-] *r* [the] Cape Province, the Cape
kapprum cloak-room
kapp|rustning armaments (arms) race **-segla** compete in sailing-(yacht-)races **-segling** yacht-racing; *en ~* a sailing-match(-race), a yacht-race **-seglingsbåt** racing-boat (-yacht), racer **-simning** competition swimming; *en ~* a swimming-race(-competition)
kappsäck suit-case; portmanteau; (*mjuk*) bag
kapriciös [-si'ö:s] *a1* capricious
kaprifol *s3* **-i|um** *-en* (*-um*) *-er* honeysuckle, woodbine
kapriol *s3* capriole
1 kapris *s3* (*nyck*) caprice, whim
2 kapris ['ka:-] *s2* (*krydda*) capers (*pl*)
kapsejs|a capsize; (*om bil etc.*) turn over **-ning** capsizal
kaps|el *s2* capsule **-la** *tekn.* enclose, encase
Kapstaden *r* Cape Town
kapsyl *s3* [bottle] cap, capsule; (*skruv-*) screw cap
kapsåg cross-cut[ting] saw
kapten *s3* captain; *sjö. äv.* master, *vard.* skipper; (*vid marinen*) lieutenant-commander; (*vid flyget*) flight lieutenant, *Am.* captain
kapucin *s3* Capuchin **-[er]apa** Capuchin monkey **-[er]munk** Capuchin monk
kapun *s3* capon
kapuschong [-å-] *s3* hood
kaputt *oböjl. a* done for
Kap Verdeöarna [-ˣvärr-] *pl* [the] Cape Verde Islands
kar *s7* vat; (*bad-*) bath tub, bath
karabinjär *s3* carabineer
karaff *s3* decanter; *hand. äv.* carafe; (*vatten-*) water-bottle **-in** *s3* carafe
karakteris|era characterize **-ering** characterizing; characterization **-tik** *s3* characterization, descriptive account (*över* of) **-tika** [-'riss-] *s1* index, characteristic **-tikon** [-'riss-] *best. f. o. pl -tikon, äv. -tikonet -tika* characteristic [feature] **-tisk** [-'riss-] *a5* characteristic, typical (*för* of)
karaktär *s3* character; (*beskaffenhet, natur*

äv.) quality, nature; (*karaktärsfasthet*) strength of character
karaktärs|danande *a4* **-daning** character-building **-drag -egenskap** characteristic [feature, trait]; trait of character **-fast** firm (steadfast) in character; of [a] firm character **-fasthet** firmness (strength) of character **-fel** flaw in character **-lös** lacking in character, unprincipled **-löshet** lack of character (principle) **-roll** character-part **-skildring** portraiture of a character (person) **-skådespelare** character actor **-studie** character-study (*över* of) **-styrka** strength of character **-svag** weak [in character]; spineless **-teckning** character-drawing; characterization
karambol|age [-'la:ʃ] *s7* carom **-l** [-'båll] *s3* carom billiards (*sg*)
karamell *s3* sweet, candy; lozenge **-fabrik** confectionery, sweet factory **-färg** colouring essence **-påse** bag of sweets (*etc.*)
karantän *s3* quarantine; *ligga i ~* be in quarantine
karantänstid quarantine period
karat *s9, s7* carat
karavan *s3* caravan **-förare** caravaneer **-seraj** *s3, s4* caravanserai **-väg** caravan route
karbad bath
karbas *s3* cane
karbid *s3* carbide **-lampa** carbide lamp
karbin *s3* carbine **-hake** snap -(spring-)hook
karbol [-å:l] *s3* carbolic acid, phenol **-kalk** carbolic lime **-syra** *se karbol*
karbonat *s7, s4* carbonate
karbonpapper [-ˣbå:n-] carbon paper, duplicating carbon
karborundum *s8* carborundum **-skiva** carborundum wheel
karbunkel [-'buŋk-] *s2* carbuncle
karburator [-ˣra:tår] *s3* carburettor
karda I [ˣka:r-] *s1* card[ing-brush] **II** *v1* card
kardan *s3* cardan **-axel** propeller (cardan) shaft **-drev** universal-shaft drive **-knut** universal (cardan) joint **-upphängning** cardanic suspension
kardborre (*växt*) burdock; (*blomhuvud*) teasel[-burr]
kardel *s3* strand
kardemumma [-ˣmumma] *s1* cardamom
kardinal *s3* cardinal
kardinalfel cardinal error
kardinals|kollegiet the College of Cardinals **-rött** cardinal [red]
kardinal|streck cardinal point **-tal** cardinal number
kardio|gram *s7* cardiogram **-log** cardiologist
kardning [ˣka:-] carding
kardus *s3* (*omhölje*) cartridge, cartouche **-papper** cartridge-paper
Karelen *n* Karelia
karenstid waiting period
karess caress
karet *s3* coach; (*gammalmodig vagn*) shandrydan
karg [karrj] *a1* **1** (*om pers.*) chary, sparing (*på* of) **2** (*om natur*) barren
Karibiska sjön *r* the Caribbean Sea
karies ['ka:-] *r* [dental] caries, decay
karik|atyr *s3* caricature; *polit. äv.* cartoon **-atyrtecknare** caricaturist; *polit. äv.* cartoonist **-era** caricature, make a caricature of; (*friare*) overdraw, burlesque
Karl [ka:rl] Charles; *~ den store* Charlemagne, Charles the Great; *~ XII* Charles XII[.] (the Twelfth)
karl [ka:r] *s2* man; fellow; (*mansperson*) male; *vard.* chap, *Am.* guy; *han är stora ~en nu* he is quite the man now; *bra ~ reder sig själv* an honest man does his own odd jobs; *som en hel ~* like a man; *vara ~ för sin hatt* hold one's own **-akarl** [ˣka:raka:r] *en ~* a man of men **-aktig** *a1* manly; (*om kvinna*) mannish **-aktighet** manliness *etc.* **-atag** *det var ~!* that was man-size effort!
Karlavagnen [ˣka:rla-] the Plough, Charles's Wain; *Am.* the [Big] Dipper
karl|avulen [ˣka:r(l)a-] *a3* manly **-göra** [ˣka:r-] *det är ~* it is a man's job **-hatare** [ˣka:r-] man-hater
karlsbadersalt [ˣka:rls-, -ˣba:-] Carlsbad salts (*pl*)
karl|tokig [ˣka:r-] man-mad **-tycke** *ha ~* be attractive to men, have sex appeal
karm *s2* (*armstöd*) arm; (*ram*) frame
karmelit|munk Carmelite monk, white friar **-orden** the Carmelite Order
karmin *s4, s3* carmine **-röd** carmine[-red], scarlet
karmosin *s4, s3* crimson **-röd** crimson[-red]
karmstol armchair
karneol [-å:l, -ɷ:l] *s3* cornelian
karneval *s3* carnival
karnevals|dräkt carnival costume **-upptåg** carnival escapade **-yra** riotous revelry [of the carnival]
karnis *s3* cornice
karolin *s3* soldier of Charles XII of Sweden
karolingisk *a5* Carlovingian
kaross [-å-] *s3* chariot **-eri** [car] body; coachwork
karotin *s4* carotene, carotin
1 karott [-å-] *s3* (*morot*) carrot
2 karott [-å-] *s3* deep dish, vegetable-dish **-underlägg** table mat
karp *s2* carp **-damm** carp-pond
karré *s3, se fläsk-*
karriär *s3* **1** *i full ~* at (in) full career **2** (*levnadsbana*) career; *göra ~* make a career for o.s., get on in the world **-ist** careerist, climber
karsk *a1* plucky; bold; cocky **-het** pluck; cocksureness
karstbildning karst formation
kart [ka:-] *s2, s9* green (unripe) fruit
karta [ˣka:-] *s1* map (*över* of); *komma på överblivna ~n* be on the shelf, become an old maid
kartagisk *a5* Carthaginian **Kartago** *n* Carthage
kart|blad [ˣka:-] map-sheet **-bok** atlas
kartell *s3* cartel; (*val- o.d.*) [com]pact
kartesch [-'te:ʃ] *s3* cartouch, case-shot
kartfodral [ˣka:-] map-case(-cover)
kartig [ˣka:-] *a1* unripe, green
kart|lagd [ˣka:-] *a5* mapped [out] **-lägga** map [out], chart, make a map of; delineate **-läggning** mapping, survey **-läsning** map-reading **-mätare** cartometric wheel pen

kartnagel [ˣka:-] deformed nail
kartograf *s3* cartographer **-i** *s3* cartography
karton|g [-å-] *s3* **1** (*styvt papper*) cardboard, carton **2** (*pappask*) cardboard box, carton **3** *konst.* cartoon **-nage** [-'na:ʃ] *s7* (*papparbete*) cardboard article; (*pappband*) [binding in] paper boards **-nera** bind in paper boards
kartotek *s7* card index; *föra ~ över* keep a file (card index) of
kartotekskort index card
kart|projektion [ˣka:-] map-projection **-ritare** cartographer **-tecken** map symbols
kartusian *s3* Carthusian **-kloster** Carthusian monastery
kartverk [ˣka:-] **1** (*ämbetsverk*) map[-issuing] office **2** (*atlas*) atlas
karusell *s3* merry-go-round, roundabout; *Am. äv.* car[r]ousel; *åka ~* ride on the merry-go-round (roundabout) **-svarv** vertical boring and turning mill
karva whittle, chip (*på* at); (*skära äv.*) cut (*äv. ~ i*)
karyatid *s3* caryatid
kaschmir ['kaʃ-, -'i:r] *s3, s4* cashmere **-sjal** cashmere shawl **-ull** cashmere wool
kase *s2* beacon fire
kasein *s4* casein **-lim** casein glue
kasematt *s3* casemate
kasern [-'sä:rn] *s3* barracks (*pl*) **-förbud** confinement to barracks **-gård** barrack square (yard) **-liv** barrack-life
kasino *s6* casino
kask *s2* casque, helmet
kaskad *s3* cascade; torrent
kaskelot[t] [-'lɷ:t, -'lått] *s3* cachalot
kaskett *s3* [brimmed] cap
kaskoförsäkring hull insurance; (*fordons-*) insurance against material damage to a motor vehicle
kasper ['kass-] *s9* Punch **-teater** Punch-and--Judy show
Kaspiska havet ['kass-] *n* the Caspian Sea
kassa *s1* **1** (*penningförråd*) cash, purse; money; (*-låda*) cash-box; (*intäkt*) takings, receipts (*pl*); *brist i ~n* deficit in the cash [-account]; *~n stämmer* the cash-account balances; *per ~* (*hand.*) for cash; *ha hand om ~n* keep the cash; *min ~ tillåter inte* my purse will not allow; *vara stadd vid ~* be in funds **2** (*fond*) fund **3** (*-avdelning*) cashier's department; (*i butik*) cash (cashier's) desk; (*i bank*) cashier['s desk], *Am.* teller['s desk]; (*teater-*) box-office **-apparat** cash register **-behållning** cash balance, cash in hand **-bok** cash-book **-brist** deficit; (*förskingring*) defalcation **-fack** safe-deposit box **-förvaltare** cashier, treasurer **-kista** strong-box **-kladd** rough cash-book **-konto** cash-account **-kontor** pay-office, cashier's office **-kvitto** sales slip, cash receipt **-låda** cash-box(-drawer) **-pjäs** box-office play **-rabatt** cash discount; *minus 2% ~* less 2% discount [for cash] **-skrin** cash-box **-skåp** safe
kassations|domstol supreme court of appeal **-procent** rejection percentage
kassavalv strong-room, safe-deposit vault
kasse *s2* string-bag; (*pappers-*) paper carrier
kassera reject; (*förslag äv.*) turn down; (*utdöma*) condemn; (*kasta bort*) discard
kassett *s3, foto.* film-holder, magazine, cassette; (*bok-*) slip-case
kassun *s3* caisson
kassör cashier; (*Am. bank-*) teller; (*förenings-*) treasurer **-ska** [-ö:-] [lady] cashier (*etc.*)
1 kast *s3, boktr.* case
2 kast *s3* (*klass*) caste
3 kast *s7* **1** throw; (*slungande*) fling, pitch, toss; (*häftigt*) jerk; (*med metspö e.d.*) cast; *stå sitt ~* put up with the consequences **2** (*hastig rörelse*) toss, jerk (*på huvudet* of the head); *tvära ~ i vinden* sudden [chops and] changes in (of) the wind **3** *ge sig i ~ med* grapple with, tackle **-a 1** throw; fling, pitch, toss; jerk; cast **2** *veter.* abort, warp **3** (*sy*) overcast, whip[-stitch] **4** (*om vind*) chop about, veer [round] **5** (*~ bort*) throw away; *kortsp.* discard **6** *rfl* throw (*etc.*) o.s.; *~ sig av och an i sängen* toss about in bed; *~ sig in i* fling o.s. (plunge) into; *~ sig upp i sadeln* fling o.s. into the saddle; *~ sig upp på cykeln* jump on to one's bicycle; *~ sig över* fling o.s. upon, fall upon **7** (*med beton. part*) *~ av* throw off; *~ bort* throw away, (*slösa äv.*) waste, squander; *~ i sig maten* bolt one's food; *~ loss a*) (*lösgöra*) let go, *b*) (*lägga ut*) cast off, *bildl. äv.* cut adrift; *~ om a*) (*ändra om*) change [round], re-arrange, *b*) (*en gång till*) throw again, *c*) (*om vind*) change [round] (*äv. bildl.*), veer [round]; *~ på sig* fling on (hurry into) (*kläderna* one's clothes); *~ tillbaka a*) throw back, *mil. äv.* repulse, *b*) (*ljus*) reflect, (*ljud*) re-echo; *~ huvudet tillbaka* toss one's head back
kastanje *s5* chestnut[-tree]; *krafsa ~rna ur elden åt ngn* be a p.'s cat's-paw **-brun** chestnut[-brown]
kastanjett *s3* castanet
kastby gust of wind, squall
kastell *s7* citadel **-an** *s3* caretaker; (*förr*) castellan
kastfiske spinning; *Am.* baitcasting
kastilian *s3* **-sk** [-a:-] *a5* Castilian **Kastilien** *n* Castile
kastlek throwing-game
kastlös casteless, out-caste; *de ~a* (*äv.*) the untouchables
kastmaskin 1 *mil.* catapult **2** *lantbr.* winnowing-machine
kastmärke badge of caste, caste mark
kastning 1 throwing *etc.* **2** *veter.* abortion, warping
kastor [-'tå:r] *s3* beaver
kastr|at eunuch **-atsångare** castrato **-era** castrate; (*djur äv.*) geld **-ering** castration; gelding
kastrull *s3* saucepan
kast|sjuka *se -ning 2* **-spjut** javelin **-spö** casting-rod **-söm** overcasting; (*stygn*) whip--stitch **-vapen** missile **-vind** *se -by*
kastväsen caste system
kasuar *s3, zool.* cassowary
kasus ['ka:-] *r el. n* case **-form** case-form **-ändelse** case-ending
kata|falk *s3* catafalque **-komb** [-å-] *s3* catacomb

katalan *s3* **-sk** [-a:-] *a5* Catalonian, Catalan
katalog -isera catalogue **-isering** cataloguing **-pris** list (catalogue) price
katalys *s3* catalysis **-ator** [-ˣsa:tår] *s3* catalyst **-era** catalyze
katalytisk *a5* catalytic
kata|pult *s3* catapult **-pultstol** ejection seat **-rakt** *s3* cataract
katarr *s3* catarrh
katastrof [-å:f] *s3* catastrophe; *ekon. äv.* crash; (*olycka*) disaster **-al** *a1* catastrophic[al]; disastrous **-fall** emergency case **-läge** emergency (catastrophic) situation
kateder *s2, skol.* teacher's desk; *univ. o.d.* lecturer's desk, rostrum
katedral *s3* cathedral
kategori *s3* category; class, group; *alla ~er* all types (kinds) (*av* of) **-klyvning** classification by category, grouping **-sk** [-'gɷ:-] *a5* categorical; (*obetingad*) unconditional; *~ vägran* categorical (flat) refusal; *neka ~t till ngt* flatly deny s.th.
katekes [-'çe:s] *s3* catechism **-plugg** learning by rote
katek|et [-'ke:t, -'çe:t] *s3* catechist **-isation** catechizing
katet *s3* cathetus (*pl* catheti)
katet|er *s2* catheter **-risera** catheterize
katjon ['katt-] *s3* cation
katod [-ɷ:d, -å:d] *s3* cathode **-rör** cathode valve (tube) **-stråle** cathode ray **-strålerör** cathode ray tube
katol|icism [Roman] Catholicism **-ik** *s3* [Roman] Catholic **-sk** [-'tɷ:-] *a5* [Roman] Catholic; *~a kyrkan* (*vanl.*) the Roman Catholic Church
katrinplommon [-ˣtri:n-] (*torkat*) prune
katsenjammer *s9* caterwauling
katt *s3* cat; *arga ~er får rivet skinn* quarrelsome dogs come limping home; *i mörkret är alla ~er grå* all cats are grey in the dark; *när ~en är borta dansar råttorna på bordet* when the cat's away the mice will play; *jag ger ~en i det!* I don't care a fig about that!; *jag kan ge mig ~en på* I'll swear; *för ~en!* confound it! **-a** *s1* female cat, she-cat **-aktig** *a1* cat-like, cattish; feline **-djur** feline **-fot** *bot.* cat's-foot **-guld** *geol.* yellow mica; *bildl.* glitter
kattgutt [ˣkatt-, 'katt-] *s3* catgut
katt|hane tom-cat **-ost** *bot.* mallow **-rakande** *s6* hullabaloo **-skinn** catskin **-uggla** tawny owl
kattun *s4, s3* printed calico
katt|unge kitten **-öga** (*reflexanordning*) cat's-eye (*äv. min.*), reflector
Kaukasien *n* the Caucasia **kaukasi|er** *s9* **-isk** *a5* Caucasian **Kaukasus** ['kau-] *n* the Caucasus
kaus [kaus] *s3, sjö.* [stay] thimble, eyelet
kausal *a1* causal **-itet** causality **-sammanhang** causal nexus **-sats** causal clause
kausativ [ˣkau-, 'kau-, -'ti:v] *s7, s4 o. a1* causative
kaustik *a1* caustic
kautschuk ['kau-] *s2* caoutchouc, [India] rubber; (*radergummi*) eraser, rubber
kav *~ lugnt* absolutely (dead) calm
kavaj *s3* jacket, coat; (*på bjudn.kort*) informal dress **-kostym** lounge (*Am.* business) suit **-skutt** informal dance
kavalett *s3* revolving chassis
kavaljer *s3* cavalier; (*bords-, bal- e.d.*) partner; (*ledsagare*) escort
kavalkad *s3* cavalcade
kavalleri cavalry **-anfall** cavalry attack **-regemente** cavalry regiment **-st** cavalryman, trooper
kavat *a1* game, spirited; plucky
kavel *s2* roller; (*för bakning äv.*) rolling-pin **-dun** *bot.* bulrush, reed-mace
kavern [-'värrn] *s3* cavity
kaviar [ˣkavv-, 'kavv-] *s9* caviar[e]
kavitet *s3* cavity
kavl|a [ˣka:v-] roll; *~ ner* (*äv.*) unroll; *~ upp* (*äv.*) tuck up (*ärmarna* one's sleeves); *~ ut* roll out (*degen* the dough) **-e** *s2, se kavel*
kavring [-a:-] *ung.* ryemeal black bread
kax|e *s2* big-wig, big shot (gun) **-ig** *a1* cocky, high and mighty (*över* about); (*översittaraktig*) overbearing (*mot* to[wards])
kedj|a [ˣçe:-] **I** *s1* chain; *sport.* forward-line; *slå ngn i -or* put s.b. into chains, chain s.b. **II** *v1* chain (*vid* to); fasten with chains
kedje|brev [ˣçe:-] chain-letter **-bråk** continued fraction **-driven** *a3* chain-driven **-reaktion** chain reaction (*äv. bildl.*) **-rökare** chain-smoker **-rökning** chain-smoking **-skydd** chain-guard **-såg** chain-saw **-söm** chain-stitch embroidery
kejsar|döme [ˣçejj-] *s6* empire **-e** emperor **-inna** empress **-krona 1** imperial crown **2** *bot.* crown imperial [fritillary] **-snitt** Caesarean section **-tiden** *under ~* under (in the time[s] of) the Emperors; *~s romare* the Romans of the Empire **-värdighet** emperorship
kejserlig [ˣçejj-] *a1* imperial; *de ~a* the Imperialists
kel|a [ˣçe:-] pet; *~ med* (*äv.*) fondle, dandle **-en** *a3* caressing, fondling **-gris** pet, favourite
kelt *s3* Celt **-isk** ['kell-] *a5* Celtic
kemi [ç-] *s3* chemistry **-grafi** *s3* photo-engraving **-kalieaffär** paint and chemicals shop **-kalier** *pl* chemicals, chemical preparations **-ker** ['çe:-] *se -st* **-sk** ['çe:-] *a5* chemical; *~ tvätt* dry cleaning, (*lokal*) dry cleaner's **-skt** *adv* chemically; *tvätta ~* dry-clean **-sk-teknisk** chemico-technical, chemical; *~ industri* chemical industry **-st** chemist
kemoterapi [çe:-] chemotherapy
kem|tvätt [ˣçe:m-] *se -isk* [*tvätt*]
kennel ['kenn-] *s2* kennel **-klubb** kennel club
kentaur *s3, se centaur*
keps *s2* cap
kerami|k [ç-, k-] *s3, ej pl* ceramics (*pl*); (*artiklar*) pottery[-ware], ceramic ware **-ker** [-'ra:-] ceramist, potter **-sk** [-'ra:-] *a5* ceramic
kerub [ç-] *s3* cherub **-ansikte** cherubic face
kesa [ˣçe:-] (*om kreatur*) rush around
kex [k-, ç-] *s7, s9* biscuit; cracker (*äv. Am.*)
KFUK [kååfˣu:kå] (*förk. för Kristliga föreningen av unga kvinnor*) YWCA, *se under kristlig* **KFUM** [kååfˣu:äm] (*förk. för Kristliga föreningen av unge män*) YMCA, *se under kristlig*

kick *s2* kick **-a** kick; ~ *boll* play football **-start** kick-starter
kidnapp|a kidnap **[-n]ing** kidnapping
kik|a [ç-] peep, peer (*på* at) **-are** *s9* binoculars (*pl*); field-glass[es *pl*]; (*större*) telescope; *ha ngt i ~n* have one's eye on s.th., have s.th. in view; *vad har du nu i ~n?* what are you up to now? **-arsikte** telescopic sight
kikhosta [ˣçi:k-] whooping-cough
kikkran [ˣçi:k-] cock, tap
kikna [ˣçi:k-] whoop; ~ *av skratt* choke with laughter
kikärt [ˣçi:k-] chick-pea
kil [ç-] *s2* wedge; *sömn.* gusset, gore; (*på strumpa*) slipper heel
1 kila [ˣçi:-] (*springa*) scamper; *jag ~r nu!* now I'm off!
2 kil|a [ˣçi:-] (*med kil*) wedge, clamp **-ben** sphenoid [bone] **-formig** [-å-] *a1* wedge--shaped(-like)
kiliasm [k-, ç-] *s3* chiliasm
kille *s2* boy; chap; *Am.* guy
killing [ç-] kid
kilo ['çi:-, 'ki:-] *s7* kilo **-gram** kilogram[me] **-gramkalori** kilocalorie **-grammeter** kilogrammetre **-kalori** *se -gramkalori* **-meter** kilometre **-meterlång** a kilometre long **-pris** price per kilogram[me] **-watt** kilowatt **-wattimme** kilowatt-hour **-vis** by the kilogram[me]
kil|rem [ˣçi:l-] V-belt **-skrift** cuneiform [writing]
kimono ['kimm-] *s5, pl äv. -s* kimono
kimrök [ˣçimm-] carbon black, lamp-black
Kina [ˣçi:-] *n* China
kina [ˣçi:-] *s9* quinine **-bark** cinchona bark
kind [ç-] *s3* cheek
kindergarten *r* kindergarten, nursery school
kind|k[n]ota [ç-] cheek-bone **-påse** cheek--pouch **-tand** molar
kinematograf [ç-, k-] *s3* cinematograph
kines [ç-] *s3* Chinese; Chinaman; *~erna* the Chinese **-a** *han ~de hos oss* we put him up for the night **-eri 1** (*pedanteri*) pedantry; red-tape **2** *konst.* Chinese ornamentation **-isk** *a5* Chinese **-iska** *s1* **1** (*språk*) Chinese **2** (*kvinna*) Chinese woman **-ögon** slanting eyes
kineti|k *s3, ej pl* kinetics (*pl*) **-sk** [-'ne:-] *a5* kinetic
kinin [ç-] *s4, s3* quinine
1 kink [ç-] *s2* (*ögla*) kink, catch-fake
2 kink [ç-] *s7* (*gnäll*) petulance, fretfulness **-a** fret, whimper **-ig** *a1* petulant, fretful; (*fordrande*) particular, hard to please, exacting; (*om fråga o.d.*) delicate, ticklish, *vard.* tricky
kiosk [ki'åssk, kj-, ç(i)'åssk] *s3* kiosk; (*tidnings-*) news-stand, [book-, newspaper-] stall
1 kippa [ç-] ~ *efter andan* gasp (pant) for breath
2 kipp|a [ç-] *skon ~r* the shoe slips up and down **-skodd** *a5, gå ~* walk about in shoes without stockings on
kirgis *s3* Kirghiz **-isk** *a5* Kirghizian
kiro|manti [ç-] *s3* chiromancy, palmistry **-praktiker** chiropractor
kirurg [ç-] *s3* surgeon **-i** *s3* surgery **-isk** *a5* surgical
kis [ç-] *s3, min.* pyrites
kisa [ç-] screw up one's eyes; ~ *mot solen* screw up one's eyes in the sun; *~nde ögon* screwed up eyes
kisel ['çi:-] *s9, s7* silicon **-gur** [ˣçi:-] *s3, s4* kieselguhr **-haltig** *a1* siliceous, siliciferous **-sten** pebble[-stone]
1 kiss *interj*, ~ *~!* puss puss!
2 kiss *s7* wee, pee **-a** wee, pee
kisse|katt *s3* **-miss** *s2* pussy[-cat]
kist|a [ç-] *s1* chest; (*penning-*) coffer; (*lik-*) coffin **-botten** *ha pengar på ~* have money saved up
kitin [ç-] *s4, s3* chitin
kitslig [ç-] *a1* (*snarstucken*) touchy; (*retsam*) annoying; (*småaktig*) petty; (*om sak*) *jfr besvärlig, kinkig* **-het** touchiness; annoyance; pettiness
kitt [ç-] *s7* cement; (*fönster-*) putty **-a** cement; putty
kittel [ç-] *s2* boiling-pot; (*stor*) ca[u]ldron (*äv. bildl.*); (*fisk-, te-*) kettle (*äv. bildl.*); (*tvätt-*) copper **-dal** basin **-flickare** tinker
kittl|a [ç-] tickle; *det ~r i fingrarna på mig* my fingers are itching (tingling) to **-ig** *a1* ticklish **-ing** tickling; tickle
kiv [ç-] *s7* strife, contention; quarrelling **-as** *dep* contend [with each other] (*om* for); (*träta*) quarrel, wrangle (*om* about, as to)
kjol [ço:l] *s2* skirt **-linning** waist-band **-regemente** petticoat government
kjortel [ˣço:r-] *s2, se kjol*
1 klabb *s2* (*trästycke*) chunk of wood
2 klabb *s7* **1** (*snö-*) sticky snow **2** *hela ~et* the whole lot **-a** (*om snö*) cake **-ig** *a1* sticky
1 klack *s2, jfr hejar-*
2 klack *s2* (*på sko etc.*) heel; *tekn.* boss; *slå ihop ~arna* click one's heels; *snurra runt på ~en* turn on one's heel; *slå ~arna i taket* kick up one's heels **-a** heel **-järn** heel-iron **-ning** heeling **-ring** signet-ring
3 klack *imperf av 1 kläcka*
1 kladd *s2* (*utkast*) rough copy
2 kladd *s7* (*klotter*) scribble **-a** mess about, dabble; (*med färg*) daub; ~ *ner sig* mess o.s. up, get o.s. mucky (sticky) **-ig** *a1* smeary; (*degig*) doughy; (*klibbig*) sticky
klaff *s2* flap; (*på blåsinstrument*) key; *anat.* valve
klaffa (*gå ihop*) tally; *allting ~de* everything fitted in
klaff|bord gate-legged (drop-leaf) table **-bro** bascule-bridge; (*med en klaff*) drawbridge **-fel** (*hopskr. klaffel*) valvular discrepancy
klafsa splash, squelch
klaga complain (*för* to; *över* about, of); *absol.* make complaints; (*jämra*) lament, wail; *gudi ~t* worse luck; *uppassningen var inte att ~ på* the service left no room for complaint **-n** *r* complaint (*äv. jur.*); (*jämmer*) lament[ation] wail[ing] **-nde I** *s9, jur., ~n* the complainant, the lodger of the complaint **II** *a4* complaining, plaintive; (*sorgsen*) mourning
klago|låt wailing, moaning, lamentation **-mur** wailing wall **-mål** complaint; *jur. äv.* protest; (*reklamation*) claim; *anföra ~ mot* complain of; *inge ~ mot* (*hos*) lodge a

complaint against (with) **-skri** wail; outcry **-skrift** written complaint (protest); *jur.* bill of protest **-tid** *~en utgår i morgon* the time for appeal expires tomorrow **-visa** lamentation, jeremiad[e]

klammer ['klamm-] *s9, pl äv. klamrar* [square] bracket; *sätta inom ~* put in brackets

klammeri altercation, wrangle; *råka i ~ med* be at cross purposes with; *råka i ~ med rättvisan* fall foul of the law

1 klamp *s2* (*trästycke*) block of wood

2 klamp *s7* (*-ande*) tramping, tramp **-a** tramp

1 klamra *rfl* cling (*intill* on to); *~ sig fast vid* (*bildl.*) cling firmly to

2 klamra *bokb.* stitch

klan *s3* clan

kland|er ['klann-] *s7* blame; censure; (*kritik*) criticism (*mot* of) **-erfri** blameless; irreproachable, impeccable **-ervärd** blameworthy, reprehensible, censurable **-ra** blame; censure, find fault with, criticize **-rande** *a4* fault-finding, censorious

klang *s3* ring; sound, clang; (*av glas*) clink; (*ton*) tone; *rösten har fyllig ~* it is a resonant voice; *hans namn har god ~* he has a good name **-full** sonorous; (*om röst äv.*) full, rich **-färg** timbre, quality **-lös** thin, flat **-tid** *klang- och jubeltid* time of glee and rejoicing

klanka grumble (*på* at)

klapp *s2* tap; (*smeksam*) pat **-a 1** (*ge en klapp*) tap; pat; (*om hjärtat*) beat, (*häftigt*) palpitate, (*hårdare*) throb; *~ [i] händerna* clap [one's hands]

klapp|er ['klapp-] *s7* clattering *etc.*, *se -ra*

klappersten cobble[-stone]

klappjakt battue; *bildl.* witch-hunt; *anställa ~ på* (*friare*) start a hue and cry after

klappra clatter; rattle; (*om träskor e.d.*) clip-clop

klappträ batlet, beater

klar *a1* clear; (*om färg, solsken*) bright; (*genomskinlig*) transparent; (*om vatten*) limpid; *bildl.* clear, lucid, (*tydlig*) plain, (*bestämd*) definite, (*avgjord*) decided, distinct; (*färdig*) ready; *sjö.* clear, ready; *~t väder* fair weather; *ha ~a papper* have one's papers in order; *~t besked* definite orders, [a] plain answer; *bilda sig en ~ uppfattning om* form a clear conception of; *bli ~ över* realize; *få ~t för sig* get a clear idea of; *göra ~t för ngn att* make it clear to s.b. that; *komma på det ~a med* be clear on (about), see one's way clearly in; *den saken är ~ nu* that is settled now (cleared up); *~t till London!* (*tel.*) [you are] through to London!; *göra ~t skepp* clear the ship (decks) for action **-a 1** *i sht tekn.* clarify, clear (*äv. bildl.*); (*rösten*) clear; (*reda upp*) settle, clear up, solve; (*gå i land med*) manage, cope with, tackle ... successfully; *~ en examen* pass (get through) an exam[ination]; *~ begreppen* make things clearer **2** *rfl* get off, escape; (*reda sig*) manage, get on (along); *han ~r sig alltid* he always falls on his feet; *han ~r sig nog* (*äv.*) he'll do all right; *~ sig undan* get off, escape; *~ sig utan* do without **3** *~ av* clear off, (*skuld e.d. äv.*) settle [up]; *~ upp* clear up, settle **-blå** bright blue **-bär** sour cherry **-era** *sjö.* clear **-erare** (*fartygs-*) shipping agent, shipbroker; *se äv. tåg-* **-ering** clearance, clearing **-göra** make ... clear, bring ... home (*för* to); (*förklara äv.*) explain **-het** [-a:-] clearness *etc.*; clarity; *jfr klar*; (*upplysning*) enlightenment, light; *bringa ~ i ngt* throw (shed) light on s.th., elucidate s.th.; *komma till ~ om* (*i*) *ngt* get a clear idea of (understand) s.th.; *gå från ~ till ~* (*friare*) go from strength to strength

klarinett *s3* clarinet **-ist** clarinet-player, clarinettist

klar|lägga make ... clear, explain; elucidate **-läggande** *s6* elucidation **-na** [*kla:r-] *tekn.* clarify; (*om kaffe äv.*) settle; (*om himlen*) [become] clear; (*om vädret äv.*) clear up; *bildl.* become clear[er]; (*ljusna*) brighten [up] **-signal** go-ahead signal; *få ~* get the go-ahead **-syn** clear vision; sharp perception; (*klärvoajans*) clairvoyance **-synt** [-y:-] *a1* clear-sighted; (*skarp-*) perspicacious **-synthet** [-y:-] clearsightedness, clarity of vision; (*skarp-*) perspicacity **-tecken** road-(line-)-clear sign; *jfr -signal* **-text** text en clair; *bildl.* plain language **-tänkt** *a1* clear-thinking, level-headed **-vaken** wide awake **-ögd** *a1* bright-eyed

klase *s2* bunch (*druvor* of grapes); (*klunga*) cluster; *bot.* raceme, panicle

klass *s3* class; *skol. äv.* form, *Am.* grade; *den bildade ~en* the educated classes (*pl*); *åka tredje ~* travel third class; *tredje ~ens hotell* third-rate hotel; *indela i ~er* arrange in classes, classify; *stå i ~ med* be of the same class as, be classed with **-a** class, classify **-anda** class spirit **-föreståndare** form master (mistress) **-hat** class-hatred

klassicis|m classicism **-t** classicist

klassifi|cera classify **-cering -kation** classification; *Am. äv.* breakdown

klassiker ['klass-] classic; (*filolog*) classical philologist (scholar)

klassindelning (*klassificering*) classification; *skol.* division into forms (classes); (*social*) class division

klassisk ['klass-] *a5* classical; (*mönstergill*) classic; *~a språk* classical languages

klass|kamp class struggle **-kamrat** class-(form)-mate(-fellow); *mina ~er* the fellows (boys *etc.*) in my form; *vi är gamla ~er* we were in the same form at school **-lärare** form-master **-lös** classless **-medvetande** class consciousness **-motsättning** *~ar* differences between classes **-ning** *sjö.* classification **-rum** class-room **-samhälle** (*hopskr. klassamhälle*) class society **-skillnad** (*hopskr. klasskillnad*) class distinction **-stämpel** (*hopskr. klasstämpel*) *polit.* class-mark **-utjämning** levelling out of classes **-vis** by (in) classes

klatsch I *interj* crack! **II** *s2* lash; crack, smack **-a 1** (*med piska*) give a crack (flick); (*om piska*) crack; (*klå upp*) smack **2** (*färg*) daub (*på* on to) **3** *~ med ögonen åt* ogle, make eyes at **-ig** *a1* striking; (*schwungfull*) dashing; (*med kraftig färg*) bold

klausul *s3* clause

klav *s3* key; *mus. äv.* clef

klav|binda tie down; shackle **-e** *s2, se krona 5*
klavecin *s3* clavecin
klaver *s7, mus.* keyboard instrument; *trampa i ~et* (*bildl.*) drop a brick, put one's foot in it **-tramp** blunder, faux pas
klaviatur keyboard
klema *~ med* pamper, coddle
klematis ['kle:-, -'ma:-] *s9* clematis
klemig *a1* pampered, coddled; effeminate, soft
klen *a1* (*svag, kraftlös*) feeble; delicate, frail; (*tillfälligt*) poorly, ailing; (*om muskelstyrka*) weak; (*tunn*) thin (*planka* plank); (*mots. dryg*) meagre (*bidrag* contribution); *bildl.* (*dålig*) poor; (*om resultat äv.*) meagre, slender; *en ~ ursäkt* a poor (feeble) excuse; *~ till förståndet* of feeble intellect; *~ till växten* (*om pers.*) of delicate frame, weakly **-het** [-e:-] feebleness *etc.*; (*t. hälsan äv.*) delicacy, frailty **-mod** timidity, pusillanimity **-modig** timid, pusillanimous
klenod *s3* jewel; gem; (*friare*) treasure
klen|smed jobbing blacksmith, *äv.* village blacksmith **-smedja** small smithy **-t** *adv* feebly *etc.*; *~ begåvad* poorly gifted; *det är ~t beställt med* it is a poor look-out as regards ..., ... leaves much to be desired **-trogen** incredulous, sceptical **-trogenhet** incredulity, scepticism; lack of faith
klenät *s3, ung.* cruller
kleptoman *s3* kleptomaniac **-i** *s3* kleptomania
kler|ikal *a1* clerical **-k** [-ä-] *s3* cleric
klet|a daub, smear; scribble **-ig** *a1* messy, mucky
klev *imperf av kliva*
kli *s7* bran
klia (*förorsaka klåda*) itch; (*riva*) scratch; *det ~r i fingrarna på mig att* (*bildl.*) my fingers itch to; *~ sig* scratch o.s.; *~ sig på benet* scratch one's leg
klibb|a (*vara -ig*) be sticky (adhesive); (*fastna*) stick (*vid* [on] to); *~ ihop* stick together **-al** common alder **-ig** *a1* sticky (*av* with); adhesive; (*limaktig*) gluey
kliché *s3* cliché (*till* for); *typ. äv.* block, cut, plate; *bildl.* cliché, stereotyped phrase, tag **-anstalt** process engraving works **-artad** [-a:-] *a5* stereotype **-avdrag** block pull, engraver's proof
klicher|a stereotype, electrotype **-ing** stereotyping, electrotyping
1 klick *s2* (*sluten krets*) clique, set; *polit.* faction
2 klick *s2* (*klimp*) pat; (*mindre*) dab (*sylt* of jam); (*färg-*) daub, smear; *få en ~ på sig* (*bildl.*) get a blot on one's reputation, *vard.* blot one's copybook
3 klick I *interj* click! **II** *s2* (*av vapen*) misfire; (*kameras*) click **-a** (*om vapen*) misfire; (*mankera*) go wrong; be at fault
klickvälde clique rule
klient client **-el** *s7, s9* clientele
klimakterium *s4* climacteric; menopause
klimat *s7* climate **-bälte** climatic region, zone **-ologi** [-ɷlå-] *s3* climatology **-ombyte** change of climate **-område** *se -bälte*
klimax ['kli:-] *s2* climax
klimp *s2* lump; *kokk.* small dumpling **-a** *rfl* get (go) lumpy **-ig** *a1* lumpy

1 kling|a *s1* blade; *korsa sina -or* cross swords
2 kling|a *v1* ring, have a ring; (*ljuda*) sound, resound; (*om mynt o.d.*) jingle, chink; (*om glas*) clink **-ande** *a4* ringing (*skratt* laughter); *på ~ latin* in high-sounding Latin; *~ mynt* hard cash **-eling** jingle, jangle
klini|k *s3* clinic; [department of a] hospital; (*privat sjukhem*) nursing home **-ker** ['kli:-] clinical instructor; clinician **-sk** ['kli:-] *a5* clinical
klink *s7* (*dåligt spel*) strum[ming]
1 klinka *v1* strum (*på piano* [on] the piano)
2 klinka *s1* (*dörr-*) latch
klinkbyggd *a5* clinker-built
klinker ['klinn-] *s9, koll.* clinkers (*pl*) **-platta** clinker-slab
klint *s2* (*höjd*) hill; (*bergskrön*) brow of a (the) hill; (*bergstopp*) peak
klipp *s7* clip, cut; (*tidningsur-*) cutting (*ur* out of)
1 klipp|a *v3* cut; (*gräsmatta o.d.*) mow; (*naglar*) pare; (*får*) shear; (*biljett*) punch; (*häck, skägg*) trim; *~ itu* cut in two (half); *~ till* cut out; *~ kuponger* clip coupons; *som -t och skuren till* just cut out for; *~ med ögonen* blink (wink) (*mot ngn* at s.b.); *~ sig* have one's hair cut
2 klipp|a *s1* rock (*äv. bildl.*) **-avsats** rock-ledge **-block** [piece of] rock, boulder
klippbok book for cuttings
klippbrant precipice
klipperskepp clipper[-ship]
klippfisk split cod (*sg o. pl*)
klippfyr intermittent light
klipp|grav rock tomb **-ig** *a1* rocky; *K~a bergen* the Rocky Mountains, the Rockies
klippning cutting *etc.*; (*hår-*) hair-cutting, [a] hair-cut; (*av film*) editing, cutting
klipp|tempel rock temple **-ö** rocky island
klipsk *a1* shrewd; quick-witted
klirr *s7* jingling *etc., se följ.* **-a** jingle; (*om glas, is*) clink; (*om mynt*) chink; (*om porslin*) clatter
klist|er ['kliss-] *s7* **1** paste **2** *råka i -ret* get into a scrape; *sitta i -ret* be in the soup **-erburk** paste-pot **-erremsa** adhesive tape **-ra** paste, cement, glue, stick (*fast vid* on to); *~ igen* (*till*) stick down; *~ upp* (*på väggen*) paste (stick) up; *~ upp ... på väv* mount ... on cloth **-ring** pasting
kliv *s7* stride; *med stora ~* in (with) long strides **-a** *klev klivit* stride, stalk; (*stiga*) step; (*klättra*) climb; *~ fram* step (walk) up (*till* to); *~ ner* step down, descend; *~ upp* climb up (*för trapporna* the stairs); *~ över* (*dike e.d.*) step across, (*gärdesgård e.d.*) climb over **-it** *sup av kliva*
klo *s5* claw; *friare o. bildl. äv.* clutch; (*kräftdjurs*) pincers (*pl*); (*på gaffel e.d.*) prong; *få ngn i sina ~r* get s.b. into one's clutches; *råka i ~rna på* get into the clutches of; *slå ~rna i* get one's claws into; *visa ~rna* be up in arms (*mot* against)
kloak *s3* sewer; drain **-brunn** cesspool, cesspit **-djur** monotreme **-ledning** [main] sewer, conduit **-rör** sewer **-system** sewage system **-vatten** sewage
1 klocka [-å-] *s1* (*kyrk-, ring-*) bell
2 klocka [-å-] *s1* (*vägg- o.d.*) clock; (*fick-*)

watch; *hur mycket är ~n?* what time is it, what is the time?; *~n är fem* it is five o'clock; *~n är halv sex* it is half past five (five thirty); *går den här ~n rätt?* is this clock (watch) right?; *~ är mycket* it is getting late; *~n närmar sig åtta* it is getting near eight o'clock; *förstå vad ~n är slagen* understand the situation, know what to expect

3 klock|a [-å-] *v1* (*ge -form åt kjol*) gore, flare

4 klocka [-å-] *v1, sport.* (*ta tid på*) clock

klockar|e [-å-] parish clerk and organist; (*kyrkomusiker*) precentor **-katt** *kär som en ~* be madly in love **-kärlek** fondness, affection (*för* for)

klockarmband [-å-] watch-bracelet(-strap)

klock|boj [-å-] bell-buoy **-djur** vorticel

klock|fjäder [-å-] clock-(watch-)spring **-fodral** clock-(watch-)case

klock|formad [-å-å-] *a5* bell-shaped **-gjutare** bell-founder

klockkedja [-å-] watch-chain

klock|kjol [-å-] flared skirt **-klang** ringing of a bell (of bells) **-ljung** bell-heather **-malm** **-metall** bell-metal **-ren** [as] clear as a bell **-ringning** bell-ringing, tolling

klock|skojare [-å-å-] clock-and-watch hawker **-slag** *på ~et* on the stroke [of the clock]; *på bestämt ~* at a definite time

klock|spel [-å-] chime (peal) of bells, carillon **-stapel** detached bell-tower, bell-frame **-sträng** bell-pull **-torn** bell-tower, belfry

klok *a1* **1** (*förståndig*) wise, judicious; (*intelligent*) intelligent, clever; (*förnuftig*) sensible; (*försiktig*) prudent, discreet; (*tillrådlig, lämplig*) advisable; *~ gubbe, se kvacksalvare*; *de slog sina ~a huvuden ihop* they put their heads together; *jag är lika ~ för det* I am none the wiser [for that]; *jag blir inte ~ på det* I cannot make it out, I can make neither head nor tail of it **2** (*vid sina sinnens fulla bruk*) sane, in one's senses; *inte riktigt ~* not in one's right senses, not all there, *Am.* nuts **-het** [-ω:-] wisdom, judiciousness; prudence, sagacity

klokoppling [-ω:-å-] clutch-coupling, jaw-clutch

klok|skap [-ω:-] *s3* over-wiseness; (*självklokhet*) selfsufficiency; *jfr äv. -het* **-t** [-ω:-] *adv* wisely *etc.*; *det var ~ gjort* it was the sensible thing to do; *du gjorde ~ i att* you would be wise to

klor [-å:r] *s3* chlorine **-amin** chloramine **-at** *s7, s4* chlorate **-era** chlorinate **-gas** chlorine [gas] **-haltig** *a1* chlorinous **-id** *s3* chloride **-kalk** chloride of lime **-oform** [-å'fårrm] *s3* **-oformera** chloroform **-ofyll** *s4, s3* chlorophyll **-syra** chloric acid **-väte** hydrogen chloride **-vätesyra** hydrochloric acid

klosett *s3* closet, toilet; (*vatten-*) lavatory

kloss [-å-] *s2* block; clump

kloster ['klåss-] *s7* convent; (*munk-*) monastery; (*nunne-*) convent, nunnery; *gå i ~* enter a monastery **-arbete** *bildl.* [extremely] fine needlework **-broder** monk **-cell** monastery (convent *etc.*) cell **-löfte** *avlägga ~* take the vows **-regel** monastic (conventual) rule **-ruin** ruined abbey (*etc.*) **-skola** monastery (convent) school **-väsen** *~det* monasticism, the monastic system

1 klot *s7* (*kula*) ball; *sport. äv.* bowl; (*jord-*) globe; *vetensk.* sphere

2 klot *s3* (*t. foder*) sateen; (*t. bokband*) cloth, buckram **-band** cloth-binding; *i ~* in cloth, cloth-bound

klot|blixt fire-ball **-formig** [-år-] *a1* ball-shaped; globular; spherical **-rund** round like a ball; *om pers. äv.* rotund, tubby

klots [-å-] *s2* (*rit-*) model

klott|er ['klått-] *s7* **-ra** [ˣklått-] scrawl, scribble **-rig** [ˣklått-] *a1* scrawling

klove *s2, tekn.* vice; *Am.* vise

klubb *s2* club

klubba I *s2* club; *sport. äv.* stick; (*krocket-*) mallet; (*ordförande-*) gavel, hammer; (*slickepinne*) lollipop; *gå under ~n* go under the hammer **II** *v1* club; knock ... on the head; *~ ner* (*talare*) call ... to order; *boken ~des för fem kronor* (*vid auktion*) the book was knocked down for five kronor

klubb|kamrat fellow club-member; *vi är ~er* (*äv.*) we belong to the same club **-lokal[er]** club premises (*pl*) **-medlem** club-member **-märke** club-badge **-mästare 1** master of ceremonies; *Am. äv.* emcee **2** *sport.* club champion **-rum** club-room; *univ. ung.* common room

klubbslag stroke with a (the) club; (*vid auktion*) blow of the hammer; *bildl.* knock-out blow

kluck *s7* cluck **-a** cluck; (*skvalpa*) gurgle **-ande** *a4* clucking *etc.*; *ett ~ skratt* a chuckle

kludd *s7* **-a** daub

klump *s2* lump; (*jord-; pers.*) clod; (*vikt*) weight; *sitta som en ~ i bröstet* lie like a lump on the chest; *i ~* in the lump, wholesale **-a** *rfl se klimpa sig* **-eduns** *s2* clod-hopper **-fot** club-foot **-ig** *a1* (*otymplig*) lumbering, unwieldy; (*tung*) heavy; (*ovig o. tafatt*) clumsy, awkward; (*ohyfsad*) churlish **-ighet** clumsiness **-summa** lump sum **-vis** in clumps

klunga *s1* cluster; bunch; group; (*hop*) crowd

klunk *s2* draught (*Am.* draft), gulp (*vatten* of water); (*liten*) sip; *ta* [*sig*] *en ~* have (take) a swig

kluns *s2* lump **-ig** *a1* lumpy

klut *s2* patch; (*trasa*) rag; *sätta till alla ~ar* clap on all sail, (*friare*) do one's level best

kluven *a3* split (*i* into); *bot.* cleft; (*läpp*) slit; (*stjärt*) forked; *~ personlighet* split personality **-het** *bildl.* duality; dualism

kluvit *sup av klyva*

klyfta *s1* **1** (*bergs-*) gorge; cleft; (*ravin*) ravine; (*rämna*) fissure, crevice; *bildl.* breach; gap, gulf **2** (*lök-*) clove; (*apelsin-*) segment; (*äppel-, ägg-, tomat-*) wedge, slice

klyftig *a1* shrewd, bright, clever; *inte så värst ~* not over-bright **-het** shrewdness *etc.*

klyka *s1* (*träd- o.d.*) fork; (*år-*) rowlock; (*telefon-*) receiver rest, hook

klys *s7, sjö.* hawse[-hole]

klyscha *s1* cliché, hackneyed phrase

klyv|a *klöv kluvit* split; (*dela*) divide, split up (*i* into); (*ved*) chop, cleave; *fys.* break up, split, disintegrate; *~ sig* split **-arbom**

jib-boom **-are** *sjö.* jib **-bar** [-y:-] *a1* cleavable; (*del-*) divisible; (*atomfys.*) fissionable; *~t material* (*atomfys.*) fissile material **-ning** [-y:-] splitting *etc.*; split; fissure; (*atom-*) fission; *vetensk.* division, disintegration

klå *v4* **1** (*ge stryk*) thrash, beat; *~ upp ngn* give s.b. a [good] thrashing **2** (*pungslå*) fleece, cheat

klåda *s1* itch[ing]

klåfing|er *pers.* person who fingers everything **-rig** *a, vara ~* be unable to let things alone **-righet** inability to let things alone

klåpare bungler, botcher, fumbler (*i* at)

1 kläcka *klack, opers. vard.: det klack till i mig när jag såg honom* the sight of him gave me quite a start

2 kläck|a *v3* (*ägg*) hatch; *~ fram* (*bildl.*) hatch, hit on; *~ ur sig en dumhet* come out with a stupid remark **-ning** hatching **-ningsmaskin** [poultry] incubator, brooder **-ningstid** hatching-(incubation-)period

kläd|a *v2* **1** (*förse med -er*) clothe; (*iföra -er*) dress; (*pryda*) array, deck; *som man är -d blir man hädd* a man is measured by the cut of his coat **2** *bildl.* clothe; *~ sina tankar i ord* clothe one's thoughts in words, put one's thoughts into words **3** (*möbler*) cover; (*julgran*) dress; (*fodra*) line **4** *rfl* dress [o.s.]; put on one's clothes; (*om naturen*) clothe (attire) itself; *~ sig fin* dress up; *~ sig varmt* put on warm clothes, wrap [o.s.] up well **5** (*med beton. part.*) *~ av* [*sig*] undress; *~ om* (*möbler*) re-cover; *~ om sig* change (*till middagen* for dinner); *~ på ngn* help s.b. on with his (*etc.*) clothes; *~ på sig* dress, put one's clothes on; *~ ut sig* dress [o.s.] up (*till* as) **6** (*passa*) suit; be becoming; *hon klär i blått* blue suits her, she looks well in blue **-e** *s6* broadcloth **-edräkt** costume, dress **-er** ['klä:-] *pl* clothes; *koll.* clothing, apparel; *jag skulle inte vilja vara i dina ~* I wouldn't be in your shoes **-esborste** clothes-brush **-esplagg** article of clothing, garment; *pl äv.* outfit (*sg*) **-hängare** clothes-(coat-)hanger; (*väggfast*) clothes-rail; (*fristående*) hat and coat stand **-kammare** clothes closet **-konto** clothing-account **-korg** clothes-basket **-loge** dressing-room **-lyx** extravagance in dress **-mod** fashion **-nad** [-ä:-] *s3* **1** (*utan pl*) dress **2** (*med pl*) garment[s *pl*], vestment[s *pl*] **-nypa** clothes-peg **-sam** [-ä:-] *a1* becoming (*för* to) **-sel** ['klädd-] *s2* **1** (*utan pl*) dressing, attiring **2** (*dräkt*) dress, attire **3** (*möbels*) covering, upholstery **-skåp** wardrobe **-streck** clothes-line **-sömnad** dressmaking **-vård** [the] care of clothes **-väg** *i ~* in the way of clothes

kläm [klämm] *s2* **1** *komma i ~ a*) *eg.* get jammed, *b*) *bildl.* get into a scrape; *få foten i ~* get one's foot caught **2** (*fart*) go, dash; push; *Am. sl.* pep; (*kraft*) force, vigour; *med fart och ~* with vigour and dash **3** (*sammanfattning*) [summarized] statement (declaration); (*slut-*) summing-up **4** *få ~ på ngt* get the hang of s.th.; *ha ~ på ngt* be well up in s.th. **-ma I** *s1* **1** (*knipa*) pinch; straits (*pl*); *komma i ~* get into a scrape (tight corner, fix) **2** (*hår-, pappers- e.d.*) clip; (*fjädrad*) spring-holder **II** *v2* squeeze; (*trycka*) press; (*nypa, äv. om sko*) pinch; (*absol., om sko e.d.*) be tight; *~ fingret* (*foten*) get one's finger pinched (foot jammed); *~ fast* fasten, squeeze together; *~ fram* squeeze out; *~ fram med* come out with; *~ i* strike up (*med en sång* a song); *~ ihop* squeeze up, jam; *~ sönder* squeeze (crush) ... to pieces; *~ till* (*slå till*) go at it, give ... a good one; *~ ur sig* (*vard.*) bring out, come out with; *~ sig* get pinched (squeezed) **-mare** clip **-mig** *a1* (*om t.ex. melodi*) dashing; (*stilig*) fine, tip-top **-skruv** clamp-screw

klämt|a toll (*i klockan* the bell) **-ning** toll, tolling

kläng|a *v2, ~* [*sig*] climb (*uppför* up); *~ sig fast vid* cling on to **-e** *s6, bot.* tendril **-ros** rambler [rose] **-växt** climbing plant, creeper, climber

klänning dress; frock; (*gala- o.d.*) gown

klänningstyg dress-material

kläpp *s2* **1** (*klock-*) tongue, clapper **2** (*i ljuskrona*) drop

klär|obskyr [-å-] *s3* chiaroscuro **-voajans** [-'jaŋs] *s3* clairvoyance **-voajant** [-'jaŋt, -'jannt] *a1* clairvoyant

klätt|erfot *zool.* scansorial foot **-ra** climb (*nedför* down; *uppför, upp* [*i*] up); (*klänga*) scramble **-ring** climbing; *en ~* a climb

klös|a *v3* scratch; *~ ut ögonen på ngn* scratch a p.'s eyes out **-as** *v3, dep* scratch

1 klöv *s2, zool.* hoof (*pl* hooves), cloven hoof

2 klöv *imperf av klyva*

klöv|bärande *a4* hoofed **-djur** cloven-footed animals

1 klöver ['klö:-] *s9, kortsp.* club[s *pl*]

2 klöver ['klö:-] *s9, bot. o. jordbr.* clover; *bot. äv.* trefoil **-blad** clover-leaf; *arkit.* trefoil[-leaf]; (*tre pers.*) trio **-vall** field of clover

klövj|a [-ö:-] transport ... on pack-horses (a pack-horse) **-edjur** pack-animal **-esadel** pack-saddle

knack|a (*bulta*) rap; (*svagare*) tap; (*på dörren*) knock; (*sten*) break; *det ~r!* there's a knock!; *~ bort rost från* chip the rust off; *~ på'* knock [at the door]; *~ sönder* knock to pieces **-ning** knock (*äv. i motor*); rap; tap

knaggl|a *~ fram* push on to; *~ sig fram* (*igenom*) struggle along to (through) **-lig** *a1* rough, bumpy, uneven; (*om vers, stil*) rugged, laboured; *~ engelska* broken English; *det gick ~t för honom a*) (*i tentamen*) he didn't do too well, *b*) (*med studierna*) it was tough going for him

knaka crack; creak (*i alla fogar* in every joint) **-nde** *a4* cracking *etc.*

knal *a1, ha det ~t* be hard up; *det var ~t med maten* food was scarce

knall *s2* report; (*smäll*) crack, bang; (*vid explosion*) detonation; (*åsk-*) peal, clap; (*duns*) bang; *~ och fall* on the spot, all of a sudden

1 knalla (*gå*) trot; *~ vidare* (*äv.*) push on; *~ sig iväg* trot off, skedaddle; *det ~r och går* I am (*etc.*) jogging along

2 knall|a (*explodera*) detonate; (*smälla*) bang, pop; (*om åskan*) crack **-blå** bright blue

knalle *s2* (*bergs-*) hill, hillock

knall|effekt sensational effect **-gas** oxy-hydrogen gas **-hatt** percussion-cap **-pulver** detonating-powder **-pulverpistol** toy pistol
knap *s2, sjö.* cleat
knapadel [-a:-a:-] petty nobility; (*i Engl. ung.*) baronetage
knapert ['kna:-] *adv*; *ha det ~* be badly off
1 knapp *s2* **1** button; (*lös skjort-*) stud; *försedd med ~ar* buttoned **2** (*på käpp, lock e.d.*) knob; (*prydnads- äv.*) boss; (*på svärd*) pommel
2 knapp *a1* scanty; (*-t tillmätt äv.*) short; (*röstövervikt, utkomst e.d.*) bare; (*seger äv.*) narrow; (*om omständigheter e.d.*) reduced, straitened; (*ord-*) sparing, chary (*på* of); *på sin ~a lön* on his (*etc.*) meagre salary; *i ~aste laget* hardly sufficient; *ha det ~t* be poorly off (in straitened circumstances); *ha ~t om* be short of; *rädda sig med ~ nöd* narrowly escape, have a narrow escape; *tillgången på ... är ~* ... are in short supply; *~a tre veckor senare* barely three weeks later **-a** *~ av (in) på* reduce, cut down **-ast** scarcely, hardly **-het** scantiness *etc.*; scarcity (*på* of); shortage (*på* of)
knapphål buttonhole
knapphåls|blomma buttonhole **-silke** buttonhole-silk **-stygn** buttonhole stitch
knapphändig *a1* meagre; (*förklaring, ursäkt e.d. äv.*) curt, scantily worded
knappnål pin
knappnåls|brev sheet of pins **-dyna** pincushion **-huvud** pin-head **-stick** pin-prick
knapp|ologi [-ɷlå'gi:] *s3* trifle, pedantry **-rad** row of buttons **-slagning** [-a:g-] button-making
knappt *adv* **1** scantily *etc.*; *leva ~* live sparingly; *mäta ~* give short measure **2** *vinna ~* win by a narrow margin **3** (*nätt o. jämnt*) barely; *jfr äv. knappast*; *~ ... förrän* scarcely .... before (when), no sooner ... than
knapr|a [ˣkna:p-] nibble (*på* at); *~ i sig* munch (chew) up; *~ på en skorpa* crunch (munch) a rusk **-ig** *a1* crisp
knark *s7* dope; *Am. äv.* junk **-are** dope [fiend]; *Am. äv.* junkie
knarr 1 *s7* (*-ande*) creak[ing]; (*i dörr etc.*) squeak **2** *s2, s7, ha ~ i skorna* have creaking (squeaky) shoes **3** *s2* (*-ig människa*) old growler (croaker) **-a** (*om trappa, skor e.d.*) creak; (*om dörr, gångjärn e.d.*) squeak; (*om snö*) crunch **-ig** *a1* (*om pers.*) cross, morose, grumpy; (*grinig*) peevish
1 knaster ['knass-] *s9* (*tobak*) canaster [tobacco]
2 knast|er ['knass-] *s7* crackling *etc.*; [a] crackle **-ertorr** as dry as a stick **-ra** crackle; crepitate; (*krasa äv.*) [s]crunch; (*om tobak i pipa*) rustle; *~de mellan tänderna* grated between my (*etc.*) teeth; *gruset ~de under hans fötter* the gravel crunched under his feet
knatte *s2* nipper
knatt|er ['knatt-] *s7* **-ra** rattle, clatter
knekt *s2* (*soldat*) soldier; *Engl. ung.* redcoat; (*bildl.* '*verktyg*') myrmidon; *kortsp.* jack, knave
1 knep *s7* trick, device; (*list*) strategem, ruse; (*fuffens*) dodge; (*konstgrepp*) artifice **-ig** *a1* **1** (*listig*) artful, cunning; (*sinnrik*) ingenious, clever **2** (*svår*) hard, ticklish, tricky
2 knep *imperf av 1 knipa II*
knip *s7*, *~ i magen* stomach-ache
1 knip|a I *s1*, *vara i ~* be in straits (in difficulties, in a tight place); *komma i en svår ~* get into a fix **II** *knep knipit* **1** pinch; *~ en applåd* elicit a cheer; *~ ihop* pinch ... together; *~ ihop läpparna* compress one's lips; *~ ihop ögonen* screw up one's eyes **2** *det -er i magen på mig* I have [got] a griping pain in my stomach; *om det -er* (*bildl.*) at a pinch, if need be
2 knipa *s1* (*fågel*) golden-eye
knipit *sup av 1 knipa II*
knipp|a *s1* bunch **-e** *s6* cluster, fascicle; bundle; *bot.* cyme
knipsa clip (*av* off)
knip|slug knowing, shrewd; (*listig*) sly **-tång** [pair of] pincers (nippers) (*pl*) **-tångsmanöver** pincer movement
knirk *s7* grating (creaking) [sound] **-a** grate; (*knarra*) creak, [s]crunch
knittelvers doggerel [verse]
kniv *s2* knife (*pl* knives); *med ~en på strupen* with the knife at one's throat; *dra ~* draw one's knife; *ränna ~en i* run one's knife into; *strid på ~en* war to the knife **-blad** knife-blade, blade of a knife **-drama** knifing tragedy **-hugg** stab [with a knife] **-hugga** stab [with a knife]; *bli -huggen* be stabbed [with a knife] **-ig** *a1* (*om sak*) delicate, tricky; (*om pers.*) shrewd, crafty **-kastning** *bildl.* altercation
knivsegg knife-edge
kniv|skaft knife-handle **-skarp** [as] sharp as a razor **-skuren** *a5* knifed, gashed with a knife **-styng** stab [with (of) a knife]
knivsudd point of a (the) knife; *en ~ salt* a pinch of salt
knix *s2* curts[e]y; *göra en ~ för* drop ... a curts[e]y
knockout [nåk'aut] *s3* knock-out [blow]; *slå ngn ~* knock s.b. out; *vinna på ~* win by a knock-out
knodd [-å-] *s2, vard.* bounder **-aktig** *a1* slick
knog *s7* work, toil; *vard.* fag **-a** labour (work, plod) (*med* at); *~ på' a*) trudge (plod) along, *b*) *bildl.* peg away
knoge *s2* knuckle
knogig *a1* fagging, strenuous
knogjärn knuckle-duster
knollr|a [-å-] *rfl* curl **-ig** *a1* curly, frizzy
knop *s2* (*som hastighet s9*) *sjö.* knot; *göra tolv ~* do twelve knots; *med åtta ~* at [a speed of] eight knots
knopp [-å-] *s2* **1** *bot.* bud; *skjuta ~* bud **2** (*knapp*) knob **3** (*huvud-*) nob, nut; *klar i ~en* clear-headed; *vara konstig i ~en* be a bit cracked **-as** *dep* bud **-ning** budding
1 knorr [-å-] *s2* (*krökning*) curl; *ha ~ på svansen* have a curly tail
2 knorr [-å-] *s7, se 2 knot* **-a** *se 2 knota* **-hane** *zool.* grey gurnard
1 knot *s2* (*fisk*) *se knorrhane*
2 knot *s7* (*-ande*) murmuring (*mot* against); grumbling (*mot, över* at)
1 knota *s1, anat.* condyle; (*friare*) bone
2 knota *v1* murmur; grumble (*över* at)

knotig *a1* (*om träd*) knotty; (*om trädrot*) twisted; (*om pers.*) bony, (*mager*) scraggy
knott [-å-] *s7, s9* blackfly
knottr|a [-å-] **I** *s1* [goose-]pimple **II** *v1, rfl* become granulated **-ig** *a1* granular; (*om hud*) rough; (*kinkig*) touchy; *jag blev alldeles* ~ I got goose-flesh all over
knubbig *a1* plump; chubby
knuff *s2* push, shove; (*med armbågen*) elbowing, nudge; (*i sidan*) poke, dig **-a** push, shove, shoulder *etc.*; ~ *omkull* push (shove, knock) ... over, upset; ~ *till* push (bump, knock) into; ~ *undan* push (*etc.*) ... out of the way; ~ *sig fram* shoulder one's way along **-as** *dep*, ~ *inte!* don't push (shove)!
knulla *vard.* fuck
knuss|el ['knuss-] *s7* niggardliness; (*svagare*) parsimony; *utan* ~ without stint **-la** be niggardly (*etc., se -lig*) (*med* with) **-lig** *a1* niggardly, stingy, sparing; parsimonious, mean
knut *s2* **1** (*hörn*) corner; *inpå ~arna* at our (*etc.*) very doors; *bakom ~en* round the corner **2** knot; (*hår- äv.*) bun; (*ögle-*) tie; *knyta en* ~ tie (make) a knot (*på* in); *~en har gått upp* the knot has come untied (undone); *det har blivit ~ på tråden* the thread has got into a knot **3** *bildl.* point; *det var just ~en!* that's just the [crucial] point! **4** *vetensk.* node **-a** *rfl* snarl, become entangled (knotted) **-en** *a5* tied (*äv. bildl.*), knotted; clenched (*näve* fist); *bildl.* bound up (*vid* with); *vara* ~ *vid* (*till*) *a*) (*verksamhet*) be bound up (associated) with, *b*) (*läroanstalt, tidning*) be on the [permanent] staff of **-ig** *a1* knotty **-it** *sup av knyta* **-piska** knout **-punkt** junction, intersection; (*friare*) centre **-timra** *~d stuga* cabin built of logs dovetailed at corners
knyck *s2* jerk; twitch **-a** *v3* **1** jerk, twitch (*på* at); ~ *på nacken* toss one's head, (*friare*) turn up one's nose (*åt* at) **2** (*stjäla*) pinch, bone **-ig** *a1* jerky
knyckla crease; ~ *ihop* crumple up
knypp|eldyna lace-pillow **-la** make lace; *~de spetsar* pillow-(bobbin-)-lace (*sg*) **-ling** lace--making
knyst *n* sound; *inte säga ett* ~ not breathe a word (*om* about) **-a** utter a sound; *utan att* ~ without uttering a sound, (*utan att mucka*) without murmuring
knyt|a *knöt knutit* **1** tie (*igen, till* up); (*fästa*) fasten; (*näven*) clench; *bildl.* attach, bind, unite (*vid* to), connect (*till* to); ~ *bekantskap med ngn* make a p.'s acquaintance; ~ *förbindelser* establish connections; ~ *upp* untie, undo, (*öppna*) open, (*fästa upp*) tie up; ~ *åt* tie ... tight **2** *rfl* knot, get knotted; (*om sallad o.d.*) heart; (*gå t. sängs*) turn in; ~ *sig i växten* become stunted **-e** *s6* bundle (*med* of) **-kalas** Dutch party **-näve** fist **-nävsslag** punch **-nävsstor** ... as big as a fist
knåda knead
knåp *s7, se -göra* **-a** (*pyssla*) polter about (*med* with); (*knoga*) plod (peg) along; ~ *ihop ett brev* put together some sort of a letter **-göra** finicky job
knä *s6* **1** knee; *tekn. äv.* elbow; *~na böj!* knees bend!; *byxor med* [*stora*] *~n* trousers with [great] baggy knees; *ha ett barn i ~t* have a child on one's knee[s] (on [in] one's lap); *falla på ~ för* kneel [down] to, go down on one's knees to; *ligga på ~ för* kneel to; *på sina bara ~n* on one's bended knees; *tvinga ngn på* ~ (*bildl.*) bring s.b. to his knees **2** *bot.* articulation; (*krök*) bend, elbow **-a** bend one's knees; ~ *fram* walk with bended knees **-byxor** short trousers; [knee-]breeches **-böja** bend the knee, kneel (*för* to; *inför* before, to); *relig.* genuflect
1 knäck *s2, kokk.* toffee, butter-scotch
2 knäck *s2* **1** (*-ning*) crack **2** (*nederlag*) blow; *ta ~en på* do for, ruin **-a** *v3* crack; (*bryta av*) break; (*gåta, problem*) scotch, floor; *en hård nöt att* ~ a hard nut to crack; *det -te honom* that broke him; ~ *till* give a crack
knäckebröd crispbread, ryvita, hard bread
knä|fall kneeling, genuflection **-hund** lap--dog **-höjd** knee-height **-kort** ~ *kjol* knee--length skirt **-led** knee-joint **-liggande** *a4* kneeling
knäpp 1 *s2* (*-ning*) click; (*finger-*) flip, flick **2** *s7* (*ljud*) sound
1 knäpp|a *v3* **1** *det -te i klockan* the clock gave a click; *det -er i väggarna* there's a ticking in the walls **2** (*fotografera*) snap; (*i sht film*) shoot **3** (*med fingrarna*) flip, flick, snap **4** *mus.* ~ [*på*] twang, pluck (*på gitarren* one's guitar) **5** ~ *nötter* crack nuts
2 knäpp|a *v3* **1** button; (*spänne*) buckle, clasp; ~ *av* (*upp*) unbutton; ~ *igen* button [up]; ~ *på* (*elektr.*) switch on **2** ~ *händerna* fold (clasp) one's hands **-e** *s6* clasp, snap
knäppinstrument plucked string instrument
knäpp|känga button boot **-ning** (*till 2 -a*) buttoning
knä|skydd knee-protector(-pad) **skål** knee--cap; *anat.* patella **-stående** *a4, sport.* crouching; ~ *ställning* kneeling position **-svag** weak in the knees **-veck** hollow of the knee; *hänga i ~en* hang by the knees; *darra i ~en* tremble at the knees
knävelborr [-å-] *s2* military moustache (*sg*)
knöl *s2* **1** bump; (*upphöjning e.d.*) boss, knob, knot; (*utväxt*) tuber, protuberance; *vetensk.* node; *bot.* bulb **2** (*drummel*) swine, cad **-a** ~ *ihop* crumple up; ~ *till* batter, knock ... out of shape **-aktig** *a1* loutish; caddish **-ig** *a1* **1** bumpy (*väg* road); (*om madrass e.d.*) lumpy; (*om träd e.d.*) knotty; (*om finger, frukt*) knobbly; *vetensk.* nodose, nodular **2** *se -aktig* **-påk** thick knotted stick; (*vapen*) cudgel **-ros** *läk.* traumatic erysipelas **-svan** mute swan
knös *s2* swell, nob; *en rik* ~ a [rich] nabob
knöt *imperf av knyta*
ko *s5* cow
koaff|era *se frisera* **-yr** *s3* coiffure
koagul|ation coagulation **-era** coagulate
koalition coalition
koalitionsregering coalition government
koaxialkabel coaxial cable
kobbe [-å-] *s2* islet [rock], rock
kobent [-e:-] *a1* knock-kneed
kobolt ['ko:bålt, 'kå:-] *s3* cobalt **-blå** cobalt--blue **-bomb** cobalt bomb **-kanon** telecobalt unit, gammatron

kobra [ˣkå:-] *s1* cobra
kobrygga *sjö.* booms (*pl*)
kock [kåkk] *s2* [male] cook; (*kökschef*) chef; *ju flera ~ar dess sämre soppa* too many cooks spoil the broth **-a** *s1* [female] cook
kod [kå:d] *s3* **-a** code
kodein [kå-] *s4* codeine
kod|ex ['kɷ:-, 'kå:-] *s2* **1** (*handskrift*) codex (*pl äv.* codices) **2** (*lagsamling*) code **3** (*norm*) code **-ifiera** codify, code
kodmeddelande code message
koefficient coefficient
koexistens *s3* coexistence
koff [kåff] *s2, sjö.* koff
koffein [kå-] *s4, s3* caffeine
kofferdi|kapten [kå-] captain in the merchant navy **-st** **1** (*sjöman*) merchant seaman **2** (*fartyg*) merchantman, trader, trading-vessel
koffert ['kåff-] *s2* trunk
kofot (*bräckjärn*) crow-bar, claw-wrench; *vard.* jemmy (*Am.* jimmy)
kofta [ˣkåff-] *s1* (*stickad*) cardigan
kofångare (*på bil*) bumper; (*på tåg e.d.*) cow--catcher
koger ['kɷ:-] *s7* quiver
ko|gubbe cowherd **-handel** *polit.* logrolling, party-bargaining, vote-bartering
kohesion cohesion
kohort [-'hårrt] *s3, hist.* cohort
koj [kåjj] *s3* (*häng-*) hammock; (*fast*) bunk; *gå (krypa) till ~s* turn in
1 koja [ˣkåjja] *s1* cabin, hut
2 koja [ˣkåjja] *v1, se under koj*
kojplats [ˣkåjj-] *sjö.* bunk, [sleeping-]berth
kok *s7* boiling; *ett ~ stryk* a good hiding
1 kok|a *v1, v3* **1** (*bringa i -ning*) boil; (*tillreda mat*) cook; (*t.ex. gröt, kaffe, karameller*) make; *~ ihop a*) (*koncentrera genom -ning*) boil down, *b*) *bildl.* concoct, make up, fabricate; *~ in se in-*; *~ upp* bring ... to the boil **2** (*befinna sig i -ning*) boil, be boiling; *~ upp* come to the boil; *~ över* boil over
2 koka *s1* clod
kokain [kå-, kɷ-] *s4* cocaine
kokard [-a:-] *s3* cockade
kok|bok cookery-book; *i sht Am.* cookbook **-erska** [female] cook
kokett I *a1* coquettish **II** *s3* coquette **-era** coquet[te] (*för, med* with) **-eri** coquetry
kok|fru hired cook **-het** boiling (steaming) hot; *-hett vatten* (*vanl.*) boiling water
kokill *s3* chill-mould
kok|konst cookery, culinary art; (*ngns*) culinary skill **-kärl** cooking-vessel; *pl äv.* pots and pans; (*soldats*) mess-tin, billycan **-ning** [-ɷ:-] boiling; cooking; making
kokong [-'kåŋ] *s3* cocoon
kokos|fett coconut butter (oil) **-fiber** coconut-fibre, coir[-fibre] **-flingor** shredded coconut **-matta** coir mat **-mjölk** coconut milk **-nöt** coconut **-nötsolja** coconut oil **-palm** coco-palm
kokott [-'kått] *s3* cocotte; *vard.* demirep
kok|platta hot-plate **-punkt** *på ~en* at boiling-point (*äv. bildl.*)
koks [kå-] *s3* coke
kok|salt (*vanligt* common) salt **-saltlösning** salt-solution **-t** [kɷ:-] *a1* boiled; *nu är det ~a fläsket stekt!* now the fat's in the fire! **-tid** *ngts ~* the time required for boiling s.th. **-vagn** *mil.* field kitchen **-vrå** kitchenette
kol [kå:l] *s7, kem.* carbon; (*trä-, rit-*) charcoal; (*bränsle*) coal; *utbrända ~* cinders; *samla glödande ~ på ngns huvud* heap coals of fire on a p.'s head
1 kola [ˣkå:-] *s1* caramel, toffee
2 kola [ˣkå:-] *v1* **1** (*bränna [t.] kol*) make charcoal out of, burn ... to charcoal; *kem.* carbonize **2** (*ta in kol*) coal; *sjö.* bunker
3 kola [ˣkɷ:-] *v1* (*dö, vard.*) kick the bucket
kol|are [ˣkå:l-] charcoal-burner **-artro** implicit (blind) faith **-atom** carbon atom **-box** coal box; *sjö.* [coal-]bunker
kolchos [kål'ʃå:s, -'hå:s] *s3* kolkhoz, collective [farm]
kol|dioxid carbon dioxide **-distrikt** coal--mining district, coal-field **-eldad** *a5* coal--fired(-heated)
kolera ['kɷ:-] *s9* [malignant, epidemic] cholera **-epidemi** cholera-epidemic
koleri|ker choleric (irascible) person **-sk** *a5* choleric, irascible
kol|filter charcoal filter **-fyndighet** coal deposit **-fält** coal-field **-förande** coal-bearing, carboniferous **-förening** *kem.* carbon compound **-gruva** coal-mine(-pit); (*stor*) colliery **-gruvearbetare** collier, [coal-]miner **-halt** carbon content **-haltig** *a1* carboniferous, carbonaceous, carbonic **-hydrat** carbohydrate
kolibri [ˣkåll-, 'kåll-] *s3* humming-bird, colibri
kolik *s3* [the] colic **-smärtor** colicky pains
koling *ung.* [out-of-work] longshoreman
kolja [ˣkåll-] *s1* haddock
kolka [ˣkåll-] *~ [i sig]* gulp (swill) down
kollabor|atör collaborator **-era** collaborate
kollager *geol.* coal-seam(-bed)
kollaps *s3* **-a** collapse
kollast coal cargo, cargo of coal
kollation|era [kå-] collate; (*t.ex. räkenskaper*) check (tick) [off]
kolleg|a [-'le:-, -ˣle:-] *s3* colleague; confrère; (*tidning e.d.*) contemporary **-ial** *a1* collegial, collegiate; friendly **-ieblock** student's note pad **-ierum** *skol.* staff committee-room; (*lärarrum*) staff [common] room **-ium** [-'le:-] *s4* **1** (*myndighet*) corporate body, board **2** (*lärar-*) [teaching-]staff **3** (*lärarsammanträde*) staff meeting **4** *univ.* course; (*anteckningar*) lecture-notes (*pl*)
kollekt *s3* collection **-bössa** collection box **-håv** collection bag **-ion** [-k'ʃɷ:n] collection
kollektiv ['kåll-, -'i:v] *a1 o. s7, s4* collective **-ansluta** affiliate ... as a body **-avtal** collective [labour] contract, collective wage agreement **-förhandlingar** collective bargaining (*sg*) **-hus** block of service-flats; *Am.* apartment hotel **-isera** collectivize **-isering** collectivization **-ism** collectivism **-jordbruk** *abstr.* collective farming; *konkr.* collective farm
kollektor [-ˣläkktår] *s3* collector, commutator
kolli ['kålli] *s7, s6* package, parcel; (*fraktgods äv.*) piece [of goods]; (*resgods äv.*) piece [of luggage]

kolli|dera come into collision, collide; ~ *med a) eg. äv.* run into, *sjö.* run foul of, *b) bildl.* (*om pers.*) get across, (*om förslag, plikter etc.*) clash (conflict, interfere) with, run counter to **-sion** collision; *bildl. vanl.* clash
kollodium *s4* collodium, collodion
kolloid *s3* colloid **-al** *a1* colloid[al]
kollr|a [ˣkåll-] ~ *bort ngn* turn a p.'s head **-ig** *a1* mad, crazy
kol|lämpare coal-trimmer(-passer) **-mila** charcoal stack **-mörk** pitch dark **-mörker** pitch darkness **-na** [ˣkå:l-] get charred; *~d* charred; *se äv. för-*
kolofonium *s4* colophony, rosin
kolon ['ko:lån] *s7* colon
koloni *s3* colony; (*skollovs-*) holiday camp **-al** *a1* colonial **-alism** colonialism **-alminister** *Engl.* Colonial Secretary, Secretary of State for the Colonies **-alvaror** imported groceries (*sg*) **-alvaruhandel** (*affär*) grocer's [shop] **-sation** colonization **-satör** colonizer **-sera** colonize **-stuga** allotment-garden cottage **-trädgård** allotment [garden]
kolonn [-'lånn] *s3* column; *femte* ~ fifth column **-ad** *s3* colonnade
koloradoskalbagge [-ˣra:-] Colorado beetle
kolor|atur coloratura **-aturaria** coloratura aria **-atursopran** coloratura soprano **-era** colour; *~d veckopress* illustrated weekly magazines (*pl*) **-ering** colouring, colo[u]ration **-ist** colo[u]rist **-istisk** *a5* colo[u]ristic **-it** *s3* (*färgton*) colouring; (*färgbehandling*) colour-treatment
kolos [ˣkå:lo:s] fumes (*pl*) from burning coke (coal, wood) **-förgiftning** poisoning (asphyxia resulting) from the inhalation of coke(*etc.*)-fumes
koloss [-'låss] *s3* colossus; (*friare*) hulk, monster; *en ~ på lerfötter* a monster with feet of clay **-al** *a1* colossal; (*friare*) enormous, tremendous, immense, huge **-alt** [-a:lt] *adv* enormously *etc.*; awfully
kolosserbrevet [-ˣlåss-] the Epistle to the Colossians
koloxid carbon monoxide **-förgiftning** carbon monoxide poisoning
kolport|age [kålpår'ta:ʃ] *s7* colportage, book-hawking **-ageroman** cheap novel **-ör** book-hawker(-canvasser, -traveller); (*i sht av relig. litteratur*) colporteur; (*predikant*) lay-preacher
kol|stybb coal dust; cinders (*pl*), charcoal breeze **-stybbsbana** cinder-track **-svart** coal-(jet-)black **-svavla** [-sva:v-] *s1* carbon disulphide **-syra** carbonic acid; carbon dioxide **-syrad** *a5* carbonated **-syreassimilation** carbonic acid assimilation, photosynthesis **-syrehaltig** *a1* aerated; *kem.* containing carbon dioxide **-syresnö** carbon dioxide snow
kolt [kålt] *s2* frock
kol|tablett charcoal tablet **-teckning** charcoal drawing **-tetraklorid** carbon tetrachloride **-tjära** coal-tar **-trast** black-bird
koltåldern colthood
ko|lugn [as] cool as a cucumber
kolumbarium *s4* columbarium
kolumn *s3* column
kolupplag coal depot
kolv [kållv] *s2* **1** (*på gevär*) butt **2** *tekn.* piston; (*pump-*) plunger **3** (*glas-*) retort **4** *bot.* spadix **5** (*lås-*) bolt **-motor** piston engine **-ring** piston ring **-slag** piston-stroke **-stång** piston-rod
kol|väte hydrocarbon **-ångare** [steam] collier
kom [kåmm] *imperf av 2 komma*
koma ['kå:-] *s7, s9* coma
kombin|ation [kåm-] combination **-ationsförmåga** power (faculty) of combination **-ationslås** combination lock **-atorisk** *a5* combining, combinatory **-era** combine; *~d* combined, ... in one
komedi *s3* comedy; *spela ~ (bildl.)* act a part, put on an act **-ant** strolling player **-enn** *s3* comedienne **-författare** comedy-writer
komet *s3* comet **-bana** comet's orbit **-huvud** comet's head (nucleus) **-lik** comet-like; *en ~ karriär* a meteoric career **-svans** comet's tail
komfort ['kåmmfårt, -'fårrt] *s3* comfort **-abel** *a2* comfortable
komihåg [kå-] *s7, skämts.* memory
komik *s3* comic art; (*t.ex. i en situation*) comedy **-er** ['ko:-] comic actor, comedian
Komin|form [kåmin'fårrm] the Cominform **-tern** [-'tärrn] the Comintern
komisk ['ko:-] *a5* comic[al]; (*lustig*) funny, droll; (*löjlig*) ridiculous
komjölk cow's milk
1 komma [ˣkåmma] *s6* comma; (*decimal-*) [decimal] point
2 komm|a [ˣkåmma] *kom -it* **I 1** *allm.* come; (*ta sig fram, anlända*) arrive (*till* at, in), get; (*infinna sig äv.*) appear, *vard.* turn up; *~ och gå* come and go; *~ gående* come walking along (*på vägen* the road); *här -er han* here he comes (is); *här -er Eva* here comes Eva; *-er strax!* coming!; *~ för sent* be (come, arrive) too late; *-er det många?* (*hit*) will there be many people [coming] here (*dit* there)?; *vilken väg har du -it?* which way did you come?; *kom och hälsa på oss* come and see us; *inte veta vad som ~ skall* not know what is [going] to come (happen); *påsken -er sent i år* Easter comes (is) late this year; *i veckan som -er* in the coming week; *-er dag -er råd* tomorrow will take care of itself; *ta det som det -er* take things as they come; *planet skulle ~ kl. 6* the plane was due at 6; *vart vill du ~?* what are you driving at?; *~ av (bero på)* be due to; *~ efter (efterträda)* come after, succeed; *~ från en fin familj* come of a fine family; *~ i (ur) balans* regain (get out of) balance; *~ i beröring med* come in contact with; *~ i fängelse* be put into (sent to) prison; *~ i olag* get out of order; *~ i ropet* become the fashion, (*om pers.*) become popular; *~ i tid* be in time; *~ i tidningen* get into the paper; *~ i vägen för* get in the way of; *~ med (medföra)* bring; *~ med ursäkter* make excuses; *ha ngt att ~ med* have s.th. to say (*visa* show; *bjuda på* offer); *kom inte med några invändningar!* none of your objections!; *~ på benen igen* get on one's legs again; *~ på fest* be at a party; *~ på besök till* call at; *jag -er sällan på teatern* I seldom go to the theatre; *det -er på räkningen* it will be put down on the

bill; ~ *till ett beslut* come to a decision; ~ *till heders* come into favour; ~ *till korta, se 2 kort I*; ~ *till nytta* be of use, come in useful; ~ *till ro* settle down, get some rest; ~ *till synes* appear; ~ *till tals med ngn a*) (*få träffa*) get a word with s.b., *b*) (*komma överens med*) reach agreement with s.b.; ~ *till uttryck i* find expression in, show itself in **2** ~ *att a*) *-er att* (*uttr. framtid*) shall (*1:a pers*), will (*2:a o. 3:e pers*), *b*) (*råka*) happen (come) to, *c*) (*uttr. försynens skickelse*) *han kom aldrig att återse henne* he was never to see her again; *jag kom att nämna* I happened to mention; *jag har -it att tänka på* it has occurred to me **3** (*tillkomma, tillfalla*) *det kom på min lott att* it fell to my lot to; *den gästfrihet som -it mig till del* the hospitality shown to me (I have received); *av utgifterna -er hälften på ...* half of the expenses refer to ... **4** (*betecknande tillägg*) *härtill -er att vi måste* in addition to this we must; *till övriga kostnader -er* other costs include **5** (*lända*) ~ *ngn till godo* be of use to s.b.; ~ *väl till pass* come in handy **6** (*uppgå t.*) *det hela -er på 1 pund* it amounts altogether to £1 **7** *opers., det kom till ett uppträde* there was a scene **II** *rfl* **1** (*bero på*) come from, be due to; (*ske*) happen, come about; *det -er sig av att* it is due to the fact that; *hur -er de't sig?* how is that?, how come?; *hur kom det sig att du ...?* how is it (did it come about) that you ...? **2** (*tillfriskna*) recover, get better (*efter* from) **III** (*föranleda*) make (*ngn att skratta* s.b. laugh); (*förmå*) induce (*ngn att göra ngt* s.b. to do s.th.); ~ *ngn på fall* cause a p.'s downfall (ruin) **IV** (*med beton. part.*) ~ *an på, se bero*; *kom an!* come on!; ~ *av sig* stop [short], (*tappa tråden*) lose the thread; ~ *bort* (*avlägsna sig*) get away, (*försvinna*) disappear, (*gå förlorad*) get lost; ~ *efter* (*bakom*) come (go) behind, (*följa*) follow, (*bli efter*) get behind, (*senare*) come afterwards; *fingrarna kom emellan* my (*etc.*) fingers got caught; *det kom ngt emellan* (*bildl.*) s.th. intervened; ~ *emot* (*t. mötes*) come (go) towards, (*stöta emot*) bump against (into); ~ *fram a*) (*stiga fram*) come (go) up (along), (*från gömställe*) come out (*ur* of), *b*) (*förbi*) get past (*igenom* through; *vidare* on), *c*) (*hinna* (*nå*) *fram*) get there (*hit* here), (*anlända*) arrive, *d*) (*framträda*) come out, appear, *e*) (~ *t. rätta*) turn up, *f*) (*vinna framgång*) get on; *kom fram!* come here!; ~ *fram med ett förslag* make a suggestion; ~ *fram med sitt ärende* state one's business; *jag har -it fram till att* I have come to the conclusion that; *det kom för mig att* it occurred to me that; ~ *sig för med att* bring o.s. to; ~ *förbi* get round (past), *eg.* pass; *saken -er före i morgon* the case comes on tomorrow; ~ *ifrån* (*absol.*) get away, (*bli ledig*) get off; ~ *ifrån varandra* get separated; *man kan inte* ~ *ifrån att* there is no getting away from the fact that; *kom snart igen!* come back soon!; ~ *igenom* come (get) through; ~ *ihop sig* fall out (*om* about); ~ *in i a*) (*rum etc.*) come (get) into, enter, *b*) (*skola*) be admitted to, *c*) (*tidning*) be inserted in, *d*) (*ämne e.d.*) become familiar (acquainted) with; ~ *in med a*) (*uppgifter o.d.*) hand in, *b*) (*ansökan*) make, present, *c*) (*klagomål*) lodge; ~ *in på a*) (*sjukhus e.d.*) be admitted to, *b*) (*ämne*) get on to; ~ *in vid posten* be taken on in the Post Office; ~ *loss a*) (*om ngt*) come off, *b*) (*om ngn*) get away; ~ *med a*) (*följa med*) come along, come with us (me *etc.*), *b*) (*deltaga*) join in (*i kriget* the war), *c*) (*hinna med*) catch (*tåget* the train), *d*) (*tas med*) be brought along; *han kom inte med på bilden* he didn't get into the picture; *han kom inte med bland vinnarna* he wasn't among the winners; ~ *ner på fötterna* alight (*bildl.* fall) on one's feet; ~ *vida omkring* travel far and wide; *när allt -er omkring* after all; ~ *på a*) (*stiga på*) get (come) on, *b*) (*erinra sig*) think of, recall, remember, *c*) (*upptäcka*) find out, discover, *d*) (*hitta på*) think of, hit on, (*ertappa*) come upon; *det kom hastigt på* it was sudden; ~ *till a*) (*anlända till*) come and see (*ngn* s.b.), *b*) (*uppstå*) come about, arise, (*grundas*) be established, (*skrivas*) be written, (*komponeras*) be composed, *c*) (*födas*) be born, *d*) (~ *som tillägg*) be added, *e*) (*hända*) come about, happen; *frakten -er till* carriage is extra; *ytterligare kostnader har -it till* additional costs (expenses) have been incurred; ~ *undan* get away, escape; ~ *upp a*) *allm.* come up; (*stiga upp*) get up, *b*) (*i nästa klass*) be moved up; *frågan kom upp* the question came (was brought) up (*till diskussion* for discussion); ~ *upp i en hastighet av* reach a speed of; ~ *sig upp* make one's way, get on; ~ *ut a*) *eg.* come out (*ur* of), (*lyckas* ~ *ut*) get out, (*utomlands*) get (go) abroad, *b*) (*utges*) come out, be published, appear, *c*) (*utspridas*) get about (abroad), *d*) (*förmå betala*) afford to pay; *hans nya bok -er ut i vår* his new book will appear (come out, be published) this spring; *man vet aldrig vad som kan* ~ *ut av det* you never know what can come out of it; *det -er på ett ut* it amounts to the same thing, it makes no difference; *det -er inte mig vid* that is no business of mine; ~ *åt a*) (~ *över*) get hold of, secure, (*nå*) reach, *b*) (*ansätta*) get at, *c*) (*stöta emot, röra vid*) touch, come in contact with, *d*) (*få tillfälle t.*) get an opportunity (a chance); ~ *över a*) *eg.* come over, (*lyckas* ~ *över*) get over, *b*) (*få tag i*) get hold of, come by (across), *c*) (*överraska, om oväder e.d.*) overtake, *d*) (*drabba*) come upon, befall, *e*) (~ *förbi*) get past (round), (*övervinna*) get over; *han har -it över från USA* he has come over from the States; *jag -er över i morgon* I'll come round tomorrow **-ande** *a4 o. s6* coming; (*t.ex. dagar, generationer*) ... to come; *för* ~ *behov* for future needs; ~ *släkten* (*äv.*) succeeding generations

kommanditbolag [kå-] limited partnership

kommando [kå-] *s6* **1** command; order; *föra* ~ *över* be in command of, command; *rösta på* ~ vote to order; *stå under ngns* ~ be under a p.'s command; *ta* ~[*t*] *över* take command of **2** (*trupp*) body of troops

kommandobrygga [captain's, (navigation)] bridge **-ord** [word of] command **-rop** shouted order (command) **-ton** tone of command; *i ~* in a commanding (an imperious) tone **-trupp** *se commandotrupp*

kommater|a [kå-] punctuate; put the commas in **-ing** punctuation

kommend|ant [kå-] commandant **-antur** commandantship **-era** (*föra befäl*) be in command (*över* of); (*befalla*) command, order; (*beordra*) appoint; *~ halt* give the order 'Halt' **-ering** (*-erande*) commanding *etc.*; *få en ~* be given a command (*sjö.* appointment) **-ör 1** *sjö. mil.* commodore; (*i frälsningsarmén*) commissioner **2** (*ordensriddare*) knight commander **-örkapten** (*av 1:a graden*) captain; (*av 2:a graden*) commander

kommensurabel [kå-] *a2* commensurable, commensurate

komment|ar [kå-] *s3* commentary (*till* to; *över* on); *kortfattad ~* brief notes (annotations); *~er* comment (*sg*); *utan några ~er* without [any] comment **-ator** [-ˣta:tår] *s3* commentator **-era** comment [up]on; (*förse med noter*) annotate; *~d upplaga* annotated edition

kommers [kå'märrs] *s3, hur går ~en?* how's business?; *sköta ~en* run the business (show); *livlig ~* brisk trade **-eråd** Head of Division to the [Swedish] Board of Commerce **-ialisera** commercialize **-iell** *a1* commercial **-kollegium** *ung.* the [Swedish] Board of Commerce

komminister [kå-] *s2, Engl. ung.* assistant vicar

kommiss ['kåmm-, -'miss] *s3* (*tyg*) uniform cloth

kommissari|at [kå-] *s7* commissioner's office **-e** [-'sa:-] *s5* **1** (*ombud*) commissary; (*polis-*) superintendent, inspector **2** (*utställnings-*) commissioner **3** (*i Sovjetunionen*) commissar

kommission [kåmi'ʃɷ:n] **1** *hand.* commission; *i ~* on commission **2** (*utskott*) commission, board, committee; *tillsätta en ~* appoint (set up) a commission **3** (*uppdrag*) commission

kommissions|arvode commission[-fee], brokerage **-handel** commission business (trade)

kommissionär [kå-] *s3* **1** *hand.* commission-agent(-merchant, -dealer) **2** (*vid ämbetsverk e.d.*) *ung.* official agent

kommit [-å-] *sup av 2 komma*

kommitt|é [kå-] *s3* committee; *sitta i en ~* be on a committee **-ébetänkande** report of a committee, committee report **-éledamot** committee member **-ent** (*uppdragsgivare*) principal; *~er* (*väljare*) constituents **-erad** *-en -e* committee member

kommod *s3* wash-stand

kommun [kå-] *s3, ung.* municipality, local authority; (*stads-*) urban district; (*lands-*) rural district; *Am. ung.* township

kommunal [kå-] *a1* municipal, local-government; local (*utskylder* rates); *~a myndigheter* local government (authorities); *~ självstyrelse* local government **-anställda** *pl* local government employees **-fullmäktig** local councillor; *~e* (*koll.*) local council (*sg*) **-förvaltning** local government, municipal administration **-isera** municipalize **-nämnd** local government committee **-skatt** local taxes (*Engl. äv.* rates) **-tjänsteman** local government officer **-val** local government election

kommunblock local government union

kommuni|cera [kå-] communicate; *~nde kärl* communicating vessels **-kation** communication

kommunikations|medel means (*sg o.pl*) of communication (transportation) **-minister** minister of communications; *Engl. ung.* Minister of Transport [and of Civil Aviation] **-satellit** communications satellite **-tabell** railway (steamboat and air-line) time-table **-väsen** system of communications

kommuniké [kå-] *s3* communiqué, bulletin

kommunindelning division into local government areas

kommunis|m [kå-] Communism **-t** Communist **-tisk** *a5* Communist[ic] **-tparti** Communist Party

kompakt [kå-] *a1* compact; solid (*massa* mass); dense (*mörker* darkness)

kompan|i [kå-] *s4* company **-ichef** company commander **-jon** *s3* partner; joint owner; *bli ~er* go into partnership [with each other] **-jonskap** [-ɷ:n-] *s7* partnership

kompar|abel [kå-] *a2* (*jämförlig*) comparable **-ation** comparison **-ativ** ['kåmm-] *a1 o. s3* comparative; *i ~* in the comparative [degree] **-era** compare, form the comparative forms of

kompass [kå-] *s3* compass; *segla efter ~* sail by the compass **-hus** compass bowl **-kurs** compass course **-nål** compass needle **-ros** compass card

kompendium [kå-] *s4* compendium, summary

kompens|ation [kå-] compensation **-era** (*gottgöra*) compensate; (*uppväga*) compensate [for], make up for

kompetens [kå-] *s3* competence, competency; qualifications (*pl*) **-bevis** certificate of qualifications (competency)

kompetent [kå-] *a1* competent (*för, till* for; *till att* to); *~ för en plats* [fully] qualified for a post

kompil|ation [kå-] compilation **-ator** [-ˣla:tår] *s3* compiler **-era** compile

kompis ['kåmm-] *s2* **1** *göra ngt i ~* do s.th. in partnership **2** (*kamrat*) pal; *Am.* buddy

komplement [kå-] *s7* complement (*till* to, of) **-färg** complementary colour **-vinkel** complement of an angle **-är** *a5* complementary

komplett [kå-] **I** *a1* complete; absolute, downright **II** *adv* absolutely **-era 1** complete; supplement; make up; *~ varandra* complement each other; *~nde uppgifter* supplementary details **2** *~ i matematik* sit for a supplementary examination in mathematics **-ering 1** completing; supplementing; (*en ~*) completion; (*utvidgning*) amplification; (*av förråd äv*) replenishment; *till ~ av vårt brev* to supplement our letter **2** *skol. o.d.* supplementary examination

komplex [kå-] *s7, s3* (*av hus o.d.*) block, group of buildings; *psykol.* complex

kompli|cera [kå-] complicate **-kation** complication
kompli|mang [kå-] compliment; *ge ngn en ~ för* compliment s.b. on; *säga ~er* pay compliments **-mentera** compliment (*ngn för* s.b. on)
komplott [kåm'plått] *s3* plot; conspiracy
kompo|nent [kå-] component, constituent **-nera** (*sammansätta*) put ... together; (*skapa*) create; (*balett, tavla*) design; (*maträtt*) concoct; (*tonsätta, författa*) compose **-nist** composer **-sant** *fys.* component **-sition** design; creation; concoction; (*tonsättning*) composition **-sitör** composer
kompost [kåm'påsst] *s3* compost
kompott [kåm'pått] *s3* compote (*på* of); *blandad ~* (*bildl.*) a very mixed dish
kompress [kå-] compress **-ion** [-e'ʃo:n] compression **-or** [-ˣressår] *s3* compressor
komprimer|a [kå-] compress **-ing** compressing; compression
kompromettera [kå-] compromise; *~ sig* compromise o.s.
kompromiss [kå-] *s3* compromise **-a** compromise **-förslag** proposed compromise **-lösning** compromise solution
kon *s3* cone; *stympad ~* frustum of a cone **-a** *s1, tekn.* cone, taper; (*på bil*) clutch
koncentrat [kå-] *s7* concentrate; *bildl.* epitome; *i ~* (*bildl.*) in a concentrated form **-ion** concentration
koncentrations|förmåga power of concentration **-läger** concentration camp
koncentrera [kå-] concentrate (*på* on); *i sht bildl.* focus, centre (*på* on); *~ sig* concentrate (*på* on); *~ sig på ngt* (*äv.*) focus (centre) one's attention on s.th.
koncentri|citet [kå-] concentricity **-sk** [-'senn-] *a5* concentric
koncept [kå-] *s7, s4* [rough] draft (*till* of); (*kladd*) first outline, rough copy; *tappa ~erna* (*bildl.*) be disconcerted (put out) **-ion** [-p'ʃo:n] conception **-papper** scribbling-paper
kon|cern [kån'sä:rn, -'sö:rn] *s3* group [of companies]; concern **-cession** [-e'ʃo:n] [parliamentary] sanction (*på* for); licence; concession; *bevilja ngn ~* grant s.b. a concession; *söka ~ på en järnväg* apply for powers for constructing a railway **-cessiv** [-'si:v, 'kånn-] *a1* concessive **-ciliant** [-'annt, -'aŋt] *a1* conciliatory (*mot* towards) **-cipiera 1** (*befruktas*) conceive **2** (*göra utkast t.*) make concepts; (*författa*) compose **-cis** *a1* concise; succinct **-densation** condensation **-densator** [-ˣsa:tår] *s3 tekn.* condenser; *elektr. äv.* capacitor **-densera** condense **-densering** condensation; condensing **-densor** [-ˣdennsår] *s3* [steam] condenser
kondition [kå-] **1** (*tillstånd*) condition, state; *i utmärkt ~* (*sport. äv.*) splendidly fit **2** (*tjänst*) situation **3** *~er* (*hand.*) conditions, terms of account **-al** *a1* conditional **-alis** *r* (*i* in the) conditional [mood] **-erad** *a5, se beskaffad*; *väl* (*illa*) *~* in [a state of] good (bad) repair
konditor [kånˣdi:tår] *s3* confectioner, pastry-cook **-i** *s4* confectioner's [shop]; (*serveringsställe*) coffee house (bar), café, tea-shop(-room) **-ivaror** confectionery, cakes and pastries
kondole|ans [kå-'aŋs, -'anns] *s3* condolence **-ansbrev** letter of condolence (sympathy) **-ra** express one's condolence (sympathy) (*ngn med anledning av* with s.b. on)
kondom [kån'då:m] *s3* condom
kondor [kån'då:r] *s3, zool.* condor
kondottiär [kå-å-] *s3* condottiere
kondukt|ans [kå-] *s3, elektr.* conductance, conductivity **-or** [-ˣdukktår] *s3, fys.* conductor **-ris** *se* [*kvinnlig*] *-ör* **-ör** (*för spårvagn e.d.*) ticket-collector, conductor; *järnv.* guard; *kvinnlig ~* conductress, *vard.* clippie
konfeder|ation [kå-] confederation **-erad** *a5* confederate[d]
konfekt [kå-] *s3* assorted sweets and chocolates; *engelsk ~* liquorish allsorts; *bli lurad på ~en* be thwarted; *variera ~en* (*bildl.*) ring the changes **-ask** box of assorted sweets and chocolates
konfektion [kå-k'ʃo:n] ready-made clothing (clothes, *pl*)
konfektionskläder ready-made (*Am.* ready-to-wear) clothes
konfekt|skål sweet-dish **-yraffär** confectioner's [shop]
konferenci|é -er [kånferaŋsi'e:] *s3* compére; *Am.* emcee (master of ceremonies)
konfer|ens [kå-'renns, -'raŋs] *s3* conference, meeting; (*större*) congress; (*rådplägning äv.*) consultation, parley **-era** confer, consult (*med ngn om* with s.b. about); discuss
konfession [kå-'ʃo:n] confession, creed **-ell** *a1* confessional
konfessionslös confessionless, adhering to no particular confession
konfetti [kå-] *s9* confetti
konfidentiell [kå--n(t)si-] *a1* confidential **-t** *adv* confidentially, in confidence
konfiguration [kå-] configuration
konfirm|and [kå-] *s3* candidate for confirmation **-ation** confirmation **-ationsundervisning** preparation for confirmation **-era** confirm
konfisk|ation [kå-] confiscation **-era** confiscate
konflikt [kå-] *s3* conflict; dispute; (*i roman o.d. äv.*) problem; *komma i ~ med* get into conflict with **-situation** [state of] conflict
kon|formitet [kå-å-] conformity **-frontation** [-ånt-, -åŋt-] confrontation; *vid ~ med* (*vanl.*) on being confronted with **-frontera** [-ånt-, -åŋt-] confront, bring ... face to face (*med* with) **-fundera** confuse, bewilder **-fys** *a1* confused, bewildered **-genial** [-je-] *a1* congenial; *en ~ översättning* a translation true to the spirit of the original **-genialitet** [-j-] congeniality; inherent affinity **-glomerat** [kåŋglå-] *s7* conglomerate; conglomeration
Kongo ['kåŋgo] **1** *r* (*flod*) the Congo **2** *n* (*land*) Congo **kongoles** [kåŋgo-] *s3* **-isk** *a5* Congolese
kongregation [kåŋgre-] congregation
kongress [kåŋg-] congress; (*mindre*) conference **-a** [hold a] congress **-deltagare** participant in (member of) a congress **-ledamot** *Am.* congressman **-val** congressional election

kongruens [kåŋ(g)ru-] *s3* congruence, congruity; *språkv.* concord **-fall** *geom.* case of equality in all respects
kongruent [kåŋ(g)ru-] *a1* congruent, congruous; *geom.* equal in all respects; *språkv.* agreeing, concordant
konisk ['ko:-] *a5* conic[al]
konjak ['kånn-] *s3* cognac; *vanl.* brandy
kon|jugation [kå-] conjugation **-jugera** conjugate **-junktion** [-ŋ(k)'ʃo:n] conjunction **-junktiv** [ˣkånn-] *s3* (*i* in the) subjunctive [mood] **-junktivisk** *a5* subjunctival **-junktivit** *s3* conjunctivitis
konjunktur [kå-] business activity, economic situation; business cycle; *~er* business (market) conditions; *goda ~er* boom, prosperity (*sg*); *dåliga ~er* trade depression, slump (*sg*); *avmattning i ~en* slowdown in business activity; *uppåtgående ~er* business upturn (*sg*), improving markets; *vikande ~er* trade recession **-betingad** *a5* cyclical (*arbetslöshet* unemployment) **-läge** economic situation, state of the market **-politik** economic policy **-politisk** relating to business activity; *~a åtgärder* action taken to steer business activity **-utveckling** business (economic) trend (development)
konkarong [kå-'råŋ] *s3*, *hela ~en* the whole lot
kon|kav [kå-] *a1* concave **-klav** *s3* conclave **-kludera** conclude, infer **-klusion** conclusion, inference **-kordans** [kåŋkår'daŋs, kån-, -ans] *s3* (*bibel-*) concordance **-kordat** [-år-] *s7* concordat
konkret [kå-] *a1 o. s4* concrete; (*om förslag äv.*) tangible **-ion 1** (*utan pl*) concreteness **2** *min.* concretion **-isera** give a concrete form to
konkubin [kå-] *s3* concubine
konkurr|ens [kå-'renns, -'raŋs] *s3* competition (*om* for); rivalry (*om* about); *hård* (*illojal*) ~ fierce (unfair) competition; *utan* ~ (*äv.*) unchallenged; *stå sig i ~en* hold its (*etc.*) own in competition **-enskraft** competitiveness, competitive strength **-enskraftig** able to compete; competitive (*priser* prices) **-ent** competitor, rival (*om* for) **-entföretag** rival (competing) company **-era** compete (*om* for; *med* with), enter into competition; *~ ut* outdo, outrival; *~ ut en firma* oust a competing firm
konkurs [kå-] *s3* bankruptcy; failure; *begära ngn i ~* file a bankruptcy petition against s.b.; *försätta ngn i ~* declare s.b. bankrupt; *gå i ~* file one's (a) petition; *göra ~* fail, go (become) bankrupt **-ansökan** petition in bankruptcy, bankruptcy petition **-bo** bankrupt's (bankruptcy) estate **-förvaltare** (*utsedd av enskild pers. el. firma*) trustee, receiver; (*utsedd av domstol*) official receiver **-lager** bankrupt's stock **-mässig** *a1* insolvent
konnässör [kå-] connoisseur (*av, på* of)
konossement [kånå-] *s7* bill of lading
kon|sekutiv ['kånn-, -'ti:v] *a1* consecutive **-sekvens** *s3* (*logisk följd*) consequence; (*följdriktighet*) consistency; (*påföljd*) consequence, sequel; *det får allvarliga ~er* it (this) will have serious consequences **-sekvent I** *a1* consistent **II** *adv* consistently; (*genomgående*) throughout
konselj [kå-] *s3* cabinet meeting **-president** prime minister
konsert [kån'sä:r, -'särrt] *s3* concert **-era** give a concert ([a series of] concerts) **-estrad** concert platform **-flygel** concert grand **-hus** concert hall **-mästare** leader of an orchestra **-program** *äv.* concert bill **-sal** *se -hus*
konserv [kån'särrv] *s3*, *~er* tinned (canned) goods (food *sg*), preserved provisions
konservat|ism [kå-ä-] conservatism **-iv** [-'ti:v, 'kånn-] *a1* conservative **-or** [-ˣva:tår] *s3* (*djuruppstoppare*) taxidermist; (*av tavlor e.d.*) restorer; (*vid museum*) curator, keeper **-orium** *s4* academy of music, conservatoire
konserv|brytare tin-(can-)opener **-burk** tin, can; *Am.* can; (*av glas*) preserving-jar **-era 1** (*bevara*) preserve **2** (*matvaror*) preserve; (*i glasflaska*) bottle; (*i burk*) can; (*i bleckburk*) tin; *~t kött* (*vanl.*) corned (canned) beef **3** (*restaurera*) restore **-ering** preservation, bottling *etc.* **-eringsmedel** preservative **-fabrik** cannery, canning (tinned-foods) factory **-öppnare** *se -brytare*
konsign|ation [kånsiŋn-, -sinj-] consignment; *i ~* on consignment **-era** consign
konsilians *se koncilians*
konsilium [kå-] *s4* synod
konsistens [kå-] *s3* consistency; *antaga fast ~* (*äv.*) acquire substantial form, materialize; *till ~en* in consistency **-fett** heavy (lubricating) grease, [cup] grease
konsistori|ell [kå-] *a1* **1** *kyrkl.* consistorial **2** *univ.* of (pertaining to) a university court **-um** [-'to:-, -ˣto:-] *s4* **1** *kyrkl.* consistory **2** *univ.* university council (court)
konsol [kån'så:l, -'såll] *s3* bracket, support; *byggn.* console, cantilever
konsolider|a [kå-] consolidate **-ing** consolidation
konsolhylla bracket-shelf
kon|sonans [kånso'naŋs, -'nanns] *s3* consonance **-sonant** *s3 o. a1* consonant **-sortium** [-'sårrtsi-] *s4* syndicate, consortium **-spiration** conspiracy, plot **-spiratör** conspirator, plotter **-spirera** conspire, plot
konst [kå-] *s3* art; (*skicklighet*) skill; (*knep*) trick, artifice; *~en* fine art, the arts; *de sköna ~erna* the fine arts; *~en är lång, livet är kort* art is long, life is short; *förstå sig på ~* know about art; *han kan ~en att* he knows how to (the trick of ...-ing); *efter alla ~ens regler* according to all the recognized rules; *är det ngn ~?* what's difficult about that?; *det var väl ingen ~!* that's easy enough!; *det är ingen ~ för mig att* it's easy [enough] for me to; *göra ~er* do tricks, perform in public **-akademi** academy of art ([fine] arts) **-alster** work of art
konstan|s [kå-] *s3* constancy **-t I** *a1* constant; fixed, given (*förhållande* ratio); (*oföränderlig*) invariable; (*beständig*) permanent, perpetual **II** *s3*, *mat.* constant
konstapel [kå-] *s2* **1** (*polis*) [police] constable **2** *mil. ung.* bombardier
konstart form of art, art-genre
konstatera [kå-] (*fastställa*) establish (*att* the fact that); (*ådagalägga*) demonstrate, prove; (*betyga*) certify; (*påpeka*) point out,

draw attention to (*att* the fact that); (*framställa som faktum*) state, assert; (*iakttaga*) notice, observe; (*upptäcka, utröna*) find out, discover, ascertain; ~ *faktum* state a fact **-nde** *s6* establishment; certification; ascertainment; (*påstående*) statement, assertion

konst|befruktning artificial insemination **-beridare** circus-rider, equestrian **-bevattning** artificial irrigation

konstellation [kå-] constellation

konsternerad [kå-] *a5* nonplussed, dumbfounded, taken aback

konst|fackskola school of arts, crafts and design **-fiber** synthetic fibre **-flit** arts and crafts (*pl*) **-flygning** stunt flying; aerobatics (*pl*) **-frusen** *a5* artificial[ly frozen] (*is* ice) **-full** skilled; (*sinnrik*) ingenious **-föremål** object of art **-förfaren** *a5* skilled; *med -förfarna händer* with the hands of a skilled artist **-gjord** *a5* artificial; man-made; (*falsk*) imitation; ~ *andning* artificial respiration; ~ *dimma* smoke-screen; *på* ~ *väg* by artificial means **-gjutning** statue-casting **-grepp** **1** (*yrkesgrepp*) trick [of the trade] **2** (*knep*) [crafty] device, artifice **-gödning 1** (*artificiell gödning*) artificial manuring **2** (*-gödsel*) artificial manure, fertilizer **-hall** art gallery **-handel** (*butik*) art-dealer's [shop] **-handlare** art-dealer **-hantverk** [art-]handicraft; (*varor*) art wares, handicraft products (*pl*) **-hantverkare** [art-]craftsman **-harts** artificial (synthetic) resin, plastic **-historia** history of art (*äv. -historien*) **-historiker** art historian **-historisk** of art history, art-history **-högskola** art college, college of art

konstig [ˣkå-] *a1* **1** (*besynnerlig*) strange, peculiar, odd, curious, queer; *en* ~ *kropp* (*vard.*) an odd customer **2** (*svår*) intricate; (*kinkig*) awkward; *~are än så var det inte* that is all there was to it

konst|industri art industry; arts and crafts (*pl*) **-industriell** of applied (industrial) art **-intresserad** *a5* interested in art (*etc.*); *den ~e allmänheten* art-lovers, the art-loving public

konstitu|era [kå-] constitute; *mötet har ~t sig* the meeting has appointed its executive committee; *~nde församling* constituent assembly; *~nde bolagsstämma* statutory meeting **-tion** constitution **-tionell** *a1* constitutional

konst|kritiker art critic **-kännare** connoisseur [of the fine arts], art expert **-lad** *a5* (*tillgjord*) affected (*sätt* manners *pl*); (*-gjord*) artificial; (*tvungen*) forced; (*låtsad*) assumed **-läder** artificial leather, leatherette **-lös** artless; (*okonstlad*) unaffected; (*enkel*) simple **-museum** art museum (gallery), museum of art **-mässig** *a1* **1** (*-närlig*) artistic **2** (*-gjord*) artificial **-njutning** artistic treat (enjoyment) **-när** *s3* artist **-närinna** [woman (*etc.*)] artist **-närlig** [ˣkånnst-, -'nä:r-] *a1* artistic; *det ~a i* the artistry of **-närlighet** [ˣkånnst-, -'nä:r-] artistry

konstnärs|ateljé artist's studio (workshop) **-bana** artistic career, career as an artist **-blick** eye of an artist

konstnär|skap [kå-] *s7* (*det att vara -lig*) one's (*etc.*) being an artist; (*-lig begåvning*) artistic ability

konstnärs|koloni colony of artists **-krets** *i ~ar* in artists' circles, among artists **-liv** *~et* the (an) artist's life **-natur** artistic temperament; *pers.* artist; *en sann* ~ a true artist

konst|paus pause for [the sake of] effect **-ra** [ˣkånn-] (*krångla*) be awkward; (*om pers. äv.*) make a fuss; (*om häst*) jib **-rik** (*-färdig*) skilful; (*-närlig*) artistic **-riktning** tendency (style) in art; school [of art]

konstru|era [kå-] **1** (*göra ritning t.*) design; (*uppbygga*) construct **2** *språkv.* construe **3** *mat.* draw **-erad** *a5* constructed; (*uppdiktad*) fabricated **-ktion** [-k'ʃo:n] **1** (*-erande*) designing *etc.*; construction (*äv. språkv.*); (*uppfinning*) invention; (*tanke-*) conception **2** *konkr.* construction; design **-ktionsfel** **1** *tekn.* constructional error (fault, defect); *abstr.* error in design **2** *språkv.* construing-error **-ktionslära** theory of constructions **-ktionsritning** constructional drawing **-ktiv** *a1* constructive **-ktör** constructor, designer; (*byggmästare*) constructional builder

konst|salong art gallery **-samlare** art collector **-samling** art collection **-siden -silke** artificial silk; rayon **-skatt** art treasure **-smide** art metal-work (forging *pl*) **-stoppning** invisible mending **-stycke** (*ngt svårt*) feat, achievement; (*trick*) trick, tour de force **-ull** artificial wool **-uppfattning** conception of art **-utställning** art exhibition **-verk** work of art; (*mästerverk*) masterpiece **-åkare** figure-skater **-åkning** figure-skating **-älskare** art-lover

konsul [ˣkånn-, 'kånn-] *s3* consul; *engelsk* ~ *i* British consul in (at) **-at** *s7* consulate

konsulent [kå-] consultant, adviser

konsulinna [kå-] consul's wife; *~n X.* Mrs. X.

konsult [kå-] consultant, adviser; *se äv. under -ativ* **-ation** consultation **-ativ** *a1* consultative; *~t statsråd* (*ung.*) minister without portfolio **-era** consult **-firma** firm of consultants

konsulär [kå-] *a1* consular

konsum|butik [-å-] co-operative shop **-ent** consumer **-entkooperation** consumer's co-operation **-entupplysning** consumer information **-era** consume **-tion** consumption **-tionsförening** [consumer's] co-operative society **-tionsskatt** consumption tax, excise **-tionsvaror** consumer goods, non-durable goods; *varaktiga* ~ consumer durables

kont [kå-] *s2, s3* basket of birch bark carried on the back

kontakt [kå-] *s3* **1** *abstr.* contact; *bildl. äv.* touch; *få* ~ *med* get into touch with; *förlora ~en med* lose (get out of) touch with **2** *konkr., elektr.* contact; (*strömbrytare*) switch; (*vägg-*) point **-a** contact, get into touch with **-lins** contact lens **-man** contact [man]; (*med allmänheten*) public relations man **-mina** contact mine **-svårigheter** difficulty (*sg*) in making contacts

kontamin|ation [kå-] contamination **-era** contaminate

1 kontant [kå-] *a4* (*sams*) on good terms

2 kontant [kå-] *a4 o. adv* (*i reda pengar*) cash; *betala* ~ pay [in] cash; ~ *betalning* cash payment, payment in cash; *köpa ~* buy for cash; *mot ~ betalning* for cash, for ready money; *per [extra] ~* for [prompt] cash **-affär** cash transaction (deal) **-belopp** cash amount, amount in cash **-er** *pl* cash, ready money (*sg*) **-insats** down-payment, amount [to be paid] in cash, cash amount **-köp** cash purchase **-likvid** cash settlement

kon|templation [kå-] contemplation **-templativ** *a1* contemplative **-tenans** [-'naŋs, -'nanns] *s3, behålla ~en* keep one's countenance; *förlora ~en* be disconcerted (put out) **-tenta** [-ˣtenn-] *s1, ~n av* the gist of

konteramiral [-å-] rear-admiral

konterfej [kå-'fejj] *s7* portrait

kontinent [kå-] continent **-al** *a1* continental **-alsockel** continental shelf **-alsystemet** the Continental system

kon|tingent [kåntiŋ'gennt, -in'jennt] *s3* 1 *mil.* contingent; (*grupp*) group 2 (*avgift*) subscription; (*andel*) quota **-tinuerlig** [-e:-] *a1* continuous **-tinuitet** continuity

konto ['kånn-] *s6* account; (*löpande räkning*) current account; *avsluta ett ~* close an account; *ha ~ i en affär* have an account at a shop; *insätta på ett ~* pay into an account; *skriva på ngns ~* (*bildl.*) put down to a p.'s account **-kort** account card **-kurant** *s3* account current; (*-utdrag*) statement of account

kontor [kå-] *s7* office; (*bolags, firmas äv.*) offices (*pl*); *sitta på ~* be [employed] in an office; *på ~et* at the office **-ist** clerk, office employee; *kvinnlig ~* lady (girl) clerk

kontors|arbete office (clerical) work **-artiklar** office accessories (equipment) **-chef** office manager, head clerk **-göromål** office duties (*pl*) (work) **-landskap** office landscape **-maskiner** business (office) machines; (*skrivmaskiner*) typewriters **-materiel** office supplies (*pl*); (*pappersvaror*) stationery **-personal** office (clerical) staff **-tid** office (business) hours (*pl*)

kontoutdrag statement of account

kontra [kå-] *prep* contra; (*friare*) versus **-alt** contralto **-band** contraband **-bas** double-bass **-bok** *se motbok* **-dans** contre-(contra-)dance; (*friare*) square dance **-diktorisk** *a5* contradictory

kontra|hent [kå-] [contracting] party (*i, vid* to) **-hera** 1 *hand.* make a contract, contract 2 *språkv.* contract

kontrakt [kå-] *s7* contract, agreement; (*hyres-*) lease; *avsluta ett ~ med ngn om ngt* conclude (make) a contract with s.b. about s.th.; *enligt ~* as per contract; *enligt detta ~* under this contract **-era** contract; *~de varor* goods contracted for

kontraktion [kå-k'ʃɷ:n] contraction

kontrakts|bestämmelse provision (stipulation) of a contract (an agreement) **-bridge** contract [bridge] **-brott** breach of contract **-enlig** [-e:-] *a1* contractual, as contracted [for] **-formulär** contract form **-prost** [rural] dean

kontra|mandera countermand; cancel **-märke** check **-order** counter-order, contrary order **-punkt** *mus.* counterpoint **-revolution** counter-revolution **-signera** countersign **-spion** counter-spy **-spionage** counter-espionage

kontrast [kå-] *s3* contrast (*till, mot* to); *stå i skarp ~ till* be in sharp contrast to; *utgöra en ~ till* form a contrast to, contrast with **-era** contrast (*med, mot* with) **-medel** contrast medium **-verkan** contrast[ing effect]

kontribu|era [kå-] contribute **-tion** contribution; (*skatt*) tax, levy

kontroll [kånt'råll] *s3* control (*över* over, of); check; (*tillsyn*) supervision, inspection; (*-ställe*) checkpoint, control station **-anordning** control[ling device] **-ant** controller, supervisor **-besiktning** *se bilbesiktning o. veterinärbesiktning* **-bord** observation (control) desk (panel) **-era** check; verify, control; make sure (*att* that); (*ha tillsyn över*) exercise (have) control over; *~t silver* hallmarked silver **-erbar** *a1* controllable **-kommission** control commission **-läsa** (*hopskr. kontrolläsa*) read through ... for the purpose of checking **-märke** check, controlling-mark **-mäta** check the measure (*ngt* of s.th.), remeasure **-nummer** (*-märke*) check; (*kodnummer*) key number **-rum** control room **-räkna** re-count, check [off], verify **-stämpel** control stamp; (*för guld etc.*) hallmark **-torn** *flyg.* control tower **-uppgift** (*löneuppgift*) salary (wage) statement **-åtgärd** control [measure] **-ör** controller; comptroller; checker, supervisor, inspector; (*biljett-*) ticket inspector; *postv.* assistant superintendent

kontrovers [kå-ɷ'värrs] *s3* controversy

konträr [kå-] *a1* contrary

kontur [kå-] contour[-line]; (*friare o. bildl.*) outline **-fast** firmly outlined **-karta** contour map **-lös** vague[ly outlined]; undefined **-teckning** outline drawing

kontusion [kå-] contusion, bruise

konung [ˣkå:-] *s2* (*jfr kung*) king; *Gud bevare ~en!* God save the King!; *~arnas ~* the King of Kings; *Till K~en* (*i skrivelse*) To His Majesty the King **-aböckerna** [the Books of the] Kings

konungs|lig [kå'nuŋs-, 'kå:-] *a1* kingly (*hållning* deportment); regal (*makt* power) **-man** courtier

konvalesc|ens [kå-e'senns, -e'ʃenns] *s3* convalescense **-ent** [-e'sennt, -e'ʃennt] *s3* convalescent **-enthem** convalescent home

konvalje [kå-] *s5* lily of the valley

konven|ans [kå-'naŋs] *s3* propriety, convention; (*starkare*) decorum; *brott mot ~en* breach of etiquette **-ansparti** marriage of convenience **-era** suit, be convenient (*ngn* to (for) s.b.) **-t** [-'vennt] *s7* convention **-tikel** [-'tikk-] *s2* conventicle **-tikelplakatet** *ung.* the Conventicle Act **-tion** convention **-tionell** *a1* conventional

konver|gens [kånvär-] *s3* convergence **-gent** *a1* convergent, converging **-gera** converge (*mot* towards) **-sation** conversation **-sationslexikon** encyclop[a]edia **-sera** converse (*om* about, on) **-ter** [-'värr-] *s2, tekn.* converter **-tera** convert; (*t. annan religion*) become a convert **-tering** conversion **-tit** *s3* convert

kon|vex [kå-] *a1* convex **-voj** [-'våjj] *s3*

-vojera [-vå-] **-vojering** [-vå-] convoy **-vojfartyg** (*som -vojerar*) escort vessel; (*som -vojeras*) convoy vessel **-volut** *s7* envelope, wrapper, cover **-vulsion** convulsion **-vulsivisk** *a5* convulsive

kooperat|ion [kɷɷp-] co-operation **-iv** *a1* co-operative; *K~a Förbundet* the Co-operative Union and Wholesale Society; *~ förening* co-operative [society] **-ör** co-operator, member of a co-operative society

koordin|at [kɷɷr-] co-ordinate **-ataxel** co-ordinate axis **-ation** co-ordination **-atsystem** system of co-ordinates **-era** co-ordinate

kopi|a [-ˣpi:a] *s1* copy; duplicate; (*avskrift*) copy, transcript; *foto.* print; (*av konstverk o. bildl.*) replica; *neds.* imitation; *ta ~ av* copy, make a copy of **-ebläck** copying-ink **-epapper** copying paper; (*karbon-*) carbon [paper]; *foto.* printing paper **-era** copy; transcribe; *foto.* print **-ering** copying; *foto. o. typ.* printing **-eringsanläggning** printing (processing) laboratories (*pl*) **-eringsmaskin** copying machine **-st** copying clerk; copyist; *foto.* printer; (*av konstverk*) imitator

kopiös *a1* copious; enormous

kopp [kå-] *s2* cup (*kaffe* of coffee); (*som mått*) cupful [of ...]

koppar [-å-] *s9* copper; (*-slantar*) coppers (*pl*) **-bleck** copper plate **-förande** *a4* cupriferous **-förhydning** [-y:-] copper-sheathing **-glans** *min.* copper glance **-gruva** copper mine **-haltig** *a1* cupreous **-kis** *min.* chalcopyrite, copper pyrite **-mynt** copper [coin] **-orm** *zool.* blindworm **-oxid** cupric (copper) oxide **-plåt** (*för taktäckning e.d.*) [plate of] copper-sheeting; (*enstaka*) copper-sheet; (*för gravyr*) copperplate **-röd** copper-coloured, [as] red as copper; (*om hår*) coppery **-slagare 1** *eg. bet.* coppersmith **2** (*bakrus*) hangover **-stick** (*konstverk*) copperplate, print; (*konstart*) copper[plate] engraving **-sulfat** copper (cupric) sulphate **-tryck** copperprint

kopp|el ['kåpp-] *s7* **1** (*hund-*) lead **2** (*jakthundar*) leash **3** *tekn.* coupling **4** *mil.* shoulder-belt **-la 1** (*hund*) put ... on the lead **2** (*jakt. o. friare*) leash **3** *tekn.* couple up (*till* to); *elektr.* connect (*i serie* in a series); *radio., tel.* connect up (*till* to); *var vänlig ~ mig till* please put me through to **4** (*med beton. part.*) *~ av a*) *järnv., radio., tel.* switch off, *b*) (*vila*) relax, slack off; *~ ifrån* disconnect, *järnv.* uncouple; *~ ihop* (*elektr.*) connect, join up, *radio., tel.* connect up; *~ in* connect, throw in, *elektr.* switch in; *~ till* (*järnv.*) put on, attach; *~ ur* disengage, disconnect, *elektr.* interrupt, (*motor*) declutch **-lare** procurer **-leri** procuring, bawdry **-lerska** procuress, bawd **-ling 1** (*-lande*) *tekn.* connection **2** *konkr., tekn.* coupling; (*i bil*) clutch; *tel.* switch

kopplings|anordning coupling-(connecting-) device; *flyg. äv.* release mechanism **-dosa** *elektr.* coupling-box **-pedal** clutch pedal **-schema** *elektr.* wiring diagram

kopp|or [-å-ɷr] *se smitt- o. vatt-* **-ärrig** pock-marked

kopra [ˣkå:p-] *s1* copra

kopt|er ['kåpp-] Copt **-isk** *a5* Coptic

kopul|ation copulation **-ativ** [-'ti:v, 'kɷ:-] *a1, språkv.* copulative **-era** copulate

kor *s7* choir; (*hög-*) chancel; (*där altaret står*) sanctuary; *jfr grav-*

kora [ˣkå:-] choose, select (*till* as)

koral *s3* chorale **-bok** hymn-book with tunes

korall *s3* coral **-djur** (*pl*) anthozoa **-rev** coral reef **-röd** coral-red **-ö** coral island; atoll

koran *s3* [the] Koran

korda [ˣkå:r-] *s1, mat.* chord

korderoj [-'råjj] *s3* medley-(mixture-)cloth

kordong [kår'dåŋ] *s3* cord[on]

kordväv [ˣkå:rd-] cord fabric, cordage

Korea [-ˣre:a] *n* Korea **korean** *s3* **-sk** *a5* Korean

koreograf *s3* choreographer **-i** *s3* choreography **-isk** *a5* choreographic

korg [kårrj] *s2* basket; (*större*) hamper; (*i självbetjäningsbutik*) wire basket; *få ~en* (*bildl.*) be refused, get the brush-off; *ge ngn ~en* (*bildl.*) refuse s.b., give s.b. the brush-off **-arbete** basketwork, wickerwork **-blommig** *bot.* composite **-boll** basketball **-flätning** [-ä:-] basketry **-makare** basket-maker **-möbel** [set of (*ett föremål* piece of)] basketwork (wicker[work]) furniture

korgosse choir-boy

korgstol basketwork (wicker[work]) chair

korint *s3* currant **-[i]er** [-t(si)er] Corinthian **-[i]erbrev** [-t(si)er-] *första ~et* the First Epistle to the Corinthians **-isk** *a5* Corinthian **-kaka** currant cake

korist chorister; (*opera- äv.*) member of the chorus; (*kyrko- äv.*) choir-member

kork [kå-] *s2* **1** (*ämne*) cork **2** (*propp*) cork, stopper; *dra ~en ur* uncork; *sätta ~en i* cork **3** *styv i ~en* cocky, swollen-headed **-a** cork; *~a igen* (*till*) cork; *~ upp* uncork **-ad** *a5* (*dum*) stupid **-bälte** cork [life-]belt **-bössa** pop-gun **-dyna** cork pillow **-ek** cork oak **-matta** linoleum; *hand. äv.* lino **-skruv** cork-screw

korn [kɷ:-] *s7* **1** (*frö, -formig smådel*) grain (*äv. bildl.*); *ett ~ av sanning* a grain of truth **2** (*säd*) barley **3** (*riktmedel*) bead; *mil. äv.* front sight; *få ~ på* get sight of, *bildl. äv.* spot, *vard. äv.* get wind of; *ta ~ på* draw a bead on; *ta ... på ~et* get (hit off) ... to the life **4** *se under skrot* **-a** *~* [*sig*] granulate **-ax** ear of barley **-blixt** flash of summer lightning **-blå** cornflower blue **-bod** granary

kornell *s3, bot.* dwarf cornel

kornett *s3, mus. o. mil.* cornet **-ist** cornetist, cornet-player

korn|gryn barley-grain; *koll.* hulled barley **-grynsgröt** barley porridge **-ig** *a1* granular, granulous **-ighet** granularity; granulation; *foto.* graininess

kornisch *s3* cornice

korn|knarr *s2* corncrake **-mjöl** barley meal (flour)

korona [-ˣrå:-] *s1, astron.* corona

korp [kå-] *s2* **1** *zool.* raven **2** (*hacka*) pick-axe, mattock **-a** *~ åt sig* grab ... [for o.s.] **-gluggar** (*ögon*) giglamps

korporation [kå-] corporate body, body corporate; association

korporationstävling inter-company (inter-works) tournament

korpral [kå-] *s3* corporal
korpsvart raven-black
korpu|lens [kå-] *s3* stoutness, corpulence **-ent** *a1* stout, corpulent **-s** ['kårr-] *s2* **1** *boktr.* long primer **2** (*kropp*) body **-skel** [kår'puss-] *s3* corpuscle
korrekt [kå-] *a1* correct; (*felfri*) faultless, impeccable **-ion** [-k'ʃo:n] correction **-iv** *s7* corrective
korrektur [kå-] *s7* proof[-sheet], printer's proof; *första* ~ first proof[s], (*spalt-*) galley proof; *läsa* ~ *på* read the proofs of, proof-read; *ombrutet* ~ made up proof; *tryckfärdigt* ~ clean proof **-avdrag** pull[ed proof], proof leaf **-fel** error in a (the) proof **-läsa** read ... in proof; *dåligt -läst* badly proof-read **-läsare** proof-reader **-läsning** proof-reading **-tecken** proof-reader's mark **-ändring** alteration in [the] proof
korrelat [kå-] *s7 o. a4* antecedent **-ion** correlation
korrespondens [kå-ån'denns, -ån'daŋs] *s3* correspondence **-institut** correspondence school **-kort** correspondence card **-kurs** correspondence course **-undervisning** postal tuition
korrespond|ent [kå-å-] correspondent; correspondence clerk **-era** correspond
korridor [kå-'då:r] *s3* corridor; *Am. äv.* hallway; (*i hus äv.*) passage; *Am. äv.* hall; *polit.* lobby **-politik** lobby politics (*pl*), lobbying
korriger|a [kå-'ʃe:-] correct; (*revidera*) revise **-ing** correction; revision
korrosion [kå-] corrosion
korrosionsbeständig corrosion-resistant, non-corrodible
korrugera [kå-] corrugate; *~d plåt* corrugated sheet [metal]
korr|umpera [kå-] corrupt **-uption** [-p'ʃo:n] corruption; *Am. polit. äv.* graft
kors [kå-] **I** *s7* **1** cross; *Röda K~et* the Red Cross; *krypa till ~et* eat humble pie; *i* ~ crosswise; *lägga armarna i* ~ fold one's arms; *lägga benen i* ~ cross one's legs; *sitta med armarna i* ~ (*bildl.*) sit idle (doing nothing) **2** *mus.* sharp **II** *adv*, ~ *och tvärs* criss-cross, in all directions **III** *interj* well, I never!, Oh, my!, bless me! **-a** cross; (~ *varandra*) intersect; *bildl.* thwart, (*ngns planer* a p.'s plans); (*om tankar*) traverse, run counter to (*varandra* each other); ~ *sig* cross o.s.
korsar [kå-] *s3* corsair
kors|as [-å-] *dep* cross [each other], intersect; *bildl.* traverse each other, criss-cross **-band** *post.*, *skicka som* ~ send as printed matter **-befruktning** cross-fertilization **-ben** *anat.* sacrum **-blommig** cruciferous **-drag** through(cross-)draught **-eld** cross-fire
korse|lett [kå-] *s3* corselet[te] **-tt** [-'sett] *s3* corset; stays (*pl*)
kors|farare crusader **-formig** [-få-] *a1* cross-shaped, cruciform **-fästa** crucify **-fästelse** crucifixion **-förhör** cross-examination **-förhöra** cross-examine **-förlamning** *veter.* paraplegia **-hänvisning** cross-reference
Korsika ['kårr-] *n* Corsica **korsikan** [kå-] *s3* **-sk** [-a:-] *a5* Corsican
kors|lagd *a5* ... laid crosswise; (*om ben*) crossed; (*om armar*) folded; *~a benknotor* cross-bones **-ning** **1** (*väg- e.d.*) crossing, intersection **2** *biol.* crossing, crossbreeding; *konkr.* cross **-näbb** cross-bill **-ord** cross-word [puzzle]; *lösa ett* ~ do (solve) a crossword **-riddare** crusader **-rygg** *~en* the small of the back **-spindel** cross-spider **-stygn** cross-stitch **-tecken** *göra -tecknet* cross o.s., make the sign of the cross **-tåg** crusade **-virkeshus** half-timbered (frame-work) house **-vis** crosswise, traversely **-väg** cross-road; *vid ~en* at the cross-roads
1 kort [ko-] *s7* card; *spela* ~ play [at] cards; *ett parti* ~ a game of cards; *blanda bort ~en för ngn* (*bildl.*) confuse s.b., put s.b. out; *lägga ~en på bordet* (*bildl.*) put all one's cards on the table; *sköta sina* ~ *väl* play one's cards well; *sätta allt på ett* ~ stake everything on one card, put all one's eggs in one basket; *titta i ngns* ~ peep at a p.'s cards, *bildl.* be up to a p.'s little game
2 kort [kå-] **I** *a1* short; (*tidsbet. äv.*) brief; *bildl.* short; (*avmätt äv.*) abrupt, curt; ~ *till växten* short [in stature]; *göra ~are* (*äv.*) shorten; *~a varor* haberdashery (*sg*), small wares, *Am.* notions; *redogöra för ngt i ~a drag* give a short (brief, concise) account of s.th.; *en* ~ *stund* a little while; *efter en* ~ *tid* in a short time, shortly afterwards; *inom* ~ before long, shortly; *gör pinan ~!* don't prolong the agony! *göra processen* ~ *med* make short work of; ~ *om huvudet* short-tempered; *komma till ~a* fall short (*med* in), (*i tävling e.d.*) fail **II** *adv* shortly, briefly; (*t.ex. uttala* ~, ~ *tillmätt*) short; ~ *efter* ... soon after; *andas* ~ take short breaths; *hålla ngn* ~ keep s.b. on a tight rein; ~ *sagt* (*och gott*) in short, in so many words, (*i själva verket*) in fact, to make a long story short **-a** *v1*, ~ [*av*] shorten
kortbrev [-o-] letter-card; *Am.* double postal card
kort|byxor [-å-] shorts **-distanslöpare** sprinter
kortege [kår'te:ʃ, -'tä:ʃ] *s5* cortège
kort|eligen [-å-] in short **-fattad** *a5* brief; *K~ lärobok i* A Short (Concise) Textbook of **-film** short film; short **-form** *språkv.* abbreviated form **-fristig** *a1* short-term **-het** shortness *etc.*; brevity; *i* ~ briefly; *i* ~ *redogöra för* outline, summarize **-huggen** *a3*, *bildl.* abrupt
kort|hus [-o-] house of cards **-hög** pile of cards
kortklippt [-å-] *a1* [cut] short; (*om hår äv.*) closely cropped, bobbed
kort|konst [-o-å-] card-trick **-lek** pack [of cards]
kortlivad [-å-] *a5* short-lived
kort|oxe [-o-] inveterate card-player **-register** card-file(-index) (*över* of)
kort|sida [-å-] *~n* the short side (end) **-siktig** *a1* short-range(-term) **-skallig** *a1* brachycephalous **-sluta** *-slöt -slutit* **-slutning** [-u:-] short-circuit
kortspel [-o-] **1** (*-ande*) playing cards, card-playing; *fuska i* ~ cheat at cards **2** (*ett* ~) card-game **-are** card-player
kortsynt [ˣkårrtsy:nt] *a1* short-sighted

kortsystem [-ɷ-] card[-index] system
kort|tidsanställning [-å-] short-time (temporary) employment **-tänkt** *a1* short-witted, short-sighted, unthinking **-varig** *a1* [of] short [duration]; short-lived, transitory (*framgång* success); *~t straff* short-term penalty **-varor** *se under 2 kort I* **-varuhandlare** haberdasher **-våg** short wave **-vågssändare** short-wave transmitter **-växt** *a1* short [in stature] **-ända** *se -sida* **-ärmad** *a5* short-sleeved
korum *n* [regimental] prayers (*pl*)
korund *s3* corundum
korus ['kɷ:-] *i uttr.*: *i ~* in chorus
korv [kå-] *s2* sausage **-a** *rfl* (*om strumpa*) wrinkle
korvett [kå-] *s3* corvette
korv|gubbe hot-dog man **-ig** *a1* rucked-up, wrinkly **-skinn** sausage-skin **-spad** *klart som ~* (*bildl.*) as plain as a pike-staff **-stoppning** sausage-making(-filling); *bildl.* cramming **-stånd** hot-dog-stand **-öre** *inte ett ~* not a brass farthing
koryfé *s3* coryphaeus (*pl* coryphaei) (*friare äv.*) leader; *iron.* bigwig
kos *r*, *springa sin ~* run away; *har flugit sin ~* has disappeared (flown) **-a** *s1* course, way; *ställa ~n* steer (direct) one's course (steps) (*mot* to), make for
kosack *s3* Cossack
kosinus [ˣkɷ:-, 'kɷ:-] *r*, *mat.* cosine
ko|skälla cow-bell **-skötare** cowman
kosmet|ik *s3* **1** (*skönhetsvård*) beauty care **2** (*skönhetsmedel*) cosmetic **-iker** [-'me:-] cosmetician **-isk** [-'me:-] *a5* cosmetic; *~t medel* cosmetic [preparation] **-olog** cosmetologist; beautician
kosm|isk ['kåss-] *a5* cosmic; *~ strålning* cosmic radiation **-onaut** *s3* cosmonaut, astronaut **-opolit** *s3* cosmopolite, cosmopolitan **-opolitisk** *a5* cosmopolitan **-os** ['kåssmås] *r* cosmos
kospillning cow-dung
kossa *s1* [moo-]cow
kost [kå-] *s3* (*föda*) food, diet; (*förplägning*) fare; *blandad ~* mixed diet; *mager ~* poor diet, scanty fare; *~ och logi* board and lodging
1 kosta [-å-] *a*) *det ~r på* it is a trial, *b*) (*är pinsamt*) it is very painful (trying); *det ~r på krafterna* it saps one's (*etc.*) strength
2 kost|a [-å-] cost; (*belöpa sig t.*) amount to; *~ mycket pengar* cost a great deal of money; *vad ~r det?* how much is it?, what is the price [of it]?, what do you want for it?; *vad får det ~?* how much are you prepared to pay for it?; *~ vad det ~ vill* no matter what it costs, cost what it may, at all costs; *det ~r mer än det smakar* it is more trouble than it is worth; *~ ngn möda* give s.b. trouble; *han har ~t sina föräldrar mycket pengar* he has been a great expense to his parents; *~ på* pay for, meet the expenses of; *~ på ngn en god uppfostran* [find the money to] give s.b. a good education; *~ på sig* treat o.s. to; *kunna ~ på sig* be able to afford **-bar** *a1* costly, precious
kost|föraktare *ingen ~* no despiser of good food **-håll** fare, diet
kost|lig [-å-] *a1* **1** (*dyrbar*) precious **2** (*löjlig*) priceless **-nad** *s3* cost (*äv. ~er*); (*utgift*) expense; (*utlägg*) outlay, expenditure; (*avgift*) charge; (*arvode*) fee; *stora ~er* heavy expenses; *för en ringa ~* at a trifling cost; *diverse ~er* sundry expenses; *fasta ~er* fixed costs, overhead expenses; *inklusive alla ~er* all costs included; *medföra ~er* involve expenditure; *stå för ~erna* pay (bear, stand) the expenses (costs); *utan ~* free of charge; *ådraga sig ~er* incur expenses
kostnads|beräkning costing, computation of costs, cost accounting **-fri** free [of cost (charge)] **-fråga** question of costs **-förslag** quotation, estimate [of costs], tender **-kalkyl** cost estimate, statement of costs **-skäl** financial reason; *av ~* costwise **-ökning** increase (rise) in costs
kostpengar food allowance, board wages
kostsam [-å-] *a1* costly, expensive
kostym *s3* **1** suit; *mörk ~* dark lounge suit **2** *teat. o.d.* costume, dress **-bal** fancy-dress ball **-era** dress ... up **-ering** (*-erande*) dressing up; (*dräkt*) dress **-pjäs** *teat.* costume-piece **-tyg** suiting
kota *s1* vertebra (*pl* vertebrae)
kotangent *mat.* cotangent
kotiljong [ˣkått-, -'jåŋ] *s3* cotillion
kotknackare [ˣkɷ:t-] chiropractor
kotlett [kå-] *s3* cutlet; (*lamm-*) [mutton] chop **-fisk** sea-cat **-rad** [the] ribs (*pl*)
kott|e [-å-] *s2* cone **-fjäll** cone scale
kotteri [kå-] coterie, set; (*klandrande*) clique **-väsen** cliquism
kovändning *sjö.* veering, wearing; *en ~* (*äv.*) a veer, a volte-face
krabat fellow; young beggar, rascal
krabb *a1*, *sjö.* choppy
krabba *s1* crab
krackbensin cracked petrol (*Am.* gasoline)
krackeler|a -ing crackle
krafs *s7* (*skräp*) trash **-a** scratch **-ning** scratching
kraft *s3* **1** force; (*förmåga, elektr.*) power; (*styrka*) strength; (*energi*) energy; (*livaktighet*) vigour, vitality; (*verkan*) effect; (*intensitet*) intensity; *hans ~er avtog* his strength was failing; *hushålla med sina ~er* conserve one's strength (energy); *ge ~ åt* lend (give) power to, (*ngns ord*) lend (give) force to; *pröva sina ~er* try one's strength; *samla ~er* regain (build up) one's strength; *spänna alla sina ~er för att* strain every nerve to; *ägna hela sin ~ åt att* apply the whole of one's energy to (+ *ing-form*); *drivande ~* driving force, prime mover; *fysisk ~* physical power (strength); *av alla ~er* with all one's strength, (*t.ex. ropa*) with all one's force, (*t.ex. springa*) as hard as ever one can; *i sin fulla ~*, *i sin ~s dagar* in one's prime; *med ~* (*t.ex. uttala sig, uppträda*) with vigour (energy) **2** *konkr.* (*arbetare*) worker, (*medarbetare*) helper, co-operator; *den drivande ~en inom* the leading force in; *duglig ~* capable man (woman); *yngre ~er* younger men; *förvärva nya ~er* get new people **3** *jur.* (*gällande ~*) force; *träda i ~* come into force, take effect; *vinna laga ~* gain legal force; *i ~ av* by (in) virtue of,

on the strength of; *äga ~* hold good, be in force; *till den ~ och verkan det hava kan* for what it is (may be) worth **-ansträngning** exertion, effort; *göra en ~* make a real effort, put on a spurt **-besparing** saving of power **-centrum** centre of force **-foder** concentrated feed (fodder) **-full** powerful, forceful; (*fysiskt*) vigorous, strong; (*om t.ex. vilja*) energetic **-fält** field of force; *elektriskt* (*magnetiskt*) *~* electric (magnetic) field **-förbrukning** *allm.* expenditure of energy; *elektr.* power consumption **-förlust** *med.* loss of strength; *tekn.* power loss **-ig** *a1* **1** powerful; (*livlig o. ~*) vigorous; (*energisk*) energetic; (*verksam*) effective; (*stark*) strong (*äv. bildl.*); (*t. hälsan*) robust; (*eftertrycklig*) emphatic; (*våldsam*) violent; (*intensiv*) intense, acute; *~ protest* strong protest; *~ ökning* sharp (substantial) increase; *ett ~t slag i huvudet* a violent (heavy) blow on the head **2** (*stor*) big, great, considerable; tremendous **3** (*om mat*) nourishing; (*mäktig*) rich; (*bastant*) substantial (*måltid* meal) **-karl** strong man **-källa** source of power (energy); *bildl. äv.* source of strength **-ledning** power line (circuit, cable) **-lös** powerless; weak, feeble; (*orkeslös*) effete **-mätning** *bildl.* trial of strength **-nät** grid **-papper** kraft paper **-prestation** *en verklig ~* a really great achievement, a real feat **-prov** trial of strength **-reaktor** power reactor **-station** power station (plant) **-tag** *ett verkligt ~* a really strong pull (*vard.* big tug), *bildl.* a real effort **-uttryck** oath, expletive; *använda ~* use strong language **-utveckling** generation of power **-verk** power station (plant) **-värmeverk** combined power and heating plant **-åtgärd** strong (drastic) measure **-överföring** power transmission

krag|e *s2* collar **-handske** gauntlet **-knapp** collar-stud **-nummer** size in collars **-snibb** collar-point **-stövel** top-boot

krake *s2* (*häst-*) jade, hack; (*stackare*) weakling; (*kräk*) wretch

krakel *s7* (*gräl*) squabble, row; (*med slagsmål*) brawl

krakmandel dessert almond

1 kram *s7, ej pl* (*varor*) small wares (*pl*)

2 kram *a1* (*om snö*) wet, cloggy

3 kram *s2* (*-ning*) hug **-a 1** (*pressa*) squeeze (*saften ur* the juice out of) **2** (*omfamna*) embrace, hug

kramhandel fancy-goods (small-ware) shop

kramp *s3* cramp; (*konvulsion*) convulsion, spasm; *få ~* get (be seized with) cramp

krampa *s1* clincher, clamp, cramp-iron

kramp|aktig *a1* spasmodic; (*konvulsivisk*) convulsive (*gråt* crying); *~t försök* desperate effort **-anfall** attack of cramp **-artad** [-a:r-] *a5* cramp-like **-ryckning** spasm, twitch **-stillande** *a4* anti-spasmodic (*äv. ~ medel*) **-tillstånd** spasmodic condition, spasticity

kramsfågel *koll.* [edible] small birds (*pl*)

kramsnö wet snow

kran *s2* **1** (*lednings-*) faucet; (*tapp-*) tap; (*ventil-*) stop-cock **2** (*lyft-*) crane **-arm** jib **-balk** *sjö.* cat-head **-bil** crane lorry

kranium ['kra:-] *s4* cranium

krans *s2* **1** wreath; (*blomster- äv.*) garland **2** *bildl.* ring, circle **3** *kokk.* ring-shaped bunloaf (biscuit) **-artär** coronary artery **-formig** [-å-] *a1* wreath-shaped

kranskötare crane operator

krans|list cornice, ornamental moulding **-nedläggning** laying of wreaths

kranvagn crane-truck; *Am.* derrick car

krapp|röd madder-red **-rött** *best. f. det -röda* madder-lake

kras *s7, gå i ~* go to (fly into) pieces **-a** [s]crunch

krasch *s3* crash (*äv. bildl.*), smash; *bildl. äv.* collapse, failure **-a** go crash; (*om företag, vard.*) go smash

kraschan *s3* grand star

kraschlanda *flyg.* crash-land

krass *a1* crass; (*utpräglad äv.*) gross; (*grovkornig*) coarse

krasse *s2, bot.* nasturtium, Indian cress; (*köksväxt*) garden cress

krasslig *a1* ailing, seedy, poorly; *Am. vard.* mean

krater ['kra:-] *s2* crater **-lik** craterous, crateral **-sjö** crater lake

kratsa scrape; scratch

kratta I *s1* rake **II** *v1* rake [over]; *~ ihop* rake together

krav *s7* **1** demand (*på ngt* for s.th.; *på att* to +*inf.*; *på livet* of life); (*anspråk*) claim (*på* to); requirement; *rättmätigt ~* legitimate claim; *resa ~* bring claims, claim; *ställa stora ~ på a*) make great (heavy) demands upon, *b*) (*ngns förmåga*) put ... to a severe test; *ställa höga ~* be exacting **2** (*anmodan att betala*) demand (*hövligare*: request) for payment; (*skuldfordran*) monetary claim

kravaller *pl* riots; (*gatu-*) street-disturbances

kravatt *s3* necktie **-nål** tie-pin

kravbrev letter requesting payment, demand note; *Am.* collection letter; *vard.* ticklet

kravellbyggd *a5* carvel-built

kravla *~ [sig]* crawl

kraxa croak **-nde** *s6* croaking

kreation (*modeskapelse*) creation

kreatur [*kre:a-] *s7* animal; (*fä*) beast; *koll.* cattle (*pl*)

kreaturs|avel cattle-(stock-)breeding **-besättning** stock [of cattle], livestock **-foder** cattle-feed(-fodder) **-handlare** livestock dealer **-lös** *~t jordbruk* crop farming **-ras** breed of cattle **-skötsel** stock-raising

1 kredit ['kre:-] *n* (*tillgodohavande*) credit; *debet och ~* debits and credits

2 kredit *s3* (*förtroende, betalningsanstånd*) credit; *få* (*ha*) *~* get (have) credit; *på ~* on credit; *köpa på ~* (*vard.*) buy on tick **-avtal** credit agreement **-behov** credit requirements (*pl*) **-era** credit; *~ ngn för ett belopp* (*äv.*) credit an amount to a p.'s account **-ering** credit, entry on the credit-side **-förening** credit association (society) **-givning** [-ji:v-] granting of credit[s *pl*], credit facilities (*pl*); lending **-iv** *s7* **1** *bank.* letter of credit **2** (*diplomats*) credentials (*pl*), letter of credence **-marknad** credit market **-or** [*kre:-, 'kre:-] *s3* creditor

kredit|post ['kre:-] credit item (entry) **-sida** credit side

kredit|upplysning credit (status) informa-

tion; (*från byrå*) credit agency report **-åtstramning** credit squeeze (restraint)
kreera [kre'e:ra] create
krem|atorium *s4* crematorium **-era** cremate **-ering** cremation
Kreml *n* the Kremlin
kremla [-ä-] *s1*, *bot.* russule
krenelerad *a5*, *arkit.* crenel[l]ated
kreol [-'å:l] *s3* **-sk** [-å:-] *a5* Creole, creole
kreosot [-'så:t] *s3*, *s4* creosote
krepera (*krevera*) burst, explode
Kreta *n* Crete **kretens|are** [-ˣtenn-] *s9* **-isk** [-'tenn-] *a5* Cretan
kretin *s3* cretin **-ism** cretinism
kreti och pleti ['kre:-, 'ple:-] Tom, Dick and Harry
kretong [-'tåŋ] *s3* cretonne; (*blank*) chintz
krets *s2* circle; ring; *tekn.* circuit; (*område*) district; *i ~en av sin familj* in the bosom of one's family; *i diplomatiska ~ar* in diplomatic circles; *i välunderrättade ~ar* in well-informed circles (quarters) **-a** circle, fly (go) in circles; (*sväva äv.*) hover; (*om tankar e.d.*) revolve, circulate (*kring* round) **-gång** circle; cyclic motion **-lopp** circulation, rotation; (*jordens*) orbit; (*av nöjen e.d.*) round; (*årstidernas*) cycle
krev|ad *s3* explosion, burst **-era** explode, burst
kria *s1* [written] composition **-bok** composition-book **-rättning** correction of compositions
kricka *s1*, *zool.* teal
kricket ['krikk-] *s2* cricket **-grind** wicket **-plan** cricket ground **-spelare** cricketer
krig *s7* war; (*-föring*) warfare; *det kalla ~et* the cold war; *för det moderna ~et* for modern warfare; *börja ~* start a (go to) war (*mot* against); *föra ~* make (wage) war; *förklara ett land* (*ngn*) *~* declare war on a country (against s.b.); *förklara ~ mot* (*friare*) proclaim war against; *befinna sig i ~* be at war; *vara med i ~* see active service **-a** make war **-are** soldier; *poet.* warrior **-arfolk** nation of soldiers **-arliv** military life; *~et* (*äv.*) soldiering **-aryrke** *~t* the military profession **-förande** *a4* belligerent; *icke ~* non-belligerent **-föring** [form of] warfare; (*-förande*) waging of war **-isk** ['kri:-] *a5* warlike (*anda* spirit; *folk* nation); martial (*utseende* appearance)
krigs|arkiv [ˣkrikks-] military record office **-artiklar** articles of war **-beredskap** preparedness for war; general alert **-brand** war-conflagration **-buss** *en gammal ~* an old campaigner **-byte** war trophy; *som ~* as booty **-dans** war-dance **-domstol** military tribunal (court) **-fara** danger of war, war risk[s *pl*] **-fartyg** warship, man-of-war **-flotta** navy, battle fleet **-fot** war-footing; *stå på ~* be on a war-footing; *sätta på ~* mobilize; *komma på ~ med* (*bildl.*) get at logger-heads with **-fånge** prisoner of war **-fångeläger** prisoner-of-war camp **-fångenskap** captivity **-förbrytare** war criminal **-förbrytelse** war crime **-förklaring** declaration of war **-förnödenheter** military supplies, munitions **-handling** act of war **-herre** (*överste* supreme) commander-in-chief **-hetsare** warmonger **-historia** military history **-händelser** war-incidents **-här** army, military force **-härjad** *a5* war-ravaged **-högskola** military academy **-industri** war (armaments) industry **-invalid** disabled soldier **-ivrare** agitator for war; fire-eater **-konjunkturskatt** excess-profits tax **-konst** art of warfare; (*ngns*) strategy **-korrespondent** war correspondent **-list** stratagem (*äv. bildl.*) **-lycka** fortune[s *pl*] of war; *med skiftande ~* with varying success in the field **-makt** military power; *~en* the armed forces; *... vid ~en* military ... **-man** member of the armed forces; *pl äv.* armed service personnel **-materiel** war material, munitions **-minister** minister of war; *Engl.* Minister of Defence; *Am.* Secretary of Defence **-mål** aim of a war **-målning** war-paint **-operation** military operation **-orsak** cause of war **-plan** plan of campaign, military plan **-risk** risk of war; *försäkr.* war risk **-råd** *hålla ~* hold a council of war **-rätt** (*domstol*) court martial; *ställa ngn inför ~* court-martial s.b. **-sjukhus** military hospital **-skada** (*ngns*) injury sustained in war, war injury; (*materiell ~*) war damage (loss) **-skadestånd** war indemnity, reparations [for war damages] **-skola** military academy **-skådeplats** theatre of war, front; *bildl.* scene **-stig** *på ~en* on the war-path **-styrka** war strength **-tid** *i* (*under*) *~*[*er*] in (during) wartime, in times of war **-tillstånd** state of war; *när landet befinner sig i ~* when the country is at war **-tjänst** active service; *göra ~* be on active service **-trött** war-weary **-tåg** military expedition **-utbrott** outbreak of war **-vetenskap** military science **-veteran** ex-serviceman; *Am.* veteran **-viktig** [of] military [importance]
krikon [-ån] *s7*, *bot.* bullace
Krim [krimm] *n* the Crimea
kriminal *s3 o. a1* criminal **-film** crime film, thriller **-isera** make (declare to be) criminal, outlaw **-itet** criminality **-kommissarie** detective superintendent **-konstapel** detective [constable] **-lagstiftning** penal legislation **-polisen** *Engl.* the Criminal Investigation Department (*förk.* C.I.D.) **-roman** detective novel
krimin|ell *a1* criminal **-ologi** [-olå-] *s3* criminology
krimskrams *s7* (*grannlåt*) knick-knacks, gewgaws (*pl*)
kring *rumsbet.* round, around; *tidsbet.* [round] about; (*friare, bildl.*) round; (*om, angående*) about, concerning **-boende** *a4* *de ~* those (the people) living all around **-farande** *a4* itinerant **-flackande** *a4* roving; travelling about **-fluten** *a5* washed, surrounded (*av* by) **-gå** *bildl.* get round, circumvent, by-pass; (*undvika*) evade; *en ~ende rörelse* a flanking movement; *ett ~ende svar* an evasive answer **-gärda** [-jä:rda] fence in (*äv. bildl.*); enclose
kringla *s1*, *ung.* figure-of-eight biscuit, twist-biscuit
kring|liggande *a4* surrounding, neighbouring **-resande** *a4* travelling; (*om t.ex. predikant*) itinerant; *~ teatersällskap* touring (itinerant) theatre company **-ränna** *mil.* surround, envelop **-ränning** surrounding,

envelopment **-segla** sail round **-skuren** *a5* restricted, cut down, curtailed **-spridd** *a5, ligga ~* be scattered about (around) **-strykande** *a4* strolling; (*i smyg*) prowling **-stråla** bathe in light, shine round about **-stående** *a4* the people (*etc.*) standing round, the bystanders **-synt** [-y:-] *a1* broad-minded **-värva** *v2* envelop; *vara -värvd av* be enveloped in

krinolin *s3* crinoline; hoops (*pl*)

1 kris *s2* (*dolk*) creese, kris

2 kris *s3* crisis (*pl* crises) **-artad** [-a:r-] *a5* critical **-läge** crisis, critical situation

kristall *s3* crystal **-glas** crystal, cut glass **-inisk** *a5* crystalline **-isation** crystallization **-isera** crystallize **-isk** *a5* crystal[lic] **-klar** crystal-clear, crystalline **-kula** crystal [ball] **-krona** cut-glass chandelier **-mottagare** *radio.* crystal set (receiver) **-ografi** *s3* crystallography **-olja** white spirit **-socker** granulated sugar **-vas** cut-glass vase

kristen *a3* Christian; *vara ~* be a Christian; *en sann ~* a true Christian; *den kristna läran* the Christian doctrine; *den kristna världen* (*äv.*) Christendom **-dom** [-dɷm] *s2* **1** Christianity **2** *skol.* religion, scripture **-domsfientlig** anti-Christian **-domskunskap** *se -dom 2* **-domslärare** teacher of religious knowledge **-domsundervisning** religious instruction **-het** Christendom (*äv. ~en*)

kristid time of crisis; *ekon.* depression, slump; *~en* (*äv.*) the crisis

kristids|nämnd rationing board **-vara** *s1* war-time product

Kristi himmelsfärdsdag Ascension Day

kristillstånd critical state, [state of] crisis

krist|lig *a1* Christian; (*lik Kristus*) Christ-like; (*from*) pious; *K~a Föreningen av Unga Kvinnor* (*Män*) Young Women's (Men's) Christian Association; *ett ~t byte* (*vard.*) a fair exchange (swop) **-ligt** *adv* like Christians (a Christian) **-na 1** (*omvända*) christianize **2** (*döpa*) christen **-torn** *bot.* holly

Kristus Christ; *före ~* B.C. (before Christ); *efter ~* A.D. (anno Domini)

kristus|barn *~et* the Christ-child; *Madonnan med ~et* the Madonna with the Infant Christ **-bild** image of Christ **-gestalt** figure of Christ

krit|a I *s1* chalk; (*färg-*) crayon; *när det kommer till ~n* when it comes to it; *ta på ~* (*vard.*) buy on tick **II** *v1* chalk; (*skor e.d.*) whiten, pipe-clay **-avlagring** chalk bed (stratum) **-brott** chalk-pit

kriterium *s4* criterion (*pl* criteria) (*på* of)

kritig *a1* chalky

kritik *s3* **1** criticism (*över, av* on, of); *under all ~* beneath contempt, miserable; *inbjuda till ~* invite criticism; *möta stark ~* encounter severe criticism; *läsa med ~* read critically **2** (*recension*) review, notice; *~en* (*~erna*) the critics (*pl*); *få god ~* be favourably reviewed **-er** ['kri:-] critic; (*recensent*) reviewer **-lysten** critical; fault-finding **-lös** uncritical; (*utan urskillning*) indiscriminate

kriti|sera 1 (*klandra*) criticize; comment adversely on, censure, find fault with; *vard.* run down, slate **2** (*recensera*) review **-sk** ['kri:-] *a5* critical; (*avgörande äv.*) crucial (*punkt* point)

krit|klippa chalk cliff **-perioden** the cretaceous period **-pipa** clay pipe **-streck** chalk line **-teckning** chalk-(crayon-)drawing **-vit** as white as chalk, snow white; *~ i ansiktet* as white as a sheet

kroat Croat **Kroatien** [-'a:tsien] *n* Croatia **kroatisk** *a5* Croatian

krock [-å-] *s2* (*bil-*) collision, crash, smash [-up]; (*i -etspel*) croquet **-a** (*om fordon*) collide, crash, smash; *vard.* go smash; (*i -etspel*) croquet **-et** ['kråkk-] *n* croquet **-etklot** croquet-ball **-etklubba** croquet-mallet

krog *s2* restaurant; (*värdshus*) inn **-gäst** patron **-rond** pub crawl **-rörelse** *idka ~* keep a restaurant (an inn) **-värd** innkeeper

krok *s2* **1** hook; (*fönster- e.d.*) catch; *sätta mask på ~en* bait the hook with a worm; *nappa på ~en a*) *eg. bet.* bite at the bait, *b*) *bildl.* swallow the bait; *lägga ut sina ~ar för* spread a net for, try to catch **2** (*krökning*) bend, curve; *gå en stor ~* go a long way round; *slå sina ~ar kring* prowl round **3** *boxn.* hook **4** (*vrå*) nook, corner; *här i ~arna* in these parts, about here **-a** hook; *~ av* unhook

krokan *s3* ornamented (pagoda-shaped) cake

krokben *sätta ~ för ngn a*) *eg. bet.* trip s.b. up, *b*) *bildl.* upset a p.'s plans

krokett *s3, kokk.* croquette

kroki [krå'ki:] *s3, se croquis*

krok|ig *a1* crooked; (*böjd*) bent; (*i båge*) curved; *gå ~* walk with a stoop; *sitta ~* sit hunched up **-linje** curve[d line] **-na** [-ɷ:-] get bent (*etc.*), bend; (*falla ihop*) collapse **-näsa** hook-nose; *vard.* beak

krokodil *s3* crocodile **-skinn** crocodile-skin **-tårar** crocodile-tears

krok|ryggig *a1* with a crooked back, stooping, bent **-sabel** scimitar

krokus ['krɷ:-] *s2* crocus

krokväg roundabout (circuitous) way; *~ar* (*bildl.*) devious paths, underhand methods

krollsplint [-å-] *s2* vegetable fibres

krom [-å:m] *s3, s4* chromium, chrome

kromatisk *a5, mus. o. fys.* chromatic

krom|garva chrome-tan **-gult** *best. f. det -gula* chrome yellow **-haltig** *a1* chromiferous

kromosom [-'så:m] *s3* chromosome

kron|a *s1* **1** crown; (*adels-*) coronet; (*påve-*) tiara; *nedlägga ~n* abdicate [the throne]; *skapelsens ~* the crowning work of creation; *en ~ bland städer* a pearl among cities; *sätta ~n på verket* put on the finishing touch, crown the work, *iron.* cap (beat) everything **2** *~n* (*staten*) the State (Crown); *en ~ns karl* (*ung.*) a soldier of the King; *vara klädd i ~ns kläder* wear the King's uniform; *i ~ns tjänst* in the service of the Crown; *på ~ns mark* on Crown (government) land (property) **3** (*träd-*) [tree-]top, crown; (*blom-*) corolla; *anat.* crown; (*tand-*) crown; (*ljus-*) chandelier **4** (*mynt*) krona, [Swedish *etc.*] crown **5** *~ eller klave?* heads or tails?; *spela ~ och klave* toss (*om* for), *bildl.* play ducks and drakes (*om* with) **-belopp** kronor (crown) amount, amount in kronor (crowns) **-blad** *bot.* petal **-brud** bride who wears the parish bridal crown at her wedding **-hjort** red deer; (*hane äv.*) stag

kronisk ['krɷ:-] *a5* chronic **-t** *adv* chronically; ~ *sjuka* chronic invalids

kron|jurist law officer of the Crown; *Engl. äv.* attorney-(solicitor-)general **-juvel** Crown jewel **-koloni** Crown colony

krono|fogde *ung.* county police commissioner **-gods** crown property

kronograf *s3* chronograph

krono|gård Crown farm **-häkte** local prison **-jord** Crown land **-jägare** *ung.* state forester; *Am.* forest ranger

krono|logi *s3* chronology **-logisk** [-'lå:-] *a5* chronologic[al]; *i* ~ *ordning* in chronological order **-meter** *s2* chronometer

krono|skatt State [income] tax; *Am.* federal (national income) tax **-skog** Crown (state) forest

kron|prins crown prince **-prinsessa** [-ˣsessa] crown princess **-vittne** *bli* ~ turn king's (queen's, state's) evidence **-vrak** *vard.* army wash-out, reject **-ärtskocka** [-skåkka] *s1* artichoke

kropp [-å-] *s2* body; (*bål*) trunk (*och lemmar* and limbs); (*slaktad*) carcass; *flyg.* body, fuselage; *bära ylle närmast ~en* wear wool next to one's skin; *i hela ~en* all over; *darra i hela ~en* tremble all over; *våt inpå bara ~en* wet to the skin; *inte ha en tråd på ~en* not have a thi : on, be stark naked; *inte äga kläderna på ~en* not own the clothes on one's back; *till ~ och själ* in mind and body; *fasta och flytande ~ar* solid and fluid bodies; *främmande ~ar* foreign bodies; *en konstig* ~ (*vard.*) a rum chap (customer)

kroppkaka [-å-] potato dumpling with chopped pork filling

kropps|aga corporal punishment **-ansträngning** physical exertion **-arbetare** labourer, manual worker **-arbete** manual labour (work) **-byggnad** bodily (physical) structure; (*fysik*) physique; (*-beskaffenhet*) constitution **-del** part of the body **-hydda** body **-konstitution** physical constitution **-krafter** *pl* physical strength (*sg*) **-lig** *a1* bodily, physical; (*om t.ex. straff*) corporal **-pulsåder** *stora ~n* aorta **-rörelse** movement of the body; (*motion*) physical exercise **-storlek** *målning i* ~ life-size painting **-straff** corporal punishment **-styrka** physical strength **-temperatur** body temperature **-tyngd** weight of the body **-vikt** weight of the body **-visitation** [personal] search **-visitera** search ... [from head to foot] **-värme** heat (temperature) of the body **-övning** *~ar* physical exercises

kross [-å-] *s2, tekn.* crushing mill, crusher **-a** crush (*äv. bildl.*); (*slå sönder*) smash; shatter, wreck (*äv. bildl.*); (*finfördela*) pound, grind ... down; ~ *ngns hjärta* break a p.'s heart; ~ *allt motstånd* crush all resistance; ~ *fienden* (*äv.*) rout the enemy **-skada** (*hopskr. krosskada*) bruise, contusion **-sår** (*hopskr. krossår*) [severe] bruise (contusion)

krubb|a *s1* manger, crib **-bitare** (*hopskr. krubbitare*) crib-biter

krucifix [-'fikks] *s7* crucifix

kruk|a *s1* **1** pot; (*burk*) jar; (*med handtag*) jug, pitcher **2** (*ynkrygg*) coward, funk **-makare** potter **-makeri** pottery **-skärva** potsherd **-växt** potted plant

krull|a ~ [*sig*] curl; ~ *ihop sig* curl itself up **-hårig** curly-haired **-ig** *a1* curly

krum [-umm] **I** *a1* curved, crooked; (*böjd*) bent; (*i båge*) arched **II** *s2, s4, i* ~ arched **-bukta** (*göra -bukter*) twist and turn; (*slingra sig*) hum and ha[w]; *buga och* ~ bow and scrape **-bukter 1** (*krökar*) curves, bends; (*bugningar*) obeisances **2** (*omsvep*) circumlocutions; (*undanflykter*) subterfuges; (*invändningar*) humming and hawing (*sg*) **-elur 1** (*släng*) flourish, curl; *rita ~er* doodle **2** *pers.* oddity **-språng** caper; gambol; *göra* ~ cut capers, gamble

krupit *sup av krypa*

krupp *s3, läk.* croup

1 krus *s7* (*dryckeskärl*) jar; (*vatten-*) pitcher

2 krus *s7* **1** (*på sömnad o.d.*) ruff[le]; *koll.* frilling **2** (*-ande*) ceremony; (*fjäsk*) fuss; *utan* ~ without [any] ceremony **-a 1** (*göra -ig*) crisp, curl; (*rynka*) ruffle; (*vattenyta*) ripple **2** (*fjäska för*) cringe, truckle (*för* to); stand on ceremony (*för* with); *jag ~r ingen!* I go my own way regardless of everybody! **-bär** ['kru:s-] gooseberry **-bärskräm** gooseberry-cream(-fool) **-iduller** *eg. bet.* curls; *bildl.* frills; (*i skrift*) flourishes **-ig** *a1* curly; (*om kål e.d. äv.*) crisp; (*vågig*) wavy; (*om t.ex. blad*) wrinkled **-kål** kale, borecole **-lockig** curly-haired **-mynta** [ˣkru:s-, *äv.* -ˣmynn-] *s1, bot.* mint **-ning** [-u:-] (*på vatten*) ripple

krustad *s3* croustade

krut *s7* [gun]powder; (*energi*) spunk; *han var inte med när ~et fanns upp* he'll never set the Thames on fire; *ont ~ förgås inte så lätt* ill weeds grow apace **-durk** powder-magazine **-gubbe** *vard.* tough old boy **-hus** powder-house **-laddning** powder-charge **-rök** [gun]powder smoke **-stänkt** *a4* powder-stained **-torr** bone-dry **-tunna** powder-barrel

krux [krukks] *s7* crux

kry *a1* well; hale [and hearty]; *pigg och* ~ fit and well **-a** ~ *på sig* get better, recover, come round

krycka *s1* crutch; (*handtag*) handle, crook

krydd|a I *s1* spice (*äv. bildl.*); *kokk.* seasoning, flavouring **II** *v1* season, flavour, spice (*äv. bildl.*); *starkt* (*svagt*) *~d* highly (slightly) seasoned (*etc.*) **-bod** (*speceri-*) grocer's shop **-doft** (*hopskr. kryddoft*) smell of spice[s *pl*] **-krasse** garden cress **-kvarn** spice-mill **-nejlika** clove **-ost** clove-spiced cheese **-peppar** Jamaica pepper, allspice **-skorpa** spiced rusk **-smak** flavour of spice **-stark** highly seasoned **-växt** aromatic plant, herb

Kryddöarna *pl* the Molucca (Spice) Islands

krylla *se myllra*

krymp|a *v3* shrink (*i tvätten* in the wash); ~ *ihop* shrink [up] **-fri** unshrinkable, pre-shrunk, non-shrinking; Sanforized **-ling**

cripple **-mån** shrinkage [allowance] **-ning** shrinkage
kryolit *s3* cryolite
kryp *s7* [small] creeping (crawling) thing (creature); *vard.* creepy-crawly; *ett litet ~* (*om barn*) a little mite **-a** *kröp krupit* **1** creep (*äv. om växt*); (*kräla*) crawl; *~ på alla fyra* crawl on all fours; *~ bakom ngn* (*bildl.*) shield o.s. behind s.b.; *bilen kröp uppför backen* the car crawled up the hill; *det -er i mig när jag ser* it gives me the creeps to see **2** (*bege sig*) go (*till kojs* to bed; *i fängelse* to prison); *~ i kläderna* get into one's clothes **3** (*svansa*) cringe, grovel **4** (*med beton. part.*) *nu kröp sanningen fram* now the truth came out; *~ ihop a*) (*om en*) huddle up, (*om flera*) huddle together, *b*) (*huka sig*) crouch (cower) down **-ande** *a4* (*inställsam*) servile, cringing **-byxor** crawlers **-eri** cringing, obsequiousness **-hål** *bildl.* loophole **-in** [-'inn] *s7* nest, hole, retreat; (*vrå*) nook, corner **-skytt** stalker, poacher; *mil.* sniper
krypta *s1* crypt
kryptera write in cipher (code)
kryptogam I *s3* cryptogam II *a1* cryptogamic
krypton [-'tå:n] *s4, s3* krypton
kryptoteknik cryptography
krysantem|um [-ˣsann-] *s9 el. -en -er* [-'te:-] chrysanthemum
krysolit *s3* chrysolite
kryss 1 *s7* (*kors*) cross **2** *s2, sjö.* beating, cruising; *ligga på ~* be tacking **-a 1** (*korsa*) cross; *~ för* put a cross against **2** *sjö.* beat (*mot vinden* [up] against the wind), beat to windward, tack; (*segla fram o. tillbaka*) cruise; *~ över gatan* zigzag across the street **-are 1** *sjö. mil.* cruiser **2** (*jakt*) cruising-vessel, [motor-]yacht **-faner** plywood **-ning** cruise **-prick** *sjö.* sparbouy
kryst|a (*vid avföring*) strain [at stools]; (*vid förlossning*) bear down **-ad** *a5* strained, laboured; (*om kvickhet äv.*) forced **-ning** strain
kråk|a *s1* **1** *zool.* crow; *elda för -orna* let all the heat from the fire go up the chimney; *hoppa ~* hop **2** (*tecken*) tick; (*utmärkande fel*) error-mark **3** (*huvudbonad*) bonnet **-bo** crow's nest **-bär** crowberry **-fötter** *pl, bildl.* pot-hooks; scrawl (*sg*) **-slott** *skämts.* rookery **-spark** *sömn.* feather-stitch **-sång** *det fina i ~en* the beauty of it **-vinkel** one--horse town, hole
kråma *rfl* prance [about]; (*om pers. äv.*) strut (swagger) [about]; (*om häst äv.*) arch its neck
krång|el ['krån-] *s7* bother, trouble; (*svårighet*) difficulty; *Am. vard.* bug[s]; *ställa till ~* make a fuss (difficulties) **-elmakare** trouble-maker **-la 1** make a bother (a fuss, difficulties) (*med betalningen* about the payment); *~ till ngt* get s.th. into a muddle, make a muddle of s.th. **2** (*ej fungera*) be troublesome; (*förorsaka -el*) give (cause) trouble; *låset ~r* the lock has jammed **3** (*fumla med*) fiddle with **4** (*göra undanflykter*) quibble, beat about the bush; (*bruka knep*) be up to tricks **5** *rfl, ~ sig fram till* muddle one's way through to; *~ sig ifrån* manage to get out of; *~ sig igenom* get through somehow **-lig** *a1* troublesome, tiresome; (*kinkig*) awkward; (*invecklad*) difficult, complicated
1 krås *s7, smörja ~et* feast, do o.s. well (*med* on)
2 krås *s7* (*hals- o.d.*) frill, ruffle **-nål** tie-pin
1 kräfta *s1* **1** *zool.* crayfish; *Am.* crawfish; *röd som en kokt ~* as red as a boiled lobster **2** *K~n* (*astron.*) Cancer
2 kräfta *s1* (*sjukdom*) cancer
kräft|bur crayfish-pot **-djur** crustaceans (*pl*) **-fiske** crayfishing **-gång** backward movement **-kalas** crayfish-party **-pest** crayfish--disease
kräft|sjukdom cancer[-disease] **-svulst** cancerous tumour (growth) **-sår** cancerous ulcer; *bildl.* canker
kräk *s7* **1** *se kryp* **2** *se kreatur* **3** (*neds. om människa*) miserable beggar (wretch); *ett beskedligt ~* (*äv.*) a milksop; *stackars ~* poor thing (wretch)
kräkas *v3, dep* be sick, vomit; *~ upp* vomit, bring up
kräkla [ˣkräkk-, ˣkrä:k-] *s1* crozier
kräk|medel emetic **-ning** [-ä:-] vomiting; *häftiga ~ar* violent attacks of vomiting **-rot** ipecacuanha
kräl|a crawl; *~ i stoftet* (*bildl.*) grovel [in the dust] (*för* to) **-djur** reptile
kräm *s3* cream; *jfr hud-, sko-*
krämar|aktig *a1* mercenary **-e** shopkeeper, tradesman; *neds.* huckster **-folk** *ett ~* a nation of shopkeepers **-själ** *pers.* mercenary soul
krämfärgad cream-coloured
krämla *s1, bot.* russule
krämp|a *s1* ailment; *-or* aches and pains
kräng|a *v2* **1** (*luta åt ena sidan*) cant, list, heel (heave) [over]; roll; *flyg.* bank **2** (*lägga på sidan*) cant, heave down **3** *se vända* [*ut och in på*]; *~ av sig en skjorta* struggle out of a shirt **-ning** canting, heel[ing]; lurch, roll; *flyg.* banking
kränk|a *v3* (*lag. e.d.*) violate, infringe; (*överträda*) transgress; (*förorätta*) wrong; (*förolämpa*) insult, offend; (*såra*) hurt, outrage **-ande** *a4* insulting, offensive; *~ tillmälen* abusive epithets; *~ behandling* insult, offensive treatment **-ning** (*jfr -a*) violation, infringement; transgression; wrong; insult, offence; outrage; *~ av privatlivets helgd* violation of privacy
kräpp *s3, s4* crêpe, crepe **-era** crinkle; (*hår e.d.*) wave **-nylon** stretch nylon **-papper** (*hopskr. kräppapper*) crêpe paper
kräs|en *a3* fastidious, particular, choosy (*på* about); *vara ~* be hard to please **-lig** [-ä:-] *a1* (*om mat*) choice, delicious; sumptuous **-magad** *a5* fussy; squeamish
1 kräva *s1* craw, crop, gizzard
2 kräv|a *v2* **1** (*fordra*) demand, [lay] claim [to] **2** (*erfordra*) call for; (*behöva*) require, need; (*nödvändiggöra*) necessitate; (*ta i anspråk*) take; *~ mycket tid* take up much time **3** *olyckan -de flera dödsoffer* the accident cost the lives of several people (claimed several victims) **4** (*anmana att betala*) apply to ... for payment, demand payment of, (*skriftligt*) dun (*på* for); *~*

ngn på pengar press s.b. for money, request s.b. to pay **-ande** *a4* exacting; (*prövande*) trying; (*påkostande*) severe; *en ~ uppgift* a task that makes great demands on its performer, an arduous task
krögare innkeeper
krök *s2* bend; (*flod-, väg- e.d.*) curve, wind, winding **-a** *v3* bend; (*göra krokig*) make crooked; (*armen, fingret*) crook; *~ [på] läpparna* curl one's lips; *~ rygg* (*om djur*) arch its back; *inte ~ ett hår på ngns huvud* not hurt a hair of a p.'s head; *det skall ~s i tid som krokigt skall bli* best to bend while it is a twig **-ning** [-ö:-] (*-ande*) bending *etc.*; (*en ~*) *se krök*
krön *s7* crest; (*allmännare*) top, ridge, crown; (*mur- o.d.*) coping **-a** *v3* crown (*ngn till kung* s.b. king); *~s med framgång* be crowned with success, be successful
krönik|a ['krö:-] *s1* chronicle; annals, records (*pl*); (*tidnings- e.d.*) review, column **-eböckerna** [the Books of the] Chronicles **-eskrivare** chronicler, annalist **-espel** chronicle-play; (*hist. festspel*) pageant [play] **-ör** chronicler, annalist; (*i tidning*) columnist
kröning coronation
kröningsceremoni coronation ceremony
kröp *imperf av krypa*
krösus ['krö:-] *s2* Croesus
kub *s3* cube; *upphöja i ~* raise to the third power, cube
Kuba *n* Cuba **kuban** *s3* **-sk** [-a:-] *a5* Cuban
1 kubb *s2* (*hatt*) bowler [hat]
2 kubb[e] *s2* block
kubera cube
kubik *s9* cubic **-fot** cubic foot **-innehåll** cubic content **-meter** *s2* cubic metre **-mått** cubic measure, cubage **-rot** cube root **-tum** cubic inch
kubis|k ['ku:-] *a5* cubic **-m** Cubism **-t** Cubist **-tisk** [-'biss-] *a5* Cubist[ic]
kuck|el ['kukk-] *s7* hanky-panky, hocus-pocus **-la** fiddle
kudd|e *s2* cushion; (*säng-*) pillow **-krig** pillow-fight **-var** pillow-case
kuf *s2* queer customer **-isk** ['ku:-] *a5*, *vard.* odd, queer
kugga 1 (*underkänna*) reject, fail, plough; *hon blev ~d* she failed (was ploughed) **2** (*lura*) take ... in
kugg|bana cog-railway **-drev** gear drive; pinion **-e** *s2* cog (*äv. bildl.*), gear tooth
kuggfråga poser, catch question
kugg|hjul cog-wheel (*äv. bildl.*), gear-wheel **-stång** rack[-gearing] **-växel** gear, gearing
kujon *s3* coward, funk **-era** domineer, bully
kuk *s2*, *vard.* cock, prick
kukeliku *interj* cock-a-doodle-doo!
kuku I *interj* cuckoo! **II** *n* cuckoo-call
kul *oböjl. a* funny, amusing; *ha ~* have fun; *det var ~ att träffas* it was nice meeting you
1 kula *s1* (*håla*) cave, hole; (*lya*) lair, den; (*bostad, vard.*) digs (*pl*)
2 kul|a *s1* **1** ball; (*gevärs- äv.*) bullet; (*pappers-, bröd- e.d.*) pellet; (*vid omröstning*) ballot; *skjuta sig en ~ för pannan* blow one's brains out; *den ~n visste var den tog* (*bildl.*) that shot went home **2** *sport.* shot, weight; *stöta ~* put the shot (weight) **3** (*leksak*) marble; *spela ~* play marbles **4** (*bula*) bump (*i pannan* on the forehead) **5** *börja på ny ~* start afresh **-bana** (*projektils*) trajectory **-baneprojektil** ballistic missile **-blixt** fire-ball
kulen *a3* raw [and chilly], bleak
kul|formig [-å-] *a1* ball-shaped, spherical, globular **-gevär** rifle **-hammare** ball-peen hammer **-hål** bullet-hole
kuli ['ku:-] *s3*, *pl äv.* *-s* coolie
kulinarisk *a5* culinary
kuling half-gale; *frisk* (*styv*) *~* fresh (hard) breeze
kuliss *s3* coulisse; side-scene; wing; *bakom ~erna* (*bildl.*) behind the scenes; *i ~erna* (*vanl.*) in the wings
kulkärve volley of bullets
1 kull *s2* (*av djur*) birth; (*av däggdjur*) litter; (*av fåglar*) hatch, covey, brood; (*av grisar*) farrow; (*friare*) batch
2 kull *se om-*
3 kull I *interj* you're "it"! **II** *s7*, *leka ~* play tag (touchlast)
1 kulla *s1* (*dal-*) Dalecarlian woman (girl)
2 kulla *v1*, *~ ngn* tag s.b.
kullager ball bearing
kullbyttera 1 (*tumla överända*) topple over **2** (*om fordon*) turn over (*i diket* into the ditch); (*göra konkurs*) fail, come a cropper
1 kulle *s2* (*hatt-*) crown
2 kull|e *s2* (*höjd*) hill; (*liten*) hillock; (*grav-*) mound; *de sju -arnas stad* City of the Seven Hills
kulled ball-and-socket joint
kullerbytta *s1* somersault; *göra en ~ a*) *eg. bet.* turn a somersault, *b*) (*falla*) tumble, go tumbling over
kullersten cobble[-stone]; *koll.* cobbles (*pl*)
kullerstens|gata cobbled street **-ås** cobble esker
kullfallen *a5* that has fallen over (down)
1 kullig *a1* hilly; (*kuperad*) undulating
2 kullig *a1* (*om boskap*) hornless, polled
kull|kasta 1 *bli ~d* be thrown down (off one's legs); *jfr kasta* [*omkull*] **2** *bildl.* upset (*planer* plans), overthrow; (*upphäva*) reverse, set aside **-körning** (*med cykel, på skidor*) fall, tumble **-ridning** fall
kullrig *a1* (*buktig*) bulging, convex; (*rundad*) rounded; (*om stenläggning*) cobbled
kull|slagen *a5*, *bli ~* be knocked over (down) **-stjälpt** *a4*, *glaset låg ~* the glass had been knocked over
kulm|en ['kull-] *r* culmination, climax; (*mera eg.*) summit, highest point, acme; *ekon.* peak, maximum; *nå ~* reach its climax (*etc.*) **-ination** *astron.* culmination **-inera** culminate, reach its climax (*etc.*)
kul|ram abacus **-regn** rain (hail) of bullets **-spel** marbles (*pl*) **-spetspenna** ballpoint pen; *Engl. äv.* Biro **-spruta** machine-gun **-sprutegevär** light machine-gun **sprutepistol** submachine-(tommy-)gun **-spruteskytt** [machine-]gunner **-sprutetorn** gun turret **-stötare** *sport.* shot-(weight-)putter **-stötning** [-ö:-] putting the shot (weight)
kult *s3* cult **-föremål** appurtenance of a cult **-handling** cult ceremony, rite

kultiv|ator [-ˣa:tår] *s3* cultivator **-era** cultivate **-erad** *a5* cultivated, cultured, refined
kultje *s3* gale; *styv ~* fresh gale
kultplats cult centre (site)
kultur 1 (*civilisation*) civilization; *västerländsk ~* Western civilization **2** (*bildning*) culture; (*förfining*) refinement; *han saknar ~* he lacks refinement, he is a rough diamond **3** (*odlande*) cultivation **4** (*bakterie-, fisk- o.d.*) culture **-arbetare** cultural worker **-artikel** article on a cultural subject **-arv** cultural heritage **-bygd** *en gammal ~* a district with cultural traditions **-centrum** cultural centre **-debatt** open debate on cultural matters **-ell** *a1* cultural **-epok** cultural epoch **-fara** threat to culture **-fientlig** hostile to cultural progress **-folk** civilized people **-gärning** cultural achievement **-historia** history of culture (civilization) **-insats** contribution to [the spread of] culture **-knutte** *s2, en ~* a culture vulture **-land** civilized (culturally progressive) country **-liv** cultural life **-minnesmärke** *byggnad o.d.* historical monument; relic of ancient culture **-nation** civilized nation **-personlighet** leading personality in the world of culture; *vard.* lion **-reservat** reservation **-samhälle** civilized society **-språk** *de stora ~en* the principal languages of the civilized world **-strömning** cultural influence **-tradition** cultural tradition **-växt** cultivated plant
kulvert ['kull-] *s2* culvert, conduit
kulör colour; *bildl. äv.* shade **-t** [-ö:-] *a1* coloured; *~a lyktor* Chinese lanterns
1 kummel ['kumm-] *s7* **1** (*stenrös, gravrös*) cairn **2** (*sjömärke*) heap of stones
2 kummel ['kumm-] *s2, zool.* hake
kummin *s9, s7* caraway, cum[m]in **-ost** seed-spiced cheese
kumpan *s3* companion, crony; (*medbrottsling*) accomplice
kumul|ativ *a1* [ac]cumulative **-era** [ac]cumulate
kund *s3* customer; client; (*på krog e.d.*) patron; *han är ~ hos oss* (*vanl.*) he is a customer of ours; *fasta ~er* regular customers; *gammal ~* old customer; *vara ~ hos* shop at, patronize
kunde *imperf av kunna*
kundkrets [regular] customers, clients, clientele
kung *s2* (*jfr konung*) king; *gå till ~s* appeal to the highest authority
kunga|döme *s6* (*statsform*) monarchy; (*rike*) kingdom **-familj** *~en* the Royal Family **-försäkran** *avge ~* make a declaration, sign a charter **-hus** royal house (family) **-krona** king's crown **-makt** royal power **-mord** regicide **-par** [*det*] *engelska ~et* the English King and Queen, the English royal couple **-rike** kingdom **-värdighet** dignity of a sovereign, royalty
kunglig *a1* royal; *Hans K~ Höghet* His Royal Highness; *de ~a* the royal personages (family *sg el. pl*); *K~ Majestät* (*förk. Kungl. Maj:t*) the Government, the King [in Council] **-het** royalty **-t** *adv* royally; *roa sig ~* have a right royal time, enjoy o.s. immensely

kungs|blått royal blue **-fiskare** *zool.* kingfisher **-fågel** goldcrest **-gambit** king's gambit **-gård** demesne of the Crown (State) **-ljus** *bot.* mullein **-tanke** leading (basic) idea **-tiger** Bengal tiger **-vatten** aqua regia **-väg** *bildl.* royal road **-ängslilja** snake's head, fritillary flower **-örn** golden eagle
kungör|a [-j-] announce, make known; (*utropa*) proclaim; *~ för allmänheten* (*äv.*) give public notice of; *härmed -es att* notice is hereby given that **-else** announcement, publication; (*högtidligt*) proclamation; (*förordnande e.d.*) public notice
kun|na *-de -nat* **I** *huvudv* (*veta, känna t.*) know; *~ engelska* know English; *~ ett hantverk* know a craft (trade); *~ sin läxa* know one's lesson; *~ utantill* know by heart; *han kan ingenting* he knows nothing **II** *hjälpv* **1** *inf kunna, sup kunnat* (*vara i stånd att*) be (*resp.* been) able to (capable of), (*förstå sig på att*) know (*resp.* known) how to; *vilja men inte ~* be willing but unable; *inte ~* (*äv.*) be unable to; *~ läsa och skriva* know how to read and write; *skulle ~* (= *kunde*) *vanl.* could, might (*jfr II 2 o. 3*); *skulle ha ~t* (= *kunde ha*) *vanl.* could, might (*jfr II 2 o. 3*); *jag har gjort så gott jag har ~t* I have done as well as I could, I have done my best; *det har inte ~t undvikas* it has been unavoidable **2** (*uttr. förmåga, tillfälle, uppmaning*) *kan* can, *kunde* could; *visa vad man kan* show what one can do; *hur -de du?* how could you?; *jag kan* [*göra det*] *själv* I can do it myself; *man kan vad man vill* where there's a will there's a way; *det kan inte beskrivas* it cannot be described; *jag kan inte få upp dörren* I can't open the door; *hur kan det komma sig att* how is it that; *han kan sjunga* he can sing; *om det bara -de sluta regna* if only it could stop raining; *spring så fort du kan* run as fast as you can; *kan du säga mig* can you tell me; *hur kan du vara så lättlurad?* how can you be so easily taken in?; *hon kan åka skridskor* she can (knows how to) skate; *han kan inte komma* he can't (*är ej i stånd att* is not able to) come; *materialet kan köpas från* the material can (is to) be had from; *vi kan ta sextåget* we can take the six o'clock train; *vad kan klockan vara?* I wonder what the time is?; *vi -de ju försöka* we could try; *du kan väl komma!* (*bönfallande*) do come, please!; *nu kan det vara nog!* that's enough [from you]!; *kan ni inte vara tysta?* can't you be quiet? **3** (*uttr. oviss möjlighet, tillåtelse, försäkran*) *kan* may, *ibl.* can, *kunde* might, *ibl.* could; *de kan komma vilket ögonblick som helst* they may come (be here) any moment now; *den kan väl kosta omkring 2 kronor* I should think it costs about 2 kronor; *det kan man lätt missförstå* that may (can) easily be misunderstood; *han kan ha misstagit sig* he may have been mistaken; *som man kan se* as you may (can) see; *det kan så vara* maybe; *du kan gå nu* you may go now; *kan jag få litet mjölk?* may (can, might, could) I have some milk, please?; *kan jag få se?* may (can) I see?; *nej, det kan du*

inte no, you can't (may not); *du kan göra det om du vill* you may do it if you want; *jag kan försäkra dig att* I may (can) assure you that; *det kan du ha rätt i* you may be right there; *du kan vara säker på att* you may (can) rest assured that; *du kan tro att det blev bra* you bet it was good; *du -de gärna ha givit mig den* you might have given it to me; *du kan lika väl göra det själv* you may as well do it yourself; *det kan väl inte ha hänt någonting* I hope there is nothing wrong, surely nothing has happened; *hur underligt det än kan låta* strange as it may sound; *man kan lugnt påstå att* it may (can) safely be maintained (said) that; *det kan vara på tiden* it's about time **4** (*brukar, har en benägenhet att*) *kan* will, can, *kunde* would, could; *sådant kan hända* such things happen; *de -de sitta där i timmar* they would sit there for hours; *de kan vara svåra att ha att göra med* they can be difficult to deal with; *på våren -de floden svämma över* in spring the river could overflow its banks **5** (*annan konstr.*) *man kan bli galen för mindre* it's enough to drive one crazy; *det är så man kan gråta* it's enough to make one cry; *det kan göra detsamma* it doesn't matter, it makes no difference; *man kan inte förneka att* there's no denying that; *det kan man kalla tur!* that's what I call luck!; *man kan aldrig veta om* there's no knowing if; *det kan du säga!* that's easy for you to say! **6** (*med beton. part.*) *jag kan inte med dem* I can't stand them **-nande** *s6* skill, ability; (*kunskap*) knowledge; *tekniskt* ~ technical know-how (expertise) **-nat** *sup av kunna* **-nig** *a1* skilful, capable, competent; (*styv*) proficient; (*som har reda på sig*) well-informed; **-nighet** *se -nande*

kunskap *s3* knowledge (*äv.* ~*er*) (*i* of, on; *om* about, of); (*vetskap äv.*) cognizance (*om* of); (*inhämtad*) information; *ha goda* ~*er i* have a thorough knowledge of; ~*er och färdigheter* knowledge and proficiency **-a** *mil.* reconnoitre, scout **-are** *mil.* [military] scout

kunskaps|begär craving for knowledge **-källa** *min* ~ my source of information **-nivå** educational level **-område** branch (field) of knowledge **-prov** proficiency test **-törst** thirst for knowledge

kupa I *s1* (*lamp-*) shade; (*globformig*) globe; (*glas-*) glass-cover, bell-glass; (*bi-*) hive **II** *v1* **1** cup (*händerna* one's hands) **2** *trädg.* bank (earth) up

kupé *s3* **1** *järnv.* compartment **2** (*vagn*) coupé

kupera 1 (*svans o.d.*) dock, crop **2** *kortsp.* cut **-d** *a5* (*om landskap o.d.*) hilly; (*vågformig*) undulating

kupidon [-å:n, -ɷ:n] *s3* cupid

kupig *a1* convex[ly rounded]; (*utstående*) bulging (*ögon* eyes)

kuplett *s3* music-hall (revue) song; comic song **-författare** writer of revue songs

kupol [-å:l] *s3* cupola, dome **-formig** [-år] *a1* dome-shaped, domed **-grav** *arkeol.* dome-crowned tomb **-tak** dome, cupola-roof

kupong [-åŋ] *s3* coupon; (*mat- äv.*) voucher; (*på postanvisning e.d.*) counterfoil, stub; *klippa* ~*er* (*skämts.*) be one of the idle rich **-häfte** book of coupons **-skatt** tax on share dividends

kupp *s3* coup; *en djärv* ~ a bold stroke, a daring move; *på* ~*en* (*vard.*) as a result [of it], at it **-försök** *polit. o.d.* attempted coup; (*rån-*) attempted robbery **-makare** perpetrator of a (the) coup; (*stats-*) instigator of a coup d'état

1 kur *s2* (*skjul*) shed, hut

2 kur *s3, med.* [course of] treatment (*mot* for); cure (*mot* for) (*äv. bildl.*)

3 kur *s3, göra ngn sin* ~ court s.b., pay court to s.b.

kura *sitta och* ~ sit huddled up, (*ha tråkigt*) sit around moping

kurage [-a:ʃ] pluck, nerve; *vard.* guts (*pl*), spunk

kuranstalt spa, hydro[pathic establishment]; *fysikalisk* ~ physical therapy clinic

kurant *a1* **1** *hand.* marketable, sal[e]able **2** (*gångbar*) current **3** *se frisk*

kurator [-ˣa:tår] *s3* **1** *univ.* curator, president [of a students' club] **2** (*övervakare*) curator, supervisor; (*sjukhus-*) almoner; (*social-*) [social] welfare officer

kurbits ['kurr-] *s2* gourd

kurd|er ['kurr-] Kurd **-isk** *a5* Kurdic

kurera cure (*för* of)

kurfurste elector **-ndöme** *s6* electorate

kurialstil official (departmental) style

kurios|akabinett curio cupboard **-itet** *s3* curiosity; *konkr. äv.* curio; ~*er* (*äv.*) bric-à-brac; *som en* ~ as a curious fact (coincidence) **-itetsintresse** *bara ha* ~ be interesting only as a curiosity **-um** [-ˣɷ:-] *-umet -a* curiosity; (*om pers. äv.*) odd specimen

kurir *s3* courier **-post** courier's bag (pouch); *med* ~ by diplomatic (courier's) bag (*etc.*)

kuriös *a1* curious, strange, odd

Kurland ['ku:r-] *n* Courland **kurländsk** *a5* Courland

kurort [-ɷ:-] spa, health resort

1 kurra *v1* **1** *det* ~*r i magen på mig* my stomach is rumbling **2** (*om duvor*) coo

2 kurra *s1* (*finka*) gaol, quod

kurragömma [-ˣjömma] *i uttr.: leka* ~ play hide-and-seek

kurre *s2* chap, fellow; *en underlig* ~ a rum chap, an odd fish

kurs *s3* **1** (*läro- o.d.*) course [of instruction] (*i* in, on); (*skol- o.d.*) curriculum **2** *sjö.* course; (*-linje*) track; *flyg.* heading; *bildl. äv.* [line of] policy, tack; *hålla* ~ *på a*) (*hamn*) stand in for, (*udde*) stand (make, head) for, *b*) (*flyg. o. friare*) steer (head) for, bear down upon; *komma ur* ~*en* (*sjö.*) fall away out of course; *ändra* ~ veer, (*friare äv.*) change one's course **3** *hand.* (*valuta-*) rate [of exchange] (*på* for); (*på värdepapper*) quotation (*på* of); (*på aktier*) price (*på* of); *lägsta* ~ (*vanl.*) [the] bottom price; *efter gällande* ~ at the current rate of exchange; *stå högt i* ~ be at a premium, *bildl. äv.* be in great favour; *stå lågt i* ~ be at a discount **-a** *vard.* sell **-avgift** course fee **-bok** text-book **-deltagare** course participant; student **-fall** fall (decline, drop) in prices (rates); *starkt* ~ sharp break in prices (rates) **-förändring** change of course (policy)

kursiv I *a1* italic; **II** *s3* italics (*pl*); *med ~* in italics **-era** print in italics, italicize; (*bildl., understryka*) underline; *~t av mig* my italics **-läsning** reading at sight **-stil** *se kursiv II* **-t** [-i:-] *adv, läsa ~* read at sight (without preparation)

kurs|kamrat fellow student [in a course] **-lista** [stock] exchange list, list of stock exchange quotations; (*över utländsk valuta*) list of exchanges rates **-plan** curriculum, syllabus **-stegring** rise in prices, upward tendency; (*stark*) boom **-verksamhet** (*vid univ.*) extramural activity **-värde** market value (price, rate); (*valutas*) exchange value

kurtage [-a:ʃ] *s7, hand.* brokerage, commission

kurtis *s3* flirtation **-an** *s3* courtesan **-era** *~ ngn* carry on a flirtation with s.b. **-ör** flirt, philanderer

kurv|a *s1* curve; (*krök*) bend; *i ~n* at the curve; *ta en ~ för snävt* take a curve too sharp, cut a corner **-ig** *a1* curving, with many curves **-linje** curving (curved) line **-tagning** cornering, [the] rounding of curves

kuscha [ˣku(:)-] **1** (*om hund*) lie down **2** (*kujonera*) browbeat, cow

kusin *s3* [first] cousin **-barn** *pl* second cousins; *ett ~ till mig* my first cousin once removed

kusk *s2* coachman; driver **-a** *~ landet runt* tour round the country; *~ omkring* travel about **-bock** [coachman's] box, driver's seat

kuslig [-u:-] *a1* dismal, gloomy, dreary; (*hemsk*) uncanny, gruesome; *känna sig ~ till mods* feel creepy, have a creepy sensation

kust *s3* coast; (*havsstrand*) shore; *vid ~en* on the coast, (*för semester*) at the sea-side **-artilleri** coast artillery **-band** *i ~et* on the seaboard (sea coast) **-batteri** shore battery **-befolkning** coastal population **-bevakning 1** *abstr.* coast-protection **2** *konkr.* body of coast-guards **-fart** coastal traffic, coasting trade **-klimat** coastal climate **-land** coastal land **-linje** coast-line **-remsa** coastal strip (belt) **-stad** coastal (seaside) town **-sträcka** stretch of coast, littoral **-trakt** coastal region

kut|a 1 walk with a stoop **2** *vard.* (*springa*) toddle **-ig** *a1* bent **-rygg** hunchback, humpback **-ryggig** *a1, se krokryggig*

1 kutter ['kutt-] *s7* (*duv-*) cooing (*äv. bildl.*)

2 kutter ['kutt-] *s2* (*båt*) cutter **-smycke** belle of the boat

kutterspån cutter shavings (*pl*)

kutting small keg

kuttra coo **-sju** [-'ʃu:] *oböjl. a* intimate, thick as thieves

kutym *s3* custom, usage, practice

kuva subdue; (*under-*) subjugate; (*uppror o.d.*) suppress; (*betvinga*) check, curb; (*kujonera*) cow

kuvert [-'vä:r, -'värrt] *s7* **1** (*för brev*) envelope **2** (*bords-*) cover **-bröd** [dinner-]roll

kuvös incubator

kvacksalv|are quack[-doctor], charlatan **-eri** quackery, charlatanry

kvad *imperf av kväda*

kvadda (*bil*) smash

kvader ['kva:-] *s2* ashlar, freestone

kvadrant quadrant

kvadrat square; *~en på* the square of; *fem i ~* five squared (raised to the second power); *två tum i ~* two inches square; *dumheten i ~* stupidity at its height **-fot** square foot **-isk** *a5* **1** (*geom. o. friare*) square **2** *mat.* quadratic **-meter** square metre **-rot** *~en ur* the square root of **-ur** quadrature; *cirkelns ~* (*vanl.*) the squaring of the circle

kvadrera square, raise ... to the second power

kvadriljon *s3* quadrillion

kval *s7* (*smärta*) pain; (*lidande*) suffering; (*plåga*) torment; (*ångest*) anguish; (*vånda*) agony; *svartsjukans* (*hungerns*) *~* (*pl*) the pangs of jealousy (hunger); *i valet och ~et* in two minds (*om* whether) **-full** agonizing; torturing; (*om död*) extremely painful; (*om smärtor e.d.*) excruciating

kvalifi|cera qualify (*för* for); *~ sig* qualify o.s. **-cerad** *a5* qualified (*till* for); *-cerat brott* aggravated crime; *~ majoritet* [a] two-thirds majority **-cering** qualification **-ceringsmatch** qualifying match **-kation** qualification

kvalit|ativ [-'ti:v, 'kvall-] *a1* qualitative **-é** *s3* **-tet** *s3* quality; *hand. äv.* sort, type; grade; (*märke*) brand (line) [of goods]

kvalitets|beteckning description [of quality] **-märke** mark of quality; quality brand **-vara** superior (high-class) article; quality product

kvalm *s7* closeness, stuffy atmosphere; heavy scent **-ig** *a1* suffocating, stifling, close

kvalster ['kvall-] *s7* mite, acarid

kvant *-en -a, fys.* quantum

kvantit|ativ [-'ti:v, 'kvann-] *a1* quantitative **-et** *s3* quantity; (*mängd äv.*) amount

kvant|mekanik quantum mechanics (*pl*) **-teori** quantum theory

kvar *se äv. under olika verb*; (*igen, i behåll, -lämnad, -glömd*) left; (*till övers*) left over; (*efter de andra o.d.*) behind; (*bevarad*) preserved; *han stannade ~* he stayed behind; *jag vill bo ~ här* I want to go on living here; *hon kan inte ha långt ~* [*att leva*] she cannot have long left [to live]; *han var ~ när vi gick* he was still there when we left; *under den tid som är ~ till påsk* during the time remaining to Easter **-blivande** *a4* remaining, permanent **-bliven** *a5* left over; (*-lämnad*) left behind; *-blivna biljetter* unsold tickets **-dröjande** *s6 o. a4* lingering **-glömd** *a5, ~a effekter* lost property (*sg*) **-hålla** keep; *-hållen på polisstationen* detained at the police station

kvarka *s1, ej pl, veter.* the strangles (*pl*)

kvar|leva *s1* remnant; *bildl. äv.* relic, survival; *-levor* (*äv.*) remains (*efter* of); *ngns -levor* a p.'s mortal remains **-ligga** remain, stay on; (*~ med*) retain, keep **-låtenskap** *s3, ngns ~* property left by s.b.; (*litterär*) remains (*pl*) **-lämnad** *a5* left behind

kvarn [-a:-] *s2* mill **-damm** mill-pond **-hjul** mill-wheel **-industri** flour-mill (milling) industry **-sten** millstone **-vinge** windmill--sail **-ägare** owner of a mill, miller

kvar|sittare pupil who has not been moved up; *bli ~ i ettan* stay down in the first form **-skatt** tax arrears, back-tax **-stad** *s3* sequestration (*på* of); *sjö.* embargo (*på* on); (*på tryckalster*) impoundage, (*tillfällig*) suspension; *belägga med ~* sequester, sequestrate, *sjö.* embargo, (*tryckalster*) impound **-stå** remain

kvart *s2, i bet. 2 s9* **1** (*fjärdedel*) quarter; *med hatten på tre ~* with one's hat cocked over one eye **2** (*fjärdedels timme*) quarter of an hour; *en ~ i två* a quarter to two; *en ~ över två* a quarter past two **3** (*format*) quarto **4** *mus.* fourth **5** *fäkt.* quart, carte **-al** *s7* quarter [of a year]

kvartals|avgift quarter's fee **-hyra** quarter's rent **-skifte** beginning of the new quarter **-vis** by the quarter, quarterly

kvarter *s7* **1** block; (*distrikt*) quarter, district **2** *mil.* quarters (*pl*); billet **3** (*mån-*) quarter

kvarteron *s3* quadroon

kvartett *s3* quartet

kvart|ing *en ~* a small bottle **-o** ['kvarr-] *s6* quarto **-oformat** quarto [size]; *i ~* in quarto

kvarts *s3, min.* quartz

kvarts|final *sport.* quarter-final **-format** *se kvartoformat*

kvarts|glas quartz glass **-lampa** quartz (ultra--violet) lamp

kvartssekel quarter of a century; *ett ~* (*äv.*) twenty-five years

kvartär|formationen the Quaternary Formation **-tiden** the Quaternary Age

kvarvarande *a4* remaining

kvasi|- quasi-, pseudo-; (*låtsad*) sham--**elegant** flashy **-filosofi** pseudo-philosophy **-litterär** pseudo-literary **-vetenskap** quasi--science

kvast *s2* [birch-]broom; *nya ~ar sopar bäst* new brooms sweep clean **-bindare** broom--maker **-prick** *sjö.* broom-head, perch with broom **-skaft** broom-handle, broomstick

kvav I *a1* close; (*instängd*) stuffy; (*tryckande*) oppressive, sultry **II** *s, i uttr.: gå i ~* founder, go down, *bildl.* be wrecked, come to nothing

kved *imperf av kvida*

kverul|ans *s3* querulousness, grumbling **-ant** querulous person, grumbler **-era** complain, croak, grumble

kvick *a1* **1** (*snabb*) quick; rapid, swift; (*rask*) ready, prompt (*svar* answer) **2** (*snabbtänkt*) clever (*äv. iron.*) **3** (*spirituell*) witty; smart (*replik* retort); *göra sig ~ på andras bekostnad* crack jokes at other people's expense **-a** *~ på* hurry up (*äv. ~ sig*)

kvicke *s2* (*i horn*) [horn-]core; (*i hov*) [sensitive] frog

kvick|het 1 (*snabbhet*) quickness *etc., se kvick* **2** (*spiritualitet*) wit **3** (*kvickt yttrande*) witticism, joke; *Am. vard.* [wise]crack **-huvud** wit, witty chap **-lunch** quick-lunch **-na** *~ till* revive, (*efter svimning*) come round, rally, *bildl.* chirp up **-rot** *bot.* couch--grass

kvicksilver quicksilver; mercury **-förening** mercury compound **-förgiftning** mercurialism, mercurial poisoning **-haltig** *a1* mercurial **-termometer** mercury thermometer

kvick|tänkt I *a1* quick-(ready-)witted, clever **II** *adv* with ready wit, cleverly **-ögd** *a1* quick-sighted; (*om iakttagelseförmåga*) rapid, swift

kvid|a *kved -dit* wail; (*klaga*) whine, whimper **-an** *r* wail[ing] *etc.* **-it** *sup av kvida*

kvig|a *s1* heifer **-kalv** cow-calf

kvillajabark [-ˣlajja-] Quillaia bark

kvinn|a *s1* woman; *~ns frigörelse* the emancipation of women (woman) **-folk 1** *koll.* womankind; (*-or*) women; *vard.* womenfolk **2** (*ett ~*) woman **-folksgöra** a woman's job **-lig** *a1* **1** female (*kön* sex; *organ* organ); *~ arbetskraft* female labour; *~ idrott* women's athletics; *~ läkare* woman doctor; *~ polis* policewoman; *~a präster* women clergymen; *~ rösträtt* woman suffrage, votes for women; *familjens ~a medlemmar* the feminine members of the family **2** (*som karakteriserar -or*) womanly, feminine; (*om man*) womanish, effeminate; *~ fägring* feminine beauty; *det evigt ~a* the eternal feminine; *~ ungdom* young women, girls **-lighet** womanliness, womanhood, femininity; (*veklighet*) effeminacy

kvinno|bröst female breast **-emancipation** emancipation of women **-fängelse** prison for women, women's prison **-förening** women's club (association, society) **-hatare** woman-hater, misogynist **-hjärta** *~t* (*ett ~*) a woman's heart **-ideal** woman-ideal, ideal of a woman **-klinik** gynaecological clinic **-kön** *~et* the female sex; (*-släktet*) womankind **-linje** *på ~n* on the distaff side **-läkare** gynaecologist **-rörelse** women's-rights (feminist) movement **-sakskvinna** [-sa:-] woman advocate of feminism; (*rösträtts-*) suffragette **-sjukdom** woman's disease **-tjusare** [-ç-] lady-killer **-tycke** *ha ~* be a lady's man, have a way with women **-överskott** excess (surplus) of women

kvinnsperson woman, female

kvint *s3* (*intervall*) fifth, quint **-essens** [-'senns, -'saŋs] *s3* quintessence **-ett** *s3, mus.* quintet **-ilera** (*på fiol*) scrape; (*på flöjt*) tootle

kvissl|a *s1* pimple **-ig** *a1* pimply

kvist *s2* **1** twig, sprig; (*i sht avskuren*) spray; *på bar ~* on a leafless (bare) twig; *komma på grön ~* come into money **2** (*i trä*) knot, knag

1 kvista (*avkapa*) lop the twigs off

2 kvista *vard., ~ in till stan* run into town

kvist|fri free from knots, clean **-hål** knot hole **-ig** *a1* **1** twiggy, spriggy; (*om trä*) knotty, knaggy **2** (*brydsam*) awkward, puzzling **-ning** pruning **-såg** pruning saw

kvitt *oböjl. a* **1** *bli ~ ngn* get rid of s.b. **2** *vara ~* be quits; *~ eller dubbelt* double or nothing (quit[s]) **-a 1** offset, set off, countervail; settle **2** *det ~r mig lika* it is all one (makes no difference) to me

kvitten ['kvitt-] *r el. n, bot.* quince

kvittens *s3* receipt **-blankett** receipt form

kvitter ['kvitt-] *s7* chirp[ing], twitter

kvitt|era receipt; (*t.ex. belopp*) acknowledge; (*lämna kvitto på*) give a receipt for; (*återgälda*) repay; *~d räkning* receipted invoice; *betalt ~s* payment received, received with thanks **-ning** offset, set-off; *bokför.* settlement per contra **-o** *s6* receipt (*på* for); (*spårvägs- e.d.*) ticket

kvittra chirp, twitter, chirrup

kvot *s3* (*vid division*) quotient; (*friare*) quota **-era** allocate quotas **-ering** allocation of quotas

kväd|a *kvad -it* sing; (*dikta*) compose, write **-e** *s6* lay, poem, song **-it** *sup av kväda*

kväka *v3* croak **-nde** *a4* croaking

kväkare Quaker, member of Society of Friends

kvälj|a *v2, det -er mig a) absol.* I feel sick, *b)* (*friare*) it makes me sick (to + *inf.*) **-ande** *a4* sickening, nauseating **-ning** *få ~ar a) absol.* be sick, *b)* (*av ngt*) be nauseated (*av* by)

kväll *s2* evening; (*motsats t. morgon*) night; *i ~* this evening, to-night; *i morgon ~* to-morrow evening (night); *på ~en* (*~arna*) in the evening (evenings) **-as** *dep, det ~* the evening (night) is drawing (coming) on **-ningen** *i ~* at nightfall, at eventide

kvälls|arbete evening (night) work **-bris** evening breeze **-gymnasium** *ung.* evening secondary school **-kvisten** *på ~* towards evening, (*om kvällarna*) of an evening **-mat** supper **-nyheter** late news **-sömnig** *vara ~* be sleepy in the evenings **-tidning** evening paper **-vard** [-a:-] *s3* supper, evening meal

kväs|a *v3* take ... down, teach ... a thing or two; (*ngns högmod*) humble, take the wind out of; (*undertrycka*) suppress

kväva *v2* choke, stifle, suffocate (*äv. bildl.*); (*undertrycka o.d.*) quell, suppress; *~ elden* smother the fire; *han var nära att ~s* he was almost suffocated (*av* by); *... så att man var nära att ~s ...* to suffocation; *~ ... i sin linda* (*bildl.*) nip ... in the bud **-nde** *a4* choking (*känsla* sensation); (*om luft*) suffocating, stifling, *vard.* choky

kväve *s6* nitrogen **-gödsel** nitrogenous fertilizer **-haltig** *a1* nitrogenous **-oxid** nitric oxid

kvävgas nitrogen gas

kvävning [-ä:-] suffocation, choking; smothering; *bildl. äv.* quelling, suppression

kvävnings|anfall choking fit **-död** death by suffocation (asphyxiation)

kybernetik *s3* cybernetics

kyckling [ç-] chicken; (*nykläckt äv.*) chick **-kull** brood of chickens

kyff|e [ç-] *s6* hovel, hole **-ig** *a1* poky

1 kyl [ç-] *s2* (*lårstycke*) knuckle

2 kyl [ç-] *s2, se -rum, -skåp,* **-a I** *s1* cold [weather]; (*-ighet*) chilliness (*äv. bildl.*); *bildl.* coldness, coolness **II** *v2* chill, cool down (*äv. bildl.*); *tekn.* refrigerate; *~ näsan* get one's nose frost-bitten **-aggregat** refrigerating machine, refrigerator **-anläggning** refrigerating plant **-are** cooler, chiller; (*på bil*) radiator **-arhuv** (*på bil*) bonnet; *Am.* hood **-arvätska** [motor-car] anti-freeze **-d** [-y:-] *a5* (*förfrusen*) frost-bitten **-disk** refrigerated display case **-hus** cold-store **-ig** *a1* chilly, cold (*äv. bildl.*) **-knöl** chilblain

kyller ['kyll-] *s7* buff-coat

kyl|ning [ˣçy:l-] cooling, chilling; *tekn.* refrigeration **-rum** cold-storage room **-skada** frost-bite; (*-knöl*) chilblain **-skåp** refrigerator; *vard.* fridge **-slagen** *a5* (*om dryck*) slightly warm, tepid; (*om luft*) chilly **-system** cooling system **-vatten** cooling water

kymr|er ['kymm-] [the] Cymry **-isk** ['kymm-] *a5* Cymric

kyndel ['çynn-] *s2, bot.* savory

kyndelsmäss|a [ç-] Candlemas **-odag** Candlemas Day

kynne [ç-] *s6* [natural] disposition; character, temperament

kypare [ç-] waiter

kyp|ert ['çy:-] *s2* [cotton] twill, twilled cotton **-ra** [ˣçy:-] twill

kyrass *s3* cuirass **-iär** *s3* cuirassier

kyrk|a [ç-] *s1* church; (*fri-*) chapel; *engelska ~n* the Church of England, the Anglican Church; *gå i ~n* go to (attend) church (chapel) **-backe** *på ~n* in the open space round the church **-bok** *se -obok* **-bröllop** church wedding **-bänk** pew **-kaffe** after-church coffee **-klocka** church bell; (*tornur*) church clock **-lig** *a1* (*om fråga, konst, ändamål e.d.*) church; (*om t.ex. myndighet*) ecclesiastical; (*om t.ex. intressen*) churchly; (*prästerlig*) clerical; *~ angelägenhet* ecclesiastical affair; *~ begravning* Christian burial; *~t intresserad* with church interests, interested in church affairs

kyrko|adjunkt curate **-besökare** church-goer(-attender) **-bok** parish (church) register[s *pl*] **-bokförd** *~ i* registered in the parish of **-bokföring** parish registration **-byggnad** church building **-fader** Father of the Church; *-fäder* early (apostolic) fathers **-fullmäktig** *ung.* vestryman, member of a select vestry **-fullmäktige** *ung.* select vestry **-furste** prince of the Church **-gård** cemetery, burial-ground; (*kring kyrka äv.*) churchyard **-handbok** service-(prayer-)book **-herde** *Engl. ung.* rector, vicar; parson; *kat.* parish priest; *~ N.* (*titel*) Rev. (the reverend) N. **-herdeboställe** parsonage, rectory, vicarage **-historia** church (ecclesiastical) history **-kör** church choir **-musik** church music **-möte** synod, council; *Engl. äv.* Church Assembly

kyrkorgel church organ

kyrko|råd *ung.* parochial church council **-samfund** religious community, church **-staten** the States (*pl*) of the Church, the Papal States (*pl*) **-stämma** common vestry; (*sammanträde äv.*) parochial church meeting **-år** ecclesiastical year

kyrk|port church doorway (porch) **-råtta** church mouse **-sam** *a1* regular in one's attendance at church; *vara ~* (*äv.*) be a regular church-goer **-silver** church plate **-socken** church parish **-torn** church tower, steeple **-tupp** church weathercock (vane) **-vaktmästare** sexton, verger; beadle **-värd** churchwarden **-ängel** cherub

kysk [ç-] *a1* chaste; (*jungfrulig*) virgin; *leva ~t* lead a chaste life **-het** chastity; virginity **-hetsbälte** girdle of virginity, virgin knot **-hetslöfte** vow of chastity

kyss [ç-] *s2* kiss **-a** *v3* kiss **-as** *v3, dep* kiss [each other], exchange kisses **-täck** kissable **-äkta** kiss-proof

kåd|a *s1* resin **-ig** *a1* resinous

kåk *s2* ramshackle (tumble-down) house, shack; *skämts.* house **-stad** shanty-built (shackly) town
kål *s3* **1** *bot.* cabbage **2** *göra ~ på* make mincemeat (short work) of; *ta ~ på* do for; *värmen kommer att ta ~ på mig* this heat will be the death of me **-dolma** [ˣkå:l-å-] *s5* stuffed cabbage roll **-fjäril** large white **-huvud** head of cabbage **-mask** caterpillar **-rabbi** kohlrabi; turnip-babbage **-rot** Swedish turnip, swede **-soppa** cabbage-soup **-supare** *de är lika goda ~* each is as bad as the other
kånka *~ på* struggle (toil) along with
kåpa *s1* **1** (*plagg*) gown, robe[s *pl*]; (*munk-*) cowl; (*narr-*) [jester's] cloak; (*präst-*) frock **2** *tekn.* hood, cap, cover, mantle
kår *s3* (*sammanslutning*) body; (*förening*) union; *mil. o. dipl.* corps **-chef** corps commander
kår|e *s2* **1** (*vind*) breeze **2** *det går kalla -ar efter ryggen på mig* cold shivers go down my back
kårhus students' union building
kås|era discourse (*över* on), chat, talk (*över* about, [up]on); *~nde föredrag* informal lecture **-eri** causerie, informal talk; (*tidnings-*) chatty (topical) article, column **-ör** writer of light (conversational) articles; (*tidnings- äv.*) columnist **-ös** (*soffa*) causeuse, settee
kåt *a1* randy
kåta *s1* [cone-shaped] hut, Laplander's tent
käbb|el ['çäbb-] *s7* bickering, wrangling **-la** bicker, wrangle; *~ emot* answer back
käck [ç-] *a1* dashing (*krigare* warrior; *yngling* youth); (*oförfärad*) bold, intrepid; (*tapper*) brave, gallant, plucky, sporting; (*vågsam*) daring; (*hurtig*) spirited; (*munter*) sprightly; *en ~ melodi* a sprightly tune; *det var ~t gjort av dig* it was a sporting thing of you to do, it was sporting of you; *med mössan ~t på sned* with one's cap cocked on one side **-het** dashingness *etc.*; dash; gallantry, intrepidity; daring spirit, pluck
käft [ç-] *s2* **1** jaws (*pl*); *ett slag på ~en* a blow on the chaps; *håll ~en!* shut up! **2** (*levande själ*) living soul **-a** (*prata*) jaw; (*gräla*) wrangle; *~ emot* answer back
kägel ['çä:-] *s2, boktr.* body [size] **-bana** skittle-(ninepin-)alley **-formig** [-å-] *a1* conical, cone-shaped **-spel** (*-spelande*) skittles (*sg*)
kägl|a [ˣçägg-, ˣçä:g-] *s1* **1** cone **2** (*i kägelspel*) ninepin, skittle; *slå* (*spela*) *-or* play ninepins (skittles)
käk|ben [ç-] jaw-bone, mandible **-e** *s2* jaw; *vetensk.* mandible **-håla** maxillary sinus (antrum) **-led** maxillary joint
kälkbacke toboggan-run
kälkborg|are [ç-] philistine **-erlig** philistine **-erlighet** philistinism, narrow-mindedness
kälk|e [ç-] *s2* sledge; *sport. vanl.* toboggan; *åka ~* sledge, toboggan **-åkning** tobogganing
källa [ç-] *s1* spring, well; (*flods äv.*) source (*äv. bildl.*) (*till* of); *från* (*ur*) *säker ~* from a reliable source, on good authority
källar|e [ç-] **1** cellar; (*-våning*) basement **2** *se krog* **-glugg** cellar air-hole **-mästare** restaurant-keeper **-trappa** cellar stairs (*etc.*) **-valv** cellar vault **-våning** basement
käll|flod river source **-flöde** source-tributary **-forskning** study of original sources (manuscripts) **-förteckning** list of references, bibliography **-hänvisning** reference to sources **-kritik** criticism of the sources **-sjö** spring-lake; (*som källa t. flod*) source-lake **-skatt** tax at [the] source, pay-as-you-earn (P.A.Y.E.) tax **-skrift** original text, source **-språng** fountain **-vatten** spring water **-åder** vein of water
kält [ç-] *s7* nagging **-a** nag
kämpa [ç-] (*strida*) contend, struggle (*om* for); (*slåss*) fight (*om* for); *~ med svårigheter* contend with difficulties; *~ mot fattigdomen* struggle against poverty; *~ mot vinden* battle against the wind *~ sig fram* fight one's way (struggle) along (*till* to); *~ sig igenom en sjukdom* (*äv.*) pull through [from] an illnes **-hög** giant-size **-lek** tournament-game **-tag** gigantic effort **-visa** ballad of heroes (a hero)
kämpe [ç-] *s2* (*stridande*) combatant; (*krigare*) warrior; *allm.* fighter; (*för-*) champion (*för* of)
kän|d [ç-] *a1* **1** (*bekant*) known; (*väl-*) well-known; (*som man är förtrogen med*) familiar; (*ryktbar*) famous, noted; *ett -t ansikte* a well-known (familiar) face; *en ~ sak* a well-known fact, a fact familiar to all, common knowledge; *det är allmänt -t att* it is generally known (*neds.* notorious, a notorious fact) that; *vara ~ för att vara* be known as being; *~ för prima varor* (*hand.*) noted for first-quality goods; *vara ~ under namnet* go by the name of; *vara illa ~* be of bad (evil) repute, have a bad reputation; *~a och okända* the well-known and the anonymous **2** (*förnummen*) felt; *frambära ett djupt -t tack* proffer one's heartfelt thanks
käng|a [ç-] *s1* boot **-snöre** boot-lace
känguru ['käŋg-, 'ç-] *s5* kangaroo
känn [ç-] *s, i uttr.: på ~* by instinct; *ha på ~ att* have a feeling (an inkling) that
1 känna *s, i uttr.: ge till ~, se tillkännage*; *ge sig till ~* make o.s. known (*för* to); (*om ngt*) manifest itself
2 känn|a [ç-] *v2* **1** (*förnimma*) feel; (*erfara*) experience [feelings (a feeling) of]; (*märka*) notice (*smak av* a taste of); (*pröva, smaka*) try [and see]; *~ besvikelse* (*trötthet*) feel disappointed (tired); *~ för ngn* feel for (sympathize with) s.b. **2** (*beröra med handen*) feel **3** (*~ till*) know; *känn dig själv!* know thyself!; *på sig själv -er man andra* one judges others by o.s.; *lära ~ ngn* get to know s.b., get acquainted with s.b.; *lära ~ varandra* (*äv.*) become acquainted [with each other]; *om jag -er dig rätt* if I know you at all **4** (*med beton. part.*) *~ av* feel; *få ~ av* be made to feel; *~ efter* feel; *~ efter om dörren är låst* [try the handle to] see whether the door is locked; *~ igen* know (*ngn på rösten* s.b. by his voice), (*ngn el. ngt man sett förr*) recognize; *~ igen sig* know one's way about (where one is); *få ~ på* have to experience, come in for;

~ *på sig* have a feeling, feel instinctively (in one's bones); ~ *till* know, be acquainted with, (*veta av äv.*) know of, (*vara hemma i äv.*) be up in **5** *rfl* feel; ~ *sig för* feel one's way [about], (*sondera äv.*) sound **-ande** *a4* feeling; sentient (*varelse* being) **-are** connoisseur; (*sakkunnig*) expert, authority (*av, på* on, in) **-armin** *med* ~ with the air of a connoisseur (*etc.*) **-as** *v2, dep* feel; be felt; *hur -s det?* how do you feel?, what does it feel like (*att* to)?; *det -s lugnande att veta* it is a relief to know; *det -s angenämt att* (*äv.*) it is a pleasant feeling to; ~ *vid* (*tillstå*) confess, acknowledge, (*erkänna som sin tillhörighet*) acknowledge **-bar** *a1* to be felt (*för* by); (*förnimbar*) perceptible, noticeable (*för* to); (*svår*) severe, serious (*för* for); *en* ~ *förlust* a heavy (severe) loss; *ett* ~*t straff* a punishment that hurts

känne|dom [ç-] *s2* (*vetskap*) knowledge, cognizance (*om* of); (*underrättelse*) information (*om* about, as to); (*kunskap*) knowledge; (*bekantskap*) acquaintance, familiarity (*om* with); *bringa till ngns* ~ bring to a p.'s notice (attention); *få* ~ *om* receive information (be informed) about, get to know; *ha* ~ *om* be aware (cognizant) of; *för* [*er*] ~ (*hand.*) for [your] information; *till allmänhetens* ~ *meddelas* for the information of the public, notice is given **-märke -tecken 1** *konkr.* [distinctive] mark, token, sign **2** (*egenskap*) characteristic, distinctive feature, criterion (*på* of) **-teckna** characterize; be a characteristic of; (*särskilja*) distinguish **-tecknande** *a4* characteristic (*för* of); distinguishing, distinctive

känning [ç-] **1** (*förnimmelse*) feeling, sensation; *ha* ~ *av sin reumatism* be troubled by one's rheumatism **2** (*kontakt*) touch; *få* ~ *med fienden* get in touch with the enemy; *ha* ~ *av land* (*sjö.*) be within sight of land

känsel ['çänn-] *s9* feeling; perception of touch **-nerv** sensory nerve **-organ** tactile organ **-sinne** (*för tryck*) sense of touch, tactile sense; (*för smärta, köld, värme*) sense of feeling **-spröt** feeler, palp

känsl|a [ç-] *s1* feeling (*för ngt* for s.th.; *för ngn* towards s.b.); (*kroppslig förnimmelse*) sensation (*av köld* of cold); (*sinne, intryck, uppfattning*) sense (*för* of), sentiment (*av tacksamhet* of gratitude); (*i hjärtat*) emotion; (*med-*) sympathy; *mänskliga -or* human feelings (sentiments); *hysa varma -or för* feel affection for, be fond of; *i* ~*n av* feeling (*att* that) **-ig** *a1* **1** sensitive (*för* to); (*för drag, smitta, smärta o.d.*) susceptible (*för* to); (*om kroppsdel o. äv. om pers.*) sensible (*för* to) **2** (*-ofull*) feeling; sympathetic; (*rörande*) feeling, moving; (*ömtålig*) delicate; (*lättretlig*) touchy; ~ *för kritik* sensitive to (touchy as regards) criticism **-ighet** sensitivity, sensitiveness; susceptibility; sensibility; delicacy; touchiness

känslo|betonad *a5* emotionally tinged (coloured) **-full** full of feeling, emotional; *se äv. -sam* **-kyla** frigidity **-liv** emotional life; ~*et* (*äv.*) the sentient life **-lös** (*kroppsligt*) insensitive, insensible (*för* to); (*själsligt*) unfeeling (*för ngn* towards s.b.), unemotional, callous; (*likgiltig*) indifferent (*för* to); (*apatisk*) apathetic **-löshet** insensitiveness *etc.*; insensibility; indifference **-människa** man (*etc.*) of feeling (sentiment); emotionalist **-mässig** *a1* emotional **-sak** matter of sentiment **-sam** *a1* sentimental; emotional; (*överdrivet*) mawkish **-skäl** sentimental reason **-tänkande** *a4 o. s6* emotional thinking **-utbrott** outburst of feeling

käpp [ç-] *s2* stick; (*rotting*) cane; *få smaka* ~*en* be given a taste of the stick (cane); *sätta en* ~ *i hjulet för ngn* (*bildl.*) put a spoke in a p.'s wheel **-häst** cockhorse; *äv. bildl.* hobby-horse **-rak** bolt upright **-rapp** blow with a stick (cane)

kär *a1* **1** (*förälskad*) in love (*i* with); *bli* ~ fall in love; *få ngn* ~ become attached to (fond of) s.b.; *hålla ngn* ~ hold s.b. dear **2** (*avhållen*) dear (*för* to); (*älskad*) beloved (*för* by); *en* ~ *gäst* a cherished (welcome) guest; *en* ~ *plikt* a privilege; ~*a barn!* my dears!, my dear children!; *K~e vän!* (*i brev*) Dear (My dear) Harry (*etc.*)!; *mina* ~*a* my dear ones, those dear to me; *i* ~*t minne* in fond (cherished) remembrance; *om livet är dig* ~*t* if you value your life; ~*t barn har många namn* we find many names for someone we love

kärande [ç-] *s9* plaintiff; suer

käresta [ç-] *s1* sweetheart; (*ngns*) darling, beloved

käring [ç-] old woman; *hon är en riktig* ~ she is a real shrew **-aktig** *a1* old-womanish **-tand** *bot.* birdsfoot-trefoil

kärkommen *a3* welcome

kärl [çä:-] *s7* vessel; (*förvarings-*) receptacle, container; *biol.* vessel, duct

kärlek [ˣçä:r-] *s2* love (*till ngn* for s.b.; *till ngt* for *el.* of s.th.); (*tillgivenhet*) affection (*till* for); (*hängivenhet*) devotion (*till* to); (*passion*) passion (*till* for); *av* ~ *till* out of love for; *den stora* ~*en* the great passion; *dö av olycklig* ~ die of a broken heart; *förklara ngn sin* ~ make s.b. a declaration of love; *gammal* ~ *rostar inte* love does not tarnish with age; *gifta sig av* ~ marry for love

kärleks|affär love-affair **-brev** love-letter **-dikt** love-poem **-dryck** love-potion **-full** loving, affectionate; (*öm*) tender **-förbindelse** love-affair **-förklaring** declaration (confession) of love **-gud** god of love **-gudinna** goddess of love **-historia 1** (*-berättelse*) love-story **2** (*-affär*) love-affair **-krank** lovesick **-kval** *pl* pangs of love **-lyrik** love poetry **-lös 1** (*hårdhjärtad*) uncharitable **2** (*fattig på kärlek*) loveless **-roman** love-story, romance **-scen** love-scene **-sorg** disappointment in love, a broken heart

1 kärna [ˣçä:r-] **I** *s1* (*smör-*) churn **II** *v1* churn

2 kärn|a [ˣçä:r-] **I** *s1* **1** (*i frukt*) pip; (*i bär, druva, melon o.d.*) seed; (*i stenfrukt*) stone; *Am. äv.* pit; (*i nöt*) kernel **2** (*i säd*) grain **3** (*i låga*) core, body; (*jordens*) kernel; *fys. o. naturv.* nucleus (*pl äv.* nuclei); *tekn.* core; (*i träd*) heart[wood] **4** *bildl.* kernel, nucleus; (*det viktigaste*) core, heart, essence **II** *v1*, ~ *ur* seed, stone, core; *Am. äv.* pit **-energi** nuclear energy **-forskning** nuclear research **-fri** pipless, seedless, stoneless **-frisk** sound to the core **-frukt** pome **-full** *bildl.* vigorous; (*kraftfull*) racy, pithy **-fysik 1** *fys.* nuclear physics **2** (*friskhet*) robust physique **-fysiker** nuclear physicist **-hus** core **-ig** *a1* full of pips (*etc.*); stony, seedy **-kemi** nuclear chemistry **-klyvning** nuclear fission **-kraft** nuclear power **-laddning** nuclear charge **-minne** *databeh.* core (ferrite) store

kärnmjölk buttermilk

kärn|partikel nuclear particle **-punkt** ~*en i* the principal point (the gist) of **-reaktion** nuclear reaction **-reaktor** nuclear reactor **-skugga** true shadow; umbra (*pl* umbrae) (*äv. astron.*) **-trupper** picked troops **-vapen** nuclear weapon **-vapenförbud** ban on nuclear weapons, nuclear ban **-vapenkrig** nuclear war[fare] **-vapenprov** nuclear test **-ved** **-virke** heartwood

käromål [ç-] plaintiff's case

kärr [ç-] *s7* marsh; (*sumpmark*) swamp

kärra [ç-] *s1* cart; (*drag-*, *skott-*) barrow

kärr|hök *brun* ~ marsh harrier; *blå* ~ hen harrier **-mes** marsh tit[mouse]

kärv [ç-] *a1* harsh (*i smaken* in (to the) taste; *för känseln* to the feel); (*om ljud äv.*) strident, rasping; (*bitande, äv. bildl.*) acrid, pungent (*humor* humour); (*om natur*) austere; (*om pers. o. språk*) harsh, rugged

1 kärva [ç-] (*om motor o.d.*) seize, jam

2 kärv|a [ç-] sheaf, sheave **-e** *s2* sheaf (*pl* sheaves)

kärvhet harshness *etc.*; acridity, pungency; austerity

kärvänlig [-'vänn-, ˣçä:r-] *a1* fond, affectionate

kättar|bål [ç-] heretic's pile, stake **-domstol** court of inquisition **-e** heretic

kätte [ç-] *s2* pen, [loose] box

kätter|i [ç-] heresy **-sk** ['çätt-] *a5* heretical

kätting [ç-] chain[-cable]

kättj|a [ç-] *s1* lust[fulness] **-efull** lustful, lecherous

1 käx [k-, ç-] *s7, s9, se kex*

2 käx [ç-] *s7, se tarm-*

3 käx [ç-] *s7* persistent asking, nagging **-a** nag; ~ *sig till ngt* get s.th. by nagging for it

1 kö *s3* (*biljard-*) cue

2 kö *s3* queue; *Am.* line up; (*av bilar o.d. äv.*) line, file, string; *mil. o. sport.* rear; *bilda* ~ form a queue; *ställa sig i* ~ queue up, take one's place in the queue, *Am.* line up **-a** queue [up]; *Am.* line up **-bildning** queuing-up; *om det blir* ~ if there is a queue **-bricka** [queue] ticket

kök [ç-] *s7* kitchen; (*kokkonst*) cuisine; (*kokapparat*) stove; *ett rum och* ~ one room and kitchen; *med tillgång till* ~ with kitchen facilities **-sa** *s1* cook, kitchen-maid

köks|avfall kitchen-refuse, garbage **-dörr** kitchen (back) door **-handduk** kitchen towel **-inredning** kitchen fittings **-latin** dog Latin **-mästare** chef, chief cook **-personal** kitchen staff **-regionerna** the kitchen quarters **-spis** kitchen range; (*elektr. el. gas-*) cooker, stove **-trappa** kitchen (back-)stairs (*pl*) **-trädgård** kitchen (vegetable) garden **-vägen** *gå* ~ go through (by way of) the kitchen **-växt** vegetable; pot-herb

köl [ç-] *s2* keel; *sträcka ~en till ett fartyg* lay [down] the keel of a vessel; *ligga med ~en i vädret* be bottom up; *på rätt* ~ (*bildl.*) straight, on the right track (tack)

köld [ç-] *s3* **1** cold; cold weather; *sträng* ~ a severe (keen) frost; *darra av* ~ shiver with cold **2** (*kallsinnighet*) coldness; (*starkare*) frigidity **-blandning** freezing-mixture **-grad** degree of frost **-härdig** winter-hardy (*växt* plant) **-knäpp** cold spell **-period** cold period

köl|fena fin of a (the) keel **-hala** careen, heave ... down **-halning** [-a:-] careening; (*straff*) keelhauling

Köln *n* Cologne

köl|sträckning laying of keel **-svin** keelson, kelson **-vatten** wake (*äv. bildl.*), wash, track

kön [ç-] *s7* sex; *av manligt* ~ of the male sex **-lig** [-ö:-] *a1* sexual **-lös** sexless; asexual (*fortplantning* reproduction)

köns|akt sexual act; coitus **-cell** sex-cell, gamete **-delar** genital parts, genitals **-drift** sexual instinct (urge) **-hormon** sex hormone **-liv** sex[ual] life **-mogen** sexually mature **-mognad** sexual maturity **-organ** sexual organ **-rollsdebatt** debate on the role of the sexes **-sjukdom** venereal disease **-umgänge** sexual intercourse

köp [ç-] *s7* purchase; (*fördelaktigt*) bargain, deal; *avsluta ett* ~ make a purchase; *ett gott* ~ a bargain; ~ *i fast räkning* outright purchase; *på ~et* into the bargain; *på öppet* ~ on a sale-or-return basis, with the option of returning the goods; *till på ~et* what's more, to boot, in addition, ... at that **-a** *v3* buy, purchase (*av* from); ~ *billigt* buy cheap[ly]; ~ *kontant* buy for cash; ~ *kakor för en shilling* buy a shilling's worth of cakes; ~ *in* (*upp*) buy up; ~ *upp sina pengar* spend all one's money [in buying things]; ~ *ut en delägare* buy out a partner **-are** buyer, purchaser **-eavtal** contract of sale (purchase) **-ebrev** bill of sale; purchase-deed **-ekontrakt** *se -eavtal*

Köpenhamn [ç-] *n* Copenhagen

köpenickiad *s3* hoax

köp|enskap [ç-] *s3* trade, trading; *idka* ~ do business **-eskilling** purchase-price

köping [ç-] urban district, market town; *hist.* borough

köp|kort credit card **-kraft** purchasing power **-kraftig** with great purchasing power, able to buy **-kurs** bid (buying) price; (*för valutor*) buying-rate **-man** merchant, dealer, businessman; (*handlande*) tradesman; (*grosshandlare*) wholesaler **-mannaförbund** merchants' (tradesmen's) association (union) **-motstånd** buyers' (consumers') resistance **-slagan** *r* bargaining **-slå** bargain (*om* for); (*kompromissa*) compromise **-stark** with great purchasing power, with [plenty of] money to spend **-tvång** obligation to buy

1 kör *s3, pers.* choir; (*sång*) chorus (*äv. bildl.*); *i* ~ in chorus; *en* ~ *av ogillande röster* a chorus of disapproval

2 kör [ç-] *i uttr.: i ett* ~ unceasingly, without stopping, (*tätt på varandra*) in a stream

kör|a [ç-] *v2* **1** drive (*bil* a car; *en häst* a horse; *ngn t. stationen* s.b. to the station); (*föra i sin bil e.d.*) take (run) [in one's car *etc.*]; (*åka*) ride, go, (*i bil äv.*) motor; (*motorcykel*) ride; (*transportera*) convey, carry, take; (*skjuta*) push; (*motor e.d.*) run (*med bensin* on petrol); *kör sakta!* slow down!, dead slow!, *Am.* drive slow! **2** (*stöta, sticka*) thrust (*ngt i* s.th. into); run (*fingrarna genom håret* one's fingers through one's hair); (*film*) reel, run **3** ~ *med ngn* worry s.b.; ~ *med ngt* keep on about s.th. **4** *kör för det!* right you are!, yes let's!; *kör till* (*i vind*)*!* agreed!, a bargain!, done! **5** (*med beton. part.*) ~ *bort* drive away, (*avskeda*) dismiss, turn ... out, send ... packing; ~ *emot* (*kollidera med*) run into; ~ *fast* get stuck, (*om förhandlingar o.d.*) come to a deadlock; ~ *ifatt* catch up; ~ *ihjäl ngn* run over s.b. and kill him; ~ *ihjäl sig* be killed in a driving-(car- *etc.*)accident; *det har -t ihop sig för mig* things are getting on top of me; ~ *in a*) (*hö e.d.*) cart (bring) in, *b*) (*tid*) save ... on the schedule, make up for, *c*) (*en ny bil*) run in; ~ *om* overtake (*en bil* a car); ~ *omkull* have a driving accident, have a fall [from one's bicycle); ~ *på a*) (*vidare*) drive on, *b*) *se* ~ *emot*; ~ *sönder* drive into ... and smash it, (*vagn e.d.*) have a smash-up, (*väg*) damage ... badly by driving on it; ~ *upp* (*för körkort*) take one's driving test; ~ *upp ngn ur sängen* rout s.b. out of bed; ~ *ut ngn* turn s.b. out of the room (*etc.*); ~ *över a*) (*bro e.d.*) cross, drive across, *b*) (*ngn*) run over **-bana** roadway, carriageway **-fil** [traffic] lane **-förbud** driving ban **-karl** driver **-kort** driving (driver's) licence **-kortsprov** driving test **-kunnig** able to drive **-lektion** driving lesson **-ning** [-ö:-] driving *etc.*; (*av varor*) haulage; *en* ~ a drive, (*taxi-*) a fare **-riktning** direction of travel; *förbjuden* ~ no thoroughfare **-riktningsvisare** [direction] indicator

körsbär [ç-] cherry

körsbärslikör [ç-] cherry brandy

körskola driving-(motoring-)school

körsnär [ç-] *s3* furrier

körsven [ˣçö:r-] driver

körsång choir-singing; (*komposition*) chorus

körtel [ç-] *s2* gland **-vävnad** glandular tissue, gland-tissue

körtid driving-(running-)time

körvel [ç-] *s2, bot.* sweet cicely

körväg roadway, carriageway; (*i park e.d.*) drive; (*rutt*) route

kött [ç-] *s7* **1** flesh; (*som födoämne*) meat; (*frukt-*) flesh, pulp **2** *mitt eget* ~ *och blod* my own flesh and blood **-affär** butcher's [shop] **-ben** meaty bone **-bulle** [force]meat ball **-extrakt** meat extract **-färs** ground beef; *Am.* ground meat; ~ *i ugn* meat loaf **-ig** *a1* fleshy; (*om frukt*) pulpy, pulpous; *~a blad* fleshy leaves **-konserver** tinned (canned) meat (*sg*) **-kvarn** meat-mincer; (*större*) mincing-machine **-rätt** meat course (dish) **-saft** meat juice, gravy **-skiva** slice of meat **-sky** gravy, essence of meat **-slamsa** scrap of flesh (meat)

köttslig [ç-] *a1* **1** *min ~e bror* my own brother, my brother german **2** (*sinnlig*) fleshly

kött|soppa meat broth, beef soup **-spad** stock **-sår** flesh-wound **-varor** meat products **-yxa** butcher's axe, meat-chopper **-ätande** *a4 o. s6* flesh-eating, carnivorous **-ätare** *pers: vanl.* meat- eater; (*djur*) flesh-eater, carnivore

L

1 labb *s2, vard.* paw
2 labb *s2, zool.* skua-gull
laber ['la:-] *a2, sjö.* light
labial *a1 o. s3* labial **-isering** labialization **-pipa** *mus.* flue-pipe
labil *a1* unstable **-itet** instability
labor|ation laboratory experiment (work) **-ator** [-ˣa:tår] *s3, univ.* reader; *Am.* associate professor **-atorieförsök** laboratory experiment (test) **-atorium** *s4* laboratory **-era 1** do laboratory work **2** (*friare*) ~ *med* work with; ~ *med färg* play about with colours
labyrint *s3* labyrinth (*äv. bildl.*); maze **-isk** *a5* labyrinthine
lack *s7, s3* **1** (*sigill-*) sealing-wax **2** (*fernissa*) varnish, lacquer; (*färg*) enamel
1 lacka *svetten ~r av honom* he is dripping with sweat
2 lack|a (*försegla*) seal ... [with sealing-wax]; ~ *igen* seal up **-arbete** lacquer-work **-era** lacquer, japan; (*fernissa*) varnish; (*måla*) enamel **-ering** lacquering, japanning; varnishing; (*bils etc. äv.*) paint **-färg** enamel [paint]; *syntetisk* ~ synthetic paint (enamel)
lackmus ['lakk-] *s2* litmus **-papper** litmus-paper
lack|röd vermilion **-skinn** patent leather **-sko** patent-leather shoe **-stång** stick of sealing-wax **-viol** wallflower, gillyflower
lada *s1* barn
ladd|a load; *elektr. o. bildl.* charge; ~ *om* re-load, re-charge; ~ *en kamera* load a camera; *vara ~d med energi* (*om pers. äv.*) be a live wire; *en ~d roman* a novel packed with action; ~ *ur* discharge; ~ *ur sig* (*om batteri*) run down, *bildl.* get out of one's system, relieve o.s. **-ning 1** *abstr.* loading, charging **2** *konkr.* load, charge
lade [*vard.* la:] *imperf av lägga*
ladugård ['la:gård, *äv.* 'lagg-] cow-house, cowshed; *Am. äv.* barn
ladugårds|förman farm foreman **-karl** cowman **-piga** dairymaid
ladusvala swallow
lafs|a slope, shuffle **-ig** *a1* slack, sloppy
1 lag *s2* (*avkok*) decoction; (*lösning*) solution; (*spad*) liquor; (*socker-*) syrup
2 lag *s7* **1** (*lager*) layer **2** (*sällskap*) company; (*krets*) set; (*arbets-*) gang, team; *sport.* team; *i glada vänners* ~ in convivial company; *gå ~et runt* go the round; *låta ... gå ~et runt* pass ... round; *ge sig i ~ med ngn* begin to associate with s.b.; *ha ett ord med i ~et* have a voice in the matter; *över ~ a*) (*över hela linjen*) all along the line, *b*) (*över huvud taget*) in general; *komma ur* ~ get out of order **3** *göra ngn till ~s* please (suit, satisfy) s.b. **4** *i hetaste ~et* too hot for comfort; *i minsta ~et* a bit on the small side; *i senaste ~et* at the last moment, only just in time; *vid det här ~et* by now, by this time, at this stage
3 lag *s2* law; (*av statsmakterna antagen*) act; *~ar och förordningar* (*ung.*) rules and regulations; ~ *och rätt* law and justice; *likhet inför ~en* equality before the law; *ta ~en i egna händer* take the law into one's own hands; *upphäva en* ~ repeal an act; *läsa ~en för* (*bildl.*) lay down the law to, lecture; *enligt* ~ by (according to) law; *i ~ förbjuden* prohibited by law; *i ~ens hägn* under the protection of the law; *i ~ens namn* in the name of the law
1 laga *v1* **1** (*till-*) prepare (*middagen* the dinner); make; *Am. äv.* fix; ~ *mat* cook; ~ *maten* do the cooking; ~ *god mat* be an excellent cook; ~ *sin mat själv* do one's own cooking; *~d mat* cooked food **2** (*reparera*) mend, fix, repair **3** (*ombesörja*) ~ [*så*] *att* arrange (manage) things so that, see to it that; ~ *att du kommer i tid* make sure you are (take care to be) there in time **4** ~ *sig i ordning* get [o.s.] ready (*till* for); ~ *sig i väg* get going (started); ~ *dig härifrån!* be off with you!
2 laga *oböjl. a* legal; ~ *förfall* lawful absence, valid excuse; *vinna ~ kraft* gain legal force, become legal; *i ~ ordning* according to the regulations prescribed by law; *i ~ tid* within the time prescribed [by law]; *vid ~ ansvar* under penalty of law **-kraftvunnen** *a5* ... having gained (acquired) legal force
lag|anda team-spirit **-arbete** team-work
lag|beredning (*delegation*) law-drafting committee **-bestämmelse** legal provision **-bok** statute book, code of laws **-brott** breach (infringement, violation) of the law, offence **-brytare** law-breaker, offender **-bunden** *a5* regulated by law; (*som följer vissa -ar*) conformable to law **-bundenhet** conformity to law
lagd *a5*, *vara ~ för språk* have a bent for languages; *romantiskt* ~ romantically inclined
lagenlig [-e:-] *a1* by (according to) law, statutory
1 lag|er ['la:-] *s2, bot.* laurel, bay tree; *skörda -rar* win laurels; *vila på sina -rar* rest on one's laurels
2 lager ['la:-] *s7* **1** (*förråd*) stock, *Am.* inventory; (*rum*) store (storage) room; (*magasin*) warehouse; *från* ~ ex stock; *förnya sitt* ~ replenish one's stock, restock; *ha på* ~ have in stock, stock, *Am. äv.* carry; *lägga på* ~ lay (put) in stock; *lägga upp ett* ~ lay in (set up) a stock **2** (*varv*) layer; *geol. äv.* stratum (*pl* strata), bed; (*avlagring*) deposit; (*färg-*) coat; *bildl.* stratum; *de breda lagren* the masses, the populace **3** *tekn.* bearing **-arbetare** storeman **-behållning** stocks [on hand] (*pl*)
lagerblad bay leaf
lagerbokföring stock (inventory) accounting **-byggnad** storehouse, warehouse
lager|bär bay berry **-bärsblad** bay leaf
lager|chef warehouse (stores) manager **-hållning** stock-keeping **-inventering** stock-

-taking **-katalog** catalogue of goods stocked; (*för bokhandel*) publisher's list
lagerkrans laurel wreath; *vinna ~en* win the laurel wreath **-a** crown ... with laurel (*univ.* the laurel wreath)
lager|lokal store room, warehouse **-minskning** stock (inventory) reduction **-utrymme** storage space
lageröl lager beer
lag|fara have ... legally registered (ratified) **-faren** *a5* (*om pers.*) knowledgeable in legal matters **-fart** entry into the land register, legal confirmation of one's title; *ansöka om ~* apply for the registration of one's title to a property; *det hindrar inte ~en!* (*vard.*) that needn't stand in the way! **-fartsbevis** certificate of registration of title **-förslag** [proposed] bill; draft [law]; *framlägga ett ~* present a bill
lagg *s2* (*panna*) [flat] frying-pan, griddle; *en ~ våfflor* a round of waffles **-kärl** barrel, cask
lagkapten *sport.* captain of a (the) team
lagklok versed in the law; *en ~* (*bibl.*) a lawyer
lagledare *sport.* manager of a team
lag|lig [ˣla:g-] *a1* lawful; (*rättmätig*) legitimate, rightful; (*-enlig*) legal; *~t betalningsmedel* legal tender, *Am.* lawful money; *~ ägare* rightful (legal, lawful) owner; *på ~ väg* by legal means **-ligen** [-a:-] legally; lawfully; *~ beivra* bring an action against, take legal steps against; *~ skyddad* protected by law **-lighet** [-a:-] lawfulness; legitimacy; legality **-lott** lawful (legitimate) portion (share) **-lydig** law-abiding **-lydnad** obedience to the law **-lös** lawless **-löshet** lawlessness **-man** *ung.* president of a court of appeal division
lagning [-a:-] repairing, mending, fixing
lagom [-åm] **I** *adv* just right (enough); (*tillräckligt*) sufficiently; (*med måtta*) moderately, in moderation; *precis ~* exactly right (enough); *~ stor* just large enough; *i ~ stora bitar* in suitably-sized pieces; *skryt ~!* stop blowing your own trumpet!; *det var så ~ roligt!* it was anything but fun! **II** *oböjl. a* just right; (*nog*) enough; (*tillräcklig*) sufficient, adequate; (*passande*) fitting, appropriate, suitable; *en ~ lång promenad* a walk of suitable length; *på ~ avstånd* at the (an) appropriate distance; *blir det här ~?* will this be enough (about right)?; *~ är bäst* there is virtue in moderation, gently does it; *det var ~ åt dig!* that served you right!
lagparagraf section (paragraph) of a law, enactment
lagr|a [ˣla:g-] **1** *geol.* stratify; dispose ... in layers (strata) (*äv. bildl.*) **2** (*lägga på lager*) store (*äv. databeh.*), stock; (*spara*) put by, hoard; (*vin*) lay down **-ad** *a5* (*om ost*) ripe; (*om sprit o.d.*) matured; (*om virke*) seasoned **-ing 1** stratifying *etc.*; stratification **2** storing, storage; (*för kvalitetsförbättring*) seasoning, maturing
lag|rum *se -paragraf* **-samling** body of laws, code **-språk** *på ~* in legal language **-stadgad** *a5* statutory, laid down (prescribed) by law **-stifta** make laws (a law), legislate; *~nde församling* legislative body, legislature; *~nde makt* legislative power **-stiftare** legislator, lawmaker **-stiftning** *konkr.* legislation **-stridig** *a1* contrary to (at variance with) [the] law; (*olaglig*) illegal **-söka** sue, proceed against **-sökning** [-ö:-] [legal] action (proceedings *pl*)
lagt [lakkt] *sup av lägga*
lagtima *oböjl. a* held in the ordinary course; *~ riksdag* ordinary parliamentary session
lagtävling *sport.* team competition
lagun *s3* lagoon
lag|utskott standing committee on laws, *Am.* judiciary committee **-vigd** [-i:-] *a5* lawfully wedded; *min ~a* (*vard.*) my better half **-vrängare** perverter of the law; (*neds. om advokat*) pettifogger
lagård ['la:-] *se ladugård*
lag|ändring revision (amendment) of the law **-överträdelse** transgression of the law, misdemeanour; offence
lakan *s7* sheet
lakansväv sheeting
1 lake *s2* (*salt-*) [pickling-]brine, pickle
2 lake *s2, zool.* burbot
lakej [-'kejj] *s3* [liveried] footman; lackey (*äv. bildl.*); (*föraktligt*) flunkey; (*ngns lydige tjänare*) henchman **-själ** servile soul
lakonis|k *a5* laconic **-m** laconicism
lakrits ['la:-, 'lakk-, -ri(t)s] *s3* liquorice **-pastill** *Engl. ung.* Pontefract (Pomfret) cake **-rot** *bot.* liquorice-root
laktat *s4, kem.* lactate
laktuk ['lakk, -'u:k] *s3, bot.* lettuce
lakun *s3* lacuna (*pl* lacunæ); (*friare*) gap, pause
lalla babble; mumble
lam *a1* **1** (*förlamad*) paralysed **2** *bildl.* lame, feeble
1 lama *s1, zool.* llama (*äv. tygsort*)
2 lama *s1 el. -n -er* (*munk*) lama **-ism** lamaism **-kloster** lama monastery
lamell *s3, naturv. o. biol.* lamella (*pl* lamellae); *geol. äv.* scale, flake; *tekn.* wafer, lamina (*pl* laminae); (*i koppling*) disc; *elektr.* segment **-artad** [-a:r-] *a5* lamellar, lamellate; scaly, flaky; disc-like **-koppling** [multiple] disc-clutch **-trä** laminated wood, coreboard
lamhet [-a:-] **1** (*förlamning*) paralysis (*i* of, in) **2** *bildl.* lameness
lamin|at *s7* **-era** laminate
lamm *s7* lamb **-a** lamb **-bringa** *kokk.* breast of lamb **-kotlett** *vanl.* lamb chop **-kött** *kokk.* lamb **-stek** *kokk.* roast lamb **-ull** lamb's-wool **-unge** young lamb, lambkin
lamp|a *s1* lamp; (*glöd-*) bulb **-borste** lamp-brush **-ett** *s3* bracket candlestick, sconce **-fot** lamp-foot(-stand) **-glas** [lamp-]chimney **-hållare** electric light socket **-kupa** [lamp-]globe **-skärm** lamp-shade
lam|slagen *a5* paralysed (*äv. bildl.*); *~ av fasa* paralysed with terror **-slå** paralyse
land *-et länder* (*i bet. 4 o. 5 s7*) **1** (*rike*) country; *det egna ~et* one's native country; *vårt ~* (*vanl.*) this country, Sweden (*etc.*); *i hela ~et* in the whole (throughout the) country; *inne i ~et* inland; *Johan utan ~* John Lackland **2** (*mots. sjö e.d.*) land (*äv. geol. o. bildl.*); *~ i sikte!* (*sjö.*) land ahoy

(in sight)!; *se hur ~et ligger* see how the land lies (wind blows); *gå i ~* go ashore, land; *gå i ~ med* (*bildl.*) accomplish, manage, succeed in; *inåt ~* landward[s]; *långt inåt ~et* far inland; *på ~* (*mots. t. sjöss*) on shore, ashore, (*mots. i vattnet*) on land; *till ~s* by land; *Sverige är starkt till ~s* Sweden is powerful on land **3** (*mots. stad*) country; in the country; *livet på ~et* (*äv.*) country life; *resa ut till ~et* go out to (go into) the country **4** (*odlad mark*) land **5** (*trädgårds-*) plot **-a** land; *flyg äv.* touch down **-amären** *pl, åld., inom våra ~* within our borders **-avträdelse** cession of territory (land) **-backen** *på ~* ashore, on shore, on dry land **-bris** land breeze **-djur** land animal **-fäste** (*bros*) abutment **-förbindelse** connection with the mainland **-förvärv** acquisition of territory (land) **-gång** gangway; *flyg.* entrance ladder **-höjning** land elevation **-krabba** *bildl.* landlubber **-känning** *få ~* have a landfall, sight land **-mina** land mine **-märke** *sjö.* landmark **-ning** landing; *flyg. äv.* alighting **-ningsbana** landing strip, runway **-ningsförbud** *det är ~ på flygplatsen* the airport is closed for landing **-ningsplats** landing-place; *flyg. äv.* landing-ground **-ningssträcka** landing run **-ningsställ** undercarriage; *Am.* landing gear **-område** territory **-permission** *sjö.* shore-leave **-remsa** strip of land

lands|bygd country[side]; rural area[s *pl*] **-del** part of the country; province **-fader** beloved monarch **-fiskal** *ung.* district police superintendent [and public prosecutor]; *Am.* district attorney, sheriff **-flykt** exile **-flyktig** exiled **-flykting** exile; refugee **-förrädare** traitor [to one's country] **-förräderi** treason **-förrädisk** treasonable, traitorous **-församling** rural parish **-förvisa** banish [... from the country], exile, expatriate **-förvisning** banishment, exile, expatriation **-hövding** [county] governor **-kamp** international match

landskap *s7* **1** (*landsdel*) [geographical] province, county, shire **2** (*ur natur- o. konstsynpunkt*) landscape; (*sceneri*) scenery

landskaps|gräns provincial (county) boundary **-målare** landscape-painter

lands|kommun rural district **-lag 1** *s2, jur.* national law code **2** *s7, sport.* [inter]national team **-lagsspelare** international, member of a country's team **-man** fellow-countryman, compatriot; *vad är han för ~?* what nationality is he? **-maninna** fellow-countrywoman **-mål** dialect **-omfattande** nation-wide **-organisation** *L~en i Sverige* the Swedish Confederation of Trade Unions; *Brittiska ~en* the Trades Union Congress (*förk.* TUC); *Amerikanska ~en* American Federation of Labor, Congress of Industrial Organizations (*förk.* AFL-CIO) **-ort** *i ~en* in the provinces (*pl*) **-ortsbo** man (*etc.*) from the provinces, provincial **-ortsstad** provincial town **-ortstidning** provincial newspaper **-plåga** national scourge; *vard.* nuisance **-sorg** national mourning

landstig|a land **-ning** landing; *göra en ~* land, effect a landing **-ningstrupper** landing-forces

landsting *ung.* county council

land|storm *ung.* veteran reserve **-stormsman** militiaman **-stridskrafter** land-forces **-strykare** tramp **-ställe** (*sommarställe*) place in the country, country house (cottage)

lands|väg [ˣlanns-, ˈlanns-] highway, main road; *allmän ~* public highway **-vägsbro** road bridge **-ända** part of the country; (*avlägsen*) remote district

land|sänkning subsidence [of the earth's crust] **-sätta** land, put ... on shore; *~ med fallskärm* [drop by] parachute **-sättning** landing *etc.* **-tunga** tongue of land, spit **-vind** *sjö.* land wind (breeze) **-vinning** reclamation of land; *bildl.* advance, achievements; *vetenskapens ~ar* achievements in the field of science **-vägen** *fara ~* go by land

landạ̊ [-n-, -ŋ-] *s3* landau

langa 1 pass [... from hand to hand]; *vard.* shove over **2** *~ sprit* carry on an illicit trade in liquor (*etc.*), bootleg **-re** bootlegger, moonshiner; (*narkotika-*) dope peddlar, pusher

langẹtt [-ŋg-] *s3* buttonhole-stitching; *sy ~* do buttonhole-stitching **-era** buttonhole-stitch

langning 1 (*vid brand*) bucket-passing **2** (*sprit-*) bootlegging

langobạ̊rd [-ŋg-a:-] *s3* **-isk** *a5* Lombard

langụst [-ŋg-] *s3, zool.* spiny lobster

lank *s3* (*tunn dryck*) wish-wash

lanka *s1, kortsp.* small (low) card

lanolịn *s3, s4* lanolin

lans *s2* lance; *bryta en ~* take up the cudgels (*för* for)

lansera launch, bring out, introduce; *~ ngt på marknaden* put s.th. on the market

lansẹtt *s3* lancet **-fisk** lancelet **-formig** [-å-] *a1* lancet-shaped **-lik** *biol.* lanceolate

lansiạ̈r [laŋ-, lan-] *s3, mil.* lancer

lant|adel *~n* the county **-arbetare** farm worker (hand, labourer) **-befolkning** country (rural) population **-brevbärare** country (rural) postman **-bruk** agriculture, farming industry; *jfr jordbruk* **-brukare** *se jordbrukare*

lantbruks|högskola agricultural college **-maskin** agricultural (farm) machine (*pl* machinery) **-produkt** agricultural (farm) product; *~er* (*äv.*) agricultural (farm) produce (*sg*) **-redskap** agricultural implement, farm tool **-skola** agricultural school **-sällskap** agricultural society **-utställning** agricultural show

lantegendom estate

lantern|a [-ˣtä:r-, ˣlann-] *s1* lantern; light; *flyg.* navigation light **-ịn** *s3* lantern; skylight [turret], clerestory

lant|gård farm, [agricultural] holding **-handel** country shop, general store **-handlare** country (village) shopkeeper **-hushåll** farm (country) household **-hushållning** husbandry, agronomy **-hushållsskola** rural domestic school **-is** [ˈlann-] *s2, vard.* country bumpkin; *Am. äv.* hick **-junkare** country squire **-lig** *a1* rural (*behag* charm; *enkelhet* simplicity); country (*liv* life); *neds.* rustic (*sätt* manners *pl*); (*mots. stadsaktig*) provincial **-liv** country (rural) life

lantlolla *vard.* country wench **-man** farmer **-mannaparti** agrarian (farmers') party **-mannaskola** agricultural college (school) **-mästare** farm-foreman **-mätare** [land-] surveyor **-mäteri** [land-]surveying **-ras** *jordbr.* native breed **-vin** home-grown wine **-värn** militia

lapa lap; lick up; *bildl.* drink in, imbibe

lapidar|isk *a5* lapidary; (*kortfattad*) brief, laconic **-stil** lapidary style

lapis ['la:-] *s2* lunar caustic, nitrate of silver; ~ *lazuli* lapis lazuli **-lösning** nitrate-of--silver solution

1 lapp *s2* (*folk*) Laplander, Lapp

2 lapp *s2* (*tyg-*) piece; (*påsydd*) patch; (*papp-pers-*) slip, scrap; (*remsa*) strip, slip, label **-a** patch; (*laga äv.*) mend; ~ *ihop* patch up

lapp|hund Lapland dog **-kast** *sport.* reverse (kick turn) on skis **-kåta** Laplander's hut

Lappland ['lapp-] *n* Lapland

lapplisa *s1* [woman] traffic warden; *vard.* meter maid

lapp|ländsk *a5* Lappish, Lapland **-mark 1** *L~en* Lapland **2** nomadic Laplander's territory

lappri ['lapp-] *s6*, *sådant* ~ such trifles (*pl*)

lappsjuka melancholia induced by isolated life

lapp|skomakare cobbler **-skräddare** repairing-tailor **-täcke** patchwork quilt **-verk** [*ett*] ~ [a piece of] patchwork

lapsk *a1* Lappish; *se lappländsk* **-a** *s1* **1** (*kvinna*) Laplander (Lapp) woman **2** (*språk*) Lapp[ish]

lapskojs ['lapp-å-, ˣlapp-] *s3*, *kokk.* lobscouse

lapsus ['lapp-] *s9*, *s2* lapse, slip

larm *s7* **1** (*buller*) noise; din, row; (*oväsen*) clamour, uproar **2** (*alarm*) alarm; *slå* ~ sound the alarm (*äv. bildl.*) **-a 1** (*bullra*) clamour (*över* about), make a noise (*över* at, about) **2** alarm, sound the alarm **-ande** *a4* clamouring, clamorous; noisy **-beredskap** alert **-klocka** alarm-bell **-signal** alert

larv *s3* larva (*pl* larvæ), caterpillar, grub

larva (*traska*) tramp, trudge, trot

larvfötter *tekn.* caterpillars, caterpillar treads

larvig *a1* (*enfaldig*) foolish; (*dum*) silly

larvstadium larval stage

laryng|it [-ŋg-] *s3* laryngitis **-oskop** [-å:p] *s7* laryngoscope

lasarett *s7* [general] hospital

lasaretts|fartyg hospital ship **-läkare** hospital doctor; resident physician (surgeon)

lasciv [la'ʃi:v, -'si:v] *a1* lascivious

laser ['la:-] *s2*, *fys.* laser (*L*ight *A*mplification by *S*timulated *E*mission of *R*adiation)

laser|a glaze, paint over ... with transparent colour[s] **-ing** glazing

lask *s2*, *tekn.* scarf, fish-joint; (*på handske, sko*) rib **-a** scarf; rib

lass *s7* [wagon-]load; *bildl. äv.* burden; (*friare*) cartload (*med* of); *fullt* ~ a full load; *få dra det tyngsta ~et* (*bildl.*) do the lion's share [of the work] **-a** load; ~ *på ngn för mycket* (*bildl.*) overload s.b.; ~ *på ngn ngt* load s.b. with s.th.

lasso ['lasso] *s3* lasso; *kasta* ~ throw a lasso **-kast** *ett* ~ a lasso cast

1 last *s3* cargo, freight; (*belastning*) load; (*börda*) burden; *med* ~ *av* carrying (with) a cargo of; *lossa ~en* unload, discharge one's (its) cargo; *stuva ~en* trim the hold, stow the cargo; *ligga ngn till* ~ be a burden to s.b.; *lägga ngn ngt till* ~ lay s.th. to a p.'s charge, blame s.b. for s.th.

2 last *s3* (*fördärvlig vana*) vice

1 lasta (*klandra*) blame; (*starkare*) censure, vituperate

2 last|a load (*på* on to); *sjö. äv.* ship, take in cargo; *djupt ~d* deep-laden; *ett skepp kommer ~t* (*lek*) the mandarins **-ageplats** [-ˣta:ʃ-] loading site; *sjö.* wharf

lastbar *a1* vicious, depraved **-het** viciousness, depravity

last|bil lorry, truck; *Am. äv.* freight car **-bilstrafik** road transport (haulage) **-brygga** loading ramp (gangway) **-båt** cargo-ship freighter **-djur** beast of burden **-dryghet** deadweight capacity **-fartyg** *se -båt* **-flak** platform [body] **-fordon** goods vehicle, van, truck **-förmåga** carrying (loading) capacity **-gammal** ancient, old as the hills **-kaj** loading dock, wharf **-lucka** cargo hatch; (*öppningen*) cargo-hatchway **-märke** load-line, Plimsoll line **-ning** loading; lading **-pråm** lighter; (*större*) lump **-rum** hold, cargo space **-ångare** cargo-steamer, freighter

lasur 1 *miner.* lapis lazuli, lazurite **2** (*äv. lasyr*) painting in transparent (glazing-) colour[s]

lat *a1*, *n sg obest. f. obruklig* lazy; (*maklig*) indolent; (*sysslolös*) idle **-a** *rfl* be lazy (idle); *gå och* ~ *sig* laze, take it easy

latent *a1* latent

later *pl*, *stora* ~ high-and-mightiness (*sg*), grand airs

lathund 1 (*lätting*) lazy-bones, slacker **2** (*radpapper*) lined paper; (*moja*) crib, cab; (*för räkning*) ready-reckoner

latin *s7* Latin

Latinamerika *n* Latin America **latinamerikansk** Latin-American

latin|are [-ˣti:-] **1** Latin **2** *skol. ung.* classical student **-er** [-'ti:-] Latin **-linje** *gå ~n* read classics **-sk** [-'ti:-] *a5* Latin; *~a bokstäver* Roman letters

latitud *s3* latitude

lat|mansgöra *ett* ~ a soft (easy) job **-mask** *s2* lazy-bones

latrin *s3* **1** (*avträde*) latrine, privy **2** (*spillning*) excrement[s *pl*]

latsidan *i uttr.: ligga på* ~ be idle (lazy), take things easy

latta *s1* (*träribba*) lath, slat; (*i segel*) batten

laudatur [-ˣda:-] *n* honours (*pl*)

laura *s1*, *vard.* jay-walker

lav *s2*, *bot.* lichen

lava *s1* lava **-ström** stream of lava

lave *s2* **1** (*i bastu*) bench, ledge **2** (*gruv-*) head frame, pitgear head

lavemang *s7* enema (*pl* enemata) **-spruta** rectal (enema) syringe

lavendel *s9* lavender **-blå** lavender blue

laver|a *konst.* wash; tint **-ing** *konkr.* tinted (wash-)drawing

lavett *s3* gun-mounting(-carriage)

lavin *s3* avalanche (*äv. bildl.*) **-artad** [-a:r-] *a5* avalanche-like, ... like wildfire; *en* ~ *utveckling* an explosive development

lavoar [-ɷ'aːr, ˣlavv-] *s3* wash-stand
lavyr *s3, se lavering*
lax *s2* salmon; *en glad* ~ a lively spark
lax|ativ *s7* purgative; laxative, aperient **-era** take an aperient (*etc.*) **-ermedel** *se -ativ*
lax|fiske salmon-fishing **-färgad** salmon-coloured(-pink) **-stjärt** *snick.* dovetail **-trappa** salmon-ladder **-öring** salmon trout
layout [läj'aut] *s3* layout **-man** layout man
le *log lett* smile (*åt* at); *lyckan log mot dem* fortune smiled on them
lebeman ['leː-] man about town, roué
lecitin *s4, kem.* lecithin
1 led *s3* **1** (*väg o.d.*) way, track; (*riktning*) direction **2** (*far-*) passage, channel; (*rösad*) [mountain] track, trail, footpath
2 led 1 *s3, anat.* joint; (*finger-, tå- äv.*) phalanx; *darra i alla ~er* tremble in every limb; *dra en arm i* ~ [*igen*] put an arm back into joint; *gå ur* ~ get dislocated; *känna sig ur* ~ feel out of sorts; *ur* ~ *är tiden* the time is out of joint **2** *s7, s4* (*länk*) link (*äv. bildl.*); (*etapp*) stage; (*i ekvation*) term, side; (*beståndsdel*) part, element; (*rad av pers.*) row, line; *mil.* rank; *ingå som ett* ~ *i* be a component (part) of (an element in); *de djupa ~en* the rank and file of the people, the masses; *en man i* (*ur*) *~et* a common soldier; *stå i främsta ~et* be in the front rank (*bland* of) **3** *s3, s7* (*släkt-*) generation; degree; line; *språkv.* element; *i rätt nedstigande* ~ in a direct line (*från* from)
3 led *a1* **1** (*trött*) tired (sick, weary) [to death] (*på, vid* of); *vard.* fed up (*på, vid* with) **2** *den ~e* the Evil One **3** (*elak*) wicked, evil
4 led *imperf av 1, 2 lida*
1 leda *s1* (*avsmak*) disgust; (*motvilja*) repugnance; (*vedervilja*) loathing; (*trötthet*) weariness; *känna* ~ *vid* feel disgust at; *få höra* [*ända*] *till* ~ hear till one is sick to death of it
2 leda *v1* (*böja i leden*) bend ... [at the joint], flex; ~ *mot* be articulated to; *~d axel* (*tekn.*) articulated shaft
3 leda *v2* **1** (*föra*) lead; (*väg-*) guide; *fys. o. elektr.* conduct **2** (*om dörr, väg o.d.*) lead, go, take one; ~ *till a*) *allm.* lead to, *b*) (*medföra*) bring about, *c*) (*ge upphov t.*) give rise to, bring on **3** (*anföra*) conduct; (*affärsföretag*) manage, direct, be in charge of; (*anfall*) lead; ~ *förhandlingarna* be in the chair, preside **4** ~ *sitt ursprung från* trace one's (its) origin from (back to), originate from **5** (*med beton. part.*) ~ *bort* lead off, (*vatten, ånga o.d.*) carry off; ~ *in vatten* lay on water; ~ *in samtalet på* turn the conversation on to
ledad *a5, se 2 leda*
ledamot *-en ledamöter* member; (*av lärt sällskap*) fellow; *ständig* ~ life-member
ledande *a4* leading; (*t.ex. princip äv.*) guiding, ruling; *fys.* conductive; *de* ~ *inom* the leaders of, those in a leading position within; *i* ~ *ställning* in a leading (key, prominent) position
ledar|begåvning gift as a leader; *pers.* brilliant leader **-e 1** *pers.* leader; (*väg-*) guide, conductor; (*företags-*) manager, executive, director, head, principal, *Am.* president; (*idrotts-*) manager, organizer **2** *fys.* conductor (*för* of) **3** (*tidningsartikel*) leader, editorial **-egenskaper** qualities of leadership **-gestalt** *en* ~ a born leader **-hund 1** (*i hundspann*) leader-dog **2** (*för blinda*) guide dog, blind dog **-inna** [woman *etc.*] leader **-plats 1** (*ngns*) position as a leader **2** (*i tidning*) *på* ~ in the leader (editorial) column **-skap** *s7* leadership; (*för företag*) managership **-skribent** leader-writer **-spalt** leader-column **-stick** *ung.* subsidiary leader, **-ställning** *vara i* ~ be in a leading position (at the head), hold the lead
ledas *v2, dep* (*känna leda*) be (feel) bored (*åt* by; *ihjäl* to death)
ledband (*koppel*) leading-strings (*pl*); *gå i* ~ be in leading-strings; *gå i ngns* ~ be led by the nose by s.b.
ledbar [-eː-] *a1* jointed; (*böjlig*) flexible
led|brosk *anat.* articular cartilage **-bruten** stiff in the (one's) joints **-djur** arthropod
ledfyr *sjö.* leading light; beacon (*äv. bildl.*)
ledgångsreumatism rheumatoid arthritis
ledig *a1* **1** (*lätt o.* ~) easy; (*om hållning, rörelse o.d.*) free, effortless, unhampered; (*om sätt att vara*) free and easy; *en* ~ *gång* an agile (easy) gait; *en* ~ *handstil* a flowing hand[writing]; *ett ~t uppträdande* an easy manner, free and easy manners (*pl*); *känna sig* ~ *i kläderna* feel at one's ease (feel easy) in one's clothes; *skriven i* ~ *stil* written in a natural style; *~a!* (*mil.*) [stand] at ease! **2** (*ej upptagen, om pers.*) free, at leisure; (*sysslolös*) idle, unoccupied; (*om t.ex. kapital*) idle, uninvested; (*om sittplats o.d.*) unoccupied; (*om tjänst o.d.*) vacant; (*att tillgå*) available; (*om taxi*) disengaged, (*på skylt*) vacant, (*på taxi*) for hire; *bli* ~ *a*) (*från arbetet*) get (be let) off [work, duty], *b*) (*få semester*) get one's holiday, *c*) (*om hembiträde*) have her evening out; *~a platser* vacancies; *på ~a stunder* in [one's] leisure (spare) moments (time) **-förklara** declare ... vacant, announce (advertise) ... as vacant **-het 1** (*i rörelser*) freedom, ease; (*i uppträdande*) easiness, ease of manner **2** (*från arbete*) time off [work, duty]; (*semester*) holiday, *Am.* vacation; (*ledig tid*) free (spare) time, leisure **-hetskommitté** *tillhöra ~n* (*vard.*) be a member of the leisured classes **-hetstid** leisure time **-t** *adv* **1** easily *etc., se ledig*; *röra sig* ~ move with ease; *sitta* ~ (*om kläder*) fit comfortably; *tala* ~ be a fluent speaker; *du hinner* ~ you get there in time easily; *vi får* ~ *plats i bilen* we'll have an empty (a free) seat in the car **2** *få* (*ge, ha, ta*) ~ get (give, have, take) time off; *ta sig* ~ *några dagar* take a few days off
ledkapsel *anat.* joint-capsule
ledljus guiding light
ledlös jointless; (*friare*) loose-jointed
led|motiv *mus.* leitmotif, recurrent theme; *bildl.* leading (guiding) principle **-ning** [-eː-] **1** (*väg-*) guidance; (*-tråd*) clue, lead (*till* to); (*skötsel*) management, conduct, direction; (*krigs-*) [war-]command; *fys.* conduction; *sport.* lead; *ta ~en* (*äv. sport.*) take the lead; *överta ~en av* take charge of; *med* ~

av guided by, with the aid of; *med ~ av dessa upplysningar* on the basis of this information; *till ~ för* for the guidance of; *under ~ av* under the guidance (*etc.*) of **2** *konkr.*, *~en* the managers (directors) (*pl*), the management, (*för parti*) the leaders (*pl*), *mil.* the commanders (*pl*) **3** *elektr.* wire, line, cable; (*rör-*) pipe, conduit, duct; *dragning av elektriska ~ar* electric wiring **-ningsbrott** *tel.* line breakdown **-ningsförmåga** conductivity **-ningsmotstånd** line (conductor) resistance **-ningsnät** electric supply mains; (*högspännings-*) distribution system **-ningsstolpe** pylon, telegraph pole **-ningstråd** electric wire

ledsaga *v1* accompany; (*beskyddande*) escort **-re** *se följeslagare*

ledsam [*vanl.* ˣlessam] *a1* **1** (*tråkig*) boring, tiresome, tedious **2** (*sorglig*) sad; *det var ~t!* how sad!, I am so sorry! **3** (*obehaglig*) disagreeable, unpleasant; (*förtretlig*) annoying; *en ~ historia* a disagreeable (sad) story **-het** boringness *etc.*; boredom; *få ~er för* have trouble on account of; *råka ut för ~er* meet with unpleasantness; *här vilar inga ~er!* not a dull moment here!

ledsen [ˣlessen] *a3* sorry (*för, över* about); (*bedrövad*) grieved (*för, över* at, about); (*olycklig*) unhappy (*för, över* at, about); (*sorgsen*) sad (*över* about); (*förargad*) annoyed, angry (*för, över* at; *på* with); *jag är mycket ~ över* I am very sorry about, I deeply regret; *var inte ~!* don't be sad!, cheer up!; *han är inte ~ av sig* he doesn't let anything get him down

ledskena guide-rail

ledsna [ˣlessna] get (grow) tired (*på* of); *ha ~t på ngn* (*ngt*) have had enough of (be fed up with) s.b. (s.th.) **-d** [ˣless-] *s3* (*bedrövelse*) sorrow, distress, grief (*över* at); *med uppriktig ~* with sincere regret

ledstjärna lodestar, guiding star

ledstyv stiff-jointed

led|stång handrail; bannister[s *pl*] **-syn** *med.* locomotor vision; *han har ~* he can only just see his way about **-tråd** clue

ledung *s2, hist.* maritime (predatory) raid

leende I *a4* smiling; (*natur o.d. äv.*) pleasing; *vänligt ~* with a kindly smile; *lev livet ~!* keep smiling! **II** *s6* smile

1 lega *s1* (*rävs*) lodge; (*hares*) form, repair; (*björns*) cache

2 lega *s1, jur.* hire; (*lejning*) hiring, hire

legal *a1* legal **-isera** legalize **-isering** legalization **-itet** legality

1 legat *s3* (*sändebud*) legate

2 legat *s7, jur.* legacy, bequest **-ion** legation **-ionssekreterare** Secretary of (to) [a] Legation

3 legat [ˣle:-] *sup av ligga*

legend *s3* legend **-arisk** *a5* legendary **-artad** [-a:r-] *a5* like a legend **-bildning** *abstr.* legend-making(-creation); *konkr.* legend **-omspunnen** legendary

leger|a *v1* **-ing** *s2* alloy

legio ['le:-] *oböjl. a pl, de är ~* their number is legion **-n** [-gi'ɑ:n] *s3* legion **-När** *s3* legionary [soldier]

legitim *a1* legitimate **-ation** identification; (*för yrkesutövning*) authorization, certification; *mot ~* upon identification, on proof of identity **-ationskort** identity card **-era** **1** legitimate, legitim[at]ize; *~d* legitimated *etc.*, (*om läkare*) registered, fully qualified, authorized, (*om apotekare*) certifi[cat]ed; *~ sig* prove (establish) one's identity, identify o.s.

lego|arbete piece work **-soldat** mercenary [soldier] **-trupper** mercenary troops

leguan *s3, zool.* iguana

legymer *pl* vegetables

leidnerflaska [ˣlejjd-] Leyden jar

leja [ˣlejja] *v2* engage, hire; *sjö. äv.* charter

lejd *s3* safe-conduct

lejdare 1 *sjö.* ladder **2** *gymn.* rope-ladder

lejon [ˣlejjån] *s7* lion; *en men ett ~!* one, but what a one! **-gap** *bot.* snap-dragon **-grop** lion's den **L~hjärta** *Rikard ~* Richard Cœr de Lion ([the] Lion-heart) **-inna** lioness **-klo** *visa ~n* (*bildl.*) show one's mettle **-parten** the lion's share **-tämjare** lion-tamer **-unge** lion cub

lek *s2* **1** game; (*-ande*) play (*med dockor* with dolls), playing (*med döden* with death); (*t.ex. kattens ~ med råttan*) toying, dallying; *~ och idrott* games (*pl*); *en ~ med ord* playing with words; *den som sig i ~en ger får ~en tåla* once you start you must take the consequences; *på ~* in play; *vara ur ~en* be out of the game (the running) **2** (*fiskars*) spawning; (*fåglars*) pairing, mating **3** (*kort-*) pack [of cards] **-a** *v3* **1** play (*en lek* [at] a game); (*friare o. bildl. äv.*) toy, dally; *~ med döden* (*äv.*) treat death lightly; *~ med ngns känslor* trifle with a p.'s feelings; *livet -te för henne* life was a game for her; *inte att ~ med* not to be trifled with; *han är inte att ~ med* (*äv.*) he won't stand any nonsense; *vara med och ~* join in [the game] **2** (*om fiskar*) spawn; (*om fåglar*) pair, mate

lekam|en *r* body **-lig** [-a:-] *a1* bodily; corporeal; *~en* bodily *etc.*, in the body

lek|ande *a4*, *~ lätt* as easy as winking **-boll** *bildl.* plaything, toy **-dräkt 1** (*fisks*) spawning-array **2** (*barns*) playsuit; rompers (*pl*) **-full** playful (*äv. bildl.*), full of fun **-kamrat** playmate, playfellow

lekman layman; (*ej fackman*) non-professional, amateur **-namässig** *a1* lay; amateur

lek|mogen (*om fisk*) ... ready to spawn, mature **-plats** playground **-sak** toy **-saksaffär** toy-shop **-saksbil** toy (model) car **-saksdjur** toy animal **-skola** nursery school, kindergarten **-stuga** play-hut(-house) **-tid** (*fisks, fågels*) spawning (*etc.*) time (season); *jfr -a 2*

lektion [-k'ʃɑ:n] lesson; *ge ~er i* give lessons in; *ta ~er för ngn* have lessons with (from) s.b.

lektor [ˣlekktår, 'lekk-] *s3* (*vid läroverk*) senior master; *univ.* lecturer; *~ i engelska* senior master of English **-at** *s7* (*vid läroverk*) post as senior master; *univ.* lectureship

lekt|ris [woman] reader **-yr** *s3* reading [-matter]; things to read (*pl*) **-ör** (*manuskriptläsare*) [publisher's] reader

lekverk *det är ett ~ för mig* it is child's play (a simple matter) for me

lem [lemm] *s2* limb **-lästa** maim, mutilate; (*göra ofärdig*) cripple, disable
lemonad *s3* lemonade
len *a1* **1** (*mjuk*) soft; (*slät*) smooth **2** (*om ljud o.d.*) bland (*röst* voice) **-a** soothe, (*i halsen* the throat)
leopard [-a:-] *s3* leopard **-hona** leopardess
ler|a *s1* clay; (*sandig*) loam; (*dy*) mud; *bränd* ~ fired clay; *eldfast* ~ fire-clay; *hänga ihop som ler och långhalm* stick together through thick and thin **-botten** (*i sjö*) clayey bottom **-duva** clay pigeon **-duveskytte** clay-pigeon shooting **-fötter** *i uttr.: en koloss på* ~ a colossus with feet of clay **-gods** earthenware, pottery **-golv** earth (mud) floor **-gök** toy ocarina **-ig** *a1* clayey, loamy; (*om t.ex. väg*) muddy **-jord** clay[ey] soil **-krus** stone (earthenware) jar **-kärl** earthen[ware] vessel; *koll.* earthenware, crockery, pottery **-skärva** *arkeol.* potsherd **-välling** mass (sea) of mud
leta search, hunt, look (*efter* for); ~ *efter ord* be at a loss for words; ~ *i minnet* cast about in (ransack) one's memory; ~ *igenom* search, ransack; ~ *reda på* try to find; ~ *upp* hunt up; ~ *ut* pick out; ~ *sig fram* find (make) one's way
letal *a1* lethal; mortal
letargi *s3* lethargy **-sk** [-'tarr-] *a5* lethargic
1 lett *s3* Lett; Latvian **-isk** ['lett-] *a5* Lettish; *geogr.* Latvian **-iska** ['lett-] *s1* **1** (*språk*) Lettish **2** (*kvinna*) Lettish woman **Lettland** ['lett-] *n* Latvia
2 lett *sup av le*
leukemi [levke'mi:] *s3*, *med.* leukaemia
lev|a *v2*, *sup äv.* *-at* **1** live; (*existera*) exist, be in existence; ([*ännu*] *vara vid liv*) be alive; (*kvar-*) survive; (*väsnas*) be noisy, make a noise; ~ *ett glatt liv* lead a gay life; *så sant jag -er!* as sure as I stand here!; *-e konungen!* long live the King!; *-e friheten!* Liberty for ever!; *den som -er får se* he who lives will see; *ja, må han* ~ (*ung.*) for he is a jolly good fellow; *om jag får* ~ *och ha hälsan* if I am spared and keep well; *om han hade fått* ~ if he had lived; ~ *högt* live sumptuously; *hur -er världen med dig?* how is the world treating you?; ~ *som man lär* practise what one preaches; ~ *som var dag var den sista* take thought for the morrow; *låta ngn veta att han -er* give s.b. a hot time [of it]; ~ *i den tron att* be under the impression that; ~ *kvar* live on, survive, exist still; ~ *med a*) (*i skildring o.d.*) take a great interest in, *b*) (*i stora världen*) go [out] into society, be a man (*etc.*) of fashion; ~ *om a*) (*sitt liv*) live ... over again, re-live, *b*) (*svira*) lead a fast life, be a fast liver; ~ *på* live [up]on, (*om djur*) feed on; ~ *på stor fot* live in great style; ~ *upp a*) (*förmögenhet*) run through, use up, *b*) (*på nytt*) revive; ~ *vidare* go on living **2** (*om segel*) flap, slap, shake **3** ~ *sig in i* enter into (*ngns känslor* a p.'s feelings) **-ande** *a4* **1** living; animate (*väsen* being); (*predik. om pers.*) alive; (*mots. död, uppstoppad, slaktad e.d.*) live; (*livfull*) lively (*hopp* hope); (*livlig*) vivid (*skildring* description); (*om t.ex. porträtt*) lifelike; *en* ~ *avbild av* the very image of; ~ *blommor* real (natural) flowers; ~ *djur* living animals; ~ *eld* burning fire; ~ *ljus* lighted candles; *teckna efter* ~ *modell* draw ... from life; *ett* ~ *exempel på* a living example of; *ett* ~ *intresse för* a living (live) interest in; ~ *kraft* (*fys.*) kinetic energy; *på ett* ~ *sätt* in an animated (a vivid) way; *som föder* ~ *ungar* viviparous; *inte en* ~ *själ* not a [living] soul **2** *inte veta sig ngn* ~[*s*] *råd* be at one's wits ends; *inte få ngn* ~[*s*] *ro* get no peace anywhere **-andegöra** make lifelike (live)
levang [*le:-] deck brush
Levanten *n* [the] Levant **levantinsk** [-i:-] *a5* Levantine
leve *s6* cheer; viva[t]; *ett fyrfaldigt* ~ *för!* four (*Eng.* three) cheers for!
levebröd livelihood, living
lever ['le:-] *s2* liver
leverans [-ans, -aŋs] *s3* **1** (*tillhandahållande*) furnishing, supplying (*av* of); (*avlämnande*) delivering, delivery **2** *konkr.* delivery; goods delivered (*pl*); (*sändning*) consignment **-avtal** delivery agreement **-dag** day of delivery **-förmåga** ability to deliver **-klar** ready for delivery **-tid** time (date) of delivery, delivery date **-villkor** terms (conditions) of delivery
lever|antör [-an-, -aŋ-] supplier, deliverer; contractor; (*livsmedels-*) purveyor **-era** (*tillhandahålla*) supply, furnish; (*avlämna*) deliver; *fritt* ~*t* carriage-free
lever|fläck mole; birthmark **-korv** liver sausage
leve|rne *s6* **1** (*levnadssätt*) life; *hans liv och* ~ his life [and way of living] **2** (*oväsen*) hullabaloo **-rop** cheer
lever|pastej liver paste **-sjukdom** liver complaint, hepatic disease **-tran** cod-liver oil
levit *s3* Levite
levnad [-e:-] *s3* life
levnads|bana career **-beskrivning** biography; curriculum vitæ **-förhållanden** *pl* conditions of living; circumstances **-glad** [high-]spirited, light-hearted, buoyant **-konstnär** adept in the art of living, s.b. who gets the best out of life **-kostnader** *pl* cost of living (*sg*), living costs **-kostnadsindex** cost-of-living index **-lopp** life-span; *ngns* ~ [the course of] a p.'s life **-regel** rule of conduct **-standard** standard of living **-sätt** manner (way) of living (life) **-tecknare** biographer **-trött** weary of life **-vanor** *pl* habits (ways) of life (living) **-villkor** *pl* conditions of life **-år** year of life
levra [-e:-] *rfl* coagulate, clot; ~*t blod* clotted blood, blood clot, gore
lexik|alisk *a5* lexical **-ograf** *s3* lexicographer **-on** ['lekksikån] *s7*, *pl äv.* *-a* dictionary; (*för dött språk vanl.*) lexicon
lian *s3* liane, liana
libanes *s3* **-isk** *a5* Libanese **Libanon** ['li:-ån] *n* Lebanon
liberal I *a1* liberal **II** *s3*, *polit.* Liberal **-isera** liberalize **-isering** liberalization **-ism** liberalism **-istisk** *a5* liberalist[ic] **-itet** liberality
librett|ist librettist **-o** [-'bretto] *s9*, *s7* libretto
Libyen ['li:-] *n* Libya **liby|er** ['li:-] *s9* **-sk** ['li:-] *a5* Libyan

licens *s3* licence; permit **-ansökan** application for a licence **-avgift** licence-fee **-era** licence **-innehavare** licencee, licence-holder

licentiat [-nsi-] licentiate; *filosofie* ~ (*ung.*) master of arts, doctor of philosophy; *medicine* ~ (*ung.*) bachelor of medicine **-avhandling** licentiate[-examination] treatise **-examen** licentiate examination

1 lid|a *led -it, tiden -er* time is getting on, time is passing; *det -er mot kvällen* it is getting [on] towards evening, night is drawing on; *det -er mot slutet med honom* his life is ebbing out, his life is drawing towards its close; *vad det -er* sooner or later, (*så småningom*) by and by

2 lid|a *led -it* **1** (*utstå*) suffer; (*uthärda*) endure; (*drabbas av*) sustain, incur; ~ *brist på* be short of; ~ *skada* (*äv.*) be injured (damaged), take harm, (*om pers.*) be hurt **2** (*pinas*) suffer (*av* from); (*ha plågor*) be in pain **3** (*tåla*) bear, stand, endure **-ande I** *s6* suffering **II** *a4* suffering (*av* from); afflicted (*av* by); *bli* ~ *på* be the loser by (from), lose by

lidelse passion **-fri** dispassionate, passionless **-full** passionate; impassioned (*tal* speech) **-fullhet** passion; (*glöd*) enthusiasm, fervour, vehemence

lider ['li:-] *s7* shed

liderlig *a1* lecherous, lewd **-het** lechery, lewdness

lidit *sup av 1, 2 lida*

lie [ˣli:e] *s2* scythe **-mannen** the grim reaper, Death

liera *rfl* ally o.s. (*med* to, with) **-d** *a5* allied, connected

lifta hitch-hike **-re** hitch-hiker

liga *s1* **1** (*förbrytarband*) gang, set **2** *sport.* league **3** *hist.* league, [con]federation **-match** *sport.* league match

ligament *s7, anat.* ligament

ligatur *boktr.* ligature

ligg|a *låg legat* **1** (*om levande varelser*) lie, be lying [down]; (*befinna sig, vara*) be (*på sjukhus* in hospital); *bildl.* be; ~ *och läsa* lie reading, read in bed; ~ *och sova* be asleep (sleeping); *han -er redan* he is in (has gone to) bed; ~ *länge på morgnarna* he lies (stays) in bed late of a morning, he gets up late; ~ *för döden* be dying, be at death's door; ~ *i underhandlingar* be engaged in negotiations; ~ *på ägg* brood, sit on eggs; ~ *vid universitet* be at the university **2** (*om sak o. bildl.*) lie, be; (*vara belägen, i sht geogr.*) be [situated]; *kyrkan -er vid vägen* the church stands (is) at the roadside; *var skall huset* ~? where will the house be built?; *åt vilket håll -er skolan?* in which direction is the school?; *-er alldeles härintill* is quite near (close to) here; *häri -er skillnaden* this is where the difference lies; *avgörandet -er hos mig* the decision lies (rests) with me; *det -er i sakens natur* it is in the nature of the case; *det -er i blodet* (*släkten*) it runs in the blood (family); ~ *på ngt* keep [possession of] (*vard.* sit tight on) s.th. **3** (*med beton. part.*) ~ *av sig* get out of practise (form), *vard.* get rusty; ~ *bi* (*sjö.*) lie to (by); ~ *efter a*) (*vara på efterkälken*) be behind (in arrears), *b*) (*ansätta*) press; *det -er inte för mig* it is not in my line, it does not come natural to me; ≃ *i a*) *eg. bet.* be in (*vattnet* the water), *b*) *bildl.* stick at it, keep on (*o. arbeta* working); ~ *kvar över natten* stay the night; ~ *nere* be at a standstill; *solen -er på här hela eftermiddagen* we get the sun here the whole afternoon; *vinden -er på* the wind is driving at us (*etc.*); *hur -er saken till?* how does the matter stand?; *så -er det till* those are the actual facts, that is how things are; ~ *under* (*bildl.*) be inferior to; ~ *över a*) (*övernatta*) stay the night (overnight), *b*) (*vara överlägsen*) be [the] superior **-ande** *a4* lying; reclining, recumbent (*ställning* position); *en avsides* ~ *plats* an out--of-the-way spot (*etc.*); *den närmast till hands* ~ *förklaringen* the explanation nearest to hand; *djupt* ~ (*äv.*) deep-lying, (*om ögon*) deep-set; *bli* ~ (*bli kvar*) be left [lying] **-are** register; *bokför. äv.* ledger **-dags** bedtime **-edagar** lay-days **-edagspengar** demurrage (*sg*) **-plats** berth **-sjuk** *som en* ~ *höna* like a broody hen **-soffa** *ung.* bed--sofa **-stol** lounge-chair; deck-chair **-sår** bedsore **-vagn** (*barnvagn*) perambulator; *vard.* pram

ligist hooligan **-dåd** [act of] hooliganism; (*friare*) wanton destruction, vandalism

liguster *s2, bot.* privet

1 lik *s7* **1** corpse; [dead] body; *blek som ett* ~ deathly pale; *stå* ~ lie laid out; *segla med* ~ *i lasten* (*bildl.*) be doomed to failure; *ett* ~ *i lasten* (*hand.*) a dead loss, dead weight, a dud line **2** *boktr.* out, flag

2 lik *s7, sjö.* leech; (*tross*) bolt-rope

3 lik *a5* like; (*om två el. flera*) alike; (*-nande*) similar; (*i storlek, värde e.d.*) the same; *identiskt* ~*a* identical[ly alike]; *vi är alla* ~*a inför lagen* all men are equal in the eye of the law; ~*a barn leka bäst* like draws to like, birds of a feather flock together; *porträttet är mycket* ~*t* the portrait is a very good likeness; *han är sig inte* ~ he is not at all himself; *du är dig då* ~! that's just like you! **-a I** *oböjl. a* (*i storlek, värde e.d.*) equal (*med* to); (*likvärdig*) equivalent; (*identiskt* ~) identical; *är* ~ *med* is equal to (the same as); *två plus tre är* ~ *med fem* two plus three makes five; *tillsätta* ~ *delar av* add ... in equal portions; ~ *mot* ~ measure for measure; *30* ~ (*tennis.*) 30 all **II** *adv* in the same way (manner) (*som* as); (*jämnt; i samma grad o.d.*) equally; ~ ... *som* just as ... as, (*både ... och*) both ... and; *klockorna går inte* ~ the clocks don't keep the same time; ~ *bra a*) just as good (*förklaring* an explanation), *b*) (*sjunga* sing) as well (*som någonsin* [as ever]); *i* ~ [*hög*] *grad* to the same extent, equally; ~ *många som vanligt* [just] as many as usual, the usual number; *de är* ~ *stora* they are the same (are equal in) size, (*om abstr. förhållanden*) they are equivalent (equally great *etc.*)

lika|berättigad *vara* ~ have equal rights, be of equal standing (*med* with) **-berättigande** *s6* equality of status (rights) **-dan** *a5* of the same sort (kind); *de är precis* ~*a* they are exactly alike (just the same, all of a piece)

-dant *adv* the same **-fullt** nevertheless, all the same **-ledes** likewise, similarly **-lydande** *a4* of identical (the same) wording (tenor); *i två ~ exemplar* in two identical copies **-lönsprincipen** the principle of equal pay
likare standard; gauge
likartad [-a:r-] *a5* similar in character (nature) (*med* to), similar
lika|sinnad *a5* like-minded, of the same way of thinking **-så** also; *jfr -ledes* **-väl** just as well (*som* as)
likbegängelse [-jäŋ-] funeral [ceremony]; obsequies (*pl*)
likbent [-e:-] *a4, geom.* isosceles
lik|besiktning post-mortem examination **-bil** motor hearse **-bjudarmin** funereal expression, gloomy mien **-blek** ghastly (deathly) pale, livid **-bärare** [coffin-]bearer
lik|e *s2* equal; *söka sin ~* be without an equal, be unequalled (unmatched); *en ... utan ~* an unparalleled (unprecedented) ... **-formig** [-å-] *a1* uniform; (*alltigenom ~*) homogeneous; *geom.* similar (*med* to)
lik|färd funeral procession **-förgiftning** cadaverous poisoning
likgiltig 1 indifferent (*äv. om sak*); (*betydelselös*) unimportant, insignificant, trivial; *det är mig fullständigt ~t* it is all the same (makes no difference [whatever]) to me **2** (*ointresserad*) indifferent (*för* to); (*liknöjd*) listless, apathetic; impassive **-het 1** (*saks*) unimportance, insignificance **2** (*brist på intresse*) indifference (*för* to); listlessness, apathy
likhet [-i:-] resemblance, similarity (*med* to); (*porträtt-*) likeness; (*fullständig*) identity (*med* with); *~ inför lagen* equality before the law; *äga en viss ~ med* have (bear) a certain resemblance to; *i ~ med* in conformity with, on the lines of, (*liksom*) like
likhetstecken sign of equality, equals sign
lik|kista coffin; *Am. äv.* casket **-lukt** smell of death
lik|mätigt [-i:-] *sin plikt ~* pursuant of (in pursuance of) one's duty **-na** [-i-] **1** (*vara lik*) resemble, be like; look like **2** (*jämföra*) compare (*vid* to) **-nande** [-i:-] *a4* similar; ... *eller* (*och*) *~* ... or (and) the like; *av ~ slag* [of a] similar [kind]; *eller ngt ~ namn* or some name of the sort (some such name); *på ~ sätt* in much the same (a similar) way, similarly **-nelse** [-i:-] *bibl.* parable; (*bildlig jämförelse*) simile, metaphor; *tala i ~r* speak in metaphors (*bibl.* parables) **-nöjd** indifferent; *jfr -giltig* **-rikta** *elektr.* rectify; (*friare*) unify; standardize; *~d opinion* regimented opinion **-riktare** *elektr.* rectifier **-riktning** *elektr.* rectification; (*friare*) regimentation, standardization **-sidig** *a1* equilateral **-som** ['li:k-] **I** *konj* like; (*ävensom*) as well as; (*~ om*) as if **II** *adv* as if; (*så att säga*) as it were, so to say; *jag ~ kände på mig* I somehow (*vard.* sort of) felt
likstelhet *läk.* rigor mortis
lik|ström direct current (*förk.* D.C.) **-ställa** place on an equal footing (a level) (*med* with) **-ställd** *a5* equal, of the same standing; *vara ~* rank equal, be on a par **-ställdhet -ställighet** equality
lik|tal funeral sermon (oration) **-torn** [-ɷ:-] *s2* corn **-tornsplåster** corn-plaster
lik|tydig *a1* synonymous (*med* with), equivalent in meaning (*med* to); (*friare*) tantamount (*med* to) **-tänkande** *a4* of the same way of thinking
lik|vagn hearse **-vaka** vigil by a corpse before burial, wake
likvid I *s3* payment (*för* of, for); (*insänd ~*) remittance; *full ~* payment in full; *som ~ för Er faktura* in settlement of your invoice **II** *a1, n sg obest. f. undviks* liquid, available; (*om ställning*) solvent; *~a medel* ready money, cash (*sg*); liquid funds (assets)
likvida ['li:k-] *s1, språkv.* liquid
likvid|ation liquidation; (*bolags äv.*) winding up; *träda i ~* go into liquidation **-era 1** (*avveckla*) liquidate, wind up **2** (*betala*) liquidate, settle, discharge **3** (*upplösa*) eliminate; (*döda*) liquidate **-itet** liquidity; (*firmas äv.*) solvency
likvinklig *a1* equiangular
lik|väl ['li:k-, -'vä:l] nevertheless; all the same **-värdig** *a1* equivalent (*med* to); of equal value (importance) **-värdighet** equivalence
likör liqueur; *är inte min ~* (*vard.*) is not my cup of tea
lila ['li:-, ˣli:-] *s1 o. oböjl. a* lilac, mauve
lilj|a *s1* lily **-ekonvalje** lily of the valley **-evit** lily[-white] **-växt** lilywort
lill|a *a, best. f. sg* (*jfr liten*) small; little; *barn ~!* my dear cild!; *minsta ~ bidrag* the smallest contribution; *det ~ jag äger* what little I possess; *hur mår den ~* (*-e*)*?* how is the (your) little girl (boy)? **-an** *s, best. f. sg* the little girl in the family **-asyster** our (*etc.*) little sister **-ebror** *jfr -asyster* **-en** *se -an* **-eputt** *s2, s3* Lilliput[ian]; dwarf, pygmy **-finger** little finger **-gammal** precocious **-slam** *s2, kortsp.* little slam **-tå** little toe
lim [limm] *s7* glue **-färg** distemper
limit *s3, hand.* limit; (*högsta el. lägsta pris*) maximum (minimum) price **-era** limit
lim|ma glue; (*papper, väv o.d.*) size; (*mur*) lime **-ning** (*-mande*) gluing *etc.*; *gå upp i ~en* (*vard.*) fly off the handle
limnolog limnologist **-i** *s3* limnology
limousin [-mɷ'si:n] *s3* saloon, sedan
limpa *s1* **1** ryemeal bread, loaf **2** *en ~ cigarretter* a carton of cigarettes
lim|panna gluepot **-ämne** glue-stock; (*för papper o.d.*) sizing agent
lin *s4* flax
lin|a *s1* rope; (*smalare*) cord; (*stål-*) wire; *sjö.* line; *löpa ~n ut* (*bildl.*) keep on to the bitter end, go the whole hog; *visa sig på styva ~n* (*bildl.*) show off **-bana** [aerial] ropeway (cableway); (*för skidåkare*) ski-lift
lin|beredning flax-dressing **-blå** flax-blue
lind *s2* lime[-tree]; *Am.* linden, basswood
linda I *s1* swaddling-clothes (*pl*); *i sin ~* (*bildl.*) in its infancy, in its initial stage; *kväva ... i sin ~* (*bildl.*) nip ... in the bud **II** *v1* **1** *allm.* wire, tie (*omkring* round); (*slingra*) twine; *~ in* wrap up (*äv. bildl.*), envelop; *~ upp* unwind; *~ upp på* (*t.ex. rulle*) wind on to **2** *läk.* bind up, bandage **3** (*barn*) wrap ... in swaddling-clothes, swaddle

lindans|are -erska tight-rope walker (dancer)
lind|ebarn baby (infant) in arms **-ning** *tekn.* winding
lindr|a (*mildra*) mitigate, appease; (*lugna*) soothe, mollify; (*nöd o.d.*) alleviate, relieve **-ig** *a1* (*obetydlig*) slight; (*ej svår*) light; (*mild*) mild; (*human*) easy; (*om straff o.d.*) lenient **-igt** *adv* slightly *etc.*; *~t sagt* to put it mildly; *slippa ~t undan* get off lightly **-ing** mitigation, appeasement; (*förbättring*) amelioration; (*av t.ex. straff*) reduction (*i* of); (*lättnad*) relief (*för* to, for)
line|arritning [line×a:r-] linear drawing **-är** *a1* linear
lin|frö flax-seed; *kem., med.* linseed **-garn** linen thread
lingon [-ån] *s7* cowberry, red whortleberry; *inte värd ett ruttet ~* not worth a straw **-ris** cowberry (*etc.*) twigs (*pl*)
lingul flax-coloured; (*om hår*) flaxen
lingvist [-ŋ(g)v-] linguist **-ik** linguistics (*pl*)
linhårig flaxen-haired
liniment *s7* liniment, embrocation
linjal *s3* ruler
linje ['li:n-] *s5* line; (*buss- o.d. äv.*) route, service; *mil. äv.* rank; *skol. o.d.* side, stream; *rät ~* straight line; *den slanka ~n* the slender figure; *~ 4* Nr. 4 buses (trams *etc.*) (*pl*); *uppställa ... på ~* (*mil.*) draw up ... in line, line up; *över hela ~n* (*bildl.*) all along the line **-buss** long-distance bus **-domare** *sport.* linesman **-fart** liner traffic **-fartyg** liner **-fel** *tekn.* line disturbance **-ra 1** *~* [*upp*] rule; *~t papper* ruled (lined) paper **2** (*stå på linje*) range **-rederi** shipping line, liner company **-regemente** line regiment **-ring** [-'je:-] ruling **-skepp** line-of-battle ship **-spel** lines (*pl*), line pattern **-trafik** intercity (interurban) traffic **-trupper** line troops **-val** *skol.* choice of line **-väljare** *tel.* series telephone set
linjär *a1* linear
linka limp, hobble
1 linne *s6* (*tyg*) linen; *koll.* linen
2 linne *s6* vest
linnea [-×ne:a] *s1, bot.* linnæa
linne|skåp linen cupboard (press) **-utstyrsel** (*bruds*) stock of household linen, *vard.* bottom drawer **-varor** linen goods, linens
linning band
linodling flax-growing
linoleum *s7, s9* linoleum; *hand. äv.* lino **-matta** linoleum flooring **-snitt** linoleum block, linocut
linolja linseed oil
1 lins *s3, bot.* lentil
2 lins *s3, fys., anat.* lens
lintott flaxen-haired child (person)
lip *s2, ta till ~en* start crying, *vard.* turn on the waterworks **-a** cry, sob; blubber **-sill** cry-baby
lir|a *-an -e* (*mynt*) lira (*pl* lire)
lirka work [it]; *~ med ngt* turn s.th. this way and that; *~ med ngn* coax (wheedle, cajole) s.b.
lisa *s1* relief; (*tröst*) comfort, solace; *en ren ~* a real mercy
lisma fawn, wheedle **-nde** *a4* fawning, bland; *~ tal* bland (honeyed) speech **-re** fawner; (*smickrare*) flatterer; *vard.* bootlicker
lispund lispound; *ett ~* (*ung.*) a stone
Lissabon ['lissabån] *n* Lisbon
1 list *s3* (*-ighet*) cunning, craft[iness]; (*knep*) artifice, stratagem; *kvinnans ~ övergår mannens förstånd* the female of the species is more deadly than the male
2 list *s3* (*bård*) border, edging; (*remsa*) strip; *byggn.* band, fillet; (*på fotpanel*) ledge
1 lista *s1* list (*på, över* of); *svart ~* black list; *sätta ngn på svarta ~n* blacklist s.b.; *göra upp en ~* draw up a list
2 list|a *v1, rfl, ~ sig in i* steal (sneak) into; *~ sig till ngt* get s.th. by trickery **-ig** *a1* cunning, artful, crafty **-ighet** cunningness *etc.*
listverk moulding[s *pl*]
lisös bed-jacket
lit *r, sätta* [*sin*] *~ till* put (place) one's confidence in, *vard.* pin one's faith on **-a** *~ på* have confidence in, trust [in], (*för- sig på*) depend (rely) [up]on, trust to; *det kan du ~ på!* you may depend on that!
litania [-×ni:a] *s1* litany
Litauen *n* Lithuania **litau|er** *s9* **-isk** *a5* Lithuanian
lit de parade [li: dö pa'radd] *i uttr.: ligga på ~* lie in state
liten *litet mindre minst* (*jfr äv.* **litet**) small, little; (*ytterst ~*) minute, tiny; (*obetydlig*) slight, insignificant; *~ till växten* small, short; *som ~* as a child; *när jag var ~* when I was small (a little boy *etc.*); *få en ~* have a baby; *stackars ~* poor child; *~ bokstav* small letter **-het** smallness *etc.*
liter ['li:-] *s9* litre; *Am.* liter **-butelj** litre bottle **-mått** litre measure **-vis** (*t.ex. säljas*) by the litre; (*~ efter ~*) litre by litre
litet I *adv* little; (*ngt* [*~*]) a little, somewhat, a bit; (*obetydligt*) slightly; *han blev inte ~ förvånad* he was not a little astonished; *sova ~* sleep [for] a little while; *jag är ~ förkyld* I have got a slight cold; *för ~ sedan* a little while ago; *~ var* (*till mans*) *har vi* pretty well every one of us has; *~ varstans* here and there, (*nästan överallt*) almost everywhere; *~ då och då* every now and then **II** *a, n till liten* a little, some; (*föga*) little; *det var ovanligt ~ folk där* there were unusually few people there; *vi behöver ~ blommor* we need a few flowers; *bra ~ intresse* very little interest **III** *oböjl. s* a little; something; a trifle; (*föga*) little; *~ men gott* little but good; *~ roar småbarn* anything will amuse a child, little things please little minds; *det vill inte säga ~!* that's saying a good deal!; *om än aldrig så ~* be it ever so little; *~ av varje* a little of everything
litium ['li:-] *s8, kem.* lithium
litograf *s3* lithographer **-era** lithograph **-i** *s3* lithography; *konkr.* lithograph **-isk** *a5* lithographic
littera ['litt-] *s1* [capital] letter **-t** [-'ra:t] *a1* literate
litteratur literature **-anmälan** review **-förteckning** bibliography, list of references **-historia** history of literature **-historiker** literary historian **-historisk** of the history of

literature **-hänvisning** recommended literature; *L~ar* Further Reading (*sg*) **-kritiker** literary critic

litter|atör writer, author **-är** *a1* literary; (*om pers. äv.*) of a literary turn; ~ *äganderätt* copyright

liturg *s3* minister **-i** *s3* liturgy **-isk** *a5* liturgical

1 liv *s7* **1** (*kropp*) body; ~ *och lem* life and limb; *veka ~et* the waist; *gå* (*komma*) *ngn inpå ~et* get (come) close to s.b., get to know s.b. intimately; *med ~ och själ* wholeheartedly; *till ~ och själ* to the backbone **2** (*midja*) waist; *smal om ~et* slender-waisted **3** (*klädesplagg*) bodice **4** *få sig ngt till ~s* have s.th. to eat (some food), *bildl.* be treated to s.th.

2 liv *s7* **1** (*levande, levnad, leverne*) life; (*tillvaro*) existence; *börja ett nytt ~* turn over a new leaf; *musik är mitt ~* music is what I live for; *sådant är ~et!* such is life!; *få ~ i* get some life into, (*avsvimmad*) bring ... round; *få nytt ~* get a new lease of life; *gjuta nytt ~ i* revive, resuscitate; *det gäller ~et* it is a matter of life and death; *hålla ~ i* keep ... alive (going); *sätta ~et till* lose one's life; *ta ~et av ngn* take a p.'s life, make away with s.b.; *berättelser ur levande ~et* stories from [real] life; *ett helt ~s arbete* the work of a lifetime; *leva ~ets glada dagar* (*vard.*) be having the time of one's life; *för hela ~et* for life; *frukta för sitt ~* go in fear for one's life; *inte för mitt ~!* not for the life of me!; *i hela mitt ~* all my life; *han har inte ngn släkting i ~et* he has no living relatives; *det är hopp om ~et* (*skämts.*) where there's life there's hope; *en strid på ~ och död* a life-and-death struggle; *trött på ~et* tired of [one's] life; *väcka till ~* wake to life, (*friare*) awaken [to life], arouse **2** *bildl.* life, vitality; (*kläm*) spirit, mettle; (*fart*) go; *Am. vard.* pep; *det var ~ och rörelse överallt* there was a bustling throng everywhere; *med ~ och lust* with enthusiasm, very heartily **3** (*oväsen*) commotion, row; *föra ett förfärligt ~* make (kick up) a terrible row **4** (*levande varelse*) living being; thing; *det lilla ~et!* the little darling!; *inte ett ~* not a soul **-a 1** animate, enliven; (*muntra upp*) liven (cheer) up **2** (*egga*) stimulate; (*öva pennalism*) rag, bully **-ad** *a5* **1** (*munter*) jolly, merry **2** (*hågad*) inclined (*för* for) **-aktig** *a1* lively; (*-full*) animated **-boj** life-buoy **-båt** lifeboat **-bälte** lifebelt; cork jacket; *Am.* life preserver **-dömd** *a5* sentenced to death **-egen I** *a3* in villenage (serfdom) **II** *pl -egna*, villein, serf **-egenskap** *s3* villenage, serfdom **-full** full of life (animation), vivid, vivacious **-försäkra** insure (*ngn* a p.'s life; *sig* one's life) **-försäkring** life insurance (*Engl. äv.* assurance) **-försäkringsagent** life insurance agent **-försäkringsbrev** life insurance policy **-försäkringspremie** life insurance premium **-garde** life-guard; (*truppförband*) Life Guards (*pl*) **-gardist** Life-Guardsman **-givande** *a4* life-giving; vivifying; animating; *bildl. äv.* heartening **-hanken** *vard. i uttr.: rädda ~* save one's skin

Livius ['li:-] Livy

livklädnad *bibl.* tunic

liv|lig [*li:v-] *a1* lively; (*-full*) animated, spirited; (*rörlig*) active; (*t. temperamentet*) sprightly, vivacious; (*levande*) vivid; ~ *debatt* keen debate; *röna ~ efterfrågan* meet with a keen (brisk, lively) demand; ~ *fantasi* lively (vivid) imagination; ~ *trafik* heavy (busy) traffic; *~t trafikerad gata* busy (crowded) street; ~ *verksamhet* lively (intensive) activity **-lighet** [-i:v-] liveliness *etc.*; animation; vivacity; activity **-lina** life-line **-lös** lifeless; (*död*) dead; *bildl. äv.* dull; *~a ting* inanimate things **-medikus** *best. f.* = *el. -medikusen, pl -medici* physician-in-ordinary (*hos* to) **-moder** *anat.* uterus (*pl* uteri); womb **-nära** support, maintain; feed

Livorno [-'vårr-] *n* Leghorn

livré *s4* livery **-klädd** liveried

livrem belt

liv|rädd terrified, frightened to death **-räddare** life-saver, rescuer **-räddning** life-saving **-räddningsbåt** lifeboat **-ränta** [life-] annuity

livs [liffs] *se 1 liv 4* **-andar** *ngns ~* a p.'s spirits **-avgörande** *a4* vital, of decisive importance **-bejakande** *a4* positive **-bejakelse** positive attitude to life **-duglig** capable of survival; healthy **-elixir** elixir of life **-erfaren** experienced, ... with experience of life **-erfarenhet** experience [of life] **-fara** deadly peril, danger (peril) to life [and limb]; *sväva i ~* be in mortal danger (peril) **-farlig** highly dangerous, perilous; (*om sjukdom*) grave; *~ spänning!* (*elektr.*) Danger! High Voltage **-filosofi** philosophy [of life] **-form** form of life **-föring** way of life **-förnödenheter** necessaries of life **-glädje** joy of living **-gnista** spark of life, vital spark **-intresse** chief interest in life **-kraft** vital force (power); vitality **-kraftig** vigorous, robust **-ledsagarinna** life-companion **-levande** life-like; ... in person (the flesh) **-lust** zest for life **-lång** lifelong **-längd** length (term) of life; (*t.ex. lampas*) life **-lögn** lifelong deception **-medel** *pl* provisions, food[s], foodstuffs

livsmedels|butik food shop, grocer's (grocery) [store]; (*snabbköp*) self-service shop **-försörjning** food supply [system] **-industri** food [manufacturing] industry

livs|mod will to live **-nerv** *bildl.* vital nerve **-oduglig** unfit to live **-rum** *polit.* lebensraum; living-space **-stil** way of life **-tecken** sign of life; *ge ett ~ ifrån sig* (*i brev e.d.*) be heard of **-tid** *i* (*under*) *vår ~* in our lifetime; *på* (*för*) *~* for life; *~s straffarbete* penal servitude for life

livstids|fånge prisoner serving life sentence; *vard.* lifer **-straff** life-long punishment; imprisonment for life

livstycke (*för barn*) under-bodice

livs|uppgift task (mission) in life **-verk** life's (life-)work **-viktig** vitally important, of vital importance **-vilja** will to live **-villkor** vital condition **-åskådning** view (conception) of life; philosophy

livtag *sport.* waist lock; *ta ~* apply a waist lock, *bildl.* wrestle

livvakt bodyguard

ljud [ju:d] *s7* sound (*äv.* *~et*); *inte ge ett ~ ifrån sig a*) not make a (the slightest) sound, *b*) (*tiga*) not say a single word **-a** *ljöd -it* (*språkv. v1*) sound; (*klinga*) ring; (*brusa*) peal; *det ljöd röster i trappan* voices were heard on the stairs; *ett skott ljöd* a shot rang out **-band** recording tape; *film.* sound track **-bang** *s2* sonic bang **-boj** sounding buoy **-dämpande** *a4* sound-absorbing **-dämpare** [exhaust] silencer, muffler **-effekt** sound effect **-film** soundfilm, *Am.* talkie **-härmande** *a4* sound-imitating; onomatopoe[t]ic; *~ ord* (*äv.*) imitative word **-isolera** sound-proof **-isolering** sound insulation **-it** *sup av ljuda* **-kuliss** *radio.* background sound effect **-lag** *s2* sound (phonetic) law **-lig** [-u:-] *a1* loud[-sounding]; resounding (*kyss* kiss) **-lära** *fys.* acustics (*sg*); *språkv.* phonetics (*sg*), phonology **-lös** soundless, noiseless **-signal** sound-signal **-skridning** [-i:d-] *språkv.* sound-shift[ing], consonantshift **-skrift** phonetic transcription (notation) **-styrka** sound; (*volym*) [sound] volume **-upptagning** sound recording **-vall** sound (sonic) barrier **-våg** sound-wave **-överföring** sound transmission

ljug|a [ˣju:-] *ljög -it* lie (*för* to); tell lies (a lie, falsehood); *~ för ngn* tell s.b. a lie (*etc.*); *~ ngn full* tell s.b. a tissue of lies; *~ som en häst travar* lie like a horse-coper; *~ ihop ngt* trump up (fabricate) s.th. **-it** *sup av ljuga*

ljum [jumm] *a1* tepid, lukewarm (*äv. bildl.*); *bildl. äv.* half-hearted; (*om väder*) warm **-ma** warm [up], take the chill off

ljumsk|brock [ˣjummsk-] inguinal hernia **-e** *s2* groin

ljung [juŋ] *s3* heather, ling

ljung|a [ˣjuŋa] lighten; flash (*äv. bildl.*); *bildl. äv.* fulminate **-ande** *a4* flashing (*ögon* eyes); *bildl.* fulminating; (*om protest o.d.*) vehement **-eld** flash of lightning

ljunghed [j-] heatherclad moor (heath)

ljus [ju:s] **I** *s7* **1** light (*äv.* *~et*); *tända ~et* switch on the light; *stå i ~et för ngn* stand in a p.'s light; *se dagens ~* see the light of day; *föra ngn bakom ~et* pull the wool over a p.'s eyes, take s.b. in; *nu gick det upp ett ~ för mig* now the light has dawned on me **2** (*stearin- etc.*) candle; *bränna sitt ~ i båda ändar* burn the candle at both ends; *söka efter ngt med ~ och lykta* search high and low [for s.th.]; *han är just inte något ~* he's not particularly bright **II** *a1* light; light-coloured; (*lysande*) brilliant (*idé* idea), bright (*färger* colours; *framtid* future); (*om hy, hår*) fair; *det är redan ~an dag* it is day[light] already; *mitt på ~a dagen* in broad daylight; *stå i ~an låga* be ablaze; *~a ögonblick* lucid moments; *i ~aste minne bevarad* cherished in happy remembrance **-bild** [lantern-]slide; *föredrag med ~er* lantern lecture **-blå** light (pale) blue **-brytning** [light] refraction **-båge** electric arc **-dunkel** *konst.* chiaroscuro **-effekt** light (lighting) effect **-flöde** luminous flux **-glimt** gleam of light, *bildl. äv.* ray of hope **-gård 1** *byggn.* well, light-court **2** (*-fenomen*) corona **3** *foto.* halation, halo **-huvud** *bildl.* bright boy **-hyllt** *a1* light-(fair-)complexioned **-hårig** fair[-haired] **-kopiering** light printing; (*blåkopiering*) blueprinting **-knippe** light beam **-krona** chandelier; (*kristall-*) lustre **-kägla** cone of light **-källa** source of light **-känslig** sensitive to light; (*elektriskt*) photosensitive; *~t papper* sensitized paper **-lagd** *se -hyllt* **-lockig** ... with fair curly hair **-låga** candle-flame **-manschett** candle-ring **-mätare** light meter, photometer **-na** [-u:-] get (grow) light; (*dagas äv.*) dawn; *bildl.* brighten [up], get (become) brighter **-ning** [-u:-] **1** *se gryning* **2** (*glänta*) clearing, glade **3** *bildl.* brightening[-up], change for the better, improvement **-punkt** lighting (luminous) point; *elektr.* focus; *bildl.* bright spot, consolation **-reflex** reflected light, reflection of light **-reklam** illuminated [advertisement] sign, neon sign (light) **-sax** *en ~* a pair of candle-snuffers **-signal** light signal, signal light **-sken** shining (bright) light **-skimmer** shimmer of light **-skygg** ... that shuns the light; *bildl. äv.* shady **-skygghet** dread of light; shadiness **-skylt** electric sign **-stake** candlestick **-stark** (*om stjärna e.d.*) of great brilliance; (*om lampa e.d.*) bright **-strimma** streak of light **-stråle** ray (*kraftigare:* beam) of light **-stump** candle-end **-styrka** intensity of light; (*i normalljus*) candle-power **-stöpning** [-ö:-] candle-making

ljust|er ['juss-] *s7* fishing-spear, fish-gig **-ra** spear

ljus|veke candle-wick **-våg** light-wave **-år** light-year **-äkta** light-proof; *~ färg* fast colour

ljut|a [ˣju:-] *ljöt -it num. end. i uttr.: ~ döden* meet one's death **-it** *sup av ljuta*

ljuv [ju:v] *a1* sweet; (*om doft, sömn, vila äv.*) delicious; (*behaglig*) delightful (*syn* sight); *dela ~t och lett med ngn* share the fortunes (the ups and downs) of life with s.b. **-het** [-u:-] sweetness *etc.* **-lig** [-u:-] *a1* sweet *etc.*, *jfr ljuv*

ljöd [jö:d] *imperf av ljuda*

ljög [jö:g] *imperf av ljuga*

ljöt [jö:t] *imperf av ljuta*

LO [ˣällo:] *förk. för Landsorganisationen*

lo *s2, zool.* lynx (*pl* lynx)

lob *s3* lobe

lobb [låbb] *s2* **-a** *v1, sport.* lob

1 lock [låkk] *s2* (*hår-*) lock [of hair]; (*ringlad*) curl

2 lock [låkk] *s7* (*på kärl o.d.*) lid; (*löst äv.*) cover; *det slog ~ för öronen på mig* I was deafened

3 lock [låkk] *s7* (*-ande*) *med ~ och pock* by hook or by crook; *varken med ~ eller pock* neither by fair means nor foul

1 lock|a [-å-] (*göra -ig*) curl, do up in curls; *~ sig* curl

2 lock|a [-å-] **1** (*förleda*) entice, allure ([*till*] *att* into + *ing-form*); (*fresta*) tempt, entice ([*till*] *att* into + *ing-form*); (*dra ... till*) attract; *~ ngn i fällan* trap s.b.; *~ fram* draw out (*ur* of); *~ fram tårar* draw tears (*ur* from) **2** *jakt. o.d.* call (*äv. ~ på*); (*om höna äv.*) cluck (*på* to) **-ande** *a4* enticing *etc.*; tempting, attractive **-bete** lure (*äv. bildl.*); bait; *bildl. äv.* decoy **-else** enticement,

allurement; attraction; temptation **-fågel** decoy bird
lockig [-å-] *a1* curly
lockout [låkk'aut] *s3* lockout; *varsla om ~* give advance notice of a lockout
lock|rop mating call **-sång** call **-ton** call-note; *~er* (*bildl.*) siren call **-vara** bait, special offer
lod *s7* weight; (*sänk-*) plummet; *sjö.* lead
1 loda *sjö.* sound; *bildl.* plumb, fathom
2 loda (*ströva*) stroll [about]; *neds.* mooch [about]
lodjur lynx (*pl* lynx)
lod|lina *sjö.* lead-(sounding-)line **-linje** plumb-line, vertical line **-ning** [-ɷ:-] sounding (*äv. bildl.*) **-rät** plumb; vertical; perpendicular; *~a ord* (*i korsord*) clues down; *~t 5* 5 down
loft [låfft] *s7* loft
log *imperf av le*
logaritm *s3* logarithm **-isk** *a5* logarithmic **-tabell** table of logarithms
1 loge [ˣlɷ:ge] *s2* barn
2 loge [lå:ʃ] *s5* **1** *teat.* box **2** (*ordens-*) lodge **-ment** [lå-, lɷʃe-] *s7* barrack-room **-ra** [lå-] **1** (*inhysa*) put ... up, accomodate, lodge **2** (*vara inhyst*) put up (*hos ngn* at a p.'s house *etc.*), lodge (*hos ngn* with s.b.)
logg [lå-] *s2, sjö.* log **-a** log **-bok** log-book, ship's log
loggert ['lågg-] *s2, sjö.* lugger
loggia ['låddja, 'låggia, -ja] *s1* loggia
logg|lina log-line **-ning** logging
logi [lɷ'ʃi:] *s4, s6* accomodation, lodging; *konkr.* lodging-house; *kost och ~* board and lodging
logi|k *s3* logic **-sk** ['lå:-] *a5* logic[al]
loj [låjj] *a1* (*trög*) inert; (*slö*) slack; (*håglös*) listless; (*indolent*) indolent
lojal *a1* loyal (*mot* to[wards]) **-itet** loyalty
lok *s7, se lokomotiv*
lokal I *s3* place; (*rum*) room; (*sal*) hall; (*kontors-*) premises (*pl*) **II** *a1* local **-avdelning** local branch **-bedöva** give a local anaesthetic (*ngn* to s.b.) **-bedövning** local anaesthesia **-färg** local colour (*äv. bildl.*) **-hyra** rent [of premises *etc.*] **-isera** localize, locate, place; *vara väl ~d* be thoroughly at home in (*äv. bildl.*) **-isering** localization, location **-iseringspolitik** industrial location policy **-itet** *s3* locality **-kännedom** local knowledge **-patriot** local patriot **-patriotism** local patriotism, regionalism **-samtal** local call **-sinne** *ha ~* have a good sense of direction **-telefon** internal (inter-office) telephone **-trafik** local traffic **-tåg** local (suburban) train
lok|biträde engine-driver's assistant **-förare** engine driver; (*på ellok*) motorman; (*på diesellok*) engineer **-omotiv** *s7* engine; locomotive
lolla [-å-] *s1* [country] wench
lom [lɷmm] *s2, zool.* diver
loma slouch (slink) (*i väg* off)
lombardlån [ˣlåmm-] loan against security
lomhörd [ˣlɷmmhö:rd] *a1* hard of hearing, deaf
londonbo [ˣlånndånbɷ] *s5* Londoner; (*infödd, vard. äv.*) cockney
longitud [låŋ(g)i-] *s3* longitude **-inell** *a1* longitudinal
longör [låŋ'gö:r] tedious passage; (*friare*) dull period
lopp [lå-] *s7* **1** *sport.* running; (*ett ~*) run; (*tävling*) race; *dött ~* a dead heat **2** (*rörelse, gång*) course; *flodens övre ~* the upper reaches of the river; *ge fritt ~ åt* (*bildl.*) give vent to; *efter ~et av ett år* after [the lapse of] one year; *i det långa ~et* (*bildl.*) in the long run; *inom ~et av* within [the course of]; *under dagens ~* (*äv.*) during the day; *under tidernas ~* in the course of time **3** (*gevärs- o.d.*) bore
lopp|a [-å-] *s1* flea **-bett** flea-bite **-cirkus** flea circus **-marknad** junk market
lord [lå:rd] *s3* lord; *~ A.* Lord A.; *~en* his Lordship **-kansler** *L~n* the Lord Chancellor
lornjett *s3* lorgnette
lort *s2* (*smuts*) dirt, filth, muck **-a** *~ ner* get ... all dirty (*etc.*) **-gris** little (dirty) pig **-ig** *a1* dirty *etc.*
loss [låss] *oböjl. a o. adv* loose; off, away; *kasta ~* (*sjö.*) cast off, let go; *skruva ~* (*äv.*) unscrew **-a 1** (*lösa upp*) loose[n]; (*ngt hårt spänt äv.*) slack[en]; *bildl.* relax; (*knyta upp*) untie, unfasten, undo; (*bryta loss*) detach **2** (*urlasta*) unload, discharge; (*fartyg äv.*) unship, land; *~ lasten* discharge one's (its) cargo **3** (*skott*) discharge, fire [off] **-na** come loose (off, untied *etc.*); (*om t.ex. tänder*) get loose; (*om färg o.d.*) loosen **-ning** unloading, discharging, discharge; landing **-ningsplats** (*för fartyg*) discharging berth; (*-ningshamn*) place (port) of discharge
lots *s2* pilot **-a** pilot (*äv. bildl.*); conduct **-avgift** pilotage **-distrikt** pilotage district **-ning** pilotage, piloting **-station** pilot station **-verket** the Pilotage Service
lott [lå-] *s3* **1** lot; (*andel äv.*) share, portion; (*öde*) lot, fate, destiny; (*jord-*) lot, plot; *dra ~ om* draw lots for; *falla på ngns ~ att* fall to a p.['s lot] to; *olika falla ödets ~er* fate apportions her favours unevenly **2** (*-sedel*) lot, lotteryticket
1 lotta [-å-] *s1* member of the Women's Services
2 lott|a [-å-] *v1, se* [*dra*] *lott*; *~ bort* (*ut*) dispose of ... by lottery **-ad** *a5, lyckligt ~* well favoured (endowed), (*ekonomiskt*) well off (situated) **-dragning** drawing [of lots] (*om* for) **-eri** lottery (*äv. bildl.*); *spela på ~* take part in a lottery; *vinna på ~* win in a lottery **-dragning** lottery draw **-lös** portionless; *bli ~* be left without any share, be left out **-nummer** lot-number **-sedel** lottery ticket
lotus ['lɷ:-] *s2* (*indisk*) Indian lotus; (*blå*) Chinese water-lily; (*egyptisk*) Egyptian lotus
1 lov [lå:v] *s7* **1** (*tillåtelse*) permission, leave; *be* [*ngn*] *om ~* ask [a p.'s] leave; *får jag ~ att hjälpa till* may I ([will you] allow me to) help you (*etc.*); *får jag ~?* shall we dance?; *vad får det ~ att vara?* what can I show (get for) you? **2** *nu får jag ~ att gå* I must leave now **3** (*ferier*) holiday[s *pl*]
2 lov [lɷ:v] *s2* **1** *sjö.* (*göra en* make a) tack

2 *bildl.*, *slå sina ~ar kring* hover (prowl) round; *ta ~en av ngn* get the better of s.b., take the wind out of a p.'s sails
3 **lov** [lå:v] *s7* (*beröm*) praise; *sjunga ngns ~* sing a p.'s praises; *Gud vare ~!* thank God!, God be praised!
1 **lova** [ˣlå:-] (*ge löfte* [*om*]) promise; (*högtidligt*) vow; *~ runt och hålla tunt* promise a lot, fulfil ne'er a lot; *~ gott* promise well, be promising; *det ~r gott för framtiden* it promises well for the future; *det vill jag ~!* I should say so!, rather!, *Am. vard.* I'll say!; *jag har redan ~t bort mig till i kväll* (*äv.*) I have got another engagement this evening
2 **lova** [ˣlɷ:-] *sjö.* luff
3 **lova** [ˣlå:-] (*prisa*) praise; *~d vare Gud!* blessed be God!
lovande [ˣlå:-] *a4* (*hoppingivande*) promising; (*om sak äv.*) auspicious; *det ser inte vidare ~ ut* (*äv.*) it doesn't look very hopeful
lovart ['lɷ:-] *r*, *i ~* to windward, on the windward side
lov|dag holiday; *ha en ~* have a day's holiday **-lig** [ˣlå:v-] *a1*, *den ~a tiden för* (*jakt.*) the open season for; *änderna blir ~a snart* duck-shooting begins soon
lov|ord [word of] praise **-orda** commend, praise **-prisa** eulogize; *~ ngn* (*äv.*) sound a p.'s praises **-sjunga** sing praises unto; (*friare*) sing the praise of **-sång** song of praise; (*jubel-*) paean **-tal** panegyric, eulogy (*över* upon); encomium **-värd** *a1* praiseworthy, commendable; (*om företag, försök o.d.*) laudable
LP-skiva [ˣellpe:-] LP (long-playing) record
luciafirande [-ˣsi:a-] *s6*, *~t* Lucia Day celebrations (*pl*)
lucka *s1* **1** (*ugns- o.d.*) door; (*fönster-*) shutter, board; (*damm-*) gate; (*källar-*) flap; (*titthåls-*) [spy-hole-]hatch; *sjö.* [hatchway-]lid **2** (*öppning*) hole, aperture; *sjö.* hatch **3** (*i skrift*) lacuna (*pl* lacunae); *bildl.* gap; (*i minnet*) blank
luck|er ['lukk-] *a2* loose; light, mellow **-ra** loosen, break up, mellow; *~ upp* loosen up
ludd *s3*, *s7* fluff; nap **-a** *~* [*sig*] cotton, rise with a nap **-ig** *a1* fluffy; cottony, nappy
luden *a3* hairy; *bot. äv.* downy
luff *s2*, *vara på ~en* be tramping **-a** tramp; lumber; (*springa*) run **-are** tramp, vagabond **-arschack** noughts and crosses (*pl*)
lufs|a go lumbering; walk (run) clumsily **-ig** *a1* clumsy
1 **luft** *s3*, *en ~ gardiner* a pair of curtains
2 **luft** *s3* air; (*friare äv.*) atmosphere; *fria ~en* the open air; *få* [*litet*] *frisk ~* get a breath of air; *ge ~ åt* (*bildl.*) give vent to, vent; *behandla ngn som ~* treat s.b. as though he did not exist; *han var som ~ för henne* he was beneath her notice; *det ligger i ~en* it is in the air; *gripen ur ~en* imaginary, made up **-a** air; *~ på sig* go out for a breath of air **-affär** bogus transaction; fraud **-angrepp** air attack, air-raid (*mot* on) **-ballong** [air-]balloon **-bevakning** air defence warning service **-bro** airlift, air bridge **-bubbla** air-bubble **-buren** *a5*, *-burna trupper* airborne (parachute) troops **-bössa** air-gun; (*leksak*) pop-gun **-cirkulation** air circulation **-drag** air current, draught; *Am.* draft **-fart** (*äv. ~en*) flying, aviation; (*flygtrafik*) air traffic **-fartsmyndighet** civil aviation authority **-fartyg** aircraft (*sg o. pl*) **-flotta** air fleet **-fuktare** humidifier **-fuktighet** humidity of the atmosphere (air) **-färd** air (aerial) trip **-förorening** air pollution **-försvar** air defence **-gevär** air-gun **-grop** *flyg.* air pocket **-hål** air (ventilation-)hole; (*-utsläpp*) air-escape **-ig** *a1* airy; (*om t.ex. klänning*) billowy **-intag** air intake **-konditionerad** *a5* air-conditioned **-konditionering** air-conditioning **-kudde** air cushion **-kuddefarkost** cushioncraft, hovercraft **-kyld** *a5* air-cooled **-kylning** air-cooling **-lager** air stratum, layer of air **-landsättning** landing of airborne troops **-ledning** overhead [power transmission] line **-massa** air-mass **-motstånd** air resistance (friction, drag) **-ning** airing, ventilation **-ombyte** change of air **-post** airmail **-pump** air-pump, pneumatic pump; (*för cykeldäck o.d.*) tyre-inflator **-renare** air filter (cleaner) **-rening** air purification **-rum** air space; *flyg.* air territory **-räd** air raid **-rör** *anat.* windpipe, trachea **-rörskatarr** bronchitis **-skepp** airship; dirigible **-skydd** air raid precautions service **-slott** castle in the air (in Spain) **-språng** (*glädje-*) caper; *göra ~* cut capers **-streck** climate **-strid** aerial combat **-strupe** *se -rör* **-ström** current of air, air-current (flow) **-tillförsel** air supply **-tom** airless; *~t rum* vacuum, void **-trumma** *tekn.* air-shaft **-tryck** atmospheric pressure **-tät** airtight, hermetic **-täthet** air density **-vapen** *se flygvapen* **-ventil** air valve **-våg** air-wave **-värn** anti-aircraft defence **-värnsartilleri** anti-aircraft artillery **-värnskanon** anti-aircraft gun **-växling** ventilation
1 **lugg** *s2* (*ludd*) nap; (*på sammet*) pile
2 **lugg** *s2* **1** (*pann-*) fringe; *titta under ~* look furtively, keep the (one's) eyes lowered **2** (*-ning*) wigging **-a** *~ ngn* pull a p.'s hair
luggsliten threadbare; shabby (*äv. bildl.*)
lugn [luŋn] **I** *s7* calm; (*egenskap äv.*) calmness; (*upphöjt ~*) serenity; (*stillhet*) quiet; (*ro*) tranquillity; (*sinnes-*) equanimity, composure; *i ~ och ro* in peace and quiet; *återställa ~ och ordning* restore peace and order **II** *a1* calm; (*jämn*) smooth (*yta* surface); (*fridfull, ej upprörd*) tranquil; (*stilla*) quiet; (*mots. ängslig*) easy (*för* about); (*med bibehållen fattning*) composed; *med ~t samvete* with an easy conscience; *aldrig ha en ~ stund* never have a moment's peace; *hålla sig ~* (*ej bråka*) keep quiet; *var bara ~!* don't you worry! **-a** calm, quiet[en]; (*farhågor, tvivel o.d.*) set ... at rest; *~ sig* calm o.s. (down); *~ dig!* don't get excited!, take it easy!; *~ dina upprörda känslor!* calm down!; *känna sig ~d* feel reassured **-ande** *a4* calming *etc.*; (*om nyhet e.d.*) reassuring; *med.* sedative; *~ medel* sedative, tranquillizer **-t** *adv* calmly *etc.*; *ta det ~* take it (things) easy
Lukas ['lu:-] Luke; *jfr under Markus*
lukrativ [-'ti:v, 'lukk-] *a1* lucrative, profitable
lukt *s3* smell; odour; (*behaglig äv.*) scent.

perfume **-a** smell; ~ *gott* (*illa*) smell nice (nasty); *det ~r vidbränt här* there's a smell of burning here; *det ~r tobak om honom* he smells of tobacco **-flaska** smelling-bottle **-fri** free from smell; odourless; scentless **-organ** organ of smell **-salt** smelling-salts (*pl*), sal volatile **-sinne** sense of smell, olfactory sense; *ha fint ~* (*äv.*) have a keen sense of smell **-vatten** liquid scent **-viol** sweet violet **-ärt** sweet pea

lukullisk *a5* sumptuous, luxurious

lull *adv, vard., i uttr.: stå ~* stand on its (*etc.*) own, stand without support

lulla *gå och ~* shamble along

lullull *s7, koll.* gew-gaws (*pl*), tinsel

lumberjacka windcheater, lumber jacket

lumin|iscens [-'senns, -'ʃenns] *s3* luminiscence **-ös** *a1* luminous; (*snillrik*) brilliant

lummer ['lumm-] *s9, bot.* fir clubmoss

lummig *a1* thickly foliaged; spreading

lump *s1*, **1** rags (*pl*) **2** *vard., göra ~en* do one's military service **-bod** rag[-and-bone]-shop, junk shop

lumpen *a3* paltry; (*småaktig*) petty, mean, shabby

lump|or *pl* rags **-papper** rag-paper **-samlare** rag-and-bone man

lunch *s3* lunch; luncheon **-a** have [one's] lunch; lunch (*på* on) **-bar** *s3* lunch (snack) bar **-rast** lunch break **-rum** (*i företag*) dining (lunch) room; (*självservering*) canteen

lund *s2, s3* grove; copse

lung|a *s1* lung; *blodpropp i ~n* pulmonary embolism **-blåsa** pulmonary vesicle **-blödning** haemorrhage of the lungs, pulmonary haemorrhage **-cancer** lung cancer, cancer of the lung **-fisk** lungfish **-inflammation** pneumonia; *dubbelsidig ~* double (bilateral) pneumonia **-mos** *kokk.* hashed [calf's-]lights (*pl*), tripe **-siktig** *a1* consumptive **-sot** *s3* [pulmonary] consumption, phthisis **-säck** pleural sack **-säcksinflammation** pleuritis, pleurisy **-tuberkulos** pulmonary tuberculosis

lunk *s3* trot; *i sakta ~* at a slow jog-trot **-a** jog along

lunnefågel puffin

luns *s2* boor, bumpkin **-ig** *a1* (*om pers.*) loutish, hulking; (*om plagg*) baggy, ill-fitting

lunta *s1* **1** (*bok*) tome, [big] volume; *nådiga ~n* the Budget Bill **2** (*för antändning*) match

lupin *s3* lupin

lupp *s3* magnifying-glass, pocket lens

1 lur *s2* (*instrument*) horn, trumpet

2 lur *s2* (*slummer*) nap, doze; *ta sig en ~* take a nap, have forty winks

3 lur *s, i uttr.: ligga på ~* lie in wait, *bildl.* lurk; *stå på ~* stand in ambush

1 lura (*slumra*) drop off [to sleep], doze off

2 lur|a 1 (*ligga på lur*) lie in wait (*på* for), *bildl.* lurk **2** (*bedra*) take ... in; cheat (*på* in, over); (*dupera*) impose upon, dupe; (*övertala*) coax, wheedle, cajole (*ngn att göra* s.b. into doing); (*överlista*) get the better of; *bli ~d* be taken in; *mig ~r du inte!* (*äv.*) you don't catch me!; *~ av ngn ngt* wheedle (coax) s.th. out of s.b.; *~ till sig ngt* secure s.th. [for o.s.]; *låta ~ sig* [allow o.s. to] be taken in (cheated *etc.*) **-endrejeri** cheating; fraud **-ifax** *s2* sly dog (fox) **-passa 1** *kortsp.* lie low **2** *bildl.* [lie in] wait

lurvig *a1* rough; (*rufsig*) tousled; (*om hund o.d.*) shaggy

lus *-en löss* louse (*pl* lice)

lusern [-ä:-] *s3* lucerne, purple meddick; *Am.* alfalfa

lusig *a1* lousy

luska *se snoka*

luspank stony-broke

lust *s2* **1** (*håg*) inclination, mind; (*benägenhet, håg*) bent, disposition; (*smak*) taste, liking; *få ~ att* (*äv.*) take it into one's head to; *kom när du får ~!* come when you feel inclined [to]!; *ha ~ att a*) feel inclined (have a mind) to, *vard.* feel like (*sjunga* singing), *b*) (*bry sig om*) care to; *tappa ~en för* lose all desire for **2** (*glädje*) delight, pleasure; *i nöd och ~* in weal and woe, (*i vigselformulär*) for better for worse **3** (*åtrå*) desire **-a** *s5* lust; desire **-barhet** [-a:-] amusement **-betonad** pleasurable; *~e känslor* feelings of pleasure **-eld** bonfire **-gas** laughing-gas **-gård** *Edens ~* the garden of Eden **-hus** summer-house **-ig** *a1* **1** (*roande*) amusing, funny; (*munter*) merry, jolly; *göra sig ~ över* make fun of, poke fun at; *hastigt och ~t* all of a sudden, straight away **2** (*löjlig*) funny, comic[al]; (*underlig*) odd, strange, peculiar **-ighet** *säga en ~* say something amusing, make an amusing remark, crack a joke **-igkurre** joker, wag **-jakt** [pleasure] yacht **-känsla** sense (*-förnimmelse:* sensation) of pleasure **-mord** sex murder **-resa** pleasure-trip(-excursion) **-slott** royal out-of-town residence, pleasure palace **-spel** comedy **-spelsförfattare** comedy-writer **-vandra** stroll about for pleasure

1 lut *s2* (*tvätt-*) lye

2 lut *s3, s7 stå* (*ligga*) *på ~* be aslant; *ha* [*ngt*] *på ~* have s.th. in reserve (up one's sleeve)

1 luta *v1* (*lutlägga*) soak (steep) in lye

2 luta *v1* **1** lean (*äv. ~ sig*); incline; (*slutta*) slope, slant; *~ sig ner* stoop; *~ sig ut* lean out **2** (*tendera*) incline (*åt* towards); *jag ~r åt den åsikten att* I am inclined to think that; *det ~r nog ditåt* that is what it is coming to; *se vartåt det ~r* see which way things are going; *~ mot sitt fall* be on the road to ruin **-d** *a5* leaning (*mot* against); inclined, sloping (*bakåt* backwards); *gå ~* walk with a stoop **-nde** *a4* leaning; inclined (*plan* plane); (*om bokstäver o.d.*) sloped, slanted; (*framåt-*) stooping; *~ tornet i Pisa* the leaning tower of Pisa; *~ stil* [a] sloping hand

luter|an *s3* Lutheran **-dom** [ˣlutt-] *s2*, *~[en]* Lutheranism **-sk** ['lutt-] *a5* Lutheran

lutfisk [dried] stockfish

lutning [-u:-] inclination; (*sluttning*) slope

lutningsvinkel angle of inclination, pitch

lut|spelare lute-player, lut[an]ist **-sångare** singer to the lute

lutt|er ['lutt-] *oböjl. a* sheer, pure; downright **-ra** *bildl.* try, purify, chasten; *~d* tried, chastened **-ring** trying *etc.*; purification

luv *s2, ligga i ~en på varandra* be at loggerheads [with each other]; *råka i ~en på varandra* fly at each other, fall foul of each other

luva *s1* [woollen] cap
luxuös *a1* luxurious, sumptuous
lya *s1* lair, hole; den (*äv. bildl.*)
1 lyck|a *v3*, *inom -ta dörrar* behind closed doors
2 lyck|a *s1* (*levnads-*) happiness; (*sällhet*) bliss; (*tur*) luck, good fortune; (*framgång*) success; (*öde*) fortune; *bättre ~ nästa gång!* better luck next time!; *~ till!* good luck!; *du ~ns ost!* you lucky beggar!; *göra stor ~* be a great success; *en stor ~ fyllde honom* he was filled with great joy, he was brimming over with happiness; *göra sin ~* make one's fortune; *ha ~ med sig a*) (*ha framgång*) be successful (fortunate), *b*) (*medföra ~*) bring [good] luck; *ha den ~n att* have the good fortune to, be fortunate enough to; *pröva ~n* try one's fortune; *sin egen ~s smed* the architect of one's own fortunes **-ad** *a5* successful; *vara mycket ~* be a great success; *påståendet var mindre -at* the statement was hardly a happy one **-as** *dep* succeed, be successful (*göra* in doing); (*gå bra*) be (turn out) a success; (*om pers.*) manage, contrive (*hitta* to find); *det -ades inte alls* (*äv.*) it proved a complete failure; *allt ~ för honom* everything he touches prospers, he is successful in everything **-lig** *a1* (*uppfylld av -a*) happy; (*gynnad av -a*) fortunate; (*tursam*) lucky; *~ resa!* a pleasant journey!, bon voyage!; *i ~aste fall* at best; *av* (*genom*) *en ~ slump* by a lucky (happy) chance; *en ~ tilldragelse* a happy event **-ligen** safely (*anländ* arrived) **-liggöra** make ... happy **-ligt** *adv* happily *etc.*; *~ okunnig om* blissfully ignorant of; *komma ~ och väl hem* get home safely; *om allt går ~* if everything goes favourably (well, successfully); *leva ~* live happily **-ligtvis** fortunately, luckily; happily
lycko|bringande *a4* lucky, ... bringing fortune (*etc.*) [in its train] **-dag** lucky day **-kast** lucky throw (hit) **-klöver** four-leafed clover **-moral** eudaemonism; ethics of happiness **-sam** *a1* prosperous; successful **-slant** lucky coin **-stjärna** lucky star **-tal** lucky number
lyck|salig supremely happy, blissful **-salighet** bliss, supreme happiness (felicity) **-sökare -sökerska** fortune hunter, adventurer
lyckt *se 1 lycka*
lyck|träff lucky shot, stroke of luck; *en ren ~* a mere chance **-önska** *~ ngn* congratulate s.b. (*till ngt* on s.th.) **-önskan** congratulation **-önskningstelegram** greetings telegram
1 lyda *v2*, *imperf äv.* *löd* (*åt-*) obey; (*råd äv.*) follow, take; (*lyssna t.*) listen to (*förnuftets röst* the voice of reason); *ej ~ order* (*äv.*) disobey orders; *~ roder* answer [to] the helm; *~ under a*) (*om land o.d.*) be subject to, *b*) (*om ämbetsverk o.d.*) be under (subordinate to), be under the jurisdiction of, *c*) (*tillhöra*) belong to
2 lyd|a *v2*, *imperf äv.* *löd* **1** (*ha viss -else*) run, read; *hur -er frågan?* how does the question read?; *..., löd svaret ...,* was the reply; *domen -er på* the sentence is **2** *en räkning ~nde på 200 pund* a bill for £200; *~nde på innehavaren* made out to bearer **-else** wording, tenor
lyd|folk tributary people **-ig** *a1* obedient; (*lag-*) loyal; (*foglig*) docile; (*snäll*) good **-nad** [-y:-] *s3* obedience (*mot* to); loyalty **-stat** tributary (vassal) state
lyft *s7* lift, hoist, heave **-a** *v3* **1** lift; (*höja*) raise (*på hatten* one's hat); (*häva*) heave; *bildl.* lift, elevate **2** (*uppbära*) draw, collect (*sin lön* one's salary); (*uttaga*) withdraw, take out (*pengar på ett konto* money from an account) **3** (*om fågel*) take wing (flight); *flyg.* take off, lift; (*om dimma o.d.*) lift **-anordning** hoist, gin **-kran** [hoisting] crane **-ning** lift; *bildl.* elevation, uplift
lyhörd [-ö:-] *a1* **1** (*om pers.*) with a sensitive (sharp) ear; keenly alive (*för* to) **2** (*om rum o.d.*) insufficiently sound-proof[ed] **-het** **1** sensitiveness of hearing (ear) (*för* for); sensitive ear (*för* to) **2** inadequacy in sound-proofing
1 lykta *v1*, *se sluta*
2 lykt|a *s1* lantern; (*gat-, bil- o.d.*) lamp **-gubbe** *se irrbloss* **-stolpe** lamp-post **-tändare** lamplighter
lymf|a *s1* lymph **-kärl** lymphatic [vessel] **-körtel** lymph[atic] gland
lymmel *s2* blackguard; scoundrel, villain **-aktig** *a1* blackguardly; villainous
lynch|a lynch **-ning** lynching
lynn|e *s6* **1** (*läggning*) temperament; (*sinnelag*) disposition, temper; *ha ett häftigt ~* have a hasty temper **2** (*sinnesstämning*) humour; temper, mood; *vara vid dåligt ~* (*äv.*) be in low spirits **-eskast** *tvära ~* temperamental ups and downs **-esutbrott** outburst of temper **-ig** *a1* capricious
1 lyr|a *s1* (*kast*) throw; *ta -or* catch balls
2 lyr|a *s1* (*mus. o friare*) lyre **-formig** [-å-] *a1* lyre-shaped **-fågel** lyre-bird
lyri|k *s3* lyrics (*pl*); lyric poetry **-ker** ['ly:-] lyric poet **-sk** ['ly:-] *a5* lyric; *bli ~* (*vard.*) grow lyrical
lys|a *v3* **1** (*avge ljus*) shine (*klart* bright[ly]); give (shed) light; (*glänsa*) gleam, glitter; (*glöda*) glow; *det -er i köket* the light is (lights are) on in the kitchen **2** *bildl.* shine (*av* with); *ansiktet -te av lycka* his (*etc.*) face was alight with happiness; *glädjen -te i hans ögon* joy shone in his eyes; *~ inför andra* show off before other people; *~ med sina kunskaper* (*äv.*) make a display of one's knowledge; *~ med sin frånvaro* be conspicuous by one's abscence; *~ med lånta fjädrar* (*äv.*) strut in borrowed plumes; *~ upp* light up, (*illuminera*) illuminate, (*friare äv.*) lighten, brighten [up] **2** *~ ngn* light s.b. (*nedför en trappa* down a staircase) **3** *det -er för dem* the banns are to be published for them **-ande** *a4* **1** shining *etc.*; (*klar*) bright; (*själv-*) luminous; (*strålande*) radiant; (*om t.ex. dräkter*) resplendent (*i granna färger* in gay colours) **2** *bildl.* brilliant; (*storartad*) splendid; (*bländande*) dazzling (*framgång* success); (*frejdad*) illustrious; *~ resultat* (*äv.*) spectacular result; *ett ~ undantag* (*äv.*) an outstanding exception; *gick allt annat än ~* was by no means a brilliant success **-boj** light buoy **-bomb** flare **-e** *s6* light[ing] **-färg**

luminous paint **-gas** coal (town, city) gas **-kraft** luminosity **-mask** glow-worm **-ning** [-y:-] banns (*pl*) **-ningspresent** wedding-present
lysol [-'så:l] *s3*, *kem.* lysol
lys|olja lamp oil **-rör** fluorescent tube **-rörsarmatur** fluorescent tube fittings, neon light fittings (*pl*)
lyssn|a listen (*efter* for; *på* to) **-arapparat** *mil.* sound detection apparatus, sound locator **-are** listener **-arpost** *mil.* listening post; (*radio. etc.*) listeners' mail
lysten *a3* voluptuous; (*glupsk*) greedy (*efter* for); (*girig*) covetous (*efter* of); (*ivrig*) eager (*på* for)
1 lyster ['lyss] *s2*, *s3* lustre
2 lyster ['lyss-], *pres sg, imperf lyste, vanl. opers., det ~ mig att* I have a good mind to
lyst|mäte *s6*, *få sitt ~* have one's fill (*på* of) **-nad** *s3* greediness *etc.*; greed
lystr|a pay attention; obey (*äv. ~ till*); (*spetsa öronen*) prick up one's (its) ears; *~ till ett namn* answer to a name **-ing** response; obedience; *~!* (*mil.*) attention! **-ingsord** word of command, call to attention
lystråd [ˣly:s-] filament
lyte *s6* defect; deformity; *bildl.* fault, vice
1 lytt *a1* maimed, crippled, disabled
2 lytt *a, n, se lyhörd*
lyx *s3* luxury; (*i fråga om mat o. dryck*) sumptuousness; (*överdåd*) extravagance **-artikel** luxury **-bil** luxury car, de luxe model **-hotell** luxury (firstclass) hotel **-ig** *a1* luxurious **-liv** life of luxury **-skatt** luxury tax **-telegram** greetings telegram **-upplaga** de luxe edition
låd|a *s1* **1** box; (*större äv.*) case; (*byrå- o.d.*) drawer; (*maträtt*) dish cooked in a baking-dish **2** *hålla ~* talk the hind leg off a donkey **-kamera** box camera
1 låg *imperf av ligga*
2 låg *-t lägre lägst* low; *bildl.* low, mean, base; *hysa ~a tankar om* have a poor opinion of
låg|a I *s1* flame (*äv. bildl.*); (*starkare*) blaze; *bli -ornas rov* perish in [the] flames; *stå i ljusan ~* be [all] ablaze; *föremålet för hans ömma ~* the object of his tender passion **II** *v1* blaze; flame (*äv. bildl.*); (*glöda*) glow (*av* with)
lågad|el *~n* the lesser nobility, *Engl. ung.* the gentry **-lig** of (belonging to) the lesser nobility (*etc.*)
lågande *a4* blazing; flaming; burning (*hat* hatred); *med ~ kinder* (*äv.*) with cheeks afire
låg|frekvens low frequency **-halsad** *a5* low-necked **-halt** *vara ~* have one leg shorter than the other **-het** [-å:-] lowness *etc.* **-klackad** *a5* low-heeled **-konjunktur** depression, economic (business) recession, slump **-kyrklig** Low-Church **-land** lowland[s *pl*] **-länt** *a1* low-lying **-lönegrupp** low-wage-(-income) group **-mäld** [-ä:-] *a1* low-voiced; *bildl.* quiet, unobtrusive **-mäldhet** [-ä:-] *bildl.* quietness *etc.* **-mält** [-ä:-] *adv* in a low voice **-sinnad** *a5* **-sint** *a1* base, mean **-skor** shoes **-slätt** lowland plain **-spänning** low voltage **-stadium** beginning stage, junior stage; *-stadiet* (*skol.*) primary department **-t** [lå:-] *lägre lägst, adv* low; *bildl.* basely, meanly; *~ räknat* at a low estimate **-tryck 1** *meteor.* depression, low **2** *fys.* low pressure **-trycksområde** low pressure area **-tstående** *a4* (*om kultur o.d.*) primitive **-tyska** Low German **-vatten** low water; (*vid ebb*) low tide **-växt** *a1* short
lån *s7* loan (*mot ränta* at interest; *mot säkerhet* on security); *ordet är ett ~ från engelskan* the word has been borrowed from the English; *ha ngt till ~s* have s.th. on loan, have borrowed s.th. **-a 1** (*ut-*) lend (*åt* to); *Am. äv.* loan; (*förskottera*) advance; *~ ut* lend [out]; *~ sitt namn åt* allow one's name to be used by; *~ sig till* lend o.s. to **2** (*få t. låns* borrow (*av* from); *~ upp* borrow; *~ pengar på* raise money on
låne|ansökan loan application **-belopp** amount of the loan, loan (credit) amount **-bibliotek** lending library **-handling** loan (credit) document **-verksamhet** lending operations (*pl*) **-villkor** *pl* terms of a loan, loan terms
lång *-t längre längst* **1** (*om tid o. rum*) long; (*väl ~, -randig etc.*) lengthy; (*tämligen ~*) longish; (*stor*) great (*avstånd* distance), big (*steg* stride); *lagens arm är ~* the arm of the law is far-reaching; *lika ~* of equal length; *hela ~a dagen* all day long; *inte på ~a vägar så bra* not by a long way (not anything like) so good as; *han blev ~ i ansiktet* his face fell; *det tar inte ~ tid att* it won't take long to; *tiden blir ~ när* time seems long when; *på ~ sikt* in the long run, on the long term, long-range ... **2** (*om pers.*) tall
långa *s1*, *zool.* ling
lång|bent [-e:-] *a1* long-legged **-bord** long table **-byxor** long trousers **-dans** long-line dance **-distanslöpning** long-distance race **-distansrobot** long-range [guided] missile **-dragen** *a3*, *bildl.* protracted (*debatt* debate); lengthy; (*tröttsam*) tedious **-film** long (full-length) film **-finger** middle finger **-fingrad** *a5*, *bildl.* light-fingered **-franska** *s7* French loaf **-fredag** Good Friday (*äv. ~en* **-fristig** *a1* long-term **-färd** long trip (expedition, voyage) **-färdssegling** long-distance sailing **-grund** (*om strand*) shelving; (*om vatten*) shoaling **-hårig** long-haired
långivare lender; granter of a loan
lång|körning long-distance run **-lig** *a1* longish; *på ~a tider* for ever so long, for ages **-livad** *a5* long-lived; *inte bli ~* not last long, (*om pers.*) not be long for this world **-mjölk** processed sour milk
långods borrowed (loaned) property
lång|promenad *ta sig en ~* go for a long walk **-randig** *bildl.* long-winded, tedious[ly long] **-resa** long journey (*sjö.* voyage) **-rev** long line
långsam *a1* slow (*i, med* in, at, over); (*trög, äv. om puls*) sluggish; (*maklig*) leisurely; (*senfärdig*) tardy **-t** *adv* slowly; *~ men säkert* slow[ly] but sure[ly]; *ett ~ verkande gift* a slow[-working] poison; *det går ~ för dem att* it is a slow business their (+ *ing-form*), they are so slow in (+ *ing-form*) **-het** slowness *etc.*

lång|sida long side **-sides** alongside **-siktig** *a1* long-range(-term) **-siktsplanering** long-range planning **-sint** *a1* resentful **-sjal** *vard.* one grand (= 1 000 kronor bill) **-skallig** dolichocephalous **-skepp 1** *byggn.* **nave 2** (*drakskepp*) long ship, war galley **-skepps** [-ʃ-] *sjö.* fore-and-aft **-skjutande** *a4* long-range **-skäggig** long-bearded **-sluttande** *a4* gradually sloping **-smal** long and narrow **-spelande** *a4* long-playing (*skiva* record) **-strumpa** stocking **-sträckt** *a1* of some length, longish **-synt** [-y:-] *a1* long-sighted **-sökt** [-ö:-] *a4* far-fetched; strained

långt *längre längst, adv* **1** *rumsbet.* far (*härifrån* [away] from here); a long way (*dit* there; *till* to); *gå ~* (*bildl.*) go far, rise high [in life]; *gå för ~* (*bildl.*) go too far; *nu går det för ~!* this is too much of a good thing!; *hon hade inte ~ till tårarna* her tears were not far off; *man kommer inte ~ med fem shilling* you don't get far with five shillings; *så ~* thus (so) far; *så ~ ögat når* as far as the eye can see; *resa ~ bort* go a long journey; *vi har ~ till affären* we have a long way to go to the shop; *det är ~ mellan bra filmer* good films are few and far between; *det är ~ mellan gårdarna* the farms are far apart; *det är ~ mellan blixtarna* the lightning flashes come at long intervals; *~ inne i tunneln* far (well) down the tunnel **2** *tidsbet.* long (*efteråt* afterwards); far (*in på det nya året* into the new year); *~ innan* long (a long while) before; *~ om länge* at long last; *så ~ jag kan minnas tillbaka* as far back as I can remember **3** (*vida*) far (*bättre* better; *överlägsen* superior to); (*mycket äv.*) much, a great deal, a lot; *~ ifrån* (*ingalunda*) by no means **-gående** *a4* far-reaching, extensive, considerable **-ifrån** ['låŋt-] *se långt 3*

lång|tidsprognos long-term(-range) forecast **-tradare** transport (long-distance) lorry; *Am* freight truck **-tråkig** very tedious (*etc.*) **-varig** *a1* long; of long duration; (*utdragen*) lengthy, protracted; (*om t.ex. förbindelse*) long-standing **-varighet** lengthiness, protractedness **-våg** *radio.* long wave **-väga** *oböjl. a o. adv.* ... from a [long] distance; *en ~ gäst* a guest [who has come] from afar; *~ ifrån* from far away **-ärmad** *a5* long-sleeved

lån|ord loan-word **-tagare** borrower, loanee

1 lår *s2* (*låda*) [large] box; (*pack-*) case, chest

2 lår *s7* thigh **-ben** femur, thigh-bone **-bensbrott** fractured thigh[-bone] **-benshals** neck of the femur

låring *sjö.* quarter

lås *s7* lock; (*häng-*) padlock; (*knäppe*) clasp, catch; *inom ~ och bom* under lock and key; *gå i ~* (*bildl.*) go without a hitch **-a** *v3* lock; *~ in* lock ... up; *~ upp* unlock; *~ sig* (*om sak*) get locked, jam, (*fastna*) get stuck; *~ sig ute* lock o.s. out **-anordning** locking device **-bar** [-å:-] *a1* lockable, lock-up **-kolv** spring (latch) bolt **-mekanism** lock device (mechanism) **-smed** locksmith **-vred** door handle

låt *s2* (*melodi*) melody, tune, song; (*ljud*) sound, *bildl.* tune

1 låt|a *lät -it* (*ljuda, lyda*) sound (*som* like); *det -er misstänkt* it sounds suspicious; *maskinen -er illa* the machine makes a row; *det -er oroväckande* the news is alarming; *jo, det -er något det!* (*iron.*) tell me another one!; *det -er som om han tänkte komma* [from what I (*etc.*) hear] it seems as if he would come; *du -er inte vidare glad* you don't sound very cheerful

2 låt|a *lät -it* **I** *hjälpv* **1** let; allow ... to; permit ... to; *~ bli ngt* leave (let) s.th. alone; *~ ngt ligga* (*stå*) leave s.th. alone (where it is); *~ nyckeln sitta kvar i låset* leave the key in the lock; *ingen lät märka något* no one let on about it; *~ saken bero* let the matter rest, drop the matter; *~ vara* leave ... alone; *låt vara att* even though, although; *låt så vara, men* that may be so, but **2** (*laga att*) have (*hämta ngt* s.th. fetched); get (*göra ngt* s.th. done); (*föranstalta att*) cause (*ngn göra ngt* s.b. to do s.th.); (*förmå*) make (*ngn göra ngt* s.b. do s.th.); *~ sömmerskan sy en klänning* get the dressmaker to make a dress; *låt se att* see to it that; *han lät tala om sig* he gave people cause to talk [about him], he got himself talked about; *~ ngn förstå* give s.b. to understand; *~ ngn vänta* keep s.b. waiting, let s.b. wait **3** *det -er göra sig* it is possible, it can be done; *det -er höra sig!* that's s.th. like!; *~ sig väl smaka* tuck in; *det -er säga sig* it can (may) be said; *inte ~ säga sig ngt två gånger* not need to be asked twice; *~ övertala sig* allow o.s. to (let o.s.) be persuaded **4** *~ sitt vatten* pass one's water **-gåsystem** [-ˣgå:-] laissez-faire [system] **-it** *sup av 1, 2 låta*

låtsa|d [ˣlå(t)ss-] *a5* pretended *etc.*; (*falsk*) sham, mock, pretence, make-belive **-s** *dep* pretend; feign; make pretence of, simulate (*vara* being); *~ att* (*äv.*) make believe that; *han -des att han inte såg mig* he pretended not to see me; *~ som om det regnar* behave as if nothing were the matter; *~ inte om det!* don't let on about it!; *skall det här ~ vara...?* is this supposed to be...?

låtsaslek make believe

lä *n* lee; *i ~* to leeward, on the lee[ward] side; *komma i ~ för land* get under the lee of the land; *i ~ för vinden* sheltered from the wind, in the lee of the wind; *ligga i ~* (*bildl.*) fall short, be behindhand

läck *oböjl. a* leaky; *springa ~* spring a leak; *vara ~* leak, be aleak **-a I** *s1* leak; *bildl.* leakage **II** *v3* leak; (*om fartyg äv.*) make water; *~ ut* leak out (*äv. bildl.*) **-age** [-'ka:ʃ] *s7* leakage

läcker ['läkk-] *a2* dainty, delicious **-bit** dainty morsel; tit-bit **-gom** gourmet **-het** daintiness; delicacy, dainty

läder ['lä:-] *s7* leather; *en ... av ~* (*äv.*) a leather ... **-arbete** leather-work **-artad** [-a:r-] *a5* leather-like, leathery **-fåtölj** leather arm-chair **-hud** *anat.* leather-skin, cutis **-imitation** imitation leather, leatherette **-lapp** *se fladdermus* **-plastik** embossed (raised) leather-work **-rem** leather strap **-varor** leather goods **-väska** leather bag

läge *s6* situation; position; (*plats*) place;

(*nivå*) level; (*belägenhet*) site, location; (*tillstånd*) state, condition; *i soliga ~n* (*trädg.*) in a sunny location; *hålla ngt i ~* hold s.th. in position; *i nuvarande ~* as things stand at present; *i rätt ~* in place; *saken har kommit i ett nytt ~* the matter has entered a new phase, the situation has changed; *som ~t nu är* as matters now stand

lägel *s2* bottle; (*fat ung.*) puncheon

lägenhet 1 *se våning* **2** *efter råd och ~* according to one's means **3** (*transport- o.d., resetillfälle*) opportunity; means of transport; (*båt- äv.*) sailing, ship; *med första ~* (*sjö.*) by the first ship [sailing]

läg|er ['lä:-] *s7* **1** (*tält- o.d.*) camp (*äv. bildl.*); *slå ~* pitch [one's] camp, encamp; *det blev oro i -ret* (*bildl.*) everybody was upset **2** (*parti*) party; *ur olika ~* belonging to various parties **3** (*liggplats*) bed; (*djurs äv.*) lair; *reda sig ett ~* make a bed **-eld** camp-fire **-liv** camp life **-plats** camping-ground (-site)

lägervall *i uttr.: ligga i ~* be in a state of decay, lie waste

läges|bestämning determination of position **-energi** potential energy

1 lägg *s2, anat.* shank

2 lägg *s7* (*pappers-, tidnings-*) file

lägg|a *lade lagt* **1** put; (*i vågrät ställning äv.*) lay (*äv. bildl.*); (*placera på viss plats, på visst sätt e.d.*) place; (*t. sängs*) put ... to bed; (*ordna sängplatser för*) put ... to sleep; (*anbringa*) apply (*på* to); *~ grundstenen till* lay the foundation-stone of; *~ håret* have one's hair set; *~ ägg* lay eggs **2** (*med beton. part.*) *~ an* (*gevär o.d.*) level, point, aim (*på* at); *~ an på a*) (*eftersträva*) aim at, *b*) (*söka vinna*) make up to ..., make a dead set at ...; *~ bi* (*sjö.*) lay (heave) to; *~ bort* (*upphöra med*) give up, drop, (*ovana äv.*) leave off; *~ fram* put out, *jfr fram-*; *~ för ngn* (*vid måltid*) help s.b. to; *~ ifrån sig* put (lay) ... down; *~ ihop* put (place) ... together; *~ in* (*jfr in-*) *a*) (*ngt i*) put ... into, *b*) *se konservera*; *~ in ansökan* file (submit) an application; *~ in en brasa* lay a fire; *~ in golv* put down a floor, floor; *~ in hela sin själ i ngt* (*äv.*) do s.th. wholeheartedly; *~ ner a*) *se ned-*, *b*) (*pengar, möda o.d.*) spend, expend (*på* in, on), *c*) (*sin röst vid omröstning*) abstain [*sin röst* from voting], *d*) (*klänning*) let down, *e*) (*teaterpjäs*) withdraw; *~ om a*) (*ändra*) change, alter, *b*) *läk.* bandage, bind up, dress; *~ om rodret* shift the helm; *~ på a*) put on, *b*) (*brev o.d.*) post; *~ på luren* hang up [the receiver]; *~ till a*) (*tillfoga*) add [on], *b*) *sjö.* put in (*vid* at); *~ undan* put away, put ... aside; *~ under sig* (*bildl.*) subdue; *~ upp a*) put ... up (*på* on), *b*) (*mat*) dish up, *c*) (*klänning*) shorten, put a tuck in, *d*) (*hår*) dress, *Am. äv.* fix up, *e*) (*maskor*) cast on, *f*) (*fartyg, förråd*) lay up, *g*) (*an-*) start, set up, *h*) (*upphöra med*) give up; *~ upp håret på rullar* set one's hair on rollers; *~ ut a*) lay out (*äv. pengar*), *b*) (*klädesplagg*) let out, *c*) *sjö.* put off (out) (*från* from), *d*) (*bli tjock*) put on weight **3** *rfl, a*) (*äv. ~ sig ner*) lie down, (*gå t. sängs*) go to bed, (*om sjuk*) take to one's bed, *b*) (*om sak*) settle, (*sänka sig*) descend, (*isbeläggas*) freeze, get frozen over, *c*) *bildl.* abate, subside, (*försvagas*) die down (away), (*om svullnad*) go down; *~ sig i* interfere, meddle (*ngt* in s.th.); *lägg dig inte i det!* mind your own business!, (*äv*). keep clear of that!; *~ sig till med* (*skägg o.d.*) grow, (*glasögon*) take to, (*titel e. d.*) adopt, (*bil e.d.*) acquire, (*tillägna sig*) appropriate; *~ sig ut för ngn* take up a p.'s cause, (*hos ngn*) intercede (put in a good word) for s.b. (*hos* with) **-dags** bed-time **-ning 1** *bildl.* disposition, character; (*håg*) bent, turn **2** (*hår-*) setting; *tvättning och ~* shampoo and set **-spel** jig-saw puzzle

läglig [ˣlä:g-] *a1* opportune, timely; (*passande*) suitable, convenient; *vid första ~a tillfälle* at your earliest convenience

lägra [ˣlä:g-] *rfl* encamp; (*om dimma, damm o.d.*) settle

läg|re ['lä:g-] *komp. t. låg, lågt* **I** *a* lower; (*i rang, värde o.d.*) inferior (*än* to) **II** *adv* lower **-st** [lä:-] *superl. t. låg, lågt* lowest; *~a växeln* (*på bil*) the low gear; *till ~a möjliga pris* at the lowest possible price, at rock-bottom price; *i ~a laget* too low; *som ~* at its (their) lowest

läka *v3* heal (*igen* over, up) (*äv. bildl.*); (*bota*) cure **-nde** *a4* healing; curative

läkar|arvode medical (doctor's) fee **-behandling** medical treatment **-besök** visit to a doctor **-bok** medical book **-e** doctor; physician; (*kirurg*) surgeon; *praktiserande ~* general practitioner; *kvinnlig ~* woman doctor; *gå till ~* see (consult) a doctor, seek medical advice; *tillkalla ~* call in a doctor **-hus** medical centre **-intyg** doctor's (medical) certificate **-kår** *~en* the medical profession **-mottagning** surgery; consulting rooms (*pl*) **-recept** [doctor's] prescription **-undersökning** medical examination **-vetenskap** medical science (*äv. ~en*) **-vård** medical care (attendance)

läk|as *v3, dep* heal [up] **-ekonst** [the] art of healing; *utöva ~en* practise medicine **-emedel** medicine, pharmaceutical preparation; drug; (*botemedel*) remedy **-kött** *ha gott ~* have flesh that heals quickly **-ning** [-ä:-] healing **-ningsprocess** process of healing

läkt *s3* (*ribba*) lath, [slating] batten

1 läktare (*åskådar-*) gallery; (*utomhus*) platform, stand; (*utan tak*) *Am. äv.* bleachers

2 läktare *sjö.* lighter

läm [lämm] *s2* (*lucka*) flap

lämmel *s2* lemming **-tåg** lemming migration

lämn|a 1 leave; (*ge sig av*) quit; (*överge äv.*) give up; (*befattning äv.*) retire from; *~ mycket övrigt att önska* leave a great deal to be desired; *~r mig ingen ro* gives me no peace; *~ i arv åt ngn* leave ... to s.b. **2** (*över-*) hand (*ngn ngt* s.b. s.th., s.th. [over] to s.b.), leave; (*in-*) hand in; *hand. äv.* render; (*ge, skänka*) give; (*hjälp äv.*) render; (*bevilja*) grant; (*avkasta*) yield **3** *~ ifrån sig* hand over; *~ igen* return, give back; *~ kvar* leave [... behind] **-ing** *se kvarleva*

lämp|a I *s1, -or* gentle means; *gå fram med -or* go gently, use velvet gloves; *bruka -or* *med ngn* coax s.b.; *ta ngn med -or* coax s.b. into [doing] s.th. **II** *v1* **1** (*anpassa*) adapt, accommodate, suit (*efter* to); (*justera*) adjust (*efter* to); ~ *sig* (*foga sig*) adapt (accommodate, suit) o.s. (*efter* to); ~ *sig för* be adapted (suited) for **2** *sjö.* trim; ~ *över bord* jettison **-ad** *a5* adapted (*efter* to); suited (*för* for) **-lig** *a1* suitable, fitting; (*som duger, äv.*) fit; (*om anmärkning, behandling äv.*) appropriate; (*lagom*) adequate; (*tillbörlig*) due, proper; (*rådlig*) advisable, expedient; (*läglig*) opportune, convenient; *vidtaga ~a åtgärder* take appropriate action; *vid ~t tillfälle* at a suitable (convenient) opportunity **-ligen** suitably *etc.*; *det görs* ~ it is best done **-lighet** suitability; fitness **-or** *se -a I*

län *s7, ung.* county, administrative district, province

länd *s3* loin; (*på djur*) hind quarters (*pl*); *omgjorda sina ~er* gird up one's loins

lända *v2*, ~ *ngn till heder* redound to a p.'s honour; ~ *ngn till varning* serve as a warning to s.b.

länga *s1* (*rad*) row, range; *jfr hus-*

längd *s3* **1** (*i rum*) length; (*människas*) height, tallness, stature; *geogr.* longitude; *tre meter på ~en* three metres in length; *i hela sin ~ ...* full length; *resa sig i hela sin ~* draw o.s. up to one's full height; *på ~en* (*äv.*) lengthways, lengthwise; *största ~* (*sjö.*) length over all **2** (*i tid*) length; *i ~en* in the end, in the long run; *dra ut på ~en* be prolonged **-axel** longitudinal axis **-hopp** long jump[ing]; (*ett ~*) a long jump **-hoppare** long-jumper **-löpning** long-distance racing **-mått** linear (long) measure **-riktning** longitudinal direction; *i ~en* lengthwise, longitudinally; *i papperets ~* lengthways of the paper

läng|e *-re -st, adv* long; (*i påståendesats*) [for] a long time (while); (*lång stund äv.*) for long; *ganska ~* [for] quite a long time (while); *både ~ och väl* no end of a time; *hur ~ till?* how much longer?; *för ~ sedan* a long time (while) ago, long ago; *på ~* for a long time, for ever so long; *sitt ner så ~!* take a seat while you wait!; *så ~ som* as (*nekande:* so) long as; *så ~ jag kan minnas* ever since I can remember; *än så ~* for the present (the time being) **-esedan** long (a long time) ago; *vard.* ages ago

längre ['läŋ-] *komp. t. lång, långt, länge* **I** *a* **1** longer; (*rumsbet. äv.*) farther, further; (*högre*) taller; *göra ~* (*äv.*) lengthen; *för ~ avstånd än* (*äv.*) for distances greater than **2** (*utan jämförelse*) long; (*om t.ex. tal, paus äv.*) longish, lengthy, ... of some length; *någon ~ tid kan jag inte stanna* I cannot stay very long; *under en ~ tid* for a considerable time, for quite a long time **II** *adv* (*om rum, tid*) further, farther; (*om tid äv.*) longer; *det går inte ~ att* it is no longer possible to; *det finns inte ~* it does not exist any longer; ~ *bort* farther away; ~ *fram* further on, (*senare*) later on

längs ~ [*efter* (*med*)] along; (~ *sidan av*) alongside **-efter** along **-gående** *a4* longitudinal **-med** along

längst *superl. t. lång, långt, länge* **I** *a* longest; (*högst*) tallest; *i ~a laget* too long if anything; *i det ~a* as long as possible, (*t.ex. hoppas att*) to the [very] last **II** *adv* farthest, furthest (*bort* away); ~ *bak* rearmost; ~ *ner* (*upp*) at the [very] bottom (top) (*i* of); ~ *till vänster* (*äv.*) at the extreme left

längt|a long, yearn (*efter* for; *efter att* to); ~ *efter att ngn skall komma* (*äv.*) be looking forward to a p.'s coming; ~ *bort* long to get away; ~ *hem* be homesick, long for home **-an** *r* longing (*efter* for); *förgås av ~ att ngn skall* be dying [with longing] for s.b. to (+ *inf.*) **-ande** *a4* **-ansfull** longing, yearning; (*om blick äv.*) wistful

länk *s2* link (*äv. bildl.*); *felande ~* missing link **-a** chain (*fast vid ... on to*); (*foga*) join, link ... on (*till* to) (*äv. bildl.*); *bildl. äv.* guide

1 läns *oböjl. a, pumpa ~* pump ... dry, drain; *hålla en båt ~* (*äv.*) keep the water out of a boat; *ösa en båt ~* bail out a boat

2 läns *s2, sjö.* following wind

1 länsa 1 *se* [*pumpa*] *läns* **2** (*friare*) empty; *bildl.* drain (*på* of); *vard.* clear out; (*förråd äv.*) make a clean sweep of

2 länsa *sjö.* run [before the wind]

läns|bokstav (*på bil*) county registration letter **-herre** *hist.* feoffor, feudal lord **-man** ['länns-] *ung.* constable; head of the county constabulary

länspump bilge-pump **-a** *se under 1 läns*

länsstyrelse *ung.* county administration

länstol [ˣlä:n-, ˣlänn-] armchair, easy chair

läpp *s2* lip; *falla ngn på ~en* be to (suit) a p.'s taste; *hänga ~* (*bildl.*) sulk; *melodin är på allas ~ar* the song is on everybody's lips **-ja** ~ *på* sip [at], just taste, *bildl.* have a taste of **-stift** lipstick

lär *v, end. i pres* **1** (*torde*) *han ~ nog* he is likely to; *jag ~ väl inte få se honom mer* I don't expect to see him again **2** (*påstås*) *han ~ vara* he is said (supposed) to be

lär|a I *s1* doctrine; (*tro*) faith; (*vetenskap*) science, theory; (*hantverks-*) apprenticeship; *gå i ~ hos* be apprenticed (an apprentice) to **II** *v2* **1** (~ *andra*) teach (*ngn franska* s.b. French); (*undervisa äv.*) instruct (*ngn engelska* s.b. in English); ~ *bort ... till ngn* let s.b. into; ~ *ut* teach (*ngt t. ngn* s.th. to s.b.) **2** (~ *sig*) learn; *ha svårt för att ~* be slow at learning **3** *rfl* learn (*att skriva* [how] to write); (*tillägna sig äv.*) acquire, pick up; ~ *sig uppskatta* come (grow) to appreciate **-aktig** *a1* ready (willing) to learn, docile, quick at learning; apt (*elev* pupil) **-aktighet** readiness to learn, teachability **-arbana** teaching career **-are** teacher (*för* of, for; *i franska* of French); instructor; (*t. yrket äv.*) schoolmaster; (*i sht vid högre skola*) master **-arinna** [woman] teacher, [school-]mistress **-arinneseminarium** training-college [for teachers] **-arkandidat** student teacher **-arkår** teaching staff **-arrum** staff room **-artjänst** teaching post **-aryrket** the teaching profession **-d** [lä:rd] *a1* learned; (*grundligt*) erudite; (*vetenskaplig*) scholarly; *en ~* [*man*] a learned (*etc.*) man, a man of learning; *gå den ~a vägen* go in for (take up) an academic career **-dom** *s2* **1** (*kunskaper*) learning; erudition; scholar-

ship **2** *dra ~ av* learn from **-domsgrad** academic degree **-domshistoria** history of learning **-domshögfärd** pride of learning **-domsprov** test of scholarship
lärft *s4, s3* linen
lärjunge [*lärr-] pupil; scholar; (*friare*) disciple
lärka *s1* [sky]lark
lärkträd larch[-tree]
lärkving|e *gå som -ar* (*bildl.*) twinkle, flash
lär|ling [-ä:-] apprentice; trainee **-lingstid** apprenticeship[-period]
läro|anstalt educational institution **-bok** text-book; manual; (*nybörjarbok*) primer **-byggnad** (*-system*) doctrinal system **-dikt** didactic poem **-fader** *kyrkl.* father of the Church; (*friare*) master **-mästare** master; *ta ... till ~* take ... as one's teacher **-rik** instructive; informative; *föga ~* not very instructive **-sal** *univ.* lecture-room, (*större*) lecture-theatre **-sats** precept, thesis, doctrine **-spån** *s7, s9, göra sina första ~* make one's first tentative efforts, serve one's apprenticeship **-stol** [professor's, professorial] chair **-säte** seat of learning, educational centre **-verk** [-värk] *s7* secondary grammar school; *Am. ung.* high school and junior college; *tekniskt ~* technical college
läroverks|adjunkt assistant master [at a secondary grammar school] **-lärare** secondary school master (teacher)
lär|oår apprenticeship-year; (*friare*) training-year **-pengar** *betala ~* pay for one's experience **-pojke** boy apprentice
läs|a *v3* **1** read (*för ngn* to s.b.; *hos, i* in; *om* about; *ur* from; *på läpparna* from the lips); (*genom-*) peruse; *~ en bön* say a prayer; *~ korrektur* correct proofs; *~ ut en bok* finish [reading] a book **2** (*studera*) read (*juridik* law; *på en examen* for an examination), study; *~ in* learn (study up) ... thoroughly; *~ [på sina] läxor* prepare (do) one's homework **3** (*få undervisning* [*i*]) take (have) lessons (*franska för* in French from); (*för privatlärare äv.*) coach (*för* with); *gå och ~* (*för prästen*) be prepared for one's confirmation **4** (*ge undervisning i*) teach, give lessons in; *~ latin med en klass* take Latin with a class; *~ läxor med ngn* help s.b. with his (*etc.*) homework **-are 1** reader **2** *relig.* pietist **-arinna** [woman] reader **-art** reading, version **-bar** [-ä:-] *a1* readable **-drama** chamber drama
läse|bok reader; (*nybörjar- äv.*) reading-book **-cirkel** reading-circle **-krets** readers (*pl*), public; *stor ~* wide readership **-sal** reading room
läs|hunger appetite for reading **-hungrig** eager to read; *vara ~* (*äv.*) be an avid reader **-huvud** *ha gott ~* have a good head for study[ing]
läsida leeward side, lee-side; *på ~n* leewards
läsk|a 1 (*med -papper*) blot, dry ... with blotting-paper **2** (*släcka törsten*) quench; (*svalka*) cool; (*uppfriska*) refresh (*äv. bildl.*); *~ sig* refresh o.s. **-edryck** [flavoured] mineral water, lemonade, soft drink
läsklass remedial reading class (form)
läskpapper (*ett* a sheet of) blotting-paper
läs|kunnig ... able to read **-lampa** reading-lamp; (*säng-*) bedside lamp **-lig** [-ä:-] *a1* legible, readable **-lust** inclination for (love of) reading (study) **-ning** [-ä:-] reading; (*lektyr äv.*) reading matter **-ordning** timetable, curriculum
läsp|a lisp **-ning** lisp[ing]
läst *s3* (*sko-*) last **-a** *~* [*ut*] last
läs|värd worth reading **-år** school-year; *univ.* academic year **-ämne** (*mots. övningsämne*) theoretical subject **-övning** reading exercise (practice)
lät *imperf av 1, 2 låta*
läte *s6* [inarticulate] sound; (*djurs*) call, cry
lätt I *a1* **1** (*mots. tung*) light (*äv. bildl.*); (*om t.ex. cigarr, öl*) mild; *med ~ hand* lightly, gently; *~ om hjärtat* light of heart; *känna sig ~ om hjärtat* feel light-hearted; *~ på foten* light of foot, *bildl.* of easy virtue **2** (*lindrig*) slight (*förkylning* cold); easy (*rullning* roll); gentle (*bris* breeze); (*svag*) faint; *ett ~ arbete* (*äv.*) a soft job **3** (*mots. svår*) easy; (*enkel*) simple; *göra det ~ för sig* make things easy for o.s.; *han har ~ för språk* languages come easy to him, he finds languages easy; *ha ~ [för] att* find it easy to **II** *adv* **1** (*mots. tungt*) light; (*ytligt, nätt o. jämnt*) lightly, gently; (*mjukt*) softly; *väga ~* (*äv. bildl.*) weigh light; *sova ~* sleep lightly; *ta ngt ~* take s.th. lightly, make light of s.th. **2** (*lindrigt*) slightly; (*ngt, litet*) somewhat **3** (*mots. svårt*) easily; readily; *vard.* easy; *~ fånget, ~ förgånget* easy come, easy go; *man glömmer så ~ att* one is so apt to forget (one so easily forgets) that
lätt|a 1 (*göra -are, lyfta*) lighten; (*samvete, tryck o.d.*) ease; (*spänning*) relieve, alleviate; *~ ankar* weigh anchor; *~ sitt hjärta* unburden one's mind (*för ngn* to s.b.) **2** (*ge -nad*) be (give) a (some) relief; (*bli -are*) become lighter (*etc.*); (*minska i vikt*) go down ... in weight **3** (*om dimma o.d.*) lift, become less dense; *det börjar ~* it is beginning to clear up **4** (*bildl., bli mindre svår*) ease; *det har ~t litet* things have eased a little **5** (*lyfta*) lift; *flyg. äv.* rise, take off; *~ på förlåten* lift the smoke screen, abandon secrecy; *~ på restriktionerna* ease the restrictions; *~ på pungen* lighten one's purse **-ad** *a5, bildl.* eased, relieved **-antändlig** *a1* [highly] inflammable **-are** *komp. t. lätt* **I** *a* lighter *etc., se lätt I*; (*utan jämförelse*) light *etc.* **II** *adv* more lightly *etc., se lätt II*; *~ sagt än gjort* easier said than done **-bearbetad** *a5* easy to work **-begriplig** easily understood; obvious **-betong** porous concrete **-fattlig** *a1* easily comprehensible, easy to understand; intelligible **-flytande** (*om vätska*) of low viscosity; (*om skrivsätt, tal*) fluent, flowing **-fotad** *a5* **1** light-footed **2** *se -färdig* **-framkomlig** (*om skog o.d.*) [easily] penetrable; (*om väg o.d.*) easy to go (walk *etc.*) along (on) **-funnen** *a5* easily found **-fångad** *a5* easily caught (come by) **-färdig** frivolous; (*osedlig*) ... of lax morals; (*lösaktig*) wanton **-färdighet** frivolousness *etc.* **-förklarlig** *av ~a skäl* for obvious reasons **-förtjänt** easily earned (*etc.*) **-hanterlig** easy to handle, easily handled; *bildl.* easily manageable **-het 1** lightness *etc.* **2** easiness;

simplicity; (*t.ex. att lära sig*) ease; (*t.ex. att uttrycka sig*) facility; *med* ~ (*äv.*) easily

lätt|ing idler, slacker **-ja** *s1* laziness; idleness, indolence **-jefull** lazy; indolent

lätt|köpt [-çö:-] *a1*, *bildl.* easily won, cheap **-lagad** *a5* **1** (*om mat*) easy to prepare **2** (*-reparerad*) easy to repair **-ledd** *a1* easily guided (led); (*om pers. äv.*) tractable **-lurad** *a5* easily taken in (duped *etc.*) **-läslig** (*om handstil*) legible **-läst** [-lä:st] *a4* **1** *se -läslig* **2** (*om bok, författare*) easy to read **-löslig** easily dissolvable **-manövrerad** *a5* manageable, handy; *flyg.* manœuverable **-matros** ordinary seaman **-metall** light metal **-na** become (get) lighter; *bildl.* lighten, become brighter; *det börjar* ~ (*äv.*) things are looking up **-nad** *s3*, *bildl.* relief (*för* for, to), alleviation; (*i restriktioner*) relaxing (*i* of), relaxation (*i* in, of); (*förenkling*) simplification; *det känns som en* ~ it is a relief; *dra en ~ens suck* breathe a sigh of relief **-påverkad** *a5* easily influenced (affected), impressionable **-retlig** irritable; touchy **-road** *a5* easily amused **-rökt** lightly smoked **-rörd** (*bildl. om pers.*) easily moved *etc.*; (*om sinne*) excitable; (*om hjärta*) responsive; (*känslosam*) emotional **-rörlig** mobile; *bildl.* very active **-saltad** *a5* slightly salted **-sam** *a1* easy **-sinne** (*obetänksamhet*) thoughtlessness, recklessness; (*slarv*) carelessness; (*-färdighet*) frivolousness, wantonness **-sinnig** *a1* light-hearted, happy-go-lucky, easy-going; (*om handling äv.*) thoughtless; (*-färdig*) wanton, loose **-skrämd** *a5* easily frightened; fearful **-skött** [-ʃött] *a1* easy to handle; easily operated (worked) **-smält** *a1* **1** (*om födoämne*) easily digested, digestible **2** (*om bok o.d.*) *se -läst* **-stekt** [-e:-] *a1* lightly done, underdone; *Am.* rare **-stött** *bildl.* ready to take offence, touchy **-såld** marketable, readily sold; *en ~ vara* (*äv.*) a product with ready sale **-sövd** *a5*, *vara* ~ be a light sleeper **-tillgänglig** (*hopskr. lättillgänglig*) ... that can easily be got at; accessible; (*om pers. äv.*) responsive, easy to get on with **-trogen** (*hopskr. lättrogen*) credulous, gullible **-vikt** *sport.* lightweight **-viktare** *sport.* light weight **-vindig** *a1* (*ej svår*) easily made, simple; (*bekväm*) handy; (*utan omsorg*) easy-going; (*slarvig*) careless **-vunnen** *a5* easily won **-åtkomlig** ... easy to get at, easily accessible (*vard.* get-at-able) **-öl** light lager beer

läx|a I *s1* lesson (*till* for); *ge ngn en* ~ give (*bildl.* teach) s.b. a lesson; *ha i* (*till*) ~ have as homework **II** *v1*, ~ *upp ngn* read s.b. a lesson, lecture s.b., *vard.* read the riot act to s.b. **-bok** lesson-book, text-book **-förhör** questioning on homework **-läsning** preparation (learning) of one's homework

löd *imperf av 1, 2 lyda*

löda *v2* solder; (*hård-*) braze

lödd|er ['lödd-] *s7* lather; (*tvål- äv.*) soap-suds (*pl*); (*fradga äv.*) foam, froth **-ra** lather (*äv.* ~ *sig*) **-rig** *a1* lathery; (*om häst vanl.*) foaming

lödig *a1* (*om silver*) standard; *bildl.* sterling **-het** [standard of] fineness; *bildl.* sterling character (quality)

löd|kolv soldering iron **-lampa** blowlamp, soldering lamp **-ning** [-ö:-] soldering **-pasta** solder [paste] **-tenn** soldering [tin], tin solder **-vätska** soldering-fluid

löfte *s6* promise (*om* of; [*om*] *att* to + *inf.*, of + *ing-form*); (*högtidligare*) vow; *avlägga ett* ~ make a promise; *bunden av ett* ~ (*äv.*) under a vow; *ha fått* ~ *om* have had a promise of, have been promised; *ta* ~ *av ngn* exact a promise from s.b.; *hålla sitt* ~ keep one's promise; *mot* ~ *om* on the promise of

löftes|brott breach of one's promise **-brytare** promise-breaker **-rik** promising, full of promise

löga *rfl* bathe

lögn [löŋn] *s3* lie; falsehood; (*liten*) fib; (*stor, vard.*) whopper **-aktig** *a1* lying; (*om historia o.d.*) mendacious; (*om påstående*) untruthful **-aktighet** untruthfulness, mendacity **-are** liar **-detektor** lie detector, pathometer **-hals** liar

löja [ˣlöjja] *s1* bleak

löj|e [ˣlöjje] *s6* (*leende*) smile; (*åt-*) ridicule **-eväckande** *a4* ridiculous; *verka* ~ have a ridiculous (comic) effect **-lig** *a1* ridiculous; (*lustig*) funny, comic[al]; (*orimlig*) absurd; *göra en* ~ *figur* cut a ridiculous (sorry) figure; *göra sig* ~ *över* make fun of **-lighet** ridiculousness *etc.*; absurdity

löjtnant [ˣlöjj-] *s3* (*vid armén*) lieutenant, *Am.* first lieutenant; (*vid flottan*) sub-lieutenant, *Am.* lieutenant; (*vid flyget*) flying officer, *Am.* first lieutenant

löjtnantshjärta *bot.* bleeding heart

lök *s2* **1** (*blom-*) bulb **2** (*som maträtt*) onion **3** *lägga* ~ *på laxen* (*bildl.*) make matters worse **-formig** [-å-] *a1* onion-shaped, bulbous **-kupol** imperial roof **-växt** bulbous plant

lömsk *a1* insidious; (*bedräglig*) deceitful; (*illistig*) sly, wily; (*bakslug*) underhand; (*försåtlig*) treacherous

lön *s3* **1** (*belöning*) reward; recompense; (*ersättning*) compensation; *få* ~ *för mödan* be rewarded for one's pains; *få sina gärningars* ~ get one's deserts **2** (*arbetares*) wages (*pl*), pay, remuneration; (*tjänstemans o.d.*) salary **-a 1** (*be-*) reward; (*vedergälla*) recompense; *jfr äv. av-*; ~ *ont med gott* return good for evil; ~ *mödan* be worth while **2** *rfl* pay; (*om företag*) be profitable (lucrative); *det ~r sig inte* it is no use, it is not worth while (the trouble) **-ande** *a4* (*företag*) profitable; (*sysselsättning äv.*) remunerative; *bli* ~ (*äv.*) become a paying proposition

löne|anspråk *pl* salary requirements; *svar med* ~ replies stating salary expected (required) **-avdrag** deduction from wages (salary), payroll deduction **-avtal** wage contract; *koll.* wages (pay) agreement **-förhandlingar** wage negotiations, pay talks; *centrala* ~ collective bargaining (*sg*) **-förhöjning** increase (rise, *Am.* raise) in salary (wages) **-förmån** emolument; *~er* (*äv.*) payments in kind, free benefits **-glidning** wage drift **-grad** salary grade **-klass** subdivision of salary grade **-läge** wage situation **-nivå** wage-level **-rörelse** wage negotiations (*pl*), collective bargaining **-skala** (*glidande* moving) wage (*etc.*) scale **-stegring** rise of wages (*etc.*) **-stopp** wage freeze **-sänkning** wage (*etc.*) cut **-sättning** setting of wage (*etc.*) rates, wage determination **-tillägg** bonus, increment **-villkor** salary (wage) terms, terms of remuneration **-ökning** wage(*etc.*)-increase

lönlös [ˣlö:n-] (*gagnlös*) useless, futile

1 lönn *s2, bot.* maple[-tree]

2 lönn *r, i ~, se* [*i*] *-dom* **-brännare** illicit distiller **-bränning** illicit distilling **-dom** *i uttr.: i ~* secretly, in secret, clandestinely **-gång** secret (underground) passage **-krog** unlicensed gin-shop **-lig** *a1* secret; clandestine; *jfr hemlig* **-mord** assassination **-mörda** assassinate **-mördare** assassin

lönsam [ˣlö:n-] *a1* profitable, remunerative, lucrative **-het** profitability, earning capacity

lönt [lö:-] *oböjl. a, det är inte ~ att du försöker* it is no good (use) your trying

löntagare (*arbetare*) wage-earner; (*tjänsteman*) salary-earner; employee

löp|a *v3* **1** run (*ett lopp* a race); *jfr 2 springa 1*; *låta ... ~* let ... go; *~ fara* be in danger; *~ risk att* run the risk of **2** (*sträcka sig*) extend, run, go (*längs* along); *en mur -er runt ...* (*äv.*) a wall encircles ... **3** (*om drivrem, kran o.d.*) run, travel, go; (*hastigt äv.*) fly, dart; *nålen -er lätt* the needle goes through easily; *låta fingrarna ~ över* run one's fingers over **4** (*om ränta o.d.*) run; *lånet -er med 5% ränta* (*äv.*) the loan carries interest at 5% **5** (*om tik*) be in heat **6** *~ till ända* (*om tidsfrist o.d.*) run out; *~ ut* (*om tid*) expire, run out; *~ ut ur hamnen* leave (put off from) [the] harbour **-ande** *a4* running (*äv. hand.*); *i sht hand.* current; *i ~ följd* (*bokf. o.d.*) in consecutive order; *~ konto* open (current) account; *~ order* standing order; *i ~ räkning* on current (running) account; *~ utgifter* running (working) expenses; *~ band* assembly line, conveyor belt; *producera på ~ band* mass-produce **-arbana** running track **-are** **1** runner **2** (*bord-*) table-runner **3** (*schackpjäs*) bishop

löpe *s6* rennet

löpeld **1** (*skogseld*) surface-fire **2** *sprida sig som en ~* spread like wildfire **-grav** *mil.* sap; *~ar* parallels, approaches **-knut** running noose

löpmage rennet-bag

löp|maska ladder, run **-meter** running-metre, linear metre **-ning** [-ö:-] **1** running; (*en ~*) run; (*kapp-*) race **2** *mus.* run, roulade **-sedel** placard, [news-]bill **-snara** loop **-tid** (*växels o.d.*) currency; (*låns o.d.*) life; duration, [period of] validity (maturity)

lördag [ˈlö:-] Saturday; *jfr fredag*

lös I *a1* **1** loose; (*rörlig*) movable; (*flyttbar äv.*) portable; (*-tagbar*) detachable; (*ej hårt spänd*) slack; *~a blommor* cut flowers; *~a delar* (*reservdelar*) spare parts; *~ och fast egendom* real and movable estate; *i ~ vikt* (*hand.*) by weight **2** (*ej tät* [*t. konsistensen*]) loose (*snö* snow); (*mjuk*) soft (*blyerts* lead); *vara ~ i magen* have loose bowels **3** (*konstgjord*) false (*tand* tooth); (*mots. skarp*) blank (*skott* shot) **4** (*om häst o.d.*) untethered, at large; (*om hund*) unleashed, off the lead; (*om seder*) loose, lax; (*om förbindelse*) irregular; (*om antagande, misstanke*) vague; (*om prat o.d.*) empty, idle; *~t folk* people on the loose, drifters; *gå ~* be at large; *~a påståenden* unfounded statements; *på ~a grunder* on flimsy grounds **5** *bli* (*komma*) *~* get loose; *nu brakar det ~!* (*om oväder o.d.*) now we are in for it!; *slå sig ~* take a day off, (*bland vänner e.d.*) let o.s. go **II** *adv*, *gå ~ på* (*angripa*) attack, go for (*ngn* s.b.), go at (*ngt* s.th.) **-a** *v3* **1** (*tjudrat djur*) untether, unloose; (*hund*) let ... off the leash, unleash; (*friare*) release, set ... free (*från, ur* from) **2** (*lossa på*) loose[n]; (*boja, knut o.d.*) undo, unfasten, untie **3** (*i vätska*) dissolve **4** (*gåta, problem o.d.*) solve **5** (*ut-*) redeem; (*biljett e.d.*) buy, take, pay for; *~ ut ngn ur* (*firma e.d.*) buy s.b. out of ... **5** *rfl* (*i vätska*) dissolve, be dissolvable; (*om problem o.d.*) solve **-aktig** *a1* loose, dissolute **-ande** *a4*, *~* [*medel*] laxative **-as** *v3, se -a 5* **-bar** [-ö:-] *a1* [dis]soluble **-bladssystem** loose-leaf system **-bröst** (*skjortbröst*) shirt front **-drivare** vagrant, vagabond **-driveri** vagrancy **-egendom** personal estate (property), movable property; chattels (*pl*)

lös|en [ˈlö:-] *r* **1** (*för stämpel e.d.*) stamp fee (duty) **2** (*för brev e.d.*) surcharge **3** (*igenkänningsord*) password; catchword; *dagens ~* the order of the day **-enord** *se -en 3* **-esumma** ransom

lös|fläta false plait **-gom** dental plate **-göra** **1** (*djur*) set ... free, release; (*hund*) let ... off the leash, unchain **2** (*sak*) detach, unfasten, unfix, disengage; (*ur nät, snara e.d.*) extricate **3** *bildl.* free, liberate; (*kapital*) liberate **4** *rfl* set o.s. free, free (release) o.s. **-hår** false hair **-häst** **1** loose horse **2** *bildl.* gentleman without lady; (*friare*) gentleman at large **-kokt** lightly (soft-)boiled **-krage** [loose] collar **-lig** [-ö:-] *a1* **1** (*i vätska*) soluble, dissolvable **2** (*om problem*) solvable, soluble **3** (*lös*) loose; (*om t.ex. moral*) lax, slack **-manschett** loose cuff **-mustasch** false moustache **-mynt** *a4* talkative, loquacious; blabbing **-ning** [-ö:-] **1** *konkr.* solution **2** (*förklaring*) solution (*på* of); (*frågas äv.*) settlement; *gåtans ~* (*äv.*) the answer (key) to the riddle **-ningsmedel** [dis]solvent **-nummer** single copy **-nummerpris** single-copy price **-näsa** false nose **-peruk** wig, toupé **-ryckt** *a4* torn loose (*från* off, from); (*om ord, mening o.d.*) disconnected, isolated

löss (*pl av lus*) lice

lös|släppt *a4*, ... let loose (*etc.*); (*otyglad*) unbridled; (*uppsluppen*) unrestrained **-t** [-ö:-] *adv* loosely *etc.*; (*lätt*) lightly; (*obestämt*) vaguely; *sitta ~* (*om plagg*) fit loosely; *gå ~ på 100 pund* (*vard.*) run into £100 **-tagbar** [-a:g-] *a5* detachable **-tand** false tooth **-öre** *s6, se -egendom*

löv *s7* leaf **-a** adorn ... with leafy branches **-as** *dep* leaf, leave, burst into leaf **-fällning** [the] fall of the leaves; defoliation (*äv. ~en*) **-groda** tree frog **-jord** leaf-soil(-mould)

lövkoja *s1, bot.* [queen] stock

löv|rik leafy, ... full of leaves **-ruska** bough **-sal** arbour, bower **-skog** wood of foliiferous trees, deciduous wood; *Am.* hardwood forest **-sprickning** leafing **-såg** fretsaw **-sångare** willow warbler **-trä** hardwood **-träd** foliiferous (deciduous, *Am.* hardwood) tree **-tunn** ... as thin as a leaf **-verk** foliage **-äng** forest meadow

M

Maas [ma:s] *r* the Meuse
Macedonien [-se-, -ke-] *n* Macedonia **macedoni|er** [-se-, -ke-] *s9* **-sk** *a5* Macedonian
machtal [ˣmakk-] mach number
mack *s2* (*pump*) petrol-pump; (*bensinstation*) service-station
mackab|é *s3* Maccabee **-eisk** *a5* Maccabean
mad *s3* marsh-(bog-)meadow
Madagaskar *n* (*ön*) Madagascar; (*republiken*) the Malgasy Republic **madagaskisk** *a5* Madagascan, Malgasy
madam [-'damm] *s3*, *åld.* woman
madonna [-ˣdånna, -'dånna] *s1* Madonna **-bild** Madonna, madonna
madrass *s3* mattress **-era** pad; quilt **-var** *s7* bed tick
madrigal *s3* madrigal
magasin *s7* **1** (*förrådshus*) storehouse; *hand.* warehouse; (*förvaringsrum*) depository; (*skjul*) shed **2** (*butik*) shop **3** (*på eldvapen*) magazine **4** (*tidskrift*) magazine **-era** store [up ... (up)]; *hand.* warehouse; (*möbler äv.*) store **-ering** storing; (*möbel- äv.*) [furniture-]storage
magasin|shyra (*för magasin*) warehouse-rent; (*för -ering*) storage [charges *pl*]
mag|besvär stomach (digestive) trouble **-blödning** [an] attack of bleeding in the stomach; *läk.* gastric haemorrhage **-dans** belly dance **-e** *s2* stomach; (*buk*) belly; *anat. äv.* abdomen; (*matsmältning*) digestion; *vard.* tummy; *ha dålig ~* suffer from indigestion; *ha ont i ~n* have [a] stomach-ache (a pain in one's stomach), *vard.* have a belly-ache; *vara hård i ~n* be constipated; *få en spark i ~n* (*äv.*) get a kick in the guts; *min ~ tål inte* my stomach won't stand, I can't take; *ligga på ~n* lie on one's face
1 mager ['ma:-] *s9* (*österländsk vis*) magus (*pl* magi)
2 mager ['ma:-] *a2*, *eg. o. bildl.* lean; (*om pers., kroppsdel äv.*) thin; (*knotig*) bony; (*friare, bildl.*) meagre; (*klen*) slender; (*knapp*) scanty; *~ jord* poor (meagre, barren) soil; *~ kassa* scanty funds (*pl*); *~ ost* low-fat cheese; *sju magra år* seven lean years; *~ som ett skelett* a mere skeleton **-het** leanness *etc.* **-lagd** *a5* rather thin; on the thin side
mag|grop pit of the stomach **-gördel** *läk.* abdominal support; (*på cigarr*) band
magi *s3* magic **-ker** ['ma:-] magician **-sk** ['ma:-] *a5* magic[al]
magist|er [-j-] *s2 filosofie ~* (*ung.*) Master of Arts (*förk.* M.A.); (*lärare*) schoolmaster; *ja, ~n!* yes, Sir! **-erexamen** *ung.* Master-of-Arts examination **-ral** *a1* mag-

istral; (*friare*) authoritative; (*mästerlig*) masterly
magistrat [-j-] civic (city, town) administration; municipal authorities (*pl*)
mag|katarr catarrh of the stomach, gastric catarrh **-knip** pains (*pl*) in the stomach; gripes (*pl*)
magma *s1* magma
magmun orifice of the stomach
magnat [-ŋn-] magnate; *Am. vard.* tycoon
magnesium [-ŋ'ne:-] *s8* magnesium **-blixt** magnesium flashlight
magnet [-ŋ'ne:t] *s3* magnet (*äv. bildl.*); (*tändapparat*) magneto; *naturlig ~* (*äv.*) loadstone **-fält** magnetic field **-isera** magnetize **-isering** magnetization **-isk** *a5* magnetic; *bildl. äv.* magnetical **-ism** magnetism **-kompass** magnetic compass **-mina** magnetic mine **-nål** magnetic needle **-ofon** [-ɷ'få:n] *s3* magnetophone, tape recorder **-pol** magnetic pole **-spole** magnet coil **-tändning** magneto ignition
magnifik [manji-, maŋni-] *a1* magnificent; grand, splendid
mag|plågor stomach pains **-pumpa** *~ ngn* empty a p.'s stomach of its contents; *bli ~d* have one's stomach pumped out **-pumpning** pumping-out of the stomach
magra [ˣma:g-] become (get, grow) thinner, lose weight; *~ tre kilo* lose three kilos [in weight]
mag|saft gastric juice **-sjuk** suffering from a stomach-disorder **-sjukdom** disease of the stomach **-stark** *det var väl ~t!* (*vard.*) that's a bit too thick! **-stärkande** *a4* stomachic (*äv. ~ medel*) **-sur** suffering from acidity in the stomach; *bildl.* sour[-tempered], sardonic **-syra** acidity in the stomach; *bildl.* sourness of temper **-sår** gastric ulcer **-säck** stomach
magyar [ma'dja:r] *s3* Magyar
magåkomma stomach complaint (trouble)
maharadja *s1* Maharaja[h]
mahogny [-'håŋni] *s9, s7* mahogany
maj [majj] *r* May; *första ~* May Day, the first of May **-blomma** May-Day flower
majestät *s7, s4* majesty; *Hans M~* His Majesty; *Ers M~* Your Majesty **-isk** *a5* majestic; (*friare*) stately
majestäts|brott lese-majesty **-förbrytare** person guilty of lese-majesty
majolika *s1* majolica
majonnäs *s3* mayonnaise
major *s3* major; (*vid flyget*) squadron leader, *Am.* major
majoritet *s3* majority; *ha ~* have (be in) a majority; *absolut* (*enkel, kvalificerad*) *~* absolute (ordinary, [a] two-thirds) majority
majoritets|beslut majority resolution **-ställning** *vara i ~* be in [a] majority **-val** elections conducted on the majority [voting-]system
majorska [-ˣjɷ:r-] *s1* major's wife (widow)
majs *s3* maize, Indian corn; *Am.* corn **-ena** [-ˣse:-, -'se:-] *s1* corn-flour **-flingor** corn-flakes **-kolv** ear of maize (corn), corn-cob **-mjöl** maize meal, corn flour; *Am.* cornstarch
majstång may-pole
majuskel *s3, boktr.* majuscule, capital letter

mak *oböjl. s i uttr.: i sakta ~* at an easy pace (*t.ex. arbeta*) slow but sure
1 maka *v1* move, shift (*äv. ~ på*); *~ sig* move o.s.; *~ sig till rätta* settle o.s. comfortably; *~ åt sig* make room, give way
2 maka I *s1* wife; *poet. äv.* spouse; *hans äkta ~* his wedded wife **II** *oböjl. a* (*som bildar ett par*) ... that match, ... that are fellows (a pair)
makaber *a2* macabre
makadam [-'damm] *s3* macadam, road metal
makalös matchless, unmatched; incomparable; peerless **-t** *adv* peerlessly; incomparably; (*ytterst*) exceedingly, exceptionally
makaroner *koll.* macaroni
mak|e *s2* **1** (*äkta ~*) husband; *poet. äv.* spouse; (*om djur*) mate; *-ar* husband and wife; *-arna A.* Mr. and Mrs. A. **2** (*en av ett par*) fellow, pair; *~n till den här handsken* the other glove of this pair **3** (*like*) match; *~n till honom finns inte* his match (the like of him) does not exist, you will not find his peer; *jag har då aldrig hört på ~n!* I never heard the like (such a thing)!, well, I never!
Makedonien *se Macedonien*
maklig [ˣma:k-] *a1* easy-going; (*bekväm*) comfortable; (*loj*) indolent; (*sävlig*) leisurely
makrill *s2* mackerel
makro|ekonomi macroeconomics (*pl*) **-kosmos** *r* macrocosm **-skopisk** [-'skå:-] *a5* macroscopic[al]
makt *s3* power; might; ([*tvingande*] *kraft*) force; (*herravälde*) dominion, rule; ([*laglig*] *myndighet*) authority; (*kontroll*) control; *~ går före rätt* might goes before right; *vanans ~* the force of habit; *ingen ~ i världen kan* no power on earth can; *sätta ~ bakom orden* back up one's words by force; *få ~ över* obtain power over, make o.s. master of; *ha* (*sitta vid*) *~en* be in (hold) power; *en högre ~* superior force; *genom omständigheternas ~* by force of circumstances; *av* (*med*) *all ~* with all one's might; *med all ~ söka att* do one's utmost to; *ha ordet i sin ~* be eloquent, have the power of expressing o.s., *vard.* have the gift of the gab; *det står inte i min ~ att* it is beyond my power to; *komma till ~en* come into (obtain) power; *vädrets ~er* the weather gods **-balans** balance of power **-befogenhet** authority; powers (*pl*) **-begär** [the] lust for power **-faktor** factor of power **-fullkomlig** despotic, dictatorial **-fördelning** distribution of power **-förskjutning** shift of power **-havande** *s9* ruler; *de ~* those in power **-koncentration** concentration of power **-lysten** greedy for power **-lystnad** lust for power **-lös** powerless; impotent; (*svag*) weak; (*matt*) faint **-medel** instrument of force; forcible means (*pl*) **-missbruk** abuse of power **-påliggande** *a4* (*viktig*) important, urgent; (*ansvarsfull*) responsible **-sfär** sphere of influence **-spel** gamble for power; *~et* the power game **-språk** language of force **-ställning** position of power, powerful position **-övertagande** *s6* assumption of power

makul|atur waste paper, spoilage **-era** (*kassera*) destroy, obliterate, reject ... as waste [paper]; (*göra ogiltig*) cancel; *~s!* cancelled! **-ering** destruction, obliteration; cancellation
1 mal *s2* (*insekt*) moth
2 mal *s2* (*fisk*) sheat-fish
mala *v2* **1** grind (*till* into); (*säd äv.*) mill; (*kött äv.*) mince; *~ på ngt* (*bildl.*) keep on repeating s.th.; *~ om samma sak* (*bildl.*) keep harping on the same string **2** (*om tankar*) keep on revolving
Malackahalvön the Malay Peninsula
malaj [-'lajj] *s3* Malay[an]; *skämts. mil.* C 3 man **-isk** *a5* Malay[an]
malakit *s3* malachite
malapropå malapropos
malaria *s1* malaria
malhål moth-hole
malicios *a1* malicious; spiteful
malis *s3*, *~en påstår* malicious rumour has it that
mall *s2*, *tekn.* mould; (*friare äv.*) pattern, model; (*rit-*) curve
mallig *a1* cocky, stuck-up **-het** cockiness
Mallorca [ma×jårrka] *n* Majorca
malm *s3* **1** *min.* ore; (*obruten*) rock **2** (*legering*) bronze **3** *ljudande ~* sounding brass; *han har ~ i stämman* his voice has got a ring in it **-berg** metalliferous rock **-brytning** ore-mining
malmedel anti-moth preparation, moth-proofing agent
malm|fyndighet ore-deposit **-fält** ore-deposit (-field) **-förande** *a4* ore-bearing **-förekomst** *se -fyndighet* **-gruva** ore-mine **-halt** content of ore **-haltig** *a1* containing ore **-klang** metallic ring **-letning** [-e:-] ore-prospecting **-åder** metalliferous vein
malning [-a:-] grinding *etc.*, *se mala*
malplacerad [mall-] *a5* misplaced, ... out of place; (*om anmärkning o.d.*) ill-timed
malpåse moth-proof bag
malström [×ma:l-] maelstrom
malsäker mothproof
malt *s4*, *s3* malt **-dryck** malt liquor
maltes|are [-×te:-] Maltese **-erkors** Maltese cross **-erriddare** knight of [the Order of] Malta, knight hospitaller **-isk** [-'te:-] *a5* Maltese
maltos [-'tå:s] *s3* maltose, malt sugar
malva *s3*, *bot.* mallow **-färgad** mauve-coloured
maläten *a5* moth-eaten, mothy; (*luggsliten*) threadbare; (*om pers.*) haggard
malör mishap; (*starkare*) calamity
malört *bot.* wormwood (*äv. bildl.*); *~ i glädjebägaren* a fly in the ointment
malörts|bägare *bildl.* cup of bitterness **-droppar** tincture (*sg*) of wormwood
mamma *s1* mother (*till* of); *vard.* ma, mum; *barnspr.* mummy; *~s gosse* mother's boy; *på sin ~s gata* on one's native heath **-klänning** maternity dress
mammalier *pl*, *zool.* mammals
mammon [-ån] *r* mammon; (*rikedom*) riches (*pl*); *den snöda ~* filthy lucre
mammonsdyrkan [the] worship of mammon
mammut ['mamm-] *s2*, *zool.* mammoth
mamsell *s3* Miss

Man [mann] *r* [*ön*] *~* the Isle of Man; *invånare på ~* Manxman, Manxwoman
1 man [ma:n] *s2* (*häst- o.d.*) mane
2 man *-nen män*, *mil. o.d. pl man* man (*pl* men); (*som mots. t. kvinna äv.*) male; (*arbetskarl, besättnings- e.d. äv.*) hand; (*äkta ~*) husband, man; *en styrka på fyrtio ~* a force of forty men; *sjunka med ~ och allt* go down with all hands; *det skall jag bli ~ för!* I'll make sure that's done!; *tredje ~* third person (party); *~ och ~ emellan* from one to another; *per ~* a head, per man, each; *på tu ~ hand* by ourselves, on our own (*etc.*); *som en ~* to a man, one and all; *litet till ~s har vi* pretty well every one of us has; *var ~* everybody
3 man [mann] *pron* one, you; we; (*vem som helst, ibl.*) anyone; (*folk*) people, they, *vard.* folks; *~ trodde förr* people used to think; *~ kan aldrig veta vad som* one (you) can never know what; *det kan ~ aldrig veta!* one never knows!; *när ~ talar till dig* when people speak to you, when you are spoken to; *om ~ delar linjen* if you (we) bisect the line; *~ påstår att han är* they (people) say that he is, he is said to be; *har ~ hört på maken!* did you ever [hear the like]!; *eller, om ~ så vill* or, if you like (prefer [it]); *ser ~ på!* well, well!
mana (*upp-*) exhort; (*befalla*) bid; (*uppfordra*) call upon; (*driva på*) incite, urge, admonish; *exemplet ~r inte till efterföljd* his (*etc.*) example hardly invites imitation; *~ till försiktighet* call for caution; *känna sig ~d att* feel called upon (prompted) to; *~ fram* call forth (out); *~ på ngn* urge on s.b.; *~ gott för ngn* put in a good word for s.b.
manager ['mannidjer] (*för idrottsman*) manager; (*för artist*) impressario, publicity agent
manbar [×mann-] *a1* pubescent **-het** manhood
manbyggnad [×mann-] manor-house
manchestersammet ['mannçester-] ribbed velvet, corduroy
1 mandarin *s3* (*ämbetsman*) mandarin
2 mandarin *s3* (*frukt*) mandarin[e]
mandat *s7* **1** *jur.* authorization, authority **2** (*som riksdagsman*) mandate; commission; (*riksdagsmannaplats*) seat; *nedlägga sitt ~* resign one's seat, *eng. parl.* accept [the Stewardship of] the Chiltern Hundreds; *få sitt ~ förnyat* be returned again for one's constituency **3** (*förvaltarskap*) mandate **-fördelning** distribution of seats **-tid** term of office **-är** *s3* mandatary, mandatee **-ärstat** trusteeship nation; (*förr*) mandatory nation (power)
mandel [×manndel] *s2* **1** almond; *brända mandlar* burnt almonds **2** *anat.* tonsil **-blomma** white meadow saxifrage **-formad** [-å-] *a5* almond-shaped **-kvarn** almond grinder **-massa** almond paste, marzipan **-olja** almond oil
mandolin *s3* mandoline
man|dom [×manndom] *s2* (*tapperhet*) bravery, valour; (*-barhet*) manhood; (*mänsklig gestalt*) human form (shape) **-domsprov** (*tapperhetsprov*) test of courage; (*vuxen-*

hetsprov) trial of manhood; initiation rite
mandråpare [ˣmann-] manslayer
mandsju [-'ʃu:] *s3* Manchu **Mandsjuriet** [-ʃ-] *n* Manchuria **mandsjurisk** [-'ʃu:-] *a5* Manchurian
manege [-'ne:ʃ, -'nä:ʃ] *s5* manège, manege
1 maner ['ma:-] *pl* (*avlidnas andar*) manes
2 maner *s7* (*sätt*) manner; (*stil*) style; (*förkonstling*) mannerism; (*tillgjordhet*) affectation; *förfalla till ~* become affected
manet *s3* jelly-fish
man|fall [ˣmann-] *det blev stort ~* there were a great many [men *etc.*] killed, (*i examen e.d.*) a great many failed (were rejected) **-folk** *ett ~* a man; *koll.* men, menfolk
mangan [-ŋ'ga:n] *s3, s4* manganese **-at** *s7, s4* manganate
mang|el ['maŋel] *s2* mangle; mangling-machine; *dra ~n* drive (*bords-:* turn) the mangle **-elbod** mangle-house **-elduk** mangling-sheet **-la** mangle; *absol. äv.* do [the] mangling **-ling** mangling; *bildl.* draw-out negotiations (*pl*)
mangofrukt [ˣmaŋgo-] mango[-fruit]
mangold ['maŋgåld] *s2, bot.* [Swiss] chard, white-beet
mangoträd [ˣmaŋgo-] mango[-tree]
man|grann [ˣmann-] full-muster; ... in full force **-grant** *adv, samlas ~* assemble to a man (in full force) **-gårdsbyggnad** mansion, manor-house; (*på bondgård*) farm-house **-haftig** *a1* stout-hearted; (*karlaktig*) manly; (*om kvinna*) mannish
mani *s3* mania, *vard.* craze (*på att* for + *ing-form*)
manick *s3* gadget
manier|erad *a5* mannered, affected **-ism** mannerism
manifest I *s7* manifesto **II** *a4, med.* manifest **-ation** manifestation **-era** manifest; (*ådagalägga äv.*) display
manikyr *s3* manicure **-era** manicure; *absol. äv.* do manicuring **-ist** manicurist
manillahampa [-ˣnilla-] Manilla hemp
man|ing exhortation; (*vädjan*) appeal; *rikta en ~ till* address an appeal to- **ingsord** word of exhortation; admonitory word, word of warning
maniok [-ni'åkk] *s3, bot.* manioc
manipul|ation manipulation **-era** manipulate; handle; *~ med* (*äv.*) tamper with, (*göra fuffens med*) juggle with; (*räkenskaper*) cook
manisk ['ma:-] *a5* manic
manke *s2* withers (*pl*); (*oxes äv.*) crop, neck; *lägga ~n till* (*bildl.*) put one's shoulder to the wheel, *Am. vard.* dig [in]
manke|mang *s7, s4* (*fel*) fault, hitch, break-down; *Am. vard.* bug[s] **-ra** (*komma för sent t.*) fail [to come, to turn up]; (*fattas*) want, be missing
man|kön [ˣmann-] *~et* the male sex; *koll. äv.* mankind; *av ~* of the male sex **-lig** *a1* **1** (*av mankön*) male; masculine **2** (*som anstår en man*) manly, virile **-lighet** manliness, virility **-ligt** *adv* like a man, manfully **-lucka** manhole [cover]
1 manna *v1, sjö., ~ reling!* man the bulwarks!
2 manna *s1, s7* manna; *som ~ i öknen* like manna in the wilderness **-gryn** semolina
manna|kraft man's (manly) strength; *i sin fulla ~* in the full vigour of his manhood **-minne** (*i* within) living memory **-mod** [manly] courage, prowess **-mån** *r* favouring; *utan ~* (*äv.*) without respect of persons **-ålder** manhood
mannekäng *s3* [fashion] model, mannequin; (*skyltdocka*) [tailor's] dummy **-uppvisning** fashion show (parade)
manodepressiv *a1* manic-depressive
manometer *s2* pressure gauge, manometer
mans *se 2 man*
mansardtak [-ˣsa:rd-] mansard (curb) roof
mansbot wer[e]gild
manschett *s3* [sleeve-, shirt-]cuff; (*linning äv.*) wrist[band]; *tekn.* sleeve; *fasta* (*lösa*) *~er* attached (detachable) cuffs; *darra på ~en* (*bildl.*) shake in one's shoes **-knapp** cuff-link **-proletariat** white-collar workers (*pl*) **-yrke** white-collar job
mans|dräkt man's (male) attire **-göra** *s7* men's ([a] man's) work **-hög** ... as tall as a man
manskap *s7, mil.* men (*pl*); (*värvat äv.*) enlisted men (*pl*); (*servis-*) [gun-]personnel; *sjö.* crew, hands (*pl*)
mans|kör male (men's) choir **-lem** penis
manslukerska [ˣmann-] vamp
mans|namn male (man's) name **-person** man; male person
manspillan [ˣmann-] *r* loss of men; *stor ~* heavy losses (*pl*)
manssamhälle male-dominated society
manstark [ˣmann-] ... strong in number, numerically strong **-t** *adv, infinna sig ~* muster strong
mansålder generation
mantal *s7* assessment unit of land
mantals|blankett population census questionnaire **-längd** population register (schedule) **-skriva** register ... for census purposes; take a census **-skrivning** registration for census purposes **-uppgift** census-registration statement
mant|el *s2* **1** (*plagg*) cloak; (*kunga- o.d. o. bildl.*) mantle **2** *tekn.* casing, jacket; *geom. o.d.* mantle; (*aktie-*) [share] certificate **-ilj** *s3* mantilla **-lad** *a5, tekn.* jacketed
manu|al *s3, mus.* manual **-ell** *a1* manual
manufaktur|affär draper's shop; *Am.* dry-goods store **-varor** (*textil-*) drapery [goods], *Am.* dry goods; (*järn-*) hardware
manuskript *s7* manuscript; *boktr. äv.* copy, matter; (*film-, radio-*) script; *maskinskrivet ~* (*äv.*) typescript, typed copy
manöver *s3, mil. o. bildl.* manœuvre; (*knep äv.*) dodge, trick; (*rörelse*) *mil.* movement, *sjö.mil.* exercise **-bord** console **-duglig** manœuvrable, in working order; *sjö. äv.* steerable **-fel** *flyg.* pilot's error **-förmåga** manœuvrability **-oduglig** unmanageable, out of control **-spak** *flyg.* control lever
manövrer|a manœuvre (*äv. bildl.*); *sjö. äv.* steer; (*friare*) handle, manage, operate **-bar** *a1* manœuvrable; *Am.* manœuverable **-ing** manœuvring *etc.*
mapp *s2* file, folder

mara *s1* nightmare; (*plåga*) bugbear; *ridas av ~n* be hagridden
marabustork [ˣma:-, -ˣbu:-] marabou
maraton|lopp [ån-] marathon race **-löpare** marathon-runner
mardröm nightmare (*äv. bildl.*)
mareld phosphorescence [of the sea]
margarin *s4* margarine
marginal [-g-, -j-] *s3* margin; *boktr. äv.* border; *börs. äv.* difference **-anteckning** marginal note **-kostnad** marginal cost **-skatt** marginal income tax
Marie bebådelsedag Lady (Annunciation) Day
marin I *s3* **1** (*sjömakt*) navy; *~en* the Marine, the Navy **2** (*-målning*) marine, seascape **II** *a1* marine
marinad *s3, kokk.* marinade
marin|attaché naval attaché **-blå** navy blue
marinera marinade
marin|flyg naval air force **-lotta** *Engl.* [a] member of the Women's Royal Naval Service, (*förk.* W.R.N.S.), *vard.* [a] Wren; *Am.* [a] member of the Woman's Appointed Volonteer Emergency Service, (*förk.* WAVES), *vard.* [a] Wave **-läkare** naval medical officer **-målning** *se marin I 2* **-soldat** marine **-stab** naval staff
marionett *s3* marionett, puppet (*äv. bildl.*) **-regering** puppet government **-teater** (*hopskr. marionetteater*) puppet theatre (*föreställning:* show)
maritim *a1* maritime
1 mark *s3* (*jordyta, jordområde o.d.*) ground (*äv. bildl.*), land; (*åker-*) field; (*jordmån*) soil; *klassisk ~* classical ground; *förlora* (*vinna*) *~* lose (gain) ground; *känna ~en bränna under sina fötter* (*bildl.*) feel the place beginning to get too hot for one; *på svensk ~* on Swedish soil; *ta ~* land (alight) [on the ground]
2 mark *s9* (*mynt*) mark
3 mark *s3* [*pl* 'marr-] (*spel-*) counter, marker, fish
markant [-'kannt, -'kaŋt] **I** *a1* striking, marked, conspicuous; (*märklig*) remarkable **II** *adv* strikingly *etc.*
markatta 1 *zool.* guenon **2** (*vard. 'häxa'*) shrew, bitch; *jfr ragata*
markeffektfarkost (*svävare*) cushioncraft, hovercraft
marker|a mark; (*vid spel äv.*) score; (*ange*) indicate; (*visa*) show; (*sittplats e.d.*) put s.th. in (on) ... to mark it; *sport.* mark out; (*betona*) accentuate, emphasize **-ad** *a5* marked; (*utpräglad äv.*) pronounced **-ing** marking *etc.*
marketent|are [-ˣtenn-] canteen-keeper **-eri** canteen
markgreve margrave
1 markis *s3* (*solskydd*) sun-blind, awning
2 markis *s3* (*adelstitel*) *Engl.* marquess, marquis **-inna** *Engl.* marchioness
marknad *s3* market; (*i samband med folknöjen*) fair; *introducera en vara på ~en* introduce (launch) an article on the market; *i ~en* on (in) the market
marknads|dag market-day **-föra** market, launch, merchandise **-föring** marketing *etc.* **-läge** market situation (position), state of the market **-nöje** side-show **-plats** (*-område*) market-place, fair-ground **-pris** market price **-stånd** market stall, stand **-undersökning** market[ing] research (analysis) **-värde** market (trade) value
mark|personal *flyg.* ground personnel (staff, crew) **-robot** surface-to-surface missile **-sikt** ground visibility **-strid** ground fighting, warfare on land **-stridskrafter** ground forces
Markus ['marr-] Mark; *~ evangelium* the Gospel according to St. Mark, Mark
mark|värdestegring rise in the value of land **-ägare** landowner, landlord; ground-owner
markör marker, scorer; *flyg.* plotter
marmelad *s3* marmalade; (*konfekt ung.*) fruit jellies **-burk** pot of marmalade
marmor *s9* marble; *... av ~* (*äv.*) [a] marble ... **-brott** marble-quarry **-era** marble; vein **-ering** marbling **-kula** marble **-skiva** marble slab; (*på bord*) marble top **-stod** marble monument
marockan *s3* inhabitant of Morocco; *ibl.* Moroccan **-sk** [-a:-] *a5* Moroccan, of Morocco
Marocko [-'råkko] *n* Morocco
marodör marauder, exploiter
marokäng *s3* (*läder*) morocco; (*tyg*) marocain
mars *r* March
Mars *r, astron.* Mars
marsch [marrʃ] **I** *s3* march; *vanlig ~* march in step; *vara på ~* be on the march (*äv. bildl.*) **II** *interj* march!; *framåt* (*helt om*) *~!* forward (right about face) march!; *~ i väg!* (*vard.*) be off with you!; *göra på stället ~* (*gymn. o.d.*) mark time
marschall [mar'ʃall] *s3* cresset
marsch|era [mar'ʃe:-] march; (*skrida*) pace (*fram o. tillbaka* to and fro); *det var raskt ~t!* (*bildl.*) [jolly] quick work, that! **-hastighet** [marching-]pace; *flyg.* cruising speed **-kolonn** (*trupp*) march[ing] column; (*formering*) column of route **-kängor** marching-boots **-order** marching order; *ha fått ~* be under marching orders **-takt 1** *mil.* marching-step; *gå i ~* walk in marching step **2** *mus.* march-time
Marseille [mar'säjj] *n* Marseilles **marseljäsen** *r, best. f.* the Marseillaise
marsin[ne]vånare Martian
marsipan *s3* marzipan
1 marsk *s3, geogr.* marsh land
2 marsk *s2, hist., rikets ~* (*Engl. ung.*) the Lord High Constable
marskalk [ˣmarrʃalk, -'ʃallk] *s2* **1** *mil.* marshal **2** (*platsvisare*) usher, *Am· äv.* floor-manager; *univ. o.d.* steward; (*vid bröllop*) groomsman, (*förste ~*) best man
marskalksstav marshal's baton
marskland marsh land
marsvin *zool.* guinea-pig
martall dwarfed (stunted) pine[-tree]
marter ['ma(:)r-] *pl* torments, tortures **-a** torment, torture
martialisk [-tsi'a:-] *a5* martial
martin|process [-ˣtäŋ-] open-hearth process **-ugn** open-hearth furnace
martorn [ˣma:rto:rn] *s7, s3, bot.* sea holly
martyr *s3* martyr (*för* for, to); (*offer äv.*)

victim **-död** *lida ~en* suffer martyrdom (the death of a martyr) **-gloria** martyr's halo **-ium** *s4* [period of] martyrdom; *ett verkligt ~ (friare)* a veritable affliction **-krona** martyr's crown **-skap** *s7* martyrdom

mar|ulk *s2, zool.* angler **-vatten** *ligga i ~* be water-logged

marxis|m Marxism **-t** *s3* **-tisk** *a5* Marxist, Marxian

maräng *s3* meringue **-sviss** *s3* cream-filled meringue-shells

masa saunter; *~ [sig] i väg* slope (shuffle) off; *~ sig upp [ur sängen]* drag o.s out of bed; *gå och ~* be idling (lazing)

maser ['ma:-] *s9* maser (*M*icrowave *A*mplification by *S*timulated *E*mission of *R*adiation) **-stråle** maser beam

1 mask *s2, zool.* worm; (*larv*) grub; (*kål-*) caterpillar; (*i kött, ost*) maggot; *full av ~ar* alive with worms (*etc.*); *vrida sig som en ~* wriggle like a worm

2 mask *s3, allm.* mask (*äv. bildl.*); (*kamouflage*) screen; *bildl. äv.* guise; (*-erad pers.*) masked person; *låta ~en falla* (*bildl.*) throw off one's mask, unmask o.s.; *rycka ~en av* (*bildl.*) unmask

3 mask *s3, kortsp.* finessing; (*en ~ äv.*) finesse

1 maska *v1* **1** *kortsp.* finesse **2** (*sänka arbetstakten*) go slow, work to rule; (*låtsas arbeta*) pretend to work; *sport.* play for time

2 maska *v1* (*sätta mask på*) bait ... with worms (a worm); *~ på* bait the hooks

3 maska I *s1* mesh; (*virkad, stickad*) stitch; (*på strumpa*) ladder; *tappa en ~* drop a stitch **II** *v1, ~ av* cast off; *~ upp en strumpa* mend a ladder

maskbo nest of grubs

masker|a mask; (*klä ut*) dress up (*till* for); *teat. äv.* make up; (*friare o. bildl., i sht mil.*) mask, camouflage; (*dölja*) hide; (*t.ex. avsikter*) disguise; *~ sig* mask o.s., (*friare*) dress o.s. up, make up, disguise o.s.; *~d person* (*äv.*) masquerader; *vara ~d till* (*äv.*) impersonate **-ad** *s3* masquerade; mummery **-adbal** fancy-dress ball **-addräkt** fancy-dress **-ing** masking *etc.*; (*mera konkr.*) mask, screen; *i sht mil.* camouflage; (*förklädnad*) disguise; *teat.* make-up **-ingskonst** [the] art of make-up

mask|formig [-å-] *a1* vermiform (*äv. anat.*); worm-shaped **-gång** worm-burrow(-track) **-hål** worm-hole

maskin [-'ʃi:n] *s3* machine (*för, till* for); (*större*) engine; (*mera allm.*) apparatus, device; (*skriv-*) typewriter; *~er* (*koll.*) machinery; *gjord* (*sydd*) *på ~* done (sewn, made) on a (by) machine, machine-made; *full ~ [framåt]!* (*sjö.*) full speed [ahead]!; *för egen ~* by its own engines, *bildl.* on one's own; *för full ~* (*bildl.*) at full tilt (steam); *skriva [på] ~* type **-bokföring** machine accounting (bookkeeping) **-driven** *a5* power-driven **-ell** *a1* mechanical; *~ utrustning* machinery, mechanical equipment; *~a hjälpmedel* machine aids **-eri** machinery (*äv. bildl.*); *~et* (*på fartyg*) the engines (*pl*), (*på fabrik*) the plant **-fabrik** engineering (engine) works (*sg o. pl*) **-fel** engine trouble **-gevär** machine-gun **-gjord** *a5* machine-made; *-gjort papper* machine paper **-industri** mechanical engineering industry **-ingenjör** mechanical engineer **-ist** engine-(machine-)man, mechanic; *sjö.* engineer, machinist **-park** machinery, machine equipment, plant **-rum** engine-room **-satt** *a4, typ.* machine-composed; linotyped, monotyped **-skada** engine trouble, breakdown **-skrift** typescript **-skrivare -skriverska** typist **-skrivning** typing, typewriting **-skötare** [machine] operator; machine-tender **-stickning** machine-knitting **-sydd** *a5* machine-sewn; (*om klänning e.d.*) machine-made **-sätta** *typ.* compose ... by monotype (linotype) **-sättning** *typ.* machine composition **-söm** machined seam **-teknik** mechanical engineering **-telegraf** *sjö.* engine-room telegraph **-tvätta** wash ... by (in a) machine **-verkstad** machine shop, engineering shop

maskopi *s3, s4, vara i ~ med* be in collusion with

maskot ['masskåt] *s2, s3* mascot

mask|ros dandelion **-stungen** *a5* wormeaten

masksäker (*om strumpa*) ladderproof, non-run

maskulin ['mass-, -'li:n] *a1* masculine; male **-um** [ˣmass-] *s4* **1** (*-t ord*) masculine [noun]; *i ~* (*gram.*) in the masculine [gender] **2** (*karl*) male

masksäten *a5* wormeaten, wormy

maskör *teat. o.d.* make-up man

masonit *s3* masonite

mass|a *s1* **1** mass, volume; (*stort oformligt stycke*) lump **2** (*grötlik ~*) pulp; *kokk.* paste; (*deg-*) dough; *tekn.* composition; *bli till en fast ~* become a firm mass, solidify **3** (*mängd*) mass, [large] quantity; heap, pile; lot; *en ~ saker* lots (heaps) of things; *prata en ~ dumheter* talk a lot of nonsense; *-or med folk* crowds of people; *[den stora] ~n* the masses (*pl*), the rank and file, (*flertalet*) the great majority; *... i -or* (*-or med ...*) lots (heaps, quantities) of ... **-afabrik** pulp mill

massage [-'sa:ʃ] *s5* massage

massak|er *s3* massacre **-rera** massacre; (*lemlästa*) mutilate; *svårt ~d i ansiktet* with his (*etc.*) face terribly mutilated

massartikel mass-produced article

massaved pulp-wood

mass|avrättning mass-execution **-beställning** bulk bookings (orders) (*pl*) **-demonstration** mass demonstration **-död** wholesale death

massera massage; treat ... with massage

mass|fabrikation large-scale manufacture, mass production **-flykt** mass-desertion[s *pl*] **-grav** mass (common) grave

massiv I *s7* massif; massive **II** *a1* solid; massive **-itet** solidity; massiveness

mass|korsband bulk posting (mail); *Am.* bulk third class [mail] **-media** mass media **-mord** massacre; wholesale murder **-mördare** mass murderer **-möte** mass-meeting; *Am. äv.* rally **-producera** mass-produce **-produktion** mass production **-psykologi** mass-psychology **-psykos** mass-psychosis **-slakt** (*hopskr. masslakt*) wholesale (mass-) slaughter **-tillverkning** *se -produktion* **-uppbåd** *mil.* levy in mass, mass-levy; (*friare*)

large muster [of people] **-verkan** mass-effect **-vis** in large (vaste) numbers, in great quantities; *jfr massa 3*
mass|ör masseur **-ös** masseuse
mast *s3* mast; (*radio- o.d. äv.*) pylon; (*signal-*) post; (*flagg-*) pole **-korg** top **-kran** derrick (mast-)crane
mastodont [-'dånnt] *s3* mastodon (*äv. bildl.*)
masttopp mast-head
masturb|ation masturbation **-era** masturbate
masugn blast-furnace
masur *s9* curly-grained wood
masurka [-ˣsurr-, -'surr-] *s1* mazurka
mat *s9* food; (*-varor äv.*) eatables, provisions (*pl*); *vard.* grub; *en bit ~* s.th. to eat, a bite, a snack; *~ och dryck* food and drink; *~ och husrum* board and lodging; *intages efter ~en* to be taken after meals; *vila efter ~en* rest after dinner (*etc.*); *det är ingen ~* (*eg. näring*) *i* there is no nourishment in; *~en står på bordet!* the (your) dinner (*etc.*) is on the table!; *hålla ~en varm åt ngn* keep a p.'s dinner (*etc.*) hot; *vad får vi för ~ i dag?* what are we going to have for dinner (*etc.*) today?; *dricka öl till ~en* have beer with one's dinner (*etc.*); *ha ngn i ~en* board s.b.; *vara liten i ~en* be a small eater **-a** feed (*äv. bildl.*); *~ ngn med kunskaper* stuff s.b. with knowledge; *~d* (*om säd*) full[-eared]
matador [-'då:r] *s3* matador (*äv. bildl.*); *bildl. äv.* great gun, big noise, bigwig; *Am.* big shot
matar|buss feeder bus **-e** *tekn.* feeder **-ledning** feeder [cable]
mat|bestick knife, fork and spoon set; [a set of] eating implements (*pl*); *koll.* table cutlery; *Am.* table set, flatware **-bit** [a] bite of food (s.th. to eat) **-bord** dining-table **-bröd** [plain] bread
match [mattʃ] *s3* match; *en enkel ~* (*bildl.*) child's play; *givna ~er* (*tips.*) bankers **-a** (*låta tävla*) match **-boll** match point
matdags *det är ~* it is time for a meal
matelassé [matla'se:] *s3* matelassé
matemat|ik *s3, ej pl* mathematics (*pl*); *vard.* maths (*pl*) **-iker** [-'ma:-] mathematician **-ikmaskin** [electronic] computer **-isk** [-'ma:-] *a5* mathematical
materi|a *s3* matter (*äv. -en*); (*ämne äv.*) substance **-al** *s7, pl äv. -alier* material (*till* for); (*i bok o.d. äv.*) matter **-alfel** defect (fault) in material[s *pl*] **-alförråd** store of materials **-alförvaltare** storekeeper **-alisation** materialization **-alisera** ~ [*sig*] materialize **-alism** materialism **-alist** materialist **-alistisk** *a5* materialistic **-alkontroll** inventory control **-allära** science of engineering and building materials **-alprovning** materials testing **-alsamling** collection of material **-e** *s3, se -a* **-el** *s9, ej pl* materials (*pl*); *elektr.* equipment; *mil.* munitions (*pl*); *rullande ~* rolling stock **-ell** *a1* material; *~a tillgångar* (*äv.*) tangible assets
mat|fett cooking fat **-friare** sponger **-frisk** with a good appetite **-förgiftad** *a5* poisoned by food **-förgiftning** food poisoning **-gaffel** table-fork **-gäst** boarder; *Am. o. vard.* mealer **-hållning** catering [service]
matiné *s3* matinée [performance]
matjessill [ˣmatt-] matie herring
mat|jord topsoil **-korg** hamper **-kupong** food-(dinner-)check **-källare** food cellar **-lag** *s7* sitting; *mil.* mess **-lagning** cooking, cookery, preparation of food **-lust** appetite **-mor** mistress [of a (the) household]; *vard.* missis **-ning** feeding, supply **-nyttig** suitable as food; edible **-olja** cooking oil **-ordning** dietary **-os** smell of cooking (of food being cooked); cooking fumes **-pengar** *pl* housekeeping money (*sg*) **-pinne** chopstick **-ranson** food-ration **-rast** food break; *mil. o.d.* halt for refreshment[s *pl*] **-recept** [cooking-] recipe **-rester** remains [of food]; *vard.* left-overs
matriarka|lisk *a5* matriarchal **-t** *s7* matriarchate, matriarchy
matrikel [-'trikk-] *s2* list (roll) [of members]; (*kår- äv.*) calendar, directory
matris *s3* matrix (*pl* matrices), mould
matro peace at meal-times
matrona *s1* matron
matros *s3* able[-bodied] seaman; *vard.* sailor **-jacka** blue-jacket, sailor's jacket **-kostym** sailor-suit **-krage** sailor-suit collar
mat|rum *se -sal* **-rätt** dish
mats *r, i uttr.: ta sin ~ ur skolan* withdraw altogether, beat a retreat
mat|sal dining-room **-salong** *sjö.* dining-saloon **-sedel** menu [card], bill of fare **-servering** (*-ställe*) eating-house; dining-rooms (*pl*) **-servis** dinner service **-silver** table silver **-smältning** digestion; *ha dålig ~* suffer from indigestion (a bad digestion)
matsmältnings|apparat digestive system (tract) **-besvär** indigestion, dyspepsia **-organ** digestive organ **-process** process of digestion **-rubbning** indigestion; digestive upset
mat|strejka refuse to eat **-strupe** œsophagus, gullet **-ställe** *se -servering* **-säck** [ˣma:t-, *vard.* ˣmassäk] [bag of] provisions (*pl*), package of food; *vard.* grub, tommy; *rätta munnen efter ~en* cut one's coat according to one's cloth **-säckskorg** provision-basket; (*vid utfärd äv.*) picnic-hamper
1 matt *a1* **1** (*kraftlös o.d.*) faint (*av* from, with); (*klen, svag*) weak, feeble; (*slö, slapp*) languid; (*utan kläm*) spiritless, tame; *hand.* dull; (*livlös*) lifeless **2** (*färgsvag*) mat[t], dead; (*glanslös*) dull, lustreless; (*dunkel*) dim; *bli ~* (*äv.*) get tarnished, tarnish; *känna sig ~* feel exhausted (washed-out) (*efter* after)
2 matt *oböjl. a o. s3* (*i schack*) mate; *schack och ~!* checkmate!; *göra ngn ~* checkmate s.b.; *förhindra ~en* prevent [the] [check-]mating
1 matta *s1* carpet; (*mindre*) rug; (*dörr-, kork- o.d.*) mat; (*grövre*) matting; *heltäckande ~* fitted carpet; *hålla sig på ~n* (*bildl.*) tow the line
2 matta *v1* weaken, enfeeble; (*trötta*) tire, weary
mattaffär rug and carpet dealer
mattas *dep* get (become, grow) weak[er]; (*om sken*) get (*etc.*) dim[mer]; (*om pers.*) get (*etc.*) [more] tired; (*om färg*) fade; *ekon.* weaken
mattblå dull blue

1 matte *s2*, *vard.* mistress
2 matte *s7* (*paraguayte*) maté, mate
Matteus Matthew; *jfr under Markus*
mattförgylla gild ... with a mat[t] surface
matt|handlare *se -affär*
matt[ig[het lassitude; faintness, feebleness *etc.*
mattpisk|are carpet-beater **-ning** carpet-beating
matt|polerad *a5* matt-finished **-sam** *a1* fatiguing; tiresome **-skiva** *foto.* focussing screen, ground glass **-slipad** *a5* ground, frosted
mattrasor rag-strips for handwoven rugs
mattvarp carpet warp
mat|tvång (*på restaurang*) [the] no-drinks-without-food system **-varor** provisions, eatables, foodstuffs **-varuaffär** provision-dealer's [shop], food shop **-vrak** gormandizer, glutton **-vrå** dining recess; *Am.* dinette **-väg** *i uttr.: ngt i ~* s.th. in the way of food **-vägran** refusal to eat **-äpple** cooking-apple
mausergevär Mauser [rifle]
mausoleum [-ˣle:-, -'le:-] *s4* mausoleum
maxim *s3* maxim
maxim|al *a1* maximum **-era** put an upper limit on, fix a ceiling for; *~ räntan till 5%* set (fix) interest at a maximum of 5% **-ering** fixation of the limits; *räntans ~ till 5%* the fixing of the interest at 5% as a maximum **-ihastighet** maximum speed **-ipris** maximum price, price ceiling **-um** ['makks-] *s8* maximum (*pl* maxima)
mayafolk [ˣmajja-] *~en* the Maya peoples, the Mayas
mecenat patron of the arts (sciences)
1 med *s2* (*kälk- o.d.*) runner; (*gungstols- o.d.*) rocker
2 med [*vard. me:, mä:*] **I** *prep* **1** *allm.* with; *~ all aktning för* with all respect to, however much one may respect; *~ eller utan* with or without; *~ omsorg* with care, carefully; *~ de orden lämnade han mötet* with these words he left the meeting; *~ rätta* rightly, with good reason; *~ säkerhet* certainly; *~ öppna armar* with open arms; *diskutera* (*leka*) *~ ngn* discuss (play) with s.b.; *felet ~* the trouble with; *färdig ~* ready with; *fylld ~ sand* filled with sand; *vi bor granne ~ dem* they are our neighbours, we live next door to them; *jämföra ~* compare with, (*likna vid*) compare to; *han kom ~ ett brev* he came with a letter; *kriget ~ Spanien* the war with Spain; *ned ~ ...!* down with ...!; *nöjd ~* content with; *~ nöje* with pleasure; *skriva ~ en penna* write with a pencil; *en man ~ långt skägg* a man with a long beard; *ordet stavas ~ e* the word is spelt with an e; *han stod där ~ hatten i hand* (*händerna i fickorna*) he stood there [with his] hat in [his] hand (with his hands in his pockets); *tillsammans ~* together with; *tävla ~ ngn* compete with s.b.; *vara ~ barn* be pregnant (with child); *vad är det ~ dig?* what is the matter with you?; *det är samma sak ~ mig* it is the same [thing] with me; *äta ~ sked* eat with a spoon **2** ([*kommunikations*]*medel*) by; *~ tåg* by train; *skicka ~ posten* send by post; *betala ~ check* pay by cheque; *vinna ~ 10 poäng* win by ten points; *höja priset ~ 5 öre* raise the price by 5 öre; *börja ~ att förklara* begin by explaining; *vad menar du ~ det?* what do you mean by that? **3** (*släktskap, jämförelse*) to; *gift ~* married to; *släkt ~* related to, a relative of; *lika ~* equal to; *bo vägg i vägg ~* live next door to; *vara god vän ~* be good friends with (a good friend of) **4** (*innehållande*) containing, of, with; *en ask ~ choklad* a box of chocolate(s); *massor ~ folk* lots of people; *tre säckar ~ kaffe* three bags of coffee **5** (*trots*) with, in spite of; *~ alla sina fel är hon dock* with (in spite of) all her faults she is **6** (*och*) and; *biffstek ~ lök* steak and onions; *Stockholm ~ omnejd* Stockholm and [its] environs; *herr S. ~ familj* Mr. S. and family; *det ena ~ det andra* one thing and another; *~ flera* and others; *~ mera* etcetera, and so on **7** (*inberäknat*) with, including; *~ rabatt är priset* the price less discount is **8** (*gen.förh.*) of; with, about; *det bästa ~ boken är* the best thing about the book is; *fördelen* (*nackdelen*) *~* the advantage (disadvantage) of; *vad är meningen ~ det?* what is the meaning of that?; *det roliga ~* the funny thing about **9** (*annan prep*) *det är ngt egendomligt ~ honom* there is s.th. strange about him; *noga ~* particular about; *hur är det ~ den saken?* what have you got to say about that?, what's the actual position?; *vad är det för roligt ~ det?* what's so funny about that?; *kapplöpning ~ tiden* a race against time; *~ full fart* at full speed; *~ en gång* at once; *~ en hastighet av* at a speed of; *han har tre barn ~ henne* he has three children by her; *ha tid ~* have time for; *~ tre minuters mellanrum* at intervals of three minutes; *så var det ~ den saken* so much for that; *skrivet ~ bläck* written in ink (*jfr 1*); *~ små bokstäver* in small letters; *~ andra ord* in other words; *tillbringa kvällen ~ att sy* spend the evening sewing; *~ avsikt* on purpose; *tala ~ ngn* speak to s.b. **10** (*annan konstr.*) *adjö ~ dig!* bye-bye!; *ajöss ~ ...* there goes ...; *betalning sker ~ 100 kronor i månaden* payment will be made in monthly instalments of 100 kronor; *bort ~ tassarna!* hands off!; *~ början kl. 9* commencing at 9 o'clock; *~ eller mot min vilja* whether I like it or not; *fara ~ osanning* tell lies; *det är ingen fara ~ pojken* the boy is all right; *försök ~ bensin!* try petrol!; *jag gör det ~ glädje* I'll do it gladly; *jämnårig ~* of the same age as; *räcker det ~ detta?* will this do (be sufficient)?; *springa ~ skvaller* gossip, tell tales; *hur står det till ~ henne?* how is she?; *tyst ~ dig!* be quiet!; *ut ~ dig!* get out!; *tidskriften utkommer ~ 10 nummer om året* the journal appears 10 times a year; *~ sin artikel vill han* the purpose of his article is to; *~ åren* as the years pass[ed], over the years **II** *adv* **1** (*också*) too; as well; *det tror jag ~* I think so too; *han är gammal han ~* he is old too **2** (*i förening med verb*) *du får inget ~ om du inte ...* you won't get anything (your share) unless you; *vill du följa ~?* will you come with us (me)?; *det håller jag ~ dig om* I agree with you there;

ta ~ dig ngt att äta bring s.th. to eat; *vara ~ a)* (*vara närvarande*) be present, *b)* (*vara medlem e.d.*) be a member; *får jag vara ~ och leka?* can I join in the game?, may I play too?; *han har varit ~ om mycket* he has seen a great deal in his days, he has been through a great deal; *jag är ~ på det* I agree to that

medalj *s3* medal (*för* for; *över* in commemoration of); *prägla en ~* strike (cast) a medal; *tilldela ngn en ~* award a medal to s.b. **-era** award ... a medal **-ong** [-'jåŋ] *s3* medallion; (*med hårlock e.d.*) locket **-utdelning** presentation of medals **-ör** medallist

medan while; (*just då, äv.*) as; *sitt ner ~ du väntar* sit down while [you are] waiting; *~ ... pågår* (*äv.*) during ...

med|ansvarig jointly responsible (*med* with; *för* for); *vara ~* share the responsibility **-arbeta** co-operate, collaborate; (*i tidning*) contribute (*i* to) **-arbetare** fellow-(co-)-worker, colleague; (*litterär o.d.*) collaborator (*i* in); (*i tidning*) staff member, contributor; (*-hjälpare*) assistant; *från vår utsände ~* from our special correspondent; *konstnärlig ~* art[istic] contributor (adviser) **-arbetarskap** *s7* collaboration **-arbetarstab** staff **-bestämmanderätt** (*i bolag o.d.*) right of co-determination; *polit.* right of participation in decision-making **-bjuden** *a5, var också ~* was also invited

medborgar|anda [-bårjar-] civic spirit **-e** citizen (*i* in, of); (*i sht i monarki*) subject; *utländsk ~* foreign national, (*ej svensk*) non-Swedish subject; *akademisk ~* member of a university **-kunskap** civics (*pl*) **-plikt** civic duty, duty as a citizen **-rätt** civil rights (*pl*); *beröva ngn ~en* (*äv.*) deprive s.b. of his franchise, disfranchise s.b. **-skap** *s7* citizenship

med|borgerlig [-bårjer-] civil (*rättighet* right); civic (*skyldighet* duty; *fest* festival) **-broder** companion; *relig.* brother **-brottslig** *vara ~ i* be implicated in (accessory to) **-brottsling** accomplice; accessory

meddel|a 1 (*omtala*) communicate (*ngn ngt* s.th. to s.b.), tell, let ... know, inform (notify, *i sht hand.* advise) ... of; *härmed ~s att* notice is hereby given that; *vi ber att få ~ att* we wish to inform you that; *vi ber Er ~ när ...* please let us know when ... **2** (*uppge*) state; (*kungöra e.d.*) announce, notify, report; (*bevilja, lämna*) give, grant, furnish; *jur äv.* pronounce; *det ~s att* it is announced that, information has been received to the effect that **3** *~ undervisning* give tuition (*åt* to) **4** *rfl* communicate (*med* with); *~ sig med varandra* (*brevledes*) correspond [with each other] **-ande** *s6* communication; (*budskap*) message; (*brev e.d.*) letter, note, notification; (*underrättelse*) information; (*kort skriftligt*) memorandum (*förk.* memo); *hand. äv.* advice; (*uppgift*) statement; (*officiellt*) announcement; (*anslag*) notice; *lämna ett ~* deliver a message, (*offentligt e.d.*) make a statement; *få ~ om* be notified of, receive information about; *anslå ett ~* post a notice **-are** informant **-elsemedel** means of communication **-sam** [-e:l-] *a1* communicative; ... ready to impart information

mede *s2, se 1 med*

medel ['me:-] *s7* **1** means (*sg o. pl*); (*om sak*) medium; (*utväg*) expedient; (*verktyg, äv. bildl.*) instrument; (*bote-*) remedy (*mot* for, against); *lugnande ~* tranqu.llizer, sedative; *antiseptiskt ~* (*äv.*) antiseptic **2** (*pengar*) means, funds, resources (*pl*); *allmänna ~* public funds; *avsätta ~ till* allocate (set aside) funds for; *egna ~* private means

medel|- [ˣme:-] medium, standard; *i sht vetensk.* mean; (*genomsnittlig*) average, mean **-antal** average (mean) number **-avstånd** mean distance

medelbar *a1* indirect

medel|distans *sport.* middle-distance **-distansrobot** intermediate-range ballistic missile **-djup** *s7* mean depth **-engelska** Middle English **-god** medium, of medium quality **-hastighet** average speed

Medelhavet *n* the Mediterranean

medel|högtyska Middle High German **-inkomst** middle (average) income **-klass** *~en* the middle classes (*pl*) **-livslängd** average [length of] life **-längd** *av* (*under, över*) *~* of (below, above) medium (average) length (height); *av ~* (*om pers.*) of medium height

medellös without means, impecunious; (*behövande*) indigent **-het** lack of means; indigence

medel|måtta *s1* average; medium; (*om pers.*) mediocrity **-måttig** *a1* medium, average; (*måttlig*) moderate; *neds.* mediocre, middling **-proportional** *mat.* mean proportional **-punkt** (*cirkels etc. o. bildl.*) centre (*av, för, till* of); (*friare äv.*) focus, central point

medelst ['me:-] (*genom*) by; (*genom förmedling av*) through, by means of

medel|stor ... of medium (average) size, medium-sized **-storlek** medium size; *av ~, se -stor* **-svensson** [-ån] *vard.* the average Swede **-svår** ... of medium (average) difficulty, moderately difficult; (*om artilleri*) ... of medium calibre **-tal** average (*för* for, of); *mat.* mean; *beräkna ~et* strike an average (*av* of); *i ~* on an average; *i ~ uppgå till* (*kosta etc.*) average **-temperatur** mean temperature; *årlig ~* mean annual temperature

1 medeltid *s3* **1** *astron.* mean (solar) time **2** (*genomsnittstid*) average time

2 medeltid *s3, ~en* the Middle Ages; *Sveriges ~* Sweden's medieval period **-a** *oböjl. a* medieval; *ibl.* Middle-Age

medel|väg middle course (way) **-värde** mean value **-ålder 1** (*mellan ungdom o. ålderdom*) middle life; *en ~s man* a middle-aged man, a man in middle life; *över ~n* past middle-age **2** (*genomsnitts-*) average (mean) age

med|faren *a5, illa ~ a)* (*sliten*) much the worse for wear, in poor condition, *b)* (*bucklig e.d.*) badly knocked about **-fånge** fellow-prisoner **-född** *a5* inborn, innate (*hos* in); *i sht läk.* congenital (*hos* in); (*friare*) native (*hos* to; *livlighet* vivacity); *det tycks vara -fött hos henne* it seems to come natural to her **-följa** *se följa* [*med*]; (*om bilaga*) be enclosed **-följande** *a4* accompanying; (*bifogad*) enclosed **-föra 1** (*-bringa*) take (bring) ... with one; (*ha med sig*) have (carry) ... with one; (*ha på sig*) have (carry) ... on one; (*om tåg, buss e.d.*) bring, take, convey 2 (*friare o. bildl.*) bring [about] (... in its train); (*förorsaka*) cause, occasion; (*ge upphov t.*) give rise to, lead to; (*ha t. följd*) result in, entail, involve; ~ *kostnader* involve expenditure; *detta -de att vi blev* this led to our being **-författare** co-author

med|giva 1 (*tillåta*) admit, permit, allow; (*bevilja*) grant, (*rättighet äv.*) accord; (*samtycka t.*) consent to; *tiden -ger inte att jag* time does not allow me to; *-ger inget undantag* admits of no exception 2 (*erkänna*) admit, confess (*för ngn* to s.b.); *det -ger jag gärna* I willingly (am quite ready to) admit that; *det måste -ges att* it must be confessed (admitted) that **-givande** *s6* 1 (*tillåtelse*) permission, consent; *tyst* ~ tacit consent 2 (*erkännande*) admission; (*eftergift*) concession

med|gång *s2* prosperity, good fortune; (*fram-*) success; *i med- och motgång* for better for worse **-görlig** [-jö:r-] *a1* accommodating, tractable, complaisant (*mot* to; *i* in); amenable, easy to get on with **-görlighet** [-jö:r-] tractability; complaisance **-havd** *a5, de ~a smörgåsarna* the sandwiches one has brought [with one] **-hjälp** *jur.* complicity (*till* in) **-hjälpare** assistant **-håll** (*gillande*) approval; (*stöd*) support, *vard.* backing-up; (*gynnande*) favour[ing]; *finna ~* meet with approval; *ha ~ hos* be in favour with **-hårs** [-å:-] with the furs; *stryka ngn ~* (*bildl.*) rub s.b. up the right way

media ['me:-] *s1, språkv.* media (*pl* mediæ) **-l** [-'a:l] *a1* medial **-n** [-'a:n] *a1 o. s3* median

medicin *s3* 1 (*läkarvetenskap*) medicine; *studera ~* study medicine 2 (*läkemedel*) medicine; (*preparat äv.*) drug **-alstyrelse** *Kungl. M~n* the National Board of Health; (*eng. motsv.*) the Ministry of Health; (*am. motsv.*) the Department of Health, Education and Welfare **-alvikt** apothecaries' weight **-alväxt** medicinal plant **-are** [-ˣsi:-] medical student; (*läkare*) physician **-e** ~ *doktor* Doctor of Medicine (*förk.* M.D. *efter namnet*); ~ *kandidat* graduate in medicine; ~ *licentiat* Bachelor of Medicine (*förk.* M.B. *efter namnet*); ~ *studerande* medical student **-era** take medicine[s *pl*] **-man** medicine-man **-sk** [-si:-] *a5* medical; ~ *fakultet* faculty of medicine **-skåp** medicine cabinet

medikament *s7, s4* medicament, medicine

med|inflytande *ha ~* have some influence (*över* on), have a voice (say) in **-intressent** co-partner **-intresserad** *vara ~ i* have a part-interest in

medio ['me:-] *prep o. oböjl. s* middle, in the middle of; ~ *januari* (*äv.*) by (in) mid--January

medit|ation meditation **-ativ** *a1* meditative, contemplative **-era** meditate, ponder (*över* upon, over)

medi|um ['me:-] *s4* 1 (*mitt*) *se medio* 2 *fys.* medium; *mat.* mean; *beräkna det aritmetiska -et av* calculate the arithmetical mean of 3 (*medel för spridning av ngt*) medium, agent, vehicle 4 *språkv.* middle voice 5 (*spiritistiskt*) medium

med|kandidat fellow-candidate **-kämpe** comrade-in-arms; (*friare*) fellow-combatant **-kännande** *a4* sympathetic **-känsla** sympathy (*för* for; *med* with)

medla [-e:-] mediate; act as [a] mediator; (*vid arbetskonflikt o.d.*) arbitrate, negotiate; (*mellan stridande äv.*) intervene **-re** mediator; (*vid arbetskonflikt o.d.*) conciliator, arbitrator; *Am. äv.* trouble-shooter

medlem [-e:-] *s2* member; (*av lärt sällskap äv.*) fellow; *icke ~* non-member; *vara ~ av* (*i*) (*kommitté e.d.*) serve (sit, be) on

medlems|antal membership, number of members **-avgift** membership fee (subscription); *Am.* dues (*pl*) **-förteckning** list of members

medlemskap [-e:-] *s7* membership (*i* of)

medlems|kort membership card; (*i parti*) party card **-stat** member state; (*i federation*) constituent state

medlid|ande *s6* compassion; (*medömkan*) pity; (*deltagande*) sympathy; (*skonsamhet*) mercy; *ha ~ med* (*äv.*) pity, have (take) pity on **-sam** [-i:-] *a1* compassionate; pitying (*leende* smile); *med en ~ blick* with a look full of pity

medling [-e:-] mediation; (*uppgörelse*) settlement, arrangement; (*förlikning*) conciliation; (*i äktenskap*) reconciliation

medlings|förslag proposal for settlement, draft settlement **-försök** attempt at mediation **-kommission** mediation (arbitration) committee

med|ljud consonant **-löpare** *polit.* fellow--traveller; opportunist **-människa** fellow--creature(-being) **-passagerare** fellow-passenger **-regent** co-regent **-resenär** travelling companion **-ryckande** *a4* exciting, stirring; captivating **-räkna** count in, include; *ej ~d* excluded; *däri -räknat* included, inclusive of **-skyldig** accessory (*i* in) **-sols** [-ɷ:-] clockwise, sunwise, with the sun **-spelare** *teat. o.d.* fellow-actor; *kortsp., film.* partner **-ströms** with the current **-syster** sister **-sända** send ... along [with], enclose **-taga** *se ta* [*med*]; *bör ~s* (*om uppgift e.d.*) should be given (included); *hundar får ej ~s* dogs [are] not admitted **-tagen** *a5* (*utmattad*) tired out, done up (*av* with); *känna sig ~* feel used up (run down) **-tävlare** [fellow-] competitor (*om, till* for); rival **-urs** [-u:rs] clockwise

medusahuvud [-ˣdu:-] Medusa's (Gorgon's) head

medverka (*samverka*) co-operate (*i, vid* in); (*vid fest, konsert o.d.*) assist, lend one's services (*vid* at); (*deltaga*) participate, take part (*i, vid* in); (*bidraga*) contribute (*till* towards, in) **-n** co-operation (*i, vid* in; *till* towards); (*deltagande*) participation (*i, vid* in); (*hjälp*) assistance, support (*vid* in, at); *under ~ av* with the co-operation of, assisted by, (*i samarbete med*) in collaboration with **-nde** *a4* co-operating *etc.*; (*bidragande*) contributory (*orsak* cause); *de ~* the performers (actors), those taking part

medvet|ande *s6* consciousness (*om* of, as to);

förlora (*återfå*) *~t* lose (regain) consciousness; *vara vid fullt ~* be fully conscious; *ingå i det allmänna ~t* be part of the public consciousness; *i ~ om* in the consciousness (aware) of **-en** *a3* conscious (*om* of); *vara ~ om* (*inse*) be aware (sensible) of **-et** *adv* (*fullt* quite) consciously *etc.*; (*med vett o. vilja*) wittingly, deliberately
medvetslös unconscious **-het** unconsciousness
medvind tail-wind, fair (following) wind; *i ~* with a favourable (*etc.*) wind; *segla i ~* sail before the wind, (*om företag*) be prospering
medvurst *s2* German sausage
medömkan commiseration, compassion
mefa *s1* cushioncraft, hovercraft
mefistofẹlisk *a5* Mephistophelian, Mephistophelic
mega|cykler *pl* megacycles **-fon** [-'få:n] *s3* megaphone **-hertz** [-'härrts] *r* megacycles per second
megalịtisk *a5* megalithic
megära [-ˣgä:-, -'gä:-] *s1* shrew, termagant, vixen
meja [ˣmejja] (*gräs*) mow (*äv. bildl.*); (*säd, åker*) cut; *~ ner* mow down (*äv. bildl.*)
mejeri dairy; (*butik*) creamery, dairy-shop **-hantering** dairying, dairy-farming **-produkt** dairy-product **-st** dairyman
mejning mowing *etc.*
mejram [ˣmejj-, 'mejj-] *s3* [sweet] marjoram
mejs|el *s2* chisel **-la** chisel (*äv. bildl.*), cut [... with a chisel]; *~ ut* (*äv. bildl.*) chisel out; *~d* chiselled, (*om anletsdrag o.d. äv.*) clear-cut
mekanị|k *s3, ej pl* **1** mechanics (*pl*) **2** *se -sm* **-ker** [-'ka:-] mechanic, mechanician; *flyg.* aircraftman **-sera** mechanize **-sẹring** mechanizing, mechanization **-sk** [-'ka:-] *a5* mechanical; *~ verkstad* engineering shop **-sm** *s3* mechanism; (*i ur äv.*) works (*pl*)
melanẹsier Melanesian
melankolị *s3* melancholy; *läk. äv.* melancholia **-ker** [-'kɷ:-] melancholic; melancholy person **-sk** [-'kɷ:-] *a5* melancholy; *ibl.* melancholic; (*dyster äv.*) gloomy; *vara ~* [*av sig*] (*äv.*) be of a melancholy turn (temperament)
melạss *s3* molasses
melẹrad *a5* mixed; mottled; (*om tyg*) pepper--and-salt
mellan (*vanl. om två*) between; (*om flera*) among; (*mitt ibland*) in the midst of; *ibl.* inter-; *~ sina besök hos* (*äv.*) in between his (*etc.*) visits to; *titta fram ~ träden* peep out from behind (among) the trees; *~ femtio och sextio personer* some fifty or sixty persons; *det inbördes förhållandet ~* the mutual relations of; *~ fyra ögon* in private **-akt** interval [between the acts], intermission **-aktsmusik** entr'acte [music], interlude
Mellanamerika *n* Central America
mellan|blond cendré, ashblond **-blå** medium blue **-dagarna** *under ~* during the days between Christmas and New Year **-däck** *sjö.* between-decks (*pl*), *förk.* 'tween-decks (*pl*)
Mellaneuropa *n* Central Europe **mellaneuropeisk** Central-European
mellan|foder interlining **-folklig** international **-form** intermediate (intermediary) form **-fot** metatarsus (*pl* metatarsi) **-fotsben** metatarsal [bone] **-gärde** [-j-] *s6* diaphragm **-hand 1** *anat.* metacarpus **2** *kortsp.* second (third) hand; *i ~* in between, *bildl.* between two fires **3** *hand.* intermediary, middleman; *gå genom flera -händer* go via several middle-men **-handsställning** in-between position; intermediary position **-havande** *s6* (*affär*) account; (*skuld*) balance, debt; (*tvist*) dispute, difference; *ekonomiska ~n* financial transactions; *göra upp ett ~* settle a matter (an account) **-instans** intermediate authority (court of law) **-klass** *skol.* middle (intermediary) form **-klänning** semi-evening (afternoon) dress **-kommande** *a4* intervening **-komst** [-å-] *s3* intervention **-krigsperiod** interwar period (years *pl*) **-landa** make an intermediate landing, touch down **-landning** intermediate landing; *flygning utan ~* non-stop flight **-led 1** *s3, anat.* intermediate (middle) joint; *bot.* internode **2** *s7* (*förmedlande led*) intermediate link, medium **-liggande** *a4* [situated] in between, interjacent; *den ~ tiden* the time in between, the intervening time **-läge** intermediate (middle) position **-lägg** *s7, tekn.* spacer; (*tunt*) shim, diaphragm; (*av tyg*) interlayer, interlining **-mål** snack [between meals]; *jag äter aldrig ~* I never eat between meals **-rum** *typ. o. allm.* space; (*friare*) interval, interspace, gap; *med jämna ~* at regular intervals; *med två minuters ~* at intervals of two minutes, at two-minute intervals **-rätt** *kokk.* intermediate course; extra dish **-skikt** intermediate layer (*etc.*) **-skillnad** difference; *betala ~en* pay the extra (difference) **-skola** *ung.* middle (intermediate) school **-slag** *boktr.* space; (*mellan rader*) blank (white) line; (*mellan stycken*) space-line, leads (*pl*); (*på skrivmaskin*) spacing; *utan ~* solid **-slagstangent** (*på skrivmaskin*) space-bar, spacer **-sort** *i sht hand.* medium [sort, quality] **-spel** *teat., mus.* interlude; intermezzo; *sällsamt ~* strange interlude **-stadium** intermediate (middle) stage **-station** intermediate station **-statlig** international; interstate **-stor** medium[-sized] **-storlek** medium size **-ställning** intermediate position **-sula** mid-sole
Mellansverige *n* Central Sweden
mellan|säsong off season **-tid** interval; *under ~en* in the meantime (meanwhile) **-ting** *ett ~ mellan* something between, a compromise between **-vikt -viktare** *sport.* middle weight **-våg** *radio.* medium wave **-vägg** partition (division, interior) wall **-öra** middle ear
mellerst ['mell-] *adv* in the middle **-a** ['mell-] *a, superl.* middle; *geogr.* central, centre, middle; *M~ Östern* the Middle East; *~ Wales* (*äv.*) Mid-Wales; *i ~ England* (*äv.*) in the Midlands
melodị *s3* melody; tune, air **-lära** melodics (*pl*) **-sk** [-'lɷ:-] *a5* melodious, melodic **-stämma** melody **-ọ̈s** *a1*, *se -sk*

melodram *s3* melodrama **-atisk** *a5* melodramatic
melon *s3* melon
membran *s3, tekn. äv. s7* membrane, diaphragm
memoar|er *pl* memoirs **-författare** writer of memoirs
memor|andum *s8* memorandum (*pl* memoranda; *förk.* memo), note **-era** memorize, commit ... to memory **-ering** [the] learning of ... by heart, memorization
1 men [menn] *konj* but; only; (*~ ändå*) yet, still; *~ så förtjänar han också bra* but then he earns a lot of money [too]; *~ det var inte allt* (*äv.*) nor was that all; *jag vill inte höra några ~!* I'll have no buts!; *efter många om och ~* after a lot of shilly-shallying
2 men [me:n] *s7* disadvantage, detriment; (*skada*) injury; (*lyte*) disability; *vara till ~ för* be detrimental to; *få ~ för livet* be marked for life
men|a *v1, vard. o. poet. äv. v3* **1** (*tro, anse*) think, be of [the] opinion; *det ~r du väl inte, eller hur?* you don't think that, do you?; *vad ~r du om ...?* what is your opinion about ...? **2** (*åsyfta*) mean; (*avse*) intend; *säga ett och ~ ett annat* say one thing and mean another; *vad ~r han med ...?* what does he mean by ...?; *vad ~s med logik?* what is meant by logic?; *~ väl med ngn* mean well by s.b.; *~ allvar* be in earnest (*med* about); *det var inte så illa -t* (*~t*) no offence was intended
menageri [-na:ʃe-] menagerie
menande I *a4* meaning, significant; knowing (*blick* look) **II** *adv* meaningly *etc.*; *blinka ~ åt ngn* give s.b. a knowing wink; *se ~ ut* look knowing
mened perjury; *begå ~* commit perjury, perjure o.s. **-are** perjurer
menig *a1, äv. anv. som s, mil.* private, common soldier; *Am.* enlisted man; (*i flottan*) rating; *~e man* (*allm.*) the common people **-het** the public; (*församling*) congregation
mening 1 (*uppfattning*) opinion (*om* about, of), idea, view (*om* about); *bilda sig en ~ om* form an opinion about; *inhämta ngns ~ om* get a p.'s opinion (hear a p.'s views) about; *den allmänna ~en* public opinion; *avvikande ~* dissenting opinion; *säga sin ~* give one's opinion, speak one's mind **2** (*betydelse, innebörd*) meaning, sense; (*idé, förnuft*) reason, sense; *i lagens ~* within the meaning of the law, in the legal sense; *det vore ingen ~ i* (*för mig*) *att* there would be no point (sense) in (+ *ing-form*) (in my + *ing-form*); *i viss ~* (*äv.*) in a sense **3** (*avsikt*) intention; (*syfte*) purpose; *det var inte min ~ att* I had no intention of (+ *ing-form*); *vad är ~en med det?* what is the sense (point) of that? **4** *språkv.* sentence; (*kort*) clause; (*längre*) period
meningit [-ŋg-] *s3* meningitis
menings|byte debate; dispute **-frände** *mina ~r* those who share my opinion[s] (views); *vi är ~r* we hold the same views **-full** meaningful **-lös** meaningless; ... void of sense; senseless, useless; (*fånig*) nonsensical; *det är ~t att* there is no sense (point) in (+ *ing-form*); *deras ~a prat* (*äv.*) the nonsense they talk **-löshet** meaninglessness *etc.* **-motståndare** opponent; antagonist **-skiljaktighet** difference of opinion; disagreement **-utbyte** exchange of opinions **-yttring** expression of opinion
menlig [ˣme:n-] *a1* injurious, prejudicial, detrimental (*för* to) **-t** *adv* injuriously; *inverka ~ på* have an injurious effect on, prejudice
menlös [ˣme:n-] innocent, harmless; (*klandrande*) puerile; *M~a barns dag* Holy Innocent's Day **-het** innocence; harmlessness
menopaus *s3* menopause
menstruation menstruation; menses (*pl*)
mental *a1* mental **-hygien** mental hygiene **-itet** *s3* mentality **-sjuk** mentally ill (deranged) **-sjukhus** mental hospital **-sjukvård** mental health services (*pl*)
mentol [-'tå:l] *s3* menthol
menuett *s3* minuet
meny *s3* menu
mer *komp. t. mycken, mycket* **I** *a* more; *mycket vill ha ~* much will have more; *klockan är ~ än jag trodde* it is later than I thought; *han kommer inte någon ~ gång* he will not come again (any more); *vill du ha ~ te?* would you like some more tea?; *och, vad ~a är* and, what is more; *någon ~ gång* again some time; *med ~a* (*m.m.*) etcetera (etc.), and such like; *inte ~ än a)* (*bara*) no more than, *b)* (*ej över*) not more than **II** *adv* more; *~a känd under namnet* better known as; *~ eller mindre* more or less; *det händer ~a sällan* it happens [quite] rarely; *tycka ~ om* like ... better; *~ än nog* (*äv.*) enough and to spare; *aldrig ~* never again; *han förstår sig inte ~ på ... än* he has no more idea of ... than; *det är inte ~ än rätt att* it is only fair that; *han vet ~ än väl* he knows perfectly well; *det räcker ~ än väl* that'll be more than enough; *så mycket ~ som* especially (all the more) as
merarbete extra work
merceriser|a [mä-] mercerize **-ing** mercerizing; mercerization
merendels [-de:-] mostly; (*vanligtvis*) usually, generally
meridian *s3* meridian
merinkomst additional (extra) income
merit *s3* merit; (*kvalifikation*) qualification (*för* for) **-era** qualify (*för* for); *~ sig* qualify o.s. **-förteckning** list of qualifications, personal record
merkantil [mä-] *a1* commercial; mercantile **-ism** mercantilism **-systemet** the Mercantile System
merkostnad additional (extra) cost
Merkurius [mä-] Mercury
mer|värde added value **-värdesskatt** value-added tax
1 mes *s2, zool.* titmouse
2 mes *s2* (*ställning för ryggsäck*) rucksack frame
3 mes *s2* (*ynkrygg*) coward, funk **-aktig** *a1* faint-hearted, timorous
mesallians [-'aŋs] *s3* misalliance; *ingå en ~* marry beneath one

mesan *s3, sjö.* spanker, mizzen **-mast** mizzen--mast
mes|ig *a1, se -aktig*
meson [-'så:n] *s3* meson, mesotron
Mesopotamien *n* Mesopotamia **mesopotamisk** *a5* Mesopotamian; *~a* (*abrakadabra*) double Dutch, Greek
mesost whey-cheese
mesotron [-'trå:n] *s3, se meson*
Messias Messiah
mest *superl. t. mycken, mycket* **I** *a* most, the most; [*den, det, de*] *~a* most, most of; *det ~a* most, most things; *~a delen* most [part] of it; *det allra ~a* by far the greater part, the very most; *göra det ~a möjliga av* make the very most of; *vilken av dem gjorde ~?* which of them did [the] most? **II** *adv* most; (*för det ~a o.d.*) for the most part, mostly; (*huvudsakligen*) principally, chiefly, mainly; *de ~ efterfrågade ...* the ... most in (in the greatest) demand; *tycka ~ om* like ... most (best); *han är som folk är ~* he is quite an ordinary chap, he is not unusual in any way **-adels** [-de:-] mostly; for the most part; (*i de flesta fall*) in most cases; (*vanligen*) generally **-gynnadnationsklausul** most-favoured-nation clause
mestis *s3* mestizo (*pl* mestizos)
meta angle, fish (*abborre* [for] perch)
meta|for [-'få:r] *s3* metaphor **-fysik** *s3* metaphysics (*sg*) **-fysisk** metaphysical
metaldehyd [ˣme:t-] *s3* metaldehyde
metall *s3* metal; *av ~* (*äv.*) metal ... **-arbetare** metal-worker **-glans** metallic lustre **-haltig** *a1* metalliferous **-industri** metal industry **-isk** *a5* metallic **-klang** metallic ring **-ografi** *s3* metallography **-oid** *s3* metalloid **-skrot** scrap metal **-tråd** [metal] wire **-trådsnät** wire netting **-urgi** *s3* metallurgy
metamorfos [-mår'få:s] *s3* metamorphosis (*pl* metamorphoses)
metan *s4* methane, marsh gas **-ol** [-'nå:l] *s3* methanol, methyl alcohol, wood alcohol
metare angler; (*med fluga*) [fly-]fisherman
metates *s3* metathesis (*pl* metatheses)
met|don fishing-tackle (*sg*) **-e** *s6* angling; [fly-]fishing
meteor [-'å:r] *s3* meteor **-it** *s3* meteorite; aerolite **-liknande** meteor-like **-olog** meteorologist; *Am. äv.* weather scientist **-ologi** *s3* meteorology **-ologisk** *a5* meteorological **-sten** meteorite
meter ['me:-] *s9, versl. s2* metre; *Am.* meter **-hög** a (one) metre high **-mått** (*redskap*) metre-measure; (*hopfällbart*) folding rule **-system** metric system **-varor** *Engl. ung.* yard goods, piece-goods **-vis** (*per meter*) by the metre; (*meter på meter*) yards and yards, metres and metres
met|krok fish-hook **-mask** angling-worm **-ning** [-e:-] *se -e*
metod *s3* method; (*tillvägagångssätt äv.*) procedure; (*tillverknings-*) process; (*sätt*) way, manner **-ik** *s3* methodology; (*friare*) methods (*pl*), system **-isk** *a5* methodical **-iskt** *adv* methodically; *gå ~ till väga* proceed methodically; *gå ~ till väga med ngt* (*äv.*) do s.th. metodically
metodis|m Methodism **-t** Methodist
metod|studie methods study, study of methods **-tidmätning** methods time measurement (*förk.* MTM)
metonymi *s3* metonymy
metrev [fishing-]line
metri|k *s3* prosody **-sk** ['me:-] *a5* prosodic; metrical
metronom metronome
metropol [-'på:l] *s3* metropolis **-it** *s3, kyrkl.* metropolitan
metspö fishing-rod; *med ~* (*äv.*) with rod and line
metyl *s3* methyl **-alkohol** methyl alcohol, methanol **-enblått** methylene blue
Mexico ['mekksiko] *n* Mexico **mexikan** *s3* **-are** [-ˣka:-] *s9* **-sk** [-a:-] *a5* Mexican
mezzosopran [ˣmettså-, -'pra:n] *s3* mezzo--soprano
m.fl. *förk. för med flera* and others
miau miaow!
mickel ['mikk-] *s2* fox; *M~ räv* Reynard the Fox
middag ['midda:g, *vard.* 'midda] *s2* **1** (*mitt på dagen*) noon; midday; *god ~!* good afternoon!; *i går ~* yesterday noon; *framemot ~en* towards midday; *på ~en* (*~arna*) in the middle of the day **2** (*måltid*) dinner; (*bjudning*) dinner-party; *äta ~* have dinner; *äta ~ kl. 7* dine at seven o'clock; *~en är serverad* dinner is served (ready); *bjuda ngn på ~* invite s.b. to dinner; *vad får vi till ~?* what are we going to have for dinner?; *vara borta på ~* be out to (for) dinner; *sova ~* have (take) an after-dinner nap
middags|bjudning dinner-party; (*inbjudan*) invitation to a dinner-party **-bord** dinner--table; *duka ~et* lay the table for dinner **-gäst** dinner-guest, guest for dinner **-hetta** midday heat **-höjd** meridian altitude; *bildl.* meridian **-klänning** dinner-gown(-dress) **-mat** dinner-food **-rast** break for dinner **-sällskap** company of dinner-guests **-tid** *vid ~*[*en*] at (about) noon (dinner-time)
midfastosöndag [-i:-] mid-Lent Sunday; *Engl.* Mothering Sunday
midj|a [ˣmi:-] *s1* waist; *om ~n* round the waist **-ekjol** waist slip **-emått** waist-measurement
midnatt [-i:-] midnight
midnatts|sol midnight sun **-tid** *vid ~* at midnight
midskepps [ˣmi:dʃ-] amidships
midsommar [ˣmi:d-, *vanl.* ˣmiss-] midsummer **-afton** Midsummer Eve **-blomster** wood cranesbill **-dag** Midsummer Day **-firande** *s6* Midsummer celebration **-stång** *se majstång*
midströms [-i:-] in mid-current
midvinter [-i:-] midwinter
mig [mi:g, *vard.* mejj] *pron* (*objektsform av jag*) me; *rfl* myself; *jag gjorde illa ~ i foten* I hurt my foot; *en vän till ~* a friend of mine; *vad vill du ~?* what do you want me for?; *kom hem till ~* come round to my place; *när det gäller ~ själv* [speaking] for myself, as far as I am concerned; *jag tror ~ veta att* I think I know that
migrän *s3* migraine
mikrob [-'krå:b] *s3* microbe
mikro|biologi microbiology **-film** microfilm

-**fon** [-'få:n] *s3* microphone; *vard.* mike -**fotografering** photomicrography, micrography; (*nedfotografering*) microphotography -**fotografi** photomicrograph; microphotograph -**kosmos** microcosm -**mẹter** *s2* micrometer -**n** [-'krå:n] *s9*, *s3* micron -**organism** micro-organism -**skop** [-'skå:p] *s7* microscope -**skopisk** [-'skå:-] *a5* microscopic[al] -**våg** microwave
mil *s9* ten kilometres; *eng. motsv.* about six miles; *engelsk ~* mile; *nautisk ~* nautical mile
mila *s1* (*kol-*) charcoal stack (kiln, pit); (*atom-*) atomic (nuclear) pile, gleep
mild *a1* mild (*i* (*till*) *smaken* in taste); (*mjuk*) soft (*färg* colour; *svar* answer); (*dämpad*) mellow; (*lugnande*) soothing (*röst* voice); (*ej sträng*) lenient (*dom* sentence; *mot* to[wards]); (*lindrig, saktmodig*) gentle; *~a vindar* gentle winds; *med milt våld* with gentle compulsion; *~a makter!* Holy Moses!; *du ~e!* Good Lord!; *så till den ~a grad* so utterly, so awfully -**het** mildness *etc.*; leniency, lenience; (*barmhärtighet*) mercy -**ra** mitigate; temper; (*lätta* [*på*]) alleviate, relax; (*dom, straff äv.*) reduce -**ras** *dep* grow milder (*etc.*); soften
milịs *s3* militia -**soldat** militiaman
militarị|sera militarize -**sẹring** militarization -**sm** militarism -**st** militarist -**stisk** [-'riss-] *a5* militaristic
militieombudsman [-ˣli:tsie, -ˣlittsie-] *~en* the [Swedish] Parliamentary Commissioner for Military Affairs
militạ̈r I *s3* (*krigsman*) military man, soldier; (*krigsmakt*) military force[s *pl*]; *högre ~er* officers of high rank; *~en* the military (*pl*), (*hären*) the army **II** *a1* military -**allians** military alliance -**attaché** military (service) attaché -**befälhavare** commanding general -**diktatur** military dictatorship -**domstol** military tribunal, court martial -**flygplan** army plan -**förläggning** garrison, military camp -**isk** *a5* military; army; (*soldatmässig*) soldierly; militant -**ledning** *~en* the military council -**läkare** military (army, naval, air force) medical officer -**makt** military power -**marsch** military march -**musikkår** military band -**område** military command [area]; *Am.* military district -**sjukhus** military hospital -**tjänst** military service -**utbildning** military training -**väsen** military (service) affairs (*pl*) -**yrket** the military profession
miljard [-'ja:rd] *s3* milliard; *Am.* billion; *en ~* (*vanl.*) one thousand million
miljọn *s3* million; *fem ~er pund* five million pounds -**affär** transaction involving millions [of pounds (*etc.*)] -**belopp** *pl* millions -**förlust** loss involving millions [of pounds (*etc.*)]; [a] loss of a million -**stad** city (town) with [over] a million inhabitants -**tals** [-a:-] millions of -**te** [-ˣjo:n-] (*ordningstal*) millionth -**ạ̈r** *s3* millionaire
miljọ̈ *s3* environment; *ibl.* milieu; (*omgivning*) surroundings (*pl*); background, general setting -**förstöring** pollution [of the environment] -**påverkan** environmental influence -**skadad** *a5* maladjusted -**skildring** description of social milieu -**vård** control of the environment
milliard *se miljard*
milli|bạr *s9* millibar -**grạm** milligramme -**lịter** millilitre -**mẹter** millimetre
millopp *sport.* mile race
milslång *en ~ promenad* a walk of a mile, a mile walk; *~a köer* queues miles and miles long
mil|sten -stolpe milestone (*äv. bildl.*)
milsvitt *~ omkring* for miles around
milt *adv t. mild* mildly; *~ uttryckt* to put it mildly
miltals [a:-] for miles
mimị|k *s3* mimicry, miming -**sk** ['mi:-] *a5* mimic
mimosa [-ˣmå:-, *äv.* -o:-] *s1* mimosa
1 min [mi:n] *s3* air; mien; (*ansiktsuttryck*) [facial] expression; (*utseende*) look; *göra fula ~er* (*en ful ~*) pull an ugly (make a wry) face; *inga sura ~er!* no long faces!; *ge sig ~ av att vara* pretend to be, put on an air of [being]; *hålla god ~* [*i elakt spel*] put a good face on it, make the best of a bad job; *vad gjorde hon för ~?* what was the expression on her face; *utan att förändra en ~* without moving a muscle
2 min [minn] *pron, fören.* my; *självst.* mine; *de ~a* my people (*vard.* folks); *denna ~ åsikt* this view of mine; *~ dumbom!* fool that I am!; *nu har jag gjort mitt* I have done my part (bit) now; *skilja mellan mitt och ditt* know the difference between mine and thine
min|a *s1* mine; *gå på en ~* hit a mine; *lägga ut -or* lay mines; *låta -an springa* (*äv. bildl.*) spring the mine
minarẹt *s3* minaret
minder|värdeskomplex inferiority complex -**värdeskänsla** feeling of inferiority -**värdig** *a1* inferior -**värdighet** inferiority -**årig** *a1* under age, minor, infant; *~a barn* minors, young children -**årighet** minority, infancy
mindre ['minn-] *komp. t. liten* **I** *a* **1** (*vid jämförelse*) smaller (*till* in); less[er], minor; (*kortare*) shorter (*till* in); (*~ t. antalet*) fewer; (*lägre*) lower; *bli ~* grow (get) smaller (*etc.*); *ett ~ antal än tidigare* fewer (a smaller number) than before; *så mycket ~ orsak att* all the less reason for (+ *ing-form*); *på ~ än en timme* in less than (in under) an hour; *ingen ~ än kungen själv* no less [a person] than the king himself; *ingenting ~ än* nothing short of **2** (*utan eg. jämförelse*) small[-sized]; (*yngre*) younger; (*obetydlig*) slight, insignificant; (*oviktig*) unimportant; (*smärre*) minor, lesser; *av ~ betydelse* of less importance; *i ~ grad* in (to) a minor degree, on a smaller scale; *man kan bli tokig för ~* (*vard.*) it's more than enough to send one crazy; *inte ~ än* no fewer (less) than **3** *med ~* [*än att*] unless; *det går inte med ~* [*än att*] *du kommer själv* nothing less than your personal attendance will do, you must be there yourself (in person) **II** *adv* less; not very much; *mer eller ~* more or less; *så mycket ~ som* the less so as; *~ välbetänkt* ill-advised
Mindre Asien ['minn- 'a:-] *n* Asia Minor
minera mine; lay mines
minerạl *s7*, *pl äv.* -*ier* mineral -**fyndighet** mineral deposit -**haltig** *a1* containing min-

eral[s *pl*]; mineral **-isk** *a5* mineral **-og** mineralogist **-ogi** [-å-] *s3* mineralogy **-ogisk** [-'lå:-] *a5* mineralogical **-olja** mineral oil, petroleum **-riket** the mineral kingdom **-ull** mineral wool **-vatten** mineral water **-ämne** mineral substance

min|ering mining **-fara** danger from mines **-fartyg** minelayer, minecraft **-fält** minefield

miniatyr *s3* miniature **-format** *i ~* in miniature **-golf** minigolf, midget golf **-målare** miniaturist **-målning** miniature-painting; *konkr.* miniature

minim|al *a1* minimal, minimum; diminutive, infinitesimal **-era** fix the lower limit for, minimize

minimibelopp minimum [amount] **-gräns** lower limit **-lön** minimum salary (wage[s]) **-pris** minimum price

minimum ['mi:-] *s8* minimum (*pl* minima)

minister *s2* minister; *Engl. äv.* secretary of state; *svenske ~n i London* the Swedish ambassador in London; *engelske ~n i Sverige* (*äv.*) Her Britannic Majesty's minister to Sweden **-ium** [-'te:-] *s4* ministry; *Engl. äv.* department of state **-post** minister's appointment, ministerial duties **-president** *ung.* prime minister, premier **-råd** council of ministers; *Engl.* cabinet

ministär *s3* ministry, government, cabinet; *bilda ~* form a government (*etc.*)

mink *s2* mink **-päls** mink coat

min|nas *v2, dep* remember, recollect; *om jag -ns rätt* if I remember rightly, if my memory does not fail me; *jag vill ~ att* I seem to remember that; *så långt tillbaka jag kan ~* as far back as I can remember; *nu -des hon alltsammans* now it all came back to her; *han kunde inte ~ att han gjort det* he couldn't remember having done it; *inte på den dag jag -ns* it's so long ago I can't remember

minne *s6* **1** (*-sförmåga*) memory; mind; *tappa ~t* lose one's memory; *bevara* (*hålla*) *i ~t* keep in mind; *hålla ngt i ~t* bear s.th. in mind; *ett upp och ett i ~* one down and one to carry; *återkalla i ~t* recall, recollect; *med detta i färskt ~* with this fresh in my (*etc.*) memory; *lägga på ~t* commit to memory, remember; *dra sig ngt till ~s* remember (recollect) s.th., call s.th. to mind; *det har fallit mig ur ~t* it has escaped my memory (slipped my mind); *återge ur ~t* repeat from memory **2** *med ngns goda ~* with a p.'s approval (consent) **3** (*hågkomst*) memory, remembrance; (*åminnelse äv.*) commemoration; (*minnesbild*) recollection; (*händelse i det förgångna*) memorable event; *ett ~ för livet* an unforgettable experience; *uppliva gamla ~n* revive old memories; *hans ~ skall leva* his memory will never fade; *till ~ av* in memory of; *vid ~t av* at the recollection of **4** (*memoarer o.d.*) recollections, memoirs **5** (*-sgåva, suvenir*) remembrance, souvenir, keepsake **6** *databeh.* store; *Am.* storage; *yttre ~* external store (storage)

minnes|album remembrance-book **-anteckning** memorandum **-beta** *s1, en ~* s.th. not easily forgotten **-bild** picture in one's mind **-förlust** loss of memory **-god** ... with a good memory **-gudstjänst** memorial service **-gåva** keepsake, souvenir **-högtid** memorial ceremony, commemoration **-lista** check list; list of engagements **-märke** memorial, monument; (*fornlämning*) relic, ancient monument **-ord** *pl* words of remembrance **-rik** ... rich in memories; (*oförglömlig*) unforgettable **-sak 1** (*som beror av minnet*) *en ~* a matter of memory **2** *se suvenir* **-skrift** memorial publication **-sten** monument **-tal** commemoration speech, memorial address **-tavla** commemorative (memorial) tablet **-teckning** biography (*över* of) **-utställning** commemorative exhibition **-värd** *a1* memorable (*för* to), worth remembering

minnesång minnesong **-are** minnesinger

minoritet *s3* minority; *vara i ~* be in the (a) minority

minoritets|regering minority government **-ställning** *vara i ~* be a minority

minröjning mine clearance; removal of land mines

minsann to be sure; I can tell (assure) you; I'm blessed (blowed); *det är ~ inte så lätt* it is not all that easy; *~ om jag det begriper* I'm blessed if I understand that; *jag skall ~ ge dig!* my word, I'll let you have it!

minsk|a reduce (*med* by; *till* to); diminish, decrease, lessen; (*förkorta*) shorten; (*dämpa*) abate (*ngns iver* a p.'s zeal); (*nedskära*) cut [down] (*utgifterna* the expenses); (*lätta på*) relieve (*spänningen* the tension); *~ hastigheten* reduce speed, slow down, decelerate; *~ i betydelse* become less important; *~ i vikt* go down in (lose) weight; *~ ngt på sina anspråk* not demand quite so much, reduce one's claims **-ad** *a5* reduced *etc.* (*med* by) **-as** *dep* grow (become, get) less; diminish, decrease; be reduced (*i* in; *med* by); (*avtaga*) fall off; (*dämpas*) abate; (*sjunka*) fall, go down, sink; (*i värde*) depreciate **-ning** reduction, diminution, decrease; (*nedskärning*) curtailment, cut; (*i värde*) depreciation

minspel changes in facial expression; mimicry

min|spränga blow up ... by mines (a mine); *bli -sprängd* be blown up by mines (a mine) **-sprängning** (*-sprängande*) [the] blowing up (*av* of ...) by mines; (*med pl*) mine-explosion **-spärr** mine barrage

minst *superl. t. liten* **I** *a* smallest; least; (*yngst*) youngest; (*kortast*) shortest; (*minimalast*) minimum, minutest; *~a motståndets lag* the law of least resistance; *~a gemensamma nämnare* [the] lowest common denominator; *utan ~a tvekan* without the slightest (least) hesitation; *han hade ~ fel* he had [the] fewest mistakes; *med ~a möjliga* with a (the) minimum of; *in i ~ detalj* [down] to the smallest (minutest) detail; *det ~a a*) (*som subst.*) the least, *b*) (*som adv.*) the least [*vard.* little bit]; *inte det ~a trött* not [in] the least tired; *inte bry sig det ~a om* not care twopence about **II** *adv* least; the least, at least; (*~ av allt*) least of all; *inte ~ viktig var frågan om* the question of ... was as important as any; *~ sagt* to say the least [of it]

minsvep|a sweep ... for mines **-are** minesweeper **-ning** minesweeping
minsökare mine detector
minus ['mi:-] **I** *s7* minus [sign]; (*friare*) minus quantity, minus; (*brist*) deficit, shortage **II** *adv* minus; ~ *10 grader* 10 degrees [Centigrade] below zero; ~ *3% kassarabatt* less 3% discount; *plus* ~ *noll* plus minus naught **-grad** degree of frost (below zero) **-tecken** minus sign
minut *s3* **1** minute; *fem ~ers promenad* five minutes' walk; *fem ~er över tre* five minutes past three; *en gång i ~en* once a minute; *på ~en* to the minute; *om* (*på*) *några ~er* in a few minutes; *i sista ~en* at the last minute, in the nick of time **2** *hand.* retail; *i* ~ by (*Am.* at) retail; *köpa i* ~ buy retail; *sälja i* ~ retail, sell [by] retail **-handel** retail business **-handelspris** retail price
minutiös [-tsi'ö:s] *a1* meticulous, scrupulous; minute
minutläggare minelayer
minut|pris retail price **-visare** minute hand
minör sapper
mirak|el *s7, s4* miracle **-elspel** miracle play **-ulös** *a1* miraculous
misantrop [-'trå:p] *s3* misanthrope **-isk** *a5* misanthropical
mischmasch *s7* mishmash, hotchpotch
miserabel *a2* wretched, miserable; (*ömklig*) pitiable
miss *s2* (*misslyckande*) miss; (*felslag o.d.*) missed shot (hit, stroke) **-a** (*bomma*) miss, fail to hit (strike); (*misslyckas*) miss one's shot (hit, stroke, aim); *bildl. äv.* fail; (*om sak*) miss its mark
miss|akta (*ringakta*) disdain; (*förakta*) despise **-aktning** disrespect, disdain; (*förakt*) contempt **-anpassad** *a5* maladjusted **-belåten** displeased (*med* at, about); dissatisfied (*med* with) **-belåtenhet** displeasure, dissatisfaction **-bildad** *a5* malformed, misshapen **-bildning** malformation; defect; deformity
missbruk (*oriktigt bruk*) misuse; (*skadligt bruk*) abuse **-a** (*använda fel*) misuse; (*alkohol, förtroende, makt o.d.*) abuse; *kan lätt ~s* lends itself to abuse[s]; ~ *ngns godhet* take undue advantage of a p.'s kindness; ~ *Guds namn* take the name of God in vain **-are** misuser; abuser
miss|dådare malefactor, evil-doer **-fall** miscarriage; *få* ~ (*äv.*) miscarry **-firma** *v1* **-firmelse** *s5* insult; abuse **-foster** abortion (*äv. bildl.*); *bildl. äv.* monstrosity **-färga** discolour, stain **-förhållande** disproportion, disparity (*mellan* between); (*friare*) incongruity, anomaly; *sociala ~n* social evils **-förstå** misunderstand; *som lätt kan ~s* that is liable (likely) to be misunderstood **-förstånd** misunderstanding; (*misstag*) mistake **-grepp** mistake, bad move **-gynna** treat ... unfairly; *exporten har ~ts av utvecklingen* development has been unfavourable to exports **-gärning** evil deed; (*svagare*) misdeed **-hag** *s7* displeasure (*med ngn* with s.b.; *med ngt* at s.th.); dislike (*med* of) **-haga** displease, be displeasing to; *det ~r mig* (*äv.*) I dislike it **-haglig** [-a:-] *a1* displeasing; (*starkare*) offensive, objectionable; (*förhatlig*) obnoxious; (*impopulär*) unpopular; ~ *person* (*äv.*) undesirable person **-handel** maltreatment (*av* of); *jur.* assault [and battery]; cruelty; *bli utsatt för* ~ be assaulted **-handla** maltreat; *jur.* assault; *bildl.* handle ... roughly; (*t.ex. språk*) murder **-hugg** *i* ~ by mistake **-hushålla** ~ *med* mismanage, be uneconomical with **-hushållning** mismanagement, misuse **-hällighet** discord, dissension; *~er* (*äv.*) quarrels
mission [mi'ʃo:n] **1** (*beskickning*) mission; (*kall äv.*) vocation; *ha en* ~ *att fylla* have a vocation (call) **2** *relig.* missions (*pl*); *inre* (*yttre*) ~ home (foreign) missions (*pl*) **-era** missionize
missions|förbund *Svenska M~et* the Swedish Missionary Society **-föreståndare** mission superintendent **-hus** mission-hall, chapel **-station** mission station, mission
missionär *s3* missionary
missiv *s7* **1** (*skrivelse*) missive; (*följebrev*) covering letter **2** *kyrkl.* ordination as a temporary curate
miss|klä[da] be unbecoming to, not suit; *ingenting -klär en skönhet* (*ung.*) everything becomes a beauty **-klädsam** unbecoming; (*ej smickrande*) unflattering; (*vanprydande*) disfiguring **-kreditera** discredit **-krediterande** *a4* discreditable (*för* to) **-kund** *r se förbarmande*; *utan* ~ (*äv.*) without [any] compassion **-kunda** *rfl* have mercy (compassion) (*över* upon) **-kundsam** *a1* merciful; (*medlidsam*) compassionate, pitying **-känd** *a5* misjudged; unappreciated, underrated **-leda** mislead; *jfr vilse-* **-ljud** jarring sound; *mus.* dissonance (*äv. bildl.*)
misslyck|ad (*som -ats*) unsuccessful; (*förfelad, felslagen*) abortive; *~e existenser* failures; *vara* ~ be a failure, have gone wrong **-ande** *s6* failure; fiasco **-as** *dep* fail (*i, med* in); be (prove, turn out) unsuccessful (a failure) (*i, med* in)
miss|lynt *a4* ill-humoured; cross; *göra ngn* ~ put s.b. out [of humour], upset s.b., make s.b. cross **-lynthet** ill (bad) humour; crossness **-minna** *rfl, om jag inte -minner mig* if I remember rightly **-mod** down-heartedness, depression (dejection) [of spirit[s]]; (*nedslagenhet*) discouragement **-modig** down-hearted, depressed, despondent
missne *s9, s7, bot.* water arum
miss|nöjd (*i sht tillfälligt*) dissatisfied; (*i sht varaktigt*) discontented, displeased; *vara* ~ *med* (*ogilla*) disapprove of **-nöje** dissatisfaction; discontent; displeasure; (*ogillande*) disapproval (*med* of); *allmänt* ~ *råder bland* discontent is rife among; *väcka* ~ *mot en dom* give notice of appeal against a verdict **-nöjesyttring** signs (murmurs) (*pl*) of discontent **-pryda** disfigure, spoil the look of **-riktad** *a5* misdirected; (*oklok*) misguided, ill-advised
missroman sentimental novel
miss|räkna *rfl* miscalculate; *bildl.* make a miscalculation **-räkning** (*fel-*) miscalculation; *bildl.* disappointment (*för* for, to; *över* at) **-sköta** (*hopskr. missköta*) mismanage; (*försumma*) neglect; ~ *sig a*) (*sin hälsa*) neglect one's health, *b*) (*sitt arbete*

e.d.) neglect one's duties (work) **-stämning** (*hopskr. misstämning*) feeling (sense) of discord (discontent, disharmony) **-sämja** (*hopskr. missämja*) dissension, discord
miss|tag mistake; (*fel*) error; (*förbiseende*) oversight, blunder, slip; *det var ett ~ av mig* it was a mistake on my part, it was my mistake; *göra ett svårt ~* make a bad mistake, commit a serious blunder; *av ~* by mistake, inadvertently **-taga** *rfl* make a mistake; be wrong; *~ sig på* (*äv.*) misjudge, get a wrong idea of (about); *man kan ju ~ sig* (*äv.*) one can of course be mistaken; *man kunde inte ~ sig på* there was no mistaking; *om jag inte -tar mig* if I am not mistaken
miss|tanke suspicion; (*förmodan*) supposition; (*ond aning*) misgiving; *hysa -tankar* entertain suspicions (*mot ngn för ngt* about s.b. for s.th.; *om* as to); *fatta -tankar* become suspicious (*mot ngn* of s.b.; *om* about); *väcka -tankar* arouse suspicion (*hos* in; *om* about, as to) **-tolka** misinterpret; (*ngns avsikter äv.*) misconstrue
misstro I *s9* distrust (*mot* of); (*starkare*) disbelief (*till* in) **II** *v4* distrust, mistrust, be suspicious of; (*tvivla på*) doubt **-ende** *s6, se misstro I*; lack of confidence (*mot* in) **-endevotum** vote of censure (*mot* on) **-gen** distrustful, mistrustful (*mot* of); (*skeptisk*) incredulous **-genhet** distrustfulness *etc.*; incredulity
miss|trösta despair (*om* of); give up hope (*om* of) **-tröstan** *r* despair (*om* of) **-tycka** take it amiss, be offended [at]; *om du inte -tycker* (*äv.*) if you don't mind **-tyda** misinterpret; misconstrue
misstänk|a suspect (*ngn för ngt* (*för att ha*) s.b. of s.th. (of having)); be suspicious of; (*befara*) apprehend; (*svagare äv.*) fancy, guess **-liggöra** cast (throw) suspicion upon **-sam** *a1* suspicious (*mot* of); ... full of suspicion (*mot* against) **-samhet** suspiciousness **-t** *a1* suspected (*för* [*att*] of [+ *-ing-form*]); (*tvivelaktig*) doubtful, dubious; (*som inger misstro*) suspicious; *den ~e* the suspect; *som ~ för* (*äv.*) on [a] suspicion of; *vara ~ för* (*för att ha*) be under suspicion for (for having); *göra ngn ~ för* direct suspicion on s.b. fo
miss|unna [be]grudge; (*avundas*) envy **-unnsam** *a1* grudging (*mot* towards); (*avundsam*) envious (*mot* of) **-uppfatta** misunderstand, misconceive; (*-tyda*) misread, put a wrong interpretation on, get a wrong idea of **-uppfattning** misunderstanding, misconception **-visande** *a4* misleading **-visning** (*kompassnålens*) deviation, variation; *ostlig ~* easterly magnetic declination **-växt** *s3* failure of the crop[s]; [a] bad harvest **-växtår** year of crop failure **-öde** mishap, misadventure; *råka ut för ett ~* have a slight accident; *genom ett ~* (*äv.*) by mischance; *tekniskt ~* technical hitch
mist *s3* mist; fog
mista *v1, v3* lose; be deprived of
miste *adv* wrong; *gå ~ om* miss, fail to secure; *ta ~ på a*) (*ngn*) mistake ... for s.b. else, *b*) (*ngt*) make a mistake about, misjudge; *du kan inte ta ~ på vägen* you cannot miss the road; *det är inte att ta ~ på* there is no mistaking that
mistel *s2, bot.* mistletoe
mist|lur fog-horn **-signalering** fog-signalling
misär *s3* destitution; penury; (*kortspel*) misery
1 mitt *pron, se 2 min*
2 mitt I *s3* middle; *i* (*på*) *~en* in the middle; *i deras ~* in their midst; *från ~en av mars* (*äv.*) from mid-March **II** *adv* **1** *bryta ~ av* break right in two **2** *~ emellan* midway (somewhere) between; *~ emot* right (just, exactly) opposite, opposite; *~ fram* right in front; *~ framför* right (just, straight) in front of; *~ för ögonen på ngn* right in front of a p.'s eyes; *~ för näsan på ngn* under a p.'s very nose; *~ i* in the [very] middle of; *~ i ansiktet* full in the face; *~ ibland* in the midst of, amidst; *~ igenom* through the centre (middle) of, (*rakt igenom äv.*) right (straight) through; *~ inne i* right in the middle (centre) of, (*landet e.d.*) in the interior of; *~ itu* in two equal parts; *dela ~ itu* (*äv.*) halve; *gå ~ itu* break right in two; *~ på* in the middle of; *~ under a*) *rumsbet.* exactly (directly) under, *b*) *tidsbet.* during, just while; *~ upp i* in the [very] middle of; *skratta ngn ~ upp i ansiktet* laugh in a p.'s face; *~ uppe i* up in the middle of, (*friare*) right in the midst of (*arbetet* one's work); *~ ut i* out into the [very] middle of, right out into; *~ ute i* out in the middle of, right out in; *~ över* exactly above (over); *bo ~ över gatan* live straight across the street **-bena** *ha ~* have one's hair parted in the middle **-emellan** **-emot** *se 2 mitt II 2* **-erst** ['mitt-] *adv* in the centre (*i* of) **-ersta** ['mitt-] *superl. a* middle, central **-linje** centre (central, median) line; *sport.* half-way line **-parti** central part, centre; *polit.* centre party **-punkt** centre; (*på måltavla*) bull's-eye **-skepp** (*i kyrka*) nave **-söm** middle seam **-uppslag** centre spread **-åt** *mil.* [eyes] front!
mix|tra *~ med* potter (meddle) with, (*göra fuffens*) juggle with **-tur** mixture
mjau *se miau*
mjugg *i uttr.: i ~* covertly; *le i ~* laugh up one's sleeve
mjuk *a1* soft (*till* in); (*om färgton e.d.*) softened, mellow; *bildl.* gentle (*om konturer e.d.*) sweeping, gentle; (*böjlig*) limp; (*smidig*) supple; lithe, limber; (*om rörelse o.d.*) graceful; (*eftergiven, smidig*) pliable, flexible; (*spak*) meek, mild; *~t bröd* soft bread; *ha ~t anslag* (*mus.*) have a light touch; *bli ~, se -na*; *göra ... ~* make ... soft, soften **-delar** *anat.* soft parts **-glass** soft ice-cream **-het** [-u:-] softness *etc.*; pliancy; flexibility **-na** [-u:-] soften, get (become) soft[er] **-ost** cream cheese, cheese spread **-plast** non-rigid plastic **-valuta** soft currency
mjäkig *a1* mawkish; sloppy, sentimental
1 mjäll *s7, s9* dandruff, scurf
2 mjäll *a1* **1** (*mör*) tender **2** (*ren, vit*) transparently white
mjält|brand *veter.* anthrax **-e** *s2, anat.* spleen **-hugg** stitch [in the (one's) side] **-sjuk** splenetic (*äv. bildl.*); *bildl. äv.* hypo-

chondriac **-sjuka** *bildl.* spleen; *läk.* hypochondria
mjärde [ˣmjä:r-] *s2* osier basket; (*ståltråds-*) wire cage
mjöd *s4* mead
mjöl *s4* flour; (*osiktat*) meal; (*pulver*) flour, powder, dust; *sammalet ~* (*äv.*) whole-meal flour; *inte ha rent ~ i påsen* (*bildl.*) not be on the level **-a** flour, sprinkle ... over with flour **-dagg** mildew, blight **-dryga** *s1, bot.* ergot **-ig** *a1* floury, mealy
mjölk *s3* milk; *fet* (*mager*) *~* rich (thin) milk **-a 1** milk **2** (*ge mjölk*) give (yield) milk **3** (*utsuga*) milk, pump ... dry **-affär** dairy **-bar** *s3* milk-bar; *Am.* drug store **-bil** milk [-collecting] lorry **-bud** milkman **-choklad** milk chocolate
1 mjölke *s2, zool.* milt, soft roe
2 mjölke *s2, bot.* rose bay
mjölk|erska milkmaid **-flaska** (*av glas*) milk-bottle; (*av bleck*) milk-can **-ko** milch cow (*äv. bildl.*), milker **-maskin** milking-machine **-ning** milking **-pall** milking-stool **-pulver** powdered milk **-socker** milk-sugar, lactose **-syra** lactic acid **-syrabakterier** lactic-acid bacteria **-tand** milk-tooth, deciduous tooth **-utkörare** milkman **-vit** milky (milk-)white
mjöl|mat farinaceous food **-nardräng** miller's man **-nare** [-ö:-] miller
mjölon [-ån] *s7, bot.* bearberry
mjölsäck (*tom*) flour-(meal-)sack; (*fylld*) sack of flour
m.m. (*förk. för med mera*) etc.
mnemotekni|k *s3* mnemonics (*sg*) **-sk** [-'tekk-] *a5* mnemonic, mnemotechnic
MO [ˣämmo] *förk. för militieombudsmannen*
mo *s2* (*sand*) fine sand; (*mark*) sandy plain (heath)
moaré *s3, s4* moiré; watered silk (fabric)
moatjé *s3* partner
mobb [må-] *s2* mob
mobil *a1 o. s3* mobile **-ier** *pl, se lösegendom, bohag* **-isera** mobilize; (*friare äv.*) muster **-isering** mobilization
1 mocka [-å-] *v1* clear ... of dung, clean out; *~ gräl med* (*vard.*) pick a quarrel with
2 mocka [-å-] *s9* (*kaffesort*) mocha
3 mocka [-å-] *s9* (*skinn*) suède [leather] **-jacka** suède jacket
mockakopp [small] coffee-cup, demitasse
mockasin [må-] *s3* moccasin
mockasked [small] coffee-spoon
mockaskor suède shoes
1 mod *s7* **1** (*-ighet*) courage; intrepidity; (*moraliskt äv.*) fortitude; *hans ~ sjönk* (*svek honom*) his courage (heart) sank (failed him); *med förtvivlans ~* with the courage of despair; *hålla ~et uppe* keep up one's courage; *hämta nytt ~* take fresh courage; *ta ~ till sig* pluck up courage; *tappa ~et* lose heart, be discouraged **2** (*sinne, humör*) spirits (*pl*); mood; *vara väl* (*illa*) *till ~s* be at ease (ill at ease); *vara vid gott ~* be in good spirits; *i hastigt ~* without premeditation; *med berått ~* deliberately, wilfully, in cold blood
2 mod *s7, s4* fashion; style; *bestämma ~et* set the fashion; *är högsta ~* is all the fashion (rage); *läkare på ~et* fashionable doctor; *vara* (*komma*) *på ~et* be in the (come into) fashion
modal *a1* modal; *~t hjälpverb* auxiliary of mood
modd [må-] *s3* slush **-ig** *a1* slushy
moddlare [-å-] flat brush
mode|affär (*hatt-*) milliner's [shop] **-docka** dressmaker's dummy (*äv. bildl.*); *bildl. äv.* fashion plate **-färg** fashionable colour **-hus** fashion house **-journal** fashion-magazine **-kung** king (dictator) of fashion **-lejon** dandy, fop
modell *s3* **1** (*mönster*) model; *tekn. o. bildl. äv.* pattern; *i sht hand.* style; (*hatt-, sko-*) shape **2** *pers.* [artist's] model; *sitta* (*stå*) *~* sit (stand) as a model (*för, åt* to); *teckna efter levande ~* draw from living models **-bygge** *abstr.* construction of models; *konkr.* model **-era** model (*efter* from; *i* in) **-ering** modelling **-flygplan** model aeroplane **-järnväg** model railway **-klänning** model gown **-lera** (*hopskr. modellera*) modelling clay, plasticine
modenyck freak (whim) of fashion
moder *-n mödrar* mother; *bildl.* parent; *blivande mödrar* expectant mothers
moderat *a1* (*måttfull*) moderate; (*skälig*) reasonable, fair; *~a priser* reasonable prices **-ion** moderation; restraint **-or** [-ˣra:tår] *s3, atomfys.* moderator
moderbolag parent company
moderer|a moderate **-ing** moderation
moderfartyg mother-ship
moderiktning fashion trend
moder|kaka *anat.* placenta **-land** mother country **-lig** *a1* motherly; (*om t.ex. känslor, oro*) maternal **-lighet** motherliness; maternity **-liv** womb **-lös** motherless
modern [-'dä:rn] *a1* (*nutida*) modern, contemporary; (*fullt ~*) [quite] up-to-date; (*nu på modet*) fashionable; *bli ~* come into fashion; *~ dans* ballroom dancing **-isera** modernize **-isering** modernization **-ism** modernism **-ist** *s3* **-istisk** *a5* modernist **-itet** *s3* modernity; *~er* innovations, *neds.* novelties
moder|näring principal (primary) industry; (*jordbruk*) agriculture **-planta** mother plant
moders|bröst *barnet vid ~et* the child at its mother's breast **-famn** *i ~en* in the maternal (one's mother's) embrace **-glädje** maternal (a mother's) joy **-instinkt** maternal (a mother's) instinct
moderskap *s7* motherhood, maternity
moderskaps|försäkring maternity insurance **-penning** maternity allowance
moders|känsla *~n hos henne* the mother in her **-kärlek** maternal (a mother's) love **-mjölk** *med ~en* with one's mother's milk, (*friare*) from earliest infancy **-mål** mother tongue, native language; (*som skolämne*) Swedish, English *etc.* **-målslärare** teacher of (in) Swedish (*etc.*); *vår ~* (*vanl.*) our Swedish (*etc.*) master
modersugga mother-sow
modesak *konkr.* fashionable (fancy) article; *abstr.* [a] matter of fashion
modest *a1* modest
mode|tecknare fashion designer, stylist **-teck-**

-ning fashion drawing (design) **-tidning** *se -journal* **-visning** fashion show
modfälld *a5* discouraged, disheartened (*över* at); *bli* ~ (*äv.*) lose courage
modifi|era modify; (*dämpa*) moderate **-kation** modification; moderation
modig *a1* **1** courageous; (*tapper*) brave, plucky; (*djärv*) bold; (*oförvägen*) gallant; (*oförskräckt*) valiant, intrepid **2** *kosta sina ~a slantar* cost a pretty penny; *väga sina ~a 100 kilo* weigh all of 100 kilos
modist milliner, modiste
mod|lös dispirited; spiritless **-löshet** dispiritedness **-stulen** *a5* downhearted
modul *s3* module; modulus
modul|ation modulation **-era** modulate
modus ['mo:-] *n, r, språkv.* mood
mog|en *a3* ripe (*för, till* for); (*om frukt äv.*) mellow; (*friare o. bildl.*) mature; *bildl. äv.* ready; ~ *ålder* maturity, mature age; *efter -et övervägande* after careful consideration; *när tiden är* ~ when the time is ripe (has come) **-enhet** ripeness *etc.*; maturity **-enhetsexamen** matriculation **-na** [-o:-] ripen (*äv. bildl.*); *eg. äv.* get ripe; (*bildl. o. friare*) mature, come to maturity **-nad** [-o:-] *s3* ripeness (*äv. bildl.*); *i sht bildl.* maturity **-nadsgrad** degree of ripeness (*etc.*)
mogul ['mo:-, 'må:-, *pl* -'gu:-] *s3* Mogul; *Stora* ~ the [Great] Mogul
mohair [-'hä:r] *s3* mohair
mohammedan *s3, se muhammedan*
mojna [-å-] *sjö.* slacken, lull; ~ *av* (*äv. bildl.*) fall dead, die down; *när det ~r* when the wind slackens (*etc.*)
mojäng *s3, ~er* gear (*sg*), gadgets
1 mol *s9* mole, gramme molecule
2 mol *adv,* ~ *allena* entirely (all) alone, all by o.s.
mola ache slightly; (*friare*) chafe; *det ~r i tänderna på mig* my teeth are aching a little **-nde** *a4* aching; (*om värk*) dull; (*ihållande*) persistent
molekyl *s3* molecule **-är** *a1* molecular **-vikt** molecular weight **-är** *a1, se -ar*
1 moll [må-] *r, mus., gå i* ~ be in a minor key
2 moll [m-å-] *s3* (*tyg*) mull; light muslin
molla [-å-] *s1, bot.* goosefoot
mollskinn [-å-] moleskin
mollton *mus.* minor note **-art** *mus.* minor key
mollusk *s3, zool.* mollusc, mollusk; (*om pers.*) jellyfish
moln [må:-] *s7* cloud (*äv. bildl.*); *solen går i* ~ the sun is going behind a cloud; *ett* ~ *låg över hans panna* his brow was [over]-clouded **-bank** *s2* cloud-bank **-bildning** cloud-formation (*äv. konkr.*) **-bädd** bed of clouds **-fri** cloudless, ... free from clouds; *bildl. äv.* unclouded **-höjd** height of cloud; *flyg.* ceiling **-höljd** *a5* cloud-enveloped **-ig** *a1* cloudy; clouded, overcast **-ighet** cloudiness; *meteor.* [amount of] cloud **-tapp** wisp of cloud **-täcke** cloud-cover **-täckt** *a4* cloud-covered, overcast **-vägg** cloud-wall
moloken *a3* ... cast down, dejected; down in the mouth
mol|tiga [ˣmo:l-] not utter a sound **-tyst** absolutely silent, ... [as] quiet as a mouse

Moluckerna *pl* the Molucca (Spice) Islands
molvärka [ˣmo:l-] *se mola*
molybden *s4, s3, min.* molybdenum
momang instant, moment; *på ~en* instantly, this instant
moment *s7* **1** (*tidpunkt*) moment, instant **2** (*beståndsdel*) moment, element; factor; (*i lagtext*) subsection, clause; (*stycke*) paragraph; (*punkt*) point; *ett störande* ~ a disturbing factor **-an** *a1* momentary
moms [måmms], *s3, se mervärdesskatt*
monad *s3, filos.* monad
monark *s3* monarch **-i** *s3* monarchy; *inskränkt* ~ constitutional (limited) monarchy **-ism** monarchism **-ist** *s3* **-istisk** *a5* monarchist
mondän [må-] *a1* fashionable, sophisticated, elegant; *~a människor* (*äv.*) the fashionable set
monegaskisk *a5* Monacan, Monegasque
monetär *a1* monetary
mongol [måŋ'go:l] *s3* Mongol[ian] **Mongoliet** [måŋgo-] *n* Mongolia **mongolisk** [måŋ'go:-] *a5* Mongolian
monism [må-] *filos.* monism
mono|gam [månå-] *a1* monogamous **-gami** *s3* monogamy **-grafi** *s3* monograph (*över* on) **-gram** [-'gramm] *s7* monogram
monokel [må'nåkk-] *s2* monocle
mono|kotyledon [månå-'då:n] **I** *s3* monocotyledon **II** *a1* monocotyledonous **-krom** [-'krå:m] *s3* monochrome **-kromatisk** [-å'ma:-] *a5* monochromatic **-lit** *s3* monolith **-log** [-'lå:g] *s3* monologue, soliloquy **-man** [-'ma:n] **I** *s3* monomaniac (*på* as regards) **II** *a1* monomaniac[al] **-mani** *s3* monomania **-plan** *s7, flyg.* monoplane **-pol** [-'på:l] *s7* monopoly; exclusive privilege[s *pl*]; *ha* ~ *på* have the monopoly of, *bildl. äv.* have the sole right to **-polisera** [-på-] monopolize **-polisering** [-på-] monopolization **-teism** monotheism **-teistisk** *a5* monotheistic[al] **-ton** [-'tå:n] *a1* monotonous **-toni** [-å'ni:] *s3* monotony
monst|er ['månns-] *s7* monster (*till far* of a father); monstrosity **-ruös** *a1* monstrous
monstrans [må-] *s3, kyrkl.* monstrance
monsun [må-] *s3* monsoon
montage [mån'ta:ʃ, måŋ-] *s7, film.* montage, screen-craft
monter ['månn-, 'måŋ-] *s3, s2* show-case; exhibition case
mont|era [mån-, måŋ-] **1** (*sätta upp*) mount, fit (set) up (*på on*); (*sätta ihop*) assemble, put together; (*installera*) install; (*t.ex. hus, radiomast*) erect; ~ *ner* dismantle **2** (*hatt e.d.*) trim **-erbar** [-e:-] *a1* mountable **-ering** mounting *etc.*; assembly, assemblage; installation; erection **-eringsfärdig** prefabricated **-ör** fitter, mechanic; *elektr.* electrician; *flyg.* rigger
monument *s7* monument; *resa ett* ~ *över* erect (put up) a monument to **-al** *a1* monumental; (*friare äv.*) grand **-alfigur** monumental figure **-alitet** grandness **-alverk** monumental work
moped *s3* moped, autocycle **-ist** mopedist, autocyclist
mopp [må-] *s2* mop **-a** mop, go over ... with a mop

moppe [må-] *vard. i uttr.: ge ngn (få) på ~* give s.b. (get) a wigging
mops [må-] *s2* pug[-dog] **-a** *rfl* be saucy (*mot* to) **-ig** *a1, se näsvis*
1 mor [mo:r, må:r] *s3* (*folk*) Moor
2 mor [mo:r] *modern mödrar* (*jfr moder*) mother; *bli ~* become a mother; *M~s dag* Mother's Day, *Engl. äv.* Mothering Sunday; *vara som en ~ för ngn* be like a mother to s.b., mother s.b.
moral *s3, ej pl* (*ngns*) morals (*pl*); (*trupp- o.d.*) morale; (*-isk uppfattning*) morality; (*sedelära*) moral law, ethics (*pl*); (*sens-*) moral; *predika ~ för* preach morality to **-begrepp** moral concept **-isera** moralize (*över* [*up*]on) **-isk** *a5* moral; (*etisk*) ethical; *~t stöd* moral support; *M~ Upprustning* Moral Rearmament **-ist** moralist **-itet** *s3* morality **-kaka** *se -predikan* **-lära** ethics (*pl*) **-predikan** homily, moral lecture; *hålla ~* (*äv.*) sermonize **-predikant** sermonizer, moralizer
moras *s7* morass, swamp
morbror [ˣmorr-, 'morr-] [maternal] uncle, uncle on the (one's) mother's side
mord [mo:-] *s7* murder (*på* of); *jur. äv.* homicide; *begå ~* commit murder **-brand** arson, incendiarism; *anlägga ~* commit arson **-brännare** incendiary, fire-raiser **-försök** attempted murder; *~ mot ngn* attempt on a p.'s life **-isk** ['mo:r-] *a5* murderous; homicidal **-kommission** murder squad; *Am.* homicide squad **-lysten** bloodthirsty **-lystnad** bloodthirstiness **-plats** scene of a murder **-redskap** murderous implement **-vapen** murder weapon; (*-iskt vapen*) deadly weapon **-ängel** destroying angel
morell *s3, bot.* morello [cherry]
mores [ˣmå:-] *i uttr.: lära ngn ~* teach s.b. good manners
mor|far [ˣmorr-, 'morr-] [maternal] grandfather **-farsfar** great grandfather [on the mother's side]
morfem [må-] *s7, s4 språkv.* morpheme
morfin [må-] *s4, s3* morphine, morphia **-injektion** morphia injection **-ism** morphinism, morphine addiction **-ist** morphinist, morphine (morphia) addict
morfologi [må-lå-] *s3* morphology **-sk** [-'lå:-] *a5* morphological
morföräldrar *mina ~* my [maternal] grandparents, my mother's parents
morganatisk [må-] *a5* morganatic
morgon [ˣmårrgån, *vard.* ˣmårrån] *-en morgnar* (*vard. mornar*) **1** (*mots. t. kväll*) morning; *poet.* morn; *tidernas ~* (*äv.*) the beginning of time; *god ~!* good morning!; *på ~en* in the morning; *på ~en den 1 mars* on the morning of the 1st of March; *i dag på ~en* this [very] morning; *tidigt följande ~* early next morning **2** *i ~* tomorrow; *i ~ åtta dagar* tomorrow week; *i ~ bitti*[*da*] tomorrow morning **-bön** morning prayers (*pl*); *skol. äv.* morning assembly **-dag** tomorrow; morrow; *uppskjuta till ~en* put ... off until tomorrow **-gymnastik** early-morning exercises (*pl*) **-gåva** morning gift **-humör** [early-]morning temper **-kaffe** early morning coffee **-kvisten** *vard. i uttr.: på ~* early in the morning **-pigg** alert (lively) in the morning **-rock** dressing-gown; *Am. äv.* bathrobe **-rodnad** *~en* aurora, the red sky at dawn **-sol** *rum med ~* room that gets the morning sun **-stund** morning hour; *~ har guld i mun* the early bird catches the worm **-sömnig** drowsy in the morning **-tidig** *vara ~* [*av sig*] be up and about early, be an early bird **-tidning** morning paper **-toalett** morning toilet
morian *s3* blackamoor
morisk ['mo:-, 'må:-] *a5* Moorish, Moresque
morkulla [-o:-] *s1* woodcock
mormon *s3* **-sk** [-'mo:nsk] *a5* Mormon
mor|mor [ˣmorr-, 'morr-] [maternal] grandmother **-morsmor** great grandmother [on the mother's side]
morna [ˣmå:r-] *rfl* get o.s. awake, rouse o.s.; *inte riktigt ~d* not quite awake
morot *-en morötter* carrot
morotsfärgad carrot-coloured, carroty
morr|a [-å-] growl, snarl (*åt* at) **-hår** *koll.* [cat's *etc.*) whiskers (*pl*) **-ning** growl, snarl
morse [-å-] *i uttr.: i ~* this morning; *i går ~* yesterday morning
morse|alfabet [ˣmårrse-] Morse alphabet **-signal[ering]** Morse signal[ling] **-tecken** Morse symbol
morsgris mother's darling
morsk *a1* (*orädd*) bold, daring; (*käck*) dashing; (*karsk*) stuck-up, fierce; (*manhaftig*) stout-hearted; *visa sig ~* make the most of o.s. **-a** *~ upp sig* pluck up courage; *~ upp dig!* take heart! **-het** boldness *etc.*
mortalitet [må-] mortality
mortel [ˣmo:r-] *s2* mortar; *stöta i ~* grind (crush) in a mortar **-stöt** pestle
morän *s3* moraine **-bildning** *abstr. o. konkr.* moraine-formation
mos *s4* (*massa*) pulp; *kokk.* paste, mash; *jfr äv. äppel-, potatis-*; *göra ~ av* make mincemeat of **-a** reduce ... to pulp, pulp; (*potatis o.d.*) mash
mosaik *s3* mosaic; *lägga ~* mosaic **-arbete** mosaic work; tesselation **-golv** mosaic (tesselated) pavement (floor) **-inläggning** inlaying with mosaic; incrustation, tesselation
mosaisk *a5* Mosaic; (*judisk äv.*) Jewish; *en ~ trosbekännare* a Jew
mose|bok *de fem -böckerna* the Pentateuch; *Första* (*Andra, Tredje, Fjärde, Femte*) *~* [the book of] Genesis (Exodus, Leviticus, Numbers, Deuteronomy)
Mosel ['må:-] *r* the Moselle **moselvin** [ˣmå:-] moselle [wine]
1 mos|ig *a1* (*-ad*) pulpy
2 mosig *a1* (*i ansiktet*) red [and] bloated; (*rusig*) fuddled, tipsy
moské *s3* mosque
moskit *s3* mosquito **-nät** mosquito-net
moskovit *s3* **-isk** *a5* Muscovite
Moskva *n* Moscow
moss|a [-å-] *s1* moss **-belupen** *a5* moss--covered, mossy **-e** *s2* peat-moss, bog **-grön** moss-green **-ig** *a1* mossy **-täcke** covering of moss
moster [ˣmoss-, 'moss-] *s2* [maternal] aunt
mot I *prep* **1** (*riktning*) towards (*äv. om tid*); to; *gå ~ staden* walk towards the town; *färden gick ~ söder* they (*etc.*) headed

south; *hålla upp ngt ~ ljuset* hold s.th. up to the light; *rusa ~ utgången* dash to the exit; *se upp ~ bergen* look up to the hills; *komma springande ~ ngn* come running towards s.b. (in a p.'s direction); *vara vänd ~* (*vanl.*) face; *~ kvällen* towards the evening; *~ slutet av året* towards (near) the end of the year **2** (*beröring*) against; *gränsen ~ Norge* the Norwegian border; *med ryggen ~ väggen* with one's back to the wall; *segla ~ strömmen* sail against the current; *vågorna slog ~ stranden* the waves lapped [on] the shore; *bilen törnade ~ en sten* the car bumped into a stone **3** (*uppträdande, sinnelag*) to, towards; *god* (*vänlig*) *~* good (kind) to; *hysa agg ~* bear a grudge against; *misstänksam ~* suspicious of; *sträng ~* severe on, strict with; *uppriktig ~* honest with; *i sitt uppträdande ~* in his (*etc.*) manner (behaviour) towards **4** (*motsättning, kontrast*) against; (*jämförelse äv.*) compared to (with); *jur. o. sport. äv.* versus; *skydd ~* protection against (from); *strida ~* fight against; *grönt är vackert ~ blått* green is beautiful against blue; *väga ... ~ varandra* weigh ... one against the other; *det kom 10 svar ~ 4 förra gången* there were 10 answers compared to (with) 4 last time; *brott ~ en förordning* breach of a regulation; *ett medel ~ snuva* a remedy for colds; *det hjälper ~ allt* it is good for everything; *det är ingenting ~ vad jag kan* that is nothing to what I can do; *hålla 2 ~ 1 på att* bet 2 to 1 that; *förslaget antogs med 20 röster ~ 10* the proposal was adopted with 20 votes to 10 **5** (*i utbyte mot*) for, against; *~ kvitto* against receipt; *~ legitimation* on identification; *~ skälig ersättning* for a reasonable fee (remuneration); *byta ngt ~ ngt* exchange s.th. for s.th.; *göra ngt ~ att ngn gör* do s.th. in exchange for a p.'s doing; *i utbyte ~* in exchange for **II** *adv, se emot*

mot|a 1 (*hejda*) block (bar) the way for; check; head off; (*avvärja*) ward off; (*förekomma*) forestall; *~ Olle i grind* nip s.th. in the bud, ward off impending trouble **2** (*driva*) drive; *~ bort* drive off (away from); *~ ihop* (*boskap*) drive (herd) ... together **-aktion** counter-action(-measure) **-angrepp** counter-attack **-arbeta** (*ngn, ngt*) work against; counteract; (*söka hindra*) check; (*ngns planer*) seek to thwart (traverse); (*bekämpa*) oppose **-argument** counter-argument, objection **-bevis** counter--proof(-evidence) **-bevisa** refute; belie **-bjudande** *a4* repugnant, repulsive (*för* to); (*otäck*) disgusting **-bok** (*kontra-*) [customer's] passbook; (*sparkasse-*) bankbook; (*för spritinköp*) liquor-ration book **-drag** counter-move (*äv. friare*) **-eld** *mil.* counter-(return-)fire

motẹll *s4* motel

motẹtt *s3, mus.* motet

mot|fordran counter-claim **-förslag** counter--proposal **-gift** antidote, antitoxin **-gång** *s2* (*med pl*) reverse, set-back; (*utan pl*) adversity, misfortune **-hugg** counter-blow(-thrust, -stroke); *få ~* meet with opposition **-håll** *ha ~* be in disfavour (*för* with) **-hårs** [-å:-] (*stryka en katt* stroke a cat) the wrong way

motig *a1* adverse, contrary; (*besvärlig*) awkward; *det har varit ~t* things have not been easy (*för mig* for me) **-het** reverse, set-back, adversity

1 motion [måt'ʃɷ:n] (*kroppsrörelse*) exercise; *få* (*ta*) *~* get (take) exercise

2 motion [måt'ʃɷ:n] (*förslag*) motion (*i* on; *om* for); *väcka ~ om* submit a motion for; *väcka ~ i* introduce a bill in (*riksdagen* the Riksdag)

1 motionera [måtʃɷ-] (*ge motion*) give exercise, exercise; (*skaffa sig motion*) take exercise

2 motionera [måtʃɷ-] (*väcka förslag*) move (*om* for; *om att* that)

motionsgymnastik physical (gymnastic) exercises, callisthenics (*pl*)

motionär [måtʃɷ'nä:r] *s3* mover [of a resolution]; introducer of a bill

motịv *s7* **1** motive (*för, till* for, of); (*anledning, skäl*) reason, cause (*för, till* of); *vad hade du för ~ till att* what was your motive for (+ *ing-form*) **2** *konst, mus. o.d.* motif (*till* for, of); (*t. tavla äv.*) subject; *mus. äv.* theme **-era** (*ange skälen för*) state [the] reasons (grounds) for, account for; (*utgöra tillräckligt skäl för*) be the motive of, motivate; (*berättiga*) warrant; (*rättfärdiga*) justify; *en föga ~d ...* a[n] ... for which there is little justification **-ẹring** justification, explanation (*för* of, for); (*bevisföring*) argumentation; *psykol.* motivation; *med den ~en att* on the plea that **-forskning** motivation research **-val** choice of subject (*etc.*)

mot|kandidat rival [candidate] **-ljus** *foto.* direct light **-lut** *s7* up-grade, ascent **-läsa** *typ.* check-read; *bokför.* call over **-offensiv** counter-offensive

motor [ˣmɷ:tår] *s3* motor; engine; *stark* (*svag*) *~* high-(low-)powered motor **-brännolja** fuel oil **-bränsle** motor fuel **-båt** motor boat; *Am. äv.* powerboat **-cykel** motor--cycle; *vard.* motor-bike; *~ med sidvagn* motor-cycle combination **-drift** motor operation **-driven** *a5* motor-driven **-fartyg** motor-ship (*förk.* M/S) **-fel** engine-trouble **-fordon** motor vehicle **-förare** motorist, driver **-gräsklippare** power lawnmower **-huv** (*bil-*) bonnet, *Am.* hood; *flyg.* cowl[ing] **-isera** motorize; *~de trupper* (*biltransporterade*) lorry-borne troops, (*mekaniserade*) mechanized troops **-isk** [-'tɷ:-] *a5* motor[y] **-ism** motorism, motoring **-ist** motorist **-krångel** engine-trouble **-man** motorist; (*-vagnsförare*) motorman **-olja** motor (engine) oil **-sport** motoring, motor sport[s] **-sprit** motor spirit **-stopp** engine (motor) failure, breakdown **-styrka** engine power **-såg** power saw **-torpedbåt** motor torpedo--boat **-trafik** motor[ing]-traffic **-vagn** rail motor-coach, railcar; (*spårvagn*) motor--car **-verkstad** motor works (*sg. o. pl*); (*bil-ofta*) garage **-väg** motor-way, motor road (trunk); *i sht Am.* motor highway, express highway, freeway **-värmare** engine pre-heater

mot|part opposite (counter-)party, opponent **-pol** antipole (*äv. bildl.*) **-prestation** service in return; (*friare*) something in return **-reformation** counter-reformation **-replik** rejoinder **-revolution** counter-revolution **-sats** contrast (*mot, till* to); opposite, contrary, antithesis (*till* of); *log.* contradictory; *bevisa ~en* prove the contrary; *raka ~en* the very (exact) opposite (*till* of); *utgöra* (*stå i*) *~ till* be opposed to; *i ~ till* contrary (in contrast) to; *de är varandras ~er* they are absolute opposites **-satsförhållande** contrast[ing relationship]; *stå i ~ till* be at variance with (in opposition to) **-satt** *a4* **1** *allm. o. bildl.* opposite, contrary; opposing, conflicting; (*omvänd*) reverse; *i ~ fall* in the contrary case, (*i annat fall*) otherwise; *i ~ riktning* in the opposite direction; *på ~a sidan a*) on the opposite side (*av* of; *mot* to), *b*) (*i bok o.d.*) on the opposite page; *förhållandet var det rakt ~a* the situation was quite the opposite **2** *bot.*, *med ~a blad* oppositifolious **-se** (*se fram emot*) look forward to; (*vänta*) expect; *vi ~r med intresse Ert svar* (*hand.*) we look forward to your reply **-sida** opposite (other) side (*äv. bildl.*) **-skäl** counter-reason; *skäl och ~* arguments for and against, [the] pros and cons **-sols** [-sɷ:-] anti-clockwise **-spelare** (*i spel*) opponent, adversary; *vara ~ till ngn* (*teat. o.d.*) play opposite s.b. **-spänstig** refractory; (*olydig*) insubordinate **-stridig** *a1* conflicting; contradictory **-strävig** *a1* (*-spänstig*) refractory; (*-villig*) reluctant; (*om t.ex. hår*) intractable **-ström** counter--current **-ströms** against the current, up stream **-stycke** *bildl.* counterpart; (*like*) parallel, match, equal; *sakna ~* be unparalleled (unique) **-stå** resist, withstand; (*angrepp etc. äv.*) stand up against; *en ... som man inte kan ~* (*äv.*) an irresistible ... **-stående** *a4* opposite; *på ~ sida* on the opposite page

motstånd *s7* **1** resistance (*äv. fys., elektr., mil.*); *flyg. äv.* drag; *göra ~ mot* resist, offer resistance to; *möta ~* meet with resistance (*bildl.* opposition); *väpnat ~* armed resistance **2** *konkr. elektr.* resistor, resistance-box **-are** adversary; opponent; antagonist; (*fiende*) enemy; *~ till* adversary (*etc.*) of

motstånds|kraft [power of] resistance (*mot* to); resisting-power; (*fysisk*) resistance, staying power **-kraftig** resistant (*mot* to, against); strong **-man** member of the resistance **-rörelse** resistance movement

motstöt counter-attack; *bildl. äv.* counter-thrust

motsvar|a (*ha sin -ighet i, passa ihop med*) correspond (answer) to; (*vara lika mycket värd som*) be equivalent to; (*tillfredsställa*) satisfy, meet; (*uppfylla*) fulfil; *vinsten ~r inte insatsen* the profit is not in proportion to the investment; *~ ngns förväntningar* come up to a p.'s expectations **-ande** *a4* corresponding; (*analog*) analogous; (*liknande*) equivalent, similar; *~ värde* the equivalent; *i ~ grad* correspondingly **-ighet** (*överensstämmelse*) correspondence; proportionateness; (*full ~*) equivalence; (*analogi*) analogy; (*motstycke*) counterpart, opposite number; *närmaste ~ till* the closest (nearest) equivalent to (of); *sakna ~* have nothing corresponding to it (*etc.*)

motsäg|a contradict; oppose; (*bestrida*) contest; (*strida emot*) be contradictory to, conflict with; *~ sig* contradict o.s. (itself); be [self-]contradictory **-ande** *a4* contradictory; (*mot varandra stridande*) conflicting **-else** contradiction; (*brist på överensstämmelse*) incompatibility, discrepancy; (*inkonsekvens*) inconsistency; *inte tåla några ~r* not tolerate contradiction **-elsefull** full of contradictions **-elselusta** love of contradiction

motsätt|a *rfl* oppose, stand out against **-ning** opposition; antagonism; (*motsatsförhållande*) contrast, discrepancy, incongruity; *stå i skarp ~ till* be in striking contrast to

mott [må-] *s9, s7, zool.* moth

mottag|a receive; (*acceptera*) accept; (*besökande*) receive, see; *alla bidrag -es med största tacksamhet* all contributions gratefully received; *vi har -it Ert brev* we have received (are in receipt of) your letter **-ande** *s6* reception; *i sht hand.* receipt; (*accepterande*) acceptance; *betala vid ~t* pay on receipt (delivery), cash on delivery (*förk.* C.O.D.); *erkänna ~t av ett brev* acknowledge receipt of a letter **-arapparat** *radio.* receiving-set **-are 1** *pers.* receiver; (*av postförsändelse*) addressee; (*av varuförsändelse*) consignee; (*betalnings-*) payee, beneficiary; (*av gåva*) donee; *sport.* striker--out **2** *konkr. radio.* receiver, receiving-set **-lig** [-a:-] *a1* susceptible (*för* to); (*känslig*) sensitive (*för* to); *~ för förkylning* (*äv.*) liable to catch cold; *~ för skäl* amenable to reason; *~ för nya idéer* receptive (open) to new ideas **-lighet** [-a:-] susceptibility; sensitiveness **-ning** reception; (*läkares*) consultation rooms (*pl*), surgery; (*vid hovet äv.*) audience **-ningsbevis** advice of receipt (delivery); *post. äv.* post office receipt **-ningskommitté** reception committee **-ningsrum** reception room; (*läkares*) consultation (consulting-) room **-ningstid** reception hours (*pl*); (*läkares*) consultation (consulting-) hours (*pl*)

motto [ˣmåttɷ, 'måttɷ] *s6* motto

mot|urs [-u:-] anti-clockwise **-veck** *sömn.* box pleat **-verka** (*-arbeta*) work against, run (go) counter to; (*upphäva verkan av*) counteract, offset, neutralize; (*söka hindra*) try to put a stop to, obstruct **-verkan** counteraction **-vikt** counter-weight, counter-balance (*mot* to) **-vilja** dislike (*mot* of, to), distaste (*mot* for); (*starkare*) repugnance (*mot* against), antipathy (*mot* for, against, to); *ha* (*hysa*) *~ mot* have a dislike (*etc.*) of, dislike **-villig** reluctant; (*starkare*) averse **-villighet** reluctance; averseness **-vind** head-wind, contrary wind; *bildl.* adverse (contrary) wind; *ha ~* have the wind against one; *segla i ~* sail against the wind, *bildl.* be out of luck **-väga** [counter]-balance (*äv. ~ varandra*) **-värde** equivalent; (*bank. o.d. äv.*) countervalue **-värn** defence, resistance; *sätta sig till ~* offer resistance, fight back **-åtgärd** counter-measure; *vidtaga ~er* take counter-measures

mu moo! **-a** moo
muck *n* **1** *han sade inte ett ~* he didn't say a word; *jag begriper inte ett ~* I don't understand an iota (a thing) **2** *utan ett ~* without a murmur
1 mucka *vard. mil.* demob
2 mucka (*bråka*) growl, grumble (*över* at, about); *~ gräl* pick a quarrel
mudd *s2* wristlet, loose cuff
mudd|erverk dredger, dredge **-ra** dredge **-ringsarbete** dredging work
muff *s2* **1** (*klädespersedel*) muff **2** *tekn.* sleeve, socket [end] **-koppling** sleeve (box) coupling
mugg *s2* (*liten*) mug; (*större*) jug; (*tenn- o.d.*) pot; *för fulla ~ar* at top speed
Muhammed [mo'hamm-] Mahomet, Mohammed
muhammedan [mo-] *s3* Mohammedan, Moslem, Muslim **-ism** Mohammedanism, Islam **-sk** [-'da:-] *a5*, *se muhammedan*
mula *s1* mule
mulat|ska [-ˣlatt-] mulatto woman **-t** *s3* mulatto (*pl* mulattos, *Am.* mulattoes)
mule *s2* muzzle; snout
mul|en *a3* overcast; clouded (*äv. bildl.*); *bildl.* gloomy; *det är -et* the sky is overcast
muljer|a *fonet.* palatalize **-ing** palatalization
mull *s2* earth; mould; (*stoft*) dust (*äv. bildl.*) **-bänk** *vard.* quid (cud) of snuff
mull|bär mulberry **-bärsträd** mulberry-tree
muller ['mull-] *s7* rumbling, rumble, rolling
mullig *a1* plump
mullra rumble, roll
mullvad *s2*, *zool.* mole
mullvads|arbete underground work **-grå** molecoloured **-gång** mole-track(-run) **-hög** molehill **-skinn** (*som handelsvara*) moleskin
mulna [ˣmu:l-] cloud over, become overcast; *bildl.* darken; *det ~r* [*på*] it (the sky) is clouding over
mul- och klövsjuka foot-and-mouth disease
multipel [-'tipp-] *s3*, *s2* multiple **-skleros** [-'rå:s] *s3* multiple sclerosis
multipli|cera multiply (*med* by) **-kand** *s3* multiplicand **-kation** multiplication **-kationstabell** multiplication table **-kationstecken** multiplication sign **-kator** [-ˣka:tår] *s3* multiplier
multna moulder (rot) [away]
mulåsna mule; hinny
mumi|e ['mu:-] *s5* mummy **-fiera** mummify **-fikation** mummification
mum|la (*tala otydligt*) mumble; (*knota*) mutter, murmur; *~ i skägget* mutter under one's breath **-mel** ['mumm-] *s7* mumble; mutter, murmur
mums I *interj* yum-yum! **II** *n*, *det var ~* that was delicious (lovely) **-a** munch; (*knapra*) nibble
mun [munn] *s2* mouth; (*-full*) [a] mouthful (*vatten* of water); *ha många ~nar att mätta* have many mouths to feed; *hålla ~* keep one's mouth shut; *håll ~!* (*äv.*) shut up!; *ta ~nen full* (*bildl.*) talk big; *gå från ~ till ~* pass from mouth to mouth, be bandied about; *ta bladet från ~nen* speak one's mind; *hålla ngt för ~nen* hold s.th. to one's mouth; *har du inte mål i ~?* haven't you got a tongue in your head?; *alla talar i ~*[*nen*] *på varandra* all speak at the same time; *ur hand i ~* from hand to mouth; *med en' ~* with one voice; *med gapande ~* open-mouthed, with a wide-open mouth; *ta ordet ur ~nen på ngn* take the words out of a p.'s mouth **-art** dialect
mundering (*soldats*) equipment
mun|full *en ~* a mouthful (*vatten* of water) **-giga** [-ji:-] *s1*, *mus.* jew's harp **-gipa** [-ji:-] *s1* corner of the (one's, its) mouth; *dra ner -giporna* draw down the corners of one's mouth
mungo ['muŋgo] *s3*, *zool.* mongoose (*pl* mongooses)
mun|harmonika mouth-organ **-huggas** *-höggs -huggits*, *dep* wrangle, bicker, bandy words **-håla** oral (mouth-)cavity **-häfta** *läk.* lockjaw
municipalsamhälle [-'pa:l-] *ung.* municipality, urban district
1 munk *s2* monk; (*tiggar-*) friar
2 munk *s2*, *kokk.* doughnut; (*äppel- o.d.*) fritter
munkavle muzzle; *sätta ~ på* muzzle
munk|kloster monastery **-kåpa** monk's frock, cowl **-latin** monk's (mediaeval) Latin **-likör** Benedictine **-löfte** monk's vow **-orden** monastic order
munkorg muzzle; *förse med ~* (*äv. bildl.*) muzzle
munkväsen *~det* monachism
mun|läder *ha gott ~* have a glib tongue (the gift of the gab) **--mot-mun-metod** mouth-to--mouth method; *vard.* kiss of life
munsbit morsel; *sluka ngt i en ~* eat s.th. in one mouthful; *det var bara en ~ för honom* (*bildl.*) it was small beer for him
mun|skydd mask **-skänk** [-ʃ-] *s2* butler; cup--bearer **-spel** mouth-organ **-stycke** mouthpiece; *mus äv.* embouchure; (*cigarrett-*) [cigarette] holder; (*på cigarrett*) tip; *tekn.* nozzle, jet; *cigarrett med* (*utan*) *~* tipped (untipped, plain) cigarette **-sår** sore on the lips
munter ['munn-] *a2* merry, cheerful; (*uppsluppen*) hilarious; *vard.* chirpy; *ett ~t lag* a merry party; *en ~ melodi* a lively tune **-gök** jolly fellow **-het** merriness; gaiety; hilarity; *uppsluppen ~* hilarious mirth (spirits *pl*)
muntlig *a1* (*om översättning, prövning o.d.*) oral; (*om meddelande o.d.*) verbal; *~ prövning* oral [examination], *univ.* viva voce [examination]; *~ överläggning* (*vanl.*) personal conference **-en** orally; verbally; by word of mouth
muntra *~ upp* cheer ... up, exhilarate **-tion** amusement, entertainment; jollification
mun|vatten mouthwash; gargle **-vig** glib [with one's tongue]; (*slagfärdig*) quick--witted **-väder** empty (mere) talk; blether, balderdash **-öppning** orifice of the mouth
mur *s2* wall (*äv. bildl.*); *omge med ~ar* (*äv.*) wall in **-a** brick, build [of brick (masonry)]; *~ igen* brick (wall) up, *bildl.* bung up (*ngns ögon* a p.'s eyes); *~ in* build into a wall, immure; *~ ... med cement* wall (line) with cement, cement **-ad** *a5* walled *etc.*; bricked; *i sht bildl.* built **-arbas** foreman bricklayer (*etc.*) **-are** bricklayer; (*sten-*) mason **-bruk**

mortar **-bräcka** *s1* battering-ram (*äv. bildl.*) **-gröna** *s1, bot.* ivy
murken *a3* decayed; (*starkare*) rotten
murkla *s1* morel, moril
murkna decay, get (become) rotten
murkrön coping (top) of a wall
murmeldjur *zool.* marmot; *sova som ett ~* sleep like a log
mur|ning [-u:-] bricklaying; masonry **-slev** trowel **-tegel** [building] brick
murvel *s2, vard.* hack journalist
mur|verk masonry, brickwork, brick wall **-yta** surface [of a wall]
mus *-en möss* mouse (*pl* mice)
mus|a *s3* muse; *de nio -erna* the nine Muses
musch *s3* beauty-spot(-patch)
museal *a1* museum; *har bara ~t intresse* is only of interest to museums
musei|föremål museum specimen, exhibit; museum piece (*äv. bildl.*) **-intendent** curator; *Engl.* Keeper of a museum **-man** museum official, museologist **-värde** museum value
muselman *s3* Mussulman, Moslem **-sk** [-a:-] *a5* Mussulman[ic], Moslem[ite]
museum *s4* museum
musicera play (have) [some] music, make music
musik *s9* **1** music; *sätta ~* (*komponera ~en*) *till* write (compose) the music for; *det är som ~ för mig* it is music to my ear; *detta skall hädanefter bli min ~* that will be my tune in the future **2** (*-kår*) band **-afton** musical evening **-alisk** *a5* musical; (*om pers. äv.*) music-loving; *vara ~* be musical, have a musical ear; *M~a akademien* the [Royal] Academy of Music **-alitet** musicality, feeling for music **-ant** musician; fiddler **-begåvad** ... with a gift (talent) for music **-begåvning** gift (talent) for music; *pers.* [a] gifted musician **-direktör** graduate of the Royal Academy of Music; *mil.* bandmaster **-er** ['mu:-] *s9, pl äv. musici* musician; *bli ~* (*vanl.*) go in for music [as a profession] **-estrad** bandstand; (*i konserthus*) concert platform **-film** musical [film] **-förlag** music publishers (*pl*) (publishing firm) **-handel** music shop **-historia** history of music **-historiker** authority on the history of music **-instrument** musical instrument **-kapell** orchestra, band **-kritiker** music critic **-kår** band; orchestra; *medlem av en ~* (*äv.*) bandsman **-liv** musical life **-lära** theory of music **-lärare** music-teacher(-master) **-program** musical programme **-recensent** music reviewer **-studier** musical studies; *bedriva ~* study music **-stycke** piece of music **-teori** musical theory **-verk** musical composition, work of music **-älskare** lover of music, music-lover **-öra** musical ear, ear for music
musivguld [-ˣsi:v-] mosaic gold
musjik [-'ʃi:k] *s3* moujik, muzhik
muskat|druva [-a:] muscat [grape] **-ell** *s3* muscatel [wine]
muskedunder *s2, s7* blunderbuss
musk|el ['muss-] *s3* muscle; *spänna -lerna* tense one's muscles; *utan -ler* muscleless
muskel|ansträngning muscular exertion **-arbete** work done by the muscles **-bristning** rupture of a muscle **-knippe** bundle of muscles **-spel** play of the muscles **-spänning** muscular tension **-stark** muscular, muscularly strong **-sträckning** [the] spraining of a muscle; sprain, myotasis **-styrka** muscular strength **-stärkare** muscle developer **-svag** weak-muscled, myasthenic **-vävnad** muscular tissue
musketör musketeer
muskot [-åt] *s2* nutmeg **-blomma** (*krydda*) mace **-nöt** nutmeg
muskul|atur musculature; (*ngns*) muscles (*pl*) **-ös** *a1* muscular
musköt *s3* musket
muslin *s3, s4* (*tyg*) muslin
mussel|bank *s2* mussel-bank **-djur** lamellibranch **-skal** mussel-shell
mussera [mo-] sparkle, effervesce
musseron *s3* tricholoma
mussla *s1* **1** (*djur*) [sea-]mussel (*äv. kokk.*), clam; bivalve; (*hjärt-*) cockle **2** (*endast skalet*) [mussel-]shell
must *s3* (*dryck*) must; (*i jorden*) sap; *hand., kokk.* concentrated preparation [of ...]; *bildl.* pith; *koka ~en ur köttet* boil the goodness out of the meat; *arbetet tog* (*sög*) *~en ur mig* the work took (sucked) the life out of me; *en tavla med ~ i färgen* a picture strong in colour
mustasch [-'ta:ʃ] *s3* moustache; *ha ~er* wear a moustache **-prydd** moustached
mustig *a1* juicy (*äv. bildl.*); *bildl. äv.* racy (*anekdot* anecdote), salty (*svordom* oath); *en ~ soppa* a tasty (nourishing) soup
mut|a I *s1* bribe; *ta -or* take (receive) bribes (a bribe) (*av* from); *-or* (*vard.*) hush-money, palm-oil *sg* **II** *v1* bribe (*med* with, by); *polit. äv.* corrupt
muta|nt *naturv.* mutant **-tion** mutation
mut|försök attempt to bribe [s.b.] **-kolv** receiver of bribes **-system** system of bribery and corruption
mutter ['mutt-] *s2, tekn.* [screw] nut **-bricka** washer
muttra mutter (*för sig själv* to o.s.); *bildl. äv.* grumble (*över* about, at)
myck|en *-et mer(a) mest* much, a great deal of; (*stor äv.*) great, big; *det -na arbetet* the great amount of work he (*etc.*) has had [to do]; *det -na regnandet* the heavy rain[s *pl*], the [great] quantity of rain [that has come down]; *det -na talet om* all the talk about **-enhet** *en ~ a*) a multitude of, a large (great) number of (*bilar* cars), *b*) a large (great) quantity of, plenty of (*socker* sugar) **-et I** (*subst. anv.*) much; a great (good) deal of; a great amount (quantity; *vard.* a lot) of; (*gott om*) plenty of; (*många*) a great many, many, a great (large) number of, *vard.* a lot of; (*känslobetonat*) ever so much; *~ nöje!* enjoy yourself!; *för ~ möbler* too much furniture; *~ pengar* a great deal (a lot) of money; *~ vill ha mer* the more you have the more you want; *~ väsen för ingenting* much ado about nothing; *ganska ~* a good deal (*vard.* quite a lot) [of], (*före pl*) a great many; *hur ~?* how much?; *ha ~ att göra* have a great deal (a great many things) to do; *det är inte ~ med honom* he is not up to much; *det är inte för ~ att du säger tack* you might at

least say thank you; *det blev för ~ för honom* it became too much for him; *det är väl ~ begärt!* that's expecting a great deal!; *hälften så ~* half as much; *lika ~ som* as much as; *så ~ är säkert att* one thing is certain, that; *så ~* so much as that, that (this) much; **II** *mer(a) mest, adv (framför a o. adv i positiv)* very (*liten* small; *fort* fast); (*vid komp. o. vid part. som betraktas som rena verbformer*) [very] much (*mindre* smaller; *efterlängtad* longed for); (*framför afraid alike ashamed*) very much; (*djupt*) deeply, greatly (*imponerad* impressed), profoundly; (*högeligen*) exceedingly, highly; (*svårt*) badly; (*synnerligen*) most; *~ hellre* much rather; *~ möjligt* very (quite) likely; *~ riktigt* quite right, very true; *inte ~ till sångare* not much of a singer; *vara ~ för kläder* be a great one for (be very keen on) clothes; *hur ~ jag än tycker om* much as I like; *en gång för ~* once too often; *ta 5 shilling för ~ av ngn* charge s.b. 5 shillings too much; *det gör inte så ~* it doesn't matter [very] much; *så ~ bättre* so much the (all the) better; *så ~ mer som* all the more as; *så ~* very much, (*med beton. så*) all that much; *så ~ du vet det!* and now you know!; *utan att säga så ~ som* without saying so much as

mygg *s9, koll.* midges, mosquitoes (*pl*); *sila ~ och svälja kameler* strain at a gnat and swallow a camel **-a** *s1* midge, gnat; mosquito **-bett** mosquito-bite **-medel** anti-mosquito preparation **-nät** mosquito-net **-svärm** swarm of gnats (*etc.*)

mykolog mycologist

mylla I *s1* mould; (*humus*) humus; (*matjord*) top-soil **II** *v1*, *~ ner* (*frön*) cover [up] ... with earth (soil); *~ igen* fill in ... with earth

myll|er ['myll-] *s7* **-ra** *v1* throng, swarm

München ['mynnçen] *n* Munich

myndig *a1* **1** *jur.* ... of age; *bli ~* come of age, attain one's majority; *vara ~* be of age, be legally competent **2** (*som vittnar om makt*) powerful, commanding; (*befallande*) authoritative, masterful; *i ~ ton* in a peremptory tone **-het 1** (*maktbefogenhet*) authority **2** (*-t uppträdande*) powerfulness, authority **3** *jur.* majority, full age **4** (*samhällsorgan*) authority; *kommunala ~er* local government (authorities); *statliga ~er* central government (authorities)

myndighets|dag coming-of-age day **-förklaring** declaration of majority **-person** person in authority **-ålder** majority, full age

myndling ward

mynn|a (*om flod o.d.*) fall, debouch, discharge [its waters]; (*om väg, korridor etc.*) open out, emerge (*i* into); *bildl.* issue, end (*i* in) **-ing** mouth; (*flod- äv.*) estuary; (*öppning äv.*) opening; (*rör- o.d. äv.*) orifice; (*på vapen*) muzzle **-ingsarm** arm of an estuary **-ingsladdare** muzzle-loader

mynt *s7* **1** coin; piece [of money]; (*valuta*) currency; *slå (prägla) ~* coin money; *betala i klingande ~* pay in hard cash; *betala ngn med samma ~* (*bildl.*) pay s.b. back in his own coin; *slå ~ av* (*bildl.*) make capital out of **2** (*institution*) mint

1 mynta *s1, bot.* mint

2 mynt|a *v1* mint, coin (*äv. bildl.*); (*prägla äv.*) stamp **-enhet** monetary unit, unit of curreny **-fot** [monetary] standard, standard of currency **-inkast** slot **-kunskap** numismatics (*pl*) **-ning** coinage, mintage **-samling** collection of coins; *konkr. äv.* numismatic collection **-slag** currency; species of coin **-stämpel** die, coin-stamp **-verk** mint **-väsen** monetary system

myr *s2* bog; swamp; *geol.* mire

myr|a *s1* ant; *flitig som en ~* as busy as a bee; *sätta -or i huvudet på ngn* set s.b. puzzling, mystify s.b.

myriạd *s3* myriad; *~er* (*äv.*) countless multitude [of ...]

myr|kott [-å-] *s2, zool.* pangolin **-lejon** *zool.* ant-lion

myr|malm bog-ore **-mark** boggy (*etc.*) ground

myrra *s1* myrrh

myr|slok *s2, zool.* great ant-eater **-stack** ant-hill **-syra** formic acid

myrten ['myrr-] *best. f.* =, *pl myrtnar* [common] myrtle **-krona** myrtle crown

mysa *v3* (*belåtet*) smile contentedly (*mot ngn* on s.b.; *åt ngt* at s.th.); (*strålande*) beam (*mot* on)

mysk *s3* musk **-djur** musk-deer **-oxe** musk-ox

myst|ẹriespel mystery play **-ẹrium** *s4* mystery **-eriọ̈s** *a1* mysterious **-icism** mysticism **-ifiera** mystify **-ifikation** mystification **-ịk** *s3* mysticism **-iker** ['myss-] mystic **-isk** ['myss-] *a5* (*som rör -ik e.d.*) mystic; (*hemlighetsfull*) mysterious, mystical **-ạr** *s3* mystery

myt *s3* myth (*om* of) **-bildning** creation of myths

myteri mutiny; *göra ~* raise a mutiny, mutiny **-st** mutineer

myt|isk ['my:-] *a5* mythical; fabled, fabulous **-ologi** [-lå'gi:] *s3* mythology **-ologisk** [-'lå:-] *a5* mythological

myxödẹm *s7, med.* myxoedema

1 må *v4* (*känna sig*) feel; get on, thrive; *hur ~r du?* how are you?, how are you getting on?; *jag ~r mycket bra* I am (feel) very well; *jag ~r inte så bra* I am not quite well; *jag ~r inte bra av choklad* chocolate doesn't agree with me; *du skulle ~ bäst av att* (*äv.*) it would be best for you to; *~ så gott!* keep well!; *~ som en prins* be as happy as a king; *nu ~r han!* now he's happy (enjoying himself)!

2 må *imperf -tte* (*jfr -tte*) *hjälpv* may; (*uttryckande uppmaning*) let; (*i samband med negation*) must [not]; *jur.* may; *jag ~ då säga att* I must say that; *det ~ vara hänt* all right, then; *därom ~ andra döma* as to that let others judge; *några exempel ~ anföras* a few instances may be cited; *man ~ säga vad man vill, men* say what you like, but; *du ~ tro att jag var trött* you can imagine how tired I was; *ja, det ~ jag säga!* well, I must say!; *~ så vara att* may be that; *vem det än ~ vara* whoever it may be; *av vad slag det vara ~* of whatever kind it is; *vad som än ~ hända* whatever happens (may happen)

måbär ['må:-] alpine currant

måfå *i uttr.: på ~* at random, haphazard

måg *s2* son-in-law
måhända [-ˣhänn-] maybe, perhaps
1 mål *s7* **1** (*talförmåga*) speech, way of speaking; (*röst*) voice; *har du inte ~ i mun[nen]?* haven't you got a tongue in your head?; *sväva på ~et* falter, hum and haw **2** (*dialekt*) dialect; tongue
2 mål *s7, jur. o.d.* case; cause; lawsuit; *fakta i ~et* case history (record); *nedlägga ~et* withdraw the case; *i oträngt ~* without due (legal) cause
3 mål *s7* (*-tid*) meal; *ett ordentligt ~ mat* a square meal
4 mål *s7* **1** *sport.* goal; (*vid löpning*) winning-post; (*i lek*) home; (*vid skjutning*) mark; *mil.* target, objective; *från start till ~* (*vanl.*) from start to finish; *skjuta i ~* shoot a goal; *stå i ~* be in goal; *vinna med två ~ mot ett* win [by] two [goals to] one; *kasta till ~s* throw at a target; *skjuta till ~s* practise target-shooting; *skjuta över ~et* (*bildl.*) overshoot the mark **2** (*friare, bildl.*) goal; (*destination*) destination, end; (*syfte*) aim, object, purpose, end; *utan bestämt ~* with no definite aim (object); aimlessly; *sätta sitt ~ högt* (*bildl.*) aim high
måla paint (*efter* from; *i* in; *med* with, in; *på* on); *bildl. äv.* depict; *~ av* paint a portrait (picture) of; *~ om* repaint, give ... a coat of paint; *~ över* paint out (over); *~ sig, se sminka sig* **-nde** *a4* (*uttrycksfull*) graphic, vidid; (*om gest, ord o.d.*) expressive
målar|e **1** (*hantverkare*) painter [and decorator], house-painter; (*konstnär*) painter, artist **2** *kortsp.* court-card **-färg** paint; *~er* (*konst.*) artist's colours **-inna** [woman] artist (painter) **-konst** [art of] painting **-lärling** painter's apprentice **-mästare** master [house-]painter; house-painter employer **-pensel** paint-brush **-skola** school of painting **-skrin** paintbox **-verkstad** [house-] painter's workshop
målbrott *han är i ~et* his voice is just breaking
mål|bur *sport.* goal **-domare** *sport.* referee
måleri painting **-sk** [-'le:-, 'må:-] *a5* picturesque
målforskning applied research
målföre *s6, förlora* (*återfå*) *~et* lose (recover) one's power of speech
mål|görare *sport.* [-j-] [goal-]scorer **-kamera** finish-line camera **-kast** goal throw **-kvot** goal-average **-linje** (*vid löpning o.d.*) winning-post, finishing line; *fotb. o.d.* goal-line
1 mållös (*stum*) speechless (*av* with); *göra ngn ~* strike s.b. dumb, dumbfound s.b.
2 mål|lös *sport.* goalless; *bildl.* aimless **-medveten** purposeful; (*om pers. äv.*) resolute **-medvetenhet** purposefulness; (*ngns äv.*) fixity of purpose (aim)
målning [ˣmå:l-] *abstr.* painting; (*färg*) paint; (*tavla*) picture, painting
målro *hålla ~n vid makt* keep the conversation going, keep the ball rolling
mål|siffra *fotb. o.d.* score **-skjutning** target-shooting **-skott** shot at goal
målsman ['må:ls-] **1** *jur.* next friend; (*förmyndare*) guardian; *skol.* person standing in loco parentis; (*förälder*) parent **2** (*talesman*) champion, spokesman, sponsor
mål|snöre tape **-stolpe** goal-post
måls|ägande *s9* [the] person injured **-ägare** plaintiff; injured party
mål|sättning objective, aim, purpose, goal **-sökningsrobot** homing missile **-tavla** target [board]
måltid meal; (*högtidligt*) repast
måltids|dryck table drink (beverage) **-kupong** meal-ticket
målvakt goalkeeper
1 mån *r* (*utsträckning*) extent; (*grad*) degree, measure; *i viss ~* to some extent, in some degree; *i görligaste ~* as far as possible; *i ~ av behov* as need arises; *i ~ av tillgång* as far as supplies admit, as long as supplies last
2 mån *a1* (*aktsam*) careful (*om* of); (*noga*) particular (*om sitt yttre* about one's personal appearance); (*ivrig*) eager (*om att* to); (*angelägen*) anxious (*om* about, for)
månad *s3* month; *förra ~en* last month; [*i*] *nästa ~* next month; *innevarande ~* this month; *två gånger i ~en* twice a month
månads|biljett monthly [season] ticket **-hyra** monthly (month's) rent **-lång** lasting for months (a month), [a] month-long **-lön** monthly salary (pay, wages) **-skifte** *vid ~t* at the turn of the month **-smultron** cultivated everbearing wild strawberry
månatlig [ˣmå:-, -'na:t-] *a1* monthly
mån|bana lunar orbit, orbit of the moon **-belyst** [-y:-] *a4* moonlit **-berg** lunar mountain
måndag ['månn-] *s2* (*best. f. vard. äv. måndan*) Monday; *jfr fredag*
månde *oböjl. v, vad ~ bli av det barnet?* what is to become of that child?; *vem det vara ~* whoever it is (may be)
mån|e *s2* **1** (*himlakropp*) moon; *gubben i ~n* the man in the moon; *ta ner ~n* get hold of the moon, get blood from a stone **2** *se flintskalle* **-färd** trip to the moon **-förmörkelse** eclipse of the moon, lunar eclipse
mång|a *jfr -en* **1** *fören.* many; (*starkare*) a good (great) many; (*talrika*) numerous, a large number of, *vard.* lots (a lot) of; *ganska ~* quite a number of, not so few; *~ gånger* many times (*om* over), often; *hälften så ~* half as many; *lika ~* (*t.ex. vardera*) the same number of, (*t.ex. som förra gången*) just as many; *så ~ böcker!* what a lot of books! **2** *självst.* many; (*talrika*) numerous; (*~ människor*) many people, a great number (*vard.* lots, a lot) of people; *en bland ~* one among many; *vi var inte ~* there were not many of us; *enligt ~s åsikt är det ...* many people are of the opinion (many hold the view) that it is ... **-ahanda** *oböjl. a* multifarious; many kinds (sorts) of; *av ~ slag* of many various kinds **-byggare** *bot.* polygamian [plant] **-dubbel** multifold; many times greater; *en ~ övermakt* an overwhelming superiority (force); *~ verkan* multiple effect **-dubbelt** *adv* many times over; *en ~ överlägsen fiende* a vastly superior enemy **-dubbla** double ... many times over; (*friare*) multiply **-en** *-et* (*äv. -t*) *-a, komp. fler(a), superl.*

flest(*a*) many a[n]; *på ~ god dag* for many a day; *i -t och mycket* in many respects, on very many matters **-enstädes** in many places **-fald** *s3* **1** *allm.* multiplicity, great variety **2** *mat.* multiple **-faldig** *a1* manifold; multifold; (*varierande*) divers; *~a gånger* many times [over], over and over [again]; *vid ~a tillfällen* on numerous (frequent) occasions **-faldiga** duplicate, manifold **-faldigt -falt** *adv* many times; many times over **-fasetterad** full of nuances; (*om problem*) very complex **-frestare)** versatile person **-gifte** polygamy **-gudadyrkan** polytheism **-hundraårig** many centuries old; (*av ~ varaktighet*) for many hundreds of years **-hörning** [-ö:-] polygon **-hövdad** *a5* many-headed **-kunnig** ... of great and varied learning; versatile

mångl|a sell ... from a market-stall; hawk **-are** coster, hawker **-erska** [woman] coster

mång|miljonär multimillionaire **-ordig** [-ω:-] *a1* verbose, wordy **-ordighet** [-ω:-] verbosity, wordiness **-sidig** *a1* many-sided; *bildl. äv.* diversified, varied; (*om pers.*) versatile, all-round; *geom.* polygonal **-sidighet** many-sidedness *etc.*; versatility **-skiftande** *a4* diversified; variegated **-stavig** *a1* many-syllabled; multisyllabic **-stavighet** multisyllabicity **-stämmig** *a1* many-voiced **-sysslare** versatile person; *vard.* s.b. with many irons in the fire; jack of all trades **-t** *se -en* **-talig** *a1* numerous **-tusende** many thousand[s of] **-tydig** *a1* ... of (with) many meanings; (*friare*) ambiguous, equivocal

mångård lunar halo (corona)

mångårig *a1* ... of many years[' duration (standing)]; *bot.* perennial

mån|landning moon landing **-landskap** lunar landscape **-ljus I** *s7*, *se -sken* **II** *a1* moonlight, moonlit; *bildl. vard.* brilliant, just fine

månn|e -trọ I wonder; do you think?

mån|raket moon rocket **-sken** moonlight **-skifte** change of the moon **-skott** lunar probe **-skugga** shadow of the moon **-skära** *s1* crescent moon; *~n* (*äv.*) the crescent **-sten** moonstone **-stråle** moonbeam **-varv** moon's revolution, lunation **-år** lunar year

mård [må:-] *s2* marten **-skinn** marten [fir]; (*handelsvara*) marten[-pelt]

mårtensafton [ˣmå:r-, -ˣaff-] Martinmas Eve

mås *s2* gull

måste *måste måst*; *pres* must; (*på grund av yttre tvång äv.*) have to; (*i samtalsspråk äv.*) have (has) got to; (*är tvungen*) am (is, are obliged to; (*kan inte låta bli att*) cannot but; (*innebärande naturnödvändighet*) am (*etc.*) bound to; *imperf* had to, was obliged to *etc.*; *om det ~ så vara* if it must be so; *han såg så rolig ut att jag ~ skratta* he looked so funny I couldn't help laughing; *vi ~ till staden* we must (*i morgon:* shall have to) go to town; *priserna ~ snart gå upp* prices are bound to rise soon; *allt vad jag har måst gå igenom* all that I have had to go through

måsunge young gull

mått *s7* **1** measure (*för* for; *på* of), gauge (*äv. konkr.*); (*abstr. äv.*) measurement[s *pl*]; (*kak-*) pastry-cutter; *ett ~ grädde* a decilitre (*Engl. ung.* a quarter of a pint) of cream; *ta ~ hos en skräddare till* be measured by a tailor for; *hålla ~et* (*om kärl e.d.*) hold the prescribed quantity, (*i längd e.d.*) be full measure (*äv. bildl.*), *bildl. äv.* be (come) up to standard, make the grade **2** (*friare o. bildl.*) measure; (*storlek äv.*) size, dimension, proportion; (*grad*) degree; (*mängd*) amount; (*skala*) scale; (*-stock*) standard; *en diktare av stora ~* a great poet; *av internationella ~* of international standard; *efter ~et av min förmåga* as far as I am able; *efter den tidens ~* according to the standards of that time; *ett visst ~ av respekt* a certain amount (degree) of respect; *i rikt ~* in ample measure; *vidtaga ~ och steg* take measures (steps)

1 mått|a *s1* **1** moderation; mean; *hålla* (*med*) *~* exercise (in) moderation **2** *i dubbel -o* in a double sense (degree); *i så -o* to that extent, in that degree; *i så -o som* in as (so) far as

2 måtta *v1* aim (*mot* at)

måttagning measuring

mått|angivelse [details of] measurements (*pl*) **-band** tape-measure, measuring-tape **-beställd** *a5* ... made to measure; *Am.* custom, custom[-made]

måtte *imperf av må* **1** (*uttryckande önskan*) may; I [do] hope; *det ~ väl inte ha hänt henne något* I [do] hope nothing has happened to her; *du ~ väl förstå ...!* you will understand ..., won't you! **2** (*uttryckande visshet*) must; *jag ~ väl få göra vad jag vill!* surely I ca ı do as I like, can't I!; *det ~ väl du veta!* you of all people must know that!; *han ~ ha gått och lagt sig* he must have gone to bed

måttenhet unit of measurement

mått|full (*återhållsam*) moderate; (*behärskad*) measured, restrained **-fullhet** moderation; moderateness; restraint; sobriety **-lig** *a1* moderate; (*i fråga om mat o. dryck äv.*) temperate; (*blygsam*) modest; *det är inte ~t vad han äter* there's no limit to what he eats **-lighet** moderation; temperance **-lös** measureless, unmeasured

måtto *se 1 måtta 2*

mått|sats set of measures (*tekn.* gauge blocks) **-stock** measure, measuring-rod; *bildl.* gauge, standard, criterion, yardstick (*på* of) **-system** system of measurement **-tagning** (*hopskr. måttagning*) measuring

Mähren ['mä:-] *n* Moravia

mähä *s6*, *s7*, *vard.* milksop

mäkl|a [ˣmä(:)k-] act as a broker; (*medla*) mediate; *~ fred* negotiate (restore) peace **-ararvode** brokerage, broker's commission **-are** broker; (*börs- äv.*) stockbroker; (*medlare*) mediator; *auktoriserad ~* authorized broker **-arfirma** brokerage (broker's) firm **-arrörelse** brokerage (broker's) business **-ing** mediation, conciliation

1 mäkta *adv* tremendously, immensely; highly; *vard.* mighty, jolly

2 mäkt|a *v1* be capable of (*göra ngt* doing s.th.), be able to manage **-ig** *a1* **1** powerful; (*starkare*) potent; (*känslobetonat*) mighty **2** (*väldig*) immense, huge; (*storartad*) majestic, grandiose **3** (*i stånd t.*) capable of

4 (*mättande*) substantial, heavy **-ighet** powerfulness *etc.*

Mälaren Lake Mälaren

mäld *s3* grist

mängd *s3* (*stor* ~) large amount (quantity), lot; (*stort antal*) large (great) number, multitude, lot[s *pl*]; (*skara*) crowd, multitude; *en hel* ~ a good deal of, a great many; *i riklig* ~ in ample (abundant) quantity, in abundance; *höja sig över* ~ *en* stand out from the crowd; *i små* ~*er* in small quantities **-rabatt** quantity discount

människ|a [-iʃa] *s1* **1** man (*äv.* ~*n*); (*mänsklig varelse*) human being, mortal; (*individ*) person, individual; (*varelse*) creature; *ingen* ~ no one, nobody; *den moderna* ~*n* modern man; *bli* ~ *igen* (*vard.*) be oneself again; *känna sig som en ny* ~ feel like a new person; *jag är inte* ~ *att komma ihåg* I can't for the life of me remember; *jag är inte mer än* ~ I am only human **2** *-or* men, (*folk*) people; *Am. vard.* folks; *alla -or* (*vanl.*) everybody, everyone (*sg*); *-or emellan* man to man

människo|ansikte *ett* ~ a man's (a human) face **-apa** anthropoid [ape] **-barn** [human] child; (*människa*) human being **-boning** human habitation **-fientlig** ... hostile to man **-föda** *inte lämplig som* ~ not fit for human consumption **-förakt** contempt of man[kind] **-gestalt** *en* ~ the figure of a man **-hamn** *i uttr.*: *ett odjur i* ~ a beast in human shape **-hand** *av* ~ by human hand **-hatare** man-hater, misanthrope **-hjärta** human heart **-jakt** man-hunting **-kropp** human body **-kännare** judge of character **-kännedom** knowledge of human nature **-kärlek** love of mankind (humanity); (*välgörenhet*) philanthropy **-lik** *a1* resembling a human being; man-like **-liv** *ett* ~ a human life; *förlust av* ~ loss of life; *ett helt* ~ a whole life-time **-massa** crowd [of people] **-natur** human nature (*äv.* ~*en*) **-offer** human sacrifice **-ras** human race **-skildring** character-study **-skygg** shy, timid **-släktet** mankind; the human race (species) **-son** *M~en* the Son of Man **-spillra** wreck **-vän** humanitarian; philanthropist **-vänlig** humane; philanthropic[al] **-värde** human dignity **-värdig** ... fit for human beings; *~a bostäder* (*äv.*) decent houses (*etc.*); *föra ett ~t liv* lead a worthwhile life **-ätare** man-eater **-öde** human destiny

mänsklig *a1* human; (*rimlig*) reasonable; *förklaringen om de ~a rättigheterna* the Declaration of Human Rights; *allt som står i* ~ *makt* everything [that is] humanly possible; *det är inte ~t att* (*äv.*) it is inhuman to **-het** **1** (*humanitet*) humanity, humaneness **2** *konkr.* (*människorna*) mankind (*äv.* ~*en*); *hela* ~*en* all (the whole of) mankind

märg [märrj] *s3* marrow (*äv. bildl.*); *vetensk.* medulla (*pl* äv. medullae); *bot. o. bildl.* pith; *förlängda ~en* (*anat.*) the prolonged segment; *det gick* (*skar*) *genom* ~ *och ben på mig* it pierced the very marrow of my bones; *jag frös ända in i ~en* I was chilled to the marrow **-ben** marrowbone

märgel ['märrjel] *s9* marl

märg|full full of marrow; *bildl. äv.* pithy **-lös** marrowless; pithless **-pipa** *se -ben*

märk|a *v3* **1** (*sätta -e på*) mark (*med* with; *med bläck* in ink); (*med bokstäver, namn*) letter, name; *-t av sjukdom* marked by illness; *han är -t för livet* he is marked for life; ~ *ngn* (*med slag e.d.*) scotch s.b. **2** (*lägga -e t.*) notice, observe, be (become) aware of; (*känna*) feel, perceive; (*se*) see; *låt ingen* ~ *att* don't let it be noticed (anyone notice) that; *härvid är att* ~ *att* in this connection it should be noted that; *märk väl att* [please,] observe that; *väl att* ~ observe ..., ... be it noted; *det -tes knappt* it was hardly noticeable; *bland gästerna -tes* among the guests were to be seen **-bar** *a1* noticeable, perceptible, observable; (*synbar*) visible; (*iakttagbar*) appreciable; (*påtaglig*) marked, evident **-bläck** marking-ink **-bok** sampler-book **-duk** sampler **-e** *s6* **1** (*ej avsiktligt*) mark (*efter* of); (*spår* trace) (*efter* of); (*efter tryck*) impression; (*efter slag o.d.*) dent; (*rispa*) scratch (*efter* from); *om inte gamla ~n slår fel* unless all the time-honoured signs play us false **2** *bot.* stigma **3** (*avsiktligt*) mark; (*idrotts-, klubb- e.d.*) badge; *hand.* brand, trade-mark; (*fabrikat*) make **-esdag** red-letter day **-esman** man of distinction **-esvara** branded product; (*patentskyddad*) proprietary article **-esår** memorable year **-garn** marking-thread **-lig** *a1* notable; (*beaktansvärd*) noteworthy; (*starkare*) signal; (*-värdig*) remarkable, striking; *det ~a* [*med saken*] *är att* the remarkable (striking) thing [about the matter] is that **-ligt** notably *etc.*; ~ *nog* remarkably enough **-ning** marking **-värdig** remarkable; (*besynnerlig*) curious, strange; (*förvånande*) astonishing, surprising; *göra sig* ~ be self-important (pompous); *det var ~t!* how extraordinary (odd)!; *~are än så var det inte* it wasn't more remarkable than that; it was that simple **-värdighet** remarkableness *etc.*; wonder; singularity; (*med pl*) marvel, remarkable feature

märla [ˣmä:r-] *s1* staple, clincher

märlspik [ˣmä:rl-] marline-spike

märr *s2* mare; *vard.* jade

märs *s2, sjö.* top **-segel** topsail

mäsk *s3* mash

mäss *s2* (*lokal*) messroom; *sjö.* (*befäls-, officers-*) officers' mess; *abstr.* mess

mäss|a I *s1* **1** *kyrkl.* mass; *stilla* ~ dry mass; *gå i ~n* go to (attend) mass **2** *hand.* fair **II** *v1* say (sing) mass; (*sjunga*) chant; (*läsa entonigt*) drone **-bok** missal **-fall** *det blev* ~ *i söndags* there was no service held last Sunday **-förrättare** officiating priest **-hake** chasuble

mässing brass

mässings|beslag brass mountings (*pl*) **-bleck** brass-sheet, plate brass **-instrument** brass [wind]instrument; *~en* (*i orkester*) the brass (*sg*) **-musik** brass-band music **-orkester** brass band **-tråd** brass wire

mässling *s2, ej pl* [the] measles (*pl*); *få* ~[*en*] get (catch) the measles

mässpojke cabin-boy, messroom boy

mäss|offer [the] Eucharist Sacrifice **-skjorta** (*hopskr. mässkjorta*) alb **-skrud** (*hopskr. mässkrud*) mass vestments

mässuppassare messman

mästar|brev *ung.* mastership diploma (certificate); *Engl. äv.* diploma (certificate) of the freedom of a guild **-e 1** (*sport. o. friare*) champion; (*sakkunnig o.d.*) expert, master-hand; ~ *på fiol* master of the violin; ~ *i tennis* champion at tennis **2** (*hantverkare, upphovsman t. konstverk o.d.*) master (*i* of); *de gamla -na* the Old Masters; *övning gör ~n* practise makes perfect **3** (*om Jesus*) *M~* Master; *svära på ~ns ord* have blind faith in the experts **-hand** *av* (*med*) ~ by (with) a master's hand **-inna** *sport.* champion **-klass** masters' (*sport.* champion) class **-prov** *bildl.* masterpiece

mäster ['mäss-] *m* (*titel*) Master **-katten** *M~ i stövlar* Puss in Boots **-kock** master cook **-lig** *a1* masterly; (*skickligt utförd*) brilliant[ly executed]; *vard.* champion **-lots** senior pilot **-man** (*bödel*) headsman **-skap** *s7* mastership, master's skill; (*fulländning*) perfection; *sport.* championship **-skytt** champion marksman, crack shot **-stycke** *se -verk o. mästarprov* **-sångare** Meistersinger **-verk** masterpiece (*av, i* of); master-stroke

mästra (*anmärka på*) criticize; find fault with

mät *i uttr.: ta i* ~ seize, distress **-a** *v3* **1** (*eg. o. bildl.*) measure (*efter, med* by; *på millimetern* to the millimetre); (*med instrument äv.*) gauge; ~ *ngn med ögonen* look s.b. up and down, size s.b. up; ~ *djupet av* (*bildl.*) fathom; ~ *knappt* (*väl*) give short (full) measure; ~ *sig* measure o.s. (*med* with, against); ~ *sina krafter med ngn* pit one's strength against another's; *kunna ~s med ngn* come up to (match, compare with) s.b.; ~ *upp a*) take the measure[ments] (size) of, *b*) (*mjöl e.d.*) measure out (*åt* for, to) **2** (*ha en viss storlek*) measure; ~ *två meter i längd* measure two metres in length **-avläsning** meter reading **-are** (*el-, gas- e.d.*) meter; (*automat*) slot meter; (*instrument*) gauge, indicator **-arfjäril** geometrid moth **-artavla** meter panel **-bar** [-ä:-] *a1* measurable **-glas** graduated glass **-instrument** measuring instrument, gauge **-metod** method of measurement **-ning** [-ä:-] measuring *etc.*; measurement

mätress mistress; paramour

mätsticka measuring-stick; (*för vätska*) dipstick; (*med krympmått*) shrinkage rule

mätt *a1* satisfied (*äv. bildl.*) (*av* with); *vard.* full up; *bildl.* full (*av år* of years); *äta sig* ~ have enough to eat, satisfy one's hunger; *jag är* ~ I have had enough, *vard.* I am full up; ~ *på* (*äv. bildl.*) satiated with; *se sig* ~ *på* gaze one's fill at **-a** satisfy; appease; (*förse med mat*) fill; *kem., elektr.* saturate; *ha många munnar att* ~ have many mouths to feed; *sådan mat ~r inte* that kind of food is not satisfying (is not filling) **-ande** *a4* satisfying *etc.* **-het** *se -nad* **-hetskänsla** feeling of being satisfied; satisfied feeling **-nad** *s3* (*-het*) state of being satisfied, satiation; *kem.* saturation **-ning** *kem.* saturation **-sam** *a1*, *se -ande*

mätverktyg measuring tool

mö *s5* virgin, maid[en]; *gammal* ~ old maid

möbel ['mö:-] *s3* piece of furniture; (*möblemang*) suite of furniture (*sg*); *stoppade möbler* upholstered furniture (*sg*) **-affär** furniture shop, furnisher[s] **-arkitekt** furniture designer **-fabrik** furniture factory **-handlare** furniture dealer **-klädsel** upholstery **-magasin** furniture warehouse **-polityr** furniture polish **-snickare** cabinet-maker **-tyg** furnishing fabric **-vagn** furniture van

möble|mang *s7, s4* [suite (set) of] furniture **-ra** furnish; *Am. äv.* fix up; ~ *om* (*flytta om*) rearrange the furniture (*i* in, of) **-ring** [-'le:-] furnishing

möd|a *s1* (*tungt arbete*) labour, toil; (*besvär*) trouble, pains (*pl*); (*svårighet*) difficulty; *lärda -or* a scholar's labour; *göra sig mycken* ~ take (give o.s.) a great deal of trouble; *det lönar inte ~n* it isn't worth while (the trouble); *inte lämna någon ~ ospard* spare no pains

möderne *s6*, *på ~t* on the (one's) mother's (the maternal) side **-släkt** mother's family

mö|dom *s2* virginity, maidenhood **-domshinna** maidenhead, hymen

mödosam *s1* laborious, toilsome; (*om arbete o.d. äv.*) hard; (*svår*) difficult; **-t** *adv* laboriously, with difficulty; *~ förvärvade slantar* hard-earned money

mödra|hem home for mothers **-vård** maternity welfare **-vårdscentral** maternity clinic; (*för havande kvinnor*) prenatal clinic; (*för nyblivna mödrar*) postnatal clinic

mög|el ['mö:-] *s7* mould; (*på papper o.d.*) mildew **-elfläck** spot of mould; mildew-spot **-elsvamp** mould (mildew) fungus **-la** [ˣmö:g-] go (get) mouldy **-lig** [ˣmö:g-] *a1* mouldy, mildewy; (*förlegad*) fusty, rusty

möhippa *ung.* hen party for bride-to-be; *Am. äv.* shower

möjlig *a1* possible; (~ *att göra*) feasible, practicable; *allt ~t* all kinds of things; *det är mycket ~t* it is quite possible; *så vitt ~t* provided it is possible; *det är inte ~t annat* it simply must be so; *det är ~t att vi behöver* we may need; *skulle det vara ~t för dig att ...?* would you be able to ...?; *göra det bästa ~a av ngt* make the best (most) of s.th.; *på kortast ~a tid* as fast as possible; *8 poäng av 10 ~a* (*sport. o.d.*) 8 points out of a possible 10; *med minsta ~a* with a minimum of **-ast** *i ~e mån* as far as possible **-en** possibly; (*kanske*) perhaps; *har du ~ ...?* do you happen to have ...?, have you by any chance [got] ...?; *skulle man ~ kunna få träffa ...?* I wonder if it is possible to see (speak to) ...? **-göra** make ... possible; (*underlätta*) facilitate; ~ *för ngn att* enable s.b. to **-het** possibility; (*utsikt*) prospect, chance; (*eventualitet*) eventuality; (*tillfälle*) opportunity; (*utväg*) means (*pl*); *det finns ingen annan* ~ (*äv.*) there is no alternative **-tvis** *se -en*

mönja I *s1* red lead **II** *v1* red-lead

mönster ['mönns-] *s7* pattern (*till* for, of) (*äv. bildl.*); *tekn.* design (*till* for, of); (*friare o. bildl.*) model (*av* of); (*urbild*) archetype, prototype; *sy efter* ~ sew from a pattern; *efter ~ av* on the pattern of; *ta ngn till ~* take s.b. as one's pattern; *efter amerikanskt ~* on the American model, as in America **-gill** model, ideal; exemplary **-gillt** [-ji-] *adv* in a model way; exemplarily **-jordbruk** model farm **-stickning** patterned knitting **-vävd** [-ä:-] *a5* with woven patterns, figured **-vävning** patterned weaving

mönstr|a **1** (*göra mönster*) pattern **2** (*granska*) look ... over; scrutinize, examine ... closely **3** *mil.* (*hålla -ing med*) inspect, review; (*inskrivas som värnpliktig*) enlist, conscript **4** *sjö.* (*ta hyra*) sign on; *~ av a*) (*besättningsman*) pay off, *b*) (*avgå*) sign off **-ing** **1** (*granskning*) critical examination, scrutiny **2** (*inspektion av trupp*) inspection, muster; (*inskrivning av värnpliktiga*) conscription; (*på-*) signing on

mör *a1* (*om skorpa o.d.*) crisp, crumbly; (*om kött*) tender; *känna sig ~ i hela kroppen* ache all over (in every limb); *då blev han ~ i mun* that changed his tune **-bulta** *bildl.* beat ... black and blue

mörd|a [-ö:-] murder; (*lönn-*) assassinate; *om blickar kunde ~* if looks could kill **-ande** *a4* murdering; (*friare*) murderous; *bildl.* killing, crushing; (*om blick*) withering; *~ konkurrens* cut-throat competition; *~ kritik* crushing criticism; *~ tråkig* deadly dull **-are** murderer; (*lönn-*) assassin **-arhand** *falla för ~* be murdered

mördeg short crust pastry

mörderska [-ö:-] murderess

mörk *a1* dark (*till färgen* in colour); (*om färg, ton o.d.*) deep; (*något ~*) darkish; (*svagt upplyst*) dim; (*dyster*) sombre, gloomy; *~ choklad* plain chocolate; *~ kostym* dark lounge suit; *det ser ~t ut* things look bad **-blå** dark (deep) blue **-er** ['mörr-] *s7* darkness (*äv. bildl.*); dark; *bildl.* obscurity; *när -ret faller* when darkness falls; *till -rets inbrott* until nightfall; *-rets gärningar* dark deeds **-erdöden** the night-driving toll **-hyad** *a5* dark-skinned **-hårig** dark-haired **-lägga** black out (*äv. bildl.*); (*hemlighålla*) keep ... secret **-läggning** black-out **-na** get (become, grow) dark; darken; (*om blick*) grow darker; *det ~r fort* it gets dark quickly; *utsikterna har ~t* prospects are (have become) less promising **-rum** *foto.* dark room **-rädd** ... afraid of the dark **-ögd** *a1* dark-eyed

mörsare mortar

mört *s2* roach; dace; *pigg som en ~* [as] **fit** as a fiddle

möss (*pl av mus*) mice (*sg* mouse)

mössa *s1* cap; *ta av sig ~n för ngn* raise one's cap to s.b.; *stå med ~n i hand* stand cap in hand **-märke** cap-badge **-skärm** (*hopskr. mösskärm*) cap peak

möt|a *v3* **1** meet; (*råka på*) come (run) across; (*röna*) meet with, encounter, come in for; (*svårighet e.d.*) face, confront; *sport.* meet, encounter; *en hemsk syn -te oss* a terrible sight met us (our eyes); *~ stark kritik* encounter severe criticism; *det -er inget hinder* there is no objection **2** (*invänta*) meet s.b.; *jag -er med bil* I'll meet you with the (a) car; *~ upp* assemble, muster up **-ande** *a4* (*om t.ex. pers., fordon*) ...that one meets; (*som kommer emot en*) ...oncoming; (*som närmar sig*) approaching, coming the other way; (*som -er varandra*)...that pass each other **-as** *v3, dep* meet; encounter one another; (*gå förbi varandra*) pass one another; *våra blickar -tes* our eyes met **-e** *s6* **1** (*sammanträffande*) meeting; (*tåg- etc. äv.*) crossing, passing; (*avtalat*) appointment; (*tillfälligt, fientligt*) encounter; *stämma ~ med* make an appointment (*Am.* a date) with; *gå* (*komma*) *ngn till ~s* go to meet s.b., *bildl.* meet s.b. half-way **2** (*sammankomst*) meeting; (*mera tillfälligt*) assembly, gathering; (*konferens*) conference; *~ på högsta nivå* summit meeting **-es** *se -e 1*

mötes|beslut resolution of (passed at) a meeting **-deltagare** participant in a meeting (conference) **-förhandlingar** proceedings at a meeting (conference) **-lokal** assembly-(conference-)hall **-plats** meeting-place; (*för två pers.*) rendezvous; (*på väg*) passing-point **-talare** speaker at a meeting (conference) **-tid** time of a meeting

N

nabb *s2* projection, stub; (*på bildäck*) tread block; (*på sko*) stud
nabo *s5*, *s2* neighbour
nachspil ['na:ʃspi:l] *s7* follow-up party
nacka chop the head off, behead
nackbena back-parting
nackdel disadvantage, drawback; (*skada*) detriment; *fördelar och ~ar* (*äv.*) pros and cons; *till ~ för framåtskridandet* detrimental to progress
nack|e *s2* back of the head, nape of the neck; *bryta ~en av sig* break one's neck; *klia sig i ~en* scratch the back of one's head; *med mössan på ~n* with one's cap at the back of one's head **-grop** nape of the neck **-hår** back-hair **-skinn** *ta ngn i ~et* seize s.b. by the scruff of the neck **-skott** shot through the neck **-spegel** hand-mirror **-styv** *eg.* stiff in the neck; *bildl.* stiff-necked, haughty **-stöd** head-rest
nadir ['na:-] *oböjl. s*, *astron.* nadir
nafs *s7* **1** snap; (*hugg*) grab **2** *i ett ~* in a flash **-a** snap (*efter* at); *~ åt sig* snap up, grab hold of
nafta *s1* naphtha **-lịn** *s4*, *s3* naphthalene
1 nag|el ['na:-] *s2* (*på finger*) nail; *klippa* (*peta*) *-larna* cut (clean) one's nails; *bita på -larna* bite one's nails; *vara en ~ i ögat på* be a thorn in the flesh to
2 nagel ['na:-] *s2* (*nit*) rivet; (*trä-*) treenail, trunnel
nagel|band cuticle **-borste** nail-brush **-bädd** nail-bed
nagelfara scrutinize (scan) ... closely, criticize
nagel|fil nail-file **-lack** nail-varnish **-petare** nail-cleaner **-pinne** orange stick **-rot** root of a (the) nail **-sax** nail-scissors (*pl*) **-trång** *s7* ingrowing [toe] nail
nagg *s2* (*bröd-*) [bread-]pricker **-a 1** prick **2** *~* [*i kanten*] notch; *porslinet var ~t i kanten* the china was chipped; *~ sparkapitalet i kanten* nibble at one's savings **3** (*oroa*) chafe, fret **4** *se gnata* **-ande** *a4*, *~ god* jolly good
nagla [ˣna:g-] nail, rivet (*vid* to)
naịv *a1* naïve; (*enkel*) simple; unsophisticated; (*barnslig*) childish; (*enfaldig*) silly **-ism** *se -itet*; (*konstriktn.*) naïvism **-ist** naïvist **-itẹt** *s3* naïveté, naïveness; simplicity; childishness
najạd *s3* naiad
naken *a3* naked; *konst.* nude; (*bar*) bare (*äv. bildl.*); *bildl. äv.* hard, plain; *klä av ngn ~* strip s.b. to the skin; *~ överkropp* stripped to the waist; *nakna fakta* bare (hard) facts **-dans** nude dancing **-dansös** nude dancer **-fröig** *a1*, *bot.* gymnospermous **-het** nakedness; *konst.* nudity; *avslöjad i all sin ~* (*bildl.*) revealed in all its nakedness **-modell** nude [life] model **-måleri** nude painting
nakterhus *s7*, *sjö.* binnacle
nalkas *dep* approach, draw near [to]; (*om tid äv.*) come on, be at hand
nalle *s2* bruin; (*leksak*) teddy-bear
namn *s7* name; *hur var ~et?* what is your name, please?; *byta ~* change one's name; *fingerat ~* assumed (false) name, pseudonym; *fullständigt ~* name in full; *ett stort ~ inom* a big name in; *ngns goda ~ och rykte* a p.'s good name; *hennes ~ som gift* (*vanl.*) her married name; *ha ~ om sig att vara* have the reputation of being; *skapa sig ett ~* make a name for o.s.; *göra skäl för sitt ~* live up to (merit) its name; *i eget ~* in one's own name; *i lagens ~* in the name of the law; *i sanningens ~* to tell the truth; *till ~et* by (in) name; *blott till ~et* in name only; *mera till ~et än till gagnet* only nominally; *under ~et ...* by the name of ...; *vid ~ A.* named A., of the name of A.; *nämna ngn vid ~* mention s.b. by name; *nämna ngt vid dess rätta ~* (*äv.*) call a spade a spade **-a** name **-anrop** *tel.* subscriber's name **-byte** change of name **-chiffer** monogram **-e** *s2* namesake (*till mig* of mine) **-ge** name; *en icke -given person* a person unnamed **-kunnig** renowned, celebrated, famous **-lös** nameless (*äv. bildl.*); (*outsäglig*) unspeakable (*sorg* grief) **-plåt** name-plate **-register** index, list of names
namns|dag name-day **-dagsfirande** *s6* name-day celebration
namn|sedel name-slip **-skydd** protection of family (company) names **-skylt** *se -plåt* **-stämpel** [signature] stamp, stamped signature **-teckning** signature **-upprop** roll-call
nankin ['naŋkin] *s2*, *s7* nankeen, nankin
napalmbomb napalm bomb
1 napp *s2* (*di-*) teat, nipple; (*tröst-*) dummy teat, comforter
2 napp *s7* (*fiske*) bite; *bildl.* nibble; **få ~** have a bite (*bildl.* nibble)
1 nappa *s1* (*skinn*) nappa
2 nappa *v1* bite; *bildl.* nibble; *~ på ett erbjudande* jump at an offer; *~ åt sig* snatch, snap up **-s** *dep* tussle (*med* with; *om* for) **-tag** tussle (*äv. bildl.*); *ta ett ~ med* have a tussle (brush) with
nappflaska feeding-bottle, baby's bottle
narcịss *s3* narcissus
nardus ['narr-] *s2* [spike] nard
nare *s2* (*blåst*) biting wind
narig *a1* (*om hud*) chapped, rough
narkomạn *s3* drug addict; *vard.* dope fiend; *Am. sl.* junkie **-ị** *s3* drug addiction, narcomania
narkos [-'kå:s] *s3* narcosis, anaesthesia; *ge ~* anaesthetize, administer an anaesthetic **-apparat** anaesthetic apparatus **-läkare** anaesthetist **-medel** anaesthetic [agent]
narkotika [-'kå:-] *pl* narcotics, drugs; *vard.* dope (*sg*) **-missbruk** abuse of narcotics
narr *s2* fool; (*hov- äv.*) jester; (*lättlurad pers. äv.*) dupe; *beskedlig ~* silly fool; *inbilsk ~* conceited fool, coxcomb; *spela ~* play the fool; *göra ~ av* make fun of, poke fun at

-a (*bedraga*) deceive, take ... in; (*lura*) cheat; (*på skoj*) fool; (*locka*) beguile; ~ *ngn att tro* delude s.b. into believing; ~ *ngn att skratta* make s.b. laugh [against his (*etc.*) will] **-aktig** *a1* (*löjlig*) ridiculous; (*fjollig*) foolish, silly; (*dåraktig*) vain **-aktighet** ridiculousness *etc.* **-as** *dep* tell fibs (a fib) **-i** ['narri] *s6*, *på* ~ in jest, in (for) fun **-kåpa** fool's cap [and bells] **-spel** [tom]-foolery; buffoonery; *bildl.* farce, folly **-streck** (*spratt*) practical joke, prank
narv *s2* (*på läder*) grain
narval [ˣna:r-] *s2*, *zool.* narwhal, sea-unicorn
narvsida hair-side
nasal I *a1* nasal **II** *s3* nasal [sound] **-era** nasalize **-konsonant** nasal consonant **-ton** nasal twang **-vokal** nasalized vowel
nasaré *s3* Nazarene **Nasaret** *n* Nazareth
nasse *s2* porker
nasus ['na:-] *s2*, *vard.* beak
nate *s2*, *bot.* pondweed
nation [-t'ʃɷ:n] nation; *univ.* student society (association); *Förenta N~erna* the United Nations; *N~ernas förbund* the League of Nations
national|budget [-tʃɷ-] [national] budget **-dag** national holiday (commemoration day) **-dräkt** national costume **-egendom** national property **-ekonom** economist **-ekonomi** economics (*sg*), political economy **-ekonomisk** economic, of political economy; *av ~ betydelse* important to the country's economy **-epos** national epic **-flagga** national flag **-församling** *franska ~en* the French National Assembly **-hjälte** national hero **-inkomst** national income **-isera** nationalize **-isering** nationalization **-ism** nationalism **-ist** nationalist
national|itet [-tʃɷ-] *s3* nationality **-itetsbeteckning** nationality mark (sign) **-itetsprincipen** the principle of national self-determination
national|karaktär national character **-känsla** national feeling **-monument** national monument **-museum** national museum **-park** national park; *Engl. äv.* National Trust property (reserve) **-produkt** national product **-socialism** National Socialism **-socialist** *s3* **-isk** *a5* National Socialist; *ty. äv.* Nazi **-stat** nation-state **-sång** national anthem
nationell [-tʃɷ'näll] *a1* national
nativitet birth-rate
nativitets|ökning increase in the birth-rate **-överskott** excess of births over deaths
natrium ['na:-] *s8* sodium **-bikarbonat** sodium bicarbonate, baking soda **-klorid** sodium chloride
natron ['na:trån] *s7* [caustic] soda, sodium hydroxide **-lut** soda lye, caustic soda [solution]
natt *-en nätter* night; *god ~!* good night!; *hela ~en* all night; *varje ~* every night, nightly; *~en till lördagen* Friday night; *i ~ a*) (*som kommer*) tonight, to-night, *b*) (*föregående*) last night; *om* (*på*) *~en* at (by) night, in the night; *sent på ~en* late at night; *till ~en a*) (*t.ex. ta medicin*) for the night, *b*) *se följ.*; *under ~en* during (in) the night; *stanna över ~en hos* (*på*) stay the night at **-arbete** night-work **-blind** night-blind **-djur** nocturnal animal **-dräkt** night-dress(-attire) **-duksbord** bedside table **-etid** at (by) night **-fack** *bank.* night-safe(-depository) **-fjäril** *zool.* moth **-flygning** night flying **-frost** night frost **-gammal** ~ *is* ice formed overnight **-gäst** guest for the night **-himmel** night sky **-härbärge** lodging [for the night]; *konkr.* hostel **-iné** *s3* [mid]night performance **-kafé** all-night café **-klubb** night club **-kräm** night cream **-kröken** *vard. i uttr.*: *på ~n* in the small hours **-kvarter** quarters (*pl*) for the night, night-quarters (*pl*) **-kärl** chamber-pot **-lampa** night-lamp **-lig** *a1* nocturnal, night-; (*under -en*) in the night; (*som sker varje natt*) nightly **-linne** nightgown, nightdress; *vard.* nightie **-logi** *se -kvarter* **-mangling** all-night negotiations (*pl*) **-mara** nightmare **-mörker** night-darkness **-mössa** nightcap **-permission** night-leave **-portier** night-porter **-ro** night's rest **-rock** dressing-gown **-skift** night-shift **-skjorta** night-shirt **-skärra** *zool.* night-jar **-sköterska** night-nurse **-stånden** *a5* (*om dryck*) flat **-sudd** *s7* night-carousing **-svart** [as] black as night, night-black (*äv. bildl.*) **-söl** staying up late at nights **-sömn** night's sleep **-taxa** (*hopskr. nattaxa*) night rate **-trafik** (*hopskr. nattrafik*) night traffic **-tåg** (*hopskr. nattåg*) night train **-uggla** night-owl (*äv. bildl.*) **-vak** *s7* night-watching; vigils, night-vigils (*pl*); (*friare*) late hours (*pl*) **-vakt** night-watch; *pers.* night-watchman, *mil.* night guard **-vandrare** nocturnal rambler **-vard** [-va:-] *s3*, *~en* the Holy Communion, the Blessed Sacrament **-vardsbröd** sacramental bread **-vardsgång** communion **-vardsvin** sacramental wine **-viol** butterfly orchis
natur nature; (*kynne äv.*) character; (*läggning*) disposition, temperament; (*beskaffenhet*) kind, sort; (*landskap*) nature, scenery; *pers.* person[ality], character; *Guds fria ~* the open country, wide open spaces (*pl*); *vild ~* wild nature (*på en plats:* scenery); *~en tar ut sin rätt* nature takes its toll; *av ~en* by nature, naturally, inherently; *till sin ~ är han* ... he is ... by nature; *det ligger i sakens ~* it is quite natural; *av privat ~* of a private character (nature)
natura [-ˣtu:-] *s*, *i uttr.*: *betalning i*[*n*] ~ payment in kind (goods, merchandise) **-förmån** payment in kind, perquisite **-hushållning** primitive (natural, barter) economy
natural|ier *pl* natural-history objects **-isation** naturalization **-isera** naturalize **-ism** naturalism **-ist** naturalist **-istisk** *a5* naturalistic
natur|barn child of nature **-begåvning** natural gifts (*pl.*); *pers.* man (*etc.*) with great natural talent **-behov** *förrätta sina ~* relieve o.s. **-dyrkan** nature-worship **-ell I** *s3* nature, disposition **II** *a1* natural **-enlig** [-e:n-] *a1* natural **-fenomen** natural phenomenon **-folk** primitive people **-forskare** [natural] scientist, naturalist **-färg** natural colour **-företeelse** *se -fenomen* **-förhållanden** natural conditions (features); nature (*sg*) **-gas** natural gas **-gudomlighet** nature deity **-gummi** natural rubber **-hinder** natural obstacle

-historia natural history **-historisk** of natural history; natural-history **-katastrof** natural catastrophe **-kraft** natural force **-kunnighet** knowledge of nature; *skol.* nature-study **-lag** law of Nature; physical law **-lig** [-u:-] *a1* natural; (*medfödd*) inherent, innate; (*ursprunglig*) native; (*okonstlad*) unaffected, ingenuous; (*äkta*) genuine; *dö en ~ död* die from natural causes; *~t urval* natural selection; *av ~a skäl* for natural (obvious) reasons; *i ~ storlek* full-size..., (*om porträtt o.d. äv.*) life-size; *i ~t tillstånd* in a state of nature; *det är helt ~t att* it is a matter of course that **-lighet** naturalness; unaffectedness *etc.* **-ligtvis** of course, naturally; (*visst, säkert*) to be sure, certainly **-lyrik** nature poetry **-läkare** nature-healer **-lära** natural science; (*som lärobok*) natural-science textbook **-makt** elemental force **-nödvändighet** physical (natural) necessity; *med ~* with absolute necessity **-park** nature-park; national park **-produkt** natural (primary) product **-reservat** nature reserve; national park; *Am.* wild life sanctuary **-rike** *~t* the natural kingdom **-rikedom** *~ar* natural resources **-sceneri** natural scenery **-siden** real (natural) silk **-skildring** description of [natural] scenery **-skydd** protection (preservation) of nature **-skyddsområde** *se -reservat* **-skön** of great natural beauty; *en ~ plats* (*äv.*) a beauty-spot **-skönhet** beauty of nature, natural beauty; *berömd för sin ~* noted for the beauty of its scenery **-tillgång** natural asset (source of wealth); *~ar* (*äv.*) natural resources **-tillstånd** natural state; *i ~et* in the state of nature **-trogen** true to life; life-like **-vetare** scientist **-vetenskap** [natural] science **-vetenskaplig** scientific **-vetenskapsman** scientist **-vidrig** contrary to (against) nature **-vän** nature-lover **-väsen** elemental being **-älskare** *se -vän*

nautisk ['nau-] *a5* nautical; *~ mil* nautical mile

nav *s7, s2* hub; (*frihjuls-*) free wheel hub; (*propeller-*) boss

navare *s9 el. -n navrar* (*borr*) auger

navel *s2* navel **-binda** umbilical bandage **-sträng** umbilical cord, navel-string

navig|ation navigation **-ationshytt** chart-room **-ationsskola** school of navigation; nautical college **-atör** navigator **-era** navigate (*efter, med* by) **-ering** navigation

navkapsel hub cap

nazis|m [-'sissm] Nazism **-st** *s3* **-stisk** *a5* Nazi[st]

Neapel *n* Naples **neapolitansk** [-'ta:nsk] *a5* Neapolitan

nebul|osa [-ˣlo:-] *s1* nebula (*pl* nebulae) **-ös** *a1* nebulous

necessär *s3* dressing-case, toilet case

ned down; (*-åt*) downwards; (*-för trappan*) downstairs; (*vända* turn) upside down; *uppifrån och ~* from top to bottom; *längst ~ på sidan* at the bottom of the page

nedan I *s7, månen är i ~* the moon is on the wane (is waning) **II** *adv* below; *här ~* (*i skrift*) below; *se ~!* see below!; *jämför ~!* compare the following! **-för I** *prep* below **II** *adv* [down] below **-nämnd** *a5* mentioned (stated) below **-stående** *a4* stated (mentioned) below, following

ned|blodad *a5* blood-stained **-bringa** reduce, lower; bring down **-brunnen** *a5* burnt down **-bruten** *a5, bildl.* broken down **-brytande** *a4* destructive (*krafter* forces); subversive (*idéer* ideas) **-brytning** breaking down; demolition; subversion **-bädda** put ... to bed; *ligga ~d* (*inbäddad*) *i* lie tucked up in **-böjd** *a5* bent down, stooping **-dragen** *a5* (*om gardin*) drawn [down], lowered

neder|börd [-ö:-] *s3* precipitation; rainfall; snowfall **-bördsmätare** rain-gauge, pluviometer, udometer **-bördsområde** (*regn- etc.*) precipitation area; (*avrinningsområde*) catchment area **-bördsrik** ... with high precipitation (abundant rainfall) **-del** lower part

1 nederlag *s7* defeat; (*förkrossande*) disaster; *lida ~* suffer defeat, be defeated

2 nederlag *s7* (*magasin*) warehouse, depot, storage

nederländare Netherlander **Nederländerna** *pl* the Netherlands **nederländsk** *a5* Dutch; Netherlands

nederst ['ne:-] *adv* at the bottom (*i, på, vid* of); *allra ~* farthest (*etc.*) down [of all], at the very bottom; *~ på sidan, se under ned*; *~ till höger* bottom right **-a** *a, superl. best. f.* lowest; bottom; *~ våningen* the ground (*Am.* first) floor

ned|fall *radioaktivt ~* radioactive fallout **-fart** descent; way down **-fläckad** *a5* stained all over **-frysa** freeze **-frysning** freezing; *läk.* hypothermia **-fällbar** *a1* ... that can be let down; folding, collapsible **-färd** journey (way) down **-för** ['ne:d-] **I** *prep* down; *~ trappan* downstairs **II** *adv* downwards **-försbacke** (*en lång* a long) downhill slope; *bildl.* downhill; *vi hade ~* it was downhill [for us] **-gjord** *a5* destroyed; annihilated; (*av kritik e.d.*) picked (torn) to pieces **-gående I** *a4* (*om sol o.d.*) setting; (*om pris o.d.*) declining, falling **II** *s6, vara på ~* be going down, (*om sol o.d.*) be setting **-gång I** *konkr.* way (road, path, steps (*pl*), stairs(*pl*)) down **2** *abstr.* descent; (*solens*) setting; (*i temperatur o.d.*) fall, drop; (*minskning*) decrease, reduction; *bildl.* decline **-gångsperiod** period of decline (*ekon.* depression) **-göra** *mil.* destroy; *bildl.* annihilate; (*genom kritik*) pull (pick) ... to pieces; *~nde kritik* scathing criticism **-hala** haul down; (*flagga o.d.*) lower **-hopp** *sport.* landing **-hukad** *a5* crouched, crouching **-hängande** *a4* pendant, suspended; hanging down (*från* from) **-ifrån I** *prep* from down (*gatan* in the street) **II** *adv* from below (underneath); *~ och ända upp* from below upwards; *femte raden ~* fifth line from the bottom **-isad** *a5* (*överisad*) covered with ice, iced up; *geol.* glaciated **-isning** [-i:s-] covering with ice; *geol.* glaciation **-kalla** invoke (*över* on), call down (*över* upon) **-kippad** [-ç-] *a5* (*om sko*) down-at-heel **-kladda** smear (daub) ... all over **-klassa** degrade **-komma** *~ med* give birth to (be delivered of) (*en son* a son) **-komst** [-å-] *s3* delivery **-kyla** chill, refrigerate **-kylning** chilling, refrigeration **-kämpa** fight down, defeat; (*batteri*) silence, reduce

-lagd *a5* **1** *eg.* laid down; (*om pengar o.d.*) laid out, spent **2** (*om verksamhet*) discontinued, (*om fabrik, gruva o.d.*) closed [down], shut down **-legad** *a5* (*om säng o.d.*) ... with broken springs, sagging **-låta** *rfl* condescend (*till att* to) **-låtande** *a4* condescending **-låtenhet** condescension **-lägga** (*jfr lägga* [*ner*]) **1** let down; place, deposit; (*villebråd, fiende*) kill, shoot; ~ *vapnen* lay down one's arms **2** (*upphöra med*) give up, relinquish, discontinue; (*fabrik o.d.*) close [down], shut down; ~ *arbetet* stop work; go on strike, strike; ~ *pengar i ett företag* invest (put) money into a company; ~ *sin röst* abstain from voting; ~ *omsorg på* give careful attention to, devote care to **-meja** mow down (*äv. bildl.*) **-montera** dismount, dismantle **-mörk** pitch-dark **-om** below **-omkring I** *prep* round the base (foot) of **II** *adv* round the bottom **-prutning** reduction, lowering **-re** ['ne:d-] *a, superl. nedersta* lower; *i* ~ *vänstra hörnet* in the left-hand bottom corner; *i* ~ *våningen* on the ground (*Am.* first) floor

nedrig [ˣne:d-] *a1* (*skändlig*) heinous, mean; (*skamlig*) infamous, shameful; *det var* ~*t av dig att* it was (is) beastly of you to **-het** *se gemenhet* **-t** *adv, det gjorde* ~ *ont* it hurt terribly

ned|rusta disarm, cut down armaments **-rustning** disarmament, reduction of armaments **-rustningskonferens** disarmament conference **-räkna** (*-addera*) total, add up **-räkning** totalling; (*av raket e.d.*) countdown **-rökt** *a4* smoke-laden **-rösta** vote down **-sablad** [-sa:-] *a5* (*av kritiken*) pulled (picked) to pieces **-sabling** [-a:-] *bildl.* dressing-down, slating **-salta** *kokk.* salt down; pickle ... in salt **-satt** *a4* (*minskad*) reduced, diminished; (*sänkt*) lowered; ~ *arbetsförmåga* reduced working capacity; *till* ~ *pris* at a reduced (cut) price (*Am. äv.* cut rate); *få* ~*a betyg* have one's marks reduced (lowered) **-sjunken** *a5*, *sitta* ~ *i* be reclining in **-skriva** write down; *bokför. äv.* depreciate **-skrivning** writing down; depreciation **-skrotning** [-ɷ:-] scrapping **-skräpning** [-ä:-] littering up **-skuren** *a5* (*minskad*) reduced, curtailed **-skälld** [-ʃ-] *a5* abused; vituperated **-skällning** abusing; vituperation **-skärning** (*minskning*) reduction, curtailment, cut **-slag 1** *sport.* landing, alighting; (*vid kast o.d.*) pitch; (*vid simning*) entry, dive in **2** (*fågels*) descent; (*flygplans*) alighting; *vid* ~*et* in taking ground **3** (*projektils*) impact, percussion **4** (*på skrivmaskin*) stroke **-slagen** *a5*, *bildl.* down-hearted, low-spirited, dejected **-slagenhet** down-heartedness; low spirits (*pl*), dejection **-slaktning** slaughter[ing ... off] **-slående** *a4*, *bildl.* disheartening, discouraging, depressing; (*beklämmande*) distressing **-smittad** *a5*, *bli* ~ become infected **-smutsad** *a5* dirtied, soiled; (*-smetad*) plastered [over] with dirt **-snöad** *a5* covered with snow, snowed over **-stiga** (*se stiga* [*ner*]); *flyg.* alight; descend (*i, till* into) **-stigning** alighting; descent **-ströms** downstream **-stämd** *a1*, *bildl.* depressed, down-hearted, dejected **-stämdhet** depression, down-heartedness, dejection **-stänkt** *a4* splashed all over **-summering** adding up, addition **-sutten** *a5* ... with worn-out (sagging) springs **-svärta** *bildl.* blacken the character of, defame **-sänka** immerse **-sänkning** immersion, submergence **-sätta** (*jfr sätta* [*ner*]) (*sänka*) put ... down, reduce; lower (*äv. bildl.*); ~ *straffet* reduce the sentence; ~ *priset* (*äv.*) mark down **-sättande** *a4* (*förklenande*) disparaging, derogatory, depreciatory **-sättning** (*sänkning*) reduction; (*av pris äv.*) lowering; (*av hörsel o.d.*) impairment **-tagning** taking down **-till** down in the lower part (half) (*på* of); at the bottom (foot) **-trampad** *a5* trampled down **-trappning** descalation **-tryckt** *a4*, *bildl.* low-spirited; oppressed **-tyngd** *a5* weighed (*bildl. äv.* borne) down (*av* with) **-tysta** reduce ... to silence, silence **-vikbar** [-i:-] ... that can be turned down; (*om krage e.d. äv.*) ... to turn down **-vikt** [-i:-] *a4* turned-down **-vissnad** *a5* faded (withered) **-väg** *på* ~*en* on the way (road, journey) down [south] **-värdera** depreciate; *bildl.* disparage, belittle

nedåt ['ne:d-] **I** *prep* down **II** *adv* downward[s], in a downward direction; *var går gränsen* ~*?* what is the bottom limit? **-böjd** *a5* ... that is bent downwards; down-bent **-gående I** *s6*, *vara i* ~ be on the down grade (the downward trend) **II** *a4* downward [-trending]; (*om tendens o.d. äv.*) falling; ~ *konjunkturer* declining business (*sg*), falling markets **-riktad** *a5* directed downwards, declining **-vänd** *a5* turned downwards

ned|ärvd *a5* passed on by heredity, hereditary **-över I** *prep* down over (across) **II** *adv*, *hela vägen* ~ all the way down [south]

nefrịt *s3* **1** *med.* nephritis **2** *min.* nephrite

neg *imperf av niga*

negat|ion negation; (*nekande ord äv.*) negative **-iv** ['negg-,-'ti:v] *s7 o. a1* negative **-ivism** negativism **-ivist** negativist, negationist **-ivịstisk** *a5* negativist[ic] **-ivt** [-i:-] *adv* negatively (*äv. elektr.*), in a (the) negative sense

neger ['ne:-] *s3* Negro (*pl* Negroes), black [man]; coloured person; *neds.* darky, nigger

negera (*förneka*) deny; ~*d sats* (*vanl.*) clause (*etc.*) containing a negative

neger|barn Negro child **-befolkning** Negro (coloured) population **-by** Negro village, kraal **-folk** Negro people **-hydda** Negro['s] hut **-hövding** Negro chief **-kvarter** Negro quarter **-kvinna** Negress **-slaveri** Negro slavery **-stam** Negro tribe

neglig|é [-i'ʃe:] *s3* negligé, undress, dishabille; *Am.* negligee **-era** neglect; disregard; ~ *ngn* ignore s.b.

negociera negotiate

negress Negress **-oịd** *a1*, *n sg obest. f. undviks* Negroid

nej [nejj] **I** *interj* no; ~, *visst inte!* oh no [certainly not]!; ~, *nu måste jag gå!* well, I must go now!; ~, *men så roligt!* oh, what fun!, oh, how nice!; ~ ~ (*vard. nänä*) *män!* [no], certainly not!; ~, *vad säger du?* you don't say so?; ~, *det menar du väl inte!* oh no, surely not! **II** *s7* no; *ibl.* nay; (*avslag äv.*) refusal; *svara* ~ answer in the negative; *säga* ~ *till ngt* say no to (decline) s.th.; *rösta* ~ vote against [a proposal]; *få* ~ be refused; *frå-*

gan är med ~ besvarad (*vid sammanträde o.d.*) the noes have it
nejd *s3* (*trakt*) district; (*omgivning*) surroundings (*pl*), neighbourhood
nejlika *s1* carnation, pink; (*krydd-*) clove
nejonöga [-å-] *zool.* river lamprey
nej|rop cry (shout) of 'no' **-röst** 'no'-vote, vote against **-sägare** *en* ~ one who [always] says no, a negationist
neka 1 (*vägra*) refuse (*ngn ngt* s.b. s.th.; *att* to); ~ *ngn hjälp* refuse s.b. help (to help s.b.); *han ~des tillträde* he was refused admission **2** (*förneka*) deny (*till att ha gjort* having done); (*säga nej*) say no; *han ~r bestämt till att ha* he definitely denies having; *jag ~r inte till att* I won't deny that; ~ *till en anklagelse* (*jur.*) plead not guilty **3** *rfl* deny o.s.; *han ~r sig ingenting* he never denies himself anything; *jag kunde inte ~ mig nöjet att* I couldn't forgo the pleasure of (+ *ing-form*) **-nde I** *a4* negative (*svar* answer); *ett ~ svar* (*äv.*) a refusal (denial); *om svaret är ~* if the answer is in the negative **II** *adv*, *svara ~* answer in the negative, give a negative answer **III** *s6* denial; (*vägran*) refusal; *döma ngn mot hans ~* condemn s.b. in spite of his denial
nekrolog obituary [notice]
nekros [-'krå:s] *s3*, *läk.* necrosis (*pl* necroses)
nektar ['nekk-] *s9* nectar (*äv. bildl.*)
nemesis ['ne:-] *r* nemesis; (*hämndens gudinna*) Nemesis
neo|klassicism neo-classicism **-litisk** *a5* neolithic **-logi** [-lå'gi:] *s3* neologism
neon [-'å:n] *s7* neon **-ljus** neon light **-rör** neon tube **-skylt** neon sign
nepotism nepotism
ner *se ned* **-e 1** down; *längst ~ i* at the very bottom (end) of; *priset är ~ i 2 pund* the price is down to £ 2; ~ *på* down on (at) **2** (*friare o. bildl.*) low; *ligga ~* (*om verksamhet e.d.*) be (have been) stopped, be at a standstill **3** (*kroppsligt o. andligt*) run down; (*deprimerad*) depressed, down in the dumps
neri|um ['ne:-] *-en -er*, *bot.* oleander
nerts [nä-] *s2* mink **-päls** mink coat
nerv [nä:-] *s3* nerve (*äv. bildl.*); *bot. äv.* vein; *han har goda ~er* (*äv.*) he doesn't know what nerves are; *gå ngn på ~erna* get on a p.'s nerves **-bana** *anat.* nerve-circuit; *fysiol.* nerve-path **-cell** nerve-cell **-centrum** nerve-centre **-chock** nervous shock **-feber** *se tyfoidfeber* **-ig** *a1*, *bot.* veined, nerved **-klen** *se -sjuk* **-knippe** *anat.* nerve-bundle; *bildl.* bundle of nerves **-knut** ganglion **-krig** war of nerves **-lugnande** *a4* nerve-soothing; ~ *medel* tranquillizer, sedative **-läkare** nerve specialist, neurologist **-ositet** nervousness; nervous tension **-pirrande** *a4* thrilling, exciting **-press** nervous strain **-påfrestande** *a4* nerve-racking, ... trying to the nerves **-retning** nervous impulse; innervation **-ryckning** nervous spasm **-sammanbrott** nervous breakdown **-sjuk** neurotic **-sjukdom** nervous disorder, neurosis **-slitande** *a4* nerve-racking **-spänning** nervous strain **-stillande** *a4*, *se -lugnande* **-svag** nervous, neurasthenic **-system** nervous system **-tråd** nerve fibre **-värk** neuralgia **-ös** *a1* nervous; (*för tillfället*) agitated, flurried, excited; (*orolig*) uneasy, restless; (~ *av sig*) highly-strung, *vard.* nervy, jumpy **-öst** [-ö:-] *adv* nervously *etc.*; *skruva sig ~* fidget uneasily
nes|a *s1* ignominy, shame, dishonour, disgrace **-lig** [ˣne:s-] *a1* (*vanärande*) ignominious; (*skamlig*) shameful, disgraceful; (*nedrig*) infamous
nestor ['nesstår] *s3* doyen; *vard.* grand old man
netto I *adv* net [cash]; (*utan emballage*) without packing **II** *s6* [net] profit; *rent ~* net without discount; *förtjäna i rent ~* net, clear; *i ~* [in] net profit **-avkastning -behållning** net proceeds (*pl*), net yield **-belopp** net amount **-lön** net wages (*pl*) **-pris** net price **-resultat** net result **-vikt** net weight
neur|algi [nevr-] *s3* neuralgia **-algisk** *a5* neuralgic **-asteni** *s3* neurasthenia **-asteniker** neurasthenic [patient] **-it** *s3*, *med.* neuritis **-okirurgi** neurosurgery, neurotomy **-olog** neurologist **-ologi** [-olå-] *s3* neurology **-on** [-'rå:n] *s7*, *s4* neuron **-os** [-'rå:s] *s3* neurosis (*pl* neuroses) **-otisk** [-'rå:-] *a5* neurotic
neutral *a1* neutral; *språkv.* neuter **-isera** neutralize (*äv. bildl.*); (*motväga*) counteract **-isering** neutralization **-itet** neutrality **-itetspolitik** policy of neutrality **-läge** neutral position; *elektr.* neutral plane
neutr|ino *s9* neutrino **-on** [-'trå:n] *s3* neutron **-onbestrålning** neutron irradiation **-onbomb** neutron bomb **-oninfångning** neutron capture **-onstrålning** neutron radiation **-um** ['ne:u-] *s4* (*i* in the) neuter
nevö *s3* nephew
ni *pron* you; ~ *själv* [you] yourself
1 nia *v1*, *ung.* use the more formal mode of address
2 nia *s1* nine
nick *s2* nod **-a 1** nod (*åt* to); ~ *bifall* nod approval; ~ *till* (*somna*) drop off [to sleep] **2** *sport.* head **-edocka** *bildl.* yes-man
nickel ['nikk-] *s9*, *s7* nickel **-gruva** nickel mine **-stål** nickel steel
nickning *en ~ a*) a nod [of the (one's) head], *b*) *sport.* a header
nid|ing miscreant, vandal **-ingsdåd** villainy, act of vandalism, outrage **-skrift** lampoon, libellous pamphlet **-skrivare** lampooner, scurrilous pamphleteer **-visa** rhymed lampoon
niece [ni'ä:s, -'e:s] *s5* niece
nieller|a inlay with niello **-ing** niello-work
nig|a *neg -it* curtsy (*djupt* low; *för* to), drop [s.b.] a curtsy **-it** *sup av niga* **-ning** [-i:g-] curtsy[ing]
nihilis|m nihilism **-t** nihilist **-tisk** *a5* nihilistic
nikotin *s4*, *s3* nicotine **-förgiftning** nicotine-poisoning **-halt** nicotine content **-haltig** *a1* ... containing nicotine **-ism** nicotinism **-ist** nicotine-addict **-missbruk** excessive smoking
nikt *s4*, *s3* lycopodium powder
Nilen ['ni:-] *r* the Nile
nimbus ['nimm-] *s2* nimbus (*äv. bildl.*)
nio [*vard.* nie] nine; *en ~ tio stycken* some

nine or ten; *jfr fem o. sms.* **-faldig** *a1* ninefold **-nde** [-å-] ninth **-n[de]del** [-å-] ninth [part] **-svansad** *a5*, *den ~e katten* the cat-o'-nine-tails

nipa *s1* steep sandy river-bank

nippel ['nipp-] *s2* nipple

nipper ['nipp-] *pl* trinkets; (*dyrbarare*) jewels, jewelry (*sg*) **-skrin** jewelry-case

nippertippa *s1* pert miss, saucy girl

nisch *s3* niche

1 nit *s7* (*brinnande iver*) zeal, ardour, fervour; (*flit*) diligence, application; *ovist ~* injudicious zeal; *för ~ och redlighet* for zealous and devoted service

2 nit *s2*, *s3* (*-lott*) blank [ticket]; *dra en ~* draw a blank

3 nit *s2*, *tekn.* rivet; *~ med försänkt huvud* flush rivet **-a** rivet (*vid* [on] to); *~ fast* rivet [... firmly]; *~ ihop* rivet ... together **-are** riveter **-hammare** riveting-hammer **-huvud** rivet-head

nitisk ['ni:-] *a1* zealous, ardent, fervent; (*flitig*) diligent

nit|nagel rivet **-ning** [-i:-] riveting; *konkr. äv.* riveted joint

nitlott *se 2 nit*

nitr|at *s7*, *s4* nitrate **-era** nitrify, nitrate **-ering** nitration **-oglycerin** nitro-glycerin[e]

nittio ninety; *jfr femtio o. sms.* **-nde** [-å-] ninetieth **-n[de]del** [-å-] ninetieth [part] **-tal** *på ~et* in the nineties **-åring** (*äv.*) nonagenarian

nitton [-ån] nineteen **-de** nineteenth **-hundratal** *på ~et* in the twentieth century

nitvinst consolation prize

nitälska be zealous (eager) (*för* for) **-n** *r* zeal

niveller|a level out, equalize, reduce ... to one (a uniform) level; *lantm.* level **-ing** levelling

nivå *s3* level (*äv. bildl.*); *bildl. äv.* standard; *i ~ med* on a level with; *konferens på högsta ~* (*äv.*) summit (top-level) conference **-karta** contour map **-skillnad** difference in altitude (of level)

nix *interj* not a bit of it!, no!

Nizza [ˣnissa] *n* Nice

njugg *a1* parsimonious, niggardly (*på*, *med* with, of; *mot* towards, to); (*på ord o.d.*) sparing (*på* of) **-het** parsimoniousness *etc.*

njur|bäcken [-u:-] renal pelvis (*pl* pelves) **-e** *s2* kidney **-formig** [-å-] *a1* kidney-shaped **-sjukdom** kidney disease, disorder of the kidney[s] **-sten** stone in the kidney[s], renal calculus **-talg** suet

njut|a *njöt -it* enjoy (*livet* life); *absol.* enjoy o.s., have a good time; *~ av* enjoy, delight (*starkare:* revel) in **-bar** [-u:-] *a1* (*ätbar*) eatable, edible; (*smaklig*) palatable; (*om t.ex. musik*) enjoyable **-it** *sup av njuta* **-ning** [-u:-] enjoyment; pleasure, delight; feast (*för ögat* for the eye)

njutnings|full full of enjoyment, highly (very) enjoyable **-lysten** pleasure-seeking, pleasure-loving **-lystnad** craving for (love of) pleasure **-medel** means of enjoyment (etc.); (*stimulerande medel*) stimulant **-människa** epicurean **-rik** *se -full*

njöt *imperf av njuta*

nobel ['nå:-] *a2* noble, distinguished; (*storsint*) generous

nobelpris [nɷˣbell-] Nobel Prize **-tagare** Nobel Prize winner

nobless [nå-] nobility; *~en* (*vard.*) the upper ten [thousand]

nock [nåkk] *s2* **1** *sjö.* (*gaffel-*) [gaff-]end; (*rå-*) [yard-]arm **2** *byggn.* ridge **3** *tekn.* cam

nod *s3*, *astron.*, *bot.*, *fys.* node; *uppstigande ~* ascending node

nog 1 (*tillräckligt*) enough, sufficiently; *jag har fått ~* (*äv. bildl.*) I have had enough (my fill, all I want); *det är ~* that is enough (sufficient); *mer än ~* (*äv.*) enough and to spare; *hälften kunde ha varit ~* half would have been enough; *vara sig själv ~* be sufficient unto o.s.; *nu kan det vara ~!* that'll do!, enough of that now!; *inte ~ med att han glömmer* he not only forgets; *och inte ~ med det* and that is not all; *hur skall jag ~ kunna tacka dig!* how can I thank you sufficiently!; *den kan inte ~ berömmas* it cannot be too highly praised; *förklarligt ~* as was only natural; *jag var dum ~ att* I was stupid enough to; *märkvärdigt ~* remarkably enough; *nära ~* practically; *underligt ~* strange to say; *det vore ~ så intressant att* it would be exceedingly (*vard.* ever so, jolly) interesting to **2** (*sannolikt*) probably; I expect, I dare say, I suppose; (*säkerligen*) no doubt, doubtless; (*visserligen*) I (you) [must] admit, certainly, to be sure, it is true; *du förstår mig ~* you will understand me [,I am sure (no doubt)]; *du har ~ träffat honom här* you have probably met him here; *~ vet ni att* you must know (you know of course) that; *han kommer ~* he will come all right; *jag skall ~ se till att* I'll se to it that; *det tror jag ~!* I should think so!; *det kan jag ~ tänka mig!* I can (very well) imagine that!; *det är ~ sant, men* that is probably true, but, that is true enough, but; *~ för att du har gjort dig förtjänt av det* not but what you have deserved it **3** (*tämligen*) fairly (*bra* good)

noga I *adv* (*exakt*) exactly, precisely; accurately; (*ingående*) closely, minutely, narrowly; (*omsorgsfullt*) carefully; (*uppmärksamt*) attentively; (*strängt*) strictly (*bevarad hemlighet* guarded secret); *akta sig ~ för att* take great (good) care not to; *hålla ~ reda på* keep an accurate account of; *lägga ~ märke till* note ... carefully; *det behöver du inte ta så ~!* you needn't be to particular about that! **II** *a1* (*noggrann*) careful; (*precis*) exact, precise; (*nogräknad*) scrupulous; (*kinkig*) particular; (*petig*) meticulous; (*fordrande*) exacting; *vara ~ med a*) be very exact in (about), *b*) be very particular about (make a point of) (*att passa tiden* being in time); *det är inte så ~ med det!* it doesn't matter very much!, it's not all that important!

nog|grann (*jfr -a I*) (*exakt*) accurate, exact; (*ingående*) close; (*detaljerad*) elaborate, minute; (*sträng*) strict; (*omsorgsfull*) careful, particular **-grannhet** accuracy, exactitude, precision; carefulness *etc.* **-räknad** [-ä:-] *a5* particular, scrupulous; (*granntyckt*) dainty **-samt** [-ɷ:-] (*i högsta grad*) extremely, exceedingly; (*mycket väl*) well enough; *det*

är ~ känt att it is a [perfectly] well-known fact that
nojs [nåjjs] *s7, se skämt, flört* **-a** *se skämta, flörta*
noll [nåll] nought, naught; *Am. äv.* aught; (*på termometer etc.*) zero; *sport. äv.* none, nil; (*i tennis*) love; *~ komma åtta* (*0,8*) nought point eight (0.8); *mitt telefonnummer är två ~ nio ~ åtta* my telephone number is two o[h] nine o[h] eight; *~ ~* (*sport.*) nil-nil, *tennis.* love all; *plus minus ~ a*) *mat.* plus minus nought, *b*) (*friare*) absolutely nothing (nil); *av ~ och intet värde* of no value what[so]ever, absolutely worthless **-a** *s1* nought, naught; cipher; *Am. äv.* aught; *vetensk.* zero; *en ~* (*om pers.*) a nobody, a nonentity **-gradig** *a1* at freezing temperature, freezing **-korrektur** *typ.* reader's (first) proof **-läge** (*hopskr. nolläge*) (*mättekn.*) mechanical zero; (*friläge*) neutral [position] **-meridian** prime (datum) meridian **-punkt** zero, freezing point; *absoluta ~en* absolute zero; *stå på ~en* be at zero (*äv. bildl.*) **-ställning** zero [position] **-tid** *på ~* in no time
nomad *s3* nomad **-folk** nomadic people **-isera** nomadize; *~nde folk* (*äv.*) migratory people **-isk** *a5* nomad[ic] **-liv** nomadic (*friare*: roving, migratory) life
nom|en ['nå:-, 'nɷ:-] *s7, pl äv. -ina, språkv.* noun [and adjective] **-enklatur** nomenclature **-inalform** *språkv.* noun-form **-inallön** nominal wage[s] **-inativ** *s3* (*i* in the) nominative **-inell** [-'näll] *a1* nominal; *~t värde* (*äv.*) face value; *~t lydande på* at the face (nominal) value of **-inera** nominate **-inering** nomination **-ografi** *s3* nomography **-ogram** *s7* nomogram
nonaggressionspakt [nån-eˣʃɷ:ns-] non-aggression pact
nonchal|ans [nåŋʃa'laŋs, nån-'ans] *s3* nonchalance, carelessness; off-handedness; (*försumlighet*) negligence **-ant** [-'laŋt, -'lannt] *a1* nonchalant; careless; negligent; off-hand[ed] **-era** pay no attention to, neglect
nonfigurativ [nån-] *a1* non-figurative
nonie ['nɷ:-] *s5, mättekn.* vernier
non|intervention [nån-] non-intervention **-kombattant** [nånkå-] non-combatant
nonsens ['nånn-] *n* nonsense, rubbish
nopp|a [-nå-] **I** *s1* burl, knot **II** *v1* **1** *tekn.* burl **2** (*om fågel*) pluck, preen; (*ögonbryn*) pluck; *~ sig* (*om fågel*) preen its feathers **-ig** *a1* burled, knotty
nord [nɷ:rd] **I** *s2* north; *N~en* the Nordic (Northern, Scandinavian) countries (*pl*); *i höga N~* in the Far North **II** *adv* north (*om* of); *vinden var ~ till väst* the wind was north by west
Nord|afrika *n* North[ern] Africa **-amerika** *n* North America
nordan [ˣnɷ:r-] **I** *adv, se norr II* **II** *r, se följ.* **-vind** north wind
Nordatlanten *r* the North Atlantic
nordbo northerner, inhabitant of the North
Nord|england *n* Northern (the North of) England **-europa** *n* Northern Europe
nordis|k ['nɷ:r-] *a5* northern; *etnogr.* Nordic; *de ~a länderna* the Nordic (Northern) countries; *~a språk* Scandinavian (Nordic) languages **-m** efforts (*pl*) to promote Nordic unity
Nord|kalotten [ˣnɷ:rd-å-] *r* the Scandinavian Shield (arctic regions of Norway, Sweden, Finland and Kola Peninsula) **-kap** *n* the North Cape
nord|lig [ˣnɷ:rd-] *a1* (*i norr*) northern; (*från norr*) north[erly]; *~ bredd* north latitude; *det blåser ~ vind* the wind is in (is blowing from) the north **-ligare I** *a, komp.* more northerly **II** *adv* further (more to the) north **-ligast I** *a, superl.* northernmost **II** *adv* farthest north **-man** *hist.* Norseman **-nordost** north-north-east (*förk.* NNE) **-nordväst** north-north-west (*förk.* NNW) **-ost I** *s2* (*~lig vind*) north-east wind; north-easter; (*väderstreck*) north-east (*förk.* NE) **II** *adv* north-east (*om* of) **-ostlig** [-ˣɷst-, -'ɷst-] *a1* north-east[ern]; *jfr -lig* **-ostpassagen** the North-East Passage **-pol** *~en* the north pole **-polsexpedition** expedition to the north pole
Nordsjön *r* the North Sea
nord|sluttning north[ern] slope **-väst I** *s2* (*~lig vind*) north-west wind; north-wester; (*väderstreck*) north-west (*förk.* NW) **II** *adv* north-west (*om* of) **-västlig** [-ˣvässt-, -'vässt-] *a1* north-west[ern]; *jfr -lig* **-västra** [-ˣvässt-, -'vässt-] north-west[ern] **-östra** [-ˣösst-, -'össt-] north-east[ern]
Norge ['nårrje] *n* Norway
norgesalpeter Norwegian saltpetre
norm [nårrm] *s3* standard (*för* of; *för ngn* for s.b.); (*måttstock äv.*) norm; (*regel*) rule; (*mönster*) model, type (*för* for); *gälla som ~* serve as a standard
normal [nå-] **I** *a1* normal; standard, regular; *under ~a förhållanden* (*äv.*) normally; *han är inte riktigt ~* (*äv.*) he is not quite right in his head **II** *s3* standard, type **-begåvad** *a5* normally gifted; average **-isera** normalize; standardize **-ljus** standard candle[-power] **-mått** standard[ized measure] **-pris** standard prize **-prosa** ordinary (plain) prose **-skolekompetens** diploma of secondary education for girls **-spårig** *a1* [of] standard gauge **-storlek** standard (normal, regular) size **-tid** standard (mean) time **-ton** *mus.* concert pitch **-vikt** regular (standard) weight
normand [når'maŋd, -'mannd] *s3* Norman
Normandie [nårmaŋ'di:,-man-] *n* Normandy
normandisk [når'maŋdisk, -'mann-] *a5* Norman; *N~a öarna* the Channel Islands
norm|ativ ['nårr-, -'ti:v] *a1* normative **-era** standardize, gauge; (*reglera*) regulate **-ering** standardization **-givande** *a4* normative, standard-forming; *vara ~ för* (*äv.*) be a rule (a standard) for
norn|a [ˣnɷ:r-] *s1* Norn; *-orna* (*vanl.*) the Weird Sisters, the Fates (Destinies)
norr [nå-] **I** *n* the north; *mot ~* to the north; *rätt i ~* due north **II** *adv* [to the] north (*om* of) **-a** *best. a* the north (*sidan* side); the northern (*delarna av* parts of) ; *~ England* Northern England, the North of England; *N~ ishavet* the Arctic Ocean
norr|gående *a4* (*om tåg o.d.*) northbound **-ifrån** ['nårr-] from the north

norr|ländsk *a5* [of] Norrland **-länning** Norrlander **-man** Norwegian **-sida** *bergets ~* the north side of the mountain **-sken** *s7* aurora borealis; *~et* (*äv.*) the northern lights (*pl*) **-ut** ['nårr-] **-över** ['nårr-] northward[s], towards [the] north; (*i norr*) in (to) the north; *längst ~* northernmost

nors [nå-] *s2, zool.* smelt; *jag vill vara skapt som en ~ om* I'll be blowed if

norsk [nå-] *a5* Norwegian; *hand. o.d. äv.* Norway; *hist.* Norse **-a** *s1* **1** (*språk*) Norwegian; *hist.* Norse **2** (*kvinna*) Norwegian woman

nos *s2* nose (*äv. friare*); (*hos hästar, nötkreatur*) muzzle; (*hos fiskar, kräldjur*) snout; *blek om ~en* white about the gills **-a** smell, scent; *~på* sniff (smell) at; *~ reda på ngt* ferret s.th. out, find out s.th. **-grimma** muzzle **-hörning** [-ö:-] rhinoceros **-hörningshane** bull rhinoceros **-hörningshona** cow rhinoceros **-ig** *a1* cheeky, pert (*mot* towards, to) **-kon** nose cone **-ring** nose-ring; cattle-leader **-spets** tip of the nose

1 not *s2* (*fisk-*) [haul-(drag-)] seine; *dra ~* fish with a seine

2 not *s3* **1** (*anmärkning*) note, annotation; (*fot-*) footnote **2** *polit.* [diplomatic] note, memorandum **3** *mus.* note; *~er* (*-häfte*) music (*sg*); *spela efter ~er* play from music; *skriva ~er* write music; *ge ngn stryk efter ~er* give s.b. a good thrashing; *vara med på ~erna* catch on (the drift), fall in with the idea

nota *s1* (*räkning*) bill, account; *Am. äv.* check; (*förteckning*) list (*på* of); *jfr tvätt-*

notab|el *a2* ... of note **-ilitet** *s3* notability

notari|atavdelning trust department **-e** [-ˣta:- -'ta:-] *s5* [recording] clerk, notary; (*vid domsaga äv.*) law clerk, deputy judge **-us publicus** [no'ta:rius 'pubblikus] *r, pl notarii publici* [-si] notary public

not|blad sheet of music **-era 1** (*anteckna*) note (write) down, make a note of; (*lägga på minnet*) note; (*bokföra äv.*) enter, book **2** (*fastställa pris på, äv. börs.*) quote (*till* at) **-ering 1** noting (*etc.*) down; (*mera konkr.*) note, notation; (*bokföringspost*) entry, item; *enligt våra ~ar* (*hand.*) according to our records **2** *hand., börs.* quotation **-esblock** [ˣnå:ts-, *vard.* ˣno:tes-] [scribbling] pad **-esbok** [ˣnå:ts-, *vard.* ˣno:tes-] notebook **-häfte** sheets (*pl*) of music; (*större*) music-book **-ifikation** notification **-is** *s3* (*underrättelse*) notice; (*tidnings-*) news-item, paragraph; *ta ~ om* take notice of, pay attention to **-isbyrå** news agency **-isjägare** news-hound **-linje** *typ.* note-rule **-orisk** *a5* notorious **-papper** music-paper **-skrivare** music copyist **-skrivning** copying of music **-ställ** music-stand(-rack) **-system** staff **-tecken 1** *mus.* note **2** *typ.* reference mark

notvarp *s7* seine-sweep; *bildl.* crush

not|vändare person who turns pages of music for a pianist **-växling** *dipl.* exchange of notes

nougat [no'ga:t] *s3* nougat, almond paste

nova [ˣnå:-] *s1, astron.* nova (*pl* novae, novas)

novell *s3* short story **-ist** short-story writer **-istik** *s3* short-story writing **-samling** collection of short stories

november *r* November

novis *s3* novice; (*friare*) *se nybörjare*

nu I *adv* now; *Am. äv.* presently; (*vid det här laget*) by now (this time); *från och med ~* from now on[wards]; [*ända*] *tills ~* up till now; *~ då* now that; *den ~ rådande* (*äv.*) the present (existing); *vad ~ då?* what's up (the matter) now?; *för att ~ ta ett exempel* just by way of example; *vad var det han hette ~* [*igen*]? whatever was his name? **II** *s7*, *~et* the present [time]; *i detta ~* at this moment

nubb *s2* tack **-a** tack (*vid* on to); *~ fast* tack on, fasten ... with tacks

nubbe *s2* dram, snaps

Nubien ['nu:-] *n* Nubia **nubi|er** ['nu:-] *s9* **-isk** ['nu:-] *a5* Nubian

nuck|a *s1* frump **-ig** *a1* frumpish

nudel *s2, kokk.* noodle

nudis|m nudism **-t** nudist

nuförtiden ['nu:-] nowadays; *vard.* these days

nugat *s3, se nougat*

nuklein *s7, s4* nuclein **-syra** nucleic acid

nukleär *a1* nuclear; *~a vapen* nuclear weapons

nu|läge present situation **-mer[a]** ['nu:-] now[adays]

numer|isk *a5* numeric[al]; *en ~t överlägsen* a numerically superior, a[n] ... superior in numbers **-us** ['nu:-] *n* number **-är I** *s3* number; (*armés o.d.*) [numerical] strength **II** *a5, se -isk*

numismati|k *s3* numismatics (*sg*) **-ker** [-'ma:-] numismatist **-sk** [-'ma:-] *a5* numismatic

nummer ['numm-] *s7* number; (*exemplar*) copy; (*tidnings- o.d.*) issue; (*storlek*) size; (*programpunkt e.d.*) item; *gammalt ~* (*av tidning o.d.*) back issue; *göra ett stort ~ av* make a great feature (fuss) of; *behandlas som ett ~* (*om pers.*) be treated as no more than a number **-byrå** *tel.* directory enquiries [office] **-följd** number sequence; *ordna i ~* arrange consecutively **-lapp** queue [number] ticket **-ordning** numerical order **-plåt** (*på motorfordon*) licence-(number-)plate **-skiva** *tel.* dial

numrer|a number; *~de platser* numbered seats; *~d från 1 till 100* numbered 1 to 100 **-ing** numbering, numeration

nuna *s1, vard.* phiz, dial

nunn|a *s1* nun; *bli ~* (*äv.*) take the veil **-edok** nun's veil **-efjäril** nun moth **-ekloster** nunnery, convent **-eorden** order of nuns, [religious] sisterhood **-eört** corydalis

nuntie ['nunntsie] *s5* nuncio

nupit *sup av nypa*

nusvenska present-day Swedish

nutid present times (*pl*); [the] present day; *forntid och ~* past [times] and present; *~ens människor* present-day people, people of today **-a** *oböjl. a* present-day; modern

nutids|diktning modern poetry **-människa** modern man **-orientering** knowledge of present-day (contemporary) life and events

nutria ['nu:-] *s1* nutria

nu|varande *a4* present; (*rådande*) existing; (*om pris*) ruling, current; *i ~ läge* as things stand at present, in (under) the present circumstances, as it is; *i ~ ögonblick* at the present moment **-värde** present value; *försäkr.* capitalized value

ny I *a1* new (*för* to); (*förnyad*) fresh; (*färsk*) recent (*böcker* books); (~ *o. ovanlig*) novel (*erfarenhet* experience); (*annan*) [an]other; (*ytterligare*) additional, extra (*börda* burden), further (*order* orders); *bli en ~ människa a*) (*t. hälsan*) become a new man, *b*) (*i åskådning e.d.*) become a different person; *~tt mod* fresh courage; *~tt stycke* (*typ.*) new paragraph; *~a tiden* modern times, the modern age; *Gott ~tt år!* a Happy New Year!; *det ~a i* the novelty in (of), what is new in **II** *s6, s7* (*-tändning*) new phase of the moon; *månen är i ~* the moon is new; *jfr -måne*

Nya Guinea [ˣny:a giˣne:a] *n* New Guinea

ny|anläggning new plant (establishment) **-anländ** *a5* newly (just) arrived; *de ~a* (*äv.*) the newcomers, the new arrivals

nyans [-'aŋs, -'anns] *s3* shade; nuance, tone; (*anstrykning*) tinge; (*om uttryck*) shade of meaning; *hans röst saknar ~er* his voice lacks modulation (variation) **-era** shade off; *mus.* modulate; (*variera*) vary **-ering** shading[-off] *etc.*

ny|anskaffning replacement; new acquisition [of equipment] **-anställd** new employee **-are** *a, komp.* newer *etc.*; more modern; *i ~ tid* in modern (recent) times (*pl*) **-ast** *a, superl.* newest; most modern (*etc.*); (*senast*) latest

Nya Zeeland [ˣny:a 'se:-] *n* New Zealand

ny|bakad *a5* **1** fresh from the oven, new-made(-baked) **2** *bildl.* newly-fledged **-bildad** *a5* newly (recently) formed (founded) **-bildning** new (recent) formation (creation, establishment); *språkv. äv.* neologism, coinage, mintage; *med.* new growth, neoplasm **-bliven** *a5* (*om student e.d.*) newly-fledged; (*om professor e.d.*) newly-appointed; *hon är ~ mor* she has just become a mother **-byggare** settler, colonist **-byggd** *a5* new[-built], newly constructed (built) **-bygge** house (ship *etc.*) under construction **-byggnad** new construction (house, building *etc.*) **-börjarbok** primer (*i* of) **-börjare** beginner; novice, tyro, new hand **-börjarkurs** beginners' course

nyck *s3* whim; fancy; caprice; *genom en ödets* (*naturens*) *~* by a freak of fate (Nature)

nyckel *s2* key; *bildl.* clue; (*kod*) code, cipher; *vrida om ~n* turn the key; *~n till framgång* the key to success **-ax** key-bit **-ben** *anat.* collar-bone, clavicle **-blomster** orchis **-harpa** *mus.* keyed fiddle **-hål** keyhole **-industri** key industry **-knippa** bunch of keys **-ord** key-word; (*t. korsord*) clue **-piga** ladybird; *Am.* ladybug **-ring** key-ring **-roman** roman à clef **-ställning** key position **-ämne** *tekn.* key-blank

nyckfull capricious; (*om pers. äv.*) whimsical; (*om väderlek*) changeable, fickle; (*ostadig*) fitful **-het** capriciousness *etc.*; whimsicality

ny|dana fashion ... anew; reorganize **-danare** refashioner; reorganizer, regenerator; (*pionjär*) pioneer, breaker of new ground **-daning** refashioning; reorganization, regeneration **-edition** new edition **-emission** issue of new shares, new [share] issue **-etablering** new business starts (*pl*) **-examinerad** *a5* newly qualified **-fallen** *a5* (*om snö*) newly-(fresh-)fallen **-fascistisk** Neo-Fascist **-fiken** *a3* curious (*på* about, as to); (*alltför ~*) inquisitive, prying **-fikenhet** curiosity; inquisitiveness; *av ren ~* out of sheer curiosity; *väcka ngns ~* arouse a p.'s curiosity, make s.b. all agog **-född** new-born; *barnet är alldeles -fött* the baby has just been born **-förlovad** *hon är ~* she has just got engaged [to be married]; *de ~e* the newly-engaged couple **-förvärv** *ett ~* a new (recent) acquisition **-förvärvad** *a5* newly (recently) acquired **-gift** newly-married (-wedded); *de ~a* the newly-married couple **-gjord** newly-made **-gotik** Neo-Gothic (*äv. ~en*) **-grad** centesimal degree **-grekiska** Modern Greek **-grundad** *a5* newly founded **-gräddad** freshly-baked

nyhet (*egenskap att vara ny*) newness; (*ngt nytt*) novelty, s.th. new; (*ny sak*) novelty; (*nymodighet*) novelty, innovation; (*underrättelse*) news (*sg*); *~ens behag* the charm of novelty; *förlora ~ens behag* become stale; *en ~* (*i tidning e.d.*) a news-item, a piece of news; *en viktig ~* (*äv.*) a piece of important news; *inga ~er är goda ~er* no news is good news; *det var en ~ för mig* this is news to me; *~erna för säsongen* the novelties of the season, (*kläder*) the season's new fashions

nyhets|byrå news (press) agency **-förmedling** news service **-utsändning** *radio.* news broadcast

ny|inflyttad *a5, vara ~* have just (recently) moved in, (*i område o.d.*) be a newcomer [to the district] **-inkommen** *a5* just (recently) arrived **-inredd** *a5* recently refitted (fitted up) **-inrättad** *a5* newly established (created) **-inskriven** *a5* newly enrolled; *mil.* newly enlisted **-instudering** [preparing of a] new production; *hans ~ av Fidelio* his new characterization of Fidelio **-klassicism** neo-classicism **-klippt** *a4* newly cut; *han är ~* he has just had his hair cut **-kläckt** *a4* newly-hatched **-kokt** [-ɷ:-] *a4* freshly-boiled **-komling** [-å-] newcomer, fresh arrival; (*i skola e.d.*) new boy (girl) **-konstruktion** new construction (design)

nykter ['nykk-] *a2* **1** sober; (*måttlig*) temperate **2** *bildl.* sober[-minded], level-headed **-het** (*äv. bildl.*) sobriety, soberness; temperance **-hetsorganisation** temperance organization **-hetsrörelse** temperance movement **-hetsvän** advocate of temperance **-ist** total abstainer, teetotaller

nyktra *~ till* become sober [again], sober up, *bildl.* sober down

ny|kärnad [-çä:r-] *a5* newly-churned; fresh from the diary **-lagd** *a5* (*om ägg*) new-laid; *håret är -lagt* my (*etc.*) hair has just been set

nyligen recently; lately; (*på sista tiden äv.*) latterly, of late; *helt ~* quite recently

nylon [-'lå:n] *s4, s3* nylon **-skjorta** nylon shirt **-strumpor** nylon stockings (*herr-:* socks); nylons

nymf *s3* nymph **-omani** *s3* nymphomania
ny|modig *a1* new-fashioned, modern; *neds.* new-fangled **-modighet** modernity; *en ~* a new-fangled thing (idea, notion) **-mornad** [-å:-] *a5* newly-awakened; hardly awake **-målad** *a5* freshly painted; *... är ~ ...* has just been painted; *-målat!* wet paint! **-måne** new moon
nynna hum
nynorsk I *a1* Modern Norwegian **II** *s1, språkv.* New Norwegian
ny|odling 1 *abstr.* land reclamation **2** *konkr.* reclaimed land; (*i skog*) clearing **-omvänd** *a5* newly converted; *en ~* a new convert, a neophyte **-ordna** reorganize, reform **-ordning** reorganization, re-arrangement; new order **-orientering** re-orientation, readjustment
nyp *s7* pinch **-a I** *s1* **1** (*fingrar*) fingers (*pl*); *vard.* paw **2** (*det man tar i ~n*) pinch [of ...]; *en ~ luft* a breath of air; *med en ~ salt* (*bildl.*) with a pinch (grain) of salt **II** *nöp nupit, äv. v3* pinch, nip; *det -er i skinnet* there is a nip in the air **-as** *nöps nupits, äv. v3, dep* pinch; *-s inte!* don't pinch me!
ny|planterad *a5* newly-(recently-)planted; replanted **-plantering** new plantation, newly planted flower-bed (*etc.*) **-platonism** Neoplatonism
nypon [-ån] *s7* rose-hip **-blomma** dog-rose [flower] **-buske** dog-rose bush **-soppa** rose-hip cream
ny|premiär (*på film*) rerun, revival **-pressad** *a5* newly-pressed, (*om byxor äv.*) newly-creased **-påstigen** *a5 ...* who has just entered the bus (train *etc.*) **-rakad** *a5* freshly-shaved **-rekrytera** recruit new men (staff) **-reparerad** *a5* newly-repaired **-rik** new-rich; *en ~* a nouveau riche; *de ~a* the new-rich
Nürnberg ['nyrrn-] *n* Nuremberg **-processen** the Nuremberg trials (*pl*)
ny|romantik neo-romanticism; *~en* (*äv.*) the Romantic Movement **-romantisk** romanticist **-rostad** [-å-] *a5* freshly-roasted
nys *s i uttr.: få ~ om ngt* get wind of s.th.
nysa *v3, imperf äv. nös* sneeze
ny|silver silver-plated ware; *gafflar av ~* silver-plated forks **-skapa** create anew; *~d* newly created **-skapande** *s6, ~t av* the creating of new **-skapare** innovator, creator of new; *flottans ~* the creator of the new navy **-skapelse** new creation, innovation **-slagen** *a5* (*om hö o.d.*) new-mown
nysning [ˣny:s-] sneezing; *en ~* a sneeze
ny|snö newly-fallen snow **-språklig** *a1, ~ linje* modern language side
nyss just [now], a moment ago; *en ~ inträffad olycka* a recent accident **-nämnd** *a5* just mentioned (*etc.*)
nysta wind; *absol. äv.* make ... up into balls (a ball) **-n** *s7* ball, spool
ny|startad *a5* (*om företag*) newly established (founded *etc.*) **-stavning** new (reformed) spelling **-struken** *a5* newly-ironed
nystvinda reel, hasp, spindle
ny|stärkt *a4* freshly-starched **-svenska** Modern Swedish **-teckna** *~ aktier i* subscribe to new shares in; *~de aktier* newly subscribed shares; *~de försäkringar* new insurance business (*sg*) **-teckning** (*av aktier*) new subscription
nyter ['ny:-] *a2* cheery, bright; *pigg och ~* bright and cheery
ny|tillskott new addition; new influx **-tryck** reprint
nytt *n, någonting ~* something new; *~ och gammalt* new things and old; *på ~* anew, once more; *börja på ~* start (begin) afresh; *försöka på ~* try again, have another try, make a new attempt
nytt|a I *s1* (*användning*) use, good; (*fördel*) advantage, benefit, profit; (*-ighet*) utility, usefulness; *förena ~ med nöje* combine business with pleasure; *~n med det* the use[fulness] (advantage) of it; *dra ~ av* benefit from, profit by, utilize, (*med orätt*) take advantage of; *göra ~* do some good, be of some use; *ha ~ av* find useful (of use); *vara till ~* be of some help, do some good; *till ~ för* of use to, serviceable for; *till ingen ~* of no use **II** *v1, se gagna; det ~r inte* it is no use (*att göra det* doing it) **-ig** *a1* useful (*för* for); of use (service) (*för* to); good (*för* for); (*hälsosam*) wholesome; *det blir ~t för mig* it will do me good **-ighet** (*med pl*) utility; (*utan pl äv.*) usefulness
nyttja use, employ; *jfr använda* **-nderätt** usufruct, right of (to) use; *ha ~ till* hold in usufruct, have the use and enjoyment of
nytto|betonad *a5* utility; utilitarian **-föremål** useful article **-konst** applied art **-moral** utilitarian morality **-synpunkt** *ur ~* from the utility (utilitarian) point of view **-trafik** commercial traffic **-varor** utility products (articles) **-växt** useful plant
ny|tvättad *a5* just washed; newly-washed; (*om fönster*) newly-cleaned **-tändning** appearance of a new moon **-uppfunnen** *a5* recently invented **-upptäckt** *a4* rediscovered **-utkommen** *a5* just (recently) published, ... that has just appeared **-utnämnd** *a5* newly-appointed **-utslagen** *a5* (*om blomma*) ... that has just come out **-val** *s7* new election; *utlysa ~* appeal to the country, publish notices of a new election **-vald** *a5* newly-elected **-vunnen** *a5* newly-won **-värdesförsäkring** reinstatement value insurance **-zeeländare** [-ˣse:-] New Zealander **-zeeländsk** [-ˣse:-] *a5* New Zealand **-år** new year; *fira ~* celebrate New Year
nyårs|afton New Year's Eve **-dag** New Year's Day **-gåva** new-year['s] gift **-löfte** New Year resolution
nyöppnad *a5* newly-started (*affär* shop); newly-opened (*konto* account)
1 nå *interj* well!; (*ju*) why!; *~ då så!* oh, in that case!
2 nå *v4* (*komma fram t.*) reach (*äv. bildl.*), get (come) to, arrive at; (*upp-*) attain, achieve (*äv. bildl.*); (*räcka*) reach, attain; *~ mogen ålder* reach maturity; *enighet har ~tts om* agreement has been reached on; *jag ~ddes av nyheten* the news reached me; *han ~r mig till axeln* he comes up to my shoulder; *jag ~r inte dit* I cannot reach as far as that, it is beyond my reach; *~ fram till* reach as far as [to]; *~ ner till* reach down to; *~ upp till* reach [up to], come up to

nåd *s3* **1** (*misskund*) grace; (*barmhärtighet*) mercy; (*ynnest*) favour; *av Guds ~e* (*om kung*) by divine right, (*om t. ex. skald*) divinely gifted ...; *i ~ens år 1931* in the year of grace 1931; *av ~* out of mercy; *ansöka om ~* apply for a (sue for) pardon; *få ~* be pardoned; *ge sig på ~ och onåd* surrender unconditionally, make an unconditional surrender; *i ~er* graciously; *leva på ~er hos ngn* live on a p.'s charity; *låta ~ gå före rätt* temper justice with mercy; *synda på ~en* (*eg.*) presume on God's grace, *vard.* take advantage of a p.'s generosity; *finna ~ inför ngns ögon* find favour with s.b.; *ta ngn till ~er igen* take s.b. back into one's favour **2** (*höghet*) Grace; *Ers ~* Your Grace, (*Engl. äv.*) Your Lordship (Ladyship), my Lord (Lady); *lilla ~en* (*skämts.*) her little ladyship; *två gamla ~er* two old (elderly) ladies

nåda|skott *se -stöt* **-stöt** coup de grâce, deathblow; *ge ~en* finish off, put out of misery **-tid** time of grace, respite

nåde I *s, se nåd 1* **II** *v, i uttr. såsom: Gud ~ dig!* God have mercy upon you!; *Gud ~ om ...!* God help me if ...! **-ansökan** petition for pardon **-gåva** gift of grace; (*friare*) bounty, gratuity **-hjon** [-ejo:n] *s7* receiver of charity **-medel** means of grace **-rik** ... abounding in grace; (*friare*) gracious, merciful **-skott -stöt** *se nådastöt* **-vedermäle** mark of favour

nådig *a1* gracious; merciful; *Gud vare mig ~!* God be merciful to me (have mercy upon me)!; *på ~[a]ste befallning* by His Majesty's Command; *~ frun* her (*vid tilltal:* Your) Ladyship; *min ~a* your Ladyship, my Lady, [my dear] Madam

någ|on [-ån] (*jfr -ot, -ra*) (*en viss*) some, *subst.* someone, somebody; (*en el. ett par*) a[n] ... or two (so); (*~ alls, ~ som helst*) any, *subst.* anyone, anybody; (*en, ett*) a[n]; (*en enda*) one, a single; *har du ~ bror?* have you a brother?; *-ra egna barn har de inte* they have no children of their own; *har du -ra pengar? a*) (*på dig*) have you any money?, *b*) (*att låna mig*) have you got some money?; *om ~ vecka* in a week or two (so); *är det ~ här?* is there anyone here?; *jag har inte berättat det för ~* I haven't told anyone; *kan ~ av er ...?* can one (any [one]) of you ...?; *~ av dem måtte ha* one of them must have; *inte i ~ större utsträckning* not to any great extent; *utan ~ [som helst] svårighet* without any difficulty [whatsoever]; *inte på -ot vis!* by no means!, not at all!; *på ~ sätt* somehow (in some way) [or other]; *vi var -ra och trettio* we were thirty odd; *hon är -ra och trettio* she is thirty odd (something); *~ annan* someone else; *~ annan gång* some other time; *bättre än ~ annan* better than anyone else; *~ annanstans* somewhere else; *-ot eller -ra år* one year or more; *~ sådan har jag inte* I have nothing like that (of that kind); *en ... så god som ~* as good a[n] ... as any; *denne ~* this somebody; *du om ~* you if anybody; *tala svenska med ~ brytning* speak Swedish with a slight accent; *kära nån [då]!* goodness me!

någon|dera *fören.* one ... or the other; *självst.* one or other (*av dem* of them) **-sin** [-inn] ever; [at] any time; *aldrig ~* never **-stans -städes** (*jfr någon*) somewhere; anywhere; *Am. vard.* some place, any place **-ting** (*jfr något*) something; anything

någorlunda fairly, tolerably, pretty

någ|ot [-åt] **I** *pron* (*jfr -on*) something; anything; (*-on del*) some, any; (*~ litet*) a little; *det är ~ mycket vanligt* that (it) is [a] very common [thing]; *vad för ~?* what?; *vad är det för ~?* what is that?; *det var ~ visst med honom* there was [a certain] something about him; *~ sådant har aldrig hänt förut* such a thing has never (no such thing has ever) happened before; *han är ~ av en konstnär* he is something of an artist; *vill du mig ~? a*) (*~ särskilt*) is there something you want to see me about?, *b*) (*~ över huvud taget*) is there anything you want to see me about? **II** *adv* somewhat; a little, a bit, a shade, rather; *~ mindre än en timme* a little less than (somewhat under) an hour; *han är ~ till fräck!* he's pretty (a bit) impudent! **-otsånär** *se -orlunda* **-ra** [ˣnå:g-] (*jfr -on*) some; any; *subst.* some (any) people; (*~ få*) a few [people *etc.*]; *om ~ dagar* in a few (in two or three) days

nåja [ˈnå:-] oh well!

nål *s2* needle; (*hår-, knapp-*) pin; *sitta som på ~ar* (*bildl.*) be on pins and needles (on tenterhooks) **-a** *~ [fast]* pin ... on (*på* to), fasten ... on (*på* to) **-brev** packet of needles **-dyna** pincushion **-pengar** pin-money **-påträdare** needle-threader **-rasp** *s7* (*på grammofon*) scratching **-spets** needle-(pin-) -point **-stick** pin-prick (*äv. bildl.*)

nålsöga eye of a (the) needle

nål|vass [as] sharp as a needle **-ventil** needle valve

nåt *s2, s7, sjö. o. fackl.* seam

nåtla [ˣnå:t-] *fackl.* close, bind

nåväl well; all right

näbb *s2, s7* bill; (*i sht rovfågels*) beak; *var fågel sjunger efter sin ~* every bird pipes its own lay; *försvara sig med ~ar och klor* defend o.s. tooth and nail **-djur** *zool.* duckbill **-gädda 1** *zool.* garfish **2** *bildl.* pert (saucy) girl **-ig** *a1, bildl.* pert, saucy, impudent **-mus** shrew **-val** *s2* bottle-nosed whale

näck *s2* water-sprite; *N~en* Neck[an], *Skottl.* Kelpie **-ros** water-lily

näktergal *s2* nightingale

nämligen (*framför uppräkning*) namely, *skriftspr.* viz.; (*det vill säga*) [and] that is, which is; (*emedan*) for, because; (*'ser ni'*) you see; *saken är ~ den att* the fact is, you see, that, it's like this, you see

nämn|a *v2* (*om-*) mention (*för* to); (*säga*) say; (*omtala*) tell; (*be-*) name, call; *~ var sak vid dess rätta namn* call a spade a spade; *ingen -d och ingen glömd* all included; *under -da förutsättning* on the given assumption **-are** *mat.* denominator **-d** *s3* (*jury*) jury, panel; (*utskott*) committee, board **-deman** juror, juryman **-värd** [-vä:-] *a1* ... worth mentioning (speaking of); considerable, appreciable; *i ~ grad* materialiy; *ingen ~ förändring* no change to speak of

nännas *v2, dep* have the heart to

näpen *a3* engaging; sweet (dear) little (*flicka* girl); *i sht Am.* cute

näppe *s i uttr.*: *med nöd och ~* only just **-ligen** *se knappast*

näps|a *v3* (*tillrättavisa*) rebuke; (*straffa*) chastise, punish **-t** *s3* rebuke; chastisement

1 när I *konj* **1** when; (*just som*) [just] as; (*medan*) while; (*-helst*) whenever; *~ han kom in i rummet såg han* on entering the room he saw **2** *se emedan* **II** *adv* when, at what time; *~ som helst* at any time (moment)

2 när I *adv* near, [near (close)] at hand; *från ~ och fjärran* from far and near; *inte göra en fluga för ~* not hurt a fly; *det gick hans ära för ~* it hurt his pride; *jag hade så ~ sagt* I [very] nearly said, I was on the point of saying; *så ~ som på* except [for], but; *inte på långt ~* not by a long way, not anything like; *det var på ett hår ~* it was within an ace of **II** *prep* (*hos*) with, near

1 nära *nära närmare närmast o. näst* **I** *oböjl. a* near (*äv. om tid*); close; *bildl.* close, intimate; *på ~ håll* at close quarters; *inom en ~ framtid* in the near future **II** *adv* near; (*i tid äv.*) at hand; close to, near by; *bildl.* closely, intimately; (*nästan*) almost; *~ förestående* impending, imminent; *vara ~ att* be on the point of (*falla* falling), *Am. äv.* be near to (+ *inf.*); *~ skjuter ingen hare* a miss is as good as a mile; *~ inpå* near at hand; *affären ligger ~ till för oss* the shop is handy for us

2 när|a *v2* nourish, feed (*äv. bildl.*); (*hysa*) cherish, entertain; *~ en orm vid sin barm* nourish a viper in one's bosom; *ett länge -t hopp* a long-cherished hope; *en länge -d misstanke* a long-harboured suspicion **-ande** *a4* nourishing; nutritious, nutritive

när|apå almost, pretty near[ly]; (*så gott som*) practically **-belägen** [situated *etc.*] near (close) by (at hand); adjacent, neighbouring; *i sht Am.* nearby **-besläktad** closely related (akin) (*med* to) **-bild** close-up [picture] **-gången** *a3* intrusive; forward; (*taktlös*) indiscreet; (*om fråga o.d.*) inquisitive; *Am. sl.* fresh **-het** nearness; (*grannskap*) neighbourhood, vicinity; *i ~en av* (*äv.*) near [to]; *här i ~en* near (round about) here

närig *a1* (*snål*) greedy, stingy; (*'om sig'*) thrifty **-het** greediness *etc.*

näring 1 (*föda*) nourishment (*äv. bildl.*); *eg. äv.* nutriment; *bildl. äv.* fuel (*åt* to); *ge ~ åt* give (afford) nourishment to, *bildl.* add fuel to; *ge ny ~ åt* (*bildl.*) give new life to **2** (*näringsfång*) industry; *handel och ~ar* commerce and industry

närings|behov nutritional requirement **-fattig** of low food value; (*om jord*) poor **-frihet** freedom of (liberty to pursue a) trade **-fysiologi** nutritional physiology **-fång** *s7, se yrke* **-gren** [branch of] business (industry) **-idkare** tradesman, industrialist **-liv** economic (industrial) life; trade and industry **-lösning** nutrient solution **-medel** food[stuff] **-politik** economic policy **-rik** nutritious, of high food value **-ställe** restaurant; refreshment rooms (*pl*), eating-house **-värde** nutritive (food) value **-ämne** nutritive (nutritious) substance

när|kamp *s3, sport.* in-fighting **-liggande** *a4, bildl.* close at hand, kindred; *ett ~ problem* a kindred (closely allied) problem; *mera ~* more immediate

närm|a bring (draw, push) ... near[er], approach; *~ sig* approach, draw near[er] [to ...]; *~ sig sitt färdigställande* near completion; *klockan ~r sig 10* it is getting on towards 10 o'clock; *slutet ~de sig* the end was approaching, it was drawing near the end **-ande** *s6* approach, advance; renewal of friendly relations; *polit. etc.* rapprochement; *otillbörliga ~n* [improper] advances **-are** *komp. t. nära* **I** *a* nearer, closer; (*om väg*) shorter; (*ytterligare*) further (*detaljer* particulars) **II** *adv* nearer, closer, more closely; in [greater] detail; *gå ~ in på frågan* go into the question in more detail; *bli ~ bekant med ngn* become better acquainted with s.b., get to know s.b. better; *förklara ~* explain in detail, give further particulars; *studera ~* examine in detail; *ta ~ reda på* find out more about; *jag skall tänka ~ på saken* I shall think the matter over more carefully; *eller, ~ bestämt* or, more exactly **III** *prep* nearer [to], closer to; (*nästan*) nearly, close [up]on **-ast** *superl. t. nära* **I** *a* nearest (*äv. bildl.*); (*omedelbar*) immediate; (*om vän e.d.*) closest, most intimate; (*~ i ordningen*) next; *~e anhörig[a]* next of kin, nearest relative[s]; *mina ~e* those nearest and dearest to me, my people, *vard.* my folks; *mina ~e planer* my plans for the immediate future; *de ~e dagarna* the next few days; *inom den ~e framtiden* in the immediate future; *var och en är sig själv ~* every man for himself; *i det ~e* [very] nearly, almost, practically, as good as **II** *adv* nearest (closest) [to]; *bildl.* most closely (intimately); immediately; next; (*främst*) in the first place; (*huvudsakligast*) principally; *de ~ sörjande* the principal (chief) mourners; *~ föregående år* the immediately preceeding year; *~ på grund av* mainly because (owing to); *han ser ~ ut som en ...* he looks more like a[n] ... than anything **III** *prep* nearest (next) [to] **-elsevis** *inte ~* not ... by far **-evärde** approximate value

närsalt nutritive salt

när|sluta *-slöt -slutit* enclose, attach **-strid** close combat, hand-to-hand fighting **-stående** *a4* close, near; (*-besläktad*) kindred; *~ företag* associated company, *Am.* affiliated corporation; *i regeringen ~ kretsar* in circles close to the Government **-synt** [-y:-] *a1* short-sighted; *med.* myopic **-synthet** short-sightedness; *med.* myopia **-vara** *-var -varit* be present (*vid* at); *~ vid* (*äv.*) attend **-varande** *a4* present (*vid* at); *de ~* those present; *för ~* for the present (time being), at present, *Am. äv.* presently **-varo** *s9* presence; (*vid möte o.d. äv.*) attendance; *i ~ av* in the presence of, before

näs *s7* (*landremsa*) isthmus, neck of land; (*landtunga*) point, headland; *se äv. udde*
näs|a *s1* nose; *peta* [*sig i*] *~n* pick one's nose; *tala i* (*genom*) *~n* talk through the nose, have a nasal twang; *dra ngn vid ~n* lead s.b. by the nose, take s.b. in; *det gick hans ~ förbi* it passed him by; *ha ~ för* have a flair for; *han låter ingen sätta sig på ~n på sig* he lets no one sit on him; *lägga ~n i vädret* (*dö*) turn up one's toes [to the daisies]; *mitt för ~ på ngn* right in front of a p.'s nose; *räcka lång ~ åt* cock a snook at, thumb one's nose at; *inte se längre än ~n räcker* not see further than the end of one's nose; *ha skinn på ~n* have a will (mind) of one's own; *stå där med lång ~* be left pulling a long face; *stå på ~n* take a header, come a cropper; *sätta ~n i vädret* toss one's head, be stuck up (cocky) **-ben** nasal bone **-blod** nose-bleeding; *blöda ~* have an attack of nose-bleeding **-borre** [-å-] *s2* nostril **-bränna** *s1* (*tillrättavisning*) rebuke; (*minnesbeta*) lesson **-duk** handkerchief **-håla** nasal cavity **-pärla** *se näbbgädda 2* **-rot** root of the nose **-rygg** bridge of the nose
näss|eldjur cnidarian **-elfeber** nettle-rash, urticaria **-elkål** *kokk.* nettle soup(-broth) **-elutslag** nettle-rash **-la** *s1* nettle
näs|spets *se -tipp*
näst *superl. t. nära, adv* next (*efter, intill* to); *den ~ bästa* the second (next) best; *den ~ sista* the last but one; *~ äldste sonen* the second son **-a I** *s1* neighbour; *kärleken till ~n* love for one's neighbour **II** *a, superl.* next; (*påföljande*) the next (following) (*dag* day); *~ gång* next time, (*påföljande gång*) the next time; *den 1:a ~ månad* (*hand. äv.*) on the 1st prox.
nästan almost; *Am. äv.* (*i sht om tid*) just on; (*ej långt ifrån*) nearly; (*starkare*) all but; *~ aldrig* (*ingen*) hardly ever (anybody); *jag tror* (*tycker*) *~ att* I rather (almost) think that
näste *s6* nest; *bildl. äv.* den
näst|följande next; the immediately following **-intill I** *a* next to **II** *adv* nearest (next) to this (it *etc.*)
nästipp tip of the nose
nästkommande *a4* next; (*nästa månad*) proximo (*förk.* prox.); *~ maj* in May next; *under ~ år* (*äv.*) during the coming year
nästla *~ sig in, se in-*
näs|vinge wing of the nose (nostril) **-vis** *a1* impertinent, cheeky; pert, saucy **-vishet** [-i:-] impertinence, cheekiness *etc.*
nät *s7* net; (*spindel- äv.*) web; (*-verk*) network (*äv. bildl.*); *tel. o.d. äv.* system **-ansluten** *a5*, *tel. o.d.* connected to the main system **-hinna** *anat.* retina **-hinneinflammation** inflammation of the retina **-kasse** string bag **-mage** reticulum (*pl* retucula) **-maska** [net-]mesh **-spänning** mains voltage
nätt I *a1* **1** pretty; dainty; (*prydlig*) neat; *en ~ summa* a tidy (nice little) sum **2** (*knapp*) scanty; sparing **II** *adv* **1** prettily *etc.* **2** scantily *etc.*; *~ och jämnt* barely, only just **-upp** ['nätt-] just [about]
nät|verk network; netting **-vinge** *zool.* neuroptan
näv|e *s2* fist; (*handfull*) fistful (handful) [of ...]; *slå ~n i bordet* (*bildl.*) put one's foot down; *spotta i -arna* spit on one's hands, buckle down to work
näver ['nä:-] *s2* birch-bark
näv|kamp fisticuffs **-rätt** *hist.* fist-(club-) -law; (*våld*) jungle law
nöd *s3* distress; trouble; (*brist*) need, want; (*trångmål*) straits (*pl*); *fartyg i ~* vessel in distress; *lida ~* be in need; *den tysta ~en* uncomplaining poverty; *~en har ingen lag* necessity knows no law; *~en är uppfinningarnas moder* necessity is the mother of invention; *när ~en är störst är hjälpen närmast* it is always darkest before the dawn; *i ~en prövas vännen* a friend in need is a friend indeed; *det går ingen ~ på honom* he's well provided for; *vara av ~en* be needed (necessary); *med knapp ~* only just; *till ~s* if need be, at a pinch **-bedd** *a5, vara ~* have to be pressed **-bostad** emergency housing (flat *etc.*) **-broms** emergency brake; *dra i ~en* pull the communication cord
nödd *a5, vara ~ och tvungen* be forced [and compelled]
nöd|dop emergency baptism **-fall** *i ~* in case of need (necessity), in an emergency, (*friare*) if necessary **-fallsåtgärd** emergency measure; makeshift **-flagg** distress signal
nödga constrain; (*tvinga*) force, compel; (*truga*) press, urge
nöd|hamn port (harbour) of refuge **-hjälpsarbete** relief work
nödig *a1* (*nödvändig*) necessary; (*erforderlig*) needful, requisite, required
nöd|landa force-land, be forced down **-landning** forced (emergency) landing **-lidande** *a4* necessitous; (*utarmad*) needy, destitute **-läge** distress, critical position; emergency; extremity **-lögn** white lie **-lösning** makeshift (temporary) solution **-mynt** emergency coin **-rim** halting (makeshift) rhyme **-rop** cry (call) of distress (for help) **-saka** *se nödga*; *bli* (*vara*) *~d att* be obliged (compelled, forced) to; *se sig ~d att* find o.s. compelled to **-signal** distress signal; S.O.S; *radiotel.* mayday **-ställd** *a5* distressed; in distress **-tid** *i ~er* in times of dearth (distress, scarcity) **-torft** [-å-] *s3, livets ~* the bare necessities of life **-torftig** scanty, meagre **-tvungen** *a5* enforced; compulsory **-tvång** *av ~* out of necessity **-vändig** [ˣnö:d-, -'vänn-] *a1* necessary **-vändiggöra** necessitate, make (render) ... necessary **-vändighet** necessity; *tvingande ~* imperative (urgent) necessity; *med ~* (*-vändigt*) of necessity **-vändighetsartikel** necessity, necessary [of life] **-vändigtvis** necessarily; of necessity; absolutely; *måste ~ leda till* is (are) bound to lead to; *han ville ~ komma* he would come, he insisted on coming **-värn** self-defence **-år** year of famine
nöj|a [ˣnöjja] *v2, rfl* be satisfied (content), content o.s.; *~ sig med att* (*inskränka sig t. att, äv.*) restrict (confine) o.s. to **-aktig** *a1* satisfactory **-aktigt** *adv*, *~ besvara* give a satisfactory answer **-aktighet** satisfactoriness **-d** *a1* satisfied (*äv. mätt*); (*för-*) content[ed]; (*belåten*) pleased; *~ med litet* satisfied with a little, easily satisfied; *vara ~*

på ngt (*ha fått nog av ngt*) have had enough of s.th.

nöje [ˣnöjje] *s6* pleasure; (*starkare*) delight; (*förströelse*) amusement, entertainment; (*tidsfördriv*) diversion, pastime; *ha ~ av, finna ~ i* derive pleasure from, find (take) pleasure in, enjoy; *för sitt höga ~s skull* for one's own sweet pleasure, just for fun; *vi har ~t att meddela* we have the pleasure of informing you; *det skall bli mig ett sant ~ att* I shall be delighted to; *jag skall med ~ göra det* (*äv.*) I shall be glad to do it, I'll do it gladly; *du får det med ~* (*äv.*) you are very welcome to it; *mycket ~!* have a good time!, enjoy yourself!; *offentliga ~n* public amusements

nöjes|etablissemang pleasure-ground, amusement-park **-fält** fair-(pleasure-)ground; *Am. äv.* carnival **-industri** entertainment industry **-liv** entertainments (*pl*); life of pleasure **-lysten** fond of amusement **-lystnad** fondness for (love of) amusement **-resa** pleasure-trip **-skatt** entertainment tax

nöjsam *a1, se rolig*

nöp *imperf av nypa*

nös *imperf av nysa*

1 nöt *-en nötter, bot.* nut; *en hård ~ att knäcka* (*bildl.*) a hard nut to crack, a poser

2 nöt *s7* **1** *se -kreatur* **2** *bildl.* ass, blockhead; *ditt ~!* you silly ass (*etc.*)!

nöt|a *v3* (*slita*) wear; (*gnida*) rub; *~ hål på* wear ... through; *~ skolbänken* grind away at one's class-room desk; *tyget tål att ~ på* the material will wear [well] (will stand [hard] wear); *du får ~ på dina gamla kläder* you must wear out your old clothes [first]; *~ ut* wear out **-s** *v3, dep* get worn (rubbed)

nötboskap [neat] cattle (*pl*)

nöt|brun nut-brown, hazel **-frukt** nut[-fruit]

nöthår cowhair

nötknäppare [[a] pair of] nutcrackers (*pl*)

nötkreatur *pl* cattle; *sju ~* seven head of cattle

nöt|kråka *zool.* nutcracker **-kärna** kernel of a nut

nötkött beef

nötning [ˣnö:t-] wear, use; *bildl.* wear and tear

nöt|skal nutshell (*äv. bildl.*); (*om båt äv.*) cockleshell **-skrika** *s1, zool.* jay

nött *a1* worn (*i* at); (*om kläder äv.*) the worse for wear, threadbare, shiny; *~a fraser* hackneyed phrases

nötväcka *s1, zool.* nuthatch

o *interj* oh!; *~ ve!* alas!

oakt|at I *prep* notwithstanding; *jfr trots II*; *det*[*ta*] *~* for all that, all the same **II** *konj* [al]though, even though **-sam** careless (*med* about) **-samhet** carelessness, negligence

oamerikansk *~ verksamhet* un-American activities (*pl*)

oanad *a5* unsuspected; unimagined; *~e möjligheter* undreamt-of possibilities

oan|genäm unpleasant, disagreeable **-gripbar** [-i:p-] *a1* **-griplig** *a1* unassailable (*äv. bildl.*); (*om vittnesbörd e.d.*) unimpeachable; *~ bevisföring* unexceptionable argumentation **-mäld** [-ä:-] *a5* unannounced **-märkt** *a4* unchallenged; *låta ngt passera ~* let s.th. pass without comment **-senlig** [-e:n-] insignificant; (*ringa*) humble; (*om t.ex. lön*) meagre, modest; (*enkel*) plain (*utseende* looks); (*ej iögonenfallande*) inconspicuous, *bot.* unconspicuous **-senlighet** insignificance; humbleness *etc.* **-ständig** indecent; (*anstötlig*) shocking, improper; (*slipprig*) obscene; (*otillbörlig*) disgraceful, shameful **-ständighet** indecency; impropriety; obscenity; shockingness *etc.*; (*i ord*) indecent remark, obscenity **-svarig** irresponsible **-tagbar -taglig** unacceptable, ... that cannot be accepted **-tastlig** *a1* unassailable, inviolable; *jur.* unimpeachable **-träffbar** unavailable; untraceable; not in (at home); engaged **-vänd** *a5* unused; (*om plagg äv.*) unworn; unemployed; (*om kapital*) idle **-vändbar** unusable, useless, of no use, unfit for use; *vard.* no good

oaptitlig unappetizing (*äv. bildl.*); *i sht bildl.* unsavoury; (*otäck*) disgusting

oart bad habit **-ig** impolite, uncivil, discourteous **-ighet** impoliteness, incivility; *en ~* a discourtesy

oartikulerad *a5* inarticulate

oas *s3* oasis (*pl* oases)

oav|bruten *a5* uninterrupted; unbroken (*tystnad* silence); continuous (*verksamhet* activity); (*oupphörlig*) incessant **-gjord** undecided; unsettled; *spel., sport.* drawn; *-gjort lopp* dead heat; *~ match* draw **-gjort** *adv, sluta ~* end in a draw; *spela ~* draw, tie; *ärendet lämnades ~* the matter was left unsettled (pending) **-hängig** independent; (*autonom*) autonomous, self-governing **-hängighet** independence; autonomy, self-government **-hängighetsförklaring** declaration of independence **-kortad** [-år-] *a5* (*om text*) unabridged, unabbreviated; (*om t.ex. lön*) uncurtailed **-låtlig** [-å:-] *a1* incessant, unceasing, continuous; (*ständig*) constant **-lönad** unpaid, unsalaried; *äv.* honorary **-sedd** unintended; *-sett att* irrespective of (apart from) the fact that; *-sett hur* (*äv.*) no matter how **-siktlig** unintentional, unintended **-slutad** unfinished, uncompleted; (*om räkenskaper*) not closed **-sättbar** *a1* irremovable **-vislig** [-i:s-] *a1* not to be rejected (refused), unrejectable; imperative; *ett ~t krav* a claim that cannot be refused, an imperative demand **-vänt** unremittingly; *~ betrakta* watch ... intently

o|balans imbalance, disequilibrium **-balanserad** unbalanced; *bildl. äv.* ill-balanced **-banad** *a5* untrodden; unbeaten; pathless; *~e vägar* unbeaten tracks

obarmhärtig unmerciful, uncharitable; merciless **-het** mercilessness *etc.*

obdu|cent [åbdu'sännt] post-mortem dissector **-cera** perform (make) a post-mortem (*ngn* on s.b.) **-cering** *s2* **-ktion** [-k'ʃɷ:n] *s3* post-mortem [examination], autopsy

obe|aktad *a5* unnoticed; *lämna ... ~* leave ... unheeded, disregard, (*genom förbiseende*) overlook **-arbetad** *a5* (*om råvara*) raw, crude; (*om metall*) unwrought; (*i maskin*) rough, unmachined **-bodd** *a5* uninhabited; unoccupied; (*om hus*) untenanted; *~a trakter* uninhabited regions

obedd *a5* unasked; uninvited

obe|fintlig non-existent; ... that does not exist; missing **-fläckad** *a5* immaculate; (*om namn, ära o.d.*) unsullied, stainless, spotless **-fogad** unwarranted, unjustified (*anmärkning* remark) **-folkad** [-å-] *a5* uninhabited **-fäst** unfortified; (*om stad äv.*) open; *bildl.* unstable **-gagnad** unused, unemployed; (*i reserv*) spare **-griplig** incomprehensible; (*dunkel*) unintelligible; (*ofattlig*) inconceivable **-griplighet** incomprehensibility *etc.* **-gränsad** unlimited; boundless (*förtroende* confidence); *jfr gränslös* **-gåvad** untalented; unintelligent **-hag** discomfort, uneasiness; (*otrevlighet*) annoyance; (*'trassel'*) trouble; *få ~ av* have trouble from; *känna* [*ett visst*] *~* feel [slightly] ill at ease **-haglig** disagreeable, unpleasant (*för* to; *mot* towards, to); *en ~ situation* (*äv.*) an awkward situation **-hindrat** smoothly, easily; unimpededly; (*fritt*) freely; *tala engelska ~* speak English fluently **-härskad** uncontrolled; lacking in self-control **-hörig** (*inkompetent*) incompetent; (*ej behörig, oberättigad*) unauthorized; *~a äga ej tillträde* no admittance [except on business], (*på enskilt område*) trespassers will be prosecuted, no trespassing **-hövlig** unnecessary; not necessary (required) **-kant I** *a* (*okänd*) unknown (*för* to); (*med ngn, ngt*) unacquainted (*med* with); (*okunnig* [*om*]) ignorant (*med* of); *det torde inte vara Er ~ att* you will be aware that **II** *s, pl -kanta, mat., ekvation med flera ~a* equation with several unknowns **-kräftad** *a5* unconfirmed; unverified **-kväm** uncomfortable; (*ej passande*) inconvenient (*arbetstid* working hours *pl*); (*besvärlig*) awkward **-kymrad** unconcerned (*om, för* about, as to); heedless (*om* of) **-levad** unmannerly, ill-mannered

obelisk [ɷ-, å-] *s3* obelisk

obe|lyst [-y:-] *a4* unlighted, unlit, ... not lit up **-lönad** *a5* unrewarded; unremunerated **-mannad** *a5* unmanned **-medlad** without means **-märkt I** *a* unobserved, unnoticed; (*anspråkslös*) humble **II** *adv* in obscurity **-märkthet** obscurity; *leva i ~* live in seclusion (obscurity) **-nägen** disinclined (*för* for); unwilling, reluctant **-nägenhet** disinclination; unwillingness, reluctance **-nämnd** *a5* (*om tal*) indenominate **-prövad** untried **-roende I** *s6* independence **II** *a4* independent (*av* of) **-räknelig** [-ä:-] *a1* incalculable; unpredictable; (*nyckfull*) fickle, capricious; (*ofantlig*) immense **-räknelighet** [-ä:-] incalculability; fickleness *etc.* **-rättigad** unentitled (*till* to); (*orättvis*) unjustified, unwarranted **-rörd** [-ö:-] *a1* untouched; (*opåverkad*) unaffected; (*okänslig*) impassive, unconcerned; (*likgiltig*) indifferent **-rördhet** [-ö:-] unconcern; indifference **-satt** unoccupied; (*ledig*) vacant **-sedd** *a5* unseen, unexamined; uninspected **-segrad** [-se:-] *a5* unconquered; *sport.* undefeated, unbeaten **-skrivlig** [-i:v-] *a1* indescribable; (*outsäglig*) inexpressible **-skuren** *a5* uncut; *bildl.* unabridged (*upplaga* edition) **-slutsam** irresolute; undecided (*om* about); *vara ~* (*äv.*) hesitate, waver **-slutsamhet** irresolution; indecision; hesitation **-slöjad** [-öjj-] *a5* unveiled; (*ohöljd*) undisguised **-smittad** *a5* undefiled, uncontaminated, unsullied **-sticklig** incorruptible, unbribable **-stridd** *a5* uncontested, undisputed; (*om t.ex. herravälde*) unchallenged **-stridlig** [-i:d-] *a1* indisputable; incontestable; (*otvivelaktig*) undoubted; (*oneklig*) undeniable **-stridligen** [-i:d-] indisputably; unquestionably **-styrkt** *a4* unverified; (*om avskrift*) unattested **-stånd** insolvency; *komma på ~* become insolvent **-ställbar** *a1* undeliverable (*försändelse* item of mail) **-stämbar** indeterminable; (*om känsla o.d.*) indefinable **-stämd** undecided; (*om antal, tid o.d.*) indefinite; (*om känsla*) undefined; (*vag*) vague; (*oviss*) uncertain; (*otydlig*) ill-defined; *~a artikeln* the indefinite article; *uppskjuta på ~ tid* put off indefinitely **-ständig** inconstant; (*växlande*) changeable; (*ovaraktig*) impermanent, transient; *kem.* unstable **-svarad** *a5* unanswered; unreturned; (*om kärlek äv.*) unrequited **-svärad** untroubled, undisturbed; (*otvungen*) unconstrained, [free and] easy **-talbar** (*komisk*) priceless, irresistible **-tald** [-a:-] *a5* unpaid; unsettled; (*om växel*) dishonoured **-tingad** *a5* unconditional; (*oinskränkt*) unrestricted, absolute; (*om förtroende, lydnad o.d.*) implicit **-tingat** unconditionally *etc.*; (*utan all fråga*) unquestionably **-tonad** unstressed, unaccented **-tvinglig** *a1* (*okuvlig*) unsubduable; (*oövervinnelig*) invincible, inconquerable; (*oemotståndlig*) irresistible **-tydlig** insignificant; inconsiderable; (*oviktig*) unimportant; (*ringa*) slight **-tydlighet** insignificance; triviality; (*med pl*) insignificant (*etc.*) matter (affair); *en ren ~* a mere trifle (nothing) **-tydligt** *adv* slightly; a little **-täckt** *a4* uncovered, bare **-tänksam** thoughtless; (*mot* *andra*) inconsiderate; (*förhastad*) rash; (*oklok*) imprudent, unadvised, ill-advised **-vakad** unguarded; unattended; ~ *järnvägsövergång* ungated [railway] level crossing; *i ett -vakat ögonblick* in an unguarded moment; *en ~ fordran* an unproved claim **-vandrad** unfamiliar (*i* with); unversed (*i* in) **-veklig** [-e:k-] *a1* implacable, inexorable; (*om lag, logik*) inflexible **-vittnad** *a5* unwitnessed; (*om avskrift e.d.*) unattested **-vuxen** bare **-väpnad** unarmed; *med -väpnat öga* with the naked eye

o|bildad uneducated; (*obelevad*) rude, ill-bred **-bildbar** uneducable **-billig** (*oskälig*) unreasonable; (*orättvis*) unfair

objekt [åb'jäkkt] *s7* object **-iv I** [-'ti:v] *s7, fys.* objective; *opt.* lens **II** ['åbb-, -'ti:v] *a1* objective; (*saklig*) factual **-ivism** objectivism **-ivitet** objectivity; detachment

objektsform objective form

o|bjuden *a5* uninvited; (*obedd*) unasked; ~ *gäst* (*neds.*) intruder, gate-crasher **-blandad** unmixed, unmingled; (*ogrumlad*) unalloyed (*lycka* happiness)

oblat [sacramental] wafer **-tallrik** paten

o|blekt [-e:-] *a4* unbleached **-blid** unpropitious, unfavourable; *se med ~a ögon* regard with disapproval; *ett oblitt öde* a harsh (an adverse) fate **-blidkelig** *a1* implacable, inexorable; unappeasable

obligat|ion [å-] bond **-ionslån** bond loan **-orisk** *a5* compulsory; (*oumbärlig*) indispensable

o|blodig bloodless (*revolution* revolution); unbloody (*offer* sacrifice) **-blyg** unblushing, unabashed; (*skamlös*) shameless; (*fräck*) barefaced

oboe [ˣå:båe, -ɷe] *s5* oboe **-spelare** oboist

obol [å'bå:l] *s3* obol

o|borstad [ˣɷ:bå-] *a5* unbrushed; (*om sko*) unpolished; (*smutsig*) dirty; (*ohyfsad*) rough, rude **-botfärdig** impenitent, unrepentant; *de ~as förhinder* cooked- up excuses **-botlig** [-ɷ:t-] *a1* incurable; (*om skada*) irreparable; (*ohjälplig*) incorrigible (*ungkarl* bachelor) **-botligt** *adv, en ~ sjuk* an incurable **-brottslig** unswerving (*trohet* loyalty); (*osviklig*) strict (*neutralitet* neutrality) **-brukad** *a5, se oförbrukad*; (*om jord*) uncultivated, untilled **-brukbar** unfit for use, useless **-bruten** unbroken, intact; (*oöppnad*) unopened; ~ *mark* (*äv. bildl.*) unbroken (virgin) ground; *-brutna krafter* unimpaired force

obs [åpps] *s7* [please] note, N.B. (*förk. av* nota bene)

obscen [åb'se:n, -'ʃe:n] *a1* obscene **-itet** *s3* obscenity

observ|andum [å-ˣvann-] *s8* thing to be observed; *ett ~* (*äv.*) a pointer **-ans** [-'vanns, -'vaŋs] *s3* observance; (*av regler*) [the] keeping (*av* of) **-ation** observation **-ationsförmåga** power of observation **-ator** [-ˣa:tår] *s3* (*iakttagare*) observer; (*vid -atorium*) astronomer **-atorium** [-ˣtɷ:-, -'tɷ:-] *s4* observatory **-atör** observer **-era** observe, notice; (*iakttaga äv.*) watch; *det bör ~s att* it should be noted that

obskyr [å-] *a1* obscure; (*'skum'*) dubious, shady

obsolet [å-å-] *a4* obsolete

obstetrik [å-] *s3* obstetrics (*sg*) **-er** [-'te:-] obstetrician

ob|stinat [å-] *a1* obstinate, stubborn **-struktion** [-k'ʃɷ:n] obstruction (*mot* to); *Am. parl.* filibustering

o|bunden *eg.* unchained; (*om bok*) unbound; (*om pers.*) unfettered, unbound, free; *i ~ form* in prose **-bygd** undeveloped (wild) country (district); wilderness **-bäddad** *a5* unmade **-bändig** *a1* (*svårhanterlig*) intractable; (*svår att tygla*) irrepressible; (*våldsam*) unruly **-böjlig** inflexible; *gram.* indeclinable; (*fast*) rigid; (*orubblig*) uncompromising **-bönhörlig** [-ö:-ö:-] *a1* implacable, inexorable **-bönhörligen** [-ö:-ö:-] implacably *etc.*; (*oåterkalleligen*) irrevocably

occidenten [åksi'denn-] *best. f.* the Occident

ocean *s3* ocean; *bildl. vanl.* sea **-fart** ocean trade; transoceanic traffic **-gående** *a4* ocean-going

Oceanien *n* Oceania

ocean|ograf *s3* oceanographer **-ografi** *s3* oceanography **-ångare** ocean liner

ocensurerad *a5* uncensored

och [åkk, *vard.* å] and; ~ *dylikt* and the like; ~ *så vidare* and so on, etc.; *ligga* (*sitta, stå*) ~ *läsa* lie (sit, stand) reading; *klockan tickar ~ tickar* (*äv.*) the clock keeps on ticking; *två ~ två* two by two; *5 pund per vecka ~ person* 5 pounds per week per person; *försök ~ låt bli att* try not to

ociviliserad *a5* uncivilized

ock [åkk] *se -så, även*

ocker ['åkk-] *s7* usury; profiteering; *bedriva ~* practise usury **-hyra** exorbitant rent, rack-rent **-pris** exorbitant (extortionate) price **-ränta** extortionate interest

1 ockra [ˣåkk-] *v1* practise usury; ~ *på ngns godhet* trade upon a p.'s goodwill

2 ockra [ˣåkk-] *s1* ochre **-brun** ochreous **-gul** ochre yellow

ockrare [ˣåkk-] usurer, moneylender; profiteer

också ['åkk-] also; ... as well, ... too; (*till och med*) even; *eller ~* or else; *om ~* even though; ... *och det gjorde* (*beton.*) *jag ~* ... and so I did; ... *och det gjorde jag* (*beton.*) ~ ... and so did I; *det var ~ en fråga!* that's quite a question!, what a question!; *men så är de ~ vackra* but then they are beautiful

ockult [å'kullt] *a1* occult **-ism** occultism

ockup|ation [å-] occupation **-ationsarmé** army of occupation **-ationsmakt** occupying power **-ationstrupper** occupation troops **-era** occupy

o.d. (*förk. för och dylikt*) and the like, and suchlike

odalbonde yeoman

odalisk *s3* odalisque

odaterad *a5* undated

odds [å-] *s7* odds; *~en stod tio mot ett* the odds were ten to one; *ha ~en emot sig* have the cards stacked against one

ode *s6* ode

o|deciderad undecided, wavering **-definierbar** indefinable, undefinable; (*om t.ex.*

charm) subtle **-dekorerad** [-å-] *a5* undecorated; plain **-delad** undivided (*äv. bildl.*); (*hel*) whole, entire; (*enhällig*) universal, unanimous; *-delat nöje* unalloyed pleasure; *väcka ~ beundran* arouse universal admiration; *~ uppmärksamhet* undivided attention **-delbar** indivisible **-demokratisk** undemocratic

Oden ['ɑ:-] *myt.* Woden

o|diplomatisk undiplomatic **-disciplinerad** [-isi-] *a5* undisciplined **-disputabel** *a2* indisputable

odiọs *a1* invidious

odjur monster; beast

odl|a [ˣɑ:d-] cultivate (*äv. bildl.*); (*blommor, grönsaker*) grow; *Am. äv.* raise; (*jorden äv.*) till; *~ sin själ* cultivate (improve) one's mind; *~ en bekantskap* cultivate (foster) an acquaintanceship **-are** cultivator, grower; (*kaffe- o.d.*) planter **-ing** cultivation; culture; (*kaffe- o.d.*) plantation **-ingsbar** *a1* cultivable; (*om jord*) arable

odogmatisk undogmatic[al]

odon [ˣɑ:dån] *s7* bog whortleberry

odontolog [ɑdåntɑ'lå:g] odontologist **-ị** *s3* odontology; *~e kandidat* Bachelor of Dental Surgery; *~e studerande* dental surgery student **-isk** [-'lå:-] *a5* odontological

o|dramatisk undramatic[al] **-drickbar** undrinkable **-dryg** uneconomical **-dräglig** unbearable; insufferable, intolerable; (*tråkig*) boring; *en ~ människa* (*äv.*) an awful bore **-duglig** (*om pers.*) incompetent, inefficient, unqualified, unfit (*till* for), incapable (*till* of); (*om sak*) useless, of no use, worthless **-dugling** [-u:-] good-for-nothing, incompetent **-dygd** mischief; naughtiness **-dygdig** naughty; mischievous **-dygdspåse** *en riktig ~* a real little mischief (imp)

o.dyl. *se o.d.*

odyssé *s3* Odyssey **Odysseus** [ɑ'dyssevs] Ulysses

o|dåga *s1* good-for-nothing, waster **-dödlig** immortal; (*oförgätlig*) imperishable (*ära* glory) **-dödliggöra** immortalize **-dödlighet** immortality **-döpt** [-ö:-] *a4* unchristened

odör [ɑ-, å-] [bad, nasty] smell

odört [ˣɑ:d-] [poison] hemlock

oefter|givlig [-ji:v-] *a1* irremissible (*krav* demand); indispensable, imperative, absolute (*villkor* condition) **-härmlig** *a1* inimitable **-rättlig** *a1* (*oförbätterlig*) incorrigible; (*oresonlig*) unreasonable; (*olidlig*) insufferable

o|egennytta disinterestedness; altruism **-egennyttig** disinterested; altruistic **-egentlig** (*oriktig*) improper; (*bildlig*) figurative (*betydelse* sense); *~t bråk* (*mat.*) improper fraction **-egentlighet** [-je-] impropriety; *~er* (*i bokföring*) irregularities, (*förskingring*) embezzlement (*sg*) **-ekonomisk** uneconomic[al]; (*om pers. äv.*) unthrifty **-elastisk** inelastic **-eldad** *a5* unheated **-emballerad** *a5* unpacked

oemot|sagd *a5* uncontradicted; (*obestridd*) unchallenged **-ståndlig** *a1* irresistible **-säglig** [-ä:-] *a1* irrefutable, incontestable **-taglig** unsusceptible, inaccessible (*för* to); *~ för* (*äv.*) immune to, (*okänslig*) impervious to **-taglighet** insusceptibility; immunity

oengelsk un-English

oen|hetlig non-uniform; (*oregelbunden äv.*) irregular; (*friare*) heterogeneous **-ig** disunited; *se äv. -se* **-ighet** disagreement; dissension; discord **-se** *vara ~ med* disagree with, be at variance with

oer|faren inexperienced (*i* in); (*omogen*) callow, green **-farenhet** inexperience (*i* in, of) **-hörd** [-ö:-] *a1* (*exempellös*) unprecedented; (*enorm*) tremendous, enormous **-sättlig** irreplaceable; irreparable (*skada* damage); irretrievable (*förlust* loss)

o|estetisk unaesthetic **-fạntlig** *a1* enormous, immense; tremendous; huge; (*vidsträckt*) vast **-farbar** untrafficable, impassable; impracticable **-farlig** not dangerous, safe, involving no danger; harmless; (*oskadlig*) innocuous; (*om tumör e.d.*) benign **-fattbar** incomprehensible, unbelievable, inconceivable (*för* to) **-felbar** [-e:-] *a1* infallible; (*osviklig äv.*) unerring **-felbarhet** [-e:l-] infallibility

offensịv [å-] **I** *s3* offensive; *övergå till ~en* take the offensive **II** *a1* offensive; aggressive **-anda** aggressive spirit

offentlig [å'fännt-] *a1* public; (*officiell*) official; *det ~a livet* public life; *~ hemlighet* open secret; *~a myndigheter* public authorities; *~ plats* public place; *den ~a sektorn* the public sector; *~t uppträdande* public appearance **-göra** [-ˣfännt-] announce; (*i tryck*) publish; (*förordning e.d.*) promulgate **-het** publicity; (*allmänhet*) [general] public; *framträda inför ~en* appear before the public **-hetsprincip** principle of public access to official records **-t** *adv* publicly, in public

offer ['åff-] *s7* sacrifice; (*i olyckshändelse e.d.*) victim; (*i krig*) casualty; *falla ~ för* fall a victim to; *inte sky några ~* shun no sacrifice **-altare** sacrificial altar **-djur** beast of sacrifice

offerera [å-] offer; (*lämna prisuppgift*) quote

offer|gåva offering; sacrifice **-källa** well of sacrifice **-lamm** sacrificial lamb; *bildl. äv.* innocent victim

offert [å'färrt] *s3* offer (*på* of, for); (*pris*) quotation (*på* for); (*anbud*) tender, *Am.* bid (*på* for); *inkomma med ~* submit an offer; *lämna en ~* make an offer

offer|vilja spirit of self-sacrifice **-villig** self--sacrificing

officẹr [å-] -[*e*]*n* *-are* officer (*i* in; *vid* of); *vakthavande ~* officer of the guard; *värnpliktig ~* conscript officer

officers|aspirant cadet, probationary officer **-grad** [officer's] rank **-kår** body of officers **-mäss** officers' mess; *sjö.* wardroom

offici|ant [å-] officiating clergyman; officiant **-ẹll** *a1* official **-era** officiate

officịn [å-] *s3* (*tryckeri*) printing-office; (*i apotek*) dispensary

officiọ̈s [å-] *a1* semi-official

offra [å-] sacrifice (*äv. bildl.*); (*djur äv.*) offer [up]; *bildl. äv.* give up; *~ livet för* give one's life for; *~ pengar* (*tid*) *på* spend (waste) money (time) on; *inte ~ en tanke på* not give (pay) a thought to; *~ åt få-*

fåfängan pay tribute to vanity; ~ *sig* sacrifice o.s. (*för* for)
offset ['åff-] *s3* offset **-tryck** offset print[ing]
offside [åf'sajjd] *s5 o. oböjl. a o. adv, sport.* offside
o|fin (*taktlös*) indelicate; (*ohyfsad*) ill-mannered(-bred); (*opassande*) indecorous; (*lumpen*) coarse **-finkänslig** tactless, indelicate **-fodrad** [-ω:-] *a5* unlined **-fog** *s7* mischief; *göra* ~ do (be up to) mischief **-formlig** formless, shapeless **-framkomlig** (*om väg*) impassable; impracticable (*äv. bildl.*) **-frankerad** *a5* unstamped, unpaid **-fred** (*krig*) war; (*osämja*) discord, dissension **-freda** molest **-fredstid** time of war[fare] **-fri** unfree; (*bunden*) fettered; *på* ~ *grund* on leasehold property **-frihet** lack of freedom **-frivillig** involuntary; (*oavsiktlig*) unintentional
ofrukt|bar infertile, barren; *bildl.* barren, sterile; (*om t.ex. försök, plan*) unfruitful **-barhet** infertility; barrenness *etc.* **-sam** barren, sterile **-samhet** barrenness, sterility
o|frånkomlig [-åm-] *a1* inevitable, unavoidable; inescapable **-frälse I** *oböjl. s* commoner **II** *oböjl. a* untitled; *de* ~ *stånden* the commoner estates
ofta [å-] *a1* often; (*upprepade gånger*) frequently; *en* ~ *återkommande* a frequent[ly recurring]; *så* ~ *jag ser* whenever I see; *~st* in most cases, most often; *allt som ~st* every now and then
oftalm|iatrik [å-] *s3* ophthalmiatrics (*sg*) **-olog** ophthalmologist **-ologi** *s3* ophthalmology **-oskop** [-'å:p] *s7* ophthalmoscope
ofull|bordad [-ω:-] *a5* unfinished, incomplete, uncompleted **-gången** abortive; *bildl.* immature **-komlig** imperfect **-komlighet** imperfection; *~er* (*äv.*) shortcomings **-ständig** incomplete; (*bristfällig*) defective; (*otillräcklig*) insufficient (*adress* address), imperfect (*kunskaper* knowledge)
o|fyndig (*om bergart*) non-metalliferous **-färd** [-ä:-] *s3* calamity; (*olycka*) misfortune; (*fördärv*) ruin; *bringa* ~ *över* bring down calamity (ruin) upon **-färdig** (*lytt*) crippled, disabled; (*halt*) lame; (*ej färdig*) unfinished **-färdstid** period of calamity; *i ~er* in times of stress and calamity **-färgad** (*om t.ex. glas*) uncoloured; (*om t.ex. tyg*) undyed; natural-coloured **-född** unborn
oför|arglig harmless, inoffensive **-behållsam** unreserved, frank; open **-beredd** unprepared; unready **-blommerad** unreserved; (*rättfram*) blunt; (*osminkad*) unvarnished **-bränn**[e]**lig** *a1, bildl.* inexhaustible; unquenchable **-bätterlig** *a1* incorrigible (*optimist* optimist); inveterate, confirmed (*ungkarl* bachelor) **-delaktig** disadvantageous, unfavourable; unprofitable (*investering* investment); *i en* ~ *dager* in an unflattering light; *säg inget ~t om honom!* don't run him down! **-dragsam** intolerant (*mot* towards, to) **-dragsamhet** intolerance **-dröjligen** without delay, immediately **-därvad** unspoiled; (*om smak, moral o.d.*) undepraved, uncorrupted **-enlig** incompatible, inconsistent (*med* with); irreconcilable (*åsikter* opinions)
oföretagsam unenterprising **-het** lack of enterprise (initiative)
oför|falskad *a5* (*äkta*) genuine, pure; unadulterated **-färad** *a5* undaunted, fearless **-glömlig** *a1* unforgettable; never-to-be-forgotten; *en för mig* ~ ... (*äv.*) a[n] ... I shall never forget **-griplig** unassailable (*rättighet* right); *säga sin ~a mening* state one's definite opinion **-gänglig** imperishable, unfading (*ära* glory); (*odödlig*) immortal **-gätlig** [-jä:-] *a1, se -glömlig* **-happandes** accidentally, by chance; (*oförmodat*) unexpectedly **-hindrad** *a5* at liberty (*att komma* to come), unprevented (*att komma* from coming) **-klarlig** inexplicable, unexplainable; *av* ~ *anledning* for some unaccountable reason **-kortad** [-å-] *a5, se oavkortad* **-liknelig** [-i:k-] *a1* incomparable; (*utan like*) matchless, unrivalled; (*enastående*) unique **-låtlig** unforgivable, inexcusable, unpardonable **-minskad** *a5* undiminished; unabated (*iver* eargerness) **-modad** *a5* unexpected; (*-utsedd*) unforeseen; *det kom så -modat* it was so unexpected (sudden) **-måga** inability (*att* to); incapability (*att göra* to do); incompetence **-månlig** *se -delaktig* **-märkt I** *a4* unnoticed, unobserved; (*som sker i smyg*) stealthy **II** *adv* (*i smyg*) stealthily; *avlägsna sig* ~ depart unnoticed (unobserved), take French leave **-mögen** incapable (*till* of; *att* of + *ing-form*); unable (*att göra* to do); ~ *till arbete* unable to work, unfit for work **-neklig** [-e:-] *a1* undeniable **-nuftig** unreasonable, irrational; (*dåraktig*) foolish **-nöjsam** hard to please (satisfy) **-nöjsamhet** discontent[edness] **-rätt** *s3* wrong, injury; *begå en* ~ *mot* do [an] injury to, wrong **-rättat** *i uttr.: återvända med* ~ *ärende* return unsuccessful (*tomhänt:* empty-handed) **-siktig** imprudent; incautious; (*obetänksam*) indiscreet; (*vårdslös*) careless **-siktighet** imprudence; incautiousness; indiscretion; carelessness **-skräckt** *a4* undaunted, dauntless, fearless, intrepid **-skräckthet** undauntedness *etc.*; intrepidity **-skuren** unblended (*äv. i -skuret skick*) **-skylld** [-ʃ-] *a5* undeserved **-skämd** [-ʃ-] *a1* insolent; impudent; *Am. sl.* fresh; (*fräck*) audacious; (*näsvis*) saucy; *en* ~ *lymmel* (*äv.*) a shameless rogue **-skämdhet** [-ʃ-] [a] piece of] insolence (impudence); *en* ~ (*äv.*) an impertinence **-sonlig** implacable (*fiende* foe); unforgiving (*sinne* spirit) **-sonlighet** implacability **-stådd** *a5* misunderstood; (*ej uppskattad*) unappreciated **-ståelig** incomprehensible; unintelligible **-ståelse** lack of understanding (appreciation) (*för* of) **-stående** unsympathetic, inappreciative; *ställa sig* ~ *till* take up an unsympathetic attitude towards; *titta* ~ *på* look blankly at **-stånd** lack of judgment; imprudence **-ståndig** (*oklok*) imprudent, unwise, foolish; (*omdömeslös*) injudicious **-ställd** *a5* undisguised, unfeigned; unaffected (*glädje* joy); (*uppriktig*) sincere **-störbar** indestructible, undestroyable **-svagad** *a5* unimpaired (*kraft* force); unabated (*intresse* interest) **-svarlig** indefensible; unwarrantable **-synt** *se -skämd* **-säkrad** [-ä:-] *a5* uninsured **-sökt**

[-ö:kt] *a4* untried **-sörjd** *a5* unprovided for **-tjänt** undeserved, unmerited; ~ *värdestegring* unearned increment **-truten** *a3* **-tröttad** *a5* indefatigable; untiring, unwearied **-tullad** *a5* duty unpaid, uncleared **-täckt** unveiled, undisguised; *i ~a ordalag* in plain words **-tövad** *a5* prompt, immediate **-utsebar** *a1* unforeseeable **-utsedd** *a5* unforeseen; unexpected; *~a utgifter* unforeseen expenses, contingencies **-vanskad** *a5* unadulterated; uncorrupted (*text* text) **-villad** *a5* unconfused, ... not led astray; unbiassed (*omdöme* judgment) **-vitlig** [-i:t-] *a1* unimpeachable, irreproachable **-vållad** *a5* unprovoked **-vägen** daring; undaunted; bold **-ytterlig** *a1* inalienable; ~ *egendom* perpetuity **-änderlig** unchangeable, unalterable; unvarying, invariable; (*bestående*) constant **-ändrad** *a5* unchanged, unaltered; unvaried; *på i övrigt ~e villkor* (*äv.*) all other terms and conditions remaining unaltered; *i -ändrat skick* in its original form, unchanged, unaltered

o|gemen (*utomordentlig*) extraordinary; (*oerhörd*) immense **-gement** *adv*, ~ *rolig* immensely funny **-generad** free [and easy], unconstrained; (*oblyg*) offhand, jaunty; (*fräck*) cool **-generat** *adv* freely *etc.*; *uppträda* ~ behave naturally, be at one's ease

ogenom|förbar infeasible; (*om plan äv.*) impracticable, unworkable **-skinlig** not transparent; opaque **-släpplig** *a1* impervious; impermeable **-tränglig** (*om skog, mörker o.d.*) impenetrable (*för* to); ~ *för vatten* (*ljus*) impermeable (impervious) to water (light) **-tänkt** ... that has (*etc.*) not been thoroughly thought out; (*om förslag äv.*) crude

o|gift unmarried, single; ~ *kvinna* (*jur.*) spinster; *en ~ moster* a maiden aunt; *en ~ farbror* a bachelor uncle; *som* ~ before her (*etc.*) marriage (getting married); *hennes namn som* ~ (*äv.*) her maiden name **-gilla** disapprove of; dislike; (*klandra*) find fault with; *jur.* disallow, overrule; *talan ~des* the action was dismissed **-gillande I** *a4* disapproving; deprecating; *med en ~ blick* (*äv.*) with a frown **II** *s6* disapproval, disapprobation **-giltig** invalid, [null and] void; *göra* ~ nullify, vitiate **-giltigförklara** declare ... nugatory (void); (*upphäva*) cancel, annul, invalidate **-giltigförklaring** diriment; nullifying **-giltighet** invalidity **-gin** [-ji:n] *a1* disobliging, unaccommodating (*mot* towards) **-gjord** undone; *vara ute i -gjort väder* go on a fool's errand **-glättad** *a5* (*om papper*) uncalendered, antique **-graciös** ungraceful **-grannlaga** untactful, indelicate; (*indiskret*) inconsiderate **-graverad** *a5* (*om fastighet e.d.*) unencumbered; (*orörd*) intact, untouched **-gripbar** *bildl.* impalpable, intangible; elusive **-grumlad** *a5* unpolluted (*äv. bildl.*); (*om lycka, glädje*) unclouded **-grundad** unfounded; (*oberättigad*) unjustified **-gräs** weed; *koll.* weeds (*pl*); *rensa* ~ (*äv.*) weed **-gräsbekämpning** weed control (killing) **-gräsmedel** weedkiller; herbicide **-gudaktig** *a1* ungodly; impious **-gudaktighet** ungodliness; impiety **-gulden** *a5* unpaid, unsettled; due **-gynnsam** unfavourable (*för* for to); disadvantageous; unpropitious **-gärna** unwillingly; (*motvilligt*) grudgingly, reluctantly; *det gör jag högst* ~ I am very much against doing it; *jag skulle ~ se att du gjorde det* I should be sorry if you did it **-gärning** misdeed **-gärningsman** malefactor, evil-doer **-gästvänlig** inhospitable **-gästvänlighet** inhospitality **-görlig** unfeasible; impracticable **-hanterlig** (*om sak*) unwieldy, cumbersome, clumsy; (*om pers.*) unmanageable **-harmonisk** unharmonious **-hederlig** dishonest **-hejdad** *a5* unchecked, unrestrained, uncontrolled; *av ~ vana* by force of habit **-hemul** *a1* unwarranted, unjustified **-herrans** [-ä-] *oböjl. a* awful **-historisk** unhistorical; historically untrue **-hjälplig** hopeless; (*obotlig*) incurable; (*oförbätterlig*) incorrigible; (*om t.ex. förlust*) irretrievable **-hjälpligt** *adv* hopelessly; ~ *förlorad* irretrievably lost **-hjälpsam** unhelpful (*mot* to)

ohm [å:m] *s9* ohm

ohoj [å'håjj] *skepp ~!* ship ahoy!

o|hyfsad (*slarvig*) untidy, unkempt; (*plump*) ill-mannered, uncivil, rude, coarse **-hygglig** [ˣɷ:-, -'hygg-] horrible, gruesome, ghastly; (*om t.ex. brott*) atrocious, hideous; *en ~ syn* (*äv.*) a horrid (appalling, bloodcurdling) sight **-hygienisk** insanitary **-hyra** *s1, koll.* vermin (*pl*; *äv. bildl.*) **-hyvlad** [-y:-] *a5* unplaned; (*om bräda o.d. äv.*) rough **-hågad** disinclined; unwilling **-hållbar** (*om t.ex. tyg*) unserviceable, flimsy; (*om ståndpunkt, åsikt*) untenable; *mil.* indefensible; (*om situation*) precarious **-hägn** (*skada*) damage; (*åverkan*) trespass; *göra ~ på* do damage to, trespass on **-hälsa** ill (bad) health; (*sjukdom*) illness **-hälsosam** (*om föda*) unwholesome; (*om klimat o. bildl.*) unhealthy, bad for one's health **-hämmad** unchecked **-hämmat** *adv* unrestrainedly, without restraint **-hämnad** *a5* unavenged, unrevenged **-hängd** *a1, vard.* unhanged, cheeky, saucy **-höljd** *a1* (*naken*) naked; (*rättfram*) undisguised, unabashed, frank; (*öppen*) open **-hörbar** inaudible **-hörd** [-ö:-] *a5* unheard; *jur.* untried; *hans rop förklingade ~a* his cries were unheeded **-hörsam** disobedient **-hövlig** impolite, discourteous (*mot* to)

oidipuskomplex [ˣåjj-] Œdipus complex

o|igenkännlig unrecognizable **-igenkännlighet** unrecognizability; *intill* ~ beyond recognition **-inbunden** unbound **-inskränkt** unlimited; unrestricted; (*om härskare e.d.*) absolute **-inspirerad** *a5* uninspired **-intaglig** [-a:-] *a1* impregnable **-intelligent** unintelligent **-intressant** uninteresting; (*tråkig*) dull **-intresserad** uninterested (*av* in); *vara ~ av* not be interested in **-invigd** [-i:gd] *a5* uninitiated (*i* in[to]); (*om kyrka o.d.*) unconsecrated; *den ~e* (*äv.*) an outsider **-isolerad** *a5* uninsulated

oj [åjj] [oh,] dear me! **-a** *rfl*, ~ *sig över* moan (complain) about

o|just [ˣɷ:ʃyst] incorrect; unfair; ~ *spel* foul play **-jämförlig** incomparable; (*makalös*) unmatched, unparalleled **-jämförligt** [-ö:-] *adv* incomparably, beyond comparison;

den ~ *bästa* by far the best; ~ *mycket bättre* much better by far **-jämn** uneven (*antal* number; *kvalitet* quality); (*skrovlig*) rough, rugged; (*inte lika*) unequal; (*om klimat, lynne*) inequable; (*oregelbunden*) irregular; (*om väg*) bumpy; *kämpa en* ~ *strid* fight a losing battle **-jämnhet** unevenness; inequality, irregularity **-jävig** unchallengeable, competent (*vittne* witness); (*opartisk*) unbiased

ok *s7* yoke; (*träldom äv.*) bondage; *kasta av sig ~et* cast off the yoke; *bringa under ~et* put under the yoke, enslave

o|kammad *a5* uncombed **-kamratlig** disloyal

okarina [å-ˣri:-] *s1* ocarina

okben *anat.* zygoma[tic bone]

o|klanderlig *a1* irreproachable; (*felfri*) faultless; (*moraliskt*) blameless, exemplary **-klar 1** *eg.* obscure, dim; (*om vätska*) turbid, muddy; (*om färg*) indistinct; (*suddig*) blurred; (*molnig*) cloudy **2** *bildl.* unclear, unlucid, vague; (*oredig*) muddled, confused; (*dunkel*) obscure (*föreställning* idea); (*otydlig*) indistinct **3** *sjö.* foul; (*tilltrasslad*) entangled **-klarhet 1** obscurity; turbidity, muddiness *etc.* **2** unclearness *etc.*; confusion; (*osäkerhet*) uncertainty **-klok** unwise, imprudent, injudicious; (*dåraktig*) foolish; (*ej tillrådlig*) inadvisable **-klädd** (*ej färdigklädd*) undressed; (*naken*) naked, without any clothes on; (*om möbel*) unupholstered **-knäppt** *a4* (*om plagg*) unbuttoned; (*om knapp*) undone **-kokt** [-ɷ:-] *a4* unboiled; (*rå*) raw **-kommenterad** [-å-] *a5* (*om upplaga*) unannotated, ... not furnished with any commentary (notes) **-komplicerad** uncomplicated; (*om pers. äv.*) simple **-konstlad** (*ej tillgjord, naturlig*) unaffected, natural **-kontrollerad** [-å-å-] *a5* uncontrolled, unchecked, unverified **-kontrollerbar** [-å-å-] *a1* uncontrollable **-konventionell** unconventional **-krigisk** peace-loving **-kristlig** ungodly **-kristligt** *adv*, ~ *tidigt* at an ungodly hour, outrageously early **-kritisk** uncritical **-kroppslig** incorporeal, immaterial **-krossbar** [-å-] *a1* (*om glas o.d.*) unbreakable **-kryddad** *a5* unseasoned **-kränkbar** *a1* inviolable **-krönt** [-ö:-] *a4* uncrowned

oktan [åk'ta:n] *s7, s3* octane

oktant [å-] octant

oktan|tal octane rating (number) **-värde** octane value

oktav [åk'ta:v] *s3* **1** (*format*) octavo **2** *mus.* octave

oktett [åk'tett] *s3, mus.* octet[te]

oktober [åk'tɷ:-] *r* October

oktroj [åk'tråjj] *s3* charter; (*friare*) licence; *meddela* ~ confer a charter

okular *s7* eyepiece, ocular

okuler|a *trädg.* bud, graft **-ing** budding, grafting

okultiverad uncultivated, uncultured; unrefined

okulärbesiktning ocular (visual) inspection

o|kunnig ignorant (*om* of); *absol. äv.* unlearned; ~ *om* (*om att*) (*äv.*) unaware of ([of the fact] that); ~ *i engelska* with no knowledge (ignorant) of English **-kunnighet** ignorance (*i, om* of); *lämna ngn i* ~ *om* leave s.b. in the dark as to; *sväva i* ~ *om* be unaware (ignorant) of **-kurant** unsaleable, unmarketable **-kuvlig** [-u:-] *a1* indomitable; irrepressible **-kvald** [-a:-] *a5*, *i* ~ *besittning av* in undisputed possession of **-kvalificerad** unqualified **-kvinnlig** unwomanly **-kväda** abuse **-kvädinsord** abusive word; ~ (*pl*) abusive language (*sg*) **-kynne** [-ç-] *s6* naughtiness, mischief; *på* (*av*) [*rent*] ~ out of [pure] mischief **-kynnig** [-ç-] *a1* naughty, mischievous **-kysk** unchaste **-känd** unknown (*för* to); unfamiliar; (*främmande*) strange; *av* ~ *anledning* for some unknown reason; *den ~e soldatens grav* the tomb of the unknown warrior; *en för mig* ~ *erfarenhet* (*äv.*) an experience new to me; *ta språnget ut i det ~a* take a leap into the unknown **-känslig** insensible, insusceptible (*för* to); (*hårdhjärtad*) unfeeling; (*utan känsel*) numb **-laddad** *a5* unloaded, uncharged

olag *i uttr.:* (*råka* get) *i* ~ out of order

olag|a *oböjl. a* (*lagstridig*) unlawful; (*illegal*) illegal **-lig** unlawful, illegal; (*smyg-*) illicit; *förfarandet är ~t* the proceeding is contrary to [the] law

olat *s3* vice; *~er* bad habits

old|boy ['å:ldbåj] *-boyen -boys, sport.* veteran, old boy **-boystävling** old-boy competition

oleander *s2* [common] oleander, rose bay

oledad *anat.* inarticulate; jointless

olein [åle'i:n] *s4, s3* olein **-syra** oleic acid

olidlig [-i:d-] *a1* insufferable, unbearable, intolerable

olig|arki [å-] *s3* oligarchy **-ofreni** *s3* mental retardation **-opol** [-'på:l] *s7* oligopoly

olik unlike, different from (to); *vara ~a varandra* be unlike [each other], differ from one another **-a I** *oböjl. a* different; (*skiftande*) varying; (*växlande*) various; (*i storlek*) unequal; *av* ~ *slag* of different (various) kinds; *det är så* ~ *hur man är* (*äv.*) it all depends [on] how you are; *smaken är* ~ tastes differ **II** *adv* differently; unequally; ~ *långa* of different (unequal, varying) lengths; ~ *stora* unequal in size; ~ *falla ödets lotter* life is a lottery **-artad** heterogeneous, disparate **-formig** diversiform, non-uniform; (*heterogen*) heterogeneous; (*som växlar form*) varying, unequal; *~a* ... differing in shape **-formighet** irregularity of form **-färgad** (*fler-*) variegated, ... of different colours; (*av annan färg*) differently coloured **-het** unlikeness (*med* to), dissimilarity (*i* in; *med* to); (*t.ex. i antal, ålder*) disparity (*i* of); (*skillnad*) difference; (*skiljaktighet*) diversity, divergence (*i smak* in tastes); *i* ~ *med henne* unlike (in contrast to) her **-sidig** with unequal sides, unequal-sided; *en* ~ *triangel* a scalene triangle; *~t papper* duplex paper **-tänkande** *a4*, *en* ~ a dissident, a person holding a different opinion from one's own

olinjerad *a5* unruled

oliv *s3* olive **-grön** olive[-coloured, -green] **-lund** olive grove **-olja** olive oil

olj|a [ˣåll-] **I** *s1* oil; *måla i* ~ paint in oils; *sardiner i* ~ sardines in oil; *byta* ~ change the oil; *gjuta* ~ *på elden* (*bildl.*) add fuel to the fire; *gjuta ~ på vågorna* (*bildl.*) pour oil on troubled waters **II** *v1* oil, grease, lubricate **-eaggregat** oil burner

Oljeberget [ˣåll-] the Mount of Olives

olje|blandad ... mixed with oil **-borrning** drilling for oil **-byte** change of oil **-duk** oilcloth, oilskin **-eldning** oil-heating(-burning) **-fat** oil drum (barrel) **-fält** oilfield **-färg** oil-paint **-halt** oil content **-haltig** *a1* ... containing oil; (*om frö e.d.*) oleaginous **-härdad** [-ä:-] *a5* oil-hardened(-tempered) **-kakor** oilcakes **-kanna** oil-can, oiler **-kopp** oil-cup, oiler **-källa** oil well **-lampa** oil lamp **-ledning** oil pipe; (*transportledning*) oil pipeline **-målning** oil-painting **-mätare** oil-gauge **-pump** oil pump **-raffinaderi** oil refinery **-rock** oilskin coat **-sticka** dipstick **-ställ** set of oilskins **-tank** oil tank (cistern) **-tryck 1** *konst.* oil printing, oleography; *konkr.* oleograph **2** *tekn.* oil pressure **-växt** oil-yielding plant, oil-plant

oljig [ˣåll-] *a1* oily; *bildl. äv.* unctuous

oljud noise; *föra ~* make a noise

olle *s2* (*tröja*) sweater

ollon [ˣållån] *s7* (*ek-*) acorn; (*bok-*) beechnut; *anat.* glans (*pl* glandes) **-borre** cockchafer

o|logisk illogical **-lovandes** [-å:-] without permission (leave) **-lovlig** forbidden; (*olaglig*) unlawful (*jakt* shooting; *ärende* errand); (*som sker i smyg*) illicit; *~ underrättelseverksamhet* illegal intelligence activities (*pl*) **-lust** (*obehag*) [feeling of] discomfort (uneasiness) (*över* at); (*missnöje*) dissatisfaction; (*obenägenhet*) disinclination, unwillingness, reluctance (*för* for; *för att* to) **-lustbetonad** unpleasant **-lustig** uncomfortable, ill at ease; unpleasant **-lustkänsla** feeling of discomfort (uneasiness)

olvon [ˣållvån] *s7*, *bot.* guelder rose

olyck|a *s1* (*ofärd*) misfortune, ill fortune, bad luck; (*bedrövelse*) unhappiness; (*ont*) adversity; (*katastrof*) disaster, calamity; (*elände*) misery; (*-shändelse*) accident; (*missöde*) mishap; *till all ~* as ill luck would have it; *till råga på ~n* to make matters worse; *när ~n är framme* when things go wrong; *hon har råkat i ~* she has got into trouble; *det är ingen ~ skedd* there's no harm done; *en ~ kommer sällan ensam* it never rains but it pours **-lig 1** (*utsatt för -a*) unfortunate, unlucky; (*misslyckad*) unsuccessful (*försök* attempt) **2** (*om människa, liv, tid, äktenskap e.d.*) unhappy; (*eländig*) miserable, wretched **-ligtvis** unfortunately, unhappily **-salig** [most] unhappy; (*friare*) fatal, disastrous, calamitous

olycks|barn *samhällets ~* (*ung.*) the failures of society, the down and outs **-bringande** *a4* ill-fated; (*ödesdiger*) fatal, disastrous **-broder** brother in misfortune **-bådande** *a4* ill-omened, ominous, sinister **-dag** unlucky day **-fall** accident; casualty; *~ i arbetet* industrial accident; *~ i hemmet* accident in the home **-fallsersättning** [industrial] injury benefit, accident compensation **-fallsförsäkring** [personal] accident insurance; *Am.* casualty insurance **-fågel** *bildl.*, *vara en ~* be born under an unlucky star **-händelse** accident; *råka ut för en ~* meet with an accident **-korp** *bildl.* croaker, Cassandra, *Am.* calamity-howler **-plats** scene of the accident **-profet** prophet of calamity **-tillbud** near-accident **-tillfälle** *vid ~t* at the [time of the] accident **-öde** unlucky fate

olyd|ig disobedient (*mot* to) **-nad** disobedience (*mot* to)

olympi|ad *s3* olympiad **-sk** [ɷ'lymm-] *a5*, *O~a spelen* the Olympic Games

o|låst [-å:-] *a4* unlocked **-låt** noise, din **-lägenhet** inconvenience, nuisance; (*besvär*) trouble; (*svårighet*) difficulty; (*nackdel*) drawback; *det medför stora ~er för mig* it causes me great inconvenience; *sanitär ~* public nuisance **-läglig** inopportune, inconvenient; (*illa vald*) ill-timed; *om det inte är ~t för dig* if it is not inconvenient to you **-läkt** [-ä:-] *a4*, *ett ~ sår* an open wound **-lämplig** unsuitable, unfit[ted]; inappropriate; (*oläglig*) inconvenient; (*inkompetent*) unfit; *~ som bostad* unfit for habitation **-lämplighet** unsuitability; unfitness; inconvenience **-ländig** *a1* rough, rugged **-läraktig** unteachable **-lärd** unlearned; unlettered **-läsbar** unreadable (*bok* book) **-läslig** illegible (*handstil* handwriting) **-löslig** *kem. o. bildl.* insoluble **-löst** [-ö:-] *a4* (*i vätska*) undissolved; (*om problem o.d.*) unsolved

om [åmm] **I** *konj* **1** (*villkorlig*) if; *~ du går följer jag med* if you go I will come with you; *~ du bara vore här!* if only you were here!; *du bör ~ möjligt komma i väg före åtta* you should, if possible, leave before eight; *~ vädret tillåter* (*äv.*) weather permitting; *~ så är* if so, if that is the case; *~ inget oförutsett inträffar* if nothing (unless something) unexpected happens; *~ inte* if not, unless; *~ inte han hade varit hade vi inte klarat det* but for him we should not have managed **2** *som ~* as if; *även ~*, *~ också* even though (if); *det skall bli färdigt ~ jag så skall göra det själv* it will be ready even if I have to do it myself; *det tycks som ~* (*äv.*) it seems that; *som ~ det skulle vara så bra* as though that's any good **3** (*frågande*) if, whether; *de undrade ~ de fick komma* they wondered if they could come; *hade ni trevligt? — Om!* did you have a nice time? — Rather!, You bet! **4** *~ vi skulle gå på bio?* what about going to the cinema? **II** *s* if; *~ inte ~ hade varit* if ifs and ans were pots and pans; *efter många ~ och men* after a lot of shilly-shallying **III** *prep* **1** (*omkring*) [a]round; about; *en snara ~ halsen* a snare round one's neck; *falla ngn ~ halsen* fall on a p.'s neck; *försvinna ~ hörnet* disappear round the corner; *hålla ngn ~ livet* hold s.b. by the waist **2** (*annan konstr.*) *vara kall ~ fötterna* have cold feet; *lätt ~ hjärtat* light at (of) heart; *tvätta sig ~ händerna* wash one's hands; *torka sig ~ munnen* wipe one's mouth; *ha mycket ~ sig* have a lot [of work] on one's hands; *låsa ~ sig* lock o.s. in; *vara ~ sig* look after number one, be a pusher **3** (*om läge*) of; *söder ~* to the south of; *till vänster ~* to the left of; *vid sidan ~ vägen* at the side of the road **4** *lova halvt ~ halvt* give a half-

-and-half promise; *par ~ par* two by two, in couples; *de ramlade ~ varandra* they tumbled over one another **5** (*om tid: under, inom*) in; *~ dagen* (*dagarna*) in the daytime, during the day, by day; *långt ~ länge* at long last; *~ lördagarna* on Saturdays; *vara ledig ~ lördagarna* have Saturdays off; *~ lördag åtta dar* a week on Saturday; *vakna tidigt ~ mornarna* wake up early in the morning; *~ natten* (*nätterna*) at (by) night, in the night; *~ vintern* (*vintrarna*) in winter [-time]; *två gånger ~ året* twice a year; *förr ~ åren* in former years; *året ~* all the year round **6** (*angående*) about, of; (*över ett ämne*) on; (*beträffande*) as to; *berättelsen* (*drömmen*) *~* the story (dream) of; *fråga ngn ~* ask s.b. about; *fråga ngn ~ vägen* ask s.b. the way; *förvissa sig ~* make sure of; *boken handlar ~* the book is about (deals with); *kännedom ~* knowledge of; *slaget ~* the battle of; *uppgift ~* information about (on, as to); *en bok* (*föreläsning*) *~* a book (lecture) on; *vi var fem ~ lotten* five of us shared the lottery ticket; *de sade ingenting ~ när de skulle komma* they said nothing as to when they would come **7** (*efter adj.*) *se adjektivet* **8** (*vid begäran, tävlan*) for; *be ~ ursäkt* apologize; *begäran* (*önskan*) *~* request (wish) for; *förslaget ~* the proposal for; *kämpa ~ segern* fight for victory; *spela ~ pengar* play for money; *tävlan ~* competition for **9** (*innehållande, uppgående t.*) of; *ett brev ~ fyra sidor* a letter of four pages, a four-page letter; *en säck ~ 50 liter* a bag holding 50 litres; *en truppstyrka ~ 500 man* a force of 500 men **IV** *adv* **1** (*omkring*) round; *en ask med papper ~* a box wrapped in paper (with paper round it); *binda ett snöre ~ ngt* tie a string round s.th.; *runt ~ i landet* all over the country; *röra ~ i gröten* stir the porridge **2** (*tillbaka*) back; *se sig ~* look back; *vända ~* turn back **3** (*förbi*) past; *gå* (*köra*) *~ ngn* walk (drive) past s.b., overtake s.b. **4** (*på nytt*) [over] again; *~ igen* over again, once more; *~ och ~ igen* over and over again; *många gånger ~* many times over; *göra ~* make (do) ... again, re-make, re-do; *läsa ~ en bok* re-read a book; *måla ~* repaint; *se ~ en film* see a film again

o|magnetisk non-magnetic **-mak** *s7* trouble, bother **-maka** *oböjl. a* odd; *bildl.* ill--matched; *en ~ handske* an odd glove; *skorna är ~* the shoes are not a pair (do not match) **-manlig** unmanly; effeminate

om|arbeta remodel; rework; (*plan*) revise, alter; (*bok e.d.*) revise, rewrite; (*för film e.d.*) adapt **-arbetning** [-e:-] remodelling; reworking; revision, alteration; rewriting; adaptation **-bedja** *han -bads* (*blev -bedd*) *att* he was requested (asked, called upon) to **-besörja** see (attend) to, effect **-bilda** transform (convert, turn) (*till* into); (*t.ex. ministär*) reconstruct **-bildning** transformation, conversion; reconstruction **-bonad** *a5* warm and cosy, snug **-bord** [-bɷ:rd] on board (*på fartyget* the ship); *fritt ~* free on board (*förk.* f.o.b.); *gå ~* (*äv.*) embark; *föra ~* ship, take on board **-bordläggning** [-ˣbɷ:rd-] collision **-bordvarande** [-ˣbɷ:rd-] *de ~* those on board **-bryta** *boktr.* make up [into pages]; *-brutet korrektur* page proof **-brytning** making up, make-up **-bud** representative; *hand äv.* agent; (*enl. fullmakt*) proxy, authorized representative; *juridiskt ~* solicitor, counsel, attorney, legal adviser **-budsman** representative, commissioner; (*för bank, verk etc.*) solicitor; (*för bolag äv.*) company lawyer; (*för organisation etc.*) secretary; *Engl. äv.* ombudsman **-bunden** *vara ~* wear a bandage, be tied up **-byggnad** rebuilding; reconstruction; *huset är under ~* the house is being rebuilt **-byta** *nu är det -bytta roller* now the tables are turned **-byte** change (*underkläder* of underwear); (*omväxling*) variety; *~ förnöjer!* there's nothing like change! **-bytlig** [-y:-] *a1* changeable, variable; (*nyckfull*) inconstant, fickle; (*ostadig*) unsteady, unstable **-dana** remodel; transform **-danare** remoulder; transformer **-daning** remoulding; transformation **-debatterad** *a5* much discussed (debated); *en ~ fråga* a controversial question **-dirigera** redirect, divert **-diskuterad** *a5, se -debatterad* **-döme** *s6* (*-sförmåga*) judg[e]ment; (*urskillning*) discrimination, discernment; (*åsikt*) opinion; *visa gott ~* show sound judgment; *bilda sig ett ~ om* form an opinion of **-dömesfråga** [a] question of judgment (opinion) **-dömesgill** [-j-] *a1* discerning; judicious **-dömeslös** undiscerning, undiscriminating; injudicious

o|medelbar immediate; (*naturlig*) natural; (*spontan*) spontaneous **-medelbarhet** naturalness; spontaneity **-medelbart** *adv* immediately *etc.*; directly; at once, straight off; *~ efter mottagandet av* immediately on receipt of **-medgörlig** unaccommodating; (*obeveklig*) unyielding; (*motspänstig*) intractable; (*envis*) unreasonable **-medveten** unconscious (*om* of); (*instinktiv*) instinctive

omelett *s3* omelet[te]

omen ['ɷ:-] *s7, pl äv. omina* omen, augury; *det är ett gott ~* (*äv.*) that augurs well

ometodisk unmethodic[al], unsystematic

om|famna -famning embrace; *vard.* hug **-fatta** **1** (*gripa om*) clasp, grasp; (*omsluta*) enclose, encircle **2** (*innefatta*) comprise, include; (*täcka*) cover, extend over; (*rymma*) contain; (*ansluta sig t.*) embrace (*en lära* a doctrine); *~ ngn med sympati* extend sympathy to s.b., regard s.b. sympathetically **-fattande** *a4* extensive; comprehensive; (*utbredd*) widespread, far-reaching; (*stor*) big, great, large **-fattning** extent, scope, compass, range; *av betydande ~* (*äv.*) of considerable proportions; *i allt större ~* on an increasing scale, to an increasing extent; *i hela dess ~* to the whole of its extent, (*i stor skala*) on a large scale **-fattningsrörelse** *mil.* envelopment operation **-fluten** *a5, se kringfluten* **-flyttning** transposition; transfer, removal; *mat.* inversion **-forma** transform; *elektr.* convert **-formare** [-å-] *elektr.* converter; *Am.* generator **-formulera** redraft; (*problem e.d.*) restate **-fång** *s7* extent; (*storlek*) size, bulk, dimensions (*pl*); (*röst-*) range; *till ~et* in size (scope) **-fångsberäkna** cast off (*ett manuskript* a copy) **-fångsrik** extensive; (*volu-*

minös) voluminous; (*skrymmande*) bulky **-fördelning** redistribution **-gestalta** remould; transform (*ngns liv* a p.'s life) **-gift** remarried **-giv** *kortsp.* re-deal **-giva** surround; ~ *ngt med en mur* (*ett staket*) (*äv.*) wall (fence) in s.th. **-givning** [-ji:v-] surroundings (*pl*); (*miljö*) environment; *han är en fara för sin* ~ he is a source of danger to those around him; *i stadens ~ar* (*äv.*) in the environs of the town **-gjord** remade; reconstructed **-gjorda** [-jo:r-] ~ *sina länder* gird up one's loins; ~ *sig* gird o.s. **-gruppera** regroup **-gruppering** regroupment **-gående** I *a4* immediate, prompt; ~ *svar* (*äv.*) reply by return; *per* ~ by return [of post] II *adv* by return **-gång** *s2* **1** (*varv*) round, turn, spell **2** (*uppsättning*) set (*kläder* of clothes) **-gärda** [-jä:r-] fence ... round (*bildl. äv.:* about) **-hulda** cherish, foster; (*om pers. äv.*) make much of **-händerha** have charge of, supervise, manage **-händertaga** take charge of; *bli -händertagen* (*av polis*) be taken in charge; *bli väl -händertagen* be taken good care of **-hölja** envelop; wrap round **-hölje** envelope, cover, wrapping

omigen ['åmmijen] again, once more

omild ungentle, harsh (*behandling* treatment); (*om klimat o.d.*) ungenial; (*om omdöme äv.*) severe

omintetgöra [åmˣinn-] (*gäcka*) frustrate; (*korsa*) thwart

ominös *a1* ominous; fatal

omiss|kännlig [-ç-] *a1* unmistakable; (*otvivelaktig*) undoubted; (*påtaglig*) palpable **-tänksam** unsuspicious, unsuspecting

omistlig *a1* inalienable (*rättighet* right); (*oumbärlig*) indispensable; (*oskattbar*) precious; *~a värden* priceless treasures

om|kastare *tekn.* [change-over] switch (key) **-kastning** sudden change; (*av ordningen*) inversion; (*av bokstäver o.d.*) transposition; (*i vinden*) veer[ing]; *elektr. o. bildl.* reversal; *polit. o.d.* turnabout; (*i stämning*) veering round **-klädning** [-ä:-] changing [of clothes]; (*av möbler*) re-covering **-klädningsrum** changing-room **-komma** die; be killed; *de -komna* those who were killed (lost their lives), the victims **-koppla** *tekn.* switch over; commute **-kopplare**, *se -kastare* **-koppling** changing over; reconnection; switching **-kostnad** *~er* costs, expenses, overheads; outlay, expenditure (*sg*) **-kostnadskonto** expense[s] account **-krets** circumference; *i* ~ in circumference, round; *inom en ~ av fem kilometer* within a radius of five kilometres

omkring [åm'kriŋ] round; around; (*ungefär*) about (*trettio* thirty), some (*10 shilling* 10 shillings), at about (*klockan 7* seven); *springa ~ på gatorna* run about [in] the streets; *när allt kommer* ~ after all, all things considered; *vida* (*vitt*) ~ far and wide **-liggande** *se kringliggande*

om|kull [åmm-] (*falla* fall) down (over) **-kväde** *s6* refrain **-körning** overtaking **-körningsförbud** *ung.* overtaking prohibited, no passing **-laddning** recharge **-lasta** transship, reship; (*på järnväg*) shift, reload **-lastning** transshipment *etc.*; shifting *etc.* **-ljud** mutation, umlaut **-lopp** *astron.* revolution, circuit; (*rörelse*) circulation; *sätta ... i ~ a*) (*pengar*) put ... into circulation, *b*) (*blodet*) set ... circulating; *ett rykte kom i* ~ a rumour started circulating **-loppsbana** *astron.* orbit **-loppshastighet** orbital velocity **-loppstid** period of revolution; (*pengars*) circulation period; *databeh.* major cycle **-läggning** (*drift-*) rearrangement, reorganization; (*skatte-*) revision; (*förändring*) change, alteration; (*trafik-*) diversion; ~ *till högertrafik* change-over (switch) to right-hand traffic **-möblera** refurnish; rearrange furniture **-möblering** refurnishing; *bildl.* reshuffle (*i regeringen* of the Cabinet) **-nejd** *se -givning*

omnibus[s] [ˣåmm-] [omni]bus; *jfr buss*

omnämna mention (*för* to) **-nde** *s6* mention

o|modern unmodern; out of date (fashion), outmoded; *bli* ~ go out of fashion **-mogen** unripe (*äv. bildl.*); *bildl. äv.* immature; (*grön*) green **-mogenhet** unripeness; immaturity **-moral** (*brist på moral*) unmorality; (*osedlighet*) immorality **-moralisk** (*sedligt förkastlig*) unmoral; (*osedlig*) immoral

omorganis|ation reorganization **-era** reorganize; *Am. äv.* revamp

o|mornad [-å:-] *a5* drowsy, half awake, sleepy **-motiverad** *a5* unwarranted; (*oberättigad*) unfounded; (*obefogad*) uncalled-for

om|placera put ... in other positions, rearrange; (*ämbetsman*) transfer; (*pengar*) reinvest **-plantera** replant; transplant (*äv. bildl.*) **-pröva** reconsider; review (*äv. jur.*) **-prövning** reconsideration; review; *ta ngt under* ~ reconsider s.th. **-redigera** (*bok o.d.*) revise **-registrera** reregister **-ringa** *v1* surround; *mil. äv.* encircle **-råde** *s6, eg.* territory; (*trakt*) district, area, region; (*gebit*) domain, sphere, department, province; (*gren*) branch; *han är expert på sitt* ~ he is an expert in his field **-räkna** *se räkna* [*om*]; (*valutor*) convert (*t. svenska kronor* into Swedish kronor) **-rörning** [-ö:-] stirring **-röstning** voting, vote; *eng. parl. äv.* division; (*med röstsedlar*) ballot voting; *anställa* ~ put to the vote; *skrida till* ~ take a vote; *sluten* ~ secret ballot, ballot vote

oms [åmms] *s3, s4, förk. för omsättningsskatt*

omsider [åmˣsi:-, -'si:-] by degrees; (*till sist*) finally, at last; *sent* ~ at long last

om|skaka shake up; *~s väl!* shake well before use! **-skakad** *a5* shaken (*äv. bildl.*); *bildl. äv.* shocked **-skapa** transform (*till* into) **-skiftare** [-ʃ-] (*på skrivmaskin*) shift key **-skola** *v1* re-educate, retrain; rehabilitate; (*plantor*) transplant **-skolning** re-education, retraining; rehabilitation; (*av plantor*) transplantation **-skolningskurs** retraining (rehabilitation) course **-skriva** **1** *mat.* circumscribe **2** (*återge med andra ord*) paraphrase **-skriven** *a5, mycket* ~ often written about, much-discussed **-skrivande** *a4* periphrastic (*verb* verb) **-skrivning** **1** *mat.* circumscribing **2** (*återgivande med andra ord*) paraphrase, periphrasis, circumlocution; (*fonetisk* phonetic) transcription; ~ *med 'do'* a 'do'-periphrasis **3** (*omarbetning*) rewriting **-skära** circumcise **-skärelse** [-ʃ-] circumcision **-slag** *s7* **1** (*emballage*) wrapping, wrapper; (*bok-*) [dust] jacket, cover **2** (*förändring*) change (*i vädret* in the weather), alteration 3 (*förband*) compress **-slagsbild** cover picture (drawing, design) **-slagspapper** wrapping-paper, brown paper **-slagsrevers** promissory note [with collateral security] **-slut** *hand.* second balancing-up **-sluta** (*omge*) surround, encompass; (*innesluta*) enclose **-slutning** [-u:-] *hand.* total assets **-sorg** care (*om* for, of); (*möda*) trouble, pains (*pl*); *lägga ner ~ på* take pains (trouble) with, bestow care upon; *slösa sina ~er på* lavish one's care and attention on **-sorgsfull** careful; (*grundlig*) thorough, painstaking; (*i klädsel*) neat; (*i detalj utarbetad*) elaborate (*utförande* workmanship) **-spel** *sport.* replay; play-off **-spunnen** *a5*, *~ ledningstråd* wound (taped) wire **-spänna** *bildl.* cover, extend (stretch, range) over; embrace, span (*stora områden* vast areas) **-stridd** *a5* contested, disputed, at issue; *en ~ fråga* a vexed (controversial) question **-strukturering** change in the structure; (*av industri*) [structural] reorganization **-strålad** *a5*, *~ av ljus* circumfused (bathed in) light; *~ av ära* covered with glory **-stående** *oböjl. a*, *på ~ sida* overleaf **-ställbar** adjustable, convertible **-ställning** adjustment; (*t.ex. t. fredsförhållanden*) adaptation, change-over **-ständighet** circumstance; (*faktum*) fact; *den ~en att jag har* [the fact of] my having; *de närmare ~erna* further particulars (details), the immediate circumstances; *[allt]efter ~erna* according to the circumstances; *befinna sig efter ~erna väl* be well considering [the circumstances]; *under nuvarande ~er* (*äv.*) as it is, this being the case; *utan vidare ~er* without more ado (any further ceremony) **-ständlig** *a1* circumstantial, detailed; (*långrandig*) long-winded, prolix **-störta** overthrow, upset; subvert (*ett samhälle* a society) **-störtande** *a4* subversive (*verksamhet* activity) **-störtning** overthrow, subversion **-störtningsförsök** attempt to subvert **-susa** *~s av västanfläktar* be fanned by zephyrs; *~d av sägner* wreathed in legend **-svep** *s7* circumlocution[s *pl*], roundabout way[s *pl*]; *utan ~* straight out, candidly; *komma med ~* beat about the bush **-svängning** swing (veer) round; sudden change (alteration) **-svärma** flock (swarm) around; *en ~d flicka* a favourite with the boys **-sänder** at a time **-sätta 1** (*växel o.d.*) renew, prolong **2** (*omvandla*) convert, transform (*i* into); *~ sina planer i handling* put one's plans into action; *~ ... i praktiken* put ... into practice; *~ ngt i pengar* turn s.th. into cash **3** (*avyttra*) sell, market, turn over; *aktierna -sattes till* the shares changed hands at **-sättning 1** (*av växlar, lån*) renewal, prolongation **2** (*sammanlagt försäljningsvärde*) turnover, sales; (*allm. varuutbyte*) business [volume], trade; (*av arbetskraft*) turnover (*på lärare* of teachers); *börs.* transactions (*pl*), business **3** *boktr.* recomposition **-sättningsskatt** purchase (*Am.* sales) tax **-sättningstillgångar** current assets **-sättningsväxel** renewal (continuation) bill **-tagning** repetition; *mus.* repeat; *fotogr.* re-take **-tala 1** (*-nämna*) mention **2** (*berätta*) tell (*ngt för ngn* s.b. s.th., s.th. to s.b.) **-tanke** (*-tänksamhet*) consideration (*om* for); (*-sorg*) solicitude (*om* for) **-tryck** *boktr.* reprint **-tumlad** *a5* giddy; dizzy **-tvistad** *a5* disputed; *en ~ fråga* a matter of dispute (at issue), a moot question **-tyckt** *a4* popular, liked; *illa ~* disliked, unpopular **-tänksam** *a1* considerate (*om* for, of; *mot* towards), thoughtful (*om, mot* for, of); (*försiktig*) prudent **-tänksamhet** considerateness *etc.* **-töckna** darken; (*genom alkohol o.d.*) daze, muddle, fuddle; *-töcknat tillstånd* state of confusion, daze

o|musikalisk unmusical **-mutlig** [-u:-] *a1* unbribable; incorruptible; (*friare*) inflexible, uncompromising **-mutlighet** [-u:-] incorruptibility; inflexibility

om|val *s7* re-election **-vald** re-elected **-vandla** transform, convert, change (*till* into) **-vandling** transformation, conversion, change **-vittna** give evidence of; (*betyga*) testify **-vittnad** *a5* testified to, vouched for; *ett -vittnat faktum* a certified fact **-vårdnad** care; *ha ~ om* be in (have) charge of **-väg** roundabout (circuitous) way (*äv. bildl.*); *ta en ~* make a detour; *en stor ~* (*äv.*) a long way round; *få veta ngt på ~ar* get to know s.th. in a roundabout way (indirectly) **-välja** re-elect **-välvande** *a4* revolutionary **-välvning** revolution, upheaval **-vänd** *a5* **1** reversed, turned round (upside down, inside out); (*motsatt*) reverse, opposite; *mat.* inverse; *~ ordning* reverse order; *förhållandet är det rakt ~a* the case is exactly the reverse (opposite); *han var som en ~ hand* he was a changed man **2** *relig.* converted; *en ~* a convert **-vända** *relig.* convert; *~ sig* be converted **-vändelse** conversion **-vänt** inversely; *och ~* and vice versa **-värdera** revalue, reassess **-värdering** revaluation **-värld** *~en* the world around [one *etc.*] **-värva** *v2* envelop; encompass; *vara -värvd av* be enveloped in (*rök* smoke), be encompassed by (*fiender* enemies) **-växlande I** *a4* alternating; alternate; varying (*lycka* fortune); varied (*program* programme); (*olikartad*) diversified **II** *adv* alternatingly *etc.*; (*turvis*) by turns **-växling** alternation; (*förändring*) change; (*olikhet*) variety; (*mots. enformighet*) variation; *som ~* for a change; *för ~s skull* for the sake of variety

omyndig under (not of) age; *en ~* a minor **-förklara** declare incapable of managing his (*etc.*) own affairs **-het** (*minderårighet*) minority; (*fastslagen av domstol*) legal incapacity **-hetsförklaring** declaration of [legal] incapacity **-hetstid** minority

o|målad *a5* unpainted **-måttlig** immoderate; (*om pris, krav äv.*) exorbitant; (*överdriven*) excessive; (*om fåfänga*) inordinate **-måttlighet** immoderation; excess[iveness]; exorbitance **-mänsklig** inhuman; (*mildare*) inhumane; (*barbarisk*) barbarous **-mänsklighet** inhumanity; barbarity **-märklig** imperceptible; (*osynlig*) indiscernible **-märkt** *a4* unmarked; *~ av åren* untouched by the passage of time **-mätlig** [ˣɷ:-, -'mä:t-] *a1* immeasurable; (*gränslös*) boundless **-mättad** *kem.* unsaturated **-mättlig** *a1* insatiable **-möblerad** *a5* unfurnished

omöjlig [ˣɷ:-, -ˈmöjj-] impossible; (*ogörlig*) unfeasible, impracticable; *han är ~ att komma åt* there's no getting at him; *göra sig ~* make o.s. impossible **-en** *se -t* **-göra** make ... impossible **-het** impossibility **-t** *adv, jag kan ~* I cannot possibly

omönstrad unpatterned, plain

onan|era masturbate **-i** *s3* masturbation, onanism

onatur (*tillgjordhet*) affectation **-lig** unnatural; (*tillgjord*) affected; (*abnorm*) abnormal

ond *ont värre värst el. a1* (*i bet. 2*) **1** (*illvillig*) evil; (*elak*) wicked; (*dålig*) bad (*dröm* dream; *samvete* conscience); *~ aning* misgiving; *i ~ avsikt* with evil intent[ion]; *~ cirkel* vicious circle; *aldrig säga ett ont ord* never say an ill (unkind) word; *väcka ~ blod* create ill-feeling **2** (*förargad*) angry, vexed, annoyed, cross (*på* with; *över* at; *över att* that); *Am. äv.* mad (*på* at; *över* about); *bli ~* get angry (*etc.*) **3** (*som gör ont*) sore (*ben* leg); *~ tand* aching tooth **4** *det ~a a*) (*t.ex. som ngn gjort*) the evil, *b*) (*sjukdomen*) the malady (complaint), *c*) (*smärtorna*) the pain[s *pl*], the ache; *ta det ~a med det goda* take the good with the bad; *den ~e* the Evil One **5** *vara av ~o* be of evil; *fräls oss ifrån ~o!* deliver us from evil! **-göra** *rfl* take offence (*över* at); *~ sig över att* (*äv.*) take it amiss that **-o** *se ond 5* **-sint** *a1* (*arg-*) ill-tempered; (*illvillig*) malevolent **-ska** *s1* evil; (*sedefördärv*) wickedness; (*elakhet*) malice, malignity **-skefull** malignant, malevolent, spiteful

onduler|a [ån-] wave **-ing** waving; *en ~* a wave

oneklig [-e:-] *a1* undeniable **-en** undeniably, without doubt; (*obestridligen*) indisputably

onjutbar unenjoyable; (*oaptitlig*) unpalatable

onkel [ˈåŋkel] *s2* uncle

onomatopoetisk [ånɷ-] onomatopoetic

onormal abnormal

onoterad *a5* unquoted; (*om värdepapper*) unlisted

onsdag [ˈɷnns-] *s2* Wednesday; *jfr fredag*

ont *n* **1** evil; (*skada*) harm; (*smärtor*) pain, ache; *ha ~ i sinnet* have evil designs; *löna ~ med gott* return good for evil; *ett nödvändigt ~* a necessary evil; *på gott och ~* that cuts both ways; *det ligger ingenting ~ i det* there is nothing wrong (no harm) in that; *det är inte ngt ~ i honom* there's no harm in him; *tro ngn om ~* believe the worst of s.b.; *inget ~ som inte har ngt gott med sig* it's an ill wind that blows nobody any good; *intet ~ anande* unsuspecting; *jag har inget ~ gjort* I have done no wrong (*skada:* harm); *jag ser inget ~ i det* there is no wrong (harm) in that; *vi hade inget ~ av* we were not disturbed (troubled) by (*o-väsendet* the noise); *vad har jag gjort dig för ~?* what harm have I done you?; *slita ~* have a rough time of it; *det gör mig ~ att* it grieves me that; *det gör mig ~ om honom* I feel so sorry for him; *göra ~* (*orsaka smärta*) give pain; *jag har ~ i ryggen* I have a pain in my back, my back aches (hurts); *ha ~ i huvudet* (*magen*) have a headache (stomach-ache); *det gör ~ när du nyps* it hurts when you pinch **2** *det är ~ om kaffe* coffee is scarce, there is a shortage of coffee; *det börjar bli ~ om kaffe* coffee is running short; *ha ~ om* be short of; *ha ~ om pengar* be hard up [for money]; *ha ~ om tid* be pressed for time

onumrerad *a5* unnumbered; unreserved

onus [ˈɷ:-] *s7, pl äv. onera* encumbrance, burden

o|nyanserad without nuances; (*friare*) undifferentiated; *bildl.* oversimplified, superficial **-nykter** drunk[en], intoxicated **-nykterhet** drunkenness, insobriety **-nyttig** useless, of no use; unprofitable, futile

onyx [ˈɷ:-] *s2, min.* onyx

onåd disgrace; disfavour; (*misshag*) displeasure; *komma i ~ hos ngn* fall out of favour with s.b., get into a p.'s bad books **-ig** ungracious; (*ogynnsam*) unfavourable **-igt** *adv* ungraciously, with a bad grace; *upptaga ngt ~* take umbrage (offence) at s.th.

o|nämnbar *a1* unmentionable **-nämnd** *a5* unmentioned; (*anonym*) anonymous **-nödan** *i uttr.: i ~* unnecessarily **-nödig** unnecessary; needless **-nödigtvis** unnecessarily; needlessly **-ombedd** [ˣɷ:åm-] *a5* unasked; uninvited **-omkullrunk[e]lig** [ˣɷ:åm-] *a1* irrefutable (*åsikt* opinion); impregnable, invincible (*sanning* truth) **-omtvistlig** [ˣɷ:åm-] *a1* indisputable **-ordentlig** (*om pers.*) careless, (*vårdslös*) slovenly, (*i klädsel*) untidy; (*om sak*) disorderly, (*ostädad*) untidy **-ordnad** disordered; (*om förhållanden o.d.*) unsettled **-ordning** [state of] disorder; (*röra*) mess, muddle; (*förvirring*) confusion; *bringa ... i ~* throw ... into confusion, get ... into a mess **-organiserad** [ˣɷ:år-] *a5* unorganized; (*klandrande*) unordered; *~ arbetare* non-unionist **-organisk** inorganic

opak *a1* opaque

opal *s3, min.* opal **-iserande** *a4* **-skimrande** [-ʃ-] *a4* opalescent

o|partisk impartial, unbiassed, unprejudiced; *polit.* non-party **-passande** (*otillbörlig*) unbecoming; (*ej på sin plats*) improper, indecorous; (*anstötlig*) objectionable **-passlig** *a1* indisposed; *vard.* out of sorts, under the weather **-pedagogisk** unpedagogic[al]

opera [ˈɷ:-] *s1* opera; (*-hus*) opera-house **-balett** opera ballet **-musik** opera music **-sångare** opera-singer

oper|ation operation (*äv. mil.*) **-ationsanalys** operations research (analysis) **-ationsbas** operation-base **-ationsbord** operating-table **-ationssal** operating-theatre **-ationssköterska** theatre nurse **-ativ** *a1* operative **-atris** [woman, girl] operator **-atör** **1** (*kirurg*) operating surgeon **2** (*maskin-*) operator **-era** **1** *mil. o. allm.* operate **2** *läk.* operate (*ngn för magsår* on s.b. for gastric ulcer); carry out an operation; *bli ~d* be operated on; *cancer kan inte alltid ~s* it is not always possible to operate for cancer; *~ bort* remove, have removed by an operation

operett *s3* musical comedy; light opera, operetta

opersonlig impersonal
opinion *s3* opinion; *den allmänna ~en* public opinion; *skapa en ~ för* rouse public opinion in favour of
opinions|bildande *a4* ... that moulds public opinion **-bildning** moulding of public opinion **-möte** *ung.* public meeting **-undersökning** public opinion survey, opinion poll **-yttring** expression of opinion; manifestation, demonstration
opium ['ɑ:-] *s4* opium **-droppar** laudanum, tincture of opium **-handel** opium traffic **-håla** opium den **-pipa** opium pipe **-rökare** opium smoker **-vallmo** opium poppy
o|placerad *a5, sport.* unplaced **-plockad** [-å-] *a5, ha en gås ~ med ngn* have a crow to pluck with s.b. **-plogad** *a5* ... uncleared by the snow-plough **-plöjd** *a5* unploughed **-poetisk** unpoetical **-polerad** *a5* unpolished; *bildl. äv.* unrefined, rough **-politisk** unpolitical, non-political; (*oklok*) impolitic
opossum [ɑ'påss-] *s3, zool.* (*pungråtta*) [Virginian] opossum; (*pungräv*) Tasmanian opossum
opp [åpp] *se upp*
oppone|nt [å-] opponent **-ra** object (*mot* to); oppose; *~ sig* make (raise) objections (*mot* to); *~ sig mot* (*äv.*) object to, oppose
opportun [å-] *a1* opportune, timely; (*lämplig*) expedient **-ist** opportunist, time-server **-istisk** *a5* opportunist **-itetsskäl** *av ~* for reasons of expediency
opposition [å-] opposition **-ell** *a1* oppositional (*mot* towards)
oppositions|ledare leader of the opposition **-lust** love of opposition **-lysten** oppositional; dissentious **-parti** opposition party; *~et* (*äv.*) the Opposition
o|praktisk unpractical; *Am.* impractical **-pressad** *a5* unpressed **-pretentiös** unpretentious **-prioriterad** *a5* unsecured, unprivileged; non-essential, non-priority **-pris** *det är inget ~* it is not too expensive (quite reasonable) **-privilegierad** *a5* unprivileged **-proportionerlig** disproportionate; *vara ~* (*äv.*) be out of [all] proportion **-prövad** untried, inexperienced; (*ej utprovad*) untested **-psykologisk** unpsychological
optik [å-] *s3* optics (*sg*) **-er** ['åpp-] optician
optim|al [å-] *a1* optimum **-ism** optimism; *försiktig ~* guarded optimism **-ist** optimist **-istisk** *a5* optimistic **-um** ['åpp-] *best. f. -um, äv. -et* optimum
option [åp'ʃɑ:n] option
optionstid option period
optisk ['åpp-] *a5* optical; (*om t.ex. axel, vinkel äv.*) optic; *~ villa* optical illusion
opublicerad *a5* unpublished
opus ['ɑ:-] *s7, pl äv. opera* work, production; *mus.* opus, composition
o|putsad *a5* unpolished; (*om fönster*) uncleaned **-påkallad** *a5* uncalled for **-pålitlig** unreliable; untrustworthy, not to be depended upon; (*farlig*) unsafe **-pålitlighet** unreliability; undependability **-påräknad** [-ä:-] *a5* unexpected **-påtalt** [-a:-] *a4* unnoticed; without remonstrance (a protest) **-påverkad** [-ä-] *a5* unaffected, uninfluenced **-påverkbar** unimpressionable; immovable; unyielding
or *s7, zool.* mite
o|raffinerad unrefined, crude **-rakad** *a5* unshaved, unshaven
orakel *s7, s4* oracle **-mässig** *a1* oracular **-svar** oracle
orange [ɑ'raŋʃ, ɑ'rannʃ] *s5 o. a4* orange **-färgad** orange-coloured **-ri** orangery, hothouse **-röd** orange-red
orangutang [-ŋg-] orang-outang, orang-utan
oransonerad *a5* unrationed
orat|ion oration **-or** [-ˣa:tår] *s3* orator **-orisk** *a5* oratorical **-orium** *s4* oratorio
ord [ɑ:rd] *s7* word; *~ för ~* word for word, verbatim; *ett sanningens ~* a home truth; *~et är fritt* (*vid möte e.d.*) the meeting is open for discussion; *det ena ~et gav det andra* one word led to another; *det är ~ och avsked med honom* he is a plainspeaking man; *~ och inga visor* plain speaking, no beating about the bush; *använda fula ~* use bad language; *begära ~et* request permission to speak; *bryta* (*hålla*) *sitt ~* break (keep) one's word; *få ~et* (*äv.*) get the floor; *få ett ~ med i laget* get a voice in the matter; *få sista ~et* have the last word; *ge sitt ~ på att* give one's word that; *ha ~ om sig att vara* have the reputation of being; ... *har ~et* ... is speaking; *ha ~et i sin makt* never be at a loss for words; *i ~ och gärningar* in word and deed; *vara stor i ~en* talk big; *lägga ett gott ~ för ngn* put in a good word for s.b.; *med andra ~* in other words; *med egna ~* in one's own words; *med ett ~* [*sagt*] in a word, briefly; *märka ~* catch at words, quibble; *du sa ett ~!* you are right there!; *inte skräda ~en* not mince matters; *stå vid sitt ~* stick to one's word; *ta ngn på ~en* take s.b. at his word; *ta till ~a* begin to speak; *tala några ~ med ngn* have a word with s.b.; *tro ngn på hans ~* believe a p.'s. word; *du måste tro mig på mitt ~* you must take my word for it; *vi visste inte ~et av förrän* before we knew where we were; *innan man visste ~et av* before you could say Jack Robinson; *välja sina ~* choose one's words; *överlämna ~et åt* call upon s.b. to speak **-a** talk (*om* about) **-agrann** literal; word for word **-alag** *pl* words, terms; *i väl valda ~* in appropriate (well-chosen) terms (phrases) **-alydelse** wording, text **-bildning** word-formation **-blind** word-blind **-bok** dictionary **-boksförfattare** lexicographer, dictionary-compiler **-böjning** word-inflection
orden ['å:r-] *best. f. orden, pl ordnar* order; *få en ~* have an order conferred upon one
ordens|band ribbon of an order **-behängd** *a5* covered with decorations **-brev** diploma of an order **-broder** brother of an order **-förläning** award of an order **-insignier** insignia of an order **-kapitel** chapter of an order (the Order) **-regn** shower of decorations (honours) **-sällskap** order [fraternity] **-tecken** badge of an order **-utdelning** bestowal of orders **-väsen** [the] system of orders
ordentlig [år'denn-] *a1* (*noggrann*) careful, accurate (*med* about, as to); (*ordningsam*) well-behaved(-conducted), orderly (*ung man* young man); (*proper, städad*) tidy,

neat; (*riktig*) proper, regular, real, decent; (*rejäl*) thorough, downright, sound (*avbasning* thrashing); *ett ~t mål mat* (*äv.*) a square meal **-het** carefulness *etc.*; orderliness *etc.*; regularity *etc.* **-t** *adv* in a careful (*etc.*) way; properly; thoroughly; *sova ut ~* sleep one's fill

order ['å:r-] order (*om, på* for) (*äv. hand.*); (*uppdrag*) commission; (*instruktion*) instructions (*pl*); *mil.* order, command; *ge ~ om* (*äv.*) order; *lyda ~* obey orders; *på ~ av* by order of; *i ~* on order; *närmare ~* further instructions; *betala till herr A. eller ~* pay [to] Mr. A. or order **-bekräftelse** confirmation of an order **-blankett** order-form **-bok** order-book **-erkännande** acknowledgement of order **-givning** [-ji:v-] *mil.* issuing of orders (an order); *flyg.* briefing **-sedel** order sheet (slip) **-stock** *s2* backlog [of orders], [volume of] orders on hand

ord|fattig (*om språk*) ... with a small vocabulary **-fläta** *se korsord* **-flöde** flow of words **-följd** word order **-förande** *s9* (*i förening o.d.*) president; (*vid möte*) chairman (*vid* at, of); *sitta som ~* act as chairman, be in the chair, preside **-förandeklubba** chairman's gavel **-förandeskap** *s7* presidency; chairmanship; *under ~ av* under the presidency (*etc.*) of **-förandestol** president's chair; chairman's seat **-förklaring** explanation of words (a word); *~ar* (*äv.*) explanatory notes, glossary **-förråd** vocabulary **-hållig** *a1* true (loyal) to one's word

ordin|and [å-] *s3* candidate for ordination, ordinand **-arie** *oböjl. a* ordinary; (*regelmässig*) regular; (*om tjänst*) permanent; (*fast anställd*) ... on the permanent staff, (*inom förvaltn.*) established; *icke* (*extra*) ~ unestablished; *~ professor* full professor; *~ priser* usual (normal) prices **-ata** [-ˣna:-] *s1, mat.* ordinate **-ation 1** *med.* prescription **2** (*prästvigning*) ordination **-era 1** *med.* prescribe **2** (*prästviga*) ordain **-är** *a1* ordinary; common, average

ord|karg ... of few words, sparing of words; taciturn **-klass** part of speech **-knapp** *se -karg* **-lek** pun **-lista** list of words, glossary, vocabulary (*över* of)

ordn|a [ˣå:rd-] arrange; *Am. äv.* fix; (*bringa -ing i*) put ... in order, tidy [up]; adjust (*sin klädsel* one's dress); (*affärer o.d.*) settle; (*reda ut*) get ... into order; (*reglera*) regulate, order; (*sortera*) sort; *~ efter storlek* arrange according to size; *~ med* arrange [for], provide for, attend to; *~ upp* settle, put ... to rights; *~ sig* arrange itself; *det ~r sig nog* things will sort themselves out, it will come out all right **-ad** *a5* arranged *etc.*; settled; *-at arbete* regular work; *~e förhållanden* settled conditions **-ing 1** order; (*ordentlighet*) orderliness, tidiness; (*metod*) method, plan; (*föreskrift*) regulations (*pl*); *i god ~* in an orderly manner; *för ~ens skull* as a matter of form, just in case; *den allmänna ~en* law and order; *bringa ~ och reda i* put to rights; *hålla ~ i* keep in good order; *hålla ~ på* keep ... in order; *i ~* in order, (*färdig*) ready, all set; *alldeles i sin ~* quite right (in order); *i vederbörlig ~* in due course; *göra i ~* get ... ready, prepare; *göra sig i ~* get ready (*till* for); *höra till ~en för dagen* be quite in the regular course of things; *kalla till ~en* call to order; *återgå till ~en* return to the normal [state of things] **2** (*följd*) course, order; *alfabetisk ~* alphabetical order; *i tur och ~* in turn; *den tredje i ~en* the third **3** *naturv.* order; *stjärna av första ~en* star of the first magnitude **4** (*typ, figur*) specimen **-ingsam** *a1, se ordentlig*

ordnings|betyg order mark **-följd** order, succession, sequence **-makt** police; constabulary **-man** *skol.* monitor; prefect **-människa** man (*etc.*) of method **-nummer** serial number **-polis** uniformed (*i storstad:* metropolitan) police **-regel** rule **-sinne** sense of order (method) **-stadga** regulations (*pl*) **-tal** ordinal [number] **-vakt** watchman, patrol; doorkeeper; *jfr -man*

ordonnans [årdå'naŋs, -'nanns] *s3* orderly; (*motorcykel-*) dispatch-rider **-officer** orderly officer; (*adjutant*) aide-de-camp

ord|rik (*om språk*) ... with a large vocabulary; (*om pers.*) verbose, wordy **-rytteri** cavilling, quibbling **-slut** word-ending **-språk** proverb **-språksbok** *O~en* [the Book of] Proverbs **-stam** word-stem **-strid** wrangle, verbal dispute **-ström** stream of words **-stäv** *s7* saying **-svall** torrent of words **-val** choice of words **-vändning** phrase **-växling** altercation

o|realiserbar unrealizable, unworkable; (*friare*) utopian **-realistisk** unrealistic **-reda** disorder; (*förvirring*) [state of] confusion; (*röra*) muddle, mess; *bringa ~ i* throw ... into disorder, get ... into a muddle (mess); *ställa till ~* cause confusion **-redig** confused; (*om framställning o.d.*) entangled, muddled; (*virrig*) muddle-headed; (*oklar*) vague **-redlig** dishonest **-regelbunden** irregular; anomalous **-regelbundenhet** irregularity; anomaly **-regerlig** [-je:r-] *a1* unmanageable; *bli ~* (*äv.*) get out of hand **-registrerad** [-j-] *a5* unregistered **-reglerad** *a5* unregulated **-ren** unclean; (*starkare*) filthy; (*förorenad*) impure (*äv. mus.*); *mus. äv.* false; (*grådaskig*) muddy; (*syndfull*) unchaste **-rena** pollute **-renhet** impurity **-renlig** uncleanly **-renlighet** uncleanliness; *konkr.* dirt, filth **-reparerbar** [-e:r-] *a1* irreparable (*äv. bildl.*)

orera speechify

o|reserverad unreserved; unqualified (*beundran* admiration) **-resonlig** unreasonable; (*halsstarrig*) stubborn, obstinate **-retuscherad** *a5* not touched-up, unretouched

organ [å-] *s7* organ (*för* of); (*redskap*) instrument; (*institution e.d.*) institution, body; authority

organdi [å-] *s3* organdy, organdie

organis|ation [å-] organization; *facklig ~* trade union (organization) **-ationsförmåga** organizing ability **-ationsplan** organization chart (plan) **-ationstvång** [the principle of the] closed shop, the obligation to join a trade union **-atorisk** *a5* organizing, organizational **-atör** organizer **-era** organize **-k** [-'ga:-] *a5* organic **-m** [-'nissm] *s3* organism

organist [å-] organist, organ-player

orgasm [å-] *s3* orgasm
orgel [*årrjel] *s2* organ **-harmonium** organ harmonium **-konsert** organ recital **-läktare** organ-loft **-musik** organ music **-pipa** organ-pipe **-register** organ stop **-spelare** organist **-trampare** organ-blower
orgi|astisk [årgi'ass-] *a5* orgiastic **-e** ['årr-] *s5* orgy; (*dryckes- äv.*) revel, carousal; *~r* (*äv.*) revelry (*sg*), excesses; *en ~ av färger* a riot of colour
orient|al [å-] *s3 o. a1* Oriental, Eastern **-alisk** *a5* oriental; (*om matta äv.*) Turkish, Persian **-alist** Orientalist **-en** [åri'enn-] *best. f.*, *r* the Orient; *Främre ~* the [Near and] Middle East
orienter|a [å-] **1** (*inrikta*) orient[ate] **2** (*underrätta*) inform, brief **3** *sport.* run cross-country **4** *rfl* (*ta reda på var man är*) orient[ate] o.s., get one's bearings; (*göra sig bekant med*) inform o.s. (*i, om* about), acquaint o.s. (*i* with) **-ad** *a5* (*inriktad*) oriented (*i norr o. söder* north and south); *polit.* sympathetic (*mot* to); (*informerad*) informed (*i, om* about), familiar (*i* with) **-ande** *a4* introductory, explanatory (*redogörelse* statement) **-are** *sport.* cross-country runner **-ing 1** (*inriktning*) orientation (*mot* towards), location; (*tendens*) trend, tendency **2** (*införande*) introduction, information; (*översikt*) survey **3** *sport.* cross-country running **-ingsförmåga** sense of locality (direction) **-ingslöpare** *se -are* **-ingspunkt** checkpoint **-ingstavla** (*vägmärke*) advance direction sign **-ingstävling** cross-country race **-ingsämne** general subject
original [årigi'na:l, -iji-] *s7* original; *pers.* eccentric [person], character **-förpackning** original packing; *i ~* as packed by the producer (*etc.*) **-handling** original [document, deed] **-itet** originality; (*ngns äv.*) eccentricity **-itetsjakt** pursuit of originality **-språk** original language **-tappning** *vin i ~* châteaubottled wine **-upplaga** first (original) edition
originell [årigi'nell, -iji-] *a1* original; (*säregen*) eccentric, odd, peculiar
origo *s9, mat.* origin; *i ~* at the origin
o|riktig incorrect, erroneous, wrong **-rimlig** preposterous, absurd; (*obillig*) unreasonable; *det ~a i* the absurdity of; *begära det ~a* demand the impossible **-rimlighet** preposterousness; absurdity **-rimmad** *a5* unrhymed; blank
orka [*årr-] have the strength (power) (*ngt* for (to do) s.th.); *jag ~r inte mer a*) I cannot go on any longer, I am exhausted, *b*) (*äta mer*) I cannot eat any more; *jag ~r inte höra på dig längre* I can't listen to you any longer; *allt vad man ~r a*) (*arbeta* work) one's hardest, *b*) (*skrika* shout) as loud as one can, at the top of one's voice, *c*) (*springa* run) as fast as one can, at the top of one's speed
orkan [år'ka:n] *s3* hurricane **-artad** [-a:r-] *a5* hurricane-like
orkeslös [*årr-] infirm; (*kraftlös*) effete, enfeebled; (*svag*) feeble **-het** infirmity; feebleness
orkester [å-] *s2* orchestra; (*dans-*) band **-dike** orchestra-pit **-dirigent** conductor; (*dans-*) bandleader **-musik** orchestral music **-verk** orchestral work
orkestr|al [å-] *a1* orchestral **-era** orchestrate **-ering** orchestration
orkidé [årki-, -çi-] *s3* orchid
orm *s2* snake; *bibl. o. bildl.* serpent **-a** *rfl* (*ringla*) wind (*fram* along); (*om pers.*) crawl (*fram* along) **-bett** snake bite **-biten** *a5* snake-bitten **-bo** snake's (*bildl.* serpent's) nest **-bunke** *s2* fern **-gift** snake venom **-grop** snake pit **-lik** *a5* snaky, serpentine **-människa** contortionist **-serum** anti-venom **-skinn** (*material*) snakeskin; (*urkrupet*) slough **-slå** *s5* blindworm, slowworm **-spott** cuckoospit **-tjusare** [-ç-] snake-charmer **-vråk** buzzard
ornament *s7* ornament **-al** *a1* ornamental **-era** ornament **-ik** *s3* ornamental art, ornamentation
ornat *s3* official vestments (*pl*); (*ämbetsmans*) robes (*pl*) of office; *i full ~* in full canonicals (*om biskop:* pontificals) (*pl*)
orne [*ɷ:r-] *s2* boar
orner|a ornament, decorate **-ing** ornamentation
ornitolog ornithologist **-i** *s3* ornithology **-isk** *a5* ornithological
oro *s9* **1** [state of] agitation; unrest, restlessness; (*sinnesrörelse*) uneasiness, perturbation; (*farhåga*) anxiety, concern, (*starkare*) alarm; (*nervositet*) nervousness, fidgets (*pl*); *hysa ~ för* feel concern for, be anxious about; *känna ~ i kroppen* feel restless all over, *vard.* have the fidgets **2** (*i ur*) balance-wheel **-a** (*störa*) disturb, trouble, bother; *~ sig* worry (*för, över* about) **-ande** *a4* disturbing, disquieting **-lig** *a1* **1** (*rastlös*) restless; (*upprörd o.d.*) agitated, disturbed; troubled (*sömn* sleep); *~a tider* unsettled (troubled) times **2** (*ängslig*) anxious, uneasy, worried, (*starkare*) alarmed; (*bekymrad*) concerned; *vara ~ över* (*äv.*) worry about; *du behöver inte vara ~!* you needn't worry! **-lighet** *~er* disturbances, troubles, unrest (*sg*)
oromantisk unromantic[al]
oros|ande restless person, rolling stone **-centrum** centre of disturbance **-element** disturbing element **-moln** storm cloud **-stiftare** disturber of the peace, trouble-maker; *polit.* agitator
oroväckande *a4* alarming, disquieting
orr|e [*årre] *s2, zool.* black cock; *koll.* black grouse **-höna** grey hen **-spel** blackcocks' courtship display **-tupp** blackcock
orsak [*ɷ:r-] *s3* (*grund*) cause (*till* of); (*skäl*) reason (*till* for); *~ och verkan* cause and effect; *av den ~en* for that reason; *ingen ~!* don't mention it!, not at all!, *Am.* you're welcome! **-a** cause; occasion
orsaks|förhållande causal relationship, causality **-sammanhang** causal connection
ort [ɷ:rt] *s3* **1** place; (*trakt*) locality, district; *på ~ och ställe* on the spot; *på högre ~* in higher quarters; *på högsta ~* at top level **2** *gruv.* gallery, heading **-namn** place-name **-namnsforskning** place-name research, toponomy
orto|ceratit [å-] *s3* orthoceratite **-dox** [-'dåkks] *a1* orthodox **-doxi** [-dåk'si:] *s3*

orthodoxy **-grafi** *s3* orthography **-grafisk** *a5* orthographic[al] **-ped** *s3* orthopaedist, orthopaedic surgeon **-pedi** *s3, ej pl* orthopaedics [*sg el. pl*) **-pedisk** *a5* orthopaedic
orts|avdrag basic regional tax-allowance **-befolkning** *~en* the local population (inhabitants) **-pressen** the local press
o|rubbad *a5, sitta i -rubbat bo* remain in sole possession **-rubblig** *a1* immovable; *bildl.* unshakeable, imperturbable (*lugn* composure); (*fast*) firm, steadfast **-rygglig** *a1* irrevocable (*beslut* decision); unswerving (*trohet* fidelity) **-råd** *s7, ana ~* take alarm, *vard.* smell a rat; *utan att ana ~* unsuspectingly; *ta sig det ~et före att* take it into one's head to **-rädd** fearless; (*djärv*) intrepid, daring **-räddhet** fearlessness; intrepidity **-räknelig** [ˣɷ:-, -'rä:k-] *a1* innumerable, countless, numberless
orätt I *s3* wrong, injustice; *med rätt eller ~* rightly or wrongly; *göra ngn ~* wrong s.b., do s.b. an injustice; *ha ~* be in the wrong **II** *a4* wrong; *komma i ~a händer* fall into the wrong hands **-färdig** unjust; unrighteous, iniquitous **-färdighet** injustice; unrighteousness, iniquity **-mätig** unlawful, wrongful, illegitimate **-rådig** unrighteous, iniquitous **-vis** unjust (*mot* to, towards); unfair (*mot* to) **-visa** injustice; (*oförrätt*) wrong; *de -visor som begåtts* the injustices (the wrongs) of the past
o|rörd untouched; intact; (*ej flyttad*) unmoved; *~ natur* unspoiled countryside **-rörlig** immovable; (*stå* stand) motionless; (*om ansikte, trupper*) immobile; (*fast*) fixed, stationary
os *s7* smell [of smoke]; fumes **-a** smell; *det ~r* there's a smell of smoke; *det ~r bränt* (*äv.*) the fat's in the fire; *~ ihjäl* suffocate ... by smoke
o.s.a. (*förk. för om svar anhålles*) R.S.V.P., *se under anhålla*
o|sagd unsaid; *det vill jag låta vara -sagt* I will leave that unsaid **-sakkunnig** non--expert, incompetent **-saklig** irrelevant; not objective **-salig** (*fördömd*) unredeemed, damned; *en ~ ande* a lost soul **-saltad** *a5* unsalted; fresh (*smör* butter) **-sammanhängande** disconnected; (*lösryckt*) disjointed; (*förvirrad*) incoherent **-sammansatt** uncompounded; (*okomplicerad*) uncomplicated **-sams** (*jfr oense*) *bli ~* quarrel (*med* with); *bli ~ med ngn* (*äv.*) fall out (get at loggerheads) with s.b. **-sann** untrue **-sannfärdig** untruthful, false **-sanning** untruth, lie; *fara med ~* be untruthful, tell untruths; *tala ~* tell lies (a lie), not speak the truth **-sannolik** improbable, unlikely; *det är ~t att han* he is unlikely to
oscill|ator [åʃiˣla:tår, åsi-] *s3* oscillator **-era** oscillate
o|sed bad practice (*hos en pers.:* habit) **-sedd** *a5* unseen, without being seen; unobserved **-sedlig** immoral; (*stötande*) indecent **-sedvanlig** not customary; unusual, uncommon **-sentimental** unsentimental **-signerad** [-iŋn-, -inj-] *a5* unsigned **-sinnlig** immaterial; spiritual; (*okroppslig*) incorporeal **-självisk** unselfish **-självständig** dependent on others; (*om produkt*) imitative, unoriginal **-självständighet** lack of independence; unoriginality **-skad[a]d** *a5* unhurt, uninjured; (*om sak äv.*) undamaged; (*om pers. äv.*) safe and sound **-skadlig** harmless; inocuous (*botemedel* remedy) **-skadliggöra** render ... harmless (*etc.*); (*gift e.d.*) neutralize; (*kanon o.d.*) put ... out of action; (*bomb o.d.*) disarm **-skarp** (*slö*) blunt; (*suddig*) blurred, unsharp **-skattbar** *a1* priceless, inestimable, invaluable **-skick** [ˣɷ:ʃikk] *s7* (*dåligt uppförande*) bad behaviour, misconduct; (*oart*) bad habit; *det är ett ~* it is obnoxious **-skicklig** unskilful; (*fumlig*) awkward, clumsy **-skicklighet** unskilfulness; lack of skill **-skiftad** [ˣɷ:ʃif-] *a5* undivided (*dödsbo* estate [of a deceased person]) **-skiljaktig -skiljbar** inseparable **-skolad** *a5* untrained; untutored **-skriven** *a5* unwritten (*lag* law); (*som inget skrivits på*) blank (*äv. bildl.*); *han är ett -skrivet blad* he is an unknown quantity
oskuld *s3* **1** innocence; (*jungfrulighet*) virginity **2** (*orörd flicka*) virgin; innocent; *en ~ från landet* a country cousin
oskuldsfull innocent; pure
o|skummad *a5, ~ mjölk* unskimmed (whole) milk **-skyddad** [ˣɷ:ʃyd-] *a5* unprotected (*mot* against, from); (*om läge o.d.*) unsheltered; (*försvarslös*) open **-skyldig** innocent; not guilty (*till* of); (*ej stötande*) inoffensive, harmless; *förklara ngn ~* (*jur.*) find s.b. not guilty **-skälig 1** (*orimlig*) unreasonable; excessive, exorbitant **2** (*förnuftslös*) dumb; *~t djur* dumb animal, brute **-skära** [ˣɷ:ʃä:-] *v1* (*besudla*) pollute; (*vanhelga*) desecrate, profane **-skön** (*ful*) ugly; (*ej tilltalande*) unlovely; (*om ansikte o.d.*) plain; (*frånstötande*) unsightly **-slagbar** [-a:g-] *a1, sport.* (*om pers.*) undefeatable; (*om rekord*) unbeatable **-slipad** (*om verktyg*) unground; (*om glas äv.*) uncut; (*om kniv*) dull; (*om ädelsten*) rough, uncut; *bildl.* unpolished **-släcklig** *a1* inextinguishable; *bildl. äv.* unquenchable **-släckt** *a4, ~ kalk* quicklime, unslaked lime **-smaklig** unsavoury (*äv. bildl.*); (*obehaglig*) distasteful, disgusting (*äv. bildl.*)
osman [ås'ma:n] *s3* **-sk** [-a:-] *a5* Osmanli, Ottoman
o|smidig unsupple; *bildl.* inelastic; clumsy; (*om pers.*) unadaptable, gauche **-sminkad** *a5* unpainted; *bildl.* unvarnished, plain (*sanning* truth) **-smord** unoiled, ungreased
osmo|s [ås'må:s] *s3* osmosis **-tisk** *a5* osmotic (*tryck* pressure)
o|smyckad *a5* unadorned, plain **-smält** *a4* (*om föda o. bildl.*) undigested **-smältbar** (*om föda*) indigestible; *tekn.* infusible **-snuten** *a3* *eg.* snotty; *en ~ lymmel* an unlicked rascal **-snygg** unclean, slovenly, dirty **-sockrad** [ˣɷ:såkk-] *a5* unsweetened **-solidarisk** disloyal **-sorterad** un[as]sorted **-spard** [-a:-] *a5, ha all möda ~* spare no pains **-specificerad** *a5* unspecified **-spelbar** [-e:-] *a1* unperformable; (*om musik äv.*) unplayable; (*om pjäs äv.*) unactable **-sportslig** unsportsmanlike, unsporting
oss [åss] us; *rfl* ourselves; *~ alla* (*andra*) all (the rest) of us; *~ själva* ourselves
1 ost *s2* cheese; *helfet* (*mager*) *~* high-fat

(low-fat) cheese; *få betalt för gammal* ~ get paid out; *en lyckans* ~ a lucky beggar
2 ost *s2 o. adv* (*väderstreck*) east, East; *jfr nord*
ostadig unsteady, unstable; (*om väder o.d.*) unsettled, variable; *börs.* unsettled, fluctuating; *bildl.* unstable, volatile
ostan *r o. adv* [the, an] east wind
ostasiatisk Far East[ern], East Asiatic
ost|beredning cheesemaking **-bit** piece of cheese
ostentatiy *a1* ostentatious
osthyvel cheese slicer (cutter)
ostindiefarare East-Indiaman **Ostindien** *n* the East Indies (*pl*) **ostindisk** East Indian; *~t porslin* old Chinese porcelain
ost|kaka curd cake **-kant** [a piece of] cheese rind **-kupa** cheese-dish cover
ost|kust *~en* the east coast **-lig** *a1* east[erly]; *jfr nordlig*
ostmassa curd[s *pl*]
ostraff|ad *a5* unpunished; *vara* ~ have no police-record **-at** *adv* with impunity
ostron [-ån] *s7* oyster **-bank** oyster-bed (-bank) **-odling** *abstr.* oyster-farming; *konkr.* oyster-farm
o|struken *a3* **1** (*om kläder*) unironed **2** *mus.*, *-strukna oktaven* the small octave **-strängad** *a5* unstrung
ostskiva slice of cheese
ostvart eastward[s]
ostvassla whey
o|styckad *a5* (*om egendom*) undivided; (*om djurkropp*) unquartered **-styrig** *a1* unruly; (*oregerlig*) unmanageable **-städad** untidy **-stämd** *a1* out of tune
ostämne casein[e]
o|stämplad *a5* unstamped; (*om frimärke*) uncancelled; (*om guld, silver*) not hallmarked **-störd** [-ö:-] *a1* undisturbed, untroubled; *i ~ ro* in unbroken peace **-stört** *adv* undisturbedly; *arbeta* ~ work in peace **-sund** unhealthy, insanitary; *bildl. äv.* unwholesome, unsound; *~a affärsmetoder* unfair business methods
osv. (*förk. för och så vidare*) *se under och*
o|sviklig unerring (*precision* accuracy); unfailing (*punktlighet* punctuality); infallible (*botemedel* remedy) **-svuren** *a5*, *-svuret är bäst* better not swear to it **-symmetrisk** asymmetrical, unsymmetrical **-sympatisk** unattractive, disagreeable; distasteful **-synlig** invisible; *göra sig* ~ (*försvinna*) make o.s. scarce **-syrad** *a5* unleavened (*bröd* bread) **-systematisk** unsystematic[al]; (*friare*) unmethodical **-såld** unsold **-sårbar** invulnerable **-säker** uncertain, not sure (*om* about; *på* of); (*ostadig*) unsteady, shaky (*hand* hand), faltering (*röst* voice); (*otrygg*) unsure, insecure; (*vansklig*) precarious, risky (*situation* situation); (*tvivelaktig*) doubtful; *vara ~ på sig själv* be unsure of o.s.; *-säkra fordringar* bad (doubtful) debts **-säkerhet** uncertainty; unsteadiness *etc.*; insecurity **-säkerhetskänsla** feeling of uncertainty (insecurity) **-säkra** (*vapen*) cock **-säljbar** unsaleable, unmarketable **-sällskaplig** unsociable **-sämja** *se oenighet* **-sänkbar** *a1* unsinkable **-sökt** unsought; (*otvungen*) natural, spontaneous

o|tack ingratitude; ~ *är världens lön* the world's reward is ingratitude **-tacksam** ungrateful (*mot* to); (*om arbete, uppgift o.d. äv.*) thankless **-tacksamhet** ingratitude **-tadlig** [-a:-] *a1* blameless; (*oklanderlig*) irreproachable **-takt** *i* ~ out of time (step) **-tal** *ett* ~ [*av*] a vast (an immense) number of **-talig** [ˣɷ:-, -'ta:-] *a1* innumerable, countless **-talt** [-a:-] *i uttr.: ha ngt ~ med ngn* have a bone to pick with s.b. **-tid** *i uttr.: i* ~ at the wrong moment; *i tid och* ~ (*eg.*) in season and out of season; *fråga inte i tid och* ~ don't keep asking questions all the time **-tidig** *a1* (*ovettig*) abusive **-tidighet** abusiveness; *~er* abusive remarks, abuse (*sg*) **-tidsenlig** out of fashion (date); unfashionable
otill|börlig undue; (*opassande*) improper **-fredsställande** unsatisfactory; unsatisfying **-fredsställd** unsatisfied; dissatisfied **-fredsställdhet** unsatisfiedness; dissatisfaction **-förlitlig** unreliable; undependable **-gänglig** inaccessible, remote; *vard. äv.* unget-at-able; (*reserverad*) reserved; (*okänslig*) insusceptible, unamenable (*för* to) **-låten** (*hopskr. otillåten*) forbidden, not permitted; (*olovlig*) unlawful; *sport.* foul **-låtlig** (*hopskr. otillåtlig*) impermissible, inadmissible **-räcklig** insufficient, inadequate **-räknelig** ... not responsible for one's actions **-ständig** *a1* unwarrantable, unjustifiable
oting *s7* nuisance, horror
otium ['ɷ:tsi-] *s4* leisure; *njuta sitt* ~ enjoy one's well-earned leisure (retirement)
o|tjänlig unserviceable; (*olämplig*) unsuitable, unfit (*till* for) **-tjänst** disservice; *göra ngn en* ~ do s.b. a bad turn **-tjänstvillig** disobliging **-trampad** *a5* untrodden **-trevlig** disagreeable, unpleasant; (*besvärlig*) awkward, uncomfortable **-trivsam** cheerless; (*om hem o.d.*) unhomely
otro disbelief, lack of faith; (*klentrogenhet*) incredulity; (*tvivel*) scepticism **-gen** unfaithful; (*trolös*) faithless; (*falsk*) false; (*icke rättrogen*) unbelieving, disbelieving; ~ *mot* unfaithful (*etc.*) to; *de -gna* the unbelievers **-het** unfaithfulness, infidelity (*mot* to) **-lig** incredible, unbelievable; (*häpnadsväckande*) amazing; *det gränsar till det ~a* it is almost incredible; *~t men sant* strange but true
o|tryckbar *a1* unprintable **-trygg** insecure, unsafe **-trygghet** insecurity, unsafeness **-tränad** *a5* untrained; (*för tillfället*) ... out of practice (training) **-tröstlig** *a1* inconsolable (*över* for); disconsolate (*över* at)
ott|a *s1*, *i ~n* in the early morning; *vara uppe i ~n* get up early; *vänta till domedags* ~ wait till doomsday **-esång** mat[t]ins (*pl*); *kat.* early mass
ottoman *s3* **1** (*soffa*) couch, ottoman **2** (*turk*) Ottoman
o|tukt fornication, lewdness **-tuktig** *a1* indecent, obscene **-tur** bad luck; *ha* ~ be unlucky (*i kortspel* at cards); *vilken ~!* what bad luck! **-turlig** [-u:-] *a1* **-tursam** unlucky **-tursdag** unlucky day **-tvetydig** unmistakable; (*om uttalande o.d.*) unambiguous,

unequivocal **-tvivelaktig** indubitable, undoubted **-tvivelaktigt** *adv* undoubtedly; no doubt **-tvungen** unconstrained, unrestrained; (*ledig*) free and easy **-tvungenhet** spontaneity, ease **-tydbar** undecipherable **-tydlig** indistinct; (*om uttal äv.*) inarticulate; (*svävande*) vague; (*om t.ex. handstil*) illegible **-tyg** *s7* (*trolltyg*) witchcraft; (*elände*) abomination, nuisance **-tyglad** [-y:-] *a5* unbridled, uncurbed (*fantasi* imagination); unrestrained (*vrede* anger); (*hejdlös*) unchecked, uncontrolled **-tymplig** *a1* ungainly, clumsy **-tålig** impatient (*att göra ngt* to do s.th.; *på ngn* with s.b.; *över* at); (*ivrig*) anxious, eager **-tålighet** impatience **-täck** *a1* nasty, horrid; *Am. vard.* mean; (*ful*) ugly; (*avskyvärd*) abominable; (*besvärlig*) awful (*hosta* cough) **-täcking** ruffian; devil **-tämd** *a1* untamed **-tänkbar** inconceivable, unimaginable; *det är ~t att* (*äv.*) it is out of the question to **-tät** not [water-, air- *etc.*] tight; (*om kärl, tak o.d.*) leaky **-törstig** *dricka sig ~* drink one's fill (*på* of)

o|umbärlig indispensable **-undgänglig** [-jä-] *a1* unavoidable; (*nödvändig*) necessary **-undviklig** [-i:k-] *a1* inevitable, unavoidable **-uppfostrad** badly brought up; ill-bred **-uppfylld** *a5* unfulfilled **-uppgjord** *a5* unsettled **-upphörlig** [-ö:-] *a1* incessant; (*idelig*) constant, continual **-hörligen** [-ö:-] constantly, continually, incessantly **-uppklarad** *a5* unexplained; unsettled; *~e mord* unsolved murder cases **-upplöslig** indissoluble, insoluble **-uppmärksam** inattentive, unobservant (*mot* to) **-uppmärksamhet** inattentiveness, inattention; (*förbiseende*) inadvertence; (*förströddhet*) preoccupation **-uppmärksammad** *a5* unnoticed **-uppnåelig** *a1* unattainable **-upptäckt** *a4* undiscovered **-ursäktlig** inexcusable **-utbildad** *a5* (*outvecklad*) undeveloped; (*för yrke e.d.*) untrained **-utforskad** [-å-] *a5* unexplored **-utförbar** impracticable, unfeasible; *Am. äv.* impractical; (*om plan o.d.*) unrealizable, unworkable **-utgrundlig** *a1* unfathomable; (*outrannsaklig*) inscrutable; (*gåtfull*) enigmatic; *ett ~t leende* an inscrutable smile; *av ngn ~ orsak* for some mysterious reason **-uthyrd** [-y:-] *a5* unlet **-uthärdlig** [-ä:-] *a1* unendurable; intolerable, unbearable **-utlöst** [-ö:-] *a4* (*om pant*) unredeemed; (*om postpaket o.d.*) undischarged; *bildl.* unreleased **-utnyttjad** *a5* unused, unemployed; *~ kapacitet* idle capacity **-utplånlig** [-å:-] *a1* ineffaceable; (*om intryck, fläck, skam*) indelible **-utrannsaklig** [-a:k-] *a1, se -utgrundlig* **-utredd** *a5, bildl.* not cleared up; unelucidated (*orsaker* reasons); uninvestigated **-utrotlig** [-ɷ:-] *a1* ineradicable; (*om ogräs*) inextirpable

outsider [ˣaɷtsajder] *s9, pl äv. -s* outsider

out|sinlig [-i:n-] *a1* inexhaustible, unfailing **-slitlig** [-i:t-] *a1* ... that will not wear out; hard-wearing; indestructible **-spädd** undiluted **-säglig** [ˣɷ:-, -'sä:g-] *a1* unspeakable **-talad** *a5* unuttered, unexpressed; unspoken (*tanke* thought) **-tröttlig** *a1* indefatigable, inexhaustible; (*friare*) untiring, unremitting (*nit* zeal) **-tömlig** *a1* inexhaustible **-vecklad** *a5* undeveloped; (*om pers.* immature

ouvertyr [ɷv-] *s3, se uvertyr*

ovaksam unwatchful

oval *s3 o. a1* oval

1 ovan [ˣå:van] *adv o. prep* above; *som ~* as above

2 ovan [ˣɷ:va:n] unaccustomed (*vid* to); (*oerfaren*) inexperienced (*vid* at); (*oövad*) unpractised (*vid* in); (*ovanlig*) unfamiliar (*för* to) **-a 1** (*-het*) unfamiliarity; lack of practise **2** (*osed*) bad habit

ovan|del upper part; top **-för I** *prep* above **II** *adv* above, higher up **-ifrån** from above

ovanlig unusual, uncommon; (*sällsynt*) rare; (*exceptionell*) exceptional; *det är ~t att ngn* it is unusual for anyone to; *det ~a i situationen* the unusual feature of the situation **-het** unusualness *etc.*; (*sällsynthet*) rarity; *för ~ens skull* for once, by way of a change; *höra till ~en* be quite unusual, be out of the ordinary **-t** *adv* unusually; (*friare*) exceptionally, extraordinarily; *~ nog* for once in a way, extraordinarily enough

ovan|läder (*på sko*) vamp, upper **-nämnd** *a5* above-mentioned **-på I** *prep* on, on [the] top of **II** *adv* on [the] top; *flyta ~* (*bildl.*) be superior

ovansklig [ˣɷ:-, -'vann-] everlasting; imperishable (*ära* glory)

ovanstående *a4* the above; *av ~ framgår att* (*äv.*) it will be seen from the foregoing that

ovarium *s4* ovary

ovarsam (*oaktsam*) heedless; (*vårdslös*) careless

ova|tion ovation, acclamation **-tionsartad** [-a:r-] *a5* ovationary; *~e applåder* enthusiastic applause (*sg*)

oveder|häftig unreliable; untrustworthy **-lägglig** *a1* irrefutable **-säglig** [-ä:-] *a1* incontrovertible, undeniable

overall [åver'å:l] *s3, pl äv. -s* overalls (*pl*); (*småbarns-*) zip-suit; (*dam-*) cat suit

o|verklig unreal; immaterial; (*diktad*) imaginary, fictitious **-verksam** inactive; inert, passive; (*sysslolös*) idle; (*utan verkan*) ineffective **-verksamhet** inactivity; inertness, passivity; idleness **-vetande** unknowing (*om* of; *om hur* how); *mig ~[s]* without my knowledge **-vetenskaplig** unscientific **-vetskap** *i ~ om ngt* (*om huruvida*) in ignorance of s.th. (as to whether) **-vett** (*bannor*) scolding; *Am. vard.* calling down; (*skäll*) abuse; *ge ngn ~* give s.b a scolding, scold s.b.; *en skopa ~* a torrent of abuse; *överösa ngn med ~* heap abuse on s.b. **-vettig** scolding; abusive **-vidkommande** [-i:-å-] *a4* irrelevant **-vig** (*i rörelser*) cumbersome; (*klumpig*) heavy, unwieldy, clumsy **-vigd** [-i:-] *a5* unconsecrated (*jord* ground) **-vighet** cumbersomeness *etc.* **-viktig** unimportant, insignificant; *inte helt ~* not altogether immaterial **-vilja** (*motvilja*) aversion (*mot* to), repugnance (*mot* to[wards]); (*avsky*) detestation (*mot* of); (*vrede*) indignation (*mot* with) **-villig** unwilling; (*om pers. äv.*) disinclined, reluctant **-villkorlig** unconditional (*kapitulation* surrender); unqualified, implicit (*lydnad* obedience) **-villkorligen** [-å:-] absolutely, positively; (*obetingat*) unconditionally; ~ *vilja veta* absolutely insist on knowing; *han kommer ~ att bli* he is bound to be **-vis** unwise **-viss** uncertain (*om* about, as to); (*villrådig*) doubtful, dubious (*om* about, of); (*obestämd*) indefinite, vague **-visshet** uncertainty; doubtfulness *etc.*; *sväva i ~ om* be in doubt about; *hålla ngn i ~ om* keep s.b. in suspense as to **-vårdad** neglected; (*om utseende äv.*) untidy; (*om språk*) careless **-väder** storm; tempest; *det kommer att bli ~* we are in for a storm **-väderscentrum** centre of depression; storm-centre **-vädersmoln** storm-cloud (*äv. bildl.*) **-vädersstämning** stormy atmosphere **-vädrad** [-ä:-] *a5* unaired, unventilated; (*instängd*) close, stuffy **-väld** *s3* impartiality **-väldig** *a1* impartial, unbias[s]ed, unprejudiced **-välkommen** unwelcome; (*ej önskad*) undesired, unwanted **-vän** enemy **-vänlig** unkind (*mot* to); unfriendly; (*fientlig*) hostile (*mot* to) **-vänlighet** unkindness *etc.* **-vänskap** enmity **-väntad** *a5* unexpected; *detta kom[mer] alldeles -väntat* (*äv.*) this comes quite as a surprise **-värderlig** [-e:r-] *a1* invaluable; inestimable, priceless **-värdig** unworthy (*ngn* of s.b.; *ngt* of s.th.); (*oförtjänt*) undeserving (*ngn* to s.b.); *det är dig ~t* it is beneath you **-världslig** unworldly **-väsen** noise, din; (*bråk*) row **-väsentlig** unessential, unimportant (*för* to); immaterial (*skillnad* difference) **-väsentlighet** *~er* unessential things, unessentials, trifles

oxalsyra [åk×sa:l-] oxalic acid

ox|bringa brisket of beef **-drivare** ox-driver **-e** *s2* ox (*pl* oxen)

oxel ['ɷksel] *s2, bot.* whitebeam[-tree] **-bär** service-berry

oxeltand molar [tooth], grinder

oxfilé fillet of beef

oxfordgrupprörelsen [×åksfård-] the Oxford Group Movement; Moral Re-Armament

oxhud oxhide

oxid [åk'si:d] *s3* oxide **-ation** oxidation **-ationsmedel** oxidizer, oxidant **-era** oxidize **-ul** *s3* protoxide, suboxide

ox|kärra ox-cart **-kött** beef **-rulad** beef roll **-stek** joint (sirloin) of beef **-svanssoppa** oxtail soup **-öga** *teat.* bull's eye

ozelot [ɷse'lɷ:t, -å:t] *s3, zool.* ocelot

ozon [ɷ'så:n, å-] *s3, s4, kem.* ozone **-haltig** *a1* ozonic

o|återhållsam incontinent; (*i mat o. dryck*) immoderate; (*omåttlig*) intemperate **-återkallelig** *a1* irrevocable **-återkalleligen** irrevocably, beyond recall **-åtkomlig** inaccessible (*för* to); *vara ~ för* (*äv.*) be unassailable by, be out of the reach of **-ädel** ignoble, base, mean; (*om metall*) base, non-precious **-äkta** *oböjl. a* false, not genuine; (*imiterad*) imitation, mock, artificial; (*hycklad*) spurious; (*förfalskad*) counterfeit; ~ *barn* illegitimate child; ~ *diamanter* imitation (false) diamonds **-ändlig** [-'ännd-, ×ɷ:-] *a1* endless, interminable; (*utan gräns äv.*) boundless; (*mat. o. friare*) infinite; *i det ~a* ad infinitum, for ever and ever, indefinitely **-ändlighet** [-'ännd-, ×ɷ:-] endlessness; infinity (*äv. ~en*); *han pratade i all ~* he talked endlessly (for no end of a time) **-ändligt** [-'ännd-, ×ɷ:-] *adv* endlessly *etc.*; ~ *liten* (*äv.*) infinitesimal **-ärlig** dishonest **-ärlighet** dishonesty **-ätbar** uneatable **-ätlig** *se -ätbar*; (*om svamp*) inedible **-även** *a3*, *inte ~* not bad (amiss) (*som* as); *inte så ~* (*vard.*) not half bad **-öm** robust, tough; (*hållbar*) durable (*tyg* cloth) **-öppnad** *a5* unopened **-övad** unpractised *etc.* (*jfr öva*); (*otränad*) untrained, (*för tillfället*) out of practice; (*om trupper*) undisciplined

oöver|komlig insurmountable, insuperable; (*om pris*) exorbitant, prohibitive **-lagd** unpremeditated; (*-tänkt*) ill-considered; (*obetänksam*) rash, hasty **-satt** *a4* untranslated; *en ännu ~ bok* a book not yet translated (*till* into) **-skådlig** incalculable, unforeseeable (*följder* consequences); (*oredig*) badly arranged (*uppsats* essay); (*enorm*) immense, boundless **-stiglig** [-i:g-] *a1* unsurmountable; *bildl. äv.* insuperable **-sättlig** untranslatable **-träffad** *a5* unsurpassed **-träffbar** *a1* unsurpassable; (*fulländad*) perfect, consummate **-tänkt** *a4*, *se -lagd* **-vinn[e]lig** *a1* invincible; unconquerable; (*ointaglig*) impregnable; (*om svårighet*) insuperable

P

p [pe:] *s6, s7* p; *sätta ~ för* put a stop to
pacemaker ['pejjsmejker] *s9, pl äv. -s, sport.* pacer, pace-maker
pacifi|cera pacify **-cering** pacification **-sm** pacifism **-st** *s3* **-stisk** [-'fiss-] *a5* pacifist
1 pack *s7* (*slödder*) mob, rabble; *ett riktigt ~* a lot of riff-raff, a pack of scoundrels
2 pack *se pick och pack*
pack|a pack; (*~ full*[*t*]) cram; *~ ihop a*) pack ... together, *b*) (*dra sig tillbaka*) shut up shop, close down; *~ ihop sig a*) (*om pers.*) squeeze (crowd) together, *b*) (*om snö o.d.*) pack, get packed; *~ in* pack up (*i en låda* in a box); *~ ner ngt i* pack s.th. into; *~ om* repack; *~ upp* unpack; *rummet var ~t med folk* the room was packed (crammed) with people; *stå som ~de sillar* be packed like sardines; *~ sig* (*om snö*) pack; *~ sig av* (*i väg*) make (pack, bundle) off; *~ dig i väg!* be off with you!, clear out! **-djur** beast of burden, pack-animal **-e** *s2* package; bundle; (*hög*) pile, heap **-hus** warehouse; (*tull-*) custom-house **-huspengar** warehouse charges **-is** pack-ice **-lår** packing-case **-ning 1** (*-ande*) packing *etc., se -a* **2** *mil. o.d.* pack, kit; (*bagage*) luggage; *med full ~* (*mil.*) in full marching kit **3** *tekn.* packing; gasket **-sadel** pack-saddle **-sedel** packing list, delivery note **-åsna** pack-ass; *bildl.* beast of burden
padda *s1* toad
padd|el ['padd-] *s2* paddle **-elkanot** [paddling-]canoe **-elåra** paddle **-la** paddle **-ling** paddling, canoeing
paff I *interj* pop!, bang! **II** *oböjl. a, bli ~* be dumbfounded
page [pa:ʃ] *s5* page [boy] **-hår** page-boy coiffure
pagin|a ['pa:-] *s1* page **-era** page, paginate **-ering** paging, pagination
pagod [-'gå:d, -'gɷ:d] *s3* pagoda
paj [pajj] *s3* pie
pajas ['pajj-] *s3, s2* clown, buffoon; *spela ~* play the fool **-konster** clown's tricks, buffoonery (*sg*)
paket *s7, s3* parcel, packet; package; *slå in ett ~* wrap (do) up a parcel; *slå in ngt i ~* make a parcel of s.th.; *ett ~ cigarretter* a packet (*Am.* pack) of cigarettes; *skicka som ~* send by parcel-post **-bil** delivery van **-cykel** carrier cycle **-era** pack[et], parcel up **-ering** packeting, packaging **-expedition** parcels office **-gods** *koll.* parcel-goods (*pl*) **-hylla** luggage-rack **-hållare** [luggage-]carrier **-inlämning** (*post-*) parcel counter; (*för förvaring*) receiving-office **-post** parcel-post **-resa** package tour **-utlämning** delivery-office
pakt *s3* pact, treaty; covenant; *ingå en ~* conclude (make) a pact **-um** *s8, se pakt*; (*äktenskapsförord*) marriage articles (*pl*)
paladin *s3* paladin
palankin *s3* palanquin, palankeen
palatal *a1 o. s3* palatal **-isera** palatalize
palats *s7* palace **-liknande** palatial **-revolution** palace revolution
palaver *s3* palaver
paleo|graf [-å-] *s3* palaeographer **-grafi** *s3* palaeography **-litisk** *a5* palaeolithic
paleontolog [-åntɷ-] palaeontologist **-i** *s3* palaeontology **-isk** *a5* palaeontological
Palestina [-ˣsti:-] *n* Palestine **palestinsk** [-i:-] *a5* Palestinian, Palestine
palett *s3* palette; pallet **-kniv** palette-knife
paletå *s3* overcoat
palimpsest *s3* palimpsest
palindrom [-'drå:m] *s3* palindrome
palissad *s3* palisade; fencing
paljett *s3* spangle, paillette **-era** spangle
pall *s2* stool; (*fot-*) foot-stool; (*last-*) loading-stool; (*gruv-*) stope; *stå ~* (*vard.*) stand up to, cope **-a** *~ under* wedge up; *~ upp* trestle, block up
palliativ *s7* palliative
pallra *rfl, ~ sig av* (*i väg*) toddle off; *~ sig upp ur sängen* get o.s. out of bed
palm *s3* palm **-itinsyra** palmitic acid **-liknande** palmaceous **-olja** palm-oil **-söndag** Palm Sunday (*äv. ~en*) **-vin** palm wine
palpera palpate
palsternacka *s1* parsnip
palt *s2, kokk. ung.* black pudding
palta *~ på ngn* (*sig*) wrap s.b. (o.s.) up well
paltbröd blood bread
paltor *pl* rags
pamflett *s3* libel[lous pamphlet], lampoon **-ist** libeller, lampoonist
pamp *s2* **1** *pers.* bigwig, tycoon, big gun (*Am.* shot) **2** (*huggvärja*) straight sword, broadsword
pampas ['pamm-] *pl* pampas (*pl*)
pampig *a1* grand, magnificent; *vard.* swell
pampusch *s3* overshoe; *~er* (*äv.*) rubbers, *Am.* galoshes
panafrikansk Pan-African
panamahatt [-ˣma:-, ˣpann-] panama[-hat]
Panamakanalen [-ˣma:-, ˣpann-] the Panama Canal
panamerikanism Pan-Americanism
panegyri|k *s3* panegyric **-sk** [-'gy:-] *a5* panegyric[al]
panel *s3* **1** (*vägg- o.d.*) wainscot, panel, panelwork; (*golvlist*) skirting [board] **2** (*grupp av pers.*) panel **-höna** wallflower
paner|a coat (dress) with egg and bread--crumbs
panflöjt [ˣpa:n-] pan-pipe[s *pl*]
pang bang!, crack! **-a** *vard.* smash
panik *s3* panic; *gripas av ~* be seized with panic **-artad** [-a:r-] *a5* panic[ky]; *~ flykt* (*äv.*) stampede **-känsla** sense (feeling) of panic **-slagen** panic-stricken **-stämning** atmosphere (feeling) of panic **-unge** minor panic
panisk ['pa:-] *a5, ~ förskräckelse för* terror of
pank *oböjl. a* broke, penniless
pankreas[körtel] [ˣpaŋk-] *s3* [*s2*] pancreas
pankromatisk panchromatic

1 panna *s1* **1** (*kokkärl*) pan **2** (*värme-*) furnace; (*ång-*) boiler

2 pann|a *s1, anat.* forehead; brow; *rynka ~n* knit one's brow[s *pl*]; *med rynkad ~* (*äv.*) frowning; *skjuta sig en kula för ~n* blow out one's brains; *ta sig för ~n* strike one's brow in dismay; *stöta ngn för ~n* mortally offend s.b.; *ha ~* (*fräckheten*) *att* have the cheek to **-ben** frontal bone

pannbiff *ung.* hamburger

pannbindel frontlet; (*bandage*) forehead bandage

pannkak|a pancake; *grädda -or* fry (make) pancakes; *det blev ~ av alltsammans* it all fell flat [as a pancake]

pannkakssmet pancake batter

pann|lob frontal lobe **-lugg** fringe

pannrum boiler-room; furnace room; *sjö.* boiler-room, stokehold

pannsmycke diadem, frontlet

pannsten [boiler] scale

panną *s3* panel

panoptikon [-'nåpp-ån] *s7* waxworks (*sg*), waxwork show

panorama [-å'ra:-, -ˣra:-, *äv.* -ɑ-] *s7, s9* panorama

pansar *s7* **1** armour (*äv. bildl.*) **2** (*vissa djurs*) carapace **-bil** armoured car **-fartyg** ironclad, armoured vessel **-förband** armoured unit **-hinder** dragon's teeth **-kryssare** armoured cruiser **-plåt** armour-plate; *koll.* armour-plating **-skepp** *se -fartyg* **-skjorta** shirt (coat) of mail **-trupper** armoured troops **-vagn** *se -bil*; (*stridsvagn*) tank **-värnskanon** anti-tank gun

pansra armour[-plate]

pant *s3* pledge; (*säkerhet*) security; (*under-, inteckning*) mortgage; (*i -lek*) forfeit; *lämna ~* give security; *lämna* (*ta*) *i ~* give in (take) pledge; *lösa in en ~* redeem a pledge; *sätta sin heder* (*sitt huvud*) *i ~ på* stake one's honour (head) on; *förfallna ~er* forfeited pledges; *ställda ~er* pledged securities

pantalonger [-'låŋ-] *pl* pantaloons, pants

pantbank pawnshop, pawnbroker's [shop]; *~en* (*vard. äv.*) uncle's

panteis|m pantheism **-t** pantheist **-tisk** *a5* pantheistic[al]

panteon ['pann-ån] *n* pantheon

panter ['pann-] *s2* panther **-hona** female panther

pant|förskriva mortgage, pledge **-förskrivning** mortgage deed, pledge, hypothecation **-kvitto** pawn-ticket **-lek** game of forfeits **-lånare** pawnbroker; *~n* (*vard. äv.*) uncle **-lånekontor** *se -bank*

pantomịm *s3* pantomime, dumb-show **-isk** *a5* pantomimic

pant|rätt lien **-sedel** *se -kvitto* **-sätta** pledge, give as [a] security, mortgage, hypothecate; (*i -bank*) pawn

papegoj|a [-ˣgåjja, ˣpapp-] *s1* parrot **-sjuka** psittacosis **-tulpan** parrot tulip

papiljott [-'jått] *s3* curler; *lägga upp håret på ~er* put one's hair in curlers

papịll *s3* papilla (*pl* papillae)

papis|m papism **-t** papist **-tisk** *a5* papistic[al]

papjemaché [papjema'ʃe:] *s3* papier-mâché

papp *s3, s7* [paste]board; (*kartong*) cardboard

pappa *s1* father (*till* of); *vard.* dad[dy], pa[pa]

pappask cardboard box; carton

pappenheimare [-j-] *jag känner mina ~!* I know my customers!

papper *s7* **1** paper; *ett ~* a piece of paper; *sätta på ~et* (*nedteckna*) put down on paper; *det finns endast på ~et* it exists only on paper **2** (*dokument, skriftlig handling*) document; *gamla ~* ancient documents; *kunna visa ~ på att* have papers to show that, be able to show documentary evidence that; *lägga ~en på bordet* put one's cards on the table; *ha klara ~* have the necessary documents [in order] **3** (*värde-*) security; *koll. äv.* stick; (*legitimations-*) [identification] papers (*pl*)

pappers|ark sheet of paper **-avfall** waste paper **-bruk** paper-mill **-bägare** paper drinking-cup **-docka** paper doll **-exercis** paper-work, red-tape **-fabrik** *se -bruk* **-handduk** paper towel **-handel** stationer's [shop] **-industri** paper industry **-kasse** paper carrier **-klämma** paper-clip **-kniv** paper-knife **-korg** waste-paper basket; *Am.* wastebasket; (*utomhus*) litter bin **-kvarn** *bildl.* bureaucratic machinery, red-tape **-lapp** scrap (slip) of paper **-massa** [paper] pulp **-näsduk** paper handkerchief **-pengar** paper money (currency) (*sg*) **-påse** paper-bag **-remsa** slip of paper **-rulle** roll (reel) of paper **-servett** paper napkin **-tallrik** paper plate **-tillverkning** papermaking, manufacture of paper **-tuss** paper pellet (ball) **-varor** paper articles (goods); (*som säljs i -handel*) stationery (*sg*)

papp|kartong cardboard box **-skiva** piece of cardboard (*etc.*) **-slöjd** cardboard modelling

paprika ['pa:-, 'papp-] *s1* paprika

papyrus *best. f. -en el. papyren, pl papyrer* papyrus **-rulle** papyrus roll

par *s7* **1** (*två sammanhörande*) pair; (*äkta, älskande ~ e.d.*) couple; *ett ~ skor* (*glasögon, byxor*) a pair of shoes (glasses, trousers); *ett äkta* (*nygift*) *~* a married (newly-married) couple; *ett älskande ~* a pair of lovers; *ett omaka ~ a*) (*om pers.*) an ill-matched couple *b*) (*om saker*) two odd shoes (gloves *etc.*); *2 pund ~et* 2 pounds a (per the) pair, 2 pounds the two of them; *gå ~ om ~* walk in pairs (couples), walk two and two; *gå i ~* go in couples (together) **2** (*några*) *ett ~* a couple of, a few; *ett ~ gånger* once or twice, a couple of times; *ett ~ tre gånger* two or three times; *om ett ~ veckor* in a few (a couple of) weeks, in a week or two; *ett ~ och tjugo* twenty odd **-a** *biol.* mate, pair; *bildl.* unite, couple; *~ ihop* pair, mate; *avund ~d med beundran* envy coupled with admiration; *~ sig* mate, pair, copulate

parab|el *s3* **1** *mat.* parabola **2** (*liknelse*) parable **-olisk** [-'bå:-] *a5, mat.* parabolic

parad *s3* **1** (*truppmönstring*) parade; *stå på ~* be on show **2** (*-dräkt*) full dress [uniform] **3** *fäktn.* parry **-era** parade; (*ståta äv.*) show off

paradịgm *s7* paradigm

paradis *s7* paradise; *~et* Paradise; *~ets lust-*

gård the Garden of Eden; *ett ~ på jorden* a heaven on earth **-dräkt** *i ~* in one's birthday suit **-fågel** bird of paradise **-isk** [-'di:-] *a5* paradisiac[al], paradisian; heavenly **-äpple** *bot.* Siberian crab[-apple]

parad|marsch parade march **-nummer** show-piece

paradox [-'dåkks] *s3* paradox **-al** *a1* paradoxical

parad|säng bed of state **-uniform** full-dress uniform

paraffin *s4, s3* solid paraffin **-era** paraffin[ize] **-olja** liquid paraffin; *Am.* paraffin oil

parafras *s3* **-era** paraphrase

paragraf *s3* paragraph; (*i lagtext* [*o. numrerad*]) section; (*i traktat o.d.*) article, clause **-ryttare** formalist; red-tapist **-tecken** section-mark

parall|aktisk *a5* parallactic **-ax** *s3* parallax

parallell *s3 o. a1* parallel; *dra en ~ mellan* draw a parallel between **-epiped** *s3* parallelepiped **-fall** parallel case **-gata** parallel street **-klass** parallel class (form) **-koppling** parallel connection **-ogram** [-'gramm] *s3* parallelogram **-t** *adv* parallelly; *gå ~ med* be parallel with (to)

paraly|sera paralyse **-si** *s3* paralysis **-tiker** [-'ly:-] *s9* **-tisk** [-'ly:-] *a5* paralytic

paranoi|a [-ˣnåjja] *s1* paranoia **-d** [-å'i:d] *a5, n sg obest. f. undviks* **-ker** [-'nå:i-] paranoiac

parant [-'raŋt, -'rannt] *a1* very elegant, striking, smart, stylish

paranöt Brazil nut

paraplegiker paraplegic

paraply *s4* umbrella; *spänna upp* (*fälla ner*) *~et* put up (close) the umbrella **-fodral** umbrella cover (case) **-ställ** umbrella stand

parapsykologi [-'gi:, ˣpa:-] parapsychology

parasit *s3* parasite **-era** live as a parasite, sponge (*på* on) **-steklar** [-e:-] *pl* ichneumon flies

parasoll [-'såll] *s7, s3* parasol, sunshade

parat *a1* ready, prepared

paratyfus paratyphoid [fever]

parbladig *a1, bot.* pinnate

parcell *s3* (*jordområde*) site, plot

pardans couple dance; ballroom dancing

pardon *s3* (*i krig e.d.*) quarter; (*misskund*) mercy; *det ges ingen ~* no quarter is given; *utan ~* without mercy

parentation *hålla ~ över* deliver an oration to the memory of

parente|s [-en'te:s, -raŋt-] *s3* parenthesis (*pl* parentheses); (*klammer*) bracket; *sätta ngt inom ~* put s.th. in brackets; *inom ~ sagt* incidentally, by the way **-tisk** *a5* parenthetic[al]

parer|a parry, ward off; (*besvara äv.*) retort **-ing** parrying

parflikig *bot.* pinnately lobed

parforcejakt [-ˣfårrs-] hunt[ing]

parfym *s3* perfume; scent **-era** scent; perfume; *~d tvål* scented soap; *starkt ~d* highly scented; *~ sig* use perfume **-eri** perfumery **-flaska** perfume (scent) bottle

parhäst pair-horse (*äv. bildl.*); *köra med ~ar* drive in a carriage and pair; *de hänger ihop som ~ar* (*bildl.*) they are inseparable

pari ['pa:-] *s7* par; *i* (*till*) *~* at par; *under* (*över*) *~* below (above) par

paria ['pa:-] *-n -s* pariah (*äv. bildl.*); *bildl. äv.* outcast

parig *a1, zool. o.d.* paired

parikurs (*för valuta*) par of exchange, par value; (*för aktier*) face (nominal) value

Paris *n* Paris **paris|ersmörgås** *ung.* hamburger sandwich **-isk** *a5* Parisian **-mod** Paris fashion

paritet parity; *i ~ med* on a par with

park *s3* park; *Folkets ~* communal park; *stadens ~er* the borough parks **-anläggning** *konkr.* park

parker|a park **-ing** parking; *konkr.* car park; *~ förbjuden* no parking **-ingsautomat** parking meter **-ingsförbud** parking prohibited **-ingshus** multi-storey garage; *Am.* carport **-ingsljus** parking light **-ingsplats** parking place; car park **-ingsvakt** car-park attendant

parkett *s3* **1** *teat.* stalls (*pl*); *främre ~* orchestra stalls; *bakre ~* pit; *på ~* in the stalls **2** (*golvbeläggning*) parquet **-golv** parquet floor[ing] **-läggning** parquet-floor laying **-plats** seat in the stalls, stall **-publik** stalls audience **-stav** parquet block

parksoffa park-bench

parkum [ˣparr-, 'parr-] *s3, s7* (*tygsort*) fustian

parkvakt park-keeper

parlament *s7* parliament; *bli medlem av ~et* (*äv.*) enter parliament; *sitta i ~et* be a member of parliament (*förk.* be an M.P.) **-ariker** parliamentarian **-arisk** *a5* parliamentary **-arism** parliamentarism **-era** negotiate, parley **-erande** *s6* **-ering** negotiation, parley

parlaments|akt act of parliament **-beslut** decision (resolution) of parliament **-byggnad** parliament building; *Engl.* [the] Houses of Parliament **-ledamot -medlem** member of parliament (*förk.* M.P.) **-session** session of parliament **-val** general election

parlamentär *s3* negotiator, parleyer **-flagg** flag of truce

parlör phrase-book

parmesanost [-ˣsa:n-] Parmesan cheese

parnass *s3, P~en* Mount Parnassus; *bestiga ~en* (*bildl.*) embark on a literary career; *den svenska ~en* the Swedish Helicon

parning [ˣpa:r-] mating, pairing, copulation

parnings|akt act of mating (*etc.*) **-drift** mating instinct **-dräkt** courtship (mating) plumage **-lek** courtship **-läte** mating-call **-tid** mating season

parodi *s3* parody (*på* on) **-era** parody **-sk** [-'ro:-] *a5* parodic[al]

paroll [-'råll] *s3* parole, password; (*parti-*) slogan

paroxysm [-å-] *s3* paroxysm

part [pa:-] *s3* **1** *se huvud-, halv-* **2** *jur.* party, side; *alla berörda ~er* all parties concerned; *~erna i målet* the parties litigant **3** *sjö.* (*kardel*) strand

parterr [-'tärr] *s3, trädg. o. teat.* parterre **-brottning** ground wrestling

parti *s4* **1** (*del*) part, section; (*av bok o. mus.*) passage **2** *hand.* parcel, lot, consignment; *köpa* (*sälja*) *i ~* buy (sell) wholesale; *i ~ och* *minut* [by] wholesale and [by] retail; *i stora ~er* in bulk **3** *polit.* party; *gå in i ett ~* join a party **4** *ta ~ för (emot)* take sides for (against); *ta sitt ~* make one's decision, make up one's mind **5** *spel.* game; *ett ~ schack* a game of chess **6** (*gifte*) match; *göra ett gott ~* make a good match **-anda** party spirit **-ansluten** enrolled in a party, a party-member **-beteckning** party label, [party] denomination **-bildning** formation of parties **-biljett** *järnv. ung.* commutation ticket

particip *s7* participle

partiell [-tsi'äll] *a1* partial (*solförmörkelse* eclipse [of the sun]) **-t** *adv* partially; *~ arbetsför* partially disabled

parti|funktionär party official **-färg** party (political) colour **-grupp** faction, section of a party **-gängare** [-jä-] partisan **-handel** wholesale trade **-kamrat** fellow-partisan; *vi är ~er* (*äv.*) we belong to the same party

partikel [-'tikk-] *s2* particle **-accelerator** *kärnfys.* particle accelerator

parti|kongress party congress (*Am.* convention) **-ledare** party leader; *Am. vard.* boss **-ledning** party executive (leaders *pl*) **-medlem** party member **-ordförande** party chairman (*Am.* president) **-politik** party politics (*pl*) **-politisk** ... of party politics **-pris** *hand.* wholesale price **-program** party program[me]; *Am.* platform

partisan *s3* partisan **-krig** guerilla war

partisekreterare party secretary, secretary general

partisk ['pa:r-, 'parr-] *a5* partial; bias[s]ed, prejudiced **-het** partiality; bias

parti|strid party strife (*äv. ~er*) **-styrelse** party executive **-tagande** *s6* taking of sides; showing of partiality (*för* for)

partitiv ['parr-] *a1* partitive

partitur *s7* score

parti|vis *adv, hand.* wholesale, in lots, by the lot **-vän** fellow member of a party **-väsen** party system

partner ['pa:rt-] *s9, pl äv. -s* partner

partåig [ˣpa:r-] *a1, zool.* even-toed, artiodactyl

parvel *s2* [little] lad, youngster

parveny *s3* parvenu, upstart

par|vis [ˣpa:r-] **I** *a1, bot.* conjugate **II** *adv* in pairs (couples), two by two **-åkning** *sport.* pair-skating

pascha *s1* pasha

pasma *s1* lea, skein

1 pass *s7* (*bergs-*) pass, defile, gorge

2 pass *s7* (*legitimationshandling*) passport; *falskt ~* forged passport; *utställa (förlänga) ett ~* issue (renew) a passport

3 pass *s7* (*jakt. o. patrulleringsområde*) beat; *stå på ~* be on guard (the lookout); *polisen på sitt ~* the policeman on his beat

4 pass *s7* **1** *kortsp.* pass, no bid **2** *nej ~!* no such thing!, no, thank you!

5 pass *i vissa uttr.: komma väl till ~* come in handy, be serviceable; *vara till ~* satisfy, suit; *vid ~ 10* about 10, 10 or thereabouts (so); *hur ~ mycket* about how much; *kostar den så ~ mycket?* does it cost as much as [all] that?; *det fanns så ~ mycket att jag kunde* there was enough for me to be able to

6 pass *interj, ~ för mig!* I'm out of it!; *~ för den!* bags I!

1 passa *kortsp.* pass

2 passa I 1 (*av-*) fit, adjust; adapt, suit (*efter* to) **2** (*stå på pass, vänta på*) wait for; *~ tiden* be punctual (in time) **3** (*sköta*) attend to; mind, watch; look after (*barn* children); *~ telefonen* answer the telephone **4** *sport.* pass (*äv. absol.*) **II 1** (*i storlek o.d.*) fit; (*i färg, utseende o.d.*; *vara lämplig*) suit, be suited (*till, som* as, for); (*duga*) do; *nyckeln ~r* the key fits (*till låset* [in] the lock); *klänningen ~r mig precis* the dress fits me perfectly; *grönt ~r honom* green suits him; *handskarna ~r till kappan* the gloves go well with the coat; *han ~r inte till lärare* he is not cut out to be a teacher; *lördag skulle ~ mig bäst* Saturday would suit me best; *kom när det ~r dig* come when it suits you; *de ~r bra för varandra* they are well suited to each other **2** (*anstå*) become, be becoming; *det ~r inte en dam att* it does not become (is not becoming for) a lady to **3** *~ på tillfället* take (avail o.s. of) the opportunity **III** *rfl* **1** (*jfr II 2*); *det ~r sig inte* it is not proper (good form); *kom när det ~r sig* come when [it is] convenient **2** (*akta sig*) take care; look out (*för hunden* for the dog) **IV** (*med beton. part.*) *~ ihop a*) (*med obj.*) fit ... together, *b*) (*utan obj.*) fit (go) together, *c*) (*överensstämma*) fit in; *de ~r bra ihop* they are well matched; *~ in a*) (*med obj.*) fit ... in, *b*) (*utan obj.*) fit [in]; *beskrivningen ~r in på honom* the description fits him; *~ på* look out, be ready; *~ på när du är i stan* take the opportunity (chance) when you are in town; *pass på!* look out!; *~ upp* wait (*på ngn* on s.b.; *vid bordet* at table), attend

passabel *a2* passable, tolerable

passad[vind] *s3* [*s2*] trade-wind

passage [-'sa:ʃ] *s5* passage; (*under gata, järnväg e.d.*) subway; *astron.* transit; *hindra ~n* block the way; *lämna ngn fri ~* leave (give) s.b. the right of way; *lämna fri ~* leave the way free (*för fordon* for traffic)

passagerar|avgift [-aˣʃe:-] [passenger] fare **-befordran** passenger transport **-e** passenger **-fartyg** passenger ship **-lista** passenger list **-plan** passenger airliner (plane) **-trafik** passenger traffic

pass|ande *a4* (*lämplig*) suitable, appropriate, fit (*för* for); (*läglig*) convenient; (*anständig*) proper, decent; (*tillbörlig*) becoming; *det ~* (*det anständiga*) decorum, good form, *allm.* the done thing **-are** *s9* compasses (*pl*); *en ~* a pair of compasses **-arspets** *med ~en* with the point of the compass-leg

passbyrå passport office

passbåt tender

passer|a 1 (*genom-, förbi- el. överfara*) pass (*äv. bildl.*); (*korsa*) cross; *ett ~t stadium* a passed stage; *~ revy* pass in review **2** *kokk.* strain, pass ... through a sieve **3** (*gå el. komma förbi*) pass; *bussen hade redan ~t* the bus had already passed (gone by) **4** (*hända*) happen, take place; *det får ~ för den här gången* we will overlook it (let it

pass) this time 5 (*förflyta*) pass, elapse **-ad** *a5* (*vissen*) faded, withered (*skönhet* beauty) **-sedel** pass, permit
passform (*klädesplaggs*) fit
pass|foto passport photograph **-frihet** *inom Skandinavien råder nu* ~ no passport is now required for inter-Scandinavian travel
passgång amble **-are** ambler
passion [pa'ʃɷ:n] passion **-erad** *a5* passionate; impassioned
passions|blomma passion-flower **-historien** the Story of the Passion **-veckan** Holy Week
passiv ['pass-] *a1* passive (*motstånd* resistance; *medlem* member); ~ *delägare* (*äv.*) sleeping partner; *förhålla sig* ~ remain passive **-a** ['pass-] *pl, hand.* liabilities, debts; *aktiva och* ~ assets and liabilities **-itet** passivity **-um** ['pass-, ˣpass-] *-um -er el. s4* (*i* in the) passive [voice]
passkontroll *abstr.* passport inspection; *konkr.* passport desk (office)
pass|ning 1 (*tillsyn*) tending, care **2** *tekn.* fit, fit-up; *dålig* ~ poor alignment **3** *sport.* pass **-opp** [-'åpp] *s2, s3* attendant
passpoal [-ɷ'all] *s3* piping
passtvång compulsory passport system
passus ['pass-] *s2* passage
pasta *s1* paste
pastej [-'tejj] *s3* pie; (*mindre*) pasty, patty; (*t. soppa*) pastry puff
pastell *s3* pastel **-färg** pastel colour **-krita** pastel crayon **-målare** pastellist **-målning** pastel drawing (painting)
pastill *s3* lozenge, pastille
pastisch *s3* pastiche (*på* of)
pastor [ˣpasstår, 'pass-] *s3* vicar, parson; (*frikyrklig*) minister, pastor; (*vid institution*) chaplain; (*i brevadress o.d.*) Rev. (*förk. av* [the] reverend) **-al** *s3 o. a1* pastoral **-at** *s7* (*befattning*) living, benefice; (*församling*) parish
pastors|adjunkt curate **-expedition** parish [registration] office
pastorska [-ˣtɷ:r-] vicar's (*etc.*) wife
pastorsämbete parish office; *meddelanden från ~t* notices issued by the clergy of the parish
pastöriser|a pasteurize **-ing** pasteurization
paten *s3* paten
patent *s7* patent; *bevilja* (*få, söka, ta*) ~ *på* grant (obtain, apply for, take out) a patent for **-ansökan** application for a patent **-brev** letters patent (*sg o. pl*) **-byrå** patent agency **-era** patent **-erbar** *a1* patentable **-innehavare** holder of a patent, patentee **-kork** patent stopper **-lås** safety (Yale, snap) lock **-lösning** ready-made solution **-medicin** patent (proprietary) medicine **-rätt 1** *jur.* patent law **2** (*rätt t. patent*) patent rights (*pl*) **-skyddad** [-ʃ-] *a5* patended, protected by patent **-smörgås** *ung.* ham-and-egg sandwich **-verk** Patent Office
pater ['pa:-] *s2* father, pater **-noster** [-'nåss-] *n* (*läsa ett* say a) paternoster **-nosterverk** paternoster lift, multi-bucket dredger
patetisk *a5* (*högtravande*) highflown; (*rörande*) pathetic
patiens [passi'aŋs] *s3* [a game of] patience; *lägga* ~ play [at] patience **-kort** *pl* patience-cards
patient [-a(t)si-] patient
patin|a ['pa:-] *s1* patina (*äv. bildl.*) **-era** patinate **-ering** patination, patining
patolog pathologist **-i** *s3* pathology **-isk** *a5* pathological; (*sjuklig*) morbid
patos ['pa:tås] *s7* pathos
patrask *s7* rabble, mob
patriark *s3* patriarch **-alisk** *a5* patriarchal **-at** *s7* patriarchate
patrici|er *s9* **-sk** *a5* patrician
patriot *s3* patriot **-isk** *a5* patriotic **-ism** patriotism
1 patron *s3 best. f. vard. patron* (*godsägare*) squire; (*husbonde*) master; *vard.* boss; (*skyddshelgon*) patron saint
2 patron *s3* (*gevärs-*) cartridge; (*hagel-*) shot-cartridge; (*t. kulspetspenna e.d.*) refill; *lös* (*skarp*) ~ blank (ball) cartridge **-bälte** cartridge-belt **-hylsa** cartridge[-case] **-väska** cartridge-case(-pouch)
patrull *s3* patrol; party; *stöta på* ~ (*bildl.*) meet with opposition **-båt** patrol-boat **-era** patrol; *~nde polis* policeman on patrol duty, *Am. äv.* patrolman; *~nde polisbil* cruising car **-ering** patrolling **-tjänst** patrol duty, patrolling
patt *oböjl. a o. r, schack.* stalemate; *ställa sig* ~ be stalemated
paulun *s3* (*säng*) four-poster bed; (*omhänge*) tester
Paulus ['pau-] *aposteln* ~ St. Paul
paus ['pa:-] *s3* pause; lull; *mus. äv.* rest; *teat.* interval, *Am.* intermission; (*i samtal o.d.*) break; *ta sig en* ~ take a rest **-era** pause, make a pause **-ering** pausing **-signal** *radio.* interval (call) signal **-tecken** *mus.* rest
paviljong [-'jåŋ] *s3* pavilion; (*lusthus*) summer-house
pax [pakks] *se 6 pass*
peang hemostatic forceps
pechblände [ˣpeç-] *s6* pitchblende
pedagog [-'gå:g] *s3* education[al]ist; (*lärare*) teacher, schoolmaster **-ik** *s3* pedagogics (*sg*), pedagogy **-isk** *a5* pedagogic[al]; educational
pedal *s3* pedal **-stämma** *mus.* pedal [point]
pedant pedant **-eri** pedantry **-isk** *a5* pedantic
pedell *s3, univ.* beadle; *vard.* proctor's dog
pediatri|k *s3* pediatrics (*sg*) **-ker** [-i'a:-] pediatrician **-sk** [-i'a:-] *a5* pediatric
pedikyr *s3* pedicure
pegas *s3* Pegasus
pegmatit *s3, min.* pegmatite
pejl|a 1 (*bestämma riktning*) take a bearing on; *absol.* take bearings; ~ *land* set the land **2** (*loda*) sound (*djupet* the depth) (*äv. bildl.*) **-apparat** direction finder **-ing 1** bearing; *radio.* radio location; *ta en* ~ take a bearing **2** sounding **-signal** directional signal **-skiva** pelorus
pejorativ ['pejj-, -'ti:v] *a1* pejorative
pek|a point (*på, mot* at, to); *kompassnålen ~r på norr* (*äv.*) the compass needle indicates north; *~ finger åt* point one's finger at; *gå dit näsan ~r* follow one's nose; *han får allt han ~r på* he gets everything he asks for; *allting ~r på att* everything points to the fact that; ~ *ut* point out **-finger** forefinger, index finger
pekin[g]es *s3* (*hund*) pekin[g]ese [dog]

pekoral *s7* pompous trash, worthless literary production **-ist** writer of pompous trash
pekpinne pointer
pekuniär [-j-] *a1* pecuniary, financial
pelare pillar; column
pelargon[ia] *s3* [*s1, s3*] geranium
pelar|gång *s2* colonnade; (*kring klostergård*) cloister; (*portik*) portico **-helgon** stylite, pillar saint **-huvud** capital **-rad** row of pillars, colonnade **-sal** pillared hall
pelerin *s3* cape, pelerine
pelikan *s3* pelican
pellejöns *s2* merry-andrew
pemmikan ['pemm-] *s3* pemmican
peloponnesisk *a5* Peloponnesian **Peloponnesos** [-'ne:sås] *n* the Peloponnesus
penater *pl* Penates; household gods; *flytta sina ~* move one's Lares and Penates, move house
pendang [paŋ-] companion[-piece], counterpart
pend|el *s2* pendulum **-elrörelse** oscillation **-elsvängning** swing of a pendulum **-eltrafik** shuttle traffic **-elur** pendulum clock **-la** oscillate, pendulate, swing to and fro; (*åka fram o. tillbaka, t. ex. om förortsbo*) *vard.* commute **-lare** (*förortsbo som varje dag åker till o. från arbetet*) commuter **-ling** *se -elrörelse* **-yl** [pen-, paŋ-] *s3* ornamental clock (timepiece)
penetr|ation penetration **-era** penetrate; *~ ett problem* (*äv*). get to the bottom of a problem
peng *s2* coin **-ar** ['peŋ-] *pl* money (*sg*); (*reda ~ äv.*) cash, ready money; *sl.* brass, dough; *~ eller livet!* your money or your life!; *det kan inte fås för ~* it is not to be had for money; *förlora ~ på* lose money over (by, on); *förtjäna stora ~* make big money (*på* by); *göra ngt för ~[s skull]* do s.th. for the money; *ha gott om ~* have plenty of money, be well off; *ha ont om ~* be short of money, be hard up [for money]; *det har jag inte ~ till* I haven't got the money (enough money) for that; *ha ~ som gräs* be rolling in money; *i ~ räknat* in terms of money; *jämna ~* even money, the exact amount; *leva på ~* have private means; *låna ~ på* raise money on; *låta ~na rulla* spend money like water
penibel *a2* painful, awkward
penicillin *s4* penicillin
penis ['pe:-] *s2* penis (*pl* penes)
penitens [-'tänns] *s3* penance
penjoar *s3* peignoir, dressing-gown
penna *s1* **1** pen; (*blyerts-*) pencil; (*stål-*) nib; *fatta ~n* put pen to paper; *leva av sin ~* live by one's pen; *en skarp ~* (*bildl.*) a formidable pen **2** *zool.* quill
pennalism [pä-] bullying
penn|drag stroke of the pen **-fat** pen-tray **-fodral** pen[cil]-case **-formerare** [-å-] pencil-sharpener **-fäktare** scribbler **-förlängare** pencil-holder
penning piece of money, coin; *~ar* (*koll.*) money (*sg.*); *för en ringa ~* at a small cost **-affär** financial transaction **-angelägenhet** *~er* money matters (affairs) **-aristokrati** plutocracy **-begär** craving for money **-behov** need of money; money requirements (*pl*) **-bekymmer** money worries **-brist** lack (shortage) of money **-fråga** matter of money **-förlust** loss of money, financial loss **-gräs** *bot.* penny-cress **-gåva** money gift **-inrättning** finance institution **-knipa** *råka i ~* get into money difficulties **-lotteri** lottery with money prizes **-marknad** money market **-medel** means, funds **-placering** investment of funds (money) **-politik** monetary policy **-pung** purse **-skrin** cash-(money-) box **-stark** financially strong; *vara ~* (*äv.*) be in a strong financial position **-stinn** made of (rolling in) money **-summa** sum of money **-tillgång** supply of money **-transaktion** *se -affär* **-understöd** pecuniary aid, benefit payment; (*statligt*) subsidy, subvention **-värde** value of money; (*värde i pengar*) money (monetary) value; *~ts fall* the fall in the value of money **-värdesförsämring** depreciation of money **-väsen** monetary system
penn|kniv penknife **-skaft** penholder; (*kvinnlig journalist*) woman journalist, penwoman **-skrin** pen[cil]-box(-case) **-spets** point of a pen (*etc.*) **-stift** lead **-stump** pencil-stump **-teckning** line-(pencil-)drawing **-torkare** [-å-] pen-wiper **-vässare** *se -formerare*
penny ['penni] *-n pence* [penns] penny (*pl* pence; *-slantar* pennies)
pensé [paŋ'se:] *s3* pansy
penséer [paŋ-] *pl, gå i sina ~* be absorbed in thought, be in a brown study
pensel *s2* [paint-]brush; *bot.* egret **-drag** stroke of the brush **-föring** brushwork
pension [paŋ'ʃɷ:n] **1** (*underhåll*) pension; *avgå med ~* retire on a pension **2** (*skola*) boarding-school; *sätta ... i ~* send ... to a boarding-school **-at** *s7* boarding-house **-era** pension [... off], grant a pension to; *~d* pensioned, retired **-ering** pensioning, superannuation, retirement
pensions|anstalt pensions office **-avdrag- avgift** pension contribution (charge) **-berättigad** entitled to a pension **-försäkring** old-age pension insurance **-kassa** pension (benefit) society **-mässig** *a1* pensionable **-tagare** pensioner **-ålder** pensionable (retirement) age
pensionär [paŋ-] *s3* **1** (*pensionstagare*) pensioner **2** (*inackorderingsgäst*) boarder
pensionärshem pensioners' home
pensl|a paint; pencil; *fint ~de ögonbryn* finely pencilled eyebrows **-ing** painting
pensum [ˣpänn-] *s8* task; *Am.* assignment
penta|gram [-'gramm] *s7* pentagram **-meter** [-ˣta:-] *s2* pentameter
pentry ['penntri] *s6* pantry
penultima *s1, best. f. äv. penultima* penultimate [syllable]
pep *imperf av 1 pipa*
peppar *s9* pepper; *spansk ~* cayenne [pepper]; *önska ngn* (*dra*) *dit ~n växer* send s.b. (go) to Jericho; *~ ~!* touch wood!; *~ och salt* (*textil.*) pepper-and-salt **-kaka** gingerbread biscuit; *mjuk ~* gingerbread cake **-kakshjärta** *ung.* heart-shaped gingerbread biscuit **-korn** peppercorn **-kvarn** pepper-mill **-mynta** *s1* peppermint **-myntspastill** peppermint [lozenge] **-rot** horse-radish **-rotskött** boiled beef with horse-radish sauce **-ströare** pepper pot (*Am.* shaker)

peppra ~ [*på*] pepper (*äv. bildl.*) **-d** *a5* peppery; *en ~ räkning* (*vard.*) a stiff bill
pepsin *s4, s3* pepsin
per [pärr] per; (*~ båt, post e.d.*) by; *bokför.* as on; *~ person* per person, a head, each, apiece; *~ styck* apiece, each, per unit; *~ timme* by the hour; *~ år* a year, yearly, annually, per annum; *~ omgående* by return [of post]; *~ capita* per capita; *~ kontant* [in] cash
perborat [pärbå'ra:t] *s4, kem.* perborate
perenn I *a1* perennial **II** *s3* perennial [plant]
1 perfekt [pär-] *a1* perfect
2 perfekt[um] [ˣpä:r-] *s7* [*best. f. perfektum, pl perfekter*] *gram.* [the] perfect [tense]; *~ particip* past participle
perfid [pär-] *a1, n sg obest. f. undviks* perfidious **-itet** *s3* perfidiousness, perfidy
perforer|a [pä-] perforate; punch; *med.* pierce **-ing** perforation
pergament [pä-] *s7, s4* parchment; (*t. bokband äv.*) vellum **-artad** [-a:r-] *a5* parchment-like, parchmenty **-band** parchment (vellum) binding **-handskrift** parchment [manuscript] **-rulle** roll (scroll) of parchment
pergola ['pärrgå-] *s1* pergola
perifer *a1* peripheral, peripheric[al]; *bildl.* outlying; *frågan var av ~ art* the question was of secondary importance **-i** *s3* periphery; (*cirkels*) circumference; (*stads*) outskirts (*pl*) **-isk** *a5, se perifer* **-ivinkel** circumferential angle
peri|fras *s3* periphrasis (*pl* periphrases) **-geum** *s8, astron.* perigee **-helium** *s4, astron.* perihelion
period *s3* period **-icitet** periodicity **-isk** *a5* periodic[al] **-supare** dipsomaniac, periodical drinker **-tal** frequency **-vis** periodically
peri|peti *s3* peripeteia **-skop** [-'skå:p] *s7* periscope **-skopisk** [-'skå:-] *a5* periscopic **-staltik** *s3* peristalsis **-staltisk** *a5* peristaltic; *~a rörelser* peristaltic movements **-styl** *s3* peristyle
perkussion [pärku'ʃo:n] *läk.* percussion
perlon [pär'lå:n] *s4, s3* perlon
perman|ens [pär-] *s3* permanence **-ent I** *a1* permanent **II** *s3, se -entning* **-enta 1** (*hår*) permanent-wave; *vard.* perm; *Am. äv.* fix up; *~ sig* have a perm **2** (*väg*) lay ... with a permanent surface, metalling; *~d väg* (*äv.*) tarmac[adam] (metalled) road **-entning** permanent [wave]; *vard.* perm
permeab|el [pär-] *a2* permeable **-ilitet** permeability
permission [pärmi'ʃo:n] leave [of absence]; (*för längre tid äv.*) furlough; *begära* (*få*) *~* ask for (get) leave (*etc.*); *ha ~* be on (have) leave; *på ~* on leave
permissions|ansökan application for leave (*etc.*) **-förbud** suspension of leave; *mil.* confinement to barracks **-sedel** pass
permitt|ent [pär-] person (soldier) on leave **-era 1** (*ge permission*) grant leave to **2** (*entlediga*) lay off (*arbetare* workers), dismiss temporarily
permut|ation [pär-] *mat.* permutation **-era** permute
pernicios [pär-] *a1, med.* pernicious (*anemi* anaemia)
perpendik|el [pär-'dikk-] *s2* **-ulär** *a1, mat.* perpendicular
perpetu|ell [pär-] *a1* perpetual **-um mobile** [pär'pe:tuum 'må:-] *n* (*maskin*) perpetual motion machine
perplex [pär-] *a1* perplexed, taken aback
perrong [pä'råŋ] *s3* platform **-biljett** platform ticket
persed|el [pär-] *s2* (*sak*) thing, article; *mil.* item of equipment; *-lar* (*mil.*) accoutrements, equipment (*sg*), kit (*sg*) **-elinspektion** *mil.* kit inspection **-elvård** *mil.* care of kit
perser ['pärr-] Persian
persian [pär-] *s3* Persian lamb, karakul **-päls** Persian lamb coat
Persien ['pärr-] *n* Persia
persienn [pär-] *s3* Venetian blind
persik|a [ˣpärr-] *s1* peach **-ohy** peach complexion
persilja [ˣpärr-, -'sill-] *s1* parsley; *prata ~* talk rubbish
persisk ['pärr-] *a5* Persian; *P~a viken* the Persian Gulf **-a** *s1* **1** (*språk*) Persian **2** (*kvinna*) Persian woman
person [pär-] *s3* person; (*i pl äv.*) people; (*i drama, roman e.d.*) character; (*betydande ~*) personage; *~er* (*teat.*) dramatis personae, the cast (*sg*); *fysisk ~* natural person; *juridisk ~* artificial person; *enskild ~* private person, individual; *offentlig ~* person in public life, public figure; *han kom i egen hög ~* he came in person (himself); *min ringa ~* my humble self; *kunglig ~* royal personage; *i första ~ pluralis* in the first person plural **-age** [-'na:ʃ] *s5* personage
personal [pär-] *s3* staff; personnel; employees **-avdelning** staff (personnel) department **-brist** shortage of staff **-chef** staff (personnel) manager **-ier** *pl* biographical data; personalia **-tidning** staff magazine **-union** personal union
person|befordran passenger service (conveyance) **-bil** private (passenger) car **-ell** *a1 se -lig* **-förteckning** list of persons **-galleri** collection of characters **-historia** personal history **-ifiera** personify; impersonate; *den ~de blygsamheten* modesty personified (itself) **-ifikation** personification; impersonation **-kort** identity card **-kult** personality cult **-kännedom** knowledge of people
personlig [pär'so:n-] *a1* personal; *~t* (*på brev*) private; *för min ~a del* for my [own] part; *min ~a åsikt* my private opinion; *~t samtal* personal talk (conversation), *tel.* personal call; *utan ~t ansvar* limited, without personal liability **-en** personally, in person; *känna ngn ~* know s.b. personally; *inställa sig ~* appear in person **-het 1** (*människans väsen*) personality **2** (*karaktär*) personality; (*framstående person äv.*) personage, person; *en historisk ~* a historical person; *en framstående ~* an outstanding personality (personage); *gå* (*komma*) *in på ~er* become personal, make personal remarks **-hetsklyvning** *lida av ~* have a dual personality
person|namn personal name **-skada** personal injury **-trafik** passenger traffic (service)

persontåg (*mots. godståg*) passenger train; (*mots. snälltåg*) ordinary (slow) train
perspektiv [pär-] *s7* perspective; (*utsikt, framtids-*) prospect; *vidga ~et* (*bildl.*) broaden the outlook **-fönster** picture (vista) window **-isk** *a5* perspective **-ritning** perspective drawing
Peru *n* Peru **peruan** *s3* **-sk** [-a:-] *a5* Peruvian
peruk *s3* wig; (*enl. 1700- o. 1800-talets mod*) periwig, peruke; *vard.* mop **-makare** wigmaker; *teat. äv.* theatrical hairdresser **-stock 1** wig-block **2** *bildl.* [old] fogey
pervers [pär'värrs] *a1* perverted **-itet** *s3* sexual perversion
pessar *s4* diaphragm, pessary
pessimis|m pessimism **-t** pessimist **-tisk** *a5* pessimistic
pest *s3* plague; pestilence; *avsky ngt som ~en* hate s.th. like sin; *sky ngt som ~en* shun s.th. like the plague **-artad** [-a:r-] *a5* pestilential **-böld** bubo **-härd** source of plague; *bildl.* plague-spot **-ilensrot** butterbur **-smittad** *a5* (*om. pers.*) plague-stricken; (*om område*) plague-infested
pet *s7, se -göra* **-a 1** poke, pick (*på* at); *~ på allt* poke one's finger[s] into everything; *~ hål i* (*på*) poke a hole in; *~ naglarna* clean one's nails; *~ tänderna* pick one's teeth; *sitta och ~ i maten* be pecking at one's food; *~ omkull* push ... over, upset **2** *vard.* (*tränga undan*) oust; *sport.* drop
Peterskyrkan St. Peter's Basilica **peterspenningen** Peter's pence (*pl*)
pet|göra finicky job **-ig** *a1* (*noga*) finical, finicking; (*om pers. äv.*) particular, meticulous **-ighet** finicalness *etc.*
petimäter *s2* coxcomb, fop
petit [-'ti:(t)] *s3, boktr.* brevier
petita [-ˣti:-] *se petitum*
petitess *s3* trifle
petition petition (*om* for); *inlämna en ~* hand in a petition **-är** *s3* petitioner
petitum [-ˣti:-] *s8* request for a [money] grant; estimate of expenditure
pet|moj [-åj] *s2, vard.* telephone [dial] **-noga** *vard.* pernickety, fussy
petrifi|era petrify **-kat** *s7* petrifaction, fossil
petro|grafi *s3* petrography **-kemi** petrochemistry
petroleum *s3, s7* petroleum, mineral oil
Petrus ['pe:-] *aposteln ~* Peter the Apostle, St. Peter
petunia *s1, bot.* petunia
Pfalz [pfallts] *n* the Palatinate **pfalz|greve** Count Palatine **-isk** ['pfallts-] *a5* Palatine
p.g.a (*förk. för på grund av*) *se under 3 grund 3*
pH-värde [ˣpe:hå:-] pH-value, index of pH
pi *s7, mat.* pi
piaff *s3* piaffe[r]
pian|ino *s6* pianino, upright piano **-issimo** *s6 o. adv* pianissimo **-ist** pianist
piano I *s6* piano; *spela ~* play the piano; *ackompanjera ngn på ~* accompany s.b. on the piano **II** *adv* piano; *ta det ~* take it easy **-ackompanjemang** piano-accompaniment **-konsert** concert given by a pianist; (*komposition*) piano concerto **-la** [-ˣnå:-] *s1* pianola **-lektion** piano lesson **-skola** piano conservatory; piano-playing manual **-spel** piano-playing **-stol** music-stool **-stämma** piano-part **-stämmare** piano-tuner
piassava [-ˣsa:-] *s1* piassaba **-kvast** besom
picka (*om fågel*) peck (*hål i* a hole in; *i, på* at); (*om hjärtat*) go pit-a-pat; *~ i sig* peck up
pickelhuva spiked helmet
pickels ['pikk-] *s2* pickles
picknick ['pikk-, -'nikk] *s3, s2* picnic **-a** picnic, go picnicking **-korg** picnic-basket
pick och pack belongings (*pl*); *ta sitt ~ och gå* clear out bag and baggage
pickola[flöjt] [ˣpikkå-] *s1* [*s3*] piccolo (*pl* piccolos)
pickolo ['pikk-] *s5, pl äv. -s* page boy, buttons; *Am.* bellboy, *vard.* bellhop
piedestal [pjede-, pide-] *s3* pedestal
piet|et reverence (*mot* to; *för* for) **-etsfull** reverential, reverent **-etslös** irreverent **-etslöshet** lack of reverence, irreverence **-ism** pietism **-ist** pietist **-istisk** *a5* pietistic[al]
piff I *interj* bang! **II** *s2, sätta ~ på a) kokk.* give relish to, *b) bildl.* smarten up, put style into **-a** *~ upp* smarten up; *Am.* revamp **-ig** *a1* (*om mat*) piquant, tasty; (*stilig*) chic, smart
piga *s1* maid
1 pigg *s2* (*metall-*) spike; (*tagg*) spine, quill
2 pigg *a1* (*kry*) fit (*som en mört* as a fiddle); (*rask, livlig*) brisk, spry; *Am. sl.* peppy; (*'vaken'*) alert, bright, sharp; *~ och kry* bright and breezy; *känna sig ~* feel very fit; *vara ~ för sin ålder* be spry for one's years; *~ på* keen on **-a** *~ upp* cheer up; *Am. sl.* pep up
pigghaj spiny dogfish
piggna *~ till* come round
pigg|svin porcupine **-svinstagg** quill **-var** *s2* turbot
pigkammare maid's room
pigment *s7* pigment **-erad** *a5* pigmented **-ering** pigmentation
pig|syssla servant's job **-tjusare** [-ç-] would-be ladykiller
pik *s2* **1** (*spets*) point; (*stickord*) gibe, dig (*åt* at); *jag förstod ~en* I got the message **2** (*bergstopp*) peak **3** *sjö.* (*akter-, för-*) peak; *~ på en gaffel* peak of a gaff **4** *mil.* pike **5** *sport., hopp med ~* jack-knife dive **-a** gibe [at], taunt (*för* with)
pikador [-'då:r] *s3* picador
pikant [-'kannt, -'kaŋt] *a1* piquant; spicy, highly seasoned; (*om historia o.d.*) racy, spicy **-eri** piquancy
pikareskroman [-ˣressk-] picaresque novel
1 piké *s3* (*tyg*) piqué
2 piké *s3* (*kortspel*) piquet; *spela ~* play at piquet
pikerad *a5* (*förnärmad*) piqued (*över* at)
piket [-'ke:(t)] *s3* riot squad, picket **-bil** police van
pikrinsyra [-ˣkri:n-] picric acid
piktur handwriting
1 pil *s2* (*träd*) willow
2 pil *s2* (*vapen*) arrow; (*t. armborst*) bolt; (*att kasta*) dart; *bildl.* arrow, shaft; *kasta ~* throw darts (*pl*); *snabb som en ~* [as] swift as an arrow; *Amors ~ar* Cupid's darts (shafts) **-a** *~ i väg* dash away, rush off

pilaff *s3, kokk.* pilau, pilaw
pilaster *s2* pilaster
pilbåge bow
pilfink tree sparrow
pilgrim *s3* pilgrim
pilgrims|falk peregrine falcon **-fäderna** the Pilgrim Fathers **-färd** pilgrimage; *göra en ~* go on a pilgrimage **-ort** [place of] pilgrimage; *bildl. äv.* Mecca **-stav** pilgrim's staff
pilka dib (*torsk* for codfish)
pil|kastning dart-throwing; (*som spel*) darts (*pl*) **-koger** quiver
pilla pluck, pick (*på* at); *~ på* (*äv.*) finger; *sitta och ~ med ngt* sit fiddling with s.th.; *~ bort* pick off
pill|er ['pill-] *s7* pill; *svälja det beska -ret* (*bildl.*) swallow the bitter pill **-erdosa** pill-box **-ertrillare** *skämts.* pillmaker **-ra** *se pilla*
pilot [-'lo:t] *s3* pilot
pil|regn -skur shower (hail) of arrows **-snabb** [as] swift as an arrow
pilsner ['pills-] *s9* Pilsener beer
pilspets arrow-point(-head)
pilt *s2* lad[die]
pimpelfiske jigging
pimpinell *s3, bot.* burnet
1 pimpla (*dricka*) swig; (*supa äv.*) tipple
2 pimpl|a jig (*efter abborre* for perch) **-ing** *se pimpelfiske*
pimpsten pumice[-stone]
pin *på ~ kiv* out of sheer devilry; *det var ~ livat* it was hilarious; *~ kär* desperately in love
pina I *s1* torment, pain, torture; (*kval*) agony; *död och ~!* torments everlasting!; *för själ och ~!* for mercy's sake!; *göra ~n kort* not prolong the agony, make short work of it **II** *v1* torment, torture; *~ livet ur ngn* (*bildl.*) worry the life out of s.b. (s.b. to death); *~ i sig maten* force down the food; *han hade ett ~t uttryck i ansiktet* his face had a pained expression; *~ fiolen* scrape away at the violin; *~ sig in* (*om blåst, snö o.d.*) worry [its way] through
pinakotek *s7* pinakotheke
pinal *s3* thing; *inte en ~* nothing whatever, not an atom; *jfr grejor*
pin|ande *a4* tormenting, torturing; racking (*huvudvärk* headache); searching, piercing (*blåst* wind) **-bänk** rack
pincené [päŋs'ne:] *s3* pince-nez; eyeglasses (*pl*)
pincett *s3* [[a] pair of] tweezers (*pl*)
pinfärsk quite (absolutely) fresh
pingla I *s1* [small] bell **II** *v1* tinkle; jingle; (*telefonera*) give a ring **-nde** *s6* tinkle, jingle
pingpong [-å-] *s2* ping-pong, table-tennis
pingst *s2* Whitsun[tide] (*äv. ~en*); *annandag ~* Whit Monday **-afton** Whitsun Eve, Whit Saturday (*äv. ~en*) **-helg** Whitsuntide (*äv. ~en*) **-lilja** pheasant's eye [narcissus] **-rörelse** *~n* the Pentecostal Movement **-veckan** Whit[sun] week **-vän** Pentecostalist
pingvin *s3* penguin
pinje ['pinn-, 'pi:-] *s5* stone pine
pin|lig [ˣpi:n-] *a1, se -sam*; *~t förhör* examination under torture
pinn|a *~ fast* peg (*vid* to) **-e** *s2* (*trä-, tält-, hatt-*) peg; (*ved-*) stick; (*steg-*) rung; (*höns-*) perch; *styv som en ~* [as] stiff as a poker; *ben smala som -ar* legs as thin as sticks; *hon är smal som en ~* she is as thin as a rake; *rör på -arna!* stir your stumps!; *livet på en ~* high life; *trilla av pinn* peg out **-hål** peghole
pinnmo *s2* till
pinn|soffa rib-backed settee **-stol** Windsor chair **-ved** stick firewood
pino|läger *bildl.* bed of torment **-redskap** instrument of torture
pinsam [ˣpi:n-] *a1* painful; (*besvärande*) awkward, embarrassing (*situation* situation; *tystnad* silence); scrupulous (*noggrannhet* carefulness)
pion *s3* peony
pionjär *s3* **1** *mil.* sapper, engineer **2** (*föregångsman*) pioneer **-arbete** pioneer work **-trupp** *se ingenjörstrupper*
1 pip *s2* **1** (*på kanna*) spout **2** *bot.* tube
2 pip *interj* peep!
3 pip *s7* (*ljud*) peep; (*fågels*) chirp; (*råttas*) squeak, cheep; (*gnäll*) whine, whimper
1 pip|a *pep -it* (*om fågel*) chirp; (*om barn, mus*) squeak; (*jämra sig*) whine, whimper; (*om vind, ångvissla*) whistle; *det -er i bröstet på mig* my chest is wheezy
2 pip|a *s1* **1** (*rök-*) pipe; *röka ~* smoke a pipe; *knacka ur ~n* knock the ashes out of one's pipe **2** (*att blåsa i*) pipe; (*vissel-*) whistle; *dansa efter ngns ~* dance to a p.'s tune; *skära -or i vassen* know what tune to dance to, jump at an opportunity **3** (*rör*) pipe, tube; (*gevärs-*) barrel; (*skorstens-*) flue **4** *det här går åt ~n* this is all going wrong (is a mess)
pipett *s3* pipette
piphuvud pipe-bowl
1 pipig *a1* (*gäll*) squeaky (*röst* voice); (*gnällig*) whining, whimpering
2 pipig *a1* (*porös*) porous
pipit *sup av 1 pipa*
pip|krage fluted ruff **-lera** pipeclay
piplärka pipit
pip|olja tobacco juice **-orgel** pipe-organ
1 pippi *s2* (*fågel*) dicky-bird
2 pippi *s9, ha ~ på* be crazy about; *det är rena ~n* it is pure folly
pip|rensare pipe-cleaner **-rök** pipe-smoke **-rökare** pipe-smoker
pipsill [ˣpi:p-] *s2* cry-baby
pipskaft pipe-stem
pipskägg imperial, pointed beard
piptobak pipe tobacco
pir *s2, s3* pier, groin; (*mindre*) jetty
pirat pirate **-sändare** pirate transmitter **-upplaga** piratical edition
pirk *s2* jig
1 pirog [-'rå:g] *s3* (*kanot*) pirogue
2 pirog [-'rå:g] *s3, kokk.* Russian pasty
pirra tingle **-nde** *s6 o. a4* tingling
piruett *s3* **-era** pirouette
pirum *oböjl. a* tipsy
piral hagfish
pisk *s7* whipping **-a I** *s1* whip; (*hår-*) pigtail; *klatscha* (*smälla med*) *~n* crack the (one's) whip; *låta ngn smaka ~n* give s.b. a taste of the whip **II** *v1* whip; flog, lash; (*mattor, kläder o.d.*) beat; *regnet ~de mot rutorna* the rain was beating against the

panes; *hunden ~de med svansen* the dog was swishing its tail; *vara ~d att göra ngt* be forced to do s.th.; *~ på* whip [on]; *~ upp* whip up **-balkong** balcony for beating [mats *etc.*] **-käpp** carpet-beater **-rapp** lash; *bildl.* whiplash **-smäll** crack of the whip **-snärt** whiplash **-ställning** carpet-beating rack

piss *s7, vard.* piss **-a** *vard.* piss **-oar** *s3* urinal

pist *s3, fäktn.* piste; (*cirkus-*) ring fence

pistasch [-'ta:ʃ] *s3* pistachio **-mandel** pistachio[-nut]

pistill *s3* pistil; *~ens märke* the stigma [of the pistil]

pistol *s3* **1** (*vapen*) pistol **2** (*mynt*) pistole **-hölster** [pistol] holster **-mynning** pistol muzzle **-skjutning** pistol-shooting **-skott** pistol shot

pistong [-'tåŋ] *s3* piston

pitprops ['pittpråps] *s2, koll.* pitprops (*pl*)

pitt *s2, vard.* cock, prick

pittoresk *a1* picturesque

pivå *s3* pivot

pjosk [-å-] *s7* (*klemande*) coddling; (*klemighet*) mawkishness, squeamishness **-a** *~ med* coddle **-er** ['pjåss-] *-ern -ar* milksop, mollycoddle **-ig** *a1* mawkish, effeminate

pjäs *s3* **1** *mil.* piece **2** (*möbel, prydnadsföremål e.d.*) piece, article **3** (*schack-*) man; (*mots. t. bonde*) piece **4** *teat.* play **-författare** playwright

pjäxa *s1* ski-boot

placenta [-ˣsenn-] *s1, anat.* placenta

placer|a place, put; (*skaffa anställning e.d.*) station; (*gruppera*) seat (*sina gäster* one's guests); (*pengar*) invest; (*insätta i sitt sammanhang*) place, locate; *~ en beställning hos en firma* place an order with a firm; *jag känner igen honom men kan inte ~ honom* I know his face but cannot place him; *~ sig a*) (*sätta sig*) seat o.s., *b*) *sport.* get a place; *~ sig som tvåa* come second **-ing** placing; (*vid bord äv.*) seating; (*investering*) investment; (*läge samt sport.*) position, location **-ingskort** place-card

pladask *falla ~* fall flop down (*i smutsen* into the dirt)

pladd|er ['pladd-] *s7* **-ra** babble, chatter **-rig** *a1* garrulous

plafond [-'fåŋd, -'fånnd] *s3* plafond **-målning** *konkr.* painted ceiling

plage [pla:ʃ] *s5* beach

plagg *s7* garment; article of clothing

plagi|at *s7* plagiarism **-ator** [-ˣa:tår] *s3* plagiarist **-era** plagiarize

1 plakat *s7* (*kungörelse*) proclamation; (*affisch*) placard, poster

2 plakat *oböjl. a* (*full*) dead drunk

plakett *s3* plaquette, plaque

plan I 1 *s7* (*yta*) plane; (*nivå*) level; *ett lutande ~* an inclined plane; *i* (*på*) *samma ~ som* (*äv.*) on a level with; *på ett högre ~* on a higher level; *roll i andra ~et* second-grade part; *det ligger på ett helt annat ~* it is on quite another plane; *på det sluttande ~et* (*bildl.*) on the down grade **2** *s7* (*flyg-*) plane **3** *s3* (*öppen plats*) open space, area, (*fyrkantig*) *square*; *sport.* ground; (*jfr äv.* **gräs-**, **tennis-** *etc*) **4** *s3* (*projekt, förslag*) plan, scheme (*för, på, till* for, of); (*intrig*) plot; *göra upp ~er* make plans, plan; *ha* (*hysa*) *~er på ngt* (*på att*) have plans for s.th. (for ...-ing); *det ingår inte i mina ~er* it is not part of my plans; *det finns inga ~er att hinna dit* there's not the faintest chance of getting there in time **II** *a1* plane, level **-a** (*jämna*) level **-enlig** [-e:-] *a1* ... according to plan **-era 1** (*jämna*) level **2** (*-lägga*) plan; (*ha för avsikt*) intend, *Am. äv.* aim to (+ *inf.*) **-ering 1** (*jämnande*) levelling **2** (*-läggning*) planning

planet *s3* **1** *astron.* planet **2** *mitt i ~en* slap in the face **-arisk** *a5* planetary **-arium** *s4* planetarium **-bana** orbit of a planet **-system** planetary system

plan|geometri plane geometry **-hushållare** planner **-hushållning** economic planning, planned economy

planimetri *s3* planimetry **-sk** [-'me:-] *a5* planimetrical

plank 1 *s9, s7, koll.* deals (*pl.*), planking **2** *s7* (*stängsel*) wood[en] paling (fence); (*kring bygge e.d.*) hoarding[s *pl*]

1 planka *s1* deal; (*större*) plank

2 planka *v1, vard.* **1** (*smita in*) gate-crash **2** (*kopiera*) crib

plankorsning level (*Am.* grade) crossing

plank|strykare *skämts.* dauber **-stump** plank-stump

plankton ['plannktån] *s7* plankton

plan|lägga plan, make plans for, project; *-lagt mord* premeditated (wilful) murder **-läggning** planning **-lös** planless; unmethodical; (*utan mål*) aimless, desultory; *irra omkring ~t* wander about aimlessly **-löshet** aimlessness *etc.*, lack of plan **-lösning** *byggn.* plan[ning], design **-mässig** *a1* methodical, systematical; ... according to plan **-mässighet** method[icalness] **-ritning** *konkr.* [ground-]plan (*till* for, of); (*som läroämne*) plan-drawing

plansch *s3* plate, illustration; (*vägg-*) chart **-verk** volume of pictures, picture-book

planslip|a grind ... smooth **-ning** [sur]face grinding

plant|a *s1* plant; (*uppdragen ur frö*) seedling; (*träd*) sapling; *sätta -or* set plants **-age** [-'ta:ʃ] *s5* plantation **-ageägare** planter, plantation owner **-era** plant; (*i rabatt äv.*) bed out; *bildl.* plant, set; *~ om* transplant; *~ ut* plant out **-ering** *konkr.* plantation, park; *abstr.* planting **-skola** nursery (*för* of, for) (*äv. bildl.*)

plask *s7 o. interj* splash **-a** splash; (*om vågor, åror*) plash, lap (*mot stranden* on the shore; *mot båtens sidor* against the sides of the boat); *~ omkring* splash about **-damm** [children's] paddling-pool **-våt** soaking wet

plasma *s9, s7* plasma

plast *s3* plastic; *härdad ~* thermoset; *mjuk ~* non-rigid plastic **-behandlad** *a5* plastic-coated **-båt** plastic boat **-fabrik** plastics plant **-folie** plastic sheeting (film)

plasti|citet plasticity **-k** [-'ti:k] *s3* **1** (*bildhuggarkonst*) plastic art **2** *med.* plastic surgery **3** (*konsten att föra sig väl*) deportment **-sk** ['plass-] *a5* plastic; (*formbar*) ductile; (*behagfull*) graceful; *~t trä* wood cement, plastic wood

plast|laminat *s7* laminated plastic sheet **-material** plastic material **-påse** plastic bag
platan *s3* plane-tree
platina [-ˣti:-, 'pla:-] *s9* platinum **-blond** platinum blonde
Platon ['pla:tån] Plato **platon|iker** [-'tɷ:-] Platonist **-[i]sk** [-'tɷ:-] *a5* Platonic (*kärlek* love)
plats *s3* **1** (*ställe, ort, bestämd* ~) place; (*lokalitet*) locality; (*fläck*) spot; (*öppen* ~) space, area, (*fyrkantig*) square; (*skåde-*) scene (*för* of); *veta sin* ~ know one's place; *var sak på sin* [*rätta*] ~ everything in its [right] place; *offentliga* (*allmänna*) *~er* public places; *här på ~en* here, in this town, on the spot; *läkaren på ~en* (*äv.*) the local doctor; *vara den förste på ~en* be the first on the spot (to arrive); *det vore inte på sin ~ att* it would be out of place (inappropriate) to **2** (*sitt-, äv. i riksdag o.d.*) seat; (*säng-*) bed; *numrerade ~er* numbered seats; *ta* ~ take a (one's) seat; *tag ~!* take your seats!; *fylld till sista* ~ packed, filled to capacity **3** (*utrymme*) room; space; (*husrum*) accomodation; *lämna* ~ *för* (*åt*) make room for; *ta liten* (*för stor*) ~ take up little (too much) room; *gott om* ~ plenty of room; *den får nätt och jämnt* ~ there is only just room for it; *ha* ~ *för 100 personer* have room (*husrum:* accommodation) for 100 persons **4** (*anställning*) place, situation, job; (*befattning*) position, post; (*ställning*) position; *fast* ~ permanent situation; *ha* ~ *hos* be in the employment of; *söka* ~ apply for a situation; *utan* ~ unemployed, out of work; *lediga ~er* vacancies, (*tidn.rubrik*) appointments and situations vacant; *intaga en framträdande* ~ occupy (take up) a prominent position
plats|annons *~er* situations wanted (vacant) advertisements **-ansökan** application for a situation (*etc.*) **-beställning** seat reservation (booking) **-biljett** seat reservation [ticket] **-brist** lack of room; (*på sjukhus*) shortage of beds **-chef** local manager **-förmedling** employment bureau (agency) **-ombud** local agent **-ombyte** change of job **-siffra** *sport.* place number **-sökande** *s9* applicant [for a situation]; (*tidn.rubrik*) appointments and situations wanted
platt I *a1* **1** flat (*tak* roof; *som en pannkaka* as a pancake); *ha* ~ *bröst* be flat-chested; ~ *fall* (*sport. o. bildl.*) flop **2** (*banal*) commonplace (*kvickhet* witticism) **II** *adv* flat; *falla* ~ *till marken* (*bildl.*) fall flat; *trycka sig* ~ *mot väggen* press one's body flat against the wall; ~ *intet* nothing at all, absolutely nothing
platta I *s1* plate; (*sten-*) slab; (*rund*) disc; (*vägg-*) tile; (*grammofon-*) record, disc **II** *v1* flatten (*till* out); ~ *till* (*bildl.*) squash
platt|fisk flat-fish **-form** *s2* platform **-formsbiljett** platform ticket **-fot** flat-foot **-fotad** *a5* flat-foot[ed] **-het 1** (*utan pl*) flatness **2** *bildl.* platitude **-ityd** *s3, se -het 2* **-järn** flat steel (iron); *koll.* flats (*pl*) **-mask** *zool.* flat-worm **-näst** [-ä:-] *a4* flat-nosed
plattsätt|are [floor-]tiler, tile-layer **-ning** tiling, tile-laying
platt|söm satin-stitch **-tyska** (*hopskr. plattyska*) Low German **-tång** (*hopskr. plattång*) flat-nosed pliers (*pl*)
platå *s3* plateau, tableland
plausibel *a2* plausible; (*rimlig*) reasonable
pleb|ej [-'bejj] *s3* **-ejisk** [-'bejj-] *a5* plebeian **-iscit** [-'si:t, -'ʃi:t] *s7* plebiscite
plejad *s3* **1** *astron., P~erna* the Pleiades **2** *litt. hist., P~en* the Pleiad[e] **3** *kem.* pleiad
plektr|on ['plekktrån] *-et -er* **-um** ['plekk-] *s4* plectrum (*pl* plectra)
plen|arförsamling [-ˣna:r-] **-armöte** [-ˣna:r-] plenary meeting **-um** [ˣple:-] *s8* plenary sitting (assembly)
pleonas|m *s3* pleonasm **-tisk** *a5* pleonastic[al]
pleti ['ple:-] *se kreti*
plexiglas plexiglass
pli *s9, s7* manners (*pl*), bearing; *sätta* ~ *på ngn* (*vard.*) lick s.b. into shape
pligg *s2* peg **-a** peg (*fast* down)
1 plikt *s3* (*skyldighet*) duty (*mot* to, towards); (*förpliktelse*) obligation; *~en framför allt* duty first; *göra sin* ~ do one's duty; *vi har den smärtsamma ~en att meddela* ours is the painful duty to announce
2 plikt *s3* (*böter*) fine **-a** pay a fine (*för* for); *han fick* ~ *2 pund* he was fined 2 pounds; ~ *med livet* pay with one's life (*för* for)
plikt|förgäten [-j-] *a3* forgetful of one's duty (obligations); negligent **-förgätenhet** [-j-] dereliction (neglect) of duty **-ig** *a1* [in duty] bound, obliged **-känsla** sense of duty **-kär** ... devoted to duty **-människa** person with a strong sense of duty **-skyldig** dutiful; obligatory (*leende* smile) **-skyldigast** *superl. adv* dutifully, in duty bound; *skratta* ~ laugh dutifully **-trogen** faithful, dutiful **-tro[gen]het** faithfulness, dutifulness **-uppfyllelse** fulfilment of one's duty
plimsollmärke [ˣplimmsåll-] *sjö.* Plimsoll mark (line)
plint *s2* **1** *gymn.* vaulting-box(-horse) **2** *byggn.* plinth; *elektr.* test terminal box
pliocen *a1, geol.* Pliocene
plir|a peer, screw up one's eyes (*mot* at) **-ig** *a1* peering, narrowed (*ögon* eyes)
pliss|é *s3* pleating **-era** pleat, plait **-ering** pleating
plister ['pliss-] *s2, bot.* dead-nettle
plit *s7* (*knåp*) toil **-a** (*skriva*) write busily
plock [-å-] *s7, ej pl* gleanings, odds and ends (*pl*); (*-ande*) picking **-a 1** pick, gather (*blommor* flowers; *frukt* fruit); lift (*potatis* potatoes); ~ *av* (*bort*) pick off; ~ *fram* bring (take) out; ~ *ihop* gather together, collect; ~ *in* (*t. ex. från trädgården*) gather (pick) and bring in, (*i skåp e.d.*) put ... away in[to]; ~ *ner* (*t.ex. äpplen*) get (take) down; ~ *sönder* take ... to pieces; ~ *undan* clear ... away; ~ *upp* pick up; ~ *ut* take ... out (*ur* of), (*utvälja*) pick out **2** pluck (*en fågel* a fowl; *ögonbrynen* one's eyebrows) **3** *sitta och* ~ *med* sit and fiddle with; ~ *på lakanet* pluck at the sheet **-ning** picking *etc.*
plog *s2* plough; *gå bakom ~en* follow the plough; *spänna hästen för ~en* put the horse before the plough; *lägga ... under ~en* put ... under the plough **-a** (*väg*) clear ... from (of) snow; (*med skidor*) stem, snowplough **-ben** *anat.* vomer **-bill** plough-

share-point **-fåra** furrow **-land** (*jordmått*) ploughland **-ning** ploughing
plomb [-å-] *s3* **1** (*blysigill*) lead [seal], seal **2** *tandläk.* filling, stopping **-era 1** (*försegla*) seal [up], lead **2** *tandläk.* fill, stop **-ering 1** sealing; *konkr.* seal **2** filling, stopping
plommon [-ån] *s7* plum **-kärna** plum-stone **-stop** *s7* bowler (*Am.* derby) [hat]
plott|er ['plått-] *s7, ej pl* (*krafs*) trifles (*pl*) **-ra** ~ *bort* fritter (*tid äv.*: trifle) away **-rig** *a1* jumbled, disjointed
plugg 1 *s2* (*tapp*) plug, stopper; (*i tunna*) tap **2** *s2, vard.* (*potatis*) spud **3** *s7* (*-läsning*) swotting, cramming; (*skola*) school **-a 1** (*slå in plugg i*) plug, stop up; ~ *igen* clog **2** (*-läsa*) swot (*latin* Latin); *Am. sl.* dig [in]; ~ *på en examen* cram for an examination; ~ *engelska med ngn* coach s.b. in English **-häst** swot[ter] **-ning 1** plugging *etc.* **2** swotting *etc.*
1 plump *a1* coarse, rude
2 plump *s2* blot **-a** make blots; blot (*äv.* ~ *ner*); ~ *i protokollet* (*bildl.*) make a blunder
plumphet coarseness, rudeness
plumpudding [ˣplumm-] plum-pudding
plums *s2, s7, interj, adv* plop, flop **-a** [go] splash, flop (*i vattnet* into the water); *gå och* ~ *i leran* splash about in the mud
plundr|a rob (*ngn på* s.b. of); plunder, pillage, sack (*en stad* a town); strip (*julgranen* the Christmas-tree) **-ing** robbing; plundering, pillage, sack **-ingståg** plundering-expedition, raid, foray
plunta *s1* pocket-flask; *vard.* pocket-pistol
plural|bildning formation of the plural **-böjning** plural inflection **-is** *s3* (*stå i* be in the) plural **-itet** *s3* plurality **-ändelse** plural ending
plurret ['plurr-] *best. f., ramla i* ~ fall into the water
plus [pluss] **I** *s7* (*-tecken*) plus [sign]; (*tillägg*) addition; (*överskott*) [sur]plus; (*fördel*) advantage; *termometern visar* ~ the temperature is above zero **II** *adv* plus; *2* ~ *2 är 4* two plus two make four; *det är 1 grad* ~ it is one degree above zero; ~ *minus noll* zero, nil, absolutely nothing **-fours** ['plussfårs, -'få:rs] *pl* plus-fours **-grad** degree above zero **-kvamperfektum** (*i* in the) pluperfect [tense] **-sida** positive (credit) side
plussig *a1* bloated
plustecken plus sign
pluta ~ [*med munnen*] pout
Plutarchos [-'tarrkås] Plutarch
plutokrat plutocrat **-i** *s3* plutocracy **-isk** *a5* plutocratic
pluton *s3* platoon **-chef** platoon leader
plym *s3* plume **-asch** [-'ma:ʃ] *s3* bunch of feathers; plumage **-å** *s3* sofa-cushion
plysch [-y:-] *s3* plush
plywood ['plajjvɷd] *s3* plywood
plåg|a I *s1* pain; torment; (*-oris*) plague, nuisance; *ha -or* have (be in) pain, be suffering; *vara en* ~ *för sin omgivning* be a plague to those around one **II** *v1* pain; torment; (*oroa*) worry; (*besvära*) bother; *~s av gikt* (*dåligt samvete*) be tormented by gout (a bad conscience); *se ~d ut* look pained **-oande** tormentor **-oris** scourge; torment, plague **-sam** *a1* painful
plån *s7* (*skiva*) tablet; (*på tändsticksask*) striking surface; *tända endast mot lådans* ~ strike only on the box **-bok** wallet; *Am. äv.* billfold, pocketbook
plåst|er ['plåss-] *s7* plaster; *lägga* ~ *på såret* put plaster on a wound, *bildl.* pour balm into the wound **-erlapp** piece of plaster **-ra** plaster; ~ *ihop* patch ... up; ~ *om ngn* dress a p.'s wounds, (*sköta om*) tend s.b.
plåt *s2* **1** (*metall*) sheet-metal; sheet[-iron] **2** (*skiva*) plate (*äv. foto-*); *korrugerad* ~ corrugated sheeting **-arbete** platework, sheet-metal work **-beslag** plate covering, plating **-burk** tin, can **-rör** sheet-metal pipe (tube) **-sax** plate shears (*pl*) **-slagare** sheet-metal worker, plater **-slageri** *abstr.* metal-plating; (*-verkstad*) sheet-metal [work-] shop, plate works **-tak** tin roof
pläd *s3, s2* [travelling] rug; (*skotsk*) plaid
päder|a plead **-ing** (*slut-*) summing-up of the defence; *en* ~ (*äv.*) a plea
pläg|a *se bruka* **-sed** custom
pläter ['plä:-] *s2* plate **-a** plate
plätt *s2* **1** (*fläck*) spot **2** *kokk.* small pancake **-lagg** pancake iron, griddle
plöj|a [ˣplöjja] *v2* plough (*äv. bildl.*); ~ *igenom en bok* plough through a book; ~ *ner* plough in, (*vinst*) plough back; ~ *upp* (*åker o.d.*) plough up **-ning** ploughing
plös *s2* tongue
plötslig *a1* sudden, abrupt; unexpected **-en -t** *adv* suddenly; all of a sudden
PM [ˣpe:äm] *r el. n* (*förk. för promemoria*) memo
pneum|atisk [pnev'ma:-] *a5* pneumatic **-oni** *s3* pneumonia
pock [påkk] *s7, se 3 lock* **-a** ~ *på* [urgently] insist [up]on; *frågan ~r på sin lösning* the problem craves (demands) a quick solution **-ande** *a4* importunate, pressing, urgent (*behov* need); (*om pers.*) importune
pocketbok [ˣpåkk-] paperback; *Am. äv.* pocketbook
podager *s2* podagra, gout
podium ['pɷ:-] *s4* podium (*pl* podia); platform
poe|m *s7* poem **-si** *s3* poetry **-sialbum** poetry album **-t** *s3* poet **-tik** *s3* poetics (*sg*) **-tisera** poetize **-tisk** *a5* poetical; poetic (*frihet* licence)
pogrom [-'grå:m] *s3* pogrom
pointer ['påjjn-] *s2* pointer
pointillism [pɷäŋ-] pointillism
pojk|aktig [ˣpåjjk-] *a1* boyish **-aktighet** boyishness **-bok** book for boys **-byting** little chap, urchin **-e** [ˣpåjjke, 'påjjke] *s2* boy; (*känslobetonat*) lad **-flicka 1** (*-aktig flicka*) tomboy **2** (*omtyckt av -ar*) girl for the boys **-liga** street gang **-namn** boy's name **-scout** boy scout **-spoling** young scamp (rascal), hobbledehoy **-streck** boyish prank **-vasker** *s2, se -spoling* **-år** *under ~en* during [his *etc.*] boyhood; *alltifrån ~en* ever since I (he) was a boy
pokal *s3* (*bägare*) goblet; *sport.* cup, trophy
poker ['på:-] *s9* poker **-ansikte** poker-face
pokulera drink, tipple, booze
pol *s3* pole
polack *s3* Pole
polar|dag polar day **-expedition** polar (arc-

tic, antarctic) expedition **-forskare** polar (arctic, antarctic) explorer **-hav** polar sea **-is** polar ice

polari|sation polarization **-sator** [-ˣsa:tår] *s3* polarizer **-sera** polarize **-tet** polarity

polar|natt polar night **-räv** arctic fox **-varg** arctic wolf

polcirkel polar circle; *norra* (*södra*) *~n* the Arctic (Antarctic) circle

polemi|k *s3, ej pl* polemics (*pl*) **-ker** [-'le:-] polemic, controversialist **-sera** polemize **-sk** [-'le:-] *a5* polemic[al], controversial

Polen ['på:-] *n* Poland

poler|a polish (*äv. bildl.*); (*metall*) burnish; *~t ris* polished rice **-ing** polishing; burnishing **-medel** polish; abrasive **-skiva** polishing wheel (disc)

polhöjd altitude of the pole

poliklini|k *s3* out-patient department

polio ['pɒ:-] *s9* polio[myelitis] **-vaccin** antipolio vaccin **-vaccinering** polio vaccination

1 polis *s3, försäkr.* policy

2 polis *s3* **1** (*ordningsmakt*) police; *koll.* [the] police; *gå in vid ~en* join the police force; *anmäla för ~en* report to the police; *efterspanad av ~en* wanted by the police; *göra motstånd mot ~* resist arrest; *ridande ~* mounted police, *Am. äv.* (*i lantdistrikt*) ranger; *ropa på ~* shout for the police; *~en har gjort chock* the police have charged **2** (*-man*) policeman, [police] officer; constable; *Am.* patrolman; *vard. i Engl.* bobby, cop; *kvinnlig ~* woman police **-anmäla -anmälan** report to the police **-assistent** *ung.* police sergeant **-bevakning** police surveillance; *huset står under ~* the house is being watched by the police **-bil** police (patrol, squad) car **-bricka** policeman's badge **-chef** police commissioner, chief constable, head of a police force; *Am.* chief of police, marshal **-chock** police charge **-distrikt** police district **-domare** police magistrate **-domstol** police-court **-eskort** police escort **-förhör** interrogation by the police; *anställa ~ med ngn* hold a police interrogation with s.b. **-förordning** police regulation **-förvar** *i ~* in custody; *tas i ~* be taken in charge by the police **-hund** police-dog **-hus** police headquarters (*pl*), police station **-intendent** assistant chief constable **-iär** *a1* police **-kammare** administrative police authority; *Engl. ung.* police commissioners (*pl*) **-kedja** police cordon **-kommissarie** police superintendent; *Am.* captain; *biträdande ~* chief inspector **-konstapel** *se 2 polis 2* **-kontor** sub-police-station **-kund** old offender; *vard.* jail-bird **-kår -makt** police force **-man** *se 2 polis 2* **-myndigheter** police authorities **-mästare** chief constable, [police] commissioner

polisonger [-'såŋer] *pl* side whiskers, sideboards; *Am.* sideburns

polis|piket riot squad; (*bil*) police van **-rapport** police report **-razzia** police raid **-sak** police matter **-spärr** police cordon; (*väg-*) road-block **-stat** police state **-station** police station **-syster** policewoman **-undersökning** police investigation **-uniform** policeman's uniform **-utredning** *se -undersökning* **-vakt** police guard **-väsen** police [system, organization; authorities (*pl*)]

politess politesse; politeness

politi|k *s3, ej pl* **1** (*statsangelägenheter, statskonst*) politics (*pl*); *syssla med ~* be engaged in politics; *tala ~* talk politics **2** (*-sk princip, handlingssätt, slughet*) policy; line of action; *den öppna dörrens ~* open-door policy; *föra en fast ~* take a firm line; *avvaktande ~* wait-and-see policy **-ker** [-'li:-] politician **-sera** politicize **-sk** [-'li:-] *a5* political

politruk [-'trukk] *s3* political commissar

polityr *s3* [French] polish; *bildl.* polish

polka [ˣpåll-] *s1* polka **-gris** peppermint rock **-hår** page-boy cut

pollare [ˣpåll-] *sjö.* bollard

pollen ['påll-] *s7* pollen **-analys** pollen analysis **-korn** pollen grain

pollett *s3* (*av metall*) check, counter, token; (*av papper*) ticket; (*gas-*) disc **-era** label, register; *Am.* check; *~ sitt bagage* have one's luggage labelled (registered), *Am.* check one's baggage **-ering** [luggage-]registration **-eringskvitto** luggage ticket; *Am.* baggage check

pollin|ation [på-] pollination **-era** pollinate

pollution pollution

polo ['pɒ:-] *s6* polo **-krage** polo neck

polonäs *s3* polonaise

polospel polo

polsk [på(:)-] *a5* Polish; *~a korridoren* the Polish Corridor; *~ riksdag* Polish Diet

1 polska [ˣpå(:)-] *s1* **1** (*språk*) Polish **2** (*kvinna*) Polish woman

2 polska [ˣpåll-] *s1* (*dans*) reel

pol|spänning terminal voltage **-stjärna** *P~n* the North Star, the pole-star

poly|amid [pålly-] *s3* polyamide **-andri** *s3* polyandry **-eder** *s2* polyhedron (*pl* polyhedra) **-ester** *s2* polyester **-eten** *s3* polythene, polyethylene **-eter** *s2* polyether **-foni** [-få-] *s3* polyphony **-gam** *a1* polygamous **-gami** *s3* polygamy **-gamist** polygamist **-glott** [-'glått] *s3* polyglot **-gon** [-'gå:n] *s3* polygon **-histor** [-'hiss-] *s3* polyhistor **-krom** [-'krå:m] *a1* polychrome **-merisation** polymerization **-morf** [-'mårrf] *a1* polymorphous

Polynesien [pålly'ne:-] *n* Polynesia **polynes|ier** [pålly'ne:-] *s9* **-isk** *a5* Polynesian

polynom [pålly'nå:m] *s7, s3* polynomial

polyp *s3* **1** *zool.* polyp **2** *med.* polypus (*pl* polypi); *~er bakom näsan* adenoids

poly|teism [pålly-] polytheism **-teist** polytheist **-teknisk** *~ skola* polytechnic school

polär *a1* polar

pomad|a [-ˣma:-, -'ma:-] *s1* **-era** pomade

pomerans *s3* Seville (bitter) orange **-skal** Seville-orange peel

Pommern ['påmm-] *n* Pomerania **pommersk** ['påmm-] *a5* Pomeranian

pommes frites [påm'fritt] *pl* chips, chipped potatoes; *Am.* French fried potatoes, French fries

pomolog pomologist **-i** *s3* pomology

pomp [påmmp] *s9* pomp (*och ståt* and circumstance)

pompejansk [på-'ja:-] *a5* Pompeian **Pompeji** [påm'pejji] *n* Pompeii

pompös [på-] *a1* pompous; (*högtravande*) declamatory
pondus ['pånn-] *s9* authority, impressiveness; (*eftertryck*) emphasis, weight
ponera [pɷ-, på-] suppose
ponny ['pånni] *s3* pony
pontifikat [på-] *s7* pontificate
ponton [pån'tɷ:n] *s3* pontoon **-bro** pontoon (floating) bridge
pop|artist [ˣpåpp-] pop musician (singer) **-konst** pop art
poplin [på-] *s3*, *s4* poplin
poppel ['påpp-] *s2* poplar
popul|arisera popularize **-arisering** popularization **-aritet** popularity **-aritetsjakt** popularity-hunting **-asen** *best. f.* the populace **-är** *a1* popular (*bland* among, with) **-ärvetenskap** popular science
por *s3* pore
porfyr [på-] *s3* porphyry
porig *a1* porous
porla [ˣpå:r-] murmur, babble; *~nde skratt* rippling laugh
pormask blackhead
pornografi *s3* pornography; *vard.* smut **-sk** [-'gra:-] *a5* pornographic
porositet porosity, porousness
pors [pårrs] *s3*, *bot.* bog myrtle, sweet gale
porslin [på-] *s4* (*ämne*) china; (*äkta*) porcelain; *koll.* china, crockery
porslins|affär china shop **-blomma** wax plant **-fabrik** porcelain (china) factory **-figur** porcelain (china) figure **-krossning** [-åss-] (*tivolinöje*) crockery shy **-lera** china clay, kaolin **-målning** porcelain (china) painting **-servis** set of china **-varor** *pl* chinaware, crockery (*sg*); (*finare*) porcelain-ware (*sg*)
port [pɷ(:)-] *s2* (*-gång*) gateway, doorway; (*ytterdörr*) [street-, front-]door; (*t. park, stad samt bildl.*) gate; *köra ngn på ~en* turn s.b. out [of doors]; *fienden stod framför ~arna* the enemy was at the gates; *stå och prata i ~en* stand talking in the doorway (gateway); *den trånga ~en* (*bildl.*) the strait gate; *Höga P~en* the Sublime Porte
portabel [på-] *a2* portable
portal *s3* portal, porch **-figur** *bildl.* outstanding (prominent) figure (personality)
portativ ['pårr-] *a1* portable
porter ['på:r-] *s9* stout; (*svagare*) porter
portfölj [på-] *s3* brief-case; (*av värdepapper*) portfolio; *minister utan ~* minister without portfolio
port|förbjuda forbid ... to enter the house (country); (*utestänga*) exclude, keep out; (*bannlysa*) ban **-gång** *s2* gateway, doorway; *köra fast redan i ~en* (*bildl.*) get stuck at the very start (outset) **-halva** half-door (-gate)
portier [pårt'je:] *s3* hall-porter, receptionist; *Am. äv.* [room]clerk **-loge** [-lå:ʃ] *s5* reception desk
portik *s3* portico
portion [pårt'ʃɷ:n] portion; (*mat- äv.*) helping, serving; *mil.* rations (*pl*); *i små ~er* in small portions (doses); *en stor ~ kalvstek* a large helping of veal; *en god ~ tur* a great deal of luck; *en viss ~ sunt förnuft* a certain amount of common sense; *i små ~er* in small doses **-era** portion (*ut* out)
portiär [pårt'jä:r] *s3* portière, curtain
portklapp knocker
portmonnä [pårtmå'nä:] *s3* purse; *Am. äv.* pocketbook
portnyckel latch-key
porto [ˣpårr-, 'pårr-] *s6* postage; (*för postanvisning, Engl.*) poundage; (*för telegram*) charge[s *pl*]; *gå för enkelt ~* pass at the single[-postage] rate **-fri** free of postage, post-free **-kostnad** postage **-sats** rate of postage, postal rate
porträtt *s7* portrait; *~et är mycket likt* the portrait is a good likeness **-byst** [portrait] bust **-era** portray **-ering** portrayal **-galleri** portrait gallery **-lik** like the original, life-like **-likhet** likeness to the original **-målare** portrait painter **-måleri** portrait-painting
porttelefon hall (house) telephone
Portugal ['pårr-] *n* Portugal **portugis** [på-] *s3* **-isk** *a5* Portuguese **-iska** *s1* **1** (*språk*) Portuguese **2** (*kvinna*) Portuguese woman
port|vakt porter (*fem.* port[e]ress), door-keeper, gatekeeper; (*i hyreshus*) caretaker, concierge; *Am.* janitor (*fem.* janitress)
port|vin [ˣpå:rt-] port [wine] **-vinstå** *ha ~* have a gouty big toe
portör [på-] botanical tin, vasculum
porös *a1* porous; (*svamplik*) spongy
pose [på:s] *s5* pose, attitude, posture; *intaga en ~* strike an attitude, adopt a pose **-ra** [-'se:-] pose (*för* to); strike an attitude; *~ med ngt* make a show of s.th. **-rande** [-'se:-] *a4* posing, attitudinizing
position position; *bildl. äv.* status, standing; *uppge sin ~* (*i fråga o.d.*) give up one's ground
1 positiv ['pɷss-, -'ti:v] **I** *a1* positive **II** *s3* (*i* in the) positive
2 positiv *s7* (*musikinstrument*) barrel-organ **-halare** organ-grinder
positivis|m positivism **-t** positivist
positiv|spelare *se -halare*
positron [-'trå:n] *s3* positron, positive electron
possess|ion [-e'ʃɷ:n] [landed] property (estate) **-ionat** estate-owner, landed proprietor **-iv** ['påss-, -e'si:v] *a1* possessive (*pronomen* pronoun)
1 post [på-] *s3* (*bokförings-*) item, entry; (*belopp*) amount, sum; (*varuparti*) lot, parcel; (*värdepapper*) block, parcel; *bokförd ~* entry; *bokföra en ~* make an entry, post an item
2 post [på-[*s3* **1** *se dörr-, fönster-* **2** *se brand-, vatten-*
3 post [på-] *s3* **1** (*-ering; plats, befattning*) post; *stå på ~* stand sentry, be on guard; *stupa på sin ~* be killed at one's post; *bekläda en viktig ~* hold an important post (position) **2** (*vakt-*) sentry, sentinel
4 post [på-] *s3* (*brev o.d.*) post, *Am.* mail; (*-anstalt*) post office; *jfr äv. -verk*; *ankommande* (*avgående*) *~* inward (outward) mail; *med dagens* (*morgonens*) *~* by today's (the morning) post; *per ~* by post; *sortera ~en* sort the mail; *skicka med ~*[*en*] send by post; *lämna ett brev på ~en* take a letter to the post [office] **-a** post, mail, send by post (mail) **-abonnemang** postal subscription **-adress** postal (mailing) address **-al** *a1* postal

postament [på-] *s7* postament, pedestal
post|anstalt post office **-anvisning** money order (*förk.* M.O.); (*på fastställt belopp*) postal order (*förk.* P.O.); *hämta ut en* ~ cash a money order **-befordran** forwarding (conveyance) by post (mail); *avlämna till* ~ post, mail **-befordringsavgift** postage **-box** post-office box (*förk.* P.O.B.) **-båt** mail--boat, packet
postdater|a [på-] post-date **-ing** post-dating
post|diligens mail-(stage-)coach **-distrikt** postal region (district)
postera [på-] **1** (*ställa ut post*) station, post **2** (*gå, stå på post*) stand sentry, be on sentry--duty
poste restante [påstres'tannt, -'taŋt] poste restante
postering [på-] picket, outpost
post|expedition [branch] post office **-expeditör** post-office clerk **-fack** *se -box* **-förande** *a4* mail-carrying; ~ *tåg* mail-train **-förskott** cash on delivery (*förk.* C.O.D.); *ett* ~ a cash-on-delivery parcel (*etc.*); *sända ngt mot* ~ send s.th. cash on delivery **-försändelse** postal article (matter, item) **-giro** postal giro service **-giroblankett** postal giro form **-girokonto** postal giro account **-gironummer** postal giro account number **-gång** postal service **-iljon** *s3* sorting clerk; (*förr*) mail-coach driver
postilla [-ˣtilla] *s1* collection of sermons (homilies)
postisch [pås'tiʃ] *s3* hairpiece
post|kontor post office **-kort** postcard **-kupé** travelling post-office, mail van **-lucka** post--office counter (window) **-låda** *se brevlåda* **-mästare** postmaster **-nummer** postcode; *Am.* zip code
posto [ˣpåsstɷ] *i uttr.*: *fatta* ~ take one's stand, post o.s.
post|order mail-order **-orderfirma** mail-order company **-paket** postal parcel; *skicka som* ~ send by parcel post **-remissa** *se -växel* **-röst** (*vid val*) postal vote
postskriptum [påst'skripp-] *s8* postscript (*förk.* P.S.)
post|sparbank post-office savings bank **-sparbanksbok** post-office bank book **-station** sub-post-office **-stämpel** postmark; *~ns datum* date as postmark -säck mail-(post-) bag **-taxa** postage rates (*pl*) **-tjänsteman** post-office employee (clerk) **-tåg** mail-train
postul|at [på-] *s7* postulate **-era** postulate
postum [pås'tu:m] *a1* posthumous
post|utdelning postal delivery **-verket** *best. f.* the Post Office **-väsen** postal services (*pl*), postal system **-växel** money order, bank[er's] draft
posör posturer *etc.*, *jfr posera*
potatis *s2* potato; *koll.* potatoes (*pl*); *färsk* (*oskalad, kokt, stekt*) ~ new (unpeeled, boiled, fried) potatoes; *skala* ~ peel (skin) potatoes; *sätta* (*ta upp*) ~ plant (lift) potatoes **-blast** potato haulm **-bullar** *pl*, *kokk.* potato cakes **-kräfta** potato wart **-land** *s7* potato-plot(-patch) **-mjöl** potato flour **-mos** mashed (creamed) potatoes (*pl*) **-näsa** pug--nose **-odling** *abstr.* potato-growing; *konkr.* potato-field **-plockning** [-åkk-] potato-picking **-puré** *se -mos* **-sallad** potato salad **-skal** potato-peel(-skin); (*avskalat*) potato-peelings (*pl*) **-åker** potato-field
poten|s *s3* (*förmåga*) potency; *med. äv.* sexual power, potence; *mat.* power **-t** *a4* potent **-tat** potentate **-tial** [-n(t)si'a:l] *s3* potential **-tialskillnad** potential difference **-tiell** [-n(t)si'ell] *a1* potential **-tiera** [-n(t)si'e:ra] intensify **-tiometer** [-n(t)siɷ-] *s2* potentiometer
potkes [pɷ'çe:s, påt'çe:s] *s3* cheese creamed with spices and brandy
potpurri [påt-] *s3* potpourri; *mus. äv.* medley
pott [pått] *s3, spel.* pool, kitty
pott|a [ˣpåtta] *s1* chamber[-pot] **-aska** potash, potassium carbonate
poäng *s3* (*värdeenhet s9*) point; (*skol.*) mark; *få* ~ get a point (points); *få två* ~ (*äv.*) score two; *vinna* (*förlora*) *på* ~ win (lose) on points; *livet har sina ~er* life has its points; *historien saknar* ~ the story lacks point (is pointless) **-beräkning** *sport. o. spel.* scoring **-besegra** outpoint **-plats** points-winning place **-seger** victory (win) on points **-ställning** score **-summa** final (total) score **-sätta** award points to; *skol.* mark, assign marks to **-sättning** [the] awarding of points; *skol. äv.* [the] marking **-tal** [total] points (*pl*), score **-tera** emphasize **-tips** treble chance pool
p-piller [ˣpe:-] contraceptive tablet; *vard.* the Pill
pracka ~ *på ngn ngt* foist s.th. on to s.b.
Prag *n* Prague
pragmatisk *a5* pragmatic[al]
prakt *s3* magnificence, grandeur; splendour; *visa sig i all sin* ~ appear in all one's splendour; *sommaren stod i sin fulla* ~ summer was in all its glory **-band** de luxe binding **-exemplar** magnificent (splendid) specimen **-full** magnificent, splendid **-fullhet** *se prakt* **-gemak** state apartment
praktik *s3* **1** practice; (*övning*) experience; *i ~en* in practice; *omsätta i ~en* put into practice; *skaffa sig* ~ get practice ([practical] experience) **2** (*läkarverksamhet etc.*) practice; *öppna egen* ~ open one's own practice **-ant** trainee, probationer, learner **-anttjänstgöring** work (*etc.*) as a trainee (*etc.*) **-er** ['prakk-] practician; (*om läkare*) practitioner **-fall** case study
prakti|sera **1** (*tillämpa*) put ... into practice; (*lära sig ett yrke*) get experience **2** (*som läkare etc.*) practise [as a doctor]; *~nde läkare* general practitioner (*förk.* G.P.) **-sk** ['prakk-] *a5* practical; (*användbar*) useful, serviceable; (*lätthanterlig*) handy; *i det ~a livet* in practical life; ~ *erfarenhet* working experience **-skt** ['prakk-] *adv* practically, in a practical way; ~ *användbar* practical, useful; ~ *genomförbar* (*utförbar*) practicable; ~ *taget* practically, as good as
prakt|möbel magnificent piece (suite) of furniture **-pjäs** showpiece, museum piece **-verk** magnificent volume (edition), de luxe edition **-älskande** fond of display, splendour-loving
pralin *s3* chocolate, chocolate cream
prass|el ['prass-] *s7* rustle **-la** rustle (*äv.* ~ *med, i*)
prat *s7* (*samspråk*) talk, chat; (*strunt-*) non-

sense; (*skvaller*) gossip, tittle-tattle; *tomt* (*löst*) ~ idle talk; [*å*] ~! rubbish!, nonsense!; *vad är det för* ~! what's all this rubbish!; *inte bry sig om ~et* take no notice of gossip **-a** talk (*med* to, with; *om* about, of); chat; ~ *för sig själv* talk to o.s.; ~ *i sömnen* talk in one's sleep; ~ *affärer* (*kläder*) talk business (clothes); [*vad*] *du ~r!* nonsense!, rubbish!, fiddle-sticks!; ~ *strunt* talk nonsense (rubbish); *folk ~r så mycket* people will talk; ~ *omkull ngn* talk s.b. down (to a standstill); ~ *på* talk away, go on talking; *~s vid om saken* talk it over **-bubbla** (*i serie*) balloon **-ig** *a1* (*om pers*). talkative; (*om stil*) chatty **-kvarn** chatterbox **-makare** talker, chatterbox **-sam** *a1* talkative, loquacious **-samhet** talkativeness, loquacity **-sjuk** fond of talking; loquacious **-stund** chat; *ta sig en* ~ have a chat **-tagen** *best. f. pl: vara i* ~ be in a talkative mood

praxis ['prakk-] *best. f. praxis el. -en* practice, custom, usage; *enligt vedertagen* ~ by usage; *bryta mot* ~ depart from practice; *det är* ~ *att* it is the custom to

prebende [-ˣbenn-, -'benn-] *s6* prebendary's benefice

precedensfall [-ˣdenns-] precedent

preceptor [-ˣsepptår] *s3, ung.* reader, associate professor

precis I *a1* precise, exact; (*om pers. äv.*) particular; (*punktlig*) punctual **II** *adv* precisely; exactly; *inte* ~ not exactly; *komma* ~ *kl. 9* arrive at 9 o'clock sharp (on the dot); *komma* ~ [*på minuten*] be punctual, come on the dot; ~ *som förut* just as before; *just* ~! exactly! **-era** specify, define ... exactly; (*i detalj*) particularize; ~ *närmare* state more precisely **-ering** defining, specification **-ion** precision, exactitude, accuracy **-ionsarbete** precision work **-ionsinstrument** precision instrument **-ionsvåg** precision balance (scales)

predestin|ation predestination **-era** predestinate

predika preach (*för* to; *om, över* on); ~ *bra* preach a good sermon

predikament *s7, s4* predicament

predik|an *best. f. -an, pl predikningar* sermon (*över* on); (*straff-*) lecture; *hålla en* ~ deliver a sermon (*för* to) **-ant** preacher **-are** preacher; *P~n* [the Book of] Ecclesiastes

predi|kat *s7* predicate **-kativ I** *s7, se -katsfyllnad* **II** *a1* predicative **-katsfyllnad** predicat[iv]e complement

predik|ning [-i:k-] *se -an*

prediko|samling [-ˣdi:-] book of sermons **-text** [sermon] text **-ton** sermonizing tone

predik|stol [ˣpredd-] pulpit; *bestiga ~en* go up into the pulpit; *stå i ~en* stand (be) in the pulpit **-stolspsalm** hymn just before the sermon

predispo|nera predispose (*för* to) **-sition** predisposition (*för* to)

pre|dominera predominate **-existens** pre-existence

prefekt *s3* (*fransk ämbetsman*) prefect; *univ.* head **-ur** (*ämbete, lokal*) prefecture

preferens [-'raŋs -'renns] *s3* preference **-aktie** preference share

prefix *s7* prefix

pregnan|s [preŋ'nanns, preg-] *s3* pregnancy **-t** [preŋ'nannt, preg-] *a1* pregnant

1 preja [ˣprejja] (*skinna*) surcharge, fleece

2 prej|a [ˣprejja] *sjö.* hail **-ning** hailing

prejudi|cerande *a4* precedential; ~ *rättsfall* test case **-kat** *s7* precedent; *skapa ett* ~ create a precedent; *utan* ~ (*äv.*) unprecedented

prekär *a1* precarious (*situation* situation)

prelat prelate

preliminär *a1* preliminary; provisional; ~ *skatt* preliminary tax, (*källskatt*) pay-as-you-earn tax; *överskjutande* ~ *skatt* preliminary tax paid in excess

preludi|era *v1* **-um** [-'lu:-] *s4* prelude

premie ['pre:-] *s5* **1** *försäkr. o.d.* premium (*på* on, for) **2** (*belöning*) prize, reward; (*extra utdeln. på lån e.d.*) bonus; (*export- etc.*) bounty, subsidy; *fast* ~ uniform premium; *inbetalda ~r* paid-up value (*sg*) **-lån** premium bond (lottery) loan **-obligation** premium bond **-ra** (*belöna*) reward; (*boskap o.d.*) award a prize to; *~d tjur* prize bull **-ring** [-i'e:-] (*av boskap o.d.*) awarding of prizes

premiss *s3* premise

premi|um ['pre:-] *s4* prize, premium; *dela ut -er* give prizes

premiär *s3* first (opening) night **-biograf** first-run cinema **-dag** *på ~en* on the first night **-dansör** principal dancer **-dansös** leading ballerina **-minister** prime minister, premier **-publik** first-night audience

prenumer|ant subscriber (*på* for) **-ation** subscription (*på* for, to) **-ationsavgift** subscription [fee] **-era** subscribe (*på* for, to); ~ *på en tidning* (*äv.*) take a paper

prepar|andkurs preparatory course [of study] **-at** *s7* preparation; *mikroskopiskt* ~ specimen, slide **-ation** preparation **-ator** [-ˣa:tår] *s3* preparator **-atris** *ung.* medical technical assistant **-era** prepare (*äv. skol.*)

preposition preposition **-ell** *a1* prepositional

prepositionsuttryck prepositional phrase

prerafaelit *s3, konst.* Pre-Raphaelite

prerogativ *s7* prerogative

presbyter ['press-] *s3* [*pl* -'e:rer] presbyter; (*lekmannaäldste*) elder **-ian** *s3* **-iansk** [-'a:nsk] *a5* Presbyterian

presenning [-'senn-, ˣpress-] tarpaulin

presens ['pre:-] *n* (*i* in the) present [tense]; ~ *particip* the present participle

1 present *a4* present

2 present *s3* present, gift; *få ngt i* ~ get s.th. as (for) a present **-a** *se skänka*

presentabel *a2* presentable

presentartiklar *pl* gifts, souvenirs

presentation 1 (*föreställande*) introduction (*för* to); (*mer formellt*) presentation (*för* to) **2** (*uppvisande*) presentation

presentbok gift-book

presentera 1 (*föreställa*) introduce (*för* to); (*mer formellt*) present (*vid hovet* at court; *för* to); *får jag* ~ *...?* may I introduce ... ?, meet ...; ~ *sig* introduce o.s. **2** (*framvisa*) present (*äv. växel e.d.*), show

presentkort gift voucher (token)

preserv|ativ [-är-] *s7* preservative **-era** preserve

preses ['pre:-] *r* president; moderator

president president; (*ordförande äv.*) chairman; (*hovrätts-*) Chief Justice **-kandidat** candidate for the presidency **-skap** *s7* presidency **-tid** (*ngns*) time as president, presidential term **-ur** *se -skap* **-val** presidential election

presid|era preside (*vid* at, over) **-ium** [-'si:-] *s4* presidency, chairmanship; (*i Sovjet*) presidium; (*styrelse*) presiding (administrative) officers (*pl*)

preskri|bera *~s* be statute-barred, be barred by the statute of limitations, lapse; *Am. äv.* outlaw; *~d fordran* (*skuld*) statute-barred claim (debt) **-ption** [-p'ʃɷ:n] [statutory] limitation, negative prescription **-ptionstid** period of limitation

1 press *s3* (*om tidningarna*) press; *~ens frihet* the freedom of the press; *figurera i ~en* appear in the papers; *få god* (*dålig*) *~* get (have) a good (bad) press

2 press *s2* **1** *konkr., tekn.* press; *jfr brev-, frukt-, tryck- etc.*; *gå i ~* go to press **2** (*tryck, påtryckning*) pressure; *ligga* (*lägga*) *i ~* be pressed; *utöva* [*stark*] *~ på* exert [great] pressure [up]on; *leva under en ständig ~* be living under constant strain **3** *det är fin ~ på byxorna* these trousers have a good crease **-a 1** press (*kläder* clothes; *blommor* flowers); (*klämma*) squeeze (*apelsiner* oranges); (*med strykjärn äv.*) iron **2** (*tvinga, föra*) press, force; *~ ngn till* [*att göra*] *ngt* force s.b. to [into doing] s.th. **3** (*med beton. part.*) *~ fram* press (squeeze; *bildl.* force) ... out (*ur, av* of); *~ sig fram* press forward, force one's way along; *~ ihop* compress; *~ in* squeeze in; *~ ner* press (force; *vard.* cut) down [the] prices **-ande** *a4* oppressive (*hetta* heat); trying (*arbetsförhållanden* working conditions)

press|attaché press attaché **-byrå** press agency **-censur** censorship of the press **-debatt** debate in the press **-fotograf** press photographer

press|gjuta die-cast **-gjutning** die casting **-järn** flat iron **-jäst** compressed yeast

press|kampanj press (newspaper) campaign **-klipp** press cutting **-kommentar** press comment[s *pl*] **-konferens** press conference

press|lägga send ... to [the] press **-läggning** going to [the] press **-läggningsögonblicket** *i ~* at the moment of going to press

press|man pressman, journalist **-mottagning** *hålla ~* receive (invite) the press

pressning pressing; squeezing; *jfr pressa*

presspolemik newspaper polemics (*pl*)

press|revider press revise (proof) **-sylta** (*hopskr. pressylta*) pork brawn

pressuttalande announcement (statement) in the press

pressveck crease

pressöversikt press review

presta|nda [-'tann-, -ˣtann-] *pl* (*åligganden*) obligations; *tekn.* performance characteristics, performances **-tion** achievement; performance **-tionsförmåga** performance, output [capacity], capacity **-tionsmätning** performance measurement

prestav *s3* (*stav*) staff at the head of a procession; (*-bärare*) staff-bearer

prestera achieve, accomplish; perform

prestige [-'ti:ʃ] *s5* prestige **-fråga** matter of prestige **-förlust** loss of prestige

presumtiv *a1* presumptive; *~ arvinge* heir presumptive

preten|dent pretender (*till* to) **-dera** pretend (*på* to) **-tion** [-taŋ'ʃɷ:n] pretension (*på* to) **-tiös** [-taŋ'ʃö:s] *a1* pretentious

preteritum *s8, pl äv. preteriter* (*i* in the) preterite

preti|osa [-(t)siˣɷ:-] *pl* valuables; bric-à-brac (*sg*) **-ositet** [-(t)si-] preciosity, affectation **-ös** [-(t)si'ö:s] *a1* affected, precious

preussare [ˣpröjj-] Prussian **Preussen** ['pröjj-] *n* Prussia **preuss|eri** [pröjs-] Prussian drill **-isk** ['pröjj-] *a5* Prussian

preventiv *a1 o. s7* preventive **-medel** contraceptive

prick *s2* **1** dot, spot, point; (*på måltavla*) bull's eye; (*vid förprickning*) mark, tick; *till punkt och ~a, på ~en* exactly, to a tee (T); *sätta ~en över i-t* (*bildl.*) add the finishing touch; *träffa ~* hit the mark (*äv. bildl.*); *~ kl. 6* at six sharp **2** *sport.* penalty point **3** *sjö.* [spar] buoy, perch **4** *en trevlig* (*hygglig*) *~* a nice (decent) fellow (chap, *Am. äv.* guy) **-a 1** (*förse med -ar*) dot; (*skjuta prick*) hit; (*sticka hål i*) prick; *~ av* tick [off], check off, tally; *~ för* check (mark) off; *~ in* dot in **2** (*brännmärka*) reprove, reprimand **3** *sjö.* buoy (*en farled* a fairway) **-fri** *sport.* without penalty points **-ig** *a1* spotted, dotted **-ning 1** dotting *etc.* **2** (*brännmärkning*) reproof, reprimand **3** *sjö.* buoyage **-skytt** sharpshooter; *mil.* sniper **-säker** *en ~ skytt* an expert shot

prim [-i:-] *s3, mus. o. fäkt.* prime **-a** [ˣpri:-, 'pri:-] *oböjl. a* first-rate(-class), choice, prime; *vard.* A1, *Am.* dandy **-adonna** [-ˣdånna] *s1* prima donna; *teat.* leading lady **-adonnelater** *pl* prima donna airs **-as** ['pri:-] *r* primate **-faktor** *mat.* aliquot part, prime factor

primitiv ['pri:-, -'ti:v] *a1* primitive **-itet** primitiveness

prim|o [ˣpri:-, 'pri:-] *pro ~* firstly, in the first place **-tal** prime number

primula ['pri:-] *s1* primula

prim|us ['pri:-] **I** *r, skol.* top of the class **II** *oböjl. a, ~ motor* the prime mover **-uskök** primus [stove] **-är** *a1* primary; (*grundläggande*) elementary; (*ursprunglig*) primordial **-ärlån** first mortgage loan **-ärval** primary [election] **-ör** early vegetable (fruit); firstling

princip *s3* principle; *av* (*i*) *~* on (in) principle; *det strider mot mina ~er* it is against my principles; *en man utan ~er* an unprincipled man **-al** *s3* principal, proprietor, employer **-at** *s7* principate **-beslut** decision in principle **-fast** strong-principled; *en ~ man* (*äv.*) a man of principle **-fråga** question (matter) of principle **-iell** *a5* ... founded (based) on principle; (*grundväsentlig*) fundamental; *av ~a skäl* on grounds of principle; *~a hänsyn* considerations of principle **-iellt** *adv* on (as a matter of) principle **-lös** unprincipled **-människa** person (*etc.*) of principle **-ryttare** doctrinaire **-rytteri** doctrinairism **-uttalande** declaration of principle

prins *s2* prince; *må som en ~* feel on top of the world **-essa** [-ˣsessa] *s1* princess **-gemål** Prince Consort **-korv** chipolata sausage **-regent** Prince Regent

prior ['pri:år] *s3* prior (*i* of) **-inna** prioress **-itera** give priority to **-iterad** *a5* priority ..., preferential; *Am.* preferred **-itering** *genom ~ av* by giving priority to **-itet** priority **-itetsrätt** right of priority

1 **pris** *s3* (*uppbringat fartyg*) prize, capture; *ta ngt som god ~* take s.th. as lawful prize

2 **pris** *s2* (*nypa* [*snus*]) pinch [of snuff]

3 **pris** *s7, s4* (*värde, kostnad*) price (*på* of); (*begärt ~*) charge; *högt* (*lågt*) *~* high (low) price; *nedsatt ~* reduced price, cut price (*Am.* rate); *gängse* (*gällande*) *~er* ruling (current) prices; *höja* (*sänka*) *~et på* raise (lower) the price of; *höja ~et med 6 shilling* raise the price by 6 shillings; *~erna stiger* prices are rising; *stiga i ~* advance (rise) in price, go up; *det i fakturan* (*prislistan*) *angivna ~et* the invoiced (listed) price; *vara värd ~et* be worth the price, be good value; *komma överens om ~et* agree on the price; *för gott ~* at a moderate price; *till ett ~ av* at the (a) price of; *till halva ~et* at half-price, at half the price; *till varje ~* (*bildl.*) at any cost, at all costs

4 **pris** *s7, s4* (*belöning*) prize; *få första ~* be awarded the first prize; *tar i alla fall ~et* (*bildl.*) takes first prize (the cake); *sätta ett ~ på ngns huvud* set a price on a p.'s head; *sätta stort ~ på att få* set great store on getting

5 **pris** *s7* (*lov, beröm*) praise; *Gud ske ~* glory to God; *sjunga ngns ~* sing a p.'s praises **-a** praise; glorify; *~ sig lycklig* consider o.s. fortunate

prisbelöna award a prize to; *~d* (*vanl.*) prize (*roman* novel), prize-winning

pris|bildning fixing (determination) of prices **-billig** cheap, inexpensive

pris|boxare prize-fighter **-domare** judge

pris|elasticitet price elasticity **-fall** decline (fall) in prices; (*kraftigt*) slump **-fluktuation** fluctuation in (of) prices **-fråga** matter (question) of price

prisgiv|a give ... up, abandon, expose (*åt* to); *vara -en åt* (*äv.*) be left at the mercy of **-ning** [-i:v-] abandonment, exposure

pris|höjning rise (advance) in price[s *pl*] **-index** price index **-klass** price range **-kontroll** price control **-kontrollerad** [-å-å-] *a5* price-controlled **-krig** price war **-kurant** *s3* price-list **-lapp** price label (ticket, tag) **-lista** price-list **-läge** price range (level); *i alla* (*olika*) *~n* at all (different) prices; *i vilket ~?* at about what price?

prisma ['priss-, ˣpriss-] *-t prismer el. s1* prism; (*i ljuskrona*) drop **-kikare** prism binoculars (*pl*) **-tisk** [-'ma:-] *a5* prismatic

pris|medveten price-conscious **-nedsättning** price reduction, mark down **-nivå** price level **-notering** quotation **-politik** prices policy **-reglering** price control (regulation)

prisse *s2* fellow, chap

pris|skillnad difference in price **-stegring** *se -höjning* **-stopp** price freeze; *införa ~* freeze prices **-sänkning** price reduction (decrease) **-sätta** price, fix the price[s *pl*] of **-sättning** pricing, fixing of prices

pris|tagare prize-winner **-tävlan** prize competition

prisuppgift [price] quotation (*på* for)

prisutdelning distribution of prizes

prisutveckling price trend

1 **prisvärd** (*värd sitt pris*) worth its price

2 **prisvärd** (*lovvärd*) praiseworthy

privat I *a1* private, personal; *~ område* private grounds (premises) (*pl*); *den ~a sektorn* the private sector; *i det ~a* in private life; *jag för min ~a del* I for my part **II** *adv* privately, in private; *undervisa ~* (*äv.*) give private lessons **-angelägenhet** personal matter; *mina ~er* my private affairs **-anställd** person in private employment **-bil** private car **-bostad** private residence **-chaufför** private chauffeur **-detektiv** private detective **-flyg** private aviation **-im** [-ˣva:-] privately, in private **-ist** external candidate **-kapital** private capital **-lektion** private lesson **-lärare** private teacher **-lärd** *en ~* an independent scholar **-man -person** private person; *som ~* in private life **-praktik** private practice **-rätt** civil law **-sekreterare** private secretary **-ägd** [-ä:-] *a5* privately-owned

privilegi|ebrev charter **-era** privilege **-um** *s4* privilege; (*monopol*) monopoly (*på* of)

PR-man [ˣpe:ärr-] PR (public relations) officer (*förk.* P.R.O.)

pro pro; *~ forma* pro forma; *~ primo* (*secundo*) firstly (secondly)

pro|babel *a2* probable **-bera** try; (*guld o.d.*) assay; *tekn.* test **-bersten** touchstone

problem *s7* problem; *framlägga* (*lösa*) *ett ~* pose (solve) a problem **-atik** *s3* [set of] problems (*pl*) **-atisk** *a5* problematic[al] **-barn** problem child **-komplex** group of problems **-lösning** solution of problems (a problem) **-ställning** problem, presentation of a problem

proboxning professional boxing

procedur procedure; process

procent *s9* (*hundradel*) per cent; (*-tal*) percentage; *löpa med 5 ~s ränta* run at 5 per cent interest; *hur många ~ är det?* what percentage is that?; *2-~ig lösning* a two-per-cent solution; *mot* (*till*) *hög ~* at a high percentage; *i ~ av* as a percentage of; *ökningen i ~ räknat* the percentage increase; *vi lämnar 10 ~*[*s rabatt*] *vid kontant betalning* 10% cash discount **-a** [-ˣsenn-] practise usury **-are** [-ˣsenn-] usurer **-enhet** percentage point **-halt** percentage **-räkning** calculation of percentages **-sats -tal** percentage **-uell** *a1* percentage

process 1 (*rättstvist*) lawsuit, action; legal proceedings (*pl*); *öppna ~ med* (*mot*) bring an action against; *ligga i ~ med* be involved in a lawsuit with; *förlora* (*vinna*) *en ~* lose (win) a case; *göra ~en kort med* make short work of, put an end to **2** (*förlopp*) process; procedure **-a** carry on lawsuits (a lawsuit); *~ om* litigate

procession [-se'ʃo:n] procession; *gå i ~* march (walk) in procession, procession

processionsordning processional order

process|kontroll *tekn.* process control **-ma-**

kare litigious person **-rätt** law of [legal] procedure

produc|ent producer; manufacturer; grower **-entkooperation** producers' co-operation **-entvaror** *pl* producer[s'] goods **-era** produce; manufacture; *~ sig* appear [in public]

produkt *s3* product (*äv. mat.*); *~er* (*koll. jordbruks- e.d., äv.*) produce (*sg*); *inhemska ~er* domestic products, home manufacture (*sg*) **-ion** [-k'ʃɷ:n] production; (*framställda varor*) output; (*författares el. konstnärs*) work[s], output; *öka ~en* increase [the] production

produktions|apparat productive apparatus, machinery of production **-faktor** factor of production, productive factor **-främjande** *a4* ... promoting production **-förmåga** productive power (capacity), productivity **-hämmande** *a4*, *~ faktorer* factors holding back production **-kostnad** cost of production **-led** stage of production **-medel** means (*sg o. pl*) of production **-metod** method of production **-siffra** production (output) figure **-tid** production time **-utveckling** trend of production **-volym** volume of production **-ökning** increase (rise) in production

produktiv [-'ti:v, 'prɷ:-] *a1* productive; (*om författare*) prolific **-itet** productivity

produktutveckling product development

profan *a1* profane; (*världslig*) secular **-era** profane **-ering** profanation

profession [-e'ʃɷ:n] profession; (*näringsfång*) trade; *till ~en* by profession (trade) **-alism** professionalism **-ell** *a1* professional; *bli ~* turn professional; *~ idrottsman* professional

profess|or [-ˣfessår] *s3* professor (*i historia* of history); *~ emeritus* emeritus professor **-orsinstallation** ceremonial installation of a professor **-orska** [-ˣsɷ:r-] professor's wife; *~n A.* Mrs. A. **-orskompetens** qualifications (*pl*) for a professorship **-ur** professorship (*i historia* in history), chair (*i historia* of history); *inneha en ~* hold a professorship (chair); *inrätta en ~* found (establish) a chair

profet *s3* prophet; *de större* (*mindre*) *~erna* the major (minor) prophets; *ingen är ~ i sitt fädernesland* no one is a prophet in his own country **-era** prophesy; (*förutsäga*) predict **-ia** [-tˣsi:a] *s1* prophecy **-isk** *a5* prophetic[al] **-issa** prophetess

proffs [-å-] *s9, sport.* pro (*pl* pros); *bli ~* turn pro

profil *s3* profile (*äv. tekn.*) **-era** profile **-ering** profiling **-järn** section[al] (structural) iron

profit *s3* profit, gain; *för ~ens skull* for the sake of profit **-era** profit (*av* by, from) **-haj** profiteer **-hunger** thirst for gain

pro forma [-'fårr-] pro forma **proformafaktura** pro-forma invoice

profyl|aktisk *a5* prophylactic **-ax** *s3* prophylaxis

progesteron [-'rå:n] *s4* progesterone

prognos [-g'nå:s] *s3, med.* prognosis (*pl* prognoses); (*väderleks- m.m.*) forecast; *ställa en ~* make a prognosis (forecast) **-karta** (*väderlek*) weather chart **-ticera** prognosticate; forecast

program [-'gramm] *s7* program[me]; (*partiäv.*) platform; (*plan, förslag*) plan, scheme; *göra upp ett ~* draw up a programme; *det hör till ~met* it is part of the programme; *stå på ~met* be on (in) the programme **-enlig** [-e:n-] *a1* according to [the] programme; scheduled **-enligt** [-'e:n-] *adv* in accordance with [the] programme; as arranged **-förklaring** *polit.* [election] manifesto **-ledare** *radio.* (*vid underhållning*) compère; (*i debatt*) chairman **-matisk** *a5* programmatic **-mera** *databeh.* program[me]; *~d undervisning* programmed instruction **-merare** [-ˣme:-] programmer **-mering** programming **-musik** programme music **-punkt** item [in (on) a programme] **-skrift** manifesto **-värd** *s2, radio o.d.* compère

progress|ion [-e'ʃɷ:n] progression **-iv** *a1* progressive (*beskattning* taxation) **-ivitet** progressiveness

prohibitiv *a1* prohibitive

projekt [-ʃ-, -j-] *s7* project; plan, scheme **-era** project; plan; *~d* projected **-ering** projecting, projection; planning

projektil [-ʃ-] *s3* projectile, missile **-bana** trajectory [of a projectile]

projek|tion [-k'ʃɷ:n] projection **-tionsapparat** projector; projecting apparatus **-tionsritning** projection drawing **-tiv** *a1* projective

projektmakare [-ʃ-, -j-] projector; schemer

pro|jektor [-ˣjekktår] *s3* projector **-jicera** project

prokansler vice-chancellor

proklam|a *s1* [public] notice **-ation** proclamation **-era** proclaim

prokonsul pro-consul

prokrustes|bädd -säng Procrustes' bed

prokur|a *s1* procuration, proxy; *teckna per ~* sign per pro (by procuration) **-ator** [-ˣra:tår] *s3* procurator **-ist** holder of procuration; managing clerk

proletariat *s7* proletariat[e]

proletär *s3 o. a1* proletarian **-författare** proletarian author **-roman** proletarian novel

prolog prologue

prolong|ation [-låŋga-] prolongation, extension **-era** [-låŋ'ge:-] prolong, extend

promemoria *s1* memorandum (*över* on); memo

promenad *s3* **1** (*spatsertur*) walk; (*flanerande*) stroll; (*åktur*) ride; *ta* [*sig*] *en ~* take a walk; *gå på ~* go for a walk; *ta ngn med ut på en ~* take s.b. out for a walk **2** *se -plats* **-dräkt** suit **-däck** promenade deck **-konsert** promenade concert; *vard.* prom **-käpp** walking-stick **-plats** promenade; esplanade **-sko** walking-shoe **-väg** promenade; (*stig*) walk

promenera walk; *gå ut och ~* go [out] for a walk **-nde** *a4*, *de ~* the promenaders, people out walking

promille [-ˣmille] per mill[e] (thousand) **-halt** *blodet hade en ~ av 0,5* the concentration [of alcohol] in the blood was 50 mg. per cent **-tal** permillage

prominent *a1* prominent

promiskuitet promiscuity

promo|tion conferment of doctors' degrees **-tor** [-ˣmɷ:tår] *s3, univ.* person conferring doctors' degrees; *sport.* promoter **-vend** *s3*

recipient of a doctor's degree **-vera** confer a doctor's degree on
prompt [-å-] **I** *a4* prompt, immediate **II** *adv* (*genast*) promptly, immediately; (*ovillkorligen*) absolutely
promulg|ation promulgation **-era** promulgate
pronom|en [-'nɷ:-, -'nå:-] *best. f. -enet el. -inet, pl -en el. -ina* pronoun **-inell** *a1* pronominal
prononcerad [-nån'se:-] *a5* (*utpräglad*) decided, strong
propag|anda [-ˣgann-] *s1* propaganda; *göra ~ för* make propaganda for **-andaavdelning** propaganda department (division, section) **-andasyfte** *i ~* for propaganda purposes (*pl*) **-andaverksamhet** propaganda activities (*pl*) **-andist** propagandist **-era** propagate, make propaganda (*för* for)
propedeuti|k [-ev-] *s3* propaedeutics (*pl*) **-sk** [-'devv-] *a5* propaedeutic, preparatory (*kurs* course)
propeller *s2* propeller, screw; *flyg. äv.* airscrew **-axel** propeller shaft **-blad** propeller blade **-driven** *a5* propeller-driven **-turbin** turbo-prop
proper ['prå:-] *a2* tidy, neat, clean
proponera propose, suggest
proportion [-rt'ʃɷ:n] proportion; *stå i ~ till* be in proportion to; *i ~en 2 till 3* in the proportion of 2 to 3; *ha sinne för ~er* have a sense for (of) proportion; *står inte alls i ~ till* is out of all proportion to; *ha vackra ~er* be beautifully (well-)proportioned **-al** *s3* proportional **-ell** *a1* proportional; *direkt* (*omvänt*) ~ directly (inversely) proportional (*mot* to) **-erad** *a5* proportioned (*efter* to) **-erlig** [-'e:r-] *a1* (*väl avpassad*) well-proportioned; (*i visst förhållande*) proportionate (*till* to)
proportionsvis [-rtˣʃɷ:ns-] proportionately; comparatively
proposition 1 (*förslag*) proposal, proposition; (*regerings-*) Government bill; *framlägga en ~* present a bill to Parliament **2** *mat., log.* proposition
propp [-å-] *s2* stopper, plug; (*kork*) cork; *elektr.* fuse; *det har gått en ~* a fuse has blown **-a** cram, stuff (*med* with); *~ igen* (*till*) plug up; *~ i sig mat* stuff o.s. with food **-full** cram-full (*av, med* of) **-mätt** *vara ~* be full up
proprieborgen [ˣprå:-] personal surety, suretyship
props [-å-] *s9* pitprops
propsa [-å-] *~ på ngt* (*på att få*) insist on s.th. (on getting)
propå *s3* proposal
prorektor prorector, pro-vice-chancellor
prosa *s1* prose; *på ~* in prose **-dikt** prose poem **-författare** prosaist, prose writer **-isk** [-'sa:-] *a5* prosaic; (*opoetisk*) unimaginative (*arbete* work) **-stil** prose style **-tör** *se -författare*
prosektor [-ˣsekktår] *s3* associate professor, demonstrator [in anatomy]
proselyt *s3* proselyte, convert
proseminarium proseminar
prosit ['prɷ:-] [God] bless you!
proskri|bera proscribe **-ption** [-p'ʃɷ:n] proscription
prosodi *s3* prosody
prospekt *s7* prospectus (*över* of)
prospekter|a prospect (*efter malm* for ore) **-ing** prospecting
prost *s2* dean
prostata ['pråss-] *s9* prostate [gland]
prostinna dean's wife; *~n A.* Mrs. A.
prostitu|era prostitute; *en ~d* a prostitute **-tion** prostitution
proteg|é [-'ʃe:] *s3* protégé, *fem.* protégée **-era** (*beskydda*) patronize; (*gynna*) favour
protein *s4* protein **-halt** protein content
protek|tion [-k'ʃɷ:n] protection; patronage **-tionism** protectionism **-tionist** *s3* **-tionistisk** *a5* protectionist **-orat** *s7* protectorate
protes *s3* prosthesis (*pl* prostheses); artificial limb (arm, leg); (*löständer*) denture
protest *s3* protest; *avge* (*inlägga*) *~ mot* make (enter, lodge) a protest against; *under ~* [*er*] under protest; *utan ~*[*er*] without a protest **-aktion** protest action **-ant** *s3* **-antisk** *a5* Protestant **-antism** Protestantism (*äv. ~en*) **-era** protest (*mot* against; *en växel* a bill of exchange); *jag ~r* (*äv.*) I object **-möte** protest (indignation) meeting **-skrivelse** letter of protest **-storm** storm of protest
protokoll [-'kåll] *s7* minutes (*pl*) (*över* of); *dipl.* protocol; (*domstols- o.d.*) report of the proceedings; (*poäng-*) score, record; *föra ~et* keep (take) the minutes, keep the record; *justera ~et* verify (check) the minutes; *ta till ~et* enter in the minutes; *sätta upp ~ över* draw up a report of; *yttra ngt utom ~et* say s.th. off the record **-chef** chief of protocol **-föra** enter ... in the minutes, record **-förare** keeper of the minutes; recorder; (*vid domstol*) clerk [of the court]; *sport.* scorer
protokollsutdrag extract from the minutes
proton [-'tå:n] *s3* proton **-stråle** proton beam
proto|plasma [-ˣplass-] *s9, s7* protoplasm **-typ** *s3* prototype **-zo** [-'så:] *s3* protozoan, protozoon; *~er* protozoa
protuberans *s3, astron.* prominence
prov 1 *s7* (*försök, experiment*) trial, test, experiment; (*examens-*) examination; (*-skrivning*) [examination-]paper; *anställa ~ med* try, test, give ... a trial; *efter avlagda ~* after passing the examination[s *pl*]; *avlägga godkänt ~ i* pass the test (examination) in; *bestå ~et* stand the test; *på ~* on trial, (*om pers. äv.*) on probation, (*om varor äv.*) on approval; *sätta ngn på ~* put s.b. to the test; *sätta ngns tålamod på hårt ~* try a p.'s patience very severely; *undergå ~* undergo a test; *visa ~ på sinnesnärvaro* give proof of presence of mind **2** *s7, s4* (*varu-*) sample; (*-exemplar, exempel*) specimen; *~ utan värde* sample of no value, trade sample; *ett fint ~ på konsthantverk* a fine specimen of handicraft **-a** test, try [out]; (*kläder*) try on **-bit** sample, specimen **-docka** (*skyltdocka*) [tailor's] dummy; (*modelldocka*) lay figure
proveniens *s3* provenance; origin
provensalsk [-'sa:lsk] *a5* Provençal **-a** *s1* (*språk*) Provençal

prov|erska fitter **-exemplar** sample, specimen **-filma** have a screen test **-flyga** test[-fly] **-flygare** test-pilot **-flygning** test-flight **-frukost** *med.* test meal **-föreläsning** trial lecture

proviant *s9* provisions, supplies, victuals (*pl*); *förse med ~* provision, victual **-era** take in stores, provision **-ering** provisioning, victualling **-fartyg** supply ship **-förråd** stores (*pl*)

provins *s3* province **-ialism** *s3* provincialism **-ialläkare** district medical officer **-iell** *a1* provincial

provision commission (*på* on); (*mäklararvode*) brokerage; *fast ~* flat (fixed) commission; *~ på omsättningen* turnover commission

provisor|isk *a5* provisional; (*tillfällig*) temporary **-ium** *s4* temporary (provisional) arrangement, makeshift

prov|kandidat student teacher **-karta** *hand.* pattern-(sample-)card; *en ~ på* (*bildl.*) a variety of **-kollektion** [collection of] samples **-kropp** test piece **-kök** experimental kitchen **-köra** test **-körning** trial (test) run **-ning** [-o:-] testing, checking; *konkr.* test, trial; (*av kläder*) trying on, fitting **-ningsanstalt** testing (research) station **-nummer** specimen copy

provo|cera provoke; incite **-kation** provocation **-katorisk** *a5* provocative **-katör** [agent] provocateur

prov|predikan probationary sermon **-rum** *tekn.* test room; (*för kläder*) fitting-room; (*på hotell o.d.*) show-room **-ryttare** commercial traveller; *vard.* bagman **-räkning** *skol.* arithmetic test (paper) **-rör** test-tube **-rörsbarn** test-tube baby **-skjutning** artillery practice **-skrivning** written test; *konkr.* test paper **-smaka** taste **-spela** have an audition (*för ngn* before s.b.); (*pröva instrument*) try out **-stopp** [-åpp] *s7* (*för kärnvapen*) test ban **-sändning** (*av varor*) trial consignment; *radio.* trial (test) transmission **-tagning** sampling; taking of specimens **-tjänstgöring** probationary period (service) **-tryck** *typ.* proof, pull **-tur** trial trip (run) **-år** year of probation; (*lärares*) student-teacher year **-årskandidat** *se -kandidat*

prudentlig *a1* prim, finical

prunka be resplendent (blazing, dazzling); make a display (*med* of) **-nde** *a4* blazing, dazzling, gaudy, showy

prut *s7*, *se -ande*; *utan ~* without demur **-a** bargain, haggle, beat down the price; *~ på ngt* try to get s.th. cheaper; *få ~ en shilling på ngt* get a shilling knocked off s.th.; *~ av på sina fordringar* temper (moderate) one's demands; *regeringen ~de ner anslaget* the government reduced the subsidy **-ande** *s6* bargaining, haggling

prut|mån margin for bargaining (haggling) **-ning** [-u:-] *se -ande*

pryd *a1, n sg obest. f. undviks* prim, prudish

pryd|a *v2* adorn; (*försköna*) embellish; (*dekorera*) decorate; *den -er sin plats* it is decorative where it is (stands *etc.*)

pryderi prudishness, prudery

pryd|lig [-y:-] *a1* neat; (*om pers. äv.*) trim, smart **-lighet** neatness *etc.* **-nad** *s3* adornment, decoration, embellishment; (*-nadssak*) ornament; *vara en ~ för* be an ornament (a credit) to (*sitt land* one's country) **-nadsföremål** ornament; *pl äv.* fancy goods, bric-à-brac **-nadsväxt** ornamental plant **-no** *i uttr.*: *i sin ~* (*i sht iron.*) in its (his *etc.*) glory

pryg|el ['pry:-] *s7* whipping, flogging; *vard.* hiding; *få ~* get a whipping *etc.* **-elstraff** flogging, corporal punishment **-la** [-y:-] whip, flog

pryl *s2* pricker, punch, awl; *~ar* (*vard.*) odds and ends

prål *s7* ostentation, parade; (*grannlåt*) finery **-a** (*prunka*) dazzle, blaze; (*ståta*) show off (*med* with), make a show (parade) (*med* of) **-ig** *a1* gaudy, showy; flaunting **-ighet** gaudiness *etc.*

pråm *s2* barge; (*hamn-*) lighter **-dragare** (*båt*) barge-(lighter-)tug; *pers.* barge-tower **-skeppare** bargeman, bargee; lighterman

prång *s7* [narrow] passage (space)

prångla *~ ut* utter (*falska sedlar* counterfeit banknotes)

präg|el *s2* (*stämpel*) stamp; (*avtryck*) impression, impress; *bildl.* stamp, impress; *bära äkthetens ~* bear the stamp (impress) of authenticity; *sätta sin ~ på ngt* leave one's stamp (mark) on s.th. **-la** [-ä:-] strike [off] (*en medalj* a medal); (*mynta*) mint, coin (*mynt* money; *ett nytt ord* a new word); *bildl.* stamp, impress, imprint; (*karakterisera*) characterize; *personligt ~de arbeten* works with the stamp of a p.'s personality **-ling** [-ä:-] stamping; (*av mynt*) coining, coinage; (*av nya ord*) coinage

präktig *a1* (*ståtlig*) splendid, magnificent; (*utmärkt, förträfflig*) excellent, good, fine

pränt *s7*, *på ~* in print **-a** (*texta*) print; write carefully; *~ i ngn ngt, se in*

prärie ['prä:-] *s5* prairie **-hund** prairie dog **-varg** praire wolf, coyote

präst *s3* (*i anglikanska kyrkan, protestantisk*) clergyman; *vard.* parson; (*kat., icke-kristen*) priest; (*frikyrklig, skotsk*) minister; *bli ~* become a clergyman (*etc.*), take holy orders; *läsa för ~en* prepare for confirmation; *kvinnliga ~er* women clergymen; *~en i församlingen* the parish clergyman (*etc.*) **-betyg** extract from the parish register **-dräkt** *i ~* in canonicals (clerical attire) **-erlig** *a1* clerical (*stånd* order); sacerdotal, priestly (*värdighet* dignity) **-erskap** *s7* clergy; priesthood **-fru** clergyman's (*etc.*) wife **-gård** parsonage, rectory, vicarage; *kat.* presbytery; (*frikyrklig, skotsk*) manse **-inna** priestess **-kappa** clergyman's gown **-krage 1** *eg.* [clergyman's, clerical] bands (*pl*) **2** *bot.* ox-eye daisy, marguerite **-man** *se präst* **-rock** cassock **-seminarium** theological seminary **-viga** ordain **-vigning** [-i:g-] ordination **-ämbete** ministry

pröv|a 1 (*prova, sätta på prov*) try; (*testa*) test; (*undersöka, examinera*) examine; (*överväga*) consider; *~ lyckan* try one's luck; *~ ett mål* (*jur.*) try a case; *~ ett räkneexempel* check a sum; *~ om den håller* try and see if it holds; *~ själv.!* try for yourself!; *i nöden ~s vännen* a friend in need is a friend indeed; *~ sig fram* proceed by trial and error; *~ sina krafter på* try one's strength on; ~ *en ansökan* consider an application; *vi har fått* ~ *på mycket* we have had to put up with a great deal; ~*s av ödet* be tried by Fate **2** (*underkasta sig -ning*) be examined (*i* in); ~ *in* sit for an entrance examination (*vid en skola* at a school) **3** *jur.* (*anse, finna*) deem, judge (*skäligt* reasonable) **-ad** *a5* (*hårt* sorely) tried (afflicted) **-ande** *a4* (*besvärlig*) trying (*för ngn* to s.b.); (*granskande*) searching (*blick* look) **-ning** [-ö:-] **1** (*undersökning, förhör*) examination, test; *förnyad* ~ reconsideration, re-examination; *ta upp ett ärende till förnyad* ~ reconsider a matter **-ningsnämnd** board of examiners; (*för beskattning*) tax appeal board (committee)

prövo|sten touchstone **-tid** (*provtid*) trial (probationary) period; (*svår tid*) difficult time, time of testing

psalm [s-] *s3* (*kyrkosång*) hymn; (*i Psaltaren*) psalm; *Davids* ~*er* [the Book of] Psalms **-bok** hymn-book **-diktning** hymn-writing **-ist** psalmist **-odikon** [-ån] *s7, ung.* monochord **-sång** hymn-singing **-vers** verse of a hymn

psaltare [s-] (*instrument*) psaltery; *P*~*n* [the Book of] Psalms

pseudo|nym [psev-] *s3* pseudonym, pen-name **-vetenskaplig** pseudo-scientific

pst here!

psyk|e *s6* psyche, mind **-edelisk** *a5* psychodelic **-iater** *s3* psychiatrist **-iatri** *s3* psychiatry **-iatrisk** *a5* psychiatric **-isk** ['psy:-] *a5* psychic[al]; ~*a störningar* psychical (mental) disturbances **-iskt** ['psy:-] *adv* psychically; ~ *efterbliven* mentally retarded

psyko|analys psycho-analysis **-analysera** psycho-analyse **-analytiker** psycho-analyst **-analytisk** psycho-analytic[al] **-farmaka** *pl* psychopharmacological drugs **-log** psychologist **-logi** [-lå'gi:] *s3* psychology **-logisk** [-'lå:-] *a5* psychologic[al] **-pat** psychopath **-pati** *s3* psychopathy **-patisk** *a5* psychopathic **-s** [-'kå:s] *s3* psychosis (*pl* psychoses) **-somatisk** *a5* psychosomatic **-teknik** psychotechnology **-teknisk** psychotechnical **-terapeut** psychotherapist **-terapi** psychotherapy

ptro whoa!

puber|tet puberty **-tetsålder** [age of] puberty

public|era publish **-ering** publishing, publication **-ist** publicist **-itet** publicity; *få bra* ~ get good publicity

publik I *s3* (*åhörare*) audience; (*åskådare*) spectators; (*antal närvarande*) attendance; (*teater-*) house; *sport. äv.* fans, crowd; (*allmänhet*) public; *den breda* ~*en* the public at large; *ta* ~*en med storm* bring down the house **II** *a1* public

publikan *s3, bibl.* publican

publik|anslutning (*stor* large) attendance, crowd **-ation** publication **-dragande** *a4* popular, attractive **-favorit** popular favourite **-framgång** success [with the public]; (*om bok*) best-seller **-friare** *ung.* showman **-frieri** *ung.* playing to the gallery, showmanship **-rekord** attendance record **-siffra** attendance; *sport.* gate **-um** ['pubb-] *n* the audience

puck *s2* (*ishockey-*) puck

1 puckel ['pukk-] *s7, se stryk, smörj*

2 puckel ['pukk-] *s2* hump; (*hos människa äv.*) hunch **-oxe** zebu **-rygg** hunchback **-ryggig** *a1* hunchbacked

puckla ~ *på ngn* thrash s.b.

pudding pudding

pudel ['pu:-] *s2* poodle; ~*ns kärna* the heart of the matter

puder ['pu:-] *s7* powder **-dosa** powder compact **-socker** icing (powdered) sugar **-vippa** powder-puff

pudr|a [ˣpu:d-] powder; ~ *sig* powder [o.s.] **-ing** powdering, dusting

pueril *a1* puerile **-itet** *s3* puerility

puff *s2* **1** (*svag knall*) pop **2** (*knuff*) push **3** (*rök-*) puff **4** (*pall*) pouffe; (*soffa*) box ottoman **5** (*på ärm*) puff **6** (*reklam*) puff **-a 1** (*knalla*) pop **2** (*knuffa*) push; ~ *ngn i sidan* dig (poke) s.b. in the ribs **3** (*göra reklam*) ~ *för* puff, give ... a puff **-ärm** puff[ed] sleeve

pugilist pugilist

puh phew!

puk|a *s1* kettledrum; *med -or och trumpeter* (*bildl.*) with drums beating and flags flying **-slag** beat on the kettledrum **-slagare** kettle-drummer

pulka *s1* reindeer (Lapland) sleigh

pull ~ ~*!* chick chick!

1 pulla *s1* (*höna*) chick, pullet; (*tös*) lass, chickabiddy

2 pulla *s1* (*för spelmarker*) pool

pullover [-'å:-] *s2, pl äv. -s* pullover

pulpa *s1* pulp

pulpet *s3* desk

puls *s2* pulse; *oregelbunden* (*regelbunden*) ~ irregular (normal) pulse; *ta* ~*en på ngn* take (feel) a p.'s pulse; *känna ngn på* ~*en* (*bildl.*) sound s.b., assess a p.'s intentions

pulsa plod, plough (*i snön* through the snow)

puls|era (*eg. o. friare*) pulsate, throb, beat **-ering** pulsation **-frekvens -hastighet** pulse-rate **-slag** beat of the pulse; *livets* ~ the pulse of life **-åder** artery; *stora* ~*n* the aorta

pultron *s3* poltroon, coward

pulver ['pull-] *s7* powder **-form** *i* ~ powdered **-isera** pulverize; ~*d* (*äv.*) powdered **-isering** pulverization **-kaffe** instant coffee

puma *s1* puma

pump *s2* pump

1 pumpa *s1* **1** *bot.* pumpkin **2** (*kaffe-*) coffee-flask

2 pump|a *v1* pump (*äv. utfråga*); ~ *läns* pump dry, drain; ~ *upp a*) (*vatten*) pump up, *b*) (*cykelring e.d.*) pump up, inflate **-kolv** pump-piston

pumps *pl* court shoes; *Am.* pumps

pump|station pumping-station **-stång** pump-handle

pund *s7* **1** (*vikt*) pound (*förk.* lb.) **2** (*myntenhet*) pound (*förk.* £); *engelska* ~ pound sterling **3** *bildl.* talent, pound; *gräva ner sitt* ~ not use one's talents; *förvalta sitt* ~ *väl* make the most of one's talents **-huvud** blockhead **-kurs** pound (sterling) rate of exchange **-sedel** pound note

pung *s2* **1** (*börs*) purse; *lossa på* ~*en* loosen the purse-strings **2** (*tobaks- e.d.*) pouch **3** *anat.* scrotum; *zool.* pouch, marsupium **-a** ~ *ut med* fork (shell) out **-djur** marsupial

-råtta opossum **-slå** fleece, bleed, skin (*på* of)
punisk ['pu:-] *a5* Punic; *~a krigen* the Punic wars
punkt *s3* point (*äv. typ.*); (*prick äv.*) dot; (*skiljetecken*) [full] stop, *Am.* period; (*i kontrakt, på dagordn. e.d.*) item; *~ och slut!* and there's an end of it!; *den springande ~en* the crux of the matter; *en öm ~* a sore point; *här sätter vi ~* we'll stop here; *sätta ~ för* put a stop to; *tala till ~* have one's say, finish what one is saying; *på alla ~er* at (*bildl.* in) all points **-beskattning** specific taxation **-era 1** (*pricka*) dot; *konst.* stipple; *~de noter* dotted notes **2** (*sticka hål på*) puncture **-ering 1** dotting; stipple **2** puncture; (*på bilring äv.*) blow-out, *Am.* flat tyre; *få ~* have a puncture **-hus** point (tower) block **-lig** *a1* punctual, on time, on the dot; *vara ~ med* be punctual in **-lighet** punctuality **-strejk** selective strike **-svetsning** spot welding **-öga** *zool.* ocellus (*pl* ocelli)
puns *s2* **-a** punch
punsch *s3* Swedish punch
pupill *s3* **1** (*i ögat*) pupil **2** (*myndling*) pupil, ward
pupp|a *s1* chrysalis (*pl* chrysalides), pupa **-skal** cocoon **-stadium** pupal stage
pur *a1* pure; *bildl. äv.* sheer; *av ~ nyfikenhet* out of sheer (pure) curiosity
puré *s3* purée; soup
purg|atorium *s4* purgatory **-era** purge **-ermedel** purgative [medicine]
puris|m purism **-t** purist **-tisk** *a5* puristic
puritan *s3, hist.* Puritan; *bildl.* puritan **-ism** Puritanism (*äv. ~en*) **-sk** [-a:-] *a5* Puritan; puritanic[al]
purjolök leek
purken *a3* peevish, sulky (*över* about); huffy (*på ngn* with s.b.)
purpur *s9* purple **-brämad** *a5* ... edged with purple **-färga** colour (*tekn.* dye) ... purple **-färgad** purple[-coloured] **-röd** purple **-snäcka** purple shell
purra (*väcka*) call, rouse
1 puss *s2* (*pöl*) puddle, pool
2 puss *s2* (*kyss*) kiss **-a** kiss, give ... a kiss **-as** *dep* kiss
pussel ['puss-] *s7* puzzle; (*läggspel*) jig-saw puzzle; *lägga ~* do a puzzle, *bildl.* fit the pieces together **-bit** piece of a [jigsaw] puzzle
pussig *a1* bloated, puffy
pussla do a puzzle; *~ ihop ngt* put s.th. together
pust *s2* **1** (*bälg*) [pair of] bellows **2** (*vind-*) puff, breath
1 pusta *s1* (*grässtäpp*) *~n* the Hungarian steppe
2 pusta *v1* **1** (*blåsa*) puff **2** (*flåsa*) puff, wheeze; (*flämta*) pant; *~ och stånka* puff and blow; *~ ut* take a breather; *låta hästarna ~ ut* rest the horses
1 puta *s1* pad; pillow
2 puta *v1, ~ med läpparna* (*munnen*) pout; *skjortan ~de ut* the shirt stuck out
1 puts *s7* (*upptåg*) prank, trick
2 puts *adv, ~ väck* gone completely, vanished
3 puts *s3* **1** (*rappning*) plaster; grout **2** (*-medel*) polish **3** (*prydlighet*) tidiness; (*renlighet*) cleanliness **-a 1** (*rappa*) plaster **2** (*fönster*) clean; (*skor*) polish, *Am.* shine; (*metall*) polish; (*häck, naglar e.d.*) trim; *~t och fint* neat and tidy **3** *bildl.* (*uppfiffa*) polish; (*förbättra*) improve, better
puts|lustig droll, comic[al] **-makare** [practical] joker
puts|medel polish, cleaning agent **-ning 1** plastering **2** cleaning; polishing; trimming **3** polishing; improvement, betterment **-trasa** polishing-rag(-cloth)
putt *s2, golf.* put **-a** shove; *~ till ngn* give s.b. a shove, (*ofrivilligt*) knock into s.b.
puttefnask *s2* whippersnapper, brat, shrimp
putten ['putt-] *i uttr.: gå i ~* go smash, (*gå om intet*) come to naught
puttra (*koka*) simmer, bubble [gently]; (*grumsa*) grumble
puzzle ['pussel] *se pussel*
pygm|é *s3* pygmy **-eisk** *a5* pygmyish
pyjamas *s9* pyjamas (*pl*); *Am.* pajamas (*pl*); *en ~* a pair of pyjamas **-jacka** pyjama--jacket
pykni|ker ['pykk-] *s9* **-sk** ['pykk-] *a5* pyknic
pynt *s7* (*grannlåt*) finery; (*julgrans- etc.*) decorations, adornments (*pl*) **-a** (*göra fint*) titivate things up; (*smycka*) decorate; (*klä fin*) smarten up; *~ sig* dress o.s. up, make o.s. smart; *~d och fin* smartened up
pyra *v2* smoulder
pyramid *s3* pyramid; (*biljard-*) pyramids (*pl*); *stympad ~* truncated pyramid **-al** *a1* (*ofantlig*) huge (*succé* success) **-form** pyramidal shape **-formig** [-å-] *a1* pyramidal
pyre *s6, ett litet ~* a tiny mite
Pyrenéerna *pl* the Pyrenees **pyreneisk** *a5* Pyrenean; *P~a halvön* the Iberian Peninsula
pyrola ['py:-] *s1* wintergreen
pyro|man *s3* pyromaniac; incendiary **-mani** *s3* pyromania **-teknik** pyrotechnics (*sg*)
pyrrusseger Pyrrhic victory
pys *s2* little boy, youngster, brat
pysa *v3* give off steam; (*väsa*) hiss
pyss|el ['pyss-] *s7* pottering **-la** busy o.s. (*med* about); *gå och ~ i trädgården* potter about in the garden; *~ om* look after, make comfortable
pyssling 1 pixie, manikin **2** (*femmänning*) *de är ~ar* they are fourth cousins
Pytagoras Pythagoras; *~ sats* the theorem of Pythagoras **pytagoreisk** *a5* Pythagorean
pyton[orm] ['py:tån] *r* [*s2*] python
pyts *s2* bucket **-a** swill, drench **-spruta** bucket fire extinguisher
pytt [*jo*] *~!* bah!, pooh!, nothing of the sort!
pyttipanna [-ˣpanna] *s1, ung.* bubble-and--squeak; *bildl.* hotch-potch
pyttsan ['pyt:-] *se pytt*
på I *prep* **A** *rumsbet.* **1** *allm.* on; *~ balkongen* on the balcony; *~ bordet* (*huvudet*) on the table (head); *ärter ~ burk* tinned peas; *~ golvet* on the floor; *han har fått det ~ hjärnan* he has got it on the brain; *~ jorden* on the earth; *~ kartan* on the map; *stå ~ knä* be on one's knees, be kneeling; *~ land* on land; *~ ort och ställe* on the spot; *stå ~ post* be on guard; *ligga ~ rygg* lie on one's back; *klia sig ~ ryggen* scratch one's back;

~ sid. 9 on page 9 (*jfr 3*); *~ andra sidan gatan* on the other side of the street; *inte ha någonting ~ sig* have nothing on; *vad hade hon ~ sig?* what did she wear?; *hade hon några pengar ~ sig?* did she have any money on (about) her?; *~ sjön* on the lake, (*~ havet*) at sea; *~ slagfältet* on the battle-field (*jfr 2*); *göra sig illa ~ en spik* hurt o.s. on a nail; *~ svarta tavlan* on the blackboard (*jfr 2*); *gå ~ tå* walk on one's toes; *~ en liten ö* on a small island; *~ Björkö* on (at) Björkö (*jfr 2*); *behålla hatten ~* keep one's hat on; *en kaka med grädde ~* a cake with cream on [top] **2** (*vid gata, gård, torg, fält, land i mots. t. stad, större ö m.m.*) in; *~ bilden* (*tavlan*) in the picture (*jfr 1*); *utan ett öre ~ fickan* without a penny in one's pocket; *~ fältet* (*åkern*) in the field (*jfr 1*); *~ gatan* in (*Am.* on) the street; *~ High Street* in the High Street (*jfr 3*); *~ gården* in the yard (garden, court); *~ himlen* in the sky; *~ Irland* in Ireland (*jfr 1*); *hon arbetar ~ kontor* she works in (at) an office; *~ landet* in the country; *~ den här platsen* in this place; *~ sitt rum* in one's room; *ligga ~ sjukhus* be in hospital; *ha hål ~ strumpan* have a hole in one's stocking; *kaffe ~ sängen* coffee in bed; *~ torget* in the [market] square (*jfr 3*); *~ vinden* in the attic **3** (*vid hotell, restaurang, teater, möte, tillställning m.m.*) at; *~ banken* at (in) the bank; *~ bio* (*teater, konsert*) at the cinema (theatre, a concert); *~ 200 m djup* (*höjd*) at a depth (height) of 200 metres; *vara ~ fest* (*sammanträde*) be at a party (meeting); *~ High Street 19* at 19 High Street (*jfr 2*); *bo ~ hotell* stay at a hotel; *~ Hötorget* at Hötorget (*jfr 2*); *äta middag ~ restaurang* dine at a restaurant; *nederst* (*överst*) *~ sidan* at the bottom (top) of the page; *slå upp böckerna ~ sid. 9!* open your books at page 9! (*jfr 1*); *~ slottet* at the palace **4** (*vid sysselsättning*) for, on; *vara ~ besök* be on a visit; *vara ute ~ jakt* be out hunting; *vara ute ~ promenad* be out for a walk **5** (*~ en sträcka av*) for; *vi såg inte en människa ~ flera mil* we didn't see a soul (anybody) for several miles **6** (*uttr. riktning, rörelse*) on, on to, onto; into; to; at; *falla ner ~ golvet* fall on to the floor; *gå ~ besök till ngn* visit s.b.; *gå ~ styltor* walk on stilts; *kliva upp ~ en pall* get on a stool; *lägga ngt ~ bordet* put s.th. on the table; *gå upp ~ vinden* go up into the attic; *kasta ngt ~ elden* throw s.th. into the fire; *lägga ett brev ~ lådan* drop a letter into the box; *resa ut ~ landet* go out into the country; *rusa ut ~ gatan* rush out into the street; *stiga upp ~ tåget* get into (on to) the train; *bli bjuden ~ bröllop* be invited to a wedding; *gå ~ banken* (*posten*) go to the bank (post-office); *gå ~ bio* (*teater, konsert*) go to the cinema (theatre, a concert); *lyssna ~* listen to; *kasta ngt ~ ngn* throw s.th. at s.b.; *knacka ~ dörren* knock at the door; *ringa ~ klockan* ring the bell; *trycka ~ knappen* press the button **7** (*per*) in; *tretton ~ dussinet* thirteen to the dozen; *de fick en krona ~ man* they had one krona per man; *det går 12 pence ~ en shilling* there are twelve pence in a shilling; *en ~ tusen* one in a thousand **8** (*vid transportmedel*) by; *han kom ~ motorcykel* he came by motor-cycle; *skicka ~ posten* send by post **B** *tidsbet.* **1** (*tidpunkt*) at; on; in; *~ samma dag* [on] the same day; *~ utsatt dag* on the appointed day; *~ min födelsedag* on my birthday; *~ samma gång* at the same time; *~ kvällen den 1 maj* on the evening of the 1st of May; *~ lördag* on Saturday; *~ morgonen* (*kvällen, dagen*) in the morning (evening, day[time]; *~ natten* at (in the) night; *~ 1700-talet* in the 18th century; *~ olika tider* at different times; *~ utsatt tid* at the appointed time; *~ våren* (*hösten*) in [the] spring (autumn) **2** (*under*) on, during; *~ sin fritid* in one's leisure time; *hon arbetar ~ jullovet* she is working during her Christmas holiday; *~ vägen hit* on the way here **3** (*inom*) in; *det gör jag ~ en timme* it will take me [no more than] an hour to do it; *jag kommer ~ ögonblicket* I'll be with you in a moment **4** (*~ en tid av*) for; *jag har inte sett dig ~ evigheter* I haven't seen you for ages; *resa bort ~ en månad* go away for a month; *vi hyrde våningen ~ ett år* we rented the flat for a year; *jag har inte varit hemma ~ tio år* I haven't been home for ten years **5** (*efter*) after; *brev ~ brev* letter after (upon) letter; *den ena dagen följde ~ den andra* one day followed the other; *gång ~ gång* time after time, over and over again; *kaffe ~ maten* coffee after dinner **C** (*friare*) **1** (*i prep.attr.*) of; *namnet ~ boken* the name of the book; *kaptenen ~ fartyget* the captain of the ship; *slutet ~ historien* the end of the story; *färgen ~ huset* the colour of the house; *priset ~ mjöl* the price of flour; *en familj ~ fyra personer* a family of four [persons]; *ett bevis ~ uppskattning* a proof of appreciation; *den regnigaste tiden ~ året* the rainiest time of the year; *en pojke ~ tre år* a boy of three **2** (*med subst.*) *~ allvar* in earnest; *förlora ~ bytet* lose by the exchange; *~ engelska* in English; *läsa ~ sin examen* read for one's degree; *~ egen risk* at one's own risk; *rakt ~ sak* straight to the point; *~ skämt* for a joke; *~ sätt och vis* in a way; *komma ~ tal* come (crop) up; *~ vers* (*prosa*) in poetry (prose); *det stämmer ~ öret* it tallies to the öre **II** *adv*, *~ med kläderna!* on with your clothes!; *kör ~!* drive on!; *spring ~ bara!* just keep running! **III** *~ det att* [in order] that; *~ det att inte* lest

på|bjuda order; command (*tystnad* silence); impose (*skatter* taxes; *straff* a penalty) **-brå** *s6* inheritance, stock; *ha gott* (*dåligt*) *~* come of good (bad) stock **-bröd** *få ngt som ~* get s.th. as an extra [treat] (into the bargain) **-bud** decree, edict **-byggnad** superstructure, addition, enlargement **-bättring** touching up, improvement **-börda** [-ö-] charge (*ngn ngt* s.b. with s.th.) **-börja** begin, start, commence; *för varje ~d timme* for each hour or part of hour **-drag** *tekn.* starter; *bildl.* mobilization of effort; *ha fullt ~* (*bildl.*) be working at full speed; *värmen stod på fullt ~* the heating was full on; *polisen har fullt ~* the police are out in full force **-drivare** instigator, prompter **-dyvla** [-y:-] *se -börda* **-fallande** *a4* (*slående*) striking, remarkable **-flugen** *a3* (*påträngande*) obtrusive; (*framfusig*) forward **-fordra** (*kräva*) demand; (*erfordra*) require; *om så ~s* if required **-frestande** (*mödosam*) arduous, taxing; (*besvärlig*) trying **-frestning** strain, stress **-fund** *s7* invention; (*knep*) device **-fyllning** filling-up, refilling, replenishment; *vill du ha ~?* would you like some more? **-fyllningshål** filler **-fyllningstratt** [feed] hopper

påfågel *s2* peacock

påfågels|blå peacock-blue **-höna** peahen **-stjärt** peacock's train

på|följande following, next; *~ dag* [the] next (on the following) day **-följd** consequence; *jur.* sanction, punishment awarded; *vid ~ av* on pain of; *vid laga ~* under penalty of law **-föra** *~ grus på vägarna* spread gravel on the roads; *~ ngn ngt i räkning* debit (charge) s.b. with s.th. **-gå** be going on; (*fortsätta*) continue, be in progress; *~ för fullt* be in full progress; *medan programmet -gick som bäst* right in the middle of the programme **-gående** *a4* in progress; *under ~ förhandlingar* while negotiations are (were) going on; *under [nu] ~ krig* during the present war; *under ~ krig* (*i krigstid*) in time of war; *den ~ högkonjunkturen* the current (present) boom **-hitt** *s7* (*-fund*) idea, invention, device; (*knep*) trick; *Am.* gimmick; (*lögn*) fabrication **-hittig** *a1* ingenious **-hittighet** ingenuity **-hälsning** visit, call; *få ~ av tjuvar* be visited by burglars **-häng** *s7*, *pers.* hanger-on, encumbrance

påk *s2* cudgel; *rör på ~arna!* get moving!, stir your stumps!

på|kalla (*tillkalla*) summon; (*kräva*) demand, call for; attract (*uppmärksamhet* attention); *av behovet ~d* essential, necessary **-klädd** dressed **-kläderska** *teat.* dresser **-klädning** [-ä:-] dressing **-kommande** occurring; *hastigt ~ illamående* a sudden indisposition **-kostad** [-ås-] *a5* expensive, lavish **-kostande** [-ås-] *a4* (*mödosam*) hard; (*prövande*) trying **-känning** stress, strain **-körd** [-çö:-] *a5* run into, knocked down

påla pile; *absol.* drive piles

på|laga *s1* tax, duty, imposition **-landsvind** on-shore wind **-lastning** loading

pål|bro pile bridge **-byggnad** pile-dwelling, lake-dwelling **-e** *s2* pole, stake, post; *byggn.* pile; *en ~ i köttet* a thorn in the flesh

pålitlig [-i:t-] *a1* reliable, trustworthy **-het** reliability, trustworthiness

pålkran pile-driver

pålle *s2* gee-gee

pål|ning [ˣpå:l-] piling, pile-driving **-ningsarbete** piling-work, pilework **-stek** *sjö.* bowline[-knot] **-verk** pilework, piling

på|lägg *s7* **1** (*på smörgås*) meat (cheese *etc.*) for sandwiches; (*som kan bredas*) sandwich-spread **2** *hand.* extra charge (cost), increase **-läggskalv 1** *lantbr.* stock calf **2** *bildl.* up-and-coming man

påmin|na *-de -d*, *v3* remind (*ngn om ngt* s.b. of s.th.); *hon -ner* [*mig*] *om sin mor* she reminds me of her mother; *det -ner mig* [*om*] *att jag måste* that reminds me, I must; *hungern började göra sig -d* hunger began to make itself felt; *~ sig* remember, recollect **-nelse** reminder (*om* of); (*anmärkning*) remark

på|mönstra (*manskap*) engage, take on; *jfr mönstra* [*på*] **-mönstring** signing on **-nyttföda** [ˣpå:-, -ˣnytt-] regenerate; *-nyttfödd* regenerate[d], reborn **-nyttfödelse** regeneration, rebirth **-passad** *a5* watched **-passlig** *a1* (*vaken*) alert, watchful; (*uppmärksam*) attentive **-passlighet** alertness *etc.* **-peka** point out (*för* to); *det bör ~s att* it should be observed that; *jag ber att få ~ att* I should like to point out that **-pekande** *s6* reminder; observation **-pälsad** *a5* (*väl* well) wrapped up **-ringning** call, ring **-räkna** count [up]on; expect

pås|e *s2* bag ([*med*] *skorpor* of rusks); *ha -ar under ögonen* have pouches (bags) under the (one's) eyes; *ha rent mjöl i ~n* have nothing to hide; *det har varit i säck innan det kom i ~* that's cribbed from somebody else

på|seende *s6* inspection, examination; *vid första ~t* at the first glance, at first sight; *vid närmare ~* on closer inspection; *till ~* for inspection, on approval **-segla** run into, collide with **-segling** collision

påsig *a1* baggy; *~a kinder* drooping cheeks

påsk *s2* Easter (*äv.* *~en*); (*judisk ~*) Passover; *annandag ~* Easter Monday; *glad ~!* Happy Easter!; *i ~* at Easter; *i ~as* last Easter; *när infaller ~en i år?* on what date does Easter Sunday come this year? **-afton** Easter Eve **-alamm** *~et* the paschal lamb **-dag** Easter Sunday (*äv.* *~en*) **-helg** *~en* Easter

påskina *end. i uttr.*: *låta ~* (*antyda*) intimate, hint, (*låta märka*) pretend

påsk|käring *ung.* Easter witch **-lilja** daffodil **-lov** Easter vacation (holidays *pl*)

påskrift (*underskrift*) signature; (*utanskrift*) address; (*inskrift*) inscription, notation

påskris twigs decorated with coloured feathers

på|skriven *a5* signed; *få -skrivet* get a reprimand (scolding) **-skruvad** *a5* screwed on; (*om kran e.d.*) [turned] on; *med ~e bajonetter* with bayonets fixed

påskveckan (*veckan före påskdagen*) Holy Week

påskynda hasten (*avfärden* the departure); quicken (*sina steg* one's steps); speed up, urge on (*arbetet* the work); hurry on (*studierna* one's studies); expedite (*saken* the matter)

påskägg Easter egg

påssjuka [the] mumps (*pl*)

på|stigande *a4 o. s6*, *~* [*passagerare*] passenger boarding a train (*etc.*); *tåget stannar endast för ~* the train stops only to take up passengers **-stridig** *a1* headstrong, stubborn **-struken** *a3* (*rusig*) tipsy, merry **-strykning** application

påstå (*yttra*) declare, say, state; (*~ bestämt*) assert, maintain; (*göra gällande*) allege; *det ~s att* it is said that; *~ motsatsen* assert the contrary; *jag vågar ~ att* I venture to say that; *det kan jag inte ~* I can't say that; *ni vill väl inte ~ att* you don't surely mean to say that; *han ~r sig vara sjuk* he says he is

ill; *han påstod sig bestämt ha sett* he insisted that he had seen; *den ~dda förlusten* the alleged loss **-ende** *s6* statement, assertion; (*förklaring*) declaration **-ståendesats** declarative sentence; *jakande ~* (*äv.*) affirmative declaration
påstötning [-ö:-] reminder; *trots upprepade ~ar* despite repeated reminders
påta poke [about] (*i jorden* in the soil)
påtag|a *~ sig* take on (*en uppgift* a task), assume (*ansvaret* the responsibility) **-lig** [-a:-] *a1* obvious, manifest; palpable; tangible **-ligen** [-a:-] obviously
på|tala comment [up]on, criticize **-tryckning** pressure; *utöva ~ar på* bring pressure to bear [up]on **-tryckningsmedel** means of exerting pressure **-trädning** [-ä:-] *nålens ~* the threading of the needle **-trängande** *a4* (*trängande*) urgent (*behov* need[s *pl*]; (*påflugen*) obtrusive, pushing **-tvinga** *~ ngn ngt* force s.th. [up]on s.b. **-tår** second cup [of coffee *etc.*] **-tänkt** *a4* contemplated, intended, considered
påve *s2* pope; *tvista om ~ns skägg* argue about trivialities, split hairs **-döme** *s6* papacy **-krona** tiara
påver ['på:-] *a2* poor; (*om resultat o.d. äv.*) meagre
påverk|a influence, affect; *låta sig ~s av* be influenced by; *~d av starka drycker* under the influence of strong drink **-an** influence, effect; *röna ~ av* be influenced by **-bar** *a1*, *lätt ~* easily influenced, impressionable
påve|stol *~en* the Holy See, the Papal Chair **-val** papal election
påvis|a (*påpeka*) point out, indicate; (*bevisa*) prove, demonstrate **-bar** [-i:-] *a1* (*bevisbar*) demonstrable; (*påtaglig*) palpable, noticeable
påvlig [ˣpå:v-] *a1* papal
på|yrka demand, urge **-öka** increase; *få* [*5 pund*] *-ökt* get a [5 pound] rise (*på lönen* in salary) **-ökning** increase
päls *s2* (*på djur*) fur, coat; (*plagg*) fur coat; *få* [*ordentligt*] *på ~en* (*få stryk*) get a [thorough] hiding, (*få ovett*) get a [good] telling-off; *ge ngn på ~en* (*klå upp*) give s.b. a good hiding, (*läxa upp*) give s.b. a good slating **-a** *~ på* wrap ... up **-affär** fur-shop, furrier's [shop] **-brämad** *a5* fur-trimmed **-djur** furred animal **-fodrad** [-ɷ:-] *a5* fur-lined **-handlare** furrier **-jacka** fur-jacket **-jägare** trapper **-kappa** fur coat **-krage** fur collar **-mössa** fur cap **-varor** *pl* furs; furriery (*sg*) **-verk** *se -varor* **-änger** *s2* carpet beetle
pär *s3* peer; *utnämna ngn till ~* create s.b. a peer, raise s.b. to the peerage
pärl|a [ˣpä:r-] **I** *s1* pearl; (*glas- etc.; svett-*) bead; (*klenod*) treasure, gem; (*sup*) drop; *äkta* (*oäkta, odlade*) *-or* real (artificial, cultured) pearls; *kasta -or för svin* cast pearls before swine; *en ~ bland kvinnor* a pearl among women **II** *v1* sparkle, bubble; *svetten ~de på hans panna* perspiration beaded his forehead; *~nde skratt* rippling laughter **-band** string of pearls (beads) **-besatt** *a4* studded with pearls **-broderad** *a5* embroidered with beads (pearls) **-broderi** beadwork; (*med äkta -or*) pearl embroidery **-emoknapp** pearl button **-emor** *s9* mother-of-pearl **-emoskimrande** [-ʃ-] *a4* nacreous, iridescent **-fiskare** pearl-fisher **-garn** pearl cotton **-grå** pearl grey **-halsband** pearl necklace **-hyacint** grape hyacinth **-höna** guinea hen **-höns** guinea fowl **-koljé** *se -halsband* **-mussla** pearl mussle (oyster) **-socker** pearl sugar **-uggla** Tengmalm's owl **-vit** pearl[y] white
pärm *s2* (*bok-*) cover; (*samlings-*) file, folder
päron [-ån] *s7* pear **-blom** pear-blossom **-formig** [-å-] *a1* pear-shaped **-träd** pear-tree
pärs *s3*, *en svår ~* a severe test, a trying ordeal
pöbel ['pö:-] *s2* mob, riff-raff, rabble **-aktig** *a1* mobbish, vulgar **-hop** *en ~* a mob **-välde** mob rule
1 pöl *s2* (*vatten-*) pool, puddle
2 pöl *s2* (*kudde*) bolster
pölsa *s1*, *kokk.* hashed lights (*pl*), tripe
pörte *s6* [Finland] log cabin
pös|a *v3* swell; (*om deg*) rise; *~ över* brim (swell) over; *~ av stolthet* be puffed up (swell) with pride **-ig** *a1* (*om kudde e.d.*) puffed; *kokk.* spongy; (*om deg*) rising; (*skrytsam*) puffed-up **-munk** *kokk.* puffed fritter, doughnut

Q

q [ku:] *s6, s7, det är* [*allt*] *fina* ~ that's A1
quatre mains [kattrö'mäŋ] *spela à* ~ play duets
quisling [ˣkviss-] quisling; traitor

R

rabalder *s7* fuss, hullabaloo; (*uppståndelse*) commotion, stir; *det blev ett väldigt* ~ there was a tremendous commotion
rabarber *s9* rhubarb
1 rabatt *s3* (*blomster-*) flower-bed; (*kant-*) [flower-]border
2 rabatt *s3, hand.* discount; (*avdrag*) deduction; (*nedsättning*) reduction; *lämna* ~ allow a discount (deduction); *3%* ~ *på priset* 3% discount off (on) the price; *med 3%* ~ *vid kontant betalning* at 3% cash discount; *sälja med* ~ sell at a discount **-biljett** cheap-rate ticket **-era** allow a discount (deduction); reduce **-kort** season ticket **-kupong** discount ticket; *Am. äv.* trade stamp **-varuhus** discount house
rabbin *s3* rabbi
rabbla rattle off; ~ *upp* rattle (reel) off
rabi|at *a1* (*ursinnig*) raving; (*fanatisk*) fanatical, frenzied **-es** ['ra:-] *r* rabies; hydrophobia
rabulist rabid radical, agitator
racer ['rä:-] *s9, pl äv. -s* racer **-bil** racer, racing-car **-båt** speedboat, racer **-förare** racing driver
racka ~ *ner på* (*skälla ut*) fall foul of, (*kritisera*) run down
rackar|e (*skurk*) scoundrel, wretch; (*kanalje*) rascal; (*lurifax*) rogue; *leva* ~ kick up a row **-tyg** mischief; (*starkare*) devilry; *hitta på* ~ be up to some mischief; *på rent* ~ out of pure mischief **-unge** mischievous [young] imp, young rascal
racket ['rakk-] *s2* racket; (*bordtennis-*) bat
rad *s3* **1** row; line; file; string (*pärlor* of pearls); series (*missöden* of misfortunes); *fyra i* ~ four in a row; *fyra gånger i* ~ four times running (on end); *under en* ~ *av år* for a number of years **2** *teat. o.d.* circle; *Am.* balcony; *första* (*andra*) *~en* the dress (upper) circle, *Am.* the first (second) balcony; *översta ~en* the gallery, *vard.* the gods **3** (*skriven, tryckt* ~) line; *läsa mellan ~erna* read between the lines; *skriv ett par ~er!* drop me a few lines (a line)!; ~ *för* ~ line by line; *få betalt per* ~ get paid by the line; *ny* ~ (*anvisning*) new paragraph **-a** place ... in rows (a row); ~ *upp* expose, display, (*uppräkna*) enumerate
radar ['ra:-] *s9* radar **-anläggning** radar unit (installation) **-antenn** radar aerial (scanner, *Am.* antenna) **-fyr** radar beacon, racon **-navigering** radar navigation **-signalist** radar operator **-skärm** radarscope, radar screen **-sändare** radar transmitter **-utrustning** radar equipment **-varnare** [-va:r-] interception receiver
rad|avstånd (*i skrift el. tryck*) spacing, line

space; *dubbelt* ~ double spacing **-band** rosary; [string of] beads (*pl*)
rader|a 1 (*skrapa bort*) erase, rub (*med kniv:* scratch) out; ~ *i böckerna* cook the books; ~ *ut* (*utplåna*) wipe (blot) out **2** *konst.* etch **-gummi** eraser, india-rubber **-ing 1** erasure **2** *konst.* etching **-kniv** erasing knife **-nål** etching needle
radhus terrace-house, row house
radi|al *a1* radial **-an** *s3* radian **-ator** [-ˣa:tår] *s3* radiator **-e** ['ra:-] *s5* radius (*pl* radii) **-ell** *a1* radial
1 radiera (*utstråla*) radiate, beam
2 radiera (*utsända i radio*) broadcast
radikal I *a1* radical; (*genomgripande äv.*) thoroughgoing, sweeping **II** *s3, polit.* Radical; *kem.* radical **-ism** radicalism **-medel** radical (drastic) remedy
radio ['ra:-] *s5* radio, wireless; (*-apparat*) radio (wireless) set (receiver); *i* ~ on the radio (wireless, air); *lyssna på* ~ listen in (to the radio) **-affär** radio shop
radioaktiv radioactive; *~t avfall* (*nedfall*) radioactive fallout; ~ *strålning* atomic (nuclear) radiation; *~t sönderfall* radioactive disintegration **-itet** radioactivity
radio|amatör radio amateur **-antenn** [radio] aerial (*Am.* antenna) **-apparat** radio (wireless) [set (receiver)] **-bil** (*polis-*) radio patrol car; (*på tivoli*) bumper (dodgem) car **-bolag** broadcasting company (corporation); *Brittiska ~et* the British Broadcasting Corporation (*förk.* BBC) **-fyr** radio beacon **-fysik** radio physics (*pl*) **-förbindelse** radio contact **-föredrag** radio talk **-grammofon** radiogram[ophone]
radioisotop radioisotope
radio|kompass radio compass, homing device **-konsert** radio concert **-licens** radio (wireless) licence
radiolog radiologist **-i** *s3* radiology **-isk** [-'lå:-] *a5* radiologic[al]
radio|lur earphone, headphone **-lyssnare** listener **-länk** radio relay station (tower) **-mast** radio pylon (tower) **-mottagare** radio (wireless) receiver (receiving set) **-orkester** radio orchestra **-pejl** *s3* direction finder **-pejling** direction finding **-pjäs** radio play **-polis** police equipped with radio **-program** radio (broadcasting) program[me] **-reparatör** radio serviceman **-reporter** radio commentator **-rör** radio valve (*Am.* tube) **-signal** radio signal **-sond** radiosonde **-station** radio (broadcasting) station **-styrd** [-y:-] *a5* radio-controlled(-guided) **-störning** interference; (*avsiktlig*) jamming **-sändare** radio (wireless) transmitter **-sändning** broadcast, radio transmission **-teater** radio theatre **-teknik** radio engineering **-telefoni** radiotelephony **-telegraf** radiotelegraph **-telegrafera** wireless, radio **-telegrafi** wireless telegraphy, radiotelegraphy **-telegrafist** radio operator **-telegram** radiogram **-teleskop** radiotelescope
radioterapi radiotherapy
radio|utrustning radio (wireless) equipment **-utsändning** broadcasting, radio transmission; *en* ~ a broadcast **-våg** radio wave
radium ['ra:-] *s8* radium **-behandling** radium treatment **-strålning** radium radiation
radiär *a1* radial
radon [-'då:n] *s4, s3, kem.* radon
rad|såningsmaskin seed (*Am.* grain) drill **-vis** in rows
raff|el ['raff-] *s7* (*-lande innehåll*) thrills (*pl*)
raffin|ad *s3* refined sugar **-aderi** refinery **-emang** *s7, s4* refinement; elegance, sophistication **-era** refine **-erad** *a5, bildl.* refined; (*utsökt*) exquisite, consummate **-ering** refining
rafflande *a4* thrilling, exciting
rafräschissör scent spray, atomizer
rafs|a ~ *ihop* rake (scrape) ... together, (*brev o.d.*) scribble off **-ig** *a1* (*slarvig*) slapdash
ragata [-ˣga:-] *s1* vixen, shrew
ragg *s2* goat's hair; (*friare*) shag
ragg|a pick up girls **-arbil** neckmobile, hot rod **-are** hot-rod teenager
ragg|ig *a1* shaggy; (*om hår, skägg äv.*) rough, coarse **-munk** *kokk.* potato pancake **-socka** thick sock, skiing-sock
ragla stagger, reel
raglan ['ragg-] *best. f. raglan, pl -s* raglan [coat] **-ärm** raglan sleeve
ragnarök [ˣraŋna-] *r el. n* twilight of the gods
ragu *s3* ragout; ~ *på* ... (*äv.*) stewed ...
raja ['rajja] *s1* rajah
rajd *s3* reindeer drive
rajgräs [ˣrajj-] rye-(ray-)grass
rak *a1* **1** straight (*linje* line; *rygg* back); (*upprätt*) erect, upright; *gå* ~ [*i ryggen*] walk erect; *gå ~a vägen hem* go straight home; *stå* ~ stand straight **2** *sport.*, *~a hopp* plain high-diving; *en ~ vänster* a straight left; *ta tre ~a set* win three straight sets **3** ~ *ordföljd* normal word-order; *~a motsatsen* exactly the reverse; *på ~ arm* at arm's length, *bildl.* off-hand, straight off; *det enda ~a* (*vard.*) the only right thing
1 raka I *s1* rake **II** *v1* rake
2 raka *v1* (*rusa*) dash, dart, rush (*i väg* off); ~ *i höjden* shoot up
3 rak|a *v1* (*barbera*) shave (*äv.* ~ *sig*); *låta ~ sig* get shaved (a shave); *~s eller klippas?* a shave or a haircut? **-apparat** safety-razor; (*elektrisk*) electric shaver (razor) **-blad** razor blade **-borste** shaving-brush **-don** shaving-things
raket *s3* rocket; (*robot*) [guided] missile; *han for i väg som en* ~ he was off like a shot (lightning) **-bana** trajectory of a rocket **-bas** rocket (missile) base **-drift** rocket (jet) propulsion **-driven** *a5* rocket-propelled(-powered) **-flygplan** rocket[-propelled] aircraft **-gevär** bazooka **-hylsa** rocket cylinder **-steg** rocket stage **-vapen** missile [weapon]
rakhyvel safety razor
rakitis *s3* rickets, rachitis
rak|kniv razor **-kräm** shaving cream
raklång (*ligga* lie) full length; *falla* ~ *på marken* fall flat on [to] the ground
rakmaskin *se -apparat*
rakna [ˣra:k-] straighten, become (get) straight; (*om hår*) go out of (lose its) curl
rakning [ˣra:k-] shaving; *en* ~ a shave
rakryggad *a5* straight-backed; *bildl.* upright, uncompromising

rak|salong barber's [shop], barber shop **-spegel** shaving-mirror **-strigel** razor strop
raksträcka straight, stretch
rakt [ra:-] *adv* **1** straight, direct; *gå ~ fram* walk straight on; *~ upp och ner* straight up and down; *~ österut* due east; *ljuga ngn ~ i ansiktet* tell s.b. a lie straight to his face; *det bär ~ åt skogen* it is going straight to the dogs; *i ~ nedstigande led* in a direct line; *gå ~ på sak* come straight to the point; *som går ~ på sak* straightforward **2** (*absolut*) absolutely; (*precis*) just; (*riktigt*) downright; *sälja för ~ ingenting* sell for next to nothing; *det gör ~ ingenting* it does not matter in the least; *till ~ ingen nytta* of absolutely no (of no earthly) use
rak|tvål shaving soap **-vatten** shaving water; (*efter -ning*) after-shave lotion
ralj|ant [-'jaŋt, -'jannt] *a1* bantering; (*spefull*) teasing **-era** banter; *~ med ngn* chaff (tease) s.b. **-eri** raillery, banter
rall *s2*, *zool.* rail
rallare navvy
1 ram *s2* (*tavel-, cykel- etc.*) frame (*äv. typ.*); *bildl.* framework, setting; (*omfattning*) scope, limits (*pl*); *inom glas och ~* framed; *inom ~en för* within the limits (scope, framework) of; *falla utom ~en för* be outside the scope of
2 ram *s2* (*björntass*) paw; *suga på ~arna* (*bildl.*) live on one's hump
3 ram *superl. -aste, oftast i best. f.*, *på rena ~a allvaret* in dead[ly] earnest; *på rena ~a bondlandet* in the country pure and simple; *rena ~a sanningen* the plain (naked) truth
ram|a *~ in* frame **-antenn** frame (loop) aerial
ramaskri outcry; *höja ett ~* raise an outcry (*mot* against)
ram|avtal general (basic) agreement; *uppgöra ~ för* draw up the general framework for **-berättelse** frame story
ramla (*falla omkull*) fall (tumble) down; *~ av hästen* fall off the horse; *~ nedför trappan* fall down the stairs; *illusionerna ~de* my illusions were shattered
ramm *s2*, *sjö.* ram **-a** ram; *bildl. äv.* strike
rammakare frame-maker, carver and gilder
rammelbuljong *få ~* get a thrashing
ramp *s3* **1** *teat.* footlights (*pl*) **2** (*uppfartsväg*) ramp, slope **-feber** stage-fright **-ljus** footlights (*pl*); *bildl.* limelight
ramponera damage, batter
rampris bargain [price]; *till* (*för*) *~* at bargain prices
rams|a *s1* string; (*osammanhängande*) rigmarole; (*rimmad*) doggerel; *svära långa -or* swear like a trooper
ramsvart raven-(jet-)black
ram|såg frame saw **-verk** framework, framing
rand *-en ränder* **1** (*kant o.d.*) edge, verge; (*bryn*) fringe; (*brädd*) brim; *bildl.* verge, brink; *vid gravens ~* on the brink of the grave **2** (*på tyg*) stripe; (*strimma*) streak **-a** (*förse med ränder*) stripe, streak **-anmärkning** marginal note; (*friare*) comment; *förse med ~ar* annotate in the margin **-as** *dep* dawn; *när dagen ~* at daybreak, *svåra tider ~* hard times are in the offing **-hav** marginal sea **-ig** *a1* striped; (*om fläsk*) streaky; *det har sina ~a skäl* there's a very good reason for it **-ning** striping, stripes **-stat** border state **-sydd** *a5* welt (*sko* shoe)
rang *s3* rank; (*social äv.*) standing, status; *företräde i ~* precedence; *ha högre ~ än* take precedence of; *ha samma ~ som* rank with; *stå över* (*under*) *ngn i ~* rank above (below) s.b.; *ambassadörs ~* ambassadorial rank; *en första ~ens ...* a first-rate(-class) ...; *en vetenskapsman av ~* an eminent scientist; *göra ngn ~en stridig* compete with s.b. for precedence, challenge a p.'s position
ranger|a [raŋ'ʃe:ra] **1** range, rank **2** *järnv.* marshal, shunt **-ad** *a5* (*välsituerad*) well-to-do; (*stadgad*) established **-bangård** marshalling (shunting) yard; *Am.* classification yard
ranglig *a1* (*gänglig*) lanky; (*ostadig*) rickety, ramshackle
rang|lista ranking-list **-ordning** order of precedence, ranking order; *i sträng ~* in strict [order of] precedence **-plats** leading place; *inneha en ~* hold an eminent position **-rulla** gradation-list **-skala** *se -ordning*; *den sociala ~n* (*äv.*) the social ladder **-skillnad** difference in rank
1 rank *a1* (*smärt*) slim; tall and slender
2 rank *a1* (*om båt*) crank[y]
1 ranka *i uttr.: rida ~* ride a-cock-horse
2 ranka *s1*, *bot.* runner, creeper; (*bildl. om kvinna*) clinging vine
rankig *a1*, *se 2 rank*; (*skraltig*) rickety (*trilla* surrey)
rann *imperf av rinna*
rannsak|a *jur.* try; (*förhöra*) examine, hear; (*pröva*) search, ransack (*sitt minne* one's memory); *~d och dömd* tried and found guilty; *~ hjärtan och njurar* search men's hearts **-ning** [-a:k-] *jur.* trial; (*förhör*) examination, hearing; (*prövning*) searching, ransacking; *utan dom och ~* without either judicial trial or sentence; *hålla ~ med* conduct the trial (hearing) of **-ningsdomare** judge conducting the trial **-ningsfängelse** remand prison
ransọn *s3* ration; *ta ut sin ~* draw one's ration[s *pl*] **-era** ration; (*utportionera*) portion out **-ẹring** rationing; *~[en] av matvaror* (*äv.*) food-rationing; *upphäva ~[en]* deration **-eringskort** ration-card
ranta run (*i trapporna* up and down the stairs; *omkring* about)
ranunkel [-'nuŋkel] *s2*, *s3* ranunculus
rap|a -ning [-a:-] belch
1 rapp *s2* (*häst*) black horse
2 rapp *s7* (*slag*) blow; (*med piska o.d.*) lash
3 rapp 1 *s7*, *i ~et* in a moment, at once, in the twinkling of an eye **2** *a1* quick, swift, prompt; (*i fingrarna*) nimble; *~ i munnen* ready-tongued
1 rappa *~ till ngn* slap s.b.
2 rappa *~ på*, *~ sig* be quick, get a move on
3 rappa (*kalkslå*) plaster, rough-cast
rappakalja *s1* rubbish, bunkum
rapp|höna -höns partridge
rappning plastering; *konkr.* plaster
rappọrt [-å-] *s3* report; account; *avlägga ~ om* report on, give a report on (of) **-era** report, make a report of **-karl** *mil.* orderly

-tjänst *mil.* dispatch service -ör reporter; informant; (*angivare*) informer
raps *s3* rape
rapsodi *s3* rhapsody **-sk** [-'sɷ:-] *a5* rhapsodic[al]
rapsolja rapeseed (colza) oil
rar *a1* **1** (*sällsynt*) rare, uncommon **2** (*älskvärd*) nice, kind, sweet **-ing** darling **-itet** *s3* rarity; *konkr.* rare specimen; curiosity, curio
1 ras *s3* (*människo-*) race; (*djur-*) breed, stock
2 ras *s7* **1** (*skred*) [earth-]slip, slide; (*jord-*) landslide; (*av byggnad*) collapse **2** (*vild lek*) romp[ing], frolic[king] **-a 1** (*falla ner*) give way, fall down; collapse; (*om tak o.d.*) fall in; (*om jord o.d.*) slide **2** (*stoja*) romp, rampage, frolic; (*om hav, storm o. bildl.*) rage; (*vara ursinnig*) fume, rave; *ungdomen ~r* youth is having (must have) its fling; *stormen har ~t ut* the gale has spent its fury **-ande I** *a4* raging (*storm* gale; *lidelser* passions); (*ursinnig*) furious (*på* with; *över* at); *Am. äv.* mad (*på* at; *över* about); *bli ~* get into a rage (passion); *i* (*med*) *~ fart* at a furious (breakneck) pace, at lightning speed **II** *adv* (*väldigt*) awfully (*stilig* smart); *~ hungrig* ravenously (furiously) hungry
ras|biologi human genetics (*sg*), racial biology **-blandning** miscegenation; mixture of races (*om djur:* breeds) **-diskriminering** racial discrimination **-djur** (*häst*) thoroughbred; (*katt, hund etc.*) pedigree cat (dog *etc.*)
rasera demolish, dismantle; raze, pull down
raseri rage, fury; frenzy; *gripas av ~* be seized with frenzy; *råka i ~* fly into a rage **-anfall** fit of rage; *få ett ~* fly into a rage
rasering demolition, dismantling; pulling down
ras|fördom racial prejudice **-förföljelse** racial persecution **-hat** racial hatred **-hygien** *s3, ej pl* eugenics (*pl*) **-häst** thoroughbred
1 rask *s7* refuse, thrash; *hela ~et* the whole lot
2 rask *a1* **1** quick, speedy, rapid, swift; (*flink*) nimble; (*fortfärdig*) prompt, expeditious; (*hurtig*) brisk; (*käck*) brave; *i ~ takt* at a rapid (brisk) pace (rate); *i ~ följd* in rapid succession **2** (*frisk*) well, healthy; *~ och kry* hale and hearty **-a** *~ sig, ~ på* hurry up, make haste; *~ på ngn* hurry s.b. on
raskrig racial war
raskt *adv* quickly *etc.*; *det måste gå ~* it must be done quickly; *handla ~* take prompt action
rasminoritet racial minority
1 rasp *s2* (*verktyg*) rasp, grater
2 rasp *s7* (*skrap*) rasp[ing sound]; (*pennas*) scratching **-a** rasp, grate; *pennan ~r* the pen scratches
ras|problem racial problem **-ren** pure-bred; thoroughbred; pedigree
rass|el ['rass-] *s7* clatter; (*av vapen*) rattle, clank; (*prassel*) rustle; *med.* râle **-la** clatter; rattle, clank; (*prassla*) rustle
rast *s3* (*vila*) rest, repose; (*uppehåll*) pause, rest; *mil.* halt; *skol.* break, recess; *utan ~ eller ro* without a pause (breather), non-stop **-a 1** (*ta rast*) rest, have a break; *mil.* halt **2** (*motionera*) take ... out for exercise
raster ['rass-] *s7, typ.* screen; (*TV-*) raster; *förse med ~* screen **-täthet** screen ruling; (*i TV*) scanning density
rast|lös restless; agitated, fidgety **-löshet** restlessness; agitation, fidgetiness **-ning** exercising; airing **-plats** halting-place; (*vid bilväg*) lay-by, pull-up
rasåtskillnad *se rasdiskriminering*
rata (*försmå*) despise; (*förkasta*) reject
rate [rejjt, ret] *s5* (*fraktsats*) rate; (*delbetalning*) instalment
ratificer|a ratify **-ering** ratification
ration|alisera [-tʃɷ-] rationalize; improve efficiency **-alisering** rationalization; efficiency improvement **-aliseringsexpert** [business] efficiency expert **-alism** rationalism **-alist** rationalist **-alistisk** *a5* rationalist[ic] **-ell** *a1* rational **-ellt** *adv* rationally; *~ utformad* scientifically outlined (designed)
ratt *s2* (*bil-*) [steering-]wheel; *tekn.* hand wheel; (*radio-*) knob **-fylleri** drunken driving **-fyllerist** drunken driver **-kälke** bob-sleigh **-lås** steering-wheel lock **-stång** steering column **-växel** steering column gear change
ravaillac [ˣravvajak, 'ravv-] *s2* rogue; reveller
ravin *s3* ravine
rayon [-'jå:n] *s4* (*tyg*) rayon
razzia ['rattsia, 'rassia] *s1* raid; round-up; *göra ~* raid, round-up
rea *se jet*
rea|gens *s7, s3* reagent, test (*på* for) **-genspapper** test (indicator) paper **-gera** react (*för* to; *mot* against; *på* on); *~ alkaliskt* give an alkaline reaction; *hur ~r han inför ...?* what is his reaction to ... ?
reajaktplan jet fighter
reakt|ans *s3* reactance **-ion** [-k'ʃɷ:n] reaction; response
reaktions|drift jet propulsion **-driven** *a5* jet-propelled **-förmåga** reactivity **-hastighet** reaction rate (speed) **-motor** jet engine
reak|tionär [-kʃ-] *s3 o. a1* reactionary **-tor** [-ˣakktår] *s3* reactor
real *a1* real, actual; (*saklig*) factual **-examen** *ung.* intermediate school-leaving examination; *eng. motsv.* General Certificate of Education, ordinary level (*förk.* G.C.E., O-levels) **-genus** common gender **-gymnasium** *ung.* secondary modern school **-ia** *pl* facts, realities; (*-vetenskaper*) concrete (exact) sciences **-inkomst** real income
realis|ation 1 *hand.* sale **2** (*förverkligande*) realization; (*förvandling i reda pengar äv.*) conversion **-ationsvinst** capital gain **-ationsvärde** bargain (clearance) value, sale price **-era 1** *hand.* sell off (out), clear stock[s] **2** (*förverkliga*) realize; (*tillgångar äv.*) convert into cash **-erbar** [-e:r-] *a1* **1** (*utförbar*) practicable, feasible **2** (*säljbar*) salable, realizable
real|ism realism **-ist** realist **-istisk** *a5* realistic; ('*nykter*') matter-of-fact **-iter** [re'a:-] in reality (fact), actually **-itet** *s3* reality; *i ~en* in reality, practically speaking
real|kapital real capital **-linje** *skol.* science (modern) side; *gå ~n* be on the science (modern) side **-lön** real wages (*pl*) **-politik** practical politics (*pl*) **-skola** *ung.* secondary

modern school **-tillgångar** *pl* tangible assets **-union** legislative union **-värde** real (actual) value; (*mynts*) intrinsic value
rea|motor jet engine **-plan** jet plane
reassur|ans [-'raŋs] *s3* reinsurance **-era** reinsure
rebell *s3* rebel, insurgent **-isk** *a5* rebellious, insurgent
rebus ['re:-] *s2* picture puzzle, rebus
recens|ent reviewer, critic **-era** review **-ion** [-n'ʃɷ:n] review **-ionsexemplar** review[er's] (advance) copy
recentior [-ˣsänn(t)siår, -'sänn-] *s3* [*pl* -'å:-] *univ.* freshman
recept *s7, med.* [doctor's] prescription (*på* for); *kokk., tekn., bildl.* recipe (*på* for); *expediera ett ~* make up a prescription; *skriva ut ~ på ngt* (*äv.*) prescribe s.th.; *endast mot ~* on doctor's prescription only **-arie** *s5* dispenser **-belagd** *a5* subject to prescription; *~a läkemedel* drugs sold on prescription only **-ion** [-p'ʃɷ:n] reception **-iv** *a1* receptive **-ivitet** receptivity **-ur** dispensary
recett *s3* box-office returns (*pl*) **-föreställning** benefit performance
recidiv *s7, s4* relapse, return, recurrence; *få ~* have a relapse
recipi|end *s3* (*inom orden*) recipiendary **-ent** *tekn.* container **-era** (*intas i orden*) be initiated (*i* into); (*inta i orden*) conduct the initiation of
recipro|citet [-å-] reciprocity **-k** [-'prå:k] *a1* reciprocal
recit|ation recitation; reading **-ativ** *s7* recitative **-atris -atör** reader **-era** recite
red *imperf av rida*
1 reda *s1* **1** (*ordning*) order; *ordning och ~* order and method; *det är* [*ingen*] *~ med honom* he is [not] to be counted upon; *bringa* (*få*) *~ i* bring (get) into order; *hålla ~* (*ordning*) *på* keep ... in [good] order (*jfr äv. 2*) **2** (*få veta*), *få ~ på* get to know, find out, (*finna*) find; *göra ~ för* account for; *ha ~ på* know [about], be aware of; *ha väl ~ på sig* be well informed; *hålla ~* (*rätt*) *på* keep count of (*jfr äv. 1*); *ta ~ på* (*skaffa kännedom om*) find out, (*söka rätt på*) find (*åt ngn* for s.b.)
2 reda *oböjl. a, i ~ pengar* in cash, in ready money
3 red|a *v2* **1** (*be-*) make, prepare (*ett bo* a nest; *ett läger* a bed); (*~ ut*) comb (*ull* wool); (*klargöra*) clear up, sort out (*sina intryck* one's impressions) **2** (*av-*) thicken (*en soppa* a soup) **3** *rfl* (*om sak*) *det -er sig nog* things will come out all right; (*om pers.*) get on, manage; *~ sig själv* help o.s.; *han -er sig nog* he will manage all right **4** *~ upp* settle, fix, (*svårighet*) clear up; *~ ut* (*ngt tilltrasslat*) unravel, (*klargöra*) explain
redak|tion [-k'ʃɷ:n] **1** (*utgivande*) editing; (*utgivarskap*) editorship; (*avfattning*) wording; *under ~ av* edited by **2** (*personal*) editorial staff; (*lokal*) editorial office (department) **-tionell** *a1* editorial **-tionschef** editor-in-chief, managing editor **-tionskommitté** editorial committee **-tionssekreterare** *ung.* assistant editor-in-chief **-tör** editor
redan (*som bestämning t. predikatsverbet*) already; (*i övriga fall*) as early as, even, (*just, själva*) very; *är du hemma ~?* are you home already?; *~ på 1600-talet* as early (long ago, far back) as the 17th century; *~ då* even then, as early as that; *~ förut* even before this; *~ efter tre gånger* after only three times; *~ i dag* this very day; *~ samma dag* [on] the very same day; *~ länge* [for] a long time (ever so long); *~ som barn* while still (even as) a child; *~ tanken på* the mere thought of
redare shipowner
redbar [ˣre:d-] *a1* (*rättrådig*) honest, upright; (*samvetsgrann*) conscientious **-het** honesty, uprightness; conscientiousness
1 redd *s3* road[stead]; *ligga på ~en* lie (be) in the roads
2 redd *a5* thick[ened] (*soppa* soup)
rede *s6* nest
rederi shipping company, shipowners (*pl*); carrier **-näring** shipping [business]
redig *a1* **1** (*ej trasslig*) orderly; (*om handstil*) clear, legible; (*lätt begriplig*) intelligible, lucid; (*vid full sans*) in one's right senses; *ett ~t huvud* a clear intellect **2** *en ~ portion* a substantial helping; *en ~ karl* a reliable chap, a good sort; *en ~ förkylning* a severe cold
rediger|a [-'ʃe:-] edit; draft, formulate **-ing** editing
redighet clarity, lucidity
redingot ['reddiŋgåt] *s3* frock-coat
rediskonter|a rediscount **-ing** rediscount[ing]
redlig [ˣre:d-] *a1, se redbar* **-en** honestly, loyally; *~ sträva* make honest efforts
redlös **1** *sjö.* disabled **2** (*drucken*) blind (helplessly) drunk
redning [ˣre:d-] *kokk.* thickening (*äv. konkr.*)
redo *oböjl. a* ready, prepared; *var ~!* be prepared! **-bogen** *a3* ready, willing **-göra** *~ för a*) (*redovisa*) account for, report on, *b*) (*beskriva*) describe, give an account of; *~ närmare för* give details (a detailed description) of; *i korthet ~ för* outline, give a brief outline (summary) of **-görelse** [-j-] account (*för* of), report (*för* of, on) **-visa** *bokf.* record; *~ för* account for, give an account of; *bolaget ~r vinst* the company shows (reports) a profit **-visning** account; (*räkenskapsbesked*) statement of accounts; *brista i ~* fail to render an account **-visningsskyldig** accountable, required to render accounts **-visningsskyldighet** accountability, obligation to render accounts
redskap [ˣre:d-] *s7, koll. s9* instrument (*äv. bildl.*); (*verktyg*) tool, implement (*äv. bildl.*); (*utrustning*) equipment, tackle; *gymn.* apparatus
redskapsbod tool shed
redu|cera reduce; cut (bring) down **-cerbar** [-e:r-] *a1* reducible **-ceringsventil** reducing (back pressure) valve **-ktion** [-k'ʃɷ:n] reduction **-ktionstabell** conversion table
redupli|cera reduplicate **-kation** reduplication
redutt *s3, mil.* redoubt
reell [re'ell] *a1* **1** (*verklig*) real, actual; (*påtaglig*) tangible **2** *se rejäl*
refer|at *s7* account, report; (*sammandrag*) summary **-endum** [-ˣrenn-] *s8* referendum

(*pl äv.* referenda) **-ẹns** *s3* reference; *lämna ~er* give references; *svar med ~er* reply stating references **-ensbibliotek** reference library **-ent** reporter **-era** (*ge -at av*) report, give an account of; ~ *till* refer to; *~nde till Ert brev* with reference to (referring to) your letter

reflekt|ant (*spekulant*) prospective buyer **-era 1** (*återspegla*) reflect, throw back **2** (*tänka*) reflect, cogitate (*över* upon); ~ *på* (*anbud, förslag*) consider, entertain, (*en vara*) be open (in the market) for, be buyer of; ~ *på en plats* think of applying for a post **-ion** [-k'ʃɷ:n] *se reflexion* **-or** [-ˣflekktår] *s3* reflector

reflẹx *s3* reflex **-band** luminous tape **-ion** [-ek'ʃɷ:n] **1** *fys.* reflection, reflecting; (*av ljud*) reverberation **2** *bildl.* reflection, meditation; (*slutsats*) deduction; (*uttalad*) comment **-ionsförmåga** reflective power **-iv** ['reff-] *a1* reflexive **-rörelse** reflex movement (action) **-verkan** reflex effect

reform [-'fårrm] *s3* reform; *införa ~er* introduce reforms **-anda** reform spirit **-ation** reformation; *~en* the Reformation **-ator** [-ˣa:tår] *s3* reformer **-atọrisk** *a5* reformatory, reforming **-era** reform **-ert** [-'mä:rt, -e:-] *a4*, *den ~a kyrkan* the Reformed Church; *en* ~ a Reformist; *de ~a* the Reformed **-fiende** **-fientlig** anti-progressive **-iver** reforming zeal **-strävande** *a4*, *~n* reforming efforts, struggle for reform **-vänlig** favourable to reform

refraktion [-k'ʃɷ:n] *fys.* refraction

refrạng *s3* refrain, chorus; *falla in i ~en* join in the chorus; *tänka på ~en* (*vard.*) think about leaving

refụg[e] *s3*, [-'fy:ʃ, *s5*] refuge

refuser|a refuse, reject **-ing** refusal, rejection

regạl *s3, boktr.* composing frame

regal|era regale **-ier** [-'ga:-] *pl* regalia **-skepp** [-ˣga:l-] man-of-war, ship-of-the-line

regatta [-ˣgatta] *s1* regatta

1 regel [ˣre:-] *s2* (*för dörr*) bolt; *skjuta för ~n* bolt the door

2 reg|el ['re:-] *s3* (*norm etc.*) rule, regulation; *-ler och anvisningar* rules and regulations; *ingen ~ utan undantag* no rule without an exception; *uppställa -ler för* draw up rules for; *enligt -lerna* according to rule (the rules); *mot -lerna* against the rules; *i* (*som*) ~ as a rule, usually; *göra det till en ~* make it a rule

regel|bunden *a3* regular; ~ *puls* normal pulse **-bundenhet** regularity **-lös** (*utan regler*) lawless; (*oordentlig*) irregular; (*tygellös*) licentious **-mässig** *a1*, *se -bunden* **-rätt** *a4* regular; (*korrekt*) correct; (*sannskyldig*) regular, proper **-vidrig** contrary to the rule[s]

regemẹnte [-g-, -j-] *s6* **1** *mil.* regiment **2** (*regering*) government, rule; *föra ett strängt ~* rule with severity

regements|chef regimental commander **-kamrat** *vara ~er* be in the same regiment **-läkare** army (regimental) doctor **-pastor** regimental chaplain, padre

regener|ation [-j-] regeneration **-atịv** *a1* regenerative **-ator** [-ˣa:tår] *s3* regenerator **-era** regenerate

regent [-j-] ruler. sovereign; (*ställföreträdare*) regent **-längd** table of monarchs (rulers) **-skap** [-ˣjennt-] *s7* regency

reger|a [-j-] **1** (*styra*) govern; (*härska*) rule; (*vara kung*) reign; *medan han ~de* (*äv.*) during his reign **2** (*behärska*) rule, govern; *~s av sina lidelser* be dominated by one's passions **-ing** (*regeringstid*) rule, reign; (*-ande*) rule, government; (*verkställande myndighet*) government; *Am. vanl.* administration; *tillträda ~en* (*om kung*) accede to the throne, (*om myndighet*) take office; *bilda ~* form a government; *den sittande ~en* the government in power

regerings|beslut government decision **-bildning** formation of a government **-bänken** the government (*Engl.* treasury) bench **-chef** head of the (a) government; prime minister **-fientlig** anti-government; oppositional **-form 1** (*statsskick*) form of government **2** (*grundlag*) constitution; *1809 års ~* the 1809 Constitution Act **-förslag** government proposal (proposition) **-kris** cabinet crisis **-ledamot** minister of state, cabinet minister **-organ** government organ **-parti** government party **-råd** Justice of the Supreme Administrative Court; *Engl.* Lord Justice **-rätt** *~en* the Supreme Administrative Court **-ställning** *vara i ~* be in power (office) **-tid** (*regents*) reign; (*regerings*) period of office **-år** year of reign

regi [-'ʃi:] *s3* management; *teat.* stage management; *film.* direction; (*iscensättning*) production; *i statlig ~* under government auspices **-anvisning** *~ar* acting (stage) directions

regim [-'ʃi:m] *s3* management, administration, regime; *ny ~* (*hotell- e.d.*) new management **-förändring** change of management

regiọn *s3* region; district, area **-ạl** *a1* regional **-plan** regional plan

regiss|era [reʃi-] produce; (*film*) direct **-ör** producer; (*film., radio. o. Am.*) director

regist|er [-'jiss-] *s7* **1** register, roll, record; (*ord-, sak-*) index **2** (*orgel-*) [organ-]stop; (*tonomfång*) range **-erkort** index card **-erton** *sjö.* register[ed] ton **-rator** [-ˣra:tår] *s3* registrar, recorder **-ratur** *s7*, *s3* copies (*pl*) of public documents; registrar's office **-rera** register, record **-rẹring** registration **-reringsavgift** registration fee **-reringsbokstav** (*på bil*) index mark **-reringsnummer** registration number **-reringsskylt** (*på bil*) number plate

regla [ˣre:g-] bolt

reglage [-'la:ʃ] *s7* control, lever

reglement|ạrisk *a5* in conformity with regulations **-e** [-'mennte] *s6* regulations, rules (*pl*); *~t föreskriver* the regulations prescribe **-era** regulate

reglements|enlig [-e:nl-] *a1* according to regulations **-vidrig** contrary to regulations

regler|a regulate; (*justera*) adjust; (*arbetstid, skuld etc.*) settle; *~d befordringsgång* statutory system of promotion **-bar** [-e:r-] *a1* adjustable **-ing 1** regulation; adjustment; settlement **2** *med.* menstruation

reglẹtt *s3, boktr.* lead, reglet

regn [reŋn] *s7* rain; *bildl. äv.* shower, hail; *ett stritt ~* a heavy rain, a downpour; *i ~ och rusk* in chilly wet weather; *efter ~ kommer* *solsken* (*bildl.*) every cloud has a silver lining; *det ser ut att bli* ~ it looks like rain **-a** rain; *bildl. äv.* shower, hail; *det ~r* it is raining; *det ~r in* it is raining in (*genom fönstret* at (through) the window); *det ~r småsten* it is raining cats and dogs; *låtsas som om det ~r* look as if nothing were (was) the matter **-blandad** ~ *snö* rain mingled with snow **-by** rain-squall **-båge** rainbow **-bågshinna** iris **-dis** rainy mist **-droppe** raindrop **-fattig** with little rain, dry **-ig** *a1* rainy; wet **-kappa** raincoat, mackintosh, waterproof **-moln** rain cloud **-mätare** rain-gauge, pluviometer **-område** area with rainfall **-rock** *se -kappa* **-skog** rain-forest **-skur** shower [of rain] **-stänk** spots of rain; *det kom bara några* ~ there were only a few spots **-tid** rainy season; *~en* (*äv.*) the rains (*pl*) **-tung** rain-laden **-vatten** rain-water **-väder** rainy weather; *vara ute i -vädret* be out in the rain

regress (*återgång*) retrogradation **-ion** [-e'ʃɷ:n] regression **-iv** *a1* regressive **-rätt** right of recourse

reguladetri *s3* rule of three

regul|ator [-ˣa:tår] *s3* regulator **-jär** *a1* regular

regummera retread, recap; (*slitbana*) topcap

rehabiliter|a rehabilitate **-ing** rehabilitation

reine claude [rä:n 'klå:d] *s5, se renklor*

reinkarn|ation [re-in-] reincarnation **-era** reincarnate

rejäl *a1* (*pålitlig*) honest, reliable; (*ordentlig, bastant*) proper, jolly good; *ett ~t mål mat* a good square meal

rek *s7* registered letter

rekambioräkning re-exchange account

rekapituler|a recapitulate **-ing** recapitulation, summing-up

reklam *s3* advertising; (*publicitet*) publicity; *konkr.* advertisement; *braskande* ~ loud (showy) advertising; *göra ~ för* advertise, *vard.* boom, puff; *göra ~ för sig själv* blow one's own trumpet **-affisch** advertising poster (bill) **-anslag** publicity allocation **-artikel** publicity device; advertising gift

reklamation (*återfordran*) reclaim; (*klagomål*) complaint, claim; *post.* inquiry [about a missing letter (parcel)]

reklam|avdelning publicity (advertising) department **-broschyr** publicity (advertising) leaflet **-byrå** advertising agency **-chef** advertising manager

1 reklamera (*klaga*) complain of; *post.* inquire for (about); ~ *en leverans* reject (complain of) a delivery

2 reklamera (*göra reklam för*) advertise, *vard.* boom, puff

reklam|erbjudande bargain (special) offer **-film** advertising film, commercial **-kampanj** advertising (publicity) campaign **-ljus** neon light **-man** publicity (advertising) expert **-material** promotion material **-pris** bargain price **-skylt** advertising sign **-tecknare** commercial artist **-teckning** *konkr.* advertisement designing; *abstr.* commercial art **-text** [advertising] copy **-tryck** advertising matter **-ändamål** *för* ~ for advertising purposes

rekognoser|a [-kåŋnå-] reconnoitre; scout; ~ *terrängen* (*bildl.*) see how the land lies **-ing** reconnaissance, reconnoitre **-ingstur** reconnoitring tour

rekommend|ation [-å-] **1** recommendation **2** *post.* registration **-ationsbrev** letter of recommendation (introduction) **-era 1** recommend (*ngn* (*ngt*) *för ngn* s.b. (s.th.) to s.b.); ~ *ngn på det varmaste* heartily recommend s.b.; *som kan ~s* recommendable; ~ *sig* take one's leave **2** *post.* register; *~s* (*påskrift på brev*) registered (*förk.* reg[d].); *i* (*som*) *~t brev* by registered-letter post

rekonstru|era [-å-] reconstruct **-ktion** [-k'ʃɷ:n] reconstruction

rekonvalescen|s [-å-'senns, -'ʃenns] *s3* convalescence **-t** convalescent

rekord [-'kå:rd] *s7* record; *inneha ett* ~ hold a record; *slå ~[et]* beat (break) the record; *sätta* ~ set up a record **-anslutning** *det blev* ~ there was a record number of participants **-artad** [-a:r-] *a5* unparalleled, unprecedented; record (*hastighet* speed) **-fart** record speed **-försök** attempt at the record **-hållare** record holder **-jakt** record-chasing **-siffra** record figure **-skörd** bumper harvest (crop) **-tid** *ny* ~ new record time; *göra ngt på* ~ do s.th. in record time

rekre|ation recreation; relaxation **-ationsort** health resort **-ationsresa** recreation trip **-era** [-e'e:-] refresh; ~ *sig* refresh o.s., rest, recuperate

rekryt *s3* recruit; *göra ~en* (*vard.*) do first training period as a conscript **-era** recruit, enlist **-ering** recruiting, recruitment **-tid** first period of compulsory military training **-utbildning** training of recruits

rektang|el *s2* rectangle **-ulär** [-ŋg-] *a1* rectangular

rektascension [-asen'ʃɷ:n] *astron.* right ascension

rektor [ˣrekktår, 'rekk-] *s3* headmaster, principal; (*kvinnlig*) headmistress; (*vid univ.*) vice-chancellor, *Am.* president; (*vid fackhögskola*) principal, rector, warden; *R~ Magnificus* Vice-Chancellor, *Am.* President **-at** *s7* headmastership *etc.*

rektors|befattning headmastership *etc.* **-expedition** *~en* the Headmaster's (*etc.*) office

rektorska [-'tɷ:rs-] *s1* headmaster's (*etc.*) wife

rekviem ['re:-] *s7, best. f. äv. rekviem* requiem

rekvi|rera 1 (*beställa*) order; *kan ~s genom* obtainable through **2** *mil.* requisition **-sita** [-ˣsi:-] *pl, äv. s9* (*förnödenheter*) requisites; *teat. o.d.* properties **-sition 1** (*beställning*) order **2** *mil.* requisition **-sitionsblankett** requisition form **-sitör** *teat.* property-man

rekyl *s3* **-era** recoil, kick

relatera relate, give an account of

1 relation (*berättelse*) narration; *i hans* ~ in his account (version)

2 relation 1 (*förbindelse*) relation, connection; (*förhållande*) relationship; *sätta* (*ställa*) *ngt i ~ till* relate s.th. to; *stå i ~ till* be related to **2** *~er* (*inflytelserika förbindelser*) connections; *skaffa sig fina ~er* get influential connections, climb the social ladder; *sakna ~er* (*äv.*) have no friends at court

relativ ['re:-, -'ti:v] **I** *a1* relative (*äv. gram.*); comparative (*lugn* quiet); *allting är ~t*

everything is relative **II** *s7, s4* relative **-ism** relativism **-istisk** *a5* relativistic **-itet** relativity **-itetsteori** theory of relativity **-sats** relative clause
releg|ation expulsion **-era** expel; *univ. äv.* send down, (*för kortare tid*) rusticate
relief [reli'äff, -j-] *s3* relief (*äv. bildl.*); *ge ~ åt* bring ... out in relief; *i ~* in relief **-karta** relief (raised) map **-verkan** relief effect
religion [-li'(j)ω:n] *s3* religion; (*friare*) faith, belief; (*läroämne äv.*) divinity
religions|fientlig anti-religious **-filosofi** philosophy of religion **-frihet** religious freedom **-förföljelse** religious persecution **-förkunnelse** preaching of a religion **-historia** history of religion; (*lärobok*) comparative-religion textbook **-historisk** religious-history, religio-historical **-krig** religious war **-stiftare** founder of a religion **-undervisning** religious instruction **-utövning** religious worship (practices); *fri ~* freedom of worship **-vetenskap** science of religion; comparative religion
religi|ositet [-i(j)ω-] religiousness, piety **-ös** [-i'ʃö:s] *a1* religious; sacred (*bruk* custom)
relik *s3* relic **-skrin** reliquary, shrine
relikt *s3, s4,* relict **-form** survival form
reling gunwale, rail; *manna ~* man the rail; *fritt vid ~* (*hand.*) ex ship
relä *s4* relay **-a** relay, pipe **-station** relay (repeating) station
rem [remm] *s2* strap; (*smal*) thong; (*driv-*) belt; *ligga som ~mar efter marken* go flat out
remarkabel *a2* remarkable, notable
remb[o]urs [raŋ'burrs] *s3* documentary credit; *Am.* letter of credit, commercial credit
remdrift belt-drive(-driving)
remi *s3, schack.* draw; *det blev ~* the game was drawn; *uppnå ~* achieve a draw
reminiscens [-i'senns, -i'ʃenns] *s3* reminiscence
remiss *s3, abstr.* commitment [for consideration]; *konkr.* [committee] report; (*läkar-*) doctor's letter of introduction, (*t. sjukhus*) admission note; *vara* (*utsända*) *på ~* be circulated (circulate) for comment **-a** [-ˣmissa] *s1* remittance **-abrev** remittance letter **-debatt** debate on the estimates (*Engl.* Address) **-instans** body to which a proposed [legislative] measure is referred for consideration
remitt|ent I *s3* (*växel-*) payee **II** *a4, med.* remittent **-era 1** *hand.* remit **2** (*hänskjuta*) commit (refer) for a pronouncement **3** *med.* refer, send
1 remmare *sjö.* perch, stick
2 remmare (*glas*) hock-glass, rummer
remont [-'måŋt, -'månnt] *s3* remount[-horse] **-depå** remount depot
remontera [-månt-, -måŋt-] bloom twice in one season
remplacer|a [raŋ-, ram-] replace **-ing** replacement
remsa *s1* strip, tape; (*pappers-*) slip; (*tyg-*) shred
remskiva [belt] pulley
remuladsås remoulade sauce
1 ren *s2* (*dikes-*) ditch-bank; (*åker-*) headland; (*landsvägs-*) verge
2 ren *s2* (*djur*) reindeer (*pl lika*)
3 ren *a1* (*ej smutsig*) clean; (*prydlig*) tidy; *bildl.* pure; (*idel*) pure, sheer, mere; (*oblandad, äkta*) pure, unadulterated; (*klar*) clear; *~t samvete* a clear conscience; *göra ~t* clean (*i köket* the kitchen); *göra ~t hus* (*bildl.*) make a clean sweep [of everything]; *~a galenskapen* sheer madness; *av en ~ händelse* by pure (sheer) accident; *av ~ nyfikenhet* out of sheer curiosity; *~t nonsens* sheer nonsense; *~ choklad* plain chocolate; *~a sanningen* plain truth; *säga sin mening på ~ svenska* speak one's mind in plain Swedish; *ett ~t hjärta* a pure heart; *~t spel* fair play; *~ infinitiv* the simple infinitive; *en ~ förlust* a dead (total) loss; *~ vinst* net (clear) profit, net proceeds; *~t netto* net without discount, no discount **-a 1** clean; purify; (*socker*) refine **2** *bildl.* purify; cleanse, purge
ren|avel reindeer breeding **-bete** reindeer pasture
rendera [raŋ'de:-] (*inbringa*) bring in, yield; (*ådraga*) bring ... down upon (*ngn* s.b.)
rendezvous [raŋde'vω:] *s4* rendezvous (*sg o. pl*); appointment
renegat renegade; apostate
renett *s3* renet
renfana [ˣre:n-] *bot.* tansy
ren|framställa produce in pure form **-göra** clean **-göring** [-j-] cleaning; (*städning äv.*) house-cleaning, clean-up **-göringskräm** cleansing cream **-göringsmedel** detergent, cleaner, cleaning-agent **-het** [ˣre:n-] cleanness *etc.* (*jfr ren*); purity (*äv. bildl.*); *hög ~* (*kem.*) high purity **-hetsivrare** puritan
renhjord reindeer herd
renhjärtad [ˣre:njär-] *a5* pure-hearted, pure in heart
ren|hud reindeer skin (hide) **-hudshandskar** reindeer gloves
ren|hållning cleaning; (*sophämtning*) refuse collection [and disposal]; (*gatu-*) scavenging, street-sweeping(-cleaning) **-hållningsverk** sanitary (scavenging) department **-hårig** *bildl.* honest, fair **-ing** cleaning, cleansing; (*kem. o.d.*) purification **-ingsverk** purifying (sewage-treatment) plant
renklor ['reŋklår] *pl* (*plommonsort*) greengage [plums]
renko reindeer doe, doe reindeer
renkultur pure culture
ren|kött reindeer meat **-lav** reindeer moss (lichen)
ren|levnad chastity, continence **-levnadsman** continent man; ascetic **-lig** [ˣre:n-] *a1* cleanly **-lighet** [ˣre:n-] cleanliness **-lärig** *a1* orthodox **-lärighet** orthodoxy **-odla** isolate, cultivate ... in isolation **-odlad** [-ω:-] *a5*, *bildl.* absolute, downright (*egoism* egotism)
renommé [-å-] *s4* reputation, repute; *ha gott ~* have a good name, be well reputed; *par ~* by repute (hearsay)
renons [-'nåŋs] **I** *s3* void **II** *oböjl. a*, *vara ~ i spader* be without (have no) spades; *vara fullständigt ~ på* be absolutely devoid of, have no ... whatever
renover|a renovate; *Am. äv.* revamp; (*byggnad, tavla o.d.*) restore; (*våning o.d.*) do ... up, repair **-ing** renovation; restoration; repair

ren|rakad *a5* **1** *se slät-* **2** (*barskrapad*) cleaned out, broke **-rasig** *a1* pure-bred; *se äv. rasren* **-rita** draw ... fair, make a fair copy of

rens|a **1** (*rengöra*) clean; (*bär, grönsaker*) pick over; (*fisk*) clean, gut; (*fågel*) draw; (*ogräs*) weed; (*magen*) purge; (*tömma*) evacuate; ~ *ogräs* weed **2** (*befria*) clear (*havet från ubåtar* the sea of submarines); *åskan* (*samtalet*) *~de luften* the thunderstorm (conversation) cleared the air; ~ *bort* clear away, remove **-brunn** soakaway, sinkhole **-hacka** weeding-hoe

renskiljning reindeer separation (round-up)

ren|skrift *konkr.* fair (clean) copy **-skriva** make a fair (clean) copy of, write (*på maskin:* type) out **-skrivning** making a fair (clean) copy of, (*på maskin*) copy-typing

renskötsel reindeer breeding (husbandry)

rens|ning cleaning *etc.* (*jfr -a*) **-ningsaktion** *mil.* mopping-up operation[s *pl*]; *polit.* purge **-nål** cleaning-needle

renstek joint of reindeer; (*maträtt*) roast reindeer

rent [re:-] *adv* **1** *eg.* cleanly *etc.* **2** *sjunga* ~ sing (keep) in tune; *skriva ~ åt ngn* do a p.'s fair-copying [for him *etc.*]; *tala* ~ talk properly **3** ~ *omöjlig* utterly (absolutely) impossible; ~ *praktiska detaljer* purely practical details; ~ *av* simply, absolutely, downright; *jag tror ~ av* I really believe; ~ *ut* plainly, straight [out]; ~ *ut sagt* to put it plainly, not to mince matters; *jag sade honom ~ ut* I told him frankly (in so many words) **-av** ['re:nt-] *se rent 3*

rentier [raŋ'tie:, *pl* -'e:er] *s3* gentleman of independent means

rentjur bull reindeer

rentré [raŋ-] *s3* re-entry, re-appearance

ren|tryck clean proof **-två** *bildl.* clear, exonerate; ~ *sig* clear o.s. (*från misstanke* of suspicion)

rentut ['re:nt-] *se rent 3*

renässans [-ä'saŋs] *s3, ~en* the Renaissance (Renascence); *uppleva en ~* experience renaissance **-stil** Renaissance (*etc.*) style **-tiden** the Age of the Renaissance (*etc.*)

reol [re'å:l] *s3* book-case; shelves (*pl*)

reorganis|ation [-å-] reorganization **-era** reorganize

reostat rheostat

rep *s7* rope; (*smalt*) cord; *hoppa* ~ skip; *tala inte om ~ i hängd mans hus* name not a rope in the house of him that was hanged, avoid painful topics

1 repa *s1* scratch, tear **II** *v1* scratch, tear; ~ *eld på en tändsticka* strike a match; ~ *upp* unravel, (*stickning*) undo one's knitting; ~ *upp sig* get unravelled

2 repa *v1*, ~ *gräs* pluck handfuls of grass; ~ *vinbär* string currants; ~ *löv* strip leaves

3 repa *v1*, ~ *mod* take heart; ~ *sig* recover, improve, get better

repar|abel *a2* (*-erbar*) repairable; (*möjlig att gottgöra*) reparable **-ation** repair[ing]; *vara under* ~ be under repair, be being repaired **-ationsarbete** *s6* repairs (*pl*), repair work **-ationskostnader** *pl* cost (*sg*) of repairs, repair costs **-ationsverkstad** repair shop; (*bil- vanl.*) garage **-atör** *allm.* repair man; (*bil-*) mechanic **-era** repair; *Am. äv.* fix; (*kläder o.d.*) mend; *våningen skall ~s* the flat is to be done up; *kan ej ~s* (*äv.*) is past repair

repartisera go shares (*om* for)

repatrier|a repatriate **-ing** repatriation

repe *s6, bot.* darnel

repellera repel

repertoar *s3* repertory, repertoire

repet|era repeat; *teat., mus.* rehearse; *skol.* revise **-ergevär -erur** repeater **-ition** repetition; *teat., mus.* rehearsal; *skol.* revision **-itionskurs -itionsövning** refresher course **-itorium** *s4* **1** *se -itionskurs* **2** (*lärobok*) synopsis (*i* of)

rephoppning [ˣre:phå-] skipping

repig *a1* scratched, full of scratches

replik *s3* **1** (*genmäle*) rejoinder, retort, repartee; *teat.* line, speech; *vara snabb i ~en* have a quick tongue **2** *konst.* replica **-era** reply, retort **-föring** way of arguing **-skifte** exchange (bandying) of words

replipunkt [-ˣpli:-] *mil.* base; *bildl.* basis

report|age [-år'ta:ʃ] *s7* (*nyhetsanskaffning*) reporting; (*referat o.d.*) report[age] **-er** [-'på:r-] *s9, pl äv. -ers, äv. s2* reporter; (*radio-*) [radio] commentator

represent|ant representative (*för* of); deputy; (*delegat*) delegate; (*handelsresande*) traveller **-anthuset** the House of Representatives **-antskap** *s7* representation; (*-antsamling*) representative assembly **-ation** representation **-ationskostnader** *pl* entertainment (representation[al]) expenses **-ationsmiddag** official dinner **-ationsskyldighet** *ha ~er* have to entertain **-ativ** *a1* representative (*för* of) **-era** **1** (*företräda*) represent, act for **2** (*utöva värdskap*) entertain

repressalier *pl* reprisals; *utöva ~ mot* retaliate (make reprisal) on, take reprisals against

reprimand [-'mannd, -'maŋd] *s3* reprimand

repris *s3* **1** *mus.* repeat; *teat.* revival; (*av film e.d.*) re-run, second presentation; *radio.* repeat **2** (*omgång*) turn, bout **-tecken** *mus.* repeat mark

reprodu|cera reproduce **-ktion** [-k'ʃo:n] reproduction (*äv. konkr.*) **-ktionsanstalt** process-engraving establishment (laboratory) **-ktionsavdrag** reproduction proof (pull) **-ktiv** *a1* reproductive

rep|slagare rope-maker **-slageri** (*-slagning*) rope-making; *konkr.* rope-yard, ropeworks **-stege** rope-ladder **-stump** rope's end, short piece of rope

reptil *s3* reptile

republik *s3* republic **-an** *s3* **-ansk** [-a:-] *a5* republican

repulsion [-l'ʃo:n] repulsion

reput|ation reputation **-erlig** [-'te:r-] *a1* reputable; respectable

1 res|a *v3* (*höja*) raise (*invändningar* objections); erect (*en gravsten* a gravestone); set up (*en stege* a ladder; *krav* claims); ~ *ett tält* pitch a tent; *taket är -t* the rafters are in place; ~ *talan* (*jur.*) lodge a complaint; ~ *sig* rise, (*stiga upp äv.*) get up; ~ *sig på bakbenen* rear [on its (*etc.*) hind-legs]; ~ *sig över omgivningen* rise above its environment; *håret -te sig på mitt huvud* my hair stood on end; ~ *sig ur sin förnedring* raise o.s. from degradation

2 **resa** *s1, jur., första ~n* first offence; *tredje ~n stöld* third conviction for theft

3 **res|a I** *s1* journey (*äv. bildl.*); (*sjö-*) voyage; (*över-*) crossing, passage; (*kortare*) trip; (*rund-*) tour; (*-ande*) travel; *lycklig ~!* pleasant journey!; *enkel ~* one-way trip (journey); *fri ~* free passage; *vad kostar en enkel ~?* what is the single fare?; *jag har långa -or till arbetet* I have a long journey to work; *vara [ute] på ~* be [out] travelling; *bege sig ut på ~* start (set out) on a journey; *på ~n hit såg jag* coming (on my way) here I saw **II** *v3* travel, go (*med tåg* by train; *till lands* by land); (*av-*) leave, depart (*till* for); (*om handelsresande*) travel, *vard.* be on the road; *han har -t mycket* he has travelled a great deal; *~ andra klass* travel second class; *~ bort* go away; *han -te från London i går* he left London yesterday; *~ för en firma* (*i affärer*) travel for a firm (on business); *~ hem* go home; *han har -t härifrån* he has left [here] (gone away from here); *~ igenom* pass through; *~ in till staden* go up to town; *~ omkring* travel round (about); *~ ut på landet* go [out] into the country **-ande I** *a4* travelling; (*kring-*) touring, itinerant; *ett ~ teatersällskap* a touring company; *vara på ~ fot* be travelling (on he move) **II** *s9* traveller; (*passagerare*) passenger; *~ i tyger* traveller in fabrics; *rum för ~* lodgings (*pl*) **-andebok** hotel register, visitors' book **-dag** day of travel; (*avrese-*) day of departure **-damm** *tvätta ~et av sig* wash off the dust of one's journey

rese *s2* giant

rese|berättelse account of a journey; travel book **-bidrag** travelling allowance **-byrå** travel bureau (agency) **-check** traveller's cheque

reseda [-ˣse:-, -'se:-] *s1* mignonette

reseffekter *pl* luggage (*sg*); *Am.* baggage (*sg*)

rese|förbud injunction against leaving the jurisdiction; *åläggas ~* be forbidden to travel **-försäkring** travel insurance **-grammofon** portable gramophone **-handbok** guide, guide-book **-kostnader** *pl* travel[ling] expenses **-kreditiv** traveller's (circular) letter of credit **-ledare** [tour] conductor, guide **-när** *s3* traveller; (*passagerare*) passenger **-radio** portable radio

reserv [-'särrv] *s3* reserve; *pers.* extra hand (man); *mil. o. sport.* reserve; *i ~* in reserve (store); *dolda ~er* hidden reserves (assets); *överföras till ~en* (*mil.*) be put on the reserve[d] list

reserv|ant [-är-] dissentient **-are** [-ˣsärr-] *mil.* reservist **-at** *s7* reserve; (*natur-*) national park; (*djur-*) game reserve; (*fågel-*) bird sanctuary; (*infödings-*) reservation **-ation** reservation; (*tillbakadragenhet*) reserve; *ta ngt med en viss ~* accept s.th. with some reservation; *med ~ för ändringar* subject to alteration **-ationslös** unreserved; without reservation

reserv|del spare part **-däck** spare tyre

reservera [-sär-] **1** reserve; set (put) aside; (*rum e.d.*) reserve, make reservations for, book [in advance] **2** *~ sig* make a reservation (*mot* to); (*protestera*) protest (*mot* against); *vi ~r oss för förseningar* we make reservation for delays **-d** [-'ve:-] *a5* (*beställd*) reserved, booked; (*förbehållsam*) reserved, guarded

reserv|fond reserve fund **-förråd** reserve [supply, stock] **-hjul** spare wheel **-nyckel** spare key

reservoar [-är-'a:r] *s3* reservoir; cistern, tank **-penna** fountain-pen

reserv|officer officer of (in) the reserve **-proviant** *s9, ej pl* emergency rations (*pl*) **-tank** reserve tank **-utgång** emergency exit

rese|räkning travelling-expenses account **-skildring** travel book; (*föredrag e.d.*) travelogue **-skrivmaskin** portable typewriter **-stipendium** travel[ling] scholarship (grant) **-valuta** travel (tourist) allowance

res|feber (*längtan att resa*) longing to travel; *ha ~* have the jitters before a journey **-filt** travelling rug **-färdig** ready to start (for departure)

resgods luggage; *Am.* baggage **-expedition** luggage [registration] office **-försäkring** luggage insurance **-förvaring** **-inlämning** cloak-room, left-luggage office; *Am.* checkroom

resid|ẹns *s7* residence **-ensstad** seat of provincial government; *Engl.* county town **-era** reside

resign|ation [-iŋn-, -inj-] resignation **-era** resign o.s. (*inför* to) **-ẹrad** *a5* resigned; *med en ~ min* with an air of resignation

resist|ạns *s3, elektr.* resistance **-ẹns** *s3* resistance **-ẹnt** *a1* resistant

res|kamrat fellow-traveller; (*-sällskap*) travelling companion **-kassa** cash for a journey; travelling funds (*pl*) **-klädd** dressed for a journey

reskontra [-'kånn-, ˣress-] *s1* personal ledger; (*kund-*) accounts receivable ledger; (*leverantörs-*) accounts payable ledger

res|kost provisions (*pl*) for a journey **-lektyr** light reading for the journey; *skaffa sig litet ~* get s.th. to read on the journey

reslig [ˣre:s-] *a1* tall

res|lust wanderlust **-lysten** eager to travel

resning [ˣre:s-] **1** (*uppresande*) raising, erection **2** (*höjd, ställning*) build, imposing proportions (*pl*); (*gestalt*) stature; *en man av andlig ~* a man of great moral stature **3** (*uppror*) rising, rebellion, revolt **4** *jur.* review, new trial; *ansöka om ~ i målet* bring a bill of review, lodge a petition for a new hearing

resningsansökan petition for a new trial

resol|ụt *a1* resolute; prompt **-ution** resolution; (*beslut äv.*) decision; *antaga en ~* pass (adopt) a resolution; *kunglig ~* royal ordinance, *Engl.* order-in-council **-utionsförslag** draft resolution **-vera** [-å-] decree, decide

resọn *r* reason; *ta ~* be reasonable, listen to reason, come round **-ạbel** *a2* (*om pers.*) amenable; (*om pris, argument etc.*) reasonable

resonans [-'naŋs] *s3* resonance **-botten** sounding-board

reson|emạng *s7, s4* (*diskussion*) discussion; (*samtal*) talk; (*sätt att -era*) reasoning **-emangsparti** marriage of convenience **-era** (*jfr -emang*) discuss; talk over; reason; *~ bort* explain (argue) away **-ẹrande** *a4* (*om* *framställning e.d.*) reasoned, discursive, argumentative **-lig** [-'sɷ:n-] *a1* reasonable; sensible

resor|bera [-å-] resorb **-ption** [-p'ʃɷ:n] resorption

respass *bildl.*, *få ~* get sacked, be dismissed; *ge ngn ~* give s.b. the sack, dismiss s.b.

respẹkt *s3* respect; (*högaktning*) esteem; (*fruktan*) awe; *förlora ~en för* lose one's respect for; *ha ~ med sig* command respect; *sätta sig i ~ hos* make o.s. respected by; *visa ~ för* show consideration (respect) for; *med all ~ för* with all (due) deference to **-ạbel** *a2* respectable; (*oantastlig*) irreproachable **-abilitet** respectability **-era** respect, have respect for; (*åtlyda äv.*) adhere to **-full** respectful **-ingivande** [-j-] *a4* that inspires respect **-injagande** *a4* awe-inspiring **-ive** [-'ti:-, 'ress-] **I** *oböjl. a* respective **II** *adv* respectively; *de kostar 2 ~ 3 pund* they cost 2 and 3 pounds respectively **-lös** disrespectful **-löshet** disrespect

respengar money for a journey

respir|ation respiration **-ator** [-ˣa:tår] *s3* respirator **-atọrisk** *a5* respiratory **-era** respire

respịt *s3* respite; *en månads ~* a month's grace **-tid** respite, term of grace

res|plan itinerary, travelling plan **-pläd** travelling rug

respon|dent [-å-] respondent, defendant **-sọrium** *s4* responsory

res|rutt route, itinerary **-sällskap** *abstr.* company on a journey; *konkr.* travelling companions (*pl*), (*turistgrupp*) conducted party; *få ~ med ...* have the company of ... on the (one's) journey

rest *s3* **1** *allm.* rest, remainder; *Am. äv.* balance; (*kvarleva*) remnant (*äv. tyg-*); *mat.* remainder; *hand.* balance, remainder; *~er* (*kvarlevor*) remains, (*matrester äv.*) left-overs, leavings; *~en* the rest (remainder), what is left, (*de andra*) the others; *för ~en* (*för övrigt*) for the rest, (*dessutom*) besides, moreover, (*i själva verket*) indeed, in fact **2** *vara på ~ med skatterna* be in arrears with taxes; *få ~ på en del av ämnet* (*i tentamen*) have to sit part of an examination again **-antier** [-'tanntsier] *pl* arrears, outstanding debts

restaurang [-å'raŋ, -au'raŋ] restaurant; (*hotellmatsal*) dining-room **-besök** visit to a restaurant **-branschen** catering trade (business) **-chef** restaurant manager **-nota** bill; *Am.* check **-vagn** dining-car, diner, restaurant car

restaur|ation [-au-] **1** (*-ering*) restoration **2** (*matställe*) refreshment-room, dining-saloon **-ator** [-ˣa:tår] *s3* restorer **-atris** restaurant-proprietress **-atör** restaurant proprietor, restaurateur, caterer **-era** restore **-ẹring** restoration

restera remain, be left; (*vara på rest med*) be in arrears (*med hyran* with the rent) **-nde** *a4* remaining, left over; outstanding (*skulder* debts); *~ belopp* balance, outstanding amount, remainder; *~ skatter* arrears of taxes; *~ skulder* (*äv.*) arrears

restid travelling (running) time

restitu|era **1** (*återbetala*) repay, refund, pay back **2** (*återställa*) restore **-tion** **1** (*återbetalning*) refund, repayment; (*tull-*) drawback **2** (*återställande*) restoration

rest|lager surplus (remainder) stock **-likvid** final payment **-längd** tax-arrears schedule; *komma på ~* get in arrears with one's taxes **-lös** entire, absolute; unquestioning (*hängivenhet* devotion) **-par** odd pair **-parti** remnant, odd lot

restrik|tion [-k'ʃɷ:n] restriction; *införa* (*upphäva*) *~er* introduce (lift) restrictions **-tịv** *a1* restrictive **-tivitet** restrictivity

restrött travel-weary

rest|skatt back tax, tax arrears (*pl*) **-upplaga** remainder [of an edition]; *hela ~n* all the rest of the edition

result|ant *fys.* resultant **-ạt** *s7* result; (*verkan*) effect; (*följd*) consequence; (*utgång*) issue; (*behållning*) proceeds (*pl*); *ge till ~* result in; *utan ~*, *se -atlös* **-atlös** fruitless; *blev ~* was without result (in vain, of no avail) **-era** result (*i* in); *det ~de i att* the result was that

resum|é *s3* résumé, summary, précis; *jur.* brief **-era** sum up, summarize

resụrs *s3* resource; *~er* (*äv.*) means, assets; *utnyttja sina ~er* make full use of (exploit) one's assets (resources)

res|van used (accustomed) to travelling **-vana** experience in travelling **-väg** route [of travel], travelling-distance **-väska** suitcase; (*liten*) *Am. vanl.* grip

resạ̊r *s3* (*spiralfjäder*) spring; (*gummiband*) elastic **-band** elastic **-botten** springbase **-gördel** roll-on [girdle] **-madrass** spring-mattress **-stickning** ribbed knitting, ribbing

reta **1** (*framkalla retning*) irritate (*nerverna* the nerves); (*stimulera*) stimulate, whet (*aptiten* the appetite); (*egga*) excite (*ngns nyfikenhet* a p.'s curiosity); *~ ngns begär* rouse a p.'s desire (passion) **2** (*förarga*) provoke, annoy, vex; (*~s med*) tease; *~ upp sig* work o.s. up (*på* at); *~ sig* get angry (*på, över* at)

retard|ation retardation, deceleration **-era** retard, decelerate

ret|as *dep* tease, chaff (*med ngn* s.b.; *för ngt* about s.th.) **-bar** [-e:-] *a1* (*om organ e.d.*) reactive to stimuli; (*friare*) irritable, excitable

reten|tion retention **-tionsrätt** right of retention

ret|full irritating; (*-sam*) provoking, annoying **-hosta** hacking cough

retina ['re:-] *s1* retina

retirera retire, retreat; (*rygga tillbaka*) recoil

ret|lig [ˣre:t-] *a1* (*lättretad*) irritable, fretful; (*snarstucken*) touchy; (*vresig*) irascible **-lighet** irritability; touchiness; irascibility **-medel** irritant; (*stimulerande medel*) stimulant **-ning** [-e:-] irritation; stimulation; (*känsel-*, *nerv- etc.*) stimulus, impulse

retor [ˣre:-, 're:tår] *s3* rhetor **-ik** [-ɷ'ri:k] *s3* rhetoric **-iker** [-'tɷ:-] rhetorician **-isk** [-'tɷ:-] *a5* rhetorical

retọrt [-å-] *s3* retort **-flaska** spherical flask **-kol** retort (gas) carbon

retro|aktịv *a1* retroactive **-grạd** *a4*, *n sg obest. f. saknas* retrograde **-spektịv** *a1* retrospective

reträtt *s3* retreat; (*tillflykt*) refuge; *slå till ~*

beat a retreat; *ta till ~en* retreat; *ha ~en klar* keep a line of retreat open, *bildl.* have a loop-hole ready; *på ~* in retreat, retreating **-plats** *bildl.* a job for one's (*etc.*) retirement

ret|sam [ˣre:t-] *a1* irritating, annoying, vexatious; (*förarglig*) tiresome **-sticka** (*en riktig* a regular) tease

retur return; *~er* (*-sändningar*) returned goods, returns; *sända varor i ~* return goods, send goods back; *första klass tur och ~ London* first class return London; *vad kostar tur och ~ till ..?* what is the return fare to ...?; *vara på ~* be abating (on the wane) **-biljett** return (*Am.* round-trip) ticket **-gods** returned goods **-nera** return, send back **-porto** return (reply) postage **-rätt** right of (to) return; *med ~* on sale or return

retusch *s3* retouch[ing]; *ge ngt en lätt ~* (*bildl.*) touch s.th. up a little **-era** retouch, touch up **-ering** retouching, touching up

reumat|iker [reu'ma:-, rev-] rheumatic **-isk** *a5* rheumatic **-ism** rheumatism **-ologi** [-lå'gi:] *s3* rheumatology

1 rev *s2* (*met-*) fishing-line

2 rev *s7* (*sand-*) sandbank, spit; (*klipp-*) reef

3 rev *s7, sjö.* reef

4 rev *imperf av riva*

1 reva *v1, sjö.* reef; *gå för ~de segel* go under reefed sails

2 reva *s1* (*rispa*) tear, rent, rip; (*skråma*) wound

3 reva *s1, bot.* runner

revalver|a revaluate **-ing** revaluation

revansch [-'vaŋʃ, -'vannʃ] *s3* revenge; *ta ~* take one's revenge, revenge o.s. **-era** *rfl, se [ta] revansch* **-lysten** eager for revenge; implacable, vengeful **-tanke** thought of revenge

rev|ben [ˣre:v-] rib **-bensspjäll** *slaktar.* spare rib[s *pl*]; *kokk.* ribs (*pl*) of pork

revelj *s3* reveille; *blåsa ~* sound (beat) the reveille; *~en går* the reveille is sounding

reveny *s3* profit, gain; yield

reverens *s3* reverence

revers [-'värrs] *s3* **1** (*skuldebrev*) note [of hand], promissory note; IOU (*förk. av* I owe you) **2** (*på mynt*) reverse **-al** *s7, s4* (*formulär*) promissory note form; (*från ämbetsverk*) notification of the dispatch of a document (sum of money) **-lån** promissory note loan

reveter|a rough-cast, lath-and-plaster **-ing** lath-and-plastering; *konkr.* rough-cast coating

revider *s7* clean (revised) proof **-a** (*bearbeta*) revise, review; (*räkenskaper*) audit; *~d upplaga* revised edition

revir *s7* forest district; (*djurs*) territory

revis|ion revision; (*av räkenskaper*) audit **-ionism** revisionism **-ionist** revisionist **-ionsberättelse** auditors' report **-ionsfirma** firm of auditors; *auktoriserad ~* firm of chartered accountants **-or** [-ˣvi:sår] *s3* auditor, accountant; *auktoriserad ~* authorized public accountant, *Engl.* chartered accountant

revolt [-'vållt] *s3* revolt, insurrection **-era** revolt **-försök** attempted revolt

revolution revolution **-era** revolutionize

revolutionskrig revolutionary war

revolutionär *s3 o. a1* revolutionary

revolver [-'våll-] *s2* revolver **-skott** revolver shot **-svarv** turret lathe

revorm *läk.* ringworm

revy *s3, mil. o. bildl.* review; *teat.* revue, show; *passera ~* march (file) past **-artist** show artist

revär *s3* stripe

Rhen [re:n] *r* the Rhine **rhen|sk** [re:nsk] *a5* Rhine, Rhenish **-vin** Rhine wine, hock

rhesus|apa [ˣre:-] Rhesus monkey **-faktor** Rhesus factor **Rh-faktor** [ˣärrhå:-] Rh factor

Rhodos ['rå:dås] *n* Rhodes

ria [ˣri:a] *s1* kiln

ribb|a *s1* lath, batten; *sport.* [cross-]bar **-ad** *a5* ribbed (*strumpa* stocking) **-stol** wall-bars (*pl*) **-verk** rails (*pl*)

ricinolja [-ˣsi:n-] castor oil

rid|a *red -it* ride (*barbacka* bareback); *han ~er bra* (*äv.*) he is a good rider (horseman); *~ i galopp* (*skritt, trav*) gallop (pace, trot); *~ på ngns rygg* (*äv.*) be carried pickaback; *~ in en häst* break a horse in; *~ ut stormen* (*bildl.*) weather the storm; *~ för ankaret* ride at anchor; *~ på ord* split hairs, quibble **-ande** *a4* riding; on horseback; *~ polis* mounted police; *Am. äv.* (*i lantdistrikt*) ranger **-bana** riding-ground **-byxor** [riding-] breeches, jodhpurs

riddar|borg feudal castle **-diktning** chivalrous poetry **-e** knight; *bli ~* become (be made) a knight; *vandrande ~* knight-errant; *~n av den sorgliga skepnaden* the knight of the sorrowful countenance; *en damernas ~* un chevalier des dames; *fattiga ~* (*kokk.*) bread fritters **-hus** *R~et* the House of the Nobility **-orden** order of knighthood (chivalry), knightly order **-sporre** *bot.* larkspur **-tiden** the age of chivalry **-väsen** chivalry

ridder|lig *a1* chivalrous; *litt.* chivalric; (*chevaleresk*) gallant, courteous **-lighet** chivalry; gallantry **-skap** *s7, abstr.* chivalry, knighthood; *konkr.* Knighthood, (*under medeltiden*) Knights of the Realm; *~et och adeln* the Nobility

ridder|sman (*riddare*) chevalier, knight; (*-lig man*) man of honour

rid|dräkt riding-dress; (*dams*) riding-habit **-hus** riding-school **-häst** saddle-(riding-) -horse **-it** *sup av rida* **-konst** horsemanship **-lärare** riding-master **-piska** *se -spö* **-skola** riding-school **-sport** riding, equestrian sport **-spö** riding-whip; (*kort*) crop **-stövel** riding-boot **-tur** ride

ridå *s3* curtain **-fall** *vid ~et* at the fall of the curtain **-slutare** curtain shutter

rigg *s2* rig[ging] **-a** rig [out]; (*t.ex. metspö*) rig up; *~ upp sig* (*vard.*) rig o.s. out

rigorös *a1* rigorous

rik *a1* **1** (*förmögen*) rich, wealthy; *de ~a* the rich; *bli ~* get (become) rich; *den ~e mannen* (*bibl.*) Dives **2** (*ymnig*) rich (*på* in); (*fruktbar*) fertile; (*-lig*) abundant, ample, plentiful; *~ på minnen* full of memories; *~t urval* wide range, varied assortment; *ett ~t förråd av* a plentiful (an abundant) store (stock) of; *ett ~t liv* a full (vivid) life; *bli* *en erfarenhet ~are* learn by experience, be that much wiser; *i ~t mått* amply, abundantly

rike *s6* (*stat*) state, realm; (*kungadöme*) kingdom; (*kejsardöme*) empire; *bildl.* kingdom, realm, sphere; *det tusenåriga ~t* the millennium; *tredje ~t* the Third Reich; *tillkomme ditt ~* (*bibl.*) Thy kingdom come

rik|edom *s2* **1** (*förmögenhet*) wealth; riches (*pl*) **2** *bildl.* richness (*på* in); (*-lighet*) wealth, abundance (*på* of) **-eman** rich man **-emansbarn** *pl* children of rich parents **-haltig** [-i:-] *a1* rich, plentiful, abundant **-lig** [ˣri:k-] *a1* abundant (*skörd* crop); ample, plentiful; *få ~ användning för* have plenty of opportunity of using; *det har fallit ~t med snö* snow has fallen in abundance; *i ~ mängd* in abundance, in profusion

rikoschett *s3* ricochet; (*-erande projektil*) ricochetting bullet (*etc.*) **-era** ricochet

riks|angelägenhet [ˣrikks-] national affair **-antikvarie** custodian of national monuments **-arkiv** Government Archives (*pl*); *Engl.* Public Record Office **-bank** central (national) bank; *R~en* (*Sveriges ~*) the Riksbank, the Bank of Sweden **-banksfullmäktige** the Board of Governors of the Riksbank **-bekant** known all over the country; (*ökänd*) notorious **-bibliotekarie** Director of the Royal [Swedish] Library **-dag** ['rikks-] *s2*, *R~en* the Riksdag, *Engl.* Parliament; *lagtima ~* ordinary parliamentary session

riksdags|beslut Riksdag (parliamentary) resolution; Act of Parliament **-debatt** Riksdag (parliamentary) debate **-hus** Riksdag (Parliament) Building; *Engl.* Houses of Parliament; *Am.* Capitol **-man** member of the Riksdag; *Engl.* member of parliament (*förk.* M.P.); *Am.* Congressman **-mandat** seat in the Riksdag (*Engl.* in Parliament) **-ordning** Riksdag (Parliament) Act **-parti** Riksdag (parliamentary) party **-sammanträde** sitting of parliament (the Riksdag) **-val** general (parliamentary) election

riks|daler [riks'da:-] *s9*, *s2* rixdollar **-drots** [-å-] *s2*, *ung.* Lord High Chancellor **-förening** national federation (association, union) **-föreståndare** regent **-försäkringsverket** the National Social Insurance Board **-gräns** frontier of a country **-gäldsfullmäktige** [-jä-] the National Debt Commissioners **-gäldskontoret** [-jä-] the National Debt Office

riksha ['rikkʃa] *s1* jinricksha, rickshaw

riks|kansler [ˣrikks-] chancellor; (*i Tyskland*) Chancellor of the Reich **-likare** national standard **-marsk** Constable of the Realm; *Engl. ung.* Lord High Constable **-marskalk** Marshal of the Realm; *Engl.* Lord High Steward **-museum** national museum (gallery) **-olycka** national disaster **-omfattande** nation-wide **-regalier** regalia **-råd** (*konselj*) council of the realm; *pers.* Councillor **-rätt** court of impeachment; (*eng. motsv.*) House of Lords; (*am. motsv.*) Senate **-rös[e]** frontier cairn **-samtal** trunk call; *Am.* long-distance call **-språk** standard language **-svenska** (*språk*) standard Swedish **-teater** *ung.* national touring theatre **-telefon** trunk (*Am.* toll) exchange **-vapen** national coat of arms **-viktig** ... of national importance; (*allmännare*) vitally important, momentous **-väg** national highway **-åklagare** Chief Public Prosecutor; *Engl.* Director of Public Prosecutions; *Am.* Attorney General **-äpple** orb

rikta 1 (*vända åt visst håll*) direct (*mot* towards); aim (*ett slag mot* a blow at); (*skjutvapen*) aim, level, point (*mot* at); (*framställa*) address (*en anmärkning till* a remark to); *~ en anklagelse mot* bring a charge (make an accusation) against; *~ en fråga till* put a question to; *~ misstankar mot* direct suspicion on; *~ några ord till* say a few words to; *~ uppmärksamheten på* draw attention to; *~ sig till a*) (*om pers.*) address [o.s. to], *b*) (*om bok e.d.*) be intended for; *~ sig mot* (*om tal e.d.*) be directed at **2** (*räta*) straighten; (*bräda, hjul e.d.*) true up

riktig *a1* (*rätt*) right; (*korrekt*) correct; (*verklig*) real; (*äkta*) true; (*regelrätt*) proper, regular; *det ~a* the right (proper) thing; *det var ett ~t nöje att* it was a real pleasure to; *ett ~t kräk* a poor wretch; *en ~ snobb* a regular snob; *han är inte ~* he is not right in his head **-het** rightness; correctness; (*noggrannhet*) accuracy; (*tillbörlighet*) propriety; *det äger sin ~ att* it is quite true (a fact) that; *avskriftens ~ intygas* we (I) certify this to be a true copy **-t** *adv* right[ly]; correctly; (*som sig bör*) properly; (*verkligen*) really; (*ganska*) quite; (*mycket*) very; *mycket ~* quite right, sure enough; *~ bra* really (very, quite) well, really (very) good; *jag mår ~ bra nu* I feel really well now; *pjäsen var ~ bra* the play was very good; *det anses inte ~ fint att* it is considered not quite the thing to; *jag mår inte ~ bra* I am not feeling quite well; *jag förstår inte ~ vad du säger* I don't quite understand what you say; *jag litar inte ~ på dem* I don't quite trust them; *han blev också ganska ~ förkyld* and sure enough he caught a cold

rikt|linje guide-line; policies (*pl*); *uppdraga ~er för* (*bildl.*) lay down the general outline (guiding principles) for; *ge ~* (*äv.*) outline **-märke** target **-ning 1** (*inriktande*) directing, pointing; aiming; (*uträtande*) straightening **2** (*kurs, håll*) direction, course; *bildl.* direction, (*tendens*) tendency, trend, line; (*rörelse*) movement; *i ~ mot* in the direction of; *i vardera ~en* in each (either) direction, each way; *i vilken ~ gick hans uttalande?* what line did he take in his remarks; *ge samtalet en annan ~* (*äv.*) lead the conversation into another track **-nummer** *tel.* exchange code, code number **-pris** standard [retail] price, recommended retail price **-punkt** *mil.* aiming-point; *allm.* objective, aim (*för* of)

rim *s7* [rimm] rhyme; *utan ~ och reson* without rhyme or reason **-flätning** [-ä:-] rhyme-arrangement

rimfrost [ˣrimm-] hoar (white) frost

rimlexikon rhyming dictionary

rimlig *a1* (*skälig*) reasonable; (*sannolik*) likely, probable; (*måttlig*) moderate; *hålla kostnader inom ~a gränser* keep costs within reason[able bounds]; *det är inte* *mer än ~t att* it is only reasonable that **-het** reasonableness *etc.*; *vad i all ~s namn ...?* what in the name of common sense ...? **-tvis** reasonably

rimma rhyme (*på* with; *med* to, with); *absol. äv.* make rhymes; *kan du ~ på tänka?* can you supply a rhyme to think?; *ha lätt för att ~* find rhyming easy; *det ~r illa med* (*bildl.*) it doesn't tally (fit in) with

rimsalta [ˣrimm-] salt ... slightly

rimsmidare rhymer, versifier

ring *s2* **1** ring; (*däck*) tyre, *Am.* tire **2** (*krets*) circle, ring; *meteor.* halo, (*kring solen äv.*) corona; *biol.* collar **3** *boxn.* boxing ring **4** *skol.* form in the upper secondary school

1 ring|a *v2* ring; *det -er i telefonen* the telephone is ringing; *~ av* ring off; *~ på dörren* ring (press) the [door-]bell; *~ på betjäningen* ring for room service; *~ till ngn* give s.b. a ring, call s.b. up; *det -er och susar för mina öron* there is a ringing in my ears

2 ringa *v1* **1** *jakt., lantbr.* ring **2** (*måltavla*) draw rings on; *se äv. in-* **3** (*klänning e.d.*) *~ ur* cut low [at the neck]

3 ring|a I *a1* **1** small, little; (*obetydlig*) insignificant (*roll* part); slight (*ansträngning* effort); *ett ~ bevis på* small proof (token) of; *~ efterfrågan* little (weak) demand; *~ tröst* poor consolation; *på ~ avstånd* at a short distance; *till ~ del* to a small extent; *ytterst ~* infinitesimal **2** (*låg, enkel*) humble, lowly; *av ~ börd* of humble origin; *min ~ person* my humble self (person) **II** *adv* little **-akta** (*ngt*) make light of; (*ngn*) look down upon; (*förakta*) despise **-aktande** *a4* despising *etc.*; contemptuous, disdainful **-aktning** disregard; (*förakt*) contempt, disdain; *visa ~ för ngt* hold s.th. in contempt

1 ringare *s9* bell-ringer

2 ring|are I *a, komp. t. ringa* smaller *etc.*; (*underlägsen*) inferior (*än* to) **II** *adv* less **-ast I** *a, superl. t. ringa* least *etc.*; *utan ~e anledning* without the slightest provocation; *inte den ~e aning* not the slightest idea **II** *adv* least; *inte det ~e* not [in] the least, not at all

ring|blomma marigold **-brynja** ring (chain) mail **-dans** round dance; *dansa ~* dance in a ring **-domare** *sport.* referee **-duva** ring-dove, wood-pigeon **-finger** ring-finger **-formig** [-å-] *a1* ring-shaped, annular **-förlovad** officially engaged, betrothed

ringhet smallness, insignificance; (*låghet, enkelhet*) humbleness, lowliness

ringhörna *sport.* corner of a [boxing] ring

ringklocka bell

ringla curl; coil; (*om väg e.d.*) wind, meander; *~ ihop sig* (*om orm*) coil itself up; *~ sig* coil, wind, (*om lockar*) curl; *kön ~r sig* the queue winds **-r** *pl* (*av hår*) curls; (*av orm, rep*) coils

ringledning electric bell installation

ring|lek ring-game, round game **-mask** ringed worm, annelid[an] **-mur** encircling wall; town wall **-muskel** sphincter **-märka** band **-märkning** bird banding

ringning ringing

rinn|a *rann runnit* run; (*flyta*) flow, stream; (*droppa*) drip, trickle; (*om ljus*) gutter; (*läcka*) leak; *hennes tårar rann* her tears were flowing; *det kom mina ögon att ~* it made my eyes water; *sinnet rann på mig* I lost my temper; *~ till* (*äv. bildl.*) begin to flow; *~ upp* (*om flod*) rise, have its source; *saken rann ut i sanden* it came to nothing; *~ över* flow over; *det kom bägaren att ~ över* that was the last straw **-ande** *a4* running

ripa *s1* (*fjäll-*) ptarmigan

ripost [-'påsst] *s3* ripost[e]; *bildl.* retort **-era** riposte; *bildl.* retort

rips *s3, s4* rep[p], reps

1 ris *s7* (*papper*) ream

2 ris *s7* (*sädesslag*) rice

3 ris *s7* **1** (*kvistar*) twigs (*pl*); (*buskvegetation*) brushwood **2** (*straffredskap*) rod, birch, birch-rod; (*straff äv.*) birching; *få smaka ~et* have a taste of the birch (rod); *ge ngn ~* whip (birch) s.b.; *binda ~ åt egen rygg* make a rod for one's own back **-a 1** (*ärter e.d.*) stick **2** (*ge -bastu*) birch; (*klandra*) blame, criticize **-bastu** birching

ris|gryn (*ett ~*) grain of rice; *koll.* rice (*sg*) **-grynsgröt** [boiled] rice pudding

risig *a1* (*om träd*) ... with dry twigs; (*-bevuxen*) scrubby

risk *s3* risk (*för* of); *det är ingen ~ att ... (att jag ...)* there is no risk in (+ *ing-form*) (of my + *ing-form*); *löpa ~en att* run the risk of (+ *ing-form*); *med ~ att bli* at the risk of being; *på egen ~* at one's own risk; *ta ~er* take risks (chances); *utan ~* safely

riska *s1, bot.* edible agaric

risk|abel *a2* risky, dangerous, hazardous **-era** risk, run the risk of; hazard, (*äventyra*) jeopardize **-fri** safe **-fylld** hazardous, perilous, dangerous

ris|knippa bundle of twigs, faggot **-koja** hut of twigs

riskorn grain of rice

risk|villig *~t kapital* risk (venture) capital **-zon** danger zone

risodling *abstr.* rice-cultivation; *konkr.* rice-plantation(-field)

ris|oll [-'såll] *s3, kokk.* rissole **-otto** [-'åttå] *s9, kokk.* risotto

rispa I *s1* scratch; (*i tyg*) rent, rip **II** *v1* scratch; *~ upp* rip up; *~ sig* scratch o.s., (*om tyg*) fray, get frayed

rispapper rice-paper

1 rista *v1* (*inskära*) cut, carve (*i* on); *bildl.* engrave, inscribe

2 rist|a *v3* (*skaka*) shake (*på huvudet* one's head); *det -er i armen [på mig]* I have shooting pains in my arm

rit *s3* rite

rit|a draw (*efter* from); (*göra -ning t.*) design (*ett hus* a house; *ett mönster* a pattern); *~ av* make a drawing (sketch) of, (*kopiera*) copy **-are** draughtsman, designer **-bestick** set of drawing instruments **-block** sketch-block, drawing-pad **-bord -bräde** drawing-board **-kontor** drawing-office **-ning** [ˣri:t-] **1** *abstr.* drawing, sketching **2** *konkr.* drawing, sketch; (*t. byggnad e.d. äv.*) design **-papper** drawing-paper

rits *s2, s3* scribed line **-a** mark [off], scribe

ritsal [ˣri:t-] art [class-]room

ritstift (*-penna*) drawing pen[cil]; (*häftstift*) drawing pin, *Am.* thumbtack

ritt *s3* ride, riding-tour
ritual *s3, s7* ritual **-mord** ritual murder (*på* of)
rituell *a1* ritualistic (*dans* dance); ritual (*ändamål* purposes)
riv|a *rev -it* **1** (*klösa*) scratch; (*ihjäl-*) kill, tear to pieces; ~ *hål på* tear a hole in; ~ *sönder* tear to pieces, (*klädesplagg*) tear ... to rags (tatters); ~ *upp* (*gata e.d.*) pull (take) up; ~ *upp ett sår* tear open a wound; ~ *sig* (*klia sig*) scratch o.s., (*rispa sig*) get o.s. scratched **2** (*med -järn e.d.*) grate **3** (*rasera*) pull (*Am.* tear) down, demolish; *Am. äv.* wreck; (*kolmila*) rake out **4** (*rota*) rummage (poke) about (*bland* in) **5** (*svida i halsen*) rasp
rival *s3* rival (*om* for; *till ngn* of s.b.); (*konkurrent*) competitor (*t. en plats* for a situation) **-isera** compete (*med ngn* with s.b.; *om* for); ~ *med varandra* be rivals (*om att* in + *ing-form*) **-iserande** *a4* rival[ling] **-itet** rivalry (*om* for)
riv|ande *a4, bildl.* tearing (*fart* pace); (*om pers.*) go-ahead, pushing **-as** *revs -its, dep* (*om katt e.d.*) scratch **-ebröd** [grated] bread-crumbs (*pl*)
Rivieran [-ˣä:ran] *r, best. f.* the Riviera
riv|it *sup av riva* **-järn** grater; *bildl.* shrew **-ning** [ˣri:v-] (*av byggnad e.d.*) demolition, pulling down **-ningshus** house to be demolished (pulled down) **-start** (*av motorfordon*) flying start
1 ro *s9* **1** (*frid*) peace; (*ostördhet*) tranquillity; (*stillhet*) quiet[ness]; *få* ~ have (be left in) peace; *aldrig få ngn* ~ *för* get no peace from; *inte få ngn levande* ~ have no peace (rest); *han har ingen* ~ *i kroppen* he is so restless; *i godan* ~, *i lugn och* ~ in peace and quiet; *ta det med* ~ take things (it) easy; *det tar jag med* ~ that doesn't worry me; *slå sig till* ~ (*slå sig ner*) make o.s. comfortable, (*dra sig tillbaka*) retire, (*bosätta sig*) settle down, (*låta sig nöja*) be satisfied (*med* with) **2** *för* ~ *skull* for fun; *inte för* ~ *skull* not for nothing
2 ro *v4* row; pull; (*med vrickåra*) scull; ~ *ut och fiska* go out fishing [in a rowing-boat]; ~ *hit med ...!* (*vard.*) hand over ...!, out with ...!; ~ *upp sig* (*vard.*) better o.s.
roa amuse; (*underhålla*) entertain; *vara ~d av* be interested in (*politik* politics), be fond of, enjoy (*musik* music); *inte vara ~d av* not care about (for); ~ *sig* amuse o.s. (*med* with), (*ha roligt*) enjoy o.s.
rob[e] [rå:b] *s3* [*s5*] robe
robot ['råbbåt] *s2* robot; (*-vapen*) [guided] missile; *målsökande* ~ homing missile **-bas** guided missile base **-vapen** [guided] missile weapon; *koll.* missilery
robust *a1* robust
rock [råkk] *s2* coat; (*kavaj*) jacket; (*över-*) overcoat; *för kort i ~en* be too short, not pass muster
rocka [ˣråkka] *s1* ray
rock|ad *s3, schack.* castling **-era** castle
rock|hängare coat-hanger **-skört** coat-tail **-uppslag** lapel **-vaktmästare** cloak-room attendant
rodd *s3* rowing **-arbänk** (*toft*) thwart **-are** rower, sculler; oarsman; (*t. yrket*) boatman **-båt** rowing-boat; *Am.* rowboat; *sport.* crew racing boat **-sport** rowing **-tur** row, pull, boating trip **-tävling** boat-race, rowing match
rodel ['rå:-] *s2* toboggan, bobsleigh
rod|er ['ro:-] *s7* rudder; (*ratt, rorkult*) helm (*äv. bildl.*); *flyg.* control surface; *lyda* ~ obey (answer) the helm; *lägga om -ret* shift the helm; *sitta vid -ret* be at the helm **-erblad** rudder-blade **-erskada** damage to the rudder (*etc.*)
rodna [ˣrå:d-] (*om sak*) turn red, redden; (*om pers.*) blush (*av* for; *över* at) **-d** *s3* (*röd färg*) redness; flush; (*hos pers.*) blush
rododend|ron [rådå-ån] *-ronen -ron, pl äv. -rer* rhododendron
roff|a [ˣråffa] rob; ~ *åt sig* grab, lay hands on **-are** robber; grabber **-eri** robbery
ro|fylld peaceful; (*stilla*) serene **-givande** [-j-] *a4* soothing
rojalis|m [rå-] royalism **-t** *s3* **-tisk** *a5* royalist
rokoko [råkå'kå:] *s9* rococo **-möbel** rococo furniture **-tiden** the Rococo Period
rolig *a1* (*roande*) amusing; (*underhållande*) entertaining, interesting; (*trevlig*) nice, jolly; (*lustig*) funny; *~a historier* funny stories; *det var ~t att höra* I am glad (pleased) to hear; *det var ~t att du kunde komma* I'm so glad you could come; *så ~t!* how nice!, what fun! **-het** *säga ~er* make (crack) jokes **-hetsminister** joker, wag **-t** *adv* funnily *etc.*; *ha* ~ have a nice time, have fun, enjoy o.s.; *ha* ~ *åt* laugh at, (*på ngns bekostnad*) make fun of
roll [råll] *s3* part (*äv. bildl.*); character; (*om sak*) role; *spela Romeos* ~ play the part of Romeo; *spela en viktig* ~ (*bildl.*) play an important part (role); *det spelar ingen* ~ it doesn't matter, it makes no difference; *det spelar mycket liten* ~ it matters very little; *han har spelat ut sin* ~ he is played out, he has had his day; *falla ur ~en* (*bildl.*) let one's mask slip; *leva sig in i ~en* lose o.s. in one's part; *det blev ombytta ~er* the tables were turned **-fack** character part **-fördelning** [role-]casting **-häfte** *mitt* ~ my script **-innehavare** actor playing a (the) part, member of the cast **-skapelse** creation of a character
rolös restless
Rom [romm] *n* Rome
1 rom [råmm] *s9* (*fisk-*) spawn, hard roe; *lägga* ~ spawn; *leka ~men av sig* (*bildl.*) sow one's wild oats
2 rom [råmm] *s9* (*dryck*) rum
roman *s3* novel **-cykel** cycle novel **-diktning** novel-writing **-författare** novelist, novel-writer **-hjälte** hero of (in) a novel
romanist Romanist, Romance philologist
romanlitteratur fiction
romans [-'manns, -'maŋs] *s3* romance; *mus. äv.* romanza
romansk [-'ma:nsk] *a5* (*om språk, kultur*) Romance, Romanic; (*om konst*) Romanesque, *Engl.* Norman; (*om folk*) Latin
romanssångare ballad-singer
romanti|k *s3* (*kulturriktning*) Romanticism; *bildl.* romance **-ker** [-'mann-] Romanticist; *bildl.* romantic **-sera** romanticize **-sk** [-'mann-] *a5* romantic

romar|brevet [ˣrɷmm-] [the Epistle to the] Romans **-e** Roman **-inna** Roman woman **-riket** the Roman Empire **-tiden** the Roman Period

romb [rå-] *s3* rhomb[us] **-isk** ['råmm-] *a5* rhombic **-oid** *s3* rhomboid

romersk ['rɷmm-] *a5* Roman; *~a ringar* (*gymn.*) [hand] rings **--katolsk** Roman Catholic

rom|korn roe-corn **-läggning** spawning **-stinn** [hard-]roed

rond [rånnd, råŋd] *s3* round; (*vakts äv.*) beat; *gå ~en* go the rounds, (*om läkare*) do the round **-ell** [rån'dell] *s3* (*trafik-*) [traffic] roundabout; *Am.* rotary

rop *s7* **1** call, cry (*av* of; *på* for); (*högt*) shout (*av* of, for; *på* for); (*gällt*) yell; (*-ande*) calling, clamour; *ett förtvivlans ~* a cry of despair **2** (*vissa djurs*) call, cry **3** (*auktions-*) bid **4** *i ~et* fashionable, in vogue, popular **-a** call (*äv. om djur*); (*högljutt*) call out, cry, shout; *som man ~r i skogen får man svar* as the question so the answer; *~ på a*) (*ngn*) call, *b*) (*ngt*) call for (*hjälp* help), cry out (*på hämnd* for vengeance), *c*) (*på auktion*) bid on; *~ in a*) (*skådespelare*) call ... before the curtain, *b*) (*på auktion*) buy [... at an (the) auction]; *~ upp* call over (out) (*namnen* the names) **-are** (*megafon*) speaking-trumpet, megaphone

ror|gängare [ˣrɷ:rjäŋ-] steersman; helmsman (*äv. bildl.*) **-kult** *s2* tiller **-sman** *se -gängare*

1 ros *s1, bot.* rose; *ingen ~ utan törnen* no rose without a thorn; *ingen dans på ~or* not all beer and skittles

2 ros *s3, med.* erysipelas

3 ros *s7* (*lovord*) praise; *~ och ris* praise and blame

1 rosa [ˣrɷ:-] *v1* praise, sing the praises of; *den ~r inte marknaden precis* it's not exactly a dazzling success

2 rosa [ˣrå:-, ˣrɷ:-] **I** *n el. r* rose[-colour] **II** *oböjl. a* rose-coloured, rosy **-färgad** *se 2 rosa II*

rosen|blad rose-leaf **-buske** rose-bush **-böna** *bot.* scarlet-runner [bean] **-doft** scent of roses **-gård** rose-garden **-kindad** [-ç-] *a5* rosy-cheeked **-knopp** rosebud **-krans** rose-wreath; (*radband*) rosary **-odling** *abstr.* rose-growing; *konkr.* rose-plantation **-olja** oil of roses **-rasande** raging, furious **-röd** rosy, rosy-red **-trä** rosewood **-vatten** rose-water

rosett *s3* bow; rosette; (*fluga*) bow[-tie], butterfly **-fönster** rose-window

rosig *a1* rosy

rosmarin [råsma'ri:n, ˣrɷ:s-] *s3* rosemary

rossl|a [ˣråss-] rattle; *det ~r i bröstet på honom* there is a rattle in his chest, he has a wheezy chest **-ande** *a4* rattling, wheezing **-ig** *a1* rhoncial, wheezing **-ing** rattle, wheeze

1 rost [rå-] *s3* **1** (*på järn*) rust; *angripen av ~* corroded by rust; *knacka ~* chip the rust off **2** *bot.* rust; mildew, blight

2 rost [rå-] *s2* (*galler*) grate, grid

1 rosta [ˣråss-] (*bli rostig*) rust, get rusty, oxidize; *~ fast* rust in; *gammal kärlek ~r aldrig* an old love is hard to forget

2 rosta [ˣråss-] **1** *kokk.* roast (*kaffe* coffee); toast (*bröd* bread); *~t bröd med smör* buttered toast; *~t vete* puffed wheat **2** *tekn.* roast

rostbeständig rustproof, rust-resisting

rostbiff roast beef

rost|bildning formation of rust, corrosion **-brun** rusty brown

rosteri roasting house (factory), roastery

rost|fläck (*på järn*) spot of rust; (*på tyg*) spot of iron-mould; (*på säd o.d.*) speck of rust **-fri** stainless (*stål* steel); *~ diskbänk* stainless steel sink **-ig** *a1* rusty, corroded

1 rostning [ˣråsst-] (*järns*) rusting

2 rostning [ˣråsst-] *kokk.* roasting; toasting

rost|röd rust-red **-skydd** rust proofing **-skyddsmedel** anti-corrosive agent **-svamp** rust fungus

rosväxter rosaceous plants

rot *-en rötter* root (*på, till* of); *språkv. äv.* base, radix; (*liten*) rootlet, radicle; *~en till allt ont* the root of all evil; *dra ~en ur* (*mat.*) extract the square root of; *~en och upphovet till* the root and origin of; *gå till ~en med* get to the root (bottom) of; *ha sin ~ i* (*bildl.*) have its origin in; *skog på ~* standing forest (timber); *rycka upp med ~en* pull up ... by the roots, *bildl.* root up, uproot; *slå ~* strike (take) root (*äv. bildl.*)

1 rota (*böka*) poke about; *~ fram* dig up; *~ i* rout about in, poke into

2 rota root; *~ sig* strike (take) root; *djupt ~d* deeply rooted, deep-rooted

rotation rotation; revolution

rotations|axel axis of rotation **-hastighet** speed of rotation **-press** rotary press

rot|blad radical leaf **-blöta** *s1* soak[er], drench[er] **-borste** scrubbing brush

rote *s2, mil.* file; *gymn.* squad **-l** *s2* (*i ämbetsverk*) department, division; *jur.* section

rotera rotate; revolve **-nde** *a4* rotating (*hjul* wheel); revolving, rota[to]ry (*rörelse* movement; *motor* engine)

rot|fast [firmly] rooted; *bildl. äv.* securely established **-frukt** root; *~er* (*äv.*) root-crops **-fylla** fill a root-cavity in **-fyllning** root-filling **-fäst** *a4, bildl.* ingrained **-fästa** root; *~ sig* (*bildl.*) establish itself (*etc.*) **-knöl** tuber, bulb **-lös** rootless **-löshet** rootlessness **-mos** mashed turnips and potatoes (*pl*) **-märke** *mat.* radical sign

rotogravyr *s3* rotogravure

rotor [ˣrɷ:tår] *s3* rotor, armature

rots [rå-] *s3* glanders

rot|saker roots **-selleri** celeriac **-skott** sucker **-stock** rootstock, rhizome **-tecken** *se -märke*

rotting [ˣrått-] rattan, cane **-stol** cane (rattan) chair

rottråd root-fibre

rotunda [-ˣtunn-] *s1* rotunda

rotvälska [ˣrɷ:t-] *s1* double Dutch, lingo; *prata ~* (*äv.*) talk gibberish

roué [rɷ'e:] *s3* roué, rake

rouge [rɷ:ʃ] *s5, s4* rouge

roulad [rɷ'la:d] *s3, se rulad* **roulett** [rɷ'lett] *s3, se rulett*

rov *s7* **1** (*om djur: [anskaffande av] byte*) prey; *gå på ~* be on the prowl; *leva av ~* live [up]on prey **2** (*om människor: röveri*) robbing, robbery; (*byte*) booty, spoil[s *pl*]; *bildl.* prey; *bli ett ~ för* fall a prey (victim)

to; *vara ute på ~* be out plundering; *icke akta för ~ att* (*bibl.*) not deem it robbery, (*friare*) think nothing of (+ *ing-form*)
rova *s1* turnip
rov|djur beast of prey **-drift** ruthless exploitation, overexploitation **-fågel** bird of prey **-girig** rapacious; predatory **-girighet** rapacity **-jakt** *bedriva ~* exhaust the stock of game **-lysten** *se -girig*
rovolja rape (colza) oil
rov|riddare robber baron **-stekel** digger-wasp, mud-dauber
rubank ['ru:-] *s2, fack.* tryer plane
rubb *i uttr.: ~ och stubb* lock, stock and barrel, the whole lot
rubb|a 1 (*flytta på*) dislodge, move **2** *bildl.* (*störa*) disturb, upset; (*ändra*) alter; (*bringa att vackla*) shake; *han låter inte ~ sig* there is no moving him; *~ inte mina cirklar!* don't upset my calculations! **-ad** *a5* (*sinnes-*) deranged; crazy **-ning 1** dislodging, moving **2** disturbance; alteration, change; (*nervös*) derangement; *mentala ~ar* mental disorders
rubel ['ru:-] *s9, om myntstycken s3* rouble
rubidium *s8, kem.* rubidium
rubin *s3* ruby **-röd** ruby-red
rubr|icera 1 (*förse med -ik*) give a heading to, headline **2** (*beteckna*) classify, characterize **-icering 1** heading **2** classification, characterization **-ik** *s3* heading, title; (*tidnings-*) headline, caption **-ikstil** *typ.* display type
rucka (*rubba*) move; (*klocka*) regulate, adjust; *~ på ngns vanor* change a p.'s habits
1 ruckel ['rukk-] *s7* (*kyffe*) ramshackle house, hovel
2 ruck|el ['rukk-] *s7* (*svirande*) revelry, debauchery **-la** revel, lead a dissolute life **-lare** rake, fast liver
1 rucklig *a1* (*fallfärdig*) ramshackle, tumble-down
2 rucklig *a1* (*utsvävande*) dissolute
ruckning (*klockas*) regulation, adjustment
ruda *s1* crucian carp
rudiment *s7* rudiment **-är** *a1* rudimentary
rudis ['ru:-] *oböjl. a, vard.* ignorant
ruelse *s5* remorse, compunction
1 ruff *s2, sjö.* deck-house, cabin
2 ruff *s9, s7, sport.* rough play **-a** play a rough game, foul
ruffad *a5, sjö., vara ~* have a cabin
1 ruffig *a1, sport.* rough
2 ruffig *a1* (*sjaskig*) shabby, seedy-looking; dilapidated
rufs *s7* tousle **-a** *~ till* ruffle, tousle **-ig** *a1* tousled; *vara ~ i håret* (*äv.*) have untidy hair
rugby ['raggbi] *s9* Rugby football; *vard.* rugger; *Am. ung.* football
rugg|a 1 (*ylle e.d.*) tease[l]; *~ upp* buff, nap **2** (*om fåglar*) moult **-e** *s2* (*vass- o.d.*) clump; (*tuva*) tuft **-ig** *a1* **1** (*uppruggad*) teasled **2** (*fransig*) raw; *bok med ~t snitt* a raw-edged book **3** (*uppburrad*) beruffled (*gråsparv* sparrow) **4** (*sjaskig*) shabby, frowsy; (*gråkall*) bleak, raw; (*kuslig*) gruesome **-ning** (*fåglars*) moulting
ruin *s3* ruin; *bildl. äv.* wreck; *det blev hans ~* it brought about his ruin; *på ~ens brant* on the verge of ruin **-era** ruin (*äv. bildl.*), bring ... to ruin (bankruptcy); *bli ~d* be ruined, go bankrupt, *vard.* go broke; *~ sig* ruin o.s., go bankrupt **-erande** *a4* ruinous **-hög** heap of ruins **-stad** ruined city (town)
rukit *sup av ryka*
rulad *s3* **1** *kokk.* roll **2** *mus.* roulade, run
rulett *s3* roulette; *spela* [*på*] *~* play roulette; *vinna på ~* win at roulette
rulјangsen *best. f., vard., sköta* [*hela*] *~* run the [whole] show (business)
1 rull|a *s1, mil.* roll, list, register; *införa i -orna* (*äv.*) enrol; *avföra ur -orna* remove from (strike off) the list, *mil. äv.* disenrol
2 rull|a *v1* **1** (*förflytta*) roll; (*linda äv.*) reel, wind; (*på hjul*) wheel; (*rep*) coil; *~ tummarna* twirl one's thumbs **2** (*förflyttas*) roll (*äv. om fartyg, dimma, åska*); *låta pengarna ~* make the money fly; *~ med ögonen* roll one's eyes **3** (*med beton. part.*) *~ av* unroll, unwind, uncoil; *~ ihop* roll up, make a roll of; *~ ihop sig* roll up, (*om orm o.d. äv.*) coil; *~ upp* roll up, wind (coil) [up], (*gardin*) pull up, *bildl.* unfold **4** *rfl* roll [over]; *~ sig i stoftet* cringe, grovel
rullager roller bearing
rull|ande *a4* rolling (*materiel* stock); *~ klinik* mobile clinic **-bana** (*transport-*) roller conveyor; *flyg.* taxi strip, runway **-band** rolling hoop **-bord** tea-(service-)trolley **-e** *s2* roll; (*film-, pappers-*) reel; (*rep-*) coil; (*spole*) bobbin; (*dikterings-*) cylinder **-fåll** *sömn.* rolled hem **-gardin** [roller-]blind; *Am.* shade **-lager** *se rullager* **-ning** rolling; *sjö. äv.* roll; *sätta ... i ~* start ... rolling **-skridsko** roller skate **-sten** boulder **-stensås** boulder-ridge **-stol** wheel chair **-sylta** collared brawn **-trappa** escalator; moving staircase **-tårta** Swiss roll
rult|a I *s1* podgy woman; (*flicka*) roly-poly, dumpling **II** *v1* waddle, joggle **-ig** *a1* podgy, dumpy
1 rum [rumm] *s7* **1** (*rymd*) space; *tid*[*en*] och *~*[*met*] time and space; *lufttomt ~* vacuum **2** (*utrymme*) room; (*plats*) place; *hur många får ~ i soffan?* how many is there room for on the sofa?; *den får inte ~ här* there is no room for it here; *i främsta ~met* in the first place; *komma i första ~met* come first; *lämna ~ för* leave room for (*äv. bildl.*); *lämna* (*bereda*) *~ åt* make room for; *ta stort ~* be bulky, take up a lot of room; *äga ~* take place; (*om möte o.d.*) be held **3** (*bonings-*) room; *~ åt gatan* (*gården*) front (back) room; *beställa ~ på ett hotell* reserve a room at a hotel; *ett ~ och kök* one room and [a] kitchen **4** *sjö.* (*last-*) hold
2 rum [rumm] *a1, i ~ sjö* in open water (the open sea)
rumba *s1* rumba
rum|la go on a spree, revel **-lare** reveller, carouser **-mel** ['rumm-] *s7* revelry
rump|a *s1* buttocks (*pl*), posterior, behind; *vard.* backside, rump **-huggen** *a3* tail-docked; *bildl.* truncated, with an abrupt end
rums|adverb adverb of place **-arrest** *mil.* open arrest **-beställning** booking of rooms (a room); (*på skylt*) receptionist **-brist** shortage of accommodation **-kamrat** room-mate; *vara ~er* share a room **-last** hold (in-

board) cargo **-lig** *a1* spatial **-ren** *vara ~* (*om hund e.d.*) be housetrained **-temperatur** room temperature
rumstera rummage about (round)
rums|uppassare room attendant **-växt** indoor plant
Rumänien *n* R[o]umania **rumän|ier** *s9* **-[i]sk** *a5* R[o]umanian
run|a *s1* rune; *rista -or* carve runes **-alfabet** runic alphabet
rund I *s3* circle, ring; *poet.* round **II** *a1* round; (*cirkel-*) circular; (*klot-*) spherical; (*cylindrisk*) cylindrical; (*fyllig*) plump, chubby; *en ~ summa* a round (lump) sum; *i runt tal* in round figures, roughly **-a I** *s1* round; *gå en ~* go for a stroll [round] **II** *v1* **1** round (*av* off) **2** *sjö.* double **-abordskonferens** round-table conference **-båge** round arch **-bågsstil** Romanesque (*Engl.* Norman) style **-el** *s2, trädg.* round [flower-] bed; (*rund plats*) circus; (*vindling*) circle **-fil** round file **-flygning** sightseeing flight **-fråga** inquiry, questionnaire **-horisont** *teat.* cyclorama **-hult** *s7, sjö.* spar **-hänt** *a1* generous, liberal **-järn** round [bar-]iron **-kindad** [-ç-] *a5* round-(chubby-)cheeked **-kullig** *a1, ~ hatt* bowler [hat] **-kyrka** round church **-lagd** *a5* plump, rotund **-lig** *a1* ample; (*-hänt*) generous, liberal; *en ~ summa* a good round sum; *en ~ tid* a long[ish] time **-mask** roundworm **-munnar** *pl, zool.* cyclostomes **-målning** panorama (*äv. bildl.*) **-ning** (*-ande*) rounding; (*-het*) roundness, curvature; (*utbuktning*) bulge, swell **-radiera** broadcast **-radio** broadcasting **-resa** circular tour, round trip **-resebiljett** circular ticket **-skrivelse** circular letter, circular **-smörjning** lubrication **-stav** *pl* billets **-såg** fret-saw, circular saw **-tur** sightseeing tour (trip) **-vandring** tour; *göra en ~ i* make a tour of **-ögd** *a5* round-eyed
runforsk|are runologist **-ning** runology
runga resound **-nde** *a4* resounding; *ett ~ hurra* a ringing cheer; *ett ~ skratt* a roar of laughter
runinskrift runic inscription
runka (*gunga*) rock, wag; (*skaka*) shake (*på huvudet* one's head)
runnit *sup av rinna*
run|olog runologist **-ologi** *s3* runology **-ristare** rune-cutter(-carver) **-skrift** runic characters (*pl*); (*inskription*) runic inscription **-slinga** runiform ornament **-stav** rune-staff **-sten** runestone, runic stone
runt I *adv* round; *~ om[kring]* round about; *det går ~ för mig* my head is in a whirl; *lova ~ och hålla tunt* promise a lot, fulfil ne'er a jot **II** *prep* round (*hörnet* the corner); *~ om* around, all round; *resa jorden ~* travel round the world; *~ hela jorden* the world over; *året ~* all the year round
runtecken runic character
rupie ['ru:-] *s5* rupee
rus *s7* intoxication (*äv. bildl.*); *bildl.* ecstasy, transport; *ett lätt ~* a slight intoxication; *sova ~et av sig* sleep o.s. sober; *ta sig ett ~* get drunk; *under ~ets inverkan* under the influence of drink
1 rusa 1 (*störta fram*) rush, dash; (*flänga*) tear; *~ fram* rush up (*framåt:* forwards); *~ i väg* rush (dash, dart) off; *~ i fördärvet* plunge into ruin; *~ på dörren* rush for the door; *~ på ngn* rush (fly) at s.b.; *~ upp från* spring (jump) up from; *blodet ~de upp i ansiktet på honom* the blood rushed to his face; *~ upp ur sängen* spring (dash) out of bed **2** (*om motor, ånga*) race; *~ en motor* race an engine
2 rusa (*be-*) intoxicate
rus|ande *a4* intoxicating **-dryck** intoxicating liquor, intoxicant **-drycksförbud** prohibition **-ig** *a1* (*berusad*) drunk; intoxicated (*av vin* with wine; *av lycka* with happiness)
rusk *s7* wet (bad) weather; *i regn och ~* in rain and storm
1 ruska *v1, det regnar och ~r* it's wet and windy
2 rusk|a *s1* tuft; (*träd-*) bunch of twigs; *sätta ut -or vid vägarna* mark out the roads with green-bough stakes
3 ruska *v1* (*skaka*) shake; *~ ngn omilt* give s.b. a good shaking; *~ liv i ...* shake ... into life, (*ngn*) rouse; *~ på huvudet* shake one's head; *~ om ngn* give s.b. a shaking
ruskig *a1* (*om väder*) nasty, unpleasant; (*om pers.: sluskig*) disreputable, shady; (*om t.ex. kvarter*) squalid; (*otäck*) horrid; *känna sig litet ~* feel a little out of sorts (seedy) **-het** (*vädrets*) nastiness *etc.*; (*otäckhet*) gruesomeness; *~er* gruesome things, horrors
ruskprick *sjö.* broom-beacon(-perch)
ruskväder *se rusk*
rus|ning [ˣru:s-] rush (*efter* for); (*av motor*) racing, overspeeding **-ningstid** rush hour[s *pl*], peak period
russ *s7* Gotland pony
russifi[c]era Russify, Russianize
russin *s7* raisin **-kärna** raisin-seed
rust|a 1 (*göra i ordning*) prepare, make preparations (*för, till* for); (*väpna sig*) arm (*för, till* for); *~ upp* (*reparera*) do up, repair **2** (*beväpna*) arm; (*utrusta*) equip; (*iordningställa*) get ... ready **3** *rfl* (*göra sig färdig*) get ready, make preparations (*till* for); (*väpna sig*) arm o.s. **-ad** *a5* (*ut-*) equipped; (*beväpnad*) armed **-håll** *s7, stå för ~et* (*bildl.*) be responsible for the whole affair, run the show
rustibus[s] *s2* lively child
rustik *a1* rustic; (*bondaktig*) countrified; (*grov*) boorish
rust|kammare armoury **-mästare** staff sergeant 1st class **-ning 1** (*krigsförberedelse*) armament **2** *konkr.* armour, coat of mail; *fullständig ~* (*äv.*) panoply **-ningsindustri** armament industry
ruta I *s1* square; (*i mönster*) check; (*fönster-*) [window-]pane **II** *v1* (*göra rutig*) cheque; *~t papper* cross-ruled (squared) paper
1 ruter ['ru:-] *s9, kortsp.* diamonds; *jfr hjärter*
2 ruter ['ru:-] *r, det är ~ i henne* she has got pluck; *det är ingen ~ i honom* he has no go in him
rut|formig [-å:-] *a1* square-shaped **-ig** *a1* check[ed]; chequered
rutin *s3* routine; (*färdighet*) professional skill, practical knowledge; *~er* (*äv.*) procedures **-arbete** routine work **-erad** *a5* ex-

perienced, practised, skilled **-mässig** *a1* routine **-mässighet** routine **-mässigt** by routine; *neds.* mechanically
rutit *sup av ryta*
rut|mönster check (*snedvinkligt:* diamond) pattern **-papper** cross-ruled paper
rutsch|a [ˣruttʃa] slide; (*slira*) skid **-bana** chute, slide; (*vatten-*) water-chute
rutt *s3* route
rutt|en *a3* rotten (*äv. bildl.*); putrid; (*om tänder*) decayed; (*moraliskt äv.*) corrupt, depraved **-enhet** rottenness *etc.*; *bildl. äv.* corruption **-na** become (get) rotten, rot; (*om virke äv.*) decay; (*om kött äv.*) decompose
ruv|a sit [on eggs], brood; ~ *på* (*bildl.*) brood on; ~ *över* jealously safeguard (*sina skatter* one's treasures) **-ning** [-u:-] sitting, brooding
rya [ˣry:a] *s1* long-pile rug **-matta** hooked rug
ryck *s7* **1** (*knyck*) jerk, tug, pull **2** (*sprittning*) start; (*nervöst*) twitch, spasm; *vakna med ett* ~ wake up with a start **3** *bildl.* (*anfall*) fit, flicker; (*nyck*) whim, freak
ryck|a *v3* **1** (*dra*) pull, jerk; (*hastigt*) snatch; (*våldsamt*) wrench; (*slita*) tear; ~ *ngn i armen* pull s.b. by the arm **2** (*lin, hampa*) pull **3** (*ruska, dra hit o. dit*) pull, tug, jerk; ~ *i dörren* pull at the door; ~ *i klocksträngen* pull the bell[-cord]; ~ *på axlarna* shrug one's shoulders (*åt* at); *det -te i mungiporna på henne* the corners of her mouth twitched **4** *mil.* march, move (*mot fienden* against the enemy; *mot målet* towards the objective); ~ *närmare* approach; ~ *ngn in på livet* press s.b. hard; ~ *till ngns undsättning* rush to a p.'s rescue **5** (*med beton. part.*) *han -tes bort vid unga år* he was snatched away in early life; ~ *fram* (*mil. o.d.*) push forward, advance; ~ *in a*) *typ.* inset, *b*) (*om trupper*) march into, *c*) (*om värnpliktig*) join up; ~ *in i en stad* march into (enter) a town; ~ *in i ngns ställe* take a p.'s place; ~ *loss* wrench (jerk) ... loose; *hon -tes med av hans berättelse* she was carried along by his story; ~ *med sig* carry away; ~ *till* give a start, start; ~ *till sig* snatch; ~ *upp a*) (*ogräs*) pull up, *b*) (*dörr e.d.*) pull open ~ *upp sig* pull o.s. together; ~ *ut a*) pull out, (*tand*) extract, *b*) *mil.* (*om trupp*) move out, break camp, (*om värnpliktig*) be furloughed home (released), (*om brandkår o.d.*) turn out **-en** ['rykk-] *i uttr.: stå* ~ stand it, hold one's own; *stå* ~ *för* stand up to **-ig** *a1* jerky; spasmodic; disjointed **-ning** pull, jerk; (*nervös*) twitch, spasm; *nervösa ~ar* (*äv.*) a nervous tic (*sg*) **-vis** by jerks; (*då o. då*) intermittently
rygg *s2* back; *falla ngn i ~en* attack s.b. from the rear; *gå bakom ~en på ngn* (*bildl.*) go behind a p.'s back; *ha ~en fri* have a line of retreat open; *hålla ngn om ~en* (*bildl.*) support s.b., back s.b. up; *skjuta* ~ (*om katt*) arch its back; *stå med ~en mot* stand with one's back to; *tala illa om ngn på hans* ~ speak ill of s.b. behind his back; *vända ngn ~en* (*bildl.*) turn one's back on s.b.; *så snart man vänder ~en till* as soon as one's back is turned **-a 1** (*om häst*) back; (*om pers.*) step (*häftigt* start) back; (*dra sig tillbaka*) withdraw *från* from); (*frukta för*) shrink, recoil (*inför* at, before) **2** *ridk.* back (*en häst* a horse) **-bast** *s7, anat.* sympathetic chain; (*friare*) back **-fena** dorsal fin **-kota** vertebra **-läge** *intaga* ~ lie down on one's back **-märg** spinal cord (marrow) **-märgsprov** lumbar puncture **-rad** spine, spinal column; *bildl.* backbone **-radsdjur** vertebrate **-radslös** invertebrate; *bildl.* without backbone, spineless **-sim** backstroke **-skott** lumbago **-stöd** *eg.* support for the back; (*på stol e.d.*) back; *bildl.* backing, support **-säck** rucksack **-tavla** back **-ås** ridge-pole **-åsstuga** *ung.* timber cottage open to the roof
ryk|a *rök rukit, äv. v3* **1** smoke; reek; (*pyra*) smoulder; (*ånga*) steam; (*om damm*) fly about; *det -er in* the chimney is smoking; *rågen -er* the rye is smoking; *slåss så det -er om det* fight so the feathers fly **2** *där rök hans sista slantar* there goes the last of his money; ~ *ihop* fly at each other, (*slåss*) come to blows; ~ *på* (*anfalla*) assault, (*med fråga e.d.*) attack **-ande** *a4* smoking *etc.*; ~ *varm mat* piping hot food; *i ~ fart* at a tearing pace
rykt *s3* (*skötsel*) dressing; (*av häst*) grooming; *språkets ~ och ans* the cultivation and improvement of the language **-a** dress; groom, curry
rykt|as *opers. dep, det ~ att* it is rumoured (there is a rumour) that **-bar** *a1* famous, renowned; *neds.* notorious; ~ *person* (*äv.*) celebrity **-barhet** fame, renown; *neds.* notoriety; *pers.* celebrity
ryktborste grooming-brush
rykte *s6* **1** (*kringlöpande nyhet*) rumour; report; (*hörsägen*) hearsay; (*skvaller*) gossip; *det går ett ~ att* there is a rumour that; *lösa ~n* vague rumours **2** (*ryktbarhet*) fame, renown; (*allmänt omdöme om ngn*) reputation, name, repute; *bättre än sitt* ~ better than one's reputation; *upprätthålla sitt goda namn och* ~ uphold one's fair name and fame; *åtnjuta det bästa* ~ be in the highest repute; *ha dåligt* ~ [*om sig*] have a bad reputation; *ha ~ om sig att vara* be reputed to be, have the reputation of (+ *ing-form*)
ryktes|flora crop of rumours **-smidare** scandalmonger **-spridare** spreader of rumours **-spridning** spreading of rumor **-vis** (*som ett rykte*) by [way of] rumour; (*genom hörsägen*) by hearsay
ryl *s2, bot.* winter-green, shinleaf
rymd *s3* **1** (*volym*) volume, capacity **2** (*världs-*) space; *bildl.* region, sphere; *tomma ~en* vacancy, vacuity; *yttre ~en* outer space; *tavlan har* ~ the picture gives a feeling of space **-dräkt** space-suit **-farare** space-man, astronaut **-farkost** spacecraft **-flygning** space flight **-forskare** space scientist **-forskning** space research **-färd** space trip (flight) **-geometri** stereometry, solid geometry **-kapsel** space capsule **-mått** cubic measure **-raket** space rocket **-skepp** spaceship **-sond** space-probe **-station** space station **-teknik** space technique (technology) **-åldern** the Space Age
rymlig *a1* (*stor*) spacious, roomy; (*som rym-*

mer mycket) capacious; *~t samvete* accommodating conscience

rym|ling fugitive, runaway; *mil.* deserter **-ma** *v2* **1** (*innehålla*) contain, hold; (*ha plats för*) take, have room for, accommodate **2** (*fly*) run away; (*om fånge*) escape; (*om kvinna: ~ från hemmet*) elope; *~ fältet* quit the field **-mare** *se -ling*; *~ och fasttagare* (*lek*) cops and robbers **-marfärd -marstråt** *vara på ~* be on the run **-mas** *v2, dep, det -s mycket i den här lådan* this box holds a great deal; *det -s mycket på en sida* there is room for a great deal on one page; *det -s många i rummet* the room holds many people **-ning** escape, flight; *mil.* desertion **-ningsförsök** attempted escape (*etc.*)

rynk|a I *s1* (*i huden*) wrinkle; (*på kläder*) crease, *sömn.* fold, gather **II** *v1* **1** *sömn.* gather, fold; *~ pannan* knit one's brows; *~ ögonbrynen* frown; *~ på näsan* wrinkle one's nose, *bildl.* turn up one's nose (*åt* at) **2** *rfl* wrinkle, get wrinkled; (*om tyg*) crumple, crease **-ig** *a1* wrinkled, furrowed **-tråd** drawing thread

rys|a *v3, imperf äv. rös* shiver, shake (*av köld* with cold); shudder (*av fasa* with terror); *det -er i mig när* I shudder when **-are** thriller

rysch *s7* ruche, frill

rysk *a1* Russian **-a** *s1* **1** (*språk*) Russian **2** (*kvinna*) Russian woman **-fientlig** anti--Russian **-språkig** *a1* (*-talande*) Russian--speaking; (*på -a*) ... in Russian **-svensk** Russo-Swedish **-vänlig** pro-Russian

ryslig [ˣry:s-] *a1* terrible, dreadful; *vard.* awful **-het** *~er* horrors, (*begångna*) atrocities **-t** *adv* terribly *etc.*; *vard.* awfully (*snällt av dig* nice of you)

rysning [ˣry:s-] shiver; shudder

ryss *s2* Russian

ryssja [ˣryʃa] *s1* fyke (hoop) net

Ryssland ['ryss-] *n* Russia **ryssläder** Russia leather

ryta *röt rutit* roar (*åt* at); (*om pers. äv.*) shout, bawl (*åt* at) **-nde** *s6* roar[ing]

rytm *s3* rhythm **-ik** *s3, ej pl* rhythmics (*pl*) **-isk** ['rytt-] *a5* rhythmic[al]

rytt|are rider, horseman; (*i kortsystem*) tab, signal **-arinna** horsewoman, woman rider **-arstaty** equestrian statue **-artävling** horse--riding competition **-eri** cavalry **-mästare** cavalry captain

RÅ [ˣärrå] *förk. för riksåklagaren*

1 rå *s5, sjö.* yard

2 rå *s5, s4* (*gränslinje*) boundary, borderline

3 rå *s6, s5, myt.* sprite, fairy

4 rå *a1* **1** (*okokt*) raw (*fisk* fish); fresh (*frukt* fruit) **2** (*obearbetad*) crude (*malm* ore); (*ogarvad*) raw **3** (*om klimat*) raw, damp and chilly **4** (*primitiv*) primitive; (*grov*) coarse; (*simpel*) vulgar; (*ohövlig*) rude; (*brutal*) brutal; *den ~a styrkan* brute force; *en ~ sälle* a ruffian; *ett ~tt överfall* a brutal assault

5 rå *v4* (*jfr råda*) **1** (*orka*) manage, have the strength (power) to; (*vara starkare, längre*) be the stronger (taller); *jag ~r inte med det* I cannot manage it, it is too much for me; *människan spår, men Gud ~r* man proposes, God disposes; *~ sig själv* be one's own master, have one's time to o.s. **2** (*med beton. part.*) *jag ~r inte för att* it is not my fault that; *jag ~r inte för det* I cannot help it; *du ~r själv för att* it is your own fault that; *~ med* manage [to carry (lift *etc.*)]; *~ om* be the owner of, possess; *~ på* be stronger than, get the better of, be able to beat

råbalans *hand.* proof sheet

råbandsknop reef-knot

rå|barkad *a5, bildl.* coarse, rough-mannered **-biff** scraped raw beef

råbock roebuck

råd *s7, i bet. 2 o. 5 äv. r* **1** (*tillrådan*) advice; (*högtidligare*) counsel; *ett* [*gott*] *~* a piece of [good] advice, *Am. äv.* a pointer; *~ och anvisningar för* hints and directions for; *be ngn om* [*ett*] *~* ask s.b. for advice; *bistå ngn med ~ och dåd* give s.b. advice and assistance; *fråga ngn till ~s* ask a p.'s advice, consult s.b.; *få många goda ~* receive a lot of good advice; *följa* (*lyda*) *ngns ~* follow (take) a p.'s advice; *ge goda ~* give good advice; *den ~ lyder är vis* he who listens to counsel is wise **2** (*utväg*) means (*sg o. pl*), expedient, way; *finna på ~* find a way out; *veta ~ för* know a remedy for; *det blir väl ngn ~* something is sure to turn up, we shall manage somehow; *det blir ingen annan ~ än att* there is no other alternative than to; *nu vet jag* [*mig*] *ingen levandes ~* now I am at my wit's end (completely at a loss) **3** (*församling*) council **4** (*person*) councillor **5** (*tillgång*) means (*sg o. pl*); *ha god ~ till ngt* have ample means for s.th., be able to afford s.th.; *jag har inte ~ att* (*till det*) I haven't got the money to (for it), I cannot afford to (it); *efter ~ och lägenhet* according to one's means

råd|a *v2* **1** (*ge råd*) advise, give ... advice, counsel; *om jag får ~ dig* if you take my advice; *jag skulle ~ dig att låta bli* I should advise you not to do it; *jag -er dig att inte* I warn you not to **2** *~ bot för* (*på*) find a remedy (cure) for **3** (*härska*) rule; *om jag finge ~* if I had my way; *han vill alltid ~* he always wants to be master; *~ över* have control of **4** (*förhärska*) prevail, be prevalent; be, reign; *tystnad -er överallt* (*äv.*) silence reigns everywhere; *det -er inget tvivel* there is no doubt; *det -er ett gott förhållande mellan dem* they are on good terms [with each other] **-ande** *a4* prevailing; current (*priser* prices); *under ~ förhållanden* in the circumstances; under present conditions

rådbråka **1** *hist.* break ... on the wheel **2** *bildl.* (*ett språk*) mangle, murder; *på ~d engelska* in broken English; *~ franska* speak broken French; *känna sig alldeles ~d* be aching in every joint, be stiff all over

råd|fråga consult; seek advice from; *~ advokat* take counsel's opinion **-frågning** [-å:-] consultation; inquiry **-givande** advisory, consulting, consultative **-givare** adviser; *jur.* counsel; (*dipl. e.d.*) counsellor **-givning** [-ji:-] guidance, advisory service **-givningsbyrå** advisory bureau, information office **-göra** *~ med* confer with; *~ med ngn om ngt* (*äv.*) discuss s.th. with s.b. **-hus**

town (*Am.* city) hall **-husrätt** municipal court; *Engl.* magistrates' court; (*för svårare brottmål*) central criminal court **-ig** *a1* (*fyndig*) resourceful; resolute (*handling* act) **-ighet** resourcefulness; resolution, presence of mind

rå|djur roe[-deer] **-djursblick** *bildl.* fawn-like glance **-djursstek** [joint of] venison

råd|lig [ˣrå:d-] *a1* (*klok*) wise; (*till-*) advisable; *inte* ~ (*äv.*) inadvisable **-lös** perplexed, at a loss; *bättre brödlös än* ~ better breadless than headless **-löshet** perplexity; irresolution **-man** [borough] magistrate, alderman **-pläga** deliberate (*om* about) **-plägning** [-ä:-] deliberation, conference **-rum** respite; (*betänketid*) time for reflection (consideration) **-s** [rå:-] *se råd 1*

råds|församling council, board **-herre** councillor

råd|slag *se -plägning*; *hålla* ~ *se -slå* **-slå** take counsel (*med varandra* together), consult (*med ngn* with s.b.) **-snar** resourceful

råds|republik Soviet republic **-sal** council hall

råd|sturätt *se rådhusrätt* **-vill** *a1* (*villrådig*) irresolute; (*-lös*) perplexed, at a loss **-villhet** irresolution; perplexity

råg *s2* rye

råg|a I *s1* (*se -e*); *till* ~ *på allt* to crown everything; *till* ~ *på eländet* to make matters worse II *v1* heap, pile (*faten* the dishes); (*fylla t. brädden*) fill up [to the brim]; *~d* full, brimful; *en ~d sked* a heaped spoonful; *nu är måttet ~t* this is the last straw

råg|ax ear of rye **-blond** light-blond **-bröd** rye-bread

råge *s2* full (good) measure

råglas crude glass

råg|mjöl rye-flour **-sikt** sifted rye-flour

rågummi crude rubber **-sula** crêpe rubber sole

rågåker rye-field

rågång boundary[-line], (*i skog äv.*) boundary-clearing; *bildl.* demarcation line

råhet rawness; *bildl.* coarseness; (*brutalitet*) brutality

1 råk *s2* (*is-*) crack, rift

2 råk *s7*, *s3*, *ej pl* (*fisk-*) guts (*pl*)

1 råka *s1*, *zool.* rook

2 råka *v1* **1** (*träffa rätt*) hit (*målet* the mark) **2** (*möta*) meet; encounter, come across (*äv.* ~ *på*) **3** (*händelsevis komma att*) happen (*göra* to do) **4** ~ *i bakhåll* fall into an ambush; ~ *i fara* get into danger, *bildl.* be endangered; ~ *i gräl* fall out, start quarrelling; ~ *i händerna på* fall into the hands of; ~ *i olycka* come to grief; ~ *i raseri* fly into a rage; ~ *i slagsmål* come to blows; ~ *på avvägar* go astray; ~ *ur gängorna* (*bildl.*) get out of gear, be upset **5** ~ *fast* get caught; ~ *in i* get into, (*bli invecklad i*) be involved in; ~ *illa ut* get into trouble; ~ *på* come across; ~ *ut för* fall into the hands of (*en bedragare* an impostor), get caught in (*oväder* a storm), meet with (*en olycka* an accident)

råkall raw and chilly, bleak

råkas *dep* meet

rå|kopia proof **-kost** raw vegetables and fruit **-kostare** [-ås-] vegetarian

råma moo; *bildl.* bellow

rå|material raw material **-mjölk** beestings (*pl*)

råmärke boundary-mark; *~n* (*bildl.*) bounds, limits; *inom lagens ~n* within the pale of the law

1 rån *s7* (*bakverk*) wafer

2 rån *s7* (*brott*) robbery **-a** rob **-are** robber **-försök** attempted robbery **-kupp** [daring] robbery **-mord** murder with robbery **-mördare** person who has committed murder with robbery

rånock *sjö.* yard-arm

rå|olja crude oil **-riven** *a5* ... grated raw **-saft** raw juice

råsegel square sail

rå|siden raw silk, shantung **-skala** peel ... raw; *~d potatis* potatoes peeled before boiling **-skinn** [-ʃ-] *s7*, *bildl.* tough, brute **-socker** raw (unrefined) sugar **-sprit** crude alcohol **-sten** raw limestone

rått|a *s1* rat; (*mus*) mouse (*pl* mice) **-bo** mouse (rat's) nest; *bildl.* rat-infested hovel **-fälla** mouse-(rat-)trap **-gift** rat-poison **-hål** mouse (rat) hole **-jakt** *vara ute på* ~ (*om katt*) be out mouse-hunting **-lort** rat-dung **-svans** rat's tail; (*hårfläta*) pigtail **-unge** young rat (mouse) **-utrotningsmedel** rat exterminator **-äten** *a5* gnawed by rats (mice)

rå|vara raw material **-varukälla** raw material source **-varuproduktion** primary production **-varutillgång** supply of raw materials

räck *s7*, *gymn.* [horizontal] bar

räck|a I *s1* row, line, range; (*serie*) series, succession II *v3* **1** (*över-*) hand, pass; ~ *ngn handen* give s.b. one's hand; ~ *en hjälpande hand* extend a helping hand; ~ *varandra handen* shake hands; *vill du* ~ *mig brödet?* would you pass me the bread, please? **2** (*nå*) reach; (*gå ända t.*) extend, stretch; (*fortgå*) last, go on (*i evighet* for ever); *jag -er honom till axeln* I reach (come up) to his shoulder; *kön -te ut på gatan* the queue stretched out to the street; *jag -er inte dit* it is beyond my reach; *dra så långt vägen -er* go to blazes **3** (*förslå*) be enough (sufficient), suffice; *oljan -er en vecka* there is enough oil for one week; *det -er inte långt* that won't go far; *det -er* (*äv.*) that will do **4** (*med beton. part.*) ~ *till* be enough (sufficient), suffice; *få pengarna att* ~ *till* (*äv.*) make both ends meet; *tiden -er aldrig till för mig* I can never find enough time; ~ *upp* put (stretch) up (*handen* one's hand), (*nå upp*) reach up; *inte* ~ *till* (*äv.*) fall short; ~ *ut tungan* put out one's tongue (*åt* at)

räcke *s6* rail[ing], barrier; (*trapp-*) banisters (*pl*)

räck|håll reach; *inom* (*utom*) ~ *för ngn* within (beyond) a p.'s reach **-vidd** *eg.* reach; (*skjutvapens e.d.*) range; *bildl. äv.* scope, extent

räd *s3* raid (*mot* on); (*bomb- äv.*) blitz

räd|as *-des -its*, *dep* fear, dread (*varken fan eller trollen* neither the devil nor his dam)

rädd *a1*, *n sg obest. f. undviks* afraid (*för* of); (*skrämd*) frightened, scared, alarmed; (~ *av sig*) timid, timorous; (*bekymrad*) anxious (*för* about); *mycket* ~ very much

afraid; *vara ~ för* be afraid (frightened) of, (*sitt liv e.d.*) be in fear of; *vara ~ om* be careful with, take care of
rädda save; (*befria ur fara*) rescue, deliver (*från att* from + *ing-form*; *ur* out of); *den stod inte att ~* there was no saving (rescuing) it, it was beyond saving; *~ ngt undan glömskan* rescue s.th. from oblivion; *~ undan ngt* save (salvage) s.th.; *~nde ängel* angel of mercy **-re** rescuer, (*ur nöd*) deliverer
räddhågad fearful, timid, timorous
räddning rescue; (*ur trångmål*) deliverance; (*frälsning*) salvation; *fotb.* save
räddnings|ankare *bildl.* sheet-anchor **-arbete** rescue work **-båt** lifeboat **-löst** [-ö:-] *adv*, *~ förlorad* irretrievably lost **-kryssare** rescue cruiser **-manskap** rescue party **-planka** *bildl.* last resort **-stege** fire escape
rädisa [ˣrädd-, ˣrä:-] *s1* radish
rädsla [ˣrädd-, ˣrä:-] *s1* fear, dread (*för* of)
räffl|a **I** *s1* groove; (*ränna*) channel; (*i eldvapen*) rifle **II** *v1* groove, channel; (*eldvapen*) rifle; *~d kant* (*på mynt*) milled edge
räfsa *s1 o. v1* rake
räfst *s3* inquisition; (*bestraffning*) chastisement; *hålla skarp ~ med* call ... rigorously to account -- **och rättarting** *hålla ~ med* take ... severely to task, call ... to account
räjong [-ˈjåŋ] *s3* district, area; *bildl.* range, scope
räka *s1* shrimp; (*djuphavs-*) prawn
räkel *s2*, *lång ~* lanky fellow
räkenskap *s3* account; *~er* accounts, books, records; *avfordra ngn ~ för* call s.b. to account for; *avlägga ~ för ngn* render (give) an account to s.b. of; *~ens dag* the day of reckoning; *avsluta* (*göra upp*) *~erna* close (settle) the accounts
räkenskapsår financial year
räkna [ˣrä:k-] **1** (*hop-, upp-*) count; (*göra uträkningar*) do sums (arithmetic); (*be-*) calculate, reckon; *lära sig läsa, skriva och ~* learn reading, writing and arithmetic; *~ till tio* count up to ten; *~ ett tal* do a sum; *~ i huvudet* do mental arithmetic; *~ med bråk* do fractions; *~ fel* miscalculate, *bildl.* be mistaken; *det ~s inte* that doesn't count; *hans dagar är ~de* his days are numbered; *~ tvätt* count the laundry; *högt* (*lågt*) *~t* at a high (low) estimate, at the most (least); *i pengar ~t* in terms of money; *i procent ~t* on a percentage basis; *förändring i procent ~t* percentage change; *noga ~t* to be exact; *~ med* count (reckon) [up]on, (*ta med i beräkningen*) reckon with, allow for; *~ på ngn* count (rely) on s.b. **2** (*hänföra t.*) count (*till* among); (*anse*) regard, consider, look upon; *~ det som en ära att* count (consider) it an honour to; *~ ngn ngt till godo* (*last*) put s.th. down to a p.'s credit (discredit) **3** (*uppgå t.*) number; *hären ~de 30 000 man* the army numbered 30 000 men **4** (*med beton. part.*) *~ av* deduct, subtract; *~ efter* count over; *~ efter vad det blir* see what it makes; *~ ihop* add (sum) up; *~ upp* (*pengar*) count out, (*nämna i ordning*) enumerate; *~ ut* (*ett tal*) work out, (*fundera ut*) think (figure) out
räkne|bok arithmetic book **-exempel** arithmetical example, sum [to be worked out] **-fel** mistake in calculation, arithmetical error **-konst** *~en* arithmetic **-maskin** calculating machine, calculator **-operation** calculating operation **-ord** numeral **-sticka** slide-rule **-sätt** method of calculation; *de fyra ~en* the four rules of arithmetic **-tal** sum **-verk** counter, counting mechanism
räkning [ˣrä:k-] **1** (*hop-*) counting; (*ut-*) calculation; (*upp-*) enumeration; (*skolämne*) arithmetic; *duktig i ~* good at figures (arithmetic); *hålla ~ på* keep count of; *tappa ~en* lose count (*på* of); *gå ner för ~* (*boxn.*) take the count **2** (*konto*) account (*hos* with); (*nota*) bill, *Am.* check; (*faktura*) invoice; *~ på* bill (invoice) for; *kvitterad ~* receipted invoice (bill); *löpande ~* current account; *specificerad ~* itemized account; *för ngns ~* on a p.'s account (behalf); *köp i fast ~* outright purchase; *köpa i fast ~* buy firm (outright); *skriva ut en ~* make out a bill (invoice); *sätt upp det på min ~!* put it down to my account!; *ta på ~* take on account (credit) **3** *göra upp ~en utan värden* reckon without one's host; *göra upp ~en med livet* settle one's account with life; *hålla ngn ~ för ngt* put s.th. down to a p.'s credit; *ta med i* (*lämna ur*) *~en* take into (leave out of) account; *ett streck i ~en för* a disappointment to; *det får stå för din ~* that is your responsibility; *vara ur ~en* be out of the running
räksallad shrimp salad
räls *s9* rail **-buss** railbus **-skarv** rail-joint **-spik** rail (dog) spike
rämna **I** *s1* (*spricka*) fissure, crevice; (*i tyg*) rent, slit; (*i moln*) break, rent **II** *v1* crack; (*om tyg*) rend, tear
ränk|er *pl* intrigues, machinations, plots; *smida ~* intrigue, plot **-lysten** intriguing, scheming **-smidare** intriguer, plotter, schemer
1 ränna *s1* (*fåra*) groove, furrow; (*segel-, is-*) channel; (*flottnings-*) flume; (*transport-*) chute
2 ränn|a *v2* **1** (*springa*) run; *~ i väg* run away, dash off; *~ med skvaller* run about gossiping; *~ i höjden* shoot up fast **2** (*stöta*) run, thrust (*kniven i ngn* one's knife into); *~ huvudet i väggen* (*bildl.*) run one's head against the wall **-ande** *s6* running; *det har varit ett förfärligt ~ här i dag* people have been running in and out all day
rännil rill, rivulet
ränn|ing warp **-snara** running noose
ränn|sten gutter, gully **-stensunge** gutter-snipe
ränsel *s2* knapsack, kit-bag
1 ränta *s1* (*inälvor*) offal
2 ränt|a **I** *s1* interest; (*-esats*) rate [of interest]; *~ på ~* compound interest; *bunden* (*fast, rörlig*) *~* restricted (fixed, flexible) rate of interest; *upplupen ~* accrued interest; *hög* (*låg*) *~* high (low) interest (rate); *årlig ~* annual interest; *ge 4% ~* give (yield) 4%; *löpa med 4% ~* carry 4% interest; *räkna ut ~n* compute the interest; *leva på -or* live on the interest on one's capital; *låna* (*låna ut*) *... mot ~* borrow ... on (lend ... at) interest; *ge betalt för ngt med ~* (*bildl.*) pay back s.th. with interest **II** *v1*,

rfl se för- sig **-abel** *a2* profitable; remunerative, lucrative **-abilitet** earning power (capacity); remunerativeness

ränte|avkastning [interest] yield **-belopp** amount of interest **-beräkning** calculation (computation) of interest **-betalning** payment of interest **-bärande** interest-bearing (-carrying) **-eftergift** interest remission **-fot** rate of interest, interest rate **-fri** free of interest **-frihet** exemption from interest **-förlust** loss of interest **-höjning** increase in interest rate **-inkomst** income from interest **-kostnader** interest costs (charges) **-räkning** *se -beräkning* **-sats** *se -fot* **-sänkning** lowering (reduction) of interest rates **-termin** date of payment of interest

rät *a1* straight (*linje* line); right (*vinkel* angle); *bilda ~ vinkel med* form a right angle with, be at right angles to **-a I** *s1* right side, face **II** *v1* straighten (*äv. ~ på*); *~ på ryggen* straighten one's back **-linjig** *a1* rectilinear, straight-lined; *bildl.* straightforward

rätoroman *s3* Rhaeto-Roman **-sk** [-a:-] *a5* Rhaeto-Romanic

rätsida right side, face; (*på mynt o.d.*) obverse; *inte få ngn ~ på ngt* not be able to get a proper hold (make head or tail) of s.th.

1 rätt *s3* (*mat-*) dish; (*del av måltid*) course; *en middag med tre ~er* a three-course dinner; *dagens ~* today's special

2 rätt I *s3* **1** (*-ighet*) right (*till* to, of); (*-visa*) justice; *~ till ersättning* right to compensation; *~ till fiske* right to fish; *lag och ~* law and justice; *få ~* prove (be) right, (*inför domstol*) win the case; *ge ngn ~* admit that s.b. is right; *ge ngn ~ till* entitle (authorize) s.b. to; *du ger mig nog ~ i att* I think you will agree that; *göra ~ för sig* do one's full share, (*ekonomiskt*) pay one's way; *du gör ~ i att* you are right in + *ing-form*; *ha ~* be right, (*ha ~en på sin sida*) be in the right; *det har du ~ i* you are right there; *ha ~ till att* have a (the) right to, be entitled to; *komma till sin ~* (*bildl.*) do o.s. justice, show to advantage; *med ~ eller orätt* rightly or wrongly; *med full ~* with perfect justice (good reason); *ta ut sin ~* claim one's due; *vara i sin fulla ~* be quite within one's rights **2** *få ~ på* find **3** (*rättsvetenskap*) law; *romersk ~* Roman law **4** (*domstol*) court [of justice]; *inför högre ~* before a superior court; *inställa sig inför ~en* appear before the court; *sittande ~* court [in session]; *inför sittande ~* in open court **II** *a1* **1** (*riktig*) right; (*korrekt äv.*) correct; (*vederbörlig*) proper; (*sann*) true; *det ~a* what is right, (*vid visst tillfälle*) the right thing; *det enda ~a* the only right thing; *~a ordet* the right (appropriate) word; *~e ägaren* the rightful owner; *den ~e* (*i fråga om kärlek*) Mr. Right; *du är just den ~e att* (*iron.*) you are just the right one (person) to; *det var ~!* that's right!; *det är ~ åt dig!* it serves you right!; *det är inte mer än ~ och billigt* it is only fair; *komma på ~ bog* (*bildl.*) get on the right tack; *i ordets ~a bemärkelse* in the proper sense of the word; *i ~an tid* at the right moment; *ett ord i ~an tid* a word in season **2** *sticka avigt och ~* knit purl and plain **III** *adv* **1** (*riktigt*) *a*) (*före verbet*) rightly, *b*) (*efter verbet vanl.*) right; *~ gissat* rightly guessed; *gissa ~* guess right; *om jag minns ~* if I remember right[ly]; *går klockan ~?* is the clock right?; *förstå mig ~!* don't misunderstand me!; *när man tänker ~ på saken* when you come to think of it; *eller ~are sagt* or rather **2** *~ och slätt förneka* simply deny; *~ och slätt en bedragare* a swindler pure and simple **3** (*ganska*) pretty; quite, rather; *vard.* jolly; *jag tycker ~ bra om* (*äv.*) I quite like; *~ många* a good number of, quite a lot **4** *~ som det var* all at once (of a sudden) **IV** *adv* (*t. rät*) straight; right; *~ fram* straight on (ahead); *~ upp i ansiktet* straight to one's face; *~ upp och ner* straight up and down

rätt|a I *oböjl. s, i vissa uttr.:* **1** *dra ngn inför ~* bring s.b. before the court; *ställa* (*stämma*) *ngn inför ~* bring s.b. to trial, arraign s.b.; *stå inför ~* be brought before the court; *gå till ~ med ngn för ngt* rebuke s.b. for s.th. **2** *finna sig till ~* accommodate (adapt) o.s. (*med* to), (*trivas*) feel at home; *hjälpa ngn till ~* set (put) s.b. right, lend s.b. a hand; *komma till ~* be found, turn up; *komma till ~ med* manage, handle, (*pers. äv.*) bring ... round; *tala ngn till ~* talk s.b. into being sensible, get s.b. to see reason **3** *med ~* rightly, justly; *det som med ~ tillkommer mig* what right[ful]ly accrues to me; *och det med ~* and right[ful]ly so **II** *v1* **1** (*räta upp*) straighten (*på ryggen* one's back); (*ordna till*) adjust, put ... straight **2** (*korrigera*) correct (*fel* mistakes); *~ till* (*äv.*) set ... right **3** (*avpassa*) adjust, accomodate (*efter* to); *~ sig efter a*) (*om pers.*) obey (*befallningar* orders), comply with, follow (*ngns önskningar* a p.'s wishes), accomodate (adapt) o.s. to (*omständigheterna* circumstances), conform to, observe (*reglerna* the rules), *b*) (*om sak*) agree with, follow; *det är ingenting att ~ sig efter* it is nothing to go by; *veta vad man har att ~ sig efter* know what one has to go by; *det -er och packer eder efter!* those are the orders you have to obey

rättare *jordbr.* [farm] foreman

rättegång *s2* action; legal proceedings (*pl*); [law]suit; (*rannsakning*) trial; (*rättsfall*) case; *anställa ~ mot* take legal proceedings (bring an action) against; *förlora en ~* fail in a suit, lose a case; *ha fri ~* be entitled to the services of a solicitor and a counsel free of charge

rättegångs|balk code of procedure, rules of court **-biträde** counsel **-fullmakt** power of attorney **-förfarande** course of law **-förhandlingar** court proceedings **-handlingar** documents of a case; court records **-kostnader** court (legal) costs, legal expenses **-protokoll** minutes (*pl*) of [court] proceedings **-sak** legal matter

rätt|eligen by rights, rightly **-else** correction, amendment, adjustment; *~r* (*som rubrik*) errata, corrigenda **-esnöre** *bildl.* guiding principle, guide; *ta ngt till ~* take s.th. as a guide **-fram** *a1* straightforward; (*ärlig*) upright; (*frispråkig*) outspoken

rättfärdig *a1* righteous, just; *sova den ~es*

sömn sleep the sleep of the just **-a** (*urskulda*) excuse (*ngns handlingssätt* a p.'s conduct); (*fritaga*) exculpate, vindicate (*ngn från* s.b. from); (*berättiga*) justify; ~ *sig* justify (vindicate) o.s. (*inför* to) **-göra** justify, vindicate **-görelse** [-j-] justification (*genom tron* by faith) **-het** righteousness; justness, justice; *uppfylla all*[*an*] ~ fulfil all righteousness

rätt|haveri dogmatism **-ighet** right; privilege; *ha* ~ *till* have a (the) right to, be entitled to; *beröva ngn medborgerliga* ~*er* deprive s.b. of civil rights; *ha fullständiga* ~*er* (*om restaurang*) be fully licensed

rättika *s1* black (turnip) radish

rättmätig *a1* (*laglig*) rightful, lawful; (*befogad*) legitimate (*harm* indignation); *det* ~*a i* the legitimacy of; ~ *ägare* rightful (lawful) owner

rättning *mil.* alignment, dressing; ~ *höger!* right dress!

rättrogen faithful; (*renlärig*) orthodox; *en* ~ *kristen* a true believer **-het** faithfulness; orthodoxy

rättrådig honest, upright; (*rättvis*) just **-het** honesty, uprightness; justice

rätts|anspråk legal (lawful) claim; *göra sina* ~ *gällande* assert one's legal claims **-begrepp** concept (idea) of justice; *stridande mot alla* ~ contrary to all ideas of right and justice **-fall** legal case **-filosofi** legal philosophy **-fråga** legal question **-förhållande** legal relations (*mellan* between); (*i stat*) judicial system (*sg*) **-handling** legal act (transaction) **-haveri** *se rätthaveri* **-historia** history of law, legal history **-hjälp** legal aid

rätt|sinnad *a5*, *se -rådig*

rättsinnehavare assignee, assign

rätt|sinnig *a1* honest, upright **-skaffenhet** honesty, uprightness **-skaffens** *oböjl. a*, *se -sinnig*

rätts|kapabel legally competent **-kapacitet** legal capacity (competence) **-kemi** forensic chemistry **-kemisk** of forensic chemistry; ~*t laboratorium* forensic laboratory

rättskipning [-ʃi:-] administration of justice

rättskriv|ning orthography; (*skolämne*) spelling; *ha* ~ do dictation **-ningsregler** rules for spelling

rätts|kränkning (*civilrätt*) tort, violation of a p.'s rights; (*straffrätt*) criminal offence **-känsla** sense of justice **-lig** *a1* (*laglig*) legal; (*domstols-*) judicial; (*juridisk*) juridical; *på* ~ *väg* by legal means; *medföra* ~ *påföljd* involve legal consequences; *vidtaga* ~*a åtgärder* institute judicial proceedings **-läkare** medico-legal practitioner **-lärd** jurisprudent **-lös** without legal rights (protection) **-medicin** forensic medicine, medical jurisprudence **-medicinsk** medico-legal **-medvetande** legal conscience, sense of justice **-ordning** legal system **-praxis** case-law, legal usage **-psykiater** forensic psychiatrist **-röta** *ung.* corrupt legal practice **-sak** case, lawsuit **-sal** court[room] **-samhälle** law-governed society **-skipning** *se rättskipning* **-stat** constitutional state **-stridig** unlawful, illegal, contrary to law **-säkerhet** legal security; law and order

rättstavning [correct] spelling; orthography

rätts|tjänare court usher **-tvist** legal dispute, litigation **-uppfattning** conception of justice **-vetenskap** jurisprudence, legal science **-vetenskaplig** jurisprudential, forensic **-väsen** judicial system, judiciary

rättvis *a1* just (*dom* sentence; *sak* cause; *mot* to[wards]); (*opartisk*) impartial (*domare* judge); (*skälig*) fair; *det är inte mer än* ~*t* it is only fair; *hur mycket är en* ~ *klocka?* what is the right time? **-a** *s1* justice; (*opartiskhet*) impartiality; (*skälighet*) fairness; (*lag*) law; *för* ~*ns skull* for the sake of justice; *i* ~*ns namn* (*bildl.*) in all fairness; *låta* ~*n ha sin gång* let justice take its course; *skipa* ~ do justice; *göra* [*full*] ~ *åt* do ... [full] justice, do [full] justice to; *överlämna i* ~*ns händer* deliver into the hands of the law **-ande** *a4* (*om klocka o.d.*) correct; *sjö.* true (*bäring* bearing) **-ekrav** demand for justice **-ligen** justly, in justice (fairness)

rättvänd *a5* turned right way round (side up)

rättänkande right-(fair-)minded

rät|vinge *zool.* orthopteron (*pl* orthoptera), orthopteran **-vinklig** *a1* right-angled

räv *s2* fox; *ha en* ~ *bakom örat* always have some trick up one's sleeve; *han är en riktig* ~ he is a sly customer; *surt, sa* ~*en om rönnbären* sour grapes, said the fox; *svälta* ~ (*kortsp.*) beggar-my-neighbour **-aktig** *a1* foxy, fox-like; *bildl.* cunning, sly, wily **-farm** fox farm **-gryt** fox-earth (den) **-hanne** dog-(he-)fox **-hona** she-fox, vixen **-jakt** fox-hunting; (*en* ~) fox-hunt **-lya** *se -gryt* **-rumpa** *bot.* common horsetail **-sax** fox-trap **-skinn** fox-skin **-spel** *eg.* fox-and-geese; *bildl.* jobbery, deep game; *politiskt* ~ (*äv.*) political intrigue **-svans** fox-tail(-brush) **-unge** fox-cub

rö *s6*, *s7* reed

röd *a1* red; (*hög-*) scarlet, crimson; ~*a hanen* the fire fiend; ~*a hund* (*sjukdom*) German measles, roseola; *den* ~*a tråden* the main thread; theme; *bli* ~ *i ansiktet* go red in the face; *det var som ett rött skynke* it was like a red rag to a bull; *i dag* ~ *i morgon död* here today, gone tomorrow; *inte ett rött öre* not a bean (brass farthing); *se rött* see red; *R*~*a havet* the Red Sea; *R*~*a korset* the Red Cross

röd|korssyster Red Cross nurse **-aktig** *a1* reddish **-alg** red alga **-bena** *s1*, *zool.* redshank **-beta** beetroot; *Am.* [red] beet **-blindhet** red-blindness **-blommig** *bildl.* rosy (*kind* cheek) **-blå** reddish blue, purple **-bok** *bot.* beech **-brokig** ~ *svensk boskap* Swedish red-and-white cattle **-brun** reddish brown **-brusig** *a1* red-faced **-flammig** ~ *hy* blotchy complexion **-fläckig** red-spotted **-fnasig** *ung.* red and chapped **-färg** red paint; red ochre **-gardist** red guard **-glödga** make red-hot **-gråten** *a5* (*om pers.*) red-eyed; *-gråtna ögon* eyes red with weeping **-gul** orange[-coloured] **-hake** robin **-hårig** redhaired; (*om pers.*) red-headed

röding alpine char

röd|kantad *a5* red-bordered; ~*e ögon* red-rimmed eyes **-kindad** [-ç-] *a5* red-(rosy-)cheeked **-klöver** red (meadow) clover **-krita** red chalk (crayon) **-kål** red cabbage **-luva**

R~n Little Red Riding Hood **-lätt** ruddy **-lök** red onion **-mosig** red bloated **-näst** [-ä:-] *a1* red-nosed **- - och vitrandig** ... with red-and-white stripes **-ockra** red ochre **-penna** red pencil **-prickig** ... dotted red **-randig** ... striped red, red-striped **-rutig** red-chequered, red-check **-räv** red fox **-skinn** redskin, Red Indian **-skäggig** red-bearded **-sot** dysentery **-spotta** *s1* plaice **-sprit** methylated spirit **-sprängd** *a1* bloodshot (*ögon* eyes) **-spätta** *s1*, *se -spotta* **-stjärt** redstart **-vin** red wine; (*Bordeaux*) claret; (*Bourgogne*) burgundy **-vinge[trast]** redwing **-vinstoddy** mulled claret **-ögd** *a1* red-eyed

1 röja [ˣröjja] *v2* **1** (*förråda*) betray; (*yppa*) reveal, disclose; ~ *sig* betray o.s., give o.s. away **2** (*ådagalägga*) display, show (*oförmåga* incapacity)

2 röj|a [ˣröjja] *v2* (*bryta, odla upp*) clear (*mark* land); (*gallra*) thin; ~ *väg för* clear a path for, *bildl. äv.* pave the way for; ~ *undan* clear away, remove; ~ *upp* tidy up; ~ *ngn ur vägen* make away with s.b. **-ning** clearance; *konkr.* clearing **-ningsarbete** clearance work **-ningsmanskap** clearance squad

1 rök *imperf av ryka*

2 rök *s2* smoke; (*ånga*) steam; (*i sht illaluktande*) fume[s *pl*]; *gå upp i* ~ go up (*bildl. äv.* end) in smoke; *ingen* ~ *utan eld* no smoke without fire; *vi har inte sett ~en av honom* we have not seen a trace of him **-a** *v3* **1** (*om tobak*) smoke; *generar det dig om jag -er?* do you mind my smoking?; ~ *cigarretter* smoke cigarettes; ~ *in en pipa* break in a pipe **2** (*om matvaror*) smoke[-cure]; (*sill äv.*) bloat **3** (*mot ohyra, smitta*) fumigate **-are** smoker; *icke* ~ (*ej -kupé*) non-smoker **-bildning** smoke generation (production) **-bomb** smoke-bomb **-bord** smoker's table **-dykare** smoke-helmeted fireman **-else** incense **-elsekar** censer, thurible **-eri** smoke-(curing-)house **-fri** free from smoke; smokeless (*bränsle* fuel) **-fylld** smoke-filled **-fång** [fume] hood, smoke bonnet **-förgiftad** [-j-] *a5* poisoned by smoke, asphyxiated **-gas** flue gas; fumes (*pl*) **-gång** *s2* [smoke] flue **-huv** chimney-cowl; smoke hood **-ig** *a1* smoky **-kupé** smoking-compartment, smoker; (*anslag*) for smokers **-lukt** smell of smoke **-moln** cloud of smoke **-ning** [-ö:-] smoking; (*desinfektion*) fumigation; ~ *förbjuden* no smoking; ~ *tillåten* smoking, for smokers **-paus** smoking break **-pelare** column of smoke **-ridå** smoke-screen **-ring** smoke ring **-rock** smoking-jacket **-rum** smoking-room **-smak** *få* ~ get a smoky taste **-sugen** dying for a smoke **-svag** (*om krut*) smokeless **-svamp** puff-ball **-t** [-ö:-] *a4* smoked; (*om träslag*) fumed (*ek* oak); ~ *sill* (*ung.*) bloater, kippered herring; ~ *sidfläsk* bacon **-topas** smoky topaz **-verk** *s7, ej pl* smokes (*pl*); *har du ~?* have you anything to smoke?

rölleka *s1* yarrow, milfoil

rön *s7* (*erfarenhet*) experience, (*pl äv.* findings); (*iakttagelse*) observation **-a** *v3* meet with (*förståelse* understanding); experience (*motgång* a set-back); ~ *livlig efterfrågan* be in great demand

rönn *s2* mountain ash, rowan **-bär** rowanberry

röntga X-ray, take an X-ray

röntgen ['rönnt-] *r* roentgen **-anläggning** X-ray equipment (unit) **-apparat** X-ray machine (apparatus) **-avdelning** X-ray (radiotherapy) department **-behandling** X-ray treatment, radiotherapy **-bestrålning** X-raying **-bild** X-ray picture, radiograph **-diagnostik** X-ray (radio) diagnostics (*sg*) **-fotografering** X-ray photography, radiography **-genomlysning** radioscopy **-läkare** radiologist, roentgenologist **-plåt** X-ray plate **-stråle** X-ray **-strålning** emission of X-rays, X-ray emission **-terapi** radiotherapy **-undersökning** X-ray (radiograph) examination

rör *s7* **1** *tekn.* tube; *koll.* tubing; (*lednings-*) pipe, *koll.* piping; *elektron.* valve; *Am.* tube **2** *bot.* reed; (*bambu-, socker-*) cane; *spanskt* ~ Spanish reed **3** *se -skridsko*

rör|a I *s1* mess; mish-mash; (*virrvarr*) confusion, muddle; *en enda* ~ a fine (regular) mess **II** *v2* **1** (*sätta i -else, rubba*) move; stir (*i gröten* the porridge; *en lem* a limb); *inte ~ ett finger* not lift (stir) a finger; ~ *på sig* move, (*ta motion*) get some exercise; *rör på benen!* hurry up!, get going! **2** (*be-*) touch; *se men inte ~!* look but don't touch [anything]!; *allt han rör vid tjänar han pengar på* he makes money out of everything he touches **3** (*framkalla -else hos*) move (*till tårar* to tears) **4** (*angå*) concern, affect; *den här saken rör dig inte* this is none of your business; *det rör mig inte i ryggen* it doesn't affect me (I don't care) in the least **5** (*med beton. part.*) ~ *i* stir in, stir ... into; ~ *ihop* (*kokk. o.d.*) stir (mix) ... together; *han -de ihop alltsammans* (*bildl.*) he got it all muddled up; ~ *om i brasan* poke (rake, stir) up the fire; ~ *upp damm* raise (stir up) dust; ~ *upp himmel och jord* move heaven and earth; ~ *ut ... med vatten* thin ... down (dilute ...) with water **6** *rfl* move; stir; *inte ~ sig ur fläcken* not stir (budge) from the spot; ~ *sig med grace* carry o.s. gracefully; *inte en fläkt -de sig* not a breath of wind was stirring; *det -de sig om stora summor* it was a question of large sums, a lot of money was involved; *ha mycket pengar att ~ sig med* have a lot of money at one's disposal; *vad rör det sig om?* what is it all about? **-ande I** *a4* touching, moving, pathetic **II** *prep* concerning, regarding, as regards, as (in regard) to

rörarbetare plumber

rörd [rö:-] *a5* moved (*äv. bildl.*); *kokk.* stirred; (*be-, vid-*) touched; *rört smör* creamed butter; *djupt* ~ deeply moved (touched)

rördrom [-åm] *s2* bittern

rörelse 1 (*ändring av läge el. ställning*) movement; (*åtbörd äv.*) gesture, motion (*med handen* of the hand); (*motion*) exercise; (*oro, liv*) commotion, bustle, agitation; (*gång*) motion; *mycket folk var i* ~ a lot of people were on the move (were about); *sätta en maskin i* ~ set a machine in motion (moving), start a machine; *sätta sig i* ~ begin to move; *sätta fantasin i ~* stimulate (excite) the imagination; *starka krafter är i ~ för att* (*bildl.*) strong forces are at work to **2** (*affärs-*) business, firm; (*verksamhet*) activity; *släppa ut ett mynt i allmänna ~n* put a coin into general circulation **3** (*strömning, folk-*) movement **4** (*själs-*) emotion **-energi** motive (kinetic) energy **-frihet** freedom of movement, liberty of action **-förmåga** locomotive faculty; ability to move **-idkare** owner of a firm, businessman **-kapital** working capital **-riktning** direction of movement

rörformig [-å-] *a1* tubular

rörig *a1* muddled; confused

rörled|ning piping, conduit; (*större*) pipeline **-ningsentreprenör** plumbing contractor

rörlig [ˣrö:r-] *a1* **1** (*om sak*) movable; moving; (*lätt-*) mobile; *~a delar* movable (*i maskin:* moving) parts; *~a kostnader* variable costs; *~t kapital* working capital **2** (*om pers.*) (*snabb*) agile, brisk; (*livlig*) alert; (*verksam*) active; *~t intellekt* versatile intellect; *vara på ~ fot* be moving about, be on the move; *föra ett ~t liv* lead an active life **-het 1** mobility; (*räntas e.d.*) flexibility; *~ på arbetsmarknaden* mobility of labour **2** agility, briskness; alertness; activity

rör|läggare pipe-layer **-läggeri** pipe-laying **-mokare** plumber **-mokeri 1** (*-installation*) plumbing **2** *se -ledningsentreprenör* **-post** pneumatic dispatch (tube system) **-skridsko** tubular skate **-socker** cane sugar **-sopp** [-å-] *s2* boletus **-tång** pipe wrench

1 rös *imperf av rysa*

2 rös *s7, se -e* **-a** mark [... with boundary-stones] **-e** *s6* cairn, mound of stones

röst *s3* **1** (*stämma*) voice; *ha* (*sakna*) *~* have a good (have no) voice; *med hög* (*låg*) *~* in a loud (low) voice; *känna igen ngn på ~en* recognize s.b. by his (*etc.*) voice **2** (*vid -ning*) vote; *avge sin ~* cast one's vote (*för* for); *ge sin ~ åt* give one's vote to; *nedlägga sin ~* abstain from voting **-a** vote (*för, på* for); *~ blankt* hand in a blank voting-paper; *~ ja* (*nej*) vote for (against); *~ öppet* (*slutet*) vote by yes and no (by ballot); *~ om ngt* put s.th. to the vote; *~ på högern* vote Conservative **-ande** *a4* voting; *de ~* the voters **-berättigad** entitled to vote **-etal** number of votes; *vid lika ~* if the votes are equal **-fiske** *polit.* angling for votes **-kort** poll card **-läge** pitch [of the voice] **-längd** electoral register **-ning** voting, vote; (*sluten*) ballot[ing] **-omfång** voice range (compass) **-resurser** vocal powers **-räkning** counting of votes **-rätt** right to vote; franchise; suffrage; *allmän* (*kvinnlig*) *~* universal (woman's, women's) suffrage; *fråntaga ngn ~en* disfranchise s.b., deprive s.b. of the right to vote **-rättsreform** franchise reform **-rättsålder** voting age **-sedel** voting-(ballot-)paper **-siffra** number of votes, poll **-springa** *anat.* glottis **-styrka 1** strength (power) of the (one's) voice **2** *polit.* voting strength **-värvning** canvassing [for votes] **-övervikt** majority [of votes]

röt *imperf av ryta*

röt|a I *s1* rot, decay; putrefaction **II** *v3, v1* **1** (*skadas av ~*) rot **2** (*lin, hampa*) ret **-månad** *~en* the dog days (*pl*) **-månadshistoria** silly-season story **-ning** [-ö:-] rotting; retting **-skada** decay damage **-svamp** mould fungus

rött *s, best. f. det röda* red; *se ~* see red; *jfr röd*

rötägg *bildl.* bad egg, failure

röva rob (*ngt från ngn* s.b. of s.th.); *~ bort* abduct

rövar|band gang of robbers **-e** robber; *leva ~* (*leva vilt*) lead a dissolute life, (*fara vilt fram*) play havoc, raise hell; *leva ~ med ngn* lead s.b. a dance **-historia** cock-and-bull story **-händer** *falla i ~* be captured by bandits, *bildl.* fall among thieves **-hövding** robber chief **-näste** haunt of robbers, den of thieves **-pris** *få ngt för ~* get s.th. dirt cheap

röveri robbery, plundering

S

Saar [sa:r] *n* the Saar **-området** the Saar territory
sabbat ['sabb-] *s3* Sabbath; *fira ~* observe (keep) the Sabbath
sabbats|brott breach of the Sabbath **-dag** Sabbath[-day] **-år** sabbatical [year]
sabel ['sa:-] *s2* sabre **-balja** scabbard, sabre sheath **-fäktning** fencing with sabre **-fäste** sabre-hilt **-hugg** sabre-cut **-skrammel** clank of swords; *bildl.* sabre-rattling
sabin *s3* **-sk** [-i:-] *a5* Sabine
sabla [ˣsa:-] **I** *v1, ~ ner* (*bildl.*) slash, tear ... to pieces **II** *oböjl. a* cursed, blasted
sabot|age [-'ta:ʃ] *s7* (*göra* commit) sabotage **-agegrupp** *mil.* sabotage unit **-era** sabotage
sachsare [ˣsakksare] Saxon **Sachsen** ['sakksen] *n* Saxony **sachsisk** ['sakksisk] *a5* Saxon
sacka *~ efter* lag behind, straggle
sackarin *s4* sacharine
sadducé *s3* Sadducee
sade *vard. sa, imperf av säga*
sadel ['sa:-] *s2* **1** saddle; *bli kastad ur ~n* be unseated; *sitta säkert i ~n* sit one's horse well, *bildl.* sit firmly in the saddle; *stiga i ~n* mount one's horse; *utan ~* bareback **2** *slaktar. o. kokk.* saddle **3** (*på fiol*) nut **-bom** (*stomme*) saddle-tree; (*hög kant*) saddle-bow **-brott** saddle-gall **-gjord** saddle-girth, belly-band **-knapp** pommel [of a saddle] **-makare** saddler, harness-maker **-makeri** saddlery **-plats** (*på kapplöpningsbana*) paddock **-täcke** saddle-blanket **-väska** saddle-bag
sadis|m sadism **-t** sadist **-tisk** *a5* sadistic
sadla [ˣsa:d-] saddle, put the saddle on; *~ av* unsaddle; *~ om* (*byta åsikt*) change one's opinion, (*byta yrke*) change one's profession
SAF [ˣessa:eff] *förk. för Svenska Arbetsgivareföreningen* the Swedish Employers' Confederation
saffian *s3, s4* saffian, morocco
saffran *s9, s7* saffron
saffransgul saffron [yellow]
safir *s3* sapphire **-blå** sapphire [blue]
saft *s3, allm.* juice; (*kokad med socker*) [fruit-]syrup; (*växt-*) sap; (*kött-*) gravy; *bildl.* pith **-a** make fruit-syrup (*etc.*) out of; *~ sig* make sap, run to juice **-flaska** bottle of juice (*etc.*) **-ig** *a1* juicy (*äv. bildl.*); (*om ört*) succulent; (*om kött*) juicy; *bildl.* highly flavoured, spicy; *~a eder* juicy oaths **-lös** juiceless, dry **-ning** juice-(syrup-)making **-press** juice squeezer **-sås** *ung.* fruit sauce
sag|a *s1* fairy-tale; (*nordisk*) saga; *berätta -or* tell fairy stories (*äv. bildl.*); *dess ~ är all* it is finished and done with, that's the end of it
sag|d *a5* said; *det är för mycket -t* that is saying too much; *det är inte -t* it is not so certain; *bra -t!* well put!; *nog -t* suffice it to say; *-t och gjort* no sooner said than done; *som -t var* as I said [before]
sag|en ['sa:-] *i uttr.: den bär syn för ~* it tells its own tale, it speaks for itself **-esman** informant, spokesman, authority
sago|berättare story-teller **-bok** story-book, fairy-tale book **-djur** fabulous animal **-figur** character (figure) from a fairy-tale
sagogryn *koll.* pearl-sago (*sg*)
sago|kung legendary king; (*i barnsaga*) fairy-tale king **-land** wonderland, fairy-land **-lik** fabulous; *en ~ tur* [a] fantastic [piece of] luck **-prins** fairy[-tale] prince **-slott** fairy castle
sagt [sakkt] *sup av säga*
Sahara ['sa:hara] *n* the Sahara
sak *s3* **1** *konkr.* thing; (*föremål äv.*) object, article; *~er* (*tillhörigheter*) belongings; *en sällsynt ~* (*äv.*) a curiosity **2** *abstr. o. bildl.* thing; (*angelägenhet*) matter, affair, subject; (*uppgift*) task; (*omständighet*) circumstance; (*rättegångs-*) cause (*äv. friare*); *~en i fråga* the matter in question; *~en är den att* the fact is that; *det är en ~ för sig* that is another story (matter); *det är en annan ~* that is quite a different matter; *det är hela ~en* there is nothing more to it, that's all there is to it; *det är min ~* it is my business; *det är inte min ~ att* it is not for me to; *det är ~ samma* it makes no difference, it doesn't matter; *för den goda ~ens skull* for the good of the cause; *göra ~ av ngt* (*jur.*) take s.th. to court; *hålla sig till ~en* keep (stick) to the point; *som hör till ~en* pertinent; *som inte hör till ~en* irrelevant; *i ~* essentially; *ha rätt i ~* be right in the main; *kunna sin ~* know one's job; *det är inte så farligt med den ~en* that is nothing to worry about, it is not so bad after all; *säker på sin ~* sure of one's point; *söka ~ med ngn* try to pick a quarrel with s.b.; *till ~en!* to the point!; *han tog ~en kallt* he took it calmly, it left him cold
saka *kortsp.* discard, throw away
saker ['sa:-] *oböjl. a, jur.* guilty (*till* of) **-förklara** *~ ngn* find s.b. guilty
sak|fel factual error **-fråga** point at issue **-förare** lawyer, solicitor, attorney, counsel **-förhållande** fact, state of affairs **-kunnig** expert; competent; *en ~* an expert (a specialist) (*på* in); *från ~t håll* in expert (authoritative) circles; *tillkalla ~a* call in experts **-kunnighet** *se -kunskap* **-kunnigutlåtande** expert opinion (report) **-kunskap** expert knowledge; *~en* (*de -kunniga*) the experts, competent advisers (*pl*) **-lig** [-a:-] *a1* (*t. -en hörande*) to the point, pertinent; (*grundad på fakta*) ... founded on facts; (*objektiv*) objective, unbiased; (*nykter*) matter-of-fact **-lighet** [-a:-] pertinence; objectivity **-löst** [-ö:-] (*ostraffat*) with impunity; (*utan skada*) easily, safely
sakna [ˣsa:k-] **1** (*inte äga*) lack; (*vara utan*) be devoid of (*mänskliga känslor* human feelings), be without (*mat* food); *~ humor* have no sense of humour; *~ all grund* be totally groundless; *~ ord* be at a loss for

words; *det torde inte ~ intresse* it will not be without interest **2** (*märka frånvaron el. förlust av*) miss, not find, (*starkare*) feel the loss of; *~r du ngt?* do you miss anything?, (*har du förlorat*) have you lost anything? **-d I** *a5* missed; (*borta*) missing **II** *s3* **1** (*brist*) lack, want (*på* of); (*frånvaro*) absence (*av of*); *i ~ av* in want of, lacking **2** (*sorg, längtan*) regret; *känna ~ efter* miss; *~en efter dig är stor* you have left a great gap, your loss is deeply felt **-s** *dep* (*fattas*) be lacking; (*böra finnas*) be wanting; (*vara borta*) be missing; *tio personer -des* ten persons were missing (reported lost)
sakral *a1* sacred
sakrament *s7* sacrament **-al** *a1* sacramental **-skad** *a5, vard.* damned, confounded
sakregister subject (analytical) index
sakr|istia *s1* sacristy, vestry **-osankt** [-'saŋkt] *a1* sacrosanct
sakskäl practical reason, positive argument
sakt|a I *adv* (*långsamt*) slowly; (*tyst*) low; (*dämpat*) softly, gently; *~ men säkert* slow but sure; *~ i backarna!* gently!, take it easy!, gently does it!; *klockan går för ~* the clock is slow; *~!* (*sjö.*) easy ahead! **II** *a1* (*långsam*) slow; (*tyst, svag*) low (*mumlande* murmur), soft (*musik* music), gentle (*bris* breeze); *vid ~ eld* over a slow fire **III** *v1* (*minska farten* [*hos*]) slacken; (*dämpa*) muffle, hush; *~ farten* (*äv.*) slow down; *~ sig* (*minska*) decrease, abate; *klockan ~r sig* the clock is losing [time] **-eligen** *se sakta I* **-färdig** slow, tardy **-mod** meekness **-modig** meek; *saliga äro de ~a* blessed are the meek
sakägare *jur.* (*målsägare*) plaintiff; (*part*) party to a case
sal *s2* hall; (*på sjukhus*) ward; *allmän ~* public ward
sala *vard.* club together (*till* for)
saladjär *s3* salad-bowl
salamander *s2* salamander
sald|era strike a balance, balance [up] **-o** ['sall-] *s6* balance; *ingående* (*utgående*) *~* balance brought (carried) forward; *~ mig till godo* balance in my favour **-obesked** advice of the balance of an account, balance certificate
salicylsyra [-ˣsy:l-] salicylic acid
salig *a1* **1** (*frälst; säll*) blessed **2** (*om avliden*) late; *~ kungen* the late [lamented] king; *~ i åminnelse* of blessed memory; *var och en blir ~ på sin fason* everybody is happy in his own way **-en** *~ avsomnad* dead and gone to glory **-förklara** beatify **-görande** [-j-] *a4* saving; *den allena ~ ...* (*vard.*) the one and only ... **-het** blessedness; (*stor lycka*) bliss, felicity
salin *s3* saline; salt-works (*pl*)
saliv *s3* saliva **-avsöndring** salivary secretion **-sugare** saliva extractor
sallad [ˣsall-, 'sall-] *s3, bot.* lettuce; (*maträtt*) salad
sallads|bestick salad servers (*pl*) **-huvud** lettuce **-skål** salad-bowl
salmiak ['sall-] *s3* sal ammoniac
salning [ˣsa:l-] *sjö.* cross-trees (*pl*)
Salomo Solomon; *~s Höga Visa* the Song of Solomon **salomonisk** *a5* Solomonic
salong [-'låŋ] *s3* saloon; (*i hem*) drawing-room, parlour; (*teater- etc.*) auditorium; *~en* (*publiken*) the audience
salongs|gevär small-bore rifle **-lejon** society lion **-mässig** *a1 ...* fit for the drawing-room; (*om pers.*) polite; *inte ~* (*om pers.*) not presentable **-uppassare** *sjö.* waiter **-vagn** saloon car; *Am.* parlor car
salpeter *s2* saltpetre; nitre; (*kali-*) nitrate of potassium **-syra** nitric acid
salsmöbel dining-room furniture
salt I *s4* salt; *attiskt ~* Attic salt (wit) **II** *a1* salt; *~ fläsk* salt[ed] pork **-a** *~* [*på*] salt, sprinkle with salt; *~d* salted, pickled; *en ~d räkning* a stiff bill **-gruva** salt-mine **-gurka** pickled gherkin **-halt** salinity, salt content **-haltig** *a1* saline, briny **-kar** salt-cellar **-korn** grain of salt **-kött** salt (*konserverat:* corned) beef **-lake** brine, pickle; *lägga i ~* pickle **-lösning** saline solution **-ning** salting; pickling
saltomortal *s3* (*göra en* turn a) somersault
salt|sjö salt lake **-stod** pillar of salt **-ströare** salt-shaker **-stänk** salt spray **-syra** hydrochloric acid **-vatten** salt water, brine **-vattensfisk** salt-water fish, sea-fish
salu *s, end. i uttr.: till ~* for (on) sale **-bjuda** offer ... for sale **-föra** *se -bjuda*; (*torgföra*) market, deal in **-hall** market-hall **-stånd** booth, stand, stall
salut *s3* **-era** salute
salu|torg market[-place] **-värde** market value
1 salva *s1* (*gevärs- etc.*) volley; salvo
2 salv|a *s1* ointment, salve **-burk** ointment-jar
salvelse unction, pathos **-full** unctuous; *vard.* soapy
salvia ['sall-] *s1, bot.* sage
sam [samm] *imperf av simma*
samarbet|a [ˣsamm-] collaborate; (*samverka*) co-operate **-e** collaboration; co-operation
samarbets|avtal [ˣsamm-] agreement for co-operation, collaboration agreement **-man** collaborator **-nämnd** co-operation council (committee, commission) **-villig** co-operative
samarit *s3* Samaritan; (*sjukvårdare*) first-aid man **-kurs** first-aid course
sam|band [ˣsamm-] connection; *ställa* (*sätta*) *ngt i ~ med* connect (relate, associate) s.th. with **-bandsofficer** liaison officer **-beskattning** joint taxation (assessment)
same ['sa:-] *s5* Lapp, Laplander
samexistens [ˣsamm-] coexistence
sam|fund [ˣsamm-] *s7* association; (*lärt*) [learned] society, academy; (*religiöst*) [religious] society, communion **-fälld** *a5* **1** (*gemensam*) joint, common; (*enhällig*) unanimous **2** *jur.* joint (*egendom* property) **-fällighet** *abstr.* relationship; *konkr.* association, society **-färdsel** *s9* communication[s *pl*], intercourse; (*trafik*) traffic **-färdsled** route [of communication] **-färdsmedel** means of communication; (*transportmedel*) means of transport **-förstånd** concert, concord; (*enighet*) unity; (*hemligt* secret) understanding; (*i brottslig bem.*) collusion; *komma till* [*ett*] *~* come to an

understanding **-förståndspolitik** policy of compromise

samhälle [ˣsamm-] *s6* **1** *allm.* society; community; *~t* society, the community **2** (*kommun, by, tätort*), municipality, village, urban district **3** *biol.* colony **-lig** *a1* social; (*medborgerlig*) civil, civic (*rättigheter* rights)

samhälls|anda public spirit **-bevarande** *a4* conservative **-debatt** public debate on problems of modern society **-ekonomi** national economy **-ekonomisk** economic **-fara** social danger, danger to society **-farlig** dangerous to society **-fientlig** anti-social **-form** social structure (system); (*statsform*) polity **-förhållanden** social conditions **-grupp** social group **-klass** class [of society] **-lära** civics (*pl*), sociology **-nytta** common weal **-nyttig** of service to society; *ett ~t företag* a public utility undertaking **-ordning** social order **-satir** social satire **-skick** social order (conditions *pl*) **-skikt** *se -klass* **-ställning** social position (status) **-vetenskap** social science **-vård** social welfare

sam|hörande [ˣsamm-] *a4* **-hörig** *a1* ... associated together; (*inbördes förenade*) mutually connected; (*om frågor o.d.*) pertinent, kindred **-hörighet** solidarity; (*frändskap*) affinity, kinship **-hörighetskänsla** feeling of affinity (kinship) **-klang** accord, harmony; *i ~ med* in harmony with **-kostnader** common costs **-kväm** *s7* social [gathering] **-könad** [-ç-] *a5* androgynous, hermaphrodite

samla 1 collect (*frimärken* stamps; *pengar* money); gather (*fakta* facts; *snäckor* seashells); (*så småningom*) amass (*en förmögenhet* a fortune); (*lagra*) store up; (*för-*) assemble, bring together; *~ på hög* accumulate, hoard up; *~ på sig* accumulate (*arbete* work; *en massa skräp* a lot of rubbish); *~ sina krafter* get up one's strength (*till* for); *~ sina tankar* collect one's thoughts, *vard.* pull o.s. together **2** *rfl* collect (gather) [together]; gather (*kring* round); (*hopas*) accumulate; *bildl.* collect o.s., *vard.* pull o.s. together **-d** *a5* collected; *ge en ~ bild av* give a concise picture of; *hålla tankarna ~e* keep one's thoughts composed; *i ~ trupp* in a body; *~e skrifter* complete works

samlag [ˣsamm-] *s7* sexual intercourse; *med.* coitus, coition

saml|are collector **-arvurm** collecting mania **-arvärde** value to the collector **-as** *dep* **1** (*om pers.*) collect, gather, come together; (*skockas*) congregate **2** *allm.* gather [together]

samlastning [ˣsamm-] groupage traffic; collective consignment

samling 1 *abstr.* collection, gathering, meeting; *mil. äv.* rallying; *inre ~* composure **2** *konkr.* collection; (*av pers.*) meeting, crowd

samlings|lins convex lens **-lokal** assembly-(community-)hall **-ministär** coalition ministry **-plats** meeting-place **-pärm** file, binder **-regering** coalition government **-sal** *se -lokal* **-verk** compilation, collection [of articles]

samliv [ˣsamm-] life together, cohabitation; *det äktenskapliga ~et* married life

samm|a [the] same (*som* as); (*liknande*) similar (*som* to); *på ~ gång* at the same time, (*samtidigt*) simultaneously; *på ~ sätt* (*äv.*) similarly; *redan ~ dag* that very day; *det är en och ~ sak* it comes to the same thing **-ledes** likewise, in the same manner (way)

sammalen [ˣsamm-] *a5* (*om mjöl*) coarse

samma|lunda *se -ledes*

samman [ˈsamm-, *i sms.* ˣsamm-] together; *jfr ihop, tillsammans* **-binda** join, connect **-biten** *a5, se ~ ut* look resolute, have a dogged expression; *~ beslutsamhet* dogged determination **-blanda** *se blanda* [*ihop*]; (*förväxla*) confuse **-blandning** *bildl.* confusion **-brott** collapse, breakdown **-drabbning** *mil.* encounter, engagement; *bildl.* conflict, clash **-drag** summary, condensation, synopsis, précis; *redogörelse i ~* abridged (concise) report **-draga 1** (*samla*) assemble; *mil.* rally, concentrate **2** (*hopdraga*) contract; *läk.* astringe; *vetensk.* constrict; *~nde medel* astringent **3** (*förkorta*) abridge **4** *rfl* contract; *som kan ~ sig* contractible **-dragning 1** concentration (*av trupper* of troops) **2** contraction (*av muskler* of muscles) **3** (*förkortning*) abridgement **-falla** (*vara samtidig*) coincide (*med* with); *~nde* coincident, congruent; *-fallna kinder* shrunken cheeks **-fatta** sum up, summarize **-fattning** summary, summing up, recapitulation **-fattningsvis** to sum up **-flyta** flow together; (*om floder äv.*) meet; (*om färger*) run together **-fläta** interlace **-flöde** confluence, junction **-foga** join [together]; *bildl.* unite, combine **-fogning** [-oː-] **1** *konkr.* joint **2** *abstr.* joining [together] **-föra** bring ... together; (*förena*) combine, unite **-gadda** *rfl* conspire, plot (*mot* against) **-hang** *s7* (*förbindelse*) connection, relation; (*följdriktighet*) coherence; (*i text*) context; *det har ett bra inre ~* it is well integrated; *brist på ~* incoherence; *fatta ~et* grasp the connection; *i ett ~* without interruption; *ryckt ur ~et* detached from the context; *tala utan ~* talk incoherently, ramble; *utan ~ med* independent of **-hållning** (*enighet*) unity, concord, harmony **-hänga** (*ha samband med*) be connected (united) (*med* with); *jfr hänga* [*ihop*] **-hängande** *a4* connected, coherent (*tal* speech); (*utan avbrott*) continuous **-jämka** *se jämka* [*ihop*] **-jämkning** *bildl.* conciliation, compromise (*av åsikter* of views) **-kalla** call ... together; summon, convene (*ett möte* a meeting); *~ parlamentet* convoke Parliament **-kallande** *s6* calling together *etc.* **-komst** [-å-] *s3* gathering, meeting, conference; (*av två pers.*) interview **-koppla** *se koppla* [*ihop*] **-lagd** *a5* total; *våra ~a inkomster* our combined income[s]; *-lagt 50 pund* a total of 50 pounds, 50 pounds in all; *utgifterna uppgår -lagt till* ... the expenses total ... **-länka** chain ... together; *bildl.* link [... together] **-pressa** compress **-räkna** add (sum) up **-räkning** addition, summing up; (*av röster*) count, counting **-satt** *a4* compound (*ord* word); (*av olika delar, äv. tekn.*) composite (*tal* number); (*invecklad*) complicated (*natur* nature); *~ av* composed (made up) of; *vara ~ av* (*äv.*) consist of **-slagning** [-aːg-] (*förening*) unification, union; (*fusion*) merger, amalgamation, fusion (*av bolag* of companies) **-sluta** *-slöt -slutit, rfl, bildl.* join (*i* in), unite **-slutning** [-u:-] (*förening*) association, alliance, union; (*koalition*) coalition **-slå** (*hopslå*) nail up (... together); *bildl.* turn into one, unite **-smälta 1** (*hop-*) fuse, melt ... together; *bildl.* amalgamate, merge **2** (*förenas, förminskas*) melt down; *bildl. äv.* coalesce; (*om färger*) blend, run together **-smältning** fusion, melting (*etc.*); (*av färger*) blending; *bildl.* coalescence, amalgamation **-snöra** *mitt hjärta -snördes av ängslan* anxiety wrung my heart; ~ *sig* compress, (*om strupe*) be constricted **-ställa** put (place) ... together; make up (*en tablå* a schedule); compile (*en diktsamling* a collection of poems) **-ställning** placing together *etc.*; (*förteckning*) list, specification; (*uppställning*) statement **-stötning** [-ö:-] collision; (*konflikt*) conflict; *mil.* encounter **-svetsa** weld ... together **-svuren** *-svurne -svurna, mest i pl* conspirator, plotter **-svärja** *rfl* conspire (*mot* against) **-svärjning** conspiracy, plot **-sätta** (*hopsätta*) join, put ... together, compound; (*av flera delar*) compose (*en matsedel* a menu) **-sättning** putting together, joining, composition; (*blandning*) mixture; (*struktur*) structure; (*konstitution*) constitution; *språkv.* compound **-sättningsled** element **-träda** meet, assemble **-träde** *s6* [committee] meeting, conference; (*session*) session; *han sitter i* ~ he is at a meeting (in conference); *extra* ~ [a] called session **-trädesrum** assembly-(meeting-, conference-)room **-trädesteknik** technique of running a meeting; conference technique **-träffa** meet; (*om omständighet*) coincide, concur **-träffande** *s6* (*möte*) meeting; *bildl.* concurrence; *ett egendomligt* ~ a curious coincidence **-trängd** *a1* compressed; concentrated **-vuxen** grown together, consolidated; *bot.* accrete

samm|e *se -a*

sammelsurium *s4* conglomeration, jumble, omnium gatherum

sammet *s2* velvet

sammets|band velvet ribbon **-len** ... as soft as velvet, velvety

samnordisk [ˣsamm-] Nordic

samojed *s3* Samoyed **-isk** *a5* Samoyedic

samordn|a [ˣsamm] co-ordinate; *~de satser* co-ordinate clauses **-ande** *a4* co-ordinating **-ing** co-ordination

samovar *s3* samovar

samp|el ['sa:m-] *s9* sample **-ling** ['sa:m-] sampling

sam|realskola [ˣsamm-] *ung.* co-educational junior secondary school **-regent** co-regent **-råd** consultation, conference; *efter ~ med* having consulted; *i ~ med* in consultation with **-råda** consult, confer **-röre** *s6* collaboration

sams *oböjl. a, bli* ~ be reconciled, make it up; *bli ~ om ngt* agree upon; *vara* ~ be friends; *vara ~ med ngn* be on good terms with s.b. **-as** *dep* agree (*med* with); get on well together; ~ *om utrymmet* share the space

sam|segling [ˣsamm-] joint (combined) service **-sikt** coarse meal **-skola** co-educational (*Am. vard.* co-ed) school **-spel** teamwork, ensemble [playing]; *bildl.* interplay, combination (*av färger* of colours) **-spelt** [-e:-] *a1, vara ~a* play well together, *bildl.* be in accord **-språk** conversation, talk; (*förtroligt*) chat **-språka** converse, talk; *vard.* have a chat **-stämmig** *a1* in accord; unanimous **-stämmighet** accord, concordance; (*enighet*) unanimity **-sändning** *radio.* joint broadcast

samt I *konj* and [also], [together] with **II** *adv*, ~ *och synnerligen* each and all, all and sundry; *jämt och* ~ always, constantly, (*oupphörligt*) incessantly

samtal [ˣsamm-] conversation, talk; (*småprat*) chat; (*lärt*) discourse; (*överläggning*) conference; (*telefon-*) call; ~ *mellan fyra ögon* tête-à-tête, private interview; *bryta ~et* (*tel.*) interrupt the call; ~ *pågår* (*tel.*) call in progress **-a** converse (*om* about), talk (*om* about, of); (*småprata*) chat; (*överlägga*) confer

samtals|form *i* ~ in dialogue form **-rum** (*i kloster*) parlour; (*läkares*) consultation room **-räknare** [-ä:-] *tel.* telephone-call meter **-ton** *i* ~ in conversational tone **-ämne** topic (subject) of conversation; *det allmänna ~et i staden* the talk of the town

samtaxering [ˣsamm-] joint taxation

samtid [ˣsamm-] *~en* the age in which we (*etc.*) live, our (*etc.*) age (time) **-a** *oböjl. a* contemporary **-ig** contemporaneous; (*sammanfallande*) coincident; (*inträffande -igt*) simultaneous **-ighet** simultaneousness, contemporaneousness **-igt** *adv* at the same time (*med mig* as I; *som* as)

samtliga *pl a* all; the whole body of (*lärare* teachers); ~ *skulder* the total debts

samtrafik [ˣsamm-] joint (combined) service

samtyck|a [ˣsamm-] agree, give one's consent (*till [att]* to); *nicka ~nde* nod assent; *den som tiger han -er* silence gives consent **-e** consent, assent; (*tillåtelse*) permission, leave; *ge sitt ~, se -a*; *med hans* ~ by his leave

samum *s3* simoom, simoon

samundervisning [ˣsamm-] co-education

sam|varo [ˣsamm-] *s9* being (time) together; *tack för angenäm ~!* I have enjoyed your company very much! **-verka** co-operate, work (act) together; *bildl.* concur, conspire (*till att* to) **-verkan** co-operation, united action; concurrence

samvete [ˣsamm-] *s6* conscience; *dåligt* ~ a bad conscience; *~t slog honom* his conscience pricked him; *inte ha ~ att göra ngt* not have the conscience to do s.th.; *på heder och ~!* on my honour!; *det tar jag på mitt* ~ I answer for that

samvets|agg twinge (prick) of conscience; compunction **-betänkligheter** scruples **-fråga** delicate (indiscret) question **-förebråelse** remorse; self-reproach; *göra sig ~r* reproach o.s. **-grann** conscientious; (*skrupulös*) scrupulous; (*minutiös*) meticulous **-grannhet** conscientiousness *etc.* **-kval** *pl* pangs of conscience **-lös** unscrupulous, unprincipled; (*om pers. äv.*) remorseless **-löshet** unscrupulousness *etc.* **-pengar** conscience money **-sak** matter of conscience **-äktenskap** *ung.* free union **-öm** overscrupulous; *en ~* (*om värnpliktsvägrare*) a conscientious objector

samvälde [ˣsamm-] *Brittiska ~t* the British Commonwealth [of Nations]

sanatori|evård treatment at a sanatorium **-um** *s4* sanatorium; *Am. äv.* sanitarium

sand *s3* sand; *byggd på lösan ~* built upon the sand; *rinna ut i ~en* (*bildl.*) come to nothing **-a** sand

sandal *s3* sandal; *klädd i ~er* sandalled **-ett** sandalette

sand|bank sandbank **-blästra** sandblast **-blästring** sandblasting **-botten** sand[y] bottom

sandelträ sandalwood

sand|grop sand-pit **-gång** gravel-walk **-hög** heap (mound) of sand **-ig** *a1* sandy **-jord** sandy soil **-kaka** (*av sand*) sand-pie; (*bakverk*) sand cake **-korn** grain of sand **-låda** (*för barn*) sand-pit **-ning** sanding **-papper** sandpaper; *ett ~* a piece of sandpaper **-pappra** sandpaper **-rev[el]** shoal [of sand]; bar of sand **-sten** sandstone **-storm** sand-storm **-strand** sandy beach **-säck** sandbag **-tag** sand-pit

sandwichman [ˣsänndøitʃ-, ˣsannd-] sandwich-man

sandöken sand desert

saner|a (*göra sund*) make healthy; *mil.* degas; (*slumkvarter o.d.*) clear; (*finanser o.d.*) refinance; (*företag*) reorganize, reconstruct **-ing** sanitation; degassing; slum-clearance; refinancing; reorganization, reconstruction

sanforiser|a sanforize **-ing** sanforizing

sang *s9, kortsp.* no trumps

sangvini|ker sanguine person **-sk** *a5* sanguine

sanitets|binda [-ˣte:ts-] sanitary towel **-gods** sanitary ware **-teknik** sanitary technology

sanitär *a1* sanitary

sank I *oböjl. s, borra ... i ~* sink, scuttle **II** *a1* swampy, water-logged **-mark** marsh

sankt *mask. äv* **-e**, *fem.* **-a** saint; *S~e Per* St. Peter **-bernhardshund** St. Bernard [dog]

sanktion [-kˈʃo:n] sanction; (*bifall äv.*) assent, approbation **-era** sanction; approve of

sann *a1* true (*mot* to); (*sanningsenlig*) truthful; (*verklig*) real; (*uppriktig*) sincere; (*äkta*) genuine; *en ~ kristen* a true Christian; *där sa du ett sant ord!* you are right there!; *inte sant?, se* [*eller*] *hur*; *det var så sant ...!* by the way ...!, that reminds me ...!; *så sant mig Gud hjälpe!* so help me God!; *det är så sant som det är sagt* quite true, how true

sann|a *~ mina ord!* mark my words! **-dröm** *ha ~mar* have dreams that come true **-erligen** indeed, really; truly; *~ tror jag inte att de* I do believe they; *det var ~ inte för tidigt* it was certainly not too soon **-färdig** truthful, veracious **-färdighet** truthfulness, veracity **-ing** truth; (*-färdighet*) veracity; *tala ~* speak the truth; *hålla sig till ~en* stick to the truth; *den osminkade ~en* plain (naked) truth; *säga ngn obehagliga ~ar* tell s.b. a few home truths; *~en att säga* to tell the truth; *säga som ~en är* tell (speak) the truth; *komma ~en närmare* be nearer the truth; *i ~* in truth, truly

sannings|enlig [-e:-] *a1* truthful, veracious **-enlighet** [-e:n-] truthfulness, veracity **-försäkran** declaration on oath **-halt** veracity **-kärlek** love of truth **-serum** truth serum (drug) **-sökare** seeker after truth **-vittne** witness to the truth **-älskande** veracious, truth-loving

sannolik *a1* probable, likely; *Am. äv.* apt; (*plausibel*) plausible (*version* version); *det mest ~a är* the most probable thing is; *det är ~t att de gör det* they are likely to do so **-het** probability, likelihood (*för att* that); (*rimlighet*) plausibility; *med all ~* in all probability **-hetskalkyl** calculus of probability **-hetslära** theory of probabilities

sann|saga true story **-skyldig** true, veritable **-spådd** *a5, bli* (*vara*) *~* be proved a true prophet

1 sans [saŋ] *s9, kortsp., se sang*

2 sans [sanns] *s3, ej pl* senses (*pl*); *jfr medvetande, besinning* **-a** *rfl* calm down **-ad** *a5* sober; (*modererad*) moderate; (*klok*) sensible, prudent; *lugn och ~* calm and collected **-lös** senseless, unconscious

sant truly, sincerely; *tala ~* tell (speak) the truth

sapon|ifikation saponification **-in** *s4* saponin **-lack** [-ˣpå:n-] silver (zapon) laquer

sappör *mil.* engineer, sapper

saprofyt *s3* saprophyte

saracen *s3* Saracen **-sk** [-e:-]*a5* Saracenic

sard|ell *s3* sardelle, anchovy **-in** *s3* sardine

sardinare [-ˣdi:-] Sardinian **Sardinien** *n* Sardinia **sardinsk** [-ˈdi:nsk] *a5* Sardinian

sardonisk *a5* sardonic (*leende* smile)

sarg [-j] *s3, s2* border, edging; (*ram*) frame; (*på farkost*) coaming

sarga [-ja] lacerate; *bildl.* harrow

Sargassohavet [-ˣgassø-] the Sargasso Sea

sarkas|m *s3* sarcasm; *konkr.* sarcastic remark **-tisk** *a5* sarcastic[al]

sarkofag *s3* sarcophagus (*pl* sarcophagi)

sarkom [-ˈkå:m] *s7* sarcoma

sars *s3, s4* serge

sarv *s2* (*fisk*) rudd, red-eye

sat|an *r* Satan; *ett ~s oväsen* the devil (deuce) of a row **-anisk** *a5* satanic[al] **-e** *s2* devil; *stackars ~* poor devil

satellit *s3* satellite **-stat** satellite state

satin [-ˈtäŋ] *s3, s4, se satäng* **-era** [-ti-] (*glätta*) glaze, polish

satir *s3* satire (*över* upon) **-iker** satirist **-isera** satirize **-isk** *a5* satiric[al]

satis|faktion [-kˈʃo:n] satisfaction **-fiera** satisfy

satkär[r]ing [ˣsa:t-] bitch, vixen

1 sats *s3* **1** *mat., log.* proposition; (*tes*) thesis, theme; *språkv.* clause, sentence **2** *mus.* movement

2 sats *s3* **1** (*dosis*) dose; *kokk.* batch **2** (*uppsättning*) set **3** *boktr.* type; *stående ~* standing type

3 sats *s3, sport. o.d.* run; take off; *ta ~* take a run, run up [jump]

1 satsa 1 (*i spel*) stake, wager, gamble; *~ på fel häst* back the wrong horse **2** (*investera*) invest **3** *~ på* (*inrikta sig på*) go in for, concentrate on

2 satsa *se 3 sats*
sats|accent sentence stress **-bindning** compound sentence
satsbord *koll.* nest of tables
sats|byggnad sentence structure **-del** part of [a] sentence; *ta ut ~ar* analyse a sentence **-fogning** [-ω:-] complex sentence **-förkortning** contracted sentence **-lära** syntax
satsning (*i spel*) staking; (*investering*) investment; (*inriktning*) concentration
1 satt *a1* stocky, thickset
2 satt *imperf av sitta*
3 satt *sup av sätta* **-e** *imperf av sätta*
sat|tyg [ˣsa:t-] *s7* devilry **-unge** imp; brat
saturera *kem.* saturate
Saturnus *r* Saturn **saturnalier** *pl* saturnalia
satyr *s3* satyr
satäng *s3, s4* satin; (*foder*) satinet
Saudi-Arabien [ˣsau-a'ra:-] *n* Saudi Arabia
sav *s3* sap (*äv. bildl.*); *~en stiger* the sap is rising
savann *s3* savanna
savaräng *s3* savarin
sax [sakks] *s2* scissors (*pl*); (*plåt-, ull- etc.*) shears (*pl*); (*fälla*) trap; *en ~* (*två ~ar*) a pair (two pairs) of scissors (*etc.*); *den här ~en* these scissors (*pl*), this pair of scissors **-a** (*korsa*) cross; (*klippa*) cut (*ur en tidning* out of a paper); *sport.* scissor; (*skidor*) herringbone
sax|are *s9* **-isk** ['sakks-] *a5* Saxon
saxofon [-'få:n] *s3* saxophone **-ist** saxophonist
saxsprint split pin, cotter
scarf [ska:(r)f] *s2, pl äv. scarves* scarf
scen [se:n] *s3* scene; (*skådebana*) stage; *gå in vid ~en* go on the stage **-anvisning** stage direction **-arbetare** stage hand **-ario** *s6, pl äv. -arier* scenario **-bild** set, scene, stage picture **-eri** scenery **-förändring** change of scenery **-ingång** stage door **-isk** ['se:-] *a5* scenic, theatrical **-konst** dramatic (scenic) art **-vana** stage experience **-öppning** proscenium opening
sch be quiet!, shush!
schaber ['ʃa:-] *pl, vard.* brass, dough
schablon *s3, mål. etc.* stencil; *gjut.* template; (*modell*) model, pattern; *bildl.* cliché **-avdrag** standard deduction **-mässig** *a1* stereotyped **-regel** standard rule
schabrak *s7* shabrack; housing
schack I 1 *s7* (*spel*) chess; *spela* (*ta ett parti*) *~* play (have a game of) chess **2** *s7, s2* (*hot mot kungen i schack*) check; *hålla ... i ~* keep ... in check **II** *interj, ~!* check!; *~ och matt!* checkmate! **-a** check **-bräde** chessboard **-drag** move [in chess]; *ett slugt ~* (*äv. bildl.*) a clever (sly) move
schackel ['ʃakk-] *s2* shackle
schack|matt *a4* checkmate; *bildl.* worn out, exhausted **-parti** game of chess **-pjäs** chessman
schackra (*driva småhandel*) peddle, hawk; (*friare o. bildl.*) chaffer, haggle (*med* with), traffic (*med* in); (*om ngt*) bargain
schack|ruta square of a chessboard **-spel** *abstr.* chess; *konkr.* chessboard and [set of] men **-spelare** chessplayer
schagg *s3* plush **-soffa** plush sofa
schah [ʃa:] *s3* shah
schakal *s3, se sjakal*
1 schakt *s7* (*gruv-*) shaft, pit
2 schakt *s3* ([*jord*]*skärning*) excavation, cutting **-a** excavate; *~ bort* (*undan*) cut away, remove **-ning** excavation
schal *s2, se sjal*
schalottenlök [-ˣlått-] shallot
schamponer|a shampoo **-ing** shampoo[ing] **-ingsmedel** shampoo
schanker ['ʃann-] *med.* chancre, sore; *mjuk ~* soft sore
schappa *se sjappa*
scharlakan [ˣʃa:r-, -ˣla:-] *s7* scarlet
scharlakans|feber scarlet fever, scarlatina **-röd** scarlet
schas *se sjas*
schatter|a shade, shadow [out]; shade (tone) off **-ing** shading, gradation [of colours]; *konkr.* shade **-söm** *ung.* satin stitch
schatull *s7* casket
schavott [-'vått] *s3* scaffold; (*skampåle*) pillory **-era** stand in the pillory; *låta ngn ~ i pressen* pillory s.b. in the press
schejk *s3* sheik[h] **-roman** *ung.* romantic novel of desert life
schellack ['ʃell-] shellac
schema ['ʃe:-, ˣʃe:-] *s6* (*timplan*) timetable, *Am.* [time-]schedule; (*uppgjord plan*) schedule, plan; (*över arbetsförlopp*) process chart; (*formulär*) form, *Am.* blank; *filos.* scheme, outline; *göra upp ett ~* draw up a timetable (*etc.*) **-tisera** schematize; (*skissera*) sketch, outline **-tisk** [-'ma:-] *a5* schematic; diagrammatic; *~ teckning* skeleton sketch (drawing)
schimpans *s3* chimpanzee
schism *s3* schism **-atisk** *a5* schismatic
schizofren [skitså'fre:n] *a1* schizofrenic **-i** *s3* schizofrenia
schlager ['ʃla:-] *s9, s2* hit song **-musik** popular music
schlaraffenland [-ˣraff-] Cockaigne
Schleswig ['ʃle:s-] *n* Sleswick
schottis ['ʃått-] *s2* schottische
Schwarzwald ['ʃvarrts-] *n* the Black Forest
Schweiz [ʃvejjts] *n* Switzerland **schweiz|are** [ˣʃvejjts-] Swiss **-erfranc** Swiss franc **-erost** Swiss cheese, gruyère **-isk** ['ʃvejjts-] *a5* Swiss, Helvetian **-iska** ['ʃvejjts-] *s1* Swiss woman
schvung *s2* go, pep; verve
schäfer ['ʃä:-] *s2* **-hund** Alsatian; *Am.* German sheep-dog
schäs *s2* chaise **-long** [-'låŋ] *s3* chaise longue
scout [skaut] *s3* scout; (*flick-*) girl guide; (*pojk-*) boy scout **-chef** chief scout **-förbund** scout association **-kår** scout-troop **-ledare** scoutmaster **-läger** scout camp
scripta [ˣskripp-] *s1* continuity girl
se *såg sett* **1** see; (*titta*) look; (*bli varse*) perceive, catch sight of; (*urskilja*) distinguish; (*betrakta*) look at, regard; *Am. sl.* dig; *~ bra* (*illa*) see well (badly), have good (bad) eyesight; *~ en skymt av* catch a glimpse of; *jag tål inte ~ henne* I cannot stand the sight of her; *vi får väl ~* we shall see; *få ~!* let me see!; *som jag ~r det* as I see it; *väl* (*illa*) *~dd* popular (unpopular); *låt ~ att det blir gjort!* see [to it] that it is done!; *... ~r du ...,* you see (know); *~ där* (*här, hit*)*!* look

there (here)!; ~ *så!* now then!; ~ *så där [ja]!* well I never!, (*gillande*) that's it (the way)!; ~ *gäster hos sig* have guests; ~ *ngn på en bit mat* have s.b. to dinner (a meal) **2** (*med prep.-uttr.*) *härav ~r man att* from this it may be concluded that; ~ *efter a*) (*ngt bortgående*) gaze after, *b*) (*leta*) look for; ~ *in i framtiden* look into the future; ~ *på* look at, (*noggrant*) watch, observe; *inte ~ på besväret* not mind trouble; ~ *på slantarna* take care of the pence; *man ~r på henne att* you can see by her looks that; ~ *åt ett annat håll* look away; ~ *ngn över axeln* look down upon s.b. **3** (*med beton. part.*) ~ *tiden an* wait and see, bide one's time; ~ *efter a*) (*ta reda på*) [look and] see, *b*) (*passa*) look after, take care of (*barnen* the children); ~ *efter i* look in, (*lexikon e.d.*) look up in; ~ *igenom* (*granska*) look through (over); ~ *ner på* look down upon; ~ *på* look on; *~r man på!* just look!, why [did you ever]! ~ *till att* see [to it] that; ~ *till att du inte* be careful not to, mind you don't; *jag har inte ~tt till dem* I have seen nothing of them; ~ *upp!* look sharp!; ~ *upp för* look out for, mind; ~ *upp med ...!* be on your guard against ...!; ~ *ut a*) look out (*genom fönstret* at the window), *b*) (*förefalla*) look, seem; *han ~r bra ut* he is good-looking; *det ~r bra ut* it looks fine; *det ~r så ut* it looks like it; *det ~r bara så ut* it only appears so; *hur ~r det ut?* what does it look like?; *så du ~r ut!* what a fright you look!; *det ~ ut att bli snö* it looks like snow **4** *rfl*, ~ *sig för* be careful, look out; ~ *sig om a*) (*tillbaka*) look back, *b*) (*omkring*) look round, *c*) (*i världen*) see the world; ~ *sig om efter* (*söka*) look out for

seans [-'aŋs] *s3* seance

sebra [ˣse:-] *s1* zebra

sebu ['se:-] *s3* zebu

sed *s3* custom; *~er* (*moral*) morals, habits; *~er och bruk* manners and customs; *som ~en är bland* as is customary with; *ta ~en dit man kommer* when in Rome do as the Romans do

sedan *förk. sen* [senn] **I** *adv* **1** (*därpå*) then; (*efteråt*) afterwards; (*senare*) later **2** (*tillbaka*) *det är länge ~* it is a long time ago; *för tio år ~* ten years ago **3** *vard., än sen då?* what of it?, so what?; *kom sen och säg att* don't dare to say that; *och så billig sen!* and so cheap too! **II** *prep* (*från, efter*) since; ~ *dess* since then; ~ *många år tillbaka* for many years **III** *konj* since (*jag såg honom* I saw him); (*efter det att*) after (*han gått* he had gone); ~ *han gjort det gick han* when he had done that he left; *först ~ de gått* not until after they had left

sede|betyg conduct mark; *få sänkt ~* get lower marks for good conduct **-fördärv** corruption; immorality

sed|el ['se:-] *s2* (*betalningsmedel*) bank-note; *Am.* bill; *i -lar* in notes (paper-money; *Am.* bills)

sedelag moral law, ethical code

sedel|bunt bundle of bank-notes **-förfalskare** forger of bank-notes **-omlopp** note circulation **-press** printing press for bank-notes **-reserv** reserve of bank-notes **-tryckeri** note-printing works **-utgivning** note issue, issue of bank-notes

sedelära moral philosophy; ethics (*pl*) **-nde** *a4* moral; ~ *berättelse* story with a moral

sedermera *se sedan I 1*

sede|roman novel portraying life and manners **-sam** *a1* modest, decent; (*tillgjort*) prudish

sed|eslös immoral, unprincipled **-eslöshet** immorality; (*fördärv*) depravity **-ig** *a1* gentle (*häst* horse)

sediment *s7, s4* sediment **-era** (*sjunka*) settle **-är** *a1* sedimentary

sedlig [ˣse:d-] *a1* (*moralisk*) moral; (*etisk*) ethical; *föra ett ~t liv* lead a virtuous life; *i ~t hänseende* morally, from a moral point of view **-het** morality; decency **-hetsbrott** sexual offence, indecent assault **-hetsförbrytare** sexual offender **-hetspolis** vice squad **-hetssårande** indecent, offensive

sed|vanlig customary, usual **-vänja** *s1* custom; practice

seende *a4* seeing *etc.*; (*mots. blind*) sighted

sefyr [-'fy:r, 'se:-] *s3* zephyr

seg *a1* tough (*äv. bildl.*); (*om kött äv.*) leathery; (*trögflytande*) viscous; (*limaktig*) gluey, sticky; *bildl.* tenacious; *~t motstånd* tough (stubborn) resistance **-a** *rfl*, ~ *sig upp* struggle up

segel ['se:-] *s7* sail; *hissa* (*stryka*) ~ set (strike) sail; *segla för fulla ~* go with all sails set; *sätta till alla ~* crowd on sail **-bar** *a1* navigable, sailable **-båt** sailing-boat **-duk** sail-cloth, canvas **-fartyg** sailing-ship(-vessel) **-flygare** glider [pilot] **-flygning** gliding, soaring, sailplaning **-flygplan** sailplane, soaring-plane; (*glid-*) glider **-garn** [sail-maker's] twine, packthread **-jakt** sailing yacht **-kanot** sailing canoe **-led** fairway, channel **-makare** sailmaker **-ränna** channel **-sport** yachting **-sällskap** yacht[ing] club **-yta** sail-area

seger ['se:-] *s2* victory (*över* over; *vid* of, at); (*erövring*) conquest; *sport.* win; *avgå med ~n* come off victorious; *en lätt ~* an easy conquest, *sport.* a walk-over; *vinna ~* win a victory **-byte** spoils of victory, booty **-herre** victor, conqueror **-hjälte** conquering hero **-huva** caul **-hymn** hymn of victory **-jubel** triumph, jubilation over a victory **-krönt** [-ö:-] *a4* crowned with victory **-rik** victorious, triumphant **-rop** triumphant shout **-rus** intoxication of victory **-tåg** triumphal progress (march) **-vilja** determination to win **-viss** sure (certain) of victory **-yra** flush of victory

seghet [ˣse:g-] toughness *etc.*; tenacity

segl|a [ˣse:g-] sail; make sail (*till* for); ~ *i kvav* founder, go down; ~ *i motvind* sail against the wind; ~ *omkull* capsize; ~ *på* run into, collide with; ~ *på grund* run aground; ~ *på havet* sail the sea **-are** (*fartyg*) sailing-vessel; *pers.* sailor; (*kapp-*) yachtsman **-ation** sailing, navigation **-ationsperiod** sailing (navigation) period **-ats** *s3* sailing-trip(-tour); (*överfart*) crossing, voyage **-ing** sailing; *sport. äv.* yachting

seglivad *a5* tough; hard to kill; *vard.* die-hard; *en ~ fördom* a deep-rooted prejudice

segment *s7* segment **-erad** *a5* segmented

segna [ˣseŋna] ~ [*ner*] sink down, collapse

segr|a [ˣse:g-] win; be victorious; *bildl.* prevail; (*i omröstning*) be carried; ~ *över, se be-* **-ande** *a4* victorious, winning; *gå* ~ *ur striden* emerge victorious from the battle **-are** victor, conqueror; (*i tävling*) winner
segsliten tough; *en* ~ *fråga* a vexed question; *en* ~ *tvist* a lengthy dispute
seism|isk ['sejjs-] *a5* seismic **-ograf** *s3* seismograph **-olog** seismologist **-ologisk** [-'lå:-] *a5* seismologic[al]
sej [sejj] *s2, se gråsej*
sejdel [ˣsejj-] *s2* tankard
sejour [se'ʃo:r] *s3* sojourn, stay
sejsning *sjö.* lanyard, seizing
sekant *mat.* secant
sekatör *s3* pruning shears, secateurs (*pl*); *en* ~ a pair of pruning shears (*etc.*)
sekel ['se:-] *s7, s4* century **-gammal** centuries old; (*hundraårig*) centenary **-jubileum** centenary **-skifte** *vid* ~*t* at the turn of the century
sekin *s3* sequin
sekond [-'kånnd] *s3* **1** *sjö.* second-in-command, mate **2** *boxn.* second
1 sekret *s7* secretion
2 sekret *a1* secret
sekret|ariat *s7* secretariat[e] **-erarbefattning** secretarial post **-erare** [-ˣte:-] secretary (*hos* to) **-erarfågel** secretary bird
sekretess (*under* in) secrecy **-plikt** (*läkares etc.*) [obligation to observe] professional secrecy
sekret|ion secretion **-orisk** *a5* secretory
sekretär *s3* writing-desk, bureau, escritoire
sekt *s3* sect **-erist** sectarian
sek|tion [-k'ʃo:n] **1** *geom.* section **2** (*avdelning*) section **3** *med.* resection **-tor** [-år] *s3* sector
sekulariser|a secularize **-ing** secularization
sekulär *a1* secular
sekund *s3* second; *jag kommer på* ~*en!* just a second!
sekunda [-ˣkunn-] *oböjl. a* second-rate; (*om virke*) seconds; ~ *växel* (*hand.*) second of exchange
sekundant second
sekundchef second-in-command, colonel
sekundera second
sekund|meter *pl* meters per second **-visare** second-hand
sekundär *a1* secondary **-lån** loan secured by a second mortgage **-minne** *databeh.* secondary storage
sekvens *s3, mus.* sequence; *databeh.* routine
sel|a ~ [*på*] harness; ~ *av* unharness **-bruten** galled **-don** harness **-e** harness; (*barn-*) reins (*pl*); *en* ~ (*barn-*) a pair of reins; *ligga i* ~*n* (*bildl.*) be in harness
selekt|ion [-k'ʃo:n] selection **-iv** *a1* selective **-ivitet** selectivity
selen *s4, s3, kem.* selenium
selkammare harness-room
selleri *s4, s3* celery **-botten** *kokk.* [filled] celeriac
selot *s3* zealot
seltersvatten seltzer [water]
semafor [-'få:r] *s3* **-era** semaphore **-ering** semaphore
semanti|k *s3, ej pl* semantics (*pl*) **-sk** [-'mann-] *a5* semantic
semester *s2* holiday[s *pl*]; *Am.* vacation; *ha* ~ be on holiday, have one's holiday[s *pl*] **-dag** day of one's (*etc.*) holiday **-ersättning** holiday (*etc.*) compensation **-firare** holiday-maker; *Am.* vacationist, vacationer **-hem** holiday home **-lag** holidays law (act) **-lista** holiday schedule (rota) **-lön** holiday pay (*etc.*) **-månad** holiday month **-resa** holiday-trip **-vikarie** holiday relief (substitute)
semestra *se* [*ha*] *semester*; ~ *vid havet* spend one's holiday by the sea
semi|final semi-final **-kolon** [-'ko:-, 'se:-] semicolon
seminarie|uppsats seminar essay **-övning** seminar
seminar|ist student at a training college **-ium** [-'na:-] *s4* (*lärar-*) training college; (*präst-*) [theological] seminary; *univ.* seminar
semin|ation insemination **-förening** [-ˣmi:n-] artificial insemination society (association)
semit *s3* Semite **-isk** *a5* Semitic
semla *s1* cream bun eaten during Lent
1 sen [senn] *adv, se sedan*
2 sen [se:n] *a1* **1** late; *det börjar bli -t* it is getting late; *vara* ~ be late; *vid denna* ~*a timme* at this late (advanced) hour **2** (*långsam*) slow; tardy; *han är aldrig* ~ *att hjälpa* he is always ready to help; ~ *till vrede* slow to anger
sena *s1* sinew, tendon
senap *s3* mustard
senaps|gas mustard gas **-korn** mustard seed
sen|are I *a, komp. t. 2 sen* **1** later; (*kommande*) future; (*följande*) subsequent; (*mots. förra*) latter; *de*[*n*] ~ the latter; *det blir en* ~ *fråga* that will be considered later; *på* ~ *tid* of later years, (*nyligen*) recently; *vid en* ~ *tidpunkt* at a future date **2** (*långsammare*) slower; (*senfärdigare*) tardier **II** *adv, komp. t. sedan* later [on] (*på dagen* in the day); *förr eller* ~ sooner or later; *inte* ~ *än* not later than, by **-ast I** *a, superl. t. 2 sen* latest; (*sist förfluten*) last; (*nyligen inträffad*) recent; *i* ~*e laget* at the last moment; *på* ~*e tid*[*en*] lately **II** *adv, superl. t. sedan* **1** (*i tid*) latest; (*i följd*) last; *jag såg honom* ~ *i går* (*i lördags*) I saw him only yesterday (last Saturday); *tack för* ~*!* I enjoyed my stay (the evening I spent) with you very much! **2** (*ej -are än*) at the latest; ~ *på lördag* by Saturday at the latest; ~*den 1:a maj* by May 1, on May 1 at the latest
senat senate **-or** [-ˣna:tår] *s3* senator
sendrag cramp
sen|färdig slow, tardy **-född** late-born **-grekisk** late Hellenic **-gångare** *zool.* sloth
senhinna sclerotic coat
senhöst late autumn; *på* ~*en* late in the (in the late) autumn
senig *a1* sinewy; (*om kött*) tough, stringy; (*om pers.*) wiry
senil *a1* senile **-itet** senility
senior I ['se:niår] *oböjl. a* senior, elder **II** ['se:-, *sport.* -'å:r] *s3* senior member; *sport.* senior
sen|komling [-å-] late-comer **-latin** late Latin
sensation sensation **-ell** *a1* sensational, thrilling
sensations|lysten *vara* ~ be a sensation-hun-

ter (out after a thrill) **-makare** sensationalist **-press** yellow (sensational) press
sensib|el *a2* sensitive **-ilitet** sensitivity, sensitiveness
sensmoral [saŋ-, sens-] *s3*, *~en är* the moral is
sensommar late summer; *jfr senhöst*
sensorisk *a5* sensory, sensorial
sensträckning strain of a tendon
sensu|alism sensualism **-alitet** sensuality **-ell** *a1* sensual, sensuous
sent [se:-] *adv* late; *bittida och ~* early and late; *bättre ~ än aldrig* better late than never; *komma för ~* be late (*till skolan* for school); *som ~ skall glömmas* that will not be forgotten in a hurry; *~ omsider* at long last; *till ~ på natten* till far into the night
sentens *s3* maxim
sent|era [saŋ'te:-, sen'te:-] (*uppskatta*) appreciate; (*sätta värde på*) value **-imental** [sent-] *a1* sentimental; (*gråtmild*) maudlin **-imentalitet** [sent-] sentimentality
separat I *a4* separate; (*fristående*) detached **II** *adv* separately; *~ sänder vi* we are sending you under separate cover **-fred** separate peace **-ion** separation **-ist** *s3* **-istisk** *a5* separatist **-or** [-ˣra:tår] *s3* separator **-tryck** offprint **-utställning** one-man show
separer|a separate **-ing** separation
september *r* September
septisk ['sepp-] *a5* septic (*tank* tank)
seraf *s3* seraph **-imerorden** the Order of the Seraphim **-imerriddare** Knight of the Order of the Seraphim **-isk** *a5* seraphic
serail *s3* seraglio
serb [sä-] *s3* Serb **Serbien** ['särr-] *n* Serbia
serb|isk ['särr-] *a5* Serbian **-okroatisk** *a5* Serbo-Croatian
serenad *s3* serenade; *hålla ~* [*för*] serenade
sergeant [-r'ʃannt] *s3* sergeant
serie ['se:-] *s5* **1** series; (*följd*) succession; (*om värdepapper*) issue; (*skämt-*) comic strip, cartoons (*pl*), *Am. vard.* funny; *i ~* (*äv.*) serially **2** *sport.* division **3** *mat.* series, progression **-koppla** *elektr.* connect in series **-krock** multiple collision; *vard.* pile-up **-magasin** comic [paper] **-nummer** serial number **-tillverkning** series (long-line) production
serologi [-å'gi:] *s3* serology
serpentin [sä-] *s3* serpentine; (*pappersremsa*) streamer **-väg** serpentine road
serum ['se:-] *s8* serum
serv|a [ˣsörrva] *tennis.* serve **-boll** *s2* **-e** [sörrv] *s2* service
server|a [sä-] serve; (*passa upp vid bordet*) wait at table; *~ ngn ngt* help s.b. to s.th.; *middagen är ~d!* dinner is served (ready)! **-ing 1** *abstr.* service; *sköta ~en vid bordet* do the waiting **2** *konkr.*, *se mat-* **-ingsbord** service table **-ingslucka** service hatch **-ingsrum** pantry
servett [sä-] *s3* napkin, serviette; *bryta ~er* fold napkins; *ta emot ngn med varma ~er* (*bildl.*) give s.b. a warm reception **-ring** napkin ring **-väska** napkin case
service ['sö:(r)vis] *s9* service **-hus** block of service flats; *Am.* apartment hotel **-man** (*reklamman*) agency representative; (*på -station*) petrol station attendant **-yrke** service occupation
servil [sä-] *a1* servile; (*krypande*) cringing **-itet** servility; (*fjäsk*) cringing
servis [sä-] *s3* **1** (*mat-*) service, set **2** *mil.* gun crew **-avgift** service charge; (*dricks*) tip **-ledning** service line, feeder
servitris [sä-] waitress; (*på fartyg*) stewardess
servitut [sä-] *s7* easement, encumbrance; *belagd med ~* encumbered with an easement
servitutsrätt right to an easement
servitör [sä-] waiter; (*på fartyg*) steward
servo|motor [sä-] servo-motor **-styrning** power steering, servo control **-teknik** servo technique
ses *sågs setts, dep* see each other, meet; *vi ~!* I'll be seeing you!
sesam ['se:-] *n*, *~ öppna dig!* open sesame!
session [se'ʃω:n] *parl.* session, sitting; (*domstols-*) session, court; (*sammanträde*) meeting; *avsluta ~en* (*vid domstol*) close the court
sessions|dag (*vid domstol*) court-day **-sal** session-(assembly-)room; (*vid domstol*) court-room; *parl.* chamber
se|så now then!; (*gillande*) that's it! **-tt** *sup av se* **-värd** worth seeing, notable **-värdhet** sight; (*byggnad e.d. äv.*) monument
sex [sekks] six; (*för sms. jfr fem-*)
1 sexa [ˣsekksa] *s1* (*måltid*) light supper
2 sex|a [ˣsekksa] *s1* (*siffra*) six **-cylindrig** *a1* six-cylinder (*motor* engine) **-dubbel** sixfold **-hundratalet** the seventh century **-hörnig** [-ö:-] *a1* hexagonal **-hörning** [-ö:-] **-kant** hexagon **-siffrig** *a1* of six figures; *ett ~t tal* a six-figure number
sext|ant sextant **-ett** *s3* sextet[te]
sex|tio [ˣsekks-, 'sekks-, *vard.* ˣsekksti, 'sekksti] sixty **-tionde** [ˣsekks-å-] sixtieth **-tioåring** [ˣsekks-] sexagenarian **-ton**[ˣsekkstån] sixteen **-tonde** [ˣsekkstå-] sixteenth **-tondelsnot** *s3* semiquaver
sexual|brott [-ˣa:l-] sex[ual] crime **-drift** sexual instinct (urge) **-förbrytare** sex criminal, sexual offender **-hygien** sexual hygiene **-itet** sexuality **-liv** sex[ual] life **-undervisning** sex instruction **-upplysning** information on sexual matters
sexuell *a1* sexual
sfinx [sviŋks] *s3* sphinx **-artad** [-a:r-] *a5* sphinx-like
sfär [svä:r] *s3* sphere; *bildl. äv.* province **-isk** ['svä:-] *a5* spheric[al]
shantung ['ʃann-] *s2* shantung
sherry ['ʃärry] *s9* sherry
shetlandsull [ˣʃett-] Shetland wool
shilling ['ʃill-] *s9*, *pl äv. -s* shilling (*förk.* s[h].); *det går 20 ~ på ett pund* there are twenty shillings to the pound
shopp|a [ˣʃåppa] go shopping **-ingväska** shopping-bag
shunt [ʃunnt] *s2*, *elektr.* shunt, by-pass **-ledning** shunt-lead **-ventil** shunt-valve
1 si *interj* look!; (*högtidligare*) behold!
2 si *adv*, *~ och så* only so-so; *det gick ~ och så* it wasn't up to much
sia prophesy (*om* of)
siames *s3* **-isk** *a5* Siamese
siar|e seer, prophet **-gåva** second sight
Sibirien *n* Siberia **sibirisk** *a5* Siberian

sibyll|a [-ˣbylla] *s1* sibyl **-insk** [-'li:nsk] *a5* sibylline
sicilian *s3* **-are** [-ˣa:na-] *s9* **-sk** [-ˣa:-] *a5* Sicilian **Sicilien** Sicily
sickativ *s7* siccative
sicken ~ *en!* what a character!
sickl|a *fack.* scrape **-ing** *konkr.* scraper, scraping iron
sicksack zigzag; *gå i ~* zigzag **-linje** zigzag [line]
sid *a1* long [and loose]
sid|a *s1* **1** side; (*mil., byggn.; djurs*) flank; (*bok-*) page; *geom.* (*yta*) face; *~ upp och ~ ner* page after page; *~ vid ~* side by side; *anfalla från ~n* attack in (on) the flank; *sedd från ~n* seen side-face; *med händerna i ~n* with arms akimbo; *på båda -or* (*äv.*) on either side (*om* of); *åt ~n* to the (one) side, (*gå* step) aside **2** *bildl.* side, part; (*synpunkt*) aspect, point of view; *visa sig från sin fördelaktigaste ~* show o.s. at one's best; *från hans ~* on (for) his part; *från regeringens ~* from (on the part of) the Government; *se saken från den ljusa ~n* look on the bright side of things; *det har sina -or att* there are drawbacks to; *hon har sina goda -or* she has her good points; *problemet har två -or* there are two sides to the problem; *stå på ngns ~* side (take sides) with s.b.; *han står på vår ~* he is on our side; *när han sätter den ~n till* when he makes up his mind to; *vid ~n av* (*bildl.*) beside, next to, (*jämte*) along with; *å ena* (*andra*) *~n* on one (the other) hand; *vi å vår ~* we for (on) our part, as far as we are concerned; *är inte hans starka ~* is not his strong point **-antal** number of pages **-bena** side-parting
siden *s7* silk **-band** silk-ribbon **-glänsande** satiny, silky **-klänning** silk dress **-sko** satin shoe **-svans** *zool.* waxwing **-tyg** silk [material (cloth, fabric)] **-varor** silk goods **-väveri** silk-weaving mill
siderisk *a5, astron.* sidereal
sid|fläsk bacon **-hänvisning** page reference **-led** *i ~* lateral[ly], sideways
sido|blick sidelong glance; *utan ~ på* (*bildl.*) without a thought for **-byggnad** annex, wing **-fönster** side-window **-gata** side-(by-)street **-gren** side-branch; (*av släkt*) collateral branch **-linje** (*parallell-*) side-line; *järnv.* junction line, branch; (*släktled*) collateral line (branch); *fotb.* touch-line; *barn på ~n* natural children **-replik** aside **-skepp** (*i kyrka*) lateral aisle **-spår** side-track (*äv. bildl.*); *järnv.* siding **-vinkel** adjacent angle **-vördnad** irreverence, disrespect
sid|roder *flyg.* rudder **-siffra** page number **-söm** side-seam **-vagn** (*på motorcykel*) side-car **-vind** side-(cross-)wind; *landa i ~* (*flyg.*) make a cross-wind landing **-vördnad** *se sidovördnad*
sierska seeress, prophetess
siesta [-ˣess-, -'ess-] *s1* siesta, [after-dinner] nap
siffer|beteckning number **-granskare** checking-clerk, auditor of accounts **-granskning** checking of accounts **-mässig** *a1* numer[ic]-al **-räkning** numerical calculation **-skyddsmaskin** checkwriter **-system** numerical system **-tips** correct score forecasting **-värde** numerical value
siffr|a *s1* figure; *konkr. äv.* numeral; (*entalssiffra äv.*) digit; (*tal*) number; *romerska -or* Roman numerals; *skriva med -or* write in figures
sifon [-'få:n] *s3* siphon, soda fountain
sig [sejj, *äv.* si:g] oneself; himself, herself, itself, themselves; *han anser* (*säger*) *~ vara frisk* he thinks (says) he is well; *tvätta ~ om händerna* wash one's hands; *man skall inte låta ~ luras* don't let yourself be deceived (led up the garden path); *det låter ~ inte göra[s]* it can't be done; *vara häftig av ~* be hot-tempered by nature; *det är en sak för ~* that's another story; *var för ~* one by one; *i och för ~* in itself; *det för med ~* ... it involves ... (brings ... in its train); *ha ögonen med ~* keep one's eyes open; *han tog med ~ sin bror* he took his brother [along] with him; *ha pengar på ~* have some money on one; *inte veta till ~ av glädje* be overjoyed; *han är inte längre ~ själv* he is no longer himself; *av ~ själv[t]* by itself (*etc.*); *för ~ själv* by oneself (itself *etc.*); *behålla ngt för ~ själv* (*för egen räkning*) keep s.th. for oneself, (*hemlighålla*) keep s.th. to oneself
sigill [-'jill] *s7* seal; *sätta sitt ~ under* (*på*) affix one's seal to, seal **-bevarare** (*stor-*) Keeper of the [Great] Seal; *Engl.* Lord Privy Seal **-lack** (*hopskr. sigillack*) sealing-wax **-ring** seal ring
signa [siŋna] *se väl-*; *den ~de dag* the blessed day
signal [siŋ'na:l] *s3* signal; *ge ~* make a signal; *ge ~ till* give the signal for **-anläggning** signalling equipment **-anordning** signalling device **-bok** code of signals, signal-book **-ement** *s7* description **-era** signal; (*med -horn äv.*) sound the horn **-flagga** signal-flag **-horn** [signal] horn, hooter **-ist** *mil.* signaller, signalman **-raket** signal rocket **-regemente** signal regiment **-skola** *mil.* signal[ling] school **-system** signalling system **-tjänst** communications (*pl*)
sign|atur [siŋn-] signature; (*författares äv.*) pen-name **-aturmelodi** signature tune **-atärmakt** signatory power **-era** [siŋn-, *äv.* sinj-] sign; initial, mark **-ering** signing
signetring [siŋˣne:t-] signet-ring
sik *s2, zool.* whitefish
1 sikt *s2* (*redskap*) sieve
2 sikt *s3* **1** visibility; view; *dålig* (*ingen*) *~* poor (zero) visibility **2** *hand.* sight, presentation **3** (*tidrymd*) term, run; *på ~* in the long run; on the long term
1 sikta (*sålla*) sift, pass ... through a sieve; (*mjöl*) bolt
2 sikta 1 (*med vapen*) take aim, aim (*på, mot* at) (*äv. bildl.*); point (*på, mot* at); *~ högt* (*bildl.*) aim high **2** *sjö.* sight
sikt|e *s6* **1** (*på gevär o.d.*) [breech-]sight **2** (*synhåll*) sight, view; (*mål*) aim; *få ngt i ~* get s.th. in sight, *sjö.* sight s.th.; *i ~* in sight, *bildl.* in prospect (view); *med ~ på* with a view to; *ur ~* out of sight; *förlora ngt ur ~* lose sight of s.th. **-punkt** point of aim (sight) **-skåra** [sighting-]notch **-växel** sight draft (bill)

sil *s2* strainer, sieve **-a 1** (*filtrera*) strain, sieve, filter; ~ *ifrån* strain ... off; ~ *mygg och svälja kameler* strain at a gnat and swallow a camel **2** (*sippra*) trickle; (*om ljus*) filter **-ben** *anat.* ethmoid [bone] **-duk** straining-cloth, screen **-eshår** *bot.* sundew

silhuett [silu'ett] *s3* silhouette

sili|kat *s7, s4* silicate **-kon** [-'kå:n] *s4* silicone **-kos** [-'kå:s] *s3* silicosis, miner's consumption

silke *s6* silk; *av* ~ (*äv.*) silken; *mjuk som* ~ silky

silkes|apa marmoset **-fjäril** silk-moth **-len** as soft as silk; silken (*röst* voice) **-mask** silkworm **-maskodling** sericulture; *konkr.* silkworm farm **-papper** tissue-paper **-snöre** silk cord; *ge ngn ~t* politely dismiss s.b. **-strumpa** silk stocking **-trikå** silk tricot **-tråd** silk thread, (*från kokong*) silk filament **-vante** *använda -vantar* (*bildl.*) use kid gloves **-vävnad** silk fabric

sill *s2* herring; *inlagd* ~ pickled herring; *salt* ~ salt[ed] herring; *som packade ~ar* packed together like sardines **-bulle** *kokk.* herring-rissole **-burk** tin of herrings **-grissla** guillemot **-sallat** *s3* mixture of pickled herring, beetroot, cooked meat and potatoes **-stim** shoal of herring **-tunna** herring-barrel

silning [ˣsi:l-] straining; filtering

silo ['si:-] *s5, pl äv. -s* silo

siluett *s3, se silhuett*

silur *s3* **-isk** *a5* Silurian

silver ['sill-] *s7* silver; *förgyllt* ~ silver-gilt **-beslag** silver-mount[ing] **-bröllop** silver wedding **-bägare** silver cup (goblet) **-fat** silver dish (plate) **-gruva** silver-mine **-haltig** *a1* argentiferous, silver-bearing **-mynt** silver coin; *i* ~ in silver **-penning** *sälja ngn för 30 ~ar* betray s.b. for 30 pieces of silver **-poppel** white poplar **-räv** silver fox **-sak** silver article; *~er* (*koll.*) silverware (*sg*) **-smed** silversmith **-smide** wrought silver **-stämpel** hallmark **-vit** silvery

sim|bassäng [ˣsimm-] swimming-pool **-blåsa** (*hos fisk*) sound **-byxor** swimming-trunks **-dyna** swimming-float **-fena** *zool.* fin **-fot** *zool.* webbed foot; *-fötter* (*för dykare*) [diving] flippers **-fågel** web-footed bird, swimmer **-hall** indoor swimming-bath **-hopp** dive **-hud** web; *med ~ mellan tårna* with webbed feet

simili ['si:-] *oböjl. s* imitation **-diamant** paste diamond **-pärla** artificial pearl

sim|kunnig [ˣsimm-] ... able to swim **-kunnighetsprov** swimming test **-lärare** swimming instructor **-ma** *v1 el. sam summit* swim; *bildl. äv.* be bathed (*i* in); (*flyta*) float [on the water]; ~ *bra* be a good swimmer **-mare -merska** swimmer **-mig** *a1* well thickened (*sås* sauce); treacly (*punsch* punch); hazy (*blick* look) **-ning** swimming

simoni *s3* simony

simpa *s1* bull-head

simpel ['simm-] *a2* **1** (*enkel*) simple; plain (*arbetskläder* working clothes); common (*soldat* soldier); (*lätt*) easy **2** (*tarvlig*) common, vulgar; (*föraktlig*) low, base; (*om kläder*) mean, shabby **-t** *adv* **1** *helt* ~ simply **2** (*tarvligt*) low, mean[ly], shabbily; *det var ~ gjort* it was a mean (shabby) thing to do

simplifier|a simplify **-ing** simplification

sim|skola [ˣsimm-] swimming-school **-sätt** (*fritt* free) style **-tag** stroke **-tur** swim **-tävling** swimming competition

simul|ant malingerer **-ator** [-ˣla:tår] *s3* simulator **-era** simulate; (*om soldat*) malinger

simultan *a1* simultaneous **-schack** simultaneous chess-playing **-tolk** simultaneous interpreter

1 sin [sinn] *pron* one's; *fören.* his, her, its, their; *självst.* his, hers, its, theirs; ~ *nästa* one's neighbour; *i sitt och ~ familjs intresse* in his own interest and that of his family; *de ~a* his (*etc.*) relations (people), his (*etc.*) own family; *bli ~ egen* be[come] one's own master (boss); *det kan göra sitt till* that can help matters; *ha sitt på det torra* not stand to lose anything; *kärleken söker icke sitt* (*bibl.*) love seeketh not its own; *vad i all ~dar* what on earth; *i ~om tid* in due [course of] time; *på ~ tid* formerly; *på ~a ställen* in places; *hålla på sitt* watch one's own interest; *gå var och en till sitt* all go back home

2 sin [si:n] *s, i uttr.: stå* (*vara*) *i* ~ be dry **-a** dry; *brunnen har ~t* the well has dried up; *ett aldrig ~nde ordflöde* a never-ceasing flow of words

sinekur sinecure

1 singel ['siŋ-] *s9* (*grus*) shingle

2 singel ['siŋ-] *s2, ej pl* **1** *tennis.* singles (*pl*) **2** *kortsp.* singleton

singla 1 (*kasta*) toss [... up]; ~ *slant om* toss for **2** (*dala*) float

singul|ar [ˣsiŋgu-, 'siŋgu-] *s3, se -aris* **-arform** singular form **-aris** *r* (*stå i* be in the) singular **-jär** *a1* singular

1 sinka *v1* (*fördröja*) delay; (*söla*) waste time

2 sinka I *s1* (*metallkrampa*) rivet; (*hörntapp*) dovetail **II** *v1* (*porslin*) rivet; (*bräder*) dovetail

sinkadus *s3* **1** (*örfil*) biff **2** (*slump*) toss-up, chance; *en ren* ~ a pure toss-up

sinn|ad *a5* (*andligt* spiritually) minded; (*vänskapligt* amiably) inclined **-e** *s6* **1** *fysiol.* sense; *de fem ~na* the five senses; *ha ett sjätte* ~ have a sixth sense; *med alla ~n på helspänn* with all one's wits about one; *från sina ~n* out of one's senses (mind); *vid sina ~ns fulla bruk* in one's right mind, in full possession of one's senses **2** (*-lag*) mind, temper, nature; (*väsen, hjärta*) soul, heart; (*håg*) taste, inclination, turn; *ett häftigt* ~ a hasty temper; *ha ett vaket ~ för* be alert (open) to; *~t rann på honom* he lost his temper (flew into a passion); *en man efter mitt* ~ a man to my mind (taste); *han har fått i sitt ~ att* he has got it into his head to; *ha ~ för humor* have a sense of humour; *ha ~ för språk* have a talent for languages; *ha i ~t* contemplate; *ha ont i ~t* have evil intentions; *i mitt stilla* ~ in my own mind, inwardly; *sätta sig i ~t att göra ngt* set one's mind [up]on doing s.th.; *till ~s* in mind; *sorgsen till ~s* in low spirits; *det gick honom djupt till ~s* he felt it deeply **-ebild** symbol, emblem **-ebildlig** symbolical, emblematic[al] **-elag** *s7* tempera-

ment, disposition; *vänligt ~* friendly disposition
sinnes|frid peace of mind **-frånvaro** absence of mind **-förnimmelse** sensation **-förvirrad** *a5* distracted **-förvirring** mental aberration; *under tillfällig ~* while of unsound mind **-jämvikt** equanimity **-lugn** tranquillity (calmness) of mind **-närvaro** presence of mind **-organ** sense-organ **-rubbad** mentally deranged **-rubbning** mental disorder, derangement **-rörelse** emotion; mental excitement **-sjuk** mentally ill, insane; *en ~* a mentally ill person **-sjukdom** mental disease; insanity **-sjukhus** mental hospital; *(förr)* lunatic asylum **-slö** mentally deficient (retarded) **-slöhet** mental deficiency **-stämning** frame of mind **-svag** feeble-minded **-tillstånd** mental condition (state) **-undersökning** mental examination **-villa** hallucination **-ändring** change of attitude
sinnevärlden the material (external) world
sinn|lig *a1* **1** *(som rör sinnena)* ... pertaining to the sense **2** *(köttslig)* sensual; *en ~ människa* a sensualist **-lighet** sensuality **-rik** ingenious *(påhitt* device) **-rikhet** ingenuity
sinolog Sinologue **-i** *s3* Sinology
1 sinom [ˣsinnåm] *se 1 sin*
2 sinom [ˣsinnåm] *i uttr.: tusen ~ tusen* thousands and thousands
sinsemellan between *(om sak:* among) themselves
sintra sinter; *~de plattor* sintered slabs
sinus ['si:-] *r* **1** *mat.* sine **2** *anat.* sinus **-funktion** *mat.* sinusoidal function **-it** *s3, med.* sinusitis **-kurva** sine curve, sinusoid
sionist Zionist
sipp *a1* prim, prudish
sippa *s1, bot.* anemone, windflower
sippra trickle, drop, percolate; *~ fram* ooze out; *~ ut (bildl.)* transpire, leak out
sira decorate, ornament, deck
sirap *s3* **1** treacle, golden syrup; *Am.* molasses **2** *med.* syrup; *Am.* sirup
sirat ornament, decoration **-lig** [-a:-] *a1 (ceremoniös)* ceremonious
siren *s3 (myt. o. signalapparat)* siren
sirlig [ˣsi:r-] *a1* graceful, elegant; *(om pers.)* ceremonious, formal; *(fin)* dignified
sisalhampa [-ˣsa:l-] sisal hemp
siska *s1, zool.* siskin
sist I *adv* last; *till ~ (som det ~a)* at last, *(slutligen)* finally, in the end; *spara det bästa till ~* save the best until last (till the end); *allra ~* last of all; *först och ~* from first to last; *först som ~* just as well now as later; *näst ~* the last but one; *~ men inte minst* last but not least; *den ~ anlände* the last arrival (comer); *han blev ~ färdig* he was the last to get ready; *~ i boken* at the end of the book; *stå ~ på listan* be the last on the list **II** *konj, ~ jag såg honom var han* the last time I saw him he was **-a** *-e, superl. a* last; *(senaste)* latest; *(slutlig)* final; *den ~ juni* [on] the last of June; *~ anmälningsdag* closing date for entries; *~ gången (sidan)* the last time (page); *~ modet* the latest fashion; *~ skriket* all the rage (go); *~ smörjelsen* the extreme unction; *~ vagnen (järnv.)* tail (rear) wagon; *hans ~ vilja* his [last] will [and testament]; *den -e (av två)* the latter; *han var den -e som kom* he was the last to arrive; *de två ~ månaderna* the last two months; *lägga ~ handen vid* put the finishing touch to; *utandas sin ~ suck* breathe one's last; *för ~ gången (för alltid)* for ever (good); *i ~ instans (jur.)* in the court of highest instance, *bildl.* in the last resort; *in i det ~* to the very last; *på ~ tiden* lately, of late; *sjunga på ~ versen* draw to its close; *till ~ man* to a man **-an** *s, best. f., leka ~* play tag (touchlast) **-liden** *a5* last **-nämnda** *a, best. f.* [the] last-mentioned(-named); *(av två)* the latter **-one** [-å-] *s, i uttr.: på ~* lately
sisu ['si:-] *s9* perseverance, endurance
sisyfusarbete Sisyphean task (labour)
sits *s2* **1** *(stol-, stjärt o.d.; ridk.)* seat; *ha bra ~ (ridk.)* have a good seat **2** *kortsp.* lie, lay; *dra om ~en* draw for partners
sitt *se 1 sin*
sitt|a *satt suttit* **1** *(om levande varelse)* sit; *(på -plats äv.)* be seated; *(mots. stå, ligga)* be sitting; *(om fågel)* perch; *(befinna sig)* be *(i fängelse* in prison); *(om regering)* be in office; *~ bekvämt* be comfortably seated; *sitt [ner]!* sit down, please!; *~ för en målare* sit as a model; *~ och prata* sit talking; *~ still* sit still, *(friare äv.)* keep quiet; *~ trångt* be jammed, *ekon.* be in a tight place; *få ~ a)* get (obtain) a seat, *b) (ej bli uppbjuden)* sit out, be a wallflower; *inte ~ i sjön* not be stranded; *~ inom lås och bom* be under lock and key; *~ med goda inkomster* have a large income; *~ vid makten* be in power; *nu -er vi där vackert!* we are in for it now!, now we are in the soup! **2** *(om sak)* be [placed]; *(hänga)* hang; *(om kläder)* sit, fit; *kjolen -er bra* the skirt is a good fit (fits well); *~ på sned* be *(hänga:* hang) askew; *mitt onda -er i ...* my trouble (the pain) is in ...; *inte veta hur korten -er* not know how the cards lie **3** *(med beton. part.) ~ av* dismount, alight; *~ emellan (få obehag)* have trouble, *(bli lidande)* be the sufferer (loser); *~ fast, se 2 fast 3*; *~ hemma* stay at home; *en färg som -er i* a fast colour; *lukten -er i* the smell clings; *nyckeln -er i* the key is in the lock; *ovanan -er i* I *(etc.)* can't free myself of the [bad] habit; *~ inne a) (inomhus)* keep in[doors], *b) (i fängelse)* be in prison, do time; *bekännelsen satt långt inne* the confession was hard to get; *~ inne med upplysningar* be in possession of information; *~ kvar a)* remain sitting (seated), *b) (stanna)* remain, stay, *c) (efter skolan)* stay (be kept) in [after school]; *låt kappan ~ på!* keep your coat on!; *locket -er på* the lid is on; *~ sönder* wear out by sitting on; *jag -er inte så till att* I am not in a position to, from where I am sitting I can't; *~ illa till (bildl.)* be in a bad spot; *~ upp a) (på häst)* mount, get on, *b) (räta upp sig)* sit up; *~ uppe och vänta på* wait up for; *~ åt (om plagg)* be tight; *det -er hårt åt (bildl.)* it's tough; *~ över a) (dans e.d.; i spel)* sit out, *b) (arbeta över)* work overtime
sitt|ande *a4* seated; sitting *(ställning* posture); *(om regering)* in office, present; *(om domstol)* in session; *inför ~ rätt* in open court

-bad hip-(sitz-)bath **-ben** *anat.* ischium **-brunn** cockpit **-bräde** seat [board] **-möbler** chairs and sofas **-ning** sitting **-opp** [-'åpp] *s2* (*slag*) clout **-pinne** perch **-plats** seat **-platsbiljett** seat reservation (ticket) **-riktig** designed for comfortable sitting **-strejk** sit-down strike **-vagn** *järnv.* day-carriage; (*barnvagn*) push-chair, *Am.* stroller

situ|ation situation; *sätta sig in i ngns* ~ put o.s. in a p.'s place; *vara ~en vuxen* be equal to the occasion **-ationskomik** comedy; (*i film o.d.*) slapstick **-ationsplan** *byggn.* lay-out, site plan **-ẹrad** *a5*, *väl* (*illa*) ~ well (badly) off

sixtinska kapellet [-'ti:n-] the Sistine chapel

SJ [ˣessji:] *förk. för Statens Järnvägar* the Swedish State Railways

sjabbig [ˣʃabb-] *a1* shabby

sjakal [ʃa'ka:l] *s3* jackal

sjal [ʃa:l] *s2* shawl **-ẹtt** *s3* kerchief; head scarf

sjanghaja [ʃaŋ'hajja] shanghai

sjapp|a [ʃ-] bolt, scram **-en** ['ʃapp-] *s, i uttr.: ta till* ~ take to one's heels

sjas [ʃa:s] scat!, be off!; ~ *katta* shoo! **-a** shoo away

sjaskig [ʃ-] *a1* slovenly; mucky; shabby

sjav|a [ʃ-] shuffle **-ig** *a1* slovenly, slapdash

sjok [ʃ-] *s7* lump, chunk

sju [ʃu:] seven; (*för sms. jfr fem-*) **-a** *s1* seven **-armad** *a5* seven-branched (*ljusstake* candlestick)

sjubb [ʃ-] *s2* raccoon

sjud|a [ʃ-] *sjöd -it* simmer; seethe (*äv. bildl.*); ~ *av vrede* seethe with anger; *~nde liv* seething life **-it** *sup av sjuda*

sju|dubbel [ˣʃu:-] sevenfold **-dundrande** [-ˣdunn-] *a4* terrific **-falt** sevenfold; seven times (*värre* worse) **-jäkla** [-ˣjä:k-] *a4*, *ett ~ liv* a hell of a life

sjuk [ʃu:k] *a1* **1** (*predikativt*) ill; (*attributivt o. illamående*) sick; (*dålig*) indisposed, unwell; *den ~e* the sick person, (*på sjukhus*) the patient; *de ~a* the sick; *bli* ~ get (fall, be taken) ill; *mitt ~a knä* my bad knee; *svårt* ~ seriously ill; *ligga ~ i mässling* be down with the measles; *äta sig* ~ eat o.s. sick; ~ *av* (*i*) suffering from, *bildl.* sick with; *jag blir ~ bara jag tänker på det* the mere thought of it makes me sick **2** *bildl.*, *saken är* ~ it's a shady business; *ett ~t samvete* a guilty conscience; *han ber för sin ~a mor* that's one for her and two for himself; ~ *efter* (*på*) eager (*vard.* dying) for **-a** *s1*, *se -dom*; *engelska ~n* rickets; *spanska ~n* the Spanish flu; *det är hela ~n* that's the whole trouble **-anmäla** ~ *ngn* (*sig*) report s.b. (report) sick (ill); *-anmäld* reported sick (ill) **-anmälan** notification of illness **-avdelning** ward, infirmary **-avdrag** deduction for sickness **-besök** visiting the sick; (*läkares*) visit to a patient, sick visit **-bädd** sickbed; *vid ~en* at the bedside **-dom** *s2* illness, ill-health; (*speciell o. bildl.*) disease; (*ont*) complaint, disorder; *ärftlig* ~ hereditary disease

sjukdoms|alstrande *a4* pathogenic **-bild** pathological picture, picture of the (a) disease **-fall** case [of illness] **-orsak** cause of a (the) disease **-symtom** symptom of a (the) disease

sjuk|ersättning sickness benefit (allowance) **-försäkring** health insurance **-gymnast** physiotherapist **-gymnastik** physiotherapy, remedial exercises (*pl*) **-hem** nursing home

sjukhus hospital **-direktör** hospital manager **-dräkt** hospital uniform **-läkare** hospital physician (surgeon) **-vård** hospital treatment (care)

sjuk|intyg medical (doctor's) certificate **-journal** case record; (*för en patient*) case sheet **-kassa** (*allmän* regional) health insurance office **-kassekort** health insurance card **-ledig** *vara* ~ be on sick-leave **-ledighet** sick-leave **-lig** [-u:-] *a1* infirm, weak in health; sickly; *bildl.* morbid (*misstänksamhet* suspiciousness) **-lighet** [-u:-] infirmity, illhealth; morbidity **-ling** [-u:-] sick person, patient; invalid **-lista** sick-list **-na** [-u:-] fall (be taken) ill (*i* with); sicken **-penning** sickness benefit (allowance) **-penningklass** sickness benefit category (group) **-pension** disablement pension **-permission** sick-leave **-rapport** medical report **-rum** sick-room **-sal** [hospital] ward **-skriva** ~ *ngn* put s.b. on the sick-list; ~ *sig* report sick (ill); *-skriven* sick-listed, reported sick **-sköterska** nurse; (*examinerad*) trained (staff, *Am.* graduate) nurse

sjuksköterske|elev student nurse **-skola** nurses' training school **-uniform** nurse's uniform **-utbildning** nursing training

sjuk|stuga cottage hospital **-syster** *se -sköterska* **-säng** *se -bädd* **-transport** conveyance of patients **-vård** medical care (attendance), nursing; care of the sick; *fri* ~ free medical attention (treatment) **-vårdare** male nurse; *mil.* medical orderly

sjukvårds|artiklar sanitary (medical) articles **-biträde** assistant nurse, [hospital] orderly **-ersättning** medical expenses allowance **-kunnig** ... trained in nursing the sick

sjumila|steg *gå med* ~ walk with seven-league strides **-stövlar** seven-league boots

sjunde [ʃ-] seventh **-dagsadventist** Seventh-day Adventist **-del** seventh [part], one-seventh

sjung|a [ʃ-] *sjöng -it* sing; (*om fågel äv.*) warble; ~ *falskt* sing out of tune; ~ *rent* sing in tune; ~ *ngns lov* sing a p.'s praises; ~ *på sista versen* be on one's last legs, draw to its close; ~ *in* (*på grammofon*) record; ~ *ut* sing out, *bildl.* speak out, speak one's mind **-it** *sup av sjunga*

sjunk|a [ʃ-] *sjönk -it* sink; (*om fartyg äv.*) founder, go down; (*falla*) drop, fall (*t. botten* to the bottom); (*minska*) decrease (*i antal* in numbers); (*i värde*) depreciate, decline, sink, fall; *febern -er* the fever is abating; *priserna -er* prices are falling (declining), prices show a downward tendency; *solen -er* the sun is setting; *termometern -er* the temperature is falling; *önska att man kunde ~ genom jorden* wish one could sink through the floor; *känna modet* ~ lose courage (heart); ~ *i ngns aktning* go down in a p.'s estimation; ~ *i glömska* sink into oblivion; ~ *i vanmakt* faint away; ~ *ihop* (*bildl.*) break down, collapse; ~ *ner på en* *stol* sink down on to a chair; ~ *till marken* drop to the ground; ~ *till ngns fötter* fall at a p.'s feet; ~ *undan* sink, subside; *han är djupt -en* he has sunk very low **-bomb** depth charge (bomb) **-it** *sup av sjunka* **-mina** depth mine

sju|sovare [-å-] **1** *zool.* dormouse **2** *pers.* lie-abed, sluggard **-stjärnan** *sg, best. f.* **-stjärnorna** *pl* the Pleiades (*pl*) **-särdeles** [-ˣsä:r-] *vard.* terrific

sjuttio [ˣʃuttiω, 'ʃutt-, *vard.* ˣʃutti, 'ʃutti] seventy **-nde** [ˣʃuttiå-] seventieth **-åring** septuagenarian

sjutton [ˣʃuttån] seventeen; *aj som ~!* by Jove!, Good Lord!; *det var dyrt som ~* it cost a packet; *full i ~* full of mischief; *för ~ gubbar* for goodness sake; *nej för ~!* Good Lord, no!; *ge ~ i att* (*låta bli*) stop, leave off, (*strunta i*) not bother; *ge sig ~ på att* bet your life that; *det vore väl ~ om* it would be a wonder if **-de** seventeenth **-hundratalet** the eighteenth century

sjå [ʃå:] *s7, vard.* big (tough) job **-are** docker, longshoreman, stevedore

sjåp [ʃå:p] *s7* [silly] goose, ninny **-a** *rfl* be silly, act the ninny **-ig** *a1* silly, foolish; *vard.* namby-pamby **-ighet** silliness *etc.*

själ [ʃä:l] *s2* **1** *fil., psyk., rel.-hist.* soul; (*ande*) spirit; *~ens behov* spiritual needs **2** (*sinne*) soul, mind; *det skar mig in i ~en* it cut me to the heart (quick); *få ro i sin ~* get peace of mind; *i ~ och hjärta* at heart, in one's heart of hearts; *med liv och ~* body and soul; *två ~ar och en tanke* two minds with but a single thought; *~arnas sympati* spiritual affinity; *min ~ tror jag inte* upon my soul if it's not **2** *pers.* soul; *vara ~en i ngt* be [the life and] soul of s.th.; *där fanns inte en ~* there wasn't a soul; *en glad ~* a jolly fellow; *varenda ~* (*vard.*) every man Jack

själa|glad overjoyed, delighted **-herde** pastor, shepherd of souls **-mässa** requiem **-nöd** anguish of the soul, spiritual agony **-ringning** knell, passing bell **-sörjare** spiritual guide **-tåget** *ligga i ~* be dying, be breathing one's last **-vandring** transmigration [of souls] **-vård** cure of souls, spiritual charge of a parish

självfull soulful (*ansikte* face); (*anderik*) animated (*föredrag* lecture) **-het** soulfulness; animation

Själland ['ʃäll-] *n* Zealand

själlös soulless; spiritless; (*livlös*) inanimate **-het** soullessness *etc.*

själs|adel nobility of mind **-dödande** soul-destroying, deadly **-egenskap** mental quality **-fin** refined, noble **-frånvarande** absent-minded **-frände** kindred spirit; *vara ~r* (*äv.*) sympathize **-frändskap** congeniality of mind, spiritual affinity **-förmögenhet** faculty, mental ability **-gåvor** intellectual (mental) gifts **-kval** mental suffering, agony **-lig** [-ä:-] *a1* mental; (*andlig*) spiritual **-liv** intellectual (spiritual) life **-sjuk** (*sinnessjuk*) mentally ill; (*hypokondrisk*) hypocondriac[al] **-strid** mental struggle **-styrka** strength of mind

själv [ʃ-] **1** myself, yourself, himself, herself, itself, oneself; *pl* ourselves, yourselves, themselves; *det har jag gjort ~* I did it myself; *han har ~ skrivit ...* he has written ... himself; *~ är bästa dräng* if you want a thing done well, do it yourself; *bli sig ~ igen* be oneself again; *komma ~* come personally (in person); *om jag får säga det ~* if I may say so myself; *tack ~!* thank you!; *vara sig ~ nog* be self-sufficient; *det kan du vara ~!* (*vard.*) so are you!; *av sig ~* of oneself, spontaneously, (*frivilligt*) voluntarily; *för sig ~* (*avsides*) aside; *tala för sig ~* talk to oneself; *i sig ~* in itself; *hon heter A. i sig ~* her maiden name is A.; *på sig ~ känner man andra* one judges others by oneself **2** *hon är blygsamheten ~* she is modesty itself; *~e* (*~aste*) *kungen* the king himself (in person); *på ~a födelsedagen* on the very birthday; *i ~a verket* as a matter of fact; *han gör ~a grovarbetet* he does the real heavy (ground) work **-aktning** self-respect **-antändning** spontaneous ignition **-bedrägeri** self-deception(-delusion) **-befruktning** self-fertilization; *bot.* self-pollination **-behärskning** self-control(-restraint) **-belåten** self-satisfied; complacent **-bestämmanderätt** right of self-determination, autonomy **-betjäning** self-service **-betjäningsbutik** self-service store **-betraktelse** self-contemplation, introspection **-bevarelsedrift** instinct of self-preservation **-bindare** *lantbr.* [reaper-]binder **-biografi** autobiography **-biografisk** autobiographical **-deklaration** income-tax return (*Am.* report) **-disciplin** self-discipline **-dö** die out of itself; *ett ~tt djur* an animal that has died from natural causes **-fallen** *a3* obvious, apparent **-fallenhet** matter of course **-förakt** self-contempt **-förbränning** spontaneous combustion **-förebråelse** self-reproach **-förgudning** self-glorification **-förhävelse** presumption **-förnekelse** self-denial **-försakelse** self-denial **-försvar** (*till* in) self-defence **-försörjande** *a4* self-supporting **-försörjning** self-sufficiency **-förtroende** self-confidence (-reliance) **-förvållad** *a5* self-inflicted **-gjord** self-made **-god** self-righteous **-godhet** self-righteousness **-hjälp** self-help; *hjälp till ~* assistance supplementary to one's own efforts **-hushåll** *ha ~* do one's own housekeeping **-hushållning** economy based on domestic production [of necessities] **-häftande** *a4* [self-] adhesive **-härskare** autocrat **-hävdelse** self-assertion **-hävdelsebegär** urge to assert o.s. **-ironi** irony directed against oneself **-ironisk** ironic at one's own expense **-isk** ['ʃäll-] *a5* selfish, egoistic[al] **-iskhet** ['ʃäll-]selfishness, egoism **-klar** obvious; *det är ~t* it is a matter of course, it goes without saying **-kopierande** *a4* self-copying **-kostnad** prime (production) cost **-kostnadspris** cost price; *till ~* at cost [price] **-kritik** self-criticism **-kritisk** self-critical **-kännedom** self-knowledge **-känsla** self-esteem **-ljud** vowel [sound] **-lockig** naturally curly **-lysande** luminous (*färg* paint) **-länsande** *a4* self-bailing **-lärd** self-taught; *en ~* an autodidact **-mant** [-a:-] *adv* of one's own accord, voluntarily **-medlidande** self-pity **-medvetande** self-consciousness **-medveten** self-conscious(-assured) **-mord**

(*begå* commit) suicide **-mordsförsök** attempted suicide **-mordskandidat** would-be suicide **-mål** *sport.*, *göra* ~ shoot the ball (*etc.*) into one's own goal **-plågeri** self-torture **-porträtt** self-portrait **-rannsakan** self-examination **-registrerande** [-j-] *a4* self-recording **-reglerande** *a4* self-regulating (-adjusting) **-risk** *försäkr.* excess, [deductible] franchise **-rådig** self-willed, wilful **-servering** self-service [restaurant], cafeteria **-skriven** *a3*, *han är* ~ *som ordförande* he is just the man for chairman; *han är* ~ *till platsen* he is sure to get the post **-smörjande** *a4* self-lubricating (*lager* bearing) **-spelande** ~ *piano* pianola **-spricka** *s1* chap; *få -sprickor på händerna* get chapped hands **-start** self-starter **-studium** self-instruction (-tuition), private study **-styre[lse]** self-government, autonomy; *lokal* ~ local [self-]government **-ständig** *a1* independent; self-governed **-ständighet** independence **-ständighetsförklaring** declaration of independence **-suggestion** auto-suggestion

självsvåld self-indulgence; self-will **-ig** *a1* undisciplined; self-willed

själv|svängning self-oscillation **-sådd** *a5* self-sown **-säker** self-confident(-assured) **-tagen** *a5* self-assumed (*makt* power); usurped (*rätt* right) **-tillräcklig** self-sufficient **-tillit** self-reliance **-tryck** gravity **-tvätt** self-service laundry, launderette **-uppoffrande** self-sacrificing **-uppoffring** self-sacrifice **-upptagen** self-centred **-vald** (*-utnämnd*) self-elected; (*frivillig*) self-chosen **-verkande** automatic, self-acting **-verksamhet** self-activity **-ägande** *a4*, ~ *bönder* owner-farmers, freeholders **-ändamål** end in itself **-övervinnelse** self-mastery; *det kostade mig verklig* ~ *att* it was hard to bring myself to

sjätte [ʃ-] sixth **-del** sixth [part]

sjö [ʃö:] *s2* **1** (*in-*) lake; (*hav*) sea; *gå i ~n* (*dränka sig*) drown o.s.; *~n går upp* the ice breaks up; *~n ligger* the lake is coated with ice; *på öppna ~n* on the open sea; *sätta en båt i ~n* put out a boat; *till ~ss* at sea; *gå till ~ss* (*om pers.*) become a sailor, go to sea, (*om fartyg*) put [out] to sea; *till lands och ~ss* on land and sea; *ute till ~ss* in the open sea; *kasta pengarna i ~n* throw money away; *kasta yxan i ~n* throw up the sponge; *regnet bildade ~ar på gatorna* the rain lay in great pools in the streets **2** (*-gång*; *stört-*) sea, wave; *hög* ~ high (heavy) sea; *få en* ~ *över sig* ship a sea; *tåla ~n* stand the sea, be a good sailor **-befäl** ship's officers (*pl*) **-björn** *bildl.* sea-dog, salt **-bod** boat-house **-borre** [-å-] *s2*, *zool.* sea urchin **-buss 1** *se -björn* **2** (*farkost*) ferryboat

sjöd *imperf av sjuda*

sjö|duglig seaworthy **-farande** *a4* seafaring (*folk* nation); *en* ~ a mariner (seafaring man, seafarer) **-fart** (*skeppsfart*) navigation; (*sjöhandel*) shipping [business, trade]; *handel och* ~ commerce (trade) and shipping **-fartsmuseum** maritime (nautical) museum **-fartsstyrelse** Board of Shipping, Shipping Board **-flygplan** seaplane, hydroplane **-folk** (*-män*) seamen **-fågel** aquatic bird, sea-bird(-fowl) **-förklaring** [captain's] protest; *avge* ~ enter (make) a protest **-försvar** naval defence **-försäkring** marine insurance **-gräs** seaweed **-grön** sea-green **-gång** roll[ing], [heavy, high] sea **-hjälte** naval hero **-häst** sea horse **-jungfru** mermaid **-kadett** naval cadet, midshipman **-kapten** [sea-]captain, master mariner **-ko** sea-cow **-kort** [nautical, marine] chart **-krig** naval war[fare] **-krigshögskola** naval staff college **-krigsskola** naval college **-lag** maritime law **-ledes** by water (sea) **-lejon** sea-lion **-lägenhet** *med första* ~ by the first boat **-makt** naval power; (*örlogsflotta*) naval force **-malm** bog-iron ore **-man** sailor, seaman; mariner

sjömans|blus sailor's blouse **-hem** seamen's home

sjömanskap *s7* seamanship

sjömans|kostym sailor-suit **-mission** seamen's mission **-mössa** sailor's cap **-präst** seamen's chaplain **-uttryck** nautical expression **-visa** sailor's song, shanty

sjö|mil nautical mile **-militär I** *a1* naval **II** *s3* naval man **-märke** navigation mark; buoy beacon

sjöng *imperf av sjunga*

sjönk *imperf av sjunka*

sjö|nöd distress **-odjur** sea monster **-officer** naval officer **-olycka** accident at sea **-orm** sea-serpent **-reglering** regulation of water-level in lakes **-resa** [sea-]voyage **-räddning** sea rescue; (*organisation*) lifeboat service (institution), *Am.* coastguard **-räddningsfartyg** rescue launch; life-boat **-rätt** maritime law; (*domstol*) maritime court **-rövare** pirate **-röveri** piracy **-scout** sea scout **-seger** naval victory, victory at sea **-sidan** *från* ~ from the sea[ward side]; *åt* ~ towards the sea **-sjuk** seasick **-sjuka** seasickness **-skadad** *a5* sea-damaged **-skum 1** *eg. bet.* sea-foam **2** *min.* meerschaum **-slag** naval battle, action at sea **-stad** sea port [town] **-stjärna** starfish **-strid** naval encounter **-stridskrafter** naval forces **-stövel** sea boot **-säker** seaworthy **-sätta** launch **-sättning** launch[ing] **-term** nautical term **-tunga** *zool.* sole **-van** ... used (accustomed) to the sea; *bli* ~ (*äv.*) find one's sea-legs **-vana** familiarity with the sea **-vatten** lake-(sea-)water **-väg** sea-route(-way); *ta ~en* go by sea **-värdig** seaworthy **-värnskår** auxiliary naval corps

s.k. *förk. för så kallad* so-called

ska *vard. för skall, se 1 skola*

skabb *s3* [the] itch; scabies; (*hos djur*) mange **-ig** *a1* scabious, scabby; (*föraktligt*) mangy

skabrös *a1* scabrous, indecent, obscene

skad|a I *s1* injury (*på* to); (*förödelse*) damage; (*mots. nytta*) harm, mischief; (*förlust*) loss; ('*synd*') pity; *anställa* ~ cause (do) damage; *avhjälpa en* ~ repair an injury; *av ~n blir man vis* once bitten, twice shy; *bli vis av ~n* learn by painful experience; *det är ingen* ~ *skedd* there is no harm done; *det är någon* ~ *på maskinen* s.th. has gone wrong (there is s.th. the matter) with the machine; *det är* ~ *att* it is a pity that; *det var ~!* what a pity!; *erhålla lindriga* (*svåra*) *-or* be slightly (seriously) injured (hurt); *ta* ~ suffer (*av* from), (*om sak*) be damaged (*av* by); *ta ~n igen* make up for it; *tillfoga*

... ~ inflict damage on ... **II** *v1, pers.* hurt, injure; (*såra*) wound; (*sak*) damage; *abstr.* damage, injure (*ngns rykte* a p.'s reputation); *det ~r inte att försöka* there is no harm in trying; *det skulle inte ~ om* it would do no harm if; *~ sig* be (get) hurt, hurt o.s.; *~ sig i handen* hurt one's hand
skade|anmälan notification of damage **-djur** noxious animal; *koll.* vermin (*pl*) **-ersättning** compensation [for damage], indemnification; indemnity **-glad** spiteful, malicious **-glädje** malicious pleasure, malice **-görelse** [-j-] damage **-insekt** noxious insect **-reglering** settlement [of claims], claims adjustment
skadeslös *hålla ngn ~* indemnify s.b.
skade|stånd *s7* damages (*pl*); *begära ~* claim damages **-ståndsanspråk** compensation claim, claim for damages **-ståndsskyldig** liable to pay damages **-verkan** damage; deleterious effect
skad|lig [ˣska:d-] *a1* injurious, harmful (*för* to); noxious, unwholesome (*mat* food); (*menlig*) detrimental (*för* to); *ha ~ inverkan på* have a detrimental effect on **-skjuta** wound
skaff|a 1 (*an-*) get, procure (*åt* for); (*finna*) find (*arbete* work), furnish (*bevis* proofs); (*förse med*) provide with; (*skicka efter*) send for; (*~ hit*) bring; *~ barn till världen* bring children into the world; *~ ngn bekymmer* cause s.b. anxiety; *~ kunder* attract customers; *~ sig fiender* make enemies; *jag skall ~ pengarna åt dig* I'll find (raise) the money for you; *~ ur världen* do away with; *~ fram* produce; *~ undan* remove, get ... out of the way **2** (*göra*) do; *jag vill inte ha med honom att ~* I don't want to have anything to do with him **3** *sjö.* (*äta*) eat **4** *rfl* procure (*etc.*) ... [for] o.s.; (*köpa*) buy o.s., acquire (*nya kläder* new clothes); make (*vänner* friends); obtain (*upplysningar* information); attain (*kunskaper* knowledge); (*ådraga sig*) contract (*en förkylning* a cold; *skulder* debts); (*förse sig med*) furnish (provide) o.s. with; (*finna*) find (*tillfälle* an opportunity) **-eri** larder, pantry **-ning** *sjö.* (*måltid*) meal; food
ska[f]föttes [ˣska:-, ˣskaff-] *ligga ~* lie head to foot
skaft *s7* **1** (*handtag*) handle; (*på verktyg o.d. äv.*) shaft; (*på stövel, strumpa*) leg; *sätta ~ på* furnish with a handle, fix a handle to **2** *bot.* stalk, stem **3** *bildl., ha huvudet på ~* have one's head screwed on the right way; *med ögonen på ~* with one's eyes starting (popping) out of one's head
Skagen ['ska:-] *n* the Skaw
Skagerack ['ska:-] *n* the Skagerrak
skaka 1 (*försätta i skakning*) shake; (*friare o. bildl.*) agitate (*sinnena* the senses), convulse; *~ hand med* shake hands with; *berättelsen ~de henne djupt* she was deeply shaken by the story; *~ ngt ur ärmen* (*bildl.*) do s.th. off-hand (straight off) **2** (*häftigt röras*) shake (*av* with); (*skälva*) shiver (*av köld* with cold); *fys.* vibrate; (*vagga*) rock; (*om åkdon*) jog, bump (*fram* along); *samhället ~de i sina grundvalar* society was shaken to its [very] foundations; *~ av skratt* shake (rock) with laughter; *~ på huvudet* shake one's head **3** (*med beton. part*) *~ av* [*sig*] shake ... off; *~ om* shake up, stir **-nde** *a4* shaking; (*upp-*) harrowing (*skildring* description)
skak|el ['ska:-, ˣska:-] *s2* shaft; *hoppa över -larna* (*bildl.*) kick over the traces, run riot
skak|is ['ska:-] *oböjl. a, vard., känna sig ~* feel shaky (jittery) **-ning** [-a:-] shake (*på* of); shaking; (*darrning*) trembling; *~ar i motorn* vibrations in the engine
skal *s7* (*hårt ~*) shell; (*skorpa äv.*) crust; (*apelsin-, äppel- etc.*) peel; (*banan-, druv-, potatis-*) skin; (*gurk-, melon-*) rind; (*på ris*) husk; (*avskalat*) peelings, parings (*pl*); *sluta sig inom sitt ~* retire into one's shell
1 skala *v1* [un]shell; (*apelsin, potatis*) peel; (*äpple*) pare; *~ av* peel (*etc.*) off
2 skala *s1, mat., mus.* scale; (*på radio*) dial; *i stor* (*liten*) *~* on a large (small) scale; *en karta i ~ 1:50 000* a map on the scale of 1:50 000; *ordnad efter fallande ~* arranged on a descending scale
skalbagge beetle; *Am. äv.* bug; *vetensk.* coleopter (*pl* coleoptera)
skald *s3* poet **-a** make poetry **-egåva** poetic gift, poetic[al] talent **-ekonst** poetry, poesy **-estycke** poem, piece of poetry **-inna** poetess
skaldjur shellfish, crustacean
1 skalk *s2* (*brödkant*) crust; (*ostkant*) rind
2 skalk *s2* (*skälm*) rogue, wag; *ha en ~ i ögat* have a twinkle in one's eye
skalka *sjö.* batten down (*luckorna* the hatches)
skalk|aktig *a1* roguish, waggish **-aktighet** roguishness *etc.* **-as** *dep* joke, jest
skal|kniv skinning knife **-konstruktion** shell construction (structure)
1 skall *pres av 1 skola*
2 skall *s7* (*hund-*) bark; (*ljud*) clang, ring, ringing; *ge ~* bark **-a 1** (*genljuda*) clang, ring; (*eka*) resound; *ett ~nde skratt* a peal of laughter **2** *sport.* head
skalle *s2* skull; *anat.* cranium; *tekn.* head; *vard.* pate; *dansk ~* butt with the head
skallerorm rattlesnake
skall|gång *s2* chase, search; *gå ~ efter* search for, organize a search for **-gångskedja** searchers (*pl*); *jakt.* beaters (*pl*)
skallig *a1* bald **-het** baldness
skallra I *s1* rattle **II** *v1* rattle; (*klappra*) clatter; (*om tänder*) chatter
skallskada skull-injury
skalm *s2* **1** (*skakel*) shaft **2** *~ar* (*på glasögon*) bows, (*på sax*) scissor-blades
skalmeja [-ˣmejja] *s1* shawn
skalmodell model built to scale, scale model
skalp *s3* scalp
skalpell *s3* scalpel
skalpera scalp, take ...'s scalp
skalv *s7* quake; (*jord-*) earthquake
skalär *a1* scalar (*storhet* quantity)
skalömsning shedding of the shell
skalövning *mus.* scale practice
skam [skamm] *s2* **1** (*blygsel*) shame; (*ngt -ligt*) dishonour; (*skändlighet*) infamy; *~ till sägandes* to my (*etc.*) shame; *fy ~!* shame on you!; *för ~s skull* for very shame; *bita huvudet av ~men* be past (lost to) shame;

nu går ~[men] på torra land that's the last straw **2** (*vanära*) shame; disgrace (*för* for, to); ~ *den som ...!* shame on him that ...!; *det är ingen* ~ there is no disgrace (*att förlora* in losing); *komma på* ~ be frustrated; *få stå där med ~men* be put to shame **-fila 1** *möblerna var ~de* the furniture was the worse for wear; *med ~t rykte* with a tarnished reputation **2** *sjö.* chafe **-fläck** stain, taint; *vara en ~ för* be a disgrace to **-känsla** sense of shame **-lig** *a1* shameful, disgraceful; (*vanhedrande*) dishonourable; *det är verkligen ~t att* it is really disgraceful that **-ligen -ligt** *adv* outrageously **-lös** shameless; (*fräck*) impudent **-löshet** shamelessness; impudence **-påle** pillory; *stå vid ~n* (*bildl.*) be publicly disgraced **-sen** *a3* ashamed (*över* of) *Am. vard.* mean **-senhet** shame **-vrå** *stå i ~n* stand in the corner

skandạl *s3* scandal; *ställa till* ~ cause a scandal, *vard.* kick up a row **-artad** [-a:r-] *a5* scandalous **-hungrig** fond of scandal **-isera** scandalize **-ọs** *a1* scandalous

skander|a scan **-ing** scanning, scansion

skandinạv *s3* Scandinavian **Skandinạvien** *n* Scandinavia **skandinạvis|k** *a5* Scandinavian **-m** Scandinavianism

skandium ['skann-] *s8, kem.* scandium

skank *s2, s1, vard. s3* shank, leg

skans *s2* **1** *mil.* redoubt; (*kastell*) fortlet; *siste man på ~en* (*bildl.*) the last survivor, the last one out **2** *sjö.* forecastle, fo'c'sle

skap|a create, make; (*alstra*) produce; (*framkalla*) cause, give rise to, engender; ~ *förutsättningar för* pave the way for; ~ *sig en förmögenhet* make a fortune; *du är som ~d för uppgiften* you are just the man (*etc.*) for the job; ~ *om sig* transform o.s. (*till* into) **-ande I** *a4* creative (*kostnär* artist); constructive (*sinne* mind); *inte ett ~ grand* not a mortal thing **II** *s6* creation, creating *etc.* **-are** creator **-arförmåga** creative ability **-arglädje** creative joy **-arkraft** creative force **-else** creation; *~n* (*världen*) creation; *~ns krona* the crowning work of creation **-elseberättelse** *~n* the creation story, Genesis **-lig** [-a:-] *a1* passable, tolerable, not too bad **-ligt** [-a:-] *adv*, ~ [*nog*] tolerably well, well enough **-lynne** character, disposition **-nad** *s3* shape, form, figure

skar *imperf av 2 skära*

skar|a *s1* crowd, multitude; *mil.* troop, band (*soldater* of soldiers); *en ~ arbetare* a team (gang) of workmen; *en brokig* ~ a motley crowd; *en utvald* ~ a select group; *samla sig i -or kring* flock round

skarabé *s3* scarab

skare *s2* crust [on the snow]; *~n bär* the snow surface is hard enough to bear

skarp I *a1* (*om kniv, spets, vinkel, sluttning o.d.*) sharp; (*om egg, rakkniv, blåst o.d.*) keen; (*besk*) strong (*smak* taste); *~t angrepp* sharp attack; *~a hugg* (*äv. bildl.*) hard blows; *en ~ intelligens* a keen intelligence, *pers.* a man of keen intelligence; *~a konturer* (*gränser*) distinct (clear-cut) outlines (limits); ~ *kritik* sharp criticism; ~ *köld* piercing cold; *~t ljus* glaring light; ~ *ammunition* live ammunition; *en ~ tunga* a sharp tongue **II** *s2, hugga i på ~en* set to work with a will; *ta itu med ngn på ~en* take s.b. really in hand; *säga till på ~en* give s.b. a ticking-off **-blick** acute perception, penetration **-ladda** load ... with live cartridges **-rättare** executioner **-sill** sprat **-sinne** acumen, penetration, ingenuity; (*klarsyn*) perspicacity **-sinnig** *a1* keen, acute; (*klarsynt*) perspicacious, shrewd **-skjutning** firing with live ammunition **-skuren** *a5, -skurna drag* clear-cut features **-skytt** sharpshooter **-slipa** sharpen, whet; *~d* (*äv.*) sharp-edged **-synt** [-y:-] *a1* sharp-sighted **-sås** *kokk.* sauce piquante **-ögd** *a1, se -synt*

skarsnö crusty snow

1 skarv *s2, zool.* cormorant

2 skarv *s2* (*fog*) joint; (*söm*) seam; (*-bit*) lengthening-piece; *bildl.* interval **-a 1** (*hopfoga*) join; *tekn.* joint, splice; (*förlänga*) lengthen; ~ *till* add, *sömn.* let in **2** (*ljuga*) stretch a point, embroider the truth **-sladd** *elektr.* extension flex (cord) **-yxa** adz[e]

skat|a *s1* magpie **-bo** magpie's nest

skatt *s3* **1** (*klenod*) treasure (*äv. bildl.*) **2** (*t. staten*) tax; (*t. kommun*) local taxes, *Engl.* [town] rate, *Am.* city (municipal) taxes; (*på vissa varor*) duty; *~er* (*allm.*) [rates and] taxes **-a 1** (*betala skatt*) pay taxes (*etc.*); *han ~r för 30 000 om året* he is assessed at 30 000 a year **2** (*plundra*) plunder, rifle; ~ *en bikupa på honung* take honey from a beehive **3** (*upp-*) estimate, value; *min högt ~de vän* my highly esteemed friend **4** (*betala tribut*) pay tribute to; ~ *åt förgängelsen* pay the debt to nature, go the way of all flesh **5** ~ *sig lycklig* count o.s. fortunate (lucky)

skatte|avdrag tax deduction (allowance) **-belopp** amount of tax **-betalare** taxpayer **-börda** tax burden **-flykt** tax evasion **-fri** tax-free; (*om vara*) duty-free, free of duty **-frihet** exemption from taxes **-fusk** tax evasion **-fuskare** tax dodger **-förmåga** tax-paying ability **-höjning** increase in taxation **-inkomst** revenue from taxation **-krona** tax rate; *Engl. ung.* rate poundage **-lagstiftning** fiscal (tax) legislation **-lättnad** tax relief **-medel** tax revenue **-myndighet** tax[ation] authority **-pliktig** (*om pers.*) liable to pay tax[es]; (*om vara etc.*) taxable; ~ *inkomst* taxable (assessable) income **-politik** fiscal policy **-sats** tax rate **-skolk** tax evasion **-sänkning** tax reduction (relief) **-teknisk** fiscal **-termin** tax payment period **-uppbörd** tax collection, collection of taxes **-verk** tax department (division); *Engl. ung.* Board of Inland Revenue **-återbäring** tax refund

skatt|grävare treasure-hunter **-gömma** [treasure] cache **-kammare** treasury **-kammarväxel** treasury bill **-mas** tax collector **-mästare** treasurer **-pliktig** *se skattepliktig* **-sedel** income-tax demand note; *Am.* tax-bill **-skriva** tax **-skyldig** liable to pay tax[es] **-sökare** treasure-hunter

skava *v2* chafe (*äv.* ~ *på*); scrape; gall (*hål på skinnet* one's skin); ~ *hål på* rub a hole in

skavank [-'vaŋk] *s3, s4* flaw, fault; (*krämpa*) ailment

skavsår sore

ske [ʃe:] *v4* happen, occur; (*verkställas*) be done; ~ *Guds vilja!* God's will be done!; *skall ~!* [all] right!; *ingen skada ~dd* no harm done; *allt som händer och ~r* all that is going on; *vad stort ~r det ~r tyst* noble deeds are done in silence
sked [ʃ-] *s2* spoon; *en ...* (*som mått*) a spoonful of ...; *ta ~en i vacker hand* make the best of it
skeda [ʃ-] *fackl.* separate, segregate
sked|and [ʃ-] *zool.* shoveller **-blad** bowl of a spoon **-drag** spoon bait
skede [ʃ-] *s6* phase, period; stage
sked|full spoonful (*soppa* of soup) **-skaft** handle of a spoon
skedvatten [ʃ-] *kem.* nitric acid, aqua fortis
skedvis by the spoonful
skeende [ʃ-] *s6* course of events
skela [ʃ-] squint (*på vänster öga* in the left eye)
skelett *s7* skeleton; *bildl. äv.* framework
skel|ning [ˣʃe:l-] squint **-ögd** *a1* squint-eyed, squinting; *vara ~* (*äv.*) have a squint
skelört [ʃ-] greater celandine
1 sken [ʃ-] *s7* **1** (*ljus*) light; (*starkt äv.*) glare **2** (*falskt yttre*) appearance[s *pl*], semblance, guise; *~et bedrar* appearances are deceptive; *han har ~et emot sig* appearances are against him; *hålla ~et uppe* keep up appearances; *ge sig ~ av att vara* make a show of being; *under ~ av vänskap* under the semblance (cloak) of friendship
2 sken [ʃ-] *n* (*vilt lopp*) bolting; *falla i ~* bolt
3 sken *imperf av skina*
1 skena [ʃ-] *v1* bolt, run away; *en ~nde häst* a runaway horse
2 skena [ʃ-] *s1* bar, band; (*järnvägs-*) rail; *med.* splint
sken|anfall [ʃ-] feigned attack; *mil. äv.* diversion **-bar** *a1* apparent, seeming **-barligen** [-a:-] obviously **-bart** [-a:-] *adv* apparently, seemingly
skenben [ʃ-] *anat.* shin[-bone], tibia
sken|bild [ʃ-] phantom, distorted picture **-död I** *a1* apparently dead **II** *s2* apparent death **-frukt** pseudocarp **-helig** hypocritical, canting **-helighet** hypocrisy, cant **-köp** sham (mock) purchase **-liv** semblance of life **-manöver** diversion, feint
skenskarv *järnv.* rail-joint
skepnad [ˣʃe:p-] *s3* **1** (*gestalt*) figure; shape, guise **2** (*spöke*) phantom
skepp [ʃ-] *s7* **1** (*fartyg*) ship; vessel, craft; *bränna sina ~* (*bildl.*) burn one's boats **2** *arkit.* nave; (*sido-*) aisle **3** *boktr.* galley **-a** ship **-are** master; skipper **-arhistoria** sailor's yarn **-arkrans** Newgate fringe **-ning** shipping, shipment
skepps|brott shipwreck; *lida ~* be shipwrecked **-bruten** shipwrecked; *bildl.* derelict **-byggare** shipbuilder **-byggnad** shipbuilding **-byggnadskonst** shipbuilding engineering, naval architecture **-båt** ship's boat, launch **-dagbok** ship's log[-book] **-docka** dock **-gosse** ship's boy; (*kajutvakt*) cabin-boy **-handlare** marine-store dealer, ship's stores merchant **-katt** ship's cat; (*straffredskap*) cat o'nine tails **-klarerare** shipping agent, shipbroker **-klocka** ship's bell, watch-bell **-kock** ship's cook **-kök** caboose **-last** cargo, shipload **-läkare** ship's doctor **-mask** ship worm **-mäklare** shipbroker **-papper** ship's papers (documents) **-redare** shipowner **-skorpa** ship['s] biscuit **-sättning** *arkeol.* ship tumulus (*pl* ship tumuli) **-varv** shipyard, shipbuilding yard
skep|sis ['skepp-] *s2* **-ticism** scepticism **-tiker** ['skepp-] sceptic **-tisk** ['skepp-] *a5* sceptic[al]
sket [ʃ-] *imperf av skita*
sketch [skettʃ] *s3* sketch
skev [ʃ-] *a1* warped; *bildl.* wry; distorted (*uppfattning om* notion of) **-a 1** (*vara skev*) warp; (*vinda*) squint **2** (*ställa snett*) slope, slant; *flyg.* bank; *~ en åra* feather an oar **-ning** [-e:-] warping; *flyg.* bank[ing] **-ningsroder** aileron **-t** [-e:-] *adv* askew
skick [ʃ-] *s7* **1** (*tillstånd*) condition, state; *i befintligt ~* in condition as presented; *i färdigt ~* in a finished state; *i gott ~* in good condition (repair, order); *i oförändrat ~* unchanged, unaltered; *i oskadat ~* (*hand.*) intact, in good condition; *försätta ... ur stridbart ~* put ... out of action **2** *sätta ngt i ~ igen* put s.th. in order again **3** *se bruk 2, sed* **4** (*uppträdande*) manners (*pl*), behaviour; *är det ~ och fason det?* do you call that good form? **-a 1** (*sända*) send (*efter* for; *med* by; *till* to); dispatch; remit (*pengar* money); *~ polisen på ngn* set the police on [to] s.b.; *vill du ~ mig brödet?* will you pass me the bread, please?; *~ bort* send away, dismiss; *~ i förväg* send ... on before (ahead); *~ hit* send here, send to me (us); *~ med* send [... with him (*etc.*)], (*bifoga*) enclose; *~ omkring* circulate, (*cirkulär*) circularize; *~ tillbaka* send back, return; *~ vidare* send on (forward) **2** *rfl* (*uppföra sig*) behave [o.s.] **-ad** *a5* (*lämpad*) fitted, qualified (*för* for) **-else 1** (*bestämmelse*) decree, ordinance; *ödets ~* [the decree of] Fate, destiny; *genom en försynens ~* by an act of providence, providentially **2** (*skepnad*) apparition **-elsediger** fateful, eventful **-lig** *a1* skilful, clever; good (*i* at); (*duglig*) able, capable; (*händig*) dexterous; *en ~ arbetare* an able (a capable) workman **-lighet** skill, skilfulness, cleverness; ability, capability; dexterity
1 skida [ʃ-] *s1* **1** *bot.* siliqua **2** (*slida*) sheath, scabbard; *sticka svärdet i ~n* sheathe one's sword
2 skid|a [ʃ-] *s1* (*snö-*) ski; *åka -or* ski, go skiing **-backe** ski slope **-bindning** ski binding (strap) **-byxor** ski[ing] trousers **-dräkt** ski[ing] suit **-färd** skiing tour **-före** *bra ~* good skiing surface **-lift** ski-lift **-löpare** skier **-pjäxa** ski[ing] boot **-spets** ski-tip **-sport** skiing **-spår** ski-track **-stav** ski stick **-terräng** skiing country **-tävling** skiing competition, ski-race **-utrustning** skiing equipment (outfit) **-åkare** skier **-åkning** skiing
skiffer ['ʃiff-] *s2* slate; (*ler-*) shale; (*som vara*) slating; *täcka med ~* slate **-olja** shale (schist) oil **-grå** slate-gray **-tak** slate-roof, slated roof
skiffrig [ˣʃiff-] *a1* slaty
skift [ʃ-] *s7* (*arbetsomgång*) shift, turn; (*arbetslag*) shift, gang; *i ~* in shifts **-a 1** (*fördela*) divide (*arv* an inheritance); *~ boet* dis-

tribute the estate **2** (*utbyta*) exchange (*hugg* blows); (*byta*) change; ~ *gestalt* shift form; ~ *ord med* bandy (exchange) words with **3** (*förändra sig*) shift, change; (*omväxla* [*med varandra*]) alternate; ~ *i grönt* be shot (tinged) with green **-ande** *a4* changing, varied; eventful (*liv* life); *med ~ innehåll* with a varied content **-arbete** shift work **-e** *s6* **1** (*fördelning*) distribution, division (*av arv* of an inheritance) **2** (*jorddelning*) parcelling[-out]; (*jordområde*) parcel, field **3** (*växling*) vicissitude; (*ombyte*) change, turn; *i livets alla ~n* in the ups and downs of life **-esbruk** rotation farming **-esrik** eventful, chequered **-esvis** by turns, alternately **-ning 1** (*förändring*) change; (*nyans*) nuance, shade, tinge; *inte en ~ i hans ansiktsuttryck* not the slightest change in his expression; *med en ~ i grönt* with a tinge of green **-nyckel** [adjustable] spanner; *Am.* [monkey] wrench

skikt [ʃ-] *s7* layer; (*tunt*) film; *geol.* stratum (*pl* strata); *bildl.* layer, stratum **-a** stratify

skild [ʃ-] *a1* **1** (*olika*) separate; different, divers; *vitt ~a intressen* widely differing interests; *gå ~a vägar* (*bildl.*) go separate ways **2** (*från-*) divorced

skildr|a [ʃ-] describe, depict; (*förlopp*) relate **-ing** description; relation, account

skilj|a *v2* **1** (*från-*) separate, part (*från* from); (*hugga av*) sever (*huvudet från bålen* the head from the body); (*sortera*) sort out (*renar* reindeer); ~ *agnarna från vetet* sift the wheat from the chaff; ~ *ngn från ett ämbete* dismiss s.b. from his office **2** (*åt-*) divide; (*ngt sammanhörande*) disunite, disconnect; *pers. äv.* separate, part; divorce (*äkta makar* married people) **3** ~ *mellan* (*på*) distinguish between; ~ *mellan höger och vänster* know the difference between right and left; *jag kan inte ~ dem från varandra* I cannot tell them apart **4** *rfl* part (*från* with); ~ *sig* divorce (*från sin make* one's husband); ~ *sig från mängden* stand out in a crowd; ~ *sig med heder från sin uppgift* acquit o.s. creditably of one's task **-aktig** *a1* different; ~ *mening* divergent opinion **-aktighet** difference; disparity (*i åsikter* of opinions) **-as** *v2, dep* part (*från* from, with); (*om äkta makar*) divorce, be divorced; *här skils våra vägar* this is where our ways part **-bar** *a1* separable

skilje|dom *s2* arbitration; award **-domare** arbitrator **-domsförfarande** arbitral (arbitration) procedure **-domstol** court of arbitration; *Internationella ~en i Haag* the Hague Tribunal **-mur** partition[-wall]; barrier (*äv. bildl.*) **-mynt** change, [small] coin **-nämnd** arbitration board **-tecken** *språkv.* punctuation mark **-väg** cross-road; *vid ~en* at the cross-roads (*pl*)

skillingtryck [ʃ-] chapbook

skillnad [ʃ-] *s3* difference (*i* in; *på* between); (*avvikelse*) distinction, divergence; *det är det som gör ~en* that's what makes all the difference; *göra ~ på ...* make a distinction between ..., treat ... differently; *till ~ från* in contrast to, unlike

skilsmässa [ʃ-] **1** (*äktenskapsskillnad*) divorce; *ta ut ~* sue (apply) for a divorce **2** (*uppbrott*) separation; parting (*från* with); *kyrkans ~ från staten* the disestablishment of the Church

skilsmässo|ansökan petition for divorce **-barn** child of divorced parents **-orsak** grounds (*pl*) for divorce **-process** divorce suit (proceedings *pl*)

skiltvakt [ʃ-] *s3* sentry

skimmel ['ʃimm-] *s2* roan

skim|mer ['ʃimm-] *s7* shimmer, gleam; (*glans*) lustre; *sprida ett löjets ~ över* throw an air of ridicule over **-ra** shimmer, gleam

skin|a *sken -it* shine; (*stråla*) beam; *solen -er* the sun is shining; ~ *av välmåga* glow with well-being; ~ *igenom* show through; *han sken upp* he brightened up; *han är ett klart ~nde ljus* he is a shining light

skingr|a [ʃ-] disperse; scatter; (*förjaga*) dispel; ~ *ngns bekymmer* banish (drive away) a p.'s cares; ~ *tankarna* divert one's mind (thoughts); ~ *ngns tvivel* dispel a p.'s doubts **-as** *dep* disperse, be dispersed (scattered); *folkmassan ~des* the crowd dispersed **-ingsförbud** *jur.* injunction against alienation (sale) of property

skinit *sup av skina*

skinka [ʃ-] *s1*, **1** (*rimmad*) ham; (*färsk*) pork; *bräckt ~* fried ham; *kokt ~* ham **2** (*kroppsdel*) buttock

skinn [ʃ-] *s7* **1** (*hud*) skin; (*päls*) fur, pelt; (*fäll*) fell; (*läder*) leather; *hudar och ~* hides and skins; *kylan biter i ~et* the cold is biting (piercing); *inte sälja ~et förrän björnen är skjuten* don't count your chickens before they are hatched; *Gyllene ~et* the Golden Fleece; *ha ~ på näsan* (*bildl.*) have a will (mind) of one's own; *hålla sig i ~et* (*bildl.*) control o.s., keep within bounds, behave o.s.; *vara bara ~ och ben* be nothing but skin and bone **2** (*på mjölk e.d.*) film, skin **-a** *bildl.* skin, fleece (*ngn på* s.b. of) **-band** leather-binding; [*bunden*] *i ~* leather-bound **-beredning** dressing of fur skins **-byxor** leather breeches **-fodrad** [-ɷ:-] *a5* lined with leather **-jacka** leather-jacket **-klädd** leather-covered **-knutte** *s2* rocker, leather-jacket **-krage** fur collar **-mössa** leather cap **--och benfri** skinned and boned (*ansjovis* anchovy) **-rygg** *bokb.* leather back **-soffa** leather-covered sofa **-torr** skinny, dry as a bone **-varor** skins, furs, leather articles

skioptikon [ski'åpp-, ʃi-] *s7* sciopticon, slide projector; magic lantern **-bild** slide

skipa [ʃ-] ~ *rättvisa* do justice; ~ *lag och rätt* administer justice

skir [ʃ-] *a1* **1** (*florstunn*) gossamer; *bildl.* ethereal **2** (*klar*) clear (*honung* honey) **-a** melt (*smör* butter)

skiss *s3* sketch, outline (*till* of) **-artad** [-a:r-] *a5* sketchy **-block** sketch-block **-bok** sketch-book **-era** sketch [out], draw up outline

skit [ʃ-] *s2, vard.* shit **-a** [ʃ-] *sket -it, vard.* shit; *det skall du ~ i* (*bildl.*) that's none of your bloody business; *det -er jag i* to hell with it **-it** *sup av skita*

skiv|a [ʃ-] **I** *s1* **1** plate, slab; (*rund*) disc, disk; (*bords- etc.*) top; (*tunt lager*) flake, lamina

2 (*grammofon-*) record; (*skuren* ~) slice; *spela in en* ~ cut a record, make a gramophone recording 3 (*fest*) party 4 *klara ~n* (*bildl.*) manage it (the job), bring it off II *v1* slice, cut ... in slices **-broms** disc brake **-bytare** record changer **-formig** [-å-] *a1* disc-shaped **-ling** [-i:v-] *bot.* agaric **-minne** *databeh.* disc (jukebox) memory **-pratare** disc jockey **-rem** pulley belt **-samlare** discophile **-samling** collection of records **-spelare** record player **-stång** disc bar **-tallrik** (*på grammofon*) turntable

skjort|a [ˣʃɷ:r-, ˣʃɷrr-] *s1* shirt **-blus** shirt blouse **-bröst** shirt-front **-linning** neckband **-ärm** shirt-sleeve; *gå i ~arna* be in one's shirt-sleeves; *kavla upp ~arna* roll up one's sleeves

skjul [ʃu:l] *s7* shed, hovel

skjut|a *sköt -it* 1 (*med -vapen*) shoot; (*avlossa*) fire (*ett skott* a shot); ~ *bra* shoot well, be a good shot; ~ *skarpt* shoot with live cartridges; ~ *efter* shoot at; ~ *till måls* practise target-shooting; ~ *över målet* overshoot the mark; ~ *på* (*uppskjuta*) put off, postpone; *hennes ögon sköt blixtar* her eyes flashed 2 (*förflytta*) push, shove, move (*undan* away); (*i bollspel*) shoot (*i mål* a goal); ~ *en båt i sjön* launch a boat 3 ~ *knopp* bud; ~ *skott* sprout; ~ *som svampar ur jorden* spring up like mushrooms; ~ *i höjden a*) (*växa*) shoot up, grow tall, *b*) (*om priser*) soar [up] 4 (*med beton. part.*) ~ *fram* push (move) forward, (*om föremål*) project, stand out, (*ila*) dash (dart) forward; ~ *för* push to (shoot) (*en regel* a bolt); ~ *ifrån* push (shove) off; ~ *ifrån sig* push (shove) away, *bildl.* shift off; ~ *igen* shut, close; ~ ... *ihjäl* shoot ... dead; ~ *in sig* (*med -vapen*) find the range; ~ *ner* push down, lower, (*döda*) shoot ... down, (*flygplan*) shoot (bring) down; ~ *på* push; ~ *till a*) *se* ~ *igen*, *b*) (*bidraga med*) contribute; ~ *upp* (*om växter*) shoot up, *bildl.* put off, postpone; ~ *ut* push (shove) out, (*båt*) launch, (*om föremål*) project, protrude **-bana** shooting-range; *mil.* rifle-range **-bar** *a1* sliding **-dörr** sliding-door **-fält** range **-fönster** sash-(sliding-)window **-it** *sup av skjuta* **-järn** gun **-järnsjournalistik** hard-hitting journalism, rapid-fire interviewing **-lucka** sliding-shutter **-läge** shooting position **-mått** vernier callipers **-ning** [-u:-] shooting, firing; *mil.* fire

skjuts [ʃu(t)ss] *s2* 1 (*-ning*) conveyance; *få* ~ get a lift; *ge ngn* ~ give s.b. a lift 2 (*förspänt åkdon*) [horse and] carriage **-a** drive, take **-håll** stage; (*-station*) relay, station **-häst** post-horse

skjut|skicklighet marksmanship, skill in shooting **-tävling** shooting competition (match) **-vapen** firearm **-övning** shooting practice

skjuv|a [ˣʃu:-] *tekn.* shear **-ning** [-u:-] shearing

sko I *s5* shoe; (*grövre*) boot; *det är där ~n klämmer* (*bildl.*) that is where the shoe pinches II *v4* 1 (*häst*) shoe 2 (*med beslag*) mount; (*kanta*) line 3 *rfl* line one's pocket (*på ngns bekostnad* at a p.'s expense) **-affär** shoe shop **-block** shoe-tree **-borste** shoe-brush **-borstning** [-å-] shoe-cleaning; *Am* shoe-shining

skock [-å-] *s2* crowd, herd **-a** *rfl* crowd (cluster) [together], gather together; (*om djur äv.*) flock [together]

sko|dd *a5* shod; (*kantad*) lined **-don** shoes (*pl*); footwear (*sg*) **-fabrik** shoe factory

skog *s2* wood[s *pl*]; (*större*) forest; *plantera* ~ afforest; ~ *på rot* standing forest (timber); *fälla* ~ cut (fell) timber (trees); *det går åt ~en* it is all going wrong (to pieces); *i* ~ *och mark* in woods and fields, (*friare*) in the countryside, out in the country; *dra åt ~en!* go to blazes!, (*starkare*) go to hell!; *inte se ~en för bara trän* not see the wood for the trees **-bevuxen** wooded, forested, forest-clad **-fattig** poorly wooded **-ig** *a1* wooded, woody **-lig** [-ɷ:-] *a1* forestry, silvicultural **-rik** well-wooded(-forested), rich in forests (woods)

skogs|arbetare wood[s]man, lumberjack **-areal** forest[ed] area **-avverkning** felling; *Am.* logging, lumbering **-backe** wooded hillside **-brand** forest fire; *fara för* ~ danger of forest fire **-bruk** forestry, silviculture **-bryn** edge of a (the) wood **-bygd** woodland **-bälte** forest belt **-dunge** grove; (*mindre*) copse **-duva** stock dove **-forskning** forestry research **-fågel** forest bird; *koll.* grouse, black game **-gud** silvan god, faun **-hantering** forestry, forest management **-huggare** wood-cutter; *Am.* lumberman, lumberjack **-högskola** college of forestry **-industri** forest industry **-mark** wooded ground **-mus** field mouse **-nymf** wood-nymph, dryad **-plantering** afforestation **-rå** wood-spirit **-skövling** deforestation, devastation of forests **-stig** forest path **-stjärna** *bot.* chickweed wintergreen **-trakt** woodland, lumberland, wooded region **-troll** woodland troll **-viol** common violet **-vård** forestry, silviculture **-vårdsstyrelse** county (regional) forestry board **-väg** forest road **-äng** woodland meadow

skogvaktar|boställe forester's house **-e** forester, game (forest) keeper; *Am.* [forest] ranger

sko|handlare shoe (footwear) dealer **-horn** shoehorn **-hylla** shoe-rack **-industri** footwear industry

skoj [skåjj] *s7* 1 (*skämt*) joke, jest; (*fuffens*) frolic, lark; *göra ngt för ~s skull* do s.th. for the fun of it; *på* ~ for fun; *göra* ~ *av ngn* make fun of (poke fun at) s.b. 2 (*bedrägeri*) fraud, swindle, racket **-a** 1 (*skämta*) joke, jest, lark; ~ *med ngn* pull a p.'s leg 2 (*bedraga*) swindle, cheat **-are** 1 (*skämtare*) joker, jester; (*kanalje*) scamp 2 (*bedragare*) cheat, fraud; *Am.* racketeer **-arfirma** swindling (bogus) firm **-frisk** mischievous, ... full of fun **-ig** *a1* funny; *jfr lustig*

sko|kartong shoe-box **-kräm** shoe polish (cream)

1 **skola** *skulle -t, pres skall* I *inf skola*; *sup skolat*; *han sade sig ~ bli glad om* he said that he would be glad if; *de lär ~ resa i morgon* they are said to be leaving tomorrow; *han lär ~ komma* it is thought he will come; *han hade ~t* (*bort*) *inställa sig inför rätta i går* he should have appeared

in court yesterday **II** *pres skall, vard. ska*; *imperf skulle* **1** (*ren framtid*) *pres* shall (*1:a pers*), will (*2:a o. 3:e pers*), *imperf, äv. konditionalis* should *resp.* would; *vad skall det bli av henne?* what will become of her?; *du skall få dina pengar tillbaka* you will get your money back; *jag skall aldrig glömma honom* I shall never forget him; *han och jag skall gå och bada* he and I are going swimming; *jag skall gärna hjälpa dig* I shall be pleased to help you; *han skall resa nästa vecka* he will leave (is leaving) next week; *det går nog bra skall du se* that will be all right, you'll see; *som vi snart skall få se* as we shall soon see; *vi skall träffas i morgon* we shall meet tomorrow; *jag var säker på att jag inte skulle glömma det* I was sure I should not forget it; *jag skulle gärna hjälpa dig om jag kunde* I should be pleased to help you if I could; *jag skulle ha hunnit om jag hade givit mig av genast* I should have been in time if I had started at once; *vad skulle hända om vi blev upptäckta* what would happen if we were found out; *han trodde inte att jag skulle lyckas* he didn't think I should succeed; *skulle han känna igen henne nu om han såg henne?* would he recognize her now if he saw her?; *i ditt ställe skulle jag ha stannat hemma* in your place I should have stayed at home; *det skulle jag inte tro* I shouldn't think so; *jag frågade om han skulle vara närvarande* I asked if he would be present; *de visste att de alltid skulle vara välkomna* they knew they would always be welcome; *skulle du vilja ha en kopp kaffe?* would you like a cup of coffee?; *jag skulle vilja visa dig* I should (would) like to show you **2** (*om ngt nära förestående el. avsett*) *pres* am (*etc.*) going to; am (*etc.*) + *ing-form*; *imperf* was (*etc.*) going to, was (*etc.*) + *ing-form*; *vi skall börja snart* we are going to start (are starting) soon; *jag skall gå och bada i eftermiddag* I am going swimming (to swim) this afternoon; *just som tåget skulle gå* just as the train was going to leave (was leaving); *han skulle just resa när jag kom* he was about to leave when I arrived; *hon sade att hon skulle resa till Paris* she said she was going to Paris; *vi skulle just sätta oss till bords* we were just going to sit down to dinner (lunch *etc.*) **3** (*egen vilja*) will *resp.* would; (*annans vilja*) shall *resp.* should; (*efter tell, want m.fl.*) *inf-konstr.*; *jag skulle hellre dö än* I would rather die than; *vi skall väl fara, eller hur?* we will go, won't we?; *jag skulle ge vad som helst för att få se* I would give anything to see; *jag skall göra det åt dig* I will do it for you; *jag lovade ju att jag skulle göra det* I did promise that I would do it; *vad skall du med alla pennorna till?* what do you want with all those pens?; *jag skall ta med mig några skivor* I will bring some records; *jag skulle önska jag var död!* I would I were dead!; *du skall få så många du vill* you shall have as many as you want; *vad skall det här föreställa?* what is this supposed to be?; *skall vi gå på bio?* what about going (shall we go) to the cinema?; *vad vill du att jag skall göra?* what do you want me to do?; *de vill att vi skall komma* they want us to come; *de bad oss att vi skulle komma* they asked us to come; *du skall rätta dig efter vad jag säger* you are to do as I tell you; *det skall han få sota för* he shall smart (pay) for that; *du skall icke stjäla* (*bibl.*) thou shalt not steal; *han frågar om han skall ta sin bror med* he asks if he shall (should) bring his brother; *jag skulle inte få tala om det för dig* I was not supposed to tell you; *vad skall det tjäna till?* what is the use of that?; *jag vet inte vad jag skall tro* I don't know what to think; *jag lovar att det inte skall upprepas* I promise that it shall not happen again; *han gör det för att det skall så vara* he does it because that's how it is supposed to be; *skall det vara så skall det vara* one may as well do the thing properly or not at all; *skall jag öppna fönstret?* shall I open the window? **4** (*förutbestämt*) *pres* am (*etc.*) to; *imperf* was (*etc.*) to; *han skulle bli borta i många år* he was to be away for many years; *planet skall komma kl. 6* the plane is due at 6; *när skall jag vara tillbaka?* when am I to be back?; *de skulle aldrig återse varandra* they were never to see each other again **5** (*pres bör, imperf borde*) should, ought to; (*måste*) must, have (*imperf* had) [got] to; *du skulle gå på den utställningen* you should go to that exhibition; *du skulle ha sett honom* you should have seen him; *jag vet inte vad jag skall ta mig till* I don't know what to do; *du skall inte tala illa om honom* you should not speak ill of him; *jag skulle ha varit försiktigare* I should (ought to) have been more careful; *vi skall alla dö* we must all die; *jag skall gå nu* (*jfr II 1, 2 o. 3*) I must go now; *du skall inte hålla boken för nära ögonen* you must not hold the book too close to your eyes; *att ni alltid skall gräla!* why must you always quarrel!; *naturligtvis skulle det hända just mig* of course it would happen to me of all people; *han skall då alltid klaga* he is always complaining, he must always complain; *det skall vara en läkare som skall kunna se det* it needs a doctor to (only a doctor can) see that **6** (*sägs, lär*) *pres* am (*etc.*) said to; *imperf* was (*etc.*) said to; *skulle det verkligen förhålla sig så?* I wonder if that is really the case?; *det skall vara ett bra märke* it is said to be a good make; *han skall vara mycket rik* he is supposed to be very rich; *det sägs att han skall vara rik* they say he is rich **7** (*retoriskt*) should; *varför skulle någon frukta honom?* why should anybody be afraid of him?; *vem skulle han träffa på om inte sin egen syster?* whom should he meet but his own sister?; *hur skall jag kunna veta det?* how should I know? **8** (*i vissa bisatser*) should; *att det skulle gå därhän!* that it should have come to this!; *om vi skulle missa tåget får vi ta taxi* if we should (were to) miss the train we must take a taxi; *om han skall kunna räddas måste något göras snart* if he is to be saved something must be done soon; *de gick närmare så att de skulle se bättre* they went closer so that they should see better; *om vi skulle ta en promenad?* what (how) about going for a walk?; *det är synd att det skall vara så kallt* it is a pity that it should be so cold; *jag är ledsen att det skall vara nödvändigt* I am sorry that this should be necessary; *hon gick tyst så att hon inte skulle väcka honom* she walked quietly so that she should (might) not wake him **9** (*annan konstr.*) *vad skall det betyda?* what is the meaning of that?; *vi väntade på att någon skulle komma* we were waiting for s.b. to come; *det är för kallt för att någon skall kunna gå ut* it is too cold for anyone to go out; *det var för dåligt väder för att tävlingen skulle kunna äga rum* the weather was too bad for the race to take place; *vad skall jag med det till?* what am I to do with that?; *det skall du säga som aldrig har försökt!* that's easy for you to say who have never tried!; *jag längtar efter att dagen skall ta slut* I am longing for the day to come to an end; *han skall naturligtvis tränga sig före!* of course, he would push in front!; *du skulle bara våga!* just you dare! **10** (*med beton. part.*) *jag skall av här* I'm getting (*t. konduktör:* I want to get) off here; *jag skall bort* (*hem, ut*) I'm going out (home, out); *jag skall in på posten* I'm going to call in at the post-office; *jag skall iväg nu* I must be off (be going) now; *det skall mycket till för att hon skall ändra på sig* it takes a lot to make her change; *det skall så litet till för att glädja henne* it takes so little to make her happy

2 skol|a I *s1* school; *~n* (*undervisningen*) school, (*-byggnaden*) the school; *gå i ~n* go to school; *vara i ~n* be in (at) school; *sluta ~n* leave school; *när ~n slutar* (*för dagen*) when school is over for the day, (*för terminen*) when school breaks up; *bilda ~* found a school; *den högre ~n* (*ridk.*) haute école; *ta sin mats ur ~n* back out **II** *v1* school, teach, train **-ad** *a5* trained, educated; cultivated (*röst* voice) **-arbete** schoolwork

skolasti|k *s3* scholasticism **-ker** [-'lass-] scholastic **-sk** [-'lass-] *a5* scholastic

skolat *sup av 1 skola*

skol|atlas school atlas **-avgift** school fees (*pl*) **-avslutning** breaking-up; *Am.* commencement **-barn** schoolchild **-bespisning** school meal service **-betyg** school report **-bildning** schooling, education **-bok** school-book, textbook **-bänk** desk; *sitta på ~en* (*bildl.*) be at school **-direktion** local education authority **-exempel** object lesson, typical example **-fartyg** training ship **-ferier** [school] holidays (vacation *sg*) **-flicka** schoolgirl **-flygning** training flight **-flygplan** trainer, training aircraft **-frukost** school lunch **-fröken** schoolmistress **-gång** *s2* school-attendance, schooling **-gård** playground, school yard

skolk [-å-] *s7* truancy, non-attendance **-a** shirk; *skol.* play truant (*vard.* hookey)

skol|kamrat schoolfellow, schoolmate; (*vän*) school-friend; *vi var ~er* we were at school together **-kunskaper** knowledge (*sg*) acquired at school; schooling (*sg*) **-kök** (*ämne*) domestic science; (*lokal*) school kitchen **-skökslärarinna** domestic science teacher; *Am.* home economics teacher

skolla [-å-] *s1* scale, lamina

skol|ljus shining light at school **-lov** [-å:v] *s7* holiday[s *pl*] **-lovskoloni** holiday-camp **-läkare** school doctor **-lärare** schoolmaster, school-teacher **-lärarinna** schoolmistress, school-teacher **-materiel** school materials (supplies) **-mogen** ready to start school **-mognadsprov** test of readiness for school attendance **-måltid** *fria ~er* free meals at school **-ning** [-ɷ:-] training, schooling, education **-plikt** compulsory school attendance **-pliktig** ... of school age **-pojke** schoolboy **-radio** school radio; broadcasting for schools **-reform** school (educational) reform **-ridning** manège riding, haute école **-ryttare** equestrian, manège-rider **-sal** classroom **-sjuk** *vara ~* feign illness to avoid going to school **-skepp** training ship **-skrivning** written test **-sköterska** school-nurse **-styrelse** local education board **-tandvård** school dental service **-tid** (*tid på dagen*) schoolhours (*pl*); (*period då man går i -an*) school-days (*pl*) **-underbyggnad** [educational] grounding **-undervisning** school teaching, schooling **-ungdom** school children (*pl*) **-väg** way to school **-vägran** refusal to attend school **-väsen** educational system **-väska** schoolbag, satchel **-ålder** school age **-år** school year; (*-tid*) school-days (*pl*) **-överstyrelse** *~n* the Board of Education

skomak|are shoemaker; shoe-repairer **-eri** shoemaker's workshop

skona spare; *~ ögonen* save one's eyes; *~ sin hälsa* take care of one's health; *~ sig* spare o.s.

skon|are *s9* **-ert** [-'närrt, 'skɷ:-] *s3, pl äv. -ertar* ['skɷ:-] *sjö.* schooner

skoning (*doppsko*) ferrule; (*fåll*) false hem

skon|ingslös unsparing; merciless **-sam** *a1* (*mild*) lenient; (*överseende*) indulgent; (*fördragsam*) forebearing **-samhet** leniency; indulgence; forbearance

skonummer size in shoes

skopa *s1* scoop, dipper; *sjö.* bailer; (*på grävmaskin e.d.*) bucket, ladle; *en ~ ovett* a good telling-off

skopolamin *s3, kem.* scopolamine

sko|putsare shoeblack; *Am.* shoeshine [boy] **-putsning** cleaning (polishing) of shoes; *Am.* shoeshining **-reparation** shoe repair **-rem** shoe-lace

skorpa [-å-] *s1* **1** (*hårdnad yta*) crust; (*sår-*) scab **2** (*bakverk*) rusk

skorpion [-å-'ɷ:n] *s3* scorpion

skorpsmulor *pl* golden breadcrumbs

skorr|a [-å-] **1** (*rulla på r-et*) speak with a burr, burr **2** (*låta illa*) grate, jar **-ande** *a4* burred (*r* r) **-ning 1** burr **2** jarring sound

skorsten [ˣskårr-] *s2* chimney; (*på fartyg, lok*) funnel; (*fabriks-*) smoke-stack

skorstens|eld chimney fire **-fejare** chimney-sweep **-pipa** chimney-pot

1 skorv [-å-] *s2* (*gammalt fartyg*) old tub

2 skorv [-å-] *s2, med., bot.* scurf **-ig** *a1* scurfy

sko|skav *s7, ej pl* chafed feet (*pl*) **-smörja** *se -kräm* **-snöre** shoe-lace(-string) **-spänne** shoe-buckle **-sula** sole [of a shoe] **-svärta** shoe-blacking

skot *s7, sjö.* sheet **-a** sheet (*hem* home)
skoter ['skɷ:-] *s2* [motor] scooter
skotillverkning shoe manufacture
skotsk [-å-] *a1* Scotch; (*i Skottl.*) Scottish, Scots; *S~a högländerna* the [Scottish] Highlands **-a** *s1* **1** (*språk*) Scotch, Scottish; (*i Skottl.*) Scots **2** (*kvinna*) Scotchwoman, Scotswoman
skott [-å-] *s7* **1** (*gevärs- etc.; sport.*) shot; (*laddning*) charge; *ett ~ föll* a shot was fired; *jag kommer som ett ~* I'll come like a shot **2** *bot.* shoot, sprout; *skjuta ~* sprout **3** *sjö.* bulkhead; *vattentätt ~* watertight bulkhead
skotta [-å-] shovel (*snö* away the snow); *~ igen* fill in (*en grav* a grave)
skottavla target; *vara ~ för* (*bildl.*) be the butt of
skottdag [-å-] leap-day, intercalary day
skott|e [-å-] *s2* **1** Scotchman; (*i Skottl.*) Scot, Scotsman; *-arna* (*koll.*) the Scotch (Scots) **2** (*hund*) Scottish terrier
skott|fri **1** *se -säker* **2** (*obeskjuten*) shot-free; *gå ~* (*bildl.*) go scot-free **-fält** field of fire **-glugg** loop-hole; (*för kanon*) embrasure; *komma i ~en* (*bildl.*) come under fire **-hål** bullet-hole **-håll** range; *inom* (*utom*) *~* within (out of) range (*för* of) **-kärra** wheel-barrow
Skottland ['skått-] *n* Scotland
skott|linje line of fire **-lossning** firing, discharge **-pengar** bounty (*sg*) **-rädd** gun-shy **-salva** round, volley **-skada** (*på sak*) damage caused by gunshot; *jfr -sår* **-spole** shuttle **-sår** gunshot wound **-säker** bullet-proof **-tavla** *se skottavla* **-vidd** range of fire **-växling** exchange of shots; (*-lossning*) firing, shooting **-år** leap-year
skov|el ['skåvv-, 'skå:-] *s2* **1** (*redskap*) shovel, scoop **2** (*på vattenhjul, mudderverk etc.*) bucket; (*på ångturbin*) blade **-elhjul** paddle-wheel; (*på ångturbin*) blade-wheel **-la** shovel
skraffera *graf.* hatch
skraj [-ajj] *a1, vard., vara ~* have the wind up, be in a [blue] funk (*för* about), *Am.* have the jitters
skrake *s2, zool.* merganser
skral *a1* **1** (*underhaltig*) poor, inferior; (*krasslig*) poorly, seedy; *Am. vard.* mean **2** *sjö., vinden är ~* the wind is light (scant) **-t** [-a:-] *adv* badly **-tig** [ˣskrall-] *a1, se skral 1*
skram|la **I** *s1* rattle **II** *v1* rattle, clatter **-mel** ['skramm-] *s7* (*-lande*) rattling *etc.*; (*ett ~*) rattle, clatter, clank
skranglig *a1* **1** (*gänglig*) lank; (*om pers. äv.*) loose-limbed **2** (*ranglig*) rickety (*stege* ladder)
skrank *s7* barrier, railing; (*domstols-*) bar **-a** *s1* barrier; *-or* (*bildl.*) limits, restraints, bounds; *sociala -or* social barriers
skrap *s7, se -ning* **-a** **I** *s1* **1** (*redskap*) scraper, rake **2** (*skråma*) scratch **3** (*tillrättavisning*) scolding; *få en ordentlig ~* get a good rating **II** *v1* scrape; (*om katt, penna*) scratch; *~ med fötterna* scrape one's feet, (*om häst e.d.*) paw [the ground]; *~ ihop pengar* scrape together money; *~ sig på knät* graze [the skin off] one's knee **-ning** [-a:-] **1** scraping *etc.*; (*en ~*) scrape **2** *med.* curettage **-nos** (*spel*) spillikins (*pl*)
skratt *s7* laughter; (*ett ~*) laugh; *brista i ~* burst out laughing; *vara full av* (*i*) *~* be bursting (ready to burst) with laughter; *få sig ett gott ~* have a good laugh; *ett gott ~ förlänger livet* mirth prolongeth life and causeth health **-a** laugh (*åt* at); *det är ingenting att ~ åt* it is no laughing matter; *~ ngn rakt upp i ansiktet* laugh in a p.'s face; *~r bäst som ~r sist* he who laughs last laughs longest; *~ till* give a laugh; *~ ut a*) (*förlöjliga*) laugh at, turn ... to ridicule, *b*) (*~ ordentligt*) have a good laugh; *~ sig fördärvad åt* split one's sides laughing at **-are** laugher; *få -arna på sin sida* have the laugh on one's side **-grop** dimple **-muskel** risible muscle **-mås** black-headed gull **-paroxysm** fit of laughter **-retande** *a4* laughable, droll; (*löjlig*) ridiculous **-salva** burst (roar) of laughter
1 skred *imperf av skrida*
2 skred *s7* [land]slide, [land]slip
skrek *imperf av skrika*
1 skrev *imperf av skriva*
2 skrev *s7* crutch, crotch
1 skreva *s1* crevice, cleft
2 skreva *v1, ~ med benen* straddle
skri *s6, s7* **1** scream, yell, shriek; (*rop*) cry **2** (*djur-*) shriek; (*ugglas*) hoot **-a** scream *etc.*; cry out **-ande** *a4* crying (*nöd* need); flagrant (*orättvisa* injustice); glaring (*missbruk* abuse)
skribent writer; author
skrid|a *skred -it* (*röra sig framåt*) advance [slowly], proceed; (*med stora steg*) stride; (*glida*) glide; *arbetet -er framåt* the work advances; *~ till huvudförhandling* (*jur.*) open the hearing; *~ till verket* set (go) to work **-it** *sup av skrida*
skridsko ['skrisskɷ] *s5* skate; *åka ~r* skate, go skating **-bana** skating-rink **-is** ice for skating **-prinsessa** girl figure-skater **-segel** skating sail, hand-sail **-tävling** skating competition **-åkare** skater **-åkning** skating
1 skrift *s3* **1** (*skrivande*) writing; (*skrivtecken*) [written] characters (*pl*); (*handstil*) handwriting; *i tal och ~* verbally and in writing **2** (*-alster*) paper; (*broschyr*) booklet; (*tryckalster*) publication; *samlade ~er* collected works; *den heliga ~* Holy Writ, the Scriptures (*pl*)
2 skrift *s3* **1** (*förberedelse t. nattvardsgång*) shriving **2** *se bikt* **-a** **1** shrive **2** confess **-ermål** *s7* **1** (*nattvardsgång*) communion **2** (*bikt*) confession
skrift|expert handwriting expert **-lig** *a1* written; *~ bekräftelse* (*äv.*) confirmation in writing **-ligt** *adv* in writing; (*genom brev*) by letter; *ha ~ på ngt* have s.th. in black and white **-lärd** ... versed in the Scriptures; *bibl.* scribe **-prov** *konkr.* specimen of a p.'s handwriting **-språk** written language **-ställare** writer, author **-växling** *dipl.* exchange of notes
skrik *s7* cry (*på hjälp* for help; *av förtjusning* of delight); (*gällt*) scream, shriek, yell; (*rop*) shout; (*oväsen*) clamour (*äv. bildl.*); *bildl. äv.* outcry; *sista ~et* all the rage, the latest craze **-a** **I** *s1* jay; *mager som en ~* [as] thin as a rake **II** *skrek -it* cry out (*på hjälp* for help); shout, scream (*åt* at);

(*om småbarn*) howl, squeal; ~ *i himlens höjd* shout to high heaven; ~ *till* cry out; ~ *sig hes* shout o.s. hoarse **-hals** screamer; (*om barn*) cry-baby **-ig** *a1* screaming *etc.*; (*bjärt*) glaring (*färg* colour); (*om röst*) shrill **-it** *sup av skrika*

skrin *s7* box, case, casket; (*för bröd*) bin
skrinda *s1* hay-cart(-waggon)
skrinlägga (*inställa*) relinquish; (*uppskjuta*) postpone, shelve
skrinna skate
skritt *s3*, *i* ~ at a walking pace **-a** canter
skriv|a *skrev -it* **1** write; (*författa äv.*) compose; (*stava*) spell; *hur -er man ...?* how do you spell ...?; *han -er på en roman* he is writing a novel; ~ *sitt namn* sign one's name; ~ *i en tidning* write for (be a contributor to) a paper; ~ *på maskin* type; ~ *rent* make a fair copy of, copy out; *i ~nde stund* at the time of writing; ~ *firman på sin hustru* settle one's firm on one's wife; *får ~s på hans sjukdom* must be ascribed to his illness; *han är -en i Stockholm* he is registered in Stockholm; ~ *ngn ngt på näsan* tax s.b. with s.th.; ~ *ngn ngt till godo* put s.th. down to a p.'s credit **2** (*med beton. part.*) ~ *av a*) (*kopiera*) copy, *b*) *se av-*; ~ *in* enter; ~ *in sig* (*på hotell*) register, *Am.* check in; (*i klubb o.d.*) enrol o.s.; ~ *om* rewrite; ~ *på a*) (*lista*) put down one's name [on], *b*) (*växel o.d.*) stand surety; ~ *under* sign [one's name], *bildl.* subscribe (*på ngt* to s.th.); ~ *upp* write (note, put) down, *bokför.* write up; ~ *upp ngns namn* take down a p.'s name; ~ *upp på ngns räkning* charge to a p.'s account; ~ *ut a*) (*renskriva*) copy out, *b*) (*utfärda*) make (write) out (*en räkning* a bill), draw up (*ett kontrakt* a contract), *c*) (*skatter, trupper*) levy, *d*) (~ *t. slut*) fill up, *e*) (*läkemedel*) prescribe, *f*) (*från sjukhus*) discharge **-arbete** writing, desk-work **-are** writer; scribe **-biträde** clerk **-block** writing-pad **-bok** *skol.* exercise-book; (*för välskrivning*) copy-book **-bord** desk; writing-table **-bordsunderlägg** *se -underlägg* **-byrå** typewriting bureau (agency) **-don** writing materials **-else** (*brev*) letter; *jur.* writ; *polit.* address **-eri** writing; *neds.* scribbling **-fel** error (mistake) in writing; typing error; clerical error **-göromål** desk-work **-it** *sup av skriva* **-klåda** itch to write **-konst** art of writing; penmanship **-kramp** writer's cramp **-kunnig** able to write **-kunnighet** ability to write **-maskin** typewriter; *skriva på* ~ type **-maskinsbord** typewriter (typist's) table **-maskinsflicka** typist **-maskinspapper** typing paper **-ning** [-i:v-] writing; *skol.* written examination; *rätta ~ar* mark papers, correct exercises **-papper** writing-paper **-penna** [writing] pen **-pulpet** writing-desk; (*hög*) writing-stand **-stil** (*tryckstil*) cursive script **-ställ** writing set, inkstand **-tecken** [written] character; graphical sign **-underlägg** writing-(blotting-, desk-)pad

skrock [-å-] *s7* superstition
skrocka [-å-] cluck; (*om pers.*) chuckle
skrockfull superstitious **-het** superstition, superstitiousness
skrodera swagger, bluster, brag
skrof||ler ['skråff-] *pl* scrofila **-ulös** *a1* scrofulous
skrot *s7* scrap; (*järn-*) scrap[-iron]; *av samma ~ och korn* of the same standard (stamp)
1 skrota *sjö.*, *vinden ~r* [*sig*] the wind is veering
2 skrot|a (*förvandla t. skrot*) scrap, reject; (*fartyg e.d.*) break up; *gå och* ~ (*vard.*) moon about **-handlare** scrap[-iron] merchant, junk-dealer **-hög** scrap-heap **-upplag** scrap-yard **-värde** scrap value
skrov [-å:v] *s7* **1** (*kropp*) body; (*djurskelett*) carcass; *få litet mat i ~et* get some food inside one **2** *sjö.* hull
skrovlig [ˣskrå:v-, ˣskråvv-] *a1* rough; (*om klippa*) rugged; (*hes*) hoarse, raucous
skrovmål [-å:v-] *få sig ett* ~ have a square meal
skrubb *s2* (*utrymme*) closet, cubby-hole, box-room
skrubb|a (*skura*) scrub; (*skrapa*) rub **-hyvel** rough (scrub) plane **-sår** graze, abrasion
skrud *s2* attire, garb **-a** deck, dress
skrump|en *a3* shrunk[en], wrinkled **-lever** cirrhosis of the liver **-na** shrivel, shrink
skrup|elfri unscrupulous **-ler** ['skru:p-] *pl* scruples **-ulös** *a1* scrupulous
skrutinium *s4* scrutiny
skrutit *sup av skryta*
skruv *s2* screw; (*på fiol*) [turning-]peg; *dra åt* (*lossa på*) *en* ~ tighten (slacken) a screw; *högergängad* ~ right-hand screw; *ha en ~ ~ lös* have a screw loose; *det tog* ~ (*bildl.*) that did it (went home) **-a** screw; ~ [*på*] *sig* fidget, squirm; ~ *av* (*loss*) unscrew; ~ *fast* screw up (on), fasten; ~ *i* screw in (on); ~ *ner* lower, turn down (*gasen* the gas); ~ *till* screw up (down); ~ *upp* screw up, (*öppna*) unscrew, open, (*gasen*) turn up, (*priser*) push (force) up **-boll** *sport.* spin ball **-borr** helical auger **-bult** screw bolt **-gänga** screw thread **-hål** screw-hole **-is** pack ice **-lock** screw lid (cap) **-mejsel** screw-driver **-mutter** nut **-nyckel** spanner **-städ** vice; *Am.* vise **-tving** screw clamp
skrymma *v2* take up [a great deal of] space; be bulky **-nde** *a4* bulky, voluminous
skrymsl|a *s1* **-e** *s6* corner, nook
skrymt *s7*, *se -eri* **-a** be a hypocrite, dissemble **-are** hypocrite, dissembler **-eri** hypocrisy; cant[ing]
skrynk|elfri creaseproof, crease-resisting **-la I** *s1* crease, wrinkle **II** *v1* crease, wrinkle; ~ *ihop* (*ner, till*) crease, crumple up; ~ *sig* crease, get creased (crumpled) **-lig** *a1* creased, crumpled; (*om hud*) wrinkled
skryt *s7* boast[ing], brag[ging], swaggering; *tomt* ~ [an] empty (idle) boast; *säga ngt på* ~ say s.th. just to show off **-a** *skröt skrutit* boast, brag (*med, över* of); ~ *med* (*äv.*) show off **-sam** *a1* boastful, bragging **-samhet** boastfulness, bragging
skrå *s6* [trade-]guild; livery company; (*friare*) fraternity, corporation **-anda** guild spirit; *neds.* cliquishness
skrål *s7* bawl[ing], bellow **-a** bawl, bellow; make a noise **-ig** *a1* bawling *etc.*; noisy
skråma *s1* scratch, cut; superficial wound
skråordning guild statutes (*pl*)
skråpuk *s2* scare crow; repulsive mask

skrå|tvång obligation to belong to a guild **-väsen** guild system

skräck *s3* terror (*för* of, to); (*fasa*) horror; (*skrämsel*) fright, dread; (*plötslig*) scare, panic; *sätta ~ i ...* fill (strike) ... with terror, terrify **-bild** frightful image; *bildl.* terrifying picture **-figur** fright, bugbear **-film** horror film, bloodcurdler **-fylld** horror-filled **-injagande** *a4* horrifying, terrifying **-kabinett** chamber of horrors **-propaganda** atrocity (terror) propaganda **-regemente** reign of terror, terrorism **-slagen** panic-stricken, horror-struck **-stämning** atmosphere of terror **-välde** terrorism **-ödla** dinosaur

skräda *v2* (*malm*) pick, separate; (*mjöl*) bolt; *inte ~ orden* not mince matters (one's words)

skräddar|e tailor **-gesäll** journeyman tailor **-krita** French chalk **-mästare** master tailor **-räkning** tailor's bill **-sydd** *a5* bespoke, tailor-made, tailored; *Am.* custom-made

skrädderi (*yrke*) tailoring [business]; *konkr.* tailor's shop, *Am.* tailor shop

skräll *s2* crack, bang; (*åsk-*) clap of thunder; *bildl.* crash **-a** *v2* crack *etc.* **-ande** *a4* cracking *etc.*; *~ hosta* hacking cough; *~ högtalare* blaring loud-speaker

skrälle *s6, ett gammalt ~* (*om piano*) a cracked old piano, (*om pers.*) a decrepit old body; *ett ~ till vagn* a rickety old car

skräll|ig *a1, se -ande*

skräm|ma *v2* frighten; (*plötsligt*) scare, startle; *bli -d* be frightened (scared); *låta ~ sig* be intimidated; *~ upp* frighten, terrify, (*fågel*) beat up; *~ livet ur ngn* scare the life out of s.b.; *ge en ~nde bild av* give a terrifying picture of **-sel** ['skrämm-] *s9* fright, scare **-skott** warning shot; *bildl.* empty menace

skrän *s7* yell, howl **-a** yell, howl; (*gorma*) bluster **-fock** [-å-] *s2* blusterer, bawler **-ig** *a1* vociferous, noisy

skränka *v3, tekn.* set the teeth (*en såg* of a saw)

skräp *s7* rubbish, trash; junk; (*avskräde*) litter; *prata ~* talk nonsens; *det är bara ~ med honom* he is in a bad way **-a** *ligga och ~* lie about and make the room (*etc.*) [look] untidy; *~ ner* litter, *absol.* make a litter **-hög** heap of rubbish **-ig** *a1* untidy, littered **-kammare** lumber-room **-sak** trifle, trifling matter

skräv|el ['skrä:-, 'skrävv-] *s7* bragging; *vard.* bounce **-la** [ˣskrä:v-, ˣskrävv-] brag, bluster **-lare** [ˣskrä:v-, ˣskrävv-] braggart, blusterer

skröplig [ˣskrö:p-, ˣskröpp-] *a1* frail, fragile; (*orkeslös*) decrepit **-het** frailty, fragility; decrepitude

skröt *imperf av skryta*

skubba 1 (*gnugga*) rub, chafe **2** (*springa*) be off, clear out

skudda *~ stoftet av sina fötter* shake the dust off one's feet

skuffa push, shove **-s** *dep* jostle

skugg|a I *s1* (*mots. ljus*) shade; (*av ngt*) shadow (*äv. bildl.*); *-or och dagrar* light and shade; *ställa i ~n* (*bildl.*) put in the shade; *en ~ av sitt forna jag* a mere shadow of one's former self **II** *v1* **1** shade **2** (*följa o. bevaka*) shadow; *vard.* tail **-bild** (*silhuett*) silhouette; *bildl.* phantom, shadow **-boxning** shadow-boxing **-ig** *a1* shady, shadowy **-kabinett** *Engl.* shadow cabinet **-lik** *a5* shadowy **-liv** shadowy existence **-ning** shading; *konkr.* shade, shadow; (*övervakning*) shadowing **-sida** shady (*bildl. äv.* dark, seamy) side **-spel** shadow play

skuld *s3* **1** (*penning-*) debt; *ha stora ~er* be heavily in debt; *infria sina ~er* meet one's liabilities; *stå i ~ hos* be indebted to; *sätta sig i ~, se -sätta*; *resterande ~er* arrears; *tillgångar och ~er* assets and liabilities **2** (*förvållande*) fault, blame; (*synd*) guilt; *vems är ~en?* whose fault is it?, who is to blame?; *jag bär största ~en för detta* I am most to blame in this matter; *fritaga ngn från ~* exculpate s.b.; *kasta ~en för ngt på ngn* lay (put) the blame for s.th. on s.b.; *ta hela ~en på sig* take the entire blame [on o.s.]; *vara ~ till* be to blame for; *vara utan ~* not be responsible (to blame); *förlåt oss våra ~er* (*bibl.*) forgive us our trespasses **-belastad** burdened with debt; guilty (*samvete* conscience) **-börda** burden of debt; guilt **-ebrev** *se -sedel*

skulderblad shoulder-blade; *anat.* scapula

skuld|fri free from debt; (*om egendom*) unencumbered; (*oskyldig*) guiltless, innocent **-förbindelse** *se -sedel* **-känsla** sense of guilt **-medveten** guilty (*min* look)

skuldr|a *s1* shoulder; *vara bred över -orna* be broad-shouldered

skuld|regleringsfond debt adjustment fund **-satt** *a4* in debt, indebted; (*om egendom*) encumbered **-sedel** instrument of debt, [promissory] note, note of hand, I.O.U. (= I owe you) **-sätta** (*egendom*) encumber; *~ sig* run into debt, incur (contract) debts

skull *i uttr.: för din ~* for your sake; *gör det för min ~* (*äv.*) do it to please me; *för vädrets ~* (*t. följd av*) because (on account) of the weather; *för Guds ~!* for God's sake!; *för en gångs ~* for once; *för skams* (*syns*) *~* for the sake of appearances, for form's sake; *för skojs ~* for fun; *för säkerhets ~* for safety['s sake]

1 skulle *imperf av 1 skola*

2 skulle *s2* (*hö-*) hay-loft

skulor *pl* swill (*sg*)

skulpt|era sculpture; carve ... in stone (*etc.*); *vard.* sculp **-ering** sculpturing **-ris** sculptress **-ur** sculpture **-ural** *a1* sculptural **-ör** sculptor

1 skum [skumm] *a1* dusky, dim, misty; (*beslöjad*) veiled (*blick* look); (*ljusskygg*) shady (*individ* individual)

2 skum [skumm] *s7* foam; (*fradga*) froth, spume; (*lödder*) lather; (*på kokande vätska*) scum; *vispa ... till ~* beat (whip) ... to a froth **-bad** foam bath **-bildning** frothing **-gummi** foam rubber **-ma 1** (*bilda skum*) foam, spume, froth; (*om vin*) sparkle; (*om öl*) foam, froth; (*om läskedryck e.d.*) fizz; *~ av ilska* foam with rage **2** (*avskilja skum*) skim; *~ grädden av mjölken* skim the cream off the milk; *~ en tidning* skim through a paper **-mjölk** skim[med] milk

skump|a *v1, ~ [i väg]* scamper off (away);

(*om åkdon*) jog, bump **-ig** *a1* bumpy (*väg* road)
skumplast foam plastic
skumrask *s7* dusk [of the evening] **-affär** shady business (transaction) **-figur** suspicious individual
skumsläckare foam-extinguisher
skumögd *a1* purblind, dim-sighted; bleary-eyed
skunk *s2* [common] skunk
skur *s2* shower; (*regn- äv.*) downpour, drencher; *spridda ~ar* scattered showers
skur|a scour, scrub; (*polera*) polish, burnish (*mässing* brass) **-borste** scrubbing-brush **-duk** scouring-cloth **-golv** plain deal floor **-gumma** charwoman **-hink** bucket
skurit *sup av 2 skära*
skurk *s2* scoundrel, villain; (*skojare*) rascal, blackguard **-aktig** *a1* villainous, scoundrelly **-aktighet** villainy **-streck** evil deed; dirty trick
skur|lov *skol., vi har ~* our school is closed for cleaning **-pulver** scouring-powder **-trasa** scouring-cloth
skut|a *s1* small cargo boat; *vard.* boat, old ship **-skeppare** skipper
skutt *s7* leap, bound **-a** leap *etc., jfr hoppa*
skvadron *s3* squadron of cavalry
skvala stream (*äv. bildl.*); pour, spout **-nde** *s6* pouring
skvaller ['skvall-] *s7* gossip; (*lösa rykten*) town-talk; (*förtal*) slander; *skolsl.* sneaking **-aktig** *a1* gossipy; (*förtalande*) slanderous **-bytta** *s1* gossip, tell-tale; *skolsl.* sneak **-historia** piece of gossip **-krönika** chronicle of scandal **-käring** [old] gossip, scandal-monger **-rör** overflow pipe **-spegel** window-mirror **-tacka** *s1, vard., jfr -bytta*
skvallr|a gossip, tattle; *skolsl.* sneak; *~ för mamma* tell mother; *~ på ngn* report s.b.; *~ ur skolan* tell tales out of school; *hans min ~de om* his looks betrayed **-ig** *a1, se skvalleraktig*
skvalmusik non-stop popular music [on the radio]
skvalp *s7* splash[ing], lap[ping] **-a** (*om vågor*) lap, ripple; (*skvimpa*) splash to and fro; (*spilla*) spill
1 skvatt *n, inte ett ~* not a thing (scrap)
2 skvatt *adv, ~ galen* clean crazy, mad as a hatter
skvattram [-amm] *s3, bot.* wild rosemary
skvimpa *~ [över]* splash over
skvätt *s2* drop, splash (*mjölk* of milk); *gråta en ~* shed a few tears **-a** *v3* splash, spill; (*småregna*) drizzle **-bord** *sjö.* water-(wash-) -board
1 sky [ʃy:] *s2* (*moln*) cloud; (*himmel*) sky, heaven; *lätta ~ar* light clouds; *stå som fallen från ~n* (*~arna*) be struck all of a heap; *skrika i högan* (*himmelens*) *~* cry blue murder; *höja ... till ~arna* praise ... to the skies
2 sky [ʃy:] *s3* (*köttsaft*) gravy, meat juice; *Am.* pan gravy
3 sky [ʃy:] *v4* shun, avoid; (*frukta*) dread; *inte ~ ngn möda* spare no pains; *inte ~ några kostnader* spare no expense; *~ ... som pesten* shun ... like the plague
skydd [ʃ-] *s7* protection (*mot* against, from); (*försvar*) defence; (*av växel*) protection, honour; (*mera konkr.*) shelter; (*tillflykt*) refuge; *i ~ av* under cover of (*mörkret* darkness); *söka ~ a*) (*mot*) take (seek) shelter (*mot vinden* from the wind), *b*) (*hos*) seek protection, take refuge (*hos* with); *till ~ för* for the protection of **-a** protect; (*försvara*) preserve, defend (*mot* against, from); (*värna*) shield; (*trygga*) safeguard; (*mera konkr.*) cover, shelter; *~d från insyn* screened off from people's view; *lagligen ~d* protected by law
skydds|ande guardian spirit **-anordning** safety device (contrivance) **-dräkt** protective suit **-galler** [protective] grating **-glasögon** protective goggles **-helgon** patron [saint] **-hem** reformatory [school]; *Engl.* approved school; *Am.* institution for juveniles **-hjälm** crash-helmet, protective helmet **-häkte** preventive arrest, protective custody **-konsulent** chief probation [and parole] officer **-ling** ward, protegé **-lös** defenceless **-medel** protective agent; *med.* prophylactic **-märke** trade mark **-nät** safety net **-ombud** safety controller **-omslag** (*på bok*) dust jacket (cover) **-patron 1** *se -helgon* **2** (*gynnare*) patron, favourer **-rum** [air-raid] shelter; *mil. äv.* dug-out **-tillsyn** probation **-tull** protective duty **-uppfostran** correctional education **-vall** (*mot havet*) sea defence works **-ympning** vaccination **-åtgärd** protective measure, preventive **-ängel** guardian angel
sky|drag waterspout **-fall** cloudburst
skyff|el ['ʃyff-, ˣʃyff-] *s2* shovel; (*sop-*) dust-pan **-la** [ˣʃyff-] shovel; *~ ogräs* hoe weeds; *~ snö* shovel (clear) snow
skygg [ʃ-] *a1* shy (*för* of); (*blyg*) timid; (*rädd*) frightened; (*tillbakadragen*) reserved; (*ängslig*) timorous; (*om häst*) skittish **-a** start, take fright (*för* at); (*om häst*) shy (*för* at); *~ för* (*vara rädd för*) shy of, shrink from **-het** shyness *etc.*; timidity, fear; reserve **-lappar** blinkers
skyhög towering, collossal; sky-high
skyl [ʃ-] *s2* shock, stook
1 skyla [ʃ-] *v2*, (*hölja*) cover; hide (*sitt ansikte* one's face); *~ över* cover [up], *bildl.* veil, hide
2 skyla [ʃ-] *v1* (*säd*) shock, stook
skyldig [ʃ-] *a1* **1** (*betalnings-*) in debt; *vara ~ ngn ngt* owe s.b. s.th.; *vad är jag ~?* what do I owe [you]?, (*vid uppgörelse*) how much am I to pay?; *vara ngn tack ~* be indebted to s.b.; *inte bli ngn svaret ~* have a reply ready **2** (*som bär skulden t. ngt*) guilty (*till* of); *jur.* convicted, found guilty (*till* of); *den ~e* the culprit (offender); *erkänna sig ~* plead guilty; *förklara ngn ~* find s.b. guilty, convict s.b.; *göra sig ~ till* commit, be guilty of (*ett brott* a crime) **3** (*pliktig*) bound, obliged; *vara ~ att* have to; *han är inte ~ att* (*äv.*) he is under no obligation to **-het** duty, obligation (*mot* towards); *ikläda sig ~er* assume liabilities; *rättigheter och ~er* rights and obligations
skyldra [ʃ-] *~ gevär* present arms
skylla [ʃ-] *v2*, *~ ngt på ngn* blame s.b. for s.th.; *~ på otur* plead bad luck; *du får ~ dig själv* you only have yourself to blame;

~ *ifrån sig* put (lay) the blame on s.b. else

skylt [ʃ-] *s2* sign[board]; (*reklam-*) advertisement board, poster **-a** display [one's goods]; ~ *med* put ... on show, display, *bildl.* show off, display; ~ *om* redress a shop-window **-docka** dummy, lay figure **-fönster** shop-window; *Am.* show-(store-) -window **-låda** show-case **-ning** (*-ande*) displaying, window-dressing; *konkr.* window-display **-ställ** display-stand(-rack)

skyltvakt [ʃ-] sentry

skymf [ʃ-] *s3* insult, affront, offence; (*kränkning*) outrage **-a** insult, affront, offend; (*kränka*) outrage **-lig** *a1* ignominious (*död* death); outrageous (*behandling* treatment) **-ord** insulting (abusive) word; *koll.* abusive language (*sg*), insults (*pl*)

skym|ma [ʃ-] *v2* **1** (*fördunkla*) stand in the way (light) of; (*dölja*) conceal, hide; *du -mer mig* you are [standing] in my light; *hennes blick -des av tårar* her eyes were dimmed (blinded) by tears **2** (*mörkna*) *det -mer* it is getting dark (dusk); *det -de för ögonen på henne* her eyes grew dim **-ning** twilight, dusk, nightfall; *hålla* (*kura*) ~ sit in the twilight

skymt [ʃ-] *s2* glimpse; (*aning*) idea, suspicion; (*spår*) trace; *fånga* (*se*) *en* ~ *av* catch a glimpse of; *en* ~ *av hopp* a gleam of hope; *utan ~en av bevis* without a trace of evidence; *inte en* ~ *av intresse* not the slightest interest; *inte en* ~ *av tvekan* not a trace of hesitation **-a 1** (*se en skymt av*) catch a glimpse of **2** (*skönjas*) be dimly seen (visible); ~ *fram* peep out; *sjön ~r* [*fram*] *mellan träden* the lake glitters through the trees; *solen ~r fram* the sun peeps out [from behind the clouds]; ~ *förbi* be seen flitting past

skymundan [ʃ-ˣunn-] *n*, *i* ~ in the background (shade); *hålla sig i* ~ keep o.s. out of the way

skynd|a [ʃ-] hurry, hasten (*t. ngns hjälp* to a p.'s rescue); ~ *långsamt!* hasten slowly!, more haste, less speed!; ~ *ngn till mötes* hasten to meet s.b.; ~ *på* hurry up (on); ~ *på med* hurry on with; ~ *sig* hurry [up] **-sam** *a1* speedy; prompt (*hjälp* help); (*rask*) quick, hurried (*steg* steps) **-samhet** speed[iness], promptness *etc.*

skynke [ʃ-] *s6* cover[ing], cloth; ... *är för honom ett rött* ~ for him ... is like a red rag to a bull

skyskrapa skyscraper

skytt [ʃ-] *s2* shot, marksman

skytte [ʃ-] *s6* shooting **-förening** rifle (shooting) club **-grav** trench

skyttel [ʃ-] *s2* shuttle

skyttelinje firing-line

skytteltrafik shuttle service

skåda behold, see; (*varsebli*) perceive; ~ *dagens ljus* see the light of day

skåde|bana *s1* stage; scene **-bröd** showbread **-lysten** ... eager to see; (*nyfiken*) curious **-penning** medal **-plats** *bildl.* scene [of action] **-spel** spectacle, sight; *teat.* play, drama **-spelare** actor; *bli* ~ go on the stage **-spelarkonst** art of acting, histrionic art **-spelartrupp** theatrical company **-speleri** *se -spelarkonst*; (*förkonstling*) artificiality **-spelerska** actress **-spelsförfattare** playwright, dramatist

skål *s2* **1** (*kärl*) bowl; (*spilkum*) basin **2** (*välgångs-*) toast; *dricka ngns* ~ drink [to] a p.'s health; *utbringa en* ~ *för ngn* propose a toast to s.b.; ~*!* here's to you!, cheers! **-a 1** ~ *för* propose a toast to; ~ *med* drink to (*varandra* one another) **2** (*urholka*) scoop (gouge) [out] **-formig** [-å-] *a1* cup-(bowl-)shaped

skåll|a scald **-het** scalding (boiling, *vard.* piping) hot

skål|pund *ung.* pound **-tal** toast; after-dinner speech

Skåne *n* Scania **skånsk** *a1* Scanian

skåp *s7* cupboard; *Am. äv.* closet; (*med lådor*) cabinet; (*i omklädningsrum*) locker; *bestämma var ~et skall stå* wear the breeches **-bil** [delivery-]van **-dörr** cupboard-(*etc.*)door **-mat** (*rester*) remnants (*pl*); *bildl.* stale stuff **-supa** drink in private (on the sly) **-supare** secret drinker

skåra *s1* score; (*inskärning*) notch; (*spår*) groove, slot; (*sår*) cut

skäck [ʃ-] *s2* piebald horse **-ig** *a1* piebald, pied

skädda [ʃ-] *s1* (*fisk*) brayback, dab

skägg [ʃ-] *s7* **1** beard; *ha* ~ have (wear) a beard; *låta ~et växa* grow a beard; *tala ur ~et* speak out; *tvista om påvens* ~ split hairs **2** *biol.* barb; (*på mussla*) beard **-botten** *mörk* ~ a blue chin **-dopping** great crested grebe **-ig** *a1* bearded; (*orakad*) unshaved **-lös** beardless **-strå** [a] hair [out] of one's beard **-stubb** bristles (*pl*) **-svamp** barber's itch **-töm** (*på fisk*) barbel, barbule **-växt** [growth of] beard[s *pl*]; *han har kraftig* ~ his beard grows fast

skäkta [ʃ-] **I** *s1* swingle **II** *v1* (*lin*) swingle, scutch

skäl [ʃ-] *s7* reason (*till* of, for); (*orsak*) cause, ground; (*bevekelsegrund*) motive; (*argument*) argument (*för och emot* for and against); *så mycket större* ~ *att* so much the more reason to; *vägande* ~ weighty arguments; *av principiella* ~ on ground of principle; *göra* ~ *för sig* give satisfaction; *ha allt* ~ *att* have every reason to; *det har sina* [*randiga*] ~ there are very good reasons for it; *med* [*fullt*] ~ *kan man säga* one is [fully] justified in saying; *det vore* ~ *att* it would be well to; *det vore* ~ *i att du försökte* you would do well to (you had better) try; *väga ~en för och emot* weigh the pros and cons **-ig** *a1* reasonable, fair; *finna ~t* find it proper **-igen** (*tämligen*) pretty (*enkel* simple); (*rimligtvis*) reasonably, fairly

skäll [ʃ-] *s7*, *se ovett*

1 skälla [ʃ-] *v2* bark; (*om räv*) yelp, cry; (*vara ovettig*) scream, bellow; ~ *ngn för bracka* call s.b. a Philistine; ~ *på* (*bildl.*) abuse, scold; ~ *ut* blow ... up, tell ... off

2 skäll|a [ʃ-] *s1* bell; *nu blev det annat ljud i ~n* then things took on a new note **-ko** bell-cow

skällsord word of abuse; *pl koll.* foul language (*sg*), invectives

skälm [ʃ-] *s2* rogue; (*lymmel*) rascal; (*-unge*) monkey, trot; (*spjuver*) wag; *en inpiskad* ~

an arch-rogue; *med ~en i ögat* with a roguish twinkle **-aktig** *a1* roguish; mischievous; ~ *blick* arch look **-roman** picaresque novel **-sk** *a1, se -aktig* **-stycke** piece of roguery; (*spratt*) practical joke

skälv|a [ʃ-] *v2* shake, quake; (*darra*) tremble, quiver (*av* with) **-ande** *a4* shaking *etc.*; tremulous **-ning** shaking *etc.*; (*en* ~) tremor; (*rysning*) thrill

skäm|d [ʃ-] *a5* (*om kött*) tainted; (*om frukt*) rotten; (*om luft, ägg*) bad **-ma** *v2* (*fördärva*) spoil; (*vanpryda*) mar; *för mycket och för litet -mer allt* too much and too little spoils everything; ~ *bort* spoil; ~ *ut* dishonour, put ... to shame; ~ *ut sig* disgrace o.s. **-mas** *v2, dep* be ashamed; *det är inget att ~ för* that is nothing to be ashamed of; *boken -s inte för sig* the book does itself credit; ~ *ögonen ur sig* die of shame; *fy -s!* shame on you!

skämt [ʃ-] *s7* joke, jest; *dåligt* ~ bad (poor) joke; *grovt* ~ coarse joke; *förstå* ~ understand (be able to see) a joke; *säga ngt på* ~ say s.th. in fun; ~ *åsido!* joking apart! **-a** joke, jest; ~ *med* make fun of, poke fun at **-are** joker, jester, wag **-artikel** party novelty **-historia** funny story **-lynne** humour **-sam** *a1* jocular; (*humoristisk*) humorous; (*rolig*) funny, comical, droll; *ta ngt från den ~ma sidan* take s.th. as a joke **-samhet** jocularity, humour **-serie** comic strip; *Am.* funny **-tecknare** comic artist, cartoonist **-teckning** cartoon **-tidning** comic magazine (paper)

skänd|a [ʃ-] defile, pollute; desecrate (*gravar* graves) **-lig** *a1* infamous (*handling* deed); (*neslig*) nefarious, atrocious (*brott* crime) **-lighet** infamy, atrocity, outrage

1 skänk [ʃ-] *s2* (*skåp*) sideboard, buffet; cupboard

2 skänk [ʃ-] *s3* (*gåva*) gift, present; *till ~s* as a gift **-a** *v3* **1** give (*äv. bildl.*); present (*ngn ngt* s.b. with s.th.); ~ *bort* give ... away **2** ~ *i* [*glasen*] fill the glasses

skänkel [ʃ-] *s2* shank, leg (*äv. tekn.*)

skäppa [ʃ-] *s1* (*rymdmått*) bushel; *ge ngn ~n full* let s.b. have it; *sätta sitt ljus under en* ~ hide one's light under a bushel

1 skär [ʃ-] *a1* (*ren*) pure, clean; (*obefläckad*) immaculate; [*ren och*] ~ *lögn* a downright lie

2 skär [ʃ-] *a1* (*ljusröd*) pink, light red

3 skär [ʃ-] *s7* (*ö*) skerry, rocky islet

4 skär [ʃ-] *s7* **1** (*egg*) [cutting-]edge **2** (*skåra*) notch **3** (*med skridsko*) stride

1 skära [ʃ-] *s1* **1** sickle **2** (*mån-*) crescent

2 skär|a [ʃ-] *skar skurit* **1** cut (*äv. bildl.*); (*kött*) carve; ~ (*korsa*) *varandra* intersect, (*om gator*) cross; ~ *halsen av sig* cut one's throat; ~ *i bitar* cut up (... to pieces); ~ *i remsor* shred; ~ *i skivor* slice; ~ *i trä* carve; *fartyget skär* [*genom*] *vågorna* the ship cleaves the waves; ~ *tänder*[*na*] gnash (grind) one's teeth; ~ *alla över en kam* treat all alike; ~ *guld med täljknivar* coin money; ~ *pipor i vassen* have a big income and little to do for it; *det skär i öronen* it jars (grates) upon my ears **2** (*med beton. part.*) ~ *av* (*bort*) cut off; ~ *för* carve; ~ *ihop* (*tekn.*) seize; ~ *in* incise; ~ *in i* cut into; ~ *till* cut out; ~ *upp* cut up, (*öppna*) cut open; ~ *ut* carve **3** *rfl* cut o.s.; *kokk.* curdle; ~ *sig i tummen* cut one's thumb; *det skar sig mellan dem* they clashed with one another **-ande** *a4* cutting *etc.*; (*om ljud*) piercing, shrill **-bräde** cutting-(chopping-)board **-bönor** French beans

skärgård [ˣʃä:r-, ˈʃä:r-] archipelago, fringe of skerries; *i ~en* in the archipelago (skerries) [off Stockholm *etc.*]

skärm [ʃ-] *s2* screen; *tekn.* shield; (*på huvudbonad*) peak **-a** ~ [*av*] screen, shield; ~ *för* screen off **-bild** mass radiograph, fluoroscopic image **-bilda** *v1* mass-radiograph **-bildsfotografering** mass radiography, X-ray screening **-mössa** peaked cap

skärmytsl|a [ˣʃä:r-] **-ing** skirmish

skär|ning [ˣʃä:r-] cutting **-ningspunkt** [point of] intersection

skärp [ʃ-] *s7* belt; (*broderat o. uniforms-*) sash

skärp|a [ʃ-] **I** *s1* sharpness, keenness *etc.* (*jfr skarp*); *fotogr., telev.* definition; (*klarhet*) exactness, stringency; (*i ton*) acerbity; *det är ~ i luften* there's a nip in the air **II** *v3* sharpen (*äv. bildl.*); *bildl. äv.* strengthen, quicken; (*öka*) increase, heighten; *konflikten har -ts* the conflict has deepened (been aggravated); ~ *kontrollen* increase (tighten) the control; ~ *sina sinnen* sharpen one's senses; ~ *straffet* increase (raise) the penalty; ~ *tonen* sharpen one's (*etc.*) tone; ~ *uppmärksamheten* be more vigilant **-edjup** *foto.* depth of field (definition) **-ning** sharpening *etc.*; aggravation

skärseld [ˣʃä:rs-] purgatory; *bildl.* ordeal

skärskåda [ʃ-] view, examine; scrutinize, scan **-nde** *s6* viewing, examination; *ta i* ~ inspect, examine

skärslipare knife-grinder

skärsår cut, gash

skärtorsdag [ʃ-] Maundy Thursday

skärv [ʃ-] *s2, bibl.* mite; *min sista* ~ my last farthing

skärva [ʃ-] *s1* (*kruk- o.d.*) sherd, shard; (*glas-, granat- o.d.*) splinter; (*friare*) fragment, bit, piece

sköka [ʃ-] *s1* harlot

sköld [ʃ-] *s2* shield; (*vapen- äv.*) [e]scutcheon; *zool.* scutellum; (*på sköldpadda*) shell; *bildl.* shelter **-brosk** *anat.* thyroid cartilage **-emärke** [heraldic] bearing **-körtel** thyroid gland **-mö** Amazon **-padd** *s3* tortoise (turtle) shell **-padda** (*land-*) tortoise; (*vatten-*) turtle **-paddsskal** tortoise-shell **-paddssoppa** turtle soup

skölj|a [ʃ-] *v2* rinse; (*spola*) wash; *vågorna -er stranden* the waves wash the shore; *~s överbord* be washed overboard; ~ *av* rinse off; ~ *bort* wash away; ~ *sig i munnen* rinse one's mouth **-kopp** finger-bowl **-ning** rinsing *etc.*; (*en* ~) rinse, wash; *med.* douche **-vatten** rinsing-water

1 skön [ʃ-] *n* discretion; *efter eget* ~ at one's own discretion

2 skön [ʃ-] *a1* beautiful; fair; (*angenäm*) nice; (*behaglig*) comfortable; *den ~a* the fair lady (one); *ha sinne för det ~a* have a sense of beauty; *~t!* that's fine!; *en ~ historia* (*iron.*) a pretty story **-ande** lover of

the arts **-het** [-ö:-] beauty (*äv. konkr.*); *konkr. äv.* belle
skönhets|behandling beauty treatment **-drottning** beauty queen **-expert** cosmetologist; *Am. äv.* beautician **-fel -fläck** flaw **-medel** cosmetic, beauty preparation **-salong** beauty parlour; *Am.* beauty shop (parlor) **-sinne** sense of beauty **-tävling** beauty contest (competition) **-vård** beauty care **-värde** aesthetic value
skönj|a [ʃ-] *v2* discern; *inte ~ ngn ljusning* see no signs of improvement **-bar** *a1* discernible; (*synlig*) visible; (*tydlig*) perceptible
skön|litteratur [ʃ-] fiction, belles lettres **-litterär** literary; *~t arbete* work of fiction **-målning** *bildl.* idealization, gilding **-skrift** calligraphy
sköns|mässig [ˣʃö:ns-] *a1* discretionary, optional **-taxering** discretionary assessment
skör [ʃ-] *a1* brittle (*nagel* nail); (*spröd*) fragile, frail; *tyget är ~t* the cloth tears easily
skörbjugg [ˣʃö:r-] *s2* scurvy
skörd [ʃö:rd] *s2* harvest (*äv. bildl.*); (*gröda*) crop; *av årets ~* of this year's growth; *en rik ~ av erfarenheter* a rich store of experience **-a** harvest; reap (*äv. bildl.*); (*bär*) pick; *som man sår får man ~* as you sow, so shall you reap
skörde|fest harvest festival (home) **-maskin** harvester, harvesting machine **-tid** harvest time **-tröska** *s1* combine-harvester **-utsikter** harvest prospects
skörhet [ˣʃö:r-] brittleness; fragility, frailty
skörlevnad [ˣʃö:r-] loose living
skört [ʃ-] *s7* tail, flap **-a** *~ upp a*) (*bedraga*) fleece, overcharge, *b*) (*fästa upp*) tuck up
1 sköt [ʃ-] *imperf av skjuta*
2 sköt [ʃ-] *s2* drift-net
sköt|a [ʃ-] *v3* **1** (*vårda*) nurse, tend (*sjuka* sick people); (*om läkare*) attend [to]; *~ sin hälsa* look after one's health; *~ om* take care of, attend to, nurse; *~ om ett sår* dress a wound; *sköt om dig väl!* take good care of yourself! **2** (*förestå*) manage; run (*en affär* a shop); (*ombesörja*) attend (see) to; (*se efter*) look after, take care of; *~ sitt arbete* do one's work; *~ hushållet* do the housekeeping; *~ kassan* (*räkenskaperna*) keep the cash ([the] accounts); *~ korrespondensen* handle the correspondence; *~ sina kort* (*äv. bildl.*) play one's cards well; *inte kunna ~ pengar* not be able to handle money; *~ sina plikter* discharge one's duties; *den saken -er jag* I'll attend to that; *sköt du ditt!* mind your own business! **3** *rfl* (*uppföra sig*) conduct o.s. (*bra* well); (*~ om sig*) look after o.s.; *han har måst ~ sig själv* he has had to manage by himself **-are** tender, keeper **-bord** nursing table
sköte [ʃ-] *s6* **1** lap; bosom (*äv. bildl.*) **2** (*moderliv*) womb **-barn** *bildl.* darling, favourite
sköterska [ʃ-] nurse
sköterske|biträde assistant nurse **-elev** pupil nurse, probationer **-uniform** nurse's uniform **-utbildning** training of nurses
skötesynd [ʃ-] besetting sin
sköt|sam [ˣʃö:t-] *a1* well-behaved; orderly; (*plikttrogen*) conscientious **-sel** ['ʃött-] *s9* care, tending (*av* of); (*tillsyn*) attention, attendance; (*av maskin*) operation, running; (*förvaltning*) management; (*odling*) cultivation; *kräva ~* need (require) attendance (care) **-selanvisning** operating instructions (*pl*)
skövl|a [ˣʃö:v-, ˣʃövv-] devastate; (*ödelägga*) ravage; wreck (*ngns lycka* a p.'s happiness); (*skog*) damage by reckless cutting **-ing** devastation; ravage
slabb|a splash about **-göra** mucky job **-ig** *a1* sloppy, splashy
slacka slacken
1 sladd *s2* **1** (*tågända*) [rope's] end **2** (*ledningstråd*) flex[ible cord]; *Am.* cord **3** *bildl. komma på ~en* bring up the rear; *komma med på ~en* slip in with the rest
2 sladd *s2* (*med fordon*) skid **-a** lurch, skid, slip sideways
sladdbarn child born several years after the other[s] [in a family]; *vard.* afterthought
sladd|er ['sladd-] *s7* chatting, babbling; gossip **-ertacka** *s1* gossip-monger **-ra** chatter, babble; gossip
sladdrig *a1* (*slapp*) flabby, limp; (*om tyg*) flimsy
slafs|a *~ i sig* lap up, gobble up
1 slag *s7* (*art, sort*) kind, sort; (*typ*) type; *vetensk.* species; (*kategori*) category, class; *alla ~s* all kinds of; *böcker av alla* [*de*] *~* all sorts (kinds) of books, books of every description; *allt ~s* every kind of; *han är något ~s direktör* he is a manager of some sort (some kind of a manager); *i sitt ~* of its kind, in its way; *vad för ~?* what?
2 slag *s7* **1** (*smäll*) blow (*äv. bildl.*), stroke, hit; (*lätt*) pat, dab; (*rapp*) lash, cut; (*knytnävs-*; *knackning*) knock; *ge ngn ett ~* deal s.b. a blow; *ett ~ för örat* (*bildl.*) a knock-out blow; *ett ~ i luften* (*äv. bildl.*) a shot in the dark; *hugg och ~* biffs and blows; *~ i ~* in rapid succession; *göra ~ i saken* clinch the matter; *i* (*med*) *ett ~* all at once, straight off **2** (*rytmiskt ~*) beat; *koll.* beating; (*hjärtats äv.*) throbbing; (*puls- äv.*) throb; (*pendel-*) oscillation **3** (*klock-*) stroke; *på ~et sex* at six o'clock sharp, on the stroke of six; *komma på ~et* arrive on the dot **4** (*-anfall*) [apoplectic] stroke; *få ~* have a stroke; *jag höll på att få slag* (*vard.*) I nearly had a fit; *skrämma ~ på ngn* frighten s.b. out of his wits **5** (*fält-*) battle (*vid* of) **6** (*varv*) turn, round; (*kolv-*) stroke; (*tag*) moment, while; *ett ~ trodde jag* at one time I thought **7** *sjö.* tack; *göra ett ~* tack, beat **8** (*fågeldrill*) warbling **9** (*på plagg*) facing; (*rock- äv.*) lapel; (*på ärm*) cuff; (*byx-*) turn-up, *Am.* cuff
slag|a *s1* flail **-anfall** apoplectic stroke **-björn** killer bear **-bom** lift gate; (*i vävstol*) batten **-bord** gate-legged table **-dänga** *s1* hit, street-ballad **-en** *a5* struck (*av förvåning* with surprise); (*besegrad*) defeated, beaten, *Am. äv.* beat; *en ~ man* a broken man **-fält** battle-field(-ground) **-färdig** *eg.* ... ready for battle (fight); *bildl.* quick at repartee, quick-witted **-färdighet** *eg.* readiness for battle; *bildl.* ready wit, quickness at repartee
slagg *s3*, *s4* slag, cinder[s *pl*], dross **-a** (*avlägsna slagg*) take off the slag; (*bilda slagg*) form slag **-artad** [-a:r-] *a5* slaggy, cindery;

scoriaceous **-bildning** slag formation; scorification **-hög** slag-heap
slag|hållfasthet impact strength, shock resistance **-hök** goshawk **-instrument** percussion instrument **-it** *sup av 2 slå* **-kraft** striking power (*äv. bildl.*); effectiveness **-kraftig** effective **-kryssare** battle-cruiser **-linje** line of battle **-längd** *tekn.* [ram] travel, [piston] stroke **-löda** braze **-man** (*i bollspel*) batsman **-nummer** hit **-ord** catchword, slogan **-ordning** battle-array **-regn** downpour, pelting rain **-ruta** *s1* divining-rod **-sida** *sjö.* list; *bildl.* preponderance; *få ~* heel over; *ha ~* have a list **-skepp** battleship **-skugga** projected shadow
slags|kämpe [ˣslakks-] fighter; rowdy **-mål** *s7* fight; *råka i ~* come to blows; *ställa till ~* start a fight
slag|stift *mil.* striker, striking-pin **-svärd** large [two-handed] sword **-trä** (*i bollspel*) bat **-uggla** ural owl **-vatten** *sjö.* bilge-water **-verk 1** (*i ur*) striking mechanism **2** *mus.* percussion instruments (*pl*)
slak *a1* slack (*lina* rope), loose; (*kraftlös*) limp; *~ i benen* wobbly at the knees **-na** [ˣsla:k-] slacken, flag
slakt *s3, s7* slaughter[ing] **-a** slaughter; (*döda*) kill; (*människor*) massacre **-arbutik** butchery, butcher's shop **-are** butcher **-avfall** offals (*pl*) **-boskap** beef cattle, slaughter-cattle **-bänk** slaughterer's block; *ledas till ~en* (*bildl.*) be led to the slaughter **-eri** **-hus** slaughter-house **-mask** slaughtering mask **-offer** sacrifice, victim
slalom ['sla:låm, ˣsla:-] *r* slalom **-backe** slalom slope
1 slam [slamm] *s2, kortsp.* slam
2 slam [slamm] *s4* mud, ooze; slime **-avlagring** siltration, silt deposit **-bildning** sludge (slime) formation **-ma** (*rena*) wash, purify; (*kalkstryka*) lime-wash; *~d krita* precipitated chalk, whiting; *~ igen* get filled with mud
slammer ['slamm-] *s7* rattle, clatter; (*vapen- etc.*) jangle
slam|mig *a1* muddy, slimy **-ning** elutriation; desludging
slamp|a *s1* slut, slattern, hussy **-ig** *a1* sluttish, slatternly, slipshod
slamra *~* [*med*] rattle, clatter
slams *s7* slovenliness **-a I** *s1, se slampa* **2** (*trasa*) rag **II** *v1* **1** (*slarva*) scamp **2** (*sladdra*) babble, chatter **-ig** *a1* **1** *se slampig* **2** (*om kött*) flabby
1 slang *s2* tube (*äv. inner-*), hose
2 slang *s3,* (*språk*) slang
3 slang *i uttr.: slå sig i ~ med* strike up an acquaintance with
slang|båge catapult; *Am.* slingshot **-gurka** cucumber **-klämma** hose clip (clamp) **-koppling** hose coupling (coupler) **-lös** *~a däck* tubeless tyres
slang|ord slang word **-uttryck** slang expression
1 slank *imperf av 2 slinka*
2 slank *a1* slender, slim **-ig** *a1* limp, lank[y]
1 slant *imperf av slinta*
2 slant *s2* coin; (*koppar-*) copper; *för hela ~en* (*bildl.*) for all one is worth; *ha en sparad ~* have some money saved; *en vacker ~* a nice sum; *vara slagen till ~* be fit for nothing; *vända på ~en* (*bildl.*) be economical, look at every penny
1 slapp *imperf av slippa*
2 slapp *a1* slack, loose; (*sladdrig*) flaccid; (*kraftlös*) soft, limp; (*matt*) languid; (*löslig*) lax (*moral* morals *pl*) **-het** slackness *etc.*; flaccidity; laxity; lack of energy **-na** *~* [*av*] slack[en], relax
slarv *s7* carelessness, negligence; (*oreda*) disorder **-a I** *s1* careless (negligent, slovenly) woman (girl) **II** *v1* be careless; *~ med* scamp, (*klädsel o.d.*) neglect; *~ bort* lose; *~ ifrån sig* do ... by halves **-er** ['slarr-] careless fellow; *en liten ~* a slapdash boy **-fel** careless mistake **-ig** *a1* careless, negligent; (*hafsig*) slovenly; (*osnygg*) untidy **-sylta 1** *kokk.* minced meat **2** *bildl.* mincemeat
slask *s7* **1** (*-ande*) splashing; (*-väder*) slushy weather **2** (*väglag*) slush **3** *se -vatten* **4** *se -tratt* **-a 1** splash about; *~ ner* splash **2** *det ~r* it is slushy weather **-hink** slop-pail **-spalt** light column **-tratt** [kitchen-]sink **-vatten** slops (*pl*), dishwater
slatt *s2* drop
1 slav *s3,* (*folk*) Slav
2 slav *s2,* (*träl*) slave (*äv. bildl.*); *vara ~ under* be a slave to (the slave under) **-a** slave; (*friare*) drudge **-arbete** slave labour **-binda** make a slave of **-drivare** slave-driver **-eri** bondage, slavery **-göra** slavery; *bildl.* drudgery **-handel** slave trade; *vit ~* white-slave traffic **-handlare** slaver, slave-trader **-inna** [female] slave
1 slavisk ['sla:-] *a5,* (*t. 1 slav*) Slav[ic], Slavonic; *~a språk* Slav[on]ic languages
2 slavisk ['sla:-] *a5* (*t. 2 slav*) slavish; *bildl. äv.* servile **-het** servility
slavis|m Slavism **-t** Slavist
slav|kontrakt contract which binds one hand and foot (*äv. bildl.*) **-marknad** slave market **-piska** slave-driver's whip; *ha ~n över sig* (*bildl.*) be slave-driven **-skepp** slave-ship **-ägare** slave-owner
slejf *s3, s2* strap **-sko** strap-shoe
slem [slemm] *s7* slime; *vetensk.* mucus; (*vid hosta*) phlegm **-avsöndrande** *a4* mucifarous **-bildning** *abstr.* formation of mucus; *konkr.* mucous secretion **-hinna** mucous membrane **-lösande** *a4* expectorant **-mig** *a1* slimy; *vetensk.* mucous; (*klibbig*) viscous
slentrian *s3* routine; *fastna i ~* get into a rut **-mässig** *a1* routine; *undersökningen var ~* the investigation was a matter of routine
slet *imperf av slita*
slev *s2* ladle; *få en släng av ~en* (*bildl.*) come in for one's share **-a** *~ i sig* shovel into one's mouth
slick *s2* lick **-a** lick; *~ i sig* lap [up]; *~ på* lick; *~ sig om munnen* lick one's lips; *~t hår* sleek hair **-epinne** *s2* lollipop **-epott** [-å-] *s2* **1** (*pekfinger*) forefinger **2** (*hushållsskrapa*) dough-scraper
slid *s3, tekn.* slide; (*i ångmaskin*) [slide-] valve
slida *s1* sheath (*äv. bot.*); *anat.* vagina
sliddersladder *s7* fiddle-faddle; *~!* fiddlesticks!
slid|hornsdjur bovid animal **-kniv** sheath-knife

slik *a1* such like; *~t* that sort of thing
slinga *s1* coil, loop; *sjö.* sling; (*ornament*) arabesque; (*blad-*) creeper; (*rök-*) wisp
sling|erbult *s2* **1** (*undanflykt*) dodge, prevarication **2** *pers.* dodger **-erväxt** creeper, trailing plant **-ra 1** (*linda*) wind, twine; (*sno*) twist **2** (*om fartyg*) roll **3** *rfl* wind [in and out]; (*sno sig*) twist, twine; (*om flod äv.*) meander; (*om orm*) wriggle; (*om växt*) trail, creep; *bildl.* dodge; *~ sig om varandra* (*äv.*) intertwine; *~ sig från ngt* (*bildl.*) wriggle out of s.th.; *~ sig undan* (*bildl.*) get out of **-rande** *a4* winding; (*om flod, väg äv.*) meandering, serpentine **-rig** *a1* sinuous, tortuous, winding **-ring** wind; twine, wriggle; *sjö.* roll
1 slinka *s1* wench, hussy
2 slinka *slank slunkit* **1** (*smyga*) slink (*i väg, undan* away, off); *~ om hörnet* slip round the corner; *~ igenom* (*förbi*) slip through (past); *~ in* (*äv.*) steal (sneak) in **2** (*hänga lös*) dangle, hang loose
slint *s, i uttr.: slå ~* come to nothing, fail **-a** *slant sluntit* slip; *jag slant med foten* my foot slipped; *glaset slant ur handen på mig* the glass slipped out of my hand
slip *s2* slipway; *ta upp ett fartyg på ~* take up a vessel on to the slips
slip|a (*skärpa*) grind, whet, sharpen; (*glätta*) grind; (*polera*) polish; (*glas e.d.*) cut **-ad** *a5, bildl.* smart; cunning **-are** grinder; cutter **-duk** abrasive cloth
sliper ['sli:-] *s2* [railway] sleeper; *Am.* [railroad] crosstie, tie
slip|eri grindery **-maskin** grinding-machine **-massa** mechanical wood-pulp **-ning** [-i:p-] grinding *etc., jfr -a*
slipp|a *slapp sluppit* (*undgå*) escape [from]; (*besparas*) be spared [from]; (*inte behöva*) not need [to] (have to); (*undgå*) avoid; *du -er* [*göra det*] you needn't [do it]; *du -er inte* [*ifrån det*] you cannot get out of it; *kan jag få ~?* can I be excused (let off)?; *låt mig ~ se det!* I don't want to see it!; *jag ser helst att jag -er* I would rather be excused (rather not); *~ besvär* save (be spared) trouble; *han slapp göra det* he did not have to do it; *för att ~ straff* to avoid punishment; *~ ifrån* get away [from], escape; *~ in* be admitted (let in); *~ lös* break loose, (*bli släppt*) be set free; *elden slapp lös* a fire broke out; *~ undan* escape, *absol.* get out of it; *~ undan med blotta förskräckelsen* get off with a fright; *~ upp i sömmen* come apart at the seams; *det slapp ur mig* it escaped me; *~ ut* get (be let) out, (*sippra ut*) leak out
slipprig *a1* slippery; (*oanständig*) indecent, obscene
slips *s2* tie
slip|skiva grinding wheel **-sten** grindstone
slir|a slip, slide; (*om fordon*) skid **-ig** *a1* slippery **-ning** [-i:r-] sliding, slide; (*fordons*) skidding; (*kopplings*) slipping
sliskig *a1* sickly sweet; *bildl.* oily
slit *s7* toil, drudgery **-a** *slet -it* **1** (*nöta*) wear (*hål på* a hole in); *den håller att ~ på* it stands a great deal of wear; *slit den med hälsan!* you're welcome to it!; *~ ut* wear out; *~ ut sig* wear o.s. out with [over]work **2** (*knoga*) toil, drudge; *~ och släpa* toil and moil; *~ ont* have a rough time of it **3** (*rycka*) pull (*i* at); tear (*av* off; *sönder* to pieces); *~ sitt hår* tear one's hair **4** *rfl* get loose, (*om båt*) break adrift (loose) **-age** [-'ta:ʃ] *s7* wear [and tear] **-as** *slets -its, dep, ~ mellan hopp och fruktan* be torn between hope and dread **-bana** (*på däck*) [tyre] tread **-en** *a3* worn [out]; (*lugg-*) threadbare, shabby, shiny; *bildl.* hackneyed (*fras* phrase) **-it** *sup av slita* **-ning** [-i:t-] wear; *bildl.* discord, friction
slits *s2* **-a** slit; (*på kläder*) vent
slit|sam [-i:-] *a1* strenuous, hard; *ha det ~t* have a hard time [of it] **-stark** hardwearing, durable, lasting **-styrka** durability, wearing qualities **-sula** outsole **-varg** *han är en ~* he is hard on his clothes
slockna [-å-] go out; die down; (*somna*) drop off; *~d vulkan* extinct volcano; *~d blick* dull (lifeless) look **-nde** *a4* expiring; dying down
slog *imperf av 2 slå*
slogan ['slɷu-, 'slå-] *best. f. slogan, pl -s, r* slogan, catchphrase
slok|a slouch, droop; *~ med svansen* drag one's tail **-hatt** slouch-hat **-örad** *a5* lop-eared; *bildl.* crestfallen
slopa (*avskaffa*) abolish, reject; *~ tanken på* abandon (give up) the thought of
slott [-å-] *s7* palace; (*befäst*) castle; (*herresäte*) manor[-house], hall
slotts|fogde warden of a castle **-fru** châtelaine **-herre** lord of a (the) castle (manor) **-kapell** chapel of a palace, chapel royal **-lik[nande]** palatial **-park** castle-(palace-)park **-ruin** ruined castle **-tappning** château wine **-väbel** *s2* superintendent of a royal palace
slovạk *s3* **-isk** *a5* Slovak
slovẹn *s3* Slovene **-sk** [-e:-] *a5* Slovenian, Slovene
sludd|er ['sludd-] *s7* slurred speech **-ra** slur one's words; (*om drucken*) talk thick **-rig** *a1* slurred; thick
slug *a1* shrewd; (*listig*) cunning, sly, wily; (*finurlig*) resourceful **-huvud** *ett ~* a sly dog
sluka *v1, imperf äv. slök* swallow (*äv. bildl.*); devour (*böcker* books); *~ maten* gobble up (bolt) one's food
slum [slumm] *s3* slum **-kvarter** slum[s *pl*], slum district
slummer ['slumm-] *s9* slumber; (*lur*) doze
slump *s2* **1** (*tillfällighet*) chance; luck, hazard; *av en ~* by chance, accidentally; *en ren ~* a mere chance (toss-up); *~en gjorde att jag* it so happened that I; *~en gynnade oss* fortune favoured us **2** (*återstod*) remnant **-a 1** *~* [*bort*] sell off (at bargain prices; *vard.* dirt cheap) **2** *det ~de sig så att* it so happened that **-artad** [-a:r-] *a5* **-mässig** *a1* haphazard, chance, random **-urval** random sample **-vis** *adv* (*på en slump*) at random (haphazard)
slumra slumber, be half-asleep; (*ta en lur*) doze, nap; *~ in* doze off [to sleep] **-nde** *a4* slumbering; *bildl.* dormant, undeveloped
slumsyster woman Salvationist working in slums
slung|a I *s1* sling **II** *v1* sling; (*honung*) extract; (*friare*) fling, hurl; *~ ngt i ansiktet*

på ngn throw s.th. in a p's. face **-boll** sling ball
slunkit *sup av 2 slinka*
sluntit *sup av slinta*
slup *s2* (*skeppsbåt*) launch, pinnace; (*enmastad*) sloop
sluppit *sup av slippa*
slurk *s2* drink; swig; a few drops
slusk *s2* shabby[-looking] fellow; (*lymmel*) ruffian **-ig** *a1* shabby
sluss *s2* sluice; (*kanal-*) lock; (*luft-*) air lock **-a** (*gå igenom sluss*) pass through a lock; (*låta gå genom sluss*) take ... through a lock **-avgift** lock dues (*pl*), lockage **-bassäng** lock-chamber **-ning** lockage, passing [a ship] through a lock **-port** lock gate **-trappa** flight of locks
slut I *s7* end; (*avslutning*) ending, termination, close, finish; (*utgång*) result; *när ~et är gott är allting gott* all's well that ends well; *~et blev att han* the end of it (result) was that he; *~et på visan blev* the end of the story was; *få ett ~* come to an end; *få ~ på* get to the end of, see the end of; *göra ~ med ngn* break it off with s.b.; *göra ~ på a*) (*göra av med*) use up, consume, *b*) (*stoppa*) put an end to; *i* (*vid*) *~et* at the end; *känna ~et nalkas* feel that the end is near; *dagen lider mot sitt ~* the day is drawing to a close; *läsa ~ en bok* finish reading a book; *till ~* at last, finally; *ända till ~et* (*vard.*) to the bitter end; *från början till ~* from beginning to end; *låt mig tala till ~* let me finish what I was saying **II** *oböjl. pred. a* at an end, [all] done (over), finished; *det måste bli ~ på* there must be an end to (*ofoget* this mischief); *är ~ a*) (*i tid*) is at an end, is over, *b*) (*om vara o.d.*) is used up, (*slutsåld*) sold out, *c*) (*om krafter, tålamod e.d.*) is exhausted; *kaffet är ~* there is no more coffee; *jag är alldeles ~* I am dead beat; *det är ~ mellan oss* it is all over between us; *ta ~, se -a II 2*; *... har tagit ~* (*hand.*) we are [sold] out of ..., there is no more ...; *bensinen håller på att ta ~* we are getting (running) short of petrol; *det här tycks aldrig ta ~* (*äv.*) this seems endless (interminable)
slut|a I *slöt -it* **1** (*till-*) close, shut; *~ leden* close the ranks; *~ ngn i sin famn* lock s.b. in one's arms; *~ en cirkel kring* form a circle round; *~ ögonen för* (*bildl.*) shut one's eyes to **2** (*göra upp*) conclude (*fred* peace); *~ avtal* make (conclude, come to) an agreement **3** (*dra -sats*) conclude (*av* from) **II** *v1, imperf äv. slöt* **1** (*av-*) end, bring ... to an end; (*säga t. slut*) conclude; (*göra färdig*) finish; *~ skolan* leave school **2** (*upphöra, ta slut*) end (*med* with; *på konsonant* in a consonant); come to (be at) an end, stop, cease; *Am. äv.* quit; (*~ sin anställning*) leave, quit; *~ gråta* stop crying; *han ~de läsa på sidan ...* he left off reading on page ...; *~ röka* give up (stop) smoking; *det kommer att ~ illa* it will end badly; *hon har ~t hos oss* she has left us; *hans liv ~de i fattigdom* he ended up in poverty; *~ i en spets* end in a point; *han ~de med några uppskattande ord* he wound up (concluded) with a few appreciative words; *~ till* shut, close **III** *slöt -it, rfl* **1** (*stänga sig*) shut, close; *~ sig inom sig själv* retire into one's shell **2** *~ sig till ngn* (*ngt*) join s.b. (s.th.); *~ sig tillsammans* (*om pers.*) unite **3** *~ sig till ngt* (*komma fram t.*) conclude (infer) s.th.
slut|akt *teat.* last (final) act **-anmärkning** closing remark, final observation **-are** *foto.* shutter **-avräkning** final settlement (account) **-behandla** conclude (*ett mål* a case); *saken är ~d* the matter is settled **-betalning** final payment (settlement) **-betyg** final (leaving) certificate **-en** *a3* **1** (*till-*) closed; (*förseglad*) sealed (*försändelse* package); *~ omröstning* secret ballot, ballot vote; [*tätt*] *-na led* serried ranks; *ett -et sällskap* a private company; *~ vokal* close vowel **2** (*inbunden*) reserved; *vard.* buttoned-up **-examen** final (leaving) examination **-fall** *mus.* cadence **-föra** bring ... to an end, conclude **-försäljning** clearance sale **-giltig** definitive, final **-it** *sup av sluta I o. III* **-kläm** closing remark, final comment; (*sammanfattning*) summing-up **-ledning** conclusion, deduction, inference; *log.* syllogism **-leverans** final delivery **-lig** [-u:-]*a1* final, ultimate; *~ skatt* final tax **-ligen** [-u:-] finally; (*till sist*) in the end, ultimately, eventually; (*omsider*) at last **-likvid** final (full) payment (settlement) **-lön** terminal (severance) pay **-muskel** *anat.* sphincter **-mål** ultimate objective **-omdöme** final verdict **-produkt** end-product(-item), finished product **-prov** final test **-punkt** extremity; terminal point **-redovisning** final statement of account **-replik** closing rejoinder; (*i pjäs*) closing lines **-resultat** final result **-sats** conclusion, inference; *dra sina ~er* draw one's conclusions **-sedel** *hand.* contract note, bill of sale **-signal** *sport.* final whistle **-skattesedel** final [income-tax] demand note **-skede** final stage (phase) **-spurt** final spurt; finish **-station** terminus; *Am.* terminal **-steg** (*i raket*) last (final) stage **-stycke** (*på eldvapen*) bolt **-summa** total [amount], sum total **-såld** sold out, out of stock; (*om bok*) out of print
slutt|a decline, slope [downwards]; descent; *~ brant* slope abruptly **-ande** *a4* inclined (*plan* plane); sloping (*axlar* shoulders); slanting (*tak* roof); *komma på det ~ planet* (*bildl.*) be on the downgrade **-ning** slope, descent
slut|uppgörelse final settlement **-vinjett** (*i bok e.d.*) tailpiece; *bildl.* concluding remark, (*höjdpunkt*) peak, culmination
slyna *s1* hussy, minx
slyngel *s2* young rascal; scamp **-aktig** *a1* ill-mannered **-åldern** **-åren** the awkward age
1 slå *s2* cross-bar, slat, rail
2 slå *slog slagit* **I 1** (*~ till, äv. bildl.*) strike (*ett slag* a blow; *ngn med häpnad* s.b. with amazement); hit; smite, knock; (*flera slag; besegra*) beat (*ngn gul o. blå* s.b. black and blue; *på trumma* the drum; *fienden* the enemy); (*om hjärta, puls*) beat, throb; (*om segel*) flap; *han slog henne* he beat (hit, struck) her; *samvetet slog mig* my conscience smote me; *det slog mig att* it struck me that; *~ en bonde* (*schack.*) take a pawn;

~ *broar* throw bridges (*över* across); ~ *kana* slide, go sliding; *fönstret står och ~r* the window keeps banging [to and fro]; *gäddan ~r* the pike is splashing about; *klockan ~r* the clock strikes; *en vara som ~r* a product that catches on; ~ *för en flicka* court (*Am. äv.* date) a girl; ~ *i dörrarna* bang the doors; ~ *en spik i väggen* knock (drive) a nail into the wall; *regnet ~r mot fönstret* the rain is beating against the window; *vågorna ~r mot stranden* the waves are beating on the shore; ~ *armarna om* put (throw) one's arms round; ~ *papper om* wrap up in paper; ~ *ett snöre om* tie up with string; ~ *en ring omkring* form a circle round; ~ *på stort* lay it on, do the thing in style; ~ *ngn till marken* knock s.b. down **2** (*meja*) mow, cut (*hö* hay) **3** (*hälla*) pour (*i, upp* out) **4** (*om fåglar*) warble **5** (*med beton. part.*) ~ *an a*) (*en sträng*) touch, strike, *b*) (*en ton*) strike up; ~ *an på* catch on with, captivate (*åhörarna* the audience); ~ *av a*) knock off, *b*) (*koppla ifrån*) switch off, *c*) (*hälla av*) pour off; ~ *av på priset* reduce (knock down) the price; ~ *av sig* get flat, lose strength; ~ *bort* throw away, (*tankar e.d.*) chase away, drive (shake) off; ~ *bort tanken på ...* dismiss the thought of ... from one's mind; ~ *bort ... med ett skämt* pass ... off with a joke; ~ *emellan* (*typ.*) lead [out], spaee out; ~ *i a*) (*spik*) knock (drive) in, *b*) (*hälla i*) pour out (in); ~ *i ngn ngt* drum s.th. into a p.'s head, (*lura*) talk s.b. into believing s.th.; ~ *igen a*) (*smälla igen*) slam, bang (*dörren* the door), (*stänga*) shut (*locket* the lid), close, shut down (*butiken* the shop), (*stängas*) shut [with a bang], *b*) (~ *tillbaka*) hit (strike) back; ~ *igenom a*) (*tränga igenom*) penetrate, soak through, *b*) (*lyckas*) succeed, make a name for o.s.; ~ *ihjäl* (*äv. tiden*) kill; ~ *ihop a*) (*händerna e.d.*) clap, (*smälla ihop*) clash ... together, *b*) (*fälla ihop*) fold [up], (*slå igen*) shut, *c*) (*förena*) put together, unite, combine; ~ *in a*) (*krossa*) smash, break, (*dörr*) force, *b*) (*paket e.d.*) wrap up ... (*i* in), *c*) (*besannas*) come true; ~ *in på en annan väg* turn into (take) another road, *bildl.* branch off, take another course; ~ *ner a*) (*t. marken*) knock down, *b*) (*driva ner*) beat (hammer) down (*en stolpe* a pole), *c*) (*fälla ner*) let down, (*ögonen*) lower, (*krage e.d.*) turn down, *d*) (*om åskan*) strike, *e*) (*om rovfågel o. bildl.*) swoop down, pounce; *röken ~r ner* the smoke is driving down[wards]; *nyheten slog ner som en bomb* the news broke like a bomb; ~ *om* (*bildl. o. om väder*) change; ~ *omkull* throw (knock) over (down); ~ *runt* somersault, overturn, (*festa*) go on the spree; ~ *sönder* break ... [to pieces]; ~ *till a*) strike, (*ngn äv.*) hit, *b*) (*inkoppla*) switch on, turn on, *c*) (*om relä e.d.*) pull up; ~ *tillbaka* hit (beat, strike) back, beat off (*ett anfall* an attack); ~ *upp a*) (*öppna*) open, (*dörr e.d.*) throw (fling) ... open, (*ord i ordbok e.d.*) look up, *b*) (*fästa upp*) stick up, (*affisch e.d.*) post up, *c*) (*fälla upp*) turn up (*kragen* the collar), pitch (*ett tält* a tent), *d*) (*förlovning*) break off, *e*) (*om lågor*) flare up; ~ *upp sidan 5* turn to (open at) page 5; ~ *upp en artikel på första sidan* splash an article over the front page; *hon har slagit upp med honom* she has broken it off with him; ~ *ut a*) knock (beat) out, (*fönster*) smash, *b*) (*breda ut*) open (*vingarna* its (*etc.*) wings), *c*) (*om träd, växt*) burst into leaf, come out, (*om knopp*) open, *d*) (*hälla ut*) poor out, (*spilla*) spill [out], *e*) (*fördela*) spread over (*kostnaderna* the costs); *lågorna slog ut från taket* the flames burst through the roof; *försöket slog väl ut* the experiment turned out well; ~ *över* (*gå t. överdrift*) overdo it; *vågorna slog över båten* the waves washed over the boat **II** *rfl* **1** (*göra sig illa*) hurt o.s.; ~ *sig fördärvad* smash o.s. up **2** ~ *sig för sitt bröst* beat one's breast; ~ *sig för pannan* strike one's forehead; *du kan ~ dig i backen på att han kommer* you bet he will come **3** (*bli krokig*) warp, cast **4** (*i prep. uttryck*) ~ *sig fram* (*bildl.*) make (fight) one's way [in the world]; ~ *sig ihop* (*för att köpa*) club together; ~ *sig ihop med* (*äv.*) join [forces with]; ~ *sig lös, se lös*; ~ *sig ner* sit down, (*bosätta sig*) settle [down]; ~ *sig på* (*ägna sig åt*) go into (*affärer* business); *sjukdomen slog sig på lungorna* the disease went to (affected) the lungs **-ende** *a4* striking (*likhet* resemblance)

slån *s3, s4* sloe, blackthorn **-bär** sloe

slåss *slogs slagits, dep* fight (*om* about; *med ngn* [with] s.b.)

slåtter ['slått-] *s2* haymaking **-gille** hay-harvest festival **-karl** haymaker **-maskin** mower

1 släcka *v3, sjö.,* ~ [*på*] slacken, ease [off]

2 släck|a *v3,* (*få att slockna*) extinguish, put out; (*elektr. ljus*) switch off, put out; (*gaslåga*) turn out; (*kalk; törst*) slake **-ning** extinction *etc.* **-ningsarbete** fire-fighting [work] **-ningsmanskap** fire-fighting squad; fire-fighters (*pl*) **-ningsredskap** fire[-fighting] appliance

släd|e *s2* sleigh; sledge; *åka* ~ sleigh, go sleigh-riding **-färd** sleigh-ride **-före** *bra* ~ good snow for sleighing **-parti** sleigh-excursion(-ride)

slägg|a *s1* sledge[-hammer]; *sport.* hammer; *kasta* ~ (*sport.*) throw the hammer **-kastare** hammer-thrower **-kastning** throwing the hammer

släkt I *s3* (*ätt*) family; (*-ingar*) relations, relatives (*pl*); *det ligger i ~en* it runs in the family; ~ *och vänner* friends and relations; *tjocka ~en* (*vard.*) near relations **II** *oböjl. pred. a* related (*med* to), of the same family (*med* as); *jag är ~ med honom* I am a relative of his; ~ *till ~en* related to one's relations; *vara nära* ~ be closely related; ~ *på långt håll* distantly related **-drag** family trait (characteristic) **-e** *s6* (*-led*) generation; (*ätt, ras*) race; *biol.* genus; *det manliga ~t* the male species **-fejd** family feud **-forskare** genealogist **-forskning** genealogy **-ing** relative, relation (*till mig* of mine) **-klenod** [family] heirloom **-kär** fond of (attached to) one's family **-led** generation **-möte** family gathering **-namn** family

name, surname; *biol.* generic name **-skap** *s3* relationship; *bildl.* affinity, kinship **-skapsförhållande** relationship **-tavla** genealogical table **-tycke** family likeness
1 slända *s1* (*redskap*) distaff
2 slända *s1, zool.* dragon-fly; neuropter[an]
släng *s2* **1** (*häftig rörelse*) toss, jerk (*med huvudet* of the head) **2** (*snirkel*) flourish **3** (*slag*) lash, cut **4** (*lindrigt anfall*) touch (*av influensa* of the flu); dash (*av galenskap* of madness) **-a** *v2* **1** (*kasta*) toss, jerk, fling; dash; ~ *av sig rocken* throw off one's coat; ~ *i sig maten* gulp down the food; ~ *på sig kläderna* throw one's clothes on **2** (*dingla*) dangle (*hit o. dit* to and fro); (*svänga*) swing; ~ *i dörrarna* slam the doors; ~ *med armarna* wave one's arms about **-d** *a1* (*skicklig*) clever, good (*i* at) **-gunga** swing **-kappa** Spanish cloak **-ig** *a1* (*ledlös*) loose-limbed; (*om handstil*) careless **-kyss** *kasta en* ~ *till ngn* blow s.b. a kiss **-kälke** merry-go-round on the ice **-polska** swinging reel
slänt *s3* slope
släntra saunter, stroll
släp *s7* **1** (*på klädesplagg*) train **2** (*-vagn*) trailer; *ha* (*ta*) *på* ~ have (take) ... in tow **3** (*slit*) toil, drudgery; *slit och* ~ toil and moil **-a I** *v1* **1** (*dra efter sig*) drag, trail; (*bogsera*) tow, tug; ~ *fötterna efter sig* drag one's feet; ~ *med sig* drag ... about with one; ~ *sig fram* drag o.s. along, *bildl.* drag [on] **2** (*hänga ner*) drag, trail (*i golvet* on the floor) **3** (*slita*) toil, drudge **II** *s1* sled, sledge **-ig** *a1* trailing, shuffling (*gång* gait); drawling (*röst* voice) **-kontakt** trailing (sliding) contact **-logg** patent log
släpp|a *v3* **1** (*låta falla*) let go; (*tappa*) drop, let ... slip **2** (*frige, lösa*) release, let ... loose; (*överge*) give up (*tanken på* the thought of); ~ *taget* release one's hold, let go **3** (*lossna*) come loose; leave hold **4** (*med beton. part.*) ~ *efter* release one's hold, *bildl.* get lax; ~ *efter på disciplinen* relax the discipline; ~ *fram* (*förbi*) let ... pass; ~ *ifrån sig* let ... go, part with, (*avstå från*) give up; ~ *in* let ... in, admit; ~ *lös* release, let ... loose; ~ *ner* (*sänka; lägga ner*) let down; ~ *på vatten* turn the water on; ~ *till pengar* contribute (furnish) money; ~ *ut* let out (*äv. sömn.*), (*fånge*) release **-hänt** *a1* butter-fingered; *bildl.* indulgent, easy-going (*mot ngn* towards, with) **-hänthet** indulgence; laxity
släp|räfsa hay sweep, sweeping rake **-skopa** drag[line] bucket **-tåg** *ha i* ~ (*bildl.*) have ... in tow, bring ... in one's (its) wake **-vagn** trailer
slät *a1* **1** smooth; (*jämn*) even, level; (*om mark äv.*) flat; *~t hår* smooth (sleek) hair **2** (*enkel*) plain; (*-struken*) mediocre; (*usel*) poor; *göra en* ~ *figur* cut a poor figure **-a** ~ [*till*] smooth ... [down]; (*platta till*) flatten; ~ *ut* smooth out [the creases in]; ~ *över* (*bildl.*) smooth over **-fila** smooth-file **-hugga** cut smooth **-hyvla** smooth-plane **-hårig** straight-haired; (*om hund*) smooth-haired **-kamma** comb ... smooth; *~d* (*äv.*) sleek-haired **-löpning** flat-race **-prick** *sjö.* spar buoy, marker **-rakad** *a5* clean-shaven **-struken** *a3, bildl.* mediocre, indifferent
1 slätt *adv* **1** smoothly; *ligga* ~ be smooth **2** *rätt och* ~ [quite] simply; *stå sig* ~ cut a poor figure, come off badly
2 slätt *s3* plain; (*hög-*) plateau **-bygd -land** plain, flat country
slät|var [-ä:-] *s2* brill **-välling** thin gruel
slö *a1* blunt, dull (*äv. bildl.*); (*dåsig*) inert; (*loj*) indolent, listless **-a** idle; *sitta och* ~ sit idle, be dawdling; ~ *till* get slack; (*dåsa till*) get drowsy
slödder ['slödd-] *s7* mob, rabble
slö|fock [-å-] *s2* dullard, mope **-het** bluntness *etc.*; indolence, lethargy
slöja [ˣslöjja] *s1* veil
slöjd *s3* handicraft; (*skolämne*) handicraft (woodwork, carpentry; needlework) instruction **-a** do woodwork (*etc.*) **-alster** handmade article
slöjdans dame of the veils
slöjd|lärare handicraft teacher **-sal** manual workshop **-skola** handicraft (arts and crafts) school
slök *imperf av sluka*
slör *s3, sjö.* free (large) wind **-a** sail (go) large
slös|a 1 (*använda t. övermått*) squander, be wasteful (lavish) (*med* with) **2** (*ödsla*) waste (*pengar* money), spend ... [lavishly], squander; (*beröm, omsorg o.d.*) lavish; ~ *bort* waste, squander **-aktig** *a1* lavish (*med* with), wasteful (*med* with, of); extravagant **-aktighet** lavishness *etc.*; extravagance **-ande** *a4, jfr -aktig*; ~ *prakt* lavish splendour **-are** spendthrift, squanderer **-eri** wastefulness, extravagance; waste (*med tiden* of time)
slöt *imperf av sluta*
smack *n, inte ett* ~ not a bit
smack|a smack; ~ *med tungan* click one's tongue; ~ *åt* (*häst*) gee up
smak *s3* taste (*av* of; *för* for) (*äv. bildl.*); (*arom*) flavour (*av vanilj* of vanilla); *~en är olika* tastes differ; *om tycke och* ~ *skall man inte diskutera* there is no accounting for tastes; *falla ngn i ~en* please s.b., strike a p.'s fancy; *få* ~ *för* take a liking to, get a taste for; *jag har förlorat ~en* I have lost my sense of taste; *ha god* (*säker*) ~ have an unerring taste; *en person med god* ~ a person of [good] taste; *äta med god* ~ eat with gusto (a relish); *i min* ~ to my taste; *den är inte i min* ~ (*äv.*) I don't fancy it; *sätta* ~ *på* give a flavour to, season; *ta* ~ *av ngt* take on the taste of s.th. **-a 1** (*av-, eg. o. bildl.*) taste, have a taste of (*äv. få ~, ~ på*'); (*erfara*) experience; ~ *av, se av-*; [*få*] ~ *riset* get a taste of the rod; *han ~r aldrig starkt* he never touches strong drink **II** (*ha viss smak*) taste, have a taste (*tomat* of tomato); ~ *gott* (*illa*) taste nice (bad), have a nice (bad) taste; *hur ~r det? a*) what does it taste like?, *b*) (*tycker du om det*) is it to your taste?; *nu skall det* ~ *med ...* ... will be welcome; ~ *på* taste; *låta sig ngt väl* ~ eat s.th. heartily, help o.s. liberally to; *det kostar mer än det ~r* it costs more than it is worth; *han ~de knappt på maten* he hardly

touched the food **-bit** bit to taste; (*prov*) sample **-domare** arbiter of taste **-full** tasteful; (*elegant*) stylish, elegant **-fullhet** tastefulness; style, elegance **-förbättring** improvement in taste **-försämring** impairment of taste **-lig** [-a:-] *a1* (*aptitlig*) appetizing; (*läcker*) delicate, dainty; tasty **-lök** *anat.* taste bud **-lös** tasteless (*äv. bildl.*); *eg. äv.* flat, insipid; *bildl. äv.* in bad taste **-löshet** tastelessness *etc.*; insipidity; *bildl.* bad taste **-nerv** gustatory nerve **-prov** sample **-riktning** taste; tendency, style **-råd** advice (*pers.:* adviser) in matters of taste **-sak** matter of taste **-sensation** taste sensation **-sinne** [sense of] taste **-sätta** flavour, season **-sättning** seasoning **-ämne** flavouring

smal *a1* (*mots. bred, vid*) narrow; (*mots. tjock*) thin; (*om pers. äv.*) lean; (*slank*) slender; *vara ~ om midjan* have a slender waist; *det är en ~ sak* (*bildl.*) it is a small matter (a trifle) **-axlad** *a5* narrow shouldered **-ben** lower shin **-bent** [-e:-] *a1* slender-(thin-)legged **-film** sub-standard (8 (16) mm) film **-filmskamera** cine camera

small *imperf av smälla*

smalna [-a:l-] narrow [off, down]; (*magra, bli tunnare*) grow thinner; (*t. en spets*) taper **-randig** narrow-striped **-spårig** *a1* narrow-gauge; *bildl.* narrow-minded

smaragd *s3* emerald **-grön** emerald-green

smart [-a:-] *a1* smart

smatt|er ['smatt-] *s7* **-ra** clatter; patter, rattle; (*av* (*om*) *trumpet*) blare

smed *s3* [black]smith **-ja** [-e:-] *s1* smithy; forge

smek *s7* caressing; (*kel*) fondling; (*ömhetsbetygelser*) caresses (*pl*) **-a** *v3* caress; (*kela med*) fondle; (*klappa*) pat **-ande** *a4* caressing; gentle, soft (*toner* tones) **-as** *v3, dep* caress [each other] **-månad** honeymoon **-namn** pet name **-ning** [-e:-] caress, endearment **-sam** [-e:-] *a1* caressing, fondling

1 smet *imperf av 1, 2 smita*

2 smet *s3* (*sörja*) sludge; *kokk.* paste, [cake] mixture; (*pannkaks-*) batter **-a** daub, smear (*på* on); *~ fast* stick; *~ av sig* make smears, (*om färg*) come off; *~ ner* [be-] smear, bedaub; *~ ner sig* make a mess of o.s. **-ig** *a1* smeary, sticky

smick|er ['smikk-] *s7* flattery; (*inställsamt*) blandishment; (*grovt*) blarney; *vard.* soft-soap **-ra** flatter, cajole; *~ sig med* flatter o.s. upon (*att ha gjort ngt* having done s.th.), plume o.s. on (*att vara* being) **-rande** *a4* flattering; *föga ~* hardly flattering **-rare** flatterer

smid|a *v2* forge (*äv. bildl.*); hammer; *bildl.* devise, concoct (*planer* schemes); *~ ihop* forge together, weld; *~ medan järnet är varmt* strike while the iron is hot **-bar** [-i:-] *a1* forgeable, malleable; *~t järn* malleable (wrought) iron **-barhet** [-i:-] malleability, forging quality **-d** *a5* forged; wrought, hammered **-e** *s6* forging; *~n* hardware (*sg*), iron goods, forgings **-esjärn** forging steel (iron), wrought iron **-esverkstad** forge, smithy **-ig** *a1* (*böjlig*) ductile, flexible; pliable, supple (*äv. bildl.*); (*vig*) lithe; *~a tyger* soft materials **-ighet** flexibility; pliability, suppleness

smil *s7* smile; (*hångrin*) grin; (*självbelåtet*) smirk **-a** smile; grin; smirk **-band** *dra på ~et* smile [faintly] (*åt* at) **-grop** dimple

smink *s4* make-up; (*rött*) rouge; *teat. äv.* grease paint **-a** make up, paint; paint o.s.; *teat.* make up **-loge** [-lå:ʃ] *s5* dressing-room **-ning** making-up; (*en ~*) make up **-stång** stick of grease paint **-ör** make-up man

smisk *s7* smack[ing] **-a** smack

1 smita *smet smitit* make off, run away; *vard.* hook it; (*från bilolycka*) hit and run

2 smita *smet smitit, ~ åt* (*om plagg*) be tight

smitit *sup av 1, 2 smita*

smitt|a I *s1* infection, contagion (*äv. bildl.*); *överföra ~* transmit infection **II** *v1, ~ [ner]* infect (*äv. bildl.*); *bli ~d* catch the infection (*av ngn* from s.b.); *han ~de henne* (*äv.*) she caught it from him; *exemplet ~r* the example is infectious **-ande** *a4* catching, infectious; *~ skratt* infectious laughter **-bärare** [disease] carrier **-fara** danger of infection **-fri** non-infectious(-contagious) **-förande** *a4* (*om pers.*) infectious; infected, contaminated; disease-carrying **-härd** focus (source) of infection **-koppor** *pl* smallpox (*sg*) **-källa** source of infection **-risk** risk of infection **-sam** *a1* catching; infectious; contagious (*äv. bildl.*) **-spridare** [disease] carrier **-ämne** infectious matter, contagion

smock [-å-] *s3*, (*rynkning*) smocking

smock|a [-å-] **I** *s1* biff **II** *v1*, *~ till ngn* sock s.b. **-full** crammed full (*med* of), chock-full

smoking ['små:-] *s2* dinner-jacket; *Am.* tuxedo; *vara klädd i ~* (*äv.*) wear a black tie **-skjorta** evening (*vard.* boiled) shirt

smolk [-å-] *s7* mote; some dirt (*i ögat* in one's eye); *det har kommit ~ i mjölken* (*bildl.*) there is a fly in the ointment

smor|d [-ɷ:-] *a5* greased; oiled; *Herrans ~e* the Lord's anointed; *det går som -t* it goes like clockwork **-de** *imperf av smörja II* **-läder** grain-leather **-t** *sup av smörja II*

smugg|elgods smuggled goods (*pl*), contraband; *vard.* run goods (*pl*) **-eltrafik** smuggling **-la** smuggle **-lare** smuggler; (*sprit-*) bootlegger **-ling** smuggling

smugit *sup av smyga*

1 smul *a1, sjö.* smooth

2 smul *r el. n, inte ett ~* not a scrap **-a I** *s1* **1** (*bröd- etc.*) crumb; *-or* (*äv.*) scraps; *små -or är också bröd* better half a loaf than no bread **2** *bildl.* particle, fragment, atom; *en ~* a bit (trifle, little); *den ~ franska han kan* the little French he knows **II** *v1, ~ [sönder]* crumble; *~ sig* crumble **-ig** *a1* crumbly, full of crumbs

smultron [-ån] *s7* wild strawberry **-ställe** *eg.* place where wild strawberries grow

smuss|el ['smuss-] *s7, ej pl* underhand practices (*pl*); *vard.* hanky-panky **-la** practice underhand tricks, cheat, swindle; *~ in* smuggle (slip) in; *~ till ngn ngt* slip s.b. s.th.; *~ undan* smuggle out of the way

smuts *s3* dirt, filth (*äv. bildl.*); (*gat- etc.*) mud, soil; *dra* (*släpa*) *i ~en* drag through the mire **-a** *~ [ner]* make ... dirty, soil; (*smeta ner*) muck up; (*fläcka*) stain; *~ ner sig* get dirty; *~ ner sig om händerna* get one's hands dirty **-brun** dirty brown **-fläck**

blotch, smudge **-gris** (*om barn*) dirty [little] grub **-ig** *a1* dirty; filthy; (*äv. bildl.*); *bildl. äv.* foul; (*om gator etc.*) muddy; *bli* ~ get dirty; *vara* ~ *om händerna* have grubby hands **-kasta** *bildl.* throw mud at; defame **-kastning** mud-throwing; defamation **-kläder** dirty linen (*sg*) **-litteratur** gutter literature **-säck** dirty- clothes bag **-titel** *boktr.* half (bastard) title **-tvätt** *se -kläder* **-vatten** slops (*pl*)

smutta ~ [*på*] sip

smyck|a adorn, ornament; (*dekorera*) decorate **-e** *s6* piece of jewellery (*Am.* jewelry), trinket; *bildl.* ornament; *~n* jewellery (*sg*) **-eskrin** jewel box (case)

smyg 1 *s2, se fönster-* **2** *i uttr.: i* ~ stealthily, furtively, on the sly **-a** *smög smugit* **1** (*smussla*) ~ [*in*] slip (*ngt i handen på ngn* s.th. into a p.'s hand) **2** (*oförmärkt glida*) sneak (*som en indian* like an Indian); *gå och* ~ [go] sneak[ing] about; *komma ~nde* come sneaking **3** *rfl* steal, sneak (*bort* away); ~ *sig intill ngn* snuggle up to s.b.; ~ *sig på ngn* steal up to s.b. **-ande** *a4* sneaking; lurking (*misstanke* suspicion); insidious (*sjukdom* illness; *gift* poison) **-handel** illicit trade **-läsa** read ... on the sly **-väg** secret path; *~ar* (*bildl.*) underhand means

små *smått smärre*; *i stället för felande former används liten* (*jfr liten*) little; small; *bildl. äv.* petty; ~ *barn* little (small) children; ~ *bokstäver* small letters; *de* ~ (*barnen*) the little ones; *stora och* ~ great and small, (*om pers. äv.*) old and young **-aktig** *a1* petty, mean; *Am. äv.* picayune **-aktighet** pettiness, meanness **-barn** little children; infants **-barnsaktig** *a1* childish **-barnsåldern** infancy; childhood **-belopp** small amounts (sums) **-bil** small car; (*mycket liten*) mini-car **-bildskamera** miniature camera, minicamera **-blommig** ... with small flowers **-bord** small tables **-borgerlig** [petit] bourgeois **-bruk** small-holding, small farm **-brukare** smallholder, small farmer **-bröd** *koll.* biscuits (*pl*); *Am.* cookies (*pl*) **-båtshamn** harbour for small boats **-delar** particles, small parts **-fel** *pl* petty faults (errors); *tekn.* small (minor) defects **-fisk** *koll.* [small] fry **-flickor** little girls **-franska** French roll **-frusen** chilly **-fräck** cheeky **-fågel** small bird[s] **-företagare** *pl* owners of small firms (businesses, companies) **-gata** by-street **-gnola** hum **-grisar** piglets, young pigs **-gräla** bicker **-husbebyggelse** area of one-family houses **-kaka** *se -bröd* **-klasser** first three forms in primary school **-koka** simmer **-krafs** odds and ends (*pl*) **-kryp** insect; *vard.* bug **-krämpor** aches and pains **-le** smile (*mot* at) **-leende I** *a4* smiling **II** *s6* smile **-mynt** *se -pengar* **-mönstrad** small-patterned

småningom [-åm] [*så*] ~ (*efter hand*) gradually, little by little, (*med tiden*) by and by

små|noga finical **-näpen -nätt** sweet little ... **-ord** *pl* small words; *gram.* particles **-pengar** small change (*sg*) **-plock** *koll.* odds and ends (*pl*) **-pojkar** little boys **-prat** chat, small talk **-prata** chat **-prickig** ... with small dots **-randig** narrow-striped **-regna** drizzle **-rolig** [quietly] amusing, droll **-rutig** small-checked **-rätter** *ung.* hors d'œuvres **-sak** trifle, small (little) thing; *hänga upp sig på ~er* worry about little (unimportant) things; *det är inte ~er* it is no light matter **-sint** *a1, se -aktig* **-skog** brushwood **-skola** infant school **-skol[e]lärare** infant teacher **-skratta** chuckle **-skrift** pamphlet, booklet **-skulder** small (petty) debts **-skuren** *a3* fine[ly] cut; *bildl. se -aktig* **-slantar** *se -pengar* **-slug** shrewd, artful **-snål** cheese-paring **-springa** half run, trot **-stad** small town; (*landsorts-*) country (provincial) town **-stadsaktig** *a1* provincial **-stadsbo** inhabitant of a small town (*etc.*), provincial **-sten** *koll.* pebbles (*pl*) **-summor** small (petty) sums **-sur** sulky **-svära** swear under one's breath **-syskon** *pl* small (younger) sisters and brothers **-timmarna** the small hours; *fram på* ~ in the small hours of the morning **-tokig** scatty **-trevlig** cosy; (*om pers.*) pleasant

smått I *a, jfr små* little, small; ~ *och gott* a little of everything; *ha det* ~ be badly off; *ha* ~ *om* be short of; *hacka ngt* ~ chop s.th. small **II** *adv* a little; slightly, somewhat (*förälskad* in love) **III** *s, i vissa uttr.: vänta* ~ expect a baby; *i* ~ in little [things], in a small way, on a small scale; *i stort som* ~ in great as in little things **-ing** baby, youngster; *~arna* (*äv.*) the children (kids)

småtvätt *s2, ej pl* smalls (*pl*)

små|varmt *best. f. det -varma, koll.* hot snack **-vägar** bypaths **-växt** *a4* (*om pers.*) short [of stature]; (*om djur*) small; (*om växt*) low

smäcker ['smäkk-] *a2* slender

smäd|a abuse; (*ärekränka*) defame; ~ *Gud* blaspheme **-edikt** lampoon, libellous poem **-else** abuse; defamation; *~r* invectives **-eskrift** libel[lous pamphlet], lampoon **-lig** [-ä:-] *a1* abusive

smäktande *a4* (*trånande*) languishing; (*ljuv*) melting

smälek *s2* disgrace, ignominy; *lida* ~ suffer (be put to) shame

smäll 1 *s7, få* ~ get a spanking (smacking) **2** *s2* (*knall, skräll*) bang, crack; *dörren slog igen med en* ~ the door shut with a bang (slammed to) **3** *s2* (*slag*) smack, slap; (*med piska*) lash **-a** *v2, imperf i intransitiv betydelse äv. small* **1** (*slå*) slap; (*ge ngn smäll*) spank, smack **2** (*frambringa en smäll*) crack; ~ *i dörrarna* bang (slam) the doors; ~ *med piskan* crack the whip; *nu -er det!* off it goes!; ~ *igen* shut [...] with a bang, ([*om*] *dörr*) bang, slam **-fet** immensely fat **-kall** bitterly cold **-karamell** cracker **-kyss** smack

smält|a I *s1 tekn.* [s]melt **II** *v3* **1** (*göra flytande*) melt; (*metall äv.*) smelt, fuse; (*mat o.d.*; *bildl.*) digest; *bildl. äv.* put up with, swallow (*förtreten* one's annoyance) **2** (*övergå t. flytande form*) melt (*äv. bildl.*); (*om is, snö äv.*) thaw; (*lösa sig*) dissolve; (*vekna*) soften; ~ *ihop* fuse (*äv. bildl.*); (*minskas*) dwindle [down]; ... *-er i munnen* ... melts in the mouth; ~ *ner* [s]melt down; ~ *samman* fuse (*äv. bildl.*); ~ *samman med* (*äv.*) merge into **-ande** *a4* melting (*toner* tones); *bildl. äv.* liquid **-degel** crucible, melting-pot **-hytta** smelting works **-ning** [s]melting *etc.*; liquefaction; dissolution; fusion; (*av mat*) digestion **-ost** processed cheese **-punkt** melting-(fusing-)point **-säkring** [safety] fuse **-ugn** [s]melting-furnace **-vatten** melted snow (ice) **-värme** fusion (melting) heat

smärgel [ˣsmärrjel, 'smärr-] *s9* emery **-duk** emery-cloth **-skiva** emery-wheel

smärgla [-j-] emery, grind (polish) with emery

smärre *komp. t. små* smaller; minor (*fel* faults)

smärt *a1* slender, slim

smärt|a I *s1* pain; (*häftig, kort*) pang, twinge [of pain]; (*pina*) agony, torment; (*lidande*) suffering; (*sorg, bedrövelse*) grief, affliction, distress; *känna ~* feel (be in) pain, (*själsligt*) be grieved (pained) (*över* at); *med ~ hör jag att* I am grieved to hear that **II** *v1* pain; (*själsligt äv.*) grieve (*djupt* deeply) **-fri** painless; (*smidig*) smooth **-förnimmelse** sensation of pain

smärting canvas

smärt|punkt focus of pain **-sam** *a1* painful; (*själsligt äv.*) sad, grievous, distressing; *ytterst ~ma plågor* (*äv.*) extreme pain (*sg*) **-stillande** *a4* pain-relieving, analgesic; (*lugnande*) sedative; *~ medel* analgesic, anodyne, sedative

smög *imperf av smyga*

smör *s7* butter; *breda ~ på* spread ... with butter, spread butter on, butter; *gå åt som ~ i solsken* sell like hot cakes; *inte för allt ~ i Småland* not for all the tea in China; *se ut som om man sålt ~et och tappat pengarna* look as though one has made a fortune and lost it; *komma* [*sig*] *upp i ~et* be in clover, be in high favour **-ask** butter-box **-bakelse** puff-pastry cake **-blomma** buttercup **-boll** *bot.* globe flower **-deg** puff-paste **-dosa** butter dish **-fett** butterfat; butyrine **-gås** [ˣsmörr-] *s2* [piece (slice) of] bread and butter; (*med pålägg*) open sandwich; *kasta ~* (*lek*) play ducks and drakes **-gåsbord** smorgasbord; hors d'œuvres (*pl*) **-gåsmat** sliced meats (cheese *etc.*) used on open sandwiches (*pl*) **-gåsnisse** *s2* assistant waiter; *Am.* bus boy

smörj *s7* thrashing, licking **-a I** *s1* **1** (*-medel*) grease, lubricant **2** (*skräp*) rubbish, trash; *prata ~* talk nonsense (rubbish) **II** *smorde smort* **1** grease, lubricate; (*med olja*) oil; (*med salva*) salve; (*bestryka*) smear; *~ in a*) (*ett ämne*) rub in *b*) (*ngn, ngt*) *dets. som ~* **2** *~ ngn* (*smickra*) butter s.b. up, (*muta*) grease (oil) a p.'s palm **-are** greaser, oiler **-else 1** (*-ning*) anointing **2** (*salva*) ointment; (*helig olja*) chrism; *sista ~n* the extreme unction **-fett** [lubricating] grease (fat) **-hål** lubricating (oil) hole **-ig** *a1* (*smutsig*) greasy, smeary **-kanna** oil-(lubricating-)can **-kopp** oil-(lubricating-)cup **-medel** *tekn.* lubricant **-ning** greasing *etc.*; lubrication **-nippel** oil (grease) nipple **-olja** lubricating oil **-spruta** grease (lubricating) gun

smör|klick pat of butter **-kniv** butter knife **-kärna** churn **-papper** greaseproof paper **-sopp** *s2* Boletus luteus, ringed boletus **-syra** butyric acid

snabb *a1* rapid, swift (*rörelse* motion); speedy; fast (*löpare* runner); prompt, quick (*svar* reply); *~ i vändningarna* nimble, alert, agile; *~t tillfrisknande* speedy recovery **-eld** *mil.* rapid firing **-fotad** *a5* fleet-(swift-) footed **-förband** adhesive plaster **-gående** *a4* fast, high-speed **-het** swiftness *etc.*; rapidity; speed **-kaffe** instant coffee **-kurs** short (concentrated) course **-köpsbutik** self-service shop **-läsning** speed reading **-seglande** [-e:-] *a4* fast[-sailing] **-seglare** fast[-sailing] vessel **-simmare** fast (racing) swimmer **-skjutande** [-ʃ-] *a4* quick-firing **-skrift** shorthand [writing] **-skrivare** *databeh.* high-speed printer **-telefon** intercom[telephone] **-tänkt** *a1* quick-(ready-) witted **-tänkthet** quickness of wit **-växande** fast-growing

snabel ['sna:-] *s2* trunk

snack *s7, se prat, strunt* **-a** chatter, chat

snagg|ad *a5* cropped **-ning** crew cut

snappa snatch, snap (*efter* at); *~ bort* snatch away; *~ upp* snatch (pick) up; *~ upp några ord* catch a few words

snapphane *s2, hist.* pro-Danish partisan in Scania (17th C.)

snaps *s2* snaps

snar *a1* speedy (*bättring* recovery); quick (*t. vrede* to anger); *inom en ~ framtid* in the immediate (near) future

snar|a I *s1* snare; (*fälla*) trap; (*fågel-*) springe; *lägga ut -or för* set (lay) traps for; *fastna i ~n* fall into the trap (*äv. bildl.*) **II** *v1* snare

snar|are *adv* **1** (*hellre*) rather; *~ kort än lång* short rather than long; *det är ~ så att ...* the fact is that ... if anything; *jag tror ~ att* I am more inclined to think that **2** (*snabbare*) sooner **-ast** *adv* **1** *~* [*möjligt*] as soon as possible, at one's earliest convenience, without delay **2** (*egentligen*) ... if anything **-fager** pretty-pretty

snark|a snore **-ning** snore; *~ar* (*äv.*) snoring (*sg*)

snar|lik rather like; *~ i form* much of the same shape; *en ~ historia* an analogous (similar) story **-likhet** close similarity **-stucken** *a5* ... quick to take offence; touchy, susceptible **-stuckenhet** touchiness **-t** [-a:-] *adv* soon; (*inom kort*) shortly, before long; *alltför ~* only too soon; *~ sagt* well-nigh, not far off; *så ~* [*som*] as soon as, directly; *så ~ som möjligt, se -ast 1* **-tänkt** *a1* ready-(quick-)witted

snask *s7* sweets (*pl*); *Am.* candy **-a 1** eat sweets; *~ i sig* munch **2** *~ ner* make a mess on (of); *~ ner sig* mess o.s. up **-ig** *a1* messy, dirty

snatta pilfer, pinch, filch

snatter ['snatt-] *s7* quack[ing]; gabble (*äv. bildl.*); *bildl. äv.* jabber

snatteri petty theft, *jur.* petty larcency; (*butiks-*) shop-lifting

snattra (*om fågel*) quack; gabble (*äv. bildl.*; *bildl. äv.* jabber

snava stumble, trip (*på* over)

sned I *a1* (*om linje, vinkel e.d.*) oblique; (*lutande*) slanting, sloping, inclined; (*skev*) askew, warped; (*krokig*) crooked; (*rygg* back); *kasta ~a blickar på* look askance at

II *s i uttr.: sitta (hänga) på ~* be (hang) askew (on one side, awry); *gå på ~ (bildl.)* go [all] wrong (awry); *komma på ~ (bildl.)* go astray; *lägga huvudet på ~* put one's head on one side **-bena** side-parting

snedd|a 1 (*gå snett [över]*) edge; *~ förbi* pass by; *~ över gatan* slant across (cross) the street **2** (*avskära på -en*) slant, slope; *tekn.* bevel **-en** *s best. f. i uttr.: på ~* obliquely, diagonally; *klippa ett tyg på ~* cut a piece of cloth on the cross (bias)

sned|gången *a5* (*om sko*) worn down on one side **-het** [-e:d-] obliqueness, obliquity; (*krokighet*) crookedness **-hugga** bevel **-klaff** sloping top **-remsa** bias strip (band) **-skuren** *a5* ... cut obliquely (*om tyg:* [on the] bias) **-språng** side-leap; *bildl.* slip, lapse, escapade **-steg** *jfr -språng* **-streck** slanting line **-tak** sloping roof **-vinklig** *a1* oblique-angled **-vriden** distorted (*äv. bildl.*), warped **-ögd** *a1* slant-eyed

snegla [×sne:-, ×snegg-] ogle; *~ på* ogle, look askance at, (*lömskt*) leer at

snett *adv* obliquely; awry, askew; *bo ~ emot* live nearly opposite; *gå ~ över gatan* cross the street diagonally; *gå ~ på skorna* wear one's shoes down on one side; *hänga ~* hang awry (crooked); *se ~ på ngn* look askance at s.b.

snibb *s2* corner, point; (*spets äv.*) tip **-ig** *a1* pointed

snickar|bänk joiner's bench **-e** (*möbel-*) joiner, cabinet-maker; (*byggnads-*) carpenter **-glädje** *skämts.* ornate decorative carving **-lim** joiner's glue **-verkstad** joiner's (carpenter's) workshop

snickeri 1 (*snickrande*) joinery, carpentry **2** *se snickarverkstad* **3** (*snickararbete*) piece of carpentry[-work] **-arbete** *se snickeri 3* **-fabrik** joinery (carpentry) shop

snickra do joinery (carpentry) work, do woodwork; *~ en möbel* make a piece of furniture

snicksnack *s7* chit-chat

snid|a carve [... in wood] **-are** wood-carver **-eri** carving; *konkr. äv.* carved work

snig|el *s2* slug; (*med hus*) snail **-elfart** *med ~* at a snail's pace **-la** [-i:-] *~ sig fram* creep along (forward)

sniken *a3* avaricious, greedy (*efter, på* of) **-het** greed[iness]

snill|e *s6* genius; *han är ett ~* he is a man of genius **-eblixt** brainwave, flash of genius **-rik** *a1* brilliant (*uppfinnare* inventor); (*om pers. äv.*) ... of genius **-rikhet** genius

snip|a *s1* (*båt*) gig **-ig** *a1* pointed, peaked

snirk|el *s2, byggn.* volute; (*släng*) flourish **-lad** *a5* (*krystad*) ornate

snits *s2* chic, style; *sätta ~ på ngt* give s.th. style

snitsel *s2* **1** (*pappersremsa*) paper-strip **2** (*av sockerbetor*) beet-slices (*pl*) **-jakt** paper-chase

snitsig *a1* elegant, chic

snitt *s7* **1** (*skärning*) cut, section; *kir.* incision; *gyllene ~et* (*mat.*) the golden section **2** (*preparat*) section-cutting **3** (*tvär-*) section **4** (*trä-*) [wood-]cut **5** (*på kläder*) cut, pattern **6** (*bok-*) edge **-blomma** cut flower **-yta** cut, section (*etc.*) surface

sno *v4* **1** (*hopvrida*) twist; (*tvinna*) twine; (*vira*) twirl (*tummarna* one's thumbs); (*linda*) turn, wind; *~ ett rep om* wind a rope round **2** (*springa*) scamper, run; *~ runt på klacken* turn on the heel; *~ om hörnet* dash round the corner **3** *rfl* twist, get twisted (*hoptrasslad:* entangled); (*skynda sig*) hurry [up]

snobb [-å-] *s2* snob; (*kläd-*) dandy, fop **-a** *~ [med]* show off, swank about **-eri** snobbery, dandyism **-ig** *a1* (*sprättaktig*) snobbish, *vard.* stuck up; (*överdrivet elegant*) foppish

snodd *s3, konkr.* string, cord; (*t. garnering*) lace

snok *s2* grass snake

snoka spy, pry; poke, ferret; *gå och ~* go prying about, *vard.* snoop; *~ efter* hunt for; *~ i* poke [one's nose] into; *~ igenom* rummage; *~ reda på* hunt up, ferret out

snopen *a3* baffled, crestfallen; *se ~ ut (äv.)* look blank (foolish); *han blev något [till] ~* he was struck all of a heap

snopp [-å-] *s2* (*ljus-*) snuff, trim; (*bär-*) tail **-a** (*ljus*) snuff; (*bär e.d.*) top and tail; (*cigarr*) cut; *~ av ngn (bildl.)* snub s.b., take s.b. down a peg or two

snor *s7 vard.* snot **-gärs** [-j-] *s2* **1** *zool.* ruff **2** *se -unge* **-ig** *a1* snivelling, snotty

snorkel ['snårr-] *s2* snorkel

snorkig [-å-] *a1* snooty

snor|unge -valp *vard.* snotty kid, whelp

snubbla stumble [and fall]

snubbor *pl* snubbing, rating (*sg*)

snudd *s2* light touch; *~ på skandal* little short of a scandal; *~ på seger* on the verge of victory **-a** *~ vid* graze, brush against, *Am.* sideswipe, *bildl.* touch [up]on

snugga *s1* (*pipa*) cutty[-pipe]

snurr *s7* (*-ande*) whirl, rotation; *rena ~en* (*galenskapen*) sheer madness **-a I** *s1* (*leksak*) top **II** *v1* **1** (*rotera*) whirl, spin; *~ runt* go round and round, rotate; *det ~r runt i huvudet på mig* my head is spinning **2** (*låta rotera*) spin, whirl **-ig** *a1* dizzy; (*virrig*) confused, muddled

snus *s4* snuff; *en pris ~* a pinch of snuff **-a 1** (*använda snus*) take snuff **2** (*lukta*) sniff (*på* at); (*under sömnen*) breathe heavily **-ande** *a4* snuff-taking **-dosa** snuff-box **-en** ['snu:-] *s best. f., vard., vara på ~* be tipsy **-förnuft** knowingness **-förnuftig** would-be-wise; (*om barn*) precocious; *en ~ person* a wiseacre, a know-all

snusk *s7* dirt[iness]; uncleanness, squalor **-a** *~ ner* mess ... up, soil **-ig** *a1* dirty, squalid; filthy, smutty (*historia* story) **-pelle** *s2* dirty [little] pig

snus|malen *a5, -malet kaffe* finely-ground (pulverized) coffee **-näsduk** bandana **-torr** [as] dry as dust (*äv. bildl.*)

snut *s2, vard.* **1** (*trut*) snout **2** (*polis*) cop[per]

snutit *sup av snyta*

snuv|a *s1* head cold; *få ~* catch (get) a cold **-ig** *a1, vara ~* have a cold in the head

snyft|a sob (*fram* out); *~ till* give a sob **-ning** sob

snygg *a1* tidy; (*ren*) clean; *iron. äv.* fine, pretty; *det var en ~ historia!* that's a pretty story! **-a** *~ upp* make tidy, tidy up; *~ till sig* make o.s. presentable **-het** tidiness;

cleanliness **-t** *adv* tidily; (*prydligt*) neatly; ~ *klädd* nicely (well) dressed

snylt|a be a parasite (sponge) (*på* on) **-gäst** parasite, sponger

snyt|a *snöt snutit* **1** wipe a p.'s nose; (*ljus*) snuff; *det är inte snutet ur näsan* it's not just a case of pressing a button; ~ *sig* blow one's nose **2** (*snatta*) pinch, snatch; (*lura*) cheat **-ing** punch on the nose **-ning** [-y:-] blowing (wiping) of the nose

snål *a1* **1** stingy; (*knusslig*) parsimonious, mean, cheese-paring **2** (*bitande*) cutting (*blåst* wind) **-a** be stingy *etc.*, pinch and screw; ~ *in på ngt* save on s.th. **-het** [-å:-] stinginess *etc.*; ~*en bedrar visheten* penny wise pound foolish **-jåp** *s2* miser, skinflint **-skjuts** *åka* ~ get a lift, *bildl.* take advantage [of] **-varg** *se -jåp*

snår *s7* thicket; brush **-ig** *a1* brushy **-skog** brushwood, underwood

snäck|a *s1* **1** *zool.* mollusc; (*trädgårds-*) helix; (*-skal*) shell; *anat.* cochlea **2** *tekn.* worm **-formig** [-å-] *a1* spiral, helical **-skal** shell **-växel** worm gear

snäll *a1* good; (*av naturen*) good-natured; (*vänlig*) kind, nice (*mot* to); ~*a du!* my dear!; *vara* ~ *a*) (*om barn*) be good, *b*) (*om vuxen*) be kind; *var* ~ *och stäng dörren* please shut the door; *har barnen varit* ~*a?* have the children behaved themselves? **-het** goodness *etc.*

snäll|press high-speed (cylinder) press **-tåg** express [train], fast train **-tågsbiljett** supplementary express [train] ticket **-tågsfart** *med* ~ at express speed

snäppa *s1, zool.* (*drill-*) common sandpiper

snärj *s7* (*jäkt*) hectic time **-a** *v2* [en]snare, entangle (*i* in) (*äv. bildl.*); *bildl. äv.* catch; ~ *in sig i* get entangled in **-ande** *a4, bildl.* insidious (*frågor* questions) **-ig** *a1, eg.* tangled; (*jäktig*) hectic; (*jobbig*) laborious

snärt *s2* **1** (*på piska*) lash, thong **2** (*slag*) lash **3** (*stickord*) gibe, taunt **-a** ~ [*till*] lash; (*pika*) gibe at, make a crack at **-ig** *a1* cutting (*svar* reply)

snäs|a **I** *v3* speak harshly to, snap at **II** *s1* snub[bing], rating, rebuff **-ig** *a1* snappish, brusque **-ning** [-ä:-] *se -a II*

snäv *a1* **1** (*trång*) narrow; (*om plagg*) tight, close **2** (*ovänlig*) stiff, cold; curt (*svar* answer)

snö *s3* snow; *tala inte om den* ~ *som föll i fjol* let bygones be bygones; *det som göms i* ~ *kommer upp i tö* there is no secret time will not reveal **-a** snow; *det* ~*r* it is snowing; *vägen har* ~*t igen* the road is blocked (covered) with snow **-blandad** *-blandat regn* sleet **-blind** snow-blind **-boll** snowball **-bollskrig** snowball fight **-by** snow squall

snöd *a1* sordid, vile

snö|driva snow-drift **-droppe** *bot.* snowdrop **-fall** snowfall, fall of snow **-flinga** snowflake **-fästning** snow castle **-glopp** [-å-] *s7* sleet **-grotta** igloo **-gräns** snow-line **-gubbe** snowman **-hinder** snow obstruction **-ig** *a1* snowy **-kedja** tyre chain, non-skid-chain **-klädd** snow-clad **-lykta** lantern made of snowballs

snöp|a *v3* geld **-ing** gelding

snöplig [-ö:-] *a1* ignominious, inglorious; *få ett* ~*t slut* come to a sad (sorry) end

snöplog snow-plough **-ning** [-ɑ:-] snow-ploughing

snör|a *v2* lace [up]; ~ *fast* fasten [with a lace]; ~ *till* lace up (*ett par skor* a pair of shoes); ~ *på sig* put on (*skridskorna* the skates); ~ *upp* unlace; ~ *åt* draw together, (*hårdare*) tighten; ~ *sig* lace o.s. up **-e** *s6* string, cord; (*segelgarn*) twine; (*prydnads-*) braid **-hål** lace-hole, eyelet

snöripa *s1* ptarmigan

snör|liv stays (*pl*), corset; *ett* ~ a pair of stays **-makare** lace-maker **-makeri** (*hantverk*) lace-making; (*-verkstad*) passementerie workshop; ~*er* (*tränsar m.m.*) lace (*sg*), braids and trimmings **-ning** [-ö:-] lacing

snörp|a *v3* purse (*ihop* up); ~ *på* (*med*) *munnen* purse (screw up) one's mouth **-vad** *s2* purse seine (net)

snör|rem lace; (*läder-*) strap **-rät** [as] straight as an arrow **-sko** laced shoe **-stump** piece of string

snörvl|a snuffle, speak through one's (the) nose **-ing** snuffling; (*en* ~) snuffle

snö|skata fieldfare **-sko** snow-shoe **-skoter** snow scooter **-skottare** [-å-] snow-clearer (-shoveller) **-skottning** [-å-] snow-clearing **-skovel** *se -skyffel* **-skred** avalanche **-skydd** snowbreak **-skyffel** snow-shovel **-slask** sleet; slush **-smältning** melting (thawing) of [the] snow **-sparv** snow bunting **-storm** snowstorm; blizzard **-sväng** *s2, vard.* snow clearance squad **-sörja** slush, melting snow

snöt *imperf av snyta*

snö|tjocka snow-fog **-täcke** covering of snow **-täckt** *a4* snow-covered **-vit** snowy, snow-white; *S*~ Snow White **-yra** whirling snow, snowstorm

so *best. f. son, som pl används suggor* sow

soaré *s3* soirée, evening entertainment; *musikalisk* ~ musical evening

sobel ['så:-] *s2* sable **-päls** sable-coat

sober ['så:-] *a2* sober; subdued

social *a1* social **-antropologi** cultural (social) anthropology **-arbetare** social (welfare) worker **-demokrat** social democrat **-demokrati** social democracy **-demokratisk** social democratic **-departement** ~*et* the Ministry for Social Affairs, *Engl. ung.* the Ministry of Pensions and National Insurance, *Am. ung.* the Department of Health, Education and Welfare **-försäkring** national (social) insurance **-grupp** social group; ~ *1* [the] upper class; ~ *2* [the] middle class; ~ *3* [the] working (lower) class **-hjälp** [public] assistance allowance; *få* ~ receive public assistance, be on relief **-isera** socialize; nationalize **-isering** socialization; nationalization **-ism** socialism (*äv.* ~*en*) **-ist** socialist **-istisk** *a5* socialist[ic] **-lagstiftning** social (*Am.* security) legislation **-liberal** liberal social reformer **-medicin** social[ized] medicine **-minister** minister for social affairs **-nämnd** social welfare committee **-politik** social [welfare] policy; social politics (*pl*) **-politisk** socio-political, of social policy **-vetenskap** social science[s *pl*] **-vetenskaplig** of social science[s] **-vetenskapsman** sociologist **-vård** social welfare (assistance)

-vårdare welfare officer, social worker **-vårdsbyrå** [local] social welfare office (bureau)
societet *s3* society
societets|dam socialite **-hus** club-house, casino
sociolog sociologist **-i** *s3* sociology **-isk** *a5* sociological
socionom graduate from a school of socia studies
socka [ˣsåkka] *s1* sock
sockel ['såkk-] *s2* (*byggn.; postament*) base, plinth; (*fattning*) holder, mounting; (*lamp-*) socket
socken ['sokk-] *socknen socknar* parish **-bo** parishioner; *~r* (*äv.*) the inhabitants of a parish **-dräkt** *ung.* peasant costume **-kyrka** parish church **-stämma** parish meeting
socker ['såkk-] *s7* sugar **-bagare** confectioner **-beta** sugar-beet **-bit** lump of sugar **-bruk** sugar mill (refinery) **-dricka** *ung.* lemonade **-haltig** *a1* containing sugar **-kaka** sponge-cake **-lag** *s7* syrup [of sugar] **-lönn** rock-(sugar-)maple **-lösning** sugar solution **-piller** sugar-coated pill **-plantage** sugar plantation **-pulla** sugarplum **-raffinaderi** sugar refinery **-rör** sugar-cane **-sjuk** diabetic **-sjuka** diabetes **-skål** sugar basin **-ströare** sugar-sifter(-castor) **-söt** [as] sweet as sugar; *bildl. äv.* sugary, honeyed **-topp** sugar loaf **-tång** sugar-tongs (*pl*) **-vatten** sugared water **-ärter** sugar peas
sockra [ˣsåkk-] sweeten [... with sugar], sugar; *~ på* put sugar in (on); *~ sig* sugar, crystallize
soda *s9* soda **-lut** soda-lye **-vatten** soda water
sodomi *s3* sodomy
soff|a [ˣsåffa] *s1* sofa; (*liten*) settee; (*trädgårds-*) seat **-bord** sofa table **-grupp** three-piece suite **-kudde** sofa cushion **-liggare** idler; (*vid val*) abstainer **-lock** sofa-seat (-top); *ligga på ~et* take it easy, idle
sofis|m *s3* sophism **-t** sophist **-tisk** *a5* sophistic[al]
soignerad [soan'je:-] *a5* soigné[e]; *en ~ herre* (*äv.*) a well-groomed gentleman
soja [ˣsåjja] *s1* soya; soy **-böna** soya bean; *Am.* soybean **-sås** soya sauce, soy
sokratisk [så-] *a5* Socratic
sol *s2* sun **-a** expose ... to the sun; *~ sig* sun o.s., sunbathe, *bildl.* bask **-aktivitet** solar activity **-altan** sun-balcony(-terrace) **-ar** *a1* solar **-arium** *s4* solarium
solarplexus [-ˣla:r-] *r* solar plexus
solaväxel [ˣså:-] sole (single, only) bill [of exchange]
sol|bad sun-bath **-bada** sun-bathe, take a sun-bath **-bana** ecliptic, solar orb **-batteri** solar battery **-belyst** [-y:-] *a4* sunlit, sunny **-blekt** [-e:-] *a4* sun-bleached **-blind** sun-blind, ... blinded by the sun **-blindhet** sun-blindness **-bränd** *a5* sunburnt, tanned **-bränna** *s1* sunburn, tan
sold [sålld] *s3, mil.* pay
soldat soldier; *bli ~* enlist, join the army; *den okände ~ens grav* the tomb of the Unknown Soldier **-ed** military oath **-esk** *s3* [licentious] soldiery **-hop -hord** rabble of soldiers **-liv** [a] soldier's (military) life **-rock** soldier's tunic **-torp** tenement soldier's small-holding
sol|dis heat haze **-dräkt** sun suit **-dyrkan** sun-worship **-eksem** sun-rash **-energi** solar energy
solenn *a1* solemn **-itet** *s3* solemnity
sol|eruption solar flare **-fattig** not very sunny; *en ~ trakt* a district with little sun[shine] **-fjäder** fan **-fjäderformad** [-å-] *a5* fan-shaped **-fläck** sun-spot **-förmörkelse** eclipse of the sun, solar eclipse **-gass** blazing (blaze of the) sun **-glasögon** sun-glasses **-glimt** glimpse of the sun **-glitter** (*på vatten*) sparkle **-gud** sun-god **-gård** [solar] halo **-höjd** altitude of the sun
solid *a1* solid; *ekon. äv.* sound, well-established, respectable; *~a kunskaper* [a] thorough (sound) knowledge **-arisera** *rfl* identify o.s. (*med* with) **-arisk** *a5* loyal, solidary; joint; *~ med* loyal to; *förklara sig ~ med* declare one's solidarity with **-aritet** solidarity **-itet** solidity; (*ekonomisk*) solvency, soundness; (*persons*) respectability **-itetsbyrå** credit information agency; *Am.* mercantile agency **-itetsupplysning** credit[worthiness] report
solig *a1* sunny (*äv. bildl.*)
solist soloist, solo-performer
solitär *s3* solitaire
solk [sållk] *s7* soil **-a** *~ ner* soil
solkatt reflection of the sun
solkig [ˣsåll-] *a1* soiled
sol|klar clear and sunny; *bildl.* as clear as noonday (daylight) **-konungen** the Sun King **-korona** solar corona, corona of the sun **-ljus I** *s7* sunlight **II** *a5, se -klar* **-månad** solar month **-mättad** sun-drenched **-nedgång** sunset, sundown; *i ~en* at sunset
solo ['so:-] **I** *s6* solo (*pl äv.* soli) **II** *oböjl. a o. adv* solo
solochvåra [-ˣvå:-] obtain valuables by false promise of marriage; *bli ~d* be cheated by false promise of marriage **-re** con man [who cheats women out of money by false promises of marriage]
solo|dansös solo dancer, prima ballerina **-flygning** solo flight
sololja suntan oil (lotion)
solo|nummer solo **-stämma** solo part **-sång** solo singing
sol|ros sunflower **-rök** haze **-segel** awning **-sida** *på (åt) ~n* on the sunny side **-sken** sunshine; *det är ~* the sun is shining **-skensdag** sunny day **-skenshistoria** charming little story **-skenshumör** sunny mood **-skiva** sun's disk **-skydd** (*i bil*) sun-shield(-screen) **-skärm** sunshade **-spektrum** solar spectrum **-sting** (*få* have) sunstroke **-strimma** ray of sunshine **-stråle** sunbeam **-strålning** solar radiation **-styng** se *-sting* **-stånd** solstice **-system** solar system **-tak** awning; (*på bil*) sliding roof (top) **-torka** dry [...] in the sun; *~d* sun-dried **-tält** awning **-uppgång** sunrise; *Am. äv.* sunup; *i ~en* at sunrise **-ur** sundial
solution rubber solution
solv [sållv] *s7, väv.* heddle
sol|varg *han är en riktig ~* he's as happy as a sandboy **-vargsleende** dazzling smile **-varv** revolution of the sun

solvẹn|s [så-] *s3* solvency; reliability **-t** *a1* solvent; reliable

solvera [så-] *mat.* solve

sol|vända *s1*, *bot.* rock-rose **-värme** heat of the sun; *vetensk.* solar heat **-år** solar year **-ạr** *a1* solar

som [såmm] **I** *pron* (*om pers.*) who (*som obj. o. efter prep* whom); (*om djur el. sak*) which; (*i nödvändig rel.sats om djur, sak o. ibl. pers., äv.*) that; (*efter such o. vanl. the same*) as; *pojken ~ kommer här* the boy who comes here; *den ~ lever får se* he who lives will see; *den ~ köper en bil måste ...* anyone who buys (anyone buying) a car must ...; *det är en dam ~ söker dig* there is a lady [who wants] to see you; *han frågade vem det var ~ kom* he asked who came (had come); *vem är det ~ du pratar med?* who is that you are talking to?; *det är någon ~ gråter* somebody is crying; *huset ~ de bor i* the house where (in which) they live; *han brukade berätta sagor, något ~ ...* he used to tell stories, which ...; *allt (mycket, litet) ~* all (much, little) that; *det är saker ~ vi sällan talar om* these are things [that] we seldom speak of; *den störste konstnär ~ någonsin levat* the greatest artist that ever lived; *mannen och hästen ~ gick förbi* the man and the horse that passed; *vem ~ än kommer* whoever comes; *vad ~ än händer* whatever happens; *det var på den tiden ~* it was at the time when; *de var de sista ~ kom* they were the last to arrive; *så dum jag var ~ sålde den!* what a fool I was to sell it!; *jag kom samma dag ~ han reste* I arrived on the [same] day [as] he left; *det är samme man ~ vi såg i går* that is the same man [that, whom] we saw yesterday; *hon var en sådan skönhet ~ man sällan ser* she had the kind of beauty one seldom sees **II** *konj* **1** *såväl ... ~* as well ... as; *unga ~ gamla* young and old alike **2** (*såsom, i egenskap av*) as; (*såsom, i likhet med*) like; *redan ~ pojke* even as a boy; *L ~ i London* L as in London; *säg ~ det är* tell me (him *etc.*) exactly how things stand; *kom ~ du är* come as you are, don't dress up, don't bother to change; *~ vanligt* as usual; *han är lika lång ~ jag* he is as tall as I am; *~ tur var* as luck would have it, luckily; *~ läkare måste han* as (being) a doctor he must; *~ sagt* as I (*etc.*) said before; *gör ~ du vill* do as you like; *gör ~ jag* do as I do, do like me; *vara ~ en mor för ngn* be [like] a mother to s.b.; *vara ~ förbytt* be changed beyond recognition; *om jag vore ~ du* if I were you; *det är bara ~ du tror* that's only your idea **3** *han lever ~ om var dag var den sista* he lives as though each day was his last; *det verkar ~ om* it seems as if (though) **4** (*när*) when; *just (bäst) ~* [just] as, at the very moment [when]; *rätt ~ det var* all of a sudden, all at once **5** (*eftersom*) as, since; *~ han är sjuk kan han inte komma* as (since) he is ill he cannot come **III** *adv, när jag ~ bäst höll på med att* while I was in the midst of (+ *ing-form*); *du kan väl titta in ~ hastigast* you can surely pop in for just a moment; *när solen står ~ högst* when the sun is at its height; *vi skulle resa ~ på måndag* we should leave on Monday **IV** *interj, ~ vi skrattade!* how we laughed!

somạtisk *a5* somatic

somlig [ˣsåmm-] some; *~a* (*om pers.*) some [people]; *~a andra* some other people; *~t* some things (*pl*); *i ~t* in some parts (respects)

sommar [ˣsåmm-] *s2* summer; *i ~* this (next) summer; *i somras* last summer; *om ~en (somrarna)* in the summer; *på ~en 1968* in the summer of 1968; *en svala gör ingen ~* one swallow does not make summer **-dag** summer['s] day **-gäst** summer visitor **-kappa** summer coat **-klänning** summer dress **-kostym** summer suit **-kväll** summer evening **-lov** summer vacation (holidays) (*pl*), long vacation **-nöje** *se -ställe* **-sjuka** summer diarrhoea **-solstånd** summer solstice **-stuga** **-ställe** weekend cottage, summer cottage (house, villa); *vårt ~* (*äv.*) the place where we spend our summers **-tid** summer-time; (*framflyttning av klockan*) daylight saving time **-värme** summer warmth; heat

somna [ˣsåmm-] *~ [in]* fall asleep, go to sleep; *~ från lampan* go to sleep and leave the light on; *~ om* go to sleep again; *~ vid ratten* fall asleep when driving

somnambụl [så-] **I** *s3* somnambulist **II** *a1* somnambulistic

somt [såmmt] some things (*pl*); *~ föll på hälleberget* some fell on stony ground

son [så:n] *-en söner* son (*till* of)

sona expiate; make amends for

sonant sonant

sonar ['så:-] *s3* Asdic; *Am.* sonar

sonat sonata **-form** sonata form **-ịn** *s3* sonatina

sond [sånnd, sånd] *s3, kir.* probe, sound **-era** probe, sound; *~ terrängen* reconnoitre, see how the land lies **-ẹring** probing, probe, sounding

sondotter granddaughter; *~s barn* great grandchild

sonẹtt *s3* sonnet

sonhustru daughter-in-law

sonika ['sω:-] *helt ~* [quite] simply, without ceremony

sonlig [ˣså:n-] *a1* filial (*vördnad* piety)

sonor [-'nå:r] *a1* sonorous **-itet** sonority

son|son grandson **-sonsson** great grandson

sop|a sweep (*gatan* the street); *~ rent* sweep [...] clean (*från* of); *~ upp* sweep up; *~ rent för egen dörr* put one's own house in order; *~ igen spåren efter* (*bildl.*) cover up one's tracks after **-backe** refuse tip **-bil** refuse [collection] lorry; *Am.* garbage [removal] truck **-borste** brush, broom **-hink** refuse bucket **-hämtare** dustman; *Am.* garbage collector **-hämtning** refuse collection; *Am.* garbage removal **-hög** rubbish-heap **-kvast** broom **-lår** *se -tunna* **-nedkast** refuse (*Am.* garbage) chute **-ning** [-ω:-] sweeping **-or** *pl* sweepings; (*avfall*) refuse, waste, *Am.* garbage (*sg*)

sopp|a [ˣsåppa] *s1* soup; (*kött-*) broth; *koka ~ på en spik* (*bildl.*) make something from nothing **-ben** bones for soup **-kittel** soup cauldron **-rötter** *pl* vegetables for soup,

pot-herbs **-skål** [soup]tureen **-slev** soup ladle **-tallrik** soup-plate **-terrin** *se -skål*
sopran *s3* soprano; (*-stämma äv.*) treble
sop|skyffel dustpan **-tipp** refuse (*Am.* garbage) dump **-tunna** dust-bin; *Am.* garbage (ash) can
sordin *s3, mus.* sordine; *lägga ~ på* (*bildl.*) put a damper on
sorg [sårjj] *s3* **1** sorrow (*över* at, for, over); grief (*över* for, of, at); distress; (*bedrövelse*) affliction; (*bekymmer*) trouble, care; *med ~ i själen* with sorrow in one's heart; *den dagen den ~en* cross your bridges when you come to them; *efter sju ~er och åtta bedrövelser* after much trial and tribulation **2** (*efter avliden*) mourning; *bära ~* be in (wear) mourning (*efter* for); *djup ~* full (deep) mourning; *beklaga ~en* express one's sympathy; *få ~* have a bereavement, lose a relative **-band** mourning (crape) band **-dräkt** mourning
sorge|barn problem child; black sheep **-bud** sad news, news of a death **-hus** house of mourning **-högtid** funeral ceremony **-musik** funeral music **-spel** tragedy **-tåg** funeral procession
sorg|flor mourning crape **-fri** carefree, free from care **-fällig** *a1* careful; conscientious, solicitous **-fällighet** care[fulness]; solicitude **-kant** black edge (border); *kuvert med ~* black-edged envelope **-klädd** [dressed] in mourning **-kläder** mourning [attire] (*sg*) **-lig** *a1* sad; (*bedrövlig*) deplorable (*syn* sight); (*ömklig*) pitiful; *~t men sant* sad but true; *en ~ historia* a sad (deplorable, tragic) story **-ligt** *adv* sadly; *~ nog* unfortunately **-lustig** tragicomic **-lös 1** *se -fri* **2** (*obetänksam*) careless; (*lättsinnig*) happy-go-lucky, improvident; (*tanklös*) unthinking, heedless **-löshet** carelessness *etc.* **-mantel** *zool.* Camberwell Beauty **-marsch** funeral march **-modig** melancholy **-sen** *a3* sad; (*bedrövad*) grieved (*över* at); (*nedslagen*) depressed; (*betryckt*) melancholy, gloomy **-senhet** sadness *etc.*; melancholy, gloom
sork [sårrk] *s2* vole, field-mouse
sorl [så:rl] *s7* (*vattenbrus*) ripple; (*bäcks äv.*) murmur, purl; (*av röster*) murmur, hum; *det gick ett ~ av bifall genom publiken* a murmur of approval went through the house (theatre, hall *etc.*) **-a** ripple, purl; murmur, hum
sort [sårrt] *s3* sort, kind; species, description; (*märke*) brand, mark; *mat.* denomination; *den ~ens människor* people of that kind (sort), that sort of people; *av bästa ~* first-rate ... **-era 1** (*dela upp*) [as]sort; classify, grade; (*efter storlek*) size **2** *~ under* belong to, (*ämbetsverk*) come under the supervision of **-erad** *a5* (*välförsedd*) well-stocked (*i* in); *vara ~ i* (*äv.*) have a large assortment of **-ering** (*-erande*) [as]sorting, assortment; (*sortiment*) selection; *första ~* first[s *pl*] **-eringsmaskin** sorting (grading) machine **-iment** *s7, s4* (*varulager*) assortment, range; product mix; (*uppsättning*) set; *fullständigt ~ av* full line of, complete range of
sosse *s2, vard.* socialist, social democrat

1 sot *s7* **1** soot; (*i motor*) carbon **2** (*på säd*) brand, blight
2 sot *s3* (*sjukdom*) sickness, disease
1 sota (*umgälla*) *~ för* smart (suffer) for
2 sot|a 1 (*befria från sot*) sweep (*en skorsten* a chimney); decarbonize (*en motor* a motor) **2** (*svärta*) *~* [*ner*] soot, cover ... with soot; *~ ner sig* get o.s. sooty **3** (*~ ifrån sig*) soot, give off soot **-are** chimney-sweep **-armurre** *s2, vard., se -are* **-armästare** master sweep
sotdöd *dö ~en* die a natural death
sot|eld chimney fire **-fläck** smudge, smut **-höna** coot **-ig** *a1* **1** sooty; (*om skorsten*) full of soot; (*fläckig*) smudgy, smutty **2** (*om säd*) smutty, blighted **-lucka** soot-door **-ning** [-ɷ:-] (*av skorsten*) chimney-sweeping; (*av motor*) decarbonization **-svamp** common smut of wheat **-svart** sooty [black]
sotsäng *ligga på ~en* lie on one's deathbed
sotviska flue brush
souschef [ˣsɷ:ʃe:f] deputy chief
souvenir [sɷve-] *s3* souvenir, keepsake
sov [så:v] *imperf av sova*
sov|a [ˣså:va] *sov -it* sleep; (*ligga o. ~*) be asleep; *lägga sig att ~* go to sleep (bed); *~ gott* sleep soundly, be fast asleep, (*som vana*) sleep well; *sov gott!* sleep well!; *har du -it gott i natt?* did you have a good night?; *~ oroligt* have a troubled sleep; *mitt ben -er* my leg has gone to sleep; *~ på saken* sleep on it; *~ ut* have enough sleep **-alkov** bed recess **-ande** *a4* sleeping; *bildl.* dormant; *en ~* a sleeper **-dags** bed-time **-dräkt** sleeping-suit
sovel ['så:-] *s7* meat, cheese *etc.*
sovit [ˣså:-] *sup av sova*
sovjet [såv'jett, -'je:t] *s3* soviet; *högsta ~* Supreme Soviet **-isk** *a5* Soviet, of the Soviet Union **-republik** Soviet Republic **-rysk** Soviet Russian
Sovjet|ryssland Soviet Russia **-unionen** the Soviet Union
sov|kupé sleeping-compartment, sleeper **-plats** sleeping-place; (*på tåg, båt*) berth **-påse** sleeping-bag
sovr|a [ˣså:v-] pick over; sift, winnow; (*malm e.d.*) dress **-ing** picking *etc.*
sov|rum bedroom **-sal** dormitory **-stad** dormitory suburb **-säck** sleeping-bag **-vagn** sleeping-car, sleeper **-vagnsbiljett** sleeper ticket **-vagnskonduktör** sleeping-car attendant
spack|el ['spakk-] *s7* **-la** putty **-ling** puttying
spad *s7, sg best. f. vard. spat* liquid; (*kött-*) broth; (*grönsaks- äv.*) water; *trilla i spat* (*vard.*) fall into the water
spade *s2* spade
spader ['spa:-] *s9* spades (*pl*); *en ~* a spade; *~ kung* the king of spades; *dra en ~* (*vard.*) have a game of cards
spadtag cut (dig) with a spade; *ta det första ~et* throw up the first sod; *inte ta ett ~* (*vard.*) not lift a finger
spagat *s3, gå ner i ~* do the splits
1 spak *s2* lever; bar; *flyg.* control stick
2 spak *a1* manageable, tractable; docile; *bli ~* relent, soften
spaljé *s3* espalier, trellis-(lattice-)work **-träd** trained fruit-tree

spalt *s3* column; *figurera i ~erna* appear in the papers **-a 1** (*dela i -er*) put ... into columns **2** (*klyva*) split, cleave **-bredd** column width **-fyllnad** padding **-korrektur** galley-proof **-vis** (*i -er*) in columns; (*spalt efter spalt*) columns of, column after column
spana watch, look out (*efter* for); scout; *mil.* reconnoitre, observe; *~ efter* (*äv.*) search (be on the look-out) for; *~ upp* spy out; *~ ut över* gaze out over (*vidderna* the expanses); *~nde blickar* searching looks **-re** scout; *flyg.* observer
spaniel ['spannjel] *-n -s* spaniel
Spanien ['spannjen] *n* Spain
spaning search; *mil.* reconnaissance; *få ~ på ngt* (*vard.*) get wind of s.th.
spanings|arbete *~t har pågått* the search has been on **-flygplan** reconnaissance air-craft scout **-patrull** search party; *mil.* reconnaissance [party]
spanjor *s3* Spaniard **-ska** [-ˣjɷ:r-] Spanish woman
spankulera stroll, saunter
1 spann *s7, byggn.* span
2 spann *s7, s2, pl äv. spänner* (*hink*) pail, bucket
3 spann *s9* (*mått*) span
4 spann *s7* (*av dragdjur*) team [of horses *etc.*]; *köra* (*med*) *i ~* drive a team of [horses *etc.*]
5 spann *imperf av spinna*
spannmål *s3* grain, corn; (*brödsäd*) cereal[s *pl*]
spannmåls|förråd corn (*etc.*) store **-handel** corn (grain) trade (business) **-magasin** granary, corn (grain) store **-produkt** grain (corn) product **-skörd** grain (corn) crop
spansk *a1* Spanish; *~a sjukan* the Spanish flu; *~ peppar* red pepper; *~a ryttare* (*mil.*) chevaux de frise **-a** *s1* (*språk*) Spanish **-amerikansk** Spanish-American **-fluga** Spanish fly, cantharis **-gröna** *s1* verdigris **-rör** [rattan] cane
spant *s7, sjö.* frame, rib
spar|a save (*pengar* money; *sina krafter* one's strength; *tid* time; *arbete* work); spare (*hästarna* the horses); (*för framtiden*) reserve (*till* of); (*uppskjuta*) put off; *~ på* save, economize, use sparingly; *~ in* save; *den som spar han har* waste not want not; *snål spar och fan tar* ever spare, ever bare; *inte ~ på beröm* be lavish in praise; *det är inget att ~ på* it is not worth saving (keeping); *~ sig* spare o.s., husband one's strength; *du kunde ha ~t dig den mödan* you could have saved yourself the trouble **-ande** *s6* saving; thrift; *det privata ~t* private saving[s *pl*]; *frivilligt ~* voluntary saving **-are** saver; depositor **-bank** *s3* savings-bank **-banksbok** savings[-bank] book **-bössa** money-box **-gris** piggy-bank
spark *s2* kick; *få ~en* (*avsked*) get the sack, be fired (sacked) **-a** kick; *~ av sig skorna* kick off one's shoes; *~ av sig täcket* kick off one's bedclothes; *~ bakut* (*om häst*) kick [out behind]; *~ fram* (*bildl.*) thrust ... forward; *~ till* ... give ... a kick; *~ ut ngn* kick s.b. out
sparkapital savings (*pl*), saved capital
sparkas *dep* kick
sparkass|a savings association **-eräkning** savings account
spark|boll football **-byxor** rompers **-cykel** scooter
spar|klubb thrift (savings) club **-konto** thrift account; *jfr äv. -kasseräkning*
sparkstötting kick-sledge
spar|lakan bed-curtain **-lakansläxa** curtain-lecture
spar|låga low heat; *ställa på ~* put on a low heat, simmer gently **-medel** savings **-obligation** savings bond
sparre *s2* small square timber; (*tak-*) rafter, baulk
sparris ['sparr-] *s2* asparagus **-knoppar** asparagus tips **-kål** broccoli
sparsam [ˣspa:r-] *a1* (*ekonomisk*) economical (*med* with, in); thrifty; sparing (*på* (*med*) *beröm* of one's praise); (*enkel*) frugal; (*gles*) sparse, scanty; (*sällsynt*) rare (*förekomst* occurrence) **-het** economy; thrift; (*sparsam förekomst*) scantiness **-hetskampanj** economy drive (campaign) **-hetsskäl** *av ~* for reasons of economy **-t** *adv* economically *etc.*; *förekomma ~t* occur rarely, be scarce
spartan *s3* **-sk** [-a:-] *a5* Spartan
sparv *s2* sparrow **-hök** sparrow-hawk **-uggla** pygmy owl
spasm *s3* spasm; convulsion, cramp **-odisk** *a5* spasmodic
spasti|ker ['spass-] *s9* **-sk** ['spass-] *a5* spastic
spat *s3, min.* spar
spatel *s2* spatula
spatiös [-tsi'ö:s] *a1* spacious; roomy
spatser|a walk; strut **-käpp** walking-stick
spatt *s3* spavin **-ig** *a1* spavined; (*om pers.*) stiff
spe *n* (*narr*) derision, ridicule; (*hån*) sneer[s *pl*], gibe[s *pl*]
speaker ['spi:ker] *s9, pl äv.* **-s** (*utropare*) compère; *Am. äv.* emcee; (*hallåman*) announcer
speceri|affär grocer's [shop], grocery [store] **-er** *pl* groceries **-handlare** grocer
special|affär specialized shop **-arbetare** specialist worker **-begåvning** special gift **-byggd** *a5* specially built **-fall** special case **-intresse** special interest; hobby **-isera** *rfl* specialize (*på* in) **-isering** specialization, specializing **-ist** specialist (*på* in); expert (*på* on) **-itet** *s3* special[i]ty **-kunskaper** specialist knowledge **-tillverkad** *a5* specially made **-uppdrag** special task (charge, mission) **-utbildning** special training **-utrustning** special equipment
speciell *a1* special, particular
specifi|cera specify, itemize, detail, particularize **-cering** specification, specifying **-k** [-'fi:k] *a1* specific (*vikt* gravity, weight) **-kation** specification, detailed description
specimen ['spe:-] *n, pl äv. specimina* [-'si:] specimen
spedi|era forward, dispatch **-tion** forwarding (dispatch) [of goods] **-tionsfirma** forwarding (shipping) agency **-tör** forwarding (shipping) agent
spe|full (*hånfull*) mocking, derisive; (*gäck-*

sam) quizzical; (*om pers.*) given to mockery **-fågel** wag, tease

spegel *s2* mirror, looking-glass; *se sig i ~n* look into the mirror; *själens ~* the mirror of the soul; *sjön ligger som en ~* the lake is as smooth as glass **-bild** reflected image, reflection; *bildl.* image **-blank** glassy (*yta* surface), like a mirror; (*om sjö*) [as] smooth as glass **-fäktning** dissimulation, dissembling **-galleri** gallery of mirrors **-glas** mirror (plate) glass **-reflexkamera** reflex camera **-sal** hall of mirrors **-skrift** reversed (mirror) script **-teleskop** reflecting telescope **-vänd** *a5* reversed

spegl|a [ˣspe:g-] reflect, mirror; *~ sig* (*av- sig*) be reflected (*i vattnet* in the water), (*om pers.*) look at o.s. in the mirror **-ing** reflection

speglosa gibe, scoff

speja [ˣspejja] spy (*efter* about (round) for); *mil.* scout **-nde** *a4* spying; searching (*blick* look) **-re** spy; *mil.* [reconnaissance] scout

spektạkel *s7* **1** (*oväsen*) row; (*skandal*) scandal; (*förtret*) mischief, trouble; *ställa till ~* make a scene; *ett sånt ~!* what a nuisance! **2** (*åtlöje*) ridicule; *göra ~ av ngn* make a fool of s.b.

spektr|ạlanalys spectrum (spectral) analysis **-ạlfärg** spectral colour **-ạlklass** *astron.* spectral type **-oskop** [-'skå:p] *s7* spectroscope **-um** ['spekk-] *s8* spectrum (*pl äv.* spectra); [*dis*]*kontinuerligt ~* [dis]continuous spectrum

spekul|ant 1 (*reflektant*) prospective (would-be) buyer; *hugade ~er* prospective buyers; *vara ~ på* be [a] prospective buyer of **2** (*börs-*) operator, speculator **-ation** speculation, venture; (*börs- äv.*) operation; *på ~* on speculation **-ationsvinst** speculative profit (gain) **-era 1** speculate (*på* on; *i baisse* (*hausse*) for a decline (rise)) **2** (*tänka*) ponder, think (*på, över* about)

1 spel *s7* (*vinsch*) winch, windlass; (*gruv-*) winder; (*-rum*) clearance, play

2 spel *s7* **1** (*-ande*) play[ing]; (*musikaliskt -sätt*) execution; *teat.* acting; (*lek; idrott*) game (*äv. bildl.*); *~ om pengar* playing for money; *~et är förlorat* the game is up; *dra sig ur ~et* quit [the game]; *övernaturliga makter driver sitt ~* supernatural powers are abroad; *förlora* (*vinna*) *på ~* lose (win) at play (by gambling); *det är en kvinna med i ~et* there is a woman in the case; *ha ett finger med i ~et* have a finger in the pie; *otur i ~ tur i kärlek* unlucky at cards, lucky in love; *rent ~* fair play; *spela ett högt ~* play for high stakes, *bildl.* play a high game; *stå på ~* be at stake; *sätta ... på ~* put ... at stake, stake; *ta hem ~et* win; *tillfälligheternas ~* pure chance **2** (*parningslek*) courtship **3** *kortsp.* trick

spel|a 1 play (*fiol* the violin; *ett spel* a game; *om pengar* for money); (*musikstycke äv.*) execute, perform; *gå och ~ piano för* take piano lessons from; *~ falskt* play out of tune, *kortsp.* cheat [at cards]; *~ hasard* gamble; *~ sina kort väl* play one's cards well; *~ ngn i händerna* play into a p.'s hands **2** *teat.* act, play; *~ herre* play the gentleman; *~ sjuk* pretend to be ill; *~ teater* (*låtsas*) make pretence **3** (*med beton. part.*) *~ av ngn ngt* win s.th. off s.b.; *~ bort* gamble ... away; *~ in a*) (*inöva*) rehearse, *b*) (*på grammofonskiva e.d.*) make a recording, record; *det är många faktorer som ~r in* many factors come into play; *~ upp till dans* strike up; *~ ut ett kort* play a card; *~ ut ngn mot ngn*: play s.b. off against s.b.; *han har ~t ut sin roll* he is played out (finished); *~ över a*) (*öva*) practise, *b*) (*överdriva*) overdo it, overact **-ande** *a4* playing; sparkling (*ögon* eyes); *de ~* the players, *mus.* the musicians, *teat.* the actors **-are** player; (*hasard-*) gambler **-automat** gambling (slot) machine **-bank** casino **-bord** card-(gambling-)table **-djävulen** *gripas av ~* be gambling-mad **-dosa** musical box

spelevink [-'viŋk] *s2* irresponsible youngster

spel|film feature (full-length) film **-hall** amusement arcade **-håla** gambling-den **-kort** playing-card **-lektion** music-lesson **-lista** *teat.* list of performances, repertory **-man** musician; (*fiolspelare*) fiddler **-mark** counter; (*-penning*) jet[t]on **-passion** gambling-fever **-regel** rule of the game **-rum** *bildl.* scope, margin, freedom to act; *lämna ... fritt ~* give ... free scope **-skuld** gambling-debt **-säsong** theatrical season **-teori** *företagsekon.* game theory **-tid** (*för film*) screen (running) time; (*för grammofonskiva*) playing time **-vinst** winnings (*pl*) [at cards (from gambling)] **-år** *teat.* theatrical year

spenabarn suckling

spenat spinach

spender|a spend [... liberally], bestow (*på* upon) **-byxorna** *ha ~ på sig* be in a generous (lavish) mood **-sam** [-'de:r-] *a1* generous, liberal **-samhet** [-de:r-] generosity, liberality

spene *s2* teat, nipple

spenslig *a1* [of] slender [build]; slim

spenvarm *~ mjölk* milk warm from the cow

sperm|a [ˣspärr-] *s7, s9* sperm **-acẹti** *s9* spermaceti **-atozo** [-tå'så:] *s3* **-ie** ['spärr-] *s5* spermatozoon (*pl* spermatozoa)

spet|a 1 (*spreta*) stick up (out) **2** (*kliva*) stalk about **-ig** *a1* **1** (*spretande*) straggly **2** (*tunn*) skinny; *~a ben* spindly legs

1 spets *s2* (*udd*) point (*äv. bildl.*); (*på finger, tunga o.d.*) tip; (*berg-*) peak, top; *geom.* apex; *bildl. äv.* head; *bjuda ngn ~en* stand up to s.b., defy s.b.; *driva ngt till sin ~* carry s.th. to extremes; *gå i ~en* walk at the head, lead the way, *bildl. äv.* be the prime mover (*för* of); *stå i ~en för* be at the head of, head; *samhällets ~ar* the leaders of society (a nation)

2 spets *s2, text.* lace; (*sydd*) needlepoint

3 spets *s2* (*hund*) spitz, Pomeranian

spets|a 1 (*göra -ig*) point; sharpen (*en blyertspenna* a pencil); *~ öronen* prick up one's ears **2** (*genomborra*) pierce; (*på nål*) pin, nail; (*på spjut etc.*) spear *etc.*

Spetsbergen Spitsbergen

spets|bov arch rogue **-byxor** [riding-]breeches **-båge** pointed (Gothic) arch **-bågsstil** pointed (Gothic) style **-fundig** *a1* subtle; hair-splitting **-fundighet** subtlety; *~er* (*äv.*) sophistry, quibbling (*sg*) **-gavel** pointed gable **-glans** *s3, min.* stibnite, antimony

glance **-glas** tapering dram-glass **-hacka** pickaxe **-ig** *a1* pointed (*äv. bildl.*); (*avsmalnande*) tapering; pointed (*skägg* beard); *bildl. äv.* cutting, sarcastic; ~ *vinkel* acute angle **-ighet** pointedness *etc.*; *~er* (*sarkasmer*) sneers, sarcasms **-krage** lace collar **-krås** lace frill **-näst** [-nä:st] *a4* sharp-nosed **-vinklig** *a1* acute-angled
spett *s7* crowbar, pinchbar; (*stek-*) spit **-[e]kaka** cake baked on a spit
spetälsk *a5* leprous; *en* ~ a leper **-a** *s9* leprosy
spex *s7* student's farce; (*friare*) farce **-humör** rollicking mood **-ig** *a1* farcial; comical
spicke|n *a5* salt-cured **-sill** salt herring
spigg *s2* stickleback
1 spik *adv*, ~ *nykter* [as] sober as a judge
2 spik *s2* nail; *slå huvudet på ~en* hit the nail on the head; *den ~en drar* (*bildl.*) that strikes home **-a** nail; spike; (*med nubb*) tack; *bildl.* peg, fix; ~ *fast* fasten ... with nails, nail (*ngt vid* s.th. on to); ~ *igen* nail ... down; ~ *upp* nail [... up], placard **-huvud** head of a nail, nail-head **-hål** nail hole **-klubba** *hist.* mace **-matta** bed of nails
spik|nykter *se 1 spik* **-rak** [as] straight as an arrow (a poker) **-sko** *sport.* spiked (track) shoe
spilkum *s2* bowl, basin
spill *s7* wastage, waste; *radioaktivt* ~ radioactive fall-out **-a** *v2* **1** (*hälla ut*) spill, drop; ~ *på sig* spill (drop) s.th. on one's clothes; ~ *ut* spill [out], shed; *spill inte!* don't spill it! **2** (*för-*) waste, lose; *-d möda* labour thrown away, (*friare*) waste of energy; *-da människoliv* lost lives; *det var många -da människoliv* the loss of life was very great
spillkråka black woodpecker
spill|ning **1** (*avfall*) refuse **2** droppings (*pl*); (*gödsel*) dung **-o** *oböjl. s, ge ... till* ~ give ... up [as lost], abandon; *gå till* ~ get (be) lost, go to waste **-olja** waste oil
spillr|a *s1* (*flisa*) splinter; *-or* (*bildl.*) remaining fragments, scattered remnants, wreckage (*sg*); *falla* (*gå*) *i -or* fly (break) into splinters, fall to pieces; *slå i -or* break ... into fragments, *bildl.* shatter
spill|tid lost (waste[d]) time **-vatten** waste water; overflow; (*avloppsvatten*) sewage
spillånga [ˣspi:llåŋa] (*fisk*) stockfish
spilta *s1* stall; (*för obunden häst*) loose box
1 spindel *s2, tekn.* spindle
2 spindel *s2, zool.* spider **-ben** spider's leg, *bildl.* spindleleg
spindelbult steering pivot pin, swivel pin
spindel|nät **-väv** cobweb[s *pl*]; (*tunnare*) gossamer
spinett *s3, mus.* spinet
spinkig *a1* very thin, spindly **-het** thinness
1 spinn *r, flyg.* spin; *råka i* ~ get into a spin
2 spinn *s7* (*fiske*) *se -fiske*
spinna *spann spunnit* **1** spin; twist (*tobak* tobacco); (*rotera*) spin, twirl **2** (*om katt*) purr
spinnaker ['spinn-, ˣspinn-] *s2* spinnaker
spinn|arfjäril bombycid, spinning-spider **-eri** spinning-(cotton-)mill **-erska** [female] spinner **-fiske** spinning; *Am.* bait-casting **-hus** spinning-house **-maskin** spinning-machine **-rock** spinning-wheel **-rulle** *fisk.* casting-reel **-sida** distaff side **-spö** spinning(casting) rod
spion *s3* spy **-age** [-'na:ʃ] *s7* espionage, spying **-era** spy (*på* [up]on) **-eri** *se -age* **-liga** spy ring
1 spira *v1*, ~ [*upp*] sprout, germinate; *~nde kärlek* budding love
2 spira *s1* (*torn-*) spire; (*trä-*) spar (*äv. sjö.*); (*stång*) pole; (*värdighetstecken*) sceptre
spiral *s3* **1** spiral; (*vindling*) whorl; *gå i* ~ turn spirally **2** (*livmoderinlägg*) coil **-block** spiral[-bound] note-book **-fjäder** coil-spring; (*plan*) spiral spring **-formig** [-å-] *a1* spiral, helical **-rörelse** spiral motion (movement) **-trappa** spiral (winding) staircase
spirant *fonet.* fricative [sound]
spirea [-ˣre:a] *s1, bot.* spiraea
spiritis|m spiritism **-t** spiritist **-tisk** *a5* spiritistic[al]
spiritu|alism spiritualism **-alist** spiritualist **-alistisk** *a5* spiritualistic **-alitet** *s3* wit, esprit **-ell** *a1* brilliant; witty
spirit|uosa [-tuˣo:sa] *s1* spirits; spirituous liquors **us** ['spi:-] *r* spirit, alcohol
1 spis *s2, boktr.* rising space; *Am.* work-up
2 spis *s2* (*eldstad*) fireplace; (*köks-*) stove, range; *öppen* ~ [open] fireplace; *stå vid ~en* stand over the stove, be cooking
3 spis *s3* (*föda*) food (*äv. bildl.*); *bildl. äv.* nourishment **-a** **1** eat **2** *vard.* listen intently (*jazz* to jazz) **-bröd** crispbread
spis|el *s2, se 2 spis* **-elhäll** hearth[-stone] **-elkrans** mantelpiece **-krok** poker **-kupa** [range, ventilating] hood **-vrå** chimney-(fireside-)corner
spjut *s7* spear; (*kort*) dart; *sport.* javelin; *kasta* ~ (*sport.*) throw the javelin **-formig** [-å-] *a1* spear-shaped; lanciform (*blad* leaf) **-kast** throw of a (the) spear (*etc.*) **-kastare** *sport.* javelin-thrower **-kastning** *sport.* javelin-throwing **-skaft** shaft of a (the) spear (*etc.*) **-spets** spear(*etc.*)-head(-point)
spjuver ['spju:-] *s2* rogue **-aktig** *a1* roguish
spjäl|a **I** *s1* lath; (*i jalusi*) rib, slat **II** *v1* splint; *läk. äv.* put ... in splints **-förband** splint dressing
spjälk|a split **-ning** splitting; (*atom-*) fission
spjäll *s7* damper, register; (*på motor*) throttle; *öppna ~et* open the damper (*etc.*) **-snöre** cord of a (the) damper (*etc.*)
spjäl|låda [-ä:-] crate **-ning** [-ä:-] *läk.* splinting **-staket** pale-fence **-säng** cot with bars **-verk** trellis-(lattice-)work
spjärn [-ä:-] *n, ta* ~ brace one's feet (*mot* against) **-a** ~ *emot* kick against, resist
splines [splajns] *pl, tekn.* splines
splint *s3, bot.* sapwood; *koll.* (*flisor*) splinters (*pl*)
split *s7* discord, dissension; *utså* ~ sow dissension
splits *s2, sjö.* splice **-a** splice **-ning** splicing; *konkr.* splice
1 splitt|er ['splitt-] *adv*, ~ *galen* stark (raving) mad; ~ *ny* brand-new
2 splitt|er ['splitt-] *s7, koll.* (*flisor*) splinters (*pl*); (*granat- etc.*) splinter **-erfri** *~tt glas* safety glass **-ra** **I** *s1* splinter, shiver **II** *v1* splinter, break ... into splinters; *bildl.* divide [up]; *känna sig ~d* feel at sixes and sevens; ~ *sig* (*bildl.*) divide (split) one's

energy **-ring** *bildl.* split, division; (*söndring*) disruption
1 spola (*skölja*) flush, rinse, wash; *vågorna ~de över däcket* the waves washed the deck; *~ av a*) wash down (*en bil* a car), *b*) rinse, swill (*disken* the dishes); *~ bort* wash away; *~ gatorna* sprinkle (water) the streets; *~ [på toaletten]* flush the toilet; *~ en skridskobana* flood a skating-rink
2 spol|a (*garn*) spool, reel, wind [up]; (*film*) reel **-e** *s2* **1** (*garn-; på [sy]maskin*) bobbin; (*för film*) spool; *elektr.* coil, spiral **-formig** [-år-] *a1* spool-shaped
spolier|a spoil, wreck **-ing** spoliation
spoling *vard.* stripling; whipper-snapper
spolmask roundworm; *vetensk.* ascarid
1 spolning [-ɷ:-] (*t. 1 spola*) flushing *etc.*
2 spolning [-ɷ:-] (*t. 2 spola*) reeling, winding
spond|é [-å-] *s3* spondee **-ẹisk** *a5* spondaic
spont [-å-] *s2* groove, tongue, rebate **-a** groove, tongue, rebate; *~de bräder* match[ed] boards; *~d och notad* tongued and grooved
spontạn [-å-] *a1* spontaneous **-itet** spontaneity
spor *s3* spore
sporạdisk *a5* sporadic; isolated
sporde [-ɷ:-] *imperf av spörja*
sporr|a [-å-] spur (*hästen* one's horse); *bildl. äv.* incite (*ngn till att* s.b. into + *ing-form*), stimulate **-e** *s2* spur (*äv. bildl.*); *bildl. äv.* incentive, stimulus; *vinna sina -ar* (*bildl.*) win one's spurs **-sträck** *i ~* at full gallop (speed) **-trissa** rowel
1 sport [-ɷ:-] *sup av spörja*
2 sport [-å-] *s3* sport[s *pl*]; games (*pl*) **-a** go in for sports (games) **-affär** sports shop (outfitter) **-artiklar** sports (sporting) equipment (*sg*) **-bil** sports car **-dräkt** sports suit (*dams* costume); tweeds (*pl*) **-dykare** skin-diver, free diver **-fiskare** angler **-fiske** angling **-flygare** private pilot **-flygning** private flying **-flygplan** private (sports) plane **-journalist** sports writer **-ig** *a1* sporty; keen on sport[s]
sportler ['spårrt-] *pl* perquisites
sport|lov winter sports holidays (*pl*) **-sida** (*i tidning*) sporting page
sports|lig [-å-] *a1* sporting (*chans* chance) **-man** sportsman **-mannaanda** sportsmanship **-mässig** *a1* sportsmanlike
sportstuga weekend cottage, log-cabin
spotsk [-å-] *a1* contemptuous, scornful **-het** contempt, scorn
spott [-å-] *s3, s7* **1** (*saliv*) spittle, saliva **2** (*hån*) scorn **-a** spit; *~ i nävarna och ta nya tag* spit in one's hands and have another go [at it] **-kopp** spittoon; *Am.* cuspidor **-körtel** salivary gland **-strit** frog-hopper, spittle insect **-styver** *för en ~* for a song, for next to nothing
spov *s2* curlew
sprack *imperf av spricka II*
sprak|a sparkle, emit sparks **-ande I** *a4* sparkling; crackling (*ljud* sound); *~ kvickhet* sparkling wit **II** *s6* sparkling **-fåle** frisky colt; *bildl.* scapegrace
sprallig *a1* frisky, lively
sprang *imperf av 2 springa*

1 spratt *s7* trick; hoax; *spela ngn ett ~* play a trick on s.b., trick (hoax) s.b.
2 spratt *imperf av spritta*
spratt|el ['spratt-] *s7* flounder, struggle **-elgubbe** jumping-jack **-la** flounder, struggle; (*om fisk*) frisk (flap) about
spray [sprejj] *s3* spray **-flaska** atomizer
spred *imperf av sprida*
spret|a sprawl **-ig** *a1* sprawling, straggling
spri *s6, sjö.* sprit
sprick|a I *s1* crack, fissure; (*större*) crevice; (*hud-*) chap; *bildl.* breach, schism, rift **II** *sprack spruckit* **1** crack; (*brista*) break, burst; (*rämna*) split; *~ av ilska* burst with rage; *äta tills man är färdig att ~* eat till one is ready to burst; *spruckna läppar* chapped lips; *~ ut* (*om knopp*) open, (*om löv*) come out **2** (*bli kuggad*) fail, be ploughed **-bildning** cracking, formation of cracks **-fri** crack-proof **-färdig** ready to burst; (*om knopp*) ready to open **-ig** *a1* cracked; chapped
sprid|a *v2, imperf äv. spred* spread; distribute (*reklam* advertisements); circulate (*ett rykte* a report); (*utströ*) scatter; *~ en doft av* give off a smell of; *~ glädje* bring joy; *~ ljus över* shed light on; *~ ut* (*semestrar, arbetstid*) stagger; *~ sig* spread, (*skingras*) be scattered, scatter, be dispersed, disperse, (*utbreda sig*) extend; *en rodnad spred sig över hennes ansikte* a blush suffused her face; *ryktet spred sig* the rumour got abroad **-are** spreader, sprayer; (*vatten-*) sprinkler **-d** *a5* spread; scattered; dispersed; *en allmänt ~ uppfattning* a widespread view (conception); *~a fall* isolated cases; *några ~a hus* a few scattered houses; *i ~ ordning* in scattered (*mil.* extended) order; *på ~a ställen* here and there **-ning** [-i:d-] spreading *etc.*; spread (*av en växt* of a plant); (*av tidning*) circulation, distribution; *boken har vunnit stor ~* (*äv.*) the book has become very popular
1 spring *s7* (*-ande*) running; *det är ett ~ dagen i ända* people are coming and going all day
2 spring *s7, sjö.* sheer; (*på kabel*) spring
1 springa *s1* chink, fissure; slot, slit
2 spring|a *sprang sprungit* **1** run (*hit o. dit* to and fro); (*fly*) make off; (*hoppa*) spring, jump (*i sadeln* into the saddle); *vi måste ~ allt vad vi orkade* we had to run for it; *~ sin väg* run away, make off, *vard.* skedaddle; *~ ärenden* run errands; *~ hos läkare* keep running to the doctor; *~ i affärer* go shopping; *~ i höjden* (*om pris*) soar; *~ på dörren* make for the door; *~ på bio* keep going to the cinema **2** (*brista*) burst; (*om säkring e.d.*) blow; *~ i dagen* come to light, (*om källa*) spring forth; *~ i luften* [be] blow[n] up, explode **3** (*med beton. part.*) *~ av* (*brista*) burst; *~ fram* rush out, (*om sak*) stand out, project; *~ ifatt* overtake, catch up; *~ ifrån* run away from, desert; *~ om* pass [... running], run past; *~ omkring* run around; *~ omkull* run ... down; *~ upp a*) (*rinna upp*) spring up, *b*) (*om dörr*) fly open **-ande** *a4* running; *den ~ punkten* the crucial point **-are** (*häst*) courser, steed; (*i schack*) knight **-brunn**

fountain **-flicka** errand girl **-flod** spring tide **-pojke** errand boy, messenger
sprinkler ['sprinn-] *s9, pl äv. -s* sprinkler **-system** sprinkler system
sprint *s2* split pin, peg
sprinter ['sprinn-] *s9, pl äv. -s* sprinter **-lopp** sprint[race]
sprit *s3* spirits (*pl*); alcohol; liquor; *denaturerad ~* methylated spirits; *ren ~* pure alcohol
sprita (*ärter*) shell, hull, pod
sprit|begär craving for spirits (liquor) **-bolag** company selling alcoholic liquors **-drycker** *pl* spirits, alcoholic liquors (beverages) **-duplicering** spirit duplication **-dupliceringsapparat** spirit duplicator **-fabrik** [alcohol] distillery **-förbud** prohibition **-haltig** *a1* spirituous, alcoholic **-kök** spirit-stove **-langare** bootlegger **-missbruk** abuse of alcohol **-påverkad** [-ä-] *a5* under the influence of drink **-rättigheter** *pl, ha ~* be fully licensed
sprits *s2* forcing (piping) bag **-a** pipe
sprit|skatt duty on spirits, liquor tax **-smugglare** liquor smuggler, bootlegger
spritt *adv, se 1 splitt*[*er*]; *~ naken* stark naked
spritt|a *spratt spruttit, ~* [*till*] give a start, start, jump (*av förskräckelse* with fright); *det -er i benen* I want to dance so much I can't keep still **-ande** *a4, ~ glad* ready to jump for joy; *en ~ melodi* a lively tune **-ning** start, jump
spritärter shelling peas
spruck|en *a5* cracked (*tallrik* plate; *röst* voice) **-it** *sup av spricka II*
sprudla [ˣspru:-] bubble, gush **-nde** *a4* bubbling over (*av* with); sparkling (*kvickhet* wit); *~ fantasi* exuberant imagination; *~ humör* high spirits (*pl*)
sprund *s7* (*i plagg*) slit, opening; (*på laggkärl*) bung[-hole]
sprungit *sup av 2 springa*
sprut|a I *s1* spray[er], squirt; (*finfördelande*) atomizer; (*brand-*) fire-engine; (*injektions-*) syringe; *få en ~* get an injection **II** *v1* spray, squirt; (*spola*) wash, flush; *~ eld* spit (*om vulkan:* emit) fire; *hennes ögon ~de eld* her eyes flashed fire; *~ vatten på* throw water on, hose; *~ in* (*läk.*) inject; *~ ut* eject, spout, throw out **-lackera** spray[-paint] **-lackering** spraying, spray painting **-munstycke** spray nozzle, jet pipe **-måla** *se -lackera* **-ning** [-u:-] spraying, squirting; (*med brandspruta*) playing the hose[s] **-pistol** spray gun
spruttit *sup av spritta*
språk *s7* language; idiom, tongue; (*tal*) speech; manner of speaking, style; *föra ett bildat ~* speak in an educated manner; *lärare i ~* teacher of languages; *skriva ett ledigt ~* have an easy (natural) style of writing; *inte vilja ut med ~et* beat about the bush; *slå sig i ~ med* enter into conversation with **-a** talk, speak (*om* about); (*förtroligt*) chat **-as** *dep, ~ vid* talk to each other; *~ vid om* (*äv.*) discuss **-begåvad** *vara ~* have a gift for languages **-bruk** usage; *gällande ~* current usage **-centrum** (*i hjärnan*) speech areas **-familj** family of languages **-fel** linguistic error **-forskare** philologist, linguist **-forskning** philology; (*jämförande*) linguistics (*pl*), linguistic research; *jämförande ~* (*äv.*) comparative philology **-förbistring** confusion of tongues (languages) **-geni** genius for languages **-gräns** linguistic frontier **-historia** history of language **-kunnig** skilled in languages; *en ~ person* a good linguist **-kunskap** knowledge of language[s] **-kurs** language course **-känsla** feeling for language **-laboratorium** language laboratory **-lektion** language lesson **-lig** [-å:-] *a1* linguistic (*studier* studies); philological (*problem* problem); *i ~t avseende* from a linguistic point of view **-ljud** speech sound **-låda** *slå upp ~n* start talking **-lära** grammar **-lärare -lärarinna** teacher of languages **-man** linguist **-melodi** intonation **-riktighet** grammatical correctness **-rör** *bildl.* spokesman, mouthpiece **-sam** [-å:-] *a1* talkative; (*prat-*) loquacious; (*meddel-*) communicative **-samhet** [-å:-] talkativeness *etc.* **-sinne** talent for languages; *jfr. äv. -känsla* **-studier** *pl* study (*sg*) of languages, linguistic studies **-svårigheter** *pl* difficulties in speaking and/or understanding a language **-undervisning** language teaching **-vetenskap** science of language; *jfr -forskning* **-vetenskaplig** philological; linguistic **-vård** preservation of terminology and usage [in a language] **-öra** *ha ett gott ~* have an ear for languages
språng *s7* leap, spring; (*skutt*) bound, skip; *ta ett ~* take a leap, make a jump; *i fullt ~* at full speed; *på ~* on the run; *ta ~et ut i det okända* take a leap in the dark **-bräda** spring-board (*äv. bildl.*) **-marsch** *i ~* [at] double quick [time], *mil.* at a run **-segel** jumping sheet, canvas **-vis** by leaps (*etc.*)
spräcka *v3* crack; break; *~ skallen* fracture one's skull
spräcklig *a1* speckled; mottled
spräng|a *v2* burst; (*med -ämne*) blast, blow up, explode; (*skingra*) scatter, *mil.* put ... to the rout; *~ banken* break the bank; *~ en häst* break a horse's wind; *det -er i örat* my (his *etc.*) ear is throbbing; *~ fram* gallop along (forward) **-as** *v2, dep* burst, break **-bomb** high-explosive bomb **-deg** explosive paste **-granat** high-explosive shell **-kil** wedge **-kraft** explosive force **-laddning** blasting (explosive) charge; (*i robot o.d.*) warhead **-lista** (*vid val*) splinter list **-lärd** brimful of learning, erudite **-läsa** cram, swot **-ning** bursting *etc.*; explosion; (*skingring*) dispersion **-ningsarbete** blasting work **-skott** blast **-sten** blast stone, broken rock **-verkan** explosive (blast) effect **-ämne** explosive **-ämnesexpert** explosives expert
sprätt *s2* dandy, fop, *Am.* dude
1 sprätta *v1, v3* (*skära upp*) rip [open] (*en söm* a seam), unpick (*en klänning* a dress); *~ upp* rip ... up; *~ ur* rip out (*en knapp* a button)
2 sprätt|a *v3, bet. 1 äv. v1* **1** (*snobba*) show off, swank **2** (*om höns*) scratch **3** (*sprida*) scatter **4** (*stänka*) spatter; (*om penna*) spurt **-båge** *som en ~* (*bildl.*) like a drawn bow **-ig** *a1* smart[ly dressed], dandified, foppish
spröd *a1* brittle; short; (*klen*) fragile **-het** [-ö:-] brittleness; shortness; fragility
spröjs *s2* bar

spröt *s7* **1** (*paraply-*) rib **2** *zool.* antenna, feeler
spunnit *sup av spinna*
spurt *s3* **-a** *sport.* spurt
spy *v4* vomit (*äv. rök* smoke); (*om kanon*) belch out
spydig *a1* malicious, sarcastic, ironic[al] **-het** malice, sarcasm; *Am. äv.* wisecrack
spyfluga bluebottle, blowfly; *bildl.* caustic person
spygatt [ˣspy:-, -'gatt] *s7, sjö.* scupper
spå *v4, absol.* tell fortunes (*i kort* by the cards); ~ *ngn* tell s.b. his (*etc.*) fortune; *jfr äv. förutsäga*; ~ *i händer* practise palmistry, read hands; *jag ~dde rätt* my prediction came true; *människan ~r och Gud rår* man proposes, God disposes **-dom** *s2* prophesy; prediction; soothsaying **-domskonst** art of divination **-kvinna** [female] fortune-teller; sibyl **-man** fortune-teller; soothsayer
spån *s7, s9* (*trä-, metall-*) chip; (*hyvel-*) shaving; *koll.* chips, shavings (*pl*); *dum som ett* ~ as stupid as they come
spånad *s3, abstr.* spinning; *konkr.* spun yarn
spånads|lin [fibre] flax **-växt** textile plant
spånfiberplatta chip board
spång *s2, pl äv. spänger* foot-bridge, plank
spån|korg chip-basket **-tak** shingled roof **-täcka** shingle
spår *s7* **1** (*märke*) mark (*efter* of); (*fot-*) [foot-]step (*äv. bildl.*); (*djur-*) track, trail; *bildl. äv.* trace, vestige; *inte det minsta ~ av tvivel* not the faintest doubt; *inte ett ~ intresserad* not a bit interested; *följa ... i ~en* be fast on the heels of, *bildl.* follow in the footsteps of; *förlora ~et* lose the track (*om jakthund:* scent); *komma ... på ~en* get on the track of, *bildl. äv.* find ... out; *sopa igen ~en efter sig* obliterate one's tracks; *sätta djupa ~* (*bildl.*) make a profound impression; *vara inne på rätt ~* be on the right track **2** (*skenor*) rails (*pl*); *järnv.* track; *vagnen hoppade ur ~et* the carriage (waggon) ran off the track (left the rails) **-a 1** (*söka spår av*) track; trace (*äv. bildl.*); *jakt. äv.* scent; ~ *upp* track down, (*friare o. bildl.*) hunt out, discover **2** (*gå upp ett* [*skid*]*spår*) make a track **3** ~ *ur a*) (*järnv.*) run off the rails, derail, *b*) (*om pers.*) go astray, *c*) (*om diskussion*) sidetrack, get off the track **-hund** sleuth-hound; bloodhound (*äv. bildl.*) **-korsning** *järnv.* rail crossing **-ljus** tracer **-löst** *adv* leaving no trace, without leaving any tracks; *den är ~ försvunnen* it has vanished into thin air **-sinne** scent; nose **-snö** [new-fallen] snow in which tracks are visible **-vagn** tram[-car]; *Am* streetcar, trolley [car] **-vagnsbiljett** tram ticket **-vagnsförare** tram driver; *Am* motorman **-vagnskonduktör** tram conductor **-vidd** [track] gauge **-väg** tramway **-vägslinje** tramline; *Am* streetcar line **-vägsstall** tram depot; *Am.* carbarn **-växel** point[s *pl*]; *i sht Am.* switch[es *pl*] **-ämne** tracer [element]
späck *s7* lard; (*val-*) blubber **-a** lard; *bildl.* interlard; *en ~d plånbok* a bulging wallet **-huggare** *zool.* grampus **-nål** larding needle **-strimla** lardon
späd *a1* (*mycket ung*) tender (*grönska* verdure; *ålder* age); (*spenslig*) slender (*växt* growth); *bot. äv.* young (*löv* leaves); *från sin ~aste barndom* from one's earliest infancy; ~ *röst* feeble (weak) voice
späda *v2*, ~ [*ut*] dilute, thin down; ~ *på* ([*ut*]*öka*) add, mix in
späd|barn infant, baby **-barnsdödlighet** infant mortality **-barnsvård** infant welfare **-gris** sucking-pig **-het** [-ä:-] tenderness *etc.* **-kalv** sucking-calf
späk|a *v3* mortify (*sitt kött* one's flesh); (*friare*) castigate; ~ *sig* mortify o.s. **-ning** [-ä:-] mortification *etc.*
spän|d *a1* (*jfr -na*) tight (*rep* rope); stretched; (*styv*) taut; *bildl.* tense, highly-strung (*nerver* nerves), intense, intent; (*om båge*) drawn; *-t förhållande* strained relations (*pl*) (*till* with); *högt ~a förväntningar* eager expectations; *lyssna med ~ uppmärksamhet* listen with strained (tense) attention; *jag är ~ på hur det skall gå* I am eager to see how things go **-n** *r, sätta ngt i ~* put s.th. in a press; *sitta på ~* be on tenterhooks **-na** *v2* **1** (*sträcka*) stretch (*snören* strings); strain (*musklerna* one's muscles); tighten (*ett rep* a rope); ~ *en fjäder* tighten a spring; ~ *hanen på en bössa* cock a gun; ~ *en båge* draw (bend) a bow; ~ *bågen för högt* (*bildl.*) aim too high; ~ *sina krafter till det yttersta* muster up all one's strength, *bildl.* strain every nerve; ~ *ögonen i* fasten (rivet) one's eyes on; ~ *öronen* prick up one's ears **2** (*med spänne*) clasp, buckle; (*med rem*) strap **3** (*om kläder*) be tight, pull **4** *rfl* strain (brace) o.s. **5** (*med beton. part.*) ~ *av* unstrap, unfasten, undo; ~ *av sig skridskorna* take off one's skates; ~ *fast* fasten, buckle (strap) ... on (*vid* to); ~ *för* (*ifrån*) (*absol.*) harness (unharness) the horse[s]; ~ *på sig* put on (*skridskorna* one's skates), strap on (*ryggsäcken* one's knapsack); ~ *upp* undo, unfasten, (*rem*) unstrap, (*paraply*) put up; ~ *ut* stretch, (*magen*) distend, (*bröstet*) expand; ~ *åt* tighten **-nande** *a4, bildl.* exciting, thrilling; *en ~ bok* (*äv.*) a thriller **-ne** *s6* buckle, clasp, clip **-ning** tension; *mek. äv.* strain, stress; *elektr.* voltage; *bildl.* tension, excitement, stress, strain; *livsfarlig ~* (*på anslag*) live wire; *hållas i ~* be kept on tenterhooks; *vänta med ~* wait excitedly (eagerly) **-ningsfall** *elektr.* voltage (potential) drop **-ningsförande** *a4, elektr.* live, under tension
spänn|kraft tension, elasticity, resilience, *bildl.* tone **-ram** tenter [frame] **-skruv** turnbuckle **-vidd** span; *stat.* range; *bildl.* scope
spänsband waist-band
spänst *s3* vigour, elasticity; *bildl.* buoyancy **-ig** *a1* elastic, springy; (*kraftig*) vigorous; *bildl.* buoyant; *gå med ~a steg* walk with a springy gait **-ighet** elasticity, spring[iness]; vigour; *bildl.* buoyancy
spänt *adv* (*jfr spänd*), *iakttaga ngn ~* observe s.b. intently
spänta split (*stickor* wood)
1 spärr *i uttr.: rida ~ mot* tilt against (at); *bildl.* resist, struggle against
2 spärr *s2, boktr.* spaced-out type (letters *pl*)

3 spärr *s2, tekn.* catch, stop, barrier; *järnv.* gate, barrier; (*hinder*) block, obstacle; (*väg-*) roadblock
1 spärra 1 (*ut-*) spread out, stretch ... open; ~ *upp ögonen* open one's eyes wide **2** *boktr.* space out; ~*d stil* spaced-out type (letters *pl*)
2 spärr|a 1 (*avstänga*) bar; block [up]; obstruct (*vägen för ngn* a p.'s passage); blockade, close (*en hamn* a port) **2** *hand.* block (*ett konto* an account); ~ *en check* stop [payment of] a cheque **-ballong** barrage balloon; *vard.* blimp **-eld** barrage [fire] **-hake** [locking] pawl; (*på kugghjul*) click, catch **-konto** blocked (frozen) account **-ning 1** barring *etc.*; obstruction; blockade **2** (*av konto e.d.*) blocking, freezing **-vakt** *järnv.* ticket collector
spö *s6* **1** (*kvist*) twig; (*käpp*) switch; (*ridpiska*) whip; (*met-*) rod; *regnet står som ~n i backen* it's pouring rain, *vard.* it is raining cats and dogs **2** *slita* ~ be publicly flogged (whipped) **-a** flog, whip
spök|a (*visa sig som -e*) haunt a place, walk the earth; *det ~r i huset* the house is haunted; *gå uppe och ~ om nätterna* be up and about at night; ~ *ut sig* make a fright of o.s. **-aktig** *a1* ghostlike; (*hemsk*) weird, uncanny **-e** *s6* ghost, spectre; *vard.* spook; *bildl.* scarecrow; *se ~n på ljusa dagen* be haunted by imaginary terrors **-eri** *~r* ghostly disturbances **-historia** ghost story **-lik** ghostlike, ghostly; (*kuslig*) uncanny, weird; *ett ~t sken* a ghostly light
spöknippe bundle of rods
spök|rädd afraid of ghosts **-skepp** phantom ship **-skrivare** ghost-writer **-slott** haunted castle **-timme** witching hour
spöregn downpour, pouring rain **-a** pour, pelt
spörja *sporde sport* **1** (*fråga*) ask, inquire **2** (*erfara*) learn
spörsmål *s7* question, matter, problem; *ett intrikat* ~ an intricate problem
spöstraff whipping, flogging
stab *s3* staff; *tjänstgöra på* ~ be on the staff
stabịl *a1* stable; *en ~ firma* a sound firm; *~a priser* stable prices **-isator** [-ˣsa:tår] *s3 sjö.* stabilizer; (*flygplans-, ubåts-*) tailplane **-isera** stabilize; *förhållandena har ~t sig* conditions have stabilized (become more settled) **-isẹring** stabilization **-itet** stability
stabs|chef chief of staff **-officer** staff officer
1 stack *imperf av sticka II o. stinga*
2 stack *s2* stack, rick; *dra sitt strå till ~en* do one's share (*vard.* bit) **-a** stack, rick
stackar|e [poor] wretch; (*ynkrygg*) coward, funk; *en ~ till* ... a wretch of a ...; *en fattig* ~ a beggar; *den ~n!* poor thing (devil)!; *en svag* ~ a weakling, a pitiable creature; *var och en är herre över sin* ~ everybody is somebody's master **-s** *oböjl. a* poor (*krake* wretch); ~ *du* (*dig*)! poor you!; ~ *liten!* poor little thing!
stackạto *s6 o. adv, mus.* staccato
1 stad *s3* (*på väv*) selvedge; *Am.* selvage
2 stad *r* (*ställe*) stead; abode; *var och en i sin* ~ each in his own place
3 stad *-en städer, best. f. vard. stan* (*samhälle*) town; (*större o. katedral-*) city; *~en Paris* the city of Paris; *den eviga ~en* the Eternal City; *land och* ~ town and country; *han har blivit en visa för hela stan* he is the talk of the town; *bo i ~en* live in [the] town; *gå ut på stan* go into town; *lämna ~en* leave town; *resa till ~en* go up to town; *springa stan runt efter* rush round town for; *över hela ~en* all over the town
stadd *a5*, ~ *i fara* in [the midst of] danger; *vara ~ i upplösning* be disintegrating; ~ *på resa* on the move; ~ *vid kassa* in funds
stadde *imperf av städja*
stadfäst|a confirm (*en dom* a sentence); establish (*en lag* a law); legalize, sanction (*en förordning* a decree); ratify (*ett fördrag* a treaty) **-else** confirmation; establishment; legalization, sanction; ratification
stadg|a I *s1, i bet. 2 äv. s5* **1** (*stadighet*) consistency; steadiness, firmness (*äv. bildl.*) **2** (*förordning*) regulation, statute; *föreningens ~r* the charter (*sg*) (rules) of the association **II** *v1* **1** (*ge fasthet*) consolidate, steady **2** (*förskriva*) direct, prescribe, enact; (*bestämma*) decree **3** *rfl* consolidate, become firm[er] (steadier); (*om vädret*) become settled; (*om pers.*) settle down **-ad** *a5* steady, staid; *en ~ herre* a staid (reliable) man; *komma till ~ ålder* arrive at a mature age; *ha -at rykte för att vara* have a well-established reputation of being **-eenlig** [-e'e:n-] *a1* according to regulation (rules *pl*), statutory **-eändring** alteration of [the] rules (statutes)
stadig *a1* steady; (*fast*) firm; (*stabil*) stable; (*grov o. stark*) square-built, sturdy; (*tjock*) stout; (*kraftig*) substantial (*mat* food), thick (*gröt* porridge); *bildl.* (*varaktig*) permanent (*kund* customer); ~ *blick* firm look; ~ *hand* steady (firm) hand; *ett ~t mål mat* (*äv.*) a square meal; *ha ~t arbete* have a steady job (regular work) **-t** *adv* steadily *etc.*; *sitta* ~ (*om sak*) be firmly fixed; *stå* ~ stand steady (firm) **-varande** *a4* permanent (*anställning* employment); constant; ~ *inkomst* steady income
stadion ['sta:djån] *n* stadium
stadium ['sta:djum] *s4* stage; (*skede*) phase; *befinna sig på ett förberedande* ~ be at a preparatory (an initial) stage
stads|antikvarie city (town) antiquarian **-arkitekt** town (city) architect **-arkiv** municipal (city, town) archives (*pl*) **-barn** town-(city-)child **-befolkning** urban (town) population **-bibliotek** public (town, city) library **-bo** town-dweller; (*borgare*) citizen; *~r* townspeople **-bud** [town] messenger; (*bärare*) porter **-budskontor** messengers' (porters') office **-del** quarter of a city (town), district **-fiskal** public prosecutor; *Am. ung.* district attorney **-fogde** [court] bailiff; *Am.* sheriff, marshal **-fullmäktig** city (town) councillor; *~e* city (town) council (*sg*) **-förvaltning** civic (city, town) administration **-gas** town (coal) gas **-gräns** city (town) boundary **-hotell** principal hotel in a town **-hus** town hall **-lag** urban code **-liv** town (city) life **-läkare** municipal (city, town) medical officer **-mur** town (city) wall **-plan** town plan **-planerare** town planner **-planering** town (city) planning **-port** town (city)

gate **-rättigheter** town charter **-vapen** city arms (*pl*)
stafett *s3* **1** (*kurir*) courier **2** *se -pinne; springa* ~ run in a relay race **-löpning** relay race **-pinne** [relay-race] baton
staffage [-'fa:ʃ] *s4* figures (*pl*) in a landscape **-figur** *eg.* foreground figure; *bara en* ~ (*bildl.*) just an ornament
staffli *s4, s6* easel **-målare** painter who uses an easel
stafylokock [-'kåkk] *s3* staphylococcus (*pl* staphylococci)
stag *s7, sjö.* stay; *gå över* ~ go about **-a** *sjö.* stay (tack) ship; *allm.* stay
stagn|ation [-ŋn-] stagnation; (*stopp*) stoppage, standstill **-era** stagnate
stag|ning [-a:-] staying **-vända** tack, go about
1 staka *rfl* stumble, hesitate; ~ *sig på läxan* stumble over one's lessons
2 stak|a 1 punt, pole ([*fram*] *en båt* a boat [along]) **2** mark (*en väg* a road); ~ *ut, se ut-* **-e** *s2* pole, stake; (*ljus-*) candlestick
staket *s7* fence, railing[s *pl*], paling
stal *imperf av stjäla*
sta|lagmit *s3* stalagmite **-laktit** *s3* stalactite
1 stall *s7* (*på fiol*) bridge
2 stall 1 (*för hästar*) stable; *Am. äv.* barn; (*uppsättning hästar*) stud **2** (*lok- etc.*) depot, garage **-a** stable **-backe** stableyard **-broder** companion; *vard.* chum **-dräng** stableman, groom **-knekt** stableman **-lykta** (*hopskr. stallykta*) storm lantern **-pojke** stable-boy
stam [stamm] *s2* **1** (*träd-*) stem, trunk (*äv. bildl.*); *språkv.* stem, radical **2** (*i checkbok o.d.*) counterfoil, stub **3** (*släkt*[*e*]) family, lineage; (*folk-*) tribe; *en man av gamla ~men* a man of the old stock **-aktie** ordinary (*Am.* common) share; *~r* (*koll.*) stock (*sg*), equities; *utdelning på ~r* ordinary dividend **-anställd** *a o. s* regular **-bana** main line [railway]; *norra ~n* the main northern line **-bok** (*över djur*) pedigree book; (*över hästar*) stud book; (*över nötkreatur*) herd book **-bord** regular table **-fader** [first] ancestor; progenitor **-form** (*med avs. på härstamning*) primitive (original) form **-gäst** regular [frequenter] (*på en restaurang* of a restaurant), habitué **-kund** regular customer
1 stamma *se här-*
2 stamma (*tala hackigt*) stutter; (*svårare*) stammer; ~ *fram* stammer out
stam|manskap regulars (*pl*) **-moder** [first] ancestress
stamning stuttering, stammering
stam|ord radical word **-ort** place of origin
stamp 1 *s7, se -ning* **2** *s2, tekn.* (*hål-*) punch; (*stämpel*) stamp
1 stampa 1 stamp (*i golvet* [on] the floor); (*om häst*) paw the ground; *stå och* ~ *på samma fläck* (*bildl.*) be still on the same old spot, be getting nowhere; ~ *takten* beat time with one's feet; ~ *av sig snön* stamp the snow off one's shoes; ~ *till jorden* trample down the earth **2** *sjö.* pitch, heave and set **3** stamp, punch (*hål i* a hole in); (*kläde*) mill, full
2 stamp|a *vard.*, ~ *på* (*pantsätta*) hock, pop **-en** ['stamm-] *end. best. f., vard.* (*pantlånekontor*) *på* ~ at uncle's, in hock
stamp|kvarn stamp[ing]-mill **-maskin** stamp, (stamping) machine **-ning** stamping; pawing; *tekn.* punching, pounding
stam|ros standard rose **-tavla** genealogical table; pedigree (*äv. om djur*) **-tillhåll** [favourite] haunt **-träd** genealogical (family) tree
standar *s7* standard
standard ['stann-] *s9* standard **-avvikelse** *stat.* standard deviation (error) **-brev** form letter **-format** standard size **-hus** house of standard design; (*monteringsfärdigt*) prefabricated house **-höjning** rise in the standard of living; *en allmän* ~ a general rise in the living standard **-isera** standardize **-isering** standardization**-modell** standard design **-mått** *allm.* standard size; (*likare*) standard measure[ment] **-sänkning** lowering of one's standard [of living] **-utförande** standard design **-verk** standard work
standert ['stann-] *s2, sjö.* [broad] pennant
standolja stand (bodied) oil
1 stank *s3* stench, stink
2 stank *imperf av stinka*
stann|a 1 (*upphöra att röra sig*) stop, stand still; (*av-*) come to a standstill; (*upphöra äv.*) cease; *hjärtat har ~t* the (his *etc.*) heart has stopped (ceased to beat); *klockan ~de* the (my *etc.*) watch stopped; ~ *i växten* stop growing; ~ *på halva vägen* stop half way; *han lät det* ~ *vid hotelser* he went no further than threats; *reformerna ~de på papperet* the reforms never got past the paper stage; *det ~de därvid* it stopped at that **2** (*om vätska*) cease to run; (*stelna*) coagulate; *kokk.* set **3** (*dröja kvar*) stay [on], stop; (*slutgiltigt förbli*) remain; ~ *hemma* stay [at] home; ~ *hos ngn* stay with s.b.; ~ *kvar* stay [on], remain; ~ *till middagen* stay for dinner; ~ *över natten* stay the night (*hos* with); *låt det* ~ *oss emellan!* this is between you and me! **4** (*hejda*) stop; (*fordon äv.*) bring ... to a standstill; (*maskin*) stop **-fågel** sedentary (non-migratory) bird
stanni|förening stannic compound **-ol** [-'jɷ:l, -'jå:l] *s3* tinfoil **-olpapper** tinfoil
1 stans *s3, versl.* stanza
2 stans *s2* punch **-a** ~ [*ut*] punch **-maskin** punching machine **-ning** punching **-operatris** puncher, punching machine operator
stapel *s2* **1** (*trave*) pile, stack **2** *skeppsb.* stocks (*pl*); *gå* (*löpa*) *av ~n* leave the stocks, be launched, *bildl.* take place, come off **3** (*på bokstav*) stem; *nedåtgående* (*uppåtgående*) ~ downstroke (upstroke) **-avlöpning** launch[ing] **-bar** *a1*, *~a stolar* nesting (stacking) chairs **-bädd** stocks (*pl*), slip, slipway **-diagram** historgram, bar-chart **-stad** staple town (port) **-vara** staple [commodity]
stapla [ˣsta:-] ~ [*upp*] pile [up], heap ... up, stack
stappla (*gå ostadigt*) totter; (*vackla*) stagger; ~ *sig fram* stumble along; ~ *sig igenom läxan* stumble through one's lesson **-nde** *a4* tottering; staggering; *de första* ~ *stegen* the first stumbling steps
stare *s2* starling
stark *a1* strong; (*kraftfull*) powerful (*maskin*

engine); (*om maskin äv.*) high-powered; (*hållbar*) solid, durable; (*fast*) firm (*karaktär* character); (*utpräglad*) pronounced, mighty; (*intensiv*) intense; ~ *blåst* high wind; ~*a drycker* strong drinks; ~ *efterfrågan på* great (strong) demand for; ~ *fart* great speed; ~ *färg* strong colour; ~*t gift* virulent poison; ~*t inflytande* powerful influence; ~ *kyla* bitter (intense) cold; ~*a misstankar* grave (strong) suspicions; ~ *motvilja* pronounced aversion; ~*a skäl* strong reasons; ~*a verb* strong verbs; *är inte min* ~*a sida* is not my strong point; *en sex man* ~ *deputation* a deputation of six men; *med den* ~*ares rätt* with the right of might **-sprit** spirits (*pl*); *Am.* hard liquor **-ström** high-tension current **-t** *adv* strongly *etc.*; ~ *kryddad* highly seasoned; *lukta* ~ *av* smell strongly of; *jag misstänker* ~ *att* I very much suspect that **-varor** *pl* spirits **-vin** dessert wine **-öl** strong beer

1 starr *s3, bot.* sedge

2 starr *s2,* (*sjukdom*) [*grå*] ~ cataract; *grön* ~ glaucoma **-blind** *bildl.* purblind

start [-a(:)-] *s3* start; *Am. vard.* kick off; *flyg.* take-off; (*av företag*) starting, launching **-a** start; *Am. vard.* kick off; *flyg.* take off; (*företag*) start, launch; ~ *en affär* open a business **-anordning** starter **-bana** *flyg.* runway; tarmac **-er** ['sta:r-] *s9, pl äv.* -*ers sport.* starter **-förbud** *flyg., det råder* ~ all planes are grounded **-grop** starting hole; *ligga i* ~*arna* (*äv. bildl.*) be waiting for the starting signal **-kapital** initial capital **-klar** ready to start **-kontakt** starter **-linje** starting-line **-motor** starting motor **-nyckel** ignition key **-pedal** starting pedal; (*på motorcykel*) kick starter **-platta** (*för robot e.d.*) launching pad **-raket** booster **-signal** starting signal **-skott** *sport.* starting-shot; ~*et gick* the pistol went off **-vev** starting-handle, crank

stass *s3* finery

1 stat *s3* (*samhälle; rike*) state; ~*en* the State; *Förenta* ~*erna* the United States [of America]; ~*ens finanser* Government finance (*sg*); *S*~*ens Järnvägar* the Swedish State Railways; ~*ens tjänst* public (government) service; *i* ~*ens tjänst* in the service of the State; ~*ens verk* Government (civil service) departments; *på* ~*ens bekostnad* at public expense

2 stat *s3* **1** (*tjänstemannakår*) staff; (*förteckning*) list of persons belonging to the establishment **2** *föra* [*stor*] ~ live in [grand] style; *dra in på* ~*en* cut down expenses

3 stat *s3* **1** (*avlöningsanordning*) establishment; *officer på* ~ permanent officer **2** (*budget*) estimates (*pl*), budget

statare farm labourer, cotter

statera walk on, be a super (extra)

statịk *s3, ej pl* statics (*pl*)

station [-(t)'ʃɷ:n] station; *ta in en* ~ (*radio.*) tune in a station **-era** station **-ẹring** stationing

stations|inspektor station-master **-samhälle** town (village) around a railway station **-skrivare** railway clerk **-vagn** (*bil*) station waggon; state car

stationär [-tʃɷ'nä:r] *a1* stationary

statisk ['sta:-] *a5* static; ~ *elektricitet* static electricity

statist *teat.* walker-on, supernumerary, *vard.* super; *film.* extra

statistị|k *s3, ej pl* statistics (*pl*) **-ker** [-'tiss-] statistician **-sk** [-'tiss-] *a5* statistic[al]; ~*a uppgifter* statistical data (*sg*), statistics; ~ *årsbok* statistical yearbook

statịv *s7* stand, rack; (*stöd*) support; (*trebent*) tripod

statlig [ˣsta:t-] *a1* state (*egendom* property); government (*verk* office); national (*inkomstskatt* income tax); public (*institution* institution); ~*t ingripande* government (state) intervention; *i* ~ *regi* under government auspices, run by the State

stats|angelägenhet affair of state **-anslag** government (state, public) grant (subsidy) **-anställd** *a5* employed in government service; *en* ~ a government (state) employee **-arkiv** [public] record office **-bana** state (state-owned) railway **-besök** state (official) visit **-bidrag** *se -understöd* **-chef** head of a (the) state **-egendom** state (national, public) property; *göra till* ~ nationalize **-fientlig** subversive (*verksamhet* activity) **-finanser** public (government) finances **-finansierad** *a5* state-financed **-form** form of government, polity **-fru** lady of the bedchamber **-fängelse** state prison **-förbrytare** political offender **-förbrytelse** political crime, high treason **-förbund** association (union, [con-] federation) of states **-författning** constitution **-förvaltning** public (state) administration **-gräns** state boundary, frontier **-hemlighet** state secret **-historia** political history **-inkomster** *pl* public (national) revenue (*sg*) **-kalender** official yearbook (directory) **-kassa** treasury, exchequer **-klok** politic, ... versed in state affairs **-klokhet** political wisdom **-konst** statesmanship, statecraft; diplomacy **-kontrollerad** [-å-å-] *a5* state-(government-)controlled **-kunskap** political science **-kupp** coup d'état **-kyrka** established (national, state) church; *engelska* ~*n* the Church of England, the Anglican Church; *svenska* ~*n* the Lutheran State Church of Sweden; *avskaffa* ~*n* disestablish the Church **-kyrklig** state church ... **-lån** government (state) loan **-lära** sociology **-lös** stateless **-makt** state authority, power of the state; ~*er* (*äv.*) government authorities; *den fjärde* ~*en* (*pressen*) the fourth estate **-man** statesman; (*politiker*) politician **-minister** prime minister, premier **-obligation** government bond; ~*er* (*äv.*) government securities, consols **-papper** *pl* government securities, treasury bills **-polis** national (state) police **-revision** auditing of public (state, national) accounts **-råd 1** (*ministär*) council of state cabinet **2** (*sammanträde*) cabinet council (meeting); *konungen i* ~*et* the king in council **3** *pers.* [cabinet] minister, councillor of state; *Engl. äv.* secretary of state; *konsultativt* ~ minister without portfolio **-rådinna** cabinet minister's wife **-rådsberedning** preliminary cabinet meeting (session) **-rätt** constitutional law **-sekreterare** under-secretary of state **-skatt** national (state) tax **-skick** constitution **-skuld** national debt **-teater** national theatre **-tjänst** public (civil) service **-tjänsteman** civil servant, government employee **-understöd** government subsidy, state aid **-understödd** *a5* state-subsidized **-utgifter** *pl* state (government) expenditure (*sg*) **-verksproposition** budget bill (proposals *pl*) **-vetenskap** political science **-vetenskaplig** of political science **-vetenskapsman** expert on political science **-välvning** [political] revolution **-överhuvud** *se -chef*

statt *sup av städja*

statuera ~ *ett exempel* make an example

stat|us ['sta:-, ˣsta:-] *r* (*ställning*) status; (*affärsföretags*) standing; ~ *quo* status quo; *rättslig* ~ legal status **-ussymbol** status symbol **-uter** *pl* rules, regulations, statutes

staty *s3* statue **-ett** *s3* statuette

stav *s2* staff; *sport.* pole; (*skid-*) [ski-]stick; *bryta ~en över ngn* (*bildl.*) condemn s.b. [outright]

stava spell; *hur ~s ...?* how do you spell ...?; ~ *och lägga ihop* put two and two together; ~ *sig igenom* spell one's way through

stavbakterie rod-shaped bacterium, bacillus

stav|else syllable **-fel** spelling mistake; ortographical error

stav|hopp pole-vault; (*-hoppning*) pole-vaulting; *hoppa* ~ pole-vault **-hoppare** pole--vaulter **-kyrka** stave church **-magnet** bar magnet

stavning [-a:-] spelling; (*rättskrivning*) ortography

stavrim alliteration

stearin *s4, s3* stearin, candle-grease **-ljus** candle **-syra** stearic acid

1 steg *imperf av stiga*

2 steg *s7* **1** step (*äv. bildl.*); (*gång äv.*) gait, pace; *små* ~ short steps; *ta stora* ~ take great (long) strides; *gå framåt med stora* ~ (*bildl.*) advance with rapid strides; ~ *för* ~ step by step, *bildl. äv.* gradually; *hålla jämna* ~ keep pace (*med* with); *med långsamma* ~ at a slow pace; *med spänstiga* ~ with a springy gait; *följa ... på några ~s avstånd* follow ... a few paces behind; *styra* (*ställa*) *sina* ~ *till* direct one's steps to; *ta första ~et till försoning* make the first move towards conciliation; *ta ~et full ut* (*bildl.*) go the whole way (*vard.* hog); *vidtaga sina mått och* ~ take measures **2** *tekn.* stage **-a 1** ~ [*upp*] step out, pace **2** ~ *i väg* stride out (along)

stege *s2* ladder

steg|el *s7* wheel **-la** [-e:-] break ... upon the wheel

steglitsa [ˣste:-, -'itt-] *s1* goldfinch

steg|längd pace **-löst** *adv,* ~ *variabel* infinitely variable

stegpinne rung

1 stegra [ˣste:-] *rfl* rear; *bildl.* rebel; object

2 stegr|a [ˣste:-] raise, increase; (*förstärka*) intensify, heighten **-ing** rise, increase; intensification, heightening

stegräknare pedometer

stegvagn ladder truck

stegvis step by step, by steps; (*gradvis äv.*) gradually, by stages (degrees)

1 stek *s7, sjö.* hitch, bend

2 stek *s2* joint; *kokk.* roast meat, joint [of roast meat]; *ösa en* ~ baste a joint **-a** *v3* **1** roast (*kött* meat; *kastanjer* chestnuts); (*i -panna*) fry; (*i ugn*) roast (*potatis* potatoes); (*halstra*) broil **2** *bildl., solen -er* the sun is broiling; ~ *sig i solen* broil (bake) in the sun **-ande** *a4* broiling, roasting (*hett* hot; *sol* sun) **-as** *v3* roast, be roast, broil, be broiling

stekel *s2, zool.* hymenopter[on]

stek|fat meat dish **-fett** frying fat **-flott** dripping **-fläsk** sliced pork **-gryta** braizing-pan **-het** broiling, roasting **-ning** [-e:-] roasting *etc., jfr -a* **-nål** [meat] skewer **-os** smell of frying (*etc.*) **-panna** frying-pan **-spade** slice, spatula **-spett** spit **-sås** [pan] gravy **-t** [-e:-] *a4* roast (*kött* meat); fried (*potatis* potatoes; *ägg* eggs); baked (*äpplen* apples); *för mycket* (*litet*) ~ overdone (underdone); *lagom* ~ well done **-ugn** [roasting] oven **-vändare** turnspit, roasting-jack

stel *a1* stiff (*äv. bildl.*); (*styv*) rigid (*äv. bildl.*); (*av köld*) numb; *bildl.* formal, reserved (*sätt* manners *pl*); ~ *av fasa* paralysed with horror; *vara* ~ *i ryggen* have a stiff back; *en* ~ *middag* a very formal dinner **-bent** [-be:-] *a1* stiff-legged; *bildl.* stiff, formal **-frusen** (*om pers.*) stiff with cold, frozen stiff; (*om kött, mark e.d.*) [hard]frozen **-het** [-e:l-] stiffness *etc.*; rigidity; *bildl. äv.* formality, constraint **-kramp** tetanus; *vard.* lockjaw

stellarastronomi [-ˣla:r-] stellar astronomy

stelna [-e:-] get (grow) stiff, stiffen; (*övergå i fast form*) solidify; (*om vätska*) congeal, coagulate, (*om blod äv.*) clot; *kokk.* set; *~de uttryck* stock phrase; ~ *till is* be congealed into ice; *man ~r till med åren* one stiffens up as one gets older; *han ~de till när han fick se oss* he froze when he caught sight of us

sten *s2* stone (*äv. i frukt o. med.*); *Am. äv.* rock; (*liten*) pebble; (*stor äv.*) boulder, rock; *bryta* ~ quarry stone; *en* ~ *har fallit från mitt bröst* that's a load off my mind; *hugga i* ~ (*bildl.*) bark up the wrong tree; *kasta* ~ *på* throw stones at; *lägga* ~ *på börda* increase the burden; *inte lämna* ~ *på* ~ not leave one stone upon another; *det kunde röra en* ~ *till tårar* it is enough to melt a heart of stone **-a** stone (*till döds* to death) **-art** variety of stone **-beläggning** paving **-block** boulder[-stone], block of stone **-bock 1** *zool.* (*alp-*) ibex; (*afrikansk*) steenbok **2** *astron., S~en* Capricorn **-brott** quarry **-bräcka** *bot.* saxifrage **-bumling** boulder

stencil *s3* stencil; *skriva en* ~ cut a stencil **-era** stencil **-ering** stencil copying

sten|dammlunga silicosis **-död** stone-dead; *vard.* [as] dead as a door-nail **-döv** stone--deaf, [as] deaf as a post **-flisa** chip of stone **-fot** *byggn.* stone base **-frukt** stone fruit **-get** chamois **-gods** stoneware **-golv** stone floor **-huggare** stone-mason **-huggeri** stonemasonry **-hus** stone house; (*tegel-*) brick house **-hård** [as] hard as stone (flint); (*bildl.*) adamant **-häll** stone slab; (*platta*) flagstone; (*i öppen spis*) hearthstone **-ig** *a1* stony; rocky (*bergsluttning* hillside); (*mödosam*) hard **-kast** (*avståndsmått*) stone's throw **-kista** caisson **-kol** [pit-]coal, mineral coal **-kolsformation** *geol.* carboniferous formation **-kolsförande** *a4* carboniferous **-kolsgruva** coal-mine, colliery **-kolstjära** coal-tar **-kross** stone-crusher **-kruka** stoneware jar, earthenware jar **-kula** (*leksak*) [stone] marble **-kummel** cairn [of stones] **-lägga** pave **-läggning** *abstr.* paving; *konkr.* pavement **-mur** stone wall; (*tegel-*) brick wall **-murkla** turban-top

stenograf *s3* stenographer, shorthand writer; ~ *och maskinskriverska* shorthand-typist **-era** take down ... in shorthand; *absol.* write shorthand **-i** *s3* stenography, shorthand **-isk** stenographic, shorthand, ... in shorthand

stenogram [-'gramm] *s7* stenograph, shorthand notes; *skriva ut ett* ~ transcribe shorthand notes **-block** shorthand pad

sten|parti rock-garden, rockery **-platta** stone-slab, flagstone **-rik** *bildl.* rolling in money **-riket** the mineral kingdom **-rös[e]** mound (heap) of stones **-skott** flying stone [hitting a motor-car] **-skvätta** *s1* wheatear **-slipare** stone polisher, lapidary **-sliperi** stone polisher's workshop **-sopp** *s2* cep **-stil** lapidary style **-sätta** *se -lägga* **-sättare** paver **-sättning** *arkeol.* circle (row) of stones, cromlech **-söta** *s1, bot.* polypody **-tavla** *bibl.* table of stone

stentorsröst [ˣstenntårs-] stentorian voice

sten|tryck lithography, lithographic printing; *konkr.* lithograph **-ull** rockwool **-yxa** stone axe **-åldern** the Stone Age; *yngre* (*äldre*) ~ the neolithic (palaeolithic) period **-öken** stony (rocky) desert; (*bildl. om stad*) wilderness of bricks and mortar

stepp *s3* **-a** tap-dance **-dansör** tap-dancer

stereo ['ste:-] *r* stereo, stereophonic sound **-anläggning** stereo equipment **-foni** [-å'ni:] *s3* stereophony **-fonisk** [-'få:-] *a5* stereophonic **-fotografi** stereophotography **-metri** *s3* stereometry **-metrisk** [-'me:-] *a5* stereometric **-skop** [-'skå:p] *s7* stereoscope **-skopisk** [-'skå:-] *a5* stereoscopic **-typ I** *a5* stereotyped, set (*leende* smile) **II** *s3* stereotype, cliché **-typi** *s3* stereotyping

steril *a1* sterile; (*ofruktbar*) barren (*mark* ground) **-isera** sterilize **-isering** sterilization **-itet** sterility; barrenness

sterling ['stä:r-] *pund* ~ pound sterling **-blocket** the sterling bloc (area)

stetoskop [-'skå:p] *s7* stethoscope

stia [ˣsti:a] *s1* [pig-]sty

stick I *s7* **1** stick[ing]; (*nål-*) prick; (*med vapen*) stab, thrust; (*insekt-*) sting, bite **2** *lämna ngn i ~et* leave s.b. in the lurch **3** (*gravyr*) engraving, print **4** *kortsp.* trick **II** *adv,* ~ *i stäv* (*sjö.*) dead ahead, *bildl.* directly contrary (*mot* to) **-a I** *s1* **1** (*flisa*) splinter, split; (*pinne*) stick; *få en ~ i fingret* run a splinter into one's finger; *mager som en* ~ [as] thin as a rake **2** (*strump-*) [knitting-]needle **II** *stack stuckit* **1** (*med nål e.d.*) prick, stick; (*med kniv e.d.*) stab; (*slakta*) stick; (*om insekt*) sting, bite; (*stoppa*) put (*handen i fickan* one's hand into one's pocket), (*häftigare*) thrust; *bildl.* sting; ~ *kniven i* ... stab [... with a knife]; ~ *eld på* set fire to, set on fire; ~ *hål på* prick (make) a hole in, puncture; ~ *en nål igenom* run a pin through; ~ *in huvudet i* pop one's head into; *hans ord stack mig i själen* his words cut me to the heart **2** (*gravera*) engrave **3** (*med -or*) knit; (*på symaskin*) stitch; (*vaddera*) quilt **4** *det -er i bröstet* I have a pain in my chest; *lukten -er i näsan* the smell makes my nose itch; *ljuset stack mig i ögonen* the light dazzled me; ~ *till sjöss* put out (*om pers.* run off) to sea; *kom så -er vi!* (*vard.*) come on, let's go (get out of here)! **5** *rfl* prick o.s.; *jag stack mig i fingret* I pricked my finger **6** (*med beton. part.*) ~ *av* (*kontrastera*) contrast (*mot, från* to); ~ *emellan med* fit in; ~ *fram a*) stretch (stick) out (*nosen* its (*etc.*) nose), *b*) (*skjuta fram*) project, protrude; *månen -er fram* the moon is peeping out; ~ *ner* (*ihjäl*) stab [... to death]; *det stack till i foten* I had a sudden twinge in my foot; *det stack till i honom* (*bildl.*) he felt a pang; ~ *upp a*) stick up (*huvudet* one's head), *b*) (*framträda*) stick up (out), (*träda i dagen*) crop up; ~ *ut* stick out; ~ *ut ögonen på ngn* put out a p.'s eyes; ~ *över a*) *kortsp.* take, *absol.* take it, *b*) (*kila över*) pop over **-ande** *a4* shooting (*smärta* pain); pungent (*lukt* smell); piercing (*blickar* looks); ~ *smak* pungent (biting) taste **-as** *stacks stuckits, dep* prick, sting (*jfr -a II 1*) **-beskrivning** knitting instructions **-bäcken** bed-pan

stickel ['stikk-] *s2, tekn.* graving-tool

stickelhår (*i päls*) bristles (*pl*)

stick|garn knitting-yarn(-wool) **-ig** *a1* prickly **-kontakt** plug, point

stickling cutting, slip

stick|maskin knitting-machine **-ning 1** knitting (*äv. konkr.*) **2** (*-ande känsla*) pricking [sensation] **-ord 1** (*glíring*) sarcasm, taunt **2** (*uppslagsord*) entry, head word **3** *teat.* cue **-prov** sample (spot) test; *ta ett* ~ take a sample **-provsförfarande** sample-test procedure **-provsundersökning** random sampling **-spår** *järnv.* dead-end siding (track) **-vapen** pointed (stabbing) weapon

1 stift *s7* **1** (*att fästa med*) pin, brad, tack; (*rit-*) drawing pencil, crayon; (*penn-*) pencil lead; (*grammofon-*) needle **2** *bot.* style

2 stift *s7, kyrkl.* diocese

stift|a (*in-*) found; establish (*en fond* a fund); institute (*regler* rules); form (*ett förbund* an alliance); ~ *bekantskap med ngn* make a p.'s acquaintance; ~ *fred* conclude (make) peace; ~ *lagar* institute laws, legislate **-ande** *s6* founding *etc.*; foundation; establishment **-are** founder; originator **-else** foundation; institution, establishment **-elseurkund** charter of foundation; (*bolags*) memorandum of association; *Am.* articles of incorporation, corporate charter

stiftpenna propelling (automatic) pencil

stifts|adjunkt diocesan curate **-jungfru** [secular] canoness **-stad** cathedral city, diocesan capital

stifttand pivot (pin) tooth

stig *s2* path; *bildl. äv.* track

stig|a *steg -it* **1** (*kliva*) step (*fram* forward); walk (*in i rummet* into the room); *jag kan* *inte ~ på foten* I can't put my weight on my foot; *~ i land* go ashore; *~ miste* make a false step; *~ närmare* step nearer **2** (*höja sig*) rise; (*om pris äv.*) increase, go up, (*från säljarsynpunkt*) advance, improve; *flyg.* climb, ascend; (*öka*) rise, increase; *aktierna -er* shares are going up; *barometern -er* the barometer is rising; *febern -er* his (*etc.*) temperature is going up; *~ i ngns aktning* rise in a p.'s esteem; *~ i pris* advance (rise) in price; *~ i rang* acquire a higher rank, advance; *~ i värde* rise in value; *tårarna steg henne i ögonen* tears rose to her eyes; *~ till a*) (*nå*) rise to, attain, *b*) (*belöpa sig t.*) amount to; *~ ur sängen* get out of bed; *framgången steg honom åt huvudet* success went to his head **3** (*med beton. part.*) *~ av* get off, (*häst*) dismount, (*tåg*) get out of; *~ fram* step forward, approach; *~ in* step (walk) in; *stig in!* please come in!, (*som svar på knackning*) come in!; *~ ner* descend; *~ på* (*absol.*) come in; *~ på tåget* get on the train, take the train (*vid* at); *~ upp* rise, *vard.* get up; *~ upp från bordet* (*äv.*) leave the table; *~ upp i en vagn* get into a carriage; *stig upp!* get up!; *en misstanke steg upp inom henne* a suspicion arose within her; *~ upp på* mount, ascend; *~ ur* get (step) out (*en vagn* of a carriage); *~ ur sängen* get out of bed; *~ ut* step out; *~ över* step over (across) **-ande** *a4* rising; (*ökande äv.*) increasing, growing; (*om pris*) rising, advancing; *~ konjunkturer* rising tendency; *~ kurva* upward curve; *efter en ~ skala* on an ascending scale, progressively; *vara i ~* be on the rise **-bygel** stirrup; (*i örat*) stirrup-bone

stigfinnare pathfinder

stig|hastighet *flyg.* rate of climb **-höjd** ceiling **-it** *sup av stiga*

stigman highwayman, brigand

stigmatiser|a stigmatize **-ing** stigmatization

stig|ning [-i:g-] rising, rise, ascent; (*ökning*) increase; (*i terräng*) incline, slope; *flyg.* climb **-ort** *gruv.* raise **-rör** ascending pipe, riser **-vinkel** *flyg.* angle of climb

stil *s2* **1** (*hand-*) hand[writing] **2** (*konstnärlig ~, stilart; bildl.*) style; touch, manner; *det är ~ på honom* he has style; *det är hennes vanliga ~* it is her usual way; *hålla ~en* observe good form; *i ~ med* in keeping with; *ngt i den ~en* s.th. in that line; *i stor ~* on a large scale **3** *skol.* [written] exercise **4** (*trycktyp*) type; *spärrad ~* spaced-out letters (*pl*) **5** (*tideräkning*) style **-art** style **-blomma** specimen of rhetorical brilliance **-brott** breach of style **-brytning** *ung.* clash of styles **-drag** characteristic of a style **-enlig** [-e:-] *a1* in keeping with the style [of the period]

stilett *s3* stiletto

stil|full stylish, tasteful, in good style **-gjuteri** *boktr.* type-foundry **-grad** *boktr.* type size, size of type **-ig** *a1* stylish, elegant, chic; *vard.* smart; *det var ~t gjort av henne* it was a fine thing of her to do **-isera 1** (*förenkla*) stylize, conventionalize **2** (*formulera*) word, compose **-isering 1** formalizing *etc.* **2** wording **-ist** stylist; *en god ~* a master of style **-istik** *s3* theory of style **-istisk** *a5* stylistic; *i ~t avseende* as regards style **-känsla** feeling for style, artistic sense (taste)

still *se -a I* **-a I** *oböjl. a o. adv* **1** (*utan rörelse, äv. bildl.*) still; (*lugn*) calm; (*svag*) soft (*bris* breeze); (*tyst*) quiet; *S~ havet* the Pacific [Ocean]; *~ vatten* calm (unruffled) waters; *tyst och ~* quiet and tranquil; *föra ett ~ liv* lead a quiet life; *det gick ett ~ sus genom salen* a gentle murmur went through the room (hall); *ligga* (*sitta, stå, vara*) *~* lie (sit, stand, be) still; *vi sitter för mycket ~* we lead a too sedentary life; *smedjan stod ~* the forge was at a standstill; *stå* (*var*) *~!* keep still (quiet)!; *luften står ~* the air is not stirring; *det står alldeles ~ för mig* I just can't remember, it's gone completely out of my head; *tiga ~* be silent **II** *v1* (*dämpa*) appease; (*lugna*) quiet; (*lindra*) soothe, alleviate (*smärtan* the pain); *~ sin hunger* appease one's hunger; *~ sin nyfikenhet* satisfy one's curiosity; *~ sin törst* slake (quench) one's thirst

stilla|sittande I *a4* sedentary (*arbete* work) **II** *s6* sedentary life **-stående I** *a4* stationary (*luft* air); stagnant (*vatten* water); (*utan utveckling*) unprogressive **II** *s6* standstill; stagnation **-tigande** *a4* silent; in silence; *~ finna sig i ngt* accept s.th. in silence

stillbild still

stilleben ['still, ˣstill-, -'le:-] *s7* still life (*pl* still lifes)

still|estånd *s7* **1** *mil.* armistice, truce **2** (*vid industri o.d.*) standstill **-eståndsavtal** truce **-film** film strip **-het** calm, quiet; stillness, tranquillity; *begravningen sker i ~* the funeral will be strictly private; *i all ~* quite quietly, in silence; *leva i ~* lead a quiet life **-na** quieten down; (*mojna*) abate, drop **-sam** *a1* quiet, tranquil; *vara ~ av sig* be of a quiet disposition

stil|lös without style, in bad style **-löshet** lack of style **-möbler** *pl* period furniture **-prov** (*handstils-*) specimen of a p.'s handwriting; *boktr.* type-specimen **-ren** [of] pure [style] **-sort** *boktr.* kind of type; *fel ~* wrong font (*förk.* w.f.)

stiltje [ˣstilltje] *s9* calm; lull

stilvidrig at variance with the style [of the whole]

stim [stimm] *s7* **1** (*fisk-*) shoal; (*av småfisk*) fry **2** (*stoj*) noise, din **-ma 1** (*om fisk*) shoal **2** (*stoja*) be noisy, make a noise

stimul|ans [-'laŋs, -'lanns] *s3* stimulation (*till* of); stimulus; (*medel*) stimulant **-antia** [-'lanntsia] *pl* stimulants, stimuli **-era** stimulate; *~nde medel* stimulant **-ering** stimulation **-us** ['sti:-] *r* stimulus

sting *s7* (*stick*) prick, sting (*äv. bildl.*); *bildl. äv.* pang (*av svartsjuka* of jealousy); (*kraft*) bite, go; *det är inget ~ i det här* there is no punch in this **-a** *stack stungit* sting; *jfr sticka* **-slig** *a1* touchy, irritable

stink|a *stank* (*sup saknas*) stink; *~ av ngt* smell strongly of s.th., *vard.* stink of s.th. **-näva** *s1, bot.* herb Robert

stinn *a1* (*uppblåst*) inflated; (*utspänd*) distended; (*av mat*) full [up]; *en ~ penningpung* a bulging purse

stins *s2* station-master
stint *se ~ på ngn* look hard at s.b.; *se ngn ~ i ögonen* look s.b. straight in the eye
stipel ['sti:-] *s3, bot.* stipel, stipule
stipendi|at holder of a scholarship **-efond** [-ˣpenn-] scholarship fund **-enämnd** [-ˣpenn-] scholarship committee **-um** [-'penn-] *s4* scholarship; (*bidrag*) grant, award
stipul|ation stipulation **-era** stipulate; state
stirra stare, gaze (*på* at); *~ som förhäxad på* stare as one bewitched at; *~ sig blind på* (*bildl.*) have eyes for nothing else but **-nde** *a4* staring; *~ blick* (*äv.*) fixed look
stjäla [ˣʃä:-] *stal stulit* steal (*äv. bildl.*); *~ sig till att göra ngt* do s.th. by stealth; *~ sig till en stunds vila* snatch a short rest
stjälk [ʃ-] *s2* stalk; stem **-blad** stem-leaf **-stygn** stem-stitch
stjälp|a [ʃ-] *v3* **1** (*välta*) overturn; tip; upset (*äv. bildl.*); *~ av* (*ut*) tip out; *~ i sig* gulp down; *~ upp* turn out **2** (*falla över ända*) [be] upset, turn (topple, tip) over **-ning** tipping, upsetting
stjärn|a [ˣʃä:r-] *s1* star **-baneret** the star--spangled banner, the stars and stripes **-beströdd** *a5* starred, starry **-bild** constellation **-fall 1** (*-skott*) [swarm of] shooting--star[s *pl*] **2** (*ordensregn*) shower of decorations **-formig** [-å-] *a1* star-shaped; *fack.* stellar, stelliform **-fysik** astrophysics (*pl*) **-himmel** starry sky **-karta** star chart **-kikare** [astronomic] telescope **-klar** starlit (*natt* night); starry (*himmel* sky); *det är ~t* the stars are out (shining) **-skott** *se -fall 1* **-smäll** *vard., ge ngn en ~* make s.b. see stars, knock s.b. into the middle of next week **-system** stellar (star) system **-tydare** astrologer **-år** sidereal year
stjärt [ʃ-] *s2* tail (*äv. tekn.*); (*på pers.*) behind, bottom **-fena** tail-fin, caudal fin **-fjäder** tail-feather **-lanterna** *flyg.* tail (rear) light **-mes** long-tailed titmouse
sto *s6* mare; (*ungt*) filly
stock [-å-] *s2* **1** (*stam*) log; *sova som en ~* sleep like a log; *över ~ och sten* up hill and down dale, across country; *sitta i ~en* be (sit) in the stocks **2** *tryck från ~ar* (*typ.*) block printing
1 stocka [-å-] (*hattar*) block
2 stocka [-å-] *rfl* clog; stagnate (*äv. om trafik*); *orden ~r sig i halsen* the words stick in my throat
stock|blind stone-blind **-bro** pole-bridge **-eld** log-fire **-fisk** stock-fish.
stockholmare [-å-å-] inhabitant of Stockholm, Stockholmer
stock|hus log-house **-konservativ** *en ~* a die--hard conservative
stockning [-å-] (*avbrott*) stoppage; (*försening*) delay; (*blod-*) [blood-]stasis; (*trafik-*) traffic-jam, block, congestion; *bildl.* deadlock
stock|ros hollyhock **-ved** log-wood
1 stod *imperf av stå*
2 stod *s3* (*bild-*) statue
stoff [-å-] *s7, om tyger o. d. s4* stuff (*till* for) (*äv. bildl.*); material[s *pl*]; (*ämne*) [subject] matter **-era** hem
stofil *s3* odd fish; *gammal ~* (*äv.*) old fogey
stoft [-å-] *s7* dust; (*puder*) powder; (*jordiska kvarlevor*) ashes, remains (*pl*); *kräla i ~et för* crawl in the dust before **-hydda** mortal clay **-korn** grain of dust
stoi|cism [-å-] stoicism **-ker** ['stå:-] stoic **-sk** ['stå:-] *a5* stoic[al]
stoj [ståjj] *s7* noise, din **-a** make a noise, be noisy; (*om barn äv.*) romp **-ig** *a1* noisy, boisterous; romping
stokastisk *a5* stochastic; *stat. äv.* random
stol *s2* chair; (*utan ryggstöd*) stool; *sticka under ~ med* hold back, conceal; *sätta sig mellan två ~ar* (*bildl.*) fall between two stools
stola [ˣstå:-] *s1* stole
stolgång *s2* **1** (*ändtarmsmynning*) anus **2** (*avföring*) stools (*pl*), motion
stoll [-å-] *s2, bergv.* gallery; *Am.* adit
stoll|e [-å-] *s2* fool, silly person **-ig** *a1* cracked, crazy
stolpe [-å-] *s2* post; pole; (*stötta*) prop, stanchion; (*i virkning*) treble; (*minnesanteckning*) brief note, jotting
stolpiller suppository
stolpskor *pl* climbing irons
stols|ben chair-leg, leg of a chair **-karm** arm of a chair **-rygg** back of a chair **-sits** [chair] seat
stolt [-å-] *a1* proud (*över* of); (*högdragen*) haughty; *med en ~ gest* with a proud gesture; *vara ~ över* (*äv.*) pride o.s. on, take pride in **-het** pride (*över* in); (*högdragenhet*) arrogance; *berättigad ~* legitimated pride; *sårad ~* (*äv.*) pique; *sätta sin ~ i* take pride in **-sera** *absol.* swagger; (*gå o. ~*) swagger about; (*om häst*) prance; *~ med* parade
stomme *s2* frame[work], shell; skeleton (*äv. bildl.*)
stomp [-å-] *s2* stump
stop *s7* **1** (*kärl*) stoup, pot **2** (*rymdmått*) quart
1 stopp [-å-] **I** *s7* (*stockning*) stoppage (*i röret* in the pipe; (*stillastående*) stop, standstill (*äv. bildl.*); *sätta ~ för* put an end (a stop) to; *säg ~!* (*vid påfyllning*) say when! **II** *interj* stop!
2 stopp [-å-] *s2* **1** (*på strumpa e.d.*) darn **2** (*pip-*) fill
1 stoppa [-å-] **1** (*hejda*) stop, bring ... to a standstill; stem (*blodflödet* the flow of blood) **2** (*stanna*) stop, come to a standstill **3** (*förslå*) suffice, be enough **4** (*orka*) stand the strain; *han ~r nog inte länge till* he can't stand the strain much longer
2 stoppa [-å-] **1** (*laga hål*) darn (*strumpor* socks) **2** (*fylla*) fill (*pipan* one's pipe); stuff (*korv* sausages; *med tagel* with horsehair); upholster (*möbler* furniture); (*proppa*) cram; *~ fickorna fulla med* fill one's pockets with **3** (*sticka in*) put (*ngt i fickan* s.th. into one's pocket); tuck **4** (*med beton. part.*) *~ i ngn ngt* stuff s.b. with s.th.; *~ ner* put (tuck) down; *~ om ett barn* tuck a child up [in bed]; *~ om en madrass* re-stuff a mattress; *~ på sig* put ... into one's pocket, pocket; *~ undan* stow away
stoppförbud (*på skylt*) No waiting; *~ gäller* waiting is prohibited
stoppgarn darning-wool(-cotton, -worsted)

stopp|gräns stopping limit **-ljus** stop light
stopp|ning (*jfr 2 stoppa*) darning; filling; stuffing *etc.* **-nål** darning-needle
stopp|signal halt signal, red light **-skruv** set (stop) screw **-skylt** stop sign
stoppsvamp darning mushroom
stoppur stop watch
stor *-t större störst* **1** (*i sht om ngt konkr.*) large (*hus* house; *förmögenhet* fortune); (*i sht i kroppsl. bet.*) big (*näsa* nose), (*starkare*) huge; (*reslig*) tall; (*i sht om ngt abstr.*) great (*skillnad* difference); *bildl. äv.* grand; *Alexander den ~e* Alexander the Great; *Karl den ~e* Charlemagne; *dubbelt så ~ som* double the size of, twice as large (*etc.*) as; *lika ~ som* the same size as, as large (*etc.*) as; *hur ~ är han?* how big is he?; *en ~ beundrare av* a great admirer of; *~ bokstav* capital [letter]; *~ efterfrågan* great (large, heavy) demand; *ett ~t antal* a great (large) number (*barn* of children); *hon är ~a flickan nu* she is a big girl now; *den ~a hopen* the crowd; *han är ~a karlen nu* he is quite a man now; *en ~ man* a great man; *vara ~ i maten* be a big eater; *ett ~t nöje* a great pleasure; *~a ord* big words; *bruka ~a ord* talk big; *du ~e tid!* good heavens!; *i ~a drag* in broad outline; *i det ~a hela* on the whole, by and large; *till ~ del* largely, to a great extent **2** (*fullvuxen*) grown-up, adult; *de ~a* grown-up people; *när jag blir ~* when I grow up **-artad** [-a:r-] *a5* grand; magnificent, splendid; *på ett -artat sätt* (*äv.*) magnificently, splendidly
storasyster big sister
stor|belåten highly satisfied **-blommig 1** *bot.* large-flowered **2** (*om mönster*) with a large floral pattern **-bonde** farmer with extensive lands **-boskap** cattle
Storbritannien *n* Great Britain
stor|cirkel great circle **-drift** large-scale production (*jordbr.* farming) **-dåd** great (noble) achievement **-ebror** big brother **-en** ['stɷ:-] *best. f., sjö.* the main **-favorit** main favourite **-finans** high finance **-främmande** distinguished guest[s *pl*] **-furste** Grand Duke **-furstendöme** Grand Duchy **-förbrukare** bulk (big) consumer **-företag** large[-scale] enterprise (company) **-gods** large landed estate **-gråta** cry copiously **-hertig** grand duke **-het** [-ɷ:-] **1** *abstr.* greatness; *vetensk.* magnitude **2** *mat.* quantity **3** (*om pers.*) great man (personage); (*berömdhet*) celebrity; *en okänd ~* an unknown celebrity **-hetstid** (*lands*) era of greatness **-hetsvansinne** megalomania, illusions (*pl*) of grandeur **-industri** big (large[-scale]) industry
stork [-å-] *s2* stork
storkapital big capital
storkna [-å-] choke, suffocate
stor|kommun big (large) municipal district **-konflikt** major conflict **-kornig** coarse-grained **-kors** (*av orden*) grand cross (*förk.* G.C.) **-kök** catering [service] **-lek** *s2* size; dimensions (*pl*); (*omfång*) extent, width, vastness; (*rymd*) volume; *vetensk.* magnitude; *av betydande ~* of large dimensions; *i ~* in size (*etc.*); *i naturlig ~* life-size ...; *stora ~ar* (*av plagg e.d. äv.*) outsizes; *upplagans ~* number of copies printed **-leksordning** magnitude, order; size; *av ~en* in the region of (*500 pund* 500 pounds), of the order of (*5%* 5%); *av första ~en* of the first order (magnitude); *i ~* in order of size **-ligen** [-ɷ:-] greatly; highly; very much **-ljugare** [-rj-] arrant liar **-lom** black-throated diver
storm [-å-] *s2* **1** (*vind*) storm (*äv. bildl.*); gale; (*oväder*) tempest; *det blåser upp till ~* a storm is brewing; *~ i ett vattenglas* a storm in a teacup; *lugn i ~en!* calm down now!; *rida ut ~en* (*bildl.*) ride out the storm **2** *mil., ta ... med ~* (*äv. bildl.*) take ... by storm; *gå till ~s mot* make an assault upon **-a 1** (*blåsa*) storm; *det ~r* storm is raging, it is stormy, a gale is blowing **2** *bildl.* (*rasa*) storm, rage; (*rusa*) rush; *~ fram* rush forward **3** *mil.* assault, force, storm
stor|makt *s3* great power **-maktspolitik** [great-] power politics (*pl*) **-man** great man; magnate; (*berömdhet*) celebrity
storm|ande *a4* **1** *eg. bet. se -ig* **2** *bildl.* thunderous (*applåder* applause); tremendous, enormous (*succé* success); *göra ~ succé* (*om skådespelare äv.*) bring down the house
stor|maskig *a1* wide-(coarse-)meshed **-mast** mainmast
storm|by heavy squall **-centrum** storm centre **-driven** *a5* storm-tossed **-flod** flood [caused by a storm] **-fågel** fulmar **-förtjust** absolutely delighted **-gräla** quarrel furiously (*med* with); *~ på ngn* storm at s.b. **-hatt 1** (*hög hatt*) top-hat **2** *bot.* monkshood **-ig** *a1*, *eg. o. bildl.* stormy; tempestuous (*känslor* emotions); *bildl. äv.* tumultuous (*uppträde* scene); *~t hav* rough sea **-klocka** alarm-bell **-ning** *mil.* assault, storming **-plugga** swot, read hard **-rik** immensely rich **-segel** storm-sail **-steg** *med ~* by leaps and bounds **-styrka** gale-force **-svala** stormy-petrel **-trupp** *mil.* storming party **-tändsticka** fusee **-varning** gale warning **-vind** gale [of wind] **-virvel** violent whirlwind, tornado
stor|märs *sjö.* main-top **-mästare** grand master **-mönstrad** large-patterned **-ordig** [-ɷ:rd-] *a1* grandiloquent; (*skrytsam*) boastful **-pamp** *vard.* big noise (shot), bigwig, VIP **-politik** top-level politics (*pl*) **-politisk** *~t möte* summit meeting **-rengöring** spring-cleaning **-rutig** large-checked **-rysk** **-ryss** Great Russian **-rökare** heavy smoker **-segel** mainsail **-sint** *a1* magnanimous, generous **-sinthet** magnanimity, generosity **-skarv** *zool.* cormorant **-skifte** amalgamation of smallholdings into large production units **-skog** large forest **-skojare** big swindler **-skrake** goosander; *Am.* merganser **-skratta** roar with laughter, guffaw **-skrika** yell (scream) [at the top of one's voice] **-skrävlare** swaggerer, big braggart **-slagen** *a3* magnificent, grand **-slagenhet** magnificence, grandeur **-slam** *kortsp.* grand slam **-slägga** *ta till ~n* (*bildl.*) go at s.th. with hammer and tongs **-spov** curlew **-stad** big town, city; metropolis **-stadsaktig** *a1* metropolitan, ... fitting to a big town **-stadsbo** inhabitant of a big town (*etc.*), city dweller **-stilad** *a5* grand, fine
Stor-Stockholm Greater Stockholm

stor|strejk general strike **-ståtlig** majestic, grand, magnificent **-städning** *se -rengöring* **-stövlar** high boots **-t** [-ɑ:-] **I** *adv* largely *etc.*; *inte ~ mer än* not much more than; *det hjälper inte ~* it won't help much; *tänka ~* think nobly **II** *a, i ~* on a large scale; *i ~ sett* on the whole; *slå på ~* make a splash, do the thing big **-ting** Storting, Norwegian Parliament **-tjuta** howl **-tjuv** master-thief **-tvätt** big wash **-tå** big (great) toe **-verk** *se -dåd* **-vesir** Grand Vizier **-vilt** big game **-vulen** *a3, se -stilad* **-vuxen** tall [of stature] **-ätare** big eater; (*frossare*) glutton **-ögd** *a1* large-eyed **-ögt** *adv, titta ~ på ngn* gaze round-eyed at s.b.

straff *s7* punishment (*för* for); *jur.* penalty; *avtjäna sitt ~* serve one's penalty; *milt ~* light (mild) punishment; *strängt ~* severe sentence; *lagens strängaste ~* the maximum penalty; *ta sitt ~* take one's punishment; *till ~ för* as (for) [a] punishment for **-a** punish (*för* for); (*näpsa*) reprove; *~s med böter eller fängelse* carries a penalty of fines or imprisonment; *synden ~r sig själv* sin carries its own punishment **-ad** *a5* punished; *jur.* convicted; *tidigare ~* previously convicted **-arbete** penal servitude; *livstids ~* penal servitude for life; *ett års ~* one year's hard labour **-bar** *a1* punishable; (*brottslig*) criminal; (*friare*) condemnable **-dom** *Herrens ~* divine judgment **-exercis** punishment drill **-fri** (*hopskr. straffri*) exempt from punishment **-friförklara** (*hopskr. straffriförklara*) discharge without penalty, exempt from punishment **-frihet** (*hopskr. straffrihet*) impunity, exemption from punishment **-fånge** (*hopskr. straffånge*) convict **-fängelse** (*hopskr. straffängelse*) penitentiary, convict prison **-koloni** penal settlement **-lag** criminal (penal) code (law) **-område** *sport.* penalty area **-predikan** hell-fire sermon; (*friare*) severe lecture **-påföljd** penalty, [punitive] sanction; *vid ~* on penalty **-register** criminal (police) records (*pl*) **-ränta** penal interest, interest on arrears **-rätt** *jur.* penal (criminal) law **-rättslig** criminal, penal **-spark** *sport.* penalty [kick] **-tid** term of punishment; *avtjäna sin ~* (*äv.*) undergo one's sentence, *vard.* do one's time

stram *a1* (*spänd*) tight, strained; *bildl.* stiff (*uppträdande* bearing); (*reserverad*) distant; *en ~ livsföring* an austere way of life; *en ~ kreditpolitik* a stiff (restrictive) credit policy **-a** (*sträckas*) be tight, pull; *~ åt* tighten, stiffen

stramalj *s3* canvas [for needlework]

stram|het [-a:-] tightness *etc.*; *bildl.* stiffness **-t** [-a:-] *adv* tightly *etc.*; *sitta ~* be (fit) tight; *hälsa ~* give a stiff greeting

strand *-en stränder* shore; (*havs- äv.*) seashore; (*sand-*) beach; (*flod-*) bank **-a** run ashore, be stranded; strand (*äv. bildl.*); *bildl. äv.* fail, break down **-aster** sea-aster **-brink** [steep river-]bank **-brädd** waterside; brink of the water **-fynd** jetsam **-hugg** *göra ~* (*om sjörövare*) raid a coast, (*om seglare*) go ashore **-ning** stranding *etc.*; *bildl. äv.* failure **-pipare** *zool.* ringed plover **-promenad** (*väg*) promenade **-remsa** strip of shore **-råg** lyme grass **-rätt** right to use the beach; (*rätt att bärga vrakgods*) salvage-right **-satt** *a4, bildl.* stranded, at a loss (*på* for) **-skata** oyster-catcher **-sätta** *bildl.* fail, leave ... in the lurch **-tomt** beach-lot, lakeside site **-ägare** riparian owner (proprietor)

strapats *s3* hardship **-rik** adventurous

strass *s3* strass; rhinestones (*pl*)

strateg *s3* strategist **-i** *s3* strategy **-isk** *a5* strategic[al]

stratosfär stratosphere

strax I *adv* **1** (*om tid*) directly, immediately; (*med ens*) at once; (*om ett ögonblick*) in a moment; [*jag*] *kommer ~!* just a moment (minute)!; *klockan är ~ 12* it is close on twelve o'clock; *~ efter* just (immediately) after **2** (*om rum*) just (*utanför* outside); *~ bredvid* close by; *följa ~ efter* follow close on **II** *konj, ~ jag såg honom* directly (the moment) I saw him

streber ['stre:-] *s2* pusher, climber, thruster; *Am. vard.* go-getter **-aktig** *a1* pushing

streck *s7* **1** (*penndrag*) stroke; (*linje*) line; (*grad-*) mark; (*kompass-*) point; *munnen smalnade till ett ~* his (*etc.*) mouth became a thin line; *vi stryker ett ~ över det* (*bildl.*) let's forget it; *ett ~ i räkningen* a disappointment; *hålla ~* (*bildl.*) hold good, be true; *artikel under ~et* feature article **2** *polit.* qualification **3** (*kläd-*) cord, line **4** (*spratt*) trick; *ett dumt ~* a stupid trick **-a** mark ... with lines; (*skugga*) hatch; *~ för* check (tick) off; *~ under* underline; *~d linje* broken line **-kliché** line-block **-ning** (*i ritning e.d.*) streaking; (*skuggning*) hatching **-teckning** line drawing

stred *imperf av strida*

strejk *s3* strike; *gå i ~* go (come out) on strike; *vild ~* wildcat strike **-a** strike, go (come out) on strike **-ande** *a4* striking; *de ~* those (the workers *etc.*) on strike, the strikers; *~ hamnarbetare* dock strikers **-brytare** strike-breaker, non-striker; *neds.* blackleg, *Am.* scab **-hot** strike threat **-kassa** strike fund **-rätt** right to strike **-vakt** picket **-varsel** strike notice, notice of a strike; *utfärda ~* serve notice of strike

strepto|kock [-'kåkk] *s3* streptococcus (*pl* streptococci) **-mycin** *s4* streptomycin

stress *s3* stress **-ad** *a5* under stress (tension); overstrained **-ande** *a4* stressful

streta strive, struggle (*med* with; *mot* against); *~ emot* resist, struggle against (*äv. bildl.*); *~ uppför backen* struggle up the hill

1 strid *a1* rapid, violent (*ström* current); torrential (*regn* rain); *gråta ~a tårar* weep bitterly

2 strid *s3* struggle (*för* for; *mot* against; *om* about); (*kamp, äv. mil.*) fight, combat, battle; (*dispyt*) dispute, altercation; *inre ~* inward struggle; *livets ~* the struggle (battle) of life; *en ~ på liv och död* a life and death struggle; *öppen ~* open war; *en ~ om ord* a dispute about mere words; *det står ~ om honom* he is the subject of controversy; *i ~ens hetta* in the heat of the struggle (*bildl. äv.* debate); *stupa i ~* be killed in action; *i ~ med* (*mot*) in opposition to, in contravention of; *inlåta sig i ~*

med get mixed up in a fight with; *råka i ~ med* get into conflict with; *stå i ~ mot* be at variance with; *göra klar*[*t*] *till ~* prepare ... for action; *gå segrande ur ~en* emerge victorious from the battle; *ge sig utan ~* give up without a fight **-a** *stred -it, v2* **1** fight (*om* for); battle (*för* for); (*friare*) struggle, strive (*för* for); (*tvista*) contend (*om* about) **2** (*stå i motsats* [*till*]) be contrary (opposed, in opposition) to; *det -er mot lagen* it is contrary to (against) the law **-ande** *a4* **1** *mil.* combatant, fighting; (*friare*) contending, opposing; *de ~* the fighters, *mil.* the combatants **2** (*oförenlig*) adverse, opposed (*mot* to), contrary (*mot* to), incompatible (*mot* with) **-bar** *a1* fighting (*skick* trim); (*stridslysten*) battling (*sinne* spirit) **-ig** *a1* **1** *se stridslysten* **2** (*omstridd*) disputable, disputed; *göra ngn rangen ~* contend for precedence with s.b., *bildl.* run s.b. close **3** (*motstridig*) contradictory; conflicting; *~a känslor* conflicting feelings **-ighet 1** (*motsättning*) opposition, antagonism **2** (*tvist*) dissension, dispute **-it** *sup av strida*

strids|anda fighting spirit **-beredskap** readiness for action **-domare** umpire **-duglig** in fighting trim; fit for fight **-duglighet** fighting efficiency **-flygare** fighter pilot **-flygplan** fighter aircraft **-fråga** controversial question (issue), point at issue **-gas** war gas **-handling** act of war[fare] **-handske** gauntlet **-häst** charger **-humör** fighting mood **-iver** *i ~n* in the heat of the battle **-krafter** military (armed) forces **-kämpe** warrior, combatant **-laddning** war-head **-ledning** supreme command **-linje** battle line, front **-lust** fighting spirit **-lycka** fortune[s *pl*] of war **-lysten** eager for battle; (*friare*) aggressive, quarrelsome; argumentative **-lystnad** pugnacity, fighting mood **-medel** weapon **-robot** guided missile with warhead **-rop** war-(battle-)cry **-spets** warhead **-tupp** game-(fighting-)cock **-vagn** tank, armoured car **-vagnsförband** armoured unit **-vapen** combat weapon **-vimmel** confusion of battle; *mitt i -vimlet* in the thick of the battle **-yxa** battle-axe; (*indians*) tomahawk; *gräva ner ~n* bury the hatchet (*äv. bildl.*) **-äpple** apple of discord, bone of contention **-övning** tactical exercise, manœuvre

strig|el *s2* **-la** [-i:-] strop

strikt *a1* strict; (*sträng*) severe; *~ klädd* soberly dressed

stril *s2* spray-nozzle **-a** spray; (*spruta*) sprinkle; *~ in* filter in; *~ ner* come down steadily

strimla I *s1* strip, shred **II** *v1* cut in strips, shred

strimm|a *s1* streak; (*rand*) stripe; (*i marmor*) vein; *bildl.* gleam **-ig** *a1* streaked, striped

stringen|s [-ŋ'gänns] *s3* stringency; cogency **-t** *a1* stringent; logical

strip|a I *s1* wisp of hair **II** *v1* strip **-ig** *a1* lank, straggling (*hår* hair)

strit *s2, zool.* cicada (*pl* cicadae)

strof [-å:f] *s3* stanza

strong [-å-] *a1* (*stram*) strict; (*säker*) cocksure; (*fin*) fine

strontium ['strånntsium] *s8* strontium

stropp [-å-] *s2* **1** strap, strop; *sjö. äv.* sling; (*på skor*) loop **2** *pers.* snooty devil **-ig** *a1* snooty, stuck-up

strosa stroll around; mooch about

struk|en *a5, en ~ tesked* a level teaspoonful (*salt* of salt) **-it** *sup av stryka*

struktur structure; *bildl. äv.* texture **-ell** *a1* structural **-formel** structural formula **-rationalisering** structural rationalization

struma *s1* struma, goitre

strump|a *s1* stocking; (*kort*) sock; *-or* (*koll.*) hose (*sg*) **-byxor** [stretch] tights

strumpe|band suspender; (*ringformigt o. Am.*) garter **-bandshållare** suspender (*Am.* garter) belt **-bandsorden** the Order of the Garter

strump|fabrik hosiery, stocking manufacturers (*pl*) **-läst** *i ~en* in one's stockinged feet **-sticka** knitting needle **-stoppning** darning of stockings (*etc.*)

strunt *s3, s4* rubbish, trash; *det vore väl ~ om* it would be the limit if; *å ~!* bosh!, poppycock!; *~ i det!* never mind!; *prata ~* talk nonsense (rubbish) **-a** *~ i* not care a bit about (a fig for) **-förnäm** would-be refined **-prat** nonsense, rubbish; *Am.* boloney **-sak** trifle **-summa** trifle, trifling sum

strup|e *s2* throat; (*svalg*) gorge; (*luft-*) trachea, windpipe; (*mat-*) gullet; *få ngt i galen ~* have s.th. go down the wrong way; *ha kniven på ~n* have no alternative, be at bay **-grepp** strangle-hold **-huvud** larynx **-katarr** laryngitis **-ljud** guttural sound, guttural **-lock** epiglottis **-tag** *se -grepp*

strut *s2* cornet, cone

struts *s2* ostrich **-fjäder** ostrich-feather **-politik** *bedriva ~* be unwilling to face unpleasant facts

strutta strut, trip

stryk *s7* (*ge ngn* give s.b.) a beating (whipping); (*i slagsmål*) a thrashing; *få ~* be beaten (*äv. bildl.*); *ett kok ~* a good thrashing; *han tigger ~* (*bildl.*) he is asking for a thrashing; *ful som ~* ugly as sin

stryk|a *strök strukit* **1** (*med handen e.d.*) stroke; (*släta*) smooth **2** (*med -järn*) iron **3** (*be-, med färg e.d.*) paint, coat; *~ salva på ett sår* smear ointment on a wound; *~ smör på brödet* spread [a piece of] bread with butter **4** (*bryna*) whet **5** *~ eld på en tändsticka* strike a match **6** (*utesluta*) cut out, delete (*ngt i en text* s.th. from a text); (*~ över*) cross (strike) out; *stryk det icke tillämpliga!* cross out what does not apply!; *~ ngn ur medlemsförteckningen* strike s.b. off the list of members; *~ ett streck över* draw a line through, *bildl. se streck 1* **7** *sjö.* strike (*flagg* one's colours; *segel* sail) **8** (*ströva*) roam, ramble (*omkring* about); *flygplanet strök över taken* the aeroplane swept over the roofs **9** *~ askan av en cigarr* knock the ash off a cigar; *~ handsken av handen* strip the glove off the hand; *~ håret ur pannan* brush one's hair from one's forehead; *~ på foten* give in (*för* to) **10** *rfl* rub (*mot* against); *~ sig om munnen* wipe one's mouth (*med* with); *~ sig över håret* pass one's hand over one's hair **11** (*med beton. part.*) *~ bort* sweep ... off (away); *~ fram* pass; *~ för* mark, check

... off; ~ *förbi* sweep past; ~ *in* rub in (*salvan* the ointment); ~ *med a*) (*gå åt*) go [too], (*om pengar*) be spent, *b*) (*dö*) die, perish; ~ *omkring* rove [about], (*om rovdjur*) prowl about; ~ *omkring på gatorna* wander about the streets; ~ *på* spread, lay ... on; ~ *tillbaka* stroke back; ~ *under* underline, *bildl.* emphasize, stress; ~ *ut* (*utplåna*) strike ... out, (*utradera*) scratch out, erase, (*torka bort*) rub out; ~ *över* (*med färg*) give ... another coat of paint **-ande** *a4*, ~ *aptit* ravenous appetite; *ha* ~ *åtgång* (*hand.*) have a rapid sale **-bräda** ironing-board **-erska** ironing-woman **-filt** ironing-cloth **-fri** non-iron **-inrättning** ironing workshop **-järn** [flat-]iron **-maskin** ironing-machine

stryknin *s4, s3* strychnine

stryk|ning [-y:-] **1** (*smekning*) stroke, stroking; (*gnidning*) rubbing **2** (*med -järn*) ironing **3** (*med färg e.d.*) painting, coating **4** (*uteslutning*) deletion, cancellation **5** *geol.* strike, course

stryk|pojke *bildl.* whipping-boy, scapegoat **-rädd** ... afraid of getting thrashed

stryk|tips results pool **-torr** ready for ironing

stryktäck cheeky, impudent

stryp|a *v3, imperf äv. ströp* strangle; throttle (*äv. bildl. o. tekn.*); (*friare o. tekn.*) choke **-ning** [-y:-] strangling *etc.*; strangulation; *bildl. äv.* constriction **-sjuka** croup; (*hos djur*) strangles (*pl*) **-ventil** throttle-valve

strå *s6* straw (*äv. koll.*); (*hår-*) hair; (*gräs-*) blade; *ett* ~ *vassare* a cut above; *dra det kortaste ~et* get the worst of it; *dra sitt* ~ *till stacken* do one's part (bit); *inte lägga två ~n i kors* not lift a finger **-hatt** straw hat

stråk *s7* (*samfärdsled*) passage, course; thoroughfare

stråk|drag stroke of the bow **-e** *s2* bow **-föring** bowing; *ha en bra* ~ have a good bow-hand **-instrument** string[ed] (bow) instrument **-orkester** string orchestra (band)

stråkväg highroad, thoroughfare; *den stora ~en* (*bildl.*) the beaten track

strål|a beam, be radiant (*av glädje* with joy); (*skina*) shine (*äv. bildl.*); (*sprida -ar*) radiate, emit rays **-ande** *a4* beaming, radiant; brilliant (*solsken* sunshine); (*lysande*) brilliant (*äv. bildl.*); ~ *glad* radiantly happy; ~ *ögon* sparkling eyes **-behandling** radiation treatment, radiotherapy **-ben** *anat.* radius **-blomma** ray-flower **-blomstrig** [-å-] *a1* radiate **-brytning** refraction **-djur** rayed animal, radiate **-dos** radiation dose **-e** *s2* **1** ray, beam; *bildl.* gleam (*av hopp* of hope) **2** (*vätske-*) jet, spray; (*fin*) squirt **3** *bot.* radius **-form** *i* ~ in the form of rays **-formig** [-å-] *a1* radiate[d], radiating **-glans** radiance (*äv. bildl.*); (*friare*) brilliance **-kamin** radiation heater **-kastare** searchlight; (*på bil*) headlight; (*för fasadbelysning*) floodlight; *teat.* spotlight **-kastarljus** searchlight; *teat.* spotlight; (*fasadbelysning*) floodlight **-knippe** bunch (pencil) of rays **-ning** [-å:-] beaming *etc.*; (*ut-*) radiation; (*be-*) irradiation

strålnings|energi radiant energy, emissive power **-källa** source of radiation **-mätare** *kärnfys.* radiation meter, radiac dosimeter **-risk** [ionizing] radiation risk **-skydd** protection against radiation **-värme** radiant heat

strål|skada radiation damage (*på pers.* injury) **-skydd** *se -ningsskydd* **-svamp** *koll.* actinomyces (*pl*)

stråt *s2* path, way **-rövare** highwayman, brigand

sträck 1 *n, utan pl, i* [*ett*] ~ at a stretch, on end; *vara borta månader i* ~ be away for months on end; *läsa fem timmar i* ~ read for five hours without stopping; *sova hela natten i ett* ~ sleep all night through **2** *s7* (*flyttfågels-*) flight (track) of migratory birds **-a I** *s1* stretch; (*väg-*) length, distance, way; (*järnvägs-*) section, run **II** *v3* **1** (*räcka ut; tänja; spänna*) stretch (*händerna mot* one's hand to[wards]; *på benen* one's legs; *en lina* a rope); (*ut-*) extend; (*för-*) strain (*en sena* a tendon); ~ *på sig* straighten (pull) o.s. up, stretch **2** ~ *kölen till ett fartyg* lay [down] the keel of a vessel **3** ~ *vapen* lay down one's arms, surrender **4** (*om fåglar*) migrate **5** *rfl a*) (*ha utsträckning*) stretch, extend, *b*) (~ *ut kroppen*) stretch o.s., *c*) (*räcka*) stretch [out], reach; ~ *sig längs kusten* run along the coast; *längre än till 10 pund -er jag mig inte* I will go no farther than £10; ~ *sig över 10 år* extend over a period of 10 years; ~ *ut sig på sängen* stretch out on the bed **6** (*med beton. part.*) ~ *fram handen* hold out one's hand; ~ *upp sig a*) *se sträcka* [*på sig*], *b*) (*klä sig fin*) dress up; ~ *ut a*) extend, stretch out, *b*) (*förlänga*) prolong (*äv. bildl.*), *c*) (*gå fort*) stride (step) out; ~ *ut huvudet genom fönstret* put one's head out of the window; *låta hästen* ~ *ut* give one's horse its head **-bänk** rack; *ligga på ~en* be on the rack; *hålla ngn på ~en* (*bildl.*) keep s.b. on tenterhooks **-förband** traction bandage **-läsa** read without stopping **-ning** (*-ande*) stretching *etc.*; (*ut-*) extension; (*riktning*) direction; (*för-*) strain

1 sträng *a1* severe (*kyla* cold); (*ytterst noggrann*) strict (*disciplin* discipline), rigorous (*rättvisa* justice), rigid (*uppsikt* supervision); (*allvarlig*) stern (*min* look), austere (*uppsyn* countenance); *~t arbete* exacting work; *hålla* ~ *diet* be on a strict diet; *vara* ~ *mot* be severe (*mot barn:* strict) with

2 sträng *s2* (*mus.; båg-*) string (*äv. bildl.*); *bildl. äv.* chord; *ha flera ~ar på sin lyra* (*båge*) (*bildl.*) have more than one string to one's bow **-a** string; ~ *sin lyra* (*bildl.*) tune one's harp (lyre)

strängaspel playing upon a stringed instrument

sträng|eligen strictly, severely; *jfr -t* **-het** severity; strictness, rigour

stränginstrument stringed instrument

strängt *adv* **1** severely *etc.*; *arbeta* ~ work hard; ~ *förbjudet* strictly forbidden (prohibited); ~ *hållen* (*om barn*) strictly brought up; ~ *konfidentiellt* strictly confidential; ~ *upptagen* fully occupied, pressed for time **2** (*noga*) *hålla* ~ *på* observe ... rigorously; ~ *taget* strictly speaking

sträv *a1* rough; (*i smak o. bildl.*) harsh; (*barsk*) stern, gruff; ~ *smak* (*äv.*) acerbity; *under den ~a ytan* (*bildl.*) under the rough (rugged) surface

1 sträva *s1*, *byggn.* strut, shore; (*sned*) brace

2 sträva *v1* strive; (*knoga*) toil; ~ *att* endeavour to; ~ *efter* strive for; ~ *mot himlen* (*om torn e.d.*) soar aloft; ~ *med* work hard at, struggle with; ~ *till* aspire to; ~ *uppåt* strive upwards, *bildl.* aim high **-n** *r* striving, aspiration; (*ansträngning*) effort; (*möda*) labour, toiling; (*bemödande*) endeavour; *misslyckas i sin* ~ fail in one's efforts; *hela min ~ går ut på att* it is my greatest ambition to

strävbåge *byggn.* flying buttress

sträv|het [-ä:-] roughness, harshness *etc.* (*jfr sträv*); (*i smak*) acerbity, asperity **-hårig** rough-haired; (*om hund*) wire-haired

strävpelare buttress

strävsam [-ä:-] *a1* **1** (*arbetsam*) assiduous, industrious, hard-working **2** (*mödosam*) laborious, strenuous; *föra ett ~t liv* lead a strenuous life **-het** industriousness; thrift **-t** *adv*, *ha det* ~ have a hard time of it

strö I *s7* litter **II** *v4* strew; sprinkle (*socker på* sugar on; *över* over); ~ ... *omkring sig* scatter [... about]; ~ *pengar omkring sig* splash money around; ~ *rosor för ngn* (*bildl.*) flatter s.b. **-are** castor, dredger **-dd** *a5*, *~a anmärkningar* casual remarks; *~a anteckningar* odd notes

strög *s7* main street, boulevard

strök *imperf av stryka*

strökund odd (stray) customer

ström [-ömm] *s2* **1** (*flod*) stream; river (*äv. bildl.*); (*flöde*) flood (*av tårar* of tears), flow (*av ord* of words); (*häftig*) torrent (*äv. bildl.*); *en ~ av folk* a stream of people; *en ~ av blod* a stream of blood; *gästerna kom i en jämn ~* the guests arrived in a steady stream; *vinet flöt i ~mar* wine flowed freely **2** (*i luft, vatten; äv. elektr.*) current; *bildl. äv.* tide; *följa med ~men* (*äv. bildl.*) follow the tide, drift with the current; *gå mot ~men* go against the current (*friare o. bildl.:* tide); *stark ~* (*i vatten*) rapid current; *sluta ~men* switch on the current, close the circuit **-avbrott** power failure **-brytare** switch; (*för motor e.d. äv.*) circuit-breaker **-drag** current; race **-fåra** stream (*äv. bildl.*); (*flodbädd*) bed **-förande** *a4* live, charged; *vara ~* be alive **-förbrukning** power (current) consumption **-försörjning** power (current) supply **-kantring** *bildl.* turn of the tide (*äv. om tidvatten*), change-over **-karlen** [-ka:ren] *se näcken* **-krets** circuit **-linje** streamline **-linjeform** streamlining, streamlined shape **-linjeformad** [-å-] *a5* streamlined **-lös** *elektr.* dead **-löshet** absence of current **-ma** stream, flow; (*om regn, tårar*) [come] pour[ing]; (*häftigt*) gush, rush; *den välvilja som ~de emot mig* the goodwill that met me; ~ *fram* pour out; ~ *in* rush in, [come] pour[ing] in; *folk ~de till* people came flocking; ~ *ut* stream (*etc.*) out, (*om gas e.d.*) escape; *folk ~de ut ur teatern* people came pouring out of the theatre; ~ *över* overflow

strömming Baltic herring

ström|mätare *elektr.* amperemeter, ammeter; *se äv. elmätare* **-ning** current, flow, stream; *bildl.* current, tide **-riktning** direction of current **-skena** conductor rail **-stare** dipper **-styrka** *elektr.* current [intensity], amperage **-stöt** current rush, impulse **-t** *a4*, *end. i n*, ~ *vatten* rapid-flowing water **-virvel** whirl[pool], eddy

ströp *imperf av strypa*

ströppla *fack.* stipple

strö|skrift pamphlet, tract **-socker** granulated (castor) sugar

strössel ['ström-] *s9*, *s7*, *ej pl fack.* hundreds and thousands (*pl*)

ströv|a stroll, ramble; wander; (~ *hit o. dit*) stray; ~ *omkring* range, rove; *~nde renar* stray reindeer **-tåg** ramble, excursion; *pl äv.* wanderings; *bildl.* excursion

1 stubb *se rubb* [*och stubb*]

2 stubb *s2* (*av säd e.d.*) stubble; (*skägg-*) bristles (*pl*) **-a** crop (*håret* the hair); dock (*svansen på en hund* a dog's tail) **-brytare** (*hopskr. stubbrytare*) [stump] grubber (puller) **-brytning** (*hopskr. stubbrytning*) stump pulling **-e** *s2* stump, stub **-ig** *a1* stubbed, stubb[l]y **-svans** bobtail, docked tail **-åker** stubble-field

stubin *s3* **-tråd** fuse

stuck *s3* stucco **-atur** stucco[-work] **-atör** stucco worker

stuck|en *a5*, *bildl.* nettled, offended **-it** *sup av sticka II*

student [university, college] student, undergraduate; *ta ~en* qualify for entrance to a university **-betyg** higher school certificate; *Engl.* General Certificate of Education at Advanced level **-examen** higher school examination; *Engl.* [examination for the] General Certificate of Education at Advanced level (*förk.* G.C.E. at A level) **-förening** students' union **-hem** students' hostel; *Am.* dormitory **-ikos** [-'kå:s] *a1* student-like; carefree, high-spirited **-kamrat** fellow-student **-kår** students' union **-liv** university (college) life **-mössa** student's cap **-ska** girl student; undergraduate; *Am. vard. äv.* co-ed **-skrivning** written examination for entrance to a university

studer|a study (*språk* languages; *till läkare* to be a doctor); ~ *medicin* (*äv.*) be a student of medicine; ~ *juridik* study (read) law; *låta sina barn* ~ let one's children go to college (the university); ~ *vid universitet* study (be) at the university, go to college; *en ~d karl* a scholar, a man with a university education **-ande I** *s9* student (*vid* at); (*vid univ. o. högskola*) undergraduate; (*skolelev*) pupil; *ekonomie* ~ student of economics; *juris* ~ law student, student of law; *medicine* ~ medical student; *odontologie* ~ dental surgery student; *teknologie* ~ student of engineering (technology); *teologie* ~ divinity student, student of theology (divinity) **II** *a4*, *den ~ ungdomen* schoolboys and schoolgirls, [the] young people at college (the university) **-kammare** study

studie ['stu:-] *s5* study (*över, av* of); (*konstnärs äv.*) sketch (*av* of); (*litterär*) essay (*över* on) **-besök** visit for purposes of study, study tour **-cirkel** study circle **-handbok**

guide for students **-ledare** leader of a study circle **-lån** study loan **-material** study material **-objekt** object of study **-plan** plan of studies, curriculum; (*för visst ämne*) syllabus **-rektor** *ung.* director of studies **-resa** study trip **-rådgivning** educational guidance **-skuld** study debt, debt incurred for higher education **-syfte** *i* ~ for purposes of study **-år** *pl* years of study

studi|o ['stu:-] *s5, pl äv.* -*s* studio **-osus** *r* student **-um** ['stu:-] *s4* study; *bli föremål för ett ingående* ~ be the subject of close study; *bedriva -er* study; *lärda -er* advanced studies; *musikaliska -er* the study (*sg*) of music; *vetenskapliga -er* scientific research

studs [stutts] *s2* rebound, bounce **-a** rebound, bounce (*mot väggen* off the wall); (*om kula*) ricochet; *bildl.* start, be taken aback

studsare [-utts-] sporting rifle

studsning [-utts-] rebounding *etc.*; repercussion

stug|a *s1* cottage; (*vardagsrum*) living-room **-knut** cottage corner **-sittare** home-bird

1 stuka *s1* potato(*etc.*)-clamp

2 stuk|a *v1* **1** (*kroppsdel*) sprain **2** (*deformera*) batter, knock ... out of shape; *bildl.* browbeat, crush, humiliate **3** *tekn.* upset, jump **-ning** [-u:-] **1** spraining; *en* ~ a sprain **2** battering *etc.*; browbeating, humiliation **3** upsetting

stul|en *perf part av stjäla* **-it** *sup av stjäla*

stulta *v1* (*om barn*) toddle

stum [stumm] *a1* **1** dumb; (*mållös*) mute (*beundran* admiration); (*som inte uttalas*) silent, mute; ~ *av förvåning* dumb with astonishment; *bli* ~ be struck dumb (*av* with) **2** (*ej fjädrande*) rigid **-film** silent film **-fin** ~ *linje* (*typ.*) obtuse (blunt) line **-het** dumbness; muteness; *med.* alalia

stump *s2* stump, end; *sjunga en* ~ sing a tune **-a** *s1* toddler; poppet

stund *s3* while; (*ögonblick*) moment, instant, minute; (*eg. timme*) hour; *en god* ~ quite a while; *det dröjde en* ~ *innan* it was some little time before; *en liten* ~ a few minutes, a short while; *han har sina ljusa ~er* he has his bright moments; *när ~en är kommen* when one's hour has come; *min sista* ~ my last hour; *från första* ~[*en*] from the [very] first moment; *för en* ~ *sedan* a [little] while (few minutes) ago; *i denna* ~ [at] this [very] moment; *ännu i denna* ~ *vet jag inte* I don't know to this [very] moment; *i farans* ~ in the hour of danger; *i samma* ~ at the same moment (*som* when); *i sista* ~[*en*] at the [very] last moment, just in time; *om en liten* ~ in a little while, presently; *på lediga ~er* in one's spare (leisure) moments; *adjö på en ~!* so long! **-a** approach, be at hand **-ande** *a4* (*nästkommande*) next; (*in-*) coming **-ligen** constantly **-om** [-åm] at times; *se äv. ibland* **-tals** [-a:-] now and then; at intervals

stungit *sup av stinga*

stup *s7* precipice, steep **-a** **1** (*falla omkull*) fall; *hästen ~de under honom* his horse went down under him; ~ *i säng* tumble into bed; ~ *på en uppgift* (*bildl.*) fail in a task; *jag var nära att* ~ *av trötthet* I was ready to drop [with fatigue], I was tired to death **2** (*i strid*) fall, die, be killed; *de ~de* (*subst.*) the killed (fallen) **3** (*brant sänka sig*) descend abruptly, incline sharply **4** (*luta*) tip (*en balja* a tub) **-full** reeling drunk **-rör** drain pipe **-stock** block

sturig *a1* sullen, sulky

stursk *a1* (*uppstudsig*) insolent, impudent; (*fräck*) brazen; (*högfärdig*) stuck-up; *vara* ~ (*äv.*) give o.s. airs, show off **-het** insolence; bumptiousness

stuss *s2* seat; *vard.* bottom, behind

stut *s2* steer **-eri** stud[-farm]

stuv *s2* remnant [of cloth]; *~ar* (*äv.*) oddments

1 stuva *kokk.* cook in white sauce; *~d potatis* potatoes in white sauce

2 stuv|a (*inlasta*) stow; (*kol, säd äv.*) trim; ~ *om* shift, rearrange; ~ *undan* stow away **-are** stevedore, longshoreman

stuvbit *se stuv*

stuv|eriarbetare *se -are* **-eriförman** stevedore's foreman

1 stuvning [-u:-] (*kött-*) stew; (*vit sås*) white sauce

2 stuvning [-u:-] (*inlastning*) stowage, stowing

stybb *s3, s4* duff, coal dust; *sport.* cinders (*pl*)

styck *oböjl. s* piece; *per* ~ each, apiece; *1 krona* [*per*] ~ 1 krona each (a piece); *kostnad per* ~ piece cost, cost each; *pris per* ~ price each

stycka **1** *slaktar.* cut up **2** (*uppdela*) divide up; (~ *sönder*) cut ... into pieces; ~ ... *till tomter* parcel out ... in plots

stycke *s6* **1** (*bit, del*) piece (*bröd* of bread); (*avsnitt*) part; (*lösryckt*) fragment; *ett* ~ *land* a piece of land; *bestå av ett enda* ~ consist of one single piece; *jag har hunnit ett bra* ~ I have made considerable progress (*på* with); *i ett* ~ all [in] one piece, all of a piece; *slå ... i ~n* smash, knock ... to pieces **2** (*avdelning*) part, section (*av en bok* of a book); (*ställe*) passage; (*i skrift*) paragraph; (*musik-*) piece (*musik* of music); (*teater-*) play; *tredje ~t nedifrån* third paragraph from below; *sjunga ett* ~ sing a song; *valda ~n* selected pieces (passages) **3** (*hänseende*) respect, regard; *i många ~n* in many respects **4** (*exemplar*) piece; specimen; *vi var tio ~n* we were ten, there were ten of us; *kan jag få tio ~n ...* may I have ten ...; *ett par ~n ...* a couple of ...; *en tjugo, trettio ~n* twenty, thirty or so **5** (*väg*) way; (*sträcka*) distance; *det är bara ett litet* ~ *dit* it is only a short distance, it is not far from here; *ett gott* ~ *in på nästa år* well on into next year **6** (*neds. om kvinna*) *elakt* ~ nasty piece of work; *lättfärdigt* ~ trollop **-bruk** gun-foundry (-factory) **-gods** (*t. sjöss*) general (mixed) cargo; (*t. lands*) part loads; *järnv.* part-load traffic, parcels (*pl*) **-pris** price each (a piece, per unit) **-vis** (*per styck*) by the piece; (*en efter en*) piece by piece, piecemeal

styckjunkare *mil.* sergeant-major of artillery; *Am.* warrant officer

styck|mästare *slaktar.* butcher **-ning** **1** cut-

ting up **2** dividing up; partition; (*sönderdelning*) dismemberment
styckvis *se styckevis*
stygg *a1* bad, wicked; (*om barn*) naughty; (*otäck*) nasty, ugly **-else** abomination **-het** wickedness; naughtiness **-ing** naughty (nasty) thing
stygn [-ŋn] *s7* stitch; *sy med långa ~* tack
stylt|a *s1* stilt; *gå på -or* walk on stilts
stymp|a maim, mutilate; (*friare o. bildl.*) mangle; (*förvanska text e.d.*) mutilate; *geom.* truncate; *~d kon* (*äv.*) frustrum of a cone **-are** (*klåpare*) bungler **-ning** maiming *etc.*; mutilation; truncation
1 styng *s7, se stygn*
2 styng *s7, se sting*
3 styng *s7* (*insekt*) gadfly
styr *r, hålla ~ på, hålla ... i ~* keep ... in order (in check); *hålla sig i ~* keep a hold on o.s., restrain o.s.; *över ~, se överstyr*
styr|a *v2* **1** (*föra*) steer (*ett fartyg* a ship; *en bil* a car); (*fartyg äv.*) navigate; (*stå vid rodret*) be at the helm; *~ i hamn* bring into port **2** (*rikta*) direct (*sina steg* one's steps); (*leda*) guide; (*behärska*) control, dominate; *~ sina begär* control one's desires; *~ sin tunga* curb one's tongue; *~ sig* control (master) o.s.; *~ allt till det bästa* arrange things for the best, see things through **3** (*bestämma över*) govern, rule (*landet* the country); *~ och ställa i huset* manage the house; *~ och ställa som man vill* have a free hand, *vard.* be cock of the roost **4** *språkv.* govern (*genitiv* the genitive) **5** (*med beton. part*) *~ om* (*bildl.*) see to (about); *~ om att* see to it that; *det skall jag ~ om* I will see to that; *~ till, se ställa* [*till*]; *~ till sig* get [o.s.] into a mess; *vad du har -t till dig!* what a fright you look!; *~ ut från land* stand off shore; *~ ut till sjöss* make for the open sea; *~ ut sig* dress up **-ande** *a4* governing (*myndighet* body); *de ~* those in power, *vard.* the powers that be **-bar** *a1* steerable, dirigible **-bord** ['sty:r-] *s, böjl. end.* i *gen., sjö.* starboard; *för ~s halsar* on the starboard tack **-bordslanterna** starboard light **-e** *s6* **1** (*fartygs*) helm; (*-stång*) handle-bar[s *pl*] **2** rule; *sitta vid ~t* be in power (at the helm)
styrelse **1** *abstr.* government; administration, regime **2** *konkr.* (*bolags-*) board [of directors]; (*förenings-*) council, committee; *sitta i ~n* be on the board **-berättelse** annual report, report of the board **-ledamot** director, member of the board (council, committee); *han är ~ i* he is on the board [of directors] of **-ordförande** chairman of the board (committee) **-sammanträde** board (committee) meeting **-sätt** system (form) of government
styr|esman governor; (*föreståndare*) director **-förmåga** man[o]euvrability **-hytt** wheel-house **-inrättning** steering-gear
styrk|a **I** *s1* **1** strength (*hos, i* of); (*kropps- äv.*) vigour; (*kraft*) power, force; (*intensitet*) intensity; *den råa ~n* brute force; *med hela sin ~* with all one's strength; *har aldrig varit min ~* has never been my strong point; *pröva sin ~ på* try one's strength on; *vinna ~* gain strength, (*om sak*) gain [in] force **2** (*krigs-, arbetar-*) force; (*numerär*) number[s *pl*]; *väpnad ~* armed force **II** *v3* **1** (*stärka*) strengthen, confirm; (*ge ~*) fortify; *-t av mat och dryck* fortified with food and drink **2** (*bevisa*) prove, give proof of; (*med vittne*) attest, verify; (*bekräfta*) confirm; *-t avskrift* attested copy **-edemonstration** display of [military] power **-förhållande** *ett ojämnt ~* uneven odds **-egrad** [degree of] strength **-etår** bracer, pick-me-up
styr|man ['sty:r-] mate; *förste ~* first mate **-ning** [-y:-] steering; (*manövrering*) operation control **-organ** *flyg.* controls (*pl*); *databeh.* control unit **-sel** ['styrr-] *s9* (*stadga*) firmness; *bildl.* stability **-skena** guide rail **-snäcka** steering box **-spak** steering lever; *flyg.* control column **-spindel** steering knuckle **-stång** (*på cykel*) handle-bar **-växel** steering gear **-åra** steering-oar
styv *a1* **1** (*stel*) stiff (*i lederna* in the joints); (*spänd*) tight, rigid (*fjäder* spring); *~ bris* stiff breeze; *visa sig på ~a linan* (*bildl.*) show off; *~ i korken* (*vard.*) cocky, snooty **2** *en ~ timme* a good hour; *ett ~t arbete* (*tungt*) a stiff (tough, hard) job **3** (*skicklig*) clever (*i* in, at); good (*i* at); capital (*simmare* swimmer); *~ i engelska* good at English
styv|barn stepchild **-bror** stepbrother **-dotter** stepdaughter
styver ['sty:-] *s9, s2* stiver; farthing; *hålla på ~n* stick to one's cash, be tight-fisted
styvfar stepfather
styv|hala *sjö.* haul ... taut **-het** [-y:-] stiffness *etc.*
styv|moderlig stepmotherly; (*friare*) grudging, unfair (*behandling* treatment) **-mor** stepmother **-morsviol** wild pansy
styv|na [-y:-] stiffen, become (get, grow) stiff **-nackad** *a5, bildl.* obstinate **-sint** *a1* obstinate, headstrong, stubborn **-sinthet** obstinacy, stubbornness
styv|son stepson **-syskon** stepbrothers and stepsisters **-syster** stepsister
styvt [-y:-] *adv* **1** stiffly *etc.*; *hålla ~ på a*) (*ngt*) insist [up]on, *b*) (*ngn*) set great store by, think a lot of **2** (*duktigt*) *det var ~ gjort!* well done!
stå *stod stått* **I** **1** *eg.* stand [up]; *han har redan lärt sig ~* he has already learnt to stand; *han stod hela tiden* he stood (was standing [up]) the whole time; *det ~r en stol där* there is a chair [standing] there; *få ~* (*inte sitta*) have to stand; *låta ngn ~* (*inte sitta*) let s.b. stand [up]; *~ ostadigt* wobble, (*om sak äv.*) be shaky (rickety); *~ stilla* keep still, not move; *tornet ~r ännu* the tower is still standing; *kom som du går och ~r!* come just as you are!; *~ och vänta* stand (be) waiting; *~ inte där och se dum ut!* don't stand there looking foolish! **2** (*vara*) be, stand; (*vara placerad*) be placed; (*ha sin plats*) be kept; (*äga bestånd*) remain, last, exist; (*vara skrivet*) be written; *grinden ~r öppen* the gate is open; *maten ~r och kallnar* the food is getting cold; *hans liv stod inte att rädda* his life couldn't be saved; *låta ngt ~* (*inte flytta*) leave, (*inte röra*) leave ... alone, (*om ord*

e.d.) keep; *han ~r som ägare till* he is the owner of; *~ ensam i livet* be alone in the world; *det ~r dig fritt att* you are free (at liberty) to; *~ som objekt till* function (act) as the object of; *det kommer att ~ dig dyrt* you'll pay for this; *nu ~r vi där vackert!* now we are in a fix!; *~ som ett levande frågetecken* look the picture of bewilderment; *hur ~r det?* (*sport.*) what is the score?; *det ~r 6—4* the score (it) is six four; *var skall tallrikarna ~?* where do the plates go?; *så länge världen ~r* as long as the world remains (lasts); *det ~r i Bibeln* it says in the Bible, the Bible says; *vad ~r det i tidningen?* what's in the paper?; *det ~r Brown på dörren* there is Brown on the door; *platsen ~r inte på kartan* the place is not marked on the map; *läsa vad som ~r om* read what is written about; *var ~r den dikten?* where is that poem to be found? **3** (*inte vara i gång*) *klockan ~r* the clock has stopped; *klockan har ~tt sedan i morse* the clock has not been going since this morning; *maskinerna ~r stilla* the engines are (stand) idle; *hur länge ~r tåget här?* how long will the train stop (wait) here?; *affärerna* (*fabriken*) *~r stilla* business (the factory) is at a standstill; *mitt förstånd ~r stilla* I just can't think [any more] **4** (*äga rum*) take place; (*om slag*) be fought; *när skall bröllopet ~?* when is the wedding to be?; *bröllopet stod i dagarna tre* the wedding went on for three days; *slaget vid Brännkyrka stod år ...* the battle of Brännkyrka was fought in ... **5** *~ sitt kast* take the consequences; *~ risken* run the risk, chance it **II** *rfl* **1** (*hålla sig*) keep; *mjölken ~r sig inte till i morgon* the milk won't keep until tomorrow; *målningen har ~tt sig bra* the paint has worn well **2** (*klara sig*) manage; *det vackra vädret ~r sig* the fine weathe will last; *~ sig bra i konkurrensen* hold one's own in competition; *vi ~r oss på några smörgåsar* a few sandwiches will keep us going; *vi ~r oss till middagen* we can do (manage) until dinner **III 1** (*med obeton. prep*) *det är ingenting att ~ efter* (*eftertrakta*) that is not worth while; *~ efter ngns liv* seek a p.'s life; *~ för a*) (*ansvara för*) be responsible (answer) for, *b*) (*sköta*) be in charge of, *c*) (*innebära*) represent, stand for; *~ för betalningen* pay; *~ för dörren* (*bildl.*) be approaching (imminent); *~ för följderna* take the consequences; *~ för vad man säger* stand by what one has said; *det yttrandet får ~ för honom* if he has said so, he'll have to stand by it; *~ i affär* work in a shop; *~ i blom* be in bloom; *~ i förbindelse med* be in touch with; *~ i genitiv* be in the genitive; *~ i ljuset för ngn* stand in a p.'s light; *~ i tur* be next; *~ i vatten till fotknölarna* be up to one's ankles in water; *~ i vägen för ngn* be in a p.'s way; *aktierna ~r i 100 kronor* the shares are quoted at 100 kronor; *ha mycket att ~ i* have many things to attend to; *företaget ~r och faller med honom* the venture (business) stands or falls with him; *valet ~r mellan* the choice lies between; *klänningen ~r vackert mot hennes hår* the dress goes well with her hair; *uppgift ~r mot uppgift* one statement contradicts the other; *~ på benen* stand on one's legs, (*~ upp*) stand [up]; *~ på egna ben* stand on one's own feet; *det får ~ på framtiden* we must let the matter rest for the time being; *~ på näsan* fall on one's face; *~ på sin rätt* stand on one's rights; *barometern ~r på regn* the barometer is pointing to rain; *termometern ~r på noll* the thermometer is at zero; *hoppet ~r till* my (*etc.*) hope is in; *~ till förfogande* be available (at disposal); *~ till svars för* be held responsible for; *vattnet ~r mig till knäna* the water comes up to my knees; *~ under förmyndare* be under guardianship, have a guardian; *det ~r mig upp i halsen* I'm fed up to the teeth with it; *~ vid sitt ord* stand by (stick to) one's word **2** (*med beton. part.*) *~ bakom* (*stödja*) be behind, support, (*ekonomiskt*) sponsor; *~ bi a*) (*räcka till*) last, hold out, *b*) (*stödja*) support; *~ efter a*) (*komma efter*) come after, follow, *b*) (*bli förbigången*) be passed over (*för ngn* by s.b.); *låta ngt ~ efter för ngt annat* let s.th. be neglected in favour of s.th. else; *~ emot, se motstå*; *~ fast* be firm; *~ fast vid* stand by; *~ framme* (*framtagen e.d.*) be out (ready), (*t. påseende*) be displayed, (*skräpa*) be [left] about; *~ för* (*skymma*) stand in front of; *det ~r för mig att* I have an idea that; *~ i* (*knoga*) work hard, keep at it; *arbeta och ~ i* be busy working; *jag lät pengarna ~ inne på banken* I left the money on deposit; *~ kvar* (*förbli stående*) remain standing, (*stanna*) remain, stay; *~ på* (*vara påkopplad*) be on; *det stod inte länge på förrän* it was not long before; *vinden stod på hela dagen* the wind blew all day; *fartyget ~r hårt på* the ship is fast aground; *~ på sig* (*hävda sig*) hold one's own, (*inte ge vika*) be firm; *~ på dig!* don't give in!; *vad ~r på?* what's going on?; *hur ~r det till?* how are you?; *hur ~r det till hemma?* how is your family?; *det ~r illa till med henne* she is in a bad way; *så ~r det till* [*med den saken*] that is how matters stand; *det här ~r inte rätt till* there is something the matter with this; *de åt så det stod härliga till* they were eating like anything; *han fick alltid ~ tillbaka för sin bror* he was always pushed into the background by his brother; *~ upp, se uppstå*; *~ ut a*) (*skjuta ut*) stand out, project, protrude, *b*) (*härda ut*) stand (put up with) it; *~ ut med* stand, bear, put up with; *~ över a*) (*i rang*) be above [... in rank], (*vara överlägsen*) be superior (*ngn* to s.b.), *b*) (*hålla efter*) stand above, *c*) (*vänta*) wait (*till* till)

stående I *a4* standing; (*stilla-*) stationary (*bil* car); *bli ~ a*) (*bli kvar*) remain standing, *b*) (*stanna*) stop, come to a standstill; *~ armé* (*skämt*) standing army (joke); *en ~ rätt på matsedeln* a standing dish on the menu; *ett ~ uttryck* a stock phrase; *de närmast ~* those immediately around him (*etc.*); *på ~ fot* off-hand **II** *s6* standing position; *~t blev tröttsamt* having to stand was tiring

ståhej [-'hejj] *s7* hullabaloo, fuss

stål *s7* steel **-band** steel strip (tape) **-blank** ... [as] bright as steel **-borste** wire-brush **-fjäder** steel spring **-grå** steel[y] grey **-hjälm** steel helmet **-kant** steel-edge **-klädd** steel-clad **-konstruktion** steel structure **-lina** steel rope (wire, cable) **-penna** [pen] nib **-plåt** steel plate, sheet steel **-rör** steel tube **-sätta** *bildl.* steel, brace; ~ *sig* brace (harden) o.s. **-tråd** [steel] wire **-trådsnät** wire netting **-ull** steel wool (shavings *pl*) **-verk** steelworks (*sg o. pl*)

stånd *s7, i bet. 6 -et ständer* **1** (*skick*) state, condition; (*gott* ~) repair, keeping; *få till* ~ bring about; *komma till* ~ come (be brought) about, be realized; *sätta ... i* ~ *a*) (*ngt*) put ... in order, *b*) (*ngn*) put ... in a position, enable; *sätta ngn ur* ~ make s.b. incapable (*att tala* of speaking), make s.b. unfit (*att arbeta* for work); *sätta ngt ur* ~ damage s.th., put s.th. out of order; *vara i* ~ *till* be able (*att arbeta* to work), be capable (*att arbeta* of working); *vara ur* ~ *att* be unable to **2** (*ställning*) stand; *hålla* ~ hold one's ground, hold out; *hålla* ~ *mot* resist **3** (*salubod*) stall, booth **4** (*planta*) stand **5** (*levnadsställning*) station, status; *ogift* ~ unmarried state; *äkta ~et* the married state; *inträda i det äkta ~et* enter into matrimony **6** (*samhällsklass*) rank, class; (*andligt* spiritual) estate; *gifta sig under sitt* ~ marry beneath one['s station]; *de fyra ~en* the four Estates **-a** *se stå* **-aktig** *a1* steadfast, stable; *vara* ~ (*äv.*) stand firm, persevere **-aktighet** steadfastness, stability; perseverence

ståndar|e **1** (*stöd*) standard, upright **2** *bot.* stamen (*pl* stamina) **-knapp** anther **-mjöl** pollen

stånd|punkt standpoint, position; *bildl.* point of view; *välja* ~ take up a position (an attitude); *ändra* ~ take up another position (attitude), revise one's opinion; *stå på en hög* ~ be at a very high level; *på sakernas nuvarande* ~ in the present state of things, as matters stand now **-rätt** *mil.* martial law

stånds|cirkulation movement of persons from one social class to another **-mässig** *a1* ... consistent with one's station [in life] **-person** person of rank **-riksdag** Diet of the Four Estates

stång *-en stänger* **1** (*tjock*) pole, staff; (*tunnare*) bar, rod; (*stift*) stick; *hålla ngn ~en* (*bildl.*) hold one's own against s.b.; *flagga på halv* ~ fly the flag [at] half-mast **2** *sjö.* pole, spar **3** (*i betsel*) bar **-a** butt; (*spetsa på hornen*) toss [... on the horns] **-as** *dep* butt; (*-a varandra*) butt each other **-järn** bar-(rod-)iron **-järnssmedja** ironworks forge **-järnssmide** hammered iron **-korv** sausage of barley and meat **-krok** (*fiskredskap*) ledger-tackle **-piska** queue

1 stånka *s1* tankard

2 stånka *v1* puff and blow; (*stöna*) groan **-nde** *a4* puffing and blowing; groaning

ståplats standing-room **-läktare** stand with standing accommodation

ståt *s3* splendour, grandeur; *med stor* ~ with great pomp, in great style **-a** parade; ~ *med* make a great display of, show off

ståthållare governor

ståtlig [-å:-] *a1* (*praktfull*) magnificent, grand; (*imponerande*) impressive (*byggnad* edifice); stately (*hållning* bearing); *en* ~ *karl* a fine-looking fellow

stått *sup av stå*

stäcka *v3* clip; *bildl.* foil, thwart (*ngns planer* a p.'s plans)

städ *s7* anvil (*äv. anat.*)

städ|a (*göra rent*) clean, *Am. vard.* fix up (*en våning* a flat); (*ställa i ordning*) put things straight (*på skrivbordet* on the desk); (*ha storstädning i*) clean out; ~ *efter* tidy up after; ~ *efter sig* leave things tidy; ~ *undan* ... put ... away (out of the way); ~ *åt ngn* clean for s.b. **-ad** *a5* tidy; (*proper*) decent, proper; (*om pers. äv.*) well-behaved **-dille** cleaning mania **-erska** charwoman, cleaning-woman; (*kontors-*) cleaner

städja [-ä:-] *stadde statt* engage, hire

städ|ning [-ä:-] cleaning; tidying [up] *etc.*; charring **-rock** overall; *Am.* smock

städse [-ä:-] always; constantly

städsla [-ä:-] *se städja*

ställ *s7* **1** (*stöd*) rack, stand **2** (*omgång*) set

ställ|a **I** *v2* **1** (*placera*) put; place, set; (~ *upprätt*) place (set) ... upright, stand **2** (*sätta på visst sätt*) set ... right; (*inställa*) adjust, regulate (*instrument* instruments), set (*klockan på två* the clock at two) **3** (*rikta*) direct (*sina steg* one's steps); (*adressera*) address; ~ *anspråk på* make demands on; ~ *en fråga till* put a question to; ~ *problem under debatt* bring problems up for discussion; ~ *ngt på framtiden* let s.th. rest for the time being **4** (*lämna*) give (*borgen* security) **5** (*med prep.uttryck*) ~ ... *i ordning* put ... in order (to rights); ~ ... *i skuggan* put ... in the shade, *bildl. äv.* obscure, overshadow; ~ *ngn inför rätta* commit s.b. for trial; *~s inför frågan om* be faced with the question whether; ~ *ngn mot väggen* (*bildl.*) drive s.b. into a corner; ~ *stora förväntningar på* have great expectations of; ~ *ngn till ansvar för* hold s.b. responsible for; ~ *ngt till rätta* put (set) s.th. right **6** (*med beton. part.*) ~ *bort* put aside (down); ~ *fram* put ... forward (*äv. klocka*); ~ *fram stolar åt* place chairs for; ~ *ifrån sig, se* ~ *bort*; ~ *in radion* tune in (*på en annan station* another station; *på program 3* to the third program); ~ *in ... i ett skåp* put ... into a cupboard; ~ *in sig på att* make up one's mind to; ~ *om a*) [re]adjust (*sin klocka* one's watch), *b*) (*ordna*) see about (to), arrange; ~ *till* arrange (*kalas* a party); ~ *till en scen* make a scene; *vad har han nu -t till?* what has he been up to now?; *så ni har -t till!* what a mess you have made [of it (things)]!; ~ *tillbaka* put ... back, replace ... (*i skåpet* in the cupboard); ~ *undan* put ... away; ~ *upp a*) (*ställa högre*) put up, (*resa*) raise (*en stege mot väggen* a ladder against the wall), *b*) (*ordna*) arrange (*i en lång rad* in a long file), *mil.* draw up, *c*) (*deltaga*) take part, join in, (*låta deltaga*) put up; ~ *upp sig* form up, get into position; ~ *upp sig på linje* line up; ~ *ut* put out; ~ *ut på en mässa* exhibit goods at a fair; ~ *ut en växel på* make out (draw) a draft (bill) on

II *rfl* 1 (*placera sig*) place (station) o.s. (*i vägen för ngn* in a p.'s way); stand (*framför* in front of; *på tå* on tiptoe; *på en stol* on a chair); ~ *sig i rad* line up; ~ *sig in hos ngn* curry favour with s.b.; ~ *sig på ngns sida* side (take sides) with s.b. 2 (*bete sig*) behave (conduct) o.s.; (*låtsas*) feign (*sjuk* illness); ~ *sig avvaktande* take up a wait-and-see attitude; *inte veta hur man skall ~ sig* not know what attitude to take; *det -er sig dyrt* it is (will be) expensive; *hur -er du dig till ...?* what is your attitude towards ...? **-bar** *a1* adjustable **-d** *a5* 1 placed *etc.*; *ha det gott -t* be well off; *en växel ~ på* a bill (draft) payable to 2 (*svarslös*) nonplussed; at a loss

ställ|e *s6* 1 (*plats, rum*) place; (*'fläck'*) spot; (*i skrift*) passage; *på ~t a*) *eg.* in (at) the place, *b*) (*genast*) on the spot, there and then; *på ~t marsch!* mark time!; *på ~t vila!* stand at ease!; *på annat ~* in (at) another place, somewhere else; *på ngt ~* somewhere; *på ort och ~* on the spot; *på rätt ~* in the right place; *lägga ngt på rätt ~* put s.th. in its proper place; *på vissa* (*sina*) *~n* in some places, here and there 2 *i ~t* instead [of it], (*i dess ~*) in place of it (that); *i ~t för* instead of (*att komma* coming); *sätta ngt i ~t för* substitute s.th. for, replace s.th. with; *om jag vore i ditt ~* if I were you; *upptaga ngn i barns ~* adopt s.b.; *vara ngn i mors ~* be a mother to s.b. **-företrädande** *a4* acting, deputy, assistant; ~ *lidande* vicarious suffering **-företrädare** deputy, proxy, substitute; *vara ~ för* deputize

ställning 1 (*sätt att stå etc.*) position (*äv. mil.*); (*läge*) situation; (*inställning*) attitude; (*social position*) status, standing; *ekonomisk ~* financial position; *liggande ~* lying (recumbent) position; *statsrättslig ~* [constitutional] status; *underordnad ~* subordinate position; *i ledande ~* in a key (leading) position; *ta ~ till* decide on, consider, make a decision on 2 *konkr.* stand; (*byggnads-*) scaffold[ing]; (*stomme*) frame

ställnings|krig positional war[fare] **-steg** *göra ~* stand at attention **-tagande** *s6* attitude (*till* to); decision; *vårt ~* our standpoint

ställverk *järnv.* signal-box(-cabin); *elektr.* bridge signal cabin

stäm|band [ˣstämm-] vocal cord **-d** *a5* (*vänligt* favourably) disposed (inclined) (*mot* towards); *avogt ~ mot* prejudiced against **-gaffel** tuning-fork

stämjärn [ˣstämm-] [wood] chisel

1 stämm|a I *s1* 1 (*röst*) voice; *mus.* part; *första ~n* the first (leading, principal) part 2 (*rösträtt*) vote; *ha säte och ~ i* have a seat and a vote in **II** *v2* 1 *mus.* tune; pitch (*högre* higher); ~ *högre* (*äv.*) sharp; ~ *lägre* (*äv.*) deepen; ~ *upp en sång* strike up a song 2 *bildl.*, *det -er* [*sinnet*] *till eftertanke* it gives you s.th. to think about; *jfr äv. stämd* 3 (*passa ihop, överens-*) agree, accord, tally; *Am. äv.* check; ~ *med originalet* be in accordance with the original; *kassan -er* the cash-account balances; *räkenskaperna -er inte* there are discrepancies in the accounts; *räkningen -er* the account is correct; *det -er!* quite right!, that's it!; ~ *av* (*bokför.*) tick off, balance; ~ *överens* agree, accord

2 stämma *v2* (*hejda*) stem, check; ~ *blod* staunch blood; *det är bättre att ~ i bäcken än i ån* it is better to nip it in the bud

3 stämma I *s1* (*sammankomst*) meeting, assembly **II** *v2* 1 *jur.* bring an action against, sue; ~ *ngn som vittne* summon s.b. as a witness 2 ~ *möte med ngn* arrange to meet s.b.

1 stämning 1 *mus.* pitch, key, tune; *hålla ~en* keep in tune 2 (*sinnestillstånd*) mood, temper; *en festlig ~* a festive atmosphere; *~en var hög* (*tryckt*) spirits (*pl*) ran high (were depressed); *~en bland folket* (*äv.*) public sentiment; *upprörd ~* agitation, excitement; *komma* (*vara*) *i ~* get (be) in the right mood

2 stämning *jur.* writ, [writ of] summons; *delge ngn en ~* serve a writ (summons) on s.b.; *ta ut ~ mot* cause a summons to be issued against, sue

stämningsansökan application for a summons, plaint

stämnings|bild lyrical (sentimental) picture **-full** full of feeling; moving; solemn **-människa** spontaneous person

stämpel *s2* 1 (*verktyg*) stamp, punch; (*mynt-*) die 2 (*avtryck*) stamp (*äv. bildl.*); (*guld-,silver-*) hallmark (*äv. bildl.*); (*på varor e.d.*) brand, mark **-avgift** stamp duty **-dyna** stamp pad **-färg** stamp[ing]-ink, marking ink **-skatt** stamp duty

1 stämpla (*med stämpel*) stamp; mark, impress (*äv. bildl.*); (*guld, silver*) hallmark; (*post-*) postmark; (*skog*) blaze; (*med brännjärn*) brand (*äv. bildl.*)

2 stämpla (*konspirera*) plot, conspire

1 stämpling (*t. 1 stämpla*) stamping *etc.*

2 stämpling (*t. 2 stämpla*) *~ar* conspiracy, plotting (*sg*), machinations

stäm|skruv [ˣstämm-] peg **-ton** concert pitch

ständer ['stänn-] *pl, se stånd 6*

ständig *a1* permanent (*sekreterare* secretary); constant (*oro* worry); perpetual; ~ *ledamot* life-member; *~t utskott* standing committee

stäng|a *v2* shut (*dörren* the door); close; (*med lås*) lock; (*med regel*) bolt; (*med bom*) bar; (*hindra*) bar, obstruct (*utsikten* the view); *vi -er kl. 5* we close at five; ~ *butiken* shut up shop; ~ *dörren efter sig* shut the door behind one; ~ *sin dörr för* close one's door to; *dörren -er sig själv* the door shuts by (of) itself; ~ *en fabrik* shut down (close) a factory; ~ *av se av-*; ~ *igen om sig* shut (lock) o.s. in; ~ *in sig* shut o.s. up; ~ *sig inne på sitt rum* keep (lock o.s. up in) one's room; ~ *till* close, shut [up], lock [up]; ~ *ute* keep (shut) out (*ljuset* the light); ~ *ngn ute* shut s.b. out

stängel *s2* stalk, stem; (*bladlös*) scape

stäng|ning shutting, closing *etc.* **-ningsdags** **-ningstid** closing-time **-sel** ['stäŋ-] *s7* fence; (*räcke*) rail[ing]; enclosure; *bildl.* bar, barrier **-seltråd** fencing wire

stänk *s7* (*vatten-*) sprinkle, sprinkling, drop; (*smuts-*) splash; (*av vattenskum o.d.*) spray;

bildl. touch, tinge (*av saknad* of regret); *få några grå ~ i håret* get a powdering of grey in one's hair **-a** *v3* sprinkle (*vatten på* water on; *tvätt* clothes); splash, sp[l]atter; (*småregna*) spit, sprinkle; (*dugga*) drizzle; *~ ner* splash ... all over (*med* with); *regnet började ~* it began to spit **-bord** *sjö.* wash-board **-flaska** sprinkler bottle **-ning** sprinkle, sprinkling, splash[ing] **-skydd** (*på bil*) mudflap, splash guard **-skärm** (*på fordon*) mudguard, wing; *Am.* fender

stäpp *s3* steppe **-höns** Pallas's sandgrouse

stärbhus estate [of a deceased person] **-delägare** heir, beneficiary

stärk|a *v3* **1** (*göra stark*[*are*]) strengthen (*karaktären* the character); fortify (*ngn i hans tro* s.b. in his belief); (*i sht fysiskt*) invigorate; (*bekräfta*) confirm (*misstankarna*) the suspicions); *~ sig med mat och dryck* take some refreshment[s] **2** (*styv-*) starch **-ande** *a4* strengthening *etc.*; *~ medel* tonic, restorative **-else** starch **-krage** starched collar **-ning** starching **-skjorta** starched shirt; (*frack-*) dress-shirt

stätta *s1* stile

stäv *s2* stem

1 stäva *s1* (*mjölk-*) milk-pail

2 stäva *v1*, *sjö.* head (*norrut* [to the] north)

stävja [-ä:-] check, put a stop to; (*tygla*) restrain; *~ ngns iver* damp a p.'s ardour

stöd *s7*, *tekn.* support (*för ryggen* for one's back); prop, stay, foot; *bildl.* support; aid (*för minnet* for the memory); (*om pers.*) support[er]; *ekonomiskt ~* economic aid (assistance); *~ för ett påstående* support of a statement; *få ~ av* (*i tvist*) be backed up by; *ge* [*sitt*] *~ åt* support; *med ~ av* with the support of; *som ~ för* (*bildl.*) in confirmation (as a proof) of; *ta ~*, *se -ja* [*sig*] **-a** *v2*, *se -ja* **-aktion** [action to] support **-de** *imperf av stödja*

stöddig *a1* heavily built; substantial; *vard.* stuck-up

stöd|förband [emergency] splint **-ja** [-ö:-] *-de stött* support; (*stötta*) prop [up]; (*friare o. bildl.*) sustain; (*luta*) rest (*huvudet i handen* one's head in one's hand); (*grunda*) found, base (*sina uttalanden på* one's statements on); *inte kunna ~ på foten* not be able to stand on one's foot; *~ sig* support o.s., (*luta sig*) lean, rest (*mot* against; *på* on); *~ sig på* (*bildl.*) base one's opinion upon **-jevävnad** *anat.* connective tissue **-lån** stand-by (emergency) loan **-mur** retaining wall **-punkt** point of support; *mek.* fulcrum; *mil.* base **-trupper** supporting troops, reserves **-undervisning** remedial instruction

stök *s7* (*städning*) cleaning; (*tillrustning*) preparation **-a** clean up; potter; *gå och ~* potter about; *~ till* make a mess **-ig** *a1* untidy, messy

stöld *s3* stealing; (*en ~*) theft; *jur.* larceny; *föröva en ~* steal; *grov ~* grand larceny **-försäkra** insure against theft **-försäkring** theft insurance; (*inbrotts-*) burglary insurance **-gods** stolen goods (*pl*) **-kupp** raid **-säker** thief-proof

stön *s7* **-a** groan; (*svagare*) moan **-ande** *s6*, *se stön*

stöp *s7*, *gå i ~et* come to nothing **-a** *v3* cast, mould; *~ bly* (*äv.*) melt lead; *~ ljus* dip candles; *-t i samma form* (*bildl.*) cast in the same mould **-ning** [-ö:-] casting *etc.* **-slev** *vara i ~en* (*bildl.*) be in the melting-pot

1 stör *s2*, *zool.* sturgeon

2 stör *s2* pole, stake

1 störa *v1* pole (*bönor* beans); stick (*ärter* peas)

2 stör|a *v2* disturb (*ngn i hans arbete* s.b. at his work); (*göra intrång på*) interfere with (*ngn i hans arbete* a p.'s work); (*oroa*) trouble; harass (*fienden* the enemy); (*avbryta*) interrupt; *förlåt att jag stör* excuse me for disturbing you; *jag hoppas jag inte stör* I hope I am not disturbing you; *inte så det stör* (*vard.*) not so that you'd notice; *~ en radioutsändning* jam a broadcast **-ande** *a4* disturbing; *~ uppträdande* disorderly conduct **-ning** [-ö:-] disturbance; *radio. äv.* jamming, interference; (*-ande buller*) noise; (*själslig*) mental disorder; *atmosfäriska ~ar* atmospherics **-ningsskydd** suppressor, interference eliminator **-ningssändare** *radio.* jamming station, jammer

större ['större] *komp. t. stor* larger, bigger *etc.*, *jfr stor*; major; (*ganska stor*) large, considerable, fair-sized; *bli ~* (*öka*) increase, (*växa*) grow, (*om barn*) grow up; *~ delen* the greater part, the majority; *desto ~ anledning att ...* all the more reason for (+ *ing-form*); *närmast ~ storlek* one size larger; *vara ~ än* (*i antal*) greater in number; *en ~ order* a large order

störst *superl. t. stor* largest, biggest *etc.*, *jfr stor*; (*ytterst stor*) utmost, maximum; *~a bredd* (*på fartyg*) overall width; *~a delen* the greatest part, (*huvuddelen*) the main (major) part, (*flertalet*) the greater number, most (*av dem* of them); *med ~a möjliga aktsamhet* with the greatest care, with all possible care; *till ~a delen* for the most part, mostly, (*huvudsakligen*) principally, mainly

stört absolutely, downright (*omöjligt* impossible)

stört|a **1** (*bringa att falla*, *äv. bildl.*) precipitate, throw (*ngn nedför trappan* s.b. down the stairs); (*stjälpa*) tip; (*avsätta*) overthrow (*en diktator* a dictator); *~ ngn i fördärvet* bring about (cause) a p.'s ruin, ruin s.b. **2** (*falla*) fall (tumble) [down] (*ner i* into); (*med flygplan*) crash; (*om häst*) fall; *~ omkull* fall (tumble) down; *~ samman* collapse, (*om byggnad*) fall in, *bildl.* break down; *~ till marken* drop to the ground **3** (*rusa*) rush, dash, dart (*fram* forward); *~ upp* spring to one's feet **4** *rfl* precipitate (throw) o.s. (*i* into); rush, dash; *~ sig på huvudet i vattnet* plunge headlong into the water; *~ sig över* fall upon (*ngn* s.b.), pitch into (*maten* the food) **-bombare** dive-bomber **-dykning** *flyg.* nose dive **-flod** torrent (*äv. bildl.*) **-hjälm** crash helmet **-lopp** (*på skidor*) downhill race **-ning** *flyg.* crash **-regn** downpour, torrential rain **-regna** pour down **-sjö** heavy sea; *få en ~ över sig* ship a heavy sea; *en ~ av ovett* a torrent of abuse **-skur** heavy shower; *vard.* drencher; *bildl. se -sjö*

stöt *s2* thrust (*äv. bildl.*); *fäktn. äv.* pass;

(*slag*) hit; blow; (*knuff*) push, shove; (*dunk*) knock, bump (*i huvudet* on the head); (*av vapen; biljard-*) stroke; (*sammanstötning*) shock (*äv. elektr.*); *aktas för ~ar* (*på kolli*) handle with care, fragile; *ta emot första ~en* take the first impact **-a** *v3* **I** **1** ('*köra*') thrust; hit, blow *etc.*; *~ foten mot en sten* hit one's foot against a stone; *~ huvudet i taket* bang one's head on the ceiling; *~ kniven i bröstet på ngn* stab s.b. in the chest; *~ käppen i golvet* strike one's stick on the floor **2** (*krossa*) pound; (*i mortel äv.*) pestle **3** (*förarga*) offend, give offence to, (*starkare*) shock; (*såra*) hurt; *det -er ögat* it is an eyesore; *det -er örat* it jars upon my ear; *~ och blöta en fråga* thrash over a problem **4** (*om åkdon*) bump, jolt; (*om skjutvapen*) kick; *fäktn.* thrust, make a pass **5** (*gränsa*) border (*till* [up]on); (*blåsa*) blow (*i trumpet* the trumpet); *~ i blått* incline to blue, have a tinge of blue in it; *~ på motstånd* meet with resistance; *det -er på bedrägeri* it verges (borders) on fraud **6** (*med beton. part.*) *~ bort* push away, *bildl.* repel; *~ emot* knock (bump) against; *~ fram* (*ljud*) emit, jerk out, utter; *~ ifrån sig* push ... back (away), (*ngn*) repel; *~ ihop a*) knock (bump) ... together, (*med en skräll*) clash [together], (*kollidera*) collide, *b*) (*råkas*) run into; *~ ihop med a*) (*kollidera*) collide with, run into, *b*) (*träffa*) run across each other; *~ omkull* upset, knock ... over; *~ på a*) *sjö.* strike, *b*) (*råka*) come across *c*) (*påminna*) jog a p.'s memory (*om ngt* about s.th.); *~ till a*) (*knuffa till*) push, bump, *b*) (*ansluta sig till*) join, *c*) (*tillkomma*) come on; *~ ut a*) (*en båt från land*) push (shove) off, *b*) (*utesluta*) expel **II** *rfl*, *~ sig på knäet* hurt (bruise) one's knee; *~ sig med ngn* fall out with s.b., offend s.b. **-ande** *a4* (*anstötlig*) offensive, shocking; (*obehaglig*) objectionable **-dämpare** shock absorber **-esten** *bildl.* stumbling-block **-fångare** bumper, fender **-ig** *a1* shaky; jolting **-säker** shockproof

1 stött *sup av stödja*

2 stött *a4* **1** (*skadad*) hurt, damaged; (*om frukt*) bruised **2** (*förolämpad*) offended (*på ngn* with s.b.; *över* at, about); *bli ~* take offence

stött|a I *s1* prop, support, stay; (*gruv-*) pit-prop; *sjö.* stanchion, pillar **II** *v1* prop [up]; *bildl.* support, bear up **-epelare** *eg.* prop, support; *bildl.* mainstay; *samhällets ~* the pillars of society

stöt|trupp shock troops (*pl*) **-vapen** thrusting weapon **-vis** by jerks; (*om vind*) in gusts; (*sporadiskt*) intermittently

stövare harrier

stövel ['stövv-] *s2* high boot **-knekt** boot-jack **-krage -skaft** bootleg

stöv|la stalk, stride; trudge **-lett** *s3* bootee

subaltern [-'tä:rn] *s3* **-officer** subaltern [officer]

subjekt *s7* subject **-iv** ['subb-, -'ti:v] *a1* subjective **-ivism** subjectivism **-ivitet** subjectivity, subjectiveness

subjektskasus nominative case

subkutan *a1* subcutaneous (*injektion* injection)

sublim *a1* sublime

sublimat *s4*, *s3* mercuric chloride, sublimate

sublim|era *kem. o. psyk.* sublimate, sublime **-ering** sublimation **-itet** sublimity

sub|marin *a1* submarine **-ordinationsbrott** breach of discipline, case of insubordination **-ordinera** (*underordna*) subordinate; (*vara underordnad*) be subordinate (*under* to)

subrett *s3*, *teat.* soubrette

subsidi|er *pl* subsidies **-era** subsidize

sub|skribent subscriber **-skribera** subscribe (*på* for); *~d middag* a subscription dinner **-skription** [-p'ʃɷ:n] subscription **-stans** *s3* substance; (*ämne*) agent; *ytaktiv ~* surfactant **-stantiell** [-tsi'äll] *a1* substantial **-stantiv** *s7* noun, substantive **-stantivera** convert ... into a noun **-stantivisk** *a5* substantival (*användning* use); substantive (*sats* clause) **-stituera** substitute **-stitut** *s7* substitute **-strat** *s7* substratum (*pl* substrata), substrate **-til** *a1* subtle; fine-drawn **-tilitet** *s3* subtlety **-trahend** *s3* subtrahend **-trahera** subtract (*från* from) **-traktion** [-k'ʃɷ:n] subtraction **-traktionstecken** minus sign **-tropisk** [-'trå:-] *a5* subtropical **-vention** [-n'ʃɷ:n] subvention **-ventionera** subsidize

succé [suk'se:, syk-] *s3* success; *göra ~* be (score) a success, *teat. äv.* bring down the house **-författare** successful writer, best seller **-roman** best seller

succession [sukse'ʃɷ:n] [right of] succession

successionsordning order of succession

successiv [sukse'si:v, 'sukks-] *a1* successive; gradual **-t** [-i:-] *adv* gradually, by gradual stages

suck *s2* sigh (*av lättnad* of relief); *~arnas bro* the Bridge of Sighs; *dra en djup ~* heave a deep sigh; *utandas sin sista ~* breathe one's last **-a** sigh (*av* with; *efter* for; *över* for, at)

suckat *s3*, *s4* candied peel

Sudan *n* the Sudan **-esisk** *a5* Sudanese

sudd 1 *s7* (*klotter*) scribbling; (*med bläck o.d.*) smudge **2** *s2* (*tuss*) pad, wad **-a 1** (*plumpa*) blot; (*smutsa*) soil, smear **2** *~ bort* (*ut*) efface, rub out; *~ ner* blur, smudge, blot; *~ över* blot out **3** (*festa*) go on the spree **-gummi** eraser, rubber **-ig** *a1* blurred, blotched; (*otydlig*) fuzzy; (*om skrift*) indistinct; *foto.* fogged

suffix *s7* suffix

sufflé *s3* soufflé

suffler|a prompt **-ing** prompting

sufflett *s3* hood; *hopfällbar ~* (*på bil*) folding top

suffl|ör *teat.* prompter **-örlucka** prompt-box **-ös** prompter

suffragett *s3* suffragette

sug 1 *s7* (*-ning*) suck, draw **2** *s2* (*-anordning*) suction apparatus **3** *i uttr.: tappa ~en* (*ge upp*) lose heart, give up **-a** *sög sugit* suck (*honung* honey; *på tummen* one's thumb); (*om pump*) draw, fetch; *bildl.* drink in, imbibe; *~ musten ur ngn* take the life out of s.b.; *det -er i magen på mig* my stomach is crying out for food; *sjön -er* the sea-air takes it out of one; *~ på ramarna* live on one's hump; *~ i sig* suck up, absorb; *~ ut* suck out, *bildl.* bleed, fleece; *~ ut jorden*

impoverish the soil; ~ *sig fast* adhere (*vid* to) **-ande** *a4*, *en ~ känsla i magen* a sinking feeling; *en ~ uppförsbacke* a gruelling climb; ~ *blickar* come-hither looks **-anordning** suction apparatus **-en** *a3* peckish; *vara ~ på* be longing for **-fisk** sucking-fish **-fot** sucker-foot
sugga *s1* sow
sugge|rera suggest **-stion** [sugge'ʃɷ:n] suggestion **-stiv** *a1* suggestive
sug|hävert siphon **-it** *sup av suga* **-kraft** suction power **-mun** suctorial mouth **-ning** [-u:-] sucking *etc.*, suction **-pump** suction pump **-rör** (*för dryck*) straw; *tekn.* suction-pipe; *zool.* sucker **-skål** suction cup (disc) **-ventil** suction-valve **-vårta** *zool.* sucker
sujett [sy'ʃett] *s3* actor, *fem.* actress
sukta ~ *efter ngt* sigh in vain for s.th.
sula I *s1* sole (*äv. tekn.*) **II** *v1* sole
sulfa *s1* sulpha; *Am. äv.* sulfa **-preparat** sulpha drug
sulf|at *s7, s3* sulphate; *Am.* sulfate **-atfabrik** sulphate mill **-id** *s3* sulphide; *Am.* sulfide **-it** *s7, s3* sulphite; *Am.* sulfite **-onamid** [-ˣfå:-] *s3* sulphonamide; *Am.* sulfonamide
sul|läder sole-leather **-ning** [-u:-] soling
sultan *s3* sultan **-at** *s7* sultanate
summa *s1* sum; (*belopp äv.*) amount; (*slut-*) [sum] total; *en stor ~* a large sum [of money]; *rund ~* round (lump) sum; ~ *summarum* all told, altogether, in all; ~ *tillgångar* total assets; *en nätt ~* a tidy sum, a pretty penny **-risk** [-'ma:-] *a5* summary; (*kortfattad*) succinct, brief; ~ *översikt* summary
summer ['summ-] *s2* buzzer
summer|a sum (add) up **-ing** summation; *bildl.* summing up, summary
summerton buzzer-signal(-tone)
summit *sup av simma*
sump *s2* **1** (*kaffe-*) grounds (*pl*) **2** (*-mark*) fen, marsh **3** (*fisk-*) corfe, fish-chest; (*i båt*) well **-bäver** nutria **-feber** marsh fever, malaria **-gas** marsh gas **-höna** crake **-ig** *a1* (*sank*) swampy, marshy **-mark** *s3* fen[land], marsh[land], swamp
1 sund *s7* sound, strait[s *pl*]; *ett smalt ~* (*äv.*) a narrow passage (channel)
2 sund *a1* sound (*äv. bildl.*); (*hälsosam*) healthy; *en ~ själ i en ~ kropp* a sound mind in a sound body; *sunt förnuft* common sense **-het** soundness; health **-hetsintyg** [clean] bill of health, health certificate
sunnan I *adv* from the south **II** *r* south wind **-vind** south wind
sup *s2* dram; (*brännvin*) snaps **-a** *söp -it* drink; (*starkare*) booze; ~ *ngn full* make s.b. drunk (tipsy); ~ *sig full* get drunk (tipsy); ~ *in* (*bildl.*) inhale, imbibe; ~ *upp sina pengar* drink away one's money; ~ *ur* drink ... up **-ande** *s6* drinking; boozing **-broder** drinking companion
sup|é *s3* supper **-era** have supper
superb [-'pärrb] *a1* superb
super|fosfat *s7, s3* superphosphate **-intendent** superintendent **-lativ** *s3 o. a1* superlative **-oxid** peroxide
sup|gille drinking-bout, *vard.* booze, spree **-ig** *a1* addicted to drink[ing]
supinum [-ˣpi:-] *s4, best. f. äv. supinum* [the] supine, (*motsv. i eng.*) past (perfect) participle
supit *sup av supa*
supple|ant [-'aŋ, -'annt] deputy, substitute; (*i styrelse äv.*) deputy member **-ment** *s7* supplement **-mentband** supplementary volume **-mentvinkel** supplementary angle **-mentär** *a5* supplementary **-ra** supplement, fill up
supplik *s3* supplication, petition **-ant** supplicant, petitioner
supponera suppose (*att* that)
suput *s3, s2* tippler, boozer
supremati *s3* supremacy
sur *a1* **1** sour; (*syrlig*) acid, sharp; *kem.* acid, acetous; *bildl.* sour, surly; *se ~ ut* look sour (surly); *göra livet ~t för ngn* lead s.b. a dog's life; *det kommer ~t efter* one will have to pay for it afterwards; *bita i det ~a äpplet* swallow the bitter pill; *~t sa räven om rönnbären* "sour grapes", said the fox **2** (*fuktig*) wet, damp; ~ *pipa* foul pipe; ~ *ved* green wood; *~a ögon* bleary eyes **-a** *sitta och ~* sulk **-deg** leaven
surfing ['surr-] surf-riding **-bräda** surf-board
sur|het [ˣsu:r-] sourness *etc.*; acidity **-kart** green fruit; *bildl.* sourpuss **-kål** *kokk.* sauerkraut **-mjölk** sour milk **-mulen** *a3* sullen, surly **-mulenhet** sullenness, surliness **-na** [-u:-] sour, turn (get) sour
surr *s7* hum[ming]; (*av röster äv.*) buzz[ing]; (*av maskin*) whir[ring]
1 surra hum; buzz; whir
2 surra *sjö.*, ~ [*fast*] frap, lash, make ... fast
surrealis|m surrealism **-tisk** *a5* surrealist[ic]
surrogat *s7* substitute; makeshift
sur|stek *kokk. ung.* marinated roast-beef **-strömming** fermented Baltic herring **-söt** bitter-sweet **-t** [-u:-] *adv* sourly; *smaka ~* taste sour, have a sour taste; ~ *förvärvade pengar* hard-earned money (*sg*)
surven ['surr-] *best. f., i uttr.: hela ~* (*vard.*) the whole lot
surögd *a1* bleary-eyed
sus *s7* **1** (*vindens etc.*) sough[ing]; sigh[ing]; (*friare*) murmur[ing]; *det gick ett ~ genom publiken* a murmur went through the audience **2** *leva i ~ och dus* lead a wild life, go the pace **-a 1** (*vina*) sough; sigh; *det ~r i öronen på mig* my ears are buzzing **2** (*ila*) whizz, swish; ~ *förbi* sweep (*om bil:* flash) past
susen ['su:-] *best. f. vard., i uttr.: göra ~* do the trick
susning [ˣsu:s-] *se sus 1*
suspekt *a1* suspect
suspen|dera suspend **-sion** suspension **-siv** *a1* suspensive; *~t veto* delaying veto
suspensoar *s3* suspensory [bandage]
sutare tench
sutenör pimp, ponce
suterrängvåning basement
suttit *sup av sitta*
sutur suture **-tråd** suture [thread]
suvenir *s3* souvenir
suverän I *s3* sovereign **I** *a1* sovereign (*stat* state); (*överlägsen*) supreme; superb (*tennisspelare* tennis-player); *med ~t förakt* with supreme contempt **-itet** sovereignty; supremacy

svabb *s2* **-a** swab
svacka *s1* depression, hollow
svada *s1* volubility, torrent of words; *ha en förfärlig ~* have the gift of the gab
svag *a1, allm.* weak (*förstånd* intellect; *kaffe* coffee; *skäl* argument; *syn* sight; *verb* verb); feeble (*försök* attempt); (*kraftlös*) powerless; (*klen*) delicate (*till hälsan* in health); (*om ljud, färg*) faint; (*om ljus*) weak, poor; (*lätt*) light (*cigarr* cigar); (*skral*) poor (*hälsa* health; *ursäkt* excuse); (*sakta*) soft (*bris* breeze); *ha en ~ aning om* have a faint idea of; *ett ~t hopp* a slight (faint) hope; *det ~a könet* the weaker sex; *köttet är ~t* the flesh is weak; *den ~a punkten* the weak point; *i ett ~t ögonblick* in a moment of weakness; *bli ~* weaken; *vara ~ för* have a weakness for, be fond of, (*ngn äv.*) have a soft spot for **-dricka** small beer **-het** [-a:-] weakness *etc.*; (*ålderdoms-*) infirmity; (*svag sida*) foible; (*böjelse*) weakness **-hetstecken** sign of weakness **-hetstillstånd** weak condition, general debility **-sint** *a1* feeble-minded **-ström** light (low-power) current **-strömsledning** communication (low-voltage) line **-synt** [-y:-] *a1* weak-sighted **-t** [-a:-] *adv* weakly *etc.*; (*klent*) poorly (*upplyst* illuminated)
svaj [svajj] *n* **1** *ligga på ~* (*sjö.*) swing at anchor; *med mössan på ~* with one's cap at a jaunty angle **2** *radio.* wobbling, fading **-a 1** *sjö.* swing **2** (*vaja*) float **-ig** *a1* **1** swinging (*gång* gait) **2** (*flott*) stylish
sval *a1* cool (*äv. bildl.*)
sval|a *s1* swallow; *en ~ gör ingen sommar* one swallow does not make a summer **-bo** swallow's nest
svalde [-a:-] *imperf av svälja*
svalg [svallj] *s7* **1** *anat.* throat; *vetensk.* pharynx **2** (*avgrund*) abyss, gulf
svalka I *s1* coolness, freshness **II** *v1* cool; (*uppfriska*) refresh; *~ sig* cool [o.s.] off, cool down, refresh o.s. **-nde** *a4* cooling, refreshing
svall *s7* surge; (*våg- äv.*) surging of [the] waves; (*dyning*) swell; *bildl.* flush, flow **-a** surge; swell; (*sjuda*) seethe; *diskussionens vågor ~de* the discussion became heated; *känslorna ~de* feelings ran high; *~ över* overflow **-ning** surging; swelling; *hans blod råkade i ~* his blood began to boil **-våg** surge; (*efter fartyg*) wash
svaln|a [-a:l-] *~* [*av*] get cool, cool down (*äv. bildl.*) **-ing** cooling down
1 svalt [-a:-] *sup av svälja*
2 svalt [svallt] *imperf av svälta*
svalört lesser celandine, pilewort
svam|la ramble [on]; (*utbreda sig*) discourse (*om* upon) **-lig** *a1* rambling; (*oredig*) vaporous (*artikel* article) **-mel** ['svamm-] *s7* rant, verbiage; (*nonsens*) drivel
svamp *s2* **1** *bot.* fungus (*pl* fungi); (*ätbar*) mushroom; (*ej ätbar*) toadstool; *med.* fungoid growth; *plocka ~* go mushrooming **2** (*tvätt-*) sponge; *tvätta med ~* (*äv.*) sponge **-aktig** *a1* **1** *bot., med.* fungous; mushroom[-like] **2** spongy **-bildning** fungus [growth], fungosity **-förgiftning** fungus poisoning **-ig** *a1* **1** *med.* fungoid **2** spongy **-karta** mushroom (fungi) chart **-kännare** mycologist, expert on fungi **-kännedom** mycology **-odling** mushroom cultivation (growing) **-plockning** mushroom gathering
svan *s2, s1* swan **-damm** swannery **-dun** swan's-down **-esång** swan song (*äv. bildl.*)
svang *s, i uttr.: vara* (*komma*) *i ~* be (get) abroad
svanhopp *sport.* swallow dive
svank *s2, s7* hollow **-a** be sway-backed **-rygg** sway-back **-ryggig** *a1* sway-backed
svann *imperf av svinna*
svans *s2* tail; *astron.* trail (*äv. bildl.*); *bildl.* following, train **-a** *~ för* (*bildl.*) cringe to, fawn on **-kota** caudal vertebra **-lös** tailless **-motor** rear engine **-spets** tip of a tail
svanunge cygnet
svar *s7* answer (*på* to); reply; (*motåtgärd*) reply, counter; (*reaktion*) response; *jur.* rejoinder; *~ betalt* reply paid (*förk.* R.P.); *jakande ~* (*äv.*) acceptance; *nekande ~* (*äv.*) refusal; *~ med löneanspråk* replies stating salary expected; *bli ~et skyldig* not answer (reply); *inte bli ~et skyldig* have a reply ready; *få ~ på en fråga* get an answer to a question; *ge ngn ~ på tal* answer back, give s.b. tit for tat; *om ~ anhålles* an answer is requested, (*på bjudningskort*) R.S.V.P.; *som ~ på Ert brev* in reply to your letter; *stå till ~s för* be held responsible for **-a** answer; reply (*på* to); (*skriftligen äv.*) write back; (*reagera*) respond; *rätt ~t!* that's right!; *~ näsvist* give an impudent reply; *han ~de ingenting* he made no reply (*på* to); *~ för* (*ansvara för*) answer (be responsible) for, account for; *jag ~r för att* I'll see to it that; *~ i telefonen* answer the telephone; *~ mot* correspond (answer) to, meet, match; *vad ~de du på det?* what did you reply (say) to that?; *~ på en fråga* (*ett brev*) answer a question (letter); *jag ~de ja på hans fråga* I answered yes to his question **-ande** *s9, jur.* defendant **-andesidan** the defending party, the defence **-omål** *s7, jur.* [defendant's] plea, defence; *ingå i ~* reply to a charge
svars|kupong reply coupon **-lös** ... at a loss for a reply; *bli ~* be nonplussed; *göra ... ~* reduce ... to silence; *inte vara ~* have an answer ready **-not** [note in] reply **-signal** *tel.* reply signal **-skrift** [written] reply
svart I *a1* black (*äv. bildl.*); (*dyster*) dark; *S~a havet* the Black Sea; *~e Petter* (*kortsp.*) Old Maid; *~a börsen* the black market; *familjens ~a får* the black sheep of the family; *~a tavlan* the blackboard; *bli ~* get (grow) black, blacken; *stå på ~a listan* be on the black list **II** *s, best. f. det svarta* black (*äv. schack.*); *de ~a* the blacks; *få ~ på vitt på ngt* get s.th. in black and white; *klä sig i ~* dress in black; *måla ... i ~* paint ... in black colours; *se allting i ~* look on the dark side of things **-börsaffär** black market transaction **-börshaj** black-marketeer, spiv **-betsa** ebonize **-blå** blue-black **-broder** Black Friar, Dominican **-fläckig** black-spotted **-hårig** black-haired **-ing** darky **-jord** black earth **-klädd** [dressed] in black **-konst 1** (*magi*) black art, necromancy **2** *konst.* mezzotint[o] **-krut** black powder **-lista** blacklist **-mes** coal tit **-muskig**

a1 swarthy **-måla** paint ... in black colours **-målning** *bildl.* blackening **-na** blacken, get (grow, turn, go) black; *det ~de för ögonen på mig* everything went black for me **-peppar** black pepper **-prickig** black-dotted **-rock** (*präst*) black-coat **-rost** (*på säd*) black rust **-sjuk** jealous (*på* of) **-sjuka** jealousy **-skjorta** blackshirt, fascist **-soppa** goose-giblet soup **-vit** black and white, monochrome (*film* film) **-ögd** *a1* black-(dark-)-eyed

svarv *s2* [turning-]lathe **-a** turn [in a lathe] **-ad** *a5* turned; *bildl.* well-turned, elaborate[d] **-are** turner, lathe operator **-eri** turning-mill **-stol** [turning-]lathe

svassa ~ [*omkring*] strut about **-nde** *a4* (*om gång*) strutting; grandiloquent, high-falutin

svastika ['svass-] *s1* swastika

svavel ['sva:-] *s7* sulphur; *Am.* sulfur **-aktig** *a1* sulphurous, sulphurine **-bad** sulphur-bath **-blomma** [-ˣblomma, ˣsva:-] flowers (*pl*) of sulphur **-haltig** *a1* sulphurous, sulphuric **-kis** sulphur pyrite, iron pyrites **-lukt** sulphurous smell **-predikant** fire-and-brimstone preacher **-sticka** sulphur-match **-syra** sulphuric acid **-syrad** *a5*, *-syrat natron* sodium sulphate **-syrlighet** sulphurous acid **-väte** hydrogen sulphide

svavla [-a:-] **I** *s1* sulphide **II** *v1* sulphur[ate], sulphurize

Svea rike the land of Sweden **svear** *pl* Swedes

svecism *s3* Swedishism

sved *imperf av svida*

1 sveda *s1* smart[ing pain]; ~ *och värk* physical suffering

2 sved|a *v2* singe; (*om frost*) nip; (*om solen*) parch; *lukta -d* smell burnt **-ja** [-e:-] burn woodland **-jebruk** burn-beating **-jeland** burn-beaten land

1 svek *imperf av svika*

2 svek *s7* treachery, perfidy; (*bakslughet*) deceit, guile; *jur.* fraud **-full** treacherous, perfidious; deceitful, guileful; fraudulent **-fullhet** treacherousness *etc.*; guile **-lös** guileless, single-hearted

sven [svenn] *s3* page; *riddare och ~ner* knights and squires **-dom** *s2* chastity **-sexa** stag party

svensk I *a1* Swedish; *~a kronor* Swedish kronor (*förk.* Sw.Kr.); *en ~ mil* a Swedish mile, 10 kilometres **II** *s2* Swede **-a** *s1* **1** (*språk*) Swedish **2** (*kvinna*) Swedish woman **-amerikan -amerikansk** Swedish-American **-engelsk** Anglo-Swedish; Swedish-English (*ordbok* dictionary) **-fransk** Swedish-French, Franco-Swedish **-född** Swedish born, Swedish by birth **-het** Swedishness **-språkig** *a1* **1** (*-talande*) Swedish-speaking **2** (*avfattad på -a*) ... in Swedish, Swedish

svep *s7* sweep; *i ett ~* at one go **-a** *v3* **1** (*vira*) (*äv.* ~ *in*) wrap [up] (*i* in); (*lik*) shroud, lay out; ~ ... *om*[*kring*] *sig* wrap ... around one, wrap o.s. up in **2** *sjömil.* sweep for (*minor* mines) **3** (*hastigt dricka el. äta*) knock back **4**, (*blåsa hårt*) sweep (*fram* along) **-e** *s6*, *bot.* involucre **-ning** [-e:-] **1** (*min-*) sweeping **2** (*av lik*) shrouding; *konkr.* shroud **-skäl** pretext, subterfuge; prevarication; *komma med* ~ make excuses

Sverige ['svärrje] *n* Sweden

svets *s2*, *abstr.* welding; *konkr.* weld **-a** weld **-aggregat** welding set **-are** welder **-loppa** welding spark **-låga** welding flame **-ning** welding

svett *s3* perspiration; *vard.* sweat; *arbeta så ~en lackar* work till one is dripping with perspiration; *i sitt anletes ~* in the sweat of one's brow **-as** *dep* perspire; *vard.* sweat (*äv. bildl.*); *jag ~ om fötterna* my feet are sweaty **-bad** (*stark -ning*) bath of perspiration; (*bad*) sweat[ing-bath] **-drivande** *a4* ~ [*medel*] sudorific, sudatory **-droppe** drop of perspiration **-drypande** ... all in a sweat, dripping with perspiration **-ig** *a1* perspiring [all over], *vard.* sweaty; *bli ~* perspire **-körtel** sweat-gland **-ning** sweat[ing], perspiration; *komma i ~* start sweating **-pärla** bead of perspiration **-rem** sweat-band

svib|el ['svi:-] *s2*, *boktr.* pie[d type] **-la** [-i:-] pie

svicka *s1* spigot, plug

svid|a *sved -it* smart; (*friare*) ache; *såret -er* (*äv.*) the wound is very painful; *det -er i ögonen* [*på mig*] my eyes smart; *röken -er i ögonen* the smoke makes my eyes smart; *det -er i halsen* [*på mig*] my throat feels sore, I have a sore throat; *det -er i själen på mig att se* it breaks my heart to see; *det -er men det -er gott* it hurts but you feel better for it **-ande** *a4* smarting; *med ~ hjärta* with an aching heart **-it** *sup av svida*

svik|a *svek -it* **1** (*överge*) fail, desert; (*i kärlek*) jilt, *vard.* chuck; ~ *en vän i nödens stund* leave a friend in the lurch; ~ *sitt löfte* break one's promise, go back on one's word; ~ *sin plikt* fail in one's duty **2** (*svikta, tryta*) fail, fall short; *krafterna svek mig* my strength gave out; *minnet* (*modet*) *-er mig* my memory (courage) fails me; *rösten svek honom* his voice failed him **-it** *sup av svika* **-lig** [-i:k-] *a1* fraudulent (*förfarande* proceeding[s *pl*]), breach of trust

svikt *s2* **1** (*spänst*) spring[iness], elasticity; (*böjlighet*) flexibility; *ha ~* (*äv.*) be springy (flexible) **2** (*trampolin*) springboard **-a 1** (*ge svikt*) be resilient; (*gunga*) shake, rock **2** (*böja sig*) bend (*under* beneath); (*ge efter*) give way, sag **3** *bildl.* flinch, give way, waver **-ande** *a4*, *med aldrig ~* ... with never-failing (unflinching) ... **-hopp** (*i simning*) spring-board diving; *gymn.* jumping on the spot

svim|ma ~ [*av*] faint [away], swoon, fall into a swoon, *vard.* pass out; ~ *av trötthet* faint with fatigue **-ning** fainting, swoon; (*medvetslöshet*) unconsciousness **-ningsanfall** fainting-fit

svin *s7* pig; *koll. o. bildl.* swine; *bildl. äv.* hog **-a** ~ *ner* make a dirty mess (*sig* of o.s.) **-aktig** *a1* piggish, swinish; *bildl. äv.* mean; (*oanständig*) indecent, filthy (*historia* story); beastly (*tur* luck) **-aktighet** piggishness *etc.*; meanness; *~er* (*i ord*) foul (filthy) things **-avel** pig breeding **-borst** pig's (hog's) bristle

svindel *s9* **1** (*yrsel*) giddiness, dizziness; *läk.* vertigo; *få ~* turn giddy (dizzy) **2** (*svindleri*) swindle, humbug, trickery

svindl|a 1 *det ~r för ögonen* my head is

swimming; *tanken ~r* the mind reels **2** (*bedriva -eri*) swindle, cheat **-ande** *a4* giddying, dizzying; giddy, dizzy (*höjd* height); *i ~ fart* at a breakneck pace; *~ summor* prodigious sums [of money] **-are** swindler, crook, cheat, humbug **-eri** *se svindel 2*; *~er* swindles

svineri filth; dirty habits

sving *s2, boxn.* swing **-a** swing; brandish (*svärdet* the sword); *~ sig* swing o.s.; *~ sig ner* swing down; *~ sig upp a*) (*i sadeln*) vault (swing o.s. up) [into the saddle], *b*) (*om fågel*) take wing, soar, *c*) *bildl.* rise [in the world]

svin|gård piggery, pig-farm **-hugg** *~ går igen* tit for tat, the biter bit **-hus** piggery **-kall** beastly cold **-kött** pork **-läder** pigskin **-mat** pig-(hog-)feed; (*av avfall*) pigwash, swill

svinn *s7* waste, wastage; loss **-a** *svann svunnit* (*om tid*) pass; *svunna tider* days gone by

svin|pest swine-fever **-päls** *bildl.* swine, dirty beggar **-skötare** pigman, swineherd **-skötsel** pig-breeding **-stia** pigsty, pigpen; *bildl.* sty

svira be on the spree

svirvel *s2, fisk.* swivel

sviskon [-ån] *s7* prune

svit *s3* **1** (*följe*) suite **2** (*rad*) succession, series; (*av rum*) suite; *kortsp.* sequence **3** (*påföljd*) after-effect; *läk.* sequela (*pl* sequelae)

svor *imperf av svära* **-dom** *s2* oath; (*förbannelse*) curse; *~ar* swearing, bad language (*sg*)

svull|en *a3* swollen (*kind* cheek); puffed **-na** *~* [*upp*] become swollen, swell **-nad** *s3* swelling

svulst *s3* **1** (*tumör*) tumour, tumefaction **2** *bildl.* bombast, pomposity, turgidity **-ig** *a1* bombastic; inflated, turgid **-ighet** *se svulst 2*

svult|en *a5* famished **-it** *sup av svälta*

svunn|en *a5* bygone, past (*tid* time) **-it** *sup av svinna*

svur|en *a5* sworn (*fiende till* enemy of) **-it** *sup av svära*

svåger ['svå:-] *s2* brother-in-law

svål *s2* (*svin-*) rind; *se äv. huvud-*

svångrem belt; *dra åt ~men* (*bildl.*) tighten one's belt

svår *a1* **1** (*besvärlig*) difficult (*för* for); (*mödosam*) hard (*uppgift* task; *för* for; *mot* on); (*invecklad*) complicated (*problem* problem); *~ examen* stiff examination; *ett ~t slag* a hard blow; *en ~ tid* hard times (*pl*); *~ uppgift* (*äv.*) difficult problem, arduous task; *~ överresa* rough crossing; *ha ~t för att* find it difficult to; *ha ~t för ngt* find s.th. difficult; *ha ~t för att fatta* be slow on the uptake; *ha mycket ~t för att ...* have great difficulty in (+ *ing-form*); *ha det ~t a*) suffer greatly, *b*) (*ekonomiskt*) be badly off, *c*) (*slita ont*) have a rough time of it; *jag har ~t för att tro att* I find it hard to believe that; *det är ~t att* it is hard (difficult) to **2** (*allvarlig*) grave, serious, severe (*sjukdom* illness); *ett ~t fall a*) *eg.* a serious fall, *b*) *bildl.* a grave (difficult) case; *i ~are fall* in [more] serious cases; *~t fel a*) (*hos sak*) serious drawback, *b*) (*hos pers.*) serious fault, *c*) (*misstag*) grave error; *~ frestelse* sore (heavy) temptation; *~ förbrytelse* serious offence (*jur.* crime); *han har ~t hjärtfel* he has a serious heart condition; *~ hosta* bad cough; *~ kyla* severe cold; *~a lidanden* severe (great) suffering (*sg*); *~ olycka* great misfortune, (*enstaka olyckshändelse*) serious accident; *ha ~a plågor* be in great pain; *~ sjö*[*gång*] rough sea **3** *vara ~ på ngt* be overfond of s.th.; *du är för ~!* you are the limit!, you are too bad! **-anträffbar** hard to contact, elusive **-artad** [-a:r-] *a5* malignant (*sjukdom* illness) **-bedömd** *a5* difficult to appraise (assess, *vard.* size up) **-begriplig** hard (difficult) to understand; (*dunkel*) abstruse **-definierbar** difficult to define **-fattlig** *a1*, *se -begriplig* **-framkomlig** *~ väg* difficult (rough) road **-förklarlig** difficult to explain **-gripbar** hard to get hold of; *bildl.* elusive **-hanterlig** difficult to manage (handle); (*friare, om pers.*) intractable, (*om sak*) awkward **-ighet** difficulty; (*möda*) hardship; (*besvär*) trouble; (*olägenhet*) inconvenience; (*hinder*) obstacle; *göra ~er* make difficulties; *det möter inga ~er* that's not difficult, *vard.* that's all plain sailing; *däri ligger ~en* that's the trouble; *i ~er* in trouble; *utan ~* without any difficulty **-ighetsgrad** degree of difficulty **-ligen** [-å:-] hardly, scarcely **-läslig** *a1* **-läst** [-ä:-] *a1* difficult to read; (*om handstil*) hardly legible **-löslig** *kem.* sparingly soluble **-löst** [-ö:-] *a4* difficult to solve; (*om gåta*) hard, intricate **-mod** melancholy; (*nedslagenhet*) low spirits (*pl*); (*dysterhet*) gloom, spleen **-modig** melancholy, sad; gloomy **-såld** difficult to sell; hard-selling **-t** [-å:-] *adv* seriously (*sjuk* ill); badly (*sårad* wounded) **-tillgänglig** difficult of access (to get at); (*om pers. äv.*) distant, reserved **-tillgänglighet** difficulty of access; reserve **-uppnåelig** *a1* difficult (hard) to achieve **-åtkomlig** *se -tillgänglig* **-överskådlig** difficult to survey

svägerska sister-in-law

svälja *v2, el. svalde svalt* swallow (*äv. bildl.*); *bildl. äv.* pocket; *~ förtreten* swallow one's annoyance; *~ ner* swallow; *~ orden* swallow one's words

sväll|a *v2* swell; (*höja sig*) rise; (*utvidga sig*) expand (*äv. bildl.*); *seglen -er* the sails are swelling (filling); *~ upp* swell up (out), become swollen; *~ ut* swell [out], (*bukta ut*) bulge out **-ande** *a4* swelling; (*uppsvälld*) turgescent; *~ barm* ample bosom

svält *s3* starvation; (*hungersnöd*) famine; *dö av ~* die of starvation **-a** **1** *svalt svultit* starve; (*starkare*) famish; *~ ihjäl* starve to death **2** *v3* (*imperf. äv. svalt*) (*låta hungra*) starve; *~ sig* starve o.s.; *~ ut* starve out **-född** [half] starving, underfed **-gräns** *leva på ~en* live on the hunger line **-konstnär** person who needs very little food **-kost** starvation diet **-lön** starvation wages (*pl*)

svämma *~ över* [rise and] overflow [its banks]

sväng *s2* (*rörelse*) round; (*krök*) bend, turn; (*av flod, väg e.d.*) curve, wind[ing]; *ta ut ~en* take the corner wide; *ta sig en ~* (*dansa*) shake a leg; *vägen gör en ~* the road bends (turns); *vara med i ~en* be in the swing **-a**

v2 **1** (*sätta i rörelse*) swing (*armarna* one's arms); (*vifta med*) wave; (*vapen*) brandish; (*vända*) turn (*bilen* the car) **2** (*hastigt röra sig*) swing (*fram o. tillbaka* to and fro); (*pendla*) oscillate (*äv. bildl.*); (*svaja*) sway; (*om sträng*) vibrate; (*kring en tapp*) swing, pivot; (*rotera*) turn, rotate; (*göra en sväng*) turn; ~ *av* turn off; ~ *in på* turn into; ~ *med armarna* swing one's arms; ~ *om a*) turn round, (*om vind*) veer round, *bildl.* shift, change, *b*) (*i dans*) have a dance; ~ *om på klacken* turn on one's heels; ~ *om hörnet* turn the corner; ~ *till* (*hastigt laga till*) knock up; *bilen -de upp på gården* the car swung up into the courtyard **3** *rfl* (*kretsa*) circle, rotate; (*göra undanflykter*) prevaricate; ~ *sig med* flaunt (*latin* Latin) **-bar** *a1* revolving, pivoting **-borr** breast drill **-bro** swing-(pivot-, swivel-)bridge **-d** *a5* (*böjd*) bent, curved **-dörr** swing-door, revolving door **-hjul** flywheel; (*i ur*) balance-wheel **-ning** (*gungning*) swing; (*fram o. tillbaka*) oscillation, vibration; (*rotation*) wheeling, rotation **-ningsradie** turning radius **-ningsrörelse** oscillatory motion, oscillation **-ningstal** frequency, number of oscillations **-rum** space to move, elbow-room (*äv. bildl.*) **-tapp** pivot, swivel

svära *svor svurit* **1** (*använda svordomar*) swear (*över* at); (*förbanna*) curse **2** (*gå ed*) swear (*på att* that; *vid* by); (*avge löfte äv.*) vow; ~ *dyrt och heligt* make a solemn vow; ~ *falskt* perjure o.s., commit perjury; *jag kan* ~ *på att* I'll swear to it that; *det kan jag inte* ~ *på* (*vard.*) I won't swear to that; ~ *sig fri* swear one's way out **3** ~ *mot* clash with (*äv. om färg*)

svärd [-ä:-] *s7* sword **-fisk** sword-fish **-formig** [-å-] *a1*, *bot.* ensiform

svärdotter daughter-in-law

svärds|dans sword-dance **-egg** sword-edge **-fäste** sword-hilt **-hugg** sword-cut **-lilja** iris **-sidan** *i uttr.: på* ~ on the male (spear-)side **-slukare** sword-swallower

svär|far father-in-law **-föräldrar** parents-in-law

svärm *s2* swarm (*av* of); (*flock*) flock **-a 1** (*om bin*) swarm, cluster; (*om mygg e.d.*) flutter about **2** ~ *i månskenet* spoon in the moonlight; ~ *för* fancy, (*starkare*) be mad about, (*för pers. äv.*) be crazy about **-are 1** (*drömmare*) dreamer; fantast **2** (*fjäril*) sphinx-moth **-eri 1** enthusiasm (*för* for); *religiöst* ~ fanaticism, religiosity **2** (*förälskelse*) infatuation; (*om pers.*) sweetheart **-isk** ['svärr-] *a5* dreamy; romantic, fanciful **-ning** swarming [of bees]; flutter

svär|mor mother-in-law **-son** son-in-law

svärta I *s1* **1** (*färg*) blackness; (*ämne*) blacking **2** *zool.* scoter **II** *v1* blacken; ~ *ner* blacken, *bildl. äv.* defame; *handskarna* ~*r av sig* the colour comes off the gloves

sväva 1 (*glida*) float, be suspended; (*om fågel*) soar; (*kretsa*) hover (*äv. bildl.*); (*hänga fritt*) hang; (*dansa fram*) flit (glide) along; ~ *genom luften* sail through the air; ~ *omkring* soar **2** ~ *i fara* be in danger; ~ *i okunnighet om* be in [a state of] ignorance about; ~ *mellan liv och död* hover between life and death; ~ *på målet* falter in one's speech **-nde** *a4* floating *etc.*; *bildl.* vague, uncertain **-re** hovercraft

sy *v4* sew (*för hand* by hand; *på maskin* on the machine); (*tillverka*) make; *absol.* do needlework; *kir.* sew up, suture; *låta* ~ *ngt* have s.th. made; ~ *fast* (*i'*) sew on; ~ *ihop* sew up; ~ *in* (*minska*) take in; ~ *om* remake **-ask** work-box **-ateljé** dressmaker's [workshop]

sybarit *s3* sybarite

sy|behör *s7* sewing materials (*pl*), haberdashery; *Am. äv.* notions (*pl*) **-behörsaffär** haberdasher's [shop], haberdashery **-bord** worktable, sewing-table

syd *s9*, *adv o. oböjl. a* south

Syd|afrika *n* South Africa **-amerika** *n* South America **-europa** *n* Southern Europe

syd|frukt ~*er* citrus and tropical fruits **-gående** *a4* southbound **-kust** south[ern] coast **-lig** [-y:-] *a1* southern (*länder* countries); south[erly] (*vind* wind); ~*are* further south; ~ *bredd* south latitude **-ländsk** *a5* southern, of the South **-länning** southerner **-ost** *s2*, *adv o. a4* south-east

Sydostasien South-East Asia

syd|ostlig [-ˣosst-, -'osst-] *a5* south-east[erly] **-ostpassaden** *best. f.* south-east trade wind **-polen** the South Pole **-polsexpedition** Antarctic expedition **-staterna** the Southern States; the South (*sg*) **-svensk** Southern Swedish **-sydost[lig]** south-south-east **-väst I** *s2* south-west; (*vind o. hatt*) south-(sou'-)wester **II** *adv* south-west **-västlig** [-ˣvässt-, -'vässt-] *a5* south-westerly(-western) **-östlig** [-ˣösst-, -'össt-] *a5*, *se -ostlig*

syfili|s ['sy:-] *s2* syphilis **-tisk** [-'li:-] *a5* syphilitic

syft|a aim (*på* at); (*häntyda*) allude (*på* to), hint (*på* at); ~ *högt* aim high; ~ *på* (*avse*) have in view (mind); ~ *till* (*eftersträva*) aim at; ~ *tillbaka på* refer [back] to **-e** *s6* aim, purpose, end, object [in view]; *vad är* ~*t med ...?* what is the object (purpose) of ...?; *i* ~ *att lära känna* with a view to getting to know; *i detta* ~ to this (that) end (purpose); *i vilket* ~*?* to what end?; *med* ~ *på* with regard to **-emål** *se -e* **-linje** sight line **-ning** aiming *etc.*; *tekn.* alignment

sy|förening sewing-circle; *Engl. äv.* Dorcas society **-junta** sewing-guild

sykomor [-'må:r] *s3* sycamore

sy|korg work-basket **-kunnig** able to sew

syl *s2* awl; *inte få en* ~ *i vädret* (*vard.*) not get a word in edgeways

sylfid *s3* sylph **-isk** *a5* sylph-like

syll *s2*, *järnv.* sleeper, *Am.* crosstie, tie; *byggn.* [ground] sill

syllogism *s3* syllogism

sylt *s3*, *s4* jam, preserve **-a I** *s1* **1** *kokk.* brawn **2** (*krog*) third-rate eating-house **II** *v1* preserve, make jam [of]; ~ *in sig* (*vard.*) get [o.s.] into a mess; ~ *in sig i* (*med*) (*vard.*) get mixed up in (with) **-burk** jam-pot(-jar); (*med sylt*) pot (jar) of jam **-gryta** preserving-pan(-kettle) **-lök** pearl onion; (*-ad lök*) pickled onions (*pl*) **-ning** preserving **-socker** preserving-sugar

sylvass [as] sharp as an awl; ~*a blickar* piercing looks

sy|lön dressmaker's (tailor's) charges (*pl*) **-maskin** sewing-machine
symbios [-'å:s] *s3* symbiosis
symbol [-'bå:l] *s3* symbol; (*om pers. äv.*) figure-head **-ik** *s3* symbolism **-isera** symbolize **-isk** *a5* symbolic[al]; (*bildlig*) figurative; ~ *betalning* token payment **-ism** symbolism
symfoni *s3* symphony **-orkester** symphony orchestra **-sk** [-'få:-] *a5* symphonic
symmetri *s3* symmetry; *brist på* ~ lack of symmetry, asymmetry **-sk** [-'me:-] *a5* symmetric[al]
sympat|etisk *a5* sympathetic; *~t bläck* (*äv.*) invisible ink **-i** *s3* sympathy (*för* for; *med* with); *gripas av ~ för ngn* take a liking to s.b.; *hysa ~ för* sympathize with; *~er och antipatier* likes and dislikes; *~erna var på hennes sida* she got all the sympathy **-isera** sympathize (*med* with) **-isk** [-'pa:-] *a5* nice; attractive (*utseende* looks *pl*); *~a nervsystemet* the sympathetic nerve system **-istrejk** sympathetic (sympathy) strike **-isör** sympathizer
symtom [-'tå:m] *s7* symptom (*på* of) **-atisk** *a5* symptomatic
syn *s3* **1** (*-sinne*) [eye]sight; (*-förmåga*) vision; ~ *och hörsel* sight and hearing; *få ~ på* catch sight of; *förlora ~en* lose one's [eye]sight; *förvända ~en på ngn* throw dust in a p.'s eyes; *ha god* (*dålig*) ~ have good (poor, weak) eyesight; *komma till ~es* appear **2** (*åsikt*) view, opinion; outlook; *hans ~ på* his view of; *ha en ljus ~ på* take a bright view of **3** *bära ~ för sägen* look like it; *för ~s skull* for the look of the thing; *till ~es* apparently, seemingly, to all appearances **4** (*ansikte*) face; *bli lång i ~en* pull a long face; *ljuga ngn mitt i ~en* lie in a p.'s face **5** (*anblick*) sight; *en härlig ~* a grand spectacle; *en ~ för gudar* a sight for the gods **6** (*dröm-*) vision; *ha ~er* have visions; *se i ~e a*) have visions, *b*) (*se orätt*) be mistaken **7** (*besiktning*) inspection, survey **-a** inspect, survey; examine; ~ *ngt i sömmarna* (*bildl.*) look thoroughly into s.th.
synagoga *s1* synagogue
syn|as *v3, dep* **1** (*ses*) be seen; (*vara -lig*) be visible (*för* to); (*visa sig*) appear (*för* to); *-s inte härifrån* cannot be seen from here; *det -s inte* it doesn't show; *fläcken -tes tydligt på* the spot could be seen clearly on; *det -tes på honom att* you could tell by looking at him that; *som -es* (*äv. bildl.*) as is evident, as you can see; *vilja ~* want to make a show; *vilja ~ vara förmer än* want to appear superior to; ~ *till* appear, be seen; *ingen människa -tes till* not a soul was to be seen **2** (*tyckas*) appear, seem (*för ngn* to s.b.); *det -tes mig som om* it looked to me as if; *vägen -tes henne lång* it seemed a long way to her **-bar** *a1* visible; (*märkbar*) apparent; (*uppenbar*) obvious, evident **-barligen** [-a:-] apparently; (*tydligen*) evidently, obviously **-bild** visual picture **-centrum** visual centre
synd *s3* **1** sin; *~en straffar sig själv* sin carries its own punishment; *förlåt oss våra ~er* (*bibl.*) forgive us our trespasses; *begå en ~* commit a sin; *bekänna sin ~* confess one's guilt; *för mina ~ers skull* (*vard.*) for my sins; *hata ngn som ~en* hate s.b. like poison; *det är ingen ~ att dansa* there is no harm (sin) in dancing **2** (*skada*) pity; *så ~!* what a pity (shame)!; *det är ~ och skam att* it is really too bad that; *det är ~ att du inte kan komma* what a pity you can't come; *det är ~ om honom* one can't help feeling sorry for him; *det är ~ på så rara ärter* (*vard.*) what a waste!; *det vore ~ att påstå att* you can't really say that; *tycka ~ om* pity, feel sorry for **-a** sin, commit a sin (*mot* against); (*bryta mot*) trespass (*mot* against)
synda|bekännelse confession of sin[s] **-bock** scapegoat; *vard.* whipping-boy **-fall** *~et* the Fall [of man] **-flod** flood, deluge; *~en* the Flood; *... före* (*efter*) *~en* antediluvian (postdiluvian) ... **-förlåtelse** remission of sins; *kyrkl.* absolution; *ge ngn ~* absolve s.b. of his (*etc.*) sin[s] **-pengar** (*orätt vunna*) ill-gotten gains; (*om pris*) exorbitant price (*sg*) **-re** sinner **-register** *bildl.* list (register) of one's sins **-straff** punishment for [one's] sin[s]
synderska sinner, sinful woman
syndetikon [-ån] *s7* [fish-]glue
synd|fri free from sin, sinless **-full** full of sin; sinful (*liv* life) **-ig** *a1* sinful; *det vore ~t att* it would be a sin to **-igt** *adv* **1** sinfully **2** *vard.* awfully
syndikalis|m syndicalism **-t** *s3* **-tisk** *a5* syndicalist
syndikat *s7* syndicate; combine; trust
syn|eförrättning inspection, survey **-fel** visual defect **-fält** field (range) of vision (sight) **-förmåga** [faculty of] vision, [eye]sight **-håll** *inom* (*utom*) ~ within (out of) sight (view) **-intryck** visual impression
synkop [-'kå:p] *s3* syncope **-e** ['synn-] *s3, språkv. o. med.* syncope **-era** syncopate **-ering** syncopation
synkrets *se -fält*; *bildl.* [mental] horizon, range of vision
synkron [-'krå:n] *a1* synchronous **-isera** synchronize; *~d växellåda* synchromesh gearbox **-isering** synchronization **-motor** synchronous motor **-ur** synchronous clock
syn|lig [ˣsy:n-] *a1* visible (*för* to); (*märkbar*) discernible; *bli ~* become visible, (*komma i sikte*) come in sight, *sjö.* heave in sight; *~t bevis* physical evidence **-lighet** visibility **-minne** visual memory
synner|het *r, i ~* [more] particularly (especially), (*i all ~*) in particular; *i ~ som* (*äv.*) all the more [so] as **-lig** *a1* particular; (*påfallande*) pronounced, marked **-ligen** particularly, extraordinarily; ~ *lämpad för* eminently suited for; ~ *tacksam* extremely grateful; *samt och ~* (*allesamman*) all and sundry
synnerv optic (visual) nerve
synod [-'nå:d, -'no:d] *s3* synod
synonym I *a1* synonymous **II** *s7, s3* synonym **-ordbok** dictionary of synonyms
synop|s [-'nåpps] *s3* **-sis** *s3* synopsis **-tisk** *a5* synoptic (*karta* chart)
syn|punkt *bildl.* point of view, viewpoint; *från medicinsk ~* from a medical point of view; *från en annan ~* from a different

angle **-rand** horizon **-sinne** [faculty of] vision, [eye]sight; *med ~t* (*äv.*) visually **-skadad** with defective vision **-skärpa** visual acuity **-sätt** outlook, approach

syn|taktisk *a5* syntactical **-tax** *s3* syntax **-tes** *s3* synthesis **-tetisera** synthesize, synthetize **-tetisk** *a5* synthetic[al]

syn|vidd range of vision (sight) **-villa** optical illusion **-vinkel** visual (optic) angle; *bildl.* angle of approach

sy|nål [sewing-]needle **-nålsbrev** packet of needles **-påse** work-bag

syra I *s1* **1** *kem.* acid; *frätande ~* corrosive acid **2** (*syrlig smak*) acidity, sourness; *äpplenas friska ~* the fresh tang of the apples **3** (*väta*) wet[ness], moisture **II** *v1* acidify, sour **-angrepp** corrosion **-bad** acid bath **-fast** acid-proof(-resisting) **-överskott** excess of acid, hyperacidity

syre *s6* oxygen **-brist** lack of oxygen **-fattig** deficient in oxygen **-förening** oxygen compound **-haltig** *a1* containing oxygen, oxygenous

syren *s3* lilac **-buske** lilac [-bush]

syretillförsel oxygen supply (feed)

syrgas oxygen **-apparat** oxygen apparatus **-behållare** oxygen cylinder (container)

Syrien ['sy:-] *n* Syria **syri|er** ['sy:-] *s9* **-sk** ['sy:-] *a5* Syrian

syrlig [ˣsy:r-] *a1* acid (*äv. bildl.*), sourish, somewhat sour; *göra ~* acidify **-het** [sub-] acidity, sourness; *bildl.* acidity

syrsa *s1* cricket

syrsätt|a oxygenize, oxygenate **-ning** oxygenation

syrtut *s3* surtout, frock coat

sy|saker *pl*, *se -behör* **-silke** sewing-silk

syskon [-ån] *s7* brother[s] and sister[s] **-barn 1** (*kusin*) *vi är ~* we are [first] cousins **2** (*pojke*) nephew, (*flicka*) niece **-bädd** *sova i ~* bundle **-skara** family [of brothers and sisters]

syskrin work-box

syssel|satt *a4* occupied (*med* with; *med att* in + *ing-form*); (*upptagen*) engaged (*med* in, with; *med att* in + *ing-form*); (*strängt upptagen*) busy (*med* with; *med att* + *ing-form*); (*anställd*) employed (*vid* on; *med* in) **-sätta** occupy; engage; keep ... busy; *hur många arbetare -sätter fabriken?* how many workers does the factory employ?; *~ sig med* occupy (busy) o.s.with; *vad skall vi ~ barnen med?* what shall we occupy the children with **-sättning** (*-ande*) occupying; (*göromål*) occupation, employment; *konkr. äv.* work, something to do; *full ~* full employment; *utan ~* idle, with nothing to do, (*arbetslös*) out of work, unemployed **-sättningsterapi** occupational therapy

syssl|a I *s1* **1** (*sysselsättning*) occupation etc.; (*göromål äv.*) work, business, task; *husliga -or* household (domestic) duties, *Am. äv.* chore; *sköta sina -or* do one's work; *tillfälliga -or* odd jobs **2** (*tjänst*) office, employment; *sköta sin ~* discharge one's duties **II** *v1* busy o.s., be busy (*med* with); (*göra*) do; (*plocka*) potter (*med* over); (*yrkesmässigt ägna sig åt*) do [for a living]

syssling second cousin

sysslo|lös idle; (*arbetslös*) unemployed, out of work; (*overksam*) inactive; *gå ~* go idle, do nothing **-löshet** idleness, inactivity; unemployment **-man** (*vid sjukhus*) manager, superintendent; (*i konkurs*) receiver; (*domkyrko-*) deacon

system *s7* system; (*friare*) method, plan; *periodiska ~et* the periodic table; *enligt ett ~* on (according to) a system; *sätta i ~*, *se -atisera* **-atik** *s3, ej pl* systematics (*pl*), systematism; (*klassificering*) classification **-atiker** systematist **-atisera** systematize, reduce ... to a system **-atisering** systematizing; (*med pl*) systematization **-atisk** *a5* systematic[al]; methodical **-bolag** [state-controlled] company for the sale of wines and spirits **-skifte** change of system

syster *s2* sister; (*sjuk-*) nurse **-dotter** niece **-fartyg** twin ship **-företag** sister company, affiliated firm **-lig** *a1* sisterly **-son** nephew

sytråd sewing cotton (thread)

1 så *s2* tub, bucket

2 så I *adv* **1** (*på ~ sätt*) so, (*starkare*) thus; (*i ~ hög grad*) so, such; (*vid jämförelse*) so, (*nekande*) as; (*hur*) how; *den ~ kallade* the so-called; *~ att säga* so to speak; *si och ~* [rather] so-so; *än si än ~* now this way now that; *han säger än si än ~* he says one thing now and something else later; *hur ~?* how then?, how do you mean?; *det förhåller sig ~* the fact is that; *~ går det när* that is what happens when; *~ får man inte göra* you must not do that; *~ skall man inte göra* that is not the way to do it; *~ sade han* those were his words; *det ser inte ~ ut* it doesn't look like it; *skrik inte ~!* don't shout like that!; *~ slutade hans liv* that's how his life ended; *han var listigare än ~* he was more cunning than that; *även om ~ skulle vara* even if that was so; *~ är det* that's how it is; *är det inte ~?* isn't that right?; *det är ~ att* the thing is that; *det är nu en gång ~ att* it so happens that; *tack ~ mycket!* thank you so much!; *~ dum är han inte* he is not that stupid; *det var ~ dåligt väder att* it was such bad weather that; *med ~ hög röst* in such a loud voice; *det är inte ~ lätt* it is not so easy; *hon blev ~ rädd att* she was so frightened that; *du skrämde mig ~* you frightened me so; *inte ~ stor som* not so big as; *han skakade ~ stor han var* he was shaking all over; *~ snällt av dig!* how nice of you!; *~ stor du har blivit!* how tall you have grown!; *~ du säger!* whatever are you saying? **2** (*i vissa uttryck*) *~ här* (*där*) like this (that); *~ där en 25 år* round about 25 years, (*om pers.*) somewhere about 25; *~ där en tio pund* a matter of ten pounds; *~ här kan det inte fortsätta* it (things) can't go on like this; *rätt ~* quite; *för ~ vitt* provided (*han kommer* that he comes) **3** *~?* (*verkligen*) really?; *~ [där] ja!* (*lugnande*) there you are!; *se ~, upp med hakan!* come now, cheer up! **4** (*sedan*) then; *först hon ~ han* first she then he **5** (*konjunktionellt*) then, and; *kom ~ får du se* come here and you will see; *om du säger det ~ är det ~* if you say so, then it is so; *vill du ~ kommer jag* if you wish I shall

come; *vänta ~ kommer jag* wait there and I shall come; *men ~ är jag också* but then I am **II** *pron, i ~ fall* in that (such a) case, if so; *i ~ måtto* to that (such an) extent (*att* that); *på ~ sätt* in that way
3 så *v4* sow (*äv. bildl.*); (*beså äv.*) seed
sådan [ˣså:-, *vard.* sånn] such; like this (that) *en ~ a*) (*fören.*) such a[n], *b*) (*självst.*) one of those; *en ~ som han* a man like him; *~ där* (*här*) like that (this); *~ är han* that is how he is; *~t* (*självst.*) such a thing; *allt ~t* everything of the kind; *ngt ~t* such a thing, something of the kind; *~t händer* these things will happen; *det är ~t som händer varje dag* these are things that (such things as) happen every day; *~t är livet* such is life; *en ~ vacker hatt!* what a beautiful hat!; *~a påhitt!* what ideas!
sådd *s3* sowing; (*utsådd säd*) seed
såd|ig *a1* branny **-or** *pl* bran (*sg*)
så|dạr *se 2 så I 2* **-frạmt** *se -vida*
1 såg *imperf av se*
2 såg *s2* saw **-a** saw (*av* off); *~ till* saw; *~ sönder* saw up **-blad** saw-blade **-bock** saw-horse **-fisk** sawfish **-klinga** (*cirkel-*) circular saw-blade **-ning** [-å:-] sawing
såg|spån sawdust **-tandad** *a5* saw-toothed; *vetensk.* serrate[d] **-verk** sawmill; *Am.* lumber mill **-verksindustri** sawmill (*Am.* lumber) industry
så|hạr *se 2 så I 2* **-ja** [ˣså:-] *se 2 så I 3*
såld *a5* sold; *gör du det är du ~* (*vard.*) if you do that you are done for **-e** *imperf av sälja*
således 1 (*följaktligen*) consequently, accordingly **2** (*på det sättet*) thus
såll *s7* sieve, sifter, strainer; (*grovt*) riddle **-a** sift, sieve; riddle; *bildl.* sift, screen
sålt *sup av sälja*
sålunda thus; in this way (manner)
sång *s3* song; (*sjungande*) singing (*äv. som skolämne*); (*kyrko-*) hymn; (*munkars*) chant[ing]; (*dikt*) poem; (*avdelning av dikt*) canto **-are 1** *pers.* singer; (*t. yrket*) professional singer; (*jazz- o.d.*) vocalist **2** *zool.* warbler **-bar** *a1* singable, melodious **-bok** song-book **-erska** [female] singer *etc.*, *jfr -are* **-fågel** songster, singing-(song-)bird **-förening** singing-club; choral society, glee club **-gudinna** muse **-kör** choir **-lektion** singing-lesson **-lärare** singing-master **-lärarinna** singing-mistress **-mö** muse **-röst** singing-voice **-spel** musical; ballad opera **-stämma** vocal part **-svan** whooping (whistling) swan, whooper **-trast** song-thrush **-övning** singing-exercise
sånings|man sower **-maskin** sowing machine; (*rad-*) [sowing-]drill
såp|a I *s1* soft soap **II** *v1, ~* [*in*] soap **-bubbla** soap-bubble; *blåsa -bubblor* blow bubbles **-lödder** soap-suds (*pl*), lather **-vatten** suds (*pl*), soapy water
sår *s7* wound (*äv. bildl.*); (*bränn-*) burn; (*skär-*) cut; (*var-*) sore (*äv. bildl.*); *ett gapande ~* a gash, a deep cut **-a** wound (*äv. bildl.*); *bildl. äv.* hurt **-ad** *a5* wounded (*äv. bildl.*); (*skadad*) injured; *djupt ~* deeply hurt; *~ fåfänga* pique; *känna sig ~* feel hurt (offended) **-ande** *a4* (*kränkande*) insulting, offensive **-bar** [-å:-] *a1* vulnerable; *bildl. äv.* susceptible; *vard.* touchy **-barhet** [-å:-] vulnerability *etc.*; touchiness **-feber** surgical fever **-förband** bandage **-ig** *a1* covered with sores; (*inflammerad*) ulcered **-salva** ointment [for wounds] **-skorpa** scab, crust
sås *s3* sauce; (*kött-*) gravy, juice **-a 1** (*tobak*) sauce **2** (*söla*) dawdle, loiter **-kopp 1** *se -skål* **2** *pers.* dawdler, slowcoach
såsom ['så:såm] **1** (*liksom; i egenskap av*) as; *~ den äldsta i sällskapet* as the eldest present [at the gathering] **2** (*t. exempel*) for instance; such as
sås|sked sauce-ladle, gravy-spoon **-skål** gravy dish, sauce-boat **-snipa** sauce boat
såt *a1, ej gärna i enstavig form, ~a vänner* intimate friends, great chums (pals)
så|tillvida [-ˣvi:-] *~ som* [in] so far as, inasmuch as **-vida** [-ˣvi:-] provided (*inget oförutsett inträffar* [that] nothing unforeseen happens); *~ annat ej överenskommits mellan parterna* unless the parties have agreed otherwise **-vịtt** as (so) far as (*jag vet* I know) **-vạl** *~ stora som små* big as well as small, both big and small
säck *s2* sack; (*mindre*) bag; *en ~ potatis* a sack of potatoes; *köpa grisen i ~en* buy a pig in a poke; *i ~ och aska* in sackcloth and ashes; *svart som i en ~* [as] black as ink; *det har varit i ~ innan det kom i påse* he (*etc.*) has picked that up from somewhere (someone) else; *bädda ~* make an apple-pie bed **-a** (*hänga som en säck*) be baggy; *~ ihop* (*bildl.*) collapse **-ig** *a1* baggy **-löpning** sack-race **-pipa** bagpipe[s *pl*] **-pip[s]-blåsare** piper, bagpiper **-väv** sacking, sackcloth
säd *s3* **1** ([*frön av*] *sädesslag*) corn; *i sht Am.* grain; (*utsäde*) seed; (*gröda*) crop[s *pl*] **2** (*sperma*) sperm, semen; seed (*äv. bildl.*)
sädes|ax ear of corn **-cell** sperm-cell **-fält** corn-field **-korn** grain of corn **-kärve** [corn-] sheaf (*pl* sheaves) **-slag** [kind (variety) of] corn (grain), cereal **-ärla** wagtail **-vätska** seminal fluid
säg|a [*vard.* ˣsäjja] *sade* [*vard.* sa:] *sagt* **1** say (*ett ord* a word; *nej* no); (*berätta*; *~ till* (*åt*)) tell; *~ ja* [*till* ...] (*äv.*) answer [...] in the affirmative, (*förslag*) agree to ...; *~ nej* [*till* ...] (*äv.*) answer [...] in the negative; *gör som jag -er* do as I say (tell you); *vem har sagt det?* who said so?, who told you?; *-er du det?* you don't say?, really?; *det -er du bara!* you're only saying that!; *så att ~* so to speak; *om jag så får ~* if I may say so; *om låt oss ~ en vecka* in [let us] say a week; *~ vad man vill, men* say what you will, but; *inte låta ~ sig ngt två gånger* not need to be told twice; *sagt och gjort* no sooner said than done; *ha mycket att ~* (*bildl.*) have a great deal to say; *det vill ~* that is [to say]; *förstå vad det vill ~ att* know what it is [like] to; *vad vill detta ~?* what is the meaning of this?; *han slog näven i bordet så det sa pang* he banged his fist down on the table; *det må jag* [*då*] *~!, jag -er då det!* I must say!, well, I never!; *vad -er du!* you don't say [so]!, well, I never!; *vad var det jag sa!* well, I told you so!, what did I tell you?; *det -s att han är rik, han -s vara rik* he is said to be rich; *jag*

har hört ~s I have heard [it said], I have been told 2 (*med beton. part*) ~ *efter* repeat; ~ *emot* contradict; ~ *ifrån* speak one's mind; *säg ifrån när du är trött* let me (*etc.*) know when you are tired; ~ *ifrån på skarpen* put one's foot down; ~ *om* say ... over again, repeat; *det -er jag ingenting om* I am not surprised [to hear that], (*det har jag inget emot*) I have nothing against (no objection to) that; ~ *till ngn* tell s.b.; *gå utan att ~ till* go without leaving word; *säg till när du är färdig* let me (*etc.*) know when you are ready; ~ *till om ngt* order s.th.; ~ *upp en hyresgäst* give a tenant notice [to quit]; ~ *upp sin lägenhet* give notice [of removal]; ~ *upp ngn* give s.b. notice, *vard.* sack s.b.; ~ *upp sig* (*sin plats*) give notice; ~ *upp ett kontrakt* revoke (cancel) an agreement; ~ *upp bekantskapen med* break off relations with; ~ *åt ngn* tell s.b. (*att han skall komma* to come) 3 *rfl*, ~ *sig vara* pretend to be (*glad* happy); *han -er sig vara sjuk* he says he is ill; *det -er sig* [*av sig*] *själv*[*t*] it goes without saying **-andes** *i uttr.: skam till* ~ to my (*etc.*) shame I (*etc.*) must admit

sägen ['sä:-] *sägnen* [-ŋn-] *sägner* [-ŋn-] legend **-omspunnen** legendary

säk|er ['sä:-] *a2* (*viss*) sure (*om, på* of, about), certain (*på* of); positive (*på* about); (*som ej medför fara*) safe (*förvar* custody), secure; (*pålitlig*) safe, trustworthy, reliable; (*garanterad*) assured (*ställning* position); ~ *blick* [a] sure eye; *-ra bevis* positive proofs; *gå en ~ död till mötes* [go to] meet certain death; *är det alldeles ~t?* is it really true?; *så mycket är ~t att* this much is certain that; *vara ~ på sin sak* (*vara viss*) be certain [that] one is right, be quite sure; *kan jag vara ~ på det?* can I be sure of that?; *är du ~ på det?* are you sure (certain) [about] that?; *jag är nästan ~ på att vinna* I am almost certain to win; *du kan vara ~ på att* you may rest assured that; *lova ~t att du gör det* be sure to do it; *det blir ~t regn* it is sure to rain; *vara ~ på handen* have a steady (sure) hand; *vara ~ i engelska* be good at English; *det är -rast att du* to make quite sure you had better; *-ra papper* good securities; *gå ~ för* be safe from, be above; *ingen går ~* no one is safe (immune); *sitta ~t i sadeln, se sadel*; *ta det -ra före det osäkra* better be safe than sorry; *vara på den -ra sidan* be on the safe side; *från ~ källa* from a reliable source (a trustworthy informant); ~ *smak* infallible taste; *ett ~t uppträdande* assured manners (*pl*) **-het 1** certainty; safety, security; (*själv-*) confidence, assurance; reliability; *för ~s skull* for safetys sake; *den allmänna ~en* public safety; *i* ~ in safety, safe; *sätta sig i* ~ get out of harm's way; *med* [*all*] ~ certainly; *med ~ komma att* be sure (certain) to; *veta med ~* (*äv.*) know for certain **2** (*borgen; garanti*) security; *ställa* ~ give (provide, furnish) security; ~ *i fast egendom* real security

säkerhets|anordning safety device (appliance) **-bestämmelser** security (safety) regulations **-bälte** safety (seat belt) **-kedja** door-(safety-)chain **-lås** safety lock **-marginal** safety margin, clearance **-nål** safety-pin **-polis** security police **-rådet** the Security Council **-tjänst** (*mot spionage etc.*) counter-intelligence, security service **-tändsticka** safety-match **-ventil** safety-valve **-åtgärd** precautionary measure, precaution; *vidtaga ~er* take precautions

säk|erligen certainly, no doubt, undoubtedly **-erställa** ensure, guarantee; (*ekonomiskt äv.*) provide ... with sufficient funds; ~ *sig* protect (cover) o.s. (*för* against) **-ert** ['sä:-] *adv* (*med visshet*) certainly, to be sure, no doubt; *Am. äv.* sure; (*stadigt*) securely, firmly; (*pålitligt*) steadily; *du känner dem ~* I am sure you know them; *det vet jag* [*alldeles*] ~ I know that for certain (sure); *jag vet inte ~ om* I am not quite sure (certain) whether **-ra** [-ä:-] **1** (*skydda*) safeguard, secure; (*ekonomiskt*) secure, guarantee **2** (*vapen*) put (set) ... at safety, half-cock; (*göra fast*) fasten, secure **-ring** [-ä:-] *elektr.* fuse; (*på vapen*) safety-catch; *en ~ har gått* a fuse has blown

säl *s2* seal **-bisam** muskrat **-fångst** sealing

sälg [-j] *s2* sallow

sälj|a *sålde sålt* sell; (*marknadsföra*) market; (*handla med*) trade in; ~ *ngt för 5 pund* sell s.th. for 5 pounds; ~ *i parti* sell wholesale; ~ *i minut* retail; ~ *ngt i fast räkning* receive a firm order for s.th.; ~ *slut* clear; ~ *ut* sell out **-are** seller; *jur. äv.* vendor; *~ns marknad* seller's market **-bar** *a1* saleable, marketable; *inte ~* unsaleable **-främjande** *a4*, *- - åtgärder* sales promotion (*sg*) **-förmåga** ability to sell **-kurs** selling rate (price); *- - och köpkurs* ask and bid price **-ledare** sales executive (manager)

säll *a1* blissful; (*salig*) blessed; *de ~a jaktmarkerna* the happy hunting-grounds

sälla ~ *sig till* join, associate [o.s.] with

sällan seldom, rarely; ~ *eller aldrig* hardly ever; ~ *förekommande* [of] rare [occurence]; *högst* ~ very seldom, *vard.* once in a blue moon; *inte så* ~ pretty frequently, quite often

sälle *s2* fellow; *en oförvägen* ~ a dare-devil; *en rå* ~ a brute

sällhet felicity, bliss

sällsam *a1* strange; singular

sällskap *s7* **1** (*samling pers.*) party; company; *slutet* (*blandat*) ~ private (mixed) party (company) **2** (*samfund*) society; (*församling*) assembly; (*förening äv.*) association, club **3** (*följeslagare; samvaro*) company; *får vi ~?* (*på vägen*) are you going my way?; *för ~s skull* for company; *göra ~ med ngn* go with s.b.; *gör du ~ med oss?* are you coming with us?; *hålla ngn ~* keep s.b. company; *råka i dåligt ~* get into bad company; *resa i ~ med ngn* travel together with s.b. **-a** ~ *med* associate with **-lig** [-a:-] *a1* social; (*som trivs i sällskap*) sociable (*läggning* disposition)

sällskaps|dam [lady's] companion (*hos* to) **-hund** pet dog **-lek** party game **-liv** social life, society; *deltaga i ~et* move in society; *debutera i ~et* come out **-människa** sociable person **-resa** conducted tour **-rum** drawing-room; (*på hotell e.d.*) lounge, assembly-

-room **-sjuk** longing for company **-spel** party (parlour) game **-talang** social talent
Sällskapsöarna *pl* the Society Islands
säll|spord [-ɷ:-] *a5, se -synt* **-synt** [-y:-] *a1* rare, uncommon; unusual; *en ~ gäst* an infrequent (a rare) visitor; *en ~ varm dag* an exceptionally hot day **-synthet** rarity; *det hör till ~erna* it is a rare thing (is unusual); *det är ingen ~* it is by no means a rare thing
säl|skinn sealskin **-skytt** sealer **-skytte** sealing **-späck** seal blubber
sälta *s1* saltness, salinity; *mista sin ~* (*äv.*) get (become) insipid
sälunge seal calf
sämja *s1* concord, amity, harmony **-s** *v2, dep* agree (*i fråga om* on); *jfr samsas*
sämre I ['sämm-] *a, komp. t. dålig* (*vid jämförelse*) worse; (*underlägsen*) inferior (*kvalitet* quality; *än* to), poorer; (*utan eg. jämförelse*) bad, poor; *bli ~* (*äv. om sjuk*) get (grow) worse; *han är inte ~ för det* he is none the worse for that **II** *adv, komp. t. illa* worse; badly, poorly
sämsk|garva chamois **-skinn** chamois[-leather], wash-leather
sämst *a o. adv, superl. t. dålig, illa* worst; *han är ~ i klassen* he is the worst in (at the bottom of) the class; *tycka ~ om* dislike ... most
sänd|a *v2* **1** send; *hand. äv.* dispatch, transmit; (*pengar*) remit; *~ med posten* post, mail; *~ vidare* forward, send (pass) on **2** *radio.* transmit, broadcast; *telev.* televise, telecast **-aramatör** radio amateur **-aranläggning** transmitting equipment **-are** *radio.* transmitter **-ebud 1** envoy; (*minister*) minister; (*ambassadör*) ambassador **2** messenger, emissary
sänder ['sänn-] *i uttr.: i ~* at a time; *en i ~* (*äv.*) one by one; *litet i ~* little by little; *en sak i ~* one thing at a time
sändning 1 sending; (*varu-*) consignment; (*med fartyg*) shipment **2** *radio.* transmission, broadcast
sändningstid *radio.* air (transmission) time; *på bästa ~* (*i TV*) during peak viewing hours
säng *s2* **1** bed; (*själva möbeln äv.*) bedstead; *i ~en* in bed; *hålla sig i ~en* stay in bed; *skicka ... i ~* send ... to bed; *stiga ur ~en* get out of bed; *ta ngn på ~en* catch s.b. in bed, *bildl.* catch s.b. napping; *dricka kaffe på ~en* have coffee in bed; *ligga till ~s* be in bed; *lägga ... till ~s* put ... to bed **2** (*trädgårds-*) bed **-botten** bottom of a (the) bed[stead] **-dags** *det är ~* it is time to go to bed; *vid ~* at bedtime **-fösare** night-cap **-gavel** end of a (the) bed[stead] **-gående** *s6, vid ~t* at bedtime, on retiring **-himmel** canopy **-kammare** bedroom **-kant** edge of a (the) bed; *vid ~en* at the bed-side **-kläder** bedclothes; bedding (*sg*) **-liggande** [lying] in bed; (*sjuk*) confined to [one's] bed; (*sedan länge*) bedridden **-linne** bed-linen **-matta** bedside rug **-omhänge** bed-curtains (-hangings) (*pl*) **-plats** sleeping accomodation; bed **-skåp** box-bed, wardrobe bed **-stolpe** bedpost **-täcke** quilt **-värmare** warming-pan; hot-water bottle **-vätare** bed-wetter **-överkast** bedspread, counterpane
sänk|a I *s1* **1** (*fördjupning*) hollow, depression [in the ground]; (*dal*) valley **2** *med., se -ningsreaktion* **II** *v3* **1** (*få att sjunka*) sink; (*borra fartyg i sank*) scuttle; (*i vätska*) submerge **2** (*göra lägre, dämpa*) lower (*priset* the price; *sina anspråk* one's pretentions; *rösten* one's voice); *~ blicken* drop one's eyes; *~ fanan* dip the flag; *~ priserna* (*äv.*) reduce the prices; *~ vattennivån i en sjö* lower (sink) the level of a lake; *~ skatterna* cut (lower, reduce) taxes **3** *rfl* descend; (*om sak*) sink, droop; (*om mark*) incline, slope; (*om pers.*) lower (demean) o.s.; *~ sig till att* condescend to; *skymningen -er sig* twilight is falling; *solen -er sig i havet* the sun is sinking into the sea **-bar** *a1* folding down; *höj- och ~* vertically adjustable **-e** *s6* (*på metrev*) sinker, lead; (*smides-*) die, swage **-håv** scap-(scoop-)net **-lod** plumb [bob], plummet **-ning 1** sinking *etc.*; (*av pris*) reduction, lowering **2** (*fördjupning*) declivity, downward slope **-ningsreaktion** sedimentation rate (reaction)
sär|a *~ [på]* separate, part **-art** specific nature (type) **-beskattning** individual (separate) taxation **-deles** extraordinarily, exceedingly **-drag** characteristic; (*egenhet*) peculiarity **-egen** *a3* peculiar, singular **-fall** special case **-klass** *i ~* a class of its own **-ling** [-ä:-] individualist; eccentric, character **-märke -prägel** *se -drag* **-präglad** [-ä:g-] *a5* striking, peculiar, individual, distinctive **-skild** *a5* (*bestämd, viss*) special, particular; (*avskild*) separate; (*egen*) individual, peculiar; *vid ~a tillfällen* on special (*olika:* several) occasions; *ingenting -skilt* nothing special (in particular); *i detta ~a fall* in this specific case; *måste anges -skilt* must be specified separately **-skilja** separate, keep ... separate; (*åt-*) distinguish; (*ur-*) discern **-skiljande** [-ʃ-] *s6* separation; distinction **-skilt** [-ʃ-] *adv* [e]specially *etc.*; (*för sig*) apart; *var och en ~* each one separately; *~ som* [e]specially as (since) **-skola 1** school for handicapped children **2** (*mots. samskola*) school for boys (girls) only **-skriva** write ... in two words **-ställning** *intaga en ~* hold a unique (an exceptional) position **-tryck** off-print, separate impression; *~ ur* reprinted from
säsong [-'sâŋ] *s3* season; *mitt i ~en* in mid-season **-arbetare** seasonal worker **-arbetslöshet** seasonal unemployment **-betonad** seasonal **-biljett** season-ticket
säte *s6* (*sits*) seat; (*huvudkvarter*) headquarters (*pl*); (*residens*) residence; (*bakdel*) seat, *vard.* behind; *ha sitt ~* reside; *skillnad till säng och ~* (*jur.*) separation from bed and board, judicial separation; *ha ~ och stämma* have a seat and vote
säter ['sä:-] *s2, se fäbod*
sätt *s7* way, manner; fashion; (*tillvägagångs-*) method; (*umgänges-*) manners (*pl*); *ha ett vinnande ~* have winning manners; *vad är det för ett ~?* don't you know any better?, what do you think you're doing?; *på ~ och vis* in a way, in certain respects; *på allt ~* in every way; *på annat ~* in another (a different) way; *på bästa ~* in the best [possible] way; *på det ~et* in this way

(manner); *på ett eller annat* ~ somehow [or other], in some way; *på mer än ett* ~ in more ways than one; *inte på minsta* ~ not by any means, in no way; *det är på samma* ~ *med* it is the same [thing] with; *på sitt* ~ in his (*etc.*) way; *på så* ~ in that way, (*som svar*) I see

sätt|a *satte satt* **I 1** (*placera*) place, put; (*i sittande ställning*) seat (*ett barn på en stol* a child on a chair); ~ *barn till världen* bring children into the world; ~ *en fläck på* make a mark (stain) on; ~ *frukt* form fruit; *inte* ~ *sin fot på en plats vidare* not set foot in a place any more; ~ *färg på* colour, *bildl. äv.* lend (give) colour to; ~ *händerna för öronen* put one's hands over one's ears; ~ *klockan på sex* set one's watch at six; ~ *komma* (*punkt*) put a comma (full stop); ~ *ngn främst* put s.b. first; ~ *ngn högt* esteem s.b. highly, think highly of s.b.; ~ *värde på* value **2** (*plantera*) plant, set **3** *boktr.* compose, set [up] **4** *komma ~ndes* come dashing (running) **5** (*med beton. part.*) ~ *av a*) ~ *av ngn någonstans* put s.b. down somewhere, *b*) (*rusa i väg*) dash off (away), *c*) (*pengar*) set apart, earmark; ~ *bort* put aside; ~ *efter* (*förfölja*) set off after; run after; ~ *fast a*) (*fästa*) fix (*på* to), *b*) (*ange*) report; ~ *fram* put (set) out, (*stolar*) draw up; ~ *fram en stol åt* bring [up] a chair for; ~ *för* put up (*fönsterluckor* shutters); ~ *i a*) put in, *b*) (*införa*) install, *c*) (*installera*) install; ~ *i ngn ngt* (*inbilla*) put s.th. into a p.'s head; ~ *i sig mat* (*vard.*) stow away food; ~ *ihop* put ... together, *bildl.* (*utarbeta*) draw up, compose (*ett telegram* a telegram), (*ljuga*) invent, make up; ~ *in a*) put ... in, put in ..., (*brev e.d.*) file, *b*) (*börja*) set in, begin; ~ *in pengar i* (*bank*) deposit money in, put (place) money into, (*företag*) invest money in; ~ *ngn in i ngt* initiate s.b. into s.th.; ~ *ner* put ... down, (*plantera*) plant, set; reduce, depress; ~ *om* reset, replace, (*omplantera*) replant, *boktr.* reset, (*växel*) renew, prolong; ~ *på sig* put on (*kläder* clothes), take on (*en viktig min* consequential airs); ~ *till alla klutar* clap on all sail; ~ *till livet* lose (sacrifice) one's life; ~ *undan* put by (aside); ~ *upp a*) put up (*ett staket* a fence), put ... up (*på en hylla* on a shelf), *b*) (*grunda*) found, set up (*en affär* a business), *c*) (*skriftligt avfatta*) draw up (*ett kontrakt* a contract); ~ *upp ett anslag* stick up a bill; ~ *upp en armé* raise an army; ~ *upp gardiner* hang curtains; ~ *upp håret* put up one's hair; ~ *upp ngn mot ngn* prejudice s.b. against s.b.; ~ *upp en teaterpjäs* stage a play; *sätt upp det på mig* put it down to my account; ~ *ut a*) put out, (*ett barn*) expose, *b*) (*skriva ut*) put down (*datum* the date); ~ *åt ngn* (*bildl.*) clamp down on s.b.; ~ *över* (*forsla över*) put ... across; ~ *över ett hinder* leap (jump) over a fence **II** *rfl* **1** *eg.* seat o.s.; ~ *sig* [*ner*] sit down (*i soffan* on the sofa); ~ *sig bekvämt* (*äv.*) find a comfortable seat; *han gick och satte sig vid* he went and sat down by; *gå och sätt er!* go and sit down! **2** (*placera sig*) place o.s.; put o.s. (*i spetsen för* at the head of); *det onda har satt sig i ryggen* the pain has settled in my (*etc.*) back; ~ *sig fast* stick; ~ *sig emot* oppose, rise (rebel) against; ~ *sig i respekt* make o.s. respected; ~ *sig in i* familiarize o.s. with, get acquainted with, get into (*ett ämne* a subject); ~ *sig upp i sängen* sit up in bed; ~ *sig över* (*bildl.*) disregard, ignore, not mind **3** (*sjunka* [*ihop*]) settle; *huset har satt sig* the house has settled **4** (*om vätska*) settle; (*om grums e.d.*) settle to the bottom **-are** compositor, type-setter **-arlärling** compositor's apprentice **-eri** composing room **-erifaktor** composing-room foreman **-maskin** *boktr.* composing (type-setting) machine **-ning 1** setting; (*plantering*) planting **2** *boktr.* composing, [type-]setting **3** (*hopsjunkning*) sinking, settling **4** *mus.* setting, arrangement **-potatis** *koll.* seed-potatoes **-stycke** *teat.* flat, cut-out

säv *s3* rush

sävlig [ˣsä:v-] *a1* slow, leisurely; *vara* ~ (*äv.*) be a slowcoach **-het** slowness

sävsångare sedge-warbler

söcken ['sökk-] *s, i uttr.: i helg och* ~ [on] weekdays and Sundays **-dag** week-(work-) -day

söder ['sö:-] **I** *s9* south; *~n* the South **II** *adv* south; ~ *ifrån* from the south; ~ *ut* to the south

Söder|havet the South Pacific **-havsöarna** the South Sea Islands

södra [ˣsö:d-] *a, best. f.* southern; ~ *halvklotet* the southern hemisphere; *S~ ishavet* the Antarctic Ocean

sög *imperf av suga*

sök|a *v3* **1** seek (*lyckan* one's fortune); (*forska, spana*) search (*efter* for); (*leta efter*) look for (*nyckeln* the key), be on the look-out for (*arbete* work); (*försöka träffa*) call on, want ([have] come) to see; ~ *ngns blick* (*äv.*) try to catch a p.'s eye; ~ *bot för* seek a remedy (cure) for; ~ *efter* search (look) for; *han -te efter ord* he was at a loss for words; ~ *i fickorna* search (rummage) in one's pockets; ~ *kontakt med* try to [establish] contact [with]; ~ *lugn och ro* try to find (be in search of) peace and quiet; ~ *läkare* go to (consult) a doctor; ~ *sanningen* seek [the] truth; *kärleken -er icke sitt* (*bibl.*) love seeketh not its own; *vem -er ni?* whom do you want to see?; *en dam har -t er* a lady has called on (*per telefon:* rung, called) you **2** (*för-*) try; ~ *vinna ngt* try (seek) to win s.th. **3** (*an- om*) apply for (*plats* a post); try (compete) for (*ett stipendium* a scholarship) **4** (*lag-*) sue for (*skilsmässa* a divorce) **5** (*trötta*) try; *luften -er* the air is very relaxing **6** *rfl*, ~ *sig bort* try to get away; ~ *sig till* seek; ~ *sig till storstäderna* move to the cities; ~ *sig en annan plats* try to find another post **7** (*med beton. part.*) ~ *fram* hunt out; ~ *igenom* search (look) through; ~ *upp a*) seek out, *b*) (*be-*) go to see; ~ *ut* (*välja*) choose, pick out **-ande I 1** *s6* search; pursuit **2** *s9, pers.* applicant, candidate (*t. en plats* for a post); (*rätts-*) claimant, plaintiff; *anmäla sig som* ~ send (give) in one's name as a candidate **II** *a4* searching (*blick* look); *en* ~ *själ* a seeker, an enquirer **-are 1** *foto.*

[view-]finder **2** (*-ljus*) [adjustable] spotlight **-arljus** *se -are 2* **-t** [-ö:-] *a4* (*lång-*) far-fetched; (*tillgjord*) affected

söl *s7* (*senfärdighet*) tardiness; (*dröjsmål*) delay

1 söla (*vara långsam*) loiter, lag [behind]; (*dröja*) delay, tarry; *~ på vägen hem* loiter on the way home

2 söla (*smutsa*) soil (*äv. ~ ner*)

sölig *a1* (*långsam*) loitering, tardy, slow

sölja *s1* buckle, clasp

sölkorv *vard.* slowcoach, dawdler; loiterer

1 söm [sömm] *s7, koll. äv. s9* (*hästsko-*) horse-nail

2 söm [sömm] *s2* seam; *med., anat.* suture; *gå upp i ~men* come apart at the seam; *syna ngt i ~marna* scrutinize s.th. **-lös** seamless **-ma** sew, stitch **-merska** seamstress; (*kläd-*) dressmaker

sömn *s3* sleep; *falla i ~* go to sleep, fall asleep; *gnugga ~en ur ögonen* rub the sleep out of one's eyes; *gå* (*tala*) *i ~en* walk (talk) in one's sleep; *ha god ~* sleep well, be a sound sleeper; *i ~en* in one's sleep; *gråta sig till ~s* cry o.s. to sleep

sömnad *s3* sewing, needlework

sömn|drucken heavy with sleep **-givande** soporific **-gångaraktig** *a1* somnambulistic, somnambular **-gångare** sleep-walker, somnambulist **-ig** *a1* sleepy; (*dåsig*) drowsy; *~t väder* lethargic weather **-ighet** sleepiness *etc.* **-lös** sleepless; *ha en ~ natt* have a sleepless night **-löshet** sleeplessness; *med.* insomnia; *lida av ~* be unable to sleep, suffer from insomnia **-medel** sleeping-drug, soporific **-sjuka** (*afrikansk*) sleeping-sickness **-tablett** sleeping-tablet **-tuta** *s1* great sleeper; sleepy-head

sömsmån seam allowance

söndag ['sönn-] *s2* Sunday; *sön- och helgdagar* Sundays and public holidays

söndags|barn Sunday-child; *han är ett ~* (*äv.*) he was born under a lucky star **-bilaga** Sunday supplement **-bilist** Sunday driver **-bokstav** dominical letter **-fin** *göra sig ~* put on one's sunday best **-frid** sabbath calm **-kläder** Sunday-clothes; *vard.* Sunday best **-skola** Sunday-school

sönder ['sönn-] **I** *pred. a* broken; (*-riven*) torn; (*i bitar*) [all] in pieces **II** *adv* (*isär*) asunder; (*i flera delar*) to pieces, (*mera planmässigt*) into pieces; (*itu*) in two; *gå ~* get broken, break, smash [in two]; *krama ~* squeeze ... to bits; *slå ~* break, (*krossa äv.*) smash (*ett fönster* a window); *slå ngn ~ och samman* beat s.b. up **-bruten** broken [in two] **-bränd** *a5* burnt up (through); badly burnt **-dela** break up; (*stycka*) disjoint, dismember; *kem.* decompose **-delning** breaking up; disjointing *etc.*; *kem.* decomposition **-fall** disintegration, decomposition **-falla** fall to pieces; *bildl. o. fys.* disintegrate; (*kunna indelas*) be divisible (*i* into); *kem.* decompose (*i* into) **-fallshastighet** *kärnfys.* decay (disintegration) rate **-kokt** [-ɷ:-] *a4* boiled to bits **-riven** *a5* torn to pieces **-skjuten** [-ʃ-] *a5* riddled with bullets **-skuren** *a5* cut to pieces **-slagen** broken; *han var ~ i ansiktet* his face was badly knocked about **-slitande** *a4* tearing ... apart; *bildl.* shattering (*sorg* sorrow); excruciating (*smärta* pain) **-smula** crumble, crush **-trasad** *a5* tattered [and torn], in rags

söndr|a (*dela*) divide; (*avskilja*) sever, separate; (*göra oense*) disunite; *~ och härska* divide and rule; *~ sig i två grupper* divide (split up) into two groups **-ig** *a1, se trasig* **-ing** (*splittring*) division; (*oenighet*) discord, dissension, disagreement; (*schism*) schism

söp *imperf av supa*

1 sörja *s1* sludge; (*smuts*) mud

2 sörj|a *v2* **1** (*i sitt sinne*) grieve (*över* at, for, over), feel grief (*över* at); *det är ingenting att ~ över* that is nothing to worry about **2** (*en avliden*) mourn; (*bära sorgdräkt efter*) be in mourning for; *~ förlusten av ngn* (*äv.*) grieve for (feel grief at) the loss of s.b. **3** *~ för* (*ombesörja*) attend to, see to (about); (*ha omsorg om*) provide (make provisions) for (*sina barns framtid* the future of one's children); *det är väl -t för henne* she is well provided for

sörjig *a1* sludgy, slushy

sörpla drink noisily; *~ i sig* lap up

söt *a1* **1** (*i smaken*) sweet (*äv. bildl.*); (*om vatten, mjölk*) fresh; *~ doft* sweet scent **2** (*vacker*) pretty, lovely; (*intagande*) charming, attractive; *Am. äv.* cute; *~a du!* my dear! **-a** sweeten **-aktig** *a1* sweetish, sickly sweet **-ebrödsdagar** halcyon days **-ma** [ˣsött-] *s1* sweetness **-mandel** sweet almond **-mjölk** fresh milk; (*oskummad*) whole milk **-ning** [-ö:-] sweetening; sugaring **-ningsmedel** sweetening [agent], sweetener **-nos** *s2* darling, poppet; *Am.* honey, cutie **-potatis** batata; *koll.* batatas, sweet potatoes (*pl*) **-saker** *pl* sweets, sweetmeats; *Am.* candy; *vara förtjust i ~* (*äv.*) have a sweet tooth **-sliskig** sickly sweet, mawkish **-sur** sour-sweet (*äv. bildl.*) **-t** *adv* sweetly, in a sweet manner; *smaka ~* have a sweet taste; *sova ~* sleep peacefully **-vatten** fresh water **-vattensfisk** fresh-water fish

söv|a *v2* **1** (*få att sova*) put ... to sleep; (*vagga t. sömns*) lull [... to sleep]; (*göra sömnig*) make ... sleepy (drowsy); *bildl.* silence (*samvetet* one's conscience) **2** (*vid operation* an[a]esthetize; (*med kloroform äv.*) chloroform **-ande** *a4* soporific (*medel* drug); *~ mummel* drowsy murmur **-ning** [-ö:-] administration of an[a]esthetics **-ningsmedel** an[a]esthetic

T

ta *tog tagit* **I 1** take; (*~ fast*) catch, capture, seize; (*tillägna sig*) appropriate; (*~ med sig hit*) bring; (*~ sig*) have (*lektioner* lessons; *en cigarr* a cigar); (*göra*) make, do; *~ hand om* take charge of; *~ ngn i armen* take (seize) s.b. by the arm; *han vet hur han skall ~ henne* he knows just how to take her; *~ ledigt* take time off; *~ ngt för givet* (*på allvar*) take s.th. for granted (in earnest); *han tog det som ett skämt* he took it as a joke; *~ tid* take time; *~ fast tjuven* catch the thief; *han tog varenda boll* he caught every ball; *~ betalt* be paid; *~ bra betalt* know how to charge (make people pay); *vad ~r ni för ...?* how much do you charge for ...?; *det tog honom hårt* it affected him deeply (hit him hard); *man ~r honom inte där man sätter honom* he has a will of his own; *vem ~r du mig för?* who do you think I am?; *~ fasta på* bear ... in mind, keep hold of ...; *skall vi ~ och öppna fönstret?* shall we open the window?; *kniven ~r inte* the knife does not bite; *var tog skottet?* where did it hit (go)?; *~ galoscher* put on rubbers; *var skall vi ~ pengarna ifrån?* where are we to find the money (get the money from)?; *~ det inte så noga* don't be too particular (fussy) about it; *~ pris* win a prize; *han ~r priset* (*bildl.*) he takes the cake; *~ tåget* take the train; *det ~r på krafterna* it tells on the (one's) strength; *han tog åt mössan* he touched his cap **2** (*med beton. part.*) *~ av a*) take off (... off), *b*) (*vika av*) turn off; *~ av* [*sig*] *kappan* take off one's coat; *~ bort* take away (... away), remove; *~ efter* imitate; copy; *~ emot a*) (*mot-*) receive, (*folk äv.*) see (*gäster* guests), (*an-*) accept (*erbjudandet* the offer), take in (*tvätt* laundry), take up (*avgifter* fees), *b*) (*avvärja*) parry (*stöten* the blow), *c*) (*vara i vägen*) be in the way, offer resistance, *d*) (*vara motbjudande*) be repugnant; *~ emot sig med händerna* put out one's hands to break one's fall; *~r doktorn emot?* can I see the doctor?; *~ fram* take out (... out) (*ur* of), produce (*biljetten* one's ticket); *~ för sig av* help o.s. to; *~ hem a*) *kortsp.* take, get (*ett stick* a trick), *b*) *sjö.* reef (*seglen* the sails); *~ hem på* shorten (*skotet* the sheet); *~ i* (*med händerna*) pull away, (*hjälpa till*) lend a hand, (*anstränga sig*) go at it [vigorously]; *det tog i att blåsa* the wind got up; *vad du ~r i!* you do go the whole hog, don't you?; *~ ifrån* take ... away [from], (*ngn ngt äv.*) deprive s.b. of s.th.; *~ igen* take ... back, (*förlorad tid äv.*) make up for; *~ igen sig* (*vila sig*) take a rest, (*repa sig*) recover, come round; *~ in a*) take in, (*bära in*) carry (bring) in, (*importera*) import, *b*) (*radiostation*) tune in to, *c*) (*förtjäna*) profit by, *d*) (*beställa*) order, *e*) (*läcka, bli överspolad*) ship (*vatten* water), *f*) (*ngn i en förening*) admit, *g*) (*slå sig ner*) put up (*hos ngn* at a p.'s house; *på hotell* at a hotel); *~ itu med* (*ngt*) set about [working at], set to work at, (*ngn*) take ... in hand; *~ med* (*föra med sig*) bring; *~ med ngt i räkningen* take s.th. into account; *~ ner* take (fetch, bring) ... down, (*segel*) take in; *~ om* take (read, sing, go through) ... again, *mus., teat., film. äv.* repeat; *~ på* [*sig*] *a*) (*klädesplagg o.d.*) put on, *b*) (*ansvar*) take ... upon o.s., (*för mycket arbete e.d.*) undertake, *c*) (*viktig min*) assume; *~ till a*) take to (*vintermössan* one's winter cap), *b*) (*beräkna*) set up, charge (*för högt pris* a too high price), *c*) (*börja*) start, set about (*att + inf el. ing-form*), *d*) (*överdriva*) overdo it, exaggerate; *~ mod till sig* pluck up courage; *~ tillbaka* take (carry, bring) back, (*ansökan, yttrande*) withdraw, (*löfte*) retract; *~ undan* take away, (*för att gömma*) put ... out of the way; *~ upp* (*jfr upp-*) *a*) take (carry, bring) ... up, (*från marken; passagerare*) pick up, *b*) (*öppna*) open, (*en knut*) undo, *c*) (*lån e.d.*) take up, *d*) (*order, skatter*) collect, *e*) *bildl.* bring up (*ett problem* a problem), (*en sång äv.*) strike up; *~ upp sig, se repa sig, förkovra sig*; *~ ur* take out [of], (*tömma äv.*) empty, (*fågel*) draw, (*fisk*) gut, (*fläck*) remove; *~ ut a*) take (carry, bring) out, *b*) (*från bank*) withdraw, draw, *c*) (*lösa*) make out (*en rebus* a rebus), solve (*ett problem* a problem); *~ ut en melodi på piano* pick out a tune on the piano; *~ ut satsdelar* analyse [a sentence]; *~ ut stegen* stride out; *~ vid* (*börja, fortsätta*) step in, follow on, (*om sak*) begin, start; *~* [*illa*] *vid sig* be upset (put out) (*för* about); *~ åt sig a*) (*smuts e.d.*) attract, *b*) (*tillskriva sig*) take (*äran för* the credit for), *c*) (*känna sig träffad*) feel guilty; *vad ~r det åt dig?* what is the matter with you? **II** *rfl* **1** take, have (*ett bad* a bath), (*servera sig äv.*) help o.s. to (*en kopp te* a cup of tea); *~ sig för pannan* put one's hand to one's forehead **2** (*växa till*) grow (come) on, (*om eld*) begin to burn; (*bli bättre*) improve **3** (*med beton. part.*) *~ sig an* take ... up; *~ sig fram a*) (*bana sig väg*) [manage to] get, (*hitta*) find one's way, *b*) (*ekonomiskt*) make one's way, get on; *~ sig för ngt* (*att + inf*) set about s.th. (*+ ing-form*); *inte veta vad man skall ~ sig till* not know what to do; *vad ~r du dig till?* what are you up to?; *~ sig ut* (*eg. bet.*) find (make) one's way out (*ur* of); *~ sig bra ut* look well, show to great advantage

tabbe *s2* blunder, bloomer; *Am.* boner

tabell *s3* table (*över* of) **-form** *i ~* in tabular form; *uppställning i ~* tabular statement; *ordna i ~* tabulate **-huvud** table heading

tabernakel *s7* tabernacle

tablett *s3* **1** (*läkemedel*) tablet; (*hals- etc.*) lozenge **2** (*tallriksunderlägg*) table mat

tablå *s3* tableau (*pl* tableaux), schedule; *teat.* tableau

tabu [-'bu:-, 'ta:-] *s6 o. oböjl. a* taboo; *belägga med* ~ taboo
tabul|ator [-ˣla:tår] *s3* tabulator [key] **-era** tabulate
taburett *s3* **1** tabouret; stool **2** (*statsrådsämbete*) ministerial office, seat in the Cabinet
tack *s7, s9* thanks (*pl*); *ja ~!* yes, please!; *nej ~!* no, thank you (thanks)!; *~ så mycket!* many thanks!, thank you very much!; *~ ska du ha!* thanks awfully!; *~ för att du kom* thank you for coming; *~ för lånet!* thank you [for the loan]!; *~ för senast!* thank you for a lovely (nice) evening (party *etc.*)!; *hjärtligt ~ för ...!* most hearty thanks for ...!; *det är ~en för ...!* that's all the thanks you get for ...!; *~ och lov!* thank heavens!; *vara ngn ~ skyldig* owe s.b. thanks; *~ vare* thanks (owing) to
1 tacka *v1* thank (*ngn för* s.b. for); *~ ja* (*och ta emot*) accept with many thanks; *~ ~ nej* [*till ...*] decline [...] with thanks; *jo jag ~r* [*jag*]*!* well, I say!, well well!; *~ för det!* of course!; *det är ingenting att ~ för!* don't mention it!; *~ vet jag ...* give me ... any day; *ha ngn att ~ för ngt* owe s.th. to s.b.
2 tacka *s1* (*fårhona*) ewe
3 tacka *s1* (*järn-, bly-*) pig; (*guld-, silver-, stål-*) ingot
tackbrev letter of thanks
tackel ['takk-] *s7* tackle[-block]; *~ och tåg* the rigging
tackjärn pig-iron
tackkort thank-you card
tackl|a **1** *sjö.* rig **2** *sport.* tackle **3** *~ av* (*magra*) grow (get) thin, fall away **-ing** **1** *sjö.* rig[ging] **2** *sport.* tackling; tackle
tack|nämlig [-ä:-] *a1* (*värd tack*) praiseworthy; (*gagnelig*) worthwhile, profitable, rewarding **-- och avskedsföreställning** farewell performance **-offer** thank-offering **-sam** *a1* grateful (*för* for; *mot* to); (*mot försynen o.d.*) thankful (*för, över* for); (*uppskattande*) appreciative (*för* of); (*förbunden*) obliged; (*givande*) rewarding, worthwhile (*uppgift* task); *jag vore er mycket ~ om* I should be very much obliged to you if **-samhet** gratitude; thankfulness **-samhetsbevis** token (mark) of gratitude **-samhetsskuld** debt of gratitude; *stå i ~ till* be indebted to (*ngn för* s.b. for) **-samt** *adv* gratefully *etc.*; *vi emotser ~ Ert snara svar* we should appreciate your early reply; *vi erkänner ~ mottagandet av* we acknowledge, with tanks, [the] receipt of; *~ avböja* regretfully decline **-sägelse** *framföra sina ~r till ngn* proffer one's thanks to s.b. **-sägelsegudstjänst** thanksgiving service **-tal** speech of thanks
tad|el ['ta:-] *s7* blame, censure; *utan fruktan och ~* without fear and without reproach **-ellös** blameless **-la** [-a:-] *se klandra*
1 tafatt *s3* (*lek*) tag
2 tafatt [ˣta:-] *a1* awkward; clumsy
taffel ['taff-] *s2* **1** *hålla öppen ~* keep open house **2** *mus.* square piano **-musik** mealtime music **-täckare** couvreur de table, footman laying the [Royal] table
tafs *s2* **1** (*på metrev*) leader, snell **2** *få på ~en* get it hot; *ge ngn på ~en* give s.b. it hot **-a** fiddle, tamper; *~ på ngn* paw s.b.
taft *s3, s4* taffeta

tag *s7* **1** (*grepp*) grip, grasp (*omkring* round); hold (*i, om* of); *sport.* tackle; *fatta* (*gripa, hugga*) *~ i* grasp (seize, catch) [hold of]; *få ~ i* (*på*) get hold of, (*komma över*) come across, pick up; *släppa ~et* leave hold of, let go, (*ge upp*) give in (up); *ta ett stadigt ~ i* take firm hold of **2** (*sim-, år-*) stroke; *simma med långa ~* swim with long strokes; *ta ett ~ med sopborsten* have a go with the broom; *ha ~en inne* have the knack [of the thing]; *komma* (*vara*) *i ~en* get started, be at it **3** (*gång, liten stund*) little while; *kom hit ett ~!* come here a second [,will you]!; *en i ~et* one at a time; *i första ~et* at the first try (*vard.* go); *jag ger mig inte i första ~et* I don't give up at the first try
taga *se ta* **-s** *se tas*
tagel ['ta:-] *s7* horsehair **-madrass** [horse-] hair mattress **-skjorta** hair shirt
tag|en *a5* taken *etc.*; *bli* [*djupt*] *~ av* be deeply affected by; *han såg mycket ~ ut* he looked deeply moved (*trött:* very tired); *strängt -et* strictly speaking; *över huvud -et* on the whole
tagg *s2* prickle; (*törn-*) thorn; *naturv.* spine; (*på -tråd*) barb **-ig** *a1* prickly; thorny; spiny **-svamp** hedgehog mushroom **-tråd** barbed wire **-trådshinder** barbed wire entanglement **-trådsstängsel** barbed-wire fence
tagit *sup av ta*[*ga*]
tak *s7* (*ytter-*) roof; (*inner-*) ceiling (*äv. bildl.*); (*på bil etc.*) top; *bildl.* roof, shelter, cover; *brutet ~* mansard (curb) roof; *här är det högt* (*lågt*) *i ~* this room has a lofty (low) ceiling; *i ~et* on the ceiling; *grödan är under ~* the harvest is housed; *ha ~ över huvudet* have a roof over one's head; *vara utan ~ över huvudet* (*äv.*) have no shelter; *ingen fara på ~et* no harm done, all's well; *glädjen stod högt i ~* mirth ran high
taka *oböjl. a, pl, ~ händer* [legal] trust; *sätta ngt i ~ händer* deposit s.th. with a trustee (on trust)
tak|belysning ceiling lighting; ceiling fitting **-bjälke** beam [of the roof] **-bjälklag** tie beams (*pl*) **-dropp** (*från yttertak*) eaves-drop; (*från innertak*) dropping from the ceiling **-fönster** skylight [window] **-krona** chandelier **-lagsfest** [-a:gs-] party for workmen when roof framework is completed **-lampa** ceiling lamp **-list** cornice **-lucka** roof hatch **-lök** *bot.* houseleek **-målning** ceiling painting; *~ar* (*äv.*) painted ceilings **-panna** roofing tile **-papp** roofing-felt **-räcke** (*på bil*) roof rack **-ränna** gutter **-skägg** eaves (*pl*) **-stol** roof truss
takt *s3* **1** (*finkänslighet*) tact, delicacy; (*urskillning*) discretion **2** (*av musikstycke*) bar; (*versfot*) foot **3** (*tempo*) time; *mus. äv.* measure; (*friare*) pace, rate; (*vid rodd*) stroke; *ange ~en* set the time (*vid rodd:* the pace); *gå i ~* keep in step; *hålla ~en* keep time; *hålla ~en med* keep pace with; *i ~ med musiken* in time to the music; *komma ur ~en* get out of time (step, the pace); *slå ~en* beat time; *stampa ~en* beat time with one's foot; *öka ~en* increase the speed (pace); *nu skall ni få se på andra ~er* this is where we get a move on **4** (*motors*) stroke **-beteckning** time-signature **-del** beat

tak|tegel roofing tile **-terrass** roof terrace, terrace roof

takt|fast (*om steg e.d.*) measured; *marschera* ~ march in perfect time **-full** tactful; discreet **-fullhet** tactfulness; discretion

takti|k *s3, ej pl* tactics (*pl*) **-ker** ['takk-] tactician **-sk** ['takk-] *a5* tactical

takt|känsla 1 *mus.* sense of rhythm **2** (*-fullhet*) sense of tact, tactfulness **-lös** tactless, indiscreet **-löshet** want of tact; tactlessness **-mässig** *a1* rhythmical **-pinne** baton **-streck** bar[-line]

tak|täckare roofer; (*med -tegel*) tiler **-täckning** roofing; tiling **-ås** roof ridge

1 tal *s7, mat.* number; (*räkne-*) sum; *hela* ~ integers, whole numbers; *ensiffriga* ~ digits; *fyrsiffriga* ~ numbers of four digits, four-figure numbers; *i runt* ~ in round figures (numbers)

2 tal *s7* (*förmåga* (*sätt*) *att tala, språk*) speech; (*prat*) talk[ing]; (*sam-*) conversation; (*anförande*) speech, address; *~ets gåva* the gift of speech; *hålla* ~ make a speech; *i ~ och skrift* verbally and in writing; *falla ngn i ~et* interrupt s.b., cut s.b. short; *det blev aldrig ~ om* there was never any question of; *det kan inte bli ~ om* there can be no talk (question) of; *föra ... på* ~ bring ... up (be brought up) [for discussion]; *komma på* ~ come (crop) up; *det är på ~ att ...* there is a talk of (+*ing-form*); *på ~ om* speaking of **-a** speak (*med* to; *om* about, of; *på* in); (*prata, konversera*) talk (*i telefon* on the telephone; *i sömnen* in one's sleep; *i näsan* through one's nose); *~ är silver, tiga är guld* speech is silver, silence is golden; *~ förstånd med* talk sense to; *får jag ~ ett par ord med dig?* can I have a word with you?; *~ rent* (*om barn*) speak properly; *allvarligt ~t* seriously speaking; *~ för* (*t. förmån för*) speak for (in favour of), (*tyda på*) indicate, point towards; *~ för sig själv* (*utan åhörare*) talk to o.s., (*i egen sak*) speak for o.s.; *de ~de i munnen på varandra* they were all talking at the same time; *~ om* speak (talk) about (of); *~ illa om* speak disparagingly about; *det är ingenting att ~ om!* (*avböjande*) don't mention it!; *för att inte ~ om ...* to say nothing of ..., not to mention ...; *låta ~ om sig* give rise to a lot of talk; *~ om* (*berätta*) tell; *~ inte om det för ngn!* don't tell anybody!; *~ sig hes* talk o.s. hoarse; *~ sig varm för* warm up to one's subject; *~ till ngn* speak to (address) s.b.; *~ ur skägget* speak up; *~ ut a*) (*så det hörs*) speak up (out), *b*) (*~ rent ut*) speak one's mind; *vi har ~t ut med varandra* we have had it out [with one another]; *~ vid ngn att han* tell (ask, arrange with) s.b. to (+ *inf*) **-an** *r* suit; (*kärandes*) claim; (*svarandes*) plea; *föra ngns* ~ plead a p.'s cause, (*friare*) be a p.'s spokesman; *nedlägga sin* ~ withdraw one's suit, *han har ingen* ~ (*bildl.*) he has no voice in the matter **-ande** *a4* speaking *etc.*; (*uttrycksfull*) expressive; (*menande*) significant (*blickar* looks); (*om siffror*) telling; *den* ~ the speaker

talang talent, gift, aptitude; *pers.* talented (gifted) person **-full** talented, gifted **-fullt** *adv* with great talent **-lös** untalented **-scout** talent scout, star spotter

talar|e speaker; (*väl-*) orator; *föregående* ~ the previous speaker; *han är ingen* ~ he's not much of a speaker **-konst** art of [public] speaking; rhetoric **-stol** platform, rostrum

tal|as *dep, höra ~ om* hear of; *jag har hört ~ om honom* I have heard of him; *vi får ~ vid om saken* we must have a talk about it (talk the matter over) **-bok** talking book **-esman** spokesman (*för* of); *göra sig till ~ för* voice the feelings of **-esätt** (*stående* current) phrase, mode of expression **-fel** speech defect **-film** sound (talking) film; *vard.* talkie **-för** *a5* talkative, loquacious **-förmåga** faculty (power) of speech; *mista ~n* loose one's speech

talg [-j] *s3* tallow; (*njur-*) suet **-dank** tallow dip **-ig** *a1* tallowy, greasy **-körtel** sebaceous gland **-ljus** tallow candle **-oxe** great tit

talhytt call-box, telephone box

talisman *s3* talisman

talj|a *s1* **-block** tackle[-blocks *pl*]

talk *s3* talc[um] **-a** talc **-puder** talcum [powder]

talkör chorus; choral speech

tall *s2* (*träd*) [common] pine, pine tree, Scotch pine (fir); (*trä*) pine-(red-)wood **-barr** pine-needle[s *pl*] **-barrsolja** pine-needle oil

tallium ['tall-] *s8* thallium

tallektion elocution lesson

tallkott|e pine-cone **-körtel** pineal gland

tallrik *s2* plate; *djup* ~ soup-plate; *flat* ~ ordinary (dinner-)plate; *en* ~ *gröt* a plate of porridge

tall|ris pine-twigs (*pl*) **-skog** pine forest **-tita** *s1* willow tit

tallös innumerable, countless

talman speaker

talong [-'låŋ] *s3* counterfoil; *Am.* stub; *kortsp.* talon

tal|organ organ of speech; (*röst*) voice **-pedagog** speech trainer **-pjäs** *teat.* straight play **-registreringsapparat** recording machine, recorder

talrik numerous; *~a* (*äv.*) numbers of **-t** [-i:-] *adv* numerously, in large numbers; *~ besökt* well attended

tal|roll *teat.* spoken part **-rubbning** impairment of speech **-rör** speaking-tube **-s** [-a:-] *i uttr.: komma till ~ med* get to speak to, talk to **-scen** dramatic theatre **-språk** spoken (colloquial) language; *engelskt* ~ spoken (*etc.*) English

talsystem number system, system of figures

talteknik elocution, speech training

talteori theory of numbers

tal|trast song-thrush **-tratt** *tel.* mouthpiece **-trängd** *a1* eager to speak; (*som vana*) loquacious, garrulous **-övning** conversation exercise (practice); (*uttals-*) speech training

tam *a1* tame; (*om djur*) domestic[ated] **-boskap** domestic cattle (*pl*)

tambur hall; (*kapprum*) cloak-room

tamburin *s3* tambourine

tambur|major drum major; *vard. se följande* **-vaktmästare** cloakroom attendant

tam|djur tame (*etc.*) animal **-fågel** poultry

-får domestic[ated] sheep **-het** [-a:-] tameness
tamp *s2* [rope-]end
tampo|nera *v1* **-ng** [-'påŋ] *s3* tampon
tand *-en tänder* tooth (*pl* teeth); (*vilddjurs*) fang; *tekn.* tooth, cog; *~ för ~* a tooth for a tooth; *tidens ~* the ravages (*pl*) of time; *få tänder* be teething, cut teeth; *försedd med tänder* toothed; *ha ont i tänderna* have toothache; *hålla ~ för tunga* (*bildl.*) keep one's own counsel; *visa tänderna* show one's (*om hund:* bare its) teeth (*mot* at) **-a** tooth; indent **-agnisslan** *i uttr.: gråt och ~* weeping and gnashing of teeth **-ben** tooth-bone **-borste** toothbrush **-borstglas** toothbrush glass **-borstning** [-å-] brushing of teeth **-brygga** dental bridge
tandem ['tann-] (*hästspann*) *s7*, (*cykel*) *s2* tandem **-cykel** tandem cycle **-sadel** pillion; *Am.* buddy seat
tand|garnityr set of teeth, denture **-hals** neck of a tooth **-kirurgi** dental surgery **-klinik** dental clinic **-krona** crown of a tooth **-kräm** toothpaste **-kött** gum, gingive; *~et* the gums (*pl*) **-läkarborr** dentist's drill **-läkare** dentist **-läkarexamen** dental degree **-läkarstol** dentist's (dental) chair **-ning** *konkr.* toothing; (*såg-*) serration; (*kuggar*) teeth cogs (*pl*) **-pasta** toothpaste, dentifrice **-petare** toothpick **-rad** row of teeth **-reglering** prevention and correction of irregular dentition; orthodontics (*pl*) **-röta** [dental] caries **-sköterska** dental nurse **-sprickning** teething, cutting of the teeth **-sten** tartar, scale **-tekniker** dental technician (*Am.* mechanic) **-utdragning** tooth-extraction **-val** toothed whale **-vall** alveolar ridge **-vård** dental care (service) **-värk** toothache **-ömsning** second dentition
tangent [-nj-, *i sht tekn. o. geom.* -ŋg-] **1** *mus.*, *tekn.* key **2** *geom.* tangent **-bord** (*i skrivmaskin*) key-board **-ial** [-ŋgentsi'a:l] *a1* **-iell** [-ŋgentsi'ell] *a1* tangential
Tanger [taŋ'ʃe:] *n* Tangier[s]
tanger|a [-ŋg-, *äv.* -nj-] **1** (*gränsa t.*) touch upon, border on **2** *geom.* be a tangent to, touch **-ing** tangence **-ingspunkt** tangential point; *bildl.* point of contact
tango ['taŋgo] *s5*, *pl äv. -s* tango
tanig *a1* thin **-het** thinness
tank 1 *s2* (*behållare*) tank, container **2** *s2*, *pl äv. -s* (*stridsvagn*) tank **-a** fill up, refuel **-bil** petrol (*Am.* gas[oline]) truck; *Engl. äv.* tank[er] lorry
tank|e *s2* thought (*på* of); (*idé*) idea (*om*, *på* of); (*åsikt*) opinion (*om* about); (*avsikt*) intention; (*plan*) plan (*på* for); *blotta ~en på* the mere thought of; *var har du dina -ar?* what are you thinking about?; *ha -arna med sig* have one's wits about one; *ha en låg ~ om* have a poor opinion of; *ha ~ på att göra ngt* have got the idea of doing s.th.; *jag har aldrig haft en ~ ditåt* such a thought has never occurred to me; *i ~* (*den ~n*) *att* with the idea (intention) of (+ *ing-form*); *försänkt i -ar* lost in thought; *jag hade ngt annat i -arna* I was thinking of s.th. else; *det leder* [*osökt*] *~n till* it makes one think of; *med ~ på* bearing ... in mind; *få ngn på andra -ar* make s.b. change his mind; *komma på bättre -ar* think better of it; *utbyta -ar om* exchange ideas about
tanke|ansträngning mental exertion (effort) **-arbete** brain work **-diger** profound **-experiment** intellectual experiment **-frihet** freedom of thought **-förmåga** capacity for thinking **-gång** *s2* train of thought **-läsare** thought-reader **-möda** *se -ansträngning* **-skärpa** mental acumen **-ställare** warning, food for thought; *få sig en ~* get s.th. to think about **-utbyte** exchange of thoughts (ideas, opinions) **-verksamhet** mental activity **-väckande** *a4* thought-provoking **-värld** world of ideas **-överföring** thought-transference
tankfartyg tanker
tank|full thoughtful, contemplative **-lös** thoughtless, unreflecting; (*om pers. äv.*) scatterbrained **-löshet** thoughtlessness *etc.*; *en ~* a thoughtless act
tankning refuelling, filling up
tank|spridd *a5* absent-minded **-spriddhet** preoccupation (absence) of mind **-streck** dash **-ställare** *se tanke-*
tankvagn tank waggon; *i sht Am.* [rail] tank car
tannin *s4*, *s3* tannin, tannic acid
tant *s3* aunt; (*smeksamt*) auntie; *~ Andersson* Mrs. Andersson
tantal *s3*, *s4*, *kem.* tantalum; (*malm*) tantalite
tantaluskval *pl* torments of Tantalus
tantiem [-ŋti'e:m, -nt-, -ä:m] *s3* commission on profit[s *pl*], bonus
tapet *s3* wallpaper; (*vävd*) tapestry; *sätta upp ~er* hang (put up) wallpaper; *vara på ~en* (*bildl.*) be on the tapis **-klister** paperhanger's paste **-rulle** roll of wallpaper **-sera** [hang] paper, decorate; *~ om* repaper **-serare** [-ˣse:-] upholsterer **-serarverkstad** upholstery [work]shop, upholstery **-sering** paperhanging, wall-papering
tapioka [-i'å:ka, -ˣå:-] *s1*, *bot.* tapioca
tapir *s3*, *zool.* tapir
tapisseri tapestry **-affär** fancy-work shop **-arbete** fancy-(tapestry-)work
tapp *s2* **1** (*i tunna e.d.*) tap, faucet; (*i badkar, båt e.d.*) plug **2** (*t. hopfästning*) peg; (*trä-*) tenon; (*axel*) journal; (*sväng-*) pivot, trunnion **3** (*syncell*) cone **4** (*hö-*) wisp; (*ull-*) flock; (*moln-*) wisp
1 tappa (*vätska*) tap (*äv. med.*); (*av-*, *~ upp*) draw [off]; *~ på buteljer* draw [...off]; (pour, tap) into bottles; *~ blod av* bleed, draw blood from; *~ i vatten i badkaret* run water into the bath; *~ ur vattnet ur* let the water out of
2 tappa (*släppa*) drop, let ... fall; (*förlora*) lose (*äv. ~ bort*); *~ i golvet* drop (*etc.*) on (to) the floor; *~ huvudet* (*bildl.*) lose one's head; *~ bort sig* get lost, lose o.s.; *~ bort varandra* lose (get separated from) each other
tapper ['tapp-] *a2* brave; courageous; (*ridderligt ~*) gallant **-het** bravery, valour; courage **-hetsmedalj** medal for valour; distinguished service medal
tapp|hål taphole, pouring hole **-kran** drain cock **-ning** (*av vätska*) drawing, tapping; *vin av en god ~* a vintage wine

tappt *i uttr.; ge* ~ give in
tapto ['tapp-] *s6* (*blåsa* beat (sound) the) tattoo; *Am.* taps (*pl*)
tara *s1* tare
tarantel *s2* tarantula **-la** [-ˣtella] *s1* tarantella, tarantelle
tarer|a tare **-ing** taring
tariff *s3* tariff; schedule (list) [of rates]
tarm *s2* intestine; *~arna* (*äv.*) the bowels (entrails, *vard.* guts) **-kanal** intestinal canal **-käx** [-ç-] *s7* mesentery **-ludd** intestinal villi (*pl*) **-vred** *s7* ileus, intestinal obstruction
tars *s3* tarsus (*pl* tarsi) **-led** tarsal joint
tarv *s7, förrätta sitt* ~ ease nature **-a** require, demand, call for **-as** *dep, se behövas* **-lig** *a1* (*enkel*) frugal (*måltid* meal); (*smaklös*) cheap (*klänning* dress); (*om pers. o. smak*) vulgar, common; (*lumpen*) shabby (*uppförande* behaviour) **-ligt** *adv* frugally *etc.*; *bära sig* ~ *åt* behave shabbily (*mot* to) **-lighet** frugality; cheapness; vulgarity *etc.*; *~er* vulgarities
tas *togs tagits, dep, vard., hon är inte god att* ~ *med* she is a difficult person (child)
taskspelar|e juggler, conjurer **-konst** *~er* juggling (conjuring) tricks
tass *s2* paw; *bort med ~arna!* hands off!; *räcka vacker* ~ put out a paw nicely; *skaka* ~ *med* shake hands with **-a** patter, pad
tass|el ['tass-] *s7, tissel och* ~ tittle-tattle **-la** tittle-tattle
tatar *s3* Ta[r]tar
tattar|e *ung.* gypsy **-unge** *ung.* gypsy kid
tatuer|a tattoo **-ing** tattooing
tavel|galleri picture-gallery **-ram** picture-frame **-samling** collection of pictures **-utställning** exhibition of paintings
tavla [ˣta:v-] *s1* **1** *konst.* picture (*äv. bildl.*) **2** (*platta*) table; (*anslags-*) board; *svarta ~n* the blackboard **3** *vard., vilken ~!* what a slip-up (*Am.* boner)!
tax *s2* dachshund
taxa *s1* (*pris*) rate, charge; (*för personbefordran e.d.*) fare; (*telefon-*) fee; (*förteckning*) list of rates, tariff; *enhetlig* ~ standard (flat) rate; *full* ~ full rate **-meter** *s2* taximeter, fare meter **-meterbil** *se taxi*
taxe|bestämmelse tariff (fare) regulations **-höjning** increase of charges (*etc.*); (*av biljettpris*) increase in fares
taxer|a assess [...for taxes] (*till* at), tax; (*uppskatta*) rate; (*värdera*) estimate, value; *~d inkomst* assessed income; *han ~r för 5 000 pund om året* he is assessed at 5,000 pounds a year **-ing** [tax] assessment; *för hög* ~ over-valuation; ~ *till kommunal* (*statlig*) *inkomstskatt* assessment for local (national) income tax
taxerings|belopp sum charged, amount of assessment **-distrikt** assessment district **-kalender** taxpayers' (ratepayers') directory **-man** [tax-]assessor **-myndighet** assessment authority **-nämnd** assessment board (committee) **-värde** rat[e]able value; *Am.* tax assessment [value] **-år** year of assessment
taxi ['takksi] *s9* taxi[-cab], cab **-chaufför** taxi-driver **-flyg** taxiplane service **-station** taxi-(cab-)rank; *Am.* taxi-(cab-)stand
tazett [-s-] *s3* French daffodil
tbc [tebe'se:] *best. f. tbc-n* TB, tb **-sjuk** *subst.* TB-sufferer
TCO [tese'ω:] (*förk. för Tjänstemännens Centralorganisation*) *se under tjänsteman*
1 te *s4* tea; *koka* (*dricka*) ~ make (have) tea
2 te *v4, rfl* appear
teak [ti:k] *s2* teak
teater *s2* theatre; *spela* ~ act, *bildl.* play-act; *gå* (*vara*) *på ~n* go to (be at) the theatre; *gå in vid ~n* go on the stage **-affisch** playbill **-besök** visit to the theatre **-besökare** theatre-goer **-biljett** theatre ticket **-direktör** theatre manager **-folk** stage people **-föreställning** theatrical performance **-historia** stage history **-kikare** opera glasses (*pl*) **-kritiker** dramatic critic **-pjäs** [stage] play **-publik** theatre-goers (*pl*); audience **-recension** theatrical review **-sällskap** theatrical company **-viskning** stage whisper
teatralisk *a5* theatrical
te|bjudning tea-party **-blad** tea-leaf **-blask** *vard.* dishwater **-burk** tea-caddy **-buske** tea-plant
tecken ['tekk-] *s7* sign (*på, till* of); (*känne-*) mark (*på* of); (*symbolisk figur*) symbol (*äv. kem.*); *mat.* sign; (*skriv-*) character, sign; (*signal*) signal (*till* for); *det är ett gott* ~ it is a good sign; *göra* ~ *åt ngn* make signs (a sign) to s.b.; *i enighetens* ~ in a spirit of unity; *på givet* ~ at a given sign (signal); *till* ~ *på* as a token (mark) of; *visa alla* ~ *till att* show every sign of (+*ing-form*); *inte ett* ~ *till rädsla* not a vestige (trace) of fear **-förklaring** key to the (table of) signs **-språk** sign language **-tydare** augur
teckn|a **1** (*ge tecken*) sign (make signs (a sign)) (*till, åt* to) **2** (*skriva*) sign; (*genom namnteckning utlova*) put one's name down for; ~ *aktier* subscribe for (to) shares; ~ *firman* sign for a company; ~ *kontrakt* make (enter into) a contract **3** (*rita*) draw (*efter* from; *för* for); (*skildra äv.*) delineate, depict; ~ *av* sketch [off]; *~d film* [animated] cartoon; *~d serie* comic strip; *djuret är vackert ~t* the animal is beautifully marked **4** *rfl* (*an- sig*) put one's name down (*för* for); (*av- sig*) be depicted (*i ngns ansikte* on a p.'s face); ~ *sig för en försäkring* take out an insurance; ~ *sig till minnes* commit to memory **-are** **1** drawer, artist; (*illustratör*) illustrator **2** (*aktie-*) [share] subscriber **-ing** **1** drawing; *konkr. äv.* sketch; (*i ord*) description **2** *zool.* markings, lines (*pl*) **3** *hand.* subscription (*av aktier* to shares)
tecknings|bevis subscription certificate (*Engl.* warrant) **-lektion** drawing-lesson **-lista** subscription list **-lärare** drawing-master, art teacher **-rätt** *hand.* subscription right **-rättsbevis** *hand.* participation certificate **-undervisning** teaching of drawing
tedags *vid* ~ at tea-time
teddybjörn teddy bear
tedeum [-ˣde:-] *s7, best. f. äv. tedeum* Te Deum
tefat saucer; *flygande* ~ flying saucer
1 teg *s2* strip (piece) of tilled land
2 teg *imperf av tiga* **-at** *sup av tiga*
tegel ['te:-] *s7* [building] brick; *koll.* bricks (*pl*); (*tak-*) tile, *koll.* tiles; *eldfast* ~ fire-

brick **-bruk** brick-works(-yard) **-bränning** brick-(tile-)burning **-mur** brick wall **-panna** [roofing] tile; pantile **-röd** brick-red **-rör** tile (earthenware) pipe **-sten** brick **-stensroman** great thick novel, tome **-tak** tile[d] roof **-täckt** *a4* tiled

te|hus tea-house **-huv** tea-cosy **-in** *s4* theine

teis|m theism **-tisk** *a5* theistic[al]

tejp *s3* tape

teka *sport.* face off

te|kaka tea-cake **-kanna** tea-pot **-kittel** kettle

tekn|ik *s3*, **1** (*ingenjörsvetenskap*) technics (*pl*); engineering, technology; *~ens framsteg* technological advances **2** (*tillvägagångssätt*) technique **-iker** ['tekk-] technician, engineer **-isk** ['tekk-] *a5* technical; technological; *~ högskola* institute of technology; *~t missöde* technical hitch **-okrat** technocrat **-olog** technologist, technological student **-ologi** [-ɷlå'gi:] *s3* technology **-ologisk** [-'lå:-] *a5* technological

te|kopp teacup; (*som mått*) teacupful [of] **-kök** tea-urn

telefon [-'få:n] *s3* telephone; *vard.* phone; *det ringer i ~en* the telephone is ringing; *det är ~ till dig* you are wanted on the telephone; *svara i ~* answer the telephone; *tala i ~* talk (speak) on the telephone; *per ~* by (on the, over the) telephone **-abonnent** telephone subscriber **-apparat** telephone [apparatus] **-automat** slot telephone **-avgift** telephone rental (charge) **-avlyssning** wire-tapping **-central** telephone exchange **-era** telephone (*efter* for; *till* to); *vard.* phone, *Am.* call (*till ngn* s.b.) **-förbindelse** telephone connection **-hytt** call-(telephone-) -box; *Am.* telephone booth **-i** *s3* telephony **-ist** [telephone] operator **-katalog** telephone directory **-kiosk** *se -hytt* **-kontakt** *stå i ~ med* keep in touch by telephone with **-kö** telephone queue [service] **-ledning** telephone circuit (wire) **-lur** receiver **-nummer** telephone number; *hemligt ~* unlisted telephone number **-påringning** telephone call **-reparatör** telephone mechanic **-räkning** telephone bill **-samtal** telephone conversation; (*påringning*) telephone call; *åberopande vårt ~* referring to our telephone conversation **-station** telephone exchange (call-office; *Am.* office) **-stolpe** telephone pole **-svarare** telephone answering machine; *pers.* answering-service operator **-tid** telephone hours (*pl*) **-tråd** telephone wire **-vakt** telephone answering service **-växel** telephone exchange

telefoto wirephoto, telephoto

telegraf *s3* telegraph **-arbetare** telegraph--service worker **-era** wire, telegraph; (*utom Europa äv.*) cable **-ering** telegraphy; cabling **-i** *s3* telegraphy **-isk** *a5* telegraphic **-iskt** *adv* telegraphically; *svara ~* wire (cable) back **-ist** telegraph operator; *sjö.* radio officer **-station** telegraph office **-stolpe** telegraph pole **-verk** telegraph service

telegram [-'gramm] *s7* telegram; *vard.* wire; (*utom Europa*) cable[gram]; *~ med betalt svar* reply-paid telegram **-adress** telegraphic (cable) address **-avgift** telegram (*etc.*) charge **-bild** telephoto **-blankett** telegram form (*Am.* blank) **-byrå** news agency, press agency **-pojke** telegraph boy **-remissa** telegraphic remittance (money order, transfer) **-stil** telegraphic style

tele|kommunikation telecommunication[s *pl*] **-objektiv** telephoto lens **-pati** *s3* telepathy **-patisk** *a5* telepathic **-printer** *s2* teleprinter **-skop** [-'skå:p] *s7* telescope **-skopisk** [-'skå:-] *a5* telescopic **-station** telephone and telegraph office **-styrelsen** the Board of Telecommunications **-teknik** telecommunication [engineering] **-tekniker** telecommunication engineer **-teknisk** telecommunication **-verket** the National Telecommunications Administration **-visera** televise, telecast **-vision** television (*förk.* TV); *vard.* telly (*Engl.*), video (*Am.*); *intern ~* closed--circuit television; *komma i ~* appear on television, be on TV; *se på ~* watch television (the TV); *sända per ~*, *se -visera*

televisions|apparat television (TV) set (receiver) **-kamera** television camera **-ruta** viewing screen **-sändare** television transmitter **-sändning** television transmission (broadcast)

telex ['te:-] *s2* telex; *Am.* teletype **-a** telex, teletype

telfer ['tell-] *s2* [electric] hoist (telpher)

tellur *s3*, *s4* tellurium

teln *s2* net-rope

telning [ˣte:l-] (*skott*) sapling; (*avkomma*) off-spring; (*unge*) kid

tema [ˣte:-, 'te:-] *s6* **1** (*ämne*) theme (*äv. mus.*) **2** (*skolstil*) composition; (*översättning*) translation **3** *språkv.*, *säga ~ på ett verb* give the principal parts of a verb **-tisk** [-'ma:-] *a5* thematic

tempel ['temm-] *s7* temple **-herreorden** the Order of Knights Templar[s] **-skändare** [-ʃ-] desecrator of a temple **-tjänare** temple--ministrant

1 tempera ['temm-] *s9* tempera, distemper

2 tempera *v1* time, set a fuse

temperament *s7* temperament

temperaments|full temperamental **-sak** *en ~* a matter of temperament

temperatur temperature **-fall** fall of (in the) temperature **-förändring** change of (in the) temperature

temperer|a **1** (*värma*) temper, warm, take the chill off **2** *mus.* temper **-ad** *a5* (*om vin e.d.*); tempered; (*om klimat e.d.*) temperate **-ing** warming; tempering

tempo ['temm-] *s6* **1** (*hastighet*) pace, speed; *mus.* tempo (*pl* tempi); *forcera ~t* force the pace, speed up **2** (*handgrepp*) operation **-arbetare** semi-skilled worker **-arbete** serial production **-beteckning** *mus.* time-signature **-ral** *a1* temporal **-rär** *a1* temporary

tempus ['temm-] *n* tense **-följd** sequence of tenses

Temsen ['temm-] *r* the [River] Thames **-mynningen** the Thames Estuary

ten *s2* [metal] rod

tendens *s3* tendency; (*utvecklingsriktning*) trend **-fri** non-tendentious **-roman** novel with a purpose

tendentiös [-n(t)si'ö:s] *a1* tendentious; (*friare*) bias[s]ed

tender ['tenn-] *s2* tender

tendera tend (*mot* towards; [*till*] *att* to)

Teneriffa [-ˣriffa] *n* Tenerif[f]e

tenn *s4* tin; *engelskt* ~ pewter **-bägare** pewter tankard **-folie** tinfoil **-gjutare** pewterer **-gjuteri** pewter-foundry

tennis ['tenn-] *s2* tennis **-bana** tennis court **-boll** tennis ball **-hall** covered tennis court, tennis hall **-racket** tennis racket **-skor** tennis shoes **-tävling** tennis tournament

tenn|kanna pewter jug **-lödning** tin (soft) soldering **-plåt** (*material*) sheet tin; *konkr.* tin sheet, tinplate **-soldat** tin soldier **-stop** pewter mug

tenọr *s3* tenor **-saxofon** tenor saxophone **-stämma** tenor voice

tentakel [-'takk-] *s3* tentacle, feeler

tent|ạmen *r*, *-amen -amina* examination; *muntlig* ~ oral examination, viva [voce] **-amensläsa** read (study) for an examination **-amensskräck** horror of exams **-ạnd** *s3* examinee, candidate **-ator** [-ˣta:tår] *s3* examiner **-era 1** (*prövas*) be examined (*för* by; *i* in) **2** (*pröva*) examine; *absol.* conduct an examination

teodl|are tea-planter **-ing** tea-growing; *konkr.* tea-plantation

teodolịt *s3* theodolite

teolog theologian **-ị** *s3* theology; (*som studieämne äv.*) divinity; *~e doktor* doctor of divinity; *~e licentiat* licentiate in divinity; *~e studerande* divinity student, student of divinity **-isk** *a5* theological; *~ fakultet* (*äv.*) faculty of theology

teo|rẹm *s7* theorem **-rẹtiker** theoretician, theorist **-retisera** theorize (*om, över* about) **-rẹtisk** *a5* theoretic[al] **-rị** *s3* theory **-sof** [-'så:f] *s3* theosophist **-sofi** [-så'fi:] *s3* theosophy **-sofisk** [-'så:-] *a5* theosophical

terap|eut [-'pevvt] *s3* therapist, therapeutist **-eutisk** [-'pevv-] *a5* therapeutic[al] **-ị** *s3* therapy

term [tärrm] *s3* term

termer ['tärr-] *pl* (*bad*) thermae

termik [tär'mi:k] *s3* thermal[s *pl*]

termin [tär'mi:n] *s3* **1** (*del av läsår*) term; *Am.* semester **2** (*tidpunkt*) stated (fixed) time, term; (*förfallotid*) time of maturity, due date; (*betalnings-*) day (time) of payment; *betalning i ~er* payment by instalment

terminal [tärmi'na:l] *s3 o. a1* terminal

terminologị [-ä-] *s3* terminology

termins|affär forward deal (transaction) **-avgift** term fee **-betyg** term report **-vis** by (in) instalments

termisk ['tärr-] *a5* thermal

termistor [tärˣmisstår] *s3* thermistor

termit [tär'mi:t] *s3* termite, white ant

termo|dynamik [ˣtärr-] thermodynamics (*sg*) **-dynamisk** thermodynamic[al] **-elektrisk** thermoelectric[al] **-element** [bimetallic] thermocouple, thermoelement **-mẹter** *s2* thermometer; *~n visar 5 grader* the thermometer stands at 5 degrees; *~n faller* the temperature is falling **-meterskala** thermometric (thermometer) scale **-nukleạ̈r** *a1* thermonuclear **-plast** thermoplastic

termos ['tärrmås] *s2* **-flaska** thermos [flask]

termostạt [-ä:-] *s3* thermostat

terpentịn [tär-] *s3, s4* turpentine

terrakotta [tärraˣkåtta] *s9* terra-cotta

terrạrium *s4* vivarium

terrạss *s3* **-era** terrace **-formig** [-å-] *a1* terraced

terrier ['tärr-] terrier

terrịn *s3* tureen

territori|ạlgräns [tä-] limit of territorial waters **-ạlvatten** territorial waters (*pl*) **-ẹll** *a1* territorial **-um** [-'tɷ:-] *s4* territory

terror ['tärrår] *s9* terror **-isera** terrorize **-ist** terrorist **-verksamhet** terrorist activity **-vapen** *pl* terror weapons

terrạ̈ng *s3* terrain; ground, country; *kuperad* ~ hilly country; *förlora* ~ lose ground **-bil** jeep **-förhållanden** nature (condition) (*pl*) of the ground **-gående** *a4* cross-country (*fordon* vehicle) **-löpning** cross-country running (run; *vid tävling:* racing, race) **-ritt** cross-country riding (ride)

ters [tärrs] *s3* tierce; *mus. äv.* third

tertiaväxel [ˣtärrtsia-] third of exchange

tertiär [tärtsi'ä:r] *a1* tertiary **-lån** loan secured by a third mortgage, third mortgage loan **-tiden** the Tertiary [Age]

terylene [-'le:n] *s3, s4* terylene; *Am. äv.* dacron

terzin [tärt'si:n] *s3* terza rima (*pl* terze rime)

tes *s3* thesis (*pl* theses)

te|servis tea-set **-sil** tea-strainer **-sked** teaspoon; (*som mått*) teaspoonful [of] **-sort** type (blend) of tea; *~er* (*äv.*) teas

1 test *s2* (*hår-*) wisp

2 test *s7* (*prov*) test; *databeh.* check **-a** test

testament|ạrisk *a5* testamentary **-e** [-'menn-] *s6* **1** *jur.* [last] will [and testament]; *upprätta sitt* ~ make (draw up) one's will; *inbördes* ~ [con]joint will **2** *bibl.*, *Gamla* (*Nya*) *~et* the Old (New) Testament **-era** ~ *ngt till ngn* bequeath s.th. to s.b., leave s.b. s.th.

test|amentsexekutor executor [of a will] **-ator** [-ˣta:tår] *s3* testator; *fem.* testatrix

testbild test pattern; *Am.* resolution chart

testikel [-'tikk-] *s2* testicle, testis (*pl* testes)

testning testing

testosteron [-'rå:n] *s4* testosterone

testpilot test pilot

tetanus ['te:-] *r* tetanus

tetraẹder *s2* tetrahedron

te|vagn tea trolley **-vatten** water for the tea

t.ex. *förk. för till exempel, se under exempel*

text *s3* text; (*bibelställe äv.*) passage; (*mots. musik*) words (*pl*); (*sammanhang*) context; *sätta ~ till musik* put the words to music; *gå vidare i ~en* (*bildl.*) go on; *lägga ut ~en* (*bildl.*) embroider things **-a 1** (*skriva*) use (write in) block letters **2** (*uttala tydligt*) articulate **-analys** textual analysis **-are** calligrapher **-författare** author of a text; (*t. film*) scriptwriter; (*t. opera*) librettist; *rekl.* copywriter **-förklaring** textual commentary **-häfte** book of accompanying text

textịl *a1* textile **-fabrik** textile mill (factory) **-ier** *pl* textiles, textile goods **-industri** textile industry **-konstnär[inna]** textile stylist, pattern-designer **-varor** *se -ier*

text|kritik textual criticism **-kritisk** critical **-ning** block writing, lettering **-reklam** editorial advertising **-sida** page of text **-ställe** passage, paragraph

textur texture
t.f. [ˣteeff] (*förk. för tillförordnad*) acting (*rektor* headmaster)
t.h. (*förk. för till höger*) to the right
thinner ['tinn-] *s9* thinner **-sniffning** thinner-sniffing
thoraxkirurgi [ˣtå:-] thoracic surgery
thymus ['ty:-] *r* thymus (*pl* thymi)
tia *s1* ten; (*sedel*) ten-kronor note
tiar[a] *s3* [*s1*] tiara
Tibet *n* T[h]ibet **tibetansk** [-a:-] *a5* T[h]ibetan
1 ticka *s1* polypore
2 tick|a *v1* tick **-tack** ticktack
tid *s3* **1** time (*och rum* and space); (*-punkt äv.*) hour, moment; (*period*) period, space; (*tidsålder*) day[s *pl*], time[s *pl*]; *beställa ~* make an appointment (*hos* with); *bestämma* [*en*] *~* set a day (date) (*för* for); *en ~ brukade jag* at one time I used to; *en ~s vila* a period of rest; *när jag får ~* when I get time (an opportunity) (*med, till* for; *att* to); *har du ~ ett ögonblick?* can you spare a moment?; *allt har sin ~* there's a time for everything; *kommer ~ kommer råd* don't cross your bridges until you get to them; *medan ~ är* while there is yet time; *ta ~* (*sport.*) time; *ta god ~ på sig* take one's time; *det är god ~* there is plenty of time (*med* (*till*) *det* for that); *det är hög ~ att* it is high time to; *~en är knapp* time is short; *den ~en den sorgen* worry about that when the time comes; *~en för avresan* the time (hour, date) for departure; *~en går* time passes; *~ens gång* the course of time; *~ens tand* the ravages of time; *ha ~en för sig* have the future before one; *hela ~en* all the time; *nya ~en* the new age; *se ~en an* bide one's time, wait and see; *öppet alla ~er på dygnet* open day and night; *alla ~ers störste målare* the greatest painter ever; *alla ~ers chans* the chance of a lifetime; *det var alla ~ers!* that was simply marvellous!; *andra ~er andra seder* manners change with the times; *det var andra ~er då* times were different then; *gamla ~er* ancient times, the old days; *långa ~er kunde han* for long periods he could **2** (*med föreg. prep.*) *efter en* (*ngn*) *~* after a time (while), (*om särskilt fall*) some time afterwards; *efter en månads ~* after [the lapse of] a (one) month, in a month's time; *enligt den ~ens sed* in accordance with the custom of those times; *från vår ~* from (of) our times; *för en ~* for some time; *för en ~ av sex månader* for a period of six months; *nu för ~en* nowadays; *före sin ~* ahead of one's time; *i ~* in time (*för, till* for; *för att* for + *ing-form*); *i ~ och evighet* for all time; *i ~ och otid* at any time (all times); *i god ~* in good time; *i rätt*[*an*] *~* at the right time, in [due] time; *i sinom ~* in due course; *i två års ~* for [a period of] two years; *i vår ~* in our times (age); *förr i ~en* in former times, formerly; *i alla ~er* (*hittills*) from time immemorial; *med ~en* in [course of] time, as time goes on; *på Cromwells ~* in Cromwell's day[s *pl*]; *springa på ~* (*sport.*) run against time; *på bestämd ~* at the appointed time; *på min ~* in my time (day); *på senare ~* in recent times; *på senaste* (*sista*) *~en* latterly, recently; *fara bort på en ~* go away for a time; *det är på ~en att vi* it is about time we; *under ~en* in the meantime, meanwhile; *under ~en 1—10 maj* during the period 1—10 May; *under den närmaste ~en* during the next few days (weeks); *under en längre ~* for a long (any great length of) time; *gå ur ~en* be removed; *vid ~en för* at the time of; *vid den ~en* at (by) that time; *vid den här ~en* by now (this time); *vid den här ~en på dagen* at (by) this time of the day; *vid en ~ som denna* at a time like this; *vid sju~en* at about seven [o'clock]; *över ~en* beyond (past) the proper time **3** *~s nog* early enough
tidelag *s7* sexual intercourse with animals
tide|räkning chronology; *gregorianska ~en* the Gregorian calendar **-varv** period, age, epoch
tidgivning [-ji:v-] time signalling; (*i radio*) time announcement
tidig *a1* early **-are I** *a, komp. t. tidig* earlier; (*föregående äv.*) previous, former, prior **II** *adv* earlier; at an earlier hour, sooner; (*förut*) previously, formerly **-ast** *a, superl. t. tidig o. adv* earliest; *allra ~* at the very earliest **-t** *adv* early; *för ~* too early (*för* for; *för att* to), (*i förtid*) prematurely (*född* born); *det blev ~ höst* autumn was early; *~ på dagen* (*morgonen*) early in the day (morning); *~ på våren* (*äv.*) in early spring; *vara ~ uppe* be up early; *vara för ~ ute* (*bildl.*) be premature
tid|kort clock (time) card **-lön** time rate (wages); (*daglön*) day[-work] rate; *ha ~* be paid by the hour **-lös** timeless **-lösa** *s1, bot.* meadow saffron **-mätare** time meter **-mätning** measurement of time, chronometry **-ning** [-i:d-] newspaper; paper; *daglig ~* daily [paper]; *det står i ~en* it's in the paper
tidnings|anka hoax, canard **-artikel** newspaper article **-bilaga** newspaper supplement **-bud** person who delivers newspapers **-försäljare** newsagent, newsvendor; *Am.* newsdealer **-kiosk** news-stand, book-stall **-man** newspaper man **-papper** *hand.* newsprint, news stock; *en bit ~* a piece of newspaper **-press** (*samtliga ~ar*) press **-redaktion** newspaper office **-redaktör** newspaper editor **-urklipp** press cutting; *Am.* clipping; *bok för ~* scrapbook, press-cutting book **-utgivare** newspaper publisher
tid|punkt point [of time], time; *vid ~en för* at the time of **-rymd** period, space of time **-s** [-i:-] *se tid 3*
tids|adverb adverb of time **-anda** *~n* the spirit of the age **-befrakta -befraktning** time-charter **-begrepp** idea of time **-begränsad** limited in time **-begränsning** time limit **-besparande** *a4* time-saving **-besparing** time saved **-beställning** appointment **-bestämma** date; *-bestämt straff* fixed term [of imprisonment] **-brist** lack of time **-bunden** dated, of its period **-enhet** unit of time **-enlig** [-e:-] *a1* in keeping with the times; up-to-date **-frist** time-limit, deadline; (*anstånd*) respite **-fråga** *en ~* a matter of time **-följd** *i ~* in chronological order **-fördriv** *s7, till ~* as a

pastime **-förlust** loss of time **-gräns** time-limit **-inställd** timed; *~ bomb* time bomb **-inställning** *foto.* shutter setting
tidskrift periodical [publication], publication; journal, review; (*lättare*) magazine
tidskrifts|artikel article in a periodical (*etc.*) **-nummer** issue of a periodical (*etc.*)
tidskrivare time recorder
tids|läge situation at the time; *nuvarande ~* the present juncture **-period** period, space, time **-signal** time signal **-skede** epoch **-skildring** picture of the time **-skillnad** difference in time **-spillan** *r* waste of time **-studier** time [and motion] studies **-studieman** time study man, timer **-trogen** true to the period; faithful **-typisk** characteristic of the time **-vinst** time saving; *med stor ~* with a great gain of time **-ålder** age **-ödande** *a4* time-consuming(-wasting)
tid|tabell time-table; *Am. äv.* schedule **-tabellsenlig** [-e:n-] *a1* scheduled **-tagare** *sport.* timekeeper **-tagarur** stop-watch; timer **-tagning** time-keeping **-tals** [-a:-] (*stundtals*) at times; (*långa tider*) for periods together **-vatten** tide; tidal water **-vis** (*då o. då*) at times; (*med mellanrum*) intermittently, periodically
tig|a *teg tegat* (*äv. -it*) be (remain) silent (*med* about); *~ med ngt* (*äv.*) keep s.th. to o.s.; *~ som muren* keep silent; *~ ihjäl* hush up; *tig!* shut up!; *han fick så han teg* it silenced him; *den som -er samtycker* silence gives consent
tiger ['ti:-] *s2* tiger **-hane** male tiger **-hjärta** *tröst för ett ~* a poor consolation **-hona** female tiger **-lilja** tiger-lily **-skinn** (*på tiger*) tiger's coat; (*avdraget*) tiger-skin **-språng** tiger's leap (*äv. bildl.*) **-unge** tiger-cub
tigg|a *v2* beg (*av* of; *om* for); *Am. sl.* panhandle; *gå omkring och ~* go begging; *~ och be* beg and beg; *~ ihop* collect ... by begging; *~ sig fram* beg one's way along; *~ sig till ngt av ngn* coax s.th. out of s.b.; *~ stryk* (*vard.*) ask for a thrashing **-arbrev** begging letter **-are** beggar; *Am. sl.* panhandler; (*yrkesmässig äv.*) mendicant **-armunk** mendicant friar **-arpåse** beggar's wallet **-arstav** beggar's staff; *bringa ngn till ~en* reduce s.b. to beggary **-eri** begging **-erska** beggar-woman
tigit *sup av tiga*
tigr|erad *a5* tigrine **-inna** tigress
tik *s2* bitch
tilj|a *s1* (planka) board; *beträda ~n* go on the stage; *gå över ~n* (*om skådespel*) be performed
till I *prep* **1** *rumsbet.* (*äv. friare*) *a*) *allm.* to; (*in ~*) into; (*mot*) towards; *vägen ~ handelsboden* the road to the shop; *~ vänster* to the left; *ända ~ stationen* as far as the station; *ha gäster ~ middagen* have guests to dinner; *ha fisk ~ middag* have fish for dinner; *dricka öl ~ maten* have beer with one's food *b*) (*ankomst*) at (*vid orter*), in (*vid länder, stora städer*); *ankomsten ~ Arlanda* (*Stockholm*) the arrival at Arlanda (in Stockholm); *han anlände ~ stationen* (*Sicilien*) he arrived at the station (in Sicily); *vid deras ankomst ~ staden* on their arrival in the city (at the town); *komma ~ ett resultat* arrive at a result *c*) (*avresa*) for; *bussen* (*tåget*) *~ A.* the bus (train) for A.; *vid vår avresa ~ London* on our departure for London; *lösa biljett ~ A.* buy a ticket for A. **2** *tidsbet.* (*som svar på 'hur länge'*) till, until; (*ända ~*) [up] to; (*vid tidpunkt*) at; (*ej senare än*) by; (*avsett för viss tid*) for; *jag väntade ~ klockan sex* I waited till six o'clock; *jag väntade från klockan fem ~ klockan sex* I waited from five o'clock to (till) six o'clock; *~ långt in på natten* till far on into the night; *vi träffas ~ påsk* we will meet at Easter; *~ dess* by then; *ända ~ dess* up to that time; *du måste vara hemma ~ klockan sex* you must be home by six; *natten ~ lördagen* Friday night; *vi har ingen mat ~ i morgon* we have no food for tomorrow; *jag reser hem ~ jul* I am going home for Christmas; *köpa en ny hatt ~ våren* buy a new hat for the spring; *sammanträdet är bestämt ~ i morgon* the meeting is fixed for tomorrow; *jag har tre läxor ~ i morgon* I have three lessons for tomorrow **3** (*dativförh.*) to; (*avsedd för*) for; *jag sade det ~ dig* I said it to you; *skriva ~ ngn* write to s.b.; *sjunga ~ gitarr* sing to [the accompaniment of] the guitar; *det finns post ~ dig* there are some letters for you; *fyra biljetter ~ söndag* four tickets for Sunday; *hans kärlek ~ pengar* his love of money; *av kärlek ~ nästan* out of love for one's neighbour; *vår tillit ~ honom* our confidence (trust) in him **4** (*genitivförh.*) of; to; *hon är dotter ~ en general* she is a (the) daughter of a general; *dörren ~ huset* the door of the house; *författaren ~ pjäsen* the author of the play; *en källa ~* (*bildl.*) a source of; *mor ~ två barn* the mother of two children; *nyckeln ~ garaget* the key to the garage; *en vän ~ mig* (*min syster*) a friend of mine (my sister's); *ägaren ~ bilen* the owner of the car **5** (*efter verb*) *se verbet* **6** (*uttr. ändamålet*) for; (*såsom*) as, by way of; *köpa gardiner ~ köket* buy curtains for the kitchen; *sakna pengar ~* lack money for; *~ metspö använde han* ... he used ... as a fishing-rod; *ge ngn ngt ~ julklapp* give s.b. s.th. as a Christmas present; *ha ngn ~ vän* have s.b. as a friend **7** (*uttr. verkan, resultat*) to; *~ min fasa* to my horror; *vara ~ hinder för* be a hindrance to; *~ skada för* to the detriment of **8** (*uttr. förändring*) into; *omvandlingen ~* the transformation (change) into; *översättning ~ svenska* translation into Swedish; *en förändring ~ det bättre* a change for the better **9** (*vid pris o.d.*) at; (*vid måttsuppgift*) of; *jordgubbar ~ 2 kronor litern* strawberries at 2 kronor per litre; *~ en längd av 6 meter* of a length of 6 metres **10** (*i fråga om*) in; (*genom*) by; *~ antalet* (*utseendet*) in number (looks); *~ det yttre* in external appearance; *läkare ~ yrket* doctor by profession **11** (*i egenskap av*) of; *det var en baddare ~ gädda!* that pike is a real whopper!; *ett nöt ~ karl* a fool of a man; *ett ruckel ~ hus* a ramshackle old house; *en slyngel ~ son* a rascal of a son **12** (*före inf*) *~ att börja med* to begin with; *ett gevär ~ att skjuta med* a gun for shooting (to shoot with); *han är inte karl ~ att* he is not the man to **13** *~ och*

med up to [and including]; ~ *och med söndag* (*äv.*) inclusive of Sunday; *jfr II 4* **14** *svag* ~ *måttlig vind* light to moderate winds; *det var 20* ~ *30 personer där* there were 20 or (to) 30 persons there; *1* ~ *2 tabletter* one to two tablets **II** *adv* **1** (*ytterligare*) more; *en gång* ~ once more; *det kommer tre* ~ three more are coming; *ta en kaka* ~*!* have another biscuit!; *lika mycket* ~ as much again; *det gör varken* ~ *eller från* it makes no difference **2** (*på instrumenttavla o.d.*) on **3** (*tillhörande*) to it; *ett paraply med fodral* ~ an umbrella with a case to it; *en radio med batteri* ~ a radio and battery [to it] **4** ~ *och med* even (*jfr I 13*); ~ *och från* (*då o. då*) off and on; *hon går* ~ *och från* (*om städhjälp*) she comes in; *åt skolan* ~ towards the school; *vi skulle just* ~ *att börja* we were just about to start (on the point of starting) **III** *konj*, ~ *dess* [*att*] till, until

tillag|a make (*soppa* soup; *te* tea); (*steka*) cook; (*göra i ordning*) get ... ready, prepare; (*tillblanda*) mix **-ning** making *etc.*; preparation; ~ *av mat* cooking

tillbạka back; (*bakåt*) backwards; *sedan fem år* ~ for the last (past) five years; *sedan ngn tid* ~ for some time [past] **-bildad** *a5, biol.* vestigial **-blick** retrospect; (*i film, bok*) flashback **-böjd** bent backwards **-dragen** *bildl.* retiring, unobtrusive, reserved **-draget** *adv, leva* ~ live in retirement **-gående** *a4* retrograde; retrogressive; *bildl. äv.* declining **-gång** (*nedgång*) retrogression, decline, setback (*i* of) **-lutad** *a5* leaning backwards; (*om pers. äv.*) leaning back, reclining **-satt** *a4, känna sig* ~ feel slighted (neglected) **-syftande** *a4* referring [back] to **-visa** (*förslag*) reject, refuse; (*påstående*) refute; (*beskyllning*) repudiate

till|bedja worship; (*friare*) adore **-bedjan** [-e:-] *r* worship; adoration **-bedjansvärd** *a1* adorable **-bedjare** [-e:-] adorer; *hennes* ~ her admirer **-behör** *s7, pl* accessories, fittings, appliances; (*reservdelar*) spare parts **-blivelse** coming into being; (*begynnelse*) origin, birth **-bringa** spend, pass (*med att* in +*ing-form*) **-bringare** jug; *Am.* pitcher **-bucklad** *a5* dented **-bud** (*olycks-*) narrow escape **-byggnad** extension, addition **-börlig** [-ö:-] *a1* due; proper (*aktning* respect); (*lämplig*) fitting, appropriate **-börligen** [-ö:-] duly *etc.* **-dela** allot (assign, give) [to]; award (*ngn ett pris* s.b. a prize, a prize to s.b.); confer, bestow (*ngn en utmärkelse* a distinction [up]on s.b.); (*vid ransonering*) allocate; ~ *ngn ett slag* deal s.b. a blow **-delning** allotment, assignment, allocation; award; conferment, bestowal; *konkr.* allowance, ration **-draga** *rfl* **1** (*draga åt sig*) attract (*uppmärksamhet* attention) **2** (*hända*) happen, occur **-dragande** *a4* attractive **-dragelse** occurrence; (*viktig*) event **-döma** ~ *ngn ngt* adjudge s.th. to s.b., award s.b. s.th.; *-dömd ersättning* award **-erkänna** ~ *ngn ngt* award (grant) s.b. s.th.; *modern -erkändes vårdnaden om barnet* the mother was granted the custody of the child; ~ *ngt en viss vikt* ascribe (attach) a certain importance to s.th. **-falla** go (fall) to; accrue to **-fart** [-a:-] *s3* means of access **-fartsväg** approach, access road **-flykt** refuge (*mot, undan* from); *ta sin* ~ *till a)* (*en pers.*) take refuge with, go to ... for refuge, *b)* (*stad, land etc.*) take refuge in, *c) bildl.* resort (have recourse) to, take refuge in **-flyktsort** place of refuge (*undan* from) **-flöde** (*flods etc.*) feeder stream, affluent; *bildl.* inflow, influx **-foga 1** (*-lägga*) add (affix, append) (*till* to) **2** (*förorsaka*) inflict (*ngn skada* harm on s.b.), cause (*ngn en förlust* s.b. a loss); ~ *ngn ett nederlag* (*äv.*) defeat s.b.

tillfrẹds [-e:-] *oböjl. a* satisfied, content; ~ *med livet* at one with the world

tillfredsställ|a [ˣtill-] satisfy, give satisfaction to, content; (*göra t. lags äv.*) please; (*begäran*) gratify; (*hunger e.d.*) appease; ~ *ngns anspråk* fulfil a p.'s expectations **-ande** *a4* satisfactory (*för* to); (*glädjande*) gratifying (*för* to) **-d** *a5* satisfied, content (*med* with) **-else** satisfaction (*över, med* at)

till|friskna recover (*efter, från* from); *absol. äv.* get well (*vard.* get better) again **-frisknande** *s6* recovery **-frusen** frozen (iced) over; (*om farvatten*) icebound **-fråga** ask; (*rådfråga*) consult (*om* as to, about); *han ~des om sina åsikter* he was asked his opinion **-frågan** *i uttr.*: *på* ~ when asked (*om* about) **-fyllest** *se fyllest* **-fångataga** capture; *bli -fångatagen* be taken prisoner **-fångatagande** *s6* capturing, capture

tillfäll|e *s6* (*tidpunkt*) occasion; (*lägligt*) opportunity; (*möjlighet*) chance, possibility; *~t gör tjuven* opportunity makes the thief; *begagna ~t* take the opportunity; *bereda ngn* ~ *att* provide s.b. with an opportunity to (of +*ing-form*); *det finns ~n då* there are times when; *få* (*ha*) ~ *att* find (get) an opportunity of (+*ing-form*) (to); *så snart* ~ *ges* when an opportunity occurs (arises); *för ~t* (*för närvarande*) at present, just now, (*för ögonblicket*) for the time being; *inte vara i* ~ *att* be unable (in no position) to, not be in a position to; *vid* ~ when opportunity occurs, when convenient; *vi ber Er meddela oss det vid* ~ please let us know it at your convenience; *vid detta* ~ on this occasion; *vid första* [*bästa*] ~ at the first opportunity, at your earliest convenience; *vid lämpligt* ~ at a suitable (convenient) opportunity; *låta ~t gå sig ur händerna* let the opportunity slip, miss the opportunity **-ig** *a1* (*då o. då förekommande*) occasional; (*av en händelse*) accidental, casual, incidental; (*kortvarig*) temporary; *~t arbete* casual work; *~a arbeten* odd jobs; *inkomst av* ~ *förvärvsverksamhet* income from incidental sources; *~t utskott* select committee **-ighet** accidental occurrence (circumstance); (*slump äv.*) chance; (*sammanträffande*) coincidence; *av en* [*ren*] ~ by pure chance **-ighetsdikt** occasional poem **-igt** *adv* temporarily, for the time being **-igtvis** accidentally, by accident; (*oförutsett*) incidentally; (*av en slump*) by chance; (*helt apropå*) casually

tillför|a bring (*ngn ngt* s.th. to s.b.), supply, furnish (*ngn ngt* s.b. with s.th.); *-d effekt* (*fys.*) [power] input

tillförlitlig [-i:t-] *a1* reliable, trustworthy; authentic *ur* ~ *källa* (*äv.*) on good authority;

-het reliability, trustworthiness; authenticity

till|förordna appoint ... temporarily; *~d* acting (*professor* professor), [appointed] pro tempore **-försel** *s9* supply, delivery, provision (*av* of); *~ av nytt kapital* provision of fresh capital **-förselväg** supply-route, approach **-försikt** *s3* confidence (*till* in) **-försäkra** secure, ensure (*ngn ngt* s.b. s.th.); *~ sig ngt* secure (make sure of) s.th. **-gift** [-j-] *s3* forgiveness; *be om ~* ask for forgiveness **-given** [-j-] *a3* attached; affectionate; (*om make, hund*) devoted; *vara ngn mycket ~* be very devoted (attached) to s.b.; *Din -givne* (*i brev*) Yours sincerely (*t. nära vän:* affectionately) **-givenhet** [-j-] attachment, devotion, devotedness (*för* to); (*kärlek*) affection (*för* for) **-gjord** affected; (*konstlad*) artificial **-gjordhet** [-j-] affectation; affected manners (*pl*)

tillgodo [-ˣgɷ:-] *se under godo* **-göra** *rfl* utilize; avail o.s. of; *bildl.* profit by (*undervisningen* the education) **-havande** *s6* balance in one's favour, balance due to one; (*i bank*) [credit] balance (*hos* with), holdings, assets (*pl*); *ha ett ~ hos* have a balance in one's favour with; *vårt ~ hos er* the amount you owe us, our account against you **-kvitto** credit note (*Am.* slip) **-räkna** *rfl, ~ sig ngt* (*kreditera sig*) put s.th. to one's credit, (*rabatt*) allow o.s. s.th., *bildl.* take the credit for s.th. **-se** pay due attention to; satisfy, meet (*krav* demands); supply, provide for (*ngns behov* a p.'s needs)

till|grepp (*ur kassa e.d.*) misappropriation (*ur* from); (*stöld*) theft **-gripa 1** take ... unlawfully, seize upon; (*stjäla*) thieve; (*försnilla*) misappropriate **2** *bildl.* resort (have recourse) to **-gå 1** (*försiggå*) *det brukar ~ så att* what usually happens is that, the normal procedure is that; *spelet ~r så att* the rules of the game are that **2** *finnas att ~* be obtainable, be to be had (*hos* from); *ha ngn (ngt) att ~* have s.b. (s.th.) at hand **-gång** *s2* **1** (*förfogande*) access (*t. telefon* to telephone); *jag har ~ till bil i dag* I have the use of a car today **2** (*värdefull ~*) asset; (*bildl. om pers.*) asset; *~ar* means, assets, resources; *~ar och skulder* assets and liabilities; *leva över sina ~ar* live beyond one's means; *fasta (rörliga) ~ar* fixed (current) assets; *han är en stor ~ för företaget* he is a great asset to the company **3** (*förråd*) supply (*på* of); *~ och efterfrågan* supply and demand; *~ på arbetskraft* supply of labour, labour supply **-gänglig** [-j-] *a1* **1** (*som man kan nå*) accessible (*för* to); (*som finns att -gå*) available (*för* for, to) obtainable; (*öppen*) open (*för* to); *med alla ~a medel* by every available means; *parken är ~ för besökare* the park is open to visitors **2** (*om pers.*) easy to approach, approachable; (*vänlig*) affable **-gänglighet** [-j-] **1** accessibility **2** affability

tillhanda [-ˣhann-] *se hand 3* **-hålla** (*saluföra*) sell; *~ ngn ngt* supply (furnish, provide) s.b. with s.th.; *~s* (*äv.*) be on sale

till|handla *rfl* buy o.s. ... (*av ngn* off, from s.b.) **-hjälp** *med ~ av* with the aid (assistance) of; *med din ~* by your aid (help) **-hopa** [al]together, in all **-hygge** weapon **-håll** haunt (*för* of); *ha sitt ~ hos ngn* have one's quarters with s.b. **-hålla** *~ ngn att* urge s.b. to; *~ ngn att inte* tell s.b. not to

tillhör|a 1 belong to; (*vara medlem av äv.*) be a member of; (*räknas t.*) be among (one of); *jag tillhör inte dem som* I am not one of those who; *~ en förnäm släkt* (*äv.*) come of a distinguished family **2** *se tillkomma* **-ande** *a4* belonging to; appurtenant; *en maskin med ~ delar* a machine complete with fittings **-ig** *a1*, *en mig ~* ... a[n] ... belonging to me **-ighet** possession; [private] property; *mina ~er* (*äv.*) my belongings; *politisk ~* political affiliation

tillika [-ˣli:-, -'li:-] also, as well, ... too; (*dessutom*) besides, moreover; *~ med* together with

tillintet|gjord [-ˣinn-] (*nedbruten*) crushed (*av sorg* with sorrow) **-göra** (*nedgöra*) annihilate; (*besegra*) defeat ... completely; (*krossa*) crush (*äv. bildl.*); (*förhoppningar*) shatter; (*planer*) frustrate; *~nde blickar* withering looks **-görelse** [-j-] annihilation; demolition; ruin; shattering; frustration

tillit confidence, trust, faith (*till* in); reliance (*till* on); *sätta sin ~ till* put one's confidence in

tillitsfull confident; confiding, trustful

till|kalla summon, call; *~ hjälp* summon assistance; *~ läkare* send for a doctor **-klippning** cutting **-klippt** *a4* cut out **-knyckla** (*skrynkla*) crumple [up]; (*hatt e.d.*) batter [about] **-knäppt** *a4* buttoned-up; (*om pers.*) reserved **-komma 1** (*komma som tillägg*) *se komma [till]*; *dessutom -kommer* (*äv.*) in addition there is **2** (*uppstå*) *se komma [till]* **3** (*vara ngns rättighet*) be ...'s due; (*åligga*) be incumbent [up]on; *det -kommer inte mig att* it is not for me to **4** *-komme ditt rike!* Thy Kingdom come! **-kommande** *a4* (*framtida*) future, coming, ... to come; *hennes ~* (*som subst.*) her husband-to-be (future husband) **-komst** [-å-] *s3* coming into being (existence); (*uppkomst*) origin, rise **-koppla** attach, hook on; *järnv.* couple [up]; (*motor*) put ... in[to] gear **-krånglad** *a5* (*-trasslad*) entangled; (*invecklad*) complicated **-kämpa** *rfl* obtain (gain) ... after a struggle; *~d* hard-won

tillkännagiv|a [-ˣçänn-] notify announce, make ... known (*för* to); (*röja*) disclose; *härmed -es att* notice is hereby given that **-ande** *s6* notification, announcement, declaration; (*anslag äv.*) notice

till|mäle *s6* word of abuse, epithet; *grova ~n* (*äv.*) invectives **-mäta 1** (*uppmäta*) measure ... out to, allot **2** (*tillräkna*) attach ... to; *~ ngt betydelse* attach importance to s.th.; *~ sig äran* take the credit **-mätt** *a4* measured out; apportioned **-mötes** [-ˣmö:-] *se möte 1* **-mötesgå** (*ngn*) oblige, meet; (*begäran, önskan*) comply with **-mötesgående I** *a4* obliging (*sätt* manners), courteous; (*om pers.*) accommodating (*mot* to[wards]) **II** *s6* obligingness, courtesy; compliance; *tack för Ert ~* thank you for your kind assistance

till|namn surname, family name **-närmelsevis** [-ˣnärr-] approximately; *icke ~* nothing like

tillopp (*tillflöde*) influx, inflow; (*av ånga*) induction, inlet; (*av människor*) rush, run
tillopps|kanal feeder; (*t. motor*) lead **-rör** delivery (feed) tube
tillplatta flatten, compress; *känna sig ~d* (*bildl.*) feel crushed (sat on)
tillra roll; trickle
till|reda prepare, get ... ready **-reds** [-e:-] *vara* (*stå*) ~ be ready (*för, till* for; *för* (*till*) *att* to) **-rop** call, shout; *glada* ~ joyous acclamations **-ropa** hail; (*om vakt o.d.*) challenge **-ryggalägga** [-ˣrygg-] cover
tillråd|a advise, recommend, suggest **-an** *r*, *på ngns* ~ on the (by) advice of s.b. **-lig** *a1* advisable **-lighet** advisability
tillräcklig *a1* sufficient, enough (*för, åt* for); *vi har ~t med* ... we have ... enough; *mer än ~t* more than enough, enough and to spare **-t** *adv* sufficiently, enough; *~ många* a sufficient number of; *~ ofta* often enough, sufficiently often
tillräkn|a *~ ngn ngt* put s.th. down to s.b.; *~ ngn förtjänsten av ngt* give s.b. the credit of s.th.; *~ sig* take (ascribe) ... to o.s.; *~ sig själv hela äran* take all the credit o.s. **-elig** *a5* accountable (responsible) [for one's actions] **-elighet** accountability
tillrätta [-ˣrätta] *se rätta I 2* **-lagd** *a5*, ~ [*för*] arranged (adjusted) to suit **-visa** reprove, censure; (*starkare*) reprimand, rebuke **-visning** reproof, censure; reprimand, rebuke
tills I *konj* (*t. dess att*) till, until **II** *prep* (*t. ngn tidpunkt*) up to; *~ för två år sedan* until two years ago; *~ vidare* until further notice; *~ på lördag* till (until) Saturday
till|sagd *a5* told; *han är ~* he has been told; *är det -sagt?* (*i butik*) are you being attended to [, Sir (Madam)]? **-sammans** together (*med* with); (*sammanlagt*) in all, altogether; (*gemensamt*) jointly; *alla ~* all together; *äta middag ~ med* dine with; *det blir 50 pund ~* it will be 50 pounds in all; *~ har vi 50 pund* we have 50 pounds between (*om fler än två:* amongst) us **-sats 1** (*-sättning*) adding, addition **2** (*ngt -satt*) added ingredient; (*liten ~*) dash; *bildl.* admixture, addition **-satsmedel** additive **-se** (*ha -syn över*) look after, superintend; (*sörja för*) see [to it] (*att ngt blir gjort* that s.th. is done) **-skansa** *rfl* appropriate ... for o.s.; *~ sig makten* usurp power **-skjuta** contribute, pay in (*kapital* capital) **-skott** *s7* contribution; (*utökning*) addition, increase **-skriva 1** (*skriva t.*) write to **2** (*-räkna*) *~ ngn ngt* ascribe (attribute) s.th. to s.b., (*-erkänna äv.*) credit s.b. with s.th.; *~ sig, se -räkna* [*sig*] **-skrynkla** crease (crumple) up
tillskynda (*tillfoga*) cause (*ngn en förlust* s.b. a loss) **-n** *r*, *på ngns ~* at the instigation (instance) of s.b.
tillskär|a cut out **-are** cutter **-ning** cutting out
till|sluta close, shut (*för* to) (*äv. bildl.*) **-slutning** [-u:-] **1** (*-slutande*) closing [up] *etc.* **2** (*an-*) *mötet hölls under stor ~* the meeting was very well attended **-spetsa** *eg.* sharpen, point; *bildl.* bring ... to a head; *läget har ~ts* the situation has become critical **-spillo** [-ˣspillɷ] *se spillo* **-spillogiva** (*låta gå förlorat*) allow to run to waste; *en -spillogiven dag* a wasted day **-stampa** (*jord o.d.*) stamp ... down **-stoppa** stop (shut) [up] **-strömning** streaming in; (*om vätska*) inflow; (*-skott utifrån*) influx; (*publik-*) stream, rush **-stymmelse** *inte en ~ till* not a trace of; *utan varje ~ till* without any semblance of **-styrka** recommend, support, be in favour of **-styrkan** *r* recommendation **-stå** (*medge*) admit; (*bekänna*) confess (*för* to; *att* that)
1 tillstånd *s7* (*tillåtelse*) permission, leave; (*av myndighet äv.*) sanction; (*-sbevis*) permit, licence; *få ~ att* receive (be granted) permission to; *ha ~ att* (*äv.*) have been authorized (licenced) to; *med benäget ~ av* by kind permission of
2 tillstånd *s7* (*beskaffenhet; skick*) state, condition; (*sinnes-*) state [of mind]; *fast* (*flytande*) ~ solid (liquid) form; *i dåligt ~* in bad condition (repair); *i naturligt ~* in the natural state, *miner.* native; *i berusat ~* in a state of intoxication; *i medtaget ~* in an exhausted condition
till|ståndsbevis permit, licence; *Am.* license, certificate **-städes** *vara ~* be on the spot, (*närvarande*) be present; *komma ~* arrive to the place **-städesvarande** *a4*, *de ~* those present **-ställa** (*-sända*) send (forward) to; (*överlämna*) hand [over] to **-ställning 1** entertainment, (*fest*) party (*för* for, in honour of); *en lyckad ~* a successful party **2** *det var just en skön ~* (*iron.*) that's a nice business **-stöta** (*inträffa, tillkomma*) occur, happen; (*om sjukdom*) set in **-syn** *s3*, *ha ~ över* supervise, superintend, be in charge of; *utan ~* (*äv.*) unattended **-syningsman** supervisor (*över* of) **-säga** *se säga* [*till*] **-sägelse** (*befallning*) order (*om* for); (*uppmaning*) summons; (*begäran*) demand (*om* for); (*tillrättavisning*) admonition, reprimand; *få ~* [*om*] *att* receive orders (be told) to; *utan ~* without being told **-sätta 1** (*utnämna*) appoint, nominate; *~ en tjänst* nominate (appoint) s.b. to a post, fill a vacancy; *~ en kommitté* set up a committee **2** (*-lägga*) add on (*till* to) **3** (*blanda i*) add (*till* to) **-sättande** *s6* **1** *~t av tjänsten* the appointment to a post **2** addition **3** adding
tilltag (*företag*) venture; (*försök*) attempt; (*påhitt*) trick; *ett sådant ~!* (*äv.*) what a thing to do! **-a** increase, grow **-ande I** *a4* increasing *etc.* **II** *s6* increase, growth; *vara i ~* be on the increase **-en** *a5*, *knappt ~* on the small side, (*om mat e.d.*) scanty in quantity, (*om lön*) meagre; *väl ~* a good (fair) size **-sen** [-taks-] *a3* enterprising, go-ahead; (*djärv*) bold, daring
tilltal address; *används i ~* is used as a form of address; *svara på ~* answer when [one is] spoken to **-a 1** (*tala t.*) address, speak to; (*ngn på gatan*) accost; *den ~de* the person addressed (spoken to) **2** (*behaga*) attract, please; (*i sht om sak*) appeal to; *det ~r mig mycket* (*äv.*) I like it very much **-ande** *a4* attractive, pleasing (*för* to); acceptable (*förslag* proposal)
tilltals|form vocative form **-namn** Christian name normally used; *~et understruket* (*på formulär e.d.*) underline the name used **-ord** word (form) of address
till|trasslad *a5* entangled; *~e affärer* muddled finances **-tro I** *s9* credit, credence; con-

fidence (*till* in); *sätta ~ till a)* (*ngn*) place confidence in, *b)* (*ngt*) give credit (credence) to; *vinna ~* gain credence (*hos* with) **II** *v4, ~ ngn ngt* believe s.b. capable of s.th., give s.b. credit for s.th. **-träda** (*befattning*) enter upon [the duties of]; (*ta i besittning*) take over (*en egendom* a property); *~ arv* come into [possession of] an inheritance; *~ sin tjänst* take up one's duties (an appointment) **-träde** *s6* **1** (*-trädande*) entry (*av* into possession of); entrance (*av ämbete* upon office) **2** (*inträde*) entrance, admission; (*tillstånd att inträda*) admittance; *luftens ~* the access of the air; *bereda ~ för* give access to; *fritt ~* admission (entrance) free; *~ förbjudet* no admittance; *ha ~ till* have admission to; *barn äga ej ~* children [are] not admitted; *obehöriga äga ej ~* no admittance except on business **-trädesdag** day of taking possession; (*installationsdag*) inauguration day **-tugg** *s7, med ~* with s.th. to eat to it **-tvinga** *rfl* obtain (secure) ... by force **-tyga** *illa ~ ngt* (*ngn*) use (handle) s.th. (s.b.) roughly, *vard.* manhandle s.th. (s.b.); *han var illa ~d* he had been badly knocked about **-tänkt** *a4* (*påtänkt*) contemplated, proposed; (*planerad*) projected, intended **-valsämne** optional (*Am.* elective) subject

tillvaratag|a [-ˣva:-] take charge of; (*bevaka*) look after; (*skydda*) protect, safeguard; (*utnyttja*) utilize (*tiden* time), take advantage of; *~ sina intressen* look after (protect) one's interests **-ande** *s6, ~t av* the taking charge of (looking after)

tillvaro *s9* existence; life; *kampen för ~n* struggle for existence

tillverk|a manufacture, make, produce **-are** manufacturer *etc.* **-ning** (*-ande*) manufacture, make, production; (*det som -ats*) manufacture, make, product; (*-ningsmängd*) output, production; *ha ngt under ~* have s.th. in production **-ningskostnad** cost of production **-ningspris** factory (cost) price **-ningsprocess** manufacturing process

till|vinna *rfl* gain, obtain, secure; (*ngns respekt äv.*) win **-vita** *~ ngn ngt* charge s.b. with s.th. **-vitelse** charge, imputation (*för* of; *för att* of + *ing-form*) **-väga** [-ˣvä:-] *se väg 2* **-vägagångssätt** course (line) of action, procedure **-välla** *rfl* usurp, arrogate to o.s. (*rätten att* the right of + *ing-form*) **-växa** grow; *bildl. äv.* increase (*i* in) **-växt** *s3* growth; (*ökning*) increase; *vara stadd i ~* be increasing (growing, on the increase) **-växttakt** rate of growth **-yxa** rough-cut(-hew); (*friare*) roughly shape

tillåt|a **1** allow, permit; (*samtycka t.*) consent to; (*om sak*) admit (allow) of; (*finna sig i*) suffer; *tillåt mig fråga om ni* allow me to (let me) ask if you; *-er ni att jag röker?* do you mind my smoking?; *om ni -er* if you will allow me; *om vädret -er* weather permitting; *min ekonomi -er inte det* my finances won't allow it **2** *rfl* (*unna sig*) allow (permit) o.s.; (*ta sig friheten*) take the liberty to (of + *ing-form*) **-else** permission, leave; (*av myndighet e.d.*) licence, authorization; *be om ~ att* ask [for] permission to; *få ~ att* be allowed (permitted) to, get (be given) permission to; *med er ~* with your permission **-en** *a5* allowed, permitted; (*laglig*) lawful; *är det -et att ...?* may I ...?; *det är inte -et att röka här* smoking is not allowed here; *högsta -na hastighet* the maximum speed allowed, the speed limit; *vara ~* (*jakt.*) be in season **-lig** [-å:-] *a1* allowable, permissible

tillägg *s7* addition; (*t. dokument äv.*) rider, additional paragraph; (*t. bok*) supplement, appendix; (*t. manuskript*) insertion; (*t. brev*) postscript; (*t. testamente*) codicil; (*löne-*) rise, bonus; (*anmärkning*) addendum (*pl* addenda); *rättelser och ~* corrections and additions, corrigenda and addenda; *procentuellt ~* [a] percentage addition; *dock med det ~et att* it being understood, however, that; *utan ~* without any addition **-a** add (*till* to)

tilläggs|avgift extra (additional) fee, surcharge **-bestämmelse** additional (supplementary) regulation **-biljett** supplementary ticket **-pension** supplementary pension **-pensionering** *allmän ~* (*förk. ATP*) national supplementary pensions scheme **-plats** *sjö.* berth, landing-(mooring-)place **-porto** surcharge, additional postage **-premie** *försäkr.* additional (extra) premium

till|ägna **1** (*dedicera*) dedicate (*ngn en bok* a book to s.b.) **2** *rfl* (*tillskansa sig*) appropriate, seize [upon], lay hands on; (*förvärva*) acquire (*kunskaper* knowledge); (*tillgodogöra sig*) assimilate, profit by; *orättmätigt ~ sig ngt* appropriate s.th. unlawfully **-ägnan** [-äŋn-] *r* dedication **-ämna** intend, have ... in view **-ämnad** *a5* intended; (*påtänkt*) premeditated

tillämp|a apply (*på* to); (*metod e.d.*) practise; *kunna ~s på* (*äv.*) be applicable to; *~ ngt i praktiken* put s.th. into practice; *~d forskning* applied research **-lig** *a1* applicable (*på* to); *stryk det ej ~a* strike out words not applicable; *i ~a delar* wherever applicable (relevant) **-ning** application (*på* to); *äga ~ på* be applicable to

tillända [-ˣänn-] *se 1 ända I 1* **-lupen** *a5* expired; *vara ~* be at (have come to) an end

till|öka add to; (*göra större*) enlarge **-ökning** (*-ökande*) increasing, enlargement (*av, i* of); *konkr.* increase (*av* of); increment (*på lön* in one's salary); *vänta ~* [*i familjen*] be expecting an addition to the family **-önska** wish **-önskan** wish; *med ~ om* best wishes for

tilta *s1, lantbr.* ridge

tima happen, occur

tim|antal number of hours **-arbete** work by the hour

timbal *s3* **1** *mus.* kettledrum **2** *kokk.* timbale

tim|förtjänst hourly earnings (*pl*) **-glas** hour-(sand-)glass

timid *a1, n sg obest. f. undviks* timid

timjan *s9* thyme

tim|lig *a1* temporal; *det ~a* things temporal; *lämna det ~a* depart this life **-lärare** *ung.* part-time teacher **-lön** hourly wage[s *pl*], payment by the hour; *få ~* be paid by the hour **-me** *s2* hour; (*lektion*) lesson; *en ~s resa* an hour's journey; *varannan ~* every other hour; *åtta -mars arbetsdag* an eight-hour day; *efter en ~* an hour later; *i ~n* an hour; *i flera -mar* for [several] hours; *om en ~* in an hour; *per ~* per (by the) hour

timmer ['timm-] *s7* timber; *Am.* lumber **-avverkning** logging, timber cutting (felling) **-bröt** log jam (blockage) **-flottare** log driver **-flotte** log raft **-flottning** timber-(log-)driving **-huggare** logger, woodcutter; *Am.* lumberjack **-koja** log cabin **-lass** load of logs (timber) **-man** carpenter **-ränna** flume **-släp** log (timber) raft (transport) **-stock** log; *dra ~ar (snarka)* be driving one's hogs to market

timotej [-'tejj] *s3* timothy[-grass], herd's grass

tim|penning hourly wage **-plan** timetable

timra build with logs, construct out of timber; *absol.* do carpentry; *~d stuga* timbered cottage

timslag *på ~et* on the stroke of the hour

timslång of an hour's duration, lasting an hour

tim|tals [-a:-] for hours together, for hours and hours **-vis** by the hour **-visare** hour (small) hand

1 tina *s1* **1** (*laggkärl*) tub **2** (*fiskredskap*) creel

2 tina *v1*, ~ [*upp*] thaw (*äv bildl.*), melt; (*bildl. om pers.*) become less reserved (more sociable)

tindra twinkle; (*starkare*) sparkle, scintillate; *med ~nde ögon* starry-eyed

1 ting *s7* (*sak*) thing; (*ärende äv.*) matter; (*föremål*) object; *saker och ~* [a lot of] things

2 ting *s7* (*domstolssammanträde*) district-court sessions (*pl*); *Engl. äv.* Assizes, Quarter Sessions (*pl*); *hist.* thing; *sitta ~* be on duty at a district court

tinga (*beställa*) order [... in advance], bespeak; (*ngn*) retain, engage; (*göra avtal om*) bargain for

tingeltangel *s7* noisy funfare, cheap entertainment

tingest ['tiŋ-] *s2* thing, object; *vard.* contraption

tings|dag sessions-day **-hus** court-house, law courts (*pl*) **-meriterad** *a5*, *~ jurist* (*ung.*) jurist with district court practice **-meritering** *ung.* period of service in a district court **-notarie** clerk of a [district] court **-sal** sessions-hall **-tjänstgöring** court practice

tinktur tincture

tinn|e *s2* pinnacle; *bildl.* summit; *torn och -ar* towers and pinnacles; *försedd med -ar* pinnacled

tinning temple

tio [ˣti:o, *vard.* ˣti:e] ten; (*för sms. jfr fem-*) **-dubbel** tenfold **-dubbla** multiply ... by ten, increase tenfold **-falt** ten times, tenfold

tiofosfat dithiophosphate

tio|hörning [-ö:-] decagon **-kamp** *sport.* decathlon **-kampare** *sport.* decathlete **-kronesedel** ten-kronor note

tion|de [-å-] **I** *räkn.* tenth **II** *s9, s7* tithes (*pl*); *ge ~* pay [one's] tithes **[-de]del** tenth **-[de]dels** [-de:ls] *oböjl. a, en ~ sekund* one (a) tenth of a second

tio|pundssedel ten-pound note; *vard.* tenner **-tal** ten; *ett ~ (ung. tio)* about (some) ten; *i jämna ~* in multiples of ten; *under ett ~ år* for ten years [or so]; *på ~et (1910-talet)* in the nineteen-tens **-tiden** *vid ~* [at] about ten [o'clock] **-tusental** *i ~* in tens of thousands **-tusentals** [-a:-] *i ~ år* for tens of thousands of years **-årig** *a1* ten-year-old **-åring** ten-year-old boy (*etc.*), boy (*etc.*) of ten **-årsdag** tenth anniversary (*av* of) **-öring** ten-öre piece

1 tipp *s2* (*spets*) tip (*av* of)

2 tipp *s2* (*avstjälpningsplats*) tip, dump; (*på lastfordon*) tipping device; *lastbil med ~* tipper, *Am.* dump truck

1 tippa (*stjälpa ur*) tip, dump

2 tippa (*förutsäga*) spot; *sport.* play the pools

1 tippning (*avstjälpning*) tipping, dumping; *~ förbjuden!* no tipping allowed!

2 tippning *sport.* playing the pools

tippvagn 1 (*lastbil*) *se 2 tipp* **2** *järnv.* tipping truck; *Am.* dump car

tips *s7* **1** (*vink*) tip[-off], hint; *ge ngn ett ~* give s.b. a tip **2** (*fotbolls-*) football-pools; *vinna på ~* win on the pools **-kupong** [football-]pools coupon **-rad** line on a pools coupon **-vinst** [football-]pools win (dividend)

tiptop [-tåpp] *oböjl. a* tiptop, first-rate

tirad *s3* tirade

tisdag ['ti:s-] *s2* Tuesday; (*jfr fredag*)

tiss|el ['tiss-] *s7*, *~ och tassel* tittle-tattle **-la** *~ och tassla* tittle-tattle

tistel *s2*, *bot.* thistle

tistelstång shaft, pole

titan 1 *s3*, *myt.* Titan **2** *s3, s4, kem.* titanium **-isk** *a5* (*jättelik*) titan[ic] **-vitt** titanium white

tit|el ['titt-] *s2* **1** (*bok- etc.*) title (*på* of); *... med ~n ...* entitled **2** (*persons*) title; (*benämning*) designation, denomination; *lägga bort -larna* drop the Mr. (*etc.*)

titel||blad title-page **-match** championship (title) match **-roll** *teat. e.d.* title-role **-sida** title-page **-sjuka** mania for titles **-vinjett** head-piece

titrer|a titrate **-ing** titration

1 titt *adv*, *~ och tätt* frequently, repeatedly, over and over again

2 titt *s2* **1** (*blick*) look; (*hastig*) glance; (*i smyg*) peep; *ta sig en ~ på* have a look at **2** (*kort besök*) call (*hos* on; *på* at); *tack för ~en!* kind of you to look me up! **-a 1** look (*på* at); (*hastigt*) glance (*på* at); (*kika*) peep (*på* at); *~ efter* gaze after, (*söka*) look for; *~ i* have a look at (in); *~ för djupt i glaset* be too fond of the bottle; *~ sig i spegeln* look (have a look) at o.s. in the mirror; *~ ngn djupt in i ögonen* look deep into a p.'s eyes; *~ på (äv.)* have a look at; *vi skall ut och ~ på möbler* we are going to the shops to look at furniture; *~ på TV* watch TV; *jag vill inte ~ åt honom* I can't bear the sight of him; *titt ut!* boo!, *Am.* peek-aboo! **2** (*med beton. part.*) *~ efter* (*undersöka*) [look and] see; *~ fram* peep out (forth); *vill du ~ hit ett ögonblick* will you come over here for a minute; *~ in a)* look in (*genom fönstret* at the window), *b)* (*hälsa på*) look (drop) in (*till* to see); *~ in hos ngn* look s.b. up; *~ in i* look into; *~ ner* lower

one's eyes; ~ *på* look on, watch; ~ *upp* look up, raise one's eyes; ~ *ut genom fönstret* look out of the window; ~ *ut ngn* stare s.b. out of the room **-are** (*TV-*) viewer **-arfrekvens** Television audience measurement (T.A.M. rating) **-glugg** spy-hole **-hål** peep-hole **-skåp** peep-show **-ut** *s2*, *leka* ~ play [at] bo-peep
titul|atur title[s *pl*] **-era** style, call; ~ *ngn* (*äv.*) address s.b. as **-är** *a1* titular
tivoli ['ti:-] *s6* amusement park; *Am. äv.* carnival
tja [ça:] well!
tjafs [ç-] *s7* tommy-rot **-a** talk a lot of tommy-rot
tjallare [ç-] informer, squealer
tjat [ç-] *s7* nagging **-a** nag **-ig** *a1* nagging; (*långtråkig*) tedious
tjatt|er ['çatt-] *s7* **-ra** jabber, chatter
tjeck [çekk] *s3* Czech **-isk** ['çekk-] *a5* Czech, Czechish **-oslovak** *s3* Czecho-Slovak **Tjeckoslovakien** *n* Czecho-Slovakia
tjej [çejj] *s3* bird
tjo [ço:] *s7*, ~ *och tjim* whoopee-making
tjock [çåkk] *a1* thick; (*om pers.*) stout, fat; (*tät*) dense, thick; ~ *grädde* thick cream; *det var ~t med folk på gatan* the street was packed with people **-a** *s1* fog **-bottnad** [-å-] *a5* thick-bottomed **-flytande** viscous, viscid, heavy, thick **-hudad** *a5* thick-skinned (*äv. bildl.*) **-huding** *zool.* pachyderm **-is** ['çåkk-] *s2*, *vard.* fatty **-lek** *s2* thickness; (*dimension*) gauge; *med en ~ av 1 meter* 1 metre thick **-magad** *a5* big-bellied **-na** thicken; ~ *till* get (become) thicker **-skalig** *a1* (*om nöt, ägg o.d.*) thick-shelled; (*om potatis, frukt o.d.*) thick-skinned(-peeled) **-skalle** fathead, numskull **-skallig** thick-headed (*äv. bildl.*) **-tarm** large intestine **-ända -ände** thick-(butt-)end
tjog [çå:g] *s7* score; *ett ~ ägg* (*vanl.*) twenty eggs; *fem ~* five score of **-tals** [-a:-] scores; ~ *med* scores of **-vis** by the score
tjud|er ['çu:-] *s7* tether **-ra** [-u:-] tether (*fast vid* up to)
tjuga [ˣçu:-] *s1* hay-fork
tjugo [ˣçugo, *vard.* -ge] (*för sms. jfr fem-*) twenty **-en -ett** twenty-one **-femårsjubileum** twenty-fifth anniversary **-femöring** twenty-five-öre piece **-första** twenty-first
tjugon|de [ˣçu:gån-] twentieth **-[de]dag** *~en* (*~ jul*) Hillarymas [Day] **-[de]del** twentieth
tjugo|tal *ett ~* about (some) twenty; *på ~et* (*1920-talet*) in the [nineteen] twenties
tjur [çu:r] *s2* bull **-a** sulk, be in a sulk **-fäktare** bullfighter **-fäktning** bull-fighting; *en ~* a bullfight **-ig** *a1* sulky **-ighet** sulkiness **-kalv** bull calf **-skalle** stubborn (pig-headed) person **-skallig** *a1* stubborn, pig-headed **-skallighet** stubbornness, pig-headedness
tjus|a [ˣçu:-] enchant, charm; (*friare*) fascinate **-arlock** captivating curl **-ig** *a1* captivating, charming **-kraft** power to charm **-ning** [-u:-] charm, enchantment; fascination; *fartens ~* the fascination of speed
tjut [çu:t] *s7* howling; (*ett ~*) howl **-a** *tjöt -it* howl; (*skrika*) shriek, yell; (*om mistlur*) hoot; *stormen -er kring knutarna* the storm is howling round the house **-it** *sup av tjuta*
tjuv [çu:v] *s2* thief; *ta fast ~en!* stop thief!; *som en ~ om natten* like a thief in the night **-aktig** *a1* thievish **-eri** theft; *jur.* larceny **-fiskare** fish-poacher **-fiske** fish-poaching **-gods** stolen property (goods *pl*) **-godsgömma** cache **-godsgömmare** [-j-] receiver of stolen property (*etc.*); *sl.* fence **-gubbe** old rascal **-knep** *bildl.* sharp practice; dirty trick **-larm** burglar alarm **-liga** gang of thieves (burglars) **-lyssna** eavesdrop **-lyssnare** eavesdropper; *radio.* wireless pirate **-läsa** read ... on the sly **-nad** [-u:-] *s3* stealing, theft; *jur.* larceny **-nadsbrott** larceny **-nyp** *ge ngn ett ~* pinch s.b. on the sly, *bildl.* give s.b. a sly dig **-pojke** young rascal **-pojksaktig** *a1* roguish **-pojksstreck** dirty trick **-skytt** poacher **-skytte** poaching **-språk** argot, thieves' slang **-stanna** (*om motor*) stall **-start** *sport.* false start; *vard.* jumping the gun **-starta** *sport.* jump the gun **-streck** dirty trick **-titta** ~ *i* take a look into ... on the sly **-tjockt** *jag mår ~* I feel lousy **-åka** steal a ride **-åkare** fare dodger
tjäder ['çä:-] *s2* capercaillie; *koll. äv.* wood-grouse **-höna** hen- capercaillie **-lek** capercaillie courtship **-tupp** cock-capercaillie
tjäle [ˣçä:-] *s2* ground (soil) frost; *när ~n går ur jorden* when the frost in the ground breaks up
tjäll [ç-] *s7* humble abode
tjäl|lossning thawing of frozen soil, break of the frost **-skada** frost damage **-skott** frost heave; (*hål*) pot-hole
tjän|a [ˣçä:-] **1** (*vara anställd*) serve (*hos* in a p.'s house; *som* as a[n]); ~ *staten* serve the State; ~ *hos ngn* (*äv.*) be in a p.'s service (employ); ~ *upp sig* work one's way up; ~ *ut* (*om soldat*) serve one's time; *den har ~t ut* it has seen its best days **2** (*användas*) serve, do duty (*som* as); ~ *ngn till efterrättelse* serve as an example to s.b.; *det ~r ingenting till att ...* there is no use (point) in (+*ing-form*); *vad ~r det till?* what is the use (good) of that? **3** (*förtjäna*) earn (*pengar* money); gain (*på affären* by the bargain); ~ *ihop* save up; ~ *in sin pension* earn one's pension **-ande** *a4* serving (*till* as); ~ *andar* ministering spirits **-are** servant; (*betjänt*) man-servant; *en kyrkans ~* a minister of the Church; *en statens ~* a public servant; *~!* hello!, (*vid avsked*) bye-bye! **-arinna** [maid-]servant, domestic [servant] **-lig** [-ä:-] *a1* serviceable (*till* for); (*passande*) suitable (*till* for); (*ändamålsenlig*) expedient (*till* for); *vid ~ väderlek* when the weather is suitable
tjänst [ç-] *s3* **1** (*anställning*) service; (*befattning*) appointment, place, situation; (*högre*) office, post; (*prästerlig*) charge, ministry; *i ~* on duty, in service; *i ~en* on official business, (*å ämbetets vägnar*) ex officio, officially; *i statens ~* in the service of the State; *vara i ngns ~* be employd by s.b., be in a p.'s service; *lämna sin ~* resign one's appointment; *söka ~* apply for a situation (job); *ta ~* (*om tjänare*) go inte service (*hos ngn* in a p.'s house), (*allmännare*) take a job (situation) (*som* as); *utom ~en* off duty **2** (*hjälp*) service (*mot* to); *be ngn om en ~* ask a favour of s.b.; *göra ngn en ~* do s.b. a service (good turn); *gör mig den ~en att*

... oblige me by ... (+ *ing-form*); *göra ngn den sista ~en* pay one's last respects to s.b.; *varmed kan jag stå till ~?* what can I do for you?; *till er ~!* at your service (command)! 3 (*nytta*) service; *göra ~* do service (duty), serve, (*fungera*) work **-aktig** *a1* ready to render service, obliging **-duglig** fit for service; (*om sak*) serviceable

tjänste|ande servant; *vard.* slavey **-angelägenhet** official matter **-avtal** employment contract **-betyg** certificate of service **-bil** official (company) car **-bostad** housing accommodation supplied by a company; official residence **-brev** official letter **-bruk** official use **-ed** oath of office **-fel** breach of duty **-flicka** servant[-girl], maid **-folk** [domestic] servants (*pl*) **-förmåner** fringe benefits **-förrättande** *a4* acting; in charge **-grad** rank **-läkare** staff medical officer **-man** employee, clerk; (*högre*) official, officer; (*stats-*) civil servant; *vard.* white-collar worker; *Tjänstemännens centralorganisation* (*förk. TCO*) the Swedish Central Organization of Salaried Employees **-mannabana** white-collar career **-mannakår** staff of officers and employees **-meddelande** official communication **-resa** official journey, journey on official business; (*i privat tjänst*) business trip (journey) **-rum** office **-ställning** *mil.* official standing **-tid** 1 (*anställningstid*) period of service 2 (*kontorstid*) office hours **-utövning** *under ~* when discharging one's duties **-vikt** (*bils*) kerb weight plus driver's weight **-ålder** *gå efter ~* go by seniority **-år** year[s *pl*] of service (in office) **-ärende** official matter

tjänstgör|a serve (*som* as; *på, vid* at); (*om pers. äv.*) act (*som* as); (*vara i tjänst*) be on duty, (*vid hovet o.d.*) be in attendance (waiting) (*hos* on) **-ande** *a4* on duty, in charge, (*vid hovet*) in attendance **-ing** service, duty; work; attendance; *ha ~* be on duty **-ingsbetyg** testimonial, certificate of service **-ingsreglemente** service regulations (*pl*) **-ingstid** 1 (*daglig*) [office] hours (*pl*), hours (*pl*) of service (duty) 2 (*tid i samma tjänst*) [period of] service

tjänst|ledig *vara ~* be on leave (off duty); *~ för sjukdom* on sick leave; *ta ~t* take leave of absence **-ledighet** leave [of absence]; (*för sjukdom*) sick leave **-villig** obliging, helpful, eager to help

tjär|a [ˣçä:-] I *s1* tar II *v1* tar; *~t tak* tarred roof **-blomster** red German catchfly **-bloss** pitch-torch, link **-fläck** tar stain **-ig** *a1* tarry **-kokare** tar-boiler

tjärn [çä:rn] *s2, s7* tarn

tjär|ning [ˣçä:r-] tarring **-papp** tarred [roofing] felt

tjöt [çö:t] *imperf av tjuta*

toalẹtt *s3* 1 (*klädsel*) toilet, dress; *stor ~* full dress; *göra ~* make one's toilet; *göra ~ till middagen* dress for dinner 2 (*WC*) toilet, lavatory; (*offentlig*) public convenience, *Am.* wash (rest) room; (*på restaurang o.d.*) cloakroom, men's (ladies') room; *gå på ~en* go to the toilet **-artiklar** toilet requisites **-bord** dressing-(toilet-)table; *Am. äv.* dresser **-papper** toilet-paper(-tissue) **-rum** toilet [room], lavatory; *se äv. toalett 2* **-saker** toiletries **-tvål** (*hopskr. toalettvål*) *en ~* a bar (piece) of toilet soap

tobak ['tobb-] *s3* tobacco; *ta sig en pipa ~* have a pipe

tobaks|affär tobacconist's [shop], tobacco shop **-blandning** blend of tobacco **-burk** tobacco-jar, humidor **-buss** quid **-handlare** tobacconist **-märke** brand of tobacco **-rök** tobacco-smoke **-rökning** tobacco-smoking; *~ förbjuden* no smoking **-varor** tobacco [products]

toddy ['tåddy] *s2, pl äv. toddar* toddy

toffel ['tåff-] *s1* slipper; *stå under ~n* be hen-pecked **-hjälte** hen-pecked husband **-regemente** petticoat government

tofs [tåffs] *s2* tuft, bunch; (*på fågel äv.*) crest; (*på möbler, mössa*) tassel **-lärka** crested lark **-mes** crested tit **-vipa** lapwing, peewit

toft [tåfft] *s3* thwart

tog *imperf av ta*

toga [ˣtå:-] *s1* toga

tok 1 *s2, pers.* fool; (*obetänksam pers.*) duffer 2 *oböjl. i uttr.: gå* (*vara*) *på ~* go (be) wrong; *jag har fått på ~ för mycket* I have been given far too much **-a** *s1* fool of a woman (girl); *en liten ~* a silly little thing

tokạjer [-'kajj-] *s9* Tokay

tok|er ['to:-] *-ern -ar, se tok 1* **-eri** folly, nonsense; *~er* (*upptåg*) foolish pranks **-ig** *a1* mad (*av* with; *efter* after; *i, på* on); (*oförståndig*) silly, foolish; (*löjlig*) ridiculous; (*-rolig*) comic, droll; (*mycket förtjust*) crazy (*i* about); *det låter inte så ~t* that doesn't sound too bad; *det är så man kan bli ~* it's enough to drive one round the bend **-igt** *adv* madly *etc.*; *bära sig ~ åt* act foolishly (like a fool) **-rolig** [extremely] funny (comic, droll) **-stolle** madcap; crazy guy

toler|ans [-'raŋs, -'ranns] *s3* tolerance (*mot* towards) **-ant** [-'raŋt, -'rannt] *a1* tolerant, forbearing (*mot* towards); (*friare*) broad-minded **-era** tolerate, put up with

tolft [tå-] *s3* dozen **-e** **-edel** twelfth

1 **tolk** [tå-] *s2* (*verktyg*) gauge; *Am.* gage

2 **tolk** [tå-] *s2* (*översättare o.d.*) interpreter; *göra sig till ~ för* (*bildl.*) voice, (*åsikt*) advocate

1 **tolka** [ˣtåll-] *sport.* go ski-joring

2 **tolk|a** [ˣtåll-] (*översätta o.d.*) interpret (*äv. teat. o.d.*); (*handskrift*) decipher; (*återge*) render; (*uttrycka känslor*) express, give expression to; *~ på engelska* [simultaneously] translate into English; *hur skall jag ~ detta?* what am I to understand by this? **-are** (*av musik, roll o.d.*) interpreter, renderer **-ning** interpretation (*av* of); (*av handskrift*) decipherment; (*översättning*) [simultaneous] translation; *felaktig ~* misinterpretation; *fri ~* free rendering **-ningsfråga** question of interpretation, matter of opinion

tolv [tå-] twelve; (*för sms. jfr fem-*); *klockan ~ på dagen* (*natten*) at noon (midnight) **-a** *s1* twelve **-fingertarm** duodenum **-hundratalet** *på ~* in the thirteenth century **-tiden** *vid ~* at about twelve

Tolvöarna *pl* the Dodecanese Islands

t.o.m. *förk. för till och med, se till I 13 o. II 4*

tom [tømm] *a1* empty, void (*på* of) (*äv. bildl.*); (*ej upptagen*) vacant; (*naken*) bare; (*oskriven*) blank; (*öde och* ~) deserted; *~t prat* empty words; *~t skryt* vain boasting; *känna sig ~ i huvudet* feel void of all thought (unable to think); *känna sig ~ i magen* feel empty inside; *det känns ~t efter dig* it feels so empty without you
tomat tomato **-ketchup** tomato ketchup **-puré** tomato purée **-soppa** tomato soup
tombola ['tåmm-] *s1* tombola
tom|butelj empty bottle **-fat** empty cask **-glas** *koll.* empty bottles (*pl*) **-gång** idling, idle running; *gå på* ~ idle, tick over **-het** emptiness, bareness (*etc.*); vacancy; *bildl.* void **-hänt** *a1* empty-handed **-rum** empty space; (*lucka*) gap; (*på blankett o.d.*) blank; *fys.* vacuum; *bildl.* void, blank; *han har lämnat ett stort ~ efter sig* he has left a void (great blank) behind him
tomt [tåmmt] *s3* (*obebyggd*) [building-]site, lot; (*kring villa e.d.*) garden, grounds (*pl*); *lediga ~er* vacant sites
tomte [ˣtåmm-] *s2* brownie, goblin **-bolycka** married bliss **-nisse** little brownie
tomt|gräns boundary of a building-site **-hyra** ground rent **-jobbare** land speculator **-karta** land register map **-rätt** site-leasehold right **-rättsavgäld** [-j-] *s3* rent for a leasehold site
1 ton [tånn] *s7* (*viktenhet*) metric ton; (*Engl., ca 1 016 kg*) long ton; (*Am., ca 907 kg*) short ton
2 ton [tø:n] *s3* (*mus.; färg-; bildl.*) tone; (*röst äv.*) tone of voice; (*på -skala*) note; (*-höjd*) pitch; (*mus. o. friare*) key[-note], tune; (*umgänges-*) tone, manners (*pl*); *~ernas rike* the realm of music; *ange ~en a) mus.* give (strike) the note, *b) bildl.* give (set) the tone; *i befallande* ~ in a tone of command; *hålla* ~ keep in tune; *hålla ut ~en* hold the note; *stämma ner ~en* (*bildl.*) temper one's tone; tone down; *ta sig* ~ put on (assume) a lofty air (*mot ngn* towards s.b.); *träffa den rätta ~en* strike the right note; *takt och* ~ good manners; *det hör till god* ~ it is good form **-a** (*ljuda*) sound; (*ge färgton åt*) tone (*äv. foto.*); ~ *bort a*) (*förtona*) die away, *b*) (*få att upphöra, avlägsna*) fade out **-al** *a1* tonal **-alitet** tonality **-ande** *a4* sounding; *fonet.* voiced (*ljud* sound) **-art** *mus.* key; *berömma ngn i alla ~er* sing a p.'s praises in every possible way **-dikt** tone-poem **-diktare** composer **-fall** intonation; accent
tonfisk tunny[-fish]
ton|givande *i ~ kretsar* in leading quarters **-gång** *~ar a*) *mus.* progressions, successions of notes, *b*) *bildl.* strains **-höjd** pitch **-ing** toning, tinting **-konst** [art of] music **-läge** *mus.* pitch; (*rösts omfång*) range, compass **-lös** (*om röst*) toneless; (*om ljud*) flat, dull **-målning** tone picture
tonnage [tå'na:ʃ] *s4* tonnage
tonomfång range, compass
tonsill [tån'sill] *s3* tonsil
ton|skala musical scale **-steg** interval **-styrka** intensity of sound
tonsur [tån'su:r] tonsure
ton|sätta set ... to music **-sättare** composer **-sättning** [musical] composition **-vikt** *språkv.* stress; accent; *bildl.* emphasis; *lägga ~ på a) eg.* stress, put stress on, *b) bildl.* emphasize, lay stress on
tonår|en [ˣtånn-] *pl, i* ~ in one's teens **-ing** teen-ager
tonåtergivning tone reproduction
topas *s3* topaz
topografi *s3* topography **-sk** [-'gra:-] *a5* topographical
1 topp [tåpp] *interj* done!, agreed!, a bargain!
2 topp [tåpp] **I** *s2* top; (*bergs- äv.*) summit; (*våg-*) crest; (*friare*) peak, pinnacle; *från ~ till tå* from top to toe; *i ~en* at the top (*av* of); *med flaggan i* ~ with the flag flying; *hissa flaggan i* ~ run up the flag; *vara på ~en av sin förmåga* be at the height of one's powers **II** *adv*, *~ tunnor rasande* boiling over with rage **-a 1** (*-hugga*) pollard; (*växt*) top **2** (*stå överst på*) top, head **-belastning** peak (maximum) load **-form** *vara i* ~ be in top form **-formig** [-å-] *a1* conical **-hastighet** maximum (top) speed **-ig** *a1* conical **-klass** top-class **-konferens** summit conference (meeting) **-kurs** *hand.* top (peak) rate **-lanterna** masthead light, top-light **-murkla** [edible] morel **-mössa** pointed (conical) cap **-prestation** (*hopskr. topprestation*) top performance **-punkt** (*hopskr. toppunkt*) highest point, summit **-rida** bully **-segel** topsail **-siffra** peak (record) figure **-socker** loaf-sugar **-ventil** overhead valve
Tor *myt.* Thor
tord|as [ˣtø:r-] *vard., se töras* **-ats** *vard., sup av töras* **-e 1** (*i uppmaning*) will, (*artigare*) will please; *ni ~ observera* you will please (*anmodas:* are requested to) observe; *ni ~ erinra er* you will remember **2** (*uttr. förmodan*) probably; *det ~ dröja innan* it will probably be a long time before; *man ~ kunna påstå att* it may (can; might, could) probably be asserted that; *ni ~ ha rätt* I dare say you are right **-es** *imperf av töras*
tordmule [ˣtø:rd-] *s2* razorbill
tordyvel [ˣtø:rd-] *s2* dor-(dung-)beetle
tordön [ˣtø:r-] *s7* thunder
tordönsstämma voice of thunder, thunderous voice
torftig [ˣtårrf-] *a1* (*fattig*) poor; (*enkel*) plain; (*knapp*) scanty, meagre; *~a kunskaper* scanty knowledge (*sg*) **-het** poorness *etc.* **-t** *adv* poorly *etc.*
torg [tårrj] *s7* (*öppen plats*) square; (*salu-*) market, market-place; *Röda ~et* the Red Square; *gå på ~et* go to the market, (*för att handla*) go marketing **-dag** market-day **-föra** take (bring) ... to market, market, *bildl.* bring ... forward **-gumma** market-woman **-handel** market trade, marketing **-kasse** market-bag **-skräck** agoraphobia **-stånd** market-stall
torium ['tø:-] *s8, kem.* thorium
tork [tårrk] **1** *s2* drier, dryer **2** *oböjl. i uttr.: hänga på* ~ hang ... [out] to dry; *hänga ut tvätten till* ~ hang the washing out to dry **-a I** *s1* drought, dry weather; *svår* ~ severe drought **II** *v1* **1** (*göra torr*) dry, get ... dry; ~ *tvätt* dry the washing **2** (~ *av*) wipe

[... dry], dry; ~ *disken* dry the dishes; ~ *fötterna* wipe one's feet; ~ *sina tårar* wipe away (dry) one's tears **3** (*bli torr*) dry, get dry; (*vissna äv.*) dry up **4** (*med beton. part.*) ~ *bort a*) (*av-*) wipe off (up), *b*) (~ *ut*) get dried up, (*om vätska*) dry up; ~ *fast* dry and get stuck; ~ *ihop* dry up; ~ *in* dry in, *bildl. äv.* come to nothing; ~ *upp a*) (*av-*) wipe (mop) up, *b*) (*bli torr*) dry up, get dry; ~ *ut* dry up, run dry **5** *rfl* dry (wipe) o.s. (*med, på* with, on); ~ *sig om händerna* dry one's hands; ~ *dig om munnen!* wipe your mouth! **-huv** hood hairdryer (hair-drier) **-ning** drying; (*av-*) wiping [off], mopping [up] **-skåp** drying cabinet (cupboard) **-streck** clothes-line **-ställ[ning]** drying rack; (*för disk*) plate rack **-tumlare** tumbler dryer **-ugn** drying-kiln(-oven, -furnace)

1 torn [tɷ:-] *s2, bot.* spine, thorn

2 torn [tɷ:-] *s7* **1** tower; (*litet* ~) turret; (*spetsigt*) steeple; (*klock-*) belfry **2** (*schackpjäs*) castle, rook **-a** ~ *upp sig* pile itself (themselves) up, *bildl.* tower aloft

tornad|o *-on -os, pl äv. -er* tornado

torner|a tourney, joust **-ing -spel** tournament, tourney, joust

tornfalk kestrel

tornister *s2* **1** (*proviantväska*) canvas field bag **2** (*foderpåse*) nose-bag

torn|spira spire; steeple **-svala** [common] swift **-uggla** barn-owl **-ur** tower-clock

torp [tårrp] *s7* crofter's holding **-are** crofter

torped [tår'pe:d] *s3* torpedo; *målsökande* ~ homing torpedo; *skjuta av en* ~ launch a torpedo **-båt** torpedo boat **-era** torpedo **-ering** torpedoing

torr [tårr] *a1* dry; (*torkad*) dried; (*uttorkad*) parched, arid (*jord* ground); (*om klimat*) torrid; *bildl.* bald (*siffror* figures), (*tråkig*) dry, dull; *jag känner mig* ~ *i halsen* my throat feels dry; *han är inte* ~ *bakom öronen* he is very green; *på ~a land* on dry land; *ha sitt på det ~a* be comfortably off **-batteri** dry[-cell] battery **-destillation** dry distillation **-destillera** carbonize, burn without flame **-docka** *sjö.* dry dock **-het** dryness; parchedness; aridity **-hosta I** *s1* dry cough **II** *v1* have a dry cough **-jäst** dry yeast **-klosett** earth closet **-lägga 1** drain; (*mosse, sjö*) reclaim **2** (*införa spritförbud*) make ... dry **-läggning 1** drainage; reclamation **2** making (turning) ... dry **-mjölk** powdered (dried) milk **-nål** *konst.* dry-point **-rolig** (*hopskr. torrolig*) droll; (*om historia e.d.*) drily amusing **-rolighet** (*hopskr. torrolighet*) dry wit; drily witty remark **-schamponering** dry shampoo **-sim** swimming practice on land **-skaffning** cold food; *mil.* haversack ration **-skodd** *a5* dryshod **-spricka** sun-shake **-substans** dry (solid) matter **-ögd** *a1* dry-eyed

torsdag ['tɷ:rs-] *s2* Thursday; (*jfr fredag*)

torsion [tår'ʃɷ:n] torsion

torsionsfjäder torsion spring

1 torsk [tå-] *s2, med.* thrush

2 torsk [tå-] *s2, zool.* cod[fish] **-fiske** cod-fishing **-lever** cod-liver **-leverolja** cod-liver oil

torso ['tårr-] *-n torser* torso

tortera torture

torts [-ɷ:-] *sup av töras*

tortyr *s3* torture; *utsättas för* ~ be tortured (put to the torture) **-bänk** rack **-kammare** torture-chamber **-redskap** instrument of torture

torv [tå-] *s3* peat; *ta upp* ~ dig [out] peat[s] **-a** *s1* (*gräs-*) [piece of] turf; (*jordbit*) plot [of ground]; *kärleken till den egna ~n* love of one's own little acre **-brikett** peat briquette **-mosse** peat bog (moor) **-mull** peat mould **-strö** peat litter **-tak** sod-roof **-täcka** sod, turf

tosig *a1, se tokig*

tota ~ *ihop* (*till*) put together [some sort of] (*ett brev* a letter), get together (*en middag* a dinner)

total *a1* total; entire, complete; *~t krig* total[itarian] war (warfare) **-bild** general (overall) view (picture) **-förbud** total prohibition **-förlust** total loss **-haverera** become a total loss; *~d bil* a completely smashed up car **-haveri** total loss; total wreck

totalisator [-ˣsa:tår] *s3* totalizator; *vard.* tote; *spela på* ~ bet with the totalizator **-spel** tote-betting

total|itet totality **-itär** *a1* totalitarian **-värde** aggregate (total) value

totem ['tå:-] *r* **-påle** totem[pole]

tott [tått] *s2* (*hår-, garn- etc.*) tuft [of ...]

tov|a I *s1* twisted (tangled) knot (bunch) **II** *v1*, ~ [*ihop*] *sig* become tangled **-ig** *a1* tangled, matted

tox|icitet [tå-] toxicity **-ikologi** [-lå'gi:] *s3* toxicology **-in** *s4, s3* toxin **-isk** ['tåkks-] *a5* toxic[al]

trad *s3* **-e** [trä:d] *s5* [shipping-(sea-)]route

tradig *a1* (*långtråkig*) tedious

tradition tradition **-ell** *a1* traditional

traditions|bunden tradition-bound; *vara* ~ be bound by (rooted in) tradition **-rik** rich in tradition

trafik *s3* **1** traffic; (*drift*) service; *genomgående* ~ through traffic; *gå i* [*regelbunden*] ~ *mellan* ply between; *visa hänsyn i ~en* show courtesy on the road; *sätta in en buss i* ~ put a bus into service; *vårdslöshet i* ~ careless driving; *ej i* ~ (*på skylt*) depot only **2** (*hantering*) traffic, trade; *~en med narkotika* the traffic in narcotics **-abel** *a2* trafficable **-anhopning** traffic jam **-ant** user, customer; (*landsvägs-*) road-user; (*fotgängare*) pedestrian **-belastning** traffic load **-bil** (*last-*) lorry; (*taxi*) taxi[cab] **-buller** noise from traffic **-delare** traffic pillar (island) **-döden** the traffic toll **-era** (*färdas på*) use, frequent, travel by; (*ombesörja trafik på*) operate, work, ply on; *livligt ~d* heavily trafficked, busy; ~ *en linje* operate a route **-erbar** [-ˣe:r-] *a1* trafficable **-flyg** air service; civil aviation **-flygare** airline (commercial) pilot **-flygplan** passenger plane **-fyr** traffic light (beacon) **-fälla** road trap **-förordning** traffic regulation **-förseelse** traffic offence **-försäkring** traffic insurance **-hinder** traffic obstacle; hold-up in [the] traffic **-knut** traffic centre (junction) **-konstapel** policeman on point-duty; *Am.* traffic cop **-led** traffic route **-ledare** *flyg.* control officer **-ljus** traffic light[s] **-märke** traffic sign

-olycka traffic (road, street) accident **-polis** (*polisman*) policeman on point-duty, traffic-policeman; *koll.* traffic police **-signal** traffic signal (light) **-skylt** traffic sign, sign-post **-stockning** traffic jam, congestion of the traffic **-stopp** traffic hold-up **-säkerhet** road safety **-vett** traffic sense **-väsen** traffic services (*pl*)

tragedi [-ʃe'di:] *s3* tragedy **-ẹnn** *s3* tragedienne

traggla (*käxa*) go on (*om* about); (*knoga*) plod on (*med* with)

trag|ịk *s3* tragedy; *~en i* the tragedy of **-iker** ['tra:-] tragedian **-ikọmisk** *a5* tragicomic[al] **-isk** ['tra:-] *a5* tragic[al] **-ọd** *s3* tragedian

trakasser|a pester, badger; persecute **-i** pestering, badgering; persecution

trakt *s3* (*område*) district, parts (*pl*); region; *här i ~en* in this neighbourhood, hereabouts, round about here

trakta *~ efter* aspire to, aim at; *~ efter ngns liv* seek a p.'s life

traktamẹnte *s6* allowance [for expenses], subsistence allowance

traktan *r, se diktan*

traktat 1 (*fördrag*) treaty; *ingå en ~* make a treaty **2** (*småskrift*) tract

trakter|a 1 (*bjuda*) treat (*ngn med* s.b. to); (*underhålla*) regale (*ngn med* s.b. with); *inte vara vidare ~d av* not be flattered (particularly pleased) by **2** (*spela*) play; (*blåsa*) blow **-ing** (*förplägnad*) entertainment [provided]; *riklig ~* sumptuous banquet, *vard.* plenty of food

traktor [-år] *s3* tractor; (*band-*) caterpillar [tractor]

traktör innkeeper; restaurateur, caterer

tralalạ *interj* tra-la-la!

1 trall *s7, s2* (*golv-*) duckboard; *sjö.* grating

2 trall *s2* (*låt*) melody, tune; *den gamla ~en* (*bildl.*) the same old routine

1 tralla *v1, ~* [*på*] troll, warble

2 tralla *s1* (*transport-*) truck; (*dressin*) trolley

tramp *s2* tramping, tramp **-a I** *s1* (*på cykel o.d.*) pedal; (*på maskin*) treadle **II** *v1* tramp, tread; (*cykel, symaskin etc.*) treadle, pedal; (*tungt*) trample; (*orgel*) blow the bellows of; *~ i klaveret* drop a brick, put one's foot in it; *~ ngt i smutsen* (*bildl.*) trample s.th. in the dirt; *~ ihjäl* trample ... to death; *~ ner a*) (*jord*) tread ... down, *b*) (*gräs*) trample down, *c*) (*skor*) tread down ... at the heels; *~ ngn på tårna* tread on a p.'s toes; *~ sönder* tread (trample) to pieces; *~ ur* (*koppling*) declutch; *~ ut barnskorna* grow up **-bil** (*för barn*) pedal car **-cykel** pedal cycle **-dyna** pad, matrix

tramp|fart tramping, tramp trade; *gå i ~* run in the tramp trade **-fartyg** tramp [vessel], tramp steamer

tramp|kvarn treadmill (*äv. bildl.*) **-mina** *mil.* antipersonnel mine

trampolịn *s3* [high-diving] spring-board; (*vid simhopp äv.*) high-board **-hopp** high-board diving

trams *s7, vard.* nonsense, drivel, rubbish

tran *s3* train-(whale-)oil

tran|a *s1* crane **-bär** cranberry

trancher|a [-aŋ'ʃe:-] carve **-kniv** carving-knife

trandans dancing of cranes

trankil [-aŋ'ki:l] *a1* cool, calm

tran|kokeri tryworks (*sg o. pl*), train-oil factory **-lampa** train-oil lamp

trans *s3* trance; *vara i ~* be in a trance

trans|aktion transaction **-alpịn[sk]** [-i:-] transalpine **-atlạntisk** transatlantic **-cendent** [-nʃen'dennt, -nsen-] *a4* **-cendentạl** [-ʃ-, -s-] *a1* transcendent[al] **-formation** transformation **-formator** [-får×ma:tår] *s3* transformer **-formera** transform **-fusion** [blood] transfusion

transistor [-×sisstår] *s3* transistor **-isera** transistorize **-radio** transistor radio

transịt *s3* transit **-era** pass (convey) ... in transit, transit **-ẹring** [forwarding in] transit

transitiv ['trann-] *a1* transitive

transito ['trann-] *s9* transit **-handel** [-×si:-] transit trade (business)

Transjordạnien *n* Trans-Jordan

transkri|bera transcribe **-ption** [-p'ʃo:n] transcription

translator [-×la:tår] *s3* translator; *auktoriserad ~* authorized (registered) translator

trans|mission transmission; *tekn. äv.* countershaft transmission **-missionsväxel** transmission-gear **-mittera** transmit **-mutation** transmutation **-oceạn[sk]** *a5* [-a:-] transoceanic, overseas **-parang** transparency **-parent** [-'rennt, -'raŋt] *a1* transparent **-piration** (*svettning*) perspiration; *bot* transpiration **-pirationsmedel** deodorant **-pirera** (*svettas*) perspire; *bot.* transpire **-plantation** transplantation, [skin] grafting **-plantera** transplant, graft **-ponera** transpose **-ponẹring** transposition

transport [-'spårrt] *s3* **1** (*forsling*) transport[ation], conveyance; (*fraktavgift*) cost of transport; *under ~en* in transit; *fördyra ~en* increase the cost of transport **2** (*överlåtelse av check etc.*) transfer; *bokför.* carried forward (*utgående saldo*), brought forward (*ingående saldo*) **3** (*förflyttning*) transfer, removal; *söka ~* apply for transfer (*etc.*) **-ạbel** *a2* transportable **-apparat** conveyor **-arbetare** transport worker **-band** conveyor belt **-behållare** [transport] container **-chef** *mil.* transportation officer **-era** (*jfr transport*) **1** transport, carry, convey **2** (*överlåta*) transfer (*på* to); *bokför.* carry (bring) ... forward **3** (*förflytta*) transfer, remove **-fartyg** *mil.* transport vessel, troopship **-företag** [road-]haulage (transport) business; *Am.* trucking business **-försäkring** transport (transportation) insurance **-kostnad** transport[ation] (carrying, shipping) cost **-medel** means of transport (conveyance) **-väsen** transport [service] **-ör** *tekn.* conveyor

transposition *mus.* transposition

transum|era copy ... in extract **-t** [-'summt] *s7* extract

transvers|ạl I *s1* transversal [line] **II** *a1* transverse, transversal **-ẹll** *a1, se -al II*

trapẹts 1 *s4, mat.* trapezium; *Am.* trapezoid **2** *s3, gymn.* trapeze **-konstnär** trapeze-artiste

trapp|a *s1* (*utomhus*) stairs (*pl*), flight of

stairs; (*farstu-*) doorstep[s *pl*]; (*inomhus*) stairs (*pl*), staircase, stairway, flight [of stairs]; *en ~ upp* on the first (*Am.* second) floor, (*i tvåvåningshus*) upstairs; *~ upp och ~ ner* up and down stairs; *i ~n* on the stairs; *nedför* (*uppför*) *~n* down (up) the stairs, downstairs (upstairs) **-avsats** (*inomhus*) landing; (*utomhus*) platform **-gavel** stepped gable **-hus** stair well **-ljus** staircase light **-räcke** [staircase] banisters (*pl*) **-steg** step, stair; *bildl. äv.* stage **-stege** step-ladder **-uppgång** staircase; stairs (*pl*)

tras|a I *s1* **1** [piece of] rag; shred; *falla* (*slita*) *i -or* go to (tear ... [in]to) rags; *utan en ~ på kroppen* without a rag of clothing on one's body; *våt som en ~* wringing wet; *känna sig som en ~* feel washed out **2** *se damm-, skur-* **II** *v1, ~ sönder* tear ... [in]to rags (shreds, *äv. bildl.*) **-docka** rag-doll **-grann** (*om pers.*) tawdry, shoddy; (*om sak*) gaudy **-hank** ragamuffin, tatterdemalion **-ig** *a1* ragged, tattered; (*om kläder äv.*) torn; (*i kanten*) frayed; (*sönderbruten*) broken; (*i olag*) out of order; *~a nerver* frayed nerves

traska trudge; trot (*i väg* off; *omkring* [a]round)

trasmatta rag-rug(-mat)

trassat *hand.* drawee

trassel ['trass-] *s7* **1** (*oreda*) tangle; *bildl. äv.* muddle, confusion; (*besvärligheter*) trouble, bother (*sg*), complications (*pl*); *ställa till ~* make trouble (*för ngn* for s.b.), *vard.* kick up a fuss **2** (*textilavfall*) cotton waste, waste wool **-sudd** piece of cotton waste

trass|ent *hand.* drawer **-era** *hand.* draw

trassl|a (*krångla*) make a fuss, be troublesome; *~ ihop* get ... into a tangle, entangle; *~ in* entangle; *~ in sig a*) get itself (o.s.) entangled (*i* in), *b*) (*bildl. om pers.*) entangle o.s., get o.s. involved (*i* in); *~ med betalningen* be irregular about paying; *~ till a*) *se ~ ihop*, *b*) *bildl.* muddle; *~ till sina affärer* get one's finances into a muddle; *~ [till] sig* get entangled; *~ sig fram a*) make one's way along with difficulty, *b*) *bildl.* muddle along; *~ sig ifrån* wriggle out of **-ig** *a1* tangled, entangled; (*friare*) muddled; *~a affärer* shaky finances

trast *s2* thrush

tratt *s2* funnel; (*matar- etc.; stormvarningssignal*) hopper

1 tratta *s1, hand.* draft, bill [of exchange]

2 tratt|a *v1, ~ i ngn ngt* (*äv. bildl.*) stuff s.b. with s.th.; *~ ngt i öronen på ngn* din s.th. into a p.'s ears; *~ ngn full med lögner* stuff s.b. with a lot of lies **-formig** [-å-] *a1* funnel-shaped, funnelled

trauma ['trau-] *s7* trauma **-tisk** [-'ma:-] *a5* traumatic

trav *s4, s3* trot; *rida i ~* ride at a trot; *sätta av i ~* start trotting; *hjälpa ngn på ~en* (*bildl.*) put s.b. on the right track, give s.b. a start

1 trava (*lägga i trave*) pile, stack (*virke* wood)

2 trav|a trot; *~ på* trot along **-are** *se -häst* **-bana** trotting-course(-track)

trave *s2* pile, stack (*böcker* of books; *ved* of wood)

travers [-'värrs] *s3* **1** (*lyftkransanordning*) overhead [travelling] crane; (*tvärbalk*) cross member **2** *mil.* traverse

travest|era *v1* **-i** *s3* travesty

trav|häst trotter, trotting horse **-kusk** sulky driver **-sport** trotting **-tävling** trotting race

tre three; (*för sms. jfr fem-*); *~ och ~* (*~ i taget*) three at a time; *ett par ~ stycken* two or three; *alla ~ böckerna* all three books; *vi gjorde det alla ~* all [the] three of us did it; *i ~ exemplar* in triplicate, in three copies; *alla goda ting är ~* all good things are three in number **-a** *s1* three; *~n[s växel]* [the] third [gear] **-bent** [-e:-] *a4* three-legged **-dela** divide ... into three; *geom.* trisect **-dimensionell** *a1* three-dimensional

tredje [ˣtre:d-] third; *~ graden* (*jur.*) third degree; *~ klass* third class; *~ man a*) *jur.* third party, *b*) *kortsp.* [the] third hand **-dag** *~ jul* the day after Boxing Day **-del** third; *en ~s* a third of; *två ~ar* two thirds **-klassbiljett** third-class ticket

tredsk [-e:-, *vard.* tressk] *a1* refractory, defiant **-a** *s1* refractoriness, defiance; *jur.* obstinacy, contumacy **-as** *dep* be refractory **-odom** judgment by default **-odomsförfarande** undefended proceedings (*pl*)

tredubb|el treble, threefold, triple; *det -la priset* treble (three times) the price **-la** treble, triple

tre|enig triune **-enighet** triunity, trinity; *~en* the Trinity **-faldig** *a1* threefold, treble, triple **-faldighet** [-ˣfall-, -'fall-] *kyrkl.* [the] Trinity **-faldighetssöndag** *~en* Trinity Sunday **-falt** threefold, trebly; thrice (*lycklig* blessed) **-fas** three-phase, triphase **-fasström** three-phase current **-fot** tripod **-hjulig** [-j-] *a1* three-wheeled **-hjuling** [-j-] three-wheeler; (*cykel*) tricycle; (*bil*) tricar **-hundratalet** the fourth century **-hundraårsjubileum** tercentenary, tercentennial **-hörning** [-ö:-] triangle **-kant** triangle **-kantig** triangular; *~ hatt* cocked (three-cornered) hat **-klang** *mus.* triad **-klöver** *bot.* three-leaf clover; *bildl.* trio **-kropparsproblemet** the three body problem **-kvarts** *i ~ timme* for three quarters of an hour **-kvartslång** three-quarter length **-kvartsstrumpa** knee hose (sock) **-ledare** three-wire, triple wire

trema *s6* diæresis (*pl* diæreses)

tremakts|avtal tripartite agreement **-förbund** triple alliance **-fördrag** tripartite treaty

tre|mannadelegation three-man delegation **-mastare** three-masted schooner **-milsgräns** three-mile limit **-motorig** *a1* three-engine[d]

tremul|ant *mus.* tremolant **-ering** tremolo

tre|månadersväxel three-month bill **-männing** second cousin

trenchcoat ['trennʃkåt] *s2, pl äv.* **-s** trench coat

trenne three

trepaner|a trepan, trephine **-ing** trepanation, trephining

tre|procentig *a1* three-per-cent **-radig** *a1* three-rowed **-rumslägenhet** three-room[ed] flat **-sidig** *a1* trilateral **-siffrig** *a1* three-figure; three-digit **-sitsig** *a1* three-seated **-skift** three-shift **-snibb** triangular cloth **-spann** team of three horses, troika; *köra ~*

drive three in hand **-språkig** *a1* trilingual **-stavig** *a1* trisyllabic **-steg** *sport.* hop-step--and-jump **-stegsraket** three-stage rocket **-stjärnig** [-ʃä:-] *a1* three-star (*konjak* brandy) **-stämmig** *a1* for three voices, in three parts **-takt** *mus.* three-four time **-taktsmotor** three--stroke engine **-tal** (*antal av tre*) triad; *~et* [the number] three **-tiden** *vid ~* [at] about three [o'clock]

trettio [ˣtretti(ɷ), 'tretti(ɷ)] thirty; *klockan tre och ~* at three thirty **-nde** [-å-] thirtieth **-n[de]del** thirtieth [part] **-tal** *ett ~* some (about) thirty; *på ~et* (*1930-talet*) in the thirties **-årig** *a1* thirty-year[-old]; *~a kriget* the Thirty Years' War

tretton [-ån] thirteen **-dagen** Twelfth Day **-dagsafton** Twelfth Night **-de** thirteenth **-hundratalet** *på ~* in the fourteenth century **-årig** *a1* thirteen-year-old

tre|tumsspik three-inch nail **-tungad** *a5* three--tongued; three-tailed (*flagga* flag) **-udd** trident **-uddig** *a1* with three prongs

treva grope [about] (*efter* for); *~ efter ord* fumble for words; *~ i mörkret* go groping about (*bildl.* be groping) in the dark; *~ sig fram* grope one's way along **-nde** *a4* groping, fumbling; *bildl. äv.* tentative **-re** feeler

trev|lig [ˣtre:v-] *a1* pleasant, agreeable; (*mera vard.*) nice; *Am. äv.* cute; (*rolig*) enjoyable; (*om lägenhet o.d.*) comfortable; (*sällskaplig*) sociable; *~ resa!* a pleasant journey!, bon voyage!; *vi hade mycket ~t* we had a very nice time, we enjoyed ourselves very much; *vi har haft mycket ~t* we have had a wonderful time; *det var ~t att* [*få*] *höra* I am glad to hear that; *det var just ~t!* (*iron.*) what a pretty kettle of fish! **-ligt** *adv* pleasantly *etc.* **-nad** *s3* comfort; comfortable feeling; *sprida ~ omkring sig* create a cheerful atmosphere

tre|våningshus three-storeyed house **-värd[ig]** *kem.* trivalent **-årig** *a1* three-year[s']; (*om barn o. djur*) three-year-old **-åring** child of three [years of age]; (*om häst*) three-year-old

triangel *s2* triangle **-drama** eternal-triangle drama **-formig** [-å-] *a1, se triangulär* **-mätning** triangulation

triangul|ering [-ŋg-] triangulation **-är** *a1* triangular

trias ['tri:-] *r* Trias **-perioden** the Triassic period

1 tribun *s3* (*plattform*) platform, tribune

2 tribun *s3* (*rom. ämbetsman*) tribune **-al** *s7, s3* tribunal **-at** *s7* tribunate, tribuneship

tribut *s3* tribute

1 trick *s9, s2, kortsp.* trick [over book]

2 trick *s7, pl äv. -s* (*knep*) trick, dodge; (*reklam- etc.*) gimmick

triftong [-'tåŋ] *s3* triphthong

trigonometri *s3* trigonometry **-sk** [-'me:-] *a5* trigonometric[al]

trikin *s3* trichina (*pl* trichinae)

trikloretylen [-ˣklå:r-] thrichloroethylene

trikolor [-'lå:r] *s3, ~en* the Tricolour

trikå *s3* **1** (*tyg*) tricot, stockinet[te] **2** *~er* tights; *hudfärgade ~er* fleshings **-affär** knitwear shop **-fabrik** knitwear factory **-underkläder** machine-knitted (cotton) underwear **-varor** *pl* knitwear (*sg*), knitted (hosiery) goods

triljon *s3* trillion; *Am.* quintillion

trilla I *s1* (*vagn*) surrey **II** *v1* **1** (*rulla*) roll; *~ piller* make pills **2** (*ramla*) drop, fall, tumble; (*om tårar*) trickle; *~ omkull* tumble over; *~ av pinn* (*vard.*) kick the bucket

trilling triplet

tri|lobit *s3* trilobite **-logi** *s3* trilogy

trilsk *a1* (*motsträvig*) contrary; (*egensinnig*) wilful; (*omedgörlig*) intractable; (*tjurig*) mulish, pig-headed **-a** *s1* contrariness *etc.* **-as** *dep* be contrary (*etc.*)

trim [trimm] *s9, s7* trim; *vara i ~* (*sport. o. vard.*) be in good trim **-ma** *sjö.* trim (*äv. pälsen på hund*); (*justera motor o.d.*) trim, adapt **-ning** trimming, trim

trind *a1* (*rund*) round[-shaped], roundish; (*fyllig*) plump, *vard.* tubby, chubby **-het** roundness; rotundity

trio ['tri:ɷ] *s5, pl äv. -s* trio

triod [-'å:d] *s3* triode

1 tripp *s3, s2* (*resa*) [short] trip; *göra* (*ta sig*) *en ~* go for (take) a trip

2 tripp *i uttr.: ~ trapp trull a*) (*spel*) tick-tack--toe, *b*) *bildl.* one, two, three [going down in height]

trippa trip along **-nde** *a4* tripping; *~ steg*) mincing steps

trippel|allians *~en* the Triple Alliance **-vaccinering** three-way D.P.T (diphtheria, pertussis and tetanus) inoculation

triptyk *s3* triptych

triss|a I *s1* [small] wheel, trundle, disc; (*i block e.d.*) pulley; (*sporr-*) rowel; *dra på -or!* (*vard.*) go to blazes! **II** *v1, ~ upp priserna* push up the prices

trist *a1* (*långtråkig*) tiresome, tedious; (*dyster*) gloomy, dismal; (*sorgsen*) sad, melancholy; (*föga uppbygglig*) depressing, dreary **-ess** tiresomeness *etc.*; melancholy

triton [-'tå:n] *s3* triton

triumf *s3* triumph **-ator** [-ˣfa:tår] *s3* triumphator **-båge** triumphal arch **-era** triumph; (*jubla*) exult **-erande** *a4* triumphant, exultant; *~ leende* triumphant smile **-tåg** triumphal procession (*bildl.* march, progress) **-vagn** triumphator's chariot; car of triumph

triumvir *s3* triumvir **-at** *s7* triumvirate

triv|as *v2, dep* get on well; (*frodas*) thrive; (*blomstra*) flourish, prosper; *han -s i England* he likes being (likes it) in England; *~ med* like, (*ngn äv.*) get on [well] with

trivial *a1* trivial; commonplace **-itet** *s3* triviality

trivsam [-i:-] *a1* pleasant; comfortable, cosy, snug; (*om pers.*) easy to get on with, congenial **-het** cosiness, hominess; congeniality

trivsel ['tri:v-] *s9* (*välbefinnande*) well-being, comfort[ableness]; (*trevnad*) ease, cosiness

tro I *s9* **1** belief (*på* in); (*tillit, tilltro*) faith, trust (*till, på* in); *~, hopp och kärlek* faith, hope, love; *den kristna ~n* the Christian faith; *i den ~n att* believing (thinking) that; *leva i den ~n att* believe that; *i den fasta ~n att* convinced that; *i god ~* in good faith, bona fide; *sätta ~ till* trust, believe, (*ngn äv.*) put confidence in **2** *svära ngn ~ och lydnad* swear allegiance to s.b.; *uppsäga ngn ~ och lydnad* withdraw one's allegiance from s.b.; *på ~ och loven* on one's honour; *skänka ngn sin ~* give s.b. one's plighted word **II** *v4* **1** believe, trust; (*förmoda*) think, suppose, *Am. o. vard.* guess, reckon; (*föreställa sig*) imagine, fancy; *ja, jag ~r det* yes, I believe so; *jag skulle ~ det* I should think so; *~ det den som vill!* believe that if you like!; *du kan aldrig ~ hur* you can't possibly imagine how; *~ mig,* ... take my word for it, ...; believe me, ...; ..., *må du ~!* ..., I can tell you!; *det ~r du bara!* that's only your imagination (an idea of yours)!; *det var det jag ~dde!* [that's] just what I thought!; *det ~r jag det!* I should jolly well think so!; *~ ngn om gott* expect well of s.b.; *~ ngt om ngn* believe s.th. of s.b.; *~ ngn på hans ord* take a p.'s word for it; *~ ngn vara* believe s.b. to be; *~ på* believe in (*äv. relig.*), (*hålla för sann*) believe **2** *rfl* think (believe) o.s. (*säker* safe); *~ sig vara* think that one is, consider (believe) o.s. to be; *~ sig kunna* believe o.s. (that one is) capable of (+ *ing-form*) (able to) **-ende** *a4* believing; *en ~* a believer; *de ~* (*äv.*) the faithful **-fast** true, constant (*vän* friend); loyal (*vänskap* friendship); faithful (*kärlek* love); (*~ av sig*) true-hearted, trusty **-fasthet** constancy; loyalty; faithfulness

trofé *s3* trophy

trogen *a3* faithful (*intill döden* unto death; *mot* to); true (*sina ideal* to one's ideals); *sin vana ~* true to habit

trohet faithfulness; fidelity; loyalty

trohets|brott breach of faith **-ed** (*avlägga* take the) oath of allegiance **-löfte** vow of fidelity **-plikt** allegiance

trohjärtad [-j-] *a5* true-hearted; (*ärlig*) frank; (*förtroendefull*) confiding

Troja [ˣtråjja] *n* Troy **trojan** [-å-] *s3* **-sk** [-å-a:-] *a5* Trojan

trojka [ˣtråjj-] *s1* troika

trok|é *s3* trochee **-eisk** *a5* trochaic

trolig *a1* probable, likely; *Am. äv.* apt; (*trovärdig*) credible, plausible; *det är ~t att han* he will probably (is likely to); *det är föga ~t* it is hardly likely; *hålla* [*det*] *för ~t att* think it likely that; *söka göra ngt ~t* try to make s.th. plausible **-en -tvis** very (most) likely, probably; *han kommer ~ inte* he is not likely to come

troll [-å-] *s7* troll; (*elakt*) hobgoblin; *när man talar om ~en så står de i farstun* talk of the devil and he'll appear; *ditt lilla ~!* you little witch! **-a** (*utöva -dom*) conjure; (*om -konstnär*) perform conjuring tricks; *~ bort* spirit (conjure) ... away; *~ fram* conjure forth (up) **-bunden** spellbound **-dom** *s2* witchcraft, sorcery; (*magi*) magic; *bruka ~* use magic, practise witchcraft **-domskonst** *~en* [the art of] witchcraft **-dryck** magic potion **-eri** magic, enchantment **-erikonstnär** *se -konstnär* **-formel** magic formula; charm, spell; (*besvärjelse*) incantation **-karl** magician, wizard; sorcerer **-konst** *~er* (*häxas*) magic (*sg*); (*-konstnärs*) conjuring (jugglery) trick; *göra ~er* perform conjuring trick **-konstnär** conjurer **-kraft** magic power **-krets** *bildl.* magic sphere **-kunnig** skilled in magic **-kvinna -packa** *s1* witch, sorceress **-slag** *som genom ett ~* as if by [a stroke of] magic **-slända** dragonfly **-spö -stav** magic wand **-trumma** troll-drum **-tyg** *s7* witchery, sorcery

trolov|ad [-ω:lå:-] *a5*, *hans* (*hennes*) *~e* his (her) betrothed **-ning** [-å:v-] betrothal **-ningsbarn** betrothal child

trolsk [-å-] *a1* magic[al]; (*tjusande*) bewitching; (*hemsk*) weird

trolös faithless, unfaithful, disloyal (*mot* to); (*förrädisk*) treacherous, perfidious (*mot* to[wards]) **-het** faithlessness; breach of faith; *~ mot huvudman* breach of trust committed by an agent on his principal

1 tromb [-å-] *s3* (*skydrag*) tornado

2 tromb [-å-] *s3* (*blodpropp*) thrombus (*pl* thrombi)

trombon [tråm'bå:n] *s3* trombone

trombos [tråm'bå:s] *s3* thrombosis

tron *s3* throne; *avsäga sig ~en* abdicate; *bestiga ~en* ascend (accede to) the throne; *störta ngn från ~en* dethrone s.b. **-a** be enthroned (*på* on) **-arvinge** heir to the throne **-avsägelse** abdication **-bestigning** accession to the throne **-följare** successor to the throne **-följd** succession [to the throne] **-följdsordning** act of succession; *Engl.* act of settlement **-himmel** canopy **-pretendent** pretender (claimant) to the throne **-sal** throne room, room of state **-skifte** accession of a new monarch **-tal** speech from the throne

trop [trå:p] *s3*, *språkv.* trope

trop|ik [-å-] *s3* tropic; *~erna* the Tropics, the torrid (tropic) zone (*sg*) **-ikhjälm** sun-helmet, topee **-isk** [-'trå:-] *a5* tropic[al]

troposfär [-åpω-] *s3* troposphere

tropp [-å-] *s2* troop; (*infanteri-*) section; *gymn.* squad **-a 1** *mil.* troop (*fanan* the colours) **2** *~ av* move off **-chef** troop (section, squad) commander

tros|artikel article of faith; (*friare*) doctrine **-bekännare** *främmande ~* adherent of an alien creed **-bekännelse** confession (declaration) of [one's] faith; (*lära*) creed; *augsburgska ~n* the Augsburg Confession **-frihet** religious liberty **-frände** fellow-believer **-gemenskap** communion in the faith **-iver** religious zeal **-ivrare** religious zealot

troskyldig true-hearted; frank (*blick* look)

troslära doctrine of faith, dogma

trosor briefs, panties, step-ins

1 tross [-å-] *s2*, *sjö.* hawser; rope

2 tross [-å-] *s2*, *mil.* baggage[-train]; supply-vans (*pl*)

tros|sak matter of faith **-samfund** religious community **-sats** dogma

trossbotten [-å-å-] *byggn.* double floor[ing]; *sjömil.* lower deck; (*manskapslogement*) crew's quarter

trosviss full of implicit faith **-het** certainty of belief; assured faith

trotjänar|e -inna [*gammal*] *~* faithful old servant

trots [-å-] **I** *s7* defiance (*mot* of); (*motsträvighet*) obstinacy (*mot* to[wards]), scorn (*mot* of); *visa ~ mot ngn* bid defiance to (defy) s.b.; *i ~ av* in spite of; *på ~* in (out of) defiance; *alla ansträngningar till ~* in spite of all efforts **II** *prep* in spite of; notwithstanding, despite **-a** defy; (*bjuda ... trots*) bid defiance to; (*utmana*) brave, scorn, stand up to; *det ~r all beskrivning* it is beyond description **-ig** *a1* defiant (*mot* to, towards); (*uppstudsig*) refractory (*mot* towards); (*hånfull*) scornful, insolent **-ighet** refractoriness *etc.*; defiance **-ålder** *~n* the obstinate age

trottoar *s3* pavement; *Am.* sidewalk **-kant** kerb; *Am.* curb **-servering** pavement restaurant (café)

trotyl *s3* trinitrotoluene, trotyl

trovärdig credible; (*tillförlitlig*) reliable, trustworthy; *från ~t håll* from a reliable quarter **-het** credibility; reliability, trustworthiness

trubadur troubadour

trubb|a ~ [*av, till*] blunt, make ... blunt **-ig** *a1* blunt; (*avtrubbad*) blunted; (*ej spetsig*) pointless; (*om vinkel*) obtuse **-näsa** snub nose **-vinklig** *a1* obtuse-angled

truck *s2* truck; (*med lyftanordning*) lift-truck **-förare** truck driver

truga ~ *ngn att* press s.b. to, urge (importune, solicit) s.b. to; ~ *i* (*på*) *ngn ngt* press s.th. [up]on s.b.; ~ *sig på ngn* force o.s. [up]on s.b.; ~ *i sig maten* force o.s. to eat

truism *s3* truism

trum|broms drum (expanding) brake **-eld** drum fire

trumf *s9, s2* trump; *spader är ~* spades are trumps; *sitta med alla ~ på hand* have all the trumps; *spela ut sin sista ~* play one's last trump (*bildl.* card) **-a** trump, play trumps; *~ i ngn ngt* drum (pound) s.th. into a p.'s head; *~ igenom* force ... through, *Am. vard.* railroad; *~ över ngn* outtrump s.b. **-färg** trump suit **-kort** trump [card] **-spel** trump game **-äss** ace of trumps

trum|hinna ear-drum, tympanic membrane **-ma I** *s1* **1** *mus.* drum; *slå på ~* beat the drum **2** *tekn.* drum, cylinder, barrel **II** *v1* drum; (*om regn äv.*) beat; *~ ihop* (*bildl.*) drum (beat) up; *~ på piano* strum on the piano **-minne** *databeh.* drum store

trumpen *a3* sulky, sullen; morose

trumpet *s3* trumpet; *blåsa* [*i*] ~ play (sound) the trumpet **-a** trumpet (*ut* forth) **-are** [-ˣpe:-] trumpeter; *mil. äv.* bugler **-fanfar** fanfare of trumpets **-signal** trumpet-signal(-call) **-stöt** trumpet-blast

trum|pinne drumstick **-skinn** drumhead **-slagare** drummer **-slagarpojke** drummer-boy **-virvel** drum-roll

trupp *s3* troop; (*-styrka*) contingent; (*-enhet*) unit, detachment; (*idrotts-*) team; (*teater-*) troupe, company; *~er* (*mil.*) troops, forces **-förband** [military] unit **-revy** review [of troops] **-rörelse** military movement **-sammandragning[ar]** concentration of troops **-slag** branch of service, arm **-styrka** military force **-transport** transport[ation] of troops **-transportfartyg** troop-ship, troop carrier (transport) **-transportplan** transport plane, troop carrier [plane]

trust *s3* trust **-bildning** establishment of trusts **-väsen** trust system

1 trut *s2, zool.* gull

2 trut *s2, vard.* (*mun*) kisser; *hålla ~en* shut up; *vara stor i ~en* blow one's own trumpet **-a** *~ med munnen* pout [one's lips]

trutit *sup av tryta*

tryck *s7* **1** (*fys. o. friare*) pressure (*på* on); weight (*över bröstet* on one's chest); *bildl.* constraint, strain; *språkv.* stress; *utöva ~* exert pressure, (*friare*) put pressure (*på* on); *det ekonomiska ~et* the financial strain **2** (*av bok e.d.*) print; (*av-*) impression; *komma ut i ~* appear (come out) in print; *ge ut i ~* print, publish **-a** *v3* **1** (*fys. o. friare*) press (*mot* against, to); (*klämma*) squeeze; (*tynga* [*på*]) lie heavy on, oppress; *tryck!* (*på dörr*) push!; *tryck på knappen!* press the button!; *~ ngns hand* shake a p.'s hand; *~ ngn till sitt bröst* press (clasp) s.b. to one's breast; *~ en kyss på* imprint a kiss on; *~ av a*) (*ta avtryck av*) impress, *b*) (*kopiera*) copy [off], *c*) (*avskjuta*) fire, *absol.* pull the trigger; *~ fast* press ... on; *~ ihop* press (squeeze) ... together; *~ in* (*ut*) press (force) ... in (out); *~ sig intill* press up against; *~ ner* press ... down, (*friare o. bildl.*) depress; *~ upp* press ... up, force ... open **2** (*om villebråd*) squat; *ligga o. ~* (*om pers.*) lie low **3** *boktr. o. d.* print; (*med stämpel*) stamp; *~ en bok i 2000 exemplar* print 2,000 copies of a book; *~ om* reprint; *-es* (*på korrektur*) ready for press **-alster** publication; printed matter **-ande** *a4* pressing *etc.*; (*friare o. bildl.*) oppressive; (*om väder*) sultry, close; (*tung*) heavy; *värmen känns ~* the heat is oppressive **-are** printer **-ark** printed sheet **-belastning** [compressive] load **-bokstav** (*textad*) block letter **-eri** printing-works(-house); (*mots. sätteri*) press-room; *skicka till ~et* send to the printer[s] **-erifaktor** press-room (printer's) foreman **-fel** printer's error, misprint **-felsnisse** *s2* printer's gremlin **-frihet** freedom (liberty) of the press

tryckfrihets|brott breach of the press law **-förordning** press law **-mål** press-law suit

tryck|färdig ready for the press (for printing) **-färg** printing (printer's) ink **-godkännande** permission to print, imprimatur **-kabin** *flyg.* pressurized (pressure) cabin **-kammare** pressure chamber **-knapp 1** (*strömbrytare*) push-button **2** (*för knäppning*) press-stud; *Am.* snap fastener **-kokare** pressure cooker **-kontakt** push-button switch **-luft** compressed air **-luftsborr** pneumatic drill **-luftsdriven** *a5* pneumatic, air-operated **-ning 1** (*av böcker o.d.*) printing; *godkännes till ~* ready for press; *lämna till ~* hand in to be printed; *under ~* in the press; *boken är under ~* (*äv.*) the book is being printed **2** pressing *etc.*; pressure; (*med fingret*) press **-ningskostnader** printing costs **-ort** place of publication, [printer's] imprint **-penna** automatic pencil **-press** printing press **-pump** pressure pump **-punkt 1** *fysiol.* pressure spot **2** *elektr.* pressure (feeding) point **-sak** *~er* printed matter (paper) **-sida** *boktr.* printed page **-stark** *språkv.* stressed, accented **-stil** [printing-]type **-svag** *språkv.* unstressed, unaccented **-svärta** *se -färg* **-t 1** pressed *etc.* **2** *boktr.* printed (*hos* by); *~a kretsar* (*radio.*) printed circuits **-våg** blast wave **-år** year of publication

tryff|el ['tryff-] *s2* truffle **-era** garnish ... with truffles; *~d* (*äv.*) truffled

trygg *a1* safe, secure (*för* from); (*om pers.*) confident; (*orädd*) dauntless, assured **-a** make ... safe, secure (*för, emot* from); safeguard; *~ framtiden* provide for the future; *~ freden* guarantee the peace; *~d ålderdom* a carefree (secure) old-age **-het** safety, security **-hetskänsla** feeling (sense) of security **-t** *adv* safely *etc.*, with safety; *~ påstå* confidently declare

trymå *s3* pier-glass

tryne *s6* snout; *ett fult ~* (*vard.*) an ugly mug

tryt|a *tröt trutit* (*fattas*) be lacking; (*ta slut*) run short, be deficient; *förråden böjar ~* supplies are getting low (running short); *krafterna börjar ~* his (*etc.*) strength is beginning to ebb; *tålamodet tröt mig* my patience gave out

tråck|elstygn tacking-stitch **-eltråd** tacking-thread **-la** tack; *~ fast ngt* tack s.th. on (*på, vid* to) **-ling** tacking

tråd *s2* thread; (*bomulls-*) cotton; (*metall-*) wire; (*glöd-*) filament; (*fiber*) fibre; *den röda ~en* (*i berättelse o.d.*) the main theme; *går som en röd ~ genom* runs all through, is the governing idea of; *få ngn på ~en* (*tel.*) get s.b. on the line; *hålla i ~arna* (*bildl.*) hold the reins; *hans liv hängde på en ~* his life hung by a thread; *tappa ~en* (*bildl.*) lose the tread

tråda *v2, ~ dansen* dance

tråd|buss trolley bus **-drageri** [wire] drawing mill, wire mill **-fin** threadlike, finespun **-gardin** net (lace) curtain **-ig** *a1* fibrous, filamentous; (*om kött e.d.*) stringy **-kors** *fys.* cross hairs (*pl*) **-liknande** threadlike; filamentous **-lös** wireless (*telegrafi* telegraphy) **-radio** wire[d] broadcasting **-rakt** *adv* the way of the thread[s *pl*] **-rulle** (*med tråd*) reel of cotton, *Am.* spool of thread; (*för tråd*) cotton reel, *Am.* spool **-sliten** threadbare **-smal** [as] thin as a thread **-spik** wire-nail **-ända** end of cotton (thread)

tråg *s7* trough; (*mindre djupt*) tray

tråk|a (*driva med*) tease, (*starkare*) pester; *~ ihjäl* (*ut*) bore ... to death **-ig** *a1* (*lång-*) boring, tedious; (*om pers. äv.*) dull; (*ointressant*) uninteresting; (*besvärlig*) tiresome; (*oangenäm*) unpleasant, disagreeable; *en ~ historia* a nasty affair; *en ~ människa* (*äv.*) a bore; *så ~t!* (*så synd*) what a pity!, (*det gör mig ont*) oh, I'm sorry!; *det var verkligen ~t!* that was too bad!; *det var ~t för dig!* how tiresome for you!; *det vore ~t om* I (we) should be [very] sorry if **-ighet** (*utan pl*) tediousness *etc.*; (*med pl*) trouble, annoyance **-igt** *adv* tediously *etc.*; *~ nog* unfortunately, I am sorry to say; *ha ~t* be bored, have a tedious time of it **-måns** *s2* bore

trål *s2* **-a** *v1* trawl **-are** trawler **-fiske** trawling

trån|a pine, languish (*efter* for) **-ad** *s3* pining, languishing (*efter* for)

trång *-t trängre trängst* narrow (*i halsen* in (at) the neck; *över ryggen* across the back); (*åtsittande*) tight; (*om bostad e.d.*) cramped; *det är ~t i* there is very little space in, (*det är fullt med folk*) ... is very crowded; *det är ~t om saligheten* there's not much room to move **-bodd** *a1* overcrowded; *vara ~* be cramped for space, live in overcrowded conditions **-boddhet** overcrowding, cramped housing-accommodation **-bröstad** *a5* (*intolerant*) narrow-minded; (*pryd*) strait-laced **-mål** distress; (*penningknipa*) embarrassment, straits (*pl*); *råka i ~* get into straits (*vard.* a tight corner) **-sinne** narrow-mindedness **-synt** [-y:-] *a1* narrow; *vara ~* have a narrow outlook **-synthet** [-y:-] narrowness; narrow outlook **-t** *adv, bo ~* live in [over]crowded conditions; *sitta ~ a*) sit close together, *bildl.* be hard up, be in a tight corner, *b*) (*om plagg*) fit too tight

trånsjuk pining, languishing (*efter* for)

1 trä *v4, se 2 träda*

2 trä *s6* wood; *av ~* (*äv.*) wooden; *ta i ~!* touch wood! **-aktig** *a1* woodlike; *bildl.* woody, wooden **-ben** wooden leg **-bit** piece (bit) of wood **-blåsare** wood[wind] player; *-blåsarna* the woodwind (*sg*) **-blåsinstrument** woodwind instrument **-bjälke** timber beam **-bock 1** (*bock av trä*) wooden trestle **2** *pers.* dry stick **-byggnad** wooden building

träck *s3* excrement[s *pl*]; (*djur-*) dung

träd *s7* tree; *växer inte på ~* (*bildl.*) don't grow on trees; *inte se skogen för bara ~* not see the wood for the trees

1 träda *v2* (*gå, komma*) step, tread; *~ i förbindelse med* enter into a relationship with; *~ i kraft* come into force, take effect; *~ i likvidation* go into liquidation; *~ emellan* step between, *absol. äv.* intervene; *~ fram* come (step) forward; *~ tillbaka* retire, withdraw (*för* in favour of); *~ ut* step (walk) out

2 träda *v2* (*~ på*) thread (*på* on to); (*halsband äv.*) string; (*friare*) pass, slip; *~ en handske på handen* draw a glove on to the hand; *~ på en nål* thread a needle; *~ en nål* (*ett band*) *igenom ngt* run a needle (ribbon) through s.th. *~ pärlor på ett band* thread pearls on [to] a string, string pearls; *~ upp* thread (*på* on [to])

3 träd|a *s1* (*trädesåker*) fallow [field], lay-land; *ligga i ~* lie fallow

träd|bevuxen wooded, timbered **-dunge** clump of trees **-fattig** ... with few trees **-fällning** wood cutting (felling) **-gren** branch [of a tree] **-gräns** timber line **-gård** ['träg-gå:rd, ˣträgg-] *s2* garden; *Am. äv.* yard; *anlägga en ~* lay out a garden; *botanisk* (*zoologisk*) *~* botanical (zoological) gardens (*pl*)

trädgårds|anläggning (*-anläggande*) landscape gardening; *konkr.* garden[s *pl*], grounds **-arbetare** gardener, garden hand **-arbete** gardening, garden work **-arkitekt** landscape gardener (architect) **-fest** garden party **-förening** horticultural society **-gunga** hammock, lawn swing **-gång** garden path **-land** garden plot **-mästare** gardener **-möbel** [piece of] garden furniture **-produkt** garden product; *~er* (*äv.*) garden produce (*sg*) **-redskap** garden[ing] tool **-skötsel** horticulture, gardening **-slang** garden horse **-sångare** *zool.* garden warbler **-täppa** garden plot **-utställning** horticultural show (exhibition), flower show

träd|krona crown of a (the) tree, tree-top **-krypare** *zool.* tree-creeper **-lös** treeless

-plantering plantation of trees **-slag** variety of tree, tree species **-stam** tree trunk **-topp** tree-top

träexport timber export[s *pl*]

träff *s2* **1** (*skott som -ar*) hit; *få in en ~* score a hit **2** (*möte*) rendezvous; *Am.* date; (*för fler än två*) meeting, get-together **-a 1** (*vid kast, skott e.d.*) hit; strike; *~ målet* (*sitt mål*) hit the target; *när ljudet ~r örat* when the sound strikes the ear; *inte ~ målet* (*äv.*) miss the mark **2** (*möta*) meet; see; *jag skall ~ dem i morgon* I shall see them tomorrow; *~ ngn hemma* find s.b. at home; *~s herr A.?* is Mr. A. in (at home)?, (*i telefon*) can I speak to Mr. A.?, is Mr. A. available?; *doktorn ~s mellan 8 och 9* the doctor is at home to callers between 8 and 9; *~ på* [happen to] come across (come [up]on, meet with) **3** (*drabba*) hit, strike; *~s av solsting* get sunstroke **4** (*riktigt återge*) hit off; catch; *~* (*gissa*) *rätt* hit on the right answer; *~ den rätta tonen* (*äv. bildl.*) strike the right note **5** (*vidtaga*) make (*anstalter* arrangements); *~ ett val* make a choice **-ad** *a5* hit; *känna sig ~* (*bildl.*) feel guilty **-ande** *a4* to the point; pertinent (*anmärkning* remark); (*välfunnen*) apposite, appropriate **-as** *dep* meet; *vi skall ~ i morgon* we shall meet (be seeing each other) tomorrow **-punkt** point of impact **-säker** sure in aim; *bildl.* sure (*omdöme* judgment); apposite (*yttrande* remark); *en ~ skytt* a good marksman, a dead shot **-säkerhet** precision (accuracy) of aim; (*i omdöme*) rightness (sureness) of judgment

trä|fiber wood fibre **-fiberplatta** fibreboard **-fri** wood-free **-förädling** woodworking, wood processing

trägen *a3* assiduous, persevering; *~ vinner* persevere and never fear **-het** assiduity, perseverance

trä|haltig *a1* woody; *~t papper* paper containing wood fibres **-hus** wooden (timber) house; *Am. äv.* frame house **-häst** wooden horse **-ig** *a1* woody; (*om grönsak o.d.*) tough, stringy; *bildl.* wooden **-industri** timber industry **-karl** *kortsp.* dummy **-karlsbridge** dummy bridge **-kol** charcoal **-kolsframställning** charcoal-burning **-konservering** wood preservation **-konstruktion** timber (wood[en]) structure (construction) **-kärl** wooden vessel

träl *s2* thrall; serf; *bildl.* slave, bond[s]man **-a** toil [like a slave], slave (*med* at)

trälast timber (*Am.* lumber) cargo

träl|bunden enslaved **-dom** *s2* bondage, thraldom; *bildl.* slavery, servitude **-domsok** yoke of bondage **-göra** *s6* drudgery

trä|mask woodworm **-massa** wood-pulp **-massefabrik** pulp mill **-mjöl** wood meal (flour, dust)

träna train (*i* in; *till* for); (*öva sig*) practise; *börja ~* go into training **-d** *a5* trained; (*erfaren*) experienced, practised **-re** trainer; coach

träng *s3* train; *Engl.* army service corps; *Am.* maintenance and supply troops (*pl*)

träng|a *v2* **1** (*vara trång*) be (feel) tight **2** (*driva, pressa*) drive, force, push, press; *fienden -er oss från alla håll* the enemy presses in upon us on every side **3** (*bana sig väg*) force one's (its) way (*österut* east[wards]); *inte ett ljud -de över hans läppar* not a sound escaped his lips **4** (*med beton. part.*) *~ fram* penetrate, force one's (its) way (*till* to); *~ igenom* penetrate, (*om vatten*) come through; *uttrycket har -t igenom i skriftspråket* the expression has found its way into the written language; *~ ihop* (*ngt*) compress, (*människor*) crowd (pack) ... together; *~ ihop sig* crowd together; *~ in ...* [*i*] press (force) ... in[to]: *~ in i* (*bildl.*) penetrate into; *kulan -de djupt in i* the bullet penetrated deep into; *~ ner* force one's (its) way down (*i* into), (*i sht bildl.*) penetrate (*i* into; *till* to): *~ på* push (press) on; *~ undan* force (push) ... out of its (his *etc.*) place (out of the way); *~ ut a*) (*ngn*) force (push) ... out, (*ngt*) displace, *b*) (*strömma ut*) force one's (its) way out, (*om rök, vätska o.d.*) issue [forth]; *ögonen -de ut ur sina hålor* his (*etc.*) eyes were starting out from their sockets **5** *rfl*, *~ sig fram a*) *eg.* push one's way forward, *b*) *bildl.* push o.s. forward; *~ sig in* intrude (*i* upon); *~ sig på* force (thrust) o.s. upon (*ngn* s.b.), *absol.* intrude, obtrude; *minnena -er sig på mig* memories come thronging in upon my mind **-ande** *a4* (*tvingande*) pressing; (*angelägen*) urgent; *vid ~ behov* in an (a case of) emergency **-as** *v2, dep* push, jostle one another; (*skockas*) crowd [together]; *man behövde inte ~* there was no crowding

träng|re ['träŋre] **I** *a, komp. t. trång* narrower; more limited; (*om plagg äv.*) tighter; *i den ~ familjekretsen* in the immediate family; *inom en ~ krets* [with]in a [strictly] limited circle **II** *adv* more narrowly; (*tätare*) closer [together] **-sel** ['träŋ-] *s9* crowding; (*folk-*) crush (throng) [of people]; *salen var fylld till ~* the hall was thronged (packed, overcrowded) (*av* with); *det råder ~ på lärarbanan* the teaching profession is overcrowded **-st** (*jfr -re*) **I** *a, superl. t. trång* narrowest *etc.* **II** *adv* most narrowly; closest

trängta yearn, pine (*efter* for; *efter att* to) **-n** *r* yearning

träning training; (*av ngn äv.*) coaching; (*övning*) practice; *ligga* (*lägga sig*) *i ~* be in (go into) training (*för* for)

tränings|overall track suit **-värk** *ha ~* be stiff [after training]

träns *s2* **1** (*snodd*) braid, cord **2** (*betsel*) snaffle **-a** (*förse med träns*) cord, braid

trä|panel wood panel[ling], wainscoting **-pinne** [round] piece of wood **-plugg** wooden plug (pin) **-ribba** wooden lath

träsk *s7* marsh, fen; *bildl.* sink

träskalle *bildl.* blockhead, numskull

träskartad [-a:r-] *a5* marshy, fen-like, fenny

träsked wooden spoon

träskmark marshy (fenny) ground

trä|sko wooden shoe; (*med -botten*) clog **-skodans** (*~ande*) clog dancing; (*en ~*) clog dance **-skruv** (*av trä*) wooden screw; (*av metall*) wood screw **-skål** wooden bowl **-slag** sort (kind) of wood **-slev** wooden ladle **-sliperi** mechanical [wood] pulp mill **-slöjd**

woodwork, carpentry, joinery **-snidare** wood-carver(-engraver) **-sniderі** wood-carving(-engraving) **-snitt** woodcut **-sprit** wood alcohol (spirit) **-sticka** [wood] splinter **-svarv** wood lathe

trät|a I *s1* quarrel; *häftig ~* fierce row **II** *v3* quarrel; (*svagare*) bicker (*om* about) **-girig** quarrelsome

trä|tjära wood tar **-toffel** clog **-ull** wood-wool, excelsior **-varor** *pl* timber (*sg*), wood products; (*bearbetade*) wooden goods **-varuhandel** timber (*Am.* lumber) trade (business) **-varuhandlare** timber-merchant; *Am.* lumber-dealer **-virke** timber, wood, (*i byggnad*) woodwork; *Am.* lumber

trög *a1* slow (*i* at; *i att* at + *ing-form*); (*om pers. äv.*) inactive, inert, languid; (*senfärdig*) tardy (*i att* in + *ing-form*); (*slö*) dull (*äv. om affärer*); *fys.* inert; (*i rörelse*) sluggish; *låset är ~t* the lock is stiff; *ha ~ mage* be constipated **-flytande** viscous, viscid; (*om vattendrag*) slow-flowing, sluggish **-het** [-ö:-] slowness *etc.*; inactivity, inertia **-hetsmoment** moment of inertia **-läst** [-ä:-] *a4* heavy (dull)... [to read] **-måns** *s2* sluggard, slacker **-t** [-ö:-] *adv* slowly *etc.*; *affärerna går ~* business is dull; *motorn går ~* the engine is sluggish; *det går ~* (*om arbete o.d.*) it's hard-going **-tänkt** *a1* slow-witted(-thinking), slow in the uptake

tröja [ˣtröjja] *s1* sweater, jersey; (*under-*) vest, singlet, *Am.* undershirt

tröska *v1* thresh; *~ igenom* (*bildl.*) plough through

tröskel *s2* threshold (*till* of); (*dörr- äv.*) doorstep **-värde** *fys.* threshold value

trösk|ning threshing **-verk** thresher, threshing-machine

tröst *s3* consolation; solace; (*svagare*) comfort; *en klen ~* a poor consolation; *det är en ~ i olyckan* that is some consolation; *hennes ålders ~* a comfort in her old-age; *skänka ~* afford consolation; *söka* [*sin*] *~ i* seek solace in **-a** console; solace; comfort; *Gud -e mig!* God have mercy upon me!; *~ sig* console o.s. (*över* for); *hon ville inte låta ~ sig* she was inconsolable **-erik** full of consolation, consoling **-lös** (*som inte låter -a sig*) disconsolate; (*hopplös*) hopeless, desperate **-napp** dummy, comforter; *Am.* pacifier **-pris** consolation prize

tröt *imperf av tryta*

trött *a1* tired (*av* with; *efter* after, as a result of; *på* of); (*uttröttad*) weary, fatigued; *jag är ~ på* (*äv.*) I am sick of; *jag är ~ i benen* my legs are tired (*av att* with (from) + *ing-form*); *dansa sig ~* dance till one is tired [out] **-a** tire; weary, fatigue; *det ~r att stå* standing makes you tired (is tiring); *~ ut ngn* tire s.b. out **-ande** *a4* tiring **-as** *dep* get tired (*etc.*) (*av* by) **-het** tiredness; weariness, fatigue **-hetskänsla** sense of fatigue **-köra** overdrive; overwork (*äv. bildl.*) **-na** tire, get tired, weary, get weary (*på* of; *på att* of + *ing-form*) **-sam** *a1* tiring, fatiguing

tsar [(t)sa:r] *s3* tsar, czar **-döme** *s6* (*-rike*) tsar's realm; (*-välde*) tsardom **-inna** tsarina

tu two; *ett ~ tre* all of a sudden; *de unga ~* the young couple; *det är inte ~ tal om den saken* there is no question about that; *på ~ man hand* by ourselves (*etc.*)

tub *s3* **1** tube **2** (*kikare*) telescope

tuba *s1* tuba **-blåsare** tuba player

tubba *~ ngn till* induce s.b. to

tuberkel [-'bärr-] *s3* tubercle **-bacill** tubercle bacillus

tuberkulin [-ä-] *s4* tuberculin **-prov** tuberculin test

tuberkulos [-ä-'lå:s] *s3* tuberculosis (*i* of) (*förk.* T.B.) **-sjuk** ... suffering from tuberculosis **-undersökning** examination for tuberculosis

tuberkulös [-ä-'lö:s] *a1* tuberculous, tubercular

tubformig [-å-] *a1* tubular

tudel|a divide ... into two [parts]; *geom.* bisect **-ning** dividing into two [parts]; *geom.* bisection

1 tuff *s3* (*bergart*) tuff; (*kalk-*) tufa

2 tuff *a1*, *vard.* tough (*kille* guy)

tugg|a I *s1* bite; chew **II** *v1* chew; (*mat äv.*) masticate; *hästen ~r på betslet* the horse is champing the bit; *~ om* chew ...[over] again, *bildl.* repeat, keep harping on (*samma sak* the same string) **-buss** quid [of tobacco] **-gummi** (*hopskr. tuggummi*) chewing-gum **-ning** chewing; mastication **-tobak** chewing-tobacco

tuja [ˣtujja] *s1* arbor-vitae

tukt *s3* discipline; *i Herrans ~ och förmaning* in good order **-a 1** (*aga, äv. friare*) chastise, (*bestraffa*) punish **2** (*forma*) [hammer-]dress (*sten* stone); prune (*träd* trees) **-an** *r* chastisement, castigation; correction **-hus** house of correction, penitentiary **-omästare** chastiser; (*lärare*) tutor

tull *s2* **1** (*avgift*) [customs] duty (*på* on); *hög ~* heavy duty; *belägga ... med ~* impose a duty on; *hur hög är ~en på ...?* what is the duty on ...?; *betala 2 pund i ~* pay 2 pounds [in] duty **2** (*-verk, -hus*) customs, Customs (*pl*); *~en* (*-personalen*) the customs officers (*pl*); *gå genom ~en* go through customs **3** (*stads-*) toll-gate; (*infart t. stad*) entrance to a town **-a 1** (*betala tull*) pay [customs] duty (*för* on) **2** (*snatta*) *~ på* (*av*) pinch some of **-behandla** clear ... through the Customs, clear [in]; *~de varor* goods examined and cleared **-belägga** levy duty on; *-belagda varor* dutiable goods **-bestämmelser** customs regulations **-bevakning** customs supervision; *konkr.* preventive service **-deklaration** customs declaration **-deklarera** declare ... at Customs **-fri** duty-free, free of duty **-frihet** exemption from duty; *åtnjuta ~* be exempt from duty **-hus** custom-house, customs house **-kryssare** revenue cutter **-mur** tariff wall (barrier) **-myndighet[er]** customs authorities **-personal** customs officers (*pl*) **-pliktig** dutiable, liable to duty **-sats** tariff rate, [rate of] duty **-skydd** tariff protection **-station** customs station **-sänkning** tariff reduction **-taxa** customs tariff **-tjänsteman** customs officer (*högre:* official) **-union** customs union **-uppsyningsman** preventive officer **-verk** Customs [and Excise] Department **-visitation** customs examination **-visitera** examine **-väsen** customs administration

tulpan *s3* tulip
tum [tumm] *s9* inch; *en kung i varje* ~ every inch a king; *jag viker inte en* ~ I won't budge (give an inch)
tumla 1 (*falla*) tumble, fall (*över ända* over); ~ *om* romp around; ~ *om med varandra* have a tussle [together] **2** ~ *en häst* caracole a horse **-re 1** (*delfin*) [common] porpoise **2** (*bägare*) tumbler
tumm|a 1 ~ [*på*] finger; *det* ~*r vi på!* let's shake on it! **2** ~ *på* (*jämka på*) compromise with (*hederskänslan* one's sense of honour) **3** (*uppmäta i tum*) gauge **-e** *s2* thumb; *bita sig i* ~*n* (*bildl.*) get the wrong sow by the ear; *ha* ~ *med ngn* be chummy with s.b.; *hålla* ~*n på ögat på ngn* keep a tight hand on s.b.; *hålla -arna för ngn* keep one's fingers crossed for s.b.; *rulla -arna* twiddle one's thumbs **-eliten** [-ˣli:-] *r* Tom Thumb
tummelplats battlefield, battleground (*för* for)
tum|metott [-'tått, ˣtumme-] *s2* thumb **-nagel** thumb-nail **-regel** rule of thumb
tums|bred *en* ~ ... a[n] ... an inch broad (wide) **-bredd** *en* ~ the breadth (width) of an inch
tum|skruv thumbscrew; *sätta* ~*ar på ngn* (*bildl.*) put the tumbscrews on s.b., squeeze s.b. **-stock** foldihng rule**-sugning** thumb-sucking
tumult *s7* tumult; commotion; (*oväsen*) uproar; (*upplopp*) disturbance, riot
tumvante [wollen] mitten
tumör tumour
tundra *s1* tundra
tung *-t tyngre tyngst* heavy; weighty: (*betungande*) cumbersome, burdensome; (*svår*) hard, grievous; *bildl.* ponderous, cumbrous, (*stil* style); ~ *industri* (*luft*) heavy industry (air); *med* ~*t hjärta* with a heavy heart; *jag känner mig* ~ *i huvudet* my head is heavy; *göra livet* ~*t för ngn* make life a burden to s.b.; *det känns* ~*t att* it feels hard to
1 tunga *s1* (*börda*) burden
2 tunga *s1* **1** tongue; (*på våg äv.*) needle, pointer; (*i musikinstrument*) reed; (*på flagga*) tail; *en elak* (*rapp*) ~ a malicious (ready) tongue; *vara* ~*n på vågen* tip the scale; *ha ett ord på* ~*n* have a word on the tip of one's tongue; *hålla tand för* ~ keep one's own counsel; *hålla* ~*n rätt i mun* mind one's P's and Q's; *räcka ut* ~*n åt* poke one's tongue out at **2** (*fisk*) sole
tungarbeta|d *a5* ... that is heavy to work; *ett* ~*t kök* an inconvenient kitchen
tung|band *anat.* ligament of the tongue **-ben** *anat.* tongue-bone
tungfotad *a5* heavy-footed
tung|häfta tongue-tie; *hon lider inte av* ~ (*vard.*) her tongue is well oiled **-omål** tongue **-omålstalande** *s6* speaking with tongues
tungrodd *a5*, *eg.* that is heavy to row; *bildl.* heavy, unwieldy; (*om arbete*) [heavy and] time-consuming
tung|rot root of the tongue **-rygg** back of the tongue
tung|sinne melancholy **-sint** *a1* melancholy, gloomy **-spat** *s3* barite, heavy spar
tung|spene *anat.* uvula (*pl* uvulæ) **-spets** tip of the tongue
tung|sövd [-ö:-] *a5*, *vara* ~ be a heavy sleeper **-t** *adv* heavily; *gå* ~ *a*) (*om pers.*) have a heavy tread, *b*) (*om maskin e.d.*) run heavily (heavy); ~ *vägande skäl* weighty reasons; *hans åsikt väger* ~ his opinion carries a lot of weight
tungus [-ŋ'gu:s] *s3* Tungus; ~*erna* the Tungus[ians]
tungvikt heavyweight **-are** heavy-weight [boxer, wrestler]
tunik *s3* **-a** ['tu:-] *s1* tunic
Tunisien *n* Tunisia **tunisi|er** *s9* **-sk** *a5* Tunisian
tunn *a1* thin; (*om tyg äv.*) flimsy; (*om rock o.d. äv.*) light; (*om tråd*) fine; (*om dryck*) weak, watery
1 tunna *v1*, ~ *av* (*smalna*) get (grow) thin, (thinner), (*glesna*) thin
2 tunn|a *s1* barrel; cask; *hoppa i galen* ~ (*bildl.*) jump in the wrong box **-band** barrel-hoop; (*leksak*) hoop **-bindare** cooper, hooper **-binderi** *abstr.* coopering; *konkr.* cooperage
tunnbröd *ung.* thin unleavened bread
tunnel *s2* tunnel; (*gång- äv.*) subway, *Am.* underpass **-bana** underground railway; *Engl. äv.* tube, underground; *Am. äv.* subway **-banestation** underground (tube; *Am.* subway) station
tunn|flytande *a4* thin (*vätska* liquid) **-het** thinness *etc.* **-hudad** *a5* ... that has a thin skin; *bildl.* thin-skinned **-klädd** lightly clad
tunnland *n*, *ung.* acre
tunn|skalig *a1* thin-shelled (*etc.*, *jfr skal*) **-sliten** threadbare **-sådd** *a1* thinly sown; *bildl.* few and far between **-tarm** small intestine
tunt *adv* thinly; (*glest*) sparsely
tupp *s2* cock; rooster **-fjät 1** *eg.* cock's stride **2** *bildl.*, *bara ett* [*par*] ~ only a handbreadth; *inte ett* ~ not an iota **-fäktning** cock-fighting **-kam** cock's crest (comb) **-kyckling** cockerel; *bildl.* coxcomb, cocky young devil **-lur** little (short) nap; *ta sig en* ~ (*äv.*) have forty winks
1 tur *s3* (*lycka; lyckträff*) luck; *ha* ~ have luck, be lucky; *ha* ~ *med sig* (*medföra* ~) bring luck; *ha* ~ *hos damerna* have a way with the ladies; *ha* ~*en att* have the [good] luck (be lucky enough) to; ~ *i oturen* (*ung.*) a blessing in disguise; *mer* ~ *än skicklighet* more good luck than good management; *det var* ~ *att* it was (is) lucky that, how fortunate that
2 tur *s3* **1** (*resa*) tour; (*kortare äv.*) round; trip; (*bil- äv.*) drive; (*cykel- äv.*) ride; (*promenad äv.*) walk, stroll; ~ *och retur*[*-resa*] return journey, *Am.* round trip; *reguljära* ~*er* regular service (*sg*) (*flyg.* flights; *sjö.* sailings); *göra en* ~ take (go for) a trip **2** (*i dans*) figure **3** (*följd, ordning*) turn; *i* ~ *och ordning* in turn, by turns; *nu är det min* ~ now it's my turn; *stå närmast i* ~ be next (on the list) **-a** *v1* **-as** *v1 dep*, ~ *om att* take [it in] turns to; ~ *om med ngn* take turns with
turban *s3* turban **-klädd** turbaned
turbin *s3* turbine **-driven** turbine-powered

(-driven) **-hjul** turbine wheel **-motor** turbine [engine], turbo-motor
turbulen|s *s3* turbulence **-t** *a1* turbulent
turism tourism
turist tourist; sightseer **-attraktion** tourist attraction, sight **-broschyr** travel folder **-buss** touring (sightseeing) coach **-byrå** travel (tourist) agency **-hotell** tourist hotel **-karta** touring map **-klass** tourist class **-land** tourist country **-ort** tourist resort **-säng** folding bedstead **-valuta** tourist (travel) allowance **-väsen** tourism; tourist services (*pl*)
turk *s2* Turk **Turkiet** *n* Turkey **turkisk** ['turr-] *a5* Turkish; Turkey (*matta* carpet) **turkiska** ['turr-] *s1* **1** (*språk*) Turkish **2** (*kvinna*) Turkish woman
turkos [-'kå:s, -'ko:s] *s3* turquoise **-blå** turquoise blue
turlista timetable
turmalin *s3* tourmaline
turn|é *s3* tour; *göra en ~* tour, make a tour **-era** **1** (*vara på turné*) tour **2** (*formulera*) turn, put; *väl ~d* well-turned
turnyr *s3* bustle
tur- och returbiljett return (*Am.* round[-trip]) ticket
tursam [ˣtu:r-] *a1* lucky, fortunate
turturduva turtle-dove
turvis [ˣtu:r-] by (in) turns, in turn
tusan *r*, *för ~!* hang it!; *det var ~!* well, I'll be blowed!; *av bara ~* like blazes (the very deuce); *en ~ till karl* a devil of a fellow
1 tusch *s2*, *mus.* (*anslag*), *konst.*, *fäkt.*, *bildl.* touch; (*fanfar*) flourish
2 tusch *s3*, *s4* (*färg*) Indian ink **-teckning** pen and ink drawing
tusen ['tu:-] thousand; *T~ och en natt* The Arabian Nights; *~ sinom ~* thousands and (upon) thousands; *~ tack!* a thousand thanks!, *vard.* thanks awfully; *inte en på ~* not one in a thousand; *flera ~ ...* several thousand[s of]; *jag ber ~ gånger om ursäkt!* [I beg] a thousand pardons! **-bladstårta** puff-pastry layer cake **-de** **I** *s6* thousand **II** (*ordningstal*) thousandth **-[de]del** thousandth [part] **-faldig** *a1* thousandfold **-foting** centipede, millepede **-hövdad** *a5* many-headed **-konstnär** Jack of all trades, handyman **-kronesedel** **-lapp** *en ~* a thousand-kronor note **-sköna** [-ʃ-] *s1*, *bot.* [common] daisy **-tal** **1** *ett ~* some (about a) thousand **2** *på ~et* in the eleventh century **-tals** [-a:] thousands [of]; ... in thousands **-årig** *a1* ... a thousand years old; *det ~a riket* the millennium **-årsjubileum** millennial celebration
tuskaft *väv.* two-leaved twill
tuss *s2* wad
tussa *~ hunden på ngn* set the dog on to s.b.; *~ ihop* set ... at each other, (*friare*) set ... by the ears
tut **I** *s7* toot[ing] **II** *interj* toot!
1 tuta *s1* (*finger-*) finger-stall
2 tut|a *v1* toot[le] (*i en lur* [on] a horn); (*med signalhorn*) hoot; *~ ngt i öronen på ngn* (*bildl.*) din s.th. into a p.'s ears **-ning** [-u:-] tooting; hooting
1 tutta *s1* (*liten flicka*) little girl
2 tutta *v1*, *~ [eld] på* set fire to, set ... on fire
tuv|a *s1* tussock, tuft; (*gräs- äv.*) tuft [of grass]; *liten ~ välter ofta stort lass* little strokes fell great oaks **-ig** *a1* tufty
t.v. *förk. för a*) *till vänster* to the left, *b*) *tills vidare*, *se vidare II 6*
TV [ˣte:ve:] *s9* (*jfr television*) TV; *Engl. vard.* telly; *Am. vard.* video
tvang *imperf av tvinga*
tvedräkt *s3* dissension, discord
tweed [tvi:d] *s3* tweed **-dräkt** tweed suit
tve|eggad *a5* two-edged; *bildl. äv.* double-edged **-gifte** bigamy **-hågsen** *a5* in two minds
tveka hesitate (*om* about, as to); be uncertain (doubtful) (*om hur man skall* [about] how to)
tvekamp duel; (*envig*) single combat
tvekan *r* hesitation; uncertainty, indecision; *med* (*utan*) *~* with some (without [any]) hesitation **-de** *a4* hesitating *etc.*; hesitant
tvekluven forked; *bot.* bipartite
tvek|lös unhesitating **-löst** [-ö:-] *adv* without hesitation **-sam** [-e:-] *a1* uncertain, doubtful (*om* about, as to; *om huruvida* whether); (*obeslutsam*) irresolute; *känna sig ~* (*äv.*) feel dubious **-samhet** [-e:-] hesitation, hesitance; doubt[fulness]
tve|könad [-çö:-] *a5* bisexual, hermaphrodite **-nne** two **-stjärt** earwig **-talan** *beslå ngn med ~* convict s.b. of self-contradiction **-tydig** *a1* ambiguous; equivocal; (*oanständig*) indecent; (*tvivelaktig*) dubious **-tydighet** ambiguousness; ambiguity; indecency
tvilling twin **-bror** twin brother **-par** pair of twins **-stjärna** twin (double) star **-syskon** *de är ~* they are twins **-syster** twin sister
tvills *s3* twill
tvina languish; *~ bort*, *se förtvina*
tving *s2*, *tekn.* clamp, cramp **-a** *tvang tvungit*, *v1* **1** force (*ngn till ngt* s.b. to do s.th.); compel (*till att* to); (*friare äv.*) constrain; (*svagare*) oblige; *~ fram* extort (*en bekännelse* a confession); *~ i ngn ngt* force s.b. to eat (drink) s.th.; *~ i sig ngt* force down s.th.; *~ på ngn ngt* force s.th. on s.b.; *~ till sig ngt* obtain s.th. by force **2** *rfl* force o.s. (*till att* to); constrain o.s.; *~ sig fram* force one's way forward; *~ sig på ngn* force o.s. on s.b. **-ande** *a4* imperative (*skäl* reasons); (*trängande*) urgent; (*oemotståndlig*) irresistible; *~ omständigheter* circumstances over which I (*etc.*) have no control; *utan ~ skäl* without urgent (very good) reasons
tvinna twine; twist; (*silke*) throw
tvinsot consumption
tvist *s3* strife, quarrel; (*ordstrid*) dispute, controversy; *ligga i ~ med* be at strife (controversy) with; *slita ~en* decide the dispute **-a** dispute, quarrel (*om* about) **-efråga** question (point) at issue, matter (point) in dispute **-efrö** seed of dissension, bone of contention **-emål** civil case **-eämne** subject of contention, controversial issue
tvivel ['tvi:-] *s7* doubt; (*betänkligheter*) misgivings (*pl*); *det är* (*råder*) *intet ~ om* there is no doubt about; *utan ~* without any doubt, no doubt, doubtless; *utom allt ~* beyond all doubt **-aktig** *a1* doubtful; du-

bious, questionable (*ära* honour); *det är ~t om* it is doubtful whether

tviv|elsmål doubt[s *pl*]; *draga ngt i ~* call s.th. in question; *sväva i ~ om* have doubts [in one's mind] about **-la** [-i:-] ~ *på* doubt, be doubtful about, (*misstro*) mistrust, have no faith in, (*ifrågasätta*) call ... in question **-lande** [-i:-] *a4* incredulous; sceptical; *ställa sig ~ till* doubt, feel dubious about **-lare** [-i:-] doubter; sceptic

TV-|pjäs television play, teleplay **-tittare** [tele]viewer

tvung|en *a3* **1** (*tvingad*) forced; enforced; *vara ~ att* be forced (compelled) to, have to, (*i sht av inre tvång*) be obliged to; *vara så illa ~* have no other choice, jolly well have to; *vara nödd och ~* be compelled to **2** *det är en ~ sak* it (that) is a matter of necessity **3** (*tillgjord*) forced, constrained (*leende* smile) **-it** *sup av tvinga*

1 två *v4* wash; *jag ~r mina händer* (*bildl.*) I wash my hands of it

2 två *räkn.* two; *~ och ~* two and two; *en ~ tre stycken* two or three [of them]; *det skall vi bli ~ om!* I can put the lid on that!; *kl. halv ~* at half past one; *jag tar båda ~* I'll take both [of them] **-a** *s1* two; (*i spel äv.*) deuce; *~n a*) *skol.* the second class, *b*) (*bilväxel*) [the] second [gear] **-basisk** *kem.* dibasic **-bent** [-e:-] *a4* two-legged **-bladig** *a1* (*om växt*) two-leaved; (*om propeller, kniv e.d.*) two-bladed **-byggare** *bot.* diœcious plant **-cylindrig** *a1* twin-cylinder (*motor* engine) **-dela** halve, split; *~d* two-piece (*baddräkt* bathing suit), in two parts **-dimensionell** *a1* two-dimensional **-faldig** *a1* twofold; double **-familjshus** two-family house; *Am.* duplex house **-fas** two-phase **-färgad** two-colour[ed] **-hjulig** [-j-] *a1* two-wheel[ed] **-hjuling** [-j-] two-wheeler **-hundratalet** *på ~* in the third century **-kammarsystem** bicameral (two-chamber) [parliamentary] system **-krona** two-kronor piece

tvål *s2* soap **-ask** soap-case **-bit** piece of soap

tvåledare two-wire

tvål|fager sleek **-flingor** soap-flakes **-ig** *a1* soapy **-kopp** soap-dish **-lödder** soap-lather **-lösning** soap solution **-vatten** soapy water; soap-suds (*pl*)

två|läppig *a1*, *bot.* bilabiate **-mans-** for two [men, persons], two-person **-manssäng** double bed **-mastare** two-master **-motorig** *a1* twin-engine[d]

tvång *s7* compulsion, coercion, constraint; (*våld*) force; *jur.* duress; *psykol.* compulsion; *det är inte ngt ~* it is not absolutely necessary; *handla under ~* act under compulsion (constraint); *rättsstridigt ~* duress

tvångs|arbete forced (compulsory) labour **-föreställning** obsession **-förflyttning** compulsory transfer **-försäljning** forced (compulsory) sale **-läge** *vara i ~* be in an emergency situation **-mata** feed forcibly **-medel** means of coercion **-permittera** lay-off **-sparande** compulsory saving **-tanke** obsession **-tröja** strait-jacket **-uppfostran** reformatory upbringing **-uppfostringsanstalt** reformatory, approved school **-uttagning** *mil.* conscription **-åtgärd** *vidtaga ~er* use coercive measures

två|partiregering two-party government **-procentig** *a1* two-per-cent **-radig** *a1* two-line[d]; two-row[ed] (*korn* barley); double-breasted (*rock* coat) **-rumslägenhet** two-room[ed] flat **-siffrig** *a1* two-figure **-sitsig** *a1* two-seat[ed]; *~t flygplan* two-seater **-språkig** *a1* bilingual **-stavig** *a1* two-syllable[d], di[s]syllabic **-stegsraket** two-step rocket **-struken** *mus.* two-line, twice-marked **-stämmig** *a1* for two voices, in two parts **-taktsmotor** two-stroke(-cycle) engine **-tiden** *vid ~* at [about] two [o'clock] **-vingar** *pl*, *zool.* dipterans **-våningshus** two-storey[ed] house **-våningssäng** bunk bed **-värd**[**ig**] *kem.* divalent **-årig** *a1* two-year-old; (*om växt*) biennial **-åring** child of two **-åråldern** the age of two **-öring** two-öre piece

tvär I *s*, *i uttr.*: *på ~en* across, crosswise; *sätta sig på ~en a*) (*om sak*) get stuck crossways, *b*) (*bildl. om pers.*) turn obstinate (awkward) **II** *a1* (*plötslig*) sudden; (*abrupt*) abrupt; (*brant*) steep; (*motsträvig*) refractory; (*vresig*) sullen, blunt, brusque; *göra en ~ krök* make a sharp turn; *ett ~t avbrott a*) *eg.* a sudden break (interruption), *b*) (*skarp kontrast*) a sharp contrast (*mot* to); *ta ett ~t slut* come to a sudden end **-a** cross, go across **-balk** cross beam, stretcher **-brant** precipitous **-bromsa** slam on the brakes, brake suddenly **-gata** cross-street; *ta nästa ~ till höger!* take the next turning to the right! **-gående** *a4* transverse **-hand** hand's breadth **-huggen** *a5* squared; *bildl.* abrupt **-linje** transverse line, crossline **-mätt** *bli ~* suddenly feel full **-randig** cross-striped, banded

tvärs across.; *~* [*för*] (*sjö.*) abeam of; *akter* (*för*) *om ~* abaft (before) the beam; *härs och ~* in all directions; *~ igenom* right (straight) through; *~ över* straight (right) across; *bo ~ över gatan* live just across the street; *gå ~ över gatan* cross the street

tvär|skepp *byggn.* transept **-skepps** *adv* athwartships **-slå** cross-bar(-piece) **-snitt** cross-section **-stanna** stop dead, come to a dead stop **-streck** crossline; cross stroke (*äv. mus.*) **-säker** absolutely sure, positive; cocksure **-säkerhet** (*självsäkerhet*) cocksureness

tvärt *adv* squarely (*avskuren* cut); (*plötsligt*) abruptly; (*genast*) at once, directly; *svara ~* reply straight off; *käppen gick ~ av* the stick broke right in two; *bryta ngt ~ av* break s.th. right off; *svara ~ nej* refuse flatly **-emot** quite contrary to; *göra ~* do exactly the opposite of **-om** on the contrary; (*svagare*) on the other hand; *och* (*eller*) *~* and (or) contrariwise (vice versa); *alldeles ~* just the reverse; *det förhåller sig alldeles ~* it is just the other way round; *snarare ~* rather the reverse

tvär|tystna become suddenly silent **-vigg** *s2* contrary person; *vard.* cross-patch **-vägg** transvers wall

tvätt *s2* wash[ing]; (*kläder t. ~*) laundry; *kemisk ~* dry cleaning, (*-inrättning*) dry cleaners; *~ och strykning* washing and ironing; *är på ~* is in the wash (*-inrättningen:* at the laundry); *gå bort i ~en* wash out; *skicka bort ~en* send the washing to the laundry

-**a** wash; (*rengöra*) clean (*fönsterna* the windows); ~ *kemiskt* dry-clean; ~ *åt ngn* do a p.'s washing; ~ *bort* wash away; *jag måste* ~ *upp litet kläder* I must wash out a few clothes; ~ *sig* wash [o.s.], have a wash, *Am.* wash up; ~ *sig om händerna* wash one's hands **-anvisningar** washing instructions **-balja** wash-tub **-bar** *a1* washable **-björn** racoon **-bräde** washboard **-eri** laundry **-erska** laundress; (*förr*) washer-woman **-fat** wash-basin; *Am. äv.* washbowl **-gryta** wash-boiler, copper **-inrättning** laundry; *kemisk* ~ dry-cleaning establishment **-kläder** *pl* laundry, washing (*sg*), dirty linen **-korg** clothes-basket **-lapp** face flannel (cloth); *Am.* washcloth, washrag **-maskin** washing-machine **-medel** washing detergent (agent, powder), detergent **-ning** washing **-nota** laundry list **-pulver** washing-powder **-rum** wash-room, lavatory **-siden** washing-silk **-skinnshandske** wash-leather glove **-stuga** (*rum*) laundry **-ställ** washstand, (*väggfast*) wash-basin **-svamp** [bath-]sponge **-säck** laundry bag **-vante** washing glove **-vatten** washing water; (*använt*) dirty water, slops (*pl*) **-äkta** washable, wash-proof; (*om färg*) fast; *bildl.* authentic; (*inbiten*) out-and-out

1 ty *konj* for; because

2 ty *v4, rfl,* ~ *sig till* turn to

tyck|a *v3* **1** think (*om* about; *att* that); (*anse äv.*) be of the opinion (*att* that); *det -er jag* (*äv.*) that's what I think; *säg vad du -er!* tell us your opinion!; *han säger vad han -er* (*sin mening*) he says what he thinks; *jag -er nog att* I really (do) think; *vad -er du om ...?* what do you think of ...?; *han -er att han är någonting* he thinks a great deal of himself; *som du -er!* as you please!; *du -er väl inte illa vara att jag* I hope you don't mind my (+ *ing-form*); ~ *sig höra* think (imagine, fancy) that one hears; ~ *sig vara* think that one is, imagine o.s. to be **2** ~ *om* like (*starkare:* be fond of) (*att läsa* reading); *jag -er rätt bra om* I quite like; *jag -er mycket om* I like ... very much; *jag -er illa om* (*äv.*) I dislike; *jag -er mer om ... än ...* I like ... better than ..., I prefer ... to ... **-as** *v3, dep* seem; *det kan* ~ *så* it may seem so; *det -s mig som om* it seems to me as if; *vad -s?* what do you think (say)? **-e** *s6* **1** (*åsikt*) opinion; *i mitt* ~ to my way of thinking, in my opinion **2** (*böjelse*) inclination, fancy (*för* for); (*smak*) liking; *fatta* ~ *för* take a liking (fancy) to; *om* ~ *och smak skall man inte tvista* (*ung.*) that's a matter of taste; *efter mitt* ~ according to my taste **3** (*likhet*) likeness, resemblance; *han har* ~ *av sin far* he bears a resemblance to his father **-mycken** *a3* fastidious; touchy

tyd|a *v2* **1** (*tolka*) interpret; (*ut-*) decipher, solve; (*förklara*) explain; ~ *allt till det bästa* put the best construction on everything; *hur skall man* ~ (*uppfatta*) *detta?* how should one take this? **2** ~ *på* indicate (*att* that; *gott omdöme* good judgment), point to, suggest; *allt -er på att han* everything points to his (+ *ing-form*) **-bar** [-y:-] *a1* interpretable **-lig** [-y:-] *a1* (*lätt att se*) plain, clear, sharp; (*markerad*) marked, pronounced; (*distinkt*) distinct; (*påtaglig*) obvious, apparent, evident; ~*a bevis på* distinct proofs of; ~ *bild* sharp picture; ~ *handstil* legible (fair) hand; *i* ~*a ordalag* in plain terms; *det är* ~*t att* it is obvious (evident) that; *ha ett* ~*t minne av* have a distinct remembrance of; *talar sitt* ~*a språk* speaks for itself; *undergå en* ~ *förbättring* improve noticeably **-ligen** [-y:-] evidently, obviously, apparently **-lighet** [-y:-] plainness *etc.*; *med all önskvärd* ~ leaving no room for doubt **-ligt** [-y:-] *adv* (*skriva, tala etc.*) plainly, distinctly; (*uttrycka sig*) clearly; *vilket* ~ *framgår av* as is plain from **-ligtvis** [-y:-] *se -ligen* **-ning** [-y:-] interpretation; decipherment, solution **-ningsförsök** attempt at interpretation

tyfoidfeber [-ˣi:d-] typhoid fever

tyfon [-'få:n] *s3* typhoon

tyfus ['ty:-] *s2* typhus [fever]

1 tyg *s7, s4* (*vävnad*) material (*till* for); cloth, stuff; *i sht hand.* fabric; ~*er* textiles

2 tyg 1 *i uttr.: allt vad* ~*en håller* (*med all kraft*) for all one is worth, (*i full fart*) at top speed **2** *s7 mil.* ordnance

tyg|blomma cloth flower **-bredd** width of cloth

tyg|el *s2* rein; bridle; *bildl. äv.* check; *ge hästen lösa -lar* give the horse a free rein; *ge sin fantasi fria* (*lösa*) *-lar* give [a free] rein to one's imagination; *med lösa -lar* with slack reins **-ellös** *bildl.* (*otyglad*) unbridled; (*om liv, pers.*) dissolute, licentious; (*om levnadssätt äv.*) loose, wild **-ellöshet** unbridled behaviour; licentiousness *etc.*

tyg|förråd ordnance depot **-förvaltare** *ung.* ordnance officer **-hus** arsenal, armoury

tygknapp covered button

tygla [ˣty:g-] rein [in]; *bildl.* bridle; (*betvinga*) restrain, check; ~ *sig* restrain o.s.

tyg|packe bale of cloth **-sko** cloth shoe **-stycke** piece of cloth; (*rulle äv.*) roll of cloth

tykobrahedag [-ˣbra:-] *ung.* black-letter-day

tyll *s3, s4* tulle; net

tyna languish, pine, fade (*bort* away)

tyng|a *v2* **1** (*vara tung*) weigh (*på* [up]on); (*kännas tung*) be (feel) heavy (*på* to); (*trycka*) press (*på* [up]on) **2** (*plåga*) weigh ... down; *det -er mitt sinne* it preys on me (on my mind) **3** (*belasta*) weight (*med* with); burden, load (*minnet med* one's memory with) **-ande** *a4* heavy; weighty; *bildl. äv.* burdensome

tyngd I *a5* weighed down (*av sorg* by grief) **II** *s3* weight (*äv. konkr.*); load; *fys.* gravity; *en* ~ *har fallit från mitt bröst* a weight (load) has dropped off my mind; *ge* ~ *åt ett argument* give weight to an argument **-kraft** ~*en* [the force of] gravity (gravitation) **-lagen** the law of gravitation **-lyftare** weight-lifter **-lyftning** weight-lifting **-lös** weightless **-punkt** centre of gravity; *bildl.* main (crucial, central) point (*i* in)

tyng|re ['tyŋ-] **I** *a, komp. t. tung* heavier *etc.* (*jfr tung*); ~ *fordon* (*pl*) heavy-duty vehicles **II** *adv* more heavily **-st I** *a, superl. t. tung* heaviest *etc.* (*jfr tung*) **II** *adv* most heavily

typ *s3* **1** *typ.* type; *fet* (*halvfet*) ~ bold-face[d] (semi-bold) type **2** (*sort*) type; model; *han* *är ~en för en lärare* he's a typical teacher; *han är inte min ~* he's not my type **-exempel** typical example, case in point **-isk** ['ty:-] *a5* typical, representative (*för* of) **-ograf** *s3* typographer **-ografi** *s3* typography **-ografisk** *a5* typographical **-snitt** type face

tyrann *s3* tyrant **-i** *s4* tyranny **-isera** tyrannize over; (*friare*) domineer over **-isk** *a5* tyrannical; (*friare äv.*) domineering

tyrolare [-ˣrå:-] Tyrolese **Tyrolen** [-'rå:-] *n* the Tyrol **tyrolerhatt** [-ˣrå:-] Tyrolese hat **tyrolsk** [-å:-] *a5* Tyrolese

tysk I *a1* German; *T ~a Riket* the German Empire, (*1918—45*) the Reich **II** *s2* German **-a** *s1* **1** (*språk*) German **2** (*kvinna*) German woman **-fientlig** anti-German **Tyskland** ['tyssk-] *n* Germany **tyskvänlig** pro-German

tyst I *a1* silent; still; (*lugn*) quiet; (*ljudlös*) noiseless; (*outtalad*) tacit, mute; *~ förbehåll* mental reservation; *hålla sig ~* keep quiet (silent); *han är inte ~ ett ögonblick* he can't keep silent (quiet) for a moment; *var ~!* be quiet!, silence!; *i det ~a* on the quiet, in a quiet way **II** *adv* silently; quietly, in silence; *håll ~!* keep quiet!; *hålla ~ med ngt* keep s.th. quiet; *det skall vi tala ~ om* (*vard.*) the less said about that, the better **-a** silence; *~ munnen på ngn* stop a p.'s mouth, make s.b. hold his tongue; *~ ner a*) (*ngn*) [reduce ... to] silence, *b*) (*ngt, bildl.*) suppress, hush ... up; *låta maten ~ mun[nen]* don't talk while you're eating **-gående** *a4* noiseless, silent[-running] **-het** silence; quietness; (*hemlighet*) secrecy; *i [all] ~* in secrecy, secretly, privately; *i största ~* in the utmost secrecy **-hetslöfte** pledge (promise) of secrecy **-låten** *a3* taciturn; silent; (*förtegen*) reticent; (*hemlighetsfull*) secretive **-låtenhet** taciturnity; silence; reticency; secretiveness **-na** become silent; (*om ljud äv.*) cease, stop **-nad** *s3* silence; *djup* (*obrottslig*) *~* profound (strict) silence; *bringa ngn till ~* reduce s.b. to silence, silence s.b.; *förbigå ngt med ~* pass s.th. over in silence; *under ~* in silence; *ålägga ngn ~* enjoin silence [up]on s.b. **-nadsplikt** obligation to observe silence; (*läkares äv.*) professional secrecy; *bryta sin ~* commit a breach of professional secrecy

tyvärr unfortunately; (*som interj äv.*) alas!; *jag kan ~ inte komma* I am sorry [to say] I can't come; *~ måste vi meddela att* we regret to inform you that; *~ inte* I am afraid not

tå *s5* toe; *gå på ~* walk on one's toes (on tiptoe); *skorna är trånga i ~rna* my (*etc.*) shoes pinch at the toes; *stå på ~ för ngn* (*bildl.*) be at a p.'s beck and call; *trampa ngn på ~rna* (*äv. bildl.*) tread on a p.'s toes

1 tåg *s7* (*rep*) rope

2 tåg *s7* **1** (*marsch*) march[ing]; *mil. äv.* expedition; (*fest- o.d.*) procession **2** (*järnvägs-*) train; *~et går kl. 2* the train leaves at two o'clock; *byta ~* change trains; *när kommer ~et?* when will the train be in (is the train due)?; *med ~[et]* by train; *på ~et* on the train; *~ till London* train[s *pl*] for London; *ta ~et till* take the (go by) train to

1 tåga *s1* (*fiber*) filament, thread; *bildl.* nerve, sinew; *det är ~ i honom* he is tough

2 tåg|a *v1* march; walk in procession; *~ mot fienden* march against the enemy; *~ fram* march along **-attentat** train outrage **-biljett** railway ticket **-färja** train ferry **-förbindelse** train service (connection); *ha bra ~r med* have an excellent train-service to and from **-klarerare** [train] dispatcher **-konduktör** [train] guard; *Am.* conductor **-kupé** compartment **-ledes** by train **-olycka** railway accident **-ombyte** change of trains **-ordning** marching order; *bildl.* slow bureaucratic procedure, red tape **-personal** train staff **-resa** train-journey **-sätt** *ett ~ av 10 vagnar* a train of ten carriages (coaches) **-tid** *~er* train times **-tidtabell** railway timetable (*Am.* schedule) **-trafik** train service, railway traffic **-urspåring** derailment [of a train]

tågvirke cordage; ropes (*pl*)

tå|gångare *zool. ~* (*pl*) digitigrades **-hätta** toe-cap **-hävning** [-ä:-] heel-raising **-järn** (*på sko*) toe-plate

tål|a *v2* bear, endure; (*stå ut med*) stand; (*lida*) suffer, put up with; *han tål inte att ngn avbryter honom* he can't stand anyone['s] interrupting him; *jag tål henne inte* I can't stand (bear) her; *han tål inte skämt* he can't take a joke; *jag tål inte jordgubbar* strawberries upset (don't agree with) me; *han har fått vad han tål a*) (*av sprit e.d.*) he has had as much as he can stand, *b*) (*av stryk e.d.*) he has had all he can bear; *det tål att tänka på* it is worth consideration; *illa -d av* in bad favour with; *bör inte ~s* should not be tolerated

tålamod *s7* patience; *ha ~* have patience, be patient (*med* with); *förlora ~et* lose [one's] patience; *mitt ~ är slut* my patience is exhausted; *sätta ngns ~ på [hårt] prov* try a p.'s patience [severely]

tålamods|prov *ett riktigt ~* a real trial to one's patience **-prövande** *a4* trying [to one's patience]

tål|ig *a1* patient **-ighet** patience **-modig** patient; (*långmodig*) long-suffering **-modighet** patience; long-suffering **-s** [-å:-] *i uttr.: ge sig till ~* have patience, be patient

1 tång *s3* (*växt*) seaweed; (*blås-*) rockweed

2 tång *-en tänger* (*verktyg*) tongs (*pl*); pliers, pincers, nippers (*pl*); *kir.* forceps; *en ~* (*två tänger*) a pair (two pairs) of tongs (*etc.*); *den vill jag inte ta i med ~* I wouldn't touch it with a barge-pool **-förlossning** forceps delivery

tår *s2* **1** tear; *brista i* (*fälla*) *~ar* burst into (shed) tears; *jag fick ~ar i ögonen* tears came into my eyes **2** (*skvätt*) drop; *ta sig en ~ på tand* have a drop [of brandy (*etc.*)] **-ad** *a5* filled with tears **-as** *dep* fill with tears; (*av blåst o.d.*) water **-dränkt** *a4* tearful **-eflod** stream of tears **-flöde** flood (torrent) of tears **-fylld** filled with tears; (*om blick, röst*) tearful **-gas** tear-gas **-kanal** lachrymal (tear) duct **-körtel** lachrymal (tear) gland **-pil** *bot.* weeping willow

tårt|a [ˣtå:r-] *s1* cake, gâteau; (*mördegs-, smördegs- äv.*) tart; *~ på ~* the same thing

twice over **-bit** piece of cake **-papper** cake doily **-spade** cake slice
tårögd *a1* with tears in one's eyes, with eyes filled with tears
tåspets tip of a (the, one's) toe **-dans** toe dance **-dansös** toe dancer
tåt *s2* piece (bit) of string (*grövre:* cord)
täck *a1* pretty; *det ~a könet* the fair sex
täck|a *v3* cover (*med* with); *eg. bet. äv.* coat; *trädg. äv.* cover over (up); (*skydda*) protect (*äv. växel*); *~ sina behov* supply (cover) one's needs; *~ en förlust* meet (cover) a loss; *-t bil* closed car **-ande** *s6* covering *etc.*; *till ~ av kostnaderna* to cover (defray) costs
täck|as *v3, dep* (*behaga*) *ni-[t]es erinra er* please be good enough to remember
täck|blad (*på cigarr*) wrapper **-dika** drain **-dike** covered drain **-dikning** underdrainage, pipe draining **-e** *s6* cover[ing], coating; (*säng-*) [bed-]quilt, *Am. äv.* comforter; (*skynke*) cloth; *spela under ~[t] med* (*bildl.*) be in collusion with **-else** cover[ing]; *dra ett ~ över* draw a veil over; *låta ~t falla* unveil, *bildl.* reveal, disclose **-färg** finishing (top) coat
täckhet prettiness
täck|mantel *under vänskapens ~* under the cloak (guise, veil) of friendship, under cover of friendship **-namn** assumed name **-ning** covering *etc.*; *hand.* cover (*för en check* for a cheque); (*skydd*) protection; *check utan ~* uncovered cheque; *till ~ av* in cover of, covering; *till ~ av vår faktura* in payment of our invoice **-vinge** wing sheath, shard **-vitt** lithopone
tälja *v2* ([*till*]*skära*) carve, whittle, cut
täljare *mat.* numerator
tälj|kniv sheath-(jack-)knife **-sten** soap-stone
tält *s7* tent **-a 1** (*slå upp tält*) pitch one's tent **2** (*bo i tält*) tent; camp (be camping) [out] **-duk** canvas **-läger** camp **-makare** tentmaker **-pinne** tent-peg **-stol** camp-stool **-säng** camp-bed
täm|ja *v2, -de -t -d* tame; domesticate; *bildl.* curb, harness
tämligen tolerably; fairly; (*vanl. gillande*) pretty; (*vanl. ogillande*) rather; *~ bra* pretty well, [fairly] tolerable, well enough; *det är ~ likgiltigt* it makes little difference; *det blev ~ sent* it was rather (pretty) late
tänd|a *v2* **1** (*få att brinna*) light (*äv. bildl.*); (*elektr. ljus*) turn (switch) on; *tekn.* ignite, fire; *bildl. äv.* kindle; *~ [belysningen]* light up; *~ [eld] på* set fire to, set ... on fire; *~ i spisen* make a fire; *stå som -a ljus* stand like statues; *hoppet -es på nytt* the spark of hope revived **2** (*fatta eld*) ignite, catch fire; light (*lätt* readily); (*om motor*) spark, fire **-ande** *a4* lighting *etc.*; *den ~ gnistan* the igniting spark **-apparat** igniter, firing device; (*vid sprängning*) blasting machine **-are** (*cigarrett- o.d.*) lighter **-gnista** ignition spark **-hatt** detonator, percussion (blasting) cap **-kulemotor** compression-ignition (ignition bulb) engine **-ning** lighting *etc.*; *tekn.* ignition; *hög ~* advanced spark; *justera ~en* adjust the ignition timing **-nyckel** ignition key **-sats** (*i tändmedel*) detonating composition, fuse body; (*på tändsticka*) head **-sticka** match; *tända en ~* strike a match **-sticksask** (*tom*) match-box; (*med tändstickor i*) box of matches **-sticksfabrik** match factory **-stift** sparking (*Am.* spark) plug **-stiftskabel** ignition wire
tänj|a *v2* stretch; *~ ut* stretch, *bildl.* draw out, prolong; *~ ut sig* stretch **-bar** *a1* stretchable; *tekn.* tensile, tensible; (*elastisk*) elastic
tänk|a *v3* **1** think (*högt* aloud; *på* of, about; *väl om ngn* well of s.b.); (*fundera äv.*) meditate; (*förmoda*) suppose; (*föreställa sig*) imagine; *~ olika om* hold divergent opinions about; *~ själv* think for o.s.; *~ för sig själv* think to o.s.; *säga vad man -er* (*äv.*) speak one's mind; *tänk först och tala sedan!* look before you leap!; *tänk om jag skulle ...!* supposing (what if) I should ...!; *tänk ...!* *a*) (*som utrop*) to think (*att jag är färdig* [that] I am ready), *b*) (*betänk*) think ...!, *c*) (*tänk efter*) reflect ...!; *ja* (*nej*) *tänk!* [oh,] I say!; *det var det jag -te!* just as I thought!; *den är dyr kan jag ~* it is expensive, I shouldn't wonder; *~ på att* think of, reflect upon (+ *ing-form*); *ha mycket att ~ på* have a great deal to think about; *jag kom att ~ på att* the thought occurred to me that; *det vore ngt att ~ på* that's [a thing] quite worth considering; *när jag -er rätt på saken* when I come to think of it; *det är inte att ~ på* there's no thinking of that, that is out of the question; *jag skall ~ på saken* I will think it (the matter) over **2** (*med beton. part.*) *~ efter* think, reflect, consider; *tänk noga efter!* think [it over] carefully!; *när man -er efter* (*äv.*) when one comes to think of it; *~ igenom* think ... out; *~ ut* think out, (*plan e.d.*) devise; *~ över* think over, consider **3** (*ämna*) intend (mean, be going; *Am. äv.* aim) to; (*anse*) consider; *vad -er du om det?* what do you think (is your opinion) of that? **4** *rfl* (*föreställa sig*) imagine, fancy; (*ämna* [*begiva*] *sig*) think of going [to]; *jag har -t mig att* my idea is that, I have thought that; *kan du ~ dig vad som ...?* can you imagine what ...?; *det kunde jag just ~ mig!* I might have known that (as much)!; *kan man ~ sig!* well, I never!; *det låter ~ sig* that's very possible; *~ sig för* think a (the) matter over; *du bör ~ dig för två gånger* you should think twice; *~ sig in i* imagine ... to o.s.; *vart har du -t dig?* where have you thought of going [to]? **-ande I** *s6* thinking *etc.*; (*begrundan*) meditation, reflection **II** *a4* thinking, reflective; *en ~ människa* a thoughtful (reflecting) person **-are** thinker; *filos.* speculator **-bar** *a1* conceivable, thinkable; (*friare*) imaginable; *bästa ~a* the best possible; *i högsta ~a grad* to the highest degree imaginable; *den enda ~a* the only conceivable **-språk** adage, proverb **-esätt** way of thinking; (*friare*) turn of mind, way of looking at things **-t** *a4* thought *etc.*; (*ej verklig*) imagined (*situation* situation); imaginary (*linje* line); *det var inte så dumt ~ [av dig]!* that was not such a bad idea [of yours]! **-värd** *a1* worth considering (taking into consideration); (*minnesvärd*) memorable
täpp|a I *s1* (*land*) garden-plot(-patch); *vara herre på ~n* rule (be cock of) the roost **II** *v3* *~ [för, igen, till]* stop up, obstruct; *jag är -t i näsan* my nose feels stopped (stuffed)

up; ~ *munnen på ngn* (*bildl.*) shut a p.'s mouth; *-t* stopped-(choked-)up
tär|a *v2* consume; ~ *på* waste [... away], reduce [... in bulk], (*förbruka*) use up; ~ *på reserverna* draw on the reserves; *sorgen tär på henne* sorrow is preying [up]on her **-ande** *a4* consuming; wasting (*sjukdom* illness); wearing (*bekymmer* anxiety) **-d** [-ä:-] *a1* worn, wasted (*av* by); *se ~ ut* (*äv.*) look haggard; ~ *av bekymmer* (*äv.*) care-worn
1 tärna [ˣtä:r-] *s1* (*brud-*) bridesmaid; *poet.* maid[en]
2 tärna [ˣtä:r-] *s1* (*fågel*) tern, sea-swallow
tärning [ˣtä:r-] **1** die (*pl* dice); *falska ~ar* loaded (weighted) dice; *~en är kastad* (*bildl.*) the die is cast **2** *geom.* cube
tärnings|kast throw of a die (the dice) **-spel** game of dice; dice-playing
1 tät *s3* head; *gå i ~en för* walk (*friare:* place o.s.) at the head of
2 tät *a1* **1** (*mots. gles*) close; (*svårgenomtränglig o.d.*) thick, dense; (*kompakt*) compact, massive; (*utan springor e.d.*) tight **2** (*som ofta förekommer*) frequent (*besök* visits), repeated **3** (*rik*) well-to-do **-a** *v1* tighten, make ... tight; (*stoppa till*) stop [up] (*en läcka* a leak); (*hermetiskt*) seal; *sjö.* caulk; *tekn.* pack
tätatät *s3* tête-à-tête
tät|bebyggd *a5* densely built-up **-befolkad** [-å-] *a5* densely populated **-het** [-ä:-] **1** (*vävs e.d.*) closeness; (*skogs e.d.*) density, denseness; (*ogenomtränglighet*) impenetrability; *fys.* density **2** frequency **-na** [-ä:-] become (get, grow) dense (compact); (*om rök e.d.*) thicken **-ning** [-ä:-] tightening; (*packning*) packing **-ningsbricka** grommet **-ningslist** (*för fönster e.d.*) weather-strip, strip seal; (*mot drag äv.*) draught-excluder **-ort** [densely] built-up area, densely populated area **-ortsbebyggelse** city (town) buildings (*pl*) **-t** *adv* **1** closely; densely; *hålla ~* be watertight, *bildl.* keep quiet (close); *locket sluter ~* the lid fits tight; *husen ligger ~* the houses stand close together; ~ *åtsittande* tight[-fitting]; ~ *efter* close behind; ~ *intill a*) *adv* close to, *b*) *prep* close up to **2** frequently, repeatedly; *breven duggade ~* the letters came thick and fast
tätting passerine
tätt|skriven *a3* closely written **-slutande** *a4* tight[-fitting]
tätört steep-grass, butterwort
tävl|a [ˣtä:v-] compete (*med* with; *om* for); *han har slutat ~* he doesn't enter competitions any more; *de ~de med varandra om priset* they competed for the prize; *skall vi ~ om vem som kommer först?* shall we race to see who comes first?; *de ~de om att säga henne artigheter* they vied with each other in paying her compliments; *det här märket kan ~ med* this brand can stand comparison with; ~ *om makten* strive (struggle) for [the] power **-an** *r, som pl används pl av -ing* competition (*i* in; *om* for); rivalry, emulation; *ädel ~* honourable rivalry; *delta utom ~* take part without competing for a prize **-ande I** *s6* competing *etc.* **II** *a4* competing *etc.*; (*en ~*) competitor, (*löpare*) runner, (*i bridge e.d.*) tournament player **-ing** competition; contest; *Am. äv.* bee; *sport. äv.* (*löpning*) race, (*match*) match
tävlings|bana tournament-ground; (*löpar-*) race-track; (*kapplöpnings-*) race-course **-bil** racing-car, racer **-bidrag** entry; answer, solution **-domare** adjudicator, judge **-förare** racing driver **-regler** rules of (for) the competition (game) **-uppgift** problem (subject) for a prize-competition
tö *s4* thaw **-a** thaw; ~ *bort* thaw [away]; ~ *upp* thaw (*äv. bildl.*)
töcken [ˈtökk-] *s7* haze, mist; *höljd i ~* shrouded (veiled) in mist, misty, hazy **-gestalt** vague figure
töcknig *a1* hazy, misty
töff puff **-a** puff
töj|a [ˣtöjja] *v2* stretch; ~ *ut* stretch out, extend; ~ *sig* stretch **-bar** *a1* stretchable; extensible **-ning** stretching; extension
tölp *s2* boor; (*drummel*) lout **-aktig** *a1* **-ig** *a1* boorish, loutish
töm [tömm] *s2* rein
töm|ma *v2* **1** (*göra tom*) empty [out] (*i* into; *på* on [to]); (*dricka ur äv.*) drain; (*brevlåda*) clear; ~ *lidandets kalk* drain the cup of suffering; *salen -des hastigt* the hall emptied (was cleared [of people]) quickly **2** (*hälla*) pour [out] (*på flaskor* into bottles) **-ning** emptying [out] *etc.*; (*av brevlåda*) collection; (*tarmens*) evacuation; (*tappning*) pouring [out] **-ningstid** *post.* time of collection
tör *det ~ dröja innan* it will probably be some time before
tör|as *tordes torts* (*vard. äv. inf: tordas, sup: tordats*) *dep* dare; *hon -s inte för sin mor* she doesn't dare because of her mother; *jag -s inte säga* I'm afraid to say, (*friare*) I can't tell exactly; *om jag -s fråga* if I may ask; *jag -s lova mitt liv på det* I'd stake my life on it
törhända [-ˣhänn-] *se måhända*
törn [tö:rn] *s2* **1** (*stöt*) blow, bump; *bildl.* shock; *ta ~* (*sjö.*) bear off **2** *sjö.* (*arbetsskift*) watch; *ha ~* have the watch **-a** ~ *emot* strike, bump into, *absol.* strike, make a bump; ~ *emot ngn* come into collision with s.b.; ~ *in* (*sjö.*) turn in
törn|beströdd *a5, bildl.* thorny **-bevuxen** overgrown with thorns **-buske** *se törne 1* **-e** *s6* **1** (*buske*) thorn-bush; (*vildros*) wild rose, dog-rose, briar[-bush] **2** (*tagg*) thorn; *ingen ros utan ~n* no rose without a thorn **-ekrona** crown of thorns **-ekrönt** [-ö:-] *a4* crowned with thorns **-estig** *bildl.* thorny path **-ig** *a1* thorny (*äv. bildl.*) **-ros** rose (*jfr -e 1*)
Törnrosa [-ˣro:-] the Sleeping Beauty
törn|rosasömn *bildl.* slumber, trance; sleep of the ages **-rosbuske** *se -e 1* **-skata** red-backed shrike **-snår** thorn-brake, briery thicket **-tagg** thorn, prickle
törst *s3* thirst; (*längtan*) longing (*efter* for); *dö av ~* die of thirst **-a** thirst (*efter* for); ~ *efter hämnd* thirst for vengeance; ~ *ihjäl* die of thirst **-ig** *a1* thirsty
tös *s3* girl, lass[ie]
töva *se dröja*
töväder thaw; *det är ~* a thaw has set in

U

U-balk channel [iron], U-iron
ubåt submarine; (*tysk*) U-boat
ubåts|bas *s3* submarine base **-fara** submarine menace **-fälla** decoy ship **-jagare** submarine chaser **-krig** submarine war[fare]
UD [ˣu:de:] *förk. för utrikesdepartementet*
udd *s2* (*skarp spets*) [sharp] point; (*på gaffel o.d.*) prong; (*flik av tyg e.d.*) point, jag, (*rundad*) scallop; *bildl.* point, pungency; *satirens* ~ the sting of satire; *bryta ~en av* (*bildl.*) turn the edge of; *med ~ mot* (*bildl.*) directed against
udda *oböjl. a* **1** (*om tal*) odd, uneven; *låta ~ vara jämnt* let s.th. pass **2** (*omaka*) odd; *~ varor* (*äv.*) oddments
udde *s2* cape; point; (*hög*) promontory
udd|ig *a1* pointed; (*rundad*) scalloped **-ljud** *språkv.* initial sound **-lös** pointless (*äv. bildl.*)
uggl|a *s1* owl; *det är -or i mossen* there is mischief brewing, something is up **-eskri** owl's hoot; tu-whit, tu-whoo **-eunge** owlet, young owl
ugn [uŋn] *s2* furnace; (*bak-*) oven; (*bränn-, tork-*) kiln
ugns|bakad *a5* baked, rosted **-eldfast** oven-proof, heat-resisting **-lackera** stove-enamel **-lucka** furnace-(*etc.*)door **-pannkaka** batter pudding **-raka** oven rake **-steka** roast; (*potatis o.d.*) bake; *-stekt* roast[ed], baked **-svärta** stove polish (black) **-torka** oven-(kiln-)dry; bake (*tegel* bricks)
u-hjälp aid to developing countries
ukas *s3* ukase
Ukraina [uˣkrajjna] *n* Ukraine **ukrain|are** [uˣkrajj-] *s9* **-sk** *a5* Ukrainian
ukulele [-ˣle:-, -'le:-] *s5* ukulele
u-land *se utvecklingsland*
ulk *s2* bullhead
ull *s3* wool; (*kamel-, get- äv.*) hair; *av ~* of wool, woollen; *ny ~* virgin wool; *han är inte av den ~en* he is not that sort (kind of man) **-fett** wool-fat **-garn** wool[len yarn]; (*kamgarn*) worsted yarn **-ig** *a1* woolly, fleecy; *~a moln* fleecy clouds **-karda** wool card **-marknad** wool market **-strumpa** *se ylle-*; *gå på i -strumporna* go straight ahead **-tapp -tott** tuft (flock) of wool
ulster ['ulls-] *s2* ulster
ultim|ativ *a1* ultimative **-atum** [-ˣma:-] *s8* ultimatum; *ställa ~* present an ultimatum **-o** ['ull-] *s6* the last day of the month
ultra ultra **-konservativ** ultraconservative **-kortvåg** ultra-short wave **-ljud** ultrasonic (supersonic) sound **-marin** *a1 o. s3* ultramarine **-radikal** ultra-radical, extreme radical **-rapid** *a1, n sg obest. f. undviks* slow-motion; *i ~* in slow motion **-röd** infra-(ultra-)red **-violett** ultra-violet
ulv *s2* wolf; *en ~ i fårakläder* a wolf in sheep's clothing; *man måste tjuta med ~arna* one must cry with the pack
umbra *s9* umber
umbär|a *nästan end. i inf* do (go) without **-ande** *s6* privation, hardship; deprivation **-lig** [-ä:-] *a1* dispensable
um|gicks [-j-] *imperf av umgås* **-gås** *-gicks -gåtts, dep* **1** (*vara tillsammans*) associate, keep company; (*besöka*) be a frequent (regular) visitor (*hos* at a p.'s house); *de ~ mycket med varandra* they see a great deal of each other; *~ i de högre kretsarna* move in exalted circles; *ha lätt att ~ med folk* (*äv.*) be a good mixer; *de ~ inte* they have nothing to do with one another **2** *~ med planer på att* have plans to (+ *inf*), contemplate (+ *ing-form*) **3** (*handskas*) *~ med* handle **-gåtts** *sup av umgås* **-gälla** [-j-] *v2* pay for; *få ~* suffer (smart) for **-gänge** [-jäŋe] *s6* (*samvaro*) intercourse; (*pers. man umgås med*) company, society; *ha stort ~* have a large circle of friends; *sexuellt ~* sexual intercourse
umgänges|former forms of [social] intercourse **-krets** [circle of] friends and acquaintances **-liv** social life **-sätt** manners (*pl*) [in company]
undan I *adv* **1** (*bort*) away; (*ur vägen*) out of the way (*för* of); (*åt sidan*) aside (*för ngn* for s.b.); *komma ~* get off, escape; *lägga ~* put away **2** (*fort*) fast, rapidly; *det gick ~ i backen* we (*etc.*) whizzed down the hill; *det går ~ med arbetet* work is getting on fine **3** *~ för ~* little by little, one by one **II** *prep* (*bort från*) from; *fly ~ förföljarna* run away from the persecutors; *söka skydd ~ regnet* take shelter from the rain
undan|bad [-a:-] *imperf av undanbedja* **-be[dja]** [-e:-] *-bad -bett, rfl* decline, not seek (*återval* re-election); *jag -ber mig* kindly spare me **-bedjas** [-e:-] *-bads -betts, dep, rökning -bedes* please refrain from smoking; *blommor -bedes* no flowers by request **-bett** *sup av undanbedja* **-draga** withdraw (*ngn ngt* s.th. from s.b.); (*beröva*) deprive (*ngn ngt* s.b. of s.th.); *~ sig* shirk, elude, evade (*ansvar* responsibility; *straff* punishment); *det -drar sig mitt bedömande* it is beyond my power to judge **-dragande** *s6* evasion, withdrawal **-dräkt** *s3, jur.* petty embezzlement **-flykt** *s3* evasion; subterfuge; prevarication, excuse; *komma med ~er* make excuses, prevaricate excuses **-gjord** [-j-] *a5* done, ready; over [and done with] **-gömd** [-j-] *a5* concealed, hidden away; (*om plats*) secluded, out-of-the-way **-hålla** withhold (*ngn ngt* s.th. from s.b.), keep ... back; *~ sanningen* conceal the truth **-manöver** evasive action **-röja** remove; (*upphäva*) set aside **-röjning** clearance, removal **-skaffa** remove, get ... out of the way **-skymd** [-ʃ-] *a5* hidden, concealed; remote (*vrå* corner) **-stuvad** *a5* stowed away **-stökad** *a5* finished and done with **-tag** *s7* exception (*från* from, to); *~et bekräftar regeln* the exception proves the rule; *ingen regel utan ~* [there is] no rule without an

exception; *med ~ av* (*för*) with the exception of, except for, ... excepted; *utan* ~ without [an, any] exception **-taga** exempt from, except; (*göra -tag*) make an exception for; *ingen -tagen* none excepted, exclusive of none **-tagandes** except [for], excepting, save

undantags|bestämmelse special stipulation (provision) **-fall** exception[al case]; *i ~, se -vis* **-lös** without exception, unexceptional **-tillstånd** (*proklamera* proclaim) a state of emergency **-vis** in exceptional cases, by way of (as an) exception

undantränga force ... out of its (his *etc.*) place; force (push, brush) ... aside (*äv. bildl.*); (*om idéer o.d.*) supersede, take the place of

1 under ['unn-] *s7* wonder, marvel; (*friare*) miracle; *~ över alla ~!* wonder of wonders!; *naturens ~* the wonders of Nature; *teknikens ~* the marvels of science (technology); *göra ~* work (do) wonders; *som genom ett ~* as if by a miracle

2 under ['unn-] **I** *prep* **1** (*om rum*) under; underneath; (*på lägre nivå*) below, beneath; *långt ~* far below; *sätta sitt namn ~ ngt* put one's name to (sign) s.th.; *~ ytan* below the surface **2** (*om tid*) during (*natten* the night); in the course of (*samtalets gång* the conversation); (*om, på*) in (*våren* the spring); (*som svar på 'hur länge'*) for (*tre veckor* three weeks); *~ hans regering* during (in) his reign; *~ hela veckan* throughout the week, all through the week **3** *bildl.* under (*drottning Viktoria* Queen Victoria; *befäl av* command of); below (*inköpspris* cost price); beneath (*min värdighet* me) **4** *~ det* [*att*] while (*han talade* he was talking) **II** *adv* underneath; beneath; (*nedanför*) under; *skriva ~* sign

under|arm forearm **-avdelning** subdivision (*äv. mil.*), subsection, branch; *naturv.* subgroup **-balansera** *~d budget* budget [closing] with a deficit **-balansering** *~ av budget* deficit financing

under|bar *a1* wonderful, marvellous; (*övernaturlig*) miraculous **-barn** infant prodigy

under|befolkad *a5* underpopulated **-befäl** *s7* non-commissioned officer (*koll.* officers *pl*); *Am.* enlisted man **-befälhavare** second-in-command **-bemannad** *a5* undermanned, short-handed **-ben** shank, lower part of the leg **-betala** underpay **-bett** underbite, protruding lower jaw **-betyg** *få ~* fail (*i* in), be marked below standard **-binda** *med.* ligate, ligature **-bjuda** underbid, undercut **-blåsa** *bildl.* fan, add fuel to **-bygga** support, substantiate **-byggnad 1** *eg.* foundation, substructure **2** *bildl.* grounding, schooling **-byxor** pants; *Am.* underpants; (*korta*) trunks, (*dam-*) knickers, (*trosor*) panties **-del** lower (under) part, bottom **-dimensionera** give ... too small dimensions, make ... too small; underestimate the size of **-domstol** lower court, court of first instance **-dånig** *a1* humble; (*krypande*) obsequious; *~st* Your Majesty's most obedient servant (subject) **-dånighet** humility; (*inställsamhet*) servility, obsequiousness **-exponera** *foto.* under-expose **-exponering** *foto.* under-exposure **-fund** *komma ~ med* find out, get hold of, (*inse*) realize, (*upptäcka*) discover, get to know **-fundig** *a1* cunning, artful; subtle **-förstå** understand tacitly; *~dd* implied, implicit; *det var ~tt dem emellan* it was understood (a tacit understanding) between them; *~tt* (*nämligen*) that is to say **-given** [-j-] *a3* submissive; resigned (*sitt öde* to one's fate) **-givenhet** [-j-] submissiveness, submission, resignation (*under, för* to) **-gräva** undermine (*äv. bildl.*) **-gå** undergo, go through; *~ förändringar* change; *~ examen* be examined **-gång** *s2* **1** (*ruin*) ruin, destruction; (*skeppsbrott*) wreck, loss; *gå sin ~ till mötes* be heading for disaster; *dömd till ~* doomed [to destruction] **2** (*passage*) subway; *Am.* underpass

undergöra|nde [-j-] *a4* miraculous; wonder-working **-re** miracle-(wonder-)worker

under|haltig *a1* below (not up to) standard; [of] inferior [quality] **-haltighet** inferiority, inferior (poor) quality **-hand** privately **-handla** negotiate (*med* with; *om* for, about); confer (*om* on); *~ om* (*äv.*) discuss, negotiate **-handlare** negotiator **-handling** negotiation; *mil. äv.* parley; *ligga i ~ar med* be negotiating with **-handsbesked** confidential communication **-handslöfte** confidential (informal) promise **-havande** *s9* dependant, dependent; (*på gods*) tenant, *koll.* tenantry (*sg*) **-hud** dermis **-huggare** underling **-huset** the House of Commons (*Am.* Representatives)

underhåll *s7* **1** (*vidmakthållande*) maintenance, upkeep (*av* of) **2** (*understöd*) allowance; support; (*t. frånskild hustru*) alimony **-a 1** maintain, support; (*byggnad e.d.*) keep ... in repair; (*kunskaper*) keep up; *väl -en* well kept, in good repair **2** (*roa*) entertain, amuse; divert; *~ sig med* talk (converse) with **-ande** *a4* entertaining *etc.* **-ning** entertainment, amusement; diversion

underhållnings|litteratur light literature **-musik** light music **-program** entertainment program[me]

underhålls|kostnad [cost of] maintenance (upkeep) **-skyldighet** maintenance obligation[s *pl*], duty to support **-tjänst** *mil.* maintenance [service]

under|ifrån from below (underneath) **-jorden** the lower (nether) regions (*pl*); Hades **-jordisk** subterranean; underground (*äv. bildl.*); *myt.* infernal; *~ järnväg* underground, *Am.* subway; *~a atomprov* underground nuclear tests **-kant** lower edge (side); *i ~* (*bildl.*) [rather] on the small (low) side **-kasta 1** (*låta -gå*) subject (submit) ... to; *~ ngn ett förhör* put s.b. through an interrogation; *bli ~d kritik* be subjected to criticism; *det är tvivel ~t* it is open to doubt **2** *rfl* (*kapitulera*) surrender; (*finna sig i*) submit [to], resign [o.s. to] **-kastelse** (*kapitulation*) surrender; (*lydnad*) submission (*under* to) **-kjol** underskirt **-klass** lower class; *~en* the lower classes (*pl*) **-klassig** *a1* lower-class **-kläder** *pl* underwear, underclothing (*sg*); underclothes, undergarments; *vard.* undies **-klänning** slip, petticoat **-kropp** lower part of the body **-kunnig** *a1* aware (*om* of); *göra sig ~ om* acquaint o.s. with **-kurs**

hand., *till* ~ at a discount, below par **-kuva** subdue, subjugate; (*besegra*) conquer **-kyla** supercool, undercool; *-kylt regn* freezing (supercooled) rain **-käke** lower jaw **-känna** disallow, not approve; *skol.* reject; *bli -känd* (*skol.*) fail, *vard.* plough, *Am.* flunk **-kännande** [-ç-] *s6* non-approval, disallowal; *skol.* rejection, failure **-lag** *s7* (*grundval*) foundation, basis (*äv. tekn.*); (*stöd*) support; *byggn.* bed[ding] **-lakan** bottom sheet **-leverantör** sub-contractor

underlig *a1* strange, curious; odd, queer (*kurre* chap); ~ *till mods* queer; *det är inte ~t om* it is not to be wondered at if; *det ~a var* the funny thing about it was **-het** strangeness *etc*; oddity; *hans ~er* his peculiarities **-t** *adv* strangely *etc.*; ~ *nog* strangely (oddly) enough

under|liv lower abdomen; (*kvinnliga könsorgan*) female organs of reproduction **-livssjukdomar** disorders of the female reproductive organs **-lydande I** *a4* dependent, subject **II** *s9* subordinate **-låta** (*låta bli*) omit; (*försumma*) neglect, fail; *han -lät att* he failed to; *jag kan inte ~ att säga* I cannot help saying **-låtenhet** omission; negligence **-låtenhetssynd** sin of omission **-läge** weak position; *vara i* ~ be at a disadvantage, (*friare*) fall short, get the worst of it **-lägg** *s7* underlay, pad, mat **-lägsen** *a3* inferior (*ngn* to s.b.); *jag är ~ henne* (*äv.*) I am her inferior **-lägsenhet** inferiority **-läkare** assistant (house) physician (surgeon) **-läpp** lower lip **-lätta** facilitate, make ... easy (easier); *det kommer att ~ saken* it will simplify matters **-medvetande** subconsciousness **-medveten** subconscious; *det -medvetna* the subconscious [mind] **-mening** hidden meaning **-minera** undermine; sap **-målig** *a1* (*otillräcklig*) deficient; (*dålig*) inferior, poor **-närd** [-ä:-] *a5* underfed, undernourished **-näring** undernourishment, malnutrition **-officer** non-commissioned officer **-ordna** subordinate (*under* to) **-ordnad** [-å:-] *a5* subordinate; inferior, minor; (*en* ~) subordinate; *av ~ betydelse* of minor importance, incidental; ~ *sats* subordinate clause **-ordnande** [-å:-] *a4* subordinating (*konjunktion* conjunction) **-ordning** sub-order **-pant 1** *jur.* collateral [security] **2** *bildl.* token **-pris** losing price; *sälja till* ~ sell at a loss **-rede** [base] frame; (*på bil*) chassis (*pl* chassis) **-redsbehandling** underseal[ing], undercoat[ing] **-rätt** lower (inferior) court **-rätta** inform, notify, tell (*ngn om* s.b. of); *hand.* devise, give ... notice; *göra sig ~d om* inquire (make inquiries) about; *hålla sig ~d om* keep o.s. informed about (as to); ~ *mig* let me know; *väl ~d* well informed **-rättelse** information; intelligence; (*nyhet*) news; (*på förhand*) notice; *en* ~ a piece of information (*etc.*); *närmare ~r* further information (*sg*), particulars; *inhämta ~r hos ngn om ngt* procure information from s.b. about s.th. **-rättelsetjänst** secret service, intelligence [service] **-rättelseverksamhet** *olovlig* ~, *se olovlig* **-sida** underside, bottom (underneath) side **-skatta** underrate, underestimate **-skott** deficit (*på* of); (*förlust*) loss **-skrida** be below, fall short of; ~ *ett pris* sell below a price **-skrift** signature; (*-skrivande*) signing; *förse med sin* ~ put one's signature to, sign; *utan* ~ (*äv.*) unsigned **-skriva** sign, put one's signature to; (*godkänna*) endorse, subscribe to **-skåp** hutch

underskön exquisitely beautiful

under|sköterska staff nurse **-slev** *s7* embezzlement; fraud; *begå* ~ embezzle

underst ['unn-] *adv* at the [very] bottom (*i* of) **-a** ['unn-] *superl. a* undermost; lowermost, lowest; ~ *lådan* the bottom drawer

under|stiga be (fall) below (short of); (*om pris*) not come up to **-streckare** feature article **-stryka** underline; (*betona*) emphasize **-ström** undercurrent **-stundom** [-ˣstunndåm] at times **-stå** *rfl* presume, dare, make so bold as **-ställa** submit ... to; refer ... to; *-ställd* subordinate[d] to, placed under **-stöd** support; aid, assistance; (*penning-*) benefit; *periodiskt* ~ periodical allowance **-stödja** support, assist, aid; (*ekonomiskt äv.*) subsidize, sponsor; (*förslag*) second **-stödjare** [-ö:-] supporter; sponsor **-stödsfond** relief fund **-stödstagare** person receiving public assistance (*etc.*) **-stödsverksamhet** public assistance **-såte** *s2* subject **-såtlig** [-å:-] *a1* as a subject; civic **-säng** lower bed **-sätsig** *a1* stocky, thick-set **-sätsighet** stockiness **-söka** examine; (*sakförhållande e.d.*) investigate, look (inquire) into **-sökning** [-ö:-] examination; investigation, inquiry; *vid närmare* ~ on closer examination (investigation) **-sökningsdomare** examining magistrate; (*vid dödsfall*) coroner **-sökningskommission** commission of inquiry **-sökningsledare** officer in charge of an investigation, investigator **-teckna** sign, put one's name to; *~d* (*om brevskrivare*) I, the undersigned; *mellan ~de* between the undersigned **-tecknande** *s6* signing, signature; *vid ~t* on signature, on signing **-tecknare** signer; signatory; **-titel** subtitle **-ton** undertone **-trycka** suppress; (*kuva*) oppress, subjugate; (*hålla tillbaka*) repress, restrain **-tråd** (*på symaskin*) under thread **-tröja** vest; *Am.* undershirt **-utvecklad** *a5* underdeveloped; *~e länder, se utvecklingsland*

undervattens|båt submarine; (*tysk*) U-boat **-kabel** submarine cable **-klippa** sunken rock **-läge** submerged position; *intaga* ~ submerge **-mina** submarine mine

undervegetation underbrush, undergrowth

underverk miracle; *världens sju* ~ the seven wonders of the world; *uträtta* ~ do (work) wonders

under|viktig *a1* underweight **-visa** teach, instruct **-visning** [-i:s-] teaching, instruction; training, education; *högre* ~ higher education, advanced instruction; *privat* ~ private tuition; *programmerad* ~ programmed instruction

undervisnings|anstalt educational institution **-departement** Ministry of Education **-metod** teaching method **-råd** head of division of the Swedish Board of Education **-sal** instruction room **-sjukhus** teaching (training) hospital **-skyldighet** *med ~ i* with the obligation to teach **-vana** teaching experience **-väsen** educational system, education

under|värdera underrate, underestimate

-värdering underestimation, underrating **-värme** heat from below **-årig** *a1* under age, minor

und|falla escape; *uttrycket -föll mig* the expression slipped out; *låta ~ sig ngt* let s.th. slip out **-fallande** *a4* compliant; submissive **-fallenhet** compliancy, complaisance; submissiveness **-fly** flee from; escape (*faran* danger) **-få** receive **-fägna** treat (*ngn med* s.b. to) **-fägnad** entertainment **-gå** escape; *ingen ~r sitt öde* there is no escaping one's fate; *jag kunde inte ~ att höra* I couldn't help hearing; *den kan inte ~ att göra intryck* it is bound to make an impression **-komma** escape; get away; *~ sina förföljare* escape from one's pursuers

undra wonder (*över* at); *det ~r jag inte på* I don't wonder (am not surprised) [at that]; *~ på att ...!* no wonder ...! **-n** *r* wonder

undre ['unn-] *a, komp. t. 2 under* [the] lower; bottom; *~ världen* the underworld

und|seende *s6* deference; *ha ~ med* have forbearance with **-slippa** *se -gå, -komma*; *låta ~ sig* let slip, allow to escape one **-sätta** relieve (*äv. mil.*); (*friare*) succour **-sättning** relief; succour; *komma till ngns ~* come to a p.'s rescue (succour) **-sättningsexpedition** relief expedition

undulat budgerigar; *vard.* budgie

und|vara *sup -varit, övriga former saknas* do without, dispense with; *inte kunna ~* (*äv.*) not be able to spare **-vika** avoid (*att -ing-form*); keep away from, shun; (*med list*) evade, dodge; *som inte kan ~s* unavoidable **-vikande I** *s6* avoidance; *till ~ av* in order to avoid **II** *a4* evasive (*svar* reply) **III** *adv, svara ~* give an evasive answer

ung *-t yngre yngst* young (*för sina år* for one's years); *de ~a* the young, young people; *vid ~a år* early in life, at an early age; *som ~ var han* as a young man he was; *bli ~ på nytt* regain one's youth; *ha ett ~t sinne* be young at heart **-djur** *koll.* young stock (*sg*) **-dom** *s2* **1** *abstr.* youth; *i ~en, i sin ~* in one's youth **2** (*ung människa*) young person (man, girl), adolescent; *~ar* young people; *nationens ~* the youth of the nation **-domlig** *a1* youthful; juvenile

ungdoms|avdelning youth department; (*på bibliotek*) juvenile department **-bjudning** party for young people **-brottslighet** juvenile delinquency **-brottsling** juvenile offender (delinquent) **-böcker** juvenile books **-fängelse** reformatory [school] **-förbund** youth association (club, *polit.* league) **-gård** youth centre **-kärlek** youthful passion **-litteratur** literature for the young **-minne** memory of one's youth **-tid** youth **-vän** *en ~* a friend of one's youth **-år** early years

ung|e *s2* (*av djur*) *se fågel-, katt- etc.*; young; (*barn-*) kid, baby; *-ar* young [ones]; *få -ar* bring forth young; *som föder levande -ar* viviparous; *våra barn och andras -ar* our children and others' brats; *din otäcka ~* you awful child

ungefär [unj-, uŋ-] about; something like; approximately; *~ detsamma* pretty much the same; *~ 100* (*äv.*) 100 or so, say 100; *~ här* somewhere about here; *för ~ fem år sedan* some five years ago; *på ett ~* approximately, roughly **-lig** [-ä:-] *a1* approximate; rough (*beräkning* estimate) **-ligen** [-ä:-] approximately; roughly

Ungern ['uŋ-] *n* Hungary

ungersk ['uŋ-] *a5* Hungarian **-a** *s1* **1** (*språk*) Hungarian **2** (*kvinna*) Hungarian woman

ung|ersven [young] swain, lad **-flicksaktig** *a1* girlish **-herre** young gentleman **-häst** colt **-höns** pullet; *kokk.* spring chicken **-karl** bachelor **-karlstid** bachelor days **-karlsvåning** bachelor's apartment **-mö** maid[en]: *gammal ~* old maid, spinster

ungrare [ˣuŋ-] Hungarian

ungtupp cockerel (*äv. bildl.*)

uniform [-'fårrm] *s3* uniform; full dress; *mil. äv.* regimentals (*pl*); *i ~* (*äv.*) uniformed **-era 1** (*göra likformig*) make ... uniform **2** (*förse med uniform*) uniform **-itet** uniformity

uniforms|kappa regulation great coat **-klädd** in uniform, uniformed **-mössa** uniform cap **-rock** tunic

unik *a1* unique

unilateral *a1* unilateral

union *s3* union

unions|flagga union flag; *~n* (*Engl.*) Union Jack **-vänlig** pro-union

unison *a1* unison; *~ sång* (*äv.*) community singing **-t** [-o:-] *adv* in unison

universal [-ä-] *a1* universal **-arvinge** residuary (sole) heir **-geni** all-round genius **-itet** universality **-medel** panacea, cure-all

universell [-är-] *a1* universal

universitet [-ä-] *s7* university; *ligga vid ~* be at a university

universitets|bildad university-trained **-examen** university degree **-lektor** senior [university] lecturer, reader; *Am. äv.* assistant professor **-lärare** university teacher **-rektor** rector; *Engl. ung.* vice-chancellor; *Am. ung.* president **-studerande** university student, undergraduate **-studier** university (*Engl.* undergraduate) studies **-utbildning** university education

universum [-ˣvärr-] *s8* universe

unk|en *a3* musty; (*om lukt, smak äv.*) stale **-et** *adv, lukta ~* smell musty (stale)

unna *~ ngn ngt* not [be]grudge s.b. s.th.; *det är honom väl unt* he is very welcome to it; *~ sig ngt* allow o.s. s.th.; *han ~r sig ingen ro* (*äv.*) he gives himself no rest

uns *s7* ounce (*förk.* oz.); *inte ett ~* (*friare*) not a scrap

u.p.a. [u:pe:'a:] (*förk. för utan personligt ansvar*) Ltd., Limited; without personal liability

upp up; (*-åt äv.*) upward[s]; (*ut*) out; *knyta* (*låsa*) *~* untie (unlock); *gata ~ och gata ner* up one street and down another; *hit ~* up here; *denna sida ~!* this side up!; *~ med huvudet!* (*bildl.*) keep your chin up; *~ med händerna!* hands up!, stick'em up!; *~ ur* out of; *gå ~* (*ur vattnet*) get out of the water; *hälla ~* pour out; *vända ~ och ner på* turn ... upside down; *äta ~* eat up **-amma** nurse, foster **-arbeta** (*jord*) cultivate; (*firma e.d.*) work up, develop

uppass|are waiter; *mil.* officer's [bat]man

-erska waitress; (*på båt*) stewardess **-ning** waiting; attendance

upp|bjuda muster, summon (*alla sina krafter* all one's strength); exert (*energi* energy) **-bjudande** *s6, med ~ av alla sina krafter* exerting all one's strength **-bjudning** invitation (*till dans* to dance) **-blanda** mix [up], intermix; (*vätska*) dilute **-blomstrande** flourishing, prospering; developing (*industri* industry) **-blomstring** prosperity, rise, development **-blossande** [-å-] *a4* blazing (flaring) up; *~ vrede* (*äv.*) flash of anger **-blåsbar** [-å:-] *a1* inflatable; pneumatic **-blåst** [-å:-] *a1* inflated; puffed up; *bildl. vard.* stuck-up **-blött** *a4, marken var alldeles ~* the ground was sopping wet **-bragt** *a4* indignant, irritated; (*starkare*) exasperated **-bringa** **1** (*fartyg*) capture, seize **2** (*skaffa*) procure, obtain, raise **-bromsning** braking; *bildl.* slowing down **-brott** breaking-up; (*avresa*) departure, departing; *mil.* decampment; *göra ~ a*) (*från bjudning*) break up [the party], take leave, *b*) *mil.* break [up the] camp **-brottsorder** order[s *pl*] to march **-brottsstämning** breaking-up mood **-brusande** *a4, bildl.* hot-tempered, irascible, impetuous **-brusning** [-u:-] burst of passion **-bränd** *a5* burnt [up] **-buren** *a5, vara mycket ~* be thought highly (*firad:* made much) of

uppbygg|a **1** *eg. bet., se bygga upp* **2** *bildl.* edify **-else** edification **-elselitteratur** edifying literature **-lig** *a1* edifying **-nad** building [up], construction; (*organisering*) build-up **-nadsarbete** reconstruction

upp|båd *s7, mil.* summons to arms, calling out; (*friare*) levy; *ett stort ~* a large force **-båda** summon ... to arms, call out; (*trupper äv.*) levy; (*friare*) mobilize (*hjälp* help) **-bära** **1** (*erhålla*) receive, collect; *~ skatt* collect taxes **2** (*vara föremål för*) suffer; come in for (*klander* criticism) **3** (*stödja*) support **-börd** [-ö:-] *s3* collection [of taxes]; *förrätta ~* collect taxes, take up the collection

uppbörds|distrikt revenue district **-kontor** [tax-]collector's (revenue) office **-man** tax collector **-termin** collection period **-verk** inland revenue office; *Am.* internal revenue service

upp|daga discover; reveal **-dela** divide [up] **-delning** division, dividing [up] **-diktad** *a5* invented; trumped up

uppdrag commission; mission; (*uppgift*) task, *Am.* assignment; *hand.* order; *enligt ~* by order (direction); *med ~ att* with orders (instructions) to; *på ~ av* at the request of, as instructed by, (*mer officiellt*) by order of; *få i ~ att göra ngt* be instructed (commissioned) to do s.th., be charged with doing s.th.; *ge ngn i ~ att* commission (instruct) s.b. to; *skiljas från ett ~* be removed from office; *utföra ett ~ åt ngn* execute a commission for s.b. **-a** **1** *se dra* [*upp*]; (*uppfostra*) bring up; (*växter*) grow, rear **2** (*rita upp*) draw, trace; *~ en jämförelse* draw a comparison (*mellan* between); *~ gränserna för* delimit, *bildl. äv.* lay down the scope of **3** *~ åt ngn att* instruct (order, commission) s.b. to **-dragen** *a5, klockan är ~* the clock is wound up **-dragning** (*av klocka*) winding up

upp|dragsgivare principal; (*arbetsgivare*) employer; (*kund*) customer, client **-driva** (*öka*) raise, increase; (*skaffa*) procure, obtain; *högt -drivna förväntningar* high expectations **-dykande** *s6* emersion; *bildl.* appearance **-dämma** dam up

uppe **1** (*mots. nere*) up (*äv. uppstigen*); (*i övre våningen*) upstairs; *vara tidigt ~* be up early, (*som vana*) be an early riser; *~ i landet* up country; *högt ~ på himlen* high in the sky **2** *vard.* (*öppen*) open **3** *vara ~ i tentamen* take (have) an [oral] exam

uppegga incite, egg ... on

uppehåll *s7* **1** (*avbrott*) interruption, break; (*paus*) pause, interval; (*tågs*) stop; *göra ett ~* (*i tal o.d.*) make a pause, break off, (*allm. o. om tåg*) stop; *utan ~* without stopping (a stop), incessantly **2** (*vistelse*) sojourn; (*kortare*) stay, stop; *göra ~ i* (*under resa*) stop over at **-a** **1** (*hindra*) detain, delay, keep [... back] **2** (*vidmakthålla*) keep up (*skenet* appearances); support (*livet* life); maintain (*en stor familj* a large family) **3** (*tjänst*) discharge the duties of **4** *rfl* (*vistas*) stay, live, reside; (*livnära sig*) support o.s. (*med musiklektioner* by giving music lessons); *bildl.* dwell (*vid småsaker* upon details)

uppehålls|ort [place of] residence; (*tillfällig*) place of sojourn, whereabouts; *jur.* domicile **-tillstånd** residence permit **-väder** dry (fair) weather

uppehälle *s6* subsistence, sustenance; *fritt ~* free board and lodging; *förtjäna sitt ~* earn one's living; *sörja för ngns ~* support s.b.

uppenbar *a1* obvious, evident; distinct, apparent; *när förseelsen blir ~* when the offence comes to light **-a** **1** (*avslöja*) reveal, disclose **2** *rfl* reveal o.s. (*för* to) (*äv. relig.*); (*visa sig*) appear **-else** revelation (*om* of); *konkr.* apparition, vision **-elseboken** the Revelation of St. John the Divine, [the Book of] Revelation **-ligen** [-a:-] obviously *etc.*

upp|fart ascent; (*väg*) approach, ramp; *under ~en* while driving up, on the way up **-fatta** apprehend; grasp; (*förstå*) comprehend, understand; (*tolka*) interpret; *jag kunde inte ~ vad han sa* I couldn't catch what he said; *~ ngt såsom* take s.th. as **-fattning** apprehension; comprehension, understanding; (*föreställning*) idea, conception; *bilda sig en ~ om* form an opinion (idea) of **-finna** invent; devise, contrive **-finnare** inventor **-finning** invention; (*nyhet äv.*) innovation **-finningsförmåga** [power of] invention, inventiveness **-finningsrik** inventive; (*fyndig äv.*) ingenious **-finningsrikedom** inventiveness; ingenuity **-flugen** *a5* perched **-flytta** (*i lönegrad*) advance, promote; *bli ~d* (*skol.*) get one's remove **-flyttning** moving up; *skol.* remove; (*i lönegrad*) advance, rise

1 uppfordra (*uppmana*) call upon, request; (*t. strid*) challenge, summon

2 uppfordr|a (*forsla upp*) haul, raise [... to the surface], draw up **-ingsverk** drawing engine; *gruv.* elevator (hoist) frame

uppfostr|a bring up; *Am. äv.* raise; (*bilda*) educate; (*uppöva äv.*) train; *illa ~d* badly brought up **-an** upbringing; education; training **-are** educator; tutor **-ingsanstalt** reformatory [school]; *Engl.* approved school; *Am.* institution for juveniles, workhouse **-ingsbidrag** *jur.* alimony **-ingssyfte** *i ~* for educational purposes

upp|friska freshen up; refresh **-friskande** *a4* refreshing **-fräta** eat away; corrode ... completely **-fylla 1** (*fullgöra*) fulfil; (*plikt äv.*) perform, carry out; (*ngns önskningar äv.*) meet, comply with; *få sin önskan -fylld* have one's wish **2** (*fylla*) *bildl.* fill; *~ jorden* (*bibl.*) replenish the earth; *-fylld av* filled with, full of **-fyllelse** accomplishment; *gå i ~* be fulfilled (accomplished), come true **-fånga** catch; (*hindrande*) intercept **-föda** bring up; nourish; (*djur*) breed, rear; *Am. äv.* raise **-födare** breeder **-födning** [-ö:-] breeding **-följning** follow[ing] up

uppför ['upp-] **I** *adv* uphill; *vägen bär ~* it is uphill **II** *prep* up (*backen* the hill); *gå ~ trappan* (*äv.*) go upstairs

uppför|a 1 (*bygga*) build; raise, erect (*ett monument* a monument) **2** (*anteckna*) put down, enter **3** (*teaterstycke*) give, perform, present; (*musikstycke*) perform **4** *rfl* behave [o.s.], conduct o.s.; *~ sig väl* (*illa*) behave [well] (badly), (*som vana*) have good (bad) manners **-ande** *s6* **1** (*byggande*) building *etc.*; erection, construction; *är under ~* is being built, is under construction **2** (*av teater- o. musikstycke*) performance **3** (*beteende*) behaviour, conduct; *dåligt ~* (*äv.*) misbehaviour **-andebetyg** conduct marks **-anderätt** performing rights (*pl*)

uppförs|backe ascent, rise **-väg** uphill road

upp|ge *se -giva* **-gift** [-j-] *s3* **1** (*meddelande*) statement (*om* of); (*upplysning*) information (*om* on); (*lista*) list, specification (*om* of); (*officiell*) report (*på* on); *närmare ~er* (*äv.*) further particulars; *enligt ~* from information received, according to reports; *kompletterande ~er* supplementary data (details) (*om* on); *med ~ om* stating; *statistiska ~er* returns, statistics **2** (*åliggande*) task, charge; (*kall*) mission, object (*i livet* in life); *förelägga ngn en ~* set s.b. a task; *det är hans ~ att* it is his duty (business) to **3** (*i examen o.d.*) [examination *etc.*] question; *matematisk ~* [mathematical] problem; *skriftlig ~* [written] exercise **-giftslämnare** informant; respondent **-giva 1** (*meddela*) state; give (*namn o. adress* name and address); (*säga*) say; (*rapportera*) report; *~ sig vara* state (say) that one is; *~ namnet på* name, give the name of; *~ ett pris* quote a price; *enligt vad han själv -gav* (*äv.*) on his own statement **2** (*övergiva, avstå från*) give up, abandon; *~ andan* expire, breathe one's last **3** (*utstöta*) give (*ett skrik* a cry) **-given** (*tillintetgjord*) overcome (*av trötthet* with fatigue); exhausted (*av sorg* with grief) **-gjord** settled, arranged; *~ på förhand* prearranged **-gå 1** (*belöpa sig*) amount (*till* to); *i genomsnitt ~ till* average **2** (*sammansmälta*) *~ i* be merged (*om firma e.d. äv.* incorporated) in **-gående I** *s6*, *~ i* absorption by (*arbete* work) **II** *a4* rising; (*om himlakropp äv.*) ascending **-gång** *s2* **1** (*väg*) way up; (*trapp-*) stairs (*pl*), staircase **2** (*himlakropps*) rise **3** (*ökning*) rise, increase; upswing, upturn **-görelse** [-j-] (*avtal*) agreement; (*överenskommelse äv.*) arrangement, settlement; (*affär*) transaction; *~ i godo* amicable settlement, settlement out of court; *träffa en ~* make an agreement, come to terms **-handla** purchase, buy [in, up] **-handling** purchase, purchasing, buying **-hetsa** excite; inflame; *bli ~d* get excited **-hetsande** *a4* exciting; inflammatory (*tal* speech) **-hetsning** excitement **-hetta** heat, make ... hot; *~ för mycket* overheat **-hettning** heating **-hinna** catch ... up, overtake **-hitta** find **-hittare** finder **-hjälpa** (*förbättra*) improve **-hostning** expectoration **-hov** *s7* origin; source; (*orsak*) cause; (*början äv.*) beginning, origination; *ge ~ till* give rise (birth) to; *ha sitt ~ i* (*äv.*) originate in; *vara ~ till* be the cause of **-hovsman** author, originator (*till* of) **-hovsrätt** copyright **-hällning 1** pouring out **2** *vara på ~en* be on the decline (wane), (*om förråd*) be running short **-hänga** suspend, hang [up] **-hängning** suspension; mounting **-häva 1** (*återkalla*) revoke, withdraw; (*förklara ogiltig*) annul, declare ... invalid (void); (*kontrakt*) cancel; (*neutralisera*) neutralize **2** (*avbryta*) raise (*belägringen* the siege) **3** (*utstöta*) raise (*ett skri* a cry); *~ sin röst* lift one's voice, begin to speak

upphöj|a raise (*äv. mat.*); elevate; (*berömma*) extol; *~ i kvadrat* square, raise to second power **-d** *a5* **1** *bildl.* elevated, exalted; *med -t lugn* with supreme composure **2** (*om arbete, bokstäver*) raised **-dhet** elevation; loftiness **-else** elevation, exaltation; promotion **-ning** *konkr.* elevation (*i marken* of the ground), rise; (*kulle*) eminence

upphör|a cease, stop (*med att göra ngt* doing s.th.); (*sluta*) end, come to an end; *~ med* (*äv.*) discontinue, (*en vana*) give up; *firman har -t* the firm has closed down **-ande** *s6* ceasing *etc.*; cessation; (*avbrott äv.*) interruption; (*tillfälligt*) suspension

uppifrån I *adv* from above; *~ och ner* from top to bottom **II** *prep* [down] from

uppiggande I *a4* stimulating, bracing (*verkan* effect); *något ~* a pick-me-up **II** *adv*, *verka ~* have a reviving (bracing) effect

upp|jagad *a5* [over]excited; heated (*fantasi* imagination); overstrained (*nerver* nerves) **-kalla 1** (*benämna*) call, name; *-d efter* called (named) after **2** (*be* [*ngn*] *att komma upp*) call up **3** (*mana*) call [up]on **-kastning** vomiting; *läk.* emesis; *få ~ar* vomit **-klarna** clear up **-knäppt** *a4* unbuttoned **-kok** boiling, warming up; *bildl.* rehash (*på* of); *ge ngt ett ~* boil s.th. up **-komling** [-å-] upstart, parvenu **-komma** (*uppstå*) arise (*av* from), originate (*ur* in); (*börja*) begin; (*plötsligt*) start up; *de -komna skadorna* the damage (*sg*) incurred **-kommande** *a4* possible, arising; *vid ~ skada* in case of damage **-komst** [-å-] *s3* (*tillblivelse*) origin, beginning; appearance; *vetensk.* genesis; *ha sin ~ i* have its origin in, originate in **-konstruera** (*uppfinna*) invent; (*hitta på*) make up, create **-krupen** *a5*, *sitta ~* be curled up (*i soffan* on the sofa) **-käftig** [-ç-] *a1* cheeky, saucy **-käftighet** [-ç-] cheek, sauce **-köp** (*-köpande*) buying [in], purchasing; (*ett* ~) purchase; *göra* ~ do one's purchasing (*vard.* shopping) **-köpa** buy [in, up], purchase **-köpare** buyer, purchaser **-körd** [-çö:-] *a5* **1** (*däst*) bloated **2** (*lurad*) fleeced

upp|laddning charge, charging (*äv. bildl.*); *bildl. äv.* build-up; *eg. äv.* electrification **-lag** *s7* store, stock, supply **-laga** *s1* edition; (*tidnings- äv.*) circulation; *förkortad* ~ abbreviated (abridged) edition; *~ns storlek* number of copies printed, print **-lagd** *a5* **1** (*om vara, fartyg*) laid up; *stort -lagt projekt* large-scale project **2** (*hågad*) inclined, disposed; *~ för skämt* in a mood for joking **-lagesiffra** circulation figures (*pl*) **-lagring** storing, storage **-lagsnäring** reserve nutrition **-lagsplats** depot, storing place, storage-yard **-land** *s7* surrounding area; (*bakom kusten*) hinterland **-lappning** *typ.* making ready **-leta** find, hunt up **-leva** (*erfara*) experience, meet with (*besvikelser* disappointments); (*leva tills ngt inträffar*) live to (*år 1984* the year 1984), [live to] see; (*bevittna*) witness; *han har -levt mycket* he has been through a lot (had an eventful life) **-levelse** (*erfarenhet*) experience; (*händelse*) event; *detta blev en ~ för mig* it was quite an experience for me **-linjera** rule [lines in] **-liva** (*förnya*) renew (*bekantskapen med* the acquaintance with); (*pigga upp*) cheer [... up], exhilarate; *~ minnet* refresh (brush up) one's memory; *~ gamla minnen* revive old memories **-livande** *a4* cheering, stimulating **-livningsförsök** [-li:v-] *pl* attempts at resuscitation **-lopp 1** (*tumult*) riot, tumult **2** *sport.* finish **-luckra** loosen, break up; *bildl. äv.* relax (*bestämmelserna* the regulations, *moralen* morals) **-lupen** *a5*, *~ ränta* accrued interest, interest due **-lyfta** lift up; *högt.* elevate; *med -lyft huvud* head high **-lyftande** *a4* elevating; sublime

upplys|a 1 (*göra ljus*) light [up], illuminate **2** (*underrätta*) inform (*ngn om* s.b. of), tell (*ngn om* s.b.); enlighten (*ngn i en fråga* s.b. on a point) **-ande** *a4* informative, illustrative (*exempel* example); (*förklarande*) explanatory (*anmärkningar* remarks); (*lärorik*) instructive **-ning 1** (*belysning*) lighting, illumination **2** (*underrättelse*) information (*om* about, of, on); (*förklaring*) explanation; (*kredit-*) credit worthiness report; *en ~* a piece of information; *~ar* information (*sg*); *närmare ~ar* further particulars (details) **3** ([*bibringande av*] *kunskaper*) enlightenment, elucidation; (*kultur*) civilization, culture; *~en* (*hist.*) the [Age of] Enlightenment

upplysnings|byrå information office (bureau) **-tiden** the Age of Enlightenment **-verksamhet** information service (activities *pl*) **-vis** by way of information; for your information

upp|lyst [-y:-] *a1* **1** *eg.* illuminated, lighted (lit) up **2** *bildl.* enlightened **-låna** borrow, raise **-låning** borrowing [transaction[s *pl*]] **-låta** open (*för trafik* to traffic), make available (*för* to); *~ ett rum åt ngn* put a room at a p.'s disposal, grant s.b. the use of a room **-låtelse** grant, giving up; *~ av nyttjanderätt* grant of enjoyment **-läggning 1** *sömn.* shortening, taking up **2** (*planering*) planning, arrangement; (*disposition*) disposition; (*av konto o.d.*) drawing up; (*av håret*) coiffure **3** (*magasinering*) storage, storing; (*av fartyg*) laying up **-läsare** reader, reciter **-läsning** reading; recital **-läxning** sermon; *vard.* telling-off

upplös|a 1 (*knyta upp*) *se lösa* [*upp*] **2** (*komma* [*ngt*] *att upphöra*) dissolve, wind up (*ett bolag* a company); (*skingra*) dissolve, dismiss; (*möte*) break up; (*trupper*) disband **3** (*sönderdela*) dissolve, disintegrate; *mat.* solve **4** (*bringa oreda i*) disorganize; *-löst i tårar* dissolved in tears **5** *rfl* dissolve, be dissolved (*i* into); (*sönderfalla*) decompose **-ande** *a4* dissolving *etc.* **-as** *v3, dep, se -a 5* **-bar** [-ö:-] *a1* dissoluble **-ning** dissolution, winding up (*etc.*); (*samhälls-*) disintegration; (*dramas*) unravelling, dénouement **-ningstillstånd** state of dissolution (decomposition); *vara i ~* (*bildl.*) be on the point of collapse

upp|mana exhort; (*hövligt*) request, invite; (*enträget*) urge, incite; *besökare ~s att* visitors are recommended (requested) to **-maning** exhortation; request; summons, call; *på ~ av* at the request of, on the recommendation of **-marsch** marching-up; *mil.* deployment, drawing-up **-maskning** mending [of a ladder] **-mjuka** make ... soft, soften; (*göra smidig*) limber up; (*moderera*) modify, moderate **-mjukning** [-u:-] *sport.* limbering-up

uppmuntra (*jfr muntra* [*upp*]); (*inge förhoppningar e.d.*) encourage; (*gynna*) favour, promote; (*uppmana*) exhort **-n** *r* encouragement; favouring, patronage **-nde** *a4* encouraging; *föga ~* anything but encouraging, discouraging

uppmärksam *a1* attentive (*äv. förekommande*) (*på, mot* to); (*aktgivande*) watchful, observant (*på* of); *göra ngn ~ på* draw (call) a p.'s attention to **-het** attention; (*som egenskap*) attentiveness; (*aktgivande*) watchfulness, observation; *rikta ngns ~ på* call a p.'s attention to; *undgå ngns ~* escape a p.'s attention; *visa ngn ~* pay attention to s.b.; *väcka ~* attract attention; *ägna ~ åt* give (pay) attention to **-ma** notice, observe; pay attention to; *bli ~d* attract attention; *en mycket ~d bok* a book that has created a stir **-t** *adv* attentively; (*starkare*) intently

upp|mäta measure [out] **-mätning** measuring [up] **-nosig** *a1* impertinent, saucy, pert **-nå** reach, attain; arrive at; (*ernå*) obtain; (*vinna*) gain; *vid ~dd pensionsålder* at pensionable age **-näsa** snub (turned-up) nose **-näst** [-ä:-] *a4* snub-nosed

uppochnedvänd [-ˣne:d-] [turned] upside down; inverted, reversed; *bildl.* topsy-turvy

upp|odla cultivate **-odling** (*-odlande*) cultivation; *konkr.* cleared plot [of land] **-offra** sacrifice (*allt* everything; *sig* o.s.) **-offrande** [-å-] *a4* self-sacrificing **-offring** [-å-] sacrifice; *det har kostat henne stora ~ar* she has sacrificed a great deal **-packning** (*hopskr.*

uppackning) unpacking **-passare** *se uppassare* **-piggande** *a4, se uppiggande* **-reklamera** boost, puff **-rensa** clean (clear) out; *mil.* mop up **-rensning** cleaning out; *mil.* mopping-up **-repa** repeat; (*säga om o. om igen*) reiterate; (*förnya*) renew; *~de gånger* repeatedly, again and again **-repning** [-e:-] repetition; reiteration; renewal; recurrence

1 uppresa *s1* journey up; *på ~n* on my (*etc.*) journey up

2 upp|resa *v3* **1** (*uppföra*) raise; put up **2** *rfl* rise, revolt **-retad** *a5* irritated; exasperated (*folkhop* mob); enraged (*tjur* bull)

uppriktig *a1* sincere; (*ärlig*) honest; (*öppen*) frank, candid; *~ vän* true friend; *säga ngn sin ~a mening* tell (give) s.b. one's honest opinion **-het** sincerity; frankness, candour; honesty **-t** *adv* sincerely *etc.*; *~ sagt* candidly [speaking]; *säg mig ~ ...!* tell me honestly ...!

upp|ringning [telephone] call **-rinnelse** origin, source **-rivande** *a4* harrowing, shocking **-riven** *a5, bildl.* (*nervös*) worked up; *~ av sorg* broken by sorrow **-rop** (*av namn*) roll-call, call-over; (*vädjan*) appeal; (*på auktion*) announcement

uppror *s7* insurrection, rebellion; *mil.* mutiny; (*mindre*) revolt, uprising; (*oro*) agitation; *göra ~* rise in rebellion, revolt; *hans känslor råkade i ~* he flared up **-isk** *a5* rebellious; seditious, insubordinate

upprors|anda rebellious spirit, spirit of revolt **-fana** *höja ~n* raise the standard of rebellion **-försök** attempted (attempt at) rebellion **-makare** instigator of rebellion; (*vid myteri*) ringleader; (*svagare*) trouble-maker

upp|rusta rearm **-rustning** rearmament **-rutten** rotten to the core **-ryckning** *bildl.* rousing, shaking-up; *ge ngn en ~* give s.b. a shaking-up **-rymd** *a1* exhilarated, elated **-rymdhet** exhilaration, elation **-räcka** *ta emot ngt med -räckta händer* receive s.th. with open arms **-räkna** enumerate **-räkning** enumeration

upprätt *a4 o. adv* upright, erect **-a** **1** (*grunda*) found, establish, set up (*en skola* a school); create (*en befattning* a post); *~ förbindelser med* establish relations with **2** (*avfatta*) make, draw up (*ett testamente* a will) **3** (*rehabilitera*) rehabilitate; restore (*ngns rykte* a p.'s reputation); retrieve (*sin ära* one's honour) **-ande** *s6* raising, foundation; establishment; drawing up **-else** reparation, redress; rehabilitation; *få ~* obtain redress; *ge ngn ~* make amends to s.b. (*för ngt* for s.th.) **-hålla** (*vidmakthålla*) maintain, keep up, uphold (*disciplin* discipline); (*sköta*) hold (*en tjänst* a post); (*hålla i gång*) keep ... going **-hållande** *s6* maintenance, upholding *etc.* **-hållare** upholder *etc.*; *ordningens ~* the upholders of law and order **-stående** *a4* upright, erect

upp|röjning clearance, clearing **-röjningsarbete** clearance work **-röra** *bildl.* stir [up], irritate, disturb, upset **-rörande** *a4* agitating *etc.*; (*starkare*) shocking **-rörd** [-ö:-] *a1* indignant, excited; upset; *bli ~ över* be upset about **-rördhet** [-ö:-] indignation, irritation; excitement

upp|sagd *a5* (*om hyresgäst, personal*) under notice; (*om fördrag e.d.*) denounced; *bli ~* get notice; *vara ~* be under notice of dismissal **-samla** gather [up], collect **-samling** gathering, collection **-samlingsområde** (*för evakuerade*) reception area **-samlingsplats** collecting centre; assembly point (*äv. mil.*) **-sats** *s3* **1** (*i bok e.d.*) essay, paper (*om* on); (*i tidning*) article (*om* on); (*skol-*) composition **2** (*uppsättning, sats*) set **-satsskrivning** composition-writing **-satt** *a4* **1** (*om pers.*) exalted, distinguished; *en högt ~ person* a person of high station **2** *typ.* in type **-seende** attention; (*starkare*) sensation; scandal; *väcka ~* attract attention (*genom* by) **-seendeväckande** *a4* sensational; startling **-segling** *vara under ~* (*bildl.*) be brewing **-sikt** control, superintendence, supervision; *ha ~ över* have charge of, supervise, superintend; *stå under ~* be under supervision (superintendence) **-sjö** *en ~ på* (*bildl.*) an abundance (a wealth) of **-skatta** (*värdera*) estimate (*efter* by; *till* at), value; (*sätta värde på äv.*) appreciate (*duglighet* ability); *~d till 1 000 pund* valued at 1,000 pounds; *~t pris* estimated price; *kan inte ~s nog högt* cannot be too highly prized **-skattning** estimation, valuation; appreciation **-skattningsvis** approximately, roughly, about **-skjuta** (*i tiden*) put off, postpone; (*sammanträde*) adjourn; *parl.* prorogue **-skov** *s7* postponement (*med* of), delay; (*anstånd*) respite (*med* for); *begära ~* apply for a term of respite; *bevilja ~* grant a respite (prolongation); *utan ~* without delay, immediately, promptly **-skruvad** *a5, ~e priser* exorbitant (screwed-up) prices **-skrämd** *a5* startled, frightened **-skuren** *a5* (*om bok*) with the pages cut; *~ korv* sliced sausage; *-skuret* slices of cold meat **-skärrad** [-ʃ-] *a5* over-excited **-skörta** [-ʃ-] *bli ~d* be over-charged (fleeced) **-skörtning** [-ʃ-] swindle, cheating

uppslag **1** (*idé*) idea, project, impulse; *nya ~* fresh suggestions, new ideas; *ge ~ till* give rise to, start, begin **2** (*på kläder*) facing; (*rock-*) lapel; (*ärm-*) cuff; (*på byxor*) turn-up, *Am.* cuff **3** (*i bok*) opening; (*i tidning*) [double-page] spread **-en** *a5* (*jfr slå* [*upp*]) **1** opened *etc.*; *som en ~ bok* (*bildl.*) like an open book; *med ~ rockkrage* with one's collar turned up **2** (*om förlovning*) broken[-off]

uppslags|bok reference book; encyclopaedia **-ord** [main] entry, headword **-rik** full of suggestions, ingenious **-verk** work of reference, reference work **-ända** *bildl.* clue

upp|slamma silt [up]; *kem. äv.* dredge; *~d* suspended, muddy **-slitande** *a4, bildl.* heart-rending **-slitsa** split open **-sluka** devour; *bildl.* engulf, absorb; *ett allt ~nde intresse* an all-absorbing interest **-sluppen** *a3* **1** (*i söm*) [ripped] open **2** *bildl.* exhilarated, in high spirits, jolly **-sluppenhet** exhilaration, high spirits (*pl*) **-slutning** [-u:-] *mil.* forming (*t. höger* to the right); (*tillströmning*) rallying, assembly **-snappa** snatch (pick) up; *~ ett ord* catch a word; *~ ett brev* intercept a letter **-snyggad** *a5* tidied up **-spelt** [-e:-] *a1* exhilarated, jolly, gay **-spetad** *a5, sitta ~* be perched (*på* on) **-sprucken** *a5* ripped (split) [up, open] **-spåra** *se spåra [upp]* **-spärrad** *a5* wide open; (*om näsborrar*) distended **-stapla** stack **-stigande** *s6* **-stigning** (*jfr stiga [upp]*) rise, rising; (*på berg*) ascent; (*på tron*) ascension (*på* to); *flyg.* take-off, ascent **-stoppad** [-å-] *a5* (*om djur*) stuffed **-stoppare** [-å-] taxidermist **-stoppning** stuffing; taxidermy **-sträckning** *bildl.* rating, telling-off, reprimand; *Am. vard.* calling down **-sträckt** *a4* (*finklädd*) dressed up **-studsig** *a1* refractory, insubordinate **-studsighet** refractoriness, insubordination **-styltad** *a5* stilted, affected; (*svulstig*) bombastic **-stå 1** (*-komma*) arise; come up; (*börja*) start **2** (*resa sig*) rise (*från de döda* from the dead) **-stående** *a4* stand-up (*krage* collar) **-ståndelse 1** *bildl.* commotion, excitement **2** (*från de döda*) resurrection **-stånden** *a5* risen **-ställa** (*jfr ställa [upp]*); *~ fordringar* make stipulations; *~ regler* lay down (establish) rules; *~ ... som villkor* state ... as a condition, make it a condition (*att* that) **-ställning** arrangement; *mil.* formation (*på linje* in line); (*i rad*) alignment; (*lista o.d.*) list, specification; *~!* fall in!, attention!; *~ i tabellform* tabular statement **-stötning** [-ö:-] belch; *läk.* eructation **-suga** absorb, draw up **-sugningsförmåga** absorbency **-sving** *s7* upswing, rise, upsurge; *hand. äv.* boom **-svullen** *a5* **-svälld** *a5* swollen **-svällning** swelling **-syn 1** (*min*) look[s *pl*], countenance **2** *se -sikt* **-syningsman** overseer, supervisor; inspector **-såt** *s7* intent, intention; *i ~ att* with the intention of (*skada* damaging); *med ont ~* with malicious intent; *utan ~* unintentionally, *jur.* without premeditation; *utan ont ~* without malice **-såtlig** [-å:-] *a1* intentional; (*överlagd*) wilful (*mord* murder) **-såtligen** [-å:-] purposely, intentionally; *~ eller av vårdslöshet* (*jur.*) prepensely or negligently **-säga** *se säga [upp]*; *~ ngn tro och lydnad* withdraw one's allegiance from s.b. **-sägbar** [-ä:-] *a1* subject to notice; (*om kontrakt*) terminable; (*om lån*) redeemable **-sägelse -sägning** [-ä:-] notice; (*av kontrakt*) notice of termination, cancellation; (*av lån*) recalling; (*av fördrag e.d.*) withdrawal; (*av personal*) notice of dismissal (to quit), warning; *med 6 månaders ~* at 6 months' notice **-sägningstid** [period of] notice **-sända** (*rikta*) offer up (*böner* prayers) **-sätta** *se sätta [upp]* **-sättning 1** (*-sättande*) putting up (*etc.*, *jfr sätta [upp]*) **2** *konkr.* set, collection; *tekn.* equipment, installation; *teat. o. film.* production, *konkr.* [stage-]setting; *full ~ av* full set of **-söka** (*leta reda på*) seek (hunt) out; (*besöka*) go to see, call on

upp|taga 1 *se ta [upp]* **2** (*antaga*) take up; take (*ngn som delägare* s.b. into partnership; *som ett skämt* as a joke); (*mottaga*) receive; (*i förening*) admit; *~s till behandling* come (be brought) up for discussion; *målet skall ~s på nytt* (*jur.*) the case is to be resumed (to come on again) **3** (*ta i anspråk*) take up (*tid* time; *utrymme* room); engage (*alla ens tankar* all one's thoughts) **-tagen** *a5* **1** *eg.* taken up (*etc.*) **2** (*sysselsatt*) occupied, busy; (*om pers.*) engaged, busy; *jag är ~ på eftermiddagen i morgon* I am (shall be) engaged tomorrow afternoon **3** (*om sittplats*) occupied, taken, reserved; (*om telefonnummer*) engaged, *Am.* busy; *platsen* (*befattningen*) *är redan ~* the post has already been filled (is no longer vacant) **4** (*på räkning e.d.*) listed **-tagetsignal** engaged (busy) signal **-tagning** (*grammofon-, radio-*) recording; (*film-*) filming, taking, shooting **-takt** *mus.* anacrusis; *bildl.* beginning, prelude, preamble **-taxera** (*höja taxering*) raise a tax assessment **-teckna** take down, make a note of; (*folkvisor e.d.*) record, chronicle **-teckning** noting down (*etc.*); *konkr.* record, chronicle **-till** at the top **-tina** thaw **-trampa** tread, beat [out]; *~d stig* beaten track **-trappning** escalation **-träda 1** (*framträda*) appear (*offentligt* in public); (*om skådespelare äv.*) perform, give performances (a performance); *~ som talare* speak; *~ som vittne* give evidence **2** (*-föra sig*) behave [o.s.]; (*ingripa*) act (*med bestämdhet* resolutely); *~ med fasthet* display firmness **-trädande I** *s6* (*framträdande*) appearance; (*beteende*) behaviour, conduct **II** *a4*, *de ~* (*artisterna*) the performers (actors) **-träde** *s6* scene, scandal; *ställa till ett ~* make a scene **-tuktelse** *ta ngn i ~* give s.b. a good talking-to, take s.b. to task **-tåg** prank; practical joke; *ha dumma ~ för sig* be up to some silly lark **-tågsmakare** practical joker, wag

upptäck|a discover; (*avslöja*) detect, find out; (*uppspåra*) track down; *då -tes det att* (*äv.*) it then turned out that **-täckare** discoverer, finder; detector **-t** *s3* discovery; (*avslöjande*) revelation; *undgå ~* (*äv.*) elude detection

upptäckts|färd expedition **-resande** explorer

upp|tända light; *bildl.* kindle, inflame, excite; *-tänd av iver* glowing with zeal; *~ av raseri* engraged **-tänklig** *a1* conceivable, imaginable; *på alla ~a sätt* (*äv.*) in every possible way **-vaknande** [-va:k-] *s6* awakening **-vakta** (*med present e.d.*) wait upon; (*göra [ngn] sin kur*) court, *Am. vard. äv.* date; (*besöka*) call on; (*tjänstgöra hos kunglig pers.*) attend **-vaktande** *a4* attentive (*kavaljer* admirer); *de ~* (*gratulanterna*) the congratulators; *~ kammarherre* chamberlain-in-waiting **-vaktning 1** (*-ande*) attendance; waiting upon; (*hövlighetsvisit*) [complimentary, congratulary] call; *göra ngn sin ~* pay one's respects to s.b. **2** (*följe*) attendants (*pl*), gentlemen-(ladies-)in-waiting (*pl*); *tillhöra ngns ~* belong to a p.'s suite, be in attendance on **-vigla** [-i:-] stir ... up [to rebellion (revolt)] **-viglare** [-i:-] agitator, instigator of rebellion (*etc.*) **-vigling** [-i:-] agitation; instigation **-viglingsförsök** attempt to instigate rebellion; attempted mutiny **-vilad** *a5* rested **-vind** *flyg.* upwind **-visa** (*framvisa*) show, exhibit, display; (*förete*) present, produce (*en biljett* a ticket); (*blotta*) show up (*felaktigheter* errors) **-visande** *s6* showing *etc.*; *vid ~t* on presentation (*av* of); *mot ~ av* upon production of **-visning** show; *mil.* exhibition, review **-vuxen** grown up; *han är ~ i* he has grown up in **-väcka** raise (*från de döda* from the dead); rouse (*lidelser* passions) **-väga** *bildl.* [counter]balance, weigh against; compensate for, neutralize **-värma** warm (heat) [up]; *-värmd mat* warmed-up food **-växande** *a4* growing [up]; *det ~ släktet* the rising (coming) generation **-växt** growth; *jfr äv. följ.* **-växttid** adolescence, youth; *under ~en* while growing up

uppåt ['upp-] **I** *adv* upward[s]; *stiga ~* (*äv.*) ascend **II** *prep* up to[wards]; *~ landet* (*floden*) up country (the river) **III** *oböjl. a* (*glad*) in high spirits **-böjd** bent upwards **-gående I** *a4* ascending; rising; upward (*tendens* tendency) **II** *s6* ascension; *hand.* rise, hausse; *vara i ~* be on the up-grade, (*om pris e.d.*) be rising **-riktad** *a5* directed upwards **-strävande** *a4* aspiring; struggling to rise [in the world]; *bildl. äv.* ambitious (*planer* plans) **-vänd** *a5* turned up[wards]

upp|äten *a5* eaten; *vara ~ av mygg* be stung all over by gnats **-öva** train, exercise **-över** *prep* over; *~ öronen* head over heels (*förälskad* in love)

1 ur *i uttr.: i ~ och skur* in all weathers, (*friare*) through thick and thin

2 ur I *prep* out of, from (*minnet* memory); (*inifrån*) from within; *~ funktion* unserviceable **II** *adv* out

3 ur *s7* watch; (*större*) clock; *fröken Ur* speaking clock, *Engl.* TIM **-affär** watchmaker's [shop]

uraktlåt|a neglect, omit, fail **-enhet** omission, failure

Uralbergen *pl* the Urals, the Ural Mountains

uralstring spontaneous generation

uran *s3, s4* uranium **-haltig** *a1* uraniferous, uranous **-id** *s3* uranide **-reaktor** uranium reactor **-stapel** uranium pile

ur|arta degenerate; (*friare*) turn (*till* into); *~d* degenerate[d], depraved **-artning** [-a:-] degeneration **-arva** *oböjl. a, göra sig ~* renounce all claim[s] on the estate

urban *a1* **1** (*belevad*) urbane, affable **2** ([*stor*]*stads-*) urban **-isering** urbanization

ur|befolkning original population; *~en* (*äv.*) the aborigines (*pl*) **-berg** primary (primitive) rock[s *pl*] **-bild** prototype, archetype, original (*för* of)

ur|blekt [-e:-] *a4* faded, (*-tvättad äv.*) washed out; *bli ~* fade, discolour **-blåst** *a4* gutted (*hus* house) **-bota** *oböjl. a* **1** *jur.*, *~ brott* felony, capital offence **2** (*oförbätterlig*) hopeless, incorrigible

ur|cell -djur primeval cell, protozoan

uremi *s3* uraemia

urfader first father, progenitor

ur|fånig idiotic **-gammal** extremely old; (*forn*) ancient; *en ~ rättighet* a time-honoured privilege **-germansk** Primitive Germanic

ur|gröpa hollow out; (*-gröpt äv.*) concave **-holka** hollow [out]; (*gräva ut*) excavate, dig out; *tekn.* scoop [out]; *~d* (*äv.*) hollow, concave **-holkning** [-å-] (*-ande*) hollowing out, excavation; *konkr.* hollow, cavity

urin *s3* urine **-blåsa** [urinary] bladder **-drivande** *a4*, *~* [*medel*] diuretic **-era** urinate **-förgiftning** uraemia **-glas** urinal **-ledare** ureter

urin[ne]vånare original inhabitant, aboriginal; *pl äv.* aborigines

urin|oar *s3* urinoir, urinal **-prov** specimen of urine **-rör** urethra **-syra** uric acid

ur|klipp [press] cutting; *Am.* clipping **-klippsbok** scrapbook, press-cutting book **-kokt** *a4* with all the flavour boiled out [of it]; (*friare*) overboiled

urkomisk irresistibly (screamingly) funny

urkoppling (*av maskin*) decoupling, declutching; *elektr.* disconnection, interruption

ur|kraft primitive force; *bildl.* immense power **-kristendom** primitive Christianity

ur|kund *s3* [original] document; record **-kundsförfalskning** forging (forgery) of documents **-källa** *bildl.* fountain-head

ur|ladda discharge; (*kamera*) unload; *~ sig* (*bildl.*) explode, burst **-laddning** discharge; *bildl.* explosion, outburst **-laka** soak; *~d* (*kraftlös*) jaded, exhausted **-lasta** unload **-lastning** unloading

urmak|are watchmaker; clockmaker **-eri** *abstr.* watchmaking, clockmaking; (*verkstad*) watchmaker's [shop]

ur|minnes *oböjl. a* immemorial (*hävd* usage); *från ~ tider* from time immemorial (time out of mind) **-moder** first mother, progenitor **-modig** *a1* out-of-date, antiquated, out-moded **-människa** primitive man

urn|a [ˣu:r-] urn **-lund** *ung.* garden of rest, outdoor columbarium

urnordisk Primitive Scandinavian

urnyckel watch-(clock-, winding-)key

urolog urologist **-i** *s3* urology, urinology

ur|oxe aurochs **-plock** selection; assortment **-premiär** first performance (*för Sverige* in Sweden)

urring|a *v1* cut out; (*i halsen*) cut ... low; *~d* (*om plagg*) low-necked, (*om pers.*) wearing a low-necked dress **-ringning** *abstr.* cutting out; *konkr.* low neck

ursinn|e fury, frenzy; rage **-ig** *a1* furious (*på* with; *över* at); *bli ~* (*äv.*) fly into a rage (passion)

ur|skilja discern, make out **-skiljbar** *a1* discernible **-skillning** discernment; discrimination; judgement, discretion; *med ~* (*äv.*) discriminately; *utan ~* (*äv.*) indiscriminately **-skillningsförmåga** judgement

urskog primeval (virgin) forest; *Am.* backwoods (*pl*); jungle

urskulda exculpate; excuse (*sig* o.s.) **-nde I** *a4* apologetic (*min* air) **II** *s6* excuse, exculpation

ursprung *s7* origin; (*friare*) source, root; (*härkomst*) extraction; *leda sitt ~ från* derive one's (its) origin from, be derived from; *till sitt ~* in (by) origin; *av engelskt ~* of English extraction **-lig** *a1* original; primitive; (*okonstlad*) natural, simple **-ligen** originally; primarily **-lighet** originality, primitiveness

ursprungs|beteckning mark (indication) of origin **-land** country of origin

urspår|a run off the rails, derail; *bildl.* go wrong **-[n]ing** derailment

urståndsatt [-ˣstånnd-] *a4* incapacitated, incapable

ursäkt *s3* excuse (*för* for); apology; (*förevändning*) pretext; *anföra som ~* plead ..., give ... as a pretext; *be om* ~ apologize, make apologies; *be ngn om* ~ beg a p.'s pardon, apologize to s.b.; *framföra sina ~er* make one's excuses (apologies) **-a** excuse, pardon; *~!* excuse me!, I beg your pardon!, [I'm] sorry!; *~ att jag* ... excuse my (*+ing-form*) ~ *sig* excuse o.s. (*med att* on the grounds that) **-lig** *a1* excusable, pardonable

urtag recess, notch; *elektr.* socket, *Am.* outlet

urtavla dial; clock-face

ur|tida *oböjl. a* primeval, prehistoric; *geol.* paleontological **-tiden** prehistoric times (*pl*) **-tima** *oböjl. a* extraordinary (*möte* session); ~ *riksdag* (*Engl. ung.*) autumn session **-tråkig** extremely dull **-typ** prototype; archetype **-uppförande** first (original) performance **-usel** extremely bad

ur|val *s7* choice; selection; *hand. äv.* assortment; (*stickprov*) sample; *naturligt* ~ natural selection; *representativt* (*slumpmässigt*) ~ representative (probability) sample; *rikt* ~ large (rich) assortment (selection); ... *i* ~ (*som boktitel*) selections from ... **-valsmetod** selection method **-vattna** soak; *~d* (*bildl.*) watered down, insipid

urverk works (*pl*) of a clock (watch); *som ett* ~ (*äv. bildl.*) like clockwork

urvuxen outgrown

uråldrig extremely old, ancient

USA [ˣu:essa:, -'a:] the U.S.[A.] (*sg*)

usans [u-, y'saŋs] *s3* trade (commercial) custom; *enligt* ~ according to custom

usch ugh!

us|el ['u:-] *a2* wretched, miserable; (*om pers. äv.*) worthless; (*avskyvärd*) execrable; (*moraliskt*) vile, base; (*dålig*) poor, bad (*hälsa* health; *föda* food) **-elhet** wretchedness *etc.*; misery; (*moralisk*) meanness **-elt** *adv* wretchedly *etc.*; *ha det* ~ (*ekonomiskt*) be very badly off **-ling** [ˣu:s-] wretch; (*starkare*) villain; (*stackare*) wretch

usurp|ator [-ˣpa:tår] *s3* usurper **-era** usurp

ut out; *år* ~ *och år in* year in year out; *nyheten kom* ~ (*äv.*) the news got abroad; *stanna månaden* ~ stay the month out; *~!* get out!, out with you!; ~ *och in* in and out; *vända* ~ *och in på* turn ... inside out; *inte veta varken* ~ *eller in* not know which way to turn, be at one's wits end; *det kommer på ett* ~ it makes no difference, it is all one; *gå* ~ *i* go out into (*skogen* the woods); *han ville inte* ~ *med det* he wouldn't come out with it; *jag måste* ~ *med mycket pengar* I must pay out a lot of money; ~ *på* out into (*gatan* the street), out on (*isen* the ice); ~ *ur* out of **-agerad** *a5*, *saken är* ~ the matter is settled

utan I *prep* without, with no (*pengar* money); ~ *arbete* out of work; *bli* ~ (*absol.*) have to go (do) without, get nothing; *inte bli* ~ have one's share; ~ *vidare* without further notice (ado), *vard.* just like that; *prov* ~ *värde* sample of no value; *det är inte* ~ (*vard.*) it is not out of the question; *det är inte* ~ *att han har* it cannot be denied that he has; ~ *dem hade jag* but (were it not) for them I would have; ~ *att* without (*kunna* being able to); ~ *att ngn märker ngt* without anybody's noticing anything **II** *konj* but, and not; *icke blott* ~ *även* not only ... but [also]; ~ *därför* [and] so **III** *adv* outside; *känna ngt* ~ *och innan* know s.th. inside out

utand|as *dep* breathe out; exhale, expire; ~ *sin sista suck* breathe one's last [breath] **-ning** expiration, exhalation; *in- och* ~ inhalation and expiration

utanför I *adv* outside **II** *prep* outside; in front of, before; *sjö.* off (*Godahoppsudden* the Cape of Good Hope); *en som står* ~ an outsider

utan|läsning recitation by heart **-läxa** lesson [to be] learnt by heart

ut|annonsera advertise **-anordna** ~ *ett belopp* order a sum of money to be paid [out] **-anordning** directions for the payment of a sum of money; *konkr.* voucher

utan|på I *prep* outside, on the outside of; *gå* ~ (*vard.*) beat, surpass **II** *adv* outside **-skrift** address [on the cover]; *det syns på ~en att han är lärare* you can see by his appearance that he is a teacher **-till** by heart **-tilläxa** *se -läxa* **-verk** *mil.* outwork, outer work

ut|arbeta work out; (*förslag e.d. äv.*) draw (make) up; (*sammanställa*) compile; (*omsorgsfullt*) elaborate; (*karta, katalog e.d.*) prepare **-arbetad** *a5* **1** worked out (*etc.*) **2** (*-sliten*) overworked, worn out **-arbetande** *s6* working out (*etc.*); preparation; *är under* ~ is being prepared, is in course of preparation **-arma** impoverish, reduce ... to poverty; (*starkare*) pauperize; ~ *jorden* impoverish the soil; *~d* (*äv.*) destitute **-armning** impoverishment **-arrendera** lease (let) [out] **-arrendering** leasing

utav *se av*

ut|basunera trumpet forth, blazon ... abroad **-bedja** *rfl* solicit, ask for, request **-bekomma** obtain (*sin lön* one's salary); obtain access to (*handlingar* documents) **-betala** pay [out, down], disburse **-betalning** payment, disbursement; *göra en* ~ make (effect) a payment

utbild|a train; (*undervisa*) instruct; (*uppfostra*) educate; *mil. äv.* drill; (*utveckla*) develop; ~ *sig till läkare* study for a doctor; ~ *sig till sångare* train o.s. to become a singer **-ad** *a5* trained *etc.*; skilled (*arbetare* worker); (*utvecklad*) developed **-ning** training *etc.*; (*undervisning*) instruction; (*uppfostran*) education; *få sin* ~ *vid* (*äv.*) be educated (trained) at; *språklig* ~ linguistic schooling **-ningsanstalt** educational (training) institution **-ningstid** period of training; apprenticeship

ut|bjuda offer [for sale], put up for sale **-blick** view; perspective **-blommad** *a5* faded **-blottad** destitute (*på* of); *i -blottat tillstånd* in a state of destitution **-blåsningsventil** [-å:-] exhaust valve; (*på ångmaskin*) blow-off [valve] **-bombad** [-å-] *a5* bombed out **-breda** spread [out]; expand; (*ngt hopvikt*) unfold; ~ *sig* spread [itself], extend; ~ *sig över ett ämne* (*bildl.*) expiate upon a subject **-bredd** *a5* [widely] spread, widespread; prevalent (*åsikt* opinion); *med ~a armar* with open arms **-bredning** [-e:-] **1** (*-ande*) spreading *etc.* **2** spread, extension, distribution; (*av sjukdom, bruk*) prevalence

-**bringa** propose (*en skål* a toast); ~ *ett leve för* cheer for -**brista 1** (*-ropa*) exclaim **2** *se brista 1* -**brodera** *bildl.* deck out -**brott** (*-brytande*) breaking out; (*av sinnesrörelse*) outburst (*av vrede* of rage), fit (*av dåligt humör* of temper); (*vulkan-*) eruption; (*krigs-*) outbreak; *komma till* ~ break out -**brunnen** *a5* burnt out; (*om vulkan*) extinct -**bryta 1** (*ta bort*) break ... out; *mat.* remove; ~ *ur sammanhanget* detach from the context **2** (*om krig, farsot e.d.*) break out -**brytarkung** escapologist -**brytning** breaking out; break-out; (*från fängelse*) escape -**bränd** *a5* burnt out -**bud** offer [for sale]; (*tillgång*) supply -**buktad** *a5* bent outwards -**buktning** bulge; protuberance -**byggd** *a5* built out; (*om fönster äv.*) projecting; *-byggt fönster* (*äv.*) bow window -**byggnad** *abstr.* extension, enlargement; *konkr.* annexe, addition -**byta** [ex]change (*mot* for); (*ömsesidigt*) interchange; ~ *erfarenheter* (*äv.*) compare notes; ~ *meddelanden* communicate [with each other] -**bytbar** [-y:-] *a1* replaceable; (*ömsesidigt*) interchangeable -**byte** exchange; (*ömsesidigt*) interchange; (*behållning*) gain, profit; *i* ~ in exchange (*mot* for); *få ngt i* ~ *mot* (*äv.*) get s.th. instead of; *lämna ngt i* ~ (*vid köp*) trade in s.th. (*mot* for); *ha* ~ *av ngt* derive benefit from s.th., profit by s.th. -**bär[n]ing** distribution; (*av post äv.*) delivery -**böling** outsider, stranger

ut|debitera impose (*skatt* taxes) -**dela** distribute; deal (portion, hand) out; deliver (*post* mail); ~ *order om* give orders for; ~ *slag* deal out (administer) blows -**delning** distribution; dealing out *etc.*; (*av post*) delivery; (*på aktie*) dividend; *extra* ~ bonus, extra dividend; *ge 10% i* ~ yield a dividend of 10%; *~en fastställdes till ...* a dividend of ... was declared -**dikning** drainage [by ditches] -**drag** extract, excerpt (*ur* from) -**dragbar** [-a:g-] *a1* extensible -**dragen** *a5* drawn out; (*i tid*) lengthy, long [drawn-out]

utdrags|bord extension table -**skiva** sliding leaf; (*på bord*) [pull-out] slide -**soffa** sofa bed

ut|driva drive out (*ur* from); (*vetensk. o. friare*) expel; (*onda andar*) exorcise -**dunsta 1** (*avgå i gasform*) evaporate **2** (*avsöndra*) transpire, perspire; (*om sak*) exhale (*fuktighet* moisture) -**dunstning** transpiration, perspiration; evaporation -**död** extinct; (*-rotad*) exterminated; (*friare*) deserted (*stad* town) -**döende I** *a4* dying, expiring **II** *s6* dying out; extinction; *är stadd i* ~ is dying out -**döma 1** (*genom dom*) impose (*ett straff* a penalty); adjudge (*ett belopp* an amount) **2** (*kassera*) reject; condemn (*ett fartyg* a vessel); *-dömda bostäder* condemned houses, houses declared unfit for habitation

ute 1 *rumsbet.* out; (*i det fria äv.*) out of doors; (*utanför*) outside; *där* ~ out there; *vara* ~ *och* be out (+*ing-form*); *fåren går* ~ *hela året* the sheep are in open pasture the whole year round; *äta* ~ (*på restaurang*) dine out, (*i det fria*) dine out of doors **2** (*slut*) up; *allt hopp är* ~ all hope is gone, there is no hope; *tiden är* ~ [the] time is up; *det är* ~ *med honom* it is all up with him, he is quite done for **3** (*utsatt*) *de har varit* ~ *för en olycka* they met with an accident; *jag har aldrig varit* ~ *för ngt sådant* I have never experienced anything like that; *vara illa* ~ be badly off -**bliva** (*ej inträffa*) not (fail to) come off, not occur (happen); (*ej infinna sig*) stay away, not turn up (appear, come); ~ *inför rätta* fail to appear in court -**blivande** *s6* absence, failure to attend; *jur.* default -**bliven** *a5* that has failed to appear (*etc.*); (*frånvarande*) absent; ~ *betalning* non-payment

utefter [all] along

ute|gångsfår sheep in open pasture -**gångsförbud** curfew [order] -**lek** outdoor game -**liggare** vagrant, homeless person -**liv 1** (*på restauranger e.d.*) *idka* ~ go out a lot **2** (*friluftsliv*) outdoor life -**lämna** leave out, omit; (*hoppa över*) pass over -**lämnande** *s6* omission -**löpande** *a4*, ~ *sedelmängd* volume of notes in circulation; ~ *växlar* outstanding bills

utensilier *pl* (*tillbehör*) accessories; (*redskap o.d.*) utensils, appliances

ute|servering open-air restaurant (cafeteria *etc.*) -**sluta** *-slöt -slutit* exclude (*ur* from); (*ur förening*) expel; *vetensk.* eliminate; *det -sluter inte att jag* this does not prevent my (+*ing-form*); *det är absolut -slutet* it is absolutely out of the question -**slutande I** *a4* exclusive, sole **II** *adv* exclusively, solely **III** *s6* exclusion; expulsion (*ur* from); elimination; *med* ~ *av* with the exclusion (exception) of -**slutit** *sup av utesluta* -**slutning** [-u:-] *se -slutande III* -**slöt** *imperf av utesluta* -**stående** *a4* **1** ~ *gröda* standing (growing) crops (*pl*) **2** (*som ej inbetalats*) outstanding; ~ *fordringar* accounts receivable, outstanding claims -**stänga** shut (lock) ... out; keep ... out; (*hindra*) debar; (*-sluta*) exclude; *bli -stängd* be shut (locked) out -**stängning** shutting out *etc.*; exclusion; debarment

ut|examinera examine ... for the final degree; *Am. äv.* graduate; *~d* certified, graduate; *bli ~d* pass one's final examination; *~d sjuksköterska* trained (registered, *Am.* graduate) nurse; *han är ~d från* he is a graduate of -**experimentera** discover (find out) ... by means of experiment

ut|fall 1 *fäkt.* lunge; *mil.* sally, sortie; *bildl.* (*attack*) attack; *göra ett* ~ (*mil.*) make a sally, *fäkt.* make a lunge, *bildl.* launch an attack (*mot* against) **2** (*resultat*) result, outturn **3** (*bortfall*) disappearance, dropping out (*av en vokal* of a vowel) **4** (*radioaktivt*) fall-out -**falla 1** *se falla ut* **2** (*om lott*) give (*med 100 pund* £ 100); ~ *med vinst* (*om lott*) be a winning ticket; ~ *till belåtenhet* give satisfaction; *skörden har -fallit bra* the harvest has been good; *utslaget -föll gynnsamt för oss* the verdict went in our favour -**fart 1** (*färd ut*) departure (*ur* from) **2** (*väg ut*) way out; (*från stad*) main road [out of the town] -**fattig** miserably poor; (*utblottad*) destitute; (*utan pengar*) penniless -**flugen** *a5, är* ~ is (has) flown; *barnen är -flugna* the children have all left home -**flykt** excursion; trip; (*i det gröna*) picnic; *göra* *en* ~ make an excursion, take a strip (*till* to) **-flyttning** moving out, removal **-flöde** outflow, discharge, escape; *bildl.* emanation **-fodra** keep, feed (*med* on) **-fodring** [-ɷ:-] feed[ing], keep **-forma** (*gestalta*) give final shape to, model; (*-arbeta*) work out; (*text e.d.*) draw up, formulate; ~ *en annons* design (lay out) an advertisement **-formning** [-å-] shaping *etc.*; working out *etc.* **-forska** find out, investigate, search into; *geogr.* explore **-forskning** investigation; exploration **-fråga** question, interrogate; (*korsförhöra*) cross-examine **-frågning** [-å:-] questioning, interrogation; cross-examination **-fundera** think (work, find) out **-fyllnad** (*-fyllande*) filling up (in); *konkr.* filling **-fälla** *kem.* precipitate **-fällbar** folding, collapsible **-fällning 1** (*-fällande*) folding out **2** *kem.* precipitation, deposit **-färd** excursion (*jfr -flykt*) **-färda** (*-ställa*) make out, draw up; issue (*fullmakt* power of attorney); (*påbjuda*) order, impose; ~ *lagar* enact legislation; *stormvarning har ~ts för* a gale warning has been issued for; ~ *en kommuniké* issue (publish) a communiqué **-fästa** offer (*en belöning* a reward); promise; ~ *sig* promise, engage (*att* to) **-fästelse** promise, pledge **-för** ['u:t-] **I** *prep* down **II** *adv* down[wards]; *det bär* (*sluttar*) ~ it slopes downhill; *gå* ~ descend; *det går ~ med dem* (*bildl.*) they are going downhill

utför|a 1 *se föra* [*ut*] *o. exportera* **2** (*uträtta*) carry out, perform, effect, execute; (*göra*) do; ~ *en plan* realize (carry out) a plan; *ett väl -t arbete* a good piece of work **3** *hand.* carry out (*en post* an item); ~ *en summa* place (put) a sum to account **-ande** *s6* **1** *eg.* taking out *etc.*; (*export*) exportation **2** (*uträttande*) carrying out, performance, execution; (*utformning*) design, model **3** (*framföringssätt*) style; (*talares*) delivery **4** *hand.* carrying out **-bar** *a1* practicable, feasible; realizable, executable

ut|förlig [-ö:-] *a1* detailed; (*uttömmande*) exhaustive **-förlighet** [-ö:-] fullness (completeness) [of detail] **-förligt** [-ö:-] *adv* in detail, fully; exhaustively **-försbacke** downhill **-försel** *s9* export[ation] **-förselförbud** export ban **-förseltillstånd** export licence (permit) **-försgåvor** *pl* eloquence (*sg*); *han har goda* ~ he is very eloquent **-försåkning** (*på skidor*) downhill run **-försälja** sell out (off) **-försäljning** clearance (closing down) sale **-försäljningspris** (*detaljhandelspris*) retail price; (*realisationspris*) bargain (clearance) price

ut|gallring sorting out; (*av skog*) thinning [out]; *bildl.* elimination **-gift** [-j-] *s3* expense; *~er* (*äv.*) expenditure (*sg*); *inkomster och ~er* income and expenditure; *stora ~er* heavy expenses (expenditure); *få inkomster och ~er att gå ihop* make both ends meet

utgifts|konto expense account **-post** item of expenditure **-sida** debit side; *på ~n* on the debit side **-stat** estimate of expenditure

utgiv|a 1 *se giva* [*ut*] **2** *rfl*, ~ *sig för att vara* give o.s. out (pretend) to be **-are 1** (*av skrift*) publisher **2** (*utfärdare*) drawer (*av en växel* of a bill) **-arkorsband** (*angivelse på försändelse*) Printed Matter Rate **-ning** (*av bok*) publication; *under* ~ in course of publication **-ningsår** year of publication

ut|gjuta pour out (*äv. bildl.*); shed (*tårar* tears); ~ *sig* pour out one's feelings, (*i tal*) dilate (*över* on); ~ *sig över* (*äv.*) pour o.s. out about; ~ *sin vrede över* vent one's anger upon **-gjutelse** [-j-] pouring out; shedding; *bildl.* effusion **-gjutning** *med.* extravasation, suffusion **-grena** *rfl* branch out **-gräva** *se gräva* [*ut*] **-grävning** excavation

ut|gå 1 *se gå* [*ut*] **2** (*komma*) come, issue, proceed, (*från* from); *bildl.* start (*från* from); *förslaget -gick från honom* the proposal came from him **3** ~ *från* (*förutsätta*) suppose, assume, take it, (*ta som ämne för utläggning*) start out from **4** (*betalas*) be paid (payable); *arvode ~r med* the fee payable (to be paid) is **5** (*utelämnas*) *denna post ~r* this item is to be deleted (left out, expunged) (*ur* from) **6** (*gå t. ända*) come to an end, expire **7** ~ *som segrare* come off a victor (victorious) **-gående I** *a4* outgoing; *sjö. äv.* outward-bound; ~ *balans* balance carried forward **II** *s6* going out; (*utgång*) departure; *på* ~ (*sjö.*) outward bound **-gång 1** (*väg ut*) exit; way out **2** (*slut*) end, termination; (*av tidsfrist*) expiration; *vid ~en av 1968* by the end of 1968 **3** (*resultat*) result, outcome, issue; *få dödlig* ~ prove fatal **4** *kortsp.* game; *få* (*göra*) ~ score game **-gången** *a5*, *han är* ~ he has gone out; (*slutsåld*) sold out, no longer in stock; (*om bok*) out of print

utgångs|hastighet initial velocity **-läge** initial position, starting-point **-material** source (basic, original) material **-psalm** concluding hymn, postlude **-punkt** starting-point, point of departure; (*friare äv.*) basis (*för* of)

ut|gård outlying farm **-gåva** edition **-göra** (*bilda*) constitute, form, make; (*tillsammans* ~) compose, make up; (*belöpa sig t.*) amount to, be, total; *hyran -gör 200 kronor i månaden* the rent is 200 kronor a month; *~s av* (*vanl.*) consist (be composed) of **-hamn** outport, outer harbour **-huggning** *konkr.* clearing **-hungra** starve ... into surrender; *~d* famished, starving **-hus** outhouse **-hyrning** [-y:-] letting [out], renting, hiring [out]; *till* ~ for hire **-hyrningsbyrå** estate agency, house-agent's office

uthållig *a1* ... with staying power; persevering, persistent; tough **-het** (*fysisk*) staying power, stamina, perseverance, persistence **-hetsprov** endurance test

ut|härda endure, stand, bear **-härdlig** [-ä:-] *a1* endurable, bearable **-i** *se i* **-ifrån I** *prep* from out in (*gatan* the street); from out of (*skogen* the woods) **II** *adv* from outside; (*från utlandet*) from abroad

util|ism utilitarianism **-ist** *s3* **-istisk** *a5* utilitarian **-itarism** *se -ism*

ut|jämna level (*äv. bildl.*), even; (*-släta*) smooth [out]; (*göra lika*) equalize; *hand.* [counter]balance; ~ *ett konto* settle an account **-jämning** levelling *etc.*; equalization; *fys. o. bildl.* compensation; *till* ~ *av* (*hand.*) in settlement of; ~ *av motsättningar* the straightening out of differences **-kant** (*av skog e.d.*) border; *i stadens ~er* in the outskirts of the town **-kast 1** *bildl.* draft (*till* of); sketch; (*t. tavla e.d.*) design; *göra ett ~ till* (*äv.*) trace [... in outline], design **2** (*i bollspel*) throw-out **-kastare 1** *tekn.* ejector **2** (*ordningsvakt*) chucker-out; *Am.* bouncer **-kik** [-çi:k] *s2* **1** *hålla ~* be on the look-out (*efter* for), watch **2** (*-kiksplats på fartyg*) look-out, crow's nest; *pers.* look-out [man] **-kikstorn** look-out [tower] **-klarera** clear ... outwards **-klarering** clearance outwards, outward clearance **-klassa** outclass **-klädd** dressed up (*till* as a) **-klädning** [-ä:-] dressing up **-komma** *se komma* [*ut*]; *en nyligen -kommen bok* a recently published book **-kommendera** order ... out **-komst** [-å-] *s3* living, livelihood **-komstmöjlighet** means of subsistence **-konkurrera** oust, outstrip; *bli ~d* be outclassed (crowded out) **-kora** elect; *den ~de* the chosen one **-kristallisera** crystallize (*sig* o.s.) **-kräva** claim, require; *~ hämnd* take vengeance (*på* on); *~ skadestånd* demand damages **-kvittera** receipt [and receive]; (*pengar*) cash; *~ en försändelse* give a receipt for a consignment **-kyld** [-çy:-] *a5* chilled down; *rummet är -kylt* (*äv.*) the room has got quite cold **-kämpa** fight [out]; *strider ~des* struggles were fought **-körare** delivery man **-körd** [-çö:-] *a5* **1** (*-jagad*) turned out [of doors] **2** (*-tröttad*) worn out **-körning** [-çö:-] (*av varor*) delivery **-körsport** [-çö:-] [exit] gateway

ut|landet *best. f., från* (*i, till*) *~et* abroad; *i ~et* (*äv.*) in foreign countries **-landsaffärer** *pl* foreign business (*sg*) **-landssvensk** overseas (expatriate) Swede **-landsvistelse** sojourn (stay) abroad **-led[sen]** thoroughly (utterly) tired; *vard.* bored to death (*på* of), fed up (*på* with) **-levad** *a5* decrepit; (*genom utsvävningar*) debauched **-ljud** *språkv.* final sound **-lopp** outflow; outlet (*äv. bildl.*); *ge ~ åt* give vent to **-lotsning** piloting out **-lotta** dispose of by lottery; (*obligation e.d.*) draw **-lova** promise **-lysa** give notice of, publish; *~ ett möte* convene (call) a meeting; *~ nyval* appeal to the country; *~ strejk* call a strike; *~ en tävlan* announce a competition **-låna** lend; *Am.* loan; *~ mot ränta* lend at interest; *boken är ~d* the book is out on loan **-låning** lending; *affärsbankernas ~* the advances of the commerical banks **-låningsränta** lending rate, interest rate for advances (loans) **-låta** *rfl* express o.s. (*om, över* [up]on); (*yttra äv.*) state, say **-låtande** *s6* [stated] opinion, report, statement [of opinion]; verdict; (*från högre myndighet*) rescript; *avge ett ~* deliver (give) an opinion (*om* on, about), present a report (verdict) (*om* on) **-lägg** *s7* outlay; expense[s *pl*], disbursement; *kontanta ~* out-of-pocket expenses **-lägga** *se lägga* [*ut*]; (*förklara*) interpret, comment **-läggning** laying [out]; (*förklaring*) interpretation, comments (*pl*); *~ av kablar* cable-laying **-lämna** give (hand) out; issue (*biljetter* tickets); (*överlämna*) give up, surrender; (*brottsling t. främmande land*) extradite; *känna sig ~d* (*bildl.*) feel deserted **-lämning** giving out, distribution, issue; (*av post*) delivery; (*av brottsling*) extradition **-ländsk** *a5* foreign **-ländska** *s1* foreign woman (lady) **-länning** foreigner **-länningskommission** aliens commission **-lärd** *vara ~* have served one's apprenticeship **-läsa** (*sluta sig t.*) gather, understand (*av* from) **-löpa 1** (*om fartyg*) put to sea, leave port **2** (*gå t. ända*) come to an end, expire; *kontraktet -löper den* the contract expires on **-löpare 1** *bot.* runner **2** (*från bergskedja*) spur; *bildl.* offshot **-lösa 1** redeem; (*delägare*) buy ... out; (*pant*) get ... out of pawn **2** (*frigöra*) release; (*igångsätta*) start, trigger [off] **3** (*framkalla*) bring about, produce, create **-lösning 1** redeeming *etc.*; redemption **2** release; starting *etc.* **-lösningsmekanism** release

ut|mana challenge; (*trotsa*) defy; *~ ngn på duell* (*äv.*) call s.b. out **-manande** *a4* challenging; defying, defiant; (*om uppträdande*) provocative, (*i sht kvinnas*) enticing **-manare** challenger **-maning** challenge **-manövrera** outman[o]euvre **-mark** outlying land **-mattad** *a5* exhausted; *vard.* knocked up **-mattning** exhaustion **-mattningskrig** war of attrition **-mattningstillstånd** state of exhaustion **-med** ['u:t-, -'me:d] [all] along; *~ varandra* alongside each other, side by side **-mejsla** chisel [out] **-minutera** sell ... by retail, retail **-minutering** retail sale [of liquors], retailing [of spirits] **-mynna** (*om vattendrag*) discharge (*i* into); (*om gata o.d.*) open out (*i* into); *~ i* (*bildl.*) end [up] with, result in **-måla** *bildl.* paint, depict **-märglad** [-j-] *a5* emaciate[d], haggard **-märgling** [-j-] emaciation

utmärk|a (*sätta märke vid*) mark [out]; (*beteckna*) denote; (*angiva*) indicate; (*karakterisera*) characterize, distinguish; (*hedra*) honour; *~ med rött* indicate (mark) in red; *~ sig* distinguish o.s. (*äv. iron.*) (*genom* by) **-ande** *a4* characteristic (*för* of); *~ egenskap* characteristic, distinguishing quality; *det mest ~ draget i* (*äv.*) the outstanding feature of **-else** distinction; honour **-elsetecken** [mark of] distinction **-t I** *a4* excellent, superb.; *vard.* capital, splendid, first-rate, fine **II** *adv* excellently *etc.*; *~ god* (*äv.*) excellent, delicious, exquisite; *må ~* feel fine (first-rate)

ut|mäta *jur.* levy a distress (execution); *absol.* distrain **-mätning** distraint, distress; *göra ~ hos ngn* distrain upon s.b., levy execution on a p.'s property **-mätningsförfarande** attachment proceedings (*pl*) **-mätningsman** [court] bailiff, distrainer **-mönstra** (*kassera*) reject, discard **-mönstring** rejection, discarding **-nyttja** utilize, exploit, use; (*t. egen fördel*) take advantage of; *~ situationen* make the most of the situation; *väl ~d tid* time well spent **-nyttjande** *s6* utilization, exploitation **-nämna** appoint (*ngn t. överste* s.b. [a] colonel), nominate, make **-nämning** appointment, nomination **-nötning** wearing out **-nötningstaktik** wearing-down tactics (*pl*) **-nött** worn out; *bildl.* hackneyed, well-worn

utom [ˣu:tåm] **1** (*med undantag av*) except, save; with the exception of; *alla ~ jag* all except me; *ingen ~ jag* no one but me; *vara allt ~* be anything but, be far from; *~ att* except that, besides that; *~ att det* *är för dyrt är det också* besides being too expensive it is also; ~ *när* except when **2** (*utanför*) outside (*dörren* the door); out of (*fara* danger); beyond (*allt tvivel* all doubt); *inom och* ~ *landet* at home and abroad **3** *bli* ~ *sig* be beside o.s. (*av* with), (*starkare*) go frantic, be transported (*av* with) **-bordsmotor** outboard motor **-europeisk** non-European **-hus** outdoors, out of doors **-husantenn** outdoor aerial (*Am.* antenna) **-husgrill** *Am.* barbecue **-hussport** outdoor sports (*pl*) **-lands** abroad **-landsvistelse** stay (time) abroad **-ordentlig** extraordinary; (*förträfflig*) excellent; *av* ~ *betydelse* of extreme importance **-ordentligt** *adv* extraordinarily *etc.* **-skärs** [-ʃä:rs] beyond (off) the skerries; in open waters **-stående** *a4*, *en* ~ an outsider, the uninitiated **-äktenskaplig** extra-marital; ~*a barn* illegitimate children

utopi *s3* utopia; utopian scheme **-sk** [-'tå:-] *a5* utopian

ut|organ *databeh.* output device **-peka** point out; ~ *ngn som* indicate (designate) s.b. as **-pinad** *a5* harrowed, harassed; (*starkare*) excruciated **-placera** set out **-plantera** plant out **-plundra** fleece, strip **-plåna** obliterate, efface, wipe out (*minnet av* the memory of); (*förinta*) annihilate **-plåning** obliteration; effacing *etc.*; annihilation **-portionera** portion out, distribute **-post** outpost, advanced post **-postera** station, post **-pressa 1** *eg.* press (squeeze) out **2** ~ *pengar av* extort money from, blackmail **-pressare** blackmailer; *Am. äv.* racketeer **-pressning** blackmail; extortion; *Am. äv.* racket **-pressningsförsök** attempted blackmail **-pressningspolitik** policy of extortion **-pricka** mark out; ~*d farled* buoyed-off fairway **-prickning** marking; *sjö.* beaconage, [system of] buoyage **-prova** test [out], try out; (*kläder*) try on **-provning** test; (*av kläder*) trying on **-prångla** hawk; ~ *falska mynt* utter (pass) base coin **-präglad** [-ä:-] *a5* pronounced, marked, decided **-pumpad** *a5*, *bildl.* done up, fagged out **-rangera** discard, scrap **-rannsaka** search out, fathom

utred|a 1 (*bringa ordning i*) disentangle; clear up; (*lösa*) solve; (*undersöka*) investigate, inquire into; (*grundligt*) analyse **2** *jur.* (*avveckla*) wind up; (*konkurs*) liquidate **-ning 1** disentanglement; (*undersökning*) investigation, inquest; analysis; *vara under* ~ be under consideration; *för vidare* ~ for further consideration; *offentliga* ~*ar* official reports **2** *jur.* winding up; liquidation **-ningsarbete** investigation work **-ningsman** investigator, examiner; (*i bo*) executor, administrator; (*i konkurs*) liquidator

ut|rensning *bildl.* purge, clean-up **-resa** outward voyage (journey) **-resetillstånd** exit permit **-riggad** *a5* outrigged **-riggare** outrigger

utrikes I *oböjl. a* foreign; *på* ~ *ort* abroad; ~ *resa* journey abroad **II** *adv* abroad; *resa* ~ go abroad **-departement** ~*et* the Ministry for Foreign Affairs, *Engl.* Foreign Office, *Am.* the Department of State, the State Department **-handel** foreign trade **-korrespondent** foreign correspondent **-minister** Minister for Foreign Affairs, Foreign Minister (*Engl.* Secretary); *Am.* Secretary of State **-ministerkonferens** Foreign Ministers' conference **-nämnd** ~*en* the Advisory Council on Foreign Affairs, *Am.* the Foreign Relations Committee **-politik** foreign politics (*pl*) (policy) **-politisk** relating to foreign politics (*etc.*); *det* ~*a läget* the political situation abroad **-representation** (*ett lands*) Foreign Service; (*en firmas*) foreign representation **-råd** Head of Department [of the Ministry for Foreign Affairs] **-utskott** Standing Committee on Foreign Affairs

utrikisk *a5* foreign; *tala* ~*a* (*vard.*) speak a foreign lingo

ut|rop 1 exclamation; *ge till ett* ~ *av förvåning* give a cry of (cry out with) surprise **2** (*på auktion*) cry **-ropa 1** (*ropa högt*) exclaim; ejaculate **2** (*offentligt förkunna*) proclaim (*ngn t. kung* s.b. king) **3** (*på auktion*) cry; (*på gatan*) hawk **-ropare** (*på auktion*) crier; (*härold*) herald **-ropstecken** exclamation mark **-rota** eradicate, kill off, root out; (*fullständigt*) extirpate; (*ett folk*) exterminate **-rotning** [-ω:-] eradication, killing off *etc.*; extirpation; extermination; (*av folkgrupp*) genocide **-rotningskrig** war of extermination **-rotningsmedel** means of extermination; killer **-rusande** *a4*, *komma* ~ come out with a rush **-rusta** equip; (*med vapen äv.*) arm; (*fartyg o.d.*) fit out; (*förse*) furnish, supply, provide; *rikt* ~*d* (*bildl.*) richly endowed; *vara klent* ~*d å huvudets vägnar* be weak in the head **-rustning** equipment, outfit; *mil. äv.* kit; *maskinell* ~ machinery, mechanical equipment **-ryckning 1** tearing (pulling) out (*jfr rycka ut*) **2** (*uttåg*) march[ing] out; (*brandkårs etc.*) turn-out; *mil.* decampment, departure; (*hemförlovning*) discharge from active service **-rymma** (*bostad e.d.*) vacate, clear out of; *mil.* evacuate; (*överge*) abandon; ~ *rättssalen* clear the court **-rymme** *s6* space, room (*äv. bildl.*); *bildl. äv.* scope; *ge* ~ *för* provide [space, room] for; *kräva mycket* ~ take up room, (*om sak äv.*) be bulky; *ett hus med många* ~*n* a house with plenty of storage-space **-rymmesbesparande** *a4* space-saving **-rymmesskäl** *i uttr.: av* ~ from considerations of space **-rymning** (*bortflyttning*) removal; (*av lägenhet*) quitting; *mil.* evacuation, abandonment **-räkna** (*beräkna*) calculate; work out (*kostnaden* the cost) **-räkning** calculation, working out; *det är ingen* ~ [*med det*] it is no good (not worth while) **-rätta** do (*en hel del* a great deal); ~ *ett uppdrag* carry out (perform) a commission; ~ *ett ärende* go on (do) an errand; *få ngt* ~*t* get s.th. done **-rättning** (*ärende*) job, errand, commission **-röna** ascertain, find out; (*konstatera*) establish

utsag|a *s1* **-o** *s5* statement; saying; (*vittnesbörd*) evidence, testimony; *enligt hans* **-o** according to him (what he says)

ut|satt *a4* **1** *se sätta* [*ut*] *o.* **-sätta 2** (*fastställd*) appointed, fixed; *på* ~ *tid* at the appointed time, at the time fixed **3** (*blottställd*) exposed (*läge* position; *för* to); ~ *för kritik* subject[ed] to criticism; ~ *för fara* in danger; ~ *för förkylningar* liable to catch colds **-se** choose, select; ~ *ngn till ordförande* appoint s.b. chairman

1 utseende *s6* (*val*) selecting *etc.*; appointment

2 utseende *s6* (*yttre*) appearance, look; (*persons*) looks (*pl*); *av ~t att döma* to judge by appearances, from the look of him (*etc.*); *ha ett underligt ~* have an odd look; *känna ngn till ~t* know s.b. by sight

ut|sida outside; exterior; (*fasad*) façade, front **-sikt** *s3* **1** *eg.* view; outlook; *ha ~ över* look (open) on to, overlook; *med ~ åt norr* facing [the] north **2** *bildl.* prospect; chance, outlook; *ha alla ~er att* have every chance of; *ställa ngt i ~* hold out the prospect of s.th. **-siktsberg** hill with a [fine] view **-siktslös** hopeless **-siktsplats** outlook **-siktstorn** outlook tower **-sira** decorate, deck out; (*smycka*) adorn **-sirad** *a5* ornamented; ornamental (*bokstav* letter) **-sirning** [-i:r-] ornament[ation]; embellishment **-sjasad** [-ʃ-] fagged out, dog-tired **-skeppa** ship [out]; export **-skeppningshamn** port of shipment **-skjutande** *a4* projecting; (*fram-*) protruding; salient (*hörn* angle) **-skjutning** discharge, firing, shooting; launching

1 utskott [-å-] *s7* (*dålig vara*) rejections, throw-outs (*pl*)

2 utskott [-å-] *s7* **1** (*kommitté*) committee **2** (*utväxt*) outgrowth

utskotts|behandling debate in committee **-betänkande** committee report

utskotts|bräder rejected deals, waste boards **-porslin** defective china **-varor** *pl* defective (damaged) goods; rejects **-virke** defective [sawn] goods (*pl*); *Am.* defective lumber

ut|skrattad *a5* laughed to scorn **-skrift** clean (fair) copy; transcription **-skriva** *se skriva* [*ut*] **-skrivning 1** writing out [in full]; (*ren-*) transcription, copying; (*av kontrakt e.d.*) drawing up, making out **2** (*av skatter*) levy, imposition **3** *mil.* conscription, enlistment **4** (*från sjukhus*) discharge **-skuren** *a5* cut out **-skyld** [-ʃ-] *s3* tax; (*kommunal*) rate **-skällning** rating; *vard.* blowing up; *Am. vard. äv.* calling down **-skämd** disgraced **-skänka** serve ... on the premises **-skänkning** [-ʃ-] serving on the premises **-skänkningslokal** licensed house (premises *pl*), public-house **-skärning** [-ʃ-] cutting [out] **-slag 1** (*beslut*) decision; *jur.* (*i civilmål*) judgment; (*skiljedom*) award; (*i brottmål*) sentence; (*jurys*) verdict; *fälla ~* pronounce (give a) verdict; *hans ord fällde ~et* his words decided the matter **2** *med.* rash, eruption; *få ~* break out into a rash **3** (*på våg e.d.*) turn of the scales, deviation; *mätaren gör ~* the meter is registering **4** (*resultat*) result, decision; (*uttryck*) manifestation; (*yttring*) outcrop; *ett ~ av dåligt humör* a manifestation of bad temper **-slagen** *a5* (*om blomma*) in blossom; (*om träd*) in leaf; (*om hår*) brushed out; (*utspilld*) spilt; *sport.* eliminated **-slagning** [-a:-] *sport.* elimination; *boxn.* knock-out

utslags|givande [-j-] *a4* decisive; *det blev ~ för mig* that decided me **-röst** casting vote **-tävlan** elimination (*boxn.* knock-out) competition (match)

ut|sliten worn out; *vard.* jaded, worn out; (*om uttryck o.d.*) hackneyed, stale; ~ *fras* (*äv.*) cliché **-slockna** go out; (*om ätt*) die out; *~d* (*äv.*) extinct **-slunga** hurl (fling) out; throw out; ~ *hotelser* threaten **-släpad** *a5, bildl.* worn out; *vard.* dog-tired **-släpp** *s7* discharge (*av olja* of oil) **-släppa** (*sätta i omlopp*) issue, put on the market; (*jfr släppa* [*ut*]) **-smycka** adorn, decorate; deck out; (*försköna*) embellish (*en berättelse* a story) **-smyckning** adornment, ornamentation; embellishment; *konkr. äv.* ornament **-socknes** *oböjl. a* of another parish **-spark** *sport.* goal kick **-spekulerad** *a5* studied; artful, cunning **-spel** *kortsp.* lead; *bildl.* move, initiative **-spelad** *a5*, *-spelat kort* card played [out] **-spelas** *dep* take place; *scenen ~ i* the scene is laid in **-spinna** *rfl* (*om samtal*) be carried on **-spionera** spy out **-spisa** cater; feed **-spisning** catering; feeding **-sprida** spread out; (*friare*) spread (*ett rykte* a rumour); (*utströ äv.*) scatter about **-språng** projection; protrusion; (*klipp-*) jut; (*bergs-*) shoulder **-spy** vomit, belch forth **-späda** dilute, thin [out] **-spädning** dilution, thinning out **-spänd** spread [out], stretched; (*av luft*) inflated **-spärra** spread out, stretch ... open **-spökad** *a5* rigged out, guyed-up

ut|staka stake (set, mark, peg) out; *bildl.* lay down; (*föreskriva*) determine, prescribe **-stakad** *a5* marked out; fixed **-stakning** [-a:-] staking out *etc.* **-stansa** stamp (punch) [out] **-stoffera** dress up, garnish; (*berättelse e.d.*) pad out **-stråla 1** (*utgå som strålar*) [ir]radiate; *bildl.* emanate **2** (*utsända i form av strålar*) radiate, emit, send forth (*ljus* light); ~ *värme* radiate (emit) heat; ~ *godhet* radiate goodness **-strålning** [ir-] radiation, emission, emanation **-sträcka** stretch [out], extend; ~ *sig* extend **-sträckning 1** (*-ande*) extension; (*i tid*) prolongation **2** (*vidd*) extent; extensiveness; (*dimension*) dimensions (*pl*); *i stor ~* to a great (large) extent; *i största möjliga ~* to the fullest possible extent; *i viss ~* to a certain degree (extent); *använda ... i stor ~* make extensive use of, use ... extensively **-sträckt** *a4* outstretched; extended; *ligga ~* lie full length (*framstupa* prostrate) **-studerad** *a5* (*raffinerad*) studied, artful; (*inpiskad*) thorough-paced **-styra** fit ... out; (*pynta*) dress up, array; *så -styrd du är!* what a fright you look! **-styrsel** *s2* (*utrustning*) outfit; (*bruds*) trousseau; (*t.ex. boks*) get-up; (*förpackning*) package; (*tillbehör*) fittings (*pl*) **-styrselpjäs** spectacular play **-stå** suffer, endure; (*genomlida*) go through **-stående** *a4* protruding, projecting; salient (*hörn* angle); ~ *öron* sticking-out ears; ~ *kindknotor* (*äv.*) high (prominent) cheek-bones

utställ|a 1 *se ställa* [*ut*] **2** (*t. beskådande*) show; (*på -ning*) exhibit, expose, display **3** (*utfärda*) draw, make out, issue (*en växel* a bill) **-are 1** (*av varor*) exhibitor **2** (*av värdehandling*) drawer, issuer **-ning** exhibition, show; display; (*av tavlor äv.*) gallery **-ningsföremål** exhibit **-ningskommissarie** exhibition commissioner **-ningslokal** showrooms (*pl*)

ut|stöta (*utesluta*) expel, eject (*ur* from); (*ljud*) utter, emit; (*rökmoln*) puff out; (*om vulkan*) belch out (*lava* lava); (*ur kyrkan*) excommunicate; *vara -stött ur samhället* be a social outcast **-stötning** [-ö:-] ejection; expulsion **-suga** (*jord*) impoverish **-sugare** *pers.* extortioner, blood-sucker **-sugning** sucking out; (*evakuering*) evacuation; (*av jord*) impoverishment; *bildl.* extortion **-sugningsanordning** extractor **-sugningsventil** evacuation valve **-svulten** starved, famished **-svängd** *a5* curved (bent) outwards **-svängning** curve **-svävande** *a4* dissipated, dissolute, disorderly **-svävningar** [-ä:-] *pl* dissipation (*sg*), excesses; extravagances **-syning** rejection, discarding; (*av träd*) marking [out] **-så** sow [out] (*äv. bildl.*) **-såld** sold out; *-sålt* (*teat.*) all tickets sold, house full, *Am.* full house **-säde** *s6* [planting-]seed, grain **-sända 1** send out; (*utgiva*) publish, issue; *vår -sände medarbetare* our special correspondent **2** (*alstra*) send out, emit (*värme* heat) **3** (*i radio*) transmit, broadcast **-sändning 1** sending out; publication, issue **2** emission **3** transmission, broadcasting **-sätta 1** (*blottställa*) expose, subject (*för* to) **2** (*fastställa*) appoint, fix (*dagen för* the day for) **3** *rfl* expose o.s., lay o.s. open (*för* to); *det vill jag inte ~ mig för* (*äv.*) I don't want to run that risk **-sökning** [-ö:-] *jur.* recovery of a debt by enforcement order **-sökt I** *a1* exquisite, choice, select **II** *adv* exquisitely; *~ fin* (*äv.*) very choice **-söndra** secrete, excrete **-söndring** secretion, excretion **-sövd** [-ö:-] *a5* thoroughly rested

uttag 1 *elektr.* socket; *Am.* outlet **2** (*av pengar*) withdrawal; *varorna skall levereras för ~ efter köparens behov* the goods are to be delivered at (on) call **-a** (*jfr ta* [*ut*]) take out; *~ i förskott* draw ... in advance **-are** (*av pengar*) drawer **-bar** [-a:g-] *a1* detachable **-ning** (*av pengar*) withdrawal; *sport.* selection **-ningstävling** trial [game]; trials (*pl*)

ut|tal pronunciation; (*artikulering*) articulation; *ha ett bra engelskt ~* have a good English accent **-tala 1** (*frambringa*) pronounce; (*tydligt*) articulate **2** (*uttrycka*) express (*en önskan* a wish) **3** *rfl* speak (*om* of, about); pronounce (*för* for; *mot* against); *~ sig om* (*äv.*) express an opinion (comment) on **-talande** *s6* pronouncement, statement; *göra ett ~* make a statement **-talsbeteckning** phonetic notation **-talslära** phonetics (*pl*) **-talsordbok** pronouncing dictionary **-taxera** levy **-taxering** levy; *konkr.* taxes (*pl*)

utter ['utt-] *s2* otter **-skinn** otter's skin, otter

ut|tittad *a5* stared at **-tjatad** [-ç-] *a5* (*om ämne*) hackneyed; *vara ~* be fed up **-tjänad** [-ç-] *a5* who (which) has served his (*etc.*) time; *en ~ soldat* a veteran **-tolka** *se 2 tolka* **-torkad** [-å-] *a5* dried up (out) **-torkning** drying up; *vetensk.* dessication

uttryck expression; (*talesätt äv.*) phrase; (*tecken*) mark, token (*för* of); *stående ~* set (stock) phrase; *tekniskt ~* technical term; *ålderdomligt ~* (*äv.*) archaism; *ge ~ åt* give expression (vent) to; *ta sig ~ i* find expression in, show itself in; *välja sina ~* choose (pick) one's expressions **-a** express (*en förhoppning* a hope; *en önskan* a wish); *som han -te det* as he put it; *~ sig* express o.s.; *om jag så får ~ mig* if I may be permitted to say so **-lig** *a1* express, explicit, definite; *~ befallning* express (strict) order **-ligen** expressly, explicitly; strictly

uttrycks|full expressive; (*om blick, ord*) significant, eloquent **-fullhet** expressiveness **-fullt** *adv* expressively; with expression **-lös** expressionless; vacant, blank (*min* look) **-löshet** expressionlessness, inexpressiveness **-medel** means of expression **-sätt** way of expressing o.s., manner of speaking; style

ut|tråkad *a5* bored [to death] **-träda** *se träda* [*ut*]; *bildl.* retire, withdraw (*ur* from); *~ ur* (*äv.*) leave, resign one's membership of (in) **-träde** *s6* retirement, withdrawal; *anmäla sitt ~ ur* (*förening*) announce one's resignation from **-tränga** force aside; *bildl.* supersede, displace **-tröttad** *a5* tired out, weary; (*utmattad*) exhausted **-tröttning** (*uttröttande*) tiring out; (*trötthet*) weariness, exhaustion **-tyda** interpret; (*dechiffrera*) decipher **-tåg** march[ing] out, departure; (*israeliternas ~ ur Egypten*) exodus **-tåga** march out, depart from **-tänja** stretch, extend **-tänka** think out; (*hitta på*) devise **-tömma** empty; *bildl.* exhaust (*sina tillgångar* one's resources); *hans krafter är -tömda* he is exhausted, he has no strength left; *han har -tömt ämnet* he has exhausted the subject **-tömmande** *a4* exhaustive, comprehensive; *behandla ~* treat exhaustively, exhaust **-tömning** emptying; exhaustion, draining; *med.* excretion, evacuation; *~ av valutareserven* exhaustion of (drain on) the foreign exchange reserves

ut|ur out of **-vakad** *a5* tired out through lack of sleep **-vald** chosen; selected (*verk* works); select (*grupp* group); picked (*trupper* troups); (*utsökt*) choice **-valsning** rolling out; sheeting **-vandra** emigrate **-vandrare** emigrant **-vandring** emigration; (*friare*) migration **-veckla 1** *se veckla* [*ut*] **2** (*utbilda; klargöra*) develop (*sina anlag* one's talents; *två hästkrafter* two horse-power; *en plan* a plan); (*lägga i dagen*) show, display (*energi* energy); *fys.* generate (*värme* heat); *~ sina synpunkter* (*äv.*) expound one's views; *det är ~nde att resa* travelling broadens the mind; *tidigt ~d* (*om barn*) advanced for his (her) age **3** *rfl* develop (*till* into; *från* out of); (*om blomma, fallskärm o. bildl.*) unfold; *~ sig till* (*äv.*) grow into, become **-veckling** development; progress; growth; (*i sht vetensk.*) evolution; *vara stadd i ~* be developing; *~en går i riktning mot* the trend is towards

utvecklings|arbete development work **-bar** *a1* capable of development (progress) **-land** developing country **-linje** trend **-lära** doctrine (theory) of evolution; evolutionism **-möjlighet** possibility of development **-stadium** stage of development **-störd** [-ö:-] *a5* [mentally] retarded

utverka obtain, bring about, procure, secure

utvidg|a 1 (*utsträcka*) expand (*ett välde* an empire); (*göra bredare*) widen, broaden;

(*göra längre*) extend; (*förstora*) enlarge; *fys.* expand, dilate **2** *rfl* widen, broaden; *fys.* expand, dilate; (*friare*) extend, expand **-ning** expansion; extension; dilation **-ningsförmåga** expansive power, extensibility; (*metalls*) ductility **-ningskoefficient** coefficient of expansion

ut|vikning [-i:-] *bildl.* deviation; digression (*från ämnet* from the subject) **-vilad** *a5* thoroughly rested **-vinna** extract, win **-visa** **1** (*visa bort*) send out; (*förvisa*) banish; (*ur landet*) expel, deport; *sport.* order off **2** (*visa*) indicate, show; (*bevisa*) prove; *det får framtiden ~* time will show **-visning** sending out; banishment; expulsion, deportation; (*ishockey.*) penalty; (*fotboll.*) ordering off **-visningsbeslut** deportation (expulsion) order **-vissla** *se vissla* [*ut*] **-vissling** hiss, whistle **-väg** **1** *bildl.* expedient, resource, way out; means; *finna en ~* find some expedient; *jag ser ingen annan ~* I see no other way out (alternative) **-välja** choose [out], select **-väljande** *s6* choice, selection **-vändig** *a1* outward, external **-vändigt** *adv* outwardly; [on the] outside **-värdshus** out-of-town restaurant **-värtes** **I** *oböjl. a* external, outward; *för ~ bruk* for external use **II** *adv se -vändigt* **-växla** exchange; interchange **-växling** **1** (*utbyte*) exchange; interchange **2** *tekn.* gear[ing]; *ha liten* (*stor*) *~* be low-(high-)geared **-växlingsanordning** transmitter, gear mechanism **-växt** outgrowth; protuberance; *bildl.* excrescence, growth

utåt ['u:t-] **I** *prep* out into (towards); *fönstret vetter ~ gatan* the window looks out onto the street **II** *adv* outward[s]; *gå ~ med fötterna* walk with one's toes turned out **-böjd** bent outwards **-riktad** *a5* turned outwards, out-turned; *bildl.* extrovert, outgoing

ut|ägor *pl* outlying fields **-öka** increase; extend, expand; enlarge; *~d upplaga* enlarged edition **-ösa** *bildl.* shower [a torrent of] (*ovett över* abuse upon); *~ sin vrede över* vent one's anger upon **-öva** (*bedriva*) carry on (*ett hantverk* a trade); practise (*ett yrke* a profession); (*verkställa*) exercise (*kontroll* control; *rättvisa* justice); exert (*tryck* pressure); *~ befäl* hold (exercise) command; *~ hämnd* take vengeance (*mot* upon); *~ inflytande på* exercise (exert) influence on, influence; *~ kritik* criticize; *~ värdskapet* act as host **-övande** **I** *s6* exercise, performance, execution **II** *a4* executive; *~ konstnär* creative artist **-övare** practiser, practician **-över** *prep* [over and] above, beyond; *gå ~ ...* exceed ... **-övning** *se -övande I*

uv *s2* great horned owl

uvertyr *s3* overture

uvulär *a1* uvular

V

vaccin [vak'si:n] *s3, s4* vaccine **-ation** vaccination **-ationstvång** compulsory vaccination **-era** vaccinate; inoculate

vacker ['vakk-] *a2* **1** beautiful; (*i sht om man*) handsome; (*förtjusande*) lovely; (*söt*) pretty; (*storslagen*) fine; (*tilltalande*) nice; (*fager*) fair; *~ som en dag* [as] fair as a day in June; *~t väder* beautiful (lovely) weather; *vackra lovord* high praise (*sg*); *en ~ dag* (*bildl.*) one fine day **2** (*ansenlig*) handsome (*summa* sum); *det är ~t så!* [it is] pretty good at that!, fair enough! **3** *iron.* fine, pretty **-t** *adv* **1** beautifully *etc.*; *huset ligger ~* the house is beautifully situated; *det var ~ gjort av dig* it was a fine thing of you to do; *det där låter ~* that sounds well; *~!* (*vard.*) well done!, marvellous! **2** *iron.* nicely, prettily; *jo ~!* I should just think so!, not likely!; *som det så ~ heter* as they so prettily put it **3** *det låter du ~ bli!* you will just not do so!; *du stannar ~ hemma!* you just stop at home!; *sitt ~!* (*t. hund*) beg!

vackla totter; (*ragla*) stagger; *bildl.* falter, waver, vacillate; *bruket ~r* the usage varies; *han ~de fram* he staggered along; *~ hit och dit* (*äv.*) sway to and fro **-n** *r* wavering, vacillation; (*obeslutsamhet*) irresolution, indecision **-nde** *a4* tottering *etc.*; (*om hälsa*) uncertain, failing; *hans hälsa börjar bli ~* his health is beginning to give way

1 vad *s3, s1* (*på ben*) calf (*pl* calves) [of the leg]

2 vad *s2* (*fisknot*) seine[-net]; *fiska med ~* seine

3 vad *s7, jur.* [notice of] appeal; *anmäla ~* give notice of (lodge an) appeal

4 vad *s7* (*avtal*) bet (*om en summa* of a sum; *om resultatet* on the result); *slå ~* bet, make a bet; *det kan jag slå ~ om* I['ll] bet you; *jag slår ~ om 1 pund* I['ll] bet you £ 1

5 vad *s7 se -ställe*

6 vad **I** *pron* **1** *interr.* what; *~?* [I beg your] pardon?, *vard.* what?; *vet du ~!* I'll tell you what!; *nej, ~ säger du!* really!, well, I never!; *~ nytt?* any news?; *~ för en* what; *~ för* [*en*] *bok* what book; *~ för slag?* what?; *~ är det för slags bok?* what kind of a book is that?; *~ gråter du för?* why are you crying?, what are you crying for?; *~ har du för anledning att* what reason have you for (*+ing-form*); *jag vet inte ~ jag skall göra* I don't know what to do; *~ är det?* what is the matter?; *~ är det för dag i dag?* what day is it today? **2** *rel.* (*det som*) what; *~ mig beträffar* as far as I am concerned; *~ som är viktigt är att* the important thing is that; *~ som helst* anything

[whatever]; ~ *som än händer* whatever happens; ~ *värre är* what is [even] worse; *inte* ~ *jag vet* (*vard.*) not as far as I know **II** *adv* how (*du är snäll!* kind you are!)
vada wade (*över* across); ~ *över en flod* (*äv.*) ford a river; *han ~r i pengar* he's wallowing in money
vadan *se varifrån, varför*
vadar|e -fågel wader, wading bird
vadben splint-bone, fibula
vadd *s2* wad[ding]; (*bomulls-*) cotton wool; *Am.* absorbent cotton; (*fönster-*) padding **-era** wad, pad; (*täcke, morgonrock etc.*) quilt **-ering** wadding, padding; (*med stickningar*) quilting **-täcke** quilt
vadeinlaga [document (notice) of] appeal
vadhelst whatever
vadhåll|are better, backer **-ning** betting, wagering
vadmal *s3, s4* rough homespun; frieze
vadställe ford[able place]
vafalls [I beg your] pardon?
vag *a1* vague; indistinct, undefined, hazy
vagabond [-'bånnd, -'båŋd] *s3* vagabond, tramp; *Am. äv.* hobo; *jur.* vagrant **-era** vagabondize; be (go) on the tramp **-liv** vagabond life
1 vagel ['va:-] *s2* (*i ögat*) sty[e] (*pl äv.* sties)
2 vagel ['va:-] *s2* (*sittpinne*) perch, roost
vagg|a I *s1* cradle **II** *v1* rock (*i sömn* to sleep); (*svänga, vicka*) swing; (*gå ~nde*) waddle; *~nde gång* rocking (waddling) gait **-visa** lullaby
vagn [vaŋn] *s2* **1** carriage; *Am.* car (*äv. järnv. person-*); (*större, gala-*) coach; (*last-, gods-*) wag[g]on, *Am.* car; (*kärra*) cart; *häst och* ~ a horse and carriage; *direkt* (*genomgående*) ~ (*järnv.*) through carriage **2** *fackl.* (*på kran*) trolley **-makare** coach-maker(-builder), cartwright **-makeri** (*tillverkning*) carriage-making, coach-building; (*verkstad*) carriage-works (*sg o. pl*) **-park** *järnv.* rolling-stock; (*bil-, buss-*) fleet [of cars (buses)]
vagns|axel axle-tree **-hjul** carriage-(car-) -wheel
vagnskadeförsäkring insurance against material damage to a motor-vehicle
vagns|korg carriage (waggon) body **-last** cart-(carriage-)load; *järnv.* waggon-(truck-) load **-lider** coach-house
vagnsätt *järnv.* train [of coaches]
vaja [ˣvajja] *v1* float, fly; (*fladdra*) flutter, stream
vajer ['vajj-] *s2* cable, wire
vak *s2* (*is-*) hole in the ice, ice-hole
vaka I *s1* vigil, watch; (*lik-*) wake **II** *v1* **1** (*hålla vakt*) watch (*hos ngn* by a p.'s bedside); keep watch; (*hålla sig vaken*) stay up; ~ *över ngn* watch (keep watch) over s.b. **2** *sjö.* (*om båt*) ride
vakan|s [-'kanns, -'kaŋs] *s3* vacancy **-t** *a4* vacant, unoccupied
vakare *sjö.* buoy
vak|en *a3* (*ej sovande*) *predik.* awake; *attr.* waking; (*uppmärksam*) observing, noticing (*barn* child); (*pigg*) wide-awake, brisk; (*mottaglig*) open (*blick* eye), alert (*sinne* mind); *i -et tillstånd* when awake **-enhet** wakefulness; *bildl.* alertness **-na** [ˣva:k-] wake [up], awake; *bildl. äv.* awaken; ~ *till besinning* come to one's senses; ~ *till medvetande* become conscious (*om* of); regain consciousness **-natt** wakeful night **-sam** [ˣva:k-] *a1* watchful (*blick* eye); vigilant; on the alert **-samhet** [ˣva:k-] watchfulness; vigilance
vakt *s3* **1** (*-hållning*) watch (*äv. sjö.*); *mil.* guard, duty; *gå på* ~ mount guard, go on duty; *ha ~en* be on duty; *hålla* ~ keep watch, be on guard (duty); *slå* ~ *om* (*bildl.*) stand up for (*friheten* liberty), keep an eye on; *vara på sin* ~ be on one's guard (on the alert); *inte vara på sin* ~ be off one's guard **2** *pers.* guard, watchman; *mil.* sentry; (*-manskap*) [men (*pl*) on] guard, *sjö.* watch; *avlösa ~en* relieve the guard **-a 1** (*bevaka*) guard; watch over, look after (*barn* children); ~ *får* tend (herd) sheep; ~ *på* watch **2** (*hålla vakt*) keep guard (watch) **3** *rfl, se akta 2* **-are** watcher, guardian; (*bro-, djur- e.d.*) keeper **-arrest** close arrest
vaktel *s2* quail
vakt|havande *a4* ... on duty; *sjö. äv.* ... of the watch **-hund** watch-dog **-hållning** patrol, patrolling; guard[ing] **-kur** sentry-box **-manskap** [men (*pl*) on] guard **-mästare 1** (*vid ämbetsverk*) messenger; (*på museum*) attendant; (*skol-*) porter; *univ.* beadle; (*dörr-*) doorkeeper; (*platsanvisare*) usher; (*uppsyningsman*) caretaker **2** (*kypare*) waiter **-ombyte** changing of (relieving) the guard; ~[*t*] *sker kl...* the guard is relieved at ... **-parad** changing of the guard **-post** *se vakt 2* **-tjänst** guard (*sjö.* watch) duty **-torn** watch-tower
vakuum ['va:kum] *s8* vacuum **-förpackad** *a5* vacuum-packed **-torkad** [-å-] *a5* vacuum-dried (*potatis* potatoes)
1 val *s2, zool.* whale; *~ar* (*koll.*) cetaceans
2 val *s7* **1** (*väljande*) choice; (*ur-*) selection; *efter eget* ~ at one's own option, according to choice; *fritt* ~ option, free choice; *göra ett bra* ~ (*äv.*) choose well; *göra sitt* ~ make one's choice; *jag hade inget annat* ~ I had no alternative; *vara i ~et och kvalet* be in two minds (*om man skall gå eller inte* whether to go or not) **2** (*offentlig förrättning*) election; *allmänna* ~ general election (*sg*); *förrätta* ~ hold an election; *gå till* ~ go to the polls; *tillsatt genom* ~ elected, elective
valack ['vall-, -'lakk] *s3* gelding
val|agitation electioneering; canvassing **-bar** [ˣva:l-] *a1* eligible (*till* for); *ej* ~ ineligible **-barhet** [ˣva:l-] eligibility **-berättigad** entitled to vote; *en* ~ an elector; *de ~e* the electorate (*sg*)
valborgsmässo|afton [-bårjs-] Walpurgis night **-eld** bonfire on Walpurgis night
val|byrå election office **-d** [-a:-] *a5* chosen, selected; *några väl~a ord* a few well-chosen words; *~a skrifter* selected works **-dag** polling (election) day **-de** [-a:-] *imperf av välja* **-deltagande** poll[ing], participation in the election; *stort* (*litet*) ~ heavy (low) polling **-distrikt** electoral (voting) district (*Am.* precinct)
valens *s3* valency; *Am.* valence
valeriana [-ˣa:na] *s1* common valerian

wales|are [ˣvällsare] Welshman **-isk** ['vällsisk] *a5* Welsh -iska ['vällsiska] *s1* 1 (*språk*) Welsh 2 (*kvinna*) Welshwoman
valfisk whale
val|fiske *vard.* fishing for votes, electioneering **-fläsk** election promise[s *pl*], bid for votes **-fri** optional; discretionary; *~tt ämne* (*skol.*) optional subject, *Am.* elective **-frihet** [right of] option, freedom of choice **-fusk** electoral rigging
valfång|are whaler; (*fartyg äv.*) whaling ship **-st** whaling
val|förrättare election supervisor **-hemlighet** secrecy of the polls
valhänt [-a:-] *a4* numb[ed]; *bildl.* awkward, clumsy (*försök* attempt), lame (*ursäkt* excuse); *vara ~* (*eg.*) have numb hands **-het** numbness in the (one's) hands; *bildl.* clumsiness *etc.*
validitet validity
valk *s2* 1 (*förhårdnad*) callus, callosity 2 (*hår-*) pad; (*fett-*) roll of fat
valkampanj election campaign
valkig *a1* callous; horny
valkokeri whale factory ship
val|konung elective king **-krets** constituency
valkyria *s1* valkyr[ia], valkyrie
1 **vall** *s2* (*upphöjning*) bank, embankment; *mil.* rampart
2 **vall** *s2* (*slåtter-*) ley, lay, temporary pasture; (*betes-*) pasture[-ground, -land]; *driva ... i ~* turn ... out to grass; *gå i ~* be grazing
1 **valla** *v1* tend (*boskap* cattle); (*vakta*) watch, guard; (*brottsling*) take ... to the scene of the crime
2 **valla** I *s1* (*skid-*) ski-wax II *v1* wax
vallag electoral (election) law; *Engl.* Reform (Representation of the People) Act
vallar|e herdsman, tender **-låt** *se vallvisa*
wallboard ['vå:lbå:rd] *s3* fireboard; (*hård*) hardboard; (*porös*) insulation fibreboard
vall|fart pilgrimage **-fartsort** resort of pilgrims, shrine; *bildl.* Mecca
vallflicka herdsmaid, shepherdess
vallfärda go on a pilgrimage
vallgrav moat, fosse
vall|horn herdsman's horn **-hund** shepherd's dog; (*ras*) collie[-dog]
vallmo *s5* poppy **-frö** poppy-seed
vallokal polling station (place); poll[s *pl*]
vallon *s3* **-sk** [-o:-] *a5* Walloon
vall|pojke shepherd boy **-visa** herdsman's song
vallväxter pasture (ley) plants
val|längd electoral register **-löfte** electoral promise **-man** elector; voter **-manskår** electorate **-metod** voting method **-möte** election meeting **-nederlag** defeat [at the polls (elections)] **-nämnd** election (electoral) committee; *~ens ordförande* (*ung.*) the returning officer
valnöt walnut
valp *s2* pup[py]; (*pojk-*) cub **-a** whelp **-aktig** *a1* puppyish
valplats field [of battle]
val|program election program[me]; platform **-propaganda** election propaganda
valpsjuka canine distemper
valrav [ˣva:l-] *s3* spermaceti
valresultat election result[s *pl*] (returns *pl*)
valross [ˣva:lråss] *s2* walrus; morse
valrörelse electioneering, election campaign
1 **vals** *s2* (*cylinder*) roll[er]; cylinder (*äv. skrivmaskins-*)
2 **vals** *s3* (*dans*) waltz
1 **valsa** *v1* (*dansa*) waltz
2 **valsa** *v1* (*låta passera genom valsar*) roll; (*plåt äv.*) laminate, sheet; *~t järn* rolled (sheet) iron; *~t stål* rolled (laminated) steel
val|sedel ballot [paper], voting paper **-seger** election victory
vals|formig [-å-] *a1* cylindrical **-järn** rolled iron
valskolkare [-å-] abstainer
vals|kvarn roller mill **-ning** rolling; lamination
valspråk motto, device
valstakt *i ~* in waltz-time
valsverk rolling-mill
val|sätt electoral system; *proportionellt ~* proportional representation **-t** [-a:-] *sup av välja* **-tal** election address (speech) **-talare** election speaker
valthorn French horn **-blåsare** French-horn player
valurna ballot-box
valuta [-ˣlu:-] *s1* (*myntslag*) currency; *inhemsk ~* domestic currency; *utländsk ~* foreign exchange (currency); *~ bekommen* value received; *få ~ för* get good value for; *få ~ för sina pengar* (*äv.*) get one's money's worth **-bestämmelser** currency (*för utl. valuta:* foreign exchange) regulations; *brott mot ~na* exchange control offences **-fond** monetary fund **-handel** exchange dealings (*pl*) **-kontor** [foreign] exchange control office **-kontroll** [foreign] exchange control **-kurs** rate of exchange **-marknad** foreign exchange market **-reserv** foreign exchange reserve[s *pl*] **-restriktioner** currency (*för utl. valuta:* [foreign] exchange) restrictions **-tilldelning** [foreign] exchange allocation **-tillgångar** foreign exchange holdings
valv *s7* vault (*äv. bank-*); arch; *skeppsb.* counter **-båge** arch **-gång** archway **-konstruktion** arch vault[ing]
valör value; (*på sedlar o.d.*) denomination
vamp *s2, s3* **-a** vamp **-yr** *s3* vampire
van *a5* (*övad*) practised, experienced; (*skicklig*) skilled; *han är gammal och ~* he's an old hand [at]; *vara* (*bli*) *~ vid* be (get) used (accustomed) to (*att + ing-form*); *bara man blir litet ~* (*äv.*) once you get into the knack of it; *med ~ hand* with a deft (skilled) hand **-a** *s1* (*sed, bruk*) custom; (*persons*) habit; (*erfarenhet*) accustomedness (*vid* to), experience (*vid* of); (*övning*) practice; *~ns makt* the force of habit; *ha dyrbara -or* have expensive habits; *av gammal ~* by force of habit, from [mere] habit; *sin ~ trogen* as is one's wont; *bli en ~* become a habit (*hos ngn* with s.b.); *ha ~n inne att* be used to; *ha för ~ att* be in the habit of (*+ ing-form*)
vanadin *s4, s3* vanadium
vanart bad disposition; (*starkare*) depravation **-ig** *a1* depraved, demoralized; vicious **-ighet** depravity, depravation

vandal *s3* vandal **-isera** vandalize **-ism** vandalism
vande [ˣva:n-] *imperf av vänja*
vandel ['vann-] *s9* conduct, behaviour, mode of life; *föra en hederlig ~* lead an honourable life
vandr|a walk (*äv. bildl.*); (*ströva*) wander, stroll (*omkring* about); (*om djur, folk*) migrate **-ande** *a4* wandering; (*kring-*) itinerant, ambulatory; travelling (*gesäll* journeyman); (*flyttande*) migratory; *den ~ juden* the Wandering Jew; *~ blad* (*zool.*) leaf-insect; *~ njure* floating kidney **-are** wanderer **-arfolk** nomadic (migratory) people **-arhem** youth hostel **-ing** wandering; (*kortare*) walk[ing-tour]; (*genom livet*) way; (*folk-, djur-*) migration
vandrings|bibliotek travelling library **-lust** longing to travel, wanderlust **-man** *se vandrare* **-pokal** challenge cup **-pris** challenge prize **-utställning** travelling (touring) exhibition
vane|bildande *a4* habit-forming **-djur** creature of habit **-drinkare** habitual drinker **-förbrytare** habitual criminal; *vard.* jail-bird **-människa** *se -djur* **-mässig** *a1* habitual, routine **-sak** matter of habit **-tänkande** *s6* thinking in grooves
van|frejd *s3* dishonour; infamy **-för** *a5* disabled, crippled, lame; (*en ~*) cripple, disabled person **-föreställning** misconception, wrong idea, false notion **-heder** dishonour, disgrace **-hedra** dishonour, disgrace; be a disgrace to **-hedrande** disgraceful, ignominious, dishonouring **-helga** profane, desecrate **-helgande** *a4* profaning, desecrating **-helgd** profanation, desecration; (*av kyrka e.d. äv.*) sacrilege **-hävd** neglect; *komma i ~* go (run) to waste; *ligga i ~* lie waste
vanilj *s3* vanilla **-glass** vanilla ice **-sås** vanilla sauce; (*tjock äv.*) custard
vanillinsocker [-ˣli:n-] vanillin sugar
vank *r*, *utan ~* flawless; *utan ~ och lyte* without defect or blemish
vanka [*gå och*] *~* saunter (wander) (*omkring* about)
vanka|s *dep*, *det -des kakor* we (*etc.*) were treated to biscuits; *det ~ stryk* he (*etc.*) is in for a thrashing
vankelmod irresolution, indecision; hesitation; (*ombytlighet*) inconstancy **-ig** irresolute, inconstant; vacillating
vanlig [ˣva:n-] *a1* **1** (*som sker efter vanan*) usual (*hos* with); habitual (*sysselsättning* occupation); (*bruklig*) customary; *det är det ~a* that's the usual thing; *på ~ tid* at the usual time; *på sin ~a plats* in its (*etc.*) usual place; *som ~t* as usual; *bättre än ~t* better than usual **2** (*ofta förekommande*) common (*blomma* flower; *fel* mistake; *namn* name); frequent (*missuppfattning* misconception); (*allmän*) general (*uppfattning* belief); (*alldaglig, vardags-*) ordinary (*mat* food; *folk* people); *mindre ~* less (not very) common; *~t bråk* vulgar fraction; *vi ~a dödliga* we ordinary mortals; *den gamla ~a historien* the same old story; *~a människor* (*äv.*) the common run of people; *den ~a åsikten bland* the opinion generally held by; *i ~a fall* as a rule, ordinarily, in ordinary cases; *i ordets ~a bemärkelse* in the ordinary sense of the word; *på ~t sätt* in the ordinary (usual) manner (way) **-en** usually, generally; as a rule **-het** usualness, frequency; *efter ~en* as usual; *mot ~en* contrary to the (his *etc.*) usual practice; *det hör inte till ~erna att* it is not very common that **-t** *adv* usually *etc.* **-tvis** *se -en*
van|lottad [-å-] *a5* badly off (*ifråga om* as regards) **-makt 1** (*medvetslöshet*) unconsciousness; *falla i ~* have a fainting-fit, faint, swoon **2** *bildl.* impotence; powerlessness **-mäktig 1** unconscious, fainting **2** impotent; powerless, vain
vann *imperf av vinna*
vanna I *s1* **1** (*sädes-*) fan **2** (*glastillv.*) tank furnace **II** *v1* (*säd*) fan, winnow
van|pryda disfigure, spoil the look of **-prydnad** disfigurement **-ryktad** *a5* notorious, ill-famed **-rykte** disrepute, bad repute; discredit **-sinne** insanity; mental disease; (*galenskap*) madness; *driva ngn till ~* drive s.b. mad (crazy); *det vore rena ~t* it would be insane (sheer madness) **-sinnig** *a1* insane; (*tokig*) crazy; (*galen*) mad; *bli ~* go mad; *det är så man kan bli ~* it is enough to drive one mad **-sinnigt** *adv* insanely; crazily; madly; (*förstärkande*) awfully, terribly; *~ roligt* awfully funny; *~ förälskad* madly in love **-skapt** [-a:-] *a4* deformed, misshapen
vansklig *a1* (*osäker*) hazardous, risky (*företag* enterprise); (*tvivelaktig*) doubtful; (*brydsam*) delicate (*uppgift* task); (*svår*) awkward
van|sköta mismanage, neglect; *trädgården är -skött* the garden is not looked after properly; *~ sig* be neglectful, (*sin hälsa*) neglect one's health **-skötsel** mismanagement; negligence; *av ~* for (from) want of proper care **-släktad** *a5* degenerate[d] **-släktas** *dep* degenerate **-styre** misrule **-ställa** disfigure, deform; (*friare*) spoil [the look[s] of]; (*förvrida*) distort
1 vant *s7, s4, sjö.* shroud
2 vant [va:-] *sup av vänja*
vant|e *s2* (*finger-*) woollen (cotton) glove; (*tum-*) mitt[en]; *lägga -arna på* (*bildl.*) lay hands [up]on; *slå -arna i bordet* (*bildl.*) put the shutters up
van|tolka misinterpret; misconstrue **-trivas** *dep* feel ill at ease (uncomfortable); not feel at home; get on [very] badly (*med ngn* with s.b.); (*om djur, växter*) not thrive; *jag -trivs med mitt arbete* I am not at all happy in my work **-trivsel** discomfort, unhappiness; (*djurs, växters*) inability to thrive **-tro** false belief; disbelief **-vett** insanity; mania; *det vore rena ~et att* it would be sheer madness to **-vettig** *a1* mad; absurd, wild **-vård** neglect, negligence, mismanagement **-vårda** *se -sköta* **-vördig** disrespectful (*mot* to); (*mot ngt heligt*) irreverent (*mot* to) **-vördnad** disrespect; irreverence **-ära I** *s1* dishonour, disgrace; (*skam*) shame, ignominy; *dra ~ över* bring shame (disgrace) upon **II** *v1* dishonour, disgrace
vapen ['va:-] *s7* **1** weapon; *koll.* arms (*pl*);

bära (föra) ~ carry arms; *gripa till* ~ take up arms; *med ~ i hand* weapon in hand; *nedlägga vapnen* lay down [one's] arms, surrender; *slå ngn med hans egna* ~ beat s.b. at his own game **2** *herald.* (*-märke*) arms (*pl*), coat of arms **-bragd** feat of arms; (*friare*) military achievement **-broder** brother-in-arms **-brödraskap** brotherhood of arms **-dragare** *hist.* armour-bearer; *bildl.* supporter **-fabrik** armament factory **-för** *a5* fit for military service **-föring** handling (wielding) of a weapon **-förråd** store of arms **-gny** clash of arms, din of battle **-gömma** concealed store of arms (weapons) **-handel** trading in arms; armaments trade **-handlare** arms dealer **-hjälp** arms assistance **-hus** [church] porch **-licens** licence for carrying arms, firearms (*Am.* gun) licence **-lös** unarmed **-makt** (*med* by) force of arms **-rock** tunic **-samling** collection of arms **-skrammel** *bildl.* rumble of war, din of battle **-sköld** coat-of-arms, escutcheon, blazon **-slag** service branch, arm **-smed** armourer; gunsmith **-smedja** armourer's workshop **-smuggling** gun-running **-stillestånd** armistice; truce **-stilleståndsvillkor** armistice terms **-tillverkning** manufacture of arms **-tjänst** military service **-vila** *se -stillestånd* **-vägran** refusal to bear arms **-vägrare** [-ä:-] conscientious objector; *vard.* conchie, draft resistor (*Am.* dodger) **-övning** training in the use of arms

1 var *s7* (*kudd-*) case, slip

2 var *s7* (*i sår*) pus; *få ~ i ögonen* get infected eyes

3 var *pron a)* (*som adj.*) (*varenda*) every, (*varje särskild*) each; *b)* (*som subst.*) *se en-*; *~ dag* every day; *~ gång* every (each) time; *~ fjärde* every fourth (*timme* hour), every four (*timme* hours); *~ och en a)* (*som subst.*) every man (person), everybody, everyone, (*~ och en särskilt*) each [one] (*av* of), *b)* (*som adj.*) each, every; *de gick ~ och en till sig* each [of them] went home, they went each to his (*etc.*) own house; *~s och ens ensak* everybody's own business; *det tycker vi nog litet* ~ pretty well every one of us thinks so; *~ för sig* each individually, separately; *de har ~ sin bok* each [of them] has his book, they have a book each; *göra ngt ~ sin gång* do s.th. by (in) turns; *på ~ sin sida om* on either side of; *de gick åt ~ sitt håll* they went their separate ways, they all went off in different directions

4 var *adv* where; (*-än, -helst äv.*) wherever; *här och* ~ here and there; *~ som helst* anywhere; *~ någonstans* where[abouts]; *~ i all världen* wherever, where on earth

5 var *imperf av 5 vara*

1 vara *v1, rfl, med.* suppurate, fester

2 vara *oböjl. s, ta ~ på* (*ta reda på*) take care of, (*använda väl*) make good use of (*tiden* one's time); *ta väl ~ på dig!* take good care of yourself!; *ta sig till* ~ be careful, mind what one is doing; *ta sig till ~ för* be on one's guard against

3 var|a *s1* (*artikel*) article, product; *-or* (*äv.*) goods, merchandise, (*i sms. vanl.*) ware (*sg*); *-or och tjänster* goods and services; *explosiva -or* explosives; *korta -or* haberdashery; *tala för en ~* (*äv. bildl.*) speak (argue) in favour of s.th.

4 vara *v1* (*räcka*) last (*två timmar* [for] two hours); (*fortfara*) go on, continue; *så länge det ~r* as long as it lasts

5 var|a *var -it, pres är* **I** *huvudv* **1** *allm.* be; (*existera äv.*) exist; (*äga rum äv.*) take place; (*utgöra äv.*) make; *att ~ eller icke ~* to be or not to be; *~ från Sverige* (*om pers.*) be from Sweden, (*om sak*) come from Sweden; *~ vid posten* be working at the Post Office; *~ av den åsikten att* be of the opinion that; *vad anser du ~ bäst?* what do you think is best?; *för att ~ så liten är han* considering he is so small he is; *såsom ~nde den äldste* being the oldest; *vi är fyra* there are four of us; *jag är för lång, är jag inte?* I'm too tall, aren't I (am I not)?; *om så är* if that be the case, if so; *det lilla som är* what (the) little there is; *snäll som jag är skall jag* as I am nice I will; *vad är att göra?* what is to be done?; *vad är den här knappen till?* what is this button [meant] for?; *hon är och handlar* she is out shopping; *när är premiären?* when is the opening night?; *båten är av plast* the boat is [made] of plastic; *tre och tre är sex* three and three are (is, make[s]) six; *det är att frukta att* it is to be feared that; *det är farliga saker* these are dangerous things; *det är ingenting för mig* that is not at all in my line; *det är inte mycket med den längre* it is not up to much any longer; *det är och förblir en gåta* it remains a mystery; *det är som det är* things are as they are; *det här är mina handskar* these gloves are mine; *hur är det att bo i London?* what's it like (how do you like) living in London?; *som det nu är* as things are (matters stand) now; *goddag, det är Lily* (*i telefon*) hello, [this is] Lily speaking, hello, Lily here; *är det herr A.?* (*vid tilltal*) are you Mr. A.?, (*i telefon*) is that Mr. A. speaking?; *vad är det nu då?* what is it (what is the matter) now?; *vad är det med TV:n?* what has happened to the TV?; *de var två* there were two of them (*om lotten* to share the lottery-ticket; *om arbetet* on the job); *jag var där en kvart* I stayed there for a quarter of an hour; *jag var och hälsade på dem* I went to see them; *de var och mötte honom* they were there to meet him; *om jag var* (*vore*) *rik* if I was (were) rich; *det var bra att du kunde komma* it's a good thing you could come; *det var det som var felet* that's what was wrong; *det var snällt av dig att komma* it's (it was) very kind of you to come; *var inte pjoskig!* don't make [such] a fuss!; *hur trevligt det än hade -it* however nice it would have been; *har du -it på teatern* (*Macbeth*)*?* have you been to the theatre (to see "Macbeth")?; *jag vore tacksam om ni* I should be grateful if you; *det vore roligt* that would be fun **2** (*annan konstr.*) *deras sätt att ~* their manners; *hur därmed än må ~* be that as it may; *vi kan ~ sju i båten* there is room for seven of us (we can sit seven) in the boat; *vad får det lov att ~?* (*i butik*) what can I do for you?, (*t. gäst*) what can I offer you?; *för att ~*

utlänning är han for a foreigner he is; *får det ~ en kopp kaffe?* would you like a cup of coffee?; *det får ~ för mig* I would rather not, (*jag orkar inte*) I can't be bothered; *det får ~ som det är* we'll leave it at that (as it is); *det får ~ till en annan gång* it will have to wait until another time; *den dag som i dag är* this very day; *det är bara att komma* just come; *hur vore det om vi skulle gå och bada?* what about going swimming?; *under veckan som -it* during the last week **II** *hjälpv* **1** *allm.* be; *jag är född 1931* I was born in 1931; *boken är tryckt i New York* the book was printed in New York **2** *de är bortresta* they are (have gone) away; *jag är ditbjuden i morgon* I have been invited there tomorrow; *han är utgången* he has gone out, he is out **III** (*med beton. part.*) *~ av* (*avbruten*) be [broken] off; *~ av med ngt* (*ha förlorat*) have lost, (*ha sluppit ifrån*) have got (be) rid of; *~ borta a*) *eg.* be away, *b*) (*försvunnen*) be missing, *c*) (*död*) be gone, *d*) *bildl.* be lost; *~ efter a*) (*förfölja*) be after, *b*) (*ej ha hunnit med*) be behind (*i skolan* at school); *han var långt efter oss* he was far behind us; *~ efter sin tid* be behind the times, *Am.* be a back number; *~ efter med betalningen* be in arrears with the payment; *~ emot* be against; *~ för* (*gilla*) be in favour of; *fönsterluckorna var för* the shutters were closed (to); *~ före a*) (*ha hunnit före*) be ahead (*sin tid* of the times), *b*) *jur.* be on, be before the court, *c*) (*dryftas*) be up [for discussion], (*behandlas*) be dealt with; *~ ifrån sig* be beside o.s.; *~ kvar a*) (*inte ha gått*) remain, stay [on], *b*) (*återstå*) remain, be left [over]; *~ med a*) (*deltaga*) take part, (*närvara*) be present (*på, vid* at), *b*) (*vara medräknad*) be included; *är osten med?* (*har vi med*) have we got the cheese?, (*hade du med*) did you bring the cheese?; *får jag ~ med?* may I join you (join in)?; *han var inte med planet* he wasn't on the plane; *är du med?* (*förstår du*) do you follow me?; *~ med sin tid* keep up with the times, be up to date; *hur är det med henne?* how is she?; *vad är det med henne?* what is the matter with her?; *~ med i* (*på*) (*deltaga i*) take part in, (*bevista*) attend; *~ med om* (*bevittna*) see, witness, (*uppleva*) experience, (*genomgå*) go through, (*råka ut för*) meet with, (*deltaga i*) take part in; *~ med om att* (*medverka*) do one's share towards (+ *ing-form*), (*hjälpa till*) help to (+ *inf*); *hon är med på allt som är tokigt* she is in on anything crazy (mad); *~ om sig* look after one's own interests, be on the make; *~ på a*) (*~ påsatt*) be on, *b*) (*röra vid*) be at; *~ på ngn* (*ligga efter*) be on at s.b., (*slå ner på*) be down on s.b.; *~ till* exist; *den är till för det* that's what it is there for; *~ till sig* be beside o.s.; *knappen är ur* the button has come off; *nyckeln är ur* the key is not in the lock; *vad är det åt dig?* what's the matter with you?; *~ över a*) (*förbi*) be over (past), *b*) (*kvar*) left, [left] over; *snart är fienden över oss* the enemy will be over us any minute

varaktig *a1* lasting (*lycka* happiness); (*hållbar*) durable; (*beständig*) permanent (*adress* address); *~a konsumtionsvaror* consumer durables **-het** (*i tid*) duration; (*hållbarhet*) durability; (*beständighet*) permanency; *av kort ~* (*äv.*) short-lived, brief

varande I *a4* being; (*existerande*) existing; *den i bruk ~ ...* the ... in use **II** *s6* being; (*tillvaro*) existence

var|andra [*vard.* -'rann] (*om två vanl.*) each other; (*om flera vanl.*) one another; *bredvid ~* (*äv.*) side by side; *efter ~* one after the other (another); *två dagar efter ~* two days running, two days in succession; *tätt efter ~* close upon each other; *byta frimärken med ~* exchange stamps; *de rusade om ~* they rushed round one another; *två på ~ följande* two successive **-annan** [-ˣannan] **1** every other (second); *~ dag* (*äv.*) every two days; *~ vecka* (*äv.*) every two weeks, fortnightly; *~ gång* (*äv.*) alternately **2** *om vartannat* indiscriminately

varav ['va:r-] (*av vilken*) from which (what); *~ följer att* and hence (so) it follows that; *~ 100 pund är* £ 100 of which is

var|bildning suppuration; *konkr.* abscess **-böld** boil

varda [ˣva:r-] *vart, perf part vorden, se bliva*; *i ~nde* in the making

vardag ['va:r-] *s2* weekday; (*arbetsdag äv.*) working-day; *om* (*på*) *~arna, till ~s* on weekdays **-lig** *a1* everyday; (*alldaglig*) commonplace **-lighet** triviality

vardags|bestyr *pl* daily duties **-bruk** *till ~* for everyday use (*om kläder:* wear) **-klädd** dressed in everyday clothes **-kläder** everyday clothes **-kväll** weekday evening **-lag** *i uttr.: i ~* in everyday life, on weekdays **-liv** everyday life **-mat** everyday (ordinary) food (fare) **-middag** everyday dinner; *kom och ät ~ med oss* come and take pot-luck with us **-människa** ordinary (commonplace) person **-rum** living-(sitting-)room, lounge, parlour **-språk** colloquial language **-uttryck** everyday expression, colloquialism

vardera ['va:r-] each; *på ~ sidan* on either side; *i vartdera fallet* in both cases, in each case

vare *konjunktiv av 5 vara* be; *ära ~ Gud* glory be to God; *~ därmed hur som helst* however that may be

varefter after which; (*om tid äv.*) whereupon

varelse being; creature

varemot I *adv* against which; (*i jämförelse med vilken*) compared to which **II** *konj* while, whereas

varenda [-ˣenn-] every; *~ en* every [single] one

vare sig *~ ... eller inte* whether ... or not; *~ du vill eller inte* whether you want to or not; *han kom inte ~ i går eller i dag* he did not come either yesterday or today

varest ['va:r-] where; and there

vareviga [-ˣe:-] every single (*dag* day)

varflytning flow[ing] of pus; pyorrhoea

varför ['varr-] **1** (*av vilket skäl*) why; for what reason, on what account; *vard.* what for; *~ det?* why?; *~ inte?* why not? **2** (*och därför*) so, and therefore; wherefore **3** (*för*

vilken) for which; *orsaken* ~ *jag slutade* the reason [why] I left
varg [-j] *s2* wolf; *hungrig som en* ~ ravenous; *äta som en* ~ eat voraciously; ~ *i veum* outlaw **-avinter** bitter winter **-flock** pack of wolves **-grop** wolf-pit **-hane** [he-]wolf **-hona** **-inna** she-wolf **-lik** *a5* wolfish **-skinnspäls** wolfskin fur[-coat] **-tjut** howling of wolves (a wolf) **-unge** wolf-cub; (*scout*) wolf cub, *Am.* cub scout
varhelst wherever
varhärd focus of suppuration
vari in which (what), wherein
varia ['va:-] *pl* various things; (*som boktitel*) miscellanies **-bel I** [-'a:bel] *a2* variable, changeable **II** *s3* variable
vari|ans *s3, stat.* variance **-ant** *s3* variant; (*i textutgåva e.d.*) variant reading; *biol.* variety **-ation** variation **-ationsbredd** variation range; *stat.* range
varibland ['va:r-] among which; and among them (*etc.*), including
variera 1 (*skifta*) vary; (*inom vissa gränser*) range (*mellan ... och* from ... to); (*vara ostadig*) fluctuate **2** (*förändra*) vary **-nde** *a4* varying, fluctuating
varieté *s3* **1** (*-föreställning*) variety [show], music-hall performance; *Am. äv.* vaudeville [show], burlesque **2** (*lokal*) variety theatre, music-hall **-artist** variety (music--hall) artist **-föreställning** *se varieté 1*
varietet *s3, biol.* variety
varifrån ['va:r-] *adv* **1** *interr.* where ... from, from where; ~ *kommer han?* where does he come from? **2** *rel.* from which; (*från vilken plats*) from where; *vi kom till A.,* ~ *vi fortsatte till* we arrived at A., from where we continued to
varig *a1* purulent; festering
varigenom ['va:r-] *adv* (*jfr genom*) **1** *interr.* in what way; (*genom vilka medel*) by what means **2** *rel.* through which, by means of which; (*betecknande orsak*) whereby
varit *sup av 5 vara*
varje (*jfr 3 var*) every; (~ *särskild*) each; (*vilken ... som helst*) any; *litet av* ~ a little of everything; *i* ~ *fall* in any case, at any rate; *i* ~ *särskilt fall* in each [specific] case; *till* ~ *pris* at all costs, at any price **-handa** *oböjl. a* diverse, various, all sorts of [things]; (*som rubrik*) miscellanies
varjämte besides (in addition to) which, and besides [that]
varken neither (*... eller ...* nor); *han* ~ *ville eller kunde* he neither could nor would; ~ *bättre eller sämre än* no better nor worse than
varlig [ˣva:r-] *a1* gentle, soft; *jfr varsam* **-t** *adv* gently
varm *a1* warm (*rock* coat; *färg* colour; *deltagande* sympathy); (*het*) hot (*bad* bath; *mat* food; *vatten* water); *bildl. äv.* hearty, cordial (*mottagande* reception), ardent (*beundrare* admirer), fervent; ~*t hjärta* warm heart; ~ *korv* hot dog; ~*a källor* hot springs; *fem grader* ~*t* five degrees above zero (freezing-point); *bli* ~ get warm (hot), (*om maskin*) warm up; *jag blev* ~ *om hjärtat* my heart warmed; *bli* ~ *i kläderna* (*bildl.*) [begin to] find one's feet; *ge ngt med* ~ *hand* give s.th. gladly (readily, of one's own free will); *gå* ~ (*om maskin*) run hot, get overheated; *tala sig* ~ *för en sak* warm up to a subject; *vara* ~ *om händerna* have warm hands **-bad** hot bath **-blod** (*häst*) blood horse **-blodig** (*om djur*) warm--blooded; (*om pers.*) hot-blooded
varmed ['va:r-] *adv* **1** *interr.* with (by) what; ~ *kan jag stå till tjänst?* what can I do for you? **2** *rel.* with (by) which
varm|front *meteor.* warm front **-garage** heated garage **-gång** *tekn.* overheating, running hot **-hjärtad** [-j-] *a5* warm-hearted **-köra** (*motor*) warm up, run ... hot **-luft** hot air **-rätt** hot dish **-vatten** hot water **-vattenberedare** [electric] water-heater; boiler, geyser **-vattenkran** hot[-water] tap
varn|a [ˣva:r-] warn (*för ngt* of s.th.; *för ngn* against s.b.; *för att* not to); (*mana t. försiktighet äv.*) caution (*för att* against + *ing--form*); *ett* ~*nde exempel* a warning (lesson) **-agel** *r* example; *honom till straff och andra till* ~ as a punishment to himself and a warning to others **-ing** warning; (*-ingsord äv.*) caution; (*vink*) hint; (*förmaning*) premonition; ~ *för ...* beware of ...; *ett* ~*ens ord* a word of warning (caution) **-ingsmärke** warning sign; (*trafik-*) danger sign **-ingssignal** warning signal **-ingsskott** warning shot
varnolen *s3* white spirit; petroleum spirits (*pl*)
varom ['va:råm] **I** *adv. rel.* about (of) which; *interr.* about (of) what; ~ *mera nedan* about which more is said (written) below **II** *konj,* ~ *icke* and if not
1 varp *s2* (*i väv*) warp [wires *pl*]; (*handgjord*) chain; *sätta upp en* ~ build up a warp; ~ *och inslag* warp and weft (*Am.* filling)
2 varp *s7* **1** *se not-* **2** *sjö.* warp, kedge
1 varpa *väv.* **I** *s1* warping-machine **II** *v1* warp
2 varpa *s1* (*spel*) tow[ing] capstan
varptråd warp-thread
varpå ['va:r-] *adv., rel.* on which; *interr.* on what; (*om tid äv.*) whereupon, and so, after which; ~ *beror misstaget?* what is the reason for the mistake?, what is the mistake due to?
1 vars (*rel. pron., gen. av vilken*) whose, of whom (which); *för* ~ *skull* for whose sake, for the sake of whom (which)
2 vars *interj, ja* (*jo*) ~ (*någorlunda*) not too bad; *nej* ~ not really
varsam [ˣva:r-] *a1* wary, cautious; (*aktsam*) careful **-het** care; caution **-t** *adv* warily *etc.*; *behandlas* ~ handle with care
varse *oböjl. a, bli* ~ perceive, (*upptäcka*) discover, (*märka*) notice **-bliva** *se* [*bli*] *varse*
varsel ['varr-] *s7* **1** (*förvarning*) premonitory sign, presage, foreboding **2** (*vid arbetstvist o.d.*) notice, warning; *utfärda* ~ *om strejk* give notice of a strike; *med kort* ~ at short notice
varsko [ˣva:r-] *v4* warn (*ngn om* s.b. of); give notice (*om flyttning* to quit); *polisen är* ~*dd* the police have been notified
varsla 1 (*vara förebud*) forebode, augur, portend; ~ *om* (*äv.*) be ominous of; *det* ~*r illa* that is no good omen, that augurs no

good **2** (*varsko*) give notice (*om* of); ~ *om strejk, se varsel 2*
varsna *se [bli] varse*
varstans ['va:r-] *lite* ~ here, there and everywhere
Warszawa [var^x^sa:va] *n* Warsaw
1 vart *r, inte komma ngn* ~ get nowhere, make no progress; *jag kommer ingen* ~ *med honom* I can do nothing with him
2 vart *adv* where; *vard.* where to; ~ *som helst* anywhere; *jag vet inte* ~ *jag skall ta vägen* I don't know where to go; ~ *vill du komma* (*bildl.*) what are you driving at?
3 vart *imperf av varda*
vartannat [-^x^ann-] *se varannan 2*
vart|efter (*efter hand som*) [according] as; (*så småningom*) little by little **-hän** where
vartill ['va:r-] *adv, rel.* to (for) which; *interr.* for what [purpose]; ~ *nyttar det?* what is the good (use) of that?
vartåt where; in what direction; *nu ser jag* ~ *det lutar* (*bildl.*) now I see which way things are going
varu|belåning loan on goods; *konkr.* pawnbroking business **-beteckning** description of goods **-bil** delivery van (*Am.* truck) **-bud** delivery boy (messenger) **-deklaration** merchandise description; informative label **-distribution** distribution of goods **-fordringar** commercial (trade) claims **-försändelse** consignment (*med fartyg:* shipment) [of goods] **-handel** trade, commerce **-hiss** goods (freight) lift, hoist; *Am.* freight elevator **-hus** department store **-huskedja** multiple retail organization; *Am.* chain store organization **-konto** trading (trade) account **-kännedom** knowledge of merchandise **-lager** stock [of goods], goods in stock; (*magasin*) warehouse; *inneliggande* ~ stock-in-trade
varulv werewolf
varu|magasin warehouse, storehouse **-märke** trade mark **-märkesansökan** trade-mark application **-märkesskydd** trade-mark protection **-mässa** trade fair (exhibition)
varunder under (*om tid:* during) which
varuprov sample
varur ['va:r-] *adv* out of which, from which
varu|rabatt trade discount **-skatt** purchase (*Am.* sales) tax; *allmän* ~ general purchase (*etc.*) tax **-slag** line (kind) of goods **-transport** carriage (conveyance) of goods
varutöver over and above (besides, in addition to) which
varu|utbyte exchange of goods, trade **-växel** trade (commercial) bill
1 varv *s7* (*skepps-*) shipyard, shipbuilding yard; (*flottans*) [naval] dockyard; *på* ~*et* in the shipyard
2 varv *s7* **1** (*omgång*) turn; (*hjul-*) revolution; *sport.* round, lap, (*vid stickning o.d.*) row; *linda ngt tre* ~ *runt* wind s.th. three times round **2** (*lager*) layer **-a 1** (*lägga i varv*) put ... in layers **2** *sport.* lap
varvid ['va:r-] at which; (*om tid äv.*) when; ~ *han* ... (*äv.*) in doing which he ...
varv|ig *a1* (*skiktad*) varved (*lera* clay) **-räknare** revolution counter, tachometer
varvs|arbetare shipyard worker **-chef** ship yard manager **-industri** shipbuilding industry
varvtal number of revolutions
varöver *rel.* over (at) which; *interr.* over (at) what
vas *s3* vase
vasall *s3* vassal **-stat** vassal state; satellite state
vasa|loppet the Vasa ski race, the Vasa run **-riddare** Knight of the Order of Vasa
vaselin *s4, s3* vaseline; *Am.* petrolatum
vask *s2* (*avlopp*) sink **-a** wash; (*guld äv.*) pan; *bergv. äv.* buddle **-malm** wash ore **-ning** panning; (*guld-*) placer mining **-tråg** washing-trough; (*guld-*) rocker, cradle
vasomotorisk *a5* vasomotor (*nerv* nerve)
1 vass *s2* [common] reed; *koll.* reeds (*pl*); *i* ~*en* among (on) the reeds
2 vass *a1* sharp (*kniv* knife); keen (*egg* edge) (*äv. bildl.*); sharp-edged (*verktyg* tool); (*stickande*) piercing; (*sarkastisk*) caustic (*ton* tone); ~*a blickar* keen (piercing) looks; ~ *penna* pointed (*bildl. äv.* caustic) pen; *en* ~ *tunga* a sharp (biting) tongue; *ett strå* ~*are* [*än*] (*vard.*) a cut above **-buk** *zool.* sprat
vasskant *i* ~*en* at the edge of the reeds
vassl|a I *s1* whey **II** *v1, rfl* turn (go, get) wheyey **-aktig** *a1* wheyey, wheyish
vassnäst [-ä:-] *a4* sharp-nosed, ... with a pointed (sharp) nose
vass|rugge clump of reeds **-strå** (*hopskr. vasstrå*) reed
vassögd *a1* sharp-eyed, ... with piercing eyes
Vatikanen *r* the Vatican
watt [v-] *r* watt
wattal wattage
vatten ['vatt-] *s7* **1** water; *hårt* (*mjukt*) ~ hard (soft) water; *rinnande* ~ running water; *per första öppet* ~ per first open water (*förk.* f.o.w.); *leda in* ~ lay on water; *lägga* (*sätta*) ... *i* ~ put ... in water; *ta in* ~ (*om båt*) make (take in) water, water; *på* (*i*) *svenska* ~ on Swedish waters; *under* ~ under water, submerged; *simma under vattnet* swim below the surface; *sätta ... under* ~ flood, submerge **2** *fiska i grumligt* ~ fish in troubled waters; *få* ~ *på sin kvarn* get grist to one's mill; *det är som att hälla* ~ *på en gås* it's like pouring water on a duck's back; *kunna ngt som ett rinnande* ~ know s.th. off pat; *känna sig som fisken i vattnet* feel thoroughly at home; *ta sig* ~ *över huvudet* (*bildl.*) take on more than one can manage, bite off more than one can chew; *i de lugnaste vattnen går de största fiskarna* still waters run deep **3** *med.* water (*i knäet* on the knee); ~ *i lungsäcken* wet pleurisy **4** *kasta* ~ (*urinera*) make (pass) water **-avrinning** drainage **-avvisande** water-repellent (-repelling) **-bad** water-bath **-behållare** water tank **-blandad** mixed with water **-brist** water shortage **-bryn** *i* ~*et* at the surface of the water; (*vid stranden*) at the water's edge **-cykel** water cycle, pedalo **-delare** watershed, divide **-djup** depth of water **-djur** aquatic animal **-domstol** water rights court, riparian court **-drag** watercourse **-droppe** drop of water **-fall** water-

fall; falls, rapids (*pl*), cataract; *bygga ut ett* ~ harness a waterfall **-fast** water-resistant(-proof) (*lim* glue) **-fattig** scantily supplied with water; (*ofruktbar*) arid **-fri** free from water; *kem.* anhydrous, dehydrated **-fågel** waterfowl (*äv. koll.*); aquatic bird **-färg** water-colour **-förande** *a4* water-bearing **-förbrukning** water consumption **-förorening** water pollution **-förråd** supply of water **-försörjning** water-supply **-glas 1** drinking-glass; *en storm i ett* ~ a storm in a tea-cup **2** *kem.* water glass **-grav** (*hästsport.*) water-jump; (*vallgrav*) moat **-halt** water content **-haltig** *a1* watery, containing water; *kem.* hydrous; *med.* serous **-kamma** wet comb **-kanna** (*för vattning*) watering-can; (*för tvättvatten*) water jug **-kastare** hydrant **-klosett** water-closet (*förk.* W.C.); *Am. äv.* bathroom **-konst** [artificial] fountain **-kraft** water power **-kraftverk** hydro-electric power station (plant) **-kran** water-tap; *Am.* faucet **-krasse** watercress **-kvarn** water mill **-kyld** [-çy:ld] *a5* water-cooled (*motor* engine) **-ledning** water main, [water] conduit; (*-ledningssystem*) system of water mains; *det finns* ~ there is water laid on (*i huset* to the house) **-ledningsrör** water pipe; (*huvudledning*) water main[s *pl*] **-ledningsvatten** tap water **-linje** water-line **-lås** waterseal, clean-out trap, drain trap **-löslig** soluble in water **-massa** volume (body) of water **-melon** water melon **-märke** watermark **-mätare** water meter (gauge) **-pass** spirit (bubble) level **-pelare** column of water **-pistol** water pistol, squirt **-polo** water polo **-post** [fire-]hydrant **-prov 1** water sample; water test **2** *hist.* ordeal by water **-pump** water pump **-pöl** pool of water, puddle **-reglering** water regulation (control) **-reningsverk** water-purifying plant, sewage disposal plant **-reservoar** water reservoir (tank) **-ridå** water seal **-rik** abounding in water; ~ *trakt* well-watered country **-rätt** *jur.* water laws (rights) (*pl*) **-rättsdomare** judge of a water rights court **-rör** water-pipe **-samling** pool of water; (*pöl*) puddle **-sjuk** boggy, water-logged **-skada** water damage **-skadeförsäkring** water damage insurance **-skida** water ski; *åka -skidor* water-ski **-skott** *bot.* water shoot (sprout) **-slang** hose **-slipning** water sanding **-spegel** mirror (surface) of the water **-sport** aquatic sports, aquatics (*pl*) **-spridare** water sprinkler **-stråle** jet of water **-stånd** water level; *högsta* ~ high-water level **-stämpel** watermark **-stänk** splash of water **-torn** water tower **-trampning** treading water **-tunna** water cask; (*för regnvatten*) water butt **-turbin** water (hydraulic) turbine **-täkt** *s3* water supply (resources *pl*) **-tät** (*om tyg e.d.*) waterproof; (*om fartyg, kärl*) watertight **-uppfordringsverk** water-raising plant **-uppsugande** *a4* water-absorbent, hygroscopic **-verk** water-works (*sg o. pl*); water service **-vård** water conservation (protection) **-väg** waterway **-växt** aquatic plant **-yta** surface of water **-åder** vein of water **-ånga** steam; water vapour **-ödla** newt

vattgröt porridge [made with water]

wattimme watt-hour

vatt|koppor *pl* chicken-pox (*sg*) **-lägga** soak, put ... in water **-na** water (*äv. djur*); (*be-*) sprinkle, irrigate; ~ *ur* soak (*sill* herring) **-nas** *dep, det* ~ *i munnen på mig* it makes my mouth water (*när jag tänker på* to think of) **-nig** *a1* watery; *bildl.* insipid **-ning** watering; sprinkling, irrigation **-ra** water, wave

vattu|mannen Aquarius **-siktig** *a1* dropsical **-skräck** rabies; (*hos människa äv.*) hydrophobia **-sot** dropsy

vattvälling water-gruel; *var och en rosar sin* ~ everyone swears by his own remedy

vax *s4* wax **-a** wax **-artad** [-a:r-] *a5* waxy **-böna** wax (butter) bean **-docka** wax doll **-duk** oilcloth, American cloth **-figur** wax figure, waxwork **-gul** wax-coloured, waxen **-kabinett** waxworks (*sg o. pl*) **-kaka** honey-comb **-ljus** wax candle **-papper** wax-paper

VD [ˣve:de:] *förk. för verkställande direktör, se under verkställande*

ve I *oböjl. s* woe; *ditt väl och* ~ your welfare (wellbeing); *svära* ~ *och förbannelse över* call down curses on **II** *interj,* ~ *dig!* woe betide ([be] to) you!; ~ *mig!* woe is me!; *o,* ~*!* alas!; ~ *och fasa!* alack-a-day!

veck *s7* fold; (*sytt äv.*) pleat, plait; (*invikning*) tuck; (*skrynkla*; *press-*) crease; (*i ansiktet*) wrinkle; *bilda* ~ fold; *lägga* ~ put in pleats (*på* on); *lägga sig i* ~ form pleats; *lägga pannan i* ~ pucker (knit) one's brow

1 vecka *v1* pleat, put pleats in; ~ *sig* fold, crease, (*om papper*) crumple

2 vecka *s1* week; [*i*] *förra* ~*n* last week; ~ *för* ~ week by week; *en gång i* ~*n* once a week, (*utkommande etc.*) weekly; *om en* ~ in a week['s time]; *i dag om en* ~ a week today, this day week; *på fredag i nästa* ~ on the Friday of next week

veckig *a1* creased; (*skrynklig*) crumpled, crinkled

veckla wrap (*in i* up in); ~ *ihop* fold ... up; ~ *upp* (*ut*) unfold, (*flagga*) unfurl (*äv.* ~ *ut sig*)

vecko|avlönad weekly paid (*arbetare* worker); paid by the week **-avlöning** weekly wage[s *pl*] (pay, salary) **-dag** day of the week **-helg** week-end **-kort** weekly season (*Am.* commuter) ticket **-lön** *se -avlöning* **-pengar** *pl* weekly pocket-money (allowance) (*sg*) **-press** weekly press; ~*en* the weeklies (*pl*) **-slut** week-end **-tal** *i* ~ for weeks together **-tidning** weekly [paper, magazine]

ved *s3* wood; (*bränsle äv.*) firewood **-artad** [-a:r-] *a5* woody, ligneous **-bod** woodshed

vederbör *i uttr.: den det* ~ whom it may concern, the party concerned **-ande I** *a4* the proper, the ... in question; ~ *myndighet* the proper (competent) authority, the authority concerned **II** *s9* the party concerned (in question); *pl* the parties concerned, those concerned; *höga* ~ the authorities (*pl*), the person (people) in authority **-lig** [-ö:-] *a1* due, proper; appropriate; *i* ~ *ordning* in due course; *med* ~*t tillstånd* with the necessary authorization, (*friare*) with due permission; *på* ~*t avstånd* (*äv.*) at a discreet distance; *ta ~ hänsyn till* pay due regard (attention) to **-ligen** [-ö-] duly, properly; in due course

veder|döpare anabaptist **-faras** *-fors -farits, dep* (*komma t. del*) fall to (*ngn* a p.'s lot); befall (happen to) (*ngn* s.b.) **-farits** *sup av vederfaras* **-fors** [-ɷ:-] *imperf av vederfaras* **-gälla** [-j-] *v2* repay; return (*ont med gott* good for evil); (*hämnas*) retaliate **-gällning** [-j-] retribution (*äv. relig.*); reprisal; (*lön*) requital, recompense; (*hämnd*) retaliation; *~ens stund* day of retribution; *torde mot ~ återlämnas* reward offered for the return of **-gällningsaktion** retaliatory action **-häftig 1** (*pålitlig*) reliable, trustworthy (*person* person); authentic, sure (*uppgift* statement) **2** *hand.* solvent; *icke ~* insolvent **-häftighet 1** reliability, trustworthiness; authenticity **2** solvency **-kvicka** *v3* (*uppfriska*) refresh; (*stärka*) invigorate; (*ge nya krafter*) restore **-kvickande** *a4* refreshing; recreative; restorative **-kvickelse** refreshment; recreation; comfort **-lag** *s7* compensation; remuneration, recompense **-lägga** confute; refute (*ngn* s.b.); contradict, deny (*ett påstående* a statement); *som inte kan ~s* (*äv.*) irrefutable **-mäle** *s6* token, mark **-möda** hardship; travail **-sakare** adversary **-stygglig** *a1* abominable; (*ful*) hideous **-stygglighet** abomination; horror **-tagen** *a5* established (*bruk* custom); conventional (*uppfattning* idea); accepted **-vilja** antipathy (*mot* towards); loathing (*mot* of) **-värdig** repulsive, repugnant; (*avskyvärd*) disgusting **-värdighet** repulsiveness; (*motgång*) vexation, contrariety; *~er* (*äv.*) horrors

vedettbåt picket-boat

ved|handlare firewood dealer **-huggning** wood-cutting(-chopping) **-kubbe** chopping-block **-lår** firewood bin **-pinne** stick of wood **-skjul** woodshed **-spis** wood stove **-trave** wood-pile(-stack) **-trä** log, piece of wood, [split] billet

veget|abilier *pl* vegetables; crops **-abilisk** *a5* vegetable (*föda* food) **-arian** *s3* vegetarian **-arisk** *a5* vegetarian (*kost* food) **-ation** vegetation **-ativ** *a1* vegetative; *~a nervsystemet* the autonomic nervous system **-era** vegetate (*äv. bildl.*); *bildl. äv.* lead an inactive life

Weichsel ['vajjksel] *r* the Vistula

1 vek *imperf av vika*

2 vek *a1* (*som lätt böjs*) pliant, pliable; (*svag*) weak; (*mjuk*) soft; (*känslig*) gentle, tender; *~a livet* the waist; *ett ~t hjärta* a soft (tender) heart; *bli ~* soften, grow soft; *bli ~ om hjärtat* feel one's heart soften

veke *s2* wick **-garn** wick-yarn

vek|het [ˣve:k-] pliancy; weakness; softness; tenderness **-hjärtad** [-j-] *a5* tender-(soft-) -hearted

veklagan lamentation, wailing

vek|lig [ˣve:k-] *a1* soft; effeminate; (*svag*) weak[ly]; *föra ett ~t liv* lead a very easy life **-lighet** softness *etc.*; effeminacy **-ling** weakling; *vard.* milksop **-na** grow soft (tender), soften; (*ge vika*) relent

vektor [ˣvekktår] *s3* vector **-algebra** vector algebra

vela *vard.* dither

velar *a1 o. s3, språkv.* velar

velat *sup av vilja*

wellpapp [ˣvell-] corrugated cardboard

velociped *s3* bicycle

weltervikt [ˣvell-] **-are** welterweight

velur [-'lɷ:r] *s3* velour[s]

veläng *s3* vellum [paper]

vem [vemm] *pron* **1** *interr.* who (*som obj.* who[m]; *efter prep* whom); (*vilkendera*) which [of them]; *~ av dem ...?* which of them ...?; *~ där?* who is there?; *~ som* who; *~s är felet?* whose fault is it?; *~ får jag lov att hälsa ifrån?* what name shall I say? **2** *rel., ~ som helst* anybody, anyone; *det kan ~ som helst se* anybody can see that; *~ det vara må* whoever it may be

vemod *s7* [pensive] melancholy, [tender] sadness **-ig** *a1* melancholy, sad [at heart]; blue

vemodsfylld full of sadness (melancholy)

1 ven *imperf av vina*

2 ven *s3, anat.* vein

vend *s3* **-er** ['venn-] *s9* Wend **-isk** ['venn-] *a5* Wendish

Venedig *n* Venice

venerisk *a5* venereal (*sjukdom* disease)

venetian [-etsi'a:n] *s3* **-are** [-ˣa:na-] *s9* **-sk** [-a:-] *a5* Venetian

ventil *s3* **1** (*i rörledning e.d.*) valve **2** (*för luftväxling*) ventilator, vent[hole], air-regulator **3** (*i fartygssida e.d.*) porthole; *Am.* air port **4** *mus.* valve **-ation** ventilation **-ationssystem** ventilation system **-ator** [-ˣla:tår] *s3* ventilator **-basun** valve-trombone **-era 1** ventilate; air **2** (*dryfta*) discuss, debate, ventilate **-gummi** valve rubber **-hatt** valve (dust) cap **-slipning** valve-grinding

ventrikel [-'trikk-] *s2* (*magsäck*) stomach; (*hjärn-, hjärt-*) ventricle

venös *a1* venous (*blod* blood), venal

veranda [-ˣrann] *s1* veranda[h]; *Am. äv.* porch

verb [värrb] *s7* verb **-al** *a1* verbal **-alsubstantiv** verbal noun **-form** verbal form

verifi|era verify **-kation** (*-ering*) verification; (*intyg, kvitto äv.*) voucher **-kationsnummer** voucher number

veritabel *a2* veritable, true

verk [värrk] *s7* **1** (*arbete*) work; (*litt. o. konst. äv.*) production; (*gärning äv.*) deed; *samlade ~* collected works; *ett ögonblicks ~* the work of an instant; *gripa sig ~et an, gå* (*skrida*) *till ~et* set (go) to work; *sätta kronan på ~et* crown (put the seal on) the work; *sätta ... i ~et* carry out, put ... into practice, (*förverkliga*) realize; *i själva ~et* as a matter of fact, actually **2** (*ämbets-*) office, [civil service] department; *stadens ~* municipal authorities; *statens ~* government (civil service) departments **3** (*fabrik*) works **4** (*fästnings-, ur-*) works (*pl*); (*mekanism*) mechanism, apparatus

verka [ˣvärr-] **1** (*ha ~n*) work; act; *medicinen ~de inte* the medicine had no effect (did not work); *vi får se hur det ~r* we shall see how it works (what effect it has); *~ lugnande* have a soothing effect; *smicker ~r inte på honom* flattery has no effect on him **2** (*arbeta*) work; *~ för* work for (in behalf of), devote o.s. to, interest o.s. in **3** (*förefalla*) seem, appear; *han ~r sympatisk* he makes an agreeable impression [upon one]; *hon ~r äldre än hon är* she strikes one as being older than she is **-n** *r*, *som pl används verkningar* (*resultat*) effect, result; (*in- äv.*) action; (*-ningskraft*) effectiveness; (*medicins*) efficacy; *orsak och ~* cause and effect; *fördröjd ~* retarded action; *förtaga ~ av* take away the effect[s] of, neutralize; *göra ~* take effect, be effective; *inte göra ~* be of no effect; *ha åsyftad ~* have the desired effect; *till den ~ det hava kan* in the hope it may work **-nde** *a4* active; (*arbetande*) working; *kraftigt ~* powerful, very effective; *långsamt ~* slow[-acting]

verklig [ˣvärrk-] *a1* real; (*sann*) true (*vän* friend); (*äkta*) genuine, veritable; (*faktisk*) actual (*inkomst* income); *det ~a förhållandet* the actual situation, the [real] facts (*pl*), the truth of the matter; *i ~a livet* in real life **-en** really; actually, indeed; *~?* indeed?, really?, you don't say [so]?; *jag hoppas ~ att* I do hope that; *jag vet ~ inte* I really don't know **-het** reality (*äv. ~en*); fact; (*sanning*) truth; *bli ~* materialize, come true; *i ~en* in reality, in real life, (*i själva verket*) as a matter of fact; *se ngn i ~en* see s.b. in the flesh

verklighets|flykt escapism **-främmande** out of touch with realities (real life) **-sinne** sense of reality **-skildring** realistic (true) description **-trogen** realistic, true to [real] life; (*om porträtt*) lifelike **-underlag** factual basis

verkmästare [industrial] supervisor, [factory] overseer, foreman

verk|ning [ˣvärrk-] *se -an*

verknings|full effective **-grad** [degree of] efficiency, effectiveness; *ha hög ~* be highly efficient **-kraft** efficiency **-krets** incidence **-lös** ineffective **-område** sphere of influence **-radie** radius of action, range **-sätt** [mode of] action (operation)

verksam [ˣvärrk-] *a1* **1** (*effektiv*) effective (*medicin* medicine) **2** (*arbetsam*) industrious, busy; (*aktiv*) active; (*driftig*) energetic; *ta ~ del i* take an active part in; *vara ~ som* work as **-het** activity; (*rörelse, handling*) action; (*arbete*) work; (*handels- e.d.*) business, operations (*pl*); *oamerikansk ~* un-American activities (*pl*); *inställa ~en* cease one's activities, stop work; *sätta ... i ~* set ... working; *träda i ~* come into action (operation), start work; *vara i ~* be at work, (*om sak*) be in operation (action)

verksamhets|berättelse annual report **-form** form of activity **-fält** field of action; (*persons*) sphere of activity; *hand.* line [of business] **-lust** energy, craving for action **-år** *hand.* financial year

verkskydd industrial civil defence [unit]

verksläkare staff medical officer

verkstad ['värrk-] *-en verkstäder* workshop; [repair, machine] shop; (*bil-*) garage; *mekanisk ~* engineering plant (workshop)

verkstads|arbetare engineering worker, mechanic **-chef** works (*Am.* plant) manager **-industri** engineering industry **-klubb** trade union branch, works committee

verkställ|a carry out (into effect), perform; (*t.ex. dom*) execute; *~ betalningar* make (effect) payments **-ande** *a4* executive (*makt* power); *~ direktör* managing director, general manager, *Am.* president; *vice ~ direktör* deputy managing director (general manager), *Am.* [executive] vice president; *~ utskott* executive committee **-are** executor **-ighet** execution, effect; *gå i ~* be put into effect, be carried out

verk|tum [Swedish] inch **-tyg** tool, instrument (*äv. bildl.*); *eg. äv.* implement

verktygs|låda tool-box **-skåp** tool cupboard (locker) **-utrustning** tool kit (outfit) **-väska** tool bag

vermiceller [vär-] *pl, kokk.* vermicelli

vermut ['värr-] *s2* vermouth

vernissage [värni'sa:ʃ] *s5* opening of an exhibition; private view

veronal *s4, s3* veronal

vers [värrs] *s3, s2* verse (*äv. i Bibeln*); (*strof*) stanza, strophe; (*dikt*) poem; *sjunga på sista ~en* be on one's (its) last legs; *skriva ~* write poetry (poems)

versal [-ä-] *s3, boktr.* capital [letter]; cap

vers|byggnad metrical structure **-drama** verse (metrical) drama

verserad [vä-] *a5* well-mannered

vers|form metrical form **-fot** metrical foot **-ifiera** versify **-fiering** versification

version [vär'ʃɷ:n] version

vers|konst metrical art **-krönika** verse drama **-lära** prosody; metrics (*pl*) **-makare** versifier **-mått** metre **-rad** line of poetry

vertebrat [vär-] vertebrate

vertikal [vär-] vertical **-plan** vertical plane

verv [värrv] *s3* verve, animation

vesir *s3* vizier

vespa *s1* Vespa scooter

vesper ['vess-] *s2* vesper

vessla *s1* weasel; ferret

vestal *s3* vestal [virgin]

Westfalen [ˣvesst-] *n* Westphalia **westfalisk** [ˣvesst-] *a5* Westphalian; *~a freden* the Peace of Westphalia

vestibul *s3* vestibule; entrance-hall, lobby

vet|a *visste -at* **1** know; be aware of; *det är inte gott att ~* one never knows (can tell); *du vet väl att* I suppose you know (are aware of the fact) that; *inte ~ vad man vill* not know one's own mind; *vad vet jag?* how should I know?; *vet du vad, ...!* tell you what, ...!; *~ sin plats* know one's place; *vet skäms!* be ashamed of yourself!; *det ~e fåglarna!* goodness knows!; *så mycket du vet det!* and now you know!; *så vitt jag vet* as far as (for all) I know; *inte så vitt jag vet* not that I know of; *~ att* know how to (*uppföra sig* behave); *få ~* get to know, hear, learn (*av* from), be told (*av* by); *jag fick ~ det av honom själv* I had it from his own lips; *hur fick du ~ det?* how did you get to know that (of it)?; *man kan aldrig ~* you never know (can tell); *låta ngn [få] ~* let s.b. know; *det måtte väl jag ~!* I ought to know! **2** (*med beton. part.*) *~ av* know of; *han vill inte ~ av a)* (*ngn*) he won't have anything to do with, *b)* (*ngt*) he won't hear of; *innan man vet ordet av* before you can say Jack Robinson; *~ med sig* be conscious (aware) (*att man är* of being, that one is); *~ om* know [of, about]; *inte ~ om* (*äv.*) be ignorant of; *inte ~ till sig* not know what to do; *~ varken ut eller in* not know which way to turn **3** *rfl, inte ~ sig ha sett* not know that one has seen; *hon visste sig ingen levande*[*s*] *råd* she was at her wit's end

vetande I *a4, mindre ~* not quite right in the head, feeble-minded **II** *s6* knowledge; (*kunskaper äv.*) learning; *mot bättre ~* against one's better judgment; *tro och ~* faith and knowledge

vetat *sup av veta*

vete *s6* wheat; *rostat ~* puffed wheat **-ax** ear of wheat **-bröd** white bread **-bulle** bun **-grodd** wheat-germ **-korn** grain of wheat **-mjöl** wheat-flour

vetenskap *s3* science; (*-sgren*) branch of science (scholarship); *de humanistiska ~erna* the humanities (arts); *det är en hel ~* (*mycket invecklat*) it's an art in itself **-lig** [-a:-] *a1* scientific; (*lärd*) scholarly **-lighet** [-a:-] scholarliness; scientific character **-ligt** [-a:-] *adv* scientifically; *bevisa ~* prove scientifically

vetenskaps|akademi academy of science[s] **-gren** branch of science (scholarship) **-historia** history of science **-man** scientist; (*humanist*) scholar

veteran *s3* veteran **-bil** veteran car

veterinär *s3* veterinary surgeon, veterinarian; *vard.* vet **-besiktning** veterinary inspection **-högskola** veterinary college

veterlig *a1* known; *göra ~t, se kungöra* **-en -t** as far as is known; *mig ~* as far as I know, to my knowledge

vetgirig eager to learn (know), craving for knowledge, inquiring, inquisitive **-het** thirst for knowledge; inquiring mind; inquisitiveness

veto *s6* veto; *inlägga sitt ~* interpose one's veto; *inlägga sitt ~ mot* veto, put one's veto on **-rätt** [right of] veto

vetskap [ˣve:t-] *s3* knowledge; *få ~ om* get to know, learn about; *utan min ~* (*äv.*) unknown to me

vett *s7* [good] sense; wit; *med ~ och vilja* knowingly, wittingly; *ha ~ att* have the good sense to; *vara från ~et* be out of one's senses

vett|a *-e -at, ~ mot* (*åt*) face (*norr* the north)

vette *s2* stool-pigeon, decoy

vett|ig *a1* sensible; (*omdömesgill*) judicious **-lös** senseless **-skrämd** *a5* frightened (scared) out of one's senses (wits) **-villing** madman

vev *s2* crank, handle **-a I** *s1, i samma ~* just at that (the same) moment **II** *v1, ~* [*på*] turn [the crank (handle) [of]]; grind (*på ett positiv* an organ); *~ på'* grind away **-axel** crankshaft **-hus** crankcase **-stake** connecting rod **-tapp** crankpin

v.g.v. *förk. för var god vänd, se vända 1*

whisky ['viss-] *se visky*

vi we; *~ andra* (*äv.*) the rest of us; *~ själva* we ourselves; *~ bröder* my brother[s] and I, we brothers

via via, by way of; through

viadukt *s3* viaduct

vibr|afon [-'få:n] *s3* vibraphone **-ation** vibration **-ationsfri** vibrationless, vibration-free **-ator** [-ˣbra:tår] *s3* vibrator **-era** vibrate

vice *oböjl. a* **1** vice[-]; deputy (*talman* speaker) **2** *~ versa* vice versa, the other way round **-amiral** vice-admiral **-konsul** vice-consul **-konung** viceroy **-korpral** (*vid armén*) lance corporal, *Am.* private 1st class; (*vid flyget*) aircraftman 1st class, *Am.* airman 2nd class **-president** vice president **-värd** proprietor's (landlord's) agent, caretaker; *Am.* superintendent

vichyvatten soda water

vicka rock, sway; *bordet ~r* the table wobbles; *~ på foten* wag one's foot; *sitta och ~ på stolen* sit and swing on (sit balancing) one's chair; *~ omkull* tip (tilt) over, upset; *~ till'* tip up, (*om båt äv.*) give a lurch

vicker ['vikk-] *s2* vetch; *koll.* vetches (*pl*)

1 vid *prep* **1** *rumsbet., allm.* at; (*bredvid, invid; med hjälp av*) by; (*geogr. läge*) on; (*i närheten av*) near; (*vid gata, torg; anställd vid*) in; (*i prep.attr.*) of; (*efter fästa, binda e.d.*) to; *sitta ~ ett bord* sit at (*bredvid* by) a table; *röka ~ bordet* smoke at table; *sitta och prata ~ en kopp te* have a chat over a cup of tea; *bilen stannade ~ grinden* the car stopped at the gate; *klimatet ~ kusten* the climate at the coast; *sätta ett kryss ~ ett namn* put a cross against a name; *sitta ~ ratten* be at the wheel; *tåget stannar inte ~ den stationen* the train does not stop at that station; *studera ~ universitetet* study (be) at the university; *sitta ~ brasan* sit by the fire; *steka ~ sakta eld* fry over a slow fire; *leda ngn ~ handen* lead s.b. by the hand; *vi bor ~ kusten* we live by (near) the coast; *sida ~ sida* side by side; *~ min sida* by (at) my side; *skuldra ~ skuldra* shoulder to shoulder; *stolen står ~ väggen* the chair stands by (*intill* against) the wall; *~ gränsen* on the boarder; *staden ligger ~ havet* the town is [situated] on the sea; *~ horisonten* on the horizon; *en gata ~ torget* a street near (off) the square; *huset ligger ~ torget* the house is in the square; *anställd ~* employed in (at); *tjänstgöra ~ flottan* serve in the Navy; *vara* (*gå in*) *~ teatern* be (go) on the stage; *slaget ~ Waterloo* the battle of Waterloo; *binda* [*fast*] *ngt ~* tie s.th. [on] to; *fäst ~* (*äv. bildl.*) attached to **2** *tidsbet., allm.* at; (*omedelbart efter*) on; (*omkring*) about; *~ den här tiden på året* at this time of the year; *~ den här tiden i morgon* at this time tomorrow; *~ jultiden* at Christmas; *~ tiden för* at the time of; *~ midnatt* at (*omkring* about) midnight; *~ nymåne* at new-moon; *~ sin död var han* at the time of his death (when he died) he was; *~ fyrtio års ålder* at the age of forty; *~ första ögonkastet* at first sight; *~ min ankomst till* on my arrival in; *~ ett tillfälle* on one occasion; *~ sextiden* about six o'clock; *~ användningen av* when using; *~ halka* when it is slippery; *~ kaffet talade vi om* when we were having coffee we talked about; *~ sjukdom* in case of illness **3** *oeg. bet.*; *~ behov* when necessary, if required; *~*

fara in case of danger; ~ *Gud!* by God!; ~ *allt vad heligt är* by everything that is sacred; ~ *gott mod* in good heart; ~ *namn Z.* called (named) Z., by the name of Z.; *hålla* ~ *makt* maintain, keep up; *hålla fast* ~ stick to; *stå* ~ *vad man sagt* stand by (keep to) what one has said; *van* ~ used (accustomed) to; *vara* ~ *liv* be alive **II** *adv* **1** *sitta* ~ [*sitt arbete*] stick to one's work **2** ~ *pass 15 personer* about 15 people, 15 persons or so

2 vid *a1* wide; (*-sträckt*) vast, extensive; broad (*dal* valley); (*om klädesplagg*) loose[ly fitting]; *i ~a kretsar* (*äv.*) widely; *det öppnar ~a perspektiv* it opens up wide vistas; *på ~a havet* on the open sea; *i ~a världen* in the wide world

vida *adv* **1** (*långt*) ~ [*omkring*] [far and] wide; ~ *berömd* renowned **2** (*mycket*) far (*bättre* better)

vidare *a, komp. t. 2 vid* **1** (*med större vidd*) wider *etc.* (*jfr 2 vid*); *bli* (*göra*) ~ (*äv.*) widen **2** (*ytterligare*) further (*underrättelser* particulars); more; *ni får* ~ *besked* (*äv.*) you will hear more **II** *adv* **1** (*komp. t. vida 1, 2 vitt*) wider, more widely; (*längre*) farther, further; (*t.ex. gå, föra, läsa* ~) on; (*i tid*) longer, more; *~!* go on!; *den behövs inte* ~ it is no longer needed; *innan vi går* ~ before we go any further; *läsa* ~ read on, continue to read; *och så* ~ and so on (forth) **2** (*ytterligare*) further, more; ~ *meddelas att* it is further stated that; *jag har inget* ~ *att tillägga* I have nothing to add; *jag kommer inte* ~ *att* ... I won't ... any more; *vi talar inte* ~ *om det!* don't let us talk any more about that **3** (*dessutom*) fur-ther[more], also; *se* ~ *sidan 5* see also page 5 **4** (*igen*) again; *låt det inte hända* ~ don't let it happen again **5** (*särkilt*) *inte* ~ not particularly (very); *det är inget* ~ *att bo här* it's not very pleasant living here; *vi hade inte* (*inget*) ~ *roligt* it wasn't much fun, we did not enjoy ourselves very much **6** *tills* ~ until further notice, for the present; *utan* ~ without further notice (any more ado), *vard.* just like that **-befordra** forward, send on; (*upplysning o.d. äv.*) pass on **-befordran** forwarding; *för* ~ *till* to be forwarded to **-utbildning** further (advanced) training (education) **-utveckling** further development

vidbrän|d *a5, är* ~ has got burnt **-t** *adv, smaka* ~ have a burnt taste; *det luktar* ~ there is a smell of [something] burning

vid|brättad *a5* wide-brimmed **-d** *s3* **1** (*omfång*) width; *vetensk.* amplitude; (*kläders etc.*) fullness, looseness **2** *bildl.* (*utsträckning*) extent; (*omfattning*) scope; *i hela sin* ~ to (in) its whole extent; *~en av hans kunskaper* the scope of his knowledge **3** (*-sträckt yta*) expanse; plain

vide *s6* willow; (*för korgarbete*) osier **-korg** wicker basket

video ['vi:-] *s5* picture; *Am.* video, vision **-förstärkare** video amplifier

vidertryck backing [up], perfecting

videsnår osiery

vidfilm wide-screen film; *i* ~ on wide screen

vid|foga append, affix **-fästa** attach, fix on

vidg|a (*äv. rfl*) widen (*äv. bildl.*); expand, enlarge; (*spänna ut*) dilate; ~ *sina vyer* broaden one's mind **-as** *dep, se -a* **-ning** widening; expansion, enlargement; dilation

vid|gå own (*att man är* being), confess **-gående** *s6* owning, confession **-hålla** maintain; keep (adhere, *vard.* stick) to; insist on **-häfta 1** (*häfta fast vid*) adhere, stick **2** *se -låda* **-häftning** adherence, adhesion **-häftningsförmåga** adhesiveness, adhesive capacity (power) **-hängande** *a4* attached, fastened (tied) on; ~ *adresslapp* tag, tie-on label

vidimer|a attest; *~s* signed in the presence of, witnessed **-ing** attestation

vidja [ˣvi:d-] *s1* osier switch, wicker

vid|kommande *s6, för mitt* ~ as far as I am concerned **-kännas** *v2, dep* **1** (*erkänna*) own, admit, acknowledge **2** (*lida*) suffer, bear, endure (*en förlust* a loss); ~ *kostnaderna* bear the costs

vidlyftig *a1* **1** (*omfattande*) extensive; (*omständlig*) wordy (*berättelse* narrative); *~a resor* extensive travels **2** (*tvivelaktig*) questionable (*affär* transaction); (*utsvävande*) fast (*herre* liver); *ett ~t fruntimmer* a woman of easy virtue **-het 1** extensiveness *etc.* **2** (*i seder*) dissipation; (*-a äventyr*) escapades (*pl*)

vid|låda be inherent in; *de fel som -låder* (*äv.*) the [inherent] faults of **-makthålla** maintain, keep up, preserve **-makthållande** *s6* maintenance, upholding, preservation

vidrig [ˣvi:d-] *a1* **1** (*motbjudande*) repulsive, disgusting; (*förhatlig*) odious; (*otäck*) horrid **2** (*ogynnsam*) contrary; adverse (*omständigheter* circumstances) **-het 1** repulsiveness *etc.* **2** contrariness; adversity **-t** *adv* repulsively *etc.*; *lukta* ~ have a terrible smell; *smaka* ~ taste abominable

vidräkning settlement of accounts; *vard.* show-down; *en skarp* ~ *med* a sharp attack on

vidskep|else [-ʃ-] superstition **-lig** [-ʃe:-] *a1* superstitious **-lighet** [-ʃe:-] superstitiousness, superstition

vidsträckt *a1* extensive, wide; vast (*område* area); expansive (*utsikt* view); *~a befogenheter* extensive powers; *göra ~a resor* (*äv.*) travel extensively; *i* ~ *bemärkelse* in a wide (broad) sense

vidstående *a4* adjoining (*sida* page)

vidsynt [-y:-] *a1* broad-minded **-het** broad-mindedness

vid|taga 1 (*företaga*) take (*åtgärder* steps); make (*anstalter* arrangements) **2** (*fortsätta*) come; (*börja*) begin; *efter lunchen -tog* after the lunch followed **-tala** arrange with; *jag har ~t honom om saken* I have spoken to him about it

vidunder monster; (*enastående företeelse*) prodigy **-lig** [ˣvi:d-, -'unn-] monstrous; (*orimlig*) preposterous **-lighet** monstrosity

vid|vinkelobjektiv *foto.* wide-angle lens **-öppen** wide open

Wien [vi:n] *n* Vienna **wien|are** [ˣvi:nare] Viennese (*pl lika*) **-erbröd** Danish pastry **-erschnitzel** [-ʃnitsel] *s2* Vienna schnitzel **-sk** [-i:-] *a5* Viennese

Vierwaldstättersjön [fi:rvaldˣʃtätter-] the Lake of Lucerne

vift *s3, ute på* ~ out on the spree **-a I** *s1*

whisk **II** *v1* wave (*farväl åt ngn* s.b. farewell); *~ bort* whisk away (*flugor* flies); *~ med* wave; *~ på svansen* wag its tail **-ning** waving, wave; wag

vig *a1* agile, supple, lithe

vig|a *v2* **1** (*helga; in-*) consecrate; (*präst*) ordain; (*ägna*) dedicate, devote (*sitt liv åt* one's life to); *~ ngn till biskop* consecrate s.b. bishop; *~ ngn till den sista vilan* commit s.b. to his (*etc.*) last resting-place; *-d jord* consecrated ground **2** (*förena genom vigsel*) marry; *~s* get married (*vid* to)

1 vigg *s2* (*fågel*) tufted duck

2 vigg *s2, vard.* touch; *slå en ~ hos ngn* touch s.b. for money **-a** *vard.* touch

vighet [ˣvi:g-] agility, suppleness, litheness

vigil|ans [-'laŋs, -'lanns] *s3, se 2 vigg* **-era** *se vigga*

vigsel ['vikk-, 'vi:g-] *s2* marriage [ceremony], wedding; *borgerlig ~* civil marriage; *kyrklig ~* church (religious) marriage; *förrätta ~* officiate at a marriage **-akt** marriage ceremony **-attest** marriage certificate (lines *pl*) **-formulär** marriage formula **-ring** wedding ring

vigvatten holy (consecrated) water

vigör vigour; fettle; *vid full ~* in full vigour (capital form)

vik *s2* bay; (*mindre*) creek; (*havs-*) gulf; *ha en vän i ~en* (*vard.*) have a friend at court

vik|a *vek -it el. -t* **1** fold; (*~ dubbel äv.*) double; (*fåll*) turn in; *får ej ~s* do not bend **2** (*gå undan*) yield, give in (*för* to); (*flytta sig*) budge; *mil.* retreat; *bildl.* waver, flinch; *~ för övermakten* yield to [superior] numbers; *inte ~ en tum* not move an inch; *han vek inte från hennes sida* he did not budge from her side; *~ om hörnet* turn [round] the corner; *~ åt sidan* turn aside; *vik hädan!* get thee behind me! **3** *ge ~* give way (in) (*för* to), (*böja sig*) yield (*för* to), (*falla ihop*) collapse; *inte ge ~* (*äv.*) hold one's own, keep firm **4** *vard.* (*reservera*) set aside; *platsen är -t för honom* the post is earmarked for him **5** *rfl* double up; (*böja sig*) bend; *benen vek sig under mig* my legs gave way under me; *gå och ~ sig* (*vard.*) turn in **6** (*med beton. part.*) *~ av* turn off; *~ ihop* fold up; *~ in* fold in, *sömn.* turn in; *~ in på* turn into (*en gata* a street); *~ ner* turn down; *~ tillbaka a*) fold back, *b*) (*dra sig undan*) fall back, (*om pers.*) retire; *~ undan a*) fold back, *b*) (*gå åt sidan*) give way, stand aside, (*för slag e.d.*) dodge; *~ upp a*) turn up, (*ärmar äv.*) tuck up, *b*) (*veckla upp*) unfold; *~ ut* unfold **-ande** *a4, aldrig ~* never yielding, (*ständig*) incessant

vikare *zool.* ringed seal

vikari|at *s7* deputyship; temporary post **-e** [-'ka:-] *s5* deputy; (*för lärare*) substitute; (*för läkare, präst*) locum [tenens] **-era** *~ för ngn* deputize for s.b., act as a p.'s substitute **-erande** *a4* deputy; acting (*professor* professor)

vik|bar [ˣvi:k-] *a1* foldable **-dörr** folding-door

viking Viking **-abalk** law of the Vikings **-afärd** Viking expedition **-askepp** Viking ship **-atiden** the Viking Age **-atåg** Viking raid

vikit *sup av vika*

1 vikt [vi:-] *sup o. perf part av vika*

2 vikt [vikkt] *s3* **1** weight (*äv. konkr.*); *fys.* gravity; *efter ~* by weight; *i lös ~* in bulk; *specifik ~* specific gravity; *förlora i ~* lose weight; *hålla ~en* be full weight; *inte hålla ~en* fall short in weight **2** (*betydelse*) importance; weight; *lägga ~ vid* lay stress on; *av största ~* of the utmost importance; [*inte*] *vara av ~* be of [no] consequence (importance) **-enhet** unit of weight **-förlust** loss of weight **-ig** *a1* **1** (*betydelsefull*) important, of importance; (*allvarlig*) serious (*problem* problem); (*angelägen*) urgent (*sak* matter); *ytterst ~* vital[ly important], of utmost importance; *det ~aste* the main (most important) thing, the essential point **2** (*högfärdig*) self-important, stuck-up; *göra sig ~* put on airs **-igpetter** *s2* stuck-up fellow **-klass** *sport.* class, weight **-lös** weightless **-löshet** weightlessness **-minskning** reduction in weight **-mängd** weight **-sats** set of weights **-system** system of weights

viktualie|handlare provision merchant **-r** *pl* provisions, victuals

viktökning increase in (of) weight

vila I *s1* rest (*äv. om maskin e.d.*); (*ro äv.*) repose; *en stunds ~* a little rest; *i ~* at rest; *söka ~* seek repose; *den sista* (*eviga*) *~n* the final rest **II** *v1* rest (*mot* against, on); repose; *absol. äv.* be at rest; (*vara stödd äv.*) lean (*mot* on); *arbetet ~r* work is at a standstill; *här ~r* here lies; *~ i frid!* sleep in peace!; *saken får ~ tills vidare* the matter must rest there [for the present]; *avgörandet ~r hos honom* the decision rests with him; *~ sig* rest [o.s.], take a rest; *~ på* rest on, (*vara grundad på*) be based (founded) on; *~ på hanen* have one's finger on the trigger; *~ på årorna* rest on one's oars; *det ~r en förbannelse över a*) (*ngn*) a curse has fallen on, *b*) (*ngt*) there is a curse upon; *~ ut* have a good rest

vild *a1* **1** wild; (*ociviliserad, otämjd*) savage (*stammar* tribes); (*ouppodlad, ödslig*) uncultivated; *~a djur* wild (savage) animals; *V~a Västern* the Wild West **2** *bildl.* wild; (*otyglad äv.*) unruly (*pojke* boy); (*rasande*) furious (*fart* pace); *~a fantasier* wild ideas; *~ flykt* headlong flight; *~ förtvivlan* wild despair; *föra ett vilt liv* lead a wild (dissipated) life; *vilt raseri* frenzied rage; *bli ~* go mad (frantic) (*av glädje* with joy); *vara ~* (*utom sig*) be beside o.s., be mad (*av* with); *vara ~ i* (*på, efter*) be mad for; *vara ~ på att* be wild to **-and** wild-duck **-apel** crab apple tree **-basare** scapegrace **-djur** wild beast; *bildl. äv.* brute **-e** *s2* savage; *Am. polit.* maverick **-fågel** wildfowl **-gås** wild goose **-havre** wild oats (*pl*); *så sin ~* sow one's wild oats **-het** wildness; savagery; (*sinnelag äv.*) wild character; (*-sinthet*) ferocity **-hjärna** madcap **-honung** wild honey **-inna** female savage, wild woman **-katt** wildcat **-mark** wilderness; wilds (*pl*) **-marksliv** life in the wilds **-ros** wild rose **-sint** *a1* fierce, savage, ferocious **-svin** [wild] boar **-svinshona** wild sow **-vin** wild wine, Virginia creeper **-vuxen** ... that has run wild, wild

vilja I *s1* will; (*önskan*) wish, desire; (*avsikt*) intention; *med bästa ~ i världen* with the best will in the world; *av egen fri ~* of one's own accord (free will); *med litet god ~* with a little good will; *ngns sista ~* a p's last will [and testament]; *driva sin ~ igenom* work one's will; *få sin ~ igenom* get (have) one's own way, have one's will; *med eller mot sin ~* whether one will (likes it) or not; *göra ngt med ~* do s.th. on purpose (deliberately, purposely) **II** *ville velat* **1** will; (*vara villig* [*att*] *äv.*) be willing [to]; (*åstunda, önska*) want, wish, desire; (*ha lust* [*till*]) like, please; (*ämna*) intend, mean; (*stå i begrepp att*) be about (going) to; *~ ngns bästa* desire a p.'s good; *~ ngn väl* wish s.b. well; *~ är ett och kunna ett annat* to be willing is one thing, to be able another; *det ena du vill, det andra du skall* what I would I cannot and what I would not I must; *det är det jag vill* that is what I want; *du kan om du vill* you can if you want to; *jag både vill och inte vill* (*äv.*) I am in two minds; *som du vill!* [just] as you like!; *låta ngn göra som han vill* let s.b. have his own way (mind); *det vill jag verkligen hoppas* I should hope so; *det vill tyckas som om* it would seem as though; *slumpen ville att vi* [as] chance would have it, we; *vad vill du ha?* what do you want?, (*om mat e.d.*) what will you have?; *vad vill du att jag skall göra?* what do you want me to do?; *vad vill du mig?* what do you want of me?; *jag vill gärna* I should like to (*gå dit* go there), I shall be glad to (*komma* come; *hjälpa dig* help you); *motorn vill gärna stanna* the engine is apt to stop; *jag skulle ~* I should like to; *jag skulle ~ ha* I should like [to have]; *nej, det vill jag inte* no, I won't; *han vill inte att hon skall ... a*) (*tillåter inte*) he won't have her (+ *ing-form*), *b*) (*tycker inte om*) he does not like her (+ *ing-form*), *c*) (*önskar inte*) he does not want her to (+ *inf*); *jag vill inte gärna* I would rather not, I prefer not to; *härmed vill jag inte ha sagt* by this I don't mean; *du vill väl inte säga att ...?* you surely don't mean to say that ...?; *jag ville inte* I did not want to, (*vägrade*) I would not **2** (*med beton. part.*) *inte ~ fram med a*) (*pengar*) not want to fork out, *b*) (*sanningen etc.*) not want to come out with; *~ hem* want to go home; *det vill till mycket pengar* it takes (requires) a lot of money; *det vill till att kunna arbeta om* it takes a lot to work if; *~ åt* (*ngn*) want to get at s.b., (*ngt*) want to get hold of s.th. **3** *rfl, om det vill sig väl* (*illa*) if all goes well (if things go wrong); *det vill sig inte för mig* nothing is going right for me; *det ville sig så väl att vi* (*äv.*) as [good] luck would have it, we

vilje|akt [act of] volition **-ansträngning** effort of will **-fast** firm of purpose **-kraft** will-power **-liv** volitional life **-lös** without a will of one's own, weak-minded; (*apatisk*) apathetic **-s** *i uttr.: göra ngn till ~* do as s.b. wants, humour s.b. **-stark** strong-willed; (*beslutsam*) resolute, determined **-styrka** *se -kraft* **-svag** weak-willed **-yttring** manifestation of the (one's) will

vilk|en 1 *rel. a*) *självst.* (*om pers.*) who, (*om sak*) which, (*i inskränkande satser äv.*) that, *b*) *fören.* which; *-a alla* all of whom, (*om saker*) all of which; *de -as namn* those whose names; *den stad i ~ jag bor* (*äv.*) the town where I live; *gör -et du vill* do as (what) you like; *om hon kommer, -et är föga troligt* if she comes, which is not very likely **2** *interr. a*) (*vid urval*) which, *b*) (*i obegränsad bet.*) (*fören. om pers. o. saker, självst. om saker*) what, (*självst. om pers.*) who, (*vid urval*) which of them; *~ bok skall jag köpa?* (*~ av dessa*) which (*~ av alla:* what) book shall I buy?; *-a är dina skäl?* what are your reasons?; *åt -et håll skall vi gå?* which way shall we go?; *~ härlig dag!* what a lovely day!; *-a vackra blommor!* what beautiful flowers! **3** *indef.*, *~ som helst* anyone, anybody; *får jag ta ~ som helst* [*av de här två*]*?* may I take either [of these two]?; *~ som helst som* whoever, whichever; *~ ... än* whichever, whatever, (*om pers.*) whoever **-endera** which [of them (the two)]

1 villa *s1* **I** (*villfarelse*) illusion, delusion; (*förvirring*) confusion; *optisk ~* optical illusion; *då blir den sista ~n värre än den första* (*bibl.*) so the last error shall be worse than the first **II** *v1*, *~ bort* confuse; *~ bort sig* lose one's way, *bildl. äv.* go astray; *på ~nde hav* on the boundless sea

2 villa *s1* house; (*större*) villa; (*enplans-*) bungalow; (*stuga*) cottage **-bebyggelse** *området är avsett för ~* the area is reserved for the building of one-family houses **-kvarter** residential neighbourhood **-stad** residential (garden) suburb **-ägare** house-owner

ville *imperf av vilja*

villebråd *s7* game; (*jagat el. dödat*) quarry

villervalla *s1* (*förvirring*) confusion; (*oreda*) muddle, jumble; *allmän ~* general confusion

villfara grant, comply with (*ngns önskan* a p.'s wish)

villfarelse delusion; mistake; *sväva i den ~n att* be under the delusion that; *ta ngn ur hans ~r* enlighten s.b., open a p.'s eyes

villig *a1* willing; ready, prepared; *vara ~* (*äv.*) agree (*att komma* to come) **-het** willingness; readiness

villkor [-å:r] *s7* **1** condition; *pl* (*i kontrakt, fördrag e.d.*) terms; (*bestämmelse*) stipulation; (*förbehåll*) provision, reserve; *på goda ~* on favourable (fair) terms; *på inga ~* on no condition; *på ~ att* on [the] condition that, provided [that]; *på överenskomna ~* on the terms agreed upon; *ställa som ~* make ... a condition; *ställa som ~ att* make it a condition that; *uppställa ... som ~* state ... as a condition; *våra ~ är följande* our terms are as follows **2** (*levnads-*) *pl* condition (*sg*), circumstances; *leva i* (*under*) *svåra ~* be badly off, live in reduced circumstances **-lig** [-å:-] *a1* conditional; *~ dom* suspended (qualified, conditional) sentence; *få ~ dom* (*äv.*) be put on probation; *~ frigivning* conditional release **-ligt** [-å:-] *adv* conditionally; *~ dömd* (*person*) probationer; *~ frigiven* on parole, released conditionally

villkors|bisats conditional clause **-lös** unconditional (*kapitulation* surrender)

villo|lära false doctrine; (*kätteri*) heresy **-spår** *komma* (*vara*) *på* ~ get (be) on the wrong track; *föra ngn på* ~ (*äv.*) throw s.b. off the scent **-väg** false path, wrong way; *föra ngn på ~ar* lead s.b. astray

villrådig irresolute (*om* as to); *vara* ~ (*äv.*) be in two minds (*om huruvida* as to whether) **-het** irresolution; hesitation

villsam *a1*, *bildl.* confusing, puzzling; *~ma vägar* devious paths

vilo|dag day of rest **-hem** nursing (convalescent) home **-läge** rest[ing] position; *i* ~ at rest **-läger** couch **-paus** break, pause **-rum** (*grav*) last resting-place **-stund** hour of rest, leisure hour **-tid** time of rest

vilsam [ˣvi:l-] *a1* restful

vilse *adv o. oböjl. a* astray; *gå* ~ go astray, lose one's way (o.s.), (*i skogen*) get lost [in the woods]; *föra ngn* ~ lead s.b. astray, *bildl. äv.* mislead s.b. **-förd** [-ö:-] *a5* led astray, misguided, misled **-gången** *a5* **-kommen** [-å-] *a5* gone astray; stray; *känna sig -kommen* feel lost **-leda** lead ... astray, mislead; (*leda ... på fel spår*) throw ... off the scent, lead ... by the nose **-ledande** *a4* misleading, deceptive; ~ *framställning* (*äv.*) misrepresentation

vil|soffa couch **-stol** (*fåtölj*) easy chair, arm-chair; (*fällstol*) folding (reclining) chair

vilt I *adv* wildly, *etc.*, *jfr vild*; *växa* ~ grow wild; ~ *främmande* perfectly (quite) strange; *en* ~ *främmande människa* an absolute (perfect, complete) stranger **II** *s7* game **-bestånd** stock of game **-handel** poulterer's [shop] **-reservat** wild-life refuge **-vård** wild-life conservation, game protection

vim|la swarm, be crowded, teem (*av* with); abound (*av* in); *det ~r av folk på stranden* the beach is swarming with people; *det ~r av fisk i sjön* the lake is teeming with fish **-mel** ['vimm-] *s7* crowd, throng **-melkantig** *a1* giddy, dizzy; (*förvirrad*) bewildered; *den gjorde mig* ~ (*äv.*) it made my head swim

vimpel *s2* streamer; *sjö. o. mil.* pennant

vimsig *a1* scatter-brained

1 vin *s4* (*-ranka*) vine; (*dryck*) wine; ~ *av årets skörd* this year's vintage; *där ~et går in går vettet ut* when the wine is in the wit is out; *skörda ~et* gather in the vintage

2 vin *s7* (*-ande*) whine, whizz; whistle; *stormens* ~ the howl of the storm **-a** *ven -it* whine, whistle; sough; *kulorna ven* the bullets whistled (whizzed); *vinden -er* the wind is howling; *i ~nde fart* at a headlong (rattling) pace

vin|beredning wine-making **-berg** hill planted with vines **-bergssnäcka** edible snail **-bär** (*svart* black; *rött* red) currant **-bärsbuske** currant bush **-bärssaft** *svart* ~ blackcurrant juice

1 vind *s2* (*blåst*) wind; *väder och* ~ wind and weather; *god* (*nordlig*) ~ fair (north[erly]) wind; *svag* ~ light breeze; *växlande ~ar* variable (*sjö.* baffling) winds; *vad blåser det för* ~ *i dag?* what is the wind today?, *bildl.* (*eftersom du kommer*) what wind has blown you in here?; *med ~ens hastighet* with lightning speed, like the wind; *borta med ~en* gone with the wind; *~en har vänt sig* the wind has shifted (veered); *få* ~ *i seglen* catch the wind, *bildl.* get a good start; *gå upp i* ~ sail near the wind; *driva* ~ *för våg* be adrift, be drifting [at the mercy of the winds]; *låta ngt gå* ~ *för våg* let s.th. take care of itself; *lämna sina barn* ~ *för våg* leave one's children to fend for themselves; *skingras för alla ~ar* be scattered to the winds

2 vind *s2* (*i byggnad*) attic, garret; loft; *på ~en* in the attic (*etc.*)

3 vind *a1* (*skev*) warped; askew; (*sned o.* ~) twisted

1 vinda I *s1* (*nyst-*) winder, reel **II** *v1*, ~ [*upp*] wind [up]; (*ankare*) hoist, heave [up]

2 vinda *v1* (*skela*) squint, have a squint, be cross-eyed

3 vinda *s1*, *bot.* bindweed

vindbrygga draw-bridge

vind|böjtel *s2*, *pers.* weathercock **-driven 1** weather-driven; *bildl.* rootless **2** (*om väderkvarn*) wind-driven

vindel *s2* whorl; spiral **-trappa** winding (spiral) staircase

vind|fläkt breath of wind **-flöjel** weathercock, [weather] vane **-fång 1** (*förstuga*) [small] entry, porch **2** (*yta*) surface exposed to the wind; *ha stort* ~ catch a great deal of wind **-fälle** *s6* windfall[en tree] **-hastighet** velocity of wind, wind velocity

vindi|cera reclaim, vindicate **-kation** claim for restitution of property

vindil gust [of wind]

vindistrikt winegrowing district

vind|kantring change of wind **-kast** sudden shift of wind **-kåre** breeze

vindling whorl; *vetensk. äv.* convolution (*i hjärnan* of the brain); *~ar* (*i flod, väg e.d.*) windings

vind|motor wind-wheel **-mätare** anemometer, wind gauge **-pinad** *a5* windswept; (*om träd o.d.*) windblown **-pust** whiff (puff) of wind **-riktning** direction of the wind **-ros** *meteor.* wind-rose; (*kompass-*) compass card **-ruta** windscreen; *Am.* windshield **-rutespolare** windscreen washer **-rutetorkare** windscreen wiper

vindruva grape

vindruvsklase bunch of grapes

vinds|fönster attic (garret) window **-glugg** skylight

vind|sidan the windward side; *åt* ~ windward **-skala** scale of wind force

vinds|kammare attic (garret) [room] **-kontor** boxroom [in the attic (garret)] **-kupa** attic

vindskydd wind shield (break, screen)

vindslucka ceiling hatch

vindspel winch, windlass

vindsrum [room in the] attic, garret [room]

vindstilla I *oböjl. a* calm, becalmed **II** *s1* calm

vindstrappa staircase up to the attic

vind|strut wind cone (*Am.* sock) **-styrka** wind force **-stöt** gust [of wind], squall

vindsvåning attic [storey]

vind|tunnel wind tunnel (channel) **-tyg** windproof cloth **-tygsjacka** windcheater, windbreaker **-tät** windproof **-vridning** shift (change) of wind

vindögd *a1* squint-eyed **-het** squint

vinerbröd *se wienerbröd*
vinflaska bottle of wine; (*tom*) wine bottle
ving|ad *a5* winged **-ben** wing-bone **-bredd** wing-spread; *flyg.* span **-bruten** broken--winged (*äv. bildl.*) **-e** *s2* wing (*äv. bot.*); (*på fläkt*) blade; *flaxa med -arna* flap (flutter) the wings; *flyga högre än -arna bär* fly too high; *få luft under -arna* (*bildl.*) get started, get going; *pröva -arna* (*bildl.*) try paddling one's own canoe; *ta ngn under sina -ars skugga* (*bildl.*) take s.b. under one's wing **-frukt** key, key-fruit **-klaff** *flyg.* wing flap **-klippa** clip ...'s wings; pinion
vingla (*gå ostadigt*) stagger; (*stå ostadigt*) wobble, sway [to and fro]
vinglas wineglass
vinglig *a1* (*som rör sig ostadigt*) staggering (*gång* gait); (*som står ostadigt*) wobbly (*stol* chair) **-het** unsteadiness
vinglögg mulled wine
ving|lös wingless **-mutter** wing[ed] (fly) nut **-par** pair of wings **-penna** wing-quill, pinion **-skjuten** *a5* winged **-slag** wing-beat **-spegel** *zool.* speculum **-spets** wing-tip, tip of the wing; *avstånd mellan ~arna* span **-sus** swish of wings
vin|gud god of wine **-gård** vineyard **-gårdsman** vine-dresser **-handlare** wine-merchant, vintner
vinit *sup av vina*
vinjett *s3* vignette, [printer's] flower; (*slut-*) tail-piece
vinjäst wine yeast
vink *s2* **1** wave; (*med handen*) beck; *lyda ngns minsta ~* obey a p.'s every sign, be at a p.'s beck and call; *vid minsta ~ från* at a nod from **2** (*antydan*) hint; *en tydlig ~* a broad hint; *en fin ~* (*äv.*) a gentle reminder; *ge ngn en ~* give (drop) s.b. a hint; *förstå ~en* take the hint **-a 1** (*med handen*) wave (*åt* at; *farväl* farewell); (*göra tecken*) beckon (*åt* to; *ngn till sig* s.b. to come up [to one]); *~ avvärjande* make a deprecating gesture; *~ åt ngn att* (*äv.*) sign to s.b. to **2** *vi har inte mycket tid att ~ på* we have not much time to spare
vinkel *s2* **1** *mat.* angle; (*på rör*) knee, elbow; (*verktyg*) try-square; *död ~* dead angle; *spetsig* (*trubbig*) *~* acute (obtuse) angle; *i ~* at an angle; *i rät ~ mot* at right angles to; *i 60° ~* at an angle of 60 degrees; *bilda ~ mot* form an angle with **2** (*vrå*) nook; (*hörn*) corner; *i alla vinklar och vrår* in every nook and corner **-ben** side (leg) of an angle **-formig** [-å-] *a1* angular **-hake** set-square, triangle; *boktr.* composing-stick **-järn** angle iron (bar) **-linjal** T-square **-mått** square rule, joint hook **-rät** perpendicular, at right angles (*mot* to); *gå ~t mot varandra* be at right angles to each other **-spets** vertex [of an angle]
vinkning waving *etc.*, *se vinka*
vin|krus wine-jar, tankard **-kylare** wine-cooler **-källare** wine-cellar **-kännare** connoisseur of wine **-lista** wine-list **-löv** vine-leaf **-lövsranka** vine-leaves, pampre
vinn *oböjl. s*, *lägga sig ~ om*, *se -lägga* [*sig*] **-a** *vann vunnit* **1** (*segra* [*i*]; *erhålla vinst*) win (*ett krig* a war; *pris* a prize; *en process* a suit; *på lottery* in a lottery); *~ i bridge* (*på tips*) win at bridge (the pools); *~ i ärlig strid* win a fair fight; *~ på poäng* win by points; *~ över ngn* (*äv.*) beat s.b. **2** (*skaffa sig*) gain; (*förvärva*) acquire; (*uppnå*) attain, obtain; *~ avsättning för* find a [ready] market for; *~* [*ngns*] *bifall* meet with [a p.'s] approval; *~ erkännande* gain (receive) recognition; *~ gehör* obtain a hearing; *~ ngns hjärta* win a p.'s heart, *~ insteg* gain (obtain) a footing; *~ inträde* obtain admission; *~ laga kraft* gain legal force, become legal[ly binding]; *~ ngn för sin sak* get s.b. on one's side, win s.b. for one's cause; *~ spridning* become popular; *~ sitt syfte* gain (attain) one's end; *~ terräng* (*tid*) gain ground (time) **3** (*förändras t. sin fördel*) gain (*vid jämförelse* by comparison); ([*för*]*tjäna*) profit (*på affären* by the transaction); *du -er ingenting på att* you'll gain nothing by (+ *ing-form*); *hon -er i längden* (*vid närmare bekantskap*) she improves on closer acquaintance, she grows on you; *~ på bytet* profit by (win on) the bargain (change); *rummet kommer att ~ på ommöbleringen* the room will improve with refurnishing **4** *~ på ngn* (*knappa in*) gain [ground] on s.b.; *trägen -er* perseverance carries the day **-ande** *a4* winning; (*tilltalande äv.*) attractive **-are** winner **-ing** gain; profit; *snöd ~* sordid gain, filthy lucre
vinnings|lysten covetous, mercenary, greedy **-lystnad** greed, covetousness **-syfte** *i ~* with the intention of gain
vinnlägga *rfl*, *~ sig om* take pains (*att skriva fint* to write well; *ett gott uppförande* to behave well); strive after
vin|odlare winegrower; viticulturist **-odling** wine-growing; viticulture **-press** winepress **-provare** wine-taster **-ranka** [grape-]vine **-röd** wine-red
vinsch *s2*, *s3* winch; hoist **-a** hoist
vin|skörd vintage, wine-harvest **-sort** sort of wine
vinst *s3* gain; *i sht hand.* profit[s *pl*]; (*behållning*) proceeds (*pl*), return; (*i lotteri*) prize; (*på spel*) winnings (*pl*); *~ och förlust* profit and loss; *på ~ och förlust* (*bildl.*) at random (a venture), on speculation; *del i ~* share in profits; *högsta ~en* the first prize; *ren ~* net (clear) profit; *ta in 10 pund i ren ~* make a clear profit of £10; *ge ~* yield a profit, turn out well; *gå med ~* (*om företag*) be a paying concern; *sälja med ~* sell at a profit; *utfalla med ~* (*om lott*) be a winning ticket **-andel** share of (in) [the] profits **-begär** greed, cupidity
vinsten [ˣvi:n-] tartar; *kem.* potassium bitartrate; *renad ~* cream of tartar
vinst|givande profitable, remunerative, lucrative **-kupong** dividend warrant **-lista** [lottery] prize-list, lottery list **-lott** winning ticket **-marginal** profit margin **-medel** *pl* profits
vinst- och förlust|konto -räkning profit and loss account
vinstock [grape-]vine
vinstsida *på ~n* on the credit side
vin|stuga tavern, bodega **-syra** tartaric acid **-säck** wineskin
vint|er ['vinn-] *s2* winter; *i ~* this winter;

mitt i ~n in the middle of [the] winter, in mid-winter; *i-ras* last winter; *om (på) ~n (-rarna)* in winter
vinter|badare winter bather **-bona** make fit for winter habitation **-bostad** winter-residence **-dag** winter['s] day **-dvala** winter (hibernal) sleep; *ligga i ~* hibernate **-frukt** winter fruit **-fälttåg** winter campaign **-förråd** winter stock (supply) **-gatan** the Milky Way, the Galaxy **-grön** evergreen **-gröna** *s1 (Pyrola)* wintergreen; *(Vinca)* periwinkle **-gäck** [-j-] *s2* winter aconite **-halvår** winter half (term) **-härdig** hardy **-idrott** winter sports *(pl)* **-kappa** winter coat **-klädd** winter-clad **-kläder** winter-clothes (clothing *sg*) **-kvarter** *s7 (lägga sig i* go into) winter quarters *(pl)* **-kyla** cold of winter, winter cold **-körning** *(bil-)* winter motoring **-lig** *a1* wintry **-olympiad** Olympic Winter Games **-rock** winter coat, greatcoat **-solstånd** winter solstice **-sport** *s3* winter sports *(pl)* **-sportort** winter sports resort **-sömn** *se -dvala* **-tid I** *s3* winter-time(-season) **II** *adv* in [the] winter **-trädgård** winter garden **-väg** winter road
vinthund greyhound
vintunna wine-cask(-barrel)
vinyl *s3* vinyl **-plast** vinyl plastic **-platta** vinyl tile
vin|år *(gott* good) vintage[-year] **-äger** *s2* **-ättika** wine-vinegar
viol *s3* violet
viola [-'å:la] *s1* viola, tenor violin
viol|blå violet-blue **-ett** *a1* violet; *(rödaktig äv.)* purple; *(blålila äv.)* mauve
violin *s3* violin **-ist** violinist; *förste ~* first violin[ist]
violoncell [-å-å-] *s3* [violon]cello
viol|doft fragrance of violets **-rot** orris-root
vipa *s1* lapwing, peewit
vipp *s2, vard., vara på ~en att* be on the point of (+*ing-form*); *det var på ~en att han föll* he was within an ace of falling; *kola ~en (sl.)* kick the bucket
1 vippa *s1* **1** puff; *jfr damm-, puder-* **2** *bot.* panicle
2 vipp|a *v1* tilt (tip) [up]; *(röra sig upp o. ner)* rock, bob up and down; *~ på stjärten* wag[gle] one's tail **-arm** rocker [arm], lever arm **-kärra** tilt-cart **-port** *(hopskr. vipport) (garagedörr)* overhead door
vips *~ var han borta* hey presto, he was gone!
1 vira *s9 (kortspel)* vira
2 vira *v1* wind *(med* [round] with; *om[kring]* round); *(veckla)* wrap; *(krans)* weave; *~ in* wrap up *(i* in); *~ av* unwind
viril *a1* virile
virka crochet
virke *s6* wood, timber; *Am.* lumber; *färskt ~* green wood; *hyvlat ~* planed wood; *ohyvlat ~* rough sawn timber; *kvistfritt ~* clean timber; *han är av hårdare ~ än sin bror* he's of a tougher fibre than this brother
virkes|avfall wood waste **-mätning** timber scaling **-upplag** stock of timber (wood)
virk|garn crochet yarn **-ning** crocheting; *konkr.* [piece of] crochet[-work] **-nål** crochet hook
virolog virologist **-isk** *a5* virological
virr|ig *a1 (om pers.)* muddle-headed, scatter-brained; *(om sak)* muddled, confused *(svar* reply); *(osammanhängande)* disconnected *(tal* speech) **-ighet** confused state of mind, muddle-headedness *etc.* **-varr** *s7* confusion, muddle; *vard.* mess; *ett ~ av* a confused (tangled) heap of
virtuos I *s3* virtuoso; master **II** *a1* masterly **-itet** virtuosity
virulen|s *s3* virulence **-t** *a1* virulent
virus ['vi:-] *s7, best f. äv. virus* virus **-sjukdom** virus disease
virvel *s2* **1** whirl *(äv. bildl.)*; turbulence; *(ström-)* whirlpool, *(mindre)* eddy; *vetensk. o. bildl.* vortex *(pl* vortices, vortixes); *(hår-)* vertex *(pl* vertices); *en ~ av nöjen* a whirl of pleasures; *dansens virvlar* the whirls of the dance **2** *(trum-)* roll; *slå en ~* beat a roll **-rörelse** whirling motion, gyration, turbulence **-storm** cyclone **-vind** whirlwind
virvla whirl; *(om vatten)* eddy; *~ runt* whirl round; *~ upp* whirl up
1 vis *s7 (sätt)* manner, way; *på det ~et* in that way, *(i utrop)* oh, that's how it is!, I see!; *på sätt och ~* in a way; *på intet ~* in no way; *på sitt ~ är hon snäll* she is quite nice in her own way
2 vis *a1* wise; *en ~ [man] (äv.)* a sage; *Greklands sju ~e* the seven sages; *de ~es sten* the philosophers' stone; *de tre ~e männen* the three wise men, the Magi; *av skadan blir man ~* experience is the father of wisdom, once bit, twice shy
1 vis|a *s1* song; ballad; *Höga ~n* the Song of Solomon; *ord och inga -or* plain words (speaking); *hon är en ~ i hela staden* she is the talk of the town; *alltid samma ~* always the same old story; *slutet på ~n blev att* the end of the story was that
2 visa *v1* **1** show *(vänlighet* kindness; *hur man skall* how to); *(peka)* point *(på* out, to); *(ut-)* indicate, show *(tiden* the time); *(förete)* present, show *(ett glatt ansikte* a happy face), produce *(biljetten* one's ticket); *(ådagalägga)* exhibit, display *(skicklighet* skill); *(be-)* prove, show; *erfarenheten ~r att* experience proves (tells us) that; *utställningen ~s kl.* the exhibition may be seen (visited) at; *~ ngn en artighet* show courtesy to s.b.; *~ med exempel* demonstrate by example; *~ ngn på dörren* show s.b. the door, turn s.b. out; *~ tänderna (bildl.)* show fight; *gå före och ~ vägen* lead the way; *~ ngn vägen till* show s.b. the way to, direct s.b. to; *klockan ~r på 8* the clock says 8; *termometern ~r 20°* the thermometer says 20° **2** *(med beton. part.) ~ bort* dismiss *(äv. bildl.)*, send ... away; *~ fram* show, *(ta fram)* produce *(biljetten* one's ticket); *~ tillbaka* turn ... back, *bildl.* reject; *~ upp* show [up], *bildl.* exhibit, produce; *~ ut* send ... out **3** *rfl* show o.s. (itself); *(framträda)* appear *(av* from; *för* to; *offentligt* in public); *(bli sedd)* be seen; *(dyka upp)* turn up; *det kommer snart att ~ sig (bli uppenbart)* it will soon be seen; *åter ~ sig* reappear; *~ sig från sin bästa sida* show one's best side; *~ sig för pengar* go round in a show; *~ sig vara* turn out

(prove) [to be]; ~ *sig vänlig* be kind, show kindness (*mot* to)
visar|e (*på ur*) hand; (*på instrument*) pointer, indicator, needle **-tavla** dial
visavi I *adv o. prep* vis-à-vis, opposite II *s3* vis- à-vis, lady (*etc.*) opposite
visbok song-book, book of ballads
vischan *s, best. f., vard.* the back of beyond; *Am.* the sticks (*pl*); *på* ~ at the back of beyond, *Am.* out in the sticks
visdiktare song-(ballad-)writer
visdom *s2* wisdom; (*klokhet äv.*) prudence
visdoms|ord word of wisdom, maxim **-tand** wisdom-tooth
vise *s2* queen [bee]
visent European bison
viser|a visa (*ett pass* a passport) **-ing** visa[ing]
vishet [ˣvi:s-] wisdom
vishets|lära philosophy **-regel** maxim
vision vision **-är** *a1 o. s3* visionary
1 visir *s3* (*titel*) vizier
2 visir *s7* (*på hjälm*) visor; *fälla upp ~et* raise the visor; *med öppet* ~ (*bildl.*) straightforwardly **-skiva** *foto.* focussing screen
visit *s3* call; visit; *avlägga* ~ *hos ngn* pay s.b. a visit, call on s.b.; *fransysk* ~ flying call **-ation** inspection, examination; (*kropps-*) search; *jur.* revision **-ationsresa** tour of visitation **-dräkt** afternoon dress **-era** inspect; (*tull-*) examine; (*jur. o. friare*) search **-kort** [visiting-]card
1 viska I *s1* whisk; (*borste äv.*) wisp II *v1* sponge (*ett eldvapen* a firearm)
2 visk|a *v1* whisper (*ngt t. ngn* s.th. to s.b.); ~ *ngt i ngns öra* whisper s.th. in a p.'s ear **-ning** whisper **-ningskampanj** whispering campaign
viskos [-'kå:s] *s3* viscose **-itet** viscosity
visky ['viss-] *s3* whisky; (*skotsk*) Scotch [whisky]; (*am.*) rye, bourbon **-grogg** *en* ~ a whisky and soda, *Am.* a highball
viskös *a1* viscous
visligen [ˣ vi:s-] wisely
vismut ['viss-] *s3* bismuth **-salt** bismuthate
visning [ˣvi:s-] show[ing]; demonstration; (*före- äv.*) exhibition; ~ *varje timme* hourly tours
visp *s2* whisk; (*grädd-, ägg-*) beater **-a** whip (*grädde* cream); (*ägg e.d.*) beat [up] **-grädde** whipped cream **-ning** whipping *etc.*
viss *a1* **1** (*säker*) sure, certain (*om, på* about, of); (*tvärsäker*) positive (*på* of); *det är sant och ~t* it is true [enough]; *döden är* ~ death is certain **2** (*odefinierbar*) certain (*skäl* reasons); (*bestämd äv.*) given, fixed (*tid* time); *en* ~ some (*tvekan* hesitation), a certain degree of (*skicklighet* skill); *en* ~ *herr A.* a certain Mr. A.; *hon har ngt ~t* she has a certain something; *på ~a håll* in certain (some) quarters; *till* ~ *grad* to (in) a certain degree (extent); *ställd till* ~ *person* made out to a certain name, personal
vissel|konsert hissing-concert **-pipa** whistle
vissen *a3* faded, wilted (*äv. bildl.*); (*förtorkad*) withered; (*om gräs e.d. äv.*) dry, dead; *vard.* (*dålig*) off colour, rotten
viss|erligen it is true (*är den dyr* that it is expensive), certainly; ~ ... *men* it is true [that] (certainly) ... but **-het** certainty; (*tillförsikt*) assurance; *med* ~ (*äv.*) for certain; *få* ~ *om* find out ... [for certain]; *skaffa sig* ~ *om* ascertain, make sure about
vissl|a I *s1* whistle II *v1* whistle; ~ *på* whistle for, (*hund*) whistle to; ~ *ut ngn* hiss s.b. [off the stage], *vard.* give s.b. the bird **-ing** (*-ande*) whistling; (*en* ~) whistle; (*kulas*) whizz, whistle
vissna fade; wither, wilt; ~ *bort* (*om pers.*) fade away
viss|o *s, i uttr.: till yttermera* ~ to make doubly sure, what is more **-t** *adv* **1** (*säkerligen*) certainly; to be sure; (*naturligtvis*) by all means; *det kan jag* ~ of course I can; *~t skall du göra det* [you should do so] by all means; *det tror jag ~t det* I most certainly think so; *helt* ~ [most] certainly; ~ *inte* not at all, by no means; *ja ~!* certainly!, of course!, yes, indeed!, *Am. äv.* sure!; *ja ~ ja!* yes, of course, that's true! **2** (*nog*) probably, no doubt; *han har ~ rest* he has left, I think; *du tror* ~ you seem to believe (think); *vi har ~ träffats förr* I'm sure we must have met before
visste *imperf av veta*
vis|stump scrap of a song **-sångare** ballad-singer
vist *s2* (*kortspel*) whist
vist|as *dep* stay; be; (*bo*) live; *hur länge har ni -ats här?* how long have you been [staying] here? **-else** stay; (*boende*) residence **-elseort** [place of] residence, dwelling-place, abode; *jur.* domicile
visthus[bod] storehouse; (*matbod*) pantry
visuell *a1* visual
visum *s8* visa (*pl* visas) **-ansökan** application for visa **-tvång** compulsory visa system
vit *a1* white; *de ~a* white people, the whites; *~a frun* the White Lady; ~ *slavhandel* white-slave traffic; *~a varor* white goods, linen drapery (*sg*); *sjön går* ~ the sea is white with foam **-a** *s1* white [of an egg] **-aktig** *a1* whitish
vital *a1* vital, of vital importance; (*livskraftig*) vigorous; (*mycket viktig äv.*) momentous **-itet** vitality; vigour
vitamin *s4* vitamin; *fettlösliga* (*vattenlösliga*) *~er* fat-(water-)soluble vitamins **-behov** vitamin requirement[s *pl*] **-brist** vitamin deficiency; avitaminosis **-fattig** deficient in vitamins **-halt** vitamin content **-isera** vitaminize **-isering** vitaminization **-källa** source of vitamins **-preparat** vitamin preparation **-rik** rich in vitamins
vit|beta *bot.* white beed **-bok 1** *s2, bot.* hornbeam **2** *~en -böcker, dipl.* white book
vite *s6* penalty, fine; *vid* ~ under penalty of a fine; *vid* ~ *av 10 pund* under [a] penalty of a £10 fine; *tillträde vid* ~ *förbjudet* trespassers will be prosecuted
vitesföreläggande order to pay a fine
vit|fläckig white-spotted **-glödande** incandescent, white-hot **-glödga** bring ... to a white heat **-grå** whitish grey; hoary **-gul** pale yellow, flaxen **-het** [-i:-] whiteness **-hårig** white-haired; hoary **-klädd** dressed in white **-klöver** shamrock, dutch clover **-kål** white cabbage **-kålshuvud** white cabbage
vitling [ˣvitt-] *zool.* whiting
vit|lök garlic **-lökesklyfta** clove of garlic **-mena** *v1* whitewash **-mening** whitewashing; *konkr*

whitewash **-metall** white metal **-mossa** peat-moss **-måla** paint ... white; *~d* painted white **-na** [-i:-] whiten, grow (*hastigt:* turn) white **-peppar** white pepper **-prickig** dotted with (spotted) white **-randig** striped [with] white **-rappa** rough-cast ... with white plaster
vitriol *s3* vitriol
vit|rysk -ryss Byelorussian, White Russian
Vitryssland Byelorussia, White Russia
vits *s2* (*ordlek*) pun; (*kvickhet*) joke, jest, witticism; *inte förstå ~en med ngt* not see the point of s.th. **-a** pun, crack jokes, joke **-are** punster, joker **-ig** *a1* full of puns (*etc.*); witty
vit|sippa wood anemone, windflower **-skäggig** with a white beard, white-bearded
vitsord (*vittnesbörd*) testimonial; (*omdöme*) verdict; (*i betyg*) grade, mark; *få goda ~* be highly recommended; *äga ~* be considered lawful evidence **-a** testify (bear testimony) to; *~ ngn* give s.b. a good character; *~ ngns duglighet* recommend s.b., testify to a p.'s ability
1 **vitt** *best. f. det vita* white; *klädd i ~* [dressed] in white; *göra svart till ~* swear black is white
2 **vitt** *adv* **1** (*vida*) widely (*skild* separated); wide, far (*åtskilda* apart); *~ och brett, ~ omkring* far and wide; *orda ~ och brett om* talk at great length on; *~ utbredd* widespread; *vara ~ skild från* (*bildl. äv.*) differ greatly from **2** *så ~ jag vet* as far as I know; *så ~ möjligt* as far as possible; *för så ~* (*ifall*) provided, if **-bekant** widely known, famous; (*ökänd*) notorious **-berest** *vara ~* have travelled a great deal, be a travelled person **-berömd** renowned, farfamed, illustrious **-berömdhet** wide renown
vitten ['vitt-] *r el. n, inte vara värd en* (*ett*) *~* not be worth a damn
vitter ['vitt-] *a2* literary; *en ~ man* (*äv.*) a man of letters **-het** literature, belles-lettres (*pl*) **-hetsakademi** academy of literature (*etc.*)
vitt|förgrenad *a5* with many ramifications, widely ramified **-gående** *a4* far-reaching (*följder* consequences); extensive (*reformer* reforms)
vittja examine [and empty] (*nät* nets); *~ ngns fickor* (*vard.*) pick a p.'s pockets
vittn|a (*inför domstol*) witness; give evidence (*om* of); (*intyga*) testify (*om* to), (*skriftligt*) certify; *~ om* (*bära -esbörd om*) bear witness to, (*visa äv.*) show **-e** *s6* witness (*till* of); *ha ~n på* have witnesses to; *i ~ns närvaro* before witnesses; *inkalla ngn som ~* call s.b. as a witness; *vara ~ till* be [a] witness to, witness
vittnes|berättelse deposition [of a witness], evidence **-bås** witness-box; *Am.* witness stand **-börd** [-ö:-] *s7* testimony; *jur.* evidence; *bära ~* testify; *bära falskt ~* bear false witness **-ed** oath [of a witness] **-ersättning** compensation to witnesses, witness's fee **-förhör** hearing of witnesses; *anställa ~* examine a witness **-gill** competent to witness; *~ person* competent witness **-mål** evidence; (*skriftligt*) deposition; *avlägga ~* give evidence
vitt|omfattande far-reaching, extensive; comprehensive (*studier* studies)
vittr|a weather, decompose
1 **vittring** *geol.* weathering, decomposition
2 **vittring** *jakt.* scent; *få upp ~* pick up the scent; *känna ~ efter* (*äv. bildl.*) catch the scent
vittsvävande high-aspiring, ambitious
vit|tvätt white washing **-varuaffär** linen-draper's business (shop) **-öga** white of the eye; *se döden i ~t* face death [bravely]
viv *s7, poet.* spouse
vivel *s2* weevil
vivisektion vivisection
vivre ['vi:ver] *s7* board and lodging; *fritt ~* free board and lodging, all found
vivör man about town, rake, roué
Vlissingen [ˣfliss-] *n* Flushing
voall *s3* voile
vodka [ˣvådd-] *s1* vodka
voffla [ˣvåff-] *s1, se våffla*
Vogeserna [få'ge:-] *pl* the Vosges
vokab|el *s3* vocable, word **-elsamling** *s2* **-ulär** *s3* vocabulary
vokal I *s3* vowel **II** *a1* vocal **-isation** vocalization **-ist** vocalist **-musik** vocal music **-möte** hiatus
vokativ [-ɷ:-, -å:-] *s3* vocative
volang *s3* flounce. frill
volauvent [vålå'vaŋ] *s3* vol-au-vent
volfram ['våll-] *s3, s4* tungsten; wolfram
volm [vållm] *s2* haycock **-a** cock
volontär [vålån'tä:r] *s3* (*på kontor*) voluntary worker, unsalaried clerk; *mil.* volunteer
1 **volt** [vållt] *s3* **1** (*luftsprång*) somersault; *slå en ~* turn a somersault **2** (*på ridbana*) volt
2 **volt** [vållt] *s9, elektr.* volt **-astapel** voltaic pile **-meter** voltameter
voluminös *a1* voluminous; (*skrymmande*) bulky
volym *s3* volume **-kontroll** volume control **-procent** percentage by volume
vom [våmm] *s2* rumen; paunch
vomera vomit
vorden [ˣvɷ:r-] *perf part av varda, se bliva*
vore (*imperf. konj. av 5 vara*) were; (*skulle vara*) should be (*1 pers.*), would be (*2 o. 3 pers.*); *det ~ trevligt* it would be nice
voter|a vote **-ing** voting, vote; *begära ~* demand a division (*om* on); *vid ~* on a vote
votivtavla [-ˣti:v-] votive tablet
votum *s8* vote
vov|ve *s2* **-vov** *interj* bow-wow
vrak *s7* wreck (*äv. bildl.*); *bli ~* get wrecked
vraka reject
vrak|gods wreckage, stranded goods; (*flytande*) flotsam; (*kastat över bord*) jetsam **-plundrare** wrecker **-plundring** plundering of wrecks, wrecking
vrakpris bargain-price, cut rate; *för ~* dirt-cheap
vrakspillror *pl* wreckage (*sg*), pieces of wreckage
1 **vred** *imperf av vrida*
2 **vred** *s7* handle; (*runt äv.*) knob
3 **vred** *a1, n sg obest. f. undviks* wrathful, irate; very angry; (*starkare*) furious (*på ngn* with s.b.) **-e** *s9* wrath; (*ursinne*) fury,

rage; (*ilska*) anger; *koka av* ~ foam with rage; *låta sin* ~ *gå ut över* vent one's anger on; *snar till* ~ quick to anger **-esmod** *i uttr.: i* ~ in anger **-esutbrott** outburst of anger, fit of rage **-gad** *a5*, *se vred*; *äv.* incensed, angered **-gas** *dep* get angry, become incensed

vrenskas *dep* be difficult to manage; (*om häst*) be restive (balky)

vresig *a1* cross, sullen, surly

vrick|a **1** (*vrida fram o. åter*) wriggle **2** (*båt*) scull **3** (*stuka*) sprain; ~ *foten* (*sig*) sprain one's ankle **-ad** *a5*, *vard.* (*tokig*) nuts, cracked **-borr** gimlet; (*större*) auger **-ning** **1** wriggling; (*en* ~) wriggle **2** sculling **3** spraining; (*en* ~) sprain; (*ur led*) dislocation **-åra** scull[ing-oar]

vrid|a *vred -it* **1** (*vända*) turn (*på huvudet* one's head); (*hårt*) wring (*nacken av en tupp* a cock's neck; *sina händer* one's hands) (*sno*) twist, wind; (*häftigt*) wrench; (*slita*) wrest; ~ *och vända på ett problem* turn a problem over; ~ *tvätt* wring [out] washing; ~ *ur led* put out of joint, dislocate **2** (*med beton. part.*) ~ *av* twist (wrench) ... off, (*kontakt*) switch off; ~ *fram klockan* put the clock (one's watch) forward; ~ *loss* wrench (wrest) ... loose; ~ *om* turn (*nyckeln* the key); ~ *på* (*gasen*) turn on, (*strömmen*) switch on; ~ *runt* turn round, revolve; ~ *sönder* break [... by twisting]; ~ *till* (*kran e.d.*) turn off; ~ *tillbaka klockan* put the clock (one's watch) back; ~ *upp* (*klocka*) wind up; ~ *ur* (*tvätt*) wring out **3** *rfl* turn, revolve (*runt en axel* round an axle); (*sno sig*) twist, wind; writhe (*av smärta* with pain); wriggle (*som en mask* like a worm) **-bar** [-i:-] *a1* revolving, rotating, turnable **-en** *a5* twisted; (*för-*) distorted, warped; *bildl.* (*rubbad*) cracked, unhinged **-hållfasthet** torsional (twisting) strength **-it** *sup av vrida* **-kondensator** adjustable disc condenser **-maskin** (*för tvätt*) wringer **-moment** torque, torsional moment **-motstånd** rheostat **-ning** [-i:d-] turning *etc.*; (*en* ~) turn *etc.* **-ningsrörelse** rotatory movement **-scen** revolving stage

vrist *s3* instep; (*ankel*) ankle; *anat.* tarsus; *smäckra* ~*er* slim ankles **-rem** shoe-strap

vrå *s5*, *s2* (*hörn*) corner, nook; (*undangömt ställe*) recess, cranny; *i en undangömd* ~ *av världen* in an out-of-the-way spot

vråk *s2*, *zool.* buzzard

vrål *s7* roar[ing], howl[ing], bellow[ing] **-a** roar, howl, bellow **-apa** howler **-åk** *vard.* flashy high-powered car

vrång *a1* **1** (*ogin*) disobliging, perverse, contrary; *vara* ~ *mot ngn* (*vard.*) make things difficult for s.b. **2** (*orätt*) wrong; ~ *dom* miscarriage of justice, wrong verdict **-bild** distorted picture, caricature **-strupe** *få ngt i* ~*n* have s.th. go down the wrong way

vräk|a *v3* **1** heave; (*kasta*) toss; (*huller om buller*) tumble; ~ *bort* toss (throw) away; ~ *i sig maten* gobble down the food; ~ *omkull* throw ... over; ~ *ur sig* (*bildl.*) spit out (*skällsord* invectives); ~ *ut* heave (*etc.*) ... out, (*pengar*) throw ... to the winds **2** (*avhysa*) evict, eject **3** *sjön -er* the sea is heaving; *regnet -er ner* it's pouring [rain]; *snön -er ner* the snow is falling in masses **4** *rfl* (*kasta sig*) throw (fling) o.s. down (*i* in); *bildl. vard.* play the swell; ~ *sig i en fåtölj* lounge about in an armchair; ~ *sig i lyx* roll in luxury **-ig** *a1* ostentatious, extravagant; *vard.* flashy **-ighet** ostentation, extravagance **-ning** [-ä:-] (*avhysning*) eviction, ejection **-ningsbeslut** eviction order

vränga *v2* **1** (*vända ut o. in på*) turn ... inside out **2** (*för-*) twist (*lag* the law)

vulgär *a1* vulgar, common **-latin** popular Latin

vulkan *s3* volcano **-isera** vulcanize **-isering** vulcanization **-isk** *a5* volcanic **-kägla** volcanic cone **-utbrott** volcanic eruption **-ö** volcanic island

vulst *s3* **1** *byggn.* torus, round **2** (*plåtslageri.*) upset **3** (*på däck*) bead, heel

vunn|en *a5* gained *etc.*, *se vinna*; *därmed är föga -et* there is little [to be] gained by that; *därmed är ändå ngt -et* that's something anyway **-it** *sup av vinna*

vurm *s2* mania, craze, passion (*för* for) **-a** have a craze (passion) (*för* for)

vurpa **I** *s1* (*kullkörning*) fall; (*kullerbytta*) somersault **II** *v1* overturn, make a somersault

vuxen *a3* **1** (*full-*) grown-up (*barn* children), adult; *barn och vuxna* children and grown ups (adults) **2** *vara situationen* ~ be equal to the occasion; *vara* ~ *sin uppgift* be equal (up) to one's task **-undervisning** adult education

vy *s3* view; (*utsikt äv.*) sight **-kort** picture postcard

vyss hushaby! **-a** lull (*i sömn* to sleep)

våd *s3* (*kjol-*) gore; (*tapet-*) length

våd|a *s1* **1** *jur.*, *av* ~ by misadventure (accident) **2** (*fara*) risk, danger **-adråp** unintentional homicide; *jur.* chance-medley **-askott** accidental shot **-eld** accidental fire **-lig** [-å:-] *a1* **1** *se farlig* **2** *vard.* (*förfärlig*) awful **-ligt** [-å:-] *adv*, *vard.* awfully

våff|eljärn waffle-iron **-elvävnad** honeycomb towelling (fabric) **-la** *s1* waffle

1 våg *s2* (*för vägning*) balance; (*butiks-, hushålls- e.d.*) scales (*pl*); *V~en* (*astron.*) Libra, the Scales

2 våg *s1* (*bölja, ljud-, ljus- etc.*) wave (*äv. bildl.*); (*dyning*) roller; (*störtsjö*) breaker; *poet.* billow; *gå i ~or* surge, (*friare äv.*) go in waves, undulate; *~orna går höga* the sea is running high; *diskussionens ~or gick höga* it was a very heated discussion

1 våga (*göra vågig*) ~ *håret* have one's hair waved

2 våga **1** (*tordas*) dare [to]; venture; (*djärvas*) make so bold as to; ~ *försöket* try the experiment; ~ *en gissning* hazard a guess; *friskt ~t är hälften vunnet* boldly ventured is half won; *du skulle bara ~!* you dare!; ~ *jag besvära er att ...?* may (might) I trouble you to ...?; *jag ~r påstå att* I venture to say that **2** (*äventyra*) risk, jeopardize (*sitt liv* one's life); (*sätta på spel*) stake (*sitt huvud på* one's life on); *jag ~r hundra mot ett att* I'll stake a hundred to one that **3** *rfl* venture; ~ *sig dit* (*fram*) venture [to go] there (to appear); ~ *sig på a*) (*ngt*) dare to tackle, *b*) (*ngn*) venture to approach (attack); ~ *sig ut i kylan* brave (venture out in) the cold; ~ *sig ut på djupet* dare to go into deep water **-d** *a5* (*djärv*) daring, bold; (*riskfylld*) risky, hazardous; (*frivol*) risqué, *vard.* near the bone; *det är litet -t att* it's a bit risky to

våg|berg ridge of a wave **-brytare** breakwater, pier, jetty **-dal** trough between two waves; *en* ~ (*bildl.*) the doldrums (*pl*)

våghals daredevil, madcap **-ig** *a1* foolhardy, reckless, rash

våg|ig *a1* wavy; waving, undulating **-kam** crest of a wave **-linje** wave-line; wavy (sinuous) line **-längd** wavelength

vågrät horizontal, level; *~a ord* (*i korsord*) clues across **-t** *adv* horizontally; ~ *5* (*i korsord*) 5 across

vågrörelse undulatory (wave) motion, undulation

vågsam [-å:-] *a1* risky, hazardous

vågskvalp lapping [of waves]

vågskål scale (pan) [of a balance]; *lägga ... i ~en* put ... in (on) the scale; *väga tungt i ~en* (*bildl.*) be weighty, carry weight

våg|spel -stycke bold venture, daring (risky) enterprise

våg|svall surging sea, surge **-topp** crest of a wave

våld *s7* **1** (*makt, välde*) power; (*besittning*) possession; *få* (*ha*) *... i sitt* ~ get (have) ... in one's power; *råka i ngns* ~ fall into a p.'s power; *ge sig i ngns* ~ deliver o.s. into a p.'s hands; *dra för fan i ~!* go to hell (the devil)! **2** (*maktmedel, tvång*) force; (*över-*) violence; (*våldsdåd*) outrage, assault (*mot* upon); *bildl.* violation (*mot den personliga friheten* of personal liberty); *med* ~ by force, forcibly; *med milt* ~ with gentle compulsion; *yttre* ~ violence; *begå* ~ resort to violence; *begå nesligt* ~ *mot, se -taga*; *bruka* ~ *mot* use force (violence) against; *bruka större ~ än nöden kräver* employ more force than the situation demands; *göra* ~ *på* violate; *göra* ~ *på sig* restrain o.s.; *öppna ... med* ~ force ... open **-föra** ~ [*sig på*] violate **-gästa** ~ [*hos*] abuse a p.'s hospitality, descend on s.b. [for a meal] **-sam** *a1* violent; (*om pers. äv.*) vehement; (*ursinnig*) furious; (*larmande*) tumultuous (*oväsen* noise); ~ *död* violent death; *göra ~t motstånd mot* violently resist **-samhet** violence; vehemence; fury; *~er* (*äv.*) excesses **-samt** *adv* violently; ~ *rolig* terrifically (terribly) funny

vålds|dåd act of violence; outrage **-härskare** tyrant **-man** *se -verkare* **-politik** policy of violence **-verkare** perpetrator of an outrage, assailant **-åtgärder** forcible means

våld|taga violate, rape; *jur.* assault **-täkt** *s3* rape; *jur.* indecent assault **-täktsförsök** attempted rape **-täktsman** person guilty of rape, rapist

vålla (*förorsaka*) cause, be the cause of; bring about; (*åsamka*) give (*ngn besvär* s.b. trouble); ~ *ngn smärta* (*äv.*) make s.b. suffer **-nde I** *s6*, *för* ~ *av annans död* for causing another person's death, for manslaughter **II** *a4*, *vara* ~ *till* be the cause of

vålm *s2*, *se volm*

vålnad [ˣvå:l-] *s3* ghost, phantom, apparition; *Skottl.* wraith

våm [våmm] *s2*, *se vom*

vånda *s1* agony; throes (*pl*) **-s** *dep* suffer (be in) agony; ~ *inför ngt* dread s.th.; ~ *över ngt* go through agonies over s.th.

våning 1 (*lägenhet*) flat; *Am.* apartment; *en* ~ *på tre rum och kök* a three-room[ed] flat with a kitchen **2** (*etage*) stor[e]y, floor; *övre ~en* the upper (top) floor; *ett tre ~ar högt hus* a three-storey[ed] house; *på första ~en* (*botten-*) on the ground (*Am.* first) floor; *på andra ~en* (*en trappa upp*) on the first (*Am.* second) floor

våningsbyte exchange of flats

våp *s7* goose, simpleton, silly **-ig** *a1* soft

1 vår *pron*; *fören.* our; *självst.* ours; *de ~a* our people, (*~a trupper*) our men; *allas* ~ *vän* the friend of all of us, our mutal friend; *vi skall göra ~t* (*~t bästa*) we shall do our part (our utmost)

2 vår *s2* spring; *poet.* springtime; *i livets* ~ in the prime of life; *i* ~ this spring; *i ~as* last spring; *om* (*på*) *~en* (*~arna*) in spring **-as** *dep*, *det* ~ spring is on the way **-blomma** spring flower **-bruk** spring farming **-brytning** *i ~en* as winter gives way to spring

1 vård [vå:-] *s2* (*minnesmärke*) monument, memorial

2 vård [vå:-] *s2* (*omvårdnad*) care (*om* of); (*tillsyn äv.*) charge, custody; (*sjuk- äv.*) nursing; *få god* ~ be well cared for (looked after); *ha* ~ *om* have charge (the care) of; *den som har* ~ *om* the man (*etc.*) in (who takes) charge of; *lämna ngt i ngns* ~ leave s.th. in a p.'s charge **-a 1** take care of, look after; (*sjuka*) nurse; (*ansa*) tend; (*bevara*) preserve (*minnet av* the memory of); *han ~s på sjukhus* he is [being treated] in hospital **2** *rfl*, ~ *sig om* take care of, cherish, cultivate **-ad** *a5* careful; (*om klädsel, hår*) well-groomed; (*väl-*) well-kept; (*prydlig*) neat (*handstil* handwriting); *-at språk* correct language; *använd ett -at språk!* mind how you speak!; *ett -at yttre* a well-groomed appearance

vårdag spring day **-jämning** vernal equinox

vård|anstalt nursing home (institution) **-are** caretaker; (*sjuk-*) male nurse, attendant; (*djur-*) keeper; (*bevarare*) preserver **-arinna** nurse; *jfr -are* **-fall** *vara ett* ~ be in need of professional care **-hem** nursing home **-kas**[e] *s2* beacon **-nad** *s3* guardianship; *ha ~en om* have the custody of **-nadshavare** guardian, custodian; *jur.* next friend **-personal** medical (nursing) staff

vårdslös [ˣvårrs-, ˣvå:rds-] careless (*i* in; *med* with); negligent (*i* in; *med* of); (*försumlig äv.*) neglectful (*med sitt utseende* of one's appearance); (*slarvig*) slovenly (*klädsel* dress) **-a** neglect, be careless about, be neglectful of **-het** carelessness, negligence, neglect; *grov* ~ gross negligence; ~ *i trafiken* careless driving

vårdtecken token

vårflod spring flood

vårfrudagen Lady (Annunciation) Day

vår|hatt spring hat **-himmel** spring sky **-känsla** *ha -känslor* have the spring feeling **-lig** [-å:-] *a1* vernal, ... of spring, spring **-lik**

springlike **-luft** spring air **-lök** *bot.* gagea **-mod** spring fashion **-regn** spring rain **-sidan** *på* ~ when spring comes (came) **-sol** spring (vernal) sun **-sådd** spring sowing **-säd** spring-(summer-)corn(grain)

vårt|a [ˣvå:r-] *s1* wart **-bitare** *zool.* green grasshopper

vår|tecken sign of spring **-termin** spring term

vårt|lik wart-like **-svin** wart-hog

vår|vind spring (vernal) breeze **-vinter** late winter

våt *a1* wet (*av* with); (*fuktig*) moist, damp; (*flytande*) liquid, fluid; *bli* (*vara*) ~ *om fötterna* get (have) wet feet; *hålla ihop i ~t och torrt* stick together through thick and thin **-docka** *sjö.* wet dock **-stark** *~t papper* wet-strength paper **-varm** warm and wet **-varor** liquids; (*sprit-*) alcoholic beverages **-värmande** *a4*, ~ *omslag* fomentation

väbel ['vä:-] *s2*, *mil.* regimental sergeant major

väck [*puts*] ~ gone, lost, vanished

väck|a *v3* **1** (*göra vaken*) wake [up]; rouse [... from sleep]; (*på beställning*) call; *bildl.* awaken (*äv. relig.*), [a]rouse (*till* to; *ur* from, out of); ~ *ngn till besinning* call s.b. to his (her) senses; ~ ... *till liv* bring back ... to life, *bildl. äv.* arouse, revive **2** (*framkalla*) awaken (*medlidande* compassion), cause (*förvåning* astonishment); arouse (*nyfikenhet* curiosity; *misstankar* suspicion (*sg*); *sympati* sympathy); (*upp- äv.*) raise (*förhoppningar* hopes); excite (*avund* envy; *beundran* admiration), call up (*gamla minnen* old memories), call forth (*gillande* approbation), provoke (*vrede* anger); (*ge upphov t.*) create, cause (*oro* alarm); ~ *intresse* awaken (arouse) an interest; ~ *tanken på ngt* evoke the idea of s.th., suggest s.th.; ~ *uppmärksamhet* attract attention **3** (*framställa*) bring up, raise (*en fråga* a question); ~ *förslag om* propose, suggest **-ande** *s6*, ~ *av åtal* [the] bringing [of] an action **-arklocka** alarm clock

väckelse [religious] revival **-möte** revivalist meeting **-predikant** revivalist **-rörelse** revivalist movement, revival

väck|ning awakening; (*per telefon*) alarm call; *få jag be om* ~ *kl. 6* I should like to be called at 6 **-t** *a4* woken, awakened *etc.*; *relig.* saved

väd|er ['vä:-] *s7* **1** weather; *-rets makter* the clerk (*sg*) of the weather; *ett sådant ~!* what weather!; *i alla* ~ in all weathers, *bildl. äv.* in rain and shine; *det är fult* (*vackert*) ~ it is dirty (nice) weather; *det ser ut att bli vackert* ~ the weather looks promising; *det vackra -ret forsätter* it is keeping fine; *vad är det för ~?* what is the weather like?; *om -ret tillåter* weather permitting **2** (*luft, vind*) air, wind; *~och vind* wind and weather; *hårt* ~ stormy weather; *prata i -ret* talk rubbish through one's hat; *släppa* ~ break wind; *gå till ~s* rise [in the air], *sjö.* go [up] aloft

väder|beständig weatherproof, weather-resistant **-biten** *a5* weather-beaten **-korn** scent; *gott* ~ [a] keen scent, [a] sharp nose; *hunden har fått* ~ *på* the dog has picked up the scent of (has scented) **-kvarn** windmill **-lek** weather

väderleks|förhållanden weather conditions **-förändring** change in the weather **-karta** weather map (chart) **-prognos** weather forecast **-rapport** weather report (forecast) **-station** meteorological (weather) station **-tjänst** weather service (bureau); meteorological office **-utsikter** *pl* weather forecast (*sg*)

väder|spåman weather prophet **-spänd** flatulent **-streck** quarter; point of the compass; *i vilket ~?* in what quarter?; *de fyra ~en* the four cardinal points

vädj|a [ˣväd-] ~ *till* appeal to (*äv. jur.*) **-an** *r* appeal **-ande** *a4* appealing (*blick* look) **-obana** lists (*pl*); (*livets* life's) arena

vädr|a [ˣvä:d-] **1** (*lufta*) air; ~ *kläder* (*äv.*) give the clothes an airing **2** (*få vittring av*) scent (*äv. bildl.*); sniff **-ing** airing *etc.*

vädur *s2* ram; *V~en* (*astron.*) Ram, Aries

väft *s3* weft

väg *s2* **1** *konkr.* road; (*mer abstr. o bildl.*) way; (*bana*) path, course; (*färd-*) journey, drive, ride, walk; (*sträcka*) distance; (*rutt*) route; (*levnadsbana*) career; *~en till* the road to; *allmän* (*enskild*) ~ public (private) road; *den breda* (*smala*) *~en* (*bildl.*) the broad (narrow) path; *förbjuden ~!* no thoroughfare!; *halva ~en* half way; *raka ~en* the straight course; *gå raka ~en hem* go straight home; *fyra timmar*- ~ four hours' journey (drive, walk); *bryta nya ~ar* (*bildl.*) break new ground; *det är lång* ~ *till* it is a long way to; *vilken* ~ *gick de?* which way did they go (road did they take)?; *gå ~en fram* [be] walk[ing] along the road; *gå all världens* ~ go the way of all flesh; *gå sin* ~ go away, *vard.* be off; *gå din ~!* go away!, make yourself scarce!; *gå sin egen* ~ go one's own way; *om du har ~arna hitåt* if you happen to be [coming] this way; *resa sin* ~ go away, leave; *ta ~en* take the road (*genom* through; *över, förbi* by); *vart skall du ta ~en?* where are you going (off to)?; *inte veta vart man skall ta ~en* not know where to go; *vart har min hatt tagit ~en?* what has become of my hat?; *gå före och visa ~en* lead the way **2** (*föregånget av prep*) *i* ~ off; *gå* (*komma*) *i ~en för ngn* be (get) in a p.'s way; *ge sig i* ~ be off (*till* for); *ngt i den ~en* s.th. like that (of that sort); *lägga hinder i ~en för ngn* put obstacles in a p.'s way; *längs ~en* along the road[side]; *på ~en* on the way (*dit* there); *på diplomatisk* ~ through diplomatic channels, diplomatically; *på laglig* ~ by legal means, legally; *inte på långa ~ar* (*bildl.*) not by a long way (chalk); *ett gott stycke på* ~ well on the way; *följa ngn ett stycke på* ~ accompany s.b. part of the way; *vara på* ~ *till* be on one's way to; *vara på* ~ *att* be on the point of (+ *ing-form*); *vara på god*~ *att* be well on the way to; *gå till ~a* proceed, go about it; *under ~en* on the (one's) road (way), en route; *ur ~en* out of the way; *ur ~en!* get out of the way!, stand aside!; *gå ur ~en för ngn* get out of a p.'s way; *det vore inte ur ~en om* (*att*) it wouldn't be

a bad idea to; *vid ~en* near (by the side of) the road, by the roadside
väg|a *v2* weigh (*äv. bildl.*); *hur mycket -er du?* how much do you weigh?; *hon -er hälften så mycket som jag* she is half my weight; *det -er jämnt* the scales are even; *det står och -er mellan* (*bildl.*) the decision lies (*vard.* it is a toss-up) between; *~ skälen för och emot* weigh the pros and cons; *sitta och ~ på stolen* sit balancing [on] one's chair; *det är väl -t* it is good weight; *hans ord -er tungt* his words carry great weight; *~ upp a*) *eg.* weigh out, *b*) (*~ mer än*) poise up, *c*) (*upp-, bildl.*) [counter-]-balance **-ande** *a4* weighty; [*tungt*] *~ skäl* weighty reasons
väg|arbetare road worker **-arbete** road work; (*på skylt*) Road Up!, Men at Work!, Road under Repair! **-bana** roadway; *slirig ~* slippery roadway (road surface) **-bank** road embankment
vägbar [-ä:-] *a1* ponderable
väg|beläggning road surface (metalling) **-bom** [road] barrier **-byggare** road-builder, roadmaker **-bygge** road-construction (-work, -building, -making) **-farande I** *a4* travelling; *poet.* wayfaring **II** *s9* traveller; (*trafikant*) road user **-förbindelse** road communication; *det finns ~ till* there is a road going to **-förvaltning** road maintenance authority
vägg *s2* wall; (*tunn skilje-*) partition; *bo ~ i ~ med* live next door to; *~arna har öron* walls have ears; *köra huvudet i ~en* (*bildl.*) run one's head against a wall; *ställa ngn mot ~en* (*bildl.*) drive s.b. into a corner, press s.b. hard; *uppåt ~arna* (*bildl.*) all wrong, wide of the mark; *det är som att tala till en ~* it's like talking to a brick wall **-almanack[a]** wall calendar **-block** *byggn.* wall panel **-bonad** wall-hanging, tapestry **-fast** fixed to the wall; *~a inredningar* fixtures; *~ skåp* wall cabinet (cupboard) **-klocka** wall clock **-kontakt** wall socket (plug) **-lus** bug **-målning** mural (wall) painting **-pelare** pilaster **-uttag** point, wall socket **-yta** wall space (surface)
väg|hyvel road grader (drag) **-hållning** [road making and] road maintenance; (*bils*) road-holding **-kant** roadside **-karta** road map **-korsning** [road] crossing, crossroads **-krök** curve (bend) in the road **-lag** *s7* state of the road; *halt ~* slippery road **-leda** guide; direct; *några ~nde ord* a few [introductory] directions **-ledare** guide; counsellor **-ledning** guidance; *till ~ för* for the guidance of; *tjäna som ~* serve as a guide **-märke** road sign **-mätare** mileometer; *Am.* odometer **-mätarställning** mileage
vägnar [ˣväŋnar] *pl*, [*p*]*å ngns ~* on behalf of s.b.; *å tjänstens* (*ämbetets*) *~* by (in) virtue of one's office, ex officio; *rikt utrustad å huvudets ~* well equipped with brains, very clever, brainy
vägning [ˣvä:g-] weighing
väg|nät road network **-- och vattenbyggare** civil engineer **-- och vattenbyggnad[skonst]** civil engineering, road-construction and hydraulic engineering **-port** [road] underpass, road-arch
vägra [ˣvä:g-] refuse; (*om häst äv.*) balk, jib; *~ att mottaga* refuse [to accept], decline **-n** *r* refusal; declining
väg|rätt right of way **-skatt** road tax **-skrapa** road grader (scraper) **-skylt** road (traffic) sign **-skäl** fork [in a road]; *vid ~et* at the crossroads **-spärr** road block; *mil.* barricade **-sträcka** stretch [of a road], road section; (*avstånd*) distance **-styrelse** highway (road) board **-trafikförordning** highway code, road (*Am.* highway) traffic act; *överträdelse av ~en* (*vanl.*) motoring offence **-underhåll** road maintenance **-vett** road sense **-visare 1** *pers.* guide **2** (*bok*) guide, guide-book, directory **3** (*skylt*) direction post (sign), sign-post **-vält** [road] roller **-övergång** viaduct, flyover, overpass
väj|a [ˣväja] *v2* make way (*för* for); give way (*för* to); *sjö.* veer, give way; *~ för* (*undvika*) avoid; *inte ~ för ngt* (*bildl.*) not mind anything, stick at nothing **-ningsplikt** *sjö.* obligation to veer (give way)
väktare custodian, watchman, guard[ian]; *ordningens ~* the guardians of law and order
väl I *n* welfare, well-being; *det allmännas ~* the common weal; *vårt ~ och ve beror på* our happiness is dependent upon **II** *bättre bäst, adv* **1** *beton.* [vä:l] **a)** (*bra, gott*) well; *~ förfaren* experienced; *allt ~!* all's well!; *så ~!* what a good thing!; *befinna sig ~* be well; *det går aldrig ~!* it can't turn out well!; *om allt går ~* if nothing goes wrong; *hålla sig ~ med ngn* keep in with s.b.; *ligga ~ till* be in a favourable position; *låta sig ~ smaka* enjoy one's food; *stå ~ hos ngn* be on the right side of s.b.; *ta ~ upp* receive ... favourably; *tala ~ om* speak well of; *veta mycket ~ att* be perfectly (fully) aware that; *det var för ~ att* it was a blessing that **b)** (*alltför*) rather [too], over; (*över*) over, rather more [...] than; *~ mycket* rather too much; *~ stor* rather (almost too) big; *gott och ~* well over (*1 timme* one hour); *länge och ~* for ages, no end of a time **c)** (*omsider, en gång*) once; *det hade inte ~ börjat förrän* no sooner had it begun than; *när hon ~ hade somnat var hon* once asleep she was **d)** *inte henne men ~ hennes syster* not her but her sister **2** *obeton.* [väll] **a)** (*uttryckande förmodan el. förhoppning*) surely; (*förmodar jag*) I suppose; (*hoppas jag*) I hope; *du kommer ~?* I hope you will come!; *du är ~ inte sjuk?* you are surely not ill?, you are not ill, are you?; *han får ~ vänta* he will have to wait; *jag gör ~ det då* I suppose I had better do that then; *det kan ~ hända* that's possible; *det kan mycket ~ tänkas att hon* there is every possibility of her (+ *ing-form*); *det var ~ det jag trodde* that's just what I thought; *de är ~ framme nu* they must be there by now; *det är ~ inte möjligt* it can't be possible; *det hade ~ varit bättre att ...* wouldn't it have been better to ...?; *du vet ~ att* I suppose you know, you must know **b)** (*som fyllnadsord i frågor*) *vem kunde ~ ha trott det?* who would have believed such a thing?; *vad är ~ lycka?* what is happiness [after all]? **3** *så ~ som* as well as **II** *interj, ja ~!* of course!; *nå ~!* well then!

väl|an well [then]! **-artad** [-a:r-] *a5* well-behaved **-avlönad** well-paid **-befinnande** well-being **-behag** pleasure; complacency **-behållen** safe [and sound]; (*om sak*) in good condition; *komma fram* ~ arrive safely **-behövlig** badly (much) needed **-bekant** well-known **-beställd** (*om pers.*) duly installed **-betänkt** well-advised, judicious; *mindre* ~ ill-advised, injudicious **-boren** honourable **-borenhet** [-å:-] *Ers* ~ your Excellency **-bärgad** well-to-do; wealthy

väld|e *s6* **1** (*rike*) state, empire **2** (*makt*) domination, power; *bringa ett folk under sitt* ~ bring a people under one's domination (sway), subject a people **-ig** *a1* **1** (*stor*) huge; enormous; (*vidsträckt*) immense, vast **2** (*mäktig*) mighty **-igt** *adv, vard.* awfully, tremendously, terrifically

väl|doftande fragrant **-funnen** *a5* apt (*uttryck* phrase) **-fylld** well-filled **-fägnad** food and drink; good cheer **-färd** [-ä:-] *s3* welfare; well-being **-färdssamhälle** welfare state **-född** well-fed; plump **-förrättad** *a5, efter -förrättat värv gick han* ... having completed his job he went ... **-försedd** *a5* well-stocked (-supplied) **-förtjänt** well-earned; well-deserved; *få sitt ~a straff* get the punishment one deserves; *det var ~!* that served you (*etc.*) right! **-gjord** well-made **-grundad** well-founded; good (*anledning* reason) **-gräddad** *a5* well-baked **-gång** prosperity, success; *lycka och ~!* all good wishes for the future! **-gångsskål** toast; *dricka en ~ för ngn* drink [to] a p.'s health **-gångsönskningar** good wishes **-gärning** kind (charitable) deed; (*om sak*) blessing, boon; *det var då en ~ att* it was a real blessing (boon) that **-gödd** [-j-] *a5* well-fattened

välgör|ande [-j-] *a4* (*nyttig*) beneficial (*solsken* sunshine); (*hälsosam*) salutary (*sömn* sleep), refreshing; ~ *ändamål* charitable purposes; *vara ~ för ngn* (*äv.*) be good for s.b., do s.b. [a lot of] good **-are** benefactor **-enhet** charity **-enhetsinrättning** charitable institution **-enhetsmärke** charity seal (*frimärke:* stamp) **-erska** benefactress

välinformerad [-å-] *a5* well-informed (*kretsar* circles)

välj|a *valde valt* **1** (*ut-*) choose (*bland* from, out of; *mellan* between; *till* as); (*noga*) select, pick (*sina ord* one's words), pick out (*äv.* ~ *ut*); *få* ~ be allowed to choose, have one's choice; *låta ngn* ~ give s.b. the choice; *inte ha mycket att ~ på* not have much choice; ~ *bort* (*skolämne*) drop **2** (*genom röstning*) elect (*ngn t. president* s.b. president); (*t. eng. parl.*) return; ~ *in ngn* elect s.b. [as] a member (*i* of); ~ *in ngn i styrelse* elect s.b. to a board; ~ *om* relect **-are** voter, elector **-arkår** electorate

välklädd well-dressed **-het** being well dressed

välkom|men [-å-] *a5* welcome; *~!* I am (*etc.*) glad to see you!; *hälsa ngn* ~ welcome s.b. **-na** welcome

välkomst|bägare [-å-] *tömma en* ~ drink a toast of welcome **-hälsning** [address of] welcome **-ord** *pl* word of welcome

välkänd well-known

välla *v2* **1** gush (well, spring) (*fram* forth, up; *fram ur* from); ~ *upp* ooze **2** *tekn.* weld

vällevnad good (luxurious) living, [life of] luxury

välling gruel **-klocka** farm[yard] bell

väl|ljud euphony; *mus.* harmony, melody **-ljudande** [-j-] *a4* euphonious; harmonious, melodious; (*om instrument*) ... with a beautiful tone; (*om toner*) sweet **-lovlig** *i ~a ärenden* on lawful occasions **-lukt** sweet smell (scent); perfume, fragrance; *sprida* ~ fill ... with fragrance, smell sweet **-luktande** *a4* sweet-smelling(-scented); aromatic; fragrant **-lust** voluptuousness; sensual pleasure **-lustig** *a1* voluptuous; sensual; (*liderlig*) libidinous **-lusting** voluptuary; sensualist; (*liderlig pers.*) libertine, debauchee **-läsning** elocution **-makt** prosperity **-menande** *a4* well-meaning(-intentioned) **-mening** good intention; *i bästa* ~ with the best of intentions **-ment** [-e:-] *a4* well-meant **-meriterad** *a5* highly-qualified, meritorious **-motiverad** *a5* well-founded, well justified **-mående** *a4* thriving; (*blomstrande*) flourishing, prosperous; (*-bärgad*) well-to-do; *se ~ ut* look prosperous (thriving) **-måga** *s1* well-being, good health; *i högönsklig* ~ in the best of health **-ordnad** well-arranged (-organized); well-managed (*affärer* affairs) **-orienterad** well-informed **-pressad** *a5* well-pressed **-rakad** *a5* clean-shaved **-renommerad** [-å-] *a5* well-reputed(-established) **-riktad** *a5* well-aimed(-directed) **-sedd** *a5* acceptable; welcome (*gäst* guest)

välsign|a [-'siŋna] bless **-ad** *a5* blessed; (*besvärlig, vard. äv.*) confounded; *i -at tillstånd* in the family way **-else** blessing; (*bön*) benediction; *ha ~ med sig* bring a blessing [in its (*etc.*) train]; *det är ingen ~ med* no good will come of **-elsebringande** *a4* blessed, beneficial **-elserik** ... full of blessings

väl|sinnad *a5* well-disposed **-sittande** *a4* well-fitting **-situerad** *a5* well-situated, in good circumstances **-skapad** *a5* well-shaped; (*-formad äv.*) shapely; *ett -skapt gossebarn* a bonny boy **-skriven** *a5* well-written (*bok* book) **-skrivning** *skol.* writing **-skött** [-ʃ-] *a4* well-managed (*affär* business); well-kept (*trädgård* garden); well-tended (*händer* hands); well looked after (*baby* baby) **-smakande** *a4* appetizing; (*läcker*) delicious; (*svagare*) palatable **-sorterad** (*med god sortering*) well-stocked(-assorted); *vara* ~ have a wide range (large assortment) of goods **-stånd** prosperity; wealth **-sydd** *a5* well-tailored(-cut)

vält *s2* roller; *jordbr. äv.* packer

1 välta I *s1* (*timmer-*) log pile **II** *v1* roll

2 välta *v3* **1** (*stjälpa*) upset (*äv. ~ omkull*) **2** (*ramla omkull*) fall over; (*köra omkull*) turn over, (*om bil*) overturn

vältal|are orator **-ig** *a1* eloquent **-ighet** eloquence

vältra 1 (*flytta*) roll [... over], trundle; ~ *skulden på ngn* throw the blame on s.b.; ~ *bort* (*åt sidan*) roll away **2** *rfl*, ~ *sig i gräset* roll over in the grass; ~ *sig i smutsen* wallow in the mud; ~ *sig i pengar* roll in money

väl|tränad *a5* well-trained **-underrättad** *a5, se -informerad* **-uppfostrad** *a5* well-bred (-mannered); *deras barn är ~e* their child-

ren are well brought up **-utrustad** *a5* well--equipped(-appointed)
välva *v2* **1** (*förse med valv*) vault, arch **2** *rfl* form a vault (an arch), vault **3** ~ *stora planer* revolve great plans
välvil|ja benevolence; good-will, kindness; *hysa* ~ *mot* be well disposed towards; *visa ngn* ~ show s.b. kindness; *mottogs med* ~ was favourable received **-lig** benevolent; kind[ly] **-ligt** *adv* benevolently; kindly; ~ *inställd mot* favourably disposed towards
välvning vaulting, arching; *konkr.* vault, arch
väl|vårdad well-kept; (*om pers.*) groomed **-växt** *a4* shapely, well-formed
vämj|as *v2 el. vämdes vämts, dep,* ~ *vid* be disgusted (nauseated) at (by) **-elig** *a1* nauseous, disgusting; loathsome **-else** loathing, disgust; (*starkare*) nausea; *känna* ~ *vid* be revolted by
1 vän [vä:n] *a1* fair; lovely, graceful
2 vän [vänn] *s3* friend; *vard.* pal, chum; *min lilla* ~ (*i tilltal*) my dear [child]; *en* ~ *till mig* a friend of mine, one of my friends; ~ *av ordning* a lover of law and order; *släkt och ~ner* friends and relations; *goda ~ner* close friends; *ha en* ~ *i ngn* (*ngn till* ~) have a friend in s.b., have a p.'s friendship; *bli* (*vara*) ~ *med* make (be) friends with; *jag är mycket god* ~ *med honom* he is one of my greatest friends; *inte vara ngn* ~ *av* (*äv.*) not be fond of, dislike
vänd|a *v2* (*ge* (*intaga*) *annat läge*) turn; (*rikta äv.*) direct; *sjö.* go about; ~ *en bil* turn a car [round]; ~ *hö* turn over hay; ~ *ngn ryggen* turn one's back upon s.b.; ~ *stegen hemåt* direct one's steps homewards; *var god vänd!* please turn over (p.t.o.), *Am. äv.* over; *vänd mot öster* facing the east; *med ansiktet vänt mot* facing; ~ *allt till det bästa* make the best of it; ~ *ngt till sin fördel* turn s.th. to one's advantage; ~ *om* (*tillbaka*) turn [back]; ~ *på* turn [over]; ~ *på huvudet* turn one's head; ~ *på sig* turn round; ~ *på slanten* look twice at one's money; *vrida och* ~ *på* turn and twist; ~ *upp och ner* (*ut och in*) *på* turn ... upside down (inside out); ~ *åter* return **2** *rfl* turn (*omkring* about, round); (*om vind*) shift, veer; (*förändras*) change; ~ *sig kring en axel* (*äv.*) revolve on an axle; ~ *sig i sängen* (*äv.*) turn over in bed; *bladet har vänt sig* the tables are turned; *inte veta vart man skall* ~ *sig* not know which way to turn; *hans lycka -e sig* his luck changed; ~ *sig ifrån* turn away from; ~ *sig mot* turn towards (*fientligt:* against, upon); ~ *sig om* turn round; ~ *sig till ngn a*) *eg. bet.* turn to[wards] s.b., *b*) (*med fråga e.d.*) address s.b., *c*) (*för att få ngt*) apply (appeal) to s.b. (*för att få* for), see s.b. (*för att få* about) **-bar** *a1* turnable; (*omkastbar*) reversible (*kappa* coat) **-kors** turnstile **-krets** tropic[al circle]; *Kräftans* (*Stenbockens*) ~ the Tropic of Cancer (Capricorn) **-ning 1** (*-ande*) turning *etc.* **2** ([*in*]*riktning*) turn; (*förändring*) change (*t. det bättre* for the better); (*uttryckssätt*) turn [of phrase], term; *ta en annan* ~ take a new turn; *ta en allvarlig* ~ take a serious turn; *vara kvick i ~arna* be alert (nimble); *vara långsam i ~arna* be slow on one's feet, *vard.* be a slowcoach **-punkt** turning-point (*äv. bildl.*); *bildl. äv.* crisis; *utgöra en* ~ mark a turning-point **-skiva 1** *järnv.* turn-table **2** (*på plog*) mould--board **-tapp** trunnion
vän|fast constant in friendship, [loyally] attached to one's friends **-gåva** gift from a friend **-inna** girl-(lady-)friend
vänja *vande vant* **1** accustom (*vid* to), familiarize (*vid* with); (*härda*) inure, harden (*vid* to); *~s vid att* be trained to the habit of (+ *ing-form*); ~ *ngn av med att* get s.b. out of [the habit of] (+ *ing-form*); ~ *ngn av med en ovana* cure s.b. of a bad habit **2** *rfl* accustom o.s. (*vid* to); (*bli van*) get accustomed (used) (*vid* to); ~ *sig av med att* get out (rid o.s) of the habit of (+ *ing-form*)
vän|krets circle of friends **-lig** *a1* kind (*mot* to); (*välvillig äv.*) kindly; (*-skaplig*) friendly; *~t ansikte* (*leende, råd*) friendly face (smile, piece of advice); *så ~t av er!* how kind of you!; *ett ~t mottagande* a kind reception, a friendly welcome **-ligen** kindly **-lighet** kindness; kindliness; friendliness; *i all* ~ in a friendly way, as a friend **-ligt** *adv* kindly *etc.*; ~ *sinnad* friendly **-ort** sister community; adopted town (city) **-pris** *till* ~ at a price as between friends **-skap** *s3* friendship (*för, till* for); *fatta* ~ *för* get friendly with; *hysa* ~ *för* have a friendly feeling towards (for); *för gammal ~s skull* for old times' (friendship's) sake **-skaplig** [-a:-] *a1* friendly; *leva på* ~ *fot med* be on friendly terms with **-skaplighet** [-a:-] friendliness, amicability; *i all ~, se under -lighet* **-skapligt** [-a:-] *adv* in a friendly way; amicably; ~ *sinnad* friendly
vänskaps|band tie (bond) of friendship; *knyta* ~ *med* form a friendship with **-bevis** token of friendship **-full** kind, friendly **-match** friendly match **-pakt** treaty of friendship, friendship pact
Vänskapsöarna *pl* the Friendly (Tonga) Islands
vänslas *dep* fawn
vänster ['vänn-] **I** *a, best. f. vänstra* left (*jfr höger*) **II 1** *oböjl. s, till* ~ to the left (*om* of) **2** *s9, polit., ~n* the Left **-flygel** *polit.* left wing; *tillhöra ~n* be a leftist **-gänga** left-hand[ed] thread **-hänt** *a4* left-handed **-radikal** leftist **-sida** (*i bok*) left-hand page **-styrning** (*av bil*) left-hand drive **-sväng** left turn **-trafik** left-hand traffic **-vridning** *polit.* veering (swing) to the left
vänsäll popular; *vara* ~ have many friends
vänt|a 1 (*motse, förvänta* [*sig*]) expect (*besked* an answer; *att ngn skall komma* s.b. to come; *av* from); (*förestå*) await, be in store for; *det är att* ~ it is to be expected; *det var inte annat att* ~ what else could you expect?; *som man kunde ha ~t sig* as might have been expected; *han ~s hit i dag* he is expected to arrive here today; *döden ~r oss alla* death awaits us all; *du vet inte vad som ~r dig* you don't know what is in store for you; ~ *ut ngn* wait for s.b. to go (come) **2** (*avvakta, bida*) wait (*på* for; *på att ngn skall* for s.b. to; *och se* and see); ~ *lite!* wait a bit!; ~ *länge* wait a long time;

få ~ have to wait; *gå och* ~ wait [and wait]; *låta ngn* ~ keep s.b. waiting; *låta* ~ *på sig a)* (*om pers.*) keep people (*etc.*) waiting, be late, *b)* (*om svar e.d.*) be long in coming; ~ *med* (*uppskjuta*) put off, (*sitt omdöme e.d.*) postpone, reserve; ~ *inte med middagen* don't wait dinner **3** *rfl* expect (*mycket av* a lot from; *ett kyligt mottagande* a cool reception); *det hade jag inte ~t mig av dig* I didn't expect that from you **-an** *r* wait, waiting; (*för-*) expectation; (*spänd* ~) suspense; *i* ~ *på* while waiting for, awaiting, pending **-elista** waiting list **-etid** time of waiting, wait, waiting period; *under ~en kan vi* while we are waiting we can **-hall** waiting-room

väntjänst *göra ngn en* ~ do s.b. a good turn

vänt|rum -sal waiting-room

väpna [ˣvä:p-] arm **-re** *hist.* [e]squire

väppling trefoil, clover

1 värd [vä:-] *s2* host; *se äv. hyres-, värdshus-; fungera som* ~ act as host, do the honours

2 vär|d [vä:-] *a5* **1** worth (*besväret* the trouble; *att läsa*[*s*] reading); (*värdig, förtjänt av*) worthy (*all uppmuntran* of every encouragement; *beröm* of praise); *inte vara mycket* ~ (*bildl.*) be good for nothing; *arbetaren är* ~ *sin lön* the labourer is worthy of his hire; ~ *priset* worth the price, good value; *det är -t att lägga märke till* it is worth noting; *det är inte mödan -t* it is not worth while; *det är fara -t att* it is to be feared that; *det är inte -t att du gör det* you had better not do it **2** (*aktningsvärd*) esteemed; *Er ~a skrivelse* your esteemed letter

värddjur host

värde [ˣvä:r-] *s6* value; (*inre* ~) worth; *det bokförda ~t* the book-value; *stora ~n* (*summor*) large sums, (*föremål*) valuable property; *pengar eller pengars* ~ money or its equivalent; *av noll och intet* ~ null and void, of no value whatsoever; *av ringa* ~ of small value; *till ett* ~ *av* to a (the) value of; *prov utan* ~ sample of no value; *ha stort* ~ be of great value; *sjunka* (*stiga*) *i* ~ fall (rise) in value; *sätta* ~ *på* attach value to, set store by, (*uppskatta*) appreciate; *uppskatta ngt till sitt fulla* ~ appreciate s.th. fully **-beständig** of stable value; ~ *pension* with constant purchasing power; *~a tillgångar* real-value assets **-beständighet** stability of value **-full** valuable (*för* to); *det skulle vara mycket ~t om* it would be very useful (helpful) if **-föremål** article (object) of value, valuable [thing] **-försändelse** registered (insured) postal matter (*brev:* letter; *paket:* parcel) **-lös** worthless; of no value, valueless **-minskning** depreciation, decrease (fall) in value **-minskningskonto** depreciation account **-mässig** *a1* in terms of value; *den ~a stegringen* the rise in value **-mätare** standard of value **-papper** valuable document; security; bond; *koll.* (*aktier*) stock (*sg*); *belåning av* ~ loans on (pledging of) securities, hypothecation **-post** registered (insured) mail

värder|a (*bestämma värdet av*) value, estimate (*till* at); (*på uppdrag*) appraise; (*om myndighet*) assess; ~ *för högt* (*äv.*) overestimate **2** (*uppskatta*) value, appreciate; (*högakta*) esteem, estimate; *vår ~de medarbetare* our esteemed colleague **-ing** valuation; estimation, estimate; appraisement; assessment; *~ar* (*allm.*) set of values **-ingsgrund** basis of valuation **-ingsman** valuer; (*för skada*) claims assessor

värde|sak article (object) of value; *~er* valuables **-stegring** rise in value, appreciation **-sätta** *se värdera o.* [*sätta*] *värde* [*på*]

värdfolk *vårt* ~ our host and hostess

värdig [ˣvä:r-] *a1* worthy (*efterträdare* successor); (*aktningsvärd*) dignified; (*passande för*) fitting, seemly (*ngn* for s.b.); *på ett ~t sätt* in a dignified manner, with dignity **-as** *dep* deign (condescend) to **-het** dignity; (*som egenskap*) worthiness; (*ämbetsställning*) position; (*rang*) rank; *hålla på sin* ~ stand on one's dignity; *anse det under sin* ~ *att* consider it beneath one (one's dignity) to

värdinn|a hostess; lady of the house **-eplikter** duties of a hostess

värdshus [ˣvä:rds-] inn; tavern; (*restaurang*) restaurant **-värd** innkeeper, landlord

värdskap [ˣvä:rd-] *s7* duties (*pl*) of [a] host (*etc.*); *utöva ~et* do the honours, act as host

värdväxt host

1 värja *v2* defend (*sitt liv* one's life; *sig* o.s.); *man kan inte* ~ *sig från misstanken att* one cannot help suspecting that

2 värj|a *s1* sword; (*stick-*) rapier **-fäktning** sword-fight **-fäste** sword-hilt **-stöt** sword--thrust

värk *s2* ache, pain[s *pl*]; *~ar* labour pains; *reumatisk* ~ rheumatic pains **-a** *v3* ache; *det -er i armen* my arm aches; *det -er i hela kroppen* (*äv.*) I ache all over; ~ *ut* work out **-bruten** crippled with rheumatism

värld [vä:rd] *s2* world; (*jord*) earth; *gamla* (*nya*) *~en* the Old (New) World; *en man av* ~ a man of the world; *undre ~en* the underworld; *hur i all ~en?* how on earth?; *hela ~en* the whole world, (*alla människor*) all the world, everybody; *från hela ~en* from all over the world; *det är väl inte hela ~en!* it doesn't matter all that much!; *hur lever ~en med dig?* (*vard.*) how's the world treating you?; *inte se mycket ut för ~en* not look much; *slå sig fram i ~en* make one's way in the world; *för allt i ~en!* for goodness' sake!; *inte för allt i ~en* not for [all] the world; *förr i ~en* formerly, in former days; *så går det till här i ~en* that's the way of the world; *se sig om i ~en* see the world; *komma till ~en* come into the world; *bringa ... ur ~en* settle [once and for all]

världs|alltet the universe; *vetensk.* cosmos **-artikel** article with a world-wide market **-banken** the World Bank **-bekant** universally known **-berömd** world-famous **-bild** idea (conception) of the world **-brand** world conflagration **-dam** woman of the world, lady of fashion **-del** part of the world, continent **-fred** world (universal) peace **-frånvarande** ... who is living in a world of his own **-frånvänd** *a5* detached **-främmande** ignorant of the world; unrea-

.istic **-förakt** contempt of the world **-föraktare** cynic **-förbättrare** reformer **-handel** world (international) trade **-hav** ocean **-herravälde** universal (world) supremacy (dominion) **-historia** world history; *-historien* the history of the world **-historisk**... of the history of the world **-hushållning** world economy; universal economics (*pl*) **-händelse** event of world-wide importance, historic event **-karta** map of the world, world map **-klass** *i* ~ of international caliber **-klok** worldly wise **-klokhet** worldly wisdom **-kongress** world congress **-krig** world war; *första* (*andra*) *~et* (*äv.*) World War I (II); *utlösa ett* ~ unleash a world war

världslig [ˣvä:rds-] *a1* worldly (*ting* matter); (*av denna världen*) mundane, of the world; (*mots. helig*) profane; (*mots. kyrklig*) secular; ~ *makt* temporal power; *~a ting* (*äv.*) temporal affairs; *~a nöjen* worldly pleasures **-t** *adv* worldly; ~ *sinnad* (*äv.*) worldly-minded

världs|litteratur world literature **-läge** *~t* the world situation **-makt** world power **-man** man of the world **-marknad** world market **-medborgare** citizen of the world; cosmopolitan **-medborgarskap** world citizenship **-mästare** world champion **-mästerskap** world championship **-omfattande** world-wide; global **-omsegling** circumnavigation of the earth; sailing round the world **-opinion** world opinion **-ordning** world order; *den nuvarande ~en* (*äv.*) the present order of things in the world **-organisation** world organization **-politik** world politics (*pl*) **-politisk** of world politics; *en* ~ *händelse* a political event of world importance **-press** world press **-problem** world problem **-rekord** world record **-rykte** world[-wide] fame (renown) **-rymden** *best. f.* outer space **-språk** world language **-stad** metropolis **-stat** world state **-trött** weary of the world **-utställning** world fair **-van** ... experienced in the ways of the world **-välde** world empire **-åskådning** ideology; [general] view of life

värma *v2* warm; (*hetta*) heat; ~ *upp* warm (heat) up

värme *s9, fackl. s7* warmth; (*hetta*) heat (*äv. fys.*); *bildl. äv.* fervour, ardour; *hålla ~n* keep warm; *stark* ~ great (intense) heat; *i 60°* ~ at 60° above zero **-alstring** heat production **-anläggning** heating plant, [central] heating **-apparat** heater **-behandla** treat with heat **-behandling** *med.* thermotherapy; *tekn.* heat-treatment **-beständig** heat-resistant **-bölja** heat wave **-central** district heating plant **-dyna** [electric] heating pad **-element** (*radiator*) radiator; (*elektriskt*) electric heater **-energi** thermal energy **-enhet** thermal (heat) unit **-flaska** hot-water bottle **-förlust** heat loss, loss of heat **-isolera** insulate against heat **-källa** source of heat **-känslig** sensitive to heat **-lampa** infra-red lamp **-ledare** heat conductor; *dålig* ~ bad (poor) conductor of heat **-ledning** central heating; *fys.* heat (thermal) conduction **-ledningselement** radiator **-lära** thermology **-mätare** heat meter, calorimeter **-platta** hot-plate **-skåp** (*i kök*) warming cupboard; (*i laboratorium*) incubator **-slag** *med.* heat stroke; *Am.* heatstroke **-slinga** heating coil **-strålning** thermal (heat) radiation **-ugn** [re-]heating furnace **-utvidgning** heat (thermal) expansion **-verk** heating plant **-värde** heating (thermal) value

värmning heating

värn [vä:-] *s7* defence, safeguard; protection; (*skytte-*) fire trench **-a** ~ [*om*] defend, safeguard; protect **-lös** defenceless; *~a barn* (*vanl.*) orphans **-plikt** *allmän* ~ compulsory military service, *Engl.* [compulsory] national service, *Am.* universal military training; *fullgöra sin* ~ do one's military service **-pliktig** liable for (to) military service; *en* ~ a conscript (*Am.* draftee); ~ *officer* conscript officer **-pliktstjänstgöring** national service training **-pliktsvägran** refusal to do military service **-pliktsålder** call-up (*Am.* draft) age **-skatt** national defence levy

värp|a *v3* lay [eggs] **-höna** laying hen

värre ['värre] **I** *a, komp. t. ond* worse (*jfr illa o. ond*); *bli* ~ *och* ~ get worse and worse, go from bad to worse; *det var* ~ *det!* that's too bad!; *och vad* ~ *är* and what's worse **II** *adv, komp. t. illa* worse; (*allvarligare*) more seriously (*sjuk* ill); *dess* ~ unfortunately; *så mycket* ~ so much the worse; *vi hade roligt* ~ we had no end of fun; *hon var fin* ~ she was dressed up to the nines

värst I *a, superl. t. ond* worst (*jfr illa o. ond*); *släkten är* ~ preserve me (us) from relatives!; *frukta det ~a* fear the worst; *det ~a återstår* the worst is yet to come; *det ~a är att* the worst of it is that; *det var* ~ (*det ~a*)! well, I never!; *det var det ~a jag har hört!* I never heard the like!; *du skall då alltid vara* ~ you always have to go one better; *i ~a fall* at worst, if the worst comes to the worst; *mitt under ~a* ... in the midst of [the] ..., at the height of ...; *när* ... *var som* ~ when ... was at its worst (height) **II** *adv, superl. t. illa* [the] most; *när jag var som* ~ *sjuk* when I was at my worst; *inte så* ~ not very (*bra* good); *jag är inte så* ~ *glad åt det* it doesn't make me any too happy

värv *s7* (*sysselsättning*) work; (*uppgift*) task; (*åliggande*) function, duty; *fullgöra sitt* ~ (*äv.*) do one's part; *fredliga* (*krigiska*) ~ (*äv.*) the arts of peace (war)

värv|a secure (*kunder* customers; *röster* votes); *mil.* enlist; ~ *röster* (*äv.*) canvass [for votes], electioneer; *låta* ~ *sig* (*mil.*) enlist; ~ *trupper* raise (levy) troops **-ning** enlistment; *ta* ~ enlist [in the army]

väsa *v3* hiss; ~ *fram* hiss [out]

väsen ['vä:-] **1** *-det -den el. väsen* (*äv.* **väsende** [ˣvä:-] *s6*) (*varelse*) being; *det högsta ~det* the Supreme Being; *inte ett levande* ~ not a living soul **2** *böjs enl. 1* (*sätt att vara*) being, nature, person, character; (*innersta natur*) essence; *till sitt* ~ of disposition **3** *-det, pl väsen* (*buller*) noise; (*ståhej*) fuss, ado; *mycket* ~ *för ingenting* much ado about nothing; *göra mycket* ~ make a great fuss (*av ngn* of s.b.; *av ngt* about s.th.); *göra* ~ *av sig* make o.s. felt [in the world]; *hon gör inte*

mycket ~ av sig (*äv.*) she is not very pushing **-de** *se väsen 1*
väsens|besläktad kindred **-skillnad** essential difference
väsentlig *a1* essential; principle, main; (*betydelsefull*) important; (*avsevärd*) considerable; *det ~a* the essentials (*pl*); *det ~a i* the essential part of; *en högst ~ skillnad* a very important difference; *mindre ~* (*äv.*) not so important; *i ~ grad* essentially, to a considerable extent; *i allt ~t* in [all] essentials, essentially **-en** essentially; principally, mainly; (*i väsentlig grad*) substantially **-het** essential thing; *~er* vital points, essentials
väsk|a *s1* bag; (*hand-*) handbag; (*res-*)suitcase, valise **-ryckare** bag-snatcher
väsljud [ˣvä:s-] *språkv.* fricative
väsnas [ˣvä:s-] *dep* be noisy, make a noise
väsning [ˣvä:s-] hissing; *en ~* a hiss
vässa sharpen; whet
1 väst *s2* (*plagg*) waistcoat; (*Am. o. dam-*) vest
2 väst *s o. adv* (*väderstreck*) west, West
Västafrika West Africa
västan I *adv*, *~* [*ifrån*] from the west **II** *r*, *se följ.* **-vind** west wind; *~en* (*poet.*) Zephyrus
Väst|asien Western Asia **-australien** Western Australia
väst|blocket the Western bloc **-er** ['väss-] **I** *s9* **1** (*väderstreck*) the west; (*jfr norr*) **2** *~n* the West (Occident); *Vilda V~n* the Wild West **II** *adv* west **-erlandet** the West (Occident) **-erländsk** *a5* western, occidental **-erlänning** westerner, occidental
Västeuropa Western Europe **västeuropeisk** West European
västficka waistcoat pocket
västficksformat vest-pocket size
väst|front *~en* the Western front **-got** Visigoth **-gotisk** Visigoth[ic] **-götaklimax** [ˣvässtjö:-, ˣväʃö:-] anticlimax
Västindien the West Indies (*pl*) **västindisk** West Indian
väst|kust west coast **-lig** *a1* west[erly] (*vind* wind); western (*landskap* provinces); *den ~a världen* the Western World, the West; *vinden är ~* the wind is [from the] west; *~ast* westernmost, most westerly (western) **-makterna** the Western Powers **-maktspolitik** Western policy **-nordväst** west-north-west **-orienterad** *bildl.* Westorient[at]ed **-ra** *a, best. f.* [the] western; *i ~ Sverige* (*äv.*) in the west of Sweden **-romersk** Western Roman; *~a riket* the Western [Roman] Empire **-sida** *på ~n* to the west **-sydväst** west-south-west
Västtyskland Western Germany; (*officiellt*) the Federal Republic of Germany
väst|vart ['vässt-] westward[s] **-världen** the Western world
väta I *s1* wet; moisture, damp[ness]; *aktas för ~* to be kept dry, keep dry **II** *v3*, *~* [*ner*] wet; *~ ner sig* get [o.s.] wet; *~ i sängen* wet the bed
väte *s6* hydrogen **-atom** hydrogen atom **-bomb** hydrogen bomb, H-bomb **-bombskrig** thermonuclear war **-kraft** hydrogen power **-superoxid** hydrogen peroxide
vätgas hydrogen gas
vätmedel wetting agent
vätsk|a I *s1* liquid, fluid; *vid sunda -or* in good form **II** *v1*, *~* [*sig*] run, discharge fluid **-ebalans** fluid balance **-eform** liquid state **-ekylning** liquid-cooling **-epelare** liquid column
väv *s2* (*tyg*) fabric; (*varp*) web; *sätta upp en ~* loom a web **-a** *v2* weave **-are** weaver **-arfågel** weaver[-bird] **-bom** beam **-d** [-ä:-] *a5* woven **-eri** weaving mill **-erska** woman weaver **-nad** [-ä:-] *s3* [woven] fabric; *biol. o. bildl.* tissue; *~er* (*äv.*) textiles; *en ~ av lögner* a tissue of lies **-nadsindustri** weaving industry **-ning** [-ä:-] weaving **-plast** [plastics-]coated fabric **-sked** [weaving] reed **-stol** loom; (*hand-*) hand-loom; (*maskin-*) power-loom
växa *v3* **1** grow (*t. ngt* into s.th.); (*öka*) increase (*i antal* in numbers); *~ i styrka* increase in strength; *~ sig* grow (*stark* strong); *låta skägget ~* grow a beard; *~ ngn över huvudet a*) *eg. bet.* outgrow s.b., *b*) *bildl.* get beyond a p.'s control **2** (*med beton. part.*) *~ bort* disappear with time; *~ fast vid* grow [on] to; *~ fram* grow (come) up (*ur* out of), (*utvecklas*) develop; *~ ifatt ngn* catch s.b. up in height (size); *~ ifrån* outgrow (*ngn* s.b.), grow out of (*en vana* a habit); *~ igen* (*om stig e.d.*) become grassed, (*om dike e.d.*) fill up [with grass]; *~ ihop* grow together; *~ in i a*) *eg. bet.* grow into, *b*) *bildl.* grow familiar with; *~ om* outgrow; *~ till sig* improve in looks; *~ upp* grow up; *~ upp till kvinna* grow into womanhood; *~ ur* grow out of, outgrow; *~ ut* grow out, (*bli utvuxen*) attain its (*etc.*) full growth; *~ över* overgrow **-nde** *a4* growing, increasing; *~ gröda* (*äv.*) standing crops (*pl*); *~ skog* standing forest
1 väx|el ['väkks-] *s2*, *bank.* bill [of exchange] (*förk.* B/E); (*tratta*) draft (*förk.* Dft.); *egen* (*främmande*) *~* bill payable (receivable); *förfallen ~* bill due; *prima* (*sekunda*) *~* first (second) of exchange; *acceptera en ~* accept a bill; *dra en ~ för ett belopp på ngn på sex månader* draw [for] an amount on s.b. at six months; *dra -lar på framtiden* (*bildl.*) count to much on the future; *inlösa en ~* discharge (honour) a bill; *omsätta* (*utställa*) *en ~* renew (draw) a bill
2 väx|el ['väkks-] *s2* **1** (*-pengar*) [small] change; *inte ha ngn ~ på sig* have no change [about one] **2** *tekn.* gear; *järnv.* points (*pl*), *Am.* switch[es *pl*]; *fyra -lar framåt* (*på bil*) four forward gears; *lägga om ~n* (*järnv.*) reverse the points; *passera en ~* (*om tåg*) take a point **3** (*telefon-*) [telephone] exchange; (*-bord*) switchboard; *sitta i ~n* be the switchboard operator
växel|acceptant acceptor [of a bill] **-affär 1** (*enskild*) bill transaction **2** *göra ~er* do exchange business **-belopp** amount of a bill **-blankett** bill[-of-exchange] form
växel|bord switchboard **-bruk** rotation of crops, crop rotation; *bedriva ~* practise rotation farming
växel|diskontering discounting of bills **-fordringar** *bokför.* bills receivable **-förfalskning** forging (forgery) of bills
växel|kassa small-change cash **-kontor** ex-

change office **-kurs** rate [of exchange], exchange rate

växellag bills of exchange (negotiable instruments) act

växel|lok[omotiv] shunting engine; *Am.* switch engine **-låda** gearbox; (*Am.* transmission [case] **-pengar** [small] change

växel|protest protest of a bill **-rytteri** kite-flying, bill-jobbing

växel|spak (*i bil*) gear lever **-spel** interplay, interaction **-spår** *järnv.* siding (*Am.* switch) track **-station** *tel.* sub-exchange **-ström** alternating current (*förk.* A.C.) **-strömsmotor** alternating-current motor **-sång** alternating song; *kyrklig* ~ antiphon

växeltagare payee [of a bill]

växeltelefonist switchboard operator

växelutställare drawer [of a bill]

växel|varm *~a djur* cold-blooded animals **-verkan** reciprocal action, interaction **-vis** alternately; in (by) turns

växl|a 1 (*pengar*) change; (*utbyta*) exchange (*ringar* rings); *kan du ~ 5 kronor åt mig?* (*äv.*) can you give me change for 5 kronor?; *~ ett par ord med* have a word with; *vi har aldrig ~t ett ont ord* we have never had words; *~ fel* give the wrong change; *~ in* (*pengar*) change, cash **2** (*tåg e.d.*) shunt, switch; (*i bil*) change (shift) gear, *Am.* shift the gears **3** (*skifta*) vary, change; (*~ om*) alternate; (*om priser*) fluctuate **-ande** *a4* varying, changing; variable (*vindar* winds); *~ framgång* varying success; *~ öden* (*äv.*) vicissitudes **-ing 1** (*-ande*) changing *etc.* **2** (*skiftning*) change; variation, fluctuation; (*inbördes*) alternation; (*regelbunden*) rotation; *årstidernas ~ar* the rotations of the seasons; *ödets ~ar* the vicissitudes of fortune **3** (*av tåg*) shunting, switching; (*av bil*) gear changing (shifting) **-ingsrik** full of changes (*etc.*)

växt I *a4* (*väl* well) grown **II** *s3* **1** (*tillväxt*) growth; *hämma i ~en* check the growth of; *stanna i ~en* stop growing **2** (*kroppsbyggnad*) shape, figure, build; *av ståtlig ~* of a fine stature; *liten* (*stor*) *till ~en* short (tall) of stature **3** (*planta*) plant; (*ört*) herb; (*utväxt*) growth, tumour; *samla ~er* collect wild flowers **-art** plant species **-biologi** plant biology **-cell** plant cell **-del** part of a plant **-familj** plant family **-fett** vegetable fat **-fiber** plant (vegetable) fibre **-följd** rotation (succession) of crops **-förädling** plant breeding (improvement) **-geografi** plant geography, phytogeography **-gift** vegetable poison **-hus** greenhouse **-kraft** growing power **-lighet** vegetation **-liv** plant life; vegetation, flora **-lära** botany **-namn** plant name **-period** period of growth **-press** botanical (plant) press **-riket** the vegetable kingdom **-saft** [vegetable] sap **-släkte** plant family **-sätt** growth habit (form) **-värk** growing pains (*pl*) **-värld** flora; *jfr äv. -riket* **-ätande** *a4* herbivorous

vörd|a [ˣvö:r-] revere, erate; (*högakta*) respect **-ig** *a1*, *se -nadsbjudande*; (*i titel*) reverend **-nad** *s3* reverence, veneration; *sonlig ~* filial piety; *betyga ngn sin ~* pay one's respects to s.b.; *hysa ~ för* revere, venerate, respect; *ingiva ~* (*äv.*) command respect **-nadsbetygelse** mark (token) of respect (reverence) **-nadsbjudande** venerable; (*friare äv.*) imposing, grand **-nadsfull** reverent[ial], respectful (*mot* of) **-nadsvärd** venerable **-sam** *a1* respectful **-samt** *adv* respectfully; deferentially; (*i brevslut*) Yours respectfully

vört *s3* wort **-bröd** bread flavoured with wort

X

x-a [ˣäkksa] ~ [*över*] 'x' out
Xantippa [ksanˣtippa] Xanthippe **x~** *s1* shrew
X-axel [ˣäkks-] x-axis
Xenofon [kse'nå:fån] Xenophon
xenon [kse'nå:n] *s4, kem.* xenon
X-krok [ˣäkks-] picture hook
xylofon [kṣylo'få:n] *s3* xylophone
xylograf *s3* xylographer **-i** *s3* xylography
xylokain *s4* xylocain
xylol [ksy'lå:l] *s3, kem.* xylene, xylol

Y

yacht [jått] *s3* yacht **-klubb** yacht[ing] club
yankee ['jäŋki] *s5* [*pl* -kier], *pl äv.* -*s* Yankee; *vard.* Yank
Y-axel y-axis
yla howl **-nde** *s6* howling
ylle *s6* wool; *av* ~ [made] of wool, woollen **-filt** woollen blanket; (*material*) wool felt **-foder** woollen lining **-fodrad** [-o:-] *a5* wool-(flannel-)lined **-halsduk** woollen scarf **-kläder** *pl* woollen clothing (*sg*) **-muslin** delaine **-skjorta** flannel shirt **-strumpa** woollen stocking (*kort;* sock) **-tröja** jersey, sweater; (*undertröja*) woollen vest **-tyg** woollen material (cloth) **-varor** woollen goods, woollens **-väveri** woollen mill (factory)
ymnig *a1* abundant, plentiful; heavy (*regn* rain) **-het** abundance, profusion **-hetshorn** horn of plenty, cornucopia **-t** *adv* abundantly *etc.*; (*blöda* bleed) profusely; *förekomma* ~ abound, be plentiful
ymp *s2* graft; bud **-a 1** *med.* inoculate **2** *trädg.* graft **-kniv** grafting knife **-kvist** graft, scion **-ning 1** *med.* inoculation **2** *trädg.* grafting **-vax** grafting-wax
yng|el ['yŋel] *s7, koll.* brood; (*fisk-, grod-*) fry; (*i romkorn*) spawn (*äv. bildl. neds.*); *ett* ~ one of the brood (*etc.*) **-la** breed; spawn; ~ *av sig* (*eg. o. friare*) multiply
yngling youth, young man; (*skol-*) [school-] boy **-aålder** [years (*pl*) of] adolescence
yng|re ['yŋ-] *a, komp. t. ung* **1** younger (*än* than); (*i tjänsten*) junior; (*senare*) later, more recent; *han är 3 år ~ än jag* (*äv.*) he is my junior by 3 years; *av ~ datum* of a more recent (later) date; *se ~ ut än man är* (*äv.*) not look one's years; *den ~ herr A.* Mr. A. Junior; *Dumas den* ~ Dumas the younger; *Pitt den* ~ the younger Pitt; *de* ~ the juniors, the younger people **2** (*ganska ung*) young[ish], fairly young (*herre* gentleman) **-st** *a, superl. t. ung* (*jfr -re*) youngest; latest, most recent; *den ~e i* the youngest [member] of; *den ~e i tjänsten* the most recently appointed member of the staff
ynk|a *se ömka* **-edom** [-domm] *s2, det var rena ~en* it was a poor show (pitiable affair (performance)) **-lig** *a1* pitiable, miserable **-rygg** funk; milksop
ynnest ['ynn-] *s2* (*visa ngn en* do s.b. a) favour **-bevis** [mark (token) of] favour
yppa 1 reveal, disclose (*för* to); ~ *en hemlighet för ngn* (*äv.*) let s.b. into a secret **2** *rfl* (*uppstå*) arise, crop up; (*erbjuda sig*) offer, present itself, turn up
ypper|lig *a1* excellent, splendid; superb; (*av hög kvalitet*) superior, first-class **-st** *superl. a* best, finest, most outstanding;

choicest (*kvalitet* quality); noblest, greatest (*man* man)

yppig *a1* **1** (*om växtlighet e.d.*) luxuriant; lush (*gräs* grass); (*om figur*) full, buxom; ~ *barm* ample bosom **2** (*luxuös*) luxurious, sumptuous **-het 1** luxuriance; lushness *etc.* **2** luxuriousness, sumptuousness

yr *a1* (*i huvudet*) dizzy, giddy; (*ostyrig*) giddy, harum-scarum; *bli* ~ turn (go) dizzy (*etc.*); ~ *av glädje* giddy with joy; ~ *i mössan* flustered, flurried, all in a fluster (flurry); *som ~a höns* like giddy geese **-a I** *s1* **1** *se snö-* **2** (*under sjukdom*) delirium; (*vild ~*) frenzy; *i stridens* ~ in the frenzy of the fray **II** *v1* **1** (*tala i yrsel*) be delirious; ~ *om ngt* rave about s.th. **2** (*virvla*) whirl; *snön yr* the snow is whirling (driving) about; *skummet yr om stäven* the spray is swirling round the stem; *dammet yr i luften* there are clouds of dust in the air; ~ *igen* (*om väg*) get blocked with snow; ~ *omkring* go whirling about **-hätta** madcap, tomboy

yrka (*begära*) demand; ~ *ansvar på ngn* demand a p.'s conviction, prefer a charge against s.b.; ~ *bifall* (*parl.*) move that the motion be agreed to; ~ *bifall till* support; ~ *på* demand, claim (*ersättning* compensation), apply for (*uppskov* a postponement), (*ihärdigt*) insist [up]on (*att ngn gör ngt* a p.'s doing s.th.) **-nde** *s6* **1** (*utan pl*) demanding *etc.* **2** (*med pl*) demand; claim (*på ersättning* for compensation); *parl.* motion; *på* ~ *av* at the instance of

yrke *s6* profession; (*sysselsättning*) occupation; (*hantering*) trade; (*kall*) vocation; *lärare till ~t* a teacher by profession; *fria ~n* [liberal] professions; *han har till* ~ *att undervisa* teaching is his profession

yrkes|arbetande *a4* working in a profession (*etc.*) **-arbetare** skilled worker **-arbete** profession, skilled work **-fiskare** fisherman by trade **-gren** occupational branch **-grupp** occupational group **-hemlighet** trade (business) secret **-inspektion** factory (industrial) inspection **-kunnig** skilled, trained **-kvinna** professional woman **-lärare** vocational teacher **-man** craftsman, skilled worker **-musiker** professional musician **-mässig** *a1* professional **-område** vocational (occupational) field (sphere) **-orientering** vocational guidance **-register** trade register (*i tel.katalog*) classified telephone directory, *Am.* yellow pages **-rådgivning** *se -orientering* **-sjukdom** occupational disease **-skada** industrial injury **-skadeförsäkring** industrial injury insurance **-skicklig** skilled **-skicklighet** professional (occupational) skill, skill in one's work **-skola** vocational (trade) school **-stolthet** professional pride **-titel** professional title **-undervisning** vocational training **-utbildad** *a5* skilled, trained **-utbildning** vocational training **-val** choice of career (vocation, occupation, profession) **-verksamhet** economic activity, trade **-vägledning** *se -orientering*

yrsel ['yrr-] *s2* dizziness, giddiness; (*omtöckning*) delirium; *ligga i* ~ be delirious; *jag greps av* ~ (*äv.*) my head began to swim **-anfall** *få ett* ~ have an attack of giddiness

yr|snö whirling (driving) snow **-vaken** drowsy [with sleep], startled out of [one's] sleep **-väder** snowstorm, blizzard

ysta (*en ost*) make; (*mjölk*) make ... into cheese; ~ *sig* curdle, coagulate

yster ['yss-] *a2* frisky, lively, boisterous; *en* ~ *häst* a frisky (spirited) horse; *en* ~ *lek* a romping game

ystning cheese-making; (*löpning*) curdling [process]

yt|a *s1* **1** surface; *geom. äv.* face; *på ~n* on the (its *etc.*) surface; *endast se till ~n* take a superficial view of things, take s.th. at its face value **2** (*areal*) area **-aktiv** surface-active **-behandla** finish **-behandling** finish[ing], surface treatment **-beklädnad** facing **-beläggning** surface coating, surfacing, coating **-beräkning** area calculation **-bildning** *geogr.* configuration **-enhet** unit [of] area **-innehåll** area **-lager** surface layer (coating) **-lig** [ˣy:t-] *a1* superficial (*äv. bildl.*); skin-deep (*sår* wound); (*grund*) shallow; (*flyktig*) cursory; *en* ~ *kännedom om* (*äv.*) a smattering of **-lighet** [ˣy:t-] superficiality **-läge** *sjö.* surface position **-mått** square measure **-spänning** surface tension

ytter ['ytt-] *s2, sport.* outside forward **-bana** *sport.* outside track **-dörr** outer (front) door **-kant** outer edge, fringe, verge **-kläder** outdoor clothes

ytterlig *a1* extreme; (*fullständig*) utter; (*överdriven*) excessive **-are I** *komp. a* further; additional; (*mera*) more **II** *adv* (*vidare*) further; (*ännu mera*) still more; ~ *ett exemplar* another (one more) copy; ~ *några dagar* a few days more; *har förbättrats* ~ has been further improved **-het** extreme; (*-hetsåtgärd*) extremity; *~erna berör varandra* extremes meet; *gå till ~er* go to extremes; *till* ~ *oartig* extremely (exceedingly) impolite **-hetsfall** extreme case **-hetsman** extremist **-hetsparti** extremist party **-hetsåtgärd** extreme measure **-t** *adv* extremely; exceedingly, excessively

ytter|mera *oböjl. a, till* ~ *visso* what is more **-mått** outer dimension; external measurements (*pl*) **-plagg** outdoor garment **-ring** tyre, tire **-rock** overcoat, greatcoat **-sida** outer side, exterior, outside **-skor** outdoor shoes **-skär** *åka* ~ skate on the outside edge

ytterst ['ytt-] *superl adv* **1** (*längst ut*) farthest out (off), outermost **2** (*synnerligen*) extremely, exceedingly, most **3** (*i sista hand*) ultimately, finally **-a** *best. superl. a* **1** (*längst ut belägen*) outermost, remotest; (*friare*) utmost; *bildl.* extreme; *den* ~ *gränsen* the utmost limit; ~ *vänstern* the extreme left **2** (*störst, högst*) utmost; extreme; *göra sitt* ~ do one's utmost, make every effort; *i* ~ *nöd* in direst necessity; *i* ~ *okunnighet* in utter ignorance; *till det* ~ to the utmost (limit), (*kämpa* fight) to the bitter end, (*pressa* press) to the last ounce, (*i* (*till*) *högsta grad*) to an extreme pitch **3** (*sist*) last; ~ *domen* the last judgment; *på* ~ *dagen* on the last day; *göra ett* ~ *försök* make one last (a final) attempt; *ligga på sitt* ~ be in extremis (at the point of death)

ytter|tak roof **-trappa** *s1* steps (*pl*), flight of steps **-vägg** outer (outside) wall **-världen**

the outer (outside) world **-öra** external ear
yttra I (*uttala*) utter, say; (*ge uttryck åt*) express; ~ *några ord* utter (speak) a few words **II** *rfl* **1** (*ta t. orda*) speak (*vid ett sammanträde* at a meeting); (*uttala sig*) express an (one's) opinion (*om* about, on) **2** (*visa sig*) manifest itself; *sjukdomen ~r sig i* the symptoms of the disease are
yttrande *s6* **1** (*utan pl*) uttering **2** (*med pl*) utterance; (*anmärkning*) remark, observation, statement [of opinion]; *avge sitt ~* submit one's comments **-frihet** freedom of speech (expression)
yttre [ytt-] **I** *komp. a* (*längre ut belägen*) outer (*hamn* harbour; *skärgård* archipelago); (*utvändig*) external, exterior (*diameter* diametre), outside (*mått* measurement); *bildl.* external (*fiender* enemies; *förbindelser* relations), outward (*skönhet* beauty); extrinsic (*företräden* advantages); (*utrikes*) foreign (*mission* missions); *Y~ Mongoliet* Outer Mongolia; *~ orsak* external cause; *~ rymden* outer space; *~ skada* external (outer) damage; *i ~ måtto* (*vanl.*) outwardly, externally **II** *n* exterior, outside; [external] appearance; *till det ~* externally, outwardly
yttring manifestation, mark (*av* of)
yt|vatten surface water **-verkan** *elektr.* skin (Kelvin) effect **-vidd** area
yvas *v2, dep, ~ över* be proud of, glory in
yverboren [ˣy:-bå:-] *a5, bildl.* ultra-patriotic
yvig *a1* bushy (*svans* tail; *skägg* beard); thick (*hår* hair); *~a fraser* high-flown phrases
yx|a I *s1* axe; *kasta ~n i sjön* (*bildl.*) throw up the sponge **II** *v1, ~ till* rough-hew **-hammare** axe-head **-hugg** cut (blow) with (of) an (the) axe **-skaft** axe-handle (-helve); *goddag, ~!* neither rhyme nor reason!

Z

zenit [ˈse:-] *oböjl. s* [the] zenith **-avstånd** zenith distance
zeppelinare [s-ˣli:-] Zeppelin; *vard.* Zep[p]
zigenar|blod [siˣje:-] gipsy blood **-e** gipsy, gypsy **-flicka** gipsy girl **-läger** gipsy camp (encampment) **-musik** gipsy music **-språk** gipsy language, Romany
zigenerska [siˣje:-] gipsy woman (girl)
zink [s-] *s3* zinc **-haltig** *a1* zinc-bearing, zinciferous **-legering** zinc alloy **-plåt** zinc plate (sheet) **-salva** zinc ointment **-spat** zinc spar **-vitt** *s9* zinc white
zinnia ['sinnia] *s1* (*växt*) zinnia
zirkonium [sir'kɷ:-] *s8* zirconium
zodiak|alljus [så:-, sɷ:-] zodiacal light **-en** [-'a:-] *s, best. f.* the Zodiac
zon [sɷ:n] *s3* zone **-gräns** zonal boundary **-indelning** zone division **-tariff** zone tariff, zonal rate
zoofysiologi [såå-] zoophysiology, zoophysics
zoolog [sååla:g] zoologist **-i** *s3* zoology **-isk** *a5* zoological; *~ trädgård* zoological gardens (*pl*), *vard.* Zoo
zootomi [sååtå'mi:] *s3* zootomy **-sk** [-'tå:-] *a5* zootomic
zulu [ˣsu:lu] *s3* Zulu **-kaffer** Zulu-Kaffir **-språket** Zulu
zygot [sy'gå:t] *s3, naturv.* zygote
Zürich ['sy:riç] *n* Zurich, Zürich

1 å *s2* [small] river; stream; *Am. äv.* creek; *gå över ~n efter vatten* give o.s. unnecessary trouble, put o.s. to unnecessary inconvenience
2 å *prep, se på*
3 å *interj* oh!
åberopa 1 (*anföra*) adduce (*som exempel* as an example); (*hänvisa t.*) refer to, quote, cite; (*t. försvar*) plead; ~ *som ursäkt* allege as an excuse; *~nde vårt brev* referring to our letter **2** *rfl, se 1* **-nde** *s6, under ~ av a*) on the plea (*att* that), *b*) *hand.* referring to (*vårt brev* our letter)
åbo *s5, s2* farm tenant with fixity of tenure, copyholder **-rätt** copyhold right, heriditary lease
åbrodd [ˣå:-å-] *s2* (*växt*) southernwood, lad's-love
åbäk|a *rfl* make ridiculous gestures; (*göra sig till*) show off **-e** *s6* huge and clumsy creature (*om sak:* thing); *ett ~ till karl* a great lump of a fellow **-ig** *a1* unwieldy, hulky, shapeless
ådagalägga [ˣå:-, -ˣda:-] (*visa*) show [o.s. to possess], manifest, display, exhibit; (*bevisa*) prove **-nde** *s6* manifestation *etc.*
åder ['å:-] *s1* vein (*äv. bildl.*); (*puls-*) artery; *geol.* vein, lode; (*i trä*) vein, grain; (*käll-*) spring **-brock -bråck** varicose vein[s *pl*], varix (*pl* varices) **-förkalkad** *a5* suffering from arteriosclerosis; *hon börjar bli ~* (*äv.*) she is getting senile **-förkalkning** arteriosclerosis **-låta** bleed (*äv. bildl.*); *bildl. äv.* drain **-låtning** [-å:-] bleeding, blood-letting; *bildl.* drain, depletion
ådra [ˣå:-] **I** *s1, se åder* **II** *v1* vein; (*sten, trä e.d. äv.*) grain, streak
ådraga 1 (*förorsaka*) cause (*ngn obehag* s.b. inconvenience); bring down ... upon **2** *rfl* bring down ... upon o.s.; contract (*sjukdom* an illness); catch (*förkylning* a cold); (*utsätta sig för*) incur (*kritik* criticism); ~ *sig uppmärksamhet* attract attention
ådr|ig [ˣå:-] *a1* veined, veiny; (*om trä, sten e.d.*) grained, streaked; *bot.* venous **-ing** veining; *konkr. äv.* veinage, grain, streak; *bot.* venation
ådöma sentence (*ngn ngt* s.b. to s.th.); inflict (*ngn straff* a penalty upon s.b.); ~ *ngn böter* impose a fine on (fine) s.b.
åh *se 3 å* **-hej** heave-ho! **-hoj** [å'håjj] *skepp ~!* ship ahoy **-hå** aha!, oh!
åhör|a listen to, hear **-are** hearer, listener; *koll.* audience **-ardag** *skol.* parents' day **-arläktare** [public] gallery
å|ja ['å:-] (*tämligen*) fairly **-jo** ['å:-] (*jo då*) oh yes; (*tämligen*) fairly
åk *s7* **1** *vard.* (*bil*) car **2** *sport.* run **-a** *v3* **1** *eg. bet.* ride (*baklänges* backwards; *karusell* on the merry-go-round); (*färdas*) go ([*med*] *tåg etc.* by train *etc.*); (*köra*) drive ([*i en*] *bil* a car); *absol.* go by car (*etc.*); ~ *cykel* ride a bicycle (*vard.* bike); ~ *framlänges* sit facing the engine; ~ *första klass* travel (go) first class; ~ *gratis* travel free; ~ *hiss* take the lift; ~ *efter häst* drive behind a horse; ~ *kana* slide; ~ *kälke* toboggan; ~ *skidor* ski; ~ *skridskor* skate; *får jag ~ med dig?* can you give me a lift? **2** (*glida*) slide, glide, slip; *skjortan -er jämt upp* my (*etc.*) shirt keeps riding up; *vasen -te i golvet* the vase fell on the floor **3** (*med beton. part.*) ~ *av* slip off; ~ *bort* go away; ~ *efter* (*hämta*) fetch [... by car *etc.*]; ~ *fast* get (be) caught by the police; ~ *förbi* pass, drive past; ~ *in a*) *eg.* drive in, *b*) *vard.* (*i fängelse*) land in jail; [*få*] ~ *med* get a lift; ~ *om* overtake, pass; ~ *omkull a*) fall (*på cykel* from one's bicycle; *på vägen* on the road), *b*) (*ngn, ngt*) run ... down; ~ *ut a*) *eg.* go for a drive, *b*) *vard.* (*kastas ut*) be turned (kicked) out
åkalla invoke, call upon **-n** *r* invocation
åkar|brasa *ta sig* (*slå*) *en ~* slap o.s. to keep warm **-dräng** carter **-e** haulage contractor, carrier **-häst** cart horse **-kamp** *vard.* [old] hack **-taxa** (*för gods*) cartage
åkdon vehicle
åker ['å:-] *s2* (*-fält*) [tilled] field; (*-jord*) arable (tilled) land; ~ *och äng* arable and pasture land; *ute på ~n* out in the field[s *pl*] **-areal** area under cultivation, arable acreage **-bruk** *se jordbruk* **-bär** arctic raspberry (bramble)
åkeri haulage contractor[s], haul[i]er; *Am.* trucker
åker|jord arable (tilled) land **-lapp** patch of cultivated ground **-ren** headland **-senap** charlock, wild mustard **-sork** field-vole **-spöke** *vard.* scarecrow **-stubb** stubble **-tistel** creeping thistle **-vicker** common vetch **-vinda** bindweed **-ärt** field pea
åklag|a [ˣå:-] prosecute **-are** prosecutor; *Skottl.* procurator fiscal; *allmän ~* public prosecutor, *Am.* district attorney **-armyndighet** office of the public prosecutor **-arsidan** the prosecution **-arvittne** witness for the prosecution
åkomma [ˣå:kå-] *s1* complaint; affection
åktur ride, drive; *göra* (*ta*) *en ~* go for a ride (drive)
ål *s2* (*fisk*) eel; *hal som en ~* [as] slippery as an eel **-a** crawl
ålder ['åll-] *s2* age; *av ~* traditionally, of old; *böjd av ~* bent with age; *personer av alla åldrar* persons of all ages; *efter ~* according to age (*i tjänsten:* seniority); *liten för sin ~* small for one's age; *ha ~n inne* be old enough (*för* for; *för att* to); *hon är i min ~* she is [about] my age; *i sin bästa ~* in the prime of life; *vid 35 års ~* at the age of thirty-five; *vid hög ~* at an advanced (a great) age; *mogen ~* maturity **-dom** *s2* old age **-domlig** *a1* ancient (*sed* custom); (*gammaldags*) old-fashioned; (*föråldrad*) archaic; *~t uttryck* archaic expression **-domligt** *adv*, ~ *klädd* dressed in old-fashioned clothes

ålderdoms|hem home for the aged, old people's home **-krämpor** infirmities of old age **-svag** decrepit, senile **-svaghet** decrepitude, senility

ålderman alderman; (*i skrå*) [guild-]master

åldersbetyg birth certificate **-grupp** age group **-gräns** age limit **-klass** age class **-pension** retirement pension; (*folkpension*) old age pension **-president** president by seniority; (*i underhuset*) Father of the House [of Commons] **-sjukdomar** *läran om ~na* geriatrics (*pl*) **-skillnad** difference of (in) age **-tecken** sign of age

åld|erstigen *a5* old, aged; advanced in years **-erstillägg** seniority bonus **-fru** royal housekeeper **-rad** *a5* aged **-rande** *a4 o. s6* ag[e]ing **-ras** *dep* grow old[er], age **-rig** *a1* old; aged **-ring** old man (woman *etc.*); *~ar* old people **-ringsvård** care of the aged

åligg|a be incumbent [up]on, rest [up]on (with); *det -er honom att* (*äv.*) it is his duty to; *det -er köparen att* the buyer shall **-ande** *s6* duty; obligation; (*uppgift*) task; *sköta sina ~n* discharge one's duties

ål|kista eel-hatch(-trap) **-ning** [ˣå:l-] *mil.* crawling **-skinn** eel-skin

ålägga enjoin (*ngn att göra ngt* s.b. to do s.th.; *ngn ngt* s.th. on s.b.); order, command; (*tilldela*) impose (*ngn en uppgift* a task on s.b.); *~ sig ngt* impose s.th. upon o.s.

åminnelse commemoration; *till ~ av* in commemoration of **-gudstjänst** memorial service

ånej ['å:-] (*nej då*) oh no!; (*inte vidare*) not very

ång|a I *s1* (*vatten-*) steam; (*dunst*) vapour (*äv. fys.*); *bilda ~* make steam; *få upp ~n* (*äv. bildl.*) get up steam; *hålla ~n uppe* (*äv. bildl.*) keep up steam; *släppa ut ~* let off steam **II** *v1* steam (*av* with); *det ~r från lokomotivet* the engine is steaming; *~ bort* steam off; *tåget ~de in på* the train steamed into **-are** steamer, steamship (*förk.* S/S, S.S.); *med ~n X* by the X, by S.S. X **-bad** vapour-bath **-bildning** steam generation; vaporization **-båt** *se -are*

ångbåts|bolag steamship company **-brygga** landing-stage, jetty, pier **-förbindelse** steamship service **-resa** steamer voyage **-trafik** steamship service (traffic) **-turer** sailings of steamers; (*förteckning*) list of sailings

ång|central steam power station **-driven** *a5* (*om maskin*) steam-operated(-driven); (*om båt*) steam-propelled

ånger ['åŋer] *s9* repentance (*över* for, of); remorse, compunction; (*ledsnad*) regret (*över* at, for) **-full** repentant (*över* of); remorseful (*över* at); regretful **-köpt** [-çö:pt] *a4*, *se -full*; *vara ~ över ngt* regret it (what one has done)

ångest ['åŋ-] *s2* agony; anguish; *i dödlig ~* in deadly (mortal) fear (*för* of) **-full** filled with agony; anguished **-känsla** [feeling of] alarm (anguish) **-skrik** cry of agony, anguished cry

ång|fartyg *se -are* **-koka** steam **-kraft** steam power **-kraftverk** steam power station (plant) **-kvarn** steam-mill **-lok** **-maskin** steam engine **-panna** [steam] boiler **-preparerad** *a5* evaporated; *~e havregryn* rolled oats

ångra regret; feel sorry for (*att man gjort* doing); repent [of] (*sina synder* one's sins); *~ sig* regret, be sorry, repent; *det skall du inte behöva ~* you will not have cause to regret it

ång|slup steam cutter (launch) **-spruta** steam fire-engine **-stråle** jet of steam **-ström** *r, fys.* Ångström (angstrom) [unit], (*förk.* Å., A.U.) **-tryck** boiler (steam, vapour) pressure **-turbin** steam-turbine **-vissla** steam whistle **-vält** steam-roller

ånyo [åˣny:ω] anew, afresh, [once] again

år *s7* year; *~ 1960 a) adv* in [the year] 1960, *b) s* the year 1960; *nådens ~ 1960* the year of grace 1960; *1960 ~s modell* the 1960 model; *1808 ~s krig* the war of 1808; *~ för ~* year by year; *~ ut och ~ in* year in and year out; *Gott Nytt År!* [A] Happy New Year!; *~ets skörd* this year's harvest; *två ~s fängelse* two years' imprisonment; *ett halvt ~* six months; *ett och ett halvt ~* eighteen months; *hela ~et* the whole year, all the year round; *under hela ~et* throughout the year, all through the year; *bära sina ~ med heder* carry one's years well, wear well; *när fyller du ~?* when is your birthday?; *ha ~en inne* be of the age; *med ~en* with time; *om ett ~* in a year['s time]; *per ~* a year, yearly, annually, per annum; *på ~ och dag* for years [and years]; *vi är vänner sedan många ~ tillbaka* we have been friends for many years; *till ~en* [*kommen*] advanced in years; *under senare ~* in recent years; *under de senaste ~en* during the last few years

åra *s1* oar; (*mindre*) scull; (*paddel-*) paddle

åratal *i uttr.: i* (*under*) *~* for years [and years]

årblad oar blade

årder ['å:r-] *s7, s9* wooden plough

år|gång *s2* **1** (*av tidskrifter e.d.*) [annual] volume; *en ~* (*äv.*) a year's issue; *gamla ~ar* back-volumes, old files **2** (*av vin*) vintage **3** (*åldersklass*) *de yngre ~arna* the younger age groups; *min ~* people of my year **-hundrade** century

årklyka rowlock; *Am.* oarlock

årlig [ˣå:r-] *a1* annual, yearly **-en** annually, yearly; *~ återkommande* annual; *det inträffar ~* it happens every year

års [å:rs] *adv, så här ~* at this time of [the] year **-avgift** annual charge (fee); (*i förening e.d.*) annual subscription (*Am.* dues *pl.*) **-avslutning** breaking-up; *Am.* commencement **-barn** *vi är ~* we were born in the same year **-berättelse** annual report **-bok** year-book, annual **-dag** anniversary **-fest** annual festival (celebration) **-gammal** one-year-old; *ett ~t barn* a one-year-old child; *ett ~t djur* (*äv.*) a yearling **-hyra** annual rent **-inkomst** annual (yearly) income **-klass** age class (group); *stat.* generation **-kontingent** *mil.* annual contingent (quota) **-kontrakt** contract by the year **-kort** season ticket [for a year] **-kull** age group; (*av elever*) batch; *efterkrigstidens stora ~ar* the large number of children born after the war, *äv.* the high birthrate of the postwar period **-kurs** form; *Am.* grade; (*läroplan*) curriculum **-lång** year-long; lasting one year (many years) **-lön** annual salary; *ha 30 000 i ~* have an annual income of 30, 000 **-modell** (*av senaste* of the latest) model **-möte** annual meeting **-omsättning** annual turnover (sales) **-redogörelse** annual report **-ring** annual ring **-ränta** annual interest **-skifte** turn of the year **-tid** season, time of the year **-vinst** annual profit **-växt** year's crop[s *pl*]

årtag stroke of the oar[s *pl*]

år|tal date, year **-tionde** decade

årtull rowlock; *Am.* oarlock

årtusende millennium (*pl äv.* millennia); *ett ~* (*vanl.*) a thousand years; *i ~n* for thousands of years

ås *s2* ridge

å|samka *se ådraga* **-se** (*se på*) watch; (*bevittna*) witness

åsido [å×si:do] aside, on one side; *lämna ngt ~* (*äv.*) leave s.th. out of consideration; *skämt ~* joking apart **-sätta** (*ej bry sig om*) disregard, set aside; (*försumma*) neglect, ignore; *känna sig -satt* feel slighted **-sättande** *s6* disregard, setting aside; neglect; *med ~ av alla hänsyn* having no consideration

åsikt *s3* opinion, view (*om* of, on, about); *~erna är delade* opinions differ (are divided); *egna ~er* views of one's own; *enligt min ~* in my opinion; *ha* (*hysa*) *en ~* have (hold) an opinion; *vara av den ~en att* be of the opinion that, hold the view that; *vad är din ~ i saken?* what is your view of (on) the matter?, what do you think about it?

åsikts|brytning difference of opinion **-frihet** freedom of opinion **-förtryck** suppression of free opinion **-utbyte** exchange of views

ask|a I *s1* thunder; (*-väder*) thunderstorm; *~n går* it is thundering, there is thunder; *~n slog ner i ......* was struck by lightning; *det är ~ i luften* there is thunder in the air; *vara rädd för ~n* be afraid of thunder **II** *v1*, *det ~r* it is thundering **-by** thundershower **-front** thundery front **-knall** thunderclap **-ledare** lightning-conductor (-rod) **-lik** thundery **-moln** thundercloud **-nedslag** stroke of lightning **-regn** thundery rain **-skräll** thunderclap, peal of thunder **-skur** thundershower **-vigg** thunderbolt **-väder** thunderstorm

åskåd|a [×å:-] *se åse* **-are** spectator; onlooker, looker-on; (*mera tillfällig*) bystander; *-arna* (*på teater e.d.*) the audience, (*vid idrottstävling*) the crowd; *bli ~ till ngt* witness s.th. **-arläktare** [grand-]stand; (*utan tak*) *Am.* bleachers (*pl*) **-arplatser** *pl* places [for spectators] **-lig** [-å:d-] *a1* (*klar*) clear, lucid; (*tydlig*) perspicuous; *ett ~t exempel* an object lesson; *en ~ skildring* (*äv.*) a graphic description **-liggöra** make ... clear, visualize; illustrate (*med* by) **-lighet** [-å:d-] clearness, clarity; perspicuity **-ning** [-å:d-] (*uppfattning*) opinions, views (*pl*); outlook; *vilken är hans politiska ~?* what is his political position?, where does he stand politically? **-ningsmateriel** audio-visual materials in education: *som ~* (*friare*) as an illustration **-ningsundervisning** audio-visual education

åsn|a [×å:s-] *s1* donkey; *bildl. o. bibl.* ass; *envis som en ~* [as] stubborn as a mule **-eaktig** *a1* ass-like, asinine **-ebrygga** *bildl.* crib **-edrivare** donkey-driver **-eföl** ass's (donkey's) foal **-ehingst** he-ass, jackass **-eskri** bray[ing] of donkeys (a donkey) **-inna** she-ass

åstad off; *bege sig ~* go away (off), set out; *gå ~ och* go [off] and **-komma** [×å:-] (*få t. stånd*) bring about, effect (*en förändring* a change); (*förorsaka*) cause, make (*stor skada* great damage); (*frambringa*) produce; (*göra*) do; (*prestera*) achieve; *~ ett gott arbete* do it well, (*friare*) do a good job of work; *~ förvirring* cause confusion; *~ underverk* work wonders **-kommande** [×å:-] *s6*, *för ~ av* [in order] to bring about (*etc.*)

åstunda [×å:-] desire, long for; (*åtrå*) covet **-n** *r* desire, longing

åsyfta (*ha t. mål*) aim at, have ... in view; (*avse, mena*) intend, mean (*med* by); *ha ~d verkan* have the desired effect

åsyn sight; *blotta ~en av honom* the mere (very) sight of him; *i allas ~* in public, in full view of everybody; *i broderns ~* before his (her) brother, under the very eyes of his (her) brother; *försvinna ur ngns ~* be lost to (pass out of) a p.'s sight (view); *vid ~en av* at the sight of **-a** *oböjl. a*, *~ vittne* eyewitness (*till* of)

åsätta *~ en prislapp på ngt* put (fix) a price ticket on [to] s.th.; *~ ett pris på en vara* put a price on an article; *det åsatta priset* the price marked

1 åt *imperf av äta*

2 åt I *prep* (*se äv. under resp. v*) **1** *rumsbet.* to; ([*i riktning*] *mot*) towards, in the direction of; *~ vänster* (*norr*) to the left (north); *gå ~ sidan* step aside; *jag har ngt ~ magen* there is something the matter with my stomach; *han tog sig ~ hjärtat* he put his hand to his heart **2** *glad ~* happy about; *nicka* (*skratta*) *~* nod (laugh) at; *vad går det ~ dig?* what is the matter with you?; *göra ngt ~ saken* do s.th. about it; *hon tog ~ sig* she took it personally **3** (*uttr. dativförh.*) to; (*för ngn*[*s räkning*]) for; *ge ngt ~ ngn* give s.th. to s.b., give s.b. s.th.; *köpa ngt ~ ngn* buy s.th. for s.b., buy s.b. s.th.; *jag skall laga rocken ~ dig* I'll mend your coat [for you]; *säga ngt ~ ngn* say s.th. to s.b., tell s.b. s.th. **4** *fyra ~ gången* four at a time **II** *adv* (*se äv. under resp. v*) tight; *sitta ~* be (fit) tight

åtaga *rfl* undertake, take upon o.s.; *~ sig ansvaret för* assume (take) the responsibility for; *~ sig ngt* take s.th. on, take a matter in hand **-nde** *s6* undertaking; (*förpliktelse äv.*) obligation, commitment, engagement

åtal *s7* (*av allm. åklagare*) prosecution; (*av enskild*) [legal] action; *allmänt ~* public prosecution; *enskilt ~* private action; *väcka ~ mot ngn för ngt* take proceedings against s.b. for s.th., (*om målsägare äv.*) bring an action against (sue) s.b. for s.th. **-a** (*om allm. åklagare*) prosecute; (*om enskild*) bring an action against; *bli ~d för* be prosecuted for; *den ~de* (*vanl.*) the defendant; *frikänna en ~d* acquit an accused **-bar** [-a:l-] *a1* actionable, indictable

åtals|eftergift nolle prosequi; *bevilja ~* refuse to prosecute a case, withdraw a charge; *han beviljades ~* the charge brought against him was withdrawn, his case was dropped **-punkt** count [of an indictment]

åtanke remembrance; *ha i ~* remember, bear ... in mind; *komma i ~* be remembered (thought of)

åtbörd [-ö:-] *s3* gesture, motion; *göra ~er* gesticulate

åtel *s2* carrion

åtdraga tighten (*en bult* a bolt)

åter ['å:-] **1** (*ånyo*) again, once more; *nej och ~ nej!* no, a thousand times no!, no, and no again!; *tusen och ~ tusen* thousands upon thousands; *affären öppnas ~* the shop reopens (will be reopened) **2** (*tillbaka*) back [again]; *fram och ~* there and back, (*av o. an*) to and fro **3** (*däremot*) again, on the other hand **-anpassa** readjust **-anpassning** readjustment **-anskaffa** replace **-anskaffning** replacement **-anskaffningsvärde** replacement value (cost) **-anställa** re-engage, re-employ; *Am.* rehire **-berätta** (*i ord -ge*) relate; (*berätta i andra hand*) retell **-besätta** *mil.* reoccupy; (*tjänst e.d.*) refill **-besök** (*hos läkare e.d.*) next visit (appointment); *göra ett ~* make another visit **-betala** pay back, repay; (*lån e.d. äv.*) refund **-betalning** repayment, reimbursement, refund **-betalningsskyldighet** obligation to repay (refund) **-blick** retrospect (*på* of); (*i film e.d.*) flashback (*på* to); *göra* (*kasta*) *en ~ på* look back upon **-bud** (*t. inbjudan*) excuse; (*avbeställning*) cancellation, annulment; *ge* (*skicka*) *~ a*) (*att man inte kommer*) send word [to say] that one cannot come, send an excuse, (*t. tävling*) drop out, *b*) (*att ngt inställs*) cancel a party (dinner *etc.*), (*att ngt återkallas*) send a cancellation; *ge ~ till doktorn* cancel one's appointment with the doctor; *vi har fått några ~* a few people [sent word that they] could not come **-bäring** refund; bonus; (*i detaljhandel o. försäkr.*) dividend **-börda** [-ö:-] *v1* restore; *~ ngn t. hemlandet* repatriate s.b. **-erövra** recapture, win back **-erövring** recapture, reconquest

åter|fall relapse (*i* into) **-falla 1** (*i brott etc.*) relapse (*i, till* into) **2** (*falla tillbaka*) recoil (*på* upon) **-fallsförbrytare** recidivist, backslider **-finna** find ... again; (*-få*) recover; *adresser -finns på s. 50* for addresses, see p. 50; *citatet -finns på s. 50* the quotation is to be found on p. 50 **-finnande** *s6*, *han var vid ~t* when he was found again, he was **-fordra** demand ... back, reclaim; (*lån*) call in **-få** get ... back; recover, regain (*medvetandet* consciousness) **-färd** *se -resa* **-föra** bring ... back; *~ ngt till* (*bildl.*) trace s.th. back to **-förena** reunite, bring ... together again; *~ sig med* rejoin **-förening** reunion; *Tysklands ~* the reunification of Germany **-försäkra** reinsure; *~ sig* (*bildl.*) take measures (*mot* against) **-försäkring** reinsurance **-försälja** resell; (*i minut*) retail **-försäljare** retail dealer, retailer; *pris för ~* trade price; *sälja till ~* sell to the trade **-försäljning** resale, reselling **-förvärv** recovery, retrieval

åter|ge 1 (*ge tillbaka*) give back, return; *~ ngn friheten* give s.b. his freedom **2** (*tolka*) render; (*framställa äv.*) reproduce, represent; *~ i ord* express in words; *~ i tryck* reproduce in print; *~ ... på engelska* render ... in[to] English **-givande** [-j-] *s6* **-givning** [-ji:v-] rendering; reproduction, representation; (*ljud-*) reproduction **-glans** reflection **-gå 1** (*gå tillbaka*) go back, return; *~ till arbetet* go back to work **2** (*om köp*) be cancelled; *låta ett köp ~* cancel a purchase **-gång 1** (*-vändande*) return (*t. arbetet* to work) **2** *jur.* (*av egendom*) reversion; (*av köp*) cancellation, annulment; *~ av äktenskap* annulment (nullity) of marriage **3** *bildl.* retrogression **-gälda** (*-betala*) repay; (*vedergälla äv.*) return, reciprocate; *~ ont med gott* return good for evil

återhåll|a restrain, keep back (*ett leende* a smile), suppress; (*hejda*) check; *verka ~nde* have a curbing effect; *med -en andedräkt* with bated breath **-sam** *a1* (*måttfull*) moderate, temperate; (*behärskad*) restrained **-samhet** moderation, temperance; restraint

åter|hämta fetch ... back; *bildl.* recover, regain (*sina krafter* one's strength); *~ sig* recover **-hämtning** recovery **-igen** ['å:-] again; (*däremot*) on the other hand **-införa** reintroduce **-insätta** reinstate, reinstall **-inträda** re-enter; *~ i tjänst* resume one's duties **-inträde** re-entry, re-entrance (*i* into); resumption (*i* of)

åter|kalla 1 (*ropa tillbaka*) call ... back; recall **2** (*ta tillbaka*) cancel (*en beställning* an order); revoke (*en befallning* an order); withdraw (*en ansökan* an application) **3** *bildl.*, *~ ngn till livet* (*verkligheten*) bring s.b. back to life (reality); *~ ngt i minnet* recall s.th., call s.th. to mind **-kallelse 1** recall **2** cancellation; revocation; withdrawal **-kasta** (*ljus*) reflect; (*ljud*) reverberate, re-echo; *ljudet ~des av bergväggen* the sound was thrown back from the cliff **-klang** reverberation; echo (*äv. bildl.*) **-klinga** echo, resound, reverberate (*av* with) **-knyta** (*på nytt uppta*) re-establish (*förbindelser* connections), renew (*vänskap* friendship); *~ till vad man tidigare sagt* refer (go back) to what one said earlier **-komma** come back, return; *bildl.* return, revert, recur; *ett sådant tillfälle -kommer aldrig* an opportunity like this will never turn up (come) again; *vi ber att få ~ längre fram* you will be hearing from us (we will write to you) again later on **-kommande** [-å-] *a4* recurrent; *ofta ~* frequent; *~ till vårt brev av* further (with reference) to our letter of **-komst** [-å-] *s3* return **-koppling** *radio.* feed-back [coupling] **-kräva** reclaim **-köp** repurchase **-köpa** repurchase, buy back **-köpsrätt** right of repurchase (redemption); *försäljning med ~* sale with option of repurchase

åter|lämna return, give (hand) back **-lämnande** *s6* return **-lösa** redeem **-lösning** redemption **-marsch** march back; (*-tåg*) retreat **-remiss** recommitment, return for reconsideration; *yrka* ~ move [that a (the) bill be sent back] for reconsideration; *vi har fått ... på* ~ ... has been referred back to us **-remittera** refer ... back, return ... for reconsideration, recommit **-resa** journey back; *på ~n* on one's (the) way back **-se** see (*träffa:* meet) ... again; ~ *varandra* (*äv.*) meet again **-seende** meeting [again]; *på ~!* see you again (later)!, *vard.* be seeing you!; *~ts glädje* the joy of reunion **-skall** echo, reverberation **-sken** reflection **-skänka** give back; ~ *ngn livet* restore s.b. to life **-spegla** reflect, mirror **-spegling** reflection **-stod** rest, remainder; *ekon.* balance; (*lämning*) remnant, remains (*pl*) **-studsa** rebound; (*om ljud*) be reflected; (*om kula*) ricochet **-studsning** rebound[ing] **-stå** remain; (*vara kvar*) be left [over]; *det ~r ännu fem lådor* there are still five cases left; *det ~r att se* it remains to be seen; *det värsta ~r ännu* the worst is yet to come, (*att göra*) the worst still remains to be done; *det ~r mig inget annat än att* I have no choice but to **-stående** *a4* remaining; ~ *delen av året* the rest (remaining part) of the year; *hans* ~ *liv* the rest of his life **-ställa 1** (*försätta i sitt förra tillstånd*) restore; ~ *ngt i dess forna skick* restore s.th. to its former state; ~ *jämvikten* restore equilibrium; ~ *ordningen* restore order **2** (*-lämna*) return, restore, give back **-ställande** *s6* restoration, repair; return **-ställare** *en* ~ a hair of the dog [that bit one last night], a pick-me-up **-ställd** *a5*, *han är fullt ~ efter sin sjukdom* he has quite recovered from his illness **-ställningstecken** *mus.* natural **-sända** send back, return **-taga 1** take back; (*-erövra*) recapture; (*-vinna*) recover **2** (*-gå t.*) resume **3** (*åter ta t. orda*) resume **4** (*-kalla*) withdraw, cancel (*en beställning* an order); retract (*ett löfte* a promise) **-tåg** retreat; *anträda ~et* start retreating; *befinna sig på* ~ be in (on the) retreat

återupp|bygga rebuild, reconstruct **-byggande** **-byggnad** rebuilding, reconstruction **-byggnadsarbete** reconstruction work **-liva** revive; (*drunknad*) resuscitate; (*bekantskap*) renew; ~ *gamla minnen* revive old memories **-livningsförsök** [-li:v-] attempt (effort) at resuscitation **-repa** repeat, reiterate **-repning** repetition, reiteration **-rustning** rearmament **-rätta** (*på nytt upprätta*) re-establish, restore; (*ge -rättelse åt*) rehabilitate **-rättelse** rehabilitation **-stå** rise again, arise anew; (*friare*) be revived **-ståndelse** resurrection **-upptaga** resume, take up ... again; ~ *arbetet* resume [one's] work; ~ *ngt till behandling* reconsider s.th. **-täcka** rediscover **-väcka** reawaken; revive; ~ *ngn från de döda* raise s.b. from the dead

åter|utsända *radio.* retransmit; (*program*) rebroadcast **-utsändning** *radio.* retransmission; rebroadcast **-val** re-election; *undanbe sig* ~ decline re-election **-verka** react, retroact, have repercussions (*på* on) **-verkan** **-verkning** reaction, retroaction, repercussion **-vinna** win back; (*-få*) regain, recover (*fattningen* one's composure) **-visit** return visit **-väg** way back; *på ~en kom vi* ... on our way back we came ... **-välja** re-elect **-vända** return, turn (go, come) back; revert (*till ett ämne* to a subject) **-vändo** *i uttr.: det finns ingen* ~ there is no turning back; *utan* ~ (*oåterkallelig*) irrevocable **-vändsgata** **-vändsgränd** blind alley, cul-de-sac; *bildl. äv.* impasse, dead end **-växt** regrowth, fresh growth; *bildl.* rising (coming) generation; *sörja för ~en* (*bildl.*) ensure the continuance (continued growth)

åt|följa accompany; (*som uppvaktning*) attend; (*följa efter*) follow **-följande** *a4* accompanying *etc.*; (*bifogad*) enclosed; *med ty* ~ with the ensuing **-gång** (*förbrukning*) consumption; (*avsättning*) sale; *ha stor* ~ sell well; *ha strykande* ~ have a rapid sale **-gången** *a5*, *illa* ~ roughly treated (handled), badly knocked about **-gärd** [-jä:-] *s3* measure; (*mått o. steg*) step, move; ... *föranledde ingen* ~ ... could not be considered; *lämna ... utan* ~ not be able to consider; *vidtaga ~er* take measures (action) **-gärda** [-jä:r-] *vi måste* ~ ... we must do s.th. about ... **-görande** [-j-] *s6* action; *det skedde utan A:s* ~ A. had nothing to do with it, it was none of A.'s doing **-hutning** [-u:-] reprimand, rating **-hävor** *pl* manners; behaviour (*sg*); *utan* ~ without a lot of fuss **-komlig** [-å-] *a1* within reach (*för* of); *lätt* ~ easily accessible, within easy reach **-komst** [-å-] *s3* possession, acquisition **-komsthandling** title deed (document) **-lyda** obey; (*föreskrift e.d.*) observe; *bli -lydd* be obeyed **-lydnad** obedience **-löje** ridicule; (*föremål för löje*) laughing-stock; *göra sig till ett* ~ make a laughing-stock (fool) of o.s., make o.s. ridiculous; *göra ngn till ett* ~ make s.b. a laughing-stock, hold s.b. up to ridicule

åtminstone [-ˣminnstå-] at least; (*minst äv.*) at the least; (*i varje fall*) at any rate

åtnjuta enjoy (*aktning* esteem); ~ *aktning* (*äv.*) be held in esteem **-nde** *s6* enjoyment; *komma i ~ av* come into possession of, get the benefit of

åtra [ˣå:-] *rfl* change one's mind; (*återta sitt ord*) go back on one's word

åtrå [ˣå:-] **I** *s9* desire (*efter* for); (*sinnlig äv.*) lust (*efter* for) **II** *v4* desire; (*trakta efter*) covet **-värd** *a1* desirable

åt|sida (*hitre sida*) near side; (*på mynt*) obverse **-sittande** *a4* tight[-fitting] **-skild** separate[d]; *bildl. äv.* distinct; *ligga ~a* lie apart **-skilja** separate; part; (*skilja från varandra*) distinguish [between] **-skillig** [-ʃ-] *a1*, *fören.* a great (good) deal of; *självst.* a great (good) deal; *~a* (*flera*) several, (*många*) quite a number of, a great (good) many, (*olika*) various; *det finns ~a som tror det* there are many who think so **-skilligt** [-ʃ-] *adv* a good deal, considerably, not a little; ~ *mer än 100 personer* well over a hundred people **-skillnad** *göra* ~ make a distinction (*mellan* between); *utan* ~ without distinction, indifferently **-skils** [-ʃ-] apart, asunder **-stramning** [-a:-] *eg.* contraction; (*ekonomisk*) tightening[-up]; (*kredit- etc.*) squeeze, restraint; (*på börsen*) stiffening

åtta I *räkn* eight; ~ *dagar* (*vanl.*) a week; ~ *dagar i dag* this day week **II** *s1* eight **-dubbel** eightfold; octuple **-hundratalet** the ninth century **-hörnig** [-ö:-] *a1* octagonal, eight-cornered **-hörning** [-ö:-] octagon **-sidig** *a1* eight-sided, octahedral **-timmarsdag** eight-hour [working-]day
åttio [ˣåtti(ɷ), 'åtti(ɷ)] eighty **-nde** [-å-] eightieth **-n[de]del** eightieth [part] **-tal** *ett* ~ some eighty (*personer* persons); *på ~et* in the eighties
ått|kantig *a1* octagonal **-onde** [-å-] eighth; *var ~ dag* every (once a) week **-on[de]del** eighth [part]; *fem ~ar* five eighths **-ondelsnot** *mus.* quaver; *Am.* eighth-note
åverkan damage, injury; *göra ~ på* do damage to, damage; *utsätta för ~* tamper with
åvila rest with ([up]on), lie upon
åvägabringa [åˣvä:-] bring about, effect

äck|el ['äkk-] *s7* **1** nausea, sick feeling; *bildl.* disgust; *känna ~ inför ngt* feel sick at s.th.; *jag känner ~ vid blotta tanken* the mere thought [of it] makes me feel sick **2** (*-lig person*) repulsive chap **-la** nauseate, sicken; *bildl.* disgust; *det ~r mig* it sickens me **-las** *dep* be disgusted (*vid* by, at) **-lig** *a1* nauseating; (*friare*) sickening; (*motbjudande*) repulsive
ädel ['ä:-] *a2* noble; (*om metall, stenar*) precious; (*av ~ ras*) thoroughbred; (*högsint*) noble-minded, magnanimous; *av ~ börd* of noble birth; *kroppens ädlare delar* the vital parts [of the body]; *~t vilt* big game; *~t vin* fine vintage **-boren** noble-born **-gas** inert (rare) gas **-het** nobility, nobleness **-metall** precious metal **-mod** noble-mindedness, generosity; magnanimity **-modig** noble-minded, generous; magnanimous **-ost** blue-veined cheese **-sten** precious stone; (*arbetad*) gem, jewel
ädling [ˣä:d-] nobleman, noble [man]
äg|a I *s1* **1** *i sg end. i uttr.*: *ha i sin -o* possess; *komma i ngns -o* come into a p.'s hands; *vara i ngns -o* be in a p.'s possession; *vara i privat -o* be private property; *övergå i privat -o* pass into private ownership **2** *pl -or* grounds, property (*sg*) **II** *v2* **1** (*rå om*) own, be the owner of; (*besitta*) possess; (*ha*) have; *allt vad jag -er och har* all I possess, all my worldly possessions; *han -er en förmögenhet* he is worth a fortune; ~ *giltighet* be valid; *det -er sin riktighet* it is true (a fact); ~ *rum* take place; ~ *rätt att* have a (the) right to **2** ~ *att a*) (*ha rättighet*) have a (the) right to, be entitled to, *b*) (*vara skyldig att*) have (be required) to **-anderätt** right of possession; ownership, proprietorship (*till* of); (*upphovsrätt*) copyright; *jur.* title (*till* to); *~en har övergått till* the right of possession has passed to **-are** owner, proprietor; *övergå till ny ~* come under new ownership **-arinna** owner, proprietress
ägg *s7* egg; *vetensk.* ovum (*pl* ova); *det är som Columbi ~* (*ung.*) it's as plain as a pikestaff; *där har vi ~et* (*bildl.*) there is the crux of the matter **-bildning** ovulation **-cell** ovum (*pl* ova) **-formig** [-å-] *a1* egg- shaped; *fackl.* oviform **-gula** (*hopskr. äggula*) yolk; *en ~* (*vanl.*) the yolk of an egg **-kläckning** hatching, incubation **-kläckningsmaskin** [chicken, poultry] incubator **-kopp** egg-cup **-ledare** *anat.* Fallopian tube; *zool.* oviduct **-lossning** ovulation **-läggning** egg-laying **-läggningsrör** ovipositor **-pulver** egg-powder **-rund** oval **-röra** scrambled eggs (*pl*) **-sjuk** *gå omkring som en ~ höna* be wanting to get s.th. off one's chest **-skal** egg-shell **-sked**

egg-spoon **-stanning** baked egg **-stock** ovary **-stocksinflammation** ovaritis **-toddy** egg-nog **-vita** 1 (*vitan i ägg*) egg white, white of [an] egg; *en ~ (vanl.)* the white of an egg 2 (*ämne*) albumin; (*i ägg*) albumen, white of egg 3 (*sjukdom*) albuminuria, Bright's disease **-viteämne** protein; (*enkelt*) albumin

ägna [*äŋna] I devote; *högt.* dedicate (*sitt liv åt* one's life to); (*skänka*) bestow (*omsorg åt* care on); *~ intresse åt* take an interest in; *~ en tanke åt ...* give ... a thought; *~ sin tid åt* devote one's time to; *~ ngt sin uppmärksamhet* give one's attention to s.th. II *opers., som det ~r och anstår* as befits (becomes) III *rfl* 1 *~ sig åt* devote o.s. to (*att göra ngt* doing s.th.), *högt.* dedicate o.s. to, (*utöva*) follow (*ett yrke* a trade), pursue (*ett kall* a calling), (*slå sig på*) go in for, take up (*affärer* business) 2 (*lämpa sig*) *~ sig för* be suited (adapted) for (to), (*om sak äv.*) lend itself to **-d** *a5* suited, fitted; *inte ~ att inge förtroende* not calculated (likely) to inspire confidence; *~ att väcka farhågor* likely to cause alarm

ägo *se äga I 1* **-delar** *pl* property (*sg*), belongings, possessions; *jordiska ~* worldly goods **-r** *se äga I 2*

äh oh!, ah!; (*avvisande äv.*) pooh!

äkta I *a1* (*pos. oböjl.*) 1 genuine, real; (*autentisk*) authentic; (*om konstverk*) original; (*om färg*) fast; (*uppriktig*) sincere; (*sann*) true (*konstnär* artist); *~ pärlor* real (genuine) pearls; *~ silver* sterling (pure, real) silver 2 *~ barn* legitimate child; *~ hälft* (*vard.*) better half; *~ maka* (*make*) [wedded (lawful)] wife (husband); *~ par* married couple, husband and wife II *s, i uttr.: ta ngn till ~, se följ.* III *v1* wed, espouse

äktenskap *s7* marriage; *jur. äv.* wedlock, matrimony; *efter fem års ~* after five years of married life; *barn i (utom) ~et* child born in (out of) wedlock; *ingå ~ med* marry; *ingå nytt ~* marry again, re-marry; *leva i ett lyckligt ~* have a happy married life; *till ~ ledig* unmarried, on the marriage market **-lig** *a1* matrimonial; conjugal, marital; married (*samliv* life); *~ börd* legitimate birth; *~a rättigheter* marital rights

äktenskaps|anbud proposal (offer) of marriage **-annons** matrimonial advertisement **-betyg** certificate of marital (matrimonial) capacity **-brott** adultery **-brytare** adulterer **-bryterska** adulteress **-byrå** matrimonial agency **-förord** marriage settlement (articles *pl*) **-hinder** impediment to marriage **-löfte** promise of marriage; *brutet ~* breach of promise **-mäklare** matrimonial agent, *vard.* match-maker **-rådgivning** marriage guidance **-skillnad** divorce, dissolution of marriage **-tycke** *de har ~* they are so well matched **-ålder** marrying age

äkthet (*jfr äkta I 1*) genuineness, reality; authenticity; originality; sincerity; (*färg-*) fastness; *bevisa ~en av* authenticate

äld|re ['äll-] *a, komp. t. gammal* older (*än* than); (*om släktskapsförh.*) elder; (*i tjänst*) senior (*än* to); (*tidigare*) earlier; (*ganska gammal*) elderly; *~ järnåldern* the early Iron Age; *~ människor* old (elderly) people; *~ årgång* (*av tidskrift e.d.*) old (back) volume; *av ~ datum* of an earlier date; *i ~ tider* in older (more ancient) times; *de som är ~ än jag* my elders (seniors), those older than myself; *herr A. den ~* Mr. A. Senior; *Dumas den ~* Dumas the elder; *Pitt den ~* the elder Pitt **-st** [*vard.* ällst] *a, superl. t. gammal* oldest; (*om släktskapsförh.*) eldest; (*av två äv.*) older (elder); (*i tjänst*) senior; (*tidigast*) earliest; *de ~a* (*i församling e.d.*) the Elders; *den ~e* (*i kår e.d.*) the doyen

älg [ällj] *s2* elk; *Am.* moose **-gräs** *bot.* meadow-sweet **-jakt** (*jagande*) elk-hunting; (*jaktparti*) elk-hunt; *vara på ~* be out elk-hunting **-kalv** elk calf **-ko** cow (female) elk **-stek** roast elk **-tjur** bull (male) elk

älsk|a love; (*tycka mycket om*) like, be [very] fond of **-ad** *a5* beloved; (*predik. äv.*) loved; *~e Tom!* Tom darling!, (*i brev*) my dear Tom; *min ~e* my beloved (darling) **-ande** *a4* loving (*par* couple); *de ~* the lovers **-are** lover; *förste ~* (*teat.*) juvenile lead, jeune premier; *inte vara ngn ~ av* not be fond of **-arinna** mistress **-arroll** *teat.* [part of the] juvenile lead **-lig** *a1* charming, sweet, lovable **-lighet** charm, sweetness, lovable character **-ling** darling; (*i tilltal äv.*) love; *Am.* honey; (*käresta*) sweetheart **-lingsbarn** favourite child **-lingselev** favourite (pet) pupil **-lingsrätt** favourite dish **-og** *s2* love **-ogskrank** *a1* lovesick **-värd** amiable, kind **-värdhet** amiability, kindness

älta knead (*deg* dough); work (*smör* butter); *bildl.* go over ... again and again; *~ samma sak* go harping on the same string

älv *s2* river

älv|a *s1* fairy, elf (*pl* elves); *poet.* fay **-[a]drottning** fairy queen; *~en* (*äv.*) Queen Mab **-[a]kung** fairy king **-dans** fairy dance **-lik** fairylike

älvmynning mouth of a (the) river, river mouth

ämabel *a2, se älskvärd*

ämbar *s7* pail, bucket

ämbete *s6* office; *bekläda* (*inneha*) *ett ~* hold an office; *i kraft av sitt ~*, [*p*]*å ~ts vägnar* by (in) virtue of one's office, in one's official capacity, ex officio

ämbets|ansvar official responsibility **-broder** colleague **-brott** malpractice, misconduct [in office] **-byggnad** government office [building] **-dräkt** official dress, uniform **-ed** oath of office; *avlägga ~en* be sworn in **-examen** *filosofisk ~* Master of Arts (*förk.* M.A.); *avlägga filosofisk ~* pass (take) one's Master's degree **-förrättning** official function **-man** official, public (Government) officer; (*i statens tjänst äv.*) civil servant **-mannabana** official (civil service) career **-mannadelegation** delegation of officials **-mannakår** body of civil servants; officials (*pl*), official class **-mannavälde** bureaucracy **-plikt** official duty **-rum** office **-tid** period of office; *under sin ~* while in office **-verk** government office, civil service department

ämna intend (mean, plan, *Am. äv.* aim) to; *jag ~de just* I was just going to; *~ sig hem*

(*ut*) intend to go home (out); *vart ~r du dig?* where are you going (you off to)?
ämne *s6* **1** (*material*) material; (*för bearbetning*) blank; (*arbetsstycke*) work-piece; *han har ~ i sig till en stor konstnär* he has the makings of a great artist **2** (*materia*) matter, substance, stuff; *fasta ~n* solids; *flytande ~n* liquids; *enkla ~n* elements; *sammansatta ~n* compounds; *organiskt ~* organic matter **3** (*tema, samtals-, skol- etc.*) subject; matter; theme; (*samtals- äv.*) topic; *frivilligt ~* (*skol.*) optional (*Am.* elective) subject; *obligatoriskt ~* (*skol.*) compulsory subject; *~t för romanen* the subject for the novel; *litteraturen i ~t* the literature on this subject; *byta ~* change the subject; *hålla sig till ~t* keep to the subject (point); *komma till ~t* come to the point; *~ till betraktelse* food for thought
ämnes|grupp group of subjects, subject group **-kombination** combination of subjects **-konferens** *skol.* staff meeting of teachers of the same subject **-lärare** teacher of a special subject **-namn** material noun **-område** subject field **-omsättning** metabolism; *fel på ~en* metabolic disturbance **-val** choice of subject
än [änn] **I** *adv* **1** *se -nu* **2** *hur gärna jag ~ ville* however much I should like to; *när* (*var*) *jag ~* whenever (wherever) I, no matter when (where) I; *om ~ aldrig så litet* however small [it may be], no matter how small; *vad som ~ må hända* whatever happens; *vem han ~ må vara* whoever he may be **3** *~ ... ~* now ..., now, sometimes ..., sometimes; *~ si ~ så* now this way, now that; *~ huttra, ~ svettas* shiver and sweat by turns **4** *~ sen då?* well, what of it?, *vard.* so what? **II** *konj* **1** (*i jämförelser*) than; *mindre ~* smaller than; *inte mindre ~* no less than; *ingen mindre ~* no less a person than **2** *ingen annan ~* no other than (*kungen* the king), no one but; *inget annat ~* nothing else but; *han är allt annat ~ dum* he is anything but stupid
1 ända I *s5* **1** (*äv. ände*) end; (*yttersta del äv.*) extremity; (*spetsig*) tip; *nedre* (*övre*) *~n av* the bottom (top) of; *världens ~* the ends (*pl*) of the world; *allting har en ~* there is an end to everything; *det är ingen ~ på* there is no end to; *ta en ~ med förskräckelse* come to a sad end; *börja i galen ~* start at the wrong end; *stå på ~* stand on end, (*om hår äv.*) bristle; *gå till ~* come to an end, expire; *falla över ~* tumble (topple) over **2** *vard.* (*stuss*) behind, bottom, posterior; *en spark i ~n* a kick on the behind (in the pants); *sätta sig på ~n* (*ramla*) fall on one's behind **3** (*stump*) bit, piece; *sjö.* [bit of] rope **4** *dagen i ~* all day long **5** (*syfte*) *till den ~n* to that end **II** *v1* end
2 ända *adv* right (*till* to; *hit* here); (*hela vägen*) all the way (*hem* home); *~ fram till* right up to; *~ från början* right from the beginning; *~ från 1500-talet* ever since the sixteenth century; *~ från Indien* all the way from India; *~ in i minsta detalj* down to the very last detail; *~ in i det sista* down (up) to the very end; *~ till slutet* to the very end; *~ till påsk* right up to Easter; *~ till midnatt* [all the time] till (until) midnight; *~ till kyrkan* as far as (all the way to) the church; *~ till nu* until (till, [right] up to) now, (*t. våra dagar*) down to the present time
ända|lykt *s3* **1** (*slut*) *en sorglig ~* a tragic end **2** (*stuss*) posterior **-mål** *s7* purpose; end; (*syfte äv.*) object; (*avsikt*) aim; *~et med* the purpose of; *~et helgar medlen* the end justifies the means; *för detta ~* for this purpose, to this end; *det fyller sitt ~* it is suited to (serves) its purpose; *ha ngt till ~* have s.th. as an end; *välgörande ~* charitable (charity, welfare) purposes **-målsenlig** [-e:-] *a1* [well] adapted (suited) to its purpose, suitable; (*lämplig*) appropriate; (*praktisk*) practical; *vara mycket ~* be very much to the purpose **-målsenlighet** [-e:n-] fitness, practicality, expediency **-målslös** purposeless; aimless; (*gagnlös*) useless **-s** *dep* end, terminate (*på* in, with)
ände *s2, se I ända I 1*
änd|else ending **-hållplats** bus (tram) terminus **-lig** *a1* finite **-lös** endless; (*som aldrig tar slut äv.*) interminable; *mat.* infinite **-morän** end (terminal) moraine
ändock yet, still, nevertheless, for all that
ändpunkt terminal point, end
ändr|a 1 alter; (*byta*) change, shift; (*rätta*) correct; (*förbättra*) amend; (*modifiera*) modify; (*revidera*) revise; *~ en klänning* alter a dress; *~ mening* change one's opinion (mind) (*om* about); *inte ~ en min* (*vanl.*) not move a muscle; *det ~r inte mitt beslut* it does not alter my decision; *det ~r ingenting i sak* it makes no difference in substance; *domen ~des till böter* the sentence was commuted into a fine; *paragraf 6 skall ~s* paragraph 6 shall be amended; *obs ~d tid!* note the alteration of time!; *~ om* alter; *~ om ngt till* change (transform) s.th. into; *~ på* alter, change **2** *rfl* alter, change; (*rätta sig*) correct o.s.; (*fatta annat beslut*) change one's mind; (*byta åsikt äv.*) change one's opinion **-ing** alteration (*äv. av klädesplagg*); change; correction; amendment; *tekn. e.d.* modification; *en ~ till det bättre* a change for the better; *en obetydlig ~* a slight modification **-ingsförslag** proposed alteration (amendment)
änd|station terminus (*pl äv.* termini), terminal [station] **-tarm** rectum **-tarmsöppning** anus, anal orifice
ändå [×änn-, -'då:] **1** (*likväl*) yet, still; (*icke desto mindre*) nevertheless; (*i alla fall*) all the same; *det är ~ något* it's something, anyway; *om han ~ kunde komma!* if only (I do wish) he could come! **2** (*ännu*) still, even (*mer* more)
äng *s2* meadow; *poet.* mead
ängd *s3, se trakt*
äng|el *s2* angel; *det gick en ~ genom rummet* there was a sudden hush in the room; *han kom som en räddande ~* he came like an angel to the rescue **-lalik** angelic[al]; *hon har ett ~t tålamod* she has the patience of an angel (of Job) **-lamakerska** baby-farmer **-laskara** angelic host **-lavakt** guardian angel **-lavinge** wing of an angel

ängs|blomma meadow flower **-kavle** [-a:-] *s2*, *bot.* meadow foxtail

ängsl|a alarm, cause ... alarm, make ... anxious **-an** *r* anxiety; (*oro*) alarm, uneasiness; (*starkare*) apprehension, fright **-as** *dep* be (feel) anxious (*för, över* about); (*oroa sig*) worry (*för* about) **-ig** *a1* **1** (*rädd*) anxious, uneasy (*för* about); ~ *av sig* timid, timorous; *var inte ~!* don't worry (be afraid)!; *jag är ~ för att ngt kan ha hänt* I am afraid (fear) s.th. may have happened **2** (*ytterst noggrann*) scrupulous; *med ~ noggrannhet* with [over-]scrupulousness

ängs|mark meadow-land **-ull** [common] cotton-grass

änka *s1* widow; (*änkenåd*) dowager; *vara ~ efter* be [the] widow of; *hon blev tidigt ~* she was early left a widow

änke|drottning Queen Dowager; (*regerande monarks mor*) Queen Mother **-fru** widow; ~ *A.* Mrs. A. [, widow of the late Mr. A.] **-man** widower **-nåd** *s3* dowager **-- och pupillkassa** widows' and orphans' fund **-pension** widow's pension **-stånd** widowhood **-stöt** knock on the funny-bone **-säte** dowager's residence

änkling widower

ännu [ˣännu, -'nu:] **1** (*fortfarande*) still; (*om ngt som ej inträffat*) yet; (*hittills*) as yet, so far; *har de kommit ~?* have they come yet?; *inte ~* not yet; *medan det ~ är tid* while there is still time, while the going is good; *det har ~ aldrig hänt* it has never happened so far; *det dröjer ~ länge innan* it will be a long time before; *~ så länge* so far, up to now, (*för närvarande*) for the present; *~ när han var 80 år* even at the age of eighty; *~ så sent som i går* only (as recently as, as late as) yesterday **2** (*ytterligare*) more; *~ en* one more, yet (still) another; *~ en gång* once more, (*återigen*) again; *det tar ~ en stund* it will take a while yet **3** (*vid komp.*) still, even (*bättre* better)

änterhake *sjö.* grapnel, grappling-iron

äntligen at last; (*omsider äv.*) at length

äntr|a board (*ett fartyg* a ship); (*klättra*) climb (*uppför en lina* up a rope) **-ing** boarding; climbing

äppel|blom *koll.* apple-blossom[s *pl*] **-blomma** apple-blossom **-brännvin** apple brandy; *Am.* apple-jack **-kaka** apple cake **-kart** green apple[s *pl*] **-klyfta** slice of [an] apple **-kompott** stewed apples **-kärna** apple-pip **-mos** mashed apples (*pl*), apple sauce **-must** apple juice **-paj** apple-pie **-skal** apple-peel **-skrott** [-å-] *s2* apple-core **-träd** apple-tree **-vecklare** *zool.* codling moth **-vin** cider **-år** *ett gott ~* a good year for apples

äpple *s6* apple; *~t faller inte långt från trädet* he (she) is a chip of the old block, like father, like son

är *pres av vara*

är|a I *s1* honour; (*heder*) credit; (*berömmelse*) glory, renown; *~ vare Gud!* glory be to God!; *~ns fält* military exploits (*pl*), field of glory; *en ~ns knöl* a downright swine; *det är en stor ~ för oss att* it is a great honour for us to; *få ~n för* get the credit for; *får jag den ~n att* may I have the honour of (+ *ing-form*); *ge ngn ~n för* give s.b. the credit for, credit s.b. with; *det gick hans ~ för när* that wounded (piqued) his pride; *göra ngn den ~ att* do s.b. the honour (favour) of (+ *ing-form*); *ha ~n att* have the honour of (+ *ing-form*); *har den ~n* [*att gratulera*]*!* congratulations!, (*på födelsedag*) many happy returns [of the day], happy birthday!; *sätta en* (*sin*) *~ i att* make a point of (+ *ing-form*); *vinna ~* gain honour (credit); *bortom all ~ och redlighet* miles from anywhere (civilization); *... i all ~* with all deference (respect) to ...; *göra ngt med den ~n* do s.th. with credit; *på min ~!* upon my honour!; *dagen till ~* in honour of the day; *till ngns ~* in a p.'s honour; *till Guds ~* for the glory of God **II** *v1* honour; (*vörda*) respect, revere, venerate; *~s den som ~s bör* honour where (to whom) honour is due **-ad** *a5* honoured; (*om kund e.d.*) esteemed; *Ert ~e* [*brev*] your letter, *åld.* your favour (esteemed letter) **-bar** [ˣä:r-] *a1* decent, modest **-barhet** [ˣä:rba:r-] decency, modesty; *i all ~* in all decency

äre|betygelse *se hedersbetygelse* **-girig** ambitious; aspiring **-girighet** ambition[s *pl*]; aspiration[s *pl*] **-kränka** defame **-kränkande** *a4* defamatory; (*i skrift*) libellous **-kränkning** defamation; (*skriftlig*) libel **-lysten** *se -girig* **-lystnad** *se -girighet* **-lös** infamous **-minne** memorial (*över* to, in honour of)

ärende *s6* **1** (*uträttning*) errand; (*uppdrag*) commission; (*besked*) message; *framföra sitt ~* state one's errand, give one's message; *får jag fråga vad ert ~ är?* what brings you here, if I may ask?; *gå ~n* go [on] errands, be an errand-boy(-girl) (*åt* for); *gå ngns ~n* (*bildl.*) run a p.'s errands; *göra sig ett ~ till* find an excuse for going to; *boken har ett ~* the book has a message; *ha ett ~ i* (*till*) *stan* have business in town; *ha ett ~ till ngn* have to see s.b. about; *i lovliga ~n* on lawful business (errands); *med oförrättat ~* without having achieved one's object **2** (*angelägenhet*) matter; *löpande ~n* [the] usual routine, current matters; *utrikes ~n* foreign affairs; *handlägga ett ~* deal with (handle) a matter

ärenpris *s3*, *bot.* speedwell

äre|port triumphal arch **-rörig** *a1* slanderous, defamatory, calumnious **-varv** *sport.* lap of honour **-vördig** venerable

ärftlig *a1* hereditary (*anlag* disposition); (*om titel e.d.*) inheritable; *det är ~t* (*vanl.*) it runs in the family **-het** heredity; (*sjukdoms e.d.*) hereditariness **-hetsforskning** genetics, genetic research **-hetslära** genetics, science of heredity **-t** *adv* hereditarily; by inheritance; *vara ~ belastad* have a[n] hereditary taint

ärg [-j] *s3* verdigris; patina **-a** (*bli -ig, ~ sig*) become coated with verdigris; *~ av sig* give off verdigris **-grön** verdigris green **-ig** *a1* verdigrised; *konst.* patinated

ärke|biskop archbishop **-biskopinna** archbishop's wife **-biskoplig** archiepiscopal **-biskopsdöme** *s6* archdiocese, archbishopric, archbishop's diocese **-bov** arch-villain, unmitigated scoundrel **-fiende** arch-

-enemy **-hertig** archduke **-hertigdöme** archduchy **-nöt** nitwit, utter fool **-reaktionär** arch-reactionary; *en ~ (äv.)* a die-hard **-skälm** arch-rogue **-stift** *se -biskopsdöme* **-säte** archiepiscopal see **-ängel** archangel

ärla [ˣä:r-] *s1* wagtail

ärlig [ˣä:r-] *a1* honest; (*hederlig*) honourable (*avsikt* intention); (*rättfram*) straightforward; (*uppriktig*) sincere; *vard.* straight, on the level; *~t spel* fair play; *om jag skall vara helt ~* to be quite honest, honestly; *säga sin ~a mening* give one's honest opinion **-en** honestly *etc.*; *det har du ~ förtjänat* you have fairly earned it, that is no more than your due; *~ förtjäna sitt uppehälle* make an honest living **-het** honesty; straightforwardness; *~ varar längst* honesty is the best policy; *i ~ens namn måste jag* to be quite honest I must **-t** *adv se, -en*; *~ talat* to be quite honest with you

ärm *s2* sleeve **-bräda** sleeve-board **-hål** arm-hole **-hållare** arm-band; *Am.* arm (sleeve) garter **-linning** wristband **-lös** sleeveless

ärna [ˣä:r-] *se ämna*

äro|full glorious; honourable (*återtåg* retreat) **-rik** (*-full*) glorious; (*som förvärvat stor ära*) illustrious (*krigare* warrior)

ärr *s7* scar; *vetensk.* cicatrice **-a** *rfl* **-as** *dep* scar; *vetensk.* cicatrize **-bildning** scar formation; *vetensk.* cicatrization **-ig** *a1* scarred; (*kopp-*) pock-marked

ärt *s3* **-a** *s1* pea **-balja -skida** pea-pod; (*tom*) pea-shell **-soppa** pea soup **-växt** leguminous plant

ärv|a *v2* [*få*] ~ inherit (*av, efter* from); *~ ngn* be a p.'s heir; *~ en tron* succeed to a throne; *jag har fått ~* I have come into money **-d** *a5* inherited; (*medfödd*) hereditary **-dabalk** laws (*pl*) of inheritance, inheritance code

äsch ah!, oh!; (*besviket*) dash it!; *~, det gör ingenting!* oh, never mind!, oh, it doesn't matter!

äska demand, ask for; *~ tystnad* call for silence **-nde** *s6* demand, claim, request

äsping (*orm*) [young female] viper

äss *s7* ace

ässja [ˣäʃa] *s1* forge

ät|a *åt -it* **1** eat; (*frukost etc.*) have; *har du -it ännu?* have you had [your] dinner (*etc.*) yet?; *vi sitter och -er* we are at (are having [our]) dinner (*etc.*); *~ frukost* have breakfast; *~ middag* have dinner, dine; *~ gott* get good food; *tycka om att ~ gott* be fond of good food; *~ litet* (*mycket*) be a poor (big) eater; *~ på ngt* eat (munch) s.th.; *~ ngn ur huset* eat s.b. out of house and home **2** *rfl, ~ sig mätt* have enough to eat; *~ sig sjuk* eat o.s. sick; *~* (*nöta*) *sig igenom* wear its way through; *~ sig in i* (*om djur*) eat into **3** (*med beton. part.*) *~ upp* eat [up], consume; *jag har -it upp* I have finished [my food]; *det skall du få ~ upp!* (*bildl.*) you'll have that back [with interest]!; *~ ut ngn* (*bildl.*) cut s.b. out **-bar** [ˣä:t-] *a1* eatable (*mat* food) **-it** *sup av äta* **-lig** [ˣä:t-] *a1* edible (*svamp* mushroom)

ätt *s3* family; (*furstlig*) dynasty; *den siste av sin ~* the last of his (*etc.*) line; *~en utslocknade år ...* the family died out in ... **-artavla** genealogy, genealogical table **-efader** [first] ancestor **-ehög** barrow **-elägg** *s2* scion **-stupa** *s1, ung.* [suicidal] precipice

ättik|a *s1* vinegar; *kem.* acetum; *lägga in i ~* pickle

ättiksgurka pickled cucumber, gherkin

ättik|sprit vinegar essence **-sur** [as] sour as vinegar; *bildl.* vinegary **-syra** acetic acid

ättling descendant, offspring

även also, ... too; (*likaledes*) ... as well; (*till och med*) even (*om* if, though); *icke blott ... utan ~* not only ... but also **-ledes** also, likewise **-som** as well as **-så** also, likewise

äventyr *s7* **1** adventure; (*missöde*) misadventure **2** (*vågstycke*) hazardous venture (enterprise) **3** *jur., vid ~ att* at the risk of; *vid ~ av böter* on pain (under penalty) of fines (a fine) **4** *till ~s* perchance, peradventure **-a** risk, hazard, jeopardize; imperil, endanger **-are** adventurer **-erska** adventuress **-lig** [-y:-] *a1* adventurous; (*riskabel*) venturesome, risky, hazardous **-lighet** [-y:-] adventurousness *etc.*

äventyrs|lust love of adventure **-lysten** adventure-loving, fond of adventure **-roman** adventure story, story of adventure; romance

ävla|n [ˣä:v-] *r* striving[s *pl*] **-s** *dep* strive (*efter* for, after)

ö *s2* island; (*i vissa geogr. namn*) isle; *bo på en* ~ live on (*om stor* ~: in) an island
ÖB [ˣö:be:] *förk. för överbefälhavaren*
öbo *s5* islander
öda *v2*, ~ [*bort*] waste
1 öde *s6* fate; (*bestämmelse*) destiny; ~*t* Fate, Destiny; ~*n* destinies, (*levnads-*) fortunes; *skiftande* ~*n* changing fortunes, vicissitudes [of fortune]; *ett sorgligt* ~ a tragic fate; ~*ts skickelse* the decree of fate, Fate; *efter många* ~*n och äventyr* after many adventures; *hans* ~ *är beseglat* his fate is sealed; *dela ngns* ~ share a p.'s fate (lot); *finna sig i sitt* ~ submit (resign o.s.) to one's fate; *förena sina* ~*n med ngn* cast in one's lot with s.b.
2 öde *oböjl. a* desert, waste; (*övergiven*) deserted; (*enslig*) lonely; (*ödslig*) desolate; (*obebodd*) uninhabited; *ligga* ~ *a*) (*folktom*) be deserted, *b*) (*om åkerjord*) lie waste **-bygd** depopulated (deserted) area **-gård** deserted (derelict) farm **-kyrka** abandoned church **-lägga** lay ... waste; (*skövla*) ravage, devastate; (*förstöra*) ruin, destroy **-läggelse** (*-läggning*) laying waste; (*om resultatet*) devastation, ruin, destruction
ödem *s7*, *med.* oedema (*pl äv.* oedemata)
ödemark waste, desert; (*vildmark*) wilderness; (*obygd*) wilds (*pl*), *Am.* backwoods (*pl*)
ödes|bestämd fated **-diger** (*skickelsediger*) fateful; (*avgörande äv.*) decisive; (*olycksbringande*) fatal, disastrous, ill-fated **-gudinnor** Fates, Fatal Sisters **-mättad** fateful, fatal **-timma** fateful (fatal) hour, hour of destiny
ödla [ˣö:d-] *s1* lizard; (*vatten-*) eft, newt
ödmjuk [ˣö:d-] *a1* humble; (*undergiven*) submissive **-a** *rfl* humble o.s. (*inför* before) **-het** humility, humbleness; submission; *i all* ~ in all humility
ödsla [ˣö:d-, ˣött-] ~ [*med*] be wasteful with (of); ~ *bort* waste, squander
ödslig [ˣö:d-] *a1* desolate, deserted; (*dyster*) dreary **-het** desolateness *etc.*; desolation **-t** *adv*, *ligga* ~ be lonely; *en* ~ *belägen* ... a desolate ...
öfolk (*öbor*) islanders (*pl*); (*nation*) insular nation
ög|a *-at -on* **1** eye; ~ *för* ~ an eye for an eye; *stå* ~ *mot* ~ *med* stand face to face with; *anstränga -onen* strain one's eyes; *falla i -onen* catch (strike) the eye; *få ett blått* ~ get a black eye; *få upp -onen för* have one's eyes opened to; *göra stora -on* open one's eyes wide, stare; *ha -onen med sig* keep one's eyes open, be observant; *inte ha -on för ngn annan än* have eyes for nobody but; *ha ett gott* ~ *till* have one's eye on; *jag har ljuset i -onen* the light is in my eyes; *ha ngt för -onen* keep s.th. before one['s sight]; *ha svaga -on* have a poor eyesight; *hålla ett* ~ *på* keep an eye on; *i mina* (*folks*) *-on* in my (people's) eyes (opinion); *inför allas -on* in sight (before the eyes) of everybody; *finna nåd inför ngns -on* find favour with s.b.; *kasta ett* ~ *på* have a look at, glance at; *med blotta* ~*t* with the naked eye; *mellan fyra -on* in private, privately; *samtal mellan fyra -on* private talk, tête-à-tête; *mitt för -onen på* before the very eyes of, in full view of; *det var nära* ~*t* that was a narrow escape (close shave); *jag ser dåligt på vänstra* (*högra*) ~*t* the sight is poor in my left (right) eye; *se ngn rakt i -onen* look s.b. straight in the face; *skämmas -onen ur sig* be thoroughly ashamed of o.s.; *slå ner -onen* cast down one's eyes; *så långt* ~*t når* as far as the eye can reach **2** (*på tärning*) pip **3** (*på potatis*) eye
ögla [ˣögg-, ˣö:g-] *s1* loop, eye; *göra en* ~ *på* loop
ögna [ˣöŋna] ~ *i* have a glance (look) at, glance at; ~ *igenom* glance through
ögon|blick *s7* moment; instant; *ett* ~*!* one moment, please!, just a moment (minute)!; *ett* ~*s verk* the work of a moment (an instant); *ett obevakat* ~ an unguarded moment; *har du tid ett* ~*?* can you spare [me] a moment?; *det tror jag inte ett* ~ I don't believe that for a moment; *för* ~*et* at the moment, at present, just now; *i nästa* ~ [the] next moment; *i samma* ~ *jag såg det* the moment I saw it; *om ett* ~ in a moment (an instant); *på ett* ~ in a moment (an instant), in the twinkling of an eye **-blicklig** *a1* instantaneous; immediate, instant **-blickligen** instantly, immediately; (*genast*) at once **-blicksbild** snapshot **-bryn** eyebrow; *höja* (*rynka*) ~*en* raise (knit) one's eyebrows **-droppar** eye drops (lotion *sg*) **-frans** eyelash **-fröjd -fägnad** feast for the eye, delightful sight **-färg** colour of the (one's) eyes **-glob** eyeball **-håla** eye-socket, orbit **-hår** eyelash **-kast** glance; *vid första* ~*et* at first sight, at the first glance **-klinik** eye-hospital(-clinic) **-lock** eyelid **-läkare** eye-specialist; oculist, ophthalmologist **-mått** *ha gott* ~ have a sure eye; *efter* ~ by [the] eye **-märke** sighting (aiming) point **-sikte** *förlora ur* ~ lose sight of **-sjukdom** eye-disease, ophthalmic disease **-skenlig** [-ʃe:n-] *a1* apparent; (*påtaglig*) [self-]-evident; (*tydlig*) obvious **-skugga** eye shadow **-specialist** *se -läkare* **-sten** *bildl.*, *ngns* ~ the apple of a p.'s eye **-tjänare** time--server, fawner **-tröst** *bot.* eyebright **-vittne** eye-witness **-vrå** corner of the (one's) eye
ögrupp group (cluster) of islands
ök *s7* (*lastdjur*) beast of burden; (*dragdjur*) beast of draught; (*häst*) jade
öka 1 (*göra större*) increase (*med* by); (*ut-, till-*) add to; (*utvidga*) enlarge; (*förhöja*) enhance (*värdet av* the value of); ~ *farten* (*äv.*) speed up, accelerate; ~ *kapitalet med 1 miljon* add 1 million to the capital; ~ *kraftigt* increase rapidly, undergo a rapid growth; ~ *priset på* raise (increase, put up)

the price of; ~ *till det dubbla* (*tredubbla*) double (treble); ~ *på* increase; ~ *ut a*) (*dryga ut*) eke out, *b*) (*utvidga*) enlarge (*lokalerna* the premises), increase (*sitt vetande* one's knowledge) **2** (*tilltaga*) increase; (*om vind äv.*) rise; ~ *i vikt* put on weight **-d** *a5* increased *etc.*; (*ytterligare*) added; additional (*utgifter* expenditure *sg*); *ge ~ glans åt* lend additional lustre to **-s** *dep se öka 2*

öken ['ö:-, 'ökk-] *s2* desert; *bibl.* wilderness; *öknens skepp* (*kamelen*) the ship of the desert **-artad** [-a:r-] *a5* desert-like **-folk** desert people **-råtta** *mil. vard.* desert rat **-räv** fennec **-vandring** wandering[s *pl*] in the wilderness **-vind** desert wind; (*samum*) simoom, simoon

öklimat insular climate

öknamn nickname *ge ...* [*ett*] ~ nickname

ökning [ˣö:k-] increase (*i* of); addition; enlargement; enhancement; ~ *av farten* acceleration of [the] speed

ökänd [ˣö:çänd] notorious

öl *s7* beer; *ljust* ~ light beer, pale ale; *mörkt* ~ dark beer, stout **-back** case of beer; (*tom*) beer case **-bryggeri** brewery **-butelj -flaska** bottle of beer; (*tom*) beer-bottle **-glas** beer-glass; (*glas öl*) glass of beer **-kafé** beer-house, public house, pub **-sejdel** beer mug; (*med lock*) tankard **-sinne** *ha gott* (*dåligt*) ~ carry one's liquor well (badly) **-stuga** *åld.* ale-house; *Am. äv.* beer parlor **-utkörare** [brewer's] drayman

öm [ömm] *a1* **1** (*ömtålig*) tender, sore (*fötter* feet); *en ~ punkt* (*bildl.*) a tender spot, a sore point; *vara ~ i hela kroppen* be (feel) sore (aching) all over **2** (*kärleksfull*) tender, loving, fond; ~ *omtanke* solicitude; *hysa ~ma känslor för ngn* have tender feelings for s.b. **-fotad** *a5*, *vara* ~ have tender (sore) feet, be footsore **-het 1** (*smärta*) tenderness, soreness **2** (*kärleksfullhet*) tenderness, [tender] affection, love **-hetsbehov** need for affection **-hetsbetygelse** proof (token) of affection, endearment **-hjärtad** [-j-] *a5* tender-hearted

ömk|a commiserate, pity; ~ *sig över ngt* complain about s.th.; ~ *sig över ngn* feel sorry for (pity) s.b. **-an** *r* compassion, pity **-ansvärd** [-ä:-] *a1* pitiable; (*stackars*) poor, wretched **-lig** *a1* pitiful, miserable; deplorable, lamentable; *en ~ min* a piteous air; *en ~ syn* a pitiful (sad) sight; *ett ~t tillstånd* a piteous state

ömma 1 (*vara öm*) be tender (sore); ~ *för tryck* ache at pressure **2** (*hysa medkänsla*) feel [compassion] (*för* for), sympathize (*för* with) **-nde** *a4* **1** *se öm* **2** (*ömkansvärd*) distressing (*omständigheter* circumstances); *i ~ fall* in deserving cases

ömsa change; ~ *skinn* (*om orm äv.*) cast (slough) its skin

ömse *oböjl. a*, *på ~ håll* (*sidor*) on both sides (each side) **-sidig** *a1* mutual, reciprocal; *~a anklagelser* cross accusations ; *~t beroende* interdependence; *~t försäkringsbolag* mutual insurance company; *kontraktet gäller med 6 månaders ~ uppsägning* the contract is subject to 6 months' notice by either party; *till ~ belåtenhet* to our mutual satisfaction **-sidighet** reciprocity, mutuality **-vis** alternately; (*i tur o. ordning*) by turns

ömsint *a4* tender[-hearted] **-het** tenderness of heart

ömsom [ˣömmsåm] ~ ... ~ ... sometimes ..., sometimes ..., ... and ... alternately

ömtålig *a1* **1** (*som lätt skadas*) damageable, easily damaged; (*om matvara*) perishable; (*om tyg*) flimsy; (*bräcklig*) frail, fragile **2** (*om hälsa*) delicate; (*känslig*) sensitive; (*mottaglig*) susceptible (*för* to) **3** (*lättsårad*) touchy; (*grannlaga*) delicate (*fråga* question) **-het** liability to damage; perishableness *etc.*; fragility; delicacy; sensitiveness; susceptibility; touchness

önsk|a 1 wish; (*åstunda*) desire; (*vilja ha*) want; *jag ~r att han ville komma* I [do] wish he would come; *vad ~s?* (*i butik*) what can I do for you[, Madam (Sir)]?; *om så ~s* if desired, if you wish; *stryk det som ej ~s* delete as required; *lämna mycket övrigt att ~* leave a great deal to be desired; *~de upplysningar* information desired; *icke ~d* unwanted, undesirable **2** *rfl* wish for, desire; ~ *sig ngt i julklapp* want (wish for) s.th. for Christmas; ~ *sig bort* wish o.s. (wish one were) far away; ~ *sig tillbaka till* wish one were back in **-an** *r*, *som pl används pl av önskning* wish, desire; *enligt ~* as desired, according to your (his *etc.*) wishes; *uttrycka en ~ att* express a wish to; *med ~ om* with best wishes for

önske|dröm [cherished] dream **-lista** want list; (*t. jul e.d.*) list of presents one would like **-mål** wish, desire; object desired, desideratum (*pl* desiderata); *ett länge närt ~* a long-felt want **-program** request programme **-tänkande** *s6* wishful thinking **-väder** ideal weather

önsk|ning *se -an* **-värd** [-ä:-] *a1* desirable, to be desired; *icke ~* undesirable **-värdhet** [-ä:-] desirability, desirableness

öpp|en *a3* open; (*uppriktig*) frank, candid; (*mottaglig*) susceptible (*för* to); ~ *båt* (*äv.*) undecked boat; ~ *eld* open fire; *-et förvar* (*i bank*) safe custody; *-et köp* purchase on approval; *på -et köp* on a sale-or-return basis; ~ *spis* fireplace; *frågan får stå ~* the matter must be left open; *platsen står ~ för hans räkning* the post is reserved for him; *vara ~, hålla -et* keep open; *för ~ ridå* with the curtain up, *bildl.* in public; *i ~ räkning* in open account; *i ~ sjö* on the open sea; *på -na fältet* in the open field; *vid* (*per*) *första* (*sista*) *-et vatten* at (per) first (last) open water (*förk.* f.o.w. *resp.* l.o.w.)

öppen|het openness; frankness, candour; sincerity; susceptibility **-hjärtig** [-j-] *a1* open-hearted, frank, unreserved **-hjärtighet** [-j-] open-heartedness

öppet *adv* openly *etc.*; ~ *och ärligt* squarely and fairly; *förklara ~* declare freely; *ligga ~* have an exposed situation **-hållande** *s6* business (service, opening and closing) hours (*pl*)

öppn|a 1 open; (*låsa upp*) unlock; ~ *för ngn* open the door for s.b., let s.b. in; ~ *affär* open (start) a shop (business); *affären ~r* (*~s*) *kl. 9* the shop opens at nine [o'clock]; *~ kredit* open a credit; *~ vägen för* (*bildl.*) pave the way for; *~ ngns ögon för* open a p.'s eyes to; *vi såg dörren ~s* we saw the door open[ing]; *~!* open up!; *~s här* open here; *~s för trafik i mars* will be open to traffic in March; *dörren ~s utåt* the door opens outwards **2** *rfl* open; (*vidga sig*) open out **-ing 1** opening (*äv. i schack*); (*hål*) aperture, hole; (*mynning*) orifice; (*springa*) chink; (*för mynt*) slot; (*i mur e.d.*) gap, break; (*glänta*) glade, clearing **2** (*avföring*) motion, defecation **-ingsanförande** opening (introductory) address **-ingsceremoni** opening ceremony, inauguration [ceremony]

ör|a *-at -on* **1** ear (*äv. bildl.*); *dra -onen åt sig* become wary, take alarm; *gå in genom ena ~t och ut genom det andra* go in at one ear and out at the other; *ha ~ för musik* have an ear for music; *få det hett om -onen* be in for it, get into hot water; *höra dåligt* (*vara döv*) *på ena ~t* hear badly with (be deaf in) one ear; *mycket skall man höra innan -onen faller av!* I've never heard such a thing!, well, I never!, what next!; *han ville inte höra på det ~t* (*bildl.*) he wouldn't listen at all; *vara idel ~* be all ears; *klia sig bakom ~t* scratch one's head; *det har kommit till mina -on* it has come to my ears; *som ett slag för ~t* like a [shattering] blow; *det susar* (*ringer*) *i -onen* my ears are buzzing (singing); *tala för döva -on* talk to deaf ears; *inte vara torr bakom -onen* be very green; *små grytor har också -on* little pitchers have long ears; *upp över -onen förälskad* head over heals in love **2** (*handtag*) handle; (*på tillbringare*) ear **-clips** *pl* ear-clips

öre *s6* öre; *inte ha ett ~* not have [got] a penny, be penniless; *inte ett rött ~* not a bean; *inte värd ett rött* (*ruttet*) *~* not worth a brass farthing; *inte för fem ~* not a bit; *räkna ut priset på ~t* work out the price to the last penny; *jag kan inte säga på ~t vad det kostar* I cannot tell you the exact price; *till sista ~t* to the last farthing

Öresund *n* the Sound

ör|fil [ˣö:r-] *s2* box on the ear **-fila** *~* [*upp*] *ngn* box a p.'s ears, cuff s.b. **-hänge** (*smycke*) ear-ring; (*långt*) ear-drop; (*schlager*) hit

örike island state (country)

öring salmon trout

örl|ig [ˣö:r-] *s* **-og** [-låg] *s* [naval] war

örlogs|fartyg warship, man-of-war (*pl* men-of-war) **-flagg[a]** naval (man-of-war) flag **-flotta** navy, naval force **-hamn** naval port **-man** man-of-war **-varv** naval dockyard (*Am.* shipyard)

örn [ö:rn] *s2* eagle **-blick** eagle eye **-bo** aerie, aery, eagle's nest **-bräken** *s2* bracken, brake

örngott [-å-] *s7* pillow-case

örn|näbb eagle's beak **-näsa** aquiline nose **-näste** *se -bo* **-unge** eaglet, young eagle

öron|bedövande *a4* deafening **-clips** *se örclips* **-inflammation** inflammation of (in) the ear[s]; *läk.* otitis **-lappsfåtölj** wind chair **-klinik** ear clinic **-läkare** ear specialist, aurist, otologist; *öron-, näs- och halsläkare* ear, nose, and throat specialist, otorhinolaryngologist, *vard.* E.N.T. specialist **-lös** *en ~ kopp* a cup without a handle **-mussla** ear-conch[a], concha **-propp** (*vaxpropp*) plug of wax; (*mot ljud*) earplug, ear stopper **-sjukdom** disease of the ear, aural disease **-skydd** ear-flap(-muff) **-susning** singing (buzzing) in one's ears **-trumpet** auditory (Eustachian) tube

ör|snibb ear lobe, lobe of the ear **-språng** ear-ache; *läk.* otalgia

ört *s3* herb, plant; *~er* (*äv.*) herbaceous plants **-agård** garden

örvax ear-wax; *läk.* cerumen

ös|a *v3* **1** scoop; (*sleva*) ladle (*upp* out); (*hälla*) pour; *~ en båt* bale (bail) a boat; *~ en stek* baste a joint; *~ presenter över ngn* shower s.b. with gifts; *~ på ngn arbete* overburden s.b. with work; *~ ur sig otidigheter över* shower abuse on; *~ ut pengar* throw one's money around, waste (squander) one's money **2** *det* (*regnet*) *-er ner* it is pouring down, *vard.* it is raining cats and dogs **-kar** bailer, dipper **-regn** pouring rain, downpour **-regna** pour

öst *r* east; *jfr nord* **-an** *r* **-vind** *s2* east[erly] wind **-asiatisk** East Asiatic

Östafrika East Africa

östasiatisk East Asiatic **Östasien** Eastern Asia

Östberlin East[ern] Berlin

öst|blocket the Eastern bloc **-er** ['öss-] **I** *oböjl. s o. s9* the east; *Ö~n* the East (Orient) **II** *adv* [to the] east (*om* of) **-erifrån** ['öss-] from the east

Österlandet *n* the East (Orient) **öster|ländsk** *a5* oriental, eastern **-länning** Oriental

österrikare Austrian **Österrike** *n* Austria **österrikisk** *a5* Austrian

Östersjön the Baltic [Sea]

Östeuropa Eastern Europe **östeuropeisk** East-European

öst|front *~en* the Eastern front **-got** Ostrogoth **-gotisk** Ostrogothic **-kust** east coast **-lig** *a1* easterly; east[ern]; *jfr nordlig* **-ra** *best. a* the east; the eastern; *jfr norra* **-romersk** *Ö~a riket* the Eastern [Roman] Empire, the Byzantine Empire

österrikare

östtysk East-German **Östtyskland** East[ern] Germany; (*officiellt*) the Democratic Republic of Germany, the DDR

öva 1 (*träna*) train (*ngn i ngt* s.b. in s.th.; *ngn i att* s.b. to); *mil.* drill, exercise; *~ in* practise, (*roll e.d.*) rehearse; *~ upp* train, exercise, (*utveckla*) develop; *~ upp sig i engelska* brush up one's English **2** (*ut-*) exercise (*inflytande* influence); *~ kritik* [*mot*] criticize; *~ rättvisa* do justice; *~ våld* use (make use of) violence **3** *rfl* practise; *~ sig i att* practise (+*ing-form*); *~ sig i pianospelning* (*skjutning*) practise on the piano (with the rifle); *~ sig i tålamod* learn to be patient **-d** *a5* practised; trained; (*erfaren*) experienced; (*skicklig*) skilled

över ['ö:-] **I** *prep* **1** over; (*högre än, ovanför*) above; (*tvärs-*) across; (*i tidsangivelse*) past, *Am. äv.* after; *bron ~ floden* the bridge across the river; *gå ~ gatan* walk across the street, *vanl.* cross the street; *bo ~ gården* live across the [court]yard; *500 me-*

ter ~ *havet* 500 metres above sea level; ~ *hela kroppen* all over the body; ~ *hela landet* throughout (all over) the country; ~ *hela linjen* all along the line; ~ *hela vintern* throughout (all through) the winter; *tak* ~ *huvudet* a roof over one's head; *högt* ~ *våra huvuden* high above our heads; *bred* ~ *höfterna* broad across the hips; *höjd* ~ *alla misstankar* above (beyond) suspicion; *plötsligt var stormen* ~ *oss* suddenly the storm came upon us; *leva* ~ *sina tillgångar* live beyond one's means; *klockan är* [*fem*] ~ *sex* it is [five] past (*Am. äv.* after) six; ~ *veckoslutet* over the weekend; *det är inte så* ~ *sig* (*inget vidare*) it's not all that good **2** (*via*) via, by [way of] **3** (*mer än*) over, more than, above; ~ *hälften* over (more than) half; *dra* [*tio minuter*] ~ *tiden* run over the time [by ten minutes] **4** (*uttr. makt, -höghet o.d.*) over; (*i fråga om rang*) above; *löjtnant är* ~ *sergeant* a lieutenant ranks (is) above a sergeant; *makt* ~ power over; *överlägsenhet* ~ supremacy to **5** (*uttr. genitivförh.*) of; (*om, angående*) [up]on; *essä* ~ essay on; *karta* ~ map of; *föreläsa* ~ lecture on **6** (*med anledning av*) at; of; *glad* (*förvånad*) ~ glad (surprised) at; *lycklig* ~ happy about; *rörd* ~ touched by; *undra* ~ wonder at **II** *adv* **1** over; above; across; *jfr över I*; *resa* ~ *till Finland* go over to Finland; *gå* ~ *till grannen* walk round (pop over) to the neighbour's; *arbeta* ~ work overtime; *50 pund och* ~ *på det* 50 pounds and more **2** (*kvar*) left, [left] over; *det som blir* ~ what is left, the remainder; *det blev pengar* ~ I have (he has *etc.*) some money left **3** (*slut*) over, at an end; (*förbi äv.*) past; *nu är sommaren* ~ summer is over now; *smärtan har gått* ~ the pain has passed

över|allt everywhere; *Am. vard.* every place; ~ *där* wherever; *han är smutsig* ~ he is dirty all over **-anstränga 1** overstrain, over-exert (*hjärtat* one's heart); ~ *ekonomin* overstrain the economy **2** *rfl* overstrain o.s.; (*arbeta för mycket*) overwork o.s., work too hard **-ansträngd** overworked; (*rent fysiskt*) overstrained **-ansträngning** overwork; overstrain, over-exertion (*av hjärtat* of the (one's) heart) **-antvarda** [-a:r-] deliver ... up, entrust (*åt* to); ~ *ngn i rättvisans händer* deliver s.b. into the hands of justice **-arbeta 1** (*bearbeta för mycket*) overelaborate **2** (*omarbeta*) revise **-arm** upper arm; *vetensk.* brachium (*pl* brachia) **-armsben** humerus

över|balans *ta ~en* lose one's balance, overbalance, topple over **-balansera** *~d budget* budget that shows a surplus **-befolkad** [-å-] *a5* overpopulated **-befolkning** overpopulation **-befäl** *abstr.* supreme command (*över* of); *konkr. koll.* [commissioned] officers (*pl*) **-befälhavare** commander-in-chief, supreme commander **-belasta** overload (*äv. elektr.*); *bildl.* overstrain, overtax **-belastning** overloading; *bildl.* overtaxing **-betala** overpay **-betona** over-emphasize, lay too much stress on **-bett** overbite **-betyg** honours (*pl*), mark above the pass standard **-bevisa** convict (*ngn om* s.b. of); (*-tyga*) convince (*ngn om* s.b. of) **-bevisning** conviction **-bibliotekarie** chief (head) librarian **-bjuda** outbid, overbid; *bildl.* [try to] outdo, rival; *de -bjöd varandra i artighet* they tried to outdo one another in courtesy **-blick** survey, general view (*över* of); *ta en* ~ *över* (*äv.*) survey **-blicka** survey; *bildl.* take in (*situationen* the situation); *följder som inte kan ~s* consequences that cannot be foreseen **-bliven** *a5* remaining, left over; *komma på -blivna kartan* remain on the shelf **-bord** *falla* (*spolas*) ~ fall (be washed) overboard; *man ~!* man overboard!; *kasta* ~ (*äv.*) jettison **-bringa** deliver, convey; hand in **-bringare** bearer (*av ett budskap* of a message) **-brygga** *v1* bridge [over]; ~ *motsättningar* reconcile differences **-bud** higher bid, overbid **-byggnad** superstructure (*äv. bildl.*) **-bädd** upper bed (*i hytt e.d.* berth)

över|del top (*äv. av plagg*), upper part **-dimensionera** oversize, over-dimension; *~d* (*äv.*) oversize[d] **-direktör** (*i statligt verk*) director [general]; (*souschef*) deputy director general **-dos -dosera** overdose **-drag** cover[ing]; (*på möbel*) cover; (*på kudde*) [pillow-]case; (*av fernissa e.d.*) coat[ing]; (*tids-*) running over the time **-dragning** (*av konto*) overdraft **-dragskläder** overalls **-drift** exaggeration; (*i tal äv.*) overstatement; (*ytterlighet*) excess; *gå till* ~ go too far, go to extremes, (*om pers. äv.*) carry things too far; *man kan utan* ~ *säga att* it is no exaggeration to say that **-driva** exaggerate; overact, overdo (*en roll* a part); (*gå för långt*) overdo it **-driven** *a5* exaggerated; excessive, exorbitant; *-drivet bruk av* excessive use of; *-drivet nit* over-zealousness; *hon är så -driven* she overdoes it **-drivet** *adv* exaggeratedly *etc.*; ~ *noga* too careful, over-careful, over-scrupulous; ~ *känslig* (*äv.*) hypersensitive; ~ *sparsam* over-economical, (*i småsaker*) cheese-paring, (*gnidig*) stingy, niggardly **-dåd** (*slösaktighet*) extravagance; (*lyx*) luxury; (*dumdristighet*) foolhardiness, rashness **-dådig** *a1* **1** (*slösaktig*) extravagant; (*lyxig*) luxurious, sumptuous **2** (*utmärkt*) excellent, superb, first-rate **3** (*dumdristig*) foolhardy, rash **-dängare** past master (*i* in, at); *vara en* ~ *i* (*äv.*) be terrifically good at; *han är en* ~ *i skjutning* he is a crack shot

överens *vara* ~ be agreed (*om* on; *om att* that); *komma* ~ *om* agree (come to an agreement, *Am. äv.* get together) on (about); *komma* ~ *om att träffas* agree to meet, arrange a meeting; *komma bra* ~ *med ngn* get on well with s.b.; *de kommer bra* (*dåligt*) ~ they get on (don't get on) well [together] **-komma** [ˣö:-, -ˣenns-] agree (*om* on, about); (*göra upp*) arrange, settle; *den -komna tiden* the time agreed [up]on (fixed); *som -kommet* as agreed **-kommelse** [-å-] agreement; arrangement; *enligt* ~ by (according to) agreement, as agreed [upon]; *gällande ~r* existing (current) agreements; *träffa en* ~ make (come to) an agreement, come to terms; *tyst* ~ tacit understanding, gentlemen's agreement **-stämma** agree, be in accordance, accord; (*passa ihop äv.*)

correspond, tally; *inte* ~ (*äv.*) disagree **-stämmelse** agreement; accord[ance]; conformity; (*motsvarighet*) correspondence; *bristande* ~ incongruity, discrepancy; *i* ~ *med* (*enligt*) in accordance (conformity) with, according to; *bringa* (*stå*) *i* ~ *med* bring into (be in) agreement (line) with

över|exekutor chief executory authority (officer) **-exponera** over-expose **-exponering** over-exposure **-fall -falla** assault, attack; (*från bakhåll*) ambush **-fart** crossing; (*-resa äv.*) voyage, passage **-fettad** *a5* superfatted **-flyga** fly over **-flygla** [-y:-] *mil.* outflank; (*-träffa*) surpass, exceed; (*-lista*) outmanœuvre, outdo **-flygning** flight over, overflight; (*vid flygparad*) fly-past **-flytta** move ... over (across); (*friare*) transfer **-flyttning** moving [over] *etc.*; transport; (*friare*) transfer **-flöd** *s7* (*ymnighet*) abundance, profusion, plenty (*av*, *på* of); (*materiellt*) affluence; (*övermått*) superfluity, superabundance; (*på arbetskraft, information*) redundance; (*lyx*) luxury; *ha* ~ *på*, *ha* ... *i* ~ have an abundance of, have ... in plenty, have plenty of; *finnas i* ~ be abundant **-flöda** abound (*av*, *på* in, with); *~nde* abundant, profuse **-flödig** *a1* superfluous; (*onödig äv.*) unnecessary; *känna sig* ~ feel unwanted (in the way) **-flödighet** superfluousness **-flödssamhälle** affluent society **-full** overfull, too full; (*om lokal e.d.*) overcrowded, crammed; ~ *sysselsättning* overfull employment, overemployment **-furir** (*vid armén*) sergeant; (*vid marinen*) chief petty officer; (*vid flyget*) staff sergeant **-fyllnad** repletion; (*på marknaden*) glut **-färd** *se -fart* **-föra 1** *se föra* [*över*] **2** (*-flytta*) transfer, transmit; *bokför.* carry over (forward); ~ *blod* transfuse blood; ~ *smitta* transmit infection (contagion); *i -förd bemärkelse* in a figurative (transferred) sense **3** (*-sätta*) translate, turn (*till* into) **-förfinad** *a5* over-refined **-förfriskad** *a5* tipsy, intoxicated **-föring** transfer[ence] (*äv. tekn.*); conveyance, transport[ation] (*av trupper* of troops); (*av blod*) transfusion; (*av smitta*) transmission (*äv. radio.*); ~ *av pengar* transfer of money **-förmyndare** chief guardian **-förtjust** overjoyed, delighted

över|ge -giva abandon; desert; (*lämna äv.*) leave; (*ge upp äv.*) give up; ~ *ett fartyg* abandon a ship; ~ *en plan* abandon (give up) a plan **-given** [-j-] *a5* abandoned *etc.*; *ensam och* ~ forlorn **-givenhet** [-j-] abandonment; forlornness **-glänsa** outshine, eclipse **-grepp** (*inkräktande*) encroachment (*mot* on); (*-våld*) outrage; ~ (*pl*) excesses (*mot* against) **-gå 1** *eg., se gå* [*över*] **2** (*-träffa*) [sur]pass (*ngns förväntningar* a p.'s expectations) **3** (*-stiga*) exceed, be beyond (above); *det ~r mitt förstånd* it is above my comprehension (beyond me) **4** (*drabba*) overtake, befall **5** (*-flyttas*) change hands, be transferred; *färger som ~r i varandra* colours that merge (melt) into each other; *sommaren -gick i höst* summer turned into autumn; ~ *till annat parti* go over to another party; ~ *till dagordningen* proceed (pass) to the business of the day; ~ *till katolicismen* embrace (be converted to) Catholicism, become a Catholic; ~ *till professionalismen* turn professional; ~ *till annan verksamhet* pass on to other activities; *äganderätten har -gått till* the title has been transferred to **-gående** *a4* passing; (*kortvarig äv.*) transient, transitory, of short duration; *av* ~ *natur* of a temporary (transitory) nature **-gång** *s2* **1** *abstr.* crossing (*över* of); (*omställning*) change-over; (*utveckling*) transition; (*mellantillstånd*) intermediate stage; (*omvändelse*) conversion; ~ *förbjuden!* do not cross! **2** (*-gångsställe*) (*vid järnväg e.d.*) crossing; (*fotgängar-*, *se -gångsställe* **3** *se -gångsbiljett*; *ta* ~ *till tunnelbana* change to the underground

övergångs|bestämmelse provisional (transitional, temporary) regulation **-biljett** transfer [ticket] **-form** transitional (intermediate) form **-stadium** transitory (transition[al]) stage **-ställe** (*för fotgängare*) [pedestrian, zebra] crossing **-tid** transition[al] period, period (time) of transition **-tillstånd** transition[al] state, state of transition **-ålder** (*klimakterium*) change of life, climacteric [age, period]; (*pubertet*) [years (*pl*) of] puberty

över|göda overfeed, surfeit **-gödsling** top-dressing **-halning** [-a:-] **1** (*fartygs slingring*) lurch; *göra en* ~ (*äv. bildl.*) lurch **2** (*utskällning*) *ge ngn en* ~ give s.b. a good rating **-hand** *få* (*ta*) ~ get the upper hand (*över* of), prevail (*över* over), (*om tankar, växter e.d.*) be[come] rampant; *hungern tog ~en* hunger got the better of them (us *etc.*) **-het** *~en* the authorities, the powers that be (*pl*) **-hetsperson** person in authority; (*ämbetsman*) public officer **-hetta** overheat, superheat **-hettning** overheating, superheating **-hopa** ~ *ngn med ngt* heap (shower) s.th. upon s.b., heap (shower) s.b. with; *~d med arbete* overburdened with work; *~d med skulder* loaded with debts, *vard.* up to one's neck in debt **-hoppad** [-å-] *a5*, *bli* ~ (*om text e.d.*) be omitted (left out), (*om pers.*) be passed over **-hovmästarinna** mistress of the robes **-hud** epidermis **-hus** *parl.* upper house (chamber); *~et* the House of Lords (*Engl.*), the Senate (*Am.*)

överhuvud *s7*, *s6* head; (*ledare*) chief

över huvud [ˣö:- ˣhu:-] *adv* (*i jakande sats*) on the whole; (*i nekande, frågande, villkorlig sats*) at all; *det är* ~ [*taget*] *svårt att* on the whole it is difficult to; *han vet* ~ *taget ingenting* he knows nothing at all

över|hängande *a4* (*nära förestående, hotande*) impending; (*om fara äv.*) imminent; (*brådskande*) urgent; *det är ingen* ~ *fara* there is no immediate danger **-höghet** supremacy, sovereignty **-hölja** *bildl.*, ~ *ngn med ngt* heap s.th. upon s.b., heap s.b. with s.th. **-hövan** [-ˣhö:-] *se* [*över*] *hövan*

över|ila *rfl* be rash (hasty), act rashly; (*förgå sig*) lose one's head **-ilad** *a5* rash, hasty; *gör ingenting -ilat!* don't do anything rash! **-ilning** rashness, precipitation; *handla i* ~ act rashly **-ingenjör** chief engineer **-inseende** supervision **-isad** *a5* covered with ice, iced up **-jaget** *fil.* the super-ego **-jordisk** (*himmelsk*) unearthly, celestial; (*eterisk*) ethereal, divine (*skönhet* beauty) **-jägmästare** chief forest officer

över|kant upper edge (side); *i* ~ (*bildl.*) rather on the large (big, long *etc.*) side, too large (*etc.*) if anything **-kast** (*säng-*) bedspread, counterpane **-klaga** appeal against, lodge (enter) an appeal against; *beslutet kan ej ~s* the decision is final **-klagande** *s6* appeal (*av* against) **-klass** upper class; *~en* the upper classes (*pl*) **-klasskvinna** upper-class woman **-klädd** covered; (*om möbel*) upholstered **-komlig** [-å-] *a1* surmountable (*hinder* obstacle); *till ~t pris* at a reasonable (moderate) price **-kommando** supreme (high) command **-kompensation** overcompensation **-konstapel** (*polis-*) [police-]sergeant; (*kriminal-*) detective sergeant **-korsad** [-å-] *a5* crossed-out **-kropp** upper part of the body; *med naken* ~ stripped to the waist **-kucku** *s2, vard.* top dog **-kultiverad** over-refined **-kurs** *hand.* premium [rate]; *till* ~ at a premium **-kvalificerad** over-qualified, too highly qualified **-käke** upper jaw; *vetensk.* maxilla **-käksben** upper jaw-bone; *vetensk.* maxillary [bone] **-känslig** hypersensitive, oversensitive; (*allergisk*) allergic (*för* to) **-känslighet** hypersensitiveness *etc.*; allergy (*för* to) **-körd** [-çö:rd] *a5, bli* ~ be (get) run over (knocked down) **-lagd** *a5* (*noga* well) considered; (*uppsåtlig*) premeditated; *-lagt mord* premeditated (wilful) murder, criminal homicide **-lakan** top sheet **-lappa** overlap **-lasta** overload, overburden; (*fartyg*) overfreight; ~ *minnet* overburden (encumber) one's memory; ~ (*berusa*) *sig* get intoxicated, intoxicate o.s. **-lastad** *a5* **1** (*berusad*) intoxicated, the worse for liquor **2** (*alltför utsmyckad*) overburdened with ornaments **-leva** survive; ~ *ngn* (*äv.*) outlive s.b.; ~ *sig själv* (*om sak*) outlive its day, become out of date; *det kommer han aldrig att* ~ he will never get over it, it will be the death of him **-levande** *a4* surviving; *de* ~ the survivors (*från* of) **-leverans** excess delivery **-liggare** *univ.* "perpetual student" **-lista** outwit; *han ~de mig* (*äv.*) he was too sharp for me **-ljudshastighet** supersonic speed **-ljudsplan** supersonic aircraft (aeroplane) **-lopps** [-å-] *i uttr.: till* ~ to spare **-loppsenergi** surplus energy **-loppsgärning** *teol.* work of supererogation; *det vore en* ~ *att* it would be quite superfluous to **-lupen** *a5* **1** (*-vuxen*) overgrown (*med, av* with) **2** (*-hopad*) overburdened (*med arbete* with work); (*hemsökt*) overrun (*av besökare* with visitors); deluged (*av förfrågningar* with inquiries) **-lycklig** overjoyed **-låta 1** (*avhända sig*) transfer, make over (*ngt t. ngn* s.th. to s.b.); *jur. äv.* convey, assign; *biljetten får ej ~s* the ticket is not transferable **2** (*hänskjuta*) leave (*ngt i ngns hand* s.th. in a p.'s hands); *jag -låter åt dig att* I leave it to you to **-låtelse** transfer; *jur. äv.* conveyance, assignment **-låtelsehandling** deed (instrument) of conveyance (transfer, assignment) **-läge** *bildl.* advantage, superior position **-lägga** confer, deliberate (*om* on, about); ~ *om* (*äv.*) discuss **-läggning** deliberation; (*övervägande äv.*) consideration; (*diskussion äv.*) discussion **-lägsen** *a3* superior (*ngn* to s.b.); (*storartad*) excellent; (*högdragen*) supercilious; *han är mig* ~ (*äv.*) he is my superior; ~ *seger* signal (easy) victory **-lägsenhet** superiority (*över* to); (*högdragenhet*) superciliousness **-lägset** *adv* in a superior manner; excellently; superciliously **-läkare** chief (senior, head) physician (*kirurg* surgeon)

överlämna 1 deliver [up, over]; (*framlämna*) hand ... over; (*skänka*) present, give; (*anförtro*) entrust, leave; (*uppge*) surrender (*ett fort* a fort); ~ *ett meddelande* deliver a message; ~ *blommor till ngn* present flowers to s.b., present s.b. with flowers; ~ ... *i ngns vård* leave ... in a p.'s care, entrust ... to s.b.; *jag ~r åt dig att* I leave it to you to; *~d åt sig själv* left to o.s. **2** *rfl* surrender (*åt fienden* to the enemy); ~ *sig åt sorgen* surrender [o.s.] (give way) to grief **-nde** *s6* delivery, handing over; presentation; surrender

över|läpp upper lip **-lärare** headmaster **-löpare** deserter; *polit.* defector, renegade

över|maga *oböjl. a* (*-modig*) presumptuous, overweening **-makt** (*i styrka*) superior force; (*i antal*) superior numbers (*pl*); *ha ~en* be superior in numbers (*över* over); *kämpa mot ~en* fight against odds; *vika för ~en* yield to superior force (numbers) **-man** superior; *finna sin* ~ meet (find) one's match; *ej ha sin* ~ have no superior; *vara ngns* ~ (*äv.*) be more than a match for s.b. **-manna** overpower **-mod** (*förmätenhet*) presumption, overweening confidence (pride); (*våghalsighet*) recklessness; *ungdomligt* ~ youthful recklessness **-modig** (*förmäten*) presumptuous, overweening; (*våghalsig*) reckless **-mogen** overripe **-mognad** overripeness **-morgon** *i* ~ the day after tomorrow **-mått** *bildl.* excess; (*-flöd äv.*) exuberance; *ett* ~ *av* an excess of; *till* ~ to excess **-måttan** [-ˣmått-] *adv* extremely, beyond measure; *roa sig* ~ have no end of fun **-mäktig** superior (*fiende* enemy); *sorgen blev mig* ~ I was overcome by grief; *smärtan blev honom* ~ the pain became too much for him **-människa** superman **-mänsklig** superhuman **-mätt** surfeited, satiated (*på* with) **-mätta** surfeit, satiate; *kem.* supersaturate **-mättnad** surfeit; (*leda*) satiety **-mättning** *kem.* supersaturation

över|nationell supranational **-natta** stay the night, stay overnight; (*på hotell e.d. äv.*) spend the night **-nattning** ~ *i Hamburg* stop overnight in Hamburg **-naturlig** supernatural **-nervös** very nervous, highly strung **-nog** more than enough; *nog och* ~ enough and to spare **-ord** *pl* (*skryt*) boasting (*sg*); (*överdrift*) exaggeration (*sg*); *det är inga* ~ that is no exaggeration **-ordna** ~ *ngn över* place s.b. above **-ordnad** [-å:-] *a5* superior; ~ *sats* principal clause; ~ *ställning* responsible position; *han är min ~e* he is above me, he is my chief; *mina närmaste ~e* my immediate superiors

över|plats (*i hytt e.d.*) upper berth **-pris** excessive price; *betala* ~ *för ngt* be overcharged for s.th.; *sälja ngt till* ~ over-

charge for s.th., sell s.th. at too high a price **-produktion** overproduction
överrask|a surprise; (*överrumpla äv.*) take ... by surprise; (*obehagligt*) startle; ~ *ngn med att stjäla* catch (surprise) s.b. in the act of stealing; ~ *ngn med en present* surprise s.b. with a gift, give s.b. a gift as a surprise; *glatt ~d* pleasantly surprised; *~d över* surprised at; *~d av regnet* caught in the rain **-ning** surprise; *glad ~* pleasant surprise; *det kom som en ~ för mig* (*äv.*) it took me by surprise; *till min stora ~* (*äv.*) much to my surprise
över|rede (*av vagn e.d.*) body **-reklamerad** *a5* overrated **-resa** crossing, passage; voyage **-retad** *a5* over-excited; *i -retat tillstånd* (*äv.*) in a state of over-excitement **-retning** over--excitation **-rock** overcoat; (*vinter-*) greatcoat **-rumpla** surprise, take ... unawares; *låta sig ~s* let o.s. be caught napping, be off one's guard **-rumpling** surprise **-rumplingstaktik** surprise tactics (*pl*) **-räcka** hand [over]; (*skänka*) present **-rösta 1** (*ropa högre än*) shout (cry) louder than; *larmet ~de dem* the din drowned their voices; *han ~de* ... he made himself (his voice was) heard above ... **2** (*i omröstning*) outvote
övers ['ö:-] *i uttr.: ha tid till ~* have spare time; *har du en tia till ~?* have you [got] ten kronor to spare?; *inte ha mycket* (*ngt*) *till ~ för* have no time for, not think much of
över|se ~ *med ngt* overlook s.th.; ~ *med ngn* excuse a p.'s behaviour **-seende I** *a4* indulgent (*mot* towards) **II** *s6* indulgence; *ha ~ med* be indulgent towards, make allowance[s] for; *jag ber om ~ med* I hope you will overlook **-sida** top [side], upper side **-siggiven** in despair (*över, för* about, at) **-sikt** *s3* survey (*över, av* of); (*sammanfattning*) summary (*över, av* of) **-siktlig** *a1, se -skådlig* **-siktskarta** key map **-sinnlig** supersensual; (*andlig*) spiritual **-sittare** bully; *spela ~* play the bully; *spela ~ mot ngn* bully (browbeat) s.b. **-sitteri** bullying [manner] **-skatta** overrate, overestimate **-skattning** overrating, overestimation **-skeppa** ship ... across **-skjutande** [-ʃ-] *a4* **1** additional (*dag* day); surplus, excess (*belopp* amount); ~ *skatt* surplus tax **2** (*framskjutande*) projecting (*klippa* rock) **-skott** surplus; excess; (*nettoförtjänst äv.*) profit **-skottslager** surplus stock **-skrida** cross (*gränsen* the frontier); *bildl.* exceed, overstep (*sina befogenheter* one's authority); ~ *sitt* konto overdraw one's account; ~ *sina tillgångar* exceed one's means **-skrift** heading; title **-skugga** overshadow (*äv. bildl.*); *det allt ~nde problemet* the all-pervading problem **-skyla** cover [up]; (*dölja*) disguise; (*släta över*) gloss over, palliate **-skådlig** [-å:-] *a1* (*klar, redig*) clear, lucid; (*-siktlig*) perspicuous; *inom en ~ framtid* in the foreseeable future **-skådlighet** [-å:-] clearness, lucidity; perspicuity **-sköljning** wash, washing **-sköterska** head nurse, sister **-slag 1** (*förhandsberäkning*) [rough] estimate (calculation) (*över* of); *göra ett ~ över* (*äv.*) estimate, calculate ... [roughly] **2** (*volt*) somersault **3** *elektr.* flash-over, spark-over **-slagsberäkning** rough estimate **-snöad** *a5* covered with snow **-spel 1** *kortsp.* extra trick **2** *teat.* overacting **-spelning** [-e:l-] practising [on the piano *etc.*] **-spänd** (*hypernervös*) overstrung, highly-strung; (*svärmisk*) romantic **-spändhet** overstrung state; romanticism **-spänning** *elektr.* overvoltage
överst ['ö:-] *adv* uppermost, on top; ~ *på sidan* at the top of the page; *stå ~ på listan* head the list **-a** *best. superl. a,* [*den*] ~ the top (*lådan* drawer), (*av två*) the upper; *den allra ~* the topmost (*grenen* branch)
överstatlig supranational
överste ['ö:-] *s2* colonel; *Engl.* brigadier (*vid armén*), air commodore (*vid flyget*); *Am.* brigadier general **-löjtnant** [ˣ-löjjt-] lieutenant-colonel; (*Engl., vid flyget*) wing commander **-präst** high priest
överstig|a *bildl.* exceed, be beyond (above); *ett pris ej ~nde* a price not exceeding; *det -er mina krafter* it is beyond my powers, it is too much for me
överstinna colonel's wife; *~n A.* Mrs. A.
över|strykning crossing-out, deletion **-strö** sprinkle, powder, dust **-stycke** top [piece, part]; (*dörr-*) lintel **-styr** *i uttr.: gå ~* (*om företag o.d.*) fail, go to rack and ruin, (*om plan e.d.*) come to nothing, (*välta*) topple over **-styrelse** central (national) board **-stånden** *a5, vara ~* be over (surmounted); *nu är det värsta -ståndet* the worst is over now; *ett -ståndet stadium* a thing of the past; *en ~ operation* a completed operation; *-ståndna faror* surmounted dangers **-ståthållare** governor[-general] **-ståthållarämbetet** (*i Stockholm*) the Office of the Governor of Stockholm **-stämma** *mus.* upper part **-stämpla** overprint (*ett frimärke* a stamp) **-stökad** *a5* over [and done with] **-svallande** *a4* overflowing (*vänlighet* kindness); (*om pers.*) effusive, gushing; ~ *glädje* exuberant joy, rapture, excess of joy **-svämma** (*strömma ut över*) flood, inundate (*äv. bildl.*); *stora områden är ~de* large areas are flooded; ~ *marknaden* flood (glut) the market **-svämning** flood; (*-svämmande*) flooding, inundation **-syn** inspection, overhaul; *ge motorn en ~* give the engine an overhaul, overhaul the engine **-synt** [-y:-] *a4* long-sighted; *fackl.* hypermetropic **-synthet** [-y:-] long-sightedness; *fackl.* hypermetropia **-sålla** strew, cover; *~d med blommor* (*äv.*) starred with flowers **-sända** send; forward; (*pengar*) remit **-säng** upper bed **-sätta** translate (*från* from; *till* into); (*återge*) render; ~ *till engelska* (*äv.*) turn into English **-sättare** translator **-sättning** translation (*till* into); (*version*) version; (*återgivning*) rendering; *trogen ~* true (faithful) translation; *i ~ av* translated by **-sättningsfel** mistranslation, translation error **-sättningsrätt** right of translation; translation rights (*pl*)
över|tag *bildl.* advantage (*över* over); *få ~et över* get the better of; *ha ~et* (*äv.*) have the best of it **-ta[ga]** take over; ~ *ansvaret* take [over] the responsibility; ~ *ledningen av* take charge of, assume the management of; ~ *makten* come into power, take over (control) **-tagande** *s6* taking over **-tala** per-

suade; (*förmå äv.*) induce; ~ *ngn att* persuade s.b. to (*komma* come); *låta* ~ *sig att* [let o.s.] be talked into, be persuaded into (*komma* coming) **-talig** *a1* supernumerary **-talning** [-a:-] persuasion; *efter många ~ar* after much persuasion **-talningsförmåga** persuasive powers (*pl*), powers (*pl*) of persuasion **-talningsförsök** attempt at persuasion **-teckna** oversubscribe (*ett lån* a loan) **-teckning** oversubscription **-tid** overtime; *arbeta på* ~ work overtime **-tidsarbete** overtime [work] **-tidsersättning** overtime pay[ment] (compensation) **-ton** overtone (*äv. bildl.*) **-tramp** *sport.* failure; *göra* ~ overstep the mark (*äv. bildl.*) **-trassera** overdraw **-trassering** overdraft **-tro** (*vidskepelse*) superstition; (*blind tro*) blind faith (*på* in) **-trumfa** *bildl.* go one better than, outdo **-tryck 1** *fys.* overpressure; (*över atmosfärtrycket*) pressure exceeding atmospheric pressure **2** (*påtryck*) overprint **-trycksventil** pressure relief valve **-träda** transgress; (*förbud*) infringe, break; (*kränka*) violate **-trädelse** transgression; infringement, breach; violation; trespass; ~ *beivras* trespassers will be prosecuted **-träffa** surpass, exceed; (*besegra*) outdo, *vard.* beat; ~ *ngn i ngt* be better than s.b. in (at) s.th.; ~ *sig själv* surpass (excel) o.s. **-tydlig** over-explicit **-tyga** convince (*om* of; *om att* that); *du kan vara ~d om att* you may rest assured that; ~ *sig om ngt* make sure of (ascertain) s.th. **-tygande** *a4* convincing; (*i ord äv.*) persuasive; (*bindande äv.*) cogent, conclusive **-tygelse** conviction; (*tro*) belief; *i den fasta ~n att* in the firm conviction that, being firmly convinced that; *handla mot sin* ~ act against one's convictions **-täcka** cover **-tänd** *a5*, *byggnaden var helt* ~ the building was all in flames **-tänkt** *a4*, *ett väl* ~ *svar* a well-considered answer **-upplaga** *boktr.* [over-] plus; over copies (*pl*) **-uppseende -uppsikt** superintendence, supervision **-uppsyningsman** [chief] supervisor (overseer, inspector)

över|vaka superintend, supervise; ~ (*tillse*) *att* see [to it] that **-vakare** supervisor; (*av villkorligt dömd*) probation officer **-vakning** [-a:-] supervision, superintendence; (*av villkorligt dömd*) probation; *stå under* ~ be on probation **-vara** *-var -varit* (*pres saknas*) attend, be present at; *festen -vars av* ... ... was present at the party **-vikt 1** *eg.* overweight, excess (surplus) weight; (*bagage- äv.*) excess luggage (*Am.* baggage); *betala* ~ pay [an] excess luggage charge **2** *bildl.* predominance, preponderance, advantage; *få* (*ha*) *~en* (*äv.*) predominate, preponderate **-viktig** *a1* overweight, too heavy **-vinna** overcome; (*besegra äv.*) vanquish, conquer, defeat; ~ *en fiende* overcome an enemy; ~ *sina betänkligheter* overcome one's scruples; ~ *sig själv* get the better of o.s. **-vintra** pass the winter, winter; (*ligga i ide*) hibernate **-vintring** wintering; (*i ide*) hibernation **-vunnen** *a5*, *det är ett -vunnet stadium* that is a thing of the past, I have got over that stage **-vuxen** overgrown; ~ *med ogräs* (*äv.*) overrun with weeds **-våld** outrage; *jur.* assault **-våning** upper floor (storey)

1 överväg|a (*noga genomtänka*) reflect [up-] on, ponder over; (*betänka*) consider; (*överlägga med sig själv*) deliberate; (*planera*) contemplate, plan; *i väl -da ordalag* in well-considered words; *när man -er vad* ... considering what ...; *jag skall* ~ *saken* I will consider the matter (think the matter over); *ett väl -t beslut* a well-considered decision

2 överväg|a (*väga mer än*) outweigh; (*överstiga i antal*) be in majority; *fördelarna -er olägenheterna* the advantages outweigh the disadvantages

1 övervägande *s6* consideration; deliberation; *ta ngt i* (*under*) ~ take s.th. into consideration; *efter moget* ~ after careful consideration; *vid närmare* ~ on [further] consideration, on second thoughts

2 övervägande I *a4* predominant, preponderating; *den* ~ *delen* the greater part, the majority; *frågan är med* ~ *ja besvarad* the great majority is in favour, the ayes have it; *till* ~ *del* mainly, chiefly **II** *adv* (*t. största delen*) mainly, chiefly; ~ *vackert väder* mainly fair

över|väldiga overpower, overwhelm (*äv. bildl.*); *~d av trötthet* overcome by fatigue; **-väldigande** *a4* overpowering, overwhelming; *en* ~ *majoritet* an overwhelming (a crushing) majority **-värdera** overestimate, overrate, overvalue **-värme** (*t.ex. i ugn*) heat from above, top heat **-växel** (*i bil*) overdrive **-årig** *a1* (*över viss ålder*) over age, above the prescribed age; (*över pensionsålder*) superannuated **-ösa** ~ *ngn med ngt* shower (heap) s.th. upon s.b.

övlig [ˣö:v-] *a1* usual, customary; *på ~t sätt* in the usual manner

övning [ˣö:v-] **1** (*övande*) practice; (*träning*) training; ~ *ger färdighet* practice makes perfect; *sakna* ~ *i* have no (be out of) practice in (*att teckna* drawing) **2** (*utövning*) exercise; *~ar* (*äv.*) practice (*sg*); *andliga* (*gymnastiska*) *~ar* religious (physical) exercises

övnings|bil driving-school car; learner's car **-exempel** exercise; (*mat. o.d.*) problem **-flygning** training (practice) flight **-fält** *mil.* training-(drill-)ground **-häfte** exercise-book, note-book **-körning** practice driving **-lärare** teacher in a practical subject **-uppgift** exercise **-ämne** *skol.* practical subject

övre [ˈö:v-] *komp. a* upper; (*översta äv.*) top

övrig [ˣö:v-] *a1* (*återstående*) remaining; (*annan*) other; *det ~a* the rest (remainder); *de ~a* the others, the rest (*sg*); *lämna mycket ~t att önska* leave a great deal to be desired; *det ~a Sverige* the rest of Sweden; *för ~t a*) (*annars*) otherwise, in other respects, for (as to) the rest, *b*) (*dessutom*) besides, moreover, *c*) (*i förbigående sagt*) by the way, incidentally

övärld archipelago (*pl* archipelagos)

ÖÄ *förk. för överståthållarämbetet*